भारतीय संविधान
एवं
राजव्यवस्था

(संघ एवं राज्य लोक सेवा आयोगों द्वारा आयोजित परीक्षाओं के लिए उपयोगी)

भारतीय संविधान एवं राजव्यवस्था

(संघ एवं राज्य लोक सेवा आयोगों द्वारा आयोजित परीक्षाओं के लिए उपयोगी)

उदयभान सिंह

लेखक, संपादक एवं सिविल सेवा मार्गदर्शक

डायरेक्टर – NIEGS (National Institute of Economics and General Studies)

एवं सामाजिक संस्था 'आँखें'

प्रभात एग्जाम

www.prabhatexam.com

प्रकाशक

प्रभात एग्जाम

प्रभात प्रकाशन प्रा. लि. का उपक्रम

4/19 आसफ अली रोड, नई दिल्ली-110002

फोन— 23289555 • 23289666 • 23289777 • हेल्पलाइन/ 7827007777

इ-मेल : prabhatbooks@gmail.com ❖ वेब ठिकाना : www.prabhatexam.com

मूल्य

एक हजार तीन सौ पचहत्तर रुपए

अ.मा.पु.स. 978-93-5488-671-3

मुद्रक

सीता फाइन आर्ट, दिल्ली

———————★———————

BHARTIYA SAMVIDHAN EVAM RAJVYAVASTHA

Udyabhan Singh

ISBN 978-93-5488-671-3

₹ 1375.00

समर्पण

प्रस्तुत पुस्तक

भारतीय संविधान एवं राजव्यवस्था

भारत के उन करोड़ों लोगों को सादर एवं सप्रेम समर्पित है जो-

- भारत की भौगोलिक, राजनीतिक, सामाजिक एवं सांस्कृतिक एकता और अखंडता की रक्षा करने के साथ-साथ आर्थिक विकास को त्वरित करने और राष्ट्र को स्वावलंबी बनाने के लिए अपना सर्वस्व न्यौछावर करने के लिए प्रतिबद्ध और तत्पर रहते हैं।
- भारत में समतामूलक, जातिमुक्त और शोषणविहीन समाज की स्थापना करना चाहते हैं, अपराध एवं भ्रष्टाचाररहित निष्पक्ष लोकतंत्र के पोषक हैं।
- देश में गरीबी एवं बेरोजगारी दूर करने के लिए कटिबद्ध हैं। विकास का लाभ समाज के निचले तबकों तक पहुंचाने के लिए दृढ़प्रतिज्ञ हैं।
- सांप्रदायिकता एवं जातीयता का समूल नाश करने के लिए संकल्पबद्ध हैं और मानवता एवं बंधुत्व की भावना का संवर्द्धन करने के लिए कटिबद्ध हैं।
- देश में ऐसी लोकतांत्रिक व्यवस्था का विकास करना चाहते हैं जिसमें जन-जन की भागीदारी हो तथा जिसमें स्वार्थ-लोलुपता के स्थान पर जनकल्याण एवं कर्तव्यपरायणता की भावना का समावेश हो।
- देश में ऐसे मूल्यों की स्थापना करने की दृढ़ इच्छा रखते हों जिससे मानवीय गरिमा को एक नया आयाम मिल सके तथा नैतिकता एवं ईमानदारी की भावना जाग्रत/विकसित हो सके।
- देश में संवेदनशील, जवाबदेह, ईमानदार, विकासोन्मुख, कल्याणोन्मुख और कर्तव्यनिष्ठ शासन-प्रशासन की स्थापना करके स्वर्णिम भारत, अखंड भारत, खुशहाल भारत और सर्वसंपन्न भारत का निर्माण करने का न केवल सपना संजोये हुए हैं बल्कि नव-निर्माणरूपी यज्ञ में अपना योगदान सतत् रूप से कर रहे हैं और आगे भी करने के लिए प्रतिबद्ध हैं।

भूमिका

परम पूज्य गुरुवर महामंडलेश्वर श्री भवानी नंदन यति जी महाराज की असीम अनुकंपा एवं कृपा से अपनी पुस्तक '**भारतीय संविधान एवं राजव्यवस्था**' का तीसरा संस्करण प्रस्तुत करते हुए अपार हर्ष की अनुभूति हो रही है। पाठकों का असीम प्यार एवं स्नेह और सकारात्मक प्रतिक्रिया लेखक को पुस्तक को और नया एवं बेहतर बनाने के लिए प्रेरित करती रहती है। पुस्तक का तीसरा संस्करण पूर्णतया अद्यतन और परिमार्जित है। पुस्तक की भाषा शैली और प्रस्तुतीकरण को पहले की अपेक्षा और अधिक सरल एवं बोधगम्य बनाया गया है। प्रस्तुत पुस्तक में लेखक द्वारा समसामयिक राजनीतिक और संवैधानिक विषयों को यथोचित स्थान देने का प्रयास किया गया है। कॉलेजियम व्यवस्था और न्यायिक सक्रियता जैसे विषयों पर अलग से अध्ययन सामग्री प्रस्तुत की गई है जिससे कि समसामयिक परिप्रेक्ष्य में चर्चित इन विषयों के संदर्भ में जानकारी प्राप्त हो सके।

पुस्तक के तीसरे संस्करण में संसदीय समितियों से संबंधित अध्याय को नए सिरे से प्रस्तुत किया गया है जिसका उद्‌देश्य विषय की गंभीरता को देखते हुए पाठक वर्ग को स्पष्ट और प्रभावी अध्ययन सामग्री उपलब्ध कराना है।

यही नहीं पुस्तक में सभी अद्यतन संविधान संशोधनों को भी प्रस्तुत किया गया है। आवश्यकता और मांग के अनुसार प्रत्येक अध्याय को परिमार्जित एवं संशोधित किया गया है।

प्रस्तुत पुस्तक 'भारतीय संविधान एवं राजव्यवस्था' के संदर्भ में अभ्यर्थियों द्वारा सकारात्मक प्रतिक्रिया पुस्तक को सदैव बेहतर बनाने के लिए प्रेरित करती रहती है। पाठकवर्ग द्वारा लेखक की पुस्तकों को हाथों-हाथ लिए जाने के कारण ही इस पुस्तक का तीसरा संस्करण आज बाजार में पहुँच रहा है, जिसके लिए मैं पाठकों के प्रति दिल की गहराइयों से हार्दिक आभार और धन्यवाद ज्ञापित करता हूँ। आपसे ऐसे ही प्यार एवं सहयोग की अपेक्षा करता हूँ तथा आपको विश्वास दिलाता हूं कि यह पुस्तक हमेशा पूर्णतया अद्यतन एवं गुणवत्तायुक्त रहेगी। सभी पाठकों से एक बार पुनः सादर एवं विनम्र आग्रह है कि पुस्तक की अच्छाइयों को स्वयं ग्रहण करें और दूसरों को भी प्रोत्साहित करें जिससे कि उनको भी लेखक के प्रयास का लाभ मिल सके। आभार व्यक्त करने के अनुक्रम में मैं प्रभात प्रकाशन का भी हार्दिक आभार व्यक्त करता हूं जिनके सक्रिय एवं ईमानदार प्रयास से यह पुस्तक नए आयाम प्राप्त करने की ओर अग्रसर है।

पुस्तक के संदर्भ में जब भी अभ्यर्थी और पाठक वर्ग कुछ कहना चाहेंगे, लेखक और प्रकाशक को सदैव सुनने का इच्छुक पाएंगे। सभी सुधी पाठक पुस्तक के विषय में सुझाव एवं फीडबैक मेरे ईमेल sksmediahouse@gmail.com पर प्रेषित कर सकते हैं जिससे कि पुस्तक को और अधिक उपयोगी एवं गुणवत्तायुक्त बनाया जा सके। सभी प्रतिभागी छात्र-छात्राओं को लेखक एवं प्रकाशक की तरफ से सफलता एवं स्वर्णिम भविष्य के लिए हार्दिक शुभकामना...

आपके सहयोग का आकांक्षी

डॉ. उदयभान सिंह

द्वितीय संस्करण के संदर्भ में कुछ शब्द

परम पूज्य महामंडलेश्वंर श्री भवानी नंदन यति जी महाराज की असीम अनुकंपा एवं आशीर्वाद से अपनी पुस्तक **'भारतीय संविधान एवं राजव्यवस्था'** का द्वितीय संस्करण प्रस्तुत करते हुए अपार हर्ष एवं सुखद अनुभूति हो रही है कि लॉकडाउन के बावजूद पुस्तक के प्रथम संस्करण को पाठक वर्ग ने हाथों-हाथ लिया। उल्लेखनीय है कि यह पुस्तक वर्ष 2019 के अंत में बाजार में आई जिसका विमोचन जनवरी 2020 में अंतर्राष्ट्रीय पुस्तक मेला, नई दिल्ली में प्रसिद्ध विचारक एवं चिंतक परम आदरणीय श्री गोविंदाचार्य जी द्वारा किया गया। प्रथम संस्करण को प्रस्तुत करते हुए मन में एक भय और संशय था कि यह पुस्तक अभ्यर्थियों की समग्र आवश्यकताओं, उनकी मांग तथा लेखक से उनकी अपेक्षा की पूर्ति कर पायेगी या नहीं? परंतु अभ्यर्थियों की सकारात्मक प्रतिक्रिया को देखते हुए आत्मविश्वास बढ़ा है और पुस्तक का द्वितीय संस्करण अभ्यर्थियों के सम्मुख अद्यतन करके प्रस्तुत कर रहा हूँ।

द्वितीय संस्करण में भारतीय संविधान एवं राजव्यवस्था से संबंधित नये घटनाक्रमों जैसे - नागरिकता अधिनियम-2019, राष्ट्रीय जनसंख्या रजिस्टर की संकल्पना और कुछ केन्द्रशासित प्रदेशों का पुनर्गठन जैसे विषयों को सम्मिलित किया गया है। यही नहीं संघ लोक सेवा आयोग के द्वारा सिविल सेवा परीक्षा के संदर्भ में निर्धारित पाठ्यक्रमों को दृष्टिगत रखते हुए प्रस्तुत पुस्तक में कुछ प्रमुख देशों की संवैधानिक व्यवस्था को नये अध्याय के रूप में प्रस्तुत किया गया है, जिससे कि अभ्यर्थी तुलनात्मक अध्ययन कर सके। इसके साथ-साथ पुस्तक को अद्यतन करने का प्रयास भी किया गया है। पुस्तक को अद्यतन बनाने के अनुक्रम में नवीनतम संविधान संशोधन तथा दिल्ली राष्ट्रीय राजधानी शासन संशोधन अधिनियम 2021 को भी सम्मिलित किया गया है।

प्रस्तुत पुस्तक 'भारतीय संविधान एवं राजव्यवस्था' के संदर्भ में अभ्यर्थियों द्वारा सकारात्मक प्रतिक्रिया दिये जाने के लिए लेखक उनके प्रति हार्दिक आभार एवं धन्यवाद ज्ञापित करना अपना लेखकीय कर्तव्य समझता है। इसी अनुक्रम में हृदय की गहराइयों से लेखक उन सभी लोगों के प्रति हार्दिक आभार एवं धन्यवाद व्यक्त करता है, जिन्होंने इस पुस्तक को बाजार एवं अभ्यर्थियों तक पहुंचाने में अपनी महती भूमिका का निर्वाह किया है।

आशा नहीं पूर्ण विश्वास है कि 'भारतीय संविधान एवं राजव्यवस्था' का द्वितीय संस्करण भी अभ्यर्थियों की समग्र आवश्यकता, मांग और अपेक्षा को पूरा करने के साथ-साथ उनको सफलता दिलाने में अपनी महती भूमिका निभायेगा। प्रभात प्रकाशन समूह के सभी सदस्यों को जिन्होंने प्रत्यक्ष एवं अप्रत्यक्ष रूप में इस पुस्तक को संवारने, निखारने और अभ्यर्थियों तक पहुंचाने में सक्रिय योगदान किया है, उनके प्रति भी लेखक हार्दिक आभार व्यक्त करता है।

अभ्यर्थियों एवं पाठकों से एक बार पुनः सादर आग्रह है कि इस पुस्तक की अच्छाइयों को स्वयं ग्रहण करें और दूसरों को प्रोत्साहित करें, जिससे कि उनको भी लेखक के प्रयास का लाभ मिल सके।

पुस्तक के संदर्भ में अभ्यर्थी और पाठक जब कुछ कहना चाहेंगे, लेखक और प्रकाशक को सदैव सुनने का इच्छुक पायेंगे। सभी सुधी पाठक इस पुस्तक के विषय में सुझाव एवं फीडबैक मेरे ई-मेल sksmediahouse@gmail.com पर भेजें। जिससे कि इस पुस्तक को और अधिक उपयोगी एवं गुणवत्तायुक्त बनाया जा सके जो आपकी सफलता में मील का पत्थर सिद्ध हो सके। सभी प्रतिभागी छात्र-छात्राओं को लेखक एवं प्रकाशक की तरफ से सफलता एवं स्वर्णिम भविष्य के लिए हार्दिक शुभकामनाएं।

आपके सहयोग का आकांक्षी

डॉ. उदयभान सिंह

प्रथम संस्करण की भूमिका

परम पूज्य एवं महामंडलेश्वर श्री भवानी नंदन यति जी महाराज के आशीर्वाद से प्रस्तुत पुस्तक **'भारतीय संविधान एवं राजव्यवस्था'** को प्रस्तुत करते हुए जहां एक ओर अपार हर्ष एवं सुखद अनुभूति हो रही है तो दूसरी ओर मन में भय और संशय भी उत्पन्न हो रहा है कि अभ्यर्थियों की समग्र आवश्यकताओं, उनकी मांग तथा लेखक से उनकी अपेक्षा की पूर्ति पुस्तक में हो पाई है अथवा नहीं, परंतु इतना विश्वास है कि जिस तरह लेखक द्वारा पूर्व में लिखी गई पुस्तकों तथा संपादित पत्रिकाओं को विश्वविद्यालयों के छात्र-छात्राओं एवं प्रतियोगी अभ्यर्थियों द्वारा हाथों-हाथ लिया गया तथा उक्त पुस्तकें-पुस्तिकाएं छात्र-छात्राओं एवं अभ्यर्थियों की मांग को पूरा करने में सफल तथा उपयोगी सिद्ध हो रही हैं, उसी प्रकार प्रस्तुत पुस्तक-'भारतीय संविधान एवं राजव्यवस्था' भी छात्र-छात्राओं की मांग तथा लेखक से उनकी अपेक्षाओं को पूरा करने में सफल सिद्ध होगी।

वस्तुतः यह पुस्तक सिविल सेवा सहित अन्य प्रतियोगी परीक्षाओं तथा एकेडमी वर्ग के छात्रों के लिये लिखी गयी है। प्रस्तुत पुस्तक में स्वतंत्रता प्राप्ति के पूर्व तथा बाद में भारत की राजनैतिक व्यवस्था में आये उतार-चढ़ाव तथा उसके क्रमिक विकास का सिंहावलोकन किया गया है। पुस्तक में भारतीय संविधान के ऐतिहासिक विकास की गाथा तथा भारतीय गणतंत्र के लगभग 70 वर्ष की अवधि में भारतीय संविधान एवं राजव्यवस्था में आये बदलावों की भी विवेचना की गयी है। प्रायः यह देखने को मिलता है कि पुस्तकों में या तो सैद्धांतिक पक्षों पर अधिक ध्यान केंद्रित कर दिया जाता है और उसका व्यावहारिक पक्ष उपेक्षित रहता है, या यदि व्यावहारिक पक्ष पर ध्यान केंद्रित किया गया है तो सैद्धांतिक पक्ष उपेक्षित रहता है। इसके साथ-साथ यह भी देखने को मिलता है कि पुस्तक की भाषा शैली, उसमें प्रयुक्त शब्दावली और विषय सामग्री का प्रस्तुतीकरण इस प्रकार किया गया होता है कि यदि पाठक उक्त विषय का छात्र न हो या उक्त विषय में जानकारी न रखता हो तो भी उसके लिये उस पुस्तक के मूल्यवान/सारवान तत्वों को ग्रहण करने में कठिनाइयों के साथ-साथ अत्यधिक समय व्यय करना पड़ता है। परंतु इस पुस्तक 'भारतीय संविधान एवं राजव्यवस्था' में सैद्धांतिक और व्यावहारिक दोनों ही पक्षों पर आवश्यकतानुसार समतुल्य प्रकाश डाला गया है तथा मेरा यह प्रयास रहा है कि सैद्धांतिक पक्षों की विवेचना व्यावहारिक पक्षों के साथ-साथ की जाये जिससे सैद्धांतिक या संवैधानिक प्रावधानों की उपयोगिता या अनुपयोगिता सिद्ध हो सके। इसके अतिरिक्त पुस्तक में इस बात का भी ध्यान रखा गया है कि भाषा शैली, शब्दावली तथा विषय सामग्री का प्रस्तुतीकरण इस प्रकार किया जाये कि जो पाठक राजव्यवस्था के छात्र न हों, उनको भी पढ़ने एवं समझने में कोई दिक्कत न हो।

प्रस्तुत पुस्तक में भारतीय संविधान के ऐतिहासिक विकास के विभिन्न सोपानों, भारतीय स्वतंत्रता अधिनियम, भारतीय संविधान सभा के गठन एवं उसकी प्रकृति तथा कार्य प्रणाली आदि की विवेचना की गयी है। इसमें भारतीय संविधान की प्रस्तावना (जिसे भारतीय संविधान की आत्मा की संज्ञा दी गयी है।) पर प्रकाश डाला गया है। भारतीय संविधान की मौलिक विशेषताएं, उनका दर्शन तथा संविधान के विभिन्न प्रावधानों एवं उनके स्रोतों का भी उल्लेख पुस्तक में किया गया है। मौलिक अधिकार तथा राज्य के नीति-निदेशक सिद्धांतों की अलग-अलग विवेचना करने के बाद उनका तुलनात्मक अध्ययन भी किया गया है। इनकी श्रेष्ठता के संदर्भजनित विवादों के विषय में भी सम्यक प्रकाश पुस्तक में डाला गया है।

संघीय कार्यपालिका (केंद्रीय सरकार), संघीय विधायिका (संसद) तथा संघीय न्यायपालिका के विविध पक्षों तथा उनकी कार्य प्रणाली की संक्षिप्त एवं सारगर्भित विवेचना की गयी है। संघीय कार्यपालिका के प्रमुखों (राष्ट्रपति तथा प्रधानमंत्री) के पारस्परिक संवैधानिक संबंधों तथा व्यावहारिक (वास्तविक) संबंधों पर भी प्रकाश डाला गया है। सर्वविदित है कि 1987 में तत्कालीन राष्ट्रपति ज्ञानी जैल सिंह तथा प्रधानमंत्री राजीव गांधी के मध्य उत्पन्न विवाद तथा कटु संबंधों ने देश की आत्मा को झकझोर दिया था। संघीय विधायिका या व्यवस्थापिका के विविध पक्षों, प्रधानमंत्री तथा व्यवस्थापिका के मध्य संबंधों तथा उनकी वास्तविक स्थिति का भी सिंहावलोकन पुस्तक में किया गया है।

किसी भी देश में स्वतंत्र न्यायपालिका का होना लोगों के संवैधानिक अधिकारों के संरक्षण की गारंटी माना जाता है। इस तथ्य को ध्यान में रखते हुए भारतीय न्यायपालिका की कार्य प्रणाली की विस्तृत विवेचना की गयी है। इसके साथ-साथ पुस्तक में राज्य कार्यपालिका, विधानपालिका तथा राज्य न्यायपालिका (उच्च न्यायालय) के विविध पक्षों का भी उल्लेख किया गया है।

पुस्तक में भारतीय संविधान को प्रभावित करने वाले संवैधानिक एवं संविधानेतर कारकों, संस्थाओं, क्षेत्रीय तथा अंतर्राज्यीय परिषदों, केंद्र-राज्य संबंधों (विधायी, प्रशासनिक तथा वित्तीय संबंधों) तथा स्थानीय एवं नगरीय स्वशासन व्यवस्था आदि की विवेचना की गयी है। प्रस्तुत पुस्तक में राजनैतिक संगठनों, अन्वेषण एजेंसियों, शासन और अभिशासन जैसे विषयों को भी सम्मिलित किया गया है।

इसके साथ-साथ भारतीय विदेश नीति का भी एक अध्याय अलग से जोड़ा गया है। इसका उद्देश्य पाठक वर्ग को उन तत्वों की जानकारी कराना है जिससे भारत की विदेश नीति संचालित होती है तथा जिनके आधार पर भारत अपने राष्ट्रीय हितों को अक्षुण्ण रखते हुए विदेशों से कूटनीतिज्ञ तथा राजनय संबंध स्थापित करता है और अंतर्राष्ट्रीय सद्भाव कायम करने एवं शांतिपूर्ण अंतर्राष्ट्रीय राजनैतिक व्यवस्था स्थापित करने में अपना योगदान देता है।

प्रस्तुत पुस्तक में कुछ विशेष परिशिष्ट भी जोड़े गये हैं जिनमें राजव्यवस्था से जुड़ी हुई शब्दावली/अवधारणाओं, भारतीय संविधान : एक दृष्टि में और राजव्यवस्था से जुड़ी सामान्य जानकारियां उपलब्ध कराई गयी हैं जिसका उद्देश्य अभ्यर्थियों को तथ्यात्मक जानकारियाँ उपलब्ध कराना है।

यदि पुस्तक की रचना ईमानदारी से की जाये तो यह विशेष प्रकार के बौद्धिक श्रम एवं लगन की अपेक्षा रखती है। पाठ्य-पुस्तक लेखन भारत में एक सम्मानित रचना धर्म नहीं बन पाया है। इस कारण यह श्रमसाध्य कार्य और भी दुष्कर बन जाता है। प्रस्तुत पुस्तक को संजोने एवं उपयोगी बनाने के लिए जिन विद्वानों की कृतियों, प्राध्यापकों, प्रबुद्ध लोगों, समाचार-पत्रों तथा पत्रिकाओं की सहायता ली गयी है, उनका नाम लिये बिना उनके प्रति कृतज्ञता ज्ञापित करना मैं अपना लेखकीय दायित्व मानता हूँ तथा मैं उनका सदैव आभारी रहूँगा।

श्री शंकर घोष के प्रति आभार व्यक्त करना मैं अपना नैतिक कर्तव्य मानता हूं। यद्यपि वे इतने नजदीकी तथा सम्मानीय हैं कि उनके प्रति यदि मैं अपना आभार व्यक्त करता हूँ तो कृतघ्नता का परिचायक होगा। जिस प्रकार कोई व्यक्ति पितृऋण तथा मातृऋण से कभी मुक्त नहीं हो सकता है, वही स्थिति मेरी उनके प्रति है। उनके द्वारा दिए गए सुझाव मेरी लेखनी के प्रेरणा स्रोत एवं आत्मबल है।

इलाहाबाद विश्वविद्यालय के अर्थशास्त्र विभाग के डॉ. जगदीश नारायण पुरवार, प्रो. एस. एन. लाल, डॉ. मनमोहन कृष्णा, प्रो. गिरीश त्रिपाठी, पूर्व वाइस चांसलर बीएचयू, डॉ. ए. के. जैन, डॉ. प्रहलाद कुमार को सादर नमन करता हूँ जिनका आशीर्वाद, स्नेह, मार्गदर्शन, प्रेरणा एवं शिक्षा-दीक्षा ने मुझे इस कृति की रचना के योग्य बनाया तथा प्रेरित किया। प्रो. लाल साहेब सिंह (मगध विश्वविद्यालय, गया), प्रो. बीबीएल शर्मा (जोधपुर विश्वविद्यालय), प्रो. रवि श्रीवास्तव (जेएनयू) के प्रति भी कृतज्ञ हूँ जिनका मार्गदर्शन समय-समय पर प्राप्त होता रहा है। इलाहाबाद विश्वविद्यालय के स्व. ए. के. सिंह को भी नमन करता हूँ जिन्होंने मुझे एक लेखक के रूप में कार्य करने योग्य बनाया।

पूर्व में अपने चयनित छात्रों श्री मयूर पटेल (आईपीएस), श्री मकरंद चौहान (आईपीएस), अखिलेश्वर सिंह (आईपीएस), सौरभ त्रिपाठी (आईपीएस), तथा पीयूष शर्मा (आईपीएस), रिगनेश दास (आईआरएस), आकाश (आईआरएस), राहुल खोटे (आईआरएस), सुनील कुमार (आईपीएस) और हरिश द्विवेदी (पीसीएस) आदि के प्रति स्वर्णिम कैरियर तथा सफल पारिवारिक जीवन की कामना करता हूँ तथा उनके प्रति धन्यवाद ज्ञापित करता हूँ जो मुझे सदैव सम्मान देते रहे हैं। मैं अपने उन छात्र-छात्राओं के प्रति आभार भी व्यक्त करता हूँ जो मुझे सदैव सम्मान देते हैं तथा आज संघर्ष कर रहे हैं परंतु कल सफलता के शीर्ष पर होंगे।

प्रभात प्रकाशन और प्रभात प्रकाशन के सभी लोगों के प्रति मैं बिना उनका नाम लिए दिल से आभार व्यक्त करना चाहता हूँ और कर रहा हूँ जिनके अथक प्रयास और समर्पण से प्रस्तुत पुस्तक को मैं आप सभी के सम्मुख प्रस्तुत करने में आज सफल हुआ हूं। मैं अपने मित्र संजय माणिक (शिवालिक ग्राफिक्स) के प्रति भी आभार व्यक्त करता हूँ जिनका सहयोग भी अतुलनीय है। मैं अपने सभी शिक्षक मित्रों का नाम लिये बिना उनके प्रति भी आभार व्यक्त करता हूँ जिनका सहयोग और सान्निध्य प्राप्त होता रहा है। यही नहीं मैं अपने सभी छात्र-छात्राओं के प्रति भी हृदय से आभार व्यक्त करता हूँ जिनकी मांग और सुझाव हमें नई कृतियों की रचना करने के लिए प्रेरित करता है।

अंत में, अपने परिवार के सभी सदस्यों के प्रति भी धन्यवाद ज्ञापित करता हूँ जिनके सहयोग के बिना यह कार्य संभव नहीं था। अपने अनुज श्री विजयभान सिंह, अपनी पुत्री गरिमा सिंह, नेहा, निकिता, शालू और पुत्र राज तथा पत्नी श्रीमती शशिकला के प्रति भी आभार प्रकट करता हूँ तथा इतना कहना अपना कर्तव्य समझता हूँ कि वह मुझे सदैव कुछ ऐसा करते हुए देखना चाहते हैं जिससे कि मैं नयी ऊंचाई पर पहुंच सकूं। उनकी यही इच्छा मेरी प्रेरणा स्रोत तथा आत्मबल है, जिसे मैं अपनी पूज्यनीय माँ स्वर्गीय श्रीमती सोनमती सिंह, पिता स्वर्गीय अभय नारायण सिंह के आशीर्वाद तथा पूज्यनीय गुरुवर के आशीर्वाद से पूरा करने का प्रयास करूंगा।

पाठकों से एक बार पुनः निवेदन है कि इस पुस्तक की अच्छाइयों को स्वयं ग्रहण करेंगे तथा दूसरों को ग्रहण करने के लिए प्रेरित करेंगे। पुस्तक के विषय में जब भी पाठक वर्ग कुछ कहना चाहेगा लेखक तथा प्रकाशक को सदैव सुनने का इच्छुक पायेगा। सुधी पाठक इस पुस्तक के विषय में सुझाव एवं फीडबैक मेरे ई-मेल drubsingh88888@gmail.com और फेसबुक dr_ubsingh@yahoo.com पर भेजें जिससे कि हम इस पुस्तक को और अधिक उपयोगी एवं गुणवत्तायुक्त बना सकें जो आपकी सफलता में मील का पत्थर सिद्ध हो सकती है। सभी प्रतियोगी छात्र-छात्राओं को लेखक तथा प्रकाशक की तरफ से हार्दिक शुभकामना है।

डॉ. उदयभान सिंह

विषय-सूची

भाग-I

संवैधानिक संरचना

अध्याय 1

संविधान और उसके विविध रूप

प्रत्येक राज्य को अपने को परिचालित करने के लिए एक पद्धति या व्यवस्था की आवश्यकता होती है जिस पर यह अपनी सरकार को आधारित करता है। इस व्यवस्था के अभाव में राज्य महज एक अराजक इकाई बनकर रह जाएगा। राजनीति विज्ञान की शब्दावली में इसी व्यवस्था को संविधान (Constitution) कहते हैं। यूनानी दार्शनिक अरस्तू ने अत्यंत सारगर्भित शब्दों में लिखा है, "संविधान उस पद्धति का प्रतीक होता है जो किसी राज्य द्वारा अपने लिए अपनाई जाती है।" संविधान नियमों की एक समष्टि है जिसमें सरकार के विभिन्न अंगों, उनके गठन तथा अधिकार क्षेत्र तथा नागरिकों एवं सरकार के मध्य संबंधों को परिभाषित किया जाता है। स्पष्ट है कि ऐसे नियमों का होना प्रत्येक राज्य के लिए आवश्यक है। जेलिनेक के शब्दों में, "संविधान विहीन राज्य की परिकल्पना नहीं की जा सकती। संविधान के अभाव में राज्य, राज्य न होकर एक प्रकार की अराजकता होगी।"

संविधान : अर्थ एवं परिभाषा

संविधान राज्य के भौतिक पक्ष का प्रतिनिधित्व करता है। इस प्रकार राज्य के लिए संविधान का वही महत्व है जो मनुष्य के लिए शरीर का। संविधान राज्य का शरीर है। "...चूंकि राज्य का केंद्र मनुष्य है इसलिए संविधान मानवीय संबंधों का एक पुलिंदा है।" मानवीय संबंध विविध प्रकार के और जटिल होते हैं। मुख्यतया इनके तीन आयाम हैं : मनुष्य का मनुष्य से संबंध, मनुष्य का राज्य से संबंध और अंततः राज्य के अंगों का पारस्परिक संबंध। संविधान इन्हीं तीन आयामों को नियंत्रित करने वाले नियमों की तालिका है। संविधान का स्वरूप चाहे जो भी हो उसका कार्य सर्वत्र एक ही होता है।

संविधान शब्द का प्रयोग संकुचित और व्यापक दोनों अर्थों या संदर्भों में किया जाता है। संकुचित अर्थ में संविधान का आशय राज्य की उस नियमावली से होता है जो एक या अनेक प्रपत्रों में लिखित होती है। व्यापक अर्थ में, इसका प्रयोग किसी देश की शासन-पद्धति का स्वरूप बताने के लिए किया जाता है।

संविधान में लिखित नियमों के साथ-साथ अलिखित नियम तथा रीति-रिवाज, परंपराएं आदि भी सम्मिलित होते हैं। संक्षेप में, संविधान का आशय उन समस्त लिखित और अलिखित नियमों की समष्टि से होता है जो किसी राज्य-संगठन के स्वरूप, शासन के विभिन्न अंगों का पारस्परिक संबंध तथा शक्ति क्षेत्र और इसका नागरिकों से संबंध निश्चित करते हैं।

संविधान की परिभाषाओं के आधार पर सहज ही यह निष्कर्ष निकाला जा सकता है कि संविधान का आशय लिखित अथवा नियमों के उस समूह से है जो किसी राज्य-संगठन के स्वरूप, सरकार के विभिन्न अंगों की सरंचना और उनके अधिकार-क्षेत्र, सरकार के विभिन्न अंगों के पारस्परिक संबंध तथा राज्य एवं व्यक्ति के मध्य संबंधों की चर्चा करता है।

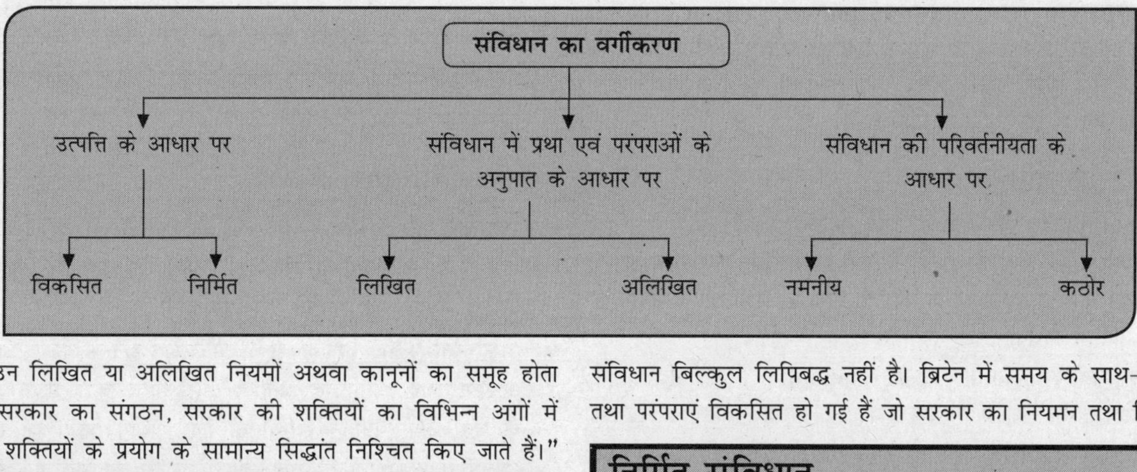

"संविधान उन लिखित या अलिखित नियमों अथवा कानूनों का समूह होता है जिसके द्वारा सरकार का संगठन, सरकार की शक्तियों का विभिन्न अंगों में वितरण और इन शक्तियों के प्रयोग के सामान्य सिद्धांत निश्चित किए जाते हैं।"

विकसित संविधान

इस प्रकार के संविधान का निर्माण किसी निश्चित संविधान सभा द्वारा नहीं किया जाता वरन् यह एक लंबे विकास का परिणाम होता है। ऐसे संविधानों में प्रथाओं एवं परंपराओं, रीति-रिवाजों तथा न्यायालयों के निर्णयों का मुख्य कार्यभाग होता है। ब्रिटेन का संविधान विकसित संविधान का सर्वश्रेष्ठ नमूना है। ब्रिटेन का संविधान बिल्कुल लिपिबद्ध नहीं है। ब्रिटेन में समय के साथ-साथ कुछ प्रथाएं तथा परंपराएं विकसित हो गई हैं जो सरकार का नियमन तथा नियंत्रण करती हैं।

निर्मित संविधान

संविधान का वह स्वरूप निर्मित संविधान कहलाता है जिसे एक निश्चित समय पर एक निश्चित संविधान सभा द्वारा निर्मित या लेखबद्ध किया गया होता है। निर्मित संविधान का सबसे पहला दृष्टांत अमेरिका का संविधान है जिसका निर्माण तत्कालीन 13 राज्यों द्वारा फिलाडेल्फिया सम्मेलन (Philadelphia Convention) के माध्यम से किया गया। स्वतंत्र भारत के संविधान का निर्माण भी एक संविधान

सभा द्वारा 1946 से 1949 के मध्य किया गया, परंतु इसका यह आशय नहीं लिया जाना चाहिए कि निर्मित संविधानों का विकास नहीं होता। अंतर मात्र इतना है कि जहां विकसित संविधान विकास के परिणाम होते हैं वहीं निर्मित संविधानों का विकास निर्माण के बाद होता है।

लिखित संविधान

उन संविधानों को लिखित संविधान कहा जाता है जिनकी रचना निश्चित समय पर एक निश्चित इकाई द्वारा की गई होती है। एक विस्तृत प्रपत्र के रूप में अधिकतम संभावित व्याख्या सहित इनका निर्माण किया जाता है। सभी निर्मित संविधान लिखित होते हैं। इस प्रकार के संविधानों में शासन की समस्त संस्थाओं के गठन तथा उनकी कार्य-प्रक्रिया का विस्तृत उल्लेख होता है। संविधान की संशोधन-प्रक्रिया का भी इनमें उल्लेख होता है। भारत तथा संयुक्त राज्य अमरीका के संविधान इसके उदाहरण हैं।

लिखित संविधान के गुण

- **स्पष्टता या निश्चितता (Clarity or Certainty):** लिखित संविधान में लिपिबद्धता के कारण स्पष्टता या निश्चितता होती है। इसमें विवाद की न्यूनतम संभावना होती है, क्योंकि शासन के विभिन्न अंगों तथा उनकी कार्यप्रणाली आदि के बारे में लिखित संविधान में विस्तृत विवरण विद्यमान होता है।
- **स्थायित्व (Stability):** लिखित संविधान में व्यवस्था की परिचालन विषयक सभी बातें लिपिबद्ध होती हैं। इसके परिणामस्वरूप राजनीतिक दलों के लिए यह संभव नहीं हो पाता है कि वे अपने दलीय हितों के लिए संविधान का दुरुपयोग कर सकें। लिखित संविधान प्राय: कठोर भी होते हैं। ऐसी स्थिति में यह स्थायित्व और भी बढ़ जाता है।
- **अधिकारों की सुरक्षा (Protection of Right):** लिखित संविधान में मुख्य बातें लिपिबद्ध होने के कारण नागरिकों के अधिकार भली-भांति सुरक्षित होते हैं। सरकार के लिए भी यह संभव नहीं हो पाता है कि वह नागरिक अधिकारों का उल्लंघन करें। यदि ऐसा होता है तो नागरिक अपने अधिकारों की रक्षा के लिए न्यायालय की शरण ले सकते हैं।
- **संघात्मक व्यवस्था के लिए अपरिहार्य (Indispensable of Federal System):** संघात्मक प्रणाली वाले देशों में लिखित संविधान होना अनिवार्य है क्योंकि केंद्र और घटक इकाइयों के मध्य शक्तियों का वितरण लिखित संविधान के माध्यम से ही किया जा सकता है।

लिखित संविधान के दोष

- **कठोरता (Rigidity):** लिखित संविधान प्राय: कठोर होता है। इसमें संशोधन की एक विशिष्ट पद्धति होती है। इसमें आसानी से संशोधन कर पाना संभव नहीं होता है। यह कठोरता संविधान के परिवर्तनशील परिस्थितियों के अनुकूल बने रहने के मार्ग में बाधक सिद्ध होती है।
- **क्रांति की संभावना (Possibility of Revolution):** लिखित संविधान में विद्यमान कठोरता के तत्व के कारण इसमें संशोधन करना नितांत कठिन होता है। ऐसी स्थिति में जन-असंतोष के चलते क्रांति की पूरी-पूरी संभावना होती है।
- **देश के विकास में बाधक (Hindrance in the Development of the Country):** लिखित संविधान में शासन की प्रत्येक इकाई की संरचना और कार्यकरण निश्चित होता है। इसमें आसानी से परिवर्तन करना भी संभव नहीं होता। इसका परिणाम यह होता है कि बदलती हुई परिस्थितियों के अनुकूल लिखित संविधान में परिवर्तन कर सकना संभव नहीं होता। ऐसी स्थिति में यह देश के विकास में सहायक बनने के स्थान पर बाधक सिद्ध होता है।

अलिखित संविधान

अलिखित संविधान उन संविधानों को कहते हैं जो या तो पूर्ण रूप से अथवा अधिकांश रूप में अलिखित होते हैं और जिनमें प्रथाओं, परंपराओं तथा न्यायिक निर्णयों का अनुपात लिखित वैधानिक नियमों से अधिक होता है। शासन की संस्थाओं तथा उनकी कार्य-प्रक्रिया का आधार एक दीर्घ समयकाल के दौरान विकसित प्रथाएं और परंपराएं होती हैं। ऐसे संविधान में संशोधन का प्रश्न नितांत गौण होता है। क्रमिक विकास के साथ-साथ संविधान भी उन्हीं के अनुरूप परिवर्तित होता रहता है, क्योंकि प्रथाएं तथा परंपराएं निरंतर परिवर्तित होती रहती हैं।

संविधानों का लिखित तथा अलिखित में वर्गीकरण सापेक्ष ही हो सकता है। कमोबेश रूप से यह वर्गीकरण यथार्थ कम और मिथ्या अधिक है।

अलिखित संविधान के गुण

- **समय एवं परिस्थिति के अनुकूल (Adjustable to Time and Circumstances):** अलिखित संविधान समय तथा परिस्थितियों के अनुसार परिवर्तित होता रहता है क्योंकि एक तो इसमें परिवर्तन करना आसान होता है और दूसरे यह कि प्रथाओं और परंपराओं में स्वत: ही बदलाव होता रहता है। अलिखित संविधान प्रगति का सहज माध्यम होता है।
- **विद्रोह या क्रांति की संभावना नहीं (No Possibility of Rebellion or Revolution):** चूंकि अलिखित संविधान में आसानी से परिवर्तन हो जाता है अत: राज्य व्यवस्था के संचालन में जन-असंतोष का निवारण आसानी से किया जा सकता है। इस संविधान में किसी मूलभूत परिवर्तन के लिए क्रांति या विद्रोह की आवश्यकता नहीं पड़ती।
- **संकटकाल के लिए अधिक उपयुक्त (Appropriate for Emergency):** अलिखित संविधान संकटकालीन परिस्थितियों के संदर्भ में अधिक उपयुक्त होता है क्योंकि इसमें आवश्यकतानुसार शीघ्रता से परिवर्तन किया जा सकता है।
- **जन-इच्छा के अनुकूल (Based on Popular Will):** अलिखित संविधान मुख्य रूप से प्रथाओं और परंपराओं पर आधारित होता है। इनके अनुपालन की जनता आदी होती है क्योंकि कोई भी परिपाटी लंबे समय तक अनुपालन के उपरांत परंपरा का रूप ग्रहण करती है। इस प्रकार अलिखित संविधान जन-इच्छा के अनुकूल होता है।

अलिखित संविधान के दोष

- **स्थायित्व का अभाव (Absence of Stability):** अलिखित संविधान मुख्य रूप में प्रथाओं और परंपराओं पर आधारित होता है। लिखित संविधान के अभाव में व्यवस्था पर्याप्त अस्थायी होती है।
- **अस्पष्टता (Lack of Clarity):** अलिखित होने के कारण अलिखित संविधान अस्पष्ट और अनिश्चित होता है और आवश्यकता पड़ने पर सत्तारूढ़ दल के द्वारा अपने निहित स्वार्थों के लिए प्रयोग किया जा सकता है। इसके अतिरिक्त अस्पष्टता के चलते न्यायपालिका को संविधान की व्याख्या करने में भी दिक्कत होती है।
- **राजनीतिक दलों के हाथ में खिलौना (Toy in the Hands of Political Parties):** संविधान अलिखित होने के कारण राजनीतिक दलों के लिए यह आसान होता है कि वे अपने दलीय हितों के अनुकूल इसका प्रयोग कर सकें। विशेष रूप से सत्तारूढ़ दल के लिए यह ज्यादा ही आसान होता है।

- **संघात्मक प्रणाली के लिए अनुपयुक्त (Inappropriate for Federal System):** संघात्मक शासन प्रणाली का अनिवार्य लक्षण केंद्र एवं घटक इकाइयों के मध्य शासन की शक्तियों का बंटवारा है। ऐसा तभी संभव है जब संविधान लिखित हो। इसीलिए अलिखित संविधान संघीय प्रणाली के लिए अनुपयुक्त है।

संविधान की परिवर्तनशीलता के आधार

लॉर्ड ब्राइस ने लिखित और अलिखित आधार पर किए गए संविधानों के वर्गीकरण को अस्वीकार करके संविधानों के वर्गीकरण का एक नया आधार प्रदान किया जो उनकी पुस्तक 'Studies in History and Jurisprudence' में प्राप्त होता है। ब्राइस ने संविधान को कठोर या दुष्परिवर्तनशील (Rigid) तथा नमनीय या परिवर्तनशील (Flexible) के रूप में वर्गीकृत किया। इस वर्गीकरण का आधार यह है कि संविधान में संशोधन की क्या प्रक्रिया है?

- **नमनीय या लचीला या परिवर्तनशील संविधान (Flexible Constitution):** नमनीय या परिवर्तनशील संविधान वह है जिसमें उसी प्रक्रिया से संशोधन किया जा सकता हो जिस प्रक्रिया से साधारण कानूनों का निर्माण किया जाता है। इंगलैंड के संविधान को नमनीय संविधान का सबसे अच्छा उदाहरण माना जाता है। स्पष्ट है कि लचीले संविधान वाले देश में साधारण कानून और संवैधानिक कानून में कोई अंतर नहीं होता।
- **कठोर या दुष्परिवर्तनशील संविधान (Rigid Constitution):** कठोर संविधान वह है जिसमें परिवर्तन के लिए विशिष्ट प्रक्रिया अपनाई जाती है जो साधारण विधि-निर्माण प्रक्रिया से भिन्न होती है। जे. डब्ल्यू. गार्नर ने लिखा है, "कठोर संविधान वह है जिसकी उत्पत्ति किसी भिन्न स्रोत से होती है, जो वैधानिक रूप से साधारण कानूनों से ऊंचा स्थान रखता है तथा जिसे भिन्न तरीके से संशोधित किया जा सकता है।" सयुंक्त राज्य अमरीका, स्विट्जरलैंड, फ्रांस तथा आस्ट्रेलिया के संविधान इसी श्रेणी में आते हैं। कठोर संविधान में संशोधन की प्रक्रिया का उल्लेख भी अनिवार्यत: किया जाता है।

नमनीय या लचीले संविधान के गुण

नमनीय या लचीले संविधान के विषय में लॉर्ड ब्राइस ने स्वयं कहा है कि इस शब्द से अंतग्राह्यता, स्थिति स्थापना और मौन विकास के सिद्धांत स्वयमेव अभिव्यक्त हो जाते हैं। लचीले संविधान के मुख्य गुण निम्नलिखित हैं-

- **बदलती आवश्यकताओं के अनुरूप (Fit for Changing Needs):** लचीले संविधान में आसानी से परिवर्तन किया जा सकता है इसलिए इस कोटि का संविधान हमेशा परिवर्तनशील आवश्यकताओं के अनुरूप परिवर्तित होता रहता है। ऐसा संविधान राष्ट्र की प्रगति के मार्ग में बाधक नहीं वरन् सहायक सिद्ध होता है। ब्रिटेन के पिछले 1000 वर्षों का इतिहास संविधान के लचीलेपन के कारण ही बिना किसी अवरोध के अनवरत गति से चलता आ रहा है।
- **संकटकाल के लिए उपयुक्त (Fit for Emergent Situations):** यह संविधान विशेष परिस्थितियों में उपयुक्त सिद्ध होता है। **"नमनीय संविधान को संकटकालीन स्थिति के अनुकूल मार्ग बनाने के लिए ठीक उसी प्रकार खींचा या झुकाया जा सकता है जिस प्रकार किसी वृक्ष की शाखाओं को किसी वाहन के निकलने के लिए हटा दिया जाए और जैसे ही वाहन निकल जाए शाखाएं पुनः अपने स्थान पर वापस आ जाएं।"** संकटकालीन परिस्थितियों में इस श्रेणी के संविधान में परिवर्तन आसान होता है।
- **क्रांति की न्यूनतम संभवाना (Minimum Possibility of Revolution):** लचीले संविधान को आसान और बाधाहीन तरीके से बदला जा सकता है अतएव लचीले संविधान वाले देश में क्रांति की न्यूनतम संभावना होती है। क्रांतियां तभी होती हैं जब संविधान में बदलती हुई परिस्थितियों के अनुकूल परिवर्तन न किया जा सके। ब्रिटेन का विगत इतिहास इसे भली-भांति व्याख्यायित कर देता है। यूरोप के सभी राष्ट्रों में आधुनिक काल में परिवर्तन क्रांतियों के माध्यम से हुए जबकि ब्रिटेन में शांतिपूर्ण तरीके से सत्ता राजा के हाथों से निकल कर संसद के हाथों में आ गई। इसके विपरीत, जैसा कि फ्रीमैन ने लिखा है, **"आपत्तिकाल में किसी दुष्परिवर्तनशील संविधान को जनता क्रोधावेश में या उग्र आंदोलन काल में बिल्कुल ही नष्ट कर सकती है।"** यह अपेक्षाकृत आसानी से लोगों की भावनाओं, उनकी आवश्यकताओं तथा आकांक्षाओं का अनुभव कर सकता है।
- **राजनीतिक जीवन का सच्चा दर्पण (True Mirror of Political Life):** इस प्रकार का संविधान राष्ट्र की बदलती हुई परिस्थितियों के अनुसार परिवर्तित होता रहा है। यह कठोर संविधान की भांति विद्यमान परिस्थितियों से पीछे नहीं रहता। इस कारण यह माना जाता है कि लचीला संविधान राजनीतिक जीवन का सच्चा दर्पण होता है।

नमनीय या लचीले संविधान के दोष

- **अस्थिरता (Instability):** नमनीय या लचीले संविधान में आसानी से परिवर्तन किया जा सकता है। कोई भी सरकार अपने निहित स्वार्थों के लिए सहज ही नमनीय संविधान में परिवर्तन करने की दिशा में उन्मुख हो सकती है। इसका परिणाम राजनीतिक अस्थिरता के रूप में निकलता है। यहां यह कथन उल्लेखित करना समीचीन होगा कि **"जन विरोध के क्षणिक झोंके में मूल्यवान सिद्धांतों तथा संस्थाओं का उन्मूलन हो सकता है और इस प्रकार प्राचीनता तथा अटूट परंपरा द्वारा प्रदत्त स्थिरता का नाश हो सकता है।"** चतुर राजनीतिज्ञ और नेता सहज ही स्थिति का लाभ उठाकर अपनी इच्छाओं के अनुसार इसमें परिवर्तन कर सकते हैं।
- **समुचित राजनीतिक प्रशिक्षण के अभाव में उपयुक्त नहीं (Not Appropriate in the Absence of Sufficient Political Training):** लचीला संविधान उन देशों के अनुकूल नहीं है जहां नागरिक राजनीतिक दृष्टि से शिक्षित या प्रशिक्षित न हों। इस प्रकार प्रशिक्षण में व्यवस्था के रक्षण की दृष्टि से दो बातों का होना अत्यंत आवश्यक है—पहला यह कि नागरिकों को अपने राजनीतिक अधिकारों तथा कर्तव्यों का समुचित ज्ञान होना चाहिए और दूसरा यह कि नागरिकों को अत्यंत चौकन्ना रहना चाहिए ताकि संविधान का उल्लंघन न हो सके। राजनीतिक दृष्टि से अप्रशिक्षित तथा उदासीन लोग अपने स्वार्थी नेताओं को केवल राजनीतिक लाभों की खातिर संविधान में संशोधन करने से रोकने में समर्थ नहीं हो सकते।
- **नागरिकों के मौलिक अधिकारों की रक्षा करने में असमर्थ (Incapable in Protecting the Fundamental Rights of Citizens):** आलोचकों का मत है कि लचीला संविधान लिपिबद्ध न होने के कारण नागरिकों के मौलिक अधिकारों की रक्षा करने में उतना समर्थ नहीं होता जितना कि कठोर संविधान। विशेष रूप से अल्पसंख्यक वर्ग (Minorities) के हित तो इस प्रणाली में और भी असुरक्षित होते हैं। किसी भी सरकार के लिए अपने हितों को मद्देनजर रखते हुए नागरिकों के अधिकारों में कटौती आम बात है। के.सी. व्हीयर ने लिखा है, "... इस प्रकार का संविधान, जो संख्यात्मक लोकप्रिय बहुमत द्वारा आसानी से परिवर्तित किया जा सकता है, अल्पसंख्यकों के अधिकारों को नष्ट कर सकता है।"

- **संघात्मक शासन के लिए उपयुक्त नहीं (Not fit for Federal Systems):** लचीला संविधान संघात्मक राज्यों के लिए अनुपयुक्त है। संघात्मक राज्यों के संविधान में केंद्र और घटक इकाइयों के मध्य शक्तियों का अनिवार्य वितरण होता है जिसमें परिवर्तन के लिए संघ और घटक इकाइयों, दोनों की स्वीकृति आवश्यक है। इस प्रकार की स्वीकृति तभी संभव है जब संविधान संशोधन की पद्धति साधारण विधि निर्माण प्रक्रिया से भिन्न हो अर्थात् जब संविधान कठोर हो।

कठोर या दुष्परिवर्तनशील संविधान के गुण

- **स्पष्टता एवं निश्चितता (Clarity and Certainty):** कठोर संविधान स्पष्ट एवं निश्चित होता है। इसमें शासन के प्रत्येक अंग की शक्तियां, उनके आपसी संबंध एवं सरकार के नागरिकों से संबंध सुपरिभाषित एवं लिखित होते हैं। इसमें विवाद पैदा होने की न्यूनतम संभावना होती है।
- **स्थायित्व (Stability):** कठोर संविधान में परिवर्तन करना आसान नहीं होता है क्योंकि इस प्रकार के संविधान में परिवर्तन करने हेतु विशेष विधायी प्रक्रिया की आवश्यकता होती है। इससे राजनीतिक जीवन में स्थायित्व बना रहता है। कठोर संविधान में इस बात की संभावना न्यूनतम रहती है कि सत्तारूढ़ दल द्वारा अपने राजनीतिक हितों की पूर्ति की दृष्टि से कोई उल्टे-सीधे बदलाव किए जाएं।
- **नागरिकों के अधिकारों की बेहतर रक्षा (Better Protection of the Rights of Citizens):** कठोर संविधान बेहतर ढंग से नागरिकों के अधिकारों की रक्षा करता है। ध्यातव्य है कि इसमें नागरिकों के अधिकार लिपिबद्ध होते हैं अतएव नागरिकों के अधिकारों के संबंध में किसी प्रकार के विवाद की स्थिति में संविधान का आश्रय लिया जा सकता है। इस प्रकार के संविधानों में नागरिकों के अधिकारों; जिन्हें मौलिक अधिकारों के नाम से जाना जाता है, की रक्षा का विशेष प्रबंध किया जाता है।
- **संघात्मक राज्यों के लिए उपयुक्त (Fit for Federal States):** इस प्रकार का संविधान संघात्मक राज्यों के लिए पूर्णतया उपयुक्त होता है। संघीय राज्य में केंद्र और संघ की घटक इकाइयों के मध्य शक्तियों का वितरण किया जाता है। स्वाभाविक है कि यह वितरण लिपिबद्ध होना चाहिए और यह व्यवस्था होनी चाहिए कि शक्ति-वितरण की इस योजना में किसी प्रकार का परिवर्तन आसानी से न हो। यह कठोर संविधान में ही संभव है जो लिपिबद्ध भी होता है और जिसमें आसानी से परिवर्तन भी संभव नहीं होता।

कठोर या दुष्परिवर्तनशील संविधान के दोष

- **बदलती हुई परिस्थितियों के लिए उपयुक्त नहीं (Not Fit for Changing Circumstances):** लास्की ने लिखा है कि **"कोई भी संविधान अपने निर्माण के समय की परिस्थितियों को प्रकाशित करता है।"** ऐसी स्थिति में यह स्वाभाविक है कि समय बीतने के साथ संविधान के उपबंध पुरातन और निरर्थक हो जाते हैं। संविधान नवीनतम सामाजिक और राजनीतिक आवश्यकताओं के अनुकूल रहे, इसके लिए यह आवश्यक है कि उसमें सतत परिवर्तन किए जाते रहें। यहां कठोर संविधान कमजोर सिद्ध होता है। संशोधन की प्रक्रिया विशिष्ट होने के नाते इसमें संशोधन करना कठिन होता है। परिणामस्वरूप यह बदलती हुई आवश्यकताओं के अनुरूप नहीं सिद्ध हो पाता। इस संदर्भ में एक विशेषज्ञ का कथन है कि **"कठोर संविधान व्यक्ति के उज्ज्वल भविष्य एवं चतुर्मुखी विकास पर ध्यान दिए बिना ही हमेशा एक पोशाक फिट कर देने के समान है।"**
- **क्रांति की संभावना (Possibility of Revolution):** कठोर संविधान युग की बदलती परिस्थितियों के अनुसार परिवर्तित नहीं होता है। इसका परिणाम यह होता है कि संविधान परिवर्तन या बदलाव का माध्यम नहीं बन पाता। ऐसी स्थिति में कठोर संविधान सहज ही क्रांति का कारण सिद्ध होता है।
- **संकटकाल के लिए अनुपयुक्त (Unfit for Emergency):** कठोर संविधान में परिवर्तन करने के लिए एक विशिष्ट प्रक्रिया की आवश्यकता होती है। इस कारण कठोर संविधान में परिवर्तन करना कठिन होता है। इसका परिणाम यह होता है कि आपातकालीन परिस्थितियों में, जब त्वरित निर्णय की आवश्यकता होती है, कठोर संविधान में संशोधन कर पाना कठिन होता है।
- **न्यायपालिका का अनुचित प्रभाव (Undue Influence of Judiciary):** कठोर संविधान वाले देशों में न्यायपालिका को व्यवस्थापिका द्वारा निर्मित कानूनों की संवैधानिकता या वैधता के परीक्षण का अधिकार होता है। अमेरिका जैसे कठोर संविधान वाले राष्ट्र में न्यायालय द्वारा इस कार्य का संपादन **"विधि की यथोचित प्रक्रिया"** (Due Process of Law) के आधार पर किया जाता है। इसका परिणाम यह होता है कि सर्वोच्च न्यायालय व्यवस्थापिका (कांग्रेस) का स्थान ग्रहण कर लेता है जिसे किसी भी दृष्टि से उचित नहीं कहा जा सकता।

निष्कर्ष रूप में यह कहा जा सकता है कि लचीले और कठोर-दोनों प्रकार के संविधानों के अपने-अपने गुण और दोष हैं। प्राय: सभी लचीले संविधान अलिखित होते हैं और कठोर संविधान लिखित होते हैं। कुछ विशेषज्ञों का मत है संविधानों का लचीलें एवं कठोर के रूप में वर्गीकरण निरर्थक है क्योंकि "संविधान का लचीलापन एवं कठोरता लिखित प्रावधानों के आकार अथवा संशोधन की प्रक्रिया पर उतना निर्भर नहीं करता जितना यह लोगों के चरित्र या स्वभाव पर निर्भर करता है। उदाहरणार्थ, इंग्लैंड के लोग रूढ़िवादी हैं। परिणामस्वरूप उनका संविधान लचीले संविधान का आदर्श नमूना होते हुए भी रूढ़िवादी चरित्र धारण किए हुए है। दूसरी ओर सं.रा. अमेरिका का संविधान अपनी कठोरता के लिए कुख्यात है फिर भी इसे न केवल औपचारिक संशोधन की प्रक्रिया द्वारा वरन् अन्य माध्यमों जैसे कार्यकारी आदेशों, न्यायिक निर्णयों आदि द्वारा संशोधित किया गया है। सं.रा. अमेरिका के लोग गर्व से कहते हैं कि यद्यपि अभी तक वहां सन् 1787 के फिलाडेल्फिया सम्मेलन द्वारा निर्मित संविधान लागू है, परंतु यह वह वस्तु नहीं है जिसका निर्माण महान संस्थापकों ने किया था।"

आदर्श संविधान के लक्षण

आदर्श या अच्छे संविधान के सर्वमान्य लक्षणों की विवेचना कठिन कार्य है क्योंकि विभिन्न परिवेश में अलग-अलग प्रकार के संविधान आदर्श सिद्ध हो सकते हैं। उदाहरण के लिए, ब्रिटिश परिस्थितियों में अलिखित और परिवर्तनशील संविधान पर्याप्त सफल सिद्ध हुआ है। जबकि सं.रा. अमेरिका में लिखित और कठोर संविधान। परिवेश के साथ-साथ जनमानस की मानसिकता भी इस दिशा में महत्वपूर्ण भूमिका का निर्वाह करती है, फिर भी सामान्य रूप से एक आदर्श संविधान में निम्नलिखित विशेषताएं होनी चाहिए-

1. **स्पष्टता (Clarity):** संविधान एक वैधानिक प्रपत्र (Legal Document) होता है जिसमें तकनीकी भाषा का प्रयोग किया जाता है, परंतु यदि इसके प्रावधानों की भाषा आवश्यकता से अधिक कानूनी होगी तो जनसाधारण के लिए इसे समझ पाना कठिन हो जाएगा। जनता के भली-भांति न समझ पाने की स्थिति में संविधान का क्रियान्वयन कठिन हो जाएगा। अतएव अच्छे संविधान की भाषा सरल और प्रावधान स्पष्ट होने चाहिए। संविधान के तकनीकी स्वरूप के कारण ही उसे **'वकीलों का स्वर्ग'** (Lawyer's Paradise) कहा जाता है।
2. **मध्य आकार (Middle Size):** संविधान आकार की दृष्टि से न तो अत्यंत संक्षिप्त होना चाहिए और न अत्यंत वृहदाकार। यदि यह अत्यंत संक्षिप्त होगा तो इसमें तमाम महत्वपूर्ण विवरण छूट जायेंगे जो आगे चलकर समस्या पैदा

कर सकते हैं। यही नहीं संवैधानिक उपबंधों के संदर्भ में किसी प्रकार का मतभेद होने की स्थिति में इसकी व्याख्या का कार्य न्यायालय द्वारा किया जाता है। इस प्रकार संविधान की संक्षिप्तता न्यायालय को अत्यधिक शक्तिसंपन्न बना देती है। दूसरी ओर यदि संविधान अत्यधिक विस्तृत होगा तो इसकी जटिलता बढ़ जाएगी। यही नहीं तब संविधान के उपबंधों तथा साधारण विधि में कोई विशेष अंतर नहीं रह जाएगा। यह स्थिति भी राज्य के लिए अच्छी नहीं है। इसलिए विद्वत्जनों की आम धारणा यही है कि संविधान का आकार मध्यम होना चाहिए।

स्मरणीय तथ्य

- प्रत्येक राज्य को अपने को परिचालित करने के लिए एक पद्धति या व्यवस्था की आवश्यकता होती है जिस पर यह अपनी सरकार को आधारित करता है। इस व्यवस्था के अभाव में राज्य महज एक अराजक इकाई बनकर रह जाएगा। राजनीति विज्ञान की शब्दावली में इसी व्यवस्था को संविधान (Constitution) कहते हैं।
- संकुचित और व्यापक दोनों अर्थों या संदर्भों में किया जाता है। संकुचित अर्थ में संविधान का आशय राज्य की उस नियमावली से होता है जो एक या अनेक प्रपत्रों में लिखित होती है। व्यापक अर्थ में, इसका प्रयोग किसी देश की शासन-पद्धति का स्वरूप बताने के लिए किया जाता है।
- संविधान का आशय लिखित अथवा नियमों के उस समूह से है जो किसी राज्य-संगठन के स्वरूप, सरकार के विभिन्न अंगों की सरंचना और उनके अधिकार-क्षेत्र, सरकार के विभिन्न अंगों के पारस्परिक संबंध तथा राज्य एवं व्यक्ति के मध्य संबंधों की चर्चा करता है।
- ब्रिटेन का संविधान विकसित संविधान का सर्वश्रेष्ठ नमूना है।
- निर्मित संविधान का सबसे पहला दृष्टांत अमेरिका का संविधान है जिसका निर्माण तत्कालीन 13 राज्यों द्वारा फिलाडेल्फिया सम्मेलन (Philadelphia Convention) के माध्यम से किया गया।
- अलिखित संविधान समय तथा परिस्थितियों के अनुसार परिवर्तित होता रहता है।
- ब्राइस ने संविधान को कठोर या दुष्परिवर्तनशील (Rigid) तथा नमनीय या परिवर्तनशील (Flexible) के रूप में वर्गीकृत किया। इस वर्गीकरण का आधार यह है कि संविधान में संशोधन की क्या प्रक्रिया है?
- नमनीय या लचीले संविधान के विषय में लॉर्ड ब्राइस ने स्वयं कहा है कि इस शब्द से अंतग्राह्यता, स्थिति स्थापना और मौन विकास के सिद्धांत स्वयमेव अभिव्यक्त हो जाते हैं।
- लचीला संविधान लिपिबद्ध न होने के कारण नागरिकों के मौलिक अधिकारों की रक्षा करने में उतना समर्थ नहीं होता जितना कि कठोर संविधान।
- कठोर संविधान में परिवर्तन करने के लिए एक विशिष्ट प्रक्रिया की आवश्यकता होती है। इस कारण कठोर संविधान में परिवर्तन करना कठिन होता है।

❑❑❑

अध्याय **2**

संसदीय और अध्यक्षीय सरकार

व्यवस्थापिका और कार्यपालिका के मध्य संबंधों के आधार पर लोकतांत्रिक सरकारें दो प्रकार की हो सकती हैं: संसदात्मक या संसदीय (Parliamentary) तथा अध्यक्षात्मक या अध्यक्षीय (Presidential)। यदि व्यवस्थापिका तथा कार्यपालिका एकीकृत हैं और उनमें घनिष्ठ संबंध पाया जाता है तो ऐसी सरकार को संसदीय सरकार की संज्ञा दी जाती है, परंतु यदि सरकार की कार्यपालिका और व्यवस्थापकीय शाखाएं परस्पर पृथक् और स्वतंत्र हैं और एक-दूसरे को परस्पर नियंत्रित करती हैं तो ऐसी प्रणाली को अध्यक्षीय सरकार की संज्ञा दी जाती है। इस प्रणाली में कार्यपालिका का प्रधान संवैधानिक दृष्टि से अपने कार्यकाल के लिए व्यवस्थापिका से स्वतंत्र होता है और अपनी नीतियों अथवा कार्यों के लिए उसके प्रति किसी भी रूप में उत्तरदायी नहीं होता है। यदि ब्रिटेन संसदीय शासन का सर्वोत्तम नमूना है तो अध्यक्षीय शासन का सर्वश्रेष्ठ नमूना अमेरिका की राजनीतिक व्यवस्था है। फ्रांस तथा श्रीलंका जैसे देशों में दोनों प्रणालियों का विचित्र मिश्रण देखा जा सकता है।

"संसदीय प्रणाली वह प्रणाली है, जिसमें वास्तविक कार्यपालिका, मंत्रिमंडल या मंत्रिपरिषद् अपनी राजनीतिक नीतियों तथा कार्यों के लिए प्रत्यक्षत: तथा कानूनी दृष्टि से व्यवस्थापिका अथवा इसकी एक शाखा (जो आमतौर से लोकप्रिय सदन होता है) के प्रति उत्तरदायी होती है और इसके माध्यम से अंतत: निर्वाचक मंडल के प्रति उत्तरदायी होती है जबकि नाममात्र के प्रधान की स्थिति उत्तरदायित्व विहीन होती है।"

संसदीय सरकार

"संसदीय शासन, शासन के उस प्रारूप को कहा जाता है जिसमें प्रधानमंत्री और मंत्रिपरिषद् अर्थात् वास्तविक कार्यपालिका अपने कार्यों के लिए कानूनी दृष्टि से व्यवस्थापिका के प्रति उत्तरदायी होती है। चूंकि आधुनिक राज्यों की व्यवस्थापिका के दो सदन होते हैं। अत: मंत्रिमंडल वास्तव में उस सदन के नियंत्रण में होता है जिसे वित्तीय मामलों में अधिक शक्ति प्राप्त होती है और जो निर्वाचकों का भी सीधे ढंग से प्रतिनिधित्व करता है।" इस प्रकार संसदीय सरकार हम उस सरकार को कहते हैं जिसमें वास्तविक कार्यपालिका संसद के निम्न अथवा लोकप्रिय सदन (Popular Chamber) के प्रति उत्तरदायी होती है। चूंकि संसदीय प्रणाली के केंद्र में 'मंत्रिमंडल' या 'कैबिनेट' होता है अतएव इसे **'कैबिनेट सरकार'** (Cabinet Govt.) भी कहते हैं।

संसदीय शासन प्रणाली की विशेषताएं

ब्रिटेन संसदीय शासन प्रणाली की जन्म-स्थली है। इसके अतिरिक्त कनाडा, ऑस्ट्रेलिया और भारत जैसे राष्ट्रों में भी इस प्रणाली को अपनाया गया है। इस प्रणाली की मुख्य विशेषताएं निम्नलिखित हैं–

- **नाममात्र की कार्यपालिका और वास्तविक कार्यपालिका में अनिवार्य अंतर (Essential difference between Nominal and Actual Executive):** संसदीय शासन प्रणाली में नाममात्र की कार्यपलिका और वास्तविक कार्यपालिका में अनिवार्य अंतर पाया जाता है। नाममात्र के प्रधान या राज्याध्यक्ष (वह सम्राट, राष्ट्रपति या चांसलर हो सकता है) में औपचारिक रूप से समस्त कार्यपालिकीय शक्तियां निहित होती हैं। ब्रिटेन का सम्राट या भारत का राष्ट्रपति नाममात्र की कार्यपालिका के उदाहरण हैं, जबकि वास्तव में कार्यपालिकीय शक्तियां एक मंत्रिपरिषद् में निहित होती हैं, जिसका प्रधान प्रधानमंत्री होता है। मंत्रिपरिषद् अपनी नीतियों और कार्यों के लिए संसद के लोकप्रिय सदन (लोकसभा) के प्रति उत्तरदायी होती है। नाममात्र की यह कार्यपालिका, चाहे वह ब्रिटिश सम्राट की भांति वंशानुगत हो अथवा भारतीय राष्ट्रपति की भांति निर्वाचित, वास्तविक कार्यपालिका अर्थात् प्रधानमंत्री और उसकी मंत्रणा से अन्य मंत्रियों की नियुक्ति करती है। शासन के सभी महत्वपूर्ण निर्णय वास्तविक कार्यपालिका द्वारा लिए जाते हैं परंतु ये निर्णय नाममात्र की कार्यपालिका के नाम पर लिए जाते हैं।
- **व्यवस्थापिका और कार्यपालिका में घनिष्ठ संबंध (Close relation between Legislature and Executive):** इस प्रकार की शासन प्रणाली में व्यवस्थापिका और कार्यपालिका एक-दूसरे से पृथक् ने होकर परस्पर घनिष्ठ रूप से संबंधित होती हैं।

  वास्तविक कार्यपालिका के सदस्य व्यवस्थापिका के भी सदस्य होते हैं। मंत्रिजनों के लिए व्यवस्थापिका के किसी-न-किसी सदन का सदस्य होना अनिवार्य है। इसी प्रकार मंत्रिपरिषद् और प्रधानमंत्री उसी दल का होता है जिसका निम्न अथवा लोकप्रिय सदन (Lower or Popular House) में बहुमत होता है।

  प्राय: व्यवस्थापिका में वही विधेयक पारित होते हैं जो मंत्रियों द्वारा प्रस्तुत होते हैं। मंत्रिपरिषद् अपने पद पर तभी तक आसीन रहती है जब तक इसे लोकप्रिय सदन में बहुमत प्राप्त रहे। लोकप्रिय सदन द्वारा सरकार के विरुद्ध अविश्वास प्रस्ताव पारित कर देने पर सरकार अपदस्थ हो जाती है।
- **सामूहिक उत्तरदायित्व (Collective Responsibility):** व्यवस्थापिका के प्रति वास्तविक कार्यपालिका का उत्तरदायित्व इस प्रणाली की सबसे मुख्य विशेषता है। इसका अभिप्राय यह है कि मंत्रिपरिषद् अपने अस्तित्व में तभी तक बनी रहती है जब तक कि इसे व्यवस्थापिका (यदि व्यवस्थापिका द्विसदनात्मक है तो व्यवस्थापिका का निचला सदन) के बहुमत का समर्थन प्राप्त होता रहे। प्रशासनिक नीति का निर्धारण और उनका क्रियान्वयन मंत्रिपरिषद् एक सामूहिक इकाई के रूप में करती है। इसके बारे में कहा जाता है कि **"वे एक साथ तैरते और डूबते हैं।"**

  मंत्रिपरिषद् के निर्णय सामूहिक आधार पर लिए जाते हैं। यदि किसी मंत्री द्वारा प्रस्तावित नीति या विधेयक सदन में पारित न हो पाए तो सामूहिक उत्तरदायित्व के सिद्धांत के अंतर्गत मात्र उस मंत्री को नहीं वरन् पूरी मंत्रिपरिषद् को पदत्याग करना पड़ता है। इसी प्रकार यदि सदन द्वारा किसी

एक मंत्री के विरुद्ध अविश्वास का प्रस्ताव पारित कर दिया जाए तो इसे पूरी मंत्रिपरिषद् में अविश्वास समझा जाता है और ऐसी स्थिति में पूरी मंत्रिपरिषद् को पदत्याग करना होता है। संसदीय प्रणाली का यह मूलभूत सिद्धांत है यद्यपि कार्यपालिका पर व्यवस्थापिका का नियंत्रण अब बहुत कमजोर हो चुका है।

मंत्रिगण व्यक्तिगत उत्तरदायित्व के सिद्धांत से भी बंधे होते हैं जिसका आशय यह हुआ कि प्रधानमंत्री किसी भी समय किसी मंत्री को अपना पद छोड़ने के लिए कह सकता है।

- **प्रधानमंत्री का नेतृत्व (Leadership of the Prime Minister):** संसदीय शासन प्रणाली में प्रधानमंत्री '**शासन का प्रधान**' (Head of the Government) होता है और नाममात्र का प्रधान उसके परामर्श से अपने कार्य संपन्न करता है। वह "**राज्य का वास्तविक कार्यकारी अध्यक्ष**" है। वह शासन का मुख्य प्रवक्ता, मंत्रिमंडल का आधार-स्तंभ, लोकप्रिय सदन का नेता तथा राष्ट्रीय प्रशासन का प्रधान संचालक होता है। ब्रिटिश संवैधानिक विशेषज्ञों ने शासन में प्रधानमंत्री की स्थिति को इंगित करने के लिए अनेक उपमाओं का प्रयोग किया है। उसे "**नक्षत्रों के मध्य चंद्रमा**" (A Moon among the stars), "**सौर मंडल के ग्रहों के मध्य सूर्य**" (The Sun round which planets revolve), "**मत्रिमंडल रूपी मेहराब का आधारभूत पत्थर**" (Key-stone of the Cabinet Arch), "**शासन के जहाज का प्रधान चालक**" (Pilot of the ship of the state), "**समकक्षों में प्रथम**" (First among equals) जैसी संज्ञाओं से विभूषित किया गया है। **लास्की** के शब्दों में, "**प्रधानमंत्री मंत्रिमंडल के निर्माण, जीवन तथा मरण में केंद्रीय है।**" उसी के परामर्श पर राज्याध्यक्ष द्वारा मंत्रियों की नियुक्ति और उन्हें उनके पद से हटाया जाता है, व्यस्थापिका के अधिवेशन को आहूत या अवसान किया जाता है तथा युद्ध एवं शांति की घोषणा की जाती है इस प्रकार सही अर्थों में वह शासन का प्रधान होता है। **डी.वी. वर्नी** के शब्दों में, "**... मुख्य कार्यपालक, विधायक तथा प्रशासक के रूप में प्रधानमंत्री बहुत शक्तिशाली व्यक्ति है। सब कुछ इस बात पर निर्भर करता है कि वह किस प्रकार अपनी स्थिति का प्रयोग करना चाहता है और कितनी सफलता से वह अपने कुछ उत्तरदायित्वों का प्रत्यायोजन (Delegate) करता है।**"
- **राजनीतिक समरूपता (Political Homogeneity):** संसदीय शासन प्रणाली की एक और विशेषता इसका राजनीतिक दृष्टि से समरूप होना है। इसका आशय यह है कि मंत्रिपरिषद् के सभी सदस्य उस दल के होते हैं जिसे व्यवस्थापिका के लोकप्रिय सदन के बहुमत का समर्थन प्राप्त होता है। यह भी संभव है कि किसी दल का स्पष्ट बहुमत न होने की स्थिति में दो या दो से अधिक राजनीतिक दल मिलकर एक संयुक्त सरकार बना लें परंतु इसे अपवाद स्वरूप ही लिया जाना चाहिए। यह भी हो सकता है कि अपने दल का बहुमत होते हुए भी प्रधानमंत्री किसी अन्य दल के सदस्य को अपनी मंत्रिपरिषद् में स्थान दें। ऐसी सरकार को राष्ट्रीय सरकार कहा जाता है और सामान्यतया संकट की स्थिति में इसका निर्माण किया जाता है। सरकार के सदस्य न केवल राजनीतिक दल की सदस्यता की दृष्टि से समरूप होने चाहिए वरन् उनके विचार भी लगभग एक जैसे होने चाहिए। राजनीतिक समरूपता के अभाव में प्राय: शासन में ऊहापोह की स्थिति बनी रहती है।
- **अनिश्चित कार्यकाल (Indefinite Tenure):** संसदीय शासन प्रणाली में कार्यपालिका या सरकार का कार्यकाल अनिश्चित होता है। सरकार उसी समय तक अपने पद पर विद्यमान रहती है जब तक इसे व्यवस्थापिका के लोकप्रिय सदन के बहुमत का समर्थन प्राप्त रहे। यदि किसी समय किसी मंत्री द्वारा रखा गया कोई विधेयक सदन में पराजित हो जाए अथवा सरकार के विरुद्ध अविश्वास प्रस्ताव पारित हो जाए तो सरकार को अपने पद से इस्तीफा देना पड़ता है।

संसदीय शासन प्रणाली के गुण

किसी प्रतिनिधिकारी लोकतंत्र द्वारा अन्वेषित शासन तंत्रों में संसदीय शासन प्रणाली एकमात्र ऐसी व्यवस्था है जो सरकार की व्यवस्थापकीय और कार्यपालिकीय शाखाओं के मध्य मधुर और सामंजस्यपूर्ण संबंध सुनिश्चित करती है। अत: संसदीय शासन प्रणाली में अमेरिका की राजनीतिक व्यवस्था जैसी स्थिति पैदा नहीं होती कि राष्ट्रपति तो एक दल का है और व्यवस्थापिका (कांग्रेस) में बहुमत दूसरे दल का है। संसदात्मक शासन प्रणाली के मुख्य **गुण** निम्नलिखित हैं-

- **प्रतिनिधिमूलक लोकतंत्र का सर्वश्रेष्ठ उदाहरण (Best example of Representative Democracy):** यह प्रतिनिधिमूलक लोकतंत्र का सर्वश्रेष्ठ नमूना है क्योंकि यह अंतिम रूप से जनता को संप्रभु मानती है। भले ही तात्कालिक उत्तरदायित्व व्यवस्थापिका के प्रति होता हो परंतु सरकार अंतिम रूप से मतदाताओं के प्रति उत्तरदायी होती है जिनका सामना उसे आगामी चुनाव में करना होगा। यह कहा जाता है कि "**संसदीय सरकार विचार-विमर्श के माध्यम से संचालित सरकार है और यह एकमात्र संभव स्व-सरकार है।**" संसदीय सरकार की कर्मठता की प्रति पल जांच होती है और इसका समयबद्ध मूल्यांकन होता रहता है। यदि किसी भी समय जनता के प्रतिनिधियों को यह महसूस होता है कि सरकार के कार्य जनता के हित में नहीं रह गए हैं तो वे सरकार को अपदस्थ कर सकते हैं।
- **योग्य राजनीतिज्ञों का शासन (Rule of able Politicians):** इस प्रकार की शासन प्रणाली में योग्य राजनीतिज्ञों का शासन संभव हो पाता है। जनता योग्य, चरित्रवान और सार्वजनिक कार्यों में अभिरुचि रखने वालों को निर्वाचित कर व्यवस्थापिका में भेजती है। बहुमत प्राप्त दल को ही सरकार गठित करने का अवसर प्राप्त होता है जिनका प्रधान प्रधानमंत्री होता है। प्रधानमंत्री अपने मंत्रिमंडल के लिए योग्य तथा कुशल मंत्रियों का चयन करता है, फिर प्रत्येक चयनित व्यक्ति को उसकी योग्यता एवं क्षमता के अनुसार विभाग दिए जाते हैं।
- **शासन में स्वेच्छाचारिता का अभाव (Lack of Autocracy in Government):** संसदीय शासन प्रणाली में सरकार के निरंकुश या स्वेच्छाचारी होने की न्यूनतम संभावना होती है क्योंकि यह व्यवस्थापिका के प्रति सदैव उत्तरदायी रहती है। संसद के सदस्य मंत्रियों से प्रश्न पूछते हैं जिनका उत्तर मंत्रियों को संतोषजनक ढंग से देना होता है। इसके अतिरिक्त व्यवस्थापिका द्वारा तमाम तरह के प्रस्ताव सदन में लाए जा सकते हैं, जैसे **काम रोको प्रस्ताव** (Adjournment Motion), **ध्यानाकर्षण प्रस्ताव** (Call-attention Motion), आदि। इन पर चर्चा के दौरान भी सदन के सदस्य सरकारी नीतियों और कार्यप्रणाली की आलोचना कर सकते हैं। इसके अतिरिक्त सदस्य किसी सदस्य के विरुद्ध न्यायिक जांच की मांग कर सकते हैं। अंतत: लोकप्रिय सदन द्वारा सरकार के विरुद्ध अविश्वास का प्रस्ताव पारित करके सरकार को अपदस्थ किया जा सकता है। इस प्रकार संसदीय शासन प्रणाली में सरकार सदैव विरोधी पक्ष के प्रहार के अधीन रहती है।
- **राजनीतिक शिक्षा की दृष्टि से शासन उपयोगी (Useful for Political Education):** संसदीय प्रणाली राजनीतिक दलों के माध्यम से संचालित होती है। प्रत्येक राजनीतिक दल का उद्देश्य चुनाव में विजयी होना और सरकार बनाना होता है। कोई भी राजनीतिक दल निर्वाचन में विजयी तभी हो सकता है जब उसे मतों का बहुमत मिले और मतदाताओं का बड़ा भाग उसके कार्यक्रमों से सहमत हो। इस प्रकार राजनीतिक दल निर्वाचनों के दौरान और सामान्य स्थिति में भी राजनीतिक समस्याओं से जनमानस को अवगत कराते रहते हैं। इससे जनता सहज ही राजनीतिक दृष्टि से शिक्षित होती है।

- **जनमानस के प्रति संवेदनशील (Sensitive to Public Opinion):** संसदात्मक सरकार का आधार जनमत ही होता है इसलिए यह जनमत के प्रति सदैव सजग तथा संवेदनशील होती है। सरकार कभी भी ऐसा कार्य करने से सकुचाती है जिससे जन-सामान्य में उसकी लोकप्रियता में कमी आए। कोई भी सत्तारूढ़ दल जनमत की अवहेलना का साहस नहीं कर सकता। **प्रो. डाइसी का कथन है, ".... ऐसी स्थिति में एक संसदीय मंत्रिमंडल को संसदीय मत के प्रति अति संवेदनशील होना चाहिए। यहीं इसे विधि-निर्माण करते समय जनता की इच्छाओं और कल्पनाओं के प्रति चिन्तित होना चाहिए।"**
- **आवश्यकता के अनुसार परिवर्तन संभव (Change as per need is Possible):** संसदीय शासन प्रणाली में आवश्यकता के अनुसार सरकार में परिवर्तन किया जा सकता है, जबकि अध्यक्षीय व्यवस्था में निर्धारित अवधि में अध्यक्ष में कोई परिवर्तन नहीं किया जा सकता क्योंकि वह जनता द्वारा निर्वाचित होता है। उदाहरण के लिए, द्वितीय विश्वयुद्ध के दौरान ब्रिटिश प्रधानमंत्री चैंबरलेन एक-सुयोग्य प्रधानमंत्री सिद्ध नहीं हुए। परिणामत: सत्तारूढ़ अनुदारवादी दल द्वारा उनके स्थान पर सर विन्स्टन चर्चिल को बिना किसी संवैधानिक दिक्कत के प्रधानमंत्री बना दिया गया। सर्वविदित है कि चर्चिल के नेतृत्व में ब्रिटेन द्वितीय विश्वयुद्ध में विजयी हुआ।
- **कार्यपालिका और व्यवस्थापिका में सामंजस्य (Harmony between Executive and Legislature):** इस प्रणाली में कार्यपालिका और व्यवस्थापिका के मध्य पूर्ण सामंजस्य पाया जाता है। क्योंकि कार्यपालिका के सदस्य व्यवस्थापिका के भी सदस्य होते हैं। लोकप्रिय सदन में बहुमत प्राप्त दल का नेता ही प्रधानमंत्री होता है। इस प्रकार कार्यपालिका अपने कार्यों को सुचारू रूप से चलाने के लिए अच्छे कानून आसानी से बनवा सकती है। यह शासन निर्णयों में तीव्रता तथा कार्यवाही में उत्साह को सुनिश्चित करता है। मंत्रिमंडल गृह और वैदेशिक नीति को प्रभावी ढंग से लागू कर सकता है क्योंकि वह व्यवस्थापिका में अपने बहुमत के प्रति आश्वस्त होता है।
- **शासन का लचीला रूप (Flexible from Government):** संसदीय शासन प्रणाली में हमेशा लचीलापन बना रहता है क्योंकि समय तथा परिस्थिति के अनुसार सरलता से शासन संगठन तथा प्रणाली में परिवर्तन किया जा सकता है। आगामी चुनाव कराने के कठिन कार्य का आश्रय लिए बिना किसी गंभीर संकट का सामना करने के लिए 'राष्ट्रीय सरकार' का गठन किया जा सकता है। संकट के समय चुनावों को स्थगित करने अथवा विपक्षी दलों के नेताओं को सरकार में शामिल करने के लिए प्रधानमंत्री पुन: लोकप्रिय सदन का विश्वास प्राप्त कर सकता है।

संसदीय शासन प्रणाली के दोष

अनेक गुणों के होते हुए भी संसदात्मक शासन प्रणाली में अनेक दोष या कमियां हैं। इनकी चर्चा नीचे की गई है–

- **सरकार में स्थायित्व का अभाव (Absence of Stability in the Government):** संसदीय शासन प्रणाली में सरकार का स्थायित्व काफी हद तक दलीय स्थिति तथा नेतृत्व की कुशलता पर निर्भर करता है। बहुदलीय पद्धति के अंतर्गत तो सरकारों का अस्थायित्व एक आम बात है। अन्य दलीय पद्धतियों के अंर्तगत भी नेतृत्व की अकुशलता या दल के आंतरिक संघर्षों के कारण सरकारें स्थायी नहीं रह पातीं। **एच. सिजविक** ने लिखा है, "... प्रतिनिधि सभा में दल का बहुमत यदि अत्यल्प है अथवा भली-भांति सुसज्जित नहीं है तो यह सहज ही सदन में किसी दलीय गठबंधन से खतरे में पड़ सकता है।" यदि व्यवस्थापिका में कोई दल बहुमत प्राप्त करने की स्थिति में न हो तो सरकार अस्थायी होनी ही है। मिली-जुली सरकारें बार-बार बनती और बिगड़ती हैं।
- **नौसिखियों की सरकार (Government by Amateurs):** संसदीय सरकार की आलोचना 'नौसिखियों की सरकार' के रूप में भी की जाती है। प्रधानमंत्री अथवा अन्य मंत्रियों के पद सिर्फ बहुमत प्राप्त दल के सदस्यों को ही दिए जा सकते हैं। पुन: ये पद संबंधित व्यक्ति के राजनीतिक महत्व की दृष्टि से दिए जाते हैं न कि उसकी तकनीकी विशेषज्ञता को ध्यान में रखते हुए। प्राय: प्रधानमंत्री अपने विश्वासपात्र सदस्यों को महत्वपूर्ण विभाग सौंपता है। ब्रिटिश व्यवस्था पर कटाक्ष करते हुए **सर सिडली** ने लिखा है, "**... एक नवयुवक को ट्रेजरी में द्वितीय श्रेणी की क्लर्की प्राप्त करने के लिए गणित की परीक्षा में उत्तीर्ण होना पड़ता है, परंतु वित्तमंत्री ऐसे व्यक्ति को बनाया जा सकता है जो अपने जीवन के प्रारंभिक दिनों में अर्जित गणित के ज्ञान को भी विस्मृत कर चुका हो।**"
इसके अतिरिक्त मंत्रियों के विभागों में आए दिन परिवर्तन होते रहते हैं। पुन: मंत्री पद ग्रहण करने के उपरांत उनका अधिकांश समय सदन की बैठकों, विभागीय बैठकों तथा क्षेत्रों के दौरे में निकल जाता है। ऐसी स्थिति में उनके लिए अपने विभाग के क्रियाकलापों में विशेषज्ञता प्राप्त कर पाना कठिन ही नहीं असंभव है। मंत्रालयों में सचिव इत्यादि भारतीय प्रशासनिक सेवा संवर्ग के अधिकारी होते हैं। वे भी सामान्य प्रशासक (Generalist Administrator) होते हैं। ऐसी स्थिति में कुल मिलाकर संसदीय सरकार गैर-विशेषज्ञों (Non-experts) की सरकार बन जाती है।
- **मंत्रिमंडल की तानाशाही (Dictatorship of the Cabinet):** संसदीय सरकार मंत्रिमंडल की तानाशाही को प्रेरित करती है। सिद्धांतत: तो संसद का कार्यपालिका पर नियंत्रण बना रहता है परंतु व्यावहारिक स्थिति कुछ और है। जिस दल का लोकप्रिय सदन में बहुमत है उसी दल का मंत्रिमंडल होता है। मंत्रिमंडल का प्रधान (प्रधानमंत्री) स्वयं अपने दल का प्रभावशाली नेता होता है। कभी-कभी तो यह भी देखा जाता है कि प्रधानमंत्री ही अपने दल का अध्यक्ष भी होता है। यदि दल को सदन में स्पष्ट बहुमत प्राप्त है तो प्रधानमंत्री संसद में विपक्षी दलों द्वारा आलोचना की कोई परवाह नहीं करता। शासन की गलत नीतियों और कार्य-प्रणाली को सुधारने में विपक्ष अपने को असमर्थ पाता है, क्योंकि संसद में सभी निर्णय मतदान के आधार पर किए जाते हैं। इसी धारणा को यदि दूसरे शब्दों में रखा जाए तो यह कहा जा सकता है कि संसदीय व्यवस्था **'प्रधानमंत्री के अधिनायकवाद'** (Dictatorship of the Prime Minister) का द्योतक होता है। व्यवस्थापिका में अपने दल के स्पष्ट बहुमत तथा कठोर दलीय अनुशासन के चलते संसदीय व्यवस्था में प्रधानमंत्री अमरीकी राष्ट्रपति से कम तानाशाह नहीं होता।
- **शक्ति-पृथक्करण के सिद्धांत के विरुद्ध (Against the Theory of Separation of Powers):** संसदीय शासन प्रणाली में कार्यपालिका और व्यवस्थापिका के मध्य घनिष्ठ सहयोग पाया जाता है इसलिए यह शक्ति-पृथक्करण के सिद्धांत के विरुद्ध है। व्यवस्थापिका और कार्यपालिका विभाग संयुक्त होते हैं जिसका अर्थ होता है: सत्ता का संकेन्द्रण। इससे व्यक्ति की स्वतंत्रता सहज ही खतरे में पड़ सकती है।
- **दलीय तानाशाही की संभावना (Possibility of Party Dictatorship):** संसदीय शासन में शासन की संपूर्ण शक्ति जनता के हाथों में न होकर एक दल विशेष के हाथों में रहती है। इस दल विशेष का ही व्यवस्थापिका या इसके लोकप्रिय सदन में बहुमत रहता है। इसी दल का मंत्रिमंडल और प्रधानमंत्री होता है। इस प्रकार व्यवस्थापिका और कार्यपालिका में एक ही दल का वर्चस्व होता है। सत्ताधारी दल अपने दलीय हितों की पूर्ति हेतु राष्ट्र के हितों की उपेक्षा करता है। प्राय: ऐसा देखा गया है कि सत्तारूढ़ दल अपने ही सदस्यों को लाभान्वित करने का प्रयास करता है। भारत में हाल के अनेक घोटाले इसका प्रमाण हैं। योग्यता तथा प्रतिभा को उचित सम्मान नहीं मिलता है। सभी मामलों का निर्धारण दल के हितों को देखते हुए किया जाता है।

- **अनावश्यक दलबंदी का विकास (Development of Unnecessary Part Politics):** राजनीतिक दल लोकतंत्र के आधार स्तंभ हैं। संसदीय शासन प्रणाली में चुनाव सामान्यतया दलीय आधार पर लड़े जाते हैं। राजनीतिक दल अपने वायदों तथा आश्वासनों के आधार पर आगामी चुनावों के परिप्रेक्ष्य में जनता के अधिक-से-अधिक भाग में अपना सिक्का जमाना चाहते हैं। इसका परिणाम यह होता है कि जनता का अधिकाधिक समर्थन अर्जित करने के प्रयास में राजनीतिक दलों में आरोप-प्रत्यारोप का दौर शुरू हो जाता है और पूरी राजनीतिक व्यवस्था अवांछनीय दलबंदी का शिकार बन जाती है। भारत जैसे विशाल तथा विविधताओं से भरे देश में भाषायी, प्रांतीय, सांप्रदायिक तथा महत्वाकांक्षा के आधार पर अनेक दल बनते-बिगड़ते रहते हैं। ऐसी दल पद्धति में दलबंदी की सभी बुराइयां राष्ट्रीय राजनीतिक संस्कृति में प्रविष्ट हो जाती हैं।
- **संकटकाल में निर्बल (Weak during Emergency): "... संसदीय शासन में बहुत सा समय निरर्थक वाद-विवाद में नष्ट हो जाता है। यद्यपि शांतिकाल में वाद-विवाद संसदीय शासन का एक गुण है परंतु युद्धकाल में यही इसका सबसे बड़ा दोष बन जाता है।"**

  संसदीय प्रणाली आपातकाल में या राष्ट्रीय संकट की स्थिति में त्वरित निर्णय नहीं ले पाती। ऐसी स्थितियों में त्वरित निर्णय सफलता के लिए आवश्यक है, परंतु मंत्रिमंडल में कई सदस्य होते है और किसी भी विषय पर निर्णय से पूर्व उस पर सभी के द्वारा विचार-विमर्श अनिवार्य होता है। इसमें काफी वक्त लग जाता है जबकि अध्यक्षीय शासन प्रणाली में अध्यक्ष तेजी से निर्णय लेने में सक्षम होता है।

निष्कर्ष रूप में हम कह सकते हैं कि शासन की हर प्रणाली की भांति संसदीय व्यवस्था के भी अपने गुण और दोष होते हैं परंतु सामान्यतया इस व्यवस्था को अध्यक्षीय प्रणाली से बेहतर माना जाता है। विश्व में संसदीय शासन प्रणाली वाले देशों की संख्या में वृद्धि भी इसकी बढ़ती लोकप्रियता का प्रमाण है। इसे अध्यक्षीय व्यवस्था से बेहतर माने जाने का सबसे मुख्य कारण यह है कि इसमें मंत्रिमंडल प्रत्यक्ष रूप से व्यवस्थापिका के निचले सदन और अप्रत्यक्ष रूप से जनता के प्रति उत्तरदायी होता है। इसके अतिरिक्त चूंकि इस प्रणाली में कार्यपालिका और व्यवस्थापिका के मध्य घनिष्ठ सहयोग पाया जाता है अतएव सरकार सुव्यवस्थित रूप से कार्य करती है। दोनों के मध्य गतिरोध, जो अध्यक्षीय प्रणाली में आम बात है, संसदीय व्यवस्था में नहीं देखने को मिलता।

अध्यक्षीय सरकार

अध्यक्षात्मक या अध्यक्षीय शासन प्रणाली वह है जिसमें राष्ट्र का अध्यक्ष कार्यपालिका के दायित्व का निर्वहन करता है। वह अपनी नीतियों तथा कृत्यों के लिए व्यवस्थापिका के लिए प्रति उत्तरदायी भी नहीं होता। **"अध्यक्षीय शासन शासन का ऐसा रूप है जिसमें अध्यक्ष काफी हद तक अपनी नीतियों या कार्यों के लिए व्यवस्थापिका से स्वतंत्र होता है। इस व्यवस्था में राज्य का नाममात्र का अध्यक्ष ही राज्य का वास्तविक अध्यक्ष होता है।" "अध्यक्षात्मक सरकार वह होती है जिसमें कार्यपालिका (राज्य के अध्यक्ष और उसके मंत्रियों सहित) अपने कार्यकाल के संदर्भ में संवैधानिक दृष्टि से व्यवस्थापिका से स्वतंत्र होती है और अपनी राजनीतिक नीतियों के लिए इसके प्रति अनुत्तरदायी होती है।" "... व्यवस्थापिका और कार्यपालिका इकाई की स्वतंत्रता अध्यक्षीय सरकार की विशेषता है जबकि दोनों का सम्मिश्रण मंत्रिमंडलीय सरकार की विशेषता है।"** उल्लेखनीय है कि संसदीय और अध्यक्षीय दोनों ही सरकारें अपने स्वरूप में प्रतिनिधिकारी होती हैं परंतु संसदीय सरकार की आधारभूत विशेषता व्यवस्थापिका के प्रति कार्यपालिका का उत्तरदायित्व है, जबकि अध्यक्षीय सरकार में कार्यपालिका व्यवस्थापिका से स्वतंत्र होती है। इस प्रणाली में ये दोनों सरकार के दो पृथक् विभाग होते हैं। कार्यपालिका का न तो व्यवस्थापिका द्वारा सृजन किया जाता है और न ही कार्यपालिका अपने कार्यकाल के लिए इस पर निर्भर करती है; यह उसके प्रति अपनी नीतियों और कार्यों के लिए उत्तरदायी भी नहीं होती। राष्ट्रपति राज्य और शासन दोनों का प्रधान होता है। संयुक्त राज्य अमेरिका इस शासन प्रणाली को अपनाने वाला सर्वप्रमुख देश है। इसके अतिरिक्त ब्राजील, अर्जेंटीना, चिली, मैक्सिको, फिलीपीन्स आदि देशों में भी यही शासन प्रणाली है।

अध्यक्षात्मक शासन प्रणाली की विशेषताएँ

- **नाममात्र की कार्यपालिका और वास्तविक कार्यपालिका में कोई अंतर नहीं (No distinction between Nominal and Actual Head):** अध्यक्षात्मक शासन प्रणाली में नाममात्र की कार्यपालिका और वास्तविक कार्यपालिका में कोई विभेद नहीं पाया जाता। अध्यक्ष या राष्ट्रपति कार्यपालिका का प्रधान होता है जिसका निर्वाचन प्रत्यक्ष या अप्रत्यक्ष रूप से जनता द्वारा किया जाता है। वह अपने मंत्रियों को अपने सलाहकारों के रूप में नियुक्त करता है। राष्ट्रपति अपनी इच्छा से अपने सलाहकारों के विभागों में परिवर्तन कर सकता है अथवा किसी भी सलाहकार को हटा सकता है। वह राष्ट्रीय नीति का निर्माण करता है, संकटकालीन स्थिति की घोषणा कर सकता है और देश में शांति-व्यवस्था को बरकरार रखने की दृष्टि से कोई भी कदम उठा सकता है। अमेरिका के राष्ट्रपति पर टिप्पणी करते **हुए हेरोल्ड जे. लास्की** ने लिखा है, **"वह सभी कार्यपालक निर्णयों का अंतिम स्रोत है। वह राष्ट्र की विदेश नीति का आधिकारिक प्रवर्तक है।"** संक्षेप में वह राज्य और शासन दोनों का प्रधान होता है।
- **कार्यपालिका और व्यवस्थापिका परस्पर पृथक् एवं स्वतंत्र (Executive and Legislature Mutually Separate and Independent):** अध्यक्षीय शासन प्रणाली में राष्ट्रपति या कार्यपालिका, व्यवस्थापिका से पूर्णतया स्वतंत्र होती है। वह सत्ता में बरकरार रहने के लिए अथवा अपनी शक्तियों के संचालन के लिए व्यवस्थापिका पर किसी तरह भी निर्भर नहीं होती है। इस प्रकार की सरकार में शक्तियों के समेकन के बजाय शक्तियों का पृथक्करण होता है। राष्ट्रपति और उसके मंत्री या सलाहकार व्यवस्थापिका के सदस्य नहीं बन सकते। राष्ट्रपति व्यवस्थापिका को संदेश प्रेषित कर सकता है परंतु उस पर ध्यान देना व्यवस्थापिका की इच्छा पर निर्भर है। व्यवस्थापिका द्वारा पारित विधेयक राष्ट्रपति के निषेधाधिकार के अधीन होते हैं। राष्ट्रपति तथा उसके सलाहकारों द्वारा तैयार किया गया बजट व्यवस्थापिका के सम्मुख प्रस्तुत किया जाता है जिसमें व्यवस्थापिका कटौती का प्रस्ताव पारित कर सकती है। राष्ट्रपति का कार्यकाल निश्चित होता है और निर्धारित समय से पूर्व उसे केवल महाभियोग की प्रक्रिया द्वारा ही हटाया जा सकता है।

  इसी के समानांतर इस प्रणाली में व्यवस्थापिका को राष्ट्रपति के हर संभव हस्तक्षेप से मुक्त रखा जाता है। व्यवस्थापिका का कार्यकाल निश्चित होता है। अवधि से पूर्व उसे राष्ट्रपति विघटित नहीं कर सकता। राष्ट्रपति न ही व्यवस्थापिका की बैठकें बुला सकता है और न ही बैठकों को स्थगित कर सकता है। इस प्रकार व्यवस्थापिका और कार्यपालिका इस प्रणाली में परस्पर स्वतंत्र होते हैं।
- **कार्यपालिका के कार्यकाल की निश्चितता (Certainty of the Tenure of the Executive):** अध्यक्षीय शासन प्रणाली में कार्यपालिका के प्रधान का निर्वाचन जनता द्वारा प्रत्यक्ष या अप्रत्यक्ष रूप से किया जाता है। उसका कार्यकाल निश्चित होता है। उदाहरण के लिए, अमेरिका में राष्ट्रपति का कार्यकाल 4 वर्ष है। अपने पद की शपथ लेते समय राष्ट्रपति यह प्रतिज्ञा करता है कि वह देश के संविधान की रक्षा करेगा। यदि वह संविधान का उल्लंघन करता है तो उसके विरुद्ध व्यवस्थापिका द्वारा महाभियोग (Impeachment) की प्रक्रिया शुरू की जा सकती है। यह एक जटिल प्रक्रिया है। पिछले

लगभग सवा दो सौ साल में किसी भी अमेरिकी राष्ट्रपति के विरुद्ध यह प्रक्रिया पारित नहीं की जा सकी है।

- **अवरोध तथा संतुलन (Check and Balances):** अध्यक्षीय शासन प्रणाली अवरोध और संतुलन के सिद्धांत पर आधारित होती है ताकि सर्वसत्ता संपन्न राष्ट्रपति स्वेच्छाचारी न हो जाए। उदाहरण के लिए, अमेरिका में राष्ट्रपति द्वारा की गई सभी नियुक्तियां व संधियां सीनेट द्वारा पुष्ट की जाती हैं।

अध्यक्षीय और संसदीय शासन प्रणालियों में मुख्य अंतर

- अध्यक्षीय शासन प्रणाली में शक्ति पृथक्करण पाया जाता है। इसमें व्यवस्थापिका और कार्यपालिका परस्पर स्वतंत्र और स्वायत्त होते हैं जबकि संसदीय शासन प्रणाली में कार्यपालिका और व्यवस्थापिका के मध्य घनिष्ठ सहयोग पाया जाता है। व्यवस्थापिका के लोकप्रिय सदन में बहुमत प्राप्त दल का नेता ही प्रधानमंत्री होता है।
- अध्यक्षीय शासन प्रणाली में अध्यक्ष राज्य और शासन दोनों का प्रधान होता है। इस प्रणाली में प्रधानमंत्री का कोई पद नहीं होता। शासन के कार्यों में सहायता देने के लिए अनेक सचिव होते हैं जिनकी नियुक्ति राष्ट्रपति द्वारा स्वेच्छा से की जाती है। इसके विपरीत संसदीय शासन प्रणाली में नाममात्र की कार्यपालिका और वास्तविक कार्यपालिका में अंतर पाया जाता है। राष्ट्रपति, राजा या गवर्नर जनरल में संवैधानिक दृष्टि से समस्त कार्यपालिकीय शक्ति निहित है परंतु यथार्थ में इसका प्रयोग प्रधानमंत्री और मंत्रिपरिषद् द्वारा किया जाता है।
- अध्यक्षीय शासन प्रणाली में कार्यपालिका का कार्यकाल निश्चित होता है। निश्चित अवधि के पूर्व अध्यक्ष को महाभियोग की जटिल प्रक्रिया द्वारा ही हटाया जा सकता है। इसके विपरीत संसदीय शासन प्रणाली में कार्यपालिका व्यवस्थापिका के प्रति उत्तरदायी होती है और लोकप्रिय सदन में इसके विरुद्ध अविश्वास का प्रस्ताव पारित हो जाने पर इसे अपना पद छोड़ना पड़ता है।
- अध्यक्षीय शासन प्रणाली में कार्यपालिका (अध्यक्ष) व्यवस्थापिका के प्रति उत्तरदायी नहीं होती। अध्यक्ष को अविश्वास प्रस्ताव के द्वारा अपदस्थ नहीं किया जा सकता। अध्यक्ष और उसके सचिवों अथवा सलाहकारों से व्यवस्थापिका के सदस्य प्रश्न इत्यादि भी नहीं पूछ सकते और न ही उनके खिलाफ किसी प्रकार का प्रस्ताव आदि ही ला सकते हैं क्योंकि वे व्यवस्थापिका के सदस्य नहीं होते। परंतु संसदीय शासन प्रणाली में प्रधानमंत्री और मंत्रिपरिषद् के उसके सहयोगी व्यवस्थापिका के सदस्य होते हैं। सदन में उनसे सदस्यगण प्रश्न भी पूछ सकते हैं और उनके विरुद्ध तमाम तरह के प्रस्ताव भी लाए जा सकते हैं और अंततः यदि निचले सदन द्वारा उनके विरुद्ध अविश्वास का प्रस्ताव पारित कर दिया जाए तो उन्हें अपना पदत्याग भी करना होता है क्योंकि मंत्रिपरिषद् संसद के प्रति सामूहिक रूप से उत्तरदायी होती है।

अध्यक्षात्मक प्रणाली के गुण

अध्यक्षात्मक प्रणाली के गुण-दोष संसदीय व्यवस्था के गुण-दोषों के ठीक विपरीत हैं। जिस स्थान पर एक प्रकार का शासनतंत्र दुर्बल है। वहां दूसरे प्रकार की प्रणाली सबल है और जहां एक सबल है, वहां दूसरी दुर्बल है। अध्यक्षात्मक शासन प्रणाली का सबसे बड़ा गुण यह है कि उत्तरदायी न होते हुए भी इसका स्वरूप प्रतिनिधिकारी (Representative) है। राष्ट्रपति जनता द्वारा निर्वाचित होता है परंतु अपने कार्यकाल के लिए वह व्यवस्थापिका की इच्छा पर निर्भर नहीं करता। निश्चित कार्यकाल प्रशासन में दृढ़ता और नीतियों में निरंतरता सुनिश्चित करता है। यह व्यवस्था लोकतांत्रिक परिवेश में एक स्थायी कार्यपालिका को जन्म देती है। अध्यक्षात्मक प्रणाली के मुख्य गुण निम्नलिखित हैं-

- **शासन में स्थायित्व (Stability in Government):** इस प्रणाली में कार्यपालिका की अवधि निश्चित होती है। कार्यपालिका के कार्यकाल की निश्चितता का यह परिणाम होता है कि शासन संबंधी नीति और कार्य संचालन में स्थायित्व बना रहता है। निश्चित कार्यकाल के कारण राष्ट्रपति उन सब कार्यक्रमों को निश्चितता के साथ पूरा कर सकता है जो निर्वाचन के समय उसने जनता के समक्ष रखें हों। **लॉर्ड ब्राइस** ने लिखा है, **"अमेरिका में राष्ट्रपति केवल दल का नेता ही नहीं वरन् राष्ट्र का सर्वोच्च अधिकारी तथा अध्यक्ष माना जाता है।"**
- **अवरोध और संतुलन की व्यवस्था से कार्यपालिका की स्वेच्छाचारिता की संभावना नहीं (No possibility of the autocracy of the Executive because of the system of checks and balances):** अध्यक्षीय शासन प्रणाली में अवरोध और संतुलन की व्यवस्था के कारण राष्ट्रपति या अध्यक्ष के स्वेच्छाचारी होने की संभावना नहीं के बराबर होती है। राष्ट्रपति को शासन की नीतियां क्रियान्वित करने के लिए व्यवस्थापिका से विधि-निर्माण और धन की स्वीकृति की आवश्यकता पड़ती है। यदि व्यवस्थापिका को राष्ट्रपति की नीतियां अनुचित लगें तो वह उस पर अंकुश लगा सकती है। इसी प्रकार यदि राष्ट्रपति को व्यवस्थापिका द्वारा निर्मित कानून शासन के लिए अवांछनीय प्रतीत हों तो वह अपनी विशेषाधिकार की शक्ति का प्रयोग कर सकता है। यदि कार्यपालिका का कोई आदेश अथवा व्यवस्थापिका द्वारा निर्मित कोई विधि संविधान के विरुद्ध प्रतीत होती है तो उसे न्यायालय में चुनौती दी जा सकती है।
- **विशेषज्ञों का शासन (Government of Experts):** अध्यक्षीय शासन में राष्ट्रपति अपने सचिवों या सलाहकारों की नियुक्ति दलगत राजनीति से ऊपर उठकर उनकी योग्यता के आधार पर करता है। राष्ट्रपति अपने दल के बाहर के व्यक्तियों को भी अपना सचिव नियुक्त कर सकता है जबकि संसदीय शासन प्रणाली में प्रधानमंत्री को अपने दल के सदस्यों में से ही मंत्रियों का चयन करना होता है। इसके अतिरिक्त संसदीय शासन प्रणाली में मंत्रियों को विभागों का आवंटन उनकी वरिष्ठता अथवा राजनीतिक महत्व के आधार पर किया जाता है न कि संबंधित मंत्रालय की उनकी जानकारी के आधार पर। इस प्रकार की कोई राजनीतिक विवशता अध्यक्षीय प्रणाली में राष्ट्रपति के समक्ष नहीं होती।
- **आपातकालीन स्थिति के लिए उपयुक्त (Fit for Emergency):** अध्यक्षीय शासन प्रभावशाली ढंग से आपातकालीन स्थितियों का सामना कर सकता है। अमेरिका की अध्यक्षात्मक प्रणाली का अनुभव यह बतलाता है कि इस व्यवस्था ने अनेक आर्थिक संकटों, गृह-युद्धों तथा दो विश्वयुद्धों का सामना सफलतापूर्वक बिना किसी संवैधानिक कठिनाई के किया। इसका सबसे बड़ा कारण यह है कि राष्ट्रपति को व्यवस्थापिका अथवा अपने मंत्रिमंडल के निर्देशों के अनुसार कार्य नहीं करना पड़ता। उसे निर्णय के पूर्व मंत्रियों में आम सहमति बनानी होती है और तदुपरांत उस पर संसद की स्वीकृति लेनी होती है। इसमें विलंब होना स्वाभाविक है।
- **व्यवस्थापिका अपेक्षाकृत अधिक स्वतंत्र होती है (Legislature is Comparatively more Free):** अध्यक्षात्मक शासन प्रणाली में व्यवस्थापिका कार्यपालिका द्वारा नियंत्रित नहीं होती है अतएव यह अपेक्षाकृत अधिक स्वतंत्र होती है। संसदीय प्रणाली की भांति इसमें व्यवस्थापिका के सदस्यों के लिए राष्ट्रपति तथा मंत्रियों की हाँ में हाँ मिलाने की बाध्यता नहीं होती क्योंकि कार्यपालिका व्यवस्थापिका के समर्थन पर निर्भर नहीं होती। इसलिए व्यवस्थापिका के सदस्य स्वतंत्रतापूर्वक स्व-विवेक से मतदान करते हैं।
- **राजनीतिक दलों के कुप्रभाव में कमी (Reduction in the Ill-influence of Political Parties):** अध्यक्षात्मक शासन प्रणाली में राष्ट्र को विखंडित करने वाले तत्वों, विशेष रूप से राजनीति को विध्वंसकारी बनने का प्रोत्साहन नहीं मिलता है यद्यपि इस प्रणाली में भी राजनीतिक दल सुसंगठित होते हैं परंतु कार्यपालिका के प्रधान का चुनाव हो जाने के बाद दलीय राजनीति काफी समय के लिए सुप्त हो जाती है। कार्यपालिका प्रधान का कार्यकाल निश्चित होने के कारण दलबंदी की राजनीति के लिए उसके चुनाव के उपरांत कोई विशेष अवसर नहीं रह जाता। पुनः निर्वाचित हो जाने के उपरांत राष्ट्रपति

दलबंदी की भावना से ऊपर उठकर शासन करता है। अतएव इस प्रणाली में संसदीय प्रणाली की अपेक्षा दलगत राजनीति के कुप्रभाव कम होते हैं।

- **बहुदलीय प्रणाली के लिए सर्वाधिक उपयुक्त (Most suitable for multi-party system):** बहुदलीय प्रणाली में सरकारें बहुत जल्दी-जल्दी परिवर्तित होती हैं, जैसा कि भारत में 1989 से 1998 के बीच परिलक्षित हुआ। परंतु अध्यक्षीय प्रणाली में ऐसा नहीं होता क्योंकि कार्यपालिका के प्रधान का कार्यकाल निश्चित होता है। उसे अपने पद पर बने रहने के लिए व्यवस्थापिका के समर्थन की आवश्यकता नहीं होती। इस प्रकार यदि इस प्रणाली को बहुदलीय व्यवस्था में लागू कर दिया जाए तो आए दिन सरकार के पतन की समस्या काफी हद तक समाप्त हो जाएगी।

अध्यक्षात्मक प्रणाली के दोष

कुछ विशेषज्ञों ने अध्यक्षात्मक शासन प्रणाली को निरंकुश, अनुत्तरदायी तथा भयावह बताया है। इस प्रणाली को निरंकुश कहा गया है, क्योंकि राष्ट्रपति अपनी इच्छानुसार चाहे जैसा शासन करे उसके लिए यह भी आवश्यक नहीं है कि वह अपने सचिवों से परामर्श करे; अनुत्तरदायी इसलिए कहा गया है क्योंकि सत्ता में बने रहने के लिए कार्यपालिका व्यवस्थापिका के विश्वास पर निर्भर नहीं है। इसे भयावह कहे जाने का कारण यह है कि राष्ट्रपति को नियंत्रण में रखने वाली ऐसी कोई शक्ति नहीं है जो उस पर अंकुश लगा सके। अध्यक्षात्मक प्रणाली के मुख्य दोष निम्नवत् हैं-

- **कार्यपालिका की स्वेच्छाचारिता की संभावना (Possibility of the Dictatorship of the Executive):** अध्यक्षीय शासन प्रणाली में कार्यपालिका में शासन की सभी शक्तियां संकेंद्रित होती हैं। चूंकि उसका कार्यकाल निश्चित होता है और उसे आसानी से हटाया नहीं जा सकता इसलिए उसके स्वेच्छाचारी होने की संभावना होती हैं। अमेरिका में व्यवस्थापिका का दैनिक प्रशासन पर कोई नियंत्रण नहीं होता। युद्ध और आपातकाल के समय राष्ट्रपति को कांग्रेस द्वारा और भी शक्तियां प्रत्यायोजित कर दी जाती हैं। प्रथम विश्वयुद्ध के दौरान वुडरो विल्सन और द्वितीय विश्वयुद्ध के दौरान राष्ट्रपति रूजवेल्ट ने एक निरंकुश शासक की भांति शक्तियों का प्रयोग किया।
- **उत्तरदायित्व का अभाव (Absence of Responsibility):** इस प्रणाली में उत्तरदायित्व का अभाव होता है। प्रशासन की गलतियों के लिए किसी एक अंग को निश्चित रूप से दोषी नहीं ठहराया जा सकता। कार्यपालिका यह कहकर अपने उत्तरदायित्व से बच जाती है कि संबंधित कार्य के लिए कार्यपालिका को यथेष्ट सहयोग नहीं मिला। कुल मिलाकर इसका परिणाम यह होता है कि पूरा शासन अनुत्तरदायी बन जाता है।
- **कार्यपालिका और व्यवस्थापिका में गतिरोध की संभावना (Possibility of deadlock between Executive and Legislature):** अध्यक्षात्मक शासन प्रणाली में कार्यपालिका तथा व्यवस्थापिका एक-दूसरे से स्वतंत्र और पृथक् होती हैं। ऐसी स्थिति में शासन के दोनों अंगों के मध्य ठकराव या गतिरोध की स्थिति उत्पन्न होना स्वाभाविक है। यदि राष्ट्रपति एक दल का है और व्यवस्थापिका में बहुमत दूसरे दल का हो तो दोनों के मध्य गतिरोध की संभावनाएं और बढ़ जाती हैं। कार्यपालिका की नीतियां कितनी भी अच्छी क्यों न हों, यदि सत्तारूढ़ पार्टी उनके क्रियान्वयन हेतु उचित विधियों का निर्माण न करे अथवा वित्तीय स्वीकृति न दे तो गतिरोध उत्पन्न होना स्वाभाविक है। यही स्थिति तब उत्पन्न हो सकती है जब राष्ट्रपति आए दिन व्यवस्थापिका द्वारा पारित विधेयकों पर अपने निषेधाधिकार का प्रयोग करे। इस प्रकार की स्थितियां शासन के सुसंचालन में बाधक सिद्ध होती हैं। उदाहरण के लिए, सन् 1920 में अमेरीकी सीनेट ने वर्साय की संधि और राष्ट्र संघ के चार्टर को अस्वीकृत कर दिया जिसका परिणाम यह हुआ कि एक ओर तो अमेरिका राष्ट्र संघ का सदस्य नहीं बन पाया और दूसरी ओर राष्ट्रपति विल्सन की प्रतिष्ठा को भी क्षति पहुंची क्योंकि वे राष्ट्र संघ की स्थापना में सबसे आगे थे।
- **अध्यक्षीय प्रणाली कठोर होती है (The Presidential System is Rigid):** संसदीय व्यवस्था की तुलना में अध्यक्षीय व्यवस्था अत्यंत कठोर होती है। आपातकालीन परिस्थितियों के परिप्रेक्ष्य में इसमें संशोधन कर पाना अत्यंत कठिन होता है। किसी कानून को शीघ्र बनाने के लिए राष्ट्रपति व्यवस्थापिका को प्रभावित नहीं कर सकता। ठीक इसी प्रकार कोई आदेश जारी करने के लिए अथवा विधेयक पर हस्ताक्षर करने के लिए व्यवस्थापिका राष्ट्रपति को प्रभावित नहीं कर सकती। उदाहरण के लिए, द्वितीय विश्वयुद्ध के दौरान संसदीय शासन वाले देश ब्रिटेन के प्रधानमंत्री चर्चिल ने आम चुनावों को स्थगित करने के लिए संसद को सहमत कर लिया परंतु अमेरिका के राष्ट्रपति ऐसा न कर सके। वहां 1940 तथा 1944 में राष्ट्रपति के चुनाव हुए।
- **प्रशासनिक एकता के सिद्धांत के विरुद्ध (Against the Theory of Administrative Unity):** प्रशासन या शासन एक समष्टिगत इकाई है। कार्यपालिका, व्यवस्थापिका और न्यायपालिका इसके तीन अंग हैं। सुशासन के लिए इन तीनों ही अंगों में सहयोग का होना अति आवश्यक है।

स्मरणीय तथ्य

- संसदीय प्रणाली के केंद्र में 'मंत्रिमंडल' या 'कैबिनेट' होता है अतएव इसे **'कैबिनेट सरकार'** (Cabinet Govt.) भी कहते हैं।
- ब्रिटेन संसदीय शासन प्रणाली की जन्म-स्थली है। इसके अतिरिक्त कनाडा, ऑस्ट्रेलिया और भारत जैसे राष्ट्रों में भी इस प्रणाली को अपनाया गया है।
- प्रशासनिक नीति का निर्धारण और उनका क्रियान्वयन मंत्रिपरिषद् एक सामूहिक इकाई के रूप में करती है।
- यदि किसी मंत्री द्वारा प्रस्तावित नीति या विधेयक सदन में पारित न हो पाए तो सामूहिक उत्तरदायित्व के सिद्धांत के अंतर्गत मात्र उस मंत्री को नहीं वरन् पूरी मंत्रिपरिषद् को पदत्याग करना पड़ता है।
- संसदीय शासन प्रणाली में अमेरिका की राजनीतिक व्यवस्था जैसी स्थिति पैदा नहीं होती कि राष्ट्रपति तो एक दल का है और व्यवस्थापिका (कांग्रेस) में बहुमत दूसरे दल का है।
- अध्यक्षीय व्यवस्था में निर्धारित अवधि में अध्यक्ष में कोई परिवर्तन नहीं किया जा सकता क्योंकि वह जनता द्वारा निर्वाचित होता है।
- संसद में सभी निर्णय मतदान के आधार पर किए जाते हैं।
- संसदीय और अध्यक्षीय दोनों ही सरकारें अपने स्वरूप में प्रतिनिधिकारी होती हैं परंतु संसदीय सरकार की आधारभूत विशेषता व्यवस्थापिका के प्रति कार्यपालिका का उत्तरदायित्व है, जबकि अध्यक्षीय सरकार में कार्यपालिका व्यवस्थापिका से स्वतंत्र होती है।
- राष्ट्रपति राज्य और शासन दोनों का प्रधान होता है।
- अध्यक्षात्मक शासन प्रणाली में नाममात्र की कार्यपालिका और वास्तविक कार्यपालिका में कोई विभेद नहीं पाया जाता।
- अध्यक्षीय शासन प्रणाली में शक्ति पृथक्करण पाया जाता है। इसमें व्यवस्थापिका और कार्यपालिका परस्पर स्वतंत्र और स्वायत्त होते हैं।
- अध्यक्षात्मक शासन प्रणाली में व्यवस्थापिका कार्यपालिका द्वारा नियंत्रित नहीं होती है अतएव यह अपेक्षाकृत अधिक स्वतंत्र होती है।

□□□

अध्याय 3

एकात्मक एवं संघात्मक सरकार

शासनतंत्रों का एकात्मक और संघात्मक रूपों में वर्गीकरण इस तथ्य पर आधारित है कि शासन-शक्तियों का निवास स्थान कहाँ है अथवा उन्हें किस प्रकार से विभाजित किया गया है? यदि शासन की संपूर्ण शक्तियां केंद्र में निहित हों तो ऐसी राज्य व्यवस्था तथा उसकी सरकार को एकात्मक (Unitary) कहा जाता है। इस प्रकार एक एकात्मक सरकार समस्त शक्तियों के प्रयोग हेतु गठित एक एकीकृत शासन व्यवस्था है। वैधानिक संप्रभु द्वारा प्रारंभिक रूप से शासन की समस्त शक्तियां केंद्र सरकार में निवेशित कर दी जाती हैं। केंद्र सरकार इन सभी शक्तियों का प्रयोग या तो स्वयं कर सकती है अथवा कुछ शक्तियां, जिन्हें वह उचित समझे, का प्रत्यायोजन (Delegation), प्रांतीय सरकारों या उससे नीचे की सरकारों को भी कर सकती है। इस प्रकार के प्रांतों या स्थानीय क्षेत्रों की सीमाएं और नामकरण केंद्र सरकार साधारण कानून से परिवर्तित कर सकती है।

इसके विपरीत यदि देश के संविधान द्वारा शासन की शक्तियों का केंद्र सरकार और प्रांतीय सरकारों के मध्य विभाजन कर दिया जाए, तो उसी सरकार को संघीय (Federal) कहते हैं। दोनों स्तरों की सरकारें अपने निर्धारित क्षेत्र के अंतर्गत स्वायत्त होती हैं और संविधान द्वारा अपने लिए निर्धारित शक्तियों का प्रयोग करती हैं और कोई भी अपने अस्तित्व या कार्यकरण के लिए दूसरे पर निर्भर नहीं होती। संघीय प्रणाली में केंद्र और प्रदेश या प्रांत-दोनों की सरकारों का स्वतंत्र अस्तित्व होता है। *"संघीय राज्य वह व्यवस्था है जिसके अंतर्गत संपूर्ण शासन शक्ति का विभाजन या वितरण एक राष्ट्रीय संविधान के द्वारा केंद्र सरकार तथा उन व्यक्तिगत राज्यों अथवा उपराज्यों की सरकारों के मध्य किया जाता है जिनके मेल से संघ का निर्माण होता है।"*

एकात्मक शासन प्रणाली

"जहां शासन की संपूर्ण शक्तियां संविधान द्वारा केंद्र सरकार अथवा उसके अंगों को प्रदान कर दी जाती हैं और जिसमें स्थानीय सरकारें अपनी शक्ति और स्वायत्तता ही नहीं वरन् अपना अस्तित्व भी केंद्र सरकार से प्राप्त करती हैं वहां एकात्मक शासन प्रणाली होती है। शासन के इस रूप की यह विशेषता है कि केंद्र सरकार तथा अधीनस्थ स्थानीय सरकार के मध्य शक्तियों का किसी प्रकार का संवैधानिक विभाजन या वितरण नहीं होता है। संक्षेप में सत्ता का केवल एक सामान्य स्रोत होता है तथा केवल एक इच्छा प्रभावी होती है।"

एकात्मक शासन प्रणाली में सरकार एकीकृत होती है और सर्वोच्च सत्ता केंद्रीय सरकार के पास होती है। प्रशासकीय सुविधा के कारण केंद्र को विभिन्न श्रेणी के राजनीतिक खंडों (यथा प्रांत, काउंटी, जिले आदि) में विभाजित किया जा सकता है, परंतु इन्हें प्राप्त शक्ति का स्रोत केंद्र सरकार ही होती है। खंडों या उपक्षेत्रों का अपना कोई अस्तित्व नहीं होता। वे पूर्णतया केंद्र सरकार की कृति होते हैं और केंद्र अपनी इच्छानुसार उनके नाम, सीमा आदि में परिवर्तन कर सकता है। उनको प्राप्त शासन शक्ति या सत्ता प्रत्यायोजित (Delegated) या अधीन (Subordinate) सत्ता होती है और केंद्र सरकार द्वारा इसे किसी भी समय बढ़ाया, घटाया या वापस किया जा सकता है। उनकी सत्ता का स्रोत संविधान नहीं वरन् केंद्रीय व्यवस्थापिका द्वारा पारित अधिनियम होते हैं। प्रांतीय या स्थानीय शासन केंद्रीय सत्ता के केवल सहकारी मात्र होते हैं जिन्हें केंद्रीय सत्ता के आदेशों का पालन करना पड़ता है। सहकारी शासन केंद्रीय सत्ता की इच्छा, आवश्यकता और सुविधा पर निर्भर करता है। यह शासन प्रणाली ब्रिटेन, फ्रांस, इटली, जापान, बेल्जियम, अफगानिस्तान, ईरान आदि देशों में अपनाई गई है।

एकात्मक शासन प्रणाली की विशेषताएं

- **संविधान द्वारा शक्तियों के वितरण का अभाव (Absence of Distribution of Powers by Constitution):** एकात्मक शासन प्रणाली में शासन की संपूर्ण शक्ति केंद्र सरकार में निहित होती है जिसे वह अपनी इच्छानुसार अपने पास रख सकती है अथवा प्रांतीय या स्थानीय इकाइयों को प्रत्यायोजित कर सकती है। इस प्रकार प्रत्यायोजित शक्ति केंद्र सरकार द्वारा कभी भी वापस ली जा सकती है। इसमें संघात्मक शासन की भांति संविधान द्वारा केंद्र और प्रांतीय सरकारों के मध्य शक्तियों का वितरण नहीं किया जाता। प्रांतीय और स्थानीय सरकारें मात्र उन्हीं कार्यों को करती हैं जो केंद्र सरकार द्वारा इन्हें सौंपे जाते हैं।
- **स्थानीय सरकार केंद्रीय सरकार पर निर्भर (Local Government dependent upon Central Government):** एकात्मक प्रणाली में स्थानीय और प्रांतीय सरकारें हर प्रकार से केंद्रीय सरकार पर निर्भर करती हैं। उनका अस्तित्व केंद्र सरकार द्वारा प्रदत्त अनुदानों पर निर्भर करता है।
- **इकहरी नागरिकता और संविधान (Single Citizenship and Constitution):** एकात्मक शासन प्रणाली में इकहरी नागरिकता होती है। इसके अतिरिक्त इस प्रणाली में पूरे देश का एक ही संविधान होता है। प्रांतों का संविधान अलग से नहीं होता।

एकात्मक शासन प्रणाली के गुण

- **प्रशासनिक एकता (Administrative Unity):** एकात्मक सरकार की एक महत्वपूर्ण विशेषता प्रशासनिक एकता है। सरकार की समस्त शक्तियां केंद्रीय सत्ता में निहित होती हैं और शासन के सभी अंग एक प्रशासनिक अभिकरण के अभिन्न अंग होते हैं। केंद्रीय सरकार द्वारा पूरे देश के लिए एक जैसे कानून बनाए जाते हैं। इन्हें केंद्र शासन के निर्देशन के अंतर्गत पूरे देश में लागू किया जाता है इस प्रकार एकात्मक शासन प्रणाली में विधि, नीति और प्रशासनिक एकरूपता रहती है। इसमें सत्ता के संघर्ष, उत्तरदायित्व के विवाद, कार्यक्षेत्र के संघर्ष आदि की स्थितियां पैदा नहीं होतीं। एकीकृत प्रशासन से विभाजनकारी शक्तियां नियंत्रण में रहती हैं और प्रशासन विखंडित होने से बचा रहता है।
- **सरकार मजबूत होती है (The Government is Strong):** इस प्रणाली में शासन मजबूत होता है क्योंकि सारी शक्ति केंद्र के हाथों में संकेंद्रित होती है। प्रांतों को जो भी शक्तियां प्रदान की जाती हैं वे केंद्र द्वारा अपनी इच्छा से सुव्यवस्था की दृष्टि से दी जाती हैं। अतएव एकात्मक शासन में सरकार

मजबूत होती है, क्योंकि केंद्र और प्रांतों के मध्य अथवा प्रांतों में आपस में क्षेत्राधिकार संबंधी किसी विवाद की संभावना नहीं रहती। यह राष्ट्र की सुरक्षा करने तथा आंतरिक शांति और व्यवस्था को बरकरार रखने में पूरी तरह सक्षम होती है।

- **राष्ट्रीय एकता में सहायक (Helpful in National Unity):** शासन के एकीकृत होने के कारण संपूर्ण देश के लिए एक व्यवस्थापिका होती है। जिसके द्वारा पूरे देश के लिए एक जैसे कानून बनाए जाते हैं। इन कानूनों को एक ही प्रकार से पूरे देश में लागू किया जाता है। पूरे देश में एकीकृत न्यायिक प्रणाली भी होती है। व्यवस्थापिका, कार्यपालिका तथा न्यायपालिका के संदर्भ में यह एकात्मकता राष्ट्रीय एकता के लक्ष्य को प्राप्त करने में सहायक होती है।
- **संकटकाल के लिए उपयुक्त (Appropriate for Emergency):** इस प्रकार के शासन में शासन की समस्त शक्तियां केंद्रीय सरकार में संकेन्द्रित होती हैं। इस कारण किसी भी प्रकार की आपातकालीन परिस्थितियों में सरकार के लिए शीघ्रतापूर्वक निर्णय लेने और उस निर्णय को क्रियान्वित करने में आसानी होती है। यह सुविधा संघात्मक शासन प्रणाली वाले राज्यों में नहीं होती क्योंकि उसमें शासन की शक्तियों का वितरण केंद्र और राज्य सरकारों के मध्य होता है जिसके परिणामस्वरूप किसी भी निर्णय को क्रियान्वित करने में समय लगता है।
- **यह प्रणाली अपेक्षाकृत लचीली होती है (This System is Comparatively Flexible):** एकात्मक शासन अपेक्षाकृत लचीला होता है। संपूर्ण शक्तियां केंद्र में ही संकेन्द्रित होने के कारण केंद्र सरकार आवश्यकता अनुसार जैसे भी चाहे उनका प्रयोग कर सकती है। वह स्थानीय इकाइयों को अपनी कुछ शक्तियां सौंप सकती है अथवा परिस्थितियों के अनुसार बिना किसी विशेष परेशानी के उन्हें वापस ले सकती है।
- **अपेक्षाकृत छोटे आकार वाले राज्यों के लिए उपयुक्त (Appropriate for Comparatively Smaller States):** कम जनसंख्या और छोटे आकार वाले राष्ट्रों के लिए एकात्मक प्रणाली विशेष उपयोगी सिद्ध होती है। विशेष रूप में उन राष्ट्रों में जहां धर्म, जाति, भाषा, संस्कृति आदि के संदर्भ में एकरूपता पाई जाती हो, यों भी छोटे आकार के राष्ट्रों पर सहजपूर्वक केंद्र से शासन किया जा सकता है। ऐसे राष्ट्रों में प्रांतीय सरकारों पर धन व्यय करना मूर्खता है।
- **यह कम खर्चीली होती है (It is Less Expensive):** एकात्मक सरकार अपेक्षाकृत कम खर्चीली होती है क्योंकि इसमें शासन के दोहरे पदाधिकारी नहीं होते। केंद्रीय पदाधिकारियों और कर्मचारियों द्वारा ही पूरे देश का शासन संभाला जाता है।

एकात्मक शासन प्रणाली के दोष

- **स्थानीय स्वायत्तता की उपेक्षा (Indifference towards Local Autonomy):** एकात्मक शासन प्रणाली में पूरे देश के लिए समान नीति निर्धारित की जाती है। इसके परिणामस्वरूप विशिष्ट क्षेत्रीय और स्थानीय शासन का संचालन भी केंद्र सरकार द्वारा नियुक्त अधिकारियों द्वारा किया जाता है जिससे इसमें जनता की सहभागिता सही मायने में नहीं हो पाती। अत्यधिक केंद्रीयकरण स्थानीय इकाइयों की स्वायत्तता को समाप्त कर देता है।
- **केंद्र सरकार की निरंकुशता का भय (Fear of Central Govt. being Despotic):** चूंकि एकात्मक सरकार में सारी सत्ता केंद्र सरकार के हाथों में संकेंद्रित रहती है अतएव केंद्र सरकार के निरंकुश होने की पूरी संभावना रहती है। **रैम्जे म्योर** के विचार में इंग्लैंड में मंत्रिमंडल का अधिनायकवाद स्थापित हो चुका है।
- **अकुशल शासन (Inefficient Government):** एकात्मक शासन में सारी शक्तियां केंद्र सरकार में निहित होती हैं। अतः केंद्र सरकार द्वारा पूरे देश के लिए एक जैसी नीति का निर्माण किया जाता है, जबकि देश के विभिन्न क्षेत्रों की आवश्यकताएं अलग-अलग प्रकार की होती हैं। यह सत्य है कि एकात्मक शासन प्रणाली में भी प्रादेशिक सरकारों की स्थापना की जाती है, परंतु ये अपनी शक्तियों और धन के लिए पूर्णतया केंद्र सरकार पर निर्भर रहते हैं और इसलिए इनके द्वारा भी शासन कार्य का संचालन इस प्रकार से कर पाना कठिन होता है जिससे विशिष्ट स्थानीय आवश्यकताओं की पूर्ति हो सके। इस संदर्भ में **आर.जी. गेटिल** का कथन है कि **"... इस बात का हमेशा भय रहता है कि केंद्र सरकार द्वारा निर्धारित नीतियां एक विशेष क्षेत्र के निवासियों के लिए ही लाभप्रद हों। इससे न केवल प्रशासन में विलंब होता है जिसके परिणामस्वरूप केंद्रीय अधिकारियों के निर्णय की प्रतीक्षा में स्थानीय हितों को नुकसान होता है वरन् प्रायः निर्णय स्थानीय हितों की उपेक्षा करके लिए जाते हैं और व्यवहार में ऐसे पदाधिकारियों द्वारा लागू किए जाते हैं जिन्हें स्थानीय आवश्यकताओं तथा अपेक्षाओं का कोई ज्ञान नहीं होता।"**
- **विशाल देशों के लिए अनुपयुक्त (Unfit for Large Countries):** जिन राज्यों का आकार विशाल और जनसंख्या अधिक होती है तथा जहां का जनसमूह भाषा, धर्म, संप्रदाय, संस्कृति आदि के आधार पर विविधताओं से युक्त होता है वहां एकात्मक शासन प्रणाली सर्वथा अनुपयुक्त सिद्ध होती है। इस प्रकार के देशों में क्षेत्रीय और स्थानीय हितों तथा आकांक्षाओं की पूर्ति प्रांतीय तथा स्थानीय शासन संस्थाओं के माध्यम से अधिक अच्छे प्रकार से हो सकती है।
- **राजनीतिक शिक्षा के लिए अनुपयुक्त (Unfit for Political Education):** यह प्रणाली नागरिकों को राजनीतिक दृष्टि से शिक्षित करने के उद्देश्य से भी उपयुक्त नहीं है। इस प्रणाली में राजनीतिक गतिविधियों का केंद्र केंद्रीय व्यवस्थापिका और कार्यपालिका होती है। इसमें स्थानीय स्वशासन की संस्थाएं एवं प्रणाली अपेक्षाकृत कमजोर तथा निष्क्रिय होती है। चुनाव भी एक निश्चित अवधि में एक बार संपन्न होते हैं। इससे जनता को सार्वजनिक कार्यों में रुचि विकसित करने तथा शासन में हाथ बंटाने का पूर्ण अवसर नहीं मिलता। इस प्रणाली में जनमानस को उस प्रकार की राजनीतिक शिक्षा नहीं प्राप्त होती है, जैसे कि संघीय व्यवस्था में प्राप्त होती है। **गार्नर** का मत है कि **"एकात्मक सरकार स्थानीय उपक्रम को कुचलती है, सार्वजनिक गतिविधियों में रुचि को दबाती है न कि प्रेरित करती है, सरकार की जीवंतता को समाप्त करती है और केंद्रीयकृत नौकरशाही का मार्ग प्रशस्त करती है।"**
- **केंद्रीय शासन पर कार्य-भार बढ़ जाता है (Central Government is Over-burdened with Work):** एकात्मक शासन में केंद्र को राष्ट्रीय और अंतर्राष्ट्रीय समस्याओं से लेकर स्थानीय समस्याओं तक सभी कार्यों का प्रबंध करना होता है। इससे एक ओर तो केंद्र सरकार की कर्मठता और कुशलता घट जाती है और दूसरी ओर कुछ कार्य अधूरे छूट जाते हैं, कुछ शुरू ही नहीं हो पाते और कुछ कागज पर योजना के रूप में ही रह जाते हैं।

निष्कर्ष—एकात्मक शासन प्रणाली के गुणों और दोषों का विवेचन करने के उपरांत हम इस स्वाभाविक निष्कर्ष पर पहुंचते हैं कि एकात्मक सरकार में कुछ कमियों के बावजूद यह संघात्मक राज्य की तुलना में छोटे राज्यों के लिए कहीं अधिक उपयुक्त है। इस प्रणाली में एकता तो पुष्पित होती ही है, एक स्थिर शासन भी स्थापित होता है। यह एक ओर तो किफायती होती है, और दूसरी ओर इसमें एक सशक्त आंतरिक और विदेश नीति का निर्माण आसान होता है। इस प्रणाली के विरुद्ध कुछ आपत्तियां काल्पनिक अधिक और वास्तविक कम

प्रतीत होती हैं। उदाहरण के लिए, यह हमेशा आवश्यक नहीं है कि एकात्मक सरकार में केंद्र निरंकुश हो और स्थानीय स्वायत्तता को कुचल ही दे। इंग्लैंड में एकात्मक सरकार है और संवैधानिक दृष्टि से सभी शक्तियां केंद्र में निहित हैं, परंतु इंग्लैंड में प्रांतीय और स्थानीय सरकार के भी पर्याप्त अधिकार हैं। स्थानीय उपक्रम भी वहां भली-भांति फल-फूल रहा है। फ्रांस में स्थिति कुछ भिन्न है। फ्रांस में स्थानीय सरकार अपेक्षाकृत कम शक्तिशाली है। इस प्रकार एकात्मक प्रणाली में दोनों प्रकार के उदाहरण प्राप्त होते हैं।

संघात्मक शासन प्रणाली

शाब्दिक दृष्टि से, 'संघवाद', शब्द की उत्पत्ति 'संघ' (Federation) नामक शब्द से हुई है। 'Federation' नामक शब्द की उत्पत्ति लैटिन भाषा के 'फोइडस' (Foedus) नामक शब्द से हुई है, जिसका अर्थ होता है–'संधि' या 'संविदा'। इस प्रकार यह कहा जा सकता है कि संघवादी या संघात्मक शासन का जन्म हमेशा एक संविदा या करार (Contract) के माध्यम से होता है। संधि या समझौते में हमेशा वैधानिकता का भाव निहित होता है। यह बहुपक्षीय और लिखित होता है। इस समझौते के द्वारा समझौते से जुड़े सभी प्रदेश कुछ शर्तों पर अपनी प्रभुसत्ता त्याग देते हैं तथा एक सर्वप्रभुता संपन्न राज्य की स्थापना करते हैं। समझौते के सभी सदस्य इस संघ के समकक्ष (Equal) सदस्य होते हैं। संघ के विभिन्न क्षेत्रों को वर्तमान विश्व की विभिन्न संघात्मक व्यवस्थाओं में भिन्न-भिन्न नामों से पुकारा जाता है; जैसे–अमेरिका, भारत और ऑस्ट्रेलिया में राज्य (States); कनाडा तथा पाकिस्तान में प्रांत (Provinces); जर्मन संघीय गणराज्य में लैंड्स (Lands) आदि।

संघ और परिसंघ

कभी-कभी संघ और परिसंघ शब्द का प्रयोग समानार्थी के रूप में किया जाता है। उदाहरण के लिए, सन् 1874 के स्विस संविधान को स्विस परिसंघ का नाम दिया गया था। परंतु संघ और परिसंघ में अंतर है। स्टीफेन लीकॉक के अनुसार, "परिसंघ अकेला राज्य नहीं होता वरन् यह अनेक प्रभुसत्ता संपन्न निकायों का संग्रह होता है जो किन्हीं निश्चित प्रयोजनों की सिद्धि के लिए कुछ निर्धारित शर्तों पर मिल जाते हैं। हर राज्य को यह वैधानिक अधिकार होता है कि वह जब चाहे परिसंघ को छोड़ दे। अत: परिसंघ स्थायी और अभंजनीय नहीं हो सकता जबकि संघीय राज्य अकेला राज्य होता है। संघ की स्थापना से पहले इसके संघटक राज्य प्रभुता संपन्न हो सकते हैं पर संघ के निर्माण के बाद ऐसा नहीं हो सकता।" इतिहास में परिसंघों के निर्माण के अनेक उदाहरण प्राप्त होते हैं। आधुनिक युग में अमेरिकी परिसंघ (1781-89) और जर्मन परिसंघ (1815-67) के उदाहरण उपलब्ध हैं परंतु अब स्थिति बदल चुकी है। इसी प्रकार 1874 के संविधान में स्विट्जरलैंड को परिसंघ घोषित किया गया था जो अब संघ बन चुका है।

एक दो बातों में परिसंघ संघ जैसा ही होता है। सर्वप्रथम, दोनों ही में कुछ राज्य किन्हीं निश्चित उद्देश्यों के लिए आपस में संयुक्त होते हैं। दूसरी बात यह कि दोनों में ही सामान्य उद्देश्य की प्राप्ति के लिए एक केंद्रीय सत्ता का गठन किया जाता है जबकि दोनों के मध्य सबसे बड़ा अंतर यह है कि परिसंघ में सम्मिलित होने वाले राज्य अपनी स्वतंत्रता और संप्रभुता को बरकरार रखते हैं जबकि संघ में सम्मिलित होने वाले राज्य इनका परित्याग कर देते हैं।

इस प्रकार संघीय व्यवस्था शासन का दोहरा रूप है। केंद्रीय अथवा संघीय शासन को राष्ट्रीय महत्व के मामलों के प्रबंध का दायित्व सौंपा जाता है, जबकि इकाइयों की सरकारों को क्षेत्रीय अथवा स्थानीय महत्व के विषय प्रदान किए जाते हैं। संघात्मक शासन प्रणाली में केंद्र और इकाइयों की सरकारें समान और सहयोगी होती हैं।

इस प्रणाली में केंद्र तथा इकाइयों के मध्य शक्तियों का वितरण संविधान के तहत किया जाता है। दोनों सरकारें अपने-अपने क्षेत्र विशेष के भीतर समान और स्वतंत्र होती हैं। इकाइयों के शासन को अधीनस्थ शासन नहीं मानना चाहिए यद्यपि उन्हें विदेशों के साथ संधि करने, युद्ध अथवा शांति की घोषणा करने, मुद्रा जारी करने, सेवाएं रखने आदि की अनुमति नहीं होती।

संघ के निर्माण की आवश्यक शर्तें

संघ का निर्माण या जन्म एक संधि या समझौते के माध्यम से होता है अतएव संघ के निर्माण के लिए यह अनिवार्य है कि दो या दो से अधिक राज्यों में एक संघ के गठन की इच्छा हो, क्योंकि जब तक सभी घटक राज्यों की इच्छा में सामंजस्यता स्थापित नहीं होगी तब तक किसी भी संघ का अभ्युदय कठिन ही नहीं बल्कि असंभव होगा। घटक इकाइयों में एकबद्ध होने की इच्छा के साथ ही उनमें एक संघ निर्माण की क्षमता भी होनी चाहिए। **के.सी. व्हीयर** का कथन है, **"यह नितांत आवश्यक है कि संघ की कामना करने वाले सदस्यों में संघ स्थापना की इच्छा और क्षमता दोनों होनी चाहिए।"** किसी संघ की स्थापना के लिए निम्नलिखित स्थितियां आवश्यक हैं–

- **भौगोलिक निकटता (Geographical Proximity):** संघ के निर्माण की कामना करने वाले राष्ट्र एक-दूसरे से भौगोलिक दृष्टि से तथा संघ की समस्त इकाइयां परस्पर सम्पर्कबद्ध होनी चाहिए। राज्य का आकार छोटा हो या बड़ा परंतु यदि राज्य के भाग बड़ी दूरी से एक-दूसरे से कटे होंगे तो वहां संघीय व्यवस्था को सफलतापूर्वक नहीं चलाया जा सकता।
- **समान हित (Common Interests):** संघ की घटक इकाइयों के समान हित संघ की स्थापना की दूसरी शर्त है। **डाइसी** ने लिखा है, **"संघीय राज्य एक राजनीतिक रचना है जिसका उद्देश्य राज्य के अधिकारों की सुरक्षा के साथ राष्ट्रीय एकता तथा सत्ता में तालमेल बैठाए रखना है।"** घटक इकाइयों के समान हितों में बाह्य आक्रमणों से रक्षा से लेकर आर्थिक विकास तक कोई भी हित हो सकता है। व्यवहार में यदि देखा जाए तो समान हित की अवधारणा ही उन्हें एक-सूत्र में बंधने को प्रेरित करती है।
- **सांस्कृतिक समरूपता (Cultural Homogeneity):** संघ की घटक इकाइयां सांस्कृतिक दृष्टि अर्थात् भाषा, धर्म, लिपि आदि की दृष्टि से समरूप होनी चाहिए। यदि ऐसा न हो तो उनमें संयुक्त हो जाने पर एक-दूसरे के साथ अनुकूलन कर लेने की क्षमता होनी चाहिए ताकि संघ के निर्मित हो जाने के उपरांत उनके मध्य राष्ट्रीय एकता की भावना विकसित हो सके।
- **समान प्रस्थिति (Equal Status):** संघ में सभी राज्यों की प्रस्थिति जहां तक संभव हो समान होनी चाहिए। उन्हें राष्ट्रीय व्यवस्थापिका में एक समान प्रतिनिधित्व मिलना चाहिए। भले ही उनका आकार या जनसंख्या कुछ भी हो। इसी प्रकार शक्तियों के वितरण के मामले में किसी प्रकार की असमानता नहीं होनी चाहिए। क्षेत्रीय आर्थिक असंतुलनों को भी जहां तक संभव हो, दूर करने का प्रयास करना चाहिए।

यदि उपर्युक्त स्थितियां विद्यमान हों तो संघीय व्यवस्था सफलतापूर्वक कार्य कर सकती है। इस संदर्भ में **ए.वी. डाइसी** का कथन है कि **"सर्वप्रथम इकाइयों का एक ऐसा समूह हो जो अपनी भौगोलिक स्थिति, इतिहास, नस्ल आदि बिंदुओं पर परस्पर इतनी निकटता से संबंधित हों कि उनसे समान राष्ट्रीयता का बोध हो। सामान्यतया यह भी देखा गया है कि वे प्रदेश जो संघीय राज्य का अंग हैं, अपने अस्तित्व की किसी अवस्था में निकट गठजोड़ अथवा किसी सामान्य प्रभुसत्ता की अधीनता के कारण एक साथ बंधे थे। घटक इकाइयों के निवासियों में एक विशिष्ट प्रकार की भावना विद्यमान होनी चाहिए। वे संघ में रहने की कामना करें परंतु एकता (विलय) की नहीं ...। ऐसे प्रस्तावित राज्य के लोगों में अनेक प्रयोजनों के लिए राष्ट्र के गठन की इच्छा होनी चाहिए परंतु वे प्रत्येक प्रांत के अस्तित्व के समर्पण की कामना न करें।"**

संघात्मक शासन की विशेषताएं

- **संविधान की सर्वोच्चता (Supremacy of the Constitution):** संघ की स्थापना एक समझौते या करार के माध्यम से होती है। यह समझौता संविधान का भाग होता है जिसका पालन केंद्रीय और प्रादेशिक दोनों सरकारों को करना होता है। संविधान में संघ तथा इकाइयों के मध्य शक्तियों के वितरण की विस्तृत व्यवस्था दी हुई होती है। संविधान में ही संविधान को संशोधित करने की विधि भी दी हुई होती है। संघ सरकार और राज्य सरकारों को संविधान के प्रावधानों का अनिवार्यत: पालन करना होता है।
- **लिखित और कठोर संविधान (Written and Rigid Constitution):** संघात्मक सरकार का संविधान अनिवार्यत: लिखित और कठोर होता है। संविधान का लिखित होना इसलिए अनिवार्य होता है, क्योंकि संविधान में ही केंद्र और राज्यों के मध्य शक्तियों के वितरण का विवरण दिया हुआ होता है। संविधान का कठोर होना भी आवश्यक है ताकि इसमें संशोधन संघ और राज्य दोनों के सम्मिलित सहयोग से ही किया जा सके। कठोर संविधान उस संविधान को कहते हैं जिसके संशोधन की प्रक्रिया साधारण विधियों की निर्माण-प्रक्रिया से हमेशा भिन्न होती है।
- **केंद्र तथा राज्यों के मध्य शक्तियों का वितरण (Distribution of Powers between Union and States):** संघात्मक सरकार की एक और अनिवार्य विशेषता केंद्र और राज्यों के मध्य शक्तियों का विस्तृत वितरण होना है। साधारणतया राष्ट्रीय महत्व के विषय संघीय सरकार के अधिकार क्षेत्र में और क्षेत्रीय तथा स्थानीय महत्व के विषय राज्य सरकारों के अधिकार-क्षेत्र में रखे जाते हैं। पिछले कुछ समय में 'सामान्य महत्व' के कुछ मामलों को 'समवर्ती' विषय घोषित करने की एक नई प्रवृत्ति का विकास हुआ है। इन विषयों पर संघ और राज्य दोनों को समान रूप से अधिकार प्रदान किया जाता है, इस प्रावधान के साथ कि किसी विवाद की स्थिति में संघ का कानून मान्य होगा। शक्तियों के वितरण के संदर्भ में संघात्मक राज्यों में सामान्यतया दो प्रकार की पद्धतियां अपनाई जाती हैं-प्रथम तो यह कि संघ की शक्तियों का स्पष्ट उल्लेख कर दिया जाता है और अवशिष्ट शक्तियां राज्यों को सौंप दी जाती हैं। यह विधि संयुक्त राज्य अमेरिका, सोवियत संघ (पूर्व), स्विट्जरलैंड तथा ऑस्ट्रेलिया में अपनाई गई है। दूसरी विधि यह है कि राज्यों की शक्तियां संविधान में परिभाषित कर दी जाएं तथा अवशिष्ट शक्तियां केंद्र को सौंप दी जाएं। यह पद्धति कनाडा में अपनाई गई है। भारतीय संविधान में शक्तियों का वितरण तीन सूचियों-संघ सूची, राज्य सूची और समवर्ती सूची के माध्यम से किया गया है और अवशिष्ट शक्तियां केंद्र को प्रदान की गई हैं।
- **सर्वोच्च संघीय न्यायालय (Supreme Federal Court):** संविधान द्वारा शक्तियों के विस्तृत विभाजन एवं वितरण और इस वितरण में परिवर्तन की एक निश्चित संवैधानिक व्यवस्था के बावजूद, ऐसी स्थिति आ सकती है जब केंद्र और राज्यों के मध्य विवाद की स्थिति पैदा हो जाए। इसलिए प्रत्येक संघीय राज्य में यह एक अनिवार्य आवश्यकता होती है कि एक सर्वोच्च न्यायालय हो जिसके द्वारा इस प्रकार के किसी विवाद का निबटारा किया जा सके। संघीय न्यायालय निरंतर यह भी देखता रहता है कि संघ तथा राज्यों की सरकारें अपने अधिकारों की सीमा का अतिक्रमण न करें। संविधान के विभिन्न अंशों की व्याख्या करके न्यायालय संविधान के विकास का मार्ग भी प्रशस्त करता है। संघीय न्यायालय की शक्तियों का स्रोत स्वयं संविधान होता है। इसे घटाने या बढ़ाने के लिए राज्यों की सहमति भी आवश्यक होती है।

एकात्मक और संघात्मक शासन प्रणाली में अंतर

एकात्मक सरकार शक्तियों के केंद्रीकरण के सिद्धांत पर आधारित होती है जबकि संघात्मक शासन में शक्तियां केंद्र और घटक इकाइयों के मध्य विभाजित होती हैं। एकात्मक और संघात्मक सरकारों में मुख्य अंतर निम्नवत् हैं-

- एकात्मक सरकार में केंद्र और राज्यों के मध्य शक्तियों का कोई संवैधानिक वितरण नहीं होता जबकि संघात्मक सरकार में शासन की शक्तियां संविधान द्वारा केंद्र और घटक राज्यों के मध्य विभाजित की जाती हैं।
- एकात्मक सरकार में संवैधानिक दृष्टि से शासन की समस्त शक्तियां केंद्र सरकार में निहित होती हैं। प्रशासकीय सुविधा की दृष्टि से केंद्र इनमें से कुछ शक्तियां घटक इकाइयों को प्रदान कर सकता है। एकात्मक सरकार में प्रांत संघ सरकार के एजेंटों की भांति होते हैं जबकि संघ सरकार की भूमिका स्वामी जैसी होती है। दोनों के मध्य किसी प्रकार का विवाद या संघर्ष होने पर केंद्र सरकार की इच्छा प्रभावी होती है। इसके विपरीत संघीय सरकार में दोनों सरकारों की प्रस्थिति (Status) समान होती है। दोनों के अधिकार-क्षेत्र संविधान द्वारा परिभाषित होते हैं और कोई भी सरकार अन्य के अधिकार क्षेत्र में हस्तक्षेप नहीं कर सकती।
- एकात्मक राज्य का संविधान लिखित या अलिखित तथा कठोर या लचीला किसी भी प्रकार का हो सकता है जबकि संघात्मक राज्य का संविधान लिखित होना आवश्यक है, क्योंकि इस प्रकार का राज्य एक संधि या समझौते का परिणाम होता है और इसकी शर्तों को अनिवार्यत: संविधान में सम्मिलित किया जाता है। इसी प्रकार संघात्मक राज्य का संविधान कठोर होना भी आवश्यक है ताकि संघ इसमें स्वेच्छाचारी ढंग से संशोधन न कर सके।
- एकात्मक राज्य में इकहरी नागरिकता (Single Citizenship) होती है जबकि एक संघीय राज्य में सामान्यता दोहरी नागरिकता (Dual Citizenship) होती है। उदाहरण के लिए, अमेरिकी संघीय व्यवस्था में दोहरी नागरिकता का प्रावधान है।
- एकात्मक शासन प्रणाली में, केंद्र सरकार को किसी राज्य सरकार के नाम, सीमा आदि में परिवर्तन का पूरा अधिकार होता है, जबकि संघीय प्रणाली में संबंधित घटक इकाई की स्वीकृति के बिना उसके नाम, सीमा आदि में कोई परिवर्तन नहीं किया जा सकता।

संघात्मक शासन प्रणाली के गुण

आधुनिक विश्व में अनेक देशों द्वारा संघात्मक प्रणाली को अपनाया गया है। समान हितों वाले विभिन्न राज्यों को संगठित करनें का संघात्मक शासन सर्वश्रेष्ठ प्रकार है। कुछ विद्वानों ने तो विश्व की अनेक आर्थिक तथा राजनीतिक समस्याओं का हल एक 'विश्व संघ' को माना है। संघात्मक शासन के मुख्य गुण निम्नलिखित हैं-

- **विशाल देशों के लिए उत्तम प्रणाली (Best system for Huge Countries):** संघात्मक प्रणाली उन देशों के लिए सर्वाधिक उपयुक्त है जो आकार में विशाल हैं और जहां भाषा, धर्म, संप्रदाय आदि की विविधता पाई जाती है। इस प्रकार के राज्यों में अलग-अलग क्षेत्रों की विशेषताएं तो अलग-अलग होती ही हैं, प्रत्येक क्षेत्र के निवासियों की आकांक्षाएं भी अलग-अलग होती हैं जिन्हें एकात्मक प्रणाली से पूरा नहीं किया जा सकता। विभिन्नताओं से युक्त देश के निवासियों को एक साझे शासन के अधीन रहने पर तभी सहमत किया जा सकता है जब उन्हें निश्चित मात्रा में स्वायत्तता की अनुमति प्राप्त हो।
- **राज्यों के एकीकरण की पद्धति (Method of the Unification of States):** संघीय व्यवस्था में कई छोटे राज्य मिलकर एक शक्तिशाली राज्य का निर्माण कर सकते हैं। **सिजविक** का मत है कि **"संघ राज्यों ने अनेक लघु राज्यों के भी विशाल राज्य होने के द्वार खोल दिए हैं। यदि संघ न बना होता तो शक्तिशाली पड़ोसी राज्य एक-एक करके सब राज्यों को हड़प कर गए होते।"** आंतरिक तथा बाह्य दृष्टि से सशक्त होने के साथ ही वे अपना पृथक् अस्तित्व बनाए रख सकते हैं तथा अपने से संबंधित मामलों का स्वत: प्रबंध करने की भी उन्हें स्वतंत्रता होती है। उदाहरण के

लिए, अमेरिकी संघ में 50 और भारतीय संघ में 29 राज्य हैं। यदि ये संघ के रूप में अपने को संगठित न कर लेते तो इनकी आंतरिक और बाह्य स्थिति नितांत कमजोर होती। यह भी हो सकता था कि किसी पड़ोसी देश ने इनको अपने में मिला लिया होता।

सरकार के विभिन्न प्रारूप

अल्पमत की सरकार

ऐसी सरकार जिसे लोकसभा या विधानसभा में पूर्ण बहुमत नहीं प्राप्त हो परंतु सरकार चल रही हो तो इसे अल्पमत सरकार कहा जाएगा। अल्पमत सरकार इसलिए सत्ता में बनी रहती है क्योंकि मतदान के दौरान कुछ दल या कुछ सदस्य अनुपस्थित रहते हैं।

अंतरिम सरकार

अंतरिम सरकार एक विशेष परिस्थितियों में बनाई जाती है। इसकी स्थापना प्राय: संवैधानिक रूप से शासन व्यवस्था में परिवर्तन या विशेष संक्रमण काल में की जाती है। यह मिली-जुली सर्वदलीय सरकार होती है। स्वतंत्रता प्राप्ति के समय जवाहर लाल नेहरू के नेतृत्व में भारत में अंतरिम सरकार बनी थी।

राष्ट्रीय सरकार (National Government)

ऐसी सरकार जिसमें पक्ष-विपक्ष सहित सभी दलों की सहभागिता होती है। सभी दल मिलकर सरकार बनाते हैं तो ऐसी सरकार राष्ट्रीय सरकार कहलाती है।

कार्यवाहक सरकार (Working Government)

सदन में विश्वास मत प्राप्त न कर पाने या किसी दल द्वारा सरकार न बना पाने की स्थिति में चुनाव होने तक एवं वैकल्पिक सरकार बनने तक पूर्व सरकार को ही कार्य करना पड़ता है जिसे कार्यवाहक सरकार कहा जाता है। 1999 में अटल बिहारी वाजपेयी द्वारा अन्नाद्रमुक की नेता जयललिता द्वारा समर्थन वापस लिए जाने के बाद बहुमत न सिद्ध कर पाने और कांग्रेस द्वारा वैकल्पिक सरकार न बना पाने के कारण वाजपेयी जी की सरकार को 6 माह तक चुनाव होने तक कार्यवाहक सरकार के रूप में कार्य करना पड़ा।

- **राष्ट्रीय एकता और स्थानीय स्वायत्तता के मध्य सामंजस्य:** जे. डब्ल्यू. गार्नर का मत है, कि **"यह प्रणाली राष्ट्रीय एकता के लाभों को स्थानीय स्वायत्तता के लाभों के साथ संयुक्त कर देती है। इस लाभ के बदले में लोग उस हानि को स्वीकार कर लेते हैं जो उन्हें संघ का गठन करने वाले सभी राज्यों के सामान्य हित के कुछ मामलों के विनियमन (Regulation) हेतु केंद्र सरकार को अधिकार प्रदान करने के कारण उठानी पड़ती है।"** डाइसी के शब्दों में, **"संघात्मक शासन राष्ट्रीय एकता तथा राज्यों के अधिकारों में समन्वय स्थापित करने का केंद्र का एक राजनीतिक उपाय है।"**

  संघात्मक शासन प्रणाली में केंद्र और राज्यों के मध्य शक्तियों का वितरण किया जाता है। इससे प्रादेशिक और स्थानीय महत्व के विषयों पर क्षेत्राधिकार घटक इकाइयों को प्राप्त हो जाता है जिससे स्थानीय स्वायत्तता बरकरार रहती है। दूसरी ओर राष्ट्रीय महत्व के विषय केंद्र सरकार को सौंपे जाते हैं। पूरे देश में एक जैसी नीतियां अपनाकर केंद्र सरकार राष्ट्रीय एकता को जन्म देती है। इस प्रकार संघीय शासन प्रणाली में राष्ट्रीय एकता और स्थानीय स्वायत्तता के मध्य सामंजस्य पाया जाता है।
- **शक्तियों के वितरण से प्रशासकीय कर्मठता में वृद्धि (Increase in Administrative Efficiency due to Division of Powers):** संघात्मक शासन प्रणाली में शक्तियों के वितरण के साथ ही दोनों स्तरों की सरकारों के मध्य कार्यभार का भी बंटवारा हो जाता है। इसका परिणाम यह होता है कि केंद्रीय सरकार को प्रादेशिक और स्थानीय महत्व के विषयों को लेकर चिंतित नहीं होना पड़ता क्योंकि इनसे संबंधित विषय राज्यों के क्षेत्राधिकार में रखे जाते हैं। इससे प्रशासकीय कर्मठता में वृद्धि होती हैं।
- **राजनीतिक शिक्षा की दृष्टि से उपयुक्त (Appropriate from the Point of Political Education):** संघात्मक शासन प्रणाली में प्रांतीय और स्थानीय सरकारें केंद्रीय सरकार से पृथक् होती हैं। उनके अधिकार-क्षेत्र सुपरिभाषित होते हैं। उनके अलग-अलग निर्वाचन होते हैं जिनमें जनमानस की सक्रिय भागीदारी होती है। इन निर्वाचनों में प्रत्याशियों द्वारा स्थानीय मुद्दों को आधार बनाया जाता है। ये निर्वाचन जनता की राजनीतिक शिक्षा के अत्यंत उपयोगी माध्यम सिद्ध होते हैं।
- **केंद्र सरकार के स्वेच्छाचारी होने की संभावना नहीं (No Possibility of the Autocracy of the Central Govt.):** संघात्मक प्रणाली में शक्ति का संकेंद्रण एक ही सरकार में नहीं होता वरन् संविधान द्वारा शासन की शक्तियों का केंद्र और राज्य सरकारों के मध्य विभाजन किया जाता है। शक्ति वितरण की इस प्रणाली की रक्षा सर्वोच्च संघीय न्यायालय द्वारा की जाती है। केंद्रीय सरकार की स्वेच्छाचारिता के साथ ही संघीय प्रणाली में नौकरशाही की शक्ति में भी अप्रत्याशित वृद्धि की संभावना नहीं होती। सामान्य जन की स्वतंत्रता भी एकात्मक सरकार की तुलना में संघात्मक सरकार में कहीं अधिक सुरक्षित रहती है।

संघात्मक शासन प्रणाली के दोष

- **संघीय शासन दुर्बल होता है (The Federal Government is Comparatively Weaker):** केंद्र और राज्यों के मध्य शक्तियों के वितरण पर आधारित होने के कारण संघीय शासन दुर्बल होता है। जिन विषयों को संघ की घटक इकाइयों के अधिकार क्षेत्र में रखा जाता है उन पर इकाइयों द्वारा निर्मित विधियों में पर्याप्त भिन्नता होती है। इस प्रकार की विभिन्नता से राष्ट्रीय एकता को पर्याप्त हानि पहुंचती है। पुन: जो कुछ राज्यों के अधिकार क्षेत्र में रखा गया है, समय-समय पर बदली हुई परिस्थितियों में उसकी समीक्षा की जानी चाहिए पर प्राय: संघवादी व्यवस्थाओं में ऐसा नहीं होता। इसका परिणाम संघ और घटक इकाइयों के मध्य तनाव के रूप में निकलता है। इसके बारे में यह भी कहा जाता है कि, **"...स्थानीय सरकारों के साथ केंद्र सरकार का तालमेल कठिनाई का निरंतर कारण बन जाता है और विद्रोह का भय हमेशा बना रहता है।"** केंद्रीय शासन इतना शक्तिशाली नहीं होता कि उन सभी विनाशकारी प्रवृत्तियों से निबट सके जो दो समकक्ष शासनों के मध्य सत्ता के वितरण के कारण उत्पन्न होती हैं। **डाइसी** का मत है कि, **"...एकात्मक सरकार की तुलना में संघात्मक सरकार एक कमजोर सरकार होती है ...। एक संघात्मक सरकार शक्तियों के वितरण पर आधारित होती है। संघ के एक राज्य को अन्य राज्यों के प्रति संतुलित करने के लिए निरंतर राजनय की आवश्यकता होती है।"**
- **खर्चीला शासन (Expensive Government):** संघात्मक शासन में केंद्रीय और प्रांतीय स्तरों पर पृथक-पृथक सरकारें होती हैं। इसमें निरर्थक व्यय होता है। भिन्न-भिन्न स्तरों की प्रतिनिध्यात्मक संस्थाओं के लिए समय-समय पर निर्वाचनों की व्यवस्था भी सरकार के व्यय को बढ़ाती है।
- **अकुशल शासन (Inefficient Administration):** संघात्मक शासन प्रणाली में शासकीय एवं प्रशासकीय तंत्र की दोहरी व्यवस्था के कारण निर्णय लेने की प्रक्रिया में अनावश्यक विलम्ब होता है। इससे शासन में अकुशलता आती है। कभी-कभी केंद्र और घटक इकाइयों के मध्य अधिकारों का विभाजन भी शासन में अकुशलता का कारण बनता है। केंद्र और घटक इकाइयों द्वारा एक-दूसरे पर दायित्व का आरोपण संघात्मक सरकार में आम बात है।

- **संघ के विरुद्ध विद्रोह का डर (Fear of Revolt against Federal Government):** संघात्मक प्रणाली में प्रत्येक प्रांत या प्रदेश की अपनी-अपनी शासन प्रणाली होती है। प्रत्येक इकाई का अपना पृथक्-पृथक् बजट होता है। यह स्वाभाविक है कि कुछ राज्य अधिक समृद्ध हों जबकि कुछ राज्य आर्थिक दृष्टि से कमजोर हो सकते हैं। ऐसी स्थिति में केंद्र द्वारा आर्थिक दृष्टि से विपन्न राज्यों के विकास के लिए विशेष प्रयास आर्थिक दृष्टि से संपन्न राज्यों में असंतोष को जन्म दे सकता है। इसकी भी संभावना होती है कि कोई शक्तिशाली राज्य या कुछ शक्तिशाली राज्य मिलकर संघ सरकार के विरुद्ध विद्रोह कर दें। उदाहरण के लिए, जब अमेरिका की संघीय सरकार द्वारा दास प्रथा को प्रतिबंधित किया गया तो इस नीति से असहमत दक्षिणी राज्यों ने इसका विरोध किया और इसके चलते गृहयुद्ध की स्थिति पैदा हो गई। सन् 1960 में कांगों में तथा 1991 में सोवियत संघ में राजनीतिक विघटन की स्थिति पैदा हो गई।
- **कठोर संविधान परिवर्तन में बाधक (Rigid Constitution a hindrance to change):** संविधान किसी राज्य की आधारभूत विधि होती है। इसकी सार्थकता के लिए यह आवश्यक है कि यह बदलती हुई परिस्थितियों के अनुरूप परिवर्तित होता रहे परंतु संघीय शासन में यह कठिन होता है क्योंकि संवैधानिक संशोधन की प्रक्रिया को जान-बूझकर कठिन बनाया जाता है। इसका परिणाम यह होता है कि प्राय: संघात्मक शासन प्रणाली वाले राज्यों में जिस उद्देश्य से संशोधन किया जाता है, संशोधन अंतिम रूप से लागू होने के पूर्व उसकी आवश्यकता ही समाप्त हो जाती है।
- **केंद्र और प्रांतों के मध्य विवाद की संभावना (Possibility of Dispute between Centre and Provinces):** यह सत्य है कि केंद्र और प्रांतों के मध्य शक्तियों का वितरण संघात्मक शासन में किया जाता है परंतु इसके बावजूद दोनों सरकारों के मध्य आए दिन विवाद होते रहते हैं क्योंकि शासन के विषयों की कोई अंतिम सूची तैयार कर पाना असंभव है। अनेक विषय परस्पर संबंधित होते हैं। ऐसे विषयों के संदर्भ में केंद्र और राज्य के क्षेत्राधिकार का निर्धारण कर पाना कठिन होता है। इसके अतिरिक्त प्राय: दो प्रांतों के मध्य भी क्षेत्राधिकार विषयक विवाद भी संघीय प्रणाली में देखने को मिलते हैं।

निष्कर्ष

संघात्मक शासन प्रणाली के गुणों और दोषों के परिप्रेक्ष्य में हम यह मान सकते हैं कि यह प्रणाली उन देशों के लिए सर्वथा उपयुक्त है जो आकार में बड़े हैं तथा जहां जातीय, धार्मिक, भाषायी और सांस्कृतिक विभिन्नताएं विद्यमान हों। यों भी संघीय प्रणाली के अधिकांश दोष सैद्धांतिक अधिक हैं, व्यावहारिक कम।

संघीय व्यवस्था से जुड़े अनेक गुणों के कारण ही इसे अनेक देशों द्वारा अपनाया गया है।

यह कहना निराधार है कि संघात्मक सरकार कमजोर होती है क्योंकि शायद ही कोई अमेरिका, भारत, कनाडा, ऑस्ट्रेलिया आदि देशों की सरकारों को कमजोर कहेगा। संघ और घटक इकाइयों के मध्य कभी-कभी क्षेत्राधिकार विषयक विवाद हो सकते हैं, परंतु इसके कारण आज तक कोई भी संघीय राज्य विघटित नहीं हुआ। इस प्रकार यह माना जा सकता है कि एकात्मक प्रणाली की तुलना में संघात्मक प्रणाली श्रेष्ठतर है।

स्मरणीय तथ्य

- देश के संविधान द्वारा शासन की शक्तियों का केंद्र सरकार और प्रांतीय सरकारों के मध्य विभाजन कर दिया जाए, तो उसी सरकार को संघीय (Federal) कहते हैं।
- एकात्मक शासन प्रणाली में सरकार एकीकृत होती है और सर्वोच्च सत्ता केंद्रीय सरकार के पास होती है।
- एकात्मक सरकार की एक महत्वपूर्ण विशेषता प्रशासनिक एकता है। सरकार की समस्त शक्तियां केंद्रीय सत्ता में निहित होती हैं और शासन के सभी अंग एक प्रशासनिक अभिकरण के अभिन्न अंग होते हैं।
- एकात्मक सरकार में सारी सत्ता केंद्र सरकार के हाथों में संकेंद्रित रहती है अतएव केंद्र सरकार के निरंकुश होने की पूरी संभावना रहती है।
- संघ का निर्माण या जन्म एक संधि या समझौते के माध्यम से होता है अतएव संघ के निर्माण के लिए यह अनिवार्य है कि दो या दो से अधिक राज्यों में एक संघ के गठन की इच्छा हो।
- भारतीय संविधान में शक्तियों का वितरण तीन सूचियों–संघ सूची, राज्य सूची और समवर्ती सूची के माध्यम से किया गया है और अवशिष्ट शक्तियां केंद्र को प्रदान की गई हैं।
- एकात्मक राज्य का संविधान लिखित या अलिखित तथा कठोर या लचीला किसी भी प्रकार का हो सकता है जबकि संघात्मक राज्य का संविधान लिखित होना आवश्यक है
- एकात्मक राज्य में इकहरी नागरिकता (Single Citizenship) होती है जबकि एक संघीय राज्य में सामान्यता दोहरी नागरिकता (Dual Citizenship) होती है।
- संघात्मक शासन प्रणाली में शासकीय एवं प्रशासकीय तंत्र की दोहरी व्यवस्था के कारण निर्णय लेने की प्रक्रिया में अनावश्यक विलम्ब होता है।

❑❑❑

भाग-II

संवैधानिक विकास

अध्याय 1 भारत का संवैधानिक विकास

किसी भी देश का संविधान एकाएक अपने अस्तित्व में नहीं आता है बल्कि वह एक ऐतिहासिक विकास का परिणाम होता है। अतएव भारतीय संविधान के वर्तमान स्वरूप को समझने के लिए उसकी ऐतिहासिक पृष्ठभूमि की विवेचना और उसका सम्यक ज्ञान अति आवश्यक है। भारत में संवैधानिक परंपरा का श्रीगणेश अंग्रेजों के भारत में आगमन के समय से ही हो गया था। भारतीय संविधान के ऐतिहासिक विकास का काल 1600 ई. से शुरू होता है। आधुनिक राजनीतिक संस्थाओं का उद्भव एवं विकास इसी काल में हुआ। भारत में 1600 ई. में ईस्ट इंडिया कंपनी की स्थापना के साथ संवैधानिक विकास की प्रक्रिया शुरू हो जाती है। ईस्ट इंडिया कंपनी की स्थापना महारानी एलिजाबेथ के राजलेख द्वारा की गई थी जिसको 1600 ई. का राजलेख कहा जाता है। 1726 में महारानी द्वारा पुन: एक राजलेख जारी किया गया। इस राजलेख द्वारा कोलकाता (कलकत्ता), मुंबई (बम्बई) और चेन्नई (मद्रास) प्रेसीडेंसियों के गवर्नर और उनकी परिषद् को कानून बनाने का अधिकार प्रदान कर दिया गया। राजलेख, 1726 के द्वारा भारत स्थित कंपनी को सरकार के सपरिषद् गवर्नर को उपनियम, नियम तथा अध्यादेश पारित करने का अधिकार दे दिया गया तथा उनका उल्लंघन करने वाले को दंडित करने की शक्ति भी दी गई।

1757 में प्लासी के युद्ध में विजय के बाद अंग्रेजों को इन क्षेत्रों में मालगुजारी वसूलने का अधिकार मिल गया तथा दीवानी प्रशासन का उत्तरदायित्व कंपनी पर आ गया। 1765 तक कंपनी को कानूनी रूप से अपनी गतिविधियों को संचालित करने का व्यापक अधिकार मिल गया था, परंतु व्यावहारिक रूप से भारत में **संवैधानिक विकास के इतिहास की गाथा** 1773 **के रेग्यूलेटिंग अधिनियम से शुरू** होती है। ध्यातव्य है कि कंपनी दिनों-दिन स्वेच्छाचारी होती जा रही थी। इसलिए कंपनी पर नियंत्रण रखने के लिए रेग्यूलेटिंग अधिनियम, 1773 ब्रिटिश संसद द्वारा पारित किया गया। रेग्यूलेटिंग अधिनियम, 1773 भारत के संवैधानिक विकास के इतिहास की पहली सीढ़ी है। भारत में अंग्रेजों के आगमन से लेकर आज तक के भारतीय संविधान के क्रमिक विकास को निम्नलिखित 4 काल खंडों में विभाजित किया जा सकता है–

भारत का संवैधानिक विकास

ईस्ट इंडिया कंपनी के अंतर्गत
↓ रेग्यूलेटिंग ऐक्ट-1773
↓ पिट्स इंडिया ऐक्ट-1784
↓ चार्टर ऐक्ट-1793
↓ चार्टर ऐक्ट-1813
↓ चार्टर ऐक्ट-1833
↓ चार्टर ऐक्ट-1853

ब्रिटिश क्राउन के अंतर्गत
↓ भारत शासन अधिनियम-1858
↓ भारत परिषद् अधिनियम-1861
↓ भारत परिषद् अधिनियम-1892
↓ भारत परिषद् अधिनियम-1909
↓ भारत परिषद् अधिनियम-1919
↓ भारत परिषद् अधिनियम-1935
↓ भारतीय स्वतंत्रता अधिनियम-1947

(i) 1765 से 1858 तक की अवधि
(ii) 1858 से 1919 तक की अवधि
(iii) 1919 से 1947 तक की अवधि
(iv) 1947 से आज तक

1765 से 1858 तक की अवधि

1765 से 1858 तक की अवधि भारत में संवैधानिक विकास की पहली अवधि है। इस अवधि में सर्वप्रथम रेग्यूलेटिंग अधिनियम, 1773 पारित किया गया जिसका उद्देश्य कंपनी की गतिविधियों पर नियंत्रण करना था। इसी अवधि में ब्रिटिश इंडिया ऐक्ट, 1813, 1833 तथा 1853 का चार्टर अधिनियम पारित किए गए। 1853 के चार्टर अधिनियम द्वारा संपूर्ण भारत के लिए एक विधान मंडल की स्थापना की गई। यही विधान मंडल आगे चलकर केंद्रीय विधानमंडल में परिवर्तित हो गया। 1765 से 1858 तक की अवधि में पारित अधिनियमों तथा राजलेखों की विस्तृत विवेचना निम्नलिखित शीर्षकों के अंदर की गई है–

रेग्यूलेटिंग अधिनियम, 1773

प्रारंभ में ईस्ट इंडिया कंपनी एक स्वायत्त व्यापारिक संस्था थी जो इंग्लैंड के सम्राट से आज्ञा पत्र प्राप्त करके भारत में व्यापार करती थी। बाद में कंपनी को शासन का अधिकार प्राप्त हो गया। इसी के साथ कंपनी की गतिविधियों में परिवर्तन होना शुरू हो गया। कंपनी बेईमान, घूसखोर और अत्याचारी हो गई। कंपनी के एक स्वायत्त संस्था होने के कारण इसकी गतिविधियों पर ब्रिटिश सरकार का कोई नियंत्रण नहीं था। कंपनी के कार्यों का प्रबंध लंदन स्थित एक संचालक समिति द्वारा किया जाता था। कंपनी ने व्यापारिक संस्था से एक राजनीतिक संस्था का भी रूप ग्रहण कर लिया था, परंतु कालांतर में कंपनी की स्थिति में परिवर्तन आ गया। अब तक कंपनी के अधीन एक विस्तृत राज्य था जिसकी रक्षा के लिए उसे सेना रखनी पड़ती थी तथा देशी राजाओं के साथ संधि/समझौते भी करने पड़ते थे।

अत: इस परिवर्तित परिस्थिति में ब्रिटिश सरकार ने कंपनी पर नियंत्रण रखना आवश्यक समझा। इसी आवश्यकता ने रेग्यूलेटिंग अधिनियम, 1773 को जन्म दिया। उल्लेखनीय है कि 1772 में कंपनी की जांच के लिए एक समिति बनाई गई। समिति द्वारा प्रस्तुत की गई रिपोर्ट से ज्ञात हुआ कि कंपनी में आर्थिक

अनियमितता व्यापक पैमाने पर है जिसके फलस्वरूप कंपनी की आर्थिक स्थिति दयनीय होती जा रही है। फलतः ब्रिटिश सरकार ने कंपनी के मामलों में हस्तक्षेप करना आवश्यक समझा और इस संदर्भ में ब्रिटिश संसद ने दो अधिनियम पारित किए। इन्हीं अधिनियमों में एक अधिनियम रेग्यूलेटिंग अधिनियम भी था जिसे 1773 में तत्कालीन प्रधानमंत्री लॉर्ड नार्थ के कार्यकाल में पारित किया गया।

रेग्यूलेटिंग अधिनियम, 1773 का मुख्य उद्देश्य कंपनी के संगठनात्मक दोषों को दूर करना तथा भारत में कंपनी के शासन में विद्यमान विसंगतियों को दूर करना था। रेग्यूलेटिंग अधिनियम, 1773 के माध्यम से ईस्ट इंडिया कंपनी पर संसदीय नियंत्रण स्थापित करने का प्रयास किया गया। **रेग्यूलेटिंग अधिनियम, 1773 के प्रमुख प्रावधान निम्नलिखित हैं–**

- अधिनियम के द्वारा भारत में केंद्रीय कार्यकारिणी का निर्माण किया गया। इस अधिनियम के माध्यम से बंगाल के गवर्नर को एक नया नाम दिया गया। बंगाल के गवर्नर को गवर्नर जनरल की संज्ञा दी गई तथा मद्रास और बम्बई के गवर्नर उसके अधीन कर दिए गए। गवर्नर जनरल की सहायता के लिए चार सदस्यों की एक समिति बनाई गई। समिति के सदस्य फिलिप, फ्रांसिस, जॉन क्लैवरिंग, रिचर्ड बारवेल तथा जॉर्ज मैंसन थे। ध्यातव्य है कि वारेन हेस्टिंग्स प्रथम गवर्नर जनरल था।
- मद्रास तथा बम्बई के गवर्नर से देशी नरेशों के साथ संधि/समझौते करने का अधिकार वापस लेकर बंगाल के गवर्नर जनरल को सौंप दिया गया, परंतु तात्कालिक आवश्यकता होने पर अथवा संचालकों की प्रत्यक्षतः आज्ञा प्राप्त करके गवर्नर जनरल उसकी समिति के परामर्श तथा अनुमति के बिना ही कार्य कर सकते थे।
- रेग्यूलेटिंग अधिनियम 1773 के द्वारा कलकत्ता में उच्चतम न्यायालय की स्थापना की गई। इसमें एक प्रधान न्यायाधीश तथा 3 अन्य न्यायाधीश होते थे। न्यायाधीशों की योग्यता के संबंध में कहा गया था कि वे इंग्लैंड अथवा आयरलैंड के बैरिस्टर हों तथा उन्हें कम-से-कम 5 वर्ष का अनुभव हो। न्यायालय का क्षेत्राधिकार दीवानी, फौजदारी, तथा धार्मिक संबंधी था। प्रथम न्यायाधीश के रूप में एलिजा इम्पे को नियुक्त किया गया।
- रेग्यूलेटिंग अधिनियम 1773 के द्वारा कंपनी का नियंत्रण इंग्लैंड के सम्राट के हाथों में चला गया। भारत में कंपनी के अधिकृत प्रदेशों के सुशासन तथा सुव्यवस्था के लिए गवर्नर जनरल तथा उसकी समिति को कानून बनाने का अधिकार दे दिया गया, परंतु इन नियमों को कार्यान्वित करने के पूर्व गृह सरकार की स्वीकृति प्राप्त करना तथा कलकत्ता के सर्वोच्च न्यायालय में उसका पंजीयन कराना अनिवार्य था।

यद्यपि रेग्यूलेटिंग अधिनियम, 1773 दोषमुक्त नहीं था, परंतु यह ब्रिटिश भारत का पहला लिखित संविधान था। इस कारण इसका विशेष महत्व है। यह अधिनियम भारत में कंपनी की शासन व्यवस्था को इंग्लैंड की संसद के अंतर्गत लाने का पहला सफल कदम था। इसके द्वारा कंपनी के शासन को ब्रिटिश सरकार के नियंत्रण में लाया गया। प्रांतीय सरकारों पर केंद्रीय सरकार का नियंत्रण इसी अधिनियम से शुरू होता है।

1781 का अधिनियम

रेग्यूलेटिंग ऐक्ट 1773 से गवर्नर जनरल, सर्वोच्च न्यायालय तथा कंपनी के अधिकारियों के मध्य अधिकार क्षेत्र को लेकर व्यापक विवाद छिड़ गया। इस विवाद को समाप्त करने के लिए 1781 में ब्रिटिश संसद ने 1781 का न्यायाधिकरण अधिनियम बनाया। ध्यातव्य है कि इस अधिनियम को बंगाल जुडिकेचर अधिनियम भी कहा जाता है। 1781 के अधिनियम के प्रमुख बिन्दु निम्नवत् हैं-

- 1781 के अधिनियम में यह प्रावधान किया गया कि गवर्नर जनरल तथा उसकी परिषद् के सदस्यों द्वारा किए गए कार्यों में सर्वोच्च न्यायालय हस्तक्षेप नहीं कर सकता है।
- सरकारी अधिकारी की हैसियत से किए गए कार्य के विरुद्ध सर्वोच्च न्यायालय कार्रवाई नहीं कर सकता है।
- कंपनी के राजस्व कलेक्टरों एवं कानूनी अधिकारियों द्वारा सरकारी अधिकारी के रूप में किए गए कार्यों को सर्वोच्च न्यायालय के कार्य क्षेत्र से अलग कर दिया गया। अन्य शब्दों में सर्वोच्च न्यायालय उन पर कार्यवाही नहीं कर सकता था।

फॉक्स का इंडिया बिल, 1781
ब्रिटिश संसद के सदस्य फॉक्स ने 1781 में संसद में एक बिल प्रस्तुत किया था। फॉक्स बिल में स्वामी समिति (Court of Properties) तथा संचालक समिति (Court of Directors) को हटाने तथा इनके स्थान पर भारतीय शासन पर नियंत्रण रखने के लिए 7 कमिश्नरों अथवा संचालकों की एक समिति गठित करने का प्रस्ताव किया गया था। कॉमन सभा द्वारा इस बिल को पास कर दिया गया, परंतु जॉर्ज तृतीय के विरोध के कारण लॉर्ड सभा ने इसे अस्वीकार कर दिया। अतः फॉक्स का बिल कानून नहीं बन सका।
डंडास बिल, 1783
1781 के अधिनियम से पूरी तरह रेग्यूलेटिंग ऐक्ट की सभी त्रुटियां दूर नहीं हो सकीं। अतः उक्त कमियों के निवारण के लिए ब्रिटिश संसद में कुछ निजी विधेयक भी प्रस्तुत किए गए। इनमें डंडास का विधेयक प्रमुख था। डंडास विधेयक के अंतर्गत निहित प्रावधानों के अनुसार इंग्लैंड के सम्राट को कंपनी के मुख्य कर्मचारियों को वापस बुलाने, बंगाल का बम्बई एवं मद्रास पर नियंत्रण रखने, गवर्नर जनरल को कौंसिल की समिति की विरुद्ध कार्य करने तथा उसे मुख्य सेनापति का पद संभालने का सुझाव दिया गया, परंतु यह बिल भी कानूनी रूप नहीं ले सका।

पिट्स भारतीय अधिनियम, 1784

रेग्यूलेटिंग अधिनियम, 1773 में विद्यमान कमियों को दूर करने के लिए ब्रिटिश संसद के सदस्य फॉक्स ने ब्रिटिश संसद में 1781 में इंडिया बिल प्रस्तुत किया था, परंतु यह बिल कानून का रूप नहीं ले सका। अंत में 1784 में फॉक्स इंडिया बिल में कुछ संशोधन करके ब्रिटिश संसद ने उसे पारित किया। उक्त संशोधनों को ब्रिटिश सांसद विलियम पिट ने रखा था। इसी कारण इसे पिट्स बिल कहा जाता है। पिट्स भारतीय अधिनियम के प्रमुख प्रावधान निम्नवत् थे–

- भारत में शासन, सेना तथा राजस्व संबंधी कार्यों पर नियंत्रण रखने के लिए 6 कमिश्नरों की एक समिति बनाई गई जिसका नाम नियंत्रण समिति (नियंत्रक मंडल) रखा गया। संचालक समिति को नियंत्रण समिति के अधीन कर दिया गया।
- डायरेक्टरों के तीन सदस्यों की एक गुप्त समिति बनाई गई जिसके द्वारा भारत में गोपनीय आज्ञाएं प्रेषित करने की व्यवस्था की गई।
- गवर्नर जनरल की कार्यकारी परिषद् के सदस्यों की संख्या घटाकर 4 से 3 कर दी गई। गवर्नर जनरल की कार्यकारिणी में सदस्यों की संख्या पहले की तुलना में कम हो गई थी। इसलिए गवर्नर जनरल की स्थिति पहले की तुलना में काफी सशक्त हो गई थी।
- गवर्नर जनरल को परिषद् के साथ कानून बनाने का अधिकार भी प्रदान कर दिया गया। देश के सभी न्यायालयों के लिए इन कानूनों को मानना अनिवार्य था।
- इस अधिनियम के द्वारा पूरे भारत का केंद्रीयकरण हो गया। संपूर्ण देश के लिए समान कानून लागू हुआ। मद्रास और बम्बई प्रेसीडेंसी के कानून बनाने के अधिकार समाप्त कर दिए गए।

- कंपनी के अधीन भर्ती के संबंध में भेदभाव, भारतीयों के साथ धर्म, जाति, जन्म-स्थान, निवास स्थान एवं वर्ष के आधार पर किसी प्रकार का भेदभाव न होने की व्यवस्था की गई।
- पिट्स भारतीय अधिनियम, 1784 के माध्यम से भारतीय उपनिवेश के दो शासक बन गए- पहला कंपनी का निदेशक तथा दूसरा नियंत्रण मंडल के माध्यम से ब्रिटिश सम्राट। उल्लेखनीय है कि यह स्थिति 1858 तक बनी रही।
- इस अधिनियम के माध्यम से भारत में कंपनी के अधीन क्षेत्र को पहली बार ब्रिटिश आधिपत्य का क्षेत्र कहा गया और ब्रिटिश सरकार को भारत में कंपनी के कार्यों और इसके प्रशासन पर पूर्ण नियंत्रण प्राप्त हो गया।

1786 का अधिनियम

1786 के अधिनियम के द्वारा ही गवर्नर जनरल को अपने उत्तरदायित्व पर परिषद् के सदस्यों के बहुमत की उपेक्षा करने का अधिकार प्राप्त हुआ और भारतीय फौजों का उसे सेनापति भी बना दिया गया। लॉर्ड कॉर्नवालिस को उसकी योग्यता के कारण ही भारत का गवर्नर जनरल बनाया गया तथा उसको समस्त सुविधाएं प्रदान की गईं।

1793 का चार्टर अधिनियम

ईस्ट इंडिया कंपनी को सन् 1773 में 20 वर्ष के लिए पूर्व में व्यापारिक एकाधिकार प्राप्त हुआ था। यह अवधि 1793 में समाप्त हो गई। इसलिए 1793 में ब्रिटिश संसद द्वारा प्रथम चार्टर अधिनियम पारित किया गया। यही अधिनियम चार्टर अधिनियम, 1793 के नाम से प्रसिद्ध हुआ।

इस अधिनियम के प्रमुख प्रावधान निम्नवत् थे-

- कंपनी को पुन: 20 वर्षों के लिए भारतीय व्यापार का एकाधिकार प्राप्त हो गया तथा बोर्ड ऑफ कंट्रोल के विधान में परिवर्तन किया गया।
- गवर्नर जनरल तथा गवर्नरों को अपनी कार्यकारिणी परिषद् के बहुमत पर आधारित निर्णयों के विरुद्ध कार्य करने की शक्ति प्राप्त हो गई तथा गवर्नर जनरल की प्रांतीय शासन पर नियंत्रण संबंधी शक्तियों में वृद्धि हुई।
- गवर्नर जनरल को अपनी कार्यकारिणी के सदस्यों में से एक को उपप्रधान नियुक्त करने का भी अधिकार प्राप्त हो गया।
- नियंत्रण बोर्ड के सदस्यों को भारत के राजस्व से वेतन मिलने लगा।
- बोर्ड के सदस्यों में दो सदस्यों को प्रिवी कौंसिल के बाहर से भी नियुक्त करने की अनुमति दे दी गई।

चार्टर अधिनियम, 1813

1793 के चार्टर अधिनियम के अंतर्गत कंपनी को 20 वर्ष के लिए पूर्व में व्यापारिक एकाधिकार प्राप्त हो गया था। इस अवधि में मुक्त व्यापार की अवधारणा बलवती हो गई। प्रसिद्ध अर्थशास्त्री एडम स्मिथ के स्वतंत्र व्यापार के सिद्धांत को काफी लोकप्रियता हासिल हो रही थी।

1793 के चार्टर अधिनियम के अंतर्गत कंपनी का 20 वर्ष तक व्यापार पर एकाधिकार का लोग विरोध करने लगे। ब्रिटेन नेपोलियन के साथ युद्ध में व्यस्त था। इससे इंग्लैंड के व्यापार को काफी क्षति हो रही थी। इन्हीं परिस्थितियों में चार्टर अधिनियम, 1813 को काफी वाद-विवाद के बाद पारित किया गया। **चार्टर अधिनियम, 1813 की दो प्रमुख विशेषताएं थीं- पहली यह कि अन्य अंग्रेज व्यापारियों के भारत में आने का मार्ग सुगम हो गया। दूसरी विशेषता यह थी कि इससे ईसाई पादरियों को भारत में धर्म के प्रचार की स्वतंत्रता मिल गई। चार्टर अधिनियम,** 1813 **के प्रमुख प्रावधान निम्नलिखित हैं-**

- चार्टर अधिनियम, 1813 के अंतर्गत अन्य अंग्रेज व्यापारियों को भारत में व्यापार करने की अनुमति मिल गई। इसके अतिरिक्त ईसाई पादरियों को भी भारत में अपने धर्म का स्वतंत्रतापूर्वक प्रचार करने की अनुमति मिल गई।
- इस ऐक्ट के द्वारा भारत में कंपनी के व्यापारिक एकाधिकार को समाप्त करके कुछ प्रतिबंधों के साथ सभी अंग्रेजों को भारत से व्यापार करने की खुली छूट मिल गई, किंतु कंपनी का चाय एवं चीन के साथ व्यापार पर एकाधिकार बना रहा।
- भारतीय राजस्व से व्यय करने के लिए नियम एवं पद्धतियां बनाई गईं। इस चार्टर ने कलकत्ता, बंबई और मद्रास की सरकारों द्वारा बनाई गई विधियों का ब्रिटिश संसद द्वारा अनुमोदन किया जाना अनिवार्य बना दिया। ब्रिटिश संसद की अनुमति के बिना ये विधियां लागू नहीं की जा सकती थीं।
- कंपनी को गवर्नर जनरल, गवर्नरों तथा प्रधान सेनापतियों को नियुक्त करने का अधिकार दिया गया। इसके लिए ब्रिटिश क्राउन की स्वीकृति भी अनिवार्य थी।
- कंपनी को पुन: अगले 20 वर्षों के लिए भारतीय प्रदेशों एवं राजस्व पर नियंत्रण का अधिकार दे दिया गया, किंतु यह स्पष्ट कर दिया गया कि, इससे इन प्रदेशों में क्राउन के प्रभुत्व पर कोई प्रभाव नहीं पड़ेगा।
- इस ऐक्ट में भारतीयों की शिक्षा पर एक लाख रुपए की वार्षिक धनराशि के व्यय का प्रावधान किया गया। साथ ही, भारत में ईसाई मिशनरियों को धर्म प्रचार की अनुमति दी गई।

चार्टर अधिनियम, 1833

1813 के चार्टर अधिनियम द्वारा कंपनी को 20 वर्षों के लिए प्राप्त व्यापार का एकाधिकार समाप्त हो गया। ब्रिटिश संसद को कंपनी का चार्टर बनाने का अवसर पुन: प्राप्त हुआ। ब्रिटिश संसद द्वारा चार्टर बनाने के पूर्व भारतीय प्रशासन की व्यापक जांच की गई। इसके बाद चार्टर अधिनियम, 1833 पारित किया गया। चार्टर अधिनियम, **1833** के प्रमुख प्रावधान निम्नलिखित हैं-

- भारतीय प्रदेशों पर कंपनी के अधिकार को 20 वर्ष के लिए बढ़ा दिया गया और कंपनी को प्राप्त व्यापारिक सुविधाएं समाप्त कर दी गईं।
- इस अधिनियम द्वारा बंगाल के गवर्नर जनरल को भारत का गवर्नर जनरल बना दिया गया तथा गवर्नर जनरल एवं उसकी परिषद् को संपूर्ण भारत के लिए कानून बनाने का अधिकार प्रदान किया गया। गवर्नर जनरल की परिषद् में सदस्यों की संख्या में 1 की वृद्धि कर दी गई। बढ़ाए गए सदस्य को विधि सदस्य कहा जाता था। विधि सदस्य के रूप में लॉर्ड मैकाले की प्रथम सदस्य के रूप में नियुक्ति की गई।
- प्रत्येक प्रेसीडेंसी की परिषद् में गवर्नर के अतिरिक्त दो और सदस्य रखने का भी प्रावधान किया गया।
- गवर्नर जनरल को कानून बनाने का पूर्ण अधिकार प्रदान कर दिया गया और उसके द्वारा बनाए गए कानूनों को अस्वीकार करने का अधिकार केवल बोर्ड ऑफ डायरेक्टर को ही था।
- चार्टर ऐक्ट, 1833 ने सिविल सेवकों के चयन के लिए खुली प्रतियोगिता का आयोजन शुरू करने का प्रयास किया। अधिनियम की धारा 87 में कहा गया कि, कंपनी में भारतीयों को किसी भी पद, कार्यालय और रोजगार को हासिल करने से वंचित नहीं किया जाएगा। कालांतर में यही धारा प्रशासन में भागीदारी हेतु मुख्य आधार बनी।
- कंपनी के व्यापारिक एकाधिकार को (चाय और चीन के साथ व्यापार सहित) पूर्णत: समाप्त कर दिया गया तथा कंपनी को प्रशासनिक एवं राजनैतिक दायित्व सौंपा गया।

ईस्ट इंडिया कंपनी के शासन का अंत करने और देश में केंद्रीय शासन प्रणाली शुरू करने के लिए उत्तरदायी इस अधिनियम का व्यापक प्रभाव था। चार्टर अधिनियम, 1833 के द्वारा गवर्नर जनरल की परिषद् के गठन एवं अधिकारों में

पर्याप्त वृद्धि कर दी गई तथा बंगाल के गवर्नर जनरल को संपूर्ण भारत का गवर्नर जनरल बना दिया गया। इस प्रकार देश के शासन का केंद्रीयकरण कर दिया गया। **इसी अधिनियम के अंतर्गत देश में पहली बार विधि आयोग (लॉर्ड मैकाले की अध्यक्षता में) का गठन किया गया।** इस आयोग द्वारा बनाई गई भारतीय अपराध प्रक्रिया संहिता, भारतीय दीवानी व्यवहार संहिता तथा भारतीय दंड संहिता आवश्यक संशोधनों के साथ आज भी लागू हैं। 1833 के अधिनियम के संबंध में लॉर्ड मार्ले के कथन का उल्लेख करना समीचीन होगा- 1833 का अधिनियम 1909 तक ब्रिटिश संसद द्वारा पारित सभी अधिनियमों में अधिक महत्वपूर्ण था। 1833 के अधिनियम में ही पहली बार भारत के संविधान में सुरक्षित मानवीय मूल अधिकारों के दर्शन होते हैं।

चार्टर अधिनियम, 1853

चार्टर अधिनियम, 1853 ब्रिटिश भारत का चौथा एवं अंतिम चार्टर था। चार्टर अधिनियम, 1853 के अस्तित्व में आने के पूर्व ही ब्रिटिश जनमत तथा संसद का बहुमत ईस्ट इंडिया कंपनी तथा उसके संचालक मंडल के विरुद्ध हो रहा था। चार्टर अधिनियम, 1853 के अंतर्गत कंपनी के चार्टर को 20 वर्ष बढ़ाने का विरोध भारत में ब्रिटेन की अपेक्षा कहीं अधिक हुआ। शिक्षित भारतीयों की शिकायत थी कि चार्टर अधिनियम, 1853 के अंतर्गत दिए गए अधिकारों के बाद भी कंपनियों की ऊंची नौकारियों से उनको वंचित रखा जा रहा है। बंगाल, मद्रास तथा बम्बई की प्रेसीडेंसियों द्वारा ब्रिटिश सरकार को पत्र भेजा गया। जिसमें मांग की गई थी कि द्वैध शासन समाप्त किया जाए, गवर्नर जनरल परिषद् की सलाह से काम करें, प्रेसीडेंसियों को स्वायत्तता दी जाए तथा सरकारी नौकरियों में नियुक्ति प्रतिस्पर्धा के आधार पर की जाए तथा उससे भारतीयों को वंचित न रखा जाए। 1852 में ब्रिटिश संसद द्वारा एक समिति नियुक्त की गई जिसकी संस्तुतियों के आधार पर चार्टर अधिनियम, 1853 पारित किया गया। **चार्टर अधिनियम, 1853 के प्रमुख प्रावधान निम्नलिखित थे–**

- चार्टर अधिनियम, 1853 के अंतर्गत के चार्टर को 20 वर्ष के लिए बढ़ाया नहीं गया तथा यह स्पष्ट कर दिया गया कि कंपनी का शासन भारत में केवल तभी तक कायम रहेगा जब तक ब्रिटिश संसद कोई वैकल्पिक व्यवस्था नहीं कर लेती है।
- बोर्ड ऑफ डायरेक्टर्स से संरक्षण एवं पक्ष-पोषण का अधिकार वापस ले लिया गया तथा बोर्ड ऑफ कंट्रोल के नियमानुसार सिविल सर्विस में सबको जाने की स्वतंत्रता दे दी गई।
- बोर्ड ऑफ कंट्रोल का वेतन भारत मंत्री के समान ही रखने का प्रावधान किया गया।
- गवर्नर जनरल को बंगाल के प्रशासन संबंधी कार्य से मुक्त करने के उद्देश्य से बंगाल के लिए लेफ्टिनेंट गवर्नर की नियुक्ति की व्यवस्था की गई।
- संचालक मंडल से उच्च सरकारी पदों पर अधिकारियों की नियुक्ति करने की शक्ति छीन ली गई। इंडियन सिविल सर्विस के लिए खुली प्रतियोगिता होने लगी।
- संचालक मंडल के सदस्यों की संख्या 24 से घटाकर 18 कर दी गई और उनमें से एक-तिहाई सदस्यों की नियुक्ति सम्राट द्वारा की जाने लगी। विधान परिषद् में 12 सदस्य-कमांडर चीफ, गवर्नर जनरल, गवर्नर जनरल की परिषद् के 4 सदस्य और 6 परामर्शदाता होते थे। इन 6 परामर्शदताओं में बंगाल के मुख्य न्यायाधीश, कलकत्ता सर्वोच्च न्यायालय के न्यायाधीश और बंगाल, मद्रास, बम्बई और आगरा-4 प्रांतों के प्रतिनिधि सम्मिलित थे। इस प्रकार सर्वप्रथम संविधान परिषद् में क्षेत्रीय प्रतिनिधित्व का सिद्धांत शुरू किया गया। विधान परिषद् का मुख्य कार्य देश के लिए कानून बनाना था। विधान परिषद द्वारा पारित कोई भी विधेयक गवर्नर जनरल की अनुमति के बिना कानून नहीं बन सकता था। **चार्टर अधिनियम, 1853 ने संपूर्ण भारत के लिए एक विधानमंडल की स्थापना की।**

चार्टर अधिनियम, 1853 से यह स्पष्ट हो गया कि कंपनी का शासन चिरस्थायी नहीं हो सकता है और वह उतने समय तक ही शासन कर सकती है जब तक ब्रिटिश पार्लियामेंट कोई अन्य वैकल्पिक व्यवस्था न कर दे। भारत के संवैधानिक स्वरूप को स्पष्ट रूप से कार्यकारिणी से अलग कर दिया गया और भारत के लिए संसदीय सरकार की प्रणाली शुरू की गई तथा गवर्नर जनरल को प्रशासन संबंधी कार्यों के लिए अधिकाधिक समय मिलने लगा।

चार्टर अधिनियमों के प्रमुख प्रावधान

चार्टर अधिनियम 1793
- ईस्ट कंपनी को पुनः भारत में बीस वर्षों तक व्यापार करने का एकाधिकार प्रदान किया गया।
- नियंत्रक मंडल के संदस्य को भारतीय राजस्व से वेतन देने की व्यवस्था की गई।
- सभी कानूनों एवं विनियमों का अधिकार न्यायालय को दिया गया।
- गवर्नर जनरल को उप-प्रधान नियुक्त करने का अधिकार दिया गया।
- बोर्ड के सदस्यों में से दो सदस्यों को प्रिवी कौंसिल के बाहर से भी नियुक्त करने की अनुमति दी गई।

चार्टर अधिनियम 1813
- इसके माध्यम से अन्य अंग्रेज व्यापारियों को भी भारत में व्यापार करने की अनुमति दे दी गई।
- इस अधिनियम के माध्यम से ईसाई पादरियों को भारत में अपने धर्म को स्वतंत्रतापूर्वक प्रचार करने की अनुमति मिल गई।
- कंपनी को गवर्नर जनरल, गवर्नरों और प्रधान सेनापतियों को ब्रिटिश क्राउन की स्वीकृति से नियुक्त करने का अधिकार दिया गया।
- कंपनी को अगले बीस वर्षों के लिए भारतीय प्रदेशों और राजस्व पर नियंत्रण का अधिकार दे दिया गया।
- भारतीय राजस्व व्यय करने के लिए नियम एवं पद्धति बनाई गई।

चार्टर अधिनियम 1833
- इस अधिनियम के माध्यम से बंगाल के गवर्नर जनरल को भारत का गवर्नर जनरल बना दिया गया। जिसमें सभी नागरिक एवं सैन्य शक्तियां निहित थीं।
- इस अधिनियम के माध्यम से भारत के गवर्नर जनरल को पूरे ब्रिटिश भारत में कानून बनाने का असीमित अधिकार प्रदान कर दिया गया।
- इस अधिनियम के माध्यम से विधि विशेषज्ञ सदस्य के रूप में एक अतिरिक्त सदस्य की नियुक्ति की गई। लार्ड मैकाले की अध्यक्षता में विधि आयोग का गठन पहली बार किया।
- इस अधिनियम के माध्यम से सिविल सेवकों के लिए खुली प्रतियोगिता आयोजित करने का प्रयास किया गया। इस अधिनियम ने केंद्रीयकरण को बढ़ावा दिया।

चार्टर अधिनियम 1853
- इस अधिनियम के अंतर्गत चार्टर को बीस वर्ष के लिए बढ़ाया नहीं गया।
- इस अधिनियम में कहा गया था कि ईस्ट इंडिया कंपनी का भारत में शासन तभी तक कायम रहेगा जब तक कोई वैकल्पिक व्यवस्था नहीं कर दी जाती।
- इस अधिनियम के माध्यम से संपूर्ण भारत के लिए एक विधानमंडल की स्थापना की गई।
- इस अधिनियम में गवर्नर जनरल को प्रशासन संबंधी कार्यों से मुक्त करने के लिए लेफ्टिनेंट गवर्नर की नियुक्ति की व्यवस्था की गई।
- इस अधिनियम के माध्यम से क्षेत्रीय प्रतिनिधित्व का सिद्धांत लागू किया।

1858 से 1919 तक की अवधि

कंपनी का शासन स्वेच्छाचारी था तथा कंपनी की सरकार एक गैर-जिम्मेदार सरकार की तरह काम करती थी। बोर्ड ऑफ कंट्रोल कंपनी के ऊपर कोई नियंत्रण नहीं रख सका। ब्रिटिश संसद भी कंपनी की शासन पद्धति को उपयुक्त नहीं मानती थी। ब्रिटिश सम्राज्ञी भी कंपनी सरकार की शासन पद्धति के विरुद्ध थीं। जब सारी परिस्थितियां कंपनी शासन के विरुद्ध थीं उसी समय भारत में स्वतंत्रता का प्रथम संग्राम अथवा प्रथम राजक्रांति 1857 में हुई। फलस्वरूप कंपनी शासन का अंत हो गया। इंग्लैंड के तत्कालीन प्रधानमंत्री पामर्स्टन ने संसद के समक्ष कंपनी के शासन को समाप्त करने के लिए एक विधेयक रखा परंतु वह पारित नहीं हो सका। उसी समय इंग्लैंड में सत्ता परिवर्तन हुआ और नई सरकार ने भी पामर्स्टन की नीतियों का अनुगमन किया। नई सरकार ने एक नया विधेयक 'ऐक्ट फॉर द बेटर गवर्नमेंट ऑफ इंडिया' पेश किया जिसे ब्रिटिश संसद द्वारा 1858 में पारित कर दिया गया।

भारत सरकार अधिनियम, 1858

1857 की क्रांति की विफलता के बाद भारत में ब्रिटिश शासन के इतिहास का एक नया अध्याय शुरू हुआ। भारत में कंपनी का शासन समाप्त हो गया। भारत पर प्रत्यक्षत: ब्रिटिश सरकार का नियंत्रण कायम हो गया। कंपनी से ब्रिटिश ताज के पक्ष में सत्ता का हस्तांतरण कोई आकस्मिक घटना नहीं थी। 1793 एवं 1853 के अधिकार पत्रों में भी स्पष्ट कर दिया गया था कि भारत में कंपनी का शासन केवल उसी समय तक रह सकता है जब तक ब्रिटिश संसद कोई वैकल्पिक व्यवस्था नहीं करती है। ब्रिटिश जनता कंपनी के अधिकारियों की भ्रष्ट एवं विलासी जिंदगी जो वे इंग्लैंड वापस जाकर व्यतीत करते थे, के कुप्रभावों से मुक्त देखना चाहती थी। ब्रिटेन के नए पूंजीपति, व्यापारी, व्यक्तिवादी एवं लोकतंत्र समर्थक कंपनी के शासन को भारत जैसे विशाल देश के लिए अनुपयुक्त समझने लगे थे। भारत में भी कंपनी के शासन का विरोध होने लगा जो 1857 की असफल क्रांति से स्पष्ट है। ब्राइट के अनुसार यह प्रश्न ब्रिटेन की आत्मा को स्पर्श कर गया था और जनता इस निष्कर्ष पर पहुंची कि ब्रिटिश संसद को तुरंत कंपनी का शासन समाप्त कर देना चाहिए। 12 फरवरी, 1858 को तत्कालीन प्रधानमंत्री लॉर्ड पामर्स्टन ने कंपनी के शासन की समाप्ति के लिए विधेयक प्रस्तुत करते हुए कहा कि कंपनी के शासन का सबसे बड़ा दोष उसका अनुत्तरदायित्व है। हमारी राजनीतिक व्यवस्था का यह सिद्धांत है कि समस्त शासन कार्य के लिए मंत्रीपरिषद् का उत्तरदायित्व हो। यह उत्तरदायित्व संसद के प्रति, जनता के प्रति तथा राजसत्ता के प्रति होना चाहिए। परंतु भारतीय शासन की बागडोर एक ऐसी संस्था के हाथ में है जिसका किसी के प्रति कोई उत्तरदायित्व ही नहीं है। इसी समय ब्रिटेन में सत्ता परिवर्तन हो गया और उक्त विधेयक पर कोई निर्णय नहीं हो सका। नई सरकार ने भी पार्मस्टर्न की नीति का अनुसरण करते हुए 30 अप्रैल, 1858 को कॉमन्स सभा से दो प्रस्ताव स्वीकृत कराए। उक्त दोनों प्रस्तावों के आधार पर सरकार ने नया विधेयक तैयार किया। यही विधेयक भारत के श्रेष्ठतर शासन के लिए 1858 का अधिनियम कहलाया। 1858 अधिनियम के द्वारा ही गवर्नर जनरल को वायसराय कहा जाने लगा। **भारत सरकार अधिनियम,** 1858 **के प्रमुख प्रावधान निम्नवत् हैं-**

- इस अधिनियम के द्वारा भारत में कंपनी के शासन का अंत हो गया। भारत में ब्रिटिश संसद तथा राजा की राजसत्ता स्थापित हो गई। गवर्नर जनरल का नाम बदलकर वायसराय रख दिया गया जो भारत में राजा तथा संसद का प्रतिनिधित्व होता था।
- भारत सचिव तथा उसकी परिषद् की स्थापना की गई। निर्देशक मंडल, नियंत्रण मंडल एवं गुप्त समिति का अंत करके इनसे प्राप्त शक्तियों तथा अधिकारों के प्रयोग का अधिकार भारत सचिव को सौंप दिया गया। भारत सचिव की सहायता के लिए एक मंत्रि परिषद् की स्थापना की गई जिसके 15 सदस्य होते थे। 8 सदस्यों की नियुक्ति ब्रिटिश ताज द्वारा तथा 7 सदस्यों की नियुक्ति संचालन परिषद् द्वारा की जाती थी।
- गवर्नर जनरल और प्रेसीडेंसियों के गवर्नरों की नियुक्ति का अधिकार ब्रिटिश सम्राट को प्रदान कर दिया गया। लेफ्टिनेंट गवर्नरों की नियुक्ति का अधिकार गवर्नर जनरल को प्रदान कर दिया गया, परंतु इस संदर्भ में उसे ब्रिटिश सरकार की अंतिम स्वीकृति प्राप्त करनी होती थी।

महारानी विक्टोरिया की घोषणा

1 नवंबर, 1858 को प्रथम वायसराय लॉर्ड कैनिंग ने इलाहाबाद के दरबार में भारतीय जनता तथा शासकों के नाम इंग्लैंड की तत्कालीन महारानी विक्टोरिया की घोषणा पढ़ी। महारानी की घोषणा का सार निम्नवत् है-"परमपिता परमेश्वर की इच्छा एवं अनुकंपा से जब देश में शांति (आंतरिक) स्थापित हो जाएगी तब हमारी हार्दिक इच्छा है कि भारत में सर्वांगीण विकास के लिए फिर से प्रयत्न किया जाए तथा जनता के कल्याणार्थ सार्वजनिक सुविधाएं उपलब्ध कराई जाएँ। सरकार का प्रबंध जनता की हित की भावना से किया जाए। जनता का हित ही हमारा हित है, उसकी संतुष्टि में ही हम अपनी संतुष्टि, सुरक्षा और कृतज्ञता में ही अपना गौरव अनुभव करें।" महारानी विक्टोरिया की इस घोषणा को भारत में संवैधानिक विकास की दृष्टि से अति महत्वपूर्ण समझा गया तथा राष्ट्रवादी भारतीयों ने महारानी की घोषणा को मैग्नाकार्टा के रूप में ग्रहण किया। यद्यपि भारत सरकार के विधि सदस्य सर जेम्स होफेन का इस घोषणा के बारे में कहना है कि यह घोषणा एक औपचारिक घोषणा थी और यह कोई प्रतिज्ञा पत्र नहीं था जिसकी कोई वैधानिक कीमत हो फिर भी यह घोषणा आगामी 60 वर्षों तक ब्रिटिश सरकार की भारत संबंधी नीति का मूल आधार बनी रही।

भारत सचिव को प्रति वर्ष संसद के दोनों सदनों के सम्मुख भारत के व्यय का लेखा-जोखा रखना अनिवार्य था। इसके अतिरिक्त भारत के भौतिक तथा नैतिक विकास का विवरण भी प्रस्तुत करना आवश्यक था।

- भारत सचिव को भारत के गवर्नर जनरल के साथ गुप्त पत्र व्यवहार करने की भी अनुमति थी। परिषद् के सदस्यों को इसकी सूचना देना आवश्यक नहीं था।
- ब्रिटिश संसद की अनुमति के बिना भारतीय राजस्व से भारतीय सीमा के बाहर सैनिक कार्यवाही का व्यय नहीं किया जा सकता था एवं युद्ध संबंधी आदेश 3 माह की अवधि में संसद के सम्मुख अवश्य रखा जाता था।
- इस अधिनियम के अंतर्गत राज्य सचिव को एक निगम निकाय घोषित किया गया। अब यह इंग्लैंड तथा भारत में मुकदमा चलाने का अधिकार रखती थी अथवा इस पर इंग्लैंड तथा भारत में मुकदमा चलाया जा सकता था।

भारत सरकार अधिनियम, 1858 पर अपनी प्रतिक्रिया व्यक्त करते हुए सर. एच. एस. कनिंघम ने लिखा है कि भारत के शासन का हस्तांतरण केवल औपचारिक था, वास्तविक नहीं। इसका कारण यह है कि 1858 के पूर्व ही समस्त शक्तियां नियंत्रण समिति के हाथों में हस्तांतरित हो गई थीं और ब्रिटिश सरकार का उस पर पूर्ण नियंत्रण स्थापित था। 1853 के चार्टर में इसकी भूमिका सृजित कर दी गई थी। 1853 के पूर्व कंपनी को प्रदत्त सभी चार्टरों की अवधि 20 वर्ष निर्धारित की गई थी परंतु 1853 के चार्टरों की कोई अवधि नहीं रखी गई थी। 1858 के अधिनियम द्वारा भारत सरकार के संगठन अथवा उसके स्वरूप में कोई परिवर्तन नहीं किया गया जिसकी नितांत आवश्यकता थी।

भारत सरकार अधिनियम, 1858 का महत्त्व

भारत सरकार अधिनियम 1858 भारत के संवैधानिक विकास में मील का पत्थर साबित हुआ, क्योंकि इसने एक युग का अंत करके दूसरे युग का सूत्रपात किया। अन्य शब्दों में, इसके द्वारा भारत में कंपनी के शासन का अंत तथा ब्रिटिश ताज और संसद के शासन की शुरुआत हुई। इस अधिनियम के द्वारा ब्रिटिश सरकार ने भारत पर अपना पूर्ण नियंत्रण कर लिया। इसके साथ ही इंग्लैंड में दोहरी शासन व्यवस्था का अंत हो गया। बोर्ड ऑफ कंट्रोल के स्थान पर भारत सचिव का पद

सृजित किया गया जो ब्रिटिश मंत्रिमंडल का महत्वपूर्ण सदस्य होता था। भारत सचिव के पास व्यापक अधिकार एवं शक्तियां होती थीं। गवर्नर जनरल अब एक व्यक्ति के अधीन था। गवर्नर जनरल की स्थिति काफी सरल हो गई। 1858 के पूर्ववर्ती शासन शक्ति उत्तरदायित्व के तीन केंद्रों-संचालक मंडल, नियंत्रण मंडल तथा गवर्नर जनरल के स्थान पर शासन शक्ति परिषद् सहित भारत सचिव में केंद्रित कर दी गई।

सरकार संचालन में आसानी होने के साथ-साथ दुविधा, देरी तथा अनिश्चितता का अंत हो गया। तत्कालीन प्रधानमंत्री लॉर्ड डर्बी ने 1858 के अधिनियम के द्वारा सत्ता हस्तांतरण के संबंध में लॉर्ड सभा में बोलते हुए कहा कि यह परिवर्तन सारभूत होने की अपेक्षा औपचारिक ही अधिक है। इस अधिनियम के अंतर्गत गवर्नर जनरल को वायसराय की संज्ञा दी गई। लॉर्ड कैनिंग भारत के अंतिम गवर्नर जनरल तथा प्रथम वायसराय बने।

भारतीय परिषद् अधिनियम, 1861

भारत के संवैधानिक विकास के इतिहास में भारतीय परिषद् अधिनियम, 1861 को महत्वपूर्ण स्थान प्राप्त है। इसका कारण यह है कि भारतीय परिषद् अधिनियम, 1861 के द्वारा प्रथम बार भारतीय सदस्य को कार्यकारिणी परिषद् में मनोनीत किया गया। इसे संघ की नीति और विनम्र निरंकुशता की नीति की संज्ञा दी गई है। संघ की नीति की संज्ञा इसलिए दी गई क्योंकि इसके द्वारा प्रशासन में भारतीयों को पहली बार सम्मिलित किया गया। विनम्र निरंकुशता की नीति की संज्ञा इसलिए दी गई है कि देश के प्रशासन में पहली बार भारतीय सम्मिलित किए गए तथा सरकार पहले की तरह अनुत्तरदायी रही।

भारत सरकार अधिनियम, 1858 के माध्यम से कंपनी का शासन ब्रिटिश क्राउन को हस्तांतरित कर दिया गया, परंतु भारत सरकार अधिनियम, 1858 में भारतीय प्रशासन के संबंध में कुछ भी नहीं कहा गया तथा स्वयं भारत की विधान परिषद् की शक्तियां भी अपूर्ण एवं असंतोषजनक थीं। वहां विधान निर्माण के लिए भारतीयों से कोई सहयोग नहीं लिया गया था। वहीं गवर्नर जनरल को ही संपूर्ण भारत के लिए कानून बनाने की आज्ञा देना अनुचित था क्योंकि गवर्नर जनरल तथा उसकी परिषद् मद्रास तथा बम्बई आदि की जनता की आवश्यकताओं एवं परिस्थितियों से पूर्णत: अनभिज्ञ रहती थी।

1857 की क्रांति ने अंग्रेजों को चैतन्य कर दिया तथा इससे यह स्पष्ट हो गया कि शासक तथा शासित वर्ग में वास्तविक संपर्क का अभाव था। क्योंकि भारतीयों का व्यवस्थापिका में कोई प्रतिनिधित्व नहीं था, अंग्रेज अपने शासन के संदर्भ में भारतीयों की प्रतिक्रिया से अवगत नहीं हो पा रहे थे। इस तथ्य को सर्वप्रथम सैयद अहमद ने सरकार के सम्मुख रखा। वायसराय की कार्यकारणी परिषद् के एक सदस्य सर बार्टल फेरी ने 1861 में लिखा था कि परिषद् में भारतीय प्रतिनिधि का होना आवश्यक है, नहीं तो इसके परिणाम भयंकर हो सकते हैं क्योंकि हम बिना समझे-बूझे ही कि अमुक कानून अनुकूल है या प्रतिकूल है, करोड़ों भारतीयों के लिए बनाते हैं। भारतीयों की प्रतिक्रिया को हम विद्रोह के द्वारा ही जान पाते हैं। अत: उक्त परिस्थितियों को देखते हुए 1861 का भारतीय परिषद् अधिनियम पारित किया गया। **भारतीय परिषद् अधिनियम,** 1861 **के प्रमुख प्रावधान निम्नलिखित हैं–**

- वायसराय की परिषद् में सदस्यों की संख्या 3 से बढ़ाकर 4 कर दी गई। अत: वायसराय की परिषद् में वायसराय सहित सदस्यों की संख्या 5 हो गई।
- वायसराय को अपनी परिषद् के सदस्यों में विशेष कार्य वितरित करने की शक्ति प्रदान की गई।
- अधिनियम द्वारा केंद्रीय विधान परिषद् का पुनर्गठन किया गया तथा अतिरिक्त सदस्यों की संख्या वृद्धि की गई अब विधान निर्माण के लिए वायसराय की परिषद् में कम-से-कम 6 तथा अधिक-से-अधिक 12 सदस्यों की वृद्धि की गई। इनमें से आधे सदस्य गैर सरकारी होते थे।
- प्रांतीय विधान सभा के सदस्यों को गवर्नर मनोनीत कर सकता था परंतु इसके लिए वायसराय की स्वीकृति आवश्यक थी और उनमें से आधे सदस्य गैर-सरकारी होने चाहिए।
- विधान सभा को केवल कानून बनाने का अधिकार दिया गया। वह न तो कोई नया प्रस्ताव पास कर सकती थी और न ही किसी बिल से संबंधित प्रस्ताव के अतिरिक्त किसी अन्य प्रस्ताव को स्वीकार ही कर सकती थी।
- वायसराय को यह अधिकार प्रदान किया गया कि वह अपनी अनुपस्थिति में काम चलाने के लिए किसी भी व्यक्ति को परिषद् का प्रधान नियुक्त कर सकता है।
- इस अधिनियम के द्वारा प्रांतों को कानून बनाने की शक्ति पुन: वापस लौटा दी गई। बम्बई तथा मद्रास की सरकारों को अपनी परिषद् में कानून बनाने के लिए एक महाधिवक्ता तथा कम-से-कम 4 तथा अधिक-से-अधिक 8 सदस्य बढ़ाने की अनुमति दी गई।
- 1861 के अधिनियम के द्वारा वायसराय को अध्यादेश जारी करने की शक्ति प्राप्त हो गई। इन अध्यादेशों की वैधता केवल 6 माह तक थी। 6 माह के पूर्व भी भारत सचिव और उसकी परिषद् तथा वायसराय की विधान परिषद् उसे रद्द कर सकती थी।
- वायसराय को विधायी कार्यों के लिए नए प्रांत बनाने एवं वहां गवर्नर तथा ले. गवर्नर नियुक्त करने का अधिकार दिया गया। वायसराय को किसी प्रांत, प्रेसीडेंसी या किसी अन्य क्षेत्र को विभाजित करने एवं उसकी सीमा में परिवर्तन का भी अधिकार प्रदान किया गया।
- केंद्रीय तथा प्रांतीय विषयों में कोई अंतर नहीं किया गया, परंतु सार्वजनिक ऋण, वित्त, डाकघर, डाक एवं तार, धर्म एवं स्वत्वाधिकार के मामले सामान्यत: केंद्र सरकार द्वारा ही निर्णीत किए जाते थे।
- गवर्नर जनरल को नियम बनाने का अधिकार प्रदान किया गया। फलस्वरूप गवर्नर जरनल लॉर्ड कैनिंग ने सर्वप्रथम **विभाग प्रणाली** (Port Folio) की शुरुआत की।
- कैनिंग ने विभिन्न विभाग अलग-अलग सदस्यों को दे दिए, जो उस विभाग के प्रशासन के लिए उत्तरदायी होते थे। इस प्रकार भारत में मंत्रिमंडल व्यवस्था की नींव पड़ी।

भारतीय परिषद् अधिनियम, 1861 का यह अधिनियम संवैधानिक दृष्टिकोण से विशेष महत्व रखता है। इसके द्वारा भारत का संवैधानिक ढांचा निश्चित हो गया। भारत परिषद् अधिनियम, 1861 के अंतर्गत प्रांतीय शासन को सुचारू बनाने के लिए विशेष प्रयास किए गए। ध्यातव्य है कि इस अधिनियम के अंतर्गत बंगाल, मद्रास, और बम्बई प्रांतों के लिए परिषदों का भी गठन कर दिया गया। समीक्षा की दृष्टि से यह कहा जा सकता है कि भारतीय परिषद् अधिनियम, 1861 भारत में विधायी विकेंद्रीकरण की पद्धति का श्रीगणेश करने की दिशा में पहला कदम था। गुरुमुख निहाल सिंह की दृष्टि में यह अधिनियम दो कारणों से महत्वपूर्ण था। प्रथम तो यह कि इससे भारतीयों को व्यवस्थापन कार्य में भाग लेने का अधिकार प्राप्त हो गया और द्वितीय यह कि बम्बई और मद्रास की सरकारों को व्यवस्थापन का अधिकार देकर गवर्नर जनरल को प्रांत बनाने का अधिकार प्रदान करके विकेंद्रीकरण की जो प्रथा शुरू हुई थी वह 1937 में प्रांतीय स्वायत्तता में तब्दील हो गई।

भारत परिषद् अधिनियम 1861 के बाद ब्रिटिश संसद द्वारा 1865 में एक विशेष अधिनियम बनाया गया जिसके माध्यम से गवर्नर के विधायी अधिकारों में वृद्धि कर उसे प्रेसीडेंसियों तथा प्रांतों को सीमाओं में नियत करने का भी अधिकार प्रदान कर दिया गया। इसके बाद 1869 में बनाए गए एक अधिनियम के माध्यम से गवर्नर जनरल को विदेशों में रहने वाले भारतीयों के संबंध में कानून बनाने का अधिकार दे दिया गया 1873 के एक अधिनियम द्वारा ईस्ट इंडिया कंपनी को औपचारिक रूप से भंग कर दिया गया। शाही उपाधि अधिनियम 1876 की एक घोषणा द्वारा ब्रिटिश सरकार को भारत सरकार का अंतरण मान्य किया गया। 28 अप्रैल 1876 को एक घोषणा द्वारा महारानी विक्टोरिया को भारत की सम्राज्ञी घोषित किया गया।

उक्त महत्व के बावजूद भारतीय परिषद् अधिनियम, 1861 त्रुटिहीन नहीं था। इस अधिनियम का सबसे बड़ा दोष यह था कि विधान मंडलों का कार्यपालिका पर कोई नियंत्रण नहीं था और उसके अधिकार भी सीमित थे। परंतु वास्तविकता यह भी है कि भारतीय परिषद् अधिनियम, 1861 द्वारा निर्मित भारतीय शासन का ढांचा कुछ नाममात्र परिवर्तनों के साथ अभी तक प्रचलन में है। वायसराय को वीटो की निरंकुश शक्ति, विधान परिषदों का प्रभुत्व संपन्न न होना तथा विधान परिषदों में भारतीयों को सच्चा प्रतिनिधित्व न देना इस अधिनियम के दोष थे।

भारत परिषद् अधिनियम, 1892

1861 से 1892 के मध्य भारतीय प्रशासन में अनेकों सुधार हुए। 1880 में इंग्लैंड में सत्ता परिवर्तन हुआ और उदार दल (Liberal Party) की सरकार बनी। प्रधानमंत्री ग्लैडस्टन ने लॉर्ड रिपन को भारत का वायसराय बनाकर भेजा। रिपन स्वयं एक उदारवादी व्यक्ति था तथा वह भारत में उत्तरदायी शासन के विकास का समर्थक था। यही कारण है कि रिपन द्वारा स्थानीय स्वशासन को प्रोत्साहित किया गया। इसके साथ ही पाश्चात्य शिक्षा प्रसार के कारण भारतीयों के जनजीवन में जागृति की लहर दौड़ गई।

भारतीय राष्ट्रीय कांग्रेस अपनी स्थापना (1885) के कुछ ही वर्षों में देश के एक प्रमुख राजनीति दल के रूप में उभर कर आई। भारतीय राष्ट्रीय कांग्रेस का उद्देश्य भारत में प्रशासनिक क्षेत्रों में सुधार करवाना था। इसी उद्देश्य से भारतीय राष्ट्रीय कांग्रेस ने अपने द्वितीय अधिवेशन में एक प्रस्ताव पास किया तथा मांग की कि परिषद् के सदस्यों की संख्या में वृद्धि की जाए। इसके अतिरिक्त इम्पीरियल कौंसिल तथा प्रांतीय परिषदों के सदस्यों का चुनाव अप्रत्यक्ष रूप से होना चाहिए। भारतीय राष्ट्रीय कांग्रेस ने परिषदों को बजट सहित सभी आर्थिक प्रश्नों के विवेचन का अधिकार तथा सुरक्षा की सीमाओं में रहते हुए परिषद् के सदस्यों को शासन संबंधी सभी मामलों में प्रश्न पूछने के अधिकार देने की मांग की। अपनी मांगों के संदर्भ में भारतीय राष्ट्रीय कांग्रेस ने दो शिष्टमंडल इंग्लैंड भेजे। इनका उद्देश्य ब्रिटिश राजनीतिज्ञों को इस बात का विश्वास दिलाना था कि भारत में प्रतिनिधि शासन की आवश्यकता है। इसी समय ब्रिटिश संसद के एक उदार सदस्य चार्ल्स ब्रेडला भारत आए और कांग्रेस के अधिवेशन में सम्मिलित हुए। वह कांग्रेस के प्रस्तावों से बहुत प्रभावित हुए और इस संबंध में ब्रिटिश संसद में स्वयं एक व्यक्तिगत विधेयक प्रस्तुत किया। इसके बाद ब्रिटिश सरकार ने स्वयं नया अधिनियम बनाने के लिए एक विधेयक संसद में पेश किया तथा यह विधेयक पारित कर दिया गया। यह पारित विधेयक ही भारतीय परिषद् अधिनियम, 1892 के नाम से प्रसिद्ध हुआ। **भारत परिषद् अधिनियम,** 1892 **के प्रमुख प्रावधान निम्नलिखित हैं–**

- 1892 के अधिनियम के द्वारा केंद्रीय तथा प्रांतीय विधान परिषदों में अतिरिक्त सदस्यों की संख्या में वृद्धि की गई। यह निर्णय किया गया कि वायसराय की परिषद् में कम-से-कम 10 तथा अधिक-से-अधिक 16 सदस्य मनोनीत किए जा सकते हैं। ये सदस्य गैर-सरकारी सदस्य के रूप में होंगे। इसी प्रकार प्रांतीय परिषदों की सदस्य संख्या (मनोनीत और सरकारी दोनों) में वृद्धि की गई। बम्बई तथा मद्रास की परिषदों में सदस्यों की संख्या कम-से-कम 8 तथा अधिक-से-अधिक 20 हो सकती थी। इन अतिरिक्त सदस्यों में से 2/5 गैर-सरकारी होने चाहिए।
- विधान परिषदों की शक्ति में वृद्धि कर दी गई तथा उनको कुछ प्रतिबंधों के साथ वार्षिक बजट पर वार्तालाप करने का अधिकार दिया गया, परंतु मतदान का अधिकार नहीं दिया गया।
- परिषद् के सदस्यों को सार्वजनिक हित से संबंधित मामलों में प्रश्न पूछने का अधिकार दिया गया। इसके लिए 6 दिन पूर्व नोटिस देना था।
- प्रांतीय विधान परिषदों को नए कानून बनाने तथा पुराने कानूनों को आवश्यकतानुसार रद्द करने का अधिकार दिया गया, परंतु ऐसा करने के पूर्व वायसराय की स्वीकृति प्राप्त करनी होती थी।
- वायसराय की विधान परिषद् तथा प्रांतीय विधान परिषदों में सरकारी अधिकारियों का बहुमत रखा जिससे सरकार को किसी प्रकार की कोई कठिनाई न हो। इन परिषदों में से अधिकांशत: गैर-सरकारी सदस्य ही नामजद किए जाते थे। इन परिषदों में चयनित सदस्य बहुत ही कम मात्रा में होते थे।
- विश्वविद्यालयों, जिला बोर्डों, नगरपालिकाओं, चैंबर ऑफ कामर्स तथा प्रांतीय परिषदों को कुछ सदस्यों को चुनने का अधिकार दिया गया।

भारत परिषद् अधिनियम, 1892 द्वारा भारतीयों को कोई लाभ नहीं हुआ क्योंकि अस्पष्ट चुनाव पद्धति के कारण चयनित व्यक्ति वास्तविक अर्थों में जनता के प्रतिनिधि नहीं होते थे और विधान परिषदों का कार्य क्षेत्र भी काफी संकुचित था। पंजाब को न तो वायसराय की परिषद् में स्थान दिया गया और न स्थानीय परिषद् में ही। उक्त कमियों के बावजूद भी भारतीय परिषद् अधिनियम, 1892 भारत में संसदीय प्रणाली की स्थापना में सहायक हुआ, क्योंकि इसके द्वारा परिषदों में भारतीय सदस्यों की संख्या में वृद्धि की गई तथा उनको बजट आदि पर प्रश्न पूछने का अधिकार दिया गया। इस प्रकार भारतीय परिषद् अधिनियम, 1892 के द्वारा संसदीय सरकार की अप्रत्यक्ष रूप से नींव पड़ी। 1892 का अधिनियम कांग्रेस की स्थापना के पश्चात् निरंतर सुधारों की मांग का प्रतिफल था।

भारत परिषद् अधिनियम (मार्ले-मिंटो सुधार), 1909

भारत के संवैधानिक विकास के इतिहास में मार्ले-मिंटो सुधार का भी एक महत्वपूर्ण स्थान है। 1905 में लॉर्ड मिंटो भारत के वायसराय बनाए गए तथा लॉर्ड मार्ले भारत सचिव (मंत्री)। दोनों ही उदार दल के थे तथा भारतीय समस्याओं के समाधान के प्रति दृढ़ संकल्प थे। इनके प्रयत्नों के फलस्वरूप भारतीय परिषद् अधिनियम, 1909 पारित किया गया जिसे मार्ले-मिंटो सुधार कहा जाता है। **भारतीय परिषद् अधिनियम, 1909 के अस्तित्व में आने का कारण- भारतीय परिषद् अधिनियम, 1892 के सुधार से असंतोष, दुर्भिक्ष तथा महामारी का प्रकोप, कर्जन की प्रतिक्रियावादी नीति, वैदेशिक घटनाएं, विदेशों में प्रवासी भारतीयों का अपमान, आर्थिक दुर्दशा तथा प्रेस द्वारा राष्ट्रीय जागृति अभियान चलाया जाना, उग्रवाद का उद्भव, आतंकवादी घटनाओं की बढ़ती तादाद, भारतीय राष्ट्रीय कांग्रेस की मांग तथा इंग्लैंड में उदारवादी दल की विजय आदि थे।**

भारतीय समस्या के समाधान के लिए 1907 **में राजकीय आयोग** की नियुक्ति की गई। ध्यातव्य है कि लॉर्ड मार्ले ने ब्रिटिश संसद में वक्तव्य देते हुए कहा था कि भारतीय समस्या के समाधान के लिए उनके पास दो तरह के विचार हैं। एक तो भारत के सुशासन के लिए कार्यकुशलता आवश्यक है और इसका आशय है भारत में ब्रिटिश शासन का अंत। दूसरा विचार यह है कि कार्यकुशलता की उपेक्षा नहीं करते हुए राजनीतिक सुविधाएं प्रदान की जाएँ। इसी क्रम में राजनीतिक सुविधाएं प्रदान करने की दृष्टि से एक राजकीय आयोग के गठन को अपरिहार्य समझा गया। राजकीय आयोग को केंद्रीकरण के कारणों और उनके दूर करने के उपायों की जांच करनी थी। 1908 में राजकीय आयोग ने निम्नलिखित अनुशंसाएं सरकार को प्रस्तुत प्रतिवेदन में की थीं-

- भारत जैसे एक उपद्वीप का शासन एक मुख्यालय से संभव नहीं है।
- प्रांतों में विभिन्न भाषा-भाषी, जाति एवं सम्प्रदाय के लोग हैं।
- प्रांतीय तथा स्थानीय प्रशासन को अधिकाधिक अधिकार देने की आवश्यकता है।
- प्रशासन को सुदृढ़ बनाया जाए तथा लोगों की सार्वजनिक मामलों में दिलचस्पी उत्पन्न की जानी चाहिए।

आयोग की अनुशंसाओं के आधार पर 1908 में संसद में एक विधेयक पेश किया गया। मई, 1909 में इसने अधिनियम का रूप ले लिया। **भारतीय परिषद् अधिनियम,** 1909 **के प्रमुख प्रावधान निम्नवत् हैं–**

- भारतीय परिषद् अधिनियम, 1909 के अनुसार वायसराय की विधान परिषदों की अतिरिक्त सदस्य संख्या को 16 से बढ़ाकर 60 कर दिया गया। मद्रास, बंगाल तथा बम्बई की विधान परिषदों की संख्या 20 से बढ़ाकर 50 कर दी गई। उत्तर प्रदेश की विधान परिषदों की संख्या 15 से बढ़ाकर 60 कर दी गई। पंजाब, असम तथा बर्मा की विधान परिषदों के सदस्यों की संख्या अधिक-से-अधिक 30 कर दी गई। केंद्रीय विधान परिषद् के सदस्यों की संख्या 1912 में 60 कर दी गई।
- केंद्रीय विधान परिषद् की कुल सदस्य संख्या 69 हो गई। वायसराय की विधान परिषद् में पदेन सदस्य (Ex-officio members), मनोनीत सरकारी सदस्य, मनोनीत गैर-सरकारी सदस्य तथा चयनित सदस्य थे। वायसराय तथा उनकी कार्यकारिणी परिषद् के सब सदस्य अपने पदों के कारण केंद्रीय विधान परिषद् के पदेन सदस्य होते थे। केंद्रीय विधान परिषद् में सरकारी बहुमत रखा गया था जिससे कानून बनाने में किसी भी प्रकार की कोई कठिनाई न हो। विधान परिषद् के 69 सदस्यों में से 37 सरकारी अधिकारी, 5 मनोनीत और गैर-मनोनीत और गैर-सरकारी अधिकारी तथा 27 चुने हुए सदस्य थे। जो भी सदस्य चुने जाते थे उसमें से 5 मुस्लिमों द्वारा, 6 हिंदू जमींदारों द्वारा, 1 मुस्लिम जमींदारों द्वारा, 1 बंगाल के चैंबर ऑफ कॉमर्स द्वारा और 1 बम्बई के चैंबर ऑफ कॉमर्स द्वारा चयनित किया जाता था। शेष 13 सदस्य प्रांतीय विधान परिषदों द्वारा चुने जाते। सदस्यों की अवधि तीन वर्ष की होती थी।

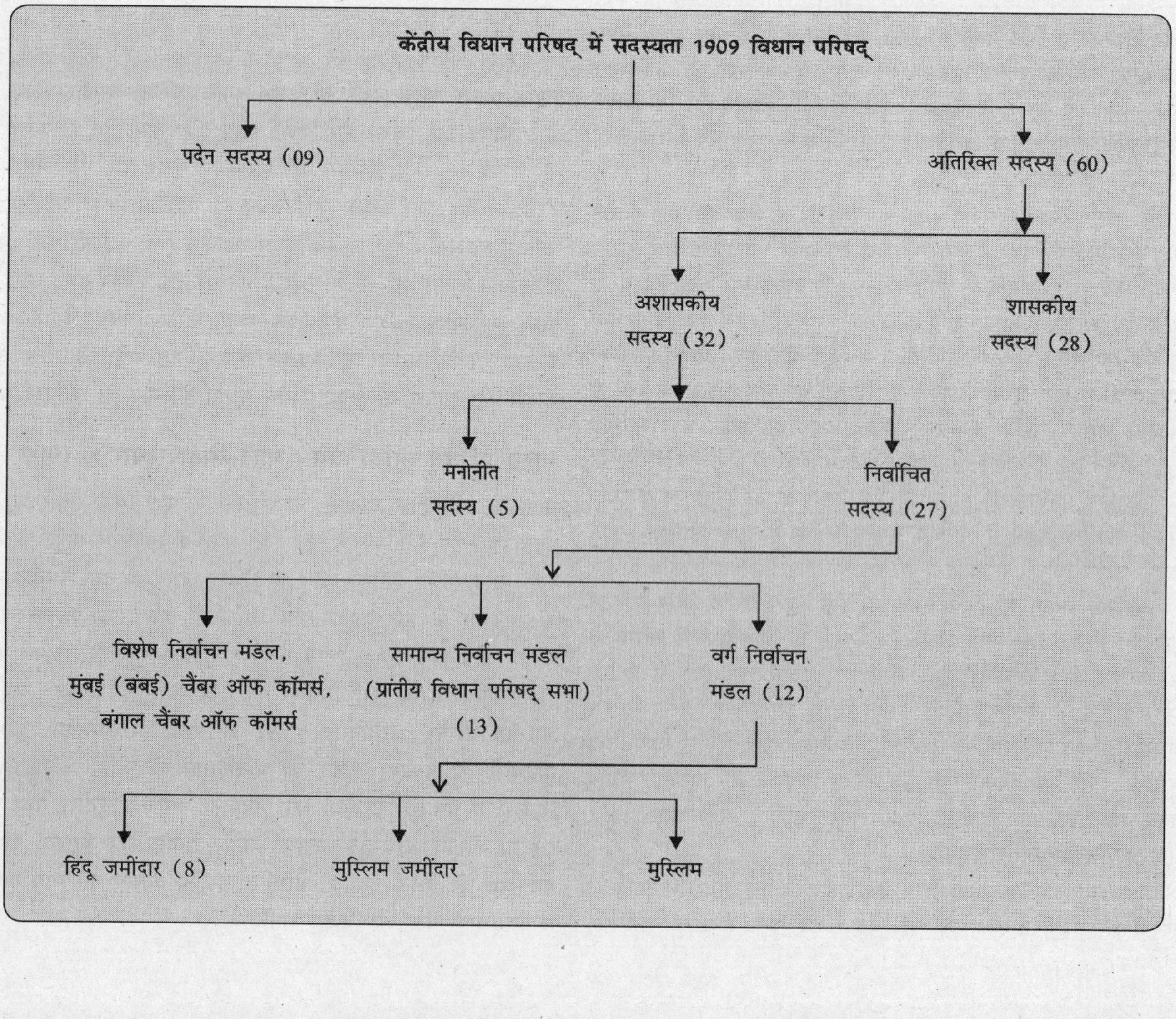

- पहली बार पृथक् प्रतिनिधित्व की व्यवस्था का सूत्रपात किया गया जिसमें विभिन्न समुदायों, जातियों, वर्गों एवं हितों को प्रतिनिधित्व दिया गया। जिला परिषदों, तालुका बोर्डों एवं नगरपालिकाओं को भी प्रतिनिधित्व दिया गया। जिनको सामान्य निर्वाचन की संज्ञा दी गई। प्रांतीय विधान परिषदों के मामलों में विश्वविद्यालय, सीनेट एवं चैंबर ऑफ कॉमर्स को पृथक प्रतिनिधित्व दिया गया। मुसलमान सदस्यों का चयन केवल मुसलमान मतदाता द्वारा ही किया जा सकता था। इन सदस्यों का कार्यकाल केवल तीन वर्ष ही रखा जाता था।
- वायसराय और उनकी परिषद् को भारत सचिव की स्वीकृति से परिषदों के सदस्यों के मनोनयन संबंधी नियम एवं योग्यताएं निर्धारित करने का अधिकार दिया गया।
- बम्बई, मद्रास एवं बंगाल में कार्यकारिणी परिषद् की संख्या बढ़ाकर 4 कर दी गई जिनमें कम-से-कम 2 सदस्य सम्राट की सेवा में नियुक्ति के समय 12 वर्ष का कार्य अनुभव रखते हों। वायसराय और उनकी परिषद् को एक उप-गवर्नर के अतिरिक्त अधीन किसी भी प्रांत में कार्यकारिणी परिषद् बनाने के लिए अधिकृत किया गया।
- भारतीय परिषद् अधिनियम, 1909 के द्वारा विधान परिषदों के कार्यों में वृद्धि की गई एवं बजट पर बहस के लिए विस्तृत नियम बनाए गए। इसके अंतर्गत सदस्यों को कर निर्धारण में परिवर्तन, वित्तीय आलेख में प्रस्तावित या उल्लेखित स्थानीय शासनों को कोई नया ऋण या अतिरिक्त अनुदान या व्याख्यात्मक स्मरण से संबंधित प्रस्ताव प्रस्तुत करने का अधिकार दिया गया। परंतु ऋणों के ब्याज पर होने वाले व्ययों, चर्च संबंधी मामले एवं रेलवे आदि पर बहस करने का अधिकार नहीं दिया गया।
- भारतीय परिषद् अधिनियम, 1909 में कार्यकारिणी परिषद् में भारतीयों को भी सम्मिलित करने की इच्छा व्यक्त की गई थी। परिषदों तथा ब्रिटिश नौकरशाही के विरोध के बावजूद ब्रिटिश मंत्रिमंडल द्वारा इस संदर्भ में अपनी स्वीकृति प्रदान की गई। परिणामत: दो भारतीयों को भारतमंत्री परिषद् का सदस्य तथा एक को वायसराय की परिषद् का सदस्य मनोनीत किया गया। वायसराय की परिषद् में लॉर्ड सच्चिदानंद सिन्हा को विधि सदस्य बनाया गया। ध्यातव्य है कि इसके पूर्व 1907 में के.जी. गुप्त और सैयद हुसैन बिलग्रामी को भारत परिषद् का सदस्य बनाया गया था।

भारतीय परिषद् अधिनियम, 1909 ऐसे समय में पारित किया गया था जब बंग-भंग के कारण पूरे देश में माहौल तनावग्रस्त था। ब्रिटिश राजनीतिज्ञों, मुस्लिम लीग के नेताओं तथा भारतीय राष्ट्रीय कांग्रेस के कुछ नरमपंथी व्यक्तियों द्वारा भारतीय परिषद् अधिनियम, 1909 की प्रशंसा की गई, परंतु उग्रपंथी नेताओं तथा राष्ट्रवादियों द्वारा इसका तीव्र विरोध किया गया, परंतु वास्तविकता यह भी है कि भारतीय परिषद् अधिनियम, 1909 के द्वारा परिषदों की संख्या में वृद्धि की गई। निर्वाचित सदस्यों को विधान परिषदों में सम्मिलित किया गया, प्रांतीय विधान परिषदों में गैर-सरकारी सदस्यों का बहुमत स्थापित किया गया, परिषद् की शक्तियों में वृद्धि की गई तथा संबद्ध नीति के अनुगमन से ही उत्तरदायी शासन का मार्ग प्रशस्त हुआ, परंतु इस अधिनियम का सबसे बड़ा दोष देश में सांप्रदायिक निर्वाचन प्रणाली का सूत्रपात था।

भारतीय परिषद् अधिनियम, 1909 के उपबंधों से राष्ट्रवादी नेता संतुष्ट नहीं थे। इस अधिनियम से जन आकांक्षाओं की पूर्ति भी नहीं हो सकी। निर्वाचित सदस्यों को विधान परिषद् की बैठक में नौकरशाही के प्रभावों की आलोचना करने की वास्तविक स्वतंत्रता नहीं थी। पूर्व की तरह ही परिषदों में सरकारी तत्वों की प्रधानता बनी रही। परिषद् के अध्यक्ष को बिना कोई कारण बताए किसी प्रश्न या पूरक प्रश्न को अस्वीकार करने का अधिकार था। महिलाओं को मत देने का अधिकार प्राप्त नहीं था। इसके अतिरिक्त यह भी प्रावधान किया गया कि 25 वर्ष की आयु से ऊपर के किसी भी व्यक्ति को राजनीतिक अपराध का दोषी पाए जाने पर अयोग्य घोषित किया जा सकता है। इस संबंध में केवल वायसराय को ही क्षमा करने का अधिकार प्राप्त था। अप्रत्यक्ष निर्वाचन-प्रणाली होने के कारण मतदाताओं एवं विधान परिषद् के सदस्यों में कोई उपयुक्त सम्पर्क नहीं था।

इस प्रकार भारतीय परिषद् अधिनियम, 1909 दोषमुक्त नहीं था। वस्तुत: यह चंद्रमा की चमक की भांति था। ब्रिटिश अनुदारवादियों ने इसको क्रांतिकारी कदम की संज्ञा दी। काटन तथा रदरफोर्ड जैसे उग्रवादी सांसदों ने भारतीय परिषद् अधिनियम, 1909 को स्वायत्त शासन की एक किश्त कहा। दोषों के बावजूद भारतीय परिषद् अधिनियम, 1909 का भारत के संवैधानिक विकास में काफी महत्व है। भारतीय परिषद् अधिनियम, 1909 का भारत के संवैधानिक विकास में निम्नवत् 4 कारणों से महत्व है-

- इससे भारतीयों को संसदीय शासन व्यवस्था का उपयोगी प्रशिक्षण प्राप्त हुआ जिसके द्वारा उन्होंने आगे चलकर विकसित व्यवस्थापिकाओं का उपयोग किया।
- व्यवस्थापिकाओं के आकार तथा शक्ति में वृद्धि की गई जो बाद में विकसित होकर पूर्ण संसद बन गई।
- संवैधानिक विकास के बृहत दृष्टिकोण से भारतीय स्वशासन की दिशा में यह आवश्यक तथा उपयोगी अग्रगामी कदम सिद्ध हुआ।
- भारतीय संविधान को विकासवादी स्वरूप प्रदान किया।

मांटेग्यू-चेम्सफोर्ड सुधार, 1918

मार्ले-मिंटो सुधार से भारतीय जनता में आशा के स्थान पर निराशा फैल गई। देश में सांप्रदायिक राजनीतिक की शुरुआत हो गई। समस्त नियंत्रण सरकार के हाथों में होता था। विधान परिषदें केवल वाद-विवाद करने वाले क्लब मात्र थीं। भारतीय राष्ट्रीय कांग्रेस में नरम दल के नेताओं का प्रभुत्व कम होने लगा। उग्र दल के नेताओं का प्रभुत्व बढ़ने लगा। 1907 में जो मतभेद नरम दल तथा उग्र दल के मध्य हुआ था, वह 1916 तक समाप्त हो गया। पूरी कांग्रेस एकजुट होकर गृहशासन की मांग करने लगी।

प्रथम विश्व युद्ध में भारतीयों द्वारा ब्रिटिश सरकार को यथासंभव सहयोग दिया गया। इसका कारण यह था कि ब्रिटिश सरकार ने यह घोषणा की थी कि वह लोकतंत्र की रक्षा के लिए लड़ रही है तथा विश्व युद्ध की समाप्ति के बाद भारतीय लोगों की मांगों पर सहानुभूतिपूर्वक विचार किया जाएगा। 1915 के भारतीय राष्ट्रीय कांग्रेस के अधिवेशन में कांग्रेस के सभापति लॉर्ड सिन्हा ने अंग्रेज सरकार को परामर्श दिया कि वे भारत में अपने उद्देश्य के संबंध में एक घोषणा करें जिससे भारतीय नवयुवकों को जो स्वतंत्रता, राष्ट्रीयता तथा स्वशासन के भावों से ओत-प्रोत हैं, शांत किया जा सके, परंतु विश्व युद्ध की समाप्ति के बाद ब्रिटिश सरकार अपने वायदों को भूल गई तथा भारतीयों के स्वतंत्रता आंदोलन के प्रति उदासीन एवं कठोर हो गई। अत: भारतीयों द्वारा निराश होकर पुन: आंदोलन का रास्ता अख्तियार कर लिया गया। ऐसे समय में मांटेग्यू भारत सचिव बनकर आए। भारतीय समस्याओं के प्रति उनके विचार प्रगतिशील एवं उदार थे। मांटेग्यू के अनुसार भारत का शिक्षित वर्ग जो हमसे मांग रहा है वह हमारे गत एक शताब्दी के शासन का उचित एवं स्वाभाविक प्रतिफल है। भारत

के प्रति हमारी नीति पूरी तरह से गलत रही है। हमें भारतीयों की समस्याओं का तुरंत समाधान खोजना चाहिए अन्यथा कभी भी भयंकर परिणाम हो सकता है।

उपयुर्क्त दशाओं में ब्रिटेन के लिए यह आवश्यक हो गया कि वह भारत के प्रति अपनी नीति स्पष्ट कर दे। इसी संदर्भ में 20 अगस्त, 1917 को मांटेग्यू चेम्सफोर्ड द्वारा एक रिपोर्ट तैयार करके ब्रिटिश संसद को दी गई। इस रिपोर्ट को 8 जुलाई, 1918 को प्रकाशित किया गया। **मांटेग्यू चेम्सफोर्ड रिपोर्ट के प्रमुख तथ्य निम्नवत् थे–**

- जहां तक संभव हो सके स्थानीय संस्थाओं पर जनता के निर्वाचित प्रतिनिधियों का पूर्ण नियंत्रण हो तथा उनको सरकारी नियंत्रण से स्वतंत्रता दी गई हो।
- उत्तरदायी शासन के लक्ष्य से प्रांतीय शासन के क्षेत्र से प्राथमिक कार्य शुरू किए जाने चाहिए।
- भारतीय व्यवस्थापिका सभा के सदस्यों की संख्या में वृद्धि करके उसे केंद्रीय शासन पर पर्याप्त प्रभाव डालने का अधिकाधिक अवसर प्राप्त होना चाहिए।
- भारत सरकार और प्रांतीय सरकारों पर भारत मंत्री के नियंत्रण तथा हस्तक्षेप में कमी होनी चाहिए।
- मांटेग्यू चेम्सफोर्ड प्रतिवेदन ही आगे चलकर भारत सरकार अधिनियम, 1919 का आधार बना।

1919 से 1947 तक की अवधि

भारत सरकार अधिनियम, 1919

भारत सरकार अधिनियम, 1909 (मार्ले-मिंटों सुधार) भारतीयों की आकांक्षाओं को पूरा करने में विफल रहा। एक उत्तरदायी सरकार की स्थापना संबंधी भारतीयों की मांग पूरी नहीं हो सकी। विदेशी शासन के विरुद्ध आंदोलन तीव्रगति से बढ़ने लगा। इसी समय विश्व पटल पर कुछ ऐसी घटनाएं घटित हुईं जिन्होंने भारतीयों में नई चेतना जाग्रत कर दी तथा भारतीय राष्ट्रीय कांग्रेस ने अपना आंदोलन तेज कर दिया। 1914 के प्रथम विश्व युद्ध ने भारतीयों की महत्वाकांक्षा में वृद्धि कर दी। प्रथम विश्व युद्ध में भारतीयों द्वारा 'भारत में उत्तरदायी शासन की स्थापना' की लालसा में अंग्रेजों को तन-मन-धन से सहयोग दिया गया। 1915 में श्रीमती एनी बेसेंट तथा बालगंगाधर तिलक ने होमरूल आंदोलन शुरू किया। 1916 में कांग्रेस के दोनों पक्षों उदारवादियों तथा उग्रवादियों के मध्य समझौता हो गया। 1916 में ही कांग्रेस तथा मुस्लिम लीग में भी समझौता हो गया। मेसोपोटामिया में तुर्की के विरुद्ध सफल युद्ध संचालन करने में ब्रिटिश सरकार असफल रही। इस घटना से दुखी होकर तत्कालीन भारत मंत्री चेंबरलीन ने त्यागपत्र दे दिया तथा उनके स्थान पर 1917 में मि. मांटेग्यू को भारत मंत्री तथा चेम्सफोर्ड को वायसराय बनाया गया। शासन के प्रत्येक भाग में भारतीयों का अधिकाधिक सहयोग प्राप्त करके साम्राज्य के अंतर्गत भारत में उत्तरदायी शासन की स्थापना के लिए स्थानीय संस्थाओं को उन्नतिशील बनाने की घोषणा 20 अगस्त, 1917 को मांटेग्यू द्वारा की गई। इसी समय चेम्सफोर्ड ने भारत में उत्तरदायी शासन व्यवस्था के संबंध में ब्रिटिश संसद को एक रिपोर्ट प्रस्तुत की है–

28 मई, 1919 को मांटेग्यू चेम्सफोर्ड सुधार योजना पर आधारित एक विधेयक हाउस ऑफ कॉमंस में प्रस्तुत किया गया तथा लॉर्ड सेलबार्न की अध्यक्षता में नियुक्त एक विशेष संयुक्त समिति के सुपुर्द कर दिया गया। ब्रिटिश संसद के दोनों सदनों ने समिति द्वारा संशोधित किए गए विधेयक को पारित कर दिया। 23 दिसंबर, 1919 को ब्रिटिश सम्राट की स्वीकृति मिलने के बाद यह अपने आप अस्तित्व में आ गया। यही विधेयक भारत सरकार अधिनियम, 1919 के नाम से जाना जाता है। **भारत सरकार अधिनियम, 1919 के प्रमुख प्रावधान निम्नवत थे–**

- भारत सरकार अधिनियम, 1919 के अंतर्गत गृह सरकार में परिवर्तन किया गया। गृह सरकार से आशय सम्राट, मंत्रिमंडल, संसद, भारत सचिव तथा उसकी परिषद् से है। भारत सरकार अधिनियम, 1919 में यह प्रावधान किया गया था कि प्रांतों में आंशिक रूप से उत्तरदायी शासन की स्थापना की जाएगी तथा केंद्रीय विधायिका में निर्वाचित लोगों का बहुमत होगा। अतएव भारत सचिव के अधिकारों तथा शक्तियों में कटौती आवश्यक समझी गई। प्रांतों में जो विषय भारतीय मंत्रियों को दिए गए थे उनको हस्तांतरित विषय कहा गया तथा भारत सचिव का उस पर नियंत्रण कम कर दिया गया। गवर्नर के पास जो विषय थे, उनको संरक्षित विषय कहा गया। केंद्रीय तथा संरक्षित विषयों में भारत सचिव का नियंत्रण यथावत बना रहा।
- भारत सरकार अधिनियम के अंतर्गत भारत परिषद् की संरचना में भी परिवर्तन किया गया। भारत परिषद् में अब कम-से-कम 8 तथा अधिक-से-अधिक 12 सदस्य हो सकते थे। इसमें भारतीय सदस्यों की संख्या 2 से बढ़ाकर 3 कर दी गई। सदस्यों का कार्यकाल 7 वर्ष से 5 वर्ष कर दिया गया।
- भारत सरकार अधिनियम, 1919 के द्वारा पहली बार हाई कमिश्नर का पद बनाया गया। वायसराय सपरिषद् हाई कमिश्नर की नियुक्ति करता था। हाई कमिश्नर का कार्यकाल 6 वर्ष का होता था तथा उसको वेतन भारत कोष से मिलता था। वह भारत सरकार का सेवक था तथा भारतीय सरकार के नियंत्रण एवं निरीक्षण में कार्य करता था। हाई कमिश्नर का कार्यालय लंदन में होता था।
- भारत सरकार अधिनियम, 1919 की एक प्रमुख विशेषता केंद्रीय तथा प्रांतीय सरकारों के मध्य अधिकारों एवं विषयों का विभाजन है। इस सिद्धांत के आधार पर शक्ति का विभाजन किया गया जिसके अनुसार अखिल भारतीय महत्व के विषय केंद्र सरकार के पास तथा स्थानीय हित एवं समस्याओं से संबंधित विषय प्रांतीय सरकार के पास रहे। सेना, रक्षा, विदेश नीति, भारतीय रियासतें, डाक एवं तार, मुद्रा एवं सिक्के, रेलवे, आयकर, सार्वजनिक ऋण, जलपान, अंतर्देशीय वाणिज्य एवं परिवहन, दीवानी एवं फौजदारी कानून प्रक्रिया को केंद्रीय विषय के रूप में रखा गया। स्थानीय स्वशासन, जनस्वास्थ्य, शिक्षा, सार्वजनिक कार्य, सिंचाई, स्थानीय कर, कृषि वन, जेल, पुलिस, अकाल, सहायता आदि को प्रांतीय विषय के रूप में रखा गया। प्रांतीय विषयों को रक्षित तथा हस्तांतरित विषयों में विभाजित किया गया था।

भारत सरकार अधिनियम, 1919 में राजस्व के समस्त स्रोतों को केंद्रीय तथा प्रांतीय क्षेत्रों में बांटने की व्यवस्था की गई थी। 1920 में लॉर्ड मेस्टन की अध्यक्षता में ''आर्थिक कार्य संबंध कमेटी'' का गठन किया गया। मेस्टन समिति ने स्थानीय सरकारों द्वारा केंद्रीय कोष में दी जाने वाली रकमों को निश्चित कर दिया तथा राजस्व के स्रोतों को केंद्रीय एवं प्रांतीय क्षेत्रों में स्पष्ट रूप से विभाजित कर दिया। चुंगी, नमक, अफीम, आयकर, रेल, डाक एवं तार, मुद्रा और टकसाल देशी रियासतों द्वारा प्राप्त भेंट तथा फौजी एवं गैर-फौजी आय आदि को केंद्रीय राजस्व का प्रमुख स्रोत माना गया। भूमिकर, सिंचाई, न्याय, तथा अन्य विभागों की स्टांप ड्यूटी आबकारी, रजिस्ट्री तथा जंगलात की आय आदि को प्रांतीय राजस्व का स्रोत माना गया। इस प्रकार भारत सरकार अधिनियम, 1919 शासन और विकेंद्रीकरण के इतिहास का एक महत्वपूर्ण अंग है।

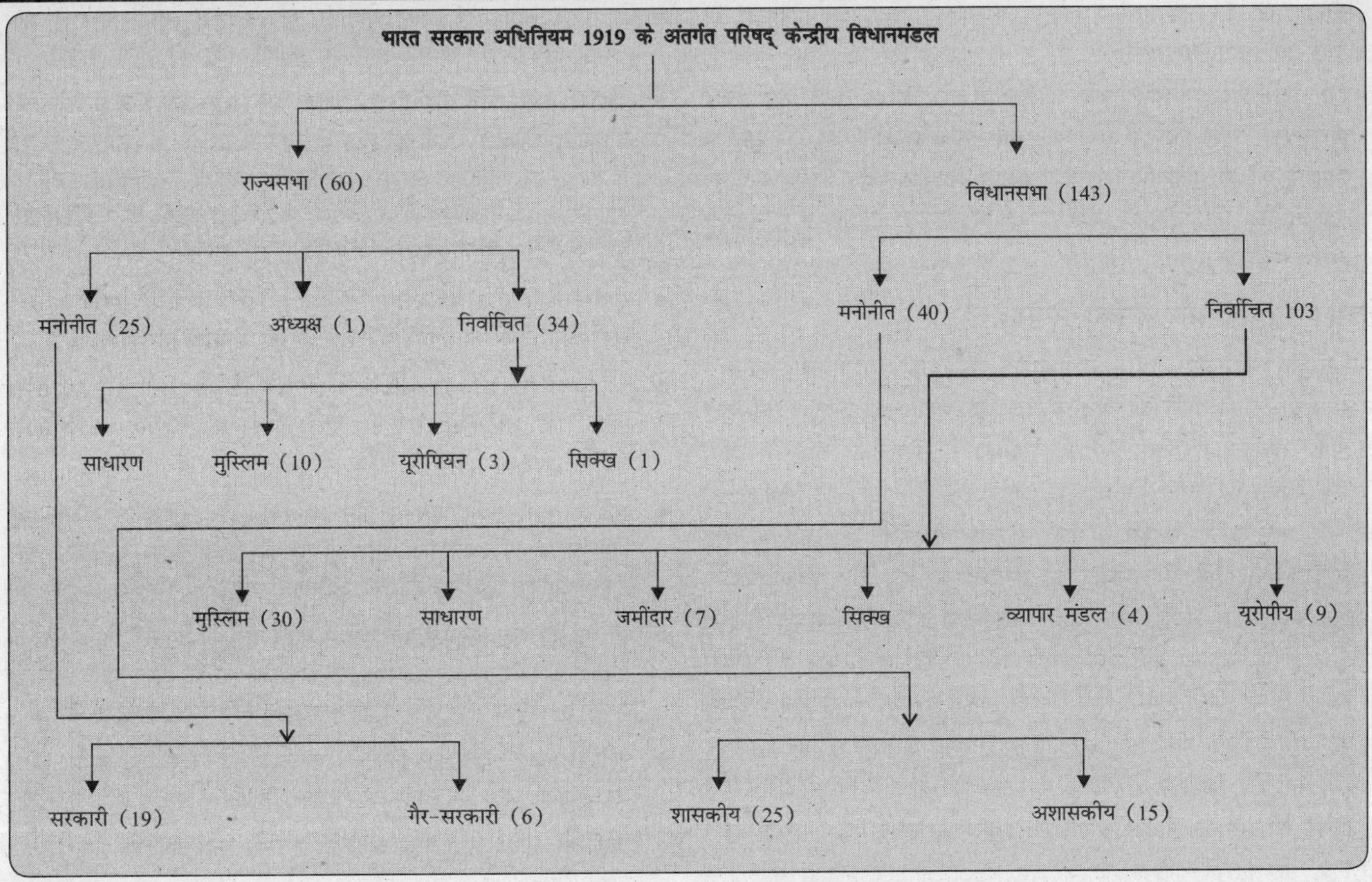

- प्रांतीय सूची के कुल 51 विषयों में से 29 आरक्षित विषयों का प्रशासन गवर्नर तथा उसके सभासदों तथा शेष 22 हस्तांतरित विषयों को गवर्नर एवं उसके मंत्रियों को सौंपा गया। गवर्नर एवं मंत्री इन विषयों के प्रशासन के लिए विधान परिषद् के प्रति उत्तरदायी थे जबकि गवर्नर तथा उसके सभासद अनुत्तरदायी थे।

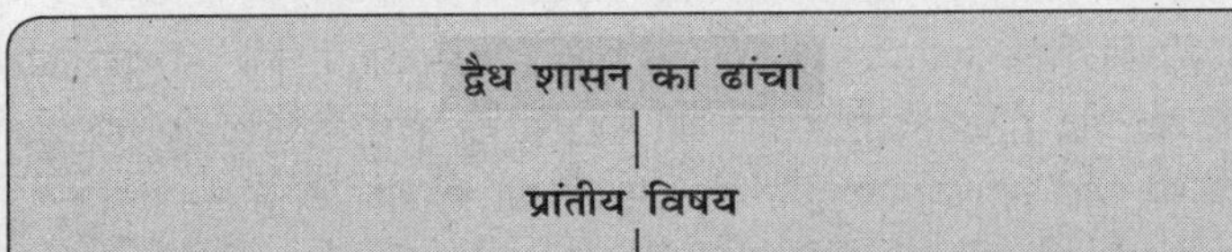

प्रांतीय विषयों के दो भाग

1. **आरक्षित विषय:** जैसे-राजस्व, न्याय, वित्त, पुलिस आदि।
2. **हस्तांतरित विषय:** जैसे-स्थानीय स्वशासन, शिक्षा, स्वास्थ्य आदि।

- भारत सरकार अधिनियम, 1919 के पूर्व भारत में केंद्र में एक सदन था। परंतु **भारत सरकार अधिनियम,** 1919 **के द्वारा केंद्रीय विधानमंडल में द्विसदन की व्यवस्था की गई।** पहले सदन को विधान सभा तथा दूसरे सदन को राज्य परिषद् सभा की संज्ञा दी गई। विधान सभा में कुल 145 सदस्य होते थे जिनमें 104 निर्वाचित तथा शेष मनोनीत होते थे। विधान सभा की कालावधि 3 वर्ष की होती थी, परंतु गवर्नर, उस अवधि के पहले भी भंग कर सकता था। राज्य सभा की सदस्य संख्या अधिकतम 60 थी जिनमें 34 निर्वाचित तथा 26 नामांकित थे।
- भारत सरकार अधिनियम, 1919 के द्वारा भारत सरकार की कार्यकारिणी की रचना तथा शक्तियों में कोई मौलिक परिवर्तन नहीं हुआ। कार्यकारिणी की शक्तियां पहले के तरह ही कार्यकारिणी परिषद् के पास रहीं। गवर्नर जनरल पर जनता के प्रतिनिधियों का कोई नियंत्रण स्थापित नहीं किया गया था। भारत सरकार अधिनियम, 1919 के अनुसार गवर्नर जनरल का विदेश विभाग तथा राजनीतिक विभाग पर प्रत्यक्षत: नियंत्रण था। राजनीतिक विभाग द्वारा गवर्नर जनरल देशी रियासतों पर अपना पूरा नियंत्रण रखता था। गवर्नर जनरल देशी रियासतों के साथ काम करता था तो वायसराय कहलाता था। वायसराय का प्रतिनिधि प्रत्येक देशी रियासत में होता था। वायसराय के प्रतिनिधि को रेज़ीडेंट कहा जाता था। रेज़ीडेंट का कार्य रियासत की समस्त सूचनाएं वायसराय के राजनीतिक विभाग तक पहुंचाना था। उल्लेखनीय है कि गवर्नर जनरल को एक नरेश मंडल की स्थापना करने का अधिकार था।
- भारत सरकार अधिनियम, 1919 के अंतर्गत गवर्नर जनरल तथा उसकी परिषद् को केंद्रीय विधान मंडल के प्रति जवाबदेह नहीं बनाया गया था। विधान सभा गवर्नर जनरल तथा उसकी परिषद् के किसी सदस्य को अविश्वास प्रस्ताव द्वारा हटा नहीं सकती थी। विधान सभा को कुछ सीमित अधिकार ही प्राप्त थे। विधान सभा कुछ ही सार्वजनिक मामलों पर प्रस्ताव पास कर

सकती थी। इन सब प्रस्तावों को मानना या न मानना गवर्नर जनरल की इच्छा पर निर्भर करता था।

- इस अधिनियम में सांप्रदायिक मताधिकार का विस्तार करते हुए पंजाब में सिक्खों, कुछ प्रांतों में यूरोपियनों को, एंग्लो-इंडियनों को एवं भारतीय ईसाइयों को भी प्रतिनिधित्व दिया गया। इस अधिनियम द्वारा प्रत्यक्ष निर्वाचन प्रणाली शुरू की गई तथा लोगों के मताधिकार का प्रतिशत 3 से बढ़ाकर 10% कर दिया गया।

साइमन आयोग और उसकी रिपोर्ट

भारत सरकार अधिनियम, 1919 के प्रावधानों के अनुसार 10 वर्ष बाद भारत में उत्तरदायी शासन की प्रगति की जांच के लिए एक आयोग की नियुक्ति की जानी थी। भारत सरकार अधिनियम, 1919 को 1921 में लागू किया गया था। अत: उत्तरदायी शासन की प्रगति की जांच के लिए 1931 में आयोग की नियुक्ति की जानी थी, परंतु ब्रिटिश सरकार ने भारत में उत्तरदायी शासन की जांच के लिए 8 नवम्बर, 1927 को ही कमीशन की नियुक्ति कर दी। यह आयोग साइमन कमीशन के नाम से प्रसिद्ध हुआ। साइमन कमीशन के निर्धारित अवधि के पूर्व गठित कर दिए जाने का कोई एक कारण नहीं था। ब्रिटिश सरकार के अनुसार भारतीय 1919 के अधिनियम में शीघ्र परिवर्तन चाहते थे। इसलिए साइमन कमीशन का गठन पहले किया गया, परंतु भारतीयों का साइमन कमीशन के पूर्व गठन के संदर्भ में कहना है कि 1929 में ब्रिटेन में चुनाव होने वाले थे जिनमें श्रमिक दल की विजय की संभावना दिखाई दे रही थी। इसलिए सत्तारूढ़ दल (अनुदार दल) भारत के भविष्य को श्रमिक दल के हाथ में छोड़ना नहीं चाहता था क्योंकि अनुदार दल को भय था कि कहीं श्रमिक दल भारत को पूर्ण स्वराज न प्रदान कर दे। इस कारण सत्तारूढ़ अनुदार दल की सरकार ने पहले ही साइमन कमीशन का गठन कर दिया। साइमन कमीशन के निर्धारित अवधि से पूर्व गठित करने के पीछे जो भी कारण रहे हों, परंतु भारतीयों ने इसके समय पूर्व गठन का विरोध नहीं किया। भारतीयों ने साइमन कमीशन का विरोध इसलिए किया क्योंकि उसके सभी सदस्य गैर-भारतीय थे। 3 **फरवरी,** 1928 **को साइमन कमीशन के मुंबई (बंबई) पहुंचने पर** उसके विरुद्ध व्यापक विरोध प्रदर्शन हुआ। जहां भी साइमन कमीशन गया, वहां काले-झंडों, हड़तालों और प्रदर्शनों से इसका स्वागत किया गया।

साइमन कमीशन के गठन का उद्देश्य ब्रिटिश भारतीय प्रांतों में सरकार कैसे चल रही है, प्रतिनिधि संस्थाएं व्यवस्थित और सुचारू ढंग से कार्य कर रही हैं अथवा नहीं, शिक्षा की स्थिति क्या है? उत्तरदायी सरकार के सिद्धांत को अधिक बढ़ाया जाए या सीमित किया जाए, आदि प्रश्नों पर विचार करना था। साइमन कमीशन दो बार भारत आया और विरोध प्रदर्शनों के बावजूद 2 वर्ष कठिन परिश्रम करके एक प्रतिवेदन तैयार किया जिसे मई, 1930 में सार्वजनिक किया गया। **साइमन कमीशन के प्रतिवेदन के प्रमुख अंश निम्नवत् थे–**

- भारत सरकार अधिनियम, 1919 के प्रावधानों के अंतर्गत शुरू द्वैध शासन की व्यवस्था को समाप्त करके प्रांतों को अधिकाधिक स्वायत्तता प्रदान की जाए। जहां तक संभव हो प्रांतों के समस्त विभाग मंत्रियों को सौंप दिए जाएं। अन्य शब्दों में, प्रांतों में उत्तरदायी शासन की स्थापना होनी चाहिए, परंतु शांति और व्यवस्था बनाए रखने के लिए गवर्नरों को विधान परिषदों की अवहेलना का अधिकार होना चाहिए।
- भारत के भावी संवैधानिक विकास का अधिकार संघात्मक होना चाहिए। प्रांतीय विधान परिषदों की संख्या में पर्याप्त वृद्धि की जानी चाहिए।
- साइमन कमीशन ने केंद्र में द्वैध शासन शुरू करने की प्रक्रिया को अनुचित बताया तथा केंद्र में पहले की तरह अनुत्तरदायी सरकार की स्थापना का सुझाव दिया। इसके अतिरिक्त साइमन कमीशन ने केंद्रीय विधानमंडल को केंद्रीय सरकार को नियंत्रित करने की शक्ति न देने का सुझाव दिया। कमीशन के मत में केंद्रीय सरकार को शक्तिशाली होना चाहिए।
- साइमन कमीशन ने केंद्रीय व्यवस्थापिका के उच्च सदन की स्थिति को यथावत रखने तथा निम्न सदन को व्यापक बनाने की अनुशंसा की थी।
- भविष्य में संघ की भावनाओं को ध्यान में रखते हुए कमीशन ने यह अनुशंसा की थी कि भारत के लिए एक ऐसी परिषद् की स्थापना की जाए जिसमें ब्रिटिश प्रांतों और देशी रियासतों के प्रतिनिधि सम्मिलित हों।
- साइमन कमीशन ने कम-से-कम 10% या 15% आबादी को मत देने के अधिकार प्रदान करने की अनुशंसा की थी। ध्यातव्य है कि 1926 में मात्र 2.8% आबादी को मत देने का अधिकार था।
- साइमन कमीशन ने अपने प्रतिवेदन में भारत मंत्री को परामर्श देने के लिए भारत परिषद् को यथावत बनाए रखने की अनुशंसा की थी, परंतु भारत परिषद् की सदस्यता सीमित तथा उसकी शक्तियों को कम करने की अनुशंसा की थी।
- प्रांतों से पर्याप्त वित्त कोष उपलब्ध कराने के उद्देश्य से एक प्रांतीय वित्तकोष की स्थापना करने की अनुशंसा साइमन कमीशन ने की थी।
- बर्मा को भारत से पृथक् करने तथा सिंध एवं ओडिशा (उड़ीसा) को पृथक् प्रांत बनाने के लिए विचार करने की अनुशंसा भी साइमन कमीशन ने की थी।
- भारतीय सेना का धीरे-धीरे भारतीयकरण करने तथा भारतीय सिविल सेवाओं में कोई परिवर्तन न करने की अनुशंसा भी की थी।

साइमन कमीशन की संस्तुतियों के सार्वजनिक होते ही भारत के सभी वर्गों द्वारा इसकी आलोचना की जाने लगी। साइमन कमीशन की संस्तुतियों में कहीं भी औपनिवेशिक स्वराज्य (Dominion State) के संदर्भ में कुछ भी उल्लेखित नहीं था। केंद्र में उत्तरदायी सरकार की स्थापना के संदर्भ में कुछ भी नहीं कहा गया था। प्रांतों को स्वायत्तता देने की अनुशंसा की गई थी परंतु गवर्नर जनरल की विशेष शक्तियों द्वारा उसे सीमित कर दिया गया था। यही कारण था कि भारतीयों ने इसका स्वागत नहीं किया। सर शिवास्वामी अय्यर ने साइमन कमीशन की रिपोर्ट पर प्रतिक्रिया व्यक्त करते हुए कहा था कि "यह रिपोर्ट रद्दी की टोकरी में फेंकने योग्य है।" सी.एफ.एन्ड्रूज के अनुसार, "साइमन आयोग ने अहिंसात्मक आंदोलन से समस्त देश में उत्पन्न हुए परिवर्तन और जनता की आकांक्षाओं की पूर्ण उपेक्षा की। इसने उस भारत को अपने सम्मुख रखा जो राष्ट्रीय आंदोलन शुरू होने से 10 वर्ष पूर्व था। राष्ट्रीय जागृति के फलत: उदीयमान युवा भारत का इसमें परिचय नहीं मिलता है।"

यद्यपि भारतीयों द्वारा साइमन कमीशन की रिपोर्ट को पूरी तरह से अस्वीकार कर दिया गया। परंतु साइमन कमीशन की रिपोर्ट ने गोलमेज सम्मेलनों तथा भारत सरकार अधिनियम, 1935 की आधारशिला रखी। यहां पर प्रो. कीथ के कथन कि "भारतीयों द्वारा साइमन कमीशन की संस्तुतियों को पूर्णरूपेण अस्वीकार करना मूर्खता थी, यदि संस्तुतियों को स्वीकार कर लिया जाता तो आने वाली योजनाओं के पूर्व ही उत्तरदायी शासन की स्थापना हो गई होती," का उल्लेख करना समीचीन होगा।

नेहरू रिपोर्ट

साइमन कमीशन के भारतीयों द्वारा बहिष्कार करने पर भारत सचिव लॉर्ड बेकन हैड ने भारतीयों को ऐसा संविधान बनाने की चुनौती दी जिससे सभी भारतीय सहमत हों। बेकन हैड की यह दृढ़ मान्यता थी कि भारतीय जाति, धर्म, भाषा आदि की विभिन्नता एवं मतभेद के कारण कभी भी एक सर्वसम्मत संविधान का निर्माण नहीं कर सकेंगे। भारतीय राष्ट्रीय कांग्रेस ने बेकन हैड की चुनौती को स्वीकार करते हुए 28 फरवरी, 1928 को दिल्ली में एक सर्वदलीय सम्मेलन आहूत किया। इस सम्मेलन में 29 राजनीतिक दलों के प्रतिनिधियों ने भाग लिया। इस सम्मेलन में कुछ मौलिक बातों का ही निर्णय किया जा सका तथा इसकी पुनः बैठक बुलाने का निर्णय लिया गया। उक्त निर्णय के अनुसार 10 मई, 1928 को बम्बई में दुबारा सम्मेलन शुरू हुआ। इस सम्मेलन में भारत के संविधान निर्माण के लिए 6 सदस्यीय प्रारूप समिति का गठन मोतीलाल नेहरू की अध्यक्षता में किया गया। श्री सुभाष चंद्र बोस, तेज बहादुर सप्रू, शोएब कुरैशी, सरदार मंगल सिंह, एम.एस. अणे, सर अली इमाम तथा जी.आर.प्रधान इसके सदस्य थे। समिति ने अपनी 25 बैठकों के बाद सर्वसम्मति से भारतीय संविधान का प्रारूप तैयार किया। इस प्रारूप को 10 अगस्त, 1928 को एक प्रतिवेदन के रूप में सार्वजनिक किया गया। **नेहरू रिपोर्ट के प्रमुख अंश निम्नवत् थे–**

- अंतिम उद्देश्य के रूप में नहीं वरन् परवर्ती कदम के रूप में भारत को स्वशासित उपनिवेश (Dominion State) की स्थिति प्राप्त होनी चाहिए।
- केंद्र और प्रांतों में पूर्ण उत्तरदायी शासन की स्थापना होनी चाहिए। मंत्रिमंडल को सामूहिक रूप से व्यवस्थापिका के प्रति उत्तरदायी होना चाहिए।
- प्रांतों और केंद्र में संघीय आधार पर शक्तियों का विभाजन किया जाना चाहिए। अवशिष्ट शक्तियां केंद्र के पास होनी चाहिए जिससे केंद्र शक्तिशाली बना रहे।
- केंद्र में उत्तरदायी एवं निर्वाचित व्यवस्थापिका हो। केंद्रीय व्यवस्थापिका द्विसदनात्मक होनी चाहिए। केंद्र और प्रांतों के प्रथम सदन का वयस्क मताधिकार के आधार पर जनता द्वारा प्रत्यक्ष निर्वाचन हो किंतु उच्च सदन के सदस्यों का चुनाव प्रांतीय विधान सभाओं द्वारा अप्रत्यक्ष तरीके से होना चाहिए। इनका कार्यकाल सामान्यतः 5 वर्ष का हो।

नेहरू समिति के सदस्य	
सदस्य	संबंधित दल
1. मोती लाल नेहरू (अध्यक्ष)	कांग्रेस
2. सुभाष चंद्र बोस	कांग्रेस
3. जवाहर लाल नेहरू (सचिव)	कांग्रेस
4. सर अली इमाम	मुस्लिम लीग
5. शोएब कुरैशी	मुस्लिम लीग
6. एम. एस. अणे	हिंदू महासभा
7. एम. आर. जयकर	हिंदू महासभा
8. जी. आर. प्रधान	हरिजन
9. सरदार मंगल सिंह	सिक्ख
10. तेज बहादुर सप्रू	उदारवादी
11. एम. एन. जोशी	श्रमिक संघ

नेहरू रिपोर्ट में मौलिक अधिकारों के संबंध में प्रावधान किया गया था। जिससे अल्पसंख्यकों, स्त्रियों, हरिजनों एवं श्रमिकों के हितों की रक्षा हो सके।

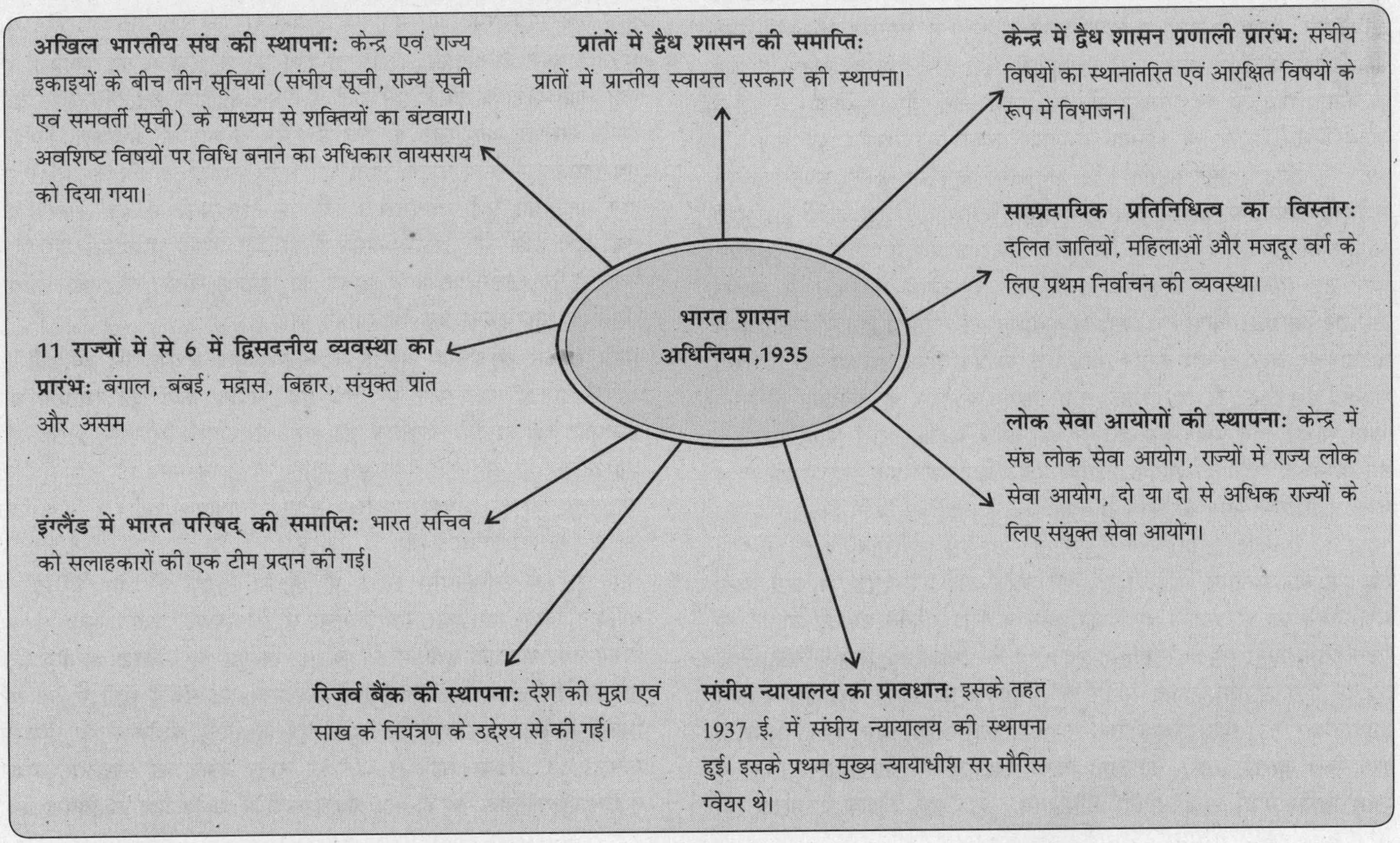

- एक प्रतिरक्षा समिति का गठन किया जाना चाहिए जिसमें प्रधानमंत्री, रक्षा मंत्री, विदेश मंत्री, तीनों सेनाओं के अध्यक्ष तथा दो रक्षा विशेषज्ञ होने चाहिए। शांति की स्थिति में प्रतिरक्षा बजट विधान सभा की स्वीकृति के अधीन होना चाहिए।
- पृथक् निर्वाचन प्रणाली को समाप्त कर संयुक्त निर्वाचन प्रणाली का सूत्रपात किया जाए। परंतु अल्पसंख्यकों (मुसलमानों) को जनसंख्या के आधार पर प्रांतों में सुरक्षित स्थान दिया जाए।
- भारत में अपीलों के अंतिम न्यायालय के रूप में सर्वोच्च न्यायालय की स्थापना की जाए तथा प्रिवी कौंसिल की सर्वोच्चता समाप्त की जाए।
- सिंध को नया प्रांत बनाया जाए तथा उत्तर-पश्चिमी सीमा प्रांत को पूर्ण प्रांतीय दर्जा दिया जाए।
- देशी रियासतों के नरेशों की सुरक्षा का वचन दिया जाए परंतु उनसे अखिल भारतीय संघ में जुड़ने के लिए उत्तरदायी शासन स्थापित करने का आग्रह भी किया जाए।

1928 में लखनऊ में संपन्न सर्वदलीय सम्मेलन में नेहरू रिपोर्ट को स्वीकार कर लिया गया, परंतु सुभाष चंद्र बोस तथा जवाहर लाल नेहरू जैसे युवा नेता इससे पूर्ण सहमत नहीं थे। इन्होंने पूर्ण स्वतंत्रता के ध्येय का आग्रह किया। 21 दिसंबर, 1928 को सर्व मुस्लिम सम्मेलन ने नेहरू प्रतिवेदन को अस्वीकार कर दिया! जिन्ना ने इसके विकल्प के रूप में अपना 14 सूत्री सिद्धांत प्रस्तुत किया।

भारत सरकार अधिनियम, 1935

भारत सरकार अधिनियम, 1935 ब्रिटिश भारत का सर्वाधिक महत्वपूर्ण एवं अंतिम संवैधानिक दस्तावेज था। 1861 में शुरू की गई संवैधानिक विकास की यात्रा को भारत सरकार अधिनियम, 1935 ने उसकी मंजिल तक पहुंचाया। भारत सरकार अधिनियम, 1935 के अस्तित्व में आने के पीछे किसी एक कारण की भूमिका नहीं है बल्कि यह कई संयुक्त घटनाओं का परिणाम है। भारत सरकार अधिनियम, 1919 भारतीयों के असंतोष को दूर करने में असफल रहा। इसी समय रॉलेट ऐक्ट के पारित होने तथा जलियावाला बाग हत्याकांड के घटित हो जाने के कारण भारतीयों का असंतोष और बढ़ गया। अत: भारतीय राष्ट्रीय कांग्रेस ने आत्म निर्णय सिद्धांत के अनुसार उत्तरदायी सरकार की स्थापना की मांग की। 1924 में गठित मुडीमैन समिति ने द्वैध शासन की विफलताओं की अपने प्रतिवेदन में विस्तृत विवेचना की थी तथा इसमें सुधार की आवश्यकता बताई थी। भारत सरकार अधिनियम, 1919 की क्रियात्मक सफलता एवं विफलता का अन्वेषण करते हुए संविधान में आवश्यक सुधार लाने के उद्देश्य से 1927 में साइमन कमीशन का गठन किया गया। साइमन कमीशन का भारतीयों द्वारा बहिष्कार करने के बावजूद इसने दो वर्ष कठिन परिश्रम करके एक रिपोर्ट सरकार को दी, परंतु भारतीय इस रिपोर्ट से सहमत नहीं हुए। साइमन कमीशन के बहिष्कार के समय भारत सचिव लॉर्ड बेकन हैड द्वारा दी गई चुनौती के प्रत्युत्तर में मोतीलाल नेहरू की अध्यक्षता में गठित समिति ने एक रिपोर्ट जारी की। इसे नेहरू रिपोर्ट कहा जाता है, जिसमें भारत के भावी संविधान की रूपरेखा का वर्णन किया गया था। भारत की राजनीतिक समस्याओं के समाधान एवं उसे एक संविधान देने के लिए लंदन में तीन गोलमेज सम्मेलन हुए और उसके बाद एक श्वेत पत्र जारी किया गया। श्वेत पत्र के प्रस्तावों पर विचार करने के लिए संयुक्त संसदीय समिति का गठन किया गया। संयुक्त समिति ने श्वेत पत्र के प्रस्तावों पर विचार किया। श्वेत पत्र के प्रस्तावों तथा संयुक्त समिति के संस्तुतियों के आधार पर भारत सरकार अधिनियम-1934 पारित किया गया। **भारत सरकार अधिनियम, 1935 आंशिक रूप से 3 जुलाई, 1936 को लागू किया गया। पूर्णतः यह अप्रैल, 1937 में लागू किया गया।** भारत सरकार अधिनियम, 1935 एक व्यापक अभिलेख था। जिसमें 321 अनुच्छेद तथा 10 अनुसूचियां थीं। भारत सरकार अधिनियम, 1935 के प्रमुख प्रावधान निम्नलिखित हैं–

- भारत सरकार अधिनियम, 1935 द्वारा भारत परिषद् को समाप्त कर दिया गया। इसके स्थान पर भारत मंत्री के लिए परामर्शदाता नियुक्त किए गए। परामर्शदाताओं की संख्या 3 से 6 के मध्य होती थी। हस्तांतरित विषयों के संबंध में भारत मंत्री का नियंत्रण पहले की तुलना में काफी कम कर दिया गया, परंतु जिन विषयों में गवर्नरों और गवर्नर जनरल को स्वविवेक की शक्तियां प्राप्त थीं, उनमें भारत मंत्री का निर्णय पहले की तरह ही था।

भारत सरकार अधिनियम, 1935 के पूर्व भारतीय शासन एकात्मक था, परंतु भारत सरकार अधिनियम, 1935 पारित होने के द्वारा भारतीय रियासतों को ब्रिटिश भारत के साथ समान संघीय शासन में लाने का प्रथम बार प्रयास किया गया। अखिल भारतीय संघ की प्रस्तावित योजना में यह व्यवस्था की गई थी कि ब्रिटिश प्रांत स्वत: ही एवं देशी नरेश प्रवेश पत्र पर हस्ताक्षर कर संघ में सम्मिलित हों। प्रवेश पत्र में उन विषयों का उल्लेख होता था जिनको देशी नरेश संघ सरकार को सौंपते थे। अखिल भारतीय संघ, 11 ब्रिटिश गवर्नर प्रांतों, 6 चीफ कमिश्नर प्रांतों तथा देशी रियासतों को मिलाकर बना था।

- भारत सरकार अधिनियम, 1935 के द्वारा प्रांतों में **द्वैध शासन प्रणाली को समाप्त कर दिया गया, परंतु केंद्र में द्वैध शासन प्रणाली शुरू हो गई।** प्रस्तावित संघीय योजना में कार्यपालिका का अध्यक्ष गवर्नर जनरल होता था। गवर्नर जनरल केंद्रीय विषयों का संचालन कार्यपालिका परिषद् और मंत्रियों की मदद से करता था।
- केंद्रीय विषयों को रक्षित तथा हस्तांतरित दो भागों में विभक्त किया जाता था। रक्षित विषयों का प्रशासन गवर्नर जनरल स्वविवेक से करता था। जिसके लिए वह कार्यपालिका परिषद् के सदस्यों की नियुक्ति करता था। हस्तांतरित विषयों के प्रशासन के लिए गवर्नर जनरल को सहायता एवं परामर्श देने के लिए एक मंत्रिपरिषद् थी। मंत्रीगण विधानमंडल के प्रति उत्तरदायी होते थे।
- भारत सरकार अधिनियम, 1935 के द्वारा प्रांतीय स्वराज्य की स्थापना की गई। ध्यातव्य है कि इसके पूर्व प्रांतों में केवल आंशिक उत्तरदायित्व था तथा प्रांतीय सरकारों को एजेंट के रूप में भारत सरकार के अधीक्षण, निर्देशन एवं नियंत्रण में कार्य करना पड़ता था। भारत सरकार अधिनियम, 1935 के द्वारा प्रांतों को पूर्ण स्वायत्तता दे दी गई तथा प्रांतों में पूर्ण शासन का एकीकरण हुआ और प्रांतीय शासन गवर्नर और उसके मंत्रिमंडल को सौंपा गया। प्रांतीय शासन पर भारत सचिव का नियंत्रण जनरल के प्रांतीय शासन संबंधी विशेषाधिकारों तक ही सीमित था।
- भारत सरकार अधिनियम, 1935 के अंतर्गत केंद्र में संघ की इकाइयों के आपसी झगड़ों के निपटारे के लिए **एक संघीय कोर्ट की स्थापना का प्रावधान** था। संघीय न्यायालय को भारत सरकार अधिनियम, 1935 की व्याख्या का भी अधिकार प्राप्त था। संघीय न्यायालय भारत के लिए सर्वोच्च न्यायालय नहीं थी। संघीय न्यायालय में मुख्य न्यायाधीश सहित 7 न्यायाधीशों की नियुक्ति का प्रावधान था।
- भारत सरकार अधिनियम, 1935 के अंतर्गत विषयों को तीन सूचियों में वर्गीकृत किया गया था। संघीय सूची में 59 विषय, प्रांतीय सूची में 54 विषय तथा समवर्ती सूची में 36 विषय रखे गए थे। अखिल भारतीय हित के सभी विषयों को संघीय सूची में रखा गया था। संघीय सूची में रखे गए विषयों में सेना, मुद्रा एवं नोट, डाक एवं तार, रेल, केंद्रीय सेवाएं, विदेशी मामले, तार, रेडियो आदि थे। इन पर कानून बनाने का अधिकार केवल केंद्रीय विधानमंडल को ही था। प्रांतीय सूची में प्रांतीय हित के विषयों यथा

शिक्षा, भू-राजस्व, स्थानीय शासन, कानून और व्यवस्था, सार्वजनिक स्वास्थ्य, कृषि, सिंचाई और नहर, जंगल, खान आदि को रखा गया था।

समवर्ती सूची में रखे गए विषयों पर संघीय तथा प्रांतीय दोनों विधान मंडलों को कानून बनाने का अधिकार था। प्रांतीय तथा केंद्रीय विधान मंडल में किसी भी प्रकार का विरोध उत्पन्न हो जाने पर केंद्रीय विधान मंडल का कानून माना जाता था।

वर्ष 1937 के चुनाव के आधार पर सरकार का गठन

प्रांत	मुख्यमंत्री	दल
1. मद्रास	सी. राजगोपालाचारी	कांग्रेस
2. बम्बई	बी. जी. खरे	कांग्रेस
3. मध्य प्रांत	एन. बी. खरे (बाद में रविशंकर शुक्ल)	कांग्रेस
4. बिहार	डॉ. श्रीकृष्ण सिंह	कांग्रेस
5. संयुक्त प्रांत (यूपी)	गोविन्द वल्लभ पंत	कांग्रेस
6. उड़ीसा	बी. एन. दास	कांग्रेस
7. उत्तर-पश्चिम सीमा प्रांत	डॉ. खान साहब	गठबंधन सरकार
8. सिंध	अल्लाह बख़्श (बाद में बंदे सादुल्लाह खां)	मुस्लिम लीग
9. असम	सादुल्लाह	गठबंधन सरकार
10. पंजाब	सिकंदर हयात खान	यूनियनिस्ट पार्टी
11. बंगाल	फजलुल हक	मुस्लिम लीग और कृषक प्रजा पार्टी

- भारत सरकार अधिनियम, 1935 की एक प्रमुख विशेषता यह थी कि इसमें अल्पसंख्यकों और अनेक वर्गों की रक्षा के लिए बहुत से प्रावधान किए गए थे।
- भारत सरकार अधिनियम, 1935 के अंतर्गत मताधिकार का विस्तार किया गया था। प्रांतों के लिए 10% जनता को मत देने का अधिकार दिया गया। प्रांतीय तथा केंद्रीय विधान मंडलों की संख्या में भी काफी वृद्धि की गई। केंद्र में विधानसभा के सदस्यों की संख्या 375 तथा राज्यसभा के सदस्यों की संख्या 260 निर्धारित की गई। 11 प्रांतों में से 6 विधान मंडलों को दो सदनीय बनाया गया था।
- भारत सरकार अधिनियम, 1935 में भी सांप्रदायिक चुनाव प्रणाली को न केवल यथावत रखा गया बल्कि हरिजनों के लिए भी इसका विस्तार कर दिया गया। मुसलमानों को केंद्रीय विधान मंडल में ब्रिटिश भारत में 33.33% स्थान दिया गया जो उनकी जनसंख्या के अनुपात से काफी अधिक था। भारत सरकार अधिनियम, 1919 के अंतर्गत मुसलमानों, भारतीयों ईसाइयों, एंग्लो-इडियन तथा यूरोपियनों को प्रतिनिधित्व दिया गया। भारत सरकार अधिनियम, 1935 के द्वारा मजदूर एवं नारियों को अलग से प्रतिनिधित्व दिया गया। इस प्रकार अंग्रेजों ने 'फूट डालो, राज करो' की नीति का अनुगमन इस अधिनियम के द्वारा किया।
- 1935 अधिनियम के बारे में पंडित नेहरू ने कहा था। यह अनेक ब्रेकोंवाली इंजनरहित गाड़ी है तथा जिन्ना ने इसे पूर्णत: सड़ा और मूलरूप से बुरा कहा था।

भारत सरकार अधिनियम, 1935 के लक्ष्य के संबंध में कोई घोषणा नहीं की गई थी। इसका लक्ष्य लगभग वही था जो 1919 के अधिनियम का था। भारत सरकार अधिनियम, 1919 के अधिनियम में जो प्रस्तावना थी, उससे भारतीय बहुत असंतुष्ट थे तथा भारतीयों को यह विश्वास था कि नए संविधान में इसे रद्द कर दिया जाएगा। परंतु भारत सरकार या औपनिवेशिक स्वराज्य के संदर्भ में कोई आश्वासन नहीं दिया गया था और न ही भारतीय राष्ट्रीय भावनाओं का ही ख्याल रखा गया था।

अगस्त प्रस्ताव

ब्रिटिश प्रधानमंत्री चर्चिल के निर्देश पर 8 अगस्त, 1940 को तत्कालीन वायसराय लॉर्ड लिनलिथगो ने ब्रिटिश सरकार की एक नई नीति की घोषणा की जिसे अगस्त प्रस्ताव के नाम से जाना जाता है। **अगस्त प्रस्ताव, 1940 के प्रमुख प्रावधान निम्नवत् थे–**

- ब्रिटिश सरकार का लक्ष्य भारत को डोमिनियन स्तर (Dominion Status) प्रदान करना है जिसे युद्ध समाप्त होने के बाद प्रदान कर दिया जाएगा।
- ब्रिटिश सरकार युद्ध समाप्ति के बाद डोमिनियन स्तर के राज्य के निर्माण के लिए सभी प्रमुख भारतीय नेताओं से विचार-विमर्श करके उनकी एक समिति का गठन करेगी जो भारत के भावी संविधान की रूपरेखा सृजित करेगी।
- गवर्नर जनरल की कार्यकारिणी में कुछ भारतीयों को भी अनिवार्यत: सम्मिलित किया जाएगा।
- ब्रिटिश सरकार एक युद्ध परामर्श समिति का गठन करेगी जो ब्रिटिश सरकार को युद्ध संबंधी मामलों में सहयोग प्रदान करेगी। इस समिति में सभी वर्गों के भारतीय नेता तथा देशी रियासतों के प्रतिनिधि सम्मिलित होंगे।
- ब्रिटिश सरकार सत्ता का अपना उत्तरदायित्व ऐसे संगठन के सुपुर्द करेगी जिसे सभी प्रमुख संगठनों का समर्थन प्राप्त हो।
- परंतु भारतीय राष्ट्रीय कांग्रेस ने अगस्त प्रस्ताव को अस्वीकार कर दिया। भारतीय राष्ट्रीय कांग्रेस का कहना था कि इस प्रस्ताव में अंतरिम सरकार के गठन का कोई उल्लेख नहीं किया गया है। इस प्रस्ताव के द्वारा ब्रिटिश सरकार ने कांग्रेस को सत्ता सौंपने की बात कहकर मुस्लिम लीग को प्रोत्साहित किया है। अत: यह प्रस्ताव स्वीकार करने योग्य नहीं है।

क्रिप्स मिशन, 1942

द्वितीय विश्व युद्ध में जापान दक्षिण-पूर्ण एशिया को विजित करते हुए भारत की तरफ बढ़ रहा था। इस स्थिति में इंग्लैंड ने जापान का प्रतिरोध करने के लिए भारतीयों का सहयोग प्राप्त करना आवश्यक समझा तथा ब्रिटिश सरकार पर भारतीयों का सहयोग प्राप्त करने के लिए मित्र देशों का दबाव भी बढ़ता जा रहा था। ऐसी परिस्थिति में ब्रिटिश सरकार के लिए भारतीय गतिरोध को अधिक दिन तक टालना संभव नहीं था। अत: ब्रिटिश सरकार द्वारा अपनी भारत संबंधी नीति में परिवर्तन करने का निर्णय लिया गया।

11 मार्च, 1942 को ब्रिटिश प्रधानमंत्री चर्चिल ने ब्रिटिश संसद में घोषणा की कि जापान की प्रगति के कारण भारत के लिए जो खतरा उत्पन्न हो गया है उसे देखते हुए हम यह आवश्यक समझते हैं कि भारत की रक्षा के लिए भारत के सभी वर्गों को संगठित करना चाहिए तथा सर स्टैफोर्ड क्रिप्स ब्रिटिश सरकार के प्रतिनिधि के रूप में भारतीय समस्या के समाधान के लिए भारत जाएंगे। चर्चिल की इस घोषणा का भारत में व्यापक स्वागत किया गया।

22 मार्च, 1942 को क्रिप्स भारत आए। क्रिप्स ने आने के तुरंत बाद भारतीय नेताओं, वायसराय तथा उनकी कार्यपालिका परिषद् से विचार-विमर्श शुरू कर दिया। क्रिप्स ने भारतीय नेताओं से वार्ता शुरू की तथा यह प्रभाव उत्पन्न किया कि वह अंतिम निर्णय के लिए कुछ निश्चित प्रस्ताव तथा सत्ता लाया है। वायसराय एवं उनकी परिषद् तथा भारतीय नेताओं से व्यापक विचार-विमर्श के बाद 29 मार्च को क्रिप्स ने भारतीय संवैधानिक गतिरोध समाप्त करने के लिए एक प्रस्ताव प्रस्तुत किया। क्रिप्स द्वारा प्रस्तुत प्रस्तावों के दो खंड थे। पहले खंड में वर्णित

प्रस्ताव तुरंत लागू होने वाले थे जबकि दूसरे खंड के प्रस्ताव विश्व युद्ध समाप्त होने के बाद लागू होने वाले थे।

क्रिप्स मिशन के तत्काल लागू होने वाले प्रस्तावों का सार यह था कि ब्रिटिश सरकार भारत की रक्षा का दायित्व अपने विश्वव्यापी प्रयत्नों के अपने एक अंग के रूप में अपने हाथ में रखेगी, परंतु प्रमुख भारतीय नेताओं को अपने देश ब्रिटिश राष्ट्रमंडलों तथा मित्र राष्ट्रों के सलाह-मशविरे के तुरंत और प्रभावोत्पादक ढंग से भाग लेने के लिए आमंत्रित किया जाएगा। **क्रिप्स मिशन की विश्व युद्ध समाप्त होने के बाद लागू होने वाली योजनाएं निम्नलिखित थीं–**

- एक नए भारतीय संघ की स्थापना जिसे उपनिवेश का पूर्व पद प्राप्त होगा और जो चाहे तो ब्रिटिश राष्ट्रमंडल से संबंध विच्छेद कर सकता है।
- युद्ध समाप्त होने के बाद एक संविधान परिषद् की स्थापना जिसमें ब्रिटिश भारत तथा देशी राज्य दोनों के प्रतिनिधि सम्मिलित होंगे।
- ब्रिटिश भारत के जो प्रांत या देशी रियासतें उपर्युक्त संविधान को नहीं स्वीकार करेंगी, सरकार उन पर वह संविधान नहीं थोपेगी। बल्कि उनको अपनी वर्तमान संवैधानिक स्थिति को यथापूर्व बनाए रखने की स्वतंत्रता दी जाएगी। जो प्रांत संविधान सभा द्वारा निर्मित संविधान को स्वीकार नहीं करेंगे, उनको अपना अलग से संविधान बनाने का अधिकार होगा। इन प्रांतों के संविधान की भारतीय संघ के संविधान के समकक्ष मान्यता होगी।
- संविधान सभा और सम्राट की सरकार के मध्य एक संधि की जाएगी। इस संधि में प्रांतीय तथा धार्मिक अल्पसंख्यक वर्गों के हितों की रक्षा और अन्य उन विषयों का वर्णन होगा जो सत्ता हस्तातंरण से उत्पन्न होंगे। इसमें ऐसा कोई प्रतिबंध नहीं होगा जिससे भारत संघ के ब्रिटिश राष्ट्रमंडलों के अन्य राष्ट्रों से संबंध रखने के अधिकार में कोई कमी हो।
- युद्ध समाप्त होते ही प्रांतीय विधान मंडलों के चुनाव कराए जाएंगे। प्रांतीय विधान मंडलों के निचले सदन अर्थात् विधान सभाएं आनुपातिक प्रतिनिधित्व पद्धति से संविधान सभा का चुनाव करेंगी। संविधान सभा के सदस्यों की संख्या विधान सभा के सदस्यों की संख्या का 1/10 होगी। भारतीय रियासतों तथा प्रांतों को अपनी-अपनी आबादी के अनुसार इसमें प्रतिनिधि भेजने का अधिकार होगा। देशी रियासतों तथा प्रतिनिधियों की शक्तियां बराबर होंगी।
- क्रिप्स प्रस्ताव भारतीय नेतृत्व के किसी भी वर्ग को संतुष्ट करने में असफल रहा। यद्यपि यह सही है कि क्रिप्स प्रस्ताव अगस्त प्रस्ताव की तुलना में अधिक प्रगतिवादी था। इसमें कई ऐसे प्रस्ताव/प्रावधान थे जो अगस्त प्रस्ताव में नहीं थे। क्रिप्स प्रस्ताव के अंतर्गत भारत को इंग्लैंड तथा राष्ट्रमंडल के देशों से संबंध विच्छेद का अधिकार दिया गया था। भारतीय राष्ट्रीय कांग्रेस की ''संविधान का निर्माण भारतीयों द्वारा किया जाना चाहिए'' मांग को क्रिप्स प्रस्ताव में स्वीकार कर लिया गया था। क्रिप्स प्रस्ताव में अंतरिम सरकार के संबंध में भी पहले की तुलना में बेहतर प्रावधान किए गए थे।

ऐसा भी नहीं था कि क्रिप्स प्रस्ताव में केवल खूबियां ही थीं। क्रिप्स प्रस्ताव में कई विसंगतियां भी विद्यमान थीं। क्रिप्स प्रस्ताव में पूर्व स्वतंत्रता के स्थान पर औपनिवेशक स्वराज्य देने की घोषणा की गई थी तथा उसकी भी कोई समय सीमा नहीं निर्धारित की गई थी। यही कारण है कि **क्रिप्स प्रस्तावों को महात्मा गांधी ने ''दिवालिए बैंक के नाम भविष्य की तिथि में भुनने वाला चेक बताया।''** क्रिप्स प्रस्तावों में मुसलमानों को विशेष रियायतें देकर उनको प्रसन्न करने की कोशिश की गई थी। रियासतों को संघ में सम्मिलित होने अथवा न होने की छूट देकर पाकिस्तान की मांग को बढ़ावा देने का कार्य किया गया था।

यह भारत की एकता एवं स्वतंत्रता के लिए घातक था। इसीलिए गांधी जी ने क्रिप्स को चेतावनी देते हुए कहा था कि ''यदि आप इन प्रस्तावों को लेकर आए हैं तो मैं आप को सलाह दूंगा कि अगले हवाई जहाज से आप घर लौट जाएं। पट्टाभि सीतारमैया ने भी क्रिप्स प्रस्तावों के संदर्भ में प्रतिक्रिया व्यक्त करते हुए कहा कि क्रिप्स प्रस्ताव उस बच्चे के सदृश्य है जिसको कृत्रिम सांस द्वारा जिंदा करना था जो अभी पैदा ही नहीं हुआ है।

क्रिप्स प्रस्ताव विसंगतियों से युक्त था फिर भी भारत के संवैधानिक विकास में इसकी भूमिका को नजरअंदाज नहीं किया जा सकता है। क्रिप्स प्रस्ताव के अंतर्गत पहली बार भारतीयों द्वारा स्वयं संविधान निर्माण करने की मांग को स्वीकार किया गया था।

राजगोपालाचारी योजना, 1944

भारतीय राष्ट्रीय कांग्रेस के राजगोपालाचारी ने क्रिप्स प्रस्ताव के असफल हो जाने के बाद 1944 में सांप्रदायिक समस्या के समाधान के लिए एक योजना प्रस्तुत की जिसे राजगोपालाचारी योजना के नाम से जाना जाता है। **राजगोपालाचारी योजना के प्रमुख प्रावधान निम्नवत् थे–**

- मुस्लिम लीग भारत की स्वतंत्रता का समर्थन करेगी तथा संक्रमणकालीन अवस्था के लिए कांग्रेस के साथ मिलकर अंतरिम सरकार का निर्माण करेगी।
- युद्ध के पश्चात् उत्तर पश्चिमी तथा पूर्व भारत के मुस्लिम बहुल जिलों में वयस्क मताधिकार के आधार पर जनमत संग्रह कराया जाएगा। यह जनमत संग्रह एक निष्पक्ष आयोग की निगरानी में संपन्न होगा। इनके लिए संविधान का निर्माण जनमत संग्रह के आधार पर ही किया जाएगा।
- जनमत संग्रह के पूर्व प्रत्येक राजनीतिक दल को यह स्वतंत्रता होगी कि वह अपने पक्ष में प्रचार करे।
- देश के विभाजन की स्थिति में प्रतिरक्षा, संचार तथा आवागमन जैसे प्रमुख विषयों से संबंधित एक समझौता होगा।
- जनसंख्या का आदान-प्रदान इच्छा से किया जाएगा।
- उक्त बातें उसी स्थिति में स्वीकृत होंगी जब अंग्रेज भारत को पूर्णत: स्वतंत्रता प्रदान कर देंगे।

राजगोपालाचारी द्वारा प्रस्तुत योजना के आधार पर गांधी जी ने जिन्ना से विचार-विमर्श किया, परंतु जिन्ना अपने रुख पर अड़े रहे। जिन्ना ने उक्त योजना के आधार पर निर्मित पाकिस्तान को अंगहीन, कीड़े लगे हुए तथा दीमक खाए हुए पाकिस्तान कह कर अस्वीकार कर दिया। मौलाना अबुल कलाम आजाद ने अपनी पुस्तक **इंडिया विंस फ्रीडम** में लिखा है कि इस अवसर पर गांधी जी द्वारा जिन्ना से बातचीत करना एक बड़ी राजनीतिक भूल थी। इससे जिन्ना को एक नया एवं अतिरिक्त महत्व मिल गया जिसका प्रयोग उन्होंने अपने उद्देश्य की सिद्धि की पूर्ति के लिए किया।

वेवेल योजना और शिमला सम्मेलन

1945 में ब्रिटिश सरकार ने भारत में संवैधानिक गतिरोध दूर करने की दिशा में एक और कदम उठाया। ध्यातव्य है कि इसके पूर्व अक्टूबर 1943 में लॉर्ड लिनलिथगो के स्थान पर लॉर्ड वेवेल नए वायसराय बनाए गए। लॉर्ड वेवेल ने देश में अच्छा वातावरण उत्पन्न करने के लिए कांग्रेस कार्य समिति के सदस्यों को जेल से रिहा कर दिया तथा उनसे बातचीत करने का प्रस्ताव किया। ब्रिटेन में आम चुनाव होने वाला था, श्रमिक दल के विजयी होने की संभावना दिखाई पड़ रही थी।

मार्च, 1945 में तत्कालीन प्रधानमंत्री चर्चिल ने लॉर्ड वेवेल को भारतीय समस्या के समाधान की दिशा में विचार करने के लिए लंदन बुलाया। लॉर्ड वेवेल लंदन में ब्रिटिश प्रधानमंत्री चर्चिल तथा भारत मंत्री एमरी से व्यापक विचार-विमर्श करने के बाद 14 जून 1945 में भारत वापस लौटे। 14 जून, 1945 को लॉर्ड वेवेल ने भारतीय समस्या के समाधान के लिए एक योजना प्रस्तुत की जिसे वेवेल योजना के नाम से जाना जाता है। **वेवेल योजना के प्रमुख बिंदु निम्नलिखित थे-**

- सरकार संवैधानिक गतिरोध को समाप्त करके भारत को स्वशासन की ओर ले जाना चाहती है।
- वायसराय की कार्यकारिणी परिषद् को पुनर्गठित किया जाएगा तथा उसमें सभी दलों को प्रतिनिधित्व दिया जाएगा। परिषद् में वायसराय या सैन्य प्रमुख के अतिरिक्त शेष सभी सदस्य भारतीय होंगे तथा प्रतिरक्षा विभाग वायसराय के अधीन होगा।
- कार्यकारिणी में मुस्लिम तथा हिंदू सदस्यों की संख्या समान होगी।
- विदेश विभाग भी भारतीयों के हाथों में होगा।
- कार्यकारिणी परिषद् एक अंतरिम सरकार के समान होगी तथा गवर्नर जनरल बिना कारण बताए वीटो का प्रयोग नहीं करेगा।
- संविधान का निर्माण युद्ध के बाद भारतीयों द्वारा स्वयं किया जाएगा।
- भारत के राष्ट्रमंडल या ब्रिटेन के साथ संबंध रखने न रखने की पूर्ण स्वतंत्रता होगी।
- भारत छोड़ो आंदोलन के दौरान जेल में डाले गए सभी नेताओं को रिहा किया जाएगा तथा शिमला में एक सर्वदलीय सम्मेलन बुलाया जाएगा।
- सभी राजनीतिक दलों द्वारा वेवेल योजना को स्वीकार कर लिया गया। भारतीय नेताओं से विचार-विमर्श के लिए वायसराय ने शिमला में एक सम्मेलन आहूत किया। 25 **जून,** 1945 **से शिमला में सम्मेलन** शुरू हुआ। यद्यपि सम्मेलन अच्छे वातावरण में शुरू हुआ, परंतु मुस्लिम प्रतिनिधियों की नियुक्ति को लेकर भारतीय राष्ट्रीय कांग्रेस तथा मुस्लिम लीग में मतभेद था। मुस्लिम लीग सभी मुस्लिम प्रतिनिधियों की नियुक्ति स्वयं करना चाहती थी जबकि कांग्रेस भी कुछ मुस्लिम प्रतिनिधियों की नियुक्ति करना चाहती थी। कांग्रेस भारत के राष्ट्रवादी मुसलमानों की उपेक्षा नहीं करना चाहती थी। अत: कांग्रेस तथा मुस्लिम लीग के आपसी मतभेद के कारण शिमला सम्मेलन विफल हो गया। शिमला सम्मेलन में 22 लोगों ने भाग लिया था, जिसमें कांग्रेस के प्रमुख नेताओं के अतिरिक्त अकाली नेता तारा सिंह, भूलाभाई देसाई, लियाकत अली खां तथा जिन प्रांतों में उस समय उत्तरदायी सरकारें कार्य कर रही थीं, उनके मुख्यमंत्री तथा भूतपूर्व कांग्रेस प्रांतों के मुख्यमंत्री सम्मिलित थे।

कैबिनेट मिशन

फरवरी, 1946 में ब्रिटिश सरकार में भारत मंत्री पैथिक लारेंस ने भारत में विद्यमान संवैधानिक गतिरोध को दूर करने के लिए एक कैबिनेट मिशन भेजने की घोषणा की। तत्पश्चात् 15 मार्च, 1946 को तत्कालीन प्रधानमंत्री एटली ने हाउस ऑफ कॉमंस में घोषणा की–"भारत को स्वयं विश्व में अपनी स्थिति तथा भावी संविधान का निर्माण करना है। मैं आशा करता हूँ कि भारत ब्रिटिश राष्ट्रमंडल में रहने का चुनाव करेगा और ऐसा करने में उसे बड़ी सुविधा होगी। इसके विपरीत यदि वह स्वाधीनता का चुनाव करता है जिसका उसे पूरा अधिकार है तो हमारा काम होगा संक्रमण को जितना संभव हो निर्विघ्न एवं सत्य बनाने में सहायता करना।

24 मार्च, 1946 को कैबिनेट मिशन भारत पहुंचा। कैबिनेट मिशन में सर स्टैफोर्ड क्रिप्स, पैथिक लारेंस तथा ए. वी. एलेक्जेंडर थे। कैबिनेट मिशन ने दिल्ली आने के बाद भारतीय राष्ट्रीय कांग्रेस, मुस्लिम लीग के अतिरिक्त प्रांतीय गवर्नरों, राजाओं, नवाबों तथा अन्य राजनीतिक दलों से विचार-विमर्श किया, परंतु इस विचार-विमर्श का कोई सकारात्मक परिणाम सामने नहीं आया। मुस्लिम लीग पाकिस्तान की मांग पर कायम रही। सांप्रदायिक समस्या का कोई समाधान न निकलता देखकर कैबिनेट मिशन ने कहा कि "हमने मुस्लिम लीग की समस्या पर गंभीर मंत्रणा की है तथा इस निष्कर्ष पर पहुंचे हैं कि सांप्रदायिक समस्या का कोई समाधान नहीं है। हम न्याय के सिद्धांतों के अनुसार यह उचित नहीं समझते हैं कि पंजाब, बंगाल तथा असोम (असम) के हिंदू बाहुल्य जिलों को पाकिस्तान में सम्मिलित कर दिया जाए। भारत भौगोलिक दृष्टि से अखंड है, इसलिए हम पाकिस्तान की मांग को अस्वीकार करते हैं तथा संयुक्त भारत के लिए अपनी योजना प्रस्तुत करते हैं।

16 मई, 1946 को कैबिनेट मिशन ने अपनी योजना सार्वजनिक की जिसके प्रमुख प्रावधानों को अध्ययन की सुविधा की दृष्टि से निम्नलिखित भागों में वर्गीकृत किया गया है–

अंतरिम सरकार के सदस्य

क्र. स.	मंत्री	विभाग
1.	जवाहर लाल नेहरू	कार्यकारी परिषद् के उपाध्यक्ष, राष्ट्रमंडल तथा विदेशी मामले
2.	डॉ. राजेंद्र प्रसाद	खाद्य एवं कृषि
3.	सरदार वल्लभ भाई पटेल	गृह - सूचना तथा प्रसारण
4.	सरदार बलदेव सिंह	रक्षा
5.	सी. राजगोपालाचारी	शिक्षा
6.	आसफ अली	रेलवे
7.	जान मथाई	उद्योग एवं नागरिक आपूर्ति
8.	शरत चंद्र बोस	उद्योग एवं नागरिक आपूर्ति (राज्य)
9.	जगजीवन राम	श्रम
10.	शफात अहमद खां	श्रम राज्य
11.	सी.एच. भाभा	बंदरगाह एवं खान
12.	सैयद अली जहीर	बंदरगाह एवं खान (राज्य)

मंत्रिमंडल में सम्मिलित मुस्लिम लीग के सदस्य

13.	जोगेंद्र नाथ मंडल	विधि
14.	गजनफर अली खां	स्वास्थ्य
15.	लियाकत अली खां	वित्त
16.	आई.आई. चुन्दरीगर	वाणिज्य
17.	अब्दुल रब निश्तार	संचार (राज्य)

मंत्रिमंडल का गठन जवाहर लाल नेहरू के नेतृत्व में 2 सितंबर, 1946 को किया गया। इसमें मुस्लिम लीग के सदस्य सम्मिलित नहीं हुए थे, परंतु उनके सम्मिलित होने का विकल्प खुला रखा गया था। अंतत: 26 अक्टूबर, 1946 को जब सरकार का पुनर्गठन हुआ तब मुस्लिम लीग के 5 प्रतिनिधियों को सम्मिलित किया गया तथा तीन सदस्यों-सैयद अली जहीर, शरत चंद्र बोस तथा सर शफात अहमद खां को मंत्रिमंडल से निकाल दिया गया।

भावी संविधान के संदर्भ-कैबिनेट मिशन योजना में भावी संविधान के संदर्भ में निम्नवत प्रावधान किए गए थे–

1. भारत के प्रांतों तथा देशी रियासतों को मिलाकर एक संघ बनाया जाएगा। संघ के पास रक्षा, विदेश एवं संचार विभाग हो। संघ के पास इनके लिए आर्थिक संसाधन एकत्रित करने की क्षमता होनी चाहिए।
2. संघ में वर्णित विषयों को छोड़कर शेष सभी विषय राज्यों के पास होने चाहिए।
3. संघ की एक कार्यपालिका तथा व्यवस्थापिका होगी जिनमें प्रांतों तथा देशी रियासतों के प्रतिनिधि सम्मिलित होंगे।
4. देशी रियासतों को वे सभी अधिकार प्राप्त होंगे जो संघ को नहीं दिए गए हैं।
5. किसी महत्वपूर्ण सांप्रदायिक प्रश्न पर निर्णय करने के लिए सदन के सदस्यों के बहुमत एवं दोनों सम्प्रदायों के प्रतिनिधियों के बहुमत की उपस्थिति आवश्यक होगी।

6. प्रांतों को यह अधिकार होगा कि वे अपनी-अपनी अलग श्रेणियां सृजित कर लें। इन समूहों के द्वारा वे यह निर्णय करेंगे कि किन विषयों पर उसका नियंत्रण हो। कैबिनेट मिशन ने इस प्रकार के तीन समूहों की अनुशंसा की थी, जो अग्रलिखित हैं–पहले समूह में मद्रास, संयुक्त प्रांत, मुंबई (बंबई), बिहार, मध्य प्रांत तथा ओडिशा (उड़ीसा) दूसरे समूह में पंजाब तथा उत्तरी पश्चिमी सीमा प्रांत तथा तीसरे समूह में बंगाल और असोम (असम) रखे गए थे।
7. कैबिनेट मिशन के अनुसार भारतीय संघ तथा प्रांतों के समूहों के संविधान में यह व्यवस्था होनी चाहिए कि कोई भी प्रांत अपने विधानमंडल के बहुमत के द्वारा प्रस्ताव पारित करके उस योजना के प्रारंभ के 10 वर्ष बाद तथा प्रत्येक 10 वर्ष बाद संविधान पर पुनर्विचार के लिए प्रस्ताव प्रस्तुत कर सके।

संविधान सभा के गठन के संदर्भ–कैबिनेट मिशन द्वारा प्रस्तुत योजना में संविधान सभा के गठन के संदर्भ में निम्नलिखित प्रावधान किए गए थे–

1. एक संविधान सभा की स्थापना की जाए जिसमें कुल 389 सदस्य होंगे। 93 देशी रियासतों से, 4 चीफ कमीश्नरों के प्रांतों से तथा 292 गवर्नरों के प्रांतों का प्रतिनिधित्व करेंगे।
2. 10 लाख जनसंख्या पर संविधान सभा में एक प्रतिनिधि होगा। प्रांतों के स्थान वहां रहने वाली विभिन्न जातियों की जनसंख्या के आधार पर निर्धारित किए जाएंगे।
3. प्रत्येक सम्प्रदाय द्वारा अपने उन प्रतिनिधियों का चयन अलग से किया जाएगा जो संविधान सभा में उनका प्रतिनिधित्व करते हैं।
4. अल्पसंख्यकों को उनकी आबादी से अधिक स्थान देने की पद्धति को समाप्त कर दिया गया। इसके साथ ही जनसंख्या को तीन भागों में विभाजित कर दिया गया। पहले भाग में सामान्य, दूसरे भाग में मुसलमान तथा तीसरे भाग में पंजाब के सिखों को रखा गया। हिंदू, भारतीय ईसाई, पारसी और एंग्लो-इंडियन को सामान्य मतदाताओं की श्रेणी में रखा गया।
5. देशी रियासतों के प्रतिनिधियों का चयन भी जनसंख्या के आधार पर संपन्न होगा। परंतु उन प्रतिनिधियों के निर्वाचन की शर्तें देशी रियासतों के नरेशों द्वारा विकसित समिति तथा प्रांतों के प्रतिनिधियों की समितियों द्वारा निर्धारित की जानी थीं।
6. इन समूहों को आपस में यह निर्णय लेना था कि कौन-से विषय समूह के पास रहें तथा कौन-से प्रांतों के विधान मंडलों के पास।
7. कोई भी प्रांत पहले चुनाव के बाद अपने विधान मंडल के बहुमत द्वारा पारित प्रस्ताव के आधार पर उस समूह से अलग हो सकता था जिसका वह सदस्य हो।

अंतरिम सरकार के संदर्भ में–कैबिनेट मिशन के अनुसार संविधान के निर्माण तथा उसके लागू किए जाने तक एक 14 सदस्यीय अंतरिम सरकार का गठन किया जाएगा जिसमें 6 कांग्रेसी (5 सवर्ण हिंदू तथा 1 हिंदू), 5 मुस्लिम लीग (मुसलमान), 1 भारतीय ईसाई, 1 सिक्ख तथा 1 पारसी सदस्य होगा। अंतरिम सरकार को ब्रिटिश सरकार द्वारा पूरा समर्थन दिया जाएगा।

संधि के संदर्भ–कैबिनेट मिशन के अनुसार ब्रिटेन द्वारा भारत को सत्ता हस्तांतरण करने के बाद उत्पन्न होने वाली समस्याओं के समाधान के लिए एक संधि की जाएगी। यह संधि समस्याओं के निस्तारण में सहायता देगी। भारत को सत्ता सौंपने के बाद ब्रिटेन उस पर अपनी सर्वोच्चता बनाए नहीं रख सकता है, साथ ही वह यह अधिकार भारत की नई सरकार को भी नहीं दे सकता है क्योंकि रियासतें भविष्य के बारे में क्या निर्णय लेंगी। अतः यह पूर्वानुमान नहीं लगाया जा सकता है। ब्रिटिश राष्ट्रमंडल का सदस्य बनने या न बनने का निर्णय भारत के ऊपर छोड़ दिया गया है।

यद्यपि कैबिनेट मिशन के प्रस्ताव भी पूरी तरह से भारतीयों की मनोदशाओं के अनुकूल नहीं थे, फिर भी समय का तकाजा और स्वतंत्रता की लालसा से अभिभूत भारतीयों ने इसके प्रस्तावों को स्वीकार कर लिया। निःसंदेह ब्रिटिश सरकार द्वारा प्रस्तुत पूर्व की योजनाओं की तुलना में कैबिनेट मिशन के प्रस्ताव अच्छे थे। इसके संदर्भ में महात्मा गांधी ने कहा था कि **''इसमें ऐसे बीज हैं जो इस दुख-दर्द भरी धरती को एक ऐसी धरती में बदल देंगे जहां न दुख होगा और न यातना होगी।'' महात्मा गांधी के उक्त कथन से ही इसकी प्रासंगिकता स्पष्ट हो जाती है।**

1947 से अब तक

भारतीय स्वतंत्रता अधिनियम, 1947

4 जुलाई, 1947 को भारतीय स्वतंत्रता अधिनियम ब्रिटिश संसद में प्रस्तुत किया गया। ब्रिटिश संसद ने इसे 18 जुलाई, 1947 को पारित किया। भारतीय स्वतंत्रता अधिनियम का उद्देश्य भारत के लिए किसी संविधान का निर्माण करके प्रस्तुत करना नहीं था बल्कि इसका उद्देश्य भारत तथा पाकिस्तान दोनों को अपने-अपने संविधान निर्माण के लिए अनुमति देना था। **भारतीय स्वतंत्रता अधिनियम**, 1947 **के प्रमुख प्रावधान निम्नलिखित हैं–**

स्वतंत्र भारत का पहला मंत्रिमंडल (1947)

क्र. सं.	मंत्री	विभाग
1.	जवाहर लाल नेहरू	प्रधानमंत्री, राष्ट्रमंडल तथा विदेशी मामले, वैज्ञानिक शोध
2.	सरदार वल्लभ भाई पटेल	गृह, सूचना तथा प्रसारण, राज्यों के मामले
3.	डॉ. राजेंद्र प्रसाद	खाद्य एवं कृषि
4.	मौलाना अबुल कलाम आजाद	शिक्षा
5.	जान मथाई	रेलवे एवं परिवहन
6.	आर. के. षणमुखम शेट्टी	वित्त
7.	डॉ. बी. आर. अंबेडकर	विधि
8.	जगजीवन राम	श्रम
9.	सरदार बलदेव सिंह	रक्षा
10.	राजकुमारी अमृत कौर	स्वास्थ्य
11.	सी.एच.भाभा	वाणिज्य
12.	रफी अहमद किदवई	संचार
13.	डॉ. श्यामा प्रसाद मुखर्जी	उद्योग एवं आपूर्ति
14.	वी. एन. गाडगिल	कार्य, खान एवं ऊर्जा

- भारतीय स्वतंत्रता अधिनियम के द्वारा भारत का विभाजन करके दो अधिराज्य पाकिस्तान तथा भारत का निर्माण कर दिया गया। दोनों अधिराज्य क्रमशः 14 तथा 15 अगस्त, 1947 को स्वतंत्र हो गए।
- दोनों अधिराज्यों में एक-एक गवर्नर जनरल की नियुक्ति हो गई। इनकी नियुक्ति में संबंधित देश के मंत्रिमंडल का परामर्श एवं सहमति भी सम्मिलित थी।
- भारतीय स्वतंत्रता अधिनियम में दोनों अधिराज्यों के प्रांतों का विशद् वर्णन था। भारत में चेन्नई (मद्रास), मुंबई (बंबई), मध्य प्रांत, संयुक्त प्रांत, बिहार,

उड़ीसा, पूर्वी पंजाब, पूर्वी बंगाल (सिलहट को छोड़कर), असम, दिल्ली तथा अजमेर आदि थे। जबकि पाकिस्तान में पूर्वी बंगाल, पश्चिमी पंजाब, सिंध, बलूचिस्तान, सीमा प्रांत तथा सिलहट आदि सम्मिलित किए गए।

- इस अधिनियम के द्वारा दोनों देशों की संविधान सभाओं को यह अधिकार दिया गया था कि वे तब तक विधान मंडलों के रूप में भी कार्य करें जब तक कि वे अपना संविधान निर्मित न कर लें। 15 अगस्त, 1947 के बाद ब्रिटिश संसद द्वारा पारित कोई भी अधिनियम इन राज्यों पर तभी लागू होगा जब उस राज्य का विधान मंडल उसकी स्वीकृति देता है।
- इस अधिनियम के द्वारा भारत मंत्री के पद को समाप्त कर दिया गया। दोनों देशों के किसी भी भू-भाग पर 15 अगस्त, 1947 के बाद ब्रिटिश संसद का कोई भी अधिकार नहीं होगा।
- इस अधिनियम के द्वारा देशी रियासतों पर से ब्रिटिश सर्वोच्चता का अंत करते हुए उनको इस बांत की छूट प्रदान की गई कि वे चाहें तो भारत में सम्मिलित हों या पाकिस्तान में या पूर्ण स्वतंत्र रहें।
- ब्रिटिश सम्राट भारत पर अपने नियंत्रण के कारण भारत सम्राट की पदवी धारण करता था, परंतु इस अधिनियम के द्वारा उस पदवी को समाप्त कर दिया गया।
- भारतीय स्वतंत्रता अधिनियम, 1947 को भारत के संवैधानिक विकास के इतिहास में विशेष स्थान प्राप्त है। भारतीय स्वतंत्रता अधिनियम भारत की पराधीनता की बेड़ियों के टूटने तथा ब्रिटेन के समकक्ष खड़ा होने का प्रतीक है। डॉ. राजेंद्र प्रसाद के शब्दों में, ''भारत पर ब्रिटिश प्रभुत्व का राज आज समाप्त होता है और ब्रिटेन के साथ अब हमारा संबंध समानता, पारस्परिक सद्भावना तथा पारस्परिक लाभ के आधार पर रहेगा।''

स्मरणीय तथ्य

- भारत में **संवैधानिक विकास के इतिहास की गाथा** 1773 **के रेग्यूलेटिंग अधिनियम से शुरू** होती है।
- रेग्यूलेटिंग अधिनियम 1773 के द्वारा कलकत्ता में उच्चतम न्यायालय की स्थापना की गई। प्रथम न्यायाधीश के रूप में एलिजाह इम्पे को नियुक्त किया गया।
- रेग्यूलेटिंग अधिनियम, 1773 दोषमुक्त नहीं था, परंतु यह ब्रिटिश भारत का पहला लिखित संविधान था।
- रेग्यूलेटिंग अधिनियम, 1773 में विद्यमान कमियों को दूर करने के लिए ब्रिटिश संसद के सदस्य फॉक्स ने ब्रिटिश संसद में 1781 में इंडिया बिल प्रस्तुत किया था।
- 1813 के चार्टर अधिनियम द्वारा कंपनी को 20 वर्षों के लिए प्राप्त व्यापार का एकाधिकार समाप्त हो गया।
- अधिनियम के द्वारा ही गवर्नर जनरल को वायसराय कहा जाने लगा।
- इसके द्वारा भारत में कंपनी के शासन का अंत तथा ब्रिटिश ताज और संसद के शासन की शुरुआत हुई।
- भारत सरकार अधिनियम, 1858 के माध्यम से कंपनी का शासन ब्रिटिश क्राउन को हस्तांतरित कर दिया गया।
- भारतीय परिषद् अधिनियम, 1861 का यह अधिनियम संवैधानिक दृष्टिकोण से विशेष महत्व रखता है। इसके द्वारा भारत का संवैधानिक ढांचा निश्चित हो गया।
- भारतीय समस्या के समाधान के लिए 1907 **में राजकीय आयोग** की नियुक्ति की गई।
- भारत सरकार अधिनियम, 1909 (मार्ले-मिंटो सुधार) भारतीयों की आकांक्षाओं को पूरा करने में विफल रहा।
- भारत सरकार अधिनियम, 1919 की एक प्रमुख विशेषता केंद्रीय तथा प्रांतीय सरकारों के मध्य अधिकारों एवं विषयों का विभाजन है।
- यद्यपि भारतीयों द्वारा साइमन कमीशन की रिपोर्ट को पूरी तरह से अस्वीकार कर दिया गया। परंतु साइमन कमीशन की रिपोर्ट ने गोलमेज सम्मेलनों तथा भारत सरकार अधिनियम, 1935 की आधारशिला रखी।
- भारत सरकार अधिनियम, 1935 ब्रिटिश भारत का सर्वाधिक महत्वपूर्ण एवं अंतिम संवैधानिक दस्तावेज था।
- भारत सरकार अधिनियम, 1935 द्वारा भारत परिषद् को समाप्त कर दिया गया।
- भारत सरकार अधिनियम, 1935 के द्वारा प्रांतों में **द्वैध शासन प्रणाली को समाप्त कर दिया गया, परंतु केंद्र में द्वैध शासन प्रणाली शुरू हो गई।**
- भारत सरकार अधिनियम, 1935 के अंतर्गत केंद्र में संघ की इकाइयों के आपसी झगड़ों के निपटारे के लिए **एक संघीय कोर्ट की स्थापना का प्रावधान** था।
- भारतीय राष्ट्रीय कांग्रेस के राजगोपालाचारी ने क्रिप्स प्रस्ताव के असफल हो जाने के बाद 1944 में सांप्रदायिक समस्या के समाधान के लिए एक योजना प्रस्तुत की जिसे राजगोपालाचारी योजना के नाम से जाना जाता है।
- फरवरी, 1946 में ब्रिटिश सरकार में भारत मंत्री पैथिक लारेंस ने भारत में विद्यमान संवैधानिक गतिरोध को दूर करने के लिए एक कैबिनेट मिशन भेजने की घोषणा की।
- 4 जुलाई, 1947 को भारतीय स्वतंत्रता अधिनियम ब्रिटिश संसद में प्रस्तुत किया गया।

❑❑❑

अध्याय **2**

संविधान सभा, गठन, प्रकृति एवं कार्य प्रणाली

भारतीय संविधान स्वतंत्रता प्राप्ति के बाद किसी आकस्मिक मंत्रणा अथवा चिंतन का प्रतिफल नहीं है, बल्कि स्वतंत्रता आंदोलन के साथ-साथ विकसित चिंतन एवं गंभीर मंत्रणा का प्रतिफल है। भारत में संविधान सभा की मांग एक प्रकार से राष्ट्रीय स्वतंत्रता की मांग थी। भारत की स्वतंत्रता के राष्ट्रीय आंदोलन के लंबे कालखंड में अनेक अवसरों पर प्रत्यक्ष और अप्रत्यक्ष रूप में संविधान के गठन की मांग की गई। उल्लेखनीय है कि संविधान सभा के विचार को व्यावहारिक रूप से सर्वप्रथम संयुक्त राज्य अमेरिका और फ्रांस में अपनाया गया था। यहीं से विश्व के विभिन्न देशों में संविधान निर्माण की प्रक्रिया शुरू होती है।

भारतीय संविधान सभा के गठन का इतिहास

- भारत में संविधान सभा का सैद्धांतिक दर्शन सर्वप्रथम 1895 में बाल गंगाधर तिलक द्वारा सृजित स्वराज्य विधेयक में देखने को मिलता है।
- महात्मा गांधी ने भी 1922 में तिलक के विचारों की पुष्टि करते हुए कहा था कि भारतीय संविधान भारतीयों की इच्छानुसार होगा।
- अप्रैल 1923 ई. में गठित सप्रू समिति ने कॉमनवेल्थ ऑफ इंडिया बिल का प्रारूप तैयार किया, जिसको 1925 में गांधी जी की अध्यक्षता वाले दिल्ली सर्वदलीय सम्मेलन में प्रस्तुत किया गया, जो संविधान निर्माण की दिशा में पहला कदम था।
- 1928 में भारत सचिव लॉर्ड बेकेन हैड द्वारा प्रदत्त चुनौती के प्रत्युत्तर में सृजित नेहरू रिपोर्ट भारतीय संवैधानिक प्रतिभा का प्रथम निर्देशन थी।
- 1930 में जवाहर लाल नेहरू के प्रयत्नों से भारतीय राष्ट्रीय कांग्रेस ने औपचारिक रूप से घोषणा की थी कि यदि भारत को आत्मनिर्णय का अवसर मिलता है तो भारत के सभी विचारों के लोगों की एक प्रतिनिधि सभा बुलाई जाएगी जो सर्वसम्मत संविधान का निर्माण करेगी। यह प्रतिनिधि सभा ही संविधान सभा होगी।
- सर्वप्रथम 1934 में मोतीलाल नेहरू ने ब्रिटिश सरकार के सम्मुख संविधान सभा के निर्माण की मांग रखी। इसके बाद औपचारिक रूप में एम.एन. राय ने संविधान सभा के विचार का प्रतिपादन किया।
- भारतीय राष्ट्रीय कांग्रेस ने संविधान सभा की मांग को 28 **दिसंबर,** 1936 **को फैजपुर** के अधिवेशन में निम्न शब्दों में रखा–"कांग्रेस भारत में एक सच्चे लोकतंत्रात्मक राज्य का समर्थन करती है जहां राजनीतिक शक्ति पूर्ण रूप से जनता के प्रतिनिधियों को सौंपी जाए और सरकार उनके प्रभावशाली नियंत्रण में रहे। इस प्रकार का राज्य केवल वयस्क मताधिकार के आधार पर चयनित संविधान सभा के द्वारा ही अस्तित्व में आ सकता है।"
- अगस्त, 1940 में तत्कालीन वायसराय लॉर्ड लिनलिथगो ने एक प्रस्ताव में अपने पुराने विरोधों को त्यागते हुए संविधान सभा की मांग को स्वीकार किया और ब्रिटिश सरकार ने अंततः यह कहा कि भारत के संविधान का निर्माण स्वयं भारतवासी करेंगे।
- इसके बाद क्रिप्स प्रस्ताव 1942 में ब्रिटेन ने स्पष्ट रूप से स्वीकार कर लिया कि भारत में एक निर्वाचित संविधान सभा का गठन होगा जो द्वितीय विश्व युद्ध के बाद भारतीयों के लिए संविधान बनाएगी।
- अंत में 1946 के कैबिनेट मिशन के प्रस्तावों के अंतर्गत भारतीय संविधान सभा के गठन के प्रस्ताव को मूर्त रूप दिया जा सका।

संविधान सभा का गठन: एक दृष्टि में

- कैबिनेट मिशन की योजनानुसार जुलाई, 1946 में संविधान सभा के सदस्यों का चुनाव हुआ। संविधान सभा के कुल 389 सदस्यों में से प्रांतों के लिए निर्धारित 296 सदस्यों के लिए चुनाव हुआ। ध्यातव्य है कि 389 सदस्यों में से 292 ब्रिटिश प्रांतों से, 4 चीफ कमिश्नरी से तथा 93 देशी रियासतों से चुने जाने थे।
- जुलाई, 1946 में केवल 296 सदस्यों का ही चुनाव किया गया। देशी रियासतों से कोई प्रतिनिधि सदस्य नहीं चुने गए। प्रांतों के 296 सदस्यों को सांप्रदायिक आधार पर विभाजित किया गया था जिसमें 213 सदस्य सामान्य क्षेत्रों, 79 मुस्लिम क्षेत्रों तथा 4 सदस्य सिख बाहुल्य क्षेत्रों से चुने जाने थे।
- सामान्य सदस्यों में कांग्रेस के 202, 6 स्वतंत्र उम्मीदवार, 2 दलित उद्धार संघ, 2 पंजाब की यूनियनिस्ट पार्टी तथा 1 स्थान कम्युनिस्ट पार्टी को प्राप्त हुआ।

संविधान सभा से संबंधित प्रमुख तथ्य	
•	संविधान सभा की पहली बैठक 9 दिसंबर, 1946 को हुई। संविधान सभा की बैठक में भारतीय राष्ट्रीय कांग्रेस के जे.बी. कृपलानी ने फ्रांस की प्रथा का अनुसरण करने का प्रस्ताव रखा, जिसको सर्वसम्मति से स्वीकार कर लिया गया और सबसे वयोवृद्ध सदस्य सच्चिदानंद सिन्हा को अस्थायी अध्यक्ष चुना गया।
•	11 दिसंबर, 1946 को डॉ. राजेंद्र प्रसाद को संविधान सभा का स्थायी अध्यक्ष चुन लिया गया। वी. एन. राव को संविधान सभा का सलाहकार नियुक्त किया गया।
•	13 दिसंबर, 1946 को पं. नेहरू ने संविधान सभा में उद्देश्य प्रस्ताव प्रस्तुत किया जिसे 22 जनवरी, 1947 को संविधान सभा द्वारा स्वीकार किया गया और यही उद्देश्य प्रस्ताव भारतीय प्रस्तावना का आधार बना।
•	भारतीय स्वतंत्रता अधिनियम 1947 द्वारा संविधान सभा को एक संप्रभु निकाय बनाया गया और उसे अधिकार दिया गया है कि वह अपनी इच्छा से कोई भी संविधान बना सकती है।
•	भारतीय स्वतंत्रता अधिनियम 1947 के माध्यम से संविधान सभा एक विधायिका बन गई। जिसको दो अलग-अलग कार्य सौंपे गए। जिनमें से एक कार्य स्वतंत्र भारत के लिए संविधान बनाना तथा दूसरा कार्य देश के लिए सामान्य कानून लागू करना था। इन दोनों कार्यों को अलग-अलग दिन करना था। इस प्रकार संविधान सभा स्वतंत्र भारत की पहली संसद बनी।

- मुसलमानों हेतु आरक्षित 79 सीटों में से मुस्लिम लीग को 73, कांग्रेस को 3, पंजाब की यूनियनिस्ट पार्टी को 1 तथा बंगाल की कृषक प्रजा को 1 स्थान मिला।

- इस प्रकार 296 सीटों में से कांग्रेस और उसके सहयोगियों ने 212 स्थानों पर कब्जा कर लिया जबकि मुस्लिम लीग को मात्र 73 स्थान ही मिले।

मुस्लिम लीग के लिए संविधान सभा के सदस्यों का यह चुनाव एक बड़ा आघात था। संविधान सभा में अपनी निर्बल स्थिति देखकर मुस्लिम लीग ने 29 जुलाई, 1946 को कैबिनेट मिशन योजना से अपने को अलग कर लिया तथा संविधान सभा की बैठक में जाने से मना कर दिया।

- संविधान सभा के लिए निर्वाचित सदस्यों में भारतीय जनजीवन के प्रत्येक क्षेत्र की उत्कृष्टतम विभूतियां सम्मिलित थीं। उनमें भारत के विभिन्न राजनीतिक दलों के प्रमुख नेता तथा अध्यक्ष थे। यथा स्वरूप भारतीय राष्ट्रीय कांग्रेस के जवाहर लाल नेहरू, सरदार पटेल, भारतीय दलित वर्ग संघ के जगजीवन राम, अखिल भारतीय मुस्लिम लीग के जिन्ना, भारतीय हिंदू महासभा के श्यामा प्रसाद मुखर्जी तथा आंग्ल-भारतीय फ्रैंक एंटनी थे।
- इनके अतिरिक्त केंद्रीय सरकार के 12 सदस्य, कांग्रेस के 5 पूर्व अध्यक्ष, कांग्रेस कार्य समिति के 7 पूर्व सदस्य, अखिल भारतीय मुस्लिम लीग की कार्य समिति के 8 सदस्य, प्रांतीय कांग्रेस समितियों के 11 अध्यक्ष, प्रांतीय मुस्लिम लीग के दो अध्यक्ष, वायसराय की कार्यकारिणी परिषद् के 4 पूर्व सदस्य, प्रांतों के 8 पूर्व मुख्यमंत्री, प्रांतों के 10 मंत्री तथा प्रांतों के 6 भूतपूर्व मुख्यमंत्री, 12 पूर्व मंत्री या गवर्नरों की कार्यकारिणी परिषद् के सदस्य, केंद्रीय विधान मंडल के 34 सदस्य, केंद्रीय विधान मंडल के 3 पूर्व सदस्य, प्रांतीय विधान मंडलों के 155 सदस्य तथा 4 पूर्व सदस्य, प्रांतीय विधान मंडल का एक अध्यक्ष तथा एक पूर्व अध्यक्ष भी संविधान सभा के सदस्य थे।

पाकिस्तान के अलग होने के बाद संविधान सभा की संरचना

3 जून, 1947 को योजनानुसार मुस्लिम क्षेत्र के भारत से अलग हो जाने के बाद संविधान सभा के कुल सदस्यों की संख्या घटकर 324 रह गई जिनमें से 235 स्थान प्रांतों के लिए तथा 89 देशी राज्यों के लिए थे। पंजाब और बंगाल के जो भाग भारत में रह गए थे उनके लिए नए सिरे से निर्वाचन हुआ और निर्वाचित सदस्यों ने 14 जुलाई, 1947 को संविधान सभा में स्थान ग्रहण किया। नवंबर, 1949 में जब संविधान सभा ने संविधान निर्माण के कार्य को संपन्न किया तो उसकी सदस्यता का स्वरूप निम्नलिखित था–

प्रांत	सामान्य	सिख	मुस्लिम	योग
चेन्नई (मद्रास)	45	–	4	49
मुंबई (बम्बई)	19	–	2	21
प. बंगाल	16	–	5	21
संयुक्त प्रांत	47	–	8	55
पूर्वी बिहार	31	–	5	36
पूर्वी पंजाब	8	4	4	16
मध्य प्रांत और बरार	16	–	1	17
असोम (असम)	6	–	2	8
ओडिशा (उड़ीसा)	9	–	–	9
योग	**197**	**4**	**31**	**232**
दिल्ली	–	–	–	
अजमेर-मेवाड़	–	–	–	
कुर्ग	–	–	–	

राज्य	सदस्य संख्या
हैदराबाद	16
मैसूर	7
कश्मीर	4
कूच बिहार	1
त्रिपुरा, मणिपुर तथा खासी राज्य	1
संयुक्त प्रांत के राज्य	2
ओडिशा (उड़ीसा) के राज्य	5
मध्य प्रांत तथा बरार के राज्य	3
चेन्नई (मद्रास) के राज्य	1
मुम्बई (बम्बई) के राज्य	8
हिमाचल प्रदेश तथा विलासपुर	1
काठियावाड़ का संयुक्त राज्य	5
राजस्थान का संयुक्त राज्य	12
विंध्य प्रदेश का संयुक्त राज्य	4
ग्वालियर-इंदौर-मालवा का संयुक्त राज्य	7
पटियाला और पूर्वी पंजाब राज्य संघ	3
त्रावणकोर तथा कोचीन का संयुक्त राज्य	1
कच्छ	1
भोपाल, जूनागढ़	1
	89
कुल योग	**235+89=324**

संविधान सभा का कार्य संचालन

संविधान सभा के गठन के बाद संविधान सभा को नियमित रूप से संचालित करना अगला महत्वपूर्ण कदम था जिससे इसके गठन का उद्देश्य पूरा हो सके। अत: संविधान निर्माताओं ने संविधान निर्माण के लिए समितियों की सहायता से कार्य करना पसंद किया। समितियां प्रक्रियात्मक तथा विशिष्ट विषयों पर बनाई गई थीं।

- संविधान सभा द्वारा संविधान निर्माण के लिए 13 समितियों का गठन किया गया था। इन समितियों द्वारा अगस्त 1947 तक अपना-अपना प्रतिवेदन संविधान

सभा को दे दिया गया। तत्पश्चात् संविधान सभा ने उन प्रतिवेदनों पर विचार किया। संविधान सभा द्वारा लिए गए निर्णयों के आधार पर बी.एन. राव ने संविधान का पहला प्रारूप तैयार किया। इसको तैयार करने में बी.एन. राव ने 3 माह का समय लिया। बी.एन. राव द्वारा सृजित संविधान के प्रथम प्रारूप में 240 अनुच्छेद तथा 13 अनुसूचियां थीं।

- कार्य को गति देने के उद्देश्य से संविधान सभा ने व्यवस्थापिका सभा के नियमों को शुरू में ही लागू करने का निर्णय लिया। इस कारण संविधान के प्रारूप उपबंधों को एक सरकारी विधेयक के रूप में तीन वाचनों द्वारा पारित किया गया।

संविधान सभा की समितियां

संविधान सभा की कार्यवाही को नियमित रूप से संचालित करने के लिए संविधान पर अलग-अलग समितियों का गठन किया गया था।

प्रक्रिया से सम्बन्धित समितियों में कुछ ही यथा–प्रक्रिया के नियम समिति, परिचालन समिति, अधिकार समिति तथा वित्त एवं कार्मिक समिति को ही विशेष महत्व मिला था। प्रमुख विषयों से संबंधित समितियों में संघ संविधान समिति, प्रांतीय संविधान समिति, संघ शक्ति समिति, मूल अधिकारों से संबंधित समिति तथा प्रारूप समिति विशेष समिति थी। प्रारूप समिति को सभी समितियों में सर्वोच्च स्थान प्राप्त था।

प्रारूप समिति

डॉ. बी. एन. राव द्वारा सृजित संविधान के प्रारूप पर विचार करने के लिए संविधान सभा द्वारा बी. आर. अंबेडकर की अध्यक्षता में एक प्रारूप समिति का गठन किया गया। प्रारूप समिति में अध्यक्ष को छोड़कर सदस्यों की कुल संख्या 6 थी। प्रारूप समिति के सदस्य थे-

संविधान सभा द्वारा गठित समितियां

क्र.सं.	प्रक्रियागत समिति	क्र.सं.	विषय संबंधी समिति
1.	प्रक्रिया नियम समिति	1.	रियासत समझौता समिति
2.	वित्त तथा कार्मिक समिति	2.	मूल अधिकार समिति
3.	अधिकार समिति	3.	अल्पसंख्यक समिति
4.	सभा समिति	4.	उत्तर-पूर्वी सीमा समिति
5.	परिचालन समिति	5.	उत्तर-पश्चिमी सीमा समिति
6.	कार्यवाही आदेश समिति	6.	असोम (असम) के बाहर समिति
7.	हिंदी अनुवाद समिति	7.	संघीय शक्ति से संबंधित समिति
8.	उर्दू अनुवाद समिति	8.	प्रारूप समिति
9.	भारतीय स्वतंत्रता अधिनियम प्रभाव समीक्षा समिति	9.	वित्तीय समिति
10.	गैलरी समिति		

एन. गोपाल स्वामी आयंगर	–	चेन्नई (मद्रास) से निर्वाचित
अल्लादी कृष्ण स्वामी अय्यर	–	मद्रास से निर्दलीय सदस्य के रूप में निर्वाचित
के. एम. मुंशी	–	मुंबई से निर्वाचित
मोहम्मद सादुल्ला	–	असोम (असम) से निर्वाचित मुस्लिम लीग के सदस्य
बी. एल. मित्तर	–	निर्दलीय सदस्य
डी. पी. खेतान	–	निर्दलीय सदस्य

बी. एल. मित्तर (कुछ ही दिनों बाद स्वास्थ्य संबंधी समस्याओं के कारण अलग हो गए तथा इनके स्थान पर एम. माधवराव को सदस्य बनाया गया) तथा डी. पी. खेतान की 1948 में मृत्यु के बाद टी. टी. कृष्णमाचारी को इनके स्थान पर सदस्य बनाया गया। प्रारूप समिति के सदस्यों में केवल दो सदस्य के. एम. मुंशी तथा टी. टी. कृष्णमाचारी कांग्रेस के सदस्य थे।

30 अगस्त, 1947 को पहली बैठक हुई। इसके पश्चात् संविधान के प्रारूप पर 114 दिन तक चर्चा की गई। इस दौरान प्रारूप का तीन बार वाचन किया गया। डॉ. अंबेडकर ने संविधान सभा के समक्ष **द कॉन्स्टीट्यूशन ऐज सैटल्ड बाइ द असेंबली बी पास्ड** प्रस्ताव पेश किया। संविधान के प्रारूप पर पेश इस प्रस्ताव को 26 नवंबर, 1949 को पारित कर दिया गया और इस पर अध्यक्ष एवं सदस्यों ने हस्ताक्षर किए।

संविधान सभा की प्रमुख समितियां : एक दृष्टि में

क्र.सं.	समिति / उप-समिति	अध्यक्ष	सदस्यों की संख्या
1.	संघ संविधान समिति	जवाहर लाल नेहरू	15
2.	संघ शक्ति समिति	जवाहर लाल नेहरू	9
3.	मूल अधिकार समिति	सरदार वल्लभ भाई पटेल	54
4.	अल्पसंख्यक समिति	सरदार वल्लभ भाई पटेल	54
5.	कार्य संचालन समिति	के.एम. मुंशी	3
6.	प्रातीय संविधान समिति	सरदार वल्लभ भाई पटेल	25
7.	प्रारूप समिति	बी.आर. अंबेडकर	7
8.	नियम समिति	डॉ. राजेंद्र प्रसाद	–
9.	संचालन समिति	डॉ. राजेंद्र प्रसाद	–
10.	रिसायत राज्य समिति	डॉ. राजेंद्र प्रसाद	–
11.	राज्य समिति	जवाहर लाल नेहरू	–
12.	झंडा समिति	जे.बी. कृपलानी	–
13.	अल्पसंख्यक उप-समिति	एच.सी. मुखर्जी	–
14.	मौलिक अधिकार संबंधी उप-समिति	सरदार वल्लभ भाई पटेल	–

संविधान का प्रारूप

- प्रारूप समिति ने संविधान का जो पहला प्रारूप तैयार किया था उसमें 243 अनुच्छेद तथा 13 अनुसूचियां थीं। इसका आशय यह हुआ कि प्रारूप समिति ने बी. एन. राव द्वारा सृजित संविधान में केवल अनुच्छेद 3 जोड़ा था। प्रारूप समिति द्वारा सृजित संविधान के पहले प्रारूप को फरवरी, 1948 में अध्यक्ष को प्रस्तुत किया गया।
- संविधान का प्रारूप प्रकाशित होने के बाद प्रारूप संविधान में संशोधन के लिए अनेक टिप्पणियां, आलोचनाएं तथा सुझाव प्राप्त हुए। संविधान सभा के अध्यक्ष ने प्रारूप समिति को उक्त सुझावों पर विचार-विमर्श करने का आदेश दिया तथा इस संदर्भ में एक विशेष समिति का गठन किया जिसे उक्त सुझावों तथा प्रारूप समिति की संस्तुतियों पर विचार करना था। विशेष समिति में संघ संविधान समिति, प्रांतीय संविधान समिति तथा संघ समिति के सदस्य थे।
- इसके बाद संविधान का दूसरा प्रारूप समिति द्वारा सृजित किया गया जिसमें 315 अनुच्छेद तथा 8 अनुसूचियां थीं। प्रारूप समिति को यह प्रारूप तैयार करने में लगभग 6 माह का समय लगा।
- 21 **फरवरी,** 1948 **को दूसरे संविधान का प्रारूप संविधान** सभा के सम्मुख रखा गया। व्यापक विचार-विमर्श तथा गंभीर मंत्रणा के उपरांत संविधान सभा द्वारा 26 नवंबर, 1949 को संविधान को स्वीकृति प्रदान कर दी गई। उस समय संविधान में 395 अनुच्छेद तथा 8 अनुसूचियां थीं।

- इस प्रकार संविधान को सृजित करने में संविधान सभा ने 2 वर्ष, 11 माह, 18 दिन का समय लिया। उल्लेखनीय है कि संविधान सृजित करने के लिए संविधान सभा द्वारा प्रजातंत्रात्मक प्रक्रिया अपनाई गई। सभी सदस्यों को अपना विचार प्रकट करने की पूर्ण स्वतंत्रता थी।
- संविधान के अध्यक्ष डॉ. राजेंद्र प्रसाद का यह प्रयास था कि यथासंभव संविधान का निर्माण सर्वानुमति से हो। उन्होंने ऐसा इसलिए किया कि वह जानते थे कि यदि संविधान सभा के निर्णय बहुमत के आधार पर लिए जाते हैं तो भविष्य में उनको लागू करने में कठिनाई होगी तथा अनेकों समस्याएं उत्पन्न हो सकती हैं जिनका समाधान करना कठिन होगा। इसके विपरीत सर्वानुमति से लिए गए निर्णयों को लागू करने में कोई कठिनाई नहीं उत्पन्न होगी।

संविधान सभा की प्रकृति

भारतीय संविधान सभा की प्रकृति के सम्बन्ध में लोगों की अलग-अलग धारणाएं हैं। संविधान सभा को कुछ लोगों ने प्रभुत्व संपन्न संस्था के रूप में स्वीकार किया है तो कुछ लोगों ने प्रतिनिधि संस्था के रूप में।

संविधान सभा के संदर्भ में पहला प्रश्न यह उठता है कि क्या यह एक प्रभुत्व संपन्न संस्था थी? संविधान सभा की स्थापना ब्रिटिश सरकार द्वारा की गई थी। ब्रिटिश सरकार को यह विधिक अधिकार प्राप्त था कि वह जब चाहे संविधान सभा को भंग कर सकती है। कैबिनेट मिशन ने केंद्र को केवल प्रतिरक्षा, वैदेशिक मामले, संचार सुविधाएं तथा इनको संचालित करने के लिए धन निकालने का अधिकार प्रदान किया था। इसलिए संविधान सभा कानूनतः ऐसा संविधान सृजित नहीं कर सकती थी जिसमें केंद्र को इन विषयों के अतिरिक्त कोई और शक्ति प्रदान की जाए।

कैबिनेट मिशन के सुझावों से भी स्पष्ट है कि संविधान को लागू करने के लिए ब्रिटिश सरकार की स्वीकृति आवश्यक थी। संविधान सभा ने जिस समय कार्य शुरू किया उस समय उसके ऊपर कुछ कानूनी प्रतिबंध अवश्य था। परंतु व्यवहार में वह पूर्णतया स्वतंत्र थी। 15 अगस्त, 1947 के बाद संविधान सभा पूर्णतः स्वतंत्र हो गई। इस प्रकार संविधान सभा एक प्रभुत्व संपन्न संस्था थी।

भारतीय संविधान सभा के गठन के तीन चरण

- सर्वप्रथम कैबिनेट मिशन योजना के अनुसार संविधान सभा के सदस्यों का निर्वाचन हुआ एवं कुल 389 सदस्यों की संख्या निश्चित की गई।
- द्वितीय चरण की शुरुआत 3 जून, 1947 को विभाजन योजना से होती है और संविधान सभा का पुनर्गठन किया गया जिसके अनुसार 324 प्रतिनिधि होते थे।
- तृतीय चरण देशी रियासतों से संबंधित था और उनके प्रतिनिधि संविधान सभा में अलग-अलग समय में सम्मिलित हुए। हैदराबाद ही एक ऐसी रियासत थी जिसके प्रतिनिधि सम्मिलित नहीं हुए।

संविधान सभा के तीन चरण

- **प्रथम चरण** जो कि 6 दिसंबर, 1946 से 14 अगस्त, 1947 तक रहा। संविधान सभा कैबिनेट मिशन योजना द्वारा सुझाई गई सीमाओं के भीतर कार्य करती रही।
- **द्वितीय चरण** जो कि 15 अगस्त, 1947 से 26 नवंबर, 1949 तक रहा। संविधान सभा एक संप्रभुता संपन्न संविधान सभा एवं अस्थायी संसद के रूप में कार्य करती रही।
- **तृतीय चरण** 27 नवंबर, 1949 से मार्च 1952 तक था जब यह एक अस्थायी संसद के रूप में कार्य करती रही।

भारतीय संविधान सभा में प्रायः सभी सम्प्रदायों के प्रतिनिधि शामिल थे। उसमें हिंदू, मुस्लिम, सिख, अनुसूचित जातियों के प्रतिनिधियों के साथ-साथ ईसाई, पारसी तथा एंग्लो-इंडियन समुदाय के भी प्रतिनिधि थे। महिलाओं की प्रतिनिधि के रूप में विजय पंडित लक्ष्मी, दुर्गाबाई, सरोजिनी नायडू तथा बेगम रसूल थीं। इस प्रकार ऑस्टिन के शब्दों में, 'भारतीय संविधान की एक लघु झांकी प्रस्तुत की गई थी।' यह सही है कि संविधान सभा का निर्वाचन अप्रत्यक्ष रूप से किया गया था और इस आधार पर यह भारतीय जनता के प्रति उत्तरदायी नहीं थी। परंतु एक प्रतिनिधिक संस्था अवश्य थी।

संविधान सभा में सदस्यों की स्थिति

दल	सदस्य संख्या
कांग्रेस	208
मुस्लिम लीग	73
निर्दलीय	8
कम्युनिस्ट पार्टी	1
यूनियनिस्ट पार्टी	1
यूनियनिस्ट मुस्लिम	1
यूनियनिस्ट (अनु. जा.)	1
कृषक प्रजा पार्टी	1
अनुसूचित जाति परिसंघ	1
सिख (गैर-कांग्रेसी)	1
कुल	**296**

भारतीय संविधान सभा में तत्कालीन सभी दलों का प्रतिनिधित्व था परंतु भारतीय राष्ट्रीय कांग्रेस की प्रधानता थी। भारतीय राष्ट्रीय कांग्रेस के सभी शीर्ष नेता संविधान सभा में थे। शुरू में संविधान सभा के 69% सदस्य कांग्रेसी थे, परंतु देश के विभाजन के बाद 82% सदस्य कांग्रेसी हो गए। शेष 18% सदस्यों में जस्टिस पार्टी, बंगाल की कृषक प्रजा पार्टी तथा पंजाब की यूनियनिस्ट पार्टी के प्रतिनिधि थे।

संविधान सभा में महिलाओं की सूची

1. विजय लक्ष्मी पंडित	5. पूर्णिमा बनर्जी	11. मालती चौधरी
2. राजकुमारी अमृत कौर	6. लीला राय	12. दक्षयानी वेलायुधन
3. सरोजिनी नायडू	7. जी. दुर्गाबाई	13. बेगम एजाज रसूल
4. सुचेता कृपलानी	8. हंसा मेहता	14. ऐनी मस्करीनी
	9. कमला चौधरी	15. अम्मू स्वामीनाथन
	10. रेणुका राय	

संविधान सभा में कम्युनिस्ट पार्टी, समाजवादी पार्टी तथा हिंदू महासभा का आधिकारिक या औपचारिक प्रतिनिधित्व नहीं था। इसके साथ-साथ संविधान सभा में छोटे कृषकों, दस्तकारों तथा श्रमिकों के प्रतिनिधियों का भी अभाव था। परंतु इसका आशय यह नहीं है कि संविधान सभा इन वर्गों के प्रति उदासीन थी।

भारतीय संविधान सभा में विधि विशेषज्ञों तथा कानून के पंडितों का आधिपत्य था। कृष्णा स्वामी अय्यर, के. एम. मुंशी, डॉ. अंबेडकर तथा डॉ. ठाकुर दास आदि विशेषज्ञ थे। बी. एन. राव संवैधानिक मामलों में सरकार के मुख्य सलाहकार की भूमिका निभा रहे थे। नेहरू, पटेल तथा राजेंद्र प्रसाद भी व्यावसायिक रूप से वकील थे तथा ब्रिटेन की संसदीय प्रणाली से प्रभावित थे। उक्त सभी न्यायिक समीक्षा तथा मौलिक अधिकारों के समर्थक थे।

भारतीय संविधान के स्रोत	
देश और संविधान	**प्रावधान**
ब्रिटिश संविधान	संसदात्मक शासन पद्धति, विधि निर्माण प्रक्रिया, एकल नागरिकता, संसदीय विशेषाधिकार और संसद तथा विधानमंडल की प्रक्रिया।
अमेरिकी संविधान	मौलिक अधिकार, न्यायिक पुनरावलोकन, संविधान की सर्वोच्चता, स्वतंत्र न्यायपालिका, संघवाद, राष्ट्रपति पर महाभियोग चलाए जाने का प्रावधान, उपराष्ट्रपति का पद।
आयरलैंड का संविधान	नीति-निदेशक सिद्धांत, राष्ट्रपति के निर्वाचक मंडल की व्यवस्था, राष्ट्रपति द्वारा राज्यसभा में साहित्य, कला, विज्ञान तथा समाज सेवा इत्यादि के क्षेत्र में ख्याति प्राप्त व्यक्तियों का मनोनयन, आपातकालीन उपबंध।
ऑस्ट्रेलिया का संविधान	प्रस्तावना की भाषा, समवर्ती सूची के प्रावधान, केंद्र एवं राज्य के मध्य संबंध तथा शक्तियों का विभाजन।
दक्षिण अफ्रीकी संविधान	संविधान संशोधन प्रक्रिया का प्रावधान।
पश्चिमी जर्मनी का संविधान	आपातकाल के प्रवर्तन के दौरान राष्ट्रपति की मौलिक अधिकार संबंधी शक्तियां।
कनाडा का संविधान	संघीय शासन व्यवस्था।
रूसी संविधान	मूल कर्तव्यों का उल्लेख।
जापान का संविधान	विधि द्वारा स्थापित क्रियाविधि के सिद्धांतों का प्रावधान, जिसके आधार पर भारत का सर्वोच्च न्यायालय कार्य करता है।
फ्रांस का संविधान	गणतंत्र की व्यवस्था।
1935 का अधिनियम	संघात्मक व्यवस्था, आपात उपबंध।

स्मरणीय तथ्य

- संविधान सभा का प्रथम अधिवेशन 9 दिसंबर, 1946 को संसद भवन के केंद्रीय कक्ष में शुरू हुआ। इसमें सर्वसम्मति से अस्थायी अध्यक्ष डॉ. सच्चिदानंद सिन्हा चुने गए।
- 11 दिसंबर 1946 को संविधान सभा के स्थायी अध्यक्ष डॉ. राजेंद्र प्रसाद निर्वाचित हुए। बी. एन. राव को संविधान सभा के संवैधानिक सलाहकार के पद पर नियुक्त किया गया।
- उद्देश्य प्रस्ताव पं. जवाहर लाल नेहरू द्वारा 13 दिसंबर, 1946 को पेश किया गया।
- झंडा समिति के अध्यक्ष आचार्य जे. बी. कृपलानी थे।
- संविधान सभा विचार के प्रतिपादक एम. एन. राय रहे।
- संविधान सभा के संयुक्त सचिव एवं प्रारूपकार एस. एन. मुखर्जी थे।
- संविधान सभा के संवैधानिक सलाहकार बी. एन. राव थे।
- भारतीय संविधान के निर्माण में 2 वर्ष 11 माह 18 दिन लगे। इस पर 64 लाख रुपए व्यय हुए।
- संविधान के निर्वाचन, नागरिकता और अंतरिम संसद से संबंधित उपबंध (अनुच्छेद 5, 6, 7, 8, 9, 60, 324, 366, 367, 379, 380, 391, 393, 394) 26 जनवरी, 1949 से ही लागू हो गए जबकि शेष हिस्सा 26 जनवरी, 1950 को लागू हुआ।
- संविधान की प्रवर्तन तिथि 26 जनवरी, 1950 मानी जाती है।
- पाकिस्तान 1956 तक ब्रिटिश डोमिनियन बना रहा।

❑❑❑

अध्याय 3 भारतीय संविधान की अनुसूचियां

मूल भारतीय संविधान में 8 अनुसूचियां ही थीं, परंतु बाद में कतिपय कारणों से 4 अनुसूचियां और जोड़ी गईं। इस प्रकार भारतीय संविधान में अब कुल 12 अनुसूचियां हो गई हैं।

भारतीय संविधान की 12 अनुसूचियों का विवरण इस प्रकार है–

पहली अनुसूची

पहली अनुसूची में भारतीय गणराज्य के सभी राज्यों और केंद्र शासित प्रदेशों का वर्णन किया गया है। ध्यातव्य है कि भारत में अभी केवल 28 राज्य तथा 9 केंद्र शासित प्रदेश हैं।

दूसरी अनुसूची

दूसरी अनुसूची में भारत के विभिन्न पदाधिकारियों के वेतन एवं भत्तों का वर्णन किया गया है। इस सूची के अंतर्गत विशिष्ट पदाधिकारियों की 5 सूची बनाई गई हैं। पहली सूची में राष्ट्रपति और राज्य, दूसरी सूची का संशोधन द्वारा निरसन कर दिया गया है, तीसरी सूची में लोकसभा के अध्यक्ष तथा उपाध्यक्ष, राज्यसभा के सभापति और उपसभापति, राज्य विधानसभा के अध्यक्ष एवं उपाध्यक्ष, विधान परिषद् के सभापति तथा उपसभापति, चौथी सूची में सर्वोच्च न्यायालय तथा उच्च न्यायालय के न्यायाधीशों तथा पांचवीं सूची में भारत के नियंत्रक एवं महालेखा परीक्षक के विषय में प्रावधान किया गया है।

तीसरी अनुसूची

तीसरी अनुसूची में भारत के विशिष्ट पदाधिकारियों यथा– राष्ट्रपति, उपराष्ट्रपति, प्रधानमंत्री, मंत्रीगण, राज्यपाल, मुख्यमंत्री, सर्वोच्च न्यायालय के मुख्य न्यायाधीश एवं न्यायाधीश, संसद सदस्यों, विधायकों आदि के पद और गोपनीयता की शपथ या प्रतिज्ञान के प्रारूप का उल्लेख है।

चौथी अनुसूची

चौथी अनुसूची में भारतीय संसद के उच्च सदन राज्यसभा में विभिन्न राज्यों के प्रतिनिधियों अथवा स्थानों के आवंटन का उल्लेख किया गया है।

पांचवीं अनुसूची

पांचवीं अनुसूची 5 भागों में विभाजित है जिसके प्रथम 4 भाग में अनुसूचित क्षेत्रों तथा 5वें भाग में अनुसूचित जनजातियों के प्रशासन तथा नियंत्रण के संबंध में प्रावधान हैं।

छठी अनुसूची

छठी अनुसूची में मेघालय, असोम (असम), त्रिपुरा तथा मिजोरम की सीमाओं के अंतर्गत आने वाले जनजातीय क्षेत्रों के प्रशासन एवं नियंत्रण से संबंधित उपाय किए गए हैं।

सातवीं अनुसूची

सातवीं अनुसूची में केंद्र और राज्यों के बीच विधायी शक्तियों के वितरण से संबंधित विषयों का वर्णन किया गया है। संघ सूची में 97, राज्य सूची में 66 तथा समवर्ती सूची में 47 विषयों का उल्लेख किया गया है।

आठवीं अनुसूची

आठवीं अनुसूची में भारत में बोली जाने वाली विविध **भाषाओं का उल्लेख किया** गया है। समय-समय पर संविधान में संशोधन करके इसमें भाषाओं की संख्या बढ़ाई जाती रही है। इस प्रकार वर्तमान सूची में निम्नलिखित 22 भाषाएं सम्मिलित हैं– हिंदी, संस्कृत, उर्दू, तमिल, तेलुगू, कन्नड़, मलयालम, मराठी, उड़िया, असमिया, बंगला, पंजाबी, गुजराती, कश्मीरी, कोंकणी, सिंधी, नेपाली, मणिपुरी, बोडो, डोगरी, मैथिली तथा संथाली।

उपरोक्त वर्णित सभी अनुसूचियां भारतीय मूल संविधान में निहित थीं। अनुसूची 9, 10, 11 तथा 12 बाद में संविधान में जोड़ी गईं।

नौवीं अनुसूची

नौवीं अनुसूची, 1951 में प्रथम संविधान संशोधन के माध्यम से जोड़ी गई। इस अनुसूची में ऐसे अधिनियम या विनियम रखे गए हैं जिनको कानूनी रूप से कोई चुनौती नहीं दी जा सकती। इसके अंतर्गत भूमि सुधार एवं अधिग्रहण से संबंधित अधिनियम का उल्लेख है। इसको इस आधार पर अवैध घोषित नहीं किया जा सकता है कि ये मौलिक अधिकारों का उल्लंघन करते हैं।

दसवीं अनुसूची

10वीं अनुसूची, 1985 में 52वें संविधान संशोधन द्वारा जोड़ी गई। इसके अंतर्गत दल-बदल निरोध कानून को रखा गया है।

ग्यारहवीं अनुसूची

11वीं अनुसूची 73वें संविधान संशोधन द्वारा 1992 में जोड़ी गई। इसके माध्यम से पंचायती राज्यव्यवस्था को संवैधानिक दर्जा प्रदान किया गया है। यह अनुसूची कृषि, भूमि सुधार, मत्स्यिकी, सामाजिक वानिकी, खाद्य प्रसंस्करण सहित लघु उद्योगों, पेयजल, गरीबी निवारण कार्यक्रमों, महिला शिक्षा एवं बाल विकास, सामाजिक वितरण व्यवस्था इत्यादि से संबंधित है।

बारहवीं अनुसूची

बारहवीं अनुसूची भी 1992 में 74वें संविधान संशोधन द्वारा जोड़ी गई है। इसके अंतर्गत नगर नियोजन, आर्थिक एवं सामाजिक विकास हेतु आयोजन, सड़क एवं पुल, सार्वजनिक स्वास्थ्य, शहरी वानिकी, स्लम सुधार, शहरी गरीबी निवारण, जन्म एवं मृत्यु का पंजीकरण इत्यादि को सम्मिलित किया गया है।

संविधान में वर्णित अनुसूचियां		
अनुसूची	संबंधित अनुच्छेद	प्रावधान
पहली अनुसूची	1 तथा 4	राज्य तथा संघ राज्य क्षेत्र का वर्णन।
दूसरी अनुसूची	59 (3), 65 (3), 75 (6), 97, 125, 148 (3), 158 (3) 164 (5), 186 व 221	भाग-क; मुख्य पदाधिकारियों के वेतन-भत्ते भाग-ख; राष्ट्रपति और राज्यपाल के वेतन भत्ते, भाग-ग; लोकसभा तथा विधानसभा तथा विधान परिषद् के सभापति तथा उपसभापति के वेतन-भत्ते, भाग-घ; उच्चतम न्यायालय तथा उच्च न्यायालय के न्यायाधीशों के वेतन-भत्ते, भाग-ड.; भारत के नियंत्रक व महालेखा परीक्षक के वेतन-भत्ते।
तीसरी अनुसूची	75 (4), 99, 124 (6), 148 (2) 164	व्यवस्थापिका के सदस्य मंत्री, राष्ट्रपति, उपराष्ट्रपति, न्यायाधीशों आदि द्वारा शपथ लिए जाने वाले प्रतिज्ञान के प्रारूप दिए गए हैं।
चौथी अनुसूची	188 और 219	राज्यों तथा संघ राज्य क्षेत्रों से राज्यसभा में स्थानों का आवंटन।
पांचवीं अनुसूची	4 (1), 80 (2)	अनुसूचित क्षेत्रों और अनुसूचित जनजातियों के प्रशासन और नियंत्रण से संबंधित उपबंध।
छठी अनुसूची	244 (1)	असोम (असम), मेघालय, त्रिपुरा और मिजोरम राज्यों के जनजातीय क्षेत्रों के प्रशासन के विषय में उपबंध।
सातवीं अनुसूची	246	विषयों के वितरण से संबंधित सूची-1 संघ सूची, सूची-2 राज्य सूची और सूची-3 समवर्ती सूची का उल्लेख।
आठवीं अनुसूची	344 (1), 351	18 भाषाओं (अब 22) का उल्लेख।
नौवीं अनुसूची	31 ख	कुछ भूमि सुधार संबंधी अधिनियमों का विधिमान्यकरण।
दसवीं अनुसूची	102 (2), 191 (2)	दल परिवर्तन संबंधी उपबंध तथा दल परिवर्तन के आधार पर अयोग्यताएं।
ग्यारहवीं अनुसूची	-	पंचायती राज अधिनियम।
बारहवीं अनुसूची	-	नगरपालिका अधिनियम।

स्मरणीय तथ्य

- पहली अनुसूची में भारतीय गणराज्य के सभी राज्यों और केंद्र शासित प्रदेशों का वर्णन किया गया है।
- चौथी अनुसूची में भारतीय संसद के उच्च सदन राज्यसभा में विभिन्न राज्यों के प्रतिनिधियों अथवा स्थानों के आवंटन का उल्लेख कियां गया है।
- 10वीं अनुसूची, 1985 में 52वें संविधान संशोधन द्वारा जोड़ी गई।
- 11वीं अनुसूची 73वें संविधान संशोधन द्वारा 1992 में जोड़ी गई। इसके माध्यम से पंचायती राज्यव्यवस्था को संवैधानिक दर्जा प्रदान किया गया है।
- बारहवीं अनुसूची भी 1992 में 74वें संविधान संशोधन द्वारा जोड़ी गई है।

❑❑❑

अध्याय 4

भारतीय संविधान की प्रस्तावना

प्रत्येक लिखित संविधान की एक प्रस्तावना होती है जिसमें संविधान के निर्माण, संविधान के लक्ष्यों और संविधान की पृष्ठभूमि में विद्यमान दर्शन का विवरण होता है। प्रस्तावना को संविधान की कुंजी कहा जाता है। भारतीय संवैधानिक व्यवस्था के दर्शन के संदर्भ में दो तथ्य मुख्य रूप से उल्लेखनीय हैं। प्रथम इस विशाल देश (जो जनसंख्या के आधार पर विश्व में द्वितीय स्थान पर है, आर्थिक एवं सामाजिक दृष्टि से पिछड़ा हुआ एवं सांस्कृतिक दृष्टि से भिन्नता लिए हुए था) ने जिसे पहली बार अपना भविष्य संभालने का उत्तरदायित्व मिला है, प्रजातांत्रिक संविधान के अंतर्गत प्रशासकीय एवं राजनीतिक एकता एवं आर्थिक एवं सामाजिक क्रांति के लक्ष्य को प्राप्त करने का प्रयास किया। दूसरी ओर भारतीय संविधान सभा के सदस्यों ने उन आदर्शों एवं लक्ष्यों का महान घोषणा पत्र सृजित किया जिसके द्वारा विश्व का सर्वोत्तम संविधान आत्म-समर्पित किया। हमारे देश की मूल विधि का आधारभूत दर्शन जो हमारी राजनीतिक व्यवस्था का यंत्र संबंधी या संरचनागत रूप निर्धारित करता है, उस उद्देश्य प्रस्ताव पर आधारित है, जिसको जवाहर लाल नेहरू ने एक निश्चय, दृढ़ प्रतिज्ञा, दृढ़ संकल्प तथा एक ज्ञान शक्ति की संज्ञा दी है। जे. बी. कृपलानी ने दार्शनिक भाषा में उद्देश्य प्रस्ताव को एक लोक मंगलकारी राज्य के रहस्यात्मक सिद्धांत की संज्ञा दी है।

उद्देश्य प्रस्ताव

जवाहर लाल नेहरू ने 13 **दिसंबर**, 1946 **को संविधान सभा में उद्देश्य प्रस्ताव** जिसे "संविधान की आत्मा का आधार" कहा जाता है, को प्रस्तुत किया। संविधान सभा द्वारा 22 जनवरी, 1947 को इसे अपना लिया गया। उद्देश्य प्रस्ताव में निहित प्रमुख तथ्य निम्नवत् हैं–

- संविधान सभा यह घोषित करती है कि इसका ध्येय एवं संकल्प भारत को एक सर्वोच्च प्रजातांत्रिक गणराज्य बनाना तथा उसके भावी शासन के लिए एक संविधान का निर्माण करना है।
- वे सभी प्रांत जो ब्रिटिश भारत का निर्माण करते हैं, वे प्रदेश जो भारतीय रियासतें बनाते हैं, वे सभी भू-भाग जो स्वतंत्र तथा सार्वभौम भारत में सम्मिलित होना चाहते हैं, सभी मिल-जुलकर एक संघ बनाएंगे।
- वे सभी प्रांत चाहे अपनी वर्तमान सीमाओं के साथ जो संविधान द्वारा निर्धारित की जाए, अपनी अवशिष्ट शक्तियों के साथ स्वाधीन इकाइयों की स्थिति में चलते रहेंगे तथा शासन एवं प्रशासन की समस्त शक्तियां एवं कार्य, सिवाय उन शक्तियों एवं कार्यों के जो संघ को दिए जाएंगे या संघ के क्षेत्र में निहित होंगे या इसके फलस्वरूप होंगे, यथावत रहेंगे।
- स्वतंत्र एवं प्रभुत्व संपन्न भारतीय संघ और उसकी इकाइयों एवं सरकार के अंगों की समस्त सत्ता का मूल स्रोत जनता है।
- भारत के सभी नागरिकों को सामाजिक, आर्थिक एवं राजनीतिक न्याय, प्रतिष्ठा, कानून के समक्ष एवं अवसरों की समानता, पाप एवं सार्वजनिक सदाचार की सीमा में विचार की अभिव्यक्ति, धर्म, उपासना, विश्वास और कार्य की स्वतंत्रता की प्रत्याभूति होगी।
- संविधान द्वारा भारत के अल्पसंख्यकों, पिछड़ी जातियों और अन्य जातियों एवं अनुसूचित जातियों के लिए पर्याप्त संरक्षण की व्यवस्था होगी।
- भारतीय गणतंत्र की क्षेत्रीय अखंडता एवं उसके जल, थल एवं वायु क्षेत्र की संप्रभुता की न्याय एवं सभी राष्ट्रों के कानूनों के अनुसार रक्षा की जाएगी।
- इस अति प्राचीन देश ने विश्व में अपना समुचित एवं सम्मानित स्थान प्राप्त किया है और हम सभी भारतवासी विश्व में शांति बनाए रखने एवं मानव जाति के कल्याण कार्यों में अपना पूर्ण सहयोग प्रदान करेंगे।

वस्तुत: यह उद्देश्य प्रस्ताव एक प्रकार की घोषणा तथा दृढ़-निश्चय था। यह एक प्रतिज्ञा और दायित्व भी था। इस उद्देश्य प्रस्ताव की स्वीकृति एक प्रतिज्ञा के समान थी जिसको नए संविधान की उद्देशिका में निरूपित करना अनिवार्य था। **भारतीय संविधान की उद्देशिका की आधारशिला उपरोक्त उद्देश्य प्रस्ताव ही है।**

प्रस्तावना अथवा उद्देशिका

''हम भारत के लोग, भारत को एक **संपूर्ण प्रभुत्व संपन्न, समाजवादी, धर्मनिरपेक्ष, लोकतांत्रिक गणराज्य** बनाने के लिए तथा उसके समस्त नागरिकों को:

सामाजिक, आर्थिक एवं राजनीतिक **न्याय,**
विचार, अभिव्यक्ति, विश्वास, धर्म
और उपासना की ***स्वतंत्रता,***
प्रतिष्ठा तथा अवसर की **समता**
प्राप्त करने के लिए,
तथा उन सबमें
व्यक्ति की गरिमा और राष्ट्र की एकता
और अखंडता सुनिश्चित करने वाली ***बंधुता***
को बढ़ाने के लिए

दृढ़ संकल्प होकर **अपनी इस संविधान सभा में** आज दिनांक 26 नवंबर, 1949 ई. (मिती मार्गशीर्ष शुक्ल सप्तमी संवत् दो हजार छह विक्रमी) को **एतदद्वारा इस संविधान को अंगीकृत, अधिनियमित तथा आत्मार्पित करते हैं।**''

प्रस्तावना में प्रयुक्त शब्दों की व्याख्या

भारतीय संविधान की प्रस्तावना अथवा उद्देशिका की शुरुआत "हम भारत के लोग भारत को संपूर्ण प्रभुत्व संपन्न लोकतंत्रात्मक गणराज्य बनाने के लिए आत्मर्पित करते हैं"। से होती है। उक्त कथन स्पष्ट रूप से सिद्ध करता है कि भारत के लोग सारे प्राधिकार के अंतिम स्रोत हैं। अन्य शब्दों में, 'जनता ही संविधान का अंतिम स्रोत है। समस्त शक्तियां जनता में निहित हैं।' इस संदर्भ में **गोपालन**

बनाम मद्रास राज्य के मामले का उल्लेख करना समीचीन होगा। गोपालन बनाम मद्रास राज्य के मामले में सर्वोच्च न्यायालय के न्यायाधीश पंतजलि शास्त्री ने कहा था कि इस बात में कोई संदेह नहीं है कि भारत के लोगों ने अपनी राजसत्ता का प्रयोग करते हुए जैसा की उद्देशिका में कहा गया है, लोकतंत्रात्मक आदर्श अपनाया है जिसमें नागरिक गरिमा और दूसरे प्रिय मानव मूल्य उसके व्यक्तित्व की अभिव्यक्ति और पूर्ण विकास के साधन के रूप में अपनाए गए तथा विधानमंडल, कार्यपालिका तथा न्यायपालिका को संविधान के अंतर्गत अपनी शक्तियां देते हुए कुछ मौलिक अधिकार अपने पास रखे हैं। इस प्रकार संविधान जिसके स्रोत का प्राधिकार जनता है, एक पवित्र दस्तावेज बन जाता है जिसका मान-सम्मान भारत के सभी लोगों, प्रत्येक राजनीतिक दल और सरकार द्वारा किया जाना चाहिए।

हम भारत के लोग

भारतीय संविधान की प्रस्तावना का प्रारंभ होता है "हम भारत के लोग, भारत को.....इस संविधान को अंगीकृत, अधिनियमित तथा आत्मार्पित करते हैं।'' इससे स्पष्ट होता है कि संवैधानिक शक्ति का स्रोत जनता की सर्वोच्च शक्ति है। भारतीय जनता ने ही संविधान को अंगीकृत अधिनियमित किया है अर्थात् स्वीकार किया है। प्रारूप समिति के अध्यक्ष डॉ. अंबेडकर ने कहा था कि-"प्रस्तावना यह स्पष्ट कर देती है कि इस संविधान का आधार जनता है एवं इसमें निहित प्राधिकार और प्रभुसत्ता सब जनता से प्राप्त हुए हैं।"

यद्यपि कुछ विचारकों एवं आलोचकों का यह भी कहना है कि भारत के संविधान को जनता का संविधान नहीं कहा जा सकता क्योंकि संविधान सभा के सदस्यों का चुनाव वयस्क मताधिकार के आधार पर नहीं हुआ था और न ही इनका प्रत्यक्ष चुनाव हुआ था साथ ही जब संविधान बनकर तैयार हुआ था तब संविधान को जनमत संग्रह के द्वारा जनता ने स्वीकार नहीं किया था। नि:संदेह इस तथ्य में कुछ सच्चाई है किंतु हम कह सकते हैं कि जिन परिस्थितियों में संविधान का निर्माण हुआ था उस समय वयस्क मताधिकार के आधार पर चुनाव कराना संभव नहीं था और न ही जब संविधान बनकर तैयार हुआ था तब जनमत संग्रह कराना संभव था, किंतु इतना हम अवश्य कह सकते हैं कि जब प्रथम लोकसभा तथा विधानसभा चुनाव हुए तो संविधान सभा के सभी सदस्य चुने गए थे, यदि जनता संविधान सभा के सदस्यों को न चुनती तो थोड़ी-बहुत आशंका संविधान के बारे में लगाई जा सकती थी, किंतु ऐसा नहीं हुआ। भारतीय जनता ने संविधान सभा के सदस्यों को चुनकर एक प्रकार से संविधान की स्वीकृति पर भी अपनी मोहर लगा दी थी।

संपूर्ण प्रभुत्व संपन्न

प्रस्तावना में प्रयुक्त **''संपूर्ण प्रभुत्व संपन्न या सार्वभौम''** शब्द का प्रयोग किया जाना इस बात का द्योतक है कि भारत के आंतरिक तथा वैदेशिक मामलों में भारत सरकार सार्वभौम तथा स्वतंत्र है। भारत की संप्रभुता किसी विदेशी सत्ता में नहीं अपितु भारतीयों में निहित है।

समाजवादी

मूल भारतीय संविधान की प्रस्तावना में समाजवादी शब्द का समावेश नहीं किया गया था। 1976 में 42वें संविधान संशोधन द्वारा समाजवादी शब्द को जोड़ा गया और इसके माध्यम से संविधान के सामाजिक एवं आर्थिक तत्वों को और अधिक स्पष्ट करने का प्रयास किया गया है। समाजवाद से अभिप्राय यह है कि विकास या उन्नति का लाभ कुछ व्यक्तियों तक सीमित न रहे बल्कि इसका लाभ समाज के सभी लोगों या वर्गों को प्राप्त हो। उल्लेखनीय है कि भारत का समाजवाद लोकतांत्रिक है न कि साम्यवादी समाजवाद जिसे राज्य आश्रित समाजवाद भी कहा जाता है।

राज्य आश्रित समाजवाद में उत्पादन एवं वितरण के साधनों का राष्ट्रीयकरण और निजी संपत्ति के उन्मूलन को महत्वपूर्ण स्थान प्राप्त होता है। भारतीय समाजवाद महात्मा गांधी और कार्ल मार्क्स दोनों के विचारों को मिला-जुला प्रारूप है।

प्रस्तावना

- उद्देश्य प्रस्ताव (13 दिसंबर 1946 को नेहरू द्वारा प्रस्तुत किया गया।)
- संविधान का अंग
  - **1950 का गोपालन वाद:** संविधान का भाग नहीं, न्यायालय द्वारा प्रवर्तनीय नहीं, शक्ति का स्रोत नहीं।
  - **बेरूवाड़ी मामला, 1960:** मार्गदर्शक सिद्धांत पर संविधान का भाग नहीं।
  - **1973 का केशवानंद भारती वाद:** संविधान के भाग के रूप में स्वीकार किया गया।
  - **एल·आई·सी· मामला 1995:** प्रस्तावना संविधान का आन्तरिक हिस्सा
- प्रस्तावना में संशोधन
  - केशवानंद भारती वाद, 1973
    - प्रस्तावना को संविधान का भाग मानते हुए कहा गया कि अनुच्छेद 368 के अधीन संविधान की प्रस्तावना में भी संशोधन किया जा सकता है, पर ऐसा संशोधन मूल ढांचे का उल्लंघन करने वाला नहीं होना चाहिए।
- 42वां संशोधन, 1976 और प्रस्तावना
  - प्रस्तावना में समाजवाद, पंथनिरपेक्ष और अखंडता शब्द को जोड़ा गया। (3 जनवरी,1977 से संशोधन प्रभावी)
- प्रस्तावना का महत्व
  - **1960 का बेरूवाड़ी मामला:** जब संविधान के मूल उपबंध अस्पष्ट हों तो उसकी व्याख्या के लिए प्रस्तावना की सहायता ली जा सकती है, क्योंकि, संविधान के अन्य सभी उपबंधों के अधिनियमित किए जाने के बाद उद्देशिका को अलग से पारित किया गया।
  - **1973 का केशवानंद भारती वाद:** मार्गदर्शक सिद्धांत के रूप में प्रस्तावना को स्वीकार किया गया।

पंथनिरपेक्ष राज्य

भारत में अनेक धार्मिक मतों एवं धर्मावलंबियों की विविधता को देखते हुए, लोगों की एकता और उनमें बंधुता स्थापित करने के लिए संविधान में 'पंथनिरपेक्ष राज्य' का आदर्श रखा गया है। भारतीय संविधान में पंथ निरपेक्षता का तात्पर्य है कि राज्य सभी मतों की समान रूप से रक्षा करेगा और स्वयं किसी भी मत को राज्य धर्म के रूप में संरक्षण नहीं देगा अर्थात राज्य का कोई धर्म नहीं होगा और वह सभी धर्मों के साथ समान दृष्टिकोण रखेगा।

भारत में धर्मनिरपेक्षता: भारत में धर्मनिरपेक्षता का अर्थ धर्म का विरोध या अधार्मिकता नहीं है; अपितु इसका अर्थ है– सर्वधर्म समभाव अर्थात् सभी धर्मों को समान आदर देना, चाहे वह बहुसंख्यकों का धर्म हो या अल्पसंख्यकों का। धर्मनिरपेक्षता में प्रत्येक व्यक्ति को पूजा और प्रचार की पूरी स्वतंत्रता प्राप्त है, लेकिन राज्य का अपना कोई धर्म नहीं है और वह किसी धर्मविशेष के आधार पर अपने किसी भी नागरिक के साथ किसी भी प्रकार के भेदभाव और पक्षपात का निषेध करता है।

राज्य के इस 'पंथनिरपेक्ष' उद्देश्य को 42वें संविधान संशोधन, 1976 के द्वारा उद्देशिका में अंत:स्थापित करके सुनिश्चित किया गया है। साथ ही अनुच्छेद 25-29 में धर्म की स्वतंत्रता को सभी नागरिकों के मूल अधिकार के रूप में समाविष्ट करके क्रियान्वित किया गया है। ये अधिकार, प्रत्येक व्यक्ति को अपने धर्म का पालन करने, आचरण करने और प्रचार करने का अधिकार देते हैं तथा राज्य की ओर से और इसके साथ ही राज्य की विभिन्न संस्थाओं की ओर से सभी धर्मों के प्रति पूर्ण निष्पक्षता सुनिश्चित करते हैं।

लोकतांत्रिक गणराज्य

प्रस्तावना में प्रयुक्त **लोकतंत्रात्मक** शब्द का आशय ऐसी सरकार से है जिसका संपूर्ण प्राधिकार जनता में निहित है, जो जनता के लिए जनता द्वारा स्थापित की जाती है। देश में शासन जनता द्वारा निर्वाचित प्रतिनिधियों के द्वारा किया जाता है। ये प्रतिनिधि अपने प्रशासकीय कार्यों के लिए जनता के प्रति उत्तरदायी होते हैं। प्रत्येक 5 वर्ष बाद जनता द्वारा नए प्रतिनिधियों का निर्वाचन किया जाता है। इसी उद्देश्य के लिए संविधान प्रत्येक वयस्क नागरिक को मतदान का अधिकार देता है।

प्रस्तावना के लक्षण

- संविधान की उद्देशिका या प्रस्तावना का आधार पं. जवाहरलाल नेहरू द्वारा प्रस्तुत वे **'उद्देश्य-प्रस्ताव'** हैं जिन्हें उन्होंने 13 दिसम्बर, 1946 को संविधान सभा में प्रस्तुत किया था।
- 42वें संविधान संशोधन, 1976 द्वारा प्रस्तावना में जोड़े गए शब्द और भाव हैं- **समाजवादी; पंथनिरपेक्ष तथा अखंडता।**
- प्रस्तावना के चार तथ्य स्पष्ट होते हैं- (1) सत्ता का स्रोत, (2) शासन का प्रकार, (3) शासन प्रणाली के लक्ष्य एवं (4) स्वीकृति एवं क्रियान्वयन की तिथि।
- डॉ. सुभाष कश्यप के अनुसार, ''संविधान शरीर है तो प्रस्तावना उसकी आत्मा, प्रस्तावना आधारशिला है तो संविधान उस पर खड़ी अट्टालिका....''

भारतीय संविधान की प्रस्तावना में ''**गणराज्य** की स्थापना'' शब्द का प्रयोग किया गया है। यह इस बात का द्योतक है कि भारत में राज्य का मुखिया वंशानुगत नहीं होगा अपितु निर्वाचित राष्ट्रपति होगा और राष्ट्रपति पद पर कोई भी नागरिक पहुंच सकेगा। ध्यातव्य है कि **गणराज्य में राष्ट्राध्यक्ष का चुनाव जनता द्वारा किया जाता है।**

सामाजिक, आर्थिक तथा राजनीतिक न्याय

प्रस्तावना में **सामाजिक, आर्थिक तथा राजनीतिक न्याय** की बात कही गई है। सामाजिक और राजनीतिक न्याय से आशय यह है कि मानव के मध्य जाति, वर्ण के आधार पर कोई भेदभाव न किया जाए। प्रत्येक नागरिक को उन्नति के लिए समान अवसर उपलब्ध होने चाहिए। राज्य के सभी नागरिकों को समान रूप से नागरिक तथा राजनीतिक अधिकार प्राप्त हों। मताधिकार के प्रयोग का अधिकार वयस्कता ही हो। राज्य का यह भी दायित्व है कि वह दुर्बल वर्गों के शोषण को रोके तथा उनके विकास के लिए विशेष कदम उठाए। उल्लेखनीय है कि सामाजिक, आर्थिक तथा राजनीतिक न्याय की अवधारणा को 1917 की रूसी क्रांति से लिया गया है।

आर्थिक न्याय से आशय है कि उत्पादन एवं वितरण के साधनों का न्यायोचित वितरण हो तथा आर्थिक संसाधनों का संकेद्रण केवल कुछ ही लोगों के हाथों में न हो। आर्थिक न्याय के लिए उत्पादन एवं भौतिक संसाधनों का स्वामित्व एवं नियंत्रण इस प्रकार हो कि सभी लोगों का अधिकतम हित हो सके।

प्रस्तावना का महत्व

प्रस्तावना सामान्यत: राजनीतिक, धार्मिक और नैतिक मूल्यों को स्पष्ट करती है। जिनको संविधान प्रोत्साहित करना चाहता है। संक्षेप में प्रस्तावना के महत्व को निम्नलिखित रूपों में व्यक्त किया जा सकता है-

- भारतीय संविधान की प्रस्तावना अत्यंत संक्षिप्त है।
- प्रस्तावना से भारतीय संविधान का लक्ष्य और उद्देश्य ज्ञात होता है।
- प्रस्तावना भारतीय संविधान की आत्मा और प्राण है। सुभाष कश्यप के शब्दों में, ''संविधान शरीर है तो प्रस्तावना उसकी आत्मा, प्रस्तावना आधारशिला है तो संविधान उस पर खड़ी अट्टालिका।''
- प्रस्तावना से ज्ञात होता है कि संवैधानिक शक्ति का स्रोत जनता है।
- प्रस्तावना से ही ज्ञात होता है कि भारत में लोकप्रिय शासन प्रणाली को अपनाया गया है।
- जब कभी संविधान के अनुच्छेद स्पष्ट नहीं होते तब ऐसी परिस्थिति में समस्या का निदान प्रस्तावना के माध्यम से ही किया जाता है।
- प्रस्तावना से ज्ञात होता है कि शासन का उद्देश्य जनहित है न कि व्यक्तिगत हित।

विचार, अभिव्यक्ति, विश्वास, धर्म और उपासना की स्वतंत्रता

स्वतंत्रता शब्द के प्रस्तावना में प्रयुक्त होने का आशय है कि सभी नागरिकों को समान रूप से नागरिक तथा राजनीतिक स्वतंत्रता प्राप्त है। विचार, अभिव्यक्ति, भाषा, संघ बनाना आदि नागरिक स्वतंत्रता है। मतदान में भाग लेना, प्रतिनिधियों को चुनना, निर्वाचन में खड़ा होना, सार्वजनिक पद पर नियुक्ति का अधिकार तथा सरकारी नीतियों की आलोचना आदि राजनीतिक स्वतंत्रता है। स्वतंत्रता एक मुक्त समाज की अनिवार्य विशेषता है, जो किसी व्यक्ति के बौद्धिक, मानसिक व आध्यात्मिक पक्षों के पूर्ण विकास में सहायता करता है। भारतीय संविधान, अनुच्छेद-19 के अंतर्गत धार्मिक स्वतंत्रता के अधिकार को सुनिश्चित करता है।

प्रतिष्ठा और अवसर की समता

भारतीय संविधान की प्रस्तावना में स्वतंत्रता के साथ-साथ समानता पर भी जोर दिया गया है। प्रस्तावना में नागरिकों को प्रतिष्ठा तथा अवसर की समानता प्रदान की गई है। प्रतिष्ठा की समानता से तात्पर्य है कि कानून की दृष्टि में सभी व्यक्ति समान हैं कानून की सुरक्षा सभी को प्राप्त है।

अवसर की समानता से तात्पर्य है कि बिना किसी जाति, धर्म, लिंग, नस्ल के आधार पर भेदभाव न कर सभी को योग्यता के आधार पर विकसित होने

का समान अवसर प्राप्त हो। कोई भी व्यक्ति मेहनत करके क्लास वन ऑफिसर बन सकता है। संविधान में मौलिक अधिकार के अंतर्गत समानता के उद्देश्य की प्राप्ति के लिए अनुच्छेद 14 से 18 तक में व्यवस्था की गई है। अनुच्छेद 14 में कहा गया है कि कानून के समक्ष सभी व्यक्ति समान हैं, सभी को कानून का समान संरक्षण मिलेगा।

अनुच्छेद 15 के अनुसार राज्य द्वारा धर्म, मूलवंश, जाति, लिंग, जन्म-स्थान आदि के आधार पर नागरिकों के प्रति जीवन के किसी भी क्षेत्र में पक्षपात नहीं किया जाएगा। सार्वजनिक स्थानों जैसे; कुओं, तालाबों, स्नानगृहों, सड़कों आदि पर किसी भी प्रकार का पक्षपात तथा भेदभाव नहीं किया जाएगा। अनुच्छेद 16 में कहा गया है कि सभी नागरिकों को सरकारी पदों पर नियुक्ति के समान अवसर प्राप्त होंगे, इसके लिए किसी भी प्रकार का भेदभाव नहीं किया जाएगा। अनुच्छेद-17 के अनुसार अस्पृश्यता को समाप्त कर दंडनीय अपराध घोषित कर दिया गया है। अनुच्छेद 18 के अनुसार यह व्यवस्था की गई है कि सेना व शिक्षा संबंधी उपाधियों के अतिरिक्त राज्य अन्य कोई उपाधि प्रदान नहीं करेगा।

प्रस्तावना का महत्व

संविधान के प्राधिकार का स्रोत
- भारत के संविधान का निर्माण भारत की जनता की ओर से संविधान सभा के सदस्यों ने किया और उन्हीं के द्वारा इसे अंगीकृत किया गया। इसीलिए संप्रभुता भारत की जनता में निहित है।

राज्य का स्वरूप
- संप्रभु
- समाजवादी
- पंथनिरपेक्ष
- लोकतांत्रिक
- गणराज्य

संविधान का उद्देश्य
- नागरिकों को सामाजिक, आर्थिक और राजनीतिक न्याय सुलभ कराना।
- विचार, अभिव्यक्ति, विश्वास, धर्म और उपासना की स्वतंत्रता उपलब्ध कराना।
- प्रतिष्ठा और अवसर की समता को सुनिश्चित करना।
- व्यक्ति की गरिमा और राष्ट्र की एकता और अखंडता को सुनिश्चित करने वाली बंधुता को बढ़ाना।

संविधान के लागू होने की तिथि

26 नवंबर, 1949 ई.

बंधुत्व

प्रस्तावना में निहित भावों के माध्यम से सर्वसामान्य नागरिकता से संबंधित उपबंधों का उद्देश्य भारतीय बंधुत्व की भावना को मजबूत करना तथा एक सुदृढ़ लोकतंत्र का निर्माण करना है। यदि भारतीय नागरिकों के बीच बंधुता की भावना कमजोर होगी तो भारतीय लोकतंत्र कमजोर हो सकता है। सशक्त लोकतंत्र हेतु बंधुता की मजबूत भावना होनी आवश्यक है कि हम सभी एक ही मातृभूमि के पुत्र हैं। यह भारत जैसे देश के लिए, जहां विभिन्न मूलवंश, धर्म, भाषा और संस्कृति वाले लोग हैं, और भी आवश्यक है।

राष्ट्र की एकता और अखंडता

भाषा आदि की विविधता होते हुए भी भारत एक राष्ट्र है। समाज तथा राज्य द्वारा व्यक्ति की प्रतिष्ठा एवं अधिकारों की स्वीकृति राज्य तथा समाज में नागरिकों के मध्य बंधुत्व और स्नेह की भावना जगाएगी जिससे राष्ट्रीय एकता सुदृढ़ होगी। ध्यातव्य है कि **प्रस्तावना में एकता तथा अखंडता शब्द 42वें संविधान संशोधन द्वारा जोड़े गए।** भारतीय संविधान किसी भी व्यक्ति को देश की अखंडता के विरुद्ध कुछ भी कहने या ऐसा करने के लिए उत्प्रेरित करने से वर्जित करता है। **अनुच्छेद-19 के अंतर्गत राज्य को नागरिकों की स्वतंत्रता पर देश की अखंडता के आधार पर युक्तियुक्त निर्बन्धन लगाने की शक्ति प्राप्त है।**

क्षेत्र, भाषा व संस्कृति इत्यादि की पर्याप्त विविधता होते हुए भी संपूर्ण भारत एक है। अतः भारतीय संविधान की प्रस्तावना में राष्ट्रीय एकता पर पर्याप्त बल दिया गया है। प्रस्तावना में राष्ट्रीय एकता के भाव में एक राजनैतिक इकाई के रूप में भौगोलिक-एकता के साथ ही विधिक, प्रशासनिक व सामाजिक-सांस्कृतिक एकता आदि निहित है जिनके आधार पर एक राष्ट्र राज्य के रूप में भारत की अखंडता को सुरक्षित रखा जा सके।

प्रस्तावनाः संविधान का भाग होने पर भी विवाद

प्रस्तावना भारतीय संविधान की आत्मा और प्राण है। विधिक रूप से प्रस्तावना संविधान का अंग नहीं है जैसा कि बेरूबारी वाद 1960 में सर्वोच्च न्यायालय ने अपने निर्णय में कहा था कि प्रस्तावना संविधान का भाग नहीं है। फिर भी विधिवेत्ता प्रस्तावना को संविधान निर्माताओं की भावना का प्रतीक मानते हैं। जहां संविधान की भाषा संदिग्ध होती है वहां प्रस्तावना संवैधानिक व्याख्या करने में महत्वपूर्ण भूमिका निभाती है। केशवानंद भारती बनाम केरल राज्य के विवाद में सर्वोच्च न्यायालय ने यह स्वीकार किया है कि प्रस्तावना संविधान का एक अंग है और इसमें संशोधन किया जा सकता है। ध्यातव्य है कि 1976 में 42वें संविधान संशोधन द्वारा प्रस्तावना में एक बार संशोधन किया जा चुका है। प्रस्तावना न्याय योग्य नहीं है। प्रस्तावना नूतन भावनाओं एवं संकल्पों का बोध कराती है। प्रस्तावना से शासनकर्ताओं को नई दिशा एवं सामाजिक समता एवं न्याय के लिए संकल्पों का बोध होता है।

जस्टिस रामास्वामी ने एस.आर. बोम्मई केस (1993) में अपने पूर्व के निर्णय को खारिज करते हुए कहा कि प्रस्तावना संविधान का अंग है जबकि रघुनाथ राव मामले में सर्वोच्च न्यायालय ने कहा कि प्रस्तावना शक्ति का स्रोत नहीं है और इसके द्वारा विधानमंडल पर प्रतिबंध भी नहीं लगाया जा सकता।

प्रस्तावना का मूल्यांकन

भारतीय संविधान जहां एक ओर देश के नागरिकों के व्यक्तित्व के चतुर्दिक विकास के लिए अधिकार प्रदान करता है तो वहीं दूसरी ओर उसका लक्ष्य देश की एकता को अक्षुण्ण भी बनाए रखना है। व्यक्ति का उत्कर्ष अथवा विकास संपूर्ण राष्ट्र के विकास अथवा उत्कर्ष में बाधक न बन जाए। इसलिए संविधान में बंधुत्व की भावना पर अधिक बल दिया गया है। लोकतंत्र तभी सफल हो सकता है जब वह जन-जन के मन में बंधुत्व की भावना जाग्रत करने में सफल रहे।

इस प्रकार प्रस्तावना के दर्शन में संपूर्ण संविधान का सार निहित है। प्रस्तावना के द्वारा व्यक्ति के राजनैतिक-आर्थिक लक्ष्यों के साथ ही उनकी मानवीय गरिमा को निश्चित किया गया है। प्रस्तावना ही हम भारत के लोगों के माध्यम से संविधान को संपूर्ण प्रभुता प्रदान करके तथा भारतीय राजनैतिक व्यवस्था की लोकतांत्रिक गणराज्य प्रणाली को स्थापित करते हुए संविधान के लिए प्रेरणा स्रोत का कार्य कर रही है।

प्रस्तावना न्यायपालिका के लिए प्रकाश ज्योति का कार्य करती है। जब कोई विवादास्पद संवैधानिक प्रावधान न्यायालयों में आता है और उसका अर्थ स्पष्ट नहीं होता है तो न्यायाधीश प्रस्तावना की ओर देखते हैं जिसमें संविधान निर्माताओं के वास्तविक इरादे छुपे रहते हैं। **हिदायतुल्लाह** (पूर्व मुख्य न्यायाधीश सर्वोच्च न्यायालय तथा पूर्व/उपराष्ट्रपति) के इस कथन का उल्लेख करना समीचीन होगा। **''प्रस्तावना भारतीय संविधान की आत्मा है और हमारे राजनीतिक समाज का नमूना निर्धारित करती है जो कि प्रभुत्व संपन्न लोकतंत्रात्मक गणराज्य है।''**

भारतीय संविधान की प्रस्तावना में संविधान के सिद्धांतों और आधारभूत मूल्यों की विवेचना निहित है। सदियों से हम जिन मान्यताओं को संजोकर रख रहे हैं तथा जो विकास, निष्ठा और आकांक्षाएं हमने अपने राष्ट्रीय स्वतंत्रता संग्राम में हृदयंगम कीं .... वे संविधान की प्रस्तावना में दृष्टिगोचर होती हैं। प्रस्तावना संविधान निर्माताओं की कल्पना के भारत की तस्वीर प्रकट करती है। यहां पर संविधान सभा के सदस्य ठाकुर दास भार्गव के कथन का उल्लेख करना समीचीन होगा। डॉ. ठाकुर दास के अनुसार, **''प्रस्तावना संविधान का सबसे कीमती अंग है। प्रस्तावना संविधान की आत्मा है। यह संविधान की कुंजी है। प्रस्तावना ही वह उचित मापदंड है जिससे संविधान की सहजता मापी जा सकती है। संविधान के सभी 395 अनुच्छेदों (मूल संविधान में 395 अनुच्छेद थे) को प्रस्तावना के द्वारा ही मापना होगा। जो खरे उतरे वे अच्छे हैं और शेष महत्वहीन हैं। प्रस्तावना गद्य काव्य है जो स्वयं में पूर्ण है। हम चाहेंगे कि संविधान के सभी उपबंधों को इसी प्रस्तावना की कसौटी से जांचा जाना चाहिए तथा यह निर्णय करना चाहिए कि संविधान अच्छा है या बुरा।''**

स्मरणीय तथ्य

- भारतीय संविधान की प्रस्तावना के निर्माण में जवाहर लाल नेहरू ने महत्वपूर्ण योगदान दिया था।
- जवाहर लाल नेहरू ने 13 दिसंबर 1946 को संविधान सभा के समक्ष संविधान का उद्देश्य प्रस्ताव प्रस्तुत किया था। जो प्रस्तावना का आधार बना।
- कांग्रेस की कार्यकारिणी समिति ने मेरठ अधिवेशन में संविधान के उद्देश्य प्रस्ताव पर विस्तारपूर्वक विचार-विमर्श किया था।
- उद्देश्य प्रस्ताव को 22 जनवरी, 1947 को संविधान सभा द्वारा पारित किया गया। उद्देश्य प्रस्ताव को ही भारतीय संविधान की प्रस्तावना बनाया गया।
- 42वें संशोधन द्वारा संविधान की प्रस्तावना में संशोधन करके समाजवाद तथा पंथनिरपेक्ष शब्द जोड़ा गया था।
- प्रस्तावना से भारतीय संविधान का लक्ष्य और उद्देश्य ज्ञात होता है।
- संवैधानिक शक्ति का स्रोत जनता है।
- सुभाष कश्यप के अनुसार-संविधान शरीर है तो प्रस्तावना उसकी आत्मा, प्रस्तावना आधारशिला है तो संविधान उस पर खड़ी अट्टालिका।
- प्रस्तावना से ज्ञात होता है कि शासन का उद्देश्य जनहित है न कि व्यक्तिगत हित।
- भारतीय जनता ने ही संविधान को अंगीकृत व अधिनियमित किया है।
- भारतीय संविधान की प्रस्तावना में भारत को एक संपूर्ण प्रभुत्व संपन्न राज्य कहा गया है।
- मूल संविधान की प्रस्तावना में समाजवाद तथा पंथनिरपेक्ष शब्द को नहीं अपनाया गया था। उल्लेखनीय है कि प्रस्तावना में समाजवादी और पंथ निरपेक्ष 1976 में 42वें संविधान संशोधन द्वारा जोड़ा गया।
- प्रस्तावना में सामाजिक न्याय, आर्थिक न्याय तथा राजनीतिक न्याय की बात कही गई है।
- भारतीय संविधान की प्रस्तावना में स्वतंत्रता के साथ-साथ समानता पर भी बल दिया गया है।
- प्रस्तावना में नागरिकों को प्रतिष्ठा तथा अवसर की समानता प्रदान की गई है।
- संविधान की प्रस्तावना में बंधुत्व की भावना पर भी बल दिया गया है।
- संविधान की प्रस्तावना में राष्ट्र की एकता और अखंडता को शामिल किया गया है।
- बेरूबारी विवाद में उच्चतम न्यायालय ने प्रस्तावना को संविधान का अंग नहीं माना था परंतु केशवानंद भारती बनाम भारत सरकार के मामले में प्रस्तावना को संविधान का अंग माना गया और इसे संशोधनीय बताया।
- संविधान की प्रस्तावना में एक बार 1976 में संशोधन किया जा चुका है और उक्त संविधान संशोधन के माध्यम से प्रस्तावना में चार शब्द-समाजवादी, पंथनिरपेक्ष, एकता और अखंडता जोड़े गए।
- सर्वोच्च न्यायालय के पूर्व मुख्य न्यायाधीश हिदायतुल्लाह का कथन है कि - 'प्रस्तावना भारतीय संविधान की आत्मा है और हमारे राजनीतिक समाज का नमूना निर्धारित करती है जो कि प्रभुत्व संपन्न लोकतंत्रात्मक गणराज्य है।'
- डॉ. ठाकुरदास के अनुसार, ''प्रस्तावना संविधान का सबसे कीमती अंग है। प्रस्तावना संविधान की आत्मा है। यह संविधान की कुंजी है। प्रस्तावना ही वह उचित मापदंड है जिससे संविधान की सहजता नापी जा सकती है।''
- प्रस्तावना संविधान की कुंजी है।
- प्रस्तावना न तो विधायिका की शक्ति का स्रोत है और न ही उसकी शक्तियों पर प्रतिबंध लगाने वाली।
- वह गैर-न्यायिक है अर्थात इसकी व्यवस्था को न्यायालय में चुनौती नहीं दी जा सकती है।

❑❑❑

अध्याय 5

भारतीय संविधान का दार्शनिक आधार और उसकी विशेषताएं

किसी भी राष्ट्र का संविधान उस राष्ट्र की विशिष्ट आवश्यकताओं के अनुरूप होता है और यही कारण है कि प्रत्येक संविधान का अपना विशिष्ट स्वरूप होता है। संविधान सभा में बोलते हुए पं. नेहरू ने कहा था कि ''यदि कोई संविधान जनमानस की आवश्यकताओं और आकांक्षाओं के अनुरूप नहीं है तो वह रिक्त है तथा वह संविधान समाज को पीछे ले जाता है।'' इस मनोभाव को केंद्र में रखते हुए भारतीय संविधान निर्माताओं ने भारत जैसे विशाल ऐसा देश, विविधतायुक्त, बहुजातीय, बहुभाषीय तथा विविध सम्प्रदाय वाले देश के लिए उपयुक्त संविधान का निर्माण किया।

भारतीय संविधान का दार्शनिक आधार

भारतीय संविधान की दार्शनिक मान्यताएं संविधान का निर्माण करने वाले संविधान निर्माताओं के आदर्श अथवा विचार नहीं हैं, वरन् ये मान्यताएं राष्ट्रीय आंदोलन के उस संघर्ष के परिणाम को व्यक्त करती हैं जो विदेशी आधिपत्य से छुटकारा पाने के लिए लड़ा गया। यह ब्रिटिश कुशासन के विरुद्ध संघर्षरत रहे उन लोगों की आकांक्षाओं का प्रतिबिंब है जो अपनी पृथक् राष्ट्रीय पहचान बनाना चाहते थे। यह एक ऐसे राष्ट्र के निर्माण की अभिव्यक्ति है जहां व्यक्ति के स्वातंत्र्य अधिकारों के साथ न्याय, सामाजिक, आर्थिक तथा राजनीतिक अधिकार सुनिश्चित हो पाए। भारतीय संविधान में निहित दर्शन उस युग के राजनीतिक दर्शन-कल्याणकारी राज्य की ओर उन्मुख उदारवादी लोकतंत्र के दर्शन के अनुरूप था, जिसमें संविधान का निर्माण किया गया था। इसके साथ ही इसमें सुव्यवस्थित न्याय आधारित समाज की कल्पना की गई है। भारतीय संविधान में अंतर्निहित दार्शनिक मान्यताएं अग्रांकित हैं-

- **संसदीय लोकतंत्र:** संविधान सभा ने संसदीय लोकतंत्र की नींव पर भारत की राजनीतिक व्यवस्था के ढाँचे को अधिष्ठापित किया था। ब्रिटेन के 'वेस्टमिनिस्टर प्रतिमान' के आधार पर संसदीय प्रतिमान को भारतीय परिस्थितियों के अनुसार आवश्यक परिवर्तन कर अपनाया गया है। भारत द्वारा संसदीय प्रणाली अपनाए जाने के संबंध में व्यापक विचार-विमर्श के बाद इसी व्यवस्था को निर्णायक समर्थन मिला।
- **लोककल्याणकारी राज्य:** भारतीय संविधान का आधारभूत लक्ष्य कल्याणकारी राज्य की स्थापना रहा है। भारतीय संविधान में कल्याणकारी राज्य के उक्त अभीष्ट की प्राप्ति हेतु सामाजिक न्याय, आर्थिक विकास एवं राजनीतिक स्वतंत्रता की स्थापना के मूल आधारों को अपनाया गया था।
- **पंथ-निरपेक्षता:** भारतीय राष्ट्र की कल्पना एक पंथनिरपेक्ष राष्ट्र के रूप में की गई है। भारतीय संविधान के धार्मिक स्वतंत्रता संबंधी उपबंध पंथनिरपेक्ष राज्य की आधारशिला हैं। 42वें संविधान संशोधन द्वारा प्रस्तावना में पंथनिरपेक्षता पदावली जोड़कर भारत को 'पंथनिरपेक्ष राज्य' घोषित किया गया है। पंथनिरपेक्ष राज्य अधार्मिक या धर्मविरोधी न होकर विभिन्न धर्मों के मध्य पूर्णत: तटस्थ होता है। अत: संक्षेप में, राज्य की दृष्टि में सभी धर्म समान हैं। राज्य के अंतर्गत धर्म को नितांत वैयक्तिक समझा जाता है।
- **समतावादी-न्याय आधारित समाज:** भारतीय संविधान में यह दार्शनिक मान्यता समाहित है कि सामाजिक लोकतंत्र के बिना राजनीतिक लोकतंत्र निष्फल हो जाएगा। कल्याणकारी राज्य के अभीष्ट की प्राप्ति हेतु राजनीतिक लोकतंत्र के साथ-साथ समतावादी समाज एवं आर्थिक न्याय पर बल दिया गया है। संविधान में प्रत्येक व्यक्ति के लिए प्रतिष्ठा एवं अवसर की समानता सुनिश्चित करने के साथ-साथ सामाजिक संरचना में असमानता को दूर करने तथा सभी को सर्वोत्तम विकास के समान अवसर प्राप्ति का उद्देश्य निर्धारित किया गया है। आर्थिक लोकतंत्र एवं कल्याणकारी राज्य की स्थापना हेतु आर्थिक न्याय आवश्यक है। भारतीय संविधान में प्रस्तावना, नीति-निदेशक सिद्धांतों और सामाजिक सिद्धांतों में आर्थिक न्याय का उल्लेख किया गया है जिसका फेबियन समाजवाद में विशिष्ट स्थान है। आर्थिक न्याय का आदर्श अवसर की असमानता को दूर कर जीवन को सार्थक एवं उन्नत बनाना है।
- **राष्ट्रीय एकता एवं बंधुता:** भारतीय संविधान की दार्शनिक मान्यताओं के दो अन्य मूल्य-राष्ट्रीय एकता एवं बंधुता हैं। भारत में अनेक विविधताओं के बावजूद एक बुनियादी एकता है। इस एकता को दृढ़ता प्रदान करने हेतु समाज के विविध तत्वों को एक-दूसरे के निकट लाने के प्रयास के साथ सशक्त केंद्र की स्थापना भी की गई है। विभिन्न धर्म, वंश, भाषा, संस्कृति एवं मूलवंश वाले लोगों के मध्य बंधुत्व की भावना से ही एकता की स्थापना के आदर्श को निर्धारित किया गया है।
- **गांधीवादी दर्शन:** संविधान में समाहित दार्शनिक मान्यताओं में गांधीवादी दर्शन की सुस्पष्ट अभिव्यक्ति परिलक्षित होती है। संविधान में पंचायती राज, कुटीर उद्योग धंधों को प्रोत्साहन, मद्यनिषेध, लोकतांत्रिक विकेंद्रीकरण का उल्लेख गांधीवादी दर्शन से प्रभावित है।

भारतीय संविधान की प्रमुख विशेषताएं

- **जनसंप्रभुता पर आधारित संविधान:** भारतीय संविधान की एक प्रमुख विशेषता इसका जनसंप्रभुता पर आधारित होना है। संविधान की प्रस्तावना के अनुसार ''हम भारत ......लोग.....दृढ़ संकल्प होकर अपनी इस संविधान सभा में **तिथि** 26 **नवंबर,** 1949 को एतद द्वारा इस संविधान को अंगीकृत, अधिनियमित और आत्मार्पित करते हैं''। संविधान की प्रस्तावना के अध्ययन से ही स्पष्ट हो जाता है कि भारत का संविधान राजनीतिक सत्ता का अंतिम स्रोत जनता को मानता है। जनता की अपनी सत्ता का समान रूप से प्रयोग करने का अवसर देने के लिए संविधान वयस्क मताधिकार एवं निर्वाचन में भाग लेने की अनुमति देता है।
- **लिखित एवं सर्वाधिक व्यापक संविधान:** भारत का संविधान एक लिखित एवं निर्मित संविधान है जिसका निर्माण विधिवत गठित संविधान सभा द्वारा

किया गया है। इसके साथ-साथ भारत का संविधान सर्वाधिक लंबा संविधान है। भारतीय संविधान में **वर्तमान में** 395 **अनुच्छेद तथा** 12 **अनुसूचियां हैं। ध्यातव्य है कि संयुक्त राज्य अमेरिका के संविधान में** 7, **कनाडा के संविधान में** 147, **ऑस्ट्रेलिया के संविधान** 128 **तथा दक्षिण अफ्रीका के संविधान में** 153 **अनुच्छेद हैं। भारतीय संविधान सुदीर्घ होने के कई कारण हैं जो निम्नलिखित हैं–**

- भारत में राज्यों का अलग से कोई संविधान नहीं है। इसी संविधान में संघीय सरकार के अतिरिक्त राज्यों के संविधान भी सम्मिलित हैं जिनको शुरू में ए. बी. सी. तथा डी. अर्थात् 4 श्रेणियों में विभक्त किया गया था। प्रत्येक श्रेणी का संविधान भिन्न था, क्योंकि राज्यों की उक्त श्रेणियां देश के अनेक क्षेत्रों की जनता के सामाजिक, राजनीतिक तथा आर्थिक विकास को ध्यान में रखते हुए बनाई गई थीं।
- संविधान में समाज के अनेक वर्गों तथा अनुसूचित जातियों, अनुसूचित जनजातियों, पिछड़े वर्गों, ईसाइयों, एंग्लो इंडियन तथा अन्य अल्पसंख्यकों और उनके विभिन्न भाषा बोलने वालों के हितों की रक्षा करने का विशेष प्रावधान है।
- राज्य के नीति-निदेशक सिद्धांतों की एक व्यापक सूची संविधान में दी गई है। संविधान के संघ तथा राज्यों के विधायी, प्रशासकीय, वित्तीय संबंधों की व्यापक विवेचना की गई।
- एक नवोदित राष्ट्र होने के कारण संविधान निर्माताओं ने यह प्रयास किया कि शासन से संबंधित तथ्यों की विस्तार से विवेचना की जाए जिससे किसी प्रकार के विवाद की न्यूनतम संभावना रहे। अत: ऐसी स्थिति में संविधान का व्यापक होना स्वाभाविक है।
- **संसदीय शासन प्रणाली:** भारतीय संविधान के अनुसार देश में संसदीय प्रणाली की स्थापना की गई है। संविधान सभा में शासन प्रणाली के संदर्भ में व्यापक विचार-विमर्श हुआ। संविधान सभा में मतैक्य मत था। संविधान सभा के सदस्यों का एक वर्ग अध्यक्षात्मक शासन प्रणाली अपनाए जाने के पक्ष में था। इस वर्ग के सदस्यों का तर्क था कि सरकार को सशक्त बनाने तथा उनको स्थायित्व प्रदान करने के लिए अध्यक्षीय शासन प्रणाली अपनाने के अतिरिक्त कोई विकल्प नहीं है। संसदीय प्रणाली में सरकार की स्थिति काफी दुर्बल होती है तथा वह अस्थिर होती है, जबकि संविधान सभा के सदस्यों का बहुमत संसदीय शासन प्रणाली अपनाए जाने के पक्ष में था। इस वर्ग का तर्क था कि संसदीय शासन प्रणाली में एक अच्छी कार्यपालिका का सबसे प्रमुख गुण उत्तरदायित्व विद्यमान होता है। संसदीय शासन प्रणाली में कार्यपालिका (मंत्रिपरिषद्) लोकप्रिय सदन के प्रति उत्तरदायी होती है। यह उत्तरदायित्व सामूहिक होता है। सामूहिक उत्तरदायित्व से आशय है कि यदि निम्न सदन मंत्रिपरिषद् के किसी सदस्य के विरुद्ध अविश्वास प्रस्ताव पास कर देता है तो मंत्रिपरिषद् को त्यागपत्र देना पड़ता है। यही कारण है कि भारत में संसदीय शासन प्रणाली अपनाई गई। भारत में मंत्रिपरिषद् लोकसभा के प्रति उत्तरदायी होती है। संसदीय शासन प्रणाली की एक अन्य विशेषता नाममात्र की कार्यपालिका (Nominal Executive) और वास्तविक कार्यपालिका (Actual Executive) का अंतर भी भारतीय शासन प्रणाली में पाया जाता है। भारत का राष्ट्रपति नाममात्र की कार्यपालिका है, जबकि वास्तविक कार्यपालिकीय शक्ति मंत्रिपरिषद् में निहित है।
- **संविधान में कठोरता और लचीलेपन का समन्वय:** भारतीय संविधान की एक विशेषता कठोरता और लचीलापन का समन्वय है। लचीले संविधान में साधारण कानून तथा सांविधिक कानून में कोई अंतर नहीं होता है। कठोर संविधान में संविधान संशोधन के लिए साधारण कानून निर्माण से भिन्न तथा अपेक्षाकृत जटिल प्रक्रिया अपनाई जाती है। इस आधार पर भारतीय संविधान को कठोर संविधान की श्रेणी में रखा जा सकता है, क्योंकि इसके अधिकांश अनुच्छेदों तथा उपबंधों को संशोधित करने के लिए संसद के सदस्यों के बहुमत के अतिरिक्त उपस्थित सदस्यों के दो-तिहाई बहुमत की आवश्यकता होती है। **अनुच्छेद** 308 **के अनुसार** कुछ विषयों को संशोधित करने के लिए संसद के समस्त सदस्यों के बहुमत और उपस्थित सदस्यों के दो-तिहाई बहुमत के साथ-साथ कम-से-कम आधे राज्यों की विधान मंडलों के समर्थन की आवश्यकता होती है। इस आधार पर भारतीय संविधान कठोर है। संविधान के कुछ उपबंधों को संसद साधारण बहुमत से संशोधित कर सकती है, यथा- नए राज्यों की स्थापना, राज्यों की सीमाओं में परिवर्तन, राज्य में विधान परिषद् की स्थापना या समाप्ति आदि।
- इस प्रकार स्पष्ट है कि भारतीय संविधान में कठोरता तथा लचीलेपन का समन्वय है। यहां पर नेहरू के कथन का उल्लेख करना समीचीन होगा कि जहां तक संभव हो सके हम संविधान को एक ठोस और स्थायी संविधान का रूप देना चाहते हैं, परंतु संविधान में कोई स्थायित्व नहीं होता है। उसमें लचीलापन होना चाहिए। यदि संविधान में सभी कुछ स्थायी तथा कठोर बना दिया जाएगा तो राष्ट्र का विकास अवरुद्ध हो जाएगा, क्योंकि राष्ट्र जीवित विकासशील प्राणियों का समूह है। अत: संविधान उतना ही कठोर होना चाहिए कि उसे बदली हुई परिस्थितियों के अनुरूप संशोधित किया जा सके।
- **संपूर्ण प्रभुत्व संपन्न, समाजवादी, धर्मनिरपेक्ष, लोकतांत्रिक गणराज्य:** भारतीय संविधान को प्रस्तावना के अनुसार भारत को संपूर्ण प्रभुत्व संपन्न समाजवादी धर्मनिरपेक्ष लोकतांत्रिक गणराज्य बनाना है। ध्यातव्य है कि प्रस्तावना में समाजवादी और धमनिरपेक्ष शब्द संविधान के 42वें संशोधन अधिनियम द्वारा जोड़े गए। प्रभुत्व संपन्न से आशय उस राज्य से है जो बाह्य नियंत्रण से सर्वथा मुक्त हो और अपनी आतंरिक तथा विदेशी नीतियों का निर्धारण स्वयं करता हो। भारत इस मामले में पूर्णतया स्वतंत्र है।
- **समाजवादी** राज्य का आशय यह है कि भारतीय शासन प्रणाली समाज के समतावादी ढांचे पर आधारित है। संविधान भारत की भावी सरकारों से यह अपेक्षा करता है कि वे प्रत्येक भारतीय की न्यूनतम आवश्यकताओं की पूर्ति करेगा।
- **धर्मनिरपेक्ष तथा पंथ निरपेक्ष** राज्य का आशय यह है कि भारत का कोई राजधर्म नहीं है और सरकार द्वारा नागरिकों के मध्य किसी प्रकार का कोई विभेद नहीं किया जाएगा। सभी नागरिकों को किसी भी धर्म के पालन, प्रचार, प्रसार की स्वतंत्रता प्राप्त होगी। सभी धर्मानुयायियों को अपनी रुचि की धार्मिक संस्थाएं स्थापित करने तथा उनके प्रबंध का अधिकार होगा।
- **लोकतांत्रिक गणराज्य** का आशय यह है कि भारत में राजसत्ता जनता में निहित है तथा राष्ट्राध्यक्ष का पद वंशानुगत न होकर निर्वाचित होगा।
- **मौलिक अधिकारों की व्यवस्था:** मौलिक अधिकारों की व्यवस्था भारतीय संविधान की एक प्रमुख विशेषता है। भारतीय संविधान में **मौलिक अधिकारों की अवधारणा स. रा. अमेरिका के संविधान** से ली गई है। मौलिक अधिकारों का आशय एक ओर उन अधिकारों से है जो किसी भी व्यक्ति के विकास के लिए आवश्यक हैं, दूसरी ओर न्याय योग्य है अर्थात् राज्य द्वारा उनका उल्लंघन करने पर व्यक्ति सीधे उच्च न्यायालय तथा सर्वोच्च न्यायालय में जा सकता रहे है। भारतीय संविधान में शुरू में सात मौलिक अधिकार थे– (i) समता का अधिकार (ii) स्वतंत्रता का अधिकार (iii) शोषण के विरुद्ध अधिकार (iv) धार्मिक स्वतंत्रता का अधिकार (v) सांस्कृतिक एवं शिक्षा विषयक अधिकार (vi) संपत्ति का अधिकार तथा (vii) संवैधानिक उपचारों का अधिकार। 1978 में 44वें संविधान संशोधन द्वारा संपत्ति का अधिकार वापस ले लिया गया। इस प्रकार वर्तमान में 6 मौलिक अधिकार प्राप्त हैं।

- **मौलिक कर्तव्य:** 42वें संविधान संशोधन द्वारा संविधान में एक नया अध्याय मौलिक कर्तव्य भी जोड़ा गया। इसके अनुसार भारत के प्रत्येक नागरिक के 10 कर्तव्य हैं, परंतु अब यह बढ़कर 11 हो गए हैं। उनमें संविधान का पालन करना, उसके आदर्शों, संस्थाओं राष्ट्रध्वज और राष्ट्रगान का आदर करना, भारत की एकता, प्रभुता और अखंडता की रक्षा करना, मातृभाषा की भावना का निर्माण करना, सार्वजनिक संपत्ति, प्राकृतिक पर्यावरण की रक्षा करना आदि मुख्य कर्तव्य हैं जिनका पालन प्रत्येक नागरिक को करना है।
- **नीति निदेशक तत्वों की व्यवस्था:** भारतीय संविधान के **भाग– 4 में राज्य के नीति-निदेशक सिद्धांतों** का समावेश किया गया है। संविधान निर्माताओं को यह आशा थी कि भावी भारत की सरकारें अपनी नीतियों का निर्धारण इन्हीं सिद्धांतों के आधारों पर करेंगी। यह सिद्धांत न्याययोग्य नहीं है। इन निदेशक तत्वों को वैधानिक शक्ति तो नहीं प्राप्त है। परंतु इनको नैतिक तथा राजनैतिक शक्ति अवश्य प्राप्त है। नीति-निदेशक तत्वों में न्याय की स्थापना के साथ-साथ सबके लिए उचित जीविका के साधन, समाज के भौतिक साधनों का समान वितरण, महिलाओं तथा बच्चों के हितों के उचित संरक्षण आदि की बात कही गई है। इन्हीं तत्वों के माध्यम से भारत में एक लोक कल्याणकारी राज्य की स्थापना का प्रयास किया गया है।
- **स्वतंत्र न्यायपालिका तथा न्यायिक पुनरीक्षण की व्यवस्था:** भारतीय संविधान में एक सर्वोच्च एवं स्वतंत्र न्यायपालिका की व्यवस्था की गई है। इसके साथ-साथ न्यायिक पुनरीक्षण तथा पुनर्विलोकन का भी प्रावधान किया गया है। भारतीय संविधान निर्माताओं की यह इच्छा थी कि एक ओर तो न्यायपालिका नागरिकों के मूल अधिकारों के संरक्षक के रूप में कार्य करें और दूसरी ओर केन्द्र और राज्य सरकारों को अपने निर्धारित क्षेत्र में परिसीमित भी रखें।
- भारत के सर्वोच्च न्यायालय को संविधान की व्याख्या करने का भी अधिकार प्राप्त है। सर्वोच्च न्यायालय केंद्र तथा राज्यों के मध्य विवादों में मध्यस्थ का कार्य करता है। वह राज्य तथा नागरिकों के कर्तव्यों के स्वरूप को निर्धारित करता है। दूसरे शब्दों में यह भी कहा जा सकता है कि सर्वोच्च न्यायालय संविधान के अनुपालन को सुनिश्चित करता है। यही कारण है कि भारतीय संविधान द्वारा न्यायपालिका को न्यायिक पुनरीक्षण अथवा न्यायिक पुनर्विलोकन का अधिकार दिया गया, जिसके अंतर्गत न्यायपालिका संसद तथा विधान मंडलों द्वारा पारित किए गए ऐसे कानूनों तथा कार्यपालिका द्वारा जारी आदेशों को अवैध घोषित कर सकती है जो संविधान का अतिक्रमण करते हैं।
- भारतीय संविधान में न्यायपालिका को स्वतंत्र, निष्पक्ष तथा प्रभावशाली बनाने के लिए भी व्यापक प्रावधान किया गया है। न्यायपालिका की स्वतंत्रता मूल रूप से न्यायधीशों की नियुक्ति, उनको हटाए जाने की पद्धति और उनकी कार्यविधि एवं सेवा की शर्तों पर निर्भर करती है। भारतीय संविधान में इस प्रकार के अनेक उपबंध किए गए हैं। संविधान के अनुसार सर्वोच्च न्यायालय के न्यायधीशों की नियुक्ति राष्ट्रपति द्वारा की जाती है, परंतु उनको हटाने का अधिकार राष्ट्रपति को नहीं है। इस प्रावधान के कारण न्यायाधीश काफी सीमा तक कार्यपालिका के दबाव तथा हस्तक्षेप से मुक्त रहते हैं। इसी प्रकार न्यायधीशों के कार्यकाल में उनके वेतन को घटाया नहीं जा सकता है।
- **संसदीय संप्रभुता तथा न्यायिक सर्वोच्चता के मध्य समन्वय:** भारतीय संविधान में संसदीय संप्रभुता तथा न्यायिक सर्वोच्चता के मध्य समन्वय स्थापित किया गया है। डी. डी. बसु के अनुसार भारतीय संविधान ने न्यायिक सर्वोच्चता की अमेरिकी व्यवस्था और संसदीय प्रभुता के ब्रिटिश सिद्धांत के मध्य एक अद्भुत मार्ग बना लिया है। ब्रिटेन की संवैधानिक व्यवस्था संसदीय संप्रभुता के सिद्धांत पर आधारित है जिसका आशय यह है कि संसद द्वारा पारित किसी कानून की संवैधानिक वैधता के ऊपर कोई प्रश्न चिह्न नहीं लगाया जा सकता है। दूसरा अमेरिकी सर्वोच्च न्यायालय को व्यवस्थापिका द्वारा पारित कानूनों की संवैधानिक वैधानिकता के परीक्षण का अधिकार है। भारतीय संविधान में इन दोनों के मध्यमार्ग को अपनाया गया है, जिसके अंतर्गत एक ओर तो संसदीय सर्वोच्चता के सिद्धांत को स्वीकार किया गया है तो दूसरी ओर न्यायपालिका को संसद द्वारा पारित उन कानूनों को अवैध घोषित करने का अधिकार दिया गया है।
- **एकात्मक लक्षण वाली संघीय व्यवस्था:** भारतीय संविधान संघात्मक है; परंतु फिर भी इसमें एकात्मक तत्वों की प्रधानता है। भारतीय संविधान उन सभी शर्तों को पूरा करता है जो एक संघात्मक सरकार के लिए आवश्यक है। यथा–संविधान का लिखित होना, कठोर होना, संघ और राज्यों के मध्य शक्तियों का सुस्पष्ट वितरण एवं सर्वोच्च न्यायपालिका आदि, परंतु भारतीय संविधान में ऐसे लक्षण भी विद्यमान हैं, जो भारतीय संविधान को एकात्मक संविधान की श्रेणी में खड़ा कर देते हैं; यथा– एकल नागरिकता, एकीकृत न्याय व्यवस्था, राज्य सभा में राज्यों का असमान प्रतिनिधित्व, केंद्र सरकार को राज्य की सीमाओं में परिवर्तन का अधिकार आदि। इसके अतिरिक्त आपातकालीन स्थिति में केंद्र सरकार सामान्य अवस्था में भी राज्य सरकारों की शक्ति में कटौती कर सकती है। यथा अनुच्छेद–249 में वर्णित प्रावधानों के अनुसार राज्यसभा अपने दो-तिहाई बहुमत से राज्य सूची के किसी भी विषय को राष्ट्रीय महत्व का घोषित करके एक वर्ष के लिए संसद उस पर विधि निर्माण कर सकती है। असामान्य स्थिति में केंद्र अनुच्छेद– 356 के अंतर्गत संवैधानिक तंत्र की विफलता के आधार पर किसी भी राज्य में राष्ट्रपति शासन की घोषणा कर सकती है। इस प्रकार भारतीय संविधान संघात्मक होते हुए भी एकात्मक है।
- **एकल नागरिकता:** भारतीय संविधान में **एकल नागरिकता का प्रावधान किया** गया है। सामान्यत: संघीय संविधानों में दोहरी नागरिकता होती है– एक संघ की नागरिकता तथा दूसरी राज्यों की नागरिकता। सं. रा. अमेरिका में दोहरी नागरिकता का प्रावधान किया गया है। एक सं. रा. अमेरिकी नागरिकता तथा दूसरी उस प्रांत की नागरिकता जिसमें कोई नागरिक स्थायी रूप से निवास करता है। दोनों प्रकार के नागरिकों के भिन्न-भिन्न अधिकार और कर्तव्य हैं। इसके विपरीत भारतीय संविधान में एकल नागरिकता की व्यवस्था की गई है। भारत का प्रत्येक नागरिक केवल भारत का नागरिक है न कि उस प्रांत का जिसमें वह रहता है। प्रत्येक नागरिक को सभी प्रकार के समान अधिकार मिले हैं।
- **वयस्क मताधिकार:** वयस्क मताधिकार भारतीय संविधान की एक मौलिक विशेषता है। हमारी राजनैतिक पद्धति प्रजातंत्रात्मक है। इसलिए संविधान में यह व्यवस्था की गई है कि लोक सभा तथा विधान सभाओं के चुनाव वयस्क मताधिकार के आधार पर होंगे। जब देश में अंग्रेजों का अधिकार था तब चुनाव बहुत ही सीमित मताधिकार तथा फिरकापरस्त आधार पर होते थे। परंतु अब संविधान के अनुसार उनको समाप्त कर दिया गया है। शुरू में 25 वर्ष की आयु के सभी स्त्री-पुरुष को मत देने का अधिकार था, परंतु संविधान के 61**वें संशोधन के अंतर्गत मताधिकार की आयु** 25 **वर्ष से घटाकर** 18 **वर्ष कर दी गई है।**
- **धर्मनिरपेक्ष राज्य की स्थापना:** भारतीय संविधान के अंतर्गत एक धर्मनिरपेक्ष राज्य की स्थापना का प्रावधान किया गया है। इसका आशय है कि राज्य का कोई धर्म नहीं है तथा नागरिकों को किसी भी धर्म का पालन तथा प्रचार-प्रसार करने का अधिकार है। धार्मिक संगठनों को अपनी रुचि की संस्थाओं की स्थापना तथा उनके नाम पर संपत्ति अर्जित करने तथा उनके प्रबंध का अधिकार प्राप्त है। उल्लेखनीय है कि मूल संविधान में भारत को धर्मनिरपेक्ष राज्य घोषित नहीं किया गया था। संविधान की प्रस्तावना में धर्मनिरपेक्ष शब्द 42वें संविधान संशोधन द्वारा जोड़ा गया।

- **सामाजिक तथा आर्थिक विकास का साधन:** भारतीय संविधान में राजनैतिक विकास के साथ-साथ सामाजिक तथा आर्थिक विकास पर भी ध्यान दिया गया है। अछूतों, दलितों तथा पिछड़ी हुई जातियों की सामाजिक एवं आर्थिक शोषण से रक्षा की गई है। देश के सभी नागरिकों को जाति, धर्म, नस्ल आदि का बिना भेदभाव किए अपनी योग्यता के अनुसार सार्वजनिक पद प्राप्त करने का एक समान अवसर प्रदान किया गया है। सर्वसाधारण के कल्याण के लिए धान तथा उत्पादन के साधनों के केंद्रीयकरण पर रोक लगाने की बात कही गई है। पुरुषों तथा स्त्रियों को समान कार्य के लिए समान वेतन, बालकों तथा नवयुवकों का शोषण और अनैतिकता से रक्षा, श्रमिकों का निर्वाह योग्य वेतन और उसके जीवन स्तर को ऊंचा करने तथा अवकाश काल के पूर्ण उपयोग का अवसर, प्रसूति काल में नारियों एवं उनके बच्चों को सहायता, 14 वर्ष की उम्र के बालक-बालिकाओं के लिए नि:शुल्क अनिवार्य शिक्षा, बुढ़ापा, बेकारी, बीमारी की स्थिति में राज्य द्वारा सहायता पहुंचाया जाना। स्पष्ट है संविधान में सामाजिक-आर्थिक विकास पर भी ध्यान दिया गया है।
- **विश्व शांति एवं सुरक्षा को समर्थन:** भारतीय संविधान विश्व शांति और सुरक्षा का समर्थन करता है। राष्ट्रों के मध्य न्याय तथा सम्मानपूर्ण संबंधों को स्थापित करने तथा विवादों के निपटारे के लिए शांतिपूर्ण साधनों पर बल देने पर जोर दिया गया है। संविधान अन्य राष्ट्रों की प्रादेशिक अखंडता का भी समर्थक है। भारत अपने पड़ोसी देशों से मैत्रीपूर्ण संबंध बनाए रखने के लिए सदैव तत्पर रहता है। उपर्युक्त तथ्यों से स्पष्ट होता है कि भारतीय संविधान की अपनी महत्वपूर्ण विशेषताएं हैं।
- **विश्व के विभिन्न संविधानों का मिश्रण:** भारतीय संविधान विश्व के विभिन्न संविधानों का एक मिश्रण है। भारतीय संविधान निर्माताओं ने विश्व के विभिन्न संविधानों से कुछ-न-कुछ ग्रहण किया है। यही कारण है कि भारतीय संविधान को विश्व के विभिन्न संविधानों का ऋणी कहा जाता है। भारतीय संविधान पर कनाडा, ब्रिटेन, सं. रा. अमेरिका, आयरलैंड तथा ऑस्ट्रेलिया के संविधान का विशेष प्रभाव पड़ा है। संसदीय शासन प्रणाली का भारतीय संविधान में समावेश ब्रिटेन के संविधान से लेकर किया गया है। कनाडा के संविधान की तरह भारतीय संविधान में भी यूनियन शब्द का प्रयोग किया गया है और एक शक्तिशाली केंद्र की स्थापना की गई है। अवशिष्ट शक्तियां दोनों संघों के अंतर्गत केंद्र को सौंपी गई हैं। समवर्ती सूची जिनका प्रावधान भारत सरकार अधिनियम, 1935 में भी था, आस्ट्रेलिया से ली गई है। नीति-निदेशक तत्व, राज्य सभा में सदस्यों का मनोनयन तथा राष्ट्रपति के चुनाव में निर्वाचन मंडल आदि आयरलैंड से लिए गए हैं। संविधान की संशोधन प्रणाली तथा राष्ट्रपति की आपातकालीन शक्तियां जर्मनी के संविधान से ली गई हैं। मूल अधिकार तथा न्यायिक पुनरावलोकन अमेरिकी संविधान से ग्रहण किया गया है। विधि द्वारा स्थापित प्रक्रिया जापान से तथा मूल कर्तव्यों की अवधारणा सोवियत संघ से ली गई है। इस प्रकार यह कहा जा सकता है कि भारतीय संविधान विभिन्न संविधानों का मिश्रण है।

निष्कर्ष के रूप में कहा जा सकता है कि भारतीय संविधान एक ऐसा पावन दस्तावेज है जिसके सही एवं ईमानदारीपूर्वक संचालन से भारत की काया पलट सकती है। भारतीय संविधान में असमानता, सांप्रदायिकता, सामाजिक शोषण तथा विभिन्न कुरीतियों का अंत कर दिया गया है। इसके द्वारा राष्ट्रीय एकता, समानता, भ्रातृ, न्याय, विश्वप्रेम तथा सामाजिक एवं आर्थिक लोकतंत्र की आधारशिला रखी गई है। यदि इसका ईमानदारीपूर्वक दृढ़ इच्छा शक्ति से अनुपालन किया जाता है तो भारत का उत्थान होगा और गलत अनुपालन से राष्ट्र का विनाश होगा। **डॉ. अंबेडकर के कथन का उल्लेख करना समीचीन होगा कि कोई भी संविधान कितना ही अच्छा क्यों न हो यदि उसको कार्यान्वित करने वाले लोग बुरे हैं तो वह निश्चित रूप से बुरा होगा।** इससे स्पष्ट है कि संविधान की सफलता राष्ट्रीय चरित्र तथा उसके कार्यान्वित करने वालों के चरित्र और इच्छा शक्ति पर निर्भर करती है।

स्मरणीय तथ्य

- भारतीय राष्ट्र की कल्पना एक पंथनिरपेक्ष राष्ट्र के रूप में की गई है।
- भारतीय संविधान की एक प्रमुख विशेषता इसका जनसंप्रभुता पर आधारित होना है।
- भारत का संविधान एक लिखित एवं निर्मित संविधान है जिसका निर्माण विधिवत गठित संविधान सभा द्वारा किया गया है।
- भारतीय संविधान की एक विशेषता कठोरता और लचीलापन का समन्वय है।
- मौलिक अधिकारों की व्यवस्था भारतीय संविधान की एक प्रमुख विशेषता है। भारतीय संविधान में **मौलिक अधिकारों की अवधारणा सं. रा. अमेरिका के संविधान** से ली गई है।
- भारत के सर्वोच्च न्यायालय को संविधान की व्याख्या करने का भी अधिकार प्राप्त है।
- भारतीय संविधान में **एकल नागरिकता का प्रावधान किया** गया है।
- भारतीय संविधान के अंतर्गत एक धर्म-निरपेक्ष राज्य की स्थापना का प्रावधान किया गया है।
- भारतीय संविधान एक ऐसा पावन दस्तावेज है जिसके सही एवं ईमानदारीपूर्वक संचालन से भारत की काया पलट सकती है।

❑❑❑

अध्याय 6

संघ और राज्यों का पुनर्गठन

भारतीय संविधान के भाग-1 में संघ और उसके राज्य क्षेत्रों का वर्णन किया गया है। अनुच्छेद-1 में कहा गया है कि भारत राज्यों का संघ होगा और इस संघ का नाम इंडिया अर्थात् भारत होगा। इससे स्पष्ट है कि संविधान में राज्यों से संबंधित जितने उपबंध हैं वह सभी राज्यों में समान रूप से लागू होंगे, परंतु इसके कुछ अपवाद भी हैं। यथा अनुच्छेद -370 जो केवल जम्मू एवं कश्मीर में ही लागू होता था। भारतीय संविधान में स्पष्ट रूप से कहा गया है कि भारतीय संघ इन इकाइयों के मध्य हुए किसी समझौते का कोई परिणाम नहीं है तथा संघ की इकाइयों को उससे अलग होने की स्वतंत्रता नहीं है। वर्तमान में अनुच्छेद - (1) के अंतर्गत संघ के कुल सदस्यों की संख्या 28 है। अन्य शब्दों में, भारतीय संघ में इस समय 28 राज्य हैं, जो इस प्रकार हैं– (1) असोम (असम), (2) बिहार, (3) आंध्र प्रदेश, (4) गुजरात, (5) महाराष्ट्र, (6) पंजाब, (7) हरियाणा, (8) राजस्थान, (9) केरल, (10) तमिलनाडु, (11) कर्नाटक, (12) उत्तर प्रदेश, (13) ओडिशा (उड़ीसा), (14) उत्तराखंड, (15) मध्य प्रदेश, (16) छत्तीसगढ़, (17) झारखंड, (18) प. बंगाल, (19) हिमाचल प्रदेश, (20) अरुणाचल प्रदेश, (21) मणिपुर, (22) मेघालय, (23) नागालैंड, (24) मिजोरम, (25) सिक्किम, (26) त्रिपुरा, (27) गोवा तथा (28) तेलंगाना। इसके अलावा 8 केंद्रशासित प्रदेश भी हैं– दिल्ली, पांडिचेरी, चंडीगढ़, दादरा-नगर हवेली एवं दमन दीव, अंडमान-निकोबार, लक्षद्वीप, जम्मू-कश्मीर और लद्दाख।

भारतीय संघः एक परिचय

भारत संघ का आशय भारत के राज्य क्षेत्र से भिन्न है। संघ में केवल वे राज्य हैं जो परिसंघीय प्रणाली के सदस्य के रूप में हैं तथा शक्ति के वितरण में संघ के हिस्सेदार हैं। भारत के राज्य क्षेत्र के अंतर्गत वह समस्त राज्य क्षेत्र है, जिस पर तत्समय भारत की प्रभुता का विस्तार है। इस प्रकार राज्यों के अतिरिक्त दो अन्य प्रकार के राज्य क्षेत्र भी हैं, जो भारत के राज्य क्षेत्र में सम्मिलित हैं। इनमें एक संघ राज्य क्षेत्र है जबकि दूसरा ऐसे अन्य राज्य क्षेत्र है जो भारत द्वारा अर्जित किए गए हैं या किए जाएं।

1987 से वर्ष 2019 तक भारतीय संघ राज्य क्षेत्रों में सम्मिलित क्षेत्रों की संख्या 7 रही है। अगस्त 2019 में जम्मू-कश्मीर का विशेष राज्य का दर्जा खत्म करके उसे जम्मू-कश्मीर एवं लद्दाख केन्द्रशासित प्रदेश बना दिया गया है। इस प्रकार केंद्र शासित प्रदेशों की संख्या अब 9 हो गयी परंतु, 26 जनवरी, 2020 को दादरा एवं नगर हवेली तथा दमन दीव को आपस में मिला दिया गया फलतः संघ शासित क्षेत्रों की संख्या कम होकर 8 हो गई है। जो इस प्रकार हैं– दिल्ली, अंडमान और निकोबार द्वीप, लक्षद्वीप, दादरा नगर हवेली एवं दमन और दीव, पांडिचेरी तथा चंडीगढ़, जम्मू-कश्मीर एवं लद्दाख।

पांडिचेरी केंद्र शासित प्रदेश के लिए संसद ने अनुच्छेद-239 क के अधीन पांडिचेरी (प्रशासन) अधिनियम, 1962 अधिनियमित करके विधानमंडल आदि का प्रावधान सृजित किया। 1992 में संविधान में संशोधन करके दो नए अनुच्छेद-239 क, तथा 239 ख जोड़े गए। इन दोनों अनुच्छेदों के द्वारा दिल्ली के लिए विधानसभा और मंत्रिमंडल का उपबंध किया गया। अनुच्छेद-239क के द्वारा दिल्ली का नाम दिल्ली राष्ट्रीय राजधानी क्षेत्र कर दिया गया है। इसके साथ-साथ पांडिचेरी में भी विधान सभा है जहां मुख्यमंत्री की अध्यक्षता में एक सरकार होती है जबकि शेष 6 संघ राज्य क्षेत्र केंद्र शासित प्रदेश हैं जिनका शासन राष्ट्रपति द्वारा नियुक्त प्रशासक के माध्यम से राष्ट्रपति संचालित करते हैं। इनकी अच्छी शासन व्यवस्था को बनाए रखने के लिए राष्ट्रपति द्वारा ही कानून भी बनाया जाता है। इस संबंध में भारतीय संविधान में अनुच्छेद-239 तथा 240 में स्पष्ट प्रावधान किया गया है।

अनुच्छेद-246 (4) में प्रावधानित है कि कोई अन्य राज्य क्षेत्र जो किसी भी समय भारत द्वारा विधिसंगत रूप से न्यागमन द्वारा-संधि, अध्यर्षण या विजय द्वारा अर्जित किया जाए जो भारत के राज्य क्षेत्र का भाग होगा, का प्रशासन भारत सरकार द्वारा प्रशासित किया जाएगा।

उल्लेखनीय है कि पांडिचेरी की फ्रांसीसी बस्ती-कारैकाल, माहे तथा यनाम सहित को 1954 में फ्रांसीसी सरकार ने भारत को अध्यारोपित किया था। 1962 तक अर्जित राज्य क्षेत्र के रूप में प्रशासित किया जा रहा था क्योंकि अध्यर्षण संधि को फ्रांसीसी संसद द्वारा अनुमोदित नहीं किया गया था। अनुमोदन के पश्चात् फ्रांसीसी बस्तियों का राज्य क्षेत्र दिसंबर, 1962 में भारत संघ राज्य क्षेत्र बन गया।

संघ और उसके राज्य क्षेत्र (मूल संविधान में वर्ष 1948)			
श्रेणी A के राज्य	**श्रेणी B के राज्य**	**श्रेणी C के राज्य**	**श्रेणी D के राज्य**
1. असोम (असम)	1. हैदराबाद	1. अजमेर-मेवाड़	1. अंडमान और निकोबार द्वीप समूह
2. बिहार	2. जम्मू-कश्मीर	2. भोपाल	2. अर्जित राज्य क्षेत्र
3. मुंबई (बंबई)	3. मध्य-भारत	3. बिलासपुर	
4. मध्य प्रांत	4. मैसूर	4. कूच बिहार	
5. चेन्नई (मद्रास)	5. पटियाला और पूर्वी पंजाब	5. कुर्ग	
6. ओडिशा (उड़ीसा)	6. राजस्थान	6. दिल्ली	
7. पंजाब	7. सौराष्ट्र	7. हिमाचल प्रदेश	
8. संयुक्त प्रांत	8. त्रावणकोर कोचीन	8. कच्छ	
9. प. बंगाल		9. मणिपुर	
		10. त्रिपुरा	

भारतीय संघ में नए राज्यों के प्रवेश और पुनर्गठन के संबंध में भारतीय संविधान –भारतीय संविधान के **अनुच्छेद**-2 में यह प्रावधानित है कि संसद

विधि निर्माण करके संघ में नए राज्यों को प्रवेश दे सकती है अथवा नए राज्यों की स्थापना कर सकती है। **अनुच्छेद**-2 में स्पष्ट रूप में कहा गया है कि भारत संघ में नए राज्यों का प्रवेश अथवा उसकी स्थापना ऐसे निर्बंधनों एवं शर्तों के अनुसार की जाएगी जिसको संसद उचित समझती है।

1949 में भारत संघ में सम्मिलित राज्यों की संख्या 27 राज्य		
श्रेणी A के राज्य	**श्रेणी B के राज्य**	**श्रेणी C के राज्य**
1. असोम (असम)	1. हैदराबाद	1. अजमेर-मेवाड़
2. बिहार	2. जम्मू-कश्मीर	2. भोपाल
3. मुंबई (बंबई)	3. मध्य-भारत	3. कुर्ग
4. मध्य प्रांत एवं बरार	4. मैसूर	4. दिल्ली
5. चेन्नई (मद्रास)	5. पेप्सू	5. हिमाचल
6. ओडिशा (उड़ीसा)	6. राजस्थान	6. कच्छ
7. पंजाब	7. त्रावनकोर एवं कोचीन	7. विंध्य प्रदेश
8. संयुक्त प्रांत	8. सौराष्ट्र	8. मणिपुर
9. प. बंगाल	9. त्रिपुरा	9. बिलासपुर

भारतीय संविधान के **अनुच्छेद**-3 के द्वारा संसद नए राज्यों की स्थापना तथा वर्तमान राज्यों की सीमाओं में परिवर्तन कर सकती है। अनुच्छेद-3 में नए राज्यों की स्थापना संबंधी प्रावधान निहित हैं। अनुच्छेद-3 के अनुसार संसद निम्न प्रकार के राज्यों की स्थापना कर सकती है–

- किसी राज्य में से उसका राज्य क्षेत्र अलग करके अथवा दो या दो से अधिक राज्यों के भागों को मिलाकर अथवा किसी राज्य क्षेत्र को किसी भाग के साथ मिलाकर नए राज्य का निर्माण कर सकती है।
- किसी राज्य का क्षेत्र घटा सकती है।
- किसी राज्य का क्षेत्र बढ़ा सकती है।
- किसी राज्य की सीमाओं में परिवर्तन कर सकती है।
- किसी राज्य के नाम में परिवर्तन कर सकती है।

अनुच्छेद-3 के अंतर्गत नए राज्यों की स्थापना वर्तमान राज्य के भागों को मिलाकर की जा सकती है, जबकि अनुच्छेद-2 के अंतर्गत नए राज्य की स्थापना नए राज्य को अर्जित करके की जा सकती है। अनुच्छेद-3 में प्रयुक्त शब्द राज्य के अंतर्गत संघ राज्य क्षेत्र सम्मिलित है।

परंतु संसद को नए राज्यों की स्थापना करने के संबंध में जो अधिकार प्राप्त हैं उस पर संविधान द्वारा शर्तें लगाई गई हैं जो निम्नवत् हैं–

- किसी राज्य के निर्माण अथवा वर्तमान राज्यों की सीमाओं में परिवर्तन के लिए कोई भी विधेयक राष्ट्रपति की सिफारिश के बिना संसद के किसी सदन में प्रस्तुत नहीं किया जा सकता है।
- यदि विधेयक द्वारा किसी राज्य के क्षेत्र, सीमा एवं नाम में परिवर्तन प्रस्तावित है तो राष्ट्रपति द्वारा उक्त राज्य के विधानमंडल को विधेयक विचारार्थ भेजा जाएगा। राज्य विधानमंडल को निर्धारित समय के अंदर अपने विचारों को व्यक्त करते हुए विधेयक को वापस कर देना चाहिए। राष्ट्रपति उक्त समयावधि में वृद्धि भी कर सकता है। यदि उक्त राज्य विधानमंडल निर्धारित अवधि में अपने विचार व्यक्त नहीं करे तो राष्ट्रपति विधेयक को संसद में प्रस्तुत कर सकता है। ध्यातव्य है कि निर्धारित अवधि के अंदर राज्य विधानमंडल विधेयक पर अपना विचार देने अथवा उसके अनुसार कार्य करने के लिए बाध्य नहीं है। **जम्मू-कश्मीर राज्य क्षेत्र को घटाने-बढ़ाने अथवा उसके नाम तथा सीमा में परिवर्तन कराने वाला विधेयक उस राज्य के विधानमंडल की स्वीकृति के बिना संसद में प्रस्तुत नहीं किया जा सकता है।**

भारत के राज्य क्षेत्र में निम्न क्षेत्र शामिल होंगे। अनुच्छेद 1(3)		
1.		राज्यों के क्षेत्र
2.		संघ राज्य क्षेत्र
3.		ऐसे अन्य राज्य क्षेत्र जो अर्जित किए जाएं
संघ और उसके राज्य (भाग-1)		
अनुच्छेद 1	-	संघ का नाम और राज्य क्षेत्र।
अनुच्छेद 2	-	नए राज्यों का प्रवेश या स्थापना।
2 (क)	-	सिक्किम का संघ के साथ संयुक्त किया जाना।
अनुच्छेद 3	-	नए राज्यों का निर्माण और वर्तमान राज्यों के क्षेत्रों, सीमाओं या नामों में परिवर्तन।
अनुच्छेद 4	-	पहली अनुसूची और चौथी अनुसूची के संशोधन तथा अनुपूरक आनुषंगिक और परिणामिक विषयों का उपबंध करने के लिए अनुच्छेद-2 और अनुच्छेद-3 के अधीन बनाई गई विधियां।

अनुच्छेद-4 में यह प्रावधानित है कि नए राज्यों की स्थापना करने संबंधी विधि में ऐसे अनुपूरक, अनुषंगी और परिमाणिक उपबंध भी होंगे जो उस विधि को प्रभावित करने के लिए आवश्यक हैं और उस विधि द्वारा संविधान की पहली तथा चौथी अनुसूची में संशोधन किया जा सकता है। इसके लिए **अनुच्छेद**-368 द्वारा विहित संविधान के संशोधन के लिए विधि बनाने की विशेष प्रक्रिया नहीं अपनानी होगी। अनुच्छेद-368 के अनुसार राज्य के क्षेत्र, सीमा एवं नाम में परिवर्तन साधारण विधि निर्माण की प्रक्रिया अर्थात् संसद के दोनों सदनों के पृथक्-पृथक् साधारण बहुमत द्वारा पारित कर तथा तत्पश्चात् राष्ट्रपति की संस्तुति प्राप्त की जा सकती है।

भारतीय संविधान के **अनुच्छेद**-3 के अंतर्गत प्राप्त अधिकार का प्रयोग संसद द्वारा अब तक 17 बार किया जा चुका है। संसद भारतीय संघ में सिक्किम को प्रवेश देने के अतिरिक्त 14 राज्यों की स्थापना कर चुकी है।

भारत में राज्यों का पुनर्गठन और विभिन्न आयोग

एस. के. दर आयोग

भारत में स्वतंत्रता प्राप्ति के तुरंत बाद राज्यों के पुनर्गठन की समस्या पैदा हो गई। राज्यों के पुनर्गठन की मांग भाषाई आधार पर की जाने लगी। संविधान सभा द्वारा **नवंबर,** 1947 **में न्यायमूर्ति एस. के. दर** की अध्यक्षता में भाषाई आयोग का गठन किया गया। दर आयोग ने 1948 में अपनी रिपोर्ट प्रस्तुत कर दी। दर आयोग ने अपनी रिपोर्ट में कहा था कि राज्यों का पुनर्गठन केवल भाषा के आधार पर नहीं किया जाना चाहिए। दर आयोग के अनुसार यदि भाषाई क्षेत्र को राज्य बनाना है तो निम्नलिखित बातों पर ध्यान देना चाहिए–

(i) भौगोलिक तारतम्यता (ii) वित्तीय आत्म निर्भरता
(iii) प्रशासनिक सुगमता (iv) विकास की क्षमता आदि।

जे. वी. पी. समिति

दर आयोग की सिफारिशों पर विचार करने के लिए कांग्रेस ने अपने जयपुर अधिवेशन 1948 **में त्रि-सदस्यीय जे. वी. पी. समिति** (जवाहर लाल नेहरू, वल्लभ भाई पटेल, पट्टाभि सीतारमैया) का गठन किया। जे. वी. पी. समिति का मत था कि राज्यों के पुनर्गठन में सबसे महत्वपूर्ण भूमिका देश की सुरक्षा, एकता एवं आर्थिक समृद्धि की होनी चाहिए।

1949 में भारतीय राष्ट्रीय कांग्रेस की कार्य समिति ने जे. वी. पी. समिति की अनुशंसाओं को स्वीकार लिया, परंतु सरकार ने परिस्थितियों के आगे विवश होकर 1953 में भाषाई आधार पर आंध्र प्रदेश राज्य अधिनियम 1953 के द्वारा चेन्नई (मद्रास) राज्य के कुछ क्षेत्र उससे अलग करके आंध्र प्रदेश का गठन किया।

1950 में आंध्र प्रदेश के गठन की मांग को लेकर कुछ लोग आमरण अनशन पर बैठ गए। इसमें से एक अनशनकारी पोतू राम की मृत्यु हो गई थी। इस प्रकार आंध्र प्रदेश की स्थापना भाषाई आधार पर की गई और 1950 **के बाद पुनर्गठित होकर बनने वाला देश का पहला राज्य आंध्र प्रदेश** ही है।

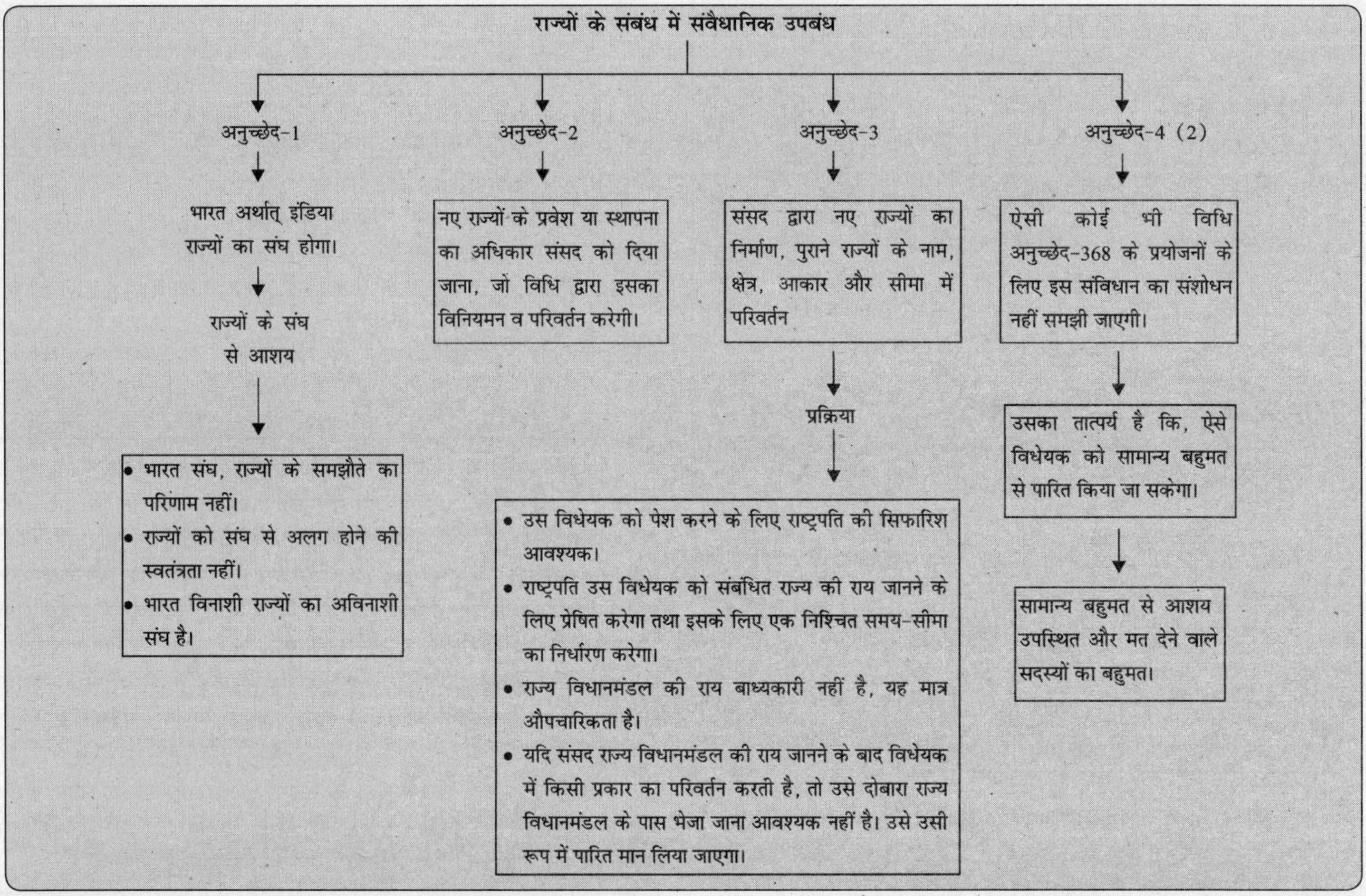

राज्य पुनर्गठन आयोग-फजल अली आयोग

22 दिसंबर, 1953 को केंद्रीय मंत्रिमंडल द्वारा पारित एक संकल्प के आधार पर केंद्र सरकार ने राज्य पुनर्गठन आयोग का गठन किया। राज्य पुनर्गठन आयोग त्रिसदस्यीय था जिसमें न्यायाधीश फजल अली (अध्यक्ष), के. एम. पणिक्कर तथा हृदय नाथ कुंजरू (सदस्य) को सम्मिलित किया गया था। 30 दिसंबर, 1955 को राज्य पुनर्गठन आयोग ने अपनी रिपोर्ट सरकार को प्रस्तुत कर दी। राज्य पुनर्गठित आयोग ने अपनी रिपोर्ट में कहा कि केवल भाषा तथा संस्कृति के आधार पर राज्यों का पुनर्गठन करते समय भाषा के अतिरिक्त राष्ट्रीय सुरक्षा, वित्तीय तथा प्रशासनिक आवश्यकता तथा पंचवर्षीय योजनाओं को सफल बनाने की क्षमता को भी ध्यान में रखा जाना चाहिए। परंतु राज्य पुनर्गठन आयोग ने पंजाब तथा मुंबई (बंबई)) को छोड़कर अन्य राज्यों का पुनर्गठन भाषा के आधार पर करने की अनुशंसा कर दी। राज्य पुनर्गठन आयोग ने 16 राज्यों तथा 3 केंद्र शासित क्षेत्रों की स्थापना की सिफारिश की थी तथा इसके अतिरिक्त भाग-क, भाग-ख तथा भाग-ग राज्यों की भिन्नता तथा राज्य प्रमुख के पद को समाप्त करने की भी अनुशंसा की थी।

राज्य पुनर्गठन आयोग की रिपोर्ट में मतैक्य नहीं था। आयोग के सदस्य के. एम. पणिक्कर उक्त सिफारिशों से पूरी तरह सहमति नहीं थे। उन्होंने कुछ सिफारिशें अलग से भी की थीं। के. एम. पाणिक्कर के अनुसार हिमाचल को पंजाब में सम्मिलित नहीं किया जाना चाहिए तथा उत्तर प्रदेश, मध्य प्रदेश, तथा विंध्य प्रदेश के कुछ क्षेत्रों को मिलाकर अलग से आगरा राज्य बनाया जाना चाहिए।

भारतीय राष्ट्रीय कांग्रेस तथा भाषाई आधार पर राज्यों का पुनर्गठन

जहां तक भारत में भाषाई आधार पर राज्यों का पुनर्गठन का प्रश्न है तो इस पर समय-समय पर विभिन्न समितियों में विचार किया गया। जब मांटेग्यू-चेम्सफोर्ड सुधार लागू किया गया तब भी राज्यों को भाषा के आधार पर पुनर्गठित करने के प्रश्न पर विचार किया गया था, परंतु कोई निर्णय नहीं लिया जा सका। 1905 में भारतीय राष्ट्रीय कांग्रेस ने भाषा के आधार पर बंगाल के विभाजन का विरोध किया परंतु जब 1913 में आंध्र महासभा ने तेलुगू भाषी प्रांत के गठन की मांग की तो कांग्रेस के कुछ नेताओं ने इसका समर्थन किया। 1917 में कांग्रेस के अधिवेशन में महात्मा गांधी तथा एनी बेसेंट ने भाषा के आधार पर पुनर्गठन का विरोध किया परंतु बाल गंगाधर तिलक ने इसका समर्थन किया। 1918 में महात्मा गांधी ने अपने दृष्टिकोण में परिवर्तन किया तथा भाषाई आधार पर पुनर्गठन का समर्थन किया। 1920 के नागपुर के अधिवेशने में कांग्रेस द्वारा भाषाई आधार पर पुनर्गठन की नीति को स्वीकार कर लिया गया तथा कांग्रेस के संगठन के लिए देश को 21 प्रांतों में विभक्त कर दिया। यह सर्वविदित है कि कांग्रेस द्वारा ऐसा दबाव में आकर किया गया।

केंद्र सरकार ने राज्य पुनर्गठन आयोग की सिफारिशों को स्वीकार कर लिया तथा 1956 में राज्यों का पुनर्गठन करके 14 राज्यों तथा 6 केंद्र शासित प्रदेशों की स्थापना की।

1956 में राज्यों के पुनर्गठन के बाद की स्थिति

राज्य पुनर्गठन आयोग की रिपोर्ट के आधार पर 1956 में केंद्र सरकार ने राज्यों का पुनर्गठन करके 14 राज्यों की स्थापना की, जो इस प्रकार हैं– (1) उत्तर प्रदेश, (2) पंजाब, (3) बिहार, (4) प. बंगाल, (5) असोम (असम), (6) ओडिशा (उड़ीसा), (7) आंध्र प्रदेश, (8) तमिलनाडु, (9) केरल (10) मैसूर (11) मुंबई (बंबई) (12) मध्य प्रदेश (13) राजस्थान एवं (14) जम्मू-कश्मीर। इसके बाद के घटनाक्रम इस प्रकार हैं–

- केंद्र सरकार द्वारा 1956 में भाषाई आधार पर राज्यों का पुनर्गठन तो कर दिया गया परंतु इससे राज्यों को संतुष्ट नहीं किया जा सका, विशेषकर मुंबई (बंबई)) तथा पंजाब को। मुंबई को मराठी भाषा के आधार पर पुनर्गठित करके महाराष्ट्र बनाए जाने के विरोध में तत्कालीन केंद्रीय वित्तमंत्री सी. सी. देशमुख ने मंत्रिमंडल से त्यागपत्र दे दिया। इस प्रकार मुंबई तथा पंजाब के भाषाई आधार पर पुनर्गठन के लिए आंदोलन शुरू हो गए।
- 1959 में मुंबई का पुनर्गठन करके महाराष्ट्र राज्य के निर्माण को लेकर हिंसक आंदोलन शुरू हो गया। फलतः केंद्र सरकार ने मजबूर होकर अप्रैल, 1960 में मुंबई प्रांत का विभाजन करके महाराष्ट्र तथा गुजरात राज्य का गठन किया। औपचारिक रूप से महाराष्ट्र तथा गुजरात 1 मई, 1960 को अस्तित्व में आ गए।

राज्य पुनर्गठन आयोग और उनकी अनुशंसाएं

वर्ष	आयोग/व्यक्ति	अनुशंसा
1903	सर हर्बर्ट रिसले	बंगाल सरकार को लिखे गए पत्र में भाषाई आधार पर बंगाल के विभाजन का सुझाव दिया।
1911	लॉर्ड हार्डिंग	राज्य सचिव को लिखे गए पत्र में बंगाल विभाजन को निरस्त करने की मांग की गई, जिसमें भाषा के मुद्दे को प्रमुखता दी गई थी।
1918	मॉन्टेग्यू-चेम्सफोर्ड रिपोर्ट (भारतीय सांविधानिक सुधारों पर रिपोर्ट)	राज्यों के गठन के भाषाई एवं जातीय आधार को अस्वीकार किया, परंतु छोटी इकाइयों पर बल दिया।
1928	मोतीलाल नेहरू रिपोर्ट	भाषा, जनेच्छा, जनसंख्या एवं भौगोलिक, आर्थिक तथा वित्तीय स्थिति को आधार माना।
1930	भारतीय स्टेच्युरी कमीशन	जाति, धर्म, आर्थिक हित, भौगोलिक एकरूपता, गांवों-शहरों में संतुलन इत्यादि को राज्यों के गठन का आधार माना, किसी भी एक मुद्दे को नहीं बल्कि अनेक मुद्दों को गठन का आधार माना लेकिन गठन के फलस्वरूप प्रभावित क्षेत्रों की आपसी सहमति के गठन के आधार पर भाषाई आधार को सशर्त स्वीकृति दी।
1931	ओ डोनेल (O' Donel) आयोग	भारतीय स्टेच्युरी कमीशन की अनुशंसा का समर्थन किया।
1936	भारतीय सांविधानिक सुधार संयुक्त समिति	इसकी अनुशंसा पर सांप्रदायिक आधार पर सिंध प्रांत का गठन किया गया।
1948	दर आयोग	हालांकि इसने वर्तमान परिस्थितियों में भाषाई आधार पर राज्यों के पुनर्गठन का विरोध किया किंतु प्रशासनिक सुविधा, इतिहास एवं भौगोलिक, सांस्कृतिक एवं आर्थिक आधार पर पुनर्गठन का समर्थन।
1948	जे.वी.पी. आयोग	प्रभावित जनता की आपसी सहमति आर्थिक, वित्तीय एवं प्रशासनिक मितव्ययिता पर जोर दिया एवं इन सबको ध्यान में रखते हुए भाषा को आधार बनाए जा सकने की संभावना से इंकार किया।
1953	फजल अली आयोग	राष्ट्रीय एकता, प्रशासनिक, आर्थिक, वित्तीय व्यवहार्यता एवं आर्थिक विकास, अल्पसंख्यक हितों की रक्षा को पुनर्गठन का आधार माना। सरकार ने इस आयोग की अनुशंसा को कुछ परिवर्तन के साथ स्वीकार कर लिया एवं इसी अनुशंसा पर आधारित राज्य पुनर्गठन अधिनियम पारित किया (7वां संविधान संशोधन, 1956)।

देशी रियासतों का एकीकरण

- स्वतंत्रता प्राप्ति के पूर्व भारतीय राज्यक्षेत्र दो वर्गों में विभक्त था। ब्रिटिश भारत एवं देशी रियासतें। ब्रिटिश भारत में 9 प्रांत थे, जबकि देशी रियासतों की संख्या 600 थी, जिसमें से 542 को छोड़कर शेष 58 पाकिस्तान में शामिल हो गईं। 542 रियासतों से 3 रियासतों जूनागढ़, हैदराबाद तथा जम्मू-कश्मीर का भारत में विलय कराने में अनेक समस्याओं का सामना करना पड़ा।
- जूनागढ़ रियासत को जनमत संग्रह के आधार पर भारत में मिलाया गया। हैदराबाद रियासत को सैन्य कार्यवाही द्वारा मिलाया गया तथा जम्मू-कश्मीर रियासत के शासक ने पाकिस्तानी कबायलियों के आक्रमण के कारण भारत के साथ विलय-पत्र पर हस्ताक्षर करके कश्मीर को भारत में सम्मिलित कर दिया। देशी रियासतों का भारत में विलय तत्कालीन गृहमंत्री वल्लभ भाई पटेल की दूरदर्शी नीति और साहसिक कूटनीतिक प्रयासों का परिणाम था।
- स्वतंत्रता प्राप्ति के उपरांत ब्रिटिश प्रांतों एवं देशी रियासतों को एकीकृत करके भारत में राज्यों को चार श्रेणियों क, ख, ग और घ में बांटा गया था। ये सभी संख्या में 29 थे।

- 1966 में संसदीय समिति की सिफारिशों के आधार पर केंद्र सरकार ने पंजाब का भाषाई आधार पर पुनर्गठन करने की अनुशंसा को स्वीकार कर लिया। ध्यातव्य है कि 1960 के बाद पंजाब के विभाजन को लेकर हिंसक आंदोलन शुरू हो गया। फलतः केंद्र सरकार ने पंजाब के विभाजन पर विचार करने के लिए एक संसदीय समिति का गठन किया था। संसदीय समिति की सिफारिशों के आधार पर नवंबर, 1960 को पंजाब का पुनर्गठन करके पंजाबी भाषा प्रांत पंजाब तथा हिंदी भाषी राज्य हरियाणा बना दिया गया।
- इसके बाद भी राज्यों के पुनर्गठन की समस्या समाप्त नहीं हुई। किसी न किसी आधार पर राज्यों के पुनर्गठन की मांग होती रही तथा सरकार द्वारा समय-समय पर नए राज्यों की स्थापना भी की जाती रही।
- 1962 में नागालैंड, 1970 में हिमाचल प्रदेश, 1971 में मेघालय, 1975 में सिक्किम, 1986 में मिजोरम, 1986 में अरुणाचल प्रदेश तथा 1987 में गोवा राज्य की स्थापना की गई।
- 1990 में उत्तर प्रदेश को पुनर्गठन करके उत्तरांचल के गठन की मांग जोर पकड़ने लगी। ध्यातव्य है झारखंड तथा छत्तीसगढ़ की मांग कई दशकों से हो रही थी। फलतः परिस्थितियों के आगे नतमस्तक होकर केंद्र सरकार द्वारा नवंबर, 2000 में मध्य प्रदेश, उत्तर प्रदेश तथा बिहार का पुनर्गठन करके छत्तीसगढ़, उत्तराखंड तथा झारखंड का गठन किया गया।
- जून 2014 में आंध्र प्रदेश का विभाजन करके तेलगांना नामक एक नया राज्य बनाया गया। इस प्रकार राज्यों की संख्या बढ़कर 29 हो गई।

केंद्र शासित प्रदेशों का गठन

- ब्रिटिश शासनकाल में वर्ष 1874 में कुछ अनुसूचित जिले बनाए गए। बाद में इन्हें मुख्य आयुक्तीय क्षेत्र के नाम से जाना जाने लगा।
- स्वतंत्रता के बाद इन्हें भाग-ग तथा घ राज्यों की श्रेणी में रखा गया।
- वर्ष 1956 में 7वें संविधान संशोधन अधिनियम व राज्य पुनर्गठन अधिनियम के तहत इन्हें केंद्रशासित प्रदेशों के रूप में गठित किया गया।
- बाद में कुछ केंद्रशासित प्रदेशों को पूर्ण राज्य का दर्जा मिल गया। हिमाचल प्रदेश, मणिपुर, त्रिपुरा, मिजोरम, अरुणाचल प्रदेश व गोवा शुरुआत में केंद्र शासित प्रदेश थे लेकिन अब ये सभी पूर्ण राज्य हैं।
- दूसरी ओर पुर्तगालियों से लिए गए क्षेत्र (गोवा, दमन-दीव और दादरा और नगर हवेली) तथा फ्रांसीसियों से लिया गया क्षेत्र (पुदुचेरी) केंद्र शासित प्रदेश बनाए गए।
- वर्ष 1973 तक लक्षद्वीप को लंकादीव, मिनीकाय एवं अमीनीदीव द्वीप के नाम से जाना जाता था।
- वर्ष 1992 से दिल्ली को राष्ट्रीय राजधानी क्षेत्र दिल्ली के रूप में जाना जाने लगा। वर्ष 2006 तक पुदुचेरी को पांडिचेरी के नाम से जाना जाता था।
- अगस्त 2019 में जम्मू-कश्मीर राज्य को दो केन्द्र शासित प्रदेशों (जम्मू-कश्मीर और लद्दाख) में विभाजित कर दिया गया है

1950 के बाद सृजित नए राज्य

स्वतंत्रता प्राप्ति के बाद रियासतों के विलय और उपजी हुई परिस्थितियों के मद्देनजर सरकार को राज्यों के पुनर्गठन और नए राज्यों के सृजन के कदम उठाने पड़े। इस दिशा में आंध्र प्रदेश पहला राज्य बना जो स्वतंत्रता प्राप्ति के बाद भाषा के आधार पर गठित हुआ। इसके बाद सरकार ने राज्य पुनर्गठन आयोग की सिफारिशों के आधार पर राज्यों का पुनर्गठन किया। परंतु कालांतर में नए-नए राज्यों की मांग होती गई और सरकार ने उनमें से कुछ की मांग को स्वीकार भी किया। इस प्रकार 1950 के बाद सृजित नए राज्यों की संक्षिप्त रूपरेखा निम्नवत् है–

- **आंध्र प्रदेशः** चेन्नई (मद्रास) राज्य के कुछ क्षेत्रों को अलग कर आंध्र प्रदेश राज्य अधिनियम, 1953 द्वारा निर्मित।
- **गुजरात व महाराष्ट्रः** मुंबई (बंबई) (पुनर्गठन) अधिनियम, 1960 के द्वारा मुंबई (बंबई) राज्य को दो राज्यों महाराष्ट्र व गुजरात में बांट दिया गया।

आंध्र प्रदेश पुनर्गठन अधिनियम, 2014

आंध्र प्रदेश पुनर्गठन अधिनियम, 2014, जो कि तेलंगाना अधिनियम भी कहलाता है, भारतीय सांसद अधिनियम भी है, जिसके अनुसार आंध्र प्रदेश का विभाजन दो राज्यों में हुआ है- तेलंगाना और शेष आंध्र प्रदेश। इस अधिनियम में संपत्ति और ऋण के विभाजन के सारे पहलू स्पष्ट हैं और साथ ही प्रस्तावित नए राज्यों की सीमाएं और हैदराबाद का दर्जा निर्धारित है। 30 जनवरी, 2014 को आंध्र प्रदेश विधान सभा ने इस विधेयक को अस्वीकार कर दिया था लेकिन इस विधेयक को लोकसभा ने 18 फरवरी, 2014 और राज्य सभा ने 20 फरवरी, 2014 को पारित कर दिया। यह विधेयक 1 मार्च, 2014 को भारत के राष्ट्रपति श्री प्रणव मुखर्जी द्वारा प्रमाणित होने के बाद आधिकारिक रूप से राजपत्र में प्रकाशित हो गया था। इसके फलस्वरूप 2 जून, 2014 को तेलंगाना अपने अस्तित्व में आ गया। इससे संबंधित प्रमुख बिंदु निम्नवत् हैं-

- पुनः आंध्र प्रदेश पुनर्गठन अधिनियम 2014 ने आंध्र प्रदेश को अलग राज्यों में बांट दिया। आंध्र प्रदेश (शेष) तेलंगाना। हैदराबाद को दोनों राज्यों की संयुक्त राजधानी बनाया गया है। 10 वर्षों के लिए इस अवधि में आंध्र प्रदेश अपनी अलग राजधानी बना लेगा। इसी प्रकार आंध्र प्रदेश उच्च न्यायालय का नाम बदलकर हैदराबाद उच्च न्यायालय कर दिया गया है।
- उच्च न्यायालय तब तक दोनों राज्यों के लिए साझा रहेगा जब तक कि आंध्र प्रदेश राज्य के लिए अलग उच्च न्यायालय स्थापित नहीं हो जाता।

विभिन्न राज्यों की राजधानियों के नाम में परिवर्तन

वर्ष	राज्य	पुरानी राजधानी	नई राजधानी
1991	केरल	त्रिवेंद्रम	तिरुवनंतपुरम
1996	तमिलनाडु	मद्रास	चेन्नई
1996	महाराष्ट्र	बंबई	मुंबई
2001	प. बंगाल	कलकत्ता	कोलकाता
2006	कर्नाटक	बंगलौर	बेंगलुरु

- **केरलः** राज्य पुनर्गठन अधिनियम, 1956 द्वारा निर्मित। इसमें त्रावनकोर व कोचीन क्षेत्र सम्मिलित था।
- **कर्नाटकः** राज्य पुनर्गठन अधिनियम, 1956 द्वारा मैसूर रियासत से बना। वर्ष 1973 में कर्नाटक नाम से पुनः नामकरण हुआ।
- **नागालैंडः** नागालैंड राज्य अधिनियम, 1962 द्वारा असोम (असम) राज्य से अलग कर बनाया गया।
- **हरियाणाः** पंजाब (पुनर्गठन) अधिनियम, 1966 द्वारा पंजाब राज्य से अलग करके एक नया राज्य हरियाणा बनाया गया। यह भारतीय संघ का 16वां राज्य बना।

विशेष राज्य : एक नजर में

क्र.	राज्य	वर्ष
1.	असोम (असम)	1969
2.	नागालैंड	1969
3.	जम्मू-कश्मीर	1963
4.	हिमाचल प्रदेश	1971
5.	मणिपुर	1972
6.	मेघालय	1972
7.	त्रिपुरा	1972
8.	सिक्किम	1975-76
9.	मिजोरम	1986-87
10.	अरुणाचल प्रदेश	1986-87
11.	उत्तराखंड	2001

नोटः जम्मू-कश्मीर को केन्द्रशासित राज्य बनाए जाने के बाद विशेष राज्यों की संख्या कम होकर 10 रह गई है।

- **हिमाचल प्रदेशः** हिमाचल प्रदेश राज्य अधिनियम, 1970 द्वारा हिमाचल प्रदेश को केंद्रशासित राज्य का दर्जा दिया गया। यह भारतीय संघ का 17वां राज्य बना।
- **मेघालयः** 23वें संविधान संशोधन, 1963 द्वारा पहले असोम (असम) राज्य के अंदर ही उपराज्य बनाया गया और 1971 में उत्तर-पूर्वी क्षेत्र (पुनर्गठन) अधिनियम, 1971 द्वारा इसे एक पूर्ण राज्य का दर्जा दिया गया।
- **मणिपुर तथा त्रिपुराः** उत्तर-पूर्वी क्षेत्र (पुनर्गठन) अधिनियम, 1971 द्वारा इन दोनों ही केंद्रशासित प्रदेशों (मणिपुर 19वां व त्रिपुरा 20वां) को राज्य का दर्जा दिया गया।
- **सिक्किमः** 35वें संविधान संशोधन अधिनियम 1974 के द्वारा सिक्किम को पहले सहायक राज्य का दर्जा दिया गया, परंतु बाद में 36वें संविधान संशोधन द्वारा सिक्किम को पूर्ण राज्य का दर्जा दे दिया गया।

- **मिजोरम:** मिजोरम राज्य अधिनियम 1986 द्वारा इसको पूर्ण राज्य का दर्जा दिया गया। ध्यातव्य है कि इसका गठन भारत सरकार और मिजो नेशनल फ्रंट के मध्य हुए समझौते के फलस्वरूप हुआ।
- **अरुणाचल प्रदेश:** 1986 में अरुणाचल प्रदेश राज्य अधिनियम 1986 के माध्यम से इसको पूर्ण राज्य का दर्जा दिया गया।
- **गोवा:** गोवा, दमन एवं दीव पुनर्गठन अधिनियम 1987 के द्वारा गोवा को केंद्रशासित प्रदेश की श्रेणी से हटाकर पूर्ण राज्य का दर्जा दिया गया। परंतु दमन एवं दीव अभी भी केंद्रशासित प्रदेश बना हुआ है।
- **छत्तीसगढ़:** 1 नवंबर, 2000 को मध्य प्रदेश को पुनर्गठित करके छत्तीसगढ़ का निर्माण किया गया, जो भारत का 26वां राज्य बना।
- **उत्तराखंड:** 9 नवंबर 2000 को उत्तर प्रदेश को विभाजित करके देश के 27वें राज्य के रूप में उत्तरांचल का गठन किया गया, जिसका बाद में नाम बदलकर उत्तराखंड कर दिया गया।
- **झारखंड:** 15 नवंबर, 2000 को बिहार का विभाजन करके झारखंड का गठन देश के 28वें राज्य के रूप में किया गया।
- **तेलंगाना:** 2 जून, 2014 को आंध्र प्रदेश को विभाजित करके 29वें राज्य के रूप में तेलंगाना का गठन किया गया। उल्लेखनीय है कि राज्य पुनर्गठन अधिनियम 1956 के द्वारा हैदराबाद राज्य के तेलुगू भाषी क्षेत्रों को आंध्र राज्य में मिलाकर एक वृहत्तर आंध्र प्रदेश राज्य का गठन किया गया था।
- 5 अगस्त, 2019 को जम्मू-कश्मीर का राज्य का दर्जा समाप्त कर दिया गया और उसे दो केन्द्र-शासित प्रदेशों जम्मू-कश्मीर और लद्दाख में विभाजित कर दिया गया। इस प्रकार राज्यों की संख्या कम होकर 28 रह गई है।

विशेष राज्य की अवधारणा

यद्यपि शुरू से ही भारतीय संविधान में गरीब एवं पिछड़े राज्यों के विकास को समान अवसर प्रदान करने के लिए विशेष सहायता

अगस्त, 2019 के अनुसार भारत संघ के 28 राज्य

क्रम	राज्य	विधानमंडल	विधानसभा में सदस्यों की संख्या	लोकसभा में सदस्यों की संख्या	राज्यसभा में सदस्यों की संख्या
1.	आंध्र प्रदेश	द्वि सदनीय	175	25	11
2.	असोम (असम)	एक सदनीय	126	14	7
3.	बिहार	द्वि सदनीय	243	40	16
4.	गुजरात	एक सदनीय	182	26	11
5.	केरल	एक सदनीय	140	20	9
6.	मध्य प्रदेश	एक सदनीय	250	35	11
7.	तमिलनाडु	द्वि सदनीय (प्रस्तावित)	234	39	18
8.	महाराष्ट्र	द्वि सदनीय	288	48	19
9.	कर्नाटक	द्वि सदनीय	225	28	12
10.	ओडिशा (उड़ीसा)	एक सदनीय	147	21	10
11.	पंजाब	एक सदनीय	117	13	7
12.	राजस्थान	एक सदनीय	200	25	10
13.	उत्तर प्रदेश	द्वि सदनीय	402	82	31
14.	प. बंगाल	एक सदनीय	294	42	16
15.	नागालैंड	एक सदनीय	60	1	1
16.	हरियाणा	एक सदनीय	90	10	5
17.	हिमाचल प्रदेश	एक सदनीय	68	4	3
18.	मणिपुर	एक सदनीय	70	2	1
19.	त्रिपुरा	एक सदनीय	60	2	1
20.	मेघालय	एक सदनीय	60	2	1
21.	सिक्किम	एक सदनीय	30	1	1
22.	मिजोरम	एक सदनीय	40	1	1
22.	अरुणाचल प्रदेश	एक सदनीय	60	2	1
24.	गोवा	एक सदनीय	40	2	1
25.	छत्तीसगढ़	एक सदनीय	90	9	5
26.	उत्तराखंड	एक सदनीय	22 जिसे बाद में 70 किया गया	5	3
27.	झारखंड	एक सदनीय	82	14	6
28.	तेलंगाना	द्विसदनीय	119	17	7

*अगस्त 2019 में जम्मू-कश्मीर का राज्य का दर्जा खत्म करके उसे दो केन्द्रशासित प्रदेशों (जम्मू-कश्मीर एवं लद्दाख) में बाँट दिया गया है।

केंद्रशासित प्रदेशों की राजनैतिक स्थिति

प्रदेश	विधानमंडल	विधायकों की संख्या	लोकसभा सदस्य संख्या	राज्यसभा सदस्य संख्या
दिल्ली	एक सदनीय	70	7	3
पांडिचेरी	एक सदनीय	30	1	1
दादरा और नगर हवेली एवं दमन-दीव	–	–	2	–
अंडमान-निकोबार द्वीप समूह	–	–	1	–
चंडीगढ़	–	–	1	–
लक्षद्वीप	–	–	1	–
जम्मू-कश्मीर	एक सदनीय	90	6	4
लद्दाख	–	–	1	–

*अगस्त 2019 में जम्मू-कश्मीर का राज्य दर्जा खत्म करके उसे दो केन्द्रशासित प्रदेशों (जम्मू-कश्मीर एवं लद्दाख) में बाँट दिया गया है।

देने का प्रावधान किया गया था, परंतु विशेष राज्य की अवधारणा 1969 में गाडगिल द्वारा दी गई। विशेष राज्य का दर्जा पाने के लिए निम्नलिखित शर्तों का अनुपालन करना पड़ता है–

- राज्य सामरिक दृष्टि से महत्व रखता हो और अंतर्राष्ट्रीय सीमा का निर्माण कर रहा हो।
- राज्य का कम-से-कम 2/3 तिहाई भाग पहाड़ी और दुर्गम हो।
- राज्य की आबादी कम हो और जनजाति बहुल्य हो।
- आर्थिक, सामाजिक और बुनियादी सुविधाओं की दृष्टि से पिछड़ा हो।
- राज्य में उग्रवाद या अलगाववाद जैसी समस्याएं विद्यमान हों।

उपरोक्त पांच शर्तों में किन्हीं चार शर्तों को पूरा करने पर संबंधित राज्य को विशेष राज्य का दर्जा केंद्र सरकार दे सकती है। अब तक 11 राज्यों को विशेष राज्य का दिया गया है।

केंद्रशासित प्रदेशों का गठन

- **सन् 1956** में **7वें संविधान संशोधन अधिनियम** व **राज्य पुनर्गठन अधिनियम 1956** के अंतर्गत केन्द्रशासित प्रदेश की अवधारणा लाई गई। समय-समय पर इनकी संख्या घटती-बढ़ती रही है। कुछ केन्द्रशासित प्रदेशों को पूर्ण राज्य का दर्जा दिया गया तो दूसरी तरफ जम्मू-कश्मीर को पूर्ण राज्य की श्रेणी से हटाकर दो केन्द्रशासित प्रदेशों जम्मू-कश्मीर और लद्दाख में अगस्त 2019 में विभाजित किया गया। 26 जनवरी, 2020 को दादरा-नगर हवेली और दमनदीव को आपस में मिलाकर एक नया केन्द्रशासित प्रदेश बनाया गया, जिसका नाम दादरा-नगर हवेली एवं दमनदीव रखा गया। इस नए केन्द्रशासित प्रदेश की राजधानी दमन को बनाया गया। उल्लेखनीय है कि दादरा-नगर हवेली और दमनदीव के विलय संबंधी विधेयक को दिसंबर 2019 में संसद द्वारा पारित किया गया। ऐसा करने का उद्देश्य दोनों क्षेत्रों में बेहतर प्रशासन की स्थापना करना है।

नोट:

- 26 जनवरी 2020 को दादरा-नगर हवेली और दमन एवं दीव का आपस में विलय कर दिया गया। इसलिए केन्द्रशासित प्रदेशों की संख्या कम होकर 8 हो गई है।
- वर्ष 1973 तक **लक्षद्वीप** को **लंकादीव, मिनीकॉय** एवं **अमिनदिवी द्वीप** के नाम से जाना जाता था।
- वर्ष 1992 में दिल्ली को **राष्ट्रीय राजधानी क्षेत्र दिल्ली** के रूप में जाना जाने लगा। 2006 तक **पुदुचेरी** को **पांडिचेरी** के नाम से जाना जाता था।

	केन्द्रशासित प्रदेश	गठन वर्ष
1.	अण्डमान एवं निकोबार द्वीप समूह	1956
2.	दिल्ली	1956
3.	लक्षद्वीप	1956
4.	पुदुचेरी	1954
5.	चंडीगढ़	1966
6.	जम्मू-कश्मीर	2019
7.	लद्दाख	2019
8.	दादरा और नगर हवेली एवं दमन व दीव	2020

केन्द्रशासित प्रदेशों के गठन के कारण

1. **राजनीतिक व प्रशासनिक सोच**-दिल्ली एवं चण्डीगढ़।
2. **सांस्कृतिक भिन्नताएँ**-पुदुचेरी, दादरा और नगर हवेली, दमन-दीव।
3. **सामरिक महत्व**-अण्डमान और निकोबार द्वीप समूह तथा लक्षद्वीप।
4. **पिछड़े एवं अनुसूचित जाति के लोगों के लिए विशेष व्यवहार व देखभाल**-मिजोरम, मणिपुर, त्रिपुरा व अरुणाचल प्रदेश-ये बाद में पूर्ण राज्य बन गए।

केंद्रशासित प्रदेशों का प्रशासन

भारतीय संविधान में केन्द्रशासित प्रदेशों के संदर्भ में निम्नलिखित प्रावधान किए गए हैं-

- संविधान के **भाग VIII** के अन्तर्गत **अनुच्छेद-239 से 241** तक केन्द्रशासित प्रदेशों के संबंध में उपबंध किए गए हैं। यद्यपि सभी केन्द्रशासित प्रदेश एक ही श्रेणी के हैं लेकिन उनकी **प्रशासनिक पद्धति** में समानता नहीं है।
- प्रत्येक केन्द्रशासित प्रदेश का प्रशासन राष्ट्रपति द्वारा संचलित होता है, जो एक प्रशासक के माध्यम से किया जाता है। केन्द्रशासित प्रदेश का प्रशासक राष्ट्रपति का **एजेंट** या **अभिकर्ता** होता है, न कि राज्यपाल की तरह राज्य प्रमुख।
- राष्ट्रपति **प्रशासक** को कोई पदनाम दे सकता है। वर्तमान में यह पदनाम **उप-राज्यपाल** अथवा **मुख्य आयुक्त** अथवा **प्रशासक** हो सकता है।
- इस समय **उप-राज्यपाल** (दिल्ली, अण्डमान निकोबार द्वीप समूह और पुदुचेरी में) तथा **प्रशासक** (चण्डीगढ़, दमन और दीव तथा लक्षद्वीप में) है।
- राष्ट्रपति किसी राज्य के राज्यपाल को राज्य से सटे केन्द्रशासित प्रदेशों का प्रशासक नियुक्त कर सकता है। इस हैसियत से राज्यपाल अपनी मंत्रिपरिषद् के बिना स्वतंत्र रूप से कार्य करता है।

- केन्द्रशासित प्रदेश **पुदुचेरी** (1963) और **दिल्ली** (1992) में विधानसभा गठित की गई और मंत्रिमंडल, मुख्यमंत्री के अधीन कर दिया गया।
- संसद, केन्द्रशासित प्रदेशों के लिए तीनों सूचियों (राज्य के विषय भी) के विषयों पर विधि बना सकती है। संसद की इस शक्ति का विस्तार पुदुचेरी व दिल्ली तक है, जबकि इनकी अपनी विधायिका हैं।
- पुदुचेरी के लिए भी राष्ट्रपति विधि बना सकता है यदि वहाँ विधानसभा विघटित हो या बर्खास्त हो।
- राष्ट्रपति द्वारा बनाई गई विधियों की शक्ति एवं प्रभाव संसद के अधिनियमों की तरह है और वह संसद के किसी अधिनियम को समाप्त या संशोधित कर सकता है।
- संसद, किसी केन्द्रशासित प्रदेश में उच्च न्यायालय की स्थापना कर सकती है या उसे निकटवर्ती राज्य के उच्च न्यायालय के अधीन कर सकती है।

नोट: अन्य छह केन्द्रशासित प्रदेशों में दिल्ली और पुदुचेरी की तरह राजनीतिक संस्था नहीं है।

दिल्ली के लिए विशेष उपबंध

- वर्ष 1991 में **69वें संविधान संशोधन अधिनियम** में केन्द्रशासित प्रदेश दिल्ली को विशेष स्थिति प्रदान की गई और इसे **राष्ट्रीय राजधानी क्षेत्र दिल्ली** का नाम दिया गया और **लेफ्टिनेंट गवर्नर** को दिल्ली प्रशासक नामित किया गया।
- दिल्ली के लिए वर्ष 1992 में विधानसभा व मंत्रिमंडल का गठन किया गया। इससे पहले दिल्ली में **महानगरीय परिषद्** और **कार्यकारी परिषद्** थी।
- **दिल्ली विधानसभा** की क्षमता 70 सदस्यीय निर्धारित की गई है, ये सदस्य लोगों द्वारा प्रत्यक्ष रूप से चुने जाते हैं। इनका चुनाव **निर्वाचन आयोग** द्वारा किया जाता है।
- दिल्ली विधानसभा को राज्य सूची व समवर्ती सूची के विषयों पर विधि बनाने का अधिकार है (राज्य सूची के तीन विषय- **लोकव्यवस्था**, **पुलिस** तथा **भूमि** को छोड़कर) परंतु संसद द्वारा बनाई गई विधि, विधानसभा द्वारा बनाई गई विधि से अधिक प्रभावी होती है।

केन्द्रशासित प्रदेशों की प्रशासनिक व्यवस्था

	केन्द्रशासित प्रदेश	कार्यपालिका
1.	अंडमान व निकोबार	उप-राज्यपाल
2.	चंडीगढ़	प्रशासक
3.	दादरा-नगर हवेली और दमनदीव	प्रशासक
4.	दिल्ली	(क) उप-राज्यपाल विधानसभा (ख) मुख्यमंत्री (ग) मंत्रिपरिषद्
5.	लक्षद्वीप	प्रशासक
6.	पुदुचेरी	(क) उप-राज्यपाल विधानसभा (ख) मुख्यमंत्री (ग) मंत्रिपरिषद्
7.	जम्मू-कश्मीर	(क) उप-राज्यपाल विधानसभा (ख) मुख्यमंत्री (ग) मंत्रिपरिषद्
8.	लद्दाख	उप-राज्यपाल

केन्द्रशासित प्रदेशों से संबंधित संवैधानिक प्रावधान

अनुच्छेद	विषय-वस्तु
239	संघीय क्षेत्रों का प्रशासन
239 ए	कतिपय संघीय क्षेत्रों के लिए स्थानीय विधायिका अथवा मंत्रिपरिषद् का सृजन
239 ए, ए	दिल्ली से संबंधित विशेष प्रावधान
239 एबी	संवैधानिक तंत्र की विफलता की स्थिति से संबंधित प्रावधान
239 बी	विधायिका की अनुपस्थिति में प्रशासक को अध्यादेश जारी करने की शक्ति
240	कतिपय संघीय क्षेत्रों की नियम व विनियम बनाने की राष्ट्रपति की शक्ति
241	संघीय क्षेत्रों के लिए उच्च न्यायालय

राज्य और केन्द्रशासित प्रदेशों का प्रशासन

राज्य	केन्द्रशासित प्रदेश
1. केन्द्र और राज्यों के बीच संघीय संबंध	1. केन्द्र से एकात्मक (Unitary) संबंध होता है।
2. केन्द्र और राज्यों के मध्य शक्तियों का बँटवारा	2. केन्द्रशासित प्रदेश प्रत्यक्षतः केन्द्र के प्रशासन व नियंत्रण में होते हैं।
3. राज्यों को स्वायत्तता प्राप्त होना	3. केन्द्रशासित प्रदेश को कोई स्वायत्तता प्राप्त नहीं है।
4. प्रशासनिक व्यवस्था में समरूपता	4. केन्द्रशासित प्रदेशों में प्रशासनिक व्यवस्था में समरूपता नहीं होती है।
5. राज्यपाल का कार्यपालिका का प्रमुख होना।	5. केन्द्रशासित प्रदेशों में कार्यपालिका प्रमुख अलग-अलग नाम से जाने जाते हैं-प्रशासक, उप-राज्यपाल या मुख्य आयुक्त।
6. राज्यपाल का राज्य का संवैधानिक प्रमुख होना।	6. केन्द्रशासित प्रदेशों में प्रशासक राष्ट्रपति के अभिकर्ता की तरह हैं।

राष्ट्रीय राजधानी राज्य क्षेत्र शासन संशोधन अधिनियम, 2021 (GNCTD Act, 2021)

मार्च 2021 में संसद के दोनों सदनों द्वारा दिल्ली राष्ट्रीय राजधानी राज्य क्षेत्र शासन (संशोधन) अधिनियम-2021 को पारित कर दिया गया। इस अधिनियम का उद्देश्य दिल्ली में निर्वाचित सरकार और उप-राज्यपाल के दायित्वों और अधिकारों को और अधिक स्पष्ट करना है। इस अधिनियम के प्रमुख प्रावधान निम्नवत् हैं-

(i) इस अधिनियम में यह प्रावधानित है कि सरकार का अर्थ उपराज्यपाल होगा। विधान सभा द्वारा बनाए जाने वाले किसी भी कानून में संदर्भित सरकार से आशय उपराज्यपाल से होगा।

(ii) इस अधिनियम के माध्यम से उपराज्यपाल को उन मामलों में भी विवेकाधीन शक्तियाँ प्रदान की गई हैं। जहां कानून बनाने का अधिकार दिल्ली विधान सभा को दिया गया है।

(iii) यह अधिनियम यह सुनिश्चित करता है कि मंत्रिपरिषद् (अथवा दिल्ली मंत्रिमंडल) द्वारा लिए गए किसी भी निर्णय को लागू करने के पूर्व उपराज्यपाल को अपनी राय देने हेतु उपयुक्त अवसर प्रदान किया जाएगा।

(iv) इस अधिनियम में यह प्रावधान किया गया है कि दिल्ली विधान सभा राजधानी के दैनिक प्रशासन के मामलों में विचार करे अथवा प्रशासनिक निर्णयों के संबंध में स्वयं को सक्षम करने के लिए कोई नियम नहीं बनाएगी।

संसद द्वारा पारित किए गए इस अधिनियम को लेकर वाद-विवाद का दौर शुरू हो चुका है। जहां एक पक्ष इसके समर्थन में तर्क दे रहा है तो दूसरी तरफ एक पक्ष इसके विरोध में तर्क दे रहा है। ऐसे में प्रश्न उठना स्वाभाविक है कि इसकी आवश्यकता क्यों पड़ी।

केंद्रीय गृह मंत्रालय के अनुसार दिल्ली सरकार अधिनियम-1991 में प्रक्रिया और व्यवसाय के संचालन से संबंधित प्रावधान किए गए हैं। परंतु उक्त खण्ड के प्रभावी कार्यान्वयन के लिए कोई संरचनात्मक व्यवस्था नहीं की गई है। इसके साथ-साथ यह भी स्पष्ट नहीं किया गया है कि आदेश जारी करने से पूर्व किस प्रकार के प्रस्ताव अथवा मामलों को उपराज्यपाल के सम्मुख प्रस्तुत करना आवश्यक है। दिल्ली सरकार अधिनियम 1991 की धारा-44 में कहा गया है कि उपराज्यपाल की सभी कार्यवाहिका चाहे वे मंत्रिपरिषद् की सलाह पर हो अथवा नहीं, उपराज्यपाल के नाम से की जाएगी।

वर्ष 2018 में सर्वोच्च न्यायालय के 5 न्यायाधीशों की एक खण्डपीठ ने अपने निर्णय में कहा था कि पुलिस, सार्वजनिक व्यवस्था और भूमि के अलावा किसी भी मुद्दे पर उपराज्यपाल की सहमति आवश्यक नहीं है। इसके साथ-साथ सर्वोच्च न्यायालय ने यह भी कहा था कि मंत्रिपरिषद् के निर्णयों के बारे में उपराज्यपाल को जानकारी देना अनिवार्य है और मंत्रिपरिषद् की सलाह उपराज्यपाल के लिए बाध्यकारी होगी। सर्वोच्च न्यायालय ने यह भी स्पष्ट किया था कि उपराज्यपाल की स्थिति किसी राज्य के राज्यपाल जैसी नहीं है बल्कि सीमित अर्थ में वह केवल एक प्रशासक है।

साथ में सर्वोच्च न्यायालय ने यह भी कहा था कि निर्वाचित सरकार को यह भी ध्यान रखना होगा कि दिल्ली एक राज्य क्षेत्र नहीं है। सर्वोच्च न्यायालय के इस निर्णय के बाद दिल्ली सरकार ने किसी भी निर्णय के लागू होने से पूर्व उपराज्यपाल को कार्यकारी मामलों की फाइलें भेजना बंद कर दिया था। दिल्ली सरकार उपराज्यपाल को सभी प्रशासनिक घटनाक्रम से अवगत तो करा रही थी परंतु यह कार्य किसी भी निर्णय को लागू करने या निष्पादित करने के बाद किया जा रहा था न कि उससे पूर्व।

नए अधिनियम के लागू होने के बाद निर्वाचित सरकार के लिए मंत्रिमंडल के किसी भी फैसले पर कोई कार्यवाही करने से पूर्व उपराज्यपाल की सलाह लेना आवश्यक हो जाएगा।

राष्ट्रीय राजधानी क्षेत्र दिल्ली सरकार (संशोधन) अधिनियम, 2023

NCCSA की स्थापना

यह अधिनियम सिविल सेवकों के पदस्थापन एवं नियंत्रण के संबंध में निर्णय लेने के लिये राष्ट्रीय राजधानी सिविल सेवा प्राधिकरण (National Capital Civil Service Authority- NCCSA) नामक एक स्थायी प्राधिकरण की स्थापना की मंशा रखता है।

NCCSA में दिल्ली के मुख्यमंत्री (इसके प्रमुख के रूप में), मुख्य सचिव और प्रधान सचिव (दोनों NCT दिल्ली सरकार से संबद्ध) शामिल होंगे।

NCCSA लोक व्यवस्था, भूमि एवं पुलिस से संबंधित मामलों का प्रबंधन करने वाले अधिकारियों को छोड़कर दिल्ली सरकार के विभिन्न विषयों में सेवारत सभी समूह 'A' अधिकारियों के स्थानांतरण एवं पदस्थापन के संबंध में LG को अनुशंसाएँ भेजेगा।

धारा 45D: उल्लिखित अध्यादेश की धारा 45D में संशोधन के माध्यम से दिल्ली में सांविधिक आयोगों और न्यायाधिकरणों में नियुक्तियों के संबंध में केंद्र को शक्ति प्रदान की गई है।

धारा 45D में कहा गया है कि कोई भी प्राधिकरण, बोर्ड, आयोग या कोई सांविधिक निकाय, या उसका कोई पदाधिकारी या सदस्य, जिसका NCT दिल्ली में या उसके लिये, तत्समय प्रभावी किसी विधि द्वारा गठित या नियुक्त किया जाता है तो यह राष्ट्रपति द्वारा गठित, नियुक्त या मनोनीत होगा।

यह अधिनियम LG को अंतिम प्राधिकार प्रदान देता है, जहाँ किसी भी मतभेद की स्थिति में LG का निर्णय अधिभावी होगा।

स्मरणीय तथ्य

- अनुच्छेद-246 (4) में प्रावधानित है कि कोई अन्य राज्य क्षेत्र जो किसी भी समय भारत द्वारा विधिसंगत रूप से न्यागमन द्वारा-संधि, अध्यर्पण या विजय द्वारा अर्जित किया जाए जो भारत के राज्य क्षेत्र का भाग होगा।
- भारतीय संविधान के **अनुच्छेद**-2 में यह प्रावधानित है कि संसद विधि निर्माण करके संघ में नए राज्यों को प्रवेश दे सकती है।
- **अनुच्छेद**-4 में यह प्रावधानित है कि नए राज्यों की स्थापना करने संबंधी विधि में ऐसे अनुपूरक, अनुषंगी और परिमाणिक उपबंध भी होंगे जो उस विधि को प्रभावित करने के लिए आवश्यक हैं।
- 22 दिसंबर, 1953 को केंद्रीय मंत्रिमंडल द्वारा पारित एक संकल्प के आधार पर केंद्र सरकार ने राज्य पुनर्गठन आयोग का गठन किया।
- 1966 में संसदीय समिति की सिफारिशों के आधार पर केंद्र सरकार ने पंजाब का भाषाई आधार पर पुनर्गठन करने की अनुशंसा को स्वीकार कर लिया।
- स्वतंत्रता प्राप्ति के पूर्व भारतीय राज्यक्षेत्र दो वर्गों में विभक्त था। ब्रिटिश भारत एवं देशी रियासतें।
- 1962 में नागालैंड, 1970 में हिमाचल प्रदेश, 1971 में मेघालय, 1975 में सिक्किम, 1986 में मिजोरम, 1986 में अरुणाचल प्रदेश तथा 1987 में गोवा राज्य की स्थापना की गई।
- ब्रिटिश शासनकाल में वर्ष 1874 में कुछ अनुसूचित जिले बनाए गए। बाद में इन्हें मुख्य आयुक्तीय क्षेत्र के नाम से जाना जाने लगा।
- अगस्त 2019 में जम्मू-कश्मीर का राज्य के रूप में दर्जा समाप्त कर दिया गया। जम्मू-कश्मीर को विभाजित करके दो केन्द्र शासित प्रदेश लद्दाख तथा जम्मू-कश्मीर बनाए गए हैं।
- जम्मू-कश्मीर में विधानसभा है, जबकि लद्दाख में नहीं है।

□□□

अध्याय 7

क्षेत्रीय परिषदें

भारतीय संविधान में सहकारिता के आधार पर संघवाद की स्थापना की गई है। सहकारिता के आधार पर स्थापित संघवाद में न केवल केंद्र और राज्यों में अपितु विभिन्न राज्यों में आपसी समन्वय, सामंजस्य और सहयोग के लिए मनन करने हेतु एक प्रभावी संस्था या मंच का होना अनिवार्य है। भारत में भी एक राष्ट्रीय मंच के रूप में उक्त उद्देश्यों की पूर्ति के लिए 6 क्षेत्रीय परिषदें कार्यरत हैं। ध्यातव्य है कि भारतीय संविधान में क्षेत्रीय परिषदों के गठन के संदर्भ में कोई उपबंध नहीं है। भारत में क्षेत्रीय परिषदों की स्थापना 1956 में राज्यों के पुनर्गठन के समय की गई।

क्षेत्रीय परिषदें

भारत में क्षेत्रीय परिषदों का निर्माण एकाएक किसी परिस्थिति का परिणाम नहीं है। स्वतंत्रता प्राप्ति के पूर्व भी राजनीतिक योजना को आर्थिक गतिविधियों से जोड़ने के लिए अंतर्राज्यीय सहयोग हेतु क्षेत्रीय परिषदें बनाने पर जोर दिया गया था। ध्यातव्य है कि संयुक्त राज्य अमेरिका में अंतर्राज्यीय सहयोग की दिशा में प्रयत्न करने हेतु अनवरत रूप से कई मामलों में इस प्रकार के मंचों की स्थापना की गई है। ऑस्ट्रेलिया में भी इसी प्रकार के मंचों की स्थापना की गई है। भारत में क्षेत्रीय परिषदों की स्थापना का श्रेय पं. नेहरू को है।

पं. नेहरू ने दिसंबर, 1955 में लोकसभा में क्षेत्रीय परिषदों के गठन के संदर्भ में एक विस्तृत सकारात्मक वक्तव्य दिया जिसका समर्थन गृहमंत्री पं. गोविंद वल्लभ पंत ने भी किया। नेहरू के लोकसभा में दिए गए वक्तव्य के आधार पर भारत सरकार ने क्षेत्रीय परिषदें स्थापित करने का निर्णय लिया। इसका उद्देश्य विभिन्न क्षेत्रों के अंतर्गत आने वाले राज्यों की आर्थिक नियोजन संबंधी और पुनर्गठन संबंधी समस्याओं का निराकरण करना था। यद्यपि राज्य पुनर्गठन आयोग, 1956 ने क्षेत्रीय परिषदों की स्थापना के संदर्भ में कोई प्रत्यक्ष सुझाव नहीं दिया था, परंतु सरकार ने क्षेत्रीय परिषदों की स्थापना को राज्य पुनर्गठन आयोग, 1956 की अनुशंसा को ही आधार नहीं माना था। राज्य पुनर्गठन आयोग ने देश की एकता और अखंडता, सुरक्षा को मजबूत बनाने, वित्तीय, आर्थिक और प्रशासनिक आवश्यकताओं को पूरा करने एवं राष्ट्रीय योजनाओं/कार्यक्रमों के सफलतापूर्वक क्रियान्वयन की आवश्यकता को भी राज्य पुनर्गठन का आधार बनाया। राज्य पुनर्गठन आयोग ने विभिन्न राज्यों के मध्य एकता के लिए एक सुदृढ़ व्यवस्था करने की अनुशंसा की थी।

राज्य पुनर्गठन आयोग की संस्तुतियों के प्रकाशन के बाद देश में उग्र विरोध तथा हिंसा का जो दौर चला, उससे क्षेत्रीय परिषद् की स्थापना को सैद्धांतिक समर्थन मिला। सरकार ने यह भली-भांति महसूस किया कि यदि भाषा लोगों को एक सूत्र में पिरोने का माध्यम है तो वह विग्रह और विघटन का कारण भी बन सकती है। इन परिस्थितियों में यह निर्णय किया गया कि सामान्य रूप में भाषा के आधार पर राज्यों का पुनर्गठन करने के साथ-साथ देश की एकता और प्रशासनिक कुशलता के हितार्थ क्षेत्रीय परिषदों की स्थापना भी जाए। 16 जनवरी, 1956 को सरकार ने राज्य पुनर्गठन आयोग की अनुशंसा को सामान्य रूप में स्वीकार कर लिया तथा एक वक्तव्य में कहा कि क्षेत्रों के विभाजन के प्रश्न को अनावश्यक महत्व नहीं दिया जाएगा अंतर्राज्यीय समन्वय की दिशा में एक और कदम के रूप में सरकार का इरादा क्षेत्रीय परिषदें गठित करने का है जो विभिन्न क्षेत्रों में निहित राज्यों के आर्थिक, राजनीतिक तथा सामाजिक समस्याओं के समाधान हेतु प्रभावी चिंतन-मनन करेंगी।

क्षेत्रीय परिषद् की स्थापना का उद्देश्य

भारत में क्षेत्रीय परिषदों की स्थापना का उद्देश्य केंद्र, राज्य और अंतर्राज्यीय संबंधों में सामंजस्य एवं सहयोग स्थापित करना ही है। नेहरू के शब्दों में, क्षेत्रीय परिषदों की स्थापना का उद्देश्य पृथकतावादी उग्र प्रांतीय भावनाओं को रोकना तथा आपसी सहयोग से कार्य करने की आदत डालना है। क्षेत्रीय परिषदों को संघीय व्यवस्था का उपसंघ सूत्र भी कहा जाता है। क्षेत्रीय परिषदों की स्थापना के प्रमुख उद्देश्य निम्नलिखित हैं–

- संपूर्ण देश का भावनात्मक एकीकरण करना।
- राज्यों में उभरती क्षेत्रीय, प्रांतीय, पृथकतावादी प्रवृत्तियों पर अंकुश लगाना।
- राज्यों में पारस्परिक सहयोग, सौहार्द तथा सद्भावना का संवर्द्धन करना तथा उनमें एकीकरण की भावना पैदा करना।
- आर्थिक तथा सामाजिक क्षेत्रों में केंद्र-राज्य सहयोग बढ़ाना ताकि विचारों के आदान-प्रदान के माध्यम से समान नीतियों का सृजन हो।
- प्रमुख एवं अंतर्राज्यीय विकास परियोजनाओं के क्रियान्वयन हेतु राज्यों में आपसी सहयोग बढ़ाना।

क्षेत्रीय परिषद् का संगठनात्मक ढांचा

↓

अध्यक्ष (केन्द्रीय गृहमंत्री)

↓

उपाध्यक्ष (सदस्य राज्यों के मुख्यमंत्री क्रमशः एक-एक वर्ष के लिए)

↓

सदस्यगण

↓

सभी राज्यों के मुख्यमंत्री	सदस्य सचिव (केन्द्रीय गृह सचिव)

क्षेत्रीय परिषदों की रचना

16 जनवरी, 1956 को राज्य पुनर्गठन आयोग की अनुशंसा पर संपूर्ण देश में 5 क्षेत्रीय परिषदों की स्थापना करने का निर्णय किया गया। 1971 में उत्तर-पूर्वी राज्यों के लिए उत्तर-पूर्वी परिषद् का गठन किया गया। इस प्रकार अब कुल 6 क्षेत्रीय परिषदें हैं। ये प्रस्तावित क्षेत्रीय परिषदें निम्नलिखित हैं–

- उत्तरी क्षेत्रीय परिषद्
- केंद्रीय क्षेत्रीय परिषद्
- पश्चिमी क्षेत्रीय परिषद्
- दक्षिणी क्षेत्रीय परिषद्
- पूर्वी क्षेत्रीय परिषद्
- उत्तर पूर्वी क्षेत्रीय परिषद्

क्षेत्रीय परिषदों का गठन

क्षेत्रीय परिषदों के संगठन की रूपरेखा निम्नवत् है–

- राष्ट्रपति द्वारा मनोनीत एक कैबिनेट मंत्री क्षेत्रीय परिषद् का अध्यक्ष होता है। वर्तमान में केंद्रीय गृहमंत्री सभी क्षेत्रीय परिषदों का अध्यक्ष होता है। प्रत्येक राज्य के मुख्यमंत्री तथा प्रत्येक राज्यपाल द्वारा उस राज्य के दो मंत्री भी क्षेत्रीय परिषद् के सदस्य होते हैं। प्रत्येक क्षेत्रीय परिषद् में भाग लेने वाले मुख्यमंत्री क्षेत्रीय परिषद् के बारी-बारी से उपाध्यक्ष होते हैं।
- विशेष रूप से पूर्वी क्षेत्रीय परिषद् में असोम (असम) के राज्यपाल के लिए कार्यरत जनजाति परामर्शदाता भी इस परिषद् की बैठक में भाग लेते हैं।
- इसके अतिरिक्त यह भी प्रावधान है कि योजना आयोग द्वारा मनोनीत एक व्यक्ति को प्रत्येक राज्य के मुख्य सचिव तथा विकास आयुक्त को भी परिषद् से संबद्ध किया जाता है।

प्रत्येक परिषद् की बैठकों का आयोजन परिषद् के अध्यक्ष द्वारा सदस्य राज्यों की राजधानी में बारी-बारी से होता है। अध्यक्ष की अनुपस्थिति में उपाध्यक्ष बैठक की अध्यक्षता करता है। परिषद् के सभी निर्णय बहुमत से लिए जाते हैं। कभी-कभी एक से अधिक क्षेत्रीय परिषदों की संयुक्त बैठकें भी आयोजित की जाती हैं। प्रत्येक क्षेत्रीय परिषद् का एक सचिवालय होता है जिसमें एक सचिव तथा संयुक्त सचिव होता है। संयुक्त सचिव सदस्य राज्यों का कर्मचारी नहीं होता है अर्थात वह सदस्य राज्यों के बाहर के किसी राज्य का कर्मचारी होता है। परिषद् के सदस्य राज्यों के सचिव बारी-बारी से परिषद् के सचिव के रूप में कार्य करते हैं। परिषद् से संबंधित सभी व्ययों का वहन केंद्र सरकार द्वारा किया जाता है।

उत्तरी क्षेत्रीय परिषद्

उत्तरी क्षेत्रीय परिषद् का उद्घाटन 23 अप्रैल, 1957 को किया गया इसमें सम्मिलित राज्य हैं–पंजाब, राजस्थान, हिमाचल प्रदेश, हरियाणा तथा संघ शासित प्रदेश जम्मू-कश्मीर, लद्दाख, दिल्ली और चंडीगढ़। उत्तरी क्षेत्रीय परिषद् का मुख्यालय दिल्ली में है।

दक्षिणी क्षेत्रीय परिषद्

दक्षिणी क्षेत्रीय परिषद् का उद्घाटन 11 जुलाई, 1957 को किया गया। इसका मुख्यालय चेन्नई (मद्रास) में है। दक्षिण क्षेत्रीय परिषद् में सम्मिलित राज्य आंध्र प्रदेश, तेलंगाना, तमिलनाडु, केरल, कर्नाटक तथा केंद्रशासित प्रदेश पांडिचेरी है।

केंद्रीय परिषद्

केंद्रीय परिषद् का उद्घाटन 5 मई, 1957 को किया गया। इस परिषद् में सम्मिलित राज्य उत्तर प्रदेश, उत्तराखंड, मध्य प्रदेश तथा छत्तीसगढ़ है। इसका मुख्यालय इलाहाबाद में है।

पूर्वी क्षेत्रीय परिषद्

पूर्वी क्षेत्रीय परिषद् का उद्घाटन 20 अप्रैल, 1957 को किया गया। इसका मुख्यालय कोलकाता (कलकत्ता) में है। पूर्वी क्षेत्रीय परिषद् में सम्मिलित सदस्य राज्य बिहार, झारखंड, पश्चिम बंगाल, ओडिशा (उड़ीसा) तथा सिक्किम हैं।

पश्चिमी क्षेत्रीय परिषद्

पश्चिमी क्षेत्रीय परिषद् का उद्घाटन 20 सितंबर, 1957 को किया गया। इसमें सम्मिलित राज्य/केंद्रशासित प्रदेश महाराष्ट्र, गुजरात, गोवा, दमन, दीव तथा दादरा एवं नगर हवेली हैं। इसका मुख्यालय मुंबई (बंबई) में है।

उत्तर पूर्वी परिषद्

उत्तर पूर्वी परिषद् की स्थापना 1971 में उत्तर-पूर्वी राज्यों में की गई। इसमें सम्मिलित राज्य असोम (असम), मणिपुर, मेघालय, नागालैंड, त्रिपुरा, अरुणाचल प्रदेश तथा मिजोरम हैं। इसका मुख्यालय गुवाहाटी में है।

क्षेत्रीय परिषदों के कार्य

प्रत्येक क्षेत्रीय परिषद् के गठन का आधार देश की प्राकृतिक एवं भौगोलिक स्थिति, आर्थिक विकास की आवश्यकताएं, सांस्कृतिक एवं भाषायी संपर्क, नदी व्यवस्था, संचार के साधन तथा सुरक्षा की आवश्यकताएं रही हैं। क्षेत्रीय परिषद् एक परामर्शी निकाय है। क्षेत्रीय परिषद् उन मामलों तथा समस्याओं पर विचार करती है जो परिषद् में सम्मिलित सदस्य राज्यों के सामूहिक हितों से संबंधित होते हैं। क्षेत्रीय परिषदों को निम्नलिखित मामलों में विचार करने तथा अपनी अनुशंसा करने का अधिकार प्राप्त है–

- आर्थिक तथा सामाजिक नियोजन से संबंधित सामूहिक विषयों पर।
- राज्यों के सीमा विवाद, भाषाई, अल्पसंख्यकों की समस्याएं तथा अंतर्राज्यीय परिवहन की समस्याओं पर विचार करना।
- राज्य पुनर्गठन से उत्पन्न समस्याओं पर विचार करना तथा हल खोजना।

वस्तुतः क्षेत्रीय परिषद् एक अंतर्राज्यीय मंच है जिसके माध्यम से पारस्परिक हितों की समस्याओं का समाधान विचार-विमर्श द्वारा किया जाता है।

अंतर्राज्यीय सहयोग की दिशा में क्षेत्रीय परिषदों की महत्वपूर्ण भूमिका है। क्षेत्रीय परिषदों में केंद्रीय गृहमंत्री की उपस्थिति राष्ट्रीय दृष्टिकोण को प्रतिपादित करती है तथा राज्यों का पारस्परिक विवाद सौहार्दपूर्ण वातावरण में संभव हो जाता है। क्षेत्रीय परिषदों के अंतर्राज्यीय सड़क परिवहन, सिंचाई परियोजना के समन्वय, तकनीकी एवं उच्च शिक्षा के क्षेत्र में सहयोग, राज्यों में बिक्रीकर की समानता, अंतर्राज्यीय व्यापार एवं वाणिज्य तथा नशाबंदी लागू करने जैसी समस्याओं पर विचार किया है। ये समस्याएं ऐसी हैं जिनके संदर्भ में राज्यों में मतभेद पाए जाते हैं। आज उन क्षेत्रों में राज्यों में जो आपसी सहयोग पाया जाता है उसका श्रेय क्षेत्रीय परिषदों को ही है।

स्मरणीय तथ्य

- भारतीय संविधान में सहकारिता के आधार पर संघवाद की स्थापना की गई है।
- भारत में क्षेत्रीय परिषदों का निर्माण एकाएक किसी परिस्थिति का परिणाम नहीं है।
- भारत में क्षेत्रीय परिषदों की स्थापना का उद्देश्य केंद्र, राज्य और अंतर्राज्यीय संबंधों में सामंजस्य एवं सहयोग स्थापित करना ही है।
- राष्ट्रपति द्वारा मनोनीत एक कैबिनेट मंत्री क्षेत्रीय परिषद् का अध्यक्ष होता है। वर्तमान में केंद्रीय गृहमंत्री सभी क्षेत्रीय परिषदों का अध्यक्ष होता है।
- उत्तरी क्षेत्रीय परिषद् का उद्घाटन 23 अप्रैल, 1957 को किया गया। इसमें सम्मिलित राज्य हैं–पंजाब, राजस्थान, हिमाचल प्रदेश, हरियाणा तथा संघ शासित प्रदेश दिल्ली, जम्मू-कश्मीर और चंडीगढ़।
- वस्तुतः क्षेत्रीय परिषद् एक अंतर्राज्यीय मंच है जिसके माध्यम से पारस्परिक हितों की समस्याओं का समाधान विचार-विमर्श द्वारा किया जाता है।

❑❑❑

अध्याय 8

नागरिकता

नागरिकों से आशय उन व्यक्तियों से होता है जो किसी देश के राजनीतिक समुदाय का सृजन करते हैं। संगठित रूप में वे अपने सामान्य कल्याण एवं व्यक्तिगत तथा सामूहिक अधिकारों के लिए राज्य का नेतृत्व स्वीकार करते हैं। नागरिकों को सभी प्रकार के लोकतांत्रिक एवं राजनीतिक अधिकार प्राप्त होते हैं, परंतु विदेशी नागरिकों को उक्त अधिकार प्राप्त नहीं होते हैं।

नागरिकता को परिभाषित करना जटिल होता है और यह संविधान के प्रवर्तन के समय अधिक महत्वपूर्ण हो जाता है। भारतीय संविधान की रचना करते समय संविधान निर्माताओं को अनेक कठिनाइयों का सामना नागरिकता को लेकर करना पड़ा। देश के विभाजन तथा उसके कारण पाकिस्तान से लोगों का भारत आना तथा भारत से लोगों का पाकिस्तान जाना आदि के कारण समस्या और अधिक गंभीर बन गई थी। विभिन्न वर्गों के शरणार्थियों के लिए संविधान में व्यवस्था करनी थी। कुछ लोग भारत से सदैव के लिए पाकिस्तान चले गए। कुछ लोग भारत आने के इच्छुक थे परंतु नागरिकता संबंधी कानून बनने तक वापस भारत न आ सके। कुछ लोग परिस्थितिवश पाकिस्तान चले गए थे, परंतु बाद में भारत वापस लौट आए। इसके अतिरिक्त बहुत से भारतीय विदेशों में प्रवास कर रहे थे। उनमें से कुछ भारतीय ही बना रहना चाहते थे। इन सभी श्रेणियों के लोगों के लिए संविधान में नागरिकता का प्रावधान सुनिश्चित करना सरल नहीं था। नागरिकता के संबंध में अनेक प्रारूप लोगों के समक्ष प्रस्तुत किए गए। कई बार इनको नए सिरे से बनाना पड़ा। प्रारूप समिति द्वारा सृजित नागरिकता संबंधी प्रारूप में 140 संशोधन सुझाए गए थे।

भारतीय संविधान सभा नागरिकता के संबंध में चिरकालीन उपबंधों की व्यवस्था नहीं करना चाहती थी। वह केवल कुछ अंतर्कालीन उपबंधों की व्याख्या करना चाहती थी जो कुछ समय के लिए काम चला सकें। यही कारण है कि भारतीय संविधान में नागरिकता के संबंध में सर्वांगपूर्ण उपबंध नहीं किए गए हैं बल्कि संविधान के प्रारंभ होने की स्थिति स्पष्ट की गई है। भविष्य में नागरिकता किस प्रकार अर्जित की जा सकती है, इस उद्देश्य हेतु भारतीय संसद को अधिकृत किया गया है कि वह नागरिकता संबंधी सभी पहलुओं पर स्पष्ट एवं विस्तृत उपबंध करते हुए एक अधिनियम पारित करे। अनुच्छेद – 11 में इस संबंध में कहा गया है कि संसद को नागरिकता संबंधी इच्छित विधियां बनाने का असीमित अधिकार होगा। संसदीय विधियों द्वारा संविधान की नागरिकता संबंधी व्यवस्थाओं को रद्द किया जा सकता है अथवा उसमें संशोधन या विस्तार किया जा सकता है। भारतीय संसद ने 1955 में भारतीय नागरिकता अधिनियम, 1955 पारित किया था। उसके बाद भारतीय नागरिकता अधिनियम, 1986 पारित किया गया।

भारतीय संविधान में नागरिकता संबंधी उपबंध

भारतीय संविधान में नागरिकता के संबंध में सर्वांगपूर्ण व्यवस्था नहीं की गई है। संविधान के भाग-2 में अनुच्छेद 5 से 11 तक में केवल उन व्यक्तियों के बारे में उल्लेख किया गया है जो संविधान के प्रारंभ होने की तिथि अर्थात 26 जनवरी, 1950 से पूर्व भारतीय नागरिक माने गए हैं। भविष्य में नागरिकता अर्जन करने संबंधी शेष सभी शर्तों के लिए भारतीय संसद को कानून बनाने का अधिकार प्रदान किया गया है।

अनुच्छेद – 11 की अनुपालना में भारतीय संसद ने 30 दिसंबर, 1955 को एक अधिनियम पारित किया जिसे भारतीय नागरिकता अधिनियम, 1955 कहा गया है। उक्त अधिनियम में 26 जनवरी, 1950 से अर्थात संविधान लागू होने की तिथि से नागरिकता की प्राप्ति के पश्चात नागरिकता की प्राप्ति और समाप्ति के संबंध में समुचित उपबंध किए गए हैं।

संविधान के प्रारंभ होने के समय नागरिकता

संविधान के प्रवर्तन में आने की तिथि पर भारत के निवासियों तथा भारत के ऐसे व्यक्तियों को जो उस समय विदेशों में निवास करते थे, के संदर्भ में भारतीय नागरिकता प्रदान करने के संबंध में निम्न प्रावधान किए गए हैं–

- अधिवास द्वारा नागरिकता (**अनुच्छेद**, 5)
- पाकिस्तान से भारत में प्रव्रजन करके आए हुए व्यक्तियों की नागरिकता (**अनुच्छेद**, 6)
- भारत से प्रव्रजन करके पाकिस्तान जाने वाले व्यक्तियों की नागरिकता (**अनुच्छेद**, 7)
- भारत एवं पाकिस्तान के अतिरिक्त अन्य देशों में रहने वाले भारतीयों की नागरिकता (**अनुच्छेद**, 8)

अधिवास द्वारा नागरिकता – अनुच्छेद, 5 में प्रावधानित है कि वे भारत के नागरिक माने जाएंगे जो इस संविधान के प्रारंभ के दिन से भारत में निवास करते थे। अनुच्छेद, 5 के प्रावधानों के अनुसार निम्न व्यक्तियों को भारत का नागरिक माना जाएगा–

- वह व्यक्ति जिसका अधिवास भारत में हो तथा जिनका जन्म भारत के किसी राज्य क्षेत्र में हुआ था।
- वह व्यक्ति जिसका अधिवास भारत में हो और जिसके माता-पिता में से किसी एक ने भी भारत में जन्म लिया हो अथवा
- व्यक्ति जिसका अधिवास भारत में हो और जो संविधान के प्रावधानों से ठीक कम-से-कम 5 वर्षों तक भारत में सामान्य रूप में निवास करता रहा हो।

उपर्युक्त कथन से स्पष्ट है कि अधिवास के द्वारा नागरिकता प्राप्त करने हेतु दो आवश्यक शर्तें पूरी करनी चाहिए – (A) वह व्यक्ति जिसका अधिवास भारत में हो तथा (B) वह उपरोक्त 3 शर्तों में से किसी शर्त को पूरा करता हो। अधिवास शब्द को संविधान में परिभाषित नहीं किया गया है। जबकि नागरिकता प्राप्ति की दृष्टि से यह अति आवश्यक कारक है। अधिवास शब्द का आशय उस स्थान विशेष से होता है जहां किसी व्यक्ति का निवास स्थिर हो एवं उस निवास

स्थान से उस व्यक्ति की हटने की वर्तमान में कोई इच्छा न हो। "अब्दुल समद बनाम पश्चिम बंगाल" राज्य के मामले में सर्वोच्च न्यायालय ने यह अभिनिर्धारित किया है कि अनुच्छेद, 5 में प्रयुक्त अधिवास शब्द का आशय ऐसे स्थान से है जिसे एक व्यक्ति **ने अपने परिवार के निवास के लिए स्थित किया है जो अस्थायी या किसी विशेष प्रयोजन के लिए हो सकता है।** न्यायालय के इस निर्णय से अधिवास के निम्न दो आवश्यक तत्व दृष्टिगत होते हैं–

(A) एक विशेष प्रकार का निवास

(B) एक विशेष प्रकार का आलय

आवास के लिए यह आवश्यक नहीं है कि वह निरंतर बनाए रखने वाला हो, परंतु इसके लिए आवास की निश्चितता होनी आवश्यक है। इसका आशय यह है कि नागरिक उस स्थान का स्थायी रहने वाला होना चाहिए। जहां तक आलय का प्रश्न है, यह अत्यंत आवश्यक रूप से वर्तमान समय में देश में हमेशा निवास का होना चाहिए। यह आवश्यक नहीं है कि प्रत्येक व्यक्ति अपना एक घर रखता हो परंतु वह बिना अधिवास के रह जाए, ऐसी स्थिति कभी नहीं बन सकती है।

जैसे इस देश में लाखों बेघर व्यक्ति हो सकते हैं, परंतु कानून प्रत्येक व्यक्ति को हर सूरत में अधिवास प्रदान करता है। कानून प्रत्येक व्यक्ति को उसके जन्म के अवसर पर अधिवास प्रदान करता है जिसे उत्पत्ति के अधिवास की संज्ञा दी जाती है। कानून का संरक्षण उसे तब तक होता रहेगा जब तक उसके द्वारा कोई नया अधिवास अर्जित न किया जाएगा। उदाहरण के रूप में यदि कोई व्यक्ति अपने देश को छोड़कर दूसरे देश में इस आशय से प्रस्थान करता है कि वह कभी स्वदेश नहीं लौटेगा। ऐसी स्थिति में भी उस व्यक्ति का जन्म अधिवास तब तक बना रहेगा, जब तक कि वह दूसरे राज्य का नागरिक नहीं बन जाता है।

पाकिस्तान से प्रव्रजन करके भारत में आए हुए व्यक्तियों की नागरिकता

भारतीय संविधान के **अनुच्छेद** 6 में ऐसे व्यक्तियों के संबंध में नागरिकता संबंधी उपबंध प्रावधानित हैं जो संविधान के प्रारंभ के पूर्व पाकिस्तान से इस देश में रहने के उद्देश्य से आए हों। ध्यातव्य है कि देश के विभाजन के बाद व्यापक पैमाने पर पाकिस्तान से लोग भारत में रहने के लिए आए। संविधान का **अनुच्छेद**-6 ऐसे व्यक्तियों को नागरिकता प्रदान करने संबंधी उन शर्तों को प्रस्तुत करता है जिनको पूर्ण करने पर उनको भारतीय नागरिकता प्रदान की जा सकती है। **अनुच्छेद**-6 के अनुसार ऐसे व्यक्ति को निम्न शर्तों को पूर्ण करने की अवस्था में ही भारत का नागरिक माना जाएगा–

- यदि उसके माता-पिता में से किसी एक अथवा उसके पितामह में से किसी एक का जन्म भारत में हुआ हो जैसा कि भारत शासन अधिनियम, 1935 में परिभाषित किया गया है।
- ऐसे व्यक्तियों के संबंध में जो 19 जुलाई, 1948 से पूर्व पाकिस्तान छोड़कर भारत आ गए थे, वे आने की तिथि से भारत में सामान्य निवासी रहे हों।
- ऐसे व्यक्ति जो 19 जुलाई, 1948 के पश्चात् पाकिस्तान से भारत आए हैं, उन्हें भारतीय अधिराष्ट्र की सरकार द्वारा नियुक्त किए गए किसी अधिकारी द्वारा भारत के नागरिक के रूप में पंजीकृत किया जाना चाहिए। इसके लिए यह आवश्यक समझा गया है कि उक्त पंजीकरण के लिए ऐसे व्यक्ति को संविधान के प्रारंभ होने से पूर्व ही निर्धारित प्रपत्र एवं विधि अनुसार अपना आवेदन पत्र सक्षम अधिकारी को प्रस्तुत करना चाहिए।
- इस प्रावधान के अंतर्गत केवल वे ही व्यक्ति भारतीय नागरिकता के अधिकारी होंगे जिन्होंने प्रार्थना पत्र प्रस्तुत करने के पूर्व कम-से-कम 6 माह तक भारत में निवास किया हो। यहां यह स्पष्ट कर देना उचित होगा कि **अनुच्छेद**-6 के अंतर्गत ऐसे व्यक्तियों को संविधान लागू होने के पूर्व ही भारत में आना चाहिए था।

नागरिकता	
अनुच्छेद	**प्रावधान**
• अनुच्छेद-5	संविधान प्रारंभ पर नागरिकता।
• अनुच्छेद-6	पाकिस्तान से भारत को प्रव्रजन करने वाले कुछ व्यक्तियों के नागरिकता के अधिकार।
• अनुच्छेद-7	पाकिस्तान को प्रव्रजन करने वाले कुछ व्यक्तियों के नागरिकता के अधिकार।
• अनुच्छेद-8	भारत से बाहर रहने वाले भारतीय उद्भव के कुछ व्यक्तियों के नागरिकता के अधिकार।
• अनुच्छेद-9	विदेशी राज्य की नागरिकता स्वेच्छा से अर्जित करने वाले व्यक्तियों का नागरिक न होना।
• अनुच्छेद-10	नागरिकता के अधिकारों का बना रहना।
• अनुच्छेद-11	संसद द्वारा नागरिकता के अधिकार का विधि द्वारा विनियमन किया जाना।

- अन्य शब्दों में 26 जनवरी, 1950 के बाद आए हुए व्यक्तियों को **अनुच्छेद**-6 के अंतर्गत संरक्षण नहीं प्रदान किया जाएगा। संविधान लागू होने के बाद की स्थिति सांविधानिक प्रावधानों द्वारा नियंत्रित नहीं की गई है। इसके लिए भारतीय नागरिकता अधिनियम, 1955 में समुचित प्रावधान किया गया है।
- जुलाई, 1948 की तिथि का महत्व यह है कि इसी तिथि से भारत से पाकिस्तान और पाकिस्तान से भारत आने-जाने के लिए अनुमति पत्र की प्रणाली शुरू की गई थी।

प्रव्रजन करके पाकिस्तान चले जाने वाले कतिपय व्यक्तियों के नागरिकता संबंधी अधिकार

भारतीय संविधान के **अनुच्छेद-7 में यह प्रावधानित** है कि ऐसे व्यक्ति जो 1 मार्च, 1947 के बाद पाकिस्तान चले गए थे तथा कुछ समय बाद पुनः भारत वापस लौट आए, ऐसे व्यक्तियों को अनुच्छेद-5 एवं 6 के अंतर्गत भारत के नागरिक के रूप में स्वीकार नहीं किया जा सकता है। ऐसे व्यक्तियों के संबंध में अनुच्छेद-7 में अपवाद के रूप में एक परंतुक प्रस्तुत किया गया है। अनुच्छेद-7 के परंतुक के अनुसार उन व्यक्तियों को भारत क्षेत्र में पुनर्स्थापित करने के लिए किसी प्राधिकारी द्वारा जारी किए गए परमिट के आधार पर पुनर्स्थापित होने अथवा स्थायी रूप से वापस आने की स्थिति में उसे अनुच्छेद-6 के उपबंध के अधीन भारत क्षेत्र में 19 जुलाई, 1948 के पश्चात प्रव्रजित हुआ माना जाएगा।

"प्रव्रजन" शब्द को संविधान में परिभाषित नहीं किया गया है, परंतु नागरिकता संबंधी विभिन्न उपबंधों में अनेक बार प्रयोग में लाया गया है। सामान्य अर्थों में प्रव्रजन शब्द से आशय एक स्थान से दूसरे स्थान को जाना होता है। परंतु यहां इस शब्द का प्रयोग एक स्थान से दूसरे स्थान पर स्थायी रूप से निवास के लिए जाने के संबंध में लिया गया है। न्यायालय के अनुसार प्रव्रजन शब्द से आशय एक स्थान से दूसरे स्थान पर स्थायी रूप से निवास करने के इरादे से माना जाना चाहिए।

अताउल्ला रहमान बनाम मध्य प्रदेश राज्य के मामले में नागपुर उच्च न्यायालय ने प्रव्रजन के संबंध में ये अवधारणा व्यक्त की है कि किसी व्यक्ति की नागरिकता तभी समाप्त हो जाती है जब उसका प्रव्रजन स्वेच्छा से होता है,

न केवल अस्थायी भ्रमण के आशय से भारत आए हुए नागरिकों के संबंध में। नागपुर उच्च न्यायालय ने एक बात और स्पष्ट की है प्रव्रजन का अर्थ यह भी होता है कि व्यक्ति भारत के प्रति निष्ठा का परित्याग करके पाकिस्तान के प्रति अपनी निष्ठा कायम कर ले। इस भांति व्यापार करने के उद्देश्य से या अन्य किसी कारण से किसी दूसरे देश में स्थायी रूप से जाने की प्रक्रिया को प्रव्रजन नहीं माना जाएगा।

भारतीय नागरिकता प्राप्ति हेतु पांच प्रकार

जन्म से | वंशाधिकार द्वारा | पंजीकरण द्वारा | देशीयकरण द्वारा | भूमि के अर्जन द्वारा

पंजीकृत नागरिकता

संविधान के अनुच्छेद-8 में यह प्रावधानित है कि ऐसा कोई भी व्यक्ति जिसका या उसके माता-पिता में से किसी एक का अथवा उसके पितामह में से किसी एक का जन्म भारत शासन अधिनियम, 1935 की परिभाषा वाले भारत में हुआ हो और जो सामान्यतया भारत से बाहर किसी देश में रहा हो, यदि उसे 26 जनवरी, 1950 से पूर्व या उसके पश्चात् भारतीय राष्ट्रसंघ की सरकार अथवा भारत सरकार द्वारा निर्धारित प्रपत्र में उस देश में जहां वह उस समय निवास कर रहा हो, भारत के राजनयिक अथवा कौंसिल प्रतिनिधि के समक्ष आवेदन प्रस्तुत कर स्वयं को भारत का नागरिक पंजीकृत करवा सकता है तो ऐसी स्थिति में उसे भारत के नागरिक के रूप में स्वीकार किया जा सकेगा।

निगम के संदर्भ में न्यायालय की व्याख्या

कुछ समय तक इस विषय में काफी मतभेद बना रहा कि क्या निगम भी कानूनी व्यक्तियों के दायरे में आ सकते हैं? किंतु नागरिकता अधिनियम ने यह स्पष्ट कर दिया कि निगम नागरिक नहीं है। उच्चतम न्यायालय ने भी कहा है कि निगम अनुच्छेद-19 के अधीन अधिकारों का दावा नहीं कर सकते। ये तो केवल नागरिक के लिए हैं।

स्वेच्छा से किसी विदेशी राज्य की नागरिकता अर्जित करने वाले व्यक्ति की नागरिकता का प्रश्न

अनुच्छेद-9 में यह प्रावधानित है कि कोई भी व्यक्ति जो अपनी इच्छा से किसी विदेशी राज्य की नागरिकता प्राप्त कर लेता है तो उसकी नागरिकता स्वतः समाप्त हो जाएगी। ये व्यक्ति संविधान के अनुच्छेद-5, 6 और 8 के आधार पर नागरिकता अर्जित करने हेतु न्यायालयों में वाद नहीं प्रस्तुत कर सकते हैं। अनुच्छेद-9 में यह भी स्पष्ट किया गया है कि जो व्यक्ति संविधान के प्रभावी होने से पहले स्वेच्छा से किसी विदेशी राज्य की नागरिकता प्राप्त कर लेता है, परंतु इस प्रकार की नागरिकता संविधान के प्रभावी होने के बाद प्राप्त की जाती है तो उसकी नागरिकता की समाप्ति भारतीय नागरिकता अधिनियम, 1955 के उपबंधों के अनुसार मानी जाएगी।

संविधान प्रारंभ होने के पश्चात् नागरिकता

संविधान के अनुच्छेद-5 और 6 में अंतर्निहित प्रावधान संविधान के लागू होने के पश्चात की अवधि से संबंधित नागरिकता के संदर्भ में कोई नीति निर्धारित नहीं करता है। इस उद्देश्य की पूर्ति हेतु भारतीय संसद द्वारा नागरिकता अधिनियम, 1955 पारित किया गया है।

भारतीय नागरिकता अधिनियम, 1955

भारतीय संसद द्वारा दिसंबर, 1955 में नागरिकता के संबंध में एक व्यापक अधिनियम बनाया गया। इस अधिनियम में भारतीय नागरिकता की प्राप्ति, अंत तथा अन्य अनुपूरक विषयों से संबंधित व्यवस्थाएं दी हुई हैं। ध्यातव्य है कि भारतीय नागरिकता अधिनियम, 1955 में अब तक 9 बार 1957, 1960, 1986, 1992, 2003, 2005, 2015 और 2016 में संशोधन किया जा चुका है।

उक्त अधिनियम में 5 प्रकार से नागरिकता प्राप्त करने की विधियों का वर्णन किया गया है–

जन्मजात नागरिकता

नागरिकता अधिनियम, 1955 की धारा-3 में यह उपबंधित है कि कोई व्यक्ति जो 26 जनवरी, 1950 के बाद भारत में पैदा हुआ हो, वह भारत का नागरिक होगा, परंतु इसका एक अपवाद यह भी है कि यदि ऐसा कोई व्यक्ति जिसके माता-पिता भारत के नागरिक नहीं हैं और जिसको मुकदमों तथा कानूनी आदेशों से छूट मिली हुई है, जो भारत के कूटनीतिक राजदूतों को प्रदान की जाती है, तो वह अपने जन्म से भारत का नागरिक नहीं होगा। इसी तरह ऐसा कोई व्यक्ति भारत का नागरिक नहीं होगा जिसके पिता उसके जन्म के समय कोई विदेशी शत्रु हो और उस व्यक्ति का जन्म ऐसे स्थान पर होता है जो उस समय दुश्मनों के अधिकार में हो।

1986 में नागरिकता अधिनियम में संशोधन करके नागरिकता अर्जित करने की प्रक्रिया को और अधिक जटिल बना दिया गया। इस संशोधन का उद्देश्य बांग्लादेश, श्रीलंका तथा अफ्रीकी देशों से आए व्यक्तियों को भारतीय नागरिकता से वंचित करना था जिससे इन देशों से उनके भारत आगमन पर रोक लगाई जा सके। संशोधित अधिनियम की धारा-3 में यह उपबंध किया गया है कि जन्म से नागरिकता उन्हीं व्यक्तियों को प्रदान की जा सकेगी जिनके माता-पिता में से कोई एक 1986 में किए गए संशोधन की तिथि के पश्चात् उसकी जन्म तिथि पर भारत के नागरिक थे।

वंशक्रम द्वारा नागरिकता

नागरिकता अधिनियम, 1955 की **धारा**-3 में यह उपबंध किया गया है कि वह व्यक्ति जिसका जन्म 26 जनवरी, 1950 को अथवा उसके पश्चात् भारत के बाहर हुआ हो तो वह भारत का नागरिक होगा, यदि उसके जन्म के समय उसका पिता वंशक्रम से भिन्न और किसी तरह से भारत का नागरिक हो। यदि उस व्यक्ति का पिता वंशक्रम द्वारा भारत का नागरिक है तो ऐसे व्यक्ति को निम्न शर्तों पर नागरिकता प्राप्त होगी–

- यदि उस व्यक्ति का जन्म केंद्र सरकार की अनुज्ञा द्वारा भारतीय वाणिज्य दूतावास में जन्म होने के एक माह के अंदर अथवा इस अधिनियम के प्रभावी होने के एक माह के भीतर पंजीकृत कर दिया गया हो।
- यदि उस व्यक्ति का पिता उसके जन्म के समय किसी सरकारी सेवा में नियुक्त हो तो ऐसी स्थिति में ऐसे व्यक्ति के जन्म के पंजीकरण की आवश्यकता नहीं है।
- 3 दिसंबर, 2004 के बाद भारत से बाहर जन्मा कोई व्यक्ति वंश के आधार पर भारत का नागरिक नहीं हो सकता, यदि उसके जन्म के एक वर्ष के भीतर भारत में उसके जन्म का पंजीकरण न करा दिया गया हो या केंद्र सरकार की सहमति से उक्त अवधि में पंजीकरण न हुआ हो।

पंजीकरण द्वारा नागरिकता

- नागरिकता अधिनियम की **धारा**-5 के अंतर्गत निम्न व्यक्तियों को पंजीकरण के द्वारा नागरिकता अर्जित करने का अधिकार दिया गया है।
- भारत में पैदा हुए व्यक्ति जो पंजीकरण के लिए प्रार्थनापत्र देने के ठीक 6 माह पूर्व से भारत में सामान्यतः निवास कर रहे हों।
- भारत में पैदा हुए व्यक्ति जो अविभाजित भारत के बाहर किसी देश में सामान्य रूप से निवास करते आ रहे हों।
- भारतीय नागरिकों की पत्नियां या नाबालिग बच्चे।
- राष्ट्रमंडल राष्ट्रों के वे नागरिक जो पूर्ण आयु एवं क्षमता से परिपूर्ण हों।
- वे स्त्रियां जो भारतीयों से विवाह कर चुकी हों अथवा करने वाली हों।

अंगीकरण या देशीकरण द्वारा

यदि कोई व्यक्ति उपरोक्त वर्गों में नहीं आता है तो वह अंगीकरण द्वारा भारत की नागरिकता प्राप्त कर सकता है। नागरिकता अधिनियम की धारा-5 के अंतर्गत राष्ट्रमंडलीय राज्य के बाहर नागरिक देशीकरण की विधि द्वारा भारत की नागरिकता अर्जित कर सकता है। परंतु इसके लिए कुछ शर्तों का अनुपालन करना आवश्यक हैं–

- उसे विहित ढंग से प्रार्थना पत्र प्रस्तुत करना होगा। उस व्यक्ति को पूर्ण आयु का और सक्षम होना चाहिए। इसका आशय यह है कि उसकी उम्र कम-से-कम 18 वर्ष हो तथा वह स्वस्थचित्त हो।
- वह किसी ऐसे देश का नागरिक न हो जहां देशीकरण द्वारा नागरिक बनने से रोक दिया जाता हो।
- वह जिस देश से संबंधित है, उसकी नागरिकता त्याग चुका हो और इसकी सूचना संघ सरकार को दे चुका हो।
- देशीकरण के लिए उसने प्रार्थनापत्र प्रस्तुत करने की तिथि से 12 माह पूर्व भारत संघ में निवास किया हो और भारत में राजकीय सेवा में रहा हो या अंतिम 10 वर्ष के अंदर उसने भारत में निवास किया हो और कम-से-कम 4 वर्ष भारत में राजकीय सेवा में नियुक्त हो।
- वह सच्चरित्र व्यक्ति हो।
- संविधान की 8वीं अनुसूची में उल्लेखित किसी एक भाषा का जानकार हो।
- नागरिकता का प्रमाण पत्र प्राप्त करने के बाद वह भारत में निवास करने अथवा भारत में किसी प्रकार की नौकरी करने का अथवा किसी ऐसी अंतर्राष्ट्रीय संस्था का जिसका भारत सदस्य हो, में कार्य करने का इच्छुक हो।

किसी क्षेत्र के समावेशन द्वारा नागरिकता की प्राप्ति

नागरिकता अधिनियम, 1955 की धारा-7 में यह अनुबंधित है कि यदि कोई क्षेत्र भारत का अंग बन जाता है तो केंद्र सरकार राजकीय गजट में प्रकाशित आदेश द्वारा उन व्यक्तियों के नाम उल्लिखित कर सकेगी जो उस क्षेत्र से संबंधित होने के कारण भारत के नागरिक होंगे। उन्हें उस तिथि से भारतीय नागरिकता प्रदान की गई जिस तिथि का उल्लेख केंद्र सरकार ने अपने आदेश में किया है।

भारतीय नागरिकता संशोधन अधिनियम, 1986

नागरिकता अधिनियम, 1955 में निहित विसंगतियों और उदारता के दुष्परिणामों से बचने के लिए नागरिकता संशोधन अधिनियम, 1986 पारित किया गया। भारतीय नागरिकता संशोधन अधिनियम, 1986 के प्रमुख बिंदु निम्नवत् हैं–

- अब भारत में जन्मे केवल उसी व्यक्ति को नागरिकता प्रदान की जाएगी जिसके माता-पिता में से कोई भी एक भारत का नागरिक हो।
- जो व्यक्ति पंजीकरण के माध्यम से नागरिकता प्राप्त करना चाहते हैं उनको अब भारत में कम-से-कम 5 वर्ष निवास करना होगा। पहले यह अवधि 6 माह की थी।
- अंगीकरण द्वारा नागरिकता तभी प्रदान की जाएगी जब संबंधित व्यक्ति कम-से-कम 10 वर्ष तक भारत में रह चुका हो। पहले यह अवधि 5 वर्ष की थी। यह जम्मू और कश्मीर और असोम (असम) सहित भारत के सभी राज्यों पर लागू होगी।

1992 में भी संशोधन द्वारा नागरिकता से संबंधित कानून में कुछ संशोधन किया गया। संशोधित अधिनियम के अनुसार भारत के बाहर पैदा होने वाले बच्चे को यदि उसकी माँ भारत की नागरिक है तभी उसे नागरिकता प्रदान की जाएगी। इससे पूर्व उसी दशा में नागरिकता प्रदान की जाती थी, जब उसका पिता भारत का नागरिक है। इस अधिनियम द्वारा अब नागरिकता के संबंध में बच्चे की माता को पिता के समान दर्जा प्रदान किया गया है।

नागरिकता की समाप्ति

नागरिकता की समाप्ति

- परित्याग
- पर्यावसान
- वंचित किया जाना

नागरिकता अधिनियम, 1955 के विभिन्न प्रावधानों के अनुसार वह व्यक्ति भारत का नागरिक नहीं रह पाएगा जिसने या तो स्वयं नागरिकता त्याग दी हो या उसने किसी अन्य देश की नागरिकता प्राप्त कर ली है। नागरिकता समाप्ति से संबंधित प्रावधानों की व्याख्या निम्नलिखित शीर्षकों के अंतर्गत की जा सकती है–

भारतीय नागरिकता अधिनियम, 2005

दोहरी नागरिकता के निषेध का कारण यह है कि नागरिकों से कुछ कर्तव्य अपेक्षित हैं। यथा- आवश्यकता पड़ने पर भारतीय सेना में सेवा प्रदान करना।

भारतीय मूल के लोगों को दोहरी नागरिकता देने संबंधी भारतीय नागरिकता (संशोधन) अधिनियम 2005, नागरिकता अधिनियम, 1955 को संशोधित करता है जिसके अंतर्गत नागरिकता अधिनियम, 1955 की चौथी अनुसूची को निकाल दिया जाता है।

- इसके अंतर्गत पाकिस्तान एवं बांग्लादेश को छोड़कर अन्य देशों में 26 जनवरी, 1950 के बाद जाकर बसे भारतीय मूल के सभी नागरिक भारत की नागरिकता प्राप्त करने के योग्य हैं।
- किसी अपराध में लिप्त या संदिग्ध आचरण वाले प्रवासी भारतीयों को दोहरी नागरिकता नहीं मिल सकेगी।
- दोहरी नागरिकता के आधार पर प्रवासी मतदान में भाग नहीं ले सकते हैं, लोकसभा/राज्यसभा/विधानसभा/विधान-परिषद् के चुनाव में भाग नहीं ले सकते हैं और न ही कोई संवैधानिक पद जैसे राष्ट्रपति, उपराष्ट्रपति, सर्वोच्च न्यायालय पद जैसे राष्ट्रपति, उपराष्ट्रपति, सर्वोच्च न्यायालय या उच्च न्यायालय के जज के पद पर नियुक्त हो सकते हैं।

- **नागरिकता का परित्याग–** नागरिकता अधिनियम, 1955 की **धारा** 8 में यह प्रावधान किया गया है कि यदि भारत के किसी नागरिक ने अपनी नागरिकता छोड़ने की घोषणा कर दी है तो ऐसे में पंजीकरण पर वह भारत का नागरिक बना नहीं रह सकेगा। यदि वयस्क पुरुष द्वारा नागरिकता के परित्याग करने पर उसके नाबालिग बच्चे की भी नागरिकता समाप्त हो जाती है, तो बालिग होने के एक वर्ष के बाद यदि बच्चा चाहता है तो वह दुबारा भारत का नागरिक बन सकता है। यदि ऐसे समय में भारत किसी अन्य देश से युद्ध में व्यस्त है तो पंजीकरण तब तक स्थागित कर दिया जाएगा जब तक भारत सरकार इस संबंध में अन्य आदेश जारी नहीं कर देती है।
- **दूसरे देश की नागरिकता अर्जित करने पर–** यदि भारत का कोई नागरिक स्वेच्छा से किसी दूसरे देश की नागरिकता अर्जित कर लेता है तो उसकी भारतीय नागरिकता समाप्त मानी जाएगी।

- नागरिकता अधिनियम, 1955 की उपधारा संविधान के अनुच्छेद-9 के ही अनुरूप है। **धारा**-9 के अंतर्गत केवल वे ही मामले आते हैं जिनमें कोई व्यक्ति पहले भारत का नागरिक है और तत्पश्चात् वह दूसरे देश की नागरिकता ग्रहण कर लेता है।
- **नागरिकता से वंचित होने पर–** केंद्र सरकार लिखित आदेश द्वारा किसी भी ऐसे व्यक्ति को नागरिकता से वंचित कर सकती है जो निम्न अपराध में लिप्त रहा हो–

(a) यदि किसी व्यक्ति द्वारा पंजीकरण या देशीकरण का प्रमाण पत्र कपट, मिथ्या या किसी भी तथ्य को छिपाकर प्राप्त किया गया हो।

(b) यदि किसी व्यक्ति ने भाषण के माध्यम से या अपने व्यवहार द्वारा संविधान के प्रति निष्ठाहीन होना प्रदर्शित किया हो।

(c) यदि उसने किसी युद्ध के समय दुश्मन राष्ट्र के साथ जिसमें भारत लगा हुआ हो, व्यापार किया या संचार किया हो।

(d) यदि उसे पंजीकरण के 5 वर्ष के भीतर कम-से-कम 2 वर्ष की अवधि के लिए कारावास द्वारा दंडित कर दिया गया हो।

(e) यदि वह लगातार 7 वर्ष तक भारत से बाहर निवास करता रहा हो और भारत से उसने अपना कोई सम्बन्ध नहीं बना रखा हो।

नागरिकता समाप्त करने के अन्य आधार

भारत सरकार निम्नलिखित में से किसी भी आधार पर किसी व्यक्ति को भारतीय नागरिकता से वंचित कर सकती है–

- संविधान के प्रति निष्ठा न रखने अथवा संविधान में आस्था न रखने वाले व्यक्ति को।
- युद्ध के समय शत्रुओं की सहायता करने वाले व्यक्ति को।
- यदि किसी व्यक्ति ने कपटपूर्वक अर्थात् गलत तरीके से भारतीय नागरिकता अर्जित की है।
- देशीकरण या पंजीकरण द्वारा नागरिकता प्राप्ति के 5 वर्ष के अंदर किसी अन्य देश द्वारा 2 वर्ष की सजा दिए जाने पर।
- किसी भारतीय नागरिक स्त्री/पुरुष द्वारा दूसरे देश के स्त्री/पुरुष के साथ विवाह करने पर।
- लगातार 7 वर्षों तक भारत से बाहर रहने पर।

नागरिकता संबंधी विवाद

सोनिया गांधी के प्रधानमंत्री बनने की संभावना ने (13वीं लोकसभा) इस विवाद को जन्म दिया कि देशीकरण अथवा पंजीकरण के द्वारा नागरिकता अर्जित करने वाला कोई व्यक्ति भारत के उच्चतम संवैधानिक पद अर्थात् प्रधानमंत्री के पद पर आसीन हो सकता है अथवा नहीं।

इस संबंध में यहां स्पष्ट कर देना उचित होगा कि नागरिकता से वंचित करने की कार्यवाही भारत सरकार के गृह मंत्रालय द्वारा की जाती है। यदि किसी व्यक्ति के विरुद्ध नागरिकता से वंचित करने संबंधी कोई कार्यवाही की जाती है, तो उसे इस संबंध में सूचित करना होगा। सूचित करने के साथ-साथ उसे वे आधार भी बताने होंगे जिनके अंतर्गत केंद्र सरकार उसे नागरिकता से वंचित करना चाहती है। यदि संबंधित व्यक्ति यह मांग करता है कि उसका मामला प्रथमतः जांच समिति को सुपुर्द कर दिया जाए, तो सरकार को ऐसा करना पड़ता है। ध्यातव्य है कि जांच समिति में 2 सदस्य तथा एक अध्यक्ष होता है। जांच समिति अपना प्रतिवेदन केंद्रीय गृह मंत्रालय को देती है। गृह मंत्रालय जांच समिति द्वारा प्रस्तुत किए गए प्रतिवेदन के आधार पर कोई कार्यवाही करने में सक्षम होता है।

विदेशियों को अप्राप्त अधिकार

- धर्म, मूलवंश, जाति, लिंग, जन्म स्थान या इनमें से किसी के आधार पर विभेद न किए जाने का अधिकार (अनुच्छेद–15)।
- लोक नियोजन (Public Employment) के विषय में अवसर की समता का अधिकार (अनुच्छेद–16)।
- अनुच्छेद–19 के तहत 6 आधारभूत स्वतंत्रताओं का अधिकार।
- मतदान का अधिकार।
- अनुच्छेद–29 व 30 के तहत प्रदत्त सांस्कृतिक व शैक्षणिक अधिकार।
- कतिपय पदों (यथा-राष्ट्रपति, उपराष्ट्रपति, राज्यों के राज्यपाल, सर्वोच्च न्यायालय व उच्च न्यायालयों के न्यायाधीश भारत का महान्यायवादी, नियंत्रक व महालेखा परीक्षक इत्यादि) पर आसीन होने का अधिकार।
- केंद्र में किसी भी सदन अथवा राज्य स्तर पर चुनाव लड़ने तथा चुने जाने का अधिकार।
- अमेरिकी संविधान अपने देशीयकृत नागरिकों को केवल सीनेट सदस्य (भारत की राज्यसभा के समकक्ष) बनने का अधिकार देता है एवं अमेरिका में जन्मा व्यक्ति ही अमेरिकी राष्ट्रपति हो सकता है।

भारतीय नागरिकता के लक्षण

भारतीय नागरिकता के लक्षणों की विवेचना दो शीर्षकों के अंतर्गत की जा सकती है–

- **एकल नागरिकता**– प्रायः सभी संघात्मक राज्यों में दोहरी नागरिकता होती है। परंतु भारत के संविधान में कनाडा और म्यांमार के संविधानों की तरह सं. रा. अमेरिका के संविधान के विपरीत एकल नागरिकता का प्रावधान किया गया है। अर्थात् भारत में दोहरी नागरिकता नहीं है अर्थात एक तो समस्त देश की नागरिकता और दूसरे उस राज्य की नागरिकता जिसमें संबंधित व्यक्ति निवास करता है। भारतीय संविधान में नागरिकता के एक और जटिल प्रश्न को संवैधानिक प्रावधानों द्वारा हल किया गया है। **अनुच्छेद**-9 में कहा गया है कि कोई भी ऐसा व्यक्ति भारत का नागरिक नहीं बनेगा जिसने अपनी इच्छा से किसी विदेशी राज्य की नागरिकता प्राप्त कर ली है।
- स्पष्टतः समस्त भारत के नागरिकों के लिए एक ही नागरिकता का प्रावधान किया गया है। इसलिए राज्यों के नागरिकों को पृथक् नागरिकता प्रदान करने का प्रश्न ही नहीं उठता है। प्रत्येक नागरिक को समान अधिकार, सुविधाएं एवं उन्मुक्तियां प्रदान की गई हैं चाहे वह किसी भी राज्य में निवास करता हो। इसके विपरीत सं. रा. अमेरिका के संविधान में दो प्रकार की नागरिकता का प्रावधान किया गया है। संयुक्त राज्य अमेरिका की नागरिकता और उसके विभिन्न राज्यों की नागरिकता। विभिन्न राज्य द्वारा कुछ विषयों में जैसे वोट देने का अधिकार या सार्वजनिक पदों पर नियुक्ति आदि के संबंध में राज्यों से संबंधित नागरिकों को प्राथमिकता प्रदान की जाती है। भारत में एकल नागरिकता के फलस्वरूप राज्यों द्वारा नागरिकों के बीच इस प्रकार का भेदभाव नहीं किया जा सकता है। इस संदर्भ में यह कहना यथोचित होगा कि सामान्य नागरिकता का आशय सामान्य अधिवास नहीं है। इसलिए राज्य अधिवास को मान्यता दी गई है।
- **नागरिकता संघीय विषय**– भारतीय संविधान में नागरिकता को संघ सूची के विषयों में सम्मिलित किया गया है। नागरिकता के संबंध में कानून बनाने का अधिकार संघीय सरकार को ही प्राप्त है।
- 1985 तक भारत में नागरिकता प्रदान करने के संबंध में जन्म सिद्धांत और वंश सिद्धांत दोनों को अपनाया गया था परंतु **संशोधित नागरिकता अधिनियम,** 1986 के अनुसार किसी व्यक्ति को भारत की तभी नागरिकता प्राप्त होगी जब

उसके माता-पिता में से कोई एक भारत का नागरिक होगा। अब नागरिकता के संबंध में वंश के सिद्धांत को अपनाया गया है।

राष्ट्रमंडलीय देशों की नागरिकता

नागरिकता अधिनियम की धारा, 11 में राष्ट्रमंडलीय देशों की नागरिकता की व्यवस्था की गई है। अधिनियम की धारा-11 में कहा गया है कि ऐसे प्रत्येक नागरिक को जो राष्ट्रमंडल में किसी देश का नागरिक है, इस नागरिकता के फलस्वरूप उसे भारत में राष्ट्रमंडल की नागरिकता की पद स्थिति प्राप्त होगी। इसी भांति अधिनियम की **धारा**-12 में यह उपबंध किया गया है कि केंद्र सरकार पारस्परिकता के आधार पर ग्रेट ब्रिटेन, ऑस्ट्रेलिया, कनाडा, श्रीलंका, पाकिस्तान, न्यूजीलैंड संघ के नागरिकों को भारतीय नागरिकता संबंधी समस्त अथवा कोई भी अधिकार प्रदान कर सकेगी।

भारतीय मूल के व्यक्तियों के लिए दोहरी नागरिकता - दिसंबर, 2003 में संसद द्वारा नागरिकता संबंधी एक विशेष अधिनियम बनाया गया। जिसका उद्देश्य 16 देशों में रहने वाले भारतीय मूल के लोगों को दोहरी नागरिकता प्रदान करना है। उक्त 16 देश हैं–ऑस्ट्रेलिया, कनाडा, पुर्तगाल, फिनलैंड, फ्रांस, आयरलैंड, इजराइल, इटली, नीदरलैंड, साइप्रस, स्वीडन, स्विट्जरलैंड, इंग्लैंड तथा सं.रा. अमेरिका। इस अधिनियम के अंतर्गत भारतीय मूल के व्यक्ति भारत की आर्थिक गतिविधियों में भाग ले सकेंगे तथा उनको संपत्ति अर्जित करने का अधिकार होगा।

दोहरी नागरिकता

यद्यपि भारतीय संविधान संघात्मक है परंतु फिर भी यहां एकल नागरिकता का प्रावधान किया गया है। अमेरिका और स्विट्जरलैंड के परिसंघीय संविधानों के विपरीत भारत में प्रत्येक व्यक्ति को एक ही राष्ट्रीय नागरिकता प्राप्त है और राज्यों हेतु अलग से नागरिकता का प्रावधान नहीं है। अनुच्छेद-11 के तहत भारतीय संविधान संसद को नागरिकता से सम्बद्ध विषयों पर कानून बनाने की शक्ति प्रदान करता है। जिसके अनुसार, संसद ने 1955 में नागरिकता अधिनियम को विनियमित किया। अनुच्छेद-9 के कथनानुसार, नागरिकता का अर्थ पूर्ण नागरिकता है। संविधान बंटी हुई निष्ठा (Allegiance) को स्वीकृति नहीं देता। इसलिए भारतीय न्यायालयों ने नियमित रूप से दोहरी नागरिकता को अस्वीकार किया है। नागरिकता अधिनियम की धारा 10 के अनुसार, कोई व्यक्ति भारतीय संविधान के साथ-साथ अन्य देश के संविधान के प्रति निष्ठावान नहीं हो सकता। यदि कोई भारतीय नागरिक किसी अन्य देश की नागरिकता प्राप्त कर लेता है तो वह भारतीय नागरिकता स्वत: खो देता है। उदाहरणार्थ, कोई शिशु जिसके माता-पिता भारतीय नागरिक हैं, किसी दूसरे देश में जन्म लेता है और वयस्क होने पर उस देश की नागरिकता का परित्याग नहीं करता, तो वह भारत की नागरिकता खो देता है।

दोहरी नागरिकता के निषेध का कारण यह है कि नागरिकता से कुछ कर्तव्य अपेक्षित हैं। यथा- आवश्यकता पड़ने पर भारतीय सेना में सेवा प्रदान करना।

विदेशी निवासियों के लिए भारतीय नागरिकता

- भारतीय डायस्पोरा के व्यापक अध्ययन तथा उनके साथ रचनात्मक संबंध बनाने के उपायों पर अनुशंसा देने के लिए भारत सरकार ने सन् 2000 में डॉ. एल. एम. सिंघवी की अध्यक्षता में एक समिति का गठन किया।
- समिति ने अपनी रिपोर्ट में (सन् 2000) कुछ देशों में निवास करने वाले भारतीय मूल के नागरिकों (Persons of Indian Origins, PIOs) को दोहरी नागरिकता प्रदान करने की सिफारिश की।

प्रवासी भारतीय दिवस सम्मेलन

- सितंबर, 2000 में प्रवासी भारतीयों के संबंध में डॉ. एल. एम. सिंघवी की अध्यक्षता में एक उच्चस्तरीय कमेटी गठित की गई। इस समिति ने 9 जनवरी को प्रवासी भारतीय दिवस मनाने की अनुशंसा की।
- भारत के विकास में विदेशी भारतीय समुदाय के योगदान को याद करने के लिए प्रत्येक वर्ष 9 जनवरी को प्रवासी भारतीय दिवस मनाया जाता है। 9 जनवरी को मनाए जाने का कारण यह है कि इसी दिन वर्ष 1915 में महात्मा गांधी दक्षिण अफ्रीका की यात्रा से भारत लौट कर आए थे।

विदेशों में बसे भारतीय मूल के लोगों की श्रेणियां

- अनिवासी भारतीय
- भारतीय मूल के व्यक्ति
- भारत के सीमापारीय नागरिक

- नागरिकता (संशोधन) अधिनियम, 2003 के माध्यम से भारत सरकार ने नागरिकता अधिनियम, 1955 में संशोधन करते हुए 16 देशों (पाकिस्तान एवं बांग्लादेश को छोड़कर) के PIOs के लिए विदेशी भारतीय नागरिकता का प्रावधान किया।
- भारतीय मूल के विदेशों में रहने वाले व्यक्तियों को भारत सरकार द्वारा नागरिकता से अलग विशेष दर्जा प्रदान करने का प्रावधान किया गया है।
- फार्म-6A के माध्यम से विदेशों में रहने वाले सक्षम मतदाता आवेदन करके मतदाता सूची में अपना नाम सम्मिलित करवा सकेंगे।
- भारतीय मूल के व्यक्ति (PIO) के कार्ड धारक को पर्वतारोहण, अनुसंधान कार्य एवं मिशनरी गतिविधियों के लिए सरकार से अनुमति लेनी आवश्यक है। चुनाव लड़ने जैसे राजनीतिक अधिकार इन्हें नहीं दिए गए हैं।

प्रवासी भारतीयों को मतदान का अधिकार

फरवरी, 2006 में जन प्रतिनिधित्व अधिनियम में संशोधन करके प्रवासी भारतीयों को संसद तथा राज्य विधान सभाओं में मत देने का अधिकार प्रदान किया गया। इससे प्रवासी भारतीयों में अपने देश के प्रति और अधिक निकटता बढ़ेगी तथा विदेशों में रहकर भी अपने देश से जुड़ेंगे।

विदेशों में रह रहे भारतीय (एनआरआई) को दोहरी नागरिकता के उपहार के बाद सरकार द्वारा उन्हें मतदान का अधिकार देने का भी निर्णय लिया गया है, जिसके लिए जनप्रतिनिधित्व कानून में संशोधन किया जाएगा। इसके लिए सरकार संसद में एक विधेयक लाने पर विचार कर रही है।

भारतीय मूल के व्यक्ति (PIO)

- वे लोग, जो स्वयं अथवा जिनके पूर्वज कभी भारत के नागरिक थे, लेकिन वर्तमान में ये लोग किसी दूसरे देश के नागरिक बन गए हैं।
- ऐसे व्यक्तियों को जिनके पास कभी भी भारत का पासपोर्ट रहा है तथा जिनके माता-पिता, दादा-दादी अथवा नाना-नानी में से कोई भी भारत शासन अधिनियम, 1935 के अंतर्गत तत्कालीन भारत क्षेत्र का निवासी रहा हो अथवा किसी ऐसे क्षेत्र का निवासी था, जो बाद में भारत का हिस्सा बन गया हो, तो उस व्यक्ति और उसके वैवाहिक संबंधी को भारतीय मूल का व्यक्ति (PIO) माना जाता है।
- ऐसे व्यक्ति जो पाकिस्तान, श्रीलंका, नेपाल, भूटान, अफगानिस्तान, चीन अथवा बांग्लादेश के नागरिक हैं अथवा कभी रहे हैं, वे भारतीय मूल के व्यक्ति में शामिल नहीं होते हैं।

PIO कार्ड

भारत सरकार ने 'पर्सन्स ऑफ इंडियन ऑरिजिन' PIO कार्ड स्कीम को अगस्त 2002 में संशोधित किया है, जिसका उद्देश्य अपनी जड़ों की ओर लौटने की यात्रा को अधिक सरल, आसान, लचीला और पूर्ण रूप से समस्याओं से मुक्त बनाना है। PIO स्कीम 1999 में आरंभ की गई थी।

PIO कार्ड के लिए पात्रता

ऐसा कोई भी व्यक्ति जो कभी भी भारतीय पासपोर्ट का धारक रहा हो या वह या उसके माता-पिता या पितामह-मातामह या प्रपितामह-प्रमातामह का जन्म 1935

के भारत सरकार अधिनियम में उल्लिखित भारत और उन अन्य क्षेत्रों में हुआ हो, जो उसके बाद भारत के अंग बने और वह यहां स्थायी रूप से रहा हो या

- वह व्यक्ति, जो भारत का नागरिक या उपर्युक्त उल्लिखित भारतीय मूल के व्यक्ति का पति/पत्नी हो।
- यह योजना बहुत व्यापक है क्योंकि यह चार पीढ़ियों से संबंध रखती है और साथ ही भारतीय नागरिक या भारतीय मूल के व्यक्ति के विदेशी जीवनसाथी का भी ध्यान रखती है।

एक PIO कार्ड धारक के लाभ

भारत की यात्रा करने के लिए वीजा की आवश्यकता नहीं होती।

- भारत में कॉलेजों/शैक्षणिक संस्थानों में प्रवेश पाने के लिए या रोजगार अवसरों का लाभ उठाने के लिए अलग से क्रमशः 'छात्र वीजा' या 'रोजगार वीजा' लेने की आवश्यकता नहीं होती।
- यदि कोई PIO कार्ड धारक अपनी किसी एक भारत यात्रा के दौरान 180 दिन से अधिक नहीं ठहरता है तो उसे पंजीकरण कराने की आवश्यकता से उन्मुक्ति मिल जाती है।
- PIO कार्ड धारक को आर्थिक, वित्तीय तथा शैक्षणिक क्षेत्रों में वही सुविधाएं प्राप्त होती हैं जो अनिवासी भारतीयों (NRI) को मिलती हैं।
- परंतु PIO कार्ड धारक को राजनीतिक अधिकार प्राप्त नहीं होते।

PIO कार्ड की वैधता

PIO कार्ड जारी किए जाने की तिथि से पंद्रह वर्षों तक वैध माना जाएगा, बशर्ते कि आवेदक के पासपोर्ट की वैधता सुनिश्चित हो।

- 2014 में सुप्रीम कोर्ट के निर्देश पर असम सरकार ने अपने नागरिकों के लिए राष्ट्रीय नागरिक रजिस्टर [National Register of Citizens—NRC] को अद्यतन किया है।
- राष्ट्रीय नागरिक रजिस्टर [NRC] असम के सभी भारतीय नागरिकों की सूची है। असम, इस तरह के दस्तावेज वाला एकमात्र राज्य है
- हाल ही में त्रिपुरा ने भी एनआरसी लागू कर अवैध बांग्लादेशी प्रवासियों का पता लगाने व उन्हें निर्वासित करने की मांग की है।
- गैर आदिवासी समूहों द्वारा प्रवासन के कारण त्रिपुरा की आदिवासी आबादी 1881 में 63% से घटकर 2011 में 3% हो गई है।
- त्रिपुरा में 19 अधिसूचित जातियाँ हैं, जिनके बीच त्रिपुरी सबसे बड़ा जनजातीय समूह है। अन्य महत्वपूर्ण प्रवासी समूह रींग, जमातिया, भील, ओरंग और संथाल हैं।
- अवैध आव्रजन के मुद्दे से निपटने के लिए पहली बार 1951 की जनगणना के बाद एनआरसी तैयार किया गया था।
- असम समझौते द्वारा 1 जनवरी, 1966 से पहले बांग्लोदश से असम आने वाले सभी भारतीय मूल के लोगों को भारतीय नागरिक माना गया था और इसके बाद नागरिकता अधिनियम 1955 को संशोधित किया गया था।
- संशोधन के अनुसार 1 जनवरी, 1966 और 25 मार्च, 1971 के बीच असम से आने वाले लोग यदि 10 साल तक राज्य में रहते हैं, तो वो नागरिक के रूप में पंजीकरण के पात्र हो सकते हैं, जबकि 25 मार्च, 1971 के बाद असम में प्रवेश करने वालों को निर्वासित किया जाना था। हालांकि इस तरह की कोई कार्यवाही नहीं की गई थी।
- नागरिकता अधिनियम 1955 को नागरिकता (नागरिक पहचान पंजीकरण तथा राष्ट्रीय पहचान पत्र जारी करना) नियम, 2003 के प्रावधानों के अनुसार अद्यतन किया जा रहा है। नवीन पंजीकरण में ऐसे व्यक्ति शामिल होंगे, जिनका नाम 24 मार्च, 1971 की मध्य रात्रि तक या नागरिकों का राष्ट्रीय रजिस्टर, 1951 की सूची में शामिल होगा।

PIO कार्ड धारकों की तुलना में 'ओवरसीज सिटिजनशिप ऑफ इंडिया' के लाभ

OCI प्राप्त व्यक्ति को आजीवन वीजा-मुक्त भारत यात्रा की सुविधा प्राप्त है, जबकि PIO कार्ड धारक को यह सुविधा 15 वर्षों के लिए प्राप्त होती है।

यदि PIO कार्ड धारक अपनी किसी भी भारत यात्रा के दौरान 180 दिनों से अधिक ठहरता है तो उसे स्थानीय पुलिस अधिकारी के यहां अपना पंजीकरण कराने की आवश्यकता होती है, जबकि OCI प्राप्त व्यक्ति को ऐसा करने की आवश्यकता नहीं होती, चाहे वह जितने भी दिनों के लिए भारत में ठहरे।

अप्रवासी भारतीय (Non-Resident Indian-NRI)

- यदि कोई भारतीय नागरिक रोजगार या व्यवसाय या अन्य किसी वजह से भारत से बाहर हो और उसके अनिश्चित समय तक भारत आने की संभावना न हो।
- यदि भारतीय नागरिक किसी विदेशी सरकार या अंतर्राष्ट्रीय संस्था के लिए विदेशों में कार्य कर रहे हों।
- राज्य सरकार या केंद्र सरकार या फिर किसी सार्वजनिक उपक्रम के लोकसेवक अस्थायी समझौते के तहत यदि प्रतिनियुक्ति (Deputation) पर हों।
- यदि कोई विदेशों में उच्च शिक्षा अध्ययनरत छात्र वहां नौकरी प्राप्त करता हो तो उस दिन से।
- अप्रवासी भारतीय वह होगा जो–
  - (i) जो 182 से अधिक दिन किसी वर्ष बाहर रहा हो।
  - (ii) पिछले चार वर्षों में 365 दिन से कम भारत में रहा हो।
- यदि 6 महीने से ज्यादा देश से बाहर रहे और विदेशी नागरिक जो मूल रूप से भारतीय नागरिक रहा हो। कोई N.R.I. पुनः भारत का नागरिक तभी बन सकता है जब वह नौकरी या व्यवसाय आदि के लिए भारत आया हो और अनिश्चित समय के लिए भारत में ही रहे।

भारतीय मूल के लोग

भारत में अंशों अथवा ऋण प्राप्त करने तथा बैंकों का खाता खोलने सहित अन्य सुविधाओं का लाभ प्राप्त करने के उद्देश्य से, किसी ऐसे विदेशी नागरिक को भारतीय मूल के व्यक्ति की संज्ञा दी गई है, जिसने किसी समय भारतीय पासपोर्ट प्राप्त किया हो अथवा भारतीय नागरिकता कानून 1955 के प्रावधानों के अनुरूप उसके माता अथवा पिता को भारतीय नागरिकता प्राप्त हुई हो, लेकिन व्यक्ति विशेष को पाकिस्तान अथवा बांग्लादेश का निवासी नहीं होना चाहिए।

1. यदि किसी भी समय उसके पास भारतीय पासपोर्ट हो या वह या उसके अभिभावक या फिर उसके दादा-दादी कोई भारतीय हों और वो अविभाजित भारत के स्थायी नागरिक रहे हों।
2. किसी भारतीय नागरिक की पत्नी या फिर पी.आई.ओ. की पत्नी भी पी.आई.ओ. कहलाएगी भले ही वह भारतीय अभिभावक से पैदा न हो।

पी.आई.ओ. स्कीमः विदेशी भारतीय नागरिक के रूप में पंजीकरण कराने वाले व्यक्तियों को अनेक लाभ मिलेंगे। उन्हें एक नए प्रकार के वीजा (यू-वीजा) को पाने का अधिकार होगा। यू-वीजा एक प्रकार का बहुद्देशीय वीजा है। इसका यह अर्थ है कि ओ.सी.आई. कार्डधारक यात्री भारत में किसी भी समय, कितनी भी अवधि के लिए एवं किसी भी उद्देश्य के लिए यात्रा कर सकते हैं-

1. भारत यात्रा हेतु वीजा की आवश्यकता नहीं।
2. यदि उनका प्रवास 180 दिन से कम है तो उन्हें विदेशी पंजीकरण अधिकारी के पास पंजीकरण की आवश्यकता नहीं होगी। यदि इनका प्रवास लगातार 180 दिन से अधिक रहता है तो उन्हें 180 दिन की अवधि समाप्त होने से 30 दिन के भीतर पंजीकरण कराना होगा।
3. सुविधाओं के दृष्टिकोण से आर्थिक, वित्तीय, शैक्षणिक क्षेत्र आदि में सुविधाओं के आधार पर अप्रवासी भारतीयों से तुलना।

नागरिक (संशोधन) अध्यादेश, 2015

6 जनवरी, 2015 को राष्ट्रपति प्रणव मुखर्जी द्वारा 'नागरिकता (संशोधन) अध्यादेश, 2015' [Citizenship (Amendment) Ordinace, 2015] का प्रख्यापन किया गया जिसके तहत भारतीय नागरिकता अधिनियम (Indian Citizenship Act) 1955 में निम्नलिखित संशोधनों हेतु प्रावधान तत्काल प्रभाव से लागू किए गए हैं–

1. वर्तमान में भारतीय नागरिकता के लिए भारत में एक वर्ष तक लगातार ठहरना (Continuous Stay) आवश्यक है जिसमें छूट देते हुए यह प्रावधान किया गया है कि यदि केंद्र सरकार संतुष्ट है कि विशेष परिस्थितियां विद्यमान हैं, तो यह, ऐसी विशेष परिस्थितियों को लिखित रिकार्ड में दर्ज करने के बाद 12 माह की निर्धारित अवधि में अधिकतम 30 दिनों तक की छूट दे सकती है, जो अलग-अलग अंतरालों में हो सकती है।
2. भारतीय नागरिकों के नाबालिग बच्चों के लिए ओवरसीज सिटिजन ऑफ इंडिया (OCI) के रूप में पंजीकरण के अधिकार हेतु प्रावधान किया गया है।
3. ऐसे नागरिकों के बच्चों या पौत्र-पौत्रियों या प्रपौत्र-प्रपौत्रियों के ओ.सी.आई. के रूप में पंजीकरण के अधिकार हेतु प्रावधान किया गया है।
4. भारतीय नागरिक या धारा 7। के तहत पंजीकरण ओ.सी.आई. के पति/पत्नी, जिसका विवाह पंजीकृत हो तथा इस धारा के तहत आवेदन प्रस्तुत किए जाने से कम-से-कम 2 वर्ष पूर्व की अवधि से लगातार वह विवाह कायम रहा हो, को ओ.सी.आई. के रूप में पंजीकरण के अधिकार हेतु प्रावधान किया गया है।
5. वर्तमान पी.आई.ओ. कार्डधारकों के संबंध में केंद्र सरकार आधिकारिक राजपत्र में अधिसूचना जारी कर यह स्पष्ट कर सकती है कि किस तिथि से सभी वर्तमान पी.आई. ओ. कार्डधारकों को ओ.सी.आई. कार्डधारक के रूप में माना जाए (इसी प्रावधान के अनुसरण में गृह मंत्रालय द्वारा 9 जनवरी, 2015 की अधिसूचना जारी की गई)।

भारतीय नागरिकता अधिनियम, 1955 में भारत की नागरिकता अर्जित करने, समाप्त होने, वंचन, निर्धारण तथा अन्य संबंधित पक्षों के संदर्भ में प्रावधान है। यह अधिनियम नागरिकता के जन्म, वंशानुक्रम, पंजीकरण, विशेष परिस्थितियों में किसी क्षेत्र के देशीकरण या विलय के आधार पर अर्जन के साथ-साथ नागरिकता के समाप्त होने और वंचित किए जाने के संदर्भ में भी प्रावधान करता है।

भारतीय मूल के कार्ड धारक व्यक्ति (पी.आई.ओ.) एवं प्रवासी भारतीय नागरिक (ओ.सी.आई.)

तुलना के तत्व	भारतीय मूल के कार्ड धारक व्यक्ति (पी.आई.ओ.)	प्रवासी भारतीय नागरिक (ओसीआई)
1. कौन?	गृह मंत्रालय योजना दिनांक 19.8.2002 के अंतर्गत पी.आई.ओ. कार्डधारक के रूप में पंजीकृत व्यक्ति	नागरिकता अधिनियम 1955 के प्रवासी भारतीय नागरिक रूप में दर्ज कोई व्यक्ति। यह योजना 02-12-2005 से लागू है।
2. कौन योग्य है?	कोई व्यक्ति (i) जो किसी समय भारतीय पासपोर्ट धारक हों, या (ii) वह या उसके माता-पिता में से कोई या उसके पितामह, जो भारत में जन्मे हों एवं भारत शासन अधिनियम, 1935 के प्रभावी होने से पूर्व से भारत के स्थायी नागरिक हों या इस अवधि के बाद किसी क्षेत्र के भारत का अभिन्न अंग बनने से पूर्व वहां के निवासी हों या उस अवधि में अफगानिस्तान, बांग्लादेश, भूटान, चीन, नेपाल, पाकिस्तान या श्रीलंका के नागरिक न हों या (iii) वह किसी भारतीय नागरिक या भारत में जन्मे व्यक्ति का पति या पत्नी हो।	एक विदेशी नागरिक, जो (i) 26-02-1950 को भारत का नागरिक बनने की योग्यता रखता हो या (ii) वह 26-01-1950 को या उसके बाद भारत का नागरिक हो, या (iii) 15-08-1947 के बाद भारत में शामिल होने वाले किसी भाग का निवासी हो, या (iv) इस प्रकार के व्यक्ति के नाबालिग बच्चे। हालांकि, यदि आवेदक पाकिस्तान या बांग्लादेश का नागरिक है तो उसे इस योजना के अंतर्गत ओ.सी.आई. प्राप्त करने का अधिकार नहीं होगा।
3. कौन-से राष्ट्र पात्र हैं?	अफगानिस्तान, बांग्लादेश, भूटान, चीन, नेपाल, पाकिग्स्तान एवं श्रीलंका को छोड़कर अन्य सभी देशों के पी.आई.आर.	पाकिस्तान एवं बांग्लादेश को छोड़कर विश्व के सभी एवं श्रीलंका को छोड़कर अन्य सभी देशों के पी.आई.आर.।
4. इसके क्या फायदे हैं?	(i) भारत की यात्रा के लिए अलग से वीजा की आवश्यकता नहीं (ii) यदि भारत में रहने की अवधि एक बार में 180 दिनों से अधिक नहीं है तो किसी प्रकार के रजिस्ट्रेशन की आवश्यकता नहीं है। इस अवधि के समाप्त होने के 30 दिनों के भीतर पुनः एफ.आर.आर. में/एफ. आर.ओ. में पंजीकरण किया जा सकता है। (iii) कृषि एवं बागान स्थापना को छोड़कर आप्रवासी भारतीयों के समान सभी आर्थिक, वित्तीय, शैक्षिक एवं अन्य सभी प्रकार की सुविधाएं। राजनीतिक अधिकारों में कोई समानता नहीं होगी।	(i) भारत यात्रा के लिए विविध प्रवेश एवं विविध प्रयोजन जीवनकाल का वीजा। (ii) भारत में रहने के लिए स्थानीय पुलिस के रजिस्ट्रेशन से छूट (iii) कृषि एवं बागान स्थापना को छोड़कर आप्रवासी भारतीयों के समान आर्थिक, वित्तीय, शैक्षिक एवं अन्य सभी प्रकार की सुविधाएं। राजनीतिक अधिकारों में कोई समानता नहीं होगी।
5. क्या ऐसे व्यक्ति को भारत यात्रा के लिए वीजा की आवश्यकता है?	ऐसा व्यक्ति यदि भारतीय मूल का कार्ड धारक है तो वह 15 वर्ष तक भारत की यात्रा कर सकता है।	आजीवन बिना वीजा के यात्रा कर सकता है।
6. क्या भारत में उसे स्थानीय पुलिस स्टेशन में रजिस्ट्रेशन कराना अनिवार्य है?	हां, जब पहली बार उसके भारत में रहने की अवधि 180 दिनों से अधिक होती है।	नहीं।
7. भारत में किस प्रकार के कार्य कर सकता है?	पर्वतारोहण, मिशनरी, शोधकार्य एवं प्रतिबंधित क्षेत्रों की यात्रा को छोड़कर अन्य सभी कार्य कर सकता है। इन क्षेत्रों के लिए विशेष अनुमति की आवश्यकता होगी।	पर्वतारोहण, मिशनरी, शोधकार्य एवं प्रतिबंधित क्षेत्रों की यात्रा को छोड़कर अन्य सभी कार्य कर सकता है। इन क्षेत्रों के लिए विशेष अनुमति की आवश्यकता होगी।
8. कोई व्यक्ति कैसे भारतीय नागरिकता प्राप्त कर सकता है?	यदि कोई व्यक्ति ऐसा आवेदन देने से पहले 7 वर्षों से अधिक समय भारत में रह रहा है तो उसे नागरिकता मिल सकती है।	यदि कोई व्यक्ति 1 वर्ष पहले से भारत में इस प्रकार का आवेदन देने से पहले से रह रहा है तो इस प्रकार के आवेदन के 5 वर्ष बाद उसे भारतीय नागरिकता मिल सकती है।
9. क्या इसे समाप्त किया जा सकता है?	हां-कुछ आधारों पर।	हां-कुछ आधारों पर।

- भारत में अचल संपत्तियों का अधिग्रहण, कब्जा, हस्तांतरण एवं विक्रय (कृषि, बागानी संपत्तियों को छोड़कर)।
- अप्रवासी भारतीयों के बच्चों को भारतीय शैक्षणिक संस्थाओं में सामान्य वर्ग कोटे के तहत प्रवेश। इसमें चिकित्सा, इंजीनियरिंग कॉलेज, आई.आई.टी., आई.आई.आई.एम. आदि शामिल हैं।
- जीवन बीमा निगम, राज्य सरकार और अन्य सरकारी संस्थाओं की विभिन्न स्कीम।
- अप्रवासी भारतीयों को भविष्य में मिलने वाले सारे लाभ पीआईओ कार्डधारक को भी मिलेंगे।
- किंतु इनमें भारत में राजनीतिक अधिकारों का लाभ नहीं मिलेगा।

नागरिकता संशोधन अधिनियम, 2019: एक ऐतिहासिक कदम

नागरिकता संशोधन अधिनियम, 2019 अस्तित्व में आ चुका है, जिसको लेकर विवाद और संघर्ष की स्थिति उत्पन्न हो चुकी है। परंतु भारत इसे लागू करने के लिए पूरी तरह प्रतिबद्ध है। जहां सरकार और एक बड़ा वर्ग भूल-सुधार मानते हुए इसे ऐतिहासिक बता रहा है तो दूसरी तरफ कुछ लोग ऐसे भी हैं जो इसे विघटनकारी बताने के साथ-साथ संविधान की मूल भावनाओं के विपरीत तथा धर्मनिरपेक्षता को प्रभावित करने वाला कदम बता रहे हैं। इसको लेकर देश के विभिन्न भागों में हिंसक प्रदर्शन भी हुए। यही नहीं कुछ राज्य इसको लागू करने से मना कर रहे हैं और केरल विधानसभा ने इसके विरुद्ध एक प्रस्ताव भी पारित कर दिया है, जिससे संघीय ढांचा और संघीय संसद को एक चुनौती दी जा रही है। इसके कारण यह भी प्रश्न उठने लगा है कि क्या राज्य सरकारों को संघीय कानून को लागू करने से मना करने का अधिकार है? ऐसे में क्या संवैधानिक प्रावधानों के अनुपालन न करने की स्थिति में केन्द्र सरकार, राज्य सरकारों को बर्खास्त नहीं कर सकती? इन सबको दृष्टिगत रखते हुए यह आलेख प्रस्तुत किया जा रहा है। लेखक के अनुसार नागरिकता संशोधन अधिनियम, 2019 भारतीय संविधान की भावना के अनुरूप उठाया गया एक कदम है। उल्लेखनीय है कि संविधान का अनुच्छेद-11 संसद को कानून बनाने का अधिकार देता है।

नागरिकता संशोधन अधिनियम, 2019 की पृष्ठभूमि

नागरिकता संशोधन अधिनियम, 2019 की पृष्ठभूमि सितम्बर 2015 में सर्वोच्च न्यायालय द्वारा अरुणाचल प्रदेश के चकमा शरणार्थियों के लिए नागरिक अधिकारों से संबंधित समिति बनाम अरुणाचल राज्य वाद में केन्द्र और अरुणाचल सरकार को दिए गए एक दिशा-निर्देश से होती है। सितम्बर 2014 में सर्वोच्च न्यायालय ने केन्द्र सरकार और अरुणाचल सरकार को यह दिशा-निर्देश दिया कि इस समुदाय के अर्हत लोगों को नागरिकता प्रदान करने की दिशा में सरकार उपयुक्त कदम उठाए। जिससे उनके जीवन अधिकार और उनकी स्वतंत्रता को संरक्षित करते हुए उनके विरुद्ध होने वाले भेदभाव पर अंकुश लगाया जा सके।

कपतै डेम के निर्माण के कारण चकमा और हाजोंग समुदाय के लोगों को विस्थापित होना पड़ा था, जो विगत 65 वर्षों से अपने देश में शरणार्थी की तरह हैं। इसके साथ-साथ लंबे समय से देशीकरण द्वारा नागरिकता प्राप्त करने से संबंधित लंबित आवेदनों ने भी इस संविधान संशोधन की आवश्यकता को रेखांकित किया गया है। ध्यातव्य है कि अवैध आव्रजन की पृष्ठभूमि में पाकिस्तान, बांग्लादेश और अफगानिस्तान के कई भारतीय मूल के लोगों ने नागरिकता के लिए आवेदन किया है। परंतु उनके पास भारतीय मूल का होने के लिए उपयुक्त दस्तावेज उपलब्ध नहीं हैं।

अत: वह नागरिकता अधिनियम 1955 की धारा-5 के अंतर्गत नागरिकता प्राप्त करने के लिए आवेदन करने के लिए सक्षम नहीं हैं। इसलिए उनके द्वारा अधिनियम की धारा-6 के अंतर्गत देशीकरण द्वारा नागरिकता प्राप्त हेतु आवेदन किया जा रहा है। जिसके अंतर्गत 11 वर्ष भारत में निवास करने की अनिवार्य शर्त है।

नागरिकता अधिनियम, 1955 संशोधन हेतु सितम्बर 2015 में अध्यादेश

सितम्बर 2015 में भारत सरकार ने एक अध्यादेश जारी कर पाकिस्तान, बांग्लादेश और अफगानिस्तानी गैर-मुस्लिम अल्पसंख्यकों को भारतीय नागरिकता देने का फैसला किया। इसके लिए पासपोर्ट अधिनियम 1920, विदेशी अधिनियम, 1946 और ऑर्डर अधिनियम, 1948 को संशोधित करने की बात कही गई। इस अध्यादेश का लाभ उक्त देशों के गैर-मुस्लिम लोगों को मिलेगा। जो पासपोर्ट एवं अन्य वैध दस्तावेजों के बगैर भारत आए या फिर जिनके पासपोर्ट यात्रा दस्तावेजों की अवधि समाप्त हो गई है। भारत सरकार ने इस अध्यादेश के माध्यम से 2016-17 और 2018 में क्रमश: 2298, 4712, 12732 लोगों को नागरिकता प्रदान की।

नागरिकता संशोधन अधिनियम, 2019 और प्रमुख प्रावधान

दिसंबर, 2019 में संसद द्वारा पारित किया जा चुका है और राष्ट्रपति द्वारा इसे स्वीकृति भी प्रदान की जा चुकी है। इस प्रकार यह अधिनियम अस्तित्व में आ चुका है। नागरिकता संशोधन अधिनियम, 2019 के प्रमुख प्रावधान निम्नवत हैं-

- नागरिकता संशोधन अधिनियम, 2019 के माध्यम से 1955 की तीसरी अनुसूची की धारा-2 और धारा-7 में संशोधन किया गया। इसके साथ-साथ इस संशोधन के माध्यम से नागरिकता अधिनियम, 1955 की धारा-6ए (असम समझौते के बाद 1986 में धारा-6ए जोड़ी गई थी।) को संशोधित किया गया। इसके अनुसार नागरिकता से संबंधित तिथि को 25 मार्च, 1971 से बढ़ाकर 31 दिसंबर, 2014 कर दिया गया है।
- इस अधिनियम में पाकिस्तान, बांग्लादेश और अफगानिस्तान से आए हुए गैर-मुस्लिम शरणार्थियों- हिन्दू, सिक्ख, जैन, बौद्ध, पारसी और ईसाई लोगों को भारत द्वारा नागरिकता प्रदान करने का आधार सृजित किया गया है।
- इस अधिनियम के तहत गैर-मुस्लिम लोगों को भारत में नागरिकता प्रदान करने के नियमों का सरलीकरण किया गया है।
- नागरिकता अधिनियम 1955 के अनुसार अवैध प्रवासियों को भारत की नागरिकता नहीं मिल सकती है। इनमें उन लोगों को अवैध प्रवासी माना गया था जो वर्षों पहले बिना वीजा, पासपोर्ट के भारत की सीमा में घुस आए। इसके साथ-साथ इस अधिनियम में ऐसे लोगों को अवैध प्रवासी बताया गया जो वैध दस्तावेज के आधार पर भारत आए परंतु उनकी अवधि समाप्त हो जाने के बाद भी भारत में बने रहे। ऐसे लोगों को भारतीय नागरिकता अधिनियम 1955 के प्रावधानों के अनुसार या तो जेल भेजा जाएगा या उनको वापस उनके देश भेजा जाएगा। परंतु नागरिकता संशोधन अधिनियम, 2019 में पाकिस्तान, बांग्लादेश और अफगानिस्तान के गैर-मुस्लिम शरणार्थियों को नागरिकता अधिनियम 1955 के प्रावधानों से छूट दी गई है।
- नागरिकता संशोधन अधिनियम, 2019 के अनुसार उक्त देशों के गैर-मुस्लिम शरणार्थियों को जो भारत में बिना किसी वैध दस्तावेज के आए हैं या उनकी अवधि समाप्त हो गई है, न तो उनको जेल भेजा और न ही उनको निर्वासित किया जाएगा, बल्कि उनको सरकार नागरिकता प्रदान करेगी।
- नागरिकता संशोधन अधिनियम, 2019 में यह प्रावधान किया गया है कि उक्त तीनों देशों के ऐसे नागरिक जो 31 दिसंबर, 2014 के पहले भारत आ चुके हैं उनको सरकार नागरिकता प्रदान करेगी।
- नागरिकता संशोधन अधिनियम, 2019 के माध्यम से नागरिकता अधिनियम 1955 की अनुसूची-3 में संशोधन किया गया है। नए प्रावधानों के अनुसार उक्त तीनों देशों के गैर-मुस्लिम नागरिकों (शरणार्थी) को पिछले 14 वर्षों

में से 6 वर्ष भारत में निवास करने पर उन्हें देशीकरण के आधार पर नागरिकता प्रदान की जाएगी। उल्लेखनीय है कि नागरिकता अधिनियम 1955 में देशीकरण के आधार पर पिछले 14 वर्षों में से 11 वर्ष भारत में रहा हो और आवेदन करने से पहले 12 महीने तक भारत में रहा हो, तो उसे भारत की नागरिकता मिल सकती थी।

नागरिकता के संदर्भ में अंतर्राष्ट्रीय सिद्धांत

- नागरिकता के मुख्यत: दो सिद्धांत प्रचलन में हैं- ज्यूस सैंग्यूनिस और ज्यूस सोलि।
- ज्यूस सैंग्यूनिस के अनुसार नागरिकता नस्ल या रक्त संबंधों के आधार पर प्रदान की जाती है। माता-पिता की नागरिकता के आधार पर नागरिकता प्रदान करना इसी का रूप है।
- ज्यूस सोलि के अंतर्गत नागरिकता जमीन के आधार पर प्रदान की जाती है। यह एंग्लो-अमेरिकन सोच है। नागरिकता के इस सिद्धांत को मानने वाले देश अपनी भूमि पर पैदा होने वाले प्रत्येक बच्चे को नागरिकता प्रदान करते हैं। एक भारतीय अमेरिका जाकर अमेरिकी नागरिक हो सकता है। बशर्ते वह सभी प्रक्रियाओं को पूरा करे। लेकिन अमेरिकी दंपति की भारत में पैदा हुई संतान भारत की नागरिकता प्राप्त नहीं कर सकती है। उल्लेखनीय है कि भारत में पहले ज्यूस सोलि के आधार पर नागरिकता प्रदान की जाती थी परंतु अब यहां ज्यूस सैंग्यूनिस को भी लागू किया गया है।

नेहरू और लियाकत समझौता

1950 में जवाहर लाल नेहरू और लियाकत अली के बीच समझौता हुआ था। इस समझौते के प्रमुख प्रावधान निम्नवत हैं-

- दोनों देश अपने यहां अल्पसंख्यकों को पूरी तरह से सुरक्षा और संरक्षण प्रदान करेंगे।
- दोनों देशों में एक-दूसरे देश से आए हुए अल्पसंख्यकों को सम्मान और संरक्षण प्रदान किया जाएगा।
- भारत और पाकिस्तान छोड़कर जा चुके अल्पसंख्यकों को यह अधिकार होगा कि वे अपनी संपत्ति का वापस आकर विक्रय कर सकते हैं। इस दौरान भारत और पाकिस्तान दोनों की सरकारें उनको अपने यहां पूरी सुरक्षा और संरक्षण प्रदान करेंगी।

- नागरिकता संशोधन अधिनियम, 2019 में यह प्रावधान किया गया है कि उक्त तीनों देशों के गैर-मुस्लिम शरणार्थियों को नागरिकता प्रदान की जाएगी। इसके लिए सरकार ने पासपोर्ट अधिनियम, 1920, विशेष नागरिकता संशोधन अधिनियम 1946 और विशेष निर्देश-1948 में संशोधन किया गया है।
- नागरिकता संशोधन अधिनियम, 2019 के प्रावधान असम, मेघालय, मिजोरम और त्रिपुरा के आदिवासी इलाकों में लागू नहीं होंगे क्योंकि इन इलाकों में संविधान की छठी अनुसूची और 'द इंटर लाइन परमिट (आईएलपी)' के प्रावधान लागू हैं। इन प्रावधानों को बंगाल ईस्टर्न फ्रंटियर रेगुलेशन एक्ट, 1873 के अंतर्गत अधिसूचित किया गया था। आई.एल.पी. प्रणाली अरुणाचल प्रदेश, नागालैंड और मिजोरम में लागू हैं। यह प्रणाली नागालैंड के दीमापुर में लागू नहीं है। इस प्रणाली के अंतर्गत अन्य राज्यों के लोगों को इन इलाकों में जाने के लिए विशेष परमिट की आवश्यकता होती है।
- नागरिकता संशोधन अधिनियम, 2019 को अरुणाचल प्रदेश, नागालैंड, मिजोरम, मेघालय को पूर्ण रूप से तथा असम और त्रिपुरा के कुछ हिस्सों में लागू नहीं किया जाएगा।

ओसीआई कार्डधारक के पंजीकरण रद्द करने से संबंधित प्रावधान

संशोधित नागरिकता अधिनियम, 2019 में भारतीय विधि के उल्लंघन की स्थिति में ओवरसीज सिटीजन ऑफ इंडिया (ओसीआई) कार्डधारक विदेशी नागरिक के पंजीकरण को समाप्त करने के लिए नागरिकता अधिनियम 1955 की धारा-7डी में भी संशोधन का प्रावधान किया गया है। संशोधित अधिनियम के अनुसार निम्न आधार पर पंजीकरण को रद्द किया जा सकता है-

- यदि उसने धोखाधड़ी के माध्यम से ओसीआई कार्ड प्राप्त किया हो।
- यदि ऐसे कार्डधारक को किसी अपराध के जुर्म में पंजीकरण के 5 वर्ष के भीतर 2 वर्ष या उससे अधिक की सजा दी गई हो।
- यदि भारत की सुरक्षा संप्रभुता को देखते हुए ऐसा करना आवश्यक है।

नागरिकता संशोधन अधिनियम, 2019 के विरोध के पक्ष में तर्क

नागरिकता संशोधन अधिनियम, 2019 किसी को न तो नागरिकता प्रदान करता है और न ही किसी की नागरिकता छीनता है। बल्कि 1971 के बाद देश में आने वाले गैर-मुस्लिम आव्रजकों को देशीकरण के आधार पर नागरिकता प्रदान करने का विधायी आधार तैयार करता है। परंतु नागरिकता संशोधन अधिनियम, 2019 का विरोध भारत के कुछ राजनीतिक दलों, मुस्लिम समुदाय के कुछ लोगों और पूर्वोत्तर भारत के कुछ क्षेत्रों में किया जा रहा है। आलोचकों का मत है कि यह संशोधित अधिनियम पाकिस्तान, बांग्लादेश और अफगानिस्तान के बहुसंख्यक मुसलमानों के साथ भेदभाव करता है। यह संविधान के कुछ अनुच्छेदों का उल्लंघन करता है। इसके अंतर्गत जिन 6 धर्मों के लोगों को सम्मिलित किया गया है। उनमें से 4 धर्मों के लोग हिन्दू पर्सनल लॉ के दायरे में आते हैं। इसलिए इस अधिनियम में विदेशियों का किया गया वर्गीकरण युक्ति संगत नहीं है। इसके साथ-साथ इस अधिनियम में पाकिस्तान के अहमदिया, म्यांमार के रोहिंग्या मुसलमानों की उपेक्षा की गई है। इसके संदर्भ में निम्नलिखित तर्क प्रस्तुत किए जा रहे हैं-

1. भारतीय संविधान की मूल भावना के विपरीत है।
2. संविधान के अनुच्छेद-14 (विधि के समक्ष समानता के अधिकार) का उल्लंघन है।
3. यह संविधान के अनुच्छेद-15 का उल्लंघन है।
4. यह भारतीय संविधान के धर्मनिरपेक्ष स्वरूप का उल्लंघन है।
5. यह पूर्वोतर की स्थानीय संस्कृति और जनसंख्या संरचना को प्रभावित करने वाला कानून है।

नागरिकता संशोधन अधिनियम, 2019 के पक्ष में तर्क

प्रश्न यह है कि क्या नागरिकता संशोधन अधिनियम, 2019 संविधान की मूल भावना के विपरीत है या मुस्लिम समुदाय के साथ भेदभाव कर रहा है? या यह संविधान के अनुच्छेद-14, 15 या 19(1क) का उल्लंघन कर रहा है? या यह भारतीय संविधान के धर्मनिरपेक्ष स्वरूप को प्रभावित कर रहा है? आदि प्रश्न इस अधिनियम को लेकर उठ रहे हैं।

- नागरिकता संशोधन अधिनियम, 2019 न तो भारतीय संविधान की मूल भावना का उल्लंघन कर रहा है और न ही भारतीय संविधान के धर्मनिरपेक्ष स्वरूप का उल्लंघन कर रहा है और न ही भारतीय संविधान के अनुच्छेद-14, 15 और 19(1क) का उल्लंघन कर रहा है। यह संविधान संशोधन अधिनियम पूरी तरह से भारतीय संविधान और यहां की ऐतिहासिक परंपरा के अनुरूप है।
- संविधान की संवेदनहीन शाब्दिक व्याख्या तक ही चिंतन-मनन करने की आवश्यकता नहीं है और इस अधिनियम का विरोध करने के अनुक्रम में विरोध करने वालों को विभिन्न अनुच्छेदों पर दृष्टिपात करने के पहले संविधान की प्रस्तावना पर गहराई से चिंतन करना होगा।

- भारतीय संविधान के प्रारंभिक शब्द 'इंडिया दैट इज भारत...' भारतीय गणराज्य को राष्ट्रीय राज्य की मान्यता प्रदान करते हैं। राष्ट्रीय राज्य वह अवधारणा है जिसमें राज्य पुरातन सभ्यता और सांस्कृतिक पहचान का उत्तराधिकारी होता है और उसके ऊपर पुरातन पहचान को बनाए रखने का उत्तरदायित्व होता है।
- इसी उत्तरदायित्व के पालन में नागरिकता संशोधन अधिनियम, 2019 द्वारा पड़ोस में प्रताड़ित हिन्दू, सिक्ख, बौद्ध, जैन, पारसी एवं ईसाई धर्मावलंबियों को राहत देना भारतीय संघ की नैतिक एवं संवैधानिक बाध्यता है। संसद द्वारा इस संदर्भ में कानून बनाया जाना भारतीय सभ्यता के एक गहरे घाव पर मरहम लगाने का काम करेगा।
- नागरिकता संशोधन अधिनियम, 2019 के संदर्भ में कहा जा रहा है कि यह अनुच्छेद-14 का उल्लंघन है और समानता के अधिकार का अतिक्रमण है, परंतु ऐसा नहीं है। अनुच्छेद-14 समान परिस्थितियों में समानता की बात करता है।
- अनुच्छेद-14 सरकार को अधिकार देता है कि असमान परिस्थितियों में अलग-अलग कानून बना सकती है और नागरिक एवं गैर-नागरिक कुछ भेदभाव कर सकती है। पाकिस्तान, बांग्लादेश और अफगानिस्तान से आए गैर-मुस्लिम शरणार्थी शोषित, प्रताड़ित एवं उत्पीड़ित और न्याय से वंचित हैं।
- इसके साथ-साथ विश्व में भारत के अलावा ऐसा कोई देश नहीं है, जिसकी परंपरा एवं संस्कृति, उनकी संस्कृति से मिलती है। ऐसे में भारत द्वारा उनके लिए विशेष कानून बनाना और नागरिकता प्रदान करने का आधार तैयार करना कहीं से भी अनुच्छेद-14 का उल्लंघन नहीं है।
- पाकिस्तान, बांग्लादेश और अफगानिस्तान के मुसलमानों को नागरिकता देना या न देना अनुच्छेद-14 की विषय-वस्तु न होकर संविधान के भाग में निहित अनुच्छेद-11 के अंतर्गत निर्मित नागरिकता कानून की विषय वस्तु है, जो केवल नागरिकता को निर्धारित करता है न कि भेदभाव को। अनुच्छेद-11 संसद और सरकार को अधिकार देता है कि वह युक्ति संगत तरीके से नागरिकता संबंधी कोई भी कानून बना सकती है। नागरिकता संशोधन अधिनियम, 2019 अनुच्छेद-11 का एक चरण है। नागरिकता प्राप्त किसी भी धर्म के व्यक्ति के साथ भारत में यदि भेदभाव किया जाता है तो यह संविधान का उल्लंघन है और अनुच्छेद-14 का उल्लंघन है। परंतु यहां ऐसा नहीं हो रहा है, इसलिए संविधान का उल्लंघन नहीं है।
- क्या नागरिकता संशोधन अधिनियम, 2019 संविधान के अनुच्छेद-15 का उल्लंघन है? अनुच्छेद-15 में स्पष्ट रूप से कहा गया है कि धर्म, मूलवंश, जाति, लिंग, जन्म स्थान के आधार पर किसी से भेदभाव नहीं किया जाएगा और यह केवल भारतीय नागरिकों पर लागू होगा। अनुच्छेद-15 का प्रावधान पूरी तरह से विदेशी नागरिकों के संदर्भ में नहीं है। अनुच्छेद-15 भी कहता है कि धार्मिक रूप से शोषित और प्रताड़ित लोगों के लिए सरकार अलग-अलग से कानून का निर्माण कर सकती है। उक्त तीनों देशों से आए हुए गैर-मुस्लिम शरणार्थीयों, शोषित, पीड़ित और उत्पीड़ित हैं। इसलिए सरकार का दायित्व बनता है कि उन्हें न्याय उपलब्ध कराए। वहां से आने वाले मुस्लिम शरणार्थी पीड़ित नहीं हैं। इसलिए सरकार ने उनको इस कानून से अलग रखा है।
- नागरिकता संशोधन अधिनियम, 2019 के संदर्भ में कहा जा रहा है कि यह भारतीय संविधान के धर्मनिरपेक्ष स्वरूप को प्रभावित कर रहा है और मुसलमानों के साथ भेदभाव कर रहा है परंतु ऐसा नहीं है। भारतीय संविधान की प्रस्तावना में 1976 में पंथनिरपेक्षता शब्द का समावेश किया गया। हालांकि इसके पहले भी भारत कभी धर्म सापेक्ष नहीं था। संविधान का गहराई से अवलोकन करने स्पष्ट होता है कि भारत एक धर्मनिरपेक्ष देश है। जब संविधानविदों ने अनुच्छेद- 19(1क) के अंतर्गत वाक् एवं अभिव्यक्तियों की स्वतंत्रता पर इस बात को लेकर चर्चा की कि यदि आने वाले समय में इस स्वतंत्रता का लाभ लेकर कोई धार्मिक प्रचार-प्रसार आदि को महत्व देता है। तब ऐसी स्थिति में क्या होगा। उन दिनों यह दृष्टिकोण उभरकर आया कि धर्म लोगों का निजी मामला है अतः इसे उन पर छोड़ देना चाहिए। सरकार द्वारा उपेक्षित, पीड़ित और शोषितों के संदर्भ में कानून बनाया जाना चाहिए।
- स्पष्ट है कि गैर-मुस्लिम शरणार्थियों के लिए विशेष कानून बनाना धर्मनिरपेक्षता का ही परिचायक है और रही बात मुस्लिम समुदाय को सम्मिलित नहीं करने की तो इसके कारण को शोषण से जोड़कर देखा गया है। उक्त तीनों देश इस्लामिक हैं। ऐसे में शोषण मुस्लिम समुदाय का नहीं हुआ है, बल्कि गैर-मुस्लिम समुदाय का हुआ है। ऐसे में इस अधिनियम में मुस्लिम समुदाय को सम्मिलित न करना कहीं से भी पक्षपात नहीं है और यह कानून भारतीय मुसलमानों या भारतीय मुस्लिम नागरिकों को कोई क्षति नहीं पहुंचाता या उनके साथ कोई भेदभाव नहीं करता है। इसलिए इस कानून को मुस्लिम विरोधी कानून के रूप में या भारत के धर्मनिरपेक्ष स्वरूप को प्रभावित करने वाले कानून के रूप में नहीं देखा जाना चाहिए। इसके साथ-साथ इस पर भी सोचना चाहिए कि यह कानून नागरिकता प्रदान करने का आधार उपलब्ध कराने वाला कानून है न कि नागरिकता छीनने वाला कानून।

पूर्वोत्तर भारत और नागरिकता संशोधन अधिनियम, 2019

नागरिकता संशोधन अधिनियम, 2019 के प्रावधानों को लेकर पूर्वोत्तर भारत विशेषतः असम में काफी विरोध हो रहा है। वहां के लोगों का कहना है कि यह अधिनियम असम समझौते का उल्लंघन है। उल्लेखनीय है कि 1985 में राजीव गांधी की पहल पर असम समझौता हुआ था, जिसमें यह कहा गया था कि 25 मार्च, 1971 के बाद पूर्वोत्तर में आए हुए बांग्लाभाषी बाहरी लोगों को पहचान करके निकाला जाएगा और इस संदर्भ में नागरिकता अधिनियम 1955 में 1986 में संशोधन किया तथा नागरिकता अधिनियम 1955 में धारा-6(ए) जोड़ी गई जिसके अंतर्गत यह कहा गया कि 25 मार्च, 1971 के बाद आए हुए बाहरी लोगों को पहचान करके अलग किया जाएगा। परंतु नागरिकता संशोधन अधिनियम, 2019 में 25 मार्च, 1971 के स्थान पर 31 दिसंबर, 2014 को निर्धारित किया गया है और नागरिकता अधिनियम 1955 की धारा-6(ए) में संशोधन किया गया है जिसको लेकर असम के लोग विरोध कर रहे हैं। उनका कहना है कि इस अधिनियम से हमारी अपनी संस्कृति प्रभावित होगी। क्योंकि असम में बाहरी लोगों का प्रवास बढ़ जाएगा, जिससे जनसंख्या संरचना में बदलाव आएगा और यह हमें अपने ही राज्य में अल्पसंख्यक बना देगा।

पूर्वोत्तर राज्यों की प्रमुख चिंताओं में एक चिंता यह भी है कि यह कानून बनने से क्षेत्र में आप्रवासियों की बाढ़ आ जाएगी। यह धारणा इस भय के कारण है कि एक बार धार्मिक अल्पसंख्यकों को नागरिकता मिल गई तो क्षेत्र में आप्रवासियों के बेहताशा आने को प्रोत्साहन मिलेगा। दरअसल, सच्चाई धारणा के विपरीत है। नागरिकता संशोधन अधिनियम की समूची कवायद का प्रमुख उद्देश्य है कि क्षेत्र में बाहरी लोगों के अबाध आने को प्रभावी तरीके से रोका जाए। कह सकते हैं कि निर्बाध आते रहे बाहरी लोगों को रोका जाना इस समूची प्रक्रिया से संभव हो सकेगा। साथ ही सीएबी न तो पूर्वोत्तर राज्यों के मूल निवासियों के विशेषाधिकारों को कमतर करेगा और न ही इसे लाने के पीछे ऐसी कोई मंशा है। इसके अलावा, सीएबी में कटऑफ तारीखों का उल्लेख होगा जिनके बाद सीएबी में दिए जा रहे अधिकार लागू नहीं होंगे। इसलिए यह भय बेवजह है कि सीएबी से क्षेत्र में प्रवासियों की बाढ़ आ जाएगी।

ब्रह्मपुत्र घाटी और बराक घाटी के विभाजन का गहराना

मई, 2018 में नागरिकता संशोधन विधेयक 2019 के संदर्भ में आम लोगों की राय जानने के लिए भाजपा सांसद राजेन्द्र अग्रवाल की अगुवाई वाली 16 सदस्यीय संयुक्त संसदीय समिति के असम और मेघालय दौरे के साथ यह मसला गरमाता चला गया और इसके विरोध एवं समर्थन में धरना प्रदर्शन का सिलसिला चल पड़ा। इसने भौगोलिक रूप से बराक घाटी एवं ब्रह्मपुत्र घाटी में विभाजित असम के बीच के अंतराल को गहराने का काम किया। इसीलिए प्रस्तावित बिल को विभाजन के लंबे समय से चले आ रहे अनुभवों, जो ब्रह्मपुत्र घाटी और बराक घाटी में अलग-अलग रहे, के सापेक्ष देखा जाना चाहिए।

संशोधित अधिनियम ने असम को भौगोलिक आधार पर विभाजित करते हुए एक ऐसा माहौल तैयार किया है, जिसमें बराक घाटी के लोग इसके समर्थन में खड़े हैं, तो ब्रह्मपुत्र घाटी के लोग इसके विरोध में। दरअसल बराक घाटी और ब्रह्मपुत्र घाटी की आबादी के बीच भाषाई विभाजन की प्रक्रिया देश के विभाजन और आजादी के बाद ही हो गई थी। जब एक अंचल को छोड़कर सिलहट के अधिकांश बांग्लाभाषी अंचल पूर्वी पाकिस्तान के हिस्से बने और शेष रह गए अंचल भारत में बराक घाटी का हिस्सा बने। इसके कारण बराक घाटी में बांग्लाभाषी हिन्दू भाषाई अल्पसंख्यक में तब्दील होकर रह गए। इसलिए बंगाली हिन्दूओं को लगता है कि प्रस्तावित संशोधन संख्याबल की दृष्टि से उनकी स्थिति को मजबूत करता हुआ उनके अलगाव को कम करने में सहायक साबित होगा और इससे उनके साथ न्याय संभव हो पाएगा। समर्थकों का तर्क है कि विभाजन एवं विस्थापन की त्रासदी के शिकार लोगों को मर्यादा के साथ जीने का हक मिलना चाहिए। इसीलिए ये नागरिकता देने के लिए भारत में 6 साल तक रहने की प्रस्तावित शर्त को घटाकर 6 महीने करने के पक्ष में दबाव बना रहे हैं।

इसके विपरीत ब्रह्मपुत्र घाटी में अपनी असमी पहचान को लेकर सजग एवं संशोधित अधिनियम के विरोधियों का यह मानना है कि प्रस्तावित संशोधन गैर-मुस्लिमों के घुसपैठ की प्रक्रिया को तीव्र करेगा जिससे असम में बांग्लादेश से घुसपैठ की समस्या और गंभीर हो जाएगी। विरोधियों का कहना है कि पहले से ही 1971 से असम में लगभग 20 लाख हिन्दू बांग्लादेशी गैर-कानूनी तरीके से रह रहे हैं। अगर प्रस्तावित संशोधनों को मंजूरी मिलती है तो बांग्लादेशी हिन्दूओं के आव्रजन और तत्पश्चात नागरिकता लेने की प्रक्रिया तेज हो जाएगी और फिर दिसंबर 2014 की समय-सीमा समय के साथ अप्रासंगिक होती चली जायेगी। ऐसी स्थिति में उनकी असमी पहचान खतरे में पड़े जाएगी। क्योंकि सन् 2015 की जनगणना के अनुसार बांग्लादेश में हिन्दूओं की आबादी करीब-करीब 1.70 करोड़ है। उनका यह भी कहना है कि सन् 2008 के बाद शेख हसीना के नेतृत्व के अंतर्गत बांग्लादेश में धार्मिक असहिष्णुता और धार्मिक आधार पर शोषण एवं उत्पीड़न उतना बड़ा मसला नहीं रहा है जितना बड़ा मसला पहले था। यही कारण है कि आव्रजन एवं नागरिकता को लेकर दोनों जगहों के लोगों ने भिन्न-भिन्न रुख अपनाया है और असम आंदोलन से जुड़े लोग इस बिल के प्रखर आलोचक रहे हैं।

आलोचना का आधार

संशोधित अधिनियम किसी को नागरिकता प्रदान नहीं करता है, वरन् सन् 1971 के बाद आने वाले गैर-मुस्लिम आव्रजकों को देशीकरण के द्वारा नागरिकता प्रदान करने का विधायी उपबंध करता है। लेकिन इस उपबंध के बावजूद भविष्य में सरकारें नागरिकता अधिनियम की धारा-14 के अंतर्गत नागरिकता प्रदान करने से इंकार कर सकती हैं। इस संशोधित अधिनियम के विभिन्न पहलू इसे विवादास्पद बनाते हैं। जिसके कारण इसकी आलोचना की जा रही है। इन आलोचनाओं को निम्न परिप्रेक्ष्य में देखा जा सकता है–

प्रस्तावित संशोधनों को 1985 के असम समझौते की मूल भावना के भी खिलाफ माना जा रहा है, जिसमें असम को बांग्लोदशी घुसपैठियों से मुक्त करवाने की बात कही गई थी। इस समझौते में प्रावधान किया गया था कि 24 मार्च, 1971 के बाद असम में आए किसी भी धर्म के विदेशी को रहने का अधिकार नहीं होगा और इसी के अनुरूप इसमें 24 मार्च, 1971 की आधी रात के बाद असम आए सभी घुसपैठियों को विदेशी मानकर बहिष्कृत किए जाने का उल्लेख किया गया। इसके लिए नागरिकता अधिनियम में अनुच्छेद 6ए के तहत अलग से प्रावधान जोड़ा गया लेकिन यह बिल इस तिथि को 2014 तक विस्तार देता है। इसीलिए अगर यह पारित होता है तो इसे असम समझौते में संशोधन समझा जाएगा इसलिए बांग्लादेश से घुसपैठ एवं असम सहित बांग्लोदश की सीमा से लगे पूर्वोत्तर भारत के राज्यों में मौजूद अवैध आव्रजन की समस्या को देखते हुए इस अधिनियम पर विचार किये जाने की जरूरत है।

नागरिकता संशोधन अधिनियम, 2019 थोड़ी-बहुत कमियों के बावजूद वर्तमान परिप्रेक्ष्य में उठाया गया एक ऐतिहासिक कदम है। यह देश के संविधान, परंपरा और संस्कृति के अनुकूल है। इसका हमें स्वागत करना चाहिए। तथाकथित रूप में अनावश्यक भय उत्पन्न करना अथवा तनाव उत्पन्न करना या मोदी-विरोध के नाम पर देश में अशांति फैलाना उपयुक्त नहीं है। सरकार से भी अपेक्षा है कि वह दृढ़-इच्छाशक्ति के साथ कार्य करते हुए इस अधिनियम के संदर्भ में समाज में जागरूकता पैदा करे और भ्रांतियों को दूर करे और इसे निष्पक्षता एवं ईमानदारी से लागू करने पर बल दे।

राष्ट्रीय जनसंख्या रजिस्टर और उसके विविध पहलू

राष्ट्रीय जनसंख्या रजिस्टर देश के सभी स्थानीय निवासियों की एक सूची एवं दस्तावेज है। ध्यातव्य है कि निवासियों में नागरिक और गैर-नागरिक दोनों का समावेश होता है। सामान्य तौर पर निवासी से आशय-व्यक्ति जहां रात्रि विश्राम करता है, वहां का वह तत्कालिक रूप से निवासी होता है। निवासी में नागरिक तथा गैर-नागरिक दोनों का समावेश होता है। यहां स्थानीय का अर्थ गांव, कस्बा, जिला से लेकर राज्य और राष्ट्रीय स्तर पर नागरिकों और गैर-नागरिक डाटा बेस तैयार करने से है।

राष्ट्रीय नागरिकता अधिनियम 1955 में संशोधन करके वर्ष 2004-05 में राष्ट्रीय जनसंख्या रजिस्टर का प्रावधान किया गया। इसके अनुसार केन्द्र सरकार देश के प्रत्येक नागरिक का एक विवरण या दस्तावेज तैयार करेगी जिसे राष्ट्रीय जनसंख्या रजिस्टर कहा जायेगा। इसके लिए देश के प्रत्येक नागरिक का पंजीकरण अनिवार्य होगा। इस संदर्भ में नागरिकता अधिनियम-1955 की धारा-14 में प्रावधान किया गया। यही नहीं जरूरत पड़ने पर सरकार राष्ट्रीय जनसंख्या रजिस्टर प्राधिकरण का गठन कर सकती है। यही नहीं नागरिकों के पंजीकरण और राष्ट्रीय पहचान-पत्र के मुद्दों के अंतर्गत राष्ट्रीय स्तर नियम-2003 में राष्ट्रीय जनसंख्या रजिस्टर का प्रावधान किया गया है।

राष्ट्रीय जनसंख्या रजिस्टर में सामान्य निवासी को इस प्रकार परिभाषित किया गया है। ऐसा व्यक्ति जो किसी स्थानीय इलाके में 6 माह या इससे अधिक अवधि से रह रहा है या अगले 6 माह से अधिकतम रहने का इरादा रखता है।

राष्ट्रीय जनसंख्या रजिस्टर का उद्देश्य

राष्ट्रीय जनसंख्या रजिस्टर का उद्देश्य देश के प्रत्येक सामान्य निवासी के लिए एक व्यापक पहचान वाले डाटाबेस का सृजन करना है। उक्त डाटाबेस में जनसांख्यिकी के साथ ही बायोमेट्रिक विवरण भी होंगे।

राष्ट्रीय जनगणना-2021 और राष्ट्रीय जनसंख्या रजिस्टर की प्रक्रिया

राष्ट्रीय जनसंख्या रजिस्टर की प्रक्रिया तीन चरणों में पूरी की जाएगी। पहला चरण 1 अप्रैल, 2020 से 30 सितम्बर, 2020 तक होगा, जिसमें केन्द्र सरकार और राज्य सरकार के कर्मचारी लोगों के घर-घर जाकर घरों और पशुओं के बारे में जानकारी प्राप्त करेंगे। दूसरा चरण 9 फरवरी, 2020 से 28 फरवरी, 2021 तक होगा। इस अवधि में जनगणना कर्मी लोगों के घर-घर जाकर उनकी व्यक्तिगत जानकारी प्राप्त करेंगे। उल्लेखनीय है कि 9 फरवरी से 28 फरवरी, 2021 के दौरान पैदा हुए बच्चे की जनगणना सम्मिलित रूप से की जाएगी। जबकि तीसरा चरण संशोधन का होगा जो 1 मार्च, 2021 से 5 मार्च, 2021 तक का होगा।

राष्ट्रीय जनसंख्या रजिस्टर की आवश्यकता

राष्ट्रीय जनसंख्या रजिस्टर का विचार 21वीं शताब्दी के पहले दशक में आया परंतु उस समय नागरिकों को सरकारी लाभों के हस्तांतरण के लिए सबसे उपयुक्त आधार योजना का इससे टकराव हो रहा था, इसीलिए उस समय इसको स्थगित कर दिया गया। गृह मंत्रालय ने तब आधार के स्थान पर राष्ट्रीय जनसंख्या रजिस्टर के विचार को आगे बढ़ाया क्योंकि वह एनपीआर में पंजीकृत प्रत्येक निवासी को जनगणना के माध्यम से एक परिवार से जोड़ता था।

वर्ष 2011 की जनगणना के लिए वर्ष 2010 में एनपीआर हेतु जानकारी एकत्र की गयी थी। इन आंकड़ों को 2015 में घर-घर सर्वे करके 15 बिंदुओं के आधार पर एकत्रित किया गया था। वर्ष 2021 की जनगणना में राष्ट्रीय जनसंख्या रजिस्टर 21 बिंदुओं के आधार पर तैयार किया जाएगा।

राष्ट्रीय जनसंख्या रजिस्टर के लाभ

राष्ट्रीय जनसंख्या रजिस्टर को केन्द्रीय मंत्रिपरिषद् द्वारा स्वीकृति प्रदान की जा चुकी है परंतु इसका विरोध एक वर्ग द्वारा किया जा रहा है। विरोध के बावजूद सरकार इसको लागू करने के लिए प्रतिबद्ध नजर आ रही है। केन्द्र सरकार का मत है कि प्रत्येक देश में प्रासंगिक जन सांख्यिकीय विवरण के साथ अपने निवासियों की व्यापक पहचान का डाटाबेस होना चाहिए। यह सरकार की अपनी नीतियों को बेहतर बनाने तथा राष्ट्रीय सुरक्षा में मदद करेगा।

इससे आयुष्मान प्रधानमंत्री उज्जवला योजना, सौभाग्य योजना, छात्रवृत्ति से संबंधित योजनाओं, खाद्य सुरक्षा योजनाओं के लिए लाभार्थियों की पहचान सरलता से हो सकेगी। इससे योजना और सब्सिडी का लाभ सही लोगों तक आसानी से पहुंच सकेगा।

इसके माध्यम से विभिन्न प्लेटफार्मों पर निवासियों की संपूर्ण जानकारी/आंकड़ों को व्यवस्थित करने में किया जा सकेगा। जैसे विभिन्न सरकारी दस्तावेजों में किसी व्यक्ति के जन्म की अलग-अलग तारीखें होना एक सामान्य बात है। राष्ट्रीय जनसंख्या रजिस्टर के माध्यम से इसको हल किया जा सकेगा।

राष्ट्रीय जनसंख्या रजिस्टर से मतदाता सूची में दोहराव की समस्या का भी समाधान होगा। इस अनुक्रम में राष्ट्रीय जनसंख्या रजिस्टर में एकत्र किए गए आंकड़े को आधार कार्ड जारी करने तथा इनके दोहराव को रोकने के लिए भारतीय विशिष्ट पहचान प्राधिकरण को भेजा जाएगा। ध्यातव्य है कि केन्द्र सरकार NPR के माध्यम से राष्ट्रीय पहचान-पत्र जारी करने का विचार कर रही है यह एक बहुउद्देशीय स्मार्ट कार्ड होगा, जिसमें आधार का उल्लेख होगा।

NPR के विरोध का कारण

जहां केन्द्र सरकार एक तरफ NPR लागू करने के लिए प्रतिबद्ध नजर आ रही है तो दूसरी तरफ इसका विरोध भी किया जा रहा है। विरोध राजनीतिक पूर्वाग्रह, धार्मिक और निजता के आधार पर किया जा रहा है। जिसकी रूपरेखा निम्नवत है-

1. कुछ राजनीतिक दलों द्वारा इसके विरोध में यह कहा जा रहा है कि इसके माध्यम से राष्ट्रीय नागरिक रजिस्टर लागू करने की तैयारी की जा रही है, जिसके माध्यम से सरकार धार्मिक आधार पर विभाजन सुनिश्चित करना चाहती है और राजनीतिक लाभ प्राप्त करना चाहती है।
2. राष्ट्रीय जनसंख्या रजिस्टर के संदर्भ में यह भी कहा जा रहा है कि सरकार को नागरिकों से संबंधित इतने आंकड़ों की आवश्यकता क्यों है? इन आंकड़ों से निजता का उल्लंघन नहीं होगा।

NPR के संदर्भ में सरकार का तर्क

1. केन्द्र सरकार का मत है कि प्रत्येक देश में जनसांख्यिकी विवरण के साथ अपने निवासियों की व्यापक पहचान का डाटाबेस होना चाहिए। यह सरकार को बेहतर नीतियां बनाने तथा राष्ट्रीय सुरक्षा सुनिश्चित करने में मदद करेगा।
2. केन्द्र सरकार का यह भी तर्क है कि राष्ट्रीय जनसंख्या रजिस्टर की जानकारी निजी तथा गोपनीय है तथा इसको तीसरे पक्ष के साथ साझा नहीं किया जाएगा।
3. केन्द्र सरकार का यह भी कहना है कि प्रत्येक देश को अपने निवासियों का विवरण तैयार करने का अधिकार है, ताकि उनके बारे में कल्याणकारी योजनाओं का सृजन कर सके तथा उनका समग्र विकास सुनिश्चित हो सके।
4. इसके माध्यम से किसी के साथ कोई भेदभाव नहीं होगा और न ही आंकड़ों का दुरुप्रयोग होगा।

निष्कर्ष

जहां तक एक लेखक, शिक्षक, नागरिक के रूप में मेरा मत तथा सोच है कि राष्ट्रीय नागरिक रजिस्टर एक सकारात्मक कदम है। इसके संदर्भ में कुछ राजनीतिक दल दुष्प्रचार कर रहे हैं तथा संघीय ढांचे को क्षत-विक्षत कर रहे हैं। हम देश के नागरिक हैं, निवासी हैं तो हमें अपने बारे में जानकारी सरकार को उपलब्ध कराने में क्या बुराई है, जब हम पासपोर्ट बनवाते समय, हज यात्रा पर जाते समय, सरकारी योजनाओं का लाभ लेते समय दस्तावेज उपलब्ध कराते हैं तो राष्ट्रीय जनसंख्या रजिस्टर के संदर्भ में जानकारी उपलब्ध कराने में क्या कठिनाई है। केवल हमें अपनी सोच और मानसिकता बदलने की आवश्यकता है।

कुछ राज्य सरकारें संघीय ढांचे को चोट पहुंचा रही हैं। संसद को संघीय सूची के विषय पर कानून बनाने और उसको लागू करवाने का अधिकार है। राज्य सरकारें इसे लागू करने से मना नहीं कर सकती हैं। यदि उनके द्वारा ऐसा किया जाता है तो यह संविधान का उल्लंघन है तथा केन्द्र-राज्य संबंधों को कूट बनाने की एक कुटिल चाल है।

राज्य सरकारों के सहयोग के बिना राष्ट्रीय जनसंख्या रजिस्टर लागू करना असंभव नहीं है परंतु जटिल आवश्यक है। केन्द्र सरकार को कठिनाइयों का सामना करना पड़ेगा, परंतु दृढ़ इच्छाशक्ति के आगे कठिनाइयां कुछ नहीं हैं। राष्ट्रीय जनसंख्या रजिस्टर के प्रावधानों के अनुसार स्थानीय, अनुमंडल, जिला रजिस्टर और अपील अधिकारियों की नियुक्ति राज्य सरकार करती है। केन्द्र सरकार चाहे तो स्वतंत्र एजेंसी से भी करा सकती है। परंतु उसकी अधिकतम पुष्टि के लिए भी राज्य सरकार के अधिकारियों की आवश्यकता होगी। कुल मिलाकर, स्थानीय स्तर पर राज्य सरकार के सहयोग के बिना इस प्रक्रिया को पूरा करना आसान नहीं होगा।

स्मरणीय तथ्य

- नागरिकों से आशय उन व्यक्तियों से होता है जो किसी देश के राजनीतिक समुदाय का सृजन करते हैं। नागरिकों को सभी प्रकार के लोकतांत्रिक एवं राजनीतिक अधिकार प्राप्त होते हैं, परंतु विदेशी नागरिकों को उक्त अधिकार नहीं प्राप्त होते हैं।
- **अनुच्छेद**, 5 में प्रावधानित है कि वे भारत के नागरिक माने जाएंगे जो इस संविधान के प्रारंभ के दिन में भारत में निवास करते थे।
- भारतीय संविधान के **अनुच्छेद** 6 में ऐसे व्यक्तियों के संबंध में नागरिकता संबंधी उपबंध प्रावधानित हैं जो संविधान के प्रारंभ के पूर्व पाकिस्तान से इस देश में रहने के उद्देश्य से आए हों।
- **अनुच्छेद**-9 में यह प्रावधानित है कि कोई भी व्यक्ति जो अपनी इच्छा से किसी विदेशी राज्य की नागरिकता प्राप्त कर लेता है तो उसकी नागरिकता स्वत: समाप्त हो जाएगी।
- 1986 में नागरिकता अधिनियम में संशोधन करके नागरिकता अर्जित करने की प्रक्रिया को और अधिक जटिल बना दिया गया।
- दोहरी नागरिकता के निषेध का कारण यह है कि नागरिकों से कुछ कर्तव्य अपेक्षित हैं। यथा- आवश्यकता पड़ने पर भारतीय सेना में सेवा प्रदान करना।
- नागरिकता अधिनियम, 1955 की **धारा** 8 में यह प्रावधान किया गया है कि यदि भारत के किसी नागरिक ने अपनी नागरिकता छोड़ने की घोषणा कर दी है तो ऐसे में पंजीकरण पर वह भारत का नागरिक बना नहीं रह सकेगा।
- भारत के संविधान में कनाडा और म्यांमार के संविधानों की तरह सं. रा. अमेरिका के संविधान के विपरीत एकल नागरिकता का प्रावधान किया गया है।
- भारतीय संविधान में नागरिकता को संघ सूची के विषयों में सम्मिलित किया गया है।
- यद्यपि भारतीय संविधान संघात्मक है परंतु फिर भी यहां एकल नागरिकता का प्रावधान किया गया है।
- भारत सरकार ने 'पर्सन्स ऑफ इंडियन ऑरिजिन' PIO कार्ड स्कीम को अगस्त 2002 में संशोधित किया है।

❑❑❑

अध्याय 9

मौलिक अधिकार

जब भी व्यक्ति और राज्य के पारस्परिक संबंधों पर चिंतन एवं मंत्रणा की जाती है तो अधिकारों का उल्लेख होना अनिवार्य है। शांति एवं व्यवस्थित जीवन कायम रह सके, समाज में शांति और बंधुत्व की भावना बनी रहे, इसके लिए व्यक्तिगत जीवन पर राज्य का नियंत्रण बना रहे, यह आवश्यक है, परंतु इसी के साथ राज्य की शक्ति को परिसीमित कर देना भी वांछनीय है। जिससे राज्य अनियंत्रित ढंग से आचरण करते हुए व्यक्ति की स्वतंत्रता और अधिकारों का अतिक्रमण न कर सके। जब भी किसी शासक ने जनता की स्वतंत्रता को सीमित करने का प्रयास किया है उसी समय जनता ने उसका विरोध किया है। इतिहास में अनेक ऐसे साक्ष्य निहित हैं जब जनता ने शासक को उसके पद से हटा दिया है। 1215 में ब्रिटेन में जनता ने सम्राट जाहन को प्राचीन स्वतंत्रताओं को मानने पर बाध्य करने के लिए मैग्नाकार्टा पर हस्ताक्षर करने के लिए विवश कर दिया। यह मैग्नाकार्टा (अधिकार पत्र) ही मूल अधिकारों से संबंधित लिखित प्रथम दस्तावेज है। इसी को मूल अधिकारों का जन्मदाता माना जाता है। 1689 में बिल ऑफ राइट्स नामक दस्तावेज लिखा गया जिसमें जनता को दिए गए सभी महत्वपूर्ण अधिकारों एवं स्वतंत्रताओं का समावेश किया गया। 1787 में फ्रांस में जनता के मूल अधिकारों की एक पृथक प्रलेख में घोषणा की गई जिसको मानव एवं नागरिकों के अधिकार घोषणा पत्र की संज्ञा दी गई है। यह एक लंबे एवं कठिन संघर्ष का परिणाम था। अभी तक मूल अधिकारों को विभिन्न परिनियमों द्वारा संरक्षण प्राप्त था परंतु, सर्वप्रथम मूल अधिकारों का संवैधानिक संरक्षण संयुक्त अमेरिका के अधिकार विलेख (Bill of Rights) द्वारा प्राप्त हुआ। यह अमेरिका के संविधान के प्रथम 10 संविधान संशोधनों में एक है। यही कारण है कि सं. रा. अमेरिका को मूल अधिकारों का संवैधानिक जन्मदाता कहा जाता है।

मौलिक अधिकार: एक परिचय

मौलिक अधिकारों से आशय उन अधिकारों से है जो व्यक्ति के जीवन के लिए मौलिक तथा अनिवार्य हैं तथा जिन अधिकारों में राज्य द्वारा भी हस्तक्षेप नहीं किया जा सकता है। इन अधिकारों को मौलिक अधिकार प्रथमत: इसलिए कहा जाता है कि व्यक्ति के मानसिक, मौलिक तथा नैतिक विकास के लिए ये अधिकार आवश्यक हैं। इनके अभाव में व्यक्ति का विकास रुक जाएगा। इसके लिए लोकतंत्रात्मक राज्य में प्रत्येक नागरिक को बिना किसी भेदभाव के मूल अधिकार प्रदान किए जाते हैं। द्वितीय इनको मूल कहने का कारण यह है कि इन्हें देश की मूल विधि अर्थात संविधान में स्थान दिया जाता है और संविधान संशोधन की प्रक्रिया के अलावा इनमें किसी और प्रकार से परिवर्तन नहीं किया जा सकता है।

भारत में मौलिक अधिकारों का इतिहास

- भारत में मौलिक अधिकारों की मांग सर्वप्रथम बाल गंगाधर तिलक ने 1895 में अपने स्वराज विधेयक में की।
- भारतीय राष्ट्रीय कांग्रेस ने 1917 से 1919 के मध्य ब्रिटिश शासकों से मांग की थी कि भारतीयों को अंग्रेजों के समान सिविल अधिकार तथा समानता का अधिकार प्रदान किया जाए।
- 1928 में प्रस्तुत नेहरू प्रतिवेदन तथा 1931 के द्वितीय गोलमेज सम्मेलन में भी मूल अधिकारों की मांग की गई।
- 1945 में भारतीय संविधान के संबंध में तेज बहादुर सप्रू द्वारा प्रस्तुत प्रतिवेदन में भारतीय संविधान में मूल अधिकारों को समावेशित करने की संस्तुति की गई थी।
- संविधान निर्माण के समय आचार्य जे. बी. कृपलानी की अध्यक्षता में मूल अधिकारों एवं अल्पसंख्यकों के अधिकारों पर संस्तुति देने के लिए उपसमिति बनाई गई थी।

भारतीय संविधान द्वारा प्रदत्त मौलिक अधिकार

भारतीय संविधान के भाग–3 में अनुच्छेद-14-35 में मौलिक अधिकारों का समावेश किया गया है। उल्लेखनीय है कि अनुच्छेद-12 और 13 भी मौलिक अधिकारों से संबंधित हैं। **संविधान के भाग – 3 को भारत का अधिकार पत्र मैग्नाकार्टा (Magna Carta) कहा जाता है।** ध्यातव्य है कि भारतीय संविधान में **मौलिक अधिकारों का विचार सं. रा. अमेरिका के संविधान से लिया गया है।** भारतीय संविधान में प्रारंभ में नागरिकों को सात अधिकार प्रदान किए गए थे। परंतु 1978 में 44वें संविधान संशोधन द्वारा प्रदत्त संपत्ति के अधिकार को वापस ले लिया गया तथा संपत्ति के अधिकार को मात्र एक वैधानिक अधिकार बना दिया गया। इस प्रकार वर्तमान में भारतीय संविधान के अंतर्गत नागरिकों को 6 मौलिक अधिकार प्राप्त हैं जो निम्नलिखित हैं–

1. समानता का अधिकार (अनुच्छेद-14-18)
2 स्वतंत्रता का अधिकार (अनुच्छेद-19-22)
3 शोषण के विरुद्ध अधिकार (अनुच्छेद-23-24)
4. धार्मिक स्वतंत्रता का अधिकार (अनुच्छेद-25-28)
5. सांस्कृतिक एवं शिक्षा संबंधी अधिकार (अनुच्छेद-29-30)
6. संवैधानिक उपचारों का अधिकार (अनुच्छेद-32-35)

26 जनवरी, 1950 को मौलिक अधिकारों की जो स्थिति थी उसके अनुसार संपत्ति के अधिकार को अनुच्छेद-19(1) च तक अनुच्छेद-31 में मौलिक अधिकार के रूप में रखा गया था, परंतु 44वें संविधान संशोधन द्वारा संपत्ति के मूल अधिकारों को समाप्त कर दिया गया अब केवल संपत्ति का अधिकार एक विधिक अधिकार बन गया है।

मौलिक अधिकारों का वर्गीकरण

केवल नागरिकों को प्रदत्त मूल अधिकार

कुछ मूल अधिकार गैर-नागरिकों को प्राप्त हैं, जबकि कुछ मौलिक अधिकार नागरिकों को ही प्राप्त हैं। निम्नलिखित सारणी में केवल नागरिकों को प्राप्त मूल अधिकार दिये गये हैं–

मूल अधिकारों का वर्गीकरण

1. समता का अधिकार
- विधि के समक्ष समता और विधि का समान संरक्षण (अनुच्छेद–14)
- धर्म, मूलवंश, जाति, लिंग या जन्म स्थान के आधार पर विभेद का प्रतिषेध (अनुच्छेद–15)
- लोक नियोजन के विषय में अवसर की समता (अनुच्छेद–16)
- अस्पृश्यता का अंत (अनुच्छेद–17)
- उपाधियों का अंत (अनुच्छेद–18)

2. स्वतंत्रता का अधिकार
- वाक् स्वातंत्र्य आदि विषयक कुछ अधिकारों का संरक्षण (अनुच्छेद–19)
- अपराधों के लिए दोष सिद्धि के संबंध में संरक्षण (अनुच्छेद–20)
- प्राण एवं दैहिक स्वतंत्रता का संरक्षण (अनुच्छेद–21)
- कुछ दशाओं में गिरफ्तारी और निरोध से संरक्षण (अनुच्छेद–22)

3. शोषण के विरुद्ध अधिकार
- मानव के साथ दुर्व्यवहार और बलात् श्रम का प्रतिषेध (अनुच्छेद–23)
- कारखानों आदि में बालकों के नियोजन का प्रतिषेध (अनुच्छेद–24)

4. धर्म की स्वतंत्रता का अधिकार
- अंत:करण और धर्म के अबाध रूप से मानने, आचरण तथा प्रचार करने की स्वतंत्रता (अनुच्छेद–25)
- धार्मिक कार्यों के प्रबंध की स्वतंत्रता (अनुच्छेद–26)
- किसी विशिष्ट धर्म की अभिवृद्धि के लिए करों के बारे में सदस्य की स्वतंत्रता (अनुच्छेद–27)
- कुछ शिक्षा संस्थाओं में धार्मिक शिक्षा या धार्मिक उपासना में उपस्थित होने के बारे में स्वतंत्रता (अनुच्छेद–28)

5. संस्कृति और शिक्षा का अधिकार
- अल्पसंख्यकों के हितों का संरक्षण (अनुच्छेद–29)
- शिक्षा-संस्थाओं की स्थापना और प्रशासन करने का अल्पसंख्यक वर्गों का अधिकार (अनुच्छेद–30)

6. संवैधानिक उपचारों का अधिकार
- मूल अधिकारों को प्रवर्तित करने के लिए उपचार (अनुच्छेद–32)

केवल नागरिकों को प्राप्त मौलिक अधिकार

अनुच्छेद	प्रावधान
अनुच्छेद-15	धर्म, मूलवंश, जाति, लिंग या जन्म स्थान के आधार पर विभेद का प्रतिषेध।
अनुच्छेद-16	लोक नियोजन के विषय अवसर की समानता।
अनुच्छेद-19	वाक् स्वातंत्र्य आदि विषयक कुछ अधिकारों का संरक्षण।
अनुच्छेद-19 (घ)	संचरण, निवास और वृत्ति की स्वतंत्रताएं।
अनुच्छेद-29	अल्पसंख्यक वर्गों के हितों का संरक्षण।
अनुच्छेद-30	शिक्षा संस्थाओं की स्थापना और प्रशासन करने का अल्पसंख्यक वर्गों का अधिकार।

नागरिकों और गैर-नागरिकों को प्राप्त मौलिक अधिकार

अनुच्छेद	प्रावधान
अनुच्छेद-14	विधि के समक्ष समता।
अनुच्छेद-20	अपराधों के लिए दोषसिद्धि के संबंध में संरक्षण।
अनुच्छेद-21	प्राण एवं दैहिक स्वतंत्रता का संरक्षण।
अनुच्छेद-23	मानव के दुर्व्यवहार और बलात् श्रम का प्रतिषेध।
अनुच्छेद-24	कारखानों आदि में बालकों के नियोजन का प्रतिषेध।
अनुच्छेद-25	अंत:करण की और धर्म के अबाध रूप से मानने, आचरण और प्रचार करने की स्वतंत्रता।
अनुच्छेद-26	धार्मिक कार्यों के प्रबंध की स्वतंत्रता।
अनुच्छेद-27	किसी विशिष्ट धर्म की अभिवृद्धि के लिए करों के संदाय के बारे में स्वतंत्रता।
अनुच्छेद-28	कुछ शिक्षा संस्थाओं में धार्मिक शिक्षा या धार्मिक उपासना में उपस्थित होने के बारे में स्वतंत्रता।

सकारात्मक अभिव्यक्ति वाले मूल अधिकार

अनुच्छेद-25	अंत:करण की और धर्म के अबाध रूप से मानने, आचरण और प्रचार की स्वतंत्रता।
अनुच्छेद-29(1)	प्रत्येक नागरिक को प्राप्त अपनी विशेष भाषा, लिपि या संस्कृति बनाए रखने का अधिकार।
अनुच्छेद-30(1)	धार्मिक या भाषाई अल्पसंख्यकों को अपनी रुचि की शिक्षण संस्था की स्थापना व प्रशासन का अधिकार।

नकारात्मक अभिव्यक्ति वाले मूल अधिकार

अनुच्छेद-14	राज्य किसी व्यक्ति को विधि के समक्ष समता या समान संरक्षण से वंचित नहीं करेगा।
अनुच्छेद-15(1)	राज्य धर्म, मूलवंश, जाति, लिंग या जन्म स्थान के आधार पर नागरिकों में विभेद नहीं करेगा।
अनुच्छेद-16(2)	राज्य लोक नियोजन में धर्म, जाति, लिंग आदि पर नागरिकों में विभेद नहीं करेगा।
अनुच्छेद(18)(1)	राज्य सेना या विधि संबंधी सम्मान के सिवाय कोई उपाधि नहीं प्रदान करेगा।
अनुच्छेद-20	अपराधों की दोषसिद्धि के संबंध में संरक्षण
अनुच्छेद-22(1)	बिना कारण बताए किसी को निरुद्ध नहीं रखा जाएगा और न ही उसे किसी वकील से परामर्श लेने से ही वंचित किया जाएगा।
अनुच्छेद-28(1)	पूर्णत: राज्य निधि से पोषित संस्था में धार्मिक शिक्षा नहीं दी जाएगी।

विधायी शक्ति पर आत्यंतिक मर्यादाएं आरोपित करने वाले मूल अधिकार: अनुच्छेद 15, 17, 18, 20, 24 द्वारा विधायी शक्तियों पर मर्यादाएं आरोपित की गई हैं।

कार्यपालिका शक्ति पर मर्यादाएं आरोपित करने वाले मूल अधिकार: भाग 3 में कुछ मूल अधिकार राज्य की कार्यवाही के विरुद्ध हैं; जैसे- अनुच्छेद-19, 25, 21 एवं अनुच्छेद-26

कुछ अधिकार न केवल राज्यों के विरुद्ध बल्कि निजी व्यक्तियों के विरुद्ध भी प्राप्त हैं- कुछ मूल अधिकार केवल राज्य के विरुद्ध प्राप्त हैं जबकि कुछ निजी व्यक्तियों से संरक्षण प्रदान करते हैं। उक्त अधिकार निम्नलिखित हैं-

केवल राज्य के विरुद्ध उपलब्ध मूल अधिकार

• विधि के समक्ष समता।	• अनुच्छेद-14
• धर्म, मूलवंश, जाति लिंग या जन्म स्थान के आधार पर विभेद का निषेध।	• अनुच्छेद-15(1)
• लोक नियोजन में अवसर की समानता।	• अनुच्छेद-16
• सेना या विद्या सम्मान के अतिरिक्त कोई उपाधि राज्य स्वातंत्र्य प्रदान नहीं करेगा।	• अनुच्छेद-18(1)
• वाक् स्वातंत्र्य आदि विषयक अधिकारों का संरक्षण।	• अनुच्छेद-20
• प्राण और दैहिक स्वतंत्रता का संरक्षण।	• अनुच्छेद-21
• कुछ दशाओं में गिरफ्तारी और निरोध से संरक्षण।	• अनुच्छेद-22
• अंत:करण से धर्म मानने, आचरण करने व प्रचार की स्वतंत्रता।	• अनुच्छेद-25
• धार्मिक कार्यों के प्रबंध की स्वतंत्रता।	• अनुच्छेद-26
• किसी विशिष्ट धर्म की अभिवृद्धि के लिए करों से स्वतंत्रता।	• अनुच्छेद-27
• कुछ शिक्षण संस्थाओं में धार्मिक शिक्षा की स्वतंत्रता।	• अनुच्छेद-28
• अल्पसंख्यक वर्गों के हितों का संरक्षण।	• अनुच्छेद-29
• शिक्षण संस्थाओं की स्थापना व प्रशासन का अल्पसंख्यक वर्ग का अधिकार।	• अनुच्छेद-30

व्यक्तियों के विरुद्ध उपलब्ध मूलाधिकार

• धर्म, मूलवंश, जाति, लिंग या जन्म-स्थान के आधार पर सार्वजनिक स्थान पर प्रवेश अथवा उपयोग में विभेद का प्रतिषेध।	• अनुच्छेद-15(2)
• अस्पृश्यता का अंत।	• अनुच्छेद-17
• मानव के दुर्व्यापार व बेगार आदि व बलात् श्रम का निषेध।	• अनुच्छेद-23(1)
• कारखानों आदि में बालकों के नियोजन का प्रतिषेध।	• अनुच्छेद-24

भारतीय संविधान में वर्णित मूल अधिकारों की विशेषता

भारतीय संविधान में मूल अधिकारों की अवधारणा सं. रा. अमेरिका से ली गई है। भारतीय संविधान में वर्णित मूल अधिकारों की निम्नलिखित विशेषता है-

- भारतीय अधिकार पत्र विशद् दस्तावेज है। संविधान के **भाग 3 में अनुच्छेद-12 से अनुच्छेद-30 तथा अनुच्छेद-32 से 35** तक मूल अधिकारों का विस्तृत वर्णन किया गया है। प्रत्येक अधिकार के साथ युक्तियुक्त निर्बंधनों की व्यवस्था की गई है। विश्व के अन्य किसी संविधान में मौलिक अधिकारों का इतना विस्तृत वर्णन नहीं है।
- मूल अधिकार **पूर्णत: निरपेक्ष (Absolute)** नहीं हैं। मूल अधिकारों पर युक्तियुक्त निर्बंधन लगाए जा सकते हैं, जिससे व्यक्तिगत अधिकारों को जनहित में संरक्षित रखा जा सके। मूल अधिकारों पर लगाए गए प्रतिबंध युक्तियुक्त हैं या नहीं, इसका निर्धारण न्यायालय द्वारा किया जाता है।
- मूल अधिकारों का निलंबन किया जा सकता है, लेकिन इन्हें संविधान से निकाला नहीं जा सकता है। मौलिक अधिकार संघीय सरकार, राज्य सरकार तथा प्रत्येक उस प्राधिकारी पर, जिसे विधि निर्माण की शक्ति प्राप्त है, पर **सीमाएं आरोपित** करते हैं।
- मूल अधिकारों की संरचना करते हुए संविधान निर्माताओं ने भारत के नागरिकों एवं गैर-नागरिकों को ही वाक् एवं अभिव्यक्ति की स्वतंत्रता तथा सांस्कृतिक एवं शैक्षणिक अधिकार प्रदान किए हैं। मौलिक अधिकारों के भाग-3 में प्रयुक्त नागरिकों (Citizenes) एवं व्यक्तियों (Persons) शब्दों से यह अंतर स्पष्ट किया गया है। विधि के समक्ष समानता, धार्मिक स्वतंत्रता आदि मूल अधिकार नागरिक एवं व्यक्तियों (गैर-नागरिकों) के लिए समान हैं।
- संविधान में अंतर्विष्ट मूल अधिकारों में से कुछ नकारात्मक हैं, क्योंकि ये राज्य की शक्ति को सीमित करते हैं जैसे अनुच्छेद-15 में वर्णित मूल अधिकार, जबकि कुछ मूल अधिकार **सकारात्मक** हैं जो नागरिकों को स्वतंत्रताएं प्रदान करते हैं, जैसे- अनुच्छेद-19 में वर्णित मूल अधिकार।
- जिन व्यक्तियों को मूल अधिकार प्रदान किए गए हैं, वे उसका त्याग नहीं कर सकते हैं।
- मूल अधिकारों का निलंबन किया जा सकता है। संविधान के **अनुच्छेद-20 एवं अनुच्छेद-21** में अंतर्विष्ट मूल अधिकारों को छोड़कर सभी मूल अधिकार राष्ट्रीय आपातकाल के समय निलंबित हो जाते हैं। राष्ट्रीय आपातकाल के समय अनुच्छेद 19 में वर्णित मूल अधिकार स्वत: निलंबित हो जाते हैं, जबकि अन्य मूलाधिकार राष्ट्रपति के आदेश से निलंबित होते हैं।
- मूल अधिकारों का निलंबन किया जा सकता है, लेकिन इसे संविधान से निकाला नहीं जा सकता है।
- मूल अधिकारों को **सीमित** नहीं किया जा सकता है। इसका अल्पीकरण करने वाली विधियां अल्पीकरण की सीमा तक शून्य होंगी।
- मौलिक अधिकारों के प्रवर्तन हेतु व्यवस्था की गई है। भारतीय संविधान द्वारा सर्वोच्च न्यायालय द्वारा मूल अधिकारों के प्रवर्तन की व्यवस्था की गई है। संविधान के **अनुच्छेद-32** में संवैधानिक उपचारों द्वारा मौलिक अधिकारों की रक्षा की जा सकती है।
- पहले संपत्ति अधिकार भी मौलिक अधिकारों की श्रेणी में सम्मिलित था, लेकिन इसे 1978 में किए गए 44वें संविधान संशोधन द्वारा इस श्रेणी से हटाकर मात्र एक कानूनी अधिकार घोषित कर दिया गया। अब इसकी व्यवस्था संविधान के अनुच्छेद-300 (क) में है।
- मौलिक अधिकार असीमित नहीं हैं। सार्वजनिक व्यवस्था तथा नैतिकता की दृष्टि से इनका सीमांकन किया गया है।
- अनुच्छेद-352 के अंतर्गत राष्ट्रपति द्वारा उद्घोषित आपातकाल के समय अनुच्छेद-19 द्वारा प्रदत्त समस्त स्वतंत्रताएं निलंबित हो जाती हैं, लेकिन इसका अनुमोदन संसद के आदेश द्वारा होना अपरिहार्य है।
- राष्ट्रपति के विशेष अधिकार द्वारा अनुच्छेद-20 व 21 में निहित अधिकारों को छोड़कर अन्य समस्त मौलिक अधिकारों को निलंबित किया जा सकता है। 50वें संविधान संशोधन अधिनियम द्वारा अनुच्छेद-33 का विस्तार कर इंटेलीजेंस, दूरसंचार तथा पैरा मिलिट्री के सदस्यों को भी इसमें सम्मिलित कर लिया गया।
- अनुच्छेद-359 के द्वारा राष्ट्रपति यह घोषणा कर सकता है कि जब तक आपातकाल घोषणा जारी रहेगी तब तक मौलिक अधिकार निलंबित रहेंगे।

अनुच्छेद–34 के द्वारा व्यवस्था की गई है कि जब तक किसी क्षेत्र में सेना विधि प्रवृत्त होने पर संसद विधि द्वारा संघ का राज्य की सेवा में किसी व्यक्ति की ऐसे कार्य के संबंध में क्षतिपूर्ति कर सकेगी, जो उसने अपने क्षेत्र में व्यवस्था को बनाए रखने तथा स्थापना के संबंध में किया है।

मौलिक अधिकारों की विवेचना

1. समानता का अधिकार

समानता का अधिकार लोकतांत्रिक व्यवस्था की रीढ़ की हड्डी है। भारतीय संविधान के अनुच्छेद–14 से 18 में समानता के अधिकारों पर प्रकाश डाला गया है। भारतीय संविधान द्वारा प्रदत्त समानता के अधिकार के पीछे प्रेरणा स्रोत फ्रांस, इंग्लैंड तथा सं. रा. अमेरिका का संवैधानिक विकास रहा है। समानता के अधिकार से संबंधित उपबंध निम्नलिखित हैं–

(i) कानून के समक्ष समानता

भारतीय संविधान के अनुच्छेद–14 **में कानून के समक्ष समानता के अधिकार की विवेचना की गई है। अनुच्छेद–**14 के अनुसार राज्य किसी भी व्यक्ति को कानून के समक्ष समानता तथा कानून के समान संरक्षण से वंचित नहीं करेगा। कानून के समक्ष समानता का आशय यह है कि कानून की नजर में सभी व्यक्ति समान होंगे। अन्य शब्दों में यह भी कहा जा सकता है कि भारत में दोहरी विधि प्रणाली नहीं है। ध्यातव्य है कि फ्रांस सहित कुछ देशों में विधि की दो कोटियां-साधारण विधि और प्रशासकीय विधि प्रचलित हैं। जन सामान्य को साधारण विधि तथा प्रशासकीय कर्मचारियों को प्रशासकीय विधि से नियंत्रित किया जाता है। कानून के समान संरक्षण (equal protection of law) का आशय यह है कि समान स्थितियों में सबके साथ समान व्यवहार किया जाए। प्रत्येक व्यक्ति कानून के समक्ष समान है तथा किसी भी व्यक्ति को कानून के समान संरक्षण से वंचित नहीं किया जा सकता है।

विधि या कानून के समक्ष समानता का अधिकार एक नकारात्मक अवधारणा है जिसका आशय यह है कि किसी व्यक्ति को विशेष अधिकार नहीं दिए गए हैं और कोई भी व्यक्ति कानून से ऊपर नहीं है। किसी भी व्यक्ति को समान संरक्षण से वंचित नहीं किया जा सकता है। यह भारतीय संविधान द्वारा प्रदत्त अधिकारों का सकारात्मक पक्ष है जिसका आशय यह है कि प्रत्येक व्यक्ति के साथ सभी समान परिस्थितियों में समान व्यवहार किया जाए।

कानून के समक्ष समानता का आशय यह नहीं है कि सभी व्यक्ति बिलकुल एक समान हैं या व्यक्तियों के मध्य जो असमानता निहित है उसे समाप्त कर दिया जाए। समानता का आशय यह है कि जिन व्यक्तियों की परिस्थितियां एक समान हैं, उनके साथ एक जैसा व्यवहार किया जाना चाहिए। अन्य शब्दों में यह भी कहा जा सकता है कि समान व्यक्तियों के लिए समान कानून होना चाहिए, परंतु इसका आशय यह भी नहीं है कि सभी व्यक्तियों के लिए एक ही कानून हो, इसका वास्तविक आशय यह है कि समाज की भिन्न-भिन्न श्रेणियों के लिए भिन्न-भिन्न कानून हो सकते हैं, परंतु ये वर्गीकरण युक्ति संगत एवं तार्किक आधार पर किए जाने चाहिए। इन तथ्यों को ध्यान में रखते हुए समानता का अधिकार निम्न की आज्ञा प्रदान करता है–

- कानून की दृष्टि से भिन्न-भिन्न वर्गों के व्यक्तियों के लिए अलग-अलग वर्गीकरण किया जा सकता है।
- कुछ विशेष प्रकार के अपराधों पर मुकदमा चलाने के लिए विशेष अदालतों का भी गठन किया जा सकता है।
- कुछ विशेष व्यक्तियों को विशेष परिस्थितियों में विशेष अधिकार दिए जा सकते हैं।

सर्वोच्च न्यायालय ने चौ. चिरंजीव लाल बनाम भारत संघ के मामले में अनुच्छेद–14 की विवेचना करते हुए यह व्यवस्था दी है–

- समान संरक्षण का अर्थ समान परिस्थितियों में एक समान संरक्षण है।
- राज्य विधि निर्माण करने के लिए युक्ति संगत विधि अपना सकता है।
- युक्ति संगत होने की कल्पना राज्य वर्गीकरण कर सकता है।
- अनुच्छेद–14 के अंतर्गत प्रदत्त विधि के समक्ष समानता का आशय यह है कि जन्म, मूलवंश आदि के आधार पर व्यक्तियों के मध्य विशेषाधिकारों को प्रदान करने तथा कर्तव्यों के आधार पर भेद किया जाना एक वैधानिक अधिकार है जो भारतीय नागरिकों और विदेशी नागरिक दोनों को प्रदान किया गया है।

विधि के समक्ष समता का अपवाद

विधि के समक्ष समता के अधिकार के कुछ अपवाद भी हैं–

– व्यावहारिक स्तर पर

– विदेशी राजदूतों व दूतों को घरेलू विधि के समक्ष समानता के सिद्धांत स्तर पर

– संवैधानिक स्तर पर

- राष्ट्रपति और राज्यपालों के लिए विधि के समक्ष समानता का सिद्धांत लागू होता है।
- राष्ट्रपति और राज्यपाल को अपने किसी भी संवैधानिक कार्य के लिए न्यायपालिका के समक्ष उत्तरदायी नहीं ठहराया जा सकता।
- सिविल मामले (संपति, विवाह, तलाक) में राष्ट्रपति एवं राज्यपाल के कार्यकाल में कोई आपराधिक वाद शुरू किया जा सकता है, परंतु राष्ट्रपति को इसकी सूचना 2 महीने पहले दी जानी चाहिए।

(ii) धर्म, जाति, नस्ल, जन्मस्थान आदि के आधार पर भेदभाव का निषेध

भारतीय संविधान के **अनुच्छेद-15 का संबंध सामाजिक समानता से है।** अनुच्छेद–15 के अनुसार राज्य के द्वारा धर्म, वंश, जाति, लिंग, जन्मस्थान आदि के आधार पर किसी नागरिक के साथ असमानता अथवा भेदभाव नहीं किया जाएगा। इन आधारों पर सार्वजनिक स्थानों यथा कुएं, तालाब, स्नानघर, सड़क आदि पर नागरिकों के मध्य भेदभाव नहीं किया जा सकता है। **अनुच्छेद–15 में दो शब्द नागरिक और राज्य का प्रयोग** किया गया है जिसका विशेष अर्थ होता है जो व्यक्ति राज्य का नागरिक नहीं है उसके विरुद्ध ऊपर दिए गए आधार पर भी भेदभाव किया जा सकता है।

- अनुच्छेद–15 में राज्य शब्द का प्रयोग किया गया है। इसलिए यह बंधन राज्य पर ही लागू होता है, अन्य व्यक्तियों पर नहीं। अनुच्छेद–15 में स्पष्ट कहा गया है कि केवल जाति, मूलवंश, धर्म, लिंग तथा जन्मस्थान के आधार पर भेदभाव नहीं किया जा सकता। अनेक राज्यों में मेडिकल तथा इंजीनियरिंग कॉलेजों में प्रवेश के लिए निवास स्थान की अर्हता के आधार पर भेदभाव किया जा सकता है।
- अनुच्छेद–15(1) के अनुसार यद्यपि सामान्यत: धर्म और जाति के आधार पर भेदभाव नहीं किया जा सकता है। परंतु प्रत्येक धर्म के अपने-अपने सिद्धांतों, रीति-रिवाजों पर आधारित कुछ व्यक्तिगत कानून हैं जिनका राज्य द्वारा आदर एवं सम्मान किया जाता है। हिंदू धर्म के अनुयायी एक समय

में एक ही पत्नी रख सकते हैं परंतु इस्लाम धर्म के अनुयायी एक समय में एक से अधिक पत्नियां रख सकते हैं।

- **अनुच्छेद**–15 (2) में वर्णित प्रावधानों के अनुसार किसी भी नागरिक को धर्म, मूलवंश, जाति, लिंग, जन्मस्थान या इनमें से किसी के आधार पर दुकानों, सार्वजनिक भोजनालयों, होटलों और सार्वजनिक मनोरंजन के स्थानों, सार्वजनिक कुओं, तालाबों, स्नानघाटों, सड़कों तथा सार्वजनिक समागम के स्थानों के उपयोग से वंचित नहीं क्रिया जा सकता है; जिनको पूर्णत: या अंशत: राज्य निधि से पोषित किया गया है और सामान्य जनता के लिए समर्पित हैं।
- **अनुच्छेद**–15 (2) में वर्णित आधारों के अतिरिक्त अन्य आधारों पर भेदभाव किया जा सकता है। उदाहरणस्वरूप, यदि किसी व्यक्ति को ऐसी बीमारी है जो दूसरों को लग सकती है तो उस व्यक्ति को उक्त स्थानों के प्रयोग से वंचित किया जा सकता है। कोढ़ रोग से पीड़ित व्यक्ति को तालाब का प्रयोग करने से वंचित किया जा सकता है। इसी प्रकार यदि कोई व्यक्ति शराब के नशे में होटल जाता है तो उसे भी होटल में प्रवेश से रोका जा सकता है।
- भारतीय संविधान में कुछ संरक्षणात्मक भेदभाव का प्रावधान किया गया है। जहां अनुच्छेद–15 के खंड (1–2) में भेदभाव को प्रतिबंधित किया गया है तो वहीं दूसरी ओर अनुच्छेद-15 के ही खंड 3–4 में भेदभाव को मान्यता दी गई। इनको संरक्षणात्मक भेदभाव कहा जाता है।
- **अनुच्छेद**–15(3) में स्त्रियों तथा बच्चों के लिए और **अनुच्छेद**–(4) में सामाजिक एवं शैक्षणिक दृष्टि से पिछड़े नागरिकों तथा अनुसूचित जातियों एवं जनजातियों का आरक्षण किया जा सकता है। इन वर्गों के लिए शैक्षणिक संस्थानों में स्थान आरक्षित करने की व्यवस्था संविधान के प्रथम संशोधन द्वारा 1951 में इसलिए करनी पड़ी क्योंकि **चम्पकम दोराईराजन** तथा श्रीनिवासन के मुकदमे में सर्वोच्च न्यायालय ने चेन्नई (मद्रास) राज्य की इस नीति को अवैध घोषित कर दिया जिसके अनुसार अनुच्छेद–46 में दिए गए राज्य के नीति-निदेशक तत्वों को लागू करने का प्रयत्न किया गया था, जिससे अनुसूचित जातियों तथा अनुसूचित जनजातियों और अन्य दुर्बल वर्गों के शैक्षिक और आर्थिक हितों की अभिवृद्धि हो सके। संविधान के प्रथम संशोधन के बाद ही मेडिकल कॉलेजों तथा इंजीनियरिंग कॉलेजों में आरक्षण की नीति अपनाई गई। **उल्लेखनीय है कि चम्पकम दोराईराजन बनाम चेन्नई (मद्रास) राज्य वाद में अनुच्छेद** 15(4) **पहले संविधान संशोधन में जोड़ा गया।**
- यद्यपि भारतीय संविधान के **अनुच्छेद**–15 (4) में सामाजिक तथा शैक्षणिक दृष्टि से पिछड़े हुए नागरिकों के वर्गों के लिए संरक्षणात्मक भेदभाव की व्यवस्था की गई है, परंतु इसके बाद भी सामाजिक तथा शैक्षणिक दृष्टि से पिछड़े हुए वर्गों की संविधान में कोई भी परिभाषा नहीं दी गई है। इसका अर्थ है कि सामाजिक तथा शैक्षणिक दृष्टि से पिछड़े वर्गों के राज्यों के संबंध में निर्णय राज्यों द्वारा लिया जाएगा। बालाजी बनाम मैसूर राज्य के मुकदमे में सर्वोच्च न्यायालय ने यह निर्णय दिया है कि सामाजिक और शैक्षणिक रूप से पिछड़े हुए वर्गों के संबंध में जाति एक प्रासंगिक तत्व हो सकता है, परंतु जाति के आधार पर इसका निर्णय नहीं किया जा सकता है। गरीबी, व्यवसाय तथा निवास स्थान इत्यादि ऐसे प्रासंगिक तत्व हैं जिनके आधार पर उक्त वर्गों की पहचान की जानी चाहिए। मंडल आयोग की सिफारिशों को लागू करने के संबंध में सर्वोच्च न्यायालय ने जाति को एक प्रासंगिक तत्व के रूप में स्वीकार तो किया है, परंतु इन जातियों के आर्थिक रूप से संपन्न लोगों को इस वर्ग से हटाने का भी निर्णय दिया।
- **अनुच्छेद**-15(5): यह अनुच्छेद 2006 में 93वें संविधान द्वारा जोड़ा गया। इसे मंडल-2 कहा गया।
- सामाजिक और शैक्षिक दृष्टि से पिछड़े वर्ग तथा अनुसूचित जाति/जनजाति के उत्थान के लिए सभी केंद्रीय शैक्षणिक संस्थाओं में आरक्षण प्रदान किया जाएगा, परंतु यह आरक्षण अल्पसंख्यक शैक्षणिक संस्थाओं पर लागू नहीं होगा।
- अनुच्छेद-15 नागरिकों के लिए है विदेशियों के लिए नहीं है। इस मौलिक अधिकार में अनेक प्रतिबंधों का प्रावधान है।

(iii) सार्वजनिक नौकरियों में समान अवसर का अधिकार (अनुच्छेद–16)

- भारतीय संविधान के अनुच्छेद–16(1) में वर्णित प्रावधानों के अनुसार सरकारी नौकरियों में सब नागरिकों को अवसर की समानता है तथा अनुच्छेद–16(2) में वर्णित है कि राज्य किसी भी नागरिक के विरुद्ध केवल धर्म, मूलवंश, जाति, लिंग, जन्म स्थान या निवास के आधार पर कोई भेदभाव नहीं करेगा।
- इसके साथ-साथ यह भी प्रावधान है कि राज्य की आवश्यकताओं को ध्यान में रखते हुए संसद उस राज्य में निवास स्थान की अर्हता से संबंधित विधेयक पास कर सकती है, परंतु इसका आशय यह नहीं है कि कोई भी राज्य, जिलों या ब्लॉक के आधार पर नौकरियां देना प्रारंभ कर दे।
- यहां स्पष्ट करना आवश्यक है कि राज्य उपर्युक्त वर्णित आधारों पर ही नौकरियां प्रदान करने में भेदभाव नहीं कर सकता है, परंतु अन्य आधारों शैक्षणिक अर्हताएं, राज्य की भाषा की जानकारी, शारीरिक स्वास्थ्य तथा साक्षरता के आधार पर भेदभाव कर सकता है।

- इंदिरा साहनी बनाम भारत संघ वाद (मंडल वाद)
- उच्चतम न्यायालय ने स्पष्ट तौर पर कहा कि संविधान में आरक्षण का आधार सामाजिक है, आर्थिक नहीं। इसलिए, नरसिम्हा राव सरकार द्वारा दिए गए 10% आरक्षण को अवैध करार दिया गया।
- उच्चतम न्यायालय ने कहा कि भारत में आरक्षण की अधिकतम सीमा 50% से अधिक नहीं होनी चाहिए। इसके लिए न्यायालय ने अनुच्छेद-335 का संदर्भ दिया, जिसमें यह उल्लिखित है कि अनुसूचित जाति एवं जनजातियों को आरक्षण प्रदान करते समय सरकारी सेवाओं की कुशलता से प्रभावित नहीं होना चाहिए।
- पिछड़ी जातियों में सम्मिलित सभी लोग पिछड़ी जातियों में शामिल नहीं होंगे, क्योंकि इन जातियों का सामाजिक-शैक्षणिक उत्थान हो चुका है। इन्हीं को लोकप्रिय रूप में क्रीमीलेयर का नाम दिया गया। उच्चतम न्यायालय ने क्रीमीलेयर की पहचान के लिए एक आयोग के गठन का निर्देश दिया।
- उच्चतम न्यायालय ने नियुक्तियों में कैरी-फॉरवर्ड के नियम को स्वीकार कर लिया। इस नियम के अनुसार यदि आरक्षित सीटें खाली रह जाती हैं तो उन्हें अगले साल भरा जाएगा परंतु इसमें 50% की अधिकतम आरक्षण सीमा का उल्लंघन नहीं होना चाहिए।
- आरक्षण की 50% सीमा प्रत्येक वर्ष की नौकरियों के लिए होगी न कि नौकरियों की कुल संख्या के लिए।
- विशेषज्ञता के कुछ पदों के लिए आरक्षण का पालन नहीं किया जाएगा।
- **वर्तमान स्थिति:** उच्चतम न्यायालय ने अब 50% के अतिरिक्त 3% आरक्षण विकलांग व्यक्तियों के लिए देने पर सहमति दी है। तमिलनाडु राज्य अपवाद है जहां इससे अधिक आरक्षण है।
- **मंडलवाद निर्णय का प्रभाव (सरकार की अनुक्रिया)**
- तमिलनाडु राज्य में प्रचलित 69% आरक्षण को 9वीं अनुसूची में शामिल कर दिया गया ताकि उसे न्यायिक समीक्षा से बचाया जा सके।
- क्रीमीलेयर की पहचान के लिए रामनंदन समिति की स्थापना की गई। बाद में (1993 में) संवैधानिक संस्था के रूप में पिछड़ा वर्ग आयोग का गठन किया गया।
- 77वें संविधान संशोधन से अनुच्छेद 16-4A जोड़कर अनुसूचित जातियों/जनजातियों को पदोन्नति में मिलने वाला आरक्षण जारी रखा गया अर्थात् 77वें संविधान संशोधन से मंडलवाद के निर्णय को अप्रभावी बनाने का प्रयास किया गया।

- समाज के कमजोर वर्गों, आर्थिक रूप से पिछड़े हुए नागरिकों के लिए नौकरियों में आरक्षण दिया जा सकता है। पिछड़े हुए वर्गों की ओट में भिन्न-भिन्न जातियों के स्थान आरक्षित नहीं किए जा सकते हैं। भूतपूर्व सैनिकों, स्वतंत्रता सेनानियों के बच्चों तथा स्त्रियों के लिए भी सार्वजनिक सेवाओं में स्थान आरक्षित किए जा सकते हैं।
- **अनुच्छेद**-16(3): संसद के द्वारा ऐसी विधि का निर्माण किया जा सकता है, जिसके द्वारा संघ अथवा राज्य सरकार की सेवाओं को प्रदान करने में स्थानीय निवासियों को प्राथमिकता दी जा सकती है। हिमाचल प्रदेश व अरुणाचल प्रदेश के लिए ऐसा प्रावधान किया गया है।
- **अनुच्छेद**-16(4): नागरिकों के किन्हीं पिछड़े वर्गों को राज्य के अंतर्गत नियुक्ति और रोजगार में आरक्षण प्रदान किया जाएगा यदि इन वर्गों का प्रतिनिधित्व सेवाओं में अपर्याप्त हो।
- **परिणामी वरिष्ठता:** अनूसूचित जातियों व जनजातियों की वरिष्ठता उनकी नियुक्ति तिथि से नहीं बल्कि उनकी पदोन्नति तिथि से जोड़ी जाएगी।
- 85वें संविधान संशोधन के द्वारा अनुच्छेद-16-4A में परिणामी-वरिष्ठता की संकल्पना को स्वीकार कर लिया गया, जिसके अनुसार अनूसूचित जातियों/जनजातियों की वरिष्ठता का निर्धारण पदोन्नति की तिथि से माना जाएगा, न कि नियुक्ति की तिथि से।
- **अनुच्छेद**-16(4B): 81वें संविधान संशोधन के द्वारा खाली पड़ी रिक्तियों के लिए 50 प्रतिशत की सीमा को हटा दिया गया, जिसका अभिप्राय है कि बैकलॉग सीटों को शत-प्रतिशत आरक्षित किया जा सकता है।
- **अनुच्छेद**-16(5): किसी भी धार्मिक संस्था द्वारा अपने संस्थानों की नियुक्ति में अपने धर्म से जुड़े हुए लोगों को प्राथमिकता दी जा सकती है।

(iv) अस्पृश्यता का अंत (अनुच्छेद–17)

भारतीय संविधान में अस्पृश्यता को एक सामाजिक बुराई के रूप में स्वीकार किया गया है तथा अनुच्छेद–17 के अंतर्गत इसको समाप्त कर दिया गया है। 1955 में संसद द्वारा अस्पृश्यता कानून पारित किया गया जिसके अंतर्गत अस्पृश्यता को एक दंडनीय अपराध घोषित किया गया। 1976 में अस्पृश्यता अधिनियम, 1955 में संशोधन भी किया गया। ध्यातव्य है कि यहां पर उल्लेखित अस्पृश्यता शब्द का प्रयोग शाब्दिक अर्थों में नहीं किया गया है। बल्कि ऐतिहासिकता के आधार पर किया गया है। अस्पृश्यता हिंदू धर्म की जातिवादी प्रथा पर आधारित है। इसी अर्थ में अस्पृश्यता शब्द का प्रयोग भारतीय संविधान में किया गया है। यदि किसी व्यक्ति को कोई ऐसा रोग या बीमारी है जो छूने से दूसरे व्यक्ति को लग सकती है तो इस रोगी को छूने से इंकार करना अस्पृश्यता नहीं है, परंतु कोई दुकानदार किसी व्यक्ति को इस आधार पर सामान देने से इंकार कर देता है कि वह हरिजन है, तब यह अस्पृश्यता होगी। भारतीय संविधान में अस्पृश्यता को दंडनीय अपराध माना गया है। इसमें आर्थिक जुर्माने के साथ-साथ 6 माह की जेल की सजा भी हो सकती है। ध्यातव्य है कि अनुच्छेद-17 एक निरपेक्ष अधिकार है। संसद ने विधि का निर्माण करके इसे लागू किया है।

(v) उपाधियों का अंत (अनुच्छेद–18)

भारतीय संविधान के अनुच्छेद–18 में यह प्रावधान किया गया है कि सेना और विद्या संबंधी उपाधियों को छोड़कर राज्य कोई अन्य उपाधि नहीं प्रदान कर सकता है। इसके अतिरिक्त कोई भी भारतीय नागरिक राष्ट्रपति की अनुमति के बिना किसी विदेशी उपाधि को प्राप्त नहीं कर सकता है। ध्यातव्य है कि ब्रिटिश काल में सर राय बहादुर, राय साहब आदि उपाधियों से भारतीयों में ऊँच-नीच की भावना उत्पन्न होती थी। इस विभेद को समाप्त करने के उद्देश्य से उपाधियों का अंत किया गया। इस संबंध में अनुच्छेद–18 में वर्णित प्रमुख प्रावधान निम्नलिखित हैं-

- राज्य द्वारा सेना और विद्या संबंधी सम्मान को छोड़कर और कोई उपाधि नहीं प्रदान की जाएगी।
- भारत का कोई नागरिक किसी विदेशी राज्य से कोई उपाधि नहीं स्वीकार करेगा।
- राज्य के अधीन लाभ या विश्वास का पद धारण करने वाला कोई व्यक्ति किसी विदेशी राज्य से कोई भेंट, उपलब्धि या पद राष्ट्रपति की सहमति के बिना स्वीकार नहीं करेगा।
- बालाजी राघवन वाद में सुप्रीम कोर्ट ने कहा कि हमें उपाधि और पुरस्कार में अंतर करना चाहिए। भारत रत्न, पद्म विभूषण आदि उपाधि नहीं पुरस्कार हैं। समानता का अर्थ यह बिलकुल नहीं है कि प्रतिभाशाली व्यक्तियों का सम्मान न किया जाए।
- उच्चतम न्यायालय ने कहा कि व्यक्ति द्वारा इन पुरस्कारों का प्रयोग अपने नाम के साथ नहीं किया जा सकेगा। यद्यपि लोग कर रहे हैं क्योंकि देश में इसके विरुद्ध कोई विधि नहीं है।
- कलाकारों को देश-काल की सीमा से नहीं बांधा जा सकता।

भारतीय संविधान में उपाधियों का अंत भेदभाव उत्पन्न होने से रोकने के लिए किया गया था, परंतु संविधान में विशिष्ट सैनिक सेवा के लिए परमवीर चक्र, महावीर चक्र, अशोक चक्र इत्यादि प्रदान करने की अनुमति दी गई थी। इसी प्रकार संविधान में विद्या संबंधी उपाधि तथा मेडल भी प्रदान करने की अनुमति दी गई है, परंतु जिन उपाधियों को संविधान निर्माताओं द्वारा समाप्त कर दिया गया था उन्हें सरकार ने स्वरूप बदलकर पुनः देना शुरू कर दिया है। 1954 में सरकार द्वारा यह निर्णय लिया गया कि बेहतर सामाजिक सेवा तथा अन्य क्षेत्रों में उल्लेखनीय कार्य करने वालों के लिए भारत रत्न, पद्म विभूषण, पद्म भूषण तथा पद्मश्री पुरस्कार प्रदान किए जाएंगे। इनके संदर्भ में निर्णय लेते समय सरकार ने यह तर्क प्रस्तुत किया था कि ये पुरस्कार उपाधियां नहीं हैं क्योंकि उपाधि तो नाम का भाग होती हैं और नाम के पहले लगाई जाती हैं। इसके अतिरिक्त जो व्यक्ति उपाधि धारण करने वाले का नाम बिना उपाधि के लेता है तो उस पर मानहानि का केस चलाया जा सकता है। परंतु पुरस्कारों की यह विशेषता नहीं होती है। यद्यपि विधिक दृष्टिकोण से यह सत्य है, परंतु वास्तविकता यह भी है कि इन पुरस्कारों से भी भेदभाव उत्पन्न होता है। यही कारण था कि 1978 में जनता सरकार ने इनको देना बंद कर दिया था, परंतु 1980 में कांग्रेस आई के सत्ता में आने पर पुनः इनको शुरू कर दिया गया। उल्लेखनीय है कि 1983 में जब विनोबा भावे को मरणोपरांत भारत रत्न पुरस्कार दिया गया तो पवनार आश्रम के सहवासियों ने उसे स्वीकार करने से इंकार कर दिया था। 1992 में भी इन पुरस्कारों के विरुद्ध सर्वोच्च न्यायालय में याचिका दाखिल की गई थी।

2. स्वतंत्रता का अधिकार

भारतीय संविधान में **अनुच्छेद–**19 **से** 22 में स्वतंत्रता के अधिकारों का समावेश किया गया है। संविधान द्वारा प्रदत्त स्वतंत्रता को अध्ययन की सुविधा की दृष्टि से मूलभूत स्वतंत्रताएं तथा विशेष स्वतंत्रताएं में वर्गीकरण करके विश्लेषण किया गया है, जो निम्नलिखित हैं–

(i) मूलभूत स्वतंत्रताएं

भारतीय संविधान के **अनुच्छेद–**19 **के अंतर्गत प्रदत्त अधिकार मूलभूत स्वतंत्रता से संबंधित हैं।** मूल संविधान में भारतीय नागरिकों को सात मूलभूत स्वतंत्रताएं प्रदान की गई थीं, परंतु 44वें संविधान संशोधन के द्वारा संपत्ति की स्वतंत्रता को समाप्त कर दिया गया। अतएव अनुच्छेद–19 के अंतर्गत छह प्रकार की मूलभूत स्वतंत्रताएं नागरिकों को प्राप्त हैं, जो निम्नलिखित हैं–

(a) विचार और अभिव्यक्ति की स्वतंत्रता

लोकतंत्र और अभिव्यक्ति की स्वतंत्रता एक ही सिक्के के दो पक्ष हैं जिनको एक दूसरे से अलग नहीं किया जा सकता है। मनुष्य और उसकी परछाईं में जो संबंध

होता है वही संबंध लोकतंत्र तथा अभिव्यक्ति की स्वतंत्रता में है। जिस प्रकार पानी के बिना मछली जिंदा नहीं रह सकती है, उसी प्रकार विचार और अभिव्यक्ति की स्वतंत्रता के बिना लोकतंत्र जीवित नहीं रह सकता है। इसी तथ्य को ध्यान में रखते हुए भारतीय संविधान निर्माताओं ने अनुच्छेद–19 (1) में सभी नागरिकों को विचार करने तथा उन्हें विचार व्यक्त करने की स्वतंत्रता दी गई है। इसमें प्रेस, रेडियो और दूरदर्शन की भी स्वतंत्रता सम्मिलित है, परंतु यह स्वतंत्रता अप्रतिबंधित नहीं है। इसे राज्य की एकता और अखंडता, सुरक्षा, विदेशी राज्यों के साथ मैत्रीपूर्ण संबंध, सार्वजनिक व्यवस्था, शिष्टाचार, नैतिकता, न्यायालय की मानहानि आदि की दृष्टि से प्रतिबंधित किया जा सकता है।

अनुच्छेद-19(1)A **वाक् एवं अभिव्यक्ति की स्वतंत्रता:** यह प्रत्येक नागरिक को अभिव्यक्ति दर्शाने, मत देने, विश्वास एवं अभियोग लगाने की मौखिक, लिखित, छपे हुए मामलों पर स्वतंत्रता देता है। उच्चतम न्यायालय ने वाक् एवं अभिव्यक्ति की स्वतंत्रता में निम्नलिखित को सम्मिलित किया है–

- अपने या किसी अन्य के विचारों को प्रसारित करने का अधिकार
- प्रेस की स्वतंत्रता
- व्यावसायिक विज्ञापन की स्वतंत्रता
- फोन टैपिंग के विरुद्ध अधिकार
- प्रसारित करने का अधिकार अर्थात् सरकार का इलेक्ट्रॉनिक मीडिया पर एकाधिकार नहीं है।
- किसी राजनीतिक दल या संगठन द्वारा आयोजित बंद के खिलाफ अधिकार
- सरकारी गतिविधियों की जानकारी का अधिकार
- किसी अखबार पर पूर्व प्रतिबंध के विरुद्ध अधिकार
- प्रदर्शन एवं विरोध का अधिकार, लेकिन हड़ताल का अधिकार नहीं।

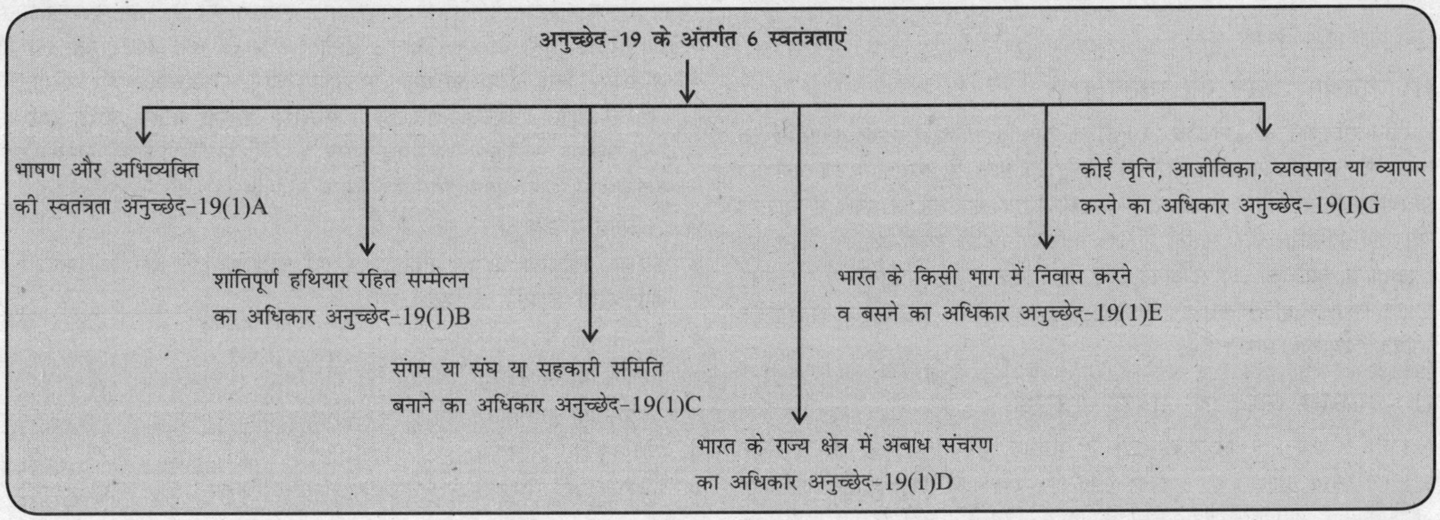

अनुच्छेद–19(1) के अंतर्गत जहां विचार एवं अभिव्यक्ति की स्वतंत्रता दी गई है तो वहीं इस स्वतंत्रता पर निम्नलिखित आधारों पर प्रतिबंध लगाने का भी प्रावधान किया गया है–

- देश की एकता एवं अखंडता के विरुद्ध बोलने पर प्रतिबंध है।
- किसी की अवमानना करने पर प्रतिबंध है।
- कुछ सदाचारों के विरुद्ध बोलने पर प्रतिबंध है।
- जितने प्रतिबंध व्यक्ति की स्वतंत्रता पर हैं, उतने ही प्रतिबंध प्रेस पर भी लगाए जा सकते हैं। यहां प्रेस पर दो तरह के प्रतिबंध लगाए जा सकते हैं–
  1. सेंसर प्रकाशन के पूर्व अनुमति लेना।
  2. पूर्व सेंसर: किसी निश्चित मुद्दे पर सामग्री के प्रकाशन पर ही प्रतिबंध लगा देना।

(b) अस्त्र-शस्त्र रहित एवं शांतिपूर्ण सम्मेलन करने की व्यवस्था

भारतीय संविधान के अनुच्छेद –19(2) के अंतर्गत भारतीय नागरिकों को अस्त्र-शस्त्र रहित एवं शांतिपूर्ण सम्मेलन करने की स्वतंत्रता प्रदान की गई है। प्रदर्शन इत्यादि का आयोजन भी इसी स्वतंत्रता में सम्मिलित है। वस्तुत: सम्मेलन करने की स्वतंत्रता विचार और अभिव्यक्ति की स्वतंत्रता का ही एक अंग है, क्योंकि विचार करने की स्वतंत्रता सम्मेलन करने की स्वतंत्रता के बिना अर्थहीन है, परंतु इस स्वतंत्रता पर भारत की संप्रभुता और अखंडता तथा लोक व्यवस्था के हित में युक्तियुक्त बंधन लगाए जा सकते हैं। उदाहरणस्वरूप यदि किसी स्थान विशेष पर सम्मेलन बुलाने से शांति भंग होने का खतरा है तो वहां पर सम्मेलन करने से रोका जा सकता है। इसी प्रकार लोक व्यवस्था के हित में जुलूस निकालने की स्वंतत्रता को भी सीमित किया जा सकता है। किसी भी प्रकार का कोई जुलूस निकालने अथवा सार्वजनिक सम्मेलन बुलाने के लिए सरकार से अनुमति लेना आवश्यक है।

(c) समुदाय और संघ बनाने की स्वतंत्रता

अनुच्छेद–19(3) के भारतीय नागरिकों को समुदाय और संघ बनाने की स्वतंत्रता प्रदान की गई है। यह अधिकार बहुत महत्वपूर्ण है। क्योंकि यह संसदीय प्रजातंत्र का आधार है। समुदाय और संघ बनाने की स्वतंत्रता के बिना राजनैतिक दलों का गठन नहीं किया जा सकता है और राजनैतिक दलों के बिना संसदीय लोकतंत्रात्मक व्यवस्था की कल्पना नहीं की जा सकती है। इसी प्रकार संघ बनाकर ही श्रमिकों के हितों की रक्षा की जा सकती है।

समुदाय और संघ बनाने की स्वतंत्रता को भी भारत की एकता एवं अखंडता, सार्वजनिक व्यवस्था तथा नैतिकता के हित में सीमित किया जा सकता है।

(d) भारतीय क्षेत्र में निर्बाध भ्रमण की स्वतंत्रता

अनुच्छेद–19 (4) के अंतर्गत भारतीय नागरिकों को भारत के किसी भी भाग में बिना किसी बाधा के भ्रमण करने का अधिकार है, परंतु इस स्वतंत्रता पर भी साधारण जनता के हित में तथा अनुसूचित जनजातियों के हितों के संरक्षण हेतु युक्तियुक्त बंधन लगाए जा सकते हैं। उदाहरणस्वरूप जिन व्यक्तियों को छूत की बीमारी है, उनके निर्बाध संरचण पर साधारण जनता के हितों को ध्यान में रखते हुए बंधन लगाया जा सकता है जिससे उनके रोगों का प्रसार न हो। इसी

प्रकार महत्वपूर्ण सैनिक क्षेत्रों में साधारण व्यक्तियों के आने-जाने पर प्रतिबंध लगाया जा सकता है।

(e) भारत के किसी भाग में निवास करने की स्वतंत्रता

अनुच्छेद–19(5) के अंतर्गत भारतीय नागरिकों को भारत के किसी भी भाग में निवास करने या बस जाने की स्वतंत्रता है, परंतु इस अधिकार पर भी जन सामान्य के हित में तथा अनुसूचित जनजातियों के हितों का संरक्षण करने के लिए बंधन लगाया जा सकता है। जन सामान्य के हितों को ध्यान में रखते हुए पेशेवर स्त्रियों के निवास स्थानों पर बंधन लगाए जा सकते है। इसी प्रकार अनुसूचित जातियों के हितों का संरक्षण करने के लिए उन क्षेत्रों में जिनमें वे रहते हैं, दूसरे व्यक्तियों को बसने से रोका जा सकता है।

ध्वज फहराने का अधिकार

22 जनवरी, 2004 को सर्वोच्च न्यायालय ने स्पष्ट किया कि नागरिकों द्वारा अपने घरों, दफ्तरों आदि पर ध्वज फहराना संविधान के अनुच्छेद-19(1) के अंतर्गत मौलिक अधिकार है। ध्यातव्य है कि सर्वोच्च न्यायालय ने यह निर्णय उद्योगपति नवीन जिंदल की याचिका पर दिया।

(f) व्यवसाय करने की स्वतंत्रता

भारतीय संविधान के **अनुच्छेद**–19(6) के अंतर्गत भारत के सभी नागरिकों को कोई भी व्यवसाय या पेशा करने की स्वतंत्रता प्राप्त है, परंतु इस स्वतंत्रता को प्रतिबंधित किया गया है। यथा–राज्य व्यवसायों एवं नौकरियों के संदर्भ में निश्चित योग्यताएं निर्धारित कर सकता है अथवा राज्य किसी व्यवसाय या उद्योग को पूर्णतया या आंशिक रूप से अपने हाथ में ले सकता है। इस संबंध में जो बंधन लगाए जाएं वे युक्तियुक्त होने चाहिए। ऐसा न होने पर बंधनों को अवैधानिक घोषित किया जा सकता है।

(ii) अपराध सिद्धि के संदर्भ में सुरक्षा

भारतीय संविधान के **अनुच्छेद**–20 में अपराध की दोष सिद्धि के संदर्भ में प्रावधान किया गया है। इसके अनुसार किसी व्यक्ति को तब तक दंड नहीं दिया जा सकता है जब तक वह किसी कानून का उल्लंघन नहीं करता। इस संबंध में अनुच्छेद–20 के अंतर्गत संरक्षण प्रदान किया गया है जो निम्नलिखित हैं–

- किसी व्यक्ति को उस समय तक दंड नहीं दिया जा सकता है जब तक वह किसी ऐसे कानून का उल्लंघन नहीं करता है जो उस समय प्रचलित था।
- किसी भी व्यक्ति को किसी भी कानून का उल्लंघन करने के लिए जो कानून द्वारा निश्चित दंड है उससे अधिक दंड नहीं दिया जा सकता। किसी भी व्यक्ति को एक ही अपराध के लिए एक बार से अधिक अभियोजित या दंडित नहीं किया जा सकता है।
- किसी अपराध के लिए अभियुक्त किसी व्यक्ति को स्वयं अपने विरुद्ध साक्षी होने के लिए बाध्य नहीं कर सकता है।
- यदि किसी लोकसेवक को आपराधिक आरोपों में पदच्युत किया जाता है, तो उसकी पदच्युति द्वैध दंडादेश के अंतर्गत नहीं आती। उस पर न्यायालय में पुन: मुकदमा चलाया जा सकता है अर्थात् उसे अभियोजित किया जा सकता है।

(a) जीवन और व्यक्तिगत स्वतंत्रता का अधिकार

अनुच्छेद–21 में प्रत्येक व्यक्ति को जीवन और व्यक्तिगत स्वतंत्रता का अधिकार प्रदान किया गया है। इस अनुच्छेद के अनुसार विधि द्वारा स्थापित प्रक्रिया छोड़कर किसी व्यक्ति को उसके जीवन और व्यक्तिगत (दैहिक) स्वतंत्रता से वंचित नहीं किया जा सकता है। इसका आशय यह है कि कार्यपालिका का कोई सदस्य किसी नागरिक की स्वतंत्रता में तभी हस्तक्षेप कर सकता है जब वह अपनी कार्यवाही के समर्थन में विधि का कोई उपबंध दिखा सके।

अनुच्छेद 21 विधान मंडल की शक्तियों पर परिसीमा के रूप में नहीं है। यह व्यक्ति को कार्यपालिका के मनमाने या अवैध कार्य के विरुद्ध संरक्षण प्रदान करता है। **मेनका गांधी बनाम भारत संघ के मामले में अनुच्छेद**–21 को एक नया आयाम मिला तथा इसका क्षेत्राधिकार काफी व्यापक हो गया। सर्वोच्च न्यायालय के अनुसार, ''प्राण का अधिकार केवल भौतिक अस्तित्व तक ही सीमित नहीं है बल्कि इसमें मानव गरिमा को बनाए रखते हुए जीने का अधिकार भी सम्मिलित है।'' **फ्रेंसिस कोरली बनाम भारत संघ** के मामले में उच्चतम न्यायालय ने मेनका गांधी बनाम भारत संघ के निर्णय का अनुसरण करते हुए अभिनिर्धारित किया कि अनुच्छेद–21 के अंतर्गत प्राण शब्द से आशय पशुवत जीवन से नहीं बल्कि मानव जीवन से है। प्राण का अधिकार शरीर के अंगों की संरचना तक सीमित नहीं है। इसमें मानव का गरिमा के साथ जीने का अधिकार भी सम्मिलित है।

मेनका गांधी बनाम भारत सरकार और अनुच्छेद-I

मेनका गांधी बनाम भारत सरकार के मामले में जीवन तथा व्यक्तिगत स्वतंत्रता के अधिकार को एक नया आयाम मिला। सर्वोच्च न्यायालय ने अपने निर्णय में अनुच्छेद-21 को सकारात्मक माना है। सर्वोच्च न्यायालय ने अनुच्छेद-21 में प्रयुक्त दैहिक स्वतंत्रता की विशद् (व्यापक) व्याख्या की है। सर्वोच्च न्यायालय के अनुसार प्राण का अधिकार केवल भौतिक अस्तित्व तक ही सीमित नहीं है बल्कि इसमें मानव गरिमा को बनाए रखते हुए जीने का अधिकार भी सम्मिलित है। ऐसा ही निर्णय सर्वोच्च न्यायालय ने **फ्रेंसिस कोरली बनाम भारत संघ** में दिया है। सर्वोच्च न्यायालय के समय-समय पर दिए गए निर्णयों में निम्नलिखित को अनुच्छेद-21 के अंतर्गत समाहित किया गया है–

- मानवीय प्रतिष्ठा के साथ जीने का अधिकार
- स्वच्छ पर्यावरण प्रदूषण रहित जल एवं वायु में जीने का अधिकार एवं हानिकारक उद्योगों के विरुद्ध सुरक्षा
- जीवन रक्षा का अधिकार
- निजता का अधिकार
- आश्रय का अधिकार
- स्वास्थ्य का अधिकार
- 14 वर्ष की उम्र तक नि:शुल्क शिक्षा का अधिकार
- नि:शुल्क कानूनी सहायता का अधिकार
- अकेले कारावास में बंद होने के विरुद्ध अधिकार
- त्वरित सुनवाई का अधिकार
- हथकड़ी लगाने के विरुद्ध अधिकार
- अमानवीय व्यवहार के विरुद्ध अधिकार
- फांसी में देरी के विरुद्ध अधिकार
- विदेश यात्रा करने का अधिकार
- बंधुआ मजदूरी करने के विरुद्ध अधिकार
- हिरासत में शोषण के विरुद्ध अधिकार
- आपातकालीन चिकित्सा सुविधा का अधिकार
- सरकारी अस्पतालों में समय पर उचित इलाज का अधिकार
- राज्य के बाहर न जाने का अधिकार
- निष्पक्ष सुनवाई का अधिकार
- कैदी के लिए जीवन की आवश्यकताओं का अधिकार
- महिलाओं के साथ सम्मानपूर्वक व्यवहार करने का अधिकार
- सार्वजनिक फांसी के विरुद्ध अधिकार
- सुनवाई का अधिकार
- सूचना का अधिकार
- प्रतिष्ठा का अधिकार
- दोषसिद्धि वाले न्यायालय आदेश से अपील का अधिकार
- सामाजिक सुरक्षा तथा परिवार के संरक्षण का अधिकार

- सामाजिक एवं आर्थिक न्याय एवं सशक्तिकरण का अधिकार
- बार केटर्स के विरुद्ध अधिकार
- जीवन बीमा पॉलिसी के विनियोग का अधिकार
- सोने का अधिकार
- शोर प्रदूषण से मुक्ति का अधिकार
- विद्युत (बिजली) का अधिकार

अनुच्छेद-21 के संदर्भ में नवीनतम प्रावधान

- **अनुच्छेद** 21(A) को 86वें संविधान संशोधान द्वारा जोड़ा गया है, जिसके अनुसार 6–14 वर्ष के बच्चों को अनिवार्य व नि:शुल्क प्राथमिक शिक्षा दी जाएगी। इस संबंध में राज्य के द्वारा विधि का निर्माण किया जाएगा।
- जानवरों को भी उत्पीड़न से सुरक्षा का अधिकार दिया गया। इसे संवैधानिक मान्यता उस समय मिली जब मई, 2016 में उच्चतम न्यायालय ने पोंगल के संदर्भ में निर्णय दिया।

आपातकाल के दौरान अनुच्छेद-21 की स्थिति

मूल रूप से भारतीय संविधान के **अनुच्छेद-359** के अनुसार **अनुच्छेद-352** के तहत राष्ट्रीय आपातकाल की उद्घोषणा के दौरान, राष्ट्रपति आदेश द्वारा भाग 3 के द्वारा प्रदत्त अधिकारों में से जिसे वह उचित समझे उसके प्रवर्तित करने के न्यायालय से प्रचालन के अधिकार को निलंबित कर सकता है अर्थात् राष्ट्रपति अनुच्छेद-21 में प्रदत्त अधिकार के प्रवर्तन के अधिकार को आपातकाल के दौरान निलंबित कर सकता है। 1962, 1971 एवं 1976 में जब राष्ट्रीय आपात की घोषणा की गई तो अनुच्छेद-21 में प्रदत्त अधिकारों को निलंबित किया गया था। किंतु **44वें संविधान संशोधन** के उपरांत **अनुच्छेद-359** में संशोधन कर निर्धारित किया गया है कि अब अनुच्छेद-21 में विहित दैहिक स्वतंत्रता को राष्ट्रपति आपातकाल के आदेश के दौरान भी निलंबित नहीं कर सकता है।

अत: संविधान के **44वें संविधान संशोधन 1978** के पश्चात् अब आपातकाल की उद्घोषणा के बावजूद अनुच्छेद 21 को निलंबित नहीं किया जा सकता है। ये अधिकार आपातकाल के दौरान भी बने रहेंगे।

- मई 2016 में सुप्रीम कोर्ट ने एनिमल वेलफेयर बोर्ड की याचिका पर सुनवाई करते हुए एक महत्वपूर्ण निर्णय दिया, जिसके आधार पर तमिलनाडु के प्रसिद्ध पर्व पोंगल के दूसरे एवं तीसरे दिन आयोजित किए जाने वाले खेल जलीकट्टू (बुल-फाइटिंग) तथा देशभर के विभिन्न स्थानों पर आयोजित की जाने वाली बैलगाड़ी दौड़ पर प्रतिबंध लगा दिया गया। पशुओं के साथ उत्पीड़नात्मक व्यवहार प्रिवेंशन ऑफ क्रूएल्टी एक्ट (PCA), 1960 के तहत प्रतिबंधित है।
- उच्चतम न्यायालय ने अनुच्छेद-21 में प्रयुक्त शब्द जीवन को विस्तारित करते हुए जानवरों के जीवन को भी इसमें सम्मिलित किया, साथ ही यह भी स्पष्ट किया कि, जानवरों को भी उत्पीड़न मुक्त जीवन जीने का अधिकार है। ज्ञान कौर वाद में उच्चतम न्यायालय ने कहा है कि जीवन के अधिकार में मृत्यु का अधिकार सम्मिलित नहीं है।

सर्वोच्च न्यायालय का हालिया निर्णय

- राजीव रतूड़ी बनाम भारत संघ (2024) के निर्णय में न्यायालय ने 'डिजिटल पहुँच' को मौलिक अधिकार मानते हुए इसे संविधान के अनुच्छेद 21 से जोड़ा।
- संविधान का अनुच्छेद 21 जीवन एवं व्यक्तिगत स्वतंत्रता के अधिकार की गारंटी देता है।
- सर्वोच्च न्यायालय ने इसे डिजिटल पहुँच से जोड़ते हुए कहा कि 'डिजिटल बाधाएँ' जीवन व स्वतंत्रता के अधिकार का उल्लंघन करती हैं।
- दिव्यांग व्यक्तियों के लिए डिजिटल सेवाएँ सुलभ होनी चाहिए, ताकि वे अपने अधिकारों का उपयोग कर सकें।
- न्यायालय ने निर्देश दिया कि डिजिटल KYC प्रक्रियाओं में दिव्यांग व्यक्तियों के लिए समावेशी उपायों को लागू किया जाए।

(b) गिरफ्तारी एवं बंदीकरण के विरुद्ध सुरक्षा का अधिकार

भारतीय संविधान के **अनुच्छेद–22** के अंतर्गत प्रत्येक व्यक्ति की गिरफ्तारी तथा बंदीकरण (निरोध) के विरुद्ध संरक्षण का अधिकार प्रदान किया गया है। संविधान के अनुच्छेद-22 के अंतर्गत जब भी किसी व्यक्ति को गिरफ्तार किया जाएगा तब–

निजता का अधिकार

- 24 अगस्त, 2017 को सर्वोच्च न्यायालय द्वारा निजता के अधिकार को मौलिक अधिकार के रूप में मान्यता दी गई।
- सर्वोच्च न्यायालय की एक 9 सदस्यीय पीठ ने सर्वसम्मति से निजता के अधिकार को मौलिक अधिकार माना और निजता के अधिकार को जीवन के अधिकार (अनुच्छेद-21) का एक भाग स्वीकार किया।
- सर्वोच्च न्यायालय ने यह फैसला आधार कार्ड से संबंधित एक मामले के दौरान दिया। सर्वोच्च न्यायालय ने किसी भी ऐसे कानून को अवैधानिक बनाया, जिसमें निजता के अधिकार का हनन हो रहा हो।
- 1950 के दशक में सर्वोच्च न्यायालय की 8 सदस्यीय संविधान पीठ तथा 1960 के दशक में 6 सदस्यीय संविधान पीठ ने निजता के अधिकार को मौलिक अधिकार के रूप में मान्यता देने से इनकार कर दिया था।

जीवन साथी चुनने का अधिकार

- 27 मार्च 2018 को सर्वोच्च न्यायालय ने जीवन साथी चुनने के अधिकार को मौलिक अधिकार के रूप में मान्यता दी।
- सर्वोच्च न्यायालय की एक तीन सदस्यीय खण्डपीठ ने अपने निर्णय में कहा कि एक बार जब दो व्यक्ति विवाह करने के लिए सहमत हों, तो परिवार, समुदाय या कबीले की सहमति की कोई आवश्यकता नहीं है।
- सर्वोच्च न्यायालय के अनुसार जब दो वयस्क व्यक्ति एक-दूसरे को जीवन साथी के रूप में चुनते हैं तो यह उनकी पसंद की एक अभिव्यक्ति है जो संविधान के अनुच्छेद-13 तथा अनुच्छेद-21 में निहित है।

निद्रा या सोने का अधिकार

- सर्वोच्च न्यायालय के अनुसार निद्रा या सोने का अधिकार मौलिक अधिकार है। सर्वोच्च न्यायालय के अनुसार संविधान का अनुच्छेद-21 के अंतर्गत प्राप्त जीवन के अधिकार का एक भाग निद्रा का भी अधिकार है और यह एक मूलभूत मानव अधिकार है।
- सर्वोच्च न्यायालय ने यह निर्णय बाबा रामदेव और उनके समर्थकों को मध्य रात्रि में दिल्ली पुलिस द्वारा गिरफ्तार करने से संबंधित मामले में विचार करते हुए दिया।

गरिमापूर्ण मृत्यु का अधिकार

- सर्वोच्च न्यायालय द्वारा 8 मार्च 2018 को गरिमापूर्ण मृत्यु के अधिकार को एक मौलिक अधिकार के रूप में मान्यता दी गई।
- सर्वोच्च न्यायालय ने यह निर्णय काम-काज नामक एक गैर-सरकारी संगठन की एक याचिका पर सुनवाई करते हुए दिया। काम-काज नामक संगठन ने वर्ष 2005 में इच्छामृत्यु को लेकर एक याचिका दाखिल की थी। जिसे 2015 में संविधान पीठ को सौंप दिया गया था।
- सर्वोच्च न्यायालय ने अपने दिए गए निर्णय में इच्छामृत्यु की वसीयत और निष्क्रिय इच्छामृत्यु को कुछ शर्तों के अधीन अनुमति प्रदान कर दी। इसके साथ ही सक्रिय इच्छामृत्यु को प्रतिबंधित करने को अवैधानिक बनाया।
- सर्वोच्च न्यायालय ने अनुच्छेद-21 के अंतर्गत जीवन के अधिकार में गरिमापूर्ण मृत्यु के अधिकार को भी सम्मिलित किया।
- सर्वोच्च न्यायालय के अनुसार मेडिकल बोर्ड की अनुशंसा पर बीमार व्यक्ति का लाइबम स्पोर्ट इंस्ट्रूमेंट सिस्टम हटाया जा सकता है। इसके लिए परिवार की इजाजत के साथ-साथ विशेषज्ञ चिकित्सक बोर्ड को भी यह सुनिश्चित करना होगा कि व्यक्ति का इलाज और उसका ठीक हो पाना संभव नहीं है। सर्वोच्च न्यायालय ने अपने निर्णय में निष्क्रिय इच्छा मृत्यु की अनुमति प्रदान कर दी।

- गिरफ्तार या बंदी बनाए जाने वाले प्रत्येक व्यक्ति को इसका कारण बताया जाएगा।
- गिरफ्तार व्यक्ति को वकील से परामर्श करने की सुविधा दी जाएगी।

- गिरफ्तार व्यक्ति को 24 घंटे के अंदर निकटतम मजिस्ट्रेट के सम्मुख प्रस्तुत किया जाएगा। ध्यातव्य है कि इसमें 24 घंटे में बंदीगृह से न्यायालय तक ले जाने का समय सम्मिलित नहीं है।

तार्किक प्रतिबंध का सिद्धांत

भारतीय संविधान में मूल अधिकार अनेक प्रतिबंधों के अधीन हैं और सरकार को इन पर प्रतिबंध लगाने का अधिकार है, लेकिन न्यायपालिका द्वारा इन प्रतिबंधों का न्यायिक पुनरावलोकन किया जाता है। प्रतिबंध तार्किक होना चाहिए। तार्किकता का निर्धारण न्यायपालिका दो प्रकार से करती है–

- **तथ्यात्मक (मौलिक):** प्रतिबंध ऐसा नहीं होना चाहिए जो स्वतंत्रता का ही विनाश कर दे। (स्वतंत्रता का संरक्षण एवं दुरुपयोग पर प्रतिबंध)
- **प्रक्रियात्मक:** प्रतिबंध आरोपित करने की प्रक्रिया तार्किक होनी चाहिए और प्रतिबंध लगाने से पूर्व व्यक्तियों या समूहों को अपना पक्ष प्रस्तुत करने का अवसर देना चाहिए।

- परंतु उक्त सुविधाएं शत्रु देश के निवासियों को तथा निवारक निरोध के अंतर्गत गिरफ्तार व्यक्तियों को नहीं प्रदान की जाएगी।

इस प्रकार इन विधियों का उद्देश्य अपराधी को अपराध करने से रोकना है।

अधिनियमों को अधिनियमित किया है:–

1. निवारक निरोध अधिनियम, 1950 (Preventive Detention Act, 1950)
2. आंतरिक सुरक्षा व्यवस्था अधिनियम, 1971 (Maintenance of Internal Security Act, 1971)
3. राष्ट्रीय सुरक्षा अधिनियम, 1980 (National Security Act, 1980)
4. विदेशी मुद्रा संरक्षण तथा तस्करी निवारण अधिनियम, 1974 (COFEPOSA)
5. आतंकवादी और विध्वंसकारी गतिविधियाँ निरोधक कानून: टाडा 1985 (Terrorists and Disruptive Activities Prevention Act, 1985)
6. पोटा, 2002 (Prevention of Terrorism Act, 2002)

निवारक निरोध

संविधान के अनुच्छेद-22 में निवारक निरोध का उल्लेख किया गया है परंतु इस शब्द की स्पष्ट व्याख्या नहीं दी गई है। निवारक निरोध वास्तव में दंडात्मक निरोध (गिरफ्तारी) से भिन्न है। दंडात्मक निरोध में किसी अपराधी को दंड देने के उद्देश्य से गिरफ्तार किया जाता है जबकि निवारक निरोध में किसी व्यक्ति को कोई अपराध करने से रोकने के लिए निरुद्ध किया जाता है। निवारक निरोध शांतिकाल एव आपातकाल दोनों में लागू रहता है। केंद्र सरकार द्वारा इस अनुच्छेद के उपबंधों के आधार पर समय-समय पर अधिनियमों का निर्माण किया गया है। साधारणतया आवश्यक सेवाओं में व्यवधान डालने, राष्ट्रीय सुरक्षा को खतरे में डालने, वैदेशिक संबंधों को प्रभावित करने तथा देश की आर्थिक गतिविधियों को क्षति पहुंचाने की आशंका में किसी व्यक्ति को निवारक निरोध के अंतर्गत गिरफ्तार किया जाता है।

अनुच्छेद–22(4-7) के अंतर्गत निवारक निरोध के अधीन गिरफ्तार व्यक्ति को निम्नलिखित सांविधिक संरक्षण प्राप्त हैं–

(i) गिरफ्तारी का कारण जानने का अधिकार।

(ii) गिरफ्तारी के विरुद्ध अपील का अधिकार।

(iii) सलाहकार बोर्ड द्वारा पुनर्विलोकन का अधिकार।

गिरफ्तार व्यक्ति को गिरफ्तारी के बाद यथाशीघ्र अपनी गिरफ्तारी का आधार जानने का अधिकार संविधान द्वारा दिया गया है। अनुच्छेद 22(5) गिरफ्तारी करने वाले अधिकारी को निर्देश देता है कि वह गिरफ्तार व्यक्ति को यथाशीघ्र उसकी गिरफ्तारी का आधार बताए।

अनुच्छेद-22(5) यह भी उपबंधित करता है कि गिरफ्तार व्यक्ति को इस तथ्य की जानकारी भी दी जानी चाहिए कि वह अपनी गिरफ्तारी के विरुद्ध सलाहकार बोर्ड में अभ्यावेदन प्रस्तुत कर सकता है।

निवारक निरोध कानून के अंतर्गत गिरफ्तार किए गए व्यक्ति को 3 माह से अधिक निरुद्ध नहीं किया जा सकता (44वें संविधान संशोधन द्वारा 2 माह का प्रावधान किया गया था किंतु केंद्र सरकार द्वारा अधिसूचना जारी नहीं किए जाने के कारण यह संशोधन प्रवर्तित नहीं हो सका है, किंतु यदि सरकार द्वारा यह समझा जाता है कि संबंधित व्यक्ति की गिरफ्तारी 3 माह से अधिक अवधि तक जारी रखना आवश्यक है तो इसके लिए सलाहकार बोर्ड की संस्तुति अनिवार्य होगी। संविधान के अनुच्छेद 22(4) के अनुसार उच्च न्यायालय के वर्तमान अथवा भूतपूर्व न्यायाधीश अथवा समकक्ष योग्यता रखने वाले न्यूनतम दो व्यक्तियों को मिलाकर सलाहकार बोर्ड का गठन किया जाएगा तथा इस बोर्ड द्वारा इस आशय की संस्तुति देने के बाद ही गिरफ्तारी की अवधि दो माह से अधिक के लिए बढ़ाई जाएगी।

प्रारंभिक शिक्षा का मूल अधिकार

86वें संविधान संशोधन द्वारा, जो दिसंबर 2002 में हुआ, में प्रारंभिक शिक्षा को मूल अधिकार के रूप में सम्मिलित कर लिया गया है। प्रारंभिक शिक्षा को संविधान के अनुच्छेद-21 में एक नया उप अनुच्छेद-21(4) जोड़कर दिया गया है। इसके अनुसार राज्य 6 वर्ष से 14 वर्ष तक के सभी बच्चों को अनिवार्य एवं नि:शुल्क शिक्षा देने को बाध्य है।

निवारक नजरबंदी कानूनों की आलोचना

- निवारक नजरबंदी के कानून लोकतांत्रिक अधिकारों के विरुद्ध हैं।
- ये कानून अत्यधिक कठोर एवं सख्त हैं। ये मानव अधिकारों के भी विरुद्ध हैं।
- इनके दुरुपयोग की संभावना अधिक होती है।

निवारक नजरबंदी का आधार और अवधि

निवारक नजरबंदी से आशय किसी व्यक्ति को नजरबंद करके संभावित अपराध को रोकना है। केवल संदेह के आधार पर किसी व्यक्ति को हिरासत में लेना अथवा अपराध करने से पहले उसे नजरबंद कर देना निवारक नजरबंदी कहलाता है। निवारक नजरबंदी का आधार निम्नवत् है–

- राष्ट्रीय सुरक्षा के लिए खतरा
- राष्ट्रीय एकता-अखंडता के लिए चुनौती
- सार्वजनिक सेवाओं की आपूर्ति में बाधा

समाज में वैमनस्य पैदा करने की प्रवृत्ति को प्रतिबंधित करने के लिए निवारक नजरबंदी की अवधि निम्नलिखित हो सकती है–

- 3 महीने तक किसी को भी बंदी बनाया जा सकता है।
- 3 महीने से अधिक समय के लिए बंदी बनाने हेतु समिति द्वारा अनुशंसा आवश्यक होगी।
- संसद विधि द्वारा अधिकतम समय सीमा का निर्धारण कर सकती है।

निष्कर्षत: भारतीय संविधान में मूल अधिकारों का व्यापक उल्लेख किया गया है और प्रथम दृष्ट्या ऐसा प्रतीत होता है कि निवारक नजरबंदी जरूरी कानून मूल अधिकारों के विरोधी हैं, परंतु वास्तविक रूप में निवारक नजरबंदी जरूरी कानून एक अनिवार्य बुराई है। अनिवार्य इसलिए कि राष्ट्र की एकता-अखंडता बनाए रखना जरूरी है और बुराई इसलिए कि इससे व्यक्ति के अधिकारों का हनन होता है।

3. शोषण के विरुद्ध अधिकार (अनुच्छेद–23, 24)

शोषण के विरुद्ध अधिकार जीवन के अधिकार का ही विस्तार है। भारतीय संविधान के अनुच्छेद–23 और 24 के अंतर्गत शोषण के विरुद्ध संरक्षण प्रदान किया गया है जो कि निम्नलिखित हैं–

- अनुच्छेद–23 का संबंध मानव के साथ दुर्व्यवहार तथा बलात श्रम के प्रतिरोध से है। जबकि अनुच्छेद-24 का संबंध कारखानों आदि में बच्चों के नियोजन के प्रतिषेध से है।
- अनुच्छेद–23 के अंतर्गत मनुष्य के क्रय-विक्रय को निषिद्ध कर दिया गया है और इस व्यवस्था के उल्लंघन को दंडनीय अपराध घोषित किया गया है।

इस प्रावधान का उद्देश्य व्यभिचार के उद्देश्य से महिलाओं के क्रय-विक्रय पर रोक लगाना है।

- अनुच्छेद–23 (ii) में किसी व्यक्ति द्वारा किसी से जबरदस्ती बिना पगार के अर्थात् बिना मजदूरी दिए कार्य करवाने को दंडनीय अपराध घोषित किया गया है, परंतु इस प्रावधान का अपवाद यह है कि राज्य सार्वजनिक उद्देश्य से अनिवार्य श्रम योजना लागू कर सकता है।
- अनुच्छेद–24 के अंतर्गत 14 वर्ष से कम आयु वाले बच्चों को कारखाने, खान या किसी जोखिम भरे काम पर नहीं नियुक्त किया जा सकता है। इसका उद्देश्य कम आयु के बच्चों के स्वास्थ्य की रक्षा करना है। वस्तुतः बच्चे ही देश के भावी नागरिक तथा कर्णधार हैं।
- इसलिए संविधान के अनुच्छेद–39 द्वारा राज्य पर यह कर्तव्य आरोपित किया गया है कि वह अपने देशवासियों के स्वास्थ्य एवं कार्य क्षमता को सुरक्षित रखे तथा इस बात का ध्यान रखे कि आर्थिक आवश्यकता से मजबूर होकर वे अपनी आयु एवं शारीरिक क्षमता को हानि वाले व्यवसाय को न अपनाएं।

4. धार्मिक स्वतंत्रता का अधिकार

भारतीय संविधान के अंतर्गत **अनुच्छेद–25 से** 28 में धार्मिक स्वतंत्रता संबंधी अधिकारों का समावेश किया गया है। भारत संविधान के अनुसार भारत एक धर्म निरपेक्ष राज्य है। ध्यातव्य है कि **भारतीय संविधान में धर्मनिरपेक्ष शब्द** 42 **वें संविधान संशोधन द्वारा जोड़ा गया।** धर्मनिरपेक्ष राज्य का यह अर्थ नहीं है कि लोगों का धर्म में विश्वास नहीं है बल्कि इसका आशय यह है कि राज्य का अपना कोई सरकारी धर्म नहीं है। भारत में अनेक धर्म के अनुयायी रहते हैं। इसलिए भारतीय संविधान द्वारा प्रत्येक व्यक्ति को धार्मिक स्वतंत्रता प्रदान की गई है। भारतीय संविधान में स्वतंत्रता के संबंध में वर्णित प्रावधान निम्नवत् हैं–

(a) अंतःकरण, धर्मपालन और प्रचार की स्वतंत्रता

- भारतीय संविधान के **अनुच्छेद**–25 के अंतर्गत प्रत्येक व्यक्ति को सार्वजनिक व्यवस्था, सदाचार और स्वास्थ्य के अधीन रहते हुए अंतःकरण की स्वतंत्रता, किसी भी धर्म पालन करने की तथा उसका प्रचार-प्रसार करने की स्वतंत्रता प्राप्त है। सिखों द्वारा कृपाण धारण करना उनकी धार्मिक स्वतंत्रता का अंग माना गया है।
- अनुच्छेद–25 के अनुसार राज्य को धार्मिक आचरण से संबद्ध किसी आर्थिक, वित्तीय, राजनैतिक या अन्य लौकिक क्रिया-कलापों का नियोजन या निर्बंधन करने का अधिकार भी है। सरकार का यह अधिकार भी है कि वह हिंदुओं की धार्मिक संस्थाओं में सुधार हेतु कदम उठा सकती है तथा उन्हें हिंदुओं के सभी वर्गों तथा भागों के लिए खोल सकती है।
- संविधान सभा में राजकुमारी अमृत कौर ने चिंता व्यक्त की थी कि इससे धर्म से जुड़ी कुरीतियों को भी बढ़ावा मिलेगा। उदारवादी सदस्य इससे सहमत थे परंतु वे इसे मूल अधिकार के रूप में नागरिकों को देना चाहते थे। इसलिए इसे एक सापेक्ष अधिकार बनाया गया।
- धार्मिक अधिकार के नाम पर लोक व्यवस्था, सदाचार एवं स्वास्थ्य से खिलवाड़ नहीं किया जा सकता।
- सामाजिक सुधार को धार्मिक आधार पर प्रतिबंधित नहीं किया जा सकता। हिंदू मंदिरों को हिंदू समाज के सभी वर्गों के लिए खोला जाएगा।
- धार्मिक कार्यों से जुड़ी हुई सामाजिक, आर्थिक, राजनीतिक एवं वित्तीय गतिविधियों पर राज्य का नियंत्रण होगा।
- यद्यपि ये अधिकार सार्वजनिक व्यवस्थाओं, नैतिकता, स्वास्थ्य एवं मूल अधिकारों से संबंधित अन्य प्रावधानों के अनुसार हैं जो राज्य को इस बात की अनुमति देते हैं कि–

1. धार्मिक आचरण से संबद्ध किसी आर्थिक, वित्तीय, राजनीतिक या अन्य लौकिक क्रियाकलाप का विनियमन या निर्बंधन करे।
2. सामाजिक कल्याण और सुधार के लिए या सार्वजनिक प्रकार की हिंदुओं की धार्मिक संस्थाओं को हिंदुओं के सभी वर्गों और अनुभागों के लिए खोलना।

- अनुच्छेद 25 में दो व्याख्याएं भी की गई हैं- पहला, कृपाण धारण करना और साथ लेकर चलना, सिक्ख धर्म के मानने का अंग समझा जाएगा और दूसरा इस संदर्भ में हिंदुओं में सिक्ख, जैन और बौद्ध सम्मिलित हैं।

स्टेनस्लॉस वाद, 1977

- प्रो. रेव स्टेनस्लॉस ने उच्चतम न्यायालय में मध्य प्रदेश एवं ओडिशा (उड़ीसा) राज्यों के इस कानून को चुनौती दी। इन्होंने कहा कि मध्य प्रदेश और ओडिशा (उड़ीसा) के ये कानून गैर-संवैधानिक हैं। इसमें धर्म के प्रचार के अधिकार में धर्म परिवर्तन का अधिकार भी सम्मिलित है। उच्चतम न्यायालय ने स्टेनस्लॉस के तर्क को अस्वीकार कर दिया और मध्य प्रदेश व ओडिशा (उड़ीसा) सरकार की विधियों को संवैधानिक करार दिया। न्यायालय ने कहा कि प्रचार के अधिकार में धर्म परिवर्तन का अधिकार सम्मिलित नहीं है।
- उच्चतम न्यायालय ने कहा कि धर्म का अधिकार लोक व्यवस्था के अधीन है। यदि सभी समुदाय धर्म परिवर्तन का प्रयास करेंगे तो लोक व्यवस्था के लिए चुनौती उत्पन्न होगी।
- संपूर्ण भारत में धर्म परिवर्तन से जुड़ी विधियां नहीं हैं बल्कि मात्र कुछ राज्यों में हैं।

- **धर्म परिवर्तनः** संविधान में न तो धर्मपरिवर्तन का उल्लेख है और न ही इस पर किसी प्रकार के प्रतिबंध का उल्लेख है लेकिन प्रावधानों से ऐसा प्रतीत होता है कि अंतःकरण की स्वतंत्रता से कोई व्यक्ति अपने धर्म का परिवर्तन भी कर सकता है।
- 1970 के दशक में ओडिशा (उड़ीसा), मध्य प्रदेश में सामूहिक रूप से धर्म परिवर्तन हो रहा था। इसलिए यहां ईसाई मिशनरी और हिंदू संगठनों के मध्य संघर्ष उत्पन्न हुआ।
- धर्म परिवर्तन को रोकने के लिए ओडिशा (उड़ीसा) एवं मध्य प्रदेश सरकार द्वारा एक विधेयक लाया गया। इसमें कहा गया कि धर्म परिवर्तन को तीन आधारों पर दंडनीय अपराध माना जाएगा–

1. बल 2. कपट 3. लोभ।

(b) धार्मिक मामलों के प्रबंध की स्वतंत्रता

- **अनुच्छेद**–26 के अंतर्गत प्रत्येक धर्म के अनुयायियों को धार्मिक मामलों का प्रबंध करने, धर्म के निमित्त दान प्राप्त करने तथा धार्मिक संपत्ति के प्रबंध का अधिकार प्रदान किया गया है।
- इस अनुच्छेद के अनुसार प्रत्येक संप्रदाय के लोगों को धार्मिक तथा परोपकार संबंधी प्रयोजनार्थ संस्थाओं की स्थापना तथा उनकी देखभाल करने का अधिकार दिया गया है।
- उक्त अधिकार केवल उन्हीं धार्मिक संस्थाओं तक सीमित है जिनकी स्थापना धार्मिक संप्रदाय के लोगों ने की है, परंतु जिन संस्थाओं की स्थापना संसद द्वारा पारित विधि के आधार पर की गई है, वे इस क्षेत्राधिकार से बाहर हैं। यथा–अजीज बाशा बनाम भारत संघ मामले में सर्वोच्च न्यायालय ने निर्णय दिया है कि अलीगढ़ मुस्लिम विश्वविद्यालय की स्थापना संसद द्वारा पारित विधि के आधार पर की गई है। इसलिए वह अल्पसंख्यकों द्वारा स्थापित संस्था नहीं है।

(c) धर्म विशेष की अभिवृद्धि के लिए कर देने की स्वतंत्रता

अनुच्छेद–27 में यह प्रावधानित है कि किसी धर्म विशेष के प्रचार-प्रसार के लिए राज्य द्वारा नागरिकों को चंदा देने के लिए बाध्य नहीं किया जा सकता है। अनुच्छेद–27 ऐसा कर देने के बारे में स्वतंत्रता देता है जो किसी विशेष धर्म के

विकास के लिए व्यय किया जाता है, परंतु यदि किसी धार्मिक संप्रदाय के लिए राज्य कोई सेवा करता है तो इस प्रकार से की गई सेवा के लिए राज्य शुल्क ले सकता है। ध्यातव्य है कि शुल्क और कर में अंतर है। शुल्क सरकार सेवा करने के लिए लेती है, परंतु कर सरकार बिना किसी सेवा के लेती है। यथा आयकर।

(d) शैक्षणिक संस्थाओं में धार्मिक शिक्षा प्राप्त करने की स्वतंत्रता

अनुच्छेद–28 में प्रावधानित किया गया है कि राजकीय निधि से संचालित किसी भी शैक्षणिक संस्था में किसी धर्म विशेष की शिक्षा नहीं दी जाएगी और न किसी को धार्मिक शिक्षा ग्रहण करने के लिए बाध्य किया जा सकता है। परंतु यह प्रावधान ऐसी संस्थाओं पर लागू नहीं होता है जिनका प्रशासन तो राज्य के हाथों में है, परंतु उनकी स्थापना किसी ट्रस्ट द्वारा की गई है जिनके अनुसार उस संस्था में धार्मिक शिक्षा देना अनिवार्य है।

अनुच्छेद (31) संपत्ति का अधिकार (निरसित)

अनुच्छेद-39(b)(c) में यह उल्लेख है कि, राज्य ऐसी नीतियों का निर्माण करेगा, जिससे संपत्ति का केंद्रीकरण कुछ हाथों में न हो और सभी को आय के अवसर और प्रस्थिति की समानता प्राप्त हो। इसलिए संपत्ति का सीमांकन आवश्यक था और सरकार के सार्वजनिक कार्यक्रमों के लिए जमींदारी उन्मूलन आवश्यक था। संपत्ति के अधिकार को निम्नलिखित संविधान संशोधनों द्वारा सीमित किया गया है–

- **पहला संविधान संशोधन:** अनुच्छेद 31(A) और 31(B) जोड़ा गया। अनुच्छेद-31(A) के तहत 5 प्रकार की संपत्तियों को संपत्ति के अधिकार से बाहर कर दिया गया। अनुच्छेद-31(A) के तहत 9वीं अनुसूची का निर्माण किया गया और भूमि सुधार के सभी कार्यक्रमों को 9वीं अनुसूची में शामिल कर दिया गया।
- 9वीं अनुसूची में शामिल विषयों को न्यायिक पुनरावलोकन से बाहर रखा गया। इस प्रकार 31वें संविधान संशोधन द्वारा संपत्ति के अधिकार को सीमित कर दिया गया।
- **बेला बनर्जी वाद:** उनकी कंपनी का सरकार ने विलय किया पर उचित मुआवजा नहीं दिया। इस पर बेला बनर्जी के न्यायालय में अपील करने पर सरकार ने पुन: कदम उठाया।
- 25वें संविधान संशोधन 1971 के द्वारा मुआवजा शब्दों को अनुच्छेद-31 से हटा दिया गया।
- निदेशक तत्व के अनुच्छेद-39(b)(c) को लागू करने के लिए मूल अधिकारों अनुच्छेद-14, 19, 13 का उल्लंघन किया जा सकता है। इसके माध्यम से नीति निदेशक तत्वों को मूल अधिकारों पर प्राथमिकता दी गई।
- 26वें संविधान संशोधन द्वारा प्रिवीपर्स को हटा दिया गया।
- **44वाँ संविधान संशोधन 1978:** जनता पार्टी सरकार द्वारा संपत्ति के अधिकार को मौलिक अधिकारों की सूची से हटा दिया गया।

5. सांस्कृतिक एवं शिक्षा संबंधी अधिकार

भारतीय संविधान के **अनुच्छेद–29 एवं** 30 में नागरिकों विशेषकर अल्पसंख्यकों के संस्कृति और शिक्षा संबंधी अधिकारों को प्रावधानित किया गया है। अल्पसंख्यक शब्द संविधान में परिभाषित नहीं है यद्यपि अनुच्छेद-30 के आधार पर संविधान में दो प्रकार के अल्पसंख्यकों का वर्णन किया गया है; जैसे-भाषाई एवं धार्मिक अल्पसंख्यक। सांस्कृतिक एवं शिक्षा संबंधी अधिकारों की विशेषता निम्नवत् है–

(i) अल्पसंख्यक वर्गों को अपनी भाषा, लिपि और संस्कृति सुरक्षित रखने का अधिकार

- **अनुच्छेद**–29 में वर्णित प्रावधानों के अनुसार प्रत्येक नागरिक को अपनी भाषा, लिपि और संस्कृति को सुरक्षित रखने का अधिकार प्राप्त है। इसके अतिरिक्त राजकीय सहायता से पूर्णतया या आंशिक रूप से संचालित शैक्षणिक संस्थाओं में प्रवेश को भाषा, धर्म, जाति, वंश, लिंग आदि के आधार पर कोई भेदभाव नहीं किया जाएगा।
- यह अधिकार असीमित है और इस अधिकार पर अन्य अधिकारों की तरह संविधान द्वारा कोई बंधन नहीं लगाया गया है। यही कारण है कि चुनावों के समय मतदाताओं को अपील करना वैध है कि उन प्रत्याशियों को ही मत दें जो उनकी विशेष भाषा, लिपि तथा संस्कृति को बनाए रखने के पक्ष में हों।

(ii) अल्पसंख्यकों को शिक्षण संस्थाओं की स्थापना एवं उनके संचालन का अधिकार

- **अनुच्छेद**–30 में यह प्रावधानित किया गया है कि धर्म या भाषा पर आधारित सभी अल्पसंख्यक वर्गों को अपनी रुचि की शिक्षण संस्थाएं स्थापित करने तथा उनके प्रशासन का अधिकार होगा। इसके साथ-साथ यह भी प्रावधानित किया गया है कि शैक्षणिक संस्थाओं को अनुदान में राज्य इस आधार पर कोई विभेद नहीं करेगा जो धर्म या भाषा पर आधारित अल्पसंख्यक वर्ग के अधीन है।
- **अनुच्छेद**–30 में धर्म तथा भाषा पर आधारित अल्पसंख्यक वर्ग शब्द का प्रयोग विशेष रूप में किया गया है। यहां अल्पसंख्यता प्रांत की जनसंख्या के अनुपात को ध्यान में रखते हुए निश्चित की जाती है। यथा मुसलमान और सिख पूरे देश में अल्पसंख्यक हैं परंतु मुसलमान जम्मू एवं कश्मीर में तथा सिख पंजाब में बहुसंख्यक हैं। इसी प्रकार भाषा के आधार पर अल्पसंख्यक तथा बहुसंख्यक वर्गों का निर्णय राज्यों की जनसंख्या के अनुपात के आधार पर ही किया जाता है। उदाहरणार्थ भाषा की दृष्टि से तमिल भाषी लोग जो उत्तर प्रदेश में रहते हैं, वे अल्पसंख्यक हैं।
- यद्यपि धार्मिक तथा भाषा पर आधारित अल्पसंख्यक वर्गों को अपनी शिक्षा संस्थाएं स्थापित करने तथा उनका प्रबंध करने का अधिकार है परंतु जिन शिक्षण संस्थाओं की स्थापना संसद द्वारा पारित विधि के अंतर्गत की गई है वे अल्पसंख्यक वर्ग की शिक्षण संस्थाएं नहीं हैं। यथा अलीगढ़ मुस्लिम विश्वविद्यालय अल्पसंख्यक वर्ग वर्गों द्वारा संचालित शिक्षण संस्थाओं में शिक्षा माध्यम तथा विद्यार्थियों के प्रवेश संबंधी निर्णय उनके द्वारा स्वयं लिए जाए।

6. संवैधानिक उपचारों का अधिकार (अनुच्छेद–32)

भारतीय संविधान में मौलिक अधिकारों के उल्लेख के साथ-साथ उनको व्यवहार में लागू करने के लिए भी प्रावधान किया गया है। इसी उद्देश्य से संविधान सभा में अनुच्छेद–32 के महत्व पर प्रकाश डालते हुए डॉ. भीमराव अंबेडकर ने कहा था कि ''यदि कोई मुझसे पूछता है कि संविधान का वह कौन-सा अनुच्छेद है जिसके बिना संविधान शून्यप्राय हो जाएगा तो अनुच्छेद–32 को छोड़कर मैं किसी और अनुच्छेद की ओर संकेत भी नहीं कर सकता हूँ। अनुच्छेद–32 तो संविधान का हृदय और आत्मा है।''

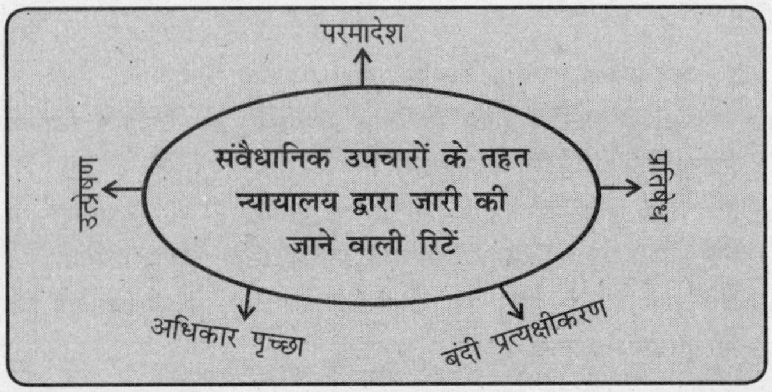

संविधान के अनुच्छेद 32 एवं अनुच्छेद–226 भारतीय न्यायपालिका को मौलिक अधिकारों के अभिरक्षक के रूप में स्थापित करते हैं। अनुच्छेद-32 जहाँ सर्वोच्च

न्यायालय को प्रलेख जारी करने का अधिकार देता है, वहीं अनुच्छेद-226 राज्यों के उच्च न्यायालयों को भी प्रलेख जारी करने का अधिकार देता है। कोई भी नागरिक मौलिक अधिकारों का उल्लंघन होने पर या होने की आशंका पर न्यायपालिका की शरण ले सकता है। इसी प्रकार यदि संसद अथवा राज्य विधान मंडल किसी ऐसी विधि का निर्माण करता है जिससे मौलिक अधिकारों का अतिक्रमण होता है तो उस विधि को न्यायपालिका असंवैधानिक करार दे सकती है।

संविधान के अनुच्छेद-32 में यह प्रावधानित किया गया है कि यदि नागरिकों के मौलिक अधिकारों का किसी अन्य व्यक्ति, संस्था या सरकार द्वारा उल्लंघन होता है तो वे सर्वोच्च न्यायालय की शरण में जा सकते हैं। अनुच्छेद-226 के अंतर्गत इस प्रकार की स्थिति में नागरिकों को अपने मामले को उच्च न्यायालय में ले जाने की अनुमति है। सर्वोच्च और उच्च न्यायालय द्वारा नागरिकों के मौलिक अधिकारों की रक्षा के लिए निम्नलिखित पाँच प्रकार के प्रलेख जारी किए जा सकते हैं–

(i) बंदी प्रत्यक्षीकरण (Habeas Corpus)

- Habeas Corpus लैटिन शब्द है जिसका आशय निरुद्ध व्यक्ति को न्यायालय में प्रस्तुत करना है। बंदी प्रत्यक्षीकरण प्रलेख उस समय जारी किया जाता है जब कोई व्यक्ति या उसके परिजन या वकील यह प्रार्थना करता है कि व्यक्ति को अवैध रूप से गिरफ्तार किया गया है।
- बंदी प्रत्यक्षीकरण के माध्यम से न्यायालय निरुद्ध व्यक्ति को न्यायालय में प्रस्तुत करने का आदेश देता है तथा उसकी गिरफ्तारी के कारणों की जांच करता है। यदि गिरफ्तारी का कोई समुचित कारण नहीं पाया जाता है तो निरुद्ध व्यक्ति को न्यायालय द्वारा मुक्त करने का आदेश दिया जाता है।
- बंदी प्रत्यक्षीकरण के जारी करने का उद्देश्य विधिक औचित्य के बिना निरुद्ध किए गए व्यक्ति को समुचित उपचार प्रदान करना है। न्यायालय में निरुद्ध व्यक्ति की ओर से कोई अन्य व्यक्ति भी आवेदन कर सकता है।

(ii) परमादेश (Mandamus)

- परमादेश उस समय जारी किया जाता है जब कोई पदाधिकारी अपने सार्वजनिक कर्तव्य का निर्वाह नहीं करता है। इसमें सरकार और निगम दोनों ही के अधिकारी सम्मिलित होते हैं।
- परमादेश के माध्यम से न्यायालय द्वारा विधिक या लोक कर्तव्य या किसी सांविधिक कर्तव्य को करने का आदेश दिया जाता है।
- परमादेश प्रलेख के लिए यह आवश्यक है कि संबंधित कृत्य प्राधिकारी के विधिक अधिकार में हो। विवेकीय मामलों में तथा निजी संस्थाओं के विरुद्ध यह प्रलेख नहीं जारी किया जा सकता है। इसी प्रकार यह प्रलेख संविदात्मक कर्तव्यों के पालन के लिए भी नहीं जारी किया जा सकता है।

(iii) प्रतिषेध (Prohibition)

- प्रतिषेध वास्तव में उच्चतम न्यायालय या उच्च न्यायालयों द्वारा अपने अधीनस्थ न्यायिक अथवा अर्द्ध-न्यायिक अधिकारियों को अपनी अधिकारिता से परे कार्य करने से रोकने के लिए जारी किया जाता है।
- प्रतिषेध पूरी तरह से न्यायिक प्रलेख है। इस प्रलेख का मुख्य उद्देश्य न्यायिक त्रुटियों को रोकना है। परमादेश न्यायिक तथा अन्यायिक अधिकारियों के विरुद्ध जारी किया जाता है जबकि प्रतिषेध केवल न्यायिक अधिकारियों के विरुद्ध जारी किया जाता है।

(iv) उत्प्रेषण (Certiorari)

- उत्प्रेषण भी एक न्यायिक प्रलेख है। उत्प्रेषण सर्वोच्च तथा उच्च न्यायालय द्वारा न्यायिक तथा अर्द्ध-न्यायिक अधिकारियों के विरुद्ध जारी किया जाता है।
- इसके माध्यम से उच्च न्यायालयों या सर्वोच्च न्यायालय द्वारा किसी विवाद को निम्न न्यायालय से उच्च न्यायालय में भेजने के लिए आज्ञापत्र जारी किया जाता है जिससे वह अपनी शक्ति से अधिक अधिकारों का उपयोग न कर सके या अपनी शक्ति का दुरुपयोग करते हुए न्याय के प्राकृतिक सिद्धातों को भंग न करे। इस आज्ञापत्र के आधार पर उच्च न्यायालय निम्न न्यायाधीशों से किन्हीं विवादों के संबंध में सूचना भी प्राप्त कर सकता है।

(v) अधिकार पृच्छा (Quo Warranto)

- अधिकार पृच्छा प्रलेख के माध्यम से न्यायालय किसी सार्वजनिक पद पर आसीन व्यक्ति से पद संबंधी प्राधिकार के बारे में प्रश्न कर सकता है। इस प्रलेख के लिए कोई भी व्यक्ति न्यायालय में आवेदन कर सकता है, परंतु विवादित पद सार्वजनिक पद हो तथा उस पद पर आसीन व्यक्ति को विधिक रूप से पद धारण करने का कोई अधिकार नहीं होना चाहिए।

उत्प्रेषण तथा प्रतिषेध में अंतर

प्रतिषेध तथा उत्प्रेषण में मुख्य अंतर यह है कि प्रतिषेध न्यायिक त्रुटियों को रोकने के लिए जारी किया जाता है जबकि उत्प्रेषण त्रुटिपूर्ण आदेश को निरस्त करने के लिए जारी किया जाता है। प्रतिषेध का उद्देश्य किसी न्यायालय को त्रुटिपूर्ण कार्य से रोकना है जबकि उत्प्रेषण का उद्देश्य त्रुटिपूर्ण कार्यवाही को निरस्त करके अनुतोष प्रदान करना है।

अनुच्छेद-33 एवं 34

- अनुच्छेद-33 द्वारा सैन्यबलों एवं अर्द्ध सैनिक बलों में कार्यरत लोगों के लिए मूल अधिकारों को प्रतिबंधित किया जा सकता है।
- अनुच्छेद-33 के अंतर्गत मूल अधिकारों को प्रतिबंधित करने के लिए संसद के द्वारा विधि का निर्माण किया जाएगा, विधानसभा द्वारा नहीं।
- अनुच्छेद-34 यदि किसी क्षेत्र में सैन्य अधिनियम लागू हो तो उस क्षेत्र के लिए मूल अधिकारों को स्थगित किया जा सकता है। उदाहरण AFSPA- Armed Forces Special Power Act, 1958

प्रलेख : तथ्यात्मक सारणी

प्रलेख	प्रकार	आवेदन कौन कर सकता है	जिसके विरुद्ध जारी किया जाता है	जारी किए जाने की स्थिति
बंदी प्रत्यक्षीकरण	सामान्य	पीड़ित व्यक्ति की ओर से कोई भी	निरुद्ध करने वाली राज्य सहित कोई भी एजेंसी	व्यक्ति को निरुद्ध किए जाने के बाद
परमादेश	सामान्य	पीड़ित व्यक्ति	लोक अधिकारी, सरकारी निगम, न्यायिक अधिकारी	संबंधित कृत्य लोक अधिकारी का विधिक कर्तव्य होना चाहिए
प्रतिषेध	न्यायिक	पीड़ित व्यक्ति	अधीनस्थ न्यायालय, अर्द्ध-न्यायिक अधिकारी	न्यायिक त्रुटि होने के पूर्व
उत्प्रेषण	न्यायिक	पीड़ित व्यक्ति	अधीनस्थ न्यायालय, अर्द्ध-न्यायिक अधिकारी	न्यायिक त्रुटि होने के पश्चात्
अधिकार पृच्छा	सामान्य	कोई भी व्यक्ति	लोक अधिकारी	लोक अधिकारी को विधिक रूप से पद धारण का अधिकार नहीं होना चाहिए।

- इस कानून के तहत सैन्य बलों को विशेष अधिकार मिल जाते हैं। लोगों की तलाशी, आवागमन पर रोक लगाना आदि।
- मानवाधिकार कार्यकर्ता इसका प्रबल विरोध कर रहे हैं।
- ऐसे कानूनों का प्रयोग आपवादिक रूप में होना चाहिए और यह सुनिश्चित किया जाना चाहिए कि मानवाधिकारों का हनन शून्य हो।

सेना के सदस्यों के अधिकारों पर निर्बंधन लगाने की संसद की शक्ति

- संविधान के अनुच्छेद-33 को संविधान के भाग-3 का अपवाद माना जाता है। अनुच्छेद-33 संसद के विधि द्वारा सेना के सदस्यों के अधिकारों को एक निश्चित सीमा तक निर्बाधित करने का अधिकार देता है। ऐसा सेना में अनुशासन एवं उनकी कार्यक्षमता को बनाए रखने के लिए किया गया है।
- इस प्रकार अनुच्छेद–33, अनुच्छेद–13(2) के प्रभाव के बाहर है जो मौलिक अधिकारों को न्यून करने अथवा उसका अपहरण करने से राज्य को रोकता है।
- 50वें संविधान संशोधन 1984 के माध्यम से अनुच्छेद–33 में संशोधन करके समस्त बलों के सदस्यों, लोक व्यवस्था के कार्य में लगे सदस्यों, इंटेलिजेंस से जुड़े व्यक्तियों तथा दूरसंचार से जुड़े सदस्यों को भी इस अनुच्छेद के अंतर्गत लाया गया है।

मार्शल लॉ (सेना विधि) लागू की स्थिति

अनुच्छेद–34 संसद को विधि द्वारा मान्य बनाने की शक्ति प्रदान करता है। परंतु शर्त यह है कि ऐसा कार्य व्यवस्था बनाए रखने अथवा व्यवस्था के पुनर्निर्माण हेतु किया गया हो तथा संबंधित क्षेत्र में सैन्य विधि प्रवृत्त हो। संसद क्षतिपूर्ति अधिनियम का निर्माण कर सैन्य विधि के अधीन किए गए कार्यों, दंडादेशों, जब्ती इत्यादि की कार्यवाही को विधि मान्य कर सकती है।

भारत में सूचना का अधिकार

अनुच्छेद 19 (1) में वाक् एवं अभिव्यक्ति की स्वतंत्रता में सूचना का अधिकार भी शामिल है। सर्वोच्च न्यायालय ने अनेक न्यायिक निर्णयों में सूचना के अधिकार को अनुच्छेद 19 (1) (क) को अंतर्विष्ट माना है।

सूचना के वैधानिक अधिकार के लिए भारत में 90 के दशक में गैर–सरकारी स्तर पर जनांदोलन का संचालन किया गया। ब्रिटिश शासनकाल से चले आ रहे **ऑफिशियल सीक्रेट्स ऐक्ट** के तहत सरकारी कामकाज में गोपनीयता का विरोध करते हुए सरकारी कामकाज में पारदर्शिता, जवाबदेहिता एवं उत्तरदायित्व के लिए सूचना के अधिकार की मांग की गई। **राजस्थान में सामाजिक कार्यकर्ता अरुणा रॉय के नेतृत्व में मजदूर किसान शक्ति संगठन, दिल्ली में परिवर्तन संस्था, महाराष्ट्र में सामाजिक कार्यकर्ता अन्ना हजारे, टिहरी गढ़वाल में चेतना आंदोलन आदि अनेक संगठनों, पत्रकारों, जागरूक नागरिकों द्वारा राष्ट्रीय स्तर पर सूचना के अधिकार के लिए निरंतर मांग की गई।**

विभिन्न जागरूक संगठनों ने 'सूचना के अधिकार के लिए राष्ट्रीय अभियान' नामक संगठन भी गठित किया। राष्ट्रीय स्तर पर सूचना के अधिकार हेतु एक कारगर कानून की आवश्यकता 24 मई, 1997 को मुख्यमंत्रियों के सम्मेलन में अनुभूत की गई थी। केंद्र सरकार द्वारा एच. डी. शौरी के नेतृत्व में सूचना के अधिकार और सरकार में खुलापन तथा पारदर्शिता लाने के लिए गठित कार्यदल द्वारा प्रस्तुत मसौदे के आधार पर सूचना स्वतंत्रता विधेयक बना। राष्ट्रीय जनतांत्रिक गठबंधन सरकार के समय दिसंबर 2003 में संसद द्वारा सूचना स्वतंत्रता अधिनियम 2002 पारित किया गया किंतु यह अधिसूचित नहीं हो सका। दिसंबर 2004 में संयुक्त प्रगतिशील गठबंधन सरकार द्वारा सूचना का अधिकार विधेयक 2004 प्रस्तुत किया गया है जो वर्ष 2005 में संसद से पारित हुआ और सूचना अधिकार अधिनियम-2005 के नाम से जाना गया। इसके प्रमुख बिंदु निम्नवत् हैं–

- सूचना के अधिकार को अनुच्छेद 19(1) (क) में वाक् एवं अभिव्यक्ति की स्वतंत्रता में सूचना का अधिकार भी शामिल है। सर्वोच्च न्यायालय ने अनेक न्यायिक निर्णयों में सूचना के अधिकार को अनुच्छेद 19(1) (क) को अंतर्विष्ट माना है।
- इसमें विशेष परिस्थितियों में सूचना का खुलासा नहीं करने की छूट भी दी गई हैं। इस कानून के दायरे में केंद्र सरकार एवं राज्य सरकारों के अलावा पंचायती राज संस्थाएं, स्थानीय निकाय और प्रत्यक्ष एवं अप्रत्यक्ष रूप से सरकार से अनुदान प्राप्त करने वाले गैर-सरकारी संगठनों को भी शामिल किया गया है।
- किसी व्यक्ति को इस कानून के तहत लिखित रूप में या इलेक्ट्रॉनिक माध्यम से केंद्रीय जन सूचना अधिकारी अथवा राज्य जन सूचना अधिकारी के यहां आवेदन पत्र के साथ अपेक्षित सूचना के लिए निर्धारित शुल्क (10 रुपए) भी जमा करना होगा।
- सूचना अधिकार आवेदन मिलने के 30 दिन के अंदर सूचना उपलब्ध कराएगा अथवा धारा 8 व 9 में प्रदत्त किसी भी एक कारण के आधार पर आवेदन को अस्वीकार करेगा।
- यदि सूचना किसी व्यक्ति के जीवन से संबंधित होगी तो जन सूचना अधिकारी को इस संबंध में आवेदन मिलने पर 48 घंटे के भीतर अपेक्षित जानकारी देनी होगी।

प्रेस की स्वतंत्रता

न्यायिक निर्णयों द्वारा प्रतिपादित किया गया है कि अनुच्छेद 19(1) के अधीन प्रत्याभूत वाक् एवं अभिव्यक्ति की स्वतंत्रता के अंतर्गत प्रेस की स्वतंत्रता शामिल है, जिसके अंतर्गत तीन तत्व शामिल किए जाते हैं–(i) सूचना के सभी स्रोतों तक पहुंचने की स्वतंत्रता (ii) सूचना को प्रकाशित करने की स्वतंत्रता तथा (iii) प्रकाशित सामग्री के प्रसार, विक्रय तथा प्रचार की स्वतंत्रता। न्यायिक निर्णयों द्वारा प्रेस की स्वतंत्रता के अंतर्गत निम्न को शामिल किया गया है–

(i) परिचालन की स्वतंत्रता (ii) संपादकीय कर्मचारियों की नियुक्ति की स्वतंत्रता (iii) बिना सेंसर या निर्बंधन के लिखने तथा प्रकाशित करने की स्वतंत्रता (iv) सूचनाओं तथा समाचारों को जानने का अधिकार, लेकिन विज्ञापन तथा सिनेमा को प्रेस की स्वतंत्रता के अंतर्गत नहीं माना जाता।

अनुच्छेद-35A

भारतीय संविधान का अनुच्छेद -35A अपने जन्म से ही विवादास्पद रहा है। यद्यपि अब यह इतिहास का विषय बन गया है। 1950 में जम्मू-कश्मीर के प्रधानमंत्री शेख अबदुल्ला (उस समय जम्मू-कश्मीर के मुख्यमंत्री को प्रधानमंत्री कहा जाता था) और भारतीय प्रधानमंत्री जवाहरलाल नेहरू के मध्य एक समझौता हुआ जिसे दिल्ली समझौता कहा गया। इस समझौते में यह प्रावधान किया गया था कि जम्मू-कश्मीर के संदर्भ में नागरिकता राज्य सूची का विषय होगी। इस प्रावधान को मूर्त रूप देने और संवैधानिक दर्जे के लिये 1954 में राष्ट्रपति के आदेश से भारतीय संविधान में अनुच्छेद-35A जोड़ा गया। ध्यातव्य है कि राष्ट्रपति द्वारा यह आदेश अनुच्छेद-370(1) (क) के अंतर्गत जारी किया गया था। अनुच्छेद-370 राष्ट्रपति को यह अधिकार देता था कि वह जम्मू-कश्मीर के राज्य विषयों के लाभ के लिये संविधान में संशोधन कर सकते थे तथा नये उपबंध जोड़ सकते थे।

राष्ट्रपति के आदेश से 1954 में भारतीय संविधान में अनुच्छेद-35A जोड़ा गया था जिसमें निहित प्रमुख प्रावधान निम्नवत हैं–

(1) अनुच्छेद-35A में निहित प्रावधानों के अनुसार जम्मू-कश्मीर विधान सभा को यह अधिकार प्राप्त था कि वह राज्य की स्थायी नागरिकता को परिभाषित करे।

(2) अनुच्छेद-35A में जम्मू-कश्मीर विधान सभा को राज्य के नागरिक को परिभाषित करने, सार्वजनिक क्षेत्र की नौकरियों के संदर्भ में, राज्य में सम्पत्ति के अधिग्रहण, छात्रवृत्ति तथा अन्य सहायता प्रदान करने के संदर्भ में विशेष अधिकार उपलब्ध कराने का अधिकार था।

(3) अनुच्छेद-35A में कहा गया था कि कोई भी अधिनियम या किसी अन्य कानून का उल्लंघन करने के कारण विधायिका के निर्णय को चुनौती नहीं दी जा सकती थी।

अनुच्छेद-35A के कारण भारत का कोई भी नागरिक जम्मू-कश्मीर में न तो सम्पत्ति खरीद सकता था और न ही वहां का स्थायी नागरिक बन सकता था।

अनुच्छेद-34A के अनुसार जम्मू-कश्मीर की कोई भी महिला जम्मू-कश्मीर से बाहर शादी की है तो उसके बच्चे जम्मू-कश्मीर के स्थायी निवासी नहीं बन सकते थे और उस महिला के अधिकार जम्मू-कश्मीर में समाप्त हो जाते थे।

इन सबको देखते हुए समय-समय पर अनुच्छेद-35A को लेकर विवाद उत्पन्न होते रहे। यहीं नहीं अनुच्छेद-35A की समीक्षा के लिये सर्वोच्च न्यायालय में विशेष याचिका भी दाखिल की गयी थी जो अभी भी लंबित है परंतु अगस्त 2019 में राष्ट्रपति द्वारा एक आदेश जारी करके अनुच्छेद-35A, अनुच्छेद-370 तथा जम्मू-कश्मीर को विशेष राज्य का दर्जा समाप्त कर दिया गया। इसके बाद संसद ने भी एक विधेयक पारित करके उक्त अनुच्छेदों को न केवल समाप्त किया बल्कि जम्मू-कश्मीर को दो केंद्र शासित प्रदेशों-लद्दाख और जम्मू-कश्मीर में विभाजित कर दिया। इसी के साथ 1954 से चला आ रहा विवाद समाप्त हो गया।

मौलिक अधिकारों का महत्व

भारतीय संविधान द्वारा प्रदत्त मौलिक अधिकार केवल कागजी प्रतिज्ञाएं मात्र नहीं हैं बल्कि ये पूर्ण सांविधिक अधिकार हैं और संविधान ने न्यायालयों को अधिकार प्रदान कर रखा है कि वे इस बात को सुनिश्चित करें कि नागरिकों के मौलिक अधिकारों का अतिक्रमण या हनन न हो पाए। संविधान के अनुच्छेद-32 के अंतर्गत नागरिक अपने अधिकारों की रक्षा के लिए सर्वोच्च न्यायालय की शरण ले सकते हैं। संविधान द्वारा मौलिक अधिकारों की रक्षा के लिए जिस प्रकार की निदानात्मक व्यवस्था की गई है वह पर्याप्त, प्रभावशाली और महत्वपूर्ण है। भारतीय संविधान में प्रावधानित मौलिक अधिकारों के महत्व को निम्नलिखित रूप से व्यक्त किया जा सकता है–

- मौलिक अधिकार व्यक्ति के आत्म-विकास के लिए आवश्यक परिस्थितियों का सृजन करते हैं।

सूचना का अधिकार अधिनियम, 2005: एक नजर में

धारा	उपबंध	विषय-वस्तु
3.	सूचना का अधिकार	सभी नागरिकों को ऐसा अधिकार प्राप्त होगा।
5.	जन सूचना अधिकारी	केंद्रीय जन सूचना अधिकारियों या राज्य जन सूचना अधिकारियों आदि के पदनाम।
6.	सूचना प्राप्ति हेतु अनुरोध	शुल्क के साथ लिखित अनुरोध या इलेक्ट्रॉनिक विधि से अनुरोध।
7.	अनुरोध का निपटारा	सामान्य मामलों में अनुरोध की तिथि से 30 दिनों के भीतर, परंतु यदि सूचना किसी व्यक्ति के जीवन या स्वतंत्रता को प्रभावित करती है तो इसे 48 घंटे के भीतर प्राप्त किया जा सकता है।
8.	सूचना जो उपलब्ध नहीं कराई जा सकती	भारत की संप्रभुता, सुरक्षा, राज्य के सामरिक, वैज्ञानिक और आर्थिक हित को प्रभावित करने वाली सूचना-निषिद्ध सूचना, गुप्त सूचना-प्राप्त नहीं की जा सकती।
9.	अस्वीकृति का आधार	उस स्थिति में सूचना प्रदान नहीं की जाएगी यदि इससे किसी व्यक्ति के कॉपीराइट का उल्लंघन होता है।
11.	तीसरे पक्ष के लिए सूचना	तीसरे पक्ष के अनुरोध पर विचार किया जाएगा।
12.	केंद्रीय और राज्य	केंद्र और राज्य सरकारों को शक्तियां प्रदान की गईं।
13.	सूचना आयोग का गठन	सूचना के अधिकार का क्रियान्वयन तथा संरक्षण।
19.	अपील	निर्णय के लिए विनिर्दिष्ट समय के समाप्त होने के पश्चात 30 दिनों के भीतर अथवा निर्णय की तारीख से 30 दिनों के भीतर, वरिष्ठ सूचना अधिकारी के समक्ष अपील की जा सकती है।
20.	जुर्माना	केंद्रीय सूचना आयोग या राज्य सूचना आयोग जैसा भी मामला हो, में आवेदन प्राप्त किए जाने या सूचना प्रस्तुत किए जाने तक अधिकतम 25,000/- रुपए की सीमा के अध्याधीन 250/- रुपए प्रतिदिन सेवा नियमों के तहत अनुशासनिक कार्रवाई भी की जा सकती है।
23.	क्षेत्राधिकार	न्यायालय की शिकायत, अपील आदि को निपटाने का क्षेत्राधिकार नहीं है।

- मौलिक अधिकार सरकार की निरंकुशता पर प्रतिबंध लगाते हैं।
- मौलिक अधिकारों से समाज में सामाजिक समानता की स्थापना होती है।
- मौलिक अधिकार विधि के शासन की स्थापना करने में सहायक सिद्ध होते हैं।
- मौलिक अधिकार लोकतंत्र रूपी महल की नींव हैं।
- मौलिक अधिकारों से कमजोर से कमजोर वर्गों की रक्षा होती है।
- मौलिक अधिकारों से अल्पसंख्यकों के हितों का संरक्षण होता है।
- मौलिक अधिकार धर्म निरपेक्ष राज्य के प्रमुख तत्व हैं।
- मौलिक अधिकारों से जनता में राज्य के प्रति निष्ठा बढ़ती है।
- मौलिक अधिकार मानव जीवन को गरिमा प्रदान करने के लिए आवश्यक हैं।

प्रेस परिषद् का गठन

भारत में प्रेस की स्वतंत्रता को मान्यता देने के लिए प्रथम प्रेस आयोग द्वारा 1954 में प्रेस परिषद् के गठन के लिए दिए गए सुझाव पर **1966 में प्रेस परिषद्** का गठन किया गया। प्रेस परिषद् में एक अध्यक्ष तथा 28 सदस्य होते हैं, जिसमें लोकसभा अध्यक्ष, राज्यसभा के सभापति, भारत के मुख्य न्यायाधीश, समाचार-पत्रों के संपादकों, प्रबंधकों, पत्रकारों, संसद सदस्यों, साहित्यिक, शैक्षणिक तथा व्यावसायिक संगठनों के सदस्यों को शामिल किया जाता है। कोई व्यक्ति प्रेस परिषद् का सदस्य केवल दो बार हो सकता है। यह परिषद् समाचार-पत्रों और सरकार दोनों की ओर से तथा दोनों के विरुद्ध शिकायत सुन सकती है।

मौलिक अधिकारों का मूल्यांकन

भारतीय संविधान के अध्याय–3 में प्रावधानित मौलिक अधिकारों की विवेचना जहां एक तरफ भारतीय लोकतंत्र की आधारशिला के रूप में की जाती है वहीं विशेष प्रावधानों के कारण इनके उपयोग की सीमाओं के संकुचित अथवा सीमित किए जाने के संदर्भ में कहा जा सकता है कि मौलिक अधिकार एक हाथ से प्रदान करके, दूसरे हाथ से वापस ले लिए जाते हैं। संविधान सभा में ही कुछ सदस्यों ने मौलिक अधिकारों पर सीमितता का प्रावधान आरोपित करने के विरोध में सरकार को यह सुझाव दिया था कि ''मौलिक अधिकार'' के शीर्षक के स्थान पर मौलिक अधिकारों की परिसीमाएं शीर्षक होना चाहिए। इसके अतिरिक्त मौलिक अधिकारों के प्रवर्तन को आपातकाल में स्थगित किया जा सकता है तथा संसद संशोधन करके इनको संक्षिप्त कर सकती है। अत: ये मूलहीन अधिकार सदृश्य प्रतीत होते हैं। संवैधानिक उपचारों की शक्ति प्रदान करके एक ओर न्यायिक पुनरावलोकन की शक्ति प्रदान की गई है तो दूसरी ओर संसदीय सर्वोच्चता के सिद्धांत को भी भारतीय संविधान में मान्यता दी गई है। अतएव न्यायिक सर्वोच्चता बनाम संसदीय सर्वोच्चता के बीच संघर्ष की संभावनाएं भी उत्पन्न हो सकती हैं। संविधान में प्रावधानित मूल अधिकारों की निम्नांकित आधारों पर आलोचना की जाती है–

(1) आर्थिक अधिकारों का अभाव

राजनीतिक विश्लेषकों का मत है कि भारतीय संविधान मौलिक अधिकारों के माध्यम से अनेक राजनीतिक एवं सामाजिक अधिकार तो प्रदान करता है परंतु इसमें आर्थिक अधिकारों का अभाव है। ध्यातव्य है कि पूर्व सोवियत संघ के संविधान में आर्थिक अधिकारों पर विशेष बल दिया गया है। विश्लेषकों का मत है कि यदि मौलिक अधिकार वाले अध्याय में काम का अधिकार, बीमारी और अपंगता की स्थिति में राज्य से सहायता पाने का अधिकार, विश्राम का अधिकार, नि:शुल्क शिक्षा पाने का अधिकार जैसे अधिकार भी सम्मिलित होते, तो शायद भारतीय संविधान में उल्लेखित मौलिक अधिकार की सूची अधिक सर्वांगीण मानी जाती।

मंदिरों में प्रवेश महिलाओं का मौलिक अधिकार

1 अप्रैल, 2016 को मुंबई (बॉम्बे) उच्च न्यायालय ने किसी पूजा स्थल या मंदिर में प्रवेश करने में लैंगिक विभाजन पर रोक लगाई। शनि शिगणापुर मंदिर में महिला द्वारा प्रवेश करने को लेकर हुए विवाद के बाद 1 अप्रैल, 2016 को न्यायालय ने महिलाओं के प्रवेश को वैध ठहराया तथा कहा कि ऐसा कोई स्थान नहीं है जहां पुरुष जा सकते हों और महिलाएं नहीं।

देश में पहली बार नदी को मिला संवैधानिक दर्जा

उत्तराखंड हाइकोर्ट ने गंगा व यमुना को विधिक व्यक्ति की तरह अधिकार प्रदान किया है अर्थात् इन नदियों को संवैधानिक दर्जा प्राप्त हो गया है। अब इन दोनों नदियों को क्षति पहुंचाना किसी इंसान को नुकसान पहुंचाने जैसा माना जाएगा। इससे पूर्व न्यूजीलैंड ने व्हांगानूई नदी को जीवित मानव के समान अधिकार दिए थे।

(2) मौलिक अधिकारों पर आवश्यकता से अधिक प्रतिबंध

भारतीय संविधान में प्रदत्त मौलिक अधिकारों पर आवश्यकता से अधिक प्रतिबंध भी लगाए गए हैं जिनके कारण व्यावहारिक दृष्टि से मौलिक अधिकारों की उपयोगिता समाप्त सी हो जाती है। यहां संविधान सभा के सदस्य के. टी. शाह के कथन ''ये स्वतंत्रताएं वस्तुत: इतनी संदेहपूर्ण हो गई हैं कि इनके ढूंढने के लिए सूक्ष्मदर्शी यंत्र की आवश्यकता होगी'' का उल्लेख करना समीचीन होगा।

अनुच्छेद: 12-35

अनुच्छेद:12- संविधान का अनुच्छेद-12 राज्य शब्द की परिभाषा करता है। राज्य शब्द के तहत इस भाग में जब तक कि संदर्भ से अन्यथा अपेक्षित न हो, राज्य के अंतर्गत भारत की सरकार और संसद तथा राज्यों में से प्रत्येक राज्य की सरकार और विधानमंडल तथा भारत के राज्य क्षेत्र के भीतर या सरकार के नियंत्रण के अधीन सभी स्थानीय और अन्य प्राधिकारी हैं। अर्थात् राज्य 'शब्द' के तहत निम्नलिखित सम्मिलित हैं– 1. भारत सरकार, 2. संसद, 3. राज्य सरकार, 4. राज्य विधान मंडल, 5. सभी स्थानीय प्राधिकारी तथा 6. अन्य प्राधिकारी। संसद कानून बनाकर अन्य प्राधिकारी को इसमें शामिल कर सकती है।

- अनुच्छेद-13 भारतीय संविधान का अनुच्छेद-13 मूल अधिकारों का प्रहरी है यही वह अनुच्छेद है जिस पर व्यक्तियों के मूल अधिकार का स्तम्भ खड़ा हुआ है।
- अनुच्छेद-13 (1) कहता है कि संविधान प्रवर्तित होने के पहले जो विधियां भारत में लागू थीं वह उस मात्रा तक शून्य मानी जाएंगी जिस मात्रा तक वह संविधान के भाग-3 के उपबंधों से असंगत होंगी।
- अनुच्छेद-13 (2) कहता है कि राज्य ऐसी कोई भी विधि नहीं बनाएगा जो भाग 3 के तहत प्राप्त अधिकारों को छीनती या अल्पीकरण करती है। ऐसी विधि उस मात्रा तक शून्य होगी जो संविधान के उल्लंघन में बनाई गई है।
- अनुच्छेद-13 (3) के तहत विधि का बल रखने वाला कोई अध्यादेश, आदेश, उपविधि, नियम, उपनियम, अधिसूचना, रूढ़ि तथा प्रथा इसके तहत आती है। इस प्रकार की विधियों द्वारा यदि मूलाधिकार का अतिक्रमण होता है तो उन्हें न्यायालय में चुनौती दी जा सकती है।

(3) आपातकाल में मौलिक अधिकारों का हनन

भारतीय संविधान के अंतर्गत आपातकाल की स्थिति में राष्ट्रपति मौलिक अधिकारों को निलंबित कर सकता है। इस प्रकार भारत का लोकतांत्रिक राज्य एक अधिनायकवादी राज्य में परिवर्तित हो जाएगा। संविधान सभा के सदस्य हरिविष्णु कामथ ने आपातकाल में मौलिक अधिकारों के निलंबन का विरोध करते हुए कहा था कि ''इस व्यवस्था के माध्यम से हम तानाशाही एवं पुलिस राज्य की स्थापना कर सकते हैं।'' सोमनाथ लाहिड़ी ने भी उसी समय कहा था कि ''भारतीय संविधान में मूल अधिकारों की व्यवस्था एक स्वतंत्र एवं संघर्षशील राष्ट्र की दृष्टिकोण से नहीं वरन् एक पुलिस सिपाही की दृष्टिकोण से की गई है।'' 44वें संविधान संशोधन के पूर्व भारत में आंतरिक अशांति के आधार पर आपातकाल लगाया जा सकता था परंतु 44वें संविधान संशोधन ने आंतरिक अशांति के स्थान पर सशस्त्र विद्रोह को अनुच्छेद–352 में रखा। अत: अब स्थिति में कुछ सुधार हुआ है। अब मौलिक अधिकारों का स्थगन केवल युद्ध की परिस्थितियों में ही किया जा सकता है।

(4) निवारक निरोध की व्यवस्था व्यक्तिगत स्वतंत्रता का हनन करती है

राजनीतिक विश्लेषकों का मत है कि निवारक निरोध की व्यवस्था से व्यक्तिगत स्वतंत्रता का हनन होता है। **संविधान के अनुच्छेद–21 जिसके अंतर्गत गिरफ्तारी एवं बंदीकरण के विरुद्ध सुरक्षा प्रदान की गई है,** के अपवादस्वरूप यह प्रावधानित है कि यह सुरक्षा उन व्यक्तियों को नहीं प्राप्त होगी जिनको निवारक निरोध अधिनियम के अंतर्गत गिरफ्तार किया गया है। निवारक निरोध से संबंधित जो भी कानून अब तक बनाए गए हैं उन सभी का किसी–न–किसी रूप और किसी–न–किसी मात्रा में दुरुपयोग हुआ है।

मौलिक अधिकारों में संशोधन

भारतीय संविधान लागू होने के बाद से यही समझा जाता था कि मौलिक अधिकर संविधान की आधारभूत व्यवस्थाओं में एक हैं, परंतु अन्य प्रावधानों की तरह मौलिक अधिकारों में संसद संशोधन कर सकती है। संविधान सभा में भी यही एक मत था कि बदलती हुई परिस्थितियों के अनुरूप आर्थिक एवं सामाजिक प्रगति की दिशा में आगे बढ़ने के लिए मौलिक अधिकारों में संशोधन की आवश्यकता पड़ सकती है। यदि ऐसी स्थिति में संशोधन नहीं किया जाता है तो यह स्थिति भारतीय लोकतंत्र और मौलिक अधिकार दोनों के लिए घातक होगी। **शंकरी प्रसाद बनाम बिहार राज्य** (1951) तथा 17वें संशोधन से जुड़े एक वाद (1965) में सर्वोच्च न्यायालय ने अपना मत व्यक्त किया था कि बदली हुई परिस्थितियों के अनुरूप मौलिक अधिकारों में भी संसद संशोधन कर सकती है। परंतु 1967 में **''गोलकनाथ बनाम पंजाब राज्य''** के मुकदमे में निर्णय देते हुए कहा गया कि उच्चतम न्यायालय मौलिक अधिकारों में ऐसा कोई संशोधन नहीं कर सकती है जिससे मौलिक अधिकार कम होते हों या छिनते हों। बहुमत से दिए गए (6-5) ऐतिहासिक निर्णय में मुख्य न्यायाधीश न्यायमूर्ति सुब्बाराव ने कहा कि ''मुझे यह कहते हुए तनिक भी हिचकिचाहट नहीं है कि संविधान द्वारा जो मौलिक अधिकार प्रदान किए गए हैं, वे सर्वोपरि हैं तथा राष्ट्रीय हित में विचार कर बनाए गए हैं .....। अत: हम लोग यह घोषित करते हैं कि इस निर्णय के बाद संसद को संविधान के भाग–3 के किसी उपबंध को इस तरह संशोधित करने का अधिकार नहीं होगा जिससे कि मौलिक अधिकार सीमित हो जाएं या छिन जाएं।'' गोलकनाथ वाद में दिए गए निर्णय के संबंध में सर्वोच्च न्यायालय की काफी आलोचना हुई तथा उसे प्रतिक्रियावादी बताया गया।

निजता का अधिकार

निजता की कोई सटीक विधिक परिभाषा मौजूद नहीं है। हालांकि कुछ कानूनविद् सार्वभौमिक मानवाधिकार घोषणा के अनुच्छेद-12 को आधार बनाकर इसे किसी की निजता के साथ छेड़छाड़ के विरुद्ध मानवाधिकार व अंतर्राष्ट्रीय चार्टर के रूप में परिभाषित करते हैं। निजता में कई चीजें शामिल हो सकती हैं, अकेले छोड़ देने का अधिकार, विरोध का अधिकार या राज्य की निगरानी के विरुद्ध संरक्षण।

1971-72 में 24वां, 26वां तथा 29वां संशोधन किया गया। सितंबर, 1972 में सर्वोच्च न्यायालय में उक्त संशोधनों के विरुद्ध चुनौती दी गई। **केशवानंद भारती बनाम केरल राज्य वाद** (1973) में सर्वोच्च न्यायालय ने विभिन्न मुद्दों पर व्यापक विचार-विमर्श के बाद यह मत व्यक्त किया कि संसद मौलिक अधिकारों सहित संविधान के किसी भी भाग में संशोधन कर सकती है। परंतु किया जाने वाला संशोधन संविधान की मूल भावना या मूल संरचना के विरुद्ध न हो। यहां प्रश्न उठता है कि संविधान का मूल ढांचा क्या है? सर्वोच्च न्यायालय ने इसको परिभाषित नहीं किया है। विधि विशेषज्ञों के अनुसार संविधान के मूल ढांचे में संसदीय सरकार, धर्म निरपेक्ष स्वरूप, संघीय व्यवस्था, लोकतांत्रिक प्रणाली, न्यायपालिका की स्वतंत्रता तथा न्यायिक पुनरावलोकन आदि सम्मिलित हैं।

निजता का अधिकार: एक मौलिक अधिकार

मुख्य न्यायाधीश जस्टिस जे.एस. खेहर की अध्यक्षता वाली सर्वोच्च न्यायालय की 9 सदस्यीय खंडपीठ ने के. पुत्तास्वामी बनाम भारत संघ वाद में सर्वसम्मति से 24 अगस्त, 2017 को ऐतिहासिक निर्णय देते हुए 'निजता के अधिकार' को संविधान के अनुच्छेद-21 के जीवन व स्वतंत्रता के अधिकार के तहत मूल अधिकार का अभिन्न हिस्सा माना जिसे संविधान के भाग-3 द्वारा गारंटी प्रदान की गई है। न्यायालय ने यह भी कहा कि 'निजता का अधिकार न केवल सामान्य विधि अधिकार है या न केवल वैधानिक अधिकार या न केवल मूल अधिकार है, यह प्रत्येक व्यक्ति में अंतर्निहित प्राकृतिक अधिकार भी है।' उच्चतम न्यायालय ने एम.पी. शर्मा वाद में आठ न्यायाधीशों की खंडपीठ व खड्ग सिंह वाद में छह न्यायाधीशों की खंडपीठ में दिए गए अपने पूर्व के निर्णयों को पलट दिया। पूर्ववर्ती दोनों निर्णयों में निजता के अधिकार को मूल अधिकार नहीं माना गया था। इसके अलावा देश में आपातकाल के समय एडीएम जबलपुर बनाम एस.के. शुक्ला वाद 1976 (जिसे हैबियस कॉर्पस वाद भी कहा जाता है) में उच्चतम न्यायालय के न्यायाधीश वाई. वी. चंद्रचूड़ ने जिस प्रकार से राज्य को लोगों के जीवन में झांकने की खुली छूट दी थी, उसकी तुलना में मौजूदा निर्णय एक प्रगतिशील कदम है। ज्ञातव्य है कि निजता के अधिकार को जिन 9 न्यायाधीशों की खंडपीठ ने मूल अधिकार माना, उनमें न्यायमूर्ति (स्वर्गीय) वाई. वी. चंद्रचूड़ के पुत्र न्यायमूर्ति डी. वाई. चंद्रचूड़ भी शामिल हैं। निजता के अधिकार के संदर्भ में उच्चतम न्यायालय का निर्णय निम्नलिखित है-

- निजता का मौलिक अधिकार निरपेक्ष या असीमित नहीं है बल्कि विशेषीकृत प्रतिबंधों के अधीन है।
- यह वह अधिकार है जो राज्य एवं नॉन स्टेट एस्टेट के हस्तक्षेप से व्यक्ति के आंतरिक क्षेत्र को रोकता है।
- व्यक्तिगत संबंधों, पारिवारिक जीवन की पवित्रता, विवाह, घर व यौन उन्मुखता का संरक्षण निजता में शामिल है। इसमें एकांत में छोड़ देने का अधिकार, व्यक्तिगत प्राथमिकता (पर्सनल च्वाइस) भी शामिल हैं।
- सभी उदारवादी लोकतंत्र का विश्वास है कि मानव जीवन के कतिपय पहलुओं में प्रवेश करने का राज्य को अबाध अधिकार नहीं होना चाहिए और प्राधिकार के अधिकार को संवैधानिक अधिकारों से सीमित करना चाहिये। मूल अधिकार एकमात्र वे अधिकार हैं जो राज्यों को ऐसा करने से रोकते हैं जिनमें निजता का अधिकार भी शामिल है।
- न्यायमूर्ति एस. ए. बोडे के अनुसार संविधान का अनुच्छेद-28(3) स्पष्ट तौर पर कहता है कि राज्य द्वारा मान्यताप्राप्त शैक्षणिक संगठनों से इतर शिक्षा प्राप्त करने का अधिकार छात्रों को है। ऐसे छात्रों को बिना उनके अभिभावक की अनुमति के शैक्षणिक संस्थान के किसी धार्मिक कार्यक्रम में हिस्सा लेने के लिए बाध्य नहीं किया जा सकता। निजता का अधिकार सांस्कृतिक एवं शैक्षणिक अधिकार का अभिन्न हिस्सा है।
- निजता के अधिकार में नकारात्मक एवं सकारात्मक विषय दोनों शामिल हैं। नकारात्मक विषय नागरिक की व्यक्तिगत स्वाधीनता में राज्य की घुसपैठ को रोकता है। वहीं इसका सकारात्मक विषय व्यक्ति की निजता को सुरक्षित रखने के लिए राज्य को सभी आवश्यक उपाय करने का दायित्व सौंपता है।
- यद्यपि न्यायालय ने सरकार के उस तर्क का भी समर्थन किया है कि डिजिटल माध्यम कल्याणकारी राज्य में सुशासन सुनिश्चित करने का महत्वपूर्ण उपकरण है इस हेतु आंकड़ों का संग्रहण उचित है। समाज के वंचित वर्गों को लाभ पहुंचाने के लिए सरकार अनेक कार्यक्रम चलाती है। सरकार यह सुनिश्चित करना चाहती है कि अल्प सार्वजनिक संसाधन वैसे लोगों तक न पहुंच पाएं जो इसके लिए उपयुक्त नहीं हैं। यह सुनिश्चित करना सरकार का दायित्व है जिससे इंकार नहीं किया जा सकता, परंतु इन आंकड़ों को सुरक्षित रखने के लिए ठोसतंत्र होना चाहिए।

मौलिक अधिकार संबंधी महत्वपूर्ण वाद एवं संशोधन

1. **गोलकनाथ बनाम पंजाब राज्य (1967)** के निर्णय से पूर्व दिए गए निर्णयों में यह निर्धारित किया गया था कि संविधान के किसी भी भाग में संशोधन किया जा सकता है, जिनमें अनुच्छेद-368 तथा मौलिक अधिकार भी सम्मिलित हैं।
2. **सर्वोच्च न्यायालय ने गोलकनाथ बनाम पंजाब राज्य (1967)** के निर्णय में अनुच्छेद-368 में निर्धारित प्रक्रिया के माध्यम से मौलिक अधिकारों में संशोधन पर रोक लगा दी अर्थात् संसद मौलिक अधिकारों में संशोधन नहीं कर सकती।
3. **24वें संविधान संशोधन (1971)** द्वारा अनुच्छेद-13 और 368 में संशोधन किया गया तथा यह निर्धारित किया गया कि अनुच्छेद-368 में दी गई प्रक्रिया द्वारा मौलिक अधिकारों में संशोधन किया जा सकता है।
4. **केशवानंद भारती बनाम केरल राज्य** के निर्णय में इस प्रकार के संशोधन को विधिक मान्यता प्रदान की गई अर्थात् गोलकनाथ बनाम पंजाब राज्य के निर्णय को निरस्त कर दिया गया।
5. **42वें संविधान संशोधन (1976)** द्वारा अनुच्छेद-368 में खंड 4 और 5 जोड़े गए तथा यह व्यवस्था की गई कि इस प्रकार किए गए संशोधन को किसी न्यायालय में प्रश्नगत नहीं किया जा सकता।
6. **मिनर्वा मिल्स बनाम भारत संघ (1980)** के निर्णय द्वारा यह निर्धारित किया गया कि संविधान के आधारभूत लक्षणों की रक्षा करने का अधिकार न्यायालय को है और न्यायालय इस आधार पर किसी भी संशोधन का पुनर्विलोकन कर सकता है। इसके द्वारा 42वें संविधान संशोधन द्वारा की गई व्यवस्था को भी समाप्त कर दिया गया।

स्मरणीय तथ्य

- मौलिक अधिकारों से आशय उन अधिकारों से है जो व्यक्ति के जीवन के लिए मौलिक तथा अनिवार्य हैं तथा जिन अधिकारों में राज्य द्वारा भी हस्तक्षेप नहीं किया जा सकता है।
- भारत में मौलिक अधिकारों की मांग सर्वप्रथम बाल गंगाधर तिलक ने 1895 में अपने स्वराज विधेयक में की।
- भारतीय संविधान के भाग–3 में अनुच्छेद-14-35 में मौलिक अधिकारों का समावेश किया गया है।
- मूल अधिकार **पूर्णतः निरपेक्ष (Absolute)** नहीं हैं। मूल अधिकारों पर युक्तियुक्त निर्बंधन लगाए जा सकते हैं, जिससे व्यक्तिगत अधिकारों को जनहित में संरक्षित रखा जा सके।
- मूल अधिकारों का निलंबन किया जा सकता है।
- मूल अधिकारों को **सीमित** नहीं किया जा सकता है। इनका अल्पीकरण करने वाली विधियां अल्पीकरण की सीमा तक शून्य होंगी।
- मौलिक अधिकार असीमित नहीं हैं। सार्वजनिक व्यवस्था तथा नैतिकता की दृष्टि से इनका सीमांकन किया गया है।
- भारतीय संविधान के अनुच्छेद–14 **में कानून के समक्ष समानता के अधिकार की विवेचना की गई है।**
- कानून के समक्ष समानता का आशय यह नहीं है कि सभी व्यक्ति बिलकुल एक समान हैं या व्यक्तियों के मध्य जो असमानता निहित है उसे समाप्त कर दिया जाए।
- अनुच्छेद-15 के अनुसार राज्य के द्वारा धर्म, वंश, जाति, लिंग, जन्मस्थान आदि के आधार पर किसी नागरिक के साथ असमानता अथवा भेदभाव नहीं किया जाएगा।
- भारतीय संविधान के **अनुच्छेद**–15 (4) में सामाजिक तथा शैक्षणिक दृष्टि से पिछड़े हुए नागरिकों के वर्गों के लिए संरक्षणात्मक भेदभाव की व्यवस्था की गई है।
- भारतीय संविधान में अस्पृश्यता को एक सामाजिक बुराई के रूप में स्वीकार किया गया है तथा अनुच्छेद–17 के अंतर्गत इसको समाप्त कर दिया गया है।
- भारतीय संविधान के अनुच्छेद–18 में यह प्रावधान किया गया है कि सेना और विद्या संबंधी उपाधियों को छोड़कर राज्य कोई अन्य उपाधि नहीं प्रदान कर सकता है।
- भारतीय संविधान में **अनुच्छेद**–19 **से** 22 में स्वतंत्रता के अधिकारों का समावेश किया गया है।
- मूल संविधान में भारतीय नागरिकों को सात मूलभूत स्वतंत्रताएं प्रदान की गई थीं परंतु 44वें संविधान संशोधन के द्वारा संपत्ति की स्वतंत्रता को समाप्त कर दिया गया।
- भारतीय संविधान के अनुच्छेद –19(2) के अंतर्गत भारतीय नागरिकों को अस्त्र-शस्त्र रहित एवं शांतिपूर्ण सम्मेलन करने की स्वतंत्रता प्रदान की गई है।
- **अनुच्छेद–19(3) के भारतीय नागरिकों को समुदाय और संघ बनाने की स्वतंत्रता प्रदान की गई है।**
- भारतीय संविधान के **अनुच्छेद**–19(6) के अंतर्गत भारत के सभी नागरिकों को कोई भी व्यवसाय या पेशा करने की स्वतंत्रता प्राप्त है।
- **अनुच्छेद**–21 में प्रत्येक व्यक्ति को जीवन और व्यक्तिगत स्वतंत्रता का अधिकार प्रदान किया गया है।
- भारतीय संविधान के **अनुच्छेद**–22 के अंतर्गत प्रत्येक व्यक्ति की गिरफ्तारी तथा बंदीकरण (निरोध) के विरुद्ध संरक्षण का अधिकार प्रदान किया गया है।
- संविधान के अनुच्छेद-22 में निवारक निरोध का उल्लेख किया गया है।
- भारतीय संविधान के अनुच्छेद–23 और 24 के अंतर्गत शोषण के विरुद्ध संरक्षण प्रदान किया गया है।
- भारतीय संविधान के अंतर्गत **अनुच्छेद–25 से** 28 में धार्मिक स्वतंत्रता संबंधी अधिकारों का समावेश किया गया है।
- भारतीय संविधान के **अनुच्छेद**–25 के अंतर्गत प्रत्येक व्यक्ति को सार्वजनिक व्यवस्था, सदाचार और स्वास्थ्य के अधीन रहते हुए अंतःकरण की स्वतंत्रता, किसी भी धर्म पालन करने की तथा उसका प्रचार-प्रसार करने की स्वतंत्रता प्राप्त है।
- **अनुच्छेद**–28 में प्रावधानित किया गया है कि राजकीय निधि से संचालित किसी भी शैक्षणिक संस्था में किसी धर्म विशेष की शिक्षा नहीं दी जाएगी और न किसी को धार्मिक शिक्षा ग्रहण करने के लिए बाध्य किया जा सकता है।
- भारतीय संविधान में मौलिक अधिकारों के उल्लेख के साथ-साथ उनको व्यवहार में लागू करने के लिए भी प्रावधान किया गया है।
- Babeas Corpus लैटिन शब्द है जिसका आशय निरुद्ध व्यक्ति को न्यायालय में प्रस्तुत करना है।
- बंदी प्रत्यक्षीकरण के माध्यम से न्यायालय निरुद्ध व्यक्ति को न्यायालय में प्रस्तुत करने का आदेश देता है तथा उसकी गिरफ्तारी के कारणों की जांच करता है।
- अनुच्छेद 19 (1) में वाक् एवं अभिव्यक्ति की स्वतंत्रता में सूचना का अधिकार भी शामिल है।
- भारतीय संविधान में प्रदत्त मौलिक अधिकारों पर आवश्यकता से अधिक प्रतिबंध भी लगाए गए हैं जिनके कारण व्यावहारिक दृष्टि से मौलिक अधिकारों की उपयोगिता समाप्त सी हो जाती है।

❑❑❑

अध्याय 10 राज्य के नीति-निदेशक सिद्धांत

नीति-निदेशक सिद्धांतों का समावेश भारतीय संविधान की एक प्रमुख विशेषता है। भारतीय संविधान निर्माताओं ने नागरिकों के सामाजिक, राजनैतिक, शैक्षणिक तथा आर्थिक विकास आदि के लिए अधिकारों की एक विस्तृत व्यवस्था/प्रावधानों का सृजन किया है। इसी के साथ-साथ संविधान निर्माताओं ने भावी भारत की सरकारों के कार्यक्रमों की एक रूपरेखा भी प्रस्तुत की है जिनको क्रियान्वित करके भारत के लोक कल्याणकारी राज्य की स्थापना के सपने को साकार किया जा सके। भारतीय संविधान के भाग-4 में अनुच्छेद-36 से 51 में राज्य के नीति निदेशक सिद्धांतों की विवेचना की गई है। ध्यातव्य है कि भारतीय संविधान निर्माताओं ने नीति-निदेशक सिद्धांत की अवधारणा आयरलैंड के संविधान से ली है। नीति-निदेशक सिद्धांतों का वही महत्व है जो 1935 के भारतीय अधिनियम के अधीन गवर्नर जनरल तथा गवर्नरों को जारी की गई लिखित हिदायतों का था।

नीति-निदेशक सिद्धांतः एक परिचय

नीति-निदेशक सिद्धांतों अथवा तत्वों से आशय उन आधारभूत सिद्धांतों अथवा तत्वों से है जिनके संदर्भ में संविधान निर्माताओं को यह विश्वास था कि वे भारत की भावी सरकार की नीतियों के निर्धारण में दिशा-निर्देश का कार्य कर सकते हैं। यद्यपि नीति निदेशक सिद्धांतों का कोई वैधानिक आधार नहीं है और न ही यह कोई वैधानिक उपचार ही प्रदान करते हैं। भारतीय संविधान में प्रावधानित नीति-निदेशक सिद्धांत एक प्रकार के सुझाव मालूम पड़ते हैं जो भारतीय संघ के समस्त अधिकारियों को संबोधित हैं जिससे उन्हें नई सामाजिक एवं आर्थिक व्यवस्था के उन आधारभूत सिद्धांतों का स्मरण रहे जिनकी स्थापना का उद्देश्य संविधान में रखा गया है। राज्य के नीति-निदेशक सिद्धांत वैधानिक दृष्टि से अवश्य प्रभावहीन हैं परंतु न्यायालयों के लिए उपयोगी दीप ज्योति का कार्य करते हैं। डॉ. राजेंद्र प्रसाद के अनुसार, ''राज्य के नीति-निदेशक सिद्धांतों का उद्देश्य जनता के कल्याण को प्रोत्साहित करने वाली सामाजिक व्यवस्था का निर्माण करने से है। अनुच्छेद-38 में भी स्पष्ट रूप से कहा गया है कि राज्य अधिक-से-अधिक प्रभावशाली ढंग से एक ऐसी सामाजिक व्यवस्था की स्थापना और सुरक्षा करेगा जिसमें आर्थिक, सामाजिक तथा राजनीतिक न्याय की प्राप्ति हो। उच्चतम न्यायालय के पूर्व मुख्य न्यायाधीश के अनुसार, ''नीति-निदेशक सिद्धांत ऐसी सामाजिक व्यवस्था की स्थापना करना चाहता है जिसमें न्याय, सामाजिक, आर्थिक एवं राजनीतिक राष्ट्रीय जीवन की समस्त संस्थाओं का आधार होगा। नीति-निदेशक सिद्धांत एक ऐसे कृषक समाज की स्थापना का निर्देश देता है जिसमें धन का केंद्रीकरण नहीं होगा, जहां धन की प्रचुरता रहेगी, जहां शिक्षा पाने, काम करने तथा जीवन-निर्वाह का सभी को अधिकार या अवसर प्राप्त होगा।''

भारतीय संविधान के **अनुच्छेद-37 में निहित प्रावधानों के अनुसार नीति-निदेशक सिद्धांतों के अंतर्गत किए गए प्रावधानों/उपप्रावधानों को किसी भी न्यायालय द्वारा बाध्यता नहीं दी जा सकती है,** परंतु इसके बावजूद नीति-निदेशक तत्व शासन के मूलभूत तत्व हैं तथा विधि निर्माण की प्रक्रिया में इन तत्वों का प्रयोग करना राज्य का कर्तव्य होगा। इससे स्पष्ट होता है कि नीति-निदेशक तत्वों को मौलिक अधिकारों के समान संवैधानिक शक्ति प्राप्त नहीं है और वे न्याय योग्य अर्थात् न्यायालयों के द्वारा लागू नहीं कराए जा सकते हैं, परंतु इसके बावजूद राज्य का यह कर्तव्य है कि वह अपनी नीतियों का सृजन करते समय नीति-निदेशक सिद्धांतों को आधार मानकर इनका ध्यान रखें। अन्य शब्दों में यही कहा जा सकता है कि नीति-निदेशक सिद्धांत राज्यों के लिए एक आचार संहिता हैं। निदेशक तत्वों में राज्य की बुद्धिमत्तापूर्ण स्वीकृति बोल रही है जो संविधान सभा के माध्यम से अभिव्यक्त हुई है।

भारतीय संविधान निर्माताओं ने नीति-निदेशक सिद्धांतों को मौलिक अधिकार के सदृश न्यायालयों द्वारा प्रवर्तनीय इसलिए नहीं बनाया कि संविधान लागू होने के बाद से ही नागरिक न्यायालयों के माध्यम से उक्त सिद्धांतों को कार्यान्वित करने की मांग करने लगेंगे जिसको पूरा करने में सरकार सक्षम नहीं है।

भारतीय संविधान में प्रावधानित नीति-निदेशक सिद्धांत

भारतीय संविधान में प्रावधानित नीति-निदेशक सिद्धांतों का कोई वर्गीकरण नहीं किया गया है। प्रो. एम. शर्मा द्वारा लिखित पुस्तक 'The Constitution of Indian Republic' में नीति-निदेशक सिद्धांतों को तीन वर्गों में वर्गीकृत किया गया है जो निम्नलिखित हैं–

(1) समाजवादी सिद्धांत (Socialist Principles)

नीति-निदेशक सिद्धांत विशेष प्रकार के ऐसे सिद्धांत हैं जिनका उद्देश्य भारत में सामाजिक न्याय पर आधारित समतामूलक समाज की स्थापना करना है। डॉ. अंबेडकर ने नीति-निदेशक सिद्धांतों की समाजवादी प्रकृति पर अपनी प्रतिक्रिया व्यक्त करते हुए कहा था कि यदि निदेशक सिद्धांत अपने सारतत्व और निर्देशों में समाजवादी नहीं हैं तो मैं यह समझने में असमर्थ हूँ कि फिर समाजवाद है क्या...........? किसी भी राज्य का पहला कर्तव्य होता है कि वह एक ऐसी सामाजिक व्यवस्था की स्थापना कर जिसके सभी लोगों को सामाजिक, राजनीतिक, सांस्कृतिक तथा आर्थिक उन्नयन के लिए अवसर एवं न्याय मिल सके। भारतीय संविधान में वर्णित नीति-निदेशक सिद्धांतों के इस वर्ग में निम्नलिखित तत्वों का समावेश किया गया है–

- **अनुच्छेद**–39 A के अनुसार राज्य अपने आर्थिक संसाधनों के अनुसार और विकास की सीमाओं के अंदर यह प्रयास करेगा कि सभी नागरिक अपनी योग्यता के अनुसार रोजगार पा सकें।
- **अनुच्छेद**–39 B में प्रावधानित है कि राज्य इस बात का भी ध्यान रखेगा कि संपत्ति और उत्पादन के साधनों का इस प्रकार केंद्रीकरण न हो कि सार्वजनिक हित को किसी प्रकार से हानि हो।
- **अनुच्छेद**–39 C में निहित प्रावधानों के अंतर्गत राज्य देश में विद्यमान भौतिक साधनों के स्वामित्व और नियंत्रण की ऐसी व्यवस्था सुनिश्चित करेगा जिससे अधिकाधिक तथा जीवन-निर्वाह का सभी को अधिकार या अवसर प्राप्त होगा।

- **अनुच्छेद**–39 D में निहित प्रावधानों के अनुसार राज्य प्रत्येक स्त्री और पुरुष को समान कार्य के लिए समान वेतन उपलब्ध कराएगा।
- **अनुच्छेद**–39 E में निहित प्रावधानों के अनुसार राज्य महिलाओं, पुरुषों एवं बच्चों के लिए स्वास्थ्य का समुचित प्रबंध करेगा। राज्य यह भी प्रबंध करेगा जिससे बच्चों को आर्थिक आवश्यकताओं के चलते कोई ऐसा कार्य न करना पड़े जो उनके स्वास्थ्य के लिए हानिकारक हो।
- **अनुच्छेद**–41 में कहा गया है कि राज्य अपने संसाधनों के अनुरूप यह सुनिश्चित करेगा कि बेरोजगारी, वृद्धावस्था, बीमारी, अंगहीनता आदि स्थितियों में सार्वजनिक सहायता दी जा सके।
- **अनुच्छेद**–43 में कहा गया है कि राज्य इस बात का प्रयास करेगा कि कृषि और उद्योग में लगे हुए सभी मजदूरों को अपने जीवन-निर्वाह हेतु यथोचित वेतन मिल सके, उनका जीवन स्तर ऊपर उठ सके, वे अवकाश के समय का समुचित उपयोग कर सकें और उनको सामाजिक और सांस्कृतिक उन्नति का अवसर प्राप्त हो सके।

(2) उदारवादी सिद्धांत (Liberal Principles)

नीति-निदेशक सिद्धांतों के उन तत्वों को उदारवादी सिद्धांतों की श्रेणी में रख गया है जिनका उद्देश्य व्यक्ति की गरिमा एवं स्वतंत्रता की रक्षा करना हो तथा उसे ऐसा वातावरण उपलब्ध कराना है जिसमें वह अपना विकास कर सके। इस श्रेणी से संबंधित मुख्य नीति-निदेशक सिद्धांत निम्नलिखित हैं–

- **अनुच्छेद**–44 में कहा गया है कि राज्य अपने सभी नागरिकों के लिए एक समान नागरिक संहिता (Uniform Civil Code) का सृजन करेगा।
- **अनुच्छेद**–39 A के अनुसार राज्य आवश्यकतानुसार नि:शुल्क वैधानिक सहायता उपलब्ध कराएगा।
- **अनुच्छेद**– 45 में कहा गया है कि 14 वर्ष के सभी बच्चों के लिए नि:शुल्क शिक्षा की व्यवस्था राज्य द्वारा की जानी चाहिए।
- **अनुच्छेद**–50 में वर्णित प्रावधानों के अनुसार राज्य अपनी सेवाओं में कार्यपालिका तथा न्यायपालिका के मध्य पृथक्करण का प्रयास करेगा।
- **अनुच्छेद**–43A में वर्णित प्रावधानों के अनुसार राज्य औद्योगिक प्रतिष्ठानों के प्रबंध में कर्मचारियों को भागीदारी प्रदान करने के लिए समुचित कदम उठाएगा।
- **अनुच्छेद**–49 के अनुसार राज्य के ऐतिहासिक महत्व के स्थानों की सुरक्षा करना राज्य का दायित्व है।
- **अनुच्छेद**–51 के अंतर्गत राज्य अंतर्राष्ट्रीय शांति और सुरक्षा, राष्ट्रों के मध्य सम्मानपूर्ण संबंधों की स्थापना तथा अंतर्राष्ट्रीय विवादों का शांतिपूर्ण ढंग से समाधान करने का प्रयास करेगा।

(3) गांधीवादी सिद्धांत (Gandhian Principles)

नीति-निदेशक सिद्धांतों के उन सिद्धांतों को गांधीवादी सिद्धांतों की श्रेणी में रखा गया है जो गांधीवादी विचारों से ओत-प्रोत हैं। गांधीवादी नीति-निदेशक सिद्धांत में निम्नलिखित सिद्धांतों अथवा तत्वों का समावेश है–

- **अनुच्छेद**–40 के अंतर्गत राज्य स्थानीय स्वशासन की इकाइयों के रूप में ग्राम पंचायतों का गठन करेगा।
- **अनुच्छेद**–46 में कहा गया है कि राज्य कमजोर वर्गों विशेषकर अनुसूचित जातियों या जनजातियों के सदस्यों के आर्थिक एवं शैक्षणिक हितों के पोषण के लिए प्रयत्न करेगा।
- **अनुच्छेद**–43 के अनुसार ग्रामीण क्षेत्रों में कुटीर उद्योगों की स्थापना करने की दिशा में राज्य विशेष प्रयास करेगा।
- **अनुच्छेद**–47 के अंतर्गत राज्य औषधि के उद्देश्य से प्रयोग को छोड़कर मादक द्रव्यों तथा अन्य मादक पदार्थों के सेवन पर प्रतिबंध लगा सकता है।
- **अनुच्छेद**–48 में कहा गया है कि राज्य गाय, भैंस आदि दुधारू पशुओं के वध को रोकने के लिए कानून बनाएगा।

नीति-निदेशक सिद्धांतों का मूल्यांकन

नीति-निदेशक तत्वों में सांविधिकता का अभाव होने के कारण विभिन्न राजनीतिक विश्लेषकों ने इसकी उपयोगिता पर ही प्रश्नचिह्न लगाया है। सर आइवर जैनिंग्स ने नीति-निदेशक सिद्धांतों के संदर्भ में अपनी प्रतिक्रिया व्यक्त करते हुए कहा है कि ''यह पुण्यात्मा लोगों की महत्वाकांक्षा मात्र है'' प्रोफेसर व्हीयर ने तो और भी कठोर शब्दों में नीति-निदेशक तत्वों की आलोचना की है। प्रो. व्हीयर के अनुसार, ''नीति-निदेशक सिद्धांतों को पढ़कर इस बात से इंकार नहीं किया जा सकता है कि इन विषयों को न्यायालयों पर छोड़ना मूर्खता होती......... यदि यह उद्देश्य है कि संविधान में सभी को समादर एवं स्नेह प्राप्त हो तो उसमें इन सिद्धांतों का समावेश करके कुछ लाभ होगा, ऐसा मालूम नहीं पड़ता है। यदि संविधान को गुरुता प्रदान करनी है तो नीति के इन साधारण उद्देश्यों के निर्वचन तथा उनकी पूर्ति के कारण विधान मंडलों में टकराव होगा और उनकी प्रतिष्ठा कम होगी।'' **के. टी. शाह ने नीति-निदेशक सिद्धांतों की आलोचना करते हुए कहा है कि ''यह एक ऐसा चेक है जिसका भुगतान बैंक की इच्छा पर छोड़ दिया जाना चाहिए।''** नीति-निदेशक सिद्धांतों की आलोचना के प्रमुख आधार निम्नलिखित हैं–

मौलिक अधिकारों और नीति-निदेशक सिद्धांतों में अंतर

भारतीय संविधान में प्रावधानित मौलिक अधिकार तथा नीति-निदेशक तत्व दोनों का उद्देश्य भारत में एक ऐसे लोक कल्याणकारी राज्य की स्थापना करना है जिसमें प्रत्येक व्यक्ति को अपनी सामाजिक, आर्थिक, शैक्षणिक तथा राजनीतिक उन्नति के लिए अवसर उपलब्ध हों, परंतु मूल अधिकारों तथा नीति-निदेशक सिद्धांतों में कुछ अंतर है। एलेन ग्लैडहिल ने दोनों में विद्यमान अंतरों पर अपनी प्रतिक्रिया व्यक्त करते हुए लिखा है कि ....**मौलिक अधिकार प्रतिबंधों की तरह हैं जो सरकार को कुछ काम करने से रोकते हैं, जबकि नीति-निदेशक सिद्धांत सरकार को कुछ कार्य करने के लिए सकारात्मक निर्देश देते हैं।** मौलिक अधिकार तथा नीति-निदेशक सिद्धांतों में प्रमुख अंतर निम्नवत् हैं–

(i) मौलिक अधिकार न्याय योग्य हैं परंतु निदेशक तत्व न्याय योग्य नहीं हैं। मौलिक अधिकारों का उल्लंघन होने पर न्यायालय में जाया जा सकता है। न्यायालय मौलिक अधिकारों के संबंध में स्पष्ट निर्देश सरकार को दे सकता है। मौलिक अधिकारों के उल्लंघन पर सरकार के विरुद्ध न्यायालय वैधानिक कार्यवाही कर सकता है, परंतु नीति-निदेशक तत्व न्याय योग्य नहीं हैं। अन्य शब्दों में यह कहा जा सकता है कि व्यवस्थापिका तथा कार्यपालिका अपनी नीतियों/कार्यक्रमों में नीति-निदेशक तत्वों को स्थान नहीं देती हैं तो उनके विरुद्ध किसी भी प्रकार की कोई वैधानिक कार्यवाही नहीं की जा सकती है।

(ii) मौलिक अधिकार नकारात्मक आदेश हैं जबकि नीति-निदेशक तत्व सकारात्मक आदेश हैं। मौलिक अधिकार सरकार के लिए कतिपय निषेधाज्ञाएं हैं जिनके माध्यम से राज्य को यह आदेश दिया गया है कि वह क्या-क्या न करें। इसके विपरीत नीति-निदेशक तत्वों के माध्यम से राज्य को अपने नागरिकों के हित में कुछ-न-कुछ करने का निर्देश दिया गया है।

(iii) मौलिक अधिकार और नीति-निदेशक तत्वों में तीसरा महत्वपूर्ण अंतर उनके लक्ष्यों में है। मौलिक अधिकारों का लक्ष्य राजनीतिक है जबकि नीति-निदेशक तत्वों का लक्ष्य सामाजिक एवं आर्थिक है। मौलिक अधिकारों का उद्देश्य न्याय, स्वतंत्रता तथा समानता के माध्यम से भारत में राजनीतिक लोकतंत्र की स्थापना करना है। जबकि नीति-निदेशक सिद्धांतों का उद्देश्य भारत में सामाजिक तथा आर्थिक लक्ष्य की स्थापना करना है।

वैधानिक शक्ति का अभाव (Lack of Legal Force): नीति निदेशक सिद्धांतों अथवा तत्वों की आलोचना का सबसे बड़ा आधार यह है कि इनमें वैधानिकता का अभाव है। इनके पीछे कोई वैधानिक शक्ति नहीं है। इसका कारण इनको न्याययोग्य नहीं मानना है। यदि राज्य अपनी नीतियों के सृजन में इन निदेशक तत्वों से किसी भी प्रकार से निर्देशित नहीं होते हैं तो उनके विरुद्ध किसी भी प्रकार की कोई वैधानिक कार्यवाही नहीं की जा सकती है। समालोचकों ने नीति-निदेशक सिद्धांतों को संविधान निर्माताओं की **शुभ इच्छाएं या नैतिक उपदेश** माना है जिनका कोई संवैधानिक महत्व नहीं है। संविधान सभा के सदस्य एन. आर. राघवाचारी के शब्दों में, **"ये (नीति निदेशक सिद्धांत) ललित पदावली में उच्च स्तर से व्यक्त भावनाओं की ऐसी पंक्तियां मात्र हैं जिनका कोई वैधानिक महत्व नहीं है।"** संविधान सभा के ही सदस्य नसीरूद्दीन का कहना था कि **नीति-निदेशक सिद्धांत नव वर्ष के प्रथम दिन पारित किया हुआ एक प्रस्ताव है जिसकी अवहेलना दूसरे दिन की जा सकती है।**

- **नितांत काल्पनिक और आदर्शवादी :** भारतीय संविधान में प्रावधानित नीति-निदेशक सिद्धांतों में ऐसे सिद्धांतों की कमी नहीं है जो व्यावहारिक कम और काल्पनिक अधिक प्रतीत होते हैं। यथा मद्यनिषेध आदि को लागू करना अत्यंत कठिन प्रतीत होता है क्योंकि इससे राज्य को राजस्व की क्षति होगी। ध्यातव्य है कि 1996 में हरियाणा में बंसीलाल की सरकार ने राज्य में मद्यनिषेध (शराबबंदी) लागू किया था, परंतु राज्य की वित्तीय स्थिति को बिगड़ते हुए देखकर उसी सरकार ने वर्ष 1999 में शराबबंदी को समाप्त कर दिया।
- इस संदर्भ में केम्पसन के कथन का उल्लेख करना समीचीन होगा। केम्पसन ने लिखा है कि जो लक्ष्य निश्चित किए गए हैं उनमें से कुछ का संभावित कार्यक्रम की वास्तविकता से बहुत-थोड़ा संबंध है। एन. आर. राधावाची का तो यहाँ तक मानना है कि-''नीति-निदेशक तत्वों का उद्देश्य जनता को मूर्ख बनाना एवं बहकाना ही है।''

कोई कानूनी शक्ति नहीं	तर्कहीन व्यवस्था	रूढ़िवादी	संवैधानिक टकराव
गैर-न्यायोचित प्रकृति के कारण के.टी.शाह ने निदेशक तत्वों की तुलना ऐसे चेक से की, जो बैंक की सुविधानुसार अदा किया जाएगा। टी.टी. कृष्णमाचारी ने इन्हें भावनाओं का स्थायी कूड़ाघर कहा। के.सी. ने व्हीयर ने इन्हें धार्मिक उपदेश की संज्ञा दी।	एन. श्रीनिवासन ने कहा कि निदेशक तत्व तर्कहीन एवं अनुचित तरीके से वर्गीकृत किए गए हैं। सर आइवर जेनिंग्स के अनुसार इन तत्वों का कोई नियमित प्रतिमान दर्शन नहीं है।	आइवर जेनिंग्स के अनुसार- ये तत्व 19वीं सदी के इंग्लैंड के राजनीतिक दर्शन पर आधारित हैं और भारत के लिए भविष्य में उपयोगी नहीं होंगे। इसे समाजवाद के बिना फेबियन समाजवाद की संज्ञा दी गई।	के. संथानम का मानना है कि, निदेशक तत्वों ने विधायिका, कार्यपालिका एवं न्यायपालिका के मध्य टकराव को जन्म दिया है। यह टकराव केंद्र एवं राज्य दोनों स्तरों पर संभव है।

- **अस्पष्टता :** नीति-निदेशक तत्वों के अनेकों अंश नितांत अस्पष्ट हैं तथा यह निर्धारित करना कठिन है कि संविधान निर्माताओं का इनको समाहित करने का उद्देश्य क्या था। नीति-निदेशक सिद्धांत विषयों की दृष्टि से भी अव्यवस्थित हैं क्योंकि इनमें एक तरफ जहां सामाजिक और आर्थिक न्याय से संबंधित महत्वपूर्ण प्रावधान रखे गए हैं वही दूसरी ओर प्राचीन स्मारकों की रक्षा जैसे सामान्य विषय को भी इसमें स्थान दिया गया है। यहाँ प्रो. श्रीनिवासन के कथन का उल्लेख करना समीचीन होगा कि-''इस अध्याय में कुछ बेढंगे तरीके से आधुनिक को पुरातन के साथ और तर्क एवं विज्ञान द्वारा सुझाए गए उपबंधों को पूर्णत: भावुकता एवं पूर्वाग्रह पर आधारित उपबंधों के साथ मिला दिया गया है।''

मौलिक अधिकारों और नीति-निदेशक तत्वों के मध्य संबंध या दोनों के मध्य प्राथमिकता का प्रश्न

सामान्यत: यह मान्यता है कि मौलिक अधिकार न्याय योग्य हैं और इन्हें संविधान के किसी भी अनुच्छेद या भाग पर प्राथमिकता प्राप्त है। सर्वोच्च न्यायालय द्वारा भी विभिन्न वादों में मौलिक अधिकारों को ही प्राथमिकता दी गई है। ध्यातव्य है कि 1967 में गोलकनाथ बनाम पंजाब राज्य के संबंध में दिए गए निर्णय में सर्वोच्च न्यायालय ने कहा था कि मौलिक अधिकारों पर बिना किसी प्रकार का प्रतिबंध लगाए या अस्वीकार किए बिना नीति-निदेशक तत्वों को क्रियान्वित करना राज्य का दायित्व है।

संविधान में 25वें संविधान संशोधन द्वारा अनुच्छेद-30 में एक नया उपबंध 30(c) **जोड़ा गया।** अनुच्छेद-30(c) में स्पष्टत: कहा गया है कि अनुच्छेद-39(b) और (c) में उल्लेखित नीति-निदेशक तत्वों को क्रियान्वित करने के लिए कोई कानून बनाया जाता है तो उसको इस आधार पर अवैध घोषित नहीं किया जा सकता है कि उससे संविधान के अनुच्छेद 14, 19 तथा 31 (संपत्ति का अधिकार अब निरस्त हो गया है) का उल्लंघन होता है।

इसके अतिरिक्त अनुच्छेद-30(c) में यह भी प्रावधान किया गया है कि यदि संसद द्वारा निर्मित किसी विधि में यह प्रावधान कर दिया जाए तो इसका निर्माण अनुच्छेद-39(e) और 39(b) को लागू करने के लिए किया जा रहा है तो संबंधित विधि को न्यायालय में चुनौती नहीं दी जा सकती है।

केशवानंद भारती बनाम केरल राज्य (1973) के निर्णय में सर्वोच्च न्यायालय ने 25वें संविधान संशोधन को वैध माना कि अनुच्छेद-39(b) तथा (c) में प्रावधानित नीति-निदेशक तत्वों को क्रियान्वित करने के लिए निर्मित विधियों को मौलिक अधिकारों पर प्राथमिकता प्राप्त होगी। परंतु सर्वोच्च न्यायालय ने इस आशय से कि निर्मित विधियों की संवैधानिक वैधता को न्यायालय में चुनौती नहीं जा सकेगी, को सर्वोच्च न्यायालय ने निरस्त कर दिया।

42वें संविधान संशोधन (1976 में) द्वारा यह व्यवस्था की गई कि किसी भी नीति-निदेशक तत्व को क्रियान्वित करने के लिए निर्मित विधि को इस आधार पर चुनौती नहीं दी जा सकती है कि इससे अनुच्छेद 14, 19, तथा 31 द्वारा प्राप्त अधिकारों का उल्लंघन होता है। इस प्रकार 42वें संविधान संशोधन से नीति-निदेशक सिद्धांतों को मौलिक अधिकारों पर वरीयता दी गई। जबकि 25वें संविधान संशोधन द्वारा मौलिक अधिकारों को प्राथमिकता दी गई थी।

1980 में **मिनर्वा मिल्स वाद के** निर्णय में सर्वोच्च न्यायालय ने **42वें संविधान संशोधन** की व्यवस्था को निरस्त करते हुए यह निर्णय दिया कि केवल अनुच्छेद-39(b) तथा 39(c) को क्रियान्वित करने के लिए निर्मित विधियों को ही मौलिक अधिकारों पर प्राथमिकता मिलेगी। अन्य पर नहीं, यही आज नवीनतम स्थिति है।

मौलिक अधिकारों और नीति-निदेशक तत्वों दोनों का ही समान महत्व है। मिनर्वा मिल्स बनाम भारतीय संघ के निर्णय में पी. एन. भगवती का कथन है कि-''यह कहना सही नहीं है कि मौलिक अधिकार नीति-निदेशक सिद्धांतों से श्रेष्ठ एवं उच्चतर हैं या निदेशक सिद्धांतों को मौलिक अधिकारों के सम्मुख झुक जाना चाहिए। दोनों ही वस्तुत: समान रूप से मौलिक हैं। राजनीतिक लोकतंत्र की स्थापना के लिए अधिकारों की आवश्यकता है, जबकि सामाजिक, शैक्षणिक एवं आर्थिक लोकतंत्र की स्थापना के लिए नीति-निदेशक सिद्धांतों की आवश्यकता है।

नीति-निदेशक सिद्धांतों का क्रियान्वयन

नीति निदेशक सिद्धांत सरकार के लिए मार्गदर्शक हैं, मौलिक दिशा-निर्देश हैं आदि तत्वों को केंद्र-बिंदु में रखकर केंद्र तथा राज्य सरकारों द्वारा नीति-निदेशक सिद्धांतों को व्यावहारिक धरातल पर लागू करने के लिए कुछ प्रयास अवश्य किए गए हैं। इनमें जमींदारी प्रथा का उन्मूलन, भूमि के स्वामित्व को वास्तविक रूप में भूमि के जोतदारों को सौंपना, बैंकों का राष्ट्रीयकरण, राजाओं के प्रिवीपर्स की समाप्ति, आर्थिक एवं पिछड़े वर्गों के लिए सरकारी नौकरियों में आरक्षण की व्यवस्था तथा कुटीर उद्योगों के विकास के लिए अखिल भारतीय खादी एवं ग्रामोद्योग आयोग का गठन

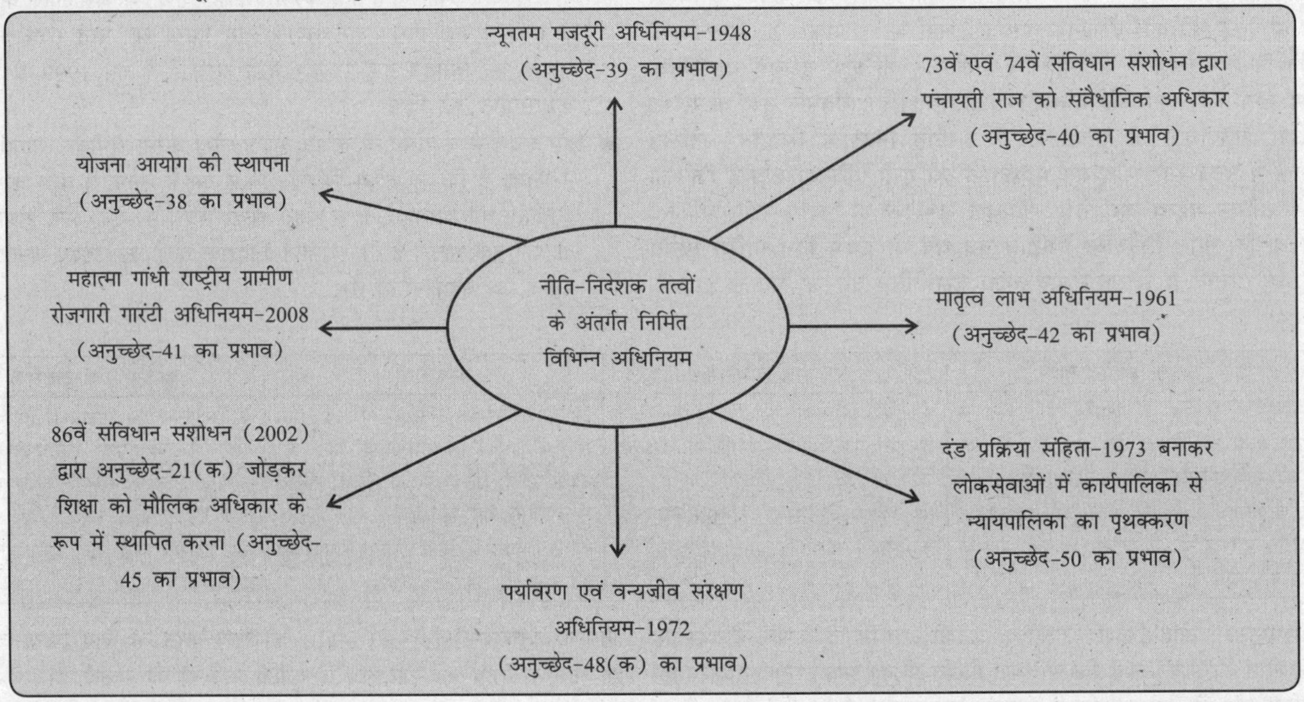

प्रमुख है। **73वें संविधान संशोधन** द्वारा ग्राम पंचायतों के गठन को संवैधानिकता प्रदान की गई। अनुसूचित जातियों, जनजातियों के साथ ही अन्य पिछड़े वर्गों एवं महिलाओं के लिए भी पंचायती राज संस्थाओं में आरक्षण प्रदान किया गया। खेती के आधुनिकीकरण की प्रक्रिया चल रही है। ऐतिहासिक स्थलों की सुरक्षा विधि द्वारा सुनिश्चित की जा चुकी है। कार्यपालिका से न्यायपालिका को पूर्णरूपेण पृथक कर दिया गया है। 14 वर्ष के बच्चों को निःशुल्क शिक्षा देना, कुछ राज्यों में गौवध पर पूर्ण प्रतिबंध, निर्धनों के लिए निःशुल्क विधि परामर्श केंद्र की स्थापना आदि कदम उठाए जा चुके हैं। अधिकांश गांवों में पेयजल की आपूर्ति सुनिश्चित की जा रही है। राष्ट्रीय सामाजिक सहायता कार्यक्रम के माध्यम से कुछ राज्यों में वृद्धावस्था पेंशन दी जा रही है। **ध्यातव्य है कि नीति-निदेशक सिद्धांतों को व्यावहारिक रूप देने के लिए ही संविधान में पहला, चौथा, 25वां, 42वां तथा 73वां संविधान संशोधन किया गया।**

यद्यपि सरकार भारत में लोकतांत्रिक समाजवाद, आर्थिक विषमता को न्यून करने, सभी लोगों के सामाजिक एवं आर्थिक विकास के लिए प्रयत्नशील है फिर भी एक समतामूलक शोषण विहीन समाजवादी समाज की स्थापना की संभावना अभी दूर तक नहीं दिखाई दे रही है। भारत के 80% वित्तीय संसाधनों पर मात्र 20% लोगों का स्वामित्व है। सरकारी आंकड़ों के अनुसार देश की एक-तिहाई से अधिक आबादी निर्धनता रेखा के नीचे जीवनयापन कर रही है। बेरोजगारों की संख्या में निरंतर वृद्धि हो रही है। लाखों लोग सड़कों के किनारों झुग्गी-झोंपड़ियों में निवास करते हैं।

मूल अधिकार	निदेशक तत्व
● ये अपनी मूल प्रकृति में नकारात्मक हैं क्योंकि ये राज्य को कुछ मामलों पर कार्य करने से प्रतिबंधित करते हैं।	● ये अपनी मूल प्रकृति में सकारात्मक हैं, राज्य को कुछ मामलों पर इनकी आवश्यकता होती है।
● ये न्यायोचित होते हैं, इनके हनन पर न्यायालय द्वारा इन्हें लागू करवाया जा सकता है।	● ये गैर-न्यायोचित होते हैं। इन्हें कानूनी रूप से न्यायालय द्वारा लागू नहीं करवाया जा सकता।
● इनका उद्देश्य देश में लोकतांत्रिक राजनीतिक व्यवस्था स्थापित करना है।	● इनका उद्देश्य देश में सामाजिक एवं आर्थिक लोकतंत्र की स्थापना करना है।
● ये कानूनी रूप से मान्य हैं।	● इन्हें नैतिक एवं राजनीतिक मान्यता प्राप्त है।
● ये व्यक्तिगत कल्याण को प्रोत्साहन देते हैं, इस प्रकार ये स्वतः वैयक्तिक हैं।	● ये समुदाय के कल्याण को प्रोत्साहित करते हैं, इस तरह ये समाजवादी हैं।
● इनको लागू करने के लिए विधान की आवश्यकता नहीं, ये स्वतः लागू हैं।	● इन्हें लागू रखने के लिए विधान की आवश्यकता होती है। ये स्वतः लागू नहीं होते।
● न्यायालय इस बात के लिए बाध्य है, कि किसी भी मूल अधिकार के हनन की विधि को गैर-संवैधानिक एवं अवैध घोषित करें।	● निदेशक तत्वों का उल्लंघन करने वाली किसी विधि को न्यायालय असंवैधानिक और अवैध घोषित नहीं कर सकता। यद्यपि विधि की वैधता को इस आधार पर सही ठहराया जा सकता है कि, इन्हें निदेशक तत्वों को प्रभावी करने के लिए लागू किया गया था।

उपरोक्त अंतरों के बाद भी दोनों सिद्धांतों का अपना महत्व है। मूल अधिकार एवं नीति-निदेशक तत्व वास्तव में एक ही व्यवस्था के अंग हैं तथा इन दोनों का लक्ष्य भी एक ही है- प्रत्येक नागरिक के व्यक्तित्व का सर्वांगीण विकास तथा लोक कल्याणकारी राज्य की स्थापना।

गांवों में बिजली, सड़कों, पेयजल, स्वास्थ्य सुविधाओं का अभाव है। लगभग आधी आबादी निरक्षर है। बाल श्रम की समस्या गंभीर होती जा रही है। कमजोर वर्ग के लोगों के ऊपर अत्याचार में निरंतर वृद्धि हो रही है। नि:शुल्क विधिक सहायता का प्रस्ताव मात्र औपचारिकता बनकर रह गया है। कई राज्यों में ग्राम पंचायतों के चुनाव नहीं कराए जा रहे हैं। साफ-सुथरा वातावरण उपलब्ध है।

पंचायती संस्थाओं के पुनर्जीवन के माध्यम से आम आदमी को सत्ता में सहभागिता देने का प्रयास अवश्य किया जा रहा है, परंतु जब तक सामाजिक और आर्थिक क्षेत्र में लोकतंत्र की स्थापना नहीं हो जाती है तब तक राजनीतिक लोकतंत्र की स्थापना का कोई सार्थक परिणाम नहीं निकलेगा।

वस्तुत: भारत के नीति-निदेशक तत्वों का क्रियान्वयन पूर्णरूपेण नहीं हो सका है, क्योंकि इसके लिए एक बड़ी आवश्यकता पर्याप्त मात्रा में वित्तीय संसाधनों की होती है। एक महत्वपूर्ण तथ्य यह भी है कि लोकतांत्रिक देशों में उन्नति की गति काफी धीमी होती है, क्योंकि राजनीतिक इच्छा शक्ति का या तो राजनीतिक दलों में अभाव होता है जिससे संरचनात्मक परिवर्तन नहीं हो पाता है या वे करने में सक्षम नहीं होते हैं।

भारत में आंशिक रूप से उपयुक्त तथ्य सही प्रतीत होते हैं। परंतु इसका आशय यह भी नहीं है कि राज्य ने निदेशक तत्वों को जान-बूझकर लागू नहीं किया है अथवा उसको अस्वीकार कर दिया। पंचवर्षीय योजना तथा अन्य विकासपरक कार्यक्रमों द्वारा जनसामान्य को विकास से लाभान्वित करने का प्रयास किया जा रहा है।

प्राथमिक शिक्षा की सार्वभौमिकता को ध्यान में रखकर राष्ट्रीय साक्षरता अभियान चलाया जा रहा है। अतएव राज्य के नीति-निदेशक सिद्धांतों के क्रियान्वयन के लिए दृढ़ शक्ति, कर्मठ संचालन तथा ईमानदार प्रयास की आवश्यकता है। इसके द्वारा ही उपरोक्त क्रियान्वयन में गति लाई जा सकती है।

नीति-निदेशक सिद्धांतों का महत्व

भारतीय संविधान में नीति-निदेशक सिद्धांतों का समावेश देश में सामाजिक, आर्थिक एवं राजनीतिक लक्ष्य की प्राप्ति के लिए किया गया। यद्यपि आलोचकों ने नीति-निदेशक सिद्धांतों को ऐसी नैतिक घोषणाएं बताया है जिससे किसी को कोई प्रेरणा नहीं मिलती है क्योंकि ये स्वभाव से न्याययोग्य नहीं हैं, यह ठीक है कि नीति निदेशक सिद्धांत न्याय योग्य नहीं हैं; फिर भी नीति-निदेशक सिद्धांतों को नैतिक उपदेश या पवित्र निरर्थकताएं कहना संकीर्ण दृष्टिकोण का परिचायक होगा; क्योंकि भारतीय लोकतांत्रिक गणराज्य का उद्देश्य इस निर्दयी एवं कठोर विश्व में सत्यम्, शिवम, सुंदरम की स्थापना करना है। भारतीय संविधान में नीति-निदेशक सिद्धांत इस बात को सुनिश्चित करते हैं कि न तो कोई अनुदार दल अपनी नीति के निर्धारण में इन सिद्धांतों की पूरी अवहेलना कर सकेगा और न कोई उग्रवादी दल अपने आर्थिक या अन्य कार्यक्रमों को पूरा करने के लिए संविधान को समाप्त करने की आवश्यकता समझेगा। अतएव नीति-निदेशक सिद्धांतों का निम्नलिखित महत्व है-

- **लोक कल्याणकारी राज्य:** एक लोक कल्याणकारी राज्य द्वारा लोगों की भलाई अथवा कल्याण के लिए विभिन्न तरह के कार्य किए जाते हैं; जैसे- शिक्षा, सामाजिक विकास, रोजगार सृजन, गरीबी तथा भुखमरी का उन्मूलन, स्वास्थ्य संबंधी सेवाओं को उपलब्ध कराना इत्यादि।
- **प्राकृतिक न्याय:** ब्रिटिश कानून के अनुसार प्राकृतिक न्याय के तीन प्रमुख आधार हैं-
  1. किसी भी विवाद में प्रत्येक पक्ष को उसकी बात सुने जाने का अधिकार प्राप्त है।
  2. किसी भी मामले की सुनवाई कर रहे न्यायाधीश का उस मामले के परिणाम में कोई व्यक्तिगत हित न हो।
  3. दंड, अपराध से ज्यादा नहीं होना चाहिए।

नीति-निदेशक सिद्धांत राज्य के कर्तव्य हैं। इनके पीछे जनमत की शक्ति होती है। अतएव प्रत्येक उत्तरदायी सरकार के लिए इनके अनुरूप ही नीतियों का निर्णय अनिवार्य है।

- नीति-निदेशक सिद्धांतों का आदर्शों के रूप में भी पर्याप्त महत्व है। ब्रिटेन में मैग्नाकार्टा, फ्रांसीसी क्रांति के दौरान जारी अधिकारों का घोषणा पत्र तथा सं. रा. अमेरिका के संविधान की प्रस्तावना भी कोई कानूनी प्रपत्र नहीं है। इसके बावजूद इन देशों की संवैधानिक व्यवस्था के कार्यकाल को इन्होंने विशेष रूप से प्रभावित किया है।
- जहां पर संविधान की अस्पष्टता दृष्टिगोचर होती है वहां पर नीति-निदेशक तत्वों की सहायता से संविधान की व्याख्या की जाती है।
- इसके आधार पर किसी भी सरकार का मूल्यांकन किया जा सकता है। सरकार ने किस सीमा तक नीति-निदेशक सिद्धांतों को व्यवहार में लागू किया है, सरकार के मूल्यांकन के लिए उपयुक्त आधार प्रदान करता है।

वस्तुत: नीति-निदेशक सिद्धांत भारतीय शासन के सर्वोच्च सिद्धांत हैं। यहां पर सर्वोच्च न्यायालय के न्यायाधीश कानिया के उस कथन का उल्लेख करना समीचीन होगा जिसे उन्होंने **ए.के. गोपालन बनाम चेन्नई (मद्रास) राज्य** वाद में निर्णय देते हुए कहा था। कानिया के अनुसार "......चूंकि राज्य के नीति-निदेशक सिद्धांत संविधान में समावेशित हैं। अतएव वे बहुमत दल के अस्थायी आदेश मात्र नहीं हैं वरन् उनमें राष्ट्र की बुद्धिमत्तापूर्ण स्वीकृति बोल रही है जो संविधान सभा के माध्यम से अभिव्यक्त हुई है।"

स्मरणीय तथ्य

- संविधान के भाग चार में अनुच्छेद-36 से 51 तक नीति निदेशक सिद्धांतों का उल्लेख किया गया है।
- मूल अधिकारों की तरह नीति-निदेशक तत्वों का न्यायालय द्वारा प्रवर्तन नहीं किया जा सकता।
- जेनिंग्स ने नीति-निदेशक तत्वों को-पुण्यात्मा लोगों की महत्वाकांक्षा मात्र, पायली ने इसे-**प्रशासकीय आचरण का सिद्धांत।** ग्रैनविल ऑस्टिन ने इसे-**सामाजिक क्रांति के उद्देश्यों की प्राप्ति हेतु एक लक्ष्य** तथा न्यायाधीश जी. एन. जोशी ने इसे-**मानवीय आदर्शवाद का ढेर** बताया है।
- संविधान के भाग चार के अनुच्छेद-40 में पंचायती राज का उपबंध; अनुच्छेद-41 में काम के अधिकार का उपबंध, अनुच्छेद-44 में एकल नागरिक संहिता तथा अनुच्छेद-50 में न्यायपालिका एवं कार्यपालिका के पृथक्करण संबंधी उपबंध किए गए हैं।
- 42वें संवैधानिक संशोधन द्वारा इस भाग में एक अन्य अनुच्छेद- 51(क) के रूप में जोड़ा गया जिसके माध्यम से दस मूल कर्तव्यों का समावेश किया गया है, परंतु वर्तमान में मूल कर्तव्यों की संख्या बढ़कर 11 हो गई है।
- नेहरू ने कहा था-जहां मौलिक अधिकार और निदेशक तत्वों में विरोध हो वहां निदेशक तत्वों को वरीयता दी जानी चाहिए।
- कुरैशी बनाम बिहार राज्य तथा चेन्नई (मद्रास) राज्य बनाम चम्पकम दोराईराजन वाद में सर्वोच्च न्यायालय ने निदेशक तत्वों पर मौलिक अधिकारों को वरीयता प्रदान की।
- इंदिरा गांधी ने कहा था कि हम निदेशक तत्वों को क्रियान्वित करने के लिए कृत संकल्प हैं और इसके लिए यदि हमें मौलिक अधिकारों में संशोधन भी करना पड़े तो करेंगे।

- संविधान के 24वें और 25वें संशोधन (1971) के अंतर्गत संसद को यह शक्ति प्रदान की गई कि वह मूल अधिकार सहित संविधान के किसी भी अनुच्छेद में संशोधन कर सकती है।
- 1973 के केशवानंद भारती वाद में सर्वोच्च न्यायालय ने गोलकनाथ वाद में दिए गए निर्णयों को उलटते हुए मौलिक अधिकारों को अप्रवर्तनीय माना और संसद की संशोधन की शक्ति पर मर्यादाएं भी लगाईं। इसी वाद में सर्वोच्च न्यायालय ने संविधान के आधारभूत ढांचे की संकल्पना प्रस्तुत की और उसे अप्रवर्तनीय माना।
- 42वें संशोधन (1976) द्वारा पुनः यह स्थापित करने का प्रयास किया गया कि-'निदेशक सिद्धांत को लागू करने के लिए संसद जिन किन्हीं कानूनों का निर्माण करे उन्हें इस आधार पर चुनौती नहीं दी जा सकती कि वे संविधान में दिए गए किसी कानून का उल्लंघन करते हैं।' इस संशोधन में मौलिक अधिकारों की स्थिति पुनः कमजोर हो गई।
- 1979 के मिनर्वा मिल्स वाद में 42वें संशोधन के खंड 4 एवं 55 को इस आधार पर अवैध घोषित कर दिया गया कि इनसे संविधान के मूल ढांचे जिसका प्रतिपादन केशवानंद भारती वाद में हुआ था, का उल्लंघन होता है।
- वर्तमान में स्थिति यह है कि निदेशक सिद्धांतों के अनुच्छेद-39 की धारा 'ब' और 'स' जो कि आर्थिक व सामाजिक न्याय से संबंधित हैं, के क्रियान्वयन के लिए तो मूल अधिकारों को संशोधित किया जा सकता है, किंतु अन्य निदेशक सिद्धांतों के लिए ऐसा नहीं किया जा सकता।
- नीति-निदेशक तत्व समाजवाद, गांधीवाद और व्यक्तिवाद का सृजन करते हैं।
- तेज बहादुर सप्रू समिति ने भारतीय संविधान के लिए नीति-निदेशक तत्व तैयार किए।
- भारतीय संविधान के भाग चार में संविधान की आत्मा निवास करती है। संविधान के भाग 4 में अनुच्छेद-36 से 51 तक नीति-निदेशक तत्वों की व्यवस्था की गई है।
- संविधान में नीति निदेशक सिद्धांत तत्वों को आयरलैंड के संविधान से लिया गया है।
- इनका उद्देश्य उस सामाजिक एवं आर्थिक क्रांति के उद्देश्यों को पूरा करना है, जो स्वतंत्रता के समय अधूरे रह गए थे।
- डॉ. अंबेडकर ने इसे भारतीय संविधान की 'अनोखी एवं महत्वपूर्ण विशेषता' कहा है।
- वस्तुतः राज्य के नीति-निदेशक सिद्धांत राज्य के लिए निर्देश हैं कि राज्य किस प्रकार सामाजिक एवं आर्थिक व्यवस्था का संचालन करेगा।
- भारतीय संविधान के भाग 4 में अनुच्छेद-36 से 51 तक निम्न नीति-निदेशक तत्वों का वर्णन किया गया है।

राज्य के नीति-निदेशक सिद्धांतों को निम्नलिखित रूप में वर्गीकृत कर देखा जा सकता है—

- संविधान के अनुच्छेद–30, 41, 42, 43, 46 और 47 में आर्थिक सिद्धांत का उल्लेख किया गया है। इन सिद्धांतों का उद्देश्य आर्थिक संबंधों में परिवर्तन लाना तथा समाज के विपन्न वर्गों की आर्थिक स्थिति को सुधारना है। इन सिद्धांतों में अनेक आश्वासन दिए गए हैं,
- समाज की भौतिक संपत्ति का ऐसे प्रबंध करना कि एकाधिकार व धन के संकेंद्रण को रोका जा सके, उत्पादन का समान बंटवारा हो तथा समानता प्राप्त की जा सके। (अनुच्छेद-39 (बी), (सी)।
- स्त्री व पुरुष के लिए समान कार्य के लिए समान वेतन (अनुच्छेद 39)।
- आर्थिक सामर्थ्य और विकास की सीमाओं में रहते हुए राज्य नागरिकों को काम व शिक्षा पाने का अधिकार देगा (अनुच्छेद-41)।
- बेकारी, बुढ़ापा, बीमारी व अंगहानि तथा किसी अन्य आंशिक अभाव की हालत में सार्वजनिक सहायता देना।
- अनुसूचित जातियों तथा अनुसूचित जनजातियों के हितों की रक्षा का राज्य द्वारा नीति-निदेशक सिद्धांतों से संबंध
- मौलिक अधिकार व राज्य के नीति निदेशक सिद्धांत परस्पर विरोधी नहीं हैं, बल्कि दोनों के उद्देश्य समान हैं अर्थात् आर्थिक-सामाजिक न्याय पर आधारित समाज की स्थापना करना, इसलिए दोनों एक-दूसरे के पूरक हैं।
- मौलिक अधिकार वाद योग्य हैं, जबकि निदेशक सिद्धांत वाद योग्य नहीं हैं।
- मौलिक अधिकार व्यक्तिनिष्ठ हैं, जबकि निदेशक सिद्धांतों को केवल राज्य लागू करता है।
- मौलिक अधिकारों पर युक्तियुक्त प्रतिबंध लगाए जा सकते हैं, जबकि निदेशक सिद्धांत इन प्रतिबंधों से मुक्त हैं।
- मौलिक अधिकार राज्य की शक्ति की सीमाएं बांधते हैं, जबकि निदेशक सिद्धांत राज्य को कार्य करने की प्रेरणा देते हैं।
- नीति-निदेशक सिद्धांत न्यायालय में प्रवर्तनीय नहीं हैं और ये किसी व्यक्ति के पक्ष में किन्हीं ऐसे अधिकारों का सृजन नहीं करते हैं, जिनका न्यायालय द्वारा निर्णय हो सके, जबकि मौलिक अधिकारों के आधार पर न्यायालय निर्णय दे सकता है।
- मौलिक अधिकार एवं नीति-निदेशक तत्व में कौन सर्वोच्च है? इस पर काफी वाद-विवाद हुए हैं। चम्पकम दोराईराजन बनाम चेन्नई (मद्रास) राज्य विवाद में सर्वोच्च न्यायालय द्वारा मूल अधिकारों को प्राथमिकता दी गई।
- 'गोलकनाथ विवाद' 1967 में भी सर्वोच्च न्यायालय ने मौलिक अधिकारों को प्राथमिकता दी। परंतु, इंदिरा सरकार ने संविधान के 24वें एवं 25वें संशोधनों द्वारा नीति-निदेशक तत्वों को मौलिक अधिकारों पर वरीयता दी।
- यह मामला जब 'केशवानंद भारती बनाम केरल राज्य विवाद' 1973 में सर्वोच्च न्यायालय गया, तो सर्वोच्च न्यायालय ने गोलकनाथ मुकदमे के अपने निर्णय को पलटते हुए कहा कि संसद नीति-निदेशक सिद्धांतों के कार्यान्वयन में मौलिक अधिकारों को नजरअंदाज कर सकती है, परंतु संविधान के कुछ ऐसे आधारभूत लक्षण हैं, जिनमें संसद संशोधन नहीं कर सकती है।
- 1979–80 से दोनों के बीच का विवाद मिनर्वा मिल्स विवाद से खत्म हुआ, जिसमें सर्वोच्च न्यायालय ने दोनों को एक-दूसरे का पूरक कहा।
- इस प्रकार, स्पष्ट है कि नीति-निदेशक सिद्धांतों एवं मौलिक अधिकारों में वर्चस्व को लेकर कभी-कभी मतभेद भी रहे हैं।
- वास्तव में नीति-निदेशक सिद्धांत एवं मौलिक अधिकार दोनों ही संविधान के अभिन्न अंग हैं। निदेशक तत्व भारत में आर्थिक लोकतंत्र की एवं मौलिक अधिकार राजनीतिक लोकतंत्र की स्थापना करते हैं। 'मिनर्वा मिल्स बनाम भारत संघ विवाद', 1980 में सर्वोच्च न्यायालय ने स्पष्ट कर दिया कि दोनों ही संविधान के अभिन्न अंग हैं एवं एक-दूसरे के पूरक हैं। ऐसी कोई भी विधि जो इन दोनों को एक-दूसरे पर वरीयता देगी, कानून की हर सीमा तक अवैध होगी।

❑❑❑

अध्याय 11

मौलिक कर्तव्य

अधिकार और कर्तव्य को एक ही सिक्के के दो पक्ष माना जाता है जिनका एक-दूसरे से अलग कोई अस्तित्व नहीं है। यही कारण है कि भारत के मूल संविधान में मौलिक कर्तव्यों की अलग से विवेचना नहीं की गई थी परंतु स्वर्ण सिंह समिति की रिपोर्ट के आधार पर 1976 में 42वें संविधान संशोधन के द्वारा संविधान में अनुच्छेद-51 में एक नया उपखंड 1 जोड़ा गया। भारतीय संविधान में मौलिक कर्तव्य सोवियत संघ (रूस) के संविधान से लिए गए हैं। प्रमुख लोकतांत्रिक देशों- संयुक्त राज्य अमेरिका, फ्रांस, ऑस्ट्रेलिया, जर्मनी, कनाडा आदि देशों के संविधान में मौलिक कर्तव्यों का उल्लेख नहीं किया गया है, परंतु जापान के संविधान में मौलिक कर्तव्यों का उल्लेख है। भारतीय संविधान में स्वर्ण सिंह समिति की सिफारिशों के आधार पर 10 मौलिक कर्तव्यों का समावेश किया गया। हालांकि स्वर्ण सिंह समिति ने 8 मौलिक कर्तव्यों को ही सम्मिलित करने का सुझाव दिया था। वर्ष 2002 में 86वें संविधान संशोधन अधिनियम के माध्यम से 11वां मूल कर्तव्य जोड़ा गया।

भारतीय संविधान और मौलिक कर्तव्य

वर्तमान में कुल 11 मौलिक कर्तव्य हैं, जो निम्नवत् हैं-

(1) संविधान का पालन करना और उसके आदर्शों, संस्थाओं, राष्ट्रध्वज तथा राष्ट्रगीत का आदर करना।

(2) स्वतंत्रता के लिए हमारे राष्ट्रीय आंदोलन को प्रेरित करने वाले उच्च आदर्शों को हृदय में संजोए रखें तथा उनका पालन करें।

(3) भारत की संप्रभुता, एकता तथा अखंडता की रक्षा करें।

(4) देश की रक्षा करना तथा आह्वान किए जाने पर राष्ट्र की सेवा करना।

(5) भारत के सभी लोगों में समरसता और समान भ्रातृत्व की भावना का निर्माण करना जो धर्म, भाषा और प्रदेश या वर्ग पर आधारित सभी भेदभाव से परें हो तथा ऐसी प्रथाओं का त्याग करना जो स्त्रियों के सम्मान के विरुद्ध हो।

(6) भारत की सामाजिक संस्कृति की गौरवशाली परंपरा के महत्व को समझना तथा उसका परीक्षण करना।

(7) प्राकृतिक पर्यावरण की, जिसके अंतर्गत वन, झील, नदी और वन्य जीव आते हैं, रक्षा करना तथा उसका संवर्द्धन करना और प्राणीमात्र के प्रति दया भाव रखना।

(8) वैज्ञानिक दृष्टिकोण, मानववाद, ज्ञानार्जन तथा सुधार की भावना विकसित करना।

(9) सार्वजनिक संपत्ति की सुरक्षा करना तथा हिंसा से दूर रहना।

(10) व्यक्तिगत और सामूहिक गतिविधियों के सभी क्षेत्रों में उत्कर्ष की ओर बढ़ने का सतत प्रयास करना जिससे राष्ट्र निरंतर बढ़ते हुए प्रयत्न और उपलब्धि की नई ऊंचाइयां प्राप्त कर ले।

(11) सभी माता-पिता का कर्तव्य है कि 6 से 14 वर्ष के उम्र के बच्चों को शिक्षा दिलाएं।

मौलिक कर्तव्यों की विशेषताएं

निम्नलिखित बिंदुओं को मूल कर्तव्यों की विशेषताओं के संदर्भ में उल्लिखित किया जा सकता है-

- मौलिक कर्तव्यों में से कुछ कर्तव्य नैतिक हैं तो कुछ नागरिक। उदाहरण के लिए, राष्ट्रीय ध्वज एवं राष्ट्रगान का आदर करना नागरिक कर्तव्य है, जबकि स्वतंत्रता संग्राम के उच्च आदर्शों का सम्मान करना एक नैतिक कर्तव्य है।
- मौलिक कर्तव्य मूल भारतीय परंपरा, पौराणिक कथाओं, धर्म एवं जीवन पद्धतियों से संबंधित हैं।
- मौलिक कर्तव्य केवल नागरिकों के लिए हैं, न कि विदेशियों के लिए।
- मौलिक कर्तव्यों के उल्लंघन के विरुद्ध कोई कानूनी प्रावधान नहीं है, यद्यपि संसद उपयुक्त विधान द्वारा इनके क्रियान्वयन के लिए स्वतंत्र है।

मौलिक कर्तव्यों का क्रियान्वयन

- मौलिक कर्तव्य सांविधिक कर्तव्य हैं। इन कर्तव्यों के अनुपालन में विफल होने पर दंड का आरोपण करने के लिए संसद विधि द्वारा दंड का विधान करेगी।
- इस प्रावधान की सफलता बहुत हद तक उस आधार पर निर्भर करेगी जिस पर तथा जिन व्यक्तियों के ऊपर इन कर्तव्यों को लागू किया गया है।
- मौलिक कर्तव्यों को परमादेश द्वारा प्रभावी नहीं बनाया जा सकता है। परमादेश एक रिट है जिसे न्यायालय मूल अधिकारों का उल्लंघन होने पर जारी करते हैं। मौलिक कर्तव्य लोगों पर नैतिक उत्तरदायित्व आरोपित करते हैं। प्रशासन इसके लिए उत्तरदायी नहीं हो सकता है जबकि रिटें प्रशासनिक अधिकारी के विरुद्ध जारी की जाती हैं।

मौलिक कर्तव्यों की प्रासंगिकता

भारतीय संविधान में अलग से मौलिक कर्तव्यों को सम्मिलित करने की आलोचना की गई है। प्राय: आलोचकों का कहना है कि जिन मौलिक कर्तव्यों का उल्लेख किया गया है उसका पालन लोग इसके पूर्व से ही करते चले आ रहे हैं तो फिर उनके लिए कर्तव्य बनाने की आवश्यकता क्या है? एन. के. पालखी ने इसकी आलोचना करते हुए कहा है कि जिस देश की आधी आबादी निरक्षर हो और उससे कहा जाए कि वैज्ञानिक दृष्टिकोण, मानववाद तथा ज्ञानार्जन की भावना का विकास करें, एक प्रकार से उनके साथ मजाक करना है। इसके अतिरिक्त मौलिक कर्तव्यों का भारतीय संविधान में उस समय समावेश किया गया जब देश में आपातकाल लागू था। फलत: संसद में इस पर वाद-विवाद भी नहीं हो सका, परंतु इसका आशय यह भी नहीं है कि मौलिक कर्तव्य पूरी तरह महत्वहीन हैं।

प्रो. एच. सी. ढोलकिया का कथन है कि "मौलिक कर्तव्यों की अवहेलना करने पर या उन्हें न मानने पर संसद को उपयुक्त दंड देने या निर्धारित करने का भी अधिकार दिया गया है। अत: यह कहना गलत है कि इन कर्तव्यों का पालन कराने के लिए कोई विधिक व्यवस्था नहीं की गई है।"

आलोचनाओं के बावजूद, मौलिक कर्तव्यों के महत्व को निम्नलिखित तथ्यों के आधार पर रेखांकित किया जा सकता है–

- मौलिक कर्तव्य समाज विरोधी एवं राष्ट्र विरोधी गतिविधियों; जैसे– सार्वजनिक संपत्ति को नष्ट करने, राष्ट्र ध्वज को जलाने के खिलाफ चेतावनी के रूप में कार्य करते हैं।
- नागरिक जब अपने अधिकारों का प्रयोग करते हैं, तब मौलिक कर्तव्य सचेतक के रूप में सेवा करते हैं। नागरिकों को अपने देश, अपने साथी नागरिकों और अपने समाज के प्रति अपने कर्तव्यों के संबंध में भी जानकारी रखनी चाहिए।
- मूल कर्तव्य नागरिकों के लिए प्रेरणा स्रोत हैं, जो नागरिकों में अनुशासन और प्रतिबद्धता को बढ़ाते हैं।
- मौलिक कर्तव्य अदालतों को किसी विधि की संवैधानिक वैधता एवं उसके परीक्षण के संबंध में सहायक होते हैं।

स्मरणीय तथ्य

- अधिकार और कर्तव्य को एक ही सिक्के के दो पक्ष माना जाता है जिनका एक-दूसरे से अलग कोई अस्तित्व नहीं है।
- वर्तमान में कुल 11 मौलिक कर्तव्य हैं।
- मौलिक कर्तव्यों में से कुछ कर्तव्य नैतिक हैं तो कुछ नागरिक।
- मौलिक कर्तव्य मूल भारतीय परंपरा, पौराणिक कथाओं, धर्म एवं जीवन पद्धतियों से संबंधित हैं।
- मौलिक कर्तव्य सांविधिक कर्तव्य हैं। इन कर्तव्यों के अनुपालन में विफल होने पर दंड का आरोपण करने के लिए संसद विधि द्वारा दंड का विधान करेगी।
- मौलिक कर्तव्यों को परमादेश द्वारा प्रभावी नहीं बनाया जा सकता है।
- मौलिक कर्तव्य समाज विरोधी एवं राष्ट्र विरोधी गतिविधियों; जैसे– सार्वजनिक संपत्ति को नष्ट करने, राष्ट्र ध्वज को जलाने के खिलाफ चेतावनी के रूप में कार्य करते हैं।

❑❑❑

भाग-III

कार्यपालिका : संघ एवं राज्य

अध्याय 1

संघीय कार्यपालिका

भारत में संवैधानिक प्रावधानों के अनुसार संसदीय शासन प्रणाली स्थापित है। संसदीय शासन प्रणाली की एक अनिवार्य और प्रमुख विशेषता नाममात्र की कार्यपालिका और वास्तविक कार्यपालिका का सहअस्तित्व है। नाममात्र की कार्यपालिका से आशय राष्ट्रपति से है जबकि वास्तविक कार्यपालिका से आशय प्रधानमंत्री और उसकी मंत्रिपरिषद् से होता है। भारतीय संविधान के भाग-5 में अनुच्छेद–52 से 78 तक में संघीय कार्यपालिका के प्रावधान वर्णित हैं। भारतीय संविधान निर्माताओं का सुस्पष्ट आशय संसदीय शासन प्रणाली की स्थापना करना था, संसदीय शासन प्रणाली को अंगीकृत करने के स्वाभाविक परिणाम के रूप में उन्होंने यह स्वीकार किया कि भारत का राष्ट्रपति ब्रिटेन के सम्राट की तरह एक संवैधानिक अध्यक्ष होगा और इस शासन व्यवस्था के मान्यता-प्राप्त अभिसमयों के प्रति बाध्य होगा, यथा मंत्रिपरिषद् के परामर्श के अनुसार कार्य करना। यद्यपि भारत में संसदीय शासन से संबंधित सिद्धांत एवं व्यवहार ने अब इस मत की पुष्टि की है, फिर भी नाममात्र के अध्यक्ष को वास्तविक कार्यपालिका बन जाने के पक्ष में तर्क दिए जा रहे हैं। ध्यातव्य है कि 1970 के दशक से ही राष्ट्रपति शासन प्रणाली लागू करने की मांग रह-रहकर उठने लगती है। के.एम. मुंशी ने संविधानसभा में ही कहा था कि भारत में आने वाले दिनों में अध्यक्षीय शासन प्रणाली की मांग उठ सकती है। भारत में किसी राजनीतिक पार्टी को स्पष्ट बहुमत न मिलने पर साझा सरकार के गठन अथवा अल्पमत मंत्रिमंडल की स्थिति में राष्ट्रपति को प्राप्त विवेकाधिकार अथवा उसकी विवेकमयी भूमिका की संभावनाओं ने समय-समय पर, राष्ट्रपति पद पर आसीन व्यक्तियों के आचरण को विवादास्पद बना दिया है। इसके बावजूद भी भारत में संसदीय प्रणाली अस्तित्व में है और राष्ट्रपति नाममात्र के अध्यक्ष हैं।

राष्ट्रपति

भारतीय संविधान के **अनुच्छेद**–52 **एवं** 53 में यह उपबंध किया गया है कि भारत का एक राष्ट्रपति होगा और संघ की समस्त कार्यपालिका शक्ति राष्ट्रपति में निहित होगी जिसका प्रयोग वह या तो स्वयं करेगा या अपने अधीनस्थ पदाधिकारियों के माध्यम से करेगा, परंतु **अनुच्छेद**–74 (1) में यह भी कहा गया है कि राष्ट्रपति के कार्यों में परामर्श देने के लिए एक मंत्रिपरिषद् होगी जिसका प्रधान प्रधानमंत्री होगा तथा राष्ट्रपति अपने दायित्वों और कार्यों के निर्वहन में उसके परामर्श से ही कार्य करेगा। इससे स्पष्ट है कि भारतीय संसदीय प्रणाली में राष्ट्रपति की भूमिका एक औपचारिक प्रधान की है। यद्यपि उसका नामकरण अमेरिकी कार्यपालिका के प्रधान के तुल्य है, परंतु उसकी शक्तियां तथा भूमिका अमेरिकी राष्ट्रपति से भिन्न है। ध्यातव्य है कि अमेरिकी राष्ट्रपति कार्यपालिका का वास्तविक अध्यक्ष होता है परंतु भारत में राष्ट्रपति मंत्रिपरिषद् के परामर्श के अनुसार कार्य करता है। पं. नेहरू के कथन– **''सत्ता वास्तव में मंत्रिमंडल तथा व्यवस्थापिका में निवास करती है, न कि राष्ट्रपति में। साथ ही हम भारतीय राष्ट्रपति को फ्रांस के राष्ट्रपति की तरह एक औपचारिक अध्यक्ष मात्र नहीं बनाना चाहते थे। हमने राष्ट्रपति को वास्तविक सत्ता प्रदान नहीं की है, परंतु उसकी स्थिति को सत्तायुक्त एवं गरिमामय अवश्य बनाया है।''** का उल्लेख करना समीचीन होगा।

राष्ट्रपति पद की अर्हताएं

अनुच्छेद– 58 के अनुसार राष्ट्रपति पद पर निर्वाचित होने वाले व्यक्ति अथवा राष्ट्रपति पद के उम्मीदवार में निम्नलिखित अर्हताएं होना आवश्यक है–

(i) वह भारत का नागरिक हो।

(ii) वह 35 वर्ष की आयु पूरी कर चुका हो।

(iii) लोकसभा का सदस्य निर्वाचित होने की अर्हता रखा हो।

(iv) उसने भारत सरकार अथवा किसी राज्य सरकार के अधीन अथवा उक्त सरकारों में से किसी के अधीन नियंत्रित स्थानीय या अन्य प्राधिकारी के अधीन कोई लाभ का पद न ग्रहण किया हो।

अनुच्छेद–58 (2) के अनुसार निम्नलिखित व्यक्तियों को राष्ट्रपति निर्वाचित होने के लिए कोई लाभ का पद धारण किया हुआ नहीं समझा जाएगा–(1) राष्ट्रपति या उपराष्ट्रपति, (2) राज्यों का राज्यपाल तथा (3) संघ या राज्यों के मंत्री। अन्य शब्दों में ये लोग राष्ट्रपति पद की अर्हता रखते हैं।

उक्त अर्हताओं का उल्लेख मूल संविधान में किया गया है। पहले इन योग्यताओं से युक्त भारत का कोई भी नागरिक राष्ट्रपति का उम्मीदवार बन जाता था, परंतु कुछ लोग मजाक बनाने के लिए भी राष्ट्रपति पद के उम्मीदवार बन जाते थे। इसको दूर करने के लिए मार्च 1974 में संसद द्वारा 39वां संविधान संशोधन किया गया। इस संशोधन के अनुसार जो व्यक्ति राष्ट्रपति पद के उम्मीदवार होंगे उनको 2500 रु. की जमानत दाखिल करनी होगी। राष्ट्रपति निर्वाचक मंडल के 10 सदस्य उसके प्रस्तावक होंगे तथा 10 सदस्य ही अनुमोदन करेंगे। जून, 1997 में राष्ट्रपति द्वारा एक अध्यादेश जारी करके राष्ट्रपति तथा उपराष्ट्रपति के चुनाव से गैर-गंभीर प्रत्याशियों को हतोत्साहित करने के लिए प्रत्याशी की जमानत राशि तथा प्रस्तावक और अनुमोदकों की संख्या में वृद्धि कर दी गई। अब राष्ट्रपति के प्रत्याशी को जमानत के रूप में 15000 रुपए जमा करने होंगे तथा प्रस्तावकों तथा अनुमोदकों की संख्या 10 से बढ़ाकर 50 कर दी गई है।

राष्ट्रपति पद के लिए जमानत की राशि 15,000 रुपए है। किसी उम्मीदवार द्वारा कुल वैध मतों का 1/6 भाग मत प्राप्त नहीं करने पर उसकी जमानत राशि जब्त हो जाती है।

राष्ट्रपति की निर्वाचन प्रक्रिया

- राष्ट्रपति व विभिन्न राज्यों के प्रतिनिधियों के बीच समानता स्थापित करके निर्वाचन की प्रक्रिया अनुच्छेद–54 तथा 55 में वर्णित है। अनुच्छेद–54 में विधानसभाओं के निर्वाचित विधायकों तथा संसद के निर्वाचित सदस्यों को निर्वाचक मंडल में सम्मिलित किए जाने का प्रावधान किया गया है।
- अनुच्छेद–55 में विभिन्न राज्यों के समान प्रतिनिधित्व की यथा संभव एकरूपता का सूत्र आनुपातिक प्रतिनिधित्व प्रणाली के साथ एकल संक्रमण मतदान

पद्धति के साथ रखा गया है। भारत में राष्ट्रपति के निर्वाचन की एक विशेष पद्धति संविधान में अपनाई गई है जो अपने-आप में मौलिक तथा विश्व के अन्य राष्ट्रपतियों की चुनाव पद्धति से अलग है।

- यह पद्धति अपनाने का कारण विभिन्न राज्यों के प्रतिनिधित्व में एकरूपता लाना तथा संघ बनाना है।
- भारत के राष्ट्रपति का निर्वाचन निर्वाचक मंडल द्वारा गुप्त मतदान तथा आनुपातिक प्रतिनिधित्व पद्धति के अनुसार एकल संक्रमणीय मत पद्धति द्वारा होता है। विजयी होने वाले प्रत्याशी को मतों का न्यूनतम कोटा प्राप्त करना अनिवार्य है। न्यूनतम कोटे के निर्धारण के लिए निम्नवत् सूत्र को प्रयोग में लाया जाता है–

$$\text{न्यूनतम कोटा} = \left(\frac{\text{दिए गए मतों की कुल संख्या}}{\text{निर्वाचित हुए प्रतिनिधियों की संख्या} + 1}\right) + 1$$

- राष्ट्रपति के निर्वाचन में न्यूनतम कोटे का प्रावधान इसलिए किया गया है, ताकि स्पष्ट बहुमत प्राप्त होने के बाद ही व्यक्ति विशेष को राष्ट्रपति का पद प्राप्त हो सके।
- भारतीय राष्ट्रपति के निर्वाचन में एक महत्वपूर्ण तथ्य/विशेषता यह है कि निर्वाचक मंडल के प्रत्येक सदस्य का मूल्य समान नहीं होता है और प्रत्येक सदस्य के मतों की संख्या, जितनी जनसंख्या का वह प्रतिनिधित्व करता है, उसी के अनुपात में निश्चित होती है। यही कारण है कि राष्ट्रपति के निर्वाचन में परिणाम मतों की गणना साधारण मतगणना से निर्धारित नहीं होती है, बल्कि मतों का मान निकाला जाता है।
- मतों का मान निकालने के लिए दो सूत्रों का निर्धारण किया गया है जिसके अनुसार निर्वाचक मंडल का प्रत्येक सदस्य राष्ट्रपति के चुनाव में मत देने का अधिकारी है। मतों का मान निकालने के लिए निम्नलिखित दो सूत्र प्रयोग में लाए जाते हैं।

1. **किसी राज्य की विधानसभा के प्रत्येक निर्वाचित सदस्य की मत संख्या–** किसी भी राज्य की विधानसभा के सदस्य के मत का मूल्यांकन राज्य की जनसंख्या तथा विधानसभा के सदस्यों के अनुपात के आधार पर किया जाता है। अन्य शब्दों में यह भी कहा जा सकता है कि उस राज्य की जनसंख्या को उस राज्य के विधानसभा के निर्वाचित सदस्यों से विभाजित करने पर प्राप्त भागफल ही सदस्य का मत मूल्य होता है। यदि शेष भाजक का आधे से कम बचता है तो भागफल में कुछ नहीं जोड़ा जाता है और यदि शेष भाजक आधे या आधे से अधिक होता है तो भागफल में 1 जोड़ दिया जाता है।

किसी राज्य की विधानसभा के प्रत्येक निर्वाचित सदस्य की मत संख्या

$$= \frac{\text{राज्य की कुल जनसंख्या}}{\text{राज्य विधानसभा के निर्वाचित कुल सदस्य}} \times \frac{1}{1000}$$

मान लीजिए उत्तर प्रदेश राज्य की जनसंख्या 15 करोड़ है और उत्तर प्रदेश के विधानसभा के निर्वाचित सदस्यों की संख्या 401 है। इसलिए प्रत्येक निर्वाचित सदस्य की मतसंख्या उत्तर प्रदेश की जनसंख्या/उत्तर प्रदेश विधानसभा के निर्वाचित सदस्यों की संख्या ÷ 1000

$$= \frac{150000000}{401} \div 1000$$

2. **संसद के प्रत्येक निर्वाचित सदस्यों की मत संख्याः** समस्त विधानसभाओं के निर्वाचित सदस्यों की कुल मत संख्या में संसद के दोनों सदनों के निर्वाचित सदस्यों की कुल संख्या से भाग देने पर प्राप्त भागफल संसद के प्रत्येक निर्वाचित सदस्य का मूल्य होता है। यदि शेष भाजक के आधे से अधिक बचता है तो भागफल में 1 जोड़ दिया जाता है। यदि शेष आधे से कम है तो उसे छोड़ दिया जाता है।

संसद के प्रत्येक निर्वाचित सदस्य के मत का मूल्य

$$= \frac{\text{सभी राज्यों की विधानसभाओं के निर्वाचित सदस्यों की मत संख्या}}{\text{संसद के दोनों सदनों के निर्वाचित सदस्यों की संख्या}}$$

इस प्रकार निर्वाचक मंडल के प्रत्येक सदस्य के मत का मूल्य निर्धारित किया जाता है।

चुनाव पद्धति

भारतीय संविधान के अनुच्छेद–71 में संसद को राष्ट्रपति के निर्वाचन संबंधी नियम बनाने का अधिकार प्राप्त है। अनुच्छेद–71 में वर्णित उपबंधों के अंतर्गत 1952 में राष्ट्रपति तथा उपराष्ट्रपति के निर्वाचन संबंधी अधिनियम पारित किया गया। उक्त अधिनियम के अनुसार एक निर्वाचन आयोग की नियुक्ति की जाती है जो संघीय सरकार से परामर्श करके निर्वाचन अधिकारियों की नियुक्ति करता है। इसका मुख्यालय दिल्ली में है। इसकी सहायतार्थ सहायक अधिकारियों की नियुक्ति होती है। मतदान का प्रबंध दिल्ली तथा प्रत्येक राज्य की राजधानी में होता है।

भारतीय संविधान के उपबंधों के अनुसार राष्ट्रपति का निर्वाचन गुप्त मतदान से आनुपातिक प्रतिनिधित्व प्रणाली के अनुसार एवं एकल संक्रमणीय पद्धति से होता है। इसका आशय यह है कि प्रत्येक मतदाता को प्राप्त मतपत्र पर अंक 1, 2, 3, 4.......... आदि लिखकर अपनी पसंद व्यक्त करनी होती है। ध्यातव्य है कि मतपत्र के बाईं ओर उम्मीदवार का नाम तथा संबंधित राजनीतिक दल का चुनाव चिह्न होता है और दायीं ओर रिक्त स्थान होता है जहां मतदाता को अपनी पसंदगी अथवा प्राथमिकता का क्रम लिखना होता है। यदि उम्मीदवारों की संख्या केवल 2 हो तो दोनों को समान मत न मिलने पर एक को स्पष्ट रूप से बहुमत प्राप्त हो जाएगा तथा इस स्थिति में निर्वाचन परिणाम साधारण पद्धति की तरह होगा। यदि उम्मीदवारों की संख्या 2 से अधिक होती है तो यह संभव है कि किसी को भी स्पष्ट बहुमत न मिले। ऐसी स्थिति में निर्वाचन परिणाम निकालने के लिए निर्वाचन अंक की गणना की जाती है। निर्वाचन अंक की गणना हेतु निम्न सूत्र का प्रयोग किया जाता है–

निर्वाचक अंक = **(वैध मतों की कुल संख्या**/1+1= 2) +1

इसके बाद मतगणना शुरू होती है। यदि मतगणना के प्रथम चरण में किसी उम्मीदवार को निर्वाचन अंक से अधिक मत प्राप्त हो जाते हैं तो उसे विजयी घोषित कर दिया जाता है। प्रथम चरण में किसी भी उम्मीदवार द्वारा निर्वाचन अंक से अधिक मत प्राप्त करने में सफल न होने पर द्वितीय चरण की मतगणना संपन्न होती है। द्वितीय चरण की मतगणना के समय प्रथम चरण की मतगणना में न्यूनतम मत प्राप्त करने वाले प्रत्याशी को अलग कर दिया जाता है तथा द्वितीय पसंदगी अथवा वरीयता के मत दो अन्य प्रत्याशियों में विभाजित कर दिए जाते हैं। यह प्रक्रिया उस समय तक चलती रहती है जब तक कोई उम्मीदवार निर्वाचन अंक प्राप्त नहीं कर लेता है।

अब तक के राष्ट्रपति के निर्वाचन

1952, 1957 तथा 1962 में संपन्न राष्ट्रपति का निर्वाचन मात्र औपचारिक था क्योंकि भारतीय राष्ट्रीय कांग्रेस को केंद्र सहित राज्यों में प्रचंड बहुमत प्राप्त था, परंतु 1967 के निर्वाचन में स्थिति कुछ भिन्न थी। 1967 के राष्ट्रपति के निर्वाचन

में विभाजन की ओर अग्रसित भारतीय राष्ट्रीय कांग्रेस के उम्मीदवार डॉ. जाकिर हुसैन तथा संयुक्त विपक्ष के उम्मीदवार भारत के पूर्व मुख्य न्यायाधीश के. सुब्बाराव के मध्य कड़ा मुकाबला था, परंतु कांग्रेसी उम्मीदवार डॉ. जाकिर हुसैन प्रथम चक्र में ही विजयी घोषित किए गए। इस निर्वाचन से स्पष्ट हुआ कि विगत 20 वर्षों से राजनीतिक विषय सोए हुए थे जो अचानक जन चर्चा का विषय बनकर उभर आए। उन्होंने इन विषयों के संदर्भ में राजनीतिक दलों को अपना मत स्पष्ट करने के लिए बाध्य कर दिया।

1969 का राष्ट्रपति का निर्वाचन एक अभूतपूर्व घटना मानी जाती है। तत्कालीन प्रधानमंत्री श्रीमती इंदिरा गांधी ने अपनी पार्टी के उम्मीदवार के विरोध में तथा निर्दलीय उम्मीदवार वी. वी. गिरि के पक्ष में निर्वाचक मंडल के सदस्यों से अंतर्आत्मा की आवाज पर मत देने की अपील की थी। फलत: निर्दलीय उम्मीदवार वी. वी. गिरि राष्ट्रपति निर्वाचित हुए तथा कांग्रेसी उम्मीदवार को पराजय का मुंह देखना पड़ा। 1969 के राष्ट्रपति निर्वाचन में विभाजित कांग्रेस तथा विपक्ष के मध्य मुकाबला था जो एक-दूसरे की कमियों को गिना रहे थे। वी.वी. गिरि को अंतत: तीसरे चक्र की मतगणना के बाद विजयी घोषित किया गया।

1974 का राष्ट्रपति का निर्वाचन मात्र एक औपचारिकता थी, क्योंकि भारतीय राष्ट्रीय कांग्रेस को केंद्र सहित लगभग सभी राज्यों में प्रचंड बहुमत प्राप्त था तथा भारतीय राष्ट्रीय कांग्रेस ने ऐसी स्थिति उत्पन्न कर दी थी कि सभी परिस्थितियां उसके पक्ष में थीं। विपक्ष को उम्मीदवार खड़ा करने में कठिनाई हो रही थी। हिदायतुल्लाह तथा मुहम्मद करीम छागला जैसे मुसलमानों को उम्मीदवार बनाने में विफल रहने पर विपक्ष ने क्रांतिकारी समाजवादी दल के त्रिदेव चौधरी को अपना उम्मीदवार बनाया। कांग्रेसी उम्मीदवार डॉ. फखरुद्दीन अली अहमद प्रथम चक्र में ही भारी मतों से विजयी हुए।

राष्ट्रपति के निर्वाचन की प्रक्रिया

- माना कि राष्ट्रपति पद के चुनाव में A B C और D कुल चार उम्मीदवार है। कुल प्राप्त वैध मत 2500 है। अत: न्यूनतम कोटा 1251 हुआ। माना कि प्रथम वरीयता में A B C और D को क्रमश: 950, 700, 500 और 350 मत प्राप्त हुए।
- किसी भी उम्मीदवार को न्यूनतम कोटा (1251) प्राप्त नहीं है। अत: सबसे कम मत प्राप्त करने वाले प्रत्याशी D को स्पर्धा से बाहर कर उसके द्वारा प्राप्त 350 मतपत्रों में द्वितीय वरीयता के मतों की गणना की जाएगी।
- माना कि 350 मतपत्रों में द्वितीय वरीयता पर A को 50, B को 100 एवं C को 200 मत प्राप्त हुए। इसे प्रथम वरीयता के मतों में जोड़ने पर A, B व C के कुल मत क्रमश: 1000, 800 ओर 700 हुए किंतु पुन: किसी भी उम्मीदवार को न्यूनतम कोटा प्राप्त नहीं हुआ।
- अब तृतीय चक्र की गणना की जाएगी; जिसमें सबसे कम मत प्राप्त करने वाले उम्मीदवार C को स्पर्धा से बाहर कर उसके द्वारा प्राप्त 700 मतपत्रों में तृतीय वरीयता के मतों की गणना कर उसे A और B के कुल मतों में जोड़ दिया जाएगा। माना C के 700 मतों में तृतीय वरीयता पर A को 200 तथा B को 500 मत प्राप्त हुए है, अत: तृतीय चक्र की गणना के बाद A और B को प्राप्त कुल मत क्रमश: 1200 और 1300 हुए। यहां B को न्यूनतम कोटा (1251) से अधिक मत प्राप्त हो गया है। अत: उसे सफल घोषित किया जाएगा। यद्यपि उसने प्रथम चक्र एवं द्वितीय चक्र की गणना में A से कम मत प्राप्त किया था।

राष्ट्रपति का निर्वाचन (1952 से 2022 तक)

चुनाव तिथि	विजेता	प्राप्त मत	संबंधित राजनीतिक दल	प्रमुख विपक्षी	प्राप्त मत	संबंधित राजनीतिक दल
1 मई 1952	डॉ. राजेंद्र प्रसाद	(83.8%)	भारतीय राष्ट्रीय कांग्रेस	के. टी. शाह	(15.3%)	सभी विपक्षी दल
2 मई 1957	डॉ. राजेंद्र प्रसाद	(99.3%)	भारतीय राष्ट्रीय कांग्रेस	एन. एन. दास	(0.9%)	निर्दलीय
3 मई 1962	एस. राधाकृष्णन	(98.3%)	भारतीय राष्ट्रीय कांग्रेस	सी. एच. राय	(1.1%)	निर्दलीय
4 मई 1967	जाकिर हुसैन	(56.2%)	भारतीय राष्ट्रीय कांग्रेस	के. सुब्बाराव	(43.4%)	संयुक्त विपक्ष
5 अगस्त, 1969	वी. वी. गिरि	(50.2%)	इंदिरा गांधी समर्थित निर्दलीय	नीलम संजीव रेड्डी	(48.5%)	भारतीय राष्ट्रीय कांग्रेस
6 अगस्त, 1969	फखरुद्दीन अली अहमद	(80.2%)	भारतीय राष्ट्रीय कांग्रेस	त्रिदेव चौ.	(19.8%)	संयुक्त विपक्ष
7 जुलाई, 1977	नीलम संजीव रेड्डी	निर्विरोध	-	-	-	-
8 जुलाई, 1982	ज्ञानी जैल सिंह	(72.7%)	भारतीय राष्ट्रीय कांग्रेस	एच. आर. खन्ना	(27.6)	संयुक्त विपक्ष
9 जुलाई, 1987	आर. वेंकटरमन	(71.3%)	भारतीय राष्ट्रीय कांग्रेस	वी. आर. के. अय्यर	(27.1%)	संयुक्त विपक्ष
10 जुलाई, 1992	डॉ. शंकर दयाल शर्मा	(64.78%)	भारतीय राष्ट्रीय कांग्रेस	प्रो. जी. जी. स्वैल	(33.21%)	संयुक्त विपक्ष
11 जुलाई, 1997	के. आर. नारायण	(94.97%)	भारतीय राष्ट्रीय कांग्रेस	टी. एन. शेषन	(5.07%)	शिव सेना
12 जुलाई, 2002	ए. पी. जे अब्दुल कलाम	(81%)	सर्वदलीय	कैप्टन लक्ष्मी सहगल	(19%)	वामपंथी
13 जुलाई, 2007	प्रतिभा पाटिल	(70%)	भारतीय राष्ट्रीय कांग्रेस	भैरोसिंह शेखावत	(30%)	भा.ज.पा.समर्थित
19 जुलाई, 2012	प्रणब मुखर्जी	(79.3%)	भारतीय राष्ट्रीय कांग्रेस	पी.ए. संगमा	(30.72%)	भा.ज.पा.समर्थित
17 जुलाई, 2017	रामनाथ कोविंद	(66%)	भाजपा	मीरा कुमार	(34%)	कांग्रेस
22 जुलाई, 2022	द्रौपदी मुर्मू	(64.03%)	भाजपा	यशवंत सिन्हा	(35.97%)	संयुक्त विपक्ष

1977 में राष्ट्रपति का 7वां निर्वाचन संपन्न हुआ। इस समय तक राजनीतिक परिस्थितियां काफी बदल चुकी थीं। श्रीमती इंदिरा गांधी सत्ता से बाहर हो चुकी थीं और जनता पार्टी की सरकार केंद्र सहित विभिन्न राज्यों में सत्तारूढ़ थी। ऐसी स्थिति में श्रीमती इंदिरा गांधी ने अपना उम्मीदवार खड़ा करना उपयुक्त नहीं समझा और सर्वसम्मत से राष्ट्रपति चुनने की अपील की। फलत: 1969 के राष्ट्रपति निर्वाचन में पराजित नीलम संजीव रेड्डी को 1977 में निर्विरोध राष्ट्रपति चुना गया। 1982 में राजनीतिक परिस्थितियां श्रीमती इंदिरा गांधी तथा उनकी पार्टी कांग्रेस (आई) के पक्ष में थी। अत: उन्होंने राष्ट्रपति के 8वें निर्वाचन में ज्ञानी जैल सिंह को अपना उम्मीदवार घोषित किया। संयुक्त विपक्ष ने एच. आर. खन्ना पूर्व न्यायाधीश सर्वोच्च न्यायालय को अपना प्रत्याशी बनाया। निर्वाचन प्रक्रिया की समाप्ति पर ज्ञानी जैल सिंह भारी मतों से प्रथम चक्र की ही मतगणना में विजयी घोषित किए गए। राष्ट्रपति का 9वां निर्वाचन 1987 में ऐसे समय हुआ जब राष्ट्रपति ज्ञानी जैल सिंह तथा राजीव गांधी के मध्य संबंध काफी कटु हो गए थे तथा यह अटकलें लगाई जा रही थीं कि ज्ञानी जैल सिंह द्वारा राजीव गांधी को कभी भी बर्खास्त

किया जा सकता है अथवा सरकार द्वारा कभी भी राष्ट्रपति के विरुद्ध महाभियोग प्रस्ताव लाया जा सकता है। भारतीय राष्ट्रीय कांग्रेस ने तत्कालीन उपराष्ट्रपति आर. वेंकेटरमन को अपना उम्मीदवार बनाया। आर. वेंकेटरमन को भारी बहुमत से विजयी घोषित किया गया। राष्ट्रपति का 10वां निर्वाचन 1992 में संपन्न हुआ। 10वें निर्वाचन में डॉ. शंकर दयाल शर्मा के विरुद्ध संयुक्त विपक्ष के उम्मीदवार प्रो. जी. जी. स्वेल थे। राष्ट्रपति का 11वां निर्वाचन 1997 में संपन्न हुआ जिसमें लगभग सभी राजनीतिक दलों द्वारा समर्थित उम्मीदवार के. आर. नारायण को प्रथम चक्र में ही भारी बहुमत से विजयी घोषित किया गया। के. आर. नारायण के विरुद्ध पूर्व मुख्य निर्वाचन आयुक्त टी. एन. शेषन, शिवसेना के समर्थित उम्मीदवार के रूप में थे। राष्ट्रपति का 12वां निर्वाचन 2002 में हुआ जिसमें ए. पी. जे अब्दुल कलाम विजयी घोषित किए गए। इनके विरुद्ध वामपंथी दलों ने श्रीमती लक्ष्मी सहगल को उम्मीदवार बनाया था। 13वां निर्वाचन 2007 में हुआ जिसमें कांग्रेस ने श्रीमती प्रतिभा पाटिल को अपना उम्मीदवार बनाया था जिसके विरुद्ध भाजपा भैरो सिंह शेखावत को अपना उम्मीदवार बनाया था श्रीमती प्रतिभा पाटिल प्रथम चक्र में ही विजयी घोषित की गई थी।

राष्ट्रपति का 15वां निर्वाचन 17 जुलाई, 2017 को संपन्न हुआ जिसमें रामनाथ कोविंद राष्ट्रपति पद हेतु विजयी घोषित किए गए। कोविंद को 65.65% जबकि उनकी प्रतिद्वंद्वी मीरा कुमार को 34.35% मत प्राप्त हुए।

राष्ट्रपति का 16वां निर्वाचन 17 जुलाई, 2022 को सम्पन्न हुआ। जिसमें द्रौपदी मुर्मू को राष्ट्रपति पद हेतु विजयी घोषित किया गया। द्रौपदी मुर्मू को 64.03% तथा संयुक्त विपक्षी उम्मीदवार यशवंत सिन्हा को 35.97% मत प्राप्त हुए थे।

इस प्रकार अब तक राष्ट्रपति के कुल 16 निर्वाचन हुए हैं जिनमें मात्र एक बार (7वें निर्वाचन, 1977 के) राष्ट्रपति का निर्वाचन निर्विरोध हुआ है और निर्विरोध राष्ट्रपति चुने जाने वाले प्रथम राष्ट्रपति नीलम संजीव रेड्डी हैं। इसके अतिरिक्त 5वें निर्वाचन को छोड़कर सभी निर्वाचनों में मतगणना के प्रथम चक्र में ही राष्ट्रपति पद के लिए किसी-न-किसी उम्मीदवार को विजयी घोषित कर दिया गया है। ध्यातव्य है कि राष्ट्रपति के 5वें निर्वाचन में मतगणना 8 चक्र तक चली थी और 8वें चक्र में वी.वी. गिरि को विजयी घोषित किया गया था।

राष्ट्रपति का निर्वाचन और विवाद

- अनुच्छेद-71 के अनुसार राष्ट्रपति और उपराष्ट्रपति के निर्वाचन से संबंधित किसी भी प्रकार के विवाद का निर्णय उच्चतम न्यायालय द्वारा किया जाता है। निर्वाचन संबंधी विवाद को छोड़कर राष्ट्रपति से संबंधित किसी भी प्रकार के विवाद का विनियमन संसद द्वारा किया जाता है। 1967 **में पहली बार राष्ट्रपति के निर्वाचन के बाद सर्वोच्च न्यायालय में चुनौती दी गई थी।**
- बाबू राव पटेल तथा 12 अन्य जनसंघी सांसदों ने अपनी याचिका में कहा था कि डॉ. जाकिर हुसैन ने अपना नामांकन भरने के पूर्व शपथ नहीं ली तथा तत्कालीन प्रधानमंत्री एवं अन्य केंद्रीय मंत्रियों ने उनके पक्ष में प्रचार करके निर्वाचक मंडल के सदस्यों को प्रभावित किया, यह एक प्रकार का भ्रष्टाचार है।
- दूसरी याचिका भी 1967 में ही दाखिल की गई थी जिसे निर्दलीय उम्मीदवार भम्मूरकर ने दाखिल किया था। इस याचिका में कहा गया था कि राष्ट्रपति का निर्वाचन अवैध घोषित किया जाना चाहिए क्योंकि राष्ट्रपति पद के सभी 16 उम्मीदवारों ने अपनी आयु का प्रमाण-पत्र नामांकन पत्र के साथ संलग्न नहीं किया है। उच्चतम न्यायालय द्वारा उक्त दोनों याचिकाओं को खारिज कर दिया गया। 1969 में संपन्न राष्ट्रपति के 5वें निर्वाचन को भी उच्चतम न्यायालय ने खारिज कर दिया।
- 11***वें संविधान संशोधन अधिनियम,*** 1961 द्वारा अनुच्छेद- 71 में उपखंड (4) जोड़कर यह प्रावधान किया गया है कि राष्ट्रपति या उपराष्ट्रपति के चुनाव की वैधता को इस आधार पर चुनौती नहीं दी जा सकती है कि निर्वाचक मंडल में कुछ स्थान रिक्त हैं। अत: यदि किसी राज्य की विधानसभा राष्ट्रपति के निर्वाचन के समय भंग हो तब भी उसका निर्वाचन अवैध नहीं होगा।

पुनर्निर्वाचन के लिए पात्रता

- भारतीय संविधान के **अनुच्छेद**-57 के प्रावधानों के अनुसार कोई भी व्यक्ति राष्ट्रपति पद पर एक से अधिक बार भी रह सकता है। सं. रा. अमेरिका तथा आयरलैंड की तरह भारतीय संविधान में राष्ट्रपति के पुनर्निर्वाचन पर कोई प्रतिबंध नहीं लगाया गया है। ध्यातव्य है कि सं. रा. अमेरिका में कोई भी व्यक्ति दो बार से अधिक राष्ट्रपति नहीं रह सकता है।
- भारतीय संविधानसभा में प्रारूप समिति के सदस्यों ने यह सुझाव दिया था कि यह प्रावधान किया जाना चाहिए कि कोई भी व्यक्ति दो बार से अधिक राष्ट्रपति के पद पर नहीं रह सकता है, परंतु इसको स्वीकार नहीं किया गया। संविधान निर्माताओं ने अपना मत प्रकट करते हुए कहा था कि कालांतर में ऐसी परंपरा विकसित करनी चाहिए कि कोई भी व्यक्ति दो बार से अधिक समय तक राष्ट्रपति न रहे। ध्यातव्य है कि भारत में डॉ. राजेंद्र प्रसाद को छोड़कर अब तक कोई भी व्यक्ति दो बार राष्ट्रपति पद पर नहीं रहा है।

राष्ट्रपति द्वारा शपथ या प्रतिज्ञान

अनुच्छेद-60 में वर्णित प्रावधानों के अनुसार प्रत्येक राष्ट्रपति या प्रत्येक ऐसा व्यक्ति जो राष्ट्रपति के रूप में कार्य कर रहा हो या उसके कृत्यों का निर्वहन कर रहा है अपना पद ग्रहण करने के पूर्व भारत के मुख्य न्यायाधीश या उसकी अनुपस्थिति में सर्वोच्च न्यायालय के उपलब्ध वरिष्ठतम न्यायाधीश के समक्ष शपथ या प्रतिज्ञान लेता है तथा उस पर हस्ताक्षर करता है, शपथ या प्रतिज्ञान का प्रारूप निम्नवत् होता है- 'मैं अमुक....ईश्वर की शपथ लेता हूँ/सत्यनिष्ठा से प्रतिज्ञा करता हूँ कि मैं श्रद्धापूर्वक भारत के राष्ट्रपति पद का कार्यपालन करूंगा तथा अपनी पूरी योग्यता से संविधान और विधि का परिरक्षण, संरक्षण और प्रतिरक्षण करूँगा तथा भारत की जनता के कल्याण तथा सेवा में निरत रहूँगा।'

राष्ट्रपति की पदावधि

अनुच्छेद-56 (1) के अंतर्गत राष्ट्रपति अपने पद ग्रहण करने की तिथि से 5 वर्ष तक की अवधि तक पद धारण करेगा। **अनुच्छेद**-57 में यह भी कहा गया है कि राष्ट्रपति पुनर्निर्वाचित भी हो सकता है। यद्यपि **राष्ट्रपति का कार्यकाल** 5 वर्ष का होता है, परंतु **अनुच्छेद-56 (1 क)** के अंतर्गत उसके **पूर्व भी वह उपराष्ट्रपति** को संबोधित करके स्वहस्ताक्षरित अपना त्यागपत्र दे सकता है। **अनुच्छेद**-56 में यह भी कहा गया है कि राष्ट्रपति को महाभियोग के द्वारा पूर्व में भी हटाया जा सकता है। यदि मृत्यु, त्यागपत्र अथवा महाभियोग के कारण राष्ट्रपति का पद निर्धारित अवधि से पूर्व रिक्त हो जाता है तो संविधान में यह प्रावधान किया गया है कि नए राष्ट्रपति का निर्वाचन अधिकतम 6 माह के अंदर संपन्न हो जाना चाहिए। राष्ट्रपति का निर्वाचन न होने तक उपराष्ट्रपति उसके पद से जुड़े कर्त्तव्यों का निर्वहन करेगा। निर्वाचित राष्ट्रपति 5 वर्षों तक अपने पद पर रहेगा न कि शेष अवधि के लिए।

वेतन एवं भत्ते

- राष्ट्रपति को वेतन, भत्ते आदि भारत की संचित निधि से दिए जाते हैं। राष्ट्रपति के वेतन भत्ते आदि के निर्धारण का अधिकार संसद को प्राप्त है।
- राष्ट्रपति को वर्तमान में 5 लाख रुपए मासिक वेतन तथा नि:शुल्क सरकारी आवास मिलता है। इसके अतिरिक्त राष्ट्रपति को वे सभी भत्ते एवं विशेषाधिकार प्राप्त हैं जो समय-समय पर संसद द्वारा निश्चित किए जाएंगे।
- अनुच्छेद- 59(4) के अनुसार राष्ट्रपति के कार्यकाल के मध्य में उसके वेतन एवं भत्ते कम नहीं किए जा सकते हैं।

राष्ट्रपति की उन्मुक्तियां

राष्ट्रपति भारतीय संविधान का सरंक्षक है। भारतीय राष्ट्रपति को ब्रिटिश सम्राट की तरह कुछ उन्मुक्तियां प्रदान की गई हैं। राष्ट्रपति शासन संबंधी कार्यों के लिए किसी भी न्यायालय के समक्ष उत्तरदायी नहीं हो सकता है। राष्ट्रपति को न तो गिरफ्तार किया जा सकता है और न ही जेल भेजा जा सकता है। दो माह की पूर्व सूचना के बिना कोई भी दीवानी कार्यवाही नहीं शुरू की जा सकती है।

राष्ट्रपति पर महाभियोग की प्रक्रिया

- राष्ट्रपति को निश्चित अवधि से पूर्व पद से हटाया जा सकता है। इसके लिए महाभियोग की प्रक्रिया व्यवहार में लाई जाती है। **अनुच्छेद**–56 (1 **ख**) में कहा गया है कि राष्ट्रपति पर संविधान के उल्लंघन के आरोप में महाभियोग लगाया जा सकता है। राष्ट्रपति के विरुद्ध महाभियोग संसद द्वारा चलाई जाने वाली एक अर्द्ध-न्यायिक प्रक्रिया है।
- अनुच्छेद–61 में कहा गया है कि महाभियोग का प्रस्ताव आरोप किसी भी सदन द्वारा लगाया जा सकता है परंतु कोई भी आरोप तब तक नहीं लगाया गया माना जाएगा जब तक (i) प्रस्तावित आरोप एक संकल्प के रूप में न हो तथा जो कम-से-कम 14 दिन लिखित सूचना देने के बाद प्रस्तुत किया गया हो तथा (ii) जिस पर सदन के कम-से-कम एक-चौथाई सदस्यों के हस्ताक्षर न हो।
- यदि संबधित सदन उस प्रस्ताव को दो-तिहाई बहुमत से पारित कर देता है तो उस प्रस्ताव को दूसरे सदन के लिए विचारार्थ प्रस्तुत किया जाता है। **अनुच्छेद**–61 (3) के अनुसार सदन प्रस्ताव में उल्लेखित आरोपों की या तो स्वयं जांच करेगा या इसके लिए एक समिति का गठन करेगा।
- राष्ट्रपति को इस जांच में स्वयं उपस्थित होकर या अपने प्रतिनिधि के माध्यम से अपना पक्ष प्रस्तुत करना अथवा बचाव करना होगा।
- यदि विधिवत जांच के बाद दूसरा सदन भी प्रस्ताव में लगाए गए आरोपों को दो-तिहाई बहुमत से पुष्टि कर देता है तो प्रस्ताव को पारित मान लिया जाता है। जिस तिथि को प्रस्ताव पारित होता है, उसी तिथि से राष्ट्रपति पद मुक्त हो जाता है। ध्यातव्य है कि भारत में महाभियोग का आरोप किसी भी सदन द्वारा लगाया जा सकता है जबकि सं. रा. अमेरिका में केवल निम्न सदन द्वारा ही महाभियोग की कार्यवाही की जा सकती है।

राष्ट्रपति की शक्तियां और कार्य

अनुच्छेद–53 (1) में कहा गया है कि "संघ की समस्त कार्यपालिका शक्ति राष्ट्रपति में निहित होंगी तथा वह इनका प्रयोग इस संविधान के अनुसार या तो स्वयं करेगा या अपने अधीनस्थ पदाधिकारियों के द्वारा करेगा।" राष्ट्रपति की शक्तियों को दो भागों में विभाजित किया जा सकता है-

राष्ट्रपति की शक्तियां

- सामान्य शक्तियां
  - कार्यपालिका शक्तियां
  - विधायी शक्तियां
  - वित्तीय शक्तियां
  - न्यायिक शक्तियां
  - कूटनीतिक शक्तियां
  - सैन्य शक्तियां
- आपातकालीन शक्तियां
  - राष्ट्रीय आपात (अनुच्छेद-352)
  - राष्ट्रपति शासन (अनुच्छेद-356)
  - वित्तीय आपात (अनुच्छेद-360)

राष्ट्रपति की प्रदत्त सामान्य शक्तियों को कार्यपालिकीय अथवा प्रशासकीय वित्तीय, विधायी और न्यायिक शक्तियों में विभाजित किया जाता है।

कार्यपालिकीय या प्रशासनिक शक्तियां

- संविधान के अनुच्छेद–53 द्वारा संघ की कार्यपालिका शक्ति राष्ट्रपति में निहित होती हैं। राष्ट्रपति संघ की कार्यपालिका का अध्यक्ष होता है। **अनुच्छेद**–77 में प्रावधानित है कि भारत सरकार के समस्त प्रशासन संबंधी कार्य राष्ट्रपति के नाम से संचालित होते हैं और औपचारिक रूप से भारत सरकार के सभी निर्णय राष्ट्रपति के निर्णय होते हैं।
- संविधान राष्ट्रपति को उसके कार्यों के समाधान में सहायता तथा परामर्श देने के लिए एक मंत्रिपरिषद् की व्यवस्था करता है जिसका प्रमुख प्रधानमंत्री होता है। **अनुच्छेद**–74 में कहा गया है कि राष्ट्रपति को उसके कार्यों में मंत्रणा देने के लिए एक मंत्रिपरिषद् होगी। राष्ट्रपति मंत्रिपरिषद् के परामर्श के अनुसार कार्य करने को बाध्य है।
- राष्ट्रपति की कार्यपालिका शक्तियों का क्षेत्र काफी व्यापक है। कार्यपालिका के प्रधान होने के कारण राष्ट्रपति को यह अधिकार प्राप्त है कि वह सदैव प्रशासन पर नियंत्रण रखे।
- भारतीय संघ का संपूर्ण प्रशासन राष्ट्रपति के नाम पर संचालित होता है तथा सभी महत्वपूर्ण दस्तावेजों पर उसी के हस्ताक्षर होते हैं। राष्ट्रपति इस बात की निगरानी रखता है कि संसद द्वारा सृजित कानूनों का उचित ढंग से क्रियान्वयन हो रहा है अथवा नहीं।

राष्ट्रपति द्वारा नियुक्त अधिकारी

- संघ के मंत्री
- राज्यों के राज्यपाल
- उच्चतम न्यायालय और उच्च न्यायालयों के न्यायाधीश
- भारत के महान्यायवादी
- भारत के नियंत्रक एवं महालेखा परीक्षक
- संघ लोक सेवा आयोग के अध्यक्ष और उनके सदस्य
- मुख्य निर्वाचन आयुक्त एवं अन्य निर्वाचन आयुक्त
- राष्ट्रीय अल्पसंख्यक आयोग के अध्यक्ष एवं सदस्य
- राष्ट्रीय महिला आयोग की अध्यक्ष एवं सदस्य
- राष्ट्रीय मानवाधिकार आयोग के अध्यक्ष एवं सदस्य
- अनुसूचित जाति व अनुसूचित जनजाति आयोग के अध्यक्ष एवं सदस्य
- पिछड़ा वर्ग आयोग के अध्यक्ष एवं सदस्य
- संघ राज्य क्षेत्रों के राज्यपाल या प्रशासक
- वित्त आयोग
- राजभाषा आयोग आदि।

राष्ट्रपति द्वारा पदच्युत अधिकारी

1. संघ के मंत्री
2. राज्यों के राज्यपाल
3. भारत के महान्यायवादी आदि।

- यही कारण है कि राष्ट्रपति समय-समय पर प्रधानमंत्री से प्रशासन के संबंध में विवरण भी मांगता रहता है। केंद्रशासित क्षेत्रों के प्रशासन का दायित्व राष्ट्रपति पर होता है। राष्ट्रपति विभिन्न भागों को विभिन्न मंत्रालयों के रूप

में संगठित करने का नियम बना सकता है तथा राज्यों को संघीय कानून के पालन सुनिश्चित करने के संबंध में भी आदेश दे सकता है।

- राष्ट्रपति को नियुक्ति संबंधी भी अधिकार प्राप्त है। राष्ट्रपति प्रधानमंत्री की नियुक्ति करता है और प्रधानमंत्री के परामर्श से अन्य मंत्रियों, राज्यों के राज्यपाल, उच्चतम न्यायालय एवं उच्च न्यायालय के मुख्य न्यायाधीश, भारत के महान्यायवादी, सम्प्रेषक और महालेखा परीक्षक, मुख्य निर्वाचन आयुक्त, अन्य निर्वाचन आयुक्त, संघ लोक सेवा आयोग तथा एक से अधिक राज्यों के लिए गठित संयुक्त लोक सेवा आयोगों के अध्यक्ष एवं सदस्यगण, राष्ट्रीय नदी जल आयोग, राष्ट्रीय अल्पसंख्यक आयोग, राजभाषा आयोग, अनुसूचित जनजाति आयोग तथा वित्त आयोग आदि के अध्यक्षों तथा सदस्यों की नियुक्ति का अधिकार राष्ट्रपति को प्राप्त है।
- उपर्युक्त में राष्ट्रपति को मंत्रियों, महान्यायवादी, राज्यों के राज्यपाल, सर्वोच्च न्यायालय के प्रतिवेदन पर संघ या संयुक्त राज्य लोक सेवा आयोग के अध्यक्ष एवं सदस्यगण तथा संसद के अनुमोदन पर सर्वोच्च या उच्च न्यायालय के किसी न्यायाधीश या मुख्य निर्वाचन आयुक्त को पदमुक्त करने का अधिकार भी प्राप्त है।
- संघ के शीर्ष पर होने के कारण राष्ट्रपति वैदेशिक मामलों में भारत का प्रतिनिधित्व करता है। राष्ट्रपति विदेशों में भारतीय राजदूतों, उच्चायुक्तों तथा अन्य पदाधिकारियों की नियुक्ति करता है। भारत में विदेशी राजदूतों और उच्चायुक्तों द्वारा उसी के समक्ष अपने पद और गोपनीयता के प्रमाणपत्र प्रस्तुत किए जाते हैं। विदेशों से संधियां तथा समझौते राष्ट्रपति के नाम से ही किए जाते हैं। परंतु इनकी पुष्टि संसद द्वारा की जानी आवश्यक है।
- राष्ट्रपति तीनों सेनाओं का सर्वोच्च **कमांडर** होता है। युद्ध और शांति की घोषणा राष्ट्रपति के द्वारा ही की जाती है, यद्यपि **स्वीकृति** संसद द्वारा किया जाना आवश्यक है।

वित्तीय शक्तियां

वित्तीय क्षेत्र में भी राष्ट्रपति को महत्वपूर्ण और व्यापक अधिकार प्राप्त हैं। राष्ट्रपति को प्राप्त वित्तीय शक्तियां निम्नवत् हैं–

- राष्ट्रपति के पूर्वानुमति के बिना कोई भी धन विधेयक लोकसभा में प्रस्तुत नहीं किया जा सकता है।
- राष्ट्रपति प्रत्येक वर्ष वित्त मंत्री द्वारा वार्षिक वित्तीय विवरण (बजट) संसद में प्रस्तुत करवाता है। राष्ट्रपति बजट के अतिरिक्त व्यय के लिए पूरक तथा अनुदान मांगों को पेश करवाता है। राष्ट्रपति बजट के अतिरिक्त व्यय के लिए पूरक तथा अनुदान कर सकता है जिसकी पुष्टि करवाता है।
- भारत की आकस्मिक निधि पर राष्ट्रपति का संपूर्ण अधिकार होता है और राष्ट्रपति संकट के समय आकस्मिक निधि में से अग्रिम धनराशि प्रदान कर सकता है जिसकी पुष्टि संसद द्वारा बाद में की जाती है।
- राष्ट्रपति समय-समय पर केंद्र और राज्यों के मध्य वितरित होने वाले करों की आय आदि के निर्धारण के लिए वित्त आयोगों की नियुक्ति करता है। वित्त आयोग की अनुशंसाओं पर आवश्यकतानुसार कार्यवाही करता है।
- राष्ट्रपति को आयकर में से राज्यों के अंश तथा जूट निर्यात शुल्क के बदले पूर्वी राज्यों को दी जाने वाली सहायता-अनुदान निर्धारित करने का भी अधिकार है।
- राष्ट्रपति राज्यों के विधानमंडल द्वारा पारित उन विधेयकों की स्वीकृति देता है जिनका संबंध जल अथवा विद्युत शक्ति पर कर लगाने से है या राज्य द्वारा प्राप्त की हुई संपत्ति से है। राष्ट्रपति की स्वीकृति के बिना वे कानून नहीं बन सकते हैं।
- अनुच्छेद–280 के अनुसार राष्ट्रपति को एक वित्त आयोग गठित करने का अधिकार प्राप्त है जो राष्ट्रपति को आर्थिक मामलों या आर्थिक स्थिति के संदर्भ में सलाह देने का कार्य करता है।

विधायी शक्तियां

राष्ट्रपति संसद का एक प्रमुख अंग है। यही कारण है कि विधायी क्षेत्र का पूरा प्रशासन राष्ट्रपति के हाथों में केंद्रित है। संसद के दोनों सदनों की बैठक आहूत करना तथा सत्रावसान करना राष्ट्रपति का दायित्व है। संसद के दोनों सदनों की संयुक्त बैठक भी राष्ट्रपति द्वारा ही आहूत की जाती है। राष्ट्रपति प्रत्येक आम निर्वाचन के बाद तथा नए वर्ष के प्रारंभ में दोनों सदनों की संयुक्त बैठक को संबोधित करता है। राष्ट्रपति किसी भी समय किसी भी सदन को संदेश भेज सकता है। राष्ट्रपति द्वारा प्रेषित संदेश पर सदन को विचार करना आवश्यक है। **ध्यातव्य है कि अभी तक राष्ट्रपति ने एक बार भी सदन को कोई संदेश नहीं भेजा है और न ही औपचारिक संबोधन के अतिरिक्त कभी दोनों सदनों की संयुक्त बैठक और न अकेले किसी सदन को संबोधित किया है। राष्ट्रपति चाहे तो किसी विधेयक के संबंध में अपने विचारों से प्रधानमंत्री को अवगत करा सकता है। ध्यातव्य है कि डॉ. राजेंद्र प्रसाद ने हिंदू कोड बिल के संबंध में प्रधानमंत्री जवाहर लाल नेहरू को अपने विचार प्रेषित किए थे।** राष्ट्रपति की विधायी शक्तिया निम्नवत् हैं–

- कुछ विशेष प्रकार के विधेयक यथा नए राज्यों के निर्माण या पहले से विद्यमान राज्यों की सीमाओं में परिवर्तन से संबंधित विधेयक, धन विधेयक, भारत की संचित निधि से व्यय विधेयक आदि राष्ट्रपति की पूर्वानुमति से ही पेश किए जाते हैं। विधि निर्माण के लिए राष्ट्रपति की स्वीकृति आवश्यक होती है।
- संसद द्वारा पारित कोई भी विधेयक अधिनियम का रूप तभी ले सकता है जब उसे राष्ट्रपति स्वीकृति प्रदान कर दें। उल्लेखनीय है कि राष्ट्रपति के पास तीन विकल्प होते हैं- (i) विधेयक पर हस्ताक्षर कर दें। (ii) विधेयक को पुनर्विचार के लिए वापस कर दें तथा (iii) विधेयक पर न ही हस्ताक्षर करे और न पुनर्विचार के लिए वापस ही करें।

राष्ट्रपति की वीटो शक्ति

राष्ट्रपति की वीटो शक्ति: भारतीय संविधान में वीटो शब्द का प्रत्यक्षत: उल्लेख नहीं किया गया है, परंतु इसका व्यावहारिक रूप में प्रयोग किया जाता है। अनुच्छेद-11 के अनुसार संसद के दोनों सदनों में पारित विधेयक को अब राष्ट्रपति के पास स्वीकृति के लिए प्रेषित किया जाता है। तब उनके पास तीन विकल्प होते हैं जो निम्नवत् हैं–

1. राष्ट्रपति अपनी स्वीकृति प्रदान कर दें।
2. राष्ट्रपति पुनर्विचार के लिए विधेयक को वापस भेज दें जिसे लोकप्रिय वीटो कहा जाता है।
3. न उसे स्वीकार करें और न ही अस्वीकार करें, बल्कि अपने पास रोक लें। राष्ट्रपति को प्राप्त वीटो शक्ति निम्नवत् है-

निरपेक्ष वीटो (Absolute Veto)

जब राष्ट्रपति द्वारा किसी विधेयक को अपनी स्वीकृति प्रदान नहीं की जाती है, तब उसके इस अधिकार को निरपेक्ष वीटो कहा जाता है। ध्यातव्य है कि इसका प्रयोग अब तक केवल 1 बार राजेंद्र प्रसाद द्वारा किया गया है। राजेंद्र प्रसाद ने पेप्सू विधेयक (Patiyala and East Punjab State Union Bill) के संदर्भ में निरपेक्ष वीटो का प्रयोग किया था।

आत्यांतिक या पूर्ण वीटो

- यह एक विशेष प्रकार का वीटो है। भारत में यह वीटो इंग्लैंड के क्राउन को प्राप्त वीटो से लिया गया है। वहाँ क्राउन को अधिकार है कि वह किसी विधेयक को अनुमति नहीं प्रदान कर सकता है। ऐसी स्थिति में संसद का बहुमत विधेयक के पक्ष में होने के बावजूद भी विधि नहीं बन सकता है।

- भारत में राष्ट्रपति की उस शक्ति को आत्यांतिक वीटो कहा जाता है जिसके माध्यम से वह संसद द्वारा पारित किसी विधेयक को अपने पास सुरक्षित रख लेता है और वह विधेयक अधिनियम नहीं बन पाता है। इस वीटो का प्रयोग निम्न दो स्थितियों में किया जाता है-
  1. निजी (गैर-सरकारी) विधेयकों के संदर्भ में।
  2. सरकारी विधेयक के संदर्भ में जब संसद के दोनों सदनों द्वारा विधेयक पारित कर दिया गया हो परंतु मंत्रिमंडल ने किसी भी कारण से त्यागपत्र दे दिया हो तथा राष्ट्रपति से अनुमति मिलना अभी शेष हो। परंतु नए मंत्रिमंडल ने राष्ट्रपति से उस विधेयक को स्वीकृति न देने की सिफारिश की है।
- भारत में आत्यांतिक वीटो का प्रयोग अब तक दो बार किया गया है। 1954 में राजेंद्र प्रसाद तथा 1991 में डॉ. आर. वेंकटरमन द्वारा इस वीटो का प्रयोग किया गया था। 1954 में राजेंद्र प्रसाद पेप्सू विधेयक के संदर्भ में आत्यांतिक वीटो का प्रयोग किया था। ध्यातव्य है कि यह विधेयक उस समय पारित किया गया था जब पंजाब में राष्ट्रपति शासन लागू था, परंतु जब राष्ट्रपति के पास स्वीकृति के लिए भेजा गया तब पंजाब में राष्ट्रपति शासन वापस ले लिया गया था।
- 1991 में आर. वेंकटरमन द्वारा संसद सदस्य वेतन भत्ता तथा पेंशन संशोधन अधिनियम को स्वीकृति न देकर अपने पास रोककर रखा गया था। ध्यातव्य है कि यह विधेयक लोकसभा के विघटित होने से एक दिन पूर्व पारित किया गया था और राष्ट्रपति की पूर्वानुमति के बिना किया गया था।
- **विशेषित वीटो:** वीटो 'विशेषित' तब होता है जब विधानमंडल के असाधारण बहुमत से उसका अध्यारोहण किया जा सकता है और उस बहुमत से विधेयक को कार्यपालिका के वीटो को रौंदकर अधिनियम बनाया जा सकता है। अमेरिकी राष्ट्रपति का वीटो इसी वर्ग का है। यह वीटो एक ऐसा माध्यम है जिससे कार्यपालिका विधान के दोष दिखाकर उस विधानमंडल से पुनर्विचार करा सकती है किंतु अंत में विधानमंडल असाधारण बहुमत ही प्रभावी होता है। भारत में नहीं पाया जाता है।
- **निलंबनकारी वीटो:** जब कोई कार्यपालिका वीटो इस प्रकार का होता है कि विधानमंडल का सामान्य बहुमत उसका अध्यारोहण कर सकता है तो उसे निलंबनकारी वीटो कहते हैं। फ्रेंच राष्ट्रपति का वीटो इसी प्रकार का है। भारत में भी यह पाया जाता है। अनुच्छेद-111 के तहत राष्ट्रपति किसी विधेयक को (धन विधेयक और संविधान संशोधन विधेयक के अतिरिक्त) संसद को पुनर्विचार के लिए वापस कर सकता है। लौटाए जाने का प्रभाव सिर्फ अनुमति का निलंबन होता है क्योंकि संसद द्वारा पुन: पारित कर दिए जाने पर राष्ट्रपति अनुमति देने के लिए बाध्य होता है। अत: इसे निलंबनकारी वीटो कहा जाता है।

राष्ट्रपति धन विधेयकों के मामले में इस वीटो का प्रयोग नहीं कर सकता है। राष्ट्रपति किसी धन विधेयक को अपनी स्वीकृति या तो दे सकता है या उसे रोककर रख सकता है, परंतु उसे संसद को पुनर्विचार के लिए नहीं भेज सकता है। साधारणत: राष्ट्रपति, धन विधेयक पर अपनी स्वीकृति दे देता है, संसद में उसकी पूर्वानुमति से ही यह विधेयक प्रस्तुत किया जाता है।

- **जेबी वीटो (पॉकेट वीटो):** यह अमेरिका के राष्ट्रपति के पास है। जब कोई विधेयक प्रस्तुत किया जाता है तो वह चाहे तो न उस पर हस्ताक्षर करे और न उसे 10 दिन के भीतर लौटाए। भारत में समय सीमा निर्धारित नहीं है। अत: इसका प्रयोग राष्ट्रपति कर सकता है। इस प्रकार के वीटो में राष्ट्रपति विधेयक को न स्वीकार करता है और न अस्वीकार करता है, बल्कि उसे अपने पास रोक लेता है। 1986 में संसद ने भारतीय डाकघर संशोधन पारित किया था, परंतु राष्ट्रपति ज्ञानी जैल सिंह ने इसे न तो अनुमति दी और न ही इंकार किया। अभी तक यह राष्ट्रपति की जेब में ही है। इस अधिकार के प्रयोग का यह प्रथम उदाहरण है। भारत में आत्यांतिक, निलंबनकारी तथा पॉकेट वीटो का संयोजित रूप है।

यदि राष्ट्रपति संसद के विधेयक को पुनर्विचार के लिए भेजते हैं और संसद द्वारा विधेयक को पुन: पारित करके चाहे किसी भी रूप में पुराने अथवा संशोधित रूप में राष्ट्रपति के पास भेज देती है तो राष्ट्रपति उस पर हस्ताक्षर करने के लिए बाध्य है। इस स्थिति में राष्ट्रपति द्वारा 14 दिनों के अंदर हस्ताक्षर नहीं किया जाता है तो विधेयक स्वत: अधिनियम का रूप ले लेगा।

- संविधान में इस बात का स्पष्ट रूप से कहीं कोई भी प्रावधान नहीं किया गया है कि कितने दिन के अंदर राष्ट्रपति को विधेयक को स्वीकार या अस्वीकार करना अनिवार्य है। **अनुच्छेद-**111 में कहा गया है कि यदि राष्ट्रपति विधेयक को लौटाने की इच्छा रखता है तो उसे यथाशीघ्र लौटा देना चाहिए। जिसका आशय यह है कि राष्ट्रपति असीमित काल तक विधेयक को अपने पास रोक सकता है।

ऐसे विधेयक जिनकी प्रस्तुति के लिए राष्ट्रपति की पूर्वानुमति आवश्यक

- धन विधेयक (अनुच्छेद-110)
- किसी नए राज्य का निर्माण या वर्तमान राज्य के क्षेत्र, सीमा या नाम में परिवर्तन करने वाले विधेयक (अनुच्छेद-3)
- ऐसा विधेयक जो भारत की संचित निधि से व्यय करने से संबंधित है; किंतु धन विधेयक नहीं है (अनुच्छेद-117)
- भूमि अधिग्रहण से संबंधित विधेयक
- व्यापार की स्वतंत्रता को सीमित करने वाला राज्य का कोई विधेयक (अनुच्छेद-304)
- कराधान से संबंधित ऐसा विधेयक जिससे राज्य का हित प्रभावित होता हो (अनुच्छेद-274)।

सत्र के समाप्त होते ही (जिसमें विधेयक पारित किया गया है) विधेयक स्वत: रद्द हो जाएगा। राष्ट्रपति धन विधेयक तथा संविधान संशोधन विधेयक को अस्वीकार नहीं कर सकता है। **उल्लेखनीय है कि स्वतंत्र भारत के इतिहास में प्रथम बार 15 जनवरी, 1987 को राष्ट्रपति ज्ञानी जैल सिंह ने भारतीय डाक विधेयक पर हस्ताक्षर नहीं किए तथा सरकार से सफाई मांगी। इसके अतिरिक्त उसे अपने पास रोके रखा।**

- वह सदनों या किसी सदन का सत्रावसान कर सकता है तथा लोकसभा को उसके नियत अवधि के पूर्व भंग कर सकता है। (अनुच्छेद-85)।
- राष्ट्रपति लोकसभा के प्रत्येक आम चुनाव के पश्चात प्रथम सत्र के आरंभ में तथा प्रत्येक वर्ष प्रथम सत्र के आरंभ में संसद के दोनों सदनों की संयुक्त बैठक को संबोधित करता है, जिसमें वह सरकार की सामान्य नीति एवं भावी कार्यक्रमों का विवरण देता है (अनुच्छेद-87)।

दया याचिका

भारत में मृत्युदंड का प्रावधान केवल जघन्य मामलों में ही है। जब एक बार अपराधी को दोषी सिद्ध कर दिया जाता और उसके लिए दंड सुना दिया जाता है तो उसे यह अधिकार होता है कि वह इस निर्णय और दंड के खिलाफ अपील कर सकता है। इस प्रक्रिया में दो-तीन साल तक लग जाते हैं। इन सभी जगह यदि मृत्युदंड की सजा बरकरार रहती है तो फिर राष्ट्रपति के पास दया याचिका पेश की जा सकती है। इसमें राष्ट्रपति केंद्रीय मंत्रिमंडल के परामर्श पर ही कोई निर्णय ले पाता है, लेकिन राष्ट्रपति इस अधिकार का मनमाना उपयोग नहीं कर सकता है। राष्ट्रपति द्वारा लिए गए निर्णय की न्यायिक समीक्षा की जा सकती है। भारतीय कानून के तहत हत्या, बालक या मानसिक रूप से विक्षिप्त व्यक्ति को आत्महत्या के लिए उकसाना, शासन के खिलाफ युद्ध, सैनिकों द्वारा किया गया सशस्त्र विद्रोह तथा हाल के दिनों में न्यायालय ने आतंकवाद विरोधी बने कानून के तहत भी मृत्युदंड की सजा देना शुरू कर दिया है। भारतीय संविधान के अनुच्छेद-72 के तहत राष्ट्रपति को यह क्षमा करने की शक्ति प्राप्त है। कोई व्यक्ति इसकी अधिकार के रूप में मांग नहीं कर सकता है।

राष्ट्रपति द्वारा क्षमादान

- राष्ट्रपति उक्त आरंभिक अभिभाषण के अतिरिक्त कभी भी संसद के किसी एक सदन या संयुक्त सदन में अभिभाषण कर सकता है तथा उसके लिए सदस्यों की उपस्थिति की अपेक्षा कर सकता है (अनुच्छेद-86)।
- यदि किसी साधारण विधेयक पर संसद के दोनों सदनों में मतभेद हो, तो राष्ट्रपति ऐसे विधेयक को पास कराने के लिए संयुक्त अधिवेशन बुला सकता है (अनुच्छेद-108)।

- **क्षमा (Pardon):** इसका तात्पर्य दंड से मुक्ति प्रदान करना है।
- **प्रतिलम्बन (Reprieve):** इसका तात्पर्य विधि द्वारा विहित दंड के अस्थायी स्थगन से है।
- **परिहार (Remission):** इसके अंतर्गत दंड की प्रकृति में परिवर्तन किए बिना दंड की मात्रा को कम कर दिया जाता है।
- **लघुकरण (Commute):** इसका अर्थ दंड की प्रकृति में परिवर्तन करना है। दंड की मात्रा में परिवर्तन नहीं होता।
- **विराम (Respite):** दंड की मात्रा तथा प्रकृति दोनों में अंतर करना।

- राष्ट्रपति लोकसभा में आंग्ल-भारतीय समुदाय के दो प्रतिनिधियों को मनोनीत कर सकता है। यदि उसकी राय में लोकसभा में इस समुदाय को पर्याप्त प्रतिनिधित्व प्राप्त न हो (अनुच्छेद-331)।
- **अनुच्छेद-123 के अंतर्गत राष्ट्रपति को** संसद के सत्रावसान की स्थिति में अध्यादेश जारी करने की शक्ति प्राप्त है। ये अध्यादेश राष्ट्रपति द्वारा उसी समय जारी किए जाते हैं जब किसी विषय पर कानून बनाना अति आवश्यक हो गया हो। राष्ट्रपति अपनी इस शक्ति का प्रयोग मंत्रिपरिषद् के परामर्श से करता है। राष्ट्रपति द्वारा जारी किए गए अध्यादेश पर वे सभी नियम एवं शर्तें लागू होती हैं जो संसद द्वारा निर्मित विधि पर लागू होती हैं। संसद का अधिवेशन प्रारंभ होने की तिथि से अधिक-से-अधिक 6 सप्ताह तक अध्यादेश प्रभावी रहता है। इस अवधि में संसद को उस अध्यादेश को विधिक रूप देना होता है। यदि संसद ऐसा नहीं करती है तो अध्यादेश स्वत: निष्प्रभावी हो जाएगा।
- अनुच्छेद-13(क) के अधीन विधि शब्द के अंतर्गत अध्यादेश भी आता है। अत: ऐसा कोई अध्यादेश जो मूल अधिकार (भाग-3) का अतिक्रमण करता है, शून्य होगा। अध्यादेश की वही संवैधानिक सीमाएं होती हैं, जो संसद द्वारा बनाए गए किसी कानून की होती हैं। अत: एक अध्यादेश किसी भी मौलिक अधिकार का न तो लघुकरण कर सकता है और न ही उसे छीन सकता है।
- कुछ प्रतिवेदन और रिपोर्ट यथा बजट, महालेखा परीक्षक, वेतन आयोग, वित्त आयोग की सिफारिशें तथा संघ लोक आयोग का प्रतिवेदन आदि राष्ट्रपति के नाम से ही संसद में प्रस्तुत किए जाते हैं।
- **इसके अतिरिक्त राष्ट्रपति को साहित्य, कला, विज्ञान और समाज सेवा के क्षेत्र में अनुभव प्राप्त 12 व्यक्तियों को राज्यसभा में मनोनीत करने का अधिकार प्राप्त है। राष्ट्रपति द्वारा लोकसभा में दो सदस्यों का मनोनयन किया जाता है।** लोकसभा में मनोनीत होने वाले सदस्य एंग्लो-इंडियन समुदाय के होते हैं। अत: स्पष्ट है कि भारतीय राष्ट्रपति को व्यापक विधायी शक्तियां प्राप्त हैं।

न्यायिक शक्तियां

यद्यपि भारत में न्यायपालिका को कार्यपालिका के हस्तक्षेप से मुक्त रखा गया है, परंतु संघ का प्रधान होने तथा संविधान का संरक्षक होने के कारण राष्ट्रपति को सीमित मात्रा में न्यायिक शक्तियां भी प्रदान की गई हैं। राष्ट्रपति संसद के दोनों सदनों की प्रार्थना करने पर सर्वोच्च न्यायालय के न्यायाधीशों को पदच्युत करता है तथा उच्च न्यायालय के न्यायाधीशों का स्थानातंरण करता है। संविधान के **72वें अनुच्छेद में कहा गया है कि राष्ट्रपति** को यह अधिकार प्राप्त है कि राष्ट्रपति उन अपराधियों को क्षमा कर सकता है अथवा उनके दंड को कम कर सकता है जो-

(i) संघीय विधियों के अपराध के कारण दंडित किए गए हों।

(ii) सैनिक न्यायालय द्वारा दंडित किए गए हों।

(iii) जहाँ अपराधी को मृत्यु दंड दिया गया हो।

राष्ट्रपति की क्षमादान संबंधी शक्ति का कोई प्रभाव राज्यों के राज्यपालों तथा सैनिक न्यायालयों के सैनिक अधिकारियों की क्षमादान शक्ति पर नहीं पड़ेगा। राष्ट्रपति अपनी क्षमादान शक्ति का प्रयोग मंत्रिपरिषद् की ही सलाह से करता है। राष्ट्रपति की न्यायिक शक्तियों से संबंधित प्रमुख प्रावधान निम्नवत् हैं-

- अनुच्छेद-143 के तहत राष्ट्रपति को उच्चतम न्यायालय से परामर्श का अधिकार दिया गया है।
- राष्ट्रपति को यह प्रतीत होता है कि विधि या तथ्य का सार्वजनिक महत्व का कोई प्रश्न उत्पन्न हुआ, जिस पर उच्चतम न्यायालय की राय प्राप्त करना आवश्यक है, तब वह उस प्रश्न को उच्चतम न्यायालय को राय के लिए भेजता है, किंतु वह उच्चतम न्यायालय की राय को मानने के लिए बाध्य नहीं है।
- राष्ट्रपति को अनुच्छेद-124 के तहत उच्चतम न्यायालय एवं अनुच्छेद-217 के तहत उच्च न्यायालयों के न्यायाधीशों की नियुक्ति का अधिकार है।
- वह उच्च न्यायालयों के न्यायालयों का स्थानांतरण भी करता है तथा उच्चतम न्यायालय द्वारा अनुच्छेद-145 के तहत निर्मित किए जाने वाले न्यायालय की पद्धति एवं प्रक्रिया से संबंधित नियमों को अनुमोदित करता है।

भारतीय राष्ट्रपति की आपातकालीन शक्तियां

विश्व के सभी विशेषत: लोकतांत्रिक देशों के संविधान में आपातकालीन शक्तियों का प्रावधान होता है। आपातकालीन शक्तियों का प्रावधान शीघ्र प्रभावशाली तथा नवीन कार्यों के लिए किया जाता है। भारतीय संविधान निर्माताओं ने जर्मनी के वाइमर संविधान (जिसका सृजन प्रथम विश्व युद्ध के बाद किया गया था) से राष्ट्रपति की आपातकालीन शक्तियों को लिया है। भारतीय संविधान निर्माता द्वितीय विश्व युद्ध की संकटकालीन परिस्थिति को अपनी आंखों के सामने देख चुके थे और उनको यह विश्वास था कि भारत में भी कभी ऐसी स्थिति उत्पन्न हो सकती है कि सामान्य प्रावधानों के द्वारा देश का शासन नहीं चलाया जा सकता है। ऐसी परिस्थितियों से निपटने के लिए आपातकालीन शक्तियां राष्ट्रपति को प्रदान की गई हैं।

भारतीय संविधान के 18वें भाग में अनुच्छेद-352 से 360 तक राष्ट्रपति को प्रदत्त आपातकालीन शक्तियों की विवेचना की गई है। राष्ट्रपति को तीन प्रकार की आपातकालीन शक्तियां प्रदान की गई हैं जो निम्नवत् हैं-

(i) युद्ध, बाह्य आक्रमण या सशस्त्र विद्रोह की स्थिति से संबंधित आपातकालीन शक्तियां।

(ii) वित्तीय आपातकालीन स्थिति।

(iii) संवैधानिक तंत्र की विफलता से उत्पन्न आपातकालीन स्थिति।

(i) युद्ध, बाह्य आक्रमण या सशस्त्र विद्रोह की स्थिति से संबंधित आपातकालीन शक्तियां (Emergency relating to situations of War, External Aggression and Armed Rebellion)

भारतीय संविधान के **अनुच्छेद-352 के प्रावधानों के अनुसार** राष्ट्रपति को इस बात का संज्ञान हो जाए कि देश में गंभीर आपात विद्यमान है जिससे युद्ध, बाह्य आक्रमण या सशस्त्र विद्रोह से भारत या उसके किसी भू-भाग की सुरक्षा संकट में है तो वह देश में आपात स्थिति की घोषणा कर सकता है। आपात स्थिति पूरे देश में लागू होगी या किसी क्षेत्र विशेष में, इसकी घोषणा आपात की उद्घोषणा में निहित होती है, ध्यातव्य है कि **उक्त शब्दावली में सशस्त्र विद्रोह शब्द 44वें संविधान संशोधन द्वारा 1978 में जोड़ा गया। इससे पूर्व ''सशस्त्र विद्रोह'' शब्द के स्थान पर आंतरिक अशांति शब्द था।** आपात उद्घोषणा वास्तविक घटना के घटने से 1 माह पूर्व भी की जा सकती है, यदि राष्ट्रपति को यह एहसास हो जाए कि संकट सन्निकट है, खतरे की आशंका मात्र संज्ञान है, भले ही वास्तव में युद्ध अथवा ऐसा आक्रमण या सशस्त्र विद्रोह न हुआ हो। राष्ट्रपति द्वारा यह उद्घोषणा मंत्रिमंडल के परामर्श से ही की जाएगी। मंत्रिमंडल का परामर्श लिखित होना चाहिए। ध्यातव्य है कि **1975 में केवल प्रधानमंत्री के मौखिक परामर्श के आधार पर ही राष्ट्रपति शासन लागू कर दिया गया था।**

आपात स्थिति की घोषणा होने के 1 माह के अंदर ही संसद के दोनों सदनों द्वारा दो-तिहाई बहुमत से अनुमोदन किया जाना आवश्यक है। उपर्युक्त विधि से संसद द्वारा अनुमोदित होने के बाद 6 माह तक आपात स्थिति बनी रह सकती है। 6-6 माह करके इसकी अवधि को बढ़ाया जा सकता है परंतु शर्त यह है कि प्रत्येक 6 माह पर संसद के दोनों सदनों द्वारा दो-तिहाई बहुमत से अनुमोदन किया जाए। ध्यातव्य है कि संविधान द्वारा आपात स्थिति की कोई अधिकतम सीमा निर्धारित नहीं की गई है। यदि आपात स्थिति की घोषणा उस समय की गई हो जब लोकसभा का विघटन हो चुका है या उसका विघटन खंड (2) के अंतर्गत बिना कोई संकल्प पारित किए एक माह की अवधि के अंदर हो जाता है। जबकि राज्यसभा ने संकल्प का अनुमोदन कर दिया है तो आपात उद्घोषणा पुर्नगठित लोकसभा की प्रथम बैठक की तिथि से 60 दिन की समाप्ति पर प्रवर्तन में नहीं रहेगी जब तक कि उपर्युक्त 90 दिन की अवधि की समाप्ति से पूर्व उद्घोषणा का अनुमोदन करने वाला संकल्प पारित नहीं कर दिया जाता है। उद्घोषणा का संकल्प सदन के बहुमत तथा उपस्थित सदस्यों के दो-तिहाई बहुमत से पारित किया जाना चाहिए। **44वें संविधान से पूर्व इस प्रकार का संकल्प केवल साधारण बहुमत से ही पारित किया जा सकता था।**

संविधान के अनुच्छेद– 352 **के अंतर्गत अब तक** 3 **बार आपातकाल की घोषणा** की गई है। पहली बार 29 अक्टूबर, 1962 को चीनी आक्रमण में आपातकालीन स्थिति की घोषणा की गई। इस घोषणा के परिणामस्वरूप 8 नवंबर, 1962 को अनुच्छेद–21 और 22 निलंबित कर दिया गया। 26 अक्टूबर, 1962 को भारत प्रतिरक्षा अधिनियम पारित किया गया। इस अधिनियम के अंतर्गत भारत सरकार को व्यापक शक्तियां प्रदान की गईं। 10 जनवरी, 1968 को आपात स्थिति वापस ली गई। दूसरी बार आपात स्थिति तब लगाई गई जब 1971 में पाकिस्तान ने भारत पर आक्रमण किया था। इसे 1972 में ही वापस ले लिया गया। तीसरी बार आपात स्थिति की घोषणा 26 जून, 1975 को आंतरिक अशांति के आधार पर की गई थी जिसे 21 मार्च, 1977 को वापस लिया गया।

आपात उद्घोषणा की समाप्ति या प्रतिसंहरण

44वें संविधान संशोधन से पूर्व संसद द्वारा आपात उद्घोषणा का एक बार अनुमोदन कर दिए जाने के पश्चात से संसद का नियंत्रण उस पर से समाप्त हो जाता था। संसद यदि समाप्त भी करना चाहे तो वह ऐसा करने में समर्थ नहीं थी। 44वें संशोधन द्वारा अनुच्छेद–352 (7) में यह उपबंध किया गया कि राष्ट्रपति की आपात उद्घोषणा की समाप्ति या प्रतिसंहरण करना उस समय अनिवार्य होगा जब लोकसभा ने साधारण बहुमत से इसे समाप्त करने के संकल्प को पारित कर दिया हो। अनुच्छेद–352 (8) में यह प्रावधानित है कि यदि लोकसभा के 1/10 सदस्यों द्वारा लिखित नोटिस उद्घोषणा की समाप्ति हेतु–

(i) सदन के अध्यक्ष को दिया गया हो, यदि सदन का सत्र चल रहा हो या

(ii) यदि सदन का सत्र नहीं चल रहा है तो राष्ट्रपति और अध्यक्ष को 14 दिन के अंदर सदन का विशेष सत्र बुलाना आवश्यक होगा।

अब तक तीन बार आपातकाल की घोषणा की गई है (अनुच्छेद–352)

- 1962 ई. में भारत पर चीन द्वारा आक्रमण के कारण
- 1971 ई. में भारत पर पाकिस्तान द्वारा आक्रमण के कारण
- 1975 ई. में कांग्रेस द्वारा आंतरिक अशांति के कारण

अनुच्छेद–352 (9) में स्पष्ट किया गया है कि अनुच्छेद–352 (1) के अधीन विभिन्न आधारों पर अलग-अलग आपात घोषणा करने की शक्ति इसमें समाहित है क्योंकि इसके अधीन ऐसी घोषणाएं पहले ही की जा चुकी हों और वह प्रवर्तन में हों।

आपात उद्घोषणा का प्रभाव

आपात उद्घोषणा के प्रभावों का उल्लेख अनुच्छेद–353, 354 तथा 355 में किया गया है। इस प्रकार की उद्घोषणा का कार्यपालिका, व्यवस्थापिका, वित्तीय क्षेत्रों तथा मौलिक अधिकारों पर व्यापक रूप से पड़ता है। अत: आपात उद्घोषणा को निम्नलिखित 4 शीर्षकों के अंतर्गत वर्गीकृत किया जा सकता है–

(i) कार्यपालिका

(ii) व्यवस्थापिका संबंधी

(iii) वित्तीय और

(iv) मौलिक अधिकारों से संबंधित

(i) कार्यपालिका संबंधी प्रभाव–आपात उद्घोषणा के प्रवर्तन में होने की स्थिति में संघीय कार्यपालिका का अधिकार क्षेत्र व्यापक हो जाता है। संघीय कार्यपालिका को यह अधिकार प्राप्त हो जाता है कि विभिन्न राज्यों की कार्यपालिका को वह आदेश दे सकती है कि उनको किस प्रकार अपनी शक्ति का प्रयोग करना है। आपात स्थिति में राज्यों की कार्यपालिका शक्ति संघ (केंद्र) के अधीन हो जाती है। सामान्य स्थिति में संघीय कार्यपालिका को केवल उन्हीं मामलों में राज्य कार्यपालिका को निर्देश देने की शक्ति प्राप्त है जो अनुच्छेद–256 और 257 में वर्णित हैं, परंतु आपातकाल में केंद्र सरकार राज्य को किसी भी विषय पर निर्देश देने की शक्ति प्राप्त कर लेती है। इस प्रकार राज्य सरकारें तो अपने अस्तित्व में रहती हैं, परंतु वह स्वतंत्र रूप से कोई कार्य नहीं कर पाती हैं तथा उन पर केंद्र सरकार का पूर्णरूपेण नियंत्रण स्थापित हो जाता है। अन्य शब्दों में यह भी कहा जा सकता है कि आपात स्थिति में शासन पद्धति संघीय न होकर एकात्मक हो जाती है।

(ii) व्यवस्थापिका संबंधी प्रभाव–आपात की उद्घोषणा से विधायी क्षेत्र अछूता नहीं रहता है। आपात उद्घोषणा का विधायी क्षेत्र पर निम्नलिखित प्रभाव पड़ता है–

- **अनुच्छेद**–250 (1) के अंतर्गत आपात उद्घोषणा के प्रवर्तन की स्थिति में भारतीय संसद को संपूर्ण देश या उसके किसी भाग के लिए राज्य सूची में वर्णित विषयों पर भी कानून आपात उद्घोषणा के 6 माह के बाद प्रभावी नहीं रह जाते हैं, परंतु 42वें संविधान संशोधन द्वारा यह स्पष्ट किया गया है कि आपात स्थिति के समय राज्य सूची के विषयों पर केंद्र सरकार द्वारा सृजित कानून आपात स्थिति के समाप्ति के बाद भी तब तक लागू रहेंगे जब तक कि उनको उपयुक्त विधानमंडल द्वारा समाप्त या संशोधित नहीं कर दिया जाता है।
- **अनुच्छेद**–83 (2) के अनुसार आपात उद्घोषणा के प्रवर्तन की स्थिति में संसद विधि द्वारा लोकसभा के कार्यकाल में वृद्धि कर सकती है, परंतु यह अवधि एक बार में 1 वर्ष से अधिक नहीं बढ़ाई जा सकती है और आपात उद्घोषणा के समाप्त होने के पश्चात 6 माह बाद बढ़ी हुई अवधि स्वयं ही समाप्त हो जाएगी।
- राज्य विधानमंडलों द्वारा निर्मित कोई भी कानून संसद द्वारा सृजित किसी कानून का विरोधी है तो वह विरोध की सीमा तक अमान्य होगा।
- आपात स्थिति के प्रवर्तन में होने के समय यदि संसद का सत्र नहीं चल रहा हो तो राष्ट्रपति को यह अधिकार है कि वह राज्य सूची में वर्णित विषयों पर अध्यादेश जारी कर सकता है।
- **अनुच्छेद**–353 (ख) के अनुसार आपात उद्घोषणा के प्रवर्तन की स्थिति में संसद द्वारा निर्मित विधियों के क्रियान्वयन के उद्देश्य से संसद को (उस उद्देश्य की पूर्ति के लिए) संघीय कार्यपालिका को ऐसे किसी भी विषय पर जो सामान्यत: राज्य के क्षेत्राधिकार से संबंधित

है, शक्तियां देने अथवा शुल्क लगाने के बारे में भी कानून बनाने की शक्ति प्राप्त हो जाती है।

- **वित्तीय प्रभाव**–आपात उद्घोषणा के प्रवर्तन की स्थिति में राष्ट्रपति आदेश द्वारा अनुच्छेद– 268 से 279 तक में प्रावधानित केंद्र-राज्य वित्तीय संबंधी में परिवर्तन कर सकता है। **अनुच्छेद**–354 (2) के अनुसार उक्त प्रकार के प्रत्येक आदेश को यथा शीघ्र संसद के सम्मुख विचारार्थ एवं अनुमोदनार्थ प्रस्तुत किया जाएगा।
- **मूल अधिकारों से संबंधित प्रभाव**–आपात उद्घोषणा के प्रवर्तन में होने का प्रभाव मौलिक अधिकारों पर भी पड़ता है। अनुच्छेद–358 तथा 359 में आपात उद्घोषणा का मौलिक अधिकारों पर पड़ने वाले प्रभावों का उल्लेख किया गया है। 44वें संविधान संशोधन के पश्चात आपात उद्घोषणा के मौलिक अधिकारों पर पड़ने वाले प्रभावों की स्थिति निम्नवत् है–
- आपात उद्घोषणा के प्रवर्तन की स्थिति में **अनुच्छेद**–358 के अनुसार अनुच्छेद–14 और 19 में प्रदत्त अधिकार स्वत: ही निलंबित हो जाते हैं, जबकि अनुच्छेद–359 में प्रावधानित है कि राष्ट्रपति आदेश द्वारा मूल अधिकारों या उनमें से किसी मूल अधिकार (जैसा कि आदेश में उल्लेखित है) के न्यायालयों द्वारा प्रवर्तन कराने के अधिकार को निलंबित कर सकता है। अत: स्पष्ट है कि अनुच्छेद–359 के अंतर्गत वर्णित मूल अधिकार निलंबित नहीं होते हैं, बल्कि उनको प्रवर्तन कराने का अधिकार निलंबित हो जाता है। अनुच्छेद–358 के अंतर्गत आपात उद्घोषणा के साथ ही अनुच्छेद–14 और 19 के अंतर्गत प्राप्त अधिकार स्वत: निलंबित हो जाते हैं और आपात उद्घोषणा के समाप्त होते ही पुनर्जीवित हो जाते हैं। ध्यातव्य है कि आपातकाल में किए गए कृत्यों के लिए आपातकाल के पश्चात चुनौती नहीं दी जा सकती है।
- **अनुच्छेद**–359 में कहा गया है कि अनुच्छेद–20 और 21 को छोड़कर भाग–3 में दिए गए अधिकारों को जैसा कि आदेश में उल्लेखित हो आपात स्थिति के प्रवर्तन में होने पर निलंबित किया जा सकता है। अत: राष्ट्रपति को मूल अधिकारों के प्रवर्तन के निलंबित करने के अधिकार अनुच्छेद–20 और 21 को निलंबित करने का अधिकार नहीं है। अनुच्छेद–20 और 21 को किसी भी स्थिति में निलंबित नहीं किया जा सकता है। ध्यातव्य है कि 44वें संशोधन से पूर्व इनको भी निलंबित किया जा सकता था।
- अनुच्छेद–359, में कहा गया है कि अनुच्छेद– 352 में वर्णित किसी प्रकार की आपात स्थिति अर्थात् युद्ध बाह्य आक्रमण अथवा सशस्त्र विद्रोह के घोषित होने पर लागू हो सकता है, जबकि अनुच्छेद– 358 का प्रभाव केवल युद्ध या बाह्य आक्रमण स्थिति में ही लागू किया जा सकेगा।
- **वित्तीय आपात–अनुच्छेद**–360 (1) में यह कहा गया है कि यदि राष्ट्रपति को यह ज्ञात हो जाए कि ऐसी स्थिति पैदा हो गई है जिससे भारत या उसके किसी भाग का वित्तीय स्थायित्व संकट में है तो वह वित्तीय आपात की उद्घोषणा कर सकता है। **अनुच्छेद**–360 (1) घोषित आपात की समस्त प्रक्रिया अनुच्छेद–352 के अंतर्गत घोषित राष्ट्रीय आपात की भांति होती है। वित्तीय आपात उद्घोषणा के निम्नलिखित प्रभाव होंगे–
- संघ सरकार (केंद्र सरकार) सभी राज्य सरकारों को आवश्यक वित्तीय निर्देश दे सकती है।
- वित्तीय आपात उद्घोषणा के प्रवर्तन में होने पर सर्वोच्च न्यायालय तथा उच्च न्यायालय के न्यायाधीशों सहित संघ तथा राज्य सरकार के पदाधिकारियों के वेतन में आवश्यक कमी की जा सकती है।
- राज्य विधानमंडल द्वारा पारित सभी वित्त विधेयकों को राष्ट्रपति की स्वीकृति के लिए रक्षित किया जा सकता है।
- केंद्र तथा राज्यों के मध्य धन के वितरण के लिए विद्यमान प्रावधानों में आवश्यक संशोधन किया जा सकता है।
- **अनुच्छेद**–360 के अंतर्गत उद्घोषित आपात उद्घोषणा की अवधि 2 माह की होती है। यदि 2 माह की अवधि में संसद द्वारा एक संकल्प प्रस्ताव के माध्यम से उद्घोषणा का अनुमोदन नहीं कर दिया जाता है तो 2 माह की समाप्ति पर उद्घोषणा प्रवर्तन में नहीं रहेगी। 44वें संविधान संशोधन के पूर्व अनुच्छेद–360 के अधीन की गई उद्घोषणा में अनुच्छेद–352 के उपबंध लागू होते थे, परंतु 44वें संविधान संशोधन के बाद अनुच्छेद–362 (2) स्वयं में एक पूर्ण अनुच्छेद बन गया तथा अनुच्छेद–352 (2) से उसका संबंध समाप्त हो गया है।

संवैधानिक तंत्र की विफलता से उत्पन्न आपातकालीन स्थिति

अनुच्छेद–355 में प्रावधानित है कि प्रत्येक राज्य की बाह्य आक्रमण और आभ्यंतरिक अशांति (सशस्त्र विद्रोह) से प्रत्येक राज्य का संरक्षण करना तथा प्रत्येक राज्य की सरकार भारतीय संविधान के उपबंधों के अनुसार चलाई जाए यह सुनिश्चित करना संघ का दायित्व है। **अनुच्छेद**–356 में कहा गया है कि राष्ट्रपति को स्वयं या राज्यपाल की रिपोर्ट के आधार पर यह ज्ञात हो जाए कि उस राज्य में संवैधानिक तंत्र विफल हो गया है तो राष्ट्रपति उस राज्य में संकटकालीन स्थिति अर्थात् राष्ट्रपति शासन की घोषणा कर सकता है। राष्ट्रपति की राष्ट्रपति शासन की उद्घोषणा को 2 माह के अंदर दोनों सदन से साधारण बहुमत से अनुमोदित कराना आवश्यक होता है। यदि घोषणा के समय लोकसभा की बैठक नहीं चल रही हो अथवा दो माह के अंदर लोकसभा का विघटन हो जाता है तो नई लोकसभा का गठन होने के एक माह के अंदर उद्घोषणा का अनुमोदन कराना आवश्यक होगा अन्यथा उद्घोषणा निष्प्रभावी हो जाएगी।

संसद द्वारा अनुमोदन के पश्चात उद्घोषणा 6 माह तक प्रभावी रहेगी। 6-6 माह पर संसद द्वारा अनुमोदन कराना आवश्यक होगा। परंतु इस प्रकार की घोषणा को अधिकतम 3 वर्ष तक की अवधि के लिए ही बढ़ाया जा सकता है। परंतु यदि इस अवधि को एक वर्ष से अधिक बढ़ाया जाता है तो 44वें संविधान संशोधन अधिनियम की दो शर्तों को पूरा होना चाहिए–

- जब संपूर्ण भारत में या संबंधित राज्य या इसके किसी भाग में आपात स्थिति की घोषणा की जा चुकी हो तथा
- निर्वाचन आयोग यह प्रमाणित कर दें कि अभी उस राज्य में चुनाव कराना संभव नहीं है।

अनुच्छेद–356 के अंतर्गत किसी राज्य में आपात स्थिति की उद्घोषणा के निम्नलिखित परिणाम होते हैं–

- उच्च न्यायालय के कार्यों को छोड़कर संबंधित राज्य की कार्यपालिका या किसी अन्य प्राधिकारी के समस्त या कुछ कृत्यों/अधिकारों को अपने हाथ में ले लेगा।
- राष्ट्रपति राज्य की विधानमंडल की शक्तियों का प्रयोग संसद या उसके प्राधिकार के अधीन करने की घोषणा कर सकता है।
- राष्ट्रपति राज्य सरकार के किसी भी पदाधिकारी की कार्यकारिणी की शक्तियों को हस्तगत कर राज्यपाल को हस्तांतरित कर सकता है।
- यदि लोकसभा की बैठक नहीं चल रही हो तो राष्ट्रपति राज्य की संचित निधि से व्यय के लिए आदेश दे सकता है।
- आपात की अवधि में राष्ट्रपति अनुच्छेद–19 के अंतर्गत प्रदत्त स्वतंत्रताओं पर रोक लगा सकता है और साथ ही संवैधानिक उपचारों के अधिकारों को भी निलंबित कर सकता है।

42वां संविधान संशोधन और आपात व्यवस्था

42वें संविधान संशोधन से राष्ट्रपति को यह अधिकार प्राप्त हो गया कि वह देश के किसी एक भाग अथवा पूरे देश में आपात की उद्घोषणा कर सकता है। 42वें संविधान संशोधन द्वारा **अनुच्छेद**–356 (4) में संशोधन किया गया। ध्यातव्य है कि उक्त अनुच्छेद का संबंध किसी भी राज्य में संवैधानिक तंत्र के विफल होने की स्थिति में राष्ट्रपति शासन लागू करने से संबंधित है। किसी भी राज्य में संसद की स्वीकृति के बाद राष्ट्रपति शासन 6 माह तक प्रवर्तन में रह सकता है तथा उसके पश्चात पुन: संसद की स्वीकृति मिलने पर 6 माह के लिए बढ़ाया जा सकता है। इस प्रकार राज्यों में अधिक-से-अधिक 3 वर्ष तक आपात स्थिति बढ़ाई जा सकती है। 42वें संविधान संशोधन में यह व्यवस्था की गई थी कि संसद की स्वीकृति पाकर राष्ट्रपति शासन की घोषणा की तिथि से 1 वर्ष तक लागू रहेगा और पुन: संसद की स्वीकृति मिलने पर 1 वर्ष से अधिक अवधि तक बढ़ाया जा सकता है, परंतु किसी भी स्थिति में तीन वर्ष से अधिक अवधि तक राष्ट्रपति शासन नहीं लागू रह सकता है।

44वां संविधान संशोधन और आपातकाल

1978 में संपन्न 44वें संविधान संशोधन में आपात व्यवस्था के संदर्भ में निम्नलिखित प्रावधान किए गए–

- मंत्रिपरिषद् आपातकाल लागू करने की अनुशंसा लिखित रूप में राष्ट्रपति के सम्मुख प्रेषित करेगी।
- राष्ट्रपति मंत्रिपरिषद् को पुन: विचार के लिए कह सकता है, परंतु पुन: मंत्रिपरिषद् द्वारा प्रेषित संस्तुति पर उसे अमल करना अनिवार्य होगा।
- सरकार को **अनुच्छेद**–359 के अंतर्गत किसी भी स्थिति में अनुच्छेद–20 और 21 को स्थगित करने का अधिकार नहीं होगा। इस प्रकार आपातकाल में भी व्यक्तिगत स्वतंत्रता को निलंबित नहीं किया जा सकता है।
- उच्च न्यायालय को आपात उद्घोषणा के प्रवर्तन में होने की स्थिति में भी बंदी प्रत्यक्षीकरण का अधिकार बराबर रहेगा।
- किसी भी नागरिक द्वारा बदनीयती के विरुद्ध अदालत की शरण में जाकर आपातकाल को चुनौती दी जा सकती है।
- आपात उद्घोषणा को 30 दिन के अंदर संसद के दोनों सदनों द्वारा अनुमोदित कराना होगा। जो प्रक्रिया संवैधानिक संशोधनों के लिए होती है वही इस अनुमोदन पर भी लागू होगी।
- आपात उद्घोषणा के समय संसद की कार्यवाही के प्रकाशन का अधिकार रद्द नहीं किया जा सकता है। इससे जनता को मालूम होता रहेगा कि उसके प्रतिनिधि संसद में क्या कह और सुन रहे हैं।
- संसद को प्रस्ताव पास करके आपातकाल समाप्त करने का अधिकार होगा।

अनुच्छेद-358 और अनुच्छेद-359 में अंतर

अनुच्छेद-358 और अनुच्छेद-359 दोनों का संबंध आपातकाल और उसके प्रभावों से है, परंतु इन दोनों में पर्याप्त अंतर है–

अनुच्छेद-358	अनुच्छेद-359
1. अनुच्छेद-358 केवल अनुच्छेद-19 के अंतर्गत प्राप्त मूल अधिकारों को ही प्रभावित करता है।	1. अनुच्छेद-359 उन सभी मूल अधिकारों से संबंधित है, जिनका राष्ट्रपति के आदेश द्वारा निलंबन हो जाता है।
2. अनुच्छेद-358 स्वत: ही आपातकाल की घोषणा होने पर अनुच्छेद-19 के अंतर्गत प्राप्त मूल अधिकारों को निलंबित कर देता है।	2. अनुच्छेद-359 मूल अधिकारों को स्वत: निलंबित नहीं करता है। यह राष्ट्रपति को शक्ति/अधिकार प्रदान करता है कि वह मूल अधिकारों के निलंबन को लागू करें।
3. अनुच्छेद-358 के प्रभाव केवल बाह्य आक्रमण के आधार पर लागू किए गए आपातकाल के दौरान ही लागू होते हैं या दिखाई पड़ते हैं। आंतरिक आपात काल के दौरान इसके प्रभाव परिलक्षित नहीं होते हैं।	3. अनुच्छेद-359 के प्रभाव आंतरिक तथा बाह्य दोनों ही आपातकाल में लागू होते हैं।
4. अनुच्छेद-358 अनुच्छेद-19 के अंतर्गत मूल अधिकारों को आपातकाल की संपूर्ण अवधि के लिए ही निलंबित कर देता है।	4. अनुच्छेद-359 मूल अधिकारों को राष्ट्रपति द्वारा उल्लेखित की गई अवधि के लिए निलंबित करता है।
5. अनुच्छेद-358 संपूर्ण में लागू किया जाता है।	5. अनुच्छेद-359 के अंतर्गत घोषित आपातकाल संपूर्ण देश या देश के किसी भाग में लागू किया जा सकता है।
6. अनुच्छेद-358 राज्य को अनुच्छेद-19 के मूल अधिकारों से साम्य/संतुलन नहीं रखने वाले नियम बनाने अथवा कार्यकारी कदम उठाने का अधिकार देता है।	6. अनुच्छेद-359 केवल मूल अधिकारों के संबंध में ऐसे कार्य करने का अधिकार देता है जिनको राष्ट्रपति के आदेश से निलंबित किया गया है।

राष्ट्रपति की आपातकालीन शक्तियों की आलोचना

भारतीय संविधान द्वारा राष्ट्रपति को प्रदत्त आपात शक्तियों की राजनीति के अनेकों विश्लेषकों द्वारा आलोचना की जाती है। आलोचकों का मत है कि किसी भी लोकतांत्रिक देश की कार्यपालिका को इतनी व्यापक शक्ति नहीं प्राप्त है। ब्रिटेन जैसे देश में नागरिकों के मौलिक अधिकारों को निलंबित तथा समाप्त करने की शक्ति ब्रिटेन के सम्राट को नहीं प्राप्त है बल्कि यह ब्रिटिश संसद को प्राप्त है। सं. रा. अमेरिका जहां राष्ट्रपति ही वास्तविक शासक होता है उसे भी मौलिक अधिकारों को निलंबित करने की शक्ति प्राप्त नहीं है। सं. रा. अमेरिका में मौलिक अधिकारों को समाप्त करने की शक्ति वहां के निम्न सदन कांग्रेस को प्राप्त है। संविधानसभा में भी राष्ट्रपति को इतनी व्यापक शक्ति प्रदान करने की आलोचना की गई थी। संविधानसभा के सदस्य हरिविष्णु कामथ ने राष्ट्रपति को प्रदत्त आपात शक्ति पर प्रतिक्रिया व्यक्त करते हुए कहा था कि **''यह एक शर्मनाक दिन है, ईश्वर भारतीयों की रक्षा करें।''** के. टी. शाह के शब्दों में...... **''इस अध्याय के उपबंधों का भली-भांति अध्ययन करने के बाद और इसके प्रत्येक अनुच्छेद में दी गई सत्ता की समीक्षा करने के बाद मुझे ऐसा लगता है कि संविधान में लोकतंत्र तथा स्वाधीनता का केवल नाम ही बचेगा।''** एलेन ग्लैडहिल के अनुसार भारतीय राष्ट्रपति आपात शक्तियों का दुरुपयोग कर लोकतंत्र पर आघात कर सकता है तथा देश में स्वेच्छाचारी की स्थापना किसी भी समय करने में सक्षम होगा। एलेन ग्लैडहिल ने जर्मनी के वाइमर संविधान का उदाहरण देते हुए कहा है कि वाइमर संविधान के अनुच्छेद–48 का ही प्रयोग करके हिटलर ने जर्मनी में स्वेच्छाचारी और सर्वाधिकारवादी शासन की स्थापना की थी। अमर नंदी ने राष्ट्रपति को प्राप्त आपात शक्तियों की तुलना एक भरी हुई बंदूक से की है जिससे नागरिकों की स्वतंत्रता की रक्षा भी हो सकती है और विनाश भी। अत: राष्ट्रपति को प्राप्त आपातकालीन शक्तियों की आलोचना निम्नलिखित आधारों पर की जाती है–

- **राष्ट्रपति के अधिनायक होने की संभावना**–आलोचकों का मत है कि मूल भारतीय संविधान में कहीं भी नहीं कहा गया है कि राष्ट्रपति अपनी आपातकालीन शक्तियों का प्रयोग मंत्रिपरिषद् की संस्तुति पर ही करेगा। राष्ट्रपति स्वयं अपने विवेक से संकटकालीन स्थितियों का मूल्यांकन करके निर्णय कर सकता है। संकटकालीन स्थिति का एकमात्र निर्णायक राष्ट्रपति ही है। इससे राष्ट्रपति के अधिनायक होने की पूरी संभावना दिखाई पड़ती थी, परंतु संविधान के 44वें संशोधन द्वारा राष्ट्रपति की आपातकालीन शक्तियों

पर कुछ प्रतिबंध लगाया गया। 44वें संविधान द्वारा यह व्यवस्था की गई कि राष्ट्रपति **अनुच्छेद**–352 के अंतर्गत तभी आपात स्थिति की उद्घोषणा कर सकता है जब मंत्रिमंडल ने लिखित रूप से परामर्श दिया हो। इस व्यवस्था से राष्ट्रपति के अधिनायक होने की संभावना पर कुछ प्रतिबंध अवश्य लगा है, परंतु अभी भी महत्वाकांक्षी राष्ट्रपति संविधान का दुरुपयोग करके अधिनायक बन सकता है।

- **लोकतांत्रिक देशों की संवैधानिक परंपरा के प्रतिकूल (Contrary to the Constitutional Maxims of Democratic Countries) :** विश्व के किसी भी लोकतांत्रिक देशों के राष्ट्राध्यक्षों को इतनी व्यापक आपातकालीन शक्तियां नहीं प्रदान की गई हैं जितनी भारतीय राष्ट्रपति को प्रदान की गई हैं। सं.रा. अमेरिका, ब्रिटेन, स्विटजरलैंड तथा आयरलैंड के संविधानों में कार्यपालिका को आपातकालीन शक्तियां प्रदान की गई हैं परंतु इन देशों में विधानमंडल के प्रति उत्तरदायी लोकप्रिय मंत्रिमंडल की निगरानी में राज्य का प्रधान कार्य करता है। भारत में वाइमार संविधान के तरह आपात स्थितियों की उद्घोषणा का अधिकार राष्ट्रपति को दिया गया है। मंत्रिमंडल से परामर्श लेना न तो उसके लिए आवश्यक है और न ही मंत्रिमंडल के परामर्श को मानने के लिए बाध्य है। यद्यपि संसद की स्वीकृति आवश्यक है परंतु कम-से-कम दो माह तक वह निश्चित रूप से अपने इस अधिकार का दुरुपयोग कर सकता है।
- **मौलिक अधिकारों की निष्प्रभाविता (Ineffectiveness of the Fundamental Rights) :** आपात उद्घोषणा के प्रवर्तन में होने की स्थिति में नागरिक के मौलिक अधिकारों को निलंबित, स्थगित और समाप्त किया जा सकता है तथा संवैधानिक उपचारों का अधिकार भी प्रतिबंधित किया जा सकता है। लोग अपने मौलिक अधिकारों की रक्षा के लिए न्यायालय की शरण में नहीं जा सकते हैं। आपात उद्घोषणा के प्रवर्तन की स्थिति में मौलिक अधिकारों के निलंबन पर प्रतिक्रिया व्यक्त करते हुए संविधानसभा के सदस्य शिब्बल लाल सक्सेना ने कहा था कि..... ''जब हम लोग 1942 में जेल में थे तब युद्ध होने के बाद भी विदेशी सरकार ने बंदी प्रत्यक्षीकरण के अधिकार से वंचित करना उचित नहीं समझा। यदि राष्ट्रपति को इसे समाप्त करने का अधिकार दिया जाता है तो यह संविधान पर एक काला धब्बा होगा।'' ध्यातव्य है कि 44वें संविधान संशोधन के पूर्व आपात उद्घोषणा के प्रवर्तन में होने पर न्यायालय बंदी प्रत्यक्षीकरण लेख भी नहीं जारी कर सकता था। परंतु 44वें संविधान संशोधन द्वारा यह व्यवस्था की गई है कि आपात उद्घोषणा के प्रवर्तन में होने की स्थिति में भी उच्च न्यायालयों को बंदी प्रत्यक्षीकरण लेख जारी करने की शक्ति प्राप्त होगी।
- भारतीय संविधान में मौलिक अधिकारों को निलंबित या स्थगित करने की जितनी अधिक शक्ति भारतीय कार्यपालिका को प्रदान की गई है, उतनी अधिक शक्ति सं. रा. अमेरिका, स्विजरलैंड, ऑस्ट्रेलिया, कनाडा आदि देशों की कार्यपालिका को नागरिकों के मौलिक अधिकारों को निलंबित करने की नहीं दी गई है। संविधानसभा में ही इस पर प्रतिक्रिया व्यक्त करते हुए हरिविष्णु कामथ ने कहा था कि इस व्यवस्था द्वारा हम अधिनायक तंत्र तथा पुलिस राज्य की स्थापना कर रहे हैं।
- **राज्य का एकात्मक स्वरूप (Unitary Nature of State)** भारतीय संविधान द्वारा देश में संघीय शासन प्रणाली की स्थापना की गई जिसके अंतर्गत एक शक्तिशाली केंद्र की स्थापना के साथ-साथ राज्यों को भी व्यापक स्वतंत्रता दी गई है। परंतु राष्ट्रपति को प्राप्त आपात शक्ति के कारण संघीय शासन व्यवस्था का स्वरूप बदलकर एकात्मक हो जाता है। आपात स्थिति के समय राज्यों की स्वतंत्रता लगभग समाप्त हो जाती है तथा राज्य सरकारों को केंद्रीय निर्देश के अनुरूप कार्य करना पड़ता है तथा राज्यों का अस्तित्व पूर्णत: केंद्र पर निर्भर करता है। राज्य का राज्यपाल केंद्र सरकार के एजेंट के रूप में कार्य करने लगता है। 1975 में आपात स्थिति के समय यह स्पष्ट हो चुका है। अत: राष्ट्रपति को प्राप्त आपातकालीन शक्तियों से देश के संघीय स्वरूप को ही खतरा रहता है।
- **राज्यों की वित्तीय स्थिति की समाप्ति (End of Financial Autonomy of State)**–राष्ट्रपति को प्रदत्त आपात कालीन शक्तियों के विरुद्ध यह एक तर्क प्रस्तुत किया जाता है कि वित्तीय आपात की उद्घोषणा के प्रवर्तन में होने की स्थिति में राज्यों की वित्तीय स्वायत्तता समाप्त हो जाती है। केंद्र द्वारा राज्यों को वित्तीय दिशा-निर्देश दिए जाने लगते हैं। राष्ट्रपति द्वारा केंद्र-राज्य वित्तीय संबंधों में परिवर्तन के भी दिशा-निर्देश दिए जा सकते हैं। ऐसी स्थिति में राज्यों की वित्तीय स्वायत्तता पूरी तरह समाप्त हो जाती है। यह संघीय शासन प्रणाली के मान्य प्रतिमानों के विपरीत है।
- **केंद्रीय कार्यपालिका का सर्वशक्तिशाली होना (National Central Executive All Powerful)**–आपात उद्घोषणा के प्रवर्तन में होने पर केंद्र तथा राज्य सरकारों की समग्र शक्तियां सिमटकर केंद्रीय कार्यपालिका के हाथ में चली जाती है। केंद्रीय कार्यपालिका अपनी इच्छानुसार आपात उद्घोषणा का प्रयोग करती है। प्रशासकीय, विधायी तथा वित्तीय सभी मामलों में केंद्र सरकार को राज्य सरकारों को आदेश देने की शक्ति प्राप्त हो जाती है और राज्य सरकारों को केंद्र सरकार के आदेश प्रत्येक स्थिति में मानने पड़ते हैं। राष्ट्रपति कभी भी राज्य सरकारों को बर्खास्त कर सकता है। यहां टी. टी. कृष्णमाचारी के कथन–''आपातकालीन प्रावधानों से राष्ट्रपति या कार्यपालिका एक प्रकार से संवैधानिक तानाशाही स्थापित कर सकती हैं'' बिल्कुल ही उचित प्रतीत होता है। जून, 1975 में श्रीमती इंदिरा गाँधी ने राष्ट्रीय आपात की उद्घोषणा करके जिस प्रकार से अपनी शक्तियों का प्रयोग किया, उससे इस तथ्य की पुष्टि होती है।
- **राज्यों में विपक्षी सरकार के दमन की संभावना (Possibility of Repression of Government of Opposition in States)-** **अनुच्छेद**–356 के अंतर्गत किसी भी राज्य में संवैधानिक तंत्र की विफलता के आधार पर राष्ट्रपति शासन लगाया जा सकता है। संवैधानिक तंत्र की विफलता एक अस्पष्ट स्थिति है और इसका कोई मानक नहीं है।

अत: इस स्थिति का प्रयोग अथवा दुरुपयोग केंद्र में पदारूढ़ दल द्वारा अपने स्वार्थों के हितों की पूर्ति के लिए किया जा सकता है। अब तक के अनुभव भी यही बताते हैं कि अनुच्छेद–356 का प्रयोग राजनीतिक एवं स्वार्थ पूर्ति के दृष्टिकोण से अधिक तथा यथोचित स्थिति में कम किया गया है। यह निष्कर्ष के रूप में कहा जा सकता है कि अनुच्छेद–356 का प्रयोग राज्यों में विपक्षी दल की सरकारों को बर्खास्त करने में ही किया गया है।

यद्यपि भारतीय संविधान द्वारा राष्ट्रपति को प्रदत्त आपातकालीन शक्तियों की आलोचना की जाती है परंतु इसका आशय यह भी नहीं है कि राष्ट्रपति को प्रदत्त आपातकालीन शक्तियां पूरी तरह से निरर्थक ही हैं। राष्ट्रपति को प्रदत्त आपाकालीन शक्तियों के संदर्भ में भी सकरात्मक तर्क दिए जाते हैं। राजनीति शास्त्र के अनेकों विश्लेषकों का कहना है कि राज्य की सुरक्षा के लिए संकटकालीन अधिकारों का होना अति आवश्यक है। इस प्रकार की व्यवस्था केवल भारतीय संविधान में ही नहीं की गई है बल्कि विश्व के अनेक देशों के संविधान में आपातकालीन व्यवस्था की गई है। **राष्ट्रपति को प्रदत्त आपातकालीन शक्तियों के पक्ष में निम्नलिखित तर्क दिए जा सकते हैं-**

- राष्ट्रपति को प्रदत्त आपातकालीन शक्तियां सामान्य परिस्थितियों के लिए नहीं हैं। इसकी व्यवस्था विशेष परिस्थितियों के लिए की गई है। डॉ. अंबेडकर ने संविधानसभा में कहा था कि इसमें संदेह नहीं कि जनता के विशाल बहुमत की राय में आपातकाल में नागरिकों की राज्य शक्ति केंद्र में होनी चाहिए न कि विभिन्न घटकों के राज्यों में। केंद्र ही एक सामान्य स्थिति के लिए तथा समस्त देश के कल्याणार्थ कार्य कर सकता है। आपातकाल में केंद्र को अधिक एवं व्यापक शक्तियां प्रदान करने का यही औचित्य है।

राष्ट्रपति से संबंधित महत्वपूर्ण अनुच्छेद

- अनुच्छेद– 52: भारत का राष्ट्रपति
- अनुच्छेद– 53: संघ की कार्यपालिका शक्ति
- अनुच्छेद– 54: राष्ट्रपति का निर्वाचक मंडल
- अनुच्छेद– 55: राष्ट्रपति के निर्वाचन की रीति
- अनुच्छेद– 56: राष्ट्रपति की पदावधि
- अनुच्छेद– 57: पुनर्निर्वाचन के लिए पात्रता
- अनुच्छेद– 58: राष्ट्रपति निर्वाचित होने के लिए अर्हताएं
- अनुच्छेद– 59: राष्ट्रपति के पद के लिए शर्तें
- अनुच्छेद– 60: राष्ट्रपति द्वारा शपथ या प्रतिज्ञान
- अनुच्छेद– 61: राष्ट्रपति पर महाभियोग चलाने की प्रक्रिया
- अनुच्छेद– 62: राष्ट्रपति का पद रिक्त होने की स्थिति में उसे भरने के लिए निर्वाचन करने का समय और आकस्मिक रिक्ति को भरने के लिए निर्वाचित व्यक्ति की पदावधि।
- अनुच्छेद– 72: क्षमा आदि की और कुछ मामलों में दंडादेश के निलंबन, परिहार या लघुकरण की राष्ट्रपति की शक्ति।
- अनुच्छेद– 73: संघ की कार्यपालिका शक्ति का विस्तार

- राष्ट्रपति को आपातकालीन अधिकार दिए जाने के संदर्भ में दूसरा तर्क यह दिया जाता है कि आपातकालीन अधिकारों द्वारा संविधान का संघीय स्वरूप अवश्य प्रभावित होता है, परंतु संपूर्ण राज्य की सुरक्षा इससे कहीं अधिक महत्वपूर्ण है।
- राष्ट्रपति अपनी आपातकालीन शक्तियों का प्रयोग स्वयं नहीं करता है बल्कि मंत्रिमंडल के परामर्श से करता है। अत: यह तर्क देना कि राष्ट्रपति आपातकालीन शक्तियों का प्रयोग करके तानाशाह बन सकता है, नितांत गलत है। इन शक्तियों का प्रयोग संसद को विश्वास में ही लेकर किया जाता है। संविधानसभा में ही टी. टी. कृष्णमाचारी ने कहा था कि यदि कार्यपालिका द्वारा अपनी कार्यपालिकीय शक्तियों का दुरुपयोग किया जाता है तो संसद उसे सबक सिखा सकती है।
- मौलिक अधिकारों को आपात स्थिति में निलंबित करना न्यायसंगत ही है, क्योंकि देश की स्वतंत्रता और सुरक्षा मौलिक अधिकारों की स्वतंत्रता से कहीं अधिक आवश्यक है। ध्यातव्य है कि 44वें संविधान संशोधन द्वारा अनुच्छेद–20 और 21 के अंतर्गत प्राप्त स्वतंत्रता को कभी भी स्थगित न करने का प्रावधान अनुच्छेद–359 में किया गया है।
- वित्तीय आपात लगाने की राष्ट्रपति को शक्ति प्रदान करना भी सर्वथा उचित है, क्योंकि वित्तीय समस्याओं का समाधान राष्ट्रीय स्तर पर ही किया जा सकता है। सामान्य स्थितियों में राज्य की वित्तीय स्वायत्तता प्रभावित नहीं होनी चाहिए, परंतु आपात स्थिति में राज्यों को केंद्र द्वारा वित्तीय दिशा-निर्देश दिया जाना आवश्यक है।

उपरोक्त विवेचना से स्पष्ट है कि राष्ट्रपति को प्रदत्त आपातकालीन शक्तियां न तो किसी भी दृष्टिकोण से गलत हैं और न ही उचित हैं। इस संदर्भ में पक्ष तथा विपक्ष दोनों में ही सत्यता है। यह सही है कि राष्ट्रपति को संविधान द्वारा व्यापक रूप से आपातकालीन शक्तियां प्रदान की गई हैं जिसका कोई भी राष्ट्रपति दुरुपयोग कर तानाशाही कर सकता है, जिसकी संपुष्टि 1975 में हो चुकी है। परंतु, 44वें संविधान संशोधन में राष्ट्रपति को प्राप्त आपातकालीन शक्तियों पर प्रतिबंध भी लगा दिया गया है। राष्ट्रपति मंत्रिमंडल की लिखित सिफारिश के बिना राष्ट्रीय आपात की घोषणा नहीं कर सकता है। राष्ट्रीय आपात की घोषणा को दो माह के अंदर संसद द्वारा दो-तिहाई बहुमत से अनुमोदित भी कराना होगा। यदि संसद अनुमोदित नहीं करती है तो राष्ट्रीय आपात समाप्त हो जाएगा। इससे राष्ट्रपति या कार्यपालिका के द्वारा तानाशाह या स्वेच्छाचारी शासन स्थापित करने की संभावना क्षीण हो जाती है।

इसमें कोई संदेह नहीं है कि जहां तक राज्यों में संवैधानिक तंत्र की विफलता के आधार पर आपातकालीन व्यवस्था का प्रश्न है तो इसका दुरुपयोग हुआ है। केंद्र में सत्तारूढ़ दल द्वारा अपने राजनीतिक स्वार्थों की पूर्ति हेतु राज्यों में विपक्षी सरकारों को बर्खास्त किया गया है। ऐतिहासिक परिप्रेक्ष्य में देखने से स्पष्ट होता है कि संविधान निर्माताओं ने जिस व्यवस्था को सुरक्षा के रूप में सृजित किया था अब उसे दंड देने, यहां तक कि तक समाप्त कर देने के राजनीतिक अस्त्र के रूप में बदल लिया गया है, जिससे कोई राज्य सरकार एक सुदृढ़ केंद्र सरकार की इच्छा के विरुद्ध कार्य नहीं कर सके। डॉ. अंबेडकर ने अनुच्छेद–356 के संदर्भ में स्वयं कहा था कि ''मैं इस बात से पूर्ण असहमति व्यक्त नहीं करता हूँ कि अनुच्छेद–356 का दुरुपयोग करने एवं राजनीतिक प्रयोजन के लिए प्रयोग करने की संभावनाएं विद्यमान हैं। अत: अंबेडकर की उस समय व्यक्त की गई आशंका आज सही साबित हो रही है।'' वस्तुत: यह संवैधानिक व्यवस्था का दोष नहीं है बल्कि इसमें प्रयोगकर्ताओं की कुत्सित मानसिकता का दोष है।

भारतीय राष्ट्रपति की वास्तविक स्थिति

भारतीय राष्ट्रपति की वास्तविक स्थिति को लेकर काफी विवाद है। यद्यपि 42वें संविधान संशोधन में राष्ट्रपति की वस्तु:स्थिति को स्पष्ट कर दिया है फिर भी राजनीतिक विश्लेषकों तथा संविधानसभा का एक वर्ग भारतीय राष्ट्रपति को वास्तविक प्रधान मानता है तो दूसरा व्यक्ति वर्ग संवैधानिक प्रधान। यहीं पर विवाद शुरू होता है कि आखिरकार राष्ट्रपति की वास्तविक स्थिति क्या है? यहां राष्ट्रपति की दोनों स्थितियों की विवेचना की जा रही है–

राष्ट्रपति : एक वास्तविक प्रधान

राजनीतिक विश्लेषकों तथा संविधानविदों का एक वर्ग भारतीय राष्ट्रपति को वास्तविक प्रधान मानता है। उनका मत है कि भारतीय राष्ट्रपति ब्रिटिश सम्राट की तरह नि:शक्त नहीं है। यह भी सही है कि वह अमेरिकी राष्ट्रपति की तरह व्यापक अधिकार नहीं रखता है परंतु फिर भी काफी शक्तिशाली तथा प्रभावपूर्ण है। भारतीय राष्ट्रपति चाहे तो निरंकुश शासक बन सकता है। प्रो. एम.पी. शर्मा का कथन है कि ''भारतीय राष्ट्रपति केवल संघ का नाममात्र का प्रधान नहीं है बल्कि वह जब चाहे वास्तविक शासक बन सकता है।'' राष्ट्रपति एक वास्तविक प्रधान है जिसकी संपुष्टि में निम्नलिखित तर्क प्रस्तुत किए जा सकते हैं–

- **अनुच्छेद**–53 में स्पष्टत: कहा गया है कि संघ की कार्यपालिका शक्ति राष्ट्रपति में निहित होगी और उसका प्रयोग राष्ट्रपति या तो स्वयं करेगा या अपने मातहत अधिकारियों से कराएगा। अत: इससे स्पष्ट है कि राष्ट्रपति स्वयं देश का प्रशासन चला सकता है। इस संबंध में डॉ. बी.एम. शर्मा का कथन है कि–**अनुच्छेद**–53 (1) राष्ट्रपति के लिए स्पष्ट क्षेत्र छोड़ देता है और यदि वह चाहे तो देश का वास्तविक शासक बन सकता है।
- भारतीय संविधान में प्रयुक्त की गई शब्दावली से भी यह स्पष्ट नहीं होता है कि भारतीय राष्ट्रपति केवल नाममात्र का प्रधान है। **अनुच्छेद**–74 में कहा गया है कि राष्ट्रपति को उसके कार्यों में सहायता एवं परामर्श देने के लिए एक मंत्रिपरिषद् होगी जिसका प्रधान प्रधानमंत्री होगा। मूल संविधान में यह कहीं भी नहीं कहा गया है कि राष्ट्रपति मंत्रियों की सिफारिशों को मानने के लिए बाध्य है। संविधानसभा में स्वयं राजेंद्र प्रसाद ने कहा था कि–''मुझे संदेह है कि ये शब्द राष्ट्रपति को बाध्य करेंगे।'' पं. जवाहरलाल नेहरू ने भी कहा था ''राष्ट्रपति निर्मूल वस्तु की तरह नहीं है।'' अत: संविधान की अस्पष्ट शब्दावली तथा अन्य तथ्यों के आधार पर कहा जा सकता है कि राष्ट्रपति नाममात्र का प्रधान नहीं है बल्कि वह एक वास्तविक प्रधान है।

विधान सभा के भंग होने अथवा निलंबित रहने की स्थिति में राष्ट्रपति का चुनाव

1974 में राष्ट्रपति के निर्वाचन के समय गुजरात विधानसभा भंग थी। ऐसे में प्रश्न उठाया गया कि क्या इस स्थिति में राष्ट्रपति का निर्वाचन संभव है। इस प्रश्न के समाधान के लिए 29 अप्रैल, 1974 को राष्ट्रपति ने अनुच्छेद– 143 के अंतर्गत सर्वोच्च न्यायालय से परामर्श मांगा। सर्वोच्च न्यायालय ने अपने परामर्श में कहा कि राष्ट्रपति का निर्वाचन वर्तमान राष्ट्रपति का कार्यकाल समाप्त होने के पूर्व होना चाहिए और एक या एक से अधिक राज्यों की विधान सभा के भंग होने पर भी चुनाव हो सकता है। ऐसा ही प्रश्न 1987 में भी राष्ट्रपति के निर्वाचन के समय पुनः उठ खड़ा हुआ। 1987 में राष्ट्रपति के चुनाव के समय पंजाब तथा जम्मू-कश्मीर की विधान सभा निलंबित थी। उस समय प्रश्न यह उठा कि क्या निलंबित विधान सभा के सदस्यों को राष्ट्रपति के निर्वाचन में भाग लेने का अधिकार है अथवा नहीं। ध्यातव्य है कि सर्वोच्च न्यायालय में इस संबंध में एक याचिका भी दाखिल की गई थी। सर्वोच्च न्यायालय ने अपने निर्णय में स्पष्ट किया कि राष्ट्रपति के निर्वाचन में निलंबित अथवा भंग विधान सभा के सदस्य भी भाग ले सकते हैं। यदि वहां विधान सभा अस्तित्व में नहीं है तो निलंबित सदस्यों को मतदान में भाग लेने का पूर्ण अधिकार है।

- भारत में ब्रिटेन की तरह संसदीय प्रणाली अवश्य अपनाई गई है परंतु भारतीय राष्ट्रपति ब्रिटिश सम्राट की तरह आनुवंशिक नहीं होता है। ब्रिटिश सम्राट जनता का प्रतिनिधित्व नहीं करता है। परंतु भारतीय राष्ट्रपति का अप्रत्यक्ष निर्वाचन अवश्य होता है इसलिए वह जनता का प्रतिनिधि होता है। इसलिए उसके प्रत्येक आदेश पर मंत्रियों के हस्ताक्षर की आवश्यकता नहीं होती है। ब्रिटिश सम्राट की तरह भारतीय राष्ट्रपति के संदर्भ में यह नहीं कहा जा सकता है कि वह कभी गलती नहीं कर सकता है। भारतीय राष्ट्रपति को महाभियोग द्वारा हटाया जा सकता है। अतः भारतीय राष्ट्रपति वास्तविक प्रधान है।
- भारतीय राष्ट्रपति को संविधान की रक्षा की शपथ दिलाई जाती है। शपथ ग्रहण करते वक्त राष्ट्रपति द्वारा यह उद्‌बोधन किया जाता है कि वह अपनी शक्तियों का प्रयोग जनता के हितों की अभिवृद्धि के लिए करेगा। इससे स्पष्ट है कि संविधान तथा देश की रक्षा का दायित्व राष्ट्रपति पर है। अतः राष्ट्रपति एक वास्तविक प्रधान है।
- भारतीय राष्ट्रपति के संदर्भ में यह भी कहा जाता है कि यदि उसे नाममात्र का ही प्रधान बनाना था तो अध्यक्षात्मक शासन प्रणाली में निहित शक्तियां उसे क्यों प्रदान की गईं? भारतीय राष्ट्रपति किसी मंत्री के निर्णय को पुनः विचारार्थ मंत्रीपरिषद् के सम्मुख रखवा सकता है। संसद को किसी भी विषय में संदेश भेज सकता है तथा किसी भी विधेयक को पुनर्विचार के लिए संसद के पास पुनः लौटा सकता है। राष्ट्रपति को प्रदत्त ये तमाम शक्तियां सिद्ध करती हैं कि भारतीय राष्ट्रपति केवल संवैधानिक प्रधान ही नहीं है बल्कि वह एक वास्तविक प्रधान भी है।
- भारतीय राष्ट्रपति को संविधान द्वारा विवेकाधिकार भी प्रदान किया गया है जिसका प्रयोग वह कुछ विशेष परिस्थितियों में करता है। यदि लोकसभा में किसी दल या गठबंधन को बहुमत न प्राप्त हो तो राष्ट्रपति अपने विवेक से प्रधानमंत्री नियुक्त कर सकता है। ध्यातव्य है कि जुलाई 1979 में तत्कालीन राष्ट्रपति नीलम संजीव रेड्डी ने चरण सिंह को अपने विवेकाधिकार का प्रयोग करते हुए प्रधानमंत्री नियुक्त किया था और चरण सिंह द्वारा विश्वास मत प्राप्त करने में विफल रहने पर जगजीवन राम को मौका न देकर चरण सिंह को कार्यकारी प्रधानमंत्री बना दिया था तथा लोकसभा भंग कर दी थी। यह वास्तविक प्रधान के ही कृत्य हैं।

इसके अतिरिक्त भारतीय राष्ट्रपति को आपातकालीन शक्तियां प्रदान की गई हैं जिनका प्रयोग करके वह अधिनायकवाद की स्थापना कर सकता है। अतः उपरोक्त विवेचना से स्पष्ट है कि राष्ट्रपति नाममात्र का अध्यक्ष नहीं है बल्कि वह वास्तविक शासक है। के. एम. मुंशी ने अपनी पुस्तक "Powers and Functions of the President" में ठीक ही लिखा है कि–''भारतीय राष्ट्रपति को एक संवैधानिक अध्यक्ष से कहीं अधिक निश्चित और सकारात्मक भूमिका प्राप्त है।''

भारतीय राष्ट्रपति संवैधानिक प्रधान है

राजनीति विश्लेषकों का एक वर्ग भारतीय राष्ट्रपति को वास्तविक प्रधान नहीं मानता है बल्कि संवैधानिक प्रधान मानता है। इस वर्ग के लोगों का कहना है कि भारतीय राष्ट्रपति के वास्तविक प्रधान होने के संदर्भ में जो तर्क दिया जाता है वह यह सिद्ध करने के लिए पर्याप्त नहीं है कि भारतीय राष्ट्रपति एक वास्तविक प्रधान है। वस्तुतः वे तर्कमात्र विधिक और शाब्दिक अर्थों पर आधारित है, व्यावहारिकता से परे है। भारतीय राष्ट्रपति ब्रिटिश सम्राट की तरह ही संवैधानिक है। इस संदर्भ में निम्नलिखित तर्क दिए जा सकते हैं–

- डॉ. अंबेडकर ने संविधानसभा में कहा था कि राष्ट्रपति का भारत में वही स्थान है जो सम्राट का ब्रिटेन में। भारतीय राष्ट्रपति राष्ट्र का प्रधान अवश्य है परंतु वह कार्यपालिका का प्रधान नहीं है। अतः राष्ट्रपति को मंत्रिपरिषद् की सलाह के अनुसार ही काम करना होगा। मंत्रिपरिषद् की इच्छा के विरुद्ध राष्ट्रपति कुछ भी नहीं कर सकता। अतः अंबेडकर के कथन से स्पष्ट है कि संविधान निर्माताओं ने भारतीय राष्ट्रपति को नाममात्र का अध्यक्ष बनाया है।
- भारत में संसदीय प्रणाली अस्तित्व में है। संसदीय प्रणाली के अंतर्गत दो प्रकार के शासनाध्यक्ष होते हैं–एक राष्ट्र का तथा दूसरा शासन का। राष्ट्राध्यक्ष केवल नाममात्र का प्रधान होता है जबकि शासनाध्यक्ष वास्तविक प्रधान होता है। अतः स्पष्ट है कि भारतीय राष्ट्रपति राज्याध्यक्ष होने के कारण केवल नाममात्र का प्रधान है।
- मूल संविधान में भी यह कहा गया है कि भारतीय राष्ट्रपति वास्तविक प्रधान नहीं है। अनुच्छेद–74 (1) में कहा गया है कि राष्ट्रपति को उनके कार्यों में सहायता तथा परामर्श देने के लिए एक मंत्रिपरिषद् होगी। इस उपबंध द्वारा यह स्पष्ट होता है कि राष्ट्रपति प्रधानमंत्री और मंत्रिपरिषद् की सलाह मानने को बाध्य है। 42वें संविधान संशोधन द्वारा उसे स्पष्ट भी कर दिया गया है। 44वां संविधान संशोधन द्वारा और अधिक स्पष्ट करते हुए कहा गया है कि राष्ट्रपति मंत्रिमंडल के परामर्श के अनुसार ही कार्य करेगा और राष्ट्रपति को यह अधिकार होगा कि मंत्रिमंडल की सिफारिश को उसके पास पुनः विचारार्थ लौटा सकता है। पुनर्विचार के बाद राष्ट्रपति को मंत्रिमंडल द्वारा जो भी परामर्श दिया जाएगा, राष्ट्रपति उसे प्रत्येक स्थिति में मानने के लिए बाध्य होगा। अतः इससे स्पष्ट है कि राष्ट्रपति केवल नाममात्र का प्रधान होता है।
- सर्वोच्च न्यायालय ने भी समय पर अपने निर्णयों द्वारा स्पष्ट किया है कि भारतीय राष्ट्रपति एक संवैधानिक प्रधान है। सर्वोच्च न्यायालय ने **राय साहिब राम जिवाया कपूर तथा अन्य बनाम पंजाब राज्य** नामक मुकदमे में सर्वसम्मति से राष्ट्रपति तथा मंत्रिपरिषद् के पारस्पारिक संबंध के विषय में कहा है कि कार्यपालिका शक्ति राष्ट्रपति में निहित है परंतु राष्ट्रपति अपने कार्यों के संपादन में मंत्रिपरिषद् की सहायता और सलाह लेगा। अतः न्यायालय ने भी अपने निर्णयों में राष्ट्रपति की संवैधानिक स्थिति की न्यायिक मान्यता स्वीकार कर ली है।
- राष्ट्रपति अपनी आपातकालीन शक्तियों का प्रयोग मंत्रिपरिषद् की सलाह से ही करेगा। 44वें संविधान संशोधन द्वारा यह स्पष्ट किया गया है कि मंत्रिपरिषद् आपात घोषणा के संबंध में लिखित रूप में राष्ट्रपति के पास अपनी संस्तुतियां भेजेगी और संसद को प्रस्ताव पारित कर आपातकाल समाप्त करने का अधिकार होगा। इससे भी स्पष्ट है कि भारतीय राष्ट्रपति वास्तविक प्रधान नहीं है।
- संविधान के **अनुच्छेद–75 (1)** में मंत्रिपरिषद् लोकसभा के प्रति सामूहिक रूप से जिम्मेदार होगी। इसका आशय यह हुआ कि मंत्रिपरिषद् की अवधि लोकसभा के विश्वासपर्यंत है। राष्ट्रपति द्वारा मंत्रिपरिषद् की नियुक्ति तथा उसके प्रसादपर्यंत उसका जीवनकाल भी केवल संवैधानिक औपचारिकता है। जब तक केंद्रीय मंत्रिपरिषद् को लोकसभा में बहुमत प्राप्त है तब तक राष्ट्रपति उसे बर्खास्त नहीं कर सकता है। यदि राष्ट्रपति ऐसा करता है तो संसद महाभियोग

द्वारा उसे पदच्युत कर सकती है। मंत्रिपरिषद् को इसलिए उत्तरदायी बनाया गया है कि वह वास्तविक कार्यपालिका है। जो व्यक्ति वास्तविक नहीं होता है या जिसे कोई शक्ति नहीं प्राप्त होती उसे किसी के प्रति भी उत्तरदायी नहीं बनाया जाता है। राष्ट्रपति निःशक्त है और किसी के प्रति उत्तरदायी नहीं है।

- राष्ट्रपति को प्रशासन कार्य के समुचित संचालन के लिए वित्त की आवश्यकता होती है और यह स्पष्ट है कि भारत में वित्त पर लोकसभा को पूर्णरूपेण नियंत्रण प्राप्त है। राष्ट्रपति धन विधेयक को स्वीकार करने से इंकार भी नहीं कर सकता है। यदि राष्ट्रपति वास्तविक प्रधान होता तो निश्चित रूप से वित्तीय प्रशासन पर उसका नियंत्रण रहता। यदि राष्ट्रपति मंत्रिपरिषद् के विचारों की उपेक्षा करता है और लोकसभा वित्त की मांग अस्वीकार कर देती है तो राष्ट्रपति वास्तविक प्रधान नहीं कहा जा सकता है।

उपरोक्त विवेचना से स्पष्ट है कि भारतीय राष्ट्रपति कोई वास्तविक प्रधान नहीं है बल्कि वह केवल संवैधानिक प्रधान है, फिर भी शासन में राष्ट्रपति का पद एक धुरी के समान है जो संकट के समय संवैधानिक तंत्र को संतुलित करता है। राष्ट्रपति का पद गौरव, गरिमा और प्रतिष्ठा का है। संसदीय प्रणाली में राज्याध्यक्ष को कोई स्वतंत्र शक्ति नहीं दी गई होती है, परंतु शक्ति और प्रभाव दो अलग-अलग तथ्य हैं और इसमें कोई संदेह नहीं है कि भारतीय राष्ट्रपति का भारतीय राजनीतिक व्यवस्था में काफी प्रभाव रहता है।

42वां संविधान संशोधन और राष्ट्रपति की स्थिति

42वें संविधान संशोधन (1976) के पूर्व राष्ट्रपति के पद और उसकी स्थिति को लेकर विरोधाभास था क्योंकि राष्ट्रपति की स्थिति संविधान में कहीं भी सुपरिभाषित नहीं थी। राष्ट्रपति के पद और उसकी स्थिति को लेकर पूरा विवाद **अनुच्छेद–53 (1)** और 74 (1) की व्याख्या पर आधारित था। ध्यातव्य है कि अनुच्छेद–53 (1) में स्पष्टतः कहा गया है कि संघ की समस्त कार्यपालिका शक्तियां राष्ट्रपति में निहित हैं जिनका प्रयोग वह या तो स्वयं करेगा या अपने अधीनस्थ अधिकारियों के माध्यम से करेगा। अनुच्छेद–74 (1) में यह प्रावधान है कि राष्ट्रपति को उसके कार्यों में सहायता तथा मंत्रणा देने के लिए प्रधानमंत्री की अध्यक्षता में एक मंत्रिपरिषद् होगी। इससे निष्कर्ष निगमित होता है कि राष्ट्रपति को अपनी शक्तियों के प्रयोग में मंत्रिपरिषद् से परामर्श लेना अनिवार्य होगा। प्रश्न यह उठता है कि क्या राष्ट्रपति मंत्रिपरिषद् को मानने के लिए बाध्य है? **अनुच्छेद–74(1)** में प्रयुक्त शब्द ''सहायता और मंत्रणा देना'' का आशय यह है कि मंत्रिपरिषद् का दायित्व राष्ट्रपति को उनके कार्यों में सहायता तथा मंत्रणा देना है। जबकि निर्णय लेना राष्ट्रपति का कार्य है। अतः मूल संविधान में यह कहीं भी नहीं लिखा गया है कि राष्ट्रपति मंत्रिपरिषद् की सलाह के अनुसार कार्य करने को बाध्य है। **परंतु 42वें संविधान संशोधन द्वारा यह स्पष्ट कर दिया गया है कि राष्ट्रपति मंत्रिपरिषद् की सलाह को मानने के लिए बाध्य है। 44वें संविधान संशोधन द्वारा अनुच्छेद–74 (1) में संशोधन करके यह स्पष्ट रूप से प्रावधानित किया गया कि राष्ट्रपति अपनी शक्तियों का प्रयोग और दायित्वों का निर्वहन मंत्रिपरिषद् के परामर्श के अनुसार ही करेगा। यद्यपि राष्ट्रपति को यह अधिकार होगा कि मंत्रिपरिषद् द्वारा की गई संस्तुतियों को विचारार्थ मंत्रिपरिषद् को लौटा सकता है। यदि मंत्रिपरिषद् पुनः उसी रूप में ज्यो-का-त्यों अपनी सिफारिशों को राष्ट्रपति के पास प्रेषित कर देती है तो राष्ट्रपति उसे मानने के लिए बाध्य है। 44वें संशोधन के बाद यह स्पष्ट हो गया है कि राष्ट्रपति मंत्रिपरिषद् की सिफारिशों को मानने के लिए बाध्य है परंतु इसका आशय यह भी नहीं है कि वह तुरंत मंत्रिपरिषद् की सिफारिशों को स्वीकार ही कर ले। राष्ट्रपति मंत्रिपरिषद् द्वारा की गई संस्तुतियों में विद्यमान विसंगतियों को रेखांकित कर उसे पुनर्विचार के लिए कह सकता है। ध्यातव्य है कि राष्ट्रपति के.आर. नारायण ने अक्टूबर, 1997 में उत्तर प्रदेश तथा 1998 में बिहार में अनुच्छेद–356 के अंतर्गत राष्ट्रपति शासन लगाने के प्रस्ताव को सरकार के पास पुनः विचारार्थ भेज दिया था। दोनों बार ही केंद्र सरकार ने अपनी संस्तुतियों को वापस ले लिया तथा राष्ट्रपति के पास पुनः स्वीकृति के लिए नहीं भेजा।**

स्मरणीय तथ्य

- भारत में राष्ट्राध्यक्ष राष्ट्रपति कार्यपालिका का संवैधानिक प्रधान होता है। संविधान के अनुच्छेद–52 के अनुसार राष्ट्रपति भारतीय संघ की कार्यपालिका का प्रधान है।
- अनुच्छेद–53 के अनुसार संघ की कार्यपालिका संबंधी शक्ति राष्ट्रपति में निहित होगी। इस शक्ति का प्रयोग वह स्वयं या अपने अधीनस्थ अधिकारी के द्वारा करेगा।
- राष्ट्रपति का चुनाव एक निर्वाचक मंडल के द्वारा होता है। राष्ट्रपति के चुनाव में संसद के दोनों सदनों (लोकसभा, राज्यसभा) के निर्वाचित सदस्य तथा राज्य विधान सभाओं के निर्वाचित सदस्य भाग लेते हैं।
- भारतीय संसद तथा राज्यों के विधानमंडलों के मनोनीत सदस्यों को राष्ट्रपति के निर्वाचन में भाग लेने का अधिकार प्राप्त नहीं है।
- राज्यों के विधान परिषदों के सदस्य भी मतदान में भाग लेने के अधिकारी नहीं है।
- राष्ट्रपति का निर्वाचन गुप्त मतदान के द्वारा आनुपातिक प्रतिनिधित्व प्रणाली की एकल संक्रमणीय पद्धति से होता है।
- पद ग्रहण करने से पूर्व राष्ट्रपति भारत के मुख्य न्यायाधीश अथवा उसकी अनुपस्थिति में सर्वोच्च न्यायालय के वरिष्ठतम न्यायाधीश के समक्ष शपथ लेता है।
- 70वें संविधान संशोधन के तहत राष्ट्रीय राजधानी क्षेत्र दिल्ली तथा पांडिचेरी विधानसभाओं के सदस्यों को राष्ट्रपति के निर्वाचन में भाग लेने का अधिकार है।
- संविधान के अनुच्छेद–61 के अनुसार यदि राष्ट्रपति संविधान का उल्लंघन करता है तो उसे महाभियोग द्वारा उसके पद से हटाया जा सकता है।
- राष्ट्रपति पर महाभियोग संसद के किसी भी सदन में चलाया जा सकता है। राष्ट्रपति, उपराष्ट्रपति को संबोधित करके अपने हस्ताक्षर सहित लेख द्वारा अपना पद त्याग करेगा।
- राष्ट्रपति अपने पद की अवधि समाप्त हो जाने पर भी अपने पद पर तब तक बना रहेगा जब तक कि नए राष्ट्रपति का चुनाव नहीं हो जाता।
- जो व्यक्ति एक बार राष्ट्रपति निर्वाचित हो चुका है वह दुबारा चुनाव लड़ सकता है। अनुच्छेद–61(2) के अनुसार राष्ट्रपति पर कोई आरोप तब तक सदन में नहीं लगाया जा सकता जब तक कि–
  (a) वह एक प्रस्ताव के रूप में न हो तथा कम-से-कम 14 दिन की लिखित सूचना के बाद प्रस्तावित है।
  (b) ऐसे प्रस्ताव पर कम-से-कम उस सदन की कुल संख्या का 1/4 सदस्यों के हस्ताक्षर होने चाहिए।
  (c) ऐसा प्रस्ताव उस सदन की कुल संख्या के 2/3 बहुमत द्वारा पारित होना चाहिए।
- यदि किसी भी तरह राष्ट्रपति का पद रिक्त हो जाए तो उपराष्ट्रपति तुरंत ही उसका पद भार ग्रहण कर लेता है।

- यदि उपराष्ट्रपति का पद भी किसी कारणवश रिक्त हो तो सर्वोच्च न्यायालय का मुख्य न्यायाधीश राष्ट्रपति के पद को संभालेगा।
- नए राष्ट्रपति का निर्वाचन पद रिक्त होने की तिथि से 6 माह के भीतर होना अनिवार्य है।
- राष्ट्रपति पर कोई दीवानी अथवा फौजदारी मुकदमा नहीं चलाया जा सकता है। कोई न्यायालय राष्ट्रपति को कैद में डालने के लिए वारंट जारी नहीं कर सकता है।
- राष्ट्रपति का चुनाव लड़ने के लिए जमानत राशि के तौर पर 15,000 रुपए की राशि जमा कराई जाती है। यदि उन्हें कुल वैध मतों का छठा भाग नहीं मिलता है तो वह राशि जब्त कर ली जाती है।
- राष्ट्रपति का चुनाव लड़ने के लिए आवश्यक है कि राष्ट्रपति के निर्वाचक मंडल के 50 प्रस्तावक तथा 50 अनुमोदक हो।
- 42वें संशोधन के अनुसार राष्ट्रपति मंत्रिपरिषद् के परामर्श को मानने के लिए बाध्य है।
- शासन का समस्त कार्य राष्ट्रपति के नाम से होता है। सरकार के सभी निर्णय राष्ट्रपति के निर्णय माने जाएंगे।
- राष्ट्रपति की कार्यपालिका संबंधी शक्तियों के अंतर्गत प्रशासकीय, राजनीतिक, सैनिक, न्याय और अर्द्धन्यायिक सभी प्रकार की शक्तियां शामिल हैं।
- राष्ट्रपति को संघीय सेवा के सभी सैनिक तथा असैनिक अधिकारियों की नियुक्ति करने का अधिकार प्राप्त है।
- राष्ट्रपति को सूचना पाने का अधिकार है। प्रधानमंत्री का यह कर्तव्य है कि वह राष्ट्रपति को मंत्रिपरिषद् के सभी निर्णयों तथा प्रशासन संबंधी उन सभी मामलों के विषय में सूचना दे जिसके बारे में राष्ट्रपति सूचना की मांग करे।
- राष्ट्रपति भारत के प्रधानमंत्री की नियुक्ति करता है तथा प्रधानमंत्री के परामर्श से अन्य मंत्रियों की नियुक्ति करता है।
- अनुच्छेद–78 के अनुसार राष्ट्रपति किसी मंत्री द्वारा दिए गए निर्णय को मंत्रिपरिषद् के विचाराधीन रखवा सकता है।
- राष्ट्रपति सर्वोच्च न्यायालय तथा उच्च न्यायालयों के न्यायाधीशों, राज्य के राज्यपालों, संघ के महान्यायवादी तथा भारत के नियंत्रक महालेखा परीक्षक की नियुक्ति करता है। साथ ही संघ लोक सेवा आयोग के सदस्यों, विदेशों में राजदूतों, अंतर्राष्ट्रीय परिषद् राज्य समूह का संयुक्त आयोग, वित्त आयोग, निर्वाचन आयोग, अनुसूचित प्रदेशों के प्रशासन पर प्रतिवेदन देने वाला आयोग अनुसूचित जातियो तथा जनजातियों के लिए एक विशेष पदाधिकारी, राजभाषा आयोग तथा पिछड़े वर्गों की दशा सुधारने वाले आयोग आदि सदस्यों की भी नियुक्ति करता है।
- राष्ट्रपति को मंत्रियों, राज्यपालों, महान्यायवादी, सर्वोच्च न्यायालयों के मुख्य न्यायाधीशों तथा न्यायाधीशों एवं संघीय लोक सेवा आयोग के अध्यक्ष तथा सदस्यों को पदच्युत करने का अधिकार प्राप्त है।
- राष्ट्रपति संसद का अभिन्न अंग है।
- राष्ट्रपति राज्यसभा के 12 सदस्यों को मनोनीत करता है जो साहित्य, कला, विज्ञान अथवा समाज सेवा के क्षेत्र में विशेष योग्यता रखते हों।
- राष्ट्रपति लोकसभा में दो एंग्लो इंडियन सदस्यों को मनोनीत करता है।
- राष्ट्रपति को संसद के अधिवेशन को आमंत्रित करने तथा स्थगित करने का अधिकार है।
- राष्ट्रपति प्रधानमंत्री की सलाह पर लोकसभा भंग कर सकता है।
- राष्ट्रपति संसद के किसी भी सदन को तथा संसद के दोनों सदनों को संयुक्त रूप से संबोधित कर सकता है।
- राष्ट्रपति संसद के दोनों सदनों को अपना संदेश भेज सकता है जिस पर विचार किया जाना आवश्यक होता है।
- संसद के द्वारा पास किया हुआ विधेयक उस समय तक विधि नहीं बन सकता जब तक राष्ट्रपति हस्ताक्षर द्वारा उस पर अपनी स्वीकृति प्रदान न कर दे।
- राज्यों के विधानमंडलों द्वारा पारित विधेयक पर स्वीकृति देने के लिए राष्ट्रपति बाध्य नहीं है।
- धन विधेयक को लोकसभा में पेश किए जाने से पूर्व उस पर राष्ट्रपति की स्वीकृति लेना अनिवार्य है।
- राज्यों की सीमा क्षेत्र अथवा नाम, कोई नया राज्य बनाने या उच्च न्यायालय बनाने या उच्च न्यायालय में प्रयुक्त होने वाली भाषा से संबंधित विधेयक भी राष्ट्रपति की पूर्व स्वीकृति के बिना संसद में पेश नहीं किया जा सकता।
- जिस वक्त संसद का अधिवेशन नहीं चल रहा हो उस समय राष्ट्रपति अध्यादेश जारी कर सकता है (अनुच्छेद–123)।
- राष्ट्रपति की सिफारिश पर अनेक आयोगों को विवरण तथा प्रतिवेदन संसद के समक्ष रखे जाते हैं; जैसे–नियंत्रक, महालेखा परीक्षक के प्रतिवेदन, वित्त आयोग की सिफारिशें, लोक सेवा आयोग के प्रतिवेदन, अनुसूचित जाति तथा जनजाति के प्रतिवेदन आदि।
- अनुच्छेद–72 के अनुसार राष्ट्रपति को यह अधिकार है कि वह किसी व्यक्ति के दंड को क्षमा कर सकता है या कम कर सकता है या फिर निलंबित कर सकता है।
- राष्ट्रपति क्षमा प्रदान कर सकता है या दंड कम कर सकता है–

  1. ऐसे मामलों में जिनमें किसी व्यक्ति को केंद्रीय कानूनों के तहत दंडित किया गया हो।
  2. उन सभी मामलों में जिनमें दंड सैनिक न्यायालयों द्वारा दिया गया हो।
- राज्यपालों को अनुच्छेद–161 के अंतर्गत किसी दोष सिद्ध व्यक्ति के अपराध को क्षमा या दंड की प्रकृति में परिवर्तन या विराम करने की शक्ति प्राप्त है।
- राज्यपालों को मृत्युदंड से संबंधित आदेश में क्षमा प्रदान करने की शक्ति प्राप्त नहीं है और न ही राज्यपाल सेना न्यायालय द्वारा प्राप्त दंड को कम कर सकता है।
- राष्ट्रपति की अनुमति के बिना वित्तीय अनुदान की मांग नहीं की जा सकती।
- देश का बजट और पूरक बजट तैयार करना और उसे लोकसभा के समक्ष प्रस्तुत करना राष्ट्रपति का दायित्व होता है।
- देश की आकस्मिक निधि पर राष्ट्रपति का नियंत्रण रहता है।
- राष्ट्रपति समस्त सेना का सुप्रीम कमांडर होता है। राष्ट्रपति तीनों सेनाओं–थल, जल, नभ का सर्वोच्च सेनापति होता है। तीनों सेनाओं के प्रधान को राष्ट्रपति ही नियुक्त कर सकता है।
- राष्ट्रपति को कई आपातकालीन शक्तियां भी प्राप्त हैं–

  1. युद्ध, बाह्य आक्रमण या आंतरिक उपद्रवों की स्थिति में, अनुच्छेद– 352
  2. राज्यों में संवैधानिक संकट उत्पन्न हो जाने पर अनुच्छेद– 356
  3. वित्तीय संकट की स्थिति में अनुच्छेद– 360

- 44वें संविधान संशोधन के द्वारा आंतरिक उपद्रव के स्थान पर सशस्त्र विद्रोह कर दिया गया।
- राष्ट्रपति आपातकाल की घोषणा नहीं कर सकता जब तक कि उसके विषय में मंत्रिमंडल लिखित रूप में न दे। दूसरे शब्दों में, लिखित रूप में आने के बाद ही राष्ट्रपति आपातकाल की घोषणा कर सकता है।
- अनुच्छेद–20 तथा 21 में दिए गए मौलिक अधिकार आपात्काल में भी स्थगित नहीं किए जाएंगे।
- बाह्य आक्रमण के कारण आपातकाल की घोषणा की गई 1962 में चीनी आक्रमण, 1965 तथा 1971 में पाकिस्तानी आक्रमण के समय।
- 1975 में आंतरिक अशांति के नाम पर आपातकाल की घोषणा की गई थी।
- यदि आपातकाल की घोषणा होती है तो एक महीने के अंतर्गत संसद के दोनों सदनों के 2/3 बहुमत से इसे पारित होना आवश्यक है और इसे लागू रखने के लिए प्रति 6 माह स्वीकृति आवश्यक है।
- यदि आपातकाल के दौरान लोकसभा भंग हो तो एक महीने के अंतर्गत राज्यसभा से पारित होना आवश्यक है।
- लोकसभा साधारण बहुमत के द्वारा आपातकाल की घोषणा समाप्त कर सकती है।
- 42वें संविधान संशोधन के द्वारा यह व्यवस्था की गई है कि राष्ट्रपति द्वारा आपातकाल की घोषणा पूरे देश के लिए या देश के किसी एक या कुछ भागों के लिए भी की जा सकती है।
- आपातकाल की अवधि में संसद का कार्यकाल एक वर्ष के लिए बढ़ाया जा सकता है; किंतु आपातकाल की समाप्ति के बाद संसद द्वारा बढ़ी हुई अवधि 6 मास से अधिक नहीं हो सकती है।
- राज्यों में संसद की स्वीकृति के बाद राष्ट्रपति शासन 6 महीने तक चल सकता है। 44वें संशोधन के द्वारा यह व्यवस्था की गई है कि आपातकाल की घोषणा एक वर्ष से अधिक नहीं हो सकती। इस अवधि के बाद आपातकाल तभी कायम रह सकता है जबकि–
  1. पूरे भारतवर्ष में आपातकाल की घोषणा की गई हो।
  2. निर्वाचन आयोग यह प्रमाणित कर देता है कि राज्य विधानसभा का चुनाव कराने में कठिनाइयां हैं।
- राज्यों में राष्ट्रपति शासन सबसे पहले पंजाब में 1951 में लागू किया गया था।
- देश में अभी तक वित्तीय आपातकाल की स्थिति नहीं आई है।
- 44वें संविधान के अनुसार सशस्त्र विद्रोह के कारण अनुच्छेद–19 को स्थगित नहीं किया जा सकता।
- संविधान के अनुच्छेद–359 में यह प्रावधान किया गया है कि यदि देश के किसी भाग में आंतरिक उपद्रव के कारण देश की एकता और अखंडता को किसी प्रकार का संकट उत्पन्न हो गया हो तो राष्ट्रपति सारे देश में या देश के किसी भाग में आपातकाल की घोषणा कर सकता है।
- अनुच्छेद–360 में जारी की गई उद्घोषणा की अवधि 2 महीने की होगी। 2 महीने के बाद वह प्रवर्तन में नहीं होगी, यदि इस कालावधि में संसद उसे अनुमोदित नहीं कर देती।
- वित्तीय संकट की कालावधि में राष्ट्रपति संविधान के अनुच्छेद–19 द्वारा प्रदत्त स्वतंत्रताओं पर रोक लगा सकता है।
- राष्ट्रपति अंतर्राष्ट्रीय मामलों में राष्ट्र का प्रतिनिधित्व करता है।
- राष्ट्रपति राजदूतों, वाणिज्य दूतों और राजनयिक प्रतिनिधियों की नियुक्ति करता है।
- दूसरे देश के राजदूत अपने प्रमाण-पत्र राष्ट्रपति के समक्ष पेश करते हैं।
- विदेशों से जो भी संधियां या समझौता किए जाते हैं वे सभी राष्ट्रपति के नाम से ही किए जाते हैं।
- 1969 के राष्ट्रपति चुनाव में अंतःकरण की आवाज पर खुला मतदान हुआ था। इसमें निर्दलीय प्रत्याशी वी.वी. गिरि ने कांग्रेस के अधिकृत प्रत्याशी नीलम संजीव रेड्डी को पराजित किया था।
- नीलम संजीव रेड्डी भारत के ऐसे राष्ट्रपति हैं, जो लोकसभा के अध्यक्ष भी थे।
- भारत में कार्यकारी राष्ट्रपति के रूप में वी.वी. गिरि (डॉ. जाकिर हुसैन की मृत्यु के कारण), एम. हिदायतुल्ला (वी.वी. गिरि द्वारा त्यागपत्र देने के कारण) एवं बी.डी. जत्ती ने (फखरूद्दीन अली अहमद की मृत्यु के कारण) ने कार्य किया था।
- राष्ट्रपति के रूप में डॉ. राजेंद्र प्रसाद ने सबसे लंबी अवधि (1950-62) तक एवं डॉ. जाकिर हुसैन ने (कार्यकारी राष्ट्रपति छोड़कर) सबसे कम अवधि (1 वर्ष 11 दिन) तक कार्य किया था।
- संविधान सभा ने अपनी अंतिम बैठक (14 जनवरी, 1950) में निर्विरोध रूप में डॉ. राजेंद्र प्रसाद को भारत का अंतरिम राष्ट्रपति (26 जनवरी, 1950 से राष्ट्रपति पद के लिए प्रथम चुनाव तक) निर्वाचित किया था।
- डॉ. जाकिर हुसैन और फखरुद्दीन अली अहमद का निधन उनके कार्यकाल के दौरान हो गया था।
- एम. हिदायतुल्ला सर्वोच्च न्यायालय के ऐसे प्रथम न्यायाधीश हैं जिन्होंने भारत के कार्यवाहक राष्ट्रपति का पदभार ग्रहण किया था।
- वी.वी. गिरि एकमात्र ऐसे राष्ट्रपति हैं, जिन्होंने कार्यवाहक राष्ट्रपति पद से त्यागपत्र देकर राष्ट्रपति पद के लिए चुनाव लड़ा था।
- भारत के राष्ट्रपति का सरकारी आवास राष्ट्रपति भवन है। 1950 तक इसे वायसराय हाउस कहा जाता था। इसे ब्रिटिश वास्तुकार एडविन लुटियंस ने डिजाइन किया था।

❑❑❑

अध्याय 2

उपराष्ट्रपति

भारतीय संविधान में भी सं. रा. अमेरिका की तरह एक उपराष्ट्रपति का प्रावधान किया गया है। उपराष्ट्रपति राष्ट्रपति के बाद सर्वोच्च अधिकारी है। उपराष्ट्रपति राज्यसभा का पदेन सभापति होता है। भारतीय संविधान के अनुच्छेद–63 के अनुसार भारत का एक उपराष्ट्रपति होगा। उपराष्ट्रपति ही राष्ट्रपति की अनुपस्थिति में उसका पद भार ग्रहण करता है।

उपराष्ट्रपति

संविधान के अनुच्छेद-63 के अनुसार भारत का एक उपराष्ट्रपति होगा। संविधान में उपराष्ट्रपति पद से संबंधित प्रावधान संयुक्त राज्य अमेरिका के संविधान से ग्रहण किया गया है। इस प्रकार भारत के उपराष्ट्रपति का पद अमेरिकी उपराष्ट्रपति पद की कुछ परिवर्तन सहित अनुकृति है। भारत का उपराष्ट्रपति राज्यसभा का पदेन सदस्य होता है तथा अन्य कोई लाभ का पद धारण नहीं करता।

उपराष्ट्रपति पद की अर्हताएं

उपराष्ट्रपति पद के लिए वही व्यक्ति प्रत्याशी हो सकता है जो निम्नलिखित अर्हताएं रखता है–

(i) उसे भारत का नागरिक होना चाहिए।

(ii) वह न्यूनतम 35 वर्ष की आयु का हो।

(iii) वह राज्यसभा की सदस्यता की योग्यता रखता हो।

(iv) वह केंद्र अथवा राज्य सरकारों के अधीन या इनमें किसी के द्वारा नियंत्रित या किसी स्थानीय या अन्य अधिकारियों के अंतर्गत लाभ का कोई पद न धारण किया हुआ हो। ध्यातव्य है कि लाभ के पद के अंतर्गत राज्यपाल, संघ या राज्य के मंत्री नहीं आते हैं।

(v) उपराष्ट्रपति संसद अथवा विधानमंडल के किसी सदन का सदस्य नहीं होगा। यदि अपने निर्वाचन के पूर्व सदस्य रहा हो तो निर्वाचित होने की तिथि से उसकी सदस्यता का अंत हो जाएगा।

उपराष्ट्रपति की पदावधि

- **अनुच्छेद–67** के अनुसार उपराष्ट्रपति अपने पद ग्रहण करने की तिथि से सामान्यत: 5 वर्ष तक अपने पद पर बना रह सकता है। अन्य शब्दों में यह भी कहा जा सकता है कि उपराष्ट्रपति का कार्यकाल पद ग्रहण की तिथि से 5 वर्ष का होता है।
- उपराष्ट्रपति निर्धारित अवधि के पूर्व भी अपने पद से स्वेच्छा से त्यागपत्र देकर अलग हो सकता है या उसे कदाचार का आरोप लगाकर हटाया भी जा सकता है उपराष्ट्रपति अपनी अवधि पूरी करने के पूर्व भी अपने हस्ताक्षर से युक्त त्यागपत्र राष्ट्रपति को दे सकता है।

भारतीय राष्ट्रपति तथा उपराष्ट्रपति की पारस्परिक तुलना

	राष्ट्रपति		उपराष्ट्रपति
1.	राष्ट्रपति का चुनाव एक निर्वाचक मंडल द्वारा किया जाता है जिसमें संसद के दोनों सदन के निर्वाचित सदस्य तथा राज्यविधानसभाओं के निर्वाचित सदस्य गण सम्मिलित होते हैं।	1.	उपराष्ट्रपति का चुनाव भी निर्वाचक मंडल द्वारा किया जाता है। निर्वाचक मंडल में केवल लोकसभा तथा राज्यसभा के निर्वाचित तथा मनोनीत दोनों सदस्य होते हैं। विधान सभा के सदस्य नहीं होते हैं।
2.	राष्ट्रपति का निर्वाचन आनुपातिक प्रतिनिधित्व की एकल संक्रमणीय पद्धति द्वारा होता है।	2.	उपराष्ट्रपति का निर्वाचन भी आनुपातिक प्रतिनिधित्व की एकल संक्रमणीय पद्धति से होता है
3.	राष्ट्रपति पद का प्रत्याशी 35 वर्ष की आयु पूरी कर चुका होना चाहिए।	3.	उपराष्ट्रपति पद के प्रत्याशी की न्यूनतम आयु 35 वर्ष होनी चाहिए।
4.	भारत का नागरिक होना चाहिए।	4.	भारत का नागरिक होना चाहिए।
5.	लोकसभा के सदस्य निर्वाचित होने की योग्यता रखनी चाहिए।	5.	राज्यसभा का सदस्य होने की योग्यता रखनी चाहिए।
6.	कोई लाभ का पद ग्रहण नहीं किया होना चाहिए।	6.	कोई लाभ का पद ग्रहण नहीं किया होना चाहिए।
7.	पदावधि पद ग्रहण करने की तिथि से 5 वर्ष की होती है।	7.	पदावधि पद ग्रहण करने की तिथि से 5 वर्ष की होती है।
8.	निर्धारित अवधि से पूर्व उपराष्ट्रपति को संबोधित करके त्यागपत्र दे सकता है।	8.	निर्धारित अवधि के पूर्व राष्ट्रपति को संबोधित करके अपना त्यागपत्र दे सकता है।
9.	महाभियोग की प्रक्रिया से हटाया जा सकता है।	9.	राज्यसभा के सदस्यों के विशिष्ट बहुमत से पारित संकल्प प्रस्ताव जिसका अनुमोदन लोकसभा ने भी कर दिया हो, के द्वारा हटाया जा सकता है।
10.	मंत्रिपरिषद् की सलाह के अनुसार अपनी कार्यपालिकीय शक्तियों का निर्वहन करता है।	10.	उपराष्ट्रपति को कोई कार्य संविधान द्वारा नहीं दिया गया। वह सिर्फ राज्यसभा के पदेन सभापति के कार्य देखता है तथा राष्ट्रपति की अनुपस्थिति में उसका कार्यभार देखता है।

- इसके अतिरिक्त उपराष्ट्रपति को राज्यसभा द्वारा किसी संकल्प प्रस्ताव के दो-तिहाई बहुमत से पारित करके, जिसका लोकसभा ने भी विशिष्ट बहुमत से अनुमोदन किया हो, हटाया जा सकता है। परंतु इस प्रकार का प्रस्ताव पारित करने के कम-से-कम 14 दिन पूर्व लिखित सूचना दी गई हो।
- इस प्रकार उपराष्ट्रपति को पदच्युत करने के लिए राष्ट्रपति की तरह महाभियोग लगाने की कोई आवश्यकता नहीं होती है। संविधान में यह भी प्रावधानित है कि **राष्ट्रपति अपने महाभियोग के विरुद्ध संसद में उपस्थिति होकर या किसी प्रतिनिधि के माध्यम से अपनी सफाई पेश कर सकता है। परंतु उपराष्ट्रपति के संबंध में इस प्रकार का कोई प्रावधान नहीं है।**
- उपराष्ट्रपति अपने पद पर तब तक बना रह सकता है जब तक कि उसका उत्तराधिकारी पद धारण नहीं कर लेता है। **अनुच्छेद-68 में यह प्रावधानित है कि उपराष्ट्रपति की पदावधि समाप्त होने के पूर्व ही उपराष्ट्रपति का निर्वाचन हो जाना चाहिए।**
- उपराष्ट्रपति की मृत्यु, पद, त्याग या पद से हटाए जाने या किसी अन्य कारणों से रिक्त स्थान को भरने के लिए निर्वाचन यथाशीघ्र कराया जाएगा और निर्वाचित व्यक्ति पूरे 5 वर्ष तक अपने पद पर कार्य करेगा।

उपराष्ट्रपति का निर्वाचन

- **अनुच्छेद-66 (1)** के अनुसार उपराष्ट्रपति का निर्वाचन एक निर्वाचक मंडल द्वारा किया जाता है जिसमें संसद के द्रोनों सदनों के सदस्य होते हैं। उपराष्ट्रपति के निर्वाचन के लिए अप्रत्यक्ष रूप से आनुपातिक प्रतिनिधित्व के आधार पर एकल संक्रमणीय मत पद्धति अपनाई जाती है। ध्यातव्य है कि संसद के दोनों सदनों का अलग-अलग निर्वाचक मंडल होता है और दोनों में अलग-अलग मतदान होता है।
- 11वें संविधान संशोधन अधिनियम 1961 के पूर्व दोनों सदनों का संयुक्त निर्वाचन मंडल होता था। उपराष्ट्रपति का चुनाव, चुनाव आयोग के निरीक्षण में ही होता है तथा विवादास्पद एवं संदेहात्मक प्रश्नों का समाधान सर्वोच्च न्यायालय द्वारा किया जाएगा। भारत में कोई भी व्यक्ति एक बार से अधिक भी उपराष्ट्रपति चुना जा सकता है।

उपराष्ट्रपति द्वारा शपथ या प्रतिज्ञान

अनुच्छेद-69 में निहित प्रावधानों के अनुसार प्रत्येक उपराष्ट्रपति को अपना पद ग्रहण करने के पूर्व राष्ट्रपति या उसके द्वारा नामित व्यक्ति के सम्मुख शपथ लेनी पड़ती है या प्रतिज्ञा करनी पड़ती है तथा उस पर हस्ताक्षर भी करना पड़ता है। शपथ या प्रतिज्ञा का प्रारूप निम्नलिखित होता है-

'मैं अमुक ईश्वर की शपथ लेता हूँ/सत्यनिष्ठा से प्रतिज्ञा करता हूँ क्रि मैं विधि द्वारा स्थापित भारतीय संविधान के प्रति सच्ची श्रद्धा और निष्ठा रखूंगा तथा मैं जिस पद को ग्रहण करने जा रहा हूं उसके कर्तव्यों का श्रद्धापूर्वक निर्वहन करूँगा।'

वेतन और भत्ते

- उपराष्ट्रपति के वेतन एवं भत्ते आदि का निर्धारण संसद द्वारा किया जाता है। एक संशोधन के अनुसार उपराष्ट्रपति को 4 लाख रुपए मासिक वेतन प्राप्त होता है।
- उपराष्ट्रपति को 1997 में पहली बार पेंशन देने की व्यवस्था की गई।

भारत के उपराष्ट्रपति

क्र.सं.	चुनाव तिथि	विजयी उम्मीदवार	प्राप्त मत	मुख्य प्रतिद्वंद्वी	प्राप्त मत
1.	12 मई, 1952	डॉ. राधाकृष्णन	निर्विरोध	–	–
2.	11 मई, 1957	डॉ. राधाकृष्णन	निर्विरोध	–	–
3.	7 मई, 1962	डॉ. जाकिर हुसैन	586	एन.सी सामंत सिंह	14
4.	6 मई, 1967	वी.वी. गिरि	486	प्रो. हबीब	192
5.	20 अगस्त, 1969	जी. एस. पाठक	400	एच. वी. कामथ	156
6.	27 अगस्त, 1974	बी. डी. जत्ती	521	एन. ई. होरो	141
7.	27 अगस्त, 1979	एम. हिदायतुल्लाह	निर्विरोध	–	–
8.	23 अगस्त, 1984	आर. वेंकटरमन	508	वी. सी . कामले	207
9.	7 सितंबर, 1987	डॉ. शंकर दयाल शर्मा	निर्विरोध	–	–
10.	19 अगस्त, 1992	के. आर. नारायण	700	काका जोगिंदर सिंह	1
11.	16 अगस्त, 1997	कृष्णकांत	441	सुरजीत सिंह बरताला	273
12.	अगस्त 2002	भैरोसिंह शेखावत		सुशील कुमार शिंदे	
13.	अगस्त 2007	हामिद अंसारी		नजमा हेपतुल्लाह	
14.	अगस्त 2012	हामिद अंसारी		जसवंत सिंह	
15.	अगस्त 2017	वैंकेया नायडू		गोपाल गांधी	
16.	अगस्त 2022	जगदीप धनखड़		मारग्रेट अल्वा	

उपराष्ट्रपति के अधिकार और कार्य

- **अनुच्छेद**-64 के अनुसार उपराष्ट्रपति राज्यसभा का पदेन सभापति होता है। उपराष्ट्रपति सभापति की हैसियत से राज्यसभा में वे सभी कार्य करता है जो लोकसभा में लोक सभाध्यक्ष करते हैं। उपराष्ट्रपति राज्यसभा का सदस्य नहीं होता है और यही कारण है कि सामान्य परिस्थितियों में उपराष्ट्रपति को मत देने का अधिकार नहीं है परंतु वह सभापति के रूप में अपना निर्णायक मत दे सकता है।
- संविधान में उपराष्ट्रपति का महत्व इसलिए और अधिक बढ़ जाता है कि जब कभी किसी कारण से राष्ट्रपति का पद रिक्त हो जाता है तो राष्ट्रपति पद के सभी दायित्वों और कृत्यों का निर्वहन उस समय तक उपराष्ट्रपति द्वारा किया जाएगा जब तक राष्ट्रपति का निर्वाचन नहीं हो जाता है।

अमेरिकी और भारतीय उपराष्ट्रपति की पारस्परिक तुलना

अमेरिकी और भारतीय उपराष्ट्रपति में समानताएं और असमानताएं दोनों ही निहित हैं। भारतीय तथा अमेरिकी उपराष्ट्रपति में पहली समानता यह है कि दोनों ही द्वितीय (उच्च) सदन के पदेन सभापति होते है। भारतीय उपराष्ट्रपति राज्यसभा का तथा अमेरिकी उपराष्ट्रपति सीनेट का पदेन सभापति होता है। भारतीय उपराष्ट्रपति की तरह अमेरिकी उपराष्ट्रपति भी राष्ट्रपति का पद रिक्त होने पर उसके पद और कर्तव्यों का निर्वहन करता है। उक्त समानताओं के बाद भी अमेरिकी उपराष्ट्रपति में निम्नलिखित अंतर हैं–

- भारत में उपराष्ट्रपति का चुनाव अप्रत्यक्ष मतदान के माध्यम से होता है, जिसमें संसद के दोनों सदनों के सदस्य भाग लेते हैं। जबकि अमेरिका में उपराष्ट्रपति का चुनाव राष्ट्रपति के चुनाव के समय प्रत्यक्ष मतदान द्वारा होता है। अन्य शब्दों में अमेरिका में उपराष्ट्रपति का निर्वाचन प्रत्यक्षतः जनता द्वारा किया जाता है जबकि भारत में जनता के चुने गए प्रतिनिधियों के द्वारा होता है।
- भारत में उपराष्ट्रपति का कार्यकाल 5 वर्ष का होता है जबकि अमेरिका में 4 वर्ष का होता है।
- यदि किसी कारण से अमेरिकी राष्ट्रपति का पद रिक्त हो जाता है तो उपराष्ट्रपति तब तक के लिए राष्ट्रपति का पद ग्रहण करता है जब तक पहला राष्ट्रपति अपने पद पर बना रहता है। भारत में उपराष्ट्रपति अधिक से अधिक 6 माह तक राष्ट्रपति पद पर बना रह सकता है।

- **अनुच्छेद–56** में कहा गया है कि जिस किसी अवधि में उपराष्ट्रपति राष्ट्रपति के रूप में कार्य करता है या राष्ट्रपति के कार्यों का निर्वहन करता है, उस अवधि के दौरान वह राज्यसभा के सभापति पद के कर्तव्यों का निर्वहन नहीं करेगा।
- वह इन बातों का निर्णय करता है कि कौन-सा प्रश्न सदन में पूछने योग्य है तथा कौन-सा नहीं। वह सदन में असंसदीय भाषा के प्रयोग को रोकता है तथा यदि ऐसी भाषा का प्रयोग किया जाता है तो उसे कार्यवाही से निकालने का आदेश देता है।

राज्यसभा द्वारा पारित विधेयकों पर उसके द्वारा हस्ताक्षर किया जाता है तथा उसके द्वारा सदन के सदस्यों के विशेषाधिकारों को संरक्षण प्रदान किया जाता है।

- **अनुच्छेद–97** के अंतर्गत राज्यसभा के सभापति के संदेय वेतन या भत्ते का हकदार नहीं होगा। जब राष्ट्रपति अनुपस्थिति, बीमारी या किसी अन्य कारणों से अपने कार्यों का निर्वहन करने में असमर्थ हो, तब उस तिथि तक उपराष्ट्रपति राष्ट्रपति के कृत्यों का निर्वहन करेगा जब तक कि राष्ट्रपति अपने कर्तव्यों को पुनः नहीं संभालता है। उपराष्ट्रपति को उस अवधि में, उस अवधि के संबंध में जब वह राष्ट्रपति के रूप में इस प्रकार का कार्य रहा है या उसके कृत्यों का निर्वहन कर रहा है, उसे राष्ट्रपति की सभी शक्तियां और उन्मुक्तियां प्राप्त होंगी तथा वह ऐसी उपलब्धियों, भत्तों एवं विशेषाधिकार का जो संसद विधि द्वारा अवधारित करे और जब तक इस निमित्त इस प्रकार के उपबंध नहीं किए जाते हैं तब तक ऐसी उपलब्धियों, भत्तों और विशेषाधिकार का जो दूसरी अनुसूची में विर्निदिष्ट हैं, हकदार होगा।

उपराष्ट्रपति से संबंधित अनुच्छेद

अनुच्छेद	विषयवस्तु
• अनुच्छेद–63	• भारत के उपराष्ट्रपति
• अनुच्छेद–64	• उपराष्ट्रपति द्वारा राज्यों की परिषद् का पदेन सभापति होता है
• अनुच्छेद–65	• उपराष्ट्रपति द्वारा आकस्मिक रिक्तियों अथवा राष्ट्रपति की अनुपस्थिति में राष्ट्रपति के कर्तव्यों का निर्वहन
• अनुच्छेद–66	• उपराष्ट्रपति का चुनाव
• अनुच्छेद–67	• उपराष्ट्रपति का कार्यकाल
• अनुच्छेद–68	• उपराष्ट्रपति कार्यालय की रिक्ति की पूर्ति के लिए चुनाव का समय निर्धारण तथा आकस्मिक रिक्ति की पूर्ति के लिए चुने गए व्यक्ति का कार्यकाल
• अनुच्छेद–69	• उपराष्ट्रपति द्वारा शपथ ग्रहण
• अनुच्छेद–70	• अन्य आकस्मिकताओं में राष्ट्रपति के कर्तव्यों का निर्वहन।
• अनुच्छेद–71	• उपराष्ट्रपति के चुनाव संबंधी अथवा उससे जुड़े मामले।

स्मरणीय तथ्य

- ❑ अनुच्छेद–63 के अनुसार भारत में एक उपराष्ट्रपति होगा।
- ❑ राष्ट्रपति की अनुपस्थिति में उपराष्ट्रपति, राष्ट्रपति के कार्यों को संपन्न करता है।
- ❑ उपराष्ट्रपति राज्यसभा का पदेन सभापति होता है।
- ❑ संविधान में उपराष्ट्रपति के पद से संबंधित प्रावधान अमेरिका के संविधान से ग्रहण किया गया है।
- ❑ उपराष्ट्रपति का चुनाव लड़ने के लिए कम-से-कम उम्र 35 वर्ष है।
- ❑ उपराष्ट्रपति का निर्वाचन एक ऐसे निर्वाचक मंडल द्वारा किया जाएगा जो संसद के दोनों सदनों से मिलकर बनेगा।
- ❑ उपराष्ट्रपति का निर्वाचन आनुपातिक प्रतिनिधित्व की पद्धति के अनुसार एकल संक्रमणीय मत प्रणाली द्वारा होता है। चुनाव गुप्त मतदान द्वारा होता है।
- ❑ उपराष्ट्रपति के चुनाव संबंधी विवादों का फैसला उच्चतम न्यायालय करेगा।
- ❑ उपराष्ट्रपति 5 वर्ष की अवधि के लिए चुना जाता है।
- ❑ उपराष्ट्रपति 5 वर्ष की अवधि से पूर्व भी राष्ट्रपति को अपना त्याग पत्र देकर पदमुक्त हो सकता है।
- ❑ उपराष्ट्रपति को उसके पद से हटाने के लिए संकल्प (प्रस्ताव) सबसे पहले राज्यसभा में लाया जाएगा, राज्यसभा द्वारा पारित होने पर उसे लोकसभा की स्वीकृति मिलना आवश्यक है। संकल्प पारित करने की सूचना उपराष्ट्रपति को 14 दिन पूर्व देनी होगी।
- ❑ उपराष्ट्रपति अपने पद की अवधि समाप्त हो जाने पर भी तब तक पद धारण करता रहेगा जब तक उसका उत्तराधिकारी अपना पद ग्रहण नहीं कर लेता।
- ❑ उपराष्ट्रपति एक से अधिक कार्यकाल के लिए निर्वाचित किया जा सकता है। सर्वपल्ली राधाकृष्णन दो बार उपराष्ट्रपति निर्वाचित हुए थे।
- ❑ पद ग्रहण करने से पहले उपराष्ट्रपति को राष्ट्रपति शपथ दिलाता है। राष्ट्रपति की अनुपस्थिति में उच्चतम न्यायालय का मुख्य न्यायाधीश शपथ दिलाएगा।
- ❑ राज्यसभा के सभापति को वेतन भारत की संचित निधि से दिया जाता है।
- ❑ उपराष्ट्रपति राज्यसभा की बैठकों की अध्यक्षता करता है।
- ❑ उपराष्ट्रपति को राज्यसभा में निर्णायक मत देने का अधिकार प्राप्त है।
- ❑ राष्ट्रपति के त्यागपत्र देने पर उपराष्ट्रपति उसकी सूचना राज्यसभा को देता है।
- ❑ भारत का उपराष्ट्रपति अधिक-से-अधिक 6 महीने तक राष्ट्रपति के पद पर कार्य कर सकता है।

❑❑❑

अध्याय 3

संघीय मंत्रिपरिषद्

भारत में संघीय कार्यपालिका का सृजन राष्ट्रपति और मंत्रिपरिषद् के द्वारा संयुक्त रूप में होता है। ध्यातव्य है कि भारतीय कार्यपालिका का गठन संसदीय प्रतिमानों के अनुरूप किया गया है। संसदीय प्रणाली में समस्त शक्ति मंत्रिपरिषद् के हाथों में केंद्रित होती है। राष्ट्राध्यक्ष नाममात्र या केवल संवैधानिक प्रधान होता है। मंत्रिपरिषद् सामूहिक रूप से संसद के प्रति जिम्मेदार होती है। मंत्रिपरिषद् ही वास्तविक शासक तथा शक्ति का स्रोत होती है। डॉ. अंबेडकर ने संविधानसभा में कहा था कि अध्यक्षात्मक शासन पद्धति की अपेक्षा संसदीय शासन पद्धति अपनाकर भारत में सामूहिक और दैनिक उत्तरदायित्व पर अधिक बल दिया गया है न कि सामयिक उत्तरदायित्व पर।

मंत्रिपरिषद् का गठन

- भारतीय संविधान के **अनुच्छेद–74 (1) में प्रावधानित है कि राष्ट्रपति को अपने कृत्यों का संपादन करने तथा मंत्रणा देने के लिए एक मंत्रिपरिषद् होगी जिसका अध्यक्ष प्रधानमंत्री होगा।** अतः भारतीय संघ में मंत्रिपरिषद् के संवैधानिक अस्तित्व को स्वीकार किया गया। **अनुच्छेद–74 के विश्लेषण से ऐसा प्रतीत होता है कि मंत्रिपरिषद् का निर्माण राष्ट्रपति के लिए आदेशात्मक है** जो मंत्रिपरिषद् की सहायता और मंत्रणा के बिना अपने कार्य का संपादन नहीं कर सकता है।
- संसदीय व्यवस्था जहां मंत्रिमंडलात्मक शासन पद्धति अस्तित्व में होती है वहां मंत्रिपरिषद् का गठन प्रधानमंत्री की नियुक्ति से होता है। **संविधान के अनुच्छेद–75 (1) के अनुसार प्रधानमंत्री की नियुक्ति राष्ट्रपति द्वारा की जाएगी एवं अन्य मंत्रियों की नियुक्ति राष्ट्रपति** प्रधानमंत्री के परामर्श के अनुसार करेगा। सामान्य परिस्थितियों में राष्ट्रपति को प्रधानमंत्री की नियुक्ति में विशेष स्वतंत्रता प्राप्त नहीं है। राष्ट्रपति अपनी रुचि या इच्छा से किसी व्यक्ति को प्रधानमंत्री नहीं नियुक्त कर सकता है।
- राष्ट्रपति उसी व्यक्ति को प्रधानमंत्री नियुक्त करता है जिसे लोकसभा के बहुमत का विश्वास प्राप्त हो। अन्य शब्दों में राष्ट्रपति लोकसभा के बहुमत प्राप्त दल के नेता को प्रधानमंत्री बनाने के लिए बाध्य है। राष्ट्रपति प्रधानमंत्री की नियुक्ति करने में उस समय स्वतंत्र हो जाता है जब लोकसभा में किसी भी दल को स्पष्ट बहुमत प्राप्त नहीं हो अथवा बहुमत प्राप्त दल का कोई नेता न हो। ध्यातव्य है कि 26 जुलाई, 1979 ई. को चौ. चरण सिंह की प्रधानमंत्री पद पर नियुक्ति इसी प्रकार की स्थिति का परिणाम थी। राष्ट्रपति नीलम संजीव रेड्डी ने चौ. चरण सिंह को अपनी रुचि और इच्छा से प्रधानमंत्री नियुक्त किया था। इसके अतिरिक्त राष्ट्रपति कामचलाऊ प्रधानमंत्री किसी भी व्यक्ति को नियुक्त कर सकता है।
- राष्ट्रपति अन्य मंत्रियों की नियुक्ति में केवल औपचारिकता का निर्वाह करता है। संविधानतः राष्ट्रपति ही प्रधानमंत्री के परामर्श से अन्य मंत्रियों की नियुक्ति करता है। परंतु व्यवहार में प्रधानमंत्री अपने मंत्रिपरिषद् के सभी सदस्यों की सूची राष्ट्रपति को प्रस्तुत करता है और राष्ट्रपति केवल उसे अपनी औपचारिक स्वीकृति देता है। मंत्रिपरिषद् के सदस्यों (मंत्रियों) की सूची बनाते समय प्रधानमंत्री कुछ तथ्यों को ध्यान में रखता है जो निम्नवत् हैं–
    - दल के महत्वपूर्ण तथा प्रभावशाली सदस्यों को मंत्रिपरिषद् में सम्मिलित करना आवश्यक है क्योंकि उनके प्रति अवेहलना से दल में असंतोष की भावना फैल सकती है।
    - ऐसे कौन से व्यक्ति हैं जिन्हें पार्टी या मोर्चे की एकता बनाए रखने के लिए मंत्रिपरिषद् में सम्मिलित करना आवश्यक है।
    - न्यायसंगत भौगोलिक वितरण तथा विभिन्न समुदायों का प्रतिनिधित्व भी आवश्यक है।
    - किस राज्य को मंत्रिपरिषद् में कितना प्रतिनिधित्व दिया जाए।
    - मंत्रिपरिषद् में संसद के दोनों सदनों का समुचित प्रतिनिधित्व होना आवश्यक है।
    - मंत्रिपरिषद् में जातिगत और धार्मिक तत्वों को भी ध्यान में रखना पड़ता है।
    - मंत्रिपरिषद् में अपने दल के वयोवृद्ध एवं अनुभवी व्यक्तियों के साथ-साथ कुछ उत्साही नवयुवकों को भी सम्मिलित करना पड़ता है। ऐसा नहीं करने से सदस्यों में असंतोष होगा तथा दल के नेतृत्व की क्रमबद्धता टूट जाएगी।
- उपरोक्त वर्णित तथ्यों के अतिरिक्त प्रधानमंत्री का व्यक्तित्व भी मंत्रिपरिषद् के गठन में केंद्रीय भूमिका निभाता है। यदि प्रधानमंत्री का व्यक्तित्व बहुमुखी तथा प्रभावशाली नहीं है तो वह मंत्रिपरिषद् के गठन में अपने सहयोगियों के विचारों की उपेक्षा नहीं कर सकता है तथा स्वतंत्र रूप से मंत्रियों का चयन नहीं कर सकता है। सामान्यतः प्रधानमंत्री मंत्रिपरिषद् के गठन में अपनी पार्टी के अध्यक्ष से परामर्श अवश्य करता है।

मंत्रिपरिषद् की संरचना

- मंत्रिपरिषद् के सभी सदस्यों का स्तर एक समान नहीं होता है। यद्यपि संविधान में मंत्रिपरिषद् के सदस्यों का वर्गीकरण नहीं किया गया है जो इस प्रकार है–(i) मंत्रिमंडल स्तर (कैबिनेट के मंत्री या मंत्रिमंडल के सदस्य, (ii) राज्यमंत्री तथा (iii) उपमंत्री। कैबिनेट स्तर के मंत्रियों का दर्जा सर्वाधिक ऊंचा होता है। इन्हीं की समिति को कैबिनेट या मंत्रिमंडल कहा जाता है। कैबिनेट की बैठक में केवल कैबिनेट स्तर के मंत्री ही भाग लेते हैं।
- यदि कैबिनेट किसी विशेष विभाग के संदर्भ में विचार कर रही है तो उस विभाग के राज्यमंत्री को भी आमंत्रित किया जाता है। राज्यमंत्री का दर्जा कैबिनेट मंत्री के बाद का होता है। राज्यमंत्री सामान्यतः कैबिनेट की बैठक में

भाग नहीं लेते हैं केवल विशेष सदर्भों के समय ही राज्य मंत्रियों को कैबिनेट की बैठक में आमंत्रित किया जाता है, उपमंत्री तीसरे दर्जे के मंत्री होते हैं। उपमंत्री कैबिनेट और राज्य मंत्रियों के सहायक के रूप में कार्य करते हैं।

अतः स्पष्ट है कि प्रधानमंत्री तथा उपरोक्त वर्णित तीनों स्तर के मंत्रियों के मिलने से मंत्रिपरिषद् का गठन होता है, जबकि मंत्रिमंडल केवल प्रधानमंत्री और मंत्रिमंडल स्तर के अन्य मंत्रियों से मिलकर बनता है।

मंत्रियों के प्रकार

- कैबिनेट मंत्री
- राज्यमंत्री
- उपमंत्री

- कैबिनेट (कैबिनेट मंत्रियों का समूह) भारत के प्रशासन की सर्वोच्च इकाई है। यही सरकार की नीतियों का संचालन करती है। इसके सदस्य अपने विभागों (मंत्रालय) के अध्यक्ष होते हैं।
- कैबिनेट शब्द का उल्लेख संविधान में नहीं किया गया था। किन्तु 44वें संशोधन द्वारा इसे संविधान शामिल कर लिया गया है। आपातकाल लागू करने के लिए राष्ट्रपति को भेजी जाने वाली लिखित अनुशंसा पर कैबिनेट मंत्रियों के हस्ताक्षर का होना अनिवार्य कर दिया गया है।
- कैबिनेट मंत्री को सहायता देने के लिए राज्यमंत्री और उपमंत्री की नियुक्ति की जाती है।
- राज्यमंत्री–इन्हें कैबिनेट की बैठकों में भाग लेने का अधिकार नहीं होता। इनकी दो श्रेणी हैं।
- उपमंत्री कनिष्ठ मंत्री होता है जो किसी कैबिनेट मंत्री अथवा स्वतंत्र प्रभार वाले राज्यमंत्री के अधीन कार्य करता है।

राज्यमंत्री की श्रेणी

- स्वतंत्र प्रभार वाले राज्यमंत्री।
- वे राज्यमंत्री जिन्हें स्वतंत्र प्रभार नहीं दिया गया है। स्वतंत्र प्रभार का मंत्री अपने विभाग का प्रमुख होता है, जबकि बिना स्वतंत्र प्रभार वाले मंत्री कैबिनेट मंत्री के अधीन कार्य करते हैं।

- 91वें संविधान संशोधन अधिनियम 2003 द्वारा केंद्र तथा राज्य सरकार की मंत्रिपरिषद् में सदस्यों की संख्या निश्चित कर दी गई है विधेयक के प्रावधानों के तहत केंद्र एवं राज्यों में मंत्रिपरिषद् का अधिकतम आकार निचले सदन की कुल सदस्य संख्या का 15 प्रतिशत तक ही हो सकेगा (इस बारे में संसद में मूलतः प्रस्तुत विधेयक में मंत्रियों की संख्या दोनों सदनों के सदस्यों की कुल संख्या का 10 प्रतिशत तक रखने का प्रस्ताव था।

मंत्रिपरिषद्

मंत्रिपरिषद् प्रधानमंत्री, कैबिनेट मंत्री, राज्यमंत्री और उपमंत्री इन सबका सामूहिक नाम है, जबकि मंत्रिमंडल केवल कैबिनेट मंत्रियों का एक समूह है। आकार में मंत्रिपरिषद् बड़ी होती है एवं मंत्रिमंडल छोटा परंतु महत्व की दृष्टि से मंत्रिमंडल बड़ा होता है, क्योंकि वही शासन की नीति का संचालन करता है।

- संसद की स्थायी समिति की संस्तुतियों के आधार पर इस प्रावधान में संस्तुतियों के आधार पर इस प्रावधान में संशोधन विधेयक में किया गया है) सिक्किम व मिजोरम आदि छोटे राज्यों में जहां विधानसभा में सदस्यों की कुल संख्या क्रमशः 32 व 40 ही है– मंत्रियों की संख्या 7 रखने का प्रावधान पहले विधेयक में किया गया था, किंतु स्थायी समिति की संस्तुतियों के आधार पर छोटे राज्यों के लिए 12 मंत्रियों का प्रावधान संसद द्वारा पारित संशोधित विधेयक में किया गया है।

मंत्रिपद की योग्यता

- भारतीय संविधान में मंत्रिपरिषद् की किसी विशेष योग्यता का कोई उल्लेख नहीं किया गया है। मंत्रिपरिषद् का सदस्य होने के लिए केवल एक योग्यता संविधान के अंतर्गत निश्चित की गई है और वह है संसद के किसी सदन की सदस्यता।
- मंत्रिपरिषद् का प्रत्येक सदस्य किसी–न–किसी सदन का सदस्य अवश्य होता है। यदि कोई व्यक्ति बिना किसी सदन का सदस्य रहते मंत्रीपद प्राप्त कर लेता है तब उसे मंत्रीपद के ग्रहण करने की तिथि से 6 माह के अंदर किसी भी सदन की सदस्यता प्राप्त करना आवश्यक हो जाता है।
- संसद की निर्धारित योग्यता के अतिरिक्त मंत्रिपरिषद् के लिए आवश्यक है कि संबद्ध व्यक्ति में सार्वजनिक जीवन के प्रति उत्साह, लोकप्रियता, जनमत संगठित करने की शक्ति, चरित्रबल, वाक्पटुता, अपने दल के लोगों का विश्वास तथा सामाजिक सेवा की भावना विद्यमान हो।

मंत्रिपरिषद् और मंत्रिमंडल में अंतर

मंत्रिपरिषद्	मंत्रिमंडल
1. यह एक बड़ा निकाय है जिसमें 60 से 70 मंत्री होते हैं।	1. यह एक लघु निकाय है, जिसमें 15 से 20 मंत्री होते हैं।
2. इसमें मंत्रियों की तीनों श्रेणियां मंत्री, राज्य मंत्री व उपमंत्री होते हैं।	2. इसमें केवल कैबिनेट मंत्री शामिल होते हैं। अतः यह कैबिनेट मंत्रिपरिषद् का एक भाग है।
3. यह सरकारी कार्यों हेतु एक साथ बैठक नहीं करती है। इसका कोई सामूहिक कार्य नहीं है।	3. यह एक निकाय की तरह है। यह सामान्यतः हफ्ते में एक बार बैठक करती है। इसके कार्यकलाप सामूहिक होते हैं।
4. इसे सभी शक्तियां प्राप्त हैं परंतु कागजों में।	4. ये वास्तविक रूप में मंत्रिपरिषद् की शक्तियों का प्रयोग करती है और उसके लिए कार्य करती है।
5. इसके कार्यों का निर्धारण मंत्रिमंडल करता है।	5. यह मंत्रिपरिषद् को राजनैतिक निर्णय लेकर निर्देश देती है तथा ये निर्देश सभी मंत्रियों पर बाध्यकारी हैं।
6. यह मंत्रिमंडल के निर्णयों का अनुपालन करती है।	6. यह मंत्रिपरिषद् द्वारा अपने निर्णयों के अनुपालन की देखरेख करती है।
7. यह सामूहिक रूप से लोकसभा के प्रति उत्तरदायी है।	7. यह मंत्रिपरिषद् को उसकी लोकसभा के प्रति सामूहिक जिम्मेदारी को लागू करती है।

मंत्रियों की पदावधि

संविधान के **अनुच्छेद**–75 (2) में प्रावधानित है कि मंत्रिपरिषद् के सभी सदस्य अपने पद पर राष्ट्रपति के प्रसादपर्यंत अपने पद पर बने रह सकते हैं, परंतु व्यवहार में कुछ और ही है। मंत्रिपरिषद् के सदस्य प्रधानमंत्री के प्रसादपर्यंत अपने पद पर बने रहते हैं। यदि प्रधानमंत्री किसी मंत्री को हटाना चाहता है तो उसे त्यागपत्र देने को विवश कर सकता है या राष्ट्रपति को उसे हटाने की सलाह दे सकता है। राष्ट्रपति प्रधानमंत्री की सलाह के बिना किसी भी मंत्री को उसके पद से नहीं हटा सकता है। संविधान में मंत्री पद की कोई पदावधि नहीं

उल्लेखित है, परंतु लोकसभा का जब तक उनको विश्वास प्राप्त है तब तक वे मंत्री पद पर बने रह सकते हैं।

मंत्रियों द्वारा पद और गोपनीयता की शपथ

भारतीय संविधान के **अनुच्छेद**–75 (4) के द्वारा राष्ट्रपति पर यह कर्तव्य आरोपित है कि वह किसी भी मंत्री द्वारा अपना पद ग्रहण करने से पूर्व तीसरी अनुसूची में दिए गए प्रारूपों के अनुसार उसको पद और गोपनीयता की शपथ दिलाए। प्रारूप एक के अनुसार संघ के प्रत्येक मंत्री को विधि द्वारा स्थापित भारत के संविधान के प्रति सच्ची श्रद्धा और निष्ठा रखने की, भारत की प्रभुता और अखंडता अक्षुण्ण रखने की, संघ के मंत्री के रूप में अपने कर्तव्यों का श्रद्धापूर्वक तथा शुद्ध अंत:करण से निर्वहन करने की तथा भय या पक्षपात, अनुराग या द्वेष के बिना सभी प्रकार के लोगों के प्रति संविधान और विधि के अनुसार न्याय करने की शपथ लेनी पड़ती है। प्रारूप दो के अनुसार संघ का प्रत्येक मंत्री गोपनीयता की शपथ इस प्रकार लेता है कि जो विषय संघ के मंत्री के रूप में उनके विचार के लिए लाया जाएगा अथवा उसे ज्ञात होगा, वह प्रत्यक्ष या अप्रत्यक्ष रूप से संसूचित या प्रकट नहीं करेगा।

वेतन और भत्ते

अनुच्छेद–75 (6) के अनुसार मंत्रियों के वेतन और भत्ते ऐसे होंगे जो संसद विधि द्वारा समय-समय पर अवधारित करें।

मंत्रियों का उत्तरदायित्व

भारतीय संविधान के द्वारा मंत्रियों को कुछ उत्तरदायित्व भी दिया गया है जिसका पालन करना उनको संविधानत: अनिवार्य है। ऐसा न होने की स्थिति में उनको मंत्री पद छोड़ना पड़ सकता है। संविधान में प्रावधानित उत्तरदायित्व निम्नलिखित हैं–

सामूहिक उत्तरदायित्व

सामूहिक उत्तरदायित्व-अनुच्छेद–75 (3) **में प्रावधानित है कि मंत्रिपरिषद् सामूहिक रूप से लोकसभा के प्रति उत्तरदायी होती है।** मंत्रिपरिषद् के संयुक्त उत्तरदायित्व का सिद्धांत इन नियमों में सन्निहित है कि सरकार की प्रत्येक नीति मंत्रिपरिषद् द्वारा अभिस्वीकृत हो और मंत्रिपरिषद् का प्रत्येक सदस्य एक-दूसरे के उत्तरदायित्व का वहन करे। मंत्रिपरिषद् एक तरफ तो संप्रभु इकाई है और दूसरी तरफ वह विधानपालिका का एक घटक है। संपूर्ण मंत्रिपरिषद् एक टीम के रूप में कार्य करती है और मूलभूत नीतियों में एकमत होकर विधानमंडल (व्यवस्थापिका) के प्रति उत्तरदायी होती है। मंत्रिपरिषद् किसी भी मंत्री के कार्य के लिए व्यवस्थापिका के प्रति उत्तरदायी होती है यदि प्रधानमंत्री किसी मंत्री के कार्य से सहमत नहीं है तो वह उस मंत्री से त्यागपत्र देने को कह सकता है।

व्यक्तिगत उत्तरदायित्व

मंत्रिपरिषद् के सभी सदस्य व्यक्तिगत रूप से संसद के प्रति उत्तरदायी होते हैं। प्रत्येक मंत्री अपने विभाग के कार्यों के लिए व्यक्तिगत रूप से भी उत्तरदायित्व का निर्वाह करता है। वह अपना उत्तरदायित्व विभाग के अधिकारियों पर नहीं डाल सकता है। अपने संबंधित विभाग के संदर्भ में संसद में पूछे गए प्रश्नों का उत्तर भी मंत्री को देना पड़ता है और यदि उसके विभाग के कार्यों को मंत्रिपरिषद् द्वारा स्वीकृति प्रदान की गई है तो संसद में मंत्रिपरिषद् अपना समर्थन देती है। अन्यथा मंत्री को अपना पद छोड़ना पड़ता है। 1962 में वी.के. कृष्णमेनन, 1963 में के.डी. मालवीय तथा 1993 में माधवराव सिंधिया ने व्यक्तिगत उत्तरदायित्व के कारण ही अपने पदों से त्यागपत्र दिया था।

विधिक उत्तरदायित्व

भारत में मंत्रियों का विधिक उत्तरदायित्व काफी सीमित है। भारतीय संविधान में प्रावधानित विधिक उत्तरदायित्व इंग्लैंड के सदृश्य नहीं है। ब्रिटेन में सम्राट बिना किसी मंत्री के हस्ताक्षर के कोई लोक कार्य नहीं कर सकता है। भारतीय संविधान में यह प्रावधानित है कि कार्यपालिका प्रधान ने अपने मंत्रियों को क्या सलाह दी है, इस विषय में न्यायालय कोई जांच नहीं कर सकता है। राष्ट्रपति का कोई कार्य यदि उसके द्वारा बनाए गए नियमों के अनुसार भारत सरकार के किसी सचिव द्वारा अधिप्रमाणित किया जाता है तो उस कार्य का मंत्री उत्तरदायी नहीं हो सकता है चाहे वह कार्य किसी मंत्री की सलाह पर ही क्यों न किया गया हो।

संसद के प्रति मंत्रियों का दायित्व

भारतीय संविधान में मंत्रियों को संसद के प्रति ठीक उसी प्रकार उत्तरदायित्व दिया गया है जैसा कि ब्रिटिश मंत्रियों को दिया गया है। संसद मंत्रियों से प्रश्न पूछकर, अविश्वास का प्रस्ताव लाकर, बजट में कटौती प्रस्ताव लाकर तथा लेखानुदान पारित करके मंत्रिपरिषद् पर अपना नियंत्रण रखती है और मंत्रिपरिषद् के सदस्य अपने कार्यों के लिए पूरी तरह से संसद के प्रति जवाबदेह हैं। संसद सदस्यों द्वारा पूछे गए किसी भी प्रश्न का उत्तर देना उनका उत्तरदायित्व है। यदि मंत्रीगण ऐसा नहीं करते हैं तो संसद के प्रति उत्तरदायित्व सिद्धांत का उल्लंघन करते हैं।

मंत्रिपरिषद् की कार्यप्रणाली

- मंत्रिपरिषद् की ओर से मंत्रिमंडल या कैबिनेट एक इकाई के रूप में कार्य करता है। इसकी बैठक प्राय: सप्ताह में एक बार होती है। वैसे प्रधानमंत्री जब चाहे बैठक बुला सकता है।
- मंत्रिपरिषद् की बैठक में प्रधानमंत्री अध्यक्षता करता है तथा उसकी अनुपस्थिति में वरिष्ठ मंत्री अध्यक्षता करता है। मंत्रिपरिषद् की बैठक के लिए कोई कोरम (न्यूनतम उपस्थिति सदस्य संख्या) नहीं होता है।
- मंत्रिपरिषद् की ओर से मंत्रिमंडल या कैबिनेट ही प्रत्येक मामले पर निर्णय लेता है। प्राय: सभी निर्णय एकमत से लिए जाते हैं। मतभेद की अवस्था में निर्णय बहुमत से लिए जाते हैं। बहुमत से लिया गया निर्णय सभी मंत्रियों का संयुक्त निर्णय माना जाता है।
- यदि कोई मंत्री इस निर्णय से सहमत नहीं होता तो उसे अपने पद से त्यागपत्र देना पड़ता है।

भारतीय मंत्रिमंडलीय प्रणाली की विशेषताएं

भारत में ब्रिटिश परंपरा के अनुरूप संसदीय शासन प्रणाली स्थापित की गई है। यही कारण है कि भारत में भी मंत्रिपरिषद् शासन व्यवस्था को अंगीकर किया गया है। भारतीय मंत्रिमंडलीय प्रणाली की विशेषताओं की विवेचना निम्नलिखित शीर्षक के अंतर्गत की जा सकती है–

राष्ट्रपति मंत्रिपरिषद् का अंग नहीं है–भारतीय राष्ट्रपति मंत्रिपरिषद् का अंग नहीं है, यह भारतीय मंत्रिमंडलीय प्रणाली की एक प्रमुख विशेषता है, यद्यपि मंत्रिपरिषद् का गठन राष्ट्रपति को उसके कार्यों में परामर्श और सहयोग देने के लिए किया गया है। इससे राष्ट्रपति की तटस्थता और निष्पक्षता सुनिश्चित रहती है। मंत्रिपरिषद् द्वारा प्रत्येक कृत्य राष्ट्रपति के नाम पर ही संपादित किया जाता है, परंतु इन कृत्यों के निर्वहन या निर्णय में राष्ट्रपति का न तो कोई योगदान होता है और न ही वह इसके लिए किसी प्रकार से उत्तरदायी है। ब्रिटिश सम्राट के विषय में कहा जाता है कि राजा कोई गलती नहीं कर सकता है, यह कथन काफी हद तक एक भारतीय राष्ट्रपति के संदर्भ में समीचीन ही प्रतीत होता है।

मंत्रिपरिषद् से संबंधित अनुच्छेद

भारतीय संविधान में मंत्रिपरिषद् से संबंधित अनुच्छेद और उनमें निहित प्रावधानों की रूपरेखा निम्नवत् है–

- **अनुच्छेद–74** में प्रावधानित है कि राष्ट्रपति को परामर्श एवं सहायता देने के लिए मंत्रिपरिषद् होगी जिसका प्रधान प्रधानमंत्री होगा। राष्ट्रपति मंत्रिपरिषद् के लिखित परामर्श के अनुसार कार्य करने के लिए बाध्य होगा। उल्लेखनीय है कि 44वें संविधान संशोधन के पूर्व मौखिक परामर्श के आधार पर भी राष्ट्रपति कार्य करने के लिए बाध्य होता था।
- **अनुच्छेद–74** में प्रावधानित है कि राष्ट्रपति मंत्रिपरिषद् द्वारा सिफारिशों को पुनर्विचार के लिए एक बार लौटा सकते हैं, परंतु दोबारा उसे प्राप्त होने पर उन्हें मानने के लिए बाध्य है। यही नहीं मंत्रियों द्वारा राष्ट्रपति को दी सलाह की जांच भी किसी न्यायालय द्वारा नहीं की जा सकती है।
- **अनुच्छेद–75** में प्रावधानित है कि प्रधानमंत्री की नियुक्ति राष्ट्रपति द्वारा की जाएगी और राष्ट्रपति अन्य मंत्रियों की नियुक्ति प्रधानमंत्री के परामर्श से करेगी।
- **अनुच्छेद–75** में यह प्रावधानित है कि मंत्रिपरिषद् लोकसभा के प्रति उत्तरदायी होगी और मंत्रियों के वेतन तथा भत्ते संसद द्वारा निर्धारित किए जाएंगे।
- **अनुच्छेद–77** में प्रावधानित है कि भारत सरकार की समस्त कार्यपालकीय कार्यवाहियां राष्ट्रपति के नाम से की जाएंगी और उसी प्रकार अभिव्यक्त होंगी। राष्ट्रपति भारत सरकार की कार्यवाहियों को और सुगम बनाने के साथ ही मंत्रियों के बीच कार्यों का आवंटन करने के संदर्भ में नियम बनाएंगे।
- **अनुच्छेव–78** में प्रावधानित है कि प्रधानमंत्री का यह कर्तव्य होगा कि वह समय-समय पर संघ के प्रशासन संबंधित विषयों, मंत्रिपरिषद् द्वारा लिए गए निर्णयों और प्रस्तावित विधायी पहलुओं के बारे में जानकारी उपलब्ध कराए।
- **अनुच्छेद–78** में यह प्रावधानित है कि यदि राष्ट्रपति चाहें तो किसी ऐसे मामले पर जिसमें कि किसी मंत्री द्वारा निर्णय लिया जा चुका है, लेकिन जिस पर मंत्रिपरिषद् ने विचार नहीं किया है, उसे मंत्रिपरिषद् के पास विचारार्थ भेज दे।
- **अनुच्छेद–88** में प्रावधानित है कि प्रत्येक मंत्री को किसी भी सदन में बोलने तथा कार्यवाही में भाग लेने का अधिकार होगा, उसे दोनों सदनों की संयुक्त बैठक तथा संसदीय समिति जिसका उसे सदस्य बनाया गया हो कि बैठक में भी भाग लेने का अधिकार होगा। परंतु उसे मत देने का अधिकार नहीं होगा।

- **राजनीतिक एकरूपता**–राजनीतिक एकरूपता भी भारतीय मंत्रिमंडलीय प्रणाली का एक आधारभूत सिद्धांत है, जिसका आशय यह है कि मंत्रिपरिषद् के सभी सदस्य एक ही राजनीतिक दल अथवा राजनीतिक गठबंधन से होने चाहिए। तभी इन सभी का दृष्टिकोण एक जैसा होने की संभावना रहती है। यद्यपि कभी-कभी यह भी देखने को मिला है किसी विशिष्ट योग्यता के कारण दूसरे दल के कुछ सदस्यों को प्रधानमंत्री अपनी मंत्रिपरिषद् में स्थान देता है। गोपाल स्वामी आयंगर, जान मथाई, डॉ. अंबेडकर, श्यामाप्रसाद मुखर्जी, एच.सी. भाभा, एम.सी. छागला, त्रिगुण सेन, कर्ण सिंह आदि कांग्रेस पार्टी से संबंधित नहीं थे, परंतु जवाहरलाल नेहरू तथा इंदिरा गांधी ने इन्हें अपनी मंत्रिपरिषद् में स्थान दिया था। श्री विश्वनाथ प्रताप सिंह ने अपने मंत्रिपरिषद् में के.पी. मेनन तथा आई.के. गुजराल तथा पी.वी. नरसिंहाराव ने मनमोहन सिंह को विशिष्ट योग्यता के कारण ही मंत्रिपरिषद् में सम्मिलित किया था।
- **मंत्रिपरिषद् और संसद के मध्य समन्वय**-भारतीय मंत्रिमंडलीय व्यवस्था के कारण मंत्रिपरिषद् और संसद के मध्य समन्वय और सामंजस्य रहता है। प्रत्येक मंत्री संसद के किसी-न-किसी सदन का सदस्य अवश्य रहता है। संसद सदस्य के रूप में संसद की विभिन्न बैठकों में भाग लेता है, विचार-विमर्श में हिस्सेदारी करता है तथा सरकार की नीतियों का औचित्य सिद्ध करता है। इस प्रकार मंत्रिमंडलीय व्यवस्था के कारण संसद तथा मंत्रिपरिषद् के मध्य समन्वय बना रहता है।
- **लोकसभा के प्रति सामूहिक उत्तरदायित्व**-मंत्रिपरिषद् सामूहिक रूप से अपने कृत्यों के लिए लोकसभा के प्रति उत्तरदायी होती है। इसका आशय यह हुआ कि मंत्रिपरिषद् अपने पदों पर तब तक बनी रह सकती है जब तक उसे लोकसभा का विश्वास प्राप्त हो। ऐसा न होने की स्थिति में मंत्रिपरिषद् को त्यागपत्र देना पड़ता है अथवा राष्ट्रपति से लोकसभा भंग करके चुनाव कराने की अनुशंसा करनी पड़ती है। इसके अतिरिक्त यदि किसी भी मंत्री के प्रति लोकसभा अविश्वास प्रकट कर देती है तो संपूर्ण मंत्रिपरिषद् को त्यागपत्र देना पड़ता है। इससे स्पष्ट है कि मंत्रिपरिषद् के सभी सदस्यों का सह अस्तित्व है। इसके सभी सदस्य एक साथ जीवित रहते हैं और एक साथ डूबते हैं। लोकसभा के सम्मुख मंत्रीगण एक समूह के रूप में प्रस्तुत होते हैं।
- **प्रधानमंत्री का नेतृत्व**-भारतीय मंत्रिमंडलीय व्यवस्था की एक उल्लेखनीय व्यवस्था मंत्रिपरिषद् का प्रधानमंत्री के नेतृत्व में कार्य करना है। संसदीय व्यवस्था के अंतर्गत राष्ट्रपति मंत्रिपरिषद् के परामर्श से कार्य करता है। मंत्रिपरिषद् के परामर्श का आशय प्रधानमंत्री सरकार प्रधानमंत्री की सरकार होती है, तथा प्रधानमंत्री राज्य रूपी नौका का केवट होता है। भारतीय संविधान के **अनुच्छेद–74 (1)** में कहा गया है कि मंत्रिपरिषद् का नेतृत्व प्रधानमंत्री द्वारा किया जाएगा। पं. नेहरू के शब्दों में प्रधानमंत्री शासन के विभिन्न अंगों को जोड़ने वाला एक बक्सुआ (Linch Pin) है।

मंत्रिमंडल के अधिकार और कार्य

संवैधानिक प्रावधानों के अनुसार मंत्रिमंडल का कार्य राष्ट्रपति को कार्यपालिका संबंधी कार्यों में सहायता एवं मंत्रणा देना है, परन्तु व्यवहार में स्थिति बिल्कुल ही अलग है। देश की कार्यपालिका शक्तियां और दायित्व मंत्रिमंडल के हाथों में केंद्रित होती है। मंत्रिमंडल राज्य का परिचालन करने के साथ-साथ उसकी दिशा और गति भी निर्धारित करता है। मंत्रिमंडल को प्राप्त शक्तियों एवं उसके कार्यों की विवेचना निम्नलिखित शीर्षकों के अंतर्गत की जा सकती है–

नीति-निर्धारण संबंधी कार्य

राष्ट्रपति एवं अंतर्राष्ट्रीय परिप्रेक्ष्य में नीतियों का सृजन करना मंत्रिमंडल का महत्वपूर्ण कार्य है। वस्तुतः मंत्रिमंडल एक विचारशील तथा नीति निर्णायक निकाय है। मंत्रिमंडल समस्त राष्ट्रीय और अंतर्राष्ट्रीय समस्याओं पर चिंतन एवं मनन करने के उपरांत निर्णय लेता है। मंत्रिमंडल द्वारा लिए गए निर्णयों को संबद्ध विभागों द्वारा क्रियान्वित किया जाता है। मंत्रिमंडल ही राष्ट्रपति का लिखित अभिभाषण तैयार करता है। संसद का अधिवेशन शुरू होने के पहले ही मंत्रिमंडल विधि निर्माण की योजना सृजित करता है तथा यह निर्धारित करता है कि किस विधेयक को किस रूप में तथा कब संसद में प्रस्तुत किया जाए। मंत्रिमंडल ही समस्त वैधानिक क्रियाओं का नियंत्रक होता है। मंत्रिमंडल द्वारा सृजित विधि तभी प्रभावी होती है जब संसद द्वारा उसका अनुमोदन कर दिया जाए। मंत्रिमंडल की अनुशंसा पर ही राष्ट्रपति लोकसभा को भंग करता है।

प्रशासनिक कार्य

राज्य के समस्त शासन के केंद्र बिंदु में मंत्रिमंडल ही होता है मंत्रिमंडल द्वारा ही संपूर्ण प्रशासन को संचालित एवं क्रियान्वित किया जाता है। मंत्रिमंडल ही यह देखता है कि देश का प्रशासन सही ढंग से चल रहा है अथवा नहीं। मंत्रिमंडल के द्वारा वरिष्ठ पदाधिकारियों यथा न्यायाधीशों, राज्यपालों, राजदूतों, संघ लोक सेवा आयोग के सदस्यों आदि की नियुक्ति राष्ट्रपति से करने के लिए अनुशंसा की जाती है। मंत्रिमंडल के द्वारा ही राष्ट्र के विकास के लिए विभिन्न कार्यक्रमों का सृजन तथा क्रियान्वयन किया जाता है। मंत्रिमंडल के परामर्श से ही राष्ट्रपति देश में आपात स्थिति लागू करता है। अतः स्पष्ट है कि मंत्रिमंडल ही वास्तविक कार्यपालिका है।

संविधान द्वारा राष्ट्रपति को प्रदत्त सभी अधिकारों का प्रयोग राष्ट्रपति के नाम से मंत्रिमंडल ही करता है। मंत्रिमंडल के सदस्यगण अपने-अपने विभागों के कार्यों को संचालित करते हैं तथा सामूहिक स्तर से अपने कार्यों के लिए संसद के प्रति जवाबदेह होते हैं। अपनी इच्छा से राष्ट्रपति किसी भी पदाधिकारी की नियुक्ति नहीं करता है। वस्तुतः कार्यपालिका पर मंत्रिमंडल का ही नियंत्रण होता है।

विधायी कार्य

मंत्रिमंडल का एक प्रमुख कार्य विधि निर्माण भी है। मंत्रिमंडल ही सभी विधेयकों को संसद के सम्मुख प्रस्तुत करवाती है तथा उसको संसद से स्वीकृति दिलवाती है। मंत्रिमंडल द्वारा ही संसद का सत्र आहूत करने तथा स्थगित करने का निर्णय लिया जाता है। किसी भी गैर-सरकारी सदस्य द्वारा प्रस्तुत विधेयक मंत्रिमंडल की स्वीकृति के अभाव में पारित नहीं हो सकता है।

वित्तीय कार्य

मंत्रिमंडल ही वित्त पर नियंत्रण रखता है तथा वित्तमंत्री द्वारा ही पूरे वर्ष के लिए वित्तीय विवरण (बजट) संसद में प्रस्तुत किया जाता है। बजट का निर्माण प्रधानमंत्री की देख-रेख में विभागीय आवश्यकताओं के आधार पर मंत्रिमंडल ही करता है। सरकार की आर्थिक नीतियों, सार्वजनिक व्यय एवं करारोपण के सिद्धांतों का निर्धारण भी मंत्रिमंडल द्वारा किया जाता है।

वैदेशिक कार्य

वैदेशिक संबंधों को मधुर बनाना तथा उन पर नियंत्रण रखना मंत्रिमंडल का प्रमुख कार्य है। विदेशियों के साथ राजनीतिक, आर्थिक तथा सांस्कृतिक समझौता करने का अधिकार एवं दायित्व मंत्रिमंडल का ही होता है। युद्ध की घोषणा करना तथा युद्धोपरांत शांति समझौता करना तथा अंतर्राष्ट्रीय समस्याओं का समाधान मंत्रिमंडल द्वारा ही किया जाता है। किसी नए देश में राजदूतावास खोलना तथा राजनीतिक संबंध विच्छेद करना भी मंत्रिमंडल द्वारा ही संपन्न होता है।

अन्य कार्य

मंत्रिमंडल विभिन्न विभागों के मध्य समन्वय का कार्य करता है। विभिन्न विभागों के मध्य किसी भी प्रकार के विवाद जैसा कि जुलाई, 2000 में दूरसंचार कर्मियों को निःशुल्क फोन उपलब्ध कराने को लेकर दूरसंचार मंत्रालय के मध्य विवाद उत्पन्न हुआ था, का समाधान भी मंत्रिमंडल द्वारा किया जाता है। मंत्रिमंडल विभिन्न विभागों को एक सूत्र में पिरोने का कार्य करती है।

मंत्रिमंडल और लोकसभा का पारस्परिक संबंध

- भारतीय संसदीय शासन प्रणाली में या भारतीय राजनीतिक प्रशासनिक व्यवस्था में मंत्रिमंडल निर्णय करने वाली सर्वोच्च संस्था है।
- मंत्रिमंडल भारत सरकार की सर्वोच्च नीति-निर्धारक संस्था है और उच्च कार्यकारिणी है।
- मंत्रिमंडल केंद्रीय प्रशासन का मुख्य समन्वयक है, मुख्य आपदा प्रबंधक है और सभी प्रकार की आपातकालीन स्थितियों से निपटने का कार्य करता है।
- मंत्रिमंडल राष्ट्रपति की सर्वोच्च सलाहकारी संस्था है और उसकी सलाह राष्ट्रपति के लिए बाध्यकारी है।
- मंत्रिमंडल भी सभी विधायी मामलों और वित्तीय मामलों के संदर्भ में निर्णय लेती है और उत्पन्न स्थिति का समाधान खोजती है।
- मंत्रिमंडल सर्वोच्च स्तर के संवैधानिक अधिकारियों और वरिष्ठ प्रशासनिक अधिकारियों की नियुक्ति को नियंत्रित करती है।
- मंत्रिमंडल वैदेशिक मामलों और वैदेशिक नीतियों का निर्धारण करती है। इसके साथ-साथ मंत्रिमंडल अन्य घरेलू नीतियों का भी निर्धारण करती है।

उपरोक्त वर्णित कार्यों के अतिरिक्त मंत्रिमंडल द्वारा कुछ और कार्यों का भी संपादन किया जाता है। संसद के सत्र में न होने की स्थिति में अध्यादेश जारी करना तथा आपातकाल की घोषणा के प्रवर्तन की स्थिति में मूल अधिकारों का निलंबन, राज्यों की सीमाओं में परिवर्तन आदि संसद की स्वीकृति से मंत्रिमंडल ही करता है। अतः मुनरो का कथन इस संदर्भ में बिल्कुल उचित ही है। भारतीय मंत्रिमंडल का अधिकार क्षेत्र काफी व्यापक है। कार्यपालिका, विधायी तथा वित्तीय सभी क्षेत्रों में मंत्रिमंडल को व्यापक अधिकार प्राप्त है। मंत्रिमंडल राज्य रूपी जहाज का संतुलन चक्र है।

मंत्रिमंडल और लोकसभा का पारस्परिक संबंध

संसदीय प्रतिमानों के अनुसार मंत्रिमंडल (मंत्रिपरिषद्) संसद के निम्न सदन यथा लोकसभा के प्रति उत्तरदायी है। मंत्रिपरिषद् सामूहिक रूप से संसद के प्रति उत्तरदायी होती है। मंत्रिपरिषद् का गठन संसद सदस्यों के द्वारा ही होता है। **यदि कोई गैर संसद सदस्य मंत्रिपरिषद् का सदस्य बनने में सफल हो जाता है तो उसे मंत्रीपद ग्रहण करने की तिथि से 6 माह के अंदर ही संसद के किसी भी सदन का सदस्य होना आवश्यक है।** प्रधानमंत्री बहुमत दल का नेता होता है जो मंत्रिपरिषद् का नेतृत्व करता है। मंत्रिपरिषद् का अस्तित्व उसी समय तक है जब तक लोकसभा का उसे बहुमत प्राप्त हो। यदि मंत्रिपरिषद् के किसी सदस्य विशेष के विरुद्ध लोकसभा विश्वास प्रस्ताव पारित कर देती है तो संपूर्ण मंत्रिपरिषद् को पदच्युत होना पड़ता है। ध्यातव्य है कि मंत्रीगण समूह के रूप में अपने को प्रस्तुत करते हैं।

मंत्रिमंडल के संदर्भ में कथन

विशेषज्ञ	कथन
लावेल	मंत्रिमंडल राजनीतिक वास्तु का आधार है।
बार्कर	कैबिनेट नीतियों का चुंबक है।
रैम्जे म्योर	मंत्रिमंडल राज्य रूपी जहाज की स्टियरिंग व्हील है।
सरजॉन मैरियट	मंत्रिमंडल वह धुरी है जिसके चारों ओर पूरी राजनीतिक मशीनरी घूमती है।
ग्लैडस्टोन	मंत्रिमंडल सूर्य के समान है जिसके चारों ओर अन्य निकाय परिभ्रमण करते हैं।
बेगेहाट	मंत्रिमंडल हाइफन है जो कार्यपालक और विधायी विभागों दोनों के साथ जुड़ा है।
सर आईवर जेनिंग्स	मंत्रिमंडल ब्रिटिश संवैधानिक व्यवस्था का केंद्रबिंदु है जो ब्रिटिश सरकार को एकता प्रदान करता है।
एल.एल.एस एस एमरी	मंत्रिमंडल सरकार को निर्देशित करने वाला महत्वपूर्ण उपकरण है।

यह सत्य है कि मंत्रिपरिषद् सामूहिक रूप से लोकसभा के प्रति उत्तरदायी होती है, परंतु इसका आशय यह भी नहीं है कि मंत्रिपरिषद् का राज्यसभा से कोई संबंध नहीं होता है। राज्यसभा के सदस्य भी मंत्रिपरिषद् के सदस्य के रूप में मनोनीत होते हैं। आपातकालीन उद्घोषणा के पहले ही यदि लोकसभा विघटित हो गई हो या घोषणा के बाद भंग कर दी गई हो तो राज्यसभा ही आपातकालीन उद्घोषणा को स्वीकृति देती है।

लोकसभा अविश्वास प्रस्ताव निंदा प्रस्ताव, स्थगन प्रस्ताव, काम रोको प्रस्ताव, बजट में कटौती प्रस्ताव द्वारा मंत्रिपरिषद् को नियंत्रित करती है। प्रश्न पूछने का अधिकार संसद के दोनों सदनों को प्राप्त है। इसके माध्यम से संसद मंत्रिपरिषद् पर अपना नियंत्रण रखती है। राज्यसभा निंदा प्रस्ताव, स्थगन प्रस्ताव लाकर मंत्रिपरिषद् पर अपना नियंत्रण रखती है।

किचन कैबिनेट (आंतरिक कैबिनेट)

किचन कैबिनेट एक लघु निकाय है, जिसे आंतरिक मंत्रिमंडल कहा जाता है। इसमें 15-20 महत्वपूर्ण मंत्री शामिल होते हैं। भारत में प्रत्येक प्रधानमंत्री के पास

एक किचन कैबिनेट रहा है। यह औपचारिक रूप से निर्णय लेने वाली उच्चतम संस्था के साथ-साथ सत्ता का मुख्य केंद्र भी होती हैं।

किचन कैबिनेट में कोई जरूरी नहीं है कि कैबिनेट के मंत्री ही रहें बल्कि इसमें पारिवारिक एवं मित्र सदस्य भी हो सकते हैं यह छोटा निकाय होता है, इसलिए निर्णय की प्रक्रिया अत्यंत तेज होती है तथा गोपनीयता को बनाए रखना आसान होता है। इसलिए इस निकाय से प्रधानमंत्री को आसानी से अपने कार्यों में सहायता मिलती है।

प्रधानमंत्री को निम्नलिखित कारणों से आंतरिक कैबिनेट जो एक संविधानेतर संस्था है, का आश्रय लेना पड़ता है–

- यह एक छोटा निकाय है, परंतु निर्णय लेने के मामले में कैबिनेट के विशाल आकार से अधिक प्रभावशाली है।
- इसकी बैठकें निरंतर होती रहती हैं और यह सरकार के कार्यों का बड़ी कैबिनेट की अपेक्षा अधिक तत्परता से समाधान प्रस्तुत करती है।
- यह प्रधानमंत्री को विभिन्न मुद्दों पर निर्णय लेने में गोपनीयता को बनाए रखने में सहायता प्रदान करती है तथा प्रधानमंत्री को परामर्श देने का कार्य करती है।
- यद्यपि आंतरिक या किचन कैबिनेट का कोई संवैधानिक आधार नहीं है, परंतु समय-समय पर यह काफी प्रभावशाली रही है। श्रीमती इंदिरा गांधी के समय यह काफी प्रभावशाली हो गई थी जिसे किचन कैबिनेट कहा जाने लगा। यह प्रभावशाली होते हुए भी अनेक सीमाओं (अवगुण) से युक्त है।

किचन कैबिनेट में निम्नलिखित सीमाएं पाई जाती हैं–

- यह मंत्रिमंडल के महत्व और अधिकारों को कम करती है।
- बाहरी व्यक्तियों का प्रवेश और सरकार के कार्यों में उनकी प्रभावशाली भूमिका कानूनी प्रक्रिया को जटिल बना देती है।
- किचन कैबिनेट एक समांतर सत्ता प्रतिष्ठान के रूप में स्थापित हो जाती है, जो संवैधानिक तंत्र को चुनौती देने लगती है।
- किचन कैबिनेट केवल भारत में ही नहीं पाई जाती है बल्कि संयुक्त राज्य अमेरिका और ब्रिटेन जैसे देशों में भी इसका अस्तित्व है।

छाया मंत्रिमंडल (Shadow Cabinet)

जब संसदीय शासन प्रणाली में मुख्य रूप से दो दल विद्यमान होते हैं, तब बहुमत प्राप्त दल सरकार बनाता है, परंतु चुनाव के समय जनता को आकर्षित करने के लिए विपक्षी दल को लोगों के सम्मुख एक वैकल्पिक मंत्रिमंडल बनाकर प्रस्तुत करता है, जिसे छाया मंत्रिमंडल/ आभासी मंत्रिमंडल या प्रतीक्षारत मंत्रिमंडल कहा जाता है। ध्यातव्य है कि भारत में इसे 1996 में अटल बिहारी वाजपेयी के नेतृत्व में भाजपा ने छाया मंत्रिमंडल प्रस्तुत किया था।

स्मरणीय तथ्य

- शासन को सुचारु रूप में चलाने में मंत्रिपरिषद् के सदस्य महत्वपूर्ण भूमिका निभाते हैं।
- मंत्रिपरिषद् में तीन तरह के मंत्री होते हैं– कैबिनेट मंत्री, राज्य मंत्री और उपमंत्री।
- कैबिनेट स्तर में अत्यंत महत्वपूर्ण मंत्री आते हैं। लावेल ने कहा है– 'कैबिनेट राजनीतिक भवन की आधारशिला है।'
- संविधान के अनुच्छेद–75(2) में कहा गया है कि मंत्री राष्ट्रपति की इच्छापर्यंत अपने पद पर आसीन रहेंगे।
- सामान्यतः जब तक मंत्रिपरिषद् को लोकसभा में बहुमत प्राप्त रहता है तब तक मंत्रिगण अपने पद पर बने रहते हैं।
- लोकसभा में बहुमत के साथ मंत्रिपरिषद् के सदस्य 5 वर्ष तक मंत्री रह सकते हैं।
- संसद में अधिकांश विधेयक मंत्रियों के द्वारा पेश किए जाते हैं।
- जिन दिनों संसद का अधिवेशन न चल रहा हो यदि राष्ट्रपति समझे तो मंत्रिपरिषद् के परामर्श से अध्यादेश जारी कर सकता है।
- मंत्रिपरिषद् की बैठकों में सभी मंत्री शामिल होते हैं और अपने विचार व्यक्त करते हैं तथा कोई निर्णय सामूहिक रूप से लिया जाता है तो इसे सरकार का निर्णय समझा जाता है।
- संसद में तथा संसद से बाहर आम सभाओं में मंत्रियों का सरकार के निर्णयों का समर्थन करना पड़ता है।
- वित्त पर मंत्रिपरिषद् का पूरा नियंत्रण रहता है।
- बजट निर्माण, नए कर लगाना, पुराने करों की दरों में हेर-फेर करना मंत्रिमंडल का ही कार्य है।
- संविधान द्वारा मंत्रिपरिषद् को शासन के लिए पूर्ण रूप से उत्तरदायी बनाया गया है।
- मंत्रिपरिषद् सामूहिक रूप से लोकसभा के प्रति उत्तरदायी होती है (अनुच्छेद–75(3)
- राज्यमंत्री कैबिनेट के सदस्य नहीं होते हैं और न ही उसकी बैठकों में भाग लेते हैं।
- उप-मंत्रियों का दर्जा मंत्रिपरिषद् में तीसरी श्रेणी का होता है।
- भारतीय संविधान में मंत्रिमंडल शब्द का प्रयोग कहीं भी नहीं किया गया है।
- कैबिनेट सूर्य पिंड है, जिसके चारों ओर अन्य पिंड घूमते हैं- **ग्लैडस्टोन।**
- संविधान के अनुच्छेद–78 के अनुसार प्रधानमंत्री मंत्रिपरिषद् की होने वाली कार्यवाहियों से राष्ट्रपति को अवगत कराता है।
- आपात्कालीन स्थिति में राष्ट्रपति की आपातकालीन शक्तियों का प्रयोग मंत्रिपरिषद् करती है।
- सरकारी विधेयक लोकसभा में पारित न हो पाए तो प्रधानमंत्री सहित संपूर्ण मंत्रिपरिषद् को त्यागपत्र देना पड़ता है।
- लोकसभा में विश्वास का प्रस्ताव किसी एक मंत्री के विरुद्ध नहीं लाया जाता है बल्कि संपूर्ण मंत्रिपरिषद् के विरुद्ध लाया जाता है।
- राष्ट्रपति की कार्यपालिका संबंधी सभी शक्तियों का वास्तविक उपयोग मंत्रिमंडल ही करता है।

❑❑❑

अध्याय 4

प्रधानमंत्री और उप-प्रधानमंत्री

संसदीय प्रतिमानों के अनुसार भारतीय संविधान द्वारा प्रधानमंत्री पद का सृजन किया गया है। भारतीय प्रधानमंत्री का संवैधानिक आधार है। ध्यातव्य है कि भारतीय संविधान के अंतर्गत स्पष्ट रूप से ब्रिटिश प्रधानमंत्री की तरह ही प्रधानमंत्री पद का सृजन किया गया, परंतु दोनों प्रधानमंत्रियों में अंतर यह है कि ब्रिटिश प्रधानमंत्री का कोई संवैधानिक आधार नहीं है, वहीं भारत में प्रधानमंत्री पद का संवैधानिक आधार है। अनुच्छेद-74 (1) में प्रावधानित है कि राष्ट्रपति को अपने कृत्यों में सहायता एवं परामर्श देने के लिए एक मंत्रिपरिषद् होगी, जिसका नेतृत्व प्रधानमंत्री द्वारा किया जाएगा। इस प्रकार भारतीय शासन व्यवस्था में प्रधानमंत्री का पद वह केंद्रबिंदु है जिसके चारों ओर संपूर्ण गतिविधियां घूमती रहती हैं।

प्रधानमंत्री

प्रधानमंत्री देश का राजनीतिक शासक होने के कारण संपूर्ण शासन व्यवस्था का आधारस्तंभ है। प्रधानमंत्री भारतीय संसदीय शासन प्रणाली का वास्तविक प्रधान है। संविधानसभा में ही के. टी. शाह ने प्रधानमंत्री को प्रदत्त शक्तियों के संदर्भ में कहा था कि–"प्रधानमंत्री की शक्तियां देख मुझे लगता है कि यदि वह चाहे तो किसी भी समय देश का अधिनायक बन सकता है।"

डॉ. अंबेडकर ने भी कहा था कि–"यदि भारतीय संविधान के किसी अधिकारी की तुलना अमेरिकी अध्यक्ष से करें तो वह निश्चित रूप से प्रधानमंत्री है, राष्ट्रपति नहीं।" इन तथ्यों से स्पष्ट है कि भारतीय शासन व्यवस्था में प्रधानमंत्री ही वास्तविक कार्यपालिका शक्ति है।

- भारत में प्रधानमंत्री पद की स्थिति इतनी महत्वपूर्ण और सर्वव्यापी है कि ऐसा लगता है कि संपूर्ण मंत्रिमंडलीय व्यवस्था ही प्रधानमंत्री प्रणाली बन गई है और संभवतया प्रधानमंत्री के व्यक्तित्व के माध्यम से भारतीय संसदीय प्रणाली का स्वरूप अध्यक्षात्मक प्रणाली से मिलता-जुलता दिखाई देता है। परंतु ब्रिटेन और भारत के प्रधानमंत्री की स्थिति में दो महत्वपूर्ण अंतर परिलक्षित होता हैं।
- पहला अंतर विकासक्रम का अंतर है। भारत में प्रधानमंत्री का पद कभी भी समकक्षों में प्रथम की स्थिति में नहीं रहा है, क्योंकि जवाहरलाल नेहरू प्रधानमंत्री हुए और उनके राष्ट्रीय व्यक्तित्व की छत्रछाया में प्रधानमंत्री के पद ने प्रारंभ में ही विकास की एक महत्वपूर्ण स्थिति प्राप्त कर ली थी, जिसे ब्रिटेन में बहुत बाद में प्राप्त किया गया। इससे भी महत्वपूर्ण अंतर यह है कि ब्रिटेन में प्रधानमंत्री पद का संस्थायीकरण हो गया है, अत: व्यक्तित्व का प्रधानमंत्री की मर्यादा पर उतना अधिक प्रभाव नहीं पड़ता है जितना भारत में। इसलिए वहां पर जरूरी नहीं है कि प्रधानमंत्री की गरिमा तभी सशक्त हो, जब व्यक्तित्व हो।
- इस संदर्भ में दूसरा महत्वपूर्ण तथ्य यह है कि भारत में प्रधानमंत्री का पद विकास की प्रक्रिया से गुजरता हुआ दिखाई देता है। जहां तक संविधान का प्रश्न है, तो उसमें तीन अनुच्छेदों में प्रधानमंत्री के संदर्भ में उपबंध हैं। वे हैं–

(i) **अनुच्छेद**–74 (i) में कहा गया है कि राष्ट्रपति के कृत्यों में सहायता एवं परामर्श देने के लिए एक मंत्रिमंडल होगा, जिसका नेतृत्व प्रधानमंत्री द्वारा किया जाएगा।

(ii) **अनुच्छेद**–75 (ii) में कहा गया है कि प्रधानमंत्री की नियुक्ति राष्ट्रपति द्वारा की जाएगी तथा अन्य मंत्रियों की नियुक्ति प्रधानमंत्री के परामर्श के अनुसार राष्ट्रपति द्वारा की जाएगी।

(iii) **अनुच्छेद**–78 में प्रधानमंत्री के कर्तव्यों का उल्लेख किया गया है, जिसमें–

(a) प्रधानमंत्री मंत्रिमंडल के सभी निर्णयों की जानकारी राष्ट्रपति को देगा।

(b) प्रधानमंत्री संघीय कार्यों के शासन एवं प्रस्तावित विधेयकों के संबंध में ऐसी सभी सूचनाएं राष्ट्रपति को प्रस्तुत करेगा जिसकी राष्ट्रपति द्वारा मांग की जाती है।

(c) जब कोई मंत्री नीति के प्रश्न को मंत्रिमंडल के समक्ष रखे बिना स्वयं निर्णय लेता है, ऐसी स्थिति में यदि राष्ट्रपति आवश्यक समझता है तो वह प्रधानमंत्री से ऐसे प्रश्नों को मंत्रिमंडल के समक्ष विचारार्थ रखवा सकता है।

अनुच्छेद–74 (i) में 42वें तथा 44वें संशोधनों द्वारा किए गए संशोधनों से राष्ट्रपति-मंत्रिमंडल के संबंधों को स्पष्ट किया गया है। किए गए संशोधनों के उपरांत राष्ट्रपति अपने कृत्यों के संपादन में मंत्रिपरिषद् से प्राप्त परामर्श के आधार पर कार्य करेगा; राष्ट्रपति को मंत्रिमंडल की अनुशंसा को मानना बाध्यकारी है परंतु राष्ट्रपति को यह अधिकार दिया गया है कि वह इस परामर्श को मंत्रिमंडल अथवा मंत्रिपरिषद् से पुनर्विचार के लिए कह सकता है। परंतु राष्ट्रपति को जो परामर्श प्राप्त होगा, वे उसके अनुसार ही कार्य करेगें।

प्रधानमंत्री की नियुक्ति

संविधान के **अनुच्छेद–75 (1) में प्रावधानित है कि राष्ट्रपति द्वारा प्रधानमंत्री की नियुक्ति की जाएगी।** सामान्य परिस्थितियों में राष्ट्रपति अपनी पसंद और इच्छा से किसी व्यक्ति को प्रधानमंत्री नहीं बना सकता है। राष्ट्रपति उसी व्यक्ति को प्रधानमंत्री बना सकता है, जिसे लोकसभा का बहुमत प्राप्त हो। अन्य शब्दों में, लोकसभा में बहुमत प्राप्त दल के नेता को ही राष्ट्रपति प्रधानमंत्री नियुक्त करता है। ऐसा इसलिए भी करना आवश्यक है कि प्रधानमंत्री लोकसभा के समर्थन के बिना प्रशासन नहीं चला सकता है, परंतु विशेष परिस्थितियों में राष्ट्रपति अपनी इच्छा से भी प्रधानमंत्री नियुक्त कर सकता है। जुलाई, 1979 में राष्ट्रपति नीलम संजीव रेड्डी ने मोरारजी देसाई सरकार के पतन के बाद विपक्ष के नेता वाई. वी. चव्हाण के साथ सरकार साथ बनाने से इंकार करने के बाद चौ. चरण सिंह को प्रधानमंत्री नियुक्त किया गया था। इसी प्रकार मई, 1996 में लोकसभा के चुनाव में किसी भी पार्टी को बहुमत न मिलने की स्थिति में तत्कालीन राष्ट्रपति डॉ. शंकर दयाल शर्मा ने अटल बिहारी वाजपेयी को प्रधानमंत्री नियुक्त

किया। अटल बिहारी वाजपेयी के बहुमत न सिद्ध कर पाने पर 1 जून, 1996 को एच. डी. देवगौड़ा को प्रधानमंत्री नियुक्त किया गया।

अभी तक भारत में प्रधानमंत्री की नियुक्ति तथा चयन के विश्लेषण से स्पष्ट है कि प्रधानमंत्री दोनों सदनों में से कोई भी सदस्य हो सकता है। जवाहरलाल नेहरू तथा लाल बहादुर शास्त्री लोकसभा के बहुमत दल के नेता थे, परंतु लाल बहादुर शास्त्री के निधन के बाद श्रीमती इंदिरा गांधी प्रधानमंत्री बनीं तो वह लोकसभा की सदस्य नहीं थीं, वह राज्यसभा में मनोनीत सदस्य थीं। तभी से राज्यसभा के सदस्य भी प्रधानमंत्री बनने लगे। पी. वी. नरसिम्हा राव प्रधानमंत्री नियुक्त होने के समय दोनों सदनों में से किसी के भी सदस्य नहीं थे। उन्होंने बाद में लोकसभा का उपचुनाव नादंयाल से लड़ा और लोकसभा की सदस्यता प्राप्त की। इसके बाद एच. डी. देवगौड़ा तथा इंद्र कुमार गुजराल राज्यसभा के सदस्य के रूप में ही प्रधानमंत्री नियुक्त हुए थे।

प्रथम दो प्रधानमंत्री जवाहर लाल नेहरू तथा लाल बहादुर शास्त्री की मृत्यु के बाद श्रीमती इंदिरा गांधी तथा मोरारजी देसाई के बीच नेता को लेकर चुनाव हुआ और इसके बाद ही श्रीमती इंदिरा गांधी प्रधानमंत्री बन सकी थीं। 1966 और 1971 के लोकसभा के निर्वाचन के बाद श्रीमती इंदिरा गांधी बिना किसी चुनौती के लोकसभा के बहुमत दल की नेता चुनी गईं तथा प्रधानमंत्री बनीं। मार्च, 1977 के लोकसभा के निर्वाचन के बाद सत्ता में आई जनता पार्टी में प्रधानमंत्री पद को लेकर विवाद शुरू हो गया और जगजीवन राम तथा मोरारजी देसाई के मध्य रस्साकशी शुरू हो गई। परंतु जयप्रकाश नारायण तथा आचार्य जे.बी. कृपलानी ने हस्तक्षेप करके तथा जनता पार्टी के सदस्यों में सहमति बनाने के बाद मोरारजी देसाई के नाम की घोषणा की, जिनको राष्ट्रपति ने प्रधानमंत्री नियुक्त किया।

कार्यकाल

संविधानतः प्रधानमंत्री का कार्यकाल राष्ट्रपति की दया पर निर्भर करता है, परंतु व्यवहार में प्रधानमंत्री तब तक अपने पद पर बना रह सकता है, जब तक उसे लोकसभा के बहुमत का समर्थन प्राप्त हो। लोकसभा का समर्थन खो देने की स्थिति में प्रधानमंत्री को अपना पद छोड़ना पड़ता है। इसके अतिरिक्त सत्तारूढ़ दल में असंतोष अथवा आंतरिक विद्रोह का राष्ट्रपति तत्कालीन परिस्थिति का लाभ उठाकर प्रधानमंत्री को पदच्युत कर सकता है। चूंकि लोकसभा का कार्यकाल 5 वर्ष का होता है, इसलिए प्रधानमंत्री भी 5 वर्ष तक अपने पद पर बना रह सकता है।

प्रधानमंत्री की योग्यताएं

भारतीय संविधान में प्रधानमंत्री की योग्यता का कहीं भी उल्लेख नहीं किया गया है। प्रधानमंत्री के संदर्भ में इतना ही कहा गया है कि वह लोकसभा के प्रति उत्तरदायी होगा तथा उसे संसद के किसी भी सदन का सदस्य होना चाहिए। परंतु इसका आशय यह भी नहीं कि प्रधानमंत्री में विशिष्ट गुणों का अभाव हो। प्रधानमंत्री के लिए वैयक्तिक गुण तथा चारित्रिक विशेषताओं का होना अनिवार्य है। प्रधानमंत्री में नेतृत्व की क्षमता तथा अपने विरोधियों से मिल-जुलकर कार्य करने के गुण भी होने चाहिए। इसके अतिरिक्त प्रधानमंत्री को निर्भीक, देशभक्त, आज्ञाकारी, शालीन, तेज स्मरणशक्ति, वाक्पटु, धैर्य, समझदार, निष्ठावान, दूरदर्शी तथा विविध भाषाओं का ज्ञाता होना चाहिए।

शपथ, वेतन एवं भत्ते

प्रधानमंत्री को अपना पद ग्रहण करने पर राष्ट्रपति के समक्ष गोपनीयता, संविधान की रक्षा, भारतीय संप्रभुता में विश्वास तथा अपने कर्तव्यों को निष्ठापूर्वक संपादित करने की शपथ लेनी पड़ती है। **अनुच्छेद**–75 (6) में वर्णित प्रावधानों के अनुसार प्रधानमंत्री तथा अन्य मंत्रियों के वेतन और भत्ते ऐसे होंगे, जो संसद विधि द्वारा समय-समय पर अवधारित करे और जब तक संसद ऐसा नहीं करती है, तब तक उनको दूसरी अनुसूची में निर्दिष्ट वेतन ही मिलता रहेगा।

प्रधानमंत्री के अधिकार और कार्य

भारतीय शासन व्यवस्था में मंत्रिपरिषद् को केंद्रीय स्थान प्राप्त है और मंत्रिपरिषद् का संचालन प्रधानमंत्री की इच्छा से ही होता है। वस्तुतः प्रधानमंत्री ही देश का शासक होता है। प्रधानमंत्री कार्यपालिका और व्यवस्थापिका के मध्य सेतु का कार्य करता है। ब्रिटिश प्रधानमंत्री के संदर्भ में ग्लैडस्टोन का कथन, "इस विस्तृत विश्व में कहीं भी इतने छोटे पदार्थ की इतनी बड़ी छाया नहीं होती है, कहीं भी ऐसा व्यक्ति नहीं है जिसमें इतनी महान शक्ति हो, औपचारिक उपाधि के रूप में दिखाने के लिए कुछ भी नहीं हो," भारतीय प्रधानमंत्री के संदर्भ में बिल्कुल यथोचित ही है। भारतीय प्रधानमंत्री के अधिकारों तथा कार्यों की विवेचना निम्नलिखित शीर्षकों के अंतर्गत की जा सकती है–

मंत्रिपरिषद् का सृजन, जीवन तथा मरण का केंद्रबिंदु

प्रधानमंत्री का प्राथमिक कार्य मंत्रिपरिषद् का गठन करना होता है। यद्यपि संवैधानिक प्रावधानों के अनुसार मंत्रिपरिषद् के सदस्यों की नियुक्ति राष्ट्रपति के परामर्श से की जाती हैं, परंतु व्यावहारिकता कुछ और ही है। मंत्रिपरिषद् के सदस्यों का चयन प्रधानमंत्री स्वयं करता है और उसके द्वारा राष्ट्रपति को एक सूची दी जाती है, जिसको राष्ट्रपति विधिवत स्वीकार कर लेता हैं। मंत्रिपरिषद् में सदस्यों की संख्या कितनी होगी, इसका निर्धारण प्रधानमंत्री ही करता है। एक दल को बहुमत प्राप्त होने के बाद भी यदि प्रधानमंत्री चाहता है तो अन्य दल के सदस्यों को मंत्रिपरिषद् में सम्मिलित कर सकता है। ध्यातव्य है कि जवाहरलाल नेहरू ने एम. सी. छागला, श्यामा प्रसाद मुखर्जी तथा सी. डी. देशमुख को मंत्रिपरिषद् में सम्मिलित किया था, जो कांग्रेस के सदस्य नहीं थे। लाल बहादुर शास्त्री ने सचिन चौधरी, इंदिरा गांधी ने कर्णसिंह, मोहन कुमार मंगलम, टी. ए. पाई तथा दुर्गा प्रसाद धर को, विश्वनाथ प्रताप ने के. पी. मेनन, आई. के. गुजराल को तथा पी. वी. नरसिम्हाराव ने मनमोहन सिंह को सम्मिलित किया था। मंत्रिपरिषद् का कोई सदस्य प्रधानमंत्री की इच्छाओं के विरुद्ध कार्य नहीं कर सकता है। प्रधानमंत्री मंत्रिपरिषद् के सदस्यों के विरुद्ध अनुशासनात्मक कार्यवाही भी कर सकता है। प्रधानमंत्री की इच्छा के विरुद्ध कोई भी व्यक्ति मंत्रिपरिषद् का सदस्य नहीं बना रह सकता है। अतः स्पष्ट है कि प्रधानमंत्री ही मंत्रिपरिषद् की मुख्य आधारशिला है। प्रो. लास्की का कथन बिल्कुल यथोचित प्रतीत होता है कि प्रधानमंत्री ही मंत्रिमंडल के जन्म, जीवन तथा मरण का केंद्रबिंदु है।

विभागों का विभाजन

मंत्रिपरिषद् के सदस्यों के मध्य विभागों का आवंटन या विभाजन प्रधानमंत्री द्वारा ही किया जाता है। विभागों के वितरण में प्रधानमंत्री स्वतंत्र होता है और उसका निर्णय अंतिम होता है। मंत्रियों के मध्य विभागों का वितरण करके उनको वरिष्ठता प्रदान करना प्रधानमंत्री का ही कार्य है। कोई वरिष्ठ राजनीतिज्ञ मंत्रिपरिषद् में नीचे का दर्जा नहीं चाहता है। मोरारजी देसाई ने शास्त्री मंत्रिमंडल में इसी कारण से सम्मिलित होने से इंकार कर दिया था। दिसंबर, 1978 में तत्कालीन प्रधानमंत्री मोरारजी देसाई तथा चौ. चरण सिंह के मध्य ज्येष्ठता और गृह मंत्रालय को लेकर ही विवाद शुरू हुआ। चरण सिंह द्वितीय स्थान और गृह विभाग दोनों चाहते थे परंतु मोरारजी देसाई उनको द्वितीय स्थान नहीं देना चाहते थे, विभागीय वितरण में प्रधानमंत्री को दलीय स्थिति, सदस्यों की रुचि, योग्यता, अनुभव, आयु आदि का ध्यान रखना पड़ता है।

देश का वास्तविक शासक

संवैधानिक प्रावधानों के अनुसार भारतीय संघ की कार्यपालिका शक्ति राष्ट्रपति में निहित है। परंतु व्यावहारिक रूप से राष्ट्रपति की समस्त शक्तियों का प्रयोग

प्रधानमंत्री ही करता है। प्रधानमंत्री कार्यपालिका के शीर्ष पर होता है तथा देश का वास्तविक शासक भी होता है। प्रधानमंत्री अपने सहयोगियों के परामर्श से सरकार की नीतियों का निर्धारण करता है। प्रधानमंत्री द्वारा बड़े पदाधिकारियों की नियुक्ति की जाती है। सभी विभागों के सचिवों तथा अन्य स्वतंत्र अभिकार्यों के अध्यक्षों की नियुक्ति प्रधानमंत्री या तो स्वयं करता है या उसकी सहमति से की जाती हैं राज्यपालों, राजदूतों, उच्चायुक्तों, विभिन्न आयोगो प्रमुखों की नियुक्ति से स्पष्ट है कि प्रधानमंत्री को नियुक्ति की भी व्यापक शक्ति प्राप्त है।

मंत्रिमंडलीय बैठकों की अध्यक्षता करना

मंत्रिमंडल की सभी बैठकों की अध्यक्षता प्रधानमंत्री द्वारा की जाती है। प्रधानमंत्री मंत्रिमंडल के कार्यों का संचालन करता है। मंत्रिमंडल की कार्यवाही, निर्णय, नीति-निर्धारण इत्यादि में प्रधानमंत्री की केंद्रीय भूमिका होती है। मंत्रिमंडल के सदस्यों के द्वारा वाद-विवाद के लिए जो विषय विचारार्थ प्रस्तुत किया जाता है, उसे स्वीकार या अस्वीकार करने की स्वतंत्रता प्रधानमंत्री को प्राप्त है। अन्य शब्दों में यह भी कहा जा सकता है कि प्रधानमंत्री ही मंत्रिमंडल का पथ-प्रदर्शक है।

प्रधानमंत्री विभिन्न मंत्रालयों की नीतियों में समन्वय स्थापित करता है। प्रधानमंत्री प्रशासन के समस्त कार्यों की देखभाल करता है। विभिन्न मंत्रियों को सुपुर्द किए गए मंत्रालयों पर भी वह ध्यान रखता है। जिन मंत्रालयों का कार्य संतोषप्रद नहीं होता है, उन्हें प्रधानमंत्री चेतावनी तथा सुझाव देता है। प्रधानमंत्री समस्त मंत्रालयों में अंतर्संबंध भी स्थापित करता है। प्रधानमंत्री शासन की एकता का प्रतीक है। प्रधानमंत्री राज्य रूपी जहाज का चालक है।

अंतर्राष्ट्रीय मामलों में प्रतिनिधित्व का स्थान

वैदेशिक मामलों में प्रधानमंत्री को नीति-निर्धारक की भूमिका निभानी पड़ती है। सबसे पहले अंतर्राष्ट्रीय संदर्भ में वह अपनी वैदेशिक नीति को स्पष्ट करता है। वैदेशिक नीति के निर्धारण में प्रधानमंत्री की इच्छा ही सर्वोपरि होती है। जवाहरलाल नेहरू अपने पूरे प्रधानमंत्री काल में विदेश मंत्रालय अपने पास रखते थे। इससे यह आभास होता है कि वैदेशिक मामलों में प्रधानमंत्री की कितनी अहम भूमिका होती है। प्रधानमंत्री द्वारा विदेशों में राजदूतों एवं अन्य राजनयिक पदाधिकारियों की नियुक्ति की जाती है। वर्तमान में प्रधानमंत्री स्वयं विविध अंतर्राष्ट्रीय सम्मेलनों तथा मंचों पर उपस्थित होकर राष्ट्र का प्रतिनिधित्व करते हैं।

राष्ट्रनायक

प्रधानमंत्री पूरे देश का नेता होता है। सामान्यत: निर्वाचन वास्तविक रूप में प्रधानमंत्री का ही होता है। निर्वाचन के पूर्व ही यह स्पष्ट रहता है कि अमुक पार्टी के सत्ता में आने पर अमुक व्यक्ति प्रधानमंत्री होगा। जनवरी, 1980 के निर्वाचन में मतदान मुख्यत: श्रीमती इंदिरा गांधी, चरणसिंह, जगजीवन राम के नाम पर हुआ। परिणामत: जनता ने श्रीमती इंदिरा-गांधी के दृष्टिकोण को सही समझा तथा उनकी पार्टी को दो-तिहाई बहुमत दिया। दिसंबर, 1984 में 7वीं लोकसभा के चुनाव में जनता ने राजीव गांधी को राष्ट्रनायक मानकर प्रचंड बहुमत से जिताया। 1989 में श्री विश्वनाथ प्रताप सिंह को राष्ट्रनायक के रूप में जनता ने स्वीकार किया था। 12वीं तथा 13वीं लोकसभा के चुनाव में अटल बिहारी वाजपेयी को जनता ने राष्ट्रनायक के रूप में स्वीकार किया। जेनिंग्स का कथन है कि "सामान्य निर्वाचन प्रधानमंत्री का ही निर्वाचन होता है। ढुलमुल मतदाता जब निर्वाचन का निर्णय करते हैं, तब वे न किसी दल का समर्थन करते हैं और न किसी नीति का, बल्कि एक नेता का समर्थन करते हैं।" इसके अतिरिक्त प्रधानमंत्री विभिन्न शिष्टमंडलों का आदर-सत्कार करता है तथा उनसे विचार-विमर्श भी करता है। प्रधानमंत्री के भाषणों का जनमानस पर व्यापक प्रभाव पड़ता है वह विभिन्न सम्मेलनों का उद्घाटन करता है और देश में अनुशासन, एकता तथा समन्वय स्थापित करता है।

भारत के प्रधानमंत्री

नाम	कार्यकाल	
	से	तक
जवाहरलाल नेहरू	15 अगस्त, 1947	27 मई, 1964
गुलजारी लाल नंदा	27 मई, 1964	9 जून, 1964
लाल बहादुर शास्त्री	9 जून, 1964	11 जनवरी, 1966
गुलजारीलाल नंदा	11 जनवरी, 1966	24 जनवरी, 1966
इन्दिरा गांधी	24 जनवरी, 1966	24 मार्च, 1977
मोरारजी देसाई	24 मार्च, 1977	28 जुलाई, 1979
चौ.चरण सिंह	28 जुलाई, 1979	14 जनवरी, 1980
इन्दिरा गांधी	14 जनवरी, 1980	31 अक्टूबर, 1984
राजीव गांधी	31 अक्टूबर, 1984	1 दिसंबर, 1989
विश्वनाथ प्रताप सिंह	2 दिसंबर, 1989	10 नवंबर, 1990
चंद्रशेखर	10 नवंबर, 1990	21 जून, 1991
पी. वी. नरसिंहा राव	21 जून, 1991	16 मई, 1996
अटल बिहारी वाजपेयी	16 मई, 1996	1 जून, 1996
एच. डी. देवगौड़ा	1 जून, 1996	21 अप्रैल, 1997
आई. के. गुजराल	21 अप्रैल, 1997	18 मार्च, 1998
अटल बिहारी वाजपेयी	19 मार्च, 1998	22 मई, 2004
डॉ. मनमोहन सिंह	22 मई, 2004	26 मई, 2014
नरेंद्र मोदी	26 मई, 2014	अब तक

नोट: मार्च 1999 में जयललिता द्वारा अटल बिहारी से समर्थन वापस लेने के बाद भाजपा की सरकार सत्ता से बाहर हो गई, परंतु किसी भी दल द्वारा सरकार न बना पाने के कारण अटल बिहारी वाजपेयी को कार्यवाहक प्रधानमंत्री के रूप में कार्य करने का अवसर प्राप्त हुआ और अटल बिहारी वाजपेयी ने अप्रैल, 1999 से 12 अक्टूबर, 1999 तक कार्यवाहक प्रधानमंत्री के रूप में कार्य किया।

आपातकालीन शक्तियां

भारतीय संविधान में आपातकालीन शक्तियां राष्ट्रपति को प्राप्त हैं, परंतु उनका वास्तविक प्रयोग प्रधानमंत्री करता है। राष्ट्रीय आपातकाल की उद्घोषणा तथा उसके अंतर्गत प्राप्त विशेष अधिकारों का प्रयोग प्रधानमंत्री तथा मंत्रिमंडल की शक्ति है। 1975 में लगाए गए आपातकाल की 19 माह की अवधि में इंदिरा गांधी काफी शक्तिशाली बन गई थीं।

44वें संविधान संशोधन के पूर्व मंत्रिमंडल की मौखिक सिफारिश पर ही राष्ट्रीय आपात की उद्घोषणा राष्ट्रपति द्वारा की जा सकती थी, परंतु 44वें संशोधन के बाद मंत्रिमंडल की लिखित सिफारिश पर ही राष्ट्रीय आपात की उद्घोषणा की जा सकती है तथा इसके लिए संसद की एक माह के अंदर स्वीकृति लेना अनिवार्य है।

अन्य शक्तियां

उपरोक्त वर्णित शक्तियों के अतिरिक्त प्रधानमंत्री को कुछ और भी महत्वपूर्ण कार्य करने पड़ते हैं, जो निम्नवत् हैं–

- राष्ट्रीय कोष पर प्रधानमंत्री का नियंत्रण होता है तथा उसके तत्वावधान में ही वार्षिक वित्तीय विवरण तैयार किया जाता है।
- राष्ट्रपति की ओर से विशिष्ट व्यक्तियों को उपाधि प्रदान की जाती है, जिसमें प्रधानमंत्री की सहमति होती है।
- प्रधानमंत्री ही राष्ट्रीय एकता, अनुशासन तथा मनोबल को जाग्रत करता है।

- संविधान संशोधन भी प्रधानमंत्री की इच्छा का प्रतिफल होता है। 42वां संविधान संशोधन श्रीमती इंदिरा गांधी के ही सुझाव का परिणाम था।

भारतीय संविधान प्रणाली में प्रधानमंत्री की स्थिति

संसदीय प्रणाली के अंतर्गत प्रधानमंत्री वास्तविक रूप में कार्यपालिका का प्रधान होता है और यही कारण है कि संपूर्ण शासन के केंद्रबिंदु में प्रधानमंत्री ही होता है। यह भी सत्य है कि सभी प्रधानमंत्री सामान्य रूप से सशक्त नहीं होते हैं और न ही कोई प्रधानमंत्री अपने संपूर्ण कार्यकाल में समान रूप से प्रभावशाली और सशक्त बना रहता है। शुरू में और वर्तमान में भारत में ऐसी भी स्थितियां देखने को मिली हैं कि प्रधानमंत्रियों का अपने सहयोगियों पर ढीला नियंत्रण रहा है तथा 1947-50 की अवधि में पं. नेहरू ने कोई भी निर्णय सरदार पटेल की स्वीकृति के बिना नहीं लिया है। अपने 18 माह के कार्यकाल में लाल बहादुर शास्त्री ने समस्त निर्णय आम सहमति के आधार पर लिए। 1990 में प्रधानमंत्री विश्वनाथ प्रताप सिंह द्वारा अयोध्या में रामजन्म भूमि का अधिग्रहण करना तथा पुनः 24 घंटे के अंदर उसे रद्द करना उनकी कमजोर स्थिति का परिचायक है। एच.डी. देवगौड़ा तथा आई. के. गुजराल ने भी अपने सहयोगियों के दबाव में काम किया। अटल बिहारी वाजपेयी अपने प्रथम कार्यकाल में सहयोगियों के दबाव में रहे।

जहां तक प्रधानमंत्री की सत्ता को शिखर पर पहुंचाने का प्रश्न है, तो इसका श्रेय श्रीमती इंदिरा गांधी को दिया जाएगा। श्रीमती इंदिरा गांधी ने शुरू से ही सत्ता का पूर्ण उपयोग करते हुए प्रधानमंत्री के पद को शक्ति संरचना में शिखर तक पहुंचाया।

प्रधानमंत्री के संदर्भ में कथन

विशेषज्ञ	कथन
रैम्जे म्योर	प्रधानमंत्री राज्य के जहाज का मल्लाह है।
मुनरो	प्रधानमंत्री राज्य की नौका का कप्तान है।
सर आईवर जेनिंग्स	प्रधानमंत्री सूर्य के समान है, जिसके चारों ओर ग्रह घूमते हैं। प्रधानमंत्री संविधान का सबसे प्रमुख आधार है। संविधान के सभी मार्ग प्रधानमंत्री की ओर ही जाते हैं।
एच. जे. लास्की	प्रधानमंत्री मंत्रिपरिषद् के निर्माण का केंद्रबिंदु, मंत्रिपरिषद् के जीवन तथा मरण का केंद्रबिंदु है। प्रधानमंत्री एक ऐसी धुरी है, जिसके चारों ओर सरकारी तंत्र घूमता रहता है।
वरनर हॉर्टकोर्टः	प्रधानमंत्री तारों के बीच चंद्रमा है।
हबर्ट मेरिसनः	प्रधानमंत्री सरकार के मुखिया के रूप में सबसे प्रमुख है, परंतु आज उसके दायित्वों में परिवर्तन आ गया है।
लॉर्ड मार्लेः	प्रधानमंत्री समान के बीच प्रथम और कैबिनेट रूपी चाट के प्रमुख प्रस्तर के रूप में कार्य करता है जो कैबिनेट का श्रेष्ठ व्यक्ति होता है तथा देश का सबसे प्रमुख पदाधिकारी होता है।

भारत के संसदीय शासन में प्रधानमंत्री की भूमिका के अध्ययन का उद्‌गम बिंदु नेहरू का प्रधानमंत्रित्व काल है। नेहरू एक लोकतांत्रिक नेता थे। बहुमुखी प्रतिभा एवं व्यक्तित्व का मालिक होने के कारण नेहरू ने शासन को प्रभावशाली ढंग से चलाया और अपने आलोचकों को भी यह कहने का अवसर नहीं दिया कि संपूर्ण सत्ता उनमें ही निहित है। नेहरू ने एक स्वस्थ परंपरा की नींव रखी, जिसके आधार पर एक सशक्त प्रधानमंत्री अपने शासन को सुगमता और सूक्ष्मता से चला सके। नेहरू के शासनकाल से ही शासन की शक्तियां प्रधानमंत्री में केंद्रित होनी शुरू हो गईं। Percival Spear ने अपनी पुस्तक 'India-A Modern History' में लिखा है कि नेहरू के प्रधानमंत्रित्वकाल में मंत्रिमंडल और संसद की स्थिति दीवान-ए-खास और दीवान-ए-आम जैसी थी।

लाल बहादुर शास्त्री के संक्षिप्त काल में प्रधानमंत्री के हाथों में संपूर्ण शक्तियां केंद्रित नहीं थीं शास्त्री ने आम सहमति पर ही चलने का प्रयास किया। प्रधानमंत्री के पद और प्रतिष्ठा में वृद्धि की दृष्टि से श्रीमती इंदिरा गांधी का कार्यकाल स्वर्णिम कार्यकाल था। यद्यपि शासन के शुरू के दिनों में श्रीमती इंदिरा गांधी ने नेहरू द्वारा स्थापित परंपरा का पालन किया, परंतु 1971 के बाद श्रीमती इंदिरा गांधी की कार्यशैली में बदलाव आना शुरू हो गया। श्रीमती गांधी ने मंत्रिमंडलीय सहयोगियों को कमजोर करने की रणनीति अपनाई। यह कार्य श्रीमती गांधी ने उनके ही राज्य में उनके समर्थन आधार को कमजोर करके किया। राज्यों में समानांतर एक सत्ताकेंद्र स्थापित करवाया तथा अपने किसी विश्वासपात्र को मुख्यमंत्री बनाया। इसके अतिरिक्त श्रीमती गांधी ने किसी को भी उसके पद पर बहुत दिनों तक नहीं बनाए रखा। इसके अतिरिक्त वे अपने सलाहकारों को निरंतर बदलती रहती थीं, जिससे कोई भी अपरिहार्य नहीं बन सके। श्रीमती गांधी ने अपनी शक्ति या प्रभुत्व को ठोस आधार प्रदान करने के लिए निर्णय लेने की प्रक्रिया में प्रधानमंत्री सचिवालय को एक महत्वपूर्ण इकाई बना दिया। आई.बी., सी.बी. आई. तथा रिसर्च एनालिसिस विंग (रॉ) जैसी संस्थाओं को प्रत्यक्षतः अपने नियंत्रण में रखा। वस्तुतः श्रीमती इंदिरा गांधी के कार्यकाल में भारत की संसदीय सरकार ने प्रधानमंत्रीय सरकार का रूप अख्यितार कर लिया था। मंत्रिमंडल में विचार-विमर्श की प्रक्रिया मात्र औपचारिकता का निर्वाह था। 1975 में आपातकाल की घोषणा तथा मार्च, 1977 में लोकसभा का निर्वाचन जैसे महत्वपूर्ण निर्णयों में मंत्रिमंडल की कोई भूमिका नहीं थी। उक्त निर्णय मंत्रिमंडल के परामर्श के बिना ही लिए गए थे। श्रीमती गांधी एक अधिनायक की तरह व्यवहार करती थीं।

मोरारजी देसाई तथा चरण सिंह के कार्यकाल में प्रधानमंत्री पद की गरिमा में गिरावट आई तथा प्रधानमंत्री का पद प्रभावशाली नहीं रह गया। इसका मुख्य कारण जनता पार्टी में विभिन्न गुटों का सम्मिश्रण था और उनमें वैचारिक एकता का अभाव था। राजीव गांधी के कार्यकाल में पुनः एक बार प्रधानमंत्री का पद काफी शक्तिशाली हुआ। राजीव गांधी के कार्यकाल में भी प्रधानमंत्री पद की गरिमा और प्रतिष्ठा में वृद्धि हुई। राजीव गांधी भी अपनी मां की परंपरा का अनुसरण करने लगे। राजीव गांधी के कार्यकाल में प्रधानमंत्री के पद और प्रतिष्ठा में वृद्धि का कारण राजीव गांधी का चमत्कारिक व्यक्तित्व, पारिवारिक पृष्ठभूमि था। तथा कांग्रेसियों की यह सोच कि राजीव गांधी के नेतृत्व में जनता का समर्थन आसानी से अधिकाधिक मात्रा में प्राप्त किया जा सकता है। परंतु राजीव गांधी के कार्यकाल के अंतिम दिनों में बोफोर्स प्रकरण तथा राष्ट्रपति जैल सिंह से विवाद के कारण प्रधानमंत्री पद उतनी प्रतिष्ठा और गरिमा प्राप्त नहीं कर सका।

1991 में केंद्र में पुनः कांग्रेस की सरकार बनने पर पी.वी. नरसिम्हाराव ने प्रधानमंत्री पद को सत्ता की समस्त शक्तियों का स्रोत बनाने का प्रयास किया। काफी हद तक श्री राव इसमें सफल भी रहे। प्रधानमंत्री पर भ्रष्टाचार के अनेक आरोप लगने के कारण प्रधानमंत्री पद की गरिमा किंचित धूमिल हुई। 1996 में देवगौड़ा तथा 1997 में इंद्रकुमार गुजराल के प्रधानमंत्रित्वकाल में भी प्रधानमंत्री पद की गरिमा प्रभावित हुई। उक्त दोनों प्रधानमंत्री अपने सहयोगियों के दबाव के कारण स्वतंत्र रूप से कार्य नहीं कर पाते थे। जुलाई, 1997 में शरद यादव ने अपने ही पार्टी के प्रधानमंत्री को लोकसभा में बोलने नहीं दिया। इससे स्पष्ट होता है कि उक्त प्रधानमंत्री कितने कमजोर थे।

1998 में श्री अटल बिहारी वाजपेयी जैसे व्यक्तित्व एवं प्रतिभा के धनी व्यक्ति के प्रधानमंत्री बनने के बाद भी प्रधानमंत्री पद की गरिमा में वृद्धि नही हुई। वाजपेयी अपने सहयोगियों के दबाव में निरंतर कार्य करते रहे। परंतु अक्टूबर 1999 में पुनः प्रधानमंत्री का पद संभालने के बाद अटल बिहारी वाजपेयी सभी निर्णय स्वतंत्र रूप से लेते रहे तथा प्रधानमंत्री के पद को सत्ता का सर्वोच्च केंद्र बना दिया इससे एक बार पुनः प्रधानमंत्री के पद और गरिमा में वृद्धि हुई तथा नेहरू युग की आहट सुनाई देने लगी।

प्रधानमंत्री से संबंधित अनुच्छेद

अनुच्छेद	प्रावधान
अनुच्छेद–74	राष्ट्रपति को सहयोग एवं परामर्श देने के लिए प्रधानमंत्री की अध्यक्षता में मंत्रिपरिषद् के गठन का प्रावधान।
अनुच्छेद–75	प्रधानमंत्री की नियुक्ति राष्ट्रपति द्वारा की जाएगी और प्रधानमंत्री के परामर्श से मंत्रियों की नियुक्ति की जाएगी। इसी अनुच्छेद में मंत्रियों से संबंधित अन्य प्रावधान भी हैं।
अनुच्छेद–77	भारत सरकार द्वारा कार्यवाहियों का संचालन।
अनुच्छेद–78	प्रधानमंत्री के राष्ट्रपति को सूचनाएं प्रदान करने संबंधी कर्तव्य।

मई 2004 में डॉ. मनमोहन सिंह प्रधानमंत्री बने, जो काफी सौम्य तथा सज्जन स्वभाव के व्यक्ति थे, परंतु अपनी विद्वान छवि तथा ईमानदारी के कारण राष्ट्रीय ही नहीं, अंतर्राष्ट्रीय जगत में भी उनकी प्रतिष्ठा तथा कार्यशैली को मान्यता दी गई, परंतु उनकी सौम्यता तथा सज्जनता के कारण उनकी छवि आक्रामक नहीं बन पाई। डॉ. मनमोहन सिंह अपने पहले कार्यकाल में काफी प्रभावशाली दिखे। यह अलग बात है कि विपक्ष उन पर सबसे कमजोर प्रधानमंत्री होने का आरोप भी लगाता रहा। डॉ. मनमोहन सिंह का प्रधानमंत्री के रूप में दूसरा काल उनकी विवशता को प्रदर्शित कर रहा था, क्योंकि उनके इस दूसरे कार्यकाल में उनके निर्णय न ले पाने की क्षमता उजागर हुई जिसे वह गठबंधन की मजबूरी बताते रहे। परंतु इससे प्रधानमंत्री पद की गरिमा प्रभावित हुई।

वर्तमान प्रधानमंत्री नरेंद्र मोदी काफी आक्रामक और आकर्षक व्यक्तित्व के धनी हैं, उन्होंने बहुत ही कम समय में अपनी छवि अंतर्राष्ट्रीय स्तर पर एक नायक की स्थापित कर ली है। उनकी नीतियों और दृष्टिकोण को पूर्व से लेकर पश्चिम तक मान्यता दी गई है। इससे भारत की एक नई छवि उभर रही है।

प्रधानमंत्री नरेन्द्र मोदी की नीतियां काफी आक्रामक, समावेशी, विकासपरक होने के साथ-साथ समन्वय युक्त भी हैं। उनकी नीतियों में राष्ट्रवाद, समाजवाद और पूंजीवाद का मिश्रण भी दिखाई पड़ता है। घरेलू और बाह्य, दोनों मोर्चों पर वे भारत की नीतियों में मौलिक परिवर्तन लाएं हैं। इसके साथ-साथ भारत की विदेश नीति में दृढ़ता, आक्रामकता और समानता के साथ-साथ व्यवहार करने को भी समाहित किया है। यही नहीं, उनके द्वारा भारत को वैश्विक मंच पर एक प्रमुख साझेदार और महाशक्ति के रूप में प्रस्तुत किया जा रहा है। उनकी नीतियों में विकास और समग्र सुरक्षा दोनों का ही समावेश है। वे एक नए भारत के निर्माण के प्रति प्रतिबद्ध दिखाई पड़ते हैं। यही नहीं, वह भारत की सामाजिक एवं आर्थिक समस्याओं के समाधान के लिए विदेशी पूंजी निवेश को भी अपनाने से भी नहीं हिचक रहे हैं। इसलिए कहा जा रहा है कि उनमें स्वदेशी और विदेशी दोनों को ही समन्वित रूप में लेकर चलने की इच्छा है।

भारत के उप-प्रधानमंत्री

भारत के उपप्रधानमंत्री का पद संवैधानिक नहीं है, लेकिन व्यावहारिक राजनीति में गृहमंत्री अथवा वित्तमंत्री को उपप्रधानमंत्री बनाया जाता रहा है। यह पद राजनीतिक अधिक है। इसका कार्य प्रधानमंत्री की किसी कारणवश अनुपस्थिति के समय उनके कार्यों के उत्तरदायित्व को पूरा करना है। अब तक नियुक्त उपप्रधानमंत्रियों की सूची निम्नलिखित है:

उप-प्रधानमंत्री पद की उपादेयता

भारत के संविधान के अनुच्छेद–74(1) में कहा गया है कि राष्ट्रपति को सहायता और सलाह देने के लिए एक मंत्रिपरिषद् होगी, जिसका प्रधान प्रधानमंत्री होगा और राष्ट्रपति अपने कृत्यों का प्रयोग करने में उसकी सलाह के अनुसार कार्य करेगा। अनुच्छेद–75 में कहा गया है कि प्रधानमंत्री की नियुक्ति राष्ट्रपति करेगा और अन्य मंत्रियों की नियुक्ति राष्ट्रपति प्रधानमंत्री की सलाह पर करेगा। प्रधानमंत्री एवं मंत्रियों से संबंधित इन दोनों अनुच्छेदों में कहीं भी उप-प्रधानमंत्री की नियुक्ति का निर्देश नहीं है। इस प्रकार यह स्पष्ट है कि देश में उप-प्रधानमंत्री का पद संवैधानिक नहीं है और इस पद की कोई विशेष गरिमा अथवा महत्त्व नहीं है।

क्र.	उपप्रधानमंत्री	तत्कालीन प्रधानमंत्री
1.	सरदार वल्लभ भाई पटेल	जवाहरलाल नेहरू
2.	मोरारजी देसाई	इंदिरा गांधी
3.	चौ. चरण सिंह	मोरारजी देसाई
4.	जगजीवन राम	मोरारजी देसाई
5.	यशवंत राव चव्हाण	चौ. चरण सिंह
6.	चौ. देवीलाल	विश्वनाथ प्रताप सिंह, चंद्रशेखर
7.	लालकृष्ण आडवाणी	अटल बिहारी वाजपेयी

देश में उप-प्रधानमंत्री की नियुक्ति की परंपरा की शुरुआत देश के प्रथम प्रधानमंत्री जवाहरलाल नेहरू के काल में हुई थी। जवाहर लाल नेहरू ने स्वतंत्रता के साथ ही 15 अगस्त, 1947 को सरदार वल्लभभाई पटेल को देश का पहला उप-प्रधानमंत्री नियुक्त किया था। उन दिनों सरदार वल्लभ भाई पटेल एक मुखर और व्यापक आधार वाले नेता हुआ करते थे और उन्हें नेहरू द्वारा यह पद निश्चय ही तुष्टिकरण की नीति के तहत दिया गया था। हालांकि देशी राज्यों के विलय के मामले में कई निर्णायक कदम उठाकर सरदार वल्लभ भाई पटेल ने इस पद की गरिमा की वृद्धि में अमूल्य योगदान किया। इसके बाद इंदिरा गांधी के काल में मोरारजी देसाई, मोरारजी देसाई के काल में जगजीवन राम एवं चरण सिंह (एक साथ दो उप-प्रधानमंत्री), चरण सिंह के काल में वाई. बी. चव्हाण, वी.पी. सिंह के काल में चौ. देवी लाल तथा चंद्रशेखर के काल में पुन: चौ. देवी लाल को उप-प्रधानमंत्री पद पर नियुक्त कर इस परंपरा को बढ़ाया गया। इन सभी नियुक्तियों के पीछे तुष्टिकरण की नीति ही थी, जिसकी तत्कालीन राजनीतिक परिस्थितियों का विश्लेषण कर पुष्टि भी की जा सकती है।

लगभग 11 वर्षों के अंतराल के बाद प्रधानमंत्री अटल बिहारी वाजपेयी द्वारा 29 **जून**, 2002 को गृहमंत्री लाल कृष्ण आडवाणी की उप-प्रधानमंत्री पद पर नियुक्ति के साथ ही इस पद की उपादेयता पर एक बार फिर बहस छिड़ गई है।

उप-प्रधानमंत्री पद के पक्ष में तर्क-उप-प्रधानमंत्री पद के पक्ष में तर्क देने वाले बुद्धिजीवियों का मानना है कि भारत जैसे विशाल देश के प्रधानमंत्री के कार्यभार को हल्का करने के लिए यह पद अपरिहार्य है। आज हमारा देश आतंकवाद, अशिक्षा, गरीबी, बेरोजगारी जैसी अनेकानेक समस्याओं से जूझ रहा है। इन सारी समस्याओं से एक अकेला प्रधानमंत्री कैसे निपट सकता है? ऐसी स्थिति में उसकी सहायता के लिए एक उप-प्रधानमंत्री को होना आवश्यक है। प्रधानमंत्री की अनुपस्थिति में अथवा उसकी मृत्यु हो जाने पर उत्पन्न नेतृत्व संकट की स्थिति में उप-प्रधानमंत्री न केवल राष्ट्र को नेतृत्व दे सकता है, अपितु संवैधानिक शून्यता की स्थिति से भी राष्ट्र को बचा सकता है संकटकालीन स्थितियों में उप-प्रधानमंत्री की आवश्यकता को अमेरिका के उदाहरण से भलीभांति समझा जा सकता है। 11 सितंबर 2001 को वर्ल्ड ट्रेड सेंटर पर हुए आतंकवादी हमले के तुरंत बाद अमेरिका के उपराष्ट्रपति डिक चेनी को अज्ञात स्थान पर भेज दिया गया था, ताकि यदि अमेरिकी नेतृत्व को कोई हानि हो तो ऐसी संकटापन्न स्थिति में देश नेतृत्वविहीन न हो। इस पद के पक्ष में तर्क देने वालों का मानना है कि संविधान में आवश्यक संशोधन कर इस पद को नियमित तथा आवश्यक कर देना चाहिए।

उप-प्रधानमंत्री पद के विपक्ष में तर्क–इस पद के विपक्ष में मत रखने वाले बुद्धिजीवियों का कहना है कि संविधान में प्रधानमंत्री के साथ उसकी सहायता के लिए पूरा मंत्रिमंडल होता है। ऐसे में उप-प्रधानमंत्री पद की कोई आवश्यकता नहीं है। हमारे संविधान में संसदीय प्रणाली अपनाई गई है। इस प्रणाली में देश को नेतृत्व देने वाले नेता का चुनाव लोकसभा सदस्यों द्वारा होता है। परंपरानुसार प्रधानमंत्री की मृत्यु की स्थिति में लोकसभा में बहुमत को समर्थन प्राप्त करने वाले को नेता चुना जाता है। संविधान में यह प्रावधान संविधान निर्माताओं द्वारा काफी विचार-विमर्श के बाद रखा गया है, अत: इस पद का कोई औचित्य

नहीं है। वैसे भी उप-प्रधानमंत्री पद पर नियुक्त व्यक्ति को मंत्री के रूप में ही शपथ दिलाई जाती है। संविधान में उप-प्रधानमंत्री द्वारा ली जाने वाली शपथ का उल्लेख नहीं है। यहां यह भी उल्लेखनीय है कि अब तक देश में जितने भी उप-प्रधानमंत्री हुए हैं, उनमें से पटेल को छोड़कर कोई भी ऐसा नहीं था, जिसने अपनी कोई विशेष छाप छोड़ी है। ऐसे में मात्र तुष्टिकरण हेतु उस पद पर किसी की नियुक्ति औचित्यहीन ही कही जा सकती है।

स्मरणीय तथ्य

- भारत में प्रधानमंत्री का पद संवैधानिक है।
- संविधान के अनुच्छेद–74 में कहा गया है कि- 'राष्ट्रपति को उसके कार्यों के संपादन एवं परामर्श देने के लिए एक मंत्रिपरिषद् होगी, जिसका प्रधान प्रधानमंत्री होगा।'
- संविधान के अनुच्छेद– 75(1) में कहा गया है कि प्रधानमंत्री की नियुक्ति राष्ट्रपति करेगा।
- प्रधानमंत्री संसद के किसी भी सदन का सदस्य हो सकता है।
- कोई भी व्यक्ति, जो संसद सदस्य बनने की योग्यता रखता हो, संसद का सदस्य बने बिना भी 6 महीने तक प्रधानमंत्री बन सकता है।
- पी. वी. नरसिम्हा राव तथा एच. डी. देवगौड़ा ऐसे प्रधानमंत्री बने, जो संसद के सदस्य नहीं थे।
- प्रधानमंत्री का कार्यकाल 5 वर्ष का होता है। सामान्यतया जब तक लोकसभा में प्रधानमंत्री को बहुमत प्राप्त रहता है, वह अपने पद पर बना रहता है।
- जब प्रधानमंत्री या मंत्रिपरिषद् के विरुद्ध अविश्वास प्रस्ताव पारित हो जाता है, तब उसे प्रधानमंत्री पद छोड़ना पड़ता है।
- प्रधानमंत्री लोकसभा का नेता होता है।
- मंत्रियों की नियुक्ति राष्ट्रपति प्रधानमंत्री की सलाह से करता है।
- प्रधानमंत्री मंत्रिपरिषद् की बैठक बुलाता है तथा बैठकों की अध्यक्षता करता है।
- नीति-निर्धारण में प्रधानमंत्री महत्वपूर्ण भूमिका निभाता है।
- प्रधानमंत्री किसी भी मंत्री को त्यागपत्र देने को कह सकता है।
- यदि कोई केंद्रीय मंत्री प्रधानमंत्री के कहने पर भी त्यागपत्र नहीं देता है, तो प्रधानमंत्री के परामर्श से राष्ट्रपति उसे बर्खास्त कर देता है।
- प्रधानमंत्री राष्ट्रपति तथा मंत्रिमंडल को एक-दूसरे से संबंद्ध करने वाली कड़ी का काम करता है।
- आपातकाल की स्थिति में राष्ट्रपति प्रधानमंत्री के परामर्श से ही कार्य करता है।
- सदन में प्रधानमंत्री सभी महत्वपूर्ण नीतियों की घोषणा करता है।
- सरकार की नीतियों का बचाव अथवा विरोधी दल की आलोचनाओं का जवाब प्रधानमंत्री ही देता है।
- प्रधानमंत्री राष्ट्रपति को लोकसभा भंग करने की सिफारिश कर सकता है।
- प्रधानमंत्री शासन के विभिन्न विभागों में समन्वय स्थापित करता है।
- प्रधानमंत्री अपने दल का नेता होता है।
- प्रधानमंत्री नीति आयोग का अध्यक्ष होता है।
- प्रधानमंत्री मंत्रिपरिषद् रूपी मेहराब की आधारशिला है।
- भारत के तीन प्रधानमंत्रियों (जवाहरलाल नेहरू, लाल बहादुर शास्त्री एवं श्रीमती इंदिरा गांधी) की मृत्यु उनकी पदावधि के दौरान हुई थी। राजीव गांधी की मृत्यु लोकसभा चुनाव के दौरान हुई थी।
- गुलजारी लाल नंदा दो बार (जवाहर लाल नेहरू एवं लाल बहादुर शास्त्री की मृत्यु के बाद) भारत के कार्यवाहक प्रधानमंत्री चुने गए थे। इंदिरा गांधी की मृत्यु के बाद राजीव गांधी को कार्यवाहक प्रधानमंत्री नियुक्त किया गया था।
- लाल बहादुर शास्त्री की मृत्यु 11 जनवरी 1966 को भारत से बाहर (ताशकंद में) हुई थी।
- चौधरी चरण सिंह भारत के ऐसे प्रधानमंत्री थे, जिन्होंने अपने कार्यकाल में एक बार भी संसद का सामना नहीं किया।
- प्रधानमंत्री पद से त्यागपत्र देने वाले प्रथम व्यक्ति मोरारजी देसाई थे। (प्रथम गैर-कांग्रेसी प्रधानमंत्री)
- राजीव गांधी सबसे कम उम्र में तथा मोरारजी देसाई सबसे अधिक उम्र में प्रधानमंत्री नियुक्त हुए थे।
- चौधरी चरण सिंह और अटल बिहारी वाजपेयी ऐसे प्रधानमंत्री थे, जिन्होंने लोकसभा में विश्वास प्रस्ताव पर मतदान के पूर्व ही अपना त्यागपत्र दे दिया था तथा विश्वनाथ प्रताप सिंह और एच. डी. देवगौड़ा ऐसे प्रधानमंत्री थे, जिन्हें लोकसभा में विश्वास मत प्राप्त न कर पाने के कारण त्यागपत्र देना पड़ा।
- देश की प्रथम महिला प्रधानमंत्री श्रीमती इंदिरा गांधी थीं।
- राजकुमारी अमृत कौर किसी एक विभाग का कार्यभार सबसे लंबी अवधि तक देखने वाली केंद्रीय मंत्री थीं। वह केंद्रीय मंत्रिमंडल में शामिल होने वाली प्रथम महिला मंत्री भी थीं।
- केंद्रीय मंत्रिमंडल से त्यागपत्र देने वाले प्रथम मंत्री श्यामा प्रसाद मुखर्जी थे।
- भारत के प्रथम उप-प्रधानमंत्री सरदार वल्लभ भाई पटेल थे।
- सर्वप्रथम लोकसभा में अविश्वास प्रस्ताव प्रधानमंत्री जवाहर लाल नेहरू के विरुद्ध लाया गया था।
- एक कार्यकाल में सबसे कम समय (13 दिन) तक प्रधानमंत्री का पद धारण करने वाले व्यक्ति अटल बिहारी वाजपेयी थे।
- नरेंद्र मोदी देश के पहले प्रधानमंत्री हैं, जो स्वतंत्रता प्राप्ति के बाद पैदा हुए हैं और प्रधानमंत्री बनने के पूर्व न तो कभी संसद सदस्य रहे हैं और न ही कभी संसद भवन गए थे।
- मोरारजी देसाई, चौधरी चरण सिंह, वी. पी. सिंह, पी. वी. नरसिम्हा राव, एच डी देवगौड़ा तथा नरेंद्र मोदी ने अपने-अपने राज्यों के मुख्यमंत्री बनने के बाद देश के प्रधानमंत्री का पद संभाला।
- श्री चंद्रशेखर सिंह एक ऐसे प्रधानमंत्री रहे हैं, जो प्रधानमंत्री पद संभालने के पूर्व कभी भी मंत्री या मुख्यमंत्री नहीं रहे हैं।
- विश्वनाथ प्रताप सिंह, अटल बिहारी वाजपेयी, एच. डी. देवगौड़ा ने सदन में बहुमत सिद्ध न कर पाने के कारण प्रधानमंत्री पद से त्यागपत्र दिया।
- भारत के संसदीय इतिहास में अब तक किसी भी प्रधानमंत्री को अविश्वास प्रस्ताव के माध्यम से नहीं हटाया गया है जो भी प्रधानमंत्री हटे है उन्होंने बहुमत न सिद्ध कर पाने के कारण अपने पद से त्यागपत्र दिए हैं।

□□□

अध्याय 5

राज्य कार्यपालिका-राज्यपाल

भारत में संघीय शासन प्रणाली अस्तित्व में है। यही कारण है कि केंद्र से राज्यों का अलग प्रशासन होता है। सामान्य रूप में केंद्र सरकार राज्य प्रशासन में किसी भी प्रकार का कोई हस्तक्षेप नहीं करती है। केंद्रीय कार्यपालिका की तरह राज्य कार्यपालिका के भी दो घटक होते हैं, जिनको औपचारिक कार्यपालिका तथा वास्तविक कार्यपालिका की संज्ञा दी जाती है। राष्ट्रपति की तरह राज्यपाल राज्य की कार्यकारिणी का औपचारिक प्रधान होता है। भारतीय संविधान के भाग-6 में अनुच्छेद- 152 से 237 तक में राज्य सरकारों और उसकी कार्य प्रणाली का प्रावधान किया गया है। भारतीय संविधान के भाग-6 का एकमात्र अपवाद जम्मू-कश्मीर है, जहां पर इसके प्रावधान लागू नहीं होते हैं। संघ शासित राज्यों से संबंधित प्रावधान संविधान के भाग-16 में अनुच्छेद-239 से 242 में किए गए है। उल्लेखनीय है कि जम्मू-कश्मीर राज्य का अपना अलग संविधान है और अनुच्छेद-370 के अंतर्गत जम्मू-कश्मीर को विशेष दर्जा दिया गया है। संविधान के अनुच्छेद-153 के अनुसार प्रत्येक राज्य में एक राज्यपाल होगा 7वें संशोधन अधिनियम (1956) के अनुसार दो या दो से अधिक राज्यों के लिए भी एक ही राज्यपाल हो सकता है। अनुच्छेद-154 के अनुसार राज्य की कार्यपालिका शक्तियां राज्यपाल में निहित होती हैं। राज्यपाल अपनी कार्यपालिका शक्ति का प्रयोग या तो स्वयं या अपने अधीनस्थ पदाधिकारियों के द्वारा संविधान के अनुसार करता है। राज्यपाल को मंत्रणा देने के लिए मंत्रिपरिषद् होती हैं। यह मंत्रिपरिषद् सामूहिक रूप से राज्य की विधान सभा के प्रति उत्तरदायी होती है। इसी मंत्रिपरिषद् में राज्यपाल की समस्त कार्यपालिका शक्ति निहित होती हैं। राज्यपाल उन कृत्यों का पालन मंत्रिमंडल की अनुशंसा के अनुसार करता है। राज्यपाल के अधिकारों की सूची को देखकर भ्रम हो सकता है कि वह अत्यधिक शक्तिशाली है, परंतु वास्तविकता तो यह है कि राज्यों में भी संसदीय प्रणाली अपनाई गई है जिसका प्रधान नाममात्र का होता है।

राज्यपाल

राज्यपाल राज्य सरकार का औपचारिक अर्थों में संवैधानिक प्रधान होता है। जबकि वास्तविक अर्थों में राज्यपाल केंद्र का राज्य में प्रतिनिधि होता है। राज्यपाल को दोहरी भूमिका निभानी पड़ती है।

- एक ओर राज्य के शासन के संवैधानिक अध्यक्ष के रूप में राज्यपाल कार्य करता है तो दूसरी ओर राज्यपाल केंद्र तथा राज्य के मध्य एक सेतु के रूप में कार्य करता है।
- राज्यपाल सामान्य काल में केंद्र के एक दूत के रूप में कार्य करता है। जबकि असामान्य काल में वह अपने राज्य की शासन संबंधी समस्याओं के समाधान के लिए केंद्र सरकार के इशारे पर कार्य करता है।
- **राज्यपाल एक अस्तित्वहीन राजनीतिक व्यक्ति नहीं होता है। उत्तर प्रदेश की पूर्व राज्यपाल सरोजनी नायडू का कथन उचित ही प्रतीत होता है कि ''राज्यपाल सोने के पिंजड़े में बंद चिड़िया मात्र अस्तित्वहीन उपक्रम नहीं है, उससे राज्य के प्रशासनिक मामलों में प्रमुख भूमिका अदा करने की आशा की जाती है।''**

राज्यपाल की नियुक्ति

भारतीय संविधान के अनुसार राज्यपाल की नियुक्ति राष्ट्रपति द्वारा की जाती है। राष्ट्रपति राज्यपाल की नियुक्ति केंद्रीय मत्रिमंडल की अनुशंसा पर करता है। ध्यातव्य है कि संविधानसभा में राज्यपाल की नियुक्ति को लेकर काफी वाद-विवाद हुआ था। विवाद का केंद्रबिंदु यह था कि राज्यपाल की नियुक्ति की जानी चाहिए या जनता द्वारा प्रत्यक्ष रूप से निर्वाचन किया जाना चाहिए? संविधानसभा में राज्यपाल की नियुक्ति के संदर्भ में तीन मत थे-

- पहले मत के अनुसार भारत में भी सं. रा. अमेरिका की तरह राज्यपाल का निर्वाचन प्रत्यक्षतः जनता द्वारा किया जाना चाहिए। दूसरा मत राज्यपाल की नियुक्ति विधानमंडल द्वारा कराए जाने की अवधारणा से संबंधित था। जबकि तीसरा मत यह था कि राज्यपाल की नियुक्ति राष्ट्रपति द्वारा की जानी चाहिए। व्यापक विचार-विमर्श के बाद संविधान निर्माताओं ने राज्यपाल की नियुक्ति राष्ट्रपति द्वारा करने की अवधारणा को अपनाया। यह प्रावधान कनाडा के संविधान से लिया गया है।

राष्ट्रपति द्वारा राज्यपाल को नियुक्ति किए जाने के पक्ष में तर्क

संविधान सभा में राज्यपाल की नियुक्ति को लेकर व्यापक विचार-विमर्श हुआ था। संविधान सभा में राष्ट्रपति के द्वारा राज्यपाल की नियुक्ति किए जाने के संदर्भ में निम्नलिखित तर्क दिया गया या कारण बताया गया है-

- राज्यपाल का प्रत्यक्षतः निर्वाचन राज्य में स्थापित संसदीय व्यवस्था के लिए अनुकूल नहीं हो सकता है।
- राज्यपाल के प्रत्यक्षतः निर्वाचन से मुख्यमंत्री और राज्यपाल के मध्य संघर्ष की स्थिति उत्पन्न हो सकती है।
- राज्यपाल केवल संवैधानिक प्रधान होता है, इसलिए उसके निर्वाचन के लिए विशेष एवं जटिल व्यवस्था को अपनाना तथा चुनाव में धन खर्च करने का कोई औचित्य नहीं बनता।
- जब राज्यपाल निर्वाचित होगा तो स्वाभाविक रूप से किसी-न-किसी राजनीतिक दल से जुड़ा होगा और वह निष्पक्ष एवं निःस्वार्थ मुखिया नहीं बन पाएगा।
- यदि राज्यपाल का निर्वाचन कराया जाता है तो उसके चुनाव में अलगाववाद की धारणा उत्पन्न होगी, जो राजनीतिक स्थिरता और देश की एकता को प्रभावित करेगी।
- राज्यपाल का प्रत्यक्षतः निर्वाचन राज्य में सामान्य निर्वाचन के समय एक गंभीर समस्या और चुनौती उत्पन्न कर सकता है, क्योंकि राज्यपाल किसी-न-किसी दल से प्रभावित होगा।
- मुख्यमंत्री की अपेक्षा यह होगी कि राज्यपाल के लिए उसका उम्मीदवार चुनाव लड़े। इसलिए सत्तारूढ़ दल का दोयम दर्जे का आदमी राज्यपाल चुना जाएगा।
- राज्यपाल की नियुक्ति राष्ट्रपति द्वारा किए जाने से राज्यों पर केंद्र का पूरा नियंत्रण बना रहेगा।
- उपरोक्त तर्कों को दृष्टिगत रखते हुए अमेरिकी मॉडल को नहीं अपनाया गया, जहां राज्यपाल का निर्वाचन प्रत्यक्षतः किया जाता है। भारतीय संविधान निर्माताओं ने कनाडियन पद्धति को अपनाया जहां राज्यपाल की नियुक्ति केंद्र द्वारा की जाती है।

- अनुच्छेद–155 में प्रावधान किया गया है कि राज्यपाल की नियुक्ति राष्ट्रपति द्वारा की जाएगी। राज्यपाल राज्य का संवैधानिक प्रमुख होने के साथ-साथ केंद्र सरकार के प्रतिनिधि के रूप में भी कार्य करता है।
- राज्यपाल केंद्र सरकार द्वारा नामांकित व्यक्ति अवश्य होता है, परंतु वह संवैधानिक प्रधान भी होता है। **हरगोबिंद बनाम रघुकुल** के मामले में सर्वोच्च न्यायालय ने 1979 में यह निर्णय दिया था कि राज्यपाल का पद एक स्वतंत्र संवैधानिक पद है और वह केंद्रीय सरकार के अधीन नहीं है।
- 1950–67 तक राज्यपालों की नियुक्ति संबद्ध राज्य की मंत्रिपरिषद् के परामर्श से होती रही। परंतु 1967 में कुछ राज्यों में गैर-कांग्रेसी सरकारों के अस्तित्व में आने के बाद से ही इस प्रथा को लगभग समाप्त कर दिया गया है। ध्यातव्य है कि 1967 में बिहार में श्री कानूनगो, प. बंगाल में धर्मवीर तथा हरियाणा में वी. एन. चक्रवर्ती को राज्य मंत्रिपरिषद् की इच्छा के विरुद्ध राज्यपाल नियुक्त किया गया था। **सामान्यतः राज्यपाल उस राज्य का निवासी नहीं होता है जिस राज्य का राज्यपाल होता है परंतु एच. सी. मुखर्जी अपवाद हैं जो बंगाल के निवासी होते हुए भी बंगाल के राज्यपाल बनाए गए।**

राष्ट्रपति की इच्छा का सिद्धांत

- यह सिद्धांत राज्यपाल को उसके पद से हटाने से संबंधित है। अनुच्छेद–156 (1) के अनुसार राष्ट्रपति द्वारा राज्यपाल की नियुक्ति 5 वर्षों के लिए की जाती है, परंतु राज्यपाल, राष्ट्रपति के प्रसादपर्यंत पद धारण करता है।
- राज्यपाल को सिर्फ इस आधार पर उसके पद से नहीं हटाया जा सकता है कि वह सत्ताधारी पार्टी के विचारों से भिन्न राय रखता है।
- न्यायालय के अनुसार कानून शासित प्रजातंत्र में राष्ट्रपति की इच्छा का सिद्धांत नहीं चल सकता, क्योंकि किसी राज्य का राज्यपाल, केंद्र सरकार का कर्मचारी या उसका एजेंट या पार्टी का सदस्य नहीं होता, बल्कि वह राज्य का संवैधानिक प्रमुख होता है।
- **राज्यपाल का स्थानांतरणः** संविधान में राज्यपाल का एक राज्य से दूसरे राज्य में स्थानांतरण का किसी प्रकार का प्रावधान नहीं है, परंतु व्यवहार में राज्यपालों का स्थानांतरण एक राज्य से दूसरे राज्यों के लिए होता रहता है।

- यदि किसी राज्यपाल का स्थानांतरण किसी ऐसे अन्य राज्य में किया जाता है, जहाँ वह जाना नहीं चाहता है तो उसे दण्डात्मक स्थानांतरण कहा जाता है।

राज्यपाल का कार्यकाल

- राज्यपाल का कार्यकाल सामान्यतः 5 वर्ष का होता है। परंतु अपने कार्यकाल के समाप्त होने के पूर्व भी राष्ट्रपति को संबोधित करके अपना त्यागपत्र दे सकता है। समय के पूर्व भी राज्यपाल को हटाया जा सकता है। **अनुच्छेद**–156 के अनुसार राज्यपाल राष्ट्रपति के प्रसादपर्यंत अपने पद पर बना रह सकता है। व्यवहार में राष्ट्रपति के प्रसादपर्यंत न होकर प्रधानमंत्री के प्रसादपर्यंत राज्यपाल अपने पद पर रह सकता है।
- संविधान के अनुसार एक ही व्यक्ति को दो या दो से अधिक राज्यों का राज्यपाल भी नियुक्त किया जा सकता है। ऐसी स्थिति में राष्ट्रपति द्वारा तय मानकों के हिसाब से वेतन और भत्तों का विभाजन दोनों राज्यों के बीच निर्धारित होगा।
- राज्यपाल संसद अथवा विधानमंडल के किसी भी सदन का सदस्य नहीं हो सकता है। यदि वह संसद के किसी सदन अथवा राज्य विधानमंडल का सदस्य है तो राज्यपाल पद की शपथ लेने के साथ ही सदन में उसका स्थान रिक्त मान लिया जाता है।

राज्यपाल की योग्यताएं

किसी भी व्यक्ति को राज्यपाल पद पर नियुक्त होने के लिए उसमें निम्नलिखित योग्यताएं होनी चाहिए–

- संविधान के **अनुच्छेद**–157 के अनुसार राज्यपाल नियुक्त होने के लिए भारत का नागरिक होना अनिवार्य है।
- कम-से-कम 35 वर्ष की आयु हो चुकी हो।
- **अनुच्छेद**–158 के अनुसार राज्यपाल संसद या किसी राज्य के विधानमंडल के किसी भी सदन का सदस्य नहीं हो सकता है। यदि वह सदस्य है तो राज्यपाल पद की शपथ ग्रहण करते ही संबंधित सदन की सदस्यता से उसे त्यागपत्र देना पड़ता है।
- संविधान के अनुसार राज्यपाल कहीं भी लाभ का कोई पद नहीं ग्रहण कर सकता है।

शपथ ग्रहण

- किसी भी राज्य के राज्यपाल को राज्यपाल पद ग्रहण करने के पूर्व संबंधित राज्य के उच्च न्यायालय के मुख्य न्यायाधीश सम्मुख निर्धारित प्रारूप के अनुसार शपथ लेनी पड़ती है।
- मुख्य न्यायाधीश की अनुपस्थिति में संबंधित उच्च न्यायालय के वरिष्ठतम न्यायाधीश द्वारा शपथ दिलायी जाती है। यदि किसी अन्य व्यक्ति द्वारा भी राज्यपाल के पद के दायित्वों का निर्वाह किया जाता है तो उसे भी उसी प्रारूप में शपथ लेनी पड़ती है।

राज्यपाल के संदर्भ में सहाय समिति की रिपोर्ट

दिसंबर, 1970 में राज्यपालों के सम्मेलन में राज्यपालों के मार्गदर्शन के लिए कुछ सिद्धांत निर्धारित करने के लिए जम्मू-कश्मीर के तत्कालीन राज्यपाल भगवान सहाय की अध्यक्षता में 5 सदस्यीय समिति का गठन किया गया था। समिति द्वारा प्रस्तुत की गई रिपोर्ट में निम्नवत् संस्तुतियां की गई थीं–

- विधानसभा का विश्वास प्राप्त करने के संबंध में जब कोई मुख्यमंत्री विधानसभा का अधिवेशन बुलाने से पीछे हटता है तो राज्यपाल उसके मंत्रिमंडल को पदच्युत कर सकता है।
- विधानमंडल में बहुमत का प्रश्न सामान्यतः विधानसभा द्वारा निश्चित किया जाना चाहिए। यदि कोई मुख्यमंत्री बहुमत के प्रश्न को विधानसभा द्वारा निश्चित कराने से मना करता है तो यह समझा जाना चाहिए कि उसका बहुमत समाप्त हो गया है।
- यदि किसी वैकल्पिक सरकार का गठन संभव नहीं है तो राष्ट्रपति को विधानसभा को भंग करने संबंधी रिपोर्ट देने के अतिरिक्त राज्यपाल के पास दूसरा कोई मार्ग नहीं है।
- यदि गठबंधन सरकार का कोई भागीदार किसी मतभेद के कारण मंत्रिपरिषद् से त्यागपत्र दे देता है तो इस स्थिति में मुख्यमंत्री के लिए त्यागपत्र देना आवश्यक नहीं है। परंतु इस त्यागपत्र के कारण विधानसभा में बहुमत प्रभावित होता है तो मुख्यमंत्री का यह कर्तव्य है कि राज्यपाल को परामर्श देकर विधानसभा का यथाशीघ्र अधिवेशन बुलाए तथा अपना बहुमत सिद्ध करे।
- राज्यपाल राष्ट्रपति का अभिकर्ता नहीं है। वह राज्य का अध्यक्ष है तथा उसके कर्तव्य संविधान में ही निर्धारित किए गए हैं।

राज्यपाल के वेतन एवं भत्ते

- भारतीय संसद द्वारा राज्यपाल के वेतन का निर्धारण किया जाता है। संविधान राज्यपाल को उन परिलब्धियों, भत्तों तथा विशेषाधिकारों का अधिकार देता है जो संसद विधि द्वारा निर्धारित किए गए हों।
- सितंबर, 2008 में संसद द्वारा पारित राज्यपालों की परिलब्धियां, भत्ते एवं विशेषाधिकार (संशोधन) अधिनियम के अनुसार वर्तमान में राज्यपाल को 3 लाख 50 हजार रु. प्रतिमाह वेतन तथा भत्ते मिलते हैं। इसके अतिरिक्त राज्यपाल को नि:शुल्क निवास उपलब्ध कराया जाता है, जिसे राजभवन कहा जाता है।

- राज्यपाल के वेतन-भत्ते में उसके कार्यकाल के दौरान किसी भी प्रकार की कोई कटौती नहीं की जा सकती है। राज्यपाल के वेतन तथा भत्ते राज्य की संचित निधि से दिए जाते हैं। राज्यपाल अपने कर्तव्य पालन के लिए किसी भी न्यायालय के प्रति उत्तरदायी नहीं होता है। राज्यपाल के विरुद्ध कार्यकाल के दौरान कोई भी फौजदारी मुकदमा नहीं चलाया जा सकता है और दीवानी मुकदमा चलाने के लिए उसे दो माह पूर्व नोटिस दिया जाना आवश्यक है।
- अनुच्छेद– 158 (3क) में कहा गया है कि जब एक ही व्यक्ति को दो या दो से अधिक राज्यों का राज्यपाल नियुक्त किया जाता है, तब उसे दिया जाने वाला वेतन एवं भत्ते उन राज्यों के बीच ऐसे अनुपात में आवंटित किए जाते हैं, जो राष्ट्रपति द्वारा अवधारित किया जाए।

राज्यपाल के अधिकार और कार्य

राज्यपाल राज्य का संवैधानिक अध्यक्ष होता है। राज्यपाल की राज्य में स्थिति ठीक उसी प्रकार की है जिस प्रकार की स्थिति राष्ट्रपति की केंद्र में होती है। डी. डी. बसु ने राष्ट्रपति के अधिकारों की राज्यपाल के अधिकारों से तुलना करते हुए कहा है कि राज्यपाल की शक्तियां केवल राजनयिक, सैनिक तथा आपातकालीन शक्तियों को छोड़कर राष्ट्रपति के समान ही हैं। राज्यपाल की शक्तियों को निम्नलिखित वर्गों में विभाजित किया जा सकता है–

- कार्यपालिकीय शक्तियां
- विधायी शक्तियां
- अध्यादेश जारी करने की शक्ति
- वित्तीय शक्तियां
- न्यायिक शक्तियां
- विविध शक्तियां
- विवेकाधीन शक्तियां

कार्यपालिकीय शक्तियां

- संविधान के **अनुच्छेद–**154 के अनुसार राज्य की समस्त कार्यपालिकीय शक्तियाँ (Executive Powers) राज्यपाल में निहित होती हैं, जिनका प्रयोग संविधान के अनुसार राज्यपाल स्वयं या अपने अधीनस्थ अधिकारियों के द्वारा करेगा।
- **अनुच्छेद–**166 में पुनः कहा गया है कि राज्य के समस्त कार्य राज्यपाल के नाम से संचालित किए जाएंगे। अतः राज्यपाल ही राज्य की कार्यपालिका का प्रधान होता है। राज्यपाल का कार्य उन सभी विषयों पर प्रशासन करना है जिन पर विधानमंडल को कानून बनाने का अधिकार प्राप्त है।
- संविधान के अनुच्छेद–164(1) के तहत राज्यपाल मुख्यमंत्री की नियुक्ति करता है तथा मुख्यमंत्री की सलाह से अन्य मंत्रियों की नियुक्ति करता है तथा उन्हें पद एवं गोपनीयता की शपथ दिलाता है।
- अनुच्छेद–167 के अनुसार राज्यपाल राज्य की प्रशासन संबंधी और विधान विषयक कोई भी जानकारी मुख्यमंत्री से मांग सकता है तथा किसी मंत्री द्वारा लिए गए किसी निर्णय को विचार के लिए मंत्रिपरिषद् के समक्ष रखवा सकता है।
- राज्य में संवैधानिक तंत्र के विफल हो जाने पर राज्यपाल अनुच्छेद– 356 के तहत राष्ट्रपति शासन की अनुशंसा करता है तथा राष्ट्रपति शासन लागू हो जाने पर केंद्र सरकार के प्रतिनिधि के रूप में राज्य का शासन चलाता है।
- राज्य सूची के विषयों पर राज्यपाल का संपूर्ण अधिकार है। समवर्ती सूची में भी उसका तब तक अधिकार है, जब तक संसद द्वारा बनाए गए कानून से राज्य द्वारा बनाए गए कानून का विरोध नहीं होता है।
- कार्यपालिका का संवैधानिक अध्यक्ष होने के कारण राज्य के सभी पदाधिकारियों की नियुक्ति राज्यपाल के द्वारा की जाती है। राज्यपाल के द्वारा ही मुख्यमंत्री तथा उसके परामर्श से अन्य मंत्रियों, राज्य के महाधिवक्ता, लोकसेवा आयोग के अध्यक्ष तथा अन्य सदस्यों, जिला न्यायाधीश आदि की नियुक्ति की जाती है।
- राज्य के उच्च न्यायालय के न्यायधीशों की नियुक्ति के संदर्भ में राज्यपाल राष्ट्रपति को परामर्श देता है। राज्यपाल को राज्य प्रशासन के संदर्भ में मुख्यमंत्री से सूचना प्राप्त करने का भी अधिकार प्राप्त है। वस्तुतः राज्यपाल की कार्यपालिकीय शक्तियां उन सभी विषयों के प्रशासन तक फैली हैं जिनका उल्लेख राज्य सूची में किया गया है। समवर्ती सूची में वर्णित विषयों के संदर्भ में राज्यपाल की कार्यपालिकीय शक्ति राष्ट्रपति की कार्यपालिकीय शक्ति के अधीन है।
- राज्यपाल को यह भी अधिकार प्राप्त है कि मुख्यमंत्री से किसी भी विषय में सूचना प्राप्त कर सकता है। यदि राज्य का शासन संविधान की व्यवस्था के अनुकूल न हो तो राज्यपाल इस संदर्भ में राष्ट्रपति को अपनी रिपोर्ट प्रेषित कर सकता है। राष्ट्रपति द्वारा राज्यपाल की सूचना के आधार पर राज्य में आपातकाल लगाया जा सकता है। जब देश में **अनुच्छेद–**352 के अंतर्गत आपातकाल लागू हो तो राज्यपाल केंद्र के एजेंट के रूप में कार्य करता है।

विधायी शक्तियां

राज्यपाल राज्य विधानमंडल का एक घटक है। राज्यपाल के विधायी अधिकार निम्नलिखित हैं–

- राज्यपाल विधानमंडल का एक घटक और राज्य का संवैधानिक प्रधान होता है। यही कारण है कि राज्यपाल राज्य विधानमंडल के दोनों सदनों का सत्र आहूत करता है तथा सत्र का सत्रावसान एवं विधानसभा को भंग करता है।
- राज्यपाल नई विधानसभा की प्रथम बैठक तथा प्रत्येक वर्ष के प्रथम सत्र के प्रारंभ में विधानमंडल के दोनों सदनों को संबोधित करता है तथा **अनुच्छेद–**175 के अंतर्गत विधानसभा को संदेश भेज सकता है।
- यदि राज्यपाल को यह विश्वास हो जाए कि विधानसभा में आंग्ल-भारतीय समुदाय का पर्याप्त प्रतिनिधित्व नहीं है तो वह समुदाय के दोनों प्रतिनिधियों का विधानसभा में मनोनयन कर सकते हैं।
- राज्यपाल के द्वारा विधान परिषद् के 1/6 सदस्यों का मनोनयन किया जाता है, जिनको साहित्य, कला, विज्ञान, सहकारिता आंदोलन तथा सामाजिक क्षेत्र में कार्य करने का विशेष अनुभव प्राप्त हो।
- विधानमंडल द्वारा पारित किसी भी विधेयक को अधिनियम के रूप में अस्तित्व में आने के लिए राज्यपाल की स्वीकृति आवश्यक है। राज्यपाल की स्वीकृति के बाद ही कोई विधेयक कानून का रूप ग्रहण कर सकता है।
- अनुच्छेद–200 में प्रावधानित है कि राज्यपाल किसी भी विधेयक को विधानमंडल के पास पुनः विचार के लिए वापस भेज सकता है। परंतु यदि विधानमंडल द्वारा पुनः उस विधेयक को असंशोधित अथवा संशोधित रूप में पारित करके राज्यपाल के पास प्रेषित किया जाता है तो राज्यपाल को स्वीकृति देनी पड़ती है। राज्यपाल किसी भी विधेयक को राष्ट्रपति के पास भेज सकता है।
- धन विधेयक को छोड़कर शेष विधेयकों पर राज्यपाल अपनी स्वीकृति देने के लिए बाध्य नहीं है।
- धन विधेयक को प्रस्तुत करने के पूर्व राज्यपाल की स्वीकृति लेनी होती है।

- राज्यपाल ही निर्वाचन आयोग की सलाह से विधानमंडल के सदस्यों के निर्वाचन संबंधी विवादों का समाधान करता है।
- विधानमंडल के दोनों सदनों के अध्यक्ष तथा उपाध्यक्ष का चुनाव जब तक नहीं हो जाता है, तब तक राज्यपाल ही दोनों सदनों के अध्यक्ष तथा उपाध्यक्ष की नियुक्ति करता है।

अध्यादेश जारी करने की शक्ति

- अनुच्छेद–213 के अनुसार राज्यपाल द्वारा अध्यादेश जारी किया जाता है। इन अध्यादेशों का वही प्रभाव होता है जो राज्य विधानमंडल द्वारा पारित अधिनियमों का होता है। विधानमंडल की बैठक शुरू होने के 6 सप्ताह के बाद तक अध्यादेश क्रियाशील रहता है। अध्यादेश को विधानमंडल की स्वीकृति दिलानी आवश्यक होती है।
- राज्यपाल इस शक्ति का प्रयोग उस समय करता है जबकि उस राज्य की विधान सभा एवं विधान परिषद् सदन सत्र में नहीं हो।
- राज्यपाल को यह विश्वास हो जाता है कि ऐसी परिस्थितियां विद्यमान हैं कि जिनके कारण शीघ्र कार्यवाही आवश्यक है और राज्यपाल की अध्यादेश जारी करने की शक्ति राज्य सूची एवं समवर्ती सूची के विषयों तक विस्तृत है, किंतु निम्न विषयों के संबंध में अध्यादेश जारी करने के लिए राष्ट्रपति की पूर्व अनुमति आवश्यक है–
    1. जिन विषयों पर विधानमंडल में विधेयक पेश करने के लिए राष्ट्रपति की पूर्व अनुमति लेना आवश्यक है।
    2. जिन विषयों से संबंधित विधेयक को राज्यपाल राष्ट्रपति के विचार के लिए आरक्षित रखता है।
- राज्यपाल द्वारा जारी अध्यादेश का वही बल और प्रभाव होता है, जो राज्य विधानमंडल द्वारा निर्मित विधि का होता है।
- इस अनुच्छेद–के अंतर्गत जारी अध्यादेश राज्य विधान सभा के समक्ष या विधान परिषद् वाले राज्यों में दोनों सदनों के समक्ष विचार के लिए रखा जाता है।
- विधानमंडल के पुनः समवेत होने के 6 सप्ताह की समाप्ति पर या इसके पूर्व ही विधानमंडल द्वारा उसे अस्वीकार करने वाला प्रस्ताव पारित करने पर अध्यादेश समाप्त हो जाता है।
- किंतु यदि विधानमंडल अध्यादेश को स्वीकार करने का प्रस्ताव 6 सप्ताह की समाप्ति के पहले पारित करता है तो वह अध्यादेश अधिनियम बन जाता है।
- राज्यपाल किसी भी समय अध्यादेश को वापस ले सकता है। यदि विधान परिषद् वाले राज्यों में दोनों सदनों की बैठक अलग-अलग तिथियों में बुलाई जाती है, तो 6 सप्ताह की अवधि की गणना पश्चातवर्ती (बाद वाली) तिथि से की जाएगी।

वित्तीय अधिकार

राज्यपाल के वित्तीय अधिकार निम्नलिखित हैं–

- अनुच्छेद–202 के अनुसार प्रत्येक वर्ष वित्तीय विवरण सृजित करवाना और उसे विधानमंडल के सम्मुख प्रस्तुत करवाना राज्यपाल का कार्य है।
- राज्यपाल की अनुमति से ही विधानसभा में कोई भी धन विधेयक प्रस्तुत किया जाता है। उसकी सिफारिश पर ही विधानमंडल में पूरक, अतिरिक्त और अधिक अनुदान की मांग की जा सकती है।
- राज्य की संचित निधि पर राज्यपाल का पूर्ण नियंत्रण होता है। संचित निधि से राज्यपाल की अनुमति के बिना कोई धनराशि नहीं निकाली जाती है। विधानमंडल की स्वीकृति की आशा में राज्यपाल इस निधि से किसी भी प्रकार के व्यय की अनुमति दे सकता है।
- राज्य सरकार की आकस्मिकता निधि पर राज्यपाल का नियंत्रण रहता है। किसी आकस्मिक खर्च के लिए वह इस निधि से सरकार को धन दे सकता है।

राष्ट्रपति और राज्यपाल की शक्तियों का तुलनात्मक अध्ययन

शक्तियां	राष्ट्रपति	राज्यपाल
विधायी शक्तियां	संसद के दोनों सदनों- राज्यसभा तथा लोकसभा द्वारा पारित विधेयक को अनुमति प्रदान कर सकता है। संसद के दोनों सदनों द्वारा पारित विधेयक को अनुमति न देने की घोषणा कर सकता है, ऐसी स्थिति में वह विधेयक अधिनियम नहीं बन सकता। धन विधेयक को छोड़कर अन्य पारित विधेयकों को संसद के दोनों सदनों को संदेश के साथ पुनर्विचार के लिए वापस लौटा सकता है, लेकिन यदि उस विधेयक को पुनः दोनों सदन पारित करके राष्ट्रपति की अनुमति के लिए भेजते हैं तो राष्ट्रपति को उस पर अनुमति देना अनिवार्य होता है। राज्यपाल द्वारा आरक्षित विधेयक पर राष्ट्रपति (i) यदि वह धन विधेयक है तो राष्ट्रपति उस पर अनुमति दे भी सकता या अनुमति नहीं भी दे सकता है। (ii) यदि वह धन विधेयक नहीं है तो वह विधेयक को राज्य विधानमंडल के पास पुनर्विचार के लिए वापस कर सकता है। **यदि वह विधेयक पुनः** राज्य विधानमंडल द्वारा पारित करके राष्ट्रपति के सम्मुख प्रस्तुत किया जाता है तो राष्ट्रपति द्वारा अनुमति देना अनिवार्य नहीं है, वह उस पर अनुमति दे भी सकता है और अनुमति देने से मना भी कर सकता है इस प्रकार राष्ट्रपति द्वारा अनुमति न देने से वह विधेयक समाप्त हो जाता है।	राज्य विधानमंडल द्वारा पारित विधेयक को अनुमति प्रदान कर सकता है। राज्य विधानमंडल द्वारा पारित विधेयक पर अपनी अनुमति देने से इंकार कर सकता है। इस स्थिति में वह विधेयक अधिनियम नहीं बनेगा। धन विधेयक को छोड़कर अन्य विधेयकों को राज्यपाल विधानमंडल को संदेश के साथ पुनर्विचार के लिए वापस लौटा सकता है। यदि विधानमंडल उस विधेयक को पुनः पारित कर देता है तो राज्यपाल को उस पर अनुमति देना अनिवार्य है। राज्यपाल, राज्य विधानमंडल द्वारा पारित विधेयक को वापस न लौटाकर या अनुमति न देकर उसे राष्ट्रपति के विचार के लिए आरक्षित करके रख सकता है। यह राज्यपाल का स्वविवेक का अधिकार है। जब किसी विधेयक को राज्यपाल राष्ट्रपति की अनुमति के लिए आरक्षित कर लेता है तो राज्यपाल के उस विधेयक पर सभी अधिकार समाप्त हो जाते हैं तथा उस पर राष्ट्रपति का अधिकार हो जाता है।

अध्यादेश शक्तियां	जब संसद के दोनों में से कोई एक सदन सत्र में न हो तथा राष्ट्रपति को यह ज्ञात हो जाए कि ऐसी परिस्थितियां विद्यमान हैं जिनके कारण तुरंत विधान बनाकर कार्यवाही करना आवश्यक है, तो राष्ट्रपति अध्यादेश बना सकता है। अध्यादेश का वही प्रभाव होता है जोकि संसद के अधिनियम का तथा उसकी सीमाएं एवं मर्यादाएं भी संसद के अधिनियम के समान ही होती हैं। यह अध्यादेश संसद के दोनों सदनों के अधिवेशन प्रारंभ होने पर उनकी अनुमति के लिए प्रत्येक सदन में प्रस्तुत किया जाएगा। प्रस्तुत किए जाने पर संसद के सदन यदि उसे सत्र प्रारंभ होने की तिथि से छः सप्ताह के अंदर (यदि सदनों का सत्र विभिन्न तिथियों को प्रारंभ होता है, तो बाद में सत्र प्रारंभ होने वाले सदन की तिथि से):- (i) उसे अनुमोदित करते हैं तो प्रवर्तन में रहेगा। (ii) उसका अनुमोदन निरस्त करते हैं तो वह समाप्त हो जाएगा। (iii) यदि कुछ नहीं करते तो वह सत्र प्रारंभ होने के छः सप्ताह पश्चात समाप्त हो जाएगा।	जब राज्य विधानमंडल के दोनों सदन (जहां दो सदन हैं) या उनमें से कोई एक सत्र में न हो और राज्यपाल को ऐसा समाधान हो कि ऐसी परिस्थितियां विद्यमान हैं जिनके कारण तुरंत विधान बनाकर कार्यवाही करना आवश्यक है, तो वह अध्यादेश बना सकता है। लेकिन राज्यपाल कुछ मामलों में राष्ट्रपति के अनुदेश के बिना अध्यादेश नहीं बना सकता, विशेषकर वह विषय जिन्हें राष्ट्रपति के लिए आरक्षित किया जाता है। अध्यादेश का वही प्रभाव होता है, जोकि राज्य विधानमंडल के अधिनियम का होता है तथा उसकी सीमाएं तथा मर्यादाएं भी विधानमंडल के अधिनियम के समान ही होती हैं। यदि किसी समवर्ती सूची के विषय पर संघ सरकार का कानून है और राज्यपाल द्वारा राष्ट्रपति के अनुदेश पर उसी विषय पर उसके विरोध में अध्यादेश बनाया जाता है तो वह ठीक उसी प्रकार प्रभावी रहेगा– जैसे कि उस विषय पर आरक्षित विधान को राष्ट्रपति की अनुमति मिल गई हो। यह अध्यादेश विधानमंडल के पुनः अधिवेशन प्रारंभ होने पर उसके समक्ष (जहां द्विसदनीय है वहां) दोनों सदनों के समक्ष) उसके अनुमोदन के लिए रखा जाएगा। राज्य विधानमंडल यदि सत्र प्रारंभ होने के छः सप्ताह के अंदर उसे– (i) अनुमोदित कर देता है तो वह स्थायी विधान बन जाता है (ii) यदि निरनुमोदन कर देता है तो वह समाप्त हो जाता है। (iii) यदि कोई निर्णय नहीं होता तो यह छः सप्ताह के बाद स्वतः समाप्त माना जाता है।
क्षमादान शक्तियां	राष्ट्रपति को सैनिक न्यायालय द्वारा दिए गए दंड (कोर्ट मार्शल आदि के बाद) के आदेश के संबंध में क्षमादान, प्रतिलंबन विराम, निलंबन, परिहार अथवा लघुकरण का अधिकार है। राष्ट्रपति को यह शक्ति वहां प्राप्त है जहां दंड अथवा दंडादेश ऐसी विधि के विरुद्ध अपराध करने के लिए है जिस पर संघीय कार्यपालिका शक्ति का विस्तार है। मुख्य दंडादेश में क्षमादान का अधिकार केवल राष्ट्रपति को है। राष्ट्रपति को संघ तथा समवर्ती सूची के विषयों से संबंधित बनाई गई विधियों के अधीन किए गए अपराधों के क्षमादान की शक्ति है।	राज्यपाल को सैनिक न्यायालय द्वारा दिए गए दंडादेश के संबंध में किसी प्रकार का कोई अधिकार नहीं है। राज्यपाल को यह शक्ति प्राप्त है जहां दंड अथवा दंडादेश ऐसी विधि के विरुद्ध अपराध करने के लिए है, जहां राज्य की कार्यपालिका शक्ति का विस्तार है। राज्यपाल को मृत्युदंड को क्षमादान करने की शक्ति का अधिकार नहीं है। लेकिन राज्यपाल को दंड संहिता की धारा 54 और दंड प्रक्रिया संहिता 1974 की धारा 432-433 में कुछ परिस्थितियों में मृत्युदंड को निलंबित करने, परिहार अथवा लघुकरण करने का अधिकार है। राज्यपाल को राज्य-सूची तथा समवर्ती सूची के विषयों से संबंधित बनाई गई विधियों के अधीन किए गए अपराधों के क्षमादान की शक्ति है। समवर्ती क्षेत्र की विधियों के संबंध में राज्यपाल की अधिकारिता राष्ट्रपति के समकक्ष है।
धन विधेयक	संसद द्वारा पारित प्रत्येक वित्त विधेयक को जब राष्ट्रपति के पास स्वीकृति के लिए भेजा जाता है तो उसके पास दो विकल्प होते हैं- • वह विधेयक को स्वीकृति दे सकता है, ताकि वह अधिनियम बन जाए। • वह स्वीकृति न दे, तब विधेयक समाप्त हो जाएगा और अधिनियम नहीं बन पाएगा। इस प्रकार राष्ट्रपति धन विधेयक को संसद को पुनर्विचार के लिए नहीं लौटा सकता। सामान्यतः राष्ट्रपति वित्त विधेयकों को संसद में पुनः स्थापित होने के स्वरूप को स्वीकृति दे देता है, क्योंकि वह उसकी पूर्व अनुमति से प्रस्तुत किया गया होता है। जब वित्त विधेयक किसी राज्यपाल द्वारा राष्ट्रपति को विचारार्थ भेजा जाता है तो राष्ट्रपति के पास दो विकल्प होते हैं- (क) वह विधेयक को अपनी स्वीकृति दे सकता है, ताकि विधेयक अधिनियम बन सके। (ख) वह उस पर अपनी स्वीकृति रोक सकता है। तब विधेयक खत्म हो जाएगा और अधिनियम नहीं बन पाएगा। इस प्रकार राष्ट्रपति वित्त विधेयक को राज्य विधान सभा के पास पुनर्विचार के लिए नहीं भेज सकता (जैसा कि संसद के मामले में)	कोई भी वित्त विधेयक जब राज्य विधानमंडल द्वारा पारित कर राज्यपाल के पास स्वीकृति के लिए भेजा जाता है तो उसके पास तीन विकल्प होते हैं- (क) वह विधेयक पर अपनी स्वीकृति दे सकता है, तब विधेयक अधिनियम बन जाता है। (क) वह विधेयक को अपनी स्वीकृति रोक सकता है, जिससे विधेयक समाप्त हो जाता है और अधिनियम नहीं बन पाता है। (क) वह विधेयक को राष्ट्रपति के विचारार्थ सुरक्षित रख सकता है। इस तरह राज्यपाल वित्त विधेयक को पुनर्विचार के लिए राज्य विधानसभा को वापस नहीं कर सकता। सामान्यतः उसकी पूर्व अनुमति के बाद विधानसभा द्वारा पुनः स्थापित वित्त विधेयक को वह स्वीकृति दे देता है। जब राज्यपाल राष्ट्रपति के विराचार्थ वित्त विधेयक को सुरक्षित रखता है तो इस विधेयक के क्रियाकलाप पर फिर उसकी कोई भूमिका नहीं रहती। यदि राष्ट्रपति विधेयक को स्वीकृति दे दे, तो यह अधिनियम बन जाता है। इसका अर्थ है कि राज्यपाल की स्वीकृति अब आवश्यक नहीं है। इससे आगे चलकर राज्यपाल की मंजूरी आवश्यक नहीं है।

- राज्यपाल को यह अधिकार प्राप्त है कि अतिरिक्त व्यय की पूर्ति के लिए अनुपूरक अनुदान की मांग भी उपस्थित करा सकता है।
- वित्तीय मामलों में किसी भी प्रकार के संशोधन के लिए विधेयक लाने के लिए राज्यपाल की पूर्वानुमति आवश्यक है।
- राज्य के लिए किसी अनुदान की मांग राज्यपाल से ही की जाती है।

न्यायिक अधिकार

राज्यपाल को कुछ न्यायिक शक्तियां (Judicial Powers) भी प्रदान की गई हैं। राज्यपाल जिला न्यायाधीशों और अन्य न्यायिक अधिकारियों की नियुक्ति, स्थानांतरण एवं पदोन्नति संबंधी मामलों पर निर्णय भी देता है।

- अनुच्छेद–161 के अंतर्गत जिन विषयों पर राज्य की कार्यपालिका शक्ति का विस्तार होता है, उन विषयों संबंधी किसी विधि के विरुद्ध अपराध करने वाले व्यक्तियों के दंड को राज्यपाल कम कर सकता स्थागित कर सकता है, बदल सकता है तथा क्षमा भी कर सकता है। राज्यपाल को अपनी पदावधि में दीवानी, फौजदारी मामलों में व्यक्तिगत उन्मुक्ति प्राप्त होती है।
- अत: राज्यपाल को राज्य सूची तथा समवर्ती सूची के विषयों से संबंधित विधि के विरुद्ध किए गए अपराधों के लिए क्षमादान आदि की शक्ति है।
- राज्यपाल को मृत्युदंड क्षमा करने का अधिकार नहीं है और न ही संघ सूची के विषयों से संबंधित विधि के विरुद्ध किए गए अपराध को या सेना न्यायालय द्वारा दिए गए किसी दंडादेश को क्षमा करने का अधिकार है।
- अनुच्छेद–192 के अनुसार, राज्यपाल, निर्वाचन आयोग की सलाह से राज्य विधानमंडल के सदस्यों की निर्हरता से संबंधित प्रश्नों का निर्णय करता है।
- उच्च न्यायालय के न्यायाधीशों की नियुक्ति के समय राष्ट्रपति, राज्यपाल से परामर्श लेता है। राज्यपाल, जिला जजों की नियुक्ति और प्रोन्नति आदि उच्च न्यायालय के परामर्श से करता है।
- अनुच्छेद–72 के अंतर्गत राष्ट्रपति को मृत्युदंड सहित, संघ सूची के विषयों से संबंधित सभी अपराधों एवं सेना न्यायालय द्वारा दिए गए दंडादेशों को क्षमा आदि का अधिकार दिया गया है।

विविध अधिकार

विविध अधिकार (Miscellaneous Power) राज्यपाल को उपरोक्त वर्णित अधिकारों/कार्यों के अतिरिक्त अन्य अधिकार एवं कार्य संपादित करने पड़ते हैं। यह निम्नलिखित हैं–

- राज्यपाल लोक सेवा आयोग का वार्षिक प्रतिवेदन प्राप्त करता है तथा उसे मंत्रिपरिषद् के पास समीक्षा के लिए भेजता है।
- राज्यपाल ही आय-व्यय के संबंध में महालेखा-परीक्षक का प्रतिवेदन प्राप्त करता है।
- राज्यों में राष्ट्रपति शासन लागू होने पर राज्यपाल केंद्र के एजेंट के रूप में कार्य करता है।
- राज्यपाल ही राज्य के संवैधानिक तंत्र की विफलता की सूचना राष्ट्रपति को देता है तथा राज्यपाल की रिपोर्ट के आधार पर ही राज्य में राष्ट्रपति शासन की उद्घोषणा की जाती है।
- किसी भी राज्य के राज्यपाल को निकटवर्ती संघीय भू-भाग का शासक नियुक्त किया जा सकता है। ऐसी स्थिति में राज्यपाल द्वारा मंत्रिमंडल से स्वतंत्र होकर कार्य किया जाता है।
- असोम (असम) का राज्यपाल असोम (असम) की सरकार और आदिम क्षेत्र की जिला परिषदों के मध्य खानों से उत्पन्न आय-विभाजन के संबंध में उत्पन्न विवादों में स्वविवेक की शक्ति का प्रयोग करता है।
- राज्यपाल अपने राज्य के अंदर अवस्थित सभी विश्वविद्यालयों का कुलाधिपति होता है तथा कुलाधिपति के रूप में विभिन्न प्रकार के कार्यों का संपादन करता है।
- राज्यपाल का एक अन्य कार्य रेडक्रॉस सोसाइटी के कार्यों की देखभाल भी करना है।
- संविधान के 13**वें संविधान संशोधन** के अनुसार नागालैंड का राज्यपाल 10 वर्षों तक पिछड़े हुए टू-देन-सान जनजातीय क्षेत्र के प्रशासन को संचालित करेगा।
- आंध्र तथा पंजाब की क्षेत्रीय समितियों तथा इन राज्यों की सरकारों के मध्य विवाद उत्पन्न होने पर राज्यपाल का निर्णय अंतिम होता है।

राज्यपाल के विवेकाधिकार

राज्यपाल को राज्य के संवैधानिक अध्यक्ष तथा केंद्र के प्रतिनिधि के रूप में दोहरी भूमिका का निर्वाह करना पड़ता है। अत: राज्यपाल को विशेष परिस्थितियों में कुछ विवेकाधिकार भी प्राप्त हैं। ध्यातव्य है कि इस प्रकार के किसी विवेकाधिकार की चर्चा संविधान में नहीं की गई है। ये विवेकाधिकार पूर्णत: परिस्थितिजन्य हैं। इन अधिकारों को विवेकाधिकार इसलिए कहा जाता है कि इनके संदर्भ में वह मुख्यमंत्री से परामर्श लेने के लिए बाध्य नहीं है। निम्नलिखित परिस्थितियों में राज्यपाल अपने विवेकानुसार कार्य करता है–

- यदि विधानसभा के निर्वाचन के बाद किसी भी राजनीतिक दल या चुनाव पूर्व किए गए गठबंधन को स्पष्ट बहुमत नहीं प्राप्त है अथवा बहुमत प्राप्त दल में एक से अधिक सदस्य नेता पद के दावेदार हैं तो राज्यपाल अपने विवेकानुसार उस व्यक्ति को सरकार बनाने के लिए आमंत्रित करेगा, जिसे उसे बहुमत सिद्ध कर देने का विश्वास हो।
- संसदीय प्रणाली की मान्यताओं के अनुसार मंत्रिमंडल अपने पद पर तब तक बना रह सकता है जब तक उसे विधानसभा में बहुमत का समर्थन प्राप्त हो। यदि राज्यपाल को यह विश्वास हो जाए कि मंत्रिपरिषद् का विधानसभा में बहुमत समाप्त हो गया है तो राज्यपाल मुख्यमंत्री को त्यागपत्र देने या विधानसभा की बैठक बुलाकर अपना बहुमत प्रमाणित करने को कह सकता है। इस प्रकार की स्थिति उस समय और जटिल हो जाती है जब किसी सदन में औपचारिक विभाजन हो जाए और दोनों ही घटक बहुमत का दावा कर रहे हों अथवा किसी दल द्वारा समर्थन वापस ले लिया गया हो। जून, 1995 में तथा अक्टूबर, 1997 में उत्तर प्रदेश में ऐसी ही समस्या उत्पन्न हुई थी। इस प्रकार की स्थिति में राज्यपाल को यह स्वविवेकाधिकार प्राप्त है कि वह सरकार को चलने दे या उसको बर्खास्त कर दे। यद्यपि संविधान विशेषज्ञों का मत है कि सरकार का बहुमत विधानसभा में है अथवा समाप्त हो गया है, इसका निर्णय सदन में किया जाना चाहिए। ध्यातव्य है कि बोम्मई केस में भी सर्वोच्च न्यायालय ने ऐसा ही निर्णय दिया है।
- सामान्यत: राज्यपाल मुख्यमंत्री के परामर्श से ही विधानमंडल का सत्र आहूत करता है परंतु विशेष परिस्थिति में राज्यपाल स्वविवेक से भी विधानसभा और विधान परिषद् का सत्र आहूत कर सकता है। राज्यपाल का अधिकार उस समय और अधिक महत्वपूर्ण हो जाता है जब उसको यह महसूस हो जाए कि मुख्यमंत्री का विधानसभा में बहुमत समाप्त हो गया है तथा इस कारण मुख्यमंत्री विधानसभा की बैठक आहूत करने में रुचि नहीं ले रहा है।
- सामान्य परिस्थितियों में राज्यपाल मुख्यमंत्री के परामर्श के अनुसार विधानसभा को भंग करता है। परंतु ऐसी भी स्थिति उत्पन्न हो सकती है जब राज्यपाल मुख्यमंत्री की विधानसभा को भंग करने की अनुशंसा को अस्वीकार कर दे अथवा मुख्यमंत्री की अनुशंसा के बिना ही विधानसभा को भंग कर दे। इस संदर्भ में राज्यपाल को स्वविवेकानुसार निर्णय लेने का अधिकार उस समय

प्राप्त होता है जब मुख्यमंत्री ने विधानसभा में बहुमत खो दिया हो तथा विधानसभा भंग करने की अनुशंसा की हो अथवा सरकार के सहयोगी दल द्वारा समर्थन वापस ले लिया गया हो और किसी सरकार का गठन संभव नहीं हो। राज्यपाल को स्वविवेक का प्रयोग करने के पूर्व वैकल्पिक सरकार के गठन का हर संभव प्रयास करना चाहिए।

- **अनुच्छेद**–356 में वर्णित प्रावधानों के अनुसार राज्य में संवैधानिक तंत्र की विफलता के संदर्भ में राष्ट्रपति की रिपोर्ट देने के मामले में राज्यपाल पूर्णतया स्वविवेक से कार्य करता है। यह संभव है कि राज्यपाल की रिपोर्ट राज्य सरकार के विरुद्ध हो, विशेष रूप से उस स्थिति में जब सरकार अपनी शक्तियों का दुरुपयोग करते हुए संवैधानिक प्रावधानों को नष्ट कर रही हो। स्वाभाविक है कि ऐसी स्थिति में मंत्रिमंडल कभी भी राज्यपाल को राष्ट्रपति को रिपोर्ट देने की अनुशंसा नहीं करेगा।
- **अनुच्छेद**–365 (1) (क) के अंतर्गत राज्य में इस प्रकार की घोषणा कर दी जाती है, जब राज्यपाल राज्य सरकार के उन कृत्यों के बारे में, जो उद्घोषणा द्वारा राष्ट्रपति ने ग्रहण कर लिया हो, राज्यपाल राष्ट्रपति के अभिकर्ता के रूप में कार्य करेगा।

उपरोक्त वर्णित विवेकाधिकारों के अतिरिक्त असोम (असम), अरुणाचल प्रदेश तथा नागालैंड के राज्यपालों को कुछ ऐसे अधिकार प्राप्त हैं जिनका प्रयोग करते समय राज्यपाल मुख्यमंत्री से कोई परामर्श नहीं लेता है। असोम (असम) का राज्यपाल राज्य के जनजातीय क्षेत्रों का प्रशासन स्वविवेक से चलाता है। नागालैंड के राज्यपाल को विद्रोही नागाओं की गतिविधियों से निबटने के लिए स्वविवेक आधारित दायित्व दिया गया है। इसी प्रकार अरुणाचल प्रदेश के राज्यपाल को भी राष्ट्रद्रोही गतिविधियों से निबटने के लिए विशेष शक्तियां दी गई हैं, जिनका प्रयोग वह स्वविवेक से करता है।

राज्यपाल और मंत्रिपरिषद् के पारस्परिक संबंध

संविधान के अनुसार राज्यपाल राज्य का संवैधानिक अध्यक्ष होता है। राज्य के समस्त कार्य राज्यपाल के नाम से ही संपादित किए जाते हैं। संविधान में स्पष्ट रूप से कहा गया है कि राज्यपाल को मंत्रणा एवं सहायता देने के लिए एक मंत्रिपरिषद् का गठन किया जाएगा, जिसका प्रधान मुख्यमंत्री होगा। मुख्यमंत्री विधानसभा के प्रति उत्तरदायी होगा। सामान्यत: राज्यपाल और मुख्यमंत्री में वही संबंध है जो राष्ट्रपति और केंद्रीय मंत्रिपरिषद् या प्रधानमंत्री में है। परंतु दोनों में एक प्रमुख अंतर है कि संविधान में **राष्ट्रपति को स्वविवेक से कार्य करने का कोई अधिकार नहीं दिया गया है। जबकि राज्य के राज्यपालों को स्वविवेक से कार्य करने का अधिकार सीमित मात्रा में दिया गया है।** संविधान के **अनुच्छेद**–163(1) के अंतर्गत कहा गया है कि राज्य मंत्रिपरिषद् राज्यपाल को समस्त मामलों में परामर्श देगी, परंतु उन मामलों में मंत्रणा नहीं देगी, जो राज्यपाल के स्वविवेक के अंतर्गत आते है। इससे स्पष्ट है कि राज्यपाल को स्वविवेक की शक्ति अवश्य प्राप्त है, परंतु इस स्वविवेक के अधिकार का सविस्तार वर्णन नहीं किया गया है। अत: राज्यपाल के स्वविवेक के अंतर्गत कौन-सा मामला आता है इसका निर्णय राज्यपाल ही कर सकता है। इस आधार अथवा दृष्टि से राज्यपाल काफी शक्तिशाली है। संविधान में यह कहीं भी नहीं लिखा गया है कि मंत्रिपरिषद् का प्रत्येक परामर्श राज्यपाल को स्वीकार करना पड़ेगा। परंतु व्यावहारिक स्थिति काफी भिन्न है तथा राज्यपाल मंत्रिपरिषद् की मंत्रणा के अनुसार ही कार्य करता है।

संवैधानिक रूप में राज्यपाल ही मुख्यमंत्री की नियुक्ति करता है और मुख्यमंत्री के परामर्श से अन्य मंत्रियों की नियुक्ति करता है। मंत्रीगण राज्यपाल के प्रसादपर्यंत अपने पद पर आसीन रह सकते हैं। इससे यह निष्कर्ष निकलता है कि मुख्यमंत्री तथा अन्य मंत्रियों की नियुक्ति या उनको उनके पद से पदमुक्त करना राज्यपाल का स्वविवेक है। परंतु वास्तविकता यह नहीं है तथा इस संबंध में राज्यपाल की शक्ति काफी सीमित है। राज्यपाल विधानसभा में बहुमत प्राप्त दल के नेता को मुख्यमंत्री नियुक्त करने के लिए बाध्य है तथा मंत्रियों की नियुक्ति की केवल औपचारिक घोषणा राज्यपाल द्वारा की जाती है, जबकि मंत्रियों के नामों का चयन मुख्यमंत्री करता है। इसके अतिरिक्त विधानसभा के बहुमत का समर्थन जब तक मुख्यमंत्री को प्राप्त है, तब तक राज्यपाल किसी भी स्थिति में उसको पदच्युत नहीं कर सकता है। अत: मंत्रिपरिषद् के गठन तथा मुख्यमंत्री की नियुक्ति में राज्यपाल को विशेष अधिकार नहीं प्राप्त है। परंतु कुछ परिस्थितियों में राज्यपाल स्वविवेक के अधिकार का प्रयोग कर सकता है। यदि विधानसभा के निर्वाचन में किसी भी दल के व्यक्ति को बहुमत प्राप्त नहीं होता है तो राज्यपाल स्वविवेक का इस्तेमाल कर सकता है। 1967 के बाद से राज्यपाल और मंत्रिपरिषद् के आपसी संबंध कई राज्यों में तनावग्रस्त हो गए हैं। 1967 में प. बंगाल के राज्यपाल ने मुख्यमंत्री अजय मुखर्जी को हटाकर पी. सी. घोष को मुख्यमंत्री पद पर नियुक्त किया था जिसको कोलकाता (कलकत्ता) उच्च न्यायालय ने वैध ठहराया था। इसी प्रकार 1970 में उत्तर प्रदेश के राज्यपाल ने टी. एन. सिंह को मुख्यमंत्री बनाया था और इलाहाबाद उच्च न्यायालय ने राज्यपाल की कार्यवाही को वैध ठहराया। फरवरी, 1998 में उत्तर प्रदेश के राज्यपाल रोमेश भंडारी ने तत्कालीन मुख्यमंत्री कल्याण सिंह को बर्खास्त करके जगदंबा पाल को मुख्यमंत्री नियुक्त कर दिया था। परंतु इलाहाबाद उच्च न्यायालय की विशेष खंडपीठ ने सर्वसम्मति से राज्यपाल की कार्यवाही को अनुचित बताया तथा कल्याण सिंह को मुख्यमंत्री पद पर पुन: बहाल करने का आदेश दिया। इसके बाद सर्वोच्च न्यायालय के आदेश पर कराए गए बहुमत परीक्षण में कल्याण सिंह विजयी रहे। इस प्रकार राज्यपाल की कार्यवाही अनुचित सिद्ध हुई। फरवरी, 2000 में बिहार विधानसभा चुनाव के बाद राज्यपाल ने अपने स्वविवेक का प्रयोग करते हुए नीतीश कुमार को मुख्यमंत्री पद की शपथ दिलाई। नीतीश कुमार ने बहुमत सिद्ध करने से पूर्व ही अपने पद से त्यागपत्र दे दिया। इससे स्पष्ट होता है कि राज्यपाल के स्वविवेकानुसार किए गए कार्य आलोचना के विषय भी बने हैं।

प्रश्न उठता है कि क्या राज्यपाल मंत्रिपरिषद् की मंत्रणा तथा परामर्श मानने के लिए बाध्य है? तो यही कहा जा सकता है कि सामान्य परिस्थितियों में राज्यपाल मंत्रिपरिषद् की मंत्रणा तथा परामर्श के अनुसार कार्य करने को बाध्य है; क्योंकि मंत्रिपरिषद् विधानसभा के प्रति उत्तरदायी होती है परंतु असामान्य परिस्थितियों में राज्यपाल मत्रिपरिषद् की मत्रणा तथा परामर्श के अनुसार कार्य करने के लिए बाध्य नहीं है। यदि राज्यपाल को यह समझ में आ जाता है कि मंत्रिपरिषद् के आदेश संवैधानिक रूप से सही नहीं हैं, या राष्ट्रपति द्वारा भेजे गए निर्देशों का उल्लंघन हो रहा है तो राज्यपाल अपने विवेक का प्रयोग कर सकता है। ध्यातव्य है कि दिसंबर, 1968 में प. बंगाल के राज्यपाल ने मंत्रिपरिषद् द्वारा लिखित संभाषण विधानमंडल के समक्ष पूर्णतया नहीं पढ़ा। इसी प्रकार अप्रैल, 1970 में पंजाब के राज्यपाल ने मुख्यमंत्री की इच्छा के विरुद्ध विधानसभा की बैठक आहूत की थी।

अत: उपरोक्त विवेचन से स्पष्ट है कि परिस्थितियों के ऊपर निर्भर करता है कि राज्यपाल मंत्रिपरिषद् की मंत्रणा और परामर्श के अनुसार चलने को बाध्य है अथवा नहीं।

राज्यपाल और विधानमंडल

संवैधानिक रूप में राज्यपाल विधानमंडल का एक अंग होता है। राज्यपाल द्वारा ही दोनों सदनों का अधिवेशन आमंत्रित किया जाता है। राज्यपाल विधानमंडल के दोनों सदनों के संयुक्त अधिवेशन या किसी एक सदन को संबोधित कर सकता है। विधानमंडल के वर्ष के प्रथम सत्र के शुरू में राज्यपाल दोनों सदनों की संयुक्त बैठक को संबोधित करता है।

राज्यपाल **अनुच्छेद**–175 के अंतर्गत विधानमंडल के किसी भी सदन को अपना निर्देश प्रेषित कर सकता है। राज्यपाल द्वारा विधान परिषद् के 1/6 सदस्यों की नियुक्ति की जाती है। राज्यपाल वर्ष के शुरू में उस वर्ष के आय-व्यय से संबंधित वित्तीय विवरण विधानसभा में प्रस्तुत करवाता है। राज्यपाल की पूर्वानुमति के बिना कोई भी धन विधेयक या संशोधित धन विधेयक सदन में नहीं प्रस्तुत किया जा सकता है। इसके अतिरिक्त कोई भी मांग राज्यपाल की अनुमति के बिना विधानसभा में नहीं की जा सकती है। दोनों सदनों द्वारा विधेयक को पारित कर देने के बाद वह तब तक कानून का रूप नहीं ले सकता है जब तक राज्यपाल उस पर हस्ताक्षर न कर दे। अत: विधेयक को कानून या अधिनियम का रूप लेने के लिए राज्यपाल के हस्ताक्षर आवश्यक हैं। विधानमंडल का जब अधिवेशन नहीं चल रहा हो तो राज्यपाल अध्यादेश जारी कर सकता है, परंतु राज्यपाल इन सब कृत्यों को मंत्रिपरिषद् की मंत्रणा और परामर्श के आधार पर करता है। अत: राज्यपाल वास्तविक रूप से शक्ति संपन्न नहीं होता है, बल्कि वह केवल नाममात्र का ही प्रधान होता है। राज्यपाल की वास्तविक शक्ति मंत्रिपरिषद् के हाथों में केंद्रित होती है।

यद्यपि राज्यपाल वास्तविक रूप से शक्ति संपन्न नहीं होता है, परंतु कुछ परिस्थितियों में स्वविवेक का प्रयोग कर सकता है। जब व्यापक पैमाने पर राज्य में दल बदल हो रहा हो या मंत्रिपरिषद् का विधानसभा में बहुमत समाप्त हो गया हो, तो स्वयं राज्यपाल विधानसभा की बैठक आहूत कर सकता है या विधानसभा को भंग करके राज्य में राष्ट्रपति शासन की अनुशंसा कर सकता है।

राज्यपाल की वास्तविक स्थिति

राष्ट्रपति की तरह ही राज्यपाल की स्थिति तथा भूमिका के संदर्भ में सिद्धांत तथा व्यवहार में पर्याप्त भिन्नता है। सैद्धांतिक रूप से राज्यपाल राज्य कार्यपालिका की समग्र शक्ति का धारक होता है, परंतु व्यवहार में इसके विपरीत स्थिति पाई जाती है। व्यवहार में राज्यपाल मंत्रिपरिषद् की मंत्रणा तथा परामर्श के अनुसार कार्य करता है। यद्यपि संविधान में इस बात का कहीं उल्लेख नहीं किया गया है कि राज्यपाल मंत्रिपरिषद् की सिफारिशों के अनुसार कार्य करने को बाध्य है परंतु देश में संसदीय प्रणाली के अस्तित्व में होने के कारण राज्यपाल को ऐसा करना पड़ता है। यदि राज्यपाल ऐसा नहीं करता है तो यह संसदीय प्रणाली के प्रतिमानों का उल्लंघन है। एच. वी. कामथ का कथन उचित ही प्रतीत होता है कि, ''राज्यपाल एक ओर मुख्यमंत्री तथा दूसरी ओर राष्ट्रपति द्वारा नियुक्त कठपुतली से कुछ ही अधिक है।''

राज्यपाल की वास्तविक स्थिति तथा भूमिका को स्पष्ट करने के लिए राज्यपाल के संवैधानिक प्रधान की स्थिति तथा वास्तविक प्रधान की स्थिति की विवेचना करनी होगी।

राज्यपाल एक संवैधानिक प्रधान के रूप में

भारत में संसदीय प्रणाली अस्तित्व में है और संसदीय प्रतिमानों के अनुसार वास्तविक शक्तियां मंत्रिपरिषद् में निहित होती हैं। मंत्रिपरिषद् सामूहिक रूप से विधानसभा के प्रति उत्तरदायी होती है। इससे स्पष्ट है कि मंत्रिपरिषद् ही राज्य का वास्तविक प्रधान होती है। राज्यपाल तो केवल संवैधानिक प्रधान होता है। राज्यपाल को मंत्रिपरिषद् की मंत्रणा तथा परामर्श के अनुसार ही कार्य करना पड़ता है। राज्यपाल मंत्रिपरिषद् की उपेक्षा नहीं कर सकता है। यदि वह ऐसा करता है तो सामूहिक उत्तरदायित्व के सिद्धांत का उल्लंघन करता है। यद्यपि यह बात सही है कि संविधान में यह कहीं भी नहीं कहा गया है कि राज्यपाल मंत्रिपरिषद् की मंत्रणा मानने के लिए बाध्य है। फिर भी संसदीय प्रतिमानों के अनुसार राज्यपाल ऐसा करने को बाध्य है। **सुनील कुमार बोस बनाम मुख्य सचिव प. बंगाल के मुकदमे में** कोलकाता (कलकत्ता) उच्च न्यायालय ने स्पष्ट किया है कि राज्यपाल को मंत्रिपरिषद् के परामर्श के अनुसार ही कार्य करना चाहिए।

संविधानसभा में डॉ. अंबेडकर ने राज्यपाल और मंत्रिपरिषद् के पारस्परिक संबंधों के विषय में कहा था कि राज्यपाल को प्रत्येक विषय में मंत्रिपरिषद् की सलाह आवश्यक रूप से माननी होगी। के. एम. मुंशी ने भी राज्यपाल की तुलना ब्रिटेन के राजा-रानी से करते हुए कहा था कि राज्यपाल को मंत्रिपरिषद् की इच्छा के विरुद्ध कार्य करने का अधिकार नहीं होगा। गिरधारी लाल के अनुसार, ''इन दिनों राज्यपाल की स्थिति वह नहीं है, जो उसके पद से प्रतीत होती है। राज्यपाल नाममात्र का प्रधान तथा कार्यपालक है और उसके पद का महत्व कार्य से अधिक अलंकार मात्र के लिए है।'' राज्यपाल की स्थिति एक अधिकारी की अपेक्षा सम्मान और प्रतिष्ठा की है। राज्यपालों की वास्तविक स्थिति का चित्रण करते हुए के. बी. राव ने अपने एक लेख में लिखा है कि–1967 के पूर्व अनेक मुख्यमंत्री राज्यपाल को विशेष महत्व नहीं देते थे तथा कुछ राज्यपालों ने नेहरू जी से इस संदर्भ में शिकायतें भी की थीं, परंतु नेहरू जी ने उनकी शिकायतों पर कोई ध्यान नहीं दिया। अत: उपरोक्त तथ्यों से स्पष्ट है कि राज्यपाल को एक दर्शक के रूप में कार्य करना पड़ता है।

राज्यपाल एक वास्तविक प्रधान के रूप में

संविधान के अनेकों विशेषज्ञों का मत है कि राज्यपाल वास्तविक प्रधान है। अपने तर्क की पुष्टि के लिए इन लोगों द्वारा राज्यपाल की स्वविवेकी शक्तियों तथा विशेषाधिकारों का उल्लेख किया जाता है। संविधानविदों का कहना है कि राज्यपाल को स्वविवेक की शक्ति प्राप्त है। इनका प्रयोग वह निम्नलिखित परिस्थितियों में करता है–

- किसी एक दल को विधानसभा में स्पष्ट बहुमत नहीं प्राप्त हुआ हो।
- दल-बदल की स्थिति से सरकार के अस्तित्व पर उत्पन्न संभावित खतरा।
- राज्य में शांति और व्यवस्था को खतरा।

उपर्युक्त परिस्थितियों में राज्यपाल एक संवैधानिक अध्यक्ष के रूप में नहीं कार्य करता है बल्कि वह वास्तविक प्रधान बन जाता है। किसी भी राजनीतिक दल के विधानसभा के निर्वाचन के बाद स्पष्ट बहुमत नहीं मिलने की स्थिति में राज्यपाल की केंद्रीय भूमिका हो जाती है। राज्यपाल सामान्यत: मंत्रिपरिषद् को तब तक हटा नहीं सकता है, जब तक उसे विधान सभा का बहुमत प्राप्त हो, परंतु राज्यपाल राष्ट्रपति (व्यवहार में केंद्र सरकार) का संकेत पाकर मंत्रिपरिषद् को बर्खास्त कर सकता है। संवैधानिक तंत्र की विफलता की संभावना या राज्य में किसी अन्य प्रकार के संवैधानिक संकट के उत्पन्न होने की संभावना को देखते हुए राज्यपाल राष्ट्रपति को राज्य में राष्ट्रपति शासन लगाने की अनुशंसा कर सकता है। राज्यपाल किसी भी मंत्री द्वारा व्यक्तिगत रूप में दिए गए निर्णय को मंत्रिमंडल के समक्ष पुन: विचारार्थ रखवा सकता है। असोम (असम), पंजाब तथा आंध्र प्रदेश के राज्यपालों को स्वविवेक की शक्ति के प्रयोग का अधिकार दिया गया है। इन तर्कों से स्पष्ट है कि राज्यपाल विशेष परिस्थिति में स्वविवेक का प्रयोग कर सकता है। यह एक संवैधानिक प्रधान को प्राप्त अधिकार से अधिक है। 1967 में प. बंगाल के राज्यपाल धर्मवीर ने अजय मुखर्जी की सरकार को बर्खास्त करके पी. सी. घोष को मुख्यमंत्री नियुक्त कर दिया, जिसका समर्थन कोलकाता (कलकत्ता) उच्च न्यायालय ने भी किया और राज्यपाल की कार्यवाही को वैधानिक ठहराया। 1970 में पंजाब के राज्यपाल ने मुख्यमंत्री गुरुनाम सिंह द्वारा विधानसभा भंग करने की अनुशंसा को स्वीकार नहीं किया। 1976 में राज्यपाल ने तमिलनाडु की विधानसभा को मंत्रिमंडल की अनुशंसा के बिना ही भंग कर दिया। राज्यपाल की अनुशंसा मात्र से ही संकटकाल की उद्घोषणा की जा सकती है। इस प्रकार स्पष्ट है कि राज्यपाल केवल संवैधानिक प्रधान ही नहीं है बल्कि वास्तविक प्रधान है।

राज्यपाल से संबंधित अनुच्छेद

• अनुच्छेद–153	:	राज्यों के राज्यपाल
• अनुच्छेद–154	:	राज्य की कार्यपालिका शक्ति
• अनुच्छेद–155	:	राज्यपाल की नियुक्ति
• अनुच्छेद–156	:	राज्यपाल का कार्यकाल
• अनुच्छेद–157	:	राज्यपाल के नियुक्त होने के लिए योग्यता
• अनुच्छेद–158	:	राज्यपाल कार्यालय के लिए दशाएं
• अनुच्छेद–159	:	राज्यपाल द्वारा शपथ ग्रहण
• अनुच्छेद–160	:	कतिपय आकस्मिक परिस्थितियों में राज्यपाल के कार्य
• अनुच्छेद–161	:	राज्यपाल को क्षमादान आदि की शक्ति
• अनुच्छेद–162	:	राज्य की कार्यपालक शक्ति की सीमा
• अनुच्छेद–163	:	मंत्रिपरिषद् का राज्यपाल को सहयोग तथा सलाह देना।
• अनुच्छेद–164	:	मंत्रियों से संबंधित अन्य प्रावधान जैसे नियुक्ति, कार्यकाल तथा वेतन आदि।
• अनुच्छेद–165	:	राज्य का महाधिवक्ता
• अनुच्छेद–166	:	राज्य की सरकार द्वारा संचालित कार्यवाही
• अनुच्छेद–167	:	राज्यपाल को सूचना देने इत्यादि का मुख्यमंत्री का दायित्व
• अनुच्छेद–174	:	राज्य विधायिका सत्रावसान तथा उसका भंग होना।
• अनुच्छेद–175	:	राज्यपाल का राज्य विधायिका के किसी एक अथवा दोनों सदनों को संबोधित करने अथवा संदेश देने का अधिकार।
• अनुच्छेद–176	:	राज्यपाल द्वारा विशेष संबोधन।
• अनुच्छेद–200	:	विधेयक पर सहमति।
• अनुच्छेद–201	:	राज्यपाल द्वारा विधेयक को राष्ट्रपति के विचारार्थ सुरक्षित रख लेना।
• अनुच्छेद–213	:	राज्यपाल की अध्यादेश जारी करने की शक्ति
• अनुच्छेद–217	:	राज्यपाल की उच्च न्यायालय के न्यायाधीशों की नियुक्ति के मामले में राष्ट्रपति द्वारा सलाह लेना।
• अनुच्छेद–233	:	राज्यपाल द्वारा जिला न्यायाधीशों की नियुक्ति
• अनुच्छेद–234	:	राज्यपाल द्वारा न्यायिक सेवा के लिए नियुक्ति (जिला न्यायाधीशों को छोड़कर)

राज्यपाल के अधिकारों, कार्यों, स्थिति तथा स्वविवेक शक्ति के विश्लेषण से स्पष्ट है कि राज्यपाल संवैधानिक प्रधान अवश्य है, परंतु कुछ परिस्थितियों में वह अपनी स्वविवेक शक्ति का प्रयोग करके महत्वपूर्ण भूमिका निभा सकता है। **अनुच्छेद–**163 (1) के अनुसार राज्यपाल की स्वविवेक शक्ति का क्षेत्र काफी व्यापक हो सकता है। परंतु यह भी सही है कि राज्यपाल अनुच्छेद–163(1) के अंतर्गत प्राप्त स्वविवेक की शक्ति का मनमाने ढंग से प्रयोग नहीं कर सकता है। अनुच्छेद–163 राज्यपाल को निरंकुश या अनुत्तरदायी नहीं बनाता है। वह केवल कुछ विशेष परिस्थितियों में राज्यपाल को अपनी इच्छानुसार कार्य करने की शक्ति देता है, जब देश के व्यापक हितों के संरक्षण के लिए राज्यपाल को मंत्रिमंडल की इच्छाओं का उल्लंघन करना आवश्यक हो जाता है। जब केंद्र तथा राज्य में एक ही दल की सरकार होती है, तब राज्यपाल मंत्रिपरिषद् की इच्छाओं का उल्लंघन नहीं कर सकता है। यहां राज्यपाल की भूमिका एक संवैधानिक प्रधान की होती है। परंतु विगत कुछ दशकों में राज्यपाल तथा मंत्रिपरिषद् के मध्य संबंध काफी कटु हो गए। इससे राज्यपाल के पद की मर्यादा और गरिमा प्रभावित हुई, अनेक राज्यों में राज्यपाल ने केंद्र सरकार के इशारे पर वहां की बहुमत सरकार को बर्खास्त कर दिया। केंद्र की इच्छा-पालन के अपने प्रयास में राज्यपालों ने न केवल स्थापित संवैधानिक परंपराओं का उल्लंघन किया है, बल्कि राजनीतिक व्यवहार के ऐसे नए प्रतिमान भी स्थापित किए जो न तो संसदीय व्यवस्था के अनुकूल कहे जा सकते हैं और न ही जिनके पूर्व उदाहरण प्राप्त होते हैं। इस प्रकार की स्थितियां न तो राज्यपाल पद के हित में हैं और न ही भारतीय राजव्यवस्था के हित में हैं। किसी भी स्वस्थ परंपरा को स्थापित और विकसित होने में समय लगता है तथा भली-भांति प्रभावी होने में और अधिक समय लगता है। पिछले कई दशकों के राज्यपालों के व्यवहार से पता चलता है कि राज्यपाल राज्य के संवैधानिक प्रधान के रूप में कम और केंद्र के अभिकर्ता के रूप में कहीं अधिक भूमिका का निर्वाह करता है। इससे राज्य सरकारों पर केंद्र का कठोर नियंत्रण बना रहता है। अतः यह माना जा सकता है कि राज्यपाल केंद्र का मात्र प्रतिनिधि ही नहीं होता है, बल्कि यह प्रभावी तंत्र भी है। यह सही है कि राज्यपाल राज्य के संवैधानिक प्रधान के रूप में कार्य करता है, परंतु विशेष परिस्थितियों में वह केंद्र का प्रभावी अस्त्र बन जाता है।

राज्यपाल के संदर्भ में सरकारिया आयोग की रिपोर्ट

- आयोग के अनुसार राष्ट्रपति, राज्यों में राज्यपाल की नियुक्ति से पूर्व राज्य के मुख्यमंत्रियों से परामर्श अवश्य करें।
- राज्यपाल को उसके कार्यकाल (5 वर्ष) से पहले किसी राजनैतिक कारणों से नहीं हटाया जाना चाहिए।
- राज्यपाल, एक विशिष्ट व्यक्ति होना चाहिए, जो स्थानीय दलीय राजनीति से संबंधित न हो।
- राज्यपाल को अनुच्छेद–356 को लागू करने की सिफारिश करने से पूर्व विभिन्न विकल्पों की तलाश करनी चाहिए तथा अनुच्छेद–356 का प्रयोग अंतिम विकल्प के रूप में होना चाहिए।
- राज्यपाल द्वारा मंत्रिमंडल को बहुमत सिद्ध करने का आदेश सदन के पटल पर दिया जाना चाहिए, न कि राजभवन में।

राज्यपाल को केंद्र के एजेंट तथा राज्य के संवैधानिक प्रधान की दोहरी भूमिका निभानी पड़ती है। अतः इन दोनों भूमिकाओं में सामंजस्य स्थापित करने की आवश्यकता है।

सरकारिया आयोग और राज्यपाल

सरकारिया आयोग ने अपने प्रतिवेदन में राज्यपाल पद समाप्त करने की मांग अस्वीकार कर दी थी। ध्यातव्य है कि 1978 में सरकारिया आयोग का गठन केंद्र और राज्यों के मध्य संबंधों को सुधारने के लिए उचित सुझाव देने के लिए किया गया। सरकारिया आयोग ने अपनी रिपोर्ट 1983 में केंद्र सरकार को प्रस्तुत की थी। सरकारिया आयोग के अनुसार राज्यपाल की नियुक्ति में निम्नलिखित मानदंडों को ध्यान में रखा जाना चाहिए–

1. वह किसी क्षेत्र का विशेषज्ञ हो।
2. जिस राज्य का राज्यपाल उसे नियुक्त किया जा रहा है, उस राज्य के बाहर का निवासी होना चाहिए।
3. उसका स्थानीय राजनीति से कोई संबंध नहीं होना चाहिए।
4. उसने सामान्यतः तथा विशेष रूप में निकटतम अवधि में राजनीति में अधिक भाग न लिया हो।

राज्यपाल के कर्तव्यों के संदर्भ में सरकारिया आयोग ने अपने प्रतिवेदन में कहा था कि राज्यपाल को बहुमत प्राप्त दल के नेता को मुख्यमंत्री नियुक्त करना चाहिए। यदि किसी पार्टी को स्पष्ट बहुमत नहीं मिलता है तो राज्यपाल को वरीयता क्रम से निम्न प्रकार के दलों या समूहों के नेता को मुख्यमंत्री नियुक्त करना चाहिए–

(i) चुनाव पूर्व बनाया गया विभिन्न दलों का गठबंधन।
(ii) अन्य दलों एवं निर्दलीयों के समर्थन से बना सर्वाधिक विधायक दल।

(iii) चुनाव के बाद विभिन्न दलों द्वारा बनाया गया गठबंधन, जिसमें सभी भागीदार सरकार में सम्मिलित हों।

(iv) चुनाव के पश्चात विभिन्न दलों द्वारा बनाया गया गठबंधन जिसमें कुछ दल सरकार में भागीदार हों और अन्य दल (निर्दलियों सहित) सरकार को बाहर से समर्थन देने के लिए तैयार हों।

राज्यपाल को यह प्रक्रिया अपनाते समय ऐसे नेता को मुख्यमंत्री नियुक्त करना चाहिए, जो विधानसभा में बहुमत प्राप्त कर सके। मनोनीत मुख्यमंत्री को शपथ ग्रहण के 30 दिन के अंदर ही विधानसभा में अपना बहुमत सिद्ध करना होगा।

राजभवन से राजनीति के कुछ प्रसंग

''मैं ईश्वर की शपथ लेता हूं या सत्यनिष्ठा से प्रतिज्ञा करता हूं कि मैं श्रद्धापूर्वक राज्य के राज्यपाल के पद का कार्यपालन या राज्यपाल के कृत्यों का वहन करूंगा तथा अपनी पूरी योग्यता से संविधान तथा विधि का परिरक्षण, संरक्षण तथा प्रतिरक्षण करूंगा और मैं राज्य की जनता की सेवा तथा कल्याण में नियत रहूंगा।''

भारतीय संविधान द्वारा इतने स्पष्ट शपथ या प्रतिज्ञान के बावजूद राज्यपालों को बहुधा अप्रिय कारणों से विवादों में घिरते देखा जाता है। विवादित राज्यपालों और उनके कारनामों की सूची बहुत लंबी है, इनमें से कुछ की बानगी निम्नवत् है–

- 1952 में तमिलनाडु में हुए पहले विधानसभा चुनाव के बाद कांग्रेस पार्टी सरकार बनाने की स्थिति में नहीं थी तथा यूनाइटेड डेमोक्रेटिक फ्रंट का सत्ता में आना निश्चित था। कांग्रेसी राज्यपाल श्री प्रकाश ने पार्टी प्रेम में नैतिकता को ताक पर रखकर कांग्रेस के दिग्गज सी. राजगोपालाचारी को मुख्यमंत्री बना दिया, जबकि सी. राजगोपालाचारी किसी भी सदन के सदस्य नहीं थे। विधिसम्मत ढंग से मुख्यमंत्री का पद यूनाइटेड डेमोक्रेटिक पार्टी के नेता टी. प्रकाशम को मिलना चाहिए था, परंतु वह दुर्भाग्यशाली रहे। लोकतंत्र को झकझोर देने वाली इस घटना से तत्कालीन राष्ट्रपति राजेंद्र प्रसाद तथा जवाहरलाल नेहरू काफी मर्माहत हुए तथा नेहरू ने इसके विरुद्ध टिप्पणी भी की थी। परंतु यह खेदजनक प्रस्ताव आज भी इतिहास में दर्ज है कि न प्रथम राष्ट्रपति कुछ कर पाए और न प्रधानमंत्री।
- 1976 में राजस्थान में राजभवन में राजनीति का एक निंदनीय रूप देखने को मिला। वहां तत्कालीन राज्यपाल संपूर्णानंद ने बिना बहुमत वाली कांग्रेसी सरकार को शपथ दिला दी। यद्यपि वहीं विपक्षी सरकार बनना तय थी तथा विपक्षियों ने विधायकों की गिनती भी राजभवन में करा दी थी। परंतु लोकतंत्र के सौभाग्य से उस सरकार को सत्ता छोड़नी पड़ी।
- 1977 में जनता पार्टी द्वारा नियुक्त राज्यपालों ने केंद्र के इशारे पर राज्यों की सभी कांग्रेस शासित सरकारों को बर्खास्त कर दिया तथा इसका आधार यह बताया गया कि केंद्र में कांग्रेस पराजित हो गई है। इसलिए राज्यों में उसे शासन करने का अधिकार नहीं है। यही कारण बताते हुए 1980 में इंदिरा गांधी ने विपक्ष शासित राज्यों की सरकारों को बर्खास्त कर दिया था।
- 1984 में आंध्र प्रदेश में कांग्रेसी राज्यपाल रामलाल ने एन.टी. रामाराव सरकार को बर्खास्त कर दिया तथा एन. भास्कर राव को मुख्यमंत्री नियुक्त कर दिया। एन.टी.आर. अपने समर्थक विधायकों के साथ राष्ट्रपति भवन पहुंच गए। फलतः एनटीआर की सरकार पुनः सत्ता में वापस आ गई।
- 1989 में कर्नाटक में बोम्मई सरकार को बर्खास्त कर दिया गया जो मामला सुप्रीम कोर्ट तक पहुंचा। सुप्रीम कोर्ट ने ऐतिहासिक फैसला सुनाया कि बहुमत का फैसला सदन में हो सकता है।
- 1996 में उत्तर प्रदेश में तत्कालीन राज्यपाल रोमेश भंडारी एकतरफा निर्णयों से काफी चर्चा में रहे। उन्होंने 6 माह तक भाजपा को सरकार बनाने से रोके रखा। यह भी आरोप लगाया गया कि राज्यपाल सत्ता की बागडोर अपने हाथों में रखना चाहते हैं।
- अक्टूबर, 1997 में रोमेश भंडारी ने भाजपा सरकार को बहुमत सिद्ध करने के बाद तुरंत बर्खास्त कर दिया। यह अलग बात है कि राष्ट्रपति के हस्तक्षेप के बाद भाजपा पुनः सत्ता में वापस आ गई।
- 1998 में उत्तर प्रदेश में जब लोकसभा चुनाव का दूसरा चरण कल होने वाला था, उसी समय रात्रि में कल्याण सिंह सरकार को बर्खास्त करके जगदंबा पाल को मुख्यमंत्री बना दिया गया, परंतु सुप्रीम कोर्ट के हस्तक्षेप के बाद पुनः कल्याण सिंह तीसरे दिन सत्ता में वापस लौट आए।
- 1998 में गोवा के राज्यपाल ले. जनरल जैकब ने कांग्रेस पार्टी की सरकार को विश्वास मत प्राप्त करने के लिए मात्र ढाई हफ्ते का समय दिया और सरकार को बर्खास्त कर दिया।
- 1999 में बिहार में राज्यपाल सुंदर सिंह भंडारी ने बिहार में राबड़ी सरकार को बर्खास्त कर दिया तथा राष्ट्रपति शासन लगा दिया, परंतु राज्यसभा में प्रस्ताव के पारित न होने के कारण पुनः राबड़ी सरकार को बहाल करना पड़ा।
- 2000 में बिहार के राज्यपाल विनोद चंद्र पाण्डेय ने नीतीश कुमार को मुख्यमंत्री नियुक्त कर दिया, परंतु नीतीश कुमार ने 10 दिनों के अंदर ही सत्ता छोड़ दी, क्योंकि वह विधानसभा में बहुमत नहीं सिद्ध कर पाए।
- फरवरी, 2005 में गोवा पुनः उस समय चर्चा में आया जब भाजपा सरकार ने मनोहर पारिख के बहुमत सिद्ध करने के बाद उन्हें बर्खास्त करके प्रताप सिंह राणे को मुख्यमंत्री नियुक्त कर दिया। बाद में प्रताप सिंह राणे को बर्खास्त करके राष्ट्रपति शासन लगा दिया गया।
- मार्च, 2005 में झारखंड के राज्यपाल ने राजग के बहुमत के दावे तथा विधायकों के कम पड़ने के बाद भी शिबू सोरेन को मुख्यमंत्री बना दिया, जिनको बाद में गद्दी छोड़नी पड़ी।

स्मरणीय तथ्य

- राज्यों में संवैधानिक प्रधान राज्यपाल है।
- राज्यपाल की नियुक्ति राष्ट्रपति करता है।
- राज्यपाल राष्ट्रपति के प्रसादपर्यंत अपने पद पर बना रहता है।
- राज्यपाल पद के लिए यह आवश्यक है कि वह भारत का नागरिक हो, उसकी उम्र 35 वर्ष से कम न हो।
- राज्यपाल के वेतन, भत्ते एवं अन्य सुविधाओं को निश्चित करने का अधिकार संसद को दिया गया है।
- राज्यपाल का कार्यकाल 5 वर्ष का होता है।
- राज्यपाल पद ग्रहण करने से पूर्व शपथ ग्रहण करता है।
- राज्यपाल को उच्च न्यायालय के मुख्य न्यायाधीश शपथ दिलाते हैं।
- कार्यकाल के दौरान कोई फौजदारी अभियोग नहीं चलाया जाएगा।
- राज्यपाल के विरुद्ध दीवानी मुकदमा चलाया जा सकता है, परंतु इसके लिए दो महीने का नोटिस देना होगा।
- राष्ट्रपति किसी राज्यपाल को नियुक्त करने से पहले उस राज्य के मुख्यमंत्री से भी परामर्श लेगा, ऐसी आशा की जाती है।

- ऐसी परंपरा स्थापित हो चुकी है कि जिस राज्य में राज्यपाल नियुक्त किया जाता है, वह उस राज्य का व्यक्ति नहीं होगा।
- राष्ट्रपति जब चाहे एक राज्य के राज्यपाल को दूसरे राज्य में राज्यपाल नियुक्त कर सकता है।
- राज्यपाल को राज्यों में वही शक्तियां तथा अधिकार प्राप्त हैं, जो केंद्र में राष्ट्रपति को प्राप्त हैं।
- अनुच्छेद–154 के अनुसार राज्य की कार्यपालिका शक्तियां राज्यपाल में निहित हैं, जिनका प्रयोग वह या तो स्वयं करता है या अपने अधीनस्थ अधिकारियों के माध्यम से करता है।
- राज्य का समस्त शासन राज्यपाल के नाम से चलाया जाता है।
- राज्यपाल मुख्यमंत्री की नियुक्ति करता है तथा मुख्यमंत्री की सलाह से अन्य मंत्रियों को नियुक्त करता है।
- राज्यपाल राज्य महाधिवक्ता, राज्य के लोक सेवा आयोग के चेयरमैन तथा अन्य सदस्यों को नियुक्त करता है।
- राज्यपाल राज्य की विधानसभा में एक एंग्लो-इंडियन तथा राज्य की विधान परिषद् में 1/6 सदस्यों को मनोनीत करता है।
- राष्ट्रपति राज्य के राज्यपाल के परामर्श से उच्च न्यायालय के मुख्य न्यायाधीश तथा अन्य न्यायाधीशों की नियुक्ति कर सकता है।
- राज्यपाल जब यह अनुभव करता है कि राज्य का शासन संविधान के अनुसार नहीं चलाया जा रहा है तो वह इसकी सूचना भारत के राष्ट्रपति को देता है, तब राष्ट्रपति उस राज्य में राष्ट्रपति शासन लगा सकता है।
- मुख्यमंत्री का परामर्श मिलने के बाद राज्यपाल विधानसभा को भंग कर सकता है।
- राज्यपाल मुख्यमंत्री से किसी भी प्रकार की सूचना प्राप्त करने का अधिकार रखता है।
- राज्यपाल मुख्यमंत्री को किसी मंत्री के व्यक्तिगत निर्णय को मंत्रिपरिषद् के समक्ष पुनर्विचार के लिए कह सकता है।
- राज्यपाल यद्यपि विधानमंडल का सदस्य नहीं होता है, किंतु राष्ट्रपति की तरह ही वह भी विधानमंडल का अंग होता है।
- राज्यपाल विधानमंडल का अधिवेशन बुला सकता है अथवा स्थगित कर सकता है।
- राज्यपाल विधानमंडल के किसी भी सदन में भाषण दे सकता है तथा अपना संदेश भेज सकता है।
- कोई भी विधेयक राज्यपाल की स्वीकृति के बिना अधिनियम नहीं बन सकता, अर्थात् सभी विधेयकों पर राज्यपाल की स्वीकृति आवश्यक है।
- राज्यपाल किसी विधेयक को राष्ट्रपति की अनुमति के लिए रोक सकता है।
- राज्यपाल विधानसभा और विधान परिषद् का संयुक्त अधिवेशन बुला सकता है।
- जब विधानमंडल का अधिवेशन नहीं चल रहा हो तो राज्यपाल अध्यादेश जारी कर सकता है।
- राज्यपाल द्वारा जारी अध्यादेश का राज्य में वही प्रभाव एवं महत्व है, जो विधानमंडल द्वारा निर्मित किए गए अधिनियमों का होता है।
- राज्यपाल अध्यादेश वापस ले सकता है।
- राज्यपाल विधान परिषद् के सभापति तथा उपसभापति के पद रिक्त होने पर किसी सदस्य को विधान परिषद् की अध्यक्षता करने को कह सकता है।
- प्रत्येक वर्ष विधानमंडल का अधिवेशन राज्यपाल के भाषण से प्रारंभ होता है, जिसमें राज्य की नीति का वर्णन होता है।
- राज्य की आकस्मिक निधि पर राज्यपाल का ही नियंत्रण होता है। संकटकाल में आवश्यकता पड़ने पर राज्यपाल इसमें से धन व्यय कर सकता है।
- राज्यपाल को उन समस्त विषयों से संबंधित अपराधों के लिए, जो राज्य की कार्यपालिका शक्ति के अंतर्गत आते हैं, न्यायालय द्वारा दिए गए दंड को कम करने, स्थगित करने तथा परिवर्तित करने का अधिकार प्राप्त है।
- राज्यपाल लोक सेवा आयोग का वार्षिक प्रतिवेदन प्राप्त करता है तथा उसे विधानसभा के विचारार्थ प्रस्तुत करवाता है।
- राज्यपाल आय-व्यय के संबंध में महालेखा परीक्षक के प्रतिवेदन को भी प्राप्त करता है।

❑❑❑

अध्याय 6

राज्य मंत्रिपरिषद् और मुख्यमंत्री

केंद्र की तरह राज्यों में भी संसदीय प्रणाली अस्तित्व में है। इसलिए प्रत्येक राज्य में राज्यपाल को सहायता और परामर्श देने के लिए संविधान में एक मंत्रिपरिषद् की स्थापना की गई है। संविधान के अनुच्छेद–163(1) में कहा गया है कि जिन बातों में संविधान द्वारा या उनके अधीन राज्यपाल से यह अपेक्षा की जाती है कि वह अपना कार्य स्वविवेक से करें, उन बातों को छोड़कर राज्यपाल को अपने कार्यों के संचालन में सहायता और मंत्रणा देने के लिए एक मंत्रिपरिषद् होगी। राज्य की वास्तविक कार्यपालिका मुख्यमंत्री के नेतृत्व वाली मंत्रिपरिषद् होती है। मंत्रिपरिषद् सामूहिक रूप से विधानसभा के प्रति जिम्मेदार होती है।

मंत्रिपरिषद् का गठन

राज्य मंत्रिपरिषद् के शीर्ष पर मुख्यमंत्री होता है। मंत्रिपरिषद् के गठन में सबसे पहले राज्यपाल द्वारा मुख्यमंत्री की नियुक्ति की जाती है। मुख्यमंत्री के परामर्श के अनुसार राज्यपाल अन्य मंत्रियों की नियुक्ति करता है। सैद्धांतिक रूप से मुख्यमंत्री की नियुक्ति करना राज्यपाल का औपचारिक अधिकार है, क्योंकि राज्यपाल विधानसभा में बहुमत दल के नेता को मुख्यमंत्री नियुक्त करने के लिए बाध्य है। परंतु जब विधानसभा में किसी दल को बहुमत नहीं प्राप्त होता है तो राज्यपाल उस समय अपने विवेक का प्रयोग करके मुख्यमंत्री की नियुक्ति करता है। ऐसा करते समय राज्यपाल इस बात का पूरा ध्यान रखता है कि मनोनीत मुख्यमंत्री विधानसभा में बहुमत सिद्ध करने में सक्षम है। उदाहरणस्वरूप 1965 में केरल के निर्वाचन में किसी दल को स्पष्ट बहुमत प्राप्त नहीं था। राज्यपाल ने राष्ट्रपति से अनुरोध किया कि राज्य में संकटकाल की उद्घोषणा करके दूसरा निर्वाचन कराया जाए। फलत: किसी भी दल के मंत्रिमंडल का निर्माण न करके विधानसभा भंग कर दी गई। नवंबर, 1967 में पी. सी. घोष के नेतृत्व में प. बंगाल में, पंजाब में लक्ष्मण सिंह गिल के नेतृत्व में तथा बिहार में वी. पी. मंडल के नेतृत्व में अल्पमत मंत्रिमंडलों का गठन किया गया है।

संवैधानिक रूप से राज्यपाल मुख्यमंत्री की सलाह से अन्य मंत्रियों की नियुक्ति करता है, परंतु व्यवहार में अन्य मंत्रियों की नियुक्ति केवल मुख्यमंत्री के द्वारा की जाती है। मुख्यमंत्री राज्यपाल को मंत्रिपरिषद् की एक सूची देते हैं और राज्यपाल द्वारा उसको स्वीकार कर लिया जाता है। राज्यपाल इस सूची में कोई परिवर्तन नहीं कर सकता है। राज्य के मंत्रियों की संख्या कितनी होगी, संविधान में इस संबंध में कुछ भी नहीं लिखा गया है। यही कारण है कि उत्तर प्रदेश तथा बिहार में इस समय विशालकाय मंत्रिपरिषद् कार्य कर रही हैं। ध्यातव्य है कि संविधान के अनुसार बिहार, ओडिशा (उड़ीसा) तथा मध्य प्रदेश में आदिम तथा पिछड़ी हुई जातियों के लिए एक मंत्री अनिवार्य है। सामान्य परंपरा यह रही है कि मंत्री बनाए जाते समय संबंधित व्यक्ति को राज्य व्यवस्थापिका के किसी भी सदन का सदस्य होना चाहिए। यदि कोई व्यक्ति सदन का सदस्य नहीं है और वह मुख्यमंत्री बन जाता है तो उसे 6 माह के अंदर सदन का सदस्य होना अनिवार्य है।

मंत्रिपरिषद् में तीन श्रेणी के मंत्री होते हैं– ***कैबिनेट मंत्री, राज्य मंत्री तथा उपमंत्री।*** इसके अतिरिक्त भारत में कुछ राज्यों में उपमुख्यमंत्री का पद भी सृजित किया गया है।

मंत्रिपद के लिए योग्यता–भारतीय संविधान में मंत्रियों के लिए कोई भी योग्यता नहीं निर्धारित नहीं की गई है। उसके लिए एकमात्र योग्यता राज्य विधानमंडल के किसी भी सदन की सदस्यता है। यदि कोई भी व्यक्ति विधानमंडल का सदस्य नहीं है तो उसे 6 माह के अंदर विधानमंडल का सदस्य बनना अनिवार्य होगा, अन्यथा उसे मंत्री पद से हटना पड़ेगा।

मंत्रियों का कार्यकाल– सामान्यत: मंत्रिपरिषद् का कार्यकाल 5 वर्ष का होता है। परंतु इसके लिए आवश्यक एवं अनिवार्य शर्त यह है कि मंत्रिपरिषद् को विधानसभा के बहुमत का समर्थन प्राप्त होना चाहिए। संसदीय प्रतिमानों के अनुसार मंत्रिपरिषद् सामूहिक रूप से विधानसभा के प्रति उत्तरदायी होती है। यदि विधानसभा द्वारा मंत्रिपरिषद् के विरुद्ध अविश्वास का प्रस्ताव पारित कर दिया जाए। अथवा किसी अन्य कारण, यथा सत्तारूढ़ दल में विभाजन अथवा बाहर से सरकार को समर्थन देने वाले दल द्वारा समर्थन वापस ले लिया जाता है और सरकार विधानसभा में अपना बहुमत खो देती है, तो मंत्रिपरिषद् को त्यागपत्र देना पड़ता है।

जहां तक मंत्रियों के कार्यकाल का संबंध है, तो संविधानत: मंत्री राज्यपाल के प्रसादपर्यंत अपने पद पर बने रहते हैं। परंतु व्यवहार में कोई भी व्यक्ति मंत्री तभी तक बना रहता है। जब तक मुख्यमंत्री उसे मंत्री बनाए रखना चाहता है। मंत्रियों की नियुक्ति को मुख्यमंत्री का विशेषाधिकार माना जाता है।

91वां संविधान संशोधन अधिनियम, 2003

91वें संविधान संशोधन अधिनियम, 2003 द्वारा राज्य मंत्रिपरिषद् में मंत्रियों की अधिकतम संख्या मुख्यमंत्री सहित विधानसभा की कुल सदस्य संख्या का 15% निश्चित की गई है। विधानसभा की कम सदस्य संख्या वाले छोटे राज्यों के लिए कम-से-कम 12 मंत्रियों का प्रावधान इस संवैधानिक संशोधन अधिनियम में किया गया है।

मंत्रियों के वेतन तथा भत्ते– संविधान के **अनुच्छेद**–164 (5) के अनुसार मंत्रियों को राज्य विधानमंडल द्वारा निर्धारित वेतन और भत्ता मिलता है और जब तक वे विधानमंडल द्वारा निर्धारित न हों, तब तक उनको वे ही वेतन और भत्ते मिलेंगे, जो संविधान की दूसरी सूची में वर्णित हैं। इसलिए वेतनादि के संबंध में सभी राज्यों में एकरूपता नहीं है।

मंत्रियों द्वारा शपथ ग्रहण–मंत्रिपरिषद् के निर्माण के लिए प्रत्येक मंत्री को राज्यपाल के सम्मुख पद और गोपनीयता की शपथ ग्रहण करनी पड़ती है। पद तथा गोपनीयता की शपथ निम्नलिखित रूप में लेनी पड़ती है–

(1) 'मैं .... ईश्वर की शपथ लेता हूं/सत्यनिष्ठा से प्रतिज्ञा करता हूं कि मैं विधि द्वारा स्थापित भारतीय संविधान के प्रति श्रद्धा और निष्ठा रखूंगा। राज्य के मंत्री के रूप में अपने कर्तव्यों का श्रद्धापूर्वक और शुद्ध अंत:करण से निर्वहन करूंगा तथा भय या पक्षपात, अनुराग या द्वेष के बिना, मैं सब प्रकार के लोगों के प्रति संविधान के अनुसार न्याय करूंगा

(2) 'मैं........ ईश्वर की शपथ लेता हूं/सत्यनिष्ठा से प्रतिज्ञा करता हूं कि जो विषय राज्यमंत्री के रूप में मेरे विचार के लिए लाया जाएगा या लाया गया होगा, उसे किसी व्यक्ति या व्यक्तियों को, उस अवस्था को छोड़कर जबकि ऐसा मंत्री के रूप अपने कर्तव्य के उचित निर्वहन के लिए करना अपेक्षित हो, अन्य अवस्था में प्रत्यक्ष रूप में सूचित या प्रकट नहीं करूंगा।''

मंत्रिपरिषद् के अधिकार और कार्य

भारतीय संविधान के **अनुच्छेद**–163 के अनुसार राज्य मंत्रिपरिषद् का मुख्य कार्य राज्यपाल को शासन कार्य में मंत्रणा एवं सहायता देना है। राज्य की वास्तविक कार्यपालिका शक्ति मंत्रिपरिषद् में निहित होती है। अतः राज्य मंत्रिपरिषद् के कार्यों को निम्नलिखित श्रेणियों में वर्गीकृत किया जा सकता है–

(i) कार्यपालिका तथा प्रशासकीय कार्य
(ii) व्यवस्थापिका या विधायी कार्य
(iii) वित्तीय कार्य
(iv) न्यायिक कार्य
(v) अन्य कार्य

राज्य की वास्तविक कार्यपालिका शक्ति राज्य मंत्रिपरिषद् में निहित होती है। मंत्रिपरिषद् अपने कार्यों के लिए विधानसभा के प्रति उत्तरदायी होती है। मंत्रिपरिषद् द्वारा राज्य की शासन संबंधी नीतियों का निर्धारण किया जाता है। प्रशासन के विभिन्न विभागों पर नियंत्रण रखना राज्य मंत्रिपरिषद् का एक प्रमुख कार्य है। विभिन्न विभागों का नियंत्रण तथा उनमें समन्वय स्थापित करना राज्य मंत्रिपरिषद् का एक प्रमुख कार्य है। महाधिवक्ता, लोक सेवा आयोग के अध्यक्ष एवं सदस्यों की नियुक्ति, विश्वविद्यालयों के उपकुलपति आदि की नियुक्ति मंत्रिपरिषद् द्वारा की जाती है। राज्य में शांति और सुरक्षा स्थापित करना भी मंत्रिपरिषद् का कार्य है।

मंत्रिपरिषद् का विधानमंडल पर व्यापक प्रभाव रहता है। मंत्रिपरिषद् की इच्छानुसार ही राज्य विधानमंडल द्वारा कानूनों का निर्माण किया जाता है। विधायी योजनाओं का सृजन, विधेयकों का प्रारूप तैयार करना तथा विधानमंडल से पारित कराना मंत्रिपरिषद् का प्रमुख कार्य है। मंत्रिपरिषद् ही विधानमंडल की बैठक की तिथि और कार्यक्रम का निर्धारण करती है। किसी भी विधेयक पर मंत्रिपरिषद् की सलाह पर राज्यपाल विधानसभा को कभी भी भंग कर सकता है। अतः स्पष्ट है कि मंत्रिपरिषद् के विधायी अधिकार काफी विस्तृत हैं।

मंत्रिपरिषद् द्वारा ही राज्य की आर्थिक एवं वित्तीय नीतियों का निर्धारण किया जाता है। सरकार का वार्षिक वित्तीय विवरण तैयार करवाना तथा उसे विधानमंडल द्वारा पारित करवाना मंत्रिपरिषद् का प्रमुख कार्य है। राजकीय करों का निर्धारण मंत्रिपरिषद् द्वारा ही किया जाता है।

संविधान द्वारा राज्यपाल को कुछ न्यायिक अधिकार भी प्रदान किए गए है। जिला न्यायाधीशों की नियुक्ति, अपराधियों को क्षमा प्रदान करना आदि। परंतु राज्यपाल के न्यायिक अधिकारों का वास्तविक प्रयोग मंत्रिपरिषद् ही करती है।

उपरोक्त वर्णित कार्यों के अतिरिक्त राज्य मंत्रिपरिषद् द्वारा अन्य कार्यों का भी संपादन किया जाता है। मंत्रिपरिषद् ऐसे प्रश्नों पर विचार करती है जो इस राज्य तथा अन्य राज्यों से संबद्ध हों। संचित निधि से व्यय का प्रस्ताव मंत्रिपरिषद् के ही सदस्य द्वारा किया जाता है। अतः स्पष्ट है कि राज्य मंत्रिपरिषद् को व्यापक अधिकार प्राप्त हैं।

राज्यपाल और मंत्रिपरिषद् में संबंध

मंत्रिपरिषद् में ही राज्य की वास्तविक कार्यपालिका शक्ति निहित होती है। यद्यपि राज्य का प्रशासन राज्यपाल के नाम से चलाया जाता है, परंतु सभी प्रशासनिक निर्णय मंत्रिपरिषद् द्वारा लिए जाते हैं। सामान्यतः राज्यपाल मंत्रिपरिषद् के परामर्श के अनुसार ही कार्य करता है। राज्य के मुख्यमंत्री का कर्तव्य है कि वह राज्य के सभी प्रशासनिक एवं अन्य निर्णयों के विषय में समय-समय पर राज्यपाल को अवगत कराता रहे। यदि किसी विषय में मंत्री द्वारा व्यक्तिगत रूप से निर्णय लिया गया है, तो राज्यपाल इसे संपूर्ण मंत्रिपरिषद् के विचारार्थ रखे जाने का निर्देश दे सकता है।

सामान्यतः राज्यपाल मंत्रिपरिषद् के परामर्श के अनुसार ही कार्य करता है परंतु विशेष परिस्थितियों में वह स्वविवेक का भी प्रयोग कर सकता है।

सामूहिक उत्तरदायित्व

- मंत्रिपरिषद् सामूहिक रूप से विधानसभा के प्रति उत्तरदायी होती है, अर्थात् मंत्रिपरिषद् के सदस्य साथ-साथ ही डूबते या तैरते हैं।
- यदि विधानसभा किसी मंत्री के विरुद्ध प्रस्ताव पारित कर दे या किसी मंत्री द्वारा रखे गए विधेयक को अस्वीकार कर दे तो समस्त मंत्रिपरिषद् को त्यागपत्र देना होता है।
- इस प्रकार मंत्रिपरिषद् द्वारा जो भी निर्णय लिए जाते हैं, सभी मंत्रियों को उसका समर्थन करना होता है, भले ही वह व्यक्तिगत रूप में इस निर्णय से सहमत हों या न हों।
- नीति संबंधी मामलों में मंत्रिपरिषद् का सामूहिक उत्तरदायित्व होता है लेकिन किसी मंत्री के भ्रष्ट आचरण या व्यक्तिगत दोष के लिए संबद्ध मंत्री ही उत्तरदायी होता है, समस्त मंत्रिपरिषद् नहीं।

राज्यपाल और मंत्रिपरिषद् के मध्य वही संबंध है, जो केंद्र में राष्ट्रपति तथा मंत्रिपरिषद् के मध्य होता है। राष्ट्रपति की तरह ही राज्यपाल संवैधानिक अध्यक्ष होता है और मंत्रिपरिषद् वास्तविक कार्यपालिका होती है। राष्ट्रपति और राज्यपाल में एक प्रमुख अंतर यह है कि राज्यपाल अपनी सभी शक्तियों का प्रयोग मंत्रिपरिषद् के विवेकानुसार करता है। परंतु राष्ट्रपति को कुछ ऐसी भी शक्तियां प्राप्त हैं जिनका प्रयोग वह विवेकानुसार करता है।

संवैधानिक प्रावधानों के अनुसार मंत्रिपरिषद् के सदस्य राज्यपाल के प्रसादपर्यंत अपने पदों पर बने रह सकते हैं, परंतु यह केवल सैद्धांतिक तथ्य ही है। व्यवहार में मंत्रीगण मुख्यमंत्री के प्रसादपर्यंत अपने पद पर बने रह सकते हैं। मुख्यमंत्री के परामर्श से ही राज्यपाल मंत्रियों को नियुक्त तथा पदच्युत करता है।

मंत्रिपरिषद् और राज्य व्यवस्थापिका के संबंध

संविधान के अनुच्छेद–164(2) में कहा गया है कि मंत्रिपरिषद् अपने कृत्यों के लिए सामूहिक रूप से विधानसभा के प्रति उत्तरदायी होगी। इससे स्पष्ट रूप से निष्कर्ष निगमित होता है कि मंत्रिपरिषद् तब तक अपने पदों पर कायम रह सकती है, जब तक उसे विधानसभा के बहुमत का समर्थन प्राप्त हो। मंत्रिपरिषद् के सदस्य व्यवस्थापिका के सदस्य होते हैं। व्यवस्थापिका की बैठकों में मंत्रीगण भाग लेते हैं तथा विधि निर्माण के प्रस्ताव को सामान्यतः मंत्रीगणों द्वारा ही प्रस्तुत किया जाता है।

व्यवस्थापिका मंत्रिपरिषद् की गतिविधियों पर नियंत्रण रखती है। व्यवस्थापिका के सदस्य मंत्रियों से प्रश्न पूछकर ध्यानाकर्षण प्रस्ताव, स्थगन प्रस्ताव, काम रोको-प्रस्ताव तथा कटौती प्रस्तावों के द्वारा शासन की आलोचना करते हैं।

इसके अतिरिक्त किसी सरकारी विधेयक को पारित करने से अस्वीकार करके, सरकार द्वारा किसी अनुदान की मांग के संदर्भ में कटौती प्रस्ताव को स्वीकृत करके तथा अंततः सरकार के विरुद्ध अविश्वास प्रस्ताव पारित करके विधानसभा मंत्रिपरिषद् को पदच्युत कर सकती है। परंतु उपर्युक्त शक्तियां व्यावहारिक कम तथा सैद्धांतिक अधिक प्रतीत होती हैं, क्योंकि मंत्रिपरिषद् उसी दल का होता है, जिसे विधानसभा में बहुमत प्राप्त होता है।

ऐसी स्थिति में सरकारी विधेयक के न पारित होने, कटौती तथा अविश्वास प्रस्ताव के पारित होने की संभावना न्यूनतम होती है। प्रायः मान्यता है कि जब तक सत्तारूढ़ दल के सदस्य अनुशासनबद्ध हैं और उसे विधानसभा में स्पष्ट बहुमत प्राप्त है, तब तक मंत्रिपरिषद् स्वतंत्र रूप से कार्य करती है।

मुख्यमंत्री

केंद्रीय मंत्रिपरिषद् में जो स्थान प्रधानमंत्री को प्राप्त है, वही स्थान राज्य मंत्रिपरिषद् में मुख्यमंत्री को प्राप्त है। मुख्यमंत्री वह धुरी है जिसके चारों ओर राज्य घूमता है। संविधान के **अनुच्छेद–164(1)** के अनुसार मुख्यमंत्री राज्यपाल द्वारा नियुक्त किया जाता है। राज्यपाल उसी व्यक्ति को मुख्यमंत्री नियुक्त करता है जो विधानसभा के बहुमत प्राप्त दल का नेता होता है। राज्यपाल कुछ विशेष परिस्थितियों यथा–जब किसी भी दल को विधानसभा में बहुमत प्राप्त न हो अथवा सत्तारूढ़ दल का कोई सहयोगी दल समर्थन वापस ले ले, में स्वविवेकानुसार मुख्यमंत्री की नियुक्ति कर सकता है। ध्यातव्य है कि 1967 में चुनाव के बाद अनेक राज्यों के राज्यपालों द्वारा मुख्यमंत्री की नियुक्ति करते समय स्वविवेक का प्रयोग किया गया था।

मुख्यमंत्री के अधिकार और कार्य

संवैधानिक प्रावधानों के अनुसार मुख्यमंत्री का कार्य राज्यपाल को सहायता एवं परामर्श देना है। मुख्यमंत्री के कार्यों एवं अधिकारों को निम्नलिखित रूप में वर्णित किया जा सकता है–

1. मुख्यमंत्री राज्य शासन का वास्तविक अध्यक्ष होता है। इस रूप में मुख्यमंत्री अपने मंत्रियों, उपमंत्रियों तथा संसदीय सचिवों के चयन, उनके विभागों के वितरण में तथा पदमुक्ति के संदर्भ में राज्यपाल को परामर्श देता है।
2. मुख्यमंत्री मंत्रिपरिषद् की सभी बैठकों की अध्यक्षता करता है। मुख्यमंत्री सामूहिक उत्तरदायित्व के सिद्धांत का स्वयं पालन करता है तथा अपने मंत्रियों से करवाता है।
3. मुख्यमंत्री राज्यपाल को राज्य के प्रशासनिक एवं विधायी मामलों के संदर्भ में समय-समय पर अवगत कराता रहता है। राज्यपाल की इच्छा पर वह किसी निर्णय को मंत्रिपरिषद् के सम्मुख विचारार्थ रखता है।
4. सामान्यतः मुख्यमंत्री विधानसभा का नेता होता है। मुख्यमंत्री विधानसभा के अध्यक्ष की सलाह से विधायी कार्यक्रम तैयार करता है। विधानसभा में मुख्यमंत्री मंत्रिपरिषद् का प्रवक्ता होता है। मुख्यमंत्री न केवल सरकार की नीतियों की उद्घोषणा करता है, बल्कि विपक्षी दल तथा व्यवस्थापिका के अन्य सदस्यों के प्रश्नों का उत्तर देता है।
5. मुख्यमंत्री विधानसभा को भंग करने की सिफारिश राज्यपाल से कर सकता है।
6. संविधानतः राज्य के बड़े पदाधिकारियों की नियुक्तियां राज्यपाल द्वारा की जाती हैं, परंतु व्यवहार में यह नियुक्तियां मुख्यमंत्री द्वारा की जाती हैं, क्योंकि मुख्यमंत्री ही वास्तविक कार्यपालिका का अधिकारी होता है।
7. मुख्यमंत्री अपने राज्य के अल्पसंख्यक वर्गों तथा पिछड़ी जातियों के हितों का संरक्षण करता है।
8. मुख्यमंत्री अपने दल का नेता होता है, क्योंकि विधानसभा के बहुमत दल के नेता को ही मुख्यमंत्री पद पर राज्यपाल नियुक्त करता है। दल का नेता होने के कारण मुख्यमंत्री अपने दल के हितों की रक्षा करता है। मुख्यमंत्री सरकार के माध्यम से अपने दल संबंधी नीतियों को क्रियान्वित करता है।

मुख्यमंत्री की वास्तविक स्थिति

मुख्यमंत्री की वास्तविक स्थिति के संदर्भ में यह कहा जा सकता है कि वह राज्य व्यवस्थापिका एवं कार्यपालिका का प्रधान होता है। फिर भी मुख्यमंत्री की शक्तियों में परिस्थितियों के अनुसार परिवर्तन हो सकता है। यद्यपि राजकीय स्तर पर शक्ति और प्रतिष्ठा की दृष्टि से मुख्यमंत्री का कोई मुकाबला नहीं कर सकता है। राज्य राजनीति में मुख्यमंत्री की स्थिति तीन बातों पर निर्भर करती है–प्रथम उसे किस सीमा तक केंद्र सरकार का सहयोग एवं संरक्षण प्राप्त है, द्वितीय राज्य की गुटीय राजनीति में उसका दल कितना सशक्त तथा प्रभावी है, तथा तृतीय राज्य विधानसभा में उसकी स्थिति क्या है? यदि मुख्यमंत्री को केंद्र सरकार का अपेक्षित सहयोग और समर्थन मिल रहा हो, अपने दल में स्थिति सुदृढ़ है तथा कुशल नेतृत्व की क्षमता रखता है तो वह वास्तविक अर्थों में अपनी शक्ति का सदुपयोग कर सकता है। इसके विपरीत यदि वह विभिन्न दलों के द्वारा चुना गया नेता हो तथा केंद्रीय सरकार और राज्यपाल का व्यवहार उसके प्रति सहानुभूतिपूर्ण नहीं है तो वह अपनी शक्तियों का सदुपयोग नहीं कर सकता है। ऐसी स्थिति में मुख्यमंत्री की स्थिति काफी दुर्बल होगी।

स्मरणीय तथ्य

- अनुच्छेद–163 के अनुसार राज्यपाल को अपने कार्यों के निर्वहन में सहायता एवं मंत्रणा देने के लिए एक मंत्रिपरिषद् होगी, जिसका नेतृत्व मुख्यमंत्री करेगा।
- अनुच्छेद–164 के अनुसार मुख्यमंत्री की नियुक्ति राज्यपाल करेगा।
- मुख्यमंत्री का कार्यकाल 5 वर्ष का होता है, किंतु वास्तविकता यह है कि जब तक उसे विधानसभा में बहुमत प्राप्त रहता है, अपने पद पर बना रहता है।
- बहुमत खो देने के बाद मुख्यमंत्री या तो त्यागपत्र दे देता है या फिर वह राज्यपाल से कहकर विधानसभा भंग करवा सकता है। परंतु राज्यपाल बहुमत खो चुके मुख्यमंत्री और उसकी मंत्रिपरिषद् की सिफारिश मानने के लिए बाध्य नहीं है।
- मंत्रिमंडल का निर्माण राज्यपाल मुख्यमंत्री की सलाह से करता है।
- राज्यपाल किसी ऐसे व्यक्ति को मुख्यमंत्री या मंत्री नियुक्त कर सकता है, जो विधानमंडल का सदस्य न हो। किंतु उसे 6 महीने के अंदर विधानमंडल का सदस्य होना अनिवार्य है।
- मुख्यमंत्री मंत्रियों को विभागों का बंटवारा करता है।
- मुख्यमंत्री मंत्रिपरिषद् की बैठकों की अध्यक्षता करता है।
- कोई भी मंत्री मुख्यमंत्री की इच्छा के विरुद्ध मंत्रिपरिषद् में नहीं रह सकता, मुख्यमंत्री उसे हटा सकता है।
- यदि कोई मंत्री मुख्यमंत्री के कहने पर त्यागपत्र नहीं देता है तो वह राज्यपाल को सलाह देकर उसे पदच्युत करवा सकता है।
- मुख्यमंत्री राज्यपाल और मंत्रिपरिषद् के बीच कड़ी का काम करता है।
- मंत्रिपरिषद् के सभी निर्णयों से मुख्यमंत्री राज्यपाल महोदय को अवगत कराता है।
- राज्यपाल किसी विषय को मंत्रिपरिषद् के विचार करने के लिए मुख्यमंत्री को ही कहता है।
- मुख्यमंत्री राज्य में होने वाली महत्वपूर्ण नियुक्तियों में भी प्रमुख भूमिका निभाता है। राज्यपाल सभी नियुक्तियां मुख्यमंत्री की सलाह के अनुसार ही करता है। उदाहरण के लिए, राज्य का महाधिवक्ता, राज्य लोक सेवा आयोग के अध्यक्ष एवं अन्य सदस्य आदि।
- राज्य के लोकसेवा आयोग के अध्यक्ष एवं अन्य सदस्य आदि।
- राज्य के मुख्यमंत्री की वही स्थिति है, जो केंद्र में प्रधानमंत्री की है।
- राज्य का समस्त शासन राज्यपाल के नाम पर चलाया जाता है परंतु वास्तव में शासन का संचालन मुख्यमंत्री ही करता है।

❑❑❑

भाग-IV

व्यवस्थापिका : केंद्रीय एवं राज्य

अध्याय 1

संघीय व्यवस्थापिका : संसद

भारतीय संविधान में संघीय व्यवस्थापिका के रूप में संसद का प्रावधान है। संविधान के अनुच्छेद–79 के अनुसार संसद का निर्माण राष्ट्रपति और संसद के दोनों सदनों, राज्यसभा (उच्च सदन) तथा लोकसभा (निम्न सदन) के परस्पर मिलने से होता है। भारतीय संविधान के भाग-ट के अध्याय-2 में अनुच्छेद–79 से 122 तक संसद की रचना, उसके पदाधिकारियों, कार्य प्रक्रिया, विशेषधिकारों (Privileges) और कार्यों एवं शक्तियों की विवेचना की गई है। वस्तुतः भारतीय संसद की रचना ब्रिटिश संसद की पद्धति पर की गई है, परंतु रचना तथा शक्तियों की दृष्टि से भारतीय संसद ब्रिटिश संसद से पर्याप्त भिन्न है। इसका कारण संभवतः यह है कि भारत में संसदीय व्यवस्था के साथ-साथ संघीय व्यवस्था को आत्मसात् किया गया है, जबकि ब्रिटेन में संघीय व्यवस्था को आत्मसात् नहीं किया गया है। दूसरा मौलिक अंतर यह है कि भारतीय संविधान ब्रिटिश संविधान की तरह संसदीय संप्रभुता या सर्वोच्चता के सिद्धांत को स्वीकार नहीं करता है। भारत और ब्रिटिश दोनों की संसदों में पर्याप्त भिन्नता है। यद्यपि यह सत्य है कि भारत और ब्रिटेन दोनों की संसद द्विसदनात्मक है। परंतु ब्रिटेन में उच्च सदन (लॉर्ड सभा) के सदस्यों की नियुक्ति वंशानुगत आधार पर जीवनपर्यंत के लिए होती है। वहीं भारत में उच्च सदन (राज्यसभा) के सदस्यों की नियुक्ति 6 वर्षों के लिए अप्रत्यक्ष निर्वाचन द्वारा की जाती है। राज्यसभा के सदस्यों का निर्वाचन राज्यों की विधान सभाओं द्वारा किया जाता है। इसके अतिरिक्त ब्रिटेन में लॉर्ड सभा सर्वोच्च न्यायालय के दायित्व का भी निर्वाह करती है, परंतु भारत में ऐसी कोई शक्ति राज्यसभा को प्राप्त नहीं है।

भारतीय संसद द्विसदनात्मक है–राज्यसभा (उच्च सदन) तथा लोकसभा (लोकप्रिय अथवा निम्न सदन) है। राष्ट्रपति भी ठीक उसी प्रकार संसद का अंग है, जिस प्रकार ब्रिटेन में सम्राट को संसद का अंग माना जाता है। भारत में राष्ट्रपति, राज्यसभा व लोकसभा को संयुक्त रूप संसद के नाम से जाना जाता है। भारतीय संसद = राष्ट्रपति = लोकसभा = राज्यसभा।

राष्ट्रपति केवल वर्ष के प्रथम सत्र के शुरू में ही सदन को संबोधित करने के लिए आता है अन्यथा नहीं। संसद के दोनों सदनों द्वारा पारित कोई विधेयक तभी कानून का रूप ले सकता है जब राष्ट्रपति उस पर हस्ताक्षर कर देता है। इसके साथ-साथ संसद के सत्र न चलने की स्थिति में राष्ट्रपति द्वारा अध्यादेश (Ordinance) जारी किया जा सकता है।

राज्यसभा की संरचना

भारतीय संविधान के लागू होने के बाद 3 अप्रैल, 1952 'को काउंसिल ऑफ स्टेट्स' नाम से सर्वप्रथम राज्यसभा का गठन हुआ, जिसकी प्रथम बैठक 13 मई, 1952 को हुई, जिसके सभापति उपराष्ट्रपति डॉ. सर्वपल्ली राधाकृष्णन थे। 23 अगस्त, 1954 को सभापति ने सदन में घोषित किया कि 'काउंसिल ऑफ स्टेट्स' को अब 'राज्यसभा' के नाम से जाना जाएगा।

राज्यसभा भारतीय संसद का उच्च सदन है। राज्यसभा राज्यों एवं संघ शासित क्षेत्रों का प्रतिनिधित्व करती है। राज्यसभा में सदस्यों की अधिकतम संख्या 250 हो सकती है। परंतु वर्तमान में राज्यसभा के सदस्यों की संख्या 245 है। संविधान के अनुच्छेद–80 के अंतर्गत राज्यसभा की संरचना इस प्रकार है–

- राज्यसभा के 12 सदस्यों को राष्ट्रपति द्वारा मनोनीत किया जाता है। ये ऐसे व्यक्ति होते हैं जिन्हें साहित्य, कला, विज्ञान, समाज सेवा आदि क्षेत्रों में विशिष्ट अनुभव प्राप्त होता है।
- राज्यों तथा संघ राज्य क्षेत्रों से 233 सदस्यों का निर्वाचन आनुपातिक प्रतिनिधित्व (Proportional Representation) के आधार पर एकल संक्रमणीय मत पद्धति (Single Transferable Vote System) के आधार पर राज्यों की विधान सभाओं के निर्वाचित सदस्यों द्वारा किया जाता है। संघ शासित क्षेत्र (केंद्र शासित प्रदेश) राज्यसभा के लिए प्रतिनिधियों का निर्वाचन संसद द्वारा उपबंधित प्रक्रिया के द्वारा करते हैं।

राज्यों तथा संघ शासित क्षेत्रों का राज्यसभा में प्रतिनिधित्व

राज्य	सीटें	राज्य	सीटें
आंध्र प्रदेश	11	उत्तर प्रदेश	31
असोम (असम)	7	प. बंगाल	10
बिहार	16		
गोवा	1	नागालैंड	1
गुजरात	11	हिमाचल प्रदेश	3
हरियाणा	5	मणिपुर	1
केरल	9	त्रिपुरा	1
मध्य प्रदेश	11	मेघालय	1
तमिलनाडु	18	सिक्किम	1
महाराष्ट्र	19	मिजोरम	1
कर्नाटक	12	दिल्ली	3
ओडिशा (उड़ीसा)	10	पुदुचेरी	1
पंजाब	7	अरुणाचल प्रदेश	1
राजस्थान	10	उत्तराखंड	3
छत्तीसगढ़	5	झारखंड	6
तेलंगाना	7		

नोट–जम्मू-कश्मीर राज्य को दो केन्द्रशासित प्रदेशों जम्मू-कश्मीर एवं लद्दाख में बाँट दिया गया है। वर्तमान में राज्यसभा में जम्मू-कश्मीर और लद्दाख का कोई प्रतिनिधित्व नहीं है। पूर्व में जम्मू-कश्मीर से राज्यसभा की 4 सीटें निर्धारित थीं।

भारतीय संविधान के अंतर्गत सभी राज्यों को उच्च सदन में समान प्रतिनिधित्व नहीं दिया गया है। ध्यातव्य है कि सं. रा. अमेरिका में प्रत्येक राज्य को सीनेट, जो अमेरिका का उच्च सदन है, में समान रूप से 2 प्रतिनिधि भेजने का अधिकार है। भारत में राज्यसभा में सभी राज्यों को उनकी जनसंख्या के आधार पर प्रतिनिधित्व दिया गया है। अनुच्छेद–80(2) के अंतर्गत राज्यसभा में प्रत्येक राज्य और केंद्र शासित प्रदेशों का आवंटन संविधान की चतुर्थ अनुसूची के अनुसार नियत किया गया है।

भारत के संविधान में निहित प्रावधानों के अनुसार प्रत्येक राज्य या केंद्र शासित प्रदेश की जनसंख्या के प्रथम 50 लाख तक प्रत्येक 10 लाख की जनसंख्या पर 1 और उसके बाद प्रत्येक 20 लाख जनसंख्या पर 1 के हिसाब से प्रतिनिधित्व दिया गया है।

राज्यसभा की सदस्यता के लिए योग्यता

भारतीय संविधान के **अनुच्छेद**–84 में राज्यसभा की सदस्यता के लिए प्रावधानित योग्यताएं निम्नवत् हैं–

- वह भारत का नागरिक हो।
- उसकी न्यूनतम आयु 30 वर्ष हो।
- उसने किसी लाभ के पद को न धारण किया हो।
- वह पागल तथा दिवालिया न हो।
- वह संसद द्वारा निर्धारित अन्य योग्यता रखता हो।

राज्यसभा के सदस्यों का चुनाव

- राज्यसभा के सदस्यों का चुनाव अप्रत्यक्ष रूप से होता है। अनुच्छेद–80 के खंड (4) के अनुसार राज्यसभा के सदस्यों का निर्वाचन राज्य की विधान सभाओं के निर्वाचित सदस्यों द्वारा आनुपातिक प्रतिनिधित्व पद्धति के अनुसार एकल संक्रमणीय पद्धति द्वारा होता है। इसमें विधानसभा के मनोनीत सदस्य भाग नहीं लेते हैं।
- **अनुच्छेद–80 के खंड (5)** के अनुसार संघ राज्य क्षेत्रों के प्रतिनिधियों का चुनाव संसद द्वारा पारित विधि के अनुसार किया जाता है। केवल वही व्यक्ति इसका चुनाव लड़ सकता है जो भारत का नागरिक हो और जिसकी आयु 30 वर्ष से कम न हो। जो व्यक्ति राज्यसभा का चुनाव लड़ना चाहता है, उसके लिए यह आवश्यक है कि वह निर्वाचन आयोग द्वारा इस निमित्त प्राधिकृत किसी व्यक्ति के समक्ष अनुसूची 3 में इस प्रयोजन के लिए दिए गए प्रारूप के अनुसार शपथ ले।
- **पांच संघ शासित क्षेत्रों–अंडमान निकोबार द्वीप समूह, दमन व दीव, लक्षद्वीप, चंडीगढ़, दादरा व नगर हवेली को राज्यसभा में प्रतिनिधित्व प्राप्त नहीं है।**

राज्यसभा की अवधि

- राज्यसभा एक स्थायी सदन है। इसका विघटन नहीं होता है। परंतु इसके एक-तिहाई सदस्य प्रत्येक दूसरे वर्ष की समाप्ति पर नए नियुक्त किए जाते हैं। अन्य शब्दों में, यह कहा जा सकता है कि राज्यसभा के एक-तिहाई सदस्यों का प्रत्येक दूसरे वर्ष कार्यकाल समाप्त हो जाता है। राज्यसभा के सदस्यों का कार्यकाल 6 वर्ष का है।
- यदि किसी सदस्य का स्थान उसके त्यागपत्र या मृत्यु के कारण रिक्त हो जाता है, तो रिक्त स्थान को भरने के लिए उपचुनाव कराया जाता है।
- इस प्रकार उपचुनाव द्वारा चुना गया व्यक्ति उतने समय तक ही राज्यसभा का सदस्य रहता है, जितना समय रिक्त हुए स्थान का शेष बचा है।

राज्यसभा का सभापति

- **अनुच्छेद**–89 के अनुसार भारत का उपराष्ट्रपति राज्यसभा का पदेन सभापति (Ex-officio Chairman) होता है। राज्यसभा द्वारा अपने सदस्यों में से एक को उपाध्यक्ष चुना जाता है। सभापति अथवा अध्यक्ष की अनुपस्थिति में उपसभापति अध्यक्ष पद से जुड़े दायित्वों का निर्वहन करता है।
- अध्यक्ष या सभापति को राज्यसभा अपने बहुमत द्वारा पारित प्रस्ताव से, जिसे लोकसभा ने स्वीकार कर लिया हो पदमुक्त कर सकती है। उपसभापति राष्ट्रपति को राज्यसभा द्वारा स्वत: पारित प्रस्ताव से हटाया जा सकता है। राज्यसभा के सभापति द्वारा सदन को व्यवस्थित रखने की दृष्टि से वे सभी कार्य किए जाते हैं जो किसी भी सदन के अध्यक्ष द्वारा संपन्न किए जाते हैं।
- **अनुच्छेद**–92 के अनुसार राज्यसभा की किसी बैठक में सभापति या उपसभापति को अपने पद से हटाने का कोई प्रस्ताव विचाराधीन हो, तो तब क्रमश: सभापति एवं उपसभापति उस सभा की अध्यक्षता नहीं करेंगे।

संसद भवन

18 जनवरी, 1927 को भारत के तत्कालीन वायसराय लॉर्ड इरविन ने संसद भवन का उद्घाटन किया था। तब इसे कौंसिल हाउस (Council House) के नाम से जाना जाता था। लगभग 6 एकड़ भूमि में फैले इस भवन के निर्माण की शुरुआत सर हुकीलिंग नामक आर्किटेक्ट की देखरेख में फरवरी 1921 में हुई थी। इसके निर्माण में कुल 83 लाख रुपए व्यय हुए थे। ज्योमेट्री के सिद्धांत पर निर्मित इस भव्य भवन में कुल 144 स्तंभ हैं। हर स्तंभ की ऊंचाई 27 फुट है। संसद भवन का मुख्य गुंबद, जो बिना किसी सहारे के खड़ा है, आकार की दृष्टि से विश्व का सबसे बड़ा गुंबद है। इसकी लंबाई 118 फुट तथा व्यास 93.7 फुट है। यह गुंबद सेंट्रल हॉल के ठीक बीच में है। भवन का एक मुख्य आंगन है, जहां सम्राट चंद्रगुप्त मौर्य के बचपन की प्रकल्पित प्रतिमा लगी है। इस प्रतिमा के नीचे अंग्रेजी में लिखा है, **"बालक, प्रजापालक चंद्रगुप्त मौर्य, भावी भारत निर्माण की कल्पना में।"**

भवन में जहां लोकसभा का अधिवेशन होता है, वह 3600 वर्गफुट वाला एक अर्द्धवृत्ताकार हॉल है। इसमें 530 सदस्यों के बैठने की व्यवस्था है। हॉल में सामने की ओर लोकसभा अध्यक्ष का आसन है। इस आसन के पीछे 'धर्म चक्र प्रवर्तनाय' लिखा हुआ है, संसद के दोनों सदनों का संयुक्त अधिवेशन सेंट्रल हॉल में होता है। 1947 में इसी हॉल में अंग्रेजों ने भारत को सत्ता सौंपी थी। संविधान सभा की बैठक इसी हॉल में हुई थी। संसद भवन के परिसर में ही लाइब्रेरी, ऑडिटोरियम, चिकित्सालय, कैंटीन, रेलवे बुकिंग ऑफिस, डाक एवं तार घर इत्यादि हैं। भवन में 500 से अधिक कमरे हैं।

- **अनुच्छेद**-91 के अनुसार उप-राष्ट्रपति और उप-सभापति का पद रिक्त होने पर राज्यसभा का ऐसा सदस्य सभापति का कार्य करेगा, जिसे राष्ट्रपति ने नियुक्त किया हो।
- लोकसभा अध्यक्ष तथा उपाध्यक्ष दोनों का कार्यकाल 5 वर्ष का होता है, जबकि राज्यसभा के सभापति (उपराष्ट्रपति) का कार्यकाल 5 वर्ष का एवं उपसभापति का कार्यकाल 6 वर्ष का होता है।
- लोकसभा अध्यक्ष अपना त्यागपत्र लोकसभा के उपाध्यक्ष को तथा उपाध्यक्ष, अध्यक्ष को सौंपता है जबकि राज्यसभा का सभापति (उपराष्ट्रपति) अपना त्यागपत्र राष्ट्रपति को देता है और उपसभापति अपना त्यागपत्र सभापति को देता है।

राज्यसभा महासचिव

राज्यसभा महासचिव सदन का तीसरा महत्वपूर्ण पदाधिकारी होता है। वह सभी संसदीय कृत्यों और क्रियाकलापों और प्रक्रिया व प्रथा संबंधी मामलों में सभापति का, सदन का और सदस्यों का सलाहकार होता है। यह भी लोकसभा महासचिव की भांति कार्यपालिका का स्थाई तथा निरपेक्ष पदाधिकारी होता है।

राज्यसभा की शक्तियां

राज्यसभा भारतीय संसद का एक महत्वपूर्ण अंग है। परंतु राज्यसभा को लोकसभा की तुलना में कम अधिकार प्राप्त हैं। राज्यसभा का निर्वाचन अप्रत्यक्ष विधि से होता है। इसलिए वित्तीय मामले तथा कार्यपालिका पर नियंत्रण के संदर्भ में राज्यसभा की स्थिति काफी दुर्बल है।

राज्यसभा से संबंधित महत्वपूर्ण तथ्य

- संविधान की अनुसूची 4 में राज्यसभा के लिए आवंटित स्थानों की सूची दी गई है।
- राज्यसभा के लिए सर्वाधिक 31 सदस्य उत्तर प्रदेश से चुने जाते हैं दूसरा स्थान महाराष्ट्र का है, जहां से 19 सदस्य राज्यसभा के लिए चुने जाते हैं।
- 18-18 सदस्य आंध्र प्रदेश तथा तमिलनाडु से चुने जाते हैं और उनका स्थान संयुक्त रूप से तीसरा है।
- 16-16 सदस्यों के साथ बिहार तथा पश्चिम बंगाल चौथे स्थान पर हैं।
- पांचवें स्थान पर मध्य प्रदेश तथा गुजरात हैं, जहां से 11-11 सदस्य राज्यसभा के लिए चुने जाते हैं।
- राज्यसभा का सभापति (उपराष्ट्रपति) राज्यसभा का सदस्य नहीं होता है।
- राज्यसभा का विघटन नहीं होता है, क्योंकि यह एक स्थायी सदन है।

मंत्रिपरिषद् राज्यसभा के प्रति उत्तरदायी नहीं होती है। इसके बावजूद भी राज्यसभा शक्तिहीन नहीं है। कुछ विषयों यथा-राज्य सूची में परिवर्तन और कानून बनाने के संदर्भ में राज्यसभा को ऐसी शक्ति प्राप्त है जो लोकसभा को नहीं प्राप्त है। राज्यसभा की शक्तियों की विवेचना निम्नलिखित शीर्षकों के अंतर्गत की जा सकती है-

विधायी शक्ति

- लोकसभा के साथ-साथ राज्यसभा भी विधि निर्माण संबंधी कार्य करती है। संविधान के द्वारा अवित्तीय विधेयकों एवं अन्य विधेयकों के संबंध में लोकसभा और राज्यसभा दोनों को समान शक्तियां प्रदान की गई हैं।
- साधारण विधेयकों के संबंध में राज्यसभा को लोकसभा के समान ही अधिकार प्राप्त है। राज्यसभा में धन तथा वित्तीय विधेयकों को छोड़कर शेष सभी विधेयक प्रस्तुत किए जा सकते हैं। परंतु वस्तुतः कुछ ही ऐसे विधेयक हैं जिनको राज्यसभा में पेश किया जाता है।
- यदि कोई विधेयक लोकसभा में प्रस्तुत किया जाता है तो पारित होने के उपरांत राज्यसभा को स्वीकृति के लिए प्रेषित कर दिया जाता है। परंतु दोनों सदनों में मत वैभिन्य हो तो राष्ट्रपति द्वारा दोनों सदनों की संयुक्त बैठक आहूत की जा सकती है। परंतु ऐसा केवल गैर-वित्तीय एवं गैर-संविधान विधेयकों के संदर्भ में ही होता है। संयुक्त बैठक निम्न स्थिति में ही आहूत की जा सकती है-

  जब कोई एक सदन किसी विधेयक को पारित करके दूसरे सदन को भेज देता है और दूसरा सदन-

  (i) उस विधेयक को अस्वीकार कर दे।

  (ii) दोनों सदनों में विधेयक में किए जाने वाले संशोधनों के बारे में अंतिम रूप से असहमति हो।

  (iii) जिस तिथि को विधेयक दूसरे सदन द्वारा प्राप्त किया जाना है, उस तिथि के पश्चात् पारित किए बिना 6 माह से अधिक का समय बीत गया हो।
- ऐसी स्थिति में विधेयक को पारित करने के लिए राष्ट्रपति के निर्देश के अनुसार संसद के दोनों सदनों की संयुक्त बैठक बुलाई जाती है, जिसकी अध्यक्षता लोकसभा अध्यक्ष करता है। संयुक्त बैठक में निर्णय बहुमत द्वारा किया जाता है। सामान्यतः संयुक्त बैठक का निर्णय लोकसभा के पक्ष में होता है, क्योंकि लोकसभा के सदस्यों की संख्या राज्यसभा के सदस्यों तुलना में लगभग दुगुनी से भी अधिक है।
- अनुच्छेद-108 के अनुसार यदि किसी साधारण विधेयक के संबंध में लोकसभा और राज्यसभा में मतभेद उत्पन्न हो जाता है तो मतभेद को दूर करने के लिए राष्ट्रपति दोनों सदनों का संयुक्त अधिवेशन आहूत करेगा और विधेयक पर अंतिम निर्णय बहुमत के आधार पर होगा।
- अब तक केवल तीन बार ही लोकसभा और राज्यसभा की संयुक्त बैठक बुलाई गई है। दोनों बैठकों का निर्णय लोकसभा के पक्ष में हुआ है। **पहली संयुक्त बैठक दहेज निरोधक अधिनियम, 1960 के संदर्भ में 1961 में तथा दूसरी बैठक बैंकिग सेवा आयोग (निरसन) अधिनियम, 1977 के संदर्भ में 1978 में तथा तीसरी बार वर्ष 2002 में पोटा के संदर्भ में बुलाई गई थी।**
- भारत में साधारण विधेयकों के संदर्भ में राज्यसभा की स्थिति ब्रिटेन की लॉर्ड सभा की स्थिति की तुलना में अधिक शक्तिशाली है। ब्रिटेन में लॉर्ड सभा कामंस सभा द्वारा पारित विधेयकों को केवल एक वर्ष तक विलंबित कर सकती है।
- यदि एक वर्ष की अवधि में लॉर्ड सभा उसे पारित नहीं करती है तो वह स्वतः ही पारित मान लिया जाएगा। परंतु भारत की राज्यसभा की स्थिति ऐसी नहीं है। परंतु भारत की राज्यसभा की स्थिति अमेरिकी सीनेट की तुलना में काफी कमजोर है। अमेरिका में साधारण विधेयक के संदर्भ में दोनों सदनों में मतभेद होने पर दोनों सदनों के समान संख्या में सदस्यों को मिलाकर एक समझौता समिति का गठन किया जाता है, जिसका निर्णय अंतिम होता है, परंतु भारत में ऐसा नहीं है।

कार्यपालिका पर नियंत्रण

संसदीय प्रणाली की मान्यताओं के अनुसार मंत्रिपरिषद् सामूहिक रूप से लोकसभा के प्रति उत्तरदायी होती है। अतएव राज्यसभा द्वारा सरकार के विरुद्ध अविश्वास प्रस्ताव पारित नहीं किया जा सकता है। परंतु राज्यसभा प्रश्न पूछकर, स्थगन और ध्यानाकर्षण प्रस्तावों तथा आधे घंटे की चर्चा द्वारा सरकार की आलोचना कर सकती है। परंतु कभी-कभी विशेष प्रस्ताव पास करके राज्यसभा सरकार के लिए कठिनाई अवश्य उपस्थित कर सकती है जैसा कि 1978 में जनता पार्टी के शासनकाल में प्रधानमंत्री मोरारजी देसाई के पुत्र कांति देसाई के विरुद्ध कुछ आरोपों के संबंध में जांच का प्रस्ताव पारित करके किया गया था। यद्यपि सरकार

ने प्रस्ताव को अस्वीकार कर दिया था, परंतु उसके समकक्ष कठिनाई अवश्य उत्पन्न हो गई थी। प्रो. के. वी. राव का कथन उचित ही प्रतीत होता है कि–''राज्यसभा सरकार को अपदस्थ तो नहीं कर सकती है परंतु परेशान अवश्य कर सकती है।''

वित्तीय शक्तियां

- संविधान के अनुसार राज्यसभा को कोई वित्तीय शक्ति प्राप्त नहीं है, क्योंकि धन विधेयक केवल लोकसभा में प्रस्तुत किया जा सकता है और जब लोकसभा उसे पारित कर देती है, तब वह विधेयक राज्यसभा के पास भेजा जाता है। राज्यसभा को वह विधेयक पारित की गई तिथि से 14 दिन के अंदर अपनी संस्तुतियों सहित लोकसभा के पास वापस भेजना होता है।
- यह लोकसभा की इच्छा पर निर्भर करता है कि वह राज्यसभा की संस्तुतियों पर विचार-विमर्श करती है अथवा नहीं। इस संबंध में लोकसभा का जो भी निर्णय होगा, वही अंतिम होगा तथा वही निर्णय दोनों सदनों का संयुक्त निर्णय समझा जाएगा। कोई विधेयक धन विधेयक है या नहीं इसका निर्णय लोकसभा अध्यक्ष द्वारा किया जाता है। किसी भी विधेयक के धन विधेयक होने के संबंध में निर्णय लोकसभा अध्यक्ष द्वारा किया जाता है। लोकसभा अध्यक्ष का निर्णय अंतिम होता है।

संविधान संशोधन की शक्ति

- संविधान संशोधन के संदर्भ में लोकसभा के समान ही राज्यसभा को अधिकार प्राप्त है। संविधान संशोधन विधेयक दोनों सदनों में से किसी भी सदन में प्रस्तुत किया जा सकता है। अंतिम रूप से पारित होने के लिए इनका दोनों सदनों में अलग-अलग पारित किया जाना आवश्यक है। इसके विषय में किसी भी प्रकार का गतिरोध होने की स्थिति में संयुक्त अधिवेशन का प्रावधान नहीं है।
- **संवैधानिक संशोधन के प्रश्न पर अब तक 3 बार दोनों सदनों में गतिरोध की स्थिति उत्पन्न हुई है। पहली बार 1970 में लोकसभा में पारित प्रिवीपर्स की समाप्ति विषयक विधेयक को राज्यसभा ने अस्वीकार कर दिया था। दूसरी बार 1978 में 45वां संविधान विधेयक राज्यसभा द्वारा सुझाए गए 5 संशोधनों के स्वीकार करने के बाद पारित किया जा सका। तीसरी बार 1989 में लोकसभा द्वारा पारित 64वें तथा 65वें संविधान संशोधन विधेयकों को राज्यसभा द्वारा अस्वीकार कर दिया गया था। अब तक केवल एक बार राज्यसभा में संविधान संशोधन विधेयक प्रस्तुत किया गया है। 41वां संविधान संशोधन विधेयक 3 अगस्त, 1975 को राज्यसभा में प्रस्तुत किया गया था, जिसे राज्यसभा ने 9 अगस्त, 1975 को पारित कर दिया।** ध्यातव्य है कि 41वां संविधान संशोधन विधेयक राष्ट्रपति, प्रधानमंत्री, तथा राज्यपाल को आजीवन दीवानी तथा फौजदारी के मुकदमों में उन्मुक्ति देने से संबंधित था।

चुनाव संबंधी शक्तियां

राज्यसभा की चुनाव संबंधी शक्तियां भी लोकसभा के समान ही हैं। लोकसभा के निर्वाचित सदस्यों की तरह ही राज्यसभा के निर्वाचित सदस्य भी राष्ट्रपति के चुनाव में भाग लेते हैं। उपराष्ट्रपति का चयन भी लोकसभा तथा राज्यसभा के निर्वाचित सदस्यों के द्वारा किया जाता है। ध्यातव्य है कि राज्यसभा के मनोनीत सदस्य राष्ट्रपति के चुनाव में भाग नहीं ले सकते, परंतु उपराष्ट्रपति के चुनाव में सभी सदस्य भाग लेते हैं।

आपातकाल संबंधी शक्तियां

राष्ट्रपति की आपातकालीन उद्घोषणा की स्वीकृति दोनों सदनों के द्वारा अनिवार्य है। यदि घोषणा उस समय की गई हो, जब लोकसभा विघटित हो गई हो तो उस समय घोषणा का राज्यसभा द्वारा स्वीकृत होना अनिवार्य है।

विविध शक्तियां

उपरोक्त शक्तियों के अतिरिक्त राज्यसभा को कुछ विविध शक्तियां भी प्राप्त हैं जो निम्नवत् हैं–

- राज्यसभा को राष्ट्रपति, उपराष्ट्रपति के निर्वाचन एवं राष्ट्रपति पर महाभियोग लगाने की बराबर शक्ति प्राप्त है। इसी प्रकार सर्वोच्च न्यायालय तथा उच्च न्यायालय के न्यायधीशों एवं नियंत्रक महालेखा परीक्षक को अपदस्थ करने के संदर्भ में राज्यसभा को लोकसभा के समान ही शक्ति प्राप्त है।
- राष्ट्रपति द्वारा आपातकालीन स्थिति की घोषणा का अनुमोदन दोनों सदनों द्वारा किया जाना आवश्यक है।
- संस्थाओं तथा संघ लोक सेवा आयोग, भारत के संप्रेषक एवं महालेखा परीक्षक, अल्पसंख्यक आयोग, वित्त आयोग आदि के वार्षिक प्रतिवेदन दोनों सदनों के सम्मुख समान रूप से विचारार्थ रखे जाते हैं।
- प्रदत्त व्यवस्थापन के अंतर्गत निर्मित नियमों की स्वीकृति दोनों सदनों द्वारा समान रूप से आवश्यक है।

राज्यसभा को प्राप्त विशिष्ट शक्तियां

राज्यसभा को दो विशिष्ट शक्तियां भी प्राप्त हैं। विशिष्ट इस अर्थ में कहा जाता है कि ये शक्तियां केवल राज्यसभा को ही प्राप्त हैं लोकसभा को नहीं। ये शक्तियां निम्नवत् हैं–

- संविधान के **अनुच्छेद**–249 में निहित प्रावधानों के अनुसार राज्यसभा अपने दो-तिहाई बहुमत से प्रस्ताव पारित करके राज्य सूची के किसी भी विषय को राष्ट्रीय महत्व का घोषित कर देती है तो इस स्थिति में संसद को उस विषय के संदर्भ में कानून बनाने का अधिकार प्राप्त हो जाएगा। ऐसा प्रस्ताव एक वर्ष तक लागू रहता है जिसे पुनः आगे बढ़ाया जा सकता है।
- अब तब राज्यसभा ने ऐसा प्रस्ताव दो बार पारित किया है। पहली बार वर्ष 1952 में व्यापार, वाणिज्य, उत्पादित वस्तुओं की उपलब्धि तथा वितरण को राष्ट्रीय महत्व का विषय घोषित करते हुए उस पर संसद को कानून बनाने का अधिकार राज्यसभा ने संसद को दिया था।
- संविधान के **अनुच्छेद**–312(2) के अनुसार राज्यसभा अपने दो-तिहाई बहुमत से प्रस्ताव पारित करके नई अखिल भारतीय सेवा के लिए संसद को अधिकृत कर सकती है। इस अनुच्छेद के अंतर्गत ही राज्यसभा ने 1961 में भारतीय इंजीनियरिंग सेवा, भारतीय वन सेवा तथा भारतीय चिकित्सा सेवा और 1965 में भारतीय कृषि सेवा तथा भारतीय शिक्षा सेवा की स्थापना के लिए संसद को अधिकृत किया था।

स्पष्ट है कि उपर्युक्त दोनों विषयों में संविधान द्वारा राज्यसभा को विशेष स्थान प्रदान किया गया है, क्योंकि वह परिसंघीय है। साथ ही इसका कारण यह भी है कि दो-तिहाई बहुमत से पारित संकल्प से राज्यों की सम्मति प्रकट होती है। राज्यसभा को प्राप्त समग्र शक्तियों पर गंभीरता से विचार करने पर स्वतः सिद्ध होता है कि राज्यसभा की भूमिका बहुत ही महत्वपूर्ण है तथा यह भूमिका उस समय और अधिक महत्वपूर्ण हो जाती है, जब राज्यसभा में विपक्ष का बहुमत हो। जैसा कि 1990 में भारतीय राष्ट्रीय कांग्रेस ने राज्यसभा में अपने बहुमत के बल पर राष्ट्रपति के अभिवादन भाषण को संशोधित करने के लिए सरकार को विवश कर दिया। इसी प्रकार मार्च 1999 में बिहार में राष्ट्रपति शासन लगाए जाने की स्वीकृति को लोकसभा द्वारा अपनी मंजूरी दिए जाने के बाद भी राज्यसभा में विपक्षी बहुमत के कारण सरकार को राष्ट्रपति शासन के प्रस्ताव को वापस लेना पड़ा। अतः स्पष्ट है कि वित्तीय मामलों को छोड़कर राज्यसभा अन्य मामलों में लोकसभा के समान ही शक्तिशाली है।

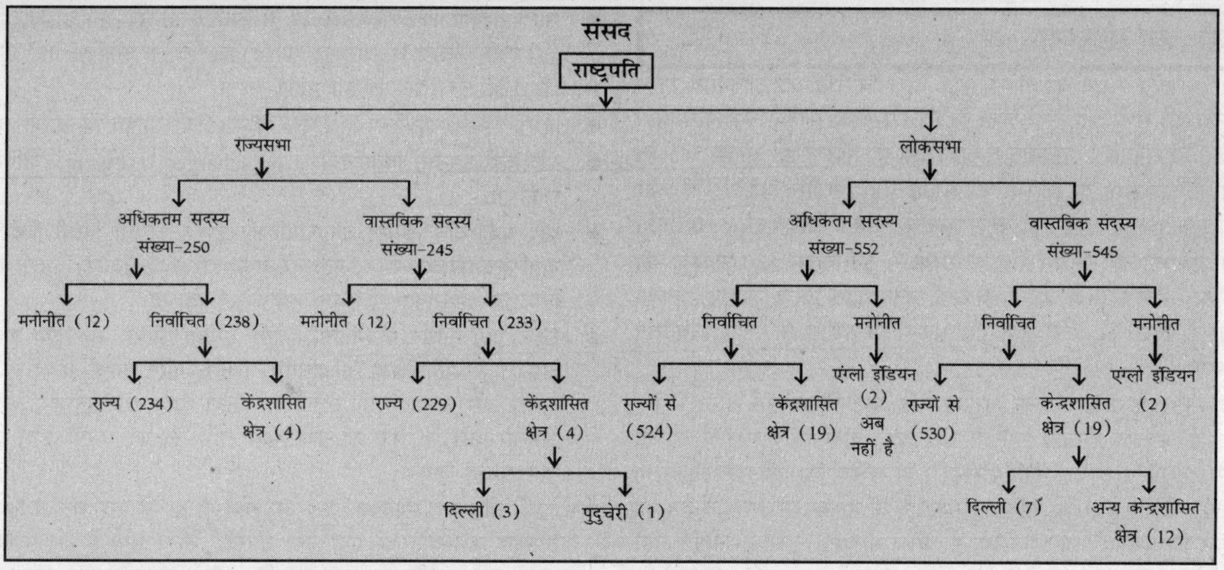

नोट-1. वर्ष 2019 में किए गए 104वें संविधान संशोधन के माध्यम से लोकसभा में एंग्लो इंडियन समुदाय के दो सदस्यों के मनोनयन का प्रावधान समाप्त कर दिया गया। इस कारण अब लोकसभा के सदस्यों की अधिकतम संख्या कम होकर 550 हो गई तथा वास्तविक संख्या 543 हो गई।

2. अगस्त 2019 में जम्मू-कश्मीर और लद्दाख को केंद्र-शासित प्रदेश बनाए जाने के कारण राज्यों से निर्वाचित होने वाले लोकसभा के सदस्यों की संख्या कम होकर 524 हो गई जबकि केंद्र शासित प्रदेशों से निर्वाचित होने वाले लोकसभा के सदस्यों की संख्या बढ़कर 19 हो गई।

राज्यसभा की ब्रिटेन की लॉर्ड सभा तथा अमेरिकी सीनेट से तुलना

जिस प्रकार राज्यसभा भारत का उच्च सदन है ठीक उसी प्रकार लॉर्ड सभा ब्रिटेन का तथा सीनेट सं. रा. अमेरिका का उच्च सदन है। अत: इन दोनों के मध्य तुलना करना समीचीन होगा। ब्रिटेन में लॉर्ड सभा में सदस्यों की नियुक्ति वंशानुगत आधार पर जीवनपर्यंत के लिए होती है। जबकि भारत तथा सं. रा. अमेरिका में उच्च सभा के सदस्यों की नियुक्ति एक निश्चित समयावधि के लिए निर्वाचन द्वारा होती है। भारत में राज्यसभा के सदस्यों का निर्वाचन अप्रत्यक्ष रूप से विधान सभाओं के सदस्यों द्वारा आनुपातिक प्रतिनिधित्व के आधार पर किया जाता है। सं. रा. अमेरिका में सभी राज्यों द्वारा समानुपातिक आधार पर 2 सदस्यों का निर्वाचन किया जाता है।

ब्रिटेन में लॉर्ड सभा सर्वोच्च न्यायालय के दायित्व का भी निर्वहन करती है जबकि भारत तथा अमेरिका के उच्च सदन को ऐसा करने का कोई अधिकार नहीं है।

भारत तथा सं. रा. अमेरिका का उच्च सदन विधायी शक्ति के मामले में ब्रिटेन के उच्च सदन की तुलना में अधिक शक्तिशाली है। भारत तथा सं. रा. अमेरिका में गैर-वित्तीय विधेयकों को पारित करने के लिए दोनों की स्वीकृति समान रूप से आवश्यक है, जबकि ब्रिटेन में ऐसा नहीं है। ब्रिटेन में लॉर्ड सभा अधिक से अधिक 1 वर्ष तक ही किसी विधेयक को निलंबित कर सकती है। इस अवधि के बाद विधेयक स्वत: स्वीकृत मान लिया जाएगा, चाहे लॉर्ड सभा ने अस्वीकृति ही क्यों न दी हो।

वर्तमान में लोकसभा में राज्यों तथा केंद्रशासित प्रदेशों का प्रतिनिधित्व

(A) राज्यों में				(B) केंद्रशासित प्रदेशों में	
राज्य	संख्या	राज्य	संख्या	केंद्रशासित प्रदेश	संख्या
आंध्र प्रदेश	25	मेघालय	2	अंडमान-निकोबार	1
अरुणाचल प्रदेश	2	मिजोरम	1	चंडीगढ़	1
असोम (असम)	14	नागालैंड	1	दादरा नगर हवेली एवं दमन और दीव	3
बिहार	40	ओडिशा (उड़ीसा)	21	दिल्ली	7
गोवा	2	पंजाब	13	लक्षद्वीप	1
गुजरात	26	राजस्थान	25	पुदुचेरी	1
हरियाणा	10	सिक्किम	1	जम्मू-कश्मीर*	5
हिमाचल प्रदेश	4	झारखंड	14	लद्दाख	1
कर्नाटक	28	तमिलनाडु	39	**योग**	**20**
केरल	20	त्रिपुरा	2		
मध्य प्रदेश	29	उ. प्र.	80		
महाराष्ट्र	48	पश्चिमी बंगाल	42		
मणिपुर	2	छत्तीसगढ़	11		
		उत्तराखंड	5		
		तेलंगाना	17		
		योग	**524**		

कुल योग (A) + (B) = 524 + 19 = 543
लोकसभा के सदस्यों की कुल संख्या = 530+13+2 (**आंग्ल-भारतीयों का मनोनयन) = 543

*जम्मू-कश्मीर एवं लद्दाख नये केन्द्र शासित प्रदेश बने हैं।
**वर्तमान में आंग्ल भारतीयों का मनोनयन नहीं हो रहा है।

लोकसभा की संरचना

- लोकसभा भारतीय संसद का निम्न सदन है। लोकसभा को लोकप्रिय सदन और 'जनता की सभा' भी कहा जाता है। लोकसभा के सदस्यों की अधिकतम संख्या 550 हो सकती है। वर्तमान में लोकसभा के सदस्यों की संख्या 545 है।
- मूल रूप से लोकसभा के सदस्यों की संख्या 500 निर्धारित की गई थी और यह कहा गया था कि लोकसभा के सदस्यों की संख्या अधिकतम 550 होगी।
- नवीनतम संशोधन के अनुसार संघ के राज्यों से अधिकतम 530 सदस्यों का निर्वाचन प्रत्यक्ष रूप से राज्यों की वयस्क जनता द्वारा किया जाएगा, जबकि केंद्र शासित प्रदेशों से अधिकतम 20 सदस्य लोकसभा के लिए निर्वाचित किए जाएंगे।
- **अनुच्छेद–331** के प्रावधानों के अनुसार यदि राष्ट्रपति महसूस करते हैं कि लोकसभा में अखिल भारतीय समुदाय का पर्याप्त प्रतिनिधित्व नहीं है तो वह अधिक से अधिक 2 आंग्ल-भारतीय समुदाय के सदस्यों का मनोनयन लोकसभा में कर सकते हैं। परंतु 104वें संविधान संशोधन के माध्यम से इस प्रावधान को समाप्त कर दिया गया। अब लोकसभा में आंग्ल समुदाय के लोग मनोनीत नहीं किए जाएंगे। अनुच्छेद-331 में किए गए प्रावधान को समाप्त कर दिया है।

वर्तमान में संघ के राज्यों से 530 तथा केंद्रशासित प्रदेशों से 13 सदस्य निर्वाचित किए जाते हैं। इस प्रकार वर्तमान में लोकसभा के सदस्यों की संख्या 545 है, जिनमें राष्ट्रपति द्वारा आंग्ल समुदाय के दो मनोनीत सदस्य भी हैं। ध्यातव्य है कि लोकसभा के सदस्यों की संख्या का निर्धारण अथवा परिसीमन 1971 की जनगणना के आधार पर किया गया है। 2001 की जनगणना के आधार पर पुनः परिसीमन प्रस्तावित था। परंतु फरवरी, 2000 में घोषित नई राष्ट्रीय जनसंख्या नीति के अंतर्गत परिसीमन पर अगले 25 वर्षों के लिए प्रतिबंध लगा दिया गया। **अब परिसीमन वर्ष 2026 के बाद होगा।** उल्लेखनीय है कि देश को विभिन्न निर्वाचन क्षेत्रों में विभाजित करना, जिससे कि क्षेत्रगत और जनसंख्यागत आधार पर देश के सभी नागरिकों को समुचित प्रतिनिधित्व प्राप्त हो सके, की प्रक्रिया **परिसीमन** कहलाती है।

राज्यों तथा केंद्रशासित प्रदेशों में लोकसभा में स्थान उनकी जनसंख्या के स्थान पर निर्धारित किए जाते हैं। लोकसभा में 79 स्थान अनुसूचित जातियों तथा 40 स्थान अनुसूचित जनजातियों के लिए आरक्षित हैं।

104वें संविधान संशोधन अधिनियम के माध्यम से लोकसभा में अनुसूचित जाति तथा अनुसूचित जनजाति के लिए आरक्षित सीटों की व्यवस्था को 25 जनवरी 2030 तक के लिए बढ़ा दिया गया है।

लोकसभा के सदस्यों के लिए अर्हताएं

भारतीय संविधान के **अनुच्छेद–84** के अंतर्गत लोकसभा के सदस्य होने के लिए अर्हताएं का वर्णन किया गया है, जो निम्नलिखित हैं–

- वह भारत का नागरिक हो।
- उसकी न्यूनतम आयु 25 वर्ष हो
- उसके पास अन्य वे अर्हताएं हों, जो संसद द्वारा पारित विधि से निश्चित की गई हों।
- **अनुच्छेद–99** में वर्णित प्रावधानों के अनुसार चुनाव लड़ने के इच्छुक प्रत्येक व्यक्ति को चुनाव लड़ने के पूर्व चुनाव आयोग द्वारा इस निमित्त अधिकृत किसी व्यक्ति के समक्ष यह शपथ लेनी पड़ती है कि वह विधि द्वारा स्थापित भारत के प्रति सच्ची श्रद्धा और निष्ठा रखेगा और भारत की संप्रभुता तथा अखंडता की रक्षा करेगा।

सदस्यों की अनर्हताएं

संविधान के **अनुच्छेद–102** में वर्णित प्रावधानों के अनुसार कोई व्यक्ति संसद सदस्य चुने जाने या सदस्य बने रहने योग्य नहीं है, यदि वह निम्नलिखित अनर्हताएं रखता है–

- भारत सरकार और राज्य सरकार के अधीन उन पदों को छोड़कर, जिन्हें संसद द्वारा पारित विधि के अनुसार धारित करने वाला अनर्हित नहीं होता है, अन्य किसी भी लाभ के पद को ग्रहण करना।
- किसी सक्षम न्यायालय द्वारा उसे विकृत चित घोषित किया जा चुका हो।
- यदि वह उन्मुक्त दिवालिया (Undischarged Insolvent) घोषित किया जा चुका हो।
- यदि वह व्यक्ति भारत का नागरिक नहीं है अथवा किसी विदेशी राज्य की नागरिकता स्वेच्छा से अर्जित कर चुका हो अथवा किसी विदेशी राज्य के प्रति निष्ठा या आसक्ति को स्वतः स्वीकार किया हो।
- संसद द्वारा निर्मित किसी विधि द्वारा अनर्हत घोषित कर दिया गया हो। संसद द्वारा लोक प्रतिनिधित्व अधिनियम, 1951 पारित करके संसद के सदस्यों की अर्हता और अनर्हता को उल्लेखित किया गया। इस अनुच्छेद के खंड–2 के अनुसार कोई भी मंत्री या राज्य मंत्री लाभ का पद धारण करने वाला अनर्हत नहीं समझा जाएगा।
- 42वें संविधान संशोधन द्वारा अनुच्छेद–102 में संशोधन करके खंड (1) उपखंड के स्थान पर एक नया उपखंड जोड़ा गया है जो संसद को कानून बनाकर यह घोषित करने की शक्ति प्रदान करता है कि भारत सरकार और राज्य सरकार के अधीन कोई पद लाभ का है अथवा नहीं, और क्या ऐसे पदों के धारक अनर्हत हैं या नहीं। इस मामले में 1978 तक न्यायिक मामलों का अनुसरण मार्गदर्शन के लिए किया जाता था। परंतु 1978 में पारित 44वें संविधान संशोधन द्वारा यह स्पष्ट किया गया कि अमुक पद लाभ का है या नहीं, जिसका धारक संसद या राज्य विधान मंडल की सदस्यता के लिए अनर्हत है का निर्धारण चुनाव आयोग द्वारा किया जाएगा। इस संबंध में सरकार की कोई भूमिका नहीं होगी।
- यदि संसद सदस्य दल-बदल कानून के अंतर्गत अयोग्य है। उल्लेखनीय है कि 1985 में किए गए 52वें संविधान संशोधन के माध्यम से संविधान में 10वीं अनुसूची जोड़ी गई, जिसमें दल-बदल से संबंधित प्रावधानों का उल्लेख किया गया है और दल-बदल करने के संदर्भ में सदस्यता रद्द करने का प्रावधान है।

लोकसभा के सदस्यों का चुनाव

- लोकसभा के सदस्यों का चुनाव प्रत्यक्षतः होता है। अन्य शब्दों में, लोकसभा के सदस्यों का निर्वाचन सीधे जनता के द्वारा किया जाता है। **भारतीय संविधान के अनुच्छेद–81 के अनुसार राज्यों से लोकसभा के सदस्यों का निर्वाचन वयस्क मताधिकार के द्वारा प्रत्यक्ष रूप में किया जाता है।**
- संघ राज्य क्षेत्रों के सदस्यों का चुनाव संसद द्वारा पास किए गए कानून के अनुसार होता है। संसद ने इस संबंध में यह कानून पास कर रखा है कि संघ राज्य क्षेत्रों से भी लोकसभा के सदस्यों का चुनाव सार्वजनिक वयस्क मताधिकार के आधार पर प्रत्यक्ष रूप से होता है। इसका आशय यह हुआ कि आंग्ल-भारतीय समुदाय के मनोनीत सदस्यों को छोड़कर लोकसभा के अन्य सभी सदस्यों का चयन प्रत्यक्ष रूप से होता है।
- निर्वाचन के उद्देश्य से राज्यों एवं केंद्रशासित प्रदेशों को जनसंख्या के आधार पर विभिन्न निर्वाचन क्षेत्रों में विभाजित किया जाता है। निर्वाचन क्षेत्रों का निर्धारण करते समय यह ध्यान में रखा जाता है कि राज्यों को लोकसभा में सीटों के आवंटन और राज्य के भीतर क्षेत्रों के सीमांकन में यथासंभव सहायता हो। निर्वाचन क्षेत्रों परिसीमन निर्वासन आयोग द्वारा किया जाता है। परंतु अंतिम स्वीकृति संसद ही देती है।
- **अनुच्छेद–82** की संशोधित व्यवस्था के अनुसार 1971 की जनगणना के आधार पर 2000 तक लोकसभा में सीटों की संख्या का निर्धारण रहेगा। 2001 में इसमें परिवर्तन या संशोधन किया जाना प्रस्तावित था, **परंतु फरवरी, 2000 में घोषित** नई राष्ट्रीय जनसंख्या नीति के अनुसार अगले 25 वर्षों तक लोकसभा की सीटों की संख्या में कोई परिवर्तन नहीं किया जाएगा। लोकसभा में प्रतिनिधित्व की दृष्टि से निर्वाचन क्षेत्रों का सीमांकन इस प्रकार

किया गया है कि लोकसभा का एक सदस्य न्यूनतम 5 लाख तथा अधिकतम 7.5 लाख का प्रतिनिधित्व करें। परंतु वर्तमान में लोकसभा का एक सदस्य औसतन 10 लाख जनसंख्या का प्रतिनिधित्व कर रहा है।

लोकसभा की अवधि

लोकसभा की अवधि प्रथम अधिवेशन से अगले 5 वर्ष की होती है। **42वें संविधान संशोधन द्वारा अनुच्छेद–83 (2)** में संशोधन द्वारा लोकसभा की अवधि 5 वर्ष से बढ़ाकर 6 वर्ष कर दी गई थी। परंतु 1978 में जनता सरकार ने 44वें संविधान संशोधन द्वारा इसे 6 वर्ष से घटाकर पुन: 5 वर्ष कर दिया। राष्ट्रीय आपात की स्थिति में संसद विधि द्वारा लोकसभा के कार्यकाल में एक वर्ष की वृद्धि कर सकती है। लोकसभा को 5 वर्ष समाप्त होने से पूर्व भी प्रधानमंत्री की सलाह पर राष्ट्रपति द्वारा भंग किया जा सकता है।

समय के पूर्व लोकसभा को अब तक 7 बार (1970, 1977, 1979, 1991, 1998, 1999) भंग किया गया है। 12वीं लोकसभा की अवधि सबसे कम रही है।

सत्र/विशेष सत्र

लोकसभा की एक वर्ष में कम-से-कम दो बैठकें अवश्य होनी चाहिए। परंतु पिछले सदन की अंतिम बैठक तथा आगामी सत्र की प्रथम बैठक के लिए निश्चित की गई तिथि में 6 माह का अंतर नहीं होना चाहिए। परंतु दो बैठकों के बीच यह समय 6 माह से अधिक उस समय हो सकता है, जब आगामी सत्र के पूर्व ही लोकसभा भंग की जा चुकी हो।

आपातकाल की उद्घोषणा को समाप्त करने के लिए संकल्प पास करने के उद्देश्य से भी लोकसभा का विशेष अधिवेशन बुलाया जा सकता है। परंतु यदि लोकसभा अधिवेशन हो रहा हो, तब लोकसभा के 1/10 सदस्यों को अध्यक्ष को लिखित नोटिस देना पड़ता है और यदि लोकसभा का अधिवेशन नहीं हो रहा हो, तब यह नोटिस राष्ट्रपति को देना पड़ता है। ऐसी स्थिति में 14 दिन के अंदर लोकसभाध्यक्ष अथवा राष्ट्रपति को लोकसभा का अधिवेशन बुलाना पड़ता है। इसके अतिरिक्त मिली-जुली सरकार के रहने पर किसी सहयोगी दल द्वारा समर्थन वापस लेने पर सरकार द्वारा बहुमत का दावा करने पर उसे सिद्ध करने के लिए राष्ट्रपति लोकसभा का विशेष सत्र आहूत कर सकते हैं। ध्यातव्य है कि अक्टूबर 1990 में भाजपा द्वारा श्री वी. पी. सिंह की सरकार से समर्थन वापस ले लेने के बाद वी. पी. सिंह द्वारा बहुमत होने का दावा करने पर नवंबर, 1990 में तत्कालीन राष्ट्रपति आर. वेंकटरमन ने लोकसभा का विशेष सत्र बुलाया था।

गणपूर्ति

संसद की कार्यवाही चलाने के लिए संसद के दोनों सदनों में सदस्य संख्या का 1/10 वां भाग उपस्थिति होना अनिवार्य है। उपस्थित सदस्यों की संख्या 1/10 भाग से कम होने पर संसद की कार्यवाही नहीं चलाई जा सकती है। **42वें संविधान संशोधन** द्वारा यह व्यवस्था की गई थी गणपूर्ति से संबंधित सदस्यों की संख्या का निर्धारण प्रत्येक सदन द्वारा किया जाएगा। परंतु 44वें संविधान संशोधन द्वारा पुन: यह प्रावधान किया गया कि गणपूर्ति के लिए सदस्यों की कुल संख्या का 1/10 वां भाग उपस्थित होना अति आवश्यक है।

लोकसभा का कार्यकाल

- संविधान के अनुच्छेद–83(2) के अनुसार लोकसभा का कार्यकाल प्रथम बैठक की तारीख से 5 वर्ष तक होता है। 5 वर्ष की अवधि समाप्त होते ही लोकसभा भंग हो जाती है, परंतु इस अवधि के पूर्व भी प्रधानमंत्री के परामर्श पर राष्ट्रपति द्वारा लोकसभा भंग की जा सकती है।
- आपातकाल की घोषणा लागू होने पर संसद विधि द्वारा लोकसभा के कार्यकाल में वृद्धि कर सकती है, जो एक बार में एक वर्ष से अधिक नहीं होगी।
- दूसरी आपात उद्घोषणा के कारण पांचवीं लोकसभा का कार्यकाल दो बार एक-एक वर्ष के लिए बढ़ाया गया था। किंतु इस प्रकार बढ़ाई गई अवधि किसी भी दशा में संकटकाल की घोषणा की समाप्ति के पश्चात् 6 माह से अधिक जारी नहीं रहेगी।
- 42वें संविधान संशोधन अधिनियम, 1976 द्वारा लोकसभा का कार्यकाल 6 वर्ष कर दिया गया था, जिसे 44वें संविधान संशोधन अधिनियम 1978 द्वारा पुन: 5 वर्ष कर दिया गया।

सदस्यता की समाप्ति

- संसद का कोई सदस्य त्यागपत्र देता है अथवा अनुच्छेद–102(1) में वर्णित अनर्हताओं में से किसी का भागी हो जाता है तो संसद का सदस्य नहीं रह पाएगा और उसका स्थान स्वत: रिक्त हो जाएगा। कोई भी सदस्य सदन के अध्यक्ष/सभापति को संबोधित करके अपना त्यागपत्र दे सकता है।
- 1974 में **35वें संविधान संशोधन** द्वारा अनुच्छेद–101 और 190 में संशोधन करके एक परंतुक जोड़ा गया है। संशोधित खंड में यह उपबंध किया गया है कि यदि संसद या राज्य विधानमंडल के किसी सदन का सदस्य यथास्थिति सभापति या अध्यक्ष को संबोधित करके अपने हस्ताक्षर से त्यागपत्र दे देता है और उसका त्यागपत्र स्वीकार कर लिया जाता है तो उसका स्थान रिक्त माना जाएगा। परंतु वह त्यागपत्र स्वेच्छा से दिया गया हो।
- यदि ऐसा सूचना या किसी के माध्यम से जांच करने के पश्चात् जैसा उचित समझे सभापति या अध्यक्ष को समाधान हो जाए कि त्यागपत्र उसने स्वेच्छा से नहीं दिया है या यह वास्तविक नहीं है तो वह उसको स्वीकृत नहीं करेगा। इस संशोधन का प्रभाव यह हुआ कि सदस्यों के त्यागपत्र स्वत: स्वीकृति नहीं माने जाएंगे। ध्यातव्य है कि 33वां संविधान संशोधन गुजरात जनांदोलन का परिणाम है, जहां विधान मंडल के सदस्यों को त्यागपत्र देने के लिए बाध्य किया गया था।
- **अनुच्छेद**–101(4) के अनुसार संसद का कोई सदस्य 60 दिन सदन की अनुमति के बिना उसके सभी अधिवेशनों में अनुपस्थित रहता है तो सदन उसके स्थान को रिक्त घोषित कर देगा। इसके लिए सदन की घोषणा आवश्यक है, अन्यथा स्थान रिक्त नहीं माना जाएगा।
- इस अवधि में वह समय सम्मिलित नहीं होगा जिनमें सदन सत्रावसित निरंतर 4 दिनों से अधिक दिनों के लिए स्थगित रहा है। संसद के प्रत्येक सदन के सदस्यों को ऐसे वेतन और भत्ते पाने का अधिकार है जिसे संसद विधि द्वारा समय-समय पर निर्धारित करे।
- सर्वप्रथम नवंबर, 2000 में पंजाब से निर्दलीय राज्यसभा सांसद बरजिंदर सिंह हमदर्द को इस आधार पर सदस्यता से अयोग्य घोषित कर दिया गया था कि वह सदन की अनुमति के बिना लगातार 60 बैठकों में अनुपस्थित थे।

लोकसभा की शक्तियां

लोकप्रिय सदन अथवा प्रत्यक्षत: निर्वाचित सदन होने के कारण लोकसभा को राज्यसभा की तुलना में अधिक शक्तियां प्रदान की गईं। वित्तीय मामलों में लोकसभा का एकाधिकार है। लोकसभा को राज्यसभा की अपेक्षा शासन कार्यों में अधिक सहभागिता प्रदान की गई है। लोकसभा को भारतीय संविधान के अंतर्गत प्रदत्त शक्तियों की विवेचना निम्नलिखित शीर्षकों के अंतर्गत की गई है–

विधायी शक्तियां

- विधि निर्माण की प्रक्रिया में लोकसभा की केंद्रीय भूमिका होती है। वित्तीय मामलों को छोड़कर अन्य मामलों में विधि निर्माण में राज्यसभा की सहभागिता समान ही होती है, परंतु व्यवहार में विधि निर्माण में लोकसभा का ही वर्चस्व होता है। सामान्यत: साधारण विधेयक लोकसभा तथा राज्यसभा किसी भी सदन में प्रस्तुत किए जा सकते हैं, परंतु किसी साधारण विधेयक पर दोनों सदनों में मतभेद होने पर संविधान में संयुक्त अधिवेशन का प्रावधान किया गया है।

संयुक्त अधिवेशन की स्थिति में लोकसभा की स्थिति प्रभावी होती है क्योंकि लोकसभा के सदस्यों की संख्या राज्यसभा के सदस्यों की संख्या से दुगुनी है।

- जिन विषयों की व्याख्या संविधान की संघ सूची तथा समवर्ती सूची में की गई है और जिन विषयों की चर्चा राज्य सूची में नहीं की गई है, उन सबके बारे में राज्यसभा तथा लोकसभा दोनों मिलकर कानून बनाती हैं।

लोकसभा को राज्य सूची में वर्णित विषयों पर भी विधि निर्माण करने की शक्ति प्राप्त है। परंतु इसके लिए कुछ शर्तें निर्धारित की गई हैं जो निम्नवत् हैं–

- **अनुच्छेद–249** के अनुसार राज्यसभा में उपस्थित तथा मतदान में भाग लेने वाले सदस्य के 2/3 बहुमत से यह प्रस्ताव पारित कर दे कि राष्ट्रीय हित में संसद को किसी ऐसे विषय पर कानून बनाना चाहिए, जोकि राज्य सूची में नहीं है।
- **अनुच्छेद–252** के अनुसार राज्यों के विधान मंडल यह प्रस्ताव पारित कर दे कि राज्य सूची में दिए गए किसी विषय के बारे में संसद द्वारा कानून बनाया जाना चाहिए।
- **अनुच्छेद–252** में कहा गया है कि अनुच्छेद–352 के अंतर्गत आपातकाल की स्थिति में लोकसभा राज्य सूची के विषयों पर कानून बना सकती है।
- **अनुच्छेद–356** के अनुसार किसी भी राज्य में संवैधानिक तंत्र विकल्प होने पर लोकसभा उस राज्य के संदर्भ में कानून बना सकती है।

अनुच्छेद–253 के अनुसार किसी भी देश के साथ संपन्न की गई संधि, समझौते या अभिसमय अथवा किसी अंतर्राष्ट्रीय सम्मेलन में अथवा संगम में किए गए किसी भी निर्णय को लागू करने के कानून बनाने में भाग ले सकती है।

उपरोक्त संदर्भित विषयों के अतिरिक्त कुछ विषयों में लोकसभा को राज्यसभा के साथ कानून बनाने का अधिकार प्राप्त है। ये विषय निम्नवत् हैं–

- **अनुच्छेद–3** के अंतर्गत नए राज्यों का निर्माण और वर्तमान राज्यों के क्षेत्रों, सीमाओं या नामों का परिवर्तन करना।
- **अनुच्छेद–2** के अंतर्गत नए राज्यों का भारतीय संघ में प्रवेश या स्थापना करना।
- राज्य के नीति-निदेशक सिद्धांतों को लागू करना।
- मौलिक अधिकारों पर युक्तियुक्त बंधन लगाना तथा अनुसूचित जातियों और अनुसूचित जनजातियों के हितों की रक्षा के लिए विशेष उपबंध करना।
- राष्ट्रपति, उपराष्ट्रपति, राज्यसभा के उपसभापति, लोकसभा अध्यक्ष, उपाध्यक्ष, संसद सदस्यों, उच्चतम न्यायालय तथा उच्च न्यायालयों के न्यायाधीश, सार्वजनिक सेवा आयोगों के सदस्य, चुनाव आयोग के सदस्य, महान्यायवादी तथा केंद्रीय मंत्रियों के वेतन एवं भत्ते निश्चित करना।
- अध्यादेशों को अनुमति देना या अस्वीकृत करना।
- आकस्मिक निधि की स्थापना करना।
- उच्चतम न्यायालय का गठन, सर्वोच्च न्यायालय तथा उच्च न्यायालय के क्षेत्राधिकार को बढ़ाना, दो या दो से अधिक राज्यों के लिए एक ही उच्च न्यायालय का गठन करना।
- अंतर्राज्यीय नदियों या नदी घाटियों के जल संबंधी विवादों का समाधान करना।
- वित्त आयोग के सदस्यों की अहर्ताओं एवं शक्तियों को निश्चित करना।
- दो या दो से अधिक राज्यों के लिए लोक सेवा आयोग की स्थापना करना तथा संघीय लोक सेवा आयोग की कार्यों में वृद्धि करना।
- एक या एक से अधिक अखिल भारतीय सेवाओं का सृजन करना।
- संसद सदस्यों के विशेषाधिकारों को निर्धारित करना।
- उच्चतम न्यायालय, उच्च न्यायालयों तथा संसद द्वारा पारित अधिनियमों और पेश किए जाने वाले विधेयकों में प्रयोग की जाने वाली भाषा का निर्णय करना।

वित्तीय शक्तियां

- वित्तीय मामलों में लोकसभा को एकाधिकार प्राप्त है। **अनुच्छेद–109** के अनुसार वित्त विधेयक केवल लोकसभा में ही प्रस्तुत किए जा सकते हैं। राज्यसभा लोकसभा द्वारा पारित वित्त विधेयक केवल 14 दिन ही रख सकती है। यदि राज्यसभा 14 दिन के अंदर अपनी स्वीकृति देकर नहीं भेजती है तो विधेयक स्वतः ही पारित मान लियां जाएगा। यदि राज्यसभा कुछ सुझावों के साथ वापस भेजती है तो उन सुझावों को स्वीकार करना या न करना लोकसभा की इच्छा पर निर्भर करता है।
- भारत की संचित निधि पर भारित व्यय (यथा–राष्ट्रपति, उपराष्ट्रपति, सर्वोच्च न्यायालय के न्यायाधीशों तथा संप्रेषक एवं महालेखा परीक्षक आदि के वेतन-भत्ते वगैरह) को छोड़कर कोई भी व्यय अथवा करारोपण लोकसभा की पूर्व स्वीकृति के बिना नहीं किया जा सकता है। इसके लिए संसद की पूर्व स्वीकृति आवश्यक है। सामान्यतः यह कहा जाता है कि संसद की स्वीकृति आवश्यक है, परंतु व्यवहार में संसद से स्वीकृति से आशय लोकसभा की स्वीकृति से है।

कार्यपालिका पर नियंत्रण

- भारत में कार्यपालिका पर नियंत्रण पूरी तरह से लोकसभा का ही होता है। अन्य शब्दों में, यह कहा जा सकता है कि मंत्रिपरिषद् लोकसभा के प्रति ही सामूहिक रूप से उत्तरदायी होती है। इस प्रकार मंत्रिपरिषद् उसी समय तक अस्तित्व में बनी रह सकती है, जब तक लोकसभा का उसे विश्वास प्राप्त हो।
- लोकसभा के सदस्य प्रश्न पूछकर, स्थगन और ध्यानाकर्षण प्रस्तुत करके सरकार की नीतियों पर प्रतिक्रिया व्यक्त कर सकते हैं। वित्तीय मामलों में लोकसभा के सदस्यों द्वारा कटौती प्रस्ताव लाया जा सकता है। इसके पारित होने पर सरकार को त्यागपत्र देना पड़ता है। अंतिम विकल्प के रूप में लोकसभा सदस्यों द्वारा सरकार के विरुद्ध अविश्वास प्रस्ताव लाया जा सकता है। ध्यातव्य है कि भारत में अब तक एक बार भी अविश्वास प्रस्ताव पारित नहीं किया जा सका है।
- भारत में विश्वास प्रस्ताव ही सामान्यतः लाया जाता है। विश्वास प्रस्ताव पहली बार नवंबर, 1990 में श्री वी. पी. सिंह सरकार द्वारा लाया गया था, जो पारित नहीं हो सका और अंततः वी. पी. सिंह सरकार को हटना पड़ा। इसके बाद मार्च, 1997 में देवगौड़ा सरकार, दिसंबर, 1997 में गुजराल सरकार तथा अप्रैल, 1999 में अटल बिहारी वाजपेयी सरकार द्वारा विश्वास प्रस्ताव लाया गया था। इनमें से कोई भी विश्वास प्रस्ताव पारित नहीं हो सका। अंततः सभी सरकारों को त्यागपत्र देना पड़ा।

संविधान संशोधन शक्ति

संविधान संशोधन के संदर्भ में लोकसभा राज्यसभा के साथ मिलकर कार्य करती है। संविधान संशोधन विधेयक दोनों सदनों में किसी के द्वारा भी प्रस्तुत किए जा सकते हैं। इसका दोनों सदनों द्वारा पृथक-पृथक पारित होना अनिवार्य है। ध्यातव्य है कि संविधान संशोधन के संदर्भ में संयुक्त बैठक दोनों सदनों की नहीं बुलाई जा सकती है। सामान्यतः देखने को यही मिला है कि एक बार को छोड़कर हमेशा संविधान संशोधन विधेयक लोकसभा में ही प्रस्तुत किए गए हैं।

आपातकाल उद्घोषणा की अस्वीकृति

अनुच्छेद–352 के अंतर्गत लोकसभा आपातकाल उद्घोषणा को अस्वीकार कर सकती है। यदि लोकसभा सत्र में है तो लोकसभाध्यक्ष को और यदि लोकसभा सत्र में नहीं है तो राष्ट्रपति को लोकसभा के 1/10 सदस्य लिखित रूप से उसकी बैठक बुलाने की मांग करते हैं तो अध्यक्ष अथवा राष्ट्रपति को सूचना प्राप्त होने के 14 दिन के अंदर सत्र बुलाना आवश्यक होता है। यदि इस प्रकार से बुलाई गई बैठक में लोकसभा आपातकालीन उद्घोषणा को अस्वीकार कर दे तो राष्ट्रपति को आपातकाल की उद्घोषणा वापस लेनी होगी।

निर्वाचक मंडल के रूप में कार्य करने की शक्ति

- लोकसभा निर्वाचक मंडल के रूप में भी कार्य करती है। अनुच्छेद–54 के अनुसार लोकसभा तथा राज्यसभा के निर्वाचित सदस्य, राज्य विधानसभाओं एवं केंद्रशासित प्रदेशों (दिल्ली एवं पुदुचेरी) की विधानसभाओं के निर्वाचित सदस्यों के साथ मिलकर राष्ट्रपति का निर्वाचन करते हैं।

- अनुच्छेद–66 के अनुसार लोकसभा और राज्यसभा के सभी सदस्य मिलकर उपराष्ट्रपति का चुनाव करते हैं। लोकसभा द्वारा सदन के अध्यक्ष और उपाध्यक्ष को भी निर्वाचित किया जाता है। (अनुच्छेद–93)

शीर्ष लोकसभा सीटों वाले 5 राज्य

स्थान	राज्य	लोकसभा सीटें
पहला	उत्तर प्रदेश	80
दूसरा	महाराष्ट्र	48
तीसरा	पश्चिम बंगाल	42
चौथा	बिहार	40
पांचवां	तमिलनाडु	39

- संघ शासित राज्यों में 7 सीटों के साथ दिल्ली शीर्ष पर है।
- नवगठित राज्यों में तेलंगाना को 17, झारखंड को 14, छत्तीसगढ़ को 11, तथा उत्तराखंड को 5 सीटें प्राप्त हुई हैं।
- अनुसूचित जातियों के लिए सर्वाधिक 17 सीटें उत्तर प्रदेश के लिए आरक्षित हैं, जबकि अनुसूचित जनजाति के लिए एक भी सीट आरक्षित नहीं है।
- निम्नलिखित 13 राज्य ऐसे हैं, जहां अनूसूचित जनजाति के लिए लोकसभा में कोई स्थान आरक्षित नहीं है- उत्तर प्रदेश, उत्तराखंड, हिमाचल प्रदेश, हरियाणा, पंजाब, तमिलनाडु, केरल, गोवा, बिहार, सिक्किम, अरुणाचल प्रदेश, नागालैंड तथा *जम्मू एवं कश्मीर।
- लोकसभा में अनुसूचित जनजातियों के लिए सर्वाधिक 6 सीटें मध्य प्रदेश में आरक्षित हैं।
- अनुसूचित जनजातियों के लिए लोकसभा में सीटों का आरक्षण कुल 17 राज्यों में है।
- ऐसे 4 राज्य हैं जहां अनुसूचित जाति तथा अनुसूचित जनजाति में से किसी के लिए भी सीटों का आरक्षण नहीं है– 1. अरुणाचल प्रदेश 2. सिक्किम 3. गोवा 4. नागालैंड। केंद्र शासित प्रदेश जम्मू-कश्मीर तथा लद्दाख में भी कोई सीट अनुसूचित जाति तथा जनजाति के लिए आरक्षित नहीं है।

*जम्मू-कश्मीर राज्य अब दो केन्द्र शासित प्रदेशों (जम्मू-कश्मीर एवं लद्दाख) में बँट गया है।

सदस्यों को सदन से निष्कासित करना तथा निष्कासन को रद्द करना

यदि लोकसभा का कोई भी सदस्य अपने गलत कृत्यों से लोकसभा के ऊपर धब्बा लगाता है या उसके विशेषाधिकारों का उल्लंघन करता है तो लोकसभा उसे सदन से निष्कासित कर सकती है। 1954 में एच. जी. मुदगिल के विरुद्ध इसलिए कार्यवाही की गई थी क्योंकि मुद्गिल रिश्वत लेकर लोकसभा में प्रश्न पूछता तथा सरकारी अधिकारियों को पत्र लिखता था। जब लोकसभा में नेहरू ने मुदगिल को लोकसभा से निकालने का प्रस्ताव रखा तो मुदगिल ने स्वत: त्यागपत्र दे दिया।

1978 में लोकसभा ने श्रीमती इंदिरा गांधी को सदन से इसलिए निकाला था कि उन्होंने अपने पुत्र संजय गांधी के मारुति उद्योग के संबंध में सूचना एकत्र करने में विघ्न उत्पन्न किया था। श्रीमती गांधी को अपने इस कृत्य के लिए जेल में भी रहना पड़ा था। परंतु 1980 में इंदिरा गांधी के सत्ता में वापसी के बाद 1978 में पारित सदन से निकालने वाले प्रस्ताव को रद्द कर दिया गया। इसके बाद 1990 में दल बदल करने के कारण तत्कालीन लोकसभा अध्यक्ष रविराय ने समाजवादी जनता पार्टी के तीन सदस्य विद्याचरण शुक्ल और दो अन्य सदस्यों की सदस्यता समाप्त कर दी थी। वर्ष 2006 में भी कुछ संसद सदस्यों को रिश्वत लेकर प्रश्न पूछने के कारण संसद की सदस्यता खोनी पड़ी थी।

राज्यसभा की सहमति से प्रयोग में लाई जाने वाली शक्तियां

लोकसभा को संविधान द्वारा कुछ ऐसी भी शक्तियां प्रदान की गई हैं जिनका प्रयोग करने के लिए राज्यसभा की सहमति आवश्यक है। इस प्रकार की शक्तियां निम्नवत् हैं–

- राष्ट्रपति को महाभियोग के माध्यम से पदमुक्त करना, सर्वोच्च न्यायालय तथा उच्च न्यायालय के न्यायाधीशों, मुख्य निर्वाचन आयुक्त, नियंत्रक महालेखा परीक्षक, संघ लोक सेवा आयोग के अध्यक्ष तथा अन्य सदस्यों को उनके पदों से हटाने का प्रस्ताव दोनों सदनों द्वारा पृथक-पृथक रूप से प्राप्त किया जाना चाहिए।
- **अनुच्छेद–352, 356 तथा 360** का अनुप्रयोग लोकसभा राज्यसभा की अनुमति से ही कर सकती है।
- **अनुच्छेद**–67 के अनुसार उपराष्ट्रपति को उनके पद से तब तक नहीं हटाया जा सकता है, जब तक राज्यसभा अपने सदस्यों के बहुमत से उसे हटाने का प्रस्ताव न पास कर दे और लोकसभा अपनी स्वीकृति न प्रदान कर दे।
- संविधान में संशोधन करने के लिए दोनों सदनों की सहमति आवश्यक है।

लोकसभाध्यक्ष और उपाध्यक्ष

- अनुच्छेद–93 के अनुसार लोकसभा अपने सदस्यों में से स्वत: अध्यक्ष और उपाध्यक्ष का चुनाव करती है। लोकसभाध्यक्ष लोकसभा का शीर्ष पदाधिकारी होता है। लोकसभा अध्यक्ष लोकसभा की विभिन्न बैठकों की अध्यक्षता करता है तथा इसका संचालन व नियंत्रण करता है।

विभिन्न लोकसभा, उनके अध्यक्ष तथा कार्यावधि

क्रमश:	लोकसभा अध्यक्ष	कार्यावधि
पहली	जी. वी. मावलंकर	1952–56
	अनंतशयनम आयंगर	1956–57
दूसरी	अनंतशयनम आयंगर	1957–62
तीसरी	हुकुम सिंह	1962–67
चौथी	नीलम संजीव रेड्डी	1667–69
	डॉ. गुरुदयाल सिंह ढिल्लो	1969–71
पांचवीं	डॉ. गुरुदयाल सिंह ढिल्लो	1971–75
	डॉ. बलिराम भगत	1976–77
छठी	के. एस. हेगड़े	1977–80
सातवीं	डॉ. बलराम जाखड़	1980–85
आठवीं	डॉ. बलराम जाखड़	1985–89
नौवीं	डॉ. रविराय	1989–91
दसवीं	शिवराज पाटिल	1991–96
ग्यारहवीं	पी. ए. संगमा	1996–98
बारहवीं	जी. एम. सी. बालयोगी	1998–99
तेरहवीं	मनोहर जोशी	मई 2002 से जून 2004
चौदहवीं	सोमनाथ चटर्जी	जून 2004 से जून 2009
पंद्रहवीं	श्रीमती मीरा कुमार	जून 2009 से मई, 2014
सोलहवीं	श्रीमती सुमित्रा महाजन	जून 2014 से मई 2019
सत्रहवीं	ओम बिरला	मई 2019 से अब तक

नोट : तेरहवीं लोकसभा के दौरान ही जी.एम.सी बालयोगी की विमान दुर्घटना में मृत्यु हो गई, जिसके कारण शेष अवधि के लिए मनोहर जोशी को अध्यक्ष बनाया गया।

लोकसभा अध्यक्ष द्वारा ही यह निर्णय किया जाता है कि कौन-सा विधेयक धन विधेयक है या नहीं। अध्यक्ष के पद के रिक्त होने पर उपाध्यक्ष लोकसभा के अध्यक्ष के कार्यों का निर्वहन करता है।

- लोकसभाध्यक्ष और उपाध्यक्ष का कार्यकाल पांच वर्ष होता है। इसके पूर्व भी वह स्वेच्छा से त्यागपत्र दे सकता है। अध्यक्ष अपना त्यागपत्र उपाध्यक्ष को और उपाध्यक्ष अपना त्यागपत्र अध्यक्ष को देता है।

- भारतीय लोकसभाध्यक्ष ब्रिटेन के हाउस ऑफ कॉमन्स के अध्यक्ष की तरह है, परंतु ब्रिटेन में हाउस ऑफ कॉमन्स का अध्यक्ष निर्दलीय सदस्य होता है। जबकि भारत में यह दलगत राजनीति से जुड़ा हुआ व्यक्ति होता है और वह अध्यक्ष बनने के बाद भी त्यागपत्र नहीं देता है।
- लोकसभा का उपाध्यक्ष सामान्यत: प्रमुख विपक्षी दल का कोई सदस्य होता है और यह सचिवालय बजटीय समिति का अध्यक्ष भी होता है। उल्लेखनीय है कि सच्चिदानंद सिन्हा (1921) प्रथम लोकसभा उपाध्यक्ष थे, परंतु स्वतंत्रता प्राप्ति के बाद प्रथम लोकसभा उपाध्यक्ष होने का गौरव अनंतशयनम आयंगर को प्राप्त हुआ।

लोकसभा उपाध्यक्ष: एक नजर में

क्र.	लोकसभा उपाध्यक्ष	कार्यावधि
1.	अनंतशयनम आयंगर	30 मई, 1952 से 8 मई, 1956
2.	सरदार हुकुम सिंह	20 मई, 1956 से 31 मार्च, 1962
3.	कृष्णमूर्ति राव	23 अप्रैल, 1962 से 3 मार्च, 1967
4.	आर.के. खाडिलकर	28 मार्च, 1967 से 1 नवंबर, 1969
5.	जी.जी. स्वेल	9 दिसंबर, 1969 से 6 जनवरी, 1977
6.	गुडे मुरहारी	1 अप्रैल, 1977 से 22 अगस्त, 1979
7.	जी. लक्ष्मनन	2 फरवरी, 1980
8.	थम्बी दुराई	22 जून, 1985 से 31 मार्च, 1991
9.	एस. मल्लिकार्जुनरूपा	13 अगस्त, 1991 से 10 मई, 1996
10.	सूरजभान	12 जुलाई, 1996 से 4 दिसंबर, 1997
11.	पी. एम. सईद	17 दिसंबर, 1998 से 26 अप्रैल, 1999
12.	पी. एम. सईद	27 अक्टूबर, 1998 से 6 फरवरी, 2004
13.	चरणजीत सिंह अटवाल	9 जून, 2004 से 18 मई, 2009 तक
14.	करिया मुंडा	8 जून, 2009 से मई 2014 तक
15.	एम. थम्बी दुराई	मई 2014 से मई 2019

नोट–वर्तमान में लोकसभा उपाध्यक्ष का पद खाली है। जून 2019 से यह पद खाली है।

- यदि उपाध्यक्ष का भी पद रिक्त हो तो लोकसभा का ऐसा सदस्य जिसे राष्ट्रपति ने नियुक्त किया हो, वह अध्यक्ष पद के कर्तव्यों का पालन करेगा।

यदि उपाध्यक्ष भी अनुपस्थित है तो ऐसा व्यक्ति जो सदन की प्रक्रिया के नियमों से निर्धारित किया गया हो और यदि वह भी अनुपस्थित रहे तो ऐसा व्यक्ति जिसे सदन निर्धारित करे अध्यक्ष पद पर कार्य करेगा।

लोकसभा का अध्यक्ष कोई तभी तक रह सकता है, जब तक वह लोकसभा का सदस्य हो। जैसे ही वह लोकसभा का सदस्य नहीं रहता, उसको अपना पद त्याग करना पड़ता है। परंतु लोकसभा के विघटित होने के बाद भी अध्यक्ष नवनिर्वाचित लोकसभा के प्रथम अधिवेशन तक अपने पद पर बना रहता है। क्योंकि वह संसदीय सचिवालय का अध्यक्ष भी होता है। सबसे कम दिन लोकसभा अध्यक्ष रहने का रिकार्ड नीलम संजीव रेड्डी के नाम है। इसके विपरीत सर्वाधिक दिन लोकसभाध्यक्ष रहने का रिकार्ड बलराम जाखड़ को है जो 8वीं तथा 9वीं लोकसभा की पूरी अवधि तक लोकसभा अध्यक्ष रहे।

लोकसभाध्यक्ष को निश्चित समय से पूर्व उनके पद से हटाया जा सकता है। इसके लिए कम-से-कम 14 दिन पूर्व सूचना लोकसभा अध्यक्ष को देनी होगी। लोकसभाध्यक्ष को हटाने संबंधी प्रस्ताव पर लोकसभा के 10% सदस्यों के हस्ताक्षर होने चाहिए। यदि लोकसभा अपने बहुमत से प्रस्ताव को पारित कर देती है तो पारित होने की तिथि से लोकसभा अध्यक्ष पद मुक्त हो जाएंगे। जिस समय सदन में उनके हटाने का प्रस्ताव विचाराधीन होगा, उस समय वह सदन की अध्यक्षता नहीं करेगा। परंतु उसे सदन की कार्यवाही में भाग लेने का अधिकार है। उसे मत देने का अधिकार भी नहीं होगा, परंतु दोनों पक्ष के मत बराबर होने की स्थिति मे उसे निर्णायक मत देने का अधिकार होगा। भारत में अब तक किसी भी लोकसभा अध्यक्ष को उसके पद से हटाया नहीं गया है। **प्रथम लोकसभाध्यक्ष जी. एस. मावलंकर तथा नौवीं लोकसभा के अध्यक्ष बलराम जाखड़ के विरुद्ध उनको हटाने का प्रस्ताव लाया गया था, जिसको लोकसभा ने अस्वीकार कर दिया था।**

लोकसभाध्यक्ष के कार्य/शक्तियां

लोकसभाध्यक्ष के कार्य एवं मुख्य शक्तियां निम्नलिखित हैं–

- अध्यक्ष ही सभी बैठकों की अध्यक्षता करता है। लोकसभाध्यक्ष ही लोकसभा की कार्यवाही का संचालन करता है। अध्यक्ष द्वारा ही सदन की कार्यसूची और सदस्यों के बोलने का क्रम निर्धारित किया जाता है। सदन में व्यवस्था बनाए रखना भी अध्यक्ष का दायित्व है।

राज्यसभा तथा लोकसभा में अंतर

राज्यसभा	लोकसभा
• राज्यसभा का कभी विघटन नहीं होता है। राज्यसभा एक स्थाई सदन है। प्रत्येक दो वर्ष पश्चात् इसके एक-तिहाई सदस्य अवकाश ग्रहण कर लेते हैं तथा उतने ही पुन: निर्वाचित होते हैं।	• लोकसभा स्थायी सदन नहीं है। यद्यपि इसका कार्यकाल 5 वर्ष निर्धारित किया गया है। परंतु राष्ट्रपति प्रधानमंत्री की अनुशंसा पर इसे कभी भी भंग कर सकता है।
• राज्यसभा के सदस्यों की संख्या 250 हो सकती है। इनमें से 12 सदस्य राष्ट्रपति द्वारा किसी क्षेत्र में विशिष्ट योगदान करने वालों को मनोनीत किया जाता है।	• लोकसभा में अधिकतम 552 सदस्य हो सकते हैं जिनमें 530 राज्यों से तथा 20 संघ शासित क्षेत्रों से होते हैं। 2 आंग्ल समुदाय के सदस्यों को राष्ट्रपति द्वारा मनोनीत किया जाता है।
• राज्यसभा के सदस्यों का चुनाव प्रत्यक्ष नहीं होता है। इसके सदस्यों का चुनाव विधानसभा सदस्यों द्वारा आनुपातिक प्रतिनिधित्व के आधार पर किया जाता है।	• लोकसभा के सदस्यों का चुनाव प्रत्यक्ष विधि द्वारा सार्वजनिक रूप से वयस्कों एवं गुप्त मतदान द्वारा किया जाता है।
• राज्यसभा का सभापति राज्यसभा का सदस्य नहीं होता है। भारत का उपराष्ट्रपति राज्यसभा का पदेन सभापति होता है। राज्यसभा का उपसभापति इसका सदस्य होता है और उपसभापति का चुनाव राज्यसभा के सदस्यों द्वारा किया जाता है।	• लोकसभा के अध्यक्ष तथा उपाध्यक्ष लोकसभा के सदस्य होते हैं तथा उनका चुनाव लोकसभा के सदस्यों द्वारा किया जाता है।
• मंत्रिपरिषद् राज्यसभा के प्रति उत्तरदायी नहीं होती है।	• मंत्रिपरिषद् लोकसभा के प्रति उत्तरदायी होती है।
• धन विधेयक राज्यसभा में प्रस्तुत नहीं किया जा सकता है।	• धन विधेयक केवल लोकसभा में ही प्रस्तुत किया जा सकता है।
• धन विधेयक के संबंध में राज्यसभा को केवल सिफारिशें देने का अधिकार है। सिफारिशों को स्वीकार करना या न करना लोकसभा की इच्छा पर निर्भर करता है।	• धन विधेयक के संबंध में लोकसभा को एकाधिकार प्राप्त है। धन विधेयक के संबंध में लोकसभा को अंतिम एवं वास्तविक अधिकार प्राप्त है।
• राज्यसभा को राज्य सूची के किसी विषय को राज्यसभा में उपस्थित तथा मतदान करने वाले सदस्यों के दो-तिहाई बहुमत से राष्ट्रीय महत्व का घोषित करने का अधिकार है।	• लोकसभा राज्य सूची के विषयों को राष्ट्रीय महत्व का विषय नहीं घोषित कर सकती है।
• राज्यसभा को अखिल भारतीय सेवाओं के सृजन का अधिकार है।	• लोकसभा को अखिल भारतीय सेवाओं के सृजन का कोई अधिकार नहीं है।
• उपराष्ट्रपति को हटाने के लिए राज्यसभा में ही प्रस्ताव लाया जाता है।	• राज्यसभा द्वारा प्रस्तावित प्रस्ताव को लोकसभा अनुमोदित करती है।

- संसद के दोनों सदनों के संयुक्त अधिवेशन की अध्यक्षता लोकसभा के अध्यक्ष द्वारा की जाती है।
- कोई विधेयक धन विधेयक है अथवा नहीं, उसका भी निर्णय लोकसभा अध्यक्ष द्वारा ही किया जाता है।
- किसी प्रस्ताव या विधेयक के पक्ष और विपक्ष में बराबर मत होने की स्थिति में अध्यक्ष को निर्णायक मत देने का अधिकार है।
- लोकसभा की बैठक स्थगित करने तथा गणपूर्ति के अभाव में बैठक को निलंबित करने की शक्ति लोकसभाध्यक्ष को ही प्राप्त है।
- लोकसभा में विभिन्न दलों और समूहों को मान्यता देने की शक्ति लोकसभा अध्यक्ष को ही प्राप्त है।
- कार्य की स्थिति को ध्यान में रखते हुए वह सभा की बैठक के शुरू तथा समाप्त होने का समय निर्धारित करता है तथा यह निर्णय करता है कि सभा किस-किस दिन होगी। लोकसभाध्यक्ष ही यह निर्णय करता है कि किस समय सभा की बैठक अनिश्चितकाल के लिए या अन्य किसी दिन के लिए अथवा उसी दिन के किसी समय तक के लिए स्थगित की जाएगी।
- सदन के नेता के परामर्श से वह सरकारी कार्य का क्रम निर्धारित करता है और यदि उसका समाधान हो जाए कि उस क्रम में परिवर्तन का समुचित आधार है तो वह पूर्व निर्धारित कार्यक्रम में परिवर्तन भी कर सकता है।
- अध्यक्ष द्वारा ही यह निर्धारित किया जाता है कि कब किस सदस्य को बोलने का अवसर दिया जाए और उसे कितनी देर बोलने दिया जाए। जब भी आवश्यक हो वह भाषण की समय सीमा निर्धारित कर सकता है।
- लोकसभा में याचिकाएं अध्यक्ष की अनुमति से ही प्रस्तुत की जा सकती हैं।
- नेता सदन से विचार-विमर्श करके बजट, विनियोग विधेयक तथा वित्त विधेयक को लोकसभा में प्रस्तुत करने की तिथि निर्धारित करना लोकसभाध्यक्ष का कार्य है।
- सभी संसदीय समितियों पर अध्यक्ष का सर्वोच्च नियंत्रण होता है। जिनके अध्यक्षों की नियुक्ति करने के अतिरिक्त वह उनके काम के संगठन या उनके द्वारा अपनाई जाने वाली प्रक्रिया के संबंध में आवश्यक निर्देश देता है तथा समय-समय पर उनको परामर्श और मार्गदर्शन भी देता है। कोई भी संसदीय समिति लोकसभा अध्यक्ष की पूर्व अनुमति के बिना संसद से बाहर कोई भी बैठक नहीं कर सकती है। इसके अतिरिक्त वह भी नहीं राज्य सरकार के अधिकारियों को गवाही देने के लिए बुला सकती है।
- लोकसभा के नियमों के अंतर्गत अध्यक्ष को यह शक्ति प्राप्त है कि किसी विधेयक के लोकसभा से पारित होने के बाद उसमें वह प्रत्यक्ष गलतियों को शुद्ध करने के साथ-साथ अन्य ऐसा परिवर्तन कर सकता है, जो लोकसभा द्वारा स्वीकृत संशोधनों के आनुषंगिक हो।
- लोकसभा या उससे संबंधित मामलों के संबंध में संविधान तथा नियमों की व्याख्या करने का अधिकार अध्यक्ष को ही है। इस संबंध में कोई भी अध्यक्ष से वाद-विवाद नहीं कर सकता है।
- लोकसभाध्यक्ष अपने विवेक से किसी भी ऐसे सदस्य को अपनी मातृभाषा में बोलने की अनुमति दे सकता है, जो अपना मत हिंदी अथवा अंग्रेजी में व्यक्त नहीं कर सकता है।
- अध्यक्ष का यह दायित्व है कि संसद द्वारा किसी विधेयक के पारित हो जाने के बाद राष्ट्रपति के पास स्वीकृति हेतु भेजने के पूर्व अपने हस्ताक्षर कर उसे प्रमाणित करे।

प्रोटेम स्पीकर

आम चुनावों के बाद राष्ट्रपति लोकसभा के सबसे वरिष्ठ सदस्य को प्रोटेम स्पीकर के रूप में नियुक्त करता है। स्पीकर का चुनाव और नव निर्वाचित सदस्यों को शपथ ग्रहण कराना प्रोटेम स्पीकर का कार्य है। प्रोटेम स्पीकर सर्वप्रथम बहुमत दल के उम्मीदवार का स्पीकर के रूप में प्रस्ताव रखता है। यदि इस प्रस्ताव को लोकसभा बहुमत से स्वीकार कर लेती है, तो लोकसभा स्पीकर का चुनाव हो जाता है, अन्यथा प्रोटेम स्पीकर दूसरे सदस्य का प्रस्ताव रखता है।

अध्यक्ष की स्थिति

लोकसभा के अध्यक्ष का पद बहुत ही मान, मर्यादा एवं सत्ता का है। अध्यक्ष सदन की प्रतिष्ठा और गौरव का प्रतीक है। अध्यक्ष सदन का प्रतिनिधि है। वह सदन की मर्यादा का प्रतिनिधित्व करता है। चूंकि लोकसभा प्रत्यक्ष रूप से पूरी जनता का प्रतिनिधित्व करती है, अतएव प्रकारांतर से वह पूरे राष्ट्र के गौरव और प्रतिष्ठा का प्रतीक बन जाता है। अध्यक्ष राष्ट्र की स्वतंत्रता और मुक्ति का प्रतीक है।

प्रधानता के क्रम में उसका स्थान नवां है, जो भारत के मुख्य न्यायाधीश के साथ जुड़ा हुआ है। उसका पद ब्रिटेन के हाउस ऑफ कॉमन्स के अध्यक्ष पद के समान है जिसके संबंध में 18 मार्च, 1948 को विट्ठलभाई पटेल के चित्र का अनावरण करते हुए नेहरू जी ने कहा था कि वही परंपराएं चलती रहेंगी, क्योंकि अध्यक्ष की स्थिति किसी व्यक्ति की अपनी स्थिति नहीं है या उसको दिए जाने वाला मान व्यक्ति का निजी मान नहीं है, बल्कि वह सदन का मान और गरिमा है। यह ठीक है कि उसकी सम्मानपूर्ण एवं स्वतंत्र स्थिति होनी चाहिए। जो हमेशा असाधारण योग्यता एवं निष्पक्षता वाले लोगों द्वारा बरकरार रखी जाती है। **डब्ल्यू.एच मॉरिस जोंस** ने अध्यक्ष के विषय में लिखा है कि ...... **अध्यक्ष पदधारी व्यक्ति के लिए यह आवश्यक है कि वह निष्पक्षता पूर्वक आचरण करें। यही नहीं सभी सदस्यों को उसकी निष्पक्षता पर पूर्ण विश्वास भी होना चाहिए।** इसी विचार की संपुष्टि करते हुए वी. वी. गिरि ने लिखा है कि .... **अध्यक्ष के पद के धारक के पास इतनी व्यापक सत्ता एवं शक्ति है कि उसे पूर्ण निष्पक्षता से अपना कर्तव्य पूरा करना चाहिए। अध्यक्ष के लिए निष्पक्षता एक अनिवार्य शर्त है। वह सदन की शक्ति एवं विशेषाधिकार का संरक्षक है, न कि उस दल का, जिसके समर्थन से वह इस पद पर निर्वाचित हुआ है। अध्यक्ष सदन की शक्ति एवं विशेषाधिकार का संरक्षक है। सभापति के लिए विपक्षी दलों के विश्वास के बिना सदन में व्यवस्था रख पाना असंभव है।**

लेमडक सत्र

लेमडक सत्र का अर्थ है– नई लोकसभा के चुनाव के बाद पुरानी लोकसभा का अंतिम सत्र के लिए बैठना। इस बैठक में जो सदस्य नई लोकसभा के लिए चुने गए होते हैं, उन्हें 'लेमडक' कहा जाता है।

भारतीय लोकसभाध्यक्ष की तुलना ब्रिटिश कॉमन्स सभा तथा अमेरिकी प्रतिनिधि सभा के अध्यक्षों से करते हैं तो उसकी स्थिति और भी स्पष्ट हो जाती है। ब्रिटिश कॉमन्स सभा के अध्यक्ष की महत्वपूर्ण विशेषता उसकी निष्पक्षता है। वह स्पीकर होते हुए भी न तो भाषण देता है और न विचार-विमर्श या वाद-विवाद में ही भाग लेता है। वह सदन का निष्पक्ष निर्णायक होता है तथा अपना पद ग्रहण करते ही दल से संबंध विच्छेद कर लेता है। अन्य शब्दों में, यह भी कहा जा सकता है कि ब्रिटिश कॉमन्स सभा का अध्यक्ष पद संभालते ही वह निर्दलीय हो जाता है। इसलिए उसका पुनर्निर्वाचन निर्विरोध होता है। यही कारण है कि उसके संबंध में कहा जाता है कि 'एक बार अध्यक्ष सदा अध्यक्ष', परंतु भारतीय लोकसभा का अध्यक्ष अपने निर्वाचन के बाद भी अपने दल से संबंध बनाए रखता है। अत: भारतीय लोकसभा के अध्यक्ष का चुनाव निर्विरोध नहीं हो पाता है। अतएव भारतीय लोकसभाध्यक्ष को वह सम्मान तथा गौरव प्राप्त नहीं है, जो ब्रिटिश लोकसभा के अध्यक्ष को प्राप्त है। भारतीय अध्यक्ष सदन के अंदर निर्दलीय रूप से कार्य करता है, परंतु सदन के बाद वह दलीय व्यक्ति हो जाता है। लोकसभाध्यक्ष अपने निर्वाचन के बाद भी अपने राजनीतिक दल से अमेरिकी प्रतिनिधि सभा के अध्यक्ष की तरह संबंध रखता है। अमेरिकी प्रतिनिधि सभा का अध्यक्ष सदैव दलीय व्यक्ति होता है और वह सदन में भी अपने दल के नेता के रूप में अपने दल की रक्षा करता है। इससे स्पष्ट है कि भारतीय लोकसभा का अध्यक्ष ब्रिटिश अध्यक्ष की तुलना में कम सम्मानित तथा अमेरिकी प्रतिनिधि सभा के अध्यक्ष की तुलना में अधिक प्रभावशाली है।

सामान्यत: अध्यक्ष केवल अध्यक्षता करता है, निगरानी करता है और विवादों को नियंत्रित करता है। परंतु अध्यक्ष की स्थिति समग्र रूप से इतनी केंद्रीय भूमिका युक्त होती है कि किसी भी संकट में उसकी शक्तियां राजनीतिक दृष्टि से महत्वपूर्ण हो जाती हैं। अध्यक्ष की दो शक्तियां काफी महत्वपूर्ण हैं। प्रथम, संशोधन आदि के प्रस्तावों को स्वीकृति देना तथा द्वितीय कार्यविधि के नियमों को कठोरता से लागू करना। देखने और सुनने में ये शक्तियां सामान्य मालूम पड़ती हैं परंतु संकट की स्थिति में अध्यक्ष की शक्तियां तथा संसद पर उसका प्रभाव बढ़ जाता है।

भारत में लोकसभाध्यक्ष के दलीय राजनीति से जुड़े होने का प्रश्न जहां तक है, तो इस संबंध में प्रथम लोकसभाध्यक्ष जी. वी. मावलंकर की यह टिप्पणी उचित ही प्रतीत होती है कि.......**हमारे राजनीतिक और संसदीय जीवन की वर्तमान परिस्थितियों में यह स्वभावत: असंभव है कि ब्रिटिश अध्यक्ष की तरह राजनीतिक जीवन से पृथक रहा जा सके। परंतु अध्यक्ष के रूप में कार्य करते समय वह पूर्णतया गैर-दलीय व्यक्ति होगा। जिसका आशय यह है कि वह दलीय विचार-विमर्श और विवादों से अपने को अलग रखेगा।**

भारतीय लोकसभा का अध्यक्ष ब्रिटेन की कॉमन्स सभा की तरह निर्दलीय नहीं होता है और शायद यही कारण है कि उसे वह प्रतिष्ठा प्राप्त नहीं है जो ब्रिटिश लोकसभा अध्यक्ष को प्राप्त है। वस्तुत: अध्यक्ष को निष्पक्ष होना चाहिए, जिससे सदन की प्रतिष्ठा बढ़ सके अर्थात् लोकसभा की प्रतिष्ठा अध्यक्ष की दक्षता पर ही निर्भर करती है। यहां पर श्रीनिवासन के कथन–''लोकसभा की प्रतिष्ठा उसकी कार्यकुशलता, अल्पसंख्यक तथा स्वतंत्र सदस्यों के अधिकारों की रक्षा प्रधानत: अध्यक्ष पर निर्भर करती है'' का उल्लेख करना समीचीन है।

लोकसभा उपाध्यक्ष

लोकसभा के सदस्य सदन के उपाध्यक्ष का चुनाव करते हैं। उपाध्यक्ष के चुनाव में साधारण बहुमत की प्रक्रिया अपनाई जाती है। उपाध्यक्ष तब तक अपने पद पर बना रहता है, जब तक वह सदन का सदस्य रहता है। वह लोकसभाध्यक्ष को अपना त्यागपत्र देकर अपना पद छोड़ सकता है अपने पद से लोकसभा के सदस्यों द्वारा पारित संकल्प के आधार पर उसे हटाया जा सकता है। लोकसभाध्यक्ष की तरह यहां भी 14 दिनों की पूर्व सूचना अनिवार्य है। उपाध्यक्ष के पद के लिए सामान्यतया विपक्ष के किसी सदस्य को चुना जाता है। लोकसभा अध्यक्ष की अनुपस्थिति में उपाध्यक्ष सदन की अध्यक्षता करता है। उपाध्यक्ष अपने दल की राजनीति में भाग तो ले सकता है, परंतु व्यवहार में वह सदन में अपनी निष्पक्षता बनाए रखने के लिए जहां तक हो सके, विवादस्पद मामलों से अपने को अलग रखता है।

लोकसभा का महासचिव

लोकसभा महासचिव सदन का महत्वपूर्ण अधिकारी होता है। वह सभी संसदीय क्रियाकलापों तथा प्रथाओं के संदर्भ में अध्यक्ष का, सदन का तथा सदस्यों का सलाहकार होता है। एक स्थायी अधिकारी के रूप में वह सभापटल का प्रमुख अधिकारी होता है। वह संसदीय परंपराओं और प्रथाओं का रक्षक होता है।

लोकसभा महासचिव

यह कार्यपालिका का स्थायी पदाधिकारी होता है, जो 60 वर्ष तक इस पद पर कार्य कर सकता है। वह संसद या लोकसभा के प्रति नहीं अपितु लोकसभा अध्यक्ष के प्रति उत्तरदायी होता है। महासचिव के प्रमुख कार्य निम्नलिखित हैं-

- वह राष्ट्रपति की ओर से सदन के अधिवेशन में उपस्थित होने के लिए सदस्यों को आमंत्रण जारी करता है तथा अध्यक्ष की अनुपस्थिति में विधेयकों को प्रमाणित करता है।
- वह सदन की ओर से संदेश भेजता है व अध्यक्ष के संदेशों को प्राप्त भी करता है। सदन या समितियों के समक्ष जो गवाह प्रस्तुत होते हैं, उनके विरुद्ध समन (वारंट) जारी कर सकता है।

महासचिव का राजनीतिक मामलों से कोई संबंध नहीं होता है। उससे अपेक्षा की जाती है कि उसका दृष्टिकोण दलगत राजनीति से रहित तथा निष्पक्ष हो, क्योंकि सदन संबंधी क्रियाकलापों में उसकी भूमिका बहुत ही व्यापक होती है। इसे उन अधिकारियों में से चुना जाता है जिन्होंने सदन के सचिवालय में विभिन्न पदों पर कार्य करते हुए सराहनीय कार्य किया हो। महासचिव के रूप में इसकी नियुक्ति अध्यक्ष द्वारा होती है। इसके पद की स्वतंत्रता को बनाए रखने के लिए कई रक्षोपाय किए गए हैं जिससे कि वह अपना कार्य निष्पक्ष एवं निर्भीक होकर कर सके। सदन में उसकी आलोचना नहीं की जा सकती है तथा सदन के बाहर उसके सदन संबंधी क्रियाकलापों पर चर्चा नहीं की जा सकती है। वह सीधे अध्यक्ष के प्रति उत्तरदायी होता है।

महासचिव के कार्य

- महासचिव राष्ट्रपति की ओर से सदन के अधिवेशन में उपस्थित होने के लिए सदस्यों को आमंत्रण जारी करता है, वह अध्यक्ष की अनुपस्थिति में विधेयकों को प्रमाणित करता है। सदन की ओर से संदेश भेजता है तथा प्राप्त करता है। वह अध्यक्ष की ओर से सदस्यों मंत्रियों तथा अन्य के साथ पत्र व्यवहार करता है।

संसद से संबंधित अनुच्छेद

अनुच्छेद	विषय वस्तु
79	संसद का गठन
80	राज्यसभा का संगठन
81	लोकसभा का संगठन
82	प्रत्येक जनगणना के पश्चात् पुनर्समायोजन
83	संसद के सदनों की अवधि
84	संसद की सदस्यता के लिए योग्यता
85	संसद के सत्र, सत्रावसान एवं विघटन (भंग)
86	राष्ट्रपति का सदनों को संबोधित करने तथा संदेश देने का अधिकार
87	राष्ट्रपति का विशेष संबोधन

संसद के पदाधिकारीगण

89	राज्यसभा के सभापति तथा उपसभापति
90	राज्यसभा के उपसभापति पद की रिक्ति, त्यागपत्र तथा विमुक्ति
91	सभापति के कर्तव्यों के निर्वहन अथवा सभापति के रूप में कार्य करने की उपसभापति की शक्ति
92	सभापति अथवा उपसभापति का सदन की अध्यक्षता से विरत रहना, जबकि उनकी विमुक्ति संबंधी कोई प्रस्ताव विचाराधीन हो।
93	लोकसभा के अध्यक्ष तथा उपाध्यक्ष
94	लोकसभाध्यक्ष तथा उपाध्यक्ष पद की रिक्ति, त्यागपत्र तथा विमुक्ति
95	लोकसभा उपाध्यक्ष अथवा किसी अन्य व्यक्ति का लोकसभा अध्यक्ष के कर्तव्यों का निर्वहन
96	लोकसभा अध्यक्ष तथा उपाध्यक्ष का सदन की अध्यक्षता से विरत रहना, जबकि उनकी विमुक्ति संबंधी कोई प्रस्ताव विचाराधीन हो।
97	सभापति एवं उपसभापति तथा लोकसभा अध्यक्ष एवं उपाध्यक्ष के वेतन एवं भत्ते।
98	संसद सचिवालय

कार्यवाही का संचालन	
99	सदस्यों द्वारा शपथ ग्रहण
100	दोनों सदनों में मतदान, रिक्तियों तथा कोरम की पूर्ति के बिना भी सदनों का कार्य करने का अधिकार

सदस्यों की अयोग्यता	
101	सीटों की रिक्ति
102	सदस्यता से अयोग्य ठहरना
103	सदस्यों की अयोग्यता से संबंधित प्रश्नों पर निर्णय
104	अनुच्छेद– 99 के अंतर्गत शपथ करने के पहले स्थान ग्रहण करने तथा मतदान देने पर दंड।

- वह सदन और इसके सचिवालय के वित्त एवं लेखाओं पर नियंत्रण रखता है। वह सदन का कार्यवाही वृत्तांत तैयार करवाता है।
- महासचिव का यह कर्तव्य है कि वह सचिवालय के सांगठनिक स्वरूप को हमेशा इस प्रकार बनाए रखे जिससे कि संसदीय कार्य कुशलतापूर्वक किया जा सके।
- वह संसदीय कार्यों के लिए राष्ट्रीय और अंतर्राष्ट्रीय घटनाओं की जानकारी रखता है।
- महासचिव अपने अधिकार से बहुत से विधायी, प्रशासनिक एवं कार्यपालिका कृत्यों का निर्वहन करता है। वह सदस्यों को सेवाएं एवं सुविधाएं उपलब्ध कराता है। वह सदन के परिसर में सुरक्षा को भी सुनिश्चित करता है।
- संसदीय संग्रहालय और अभिलेखागार के सर्वोच्च अधिकारी के रूप में वह संसद की विरासत का रक्षक होता है।
- वह संसदीय दल के सचिव के रूप में राष्ट्रमंडल संसदीय संघ और अंतर्राष्ट्रीय संघ की भारत शाखा गतिविधियों का भी आयोजन करता है।
- लोकसभा अध्यक्ष के नाम से बहुत से ऐसे कार्य करता है जो अध्यक्ष का कार्यक्षेत्र है। इस प्रकार का कार्य वह अध्यक्ष की ओर से उसकी सहमति से ही करता है।
- चूंकि महासचिव को संसदीय क्रियाकलापों एवं प्रथाओं के बारे में बहुत अनुभव होता है, अतः कई विधेयकों के निर्माण के संदर्भ में तकनीकी जानकारी प्राप्त करने एवं संसदीय गतिविधियों के बारे में जानकारी प्राप्त करने के एक स्रोत के रूप में भी होता है।

भारत में संसदीय सर्वोच्चता के सिद्धांत का विकास

भारतीय संविधान निर्माताओं का एक वर्ग संसदीय सर्वोच्चता की ब्रिटिश अवधारणा की तुलना में न्यायिक पुनरावलोकन के अमेरिकी सिद्धांत से अधिक प्रभावित था। भारतीय संविधान के **अनुच्छेद–13 (1)** के अनुसार संविधान के लागू होने के पूर्व जो कानून देश में प्रचलित थे वे संविधान के भाग-III के विरोधी हैं तो विरोध के सीमा तक अमान्य होंगे। **अनुच्छेद–13 (2)** के अनुसार राज्य किसी ऐसे कानून का निर्माण नहीं कर सकता है जिसके द्वारा व्यक्ति के मौलिक अधिकारों का हनन होता है परंतु **अनुच्छेद–13 (3)** में पुनः कानून को स्पष्ट किया गया है जिसके अंतर्गत अध्यादेश, आदेश आते हैं जिनके पीछे कानून की शक्ति आती है। अनुच्छेद–368 के द्वारा संविधान के द्वारा संविधान में संशोधन का अधिकार संसद को दिया गया है। परंतु अनुच्छेद–13 के माध्यम से इसको सीमित भी करने का प्रयास किया गया है।

भारतीय संविधान निर्माता दूरदर्शी थे। उनको इस बात का एहसास था कि एक समय ऐसा भी हो सकता है जब उनको नियंत्रित करने की आवश्यकता हो। बाद में देश के वर्तमान शासकों ने यह अनुभव किया कि संविधान द्वारा मौलिक अधिकार पर आरोपित सीमाएं न्यून हैं। इसलिए उनके द्वारा संशोधन की प्रक्रिया शुरू हो गई। **शंकरी प्रसाद मुकदमे** के द्वारा 1957 में संपन्न प्रथम संविधान संशोधन जिसके द्वारा 31 (A) तथा 31 (B) जोड़ा गया है, को चुनौती दी गई। उच्चतम न्यायालय ने अपने निर्णय में कहा कि सरकार (संसद) भाग-3 में संशोधन कर सकती है। न्यायालय का मत था कि अनुच्छेद–13 (2) का संबंध संसद के कानून निर्माण संबंधी अधिकारों से है न कि संसद के संविधान संशोधन अधिकारों से जिसके द्वारा संवैधानिक कानून का निर्माण होता है। 17वें संविधान संशोधन को चुनौती दी गई जिसे सज्जन सिंह मुकदमे के नाम से जाना जाता है। सर्वोच्च न्यायालय के इस मुकदमे में भी वहीं निर्णय दिया जो शंकरी प्रसाद के मुकदमे में दिया था।

27 फरवरी, 1967 को **गोलकनाथ मुकदमे** में सर्वोच्च न्यायालय के मुख्य न्यायाधीश सुब्बाराव ने 6-5 से निर्णय दिया कि संसद संविधान संशोधन के अधिकार के द्वारा मौलिक अधिकारों में संशोधन अथवा उनको समाप्त नहीं कर सकती है। सर्वोच्च न्यायालय के इस निर्णय से संसद और न्यायपालिका के मध्य संघर्ष की स्थिति उत्पन्न हो गई। एस. सी. अग्रवाल ने तत्कालीन परिस्थितियों पर टिप्पणी करते हुए कहा कि संविधान का कोई भाग पवित्र नहीं है। मौलिक अधिकार प्राकृतिक अधिकार नहीं हैं। इसलिए सामाजिक-राजनीतिक संबंधों में परिवर्तन के साथ इसमें भी संशोधन आवश्यक है।

24 अप्रैल, 1973 को **केशवानंद भारती मामले** में सर्वोच्च न्यायालय ने गोलकनाथ मुकदमे में दिए गए निर्णय को रद्द कर दिया तथा स्पष्ट किया कि संसद मौलिक अधिकारों सहित संविधान के सभी अनुच्छेदों में संशोधन, कमी तथा कटौती कर सकती है, परंतु संविधान के बुनियादी ढांचे को परिवर्तित नहीं कर सकती है। ध्यातव्य है कि केशवानंद भारती मामले में संविधान के 24वें तथा 25वें संशोधन को चुनौती दी गई थी। 24वें संविधान संशोधन द्वारा संसद को संविधान के किसी भी भाग, उपबंध आदि में संशोधन करने का अधिकार प्रदान किया गया था। जबकि 25वें संविधान द्वारा यह व्यवस्था की गई थी कि संपत्ति के सार्वजनिक दृष्टि से अर्जन और उनके मुआवजे की राशि को न्यायालय में चुनौती नहीं दी जा सकती है।

गोलकनाथ मुकदमे के निर्णय में सर्वोच्च न्यायालय ने यह स्पष्ट नहीं किया कि संविधान का बुनियादी ढांचा क्या है? 26 जून, 1975 को आपातकाल की घोषणा के बाद संविधान में 42वें संशोधन के द्वारा व्यापक संशोधन किया गया। इस संशोधन को 'मिनी संविधान' भी कहा जाता है। इस प्रकार भारत में संसदीय सर्वोच्चता का सिद्धांत स्थापित हुआ है। इस दिशा में 42वें संविधान संशोधन की विशेष भूमिका है।

क्या भारतीय संसद संप्रभु या सर्वोच्च है?

यह सर्वविदित है कि संसदीय शासन प्रणाली में संसद सर्वोच्च होती है, क्योंकि कार्यपालिका (मंत्रिपरिषद्) सामूहिक रूप में संसद के निम्न सदन (लोकसभा) के प्रति सामूहिक रूप से उत्तरदायी होती है। परंतु संसदीय शासन प्रणालियों का व्यवहार इस सर्वोच्चता या संप्रभुता की पुष्टि नहीं करता है। यही कारण है कि कुछ वर्षों से संसदीय सरकारों को मंत्रिमंडलीय सरकार अथवा प्रधानमंत्री सरकार कहा जाने लगा है। यद्यपि ब्रिटेन में संसद वास्तविक अर्थों में सर्वोच्च है। इसका कारण यह है कि ब्रिटेन का कोई लिखित संविधान नहीं है जिसके उपबंधों द्वारा संसद बाधित हो तथा दूसरा यह है कि ब्रिटेन में संसद द्वारा निर्मित विधियों के न्यायिक पुनरीक्षण की व्यवस्था नहीं है। संभवतः इसी आधार पर डी. लोमे ने कहा था कि ब्रिटिश संसद सभी कुछ कर सकने में सक्षम है, सिवाय इसके कि वह स्त्री को पुरुष तथा पुरुष को स्त्री नहीं बना सकती है।

जहां तक भारत में संसद के संप्रभु होने का प्रश्न है तो इसमें विवाद है। संवैधानिक एवं राजनीतिक विश्लेषकों का एक वर्ग भारतीय संसद को संप्रभु अथवा सर्वोच्च मानता है, तो दूसरा वर्ग संसदीय संप्रभुता को कल्पना मानता है। भारतीय संसद को संप्रभु मानने वालों का तर्क है कि संसद जनता की इच्छा का प्रतिनिधित्व करती है और लोकतंत्र की सबसे बड़ी मान्यता अथवा सिद्धांत है कि

जनता की इच्छा ही अंतिम रूप से प्रभावी हो। अत: जनप्रतिनिधियों को संविधान में किसी भी प्रकार के संशोधन का अधिकार है। 6 मई, 1976 को तत्कालीन राष्ट्रपति फखरुद्दीन अली अहमद ने मोतीलाल नेहरू के जन्मदिन पर कहा था कि यदि संविधान को बदलते हुए सामाजिक, राजनीतिक एवं आर्थिक आवश्यकताओं के अनुरूप संशोधित नहीं किया गया तो भविष्य में यह महत्वहीन हो जाएगा।

श्रीमती इंदिरा गांधी के अनुसार संसद वयस्क सार्वभौमिक मताधिकार के आधार पर गठित है, जबकि संविधान सभा सीमित मताधिकार के आधार पर गठित थी। अत: संसद संविधान सभा की तुलना में अधिक शक्तिशाली है।

भारतीय संसद को संप्रभु न मानने वालों का तर्क अधिक प्रभावशाली है। भारतीय संसद जिस परिस्थिति में कार्य करती है, वह ब्रिटेन की तुलना में भिन्न है। भारतीय संसद को एक लिखित संविधान के परिवेश में कार्य करना पड़ता है तथा विधि निर्माण के क्षेत्र में भी उसे केवल संघ सूची तथा समवर्ती सूची में वर्णित विषयों के संदर्भ में ही कानून बनाने का अधिकार है। इसके अतिरिक्त केशवानंद भारती मामले में सर्वोच्च न्यायालय ने अपने निर्णय में कहा था कि संसद द्वारा संविधान में ऐसा कोई संशोधन नहीं किया जा सकता है, जिससे संविधान की मूल संरचना प्रभावित होती है।

राज्य सूची में वर्णित विषयों के संदर्भ में संसद सामान्य स्थितियों में विधि निर्माण नहीं कर सकती है। केवल विशेष परिस्थितियों यथा–आपातकाल तथा राज्यसभा द्वारा किसी विषय को 2/3 बहुमत से राष्ट्रीय महत्व का घोषित किए जाने पर ही संसद विधि निर्माण कर सकती है।

इस प्रकार भारत में संघीय व्यवस्था के कारण संसद की शक्तियां परिसीमित हो गई हैं।

भारत में न्यायिक पुनरावलोकन की भी व्यवस्था है। न्यायिक पुनरावलोकन की व्यवस्था से संसद की सर्वोच्चता सीमित हो गई है। यदि न्यायालय यह महसूस करता है कि संसद का किसी शासकीय विभाग द्वारा निर्मित कानून या नियम या इसका कोई उपखंड संविधान के विपरीत है, तो न्यायालय उसको अवैध घोषित कर देता है। अत: संसद की विधि निर्माणकारी शक्ति न्यायपालिका द्वारा परिसीमित है।

संसद की सर्वोच्चता व्यवहार में संसद के क्रियाकलापों अथवा संसदीय प्रणाली के प्रतिमानों से भी सीमित हो गई है। संसदीय शासन पद्धति के अंतर्गत सरकार उसी दल की होती है, जिसे लोकप्रिय सदन में बहुमत प्राप्त होता है। कठोर पार्टी अनुशासन या पार्टी व्हिप के कारण वे सभी विधेयक जो मंत्रियों द्वारा रखे जाते हैं, पारित हो जाते हैं। व्यक्तिगत विधेयक शायद ही कभी पारित हो पाते हैं। पुन: व्यक्तिगत रूप से रखे गए वे विधेयक पारित होते हैं, जिनको सरकार का समर्थन प्राप्त होता है। इसके अतिरिक्त आपातकाल की स्थिति में संसद की समस्त शक्ति मंत्रिमंडल के हाथों में केंद्रित हो जाती है। मंत्रिमंडल ही संसद को आमंत्रित एवं विघटित करने का निर्णय लेती है। राष्ट्रपति द्वारा दिया गया अभिभाषण, सदन की दैनिक कार्यवाही, विधेयक पर बहस शुरुआत तथा अन्य संसदीय कार्यवाही से संबंधित तमाम विषयों का निर्धारण मंत्रिमंडल द्वारा किया जाता है। अत: संसदीय सर्वोच्चता अथवा संप्रभुता पर मंत्रिमंडल भारी पड़ता है। क्रासमैन ने उचित ही कहा है कि संसदीय संप्रभुता कल्पनामात्र है। केवल प्रधानमंत्री ही शक्ति के पिरामिड के शीर्ष पर स्थिर होता है। इस विचार से स्पष्ट है कि संसद महत्वहीन हो चुकी है। संसद विषयों पर बहस तो अवश्य करती है, परंतु नीतियों का निर्धारण दलीय रूप से गुप्त बैठकों में ही किया जाता है। निष्कर्षत: यही कहा जा सकता है कि भारतीय संसद संप्रभु या सर्वोच्च नहीं है। एक ओर लिखित संविधान है, जिसके द्वारा भारत में संघीय शासन की स्थापना की गई है, तो दूसरी ओर अपनी विधि निर्माण शक्ति के प्रयोग में यह सर्वोच्च एवं उच्च न्यायालय की न्यायिक पुनरीक्षण की शक्ति के अधीन है। इसके अतिरिक्त मंत्रिमंडल की केंद्रीय भूमिका भी संसदीय संप्रभुता या सर्वोच्चता को परिसीमित कर देती है।

संसद: सत्र, सत्रावसान तथा विघटन

संसद के अधिवेशन (Session of Parliament)

संवैधानिक प्रावधानों के अनुसार राष्ट्रपति को समय-समय पर संसद के दोनों सदनों के अधिवेशन बुलाने का अधिकार प्राप्त है परंतु दो अधिवेशनों के मध्य 6 माह से अधिक का अंतर नहीं होना चाहिए। 6 माह के अंतर की गणना पूर्व अधिवेशन की अंतिम बैठक की तिथि तथा आगामी अधिवेशन की पहली बैठक की तिथि के अंतर से की जाती है। राष्ट्रपति अधिवेशन किसी भी समय और किसी भी स्थान पर बुला सकता है। परंतु सामान्यत: अधिवेशन दिल्ली में ही संपन्न होता है तथा अधिवेशन आहूत करने के संदर्भ में मंत्रिमंडल ही निर्णय करता है। राष्ट्रपति केवल उसकी घोषणा करता है। राष्ट्रपति मंत्रिमंडल की सलाह पर संसद का अधिवेशन बुलाता है।

लोकसभा के प्रत्येक आम चुनाव के प्रथम सत्र तथा प्रत्येक वर्ष के प्रथम सत्र के आरंभ में संसद के दोनों सदनों की संयुक्त बैठक को राष्ट्रपति द्वारा संबोधित किया जाता है। राष्ट्रपति सदन को सत्र आहूत करने के कारणों से अवगत कराता है। राष्ट्रपति के अभिभाषण में इंग्लैंड के सम्राट के अभिभाषण की तरह सरकार की सामान्य नीतियों तथा कार्यक्रमों का संकेत होता है।

राष्ट्रपति का अभिभाषण मंत्रिमंडल द्वारा तैयार किया जाता है और राष्ट्रपति सिर्फ उसको संसद में पढ़ते हैं। राष्ट्रपति संसद के किसी एक सदन को या साथ बुलाए गए दोनों सदनों को संबोधित करेगा तथा इस उद्देश्य के लिए सदस्यों की उपस्थिति की अपेक्षा करेगा। राष्ट्रपति संसद में लंबित किसी विधेयक या अन्य विषय के संबंध में किसी भी सदन को संदेश भेज सकता है। संबंधित सदन का यह कर्तव्य है कि वह प्रेषित विषय पर सम्मानपूर्वक विचार करें।

संविधान विशेषज्ञों का मत है कि उक्त उपबंध की भारतीय संविधान के लिए कोई आवश्यकता और उपयोगिता नहीं है, क्योंकि भारत में राष्ट्रपति मंत्रिमंडल की सलाह पर कार्य करता है और जिसके सदस्य संसद के सदस्य होते हैं। वस्तुत: इस उपबंध की आवश्यकता अमेरिकी संविधान के लिए है जहां राष्ट्रपति के सलाहकार विधानमंडल के सदस्य नहीं होते हैं। राष्ट्रपति संदेश के माध्यम से ही अपनी नीतियों एवं कार्यक्रमों से सदन को अवगत कराता है।

संसद के अधिवेशन और उसकी कार्यवाहियों की विधि मान्यता को इस आधार पर चुनौती नहीं दी जा सकती है कि कुछ सदस्य जेल में बंद होने के कारण कार्यवाही में भाग नहीं ले सके तथा कुछ स्थान रिक्त हैं। **इंदिरा गांधी बनाम राजनारायण** के मामले में न्यायालय ने निर्णय दिया कि उक्त प्रश्न सदनों के आंतरिक अधिकार क्षेत्र से संबंधित हैं जिन पर न्यायालय को कोई अधिकारिता नहीं प्राप्त है। **अनुच्छेद–100 (1)** के प्रावधानों के अनुसार किसी सदन की किसी बैठक सभी प्रकार के प्रश्नों का निर्धारण अध्यक्ष को छोड़कर उपस्थित तथा मत देने वाले सदस्यों के बहुमत से किया जाएगा।

अनुच्छेद–100 (2) में कहा गया है कि सदन में कुछ स्थानों के रिक्त होने पर भी सदन के कार्य करने की शक्ति पर कोई प्रभाव नहीं पड़ेगा तथा इस आधार पर उसकी कार्यवाहियां अवैध नहीं घोषित की जाएंगी कि कोई गैर-सदस्य उसमें उपस्थित रहा और मतदान में भाग नहीं लिया। **अनुच्छेद–122 (1)** में स्पष्ट रूप से कहा गया है कि प्रक्रिया में किसी कथित नियमितता के आधार पर संसद की किसी कार्यवाही की मान्यता पर कोई आपत्ति नहीं की जाएगी। उक्त प्रावधानों से यह स्पष्ट हो जाता है कि संविधान निर्माता यह सुनिश्चित करने के लिए चिंतित थे कि प्रक्रियात्मक अनियमितताओं और **अनुच्छेद–100 (2)** में उल्लेखित आधारों की तरह संसद कार्यवाही की विधि मान्यता दूषित नहीं होनी चाहिए।

संसद का सत्रावसान (Prorogation of Parliament)

राष्ट्रपति द्वारा समय-समय पर संसद का सत्रावसान किया जाता है। **सत्रावसान का आशय है संसद के किसी विशेष सत्र को समाप्त करना।** प्राय: स्थगन और सत्रावसान को लोगों द्वारा एक ही मान लिया जाता है। परंतु इनमें मौलिक

अंतर है। एक सत्र में कई बैठकें होती हैं। स्थगन स्वयं सदन द्वारा किया जाता है। सदन की बैठकों को सदन के अध्यक्ष/सभापति द्वारा स्थगित करना स्थगन कहलाता है। सत्रों के 'स्थगन' का सदन में विचाराधीन अपूर्ण मामलों पर कोई प्रभाव नहीं पड़ता है। इन मामलों पर अगली बैठक में विचार किया जा सकता है। परंतु सत्रावसान के अंतर्गत यह संभव नहीं है। इंग्लैंड में सत्रावसान का परिणाम यह होता है कि उस सदन के समक्ष लंबित सभी विधेयकों या कार्यों का अंत हो जाता है और सदन की दूसरी बैठक में उनको पुनः प्रारंभ किया जा सकता है। समस्त प्रक्रियाएं नए सिरे से शुरू होती हैं। परंतु भारत में सत्रावसान के परिणामस्वरूप उस सदन में लंबित विधेयक या कार्य समाप्त नहीं होते हैं।

स्थगन (Adjournment)

- सदन का स्थगन किसी बैठक के कार्य का निलंबन है। संसद के दोनों सदनों का स्थगन उनके पीठासीन अधिकारी (अध्यक्ष सभापति) द्वारा किया जाता है।
- यह कुछ मिनट, घंटे, दिन या सप्ताह के लिए हो सकता है। सदन का स्थगन किसी आवश्यक या विशेष कारण से अथवा किसी सदस्य की मृत्यु पर शोक प्रकट करने के लिए, गणपूर्ति न होने पर या सदन के भीतर कार्य संचालन में अव्यवस्था होने पर किया जाता है।
- जब सदन को स्थगित करते समय आगामी बैठक की तिथि या समय को नहीं बताया जाता तो इसे सदन का अनिश्चितकाल के लिए स्थगन कहा जाता है। अंग्रेजी में इसे 'साइन डाई' (आगामी बैठक का दिन तय किए बिना) कहा जाता है।

संसद का विघटन (Dissolution of Parliament)

विघटन होने पर सदन की मृत्यु हो जाती है। अन्य शब्दों में, विघटन सदन की कालावधि को समाप्त कर देता है जिसके बाद नई लोकसभा की स्थापना अथवा गठन के लिए निर्वाचन आवश्यक हो जाता है। विघटन हमेशा निम्न सदन का होता है, उच्च सदन का नहीं। भारत में लोकसभा का ही विघटन होता है, राज्यसभा का नहीं। **सत्रावसान तथा विघटन में अंतर यह है कि सत्रावसान सदन के किसी विशेष सत्र को समाप्त करता है, जबकि विघटन उस सदन को ही समाप्त कर देता है।** लोकसभा को विघटित करने की शक्ति राष्ट्रपति में निहित है, परंतु राष्ट्रपति की शक्ति पर निर्बंधन भी लगा हुआ है। राष्ट्रपति मंत्रिमंडल, विशेषतः प्रधानमंत्री की सलाह पर कार्य करता है। ध्यातव्य है कि राज्यसभा का कभी विघटन नहीं होता है।

राष्ट्रपति प्रधानमंत्री की सलाह पर लोकसभा को भंग करने के लिए बाध्य है। परंतु यह बाध्यता तभी तक है, जब तक लोकसभा का बहुमत प्रधानमंत्री के साथ है। बहुमत खो देने के बाद राष्ट्रपति प्रधानमंत्री की सलाह पर कार्य करने के लिए बाध्य नहीं है। लोकसभा के विघटन का निम्नलिखित प्रभाव होता है–

- लोकसभा में लंबित विधेयक समाप्त हो जाता है।
- लोकसभा में पारित विधेयक और राज्यसभा में लंबित विधेयक समाप्त हो जाता है, जब तक कि इसे सदनों की संयुक्त बैठक करने की राष्ट्रपति की घोषणा द्वारा बचा नहीं लिया जाता है।
- राज्यसभा में लंबित विधेयक, जिसको लोकसभा ने पारित नहीं किया है, लोकसभा के विघटन के बाद समाप्त नहीं होता है।

संसदीय प्रक्रिया संबंधित महत्वपूर्ण शब्दावली

प्रश्नकाल (Question Hour)

सदन की बैठक शुरू होने पर पहला घंटा सरकार से प्रश्न पूछने के लिए निर्धारित होता है। यह पहला घंटा प्रश्नकाल कहलाता है। प्रश्न पूछने के लिए यह आवश्यक है कि सदस्य न्यूनतम 10 दिन पूर्व सदन के अध्यक्ष को लिखित सूचना प्रेषित करें, जिसमें संपूर्ण विवरण निहित होना चाहिए। परंतु लोकहित तथा त्वरित विषयों के लिए 10 दिन की समय-सीमा लागू नहीं होती है। इनको अल्प समय की सूचना देकर पूछा जा सकता है। इन विषयों से संबंधित प्रश्नों को 'अल्प सूचना प्रश्न' कहा जाता है।

सदस्यों द्वारा पूछे जाने वाले प्रश्नों को दो भागों में वर्गीकृत किया जाता है– पहला तारांकित प्रश्न तथा दूसरा अतारांकित प्रश्न।

तारांकित प्रश्न (Starred Questions)

जिन प्रश्नों पर तारे (★) का निशान बना होता है, उनको तारांकित प्रश्न (Starred Question) कहा जाता है। तारांकित प्रश्नों का आशय यह होता है कि प्रश्नकर्त्ता अपने प्रश्न का उत्तर मौखिक चाहता है। इस प्रकार के प्रश्न के उत्तर के पश्चात् यदि सदस्य संतुष्ट नहीं होता है तो उसके द्वारा अनुपूरक प्रश्न भी पूछे जा सकते हैं। कोई प्रश्न तारांकित है या नहीं, इसका निर्णय लोकसभा एवं राज्यसभा में क्रमशः लोकसभाध्यक्ष और सभापति द्वारा किया जाता है।

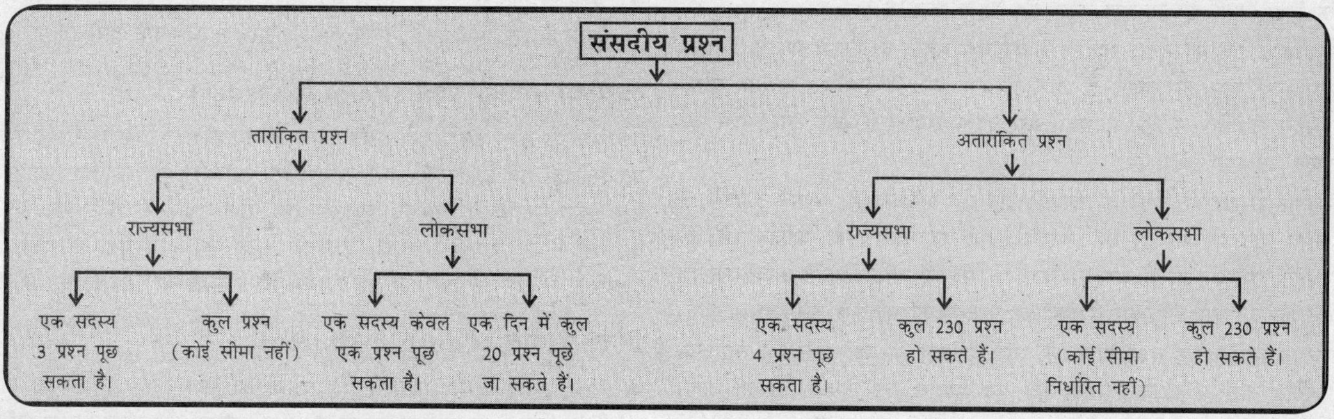

अतारांकित प्रश्न (Non-starred Questions)

जिन प्रश्नों पर तारे का निशान (★) नहीं बना होता है, उनको अतारांकित प्रश्न (Non-Starred Question) कहा जाता है। इसका आशय यह है कि प्रश्नकर्त्ता अपने प्रश्न का उत्तर मौखिक नहीं चाहता है, बल्कि वह लिखित चाहता है। संबंधित मंत्री द्वारा उसके प्रश्न का लिखित उत्तर दिया जाता है तथा मंत्री द्वारा दिया गया उत्तर सभापटल पर रखा मान लिया जाता है। अतारांकित प्रश्नों के तारतम्य में अनुपूरक प्रश्न नहीं पूछे जा सकते हैं। अल्प सूचना के प्रश्नों का उत्तर सदैव मौखिक ही दिया जाता है।

शून्यकाल (Zero Hour)

- सदन की बैठकें सामान्यतः 11 बजे शुरू होती हैं। 11 बजे से 12 बजे तक 1 घंटे का समय प्रश्नकाल का होता है। प्रश्नकाल के बाद का 1 घंटा शून्यकाल का होता है। यह सामान्यतः 12 बजे से 1 बजे तक होता है।

- भारतीय संसदीय प्रक्रिया में 'शून्यकाल' शब्द का उल्लेख नहीं है। चूंकि यह समय दोपहर 12 बजे आरंभ होता है, अत: मीडिया द्वारा इसे 'शून्यकाल' नाम दे दिया गया है। इस प्रकार संसदीय व्यवस्था में शून्यकाल भारत की देन है।
- वर्तमान नियमों के अनुसार शून्यकाल के दौरान कुल 20 मामले उठाए जा सकते हैं।
- शून्यकाल में अति आवश्यक मामले को अध्यक्ष को बिना नोटिस दिए ही उठाया जा सकता है। ध्यातव्य है कि 1990 से पूर्व शून्यकाल में भी कोई मामला उठाने के लिए अध्यक्ष को नोटिस देना पड़ता था। शून्यकाल के दौरान सदस्यगण त्वरित और सार्वजनिक हित से जुड़े मामले उठाते हैं।

आधे घंटे की चर्चा (Half-an-Hour Discussion)

यदि किसी सदस्य को यह महसूस हो रहा है कि उसके द्वारा पूछे गए प्रश्न का मंत्री महोदय द्वारा समुचित उत्तर नहीं दिया गया है, या प्रदत्त उत्तर अपूर्ण है तथा उसमें वांछनीय जानकारी का अभाव है अथवा किसी तथ्य विषयक मामले में स्पष्टीकरण की आवश्यकता है, तो वह इस मामले को अध्यक्ष की अनुमति से आधे घंटे की चर्चा के माध्यम से उठा सकता है। इस प्रक्रिया को आधे घंटे की चर्चा कहा जाता है।

आधे घंटे की चर्चा उठाए जाने की सूचना प्रश्न का उत्तर दिए जाने के तीन दिनों के भीतर और जिस दिन चर्चा उठानी हो, उसके कम-से-कम 3 दिन पूर्व दिया जाना आवश्यक है।

लोकसभा में सामान्यत: आधे घंटे की चर्चा सोमवार, बुधवार तथा शुक्रवार को की जाती है। राज्यसभा में इस प्रकार की चर्चा किसी भी दिन कराई जा सकती है।

अल्पकालिक चर्चा (Short Duration Discussion)

इसे दो घंटे की चर्चा भी कहते हैं, क्योंकि इस तरह की चर्चा के लिए दो घंटे से अधिक का समय नहीं लगता। संसद सदस्य किसी जरूरी सार्वजनिक महत्व के मामले को बहस के लिए ला सकते हैं। अध्यक्ष एक सप्ताह में इस पर बहस के लिए तीन दिन उपलब्ध करा सकता है।

स्थगन या काम रोको प्रस्ताव (Adjournment Motion)

- स्थगन या काम रोको प्रस्ताव एक ऐसी साधारण प्रक्रिया है जिसके गृहीत होने पर अविलंबनीय लोक महत्व के किसी विशेष मामले पर चर्चा करने के लिए सदन का सामान्य कार्य रोक दिया जाता है।
- स्थगन प्रस्ताव का मुख्य उद्देश्य सार्वजनिक महत्व के किसी मामले, जिसके गंभीर परिणाम हो सकते हैं तथा जिसके बारे में समुचित सूचना सहित प्रस्ताव या संकल्प देने से बहुत विलंब हो सकता है, की ओर सदन का ध्यान आकृष्ट करना है।
- स्थगन प्रस्ताव पर चर्चा के बाद मतदान का प्रावधान है। स्थगन प्रस्ताव के पारित होने पर सरकार को त्यागपत्र देना पड़ सकता है। ध्यांतव्य है कि स्थगन प्रस्ताव लाने में कम-से-कम 50 सदस्यों की स्वीकृति आवश्यक है। अध्यक्ष को पूरा अधिकार है कि वह प्रस्ताव को स्वीकार करे अथवा नहीं।
- स्थगन प्रस्ताव पर चर्चा प्रारंभ हो जाने के बाद अध्यक्ष सभा को तब तक स्थगित नहीं कर सकता जब तक कि प्रस्ताव का निपटारा न हो जाए। स्थगन प्रस्ताव अस्वीकृत हो जाने के बाद सभा स्वत: स्थगित हो जाती है।
- प्रश्नकाल की समाप्ति के बाद यह प्रस्ताव पेश किया जाता है तथा उस पर विचार-विमर्श शाम 4 बजे से शुरू होता है।

ध्यानाकर्षण प्रस्ताव (Calling Attention Motion)

ध्यानाकर्षण प्रस्ताव का उद्देश्य ऐसे सार्वजनिक मामलों पर मंत्री महोदय का ध्यान आकृष्ट करना होता है जिन पर चर्चा तुरंत आवश्यक है और उनका संबंध लोक हित से जुड़ा है। विलंब होने पर सार्वजनिक अहित हो सकता है। ध्यानाकर्षण प्रस्ताव अध्यक्ष की पूर्वानुमति के बिना नहीं प्रस्तुत किया जा सकता है। संबंधित मंत्री चाहे तो तुरंत या बाद में संबंधित मुद्दे पर अपना वक्तव्य दे सकता है। ध्यातव्य है कि ध्यानाकर्षण प्रस्ताव की संकल्पना भारत की देन है और इसने 'काम रोको प्रस्ताव' को सीमित कर दिया है।

औचित्य प्रश्न (Point of Order)

जब सदन संचालन के सामान्य नियमों का पालन नहीं करता तो एक सदस्य औचित्य प्रश्न के माध्यम से सदन का ध्यान आकर्षित कर सकता है। यह सामान्यतया विपक्षी सदस्य द्वारा सरकार पर नियंत्रण के लिए उठाया जाता है। यह सदन का ध्यान आकर्षित करने की एक असाधारण युक्ति है, क्योंकि यह सदन की कार्यवाही को समाप्त करती है। औचित्य प्रश्न में यद्यपि किसी तरह की बहस की अनुमति नहीं होती।

विशेष उल्लेख (Special Motion)

ऐसा मामला, जो औचित्य प्रश्न नहीं है, उसे प्रश्नकाल के दौरान नहीं उठाया जाता, आधे घंटे की बहस जिसमें कई सारे मामले शामिल हैं, इसे विशेष उल्लेख के अंतर्गत राज्यसभा में उठाया जाता है। यह लोकसभा में नियम-377 के अधीन नोटिस कहा जाता है।

अल्पकालीन चर्चाएं (Short Term Discussion)

- किसी अविलंबनीय (जिसे टाला नहीं जा सकता हो) लोक महत्व के विषय को सदन के ध्यान में लाने के लिए कोई गैर-सरकारी सदस्य अल्पकालीन चर्चा प्रारंभ कर सकता है।
- अल्पकालीन चर्चा के लिए सप्ताह में दो दिन का समय निर्धारित किया गया है। सामान्यत: ऐसी चर्चा मंगलवार तथा गुरुवार को ही की जाती है।
- अल्पकालीन चर्चा उठाने की परंपरा वर्ष 1953 में आरंभ की गई थी। इस चर्चा को प्रारंभ करने के लिए, मामले का संक्षिप्त वर्णन करते हुए और उसके कारणों को दर्शाते हुए गैर-सरकारी सदस्य इसकी सूचना महासचिव को देता है।
- ऐसी सूचना पर दो या दो से अधिक सदस्यों के हस्ताक्षर होते हैं। चर्चा की स्वीकृति के संबंध में निर्णय अध्यक्ष अथवा सभापति द्वारा किया जाता है।

व्यवस्था संबंधी प्रश्न (Point to Order)

व्यवस्था का प्रश्न उस समय उठाया जाता है जब प्रक्रिया विषयक किसी नियम की अनदेखी हो रही हो, परंतु इसका संबंध उसी कार्य से होना चाहिए, जो सदन द्वारा उस समय किया जा रहा हो। व्यवस्था का प्रश्न उठाते समय सदस्य को प्रक्रिया का वह नियम बताना होता है, जिसका उल्लंघन किया गया हो। कोई आपत्ति व्यवस्था का प्रश्न है कि नहीं यह निर्णय करना सदन के अध्यक्ष का अधिकार है।

निंदा प्रस्ताव (Censure Motion)

- यह प्रस्ताव केवल लोकसभा में लाया जा सकता है। यह विपक्ष के किसी सदस्य द्वारा सरकार के किसी मंत्री या मंत्रियों के समूह या मंत्रिपरिषद् के विरुद्ध लाया जाता है। इसमें यह बताना आवश्यक होता है कि निंदा प्रस्ताव सरकार की किन नीतियों या कार्यों के विरुद्ध लाया जा रहा है?
- लोकसभा में इसके पारित हो जाने के बाद मंत्रिपरिषद् के लिए इस्तीफा देना आवश्यक तो नहीं होता, परंतु इस बात का दबाव आ जाता है कि वह जल्दी से जल्दी विश्वास प्रस्ताव या किसी अन्य माध्यम से लोकसभा में अपना बहुमत सिद्ध करे।

संकल्प (Resolution)
साधारण सार्वजनिक महत्व के मामलों पर सरकार का ध्यान आकृष्ट करने के लिए कोई सदस्य संकल्प ले सकता है। किसी सदस्य द्वारा प्रस्तावित संकल्प या संकल्प के संशोधन को सभा की अनुमति के बिना वापस नहीं किया जा सकता। सार्वजनिक हित से जुड़े हुए किसी मामले के संदर्भ में किसी सदस्य द्वारा सदन में चर्चा के लिए संकल्प एक प्रक्रियागत उपाय है। यह मूल प्रस्ताव के रूप में सिफारिश की घोषणा, संदेश देने, स्थिति की ओर ध्यान आकृष्ट करने तथा निवेदन के रूप में होता है। संकल्पों को तीन श्रेणियों में वर्गीकृत किया जा सकता है-
• **गैर-सरकारी सदस्यों का संकल्पः** यह संकल्प गैर-सरकारी सदस्यों द्वारा लाया जा सकता है। इस पर बहस केवल वैकल्पिक शुक्रवार दोपहर बाद बैठक में की जा सकती है।
• **सरकारी संकल्पः** यह संकल्प मंत्री द्वारा लाया जा सकता है। इसे किसी भी दिन सोमवार से गुरुवार तक लाया जा सकता है।
• **सांविधिक संकल्पः** यह संकल्प किसी गैर-सरकारी सदस्य या मंत्री द्वारा लाया जा सकता है, इसे ऐसा इसलिए कहा जाता है क्योंकि इसे संविधान के उपबंध या अधिनियम के तहत लाया जाता है।
• संकल्प प्रस्तावों से कुछ संदर्भों में भिन्न होते हैं। सभी संकल्प महत्वपूर्ण प्रस्तावों की ही श्रेणी में आते हैं, इसका अर्थ है प्रत्येक संकल्प एक विशिष्ट प्रकार का प्रस्ताव होता है, यह अनिवार्य नहीं है कि सभी प्रस्ताव महत्वपूर्ण हों। इसके अतिरिक्त यह भी अनिवार्य नहीं है कि सभी प्रस्तावों को सभा की स्वीकृति के लिए रखा जाए।

प्रस्ताव (मोशन) (Motion)

कोई सदस्य किसी विषय को अधिकारिक रूप में अध्यक्ष की अनुमति से सदन में चर्चा तथा निर्णय के लिए रखता है। यह सदन पर निर्भर है कि वह प्रस्ताव को स्वीकार करे, अस्वीकार करे अथवा संशोधनों के साथ स्वीकार करे। भिन्न प्रयोजनों के लिए प्रस्ताव कई प्रकार के होते हैं-

मूल प्रस्ताव

यह प्रस्ताव पूर्ण स्वतंत्र होता है तथा इस प्रकार तैयार किया जाता है कि जिससे सदन के फैसले की अभिव्यक्ति हो सके। यह अपने आप में मौलिक होता है, यह न तो अन्य प्रस्ताव से उत्पन्न होता है और न ही अन्य प्रस्ताव पर निर्भर करता है। राष्ट्रपति के अभिभाषण पर धन्यवाद प्रस्ताव, अश्विास प्रस्ताव, लोकसभा अध्यक्ष, उपाध्यक्ष के निर्वाचन तथा हटाए जाने का प्रस्ताव, राष्ट्रपति पर महाभियोग प्रस्ताव 'मूल प्रस्ताव' कहलाते हैं।

स्थानापन्न प्रस्ताव (Substitute Motion)

यह प्रस्ताव सदन में मूल प्रस्ताव के अनुकूल, उसके विकल्प के रूप में, मूल प्रस्ताव पर चर्चा आरंभ होने से पूर्व रखा जाता है। दोनों पर सदन में एक साथ चर्चा आरंभ होती है। यदि स्थानापन्न प्रस्ताव स्वीकार हो जाए तो मूल प्रस्ताव समाप्त हो जाता है तथा उस पर मतदान नहीं होता। यदि स्थानापन्न प्रस्ताव में संशोधन स्वीकृत हो जाए तो मूल प्रस्ताव को संशोधित रूप में मतदान के लिए सदन में रखा जाता है।

सहायक प्रस्ताव (Subsidiary Motion)

सहायक प्रस्ताव किसी अन्य प्रस्ताव से संबंधित अथवा उस पर निर्भर करते हैं। इनका अपने आप में महत्व नहीं होता तथा ये मूल प्रस्ताव या सदन की कार्यवाही के संदर्भ के बिना सदन का फैसला बताने योग्य नहीं होते। सहायक प्रस्तावों की तीन श्रेणियां हैं- 1. अनुषंगी प्रस्ताव (एंसीलरी मोशन), 2. प्रतिस्थापक (सुपरसीडिंग मोशन), 3. संशोधन (एमेंडमेंट्स)।

अनुषंगी प्रस्ताव—सदन की प्रथा द्वारा विभिन्न प्रकार के कार्यों की आगे की कार्यवाही के लिए नियमित उपाय के रूप में मान्यता दी जाती है। ये सहायक प्रस्ताव के रूप में विधेयक पर चर्चा, प्रवर या संयुक्त समिति को सौंपने, विधेयक पास किए जाने से संबंधित होते हैं।

प्रतिस्थापक प्रस्ताव—यह विलंबकारी सहायक प्रस्ताव के रूप में होता है। किसी अन्य विषय पर चर्चा के दौरान उस विषय का स्थान लेने के लिए कोई सदस्य इसे सदन में पेश कर सकता है।

संशोधन प्रस्तावः संशोधन प्रस्ताव सदन में चर्चा के दौरान पेश किया जाता है, इसका उद्देश्य मूल प्रस्ताव, विधेयक के खंड प्रस्ताव, संकल्प में आंशिक रूप से संशोधन करना अथवा स्थानापन्न करना होता है।

अनियत दिन वाले प्रस्तावः अध्यक्ष द्वारा गृहीत करने के बाद जिस पर चर्चा के लिए कोई दिन नियत न किया गया हो, ये कार्य मंत्रणा समिति के समक्ष रखे जाते हैं, जो चर्चा के लिए प्रस्तावों का चयन कर समय नियत करती है।

निंदा प्रस्ताव	अविश्वास प्रस्ताव
• निंदा प्रस्ताव को स्वीकार करने का कारण लोकसभा में बताना अनिवार्य है।	• अविश्वास प्रस्ताव सदैव लोकसभा में लाया जाता है और इसे स्वीकार करने का कारण बताना आवश्यक नहीं है।
• निंदा प्रस्ताव किसी एक मंत्री या मंत्रियों के समूह या पूरे मंत्रिपरिषद् के विरुद्ध लाया जा सकता है।	• अविश्वास प्रस्ताव संपूर्ण मंत्रिपरिषद् के विरुद्ध लाया जाता है।
• यह मंत्रिपरिषद की कुछ नीतियों या कार्य के विरुद्ध निंदा के लिए लाया जाता है।	• अविश्वास प्रस्ताव के माध्यम से लोकसभा में सरकार के बहुमत का निर्धारण होता है।
• यदि निंदा प्रस्ताव लोकसभा में पारित भी हो जाता है तो भी सरकार को त्यागपत्र देना आवश्यक नहीं है। यद्यपि सरकार नैतिक रूप से कमजोर हो जाती है।	• अविश्वास प्रस्ताव के पारित होने पर सरकार को अनिवार्यतः त्यागपत्र देना पड़ता है।

विशेषाधिकार प्रस्ताव (Privilege Motion)

यदि किसी मंत्री ने तथ्यों को छिपाकर या गलत जानकारी देकर संसद सदस्यों के विशेषाधिकार का हनन किया है तो संसद सदस्य मंत्री के विरुद्ध विशेषाधिकार प्रस्ताव रख सकते हैं।

कटौती प्रस्ताव (Closure Motion)

- जिस प्रस्ताव के द्वारा सरकार या उसके किसी विभाग द्वारा प्रस्तावित अनुदानों की मांगों में कटौती का प्रस्ताव रखा जाता है। उसे 'कटौती प्रस्ताव' की संज्ञा दी जाती है। कटौती प्रस्ताव तीन प्रकार के होते हैं, जो इस प्रकार हैं-(1) नीतिगत कटौती (Policy Cut), (2) अर्थगत कटौती (Economy Cut), (3) प्रतीक कटौती (Token Cut), (4) कंगारू कटौती, तथा (5) गिलोटीन प्रस्ताव।
- **नीतिगत कटौती** (Policy related closure)ः इस प्रकार के प्रस्ताव उसके प्रस्तावक सरकार की नीति से घोर असहमति व्यक्त कर लाते हैं, जिसमें प्रस्ताव होता है कि मांग की संपूर्ण धनराशि घटाकर 1 रुपया कर दी जाए। यह प्रस्ताव पास होना सरकार की बड़ी पराजय होती है।
- **नीतिगत कटौती प्रस्ताव का उद्देश्य किसी विशेष मांग की पृष्ठभूमि में विद्यमान नीति को अस्वीकृत करने से होता है।** इसको प्रस्तुत करते समय सदस्य को यह बताना होता है कि वह सरकार की किस नीति में कटौती चाहता है। अर्थगत प्रस्ताव का उद्देश्य किसी मद में मांगी गई राशि में कटौती से होता है।
- **आर्थिक कटौती** (Economy closure) के संदर्भ में मतदान का भी प्रावधान है। यदि आर्थिक कटौती प्रस्ताव स्वीकार कर लिया जाता है और लोकसभा

द्वारा पारित भी कर दिया जाता है तो इस स्थिति में सरकार को त्यागपत्र देना पड़ सकता है।

- **प्रतीक कटौती प्रस्ताव** (Token cut closure): यह प्रस्ताव सरकार के उत्तरदायित्व से संबंधित किसी विशेष विषय के संबंध में विरोध प्रकट करने के लिए लाया जाता है। सामान्यतया इस प्रस्ताव में 100 रुपए की कटौती की जाती है।
- **कंगारू कटौती** (Kangaroo closure): इस प्रकार के प्रस्ताव में, केवल महत्वपूर्ण खंडों पर ही बहस और मतदान होता है और शेष खंडों को छोड़ दिया जाता है और उन्हें पारित मान लिया जाता है।
- **गिलोटिन प्रस्ताव** (Guillotine closure): जब किसी विधेयक या संकल्प के किसी भाग पर चर्चा नहीं हो पाती तो उस पर मतदान से पूर्व चर्चा कराने के लिए इस प्रकार का प्रस्ताव रखा जाता है।

मितव्ययिता कटौती प्रस्ताव

इस प्रकार के कटौती प्रस्ताव का उद्देश्य सार्वजनिक व्यय में मितव्ययिता लाने के लिए मांग की राशि में निश्चित कमी करना होता है।

अविश्वास प्रस्ताव (No-confidence Motion)

अविश्वास प्रस्ताव सरकार में अविश्वास प्रकट करने के लिए लोकसभा में प्रस्तुत किया जाता है। प्रस्ताव को अध्यक्ष द्वारा स्वीकार कर लिए जाने के बाद 10 दिन के अंदर इस पर बहस कराई जाती है। यदि प्रस्ताव पारित हो जाता है तो सरकार को त्यागपत्र देना पड़ता है। उल्लेखनीय है कि भारत में अब तक किसी भी केंद्रीय सरकार के विरुद्ध अविश्वास प्रस्ताव पारित नहीं हो सका है। उल्लेखनीय है कि अविश्वास प्रस्ताव केवल लोकसभा में लाया जा सकता है। इसके लिए लोकसभा के 1/10 सदस्यों का प्रस्ताव पर हस्ताक्षर होना आवश्यक है।

धन्यवाद प्रस्ताव (Motion of Thanks)

- प्रत्येक आम चुनाव के पहले सत्र एवं वित्तीय वर्ष के पहले सत्र में राष्ट्रपति सदन को संबोधित करता है। अपने संबोधन में राष्ट्रपति पूर्ववर्ती वर्ष और आने वाले वर्ष में सरकार की नीतियों एवं योजनाओं का खाका खींचता है। राष्ट्रपति के इस संबोधन को ब्रिटेन के राजा के भाषण से लिया गया है।
- दोनों सदनों में धन्यवाद प्रस्ताव पर चर्चा होती है। इसी को 'धन्यवाद प्रस्ताव' कहा जाता है। बहस के बाद प्रस्ताव को मत विभाजन के लिए रखा जाता है। इस प्रकार का प्रस्ताव सदन में पारित होना आवश्यक है, नहीं तो इसका तात्पर्य सरकार का पराजित होना है। राष्ट्रपति का यह प्रारंभिक भाषण सदस्यों को चर्चा तथा वाद-विवाद के मुद्दे उठाने और त्रुटियों और कमियों हेतु सरकार और प्रशासन की आलोचना का अवसर उपलब्ध कराता है।

तदर्थ बजट (Adhoc Budget)

बजट प्रस्तुति और बजट के पारित होने में काफी अंतराल होता है अथवा कभी-कभी किन्हीं अपरिहार्य कारणों से निर्धारित समय पर बजट पेश नहीं हो पाता है। ऐसी स्थिति में उस अंतराल की अवधि के लिए व्यय की पूर्ति हेतु व्यय के अनुरूप अग्रिम अनुदान की स्वीकृति संसद द्वारा ले ली जाती है। इसी को 'तदर्थ बजट' या लेखानुदान कहा जाता है।

अनुदान मांगें (Grant)

भारतीय संविधान के अनुच्छेद-113 के अनुसार भारत की संचित निधि से व्यय का अनुमान वार्षिक वित्तीय विवरण में समाहित होता है। जिसे लोकसभा में मतदान की आवश्यकता होती है और अनुदान की मांग के रूप में प्रस्तुत किया जाता है। व्यय की प्रकृति के आधार पर लोकसभा में प्रस्तुत किया जाता है। व्यय की प्रकृति के आधार पर मंत्रालय या विभाग के लिए एक से अधिक मांग प्रस्तुत की जा सकती है।

विधानमंडल रहित केंद्र शासित प्रदेशों के संबंध में कहा गया है कि ऐसे केंद्र शासित प्रदेशों के लिए एक अलग मांग प्रस्तुत की जाती है।

अनुपूरक अनुदानों की मांगें (Supplementary Grant)

वित्त वर्ष के दौरान (समाप्ति से पूर्व) किसी नई सेवा अथवा मद की आवश्यकता उत्पन्न हो जाए तो भारत का राष्ट्रपति उस सेवा के लिए अनुपूरक अनुदानों की राशि का अनुमानित विवरण संसद के समक्ष रखवाता है। ये मांगें वित्तीय वर्ष की समाप्ति से पूर्व संसद में पेश तथा पास की जाती हैं।

अतिरिक्त अनुदानों की मांगें (Additional Grants Demand)

यदि वित्तीय वर्ष के दौरान किसी सेवा पर उस वर्ष के लिए आवंटित की गई राशि से अधिक खर्च हो गई हो तो राष्ट्रपति उसके लिए अतिरिक्त अनुदानों की मांगें लोकसभा में पेश करवाता है।

प्रत्यानुदान (Vote on Credit)

किसी राष्ट्रीय आपात के लिए धन की अप्रत्याशित मांग को पूरा करने के लिए जिसका विस्तृत ब्यौरा नहीं दिया जा सकता है, सदन प्रत्यानुदान के रूप में एकमुश्त धनराशि दे सकता है। किसी अति आवश्यक कार्य के लिए यदि धन की त्वरित आवश्यकता होती है तो प्रत्यानुदान की माँग सरकार द्वारा प्रस्तुत की जाती है। यह कार्यपालिका के लिए ब्लैंक चेक होता है। यह लोकसभा द्वारा दिया जाता है। इससे सरकार व्यय के संदर्भ में निश्चित विवरण नहीं दे सकती है।

अपवादानुदान (Exceptional Demand)

सरकार को विशेष प्रयोजन के लिए अपवादानुदान के रूप में निश्चित धनराशि सदन द्वारा दी जाती है। यह अपवादानुदान वित्तीय वर्ष के साधारण ख़र्च का भाग नहीं होता। इसकी व्यवस्था अलग से की जाती है।

प्रत्यायोजित विधान (Delegated Legislation)

संसद के समय तथा विशेषज्ञता के अभाव के कारण वह केवल विधियों की मूल रूपरेखा बनाकर अन्य सीमाओं के भीतर विस्तृत नियम-विनियम सरकार पर ही छोड़ देती है। इसे 'अधीनस्थ विधान' भी कहा जाता है।

संसद में ह्विप

- ह्विप एक प्रकार का निर्देश है जो विभिन्न राजनीतिक दलों द्वारा अपने दल के सांसदों/विधायकों को किसी विषय में जारी किया जाता है। जब संसद या राज्य विधान मंडल में किसी महत्त्वपूर्ण विषय पर मतदान होना होता है तब विभिन्न राजनीतिक दल अपने सदस्यों को पार्टी की लाइन के अनुसार मतदान करने का निर्देश देते हैं और इसके लिए ह्विप जारी करते हैं। ध्यातव्य है कि ह्विप का प्रावधान दल-बदल निरोधक अधिनियम के माध्यम से भारतीय संसदीय प्रणाली में लाया गया।
- प्रत्येक राजनीतिक दल द्वारा प्रत्येक सदन में अपने एक सदस्य को ह्विप जारी करने के लिए अधिकृत किया जाता है जिसे मुख्य सचेतक कहा जाता है। मुख्य सचेतक यह सुनिश्चित करता है कि उसके दल के सदस्य पार्टी की लाइन और दिशा-निर्देशों के अनुसार कार्य करें और मतदान करें। ह्विप के उल्लंघन के परिणामस्वरूप संबंधित सदस्य की सदन की सदस्यता समाप्त हो जाती है।

सचेतक

सचेतक का कार्य संसद में अपने राजनीतिक दल के सदस्यों को अनुशासन में रखना होता है। प्रत्येक राजनीतिक दल, चाहे वह सत्ता में हो या विपक्ष में, अपने एक सदस्य की नियुक्ति सचेतक के रूप में करता है। उसका मुख्य कार्य यह देखना होता है कि दल के सदस्य संसद में उपस्थित रहें। यदि पार्टी सदस्य उसके निर्देशों का पालन नहीं करते हैं तो उनके खिलाफ अनुशासनात्मक कार्यवाही की जा सकती है।

- ह्विप को तीन वर्गों या श्रेणियों में वर्गीकृत किया जाता है- (1) एक पंक्ति का ह्विप (2) दो पंक्ति का ह्विप (3) तीन पंक्ति का ह्विप।

रचनात्मक अविश्वास प्रस्ताव (Constructive No-confidence Motion)

रचनात्मक अविश्वास प्रस्ताव की उत्पत्ति जर्मनी से हुई है। अविश्वास प्रस्ताव संसदीय लोकतंत्र की महत्वपूर्ण संकल्पना है जिसकी उत्पत्ति ब्रिटेन से हुई है। अविश्वास प्रस्ताव विपक्ष द्वारा संसद में लाया जाता है। अविश्वास प्रस्ताव के माध्यम से सरकार को अपदस्थ किया जाता है। इसलिए अविश्वास प्रस्ताव को विध्वंसात्मक कहा जाता है। अविश्वास प्रस्ताव, वह प्रस्ताव है जिसके माध्यम से मंत्रिपरिषद् को प्राप्त विश्वास/बहुमत की जांच की जाती है। अविश्वास प्रस्ताव के पारित होने के बाद प्रधानमंत्री सहित सम्पूर्ण मंत्रिपरिषद् को त्यागपत्र देना पड़ता है। ध्यातव्य है कि भारतीय संविधान में अनुच्छेद-75(3) में अविश्वास प्रस्ताव अप्रत्यक्ष रूप से उल्लेखित है।

भारतीय संविधान में कहीं भी या किसी भी अनुच्छेद में अविश्वास प्रस्ताव का उल्लेख नहीं है। लोकसभा नियमावली के नियम संख्या-198 में अविश्वास प्रस्ताव का उल्लेख है। उल्लेखनीय है कि अविश्वास प्रस्ताव केवल लोकसभा में लाया जाएगा।

अविश्वास प्रस्ताव केवल विपक्षी सदस्य द्वारा लाया जा सकता है। यह केवल एक सदस्य द्वारा लाया जा सकता है परंतु उस प्रस्ताव को लोकसभा के कम-से-कम 50 सदस्यों द्वारा समर्थित होना चाहिए।

सामान्यत: अविश्वास प्रस्ताव को विध्वंसात्मक माना जाता है क्योंकि इसके माध्यम से सरकार को गिराना होता है। परंतु जर्मनी जैसे देशों में अविश्वास प्रस्ताव के माध्यम से वर्तमान सरकार को न केवल गिराया जाता है बल्कि उसके विकल्प को प्रस्तुत किया जाता है। रचनात्मक अविश्वास प्रस्ताव एक ऐसा प्रस्ताव है जिसके माध्यम से न केवल वर्तमान सरकार को अपदस्थ किया जाता है बल्कि उसके स्थान पर नई सरकार बनाने का भी प्रस्ताव प्रस्तुत किया जाता है।

अन्य शब्दों में, किसी भी ऐसे अविश्वास प्रस्ताव को रचनात्मक अविश्वास प्रस्ताव कहा जाता है जिससे वर्तमान सरकार को गिराकर उसके स्थान पर नई सरकार बनाने का प्रस्ताव भी निहित होता है। ऐसा करने का उद्देश्य राजनीतिक अस्थिरता को रोकना है।

रचनात्मक अविश्वास प्रस्ताव में दो भाग होते हैं। इसके पहले भाग में यह बताया जाता है कि सदन वर्तमान सरकार में अविश्वास व्यक्त करता है। इसके माध्यम से सरकार के बहुमत का परीक्षण किया जाता है। जबकि इसके दूसरे भाग में यह प्रस्ताव प्रस्तुत किया जाता है कि यह सदन वैकल्पिक सरकार में विश्वास व्यक्त करता है। प्रस्ताव के पहले भाग द्वारा वर्तमान सरकार को मतदान के माध्यम से हटाया जाता है और नई सरकार का गठन सुनिश्चित किया जाता है। ऐसे प्रस्ताव में मतदान समग्रता में होता है। प्रस्ताव के पारित होने के बाद तुरंत वर्तमान सरकार को पद छोड़ना पड़ता है और इसके बाद नई सरकार तुरंत पद ग्रहण कर लेती है। इसका लाभ यह होता है कि राजनीतिक अस्थिरता उत्पन्न नहीं होती है, क्योंकि नई सरकार कार्य करना शुरू कर देती है। भारत में यह व्यवस्था नहीं है।

- एक पंक्ति का ह्विप संक्षिप्त तथा सरल होता है। यह सदस्यों के लिए बाध्यकारी नहीं होता है। इसके माध्यम से सदस्यों को सदन में मतदान की सूचना दी जाती है।
- द्विपंक्ति के ह्विप के माध्यम से सदस्यों को सदन में मतदान के दौरान उपस्थित रहने का निर्देश दिया जाता है।
- तीन पंक्ति का ह्विप सर्वाधिक कठोर होता है। इसके माध्यम से सदस्यों की उपस्थिति तथा मतदान के लिए स्पष्ट दिशा-निर्देश जारी किए जाते हैं। इस प्रकार के ह्विप का प्रयोग विशेष विषयों के संदर्भ में किया जाता है। इसके उल्लंघन पर सदस्य की सदस्यता समाप्त हो जाती है।
- ह्विप का प्रयोग सदन में कोरम बनाए रखने के लिए भी किया जाता है। ध्यातव्य है कि ह्विप की व्यवस्था को लोकतंत्र की भावनाओं तथा मान्यताओं के प्रतिकूल माना जाता है, क्योंकि यहाँ सदस्यों को अपने विवेक या इच्छा से निर्णय नहीं लेना होता है बल्कि अपने दल के अनुसार कार्य करना होता है।

विभिन्न देशों के विधानांग एवं उसके पीठासीन अधिकारी

लोकतांत्रिक शासन प्रणाली में शासन के विभिन्न विभागों में विधानांग की स्थिति सबसे उच्च होती है। विधानांग (Legislature) को विधानमंडल, विधानपालिका, व्यवस्थापिका भी कहा जाता है। विभिन्न देशों में इसके लिए अलग-अलग संज्ञाओं का प्रयोग किया जाता है। भारत, इंग्लैंड, ऑस्ट्रेलिया तथा कनाडा इत्यादि देशों में व्यवस्थापिका सभा को संसद (Parliament) कहते हैं।

संयुक्त राज्य अमेरिका में कांग्रेस, फ्रांस में नेशनल असेंबली, पाकिस्तान में सेंट्रल असेंबली, जापान में डाइट, स्विट्जरलैण्ड में फेडरल असेंबली, नार्वे में स्टोर्टिंग, चीन में नेशनल पीपुल्स कांग्रेस कहा जाता है। व्यवस्थापिका सभा का मुख्य कार्य विधि निर्माण एवं वार्षिक बजट का पारण है। चूंकि व्यवस्थापिका सभा ही विधियों का निर्माण करती है, इसलिए इसकी स्थिति कार्यांग (कार्यपालिका) एवं न्यायांग (न्यायपालिका) से उच्च होती है। प्राय: सभी लोकतांत्रिक प्रणालियों में कार्यपालिका एवं न्यायपालिका व्यवस्थापिका सभा द्वारा निर्मित विधियों का अनुपालन करते हुए अपने कार्यों का निर्वहन करती हैं।

विश्व के प्राय: सभी लोकतांत्रिक देशों की शासन प्रणाली में व्यवस्थापिका को पर्याप्त महत्त्व दिया गया है। किंतु सभी व्यवस्थापिकाएं समान रूप से शक्तिशाली हैं, ऐसा नहीं कहा जा सकता है। इंग्लैंड की संसद प्रभुत्व संपन्न और सर्वाधिक शक्तिशाली व्यवस्थापिका है। इंग्लैंड में चूंकि कोई लिखित संविधान नहीं है, अत: संसद की विधि निर्माण की शक्ति पर कोई अंकुश नहीं है। इंग्लैंड की न्यायपालिका व्यवस्थापिका के किसी कानून को असंवैधानिक घोषित नहीं कर सकती है। इसके ठीक विपरीत अमेरिका में चूंकि लिखित संविधान है। इसलिए वहां की कांग्रेस सीमित शक्तियों वाली व्यवस्थापिका है। भारत की भांति अमेरिकी संविधान में व्यवस्थापिका की शक्तियों को परिभाषित किया गया है। साथ ही संविधान को सर्वोपरि माना गया है। यदि व्यवस्थापिका द्वारा निर्मित कोई विधि संविधान की भावनाओं के अनुकूल नहीं है तो सर्वोच्च न्यायालय द्वारा उसे असंवैधानिक घोषित किया जा सकता है। भारत में ब्रिटिश शासन काल में व्यवस्थापिका को इसी प्रकार की सीमित शक्ति प्राप्त थी। गवर्नर जनरल और गवर्नर क्रमश: केंद्रीय व्यवस्थापिका एवं प्रांतीय व्यवस्थापिकाओं द्वारा निर्मित विधियों पर निषेधाधिकार का प्रयोग कर सकते थे।

लोकतांत्रिक शासन प्रणाली में व्यवस्थापिकाओं को विधि निर्माण के अतिरिक्त और भी कार्य सौंपे गए हैं। अलग-अलग देशों में इनके कार्याधिकारों की अलग-अलग सीमाएं हैं। प्राय: सभी लोकतांत्रिक देशों की वित्त व्यवस्था पर व्यवस्थापिका का पूर्ण नियंत्रण होता है। व्यवस्थापिका की अनुमति के बिना सरकार कोई भी धन व्यय नहीं कर सकती है। संसदीय व्यवस्था में मंत्रिमंडल व्यवस्थापिका के प्रति उत्तरदायी होता है। व्यवस्थापिका प्रश्नों, संकल्पों, स्थगन प्रस्तावों इत्यादि के माध्यम से न केवल सत्तारूढ़ दल को संयमित किए रहती है, बल्कि जन-साधारण को भी मंत्रिमंडल के कार्यों से अवगत कराती रहती है। इस प्रकार व्यवस्थापिका कार्यपालिका को अपनी सीमाओं में रहने के लिए बाध्य करती है। वित्त व्यवस्था पर व्यवस्थापिका को जो नियंत्रणकारी अधिकार प्राप्त है, उसकी सहायता से वह यह कार्य बखूबी करती है।

कुछ देशों में व्यवस्थापिका को कुछ महत्वपूर्ण कार्यपालिकीय कार्य भी करने होते हैं। संयुक्त राज्य अमेरिका में राष्ट्रपति द्वारा की जाने वाली नियुक्तियों को कांग्रेस के उच्च सदन सीनेट द्वारा स्वीकृति मिलना आवश्यक है। इसी प्रकार राष्ट्रपति द्वारा अन्य देशों के साथ की जाने वाली संधियों को सीनेट द्वारा स्वीकृत किया जाना आवश्यक है। स्विट्जरलैंड की व्यवस्थापिका फेडरल असेंबली को असेंबली के सात सदस्यों, न्यायाधिकरण के न्यायाधीशों तथा प्रधान सेनापति जैसी महत्त्वपूर्ण नियुक्तियां करने का अधिकार प्राप्त है। फेडरल असेंबली राष्ट्रीय स्तर की सिविल सेवाओं से संबंधित संस्थाओं की गतिविधियों पर नियंत्रण रखती है तथा प्रशासनिक विवादों का निपटारा भी करती है।

कुछ देशों में व्यवस्थापिकाओं को कतिपय न्यायिक कार्य भी करने पड़ते हैं। इंग्लैंड में हाउस ऑफ लॉर्ड्स को अपील के मामलों में उच्चतम न्यायालय का स्तर प्राप्त है। अमेरिका, फ्रांस और भारत की व्यवस्थापिकाओं को देश के सर्वोच्च पदाधिकारियों पर लगाए गए महाभियोग की सुनवाई का अधिकार दिया गया है। स्विट्जरलैंड की फेडरल असेंबली को दोनों सदनों की संयुक्त बैठक में अपराधियों की सजाओं को कम करने अथवा क्षमा करने का अधिकार प्राप्त है।

विभिन्न देशों के विधानांगों का सदनीय स्वरूप

चीन तथा न्यूजीलैंड जैसे कुछ राष्ट्रों को छोड़ दें तो विश्व के प्रायः सभी लोकतांत्रिक देशों में द्विसदनीय व्यवस्थापिका पद्धति (Bi-cameralism) को अपनाया गया है। किंतु इन सभी देशों में प्रथम एवं द्वितीय अथवा उच्च एवं निम्न सदन समानार्थी नहीं हैं। ब्रिटेन एवं कनाडा की हाउस ऑफ कॉमन्स, फ्रांस की नेशनल असेंबली, स्विट्जरलैंड की नेशनल काउंसिल, आयरलैंड के प्रतिनिधि सदन को प्रथम स्थान प्राप्त है। इसके सदस्यों का निर्वाचन जनता द्वारा होता है। इन्हीं देशों में ब्रिटेन की लॉर्ड सभा, कनाडा, फ्रांस, इटली, आयरलैंड तथा पाकिस्तान की सीनेट, स्विट्जरलैंड की स्टेट्स काउंसिल एवं भारत की राज्यसभा को द्वितीय सदन का स्तर प्राप्त है। इसके विपरीत अमेरिकी कांग्रेस के दोनों सदन प्रतिनिधि सभा एवं सीनेट, ऑस्ट्रेलिया की प्रतिनिधि सभा एवं सीनेट दोनों तथा जापान का काउंसिल हाउस जनता द्वारा निर्वाचित सदन है। जबकि नीदरलैंड में जनता द्वारा निर्वाचित सदन को द्वितीय एवं अप्रत्यक्ष रूप से निर्वाचित सदन को प्रथम स्थान प्राप्त है। ब्राजील, न्यूजीलैंड, स्वीडन तथा चिली के उच्च सदनों का गठन निम्न सदन की भांति निर्वाचन द्वारा ही होता है। फ्रांस, इटली, डेनमार्क, आयरलैंड, भारत तथा पाकिस्तान जैसे देशों में उच्च सदन का संगठन परोक्ष रूप से होता है।

ब्रिटेन में उच्च सदन को हाउस ऑफ लॉर्ड्स कहते हैं। राज्यसभा की भांति हाउस ऑफ लॉर्ड्स भी स्थायी सदन है और उसका विघटन नहीं होता है। किंतु राज्यसभा ब्रिटेन की हाउस ऑफ लॉर्ड्स से कई अर्थों में भिन्न है। हाउस ऑफ लॉर्ड्स वंशानुगत पियरों की सभा है, जो सम्राट् द्वारा नियुक्त किए जाते हैं जबकि राज्यसभा निर्वाचित सदस्यों की सभा है। हाउस ऑफ लॉर्ड्स सदस्यों की सदस्यता जीवन भर के लिए होती है जबकि राज्यसभा के एक तिहाई सदस्य प्रति तीसरे वर्ष सेवानिवृत्त होते हैं। इस प्रकार इनकी सदस्यता मात्र 6 वर्ष के लिए होती है। हाउस ऑफ लॉर्ड्स सर्वोच्च अपीलीय न्यायिक है, जबकि राज्यसभा को इस तरह का कोई अधिकार प्राप्त नहीं है। राज्यसभा का स्वरूप कुछ अर्थों में अमेरिकी सीनेट से मिलता-जुलता है। अमेरिकी सीनेट एक स्थायी सदन है जिसमें प्रत्येक राज्य से दो प्रतिनिधि होते हैं। राज्यसभा की भांति यह स्थायी सदन है और इसके एक-तिहाई सदस्य प्रत्येक दो वर्ष पर सेवानिवृत्त होते हैं। अमेरिकी सीनेट के सदस्य सीधे चुनाव द्वारा चुने जाते हैं। सीनेट विधि निर्माण के मामले में राज्यसभा से अधिक शक्तिशाली है। उसे कांग्रेस के समान ही विधि निर्माण की शक्ति प्राप्त है।

कुछ देशों के उच्च सदन एवं उसके पीठासीन अधिकारी

लोकतंत्रात्मक शासन प्रणाली में द्विसदनीय व्यवस्थापिका (अपवाद को छोड़कर) होती है। 'राजनीतिकोश' (डॉ. सुभाष कश्यप) के अनुसार उच्च सदन सामान्यतया संघ के अवयवों, एककों अथवा समाज के कुछ विशिष्ट हितों का प्रतिनिधित्व करता है। इसके विपरीत निम्न सदन जनसाधारण के हितों का प्रतिनिधित्व करता है। उच्च सदन का गठन प्रायः निम्न प्रकार से होता है-(1) आनुवंशिकता के आधार पर (2) जीवन भर के लिए नियुक्ति के आधार पर (3) निश्चित अवधि के लिए नियुक्ति अथवा निर्वाचन के आधार पर (4) निम्न सदन की भांति प्रत्यक्ष निर्वाचन के आधार पर।

राज्यसभा एवं हाउस ऑफ लॉर्ड्स

ब्रिटेन के उच्च सदन हाउस ऑफ लॉर्ड्स की अध्यक्षता करने वाले पीठासीन अधिकारी को चांसलर कहा जाता है। चांसलर की नियुक्ति प्रधानमंत्री की अनुशंसा पर सम्राट द्वारा की जाती है। यह बिल्कुल उसी भांति होता है, जिस भांति कोई प्रधानमंत्री अपने मंत्रियों की नियुक्ति करता है। चांसलर वाद-विवादों में भाग ले सकता है और अपने दल की सहायता कर सकता है। इस दृष्टि से उसकी स्थिति कॉमन सभा के स्पीकर से भिन्न होती है। हाउस ऑफ लॉर्ड्स के वाद-विवाद का स्तर कॉमन सभा के वाद-विवाद के स्तर से काफी ऊंचा होता है। चांसलर सदन की कार्यवाहियों का मार्गदर्शन तो करता है किंतु नियंत्रण एवं संचालन नहीं करता है। सदन में कौन सदस्य पहले बोलेगा तथा कौन सदस्य बाद में बोलेगा इसका निर्धारण सदन करता है। अनुशासनात्मक कार्यवाही के अंतर्गत दंड का निर्धारण भी सदन करता है। अन्य विधेयकों के पारण में हाउस ऑफ लॉर्ड्स मात्र दो वर्ष का विलंब कर सकती थी। किंतु 1949 में अधिनियम द्वारा यह निर्धारित किया गया कि यदि कॉमन सभा किसी विधेयक को पास कर दे और हाउस ऑफ लॉर्ड्स उसे अस्वीकार कर दे तो वह एक वर्ष बाद विधि का रूप धारण कर लेगा। धन विधेयक एक माह बाद ही विधेयक का रूप ले लेता है।

चांसलर ब्रिटेन की न्यायिक व्यवस्था का प्रमुख भी होता है। वह मुख्य न्यायाधिपति की हैसियत से काउंटी कोर्ट के न्यायाधीश एवं जस्टिस ऑफ पीस की नियुक्ति एवं पदच्युति करता है। इस प्रकार चांसलर ब्रिटिश मंत्रिमंडल का वरिष्ठ सदस्य, हाउस ऑफ लॉर्ड्स का सभापति तथा न्यायिक व्यवस्था का प्रमुख होता है। चांसलर की अनुपस्थिति में सम्राट द्वारा नियुक्त डिप्टी स्पीकर इस दायित्व का निर्वहन करता है। चांसलर को ब्रिटेन में लॉर्ड चांसलर कहा जाता है।

राज्यसभा एवं सीनेट

भारत में राज्यसभा को उच्च सदन कहा जाता है। निर्वाचन को छोड़कर राज्यसभा एवं अमेरिकी सीनेट की स्थितियों में कोई विशेष अंतर नहीं है। भारत का उपराष्ट्रपति राज्यसभा का पदेन सभापति होता है और इस संबंध में उसकी स्थिति अमेरिका के उपराष्ट्रपति के समान ही है। अमेरिकी उपराष्ट्रपति सीनेट का पदेन सभापति होता है। अमेरिकी उपराष्ट्रपति की भांति भारतीय उपराष्ट्रपति भी राज्यसभा की कार्यवाही में भाग नहीं लेते हैं। उन्हें केवल निर्णायक मत देने का अधिकार प्राप्त है।

राज्यसभा अपने सदस्यों में से ही किसी एक को सदन का उपसभापति चुनती है। जब सभापति पद रिक्त हो, अथवा जब उपराष्ट्रपति राष्ट्रपति के रूप में कार्य कर रहा हो तब उपसभापति उक्त कर्तव्यों का पालन करता है। यदि उपसभापति का पद भी रिक्त हो तो राज्यसभा का सभापतित्व ऐसा सदस्य करेगा, जिसे राष्ट्रपति नियुक्त करे।

अमेरिकी सीनेट के सभापति (उपराष्ट्रपति) को सीनेट की विभिन्न समितियों के गठन एवं इसके अध्यक्षों को नामांकित करने का अधिकार नहीं है। यह कार्य सीनेट द्वारा ही किया जाता है। सीनेट के सभापति को किसी सदस्य को बोलने हेतु अवसर देने का अधिकार नहीं है। सीनेट के सदस्य उसी क्रम में बोलते हैं, जिस क्रम वे खड़े हुए हैं। सभापति की अनुपस्थिति में सीनेट द्वारा बहुमत के आधार पर अस्थायी अध्यक्ष की नियुक्ति की जाती है।

फ्रांस की सीनेट

फ्रांस की व्यवस्थापिका के उच्च सदन को सीनेट कहा जाता है। सीनेट के अध्यक्ष को चेयरमैन कहा जाता है। फ्रांस की सीनेट भारत की राज्यसभा की भांति कभी न समाप्त होने वाला सदन है। इसके एक-तिहाई सदस्य प्रत्येक वर्ष पर सेवानिवृत्त होते हैं। सदस्यों का कार्यकाल 9 वर्ष होता है। प्रत्येक तीन वर्ष पर नए चुने गए सीनेटरों द्वारा नए चेयरमैन का बहुमत द्वारा निर्वाचन होता है। इस प्रकार चेयरमैन का कार्यकाल तीन वर्ष ही होता है। सीनेट की कार्यवाही के संचालन के अतिरिक्त चेयरमैन राष्ट्रपति का प्रमुख सलाहकार भी होता है। राष्ट्रपति का पद किसी कारण से रिक्त होने पर वह अस्थायी रूप से राष्ट्रपति का पद भी ग्रहण करता है।

स्विट्जरलैंड की राज्यपरिषद्

प्रतिनिधित्व के मामले में स्विट्जरलैंड की राज्य परिषद् की तुलना अमेरिकी सीनेट से की जा सकती है। राज्यपरिषद् द्वारा अपने सदस्यों में से ही प्रत्येक वर्ष (अधिवेशन) के लिए एक सभापति तथा एक उपसभापति की नियुक्ति की जाती है। ये प्रेसीडेंट एक ही कैंटन (जिला स्तरीय इकाई) से नहीं हो सकते तथा इस पद पर एक बार चुने जाने के बाद वे दुबारा नहीं चुने जा सकते हैं। प्रेसीडेंट राज्यपरिषद् की अध्यक्षता कार्यवाहियों का संचालन एवं निर्णायक मत देने का कार्य करता है।

कुछ देशों के निम्न सदन एवं उसके पीठासीन अधिकारी

निम्न सदन जिसे हमारे देश में लोकसभा के नाम से जाना जाता है, में सीधे जनता द्वारा निर्वाचित प्रतिनिधियों को स्थान मिलता है। निम्न सदन उच्च सदन की तुलना में अल्प जीवी होता है तथा यह लोकमत पर आधारित होता है। लोकमत में हुए परिवर्तन के साथ ही निम्न सदन में भी परिवर्तन आता है। जनता के सीधे प्रतिनिधित्व के कारण निम्न सदन का काफी महत्त्व है। यह उच्च सदन से अधिक शक्तिशाली होता है हालांकि अपवादस्वरूप अमेरिका के निम्न सदन की शक्तियां सीनेट से कम हैं।

हाउस ऑफ कॉमन्स

हाउस ऑफ कॉमन्स जिसे कॉमन सभा भी कहते हैं ब्रिटिश संसद का सर्वाधिक शक्तिशाली अंग है। वयस्क मताधिकार के आधार पर गठित कॉमन सभा में कुल 630 सदस्य होते हैं। जो विभिन्न क्षेत्रों का प्रतिनिधित्व करते हैं। इसमें इंग्लैंड से 511, स्कॉटलैंड से 71 वेल्स से 36 एवं उत्तरी आयरलैंड से 12 सदस्य होते हैं। परंपरा के अनुसार ब्रिटेन में सरकार तभी तक सत्तारूढ़ रह सकती है जब तक उसे हाउस ऑफ कॉमन्स का विश्वास प्राप्त है। हाउस ऑफ कॉमन्स की अध्यक्षता स्पीकर द्वारा की जाती है जो कॉमन सभा के संपूर्ण कार्यकाल के लिए चुना जाता है। स्पीकर के चुनाव हेतु सामान्यतया सत्तारूढ़ दल द्वारा ऐसे व्यक्ति का प्रस्ताव किया जाता है जिस पर विपक्षी दलों को कोई आपत्ति न हो। अध्यक्ष निर्वाचित होने के बाद वह वाद-विवाद में भाग नहीं लेता तथा अपने दल की सदस्यता से त्यागपत्र दे देता है। कॉमन सभा का कोई उपाध्यक्ष या डिप्टी स्पीकर नहीं होता और स्पीकर की अनुपस्थिति में सदन की कार्यवाही स्थगित कर दी जाती है।

प्रतिनिधि सदन

संयुक्त राज्य अमेरिका की संसद अथवा कांग्रेस के अवर सदन को प्रतिनिधि सभा (House of Representatives) कहते हैं। प्रतिनिधि सदन में वर्तमान में 438 सदस्य होते हैं। प्रतिनिधि सदन अपने गठन के बाद प्रथम सत्र में ही कार्यवाहियों के संचालन के लिए स्पीकर का चुनाव करता है। स्पीकर का चुनाव प्रतिनिधि सदन में बहुमत के आधार पर होता है। अमेरिकी स्पीकर पूरी तरह से दलगत व्यक्ति होता है और इस आधार पर वह ब्रिटिश स्पीकर से पूरी तरह से भिन्न होता है। अमेरिकी स्पीकर सदन में बहुमत दल का प्रत्याशी होता है इसलिए वह निर्वाचन के बाद सदन में अपने दल का बचाव भी करता है। स्पीकर सदन में नियमों की घोषणा के साथ-साथ उसकी व्याख्या भी करता है। सदन बहुमत के आधार पर उसकी व्याख्या को अस्वीकार कर सकता है। स्पीकर को किसी सदस्य को अनुशासन भंग करने के आरोप में दंडित करने का अधिकार नहीं है। इस प्रकार के मामलों पर अंतिम निर्णय प्रतिनिधि सदन ही करता है। इसके विपरीत ब्रिटेन के स्पीकर को दंड देने का अधिकार प्राप्त है। स्पीकर यद्यपि सदन में शक्तिविहीन-सा लगता है किंतु वास्तव में ऐसा नहीं है। राष्ट्रपति के बाद उसे देश में दूसरे स्तर के नेता का दर्जा प्राप्त है और देश की राजनीतिक व्यवस्था के संबंध में लिए जाने वाले निर्णयों में उसकी सलाह को महत्वपूर्ण स्थान दिया जाता है।

नेशनल असेंबली

फ्रांसीसी संसदीय व्यवस्था में अवर सदन को नेशनल असेंबली कहा जाता है। नेशनल असेंबली के कार्य संचालन हेतु स्पीकर का निर्वाचन असेंबली के सदस्यों द्वारा ही किया जाता है। स्पीकर सदन के कार्यकाल भर के लिए चुना जाता है किंतु योग्यता एवं निष्पक्षता के आधार पर उसे सदस्यों द्वारा पुन: उसी पद हेतु चुना जा सकता है। स्पीकर के रूप में वह वाद-विवाद में भाग नहीं लेता तथा मतदान भी नहीं करता। देश से संबंधित प्रमुख विषयों पर वह राष्ट्रपति को सलाह देता है। अमेरिकी स्पीकर की भांति फ्रांसीसी स्पीकर भी सदन में अपने दल का बचाव करता है। फिर भी अनेक मामलों में वह निष्पक्ष रहता है। फ्रांसीसी स्पीकर कई मायनों में ब्रिटिश स्पीकर के समान है तो कई मायनों में अमेरिकी स्पीकर के समान।

राष्ट्रीय परिषद्

स्विट्जरलैंड में अवर सदन को राष्ट्रीय परिषद् कहा जाता है। राष्ट्रीय परिषद् का एक अध्यक्ष एवं एक उपाध्यक्ष होता है। इन दोनों पदों हेतु योग्य व्यक्तियों का चुनाव राष्ट्रीय परिषद् स्वयं करती है। दोनों पदाधिकारी एक ही चुनाव क्षेत्र से नहीं हो सकते तथा इस पद पर वे दुबारा नहीं चुने जा सकते हैं। उपाध्यक्ष को राष्ट्रीय परिषद् का अध्यक्ष चुना जा सकता है। अध्यक्ष राष्ट्रीय परिषद् की कार्यवाहियों का संचालन करता है तथा मतदान में बराबर की स्थिति हो जाने पर वह निर्णायक मत देता है। राष्ट्रीय परिषद् एवं राज्य परिषद् के संयुक्त अधिवेशन की स्थिति में राष्ट्रीय परिषद् का अध्यक्ष ही अधिवेशन की अध्यक्षता करता है। सदन की विशेष समितियों के निर्वाचन में अध्यक्ष सामान्य सदस्य की भांति मतदान करता है।

लोकसभा

भारतीय संसद के निम्न सदन को लोकसभा कहा जाता है। लोकसभा का कार्यकाल 5 वर्ष होता है। किंतु वह इसके पहले भी विघटित की जा सकती है। लोकसभा अपने सत्र के पहले दिन ही कार्यवाहियों के संचालन हेतु स्पीकर का चुनाव करती है। इसके साथ ही एक डिप्टी स्पीकर का भी चुनाव किया जाता है। स्पीकर प्राय: सत्तारूढ़ दल का व्यक्ति होता है। लोकसभा के स्पीकर को निर्णायक मत देने का अधिकार प्राप्त है। विधि निर्माण के साथ-साथ लोकसभा का सबसे महत्त्वपूर्ण कार्य मंत्रिमंडल के कार्यों का निरीक्षण है। मंत्रिमंडल सामूहिक रूप से लोकसभा के प्रति उत्तरदायी होता है। स्पीकर की अनुपस्थिति में डिप्टी स्पीकर तथा डिप्टी स्पीकर की अनुपस्थिति में लोकसभा द्वारा चुना गया व्यक्ति कार्यवाहियों का संचालन करता है। लोकसभा के विघटित हो जाने के बाद भी स्पीकर अगली लोकसभा के गठन तक अपने पद पर बना रहता है।

इस प्रकार हम देखते हैं कि विश्व की प्राय: सभी लोकतांत्रिक प्रणालियों में विधानांगों का मौलिक स्वरूप एक समान है। देश की निजी राजनीतिक आवश्यकताओं, संसदीय परंपराओं के विकास के क्रम में विधानांगों तथा इसके अध्यक्षों की शक्तियों एवं कार्य पद्धतियों में थोड़ा-बहुत अंतर अवश्य है, किंतु उनका इनके मौलिक स्वरूप पर कोई प्रभाव नहीं पड़ता है। जहां तक भारतीय संसद का प्रश्न है वह ब्रिटिश एवं अमेरिकी संसद का मिला-जुला स्वरूप है। कतिपय मामलों में वह ब्रिटिश संसद से साम्यता रखती है तो कतिपय मामलों में यह अमेरिकी संसद के सदृश है।

स्मरणीय तथ्य

- संसद सदस्यों को सरकार के मंत्रियों से प्रश्न पूछने एवं जानकारी प्राप्त करने का अधिकार प्राप्त है।
- संसद के दोनों सदनों में बैठक शुरू होते ही पहला घंटा प्रश्नकाल का होता है।
- प्रश्नकाल के दौरान तीन प्रकार के प्रश्न पूछे जाते हैं—अतारांकित प्रश्न, तारांकित प्रश्न तथा अल्प सूचना के प्रश्न।
- तारांकित प्रश्न का उत्तर मौखिक दिया जाता है।
- तारांकित प्रश्न के अंतर्गत सदस्यगण अनुपूरक प्रश्न पूछते हैं।

- अतारांकित प्रश्नों का उत्तर संबंधित मंत्री लिखित रूप से देता है।
- अतारांकित प्रश्नों का उत्तर चूंकि लिखित रूप में दिया जाता है, इसलिए अनुपूरक प्रश्न नहीं पूछे जा सकते हैं।
- अल्प सूचना प्रश्न के अंतर्गत लोक महत्व के प्रश्न निर्धारित दस दिन की अवधि से कम अवधि की सूचना देकर पूछे जा सकते हैं।
- संसद सदस्यों के प्रश्न पूछने के लिए कम-से-कम दस दिन तथा अधिक से अधिक 21 दिन पूर्व प्रश्न की सूचना संबद्ध सदन के महासचिव को देनी पड़ती है।
- लोकसभा में तारांकित प्रश्नों की सूची हरे रंग के कागज पर तथा अतारांकित प्रश्नों की सूची सफेद रंग के कागज पर तैयार की जाती है।
- प्रश्नकाल के बाद सदन में शून्यकाल 12 बजे से शुरू होकर एक घंटे तक, अर्थात् 1 बजे तक चलता है।
- 12 बजे के समय को शून्यकाल मान लिया गया है।
- सदन के नियम में शून्यकाल का कहीं भी उल्लेख नहीं हुआ है, किंतु इस प्रथा का विकास 1960 के बाद हुआ।
- शून्यकाल में सदन को पूर्व सूचना के बिना अविलंबनीय लोक महत्व के विषय उठाने की प्रथा विकसित हुई है।
- सामान्यतया लोकसभा में स्थगन प्रस्ताव लाए जाते हैं।
- स्थगन प्रस्ताव के लिए आवश्यक है कि मामला लोक महत्व का ही हो और उसका प्रभाव पूरे देश और उसकी सुरक्षा को प्रभावित करता हो।
- स्थगन प्रस्ताव स्वीकृत हो जाने पर अविलंबनीय लोक महत्व के मामले पर चर्चा करने के लिए सदन का सामान्य कार्य रोक दिया जाता है।
- जो सदस्य या दल स्थगन प्रस्ताव पेश करना चाहते हों, उन्हें इसकी सूचना निर्धारित फार्म भरकर देनी होती है। सूचना महासचिव को संबोधित करके दी जाती है।
- स्थगन प्रस्ताव की सूचना की प्रतियां स्पीकर, संबंधित मंत्री तथा संसदीय कार्य मंत्री को देनी होती है।
- यदि स्पीकर को प्रथम दृष्टि में ज्ञात हो जाए कि स्थगन प्रस्ताव नियम के अनुसार है तो वह प्रस्ताव पेश करने की अनुमति दे सकता है।
- यदि सदन में कम-से-कम 50 सदस्यों का समर्थन मिल जाता है तो स्पीकर स्थगन प्रस्ताव की अनुमति दे देता है।
- स्वीकार्य स्थगन प्रस्ताव पर चर्चा सामान्यतया दोपहर 4 बजे शुरू होती है।
- स्थगन प्रस्ताव पर चर्चा हो जाने के बाद उसे मतदान के लिए रखा जाता है।
- सामान्यतया स्थगन प्रस्ताव विरोधी दलों के सदस्यों द्वारा लाया जाता है।
- स्थगन प्रस्ताव पर जब चर्चा शुरू हो जाती है तो इसे निबटाए जाने तक सदन को स्थगित करने की शक्ति अध्यक्ष को प्राप्त नहीं होती है बल्कि यह शक्ति सदन में निहित रहती है।
- ध्यानाकर्षण सूचनाओं से सरकार की निंदा नहीं होती है और न ही मतदान होता है।
- ध्यानाकर्षण सूचनाओं के माध्यम से कोई संसद सदस्य, स्पीकर/सभापति की पूर्व अनुमति से अत्यंत लोक महत्व के किसी मामले की ओर सरकार तथा मंत्री का ध्यान दिलाता है।
- जो सदस्य ध्यानाकर्षण सूचनाएं देना चाहते हैं, उन्हें इसकी लिखित सूचना सुबह 10 बजे तक देनी होती है।
- ध्यानाकर्षण सूचनाएं निर्धारित फार्म भरकर अध्यक्ष तथा संबंधित मंत्री को अलग-अलग दी जाती हैं।
- ध्यानाकर्षण प्रस्ताव पर एक दिन में आधे घंटे से अधिक का समय नहीं दिया जाता।
- अल्पकालीन चर्चा का प्रारंभ 1953 ई. से शुरू हुआ।
- चूंकि स्थगन प्रस्ताव तथा निंदा प्रस्ताव को बार-बार लाना ठीक नहीं समझा गया, अत: अविलंबनीय लोक महत्व के प्रश्नों के लिए अल्पकालीन चर्चा जैसी प्रथा प्रारंभ हुई। इसे संसद के दोनों सदनों के प्रक्रिया नियमों में शामिल कर लिया गया है।
- अल्पकालीन चर्चा उठाने के लिए सदस्यों को महासचिव को सूचना देनी होती है।
- अल्पकालीन चर्चा के अंतर्गत उठाए जाने वाले मामले सामान्यत: केंद्रीय सरकार से संबंधित होने चाहिए, साथ ही मामले सत्यात्मक हों।
- लोकसभा का स्पीकर अल्पकालीन चर्चा के लिए सप्ताह में दो बैठकें निश्चित कर सकता है। राज्यसभा में सभापति सदन के नेता से परामर्श करके इसकी तिथि निश्चित करता है।
- लोकसभा में विपक्षी सदस्यों द्वारा अविश्वास का प्रस्ताव लाया जाता है।
- अविश्वास प्रस्ताव से तात्पर्य यह है कि सरकार ने सदन में अपना बहुमत खो दिया है।
- अविश्वास प्रस्ताव लाने के लिए सदस्य को कारण बताने की जरूरत नहीं पड़ती है। सदस्य केवल यह लिखकर देता है कि सदन का विश्वास सरकार ने खो दिया है।
- निर्धारित तिथि को प्रश्नकाल समाप्त हो जाने के बाद स्पीकर के कहने पर वह व्यक्ति जिसने अविश्वास प्रस्ताव के लिए नोटिस दिया था, सदन से अनुमति लेने के लिए कहता है, जबकि अविश्वास प्रस्ताव के पक्ष में कम-से-कम 50 सदस्य खड़े हो जाते हैं तो स्पीकर घोषणा करता है कि सदन की अनुमति दी जाती है।
- अविश्वास प्रस्ताव स्वीकार हो जाने के बाद दस दिन के भीतर इस पर बहस की जानी होती है।
- अविश्वास प्रस्ताव पर चर्चा पूरी हो जाने के बाद स्पीकर मतदान कराता है। यदि सरकार को बहुमत प्राप्त हो जाता है तो इसका अर्थ होता है कि अविश्वास प्रस्ताव सदन में गिर गया है।
- यदि अविश्वास प्रस्ताव सदन में पास हो जाता है तो इसका अर्थ होता है कि सरकार को बहुमत प्राप्त नहीं है और तब प्रधानमंत्री त्यागपत्र दे देता है।
- राज्यसभा में अविश्वास प्रस्ताव नहीं लाया जाता है, क्योंकि मंत्रिपरिषद् सामूहिक रूप से केवल लोकसभा के प्रति ही उत्तरदायी होती है।

❑❑❑

अध्याय 2

संसदीय विशेषाधिकार, उन्मुक्तियां तथा भत्ते

संसद के विशेषाधिकार वे अधिकार होते हैं, जिनके अभाव में संसद सदस्य अपने कर्तव्यों का ठीक प्रकार से निर्वाह नहीं कर सकते हैं। भारतीय संविधान के अनुच्छेद–105 में संसद के दोनों सदनों तथा इनके सदस्यों के विशेषाधिकार का उल्लेख किया गया है। संसदीय विशेषाधिकारों को दो श्रेणियों में विभक्त किया जाता है। प्रथम श्रेणी में उन विशेषाधिकारों को रखा जाता है जिनका संसद सामूहिक रूप से उपयोग करती है। जबकि द्वितीय श्रेणी में उन विशेषाधिकारों को रखा जाता है जिनका प्रयोग संसद सदस्य व्यक्तिगत रूप में करते हैं। सिवाय उन विशेषाधिकारों को छोड़कर जिनकी चर्चा विशेष रूप से संविधान में की गई है। अन्य विशेषाधिकार वे होंगे जिनकी संसद/विधानमंडल समय-समय पर व्याख्या करेंगे और जब तक वे इस प्रकार की व्याख्या नहीं करते हैं, तब तक वे सभी विशेषाधिकार वही रहेंगे, जो उनको संविधान के 44वें संशोधन अधिनियम, 1978 की धारा 5 के लागू होने से ठीक पहले प्राप्त थे। इस संविधान संशोधन द्वारा ब्रिटिश संसद में कॉमन्स सभा को दिए गए विशेषाधिकारों की चर्चा को संविधान से निकाल दिया गया था।

एक समष्टि के रूप में संसद के प्रत्येक सदन के विशेषाधिकार

संविधान के **अनुच्छेद–105** के अंतर्गत संसद के प्रत्येक सदन को निम्नलिखित विशेषाधिकार प्राप्त हैं, जिनका उपयोग वे सामूहिक रूप में करते हैं–

- वह अपनी कार्यवाही का विवरण प्रकाशित करें और/अथवा किसी अन्य द्वारा इसके प्रकाशन को पूर्णत: प्रतिबंधित कर दें।
- वह सदन के अंदर की गतिविधियों का नियमन करें।
- वह सदन में प्रदर्शित किसी कदाचार को दंडित करें।
- वह अपने सदस्यों तथा बाहरी व्यक्तियों को अपने विशेषाधिकारों के हनन के लिए दंडित करें।

व्यक्तिगत रूप से सदस्यों के विशेषाधिकार

- संविधान के **अनुच्छेद–105** के अंतर्गत सदस्यों को व्यक्तिगत विशेषाधिकार दिया गया है, जो निम्नवत् है–

(i) संसद में बोलने की स्वतंत्रता–संविधान निर्माता इस तथ्य से अच्छी तरह वाकिफ थे कि संसदीय लोकतंत्र की सफलता के लिए सदस्यों को सदन में अपने विचार रखने की पूर्णत: स्वतंत्रता होनी चाहिए। इसलिए संविधान के अनुच्छेद–105 में संसद सदस्यों को तथा अनुच्छेद–194 में विधान मंडल के सदस्यों को सदन में बोलने की स्वतंत्रता दी गई है। परंतु उक्त वाक् स्वतंत्रता पर दो प्रकार के निर्बंधन (सीमाएं) भी हैं जो, निम्नवत् हैं–

- पहला निर्बंधन तो यह है कि बोलने की भाषा संसदीय होनी चाहिए जो संविधान के अन्य उपबंधों के अधीन हो। इसका उल्लेख **अनुच्छेद–121 तथा 211** की तरफ है। **अनुच्छेद–121 तथा 211** में यह प्रावधान किया गया है कि सर्वोच्च न्यायालय तथा किसी न्यायालय के न्यायाधीश की उसके कृत्यों से संबंधित आचरण के लिए आलोचना नहीं की जा सकती है। न्यायाधीशों की आलोचना तभी की जा सकती है, जब उनके विरुद्ध महाभियोग का प्रस्ताव संसद के विचाराधीन हों।
- संसद सदस्यों/विधान मंडल के सदस्यों को प्राप्त वाक् स्वतंत्रता विधानमंडलों द्वारा उनकी प्रक्रिया तथा कार्य संचालन के संबंध में बनाए गए उन नियमों के अधीन है, जो क्रमश: **अनुच्छेद–118 तथा 208** के अधीन बनाई गई है। इन अनुच्छेदों के अधीन संसद तथा विधानमंडलों द्वारा उनकी प्रक्रिया तथा कार्य संचालन के संबंध में नियम बनाए गए हैं, जो सदस्यों की वाक् स्वतंत्रता पर प्रतिबंध लगाते हैं। यथा–सदन में बैठा हुआ सदस्य कोई भी पुस्तक नहीं पढ़ सकता है और न शोर मचाकर सदन की कार्यवाही में बाधा डाल सकता है। उसके लिए यह आवश्यक है कि वह अध्यक्ष को ही संबोधित करे और ऐसे शब्दों का इस्तेमाल न करे जिससे दूसरे की मानहानि होती है। यदि किसी सदस्य द्वारा ऐसा किया जाता है तो अध्यक्ष उन सदस्यों को सदन की कार्यवाही से निकालने का आदेश देगा।

विशेषाधिकारों के स्रोत

मूल भारतीय संविधान के अनुच्छेद–105 में दो प्रकार के विशेषाधिकार बताए गए हैं जो हैं– 1. संसद में भाषण देने की स्वतंत्रता और इसकी कार्यवाही के प्रकाशन का अधिकार। 2. अन्य विशेषाधिकार के संदर्भ में, जो ब्रिटिश हाउस ऑफ कॉमन्स इसकी समितियों तथा आरंभ तिथि (26 जनवरी, 1950) से इसके सदस्यों की तरह समान है, जब तक कि संसद द्वारा घोषित न हो। 44वें संविधान संशोधन के अनुसार संसद के दोनों सदनों के अन्य विशेषाधिकार, इसकी समितियों और इसके आरंभ होने की तिथि (20 जून 1979) से प्राप्त होंगे। अर्थ है कि अन्य विशेषाधिकार के संदर्भ में सभी स्थिति समान होगी। अन्य शब्दों में संशोधन सिर्फ मौखिक रूप से संशोधित होगा। इसे ब्रिटिश हाउस ऑफ कॉमन्स के संदर्भ से बिना किसी परिवर्तन के लाया गया। ध्यातव्य है कि संसद में अब तक अपने विशेषाधिकार को संहिताबद्ध करने के लिए कोई विशेष विधि नहीं अपनाई गई है। संविधान विशेषज्ञों का मत है कि भारत में संसदीय विशेषाधिकारों का स्रोत निम्नलिखित है–
• संवैधानिक उपबंध
• दोनों सदनों के नियम
• संसद द्वारा निर्मित अनेक विधियां
• संसदीय परंपराएं
• न्यायिक व्याख्या एवं निर्णय

सदन में दिए गए भाषण या रखे गए दस्तावेज पर या प्रश्न पूछने पर या संसद/विधानमंडल में या उनकी किसी समिति में मतदान करने के विरुद्ध कोई भी कानूनी कार्यवाही नहीं की जा सकती है। यथा–1968 में संसद सदस्य भूवेश

गुप्ता ने पंजाब विनियोग विधेयक की फोटोकॉपी लोकसभा के पटल पर रखी तो पुलिस उनसे यह पूछने के लिए कि उक्त फोटो कापी उन्हें कहां से प्राप्त हुई, उनके निवास स्थान गई। उस समय विशेषाधिकार समिति ने यह निर्णय दिया कि पुलिस द्वारा ऐसा किया जाना संसद सदस्य के विशेषाधिकार का उल्लंघन है।

यहां उल्लेख करना अति आवश्यक है कि **अनुच्छेद–19 (1)** के अंतर्गत नागरिकों को वाक् स्वतंत्रता का जो अधिकार दिया गया है, वह उस वाक् स्वतंत्रता के अधिकार से भिन्न है, जो अनुच्छेद–105 तथा 194 के अंतर्गत क्रमश: संसद सदस्यों तथा विधानमंडलों को प्राप्त है। इसके अतिरिक्त जो वाक् स्वतंत्रता संसद सदस्यों तथा विधेयकों को **अनुच्छेद–105 तथा 194** के अंतर्गत प्राप्त है, वह **अनुच्छेद–19 (1)** के अधीन दिए गए नागरिकों के वाक् स्वतंत्रता के अधिकारों से निर्बंधित नहीं है।

(ii) गिरफ्तारी तथा निरोध के विरुद्ध स्वतंत्रता का अधिकार– **अनुच्छेद–105** के प्रावधानों के अनुसार सदन या इसकी किसी समिति, जिसका कि संबंधित व्यक्ति सदस्य है, की बैठक के 40 दिन पूर्व और पश्चात् किसी सदस्य को गिरफ्तार नहीं किया जा सकता है। यह उन्मुक्ति (Immunity), आपराधिक मामलों तथा निवारक निरोधक के अंतर्गत गिरफ्तारी के मामलों में प्राप्त नहीं होगी। इस प्रकार की गिरफ्तारी की स्थिति में भी संबंधित अधिकारी को इसकी सूचना सदन के अध्यक्ष को देनी होगी। निवारक अधिनियम के अंतर्गत गिरफ्तार किए गए सदस्यों को अध्यक्ष/सभापति/विशेषाधिकार समिति के सदस्यों के साथ पत्राचार करने का अधिकार प्राप्त है तथा गिरफ्तार रहते हुए भी उसे पूरा वेतन मिलता है।

(iii) गवाह या ज्यूरर के रूप में पेश होने की स्वतंत्रता–जब संसद का अधिवेशन चल रहा हो, उस समय सदन की अनुमति के बिना किसी भी सदस्य को साक्ष्य देने के लिए नहीं बुलाया जा सकता है। संसद के किसी सदस्य को सदन में कही गई किसी भी बात के लिए न्यायालय में दोषी नहीं ठहराया जा सकता है। परंतु इसका आशय यह भी नहीं है कि कोई सदस्य सदन की प्रतिष्ठा के विरुद्ध इच्छानुसार कुछ भी कहने के लिए स्वतंत्र है। वाक् स्वतंत्रता सदन के विनियमन हेतु निर्धारित नियमों के अधीन है।

एक समष्टि के रूप में संसद के प्रत्येक सदन के विशेषाधिकार

अनुच्छेद–105 के अनुसार संसद के प्रत्येक सदन को निम्नलिखित विशेषाधिकार प्राप्त हैं–

सदन की कार्यवाही प्रकाशित करने की स्वतंत्रता– अनुच्छेद–105 (2) तथा 194 (4) के अंतर्गत क्रमश: संसद और विधानमंडलों को अपनी कार्यवाही को पूर्णत: प्रकाशित करने की पूर्ण स्वतंत्रता है। उक्त अनुच्छेदों में स्पष्टत: यह व्यवस्था की गई है कि किसी भी व्यक्ति के विरुद्ध संसद/विधानमंडल के प्राधिकार द्वारा या उसके अधीन किसी रिपोर्ट, पत्र, मतों या कार्यवाहियों के प्रकाशन के संदर्भ में किसी भी प्रकार की कोई कानूनी कार्यवाही नहीं की जा सकती है। परंतु यह विशेषाधिकार सीमित हैं, क्योंकि यह अधिकतर केवल तभी प्राप्त हैं, जब प्रकाशन संसद के प्राधिकार द्वारा किया जाए। यदि कोई व्यक्ति/विधानमंडल की अनुमति के बिना संसद में दिए गए अपने भाषणों को प्रकाशित करता है और उसका भाषण किसी कानून का उल्लंघन करता है तो उस सदस्य के विरुद्ध कानूनी कार्यवाही की जा सकती है।

कार्यवाही प्रकाशन अधिनियम, 1956 सामान्यत: जिसको फिरोज गांधी अधिनियम कहा जाता है, के अंतर्गत संसद/विधानमंडलों को कार्यवाहियों की सच्ची रिपोर्ट प्रकाशित करने के लिए संरक्षण दिया गया है। परंतु फिर भी सदन की आज्ञा के बिना कभी-कभी ऐसा करना भी अवैध हो जाता है और उसके प्रकाशित करने वाले व्यक्ति के विरुद्ध कार्यवाही संभव है। यथा–यदि कोई सदस्य सदन के अंदर न्यायाधीशों की आलोचना करता है तो उसके विरुद्ध उसको प्राप्त विशेषाधिकार के कारण कोई मुकदमा नहीं चलाया जा सकता है। परंतु सदन की अनुमति के बिना किसी व्यक्ति द्वारा उसको प्रकाशित कर दिया जाता है तो न्यायाधीश की मानहानि के लिए उस व्यक्ति के विरुद्ध मुकदमा चलाया जा सकता है।

आपातकाल (1975) के समय फिरोज गांधी अधिनियम, 1956 को निलंबित कर दिया गया था। परंतु 1978 में संविधान के 44वें संशोधन द्वारा एक नया **उप-अनुच्छेद–361 (A)** बनाया गया, जिसके अनुसार संसद/विधान मंडलों की वास्तविक कार्यवाही को सही रूप में प्रकाशित करने पर कोई भी दीवानी या फौजदारी मुकदमा नहीं चलाया जा सकता है। परंतु यह विशेषाधिकार उस समय नहीं लागू होते हैं, जब सदन यह निर्णय करता है कि उसकी कार्यवाही **अनुच्छेद–361(A)** के अधीन गुप्त होगी।

सदन की कार्यवाही का नियमन करना–संसद/विधानमंडलों को क्रमश: **अनुच्छेद**–22 तथा 208 के अंतर्गत अपनी कार्यवाही को विनियमित करने का अधिकार प्राप्त है तथा किसी कार्यवाही की वैधता की प्रक्रिया को किसी अभिकथित अनियमितता के आधार पर न्यायालय में चुनौती नहीं दी जा सकती है। उदाहरणतया 1972 **में मैथिया लागन विधानसभाध्यक्ष तमिलनाडु** तथा 1980 में मलिक मोहिउद्दीन विधानसभाध्यक्ष जम्मू-कश्मीर को बिना 14 दिन की सूचना दिए, जैसा कि संविधान का प्रावधान है, उनके पदों से हटा दिया गया था, परंतु न्यायालय ने प्रक्रिया की अनियमितता को ध्यान में रखते हुए इसे वैध ठहराया। इसके पूर्व भी ओडिशा (उड़ीसा) उच्च न्यायालय ने सर्च लाइट के मुकदमे में 1959 में निर्णय दिया था कि प्रक्रिया की अनियमितता के कारण सदन की कार्यवाही को किसी भी दशा में अवैध नहीं ठहराया जा सकता है। इसके अतिरिक्त सदन की कार्यवाही चलाने से संबंधित अध्यक्ष/सभापति के आचरण पर भी विचार करने का न्यायालय का कोई क्षेत्राधिकार नहीं है।

सदन की कार्यवाही को गुप्त रखने का विशेषाधिकार–सामान्य परिस्थितियों में सदन की कार्यवाही जनता से गुप्त नहीं रखी जा सकती है। परंतु सदन चाहता है कि उसकी कार्यवाही गुप्त रखी जाए तो वह ऐसा करने के लिए पूर्णत: स्वतंत्र एवं सक्षम है। 44वें संविधान संशोधन अधिनियम के द्वारा स्थापित उप-अनुच्छेद–361 A (1) के अंतर्गत सदन को ऐसा करने का अधिकार दिया गया है। परंतु अभी तक सदन द्वारा अपनी इस शक्ति का प्रयोग नहीं किया गया है।

अपने सदस्यों तथा बाहर वालों को दंड देने का अधिकार– सदन को अपने सदस्यों और उन व्यक्तियों को जो सदन के सदस्य नहीं हैं, सदन की कार्यवाही में विघ्न उत्पन्न करने या सदन में दुर्व्यवहार करने या अध्यक्ष सभापति के आदेशों को न मानने या सदन के विशेषाधिकारों का उल्लंघन करने पर दंडित करने का प्रावधान है। सदन के सदस्यों को उक्त आचरण के लिए अध्यक्ष सदन से बाहर जाने का आदेश दे सकता है और आदेश को न मानने पर मार्शल की सहायता ले सकता है। अध्यक्ष उसे सदन से 1 दिन अथवा शेष अधिवेशन तक के लिए निलंबित कर सकता है। यदि कोई सदस्य सदन के विशेषाधिकारों का उल्लंघन करता है तो उसकी सदस्यता समाप्त की जा सकती है ओर उसे जेल भी भेजा जा सकता है। यथा–1951 में एच. जी. मुदगल को लोकसभा से, 1976 में सुब्रमण्यम स्वामी को राज्यसभा (उनकी अनुपस्थिति में) सदन की सदस्यता से निकाल दिया गया। 1978 में श्रीमती इंदिरा गांधी को सदन के अधिवेशन के सत्रावसान तक तिहाड़ जेल भेज दिया गया था तथा उनकी सदस्यता भी समाप्त कर दी गई थी।

निष्कासन रद्द करना– सदन को न केवल सदस्यता को समाप्त करने का अधिकार है बल्कि उसको इस संबंध में लिए गए निर्णयों को रद्द करने का भी अधिकार है। यथा–1981 में लोकसभा ने 1978 में लोकसभा द्वारा श्रीमती इंदिरा गांधी की सदस्यता समाप्त करने के फैसले को वापस ले लिया।

किसी सदस्य की सदस्यता समाप्त करने का अधिकार सदन को है अथवा नहीं, इस संबंध में कोई स्पष्ट न्यायिक निर्णय अभी तक सामने नहीं आया। इस विषय में उच्च न्यायालयों ने परस्पर भिन्न-भिन्न निर्णय दिए हैं। पंजाब और हरियाणा उच्च न्यायालय ने 1975 में हरद्वारी लाल के मुकदमे में यह निर्णय दिया था कि सदन को किसी भी सदस्य की सदस्यता समाप्त करने का अधिकार नहीं है। परंतु मध्य प्रदेश उच्च न्यायालय ने 1979 में सुरेश चंद्र सेठ के मुकदमे में यह निर्णय दिया था कि सदन को किसी भी सदस्य की सदस्यत समाप्त करने का अधिकार है। सर्वोच्च न्यायालय ने इस संबंध में अभी तक कोई निर्णय नहीं दिया है।

विशेषाधिकारों का हनन और सदस्य की अवमानना

जब कोई व्यक्ति या अधिकारी व्यक्तिगत और सामूहिक रूप में किसी संसद सदस्य के विशेषाधिकारों, अधिकारों और उन्मुक्तियों का अतिक्रमण करता है या अपमान करता है तो इस अपराध को विशेषाधिकार हनन की संज्ञा दी जाती है और यह सदन द्वारा दंडनीय है।

संसदीय विशेषाधिकार के अंतर्गत किसी भी प्रकार का कोई कार्य या चूक जो सदन, उसके सदस्यों और उसके अधिकारियों के कार्य संपादन में विघ्न उत्पन्न करती हो, जो प्रत्यक्ष या अप्रत्यक्ष रूप से सदन मर्यादा, शक्ति तथा सम्मान को विपरीत रूप से प्रभावित करता हो। उसे अवमानना की श्रेणी में रखा जाता है।

यद्यपि विशेषाधिकार हनन और सदन की अवमानना को एक-दूसरे के लिए प्रयोग में लाया जाता है। परंतु इसके अर्थ अलग-अलग हैं। सामान्यतया विशेषाधिकार हनन सदन की अवमानना हो सकता है। इसी प्रकार सदन की अवमानना में विशेषाधिकार हनन सम्मिलित हो सकता है, सदन की अवमानना एक व्यापक प्रभाव वाला अपराध है। विशेषाधिकार हनन के बिना भी सदन की अवमानना हो सकती है। इस प्रकार ऐसा कोई भी कार्य, जो किसी विशिष्ट विशेषाधिकार का हनन नहीं है, परंतु सदन की मर्यादा और प्राधिकार के विरुद्ध है सदन की अवमानना की श्रेणी में आता है। सदन के किसी विधायी आदेश को न मानना विशेषाधिकार का हनन नहीं है, परंतु सदन की अवमानना के लिए दंडित किया जा सकता है।

अनुच्छेद–194 के अंतर्गत वे सभी शक्तियां और विशेषाधिकार राज्य विधान मंडल और उसके सदस्यों को प्राप्त हैं, जो अनुच्छेद–105 के अंतर्गत संसद एवं सदस्यों को प्राप्त हैं।

भारत के राष्ट्रपति को प्राप्त विशेषाधिकार

संविधान के अनुच्छेद–361 के अंतर्गत राष्ट्रपति को निम्नलिखित विशेषाधिकार प्राप्त हैं–

- राष्ट्रपति अपने पद की शक्तियों के प्रयोग और कर्तव्यों के पालन के लिए या उन शक्तियों का प्रयोग और कर्तव्यों का पालन करते हुए अपने द्वारा किए गए या किए जाने के लिए तात्पर्यित किसी कार्य के लिए किसी न्यायालय के प्रति उत्तरदायी नहीं होगा। परंतु अनुच्छेद–61 के अंतर्गत आरोप के अन्वेषण के लिए संसद के किसी सदन द्वारा नियुक्त या अभिहित किसी न्यायालय, अधिकरण या निकाय द्वारा राष्ट्रपति के आचरण का पुनर्विलोकन किया जा सकेगा।
- राष्ट्रपति के विरुद्ध उसकी पदावधि के दौरान किसी न्यायालय में किसी भी प्रकार की दांडिक कार्यवाही संस्थित नहीं की जाएगी या चालू नहीं रखी जाएगी।
- राष्ट्रपति की पदावधि के दौरान उसकी गिरफ्तारी या कारावास के लिए कोई न्यायालय आदेश नहीं दे सकता है।
- राष्ट्रपति के रूप में अपना पद ग्रहण करने से पूर्व या उसके पश्चात् उसके द्वारा अपनी वैयक्तिक हैसियत से किए गए या किए जाने वाले किसी कार्य के संबंध में कोई सिविल कार्यवाहियां, जिनमें राष्ट्रपति के विरुद्ध अनुतोष का दावा किया जाता है, उसकी पदावधि के दौरान किसी न्यायालय में तब तक संस्थित नहीं की जाएगी जब तक कि कार्यवाहियों की प्रकृति, उनके लिए वाद हेतु ऐसी कार्यवाहियों को संस्थित करने वाले पक्षकार का नाम, वर्णन, निवास स्थान और उस अनुतोष का जिसका वह दावा करता है, कथन करने वाली लिखित सूचना, राष्ट्रपति को परिदत्त किए जाने या उसके कार्यालय को छोड़े जाने के बाद 2 माह का समय समाप्त नहीं होता है।

संविधान के अनुच्छेद–299(2) के अनुसार राष्ट्रपति भारतीय संविधान के प्रयोजनों के लिए या भारत सरकार के संबंध में इससे पूर्व प्रवृत्त किसी अधिनियमिति के प्रयोजन के लिए की गई या निष्पादित की गई किसी संविदा या हस्तांतरण पत्र के संबंध में वैयक्तिक रूप से उत्तरदायी नहीं होगा या उनमें से किसी और ऐसी संविदा या हस्तांतरण पत्र करने या निष्पादित करने वाला व्यक्ति उसके संबंध में वैयक्तिक रूप से उत्तरदायी नहीं होगा।

स्मरणीय तथ्य

- संसद के विशेषाधिकार वे अधिकार होते हैं, जिनके अभाव में संसद सदस्य अपने कर्तव्यों का ठीक प्रकार से निर्वाह नहीं कर सकते हैं।
- संविधान के **अनुच्छेद**–105 के अंतर्गत सदस्यों को व्यक्तिगत विशेषाधिकार दिया गया है।
- **अनुच्छेद–105 (2) तथा 194 (4)** के अंतर्गत क्रमश: संसद और विधानमंडलों को अपनी कार्यवाही को पूर्णत: प्रकाशित करने की पूर्ण स्वतंत्रता है।
- सामान्य परिस्थितियों में सदन की कार्यवाही जनता से गुप्त नहीं रखी जा सकती है। परंतु सदन चाहता है कि उसकी कार्यवाही गुप्त रखी जाए तो वह ऐसा करने के लिए पूर्णत: स्वतंत्र एवं सक्षम है।
- सदन को न केवल सदस्यता को समाप्त करने का अधिकार है बल्कि उसको इस संबंध में लिए गए निर्णयों को रद्द करने का भी अधिकार है।

□□□

अध्याय 3 संसद की विधि-निर्माण की प्रक्रिया

देश के लिए कानून का निर्माण करना संसद का सबसे महत्वपूर्ण कार्य है। विधि के निर्माण में संसद के तीनों अंग (लोकसभा, राज्यसभा तथा राष्ट्रपति) भाग लेते हैं। जब किसी कानून का प्रारूप संसद में पेश किया जाता है, तो उसे विधेयक कहा जाता है। विधेयक को कोई विधिक बल प्राप्त नहीं होता है। जब विधेयक संसद के दोनों सदनों द्वारा पारित होने के पश्चात् राष्ट्रपति द्वारा हस्ताक्षरित हो जाता है, तब उसे अधिनियम या विधि कहा जाता है। अधिनियम को विधिक बल प्राप्त होता है। अत: विधि निर्माण के लिए सर्वप्रथम प्रस्ताव विधेयक के रूप में संसद के समक्ष लाया जाता है।

विधि-निर्माण संसद का महत्वपूर्ण कार्य है। विधि निर्माण संबंधी सभी प्रस्ताव विधेयक के रूप में संसद के समक्ष प्रस्तुत किए जाते हैं। अन्य शब्दों में, यह भी कहा जाता है कि विधायी प्रक्रिया सदन में एक विधेयक के रूप में शुरू होती है। विधेयकों को मूलत: दो भागों में वर्गीकृत किया जाता है, जो निम्नवत् हैं- 1. साधारण विधेयक और 2. धन विधेयक।

साधारण विधेयक (Ordinary Bill)

साधारण विधेयक वे विधेयक होते हैं जिनका धन या आय एवं व्यय से कोई संबंध नहीं होता है। साधारण विधेयक भी दो प्रकार के होते हैं- एक तो सरकारी विधेयक तथा दूसरा निजी या व्यक्तिगत विधेयक। जिन विधेयकों को मंत्री द्वारा सदन में प्रस्तुत किया जाता है, उनको सरकारी विधेयक कहा जाता है। जिन विधेयकों का प्रस्तुतिकरण किसी सदस्य के द्वारा किया जाता है, उनको व्यक्तिगत विधेयक कहा जाता है।

धन विधेयक (Money Bill)

सामान्यत: आय-व्यय से संबंधित विधेयकों को धन विधेयक कहा जाता है। संविधान के अनुच्छेद–110 (1) के अनुसार धन विधेयक वे हैं जिनका संबंध निम्नांकित विषयों से होता है-

- किसी कर का आरोपण (Imposition), समाप्त करना (Abolition), परिहार (Remission), बदलना (Alteration) या विनियमन करना (Regulation)।
- भारत सरकार द्वारा ऋण लेना या विनियमन करना या प्रत्याभूति करना।
- भारत की संचित निधि में धन जमा करना तथा निकालना।
- भारत की संचित निधि या आकस्मिक निधि का विनियोग (Appropriation) करना।
- भारत की संचित्त निधि या लोक लेखा के लिए धन प्राप्त करना अथवा ऐसे धन की अभिरक्षा करना या निकासी करना अथवा संघ या राज्यों की लेखाओं का परीक्षण।
- किसी व्यय को भारत की संचित निधि पर भारित व्यय घोषित करना या ऐसी व्यय की राशि को बढ़ाना।
- भारत की संचित निधि या लोक लेखा के लिए धन प्राप्त करना अथवा ऐसे धन की अभिरक्षा करना या निकासी करना अथवा संघ या राज्यों की लेखाओं का परीक्षण।

उपरोक्त वर्णित विषयों से संबंधित कोई विषय। परंतु कोई भी विधेयक धन विधेयक इस कारण नहीं समझा जाएगा कि वह जुर्मानों या अन्य अर्थदंडों के आरोपण का अथवा लाइसेंसों के लिए शुल्कों का अथवा की गई सेवाओं के लिए शुल्कों का उपबंध करता है। यदि कोई विवाद उठता है कि कोई विधेयक धन विधेयक है या नहीं, तो इस संबंध में लोकसभाध्यक्ष का निर्णय अंतिम होगा।

धन विधेयक के पारित होने की प्रक्रिया

धन विधेयक को केवल लोकसभा में ही प्रस्तुत किया जा सकता है, राज्यसभा में नहीं। धन विधेयक को लोकसभा में प्रस्तुत करने के लिए राष्ट्रपति की पूर्वानुमति आवश्यक है। राष्ट्रपति की पुर्वानुमति के बिना धन विधेयक लोकसभा में प्रस्तुत नहीं किया जा सकता। वस्तुत: यह मंत्रिमंडल की ही अनुशंसा होती है। परंतु किसी कर को घटाने या समाप्त करने के लिए उपबंध करने वाले किसी संशोधन को प्रस्तावित करने के लिए इस खंड के अतिरिक्त राष्ट्रपति की सिफारिश की आवश्यकता नहीं होती है।

लोकसभा में पारित होने के पश्चात् धन विधेयक राज्यसभा में उसकी सिफारिश के लिए प्रेषित किया जाता है। राज्यसभा को अपनी सिफारिशों के साथ धन विधेयक को 14 दिन के अंदर लोकसभा को वापस भेजना होता है। राज्यसभा को इन सिफारिशों को स्वीकार करना या न करना लोकसभा की इच्छा पर निर्भर करता है। यदि राज्यसभा 14 दिन के अंदर धन विधेयक को वापस नहीं करती है तो भी विधेयक की अवधि समाप्त होने पर दोनों सदनों द्वारा उसी रूप में पारित मान लिया जाएगा जिस रूप में लोकसभा ने पारित किया था। इस प्रकार राज्यसभा धन विधेयक को अधिक से अधिक 14 दिन तक रोक सकती है।

- धन विधेयक को पारित करने की प्रक्रिया, साधारण विधेयक की प्रक्रिया से अलग है। धन विधेयक को संविधान के अनुच्छेद–110 के अंतर्गत परिभाषित किया गया है तथा उसे पारित करने के लिए अनुच्छेद–109 के तहत विशेष प्रक्रिया का प्रावधान किया गया है।
- अनुच्छेद–109 के अनुसार धन विधेयक राज्यसभा में पेश नहीं किया जा सकता है। इसे केवल लोकसभा में ही पेश किया जाता है।
- धन विधेयक को लोकसभा में पेश किए जाने के पूर्व राष्ट्रपति की सहमति आवश्यक है। लोकसभा द्वारा पारित किए जाने के बाद धन विधेयक को राज्यसभा में उसकी सिफारिश के लिए भेजा जाता है। इसके साथ लोकसभा अध्यक्ष का यह प्रमाण-पत्र भी संलग्न होता है कि यह विधेयक धन विधेयक है।
- धन विधेयक के संबंध में में राज्यसभा के अधिकार अत्यंत सीमित हैं। वह धन विधेयक में कोई संशोधन नहीं कर सकती है केवल उसके संबंध में सिर्फ अपनी सिफारिश दे सकती है।

धन विधेयक और सामान्य विधेयक में अंतर

धन विधेयक	सामान्य विधेयक
• धन विधेयक सर्वप्रथम लोकसभा में पेश किया जाता है, राज्यसभा में नहीं।	• सामान्य विधेयक को संसद के किसी भी सदन में पेश किया जाता है।
• धन विधेयक को प्रस्तुत करने से पूर्व राष्ट्रपति की अनुमति आवश्यक होती है।	• सामान्य विधेयक को पेश करने के लिए राष्ट्रपति की पूर्वानुमति आवश्यक नहीं है।
• धन विधेयक के संबंध में लोकसभा को आत्यंतिक अधिकार प्रदान किए गए हैं।	• सामान्य विधेयक के संबंध में दोनों सदनों को समान अधिकार प्राप्त हैं।
• धन विधेयक के संबंध में संयुक्त अधिवेशन का प्रावधान नहीं है।	• सामान्य विधेयक पर दोनों सदनों में मतभेद होने पर राष्ट्रपति संयुक्त अधिवेशन बुला सकता है।
• धन विधेयक को राष्ट्रपति पुनर्विचार के लिए वापस नहीं कर सकता है। (अनुच्छेद-111 का परंतुक)	• सामान्य विधेयक को राष्ट्रपति एक बार पुनर्विचार के लिए वापस कर सकता है।
• धन विधेयक केवल सरकार के द्वारा ही प्रस्तावित किए जाते हैं।	• साधारण विधेयक का प्रस्ताव संसद के किसी भी सदन के किसी भी सदस्य द्वारा लाया जा सकता है।
• धन विधेयक को दूसरे सदन में भेजने से पूर्व लोकसभा के अध्यक्ष को इस बात का प्रमाण-पत्र देना पड़ता है कि यह धन विधेयक है।	• साधारण विधेयक को दूसरे सदन में भेजने के पूर्व लोकसभा अध्यक्ष के प्रमाण-पत्र की आवश्यकता होती है।
• धन विधेयक को राज्यसभा केवल 14 दिन तक अपने पास रोक सकती है।	• राज्यसभा साधारण विधेयक को 6 महीने तक रोक सकती है।
• धन विधेयक 14 दिन के बाद राज्यसभा द्वारा पारित समझा जाता है।	• दूसरे सदन द्वारा 6 महीने तक साधारण विधेयक पारित न किए जाने पर राष्ट्रपति संसद के दोनों सदनों का संयुक्त अधिवेशन बुला सकता है।

- राज्यसभा को धन विधेयक 14 दिन के अंदर सिफारिश सहित या अपने मूल रूप में लोकसभा को लौटाना होता है। अत: जहां सभी विधेयक राज्यसभा में विचार-विमर्श और पारित करने के लिए भेजे जाते हैं। वहीं धन विधेयक विचार-विमर्श के बाद लोकसभा को लौटाने के लिए भेजा जाता है।
- लोकसभा राज्यसभा की सिफारिशों को स्वीकार या अस्वीकार कर सकती है। सिफारिशों को स्वीकार या अस्वीकार करने का धन विधेयक पर कोई प्रभाव नहीं पड़ता है और इन दशाओं में विधेयक को दोनों सदनों द्वारा पारित माना जाता है।
- यदि राज्यसभा 14 दिन के अंदर धन विधेयक को लोकसभा में वापस नहीं करती है तो भी इस अवधि की समाप्ति पर विधेयक को दोनों सदनों द्वारा पारित समझा जाता है। अत: राज्यसभा को अधिकतम 14 दिन तक धन विधेयक को अपने पास रोकने की शक्ति है।
- दोनों सदनों द्वारा पारित धन विधेयक को राष्ट्रपति के पास सहमति के लिए भेजा जाता है। राष्ट्रपति धन विधेयक को पुनर्विचार के लिए वापस नहीं कर सकता है क्योंकि उसे उसकी पूर्वानुमति से ही लोकसभा में प्रस्तुत किया जाता है।

वित्त विधेयक (Finance Bill)

- सामान्य बोलचाल में ऐसा विधेयक जो धन संबंधी विषयों से संबंधित होता है, वित्त विधेयक कहलाता है। सामान्यत: ऐसे विधेयकों को वित्त विधेयक कहा जाता है जिनका संबंध वित्तीय मामलों जैसे आय-व्यय से संबंधित होता है। इसमें आगामी वित्तीय वर्ष में किसी नए कर के आरोप या कर प्रणाली में संशोधन से संबंधित विषय समावेशित होते हैं।
- सैद्धांतिक दृष्टि से वित्त विधेयक ऐसे विधेयक को कहा जाता है जिसमें धन विधेयक से संबंधित विषयों के साथ-साथ कुछ अन्य विषयों से संबंधित उपबंध भी जुड़े होते हैं।
- कोई विधेयक जो लौह अयस्क के बारे में प्रावधान करने के साथ-साथ अयस्क पर कर लगाने का भी प्रावधान करता है, वित्त विधेयक है।
- इस प्रकार प्रत्येक धन विधेयक, वित्त विधेयक होता है। यद्यपि अंतिम रूप से धन विधेयक का निर्धारण लोकसभा अध्यक्ष द्वारा किया जाता है।
- वार्षिक वित्त विधेयक में बहुत से अन्य उपबंध होते हैं किंतु उसे धन विधेयक माना जाता है, क्योंकि अध्यक्ष द्वारा उसे धन विधेयक के रूप में पृष्ठांकित किया जाता है जो अगले वित्त वर्ष के लिए केंद्र सरकार के वित्तीय प्रस्ताव होते हैं।
- इसे बजट पेश किए जाने के तुरंत बाद सदन में रखा जाता है इसे लाने का विरोध नहीं किया जाता है।
- धन विधेयक के समान ही वित्त विधेयक को भी सर्वप्रथम लोकसभा में पेश किया जाता है तथा उसे पेश करने के पूर्व राष्ट्रपति की अनुमति आवश्यक होती है।
- धन विधेयक के साथ उक्त दो समानताओं के अतिरिक्त वित्त विधेयक, सामान्य विधेयक के समान होता है। अत: वित्त विधेयक को राज्यसभा द्वारा पारित होना चाहिए। राज्यसभा उसे संशोधित या अस्वीकृत कर सकती है तथा गतिरोध होने पर अनुच्छेद-108 के तहत संयुक्त अधिवेशन बुलाया जा सकता है तथा राष्ट्रपति उसे पुनर्विचार के लिए वापस कर सकता है।
- लोकसभा अध्यक्ष द्वारा निम्न दो वित्त विधेयकों को धन विधेयक का प्रमाण-पत्र नहीं दिया जाता है-
  1. ऐसा वित्त विधेयक जिसमें अनुच्छेद-110 में निर्दिष्ट विषयों के बारे में उपबंध के साथ-साथ कुछ अन्य विषयों के बारे में भी उपबंध हों (अनुच्छेद-117(3))।
  2. भारत की संचित निधि से व्यय का प्रावधान करने वाले वित्त विधेयक को पारित करने के लिए विशेष प्रक्रिया का प्रावधान किया गया है।
- ऐसे विधेयक को संसद के किसी भी सदन (राज्यसभा में भी) में पेश किया जा सकता है तथा उसे पेश करने के लिए राष्ट्रपति की सिफारिश आवश्यक नहीं है, किंतु संसद के किसी सदन द्वारा ऐसे वित्त विधेयक को पारित किए जाने से पूर्व ऐसे सदन से विधेयक पर विचार करने के लिए राष्ट्रपति की सिफारिश आवश्यक है।
- अत: अनुच्छेद-117(3) के अंतर्गत आने वाला वित्त विधेयक एक सामान्य विधेयक की तरह होता है। अंतर सिर्फ यह होता है कि, उसे तभी पारित किया जाता है, जब राष्ट्रपति ने उस पर विचार करने के लिए संबद्ध सदन से सिफारिश की हो।
- इसे पेश किए जाने के लिए राष्ट्रपति की अनुमति की आवश्यकता नहीं होती है।

वित्त विधेयक का वर्गीकरण

वित्त विधेयक का वर्गीकरण

धन विधेयक	वित्त विधेयक-I	वित्त विधेयक-II
अनुच्छेद-110	अनुच्छेद-117 (1)	अनुच्छेद-117 (3)

- इस वर्गीकरण के अनुसार सभी धन विधेयक वित्त विधेयक की श्रेणी में आते हैं। ध्यातव्य है कि सभी धन विधेयक वित्त विधेयक होते हैं परंतु सभी वित्त विधेयक धन विधेयक नहीं होते हैं। केवल उसी वित्त विधेयक को धन विधेयक कहा जाएगा जिसका संबंध अनुच्छेद-110 में उल्लेखित विषयों से होता है।

वित्त विधेयक-I

- ऐसे किसी वित्त विधेयक को वित्त विधेयक-I कहा जाता है, जिसका संबंध अनुच्छेद-110 में उल्लेखित सभी विषयों/मामलों के साथ-साथ ऋण संबंधी विशिष्ट विषयों से होता है। ध्यातव्य है कि वित्त विधेयक-I का प्रावधान अनुच्छेद-117 (1) में किया गया है।
- वित्त विधेयक-I दो संदर्भों/रूपों में धन विधेयक के सदृश है-(1) दोनों लोकसभा में प्रस्तुत किए जाते हैं। (2) दोनों राष्ट्रपति की सहमति के बाद ही लोकसभा में प्रस्तुत किए जाते हैं।
- उक्त मामलों को छोड़कर या अन्य सभी मामलों में वित्त विधेयक-I साधारण विधेयक की तरह ही होता है। उसे राज्यसभा द्वारा स्वीकार या अस्वीकार किया जा सकता है।
- वित्त विधेयक-I के संदर्भ में किसी भी सदन द्वारा प्रस्तावित कर आदि को तब तक संशोधित नहीं किया जा सकता है, जब तक कि राष्ट्रपति अपनी अनुमति या सहमति नहीं प्रदान कर देते हैं। यदि इस प्रकार दोनों सदनों में गतिरोध उत्पन्न हो जाता है तो गतिरोध को दूर करने के लिए राष्ट्रपति संयुक्त अधिवेशन आहूत कर सकते हैं।
- जब विधेयक को राष्ट्रपति के सम्मुख प्रस्तुत किया जाता है तब वह या तो विधेयक को अपनी स्वीकृति प्रदान कर सकता है या उसको रोक सकता है या पुनर्विचार के लिए सदन को वापस प्रेषित कर सकता है।

वित्त विधेयक- II

- ऐसे विधेयक को वित्त विधेयक-II कहा जाता है जिसमें अनुच्छेद-110 में उल्लेखित विषयों के अतिरिक्त व्यय की कोई मद जो संचित निधि पर पारित की जा रही हो, का प्रावधान किया गया हो। ध्यातव्य है कि वित्त विधेयक-II का उल्लेख अनुच्छेद-117 (3) में किया गया है।

धन विधेयक तथा वित्त विधेयक-I का तुलनात्मक अध्ययन

समानता	असमानता
1. दोनों ही लोकसभा में प्रस्तुत किए जाते हैं।	1. धन विधेयक के संदर्भ में संयुक्त अधिवेशन का कोई प्रावधान नहीं है, जबकि वित्त विधेयक-I के संदर्भ में संयुक्त विधेयक का प्रावधान है।
2. लोकसभा में प्रस्तुत करने से पूर्व राष्ट्रपति की अनुमति आवश्यक है।	2. धन विधेयक को राज्यसभा संशोधित नहीं कर सकती है जबकि वित्त विधेयक को राज्यसभा संशोधित कर सकती है।

धन विधेयक तथा वित्त विधेयक-II का तुलनात्मक अध्ययन

समानता	असमानता
1. दोनों विधेयकों को पारित करने के लिए राष्ट्रपति की अनुमति/अनुशंसा आवश्यक है।	1. वित्त विधेयक-II किसी भी सदन में प्रस्तुत किया जा सकता है जबकि धन विधेयक केवल लोकसभा में ही प्रस्तुत किया जाता है। 2. वित्त विधेयक-II के संदर्भ में संयुक्त अधिवेशन संभव है, जबकि धन विधेयक के संदर्भ में नहीं। 3. वित्त विधेयक-II को राज्यसभा संशोधित करने का अधिकार रखती है, परंतु धन विधेयक को नहीं।

- वित्त विधेयक-II को साधारण विधेयक के सदृश्य माना जाता है। इसके लिए वही प्रक्रिया अपनाई जाती है जो साधारण विधेयक के लिए अपनाई जाती है।
- वित्त विधेयक-II की एक महत्त्वपूर्ण विशेषता यह है कि इसको तब तक किसी सदन द्वारा पारित नहीं किया जा सकता है, जब तक कि राष्ट्रपति सदन को ऐसा करने की अनुमति न प्रदान कर दें।
- वित्त विधेयक-II संसद के किसी भी सदन में प्रस्तुत किया जा सकता है। इसको प्रस्तुत करने के लिए राष्ट्रपति की पूर्वानुमति की आवश्यकता नहीं होती है।
- वित्त विधेयक-II को लेकर संसद के दोनों सदनों में कोई गतिरोध उत्पन्न हो जाता है तो संयुक्त अधिवेशन के माध्यम से राष्ट्रपति गतिरोध दूर करा सकता है।
- जब विधेयक को राष्ट्रपति के सम्मुख प्रस्तुत किया जाता है तो उनके पास सभी विकल्प खुले रहते हैं। वह विधेयक को स्वीकार करने या अस्वीकार करने या पुनर्विचार के लिए लौटाने या अपने पास रोक सकने का अधिकार रखते हैं।

साधारण विधेयकों के संबंध में विधि निर्माण प्रक्रिया

साधारण विधेयक संसद के किसी भी सदन में सदन अध्यक्ष की अनुमति से प्रस्तुत किया जा सकता है। साधारण विधेयक को निम्नलिखित चरणों से गुजरना पड़ता है:–

प्रस्तुतिकरण और प्रथम वाचन (First Reading)-जब साधारण विधेयक सदन के किसी सदस्य द्वारा व्यक्तिगत रूप से प्रस्तुत किया जाता है तो इस संबंध में सदन के अध्यक्ष को कम-से-कम 1 माह पूर्व लिखित सूचना देनी होगी। एक निश्चित तिथि को संबंधित सदस्य द्वारा विधेयक प्रस्तुत करने के लिए सदन से इजाजत मांगी जाती है, जो सदन द्वारा सामान्यत: दी जाती है। ध्यातव्य है कि व्यक्तिगत रूप में सामान्य विधेयक किस तिथि को प्रस्तुत किया जाएगा, इसका निर्धारण सदन के अध्यक्ष/सभापति द्वारा पहले ही कर दिया जाता है। सदन से केवल औपचारिक अनुमति ली जाती है। सदन से अनुमति मिलने पर संबंधित सदस्य विधेयक का शीर्षक उद्धृत करता है और विधेयक के प्रमुख बिंदुओं पर प्रकाश डालता है। यदि सदन में उपस्थिति तथा मतदान करने वाले सदस्यों का बहुमत विधेयक का समर्थन करता है तो उक्त विधेयक को सरकारी गजट में प्रकाशित होने के लिए प्रेषित कर दिया जाता है।

सरकारी विधेयक को प्रस्तुत करने के लिए एक माह के नोटिस की आवश्यकता नहीं होती है, बल्कि इसको प्रत्यक्षत: गजट कर दिया जाता है।

द्वितीय वाचन (Second Reading)-विधेयक के प्रथम वाचन के बाद उक्त विधेयक की प्रतियां सदस्यों में वितरित कर दी जाती हैं। सामान्यत: दूसरा वाचन प्रथम वाचन के दो दिन बाद होता है। यदि अध्यक्ष आवश्यक समझते हैं तो द्वितीय वाचन भी तुरंत करा सकते हैं। द्वितीय वाचन की स्थिति में सदन में विधेयक पर विचार-विमर्श की प्रक्रिया शुरू हो जाती है। द्वितीय वाचन के दो अंग होते हैं- प्रथम विधेयक के उपबंधों पर सामान्य बहस तथा द्वितीय विधेयक के उपखंड पर विचार-विमर्श। सामान्य बहस तब होती है जब विधेयक का प्रस्तावक सदन के सम्मुख यह प्रस्ताव रखता है कि (i) विधेयक पर विचार किया जाए अथवा (ii) प्रवर समिति को भेज दिया जाए (iii) दूसरे सदन की सहमति से विधेयक को संसद की संयुक्त समिति को सुपुर्द कर दिया जाए तथा (iv) इसे जनमत जानने के लिए जनता में प्रसारित किया जाए।

सरकारी विधेयक बनाम गैर-सरकारी विधेयक में अंतर

सरकारी विधेयक	गैर-सरकारी विधेयक
• सरकारी विधेयक को संसद में मंत्री द्वारा प्रस्तुत किया जाता है। • सरकारी विधेयक सरकार की नीतियों को प्रदर्शित करता है। • सरकारी विधेयक को संसद द्वारा पारित होने की पूरी उम्मीद होती है। • सरकारी विधेयक को सदन द्वारा अस्वीकृत होने पर सरकार को त्यागपत्र देना पड़ सकता है। • सरकारी विधेयक को सदन में पेश करने के लिए सात दिनों का नोटिस होना चाहिए। • सरकारी विधेयक को संबंधित विभाग द्वारा विधि विभाग के परामर्श से तैयार किया जाता है।	• गैर-सरकारी विधेयक संसद में मंत्री के अलावा किसी भी सदस्य द्वारा प्रस्तुत किया जाता है। • गैर-सरकारी विधेयक सार्वजनिक मामले पर विपक्षी दल के विचारों और उद्देश्यों को व्यक्त करता है। • गैर-सरकारी विधेयक के संसद में पारित होने की कम उम्मीद होती है। • गैर-सरकारी विधेयक अस्वीकृत होने पर सरकार पर कोई प्रभाव नहीं पड़ता। • गैर-सरकारी विधेयक को सदन में प्रस्तुत करने के लिए ऐसे प्रस्ताव के लिए एक माह का नोटिस होना चाहिए। • गैर-सरकारी विधेयक का निर्माण संबंधित सदस्य की जिम्मेदारी होती है।

इस समय विधेयक की मुख्य बातों पर सामान्य चर्चा होती है। परंतु यदि विधेयक पर तत्काल विचार किया जाता है तो विधेयक के प्रत्येक खंड पर चर्चा इसी वाचन में होती है। प्रवर समिति की रिपोर्ट के बाद विधेयक के एक-एक खंड पर विस्तारपूर्वक चर्चा की जाती है।

समिति अवस्था (Committee Stage)– सामान्यत: विधेयक पर गहन विचार-विमर्श के लिए प्रवर समिति को प्रेषित किया जाता है। प्रवर समिति में विधेयक के प्रत्येक खंडों पर व्यापक विचार-विमर्श किया जाता है तथा आवश्यकतानुसार संशोधन भी किए जा सकते हैं। गहन विचार-विमर्श के बाद प्रवर समिति द्वारा अपनी रिपोर्ट सदन को प्रेषित की जाती है।

प्रतिवेदन अवस्था (Report Stage)– पूर्व निर्धारित तिथि को सदन के द्वारा प्रवर समिति के प्रतिवेदन पर विचार किया जाता है। इस चरण में प्रवर समिति की संस्तुतियों पर गहनता के साथ विचार किया जाता है। इस चरण में प्रस्तावित विधेयक (समिति द्वारा संस्तुति किए सुझावों के साथ) की प्रत्येक उपखंड, खंड और तदुपरांत संपूर्ण विधेयक पर मतदान होता है। यह चरण, पारण (पारित) की दृष्टि से सर्वाधिक महत्वपूर्ण माना जाता है।

तृतीय वाचन (Third Reading)– तृतीय वाचन की अवस्था या चरण मात्र औपचारिक होता है, क्योंकि विधेयक के संबंध में निर्णय तो द्वितीय वाचन में ही हो जाता है। इस अवस्था में केवल विधेयक के सिद्धांतों पर बहस होती है। इसके अतिरिक्त विधेयक को और अधिक स्पष्ट तथा प्रभावी बनाने के लिए विधेयक की भाषा में संशोधन का प्रस्ताव रखा जाता है। इसके बाद पूरे विधेयक पर मतदान होता है। इस चरण में विधेयक सामान्यत: अस्वीकार नहीं किए जाते हैं।

विधेयक को दूसरे सदन में प्रेषित करना (To send the Bill in the other House) - एक सदन में पारित हो जाने के उपरांत विधेयक को दूसरे सदन में भेजा जाता है। दूसरे सदन में वहीं प्रक्रिया अपनाई जाती है जो पहले सदन में अपनाई जाती है। यदि दूसरे सदन में भी विधेयक यथावत पारित हो जाए अथवा दूसरे सदन द्वारा सुझाए संशोधनों को पहला सदन स्वीकार कर लेता है तो विधेयक को राष्ट्रपति के पास स्वीकृति के लिए प्रेषित कर दिया जाता है। परंतु विधेयक पर दोनों सदनों में मत वैभिन्य होने पर राष्ट्रपति द्वारा संयुक्त अधिवेशन बुलाया जाता है। संयुक्त अधिवेशन की अध्यक्षता लोकसभाध्यक्ष करता है। संयुक्त अधिवेशन में बहुमत के आधार पर विधेयक के भाग्य का निर्णय किया जाता है।

राष्ट्रपति की स्वीकृति (Assent by the President) दोनों सदनों में विधिवत पारित हो जाने के बाद विधेयक को राष्ट्रपति के पास स्वीकृति के लिए प्रेषित कर दिया जाता है। ध्यातव्य है कि राष्ट्रपति के पास इस संदर्भ में तीन विकल्प होते हैं जो इस प्रकार हैं–

(i) राष्ट्रपति विधेयक पर हस्ताक्षर कर दें। इस स्थिति में हस्ताक्षर की तिथि से विधेयक कानून बन सकता है।

(ii) राष्ट्रपति विधेयक पर अपना हस्ताक्षर निर्धारित रखें। ऐसी स्थिति में संसद का सत्र समाप्त होने पर विधेयक स्वत: समाप्त हो जाएगा।

(iii) राष्ट्रपति विधेयक को कुछ सुझावों के साथ संसद को पुनर्विचार हेतु प्रेषित कर दें। यदि संसद विधेयक को उन सुझावों सहित या अपने मूल रूप में पुन: पारित करके राष्ट्रपति के पास प्रेषित कर देती है तो राष्ट्रपति उस पर हस्ताक्षर करने के लिए बाध्य है।

लोकसभा के विघटन का लंबित विधेयकों पर प्रभाव

अनुच्छेद-107 के अनुसार, लोकसभा के विघटन के लंबित विधेयकों पर निम्नलिखित प्रभाव होते हैं–

- लोकसभा में लंबित सभी विधेयक समाप्त हो जाते हैं, चाहे वह पेश हुए हों या राज्यसभा द्वारा भेजे गए हों।
- राज्यसभा में लंबित विधेयक, जिसे लोकसभा ने पारित नहीं किया है, वे समाप्त नहीं होते हैं।
- राज्यसभा में लंबित विधेयक जिसे लोकसभा ने पारित कर दिया है समाप्त हो जाएगा। किंतु यदि उसे पारित करने के लिए दोनों सदनों का संयुक्त अधिवेशन बुलाने की राष्ट्रपति ने (अनुच्छेद-108 के तहत) अधिसूचना जारी कर दी हो तो विधेयक समाप्त नहीं होगा और दोनों सदनों की संयुक्त बैठक में उसे पास किया जा सकता है।
- यदि विधेयक दोनों सदनों से पास होकर राष्ट्रपति के पास सहमति के लिए भेजा गया हो तो उस पर लोकसभा के विघटन का कोई प्रभाव नहीं पड़ता है और यदि राष्ट्रपति विधेयक को पुनर्विचार के लिए वापस भेज देता है तो नए सदन द्वारा उस पर पुनर्विचार किया जा सकता है।
- लोकसभा में लंबित अन्य सभी प्रस्ताव, संकल्प, संशोधन, अनुदान की अनुपूरक मांगें आदि समाप्त हो जाती हैं। किंतु सदन के सत्रावसान के फलस्वरूप लंबित विधेयक या कार्य समाप्त नहीं होते हैं।

धन विधेयक तथा वित्त विधेयक में अंतर

प्राय: धन विधेयक और वित्त विधेयक को एक ही मान लिया जाता है, परंतु इनमें मौलिक अंतर है। धन विधेयक वह विधेयक है जो केवल अनुच्छेद-110 (1) के उल्लिखित विषयों में किसी से अनन्य रूप में संबंधित होता है। वित्त विधेयक अनुच्छेद-110 में उल्लिखित विषयों के साथ-साथ किसी अन्य विषयों से भी संबंधित रहता है। इस तरह वित्त विधेयक एक ऐसा धन विधेयक है जिसमें साधारण विधेयक के भी उपबंध जोड़ दिए जाते हैं। प्रत्येक धन विधेयक वित्त विधेयक होता है, परंतु प्रत्येक वित्त विधेयक धन विधेयक नहीं होता है। धन विधेयक और वित्त विधेयक में दो बातों में समानता होती है। वित्त विधेयक भी धन विधेयक की तरह पहले लोकसभा में ही प्रस्तुत किया जाता है। दूसरी समानता यह होती है कि वित्त विधेयक भी राष्ट्रपति की पूर्वानुमति के बिना लोकसभा में प्रस्तुत नहीं किया जा सकता है। अन्य सभी बातों में धन विधेयक और वित्त विधेयक एक साधारण विधेयक के सदृश्य ही होते हैं।

संसद के संयुक्त अधिवेशन
• स्वतंत्र भारत के संसदीय इतिहास में अब तक कुल तीन बार विवादास्पद विधेयकों को पारित करने के लिए संसद का संयुक्त अधिवेशन आहूत किया गया है।
• सर्वप्रथम 6 मई, 1961 को प्रधानमंत्री जवाहरलाल नेहरू के कार्यकाल में दहेज निरोध विधेयक पारित करने के लिए संयुक्त अधिवेशन बुलाया गया था।
• दूसरी बार संयुक्त अधिवेशन प्रधानमंत्री मोरारजी देसाई के समय में 16 मई, 1978 को बैंकिंग सेवा आयोग विधेयक पर विचार करने के लिए बुलाया गया था।
• तीसरी बार संयुक्त अधिवेशन 26 मार्च, 2002 को आतंकवाद निरोधी विधेयक (पोटा) पर विचार के लिए प्रधानमंत्री अटल बिहारी वाजपेयी के कार्यकाल में बुलाया गया था।

भारत में वित्तीय प्रक्रिया

भारत एक संघात्मक देश है, इसलिए यहां विभिन्न राज्यों के अलग-अलग बजट होते हैं। संघीय स्तर पर दो प्रकार के बजट प्रस्तुत किए जाते हैं, प्रथम सामान्य बजट, जिसको वित्त मंत्री द्वारा तथा द्वितीय रेल बजट, जिसको रेल मंत्री द्वारा प्रस्तुत किया जाता है, उल्लेखनीय हैं। यद्यपि भारतीय संविधान में बजट शब्द का कोई उल्लेख नहीं है। भारतीय संविधान के अनुच्छेद-112 के अंतर्गत राष्ट्रपति दोनों सदनों के समकक्ष आगामी वित्तीय वर्ष के लिए भारत सरकार के अनुमानित व्यय एवं आय का एक विवरण प्रस्तुत करवाता है। इस विवरण को ही बजट की संज्ञा दी जाती है। इस वार्षिक वित्तीय विवरण में केंद्र सरकार कितनी मुद्रा किस प्रकार से अर्जित करना चाहती है और इस मुद्रा को किस प्रकार किन मदों में व्यय करना चाहती है, का विवरण होता है। वार्षिक वित्तीय विवरण अर्थात् बजट को संसद में प्रस्तुत होने के बाद पांच अवस्थाओं से होकर गुजरना पड़ता है–

(i) **बजट का प्रस्तुतीकरण (Presentation of Budget)**– भारतीय संघ का बजट वित्त मंत्री द्वारा सामान्यत: फरवरी माह की अंतिम तिथि को लोकसभा में प्रस्तुत किया जाता है। बजट प्रस्तुत करने के एक दिन पूर्व वित्त मंत्री द्वारा गत वित्तीय वर्ष में सरकार की नीतियों एवं कार्यक्रमों तथा देश की वित्तीय स्थिति के संदर्भ में विस्तृत वक्तव्य भी दिया जाता है, जिसको आर्थिक समीक्षा की संज्ञा दी गई है। बजट की प्रस्तुति के समय वित्त मंत्री का संसद में अभिभाषण होता है। बजट अभिभाषण एक लंबा अभिलेख होता है, जिसे सदस्यों के मध्य वितरित कर दिया जाता है, इसके बाद व्यापक चर्चा होती है। ध्यातव्य है कि अनुच्छेद-265 के अनुसार बिना कानून के कोई भी राशि नहीं व्यय की जा सकती है। अनुच्छेद-226 के अनुसार संसद की स्वीकृति के बिना कोई नया कर नहीं लगाया जाता है। इसलिए बजट को स्वीकृति प्राप्त करने के लिए संसद के समक्ष प्रस्तुत किया जाता है।

भारत की संचित निधि पर भारित व्यय

अनुच्छेद-112(3) के अनुसार भारत की संचित निधि पर भारित व्यय निम्नलिखित हैं-
• राष्ट्रपति के वेतन और भत्ते तथा उनके पद से संबंधित अन्य व्यय।
• राज्यसभा के सभापति और उपसभापति तथा लोकसभा के अध्यक्ष और उपाध्यक्ष के वेतन और भत्ते।
• भारत सरकार द्वारा लिए गए ऋण की अदायगी का व्यय या उस पर दिया जाने वाला ब्याज या उससे संबंधित व्यय।
• उच्चतम न्यायालय के न्यायाधीशों के वेतन, भत्ते और पेंशन।
• उच्च न्यायालय के न्यायाधीशों की पेंशन भारत की संचित निधि से दी जाती है, जबकि इनके वेतन और भत्ते राज्यों की संचित निधि से दिए जाते हैं।
• भारत के नियंत्रक महालेखा परीक्षक के वेतन, भत्ते और पेंशन।
• किसी न्यायालय या मध्यस्थ अधिकरण के निर्णय, डिक्री या पंचाट को लागू करने के लिए अपेक्षित व्यय।
• कोई अन्य व्यय, जो संसद द्वारा भारत की संचित निधि पर भारित घोषित किया जाए।

(ii) **विनियोग विधेयक (Appropriation Bill)** - अनुदान की सभी मांगों पर संसद में मतदान हो जाने का आशय यह नहीं है कि सरकार को सार्वजनिक कोष से पैसा निकालने का अधिकार प्राप्त हो गया। संविधान के अनुच्छेद-110 (1) के अनुसार भारत की संचित निधि में से कोई भी धनराशि विधि द्वारा विनियोजित के बिना नहीं निकाली जा सकती है। यही कारण है कि अनुदान की सभी मांगों पर लोकसभा द्वारा विचार और मतदान करने के उपरांत उनको सम्मिलित रूप से भारत की संचित निधि पर भारित व्यय सहित एक विधेयक का रूप दिया जाता है, जिसे विनियोग विधेयक कहा जाता है। विनियोग विधेयक को लोकसभा द्वारा अन्य विधेयकों की तरह ही पारित किया जाता है, परंतु इस समय वाद-विवाद केवल उन्हीं मुद्दों तक सीमित होता है जिन पर अनुदान की मांगों पर विचार-विमर्श करते समय विचार नहीं किया गया था। इसके अतिरिक्त विधेयक में कोई ऐसा संशोधन नहीं किया जा सकता है जिसका लोकसभा द्वारा पूर्व स्वीकृत अनुदानों की मांगों पर भारत की संचित निधि पर भारित किसी व्यय पर प्रभाव पड़े। विनियोग विधेयक को प्रवर समिति को सुपुर्द नहीं किया जा सकता है। लोकसभा द्वारा पारित किए जाने के बाद लोकसभाध्यक्ष इसे धन विधेयक घोषित करके राज्यसभा को प्रेषित कर देते हैं। राज्यसभा को 14 दिन के अंदर अपनी सिफारिशों सहित लोकसभा को वापस भेजना होता है। लोकसभा की इच्छा पर निर्भर करता है कि वह राज्यसभा की सिफारिशों को स्वीकार करती है या नहीं। राष्ट्रपति के हस्ताक्षर के बाद यह अधिनियम बन जाता है।

वित्तीय प्रक्रिया से संबंधित महत्वपूर्ण कुछ शब्द

संचित निधि (Consolidated Fund)

- भारतीय संविधान के अनुच्छेद-266 (1) के अंतर्गत भारत सरकार को किसी भी स्रोत, विभिन्न प्रकार के ऋणों, निक्षेप या धरोहर आदि से प्राप्त होने वाली समस्त आय, जो एक निधि में जमा की जाती है, उसे भारत की संचित निधि कहा जाता है।
- संसद द्वारा स्वीकृत कानूनी व्यय इस निधि में से धन निकालकर पूरा किया जाता है, परंतु संचित निधि से कोई भी भुगतान तब तक नहीं किया जा सकता है, जब तक संसद द्वारा विधिवत् पास किए गए किसी धन विनियोग कानून के अनुसार इसे व्यय करने की स्वीकृति न दी गई हो।

आकस्मिक निधि (Contingency Fund)

- अनुच्छेद-267 में आकस्मिक निधि के गठन का प्रावधान है। संचित निधि में से संसद की पूर्व स्वीकृति के बिना कोई व्यय नहीं किया जा सकता है। परंतु युद्ध, बाढ़, सूखा, भूकंप आदि आकस्मिक स्थितियां उत्पन्न हो जाती हैं जिसके लिए सरकार को व्यापक मात्रा में धन व्यय करने की आवश्यकता होती है।
- संसद द्वारा इसके लिए किसी कानून की व्यवस्था नहीं होती है। इसी स्थिति के समाधान के लिए आकस्मिक निधि की व्यवस्था की गई।
- यह राष्ट्रपति को एक प्रकार से स्थायी रूप से दी गई अग्रिम धनराशि है, जिससे राष्ट्रपति आपातकालीन स्थितियों से मुकाबला करने के लिए आवश्यक व्यय इस निधि से उस समय तक कर सकें, जब तक इस संबंध में संसद कोई कानून न बना दे।
- आकस्मिक निधि की स्थापना आकस्मिक निधि कानून, 1950 द्वारा की गई है। शुरुआती दौर में आकस्मिक निधि में 50 करोड़ रुपए रखे गए थे, परंतु 1999 में संशोधन करके ये 500 करोड़ रुपए कर दिए गए।

लोक लेखा (Public Account)

- करों तथा ऋणों से प्राप्त होने वाली आय संचित निधि में जमा होती है। इनमें बचत योजनाओं से प्राप्त धन के रूप में जमा की राशियां, भविष्य निधि तथा विभागीय निक्षेप तथा एक कोष से दूसरे कोष को प्रेषित की जाने वाली राशियां होती हैं।
- इन राशियों की प्राप्ति से वास्तविक आय में वृद्धि नहीं होती है। क्योंकि इस प्रकार से प्राप्त भविष्य निधि या बचत आदि की राशियां ऐसा अमानती धन हैं, जिसे बाद में सरकार को वापस करना पड़ता है।
- अतः लोक लेखा से अथवा आकस्मिक निधि से भुगतान के लिए संसद या विधानसभाओं से स्वीकृति नहीं लेनी पड़ती है।

लेखानुदान (Vote an Account)

- भारतीय संविधान के अनुच्छेद-116(1) के अंतर्गत संसद को यह अधिकार प्राप्त है कि बजट प्रक्रिया के समाप्त होने के पूर्व ही वित्तीय वर्ष के प्रथम 2 माह के लिए कार्यपालिका (सरकार) को अग्रिम अनुदान की स्वीकृति व्यय हेतु प्रदान की जा सकती हैं।
- संविधान के प्रावधानों के अनुसार लेखानुदान द्वारा अग्रिम अनुदान देने की शक्ति लोकसभा को प्राप्त है। इससे सरकार अनुदान की मांगों पर मतदान होने तथा विनियोग विधेयक तथा वित्त विधेयक के पारित होने तक अपना कार्य संचालित कर सकती है।
- सामान्यतः इसकी राशि अनुदानों की विभिन्न मांगों के अधीन समस्त वर्ष के लिए अनुमानित व्यय के 16.6 प्रतिशत के तुल्य होती है।
- इस प्रणाली के कारण 1 अप्रैल के बाद भी बजट पर बहस होती रहती है। इस प्रकार संसद को बजट पर विचार-विमर्श के लिए व्यापक समय मिल जाता है, जिससे यदि कोई कमी है भी, तो उसे दूर कर लिया जाता है।

संसदीय नियम (Parliamentary Rules)

संसदीय प्रक्रियाओं को सही तरीके से संचालित करने के लिए संसदीय नियमों का सृजन किया गया है जिनमें प्रमुख नियम निम्नवत हैं-

नियम-41

- संसदीय प्रक्रिया का वह नियम-41 कहलाता है जिसके माध्यम से संसद के दोनों सदनों में प्रश्न पूछा जाता है। इस नियम के अंतर्गत कुछ शर्तों का उल्लेख किया गया है जिनके अनुसार सदस्यों को प्रश्न पूछना होता है।

नियम-56

- संसदीय प्रक्रिया का यह एक विशेष नियम है जिसका संबंध स्थगन प्रस्ताव से है। इसके माध्यम से सार्वजनिक महत्व के विषयों या मामलों के संदर्भ में प्रश्न पूछा जाता है, जो अति आवश्यक होने के साथ-साथ काफी गंभीर भी होते हैं।

नियम-167

- संसदीय प्रक्रिया का यह एक विशेष नियम है। इस नियम के अंतर्गत केवल राज्यसभा में चर्चा की जाती है। इस नियम के अंतर्गत चर्चा के बाद मतदान का कोई प्रावधान नहीं है।

नियम-184

- संसदीय प्रक्रिया का वह नियम, नियम-184 कहलाता है, जिसके अंतर्गत लोकसभा में किसी महत्त्वपूर्ण विषय पर चर्चा कराई जाती है और चर्चा के बाद मतदान भी कराया जाता है। मतदान में पराजित होने पर सरकार को त्यागपत्र भी देना पड़ता है।

नियम-193

- संसदीय प्रक्रिया का वह नियम, नियम-193 कहलाता है जिसके अंतर्गत लोकसभा में चर्चा या बहस तो होती है, परंतु मतदान का कोई प्रावधान इस नियम में नहीं है। इस नियम के अंतर्गत कराई जाने वाली चर्चा को अल्पकालीन चर्चा के नाम से जाना जाता है। इसके अंतर्गत की जाने वाली चर्चा के अंत में मंत्री महोदय संक्षेप में जवाब देते हैं। इस नियम को लोकसभा में वर्ष 1953 में स्थापित किया गया।

नियम-197

- संसदीय प्रक्रिया का वह नियम, नियम-197 कहलाता है जिसका संबंध ध्यानाकर्षक प्रस्ताव या सूचनाओं से होता है। इस नियम के अंतर्गत पूछे जाने वाले प्रश्नों का उत्तर मंत्री महोदय को तुरंत देना पड़ता है।

नियम-377

- यह नियम संसदीय प्रक्रिया का एक विशेष नियम है, जिसके माध्यम से लोकसभा में ऐसे प्रश्न पूछे जा सकते हैं या उठाए जा सकते हैं जो व्यवस्था के अधीन नहीं होते हैं। ऐसे प्रश्न जो अल्प सूचना प्रस्तावों से संबंधित नियमों के अंतर्गत नहीं उठाए जा सकते हैं, उनको संसदीय नियम-377 के अंतर्गत विशेष उल्लेख के माध्यम से उठाया जाता है। इस नियम के अंतर्गत राज्यसभा में प्रश्न उठाए जाते हैं।

नियम-388

- संसदीय प्रक्रिया का यह एक विशेष नियम है जिसके अंतर्गत किसी भी विषय पर लोकसभा या राज्यसभा में चर्चा कराई जाती है।

स्मरणीय तथ्य

- सरकारी विधेयक मंत्रियों द्वारा प्रस्तुत किया जाता है तथा गैर-सरकारी विधेयक निजी सदस्यों द्वारा पेश किया जाता है।
- साधारण विधेयक किसी भी सदन अर्थात् राज्यसभा या लोकसभा में पेश किया जा सकता है।
- विधेयक को पेश करने की अनुमति लेने के लिए मंत्री को सात दिन पूर्व सूचना देनी होती है तथा सदन के महासचिव के पास विधेयक की दो प्रतियां भेजनी होती हैं। स्पीकर या सभापति द्वारा विधेयक प्रस्तुत करने के लिए तिथि निश्चित की जाती है।
- निश्चित तिथि से दो दिन पहले विधेयक की प्रतियां सदस्यों को उपलब्ध करा दी जाती हैं।
- यदि सरकारी गजट में कोई सरकारी प्रस्ताव प्रकाशित हो जाए तो उसे सरकारी विधेयक को पेश किया जाना मान लिया जाता है।
- गैर-सरकारी सदस्य यदि सदन में कोई साधारण विधेयक पेश करना चाहता है तो उसे सदन के अध्यक्ष को कम-से-कम एक माह पहले लिखित सूचना देनी पड़ती है। इसके बाद संसदीय समिति द्वारा विधेयक की जांच की जाती है।
- संसदीय समिति द्वारा गैर-सरकारी विधेयक की स्वीकृति मिलने के बाद ही विधेयक को सदन में प्रस्तुत किया जाता है।
- निश्चित तिथि को प्रस्तावक व्यक्ति अपने स्थान पर खड़ा होकर विधेयक को प्रस्तुत करने की आज्ञा मांगता है, यदि सदन में उपस्थित और मतदान करने वाले सदस्य अपने बहुमत से विधेयक का समर्थन करते हैं तो विधेयक को प्रस्तुत किया गया मान लिया जाता है।

- कुछ विधेयक ऐसे होते हैं जिनको सदन में पेश किए जाने से पूर्व राष्ट्रपति की अनुमति लेने की आवश्यकता होती है, जैसे राज्यों की सीमाओं पर पड़ने वाले प्रभाव, सरकारी भाषा आदि।
- विधेयक को प्रस्तुत करने वाला व्यक्ति सदन की अनुमति से विधेयक का शीर्षक पढ़ता है तथा विधेयक के सिद्धांतों, उद्देश्यों आदि पर भाषण देता है, इसी को विधेयक का प्रथम वाचन कहा जाता है।
- प्रथम वाचन के अंतर्गत विधेयक पर किसी प्रकार का विचार-विमर्श या बहस नहीं होती है। कभी-कभी किसी विधेयक का प्रस्तुतीकरण और प्रथम वाचन एक ही दिन संपन्न हो जाता है।
- विधेयक का द्वितीय वाचन अत्यंत महत्वपूर्ण होता है, क्योंकि इस स्तर पर विधेयक की विस्तारपूर्वक जांच की जाती है।
- द्वितीय वाचन के बाद विधेयक तीसरी अवस्था में आ जाता है, जिसे समिति अवस्था कहा जाता है, इस अवस्था में विधेयक प्रवर समिति को भेजा जाता है, जो गहनता के साथ विचार करती है।
- प्रवर समिति के अध्यक्ष की नियुक्ति सदन का अध्यक्ष करता है।
- तृतीय वाचन विधेयक पास करने की अंतिम अवस्था होती है।
- साधारण विधेयक पास होने के लिए उपस्थित और मतदान करने वाले सदस्यों के बहुमत की जरूरत पड़ती है।
- एक सदन में विधेयक पास हो जाता है, तब उसे पास होने के लिए द्वितीय सदन में भेज दिया जाता है।
- दूसरे सदन द्वारा विधेयक पास हो जाने के बाद राष्ट्रपति की स्वीकृति के लिए भेज दिया जाता है।
- जब कभी किसी विधेयक पर गतिरोध की स्थिति उत्पन्न हो जाती है, तब राष्ट्रपति दोनों सदनों का संयुक्त अधिवेशन बुलाता है।
- दोनों सदनों की संयुक्त बैठक की अध्यक्षता लोकसभा का अध्यक्ष करता है।
- राष्ट्रपति विधेयक पर अपनी स्वीकृति दे सकता है या फिर संशोधन सहित या पुनर्विचार के लिए लौटा सकता है।
- दूसरी बार पुन: यदि दोनों सदन विधेयक को पारित कर देते हैं तो राष्ट्रपति को विधेयक पर स्वीकृति देनी ही पड़ेगी।
- धन विधेयक राष्ट्रपति की सिफारिश पर केवल लोकसभा में ही पेश किया जाता है।
- धन विधेयक को गैर-सरकारी सदस्य पेश नहीं कर सकते।
- धन विधेयक को वित्तमंत्री लोकसभा में पेश करता है।
- राज्यसभा को धन विधेयक पर स्वीकृति 14 दिन के अंदर देनी होती है। यदि राज्यसभा ऐसा नहीं करती है तो 14 दिन बाद इसे पारित समझा जाता है। राज्यसभा को धन विधेयक के संबंध में नहीं के बराबर अधिकार प्राप्त हैं।
- धन विधेयक राष्ट्रपति की स्वीकृति के बाद ही लोकसभा में पेश किया जाता है। अत: राष्ट्रपति धन विधेयक पर अपनी स्वीकृति प्रदान कर देता है। प्रत्येक धन विधेयक वित्त विधेयक होता है, किंतु प्रत्येक वित्त विधेयक धन विधेयक नहीं होता है। धन विधेयक को राष्ट्रपति पुनर्विचार के लिए नहीं लौटाता। साधारण विधेयक को राज्यसभा 6 माह तक रोक सकती है।
- कोई विधेयक धन विधेयक है या नहीं, इसका निर्णय लोकसभा का स्पीकर करता है।

❑❑❑

अध्याय 4

संसदीय समितियां

संसदीय समितियां व्यवस्थापिका का एक अनिवार्य अंग हैं। वर्तमान में संसद का कार्य केवल विधि निर्माण तक सीमित नहीं रह गया है बल्कि उसका दायरा काफी व्यापक होता जा रहा है। संसद को राष्ट्रीय एवं अंतर्राष्ट्रीय स्तर की अनेक समस्याओं पर भी चिंतन-मनन करना होता है। कार्यों की मात्रा एवं क्षेत्र बढ़ने से व्यवस्थापिका बिना सहायक संस्थाओं के अपने दायित्व का निर्वहन समुचित रूप से नहीं कर सकती है। व्यवस्थापिका द्वारा विचारणीय मुद्दे अनेक तकनीकी प्रकृति के होते हैं। इस संबंध में दक्षता और कुशलता की आवश्यकता होती है जिसका सामान्य सदस्यों में अभाव होता है। समितियों का निर्माण करके उनके कार्यों के अनुसार दक्षता रखने वाले सदस्यों को उनमें नियुक्त किया जाता है और इस प्रकार संसदीय समितियां कार्य विभाजन तथा कार्य विशिष्टीकरण के सिद्धांतों के अनुसार कार्य करती हैं। उल्लेखनीय है कि विश्व में समिति प्रणाली का प्रादुर्भाव सर्वप्रथम ब्रिटेन में हुआ। भारत में समिति प्रणाली का विकास तो प्राचीन काल में ही हो गया था। परंतु आधुनिक काल में इसका विकास मांटेग्यू चेम्सफोर्ड सुधारों के परिणामस्वरूप हुआ। भारतीय संविधान के प्रवर्तन के बाद से संसदीय समितियां एक सीमा तक विशिष्ट विशेषाधिकारों का प्रयोग करती हैं।

समितियों का गठन

संसदीय समितियों का गठन संसद द्वारा निर्मित प्रक्रिया और कार्य संचालन के नियमों के अनुसार किया जाता है। संसद के दोनों सदनों- लोकसभा एवं राज्यसभा में कुछ विशिष्ट पहलुओं के अतिरिक्त समितियों की नियुक्ति, कार्यकाल एवं कार्य संचालन की प्रक्रिया एकसमान है। यह प्रक्रिया संविधान के अनुच्छेद-118(1) के अंतर्गत निर्मित नियमों के अनुसार विनियमित होती है।

समिति का गठन या तो लोकसभा के सदस्यों द्वारा या राज्यसभा के सदस्यों द्वारा किया जाता है और इनके सदस्यों का चयन उचित प्रक्रियाओं के माध्यम से लोकसभा अध्यक्ष और राज्यसभा के उपसभापति द्वारा किया जाता है। समिति का गठन निश्चित अवधि के लिए किया जाता है। सदस्य समिति के बने रहने तक ही बने रहते हैं, लेकिन कोई सदस्य पूर्व में भी त्यागपत्र दे सकता है।

संक्षेप में यह कहा जा सकता है कि संसदीय समितियां व्यवस्थापिका के कार्यों के भार को कम करती हैं। तकनीकी विषयों पर गंभीर चिंतन-मनन करती हैं। विभिन्न विषय से संबंधित आवश्यक सूचनाएं तथा सामग्री एकत्र करती हैं। किसी विषय से प्रभावित होने वाले व्यक्तियों अथवा हितों की सुनवाई करती हैं। साक्ष्य एकत्र करती हैं तथा घटनास्थल/मौके पर जाकर निरीक्षण करती हैं। इस प्रकार स्पष्ट है कि संसदीय समितियां शासन के नीति निर्माण की प्रक्रिया को प्रभावित करती हैं। प्रशासन पर नियंत्रण रखती हैं। सरकार तथा जनता के मध्य सेतु का कार्य करती हैं।

समितियों के प्रकार

सामान्यत: संसदीय समितियों को स्थायी समिति तथा तदर्थ समिति में वर्गीकृत किया जाता है। स्थायी समितियों का गठन प्रतिवर्ष या आवधिक रूप से किया जाता है। जबकि तदर्थ समितियों का गठन समय-समय पर आवश्यकतानुसार किया जाता है। संबंधित कार्य समाप्त होते ही तदर्थ समितियां भी भंग हो जाती हैं। इनके बारे में विस्तृत अवलोकन अगले पृष्ठों पर चार्टों में दिया गया है।

स्थायी समिति

स्थायी समिति को उनके कार्यों के आधार पर निम्न समितियों में विभाजित किया जाता है।

1. वित्तीय समितियां
2. विभागीय समितियां
3. जाँच समितियां
4. छानबीन समितियां (परीक्षण एवं नियंत्रण के लिए गठित समितियां)
5. सदन की समितियां (सदन के दैनिक कार्यों से संबंधित समितियां)
6. सेवा समितियां (सदन प्रबंधन समितियां)

वित्तीय समितियां (Financial Committees)

भारतीय संसदीय प्रणाली में निम्नवत् तीन वित्तीय समितियां प्रचलन में हैं।

1. लोक लेखा समिति

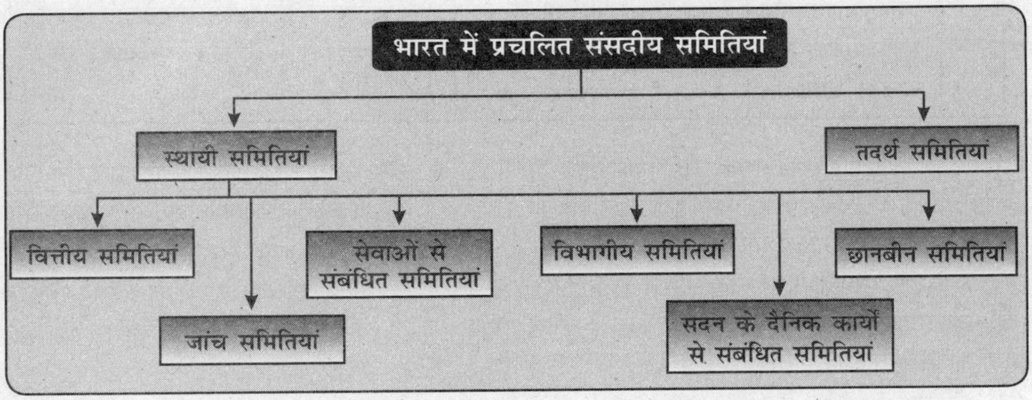

2. प्राक्कलन या अनुमान समिति
3. सार्वजनिक उपक्रम समिति

सार्वजनिक या लोक लेखा समिति (Public Account Committee)

लोक लेखा समिति भी एक महत्त्वपूर्ण संसदीय समिति है। लोक लेखा समिति का गठन संसद के दोनों के सदस्यों के द्वारा संयुक्त रूप में किया जाता है। लोक लेखा समिति में 15 लोकसभा तथा 7 राज्यसभा के सदस्य होते हैं। उल्लेखनीय है कि लोक लेखा समिति का गठन पहली बार भारत सरकार अधिनियम 1919 के अंतर्गत 1921 में हुआ था।

- लोक लेखा समिति के सदस्यों का चयन आनुपातिक प्रतिनिधित्व के आधार पर एकल संक्रमणीय मत पद्धति द्वारा किया जाता है। लोक लेखा समिति के सदस्यों में मंत्रिपरिषद् का कोई सदस्य नहीं होता है।
- यदि लोक लेखा समिति का कोई सदस्य मंत्री चुन लिया जाता है तो मंत्री पद की शपथ लेने के बाद से ही उसकी लोक लेखा समिति की सदस्यता समाप्त हो जाती है।

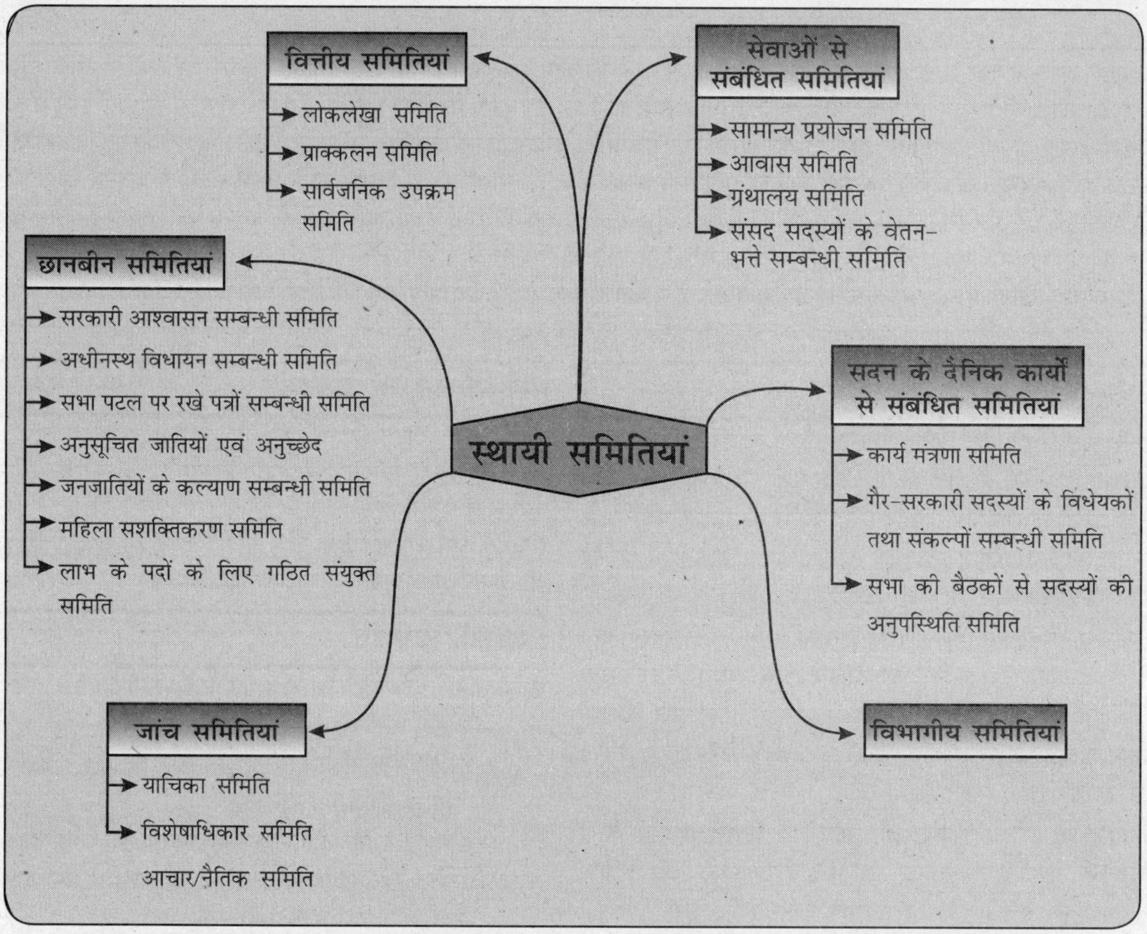

क्र.सं.	समिति का नाम	सदस्यों की संख्या		कार्यकाल	सदस्य नाम-निर्देशित अथवा निर्वाचित
		लोक सभा	राज्य सभा		
1.	प्राक्कलन समिति	30	0	1 वर्ष	लोक सभा द्वारा निर्वाचित
2.	लोक लेखा समिति	15	7	1 वर्ष	दोनों सदनों द्वारा निर्वाचित
3.	सरकारी उपक्रमों सम्बन्धी समिति	15	7	1 वर्ष	दोनों सदनों द्वारा निर्वाचित

- स्थापित परम्परा के अनुसार लोक लेखा समिति का अध्यक्ष कोई विपक्षी सदस्य ही होता है। समिति का अध्यक्ष अनिवार्यत: लोकसभा का सदस्य होता है। समिति का कार्यकाल 1 वर्ष का होता है। लोक लेखा समिति के प्रमुख कार्य निम्नलिखित हैं—
  - भारत सरकार के व्यय के लिए संसद द्वारा स्वीकृति, राशियों का विनियोग दिखाने वाले लेखों, भारत सरकार के वार्षिक वित्त लेखों तथा संसद के समक्ष रखे गए अन्य लेखों की जाँच करना।
  - भारत सरकार के विनियोग लेखों तथा उन पर नियंत्रक एवं महालेखा परीक्षक के प्रतिवेदन की छानबीन करते समय यह समाधान करना कि—
    (a) लेखों मे व्यय के रूप में जिस राशि का विवरण प्रस्तुत किया गया है और जिस लेखा या प्रयोजन के लिए उसका व्यय किया गया है; क्या वह राशि वैधानिक रूप से उपलब्ध थी तथा उसी प्रयोजन के लिए निर्धारित थी।

(b) क्या व्यय उसी प्राधिकार के अनुसार है जिसके वह अधीन है?

(c) क्या प्रत्येक पुनर्विनियोग सक्षम अधिकारी द्वारा बनाये गए नियमों के अनुकूल किया गया है।

- राज्य के निगमों, व्यापार तथा निर्माण योजनाओं, संस्थाओं और परियोजनाओं की आय तथा व्यय दिखाने वाले लेखा-विवरणों की जाँच करना, तथा
- यदि किसी वित्तीय वर्ष में किसी मद में उसके प्रयोजन के लिए संसद द्वारा स्वीकृत राशि से अधिक धन व्यय किया गया है तो उन परिस्थितियों की जाँच करना जिनके कारण अधिक धन व्यय हुआ है तथा इस संदर्भ में समुचित सिफारिशें देना।

❑ सार्वजनिक या लोक लेखा समिति वित्तीय प्रशासन पर संसद (व्यवहार में लोकसभा) के नियंत्रण को प्रभावी बनाने में सहायक होती है।

प्राक्कलन समिति (Estimate Committee)

❑ प्राक्कलन समिति सभी संसदीय समितियों में सर्वाधिक महत्त्वपूर्ण होती है। प्राक्कलन समिति में 30 सदस्य होते हैं जो सभी लोकसभा के होते हैं। शुरू में इसमें 25 सदस्य होते थे परन्तु 1956 में इसके सदस्यों की संख्या बढ़ाकर 30 कर दी गई। ध्यातव्य है कि स्वतंत्रता प्राप्ति के बाद प्राक्कलन समिति का गठन पहली बार 1950 में तत्कालीन वित्तमंत्री जॉन मथाई की सिफारिश पर किया गया। स्वतंत्रता प्राप्ति के पूर्व 1921 में इसे वित्तीय समिति के रूप में गठित किया जाता था।

❑ प्राक्कलन समिति के सदस्यों का निर्वाचन प्रति वर्ष अपने सदस्यों में से आनुपातिक प्रतिनिधित्व के आधार पर एकल-संक्रमणीय मत प्रणाली के आधार पर होता है।

❑ निर्वाचित सदस्यों में से किसी एक को सदन के अध्यक्ष द्वारा समिति का अध्यक्ष नियुक्त किया जाता है। प्राक्कलन समिति के सदस्यों में मंत्रिपरिषद् का कोई सदस्य सम्मिलित नहीं होता है।

❑ यदि समिति के किसी सदस्य को मंत्री बना दिया जाता है तो वह मंत्री पद की शपथ लेने के बाद से ही समिति का सदस्य नहीं रह जाता है। समिति की कार्यावधि 1 वर्ष होती है।

❑ प्राक्कलन समिति के मुख्य कार्य निम्नवत् हैं–

- प्रशासन में कार्य कुशलता, दक्षता तथा मितव्ययिता लाने के लिए वैकल्पिक नीतियों का सृजन करना एवं सुझाव देना।
- प्राक्कलनों में निहित नीति के अनुरूप मितव्ययिता, संगठन में सुधार, कार्य कुशलता तथा प्रशासनिक सुधारों के संदर्भ में प्रतिवेदन प्रस्तुत करना।
- इस बात की जाँच करना कि प्राक्कलनों में अंतर्निहित नीति की सीमा में रहते हुए धनों का प्रयोग उचित विधि से किया गया है अथवा नहीं।
- प्राक्कलन को संसद में प्रस्तुत किए जाने के संदर्भ में सुझाव देना।

समिति द्वारा प्राक्कलनों की जाँच का कार्य पूरे वर्ष भर चलता रहता है। समिति समय-समय पर सरकार को अपनी रिपोर्ट देती रहती है। प्राक्कलन समिति अपनी जाँच के संदर्भ में संबंधित मंत्रालयों, विभागों एवं सरकारी उपक्रमों से प्रारंभिक सामग्री (प्राथमिक आंकड़े) की मांग कर सकती है। यह समिति विशेषज्ञों तथा गैर-सरकारी संगठनों के प्रतिनिधियों को साक्ष्य देने के लिए आमंत्रित कर सकती है। इसके अतिरिक्त समिति को जाँच के लिए चयनित विषयों से संबंधित स्थानों, संस्थाओं तथा संगठनों का उनके यहां जाकर मौके पर अध्ययन एवं निरीक्षण करने का भी अधिकार है। ध्यातव्य है कि इसे मितव्ययिता समिति भी कहा जाता है।

सार्वजनिक उपक्रम संबंधी समिति (Committee on Public Undertaking)

सार्वजनिक उपक्रम संबंधी समिति का गठन लोकसभा तथा राज्यसभा द्वारा संयुक्त रूप से किया जाता है। इसमें 22 सदस्य होते हैं जिनमें से 15 लोकसभा तथा 7 राज्यसभा के सदस्य होते हैं। ध्यातव्य है कि सार्वजनिक उपक्रम समिति के गठन का श्रेय प्रथम लोकसभा अध्यक्ष जी.वी. मावलंकर को जाता है। समिति के अध्यक्ष की नियुक्ति लोकसभा अध्यक्ष द्वारा लोकसभा के सदस्यों में से की जाती है। सार्वजनिक उपक्रम समिति के प्रमुख कार्य निम्नलिखित हैं–

❑ लोकसभा की प्रक्रिया तथा कार्य संचालन नियमों की चतुर्थ अनुसूची में वर्णित सार्वजनिक उपक्रमों के प्रतिवेदनों तथा लेखाओं की जाँच करना।

❑ सरकारी उपक्रमों के विषय में सम्प्रेषक तथा महालेखा परीक्षक के प्रतिवेदनों की जाँच करना।

❑ सार्वजनिक उपक्रमों की स्वायत्तता और कार्य कुशलता के संदर्भ में यह जाँच करना कि क्या सरकारी उपक्रमों के कार्य समुचित व्यापार, सिद्धांतों तथा विवेकपूर्ण वाणिज्यिक प्रथाओं के अनुसार कार्य कर रहे हैं, अथवा नहीं।

❑ **तीनों वित्तीय समितियां**- सार्वजनिक उपक्रम समिति, प्राक्कलन समिति और लोकलेखा समिति मिलकर सार्वजनिक व्यय पर संसदीय नियंत्रण स्थापित करती हैं।

सदन के दैनिक कार्यों से संबंधित समितियां (Committees Relating to the Day-to-Day Business of the House)

संसद के दैनिक कार्यों को सुव्यवस्थित तरीके से संचालित करने के लिए निम्नलिखित समितियों का गठन किया गया है-

1. कार्य मंत्रणा समिति
2. निजी सदस्यों के विधेयक तथा संकल्पों से संबंधित समिति
3. नियम समिति
4. सदस्यों की अनुपस्थिति संबंधी समितियां

कार्य मंत्रणा समिति (Business Advisory Committee)

किसी नयी लोकसभा के गठन के प्रारंभ में अथवा समय-समय पर लोकसभा अध्यक्ष द्वारा कार्य मंत्रणा समिति का गठन किया जाता है। लोकसभा अध्यक्ष इस समिति के अध्यक्ष होते हैं। कार्य मंत्रणा समिति में 15 सदस्य होते हैं। कार्य मंत्रणा समिति के प्रमुख कार्य निम्नवत् हैं–

❑ समिति ऐसे सरकारी विधेयकों के प्रक्रमों या चरण और अन्य कार्यों पर सभा में चर्चा के लिए समय के विभाजन की सिफारिश करती है जिनको सदन के नेता के परामर्श से अध्यक्ष सदन के नेता को सौंपने का निर्देश देता है।

❑ समिति को समय सूची में यह दर्शाने की शक्ति होती है कि विधेयक के विभिन्न प्रक्रम तथा अन्य कार्य किस-किस समय पूरे होंगे।

❑ समिति ऐसे अन्य कार्य भी करती है जो समय-समय पर अध्यक्ष द्वारा उसे सौंपे जाते हैं।

❑ किसी विशेष विषय पर सदन में विचार-विमर्श किया जाए अथवा नहीं इसकी सिफारिश भी समिति करती है तथा उसके लिए समय निर्धारित करती हैं।

❑ कार्य मंत्रणा समिति राज्यसभा के संदर्भ में भी गठित की जाती है और इसमें 11 सदस्य होते हैं जिसमें राज्यसभा के सभापति और उपसभापति दोनों ही सम्मिलित होते हैं। राज्यसभा का सभापति राज्यसभा द्वारा गठित कार्य मंत्रणा समिति का अध्यक्ष होता है जो कार्य लोकसभा की कार्य मंत्रणा समिति करती है। वही कार्य राज्यसभा की मंत्रणा समिति करती है।

गैर-सरकारी (निजी) सदस्यों के विधेयकों तथा संकल्प संबंधी समिति (Committee on Private Members' Bills and Resolutions)

इसमें सदस्यों की संख्या अधिकतम 15 होती है। इसके सदस्यों का चयन लोकसभाध्यक्ष द्वारा किया जाता है। इसका कार्यकाल एक वर्ष का होता है। इस समिति का कार्य इस प्रकार है–

प्रमुख स्थायी समितियां				
क्र.सं.	समिति का नाम	सदस्यों की संख्या	कार्यकाल	सदस्य नामांकित
1.	कार्य मंत्रणा समिति	15	नियत नहीं, पुनर्गठन किए जाने तक बनी रहेगी	अध्यक्ष द्वारा नाम-निर्देशित
2.	विशेषाधिकार समिति	15	नियत नहीं, पुनर्गठन किए जाने तक बनी रहेगी	तदैव
3.	सभा की बैठकों से सदस्यों की अनुपस्थिति सम्बन्धी समिति	15	1 वर्ष	तदैव
4.	महिलाओं को शक्तियाँ प्रदान करने सम्बन्धी समिति	30(20 लोकसभा + 10 राज्यसभा)	1 वर्ष	अध्यक्ष, लोकसभा तथा सभापति, राज्य सभा द्वारा नाम निर्देशित
5.	सरकारी आश्वासनों सम्बन्धी समिति	15	1 वर्ष	अध्यक्ष द्वारा नाम-निर्देशित
6.	सभा पटल पर रखे गए पत्रों सम्बन्धी समिति	15	1 वर्ष	तदैव
7.	याचिका समिति	15	नियत नहीं, पुनर्गठन किए जाने तक बनी रहेगी।	तदैव
8.	गैर-सरकारी सदस्यों के विधेयकों तथा संकल्पों सम्बन्धी समिति	15	1 वर्ष	तदैव
9.	अधीनस्थ विधान सम्बन्धी समिति	15	1 वर्ष	तदैव
10.	सामान्य प्रयोजना समिति	नियत नहीं	नियत नहीं	सदस्यता पदेन होती है।
11.	आवास समिति	12	1 वर्ष	अध्यक्ष द्वारा नाम-निर्देशित
12.	लाभ के पदों सम्बन्धी संयुक्त समिति	15 (10 लोकसभा + 5 राज्यसभा)	लोकसभा के कार्यकाल के लिए	दोनों सदनों द्वारा निर्वाचित
13.	संसद सदस्यों के वेतन तथा भत्तों सम्बन्धी संयुक्त समिति	15 (10 लोकसभा + 5 राज्यसभा)	1 वर्ष	अध्यक्ष, लोकसभा तथा सभापति, राज्यसभा द्वारा नाम-निर्देशित
14.	ग्रंथालय समिति	9(6 लोकसभा+3 राज्यसभा)		तदैव
15.	नियम समिति	15	नियत नहीं पुनर्गठन किए जाने तक बनी रहेगी।	अध्यक्ष द्वारा नाम-निर्देशित
16.	अनुसूचित जातियों तथा अनुसूचित जनजातियों के कल्याण सम्बन्धी समिति	30(20 लोकसभा + 10 राज्यसभा)	1 वर्ष	दोनों सदनों द्वारा निर्वाचित

- ❑ संविधान संशोधन करने वाले ऐसे विधेयकों की सभा में प्रस्तावित होने से पूर्व जाँच करना जिनकी सूचना गैर-सरकारी सदस्य द्वारा दी गयी है।
- ❑ गैर-सरकारी सदस्यों के सभी विधेयकों को प्रस्तुत करने के पश्चात् तथा चर्चा होने के पूर्व जाँच करना तथा उनके स्वरूप, महत्त्व और अविलम्बनीयता के अनुसार वर्गों में विभाजित करना।
- ❑ गैर-सरकारी सदस्यों के ऐसे विधेयकों की जाँच करना जिनका इस आरोप के साथ विरोध किया जाए कि यह सभा की विधायिनी क्षमता से परे है तथा अध्यक्ष इसे ऊपरी तौर पर स्वीकार करें।
- ❑ गैर-सरकारी सदस्यों के विधेयकों पर चर्चा आदि के लिए समय निर्धारित करना।
- ❑ गैर-सरकारी सदस्यों के संकल्पों और सहायक विषयों की चर्चा के लिए अधिकतम समय सीमा की सिफारिश करना।
- ❑ अन्य कार्य जो गैर-सरकारी सदस्यों के संकल्पों से संबंधित हो तथा अध्यक्ष द्वारा समय-समय पर सौंपे जाएँ।

नियम समिति (Rules Committee)

यह लोकसभा की एकल समिति है इसमें सदस्यों की संख्या 15 होती है जिनका चयन लोकसभा के अध्यक्ष द्वारा किया जाता है। लोकसभाध्यक्ष भी सदस्यों में सम्मिलित होते हैं। इसका गठन लोकसभा की प्रक्रिया तथा कार्य संचालन के विषयों पर विचार करने तथा इन नियमों में से ऐसे संशोधनों तथा वृद्धियों की सिफारिश करने के लिए किया जाता है।

सदस्यों की अनुपस्थिति संबंधी समितियां (Committee on Absence of members from sitting of House)

- ❑ यह लोकसभा की स्थायी विशेष समिति है। इसमें 15 सदस्य होते हैं। राज्यसभा में इस प्रकार की समिति नहीं है। इसके द्वारा सदन की बैठकों के सदस्यों की अनुपस्थिति के अवकाश संबंधी सभी आवेदनों पर विचार किया जाता है।
- ❑ यह ऐसे सदस्यों के मामलों की भी जाँच करती है जो बिना अनुमति के 60 या इससे अधिक दिन तक सदन से अनुपस्थित रहते हैं।
- ❑ राज्यसभा में इस प्रकार की कोई समिति नहीं है। ऐसे मामले को राज्यसभा स्वयं देखती है।

जाँच समिति (Committee to Inquire)

संसद द्वारा विभिन्न मामलों या विषयों के संदर्भ में जाँच के लिए निम्नलिखित समितियों का स्थायी रूप से गठन किया गया है—

1. विशेषाधिकार समिति
2. याचिका समिति
3. आचार/नैतिक समिति

विशेषाधिकार समिति (Committee of Privileges)

- ❑ विशेषाधिकार समिति में 15 सदस्य होते हैं। विशेषाधिकार समिति का गठन सामान्यत: नयी लोकसभा के अस्तित्व में आने के समय किया जाता है। परन्तु लोकसभाध्यक्ष को समय-समय पर इसको पुनर्गठित करने का अधिकार है। उल्लेखनीय है कि संसद के दोनों सदनों में विशेषाधिकार समिति का गठन किया जाता है। राज्यसभा की विशेषाधिकार समिति में 10 सदस्य होते हैं।
- ❑ समिति का गठन करते समय अध्यक्ष द्वारा यह ध्यान रखा जाता है कि सभी दलों और समूहों का समिति में आनुपातिक प्रतिनिधित्व प्राप्त हो। लोकसभा के नेता तथा विधिमंत्री भी विशेषाधिकार समिति के सदस्य होते हैं।
- ❑ विशेषाधिकार समिति का मुख्य कार्य संसद और उसके किसी सदस्य के विशेषाधिकार हनन के मामलों की जाँच करना है। समिति अपने प्रतिवेदन में यह स्पष्ट करती है कि यदि विशेषाधिकारों का हनन हुआ है तो वह किस परिस्थिति में हुआ है तथा ऐसा क्यों हुआ है? विशेषाधिकार हनन के किसी मामले पर निर्णय समिति की रिपोर्ट प्राप्त हो जाने के बाद ही किया जाता है।

याचिका समिति (Rits Committee)

- ❑ प्रत्येक याचिका की जाँच करने के लिए सभा के प्रारंभ के समय अथवा समय-समय पर लोकसभा अध्यक्ष एक याचिका समिति का गठन करता है। इसमें 15 से अधिक सदस्य नहीं होते हैं।
- ❑ लोकसभा और राज्यसभा दोनों के द्वारा ही अपनी-अपनी याचिका समिति का गठन किया जाता है। लोकसभा की याचिका समिति में 15 सदस्य तथा राज्यसभा की याचिका समिति में 10 सदस्य होते हैं
- ❑ इस समिति में किसी भी मंत्री को सदस्य नियुक्त नहीं किया जा सकता है। जब कोई सदस्य मंत्री बन जाता है तो वह उस तिथि से समिति का सदस्य नहीं रह जाता है। याचिका समिति का कार्य प्रस्तुत की गयी याचिकाओं का अध्ययन करना तथा उससे संबंधित साक्ष्य तथा सूचनाएं एकत्र करना है।

आचार/नैतिक समितियां (Committees on Ethics)

- ❑ दोनों सदनों में यह समिति बनाई गई है। राज्यसभा में इसका गठन 1997 में तथा लोकसभा में वर्ष 2000 में किया गया है।
- ❑ यह समिति संसद सदस्यों के लिए आचार संहिता लागू करवाती है। यह दुराचरण के मामलों की जाँच भी करती है और उपयुक्त कार्यवाही की अनुशंसा करती है।

छानबीन समितियां (जाँच एवं नियंत्रण संबंधी समितियां- Committees to Scrutinise and Control)

भारतीय संसदीय शासन प्रणाली में विभिन्न विषयों के संदर्भ में जाँच एवं नियंत्रण संबंधित गतिविधियों को व्यवस्थित तरीके से संचालित करने के लिए अनेकों समितियों का स्थायी रूप से गठन किया गया है। जिनमें से प्रमुख निम्नवत् हैं—

1. अधीनस्थ विधायन समिति
2. सरकारी आश्वासन समिति
3. सभा पटल पर पुन: स्थापित दस्तावेजों की समिति
4. अनुसूचित जाति तथा अनुसूचित जनजाति कल्याण समिति
5. महिला सशक्तीकरण समिति
6. लाभ के पदों पर संयुक्त समिति

अधीनस्थ विधायन समिति (Committee on Subordinate Legislation)

- ❑ संसद किसी कानून आदि में मुख्य सिद्धांत निर्धारित कर देती है तथा कार्यपालिका इन सिद्धांतों के आधार पर औपचारिक एवं प्रक्रिया संबंधी विस्तृत नियम एवं विनियम तैयार करती है। इसे अधीनस्थ विधायन कहा जाता है। उल्लेखनीय है कि इसका गठन पहली बार 1953 में किया गया था और तब से निरंतर चली आ रही है।
- ❑ लोकसभा अपनी अधीनस्थ विधायन समिति के माध्यम से इस पर नियंत्रण रखती है। इस समिति द्वारा विधायी मामलों की जाँच की जाती है। समिति द्वारा लोकसभाध्यक्ष को अपना प्रतिवेदन दिया जाता है। समिति की रिपोर्ट में इस बात का उल्लेख होता है कि क्या संविधान द्वारा प्रदत्त अथवा संसद द्वारा सौंपे गए विनियम, नियम, उपनियम, उपविधि आदि बनाने की शक्तियों का प्रयोग ऐसे प्रत्यायोजन के अंतर्गत उचित रूप से किया जा रहा है।
- ❑ यह समिति दोनों सदनों में अलग-अलग होती है और प्रत्येक में सदस्यों की संख्या 15 होती है।

सरकारी आश्वासन संबंधी समिति (Committee on Government Assurances)

- ❑ इस समिति में 15 सदस्य होते हैं जिनकी नियुक्ति लोकसभा द्वारा की जाती है। सदस्यों की पदावधि 1 वर्ष की होती है। कोई भी मंत्री इस समिति का सदस्य नहीं बन सकता है।

- यह समिति मंत्रियों द्वारा समय-समय पर लोकसभा में प्रश्नोत्तर काल के समय या विधेयकों, संकल्पों, प्रस्तावों आदि पर चर्चा के समय दिये गए आश्वासन, प्रतिज्ञा, वचन आदि की जाँच करती है।

सभा पटल पर रखे गए पत्र संबंधी समिति

(Committee on Papers Laid on the Table)

- यह समिति पहली बार 1975 में गठित की गई थी और तब से निरंतर चली आ रही है। यह समिति लोकसभा और राज्यसभा दोनों में अलग-अलग होती है। लोकसभा की समिति में 15 सदस्य होते हैं जिनका चयन लोकसभा अध्यक्ष द्वारा किया जाता है। जबकि राज्यसभा की समिति में 10 सदस्य होते हैं जिनका चयन राज्यसभा के सभापति द्वारा किया जाता है।
- इसका कार्यकाल 1 वर्ष का होता है। यह समिति मंत्रियों द्वारा सभा पटल पर रखे गए सभी पत्रों की जाँच करती है। जाँच के माध्यम से सदन के पटल पर रखे गए सभी दस्तावेजों का अध्यन करके यह जानना चाहती है कि उक्त दस्तावेज संवैधानिक प्रावधानों, अधिनियमों और संसदीय नियमों के अनुसार हैं या नहीं। समिति अपने-अपने सदन में रिपोर्ट प्रस्तुत करती है।

अनुसूचित जाति तथा अनुसूचित जनजाति कल्याण संबंधी समिति

(Committee on Welfare of SCs and STs)

- यह दोनों सदनों की संयुक्त समिति है। इस समिति में सदस्यों की संख्या अधिकतम 30 होती है जिसमें 20 लोकसभा तथा 10 राज्यसभा के सदस्य होते हैं। समिति के 30 सदस्यों में से 20 सदस्य एकल संक्रमणीय मत द्वारा आनुपातिक प्रतिनिधित्व के सिद्धांत के अनुसार सदन द्वारा प्रतिवर्ष अपने सदस्यों में से निर्वाचित किए जाएँगे। कोई भी मंत्री इस समिति का सदस्य नहीं होता है।
- इस समिति के प्रमुख कार्य संविधान के अनुच्छेद-338(2) के अधीन अनुसूचित जातियों तथा जनजातियों के आयुक्त द्वारा पेश किए गए प्रतिवेदनों पर विचार करना है।
- अनुसूचित जातियों तथा अनुसूचित जनजातियों का विधिवत् प्रतिनिधित्व सुनिश्चित करने के लिए अनुच्छेद-335 के उपबंधों को दृष्टि में रखते हुए संघ सरकार के नियंत्रणाधीन सेवाओं तथा पदों जिनमें सरकारी क्षेत्रों के उपक्रमों, सरकारी तथा अर्द्ध-सरकारी निकायों तथा संघ राज्य क्षेत्रों में नियुक्तियां भी सम्मिलित हैं, के संदर्भ में संघ सरकार द्वारा किए गए उपायों पर विचार करना समिति का कार्य है।
- केंद्रशासित प्रदेशों में अनुसूचित जातियों एवं जनजातियों के कल्याण से संबंधित कार्यक्रमों के संबंध में प्रतिवेदन देना।
- इसके अतिरिक्त उन सभी मामलों पर विचार करना जो लोकसभाध्यक्ष या सदन द्वारा समय-समय पर सौंपा जाए।

महिला सशक्तिकरण समिति

(Committee on Empowerment of Women)

- यह संसद के दोनों सदनों की संयुक्त समिति है। इसमें कुल 30 सदस्य होते हैं। जिनमें लोकसभा के 20 और राज्यसभा के 10 सदस्य होते है। इसका गठन पहली बार 1997 में किया गया था।
- समिति द्वारा राष्ट्रीय महिला आयोग की सिफारिशों पर विचार किया जाता है और इस संदर्भ में यह सदन को अपनी रिपोर्ट प्रस्तुत करती है। इसके साथ-साथ केन्द्र सरकार द्वारा महिलाओं के संदर्भ में चलाए गए कार्यक्रमों एवं नीतियों की भी समीक्षा की जाती है।

लाभ के पदों से संबंधित संयुक्त समिति

(Joint Committee on Offices of Profit)

- यह संसद के दोनों सदनों की संयुक्त समिति है। इसमें कुल 15 सदस्य होते हैं, जिनमें लोकसभा के 10 और राज्यसभा के 5 सदस्य होते हैं।
- इस समिति द्वारा विभिन्न समितियों तथा निकायों के गठन तथा उनकी कार्य प्रणाली की जाँच की जाती है जिनका गठन केन्द्र, राज्य और केन्द्र शासित प्रदेशों की सरकारों द्वारा किया जाता है। यह देखती है कि इन समितियों और निकायों के जो पदाधिकारी हैं, उन्हें संसद सदस्य के रूप में निर्वाचन के लिए अयोग्य घोषित किया जाए अथवा नहीं।

सेवा समितियां या सदन प्रबंधन समितियां

(Service or House-Keeping Committees)

भारतीय संसदीय शासन प्रणाली में संसद सदस्यों को मिलने वाली सुविधाओं और सेवाओं की गुणवत्ता सुनिश्चित करने के लिए निम्नलिखित सेवा समितियों का गठन किया गया है:

1. सामान्य प्रयोजन समिति
2. आवास समिति
3. पुस्तकालय या ग्रंथालय समिति
4. सांसदों के वेतन भत्ते संबंधी समिति

सामान्य प्रयोजन समिति

(General Purposes Committee)

- यह संसद के दोनों सदनों की संयुक्त समिति है। सामान्य प्रयोजन समिति में सदस्यों की संख्या 29 होती है। इसमें सदस्य के रूप में दोनों सदनों के अध्यक्ष, उपाध्यक्ष, अन्य समितियों के अध्यक्ष तथा प्रमुख राजनीतिक दलों के नेताओं को सम्मिलित किया जाता है।
- यह समिति सदन से संबंधित ऐसे मामलों या विषयों पर विचार करती है जो अन्य संसदीय समितियों के अधिकार क्षेत्र में नहीं आते हैं। इस समिति का प्रमुख कार्य समय-समय पर जनित या उत्पन्न विषयों पर विचार करना होता है।

आवास समिति (House Committee)

आवास समिति प्रत्येक सदन की अलग-अलग होती है और उसमें 12-12 सदस्य होते हैं जिनका कार्य प्रत्येक सदन के सांसदों के आवास, चिकित्सा सुविधा आदि सुनिश्चित करना होता है। इनमें सदस्यों को लोकसभा अध्यक्ष और राज्यसभा के सभापति द्वारा नियुक्त किया जाता है।

पुस्तकालय समिति (Library Committee)

पुस्तकालय समिति संसद के दोनों सदनों की संयुक्त समिति है। इसमें लोकसभा से 6 तथा राज्यसभा से 3 सदस्य होते हैं। इसका गठन प्रतिवर्ष होता है। यह लोकसभा पुस्तकालय को उत्तरोत्तर अधिक उपयोगी बनाने के लिए सुझाव देती है।

सांसदों के वेतन भत्ते संबंधी संयुक्त समिति (Joint Committee on Salaries and Allowances of Members)

- सांसदों के वेतन भत्ते संबंधी संयुक्त समिति में कुल 15 सदस्य होते हैं जिसमें 10 लोकसभा तथा 5 राज्यसभा के सदस्य होते हैं। इस समिति का मुख्य कार्य सरकार से सलाह करके सांसदों के वेतन भत्ते आदि का निर्धारण करना होता है।
- इस समिति का गठन संसद सदस्यों के वेतन, भत्ते तथा पेंशन अधिनियम के अंतर्गत किया गया है।

विभागीय स्थायी समितियां

(Departmental Standing Committees)

- भारतीय संसदीय शासन प्रणाली में विभागीय स्थायी समितियों का उद्भव लोकसभा की नियम समिति की सिफारिश पर 1993 में हुआ। शुरू में 17 विभागीय स्थायी समितियां गठित की गई थीं। वर्ष 2004 में 7 और नई विभागीय समितियों का

गठन किया गया। जिससे इनकी संख्या बढ़कर 24 हो गई। उल्लेखनीय है कि केन्द्र सरकार के सभी मंत्रालय और विभाग इन समितियों के कार्यक्षेत्र में आते हैं।

राज्यसभा की विभागीय समितियां

क्रमांक	समिति का नाम	संबंधित मंत्रालय/विभाग
1.	वाणिज्य समिति	वाणिज्य एवं उद्योग
2.	गृह मामलों की समिति	(1) गृह मामले
		(2) उत्तर-पूर्ण क्षेत्र विकास
3.	मानव संसाधन विकास समिति	(1) मानव संसाधन विकास
		(2) युवा मामले एवं खेल
4.	उद्योग समिति	(1) भारी उद्योग एवं सार्वजनिक प्रतिष्ठान
		(2) लघु उद्योग
		(3) कृषि एवं ग्रामीण उद्योग
5.	विज्ञान एवं प्रौद्योगिकी, पर्यावरण एवं वन समिति	(1) विज्ञान एवं प्रौद्योगिकी
		(2) अंतरिक्ष
		(3) भू-विज्ञान
		(4) आणविक ऊर्जा
		(5) पर्यावरण एवं वन
6.	परिवहन, पर्यटन एवं संस्कृति समिति	(1) नागरिक अध्ययन
		(2) जहाजरानी, पथ परिवहन तथा राजमार्ग
		(3) संस्कृति
		(4) पर्यटन
7.	स्वास्थ्य एवं परिवार कल्याण समिति	स्वास्थ्य एवं परिवार कल्याण
8.	कार्मिक, लोक शिकायत विधि एवं न्याय समिति	(1) विधि एवं न्याय
		(2) कार्मिक, लोक शिकायत एवं पेंशन

- विभागीय स्थायी समितियों में वर्तमान में अधिकतम 31 सदस्य होते हैं जिनमें से 21 लोकसभा और 10 राज्यसभा के होते हैं। लोकसभा के सदस्यों का चुनाव लोकसभा अध्यक्ष द्वारा तथा राज्यसभा के सदस्यों का चुनाव राज्य के सभापति द्वारा किया जाता है। उल्लेखनीय है कि जुलाई 2004 के पहले विभागीय स्थायी समितियों में 45 सदस्य होते थे, जिनमें 30 लोकसभा तथा 15 राज्यसभा के सदस्य होते थे।
- विभागीय स्थायी समितियों में 16 लोकसभा तथा 8 राज्यसभा के अंतर्गत कार्य करती हैं। किसी भी स्थायी समिति में कोई मंत्री सदस्य नहीं हो सकता। यदि कोई सदस्य मंत्री बन जाता है तो उसकी समिति की सदस्यता स्वत: समाप्त हो जाती है।
- इन स्थायी समितियों का मुख्य उद्‌देश्य कार्यपालिका को संसद के प्रति अधिक जवाबदेह बनाना है।

तदर्थ समितियां (Adhoc Committees)

- भारतीय संसदीय शासन प्रणाली में स्थायी समितियों के साथ-साथ तदर्थ समिति भी पाई जाती है। समय-समय पर इनका गठन विभिन्न विषयों के संदर्भ में किया जाता रहता है। तदर्थ समितियों को दो श्रेणियों में विभाजित किया जाता है–
  1. जाँच समिति
  2. सलाहकार समिति
- तदर्थ जाँच समितियों का गठन समय-समय पर विशेष विषयों के संदर्भ में किया जाता है। इस संदर्भ में संसद के दोनों सदनों में से किसी भी सदन में इस आशय का प्रस्ताव लाया जा सकता है और सदन के स्वीकार करने के बाद समिति का गठन कर दिया जाता है।
- इसका गठन लोकसभा अध्यक्ष द्वारा किसी विशेष विषय के संदर्भ में जाँच के लिए किया जाता है। तदर्थ समिति एकल भी हो सकती है और संयुक्त भी।

लोकसभा की विभागीय समितियाँ

क्र.सं.	समिति का नाम	संबंधित मंत्रालय/विभाग
1.	कृषि-समिति	(1) कृषि
		(2) खाद्य प्रसंस्करण उद्योग
2.	सूचना-प्रौद्योगिकी समिति	(1) संचार एवं सूचना प्रौद्योगिकी
		(2) सूचना एवं प्रसारण
3.	रक्षा समिति	रक्षा
4.	ऊर्जा	(1) नवीन एवं नवीकरणीय ऊर्जा
		(2) ऊर्जा
5.	विदेश मामलों की समिति	(1) विदेश मामले
		(2) अप्रवासी भारतीयों के मामले
6.	वित्त समिति	(1) वित्त
		(2) कम्पनी मामले
		(3) योजना
		(4) सांख्यिकी एवं कार्यक्रम कार्यान्वयन
7.	खाद्य, उपभोक्ता मामले एवं सार्वजनिक वितरण	उपभोक्ता मामले, खाद्य एवं सार्वजनिक वितरण
8.	श्रम समिति	(1) श्रम एवं रोजगार
		(2) वस्त्र
9.	पेट्रोलियम एवं प्राकृतिक गैस समिति	पेट्रोलियम एवं प्राकृतिक गैस
10.	रेल समिति	रेल
11.	नगर विकास समिति	(1) नगर विकास
		(2) आवास एवं नगरीय गरीबी उन्मूलन
12.	जल संसाधन समिति	जल संसाधन
13.	रसायन एवं उर्वरक समिति	रसायन एवं उर्वरक
14.	ग्रामीण विकास समिति	(1) ग्रामीण विकास
		(2) पंचायती राज
15.	कोयला एवं इस्पात समिति	(1) कोयला एवं खान
		(2) इस्पात
16.	सामाजिक न्याय एवं अधिकारिता समिति	(1) सामाजिक न्याय एवं अधिकारिता
		(2) जनजातीय मामले

सलाहकार समितियां (Advisory Committees)

- तदर्थ समितियों का एक प्रारूप सलाहकार समितियां भी हैं। सलाहकार समितियों के मुख्य रूप से दो प्रारूप प्रचलन में हैं जिनको प्रवर समिति और संयुक्त संसदीय समिति के नाम से जाना जाता है।
- वस्तुत: सलाहकार समिति या अन्य तदर्थ समिति इस आशय में अलग होती हैं कि इनका संबंध विधेयकों से ही होता है और इनके द्वारा जो कार्यपद्धति अपनाई जाती है, वह कार्यपद्धति के नियमों तथा लोकसभा अध्यक्ष के दिशा-निर्देशों में उल्लेखित होती है।
- जब किसी सदन में किसी विधेयक पर सामान्य चर्चा की जानी होती है, तब सदन चाहे तो उसे सदन की प्रवर समिति अथवा दोनों सदनों की संयुक्त समिति को संदर्भित कर सकता है। उल्लेखनीय है कि इस आशय का प्रस्ताव सदन में लाया जाता है और सदन द्वारा उसे स्वीकार किया जाता है।
- जब विधेयक को संसद की संयुक्त समिति में भेजने का निर्णय लिया जाता है, तो इस संदर्भ में विधेयक को किसी एक सदन में प्रस्तुत किया जाता है और उसकी

स्वीकृति मिलने पर उसे दूसरे सदन में भेजा जाता है और दूसरे सदन द्वारा भी स्वीकृति दिए जाने के बाद प्रवर समिति के पास भेजा जाता है।

- प्रवर समिति में दोनों सदनों के सदस्य होते हैं। यही नहीं, इस समिति में संबंधित क्षेत्र के विषय विशेषज्ञों को भी सम्मिलित किए जाने का प्रावधान है। समिति विधेयक पर विचार करने के पश्चात अपने प्रतिवेदन सदन को प्रस्तुत करती है। यदि समिति का कोई सदस्य संस्तुति से सहमत नहीं है, तो वह अपना अलग से विरोध दर्ज करा सकता है। समिति द्वारा बहुमत से निर्णय लिया जाता है।

मंत्रालयी सलाहकार समिति
(Ministerial Advisory Committee)

- मंत्रालयी सलाहकार समिति विभिन्न मंत्रालयों एवं विभागों से संबंधित होती है। इसमें दोनों सदनों के सदस्य सम्मिलित होते हैं। मंत्रालयी सलाहकार समिति का अध्यक्ष उस मंत्रालय का मंत्री अथवा प्रभारी राज्यमंत्री होता है। उल्लेखनीय है कि यह समितियां विचार-विमर्श के एक मंच के रूप में कार्य करती हैं, जहाँ मंत्रियों एवं संसद सदस्यों के बीच सरकार की नीतियों एवं कार्यक्रमों तथा उनके क्रियान्वयन के तौर-तरीकों के संदर्भ में चर्चा की जाती है।
- मंत्रालयी सलाहकार समितियां संसदीय कार्य मंत्रालय द्वारा गठित की जाती हैं, और इन समितियों के गठन, कार्यप्रणाली और कार्य के बारे में उपयुक्त दिशा-निर्देश संबंधित मंत्रालय द्वारा सृजित किए जाते हैं और जारी किए जाते हैं। संबंधित मंत्रालय ही चालू सत्र अथवा अंतर सत्र के दौरान समिति की बैठकों का आयोजन करता है।
- मंत्रालयी सलाहकार समिति में सदस्यों की अधिकतम संख्या 30 तथा न्यूनतम 10 होती है। इनकी सदस्यता स्वैच्छिक होती है। इन समितियों का गठन सामान्तया प्रत्येक लोकसभा चुनाव के बाद नई लोकसभा गठन के उपरांत किया जाता है। समय-समय पर इन समितियों का पुनर्गठन भी होता रहता है। लोकसभा के भंग होने पर यह समितियां स्वत: ही भंग हो जाती हैं और नई लोकसभा के गठन होने पर इनका गठन पुन: किया जाता है।

रेल अभिसमय समिति
(Railway Convention Committee)

- यह रेलवे के उपक्रमों द्वारा सामान्य राजस्व से देय लाभांश की दर तथा सामान्य वित्त की तुलना में रेल वित्त से सम्बन्धित अन्य अनुषंगी मामलों की पुनरीक्षा करती है और उन पर सिफारिशें देती है।
- यह रेलवे की विभिन्न निधियों जैसे कि मूल्यह्रास, आरक्षित निधि, विकास निधि, पूँजीगत निधि, पेंशन निधि आदि के विनियोजन के लिए भी सुझाव देती है। लोकसभा अध्यक्ष समिति को रेल या रेल वित्त से सम्बन्धित लोक महत्त्व के तदर्थ मामले भी भेज सकता है।
- वर्ष 1949, 1954, 1960 तथा 1965 की रेल अभिसमय समितियों ने अगले 5 वर्षों के दौरान रेलवे द्वारा देय लाभांश की दर निर्धारित करने के विषय तक ही अपने आपको सीमित रखा।
- वर्ष 1971 से रेलवे सामान्य राजस्व को देय लाभांश की दर की सिफारिश करने के अलावा, रेल अभिसमय समितियां ऐसे विषयों की जाँच के लिए तथा उन पर प्रतिवेदन प्रस्तुत करती आयी हैं जिनका रेलवे तथा रेल वित्त के कार्यचालन पर प्रभाव होता है।

संयुक्त संसदीय समिति
(Joint Parliamentary Committee)

- भारतीय संसदीय शासन प्रणाली की एक खुबसूरती संयुक्त संसदीय समिति है। समय-समय पर विभिन्न घटनाओं और प्रकरणों की जाँच के लिए संसद के दोनों सदनों की संयुक्त समिति गठित की जाती रही है जिससे कि भारतीय संसदीय शासन प्रणाली में लोगों विशेषत: विपक्ष का विश्वास बना रहे और शासन के प्रतिनिष्पक्ष जांच सुनिश्चित की जा सके तथा शासन के प्रति विश्वास किया जा सके। ध्यातव्य है कि वर्तमान में भी अडानी प्रकरण में संयुक्त संसदीय समिति के गठन की मांग की जा रही है। पहली संयुक्त संसदीय समिति 1988 में बोफोर्स घोटाले की जांच के लिए बी. शंकरानंद की अध्यक्षता में बनाई गई थी। संयुक्त संसदीय समिति में पक्ष तथा विपक्ष के दोनों के संसद सदस्य सम्मिलित होते हैं। अब तक गठित संयुक्त संसदीय समितियां निम्नवत् हैं–

संयुक्त संसदीय समितियां : एक नजर में

क्र.सं.	समिति के अध्यक्ष		विषय	वर्ष
	समिति	अध्यक्ष		
1.	बी. शंकरानंद समिति	बी. शंकरानंद	बोफोर्स	1987
2.	मिर्धा समिति	रामनिवास मिर्धा	हर्षद मेहता शेयर घोटाले की जांच	1992
3.	त्रिपाठी समिति	प्रकाश मणि त्रिपाठी	केतन पारिख शेयर घोटाला	2001
4.	पवार समिति	शरद पवार	शीतल पेय पदार्थों में कीटनाशकों की जाँच	2003
5.	चाको समिति	पी.सी. चाको	2G स्पेक्ट्रम घोटाला	2011

स्मरणीय तथ्य

- संसदीय समितियां व्यवस्थापिका का एक अनिवार्य अंग हैं।
- विश्व में समिति प्रणाली का प्रादुर्भाव सर्वप्रथम ब्रिटेन में हुआ।
- भारत-समिति प्रणाली का विकास तो प्राचीन काल में ही हो गया था। परंतु आधुनिक काल में इसका विकास मांटेग्यू-चेम्सफोर्ड सुधारों के परिणामस्वरूप हुआ।
- संसदीय समितियों का गठन संसद द्वारा निर्मित प्रक्रिया और कार्य संचालन के नियमों के अनुसार किया जाता है।
- समिति का गठन या तो लोकसभा के सदस्यों द्वारा या राज्यसभा के सदस्यों द्वारा किया जाता है और इनके सदस्यों का चयन उचित प्रक्रियाओं के माध्यम से लोकसभा अध्यक्ष और राज्यसभा के उपसभापति द्वारा किया जाता है।
- विशेषाधिकार समिति का मुख्य कार्य संसद और उसके किसी सदस्य के विशेषाधिकार हनन के मामलों की जांच करना है।
- प्राक्कलन समिति सभी संसदीय समितियों में सर्वाधिक महत्वपूर्ण होती है। प्राक्कलन समिति में 30 सदस्य होते हैं, जो सभी लोकसभा के होते हैं।
- स्थापित परंपरा के अनुसार लोक लेखा समिति का अध्यक्ष कोई विपक्षी सदस्य ही होता है। समिति का अध्यक्ष अनिवार्यत: लोक सभा का सदस्य होता है।
- सार्वजनिक उपक्रम संबंधी समिति का गठन लोकसभा तथा राज्यसभा द्वारा संयुक्त रूप से किया जाता है। इसमें 22 सदस्य होते हैं जिसमें से 15 लोकसभा तथा 7 राज्यसभा के सदस्य होते हैं।
- पुस्तकालय समिति संसद के दोनों सदनों की संयुक्त समिति है। इसमें लोकसभा से 6 तथा राज्यसभा से 3 सदस्य होते हैं।

अध्याय 5

राज्य व्यवस्थापिका

भारतीय संविधान द्वारा संघ (केंद्र) तथा राज्यों में संसदीय प्रणाली की स्थापना की गई है। फलत: केंद्र सरकार की तरह ही राज्यों के शासन की संरचना की गई है। जिस प्रकार केंद्र में राष्ट्रपति सहित संसद है उसी प्रकार राज्यों में राज्यपाल सहित विधान मंडल है। राज्य विधान मंडल एक सदनीय तथा द्विसदनीय भी हो सकता है। संविधान के अनुच्छेद–168 के अंतर्गत प्रत्येक राज्य में एक विधान मंडल होगा जिसका निर्माण राज्यपाल तथा एक या दो सदनों से मिलकर होगा। जिन राज्यों में विधान मंडल या व्यवस्थापिका द्विसदनीय है, वहां उच्च सदन को विधान परिषद् (Legislative Council) तथा निम्न एवं लोकप्रिय सदन को विधानसभा (Legislative Assembly) की संज्ञा दी गई है। ध्यातव्य है कि भारतीय संविधान के प्रांतीय संविधान समिति द्वारा रखे गए प्रस्तावों के अनुसार प्रत्येक राज्य अथवा प्रांत को यह सुझाव दिया गया था कि वह दो सदन रखना चाहता है अथवा एक सदन। अनेक राज्यों ने अपना निर्णय एक सदन के पक्ष में दिया, जबकि कुछ राज्यों ने द्विसदनात्मक विधान मंडल के पक्ष में अपना निर्णय दिया। इस प्रकार राज्य की व्यवस्थापिका एक सदनात्मक हो अथवा द्विसदनात्मक इस बात के निर्णय का अधिकार राज्य के निर्वाचित प्रतिनिधियों को प्राप्त है, परंतु अंतिम स्वीकृति संसद की ही होगी।

भारतीय संविधान में राज्य व्यवस्थापिका

संविधान के **अनुच्छेद**–169 में इस बात का प्रावधान किया गया है कि विधानसभा में उपस्थित तथा मत देने वाले सदस्यों के दो तिहाई बहुमत से और समस्त संख्या के बहुमत से एक प्रस्ताव पारित करके विधान परिषद् की स्थापना अथवा समाप्ति का प्रस्ताव संसद को प्रेषित कर सकती है। **वर्तमान में मात्र 6 राज्यों उत्तर प्रदेश, बिहार, कर्नाटक, आंध्र प्रदेश, महाराष्ट्र और तेलंगाना में विधान परिषद् है तथा शेष अन्य राज्यों में विधान परिषद् नहीं है। अन्य शब्दों में, यह भी कहा जा सकता है कि उत्तर प्रदेश, बिहार, कर्नाटक, आंध्र प्रदेश, तेलंगाना तथा महाराष्ट्र को छोड़कर शेष अन्य राज्यों में एक सदनात्मक व्यवस्थापिका है।**

परंतु यह सूची स्थायी नहीं है क्योंकि संविधान में यह उपबंध किया गया है जिन राज्यों में विधान परिषद् है उनको समाप्त किया जा सकता है तथा जहां विधान परिषद् अस्तित्व में नहीं है वहां उसका सृजन किया जा सकता है। ऐसा करने के लिए अनुच्छेद–169 में कहा गया है कि यह एक सामान्य प्रक्रिया के अंतर्गत किया जा सकता है तथा इसके लिए किसी संविधान संशोधन की आवश्यकता नहीं होगी। राज्य विधानसभा अपने कुल सदस्यों के बहुमत तथा उपस्थित और मत देने वाले सदस्यों की संख्या के कम-से-कम दो-तिहाई बहुमत द्वारा एक संकल्प पारित करेगी जिसके अनुसरण में संसद द्वारा विधि का निर्माण किया जाएगा। सर्वप्रथम आंध्र प्रदेश में 1957 में उक्त प्रक्रिया के अनुसार विधान परिषद् का गठन किया गया था परंतु बाद में इसी प्रक्रिया द्वारा 1985 में विधान परिषद् को समाप्त कर दिया गया। परंतु 2007 में इसे पुन: गठित कर दिया गया। 1969 में पंजाब में तथा 1986 में तमिलनाडु में विधान परिषद् को समाप्त कर दिया गया।

विधान परिषद् और उसकी संरचना

विधान परिषद् राज्य व्यवस्थापिका का उच्च सदन है। भारतीय संविधान के अनुच्छेद–171 में कहा गया है कि किसी भी राज्य में विधान परिषद् की सदस्य संख्या उस राज्य की विधानसभा की सदस्य संख्या के एक-तिहाई से अधिक नहीं होगी, परंतु 40 से कम भी नहीं होगी। उल्लेखनीय है वर्ष 2019 से पूर्व जम्मू-कश्मीर इसका अपवाद था, जहाँ विधान परिषद् में सदस्यों की संख्या 36 थी। परंतु अगस्त-2019 में अनुच्छेद 370 के समाप्त होने तथा जम्मू कश्मीर को केंद्र शासित प्रदेश बनाये जाने के बाद वहां विधान परिषद् समाप्त कर दी गयी है।

विधान परिषद् का गठन

संविधान के **अनुच्छेद–169** के अंतर्गत संबंधित राज्य विधानसभा में उपस्थित मतदान करने वाले सदस्यों तथा समस्त संख्या के बहुमत से एक प्रस्ताव पारित करके केंद्र को प्रेषित करते हैं तो संसद की स्वीकृति के बाद विधान परिषद् का गठन संभव है। इससे स्पष्ट है कि विधान परिषद् का गठन विधानसभा के निर्णय तथा संसद के समर्थन पर निर्भर करता है। विधान परिषद् के सदस्यों का निर्वाचन प्रत्यक्ष रूप से जनता द्वारा नहीं किया जाता है। विधान परिषद् के सदस्यों का निर्वाचन अप्रत्यक्ष रूप से आनुपातिक प्रतिनिधित्व के आधार पर एकल संक्रमणीय मत पद्धति द्वारा किया जाता है। इसके अतिरिक्त राज्यपाल द्वारा कुछ सदस्यों का मनोनयन भी किया जाता है। विधान परिषद् के सदस्यों के निर्वाचन के लिए निम्नलिखित फॉर्मूला निर्धारित किया गया है–

- विधान परिषद् के एक-तिहाई सदस्यों का चयन स्थानीय निकायों तथा नगरपालिकाओं, जिला परिषदों तथा अन्य स्थानीय संस्थाओं द्वारा किया जाता है।
- विधान परिषद् की कुल सदस्य संख्या के एक-तिहाई सदस्यों का निर्वाचन विधानसभा द्वारा किया जाता है।
- विधान परिषद् के 1/12 सदस्यों का निर्वाचन राज्य के ऐसे स्नातकों द्वारा किया जाता है जिन्हें स्नातक किए कम-से-कम तीन वर्ष हो गए हों।
- विधान परिषद् के कुल सदस्यों के 1/12 सदस्यों का निर्वाचन ऐसे अध्यापकों द्वारा किया जाता है जो न्यूनतम तीन वर्ष से शिक्षण कार्य कर रहे हों।
- विधान परिषद् के शेष 1/6 सदस्यों को राज्यपाल द्वारा मनोनीत किया जाता है जिनको साहित्य, कला, विज्ञान, सामाजिक सेवा और सहकारिता के क्षेत्र में विशेष अनुभव प्राप्त हो।
- जम्मू-कश्मीर में विधान परिषद् में सदस्यों की संख्या-36 निर्धारित की गई थी। अगस्त-2019 में केंद्रशासित प्रदेश बनने के बाद इसे समाप्त कर दिया गया।

विधान परिषद्

राज्य	सीटों की संख्या
उत्तर प्रदेश	100
बिहार	75
महाराष्ट्र	78
कर्नाटक	75
आंध्र प्रदेश	50
तेलंगाना	40

सदस्यों की योग्यताएं

विधान परिषद् के सदस्यों के लिए निम्नलिखित योग्यताएं निर्धारित की गई हैं–

- वह भारत का नागरिक हो।
- उसकी न्यूनतम आयु 30 वर्ष हो।
- उसने संघ अथवा राज्य सरकार के अधीन कोई लाभ का पद न ग्रहण किया हो। ध्यातव्य है कि राज्य मंत्रिपरिषद् तथा संघीय मंत्रिपरिषद् की सदस्यता को लाभ का पद नहीं माना जाता है।
- वह लोक प्रतिनिधित्व अधिनियम 1951 की शर्तों को पूरा करता हो।
- इनमें वह सभी योग्यताएं होनी चाहिए जो संसद द्वारा निर्धारित की जाएं।
- कोई भी ऐसा व्यक्ति जो पागल, दिवालिया, दंडित, फौज से पलायित या सरकारी पद पर हो, विधान परिषद् का सदस्य नहीं हो सकता है।

सदस्यों की निरर्हताएं या अयोग्यताएं

कोई व्यक्ति राज्य की विधान सभा या विधानपरिषद् में सदस्य चुने जाने के लिए निम्नलिखित कारणों से अयोग्य होगा–

- यदि वह भारत सरकार या राज्य सरकार के अधीन कोई लाभ का पद धारण करता है।
- यदि वह सक्षम न्यायालय द्वारा घोषित विकृत चित्त या पागल हो।
- यदि वह दिवालिया हो।
- यदि उसने किसी विदेशी राज्य की नागरिकता अर्जित कर ली है।
- यदि वह संसद द्वारा बनाई गई किसी विधि द्वारा या उसके अधीन अयोग्य घोषित कर दिया जाता है।

जन प्रतिनिधित्व अधिनियम 1951 के अंतर्गत संसद द्वारा कुछ अतिरिक्त अयोग्यताओं का निर्धारण किया गया है जो राज्य विधानमंडल के सदस्यों के संदर्भ में भी संसद सदस्यों के समान ही हैं, जो निम्नलिखित हैं–

- वह चुनाव में किसी प्रकार के भ्रष्ट आचरण अथवा चुनावी अपराध का दोषी नहीं पाया गया हो।
- उसे किसी ऐसे अपराध के लिए दोषी नहीं ठहराया गया हो जिसके लिए उसे दो या अधिक वर्षो की कैद की सजा मिली हो, लेकिन किसी व्यक्ति का किसी निरोधात्मक कानून के अंतर्गत निरुद्ध करना अयोग्यता नहीं मानी जाएगी।
- उसकी किसी सरकारी ठेके, कार्य अथवा सेवाओं में कोई रुचि नहीं हो।
- वह भ्रष्टाचार अथवा सरकार के प्रति विश्वासघात के कारण सरकारी सेवा से हटाया न गया हो।
- उसे अस्पृश्यता, दहेज तथा सती प्रथा जैसे सामाजिक अपराधों में संलिप्तता अथवा इन्हें बढ़ावा देने के लिए दंडित न किया गया हो।
- वह निर्धारित समय सीमा के अंदर चुनावी खर्च संबंधित विवरण प्रस्तुत करने में विफल नहीं रहा हो।
- वह किसी ऐसे निगम में लाभ के पद कार्यरत नहीं हो अथवा उसका निदेशक या प्रबंधकीय एजेंट नहीं हो, जिसमें सरकार की कम-से-कम 25% हिस्सेदारी हो।
- उसे विभिन्न समूहों के बीच वैमनस्य बढ़ाने अथवा घूसखोरी के अपराध में दोषी नहीं ठहराया गया हो।

उपर्युक्त अयोग्यताओं के संदर्भ में किसी सदस्य के प्रति यदि प्रश्न उठता है, तो राज्यपाल का निर्णय अंतिम होगा; परंतु इस मामले में राज्यपाल निर्वाचन आयोग से परामर्श करके ही कार्य करता है।

दल-बदल कानून के आधार पर अयोग्यता

संविधान में यह प्रावधान किया गया है, कि यदि कोई व्यक्ति दसवीं अनुसूची में निहित उपबंधों के अंतर्गत दल परिवर्तन के आधार पर अयोग्य होता है तो वह राज्य विधानमंडल के किसी भी सदन की सदस्यता के लिए अयोग्य होगा। दसवीं अनुसूची के अंतर्गत यदि अयोग्यता का प्रश्न उत्पन्न होता है तो विधान परिषद् के संदर्भ में विधान परिषद् का सभापति और विधानसभा के संदर्भ में विधानसभा अध्यक्ष निर्णय देता है। उल्लेखनीय है कि 1992 में उच्चतम न्यायालय ने यह व्यवस्था दी कि सभापति या अध्यक्ष का फैसला भी न्यायिक समीक्षा की परिधि में आता है।

कार्यकाल

संविधान के **अनुच्छेद–172 (2)** के अनुसार विधान परिषद् एक स्थायी सदन है। इसका विघटन कभी नहीं किया जा सकता है। प्रति दो वर्ष पर विधान परिषद् के एक-तिहाई सदस्य पदनिवृत्त हो जाते हैं। इनके स्थान पर नए सदस्यों का मनोनयन तथा निर्वाचन किया जाता है। इस प्रकार विधान परिषद् के प्रत्येक सदस्य का कार्यकाल 6 वर्ष का होता है। कोई भी सदस्य निर्धारित अवधि से पूर्व अपनी सदस्यता से त्यागपत्र सदन के अध्यक्ष को संबोधित करके दे सकता है।

विधान परिषद् के पदाधिकारी

विधान परिषद् का एक सभापति एवं उपसभापति होता है जिसका निर्वाचन विधान परिषद् के सदस्यों द्वारा किया जाता है। सभापति द्वारा विधान मंडल के अधिवेशन के समय परिषद् की कार्यवाही का संचालन किया जाता है। किसी प्रस्ताव के पक्ष और विपक्ष में बराबर मत होने पर निर्णायक मत देने का अधिकार सभापति को होता है। सभापति की अनुपस्थिति में उपसभापति सभापति के कार्यों एवं दायित्वों को संपादित करता है। सभापति और उपसभापति दोनों ही एक-दूसरे को संबोधित करके अपना त्यागपत्र दे सकते हैं। सभापति तथा उपसभापति को 14 दिन की पूर्व सूचना देने पर तथा सदस्यों के पूर्ण बहुमत से प्रस्ताव द्वारा पदमुक्त किया जा सकता है। विधानसभा का सभापति और उपसभापति निम्नलिखित तीन संदर्भों में अपने पद को छोड़ सकते हैं–

- यदि उनकी सदस्यता समाप्त हो जाए।
- यदि वह उपसभापति को लिखित त्यागपत्र दें।
- यदि विधान परिषद् में उपस्थित तत्कालीन सदस्य बहुमत से उसे हटाने का संकल्प पास कर दें। इस तरह का प्रस्ताव 14 दिनों की पूर्व सूचना के बाद ही लाया जा सकता है।

पीठासीन अधिकारी के रूप में विधान परिषद् के सभापति की शक्तियां और कार्य विधान सभाध्यक्ष की तरह ही हैं, परंतु विधान परिषद् के सभापति को यह अधिकार नहीं है कि वह निर्णय दे सके कि कौन-सा विधेयक धन विधेयक है या नहीं।

विधान परिषद् के सभापति का वेतन और भत्ते भी राज्य विधानमंडल द्वारा निर्धारित किए जाते हैं, जो राज्य की संचित निधि पर भारित होते हैं। इसलिए इस पर राज्य विधानमंडल द्वारा वार्षिक मतदान नहीं किया जा सकता है।

विधान परिषद् के सभापति की अनुपस्थिति में उपसभापति विधान परिषद् के कार्यभार को संभालता है और परिषद् की बैठक के दौरान सभापति की अनुपस्थिति में सभापति को प्राप्त सभी शक्तियों का वह प्रयोग करता है और उसके दायित्वों का निर्वाह करता है।

सदस्यों की उन्मुक्तियां

विधान परिषदों के सदस्यों को विधान मंडल के नियमों के अंतर्गत सदन के भीतर तथा सदन की समितियों में भाषण देने की पूर्ण स्वायत्तता है। उनके भाषण में अभिव्यक्त विचारों के लिए उन पर कोई न्यायिक कार्यवाही नहीं हो सकती है। विधान परिषद् के अधिवेशन के 40 दिन पूर्व तथा 40 दिन बाद तक दीवानी मुकदमों के संबंध में उनको बंदी नहीं बनाया जा सकता है। जहां तक फौजदारी मुकदमे का प्रश्न है तो सभापति की आज्ञा से बंदी बनाया जा सकता है।

विधान परिषद् के कार्य और अधिकार

विधान परिषद् राज्य व्यवस्थापिका का उच्च सदन है। विधान परिषद् विधानसभा के सहयोगी सदन की भूमिका निभाती है। विधानसभा की तुलना में विधान परिषद् को न्यूनाधिकार प्राप्त हैं। विधान परिषद् को कुछ ही शक्तियां प्राप्त हैं जो सामान्यत: किसी लोकतांत्रिक व्यवस्था के उच्च सदन को प्राप्त होती हैं। विधान परिषद् की शक्तियां/कार्यों की विवेचना निम्नलिखित शीर्षकों के अंतर्गत की जा सकती है–

विधायी शक्तियां

- धन विधेयक को छोड़कर शेष कोई भी विधेयक किसी भी सदन में प्रस्तुत किए जा सकते हैं। दोनों सदनों से पारित होने पर ही वह कानून बन सकता है। जब दोनों सदनों के मध्य मतभेद उत्पन्न हो जाए तथा विधि निर्माण की प्रक्रिया में ठहराव आने की स्थिति में संसद के दोनों सदनों की भांति राज्य विधान मंडल की संयुक्त बैठक बुलाने का कोई प्रावधान नहीं है।
- संविधान के **अनुच्छेद–197** के अनुसार यदि विधानसभा द्वारा पारित किसी विधेयक को विधान परिषद् अस्वीकृत कर देती है या 3 माह तक उसे स्वीकार नहीं करती है या परिषद् द्वारा विधेयक में प्रस्तावित संशोधन को विधानसभा की स्वीकृति न हो तो विधानसभा उसी विधेयक को पुन: पारित करके परिषद् को प्रेषित कर सकती है। परिषद् विधेयक को पुन: अस्वीकृत कर देती है या प्रेषित किए जाने के एक माह के अंदर पारित नहीं करती है या विधेयक में ऐसा संशोधन प्रस्तावित करती है जो विधानसभा को स्वीकार न हो तो विधेयक विधान परिषद् के बिना पास किए ही दोनों सदनों द्वारा पारित समझा जाएगा। इस प्रकार विधान परिषद् किसी विधेयक को केवल 4 माह तक रोक सकती है। इससे स्पष्ट है कि विधान परिषद् की विधायी शक्ति भी काफी सीमित है।

वित्तीय शक्तियां

- वित्तीय क्षेत्र में विधान परिषद् की स्थिति राज्यसभा की तरह ही है। वित्तीय क्षेत्र में विधान परिषद् को कोई अधिकार प्राप्त नहीं है। विधानसभा द्वारा पारित होने के बाद धन विधेयक विधान परिषद् के पास विचारार्थ प्रस्तुत किया जाता है।
- विधान परिषद् को 14 दिन के अंदर अपनी संस्तुतियों सहित धन विधेयक को विधानसभा के पास वापस भेजना होता है। विधान परिषद् द्वारा की गई संस्तुतियों को मानना या न मानना विधानसभा की इच्छा पर निर्भर करता है। विधान परिषद् द्वारा यदि 14 दिन के अंदर धन विधेयक पर कोई कार्यवाही नहीं की जाती है तो उस अवधि के बाद विधेयक को पारित मान लिया जाएगा। अत: स्पष्ट है कि वित्तीय मामलों में विधान परिषद् के पास नाममात्र की भी शक्ति नहीं है। विधान परिषद् केवल परामर्शदात्री समिति की तरह कार्य करती है।

कार्यपालिकीय शक्तियां

- यद्यपि मंत्रिपरिषद् विधानसभा के प्रति उत्तरदायी होती है, परंतु विधान परिषद् को कार्यपालिका (मंत्रिपरिषद्) को कुछ मात्रा में नियंत्रित करने की शक्ति अवश्य प्राप्त है। विधान परिषद् के सदस्य प्रश्न एवं अनुपूरक प्रश्न पूछकर मंत्रिपरिषद् को परेशान कर सकते हैं तथा सरकार की आलोचना कर सकते हैं, परंतु विधान परिषद् सरकार के विरुद्ध अविश्वास प्रस्ताव नहीं ला सकती है।
- विधान परिषद् के उपर्युक्त शक्तियों/कार्यों से स्पष्ट है कि विधान परिषद् के पास कोई शक्ति नहीं है। राज्यसभा के समतुल्य सैद्धांतिक दृष्टि से भी नहीं कहा जा सकता है। इस संबंध में प्रो. एम. पी. शर्मा का कथन समीचीन ही प्रतीत होता है कि "जिस समानता का ढोंग लोकसभा तथा राज्यसभा के मध्य है वह भी विधानसभा तथा विधान परिषद् में नहीं है। विधानसभा कभी भी प्रस्ताव पारित करके विधान परिषद् को समाप्त करने का अनुरोध संसद से कर सकती है।"

विधान परिषद् का औचित्य

भारतीय संविधान में विधान परिषद् के गठन संबंधी प्रस्ताव समाहित करने पर प्रश्न-चिह्न शुरू से ही लगते आ रहे हैं। आलोचकों का मत है कि जब विधान परिषद् को विधायी, वित्तीय तथा प्रशासकीय किसी भी प्रकार की कोई शक्ति ही नहीं दी गई है तो इसके गठन का औचित्य क्या है? इससे बेहतर होता कि विधान परिषद् का गठन ही न किया जाए और जिन राज्यों में विधान परिषद् का अस्तित्व है उनको समाप्त कर दिया जाना चाहिए। विधान परिषद् की स्थिति काफी निर्बल है तथा इसे राज्यसभा के समकक्ष भी नहीं कहा जा सकता है, क्योंकि राज्यसभा केंद्रीय व्यवस्थापिका का उच्च सदन होने के बाद भी कुछ प्रभावी शक्तियां रखती है। विधान परिषद् को ब्रिटेन की लार्ड सभा से भी दुर्बल माना जाता है। कुछ तथ्य जो नीचे प्रस्तुत हैं विधान परिषद् की सीमाओं एवं दुर्बलताओं को रेखांकित करते हैं–

- विधान परिषद् धन विधेयक को 14 दिन तथा गैर-धन विधेयकों अर्थात् साधारण विधेयकों को 1 माह से अधिक विलंबित नहीं कर सकती है। विधानसभा द्वारा पारित साधारण विधेयक को पारित कराने में 1 माह का विलंब हो सकता है। यदि वह बिल विधानसभा को दूसरी बार पारित करना पड़ता है तो विधान परिषद् की स्वीकृति के बिना भी वह विधेयक पारित मान लिया जाएगा।
- भारतीय संविधान में राज्य व्यवस्थापिका यदि द्विसदनात्मक है तो उसके संयुक्त अधिवेशन का कोई प्रावधान नहीं किया गया है। अत: विधानसभा विधान परिषद् की इच्छाओं की अवहेलना कर सकती है, परंतु इसके विपरीत की स्थिति संभव नहीं है। दूसरे शब्दों में कहा जा सकता है कि विधान परिषद् द्वारा पारित गैर-धन विधेयक को विधानसभा अनिश्चित बार अस्वीकृत कर सकती है।
- विधान परिषद् के सदस्य राष्ट्रपति के निर्वाचन में भाग नहीं लेते हैं और न ही संविधान में किसी भी संवैधानिक संशोधन विधेयक की पुष्टि में उसकी कोई केंद्रीय भूमिका है।

राज्यपाल स्वविवेक से यथोचित समय पर सदन का सत्र बुलाता है वस्तुत: सत्र कब बुलाया जाय यह निर्णय मंत्रिपरिषद् करती है राज्यपाल तो सिर्फ घोषणा करता है राज्यपाल सत्रावसान की घोषणा यथोचित समय पर करता है, परंतु

सत्रावसान के 6 माह के अंदर ही पुन: सत्र बुलाना पड़ता है। राज्यपाल के लिए यह आवश्यक नहीं है कि वह राज्य विधान मंडल के दोनों सदनों का एक साथ ही सत्र बुलाए अथवा उनके सत्रावसान की घोषणा करे। राज्यपाल राज्य विधानसभा को भंग कर सकता है। विधानसभा भंग अथवा सत्रावसान की स्थिति में राज्यपाल कुछ सीमा तक अपने विवेक से कार्य करता है। राज्यपाल का विवेक वाद योग्य प्रश्न नहीं है और इस आधार पर इसे चुनौती नहीं दी जा सकती है कि उसका प्रयोग दुर्भावना से किया गया है।

अनुच्छेद–175 में वर्णित प्रावधानों के अनुसार राज्यपाल विधान मंडल के किसी सदन या दोनों सदनों को चाहे तो एक साथ संबोधित कर सकता है। राज्यपाल दोनों अथवा किसी भी एक सदन में जहां कोई विधेयक विचारार्थ लंबित है उस संबंध में या अन्य संबंध में संदेश भेज सकता है। ऐसी स्थिति में उस सदन का कर्तव्य है कि राज्यपाल द्वारा प्रेषित संदेश पर विचार करे। **अनुच्छेद–176 (1)** के अनुसार प्रत्येक निर्वाचन के बाद विधानसभा के प्रथम सत्र तथा प्रत्येक वर्ष के प्रथम सत्र पर राज्यपाल विधानमंडल को संयुक्त रूप से संबोधित करता है।

विधान सभा

विधान सभा राज्य व्यवस्थापिका का प्रथम, निम्न एवं लोकप्रिय सदन है। केंद्र में जो स्थान लोकसभा को प्राप्त है, वही स्थान राज्यों में विधान सभा को प्राप्त है। विधान सभा जनता की प्रतिनिधि सभा है। विधान सभा विधि निर्माता सदन है तथा राज्य मंत्रिपरिषद् सामूहिक रूप से विधान सभा के प्रति ही उत्तरदायी होती है। जिन राज्यों में विधानमंडल अथवा व्यवस्थापिका एक सदनात्मक है वहां विधान सभा ही सर्वोच्च होती है तथा देखने में यह भी मिलता है कि विधान सभा राज्य प्रशासन में तानाशाह की भूमिका अख्तियार कर लेती है। विधान सभा के सदस्यों का निर्वाचन वयस्क मतदान द्वारा प्रत्यक्ष रूप से होता है, यही कारण है कि विधान सभा को ही वास्तविक शक्ति प्राप्त होती है।

विधान सभा की संरचना

- विधान सभा के सदस्यों की संख्या सभी राज्यों में एकसमान नहीं है। विधान सभा के सदस्यों की संख्या का निर्धारण संबंधित राज्य की जनसंख्या के आधार पर होता है। भारतीय संविधान द्वारा विधान सभा के अधिकतम तथा न्यूनतम सदस्यों की संख्या का निर्धारण किया गया है।
- भारतीय संविधान के अनुच्छेद–170 में निहित प्रावधानों के अनुसार विधान सभा के सदस्यों की अधिकतम संख्या 500 तथा न्यूनतम संख्या 60 होगी परंतु सिक्किम, मिजोरम, अरुणाचल प्रदेश तथा गोवा की विधान सभाएं इसका अपवाद हैं जिनकी सदस्य संख्या 60 से कम है।
- विधान सभा के सदस्यों के निर्वाचन के लिए प्रत्येक राज्य को भौगोलिक आधार पर इस प्रकार विभिन्न निर्वाचन क्षेत्रों में विभाजित किया जाता है कि प्रत्येक विधान सभा निर्वाचन क्षेत्र में कम-से-कम 75000 जनसंख्या का प्रतिनिधित्व करे। परन्तु असम के कुछ जिलों, शिलांग की छावनी, मणिपुर, त्रिपुरा तथा मेघालय में विधान सभा के निर्वाचन क्षेत्र के लिए 75000 आबादी की आवश्यकता नहीं है।
- संविधान के अनुच्छेद–170 के अनुसार प्रत्येक जनगणना के बाद विधान सभा के सदस्यों की संख्या का पुन: निर्धारण किया जाएगा। विधान सभाओं की वर्तमान सदस्य संख्या 1971 की जनगणना पर आधारित है।
- 42वें संविधान संशोधन के अनुसार 2001 तक की जनगणना तक विधानसभाओं की सदस्य संख्या यथावत रहेगी। परन्तु फरवरी, 2000 में घोषित नई राष्ट्रीय जनसंख्या नीति के अंतर्गत यह प्रावधान किया गया कि 25 वर्षों बाद ही लोकसभा तथा विधान सभा की सीटों का पुन: निर्धारण किया जाएगा।
- संविधान के **अनुच्छेद–332** के अनुसार विधान सभाओं में अनुसूचित जाति तथा जनजातियों के लिए संबंधित राज्य में उनकी जनसंख्या के अनुपात में स्थान आरक्षित किए गए हैं।
- 62वें संविधान संशोन 1990 द्वारा आरक्षण की व्यवस्था 2000 तक के लिए बढ़ा दी गई थी। उसके बाद इसे 2020 तक के लिए बढ़ा दिया गया था।
- 104वें संविधान संशोधन अधिनियम के माध्यम से विधान सभाओं में अनुसूचित जाति/जनजाति के लिए आरक्षण को वर्ष 2030 तक के लिए बढ़ा दिया गया।
- **अनुच्छेद–333** के अनुसार राज्यपाल विधान सभा में एंग्लो-इंडियन समुदाय के 1 सदस्य को मनोनीत कर सकता है, यदि वह महसूस करता हो कि इस समुदाय को विधान सभा में उचित प्रतिनिधित्व नहीं प्राप्त हुआ है।

विधान सभा के सदस्यों की निर्वाचन विधि

विधान सभा के सदस्यों का चुनाव प्रत्यक्षत: सार्वजनिक वयस्क मताधिकार के आधार पर होता है। प्रत्येक निर्वाचन क्षेत्र एक सदस्यीय होता है। विधान सभा के चुनाव में मत देने के लिए 18 वर्ष की आयु पूरी कर चुका प्रत्येक भारतीय नागरिक अधिकृत है। परंतु उसका नाम मतदाता सूची में अवश्य होना चाहिए। इसके साथ-साथ पागल, दिवालिया और फौजदारी के किसी अपराध में दोषी होने के कारण मताधिकार से वंचित नहीं होना चाहिए।

कार्यकाल

विधानसभा का कार्यकाल 5 वर्ष निर्धारित किया गया है। परंतु विधान सभा को निर्धारित 5 वर्ष के पूर्व भी राज्यपाल द्वारा भंग किया जा सकता है। अनुच्छेद–172 के अनुसार विधान सभा के निर्वाचन के बाद पहली बैठक के प्रथम दिन से विधान सभा की अवधि 5 वर्ष निर्धारित की जाती है। अनुच्छेद–172(1) के अनुसार आपातकाल में विधान सभा की अवधि को 1 वर्ष बढ़ाया भी जा सकता है। परंतु आपातकाल की घोषणा समाप्त होने के 6 माह के आगे यह कार्यकाल बढ़ा हुआ नहीं रह सकता है। 42वें संविधान संशोधन द्वारा विधान सभा की अवधि बढ़ाकर 6 वर्ष कर दी गई थी परंतु 44वें संशोधन द्वारा इसे पुन: 5 वर्ष कर दिया गया।

सदस्यों की योग्यताएं

अनुच्छेद–173 के अनुसार विधान सभा का सदस्य होने के लिए निम्नलिखित योग्यताओं का होना अनिवार्य है–

- वह भारत का नागरिक हो।
- वह न्यूनतम 25 वर्ष की आयु का हो।
- वह संघ या किसी राज्य के अंतर्गत लाभ का पद न धारण किए हो।
- वह पागल या दिवालिया न घोषित किया गया हो।
- वह संसद द्वारा निर्धारित योग्यताओं को पूरा करता हो। कोई भी व्यक्ति राज्य व्यवस्थापिका के दोनों सदनों का सदस्य एक साथ नहीं हो सकता है।

अनुच्छेद–192 में यह कहा है कि अब प्रश्न उपस्थित होता है कि किसी राज्य के विधानमंडल के किसी सदन का कोई सदस्य उसमें वर्णित किसी निरर्हता (अयोग्यता) से ग्रस्त हो जाता है तो यह प्रश्न राज्यपाल के पास विनिश्चयन के लिए निर्देशित किया जाएगा। राज्यपाल निर्वाचन आयोग की सलाह के अनुसार कार्य करेगा।

विधान सभा के पदाधिकारी- अध्यक्ष और उपाध्यक्ष

प्रत्येक विधान सभा द्वारा एक अध्यक्ष तथा उपाध्यक्ष का चयन किया जाता है। अध्यक्ष का चुनाव विधान सभा के निर्वाचन के तुरंत बाद होने वाली पहली ही बैठक में कर लिया जाता है। उपाध्यक्ष पद के लिए सामान्यत: विपक्षी राजनीतिक दल का सदस्य निर्वाचित किया जाता है। विधानसभाध्यक्ष का पद और अधिकार लोकसभा के अध्यक्ष जैसा होता है। यद्यपि अध्यक्ष का कार्यकाल 5 वर्ष का होता है परंतु नई विधान सभा द्वारा नए अध्यक्ष के निर्वाचन तक वह अपने पद

पर बना रहता है। 5 वर्ष के पूर्व भी अध्यक्ष अपने पद से त्यागपत्र दे सकता है। अध्यक्ष अपना त्यागपत्र उपाध्यक्ष को देता है उपाध्यक्ष का पद रिक्त होने पर अध्यक्ष सदन के पटल पर अपना त्यागपत्र रख देता है और उसे स्वीकार मान लिया जाता है। उपाध्यक्ष अपना त्यागपत्र अध्यक्ष को देता है। विधान सभा के सदस्य 14 दिन की पूर्व सूचना पर बहुमत से अध्यक्ष को हटा भी सकते हैं। जिस समय विधानसभाध्यक्ष के विरुद्ध प्रस्ताव सदन में विचारार्थ होता है, उस समय वह सदन की अध्यक्षता नहीं करता है। परंतु सदन की कार्यवाही में भाग ले सकता है। अध्यक्ष तथा उपाध्यक्ष को राज्य की संचित निधि से वेतन दिया जाता है। **अनुच्छेद–178** में कहा गया है कि अध्यक्ष तथा उपाध्यक्ष का पद रिक्त होने पर किसी अन्य सदस्य को अध्यक्ष एवं उपाध्यक्ष विधान सभा द्वारा चुना जाएगा।

विभिन्न विधानसभा में सीटों की संख्या का विवरण

राज्य	कुल सदस्य	सामान्य	अनुसूचित जातियों के लिए आरक्षित	अनुसूचित जनजातियों के लिए आरक्षित
आंध्र प्रदेश	294	240	39	15
असम	126	102	08	16
बिहार	243	200	43	–
झारखंड	82	–	–	–
गुजरात	182	143	13	26
हरियाणा	90	73	17	–
हिमाचल प्रदेश	69	49	16	3
कर्नाटक	224	189	33	02
केरल	140	126	13	01
मध्य प्रदेश	230	–	–	–
छत्तीसगढ़	90	–	–	–
महाराष्ट्र	288	248	18	22
मणिपुर	60	40	01	19
मेघालय	60	60	–	–
नागालैंड	60	60	–	–
ओडिशा	147	91	22	34
पंजाब	117	88	29	–
राजस्थान	200	143	33	24
तमिलनाडु	234	189	42	03
त्रिपुरा	60	36	07	17
उत्तर प्रदेश	403	–	–	–
उत्तराखंड	–	–	–	–
प. बंगाल	294	218	59	17
सिक्किम	32	18	2	12
मिजोरम	40	–	–	–
अरुणाचल प्रदेश	40	–	–	–
गोवा	40	–	–	–
तेलंगाना	119	88	19	12

नोट: जम्मू-कश्मीर में भी 76 सदस्यीय विधान सभा थी, परंतु 5 अगस्त, 2019 को जम्मू-कश्मीर को दो केन्द्रशासित प्रदेशों- जम्मू-कश्मीर और लद्दाख में विभाजित किए जाने के उपरांत वहां पर विधान सभा समाप्त कर दी गई है।

विधानसभाध्यक्ष के कार्य

विधान सभा के अध्यक्ष को निम्नलिखित कार्य करना पड़ता है–

- विधानसभाध्यक्ष विधान सभा की बैठकों की अध्यक्षता करता है।
- अध्यक्ष का प्रमुख कार्य विधान सभा में शांति और व्यवस्था कायम करना होता है।
- अध्यक्ष विधान सभा में प्रश्नों तथा प्रस्तावों को रखने की अनुमति देता है।
- अध्यक्ष द्वारा समय-समय पर सभा की समस्त कार्यवाहियों के लिए समय का निर्धारण किया जाता है।
- अध्यक्ष सदन के नेता अर्थात् मुख्यमंत्री से विचार-विमर्श करके विभिन्न कार्यवाहियों का क्रम तथा भाषणों के लिए समय निर्धारित करता है।

- अध्यक्ष ही व्यवस्था/प्रक्रियागत विवादास्पद प्रश्नों का समाधान करता है। इस संबंध में अध्यक्ष का निर्णय अंतिम होता है।
- विधानसभाध्यक्ष द्वारा अध्यक्षों की एक सूची तैयार की जाती है तथा प्रवर समिति तथा सभा की अन्य समितियों के लिए सदस्यों को मनोनीत किया जाता है।
- विधान सभा में अव्यवस्था का माहौल उत्पन्न होने पर अध्यक्ष सभा का कार्य स्थगित या निलंबित कर सकता है।
- अध्यक्ष किसी भी सदस्य को सदन के बाहर निकाल सकता है अथवा निलंबित कर सकता है।
- दल-बदल के मामले में भी निर्णय अध्यक्ष द्वारा दिया जाता है।
- अध्यक्ष सभी सदस्यों के अधिकारों तथा विशेषाधिकारों की रक्षा करता है।
- अध्यक्ष ही धन विधेयक के संबंध में निर्णय लेता है।
- अध्यक्ष सदन की कार्यवाही से उन शब्दों को निकालता है जो उसके विवेकानुसार अशिष्ट तथा असंसदीय हों।

उपर्युक्त विवेचना से स्पष्ट है कि विधानसभाध्यक्ष और लोकसभाध्यक्ष को एक जैसे अधिकार प्राप्त हैं। परन्तु विधानसभाध्यक्ष लोकसभाध्यक्ष की तरह सम्मान, आदर तथा गौरव नहीं प्राप्त कर सकता है। विभिन्न विधानसभाध्यक्षों ने अपने अधिकारों का गलत प्रयोग किया है। अनेक विधानसभाध्यक्षों द्वारा सदस्यों को सदन से बाहर निकालने के लिए मार्शल का भी प्रयोग करना पड़ा है। 1967 में आम चुनाव के बाद विधानसभाध्यक्षों की स्थिति काफी विवादास्पद हो गई क्योंकि पश्चिम बंगाल, पंजाब, मद्रास विधानसभाध्यक्षों ने सद्विवेक का प्रयोग नहीं किया।

1967 में प. बंगाल के विधानसभाध्यक्ष विनय कुमार बनर्जी ने विधानसभा की बैठक को यह कहते हुए स्थगित कर दिया था कि उनके अनुसार पी. सी. घोष मंत्रिमंडल का निर्माण गैर-कानूनी है। विधानसभाध्यक्ष का यह कार्य अध्यक्ष के पद और गरिमा के प्रतिकूल था क्योंकि अध्यक्ष का कार्य कार्यवाही को संचालित करना है, इसकी शक्तियों को लेना नहीं। इसी प्रकार 1968 में पंजाब विधान सभा के अध्यक्ष जोगिंदर सिंह मान ने अचानक विधान सभा की बैठक स्थगित करके बजट पारित होने से रोक दिया। फलत: राज्यपाल को अध्यादेश के माध्यम से विधानसभा की बैठक बुलानी पड़ी और पुलिस के संरक्षण में बजट पारित करवाना पड़ा। ऐसी ही स्थिति 1971 में मद्रास विधान सभा में भी हुई जहां तत्कालीन विधानसभाध्यक्ष मुथियालगन ने श्री रामचंद्रन के प्रमुख दल से निष्कासन के बाद सत्तारूढ़ दल का विरोध किया तथा सभा की बैठक यह कह कर स्थागित कर दी कि सत्तारूढ़ दल ने जनता का विश्वास खो दिया है। बाद में राज्यपाल द्वारा अध्यादेश जारी कर सदन की बैठक बुलाई गयी और अध्यक्ष मुथियालगन को अविश्वास प्रस्ताव द्वारा हटाया गया।

इसी प्रकार की घटना जून 1995 में उत्तर प्रदेश विधानसभा में घटी। जून 1995 में बसपा द्वारा मुलायम सिंह से समर्थन वापस लिये जाने तथा उनकी सरकार की बर्खास्तगी के बाद नवनियुक्त मुख्यमंत्री कु. मायावती को बहुमत सिद्ध करने के लिये राज्यपाल के आदेश पर विधानसभा का विशेष सत्र बुलाया गया था उस समय तत्कालीन अध्यक्ष धनीराम वर्मा ने बहुमत सिद्ध करने की कार्यवाही सम्पन्न कराए बिना विधानसभा की बैठक स्थगित कर दी थी जबकि धनीराम वर्मा के विरुद्ध अविश्वास प्रस्ताव का नोटिस दिया जा चुका था। इसके बाद राज्यपाल ने अध्यादेश द्वारा सदन की बैठक बुलाई तथा धनीराम वर्मा को अविश्वास प्रस्ताव द्वारा हटाया गया।

उपरोक्त विवेचना से स्पष्ट है कि समय-समय पर विधानसभाध्यक्षों के निर्णय से अध्यक्ष पद की मर्यादा और गरिमा को ठेस पहुँची है।

शपथ या प्रतिज्ञान

- विधानमंडल के प्रत्येक सदन का प्रत्येक सदस्य सदन में सीट ग्रहण करने से पहले राज्यपाल या उसके द्वारा इस कार्य के लिए नियुक्त व्यक्ति के समक्ष शपथ या प्रतिज्ञान लेगा।
- भारत की प्रभुता व अखंडता को अक्षुण्ण रखेगा।
- प्रदत्त कर्तव्यों का श्रद्धापूर्वक निर्वहन करेगा।

बिना शपथ लिए कोई भी सदस्य सदन में न तो मत दे सकता है और न ही कार्यवाही में भाग ले सकता है। एक व्यक्ति यदि सदन में सदस्य की तरह बैठता है और मतदान करता है तो उस पर प्रतिदिन पांच सौ रुपए जुर्माना लगेगा :

- शपथ या प्रतिज्ञा लेने से पहले या
- जब वह यह जानता हो कि वह अर्हक नहीं है या इसकी सदस्यता के लिए निरर्ह है।

❖ जब वह संसद या विधानमंडल द्वारा निर्मित विधि के तहत सदन में बैठने या मत देने से प्रतिबंधित हो।

विधानमंडल के सदस्यों को समय-समय पर राज्य विधानमंडल द्वारा निर्धारित वेतन एवं भत्ते मिलते रहते हैं।

विधानसभा के अधिकार एवं कार्य

विधानसभा राज्य व्यवस्थापिका का प्रथम सदन है। विधानसभा के प्रतिनिधि सभा होने के कारण सभी शक्तियाँ वास्तविक रूप में इसी के पास होती हैं। मंत्रिपरिषद् विधानसभा के प्रति ही उत्तरदायी होती है। अत: राज्य प्रशासन में विधानसभा को केंद्रीय भूमिका प्राप्त है। विधानसभा के अधिकारों/कार्यों की विवेचना निम्नलिखित शीर्षकों के अंतर्गत की जा सकती है–

विधायी अधिकार

विधि निर्माण के क्षेत्र में विधानसभा को व्यापक अधिकार प्राप्त है। विधानसभा को संसद के तरह ही कानून बनाने का अधिकार है। लोकसभा की तरह विधानसभा में विधि निर्माण प्रक्रिया को तीन वाचनों से होकर गुजरना पड़ता है। विधानसभा के विधायी अधिकार निम्नवत हैं-

- विधानसभा राज्य सूची में वर्णित सभी विषयों पर कानून बनाने का अधिकार रखती है। इसके साथ-साथ विधानसभा समवर्ती सूची पर भी कानून बना सकती है। परंतु इसके लिए आवश्यक शर्त यह है कि वह संसदीय विधि का विरोधी नहीं होना चाहिए।
- समवर्ती सूची में केंद्र तथा राज्य दोनों को कानून बनाने का अधिकार प्राप्त है। यदि संसद तथा राज्यों द्वारा बनाये गए कानूनों में विरोध की स्थिति उत्पन्न होती है तो संसद द्वारा बनाए गए कानूनों को प्राथमिकता दी जाएगी। द्विसदनात्मक व्यवस्था वाले राज्यों में किसी भी सदन में साधारण विधेयक को पहले प्रस्तुत किया जा सकता है। केवल धन विधेयक को विधानसभा में प्रस्तुत किया जाता है।

संविधान संशोधन के संदर्भ में शक्ति

❖ **अनुच्छेद- 368** के अंतर्गत संविधान संशोधन के किसी भी प्रस्ताव को आरंभ करने की शक्ति संसद को है, राज्य विधानसभा को नहीं। परंतु ऐसे संविधान संशोधन जो संघीय ढांचे को प्रभावित करते हैं, उन पर राष्ट्रपति द्वारा अनुमति देने से पहले आधे से अधिक राज्यों की विधानसभाओं की अनुमति आवश्यक है। जैसाकि जीएसटी के बारे में देखने को मिला था।

❖ विधान सभा को कुछ संविधान संशोधनों को अनुमोदित करने का भी अधिकार प्राप्त है। **अनुच्छेद–368 (2)** के अनुसार अनुच्छेद 54, 55, 73, 162, 241, भाग 5 के अध्याय 4, भाग 6 के अध्याय-5 या भाग-11 के अध्याय-1 में सातवीं अनुसूची की किसी सूची में संसद में राज्यों के प्रतिनिधित्व में संशोधन के संदर्भ में कम-से-कम आधे राज्यों की सहमति आवश्यक है।

वित्तीय शक्तियां

राज्य के वित्तीय क्षेत्र में विधान सभा को एकाधिकार प्राप्त है, क्योंकि वित्त विधेयक पहले विधान सभा में प्रस्तुत किए जाते हैं। वित्त विधेयक के संदर्भ में अंतिम निर्णय विधानसभाध्यक्ष का होता है। विधान सभा वित्त विधेयक को पारित करके विधान परिषद् के पास प्रेषित कर देती है। विधान परिषद् को 14 दिन के अंदर अपनी संस्तुतियों सहित विधेयक को विधान सभा को पुनः वापस लौटाना होता है। यदि विधान परिषद् 14 दिन के अंदर वित्त विधेयक को विधान सभा को वापस नहीं भेजती है तो वित्त विधेयक को दोनों सदनों द्वारा पारित मान लिया जाता है। विधान सभा विधान परिषद् की संस्तुतियों को स्वीकार करती है या नहीं उसकी इच्छा पर निर्भर करता है। विधान सभा बजट पास करती है। अर्थात विधान सभा की स्वीकृति के बिना कोई नया कर नहीं लगता है। अतः स्पष्ट है कि विधान सभा को वित्तीय क्षेत्र में एकाधिकार प्राप्त है।

कार्यकारिणी शक्तियां

मंत्रिपरिषद् विधान सभा के प्रति उत्तरदायी होती है। जब तक मंत्रिपरिषद् को विधान सभा का बहुमत प्राप्त होता है तब तक वह अपने पद पर बने रह सकती है। विधान सभा के सदस्य मंत्रिपरिषद् के सदस्यों से प्रश्न पूछ सकते हैं तथा अनेक प्रस्तावों के माध्यम से उनकी नीतियों और कार्यप्रणालियों आदि की आलोचना कर सकते हैं। मंत्रिपरिषद् के विरुद्ध विधान सभा द्वारा अविश्वास प्रस्ताव पारित किया जा सकता है। अविश्वास प्रस्ताव के पारित होने पर मंत्रिपरिषद् को त्यागपत्र देना पड़ता है। इसके साथ-साथ विधान सभा काम रोको प्रस्ताव, निन्दा प्रस्ताव तथा सार्वजनिक विषयों से संबद्ध प्रस्ताव स्वीकार करके मंत्रिपरिषद् को नियंत्रित करती है।

विविध अधिकार

विधायी, वित्तीय तथा कार्यकारणी संबंधी कार्यों के अतिरिक्त विधान सभा को और भी कार्य करना पड़ता है जो निम्नवत है–

- विभिन्न राज्यों की विधान सभा के निर्वाचित सदस्य राष्ट्रपति के निर्वाचन में भाग लेते हैं।
- विधान सभा को कुछ संविधान संशोधन के संदर्भ में भी अपनी स्वीकृति देनी पड़ती है।

राज्य विधान मंडल की शक्तियों की सीमाएं

इसमें कोई संदेह नहीं है कि राज्य विधान मंडल अपने क्षेत्र में महत्वपूर्ण कार्यों का सम्पादन करता है। परंतु राज्य विधान मंडल की शक्तियां असीमित नहीं हैं। बल्कि संविधान के द्वारा राज्य विधान मंडल की शक्तियों पर निर्बंधन/परिसीमाएं भी आरोपित की गई हैं जो निम्नवत हैं–

- ❖ राज्य सूची के कुछ विषयों यथा–अंतर्राज्यीय संबंध को प्रभावित करने संबंधी विषय पर राज्य विधानमंडल तब तक कानून नहीं बना सकता है जब तक कि राष्ट्रपति की पूर्व स्वीकृति नहीं प्राप्त हो जाती है।
- ❖ कुछ विधेयक राज्य विधानमंडल द्वारा पारित होने के बाद भी तब तक कानून नहीं बना सकते हैं जब तक कि राष्ट्रपति उसके संदर्भ में स्वीकृति न दें। यथा–राज्यों द्वारा निजी संपत्ति को अधिकृत करने वाले विधेयक का संसदीय विधि के विरोध में पारित होना।

विधान सभा तथा विधान परिषद् में पारस्परिक संबंध

विधान सभा और विधान परिषद् राज्य व्यवस्थापिका के क्रमशः निम्न तथा उच्च सदन हैं। उक्त दोनों सदनों के पारस्परिक संबंधों की तुलना, समानताएं तथा असमानताएं शीर्षक के अंतर्गत नीचे प्रस्तुत हैं।

समानताएं (Similarities)– विधान सभा तथा विधान परिषद् में निम्नलिखित समानताएं हैं–	असमानताएं (Differences)–विधान सभा तथा विधान परिषद् में निम्नलिखित असमानताएं हैं–
● साधारण विधेयक किसी भी सदन में प्रस्तुत किया जा सकता है। ● दोनों सदनों के अपने-अपने पदाधिकारी होते हैं जिनको क्रमशः अध्यक्ष और उपाध्यक्ष और सभापति एवं उपसभापति की संज्ञा दी जाती है। ● राज्यपाल दोनों सदनों की संयुक्त बैठक को संबोधित करता है। ● राज्यपाल दोनों सदनों में सदस्यों को मनोनीत करता है। ● मुख्यमंत्री की नियुक्ति किसी भी सदन से हो सकती है।	● विधान सभा के सदस्यों का निर्वाचन प्रत्यक्षः सार्वजनिक वयस्क मताधिकार के आधार पर किया जाता है। जबकि विधान परिषद् के सदस्यों का निर्वाचन एकल संक्रमणीय अनुपातिक पद्धति के आधार पर किया जाता है। ● विधान सभा प्रतिनिधि सभा है जबकि विधान परिषद् प्रतिनिधि सभा नहीं है। ● विधान सभा एक अस्थायी सदन है जिसका कार्यकाल 5 वर्ष होता है। इसको 5 वर्ष के पूर्व भी भंग किया जा सकता है। जबकि विधान परिषद् एक स्थायी सदन है। इसका कार्यकाल 6 वर्ष का होता है। इसके एक तिहाई सदस्य प्रत्येक दूसरे वर्ष सेवानिवृत्त होते हैं। ● राष्ट्रपति शासन के दौरान विधान सभा सामान्यतः भंग कर दी जाती है जबकि विधान परिषद् का अस्तित्व बना रहता है। ● धन विधेयक को केवल विधान सभा में ही प्रस्तुत किया जाता है, विधान परिषद् में नहीं। ● मंत्रिपरिषद् केवल विधान सभा के प्रति उत्तरदायी होती है, विधान परिषद् के प्रति नहीं। ● विधान सभा के सदस्यों को राष्ट्रपति के निर्वाचन में भाग लेने का अधिकार है परंतु विधान परिषद् के सदस्यों को नहीं। ● राज्यपाल विशेष परिस्थितियों में विधान सभा में कुछ सदस्यों का मनोनयन करता है। जबकि विधान परिषद् में राज्यपाल साहित्य, समाजसेवा तथा अन्य आधारों पर कुछ सदस्यों को निश्चित रूप से मनोनीत करता है।

- ❖ आपातकाल की स्थिति में राज्य विधानमंडल के अधिकार सीमित हो जाते हैं तथा केंद्रीय संसद राज्य सूची में वर्णित विषयों पर कानून बना सकती है।
- ❖ यदि राज्य सभा अपने उपस्थित और मतदान करने वाले दो तिहाई सदस्यों के बहुमत से राज्य सूची में वर्णित किसी विषय को राष्ट्रीय महत्व का घोषित कर देती है तो भारतीय संसद उन विषयों पर कानून बना सकती है। इस प्रकार राज्य विधानमंडल को उक्त विषय पर कानून बनाने की शक्ति से वंचित हो जाना पड़ता है।
- ❖ राज्य में संवैधानिक तत्व के विफल होने पर राष्ट्रपति घोषणा द्वारा राज्य विधानमंडल की शक्तियों को सीमित कर देता है।
- ❖ समवर्ती सूची पर राज्य विधानमंडल के कानून के विरोध में संसद द्वारा यदि कोई कानून बनाया गया है और यदि उसे राष्ट्रपति ने अनुमोदित कर दिया हो तो राज्य विधानमंडल द्वारा निर्मित कानून प्रभावी नहीं रहेगा।
- ❖ असम के विधानमंडल को सीमावर्ती क्षेत्रों के संबंध में विधि निर्माण का कोई अधिकार प्राप्त नहीं है। वहां राज्यपाल स्वविवेक से कार्य करता है।

❖ राज्य विधानमंडल को उच्च न्यायालय के न्यायाधीशों के कर्तव्य पालन के दौरान किए गए कार्यों पर विचार करने का कोई अधिकार प्राप्त नहीं है।

राज्य विधानमंडल का सत्र, सत्रावसान तथा विघटन

अनुच्छेद–174 के अनुसार राज्यपाल व्यवस्थापिका के दोनों सदनों को समय तथा स्थान पर जैसा वह उचित समझता है अधिवेशन के लिए आमंत्रित करता है। ध्यातव्य है कि गत सत्र की अंतिम तिथि तथा आगामी सत्र की प्रथम तिथि के मध्य 6 माह से अधिक का अंतर नहीं होना चाहिए। इसका आशय यह हुआ कि विधानमंडल के वर्ष में कम-से-कम 2 सत्र अवश्य होने चाहिए तथा उनके मध्य छह माह से अधिक का अंतर नहीं होना चाहिए।

राज्यपाल स्वविवेक से यथोचित समय पर सदन का सत्र बुलाता है। वस्तुत: सत्र कब बुलाया जाए यह निर्णय मंत्रिपरिषद् करती है राज्यपाल तो सिर्फ घोषणा करता है। सत्रावसान की घोषणा यथोचित समय पर राज्यपाल करता है। परंतु सत्रावसान के 6 माह के अंदर ही पुन: सत्र बुलाना पड़ता है। राज्यपाल राज्य विधान सभा को भंग कर सकता है। विधान सभा भंग करने अथवा सत्रावसान के संबंध में राज्यपाल कुछ सीमा तक अपने विवेक से कार्य करता है। राज्यपाल का विवेक वादयोग्य प्रश्न नहीं है और इस आधार पर चुनौती नहीं दी जा सकती है कि उसका प्रयोग दुर्भावना से किया गया है।

अनुच्छेद–175 में वर्णित प्रावधानों के अनुसार राज्यपाल विधानमंडल के किसी सदन या दोनों सदनों को चाहे तो एक साथ संबोधित कर सकता है राज्यपाल दोनों अथवा किसी भी एक सदन में जहां कोई विधेयक विचारार्थ लंबित है उस संबंध में या अन्य संबंध में संदेश भेज सकता है। ऐसी स्थिति में उस सदन का कर्तव्य है कि राज्यपाल द्वारा प्रेषित संदेश पर विचार करे। **अनुच्छेद–176 (1)** के अनुसार प्रत्येक निर्वाचन के बाद विधान सभा के प्रथम सत्र तथा प्रत्येक वर्ष के प्रथम सत्र पर राज्यपाल विधानमंडल को संयुक्त रूप से संबोधित करता है।

राज्य में विधायी प्रक्रिया

राज्य में भी विधि निर्माण की वही प्रक्रिया अपनाई जाती है जो संसद के अंतर्गत विधि निर्माण के लिए अपनाई जाती है, परंतु संक्षेप में राज्यों में विधायी प्रक्रिया का वर्णन यहां किया जा रहा है–

विधेयक

किसी भी विधि या कानून निर्माण के लिए एक प्रारूप का सृजन किया जाता है तथा उसे एक प्रस्तावना या मसविदे के रूप में रखा जाता है जिसको साधारणत: विधेयक कहा जाता है। विधेयक दो प्रकार के होते हैं जो इस प्रकार हैं –(i) साधारण विधेयक (ii) धन विधेयक। ध्यातव्य है कि साधारण विधेयक तथा धन विधेयक के लिए अलग-अलग प्रक्रिया अपनाई जाती है।

साधारण विधेयक की प्रक्रिया

साधारण विधेयक उन विधेयकों को कहा जाता है जिनका संबंध गैर-वित्तीय विषयों से होता है। साधारण विधेयक को भी सरकारी विधेयक तथा गैर-सरकारी विधेयक में विभाजित किया जाता है। मंत्रियों द्वारा प्रस्तुत किए जाने वाले विधेयकों को सरकारी अथवा सार्वजनिक विधेयक कहा जाता है, जबकि गैर-सरकारी विधेयक निजी रूप से सदस्यों द्वारा प्रस्तुत किया जाता है। साधारण विधेयक को कानून के रूप में अस्तित्व में आने के लिए कई चरणों से गुजरना पड़ता है।

विधेयक का प्रस्तुतिकरण

सरकारी विधेयक के प्रारूप को सर्वप्रथम सरकारी गजट में प्रकाशित कराया जाता है। सरकारी गजट में प्रकाशित विधेयक के प्रारूप को सदन में पेश किया हुआ मान लिया जाता है। इस संबंध में मंत्रियों को सदन में उपस्थित और मतदान करने वाले सदस्यों के बहुमत को प्रस्तुत करने के लिए आज्ञा लेने की आवश्यकता नहीं पड़ती है, परंतु गैर-सरकारी विधेयक को प्रस्तुत करने वाले को एक माह पूर्ण सदन को सूचना देनी पड़ती है कि सदन में अमुक आशय का विधेयक प्रस्तुत करना चाहता है। यदि निजी विधेयक को प्रस्तुत करने की आज्ञा मिल जाती है तो अध्यक्ष द्वारा निश्चित की गई तिथि को सदन में प्रस्तावक खड़ा होकर विधेयक को पेश करता है। यदि उपस्थित तथा मतदान करने वाले सदस्यों के बहुमत द्वारा उस प्रस्ताव को समर्थन मिल जाता है तो वह विधेयक सदन में प्रस्तुत किया मान लिया जाता है।

प्रथम वाचन: जब विधेयक को सदन में प्रस्तुत कर दिया जाता है तब सदनाध्यक्ष द्वारा विधेयक के प्रथम वाचन की तिथि निश्चित की जाती है। निर्धारित तिथि के दिन विधेयक का प्रस्तावक सदन की अनुमति से विधेयक के शीर्षक से सदन को अवगत कराता है तथा इसी समय विधेयक के उद्देश्य तथा प्रमुख बातों पर एक संक्षिप्त भाषण देता है। यह प्रक्रिया प्रथम वाचन कही जाती है। प्रथम वाचन के समय सदन में विधेयक के केवल सामान्य सिद्धांतों पर बहस की जाती है। प्रथम वाचन के बाद सरकारी विधेयक को गजट में प्रकाशित होने के लिए प्रेषित कर दिया जाता है सामान्यत: प्रथम वाचन में किसी भी विधेयक को अस्वीकृत नहीं किया जाता है, परंतु विधेयक की असंवैधानिकता के आधार पर अस्वीकृति की मांग हो सकती है।

द्वितीय वाचन: प्रथम वाचन के बाद द्वितीय वाचन शुरू होता है। इस चरण में विधेयक का प्रस्तावक सदन में निम्न में से कोई एक प्रस्ताव सदन में रखता है–(i) सदन विधेयक पर शीघ्र विचार करे (ii) विधेयक को प्रवर समिति के पास प्रेषित कर दिया जाए तथा (iii) विधेयक जनमत संग्रह के लिए प्रसारित किया जाए। द्वितीय वाचन के दिन यदि निर्णय किया जाता है कि संबद्ध विधेयक पर तत्काल विचार किया जाए तो उस विधेयक के प्रत्येक पहलू पर विचार-विमर्श किया जाता है। यदि निर्णय तुरंत नहीं लिया जाता है तो प्रवर समिति का प्रतिवेदन और निर्णय प्राप्त हो जाने के बाद ही विधेयक पर सदन में व्यापक विचार-विमर्श किया जाता है। इस चरण में विधेयक में संशोधन भी किया जा सकता है और प्रत्येक संशोधन के सुझाव पर भी बहस की आवश्यकता होती है। यह वह चरण है जहां निजी सदस्यों द्वारा प्रस्तावित विधेयक सदन द्वारा अस्वीकृत कर दिया जा सकता है, क्योंकि निजी सदस्यों का सदन में बहुमत नहीं होता है। कोई भी सरकारी या मंत्रियों द्वारा प्रस्तावित विधेयक यहां अस्वीकृत नहीं होता है, क्योंकि मंत्रियों के दल को सदन में बहुमत प्राप्त होता है।

तृतीय वाचन: द्वितीय वाचन के बाद तृतीय वाचन की प्रक्रिया शुरू होती है। तृतीय वाचन किसी विधेयक की विधान प्रक्रिया से संबद्ध अंतिम अवस्था होती है। तृतीय वाचन में कोई संशोधन नहीं प्रस्तुत किया जा सकता है। इस चरण में केवल भाषागत अशुद्धियों को दूर किया जाता है। यदि विधेयक मतदान में बहुमत से स्वीकृत हो जाता है तो वह सदन द्वारा पारित मान लिया जाता है।

द्वितीय सदन में विधेयक को प्रेषित करना

विधेयक के एक सदन द्वारा पारित किए जाने पर उस सदन के अध्यक्ष द्वारा उसे दूसरे सदन में भेज दिया जाता है। दूसरे सदन में विधेयक को ऊपर लिखी हुई अवस्थाओं से गुजरना पड़ता है। दूसरे सदन में भी वही प्रक्रिया अपनाई जाती है जो प्रथम सदन में अपनाई जाती है। जब दूसरा सदन विधेयक को पारित कर देता है तो उसे राज्यपाल की स्वीकृति के लिए प्रेषित कर दिया जाता है। जिन राज्यों में केवल एक सदनात्मक व्यवस्था है वहां केवल एक ही सदन से पारित होने के बाद विधेयक सीधे राज्यपाल के पास प्रेषित कर दिया जाता है।

संसद तथा विधानमंडल की विधायी शक्तियों का तुलनात्मक अध्ययन

संसद	राज्य विधान मंडल
• संसद के दोनों सदनों-राज्यसभा तथा लोकसभा में से किसी सदन में विधेयक प्रारंभ किया जा सकता है। • जब किसी ऐसे विधेयक को दोनों सदन उस विधेयक के मूल रूप में या संशोधनों सहित पारित कर देते हैं तब वह संसद द्वारा पारित समझा जाता है। • इस संबंध में विधेयक चाहे लोकसभा में प्रारंभ हुआ हो अथवा राज्यसभा में, दूसरे सदन को उस पारित विधेयक पर समान अधिकार प्राप्त है। • एक सदन में पारित होने के बाद दूसरे सदन से छह मास के भीतर विधेयक पारित/या स्वीकार होकर आ जाना चाहिए।	• राज्य विधान मंडल के दोनों सदन-विधानसभा तथा विधान परिषद् में से किसी भी सदन में विधेयक प्रारंभ किया जा सकता है। • यदि विधेयक विधान परिषद् में प्रारंभ होता है तो विधानसभा उस विधेयक को अस्वीकार कर दे या ऐसे संशोधन करे जो कि विधानसभा को स्वीकार नहीं है तो वह विधेयक वहीं समाप्त हो जाता है। • इस संबंध में विधानसभा विधान परिषद् को समान अधिकार प्राप्त नहीं है, क्योंकि विधान परिषद् कुल चार माह की देरी कर सकता है। • विधानसभा में पारित विधेयक विधान परिषद् में भेजा जाता है जहां से उसे तीन मास के अंदर वापस आ जाना चाहिए।
• एक सदन द्वारा पारित होने के पश्चात् विधेयक यदि दूसरे सदन द्वारा- (i) अस्वीकार कर दिया जाता है या (ii) ऐसे संशोधनों सहित प्रस्ताव करता है जिनसे दूसरा सदन सहमत न हो या (iii) प्राप्ति के छह माह के भीतर पारित करके न भेजा जाए, तो दोनों सदनों में असहमति मानी जाती है। • असहमति होने पर राष्ट्रपति तथा संसद के दोनों सदनों के संयुक्त अधिवेशन का निर्णय अंतिम होता है।	• यदि विधानसभा द्वारा पारित विधेयक विधान परिषद् को भेजा जाता है, तो विधान परिषद्- (i) विधेयक को अस्वीकार कर सकती है या (ii) विधेयक को ऐसे संशोधनों सहित पारित कर सकती है जिनसे विधान मंडल सहमत नहीं है अथवा (iii) यदि उसे तीन मास में वापस नहीं करती है, तो दोनों सदनों में असहमति मानी जाती है। • असहमति होने पर दोनों सदनों का संयुक्त अधिवेशन बुलाने का कोई प्रावधान नहीं है तथा विधानसभा का निर्णय अंतिम होता है।

दोनों सदनों में मतभेद की स्थिति

एक महत्वपूर्ण प्रश्न जनित होता है कि एक सदन द्वारा किसी विधेयक को पारित कर दिया जाता है और दूसरा सदन उसे अस्वीकृत कर देता है या कुछ ऐसे संशोधन प्रस्ताव रखता है जो पहले सदन को स्वीकार्य न हों तो ऐसी परिस्थिति में क्या होगा। राज्यों में सदनों के संयुक्त अधिवेशन बुलाने का कोई संवैधानिक प्रावधान नहीं है।

यदि विधानसभा द्वारा पारित विधेयक को विधान परिषद् द्वारा अस्वीकृत कर दिया जाता है या विधान परिषद् कुछ ऐसे संशोधन पेश करती है जो पहले सदन को स्वीकार्य न हों अथवा विधान परिषद् तीन माह तक उसे रोके रखे तो विधानसभा दूसरी बार विधेयक पर विचार-विमर्श करने के बाद पुनः विधान परिषद् के पास प्रेषित कर देती है। यदि विधान परिषद् यहाँ पुनः संशोधन करती है या एक माह के लिए रोक लेती है तो संबद्ध विधेयक अपने-आप दोनों सदनों द्वारा पारित मान लिया जाता है। इसके बाद उसे राज्यपाल के पास स्वीकृति के लिए भेज दिया जाता है।

राज्यपाल की स्वीकृति

विधेयक के राज्य व्यवस्थापिका के दोनों सदनों द्वारा पारित कर दिए जाने के बाद उसे राज्यपाल के पास स्वीकृति के लिए भेज दिया जाता है। राज्यपाल के पास तीन विकल्प मौजूद होते हैं–राज्यपाल या तो विधेयक पर अपनी स्वीकृति दे सकता है या स्वीकृति देने से इंकार कर सकता है अथवा राष्ट्रपति के पास विचारार्थ प्रेषित कर सकता है। यदि राज्यपाल अपने सुझाव सहित विधेयक को विधानमंडल को वापस भेज देता है और विधान मंडल संशोधित या असंशोधित किसी रूप में विधेयक को पुनः पारित करके राज्यपाल के पास प्रेषित कर देती है तो राज्यपाल को अपनी स्वीकृति देनी ही पड़ती है। राज्यपाल की स्वीकृति मिलने के बाद विधेयक अधिनियम का रूप ले लेता है। राष्ट्रपति राज्यपाल द्वारा प्रेषित विधेयक को स्वीकृत अथवा अस्वीकृत कर सकता है। अस्वीकृत विधेयक पर राष्ट्रपति विधान मंडल को पुनः विचार के लिए कह सकता है। राज्य विधानमंडल को राष्ट्रपति के निर्देशानुसार 6 माह के अंदर उस पर विचार करना होता है। विधान मंडल द्वारा पारित विधेयक पुनः जब राष्ट्रपति के पास प्रेषित किया जाता है तो राष्ट्रपति स्वीकृति अथवा अस्वीकृति देने के लिए स्वतंत्र है। राष्ट्रपति यदि स्वीकृति प्रदान कर देता है तो विधेयक अधिनियम का रूप ले सकता है और यदि राष्ट्रपति विधेयक को अस्वीकृत कर देता है तो विधेयक समाप्त हो जाता है।

धन विधेयक

सामान्यतः आर्थिक और वित्तीय मामलों से संबंधित विधेयक को धन विधेयक कहा जाता है। भारतीय संविधान के अनुच्छेद–199 के अंतर्गत राज्यों के निम्नलिखित विषयों को धन विधेयक की परिधि में सम्मिलित किया गया है–

- किसी प्रकार का कर लगाना, कर की दर को कम करना या बंद करना या उसको समाप्त कर देना।
- राज्य की संचित निधि या आकस्मिक निधि का संरक्षण, उससे धन निकालना।
- किसी भी सरकारी व्यय को राज्य की संचित निधि पर भारित घोषित करना या उसे बढ़ाना।
- रुपए उधार लेना या राज्य सरकार द्वारा गारंटी देने का नियमन तथा राज्य सरकार द्वारा वित्त संबंधी दायित्व लेने के कानून में संशोधन।
- राज्य की संचित निधि के खाते या सार्वजनिक खाते के लिए रुपए स्वीकार करना।
- अन्य बातें जो उपरोक्त वर्णित तथ्यों से संबंधित हों।

कोई भी विधेयक धन विधेयक है या नहीं इसका निर्णय विधानसभाध्यक्ष द्वारा किया जाता है। विधानसभाध्यक्ष का निर्णय अंतिम होता है। ध्यातव्य है कि यदि किसी विधेयक द्वारा अर्थदंड या जुर्माना लगाया जाता है तथा किसी सेवा या लाइसेंस के लिए शुल्क का प्रावधान किया जाता है तो वह धन विधेयक नहीं कहलाएगा।

धन विधेयक की प्रक्रिया

धन विधेयक को भी पारित कराने की वही प्रक्रिया है जो साधारण विधेयक की होती है। दोनों विधेयकों में मौलिक अंतर यह है कि धन विधेयक राज्यपाल की पूर्व स्वीकृति से केवल विधानसभा में ही प्रस्तुत किया जाता है, जबकि साधारण विधेयक को प्रस्तुत करने के लिए राज्यपाल की पूर्वानुमति की कोई आवश्यकता नहीं होती है तथा साधारण विधेयक किसी भी सदन में प्रस्तुत किया जा सकता है। इसके अतिरिक्त धन विधेयक सरकारी विधेयक होता है। इसे निजी सदस्यों द्वारा प्रस्तुत नहीं किया जा सकता है। विधानसभा में धन विधेयक को निम्नवत् पाँच चरणों से होकर गुजरना पड़ता है–

- प्रस्तुतीकरण
- सामान्य विचार-विमर्श
- मांगों पर मतदान
- विनियोग विधेयक
- वित्त विधेयक

विधानसभा द्वारा पारित होने के बाद धन विधेयक राज्य विधान सभाध्यक्ष द्वारा विधान परिषद् को भेज दिया जाता है। विधान परिषद् प्राप्त होने के 14 दिनों के अंदर ही धन विधेयक को अपनी संस्तुतियों सहित विधानसभा को वापस करती है। यदि विधान परिषद् 14 दिन के अंदर उक्त विधेयक को विधानसभा को वापस नहीं भेजती है तो विधेयक को दोनों सदनों द्वारा पारित मान लिया जाएगा। विधानसभा विधान परिषद् द्वारा की गई संस्तुतियों को मानने के लिए बाध्य नहीं है। इस प्रकार विधान मंडल द्वारा पारित होने के बाद विधेयक को राज्यपाल की स्वीकृति के लिए भेज दिया जाता है। राज्यपाल धन विधेयक को लौटा नहीं सकता है। वह स्वीकृति देने के लिए बाध्य है। राज्यपाल की स्वीकृति मिलने के बाद धन विधेयक अधिनियम का रूप ले लेता है।

अत: निष्कर्ष के रूप में कहा जा सकता है कि विधानसभा को राज्य विधान मंडल में सर्वोच्च अधिकार प्राप्त है। धन विधेयक के संदर्भ में विधानसभा का एकाधिकार है। अनुदान मांगों पर मतदान केवल विधानसभा में ही होता है। साधारण विधेयक के मामले में भी विधानसभा की केंद्रीय भूमिका होती है। राज्य प्रशासन के सभी क्षेत्रों में विधानसभा का दखल होता है, विधान परिषद् तो केवल एक दिखावा है। अत: यह कहा जा सकता है कि वास्तविक शक्ति विधानसभा को प्राप्त है। विधान परिषद् केवल विधानसभा की परामर्शदात्री संस्था के रूप में कार्य करती है।

स्मरणीय तथ्य

- भारत के सभी 28 प्रांतों और केंद्र शासित प्रदेश दिल्ली और पुदुचेरी में विधानसभा अस्तित्व में है।
- विधानसभा के सदस्यों की संख्या उस प्रांत/राज्य की जनसंख्या के आधार पर निर्धारित की जाती है। उत्तर प्रदेश में विधानसभा सदस्यों की सबसे अधिक संख्या 403 है इसके बाद पश्चिम बंगाल की 295 है।
- अनुच्छेद– 170 के अनुसार विधानसभा में अधिकतम 500 और न्यूनतम 60 सदस्य हो सकते हैं, किंतु कुछ राज्यों में इसकी न्यूनतम संख्या 60 से कम है। उदाहरण के लिए, सिक्किम में 32, गोवा में 40, मिजोरम में 40 आदि।
- विधानसभा के सदस्यों का निर्वाचन वयस्क मताधिकार के द्वारा उस राज्य की जनता द्वारा प्रत्यक्ष ढंग से होता है।
- यदि किसी राज्य की विधानसभा में एंग्लो-इंडियन समुदाय का प्रतिनिधि नहीं है तो संबद्ध राज्य का राज्यपाल इस समुदाय के एक सदस्य को विधानसभा में मनोनीत कर सकता है।
- विधानसभा का चुनाव लड़ने के लिए आवश्यक है कि वह व्यक्ति भारत का नागरिक हो तथा उसकी आयु 25 वर्ष से कम न हो।
- मंत्रिपरिषद् को जब तक विधानसभा में बहुमत का समर्थन प्राप्त होता है तब तक सरकार कायम रहती है, किंतु कार्यकाल 5 वर्ष ही निश्चित है।
- आपातकाल के दौरान विधानसभा की अवधि एक वर्ष तक बढ़ाई जा सकती है। आपातकाल समाप्त होते ही 6 महीने के बाद इसकी अवधि को नहीं बढ़ाया जा सकता है।
- विधानसभा की बैठक के लिए गणपूर्ति होना आवश्यक है गणपूर्ति 1/10 होना आवश्यक है। वर्ष में कम-से-कम दो बार अधिवेशन होना अनिवार्य है। दो अधिवेशनों के बीच का अंतराल 6 महीने से अधिक नहीं होगा।
- प्रत्येक नवनिर्वाचित सदस्य राज्यपाल या उसके द्वारा नियुक्त किसी प्राधिकारी के सम्मुख संविधान के प्रति श्रद्धा, निष्ठा तथा अपने पद की गरिमा की शपथ लेता है।
- विधान सभा अपनी प्रथम बैठक में एक अध्यक्ष तथा उपाध्यक्ष को चुनती है। स्पीकर की अनुपस्थिति में डिप्टी स्पीकर सदन की अध्यक्षता करता है। डिप्टी स्पीकर, स्पीकर को संबोधित करके त्यागपत्र देगा।
- विधानसभा के सदस्य अपने बहुमत के द्वारा स्पीकर तथा डिप्टी स्पीकर को हटा सकते हैं।
- राज्य विधानसभा राज्य सूची में दिए गए सभी विषयों पर कानून बना सकती है। वित्त विधेयक केवल विधानसभा में ही पेश किया जाता है।
- कौन-सा विधेयक वित्त विधेयक होगा इसका निर्णय विधानसभा का अध्यक्ष (स्पीकर) लेता है। विधानसभा बजट पास करती है। इसकी स्वीकृति के बिना कोई भी नया कर नहीं लगाया जा सकता है।
- मंत्रिपरिषद् अपने कार्यों के लिए केवल विधानसभा के प्रति उत्तरदायी होती है। मंत्रिपरिषद् के विरुद्ध विधान सभा अविश्वास प्रस्ताव पारित कर सकती है। अविश्वास प्रस्ताव पारित होने के बाद मंत्रिपरिषद् को त्यागपत्र देना पड़ता है।
- विधानसभा के सदस्य मंत्रिपरिषद् के सदस्यों से प्रश्न तथा पूरक प्रश्न पूछकर, स्थगन प्रस्ताव या काम रोको प्रस्ताव, निंदा प्रस्ताव तथा सार्वजनिक विषयों से संबद्ध प्रस्ताव लाकर मंत्रिपरिषद् को नियंत्रित करते हैं।
- संविधान के कुछ अनुच्छेदों में संशोधन तभी हो सकता है तब संसद तथा कम-से-कम आधे राज्यों के विधान मंडल संशोधन विधेयक पर अपनी अनुमति दे दें। उदाहरण के लिए, केंद्र और राज्यों के बीच शक्तियों का वितरण।
- राज्य विधानसभा के निर्वाचित सदस्य राष्ट्रपति के निर्वाचन में भाग लेते हैं।
- यदि राज्य में संवैधानिक तंत्र विफल हो जाए तो राष्ट्रपति उस राज्य में राष्ट्रपति शासन लागू कर सकता है।
- राज्य सरकारें विदेशी राज्यों से धन उधार नहीं ले सकती हैं, इसके लिए पहले केंद्र सरकार की स्वीकृति आवश्यक है।
- संविधान के अनुच्छेद– 178 के अनुसार प्रत्येक राज्य की नवगठित विधानसभा अपने सदस्यों में से एक स्पीकर तथा एक डिप्टी स्पीकर (उपाध्यक्ष) को चुनेगी। स्पीकर अपने कार्यकाल के दौरान डिप्टी स्पीकर को संबोधित करके त्यागपत्र दे सकता है।

- स्पीकर तथा डिप्टी स्पीकर को राज्य की संचित निधि से वेतन दिया जाता है।
- विधान सभा भंग होने के साथ स्पीकर अपने पद पर बना रहता है। नई विधानसभा के गठन की प्रथम बैठक तक।
- स्पीकर विधानसभा के सदस्यों के अधिकारों तथा विशेषाधिकारों की रक्षा करता है।
- गैर-सरकारी विधेयक के लिए यह आवश्यक होता है कि एक माह पूर्व सदन को इसकी सूचना दे कि वह सदन में अमुक आशय का विधेयक प्रस्तुत करना चाहता है।
- स्पीकर द्वारा निर्धारित तिथि को सदस्य अपने स्थान पर खड़ा होकर सदन में विधेयक प्रस्तुत करता है यदि उपस्थित मतदान करने वाले सदस्यों के बहुमत द्वारा इस प्रस्ताव को समर्थन मिल जाता है तो वह विधेयक सदन में पेश किया हुआ मान लिया जाता है।
- विधेयक पेश हो जाने के बाद अध्यक्ष विधेयक के प्रथम वाचन की तिथि निश्चित करता है।
- द्वितीय वाचन के दौरान प्रस्तावक तीन प्रस्तावों में से एक प्रस्ताव को रखता है ये प्रस्ताव हैं- सदन विधेयक पर शीघ्र विचार करे, या विधेयक जनमत संग्रह के लिए प्रस्तावित किया जाए।
- विधेयक के तृतीय वाचन में कोई नया संशोधन पेश नहीं किया जाता है बल्कि भाषा संबंधी अशुद्धियों को दूर किया जाता है।
- एक सदन में विधेयक पारित हो जाने के बाद उसे दूसरे सदन में भेज दिया जाता है, दूसरे सदन में भी विधेयक का प्रथम, द्वितीय तथा तृतीय वाचन होता है।
- विधेयक दूसरे सदन द्वारा भी जब पास हो जाता है तब उसे राज्यपाल की अनुमति के लिए भेज दिया जाता है।
- जिन राज्यों में केवल एक सदन है वहां विधेयक सदन द्वारा पारित हो जाने के बाद उसे सीधे राज्यपाल की अनुमति के लिए भेज दिया जाता है। राज्यपाल को अधिकार है कि वह विधेयक को- (1) स्वीकृति प्रदान कर सकता है। (2) अस्वीकार कर सकता है या (3) राज्यपाल के पास विचार के लिए भेज सकता है।
- यदि राज्यपाल विधेयक को अपने सुझाव के साथ विधानमंडल के पास लौटा देता है और दुबारा विधानमंडल संशोधित या असंशोधित कर पास कर देता है तो राज्यपाल को अपनी स्वीकृति देनी ही पड़ती है।
- जब राज्यपाल विधेयक को स्वीकृति के लिए राष्ट्रपति के पास भेजता है तो राष्ट्रपति उसे स्वीकृत या अस्वीकृत कर सकता है।
- अस्वीकृत विधेयक पर राष्ट्रपति दुबारा विधानमंडल को विचार करने के लिए कह सकता है। राज्य विधानमंडल को 6 महीने के अंदर उस पर विचार करना होता है। यदि विधानमंडल फिर से उसे प्राप्त कर राष्ट्रपति के पास भेज देता है तब राष्ट्रपति अपनी स्वीकृति या अस्वीकृति दे सकता है। यदि राष्ट्रपति विधेयक को अस्वीकार कर देता है, तो वह विधेयक समाप्त हो जाता है।

❑❑❑

भाग–V

न्यायपालिका

अध्याय **1**

संघीय न्यायपालिका, सर्वोच्च न्यायालय

संघात्मक शासन प्रणाली में केंद्र और राज्यों के मध्य शक्तियों का विभाजन संघात्मक संविधान का मूल तत्व है। विभाजन प्रायः लिखित संविधान द्वारा होता है, परंतु शक्तियों का विभाजन चाहे कितने ही विस्तृत रूप से क्यों न किया गया हो, लेकिन केंद्र और राज्य सरकारों के मध्य उन शक्तियों के विभाजन की व्याख्या को लेकर मतभेद उत्पन्न होना स्वाभाविक है। इस शक्ति विभाजन को बनाए रखने के लिए जिससे कि विभिन्न सरकारें एक-दूसरे के कार्य क्षेत्र में हस्तक्षेप न करें, संविधान के उपबंधों की सही व्याख्या आवश्यक है। इसके लिए किसी ऐसी संस्था की आवश्यकता होती है जो स्वतंत्र एवं निष्पक्ष होने के साथ-साथ केंद्र तथा राज्य सरकारों के विवादों का समाधान करने में सक्षम हो। संघीय व्यवस्था में यह कार्य न्यायपालिका द्वारा किया जाता है। भारतीय संविधान में उक्त कार्य को सर्वोच्च न्यायालय को सौंपा गया है। संविधान के उपबंधों की व्याख्या करने का अधिकार एवं अंतिम निर्णय देने का अधिकार सर्वोच्च न्यायालय को ही प्राप्त है। सर्वोच्च न्यायालय द्वारा की गई व्याख्या से सभी पक्ष बद्ध होते हैं। यही कारण है कि सर्वोच्च न्यायालय को संविधान का संरक्षक कहा जाता है। सर्वोच्च न्यायालय केवल संविधान का ही नहीं बल्कि नागरिकों के मूल अधिकारों का भी संरक्षक है। ग्रेनविले ऑस्टिन का कथन 'सर्वोच्च न्यायालय को नागरिकों और अल्पसंख्यकों के अधिकारों के संरक्षण का कार्य सौंपकर वस्तुतः सामाजिक क्रांति के संरक्षक का भार सौंपा गया है' बिल्कुल समीचीन है। सर्वोच्च न्यायालय सामाजिक और व्यक्तिगत कल्याण के बीच सामंजस्य स्थापित करने का कार्य करता है।

भारतीय न्यायपालिका का संगठन

भारतीय न्यायपालिका के सदस्यों की नियुक्ति कार्यपालिका के द्वारा की जाती है। इस पद्धति या व्यवस्था से राजनीतिक दलबंदी या गुटबाजी की बुराई समाप्त हो जाती है और योग्य व्यक्तियों की नियुक्ति न्यायाधीश के रूप में की जाती है। भारत में सर्वोच्च और उच्च न्यायालयों की नियुक्ति में कार्यपालिका की प्रत्यक्ष भूमिका होती है। जिला न्यायाधीशों की नियुक्ति भी राज्य कार्यपालिका की इच्छानुसार होती है। जिला न्यायालयों के विभिन्न स्तरों पर अवस्थित न्यायाधीशों की नियुक्ति राज्य सरकार लोकसेवा आयोग के माध्यम से कराती है। इसमें एक निश्चित अवधि तक वकालत करने वाले लोगों को बैठने की अनुमति दी जाती है।

संघात्मक राज्य में सर्वोच्च न्यायालय का महत्व

किसी भी देश में व्यवस्थापिका और कार्यपालिका चाहे कितनी अच्छी हो, परंतु स्वतंत्र और निष्पक्ष न्यायपालिका के अभाव के कारण उस देश का संविधान मूल्यहीन हो जाता है। जब तक स्वतंत्र और निष्पक्ष न्यायपालिका अस्तित्व में नहीं रहेगी तब तक नागरिकों की स्वतंत्रता सुरक्षित नहीं रह सकती है जिससे अच्छा-से-अच्छा प्रशासन भी विफल हो जाता है। लॉर्ड ब्राइस के कथन का उल्लेख करना समीचीन होगा, ''किसी शासन की श्रेष्ठता जानने के लिए उसकी न्याय व्यवस्था की निपुणता से बढ़कर और कोई दूसरी कसौटी नहीं हो सकती है।'' क्योंकि किसी और चीज से नागरिक की सुरक्षा और उसके हितों पर इतना प्रभाव नहीं पड़ता जितना उसके इस ज्ञान से कि वह निश्चित, शीघ्र, और निष्पक्ष न्याय के शासन पर निर्भर रह सकता है। संघीय शासन प्रणाली में न्यायपालिका का और अधिक महत्वपूर्ण स्थान होता है। एक स्वतंत्र और निष्पक्ष न्यायपालिका के अभाव में संघीय शासन व्यवस्था हाथ-पांव विहीन मांस के उस लोथड़े के समान है, जो चल-फिर नहीं सकता है। संघीय शासन व्यवस्था में केंद्र और राज्यों के मध्य अधिकारों का विभाजन रहता है। इसलिए दोनों के मध्य वैधानिक संघर्ष की संभावना बनी रहती है। ऐसी स्थिति में एक स्वतंत्र और निष्पक्ष न्यायपालिका दोनों के मध्य उत्पन्न संघर्षों को दूर करती है। संघीय शासन वाले राज्य में सर्वोच्च न्यायालय की आवश्यकता कई कारणों से होती है–

- सर्वोच्च न्यायालय (संघीय न्यायालय) संघात्मक सरकार का एक आवश्यक अंग है। इसका कार्य संविधान की व्याख्या करना तथा केंद्र तथा राज्यों के मध्य अधिकार संबंधी झगड़ों का समाधान करना है।
- संघीय शासन के फलस्वरूप सर्वोच्च न्यायालय यह भी देखता है कि संविधान के उपबंधों का उल्लंघन तो नहीं हो रहा है। ध्यातव्य है कि सर्वोच्च न्यायालय को कार्यपालिका के कार्यों को अवैध घोषित करने का अधिकार प्राप्त है।
- सर्वोच्च न्यायालय संविधान द्वारा प्रदत्त नागरिक अधिकारों का संरक्षक होता है। कार्यपालिका मौलिक अधिकारों का उल्लंघन न करने पाए यह देखना भी सर्वोच्च न्यायालय का कार्य है।
- सर्वोच्च न्यायालय राष्ट्रपति को संवैधानिक मामलों में परामर्श देने का भी कार्य करता है।

एकीकृत भारतीय न्यायपालिका

सामान्यतः संघीय प्रणाली के अंतर्गत दोहरी न्याय प्रणाली का प्रावधान होता है। ध्यातव्य है कि दोहरी न्याय प्रणाली में संघीय न्यायालयों द्वारा संघीय विधियों से

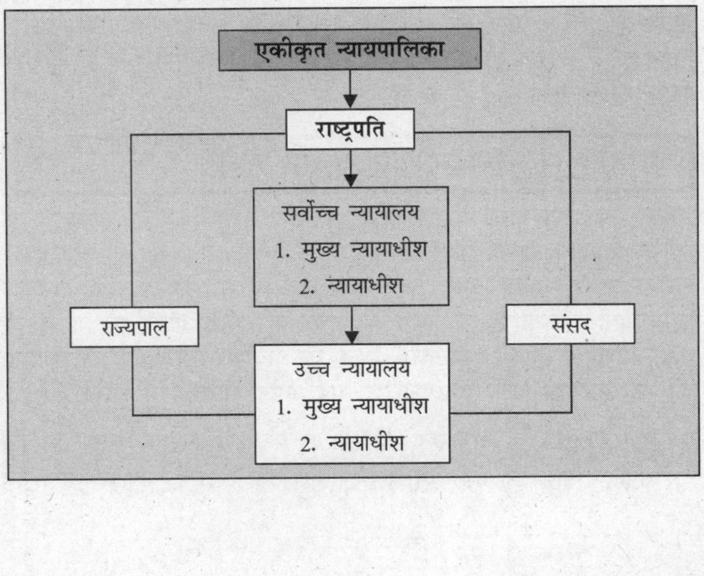

संबंधित वादों तथा राजकीय न्यायालयों द्वारा राज्य विधि से संबंधित मामलों की सुनवाई की जाती है। भारत में संघीय प्रणाली की स्थापना अवश्य की गई है, परंतु संविधान निर्माताओं द्वारा एकीकृत न्याय प्रणाली की स्थापना भी की गई है, जिसके अंतर्गत देश में अवस्थित सभी न्यायालय केंद्र तथा राज्य दोनों की विधियों से संबंधित मामलों की सुनवाई करते हैं और नीचे के न्यायालयों के निर्णय के विरुद्ध ऊपर के न्यायालयों में अपील की जा सकती है।

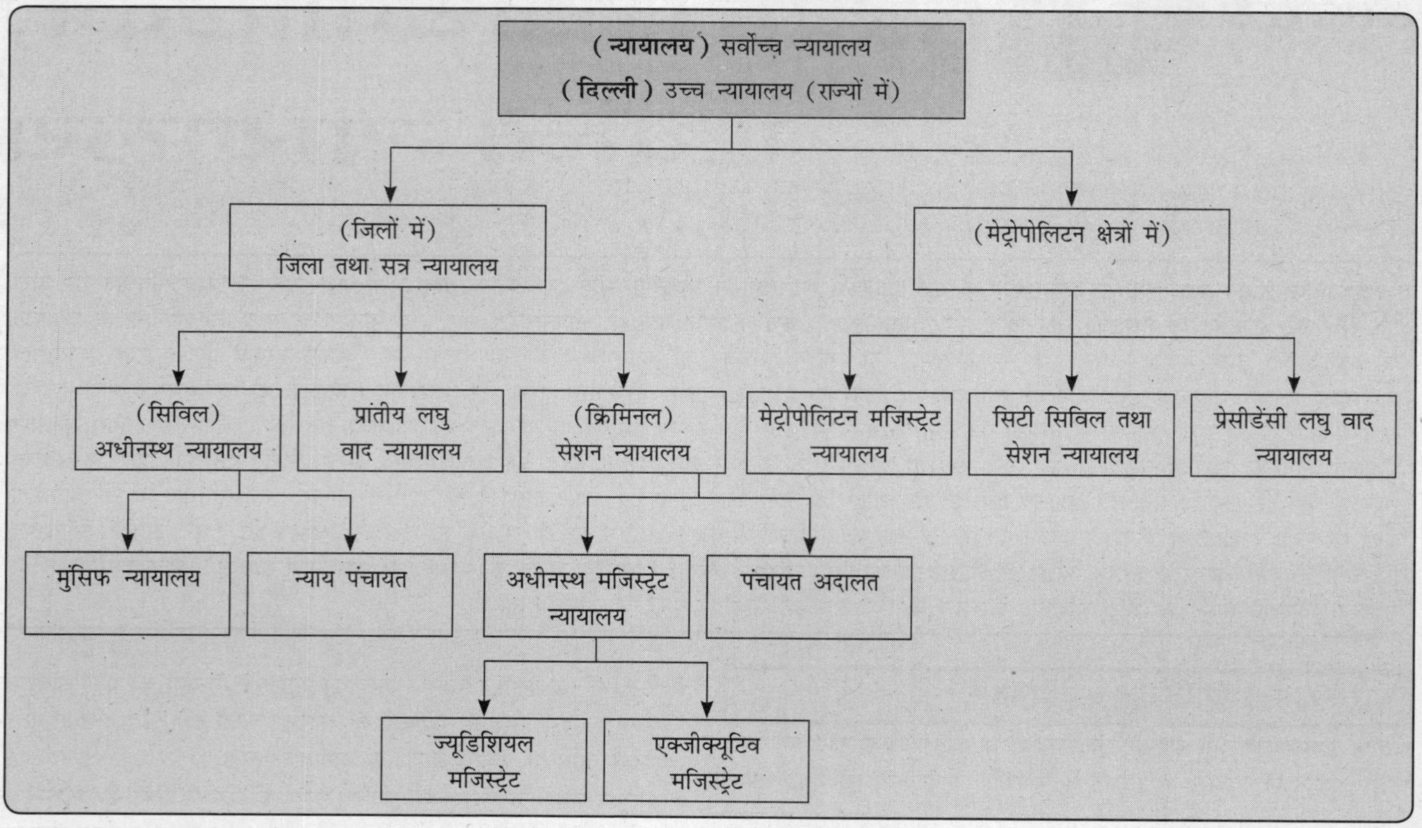

भारत में सभी न्यायालय एक ही व्यवस्था द्वारा संगठित हैं। न्यायिक पद सोपान में शीर्ष स्थान दिल्ली स्थित उच्चतम न्यायालय का है। राज्यों में उच्च न्यायालयों की स्थापना संघीय सिद्धांत के आधार पर हुई है। उच्च न्यायालय न्यायाधीशों की नियुक्ति राष्ट्रपति द्वारा की जाती है तथा उनका एक उच्च न्यायालय से दूसरे न्यायालय में स्थानातंरण भी संभव है। भारत में सर्वोच्च न्यायालय का क्षेत्राधिकार भारतव्यापी है। इससे स्पष्ट है कि भारत में दोहरी न्यायपालिका का अभाव है। यही कारण है कि सर्वोच्च न्यायालय की उपयोगिता बताते हुए अल्लादी कृष्ण स्वामी अय्यर ने कहा था कि भारतीय संविधान का विकास बड़े पैमाने पर सर्वोच्च न्यायालय के निर्णयों तथा उस दशा पर निर्भर करेगा जो वह संविधान को समय-समय पर देता रहेगा। संविधान पक्ष में डॉ. अंबेडकर ने स्वयं कहा था कि भारतीय संघ एक द्वैत राज्य पद्धति है, परंतु इसमें न्यायपालिका द्वैत नहीं है। उच्च न्यायालय तथा सर्वोच्च न्यायालयों से मिलकर एक एकल न्यायपालिका गठित की गई है। ऐसा इसलिए किया गया है कि निदानात्मक प्रक्रिया में जो विषमताएं हैं वे सब दूर कर दी जाए। कनाडा ही एक ऐसा देश है जहां इस प्रकार की व्यवस्था है।

भारतीय सर्वोच्च न्यायालय का गठन

सर्वोच्च न्यायालय भारतीय न्यायपालिका के शीर्ष पर है। सर्वोच्च न्यायालय की स्थापना भारतीय शासन अधिनियम 1935 के अंतर्गत की गई थी। ध्यातव्य है कि उस समय कार्यरत फेडरल कोर्ट न्याय व्यवस्था के शीर्ष पर नहीं था। लंदन स्थित प्रिवी कौंसिल के अंतर्गत उसके निर्णय के विरुद्ध अपील की जा सकती थी। स्वतंत्रता के बाद **26 जनवरी, 1950 को सर्वोच्च न्यायालय की स्थापना की गई और 28 जनवरी, 1950 को वह अपने अस्तित्व में आया।**

- मूल संविधान के **अनुच्छेद–124(1)** में यह प्रावधान किया गया था कि सर्वोच्च न्यायालय में एक मुख्य न्यायाधीश तथा 7 अन्य न्यायाधीश होंगे जब तक कि संसद द्वारा वृद्धि न कर दी जाए। **सर्वोच्च न्यायालय अधिनियम, 1956** द्वारा न्यायाधीशों की संख्या 10 तथा 1960 में पुनः बढ़ाकर 14 कर दी गई। 1977 में संविधान में संशोधन करके न्यायाधीशों की संख्या 17 कर दी गई।
- 1985 में न्यायाधीशों की संख्या में पुनः संशोधन किया गया। **सर्वोच्च न्यायालय न्यायाधीश संख्या अधिनियम, 1985** के अनुसार यह प्रावधान किया गया है कि सर्वोच्च न्यायालय में मुख्य न्यायाधीश सहित 26 न्यायाधीश होंगे, परंतु 2008 में पुनः सर्वोच्च न्यायालय के न्यायाधीशों की संख्या में वृद्धि की गई और सर्वोच्च न्यायालय में मुख्य न्यायाधीश सहित न्यायाधीशों की संख्या बढ़कर 31 हो गई। वर्ष 2019 में सर्वोच्च न्यायालय में एक बार पुनः न्यायाधीशों की संख्या में वृद्धि की गई। इस वृद्धि के माध्यम से सर्वोच्च-न्यायालय में 4 न्यायाधीश और होंगे। इस प्रकार सर्वोच्च न्यायालय में न्यायाधीशों की संख्या बढ़कर मुख्य न्यायाधीश सहित 35 हो गई है। संविधान में यह निश्चित नहीं किया गया है कि न्यायालय में न्यायाधीशों की न्यूनतम संख्या क्या होगी?
- **अनुच्छेद–14** के अनुसार किसी संवैधानिक विषय पर निर्णय देने के लिए न्यायाधीशों की संख्या कम-से-कम 5 होगी। जब मुख्य न्यायाधीश का पद रिक्त हो या वह अनुपस्थिति के कारण अपने कर्तव्यों का पालन करने में सक्षम नहीं हो तो न्यायालय के अन्य न्यायाधीशों में से कोई एक जिसे राष्ट्रपति नियुक्त करे, उसके कार्य को करेगा।
- यदि किसी समय न्यायालय के किसी सत्र को चालू रखने के लिए स्थायी न्यायाधीशों का अभाव हो तो मुख्य न्यायाधीश राष्ट्रपति की पूर्व सम्मति से किसी उच्च न्यायालय के न्यायाधीश को तदर्थ न्यायाधीश के रूप में नियुक्त कर सकता है।

न्यायाधीशों की नियुक्ति

सर्वोच्च न्यायालय के न्यायाधीशों की नियुक्ति संविधानतः राष्ट्रपति द्वारा की जाती है, परंतु व्यवहार में ऐसा नहीं है। सर्वोच्च न्यायालय के न्यायाधीशों तथा मुख्य न्यायाधीश की नियुक्ति संबंधी राष्ट्रपति का अधिकार सिर्फ एक औपचारिकता है। राष्ट्रपति न्यायाधीशों की नियुक्ति मंत्रिमंडल के परामर्श से करता है। प्रधानमंत्री अपने गृह एवं विधि मंत्री से गुप्त विचार-विमर्श के दौरान ऐसा निर्णय लेता है। इस संबंध में एक विदेशी छात्र जी. एच. गोदवाइस ने लिखा है कि उच्चस्तरीय न्यायाधीशों की नियुक्तियां वस्तुतः प्रधानमंत्री द्वारा की जाती हैं। राष्ट्रपति तो केवल उसकी उद्घोषणा करता है।

संविधान में कोई ऐसी बाध्यता न होने के बावजूद भी शुरू से उच्चतम न्यायालय के वरिष्ठतम न्यायाधीश को ही मुख्य न्यायाधीश पद पर नियुक्त करने की परंपरा बन गई। प्रथम मुख्य न्यायाधीश कानिंया की मृत्यु उनके कार्यकाल में ही हो गई और सरकार वरिष्ठतम न्यायाधीश पंतजलि शास्त्री को न्यायाधीश बनाने के पक्ष में नहीं थी, परंतु अन्य न्यायाधीशों द्वारा त्याग पत्र देने की धमकी के कारण सरकार को अपना रुख बदलना पड़ा तथा पतंजलि शास्त्री को मुख्य न्यायाधीश नियुक्त किया गया, परंतु 25 सितंबर, 1973 को वरीयता के सिद्धांत का उल्लंघन करके श्रीमती इंदिरा गांधी ने अजीत नाथ राय को मुख्य न्यायाधीश नियुक्त कर दिया और वह भी ऐसे समय में जब केशवानंद भारती बनाम भारत सरकार के मुकदमे में निर्णय आए 24 घंटे भी नहीं बीते थे। अजीतनाथ राय वरीयता सूची में चौथे नम्बर पर थे। तीनों वरिष्ठ न्यायाधीशों ने अपने पद से त्यागपत्र दे दिया। समस्त भारत में श्रीमती गांधी के इस कृत्य की आलोचना हुई। एम. सी. छागला ने इसे न्यायिक इतिहास का सर्वाधिक अंधेरे वाला दिन कहा था।

न्यायाधीशों की नियुक्ति के संदर्भ में सर्वोच्च न्यायालय के दिशा-निर्देश

सर्वोच्च न्यायालय द्वारा सर्वोच्च न्यायालय अथवा उच्च न्यायालय के न्यायाधीशों की नियुक्ति के लिए दिशा-निर्देश निर्धारित किए गए हैं। इन दिशा-निर्देशों का निर्धारण सर्वोच्च न्यायालय की एक नौ सदस्यीय खंडपीठ जिसके अध्यक्ष न्यायमूर्ति एस. पी. भरूचा थे, के द्वारा एक महत्वपूर्ण स्पष्टीकरण के अंतर्गत किया गया। उक्त दिशा-निर्देशों के अनुसार सर्वोच्च न्यायालय तथा उच्च न्यायालय में न्यायाधीशों की नियुक्तियों तथा स्थानातंरण के मामलों में वरिष्ठ न्यायाधीशों से विचार-विमर्श करने के बाद ही अपना दृष्टिकोण मुख्य न्यायाधीश द्वारा सरकार के पास प्रेषित किया जाना चाहिए। विचार-विमर्श की प्रक्रिया का पालन किए बिना मुख्य न्यायाधीश द्वारा की गई अनुशंसा सरकार के लिए बाध्यकारी नहीं होगी।

एक मत से दिए गए अपने निर्णय में खंडपीठ ने स्पष्ट किया कि सर्वोच्च न्यायालय में किसी न्यायाधीश की नियुक्ति अथवा उच्च न्यायालय के मुख्य न्यायाधीश अथवा किसी न्यायाधीश के स्थानांतरण के मामले में अपनी अनुशंसाएं करने के पूर्व मुख्य न्यायाधीश को सर्वोच्च न्यायालय के चार वरिष्ठतम न्यायाधीशों से परामर्श करना चाहिए। उच्च न्यायालय के न्यायाधीश की नियुक्ति के लिए अनुशंसा करने के पूर्व सर्वोच्च न्यायालय के दो न्यायाधीशों से परामर्श किया जाना चाहिए।

सर्वोच्च न्यायालय के न्यायाधीश के लिए योग्यता

सर्वोच्च न्यायालय के न्यायाधीश होने के लिए भारतीय संविधान द्वारा कुछ योग्यताएं निर्धारित की गई हैं जो निम्नलिखित हैं-

- वह भारत का नागरिक हो
- कम-से-कम 5 वर्ष तक किसी उच्च न्यायालय का न्यायाधीश रह चुका हो।
- किसी उच्च न्यायालय या एक से अधिक उच्च न्यायालयों में कम-से-कम 10 वर्ष तक अधिवक्ता रह चुका हो।
- राष्ट्रपति की दृष्टि में कानून का उच्चकोटि का ज्ञाता हो।

मुख्य न्यायाधीशों की नियुक्ति

- सर्वोच्च न्यायालय के **मुख्य न्यायाधीश एवं अन्य न्यायाधीशों** की नियुक्ति राष्ट्रपति करता है। सर्वोच्च न्यायालय के न्यायाधीशों की नियुक्ति के बारे में प्रावधान अनुच्छेद-124 (2) में दिया गया है। इसमें कहा गया है कि राष्ट्रपति, उच्चतम न्यायालय और उच्च न्यायालयों के ऐसे न्यायाधीशों से परामर्श करने के पश्चात् जिनसे परामर्श करना वह आवश्यक समझे, उच्चतम न्यायालय के प्रत्येक न्यायाधीश को नियुक्त करेगा।
- सुप्रीम कोर्ट **एडवोकेट्स ऑन रिकॉर्ड** एसोसिएशन बनाम भारत संघ वाद 1993 में उच्चतम न्यायालय ने बहुमत से यह निर्णय दिया कि भारत के मुख्य न्यायाधीश के पद पर उच्चतम न्यायालय के वरिष्ठतम न्यायाधीश की ही नियुक्ति की जाएगी।

अन्य न्यायाधीशों की नियुक्ति

- उच्चतम न्यायालय के अन्य न्यायाधीशों की नियुक्ति **राष्ट्रपति,** भारत के **मुख्य न्यायाधीश की सलाह** पर करता है। राष्ट्रपति अन्य न्यायाधीशों की नियुक्ति करते समय उच्चतम न्यायालय एवं उच्च न्यायालयों के ऐसे न्यायाधीशों से परामर्श भी ले सकता है, जिनसे वह परामर्श करना आवश्यक समझे।
- उच्चतम न्यायालय के न्यायाधीशों की नियुक्ति के मामले में भारत के मुख्य न्यायाधीश को, उच्चतम न्यायालय के **चार वरिष्ठतम न्यायाधीशों के समूह** से परामर्श करके ही अपनी अनुशंसा राष्ट्रपति को भेजनी चाहिए।
- तृतीय न्यायाधीश मामले (1998) में उच्चतम न्यायालय ने राय दी कि उच्च न्यायालय के न्यायाधीश के स्थानांतरण मामले में भारत के मुख्य न्यायाधीश को उच्चतम न्यायालय के चार वरिष्ठतम न्यायाधीशों, दोनों उच्च न्यायालयों के मुख्य न्यायाधीशों (एक वहां के, जहां से न्यायाधीश का स्थानांतरण हो रहा है, एक वहां के, जहां वह जा रहा हो) से परामर्श करना चाहिए। इस तरह एकमात्र भारत के मुख्य न्यायाधीश की राय से ही परामर्श प्रक्रिया पूरी नहीं होती है।

कार्यकारी मुख्य न्यायाधीश की नियुक्ति

- **अनुच्छेद-126** के अंतर्गत उच्चतम न्यायालय में कार्यकारी मुख्य न्यायाधीश की नियुक्ति का प्रावधान है। जब मुख्य न्यायाधीश का पद रिक्त हो या मुख्य न्यायाधीश, अनुपस्थित या किसी अन्य कारण से, अपने कर्तव्यों के पालन में असमर्थ हो तो अन्य न्यायाधीशों में से किसी एक न्यायाधीश को राष्ट्रपति, कार्यकारी मुख्य न्यायाधीश नियुक्त कर सकता है।
- कार्यकारी मुंख्य न्यायाधीश की नियुक्ति के संदर्भ में राष्ट्रपति को किसी के परामर्श की आवश्यकता नहीं होती है।

तदर्थ न्यायाधीशों की नियुक्ति

- भारतीय संविधान के **अनुच्छेद-127** में सर्वोच्च न्यायालय में न्यायाधीशों की तदर्थ नियुक्ति का भी प्रावधान किया गया है। तदर्थ न्यायाधीशों की नियुक्ति केवल विशेष परिस्थिति में की जाएगी।

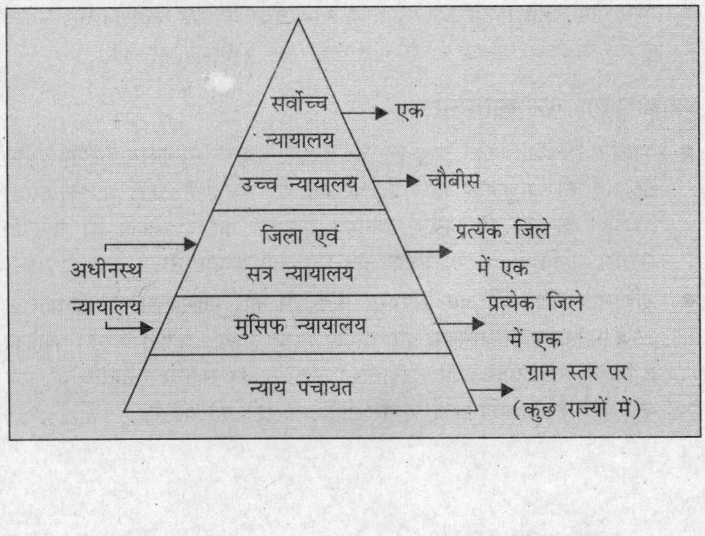

- तदर्थ न्यायाधीशों की नियुक्ति केवल उसी समय की जाएगी जब स्थायी न्यायाधीशों द्वारा गणपूर्ति का अभाव हो गया हो।

  तदर्थ न्यायाधीशों की नियुक्ति राष्ट्रपति की पूर्वानुमति से सर्वोच्च न्यायालय का मुख्य न्यायाधीश करता है। सर्वोच्च न्यायालय के मुख्य न्यायाधीश को यह अधिकार प्राप्त है कि वह उच्च न्यायालय के किसी न्यायाधीश को जो सर्वोच्च न्यायालय के न्यायाधीश होने की योग्यता रखता हो, उच्च न्यायालय के मुख्य न्यायाधीश से सलाह करके तदर्थ न्यायाधीश नियुक्त कर सकता है।
- इसके अतिरिक्त संविधान के अनुच्छेद– 128 के अनुसार, भारत का मुख्य न्यायाधीश राष्ट्रपति की पूर्वानुमति से सर्वोच्च न्यायालय या उच्च न्यायालय के किसी अवकाशप्राप्त न्यायाधीश की सर्वोच्च न्यायालय में कार्य करने के लिए सिफारिश कर सकता है।
- सर्वोच्च न्यायालय में तदर्थ न्यायाधीशों की नियुक्ति संबंधी प्रावधान फ्रांस के संविधान से प्रेरित हैं। तदर्थ न्यायाधीश केवल सर्वोच्च न्यायालय में ही नियुक्त किए जाते हैं, उच्च न्यायालय में नहीं।

कार्यकारी मुख्य न्यायाधीश

राष्ट्रपति निम्नलिखित परिस्थितियों में सर्वोच्च न्यायालय के किसी न्यायाधीश को कार्यकारी मुख्य न्यायाधीश के रूप में नियुक्त कर सकता है–

- जब मुख्य न्यायाधीश का पद रिक्त हो।
- अस्थायी रूप से मुख्य न्यायाधीश अनुपस्थित हो।
- मुख्य न्यायाधीश अपने दायित्वों के निर्वहन में किसी भी कारण से असमर्थ हो।

सेवानिवृत्त न्यायाधीश

- भारत का मुख्य न्यायाधीश किसी भी समय आवश्यकता पड़ने पर सर्वोच्च न्यायालय या किसी उच्च न्यायालय के किसी सेवानिवृत्त न्यायाधीश को अल्पावधि के लिए सर्वोच्च न्यायालय में कार्य करने के लिए अनुरोध कर सकता है, परंतु इसके लिए राष्ट्रपति की पूर्व अनुमति लेनी आवश्यक है।
- ऐसा न्यायाधीश राष्ट्रपति द्वारा निर्धारित वेतन तथा भत्ते अर्जित करेगा और वह सर्वोच्च न्यायालय के अन्य न्यायाधीशों की तरह न्याय निर्णयन प्रक्रिया शक्तियों और विशेषाधिकार का अधिकारी होगा, परंतु वह सर्वोच्च न्यायालय का न्यायाधीश नहीं माना जाएगा।

सर्वोच्च न्यायालय का स्थान

- संविधान ने सर्वोच्च न्यायालय का स्थान दिल्ली घोषित किया। लेकिन मुख्य न्यायाधीश को यह अधिकार है कि सर्वोच्च न्यायालय का स्थान कहीं और नियुक्त करे, लेकिन ऐसा निर्णय वह राष्ट्रपति की पूर्व अनुमति के बाद ही ले सकता है।
- यह व्यवस्था वैकल्पिक है न कि अनिवार्य। इसका आशय है कि कोई भी न्यायालय न तो राष्ट्रपति न ही मुख्य न्यायाधीश को यह निर्देशित कर सकता है कि सर्वोच्च न्यायालय की पीठ कहीं और स्थापित की जाए।

न्यायाधीशों का कार्यकाल

- भारतीय संविधान निहित प्रावधानों के अनुसार सर्वोच्च न्यायालय का न्यायाधीश 65 वर्ष की आयु तक अपने पद पर बना रह सकता है। कोई भी न्यायाधीश 65 वर्ष के पूर्व भी अपना त्यागपत्र राष्ट्रपति को दे सकता है। राष्ट्रपति स्वेच्छा से किसी भी न्यायाधीश को हटा नहीं सकता है।
- यदि न्यायाधीशों की आयु सीमा के संबंध में कोई मतभेद हो तो संविधान के **15वें संशोधन अधिनियम** द्वारा इसका निर्णय स्वयं राष्ट्रपति करेगा। ध्यातव्य है कि सं. रा. अमेरिका में न्यायाधीशों की नियुक्ति सदाचरण अवधि के लिए की जाती है। उसकी कोई अवधि निश्चित नहीं की गई है।

न्यायाधीशों की पदच्युति

- सं. रा. अमेरिका की तरह भारत में भी संसद के दोनों सदनों के आग्रह पर ही राष्ट्रपति न्यायाधीशों को हटा सकता है। न्यायाधीशों को केवल प्रमाणित कदाचार या अक्षमता असमर्थता के आधार पर ही हटाया जा सकता है।
- उच्चतम न्यायालय के न्यायाधीशों को उनके पद से हटाने की प्रक्रिया अनुच्छेद–124(4) में दी गई है। उन्हें केवल दो आधारों, यथा (1) सिद्ध कदाचार या (2) असोम असमर्थता के आधार पर उनके पद से हटाया जा सकता है।
- किसी न्यायाधीश को उसके पद से हटाने के लिए प्रस्ताव संसद के किसी भी सदन में लाया जा सकता है। प्रस्ताव प्रत्येक सदन द्वारा अपनी कुल सदस्य संख्या के बहुमत एवं उपस्थित और मतदान करने वाले सदस्यों के दो-तिहाई बहुमत (विशेष बहुमत) से पारित होना चाहिए। इस प्रक्रिया के दौरान आरोपित न्यायाधीश को अपने पक्ष में समर्थन और पक्ष रखने का अधिकार होता है।
- न्यायाधीशों को हटाने की प्रक्रिया का उल्लेख अनुच्छेद– 124(4) तथा न्यायाधीश जांच अधिनियम 1968 के सम्मिलित प्रभाव का अनुसरण करना होता है। इस निर्धारित प्रक्रिया के अनुसार किसी न्यायाधीश को सिद्ध कदाचार तथा असोम असमर्थता इन दो आधारों पर हटाया जा सकता है। इसके लिए निम्नवत् प्रक्रिया अपनानी पड़ेगी–
  - ❖ लोकसभा के कम-से-कम 100 या राज्यसभा के 50 सदस्यों द्वारा राष्ट्रपति को संबोधित एक प्रस्ताव लोकसभा के अध्यक्ष या राज्यसभा के सभापति को दिया जाता है।
  - ❖ उक्त प्रस्ताव की तीन सदस्यों की एक समिति द्वारा जांच की जाएगी। इस समिति में उच्चतम न्यायालय के दो सदस्य तथा एक प्रख्यात विधिवेत्ता होगा।
  - ❖ उक्त समिति द्वारा दोषी पाए जाने पर समिति की रिपोर्ट तथा अनुशंसा के साथ संबंधित सदन में उक्त प्रस्ताव को ग्रहण किया जाता है।
  - ❖ संसद के दोनों सदनों द्वारा पारित प्रस्ताव राष्ट्रपति के समक्ष आदेश के लिए रखा जाता है, राष्ट्रपति का आदेश मिल जाने पर ऐसे न्यायाधीश को उसके पद से हटा दिया जाता है। किसी न्यायाधीश को हटाने के लिए संसद के दोनों सदनों द्वारा पारित प्रस्ताव उसी सत्र में राष्ट्रपति के समक्ष प्रस्तुत किया जाना चाहिए (अनुच्छेद–124(4)।
  - ❖ यदि दोनों सदन अपने सदस्यों के बहुमत तथा उपस्थित और मतदान करने वाले सदस्यों के दो-तिहाई बहुमत से इस आशय का प्रस्ताव पारित कर दें तो राष्ट्रपति न्यायाधीश को पदच्युत कर सकता है।

न्यायाधीशों को हटाने की प्रक्रिया काफी जटिल है। कोई भी न्यायाधीश तब तक अपने पद से नहीं हटाया जा सकता जब तक कि वह वास्तविक रूप से अयोग्य एवं दुराचारी न हो और ये आरोप उसके विरुद्ध सिद्ध न कर दिए गए हों। भारतीय संविधान में न्यायाधीशों को हटाने की प्रक्रिया कठोर इसलिए रखी गई है कि न्यायाधीश स्वतंत्रता और निष्पक्षता से काम कर सके। ध्यातव्य है कि भारत में अब तक सर्वोच्च न्यायालय के किसी भी न्यायाधीश को कदाचार के आरोप में नहीं हटाया गया है। 1995 में वी. रामास्वामी के विरुद्ध संसद में हटाने की कार्यवाही शुरू की गई थी, परंतु संसद द्वारा उसे स्वीकार नहीं किया गया और वी. रामास्वामी को हटाया नहीं जा सका। राष्ट्रपति द्वारा समावेदन आदेश करने से न्यायाधीश को पदावनत किया जाता है

न्यायाधीशों के वेतन और भत्ते

- संविधान के अनुच्छेद–125 के अनुसार सर्वोच्च न्यायालय के न्यायाधीशों को दूसरी अनुसूची का निर्धारित वेतन मिलेगा। नए संशोधनों के अनुसार सर्वोच्च न्यायालय के मुख्य न्यायाधीश को 2.80 लाख रु. प्रतिमाह तथा अन्य न्यायाधीश को 2.50 लाख रु. प्रतिमाह वेतन मिलेगा।
- सर्वोच्च न्यायालय के मुख्य न्यायाधीश तथा न्यायाधीशों को वे भत्ते तथा विशेषाधिकार प्रदान किए जाएंगे जिन्हें संसद विधि द्वारा समय-समय पर निर्धारित करे। जब तक कोई ऐसी विधि पारित नहीं हो जाती है, उनको संविधान की दूसरी अनुसूची में उल्लेखित भत्ते और विशेषाधिकारों को प्राप्त करने का अधिकार होगा। न्यायाधीशों के विशेषाधिकार और भत्ते में उनकी नियुक्ति के पश्चात् ऐसा कोई परिवर्तन नहीं किया जाएगा जो उनके लिए अलाभकर हो।
- सर्वोच्च न्यायालय के न्यायाधीशों को वेतन संचित निधि से प्राप्त होता है तथा यदि **अनुच्छेद–360** के अंतर्गत संपूर्ण राष्ट्र में वित्तीय आपात लगाया गया हो तो वित्तीय आपात के प्रवर्तन की स्थिति में राष्ट्रपति के आदेश द्वारा न्यायाधीशों के वेतन और भत्ते में कटौती की जा सकती है।

शपथ ग्रहण

अनुच्छेद–124(6) के अनुसार सर्वोच्च न्यायालय के प्रत्येक न्यायाधीश को राष्ट्रपति के समक्ष या उसके द्वारा नियुक्त किसी व्यक्ति के समक्ष शपथ लेनी पड़ती है। शपथ की भाषा निम्नलिखित होती है–

- भारत के संविधान के प्रति सच्ची श्रद्धा और निष्ठा का अनुपालन करूंगा।
- भारत की संप्रभुता एवं अखंडता को अक्षुण्ण बनाए रखूंगा।
- अपनी पूरी योग्यता और विवेक से अपने पद के कर्तव्यों को बिना किसी भय या पक्षपात या अनुराग या द्वेष के अनुपालन करूंगा।
- संविधान और विधियों की मर्यादाओं को बनाए रखूंगा।

न्यायाधीशों के लिए अन्य शर्तें

सर्वोच्च न्यायालय का कोई भी न्यायाधीश अवकाश प्राप्त करने के बाद भारत के किसी भी न्यायालय में वकालत नहीं कर सकता है। न्यायाधीशों को न्यायिक कार्य के लिए संसद और संसद से बाहर दोषी नहीं ठहराया जा सकता है और न उसकी आलोचना की जा सकती है। न्यायाधीशों के आचरण के संबध में भारतीय संसद में उसी समय वाद-विवाद हो सकता है जब उनके कदाचार से संबद्ध प्रस्ताव संसद में हो।

न्यायालय की प्रक्रिया

- सर्वोच्च न्यायालय राष्ट्रपति की स्वीकृति के बाद न्यायालय की प्रक्रिया और संचालन हेतु नियमों का सृजन कर सकता है।
- संवैधानिक मामलों एवं संदर्भों को राष्ट्रपति द्वारा अनुच्छेद–143 के अंतर्गत सृजित किया जाता है और न्यायाधीशों की पांच सदस्यीय पीठ द्वारा निर्णय लिया जाता है।
- अन्य मामलों का निर्णय सामान्यतया तीन सदस्यीय पीठ द्वारा किया जाता है। सामान्यत: निर्णय बहुमत से लिए जाते हैं, परंतु मत भिन्नता हो तो न्यायाधीश असहमति का कारण बता सकता है।

न्यायाधीशों को प्राप्त उन्मुक्तियां

- अनुच्छेद–121 में सर्वोच्च न्यायालय तथा उच्च न्यायालयों के न्यायाधीशों के आचरण के संबंध में संसद में चर्चा पर निर्बंधन के विषय में प्रावधान निहित है।
- इसके अनुसार सर्वोच्च न्यायालय तथा उच्च न्यायालयों के किसी न्यायाधीश द्वारा अपने कर्तव्यों के निर्वहन में किए गए किसी आचरण के विषय में संसद में कोई चर्चा नहीं होगी, किंतु जब ऐसे न्यायाधीश को हटाने के प्रस्ताव पर संसद में विचार चल रहा हो तो उससे संबद्ध आचरण पर संसद में चर्चा की जा सकेगी।

सर्वोच्च न्यायालय के क्षेत्राधिकार

अनुच्छेद–130 के अनुसार सर्वोच्च न्यायालय दिल्ली में अथवा ऐसे अन्य स्थान या स्थानों के अधिविष्ट होगा जिन्हें भारत का मुख्य न्यायाधीश, राष्ट्रपति के अनुमोदन से समय-समय पर निर्धारित करे। सर्वोच्च न्यायालय देश के सभी मामलों का अंतिम न्यायालय है। भारतीय संघ क्षेत्र के अंतर्गत सभी न्यायालय सर्वोच्च न्यायालय द्वारा उद्घोषित विधियों तथा आज्ञाओं को मानने के लिए बाध्य हैं। **संविधान के अनुच्छेद–129 के अनुसार सर्वोच्च न्यायालय एक अभिलेख न्यायालय होगा अर्थात् इसके समस्त निर्णय तथा कार्यवाहियां रिकॉर्ड के रूप में सुरक्षित रहती हैं और इन्हें प्रामाणिक माना जाता है।** सर्वोच्च न्यायालय के क्षेत्राधिकार का विश्लेषण करने पर स्पष्ट होता है कि सर्वोच्च न्यायालय को तीन महत्वपूर्ण कार्य करने पड़ते हैं जो इस प्रकार हैं–(1) सर्वोच्च न्यायालय संघ तथा राज्यों के मध्य विवादों का समाधान करता है। (2) सर्वोच्च न्यायालय संविधान की व्याख्या करता है तथा (3) अपीलीय क्षेत्र में सर्वोच्च न्यायालय उच्चतम न्यायालय है। उसे उच्च न्यायालयों के निर्णय के विरुद्ध अपील सुनने का अधिकार प्राप्त है। प्रथम दो रूपों में सर्वोच्च न्यायालय संघीय न्यायालय का स्थान ग्रहण करता है तथा अंतिम रूप में प्रिवी कौंसिल की न्यायिक समिति का कार्य करता है।

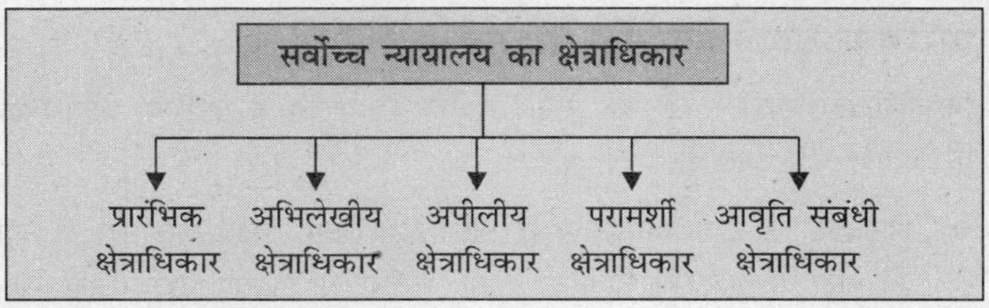

प्रारंभिक क्षेत्राधिकार

सर्वोच्च न्यायालय के प्रारंभिक क्षेत्राधिकार के अंतर्गत वे विषय आते हैं जो सीधे सर्वोच्च न्यायालय में लाए जाते हैं अर्थात् उन मामलों को किसी भी छोटी अदालत में पहले ले जाने की आवश्यकता नहीं होती है। प्रारंभिक क्षेत्राधिकार को दो भागों **अनन्य क्षेत्राधिकार** तथा **समवर्ती क्षेत्राधिकार** में विभाजित किया जा सकता है–

अनन्य प्रारंभिक क्षेत्राधिकार–अनन्य प्रारंभिक क्षेत्राधिकार के अंतर्गत वे विषय आते हैं जिन पर केवल सर्वोच्च न्यायालय को अधिकार प्राप्त है। **अनुच्छेद–131** के अंतर्गत सर्वोच्च न्यायालय को निम्नवत् पक्षकारों के मध्य किसी विवाद में प्रारंभिक क्षेत्राधिकार प्राप्त हैं–

- संघ तथा एक या एक से अधिक राज्य के बीच
- संघ और कोई एक राज्य एक ओर तथा एक या एक से अधिक राज्य दूसरी ओर
- दो या दो से अधिक राज्यों के मध्य

उपर्युक्त सभी प्रकार के विवाद प्रारंभिक रूप में सर्वोच्च न्यायालय के सम्मुख प्रस्तुत किए जाते हैं। प्रारंभिक क्षेत्राधिकार के अंतर्गत सर्वोच्च न्यायालय केवल उन्हीं विवादों को संज्ञान में लेता अथवा स्वीकार करता है जिनमें कोई ऐसा तथ्य या विधि का प्रश्न अंतर्निहित हो जिस पर किसी विधिक अधिकार का अस्तित्व निर्भर करता है। ध्यातव्य है कि सर्वोच्च न्यायालय प्रारंभिक क्षेत्राधिकार के अंतर्गत सरकार के विरुद्ध नागरिकों द्वारा प्रस्तुत मुकदमे को स्वीकार नहीं कर

सकता है। इसका आशय यह है कि न्यायालय को राजनैतिक प्रश्नों के मामलों में कोई अधिकार प्राप्त नहीं है। सर्वोच्च न्यायालय ने कनार्टक बनाम भारतीय संघ के मामले में यह निर्धारित किया है कि केंद्र सरकार को लोक महत्व के मामले में जांच करने के लिए जांच आयोग नियुक्त करने का विधिक अधिकार प्राप्त है। मंत्रियों के आचरण जो वे अपने पद से संबंधित कार्यों के निर्वहन में करते है, वह जांच आयोग अधिनियम 1952 की धारा 3 के अधीन सार्वजनिक महत्व का विषय है।

समवर्ती प्रारंभिक क्षेत्राधिकार–समवर्ती प्रारंभिक क्षेत्राधिकार के अंतर्गत वे मामले आते हैं जिनके संदर्भ में सर्वोच्च न्यायालय तथा उच्च न्यायालय दोनों को अधिकार प्राप्त है। इसके अंतर्गत नागरिकों के वे मौलिक अधिकार आते हैं जिनकी रक्षा का दायित्व सर्वोच्च न्यायालय के साथ-साथ उच्च न्यायालय को भी है।

- अनुच्छेद–32 में मूल अधिकारों के उल्लंघन के विरुद्ध उपचार करने के लिए सर्वोच्च न्यायालय को प्रारंभिक क्षेत्राधिकार प्रदान किया गया है। इस प्रयोजन के लिए सर्वोच्च न्यायालय को ऐसे निर्देश, आदेश या लेख जिनके अंतर्गत बंदी प्रत्यक्षीकरण (Habeas corpus), परमादेश (Mandamus), प्रतिषेध (Prohibition), अधिकार पृच्छा (Quo warranto) तथा उत्प्रेषण (certiorari) प्रकार के लेख भी हैं जो समुचित हो, को जारी करने की शक्ति प्राप्त है।
- अनुच्छेद–32 के अंतर्गत कोई भी व्यक्ति जिसके मूल अधिकारों पर आघात किया गया है, उपचार के लिए प्रत्यक्षत: सर्वोच्च न्यायालय में जा सकता है। यही कारण है कि सर्वोच्च न्यायालय को नागरिकों के मूल अधिकारों का संरक्षक तथा गारंटीकर्ता कहा गया है।

प्रारंभिक क्षेत्राधिकार के अपवाद

निम्नलिखित विषयों से संबंधित मामले सर्वोच्च न्यायालय के प्रारंभिक क्षेत्राधिकार के अंतर्गत नहीं आते हैं–

- **अनुच्छेद–262** के अंतर्गत संसद विधि द्वारा किसी अंतर्राज्यीय नदी या नदी की घाटी के या उसके पानी के प्रयोग, वितरण या नियंत्रण आदि से संबंधित किसी विवाद को सर्वोच्च न्यायालय के क्षेत्राधिकार से बाहर कर सकती है।
- **अनुच्छेद–280** के अंतर्गत वित्त आयोग को सौंपे गए विषय से संबंधित विवाद।
- **अनुच्छेद–290** के अंतर्गत केंद्र और राज्य के मध्य कतिपय व्ययों के समायोजन से संबंधित विवाद।
- **अनुच्छेद–143(2)** के अंतर्गत सर्वोच्च न्यायालय को सुझाव देने के लिए प्रेषित मामला।

अनुच्छेद–131(क) में वर्णित प्रावधानों के अनुसार सर्वोच्च न्यायालय को केंद्रीय विधियों की जांच के संबंध में भी अनन्य प्रारंभिक क्षेत्राधिकार प्राप्त है। **42वें संविधान संशोधन अधिनियम, 1976 द्वारा अनुच्छेद–32(क) जोड़कर** राज्य विधियों की विधि मान्यता का प्रश्न सर्वोच्च न्यायालय के क्षेत्राधिकार से बाहर कर दिया गया, परंतु 43वें संविधान संशोधन अधिनियम, 1977 द्वारा अनुच्छेद–32 (क) को पुन: समाप्त कर दिया गया। इस प्रकार पुन: 42वें संविधान संशोधन अधिनियम के पूर्व की स्थिति ला दी गई।

सर्वोच्च न्यायालय के अनन्य प्रारंभिक क्षेत्राधिकार के अंतर्गत 1961 में पहला मामला आया जब पश्चिम बंगाल सरकार ने सर्वोच्च न्यायालय से प्रार्थना की थी कि वह संसद को ऐसा कानून बनाने के अधिकार से वंचित कर दे जिसका उद्देश्य राज्य में कोयला उत्पादन क्षेत्रों का अर्जन करना है। सर्वोच्च न्यायालय ने पश्चिम बंगाल सरकार की याचिका के संदर्भ में अपना निर्णय केंद्र सरकार के पक्ष में दिया।

अभिलेखीय क्षेत्राधिकार

- संविधान के अनुच्छेद–129 के अनुसार सर्वोच्च न्यायालय एक अभिलेख न्यायालय है। अभिलेख न्यायालय से आशय यह है कि सर्वोच्च न्यायालय के अभिलेख भारतीय क्षेत्र के अंतर्गत सभी जगह साक्ष्य के रूप में प्रस्तुत किए जाएंगे तथा किसी भी न्यायालय में उसकी प्राथमिकता के विषय में कोई संदेह नहीं किया जाएगा। दूसरे अर्थ में सर्वोच्च न्यायालय को अभिलेख न्यायालय इसलिए भी कहा जाता है कि वह किसी को भी अपने अपमान के लिए दंड दे सकता है।
- न्यायालय अवमानना अधिनियम, 1971 के पूर्व न्यायालय अवमानना की संविधान या किसी अन्य अधिनियम में कोई परिभाषा नहीं दी गई थी, परंतु न्यायालयों ने स्वयं इस शब्दावली की परिभाषा की है। चूंकि इस शक्ति का कोई गलत उपयोग कर सकता है। अत: इस पदावली की एक निश्चित परिभाषा अपेक्षित थी। न्यायालय अवमानना अधिनियम, 1971 के अनुसार न्यायालय अवमानना में दीवानी और फौजदारी दोनों प्रकार की अवमानना आती है।
- उसके सभी निर्णय, आदेश तथा निर्देश आदि स्थायी स्मृति में सुरक्षित रखे जाते हैं ताकि सभी अधीनस्थ न्यायालय उन्हें पूर्व-उदाहरणों के रूप में प्रयुक्त कर सकें।
- अभिलेख न्यायालय की दूसरी विशेषता यह है कि उसे अपनी अवमानना के लिए दंड देने की शक्ति होती है।

अपीलीय क्षेत्राधिकार

अनुच्छेद–132 के अनुसार सर्वोच्च न्यायालय देश का सर्वोच्च अपीलीय न्यायालय है। उसे सभी राज्यों के उच्च न्यायालयों के विरुद्ध अपील सुनने का अधिकार प्राप्त है। सर्वोच्च न्यायालय के अपीलीय क्षेत्राधिकार को 4 शीर्षकों के अंतर्गत बांटा जा सकता है–

- संवैधानिक मामले (Consitutional Disputes)
- दीवानी मामले (Civil Cases)
- फौजदारी मामले (Criminal Cases)
- विशेष अनुमति से अपील (Appeal by Special Leave)

आपराधिक मामलों में अपील संबंधी प्रावधान अनुच्छेद–134 में किया गया है। इसके अनुसार किसी उच्च न्यायालय द्वारा किसी आपराधिक कार्यवाही में दिए गए किसी निर्णय, आदेश या दंडादेश की अपील उच्चतम न्यायालय में निम्नलिखित दशाओं में हो सकती है। यदि–

- उच्च न्यायालय ने अधीनस्थ न्यायालय के दोषमुक्ति के आदेश को अपील में उलट दिया हो तथा अभियुक्त को दोष सिद्ध करते हुए मृत्युदंड दिया हो।
- उच्च न्यायालय ने अपने किसी अधीनस्थ न्यायालय से मामले को विचार के लिए अपने पास मंगाया हो तथा मामले पर विचारोपरांत अभियुक्त को दोषसिद्ध करते हुए मृत्युदंड दिया हो।
- उच्च न्यायालय ने यह प्रमाणित कर दिया हो कि मामला सर्वोच्च न्यायालय में अपील योग्य है।
- अनुच्छेद–134 (2) के तहत उच्चतम न्यायालय को आपराधिक मामलों में अपील ग्रहण करने और सुनने के लिए अतिरिक्त शक्ति प्रदान कर सकती है तथा उसके लिए **शर्तें और परिसीमाएं** नियत कर सकती हैं।

संवैधानिक मामलों में अपील

संविधान के **अनुच्छेद–132 (1)** में उपबंध किया गया है कि भारत में किसी उच्च न्यायालय के निर्णय, डिग्री या अंतिम आदेश चाहे वे दीवानी, फौजदारी या अन्य कार्यवाहियों में दिए गए हो। इनकी अपील सर्वोच्च न्यायालय में की जा सकती है।

यदि उस राज्य का उच्च न्यायालय **अनुच्छेद–134(क)** (जो 44वें संविधान द्वारा जोड़ा गया) के अधीन यह प्रमाणित कर दे कि उस मामले में संविधान से

संबंधित कोई सारवान विधिक प्रश्न अंतर्गत है। अनुच्छेद–134 (ख) के अनुसार यदि राज्य का उच्च न्यायालय ऐसा प्रमाणपत्र देना अस्वीकार कर देता है तो सर्वोच्च न्यायालय अपील की विशेष अनुमति दे सकता है, परंतु उसे यह समाधान हो जाए कि उस मामले में संविधान की व्याख्या से संबंधित कोई विधि प्रश्न अंतर्गत है।

44वें संविधान संशोधन द्वारा देरी से बचने के लिए यह व्यवस्था की गई है। उच्च न्यायालय को सर्वोच्च न्यायालय में अपील करने हेतु प्रमाणपत्र अस्वीकार करने के प्रश्न पर अपने निर्णय, डिग्री या अंतिम आदेश सुनाने के समय ही विचार कर लेना चाहिए। ऐसा या तो पक्षकार के आवेदन पर या न्यायालय स्वयं ही कर सकता है। इस प्रकार सर्वोच्च न्यायालय द्वारा विशेष अनुमति के मामले पूर्णत: **अनुच्छेद–136 के अंतर्गत नियमन के लिए छोड़ दिए जाएंगे।**

दीवानी मामलों में अपील

अनुच्छेद–137 में यह प्रावधान किया गया है कि भारत के किसी उच्च न्यायालय द्वारा सिविल कार्यवाही में दिए गए निर्णय, डिक्री या अंतिम आदेश के विरुद्ध सर्वोच्च न्यायालय में तभी अपील की जा सकती है–

- जब उच्च न्यायालय **अनुच्छेद–134 (क)** के अनुसार यह प्रमाणित कर देता है कि (1) उस मामले में विधि के व्यापक महत्व का कोई सारवान प्रश्न अंतर्गत है और (2) उच्च न्यायालय के मत में इस प्रश्न का विनिश्चयन सर्वोच्च न्यायालय द्वारा किया जाना आवश्यक है। ध्यातव्य है कि यह उपबंध 30वें संविधान संशोधन अधिनियम, 1972 द्वारा जोड़ा गया है इस संशोधन के पूर्व दीवानी मामलों में सर्वोच्च न्यायालय में तभी अपील की जा सकती थी, जबकि वाद-विवाद की राशि का मूल्य 20000 रु. से अधिक हो।
- मालियत की उक्त शर्तें पूरी होने पर अपील का प्रमाणपत्र अधिकार के रूप में प्राप्त किया जा सकता है। 30वें संशोधन द्वारा मालियत की शर्त को समाप्त कर दिया गया। संविधान में यह भी उपबंध किया गया है कि दीवानी मामले में किसी उच्च न्यायालय के न्यायाधीश के डिक्री या आदेश की अपील सर्वोच्च न्यायालय में ही नहीं होगी। परंतु संसद इस प्रकार के मामले में भी विधि द्वारा अपील का उपबंध कर सकती है।
- अनुच्छेद–133 में कहा गया है कि सर्वोच्च न्यायालय के सम्मुख नवीन आधार नहीं उठाया जा सकता है, जो उसने न्यायालय के सम्मुख न उठाया हो।

फौजदारी मामलों में अपील

अनुच्छेद–134 में निहित उपबंधों के अनुसार किसी उच्च न्यायालय द्वारा किसी दाण्डिक कार्यवाही में दिए गए निर्णय या अंतिम आदेश के विरुद्ध सर्वोच्च न्यायालय में अपील उच्च न्यायालय के प्रमाण-पत्र तथा बिना प्रमाण-पत्र दोनों के द्वारा की जा सकती है। **अनुच्छेद–134 (ग)** के अनुसार यदि उच्च न्यायालय यह प्रमाणित करता है कि यह मामला सर्वोच्च न्यायालय में अपील के योग्य है तो उसमें अपील की जाएगी। ध्यातव्य है कि फौजदारी मामलों में अपील का प्रमाण-पत्र देने का अधिकार उच्च न्यायालय का एक विवेकाधिकार है। उच्च न्यायालय अपने इस विवेकाधिकार का प्रयोग सुनिश्चित एवं मान्य सिद्धांतों के आधार पर ही न्यायिक ढंग से कर सकता है।

उच्च न्यायालय के प्रमाण-पत्र के बिना भी उच्चतम न्यायालय में निम्नलिखित मामलों में अपील की जा सकती है–

- उच्च न्यायालय में अपील में अधीनस्थ न्यायालय द्वारा किसी अभियुक्त की विमुक्ति के आदेश को उलट दिया हो।
- उच्च न्यायालय ने अपील में अधीनस्थ न्यायालय से किसी मामले को परीक्षण हेतु अपने पास मंगा लिया हो और अभियुक्त को स्वयं मृत्युदंड दे दिया हो।
- **अनुच्छेद–134** के अंतर्गत सर्वोच्च न्यायालय फौजदारी मामलों में एक साधारण न्यायालय की तरह नहीं है। इसका प्रयोग केवल असाधारण परिस्थितियों में ही किया जा सकता है।

विशेष अनुमति से अपील

- **अनुच्छेद–**136 में कहा गया है कि सर्वोच्च न्यायालय स्वविवेक से भारत के किसी न्यायालय या न्यायधिकरण द्वारा किसी वाद या विवरण में दिए गए निर्णय, डिक्री, निर्धारण, दंडादेश या आदेश के विरुद्ध अपील के लिए अनुमति दे सकता है, परंतु यह अनुमति सशस्त्र बलों से संबद्ध किसी विधि के अधीन गठित किसी न्यायालय के निर्णय आदि से अपील की विशेष अनुमति देने का अधिकार नहीं होगा। अन्य शब्दों में यह भी कहा जा सकता है कि सैन्य न्यायालयों से सर्वोच्च न्यायालय में अपील करने की अनुमति नहीं दी जा सकती है।
- **अनुच्छेद–**136 सर्वोच्च न्यायालय को व्यापक शक्ति प्रदान करता है। इस अनुच्छेद– के अंतर्गत प्राप्त शक्तियां उन अवशिष्ट शक्तियों की प्रकृति की है जो साधारण कानून (अनुच्छेद–132 से 134 के अंतर्गत साधारण अपीलीय अधिकार से संबंधित है) के बाहर प्रयुक्त करने लायक है। अनुच्छेद–136 के अंतर्गत सर्वोच्च न्यायालय उन परिसीमाओं में नहीं बंधा है जो अनुच्छेद–132 से लेकर 134 तक के अनुच्छेदों में वर्णित है। अनुच्छेद–136 के अंतर्गत सर्वोच्च न्यायालय किसी भी न्यायालय के निर्णय या आदेश के विरुद्ध विशेष अपील करने की अनुमति दे सकता है। इसके लिए यह आवश्यक भी नहीं है कि अधीनस्थ न्यायालय के निर्णय के विरुद्ध उच्च न्यायालय में अपील की गई है अथवा नहीं। इसके साथ ही अनुच्छेद–136 के अंतर्गत सर्वोच्च न्यायालय की अपील सुनने की शक्ति केवल न्यायालयों तक ही सीमित नहीं है। यह न्यायाधिकरणों से भी अपील सुन सकता है।

भारतीय एवं अमेरिकी उच्चतम न्यायालय की तुलना

भारतीय उच्चतम न्यायालय	अमेरिकी उच्चतम न्यायालय
• इसका वास्तविक न्यायक्षेत्र संघीय मामलों तक सीमित है।	• इसके वास्तविक न्यायक्षेत्र में न केवल संघीय मामले हैं, बल्कि नौसेना, समुद्री व राजदूतों के मामले भी शामिल हैं।
• इसके अपीलीय न्यायक्षेत्र में संवैधानिक, जन अधिकार एवं आपराधिक मामले सभी शामिल हैं।	• इसके अपीलीय न्यायक्षेत्र में केवल संवैधानिक मामले शामिल हैं।
• इसका क्षेत्र व्यापक है, क्योंकि इसमें किसी मामले से संबंधित किसी न्यायालय के फैसले (सैन्य न्यायालय को छोड़कर) के खिलाफ अपील की जा सकती है।	• इसके पास इस तरह की शक्तियां नहीं हैं।
• यह सलाहकार न्यायक्षेत्र है।	• इसके पास कोई सलाहकार न्यायक्षेत्र नहीं है।
• इसकी न्यायिक समीक्षा के अवसर सीमित हैं।	• इसके न्यायिक समीक्षा के क्षेत्र व्यापक हैं।
• यह विधि द्वारा कार्यवाही के तहत अधिकारों की रक्षा करता है।	• यह विधिवत प्रक्रिया के तहत नागरिकों के अधिकारों की रक्षा करता है।
• इसके न्यायक्षेत्र व शक्तियों को संसद द्वारा बढ़ाया जा सकता है।	• इसके न्यायक्षेत्र व शक्तियां संविधान द्वारा उल्लिखित एवं सीमित हैं।
• एकीकृत न्यायिक व्यवस्था के तहत इसके पास न्यायिक अधीक्षक का अधिकार है और सभी उच्च न्यायालयों पर नियंत्रण रहता है।	• दोहरी (या विभक्त) न्याय व्यवस्था के कारण इसके पास ऐसी कोई शक्ति नहीं है।

- **अनुच्छेद**–136 किसी व्यक्ति के पक्ष में अपील करने का कोई अधिकार सृजित नहीं करता है, अपितु न्यायालय को स्वविवेक की शक्ति प्रदान करता है। जिससे वह विशेष परिस्थितियों में साक्ष्य की जांच कर सके तथा यह देख सके कि मामले में घोर अन्याय तो नहीं हो रहा है। इस शक्ति का प्रयोग बहुत कम करना चाहिए।
- अनुच्छेद– 136 का उद्देश्य उन विषयों पर अपील की शक्ति देना है जो या तो इन तीनों में शामिल न हो पाए हों या कोई अन्य विशिष्ट परिस्थिति बन गई हो। एक अर्थ में यह शक्ति सर्वोच्च न्यायालय के पास अपील ग्रहण करने की अवशिष्ट शक्ति के रूप में है।
- यह उच्चतम न्यायालय की विवेकाधीन शक्ति है। यदि व्यक्ति को अन्य किसी साधन के द्वारा न्याय मिल सके, तो उच्चतम न्यायालय द्वारा विशेष इजाजत की शक्ति का प्रयोग किया जाता है।

परामर्शी क्षेत्राधिकार

- **अनुच्छेद**–143 में उपबंध किया गया है कि जब किसी समय राष्ट्रपति को यह प्रतीत होता है कि विधि या तथ्य का कोई ऐसा प्रश्न उत्पन्न हुआ है या उसके उत्पन्न होने की संभावना है जो ऐसी प्रकृति का है और ऐसे सार्वजनिक महत्व का है कि उस पर सर्वोच्च न्यायालय की राय लेना उपयुक्त है तो उस प्रश्न को सर्वोच्च न्यायालय को प्रेषित किया जा सकता है।
- न्यायालय ऐसी सुनवाई के पश्चात् जैसा वह उचित समझे राष्ट्रपति को अपनी सलाह भेज सकता है। खंड–2 के अधीन यदि राष्ट्रपति किसी ऐसे मामले को सर्वोच्च न्यायालय के पास राय के लिए प्रेषित करता है जो अनुच्छेद–131 के परंतुक (Provision) में वर्णित हो तो न्यायालय उसे राय देने के लिए बाध्य होगा, परंतु अनुच्छेद–143(1) में प्रयुक्त 'May' शब्द यह व्यक्त करता है कि सर्वोच्च न्यायालय ने राष्ट्रपति को कोई परामर्श नहीं दिया है तथा प्रेषित मामले को वापस लौटा दिया है।
- अनुच्छेद–143 के अंतर्गत सर्वोच्च न्यायालय द्वारा दी गई राय सम्मान के योग्य अवश्य है, परंतु यह न्यायालयों के ऊपर बाध्यकारी नहीं है। संविधान में स्पष्टत: कहा गया है कि अनुच्छेद–143(2) के अतिरिक्त अन्य किसी भी मामले में सर्वोच्च न्यायालय परामर्श देने के लिए बाध्य नहीं है।

राष्ट्रपति द्वारा परामर्श के लिए भेजे गए मामले	
राष्ट्रपति द्वारा उच्चतम न्यायालय से अब तक निम्नवत् मामलों में सर्वोच्च न्यायालय से परामर्श मांगा गया है–	
1.	दिल्ली ऐक्ट के मामले में 1951
2.	कस्टम ऐक्ट के मामले में 1952
3.	बेरुबारी मामलों में 1956 में
4.	केरल एजुकेशन के मामले में 1958 में
5.	केशव सिद्ध मामले में 1965 में
6.	प्रेसीडेंशियल पोल के मामले में 1974 में
7.	स्पेशल कोर्ट रेफरेन्स के मामले में 1978 में
8.	मैटर ऑफ कावेरी वाटर डिस्प्यूट्स ट्रिब्यूनल के मामले में 1991 में
9.	रामजन्म भूमि बाबरी मस्जिद विवाद 1993 में
10.	न्यायाधीशों की नियुक्ति के मामले में 1998 में
11.	गुजरात विधानसभा के समय पूर्व भंग हो जाने के कारण चुनाव कराने का मामला, 2002 में
12.	स्पेक्ट्रम 2जी मामला।

- राष्ट्रपति भारतीय संविधान लागू होने से पूर्व हुए किसी समझौते, संधि, संविदा आदि और वैदेशिक मामले के विषय में भी सर्वोच्च न्यायालय से परामर्श कर सकता है तथा सर्वोच्च न्यायालय ऐसे मामलों में परामर्श देने के लिए बाध्य है।
- किसी विदेशी सरकार के साथ किये गये समझौतों व संदर्भ में सलाह मांगने पर सर्वोच्च न्यायालय सलाह देने के लिए बाध्य है।
- भारतीय संविधान में कनाडा के सर्वोच्च न्यायालय को प्राप्त परामर्शी अधिकार का अनुसरण करते हुए भारतीय उच्चतम न्यायालय को भी परामर्शदात्री अधिकार प्रदान किया गया है।

ऐसे मामलों में सर्वोच्च न्यायालय द्वारा दिए गए परामर्श को संवैधानिक अधिकार के तहत राष्ट्रपति मानने के लिए बाध्य नहीं है। यह उसके विवेक पर निर्भर करता है कि वह उसे स्वीकार करे या अस्वीकार करे। व्यवहार में सामान्यत: सर्वोच्च न्यायालय द्वारा दिए गए परामर्श को राष्ट्रपति द्वारा मान लिया जाता है। राष्ट्रपति के कहने पर सर्वोच्च न्यायालय द्वारा निम्नलिखित मामलों में दी गई सलाह महत्वपूर्ण सिद्ध हुई है–

- ❖ दिल्ली, अजमेर और मेवाड़ भाग-ग राज्य कानून पर 1951 में दी गई राय।
- ❖ केरल शिक्षा विधेयक (1957) के संबंध में 1958 में दी गई राय।
- ❖ 1958 में हुए भारत-पाक समझौते के तहत क्षेत्रों की अदला-बदली के विषय में 1960 में दिया गया परामर्श।
- ❖ 1974 में राष्ट्रपति के चुनाव के संबंध में सर्वोच्च न्यायालय द्वारा दिया गया परामर्श।
- ❖ 1977 में आपातकाल के समय हुई ज्यादतियों के लिए उत्तरदायी व्यक्तियों के विरुद्ध जांच एवं कार्यवाही के लिए गठित विशेष अदालत विधेयक पर 1978 में दी गई सम्मति।

आवृत्ति संबंधी अधिकार

- सर्वोच्च न्यायालय के अभिलेख न्यायालय होने के कारण इसके निर्णयों को कानूनी मान्यता प्राप्त है। सर्वोच्च न्यायालय के अभिलेख सभी जगह साक्ष्य के रूप में प्रस्तुत किए जा सकते हैं।
- सर्वोच्च न्यायालय को यह अधिकार प्राप्त है कि वह अपने द्वारा दिए गए किसी निर्णय या आदेश का पुनरीक्षण या अवलोकन करके अपनी भूल सुधार सके। 1967 में सर्वोच्च न्यायालय ने गोलकनाथ, परामर्शदात्री शंकरी प्रसाद और सज्जन सिंह के मुकदमे में दिए गए अपने निर्णयों को रद्द घोषित किया था।

विविध अधिकार

सर्वोच्च न्यायालय को उपरोक्त वर्णित कार्यों के अतिरिक्त भी विविध प्रकार का कार्य संपन्न करना पड़ता है। सर्वोच्च न्यायालय के पूर्व मुख्य न्यायाधीश के. सुब्बाराव ने सर्वोच्च न्यायालय के 5 कार्यों का उल्लेख किया है जो इस प्रकार हैं–

- सर्वोच्च न्यायालय संघीय शासन प्रणाली में संतुलन बनाए रखता है। यह भारतीय सीमा क्षेत्र में कार्य करने वाले सभी अधिकारियों तथा संस्थाओं को उनकी सीमाओं में कार्यरत रखता है।
- नागरिकों के मौलिक अधिकारों की रक्षा करता है और यह देखता है कि राज्य के नीति-निदेशक सिद्धांतों में कोई अड़चन पैदा न हो।
- यह अपने लेखों और आदेशों से प्रशासनिक न्यायाधिकरणों को नियंत्रित करता है तथा सर्वोच्च न्यायालयों को आपसी विवाद सुलझाने का अधिकार प्रदान करता है।
- अनुच्छेद–137 सर्वोच्च न्यायालय को शक्ति देता है कि वह अपने निर्णयों या आदेशों का पुनर्विलोकन कर सकता है तथा उन्हें बदल भी सकता है।
- जिन याचिकाओं के तहत सर्वोच्च न्यायालय अपने निर्णयों का पुनर्विलोकन करता है, उन्हें पुनर्विचार याचिका कहते हैं। ऐसी याचिका निर्णय के 30 दिनों के भीतर ही दी जा सकती है।

- पिछले कुछ समय में एक नई अवधारणा प्रचलित हुई है जिसे उपचारात्मक याचिका या दोषाहारी याचिका कहते हैं। इसका प्रयोग वहां किया जाता है जहां पुनर्विचार याचिका भी खारिज हो गई हो, किंतु पीड़ित पक्ष किसी अति-गंभीर आधार पर उपचार का निवेदन करना चाहता हो।
- अनुच्छेद–142 में कहा गया है कि सर्वोच्च न्यायालय ऐसी डिक्री पारित कर सकेगा या ऐसा आदेश दे सकेगा जो उसके समक्ष किसी वाद या विषय में पूर्ण न्याय करने के लिए आवश्यक हो।
- अनुच्छेद–139(क) में सर्वोच्च न्यायालय को अधिकार दिया गया है कि वह किसी भी मामले को एक न्यायालय से दूसरे न्यायालय में हस्तांतरित करा सकता है। यह प्रावधान 42वें संविधान संशोधन द्वारा जोड़ा गया। बाद में 44वें संविधान संशोधन द्वारा हस्तांतरण के मामले में सर्वोच्च न्यायालय की शक्ति सीमित की गई, परंतु आज भी उसे कुछ मामलों में हस्तांतरण का अधिकार प्राप्त है।
- अनुच्छेद–141 में कहा गया है कि सर्वोच्च न्यायालय द्वारा घोषित विधि भारत के राज्य-क्षेत्र के भीतर सभी न्यायालयों पर आबद्धकारी होगी।
- अनुच्छेद– 145 के अंतर्गत सर्वोच्च न्यायालय से संबंधित नियम बनाने की शक्ति सर्वोच्च न्यायालय को दी गई है कि वह अपनी प्रक्रिया आदि से संबंधित नियम बना सकता है। इसके संबंध में दो शर्तों का पालन करना जरूरी है। पहले यह नियम राष्ट्रपति के अनुमोदन से ही बनाए जा सकते हैं, तथा दूसरे ये नियम संसद द्वारा निर्मित विधियों के विरुद्ध नहीं होने चाहिए।
- अनुच्छेद– 145(3) स्पष्ट करता है कि यदि किसी मामले में संविधान की व्याख्या का प्रश्न हो या अनुच्छेद–143 के अधीन राष्ट्रपति द्वारा पूछे गए प्रश्न पर विचार करने का प्रसंग हो तो कम-से-कम 5 न्यायाधीशों की पीठ बैठेगी।

सर्वोच्च न्यायालय के अधिकारों में वृद्धि

भारतीय संविधान में स्पष्टत: कहा गया है कि कुछ स्थितियों में सर्वोच्च न्यायालय के अधिकतर क्षेत्र में संसद द्वारा वृद्धि की जा सकती है। संविधान के अनुच्छेद–134 (2) के फौजदारी कार्यवाही के संबंध में संसद कानून बनाकर सर्वोच्च न्यायालय का अधिकार क्षेत्र बढ़ा सकती है।

- **अनुच्छेद–134 (2)** के अनुसार संसद आपराधिक अपीलों के मामले में सर्वोच्च न्यायालय की अधिकारिता बढ़ा सकती है।
- **अनुच्छेद–138** के अनुसार संसद को अधिकार है कि संघीय सूची के विषय में वह सर्वोच्च न्यायालय के अधिकारों में वृद्धि कर सकती है।
- **अनुच्छेद–139** के अनुसार संसद सर्वोच्च न्यायालय को मौलिक अधिकारों के अलावा अन्य विषयों पर भी बंदी प्रत्यक्षीकरण, परमादेश, प्रतिषेध अधिकार पृच्छा तथा उत्प्रेषण लागू करने का आदेश दे सकती है।
- **अनुच्छेद**–140 के अनुसार संसद सर्वोच्च न्यायालय को कानून के द्वारा ऐसी अनुपूरक अधिकार सौंप सकती है, जो संसद के कार्यों को संपादित करने के लिए आवश्यक हो, परंतु ऐसा अधिकार संविधान के अन्य उपबंधों से टकराने वाला नहीं होना चाहिए।

सर्वोच्च न्यायालय तथा न्यायिक पुनर्विलोकन

न्यायिक पुनर्विलोकन अथवा न्यायिक पुनरीक्षण का आशय सर्वोच्च न्यायालय के उस अधिकार से है जिसके अंतर्गत वह व्यवस्थापिका द्वारा निर्मित कानूनों या कार्यपालिका द्वारा जारी आदेशों की वैधता का इस धरातल पर परीक्षण करता है कि कहीं वे राज्य की मूल विधि अथवा संविधान का उल्लंघन तो नहीं करता है। **अनुच्छेद–131** और **132** के अंतर्गत सर्वोच्च न्यायालय को केंद्र और राज्य कि विधि के न्यायिक पुनर्विलोकन का अधिकार प्राप्त है। यदि न्यायालय यह महसूस करता है कि कोई भी विधि अथवा कार्यपालिकीय आदेश संविधान के उपबंधों के विरुद्ध है, तो न्यायालय उसे अवैध कर देगा, परंतु भारतीय सर्वोच्च न्यायालय को अमेरिकी सर्वोच्च न्यायालय की तुलना में कम न्यायिक पुनरीक्षण का अधिकार प्राप्त है। अमेरिकी सर्वोच्च न्यायालय इस आधार पर भी विधियों को अवैध घोषित कर सकता है कि वे न्यायालय की दृष्टि में उचित नहीं है, परंतु भारतीय सर्वोच्च न्यायालय ऐसा नहीं कर सकता है। भारतीय संविधान में कानून द्वारा स्थापित प्रक्रिया अपनाई गई है, जबकि अमेरिकी संविधान में कानून की उचित प्रक्रिया अपनाई गई है। कानून द्वारा स्थापित प्रक्रिया के अंतर्गत अमेरिकी सर्वोच्च न्यायालय कानून के औचित्य तथा प्रक्रिया की अनुकूलता दोनों पर विचार करता है। कानून द्वारा स्थापित प्रक्रिया के अंतर्गत अंतिम शक्ति विधानमंडल को दी जाती है, जबकि उचित प्रक्रिया के अंतर्गत अंतिम ऐसा नहीं होता है। इस प्रकार सं. रा. अमेरिका में न्यायपालिका विधानमंडल तथा कार्यपालिका दोनों पर नियंत्रण रखती है। भारत में ऐसा नहीं है। भारत में न्यायालय को केवल गिरफ्तारी या नजरबंदी की कानूनी प्रक्रिया पर ही विचार करने का अधिकार है, अमेरिकी सर्वोच्च न्यायालय की तरह कानून की वैधता पर विचार करने का नहीं। भारतीय संविधान विशेषज्ञ एच. एम. सीरवई ने लिखा है कि भारत में किसी कानून को केवल इस आधार पर अवैध नहीं घोषित किया जा सकता है कि वह न्यायालय की सम्मति में स्वतंत्रता या संविधान की भावना के किन्हीं सिद्धांतों का उल्लंघन करता है जब तक वे सिद्धांत संविधान में समाविष्ट न हों। किसी विधि की संवैधानिकता पर निर्णय देते हुए संबंधित विधि की विवेकपूर्णता या विवेकहीनता अथवा न्यायपूर्णता या अन्याय पूर्णता को देखने का न्यायपालिका का कोई संबंध नहीं है।

गोलकनाथ मुकदमा तथा संसद के अधिकार

27 फरवरी, 1967 को सर्वोच्च न्यायालय ने गोलकनाथ मुकदमे में अपना निर्णय देते हुए कहा था कि संसद को संविधान द्वारा प्रदत्त मौलिक अधिकारों को संशोधित करने का कोई अधिकार नहीं है। सर्वोच्च न्यायालय की खंडपीठ ने अपने निर्णय में कहा था कि हम लोग घोषित करते हैं कि इस निर्णय के बाद संविधान के भाग 3 के किसी उपबंध को इस तरह संशोधित करने का अधिकार प्राप्त नहीं होगा जिससे मौलिक अधिकार की सीमाएं कम हो रही हों या मौलिक अधिकार कम किए जाने का प्रावधान हो। गोलकनाथ मुकदमे के अतिरिक्त बैंक राष्ट्रीयकरण तथा प्रिवीपर्स उन्मूलन विधेयक को सर्वोच्च न्यायालय ने गैर-संवैधानिक घोषित कर दिया था। इस प्रकार संसद तथा न्यायपालिका के मध्य द्वंद्व शुरू हो गया। इसी समय 1971 में लोकसभा का चुनाव भी संपन्न हुआ। चुनाव में भारतीय राष्ट्रीय कांग्रेस को प्रचंड बहुमत प्राप्त हुआ। सरकार ने 24वां तथा 25वां संविधान संशोधन विधेयक पेश किया और जिसे संसद द्वारा पारित कर दिया गया। 24वें संशोधन द्वारा संसद को मौलिक अधिकारों में संशोधन करने तथा 25वें संशोधन द्वारा संपत्ति के संबंध में संसद को अधिकार दिया गया। इसी समय 24 अप्रैल, 1973 को सर्वोच्च न्यायालय ने केशवानंद भारती के मुकदमे में दिए गए निर्णय में गोलकनाथ मुकदमे में दिए गए अपने पूर्व के निर्णय को रद्द कर दिया और कहा कि संसद को मौलिक अधिकारों सहित सभी अनुच्छेदों में संशोधन करने का अधिकार है।

42वां संविधान संशोधन और सर्वोच्च न्यायालय

1976 में किए गए 42वें संविधान संशोधन अधिनियम को मिनी संविधान कहा जाता है। इस संशोधन के माध्यम से संसद द्वारा सर्वोच्च तथा उच्च न्यायालयों के अधिकारों को व्यापक पैमाने पर सीमित करने का प्रयास किया गया। इस संशोधन द्वारा एक नया **अनुच्छेद–32 (i) जोड़ा गया जिसमें यह व्यवस्था की गई कि सर्वोच्च न्यायालय को अनुच्छेद–32 के अंतर्गत तब तक किसी राज्य द्वारा बनाए गए कानून की वैधता पर विचार** करने का अधिकार नहीं होगा जब तक उससे केंद्रीय कानून का मामला न जुड़ा हो। किसी राज्य के उच्च न्यायालय को भी केंद्रीय कानूनों की वैधता का निर्णय करने का अधिकार नहीं होगा। जिन मामलों में केंद्र तथा राज्य दोनों प्रकार के कानून की वैधता का प्रश्न

सम्मिलित होगा, उनमें केवल सर्वोच्च न्यायालय को ही निर्णय करने का अधिकार होगा। सर्वोच्च न्यायालय द्वारा किसी कानून की वैधता पर विचार का दायित्व कम-से-कम 7 न्यायाधीशों से बनी खंडपीठ को ही होगा और कोई भी कानून तभी अवैध घोषित किया जा सकता है जब उसे दो-तिहाई न्यायाधीश अवैध घोषित कर दें। 42वें संविधान संशोधन द्वारा न्यायालय की न्यायिक पुनर्विलोकन की शक्ति को सीमित कर दिया गया था तथा कानून की संवैधानिकता की जांच की प्रक्रिया को काफी जटिल बना दिया गया था।

1977 में केंद्र में सत्ता परिवर्तन हुआ और सरकार ने 42वें संविधान संशोधन के कुछ उपबंधों को समाप्त करने का निर्णय लिया। इसी संदर्भ में 43वां संविधान संशोधन 1978 में किया गया। इस संशोधन के द्वारा सर्वोच्च तथा उच्च न्यायालय के पुराने अधिकारों को पुनः लौटा दिया गया तथा **अनुच्छेद–32 (A) को समाप्त कर दिया गया।** 44वें संविधान संशोधन अधिनियम की धारा 10 के द्वारा सर्वोच्च न्यायालय के उस अधिकार को बहाल कर दिया गया जिसे 39वें संशोधन द्वारा समाप्त किया गया था।

सर्वोच्च न्यायालय या न्यायपालिका की स्वतंत्रता

सर्वोच्च न्यायालय भारतीय न्यायपालिका के शीर्ष पर है। सर्वोच्च न्यायालय संविधान के सर्वोच्च व्याख्याकार के रूप में केंद्र तथा राज्यों के मध्य होने वाले विवादों के अंतिम निर्णय करने के लिए एक स्वाधीन न्यायाधिकरण के रूप में कार्य करता है। सर्वोच्च न्यायालय संविधान द्वारा प्रदत्त मौलिक अधिकारों का संरक्षक भी है। सर्वोच्च न्यायालय समय-समय पर एक सलाहकार के रूप में राष्ट्रपति को सार्वजनिक दृष्टि से महत्वपूर्ण विषयों पर सलाह भी देता है। भारतीय संविधान ने सर्वोच्च न्यायालय को दीवानी और फौजदारी दोनों प्रकार के मामलों में निचले न्यायालयों के निर्णय का पुनर्विलोकन का पूर्व अधिकार भी दिया है। सर्वोच्च न्यायालय स्वतंत्र रूप से सदैव न्याय उपलब्ध कराता रहे इसके लिए संविधान निर्माताओं ने कुछ उपबंध किए हैं जो निम्नलिखित हैं–

- सर्वोच्च न्यायालय के न्यायाधीशों की नियुक्ति राष्ट्रपति द्वारा की जाती है, परंतु राष्ट्रपति उनको स्वेच्छा से हटा नहीं सकता है। निर्धारित अवधि के पूर्व राष्ट्रपति द्वारा किसी न्यायाधीश को तभी हटाया जा सकता है जब उसके विरुद्ध कदाचार का आरोप सिद्ध हो चुका हो तथा संसद के दोनों सदनों द्वारा उसे हटाने का प्रस्ताव पारित किया जा चुका हो।
- न्यायाधीशों के लिए पर्याप्त वेतन की व्यवस्था की गई है। न्यायाधीशों के वेतन, भत्ते आदि में उनके कार्यकाल के दौरान किसी भी प्रकार की कोई कटौती नहीं की जा सकती है। इसलिए उनका वेतन, भत्ता आदि संचित निधि पर भारित है केवल वित्तीय आपात स्थिति के समय ही उनके वेतन, भत्ते में कटौती की जा सकती है।
- सर्वोच्च न्यायालय स्वतंत्रतापूर्वक कार्यवाही कर सके इस हेतु अपनी कार्यवाही के नियमों के निर्धारण की शक्ति स्वयं इसे प्राप्त है, परंतु वे संसद द्वारा निर्मित विधियों के विरुद्ध न हो तथा उनकी पुष्टि राष्ट्रपति के द्वारा न कर दी जाए।
- सर्वोच्च न्यायालय को अपने कर्मचारियों पर पूर्ण नियंत्रण प्राप्त है। सर्वोच्च न्यायालय के सभी अधिकारियों तथा कर्मचारियों की नियुक्ति, पदोन्नति तथा पदच्युति का कार्य मुख्य न्यायाधीशों या उसके द्वारा नियुक्त किसी अन्य प्राधिकारी के द्वारा किया जाता है।
- सर्वोच्च न्यायालय द्वारा दिए गए निर्णय की आलोचना नहीं की जा सकती है। अपने दायित्वों के पालन में न्यायाधीशों द्वारा किए गए कार्यों पर संसद में विचार-विमर्श किया जा सकता है।
- अवकाश लेने के बाद सर्वोच्च न्यायालय का न्यायाधीश भारत के किसी भी न्यायालय या न्यायाधिकरण में वकालत नहीं कर सकता है, परंतु जांच-पड़ताल आदि कार्यों के लिए इनकी नियुक्ति की जा सकती है।

न्यायपालिका की स्वतंत्रता के संदर्भ में किए गए प्रावधान : एक नजर में

भारतीय संविधान में न्यायपालिका को पूरी तरह से स्वतंत्र बनाया गया है जिससे कि वह बिना दबाव और भय के कार्य कर सके। उल्लेखनीय है कि भारतीय लोकतांत्रिक राजव्यवस्था में न्यायपालिका की भूमिका अति महत्वपूर्ण है, इसे देखते हुए न्यायपालिका की स्वतंत्रता सुनिश्चित करने के संदर्भ में संविधान में किए गए प्रावधान निम्नवत् हैं–

- न्यायाधीशों की नियुक्ति की प्रक्रिया का स्पष्ट होना।
- कार्यकाल की सुनिश्चितता और सुरक्षा।
- न्यायाधीशों के हटाने की प्रक्रिया की निश्चित सेवा शर्तें।
- संचित निधि से व्यय।
- न्यायाधीशों के आचरण पर बहस की अनुमति नहीं।
- सेवानिवृत्ति के बाद वकालत पर क्षेत्रानुसार रोक।
- अपनी अवमानना के संदर्भ में दंड देने की शक्ति।
- अपना स्टाफ नियुक्त करने की स्वतंत्रता।
- कार्यपालिका से पृथकता।
- न्याय क्षेत्र में कटौती नहीं करने का स्पष्ट प्रावधान।

सर्वोच्च न्यायालय के प्रमुख वाद

सर्वोच्च न्यायालय के सम्मुख समय-समय पर ऐसे भी विवाद और प्रश्न सामने आए हैं जो भारतीय संवैधानिक इतिहास में एक नजीर की तरह कायम हैं और उन संदर्भों में सर्वोच्च न्यायालय के निर्णय परिपाटी के रूप में देखे जा रहे हैं और इन निर्णयों से संविधान की व्याख्या हुई। ऐसे प्रमुख मामले निम्नवत् हैं–

शंकरी प्रसाद बनाम भारत संघ (1952)

इस वाद में संविधान के प्रथम संशोधन अधिनियम (1951) को इस आधार पर चुनौती दी गई कि यह संविधान में दिए गए मौलिक अधिकारों का अतिक्रमण करता है, क्योंकि ऐसा करना अनुच्छेद–13 (2) द्वारा वर्जित है। चुनौती देने वालों का यह भी कहना था कि अनुच्छेद–13 में दिए गए 'विधि' शब्द के अंतर्गत अनुच्छेद–368 के अंतर्गत पारित सांविधानिक संशोधन भी सम्मिलित हैं।

सर्वोच्च न्यायालय ने चुनौती देने वालों के तर्कों को स्वीकार नहीं किया उसने निर्णय दिया कि–

- संविधान संशोधन की शक्ति जिनमें मूल अधिकार भी सम्मिलित हैं, अनुच्छेद–368 में निहित है।
- अनुच्छेद–13 में प्रयुक्त 'विधि' का तात्पर्य केवल सामान्य विधायी प्रक्रिया से पारित कानून है, न कि संविधान संशोधन जोकि विशेष प्रक्रिया द्वारा पारित किए जाते हैं।

सज्जन सिंह बनाम राजस्थान राज्य (1965)

इस मामले में भी वही प्रश्न पुनः उठाया गया जो कि शंकरी प्रसाद बनाम भारत राज्य में उठाया गया था। इस वाद में सत्रहवें संविधान संशोधन की वैधता को चुनौती दी गई थी।

सर्वोच्च न्यायालय ने शंकरी प्रसाद बनाम भारत संघ में दिए गए निर्णय की पुनः पुष्टि की तथा मूल अधिकारों में संशोधन को अनुच्छेद–368 में सम्मिलित माना।

गोलकनाथ बनाम पंजाब राज्य (1967)

हेनरी गोलकनाथ अपनी बहुत-सी संपत्ति पंजाब में छोड़कर मर गया। स्थानीय अतिरिक्त आयुक्त ने गोलकनाथ की 418 एकड़ भूमि को सिक्योरिटी ऑफ लैंड टेन्योर्स ऐक्ट के अंतर्गत 'अतिरिक्त भूमि घोषित किया। इसकी पुष्टि वित्त आयुक्त ने भी 1952 में कर दी।

गोलकनाथ के पुत्र-पुत्री तथा पौत्रियों ने वित्त आयुक्त के निर्णय को संविधान के अनुच्छेद–19(1) (एक्स) तथा 14 के विरुद्ध होने के कारण चुनौती दी। इसके साथ ही 1951, 1955 एवं 1964 में पारित प्रथम, चतुर्थ एवं सत्रहवें संशोधन को भी चुनौती दी गई। इसी प्रकार के कुछ वाद मैसूर लैंड रिफॉर्म ऐक्ट के विरुद्ध प्रस्तुत किए गए।

सर्वोच्च न्यायालय के समक्ष मुख्य रूप से दो प्रश्न विचारणीयं थे–

- क्या संसद संविधान के भाग-3 (मौलिक अधिकार) में संशोधन कर सकती है?
- क्या अनुच्छेद–368 संसद को इस प्रकार का संशोधन करने का अधिकार देता है।

गोलकनाथ वाद में सर्वोच्च न्यायालय ने छह/पांच के बहुमत से निर्णय दिया। इस निर्णय में निम्नलिखित महत्वपूर्ण सिद्धांत दिए गए–

- संसद नागरिकों के मूल अधिकारों में परिवर्तन का अधिकार नहीं रखती तथा वह भाग-3 में ऐसा संशोधन नहीं कर सकती जो उनमें कमी करे या समाप्त करे।
- सर्वोच्च न्यायालय ने अपने पूर्व निर्णय शंकरी प्रसाद बनाम भारत संघ (1951) तथा सज्जन सिंह बनाम राजस्थान राज्य (1965) में दिए गए निर्णय को बदल दिया तथा यह निर्णय दिया कि सर्वोच्च न्यायालय पर उसके पूर्ववर्ती निर्णय बाध्यकारी नहीं है।
- सर्वोच्च न्यायालय ने कहा कि अनुच्छेद– 368 संसद को संविधान संशोधन की केवल प्रक्रिया बताता है।
- अनुच्छेद–368 द्वारा किया गया संशोधन अनुच्छेद–13 (2) में वर्णित विधि की परिभाषा के अंतर्गत आता है।

केशवानंद भारती वाद

केरल में एडनर मठ के स्वामी केशवानंद भारती ने केरल भूमि सुधार (संशोधन अधिनियम 1969 की वैधता को चुनौती दी तथा यह कहा कि इस अधिनियम द्वारा अनुच्छेद–25, 26, 14, 19 (1) एवं 31 का उल्लंघन हुआ है। केशवानंद भारती विवाद में पुन: यह प्रश्न उठाए गए कि–

1. क्या अनुच्छेद–368 द्वारा मूल अधिकारों में संशोधन किया जा सकता है?
2. संसद के संविधान संशोधन के संबंध में क्या अधिकार हैं?

इस वाद में सर्वोच्च न्यायालय ने गोलकनाथ वाद में दिए गए निर्णय को बदल दिया तथा 24वें व 25वें संवैधानिक संशोधन की उपधारा 2 (अ), 2 (ब) और उपधारा-3 के प्रथम भाग की पुष्टि की तथा निम्नलिखित महत्वपूर्ण निर्णय दिए-

- अनुच्छेद–368 के अंतर्गत मूल अधिकारों को संशोधित किया जा सकता है।
- संसद को संविधान के किसी भी उपबंध, जिसमें मूल अधिकार भी सम्मिलित हैं, संशोधन करने का अधिकार है तथा उसे निरस्त करने का भी अधिकार है।
- यद्यपि अनुच्छेद–368 संसद को संविधान संशोधन का अधिकार देता है, लेकिन संविधान के मूलभूत ढांचे को बदलने के लिए क्षमता प्रदान नहीं करता।
- सर्वोच्च न्यायालय का न्यायिक निर्णय का अधिकार संविधान के आधारभूत ढांचे का एक भाग है।

ए. के. गोपालन बनाम चेन्नई (मद्रास) राज्य

चेन्नई (मद्रास) के ए. के. गोपालन को निवारक निरोध अधिनियम, 1950 के अधीन बंदी बनाया गया। ए. के. गोपालन ने निम्नलिखित आधार पर अपने बंदीकरण को न्यायालय में चुनौती दी–

1. इस निरोध द्वारा अनुच्छेद–19 में प्रदत्त भारत में अबाध स्वतंत्रता के अधिकार का अतिक्रमण हुआ है, यह दैहिक स्वतंत्रता का अभिन्न अंग है।
2. इस निरोध द्वारा अनुच्छेद–21 में प्रदत्त दैहिक अधिकार का अतिक्रमण होता है, क्योंकि विधि द्वारा निश्चित प्रक्रिया के बिना बंदीकरण को प्रावधानित किया गया है।

सर्वोच्च न्यायालय के समक्ष यह प्रश्न विचारणीय था कि क्या ए. के. गोपालन को बंदी बनाने में अनुच्छेद–19 तथा 21 का अतिक्रमण हुआ है?

सर्वोच्च न्यायालय ने पिटीशनर के दोनों आधारों को निरस्त कर दिया, क्योंकि-

- अनुच्छेद–21 तथा 19 स्वतंत्रता के दो विभिन्न प्रकार हैं।
- अनुच्छेद–21 में प्रदत्त दैहिक स्वतंत्रता तथा अनुच्छेद–19 द्वारा प्रदत्त अबाध विचरण की स्वतंत्रता एक-दूसरे से किसी भी प्रकार से संबंधित नहीं है।
- अनुच्छेद–21 के अधीन प्रदत्त दैहिक स्वतंत्रता को वंचित करने वाली विधि को इस आधार पर चुनौती नहीं दी जा सकती कि वह अनुच्छेद–19 (5) के अधीन निर्बंधन लगाती है।

मेनका गांधी वाद (1978)

मेनका गांधी को पासपोर्ट अधिनियम 1967 के आधार पर पासपोर्ट को पासपोर्ट अधिकारी ने धारा 10 (3) के अधीन लोक हित में निरस्त कर दिया तथा पासपोर्ट वापस मांगा। मेनका गांधी ने इस आदेश की वैधता को चुनौती दी। चुनौती का आधार था कि-

1. धारा 10 (3) स अनुच्छेद–14 का अतिक्रमण करती है।
2. धारा 10 (3) स अनुच्छेद–21 का अतिक्रमण करती है।
3. धारा 10 (3) स अनुच्छेद–19 (1) (क) एवं (ज) का अतिक्रमण करती है।

सर्वोच्च न्यायालय ने इस वाद में निर्णय दिया कि लोकहित की परिभाषा बहुत व्यापक है तथा अति स्पष्ट नहीं है। अत: पासपोर्ट अधिनियम 1967 की धारा 10 (3) (स) अनुच्छेद–19 तथा 21 का अतिक्रमण नहीं करती।

न्यायाधीश भगवती ने निर्णय देते समय यह भी स्पष्ट किया कि अनुच्छेद–21 में प्रयुक्त दैहिक स्वाधीनता शब्द का सामान्य तथा स्वाभाविक अर्थ लगाया जाना चाहिए। 'विधि' तथा 'प्रक्रिया' दोनों उचित सम्यक तथा युक्तियुक्त होनी चाहिए अर्थात् उसमें नैसर्गिक न्याय का सिद्धांत भी निहित होना चाहिए।

मिनर्वा मिल बनाम भारत संघ (1980)

मिनर्वा मिल बनाम भारत संघ के मामले में सर्वोच्च न्यायालय ने मौलिक अधिकार तथा राज्य के नीति-निदेशक सिद्धांत में संबंध की व्याख्या की। 4-1 के बहुमत के निर्णय में यह कहा गया कि मूल अधिकार तथा नीति-निदेशक तत्व दोनों एक-दूसरे के पूरक हैं। अनुच्छेद–31ग, अनुच्छेद–14 तथा 19 का उल्लंघन करता है, इसमें संशोधन किया जा सकता है।

नवीनतम प्रमुख वाद

1. **एम. सी. मेहता बनाम भारत संघ व अन्य 2004, 6 एस.सी.सी. 588**
   संबंधित अनुच्छेद–21, 48 क
   निर्णय (i) स्वच्छ पर्यावरण प्राप्त करने का अधिकार अनुच्छेद–21 के अंतर्गत है।
   (ii) राज्य का दायित्व पारिस्थितिकीय संतुलन बनाए रखना अनुच्छेद–48क के अंतर्गत है।
2. **एन. के प्रसाद बनाम यूनियन ऑफ इंडिया व अन्य 2004, 6 एस.सी. सी. 299**
   संबंधित अनुच्छेद–266
   निर्णय–जब किसी के द्वारा जनहित वाद प्रस्तुत किया जाए व उच्च न्यायालय को समाधान हो जाए कि व्यक्ति द्वारा प्रस्तुत जनहित वाद का कोई औचित्य नहीं है व उसके द्वारा न्यायिक प्रक्रिया का दुरुपयोग किया गया है, तब न्यायालय उस पर अर्थदंड अधिरोपित कर सकेगा।

3. **भारत संघ बनाम नवीन जिंदल 2004, 2 एस.सी.सी. 510**
निर्णय–प्रत्येक नागरिक आदर व गरिमा के साथ राष्ट्रीय ध्वज फहरा सकता है।

4. **टी. के रंगराजन बनाम तमिलनाडु सरकार**
निर्णय–उच्चतम न्यायालय ने अवधारित किया-हड़ताल करने का अधिकार न तो मूल अधिकार है, न कानूनी अधिकार।

5. **ब्रह्म समाज एजुकेशन सोसाइटी व अन्य बनाम पश्चिम बंगाल राज्य व अन्य 2994, 6 एस.सी.सी. 224**
संबंधित अनुच्छेद–19(1) जी, 19(6) 26क
निर्णय–किसी व्यक्ति को शैक्षिक संस्था की स्थापना करने एवं उसका प्रशासन करने का हक है, सरकार द्वारा सहायता प्राप्त करने मात्र से उसकी स्वतंत्रता को पूर्णतया प्रतिबंधित नहीं किया जा सकता, न सरकार द्वारा स्वामित्व वाली संस्था माना जा सकता है, राज्य सरकार शिक्षकों की नियुक्ति में नियत आवश्यक योग्यता निर्धारित कर सकेगी, नियुक्ति की शक्ति पूरी तरह से अपने हाथ में नहीं ले सकेगी।

6. **पंजाब कम्युनिकेशन लि. बनाम भारत संघ के वाद में कहा गया लोकहित निजी हित पर अधिभावी होता है।**

7. **आर. साई भारती बनाम जे. जयललिता 2004 एस.सी.सी.**
संबंधित अनुच्छेद–162
निर्णय–राज्य की कार्यपालिका शक्ति का विस्तार उन विषयों पर होगा, जिनके संबंध में उस राज्य के विधान मंडल को विधि बनाने की शक्ति है, लेकिन जिस विषय के संबंध में राज्य विधान मंडल अथवा संसद को विधि बनाने की शक्ति उसमें राज्य की कार्यपालिकीय शक्ति संसद द्वारा अथवा संविधान द्वारा बनाई गई विधि के अंतर्गत रहेगी।

8. **पीपुल्स यूनियन ऑफ सिविल लिबर्टीज बनाम यूनियन ऑफ इंडिया 2004, 2 एस.सी.सी. 476**
संबंधित अनुच्छेद–19 (1)
सूचना का अधिकार वाक् एवं अभिव्यक्ति से जुड़ा है, जो अनुच्छेद–19(1) (क) के अंतर्गत आता है।

9. **महबूब दाऊद शेख बनाम महाराष्ट्र राज्य 2004 एस. सी. सी**
संबंधित अनुच्छेद–141
निर्णय–जब कोई निर्णय विधि के प्रश्न का निर्णय करे, तब उसे पूर्ण निर्णय माना जाएगा।

10. **सीमा नायर बनाम यूनियन ऑफ इंडिया 2004 एस. सी.**
निर्णय–केंद्र सरकार राष्ट्र ध्वज फहराने व उपयोग के लिए ध्वज संहिता बनाए।

11. **मुरली देवड़ा बनाम भारत संघ**–सार्वजनिक स्थानों पर धूम्रपान निषेध है।

12. **आर. एस. चौधरी का मामला**–वह व्यक्ति जो दोनों सदनों का सदस्य छह माह तक नहीं चुना जाता, मंत्री के रूप में दोबारा नियुक्त नहीं किया जा सकता।

13. **पी. यू. सी. एल. वाद**–अनुच्छेद–21 के अंतर्गत भोजन का अधिकार एक मूल अधिकार है।

14. **एसोसिएशन फॉर डेमोक्रेटिक रिफॉर्म वाद**– चुनाव लड़ने वाले अभ्यर्थियों के पूर्व जीवन को जानने का मतदाताओं को अधिकार है।

15. **ओमप्रकाश बनाम उ. प्र. राज्य**–ऋषिकेश नगरपालिका क्षेत्र के अंतर्गत अंडे बेचने पर लगाया गया निषेध संविधान के अनुच्छेद–19(1) (जी) का उल्लंघनकारी नहीं है।

16. **सौरभ चौधरी बनाम भारत संघ**–महिला डिग्री कॉलेज में महिलाओं के लिए आरक्षण विधिमान्य है।

17. **रूपा अशोक हुर्रा बनाम अशोक हुर्रा**–एस. सी. ने इस वाद में आरोग्यकर याचिका के उपचार का प्रयोग किया।

18. **मधु किश्वर बनाम बिहार स्टेट में** एस. सी. ने सरकार को नारी भ्रूण हत्या के खिलाफ विधि को पूर्ण लगन से कार्यान्वित करने का निर्देश दिया।

19. **टी. एम. ए. पाई फाउंडेशन बनाम केरल राज्य**–अल्पसंख्यक शिक्षा संस्था के अधिकार।

20. **एस. जगन्नाथ राव बनाम भारत संघ**–झींगा संवर्धन एवं तटीय अंचल विनिमय।

21. **एल. चंद्रकुमार बनाम भारत संघ**–न्यायिक पुनर्विलोकन से संबंधित।

22. **रणधीर सिंह बनाम भारत संघ**–समान कार्य के लिए समान वेतन।

23. **उच्चतम व उच्च न्यायालय के न्यायाधीशों की नियुक्ति एवं स्थानांतरण के बारे में वाद–**
(क) एस. पी. गुप्ता बनाम भारत संघ 1981
(ख) सकलचंद्र से. बनाम भारत संघ 1977
(ग) सुप्रीम कोर्ट एडवोकेट्स ऑन रिकॉर्ड एसोसिएशन बनाम यूनियन ऑफ इंडिया 1993

24. **स्टेट ऑफ राजस्थान बनाम जी. चावला**–सार व तत्व सिद्धांत।

25. **के. टी. मूपिलनैयर बनाम केरल राज्य**–आभासी विधायन सिद्धांत।

सर्वोच्च न्यायालय होगा पेपरलेस

1 फरवरी, 2015 से सर्वोच्च न्यायालय द्वारा अपनी कार्यप्रणाली को कागजरहित (Paperless) करने का निर्णय लिया गया है। इस तिथि से शीर्ष न्यायालय की कॉज लिस्ट (Cause List) कागज पर छपनी बंद हो जाएगी तथा पेपर कॉज लिस्ट के स्थान पर वकीलों को यह लिस्ट ई-मेल पर उपलब्ध कराई जाएगी। परंतु अभी तक इस निर्णय को क्रियान्वित किया नहीं जा सका। ज्ञातव्य है कि पेपर कॉज लिस्ट की छपाई पर सर्वोच्च न्यायालय का 1 करोड़ रुपए से अधिक का वार्षिक व्यय होता है। अभी रोज छपने वाली कॉज लिस्ट 150 पृष्ठों तक की होती है। सर्वोच्च न्यायालय ने कहा है कि इससे होने वाली बचत को सर्वोच्च न्यायालय में सुविधाओं को बेहतर करने में लगाया जाएगा तथा इससे रिक्त होने वाले कमरों का उपयोग महिला वकीलों के लिए क्रेच के रूप में किया जाएगा।

कॉलेजियम सिस्टम क्या है?

- संविधान के अनुच्छेद–124 (2) और अनुच्छेद–217 (1) के अंतर्गत उच्चतम न्यायालय और उच्च न्यायालय के न्यायाधीशों को भारत के मुख्य न्यायाधीश से सलाह के बाद राष्ट्रपति नियुक्त करता है। सरकार मुख्य न्यायाधीश की सलाह को मानने के लिए बाध्य नहीं है।
- 1993 के न्यायिक निर्णय के बाद कॉलेजियम सिस्टम की शुरुआत हुई। इसके अंतर्गत सुप्रीम कोर्ट की देख-रेख में शीर्ष 3 जजों का समूह सुप्रीम कोर्ट और हाई कोर्ट के जजों की नियुक्ति करने लगा। इसके 5 वर्ष बाद 9 जजों की एक संवैधानिक पीठ बनी, जो कार्यपालिका से सलाह के बाद जजों की नियुक्ति की सिफारिश करती है, जिसमें मुख्य न्यायाधीश की सलाह प्रमुख होती है। सरकार कॉलेजियम द्वारा सुझाए गए नामों से ही नियुक्ति के लिए बाध्य होती है। यदि सरकार किसी नाम पर सहमत नहीं है, तो वह विचार के लिए कॉलेजियम के पास उसे केवल एक बार वापस भेज सकती है। यदि कॉलेजियम दोबारा वही नाम भेजता है, तो सरकार उसकी अनुशंसा करने के लिए बाध्य है। यह प्रक्रिया पूरी तरह से गोपनीय रखी जाती है। आम लोगों के लिए इस बारे में पता करना असंभव है।

राष्ट्रीय न्यायिक नियुक्ति आयोग हेतु 99वां संविधान संशोधन अधिनियम, 2014

देश के सर्वोच्च न्यायालय और उच्च न्यायालयों में न्यायाधीशों की नियुक्ति तथा उच्च न्यायालय के न्यायाधीशों के स्थानांतरण हेतु अनुशंसा करने के लिए (सर्वोच्च

न्यायालय के 'कॉलेजियम सिस्टम' के स्थान पर) संविधान में संशोधन कर 'राष्ट्रीय न्यायिक नियुक्ति आयोग' (National Judicial Appointments Commission) के गठन एवं अन्य तत्संबंधी प्रावधानों वाला 'संविधान (121वां संशोधन), विधेयक, 2014' लोकसभा द्वारा 13 अगस्त, 2014 को तथा राज्यसभा द्वारा 14 अगस्त, 2014 को पारित किया गया था। राष्ट्रपति की स्वीकृति मिलने के बाद इसे 99वां संविधान संशोधन अधिनियम नाम दिया गया परंतु 2015 में सर्वोच्च न्यायालय ने इसे असंवैधानिक करार दिया। 99वें संविधान संशोधन अधिनियम के प्रमुख बिंदु निम्नवत् हैं–

- संवैधानिक व्यवस्था के अनुसार इस संविधान संशोधन विधेयक का देश की आधे से अधिक राज्य विधानसभाओं द्वारा अनुमोदन आवश्यक था और तद्नुसार संसद द्वारा पारित इस विधेयक को राज्यों की विधानसभाओं के पास विचार हेतु भेजा गया। देश के 29 राज्यों में से 16 की विधानसभाओं द्वारा इस विधेयक का अब तक अनुमोदन कर दिया गया है। राज्यों की विधानसभाओं के पास विचार हेतु भेजा गया। देश के 29 राज्यों में से 16 की विधानसभाओं द्वारा इस विधेयक का अब तक अनुमोदन कर दिया गया है।
- संवैधानिक व्यवस्था के तहत आधे राज्यों की विधानसभाओं का अनुमोदन प्राप्त होने के बाद इस विधेयक पर राष्ट्रपति द्वारा 31 दिसंबर, 2014 को हस्ताक्षर कर दिए गए और फिर यह 'संविधान (99वां संशोधन) अधिनियम (The Constitutional (Ninety-Ninth Amendment, Act) 2014 के रूप में विधि एवं न्याय मंत्रालय के विधायी विभाग द्वारा भारत के अधिकारिक राजपत्र में प्रकाशित किया गया।

राष्ट्रीय न्यायिक नियुक्ति आयोग अधिनियम, 2014

121वें संविधान संशोधन विधेयक, 2014 के साथ 'राष्ट्रीय न्यायिक नियुक्ति आयोग विधेयक, 2014' (जो कि एक सामान्य विधेयक था) भी लोकसभा और राज्यसभा द्वारा क्रमशः 13 एवं 14 अगस्त, 2014 को पारित किया गया था तथा 31 दिसंबर, 2014 को राष्ट्रपति की स्वीकृति मिलने के बाद इसने भी अधिनियम का रूप ले लिया है और इसे 99वें संविधान संशोधन नियम के नाम से जाना जाता है। 99वें संविधान संशोधन अधिनियम द्वारा संविधान में जोड़े जाने वाले नए अनुच्छेद–124 C के अनुसरण में लाया गया है। उल्लेखनीय है कि 2015 में सर्वोच्च न्यायालय ने 99वें संविधान संशोधन अधिनियम को असंवैधानिक घोषित कर दिया। 99वें संविधान संशोधन अधिनियम के प्रमुख प्रावधान निम्नवत् हैं–

- राष्ट्रीय न्यायिक नियुक्ति आयोग अधिनियम, 2014 (NJAC—National Judicial Appointments Commission) भारत के मुख्य न्यायाधीश तथा सर्वोच्च न्यायालय के अन्य न्यायाधीशों और उच्च न्यायालयों के मुख्य न्यायाधीशों एवं अन्य न्यायाधीशों की नियुक्ति एवं स्थानांतरण तथा उनसे संबंधित अन्य मुद्दों के संदर्भ में अपनाई जाने वाली प्रक्रिया के विनियमन हेतु लाया गया है। इस अधिनियम की धारा 1 (2) में प्रावधान है कि यह उस तिथि से लागू होगा जिसे केंद्र सरकार अधिसूचित करके निर्धारित करे।
- इस अधिनियम के अनुसार एनजेडएसी का मुख्यालय दिल्ली में स्थित होगा। केंद्र सरकार, इस अधिनियम के लागू होने की तिथि से 30 दिन के भीतर सर्वोच्च न्यायालय और उच्च न्यायालय में न्यायाधीशों के पदों की वर्तमान रिक्तियों की सूचना आयोग को देगी। तत्पश्चात् कार्यकाल पूरा होने वाली रिक्तियों की सूचना 6 माह पूर्व तथा मृत्यु या इस्तीफे से होने वाली रिक्तियों की सूचना 1 माह के भीतर एनजेडएसी को दी जाएगी।
- भारत के मुख्य न्यायाधीश के रूप में एनजेडएसी सर्वोच्च न्यायालय के वरिष्ठतम न्यायाधीश की अनुशंसा करेगा बशर्ते उसे इस पद के लिए उपयुक्त समझा जाए।
- सर्वोच्च न्यायालय के न्यायाधीश के रूप में नियुक्ति हेतु आयोग ऐसे व्यक्ति की सिफारिश करेगा जो विनियमों (ये एनजेडएसी द्वारा निर्धारित किए जाएंगे) में निर्धारित क्षमता, श्रेष्ठता एवं अन्य मानदंडों के तहत उपयुक्त हो और संविधान के अनुच्छेद–124 (3) के तहत इस हेतु नियुक्त होने के योग्य हो। इस संदर्भ में अन्य विनियम बनाने का अधिकार भी एनजेडएसी को दिया गया है।
- इसी प्रकार उच्च न्यायालयों के मुख्य न्यायाधीशों एवं अन्य न्यायाधीशों की नियुक्ति तथा उच्च न्यायालय के न्यायाधीशों के स्थानांतरण हेतु भी प्रक्रिया इस अधिनियम के तहत निर्धारित कर एनजेडएसी को तत्संबंधी अन्य विनियमों के निर्धारण हेतु सशक्त करने के प्रावधान इस अधिनियम में किए गए हैं।
- इस अधिनियम में एनजेडएसी की अनुशंसा को राष्ट्रपति द्वारा पुनर्विचार हेतु वापस भेजे जा सकने का प्रावधान भी किया गया है, परंतु पुनर्विचार के बाद एनजेडएसी द्वारा पुनः वही अनुशंसा किए जाने पर वह राष्ट्रपति के लिए बाध्यकारी होगी।

- 99वें संविधान संशोधन अधिनियम की धारा 1(2) में यह प्रावधान किया गया है कि यह अधिनियम केंद्र सरकार द्वारा आधिकारिक राजपत्र में अधिसूचित कर निश्चित की जाने वाली तिथि से प्रभावी होगा।
- 99वें संविधान संशोधन अधिनियम के द्वारा संविधान में अनुच्छेद–124 के बाद नए अनुच्छेद–124A, 124B एवं 124C जोड़कर राष्ट्रीय न्यायिक नियुक्ति आयोग के गठन, प्रकार्यों और उसकी प्रक्रिया के विनियमन हेतु विधि बनाए जाने के संदर्भ में प्रावधान किए गए हैं।
- साथ ही इसके माध्यम से संविधान के अनुच्छेद–124(2), अनुच्छेद–127(11), अनुच्छेद–128, अनुच्छेद–217(1), अनुच्छेद–222(1), अनुच्छेद–224 (1) एवं (2), अनुच्छेद–224A और अनुच्छेद–231 में यथावश्यक संशोधन कर राष्ट्रीय न्यायिक नियुक्ति आयोग की अनुशंसा को उच्चतम न्यायालय एवं उच्च न्यायालय में मुख्य न्यायाधीश और अन्य न्यायाधीशों की नियुक्ति तथा उच्च न्यायालय के न्यायाधीशों के स्थानांतरण के लिए अनिवार्य किए जाने का भी प्रावधान किया गया है।
- नए अनुच्छेद–124A के खंड (a) के तहत राष्ट्रीय न्यायिक नियुक्ति आयोग का संगठन इस प्रकार होगा–
  - (a) भारत के मुख्य न्यायाधीश, पदेन (Ex-Officio) अध्यक्ष,
  - (b) सर्वोच्च न्यायालय के 2 वरिष्ठ न्यायाधीश जो मुख्य न्यायाधीश के ठीक पश्चात् हों, पदेन सदस्य,
  - (c) केंद्रीय विधि एवं न्याय मंत्री, पदेन सदस्य,
  - (d) दो प्रतिष्ठित नागरिक जिन्हें एक समिति द्वारा मनोनीत किया जाएगा जिसमें प्रधानमंत्री, भारत के मुख्य न्यायाधीश तथा लोकसभा में विपक्ष के नेता (या कोई विपक्ष का नेता न होने पर लोकसभा में एकल सबसे बड़े दल के नेता) सदस्य होंगे। इन दो प्रतिष्ठित नागरिकों में से एक अनुसूचित जाति/अनुसूचित जनजाति, अन्य पिछड़ा वर्ग, अल्पसंख्यकों या महिलाओं में से होगा। इसके अतिरिक्त कोई प्रतिष्ठित नागरिक 3 वर्ष की अवधि के लिए मनोनीत किया जाएगा और वह इस आयोग में पुनर्नामित होने के लिए पात्र नहीं होगा।
- नए अनुच्छेद–124A के खंड (2) के तहत यह निर्धारित किया गया है कि राष्ट्रीय न्यायिक नियुक्ति आयोग के किसी कार्य या कार्यवाहियों को मात्र इस आधार पर प्रश्नगत या अविधिमान्य नहीं किया जा सकता है कि आयोग के संगठन में कोई कमी या रिक्ति है।
- नए अनुच्छेद–124B के अनुसार राष्ट्रीय न्यायिक नियुक्ति आयोग के प्रकार्यों (Functions) के तहत इस आयोग के कर्तव्य इस प्रकार होंगे–
  - (a) भारत के मुख्य न्यायाधीश, सर्वोच्च न्यायालय के अन्य न्यायाधीशों तथा उच्च न्यायालयों के मुख्य न्यायाधीशों एवं अन्य न्यायाधीशों के रूप में नियुक्ति के लिए व्यक्तियों की अनुशंसा,

(b) उच्च न्यायालयों के मुख्य न्यायाधीशों एवं अन्य न्यायाधीशों के एक उच्च न्यायालय से दूसरे उच्च न्यायालय में स्थानांतरण की अनुशंसा, तथा

(c) यह सुनिश्चित करना कि अनुशंसित व्यक्ति क्षमतावान एवं सत्यनिष्ठ हो।

- नए अनुच्छेद–124C के तहत संसद को यह शक्ति दी गई है कि वह भारत के मुख्य न्यायाधीश एवं सर्वोच्च न्यायालय के अन्य न्यायाधीशों तथा उच्च न्यायालयों के मुख्य न्यायाधीशों एवं अन्य न्यायाधीशों की नियुक्ति के लिए प्रक्रिया के विनियमन तथा राष्ट्रीय न्यायिक नियुक्ति आयोग को अपने प्रकार्यों के निर्वहन हेतु और नियुक्ति हेतु व्यक्तियों के चयन के तरीके सहित इस संदर्भ में आवश्यक अन्य मामलों के संदर्भ में प्रक्रिया के लिए विनिमय बनाने हेतु सशक्त करने के लिए विधि बना सकती है। ध्यातव्य है कि इसी के अनुसरण में संसद द्वारा पृथक् 'राष्ट्रीय न्यायिक नियुक्ति आयोग विधेयक, 2014' (जो कि तत्संबंधी प्रक्रिया के नियमन हेतु एक सामान्य विधेयक है) भी 121वें संविधान संशोधन विधेयक के साथ पारित किया गया है।
- भारतीय संविधान में सर्वोच्च न्यायालय के न्यायाधीशों की नियुक्ति हेतु अनुच्छेद–124, उच्च न्यायालय के न्यायाधीशों की नियुक्ति हेतु अनुच्छेद–217, उच्च न्यायालय के न्यायाधीशों के स्थानांतरण हेतु अनुच्छेद–222 तथा संयुक्त उच्च न्यायालय के न्यायाधीशों की नियुक्ति हेतु अनुच्छेद–231 के तहत प्रावधान हैं। इसके अतिरिक्त अनुच्छेद–127 एवं अनुच्छेद–128 में सर्वोच्च न्यायालय में क्रमशः तदर्थ (Adhoc) न्यायाधीशों की नियुक्ति और सेवानिवृत्त न्यायाधीशों की उपस्थिति संबंधी प्रावधान हैं जबकि अनुच्छेद–224 में उच्च न्यायालयों में अपर एवं कार्यकारी न्यायाधीशों की नियुक्ति एवं अनुच्छेद–224A में सर्वोच्च न्यायालय में सेवानिवृत्त न्यायाधीशों की उपस्थिति हेतु प्रावधान किए गए हैं। इन सभी अनुच्छेदों में संशोधन कर राष्ट्रीय न्यायिक नियुक्ति आयोग की अनुशंसा को न्यायाधीशों की नियुक्ति एवं स्थानांतरण आदि के संदर्भ में आवश्यक बनाने के लिए 99वें संविधान संशोधन अधिनियम के तहत प्रावधान किए गए हैं।
- अब तक सर्वोच्च न्यायालय एवं उच्च न्यायालयों के न्यायाधीशों की नियुक्तियां तथा उच्च न्यायालय के न्यायाधीशों का स्थानांतरण भारत के राष्ट्रपति द्वारा न्यायपालिका के परामर्श से किए जाने की व्यवस्था रही है। यह परामर्श भारत के मुख्य न्यायाधीश और शीर्ष अदालत के 4 वरिष्ठतम न्यायाधीशों के 'कॉलेजियम' की सिफारिश के आधार पर होता है।
- राष्ट्रीय न्यायिक नियुक्ति आयोग की व्यवस्था वाले 99वें संविधान संशोधन अधिनियिम की संवैधानिक वैधता को जनवरी, 2015 में मद्रास उच्च न्यायालय और उच्चतम न्यायालय में जनहित याचिकाएं दायर कर यह कहते हुए चुनौती दी गई कि इससे न्यायपालिका की स्वायत्तता पर आघात पहुंचेगा और तदनुसार यह संशोधन अधिनियम संविधान के मौलिक ढांचे का उल्लंघन करता है। इस प्रकार वस्तुतः अब इस अधिनियम तथा तत्संबंधी प्रावधानों का क्रियान्वयन सर्वोच्च न्यायालय के न्यायिक पुनरीक्षण पर निर्भर करेगा।
- न्यायपालिका के परामर्श को राष्ट्रपति के लिए बाध्यकारी बनाने संबंधी 'कॉलेजियम सिस्टम' की उत्पत्ति सुप्रीम कोर्ट एडवोकेट्स ऑन रिकॉर्ड्स एसोसिएशन बनाम भारत संघ मामले में 1993 में सुनाए गए निर्णय से हुई थी। वस्तुतः इस प्रणाली की उत्पत्ति सर्वोच्च न्यायालय के तीन फैसलों की शृंखला में निहित है, जिन्हें संयुक्त रूप से 'थ्री जज केसेस' कहा जाता है। ये तीन महत्वपूर्ण फैसले थे–एस.पी. गुप्ता बनाम भारत संघ, सुप्रीम कोर्ट एडवोकेट्स ऑन रिकॉर्ड्स एसोसिएशन बनाम भारत संघ तथा 1998 का विशेष संदर्भ। इनके तहत सर्वोच्च न्यायालय ने न्यायिक स्वतंत्रता के सिद्धांत को व्याख्यायित करते हुए कहा कि उच्चतर न्यायाधीशों की नियुक्ति (एवं स्थानांतरण) में विधायिका और कार्यपालिका का हस्तक्षेप नहीं होगा। इसी के अनुरूप उच्चतर न्यायाधीशों की नियुक्ति एवं स्थानांतरण के निर्णय सर्वोच्च न्यायालय के मुख्य न्यायाधीश और 4 अन्य वरिष्ठतम न्यायाधीशों के कॉलेजियम द्वारा लिए जाते हैं जिनका परामर्श राष्ट्रपति के लिए बाध्यकारी होता है। यद्यपि राष्ट्रपति (सरकार) द्वारा इस संदर्भ में कॉलेजियम की सिफारिश को पुनर्विचार हेतु वापस भेजा जा सकता है (जैसा कि गत वर्ष गोपाल सुब्रह्मण्यम के मामले में हुआ) परंतु कॉलेजियम द्वारा पुनः उसी सिफारिश को संस्तुत किए जाने पर वह राष्ट्रपति के लिए बाध्यकारी होती है।

सर्वोच्च न्यायालय द्वारा 'सामाजिक न्याय पीठ' की स्थापना

3 दिसंबर, 2014 को सर्वोच्च न्यायालय द्वारा एक नवप्रवर्तक और अभूतपूर्व कदम के तहत अनन्य रूप से सामाजिक मसलों, विशेषकर महिलाओं, बच्चों और उपेक्षित वर्गों से संबंधित मामलों की सुनवाई और उनका त्वरित निस्तारण सुनिश्चित करने के लिए विशिष्ट पीठ की स्थापना की गई है। सर्वोच्च न्यायालय की इस नई पीठ को 'सामाजिक न्याय पीठ' (Social Justice Bench) का नाम दिया गया है। इससे संबंधित प्रमुख बिंदु निम्नवत् हैं–

- सर्वोच्च न्यायालय के अनुसार सामाजिक मामलों का शीघ्र निपटारा करने और संविधान प्रदत्त अधिकारों का लाभ नागरिकों को उपलब्ध कराने की आवश्यकता है तथा न्यायपालिका को ऐसे मामलों को निपटाने में सक्रियता दिखानी चाहिए।
- सर्वोच्च न्यायालय द्वारा सामाजिक न्याय पीठ के उद्देश्यों को स्पष्ट करते हुए कहा गया, 'भारतीय संविधान के आदर्शों में से एक सामाजिक न्याय की रक्षा के लिए सर्वोच्च न्यायालय ने सामाजिक न्याय पीठ का गठन किया है ताकि सामाजिक मुद्दों से विशेष तौर पर निपटा जा सके।'
- सर्वोच्च न्यायालय के अनुसार सामाजिक न्याय के दायरे में आने वाले अनेक मामले कई वर्षों से शीर्ष अदालत में लंबित हैं। मुख्य न्यायाधीश एच.एल. दत्तू का मत है कि ऐसे मामलों के यथाशीघ्र निस्तारण के लिए विशेष दृष्टिकोण अपनाना होगा ताकि जनता को संविधान द्वारा प्रदत्त किए गए अधिकारों का समुचित लाभ प्राप्त हो सके।
- सर्वोच्च न्यायालय द्वारा इस विशेष पीठ के गठन की घोषणा के साथ सामाजिक समस्याओं से जुड़े कई महत्वपूर्ण मुद्दों का संक्षेप में उल्लेख भी किया गया है। इनमें गोदामों में पड़े अनाज को अकाल प्रभावित क्षेत्रों के लोगों के बीच वितरित करने हेतु नई सार्वजनिक वितरण योजना की रूपरेखा तैयार करना, पौष्टिक आहार के अभाव में महिलाओं और बच्चों की होने वाली अकाल मौत को रोकने के लिए उचित कदम उठाना और वंचितों को स्वास्थ्यवर्धक भोजन उपलब्ध कराना आदि शामिल हैं।
- निस्सहाय एवं बेघर लोगों के लिए रात्रि आश्रम गृह की व्यवस्था और स्वच्छ पेयजल की सुविधा उपलब्ध कराने जैसे मुद्दों का निस्तारण भी इस पीठ द्वारा किया जाएगा। इसके अतिरिक्त सभी नागरिकों को समुचित चिकित्सा सुविधाएं (चाहे उनकी आर्थिक स्थिति कैसी भी क्यों न हो) और देह व्यापार आदि में धकेली गई एवं निराश्रित महिलाओं के लिए सुरक्षित जीवन सुनिश्चित कराने से जुड़े मामले भी सामाजिक न्याय पीठ के दायरे में होंगे।
- इस संदर्भ में सर्वोच्च न्यायालय की ओर से जारी बयान में यह भी कहा गया है कि संविधान द्वारा निर्धारित लक्ष्यों को हासिल करने के लिए संवैधानिक तंत्र को सक्रिय भूमिका निभानी होगी।

- इस नवगठित विशेष पीठ ने 12 दिसंबर, 2014 से सामाजिक मुद्दों की पृथक सुनवाई प्रारंभ कर दी है। इस पीठ द्वारा प्रत्येक शुक्रवार को दोपहर बाद 2 बजे का समय सामाजिक समस्याओं से जुड़े मामलों की सुनवाई हेतु निर्धारित किया गया है।

व्हिसल ब्लोअर संरक्षण अधिनियम, 2011

- भ्रष्टाचार सार्वजनिक करने वाले लोगों 'व्हिसल ब्लोअर्स' की पहचान गुप्त रखने से जुड़े प्रावधान वाले व्हिसल ब्लोअर संरक्षण अधिनियम, 2011 को राष्ट्रपति प्रणब मुखर्जी ने 9 मई, 2014 को स्वीकृति दी।
- कानून जनता को मंत्रियों और लोकसेवकों द्वारा अधिकारों का जानबूझकर दुरुपयोग करने के बारे में या भ्रष्टाचार के बारे में जानकारी का खुलासा करने के लिए उत्साहित करने की प्रणाली है। कानून के अनुसार, कोई व्यक्ति किसी सक्षम प्राधिकार के समक्ष भ्रष्टाचार के मामले में जनहित में जानकारी सार्वजनिक कर सकता है।
- फिलहाल केंद्रीय सतर्कता आयोग (CVC) सक्षम प्राधिकार है। कानून कहता है कि सरकार अधिसूचना जारी करके भ्रष्टाचार के बारे में इस तरह की शिकायतें प्राप्त करने के लिए भी किसी को नियुक्त कर सकती है। इस कानून में झूठी या फर्जी शिकायतों के मामले में 2 वर्ष तक की कैद और 30000 रुपए तक के जुर्माने का प्रावधान है।
- संयुक्त राज्य अमेरिका की 'व्हिसिल ब्लोअर्स' प्रणाली की तर्ज पर आधारित भारत का व्हिसल ब्लोअर संरक्षण अधिनियम 2011 कुल 6 अध्यायों और 31 धाराओं का एक संक्षिप्त विधेयक है।

समान अवसर आयोग

- केंद्रीय मंत्रिमंडल ने 'समान अवसर आयोग' (Equal Opportunity Commission—EOC) के गठन के मसौदे को 20 फरवरी, 2014 को स्वीकृति दी। इस आयोग के गठन का उद्देश्य अल्पसंख्यकों को देश के संसाधनों को लेकर रोजगार में बराबरी का अवसर देना है।
- इस आयोग के गठन का प्रस्ताव भारतीय मुस्लिम समुदाय की सामाजिक, आर्थिक और शैक्षिक स्थिति पर गठित न्यायमूर्ति सच्चर समिति की सिफारिश पर अल्पसंख्यक मामलों के मंत्रालय द्वारा बनाया गया था।
- समिति ने अपनी रिपोर्ट वर्ष 2006 में सौंपी थी जिसमें मुस्लिम जनसंख्या की हिस्सेदारी 18.5% थी जबकि इनकी ब्यूरोक्रेसी में हिस्सेदारी मात्र 2.5% है। समान अवसर आयोग एक 3 सदस्यीय निकाय है और इसकी अध्यक्षता किसी सेवानिवृत्त न्यायाधीश द्वारा की जाएगी।

सूचना प्रौद्योगिकी और न्यायपालिका

कोर्टनिक
यह एक सूचना पद्धति है, जिसके माध्यम से देश भर में कोई भी व्यक्ति उच्चतम न्यायालय में चल रहे मुकदमों की स्थिति के बारे में जानकारी प्राप्त कर सकता है। इसी प्रकार देश के सभी उच्च न्यायालयों का भी कंप्यूटरीकरण किया जा रहा है।
कोर्ट-स्टेटस
यह एक वेबसाइट है, जिसके माध्यम से अभियोजन पक्षों व अधिवक्ताओं को उच्चतम न्यायालयों में निर्णीत व लंबित मामलों की स्थिति बताई जाती है।

ज्यूडिस
यह NIC द्वारा प्रचलित (Operated) एक न्यायिक सूचना पद्धति है, जिसके अंतर्गत सीडी-रोम पर वर्ष 1950–2000 तक के उच्चतम न्यायालय के सभी निर्णयों का विवरण दिया गया है।
प्ली बार्गेनिंग
प्ली बार्गेनिंग, वादी व प्रतिवादी के मध्य एक प्रकार का समझौता है, जिसमें अपराधी अपने अपराध को इस शर्त पर स्वीकार कर लेता है कि उसे कम सजा दी जाएगी। प्ली बार्गेनिंग से संबंधित तथ्य निम्नवत् हैं–
• इस व्यवस्था से यह लाभ है कि, अदालतों के ऊपर मुकदमों का भार कम किया जा सकता है, परंतु **प्ली बार्गेनिंग** आदर्श न्याय व्यवस्था के सिद्धांतों के खिलाफ है, क्योंकि कभी-कभी निर्दोष लोग भी सजा कम कराने के उद्देश्य से आरोप अपने ऊपर ले लेते हैं।
• इसका उद्देश्य अदालत और संबंधित पक्षों के मध्य समय और धन की बचत करना है।
• भारत के न्यायालयों में मुकदमों का अत्यधिक बोझ है। अतः यह व्यवस्था न्यायपालिका के कार्य को कम कर सकती है तथा लोगों को शीघ्र न्याय दिला सकती है।
• इस उद्देश्य से भारत में **आपराधिक विधि संशोधन अधिनियम,** 2005 पारित किया गया है।
• यह व्यवस्था केवल उन मामलों में लागू होती है, जिनमें अधिकतम 7 वर्षों का कारावास हो सकता है। यह महिलाओं व बच्चों के खिलाफ अपराधों में लागू नहीं होता है।
• यह व्यवस्था संयुक्त राज्य अमेरिका तथा यूरोप के कुछ देशों में सफलतापूर्वक कार्य कर रही है।

न्यायिक सक्रियता

न्यायिक सक्रियता की अवधारणा का जन्म संयुक्त राज्य अमेरिका में हुआ। इस अवधारणा का पहली बार प्रयोग 1947 में आर्थर शेल्सिंगर जूनियर (अमेरिकी इतिहासकार एवं शिक्षक) द्वारा किया गया। वस्तुतः न्यायिक सक्रियता वह अवधारणा है जिसके माध्यम से न्यायपालिका, कार्यपालिका और विधायिका के कार्यक्षेत्र में हस्तक्षेप करती है। न्यायिक सक्रियता का आशय नागरिकों के अधिकारों के संरक्षण के लिए तथा समाज में न्याय को सुलभ बनाने और बढ़ावा देने के लिए न्यायपालिका द्वारा अपनी परंपरागत भूमिका से आगे बढ़कर कार्य करना है।

न्यायिक समीक्षा

न्यायिक समीक्षा की अवधारणा का जन्म संयुक्त राज्य अमेरिका में हुआ। इस सिद्धांत का प्रतिपादन पहली बार अमेरिकी सर्वोच्च न्यायालय के मुख्य न्यायाधीश जॉन मार्शल द्वारा मारबरी बनाम मेडिसिन (1803 ईसवी) के मामले में किया गया। भारतीय संविधान में भी न्यायिक समीक्षा की अवधारणा संयुक्त राज्य अमेरिका से ली गई है। न्यायिक समीक्षा का आशय एक ऐसी संघात्मक व्यवस्था से है जिसमें न्यायालय के द्वारा विधायिका और कार्यपालिका के द्वारा किए गए कार्यों का परीक्षण किया जाता है।

सर्वोच्च न्यायालय और उससे संबंधित अनुच्छेद

अनुच्छेद	प्रावधान	अनुच्छेद	प्रावधान
124	उच्चतम न्यायालय की स्थापना तथा गठन	135	उच्चतम न्यायालय द्वारा वर्तमान कानूनों के अंतर्गत संघीय न्यायालय के क्षेत्राधिकार तथा शक्तियों का उपयोग
124A	राष्ट्रीय न्यायिक नियुक्ति आयोग (NJAC)	136	उच्चतम न्यायालय द्वारा अपील के लिए विशेष अवकाश
124B	आयोग के कार्य	137	उच्चतम न्यायालय द्वारा निर्णयों अथवा आदेशों की समीक्षा

124C	संसद की कानून बनाने की शक्ति	138	उच्चतम न्यायालय के क्षेत्राधिकार को विस्तारित करना
125	न्यायाधीशों के वेतन इत्यादि	139	कतिपय विषयों पर रिट जारी करने की उच्चतम न्यायालय की शक्ति
126	कार्यकारी मुख्य न्यायाधीश की नियुक्ति	139ए	कुछ मामलों का स्थानांतरण
127	तदर्थ न्यायाधीशों की नियुक्ति	140	उच्चतम न्यायालय की आनुषंगिक शक्तियां
128	उच्चतम न्यायालय की बैठकों में सेवानिवृत्त न्यायाधीशों की उपस्थिति	141	उच्चतम न्यायालय द्वारा घोषित कानून का सभी न्यायालयों पर लागू होना
129	अभिलेख न्यायालय के रूप में उच्चतम न्यायालय	142	उच्चतम न्यायालय के आदेशों तथा साथ ही अन्वेषण आदि से संबंधित आदेशों का प्रवर्तन कराना
130	उच्चतम न्यायालय का आसन	143	राष्ट्रपति की उच्चतम न्यायालय से सलाह करने की शक्ति
131	उच्चतम न्यायालय का मूल क्षेत्राधिकार	144	सिविल तथा न्यायिक अधिकारियों का उच्चतम न्यायालय का सहायक होना
131ए	केंद्रीय कानूनों की संवैधानिक वैधता से संबंधित प्रश्नों के बारे में उच्चतम न्यायालय का विशेष क्षेत्राधिकार (निरस्त)	144ए	कानूनों की संवैधानिक वैधता से जुड़े प्रश्नों के विस्तारण के लिए विशेष प्रावधान (निरस्त)
132	उच्चतम न्यायालय का कुछ मामलों में उच्च न्यायालयों से अपील के मामले में अपीलीय क्षेत्राधिकार	145	न्यायालय के नियम इत्यादि
133	सिविल मामलों में उच्च न्यायालय में अपील से संबंधित उच्चतम न्यायालय का अपीलीय क्षेत्राधिकार	146	उच्चतम न्यायालय के पदाधिकारी तथा सेवक एवं व्यय इत्यादि
134	उच्चतम न्यायालय का आपराधिक मामलों में अपीलीय क्षेत्राधिकार	147	व्याख्या
134ए	उच्चतम न्यायालय में अपील के लिए प्रमाण-पत्र		

सर्वोच्च न्यायालय के मुख्य न्यायाधीशः एक नजर में

क्रं.	नाम	अवधि
1.	हीरालाल जे. कानिया	26 जनवरी, 1950 से 6 नवंबर, 1951
2.	पतंजलि शास्त्री	7 नवंबर, 1951 से 3 जनवरी, 1954
3.	मेहर चंद महाजन	4 जनवरी, 1954 से 22 दिसंबर, 1954
4.	वी.के. मुखर्जी	23 दिसंबर, 1954 से 3 जनवरी, 1956
5.	एस.आर. दास	1 फरवरी, 1956 से 30 सितंबर, 1959
6.	वी.पी. सिन्हा	1 अक्टूबर, 1959 से 31 जनवरी, 1964
7.	पी.वी. गजेंद्र गडकर	1 फरवरी, 1964 से 15 मार्च, 1966
8.	ए.के. सरकार	16 मार्च, 1966 से 29 जून, 1966
9.	के. सुब्बाराव	30 जून, 1966 से 11 अप्रैल, 1967
10.	के.एन. बाचू	12 अप्रैल, 1967 से 24 फरवरी, 1968
11.	एम. हिदायतुल्ला	25 फरवरी, 1968 से 16 दिसंबर, 1970
12.	जे.सी. शाह	17 दिसंबर, 1970 से 21 जनवरी, 1971
13.	एस.एम. सीकरी	25 जनवरी, 1971 से 25 अप्रैल, 1973
14.	ए.एन. रे	26 अप्रैल, 1973 से 27 जनवरी, 1977
15.	एम.एच. बेग	28 जनवरी, 1977 से 21 फरवरी, 1978
16.	वाई.वी. चंद्रचूड़	22 फरवरी, 1978 से 11 जुलाई, 1985
17.	पी.एन. भगवती	12 जुलाई, 1985 से 21 दिसंबर, 1986
18.	आर.एस. पाठक	21 दिसंबर, 1986 से 18 जून, 1989
19.	ई.एस. वेंकटरमैया	19 जून, 1989 से 18 दिसंबर, 1989
20.	सब्यसाची मुखर्जी	18 दिसंबर, 1989 से 25 सितंबर, 1990
21.	रंगनाथ मिश्र	26 सितंबर, 1990 से 24 नवंबर, 1991
22.	के.एन. सिंह	25 नवंबर, 1991 से 12 दिसंबर, 1991
23.	एम.एच. कानिया	13 दिसंबर, 1991 से 18 नवंबर, 1992
24.	ललित मोहन शर्मा	18 नवंबर, 1992 से 11 फरवरी, 1993
25.	एम.एन. वेंकटचलैया	12 फरवरी, 1993 से 24 मार्च, 1997
26.	ए.एस. अहमदी	25 अक्टूबर, 1994 से 24 मार्च, 1997
27.	जे.एस. वर्मा	25 मार्च, 1997 से 17 जनवरी, 1998
28.	एम.एम. पुंछी	18 जनवरी, 1998 से 9 अक्टूबर, 1998
29.	आदर्श सेन आनंद	10 अक्टूबर, 1998 से 31 अक्टूबर, 2001
30.	एस.पी. भरूचा	1 नवंबर, 2001 से 5 मई, 2002
31.	बी.एन. किरपाल	6 मई, 2002 से 7 नवंबर, 2002
32.	गोपाल बल्लभ पटनायक	8 नवंबर, 2002 से 18 दिसंबर, 2002
33.	वी.एन. खरे	19 दिसंबर, 2002 से 1 मई, 2004
34.	एस. राजेंद्र बाबू	2 मई, 2004 से 31 मई, 2004
35.	रमेश चंद्र लाहोटी	1 जून, 2004 से 31 अक्टूबर, 2005
36.	योगेश कुमार सब्बरवाल	1 नवंबर, 2005 से 13 जनवरी, 2007
37.	के.जी. बालकृष्णन	14 जनवरी, 2007 से 11 मई, 2010
38.	एस.एच. कपाड़िया	12 मई, 2010 से 28 सितंबर, 2012
39.	अल्तमश कबीर	29 सितंबर, 2012 से 18 जुलाई, 2013
40.	पी. सदाशिवम	19 जुलाई, 2013 से 26 अप्रैल, 2014
41.	आर.एम. लोढ़ा	27 अप्रैल, 2014 से 27 सितंबर, 2014
42.	एच. लक्ष्मीनारायणस्वामी दत्तू	28 सितंबर, 2014 से 2 दिसंबर, 2015
43.	टी.एस. ठाकुर	3 दिसंबर, 2015 से 4 जनवरी, 2017
44.	जगदीश सिंह खेहर	5 जनवरी, 2017 से 27 अगस्त, 2017
45.	दीपक मिश्रा	28 अगस्त, 2017 से 2 अक्टूबर, 2018
46.	रंजन गोगोई	3 अक्टूबर, 2018 से 17 नवंबर, 2019
47.	शरद अरविंद बोबडे	18 नवंबर, 2019 से 23 अप्रैल, 2021
48.	एन.वी. रमण	24 अप्रैल, 2021 से 26 अगस्त, 2022
49.	यू.यू. ललित	27 अगस्त, 2022 से 8 नवंबर, 2022
50.	डी.वाई. चंद्रचूड़ सिंह	9 नवंबर, 2022 से अब तक

कॉलेजियम व्यवस्थाः न्यायाधीशों की नियुक्ति एवं स्थानांतरण

- वर्तमान में कॉलेजियम व्यवस्था चर्चा में है। कॉलेजियम व्यवस्था को लेकर सरकार और न्यापालिका के मध्य मतभेद उत्पन्न हो चुका है। उल्लेखनीय है कि कॉलेजियम व्यवस्था के माध्यम से उच्चतम न्यायालय और उच्च न्यायालय में न्यायाधीशों की नियुक्ति और उनका स्थानांतरण किया जाता है।
- भारतीय संविधान में कॉलेजियम व्यवस्था का उल्लेख नहीं है। यह उच्चतम न्यायालय द्वारा विकसित की गई है जिसका क्रमिक विकास हुआ है। कॉलेजियम व्यवस्था 1993 में उच्चतम न्यायालय के एक निर्णय से अस्तित्व में आई।
- वर्ष 1993 में सुप्रीम कोर्ट एडवोकेट ऑन रिकॉर्ड बनाम भारत संघ के मुकदमे में सुप्रीम कोर्ट ने पहली बार न्यायाधीशों की नियुक्ति और हस्तांतरण के मामले में न्यायपालिका की राय को सर्वोच्चता देने की बात कही। उस समय 9 न्यायाधीशों की एक पीठ ने अपना मत व्यक्त करते हुए कहा कि न्यायाधीश न्यायिक परिवार का हिस्सा होता है इसलिए उसके बारे में जितनी समझ न्यायाधीशों की होती है, उतनी दूसरों की नहीं हो सकती है तथा उसकी नियुक्ति एवं हस्तांतरण से जुड़े विषयों पर न्यायपालिका को ही निर्णय लेना चाहिए। इसको मूर्त रूप देने के लिए न्यायाधीशों के एक कॉलेजियम की परिकल्पना की गई जिसमें भारत के मुख्य न्यायाधीश और कुछ अन्य वरिष्ठ न्यायाधीश सम्मिलित हों।
- उच्चतम न्यायालय और उच्च न्यायालयों में न्यायाधीशों की नियुक्ति का प्रावधान क्रमशः संविधान के अनुच्छेद 124 (2) और अनुच्छेद 217 (1) में किया गया है। उक्त अनुच्छेदों के अनुसार उच्चतम न्यायालय के न्यायाधीश की नियुक्ति की शक्ति राष्ट्रपति में निहित है। राष्ट्रपति से यह अपेक्षा की गई है कि वह न्यायाधीशों की नियुक्ति करते समय देश के मुख्य न्यायाधीश और उच्च न्यायालय के न्यायाधीशों की नियुक्ति के समय वहाँ के राज्यपाल से भी विचार-विमर्श करेंगे। शुरू में इसी व्यवस्था को अपनाया गया।
- उच्चतम न्यायालय में न्यायाधीशों की नियुक्ति राष्ट्रपति द्वारा केंद्रीय मंत्रिपरिषद् के परामर्श पर की जाती रही। इस अनुक्रम में केंद्रीय मंत्रिपरिषद् सर्वोच्च न्यायालय के मुख्य न्यायाधीश से परामर्श करके राष्ट्रपति को नाम प्रेषित करता रहा और राष्ट्रपति उसे अपनी अंतिम स्वीकृति प्रदान करते रहे। वर्ष 1993 के बाद कॉलेजियम व्यवस्था के अस्तित्व में आने के बाद न्यायाधीशों की नियुक्ति की व्यवस्था में बदलाव आया।
- वर्ष 1993 के पहले उच्चतम न्यायालय और उच्च न्यायालय में न्यायाधीशों की नियुक्ति में सर्वोच्च न्यायालय का प्रत्यक्ष हस्तक्षेप नहीं होता था। सब कुछ राष्ट्रपति और केंद्रीय मंत्रिपरिषद् द्वारा ही किया जाता था।
- 1970 के दशक में भारत के मुख्य न्यायाधीश और अन्य न्यायाधीशों की नियुक्ति एवं स्थानांतरण संबंधी मामलों में विचलन को देखते हुए न्यायपालिका की स्वायत्तता के सम्मुख खतरा महसूस होने लगा। उल्लेखनीय है कि 1973 में श्रीमति इंदिरा गाँधी के प्रधानमंत्रित्व काल में उच्चतम न्यायालय में तीन वरिष्ठ न्यायाधीशों को नजरअंदाज करते हुए कनिष्ठ न्यायाधीश अजित कुमार राय को उच्चतम न्यायालय का मुख्य न्यायाधीश बना दिया गया था जिसके फलस्वरूप विरोध में तीनों वरिष्ठ न्यायाधीशों ने अपने पद से त्याग पत्र दे दिया था। इस घटना के बाद न्यायपालिका न्यायाधीशों की नियुक्ति एवं स्थानातरण के संदर्भ में नई व्यवस्था सृजित करने का प्रयास करने लगी।
- 1981 में प्रथम न्यायाधीश मामले में उच्चतम न्यायालय ने अपने निर्णय में कहा कि न्यायाधीशों की नियुक्ति के संदर्भ में उच्चतम न्यायालय का मुख्य न्यायाधीश के साथ पूर्ण एवं प्रभावी परामर्श होना चाहिए। परन्तु यहाँ परामर्श का आशय सहमति नहीं, बल्कि विचारों के आदान-प्रदान से है।
- वर्ष 1993 में उच्चतम न्यायालय के द्वितीय न्यायाधीश मामले में दिए गए न्यायिक निर्णय के गर्भ से कॉलेजियम व्यवस्था अस्तित्व में आई। द्वितीय न्यायाधीश मामले में उच्चतम न्यायालय ने स्पष्ट तौर पर कहा कि उच्चतम न्यायालय और उच्च न्यायालय के न्यायाधीशों की नियुक्ति एवं स्थानांतरण उच्चतम न्यायालय के मुख्य न्यायाधीश और कुछ अन्य वरिष्ठ न्यायाधीशों के परामर्श से होना चाहिए, यहाँ परामर्श से आशय सहमति है। इसके बाद उच्चतम न्यायालय और उच्च न्यायालय में न्यायाधीशों की नियुक्ति में कॉलेजियम व्यवस्था प्रभावी हुई, और सरकार की भूमिका प्राथमिक नहीं, बल्कि द्वितीयक हो गई। केन्द्र सरकार उच्चतम न्यायालय के मुख्य न्यायाधीश की अध्यक्षता में बनाई गई कॉलेजियम की सिफारिश को मानने के लिए बाध्य हो गई।
- शुरू में कॉलेजियम व्यवस्था में उच्चतम न्यायालय के मुख्य न्यायाधीश सहित तीन सदस्य हुआ करते थे, जो मुख्य न्यायाधीश के बाद वरिष्ठता सूची में क्रमशः दूसरे और तीसरे नंबर के होते थे।
- वर्ष 1998 में उच्चतम न्यायालय ने तृतीय न्यायाधीश मामले में निर्णय देते हुए कहा कि राष्ट्रपति को दिया गया परामर्श बहुसंख्यक न्यायाधीशों का परामर्श माना जाएगा। इस निर्णय के माध्यम से 1998 में ही कॉलेजियम व्यवस्था को 5 सदस्यीय बना दिया गया जिसमें उच्चतम न्यायालय के मुख्य न्यायाधीश और अन्य चार वरिष्ठ न्यायाधीश सम्मिलित होते हैं। इसके बाद से कॉलेजियम व्यवस्था के माध्यम से उच्चतम न्यायालय और उच्च न्यायालय के न्यायाधीशों की नियुक्ति के संदर्भ में राष्ट्रपति को सिफारिश की जाने लगी। इसी कॉलेजियम की अनुशंसा पर उच्च न्यायालय के न्यायाधीशों का स्थानांतरण भी किया जाता है।
- कॉलेजियम व्यवस्था ही उच्चतम न्यायालय और उच्च न्यायालय के न्यायाधीशों की नियुक्ति के लिए नाम का चयन करती है और अपनी अनुशंसा सरकार के पास भेजती है। इसके बाद सरकार कार्यवाही करती है।
- वर्तमान परिप्रेक्ष्य में कॉलेजियम व्यवस्था की सिफारिश सरकार के लिए बाध्यकारी है। कॉलेजियम व्यवस्था द्वारा सरकार को न्यायाधीशों के नाम का चयन करके नियुक्ति के लिए भेजा जाता है। सरकार को यह अधिकार है कि वह उसे एक बार पुनः कॉलेजियम व्यवस्था को पुनर्विचार करने के लिए वापस भेज सकती है। सरकार द्वारा पुनर्विचार के लिए वापस भेजे जाने के बाद कॉलेजियम विचार करके पुनः उन्हीं नामों को सरकार के पास भेज देता है, तब ऐसी स्थिति में सरकार स्वीकार करने के लिए बाध्य है। सरकार न चाहते हुए भी उन नामों को अंतिम रूप से स्वीकृति के लिए राष्ट्रपति को भेजती है, और राष्ट्रपति द्वारा उसे अपनी अंतिम स्वीकृति दी जाती है।
- विवाद की जड़ यह है कि कॉलेजियम सिस्टम न्यायाधीशों की नियुक्ति में सरकार की राय को महत्व नहीं दे रहा है, और मनमाने तरीके से कार्य कर रहा है। कॉलेजियम व्यवस्था पर भाई-भतीजावाद का भी आरोप लग रहा है। कॉलेजियम व्यवस्था को लेकर पूर्ववर्ती यूपीए सरकार की तरह वर्तमान सरकार भी असहज महसूस कर रही है।
- यूपीए सरकार ने 2012 में कॉलेजियम व्यवस्था में बदलाव करने की पहल की थी। 2014 में सत्ता परिवर्तन होने के बाद नरेंद्र मोदी की अध्यक्षता वाली सरकार ने 99वां संविधान संशोधन अधिनियम संसद से पारित कराया। इस अधिनियम में राष्ट्रीय न्यायिक नियुक्ति आयोग के गठन का प्रावधान किया गया था। वर्ष 2015 में माननीय उच्चतम न्यायालय ने उक्त संविधान संशोधन को अवैधानिक घोषित कर दिया।
- कॉलेजियम सिस्टम के संदर्भ में कहा जाता है कि यहां सबसे बड़ी समस्या पारदर्शिता का अत्यधिक अभाव है। वर्तमान में विश्व में कहीं भी ऐसी व्यवस्था नहीं है कि न्यायाधीश ही अपने साथी का चयन करते हों। उल्लेखनीय है कि पूर्व में उच्चतम न्यायालय के न्यायाधीश चालेश्वर ने भी एक बार कहा था कि कॉलेजियम प्रणाली विफल हो गई है।
- विधि के शासन का सिद्धांत है कि प्रशासनिक कानून का एक महत्वपूर्ण सिद्धांत है, जो विवेक पर नियंत्रण करता है। प्रशासनिक कानून के आधार पर प्राकृतिक न्याय के सिद्धांत से विवेक का उपयोग करने वाला कोई भी व्यक्ति जांच के अधीन है, समग्रता की स्थिति को ध्यान में रखते हुए देश में न्यायाधीशों की नियुक्ति के लिए एक नए कानून की आवश्यकता है।

- वर्तमान में कॉलेजियम व्यवस्था को लेकर सरकार और सर्वोच्च न्यायालय के बीच काफी मतभेद उत्पन्न हो गया है। कानून मंत्री और उपराष्ट्रपति द्वारा इसको लेकर चिंता व्यक्त की जा रही है। कानून मंत्री लगातार कॉलेजियम सिस्टम पर प्रहार कर रहे हैं और इसमें सुधार की बात कर रहे हैं। उनका यह भी कहना है कि न्यायाधीशों की नियुक्ति की इस प्रकार की कोई व्यवस्था किसी भी देश में नहीं है। विश्व के अनेक देशों में राष्ट्रीय न्यायिक आयोग की नियुक्ति की जा चुकी है।
- दक्षिण अफ्रीका में 25-सदस्यीय दक्षिण अफ्रीकी न्यायिक सेवा आयोग है। इस आयोग द्वारा एक पद के लिए 4 नामों की सिफारिश की जाती है। जिनमें से किसी एक को राष्ट्रपति द्वारा चुना जाता है। दक्षिण अफ्रीका में आयोग की यह संरचना समाज के सभी वर्गों और राजनीतिक समूहों का प्रतिनिधित्व करती है। इसमें कानूनी बिरादरी सहित समाज के सभी क्षेत्रों से उचित प्रतिनिधित्व होता है। किसी भी प्रकार के संघर्ष की संभावना नहीं रहती है।
- वर्तमान में जो विवाद उत्पन्न हुआ है। उसे देखते हुए कहा जा सकता है कि अब वह समय आ गया है कि हमें अधिक पारदर्शी समाधान के साथ कॉलेजियम सिस्टम पर पुनर्विचार करना होगा, जिससे कि लोगों का न्यायपालिका के प्रति अत्यधिक विश्वास और सम्मान कायम रहे। न्यायपालिका को भी चाहिए कि वह खुद सुधार के लिए आगे आए। माननीय उच्चतम न्यायालय को इस संदर्भ में हठधर्मिता ना दिखाकर स्वत: सुधार की पहल करनी चाहिए। भारत में स्वस्थ लोकतंत्र के विकास और उसमें लोगों का विश्वास बना रहे तो इसके लिए हमें न्यायिक नियुक्ति की पारदर्शी व्यवस्था के संदर्भ में गंभीर चिंतन-मनन करके एक प्रभावी, स्वस्थ एवं पारदर्शी न्यायिक नियुक्ति व्यवस्था स्थापित करनी होगी और समय के साथ-साथ उसमें परिवर्तन भी करते रहना होगा।

स्मरणीय तथ्य

- भारत में एकीकृत न्यायपालिका है और पूरे देश के लिए एक सर्वोच्च न्यायालय है।
- संविधान के अनुच्छेद–50 के अनुसार-राज्य की लोक सेवाओं में न्यायपालिका को कार्यपालिका से पृथक करने के लिए राज्य कदम उठाएगा।
- भारत के सभी न्यायालय सर्वोच्च न्यायालय के अधीन आते हैं।
- संपूर्ण भारतवर्ष में एक से दीवानी और फौजदारी कानून प्रचलित हैं।
- भारतीय संविधान के भाग-5 के अध्याय-4 में अनुच्छेद–124 से लेकर 147 तक में संघीय न्यायपालिका का वर्णन किया गया है।
- अनुच्छेद–124 के अनुसार भारत का एक सर्वोच्च न्यायालय होगा जो भारत के मुख्य न्यायाधीश तथा अन्य न्यायाधीशों से मिलकर बनेगा।
- मूल संविधान में एक मुख्य न्यायाधीश के अलावा सात अन्य न्यायाधीशों की व्यवस्था थी।
- संसद को न्यायाधीशों की संख्या बढ़ाने का अधिकार है।
- वर्तमान समय में एक मुख्य न्यायाधीश तथा 34 अन्य न्यायाधीश हैं।
- किसी अवकाशप्राप्त न्यायाधीश को भी सर्वोच्च न्यायालय की सेवा के लिए बुलाया जा सकता है।
- संविधान के अनुच्छेद–124 (3) में सर्वोच्च न्यायालय के न्यायाधीशों की नियुक्ति संबंधी योग्यताएं दी गई हैं।
- सर्वोच्च न्यायालय का न्यायाधीश नियुक्त होने के लिए आवश्यक है कि (1) वह किसी उच्च न्यायालय का लगातार कम-से-कम 5 वर्षों तक न्यायाधीश हो। (2) किसी उच्च न्यायालय या उच्चतम न्यायालय में 10 वर्षों तक अधिवक्ता रहा हो।
- सर्वोच्च न्यायालय के न्यायाधीशों का कार्यकाल 65 वर्ष की आयु तक होता है।
- सर्वोच्च न्यायालय के किसी न्यायाधीश को तब तक नहीं हटाया जाएगा जब तक कदाचार या असोम असमर्थता साबित न हो जाए।
- किसी भी न्यायाधीश को राष्ट्रपति तभी पदमुक्त कर सकता है जब वह संसद के दोनों सदनों में दो-तिहाई बहुमत से प्रस्ताव पास करके उनसे ऐसा करने को कहे।
- प्रत्येक न्यायाधीश को पद ग्रहण करते समय राष्ट्रपति के समक्ष या राष्ट्रपति द्वारा किसी अन्य व्यक्ति के समक्ष शपथ लेनी पड़ती है।
- सर्वोच्च न्यायालय का कोई भी न्यायाधीश अवकाश ग्रहण कर लेने के बाद देश के किसी भी न्यायालय या न्यायिक अधिकरण के समक्ष वकालत कर सकता है।
- अनुच्छेद–126 के अनुसार जब भारत के मुख्य न्यायाधीश का पद रिक्त हो तब न्यायालय के न्यायाधीशों में से जिसे राष्ट्रपति इसके लिए नियुक्त करे, मुख्य न्यायाधीश का कार्य करेगा।
- सर्वोच्च न्यायालय के प्रारंभिक क्षेत्राधिकार से तात्पर्य है कि ऐसे मुकदमे जो किसी दूसरे न्यायालय में न जाकर सीधे सर्वोच्च न्यायालय में आते हैं।
- संविधान द्वारा प्राप्त मौलिक अधिकारों की व्याख्या और रक्षा करने का अधिकार सर्वोच्च न्यायालय और साथ-साथ उच्च न्यायालय को भी प्राप्त है।
- सर्वोच्च न्यायालय को भारत के समस्त राज्यों के उच्च न्यायालयों के निर्णय के विरुद्ध अपील सुनने का अधिकार प्राप्त है क्योंकि सर्वोच्च न्यायालय अंतिम अपीलीय न्यायालय है।
- सर्वोच्च न्यायालय के अपीलीय क्षेत्राधिकार को चार वर्गों में बांटा जा सकता है–संवैधानिक, फौजदारी, दीवानी तथा विशिष्ट मामले।
- न्यायालय को अपनी अवमानना के लिए किसी भी व्यक्ति को दंडित करने का अधिकार है।
- अपीलीय क्षेत्राधिकार की दृष्टि से भारत का सर्वोच्च न्यायालय विश्व में सबसे अधिक शक्तिशाली न्यायालय है।
- सैनिक न्यायालय के विरुद्ध सर्वोच्च न्यायालय में अपील नहीं की जा सकती है।
- यदि कभी राष्ट्रपति को ऐसा प्रतीत हो कि विधि या तथ्य का कोई ऐसा प्रश्न पैदा हो गया है जो सार्वजनिक महत्व का है, वह उक्त प्रश्न पर सर्वोच्च न्यायालय का परामर्श मांग सकता है।
- सर्वोच्च न्यायालय पर संवैधानिक दृष्टि से ऐसी कोई बाध्यता नहीं है कि उसे परामर्श देना ही पड़ेगा।
- यदि राष्ट्रपति अनुच्छेद–143 के परंतुक में वर्णित विषय संबंधित परामर्श मांगता है तो सर्वोच्च न्यायालय अपनी राय प्रतिवेदित करेगा।
- संविधान का अनुच्छेद–137 सर्वोच्च न्यायालय को न्यायिक पुनरावलोकन की शक्ति प्रदान करता है।
- न्यायालय के परामर्श को स्वीकार या अस्वीकार करना राष्ट्रपति के विवेक पर निर्भर करता है।
- न्यायालय मौलिक अधिकारों की रक्षा के लिए बंदी प्रत्यक्षीकरण, परमादेश, प्रतिबंध, अधिकार पृच्छा और उत्प्रेषण लेख जारी कर सकता है।
- यह विधायिका द्वारा पारित किसी कानून को जो मौलिक अधिकारों पर अतिक्रमण करता है तो न्यायालय उस कानून को अवैध घोषित कर सकता है।

- सर्वोच्च न्यायालय के निर्णय सब जगह साक्षी के रूप में स्वीकार किए जाएंगे और इन्हें किसी भी समय न्यायालय में प्रस्तुत किए जाने पर उनकी प्रामाणिकता के विषय में प्रश्न नहीं उठाया जाएगा।
- सर्वोच्च न्यायालय संविधान की व्याख्या करने वाला अंतिम न्यायालय है।
- न्यायालय किसी भी व्यक्ति या संस्था को अपने समक्ष उपस्थित होने और उपयुक्त दस्तावेज प्रस्तुत करने के लिए बाध्य कर सकता है।
- संविधान के अनुसार सर्वोच्च न्यायालय तथा उच्च न्यायालयों के न्यायाधीशों की नियुक्ति राष्ट्रपति करता है। इसके लिए राष्ट्रपति मुख्य न्यायाधीश तथा अन्य न्यायाधीशों से परामर्श लेता है।
- न्यायाधीशों के वेतन भारत की संचित निधि से दिए जाते हैं।
- न्यायाधीशों के कार्यकाल में वेतन भत्तों में कटौती नहीं की जा सकती है, केवल वित्तीय संकट के समय में ही ऐसा किया जा सकता है।
- राष्ट्रपति यदि चाहे तो किसी न्यायाधीश का एक उच्च न्यायालय से दूसरे उच्च न्यायालय में तबादला कर सकता है।
- भारत के मुख्य न्यायाधीश के पद पर सबसे लंबी अवधि तक (7 वर्ष 4 माह 20 दिन) कार्य करने वाले न्यायामूर्ति वाई.वी. (यशवंत विष्णु) चंद्रचूड़ हैं। दूसरा स्थान भुवनेश्वर प्रसाद सिन्हा का है, जिन्होंने लगभग 4 वर्ष 4 माह तक मुख्य न्यायाधीश के पद पर कार्य किया था।
- भारत के मुख्य न्यायाधीश के रूप में सबसे कम समय तक (मात्र 18 दिन) कार्य करने वाले न्यायाधीश न्यायमूर्ति के. एन. सिंह (कमल नारायण सिंह) हैं। दूसरे स्थान पर न्यायमूर्ति एस. राजेंद्र बाबू (29 दिन) तथा तीसरे स्थान पर न्यायमूर्ति जी. वी. पटनायक (40 दिन) हैं।
- न्यायमूर्ति फातिमा बीबी उच्चतम न्यायालय की प्रथम महिला न्यायाधीश थीं। अब तक उच्चतम न्यायालय में नियुक्त होने वाली अन्य महिला न्यायाधीश-न्यायमूर्ति सुजाता मनोहर, न्यायमूर्ति रूमापाल, न्यायमूर्ति ज्ञान सुधा मिश्रा और न्यायमूर्ति रंजना देसाई हैं।
- न्यायमूर्ति ज्ञान सुधा मिश्रा उच्चतम न्यायालय की चौथी महिला जज हैं। उन्हें अप्रैल, 2010 में उच्चतम न्यायालय में नियुक्त किया गया था, इसके पूर्व वह पटना उच्च न्यायालय की मुख्य न्यायाधीश थीं।
- 37वें मुख्य न्यायाधीश न्यायमूर्ति के.जी. बालकृष्णन भारत के प्रथम दलित मुख्य न्यायाधीश थे।
- 38वें मुख्य न्यायाधीश न्यायमूर्ति एस.एच. कपाड़िया स्वतंत्र भारत में जन्म लेने वाले भारत के प्रथम मुख्य न्यायाधीश थे।
- 17वें मुख्य न्यायमूर्ति पी.एन. भगवती भारत में लोकहित वाद के प्रणेता कहे जाते हैं।

❑❑❑

अध्याय 2

राज्य न्यायपालिका, उच्च न्यायालय

यद्यपि भारत में एकीकृत न्याय प्रणाली अस्तित्व में है, परंतु अमेरिकी न्यायिक व्यवस्था के समान ही भारत में भी संघीय न्यायालय के अलावा विभिन्न राज्यों की अपनी अलग-अलग न्यायपालिका है। भारत में उच्च न्यायालय को सर्वोत्तम न्यायालय की देख-रेख में रखा गया है इस आधार पर भारत में न्यायिक व्यवस्था सं. रा. अमेरिकी न्यायिक व्यवस्था से भिन्न है। भारत में उच्च न्यायालय केंद्र सरकार के तीसरे अंग के रूप में की गई है। क्योंकि उसका संगठन तथा अधिकार क्षेत्र सं. रा. अमेरिका की तरह राज्य का विषय न होकर संघीय सरकार का विषय है। भारतीय राज्यों की कार्यपालिका एवं विधानमंडलों को उच्च न्यायालय के संगठन आदि में परिवर्तन करने का कोई अधिकार नहीं है। इसके बावजूद राज्यों के न्यायिक क्रम में उच्च न्यायालय शीर्ष पर स्थित है। सर्वोच्च न्यायालय के अधीन उच्च न्यायालय तथा उच्च न्यायालय के अधीन जिला न्यायालय एवं अधीनस्थ न्यायालय हैं।

उच्च न्यायालय

संविधान के अनुच्छेद–214 के अनुसार प्रत्येक राज्य में एक उच्च न्यायालय होगा, परंतु संविधान में दी गई व्यवस्था के अनुसार संसद दो या दो से अधिक राज्यों के लिए एक ही उच्च न्यायालय की स्थापना कर सकती है। उदाहरण के लिए, 1956 ई. के राज्य पुनर्गठन अधिनियम द्वारा कोलकाता (कलकत्ता) उच्च न्यायालय का क्षेत्राधिकार अंडमान और निकोबार द्वीप समूह तक बढ़ा दिया गया है। इसी प्रकार केरल उच्च न्यायालय का अधिकार क्षेत्र लक्षद्वीप तक विस्तृत है। गुवाहाटी उच्च न्यायालय का अधिकार क्षेत्र असोम (असम), नागालैंड, मणिपुर, त्रिपुरा, मेघालय, मिजोरम तथा अरुणाचल प्रदेश तक सीमित है। किसी राज्य के उच्च न्यायालय के संबंध में किसी प्रकार की व्यवस्था करने या पहले से विद्यमान व्यवस्था में परिवर्तन का अधिकार संसद को है। वर्तमान में भारत में 24 उच्च न्यायालय हैं।

उच्च न्यायालय का संगठन

अनुच्छेद–216 ने अनुसार प्रत्येक उच्च न्यायालय में एक मुख्य न्यायाधीश तथा राष्ट्रपति द्वारा निश्चित संख्या में अन्य न्यायाधीशों की नियुक्ति की जाती है। ध्यातव्य है कि संविधान में उच्च न्यायालयों में न्यायाधीशों की संख्या निर्धारित नहीं की गई है। यह आवश्यकतानुसार समय-समय पर परिवर्तित होती रहती है। इसके अतिरिक्त कार्य में वृद्धि हो जाने के कारण अधिक-से-अधिक दो वर्ष तक के लिए तदर्थ न्यायाधीशों की नियुक्ति राष्ट्रपति द्वारा की जा सकती है। तदर्थ न्यायाधीशों के लिए वही योग्यता निर्धारित की गई जो अन्य न्यायाधीशों के लिए निर्धारित है।

उच्च न्यायालय के न्यायाधीशों की नियुक्ति

भारतीय संविधान के अनुसार उच्च न्यायालय के मुख्य न्यायाधीश तथा अन्य न्यायाधीशों की नियुक्ति राष्ट्रपति द्वारा की जाती है। मुख्य न्यायाधीश की नियुक्ति करते समय राष्ट्रपति उस राज्य के राज्यपाल तथा सर्वोच्च न्यायालय के मुख्य न्यायाधीश से परामर्श करता है। उच्च न्यायालय के अन्य न्यायाधीशों की नियुक्ति करते समय राज्यपाल उच्च न्यायालय के मुख्य न्यायाधीश तथा संबद्ध राज्य के राज्यपाल के साथ-साथ सर्वोच्च न्यायालय के मुख्य न्यायाधीश से भी परामर्श करता है।

न्यायाधीशों की योग्यताएं

उच्च न्यायालय के न्यायाधीश होने के लिए संविधान में निम्नलिखित योग्यताएं निर्धारित की गई है–

- वह भारत का नागरिक हो।
- वह भारत राज्य क्षेत्र के अंतर्गत किसी न्यायिक पद पर रह चुका हो।
- राज्यों के उच्च न्यायालयों में वह कम-से-कम 10 वर्ष तक अधिवक्ता रह चुका हो।
- वह 62 वर्ष से कम आयु का हो।

42वें संविधान संशोधन अधिनियम द्वारा यह व्यवस्था दी गई है कि कोई विधि विशेषज्ञ भी उच्च न्यायालय का न्यायाधीश नियुक्त किया जा सकता था। इस संशोधन के बाद किसी भी व्यक्ति की वकालत की अवधि के अंतर्गत उस अवधि को जोड़ा जा सकता था जितनी अवधि के लिए संबंधित व्यक्ति वकील होने के बाद किसी भी न्यायपालिका का सदस्य रहा हो। इस प्रकार संशोधन के बाद अयोग्य लोगों के भी उच्च न्यायालय में न्यायाधीश होने की संभावना बढ़ गई थी। परंतु 1977 में केंद्र में सत्ता परिवर्तन के बाद सत्तारूढ़ नई सरकार ने **44वें संशोधन** द्वारा भी पुन: उच्च न्यायालय के न्यायाधीशों की नियुक्ति के संबंध में **अनुच्छेद–217** को संशोधित करके यह व्यवस्था की कि इस पद पर नियुक्ति के लिए आवश्यक होगा कि उम्मीदवार न्यायिक अधिकारी रह चुका हो या एक से अधिक उच्च न्यायालयों में 10 वर्ष वकालत कर चुका हो। 42वें संशोधन की धारा 28 के द्वारा उच्च न्यायालय के न्यायाधीशों की नियुक्ति संबंधी संविधान के 42वें संशोधन के उपबंधों को हटा दिया गया।

न्यायाधीशों का कार्यकाल

मूल संविधान में उच्च न्यायालय के न्यायाधीशों का कार्यकाल 60 वर्ष नियत किया गया था, परंतु **15वें संविधान संशोधन अधिनियम 1963** द्वारा उनका कार्यकाल 62 वर्ष कर दिया गया। 62 वर्ष की आयु पूरी करने के बाद उच्च न्यायालय के न्यायाधीश कार्य निवृत्त हो जाते हैं। उच्च न्यायालय के न्यायाधीश को संसद कदाचार तथा अक्षमता के अभियोग पर हटा सकती है। उच्च न्यायालय के न्यायाधीशों को उनके पद से हटाने की वही प्रक्रिया है जो सर्वोच्च न्यायालय के न्यायाधीश की है। उच्च न्यायालय के न्यायाधीशों को हटाने संबंधी प्रावधान **अनुच्छेद–124** में वर्णित है।

भारत में विद्यमान उच्च न्यायालय तथा उनका क्षेत्र

उच्च न्यायालय-अधिकारिता और अवस्थान			
नाम	स्थापना की तारीख	राज्यक्षेत्रीय अधिकारिता	अवस्थान
1. इलाहाबाद	1866	उत्तर प्रदेश	इलाहाबाद (लखनऊ में खंडपीठ)
2. आंध्र प्रदेश	1954	आंध्र प्रदेश	हैदराबाद
3. मुंबई (बंबई)	1862	महाराष्ट्र, दादरा और नगर हवेली और गोवा, दमन और दीव	मुंबई (बंबई) (नागपुर, पणजी और औरंगाबाद में खंडपीठ)
4. कोलकाता (कलकत्ता)	1862	पश्चिम बंगाल तथा अंडमान और निकोबार द्वीप	कलकत्ता (कोलकाता) (पोर्ट ब्लेयर में खंडपीठ)
5. दिल्ली	1966	दिल्ली	दिल्ली
6. गुवाहाटी	1948	असोम (असम), नागालैंड, मिजोरम और अरुणाचल प्रदेश	गुवाहाटी (खंडपीठ-कोहिमा, आइजोल, ईटानगर)
7. गुजरात	1960	गुजरात	अहमदाबाद
8. हिमाचल प्रदेश	1971	हिमाचल प्रदेश	शिमला
9. जम्मू-कश्मीर	1928	जम्मू-कश्मीर	श्रीनगर और जम्मू
10. कर्नाटक	1884	कर्नाटक	बेंगलुरु (बंगलौर)
11. केरल	1958	केरल और लक्षद्वीप	एर्नाकुलम
12. मध्य प्रदेश	1956	मध्य प्रदेश	जबलपुर (ग्वालियर और इंदौर में खंडपीठ)
13. चेन्नई (मद्रास)	1862	तमिलनाडु और पुदुचेरी	चेन्नई (मद्रास) (खंडपीठ-मदुरै)
14. ओडिशा (उड़ीसा)	1948	ओडिशा (उड़ीसा)	कटक
15. पटना	1916	बिहार	पटना
16. पंजाब और हरियाणा	1966	पंजाब, हरियाणा और चंडीगढ़	चंडीगढ़
17. राजस्थान	1949	राजस्थान	जोधपुर (जयपुर में खंडपीठ)
18. सिक्किम	1975	सिक्किम	गंगटोक
19. छत्तीसगढ़	2000	छत्तीसगढ़	बिलासपुर
20. उत्तराखंड	2000	उत्तराखंड	नैनीताल
21. झारखंड	2000	झारखंड	रांची
22. मणिपुर	2013	मणिपुर	इम्फाल
23. मेघालय	2013	मेघालय	शिलांग
24. त्रिपुरा	2013	त्रिपुरा	अगरतला
केवल छह उच्च न्यायालय (इलाहाबाद, मुंबई (बंबई), गुवाहाटी, मध्य प्रदेश, चेन्नई (मद्रास) और राजस्थान) के अंतर्गत 11 स्थायी पीठ हैं। केवल कर्नाटक उच्च न्यायालय में धारवाड़ और गुलबर्गा में दो सर्किट बेंच हैं।			

न्यायाधीशों के वेतन तथा भत्ते

भारतीय संविधान के अनुच्छेद–221 के अनुसार न्यायालय के न्यायाधीशों को संविधान की दूसरी अनुसूची में वर्णित वेतन तथा भत्ते मिलेंगे, परंतु संविधान में यह भी कहा गया है कि उच्च न्यायालय के वेतन तथा भत्ते का निर्धारण समय-समय पर संसद द्वारा किया जाएगा। नवीनतम मानकों के अनुसार उच्च न्यायालय के न्यायाधीशों को 2 लाख 25 हजार रु. तथा मुख्य न्यायाधीश को 2 लाख 50 हजार रु. वेतन प्रतिमाह मिलेगा। इसके अतिरिक्त न्यायाधीशों को निवास स्थान, मासिक भत्ता, यात्रा भत्ता, मनोरंजन भत्ता, स्टाफ कार, सीमित मात्रा में पेट्रोल तथा कुछ आवश्यक सुविधाएं प्राप्त होती हैं।

उच्च न्यायालय के न्यायाधीशों को वेतन एवं भत्ते भारत की संचित निधि से दिए जाते हैं। संविधान में यह भी प्रावधान है कि न्यायाधीशों के संपूर्ण काल में उनके वेतन तथा भत्ते में किसी भी प्रकार की कोई कटौती नहीं की जा सकती है, अथवा किसी भी प्रकार का कोई अलाभकारी परिवर्तन नहीं किया जा सकता है, परंतु अनुच्छेद–360 के अंतर्गत वित्तीय आपात घोषित होने पर उनके वेतन एवं भत्तों में राष्ट्रपति द्वारा कटौती की जा सकती है।

शपथ ग्रहण

उच्च न्यायालय का प्रत्येक न्यायाधीश अपना पद ग्रहण करने के पूर्व राज्य के राज्यपाल के सम्मुख निष्पक्षता, ईमानदारी तथा बिना भय के न्याय संपादन करने की शपथ लेता है। संविधान के16वें संशोधन द्वारा अब तो भारत की अखंडता को अक्षुण्ण बनाए रखने की भी शपथ न्यायाधीशों को लेनी पड़ती है।

उच्च न्यायालय के क्षेत्राधिकार

उच्च न्यायालय को भी सर्वोच्च न्यायालय की तरह व्यापक क्षेत्राधिकार प्राप्त हैं जिनकी विवेचना निम्नलिखित शीर्षकों के अंतर्गत की जा सकती है–

- प्रारंभिक क्षेत्राधिकार
- अपीलीय क्षेत्राधिकार
- मूल अधिकारों का संरक्षक
- प्रादेशिक क्षेत्राधिकार
- प्रशासकीय अधिकार
- अभिलेख न्यायालय

- लेख जारी करने का अधिकार
- अधीक्षण का अधिकार

प्रारंभिक क्षेत्राधिकार

वर्तमान में सभी उच्च न्यायालयों को प्रारंभिक क्षेत्राधिकार प्राप्त है। ध्यातव्य है कि संविधान लागू होने के पूर्व प्रारंभिक क्षेत्राधिकार केवल कोलकाता (कलकत्ता), मुंबई (बंबई) तथा चेन्नई (मद्रास) उच्च न्यायालयों को प्राप्त था। भारत के अन्य उच्च न्यायालयों को केवल अपीलीय अधिकार प्राप्त था। वर्तमान में अब एक निश्चित अथवा 2000 रु. की रकम के मुकदमे भी सीधे उच्च न्यायालय में दाखिल किए जा सकते हैं। इसके अतिरिक्त नौकाधिकरण, वसीयत, विवाह-विच्छेद, विवाह विधि, कंपनी कानून तथा न्यायालय के अपमान आदि से संबद्ध मामले भी अब उच्च न्यायालय के क्षेत्राधिकार की परिधि में आ गए हैं।

अपीलीय क्षेत्राधिकार

भारत में सभी न्यायालयों को दीवानी और फौजदारी दोनों मामलों में अपीलीय अधिकार प्राप्त है। जहां तक दीवानी का प्रश्न है कोई भी दीवानी मुकदमा जो कम-से-कम 5000 रुपए मूल्य तक का हो उच्च न्यायालय में जा सकता है। इसके अतिरिक्त जब कोई न्यायालय अपने से निम्न स्तर के न्यायालय के विरुद्ध अपील पर निर्णय देता है तो उस न्यायालय के विरुद्ध उच्च न्यायालय में अपील की जा सकती है। इसके अतिरिक्त विधि की व्याख्या से संबंधित सभी विवादों को उच्च न्यायालय में लाया जा सकता है। उच्च न्यायालय में प्रदत्त फौजदारी अपीलीय क्षेत्राधिकार के अंतर्गत निम्नलिखित न्यायिक निर्णयों के विरुद्ध अपील की जा सकती है-

- उच्च न्यायालय द्वारा प्रारंभिक फौजदारी के अंतर्गत लिए गए निर्णय।
- उन फौजदारी मुकदमों की अपील भी उच्च न्यायालय में की जा सकती है जिनमें जिला न्यायाधीश या किसी अन्य निर्धारित दंडाधिकारी द्वारा 4 वर्ष से अधिक के कारावास का दंड दिया गया हो।
- किसी प्रेसीडेंसी मजिस्ट्रेट द्वारा लिया गया निर्णय भी उच्च न्यायालय में लाया जा सकता है।
- सेशंस कोर्ट द्वारा दिए गए मृत्युदंड की अपील भी उच्च न्यायालय में हो सकती है। साथ ही मृत्युदंड तब तक क्रियान्वित नहीं हो सकता है जब तक उच्च न्यायालय द्वारा उसकी पुष्टि न कर दी जाए।
- भारतीय दंड संहिता की धारा-134 के अंतर्गत किसी भी जिला मजिस्ट्रेट के निर्णय के विरुद्ध उच्च न्यायालय में अपील की जा सकती है।

दीवानी और फौजदारी मामलों के अतिरिक्त उच्च न्यायालय को अन्य विषयों यथा-राजस्व संबंधी मुकदमों, उत्तराधिकार, पेटेंट तथा अपने निर्णय के न्यायिक पुनरावलोकन आदि का भी अधिकार प्राप्त है। **इलाहाबाद, मुंबई (बंबई), कोलकाता (कलकत्ता), चेन्नई (मद्रास) तथा पटना उच्च न्यायालयों में प्रारंभिक तथा अपीलीय क्षेत्राधिकार के अंतर्गत किसी एक न्यायाधीश द्वारा लिए गए निर्णय के विरुद्ध अपील की जा सकती है।**

मूल अधिकारों का संरक्षक

सर्वोच्च न्यायालय की तरह उच्च न्यायालय भी मौलिक अधिकारों का संरक्षक है। संविधान लागू होने के पूर्व यह अधिकार केवल कोलकाता (कलकत्ता), चेन्नई (मद्रास) तथा मुंबई (बंबई) उच्च न्यायालय को ही प्राप्त था। परंतु वर्तमान में कोई भी उच्च न्यायालय अपने क्षेत्र में नागरिकों के मूल अधिकारों के हनन होने की स्थिति में बंदी प्रत्यक्षीकरण, परमादेश, प्रतिषेध आदि लेख जारी कर सकता है।

प्रादेशिक क्षेत्राधिकार

भारत के किसी भी उच्च न्यायालय का क्षेत्राधिकार उसी राज्य तक सीमित है जिस राज्य में वह अब स्थित है। संसद कानून द्वारा दो या दो से अधिक राज्यों तथा संघीय क्षेत्रों के लिए एक ही उच्च न्यायालय की स्थापना कर सकती है जैसा कि गुवाहाटी उच्च न्यायालय, कोलकाता (कलकत्ता) उच्च न्यायालय तथा केरल उच्च न्यायालय के संबंध में किया गया है।

प्रशासकीय अधिकार

संविधान के अनुच्छेद-229 में निहित उपबंधों के अनुसार उच्च न्यायालय के पदाधिकारियों तथा कर्मचारियों की नियुक्ति तथा सेवा की अन्य शर्तें मुख्य न्यायाधीश द्वारा निर्धारित की जाती हैं। इस संदर्भ में मुख्य न्यायाधीश द्वारा राज्यपाल तथा लोक सेवा आयोग से परामर्श लिया जाता है। उच्च न्यायालयों के शेरिफ, क्लर्क तथा अन्य कर्मचारियों तथा वकीलों आदि की फीस आदि का निर्धारण मुख्य न्यायाधीश द्वारा ही किया जाता है, परंतु राज्यपाल की स्वीकृति अनिवार्य होती है।

उच्च न्यायालय अपने अधीन न्यायाधिकरणों पर निगरानी रखता हैं और उसके अधिकार के अंतर्गत उनमें चल रहे किसी भी मुकदमे की पत्रावली का निरीक्षण कर सकता है। उच्च न्यायालय अपने अधीनस्थ न्यायालयों में अधिकारियों एवं कर्मचारियों की नियुक्ति, प्रोन्नति, अवकाश आदि के संदर्भ में नियम बना सकता है।

अभिलेख न्यायालय

उच्च न्यायालय एक अभिलेख न्यायालय है इसके अभिलेखों को अन्य न्यायालयों में प्रमाण के रूप में पेश किया जा सकता है तथा उस समय उनकी वैधानिकता में किसी भी प्रकार का संदेह नहीं किया जा सकता है। उच्च न्यायालय को अवमानना के लिए दंड देने का अधिकार प्राप्त है।

उच्च न्यायालय की स्वतंत्रता

सर्वोच्च न्यायालय की तरह उच्च न्यायालय के न्यायाधीशों की स्वतंत्रता और निष्पक्षता को बरकरार रखने की दृष्टि से संविधान में कुछ प्रावधान किए गए हैं-

- संबद्ध राज्य का विधानमंडल उच्च न्यायालय की नियमावली तथा संगठनात्मक मामले में कोई परिवर्तन नहीं कर सकता है।
- न्यायाधीशों की नियुक्ति राज्य की व्यवस्थापिका या कार्यपालिका द्वारा नहीं बल्कि न्यायिक योग्यता वाले व्यक्तियों के परामर्श से राष्ट्रपति द्वारा की जाती है। राष्ट्रपति स्वेच्छा से किसी भी न्यायाधीश को हटा नहीं सकते हैं। न्यायाधीशों को संसद के दोनों सदनों द्वारा अक्षमता या सिद्ध कदाचार के आधार पर विशिष्ट बहुमत द्वारा पारित प्रस्ताव के आधार पर ही राष्ट्रपति हटा सकते हैं। संविधान में ऐसी व्यवस्था इसलिए की गई है कि न्यायाधीश अपनी सेवा के संदर्भ में चिंतित न होकर निर्भीकता से कार्य करे।
- उच्च न्यायालय के न्यायाधीशों का वेतन संचित निधि पर भारित होता है, जिसमें उसके कार्यकाल के दौरान कोई कटौती नहीं की जा सकती है।
- न्यायाधीशों के वेतन, भत्ते, पेंशन आदि के बारे में नियम बनाने का अधिकार संसद को प्राप्त है।
- उच्च न्यायालय के न्यायाधीश अवकाश ग्रहण करने के उपरांत सर्वोच्च न्यायालय तथा उन उच्च न्यायालयों में ही वकालत कर सकते हैं, जिनमें वे न्यायाधीश न रहे हों।
- उच्च न्यायालय के अधिकारियों की नियुक्ति भी मुख्य न्यायाधीश द्वारा की जाती है। अत: इसमें व्यवस्थापिका या कार्यपालिका का कोई हस्तक्षेप नहीं होता है।

लेख जारी करने का अधिकार

संविधान के अनुच्छेद–226 के अनुसार उच्च न्यायालयों को मौलिक अधिकारों को लागू करने तथा अन्य उद्देश्यों की प्राप्ति के लिए लेख जारी करने की शक्ति प्रदान की गई है। इस संदर्भ में सर्वोच्च न्यायालय को केवल मौलिक अधिकारों के हनन की स्थिति में ही लेख जारी करने की शक्ति प्रदान की गई है जबकि उच्च न्यायालय मौलिक अधिकारों के अलावा अन्य साधारण कानूनी अधिकारों के संबंध में भी लेख जारी कर सकता है। संविधान के 42वें संशोधन द्वारा उच्च न्यायालय के इस अधिकार को काफी सीमित कर दिया गया था, परंतु 43वें संविधान संशोधन ने पुनः इसको बहाल कर दिया।

सर्वोच्च न्यायालय तथा उच्च न्यायालय की तुलना

सर्वोच्च न्यायालय	उच्च न्यायालय
1. सर्वोच्च न्यायालय एक संघीय न्यायालय है जिसकी मुख्य पीठ दिल्ली में स्थित है। इसकी खंडपीठ किसी दूसरे स्थान पर भी स्थापित करने का प्रावधान है, लेकिन अभी तक स्थापित नहीं की गई है।	1. प्रत्येक राज्य में तथा प्रत्येक केंद्र शासित प्रदेश में एक उच्च न्यायालय की स्थापना का प्रावधान है, लेकिन दो राज्यों अथवा दो या दो से अधिक केंद्र शासित प्रदेशों का अथवा राज्य एवं केंद्र शासित प्रदेशों के सम्मिलित उच्च न्यायालय हो सकते हैं।
2. सर्वोच्च न्यायालय के न्यायाधीशों की नियुक्ति राष्ट्रपति द्वारा की जाती है।	2. उच्च न्यायालय के न्यायाधीशों की नियुक्ति भी राष्ट्रपति द्वारा की जाती है।
3. सर्वोच्च न्यायालय के न्यायाधीश बनने के लिए व्यक्ति– (i) कम-से-कम किसी उच्च न्यायालय में लगातार 5 वर्ष तक न्यायाधीश के रूप में कार्य कर चुका हो, अथवा (ii) उच्च न्यायालयों में लगातार 10 वर्ष तक वकालत कर चुका हो, अथवा (iii) राष्ट्रपति की दृष्टि में एक पारंगत विधिवेत्ता हो।	3. उच्च न्यायालय के न्यायाधीश बनने के लिए व्यक्ति– (i) कम-से-कम 10 वर्ष तक भारत क्षेत्र में न्यायिक अधिकारी के रूप में पदासीन रहा हो? अथवा (ii) किसी भी राज्य के उच्च न्यायालय में कम-से-कम 10 वर्ष तक वकालत कर चुका हो।
4. सर्वोच्च न्यायालय के न्यायाधीश 65 वर्ष की आयु प्राप्त करने के पश्चात् अवकाश ग्रहण कर लेते हैं।	4. उच्च न्यायालय के न्यायाधीश की सेवानिवृत्त होने की आयु 62 वर्ष है।
5. मुख्य न्यायाधीश एवं अन्य न्यायाधीशों को राष्ट्रपति संसद द्वारा पारित प्रस्ताव के पश्चात् पद से हटा सकता है।	5. मुख्य न्यायाधीश एवं अन्य न्यायाधीशों को राष्ट्रपति संसद द्वारा पारित प्रस्ताव के आधार पर पद से हटा सकता है।
6. मुख्य न्यायाधीश का 2 लाख 80 हजार रुपए तथा अन्य न्यायाधीशों का वेतन 2 लाख 50 हजार रुपए प्रति माह है।	6. मुख्य न्यायाधीश का वेतन 2 लाख 50 हजार रुपए तथा अन्य न्यायाधीशों का वेतन 2 लाख 25 हजार रुपए प्रति माह है।
7. सर्वोच्च न्यायालय के न्यायाधीश सेवानिवृत्ति के पश्चात् तथा सेवाकाल में भारत के किसी भी न्यायालय में वकालत नहीं कर सकते।	7. उच्च न्यायालय के न्यायाधीश अपने सेवाकाल में किसी भी अदालत में वकालत नहीं कर सकते। सेवानिवृत्ति के पश्चात् वह किसी भी ऐसे न्यायालय या न्यायाधिकरण में वकालत नहीं कर सकते, जोकि उच्च न्यायालय से निम्नस्तरीय न्यायालय हो अर्थात् वह सर्वोच्च न्यायालय तथा दूसरे अन्य उच्च न्यायालयों में वकालत कर सकते हैं।
8. सर्वोच्च न्यायालय के न्यायाधीशों का स्थानांतरण तथा पदावनति नहीं की जा सकती।	8. उच्च न्यायालय के न्यायाधीशों का एक से दूसरे उच्च न्यायालय में स्थानांतरण किया जा सकता है तथा उन्हें पदोन्नत करके सर्वोच्च न्यायालय का न्यायाधीश बनाया जा सकता हैं।
9. सर्वोच्च न्यायालय उच्च न्यायालय में दिए गए निर्णयों को मानने के लिए बाध्य नहीं है।	9. उच्च न्यायालय सर्वोच्च न्यायालय के निर्णय मानने के लिए बाध्य है
10. सर्वोच्च न्यायालय के न्यायाधीशों के वेतन आदि संघ राज्य की संचित निधि पर भारित होते हैं।	10. उच्च न्यायालय के न्यायाधीशों के वेतन-भत्ते आदि राज्य की संचित निधि पर भारित होते हैं।
11. संविधान के महत्व से संबंधित प्रश्न केवल सर्वोच्च न्यायालय द्वारा निर्णीत किए जाते हैं।	11. संविधान की व्याख्या संबंधी महत्वपूर्ण प्रश्न उच्च न्यायालय में निर्णीत नहीं किए जा सकते।

अधीक्षण का अधिकार

भारत के उच्च न्यायालयों को अपने क्षेत्राधिकार में आने वाले न्यायालयों के अधीक्षण एवं निरीक्षण करने का अधिकार प्राप्त है। ध्यातव्य है कि सैनिक न्यायाधिकरण इस अधिकार के अंतर्गत नहीं आते है। अधीक्षण संबंधी अधिकार के अंतर्गत उच्च न्यायालय को निम्नवत् कार्य करने पड़ते हैं–

- उच्च न्यायालय अपने क्षेत्राधिकार के अंतर्गत किसी भी अधीनस्थ न्यायालय के कार्य का विवरण मांग सकता है।
- अधीनस्थ न्यायालयों में विचाराधीन किसी भी मुकदमे को दूसरे न्यायालय में विचारार्थ प्रेषित कर सकता है।
- उच्च न्यायालय अधीनस्थ न्यायालयों की कार्यप्रणाली सुनिश्चित करने के लिए नियम बना सकता है।
- वह अधीनस्थ न्यायालयों को अभिलेखों तथा पुस्तकों को रखने आदि के संबंध में उचित निर्देश दे सकता है।
- उच्च न्यायालय किसी भी मुकदमे की सुनवाई स्थगित करने का आदेश दे सकता है।
- किसी भी संवैधानिक प्रश्न का आभास होते ही उसे अधीनस्थ न्यायालय से अपने पास मंगवा सकता है।
- राज्य विधानमंडल के सदस्य उच्च न्यायालय के न्यायाधीशों की आलोचना नहीं कर सकते हैं।

उपर्युक्त तथ्यों से स्पष्ट है कि संविधान निर्माताओं ने उच्च न्यायालयों के न्यायाधीशों को स्वतंत्रता प्रदान करने का प्रयास किया है तथा व्यवस्थापिका तथा कार्यपालिका के प्रभाव से मुक्त रखा है।

संविधान के **42वें संशोधन** द्वारा उच्च न्यायालय के अधिकार क्षेत्र को सीमित कर दिया गया था। संविधान के **अनुच्छेद–226 में संशोधन** करके उच्च न्यायालय के रिट याचिका संबंधी अधिकार को सीमित कर दिया गया था। संशोधन के पूर्व उच्च न्यायालय किसी भी विषय पर रिट याचिका सुनने तथा लेख, आदेश और निर्देश जारी कर सकता है, परंतु 42वें संशोधन ने इसको सीमित कर दिया। 42वें संविधान संशोधन द्वारा यह व्यवस्था की गई थी कि मौलिक अधिकारों को क्रियान्वित करने के अतिरिक्त उच्च न्यायालय–(i) ऐसे मुकदमे जिनमें प्रार्थी को किसी कानून के उल्लंघन के कारण अत्यधिक क्षति पहुंची तथा (ii) ऐसे मुकदमे

जिनके गैर-सरकारी होने के कारण न्याय की तात्विक विफलता दिख पड़ती है, के संदर्भ में ही उन अधिकारों का प्रयोग कर सकता था।

उपर्युक्त तथ्यों से स्पष्ट है कि 42वें संशोधन द्वारा प्रत्येक क्षेत्र में कानूनी अधिकार के नाम पर उच्च न्यायालय में रिट लगाने के लिए कोई पहुंच नहीं सकता था। इस संशोधन के उपरांत प्रतिवादी को नोटिस जारी करने और सुनने के बाद ही उच्च न्यायालय अंतरिम आदेश जारी कर सकता था। अन्य स्थिति में वह ऐसा नहीं कर सकता था।

43वें संविधान संशोधन द्वारा न्यायपालिका से वापस लिए गए अधिकारों को वापस कर दिया गया। **44वें संविधान संशोधन** द्वारा अनुच्छेद–226 को पुनः संशोधित करके उच्च न्यायालय को रिट जारी करने का अधिकार प्रदान किया गया तथा रिट जारी करने के संदर्भ में लगाए गए प्रतिबंधों को हटा दिया गया। **44वें संविधान संशोधन** द्वारा उच्च न्यायालय की स्वतंत्रता और उसके अधिकारों में वृद्धि की गई।

उच्च न्यायालय से संबंधित अनुच्छेद

अनुच्छेद	विषय-वस्तु
214	राज्यों के लिए उच्च न्यायालय
215	उच्च न्यायालय अभिलेखों के न्यायालय के रूप में
216	उच्च न्यायालय का गठन
217	उच्च न्यायालय के न्यायाधीश पद के लिए नियुक्ति तथा दशाएं
218	उच्च न्यायालय में उच्चतम न्यायालय से संबंधित कतिपय प्रावधानों का लागू होना
219	उच्च न्यायालय के न्यायाधीशों का शपथ ग्रहण
220	स्थायी न्यायाधीश बहाल होने के बाद प्रैक्टिस पर प्रतिबंध
221	न्यायाधीशों के वेतन इत्यादि।
222	किसी न्यायाधीश का एक उच्च न्यायालय से दूसरे उच्च न्यायालय में स्थानांतरण
223	कार्यवाहक मुख्य न्यायाधीश की नियुक्ति
224	अतिरिक्त एवं कार्यवाहक न्यायाधीश की नियुक्ति
224ए	उच्च न्यायालयों में सेवानिवृत्त न्यायाधीशों की नियुक्ति
225	उच्च न्यायालयों का क्षेत्राधिकार
226	कतिपय याचिकाएं जारी करने की उच्च न्यायालयों की शक्ति
226ए	अनुच्छेद–226 के तहत केंद्रीय अधिनियमों की संवैधानिक वैधता पर विचार नहीं किया जाना (निरस्त)
227	उच्च न्यायालय की सभी न्यायालयों पर अधीक्षण की शक्ति
228	उच्च न्यायालयों में कतिपय मामलों का स्थानांतरण
228ए	राज्य अधिनियमों की संवैधानिक वैधता से संबंधित प्रश्नों के विस्तारण के लिए विशेष प्रावधान (निरस्त)
229	पदाधिकारी तथा सेवक एवं उच्च न्यायालयों में व्यय
230	उच्च न्यायालयों के क्षेत्राधिकार का संघीय क्षेत्रों तक विस्तार
231	दो या अधिक राज्यों के लिए एक साझे उच्च न्यायालय की स्थापना

अखिल भारतीय न्यायिक सेवा

- संविधान के अनुच्छेद 312 के अनुसार राज्य सभा अपने उपस्थित और मतदान करने वाले दो-तिहाई सदस्यों के बहुमत से यह संकल्प घोषित कर सकती है कि वह संघ और राज्यों के लिए सम्मिलित अखिल भारतीय सेवाओं के सृजन के लिए संसद को विधि बनाने हेतु अधिकृत करे। इस संदर्भ में संघ और राज्यों के बीच न्यायिक सेवा में समन्वय और एकीकरण को स्थापित किया जाना है।
- उच्चतम न्यायालय ने आल इण्डिया जजेस एसोसिएशन बनाम भारत संघ मुकदमा, 1992 में भारत सरकार को यह निर्देश दिया कि वह अखिल भारतीय न्यायिक सेवा की स्थापना के लिए कदम उठाए। लेकिन अभी तक ऐसी किसी सेवा का गठन नहीं हुआ है। इसके पक्ष और विपक्ष दोनों में ही तर्क दिए जाते हैं।

पक्ष में तर्क

- अनु. 312 के अंतर्गत भारत में अन्य अखिल भारतीय सेवाएं भी हैं जैसे भारतीय प्रशासनिक सेवा, भारतीय पुलिस सेवा आदि। अखिल भारतीय न्यायिक सेवा अनुपस्थित है। अन्य सेवाओं के समान ये भी कार्य कर सकती हैं।
- इसके गठन से एकीकरण को बल मिलेगा। संघ और राज्यों के बीच समन्वय स्थापित होगा तथा अखिल भारतीय स्वरूप से न्यायिक व्यवस्था में एकीकरण का दृष्टिकोण स्थापित होता है।
- न्यायपालिका की कार्य निष्पादन क्षमता में वृद्धि होगी। भारत में न्यायपालिका के समक्ष बहुत से मामले लंबित पड़े हैं जिससे न्याय में विलंब होता है। कहा जाता है कि न्याय में विलंब न्याय को नकारना है।
- इससे नीचे के स्तर से न्यायालय के प्रतिनिधित्व को बल मिलेगा तथा न्यायपालिका व्यवस्था अधिक समन्वित होगी।
- भारतीय परिस्थितियों के अनुसार जहाँ दिन-प्रतिदिन वादों की संख्या लगातार बढ़ रही है तथा जिसके लिए न्यायपालिका का सांगठनिक ढांचा इसके निपटान हेतु अपने को असमर्थ पा रहा है, इसे लाए जाने की आवश्यकता है। परन्तु इसे लाए जाने के अंतर्गत तर्कसंगत आधार की आवश्यकता है। इसके गठन के संदर्भ में नियुक्ति, सेवा संबंधी प्रावधान तथा इसकी शक्तियों को स्पष्ट तौर पर परिभाषित किए जाने की आवश्यकता है।

विपक्ष में तर्क

- इससे राज्य न्यायिक सेवा के सदस्यों की पदोन्नति पर प्रतिकूल प्रभाव पड़ सकता है।
- संघ सरकार द्वारा जिला न्यायालयों पर प्रभाव की स्थापना की संभावना है।
- इस सेवा के निर्माण के अंतर्गत अधीक्षण, नियंत्रण के मुद्दों को निर्धारित करने की समस्या है। कार्यपालिका और न्यायपालिका के बीच उत्तरदायित्व को परिभाषित किया जाना आवश्यक है।
- इस पद के अंतर्गत योग्यता से संबंधित समस्याएं भी हैं। 14वें विधि आयोग ने इसके लिए 35 वर्ष की आयु की सिफारिश की जबकि न्यायिक प्रक्रिया में अनुभव भी महत्व रखता है।
- इस प्रकार की सेवा के गठन से राजकोष पर अधिक भार पड़ेगा। वर्तमान दृष्टिकोण के अंतर्गत जबकि सरकारी पदों में कमी की बात की जा रही है, ऐसे में एक नई सेवा के गठन से नौकरशाही व्यवस्था का विस्तार होगा।
- भारत में न्यायपालिका व्यवस्था की एक विशिष्ट स्थिति है। भारत में स्वतंत्र न्यायपालिका को स्थापित किए जाने का दृष्टिकोण निहित है। इस दृष्टिकोण के अंतर्गत अखिल भारतीय न्यायिक सेवा अन्य अखिल भारतीय सेवाओं के समान ही नौकरशाही के रूप में परिणत हो सकती है जो कार्यपालिका के नियंत्रण में होती है। ऐसे भी न्याय की संकल्पना पर प्रभाव पड़ सकता है।
- राज्य क्षेत्रों में रोजगार के अवसरों पर भी प्रतिकूल प्रभाव पड़ सकता है। विधि व्यवस्था से जुड़े हुए लोगों का रोजगार इससे प्रभावित हो सकता है।

स्मरणीय तथ्य

- उच्च न्यायालय राज्यों के शीर्ष न्यायालय हैं। संविधान प्रत्येक राज्य में एक उच्च न्यायालय की स्थापना की व्यवस्था करता है।
- उच्च न्यायालयों को भी संविधान तथा नागरिक अधिकारों का संरक्षक बनाया गया है।
- भारतीय संविधान के भाग 6 के अध्याय 5 में अनुच्छेद–214 से लेकर 232 तक राज्यों के उच्च न्यायालयों के बारे में वर्णन किया गया है।
- अनुच्छेद–214 के अनुसार प्रत्येक राज्य के लिए एक उच्च न्यायालय होगा। उल्लेखनीय है कि, संसद दो या दो अधिक राज्यों के लिए एक उच्च न्यायालय की व्यवस्था कर सकती है।
- अनुच्छेद–215 के अनुसार प्रत्येक उच्च न्यायालय एक अभिलेख न्यायालय होगा।
- प्रत्येक उच्च न्यायालय में एक मुख्य न्यायाधीश और अन्य न्यायाधीश होंगे।
- उच्च न्यायालय के न्यायाधीशों की नियुक्ति करते समय राष्ट्रपति सर्वोच्च न्यायालय के मुख्य न्यायाधीश तथा उस राज्य के राज्यपाल से परामर्श लेता है।
- उच्च न्यायालय का न्यायाधीश होने के लिए आवश्यक है कि वह व्यक्ति भारत का नागरिक हो तथा भारतीय क्षेत्र में कम-से-कम दस वर्ष तक न्यायिक पद पर कार्य कर चुका हो।
- उच्च न्यायालय का न्यायाधीश 62 वर्ष तक अपने पद पर कार्यरत रहता है। कोई भी न्यायाधीश राष्ट्रपति के पास त्यागपत्र देकर अपने पद से हट सकता है।
- राष्ट्रपति किसी भी न्यायाधीश को सिद्ध दुराचार या अक्षमता का आरोप सिद्ध होने पर पद से हटा सकता है। बशर्ते कि संसद दो-तिहाई बहुमत से इस संबंध में प्रस्ताव पास करे।
- उच्च न्यायालय के न्यायाधीशों के वेतन एवं भत्ते राज्यों की संचित निधि से दिए जाते हैं।
- उच्च न्यायालयों के न्यायाधीशों के कार्यकाल में उनके वेतन तथा भत्तों में किसी प्रकार की कटौती नहीं की जा सकती है।
- उच्च न्यायालय के मुख्य न्यायाधीश एवं अन्य न्यायाधीश राज्य के राज्यपाल या उसके द्वारा नियुक्त व्यक्ति के समक्ष शपथ लेंगे।
- भारत के सभी उच्च न्यायालयों को अब प्रारंभिक क्षेत्राधिकार प्राप्त हो गया है। संविधान लागू होने से पूर्व यह अधिकार केवल कोलकाता, मुंबई तथा चेन्नई के उच्च न्यायालयों को ही प्राप्त था।
- उच्च न्यायालय के प्रारंभिक क्षेत्राधिकार के अंतर्गत राजस्व तथा उनसे संबंधित विषय भी आ गए हैं।
- यदि उच्च न्यायालय यह समझता है कि कोई विधि संविधान के विपरीत है तो वह उसे अवैध घोषित कर सकता है।
- सभी उच्च न्यायालयों को दीवानी और फौजदारी दोनों प्रकार के मामलों में अपीलीय अधिकार प्राप्त है।
- विधि की व्याख्या से संबद्ध सभी विवादों की अपील उच्च न्यायालय में की जा सकती है।
- राजस्व संबंधी सभी मुकदमों की अपील उच्च न्यायालयों में की जा सकती है।
- उच्च न्यायालय अपने निर्णय का पुनरावलोकन कर सकता है।
- सर्वोच्च न्यायालय की भांति उच्च न्यायालय को भी नागरिकों के मौलिक अधिकारों की रक्षा का दायित्व सौंपा गया है।
- भारत के किसी भी उच्च न्यायालय का क्षेत्राधिकार उस राज्य के क्षेत्र तक ही सीमित है।
- संसद कानून बनाकर उच्च न्यायालय के क्षेत्र को दो या दो से अधिक राज्यों में तथा संघीय क्षेत्रों में बढ़ा सकती है।
- 1956 के राज्य पुनर्गठन अधिनियम के द्वारा कोलकाता उच्च न्यायालय के क्षेत्राधिकार को अण्डमान तथा निकोबार द्वीपों तक, केरल उच्च न्यायालय को लक्षद्वीप, मिनीकाय तक बढ़ाया गया।
- पंजाब और हरियाणा के लिए एक ही उच्च न्यायालय चंडीगढ़ में है।
- संविधान के अनुच्छेद–226 के अनुसार उच्च न्यायालय को मौलिक अधिकारों को लागू कराने के लिए तथा अन्य उद्देश्यों की प्राप्ति के लिए लेख जारी करने का अधिकार है।
- उच्च न्यायालयों को अपने क्षेत्रांतर्गत आने वाले अधीनस्थ न्यायालयों का अधीक्षण तथा निरीक्षण करने का आधिकार प्राप्त है।
- उच्च न्यायालय की अपीलीय अधिकारिता सिविल तथा अपराधिक या फौजदारी दोनों मामलों में है।
- आपराधिक मामलों में सत्र न्यायाधीश के निर्णयों के विरुद्ध उच्च न्यायालय में अपील की जा सकती है।
- सत्र न्यायालय द्वारा दिए गए मृत्युदंड को तब तक लागू नहीं किया जा सकता, जब तक उच्च न्यायालय उसका अनुमोदन न कर दे।
- जिला न्यायाधीश तथा व्यावहारिक न्यायाधीश के निर्णयों के विरुद्ध अपील उच्च न्यायालयों में की जा सकती है।
- उच्च न्यायालय अपने अधीनस्थ न्यायालयों के शेरिफ क्लर्क तथा अन्य कर्मचारियों तथा वकीलों आदि की फीस निश्चित करता है इसके लिए वह राज्यपाल की स्वीकृति लेता है।
- प्रशासकीय न्यायाधिकरणों को नियंत्रित करने के लिए उच्च न्यायालय तथा सर्वोच्च न्यायालय दोनों को अधिकार है।
- उच्च न्यायालय एक अभिलेख न्यायालय भी है। इसके निर्णय प्रमाण के रूप में दूसरे निचले न्यायालय के सामने रखे जा सकते हैं तथा इसकी वैधानिकता में किसी भी प्रकार का संदेह नहीं किया जा सकता।
- उच्च न्यायालय उस व्यक्ति को दंड दे सकता है जो इसका अपमान करता है।
- उच्च न्यायालय का यह अधिकार है कि वह यह देखे कोई अधीनस्थ न्यायालय अपनी शक्ति सीमा का उल्लंघन तो नहीं करता है तथा अपने कर्तव्यों का निश्चित विधि के अनुसार पालन कर रहा है कि नहीं इस संबंध में आवश्यक निर्देश दे सकता है।
- संविधान के 42वें संशोधन द्वारा उच्च न्यायालय से केंद्रीय सरकार के कानून की वैधता के संबंध में निर्णय देने के अधिकार को छीन लिया गया था, किंतु 43वें संविधान संशोधन द्वारा उसे उपर्युक्त अधिकार पुन: प्राप्त हो गया।

❑❑❑

अध्याय 3

अधीनस्थ न्यायालय

भारत में उच्चतम न्यायालय तथा उच्च न्यायालयों से नीचे के न्यायालयों को अधीनस्थ न्यायालय (Subordinate Court) कहा जाता है। इन न्यायालयों पर राज्य के उच्च न्यायालय (High Court) का नियंत्रण होता है। अधीनस्थ न्यायालयों के द्वारा मूल अधिकारों की रक्षा नहीं की जाती, न ही इनके द्वारा संविधान की व्याख्या की जाती है, बल्कि जिला न्यायालय भारतीय दंड संहिता (IPC) एवं आपराधिक प्रक्रिया संहिता (CrPC) से संबंधित मामलों पर विचार करते हैं। जिला न्यायालय ट्रॉयल कोर्ट (Trial Court) होते हैं। जिला न्यायालय, दाण्डिक मामलों में किसी भी व्यक्ति को मृत्युदंड दे सकता है। जिला न्यायाधीश जब आपराधिक मामलों पर विचार करता है, तो उसे सत्र न्यायाधीश (Session Judge) कहा जाता है और सिविल मामलों पर विचार करते समय वह जिला न्यायाधीश (District Judge) कहलाता है। सामान्यत: प्रत्येक जिले में एक जिला न्यायालय होता है। उल्लेखनीय है कि अधीनस्थ न्यायालय संबंधी प्रावधान संविधान के भाग-6 के अध्याय-6, अनुच्छेद-(233-237) में दिए गए हैं।

उच्च न्यायालय के अधीन जिला स्तर पर न्यायिक व्यवस्था

भारतीय संविधान के द्वारा एकीकृत न्याय व्यवस्था की स्थापना की गई है। भारतीय संघ की समस्त न्याय व्यवस्था के सर्वोच्च शिखर न्यायालय हैं, उससे नीचे के स्तर पर राज्यों के उच्च न्यायालय हैं। उच्च न्यायालय के अधीनस्थ जिला स्तर के न्यायालय हैं। भारत के प्रत्येक जिले में तीन प्रकार के अधीनस्थ न्यायालय होते हैं–

	दीवानी न्यायालय	फौजदारी न्यायालय	राजस्व या माल न्यायालय
1.	उच्च न्यायालय ↓	उच्च न्यायालय ↓	उच्च न्यायालय ↓
2.	जिला जज का न्यायालय ↓	सेशन जज का न्यायालय ↓	राजस्व मंडल (रेवेन्यू बोर्ड) ↓
3.	सिविल जज का न्यायालय ↓	न्यायालय मजिस्ट्रेट प्रथम श्रेणी ↓	कमिश्नर का न्यायालय ↓
4.	मुंसिफ न्यायालय ↓	न्यायालय मजिस्ट्रेट द्वितीय श्रेणी ↓	जिलाधीश का न्यायालय ↓
5.	खलीफा न्यायालय ↓	अवैतनिक मजिस्ट्रेट ↓	एस.डी.एम. का न्यायालय ↓
6.	न्याय पंचायत	न्याय पंचायत	तहसीलदार या नायब तहसीलदार का न्यायालय

जिला स्तरीय न्यायालय

एकीकृत भारतीय न्यायपालिका का अंतिम या निम्नतम सोपान जिला स्तरीय न्यायालय है। जिला स्तरीय न्यायालय में फौजदारी न्यायालय, दीवानी न्यायालय तथा राजस्व न्यायालय आते हैं।

जिला न्यायाधीश और उससे संबंधित पहलू

- जिला न्यायाधीश की नियुक्ति राज्यपाल द्वारा उच्च न्यायालय की सलाह से की जाती है, इससे जिला न्यायाधीश के अतिरिक्त अन्य न्यायाधीशों की नियुक्ति राज्यपाल द्वारा उच्च न्यायालय एवं राज्य लोक सेवा आयोग की सलाह से की जाती है।
- जिला न्यायाधीश की नियुक्ति के लिए उम्मीदवार को 7 वर्षों की वकालत करने का अनुभव होना चाहिए अथवा 7 वर्षों तक भारत के राज्य क्षेत्र में न्यायाधीश के रूप में कार्य करने का अनुभव होना चाहिए।
- राज्य सरकारों के द्वारा जिला न्यायाधीशों की नियुक्ति एवं सेवा शर्तों का निर्धारण किया जाता है। इन्हें अपने पद से राज्यपाल के द्वारा हटाया जा सकता है और इन्हें हटाने के लिए महाभियोग जैसी प्रक्रिया की आवश्यकता नहीं होती है।

जिला न्यायालय की शक्तियां

जिला न्यायाधीश को निम्नलिखित शक्तियां प्राप्त हैं–

- जिला न्यायालय के द्वारा दीवानी तथा आपराधिक दोनों मामलों पर विचार किया जाता है।

जिला न्यायाधीश के अंतर्गत न्यायाधीश, (अनुच्छेद-236)

- सिविल न्यायालय का न्यायाधीश (Judge of a Civil Court) अपर जिला का न्यायाधीश (Additional District Judge)
- संयुक्त जिला न्यायाधीश (Joint District Judge)
- सहायक जिला न्यायाधीश (Assistant District Judge)
- लघुवाद न्यायालय का मुख्य न्यायाधीश (Chief Judge of a Small Cause Court)
- मुख्य प्रेसीडेंसी मजिस्ट्रेट (Chief Presidency Magistrate)
- अपर मुख्य प्रेसीडेंसी मजिस्ट्रेट (Additional Chief Presidency Magistrate)
- सेशन न्यायाधीश (Session Judge)
- अपर सेशन न्यायाधीश (Additional Session Judge)
- सहायक सेशन न्यायाधीश (Assistant Session Judge)

फौजदारी न्यायालय

- अधीनस्थ न्यायालय से जिला न्यायालय में अपील का प्रावधान है। पैसे के लेनदेन से जुड़े हुए विवाद तथा आपराधिक विवाद जिला न्यायालय के समक्ष प्रस्तुत किए जाते हैं।
- आपराधिक मामले की सुनवाई आरंभिक रूप में जिला न्यायालय में होती है। जिला न्यायालय के निर्णय के विरुद्ध उच्च न्यायालय में अपील का प्रावधान है।

फौजदारी न्यायालय के अंतर्गत लड़ाई-झगड़े, मार-पीट, हत्या, जालसाजी, चोरी, डकैती आदि के मामले आते हैं। जिला स्तर पर फौजदारी न्यायालय की संरचना निम्नवत् है–

- सत्र न्यायालय (Session Court) जिलास्तरीय फौजदारी न्यायालय के शीर्ष पर विद्यमान है। सत्र न्यायालय में प्रथम श्रेणी के मजिस्ट्रेट के निर्णय के विरुद्ध अपील की जाती है। कत्ल, डकैती आदि से संबंधित मामलों में इसे मृत्युदंड देने का अधिकार प्राप्त है जिसकी पुष्टि उच्च न्यायालय द्वारा की जानी अनिवार्य है।
- बड़े जिलों में सत्र न्यायाधीश की सहायता के लिए सहायक सत्र न्यायाधीश होते हैं।
- सत्र न्यायाधीश के नीचे प्रथम श्रेणी (Ist Class Magistrate) मजिस्ट्रेट होता है। इसे द्वितीय तथा तृतीय श्रेणी के दंडाधिकारियों के निर्णय के विरुद्ध अपील सुनने का अधिकार है। यह तीन वर्ष के कारावास तथा 5000 रुपए तक के जुर्माने की सजा दे सकता है। इसके विरुद्ध सत्र न्यायालय में अपील की जा सकती है।
- प्रथम श्रेणी के दंडाधिकारी के नीचे क्रमशः द्वितीय और तृतीय श्रेणी के दंडाधिकारी होते हैं। द्वितीय श्रेणी के दंडाधिकारी केवल प्रारंभिक अभियोग की सुनवाई करते हैं। अपीलों पर ये अधिकतम 1 वर्ष का कारावास तथा 1000 रुपए तक के जुर्माने की सजा दे सकते हैं। तृतीय श्रेणी के दंडाधिकारी अधिकतम 3 माह के कारावास तथा 250 रुपए के जुर्माने की सजा दे सकता है। इनको अपील की सुनवाई करने का अधिकार प्राप्त नहीं है।

दीवानी न्यायालय

दीवानी न्यायालय द्वारा माल एवं चल-अचल संपत्ति के मुकदमे के संदर्भ में सुनवाई की जाती है। जिला स्तर पर दीवानी न्यायालय की संरचना निम्नवत् है–

- जिला न्यायाधीश जिले के स्तर पर दीवानी मामलों का सबसे बड़ा न्यायाधीश होता है। जिला न्यायाधीश को प्रारंभिक तथा अपीलीय दोनों प्रकार की सुनवाई करने का अधिकार प्राप्त है। बड़े जिलों में उसकी सहायता के लिए अतिरिक्त जिला न्यायाधीशों की भी नियुक्ति की जाती है, जिनका अधिकार जिला न्यायाधीश के समक्ष होता है। ध्यातव्य है कि जिला न्यायाधीशों की नियुक्ति राज्यपाल द्वारा की जाती है।
- दीवानी न्यायालय के ऊपर से नीचे के क्रम में दूसरे स्थान पर दीवानी न्यायाधीश (Civil Judge) होता है। दीवानी न्यायाधीश द्वारा 5000 से 20,000 रुपए तक के मुकदमे की सुनवाई की जाती है। इनके निर्णय के विरुद्ध जिला न्यायाधीश के यहां अपील की जाती है।
- दीवानी न्यायालय में अंतिम (निचला) सोपान मुंसिफ मजिस्ट्रेट होता है। इसके द्वारा 2,000 से 5000 रुपए तक के मामलों की सुनवाई की जाती है। मुंसिफ मजिस्ट्रेट द्वारा केवल प्रारंभिक सुनवाई ही की जाती है। मुंसिफ मजिस्ट्रेट के निर्णय के विरुद्ध दीवानी न्यायाधीश के यहाँ अपील की जा सकती है।

राजस्व न्यायालय

राजस्व न्यायालय के अंतर्गत राजस्व और लगान से संबंधित मामलों की सुनवाई की जाती है। राजस्व न्यायालय की संरचना इस प्रकार है–

- प्रत्येक राज्य में एक **राजस्व परिषद्** होती है। राजस्व परिषद् राज्य के राजस्व अथवा लगान विषयक मामलों की सुनवाई करने वाली सर्वोच्च संस्था है। इसके निर्णयों के विरुद्ध उच्च न्यायालय में ही अपील की जा सकती है। राजस्व परिषद् आयुक्त के निर्णयों के विरुद्ध निर्णय करती है।
- राजस्व संबंधी कार्यों की सुव्यवस्थित देख-रेख के लिए राज्यों को कई डिविजनों अथवा संभागों में विभाजित किया जाता है। प्रत्येक संभाग का प्रधान कमिश्नर होता है। आयुक्त के द्वारा जिलाधीश के निर्णय के विरुद्ध अपील की जाती है।
- राजस्व संग्रह के लिए प्रत्येक जिले में एक जिलाधीश होता है और उसकी सहायता के लिए अतिरिक्त जिलाधीश तथा उप-जिलाधीश होते हैं।
- जिले को कई सब डिविजनों में विभक्त किया जाता है। जिसका प्रभारी परगनाधिकारी (उपजिलाधिकारी) होता है। परगनाधिकारी द्वारा सब डिवीजन में राजस्व वसूली का कार्य किया जाता है।
- परगना तहसीलों में विभक्त होता है जिसका प्रभारी तहसीलदार होता है। तहसील में मालगुजारी वसूल करना उसका दायित्व है। उसकी सहायता के लिए नायब तहसीलदार होते हैं।

कुटुंब न्यायालय

कुटुंब न्यायालय अधिनियम, 1984 के अधीन कुटुंब या पारिवारिक न्यायालयों की स्थापना की गई है। इस अधिनियम द्वारा न्यायालय को पारिवारिक विवादों में मैत्रीपूर्ण समझौतों को बढ़ावा देने के लिए स्वविवेक का प्रयोग करने का अधिकार दिया गया है। विवाद की सच्चाई पता लगाने के लिए न्यायालय अपनी प्रक्रिया स्वयं निर्धारित कर सकता है, सामान्यतः विवादों में वकीलों की उपस्थिति नहीं होती, लेकिन जटिल विषयों पर वकीलों को प्रस्तुत होने की अनुमति दी जा सकती है। विभिन्न विषयों पर निर्णय करते समय कुटुंब संघों और परामर्शदाताओं की सेवाएं ली जा सकती हैं।

उच्च न्यायालय में कुटुंब न्यायालयों के निर्णयों एवं आदेशों के विरुद्ध अपील की जा सकती है, साथ ही संविधान के अनुच्छेद–156 के तहत उच्चतम न्यायालय में भी अपील की जा सकती है। कुटुंब न्यायालय से संबंधित तथ्य निम्नवत हैं–

- वर्ष–1984 में संसदीय विधि के द्वारा पारिवारिक अदालतों की स्थापना का प्रावधान किया गया है।
- इस अधिनियम के अनुसार, जिन शहरों की आबादी 10 लाख से अधिक होगी, वहां पारिवारिक अदालतों का गठन किया जाएगा।
- इसके अतिरिक्त, अन्य शहरों में भी संसद के द्वारा पारिवारिक अदालतों का गठन किया जा सकता है।
- राज्यों में राज्य सरकार के द्वारा उच्च न्यायालय की सलाह से पारिवारिक अदालतों की स्थापना की जाएगी।
- पारिवारिक अदालतों की प्रकृति जिला अदालतों के समान होती है।
- इन अदालतों में एक न्यायाधीश और एक अतिरिक्त न्यायाधीश की नियुक्ति की जा सकती है।
- न्यायाधीश के रूप में नियुक्त होने वाले व्यक्ति को भारतीय राज्य के अंतर्गत 7 वर्षों का न्यायिक अनुभव होना चाहिए।
- पारिवारिक अदालतों में पति-पत्नी के बीच विवाह से संबंधित विवादों को हल किया जाता है। पत्नी को गुजारा-भत्ता देने से संबंधित विवाद तथा अल्पवयस्क बच्चों के हक का निर्धारण न्यायालय के द्वारा किया जाता है।
- समस्या के समाधान के लिए प्राकृतिक न्याय का सहारा लिया जाता है तथा विवादों को सुलह एवं सहयोग के द्वारा हल किया जाता है।

- इसके अतिरिक्त परिवार अदालत में व्यक्ति अपने मामले की पैरवी स्वयं कर सकता है।
- परिवार अदालतों के निर्णय के विरुद्ध उच्च न्यायालय में अपील की जा सकती है तथा जिन मामलों में दोनों पक्षों के बीच सहमति हो, उनमें अपील का प्रावधान नहीं है।

ग्राम न्यायालय और ग्राम न्याय पंचायत अधिनियम, 2008

किसी भी देश की राष्ट्रीय एकता और अखंडता को बनाए रखने में वहां की न्यायिक व्यवस्था की बड़ी भूमिका होती है और यह न्यायिक व्यवस्था यदि सर्वसुलभ और सर्वसमावेशी नहीं होती है। तो ऐसी स्थिति में वहां सामाजिक सशक्तिकरण कमजोर होने लगता है। राष्ट्रीय एकता और अखंडता को चुनौती मिलने लगती है। इसी को ध्यान में रखते हुए ग्राम न्याय पंचायत अधिनियम, 2008 बनाया गया। जिसके माध्यम से निचले स्तर पर ग्राम न्यायालय की अवधारणा लाई गई।

ग्राम न्यायालय स्थापित करने का उद्देश्य नागरिकों को उनके दरवाजे पर न्याय सुलभ कराना है और यह सुनिश्चित करना है कि सामाजिक आर्थिक और अन्य अशक्तताओं के कारण देश का कोई भी नागरिक न्याय प्राप्त करने से वंचित न रह जाए। उल्लेखनीय है कि ग्राम पंचायत न्यायालय की स्थापना करने का सुझाव विधि आयोग ने अपनी 114वीं रिपोर्ट में दिया था, यही नहीं भारतीय संविधान के अनुच्छेद–39A में यह प्रावधान किया गया है कि राज्य का कर्तव्य है कि वह यह सुनिश्चित करे कि समानता के आधार पर देश में वैधानिक प्रणाली का लाभ सबको प्राप्त हो सके और सरकार नागरिकों विशेषत: कमजोर वर्गों के लिए अलग से कानूनी सहायता उपलब्ध कराए। इसी को ध्यान में रखते हुए यह व्यवस्था की गई। वर्तमान में भारत तथा वैश्विक स्तर पर गरीबों और साधनविहीन लोगों को न्याय सुलभ कराना एक चुनौती है और वैश्विक समुदाय इसे गंभीरता से लेने लगा है। इसी अनुक्रम में भारत में भी ऐसे नए कदम उठाए जा रहे हैं।

ग्राम न्यायालय और उसकी विशेषता

2 अक्टूबर, 2009 को ग्राम न्यायालय अधिनियम, 2008 के प्रावधानों के अनुसार ग्राम न्यायालय की स्थापना की गई। इसके न्यायाधीश की नियुक्ति उच्च न्यायालय की सलाह से राज्यपाल द्वारा की जाएगी। ग्राम न्यायालय के न्यायाधीश को न्यायाधिकारी कहा जाएगा। ग्राम न्यायालय पंचायत अधिनियम, 2008 में किए गए प्रमुख प्रावधान और उसकी विशेषताएं निम्नवत हैं–

- ग्राम न्यायालय प्रत्येक पंचायत के लिए स्थापित किया जाएगा। जिले में मध्यवर्ती स्तर पर अथवा मध्यवर्ती स्तर पर पंचायतों के एक समूह के लिए अथवा जिस राज्य में मध्यवर्ती स्तर पर कोई पंचायत नहीं हो, वहां पंचायतों के सशक्त समूह के लिए।
- न्यायाधिकारी जो इन ग्राम न्यायालयों की अध्यक्षता करेंगे, अनिवार्य रूप से न्यायिक अधिकारी होंगे और उतना ही वेतन प्राप्त करेंगे और उन्हें उतनी ही शक्ति प्राप्त होंगी, जितनी कि एक प्रथम श्रेणी के दंडाधिकारी को, जो उच्च न्यायालय के अधीन कार्य करते हैं।
- ग्राम न्यायालय एक गतिशील न्यायालय (Mobile Court) होगा और यह फौजदारी और दीवानी दोनों न्यायालयों की शक्ति का उपभोग करेगा।
- ग्राम न्यायालय की पीठ मध्यवर्ती पंचायत मुख्यालय पर स्थापित होगी, वे गांवों में जाएंगे, कार्य करेंगे और मामलों का निस्तारण करेंगे।
- ग्राम न्यायालय में आपराधिक मामलों, दीवानी मुकदमों, दावों एवं वादों पर अदालती कार्यवाही चलेगी जैसा कि अधिनियम की पहली एवं दूसरी अनुसूची में विनिर्दिष्ट है।
- केंद्र एवं राज्य सरकारों को प्रथम एवं द्वितीय अनुसूची को संशोधित करने का अधिकार अधिनियम के अंतर्गत प्रदान किया गया है, उनकी अपनी विधायी शक्ति के अनुसार।
- ग्राम न्यायालय फौजदारी मुकदमों में सरलतम एवं लघु प्रक्रिया का अनुसरण करेगा।
- ग्राम न्यायालय सिविल न्यायालय की शक्तियों का कुछ संशोधनों के साथ उपयोग करेगा और अधिनियम में उल्लिखित विशेष प्रक्रिया का अनुसरण करेगा।
- ग्राम न्यायालय उच्च पक्षों के बीच समझौता करने का हर संभव प्रयास करेगा ताकि विवाद का समाधान सौहार्दपूर्ण तरीके से हो जाए और इस उद्देश्य के लिए मध्यस्थों की भी नियुक्ति करेगा।
- ग्राम न्यायालय द्वारा पारित आदेश की हैसियत हुक्मरानों के बराबर होगी और इसके कार्यान्वयन के विलंब को रोकने के लिए ग्राम न्यायालय संक्षिप्त प्रक्रिया का अनुसरण करेगा।
- ग्राम न्यायालय भारतीय साक्ष्य अधिनियम, 1872 के प्रावधानिक साक्ष्य की नियमावली से बंधा नहीं होगा, बल्कि यह प्राकृतिक न्याय के सिद्धांतों से निर्देशित होगा, अगर उच्च न्यायालय द्वारा ऐसा कोई नियम नहीं बनाया गया है।
- फौजदारी मामलों में अपील सत्राधीन न्यायालय में प्रस्तुत होगी जिसकी सुनवाई और निस्तारण अपील दाखिल होने के छह माह की अवधि के अंदर किया जाएगा।
- दीवानी मामलों में अपील जिला न्यायालय में दाखिल होगी जिसकी सुनवाई और निस्तारण अपील दाखिल होने के छह माह की अवधि के अंदर की जाएगी।
- एक आरोपित व्यक्ति अपराध दंड को कम या अधिक करने के लिए आवेदन दाखिल कर सकता है।

ग्राम न्यायालय का वित्तीय पोषण

केंद्र सरकार ने इन ग्राम न्यायालयों की स्थापना पर आने वाले गैर–आवर्ती व्ययों के लिए 18 लाख रुपया वहन करने का निर्णय लिया है जिसमें से 10 लाख रुपया न्यायालय के निर्माण कार्य पर, पांच लाख रुपए वाहन के लिए और 3 लाख रुपए कार्यालय उपस्कर के लिए दिए जाएंगे।

लोकहित वाद

न्यायपालिका द्वारा दलित, निर्धन, पिछड़े, निरक्षर एवं अक्षम लोगों को शीघ्र न्याय दिलाने के उद्देश्य से अपने ऊपर लगे प्रतिबंध जिसमें वह तभी निर्णय करती थी जब वादी-प्रतिवादी पक्ष न्यायालय में उपस्थित होकर न्याय की मांग करते थे, को हटा दिया। इसके साथ ही न्यायिक प्रक्रिया को लोकहित के मामले में सरल एवं सुगम बना दिया। लोकहित वाद में जीवन की मूलभूत आवश्यकताएं, शोषण, पर्यावरण, बालश्रम, स्त्रियों का शोषण आदि विषयों पर न्यायालय को किसी भी व्यक्ति या संस्था द्वारा मात्र सूचित करने पर न्यायालय स्वयं उसकी जांच कराकर या वस्तु-स्थिति को देखकर जनहित में निर्णय देता है। इस प्रकार के वाद, जनहित या लोकहित वाद कहलाते हैं। यह उच्च न्यायालय तथा उच्चतम न्यायालय में ही प्रस्तुत किए जाते हैं। लोकहित वाद को जस्टिस पी. एन. भगवती तथा वी. के. कृष्ण अय्यर ने 1970 के उत्तरार्द्ध में प्रारंभ किया जिसे वेंकटचलैया, जे. एस. वर्मा, कुलदीप सिंह आदि न्यायाधीशों ने आगे बढ़ाया। न्यायपालिका के इस कार्य से जनता की अनेक समस्याओं का समाधान हो चुका है।

लोक अदालत

भारतीय न्यायपालिका के सम्मुख एक सबसे बड़ी चुनौती बड़ी संख्या में लंबित मामलों का निपटारा करना है। इसी को ध्यान में रखते हुए लोगों को सुलभ सस्ता और त्वरित न्याय दिलाने के लिए प्रायोगिक तौर पर 1982 में गुजरात में लोक अदालत का पहली बार गठन किया गया। लोक अदालतों का उद्देश्य आपसी बातचीत के माध्यम से विवादों का निपटारा करना। यदि दोनों पक्ष सहमत हैं तो दूसरी अदालतों में चल रहे मुकदमे लोक अदालतों में हस्तांतरित करके आपस में समझौते का प्रयास किया जाता है। इन अदालतों में कोई शुल्क नहीं लगता है या समझौते की स्थिति में दोनों पक्षों के शुल्क वापस कर दिए जाते हैं। लोक अदालत का गठन उच्चतम न्यायालय, उच्च न्यायालय और जिला न्यायालय द्वारा भी किया जाता है। उल्लेखनीय है कि सर्वोच्च न्यायालय के तत्त्वावधान में पहली लोक अदालत अक्टूबर 1985 में तत्कालीन मुख्य न्यायाधीश पी.एन. भगवती की अध्यक्षता में दिल्ली में आयोजित की गई थी।

वस्तुत: लोक अदालत कानूनी विवादों के मैत्रीपूर्ण समझौते के लिए एक वैधानिक मंच है विधिक सेवा प्राधिकरण अधिनियम, 1987 जिसका संशोधन 2002 में किया जा चुका है, द्वारा लोक उपयोगी सेवाओं के विवादों के संबंधों में मुकदमेबाजी पूर्व सुलह और निर्धारण के लिए स्थायी लोक अदालतों की स्थापना के लिए प्रावधान करता है। देश के लगभग सभी जिलों में स्थायी तथा सतत लोक अदालतें स्थापित की गई हैं।

ऐसे फौजदारी विवादों को छोड़कर जिनमें समझौता नहीं किया जा सकता, दीवानी, फौजदारी, राजस्व अदालतों में लंबित सभी कानूनी विवाद मैत्रीपूर्ण समझौते के लिए लोक अदालत में ले जाए जा सकते हैं। कानूनी विवादों को लोक अदालतें मुकदमा दायर होने से पूर्व भी अपने यहां स्वीकार कर सकती हैं। लोक अदालत के निर्णय अन्य किसी दीवानी न्यायालय के समान ही दोनों पक्षों पर लागू होते हैं। यह निर्णय अंतिम होते हैं, लोक अदालतों द्वारा दिए गए निर्णयों के विरुद्ध अपील नहीं की जा सकती।

लोक अदालतों की संरचना

- वर्ष 2002 तक लोक अदालतें अस्थायी रूप से कार्य करती थीं। वर्ष 2002 में इस अधिनियम में संशोधन करके लोक अदालतों को स्थायी बना दिया गया।
- इन अदालतों की अध्यक्षता एक न्यायाधीश द्वारा की जाती है तथा इसमें दो अन्य सदस्य होते हैं। यह आवश्यक नहीं है कि ये सदस्य न्यायाधीश हों। सामान्यत: एक वकील तथा एक सामाजिक कार्यकर्ता इन अदालतों का सदस्य होता है।
- लोक अदालतों में व्यक्ति अपने मामलों की पैरवी स्वयं कर सकता है। उसे वकील की आवश्यकता नहीं होती।

लोक अदालतों के कार्य

- लोक अदालतों को दीवानी अदालतों की मान्यता प्राप्त है, यह उन आपराधिक मामलों को भी देख सकती हैं, जिनकी प्रकृति समझौते योग्य है।
- ये अदालतें पारंपरिक अदालतों से अलग तरह से काम करती हैं, इनमें सुलह और समझौते को वरीयता दी जाती है।
- ये अदालतें अधिकतर सिविल मामलों को देखती हैं। भूमि एवं संपत्ति संबंधी विवाद, पारिवारिक विवाद आदि मुकदमों को इन अदालतों के अंतर्गत लाया जाता है।
- आपसी सहमति से समझौते होने के कारण इन अदालतों के निर्णय के विरुद्ध अपील नहीं की जा सकती।

नि:शुल्क विधिक सहायता

गरीब और असहाय व्यक्तियों को राष्ट्रीय विधिक सेवा प्राधिकरण द्वारा नि:शुल्क विधिक सहायता प्रदान की जाती है, विधिक सहायता के अंतर्गत पात्र व्यक्ति को सरकारी खर्च पर वकील उपलब्ध कराना, व्यक्ति की ओर से दिए जाने वाला न्यायालय शुल्क प्रदान करना, टाइपिंग और याचिकाओं तथा दस्तावेजों को तैयार करने में होने वाला व्यय वहन करना तथा मुकदमे से संबंधित अन्य खर्च सम्मिलित हैं।

विधिक सहायता प्राप्त करने के पात्र वह व्यक्ति हैं, जो अनुसूचित जाति अथवा अनुसूचित जनजाति के सदस्य हैं या महिला अथवा बालक हैं, या विकलांग व्यक्ति अधिनियम, 1995 की धारा 2 के खंड (1) में परिभाषित विकलांग व्यक्ति या व्यापक प्रकृति विनाश या मानवीय हिंसा का शिकार व्यक्ति, अथवा देह व्यापार या बेगारी का शिकार व्यक्ति अथवा औद्योगिक श्रमिक, अथवा मनोचिकित्सालय, हिरासत, सुरक्षा गृह, बाल गृह में रखा गया व्यक्ति, अथवा जिसकी अधिकतम वार्षिक आय 25,000 रुपए (उच्च न्यायालय के लिए) तथा 50,000 रुपए (उच्चतम न्यायालय के लिए) है। विधिक सेवा प्राप्त करने के लिए उच्चतम न्यायालय, उच्च न्यायालय तथा जिले से संबंधित विधिक सेवा समिति के सचिव से संपर्क स्थापित करना पड़ता है।

सेना न्यायालय

अनुच्छेद–136 (2) एवं अनुच्छेद–227 के अंतर्गत थल सेना अधिनियम, 1950, वायु सेना अधिनियम, 1950 एवं नौसेना अधिनियम, 1957 के अंतर्गत आने वाले अपराधों पर सुनवाई से उच्चतम न्यायालय और उच्च न्यायालयों को प्रतिबंधित किया गया है। इसी तरह भारतीय दंड संहिता अथवा दंड प्रक्रिया संहिता के प्रावधान भी रक्षा कर्मियों द्वारा किए गए अपराधों पर लागू नहीं होते हैं। उपर्युक्त अधिनियमों के अंतर्गत किए गए अपराधों के लिए सैन्य कर्मियों पर सुनवाई का अधिकार केवल सैन्य न्यायालयों को ही है।

- यदि सेना में कार्यरत कोई सैन्य कर्मी स्थानीय पुलिस द्वारा हिरासत में ले लिया जाता है, तो उसे पुलिस द्वारा सैन्य प्राधिकारियों को सौंप देना चाहिए, जिससे दोषी सैन्य कर्मी की सुनवाई सैन्य न्यायालय में की जा सके।
- सेना न्यायालय के द्वारा केवल सैनिकों के विरुद्ध मुकदमा चलाया जाता है।
- देश में सैन्य न्यायालय एकमात्र न्यायालय है, जहां सैनिकों द्वारा किए गए अपराधों की सुनवाई होती है और उन्हें सजा भी दी जाती है।
- सैन्य न्यायालय द्वारा दी गई सजा के विरुद्ध उच्चतम न्यायालय एवं उच्च न्यायालयों में अपील नहीं की जा सकती।
- सैन्य न्यायालयों के निर्णय के विरुद्ध उच्चतम न्यायालय संवैधानिक उपचार के अधिकार के अंतर्गत याचिका प्रदान करता है। उच्च न्यायालय यह याचिका अनुच्छेद–226 के अंतर्गत जारी करता है।

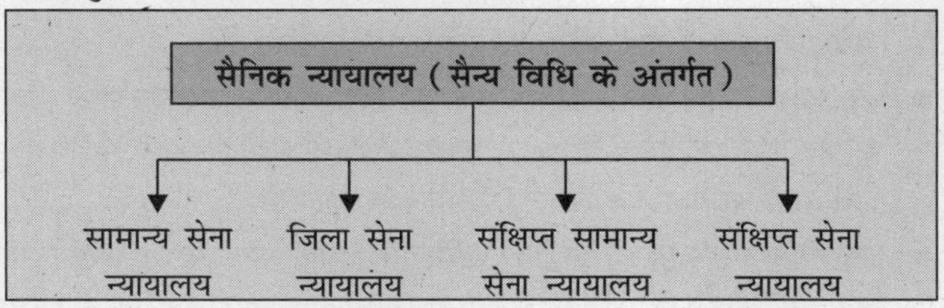

सामान्य सेना न्यायालय

- यह सेना न्यायालयों में सर्वोच्च न्यायालय है। इसे थल सेनाध्यक्ष के लिखित अनुरोध पर केंद्र सरकार द्वारा गठित किया जाता है, जिसमें कम-से-कम 5 सैन्य अधिकारी होते हैं।

- यह न्यायालय थल सेना अधिनियम, 1950, वायु सेना अधिनियम, 1950 एवं नौसेना अधिनियम, 1957 के अंतर्गत दोषी सैन्य कर्मियों के दंडनीय अपराधों की सुनवाई कर सकता है।
- यह सैन्य न्यायालय अपनी ही कमान अर्थात् थल सेना, वायु सेना तथा जल सेना के अधिकारियों और कर्मचारियों द्वारा किए गए अपराधों की सुनवाई के लिए गठित किए जाते हैं।

जिला सेना न्यायालय

- यह न्यायालय ऐसे सैन्य अधिकारी के नेतृत्व में गठित किया जाता है, जो सामान्य सेना न्यायालय में सम्मिलित होने की योग्यता रखता हो।
- सैन्य अधिनियमों के अंतर्गत दंडनीय अपराध के लिए किसी सेना अधिकारी अथवा जे.सी.ओ. के विरुद्ध इस न्यायालय में सुनवाई की जा सकती है।
- यह न्यायालय मृत्युदंड, आजीवन कारावास अथवा दो वर्षों से अधिक के कारावास को छोड़कर सैन्य अधिनियम (थल सेना अधिनियम, 1950, वायु सेना अधिनियम, 1950 एवं नौसेना अधिनियम, 1957) के अंतर्गत अधिकृत कोई भी दंड दोषी सैन्य अधिकारी को दे सकता है।

पर्यावरण से संबंधित अधिनियम

- जल संरक्षण प्रदूषण अधिनियम, 1974
- वन संरक्षण अधिनियम, 1980
- वायु नियंत्रण और प्रदूषण अधिनियम, 1981
- पर्यावरण संरक्षण अधिनियम, 1986
- सार्वजनिक उत्तरदायित्व बीमा अधिनियम, 1991
- जैव विविधता अधिनियम, 2002

वन्य जीव संरक्षण अधिनियम, 1972 तथा भरतीय वन्य अधिनियम, 1927 से जुड़े हुए मुद्दे अधिकरण के समक्ष नहीं लाए जा सकते।

संक्षिप्त सामान्य सेना न्यायालय

- यह सेना न्यायालय केंद्र सरकार के निर्देशानुसार अथवा आदेश से गठित किया जाता है, जो केंद्र सरकार द्वारा अधिकृत सेनाध्यक्ष अथवा सैन्य अधिकारी के नेतृत्व में कम-से-कम तीन सैन्य अधिकारियों से मिलकर बनता है।
- इस न्यायालय की शक्तियां भी सामान्य सेना न्यायालय के समान ही होती हैं यह सेना न्यायालय भी सैन्य अधिनियमों में उल्लिखित कोई भी दंड दोषी अधिकारियों को देने में सक्षम है।

संक्षिप्त सेना न्यायालय

- यह न्यायालय सेना के किसी महत्वपूर्ण विभाग अथवा नियमित सेना की उस टुकड़ी के अधिकारी की अध्यक्षता में गठित किया जाता है, जिस टुकड़ी अथवा विभाग से दोषी सैन्य अधिकारी संबंधित होता है।
- यह न्यायालय भी तीन सदस्यीय होता है, जिसमें अध्यक्षता करने वाले सैन्य अधिकारी के अतिरिक्त दो अन्य सदस्य अधिकारी स्तर या जे.सी.ओ. अथवा दोनों स्तरों के एक-एक सदस्यों से मिलकर बनता है।
- यह न्यायालय मृत्युदंड, आजीवन कारावास अथवा एक वर्ष से अधिक के कारावास की सजा को छोड़कर सैन्य अधिनियम में उल्लिखित कोई भी दंड दे सकता है।

जिन सदस्यों से मिलकर सैन्य न्यायालयों का गठन किया जाता है, उनकी योग्यताओं का वर्णन सैन्य अधिनियमों (थल सेना अधिनियम, 1950, वायु सेना अधिनियम, 1950 एवं नौसेना अधिनियम, 1957) में किया गया है।

न्यायाधीश महाधिवक्ता

- सैन्य अधिनियम के अंतर्गत प्रावधान है कि प्रत्येक सैन्य न्यायालय में न्यायाधीश महाधिवक्ता के विभाग का एक सदस्य न्यायाधीश अधिवक्ता उपस्थित रहेगा।
- यदि ऐसा कोई अधिकारी न्यायालय में सुनवाई के दौरान उपस्थित नहीं है, तो न्यायाधीश महाधिवक्ता अथवा उसके अधीनस्थ अधिकारियों द्वारा अनुमोदित कोई अन्य अधिकारी न्यायालय में सुनवाई के दौरान उपस्थित रहेगा।

हरित न्यायाधिकरण

- हरित न्यायाधिकरण (Green Tribunal) का उद्देश्य पर्यावरण से जुड़ी सरकारी तथा गैर-सरकारी विकास परियोजनाओं के मामलों का शीघ्र निपटारा करना है।
- वर्ष-2010 में राष्ट्रीय हरित न्यायाधिकरण अधिनियम, 2010 पारित किया गया, जिसके तहत राष्ट्रीय हरित न्यायाधिकरण का गठन किया गया।
- इस न्यायाधिकरण में पर्यावरण से संबंधित वाद किसी भी व्यक्ति, संस्थान व एन.जी.ओ. द्वारा दायर किया जा सकता है।

हरित न्यायाधिकरण की संरचना

- हरित न्यायाधिकरण की प्रधान पीठ नई दिल्ली में स्थित है, जबकि इसकी क्षेत्रीय शाखाएं पुणे, भोपाल, चेन्नई और कोलकाता में स्थापित हैं।
- न्यायाधिकरण का अध्यक्ष उच्चतम न्यायालय का अवकाश प्राप्त न्यायाधीश होगा तथा इसके अन्य न्यायिक सदस्य उच्च न्यायालय के अवकाश प्राप्त न्यायाधीश होते हैं।
- न्यायाधिकरण में 20 न्यायिक सदस्य तथा 20 विशेषज्ञ सदस्य भी हो सकते हैं, परंतु वर्तमान में इसके 10 सदस्य पर्यावरणीय विशेषज्ञ हैं तथा 10 न्यायिक सदस्य भी हैं।
- अध्यक्ष का कार्यकाल 70 वर्ष की आयु तक तथा अन्य न्यायिक सदस्यों का कार्यकाल 67 वर्ष की आयु तक होता है। विशेषज्ञ सदस्य विज्ञान से संबंधित विषय में परास्नातक होंगे तथा पर्यावरणीय विषयों में 5 वर्षों का अनुभव रखने वाले होंगे। विशेष सदस्यों का कार्यकाल 5 वर्ष का होता है।

अपील

- न्यायाधिकरण के समक्ष आने वाले मामलों को 6 महीने की अवधि में हल कर लिया जाएगा और उच्चतम न्यायालय के द्वारा निर्णय देने के 90 दिन की अवधि में अपील की जा सकती है।
- न्यायाधिकरण के द्वारा यह निर्णय दिया गया कि दिल्ली में 10 वर्ष से पुराने वाहनों को सड़क पर चलने से प्रतिबंधित कर दिया जाए। इस निर्णय के विरुद्ध उच्चतम न्यायालय में अपील की गई और उच्चतम न्यायालय ने इस निर्णय को वैधानिक माना।

न्यायाधिकरण की शक्तियां

न्यायाधिकरण को सिविल न्यायालय की शक्तियां प्राप्त हैं। इसके द्वारा पर्यावरणीय मुद्दे और उससे संबंधित नियमों के क्रियान्वयन से जुड़े हुए मुद्दे की सुनवाई की जाती है।

प्रशासनिक अधिकरण

मूल संविधान में प्रशासनिक अधिकरण के संबंध में कोई व्यवस्था नहीं थी, लेकिन 42वें संविधान संशोधन द्वारा संविधान में भाग 14 क तथा अनुच्छेद-323 क और 323 ख जोड़कर प्रशासनिक अधिकरणों के गठन तथा उसकी अधिकारिता के संबंध में प्रावधान किया गया है।

केंद्रीय प्रशासनिक अधिकरण-संविधान के अनुच्छेद–323 क के अधीन संसद को विधि द्वारा संघ एवं राज्य सरकार के सेवकों की सेवा शर्तों से संबंधित विवादों के निपटारे के लिए प्रशासनिक अधिकरणों की स्थापना करने की शक्ति प्रदान की गई है। इस शक्ति का प्रयोग करते हुए संसद ने प्रशासनिक अधिकरण अधिनियम 1985 पारित किया जिसके अधीन केंद्रीय सरकार को प्रशासनिक अधिकरणों की स्थापना करने की शक्ति प्रदान की गई। एक राज्य के लिए एक या एक से अधिक अधिकरणों की स्थापना की जा सकती है। 1 नवंबर, 1985 को विभिन्न राज्यों में प्रशासनिक अधिकरणों की स्थापना की गई।

यह अधिनियम निम्नलिखित कर्मचारियों के अतिरिक्त केंद्रीय सरकार के अन्य सभी कर्मचारियों पर लागू होता है। (अ) थल सेना, नौ सेना, वायु सेना या संघ के अन्य सशस्त्र बल के सदस्य, (ब) उच्चतम या उच्च न्यायालय के किसी अधिकारी या कर्मचारी, (स) संसद के किसी सदन के सचिवालय के कर्मचारी। उपर्युक्त कर्मचारियों और सेवाओं में विशेष अनुशासन की आवश्यकता समझते हुए उन्हें 'प्रशासनिक अधिकरण अधिनियम' के प्रावधानों से अलग रखा गया है।

प्रशासनिक अधिकरणों का गठन

अनुच्छेद–323 क में निहित प्रावधानों के अनुसार, प्रशासनिक अधिकरण एक बहुसदस्यीय निकाय है। प्रत्येक अधिकरण में एक अध्यक्ष और इतने उपाध्यक्ष और न्यायिक और प्रशासनिक सदस्य होंगे जितने कि सरकार उचित समझे। अतिरिक्त पीठों में एक न्यायिक और एक प्रशासनिक सदस्य अवश्य होंगे। वर्तमान समय में केंद्रीय प्रशासनिक अधिकरण में एक अध्यक्ष, 16 उपाध्यक्ष और 49 सदस्य हैं। सभी सदस्यों का कार्यकाल 5 वर्ष है। अध्यक्ष और उपाध्यक्ष अधिकतम 68 वर्ष की आयु जबकि सदस्य 65 वर्ष की आयु पर अपने पद पर बने रह सकते हैं।

अध्यक्ष की योग्यता

प्रशासनिक अधिकरण के अध्यक्ष पद पर नियुक्त किए जाने वाले व्यक्ति को निम्नलिखित योग्यता धारित करनी पड़ती है-

- किसी उच्च न्यायालय का न्यायाधीश है या रहा हो।
- दो वर्ष तक उपाध्यक्ष के पद पर रहा हो या केंद्रीय सरकार का सचिव रहा हो या सचिव के बराबर वेतन पाने वाले किसी पद पर रहा हो।

उपाध्यक्ष की योग्यता

उपाध्यक्ष पद पर नियुक्ति उसी व्यक्ति की हो सकती है जो निम्नलिखित योग्यता धारित करता हो–

- किसी उच्च न्यायालय का न्यायाधीश रहा हो, या
- दो वर्ष तक केंद्रीय सरकार के सचिव पद पर रहा हो, या
- 5 वर्ष तक केंद्रीय सरकार के अतिरिक्त सचिव के पद पर रहा हो।

न्यायिक सदस्य की योग्यता

न्यायिक सदस्य के पद पर उसी व्यक्ति की नियुक्ति की जा सकती है जो निम्नलिखित योग्यता धारित करता हो–

- किसी उच्च न्यायालय का न्यायाधीश है या रहा हो,
- केंद्रीय विधि सेवा में वर्ग प्रथम के पद पर कम-से-कम तीन वर्ष तक रहा हो।

प्रशासनिक सदस्य की योग्यता

प्रशासनिक सदस्य के रूप में किसी व्यक्ति की नियुक्ति तभी की जाएगी जब वह निम्न योग्यताओं को धारित करता हो-

- केंद्रीय सरकार के अतिरिक्त सचिव या उसके समकक्ष किसी पद पर कम-से-कम दो वर्ष तक कार्यरत रहा हो, या
- केंद्रीय सरकार में संयुक्त सचिव या उसके समकक्ष किसी पद पर हो,
- पर्याप्त प्रशासनिक अनुभव वाला व्यक्ति हो।

नियुक्ति

राष्ट्रपति प्रशासनिक अधिकरण के अध्यक्ष, उपाध्यक्ष, न्यायिक सदस्य तथा प्रशासनिक सदस्य की नियुक्ति करेगा, लेकिन न्यायिक सदस्य की नियुक्ति करते समय वह भारत के मुख्य न्यायाधीश से परामर्श करेगा। राज्यों के अधिकरण के अध्यक्ष, उपाध्यक्ष और अन्य सदस्यों की नियुक्ति संबंधित राज्य के राज्यपाल की सलाह से की जाएगी।

कार्यकाल

अधिकरण के सदस्य 5 वर्ष तक अपना पद धारण करेंगे या जब तक कि वह–

- अध्यक्ष व उपाध्यक्ष के मामले में 68 वर्ष और
- अन्य सदस्यों के मामले में 65 वर्ष की आयु प्राप्त नहीं कर लेते हैं।

अधिकरण के सदस्यगण राष्ट्रपति को लिखकर अपना त्यागपत्र दे सकते हैं। उन्हें कदाचार, अक्षमता के आधार पर उच्चतम न्यायालय के न्यायाधीश के परीक्षण के पश्चात् आरोप सिद्ध होने पर हटाया जा सकता है। उन्हें उन पर लगाए गए आरोपों की सूचना दी जाएगी और सुनवाई का युक्तियुक्त अवसर प्रदान किया जाएगा। केंद्रीय सरकार कानून बनाकर उनके विरुद्ध आरोपों की जांच की प्रक्रिया निश्चित करेगी। अधिकरण को अपनी अवमानना के लिए दंड देने की भी शक्ति होगी।

अधिकरणों की प्रकृति

- अधिकरण, न्यायिक तथा अर्द्ध-न्यायिक विवादों का समाधान करते हैं। सभी न्यायालय अधिकरणों के समान होते हैं, परंतु अधिकरण न्यायालयों के समान नहीं होते हैं।
- न्यायालय को वे सभी अधिकार प्राप्त होते हैं, जो अधिकरण को प्राप्त होते हैं, परंतु न्यायालयों को प्राप्त सभी अधिकार, अधिकरण को प्राप्त नहीं होते। इनमें तर्कों व साक्ष्यों के आधार पर मध्यस्थ की तरह विवादों का निपटारा किया जाता है तथा इसमें विवाद दो सरकारी पक्षों के मध्य या फिर सरकारी और निजी पक्षकारों के बीच भी हो सकता है।
- अधिकरणों की व्यवस्था मूल संविधान में नहीं थी, अपितु इन्हें 42वें संविधान संशोधन अधिनियम, 1976 द्वारा जोड़ा गया। संविधान के भाग-14 (क) के अंतर्गत अनुच्छेद–323(क) और 323(ख) में अधिकरणों का प्रावधान किया गया है।

विधानमंडलों के प्रशासनिक अधिकरणों की स्थापना की शक्ति

अनुच्छेद–323 ख के अधीन विधानमंडल खंड (2) में उल्लिखित विषयों से संबंधित विवादों के लिए अधिकरणों की स्थापना कर सकते हैं। इसमें प्रमुख रूप से निम्नलिखित विषयों का उल्लेख है–

कर संबंधी विवाद, विदेशी मुद्रा और आयात-निर्यात, औद्योगीकरण और श्रम विवाद, भूमि-सुधार विधियां, नगर संपत्ति अधिकतम सीमा, संसद और राज्य विधान मंडल के सदस्यों के निर्वाचन संबंधी विवाद, आवश्यक खाद्य वस्तुओं के उत्पादन, उपात्ति, प्रदाय और वितरण से संबंधित मामले आदि।

संसद कानून बनाकर अधिकरणों की अधिकारिता, शक्तियां तथा उनके द्वारा अनुसरण की जाने वाली प्रक्रिया, आदि निश्चित करेगी। इन विषयों पर उच्च न्यायालयों का कोई अधिकार क्षेत्र नहीं होगा। केवल उच्चतम न्यायालय में विशेष अनुमति से अपील की जा सकेगी। उल्लेखनीय है कि केंद्रीय प्रशासनिक अधिकरण नई दिल्ली में स्थित है। राज्यों में इसकी शाखाएं कार्यरत हैं।

- वर्तमान समय में कुल सत्रह (17) प्रशासनिक अधिकरण हैं। इनकी प्रधान पीठ दिल्ली में है।

- निम्नलिखित कर्मचारी केंद्रीय प्रशासनिक अधिकरण की अधिकारिता के अंतर्गत नहीं आते हैं-

  1. सेना के कर्मचारी।

  2. लोकसभा एवं राज्यसभा सचिवालय के सेवक।

  3. उच्चतम न्यायालय और उच्च न्यायालय के पदाधिकारी।

ई-अदालत तथा आभासी अदालत

- ई-अदालत एक जटिल धारणा है जिसमें कई पक्ष शामिल हैं। ई-अदालत के एक विशेष रूप को ही आभासी अदालत की संज्ञा दी गई है। भारत में इस विचार की शुरुआत सन् 2003 में हुई तथा इसका सबसे पहला पक्ष वीडियो कॉन्फ्रेंसिंग था।
- सन् 2003 में सर्वोच्च न्यायालय में निर्धारित किया गया, कि यदि किसी गवाह को समय के भीतर या बहुत अधिक खर्चे के बिना बुलाना संभव न हो तो उसके साक्ष्य का अभिलेखन वीडियो कॉन्फ्रेंसिंग के माध्यम से भी किया जा सकता है।

वीडियो कॉन्फ्रेंसिंग के माध्यम से न्याय दिए जाने की प्रक्रिया को ही कुछ लोग दूरस्थ न्याय भी कहते हैं।

मोबाइल अदालत

- इस धारणा का सार यह है कि अदालत स्वयं जनता के पास पहुंचे ताकि जनता को न्याय प्राप्ति के लिए धन व समय खर्च न करना पड़े। प्रायः अदालतें गांवों से काफी दूर होती हैं और गरीब लोगों के लिए लंबी यात्रा करके बार-बार अदालत पहुंचना कठिन व महंगा होता है।
- मोबाइल अदालत का पहला प्रयोग 2007 में हरियाणा के मेवात जिले में किया गया।
- मोबाइल अदालत एक बस के भीतर कार्य करती है। बस के भीतर न्यायालय का जरूरी ढांचा उपलब्ध होता है।
- इसे प्रायः पहियों पर न्याय के नाम से भी जाना जाता है। उल्लेखनीय है कि मोबाइल अदालत की अवधारणा का जनक भूतपूर्व राष्ट्रपति डॉ. ए.पी.जे. अब्दुल कलाम को माना जाता है।

उपभोक्ता अदालत

- उपभोक्ता संरक्षण अधिनियम, 1986 के अंतर्गत उपभोक्ता अदालतों का गठन 3 स्तर पर किया गया है।
- सबसे निचले स्तर पर जिला उपभोक्ता फोरम (District Consumer Forum) है। इसके ऊपर राज्य स्तरीय उपभोक्ता अदालत होती है, जिसे राज्य उपभोक्ता आयोग (State Consumer Commission) कहा जाता है।

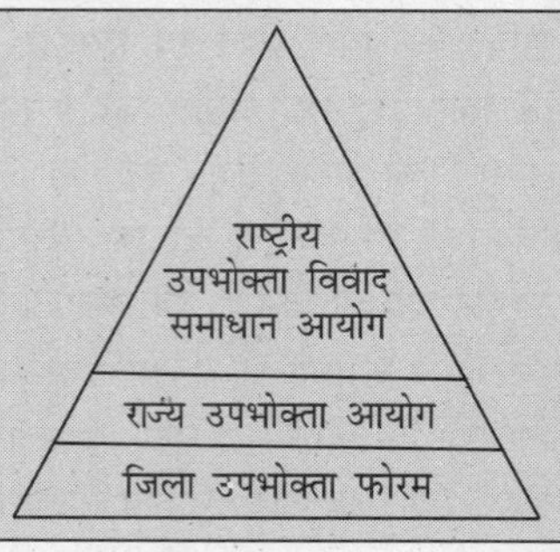

- इसका मुख्य उद्देश्य वस्तुओं और सेवाओं के उपभोक्ताओं का शोषण रोकना है।
- इसके माध्यम से ग्राहकों या उपभोक्ताओं की शिकायतों तथा विवादों का निपटारा किया जाता है।
- राष्ट्रीय आयोग के निर्णयों के विरुद्ध सिर्फ सर्वोच्च न्यायालय में अपील की जा सकती है।
- इससे ऊपर एक राष्ट्रीय उपभोक्ता अदालत होती है, जिसे राष्ट्रीय उपभोक्ता विवाद समाधान आयोग (National Consumer Disputes Redressal Commision) कहा जाता है।

नोटः राष्ट्रीय आयोग की अधिकारिता दो तरह की होती है। आरंभिक अधिकारिता के तहत वह उन मामलों की सुनवाई करता है, जिसमें बेची गई वस्तु या दी गई सेवा का मूल्य 1 करोड़ रुपए से अधिक होता है। ये अपनी अपीलीय अधिकारिता के अंतर्गत राज्य उपभोक्ता आयोग के विरुद्ध अपीलें सुनता है।

अधीनस्थ न्यायालयों से संबंधित अनुच्छेद

अनुच्छेद	विषय-वस्तु
233	जिला न्यायाधीशों की नियुक्ति
233ए	जिला न्यायाधीशों की नियुक्ति का मान्यकरण तथा उनके द्वारा दिए गए निर्णय का मान्यकरण
234	न्यायिक सेवा में जिला न्यायाधीशों को छोड़कर अन्य व्यक्तियों की नियुक्ति
235	अधीनस्थ न्यायालयों पर नियंत्रण
236	व्याख्या
237	इस अध्याय के प्रावधानों का दंडाधिकारियों के किसी वर्ग या वर्गों पर लागू होना।

स्मरणीय तथ्य

- भारत में उच्चतम न्यायालय तथा उच्च न्यायालयों से नीचे के न्यायालयों को अधीनस्थ न्यायालय (Subordinate Court) कहा जाता है।
- भारतीय संविधान के द्वारा एकीकृत न्याय व्यवस्था की स्थापना की गई है।
- एकीकृत भारतीय न्यायपालिका का अंतिम या निम्नतम सोपान जिला स्तरीय न्यायालय है।
- फौजदारी न्यायालय के अंतर्गत लड़ाई-झगड़े, मार-पीट, हत्या, जालसाजी, चोरी, डकैती आदि के मामले आते हैं।
- सत्र न्यायाधीश के नीचे प्रथम श्रेणी (Ist Class Magistrate) मजिस्ट्रेट होता है। इसे द्वितीय तथा तृतीय श्रेणी के दंडाधिकारियों के निर्णय के विरुद्ध अपील सुनने का अधिकार है।
- दीवानी न्यायालय में अंतिम (निचला) सोपान मुंसिफ मजिस्ट्रेट होता है। इसके द्वारा 2,000 से 5,000 रुपए तक के मामलों की सुनवाई की जाती है।
- प्रत्येक राज्य में एक **राजस्व परिषद्** होती है।
- परगना तहसीलों में विभक्त होता है जिसका प्रभारी तहसीलदार होता है।
- कुटुंब न्यायालय अधिनियम, 1984 के अधीन कुटुंब या पारिवारिक न्यायालयों की स्थापना की गई है।
- उच्च न्यायालय में कुटुंब न्यायालयों के निर्णयों एवं आदेशों के विरुद्ध अपील की जा सकती है।
- 2 अक्टूबर, 2009 को ग्राम न्यायालय अधिनियम, 2008 के प्रावधानों के अनुसार ग्राम न्यायालय की स्थापना की गई।

- सर्वोच्च न्यायालय के तत्त्वावधान में पहली लोक अदालत अक्टूबर 1985 में तत्कालीन मुख्य न्यायाधीश पी.एन. भगवती की अध्यक्षता में दिल्ली में आयोजित की गई थी।
- लोक अदालतों को दीवानी अदालतों की मान्यता प्राप्त है, यह उन आपराधिक मामलों को भी देख सकते हैं, जिनकी प्रकृति समझौते योग्य है।
- देश में सैन्य न्यायालय एकमात्र न्यायालय है, जहां सैनिकों द्वारा किए गए अपराधों की सुनवाई होती है और उन्हें सजा भी दी जाती है।
- यह सेना न्यायालयों में सर्वोच्च न्यायालय है। इसे थल सेनाध्यक्ष के लिखित अनुरोध पर केंद्र सरकार द्वारा गठित किया जाता है।
- यह न्यायालय ऐसे सैन्य अधिकारी के नेतृत्व में गठित किया जाता है, जो सामान्य सेना न्यायालय में सम्मिलित होने की योग्यता रखता हो।
- हरित न्यायाधिकरण (Green Tribunal) का उद्‌देश्य पर्यावरण से जुड़ी सरकारी तथा गैर-सरकारी विकास परियोजनाओं के मामलों का शीघ्र निपटारा करना है।
- न्यायाधिकरण को सिविल न्यायालय की शक्तियां प्राप्त हैं।
- संसद कानून बनाकर अधिकरणों की अधिकारिता, शक्तियां तथा उनके द्वारा अनुसरण की जाने वाली प्रक्रिया, आदि निश्चित करेगी।
- ई-अदालत के एक विशेष रूप को ही आभासी अदालत की संज्ञा दी गई है।
- मोबाइल अदालत का पहला प्रयोग 2007 में हरियाणा के मेवात जिले में किया गया।
- उपभोक्ता संरक्षण अधिनियम, 1986 के अंतर्गत उपभोक्ता अदालतों का गठन 3 स्तर पर किया गया है।

❑❑❑

अध्याय 4

भारत का महान्यायवादी

महान्यायवादी भारत सरकार का सर्वोच्च विधिक अधिकारी होता है। उल्लेखनीय है कि भारत में तीन विधिक अधिकारी माने गए हैं–महान्यायवादी, महाधिवक्ता और अपर महान्यायवादी। इनकी नियुक्ति राष्ट्रपति द्वारा की जाती है। भारतीय संविधान के भाग 5 अनुच्छेद–76 में महान्यायवादी पद का सृजन किया गया है। अनुच्छेद–76 (1) में प्रावधानित है कि राष्ट्रपति उस व्यक्ति को महान्यायवादी नियुक्त करेगा जो सर्वोच्च न्यायालय का न्यायाधीश होने की योग्यता रखता हो। राष्ट्रपति केंद्रीय मंत्रिपरिषद् की सिफारिश पर महान्यायवादी की नियुक्ति करता है। महान्यायवादी का पद संवैधानिक है ,परंतु उप-महान्यायवादी का पद संवैधानिक न होकर मात्र वैधानिक है।

महान्यायवादी की योग्यताएं

अनुच्छेद–124 (3) में लिखा गया है कि उसी व्यक्ति को भारत का महान्यायवादी नियुक्त किया जा सकता है जो निम्न योग्यता रखता हो–

- सर्वोच्च न्यायालय के न्यायाधीश होने की योग्यता रखता हो
- एक या एक से अधिक उच्च न्यायालयों में कम-से-कम 10 वर्ष एडवोकेट रह चुका हो तथा
- राष्ट्रपति के विचार में प्रसिद्ध विधिवेत्ता हो।

महान्यायवादी का कार्यकाल

अनुच्छेद–76 में प्रावधानित है कि महान्यावादी राष्ट्रपति के प्रसादपर्यंत अपने पद पर बना रह सकता है। महान्यायवादी को राष्ट्रपति द्वारा निर्धारित वेतन और भत्ता मिलता है। महान्यायवादी को संसद सदस्यों के समान ही विशेषाधिकार और उन्मुक्तियां प्राप्त हैं। महान्यायवादी को संसद के दोनों सदनों में प्रवेश करने तथा विचार रखने का भी अधिकार है।

महान्यायवादी के कार्य और अधिकार

महान्यायवादी को निम्नलिखित कार्य और अधिकार संविधान द्वारा प्रदत्त किए गए हैं, जो निम्नवत् हैं-

- **अनुच्छेद–76 (2)** के अनुसार भारत के महान्यायवादी को उन सभी मामलों पर विधिक सलाह देनी होती है जिसे राष्ट्रपति उसके पास प्रेषित करते हैं। महान्यायवादी समय-समय पर बताई गई विधायी प्रवृत्ति के दायित्वों को संपन्न करता है।
- **अनुच्छेद–76 (3)** में कहा गया है कि महान्यायवादी अपने कर्तव्यों के पालन के लिए किसी भी न्यायालय में उपस्थित हो सकता है।
- महान्यायवादी राष्ट्रपति की अनुमति से सर्वोच्च न्यायालय में भारत सरकार की तरफ से उन सभी मामलों में उपस्थित हो सकता है जिनमें भारत सरकार का कोई संबंध हो और उन मामलों में उपस्थित हो सकता है जिनको राष्ट्रपति ने **अनुच्छेद–143** के अंतर्गत सर्वोच्च न्यायालय को परामर्श हेतु सुपुर्द किया हो।
- सर्वोच्च न्यायालय में उपस्थिति के समय उसे अन्य सभी अधिवक्ताओं की अपेक्षा प्राथमिकता मिलती है।
- अनुच्छेद–88 में कहा गया है कि, महान्यायवादी को संसद के किसी भी सदन, दोनों सदनों की संयुक्त बैठक तथा संसद की किसी समिति, जिसका वह सदस्य है, की कार्यवाहियों में भाग लेने तथा बोलने का भी अधिकार है। हालांकि, उसे संसद के सदनों में मत देने का अधिकार नहीं है।
- **अनुच्छेद–105(4)** के अनुसार, महान्यायवादी को अपने कार्यकाल के दौरान संसद सदस्यों को प्राप्त होने वाली सभी उन्मुक्तियां व विशेषाधिकार भी प्राप्त होते हैं।
- महान्यायवादी को संवैधानिक महत्व के मामले में परामर्श देने के लिए अध्यक्ष द्वारा सदन में बुलाया जा सकता है। ऐसे मामलों में उसका मत जानने के लिए संसद द्वारा प्रस्ताव पारित करके उसे आमंत्रित किया जा सकता है परंतु वे उससे वाद-विवाद नहीं कर सकते हैं।
- यदि अध्यक्ष चाहे तो महान्यायवादी से किसी वैधानिक या संवैधानिक महत्व के मामले में परामर्श ले सकता है, परंतु वह परामर्श को मानने के लिए बाध्य नहीं है।
- भारत सरकार महान्यायवादी को किसी उच्च न्यायालय में भारत सरकार का प्रतिनिधित्व करने के लिए किसी भी मामले में कह सकती है।

राष्ट्रपति द्वारा महान्यायवादी को सौंपे गए कार्य

- भारत सरकार से संबंधित मामलों को लेकर उच्चतम न्यायालय में भारत सरकार की ओर से पेश होना।
- संविधान के अनुच्छेद–143 के अंतर्गत, राष्ट्रपति के द्वारा उच्चतम न्यायालय में भारत सरकार का प्रतिनिधित्व करना।
- सरकार से संबंधित किसी मामले में उच्च न्यायालय में सुनवाई का अधिकार।

महान्यायवादी से संबंधित अनुच्छेद

अनुच्छेद	विषय-वस्तु
76	भारत के महान्यायवादी
177	महान्यायवादी के संसद के सदनों तथा इसकी समितियों से जुड़े अधिकार
194	महान्यायवादी की शक्तियां, विशेषाधिकार तथा प्रतिरक्षा

महान्यायवादी किसी भी मामले में भारत सरकार के विरुद्ध किसी अपराधी को कोई परामर्श नहीं दे सकता है। महान्यायवादी भारत सरकार के विरुद्ध किसी अपराधी की रक्षा के लिए उपस्थित नहीं हो सकता है। संक्षेप में यह कहा जा सकता है कि वह भारत सरकार का मुख्य विधिक अधिकारी है जिसका कार्य भारत सरकार को वैधानिक एवं संवैधानिक मामलों में परामर्श देना तथा न्यायपालिका में सरकार का प्रतिनिधित्व करना है। भारत का महान्यायवादी संसद या किसी राज्य के विधान मंडल का सदस्य नहीं होता है। महान्यायवादी संसद के प्रति उत्तरदायी नहीं है। जबकि ब्रिटेन में महान्यायवादी मंत्रिपरिषद् का सदस्य होता है

और कामंस सभा के प्रति उत्तरदायी होता है। यदि वह कामंस या लॉर्ड सभा का सदस्य नहीं है, तो उसे 6 माह के अंदर सदस्य होना पड़ता है।

भारत का महाधिवक्ता

महान्यायवादी के अतिरिक्त भारत सरकार के दो अन्य विधिक अधिकारी भी होते हैं। जो हैं–भारत सरकार के महाधिवक्ता एवं अपर महाधिवक्ता। इन अधिकारियों द्वारा महान्यायवादी को उसकी जिम्मेदारी पूरी करने में सहायता की जाती है। यह उल्लेखनीय है कि महान्यायवादी का पद संविधान निर्मित है, अन्य शब्दों में अनुच्छेद–76 में महाधिवक्ता एवं अपर महाधिवक्ता का उल्लेख नहीं है।

महान्यायवादी का पद संविधान के अनुच्छेद–76 के तहत एक संवैधानिक पद है, वहीं महाधिवक्ता का पद संवैधानिक न होकर मात्र वैधानिक है।

स्मरणीय तथ्य

- महान्यायवादी भारत सरकार का सर्वोच्च विधिक अधिकारी होता है।
- भारतीय संविधान के भाग 5 अनुच्छेद–76 में महान्यायवादी पद का सृजन किया गया है।
- **अनुच्छेद–76** में प्रावधानित है कि महान्यावादी राष्ट्रपति के प्रसाद पर्यंत अपने पद पर बना रह सकता है। महान्यायवादी को राष्ट्रपति द्वारा निर्धारित वेतन और भत्ता मिलता है।
- यदि अध्यक्ष चाहे तो महान्यायवादी से किसी वैधानिक या संवैधानिक महत्व के मामले में परामर्श ले सकता है, परंतु वह परामर्श को मानने के लिए बाध्य नहीं है।
- महान्यायवादी किसी भी मामले में भारत सरकार के विरुद्ध किसी अपराधी को कोई परामर्श नहीं दे सकता है।
- महान्यायवादी के अतिरिक्त भारत सरकार के दो अन्य विधिक अधिकारी भी होते हैं। जो निम्नवत् हैं–भारत सरकार के महाधिवक्ता एवं अपर महाधिवक्ता।

❑❑❑

अध्याय 5

राज्य का महाधिवक्ता

संविधान के अनुच्छेद–165 के अनुसार प्रत्येक राज्य का एक महाधिवक्ता होगा। यह भारत के महान्यायवादी के तत्समान राज्य का अधिकारी होगा और उसके राज्य में उसी प्रकार के कृत्य होंगे। उसकी नियुक्ति राज्य के राज्यपाल द्वारा की जाएगी। महाधिवक्ता पद पर नियुक्ति के लिए व्यक्ति को उच्च न्यायालय के न्यायाधीश पद पर नियुक्ति के अर्हत होना जरूरी है। उसे राज्य के विधान मंडल के सदनों की कार्यवाहियों में भाग लेने और बोलने का अधिकार है, किंतु मतदान का अधिकार नहीं है।

महाधिवक्ता की नियुक्ति और योग्यताएं

महाधिवक्ता की नियुक्ति राज्यपाल द्वारा की जाती है। महाधिवक्ता नियुक्त होने के लिए निम्नलिखित योग्यताओं को धारित किया जाना चाहिए-

- वह भारत का नागरिक हो।
- किसी उच्च न्यायालय में कम-से-कम 10 वर्ष तक अधिवक्ता के रूप में कार्य कर चुका हो।
- 10 वर्ष तक न्यायिक अधिकारी के रूप में कार्य करने का अनुभव हो।
- राज्यपाल के दृष्टि में विधिवेत्ता हो।

महाधिवक्ता का कार्यकाल

महाधिवक्ता का कार्यकाल निश्चित नहीं है और न ही इसको हटाने के किसी प्रावधान का संविधान में उल्लेख किया गया है। वह अपने पद पर राज्यपाल के प्रसादपर्यंत बना रहता है, इसका आशय यह है कि उसे राज्यपाल द्वारा कभी भी हटाया जा सकता है। वह अपने पद से त्यागपत्र देकर भी कार्यमुक्त हो सकता है। सामान्यत: वह त्यागपत्र तब देता है जब सरकार (मंत्रिपरिषद्) त्यागपत्र देती है या पुनर्स्थापित होती है, क्योंकि उसकी नियुक्ति सरकार की सलाह पर होती है।

संविधान में महाधिक्ता के वेतन-भत्तों को भी निश्चित नहीं किया गया है। उसके वेतन-भत्तों का निर्धारण राज्यपाल द्वारा किया जाता है।

कार्य एवं शक्तियां

महाधिवक्ता राज्य में मुख्य विधिक अधिकारी होता है और उसके कार्य निम्नवत् हैं-

- राज्य सरकार को विधि संबंधी ऐसे विषयों पर सलाह दे जो राष्ट्रपति द्वारा सौंपे गए हों।
- विधिक स्वरूप से ऐसे अन्य कर्तव्यों का पालन करे जो राज्यपाल द्वारा सौंपे गए हों।
- संविधान या किसी अन्य विधि द्वारा प्रदान किए गए कृत्यों का निर्वहन करना।

अपने कार्य संबंधी कर्तव्यों के तहत उसे राज्य के किसी न्यायालय के समक्ष सुनवाई का अधिकार है। इसके अतिरिक्त उसे विधान मंडल के दोनों सदनों या संबंधित समिति अथवा उस सभा में, जहां के लिए वह अधिकृत है, में बिना मताधिकार के बोलने व भाग लेने का अधिकार है। उसे वे सभी विशेषाधिकार एवं भत्ते मिलते हैं जो विधान मंडल के किसी सदस्य को मिलते हैं।

महाधिवक्ता से संबंधित अनुच्छेद

अनुच्छेद	विषय-वस्तु
165	राज्य के महाधिवक्ता
177	राज्य विधायिका के सदनों तथा इसकी समितियों से जुड़े महाधिवक्ता के अधिकार
194	महाधिवक्ता की शक्तियां, विशेषाधिकार तथा प्रतिरक्षा

महान्यायवादी और महाधिवक्ता में अंतर

महान्यायवादी	महाधिवक्ता
• राष्ट्रपति सर्वोच्च न्यायालय के न्यायाधीश नियुक्त होने के योग्य व्यक्ति को इस पद पर नियुक्त करता है। • यह राष्ट्रपति के प्रसादपर्यंत पद धारण करता है। इसके सहयोग के लिए सॉलिसिटर जनरल की नियुक्ति की जाती है। • केंद्र स्तर पर प्रथम विधि अधिकारी है। • यह संसद के किसी भी सदन में बोलने या उसकी कार्यवाही में भाग लेने का अधिकार रखता है, लेकिन संसद में मतदान नहीं कर सकता है, क्योंकि सदस्य नहीं होता। • इसका वेतन राष्ट्रपति निर्धारित करता है। सामान्यत: सर्वोच्च न्यायालय के न्यायाधीश के बराबर होता है। • यह पद पर रहते हुए वकालत कर सकता है, शर्त यह है कि भारत सरकार से संबंधित मुकदमा न हो।	• राज्यपाल उच्च न्यायालय के न्यायाधीश की योग्यता रखने वाले व्यक्ति को इस पद पर नियुक्त करता है। • वह राज्यपाल के प्रसादपर्यंत पद धारण करता है। राज्य स्तर पर सॉलिसिटर जनरल का पद नहीं पाया जाता बल्कि सरकारी वकील ही सहायता करते हैं। • राज्य स्तर पर प्रथम विधिक सलाहकार है। • यह विधान मंडल में मतदान नहीं कर सकता है, क्योंकि सदस्य नहीं होता। • इसका वेतन राज्यपाल निर्धारित करता है। सामान्यत: उच्च न्यायालय के न्यायाधीश के बराबर होता है। • यह पद पर रहते हुए वकालत कर सकता है शर्त यह है कि राज्य सरकार से संबंधित मुकदमा न हो।

स्मरणीय तथ्य

- संविधान के अनुच्छेद–165 के अनुसार प्रत्येक राज्य का एक महाधिवक्ता होगा।
- महाधिवक्ता का कार्यकाल निश्चित नहीं है।
- महाधिवक्ता का कार्यकाल निश्चित नहीं है और न ही इसको हटाने के किसी प्रावधान का संविधान में उल्लेख किया गया है।
- संविधान में महाधिक्ता के वेतन-भत्तों को भी निश्चित नहीं किया गया है। उसके वेतन-भत्तों का निर्धारण राज्यपाल द्वारा किया जाता है।
- महाधिवक्ता राज्य में मुख्य विधिक अधिकारी होता है।

❑❑❑

अध्याय 6

न्यायिक सक्रियता

एक स्वतंत्र, निष्पक्ष और निर्भय न्यायपालिका किसी भी लोकतंत्र के लिए गौरव का विषय होती है। इस तरह की न्यायपालिका के द्वारा ही संवैधानिक स्वरूप की सजगता के साथ रक्षा की जा सकती है। संविधान के द्वारा न केवल सरकार के संगठनात्मक ढांचे एवं उसकी शक्तियों को परिभाषित किया जाता है बल्कि जनता के मौलिक अधिकारों एवं सामाजिक दर्शन का भी उद्घोष किया जाता है। न्यायपालिका द्वारा अपने परम्परागत स्वरूप में संविधान द्वारा निर्दिष्ट सामाजिक दर्शन के सिद्धांत को लागू करने में न्यायिक दर्शन एवं विधि मर्यादित हो जाती है। यही स्थिति भारतीय न्यायपालिका की भी रही है। भारतीय न्यायपालिका न्याय व्यवस्था के परम्परागत सिद्धांतों पर आधारित रही है। इस धारणा के अनुसार न्यायालयों का कार्य है, उनके सामने आने वाले विवादों का कानूनों के अनुसार निर्णय करना। परन्तु भारत जैसे विकासशील देश में जनता को न्यायपालिका पर अधिक भरोसा है। इसलिए जब जनता को विधायिका तथा कार्यपालिका से अधिक निराशा हो जाती है तब वह विवश होकर न्यायपालिका की ओर देखने लगती है। जब न्यायपालिका संवैधानिक परिधि के अंतर्गत ही जनता की पीड़ा और निराशा का निवारण करने का प्रयास करती है तो इसे न्यायिक सक्रियता की संज्ञा दी जाती है।

न्यायिक सक्रियता: एक परिचय

- वेबेस्टर डिक्शनरी में सक्रियता को परिभाषित करते हुए कहा गया है कि किसी कार्य को निर्णय अथवा सक्रियता के साथ सम्पन्न करने की नीति या मान्यता सक्रियता कहलाती है। जब यही सक्रियता न्यायपालिका के क्षेत्र में देखने को मिलती है तो इसको न्यायिक सक्रियता की संज्ञा दी जाती है।
- अन्य शब्दों में कहा जा सकता है कि न्यायिक सक्रियता का आशय संविधान, कानून तथा अपने दायित्वों के प्रसंगों में कानूनी व्याख्या से आगे बढ़कर सामाजिक एवं आर्थिक परिस्थितियों और न्याय की आवश्यकता को ध्यान में रखते हुए संविधान और कानून की रचनात्मक व्याख्या करके जनसाधारण के हितों की रक्षा के लिए निरंतर प्रयत्नशील रहना है।
- न्यायिक सक्रियता के अंतर्गत न्यायपालिका का दायित्व जन सामान्य के हित की दृष्टि से आवश्यक होने पर शासन को निर्देश देना तथा शासन की स्वेच्छाचारिता पर अंकुश लगाना है।
- न्यायिक सक्रियता की उत्पत्ति सं. रा. अमेरिका में हुई है। सं. रा. अमेरिका के फेडरल कोर्ट के मुख्य न्यायाधीश जॉन मार्शल को न्यायिक सक्रियता का पिता कहा जाता है। 1803 में जॉन मार्शल अमेरिकी सर्वोच्च न्यायालय के मुख्य न्यायाधीश थे और इस पद पर कार्य करते हुए 'मरकरी बनाम मेडिसोन' के मामले में ऐतिहासिक निर्णय देते हुए उन्होंने कहा था कि न्यायालयों को न्यायिक समीक्षा का अधिकार है।
- जॉन मार्शल ने अपने निर्णय में न्यायिक विभाग के अधिकार क्षेत्र और दायित्व को भी परिभाषित किया था। जॉन मार्शल के अनुसार न्यायिक विभाग का अधिकार क्षेत्र और दायित्व है कि वह यह बताये कि कानून क्या है? तथा विशेष मामलों में लागू नियमों की स्पष्ट व्याख्या करे तथा संविधान के विरुद्ध यदि कोई कानून है तो उसे अवैध घोषित करे। उल्लेखनीय है कि भारत के सर्वोच्च न्यायालय ने जॉन मार्शल के द्वारा किए गए निर्णयों की पुष्टि करते हुए न्यायिक सक्रियता का परिचय दिया है।

भारत में न्यायिक सक्रियता

- भारत में न्यायपालिका द्वारा दिखाई जा रही सक्रियता किसी एक कारण का परिणाम नहीं है। बल्कि यह कई कारणों का संयुक्त परिणाम है। भारत में जनहित मुकदमों में वृद्धि एवं राजनीतिक, सामाजिक, आर्थिक एवं प्रशासनिक समस्याओं के समाधान में कार्यपालिका और विधानपालिका की उदासीनता न्यायिक सक्रियता का प्रमुख कारण है।
- न्यायपालिका को सक्रिय करने में अथवा न्यायिक सक्रियता के मूल में जनहित याचिकाएँ, त्रस्त जनता द्वारा न्यायपालिका से अनुनय-विनय तथा स्वयंसेवी संगठनों का प्रयास (यथा एच. डी. शौरी का कॉमन लॉज) तथा न्यायाधीशों द्वारा प्रदर्शित निष्पक्षता प्रमुख सहायक तत्त्व रहे हैं।
- यद्यपि भारत के पूर्व मुख्य न्यायाधीश ए. एम. अहमदी ने न्यायिक सक्रियता को एक अस्थायी प्रक्रिया स्वीकार किया है। परंतु यह भी यथार्थ है कि कार्यपालिका और विधानपालिका की उदासीनता के परिणामस्वरूप जनता को केवल न्यायपालिका से ही उम्मीद बंधती है और न्यायपालिका इसी दिशा में सक्रिय है।
- भारत में न्यायिक सक्रियता को लेकर दो विचारधाराएँ हैं—एक विचारधारा न्यायिक सक्रियता का समर्थन करती है, तो दूसरी विरोध करती है। परन्तु कार्यपालिका और विधायिका के जन समस्याओं के प्रति उदासीन रहने की प्रवृत्ति ने न्यायिक सक्रियता को मजबूती प्रदान की है। वस्तुत: आज जो कार्य न्यायपालिका द्वारा किया जा रहा है उसे सामान्यत: कार्यपालिका और विधायिका को करना चाहिए। पूर्व मुख्य न्यायाधीश अहमदी का यह कथन समीचीन प्रतीत होता है कि न्यायपालिका द्वारा जो सक्रियता दिखाई जा रही है उसका एक विशेष कारण विधानपालिका तथा कार्यपालिका द्वारा कठोर और अप्रिय निर्णय लेने में आनाकानी है।
- न्यायपालिका ने यह महसूस किया है कि सरकार का एक पक्ष मुद्दों को दूसरे पक्ष पर टालता रहता है। यह प्रवृत्ति केंद्र और राज्य दोनों ही स्तरों पर विद्यमान है। ध्यातव्य है कि संवेदनशील मुद्दों को एक संस्था जब दूसरी संस्था पर टाल देती है तो वह अनिर्णीत पड़े रहते हैं तथा जनता में इससे असंतोष पैदा होता है, तब वह अदालत की शरण में जाती है।
- भारत में 1970 तक न्यायपालिका न्याय के परम्परागत सिद्धांतों के आधार पर कार्य करती रही है। परन्तु 1970 के बाद कुछ ऐसी परिस्थितियां जनित हुईं जिसके फलस्वरूप न्यायाधीशों और समग्र न्यायपालिका से जुड़ा एक वर्ग यह सोचने के लिए बाध्य हुआ कि कानून को अब अधिक सक्रिय होना चाहिए और संविधान की रक्षा के लिए कानून को प्रक्रियाओं की परिधि से

बाहर निकलकर अधिक सक्रियता से कार्य करना चाहिए। अन्य शब्दों में यह भी कहा जाना चाहिए कि परम्परागत अवधारणा के स्थान पर संविधान की रचनात्मक व्याख्या का मार्ग अपनाया जाना चाहिए। भारत में 1985 में पी. एन. भगवती के सर्वोच्च न्यायालय के मुख्य न्यायाधीश बनने के बाद न्यायिक सक्रियता को एक नया आयाम मिलना शुरू हुआ। पी.एन. भगवती द्वारा पर्यावरण विषयक प्रकरणों पर प्रदर्शित न्यायिक तत्परता तथा संजय दत्त की टाडा कानून में गिरफ्तारी के बाद के घटनाचक्र में न्यायिक सक्रियता के बाद नागरिकों में उत्सुकता बढ़ी है और न्यायपालिका द्वारा दृढ़तापूर्वक अपनी भूमिका निभायी गयी है।

न्यायिक सक्रियता का आधार

- भारतीय संविधान द्वारा न्यायपालिका को प्रमुखतः दो कार्य सौंपे गए हैं- (1) न्याय सुनिश्चित करना (2) संविधान की व्याख्या करना। संविधान की व्याख्या के अधिकार ने न्यायपालिका की सक्रियता में वृद्धि कर दी है। शुरू में न्यायालय ने 'विधि की स्थापित प्रक्रिया' जो कि ब्रिटेन से ली गयी है, के आधार पर संविधान की व्याख्या की।
- विधि की स्थापित प्रक्रिया का अर्थ है कि किसी भी विधि की विधिमान्यता पर इस आधार पर हस्तक्षेप नहीं होगा कि वह अयुक्तियुक्त या न्याय विरुद्ध है। परंतु 'मेनका गांधी बनाम भारत संघ' के वाद में न्यायालय ने अमेरिका में प्रचलित 'विधि की सम्यक प्रक्रिया' को अपना लिया अर्थात् विधि की युक्तियुक्तता एवं न्याय योग्यता महत्त्वपूर्ण तत्त्व बन गया। परिणामस्वरूप संविधान की व्याख्या ने विस्तारित रूप प्राप्त कर लिया।
- संविधान की व्याख्या के विस्तारित अधिकार ने न्यायपालिका को प्रशासक, सुधारक, नीति-निर्धारक आदि भूमिका निभाने का अवसर प्रदान कर दिया है। दूसरे शब्दों में न्यायपालिका ने विधायिका एवं कार्यपालिका के कार्यों को अपने हाथ में ले लिया है। न्यायपालिका की इस नयी भूमिका को ही न्यायिक सक्रियता के नाम से जाना जाता है।
- न्यायिक सक्रियता के आधार को दो भागों में बांटा जा सकता है। न्यायपालिका के सक्रिय होने का एक आधार तो संवैधानिक है। दूसरे कुछ सामान्य कारण हैं जिन्होंने न्यायपालिका को सक्रिय कर दिया है।
- संविधान में विभिन्न अनुच्छेदों में संविधान की व्याख्या करने का अंतिम अधिकार न्यायपालिका को प्राप्त है।
- अनु. 13(2) के अंतर्गत यह प्रावधान है कि राज्य कोई ऐसी विधि बनायेगा जो मूलाधिकारों को छीनती या न्यून करती हो। इस विधि की मान्यता न्यायालय द्वारा निर्धारित की जाती है।
- अनु. 32 में न्यायपालिका मूलाधिकार की संरक्षक के रूप में सामने आती है।
- केंद्र-राज्य अथवा राज्य-राज्य के विवादों में विधि के प्रश्न की व्याख्या करने में हस्तक्षेप (अनु. 131)।
- संघ राज्य सूचियों में कानून बनाने की अधिकारिता संबंधित विवादों के हल के लिए।
- समवर्ती सूची पर विवाद के संदर्भ में न्यायपालिका हस्तक्षेप करती है।
- संविधान संशोधन के संदर्भ में (अनु. 368) यह देखने के लिए है कि यह संशोधन के मूल ढांचे को प्रभावित तो नहीं कर रहा है, न्यायपालिका हस्तक्षेप करती है।
- इसके अतिरिक्त न्यायपालिका की सक्रियता का मुख्य साधन जनहितवाद है। पहले सामान्य प्रक्रिया के अनुसार वही व्यक्ति न्यायालय जा सकता था जिसके अधिकारों का हनन हुआ हो (locus standi)। परंतु 1979 के बाद इस अवधारणा में बदलाव आया। 1979 में हुसैनारा खातून बनाम बिहार सरकार वाद में प्रथम बार पीड़ित व्यक्ति ने नहीं बल्कि किसी अन्य ने उसकी ओर से याचिका दायर की थी। बाद में ऐसे सभी वादों को जनहित का नाम दे दिया गया।
- इस संदर्भ में जस्टिस पी.एन. भगवती के कथन का उल्लेख करना समीचीन होगा- ''गरीबों के प्रति इंसाफ का अलग नजरिया अपनाने की जरूरत है। यदि हम आंख मूंदकर इंसाफ की कोई प्रतिकूल प्रक्रिया अपनाते हैं, तो वे कभी भी अपने मौलिक अधिकार का प्रयोग नहीं कर सकेंगे।'' संविधान का प्रावधान इसीलिए किया गया। जनहित याचिका का आधार मुख्यतः पांच अनुच्छेद बन गए हैं जिन्हें पवित्र पंचभुज कहा जाता है। ये अनुच्छेद हैं- 14, 19, 21, 32, 39(A)। इन्हीं अनुच्छेदों को आधार बनाकर न्यायपालिका ने कार्यपालिका को अनेक निर्देश जारी किए हैं।
- न्यायिक सक्रियता का दूसरा आधार सामान्य है जिसके अंतर्गत निम्न बिन्दुओं को ध्यान में रखा जाता है-
  - विधि के शासन की स्थापना सुनिश्चित करने के लिए न्यायपालिका की भूमिका।
  - नागरिक अधिकारों के संरक्षक के रूप में न्यायपालिका की भूमिका।
  - राजनीतिक भ्रष्टाचार के कारण न्यायपालिका की सक्रियता में वृद्धि।
  - गठबंधन सरकारों के दौर में सरकार की अक्षमता भी न्यायपालिका को सक्रिय कर देती है।

न्यायिक सक्रियता से संबंधित सर्वोच्च न्यायालय के कुछ महत्त्वपूर्ण निर्णय एवं निर्देश

विगत कुछ वर्षों में सर्वोच्च न्यायालय द्वारा दिये गए कुछ प्रमुख निर्णय तथा निर्देश निम्नलिखित हैं जिनसे न्यायिक सक्रियता की पुष्टि होती है-

(i) हवाला मामले में सर्वोच्च न्यायालय ने सी.बी.आई. को यह आदेश दिया कि वह हवाला मामले के संदर्भ में अदालत के अलावा किसी अन्य को न तो कोई रिपोर्ट करे और न ही किसी से कोई आदेश प्राप्त करे।

(ii) महाराष्ट्र के पूर्व मुख्यमंत्री मनोहर जोशी की चुनाव याचिका पर अपने ऐतिहासिक निर्णय में हिन्दुत्व को परिभाषित किया और इसे राष्ट्रवादी अभिव्यक्ति कहा, परंतु राजनीति में धर्म के उपयोग पर चेतावनी दी।

(iii) कर्नाटक सरकार को सरकारी नौकरियों में अनुसूचित जाति, जनजाति तथा दूसरी पिछड़ी जातियों को आरक्षण देते समय 50% की अधिकतम आरक्षण सीमा के दायरे में रहने का निर्देश दिया।

(iv) पूर्व मुख्य निर्वाचन आयुक्त टी.एन. शेषन को पद का व्यक्तिगत प्रतिष्ठा के लिए इस्तेमाल करने पर फटकार लगाते हुए कहा कि शेषन का यह समझना गलत है कि वे ही लोकतंत्र को बचा सकते हैं।

(v) सर्वोच्च न्यायालय ने अपने एक निर्णय में यह भी स्पष्ट किया है कि उच्च न्यायालय के न्यायाधीश और सरकार के मध्य नौकर और स्वामी का संबंध नहीं हो सकता है तथा उच्च न्यायालय के न्यायाधीश को केंद्र या राज्य सरकार के अधीनस्थ नियुक्त भी नहीं माना जा सकता है। न्यायाधीश लोकतंत्र के तीसरे स्तम्भ के रूप में विधायिका तथा कार्यपालिका से पूरी तरह स्वतंत्र तथा पृथक हैं जो उनमें से किसी के मातहत नहीं हो सकते हैं। संविधान के उपबंधों के अनुसार उच्च न्यायालय के न्यायाधीशों की अपनी एक विशिष्ट स्थिति है।

(vi) रोगी अपने इलाज में चिकित्सक द्वारा की गयी लापरवाही या गलती की स्थिति में उपभोक्ता संरक्षण कानून, 1986 के अंतर्गत मुआवजे का दावा कर सकता है। सर्वोच्च न्यायालय ने चिकित्सा सेवा को भी उपभोक्ता संरक्षण कानून के दायरे में लाने का आदेश दिया। परन्तु इसके साथ-साथ सर्वोच्च न्यायालय ने यह भी स्पष्ट किया कि

निःशुल्क चिकित्सा तथा निजी अनुबंध के अंतर्गत की जाने वाली सेवाएं उपभोक्ता संरक्षण अधिनियम, 1986 की परिधि के बाहर होंगी।

(vii) प्रदूषण फैलाने वाली और राजधानी दिल्ली को कचरे के ढेर में तब्दील करने वाली लगभग 10000 औद्योगिक इकाइयों को दिल्ली के बाहर करने का आदेश।

(viii) सर्वोच्च न्यायालय ने पंजाब के पूर्व पुलिस महानिदेशक के.पी.एस. गिल के विरुद्ध महिला I.A.S. अधिकारी रूपन देओल बजाज से 1988 में बदसलूकी करने के मामले में मुकदमा चलाने का निर्देश दिया।

(ix) शिव सेना प्रमुख बाल ठाकरे को सुधरने की चेतावनी देते हुए सर्वोच्च न्यायालय ने कहा था कि अगर कोई व्यक्ति स्वयं को कानून से ऊपर मानता है तो अदालत उसे उसकी हैसियत बताना जानती है। ध्यातव्य है कि सर्वोच्च न्यायालय ने बाल ठाकरे को अदालती अवमानना का नोटिस अयोध्या मसले पर उनकी टिप्पणियों को लेकर किया था जो 'सामना' और अन्य अखबारों में छपी थीं।

(x) 1996 में सर्वोच्च न्यायालय ने प्रधानमंत्री से आग्रह किया था कि वह संविधान के अनुच्छेद–44 में उल्लेखित समान नागरिक संहिता को मूर्त रूप देने का प्रयास करें। न्यायमूर्ति कुलदीप सिंह तथा आर.एस. सहाय ने अपने निर्णय में कहा कि अब तक सरकारों द्वारा समान नागरिक संहिता बनाये जाने के संदर्भ में कोई कदम नहीं उठाया गया। यह संविधान में निहित भावना के विपरीत है।

(xi) अगस्त, 2000 में सर्वोच्च न्यायालय ने कर्नाटक सरकार के उस निर्णय पर रोक लगा दी जिसके अंतर्गत वीरप्पन के जेल में बंद कुछ साथियों को रिहा किया जाना था। ध्यातव्य है कि कर्नाटक सरकार द्वारा वीरप्पन के साथियों की रिहाई का निर्णय अपहृत कन्नड़ फिल्म स्टार राजकुमार की रिहाई के संदर्भ में किया गया था।

(xii) UPA सरकार के दौरान 2जी स्पेक्ट्रम मामले में सभी लाइसेंस रद्द करके न्यायपालिका ने एक बार पुनः न्यायिक सक्रियता का परिचय दिया।

विश्लेषण

उपर्युक्त वर्णित मामले तो सर्वोच्च न्यायालय द्वारा दिखाई गयी सक्रियता की एक बानगी भर है। सर्वोच्च न्यायालय अब तक लगभग 100 से अधिक मामलों में अपनी सक्रियता दिखाकर जनता को एक संदेश देने में सफल रहा है कि कार्यपालिका तथा विधानपालिका के संक्रमण काल में न्यायपालिका मूकदर्शक नहीं बनी रहेगी बल्कि वह सजग प्रहरी की भूमिका निभायेगी।

- भारतीय परिप्रेक्ष्य में 20वीं सदी के अंतिम दशक तथा 21वीं सदी के पहले दशक को यदि घोटाले के दशक की संज्ञा दी जाये तो कोई अतिश्योक्ति नहीं होगी। इस दशक में राजनीतिक कार्यपालिका का कोई ऐसा पदाधिकारी नहीं बचा जिस पर भ्रष्टाचार के आरोप न लगे हों। ये सभी आरोप आर्थिक बिन्दुओं से जुड़े थे। इसके अतिरिक्त महामारियों के नियंत्रण का प्रश्न हो या पर्यावरण की रक्षा या सामान्य कानून और व्यवस्था का प्रश्न सभी मामलों में कार्यपालिका अपने कर्तव्यों को पूरा करने में विफल रही है। ऐसी स्थिति में सर्वोच्च न्यायालय तथा उच्च न्यायालय द्वारा कार्यपालिका को कर्तव्य पालन के लिए निर्देश दिया जाने लगा जो भारतीय कार्यपालिका और विधानपालिका के प्रभाव का द्योतक है।
- भारत में न्यायिक सक्रियता शायद कभी उत्पन्न ही नहीं होती यदि भारतीय विधायिका और कार्यपालिका से जुड़ी संस्थाएँ अपने कर्तव्यों के प्रति जागरूक रहतीं तथा संविधान के आदर्शों के प्रति आस्था तथा जनहित के प्रति संवेदनशील बनी रहतीं, एवं साथ ही साथ सामयिक निर्णय लेतीं। परन्तु भारत में ऐसा नहीं हुआ इसलिए सक्रियता का उद्भव न्यायिक क्षेत्रों में हुआ।

उपचारात्मक याचिका

- उपचारात्मक याचिका एक नवीन न्यायिक प्रक्रिया की संकल्पना को दर्शाती है। यह न्याय के तर्कसंगत स्वरूप तथा नैसर्गिक न्याय के सिद्धान्त को बल प्रदान करती है। यह न्यायालय द्वारा की गई न्यायिक भूल एवं गलतियों को सुधारने के दृष्टिकोण को बतलाती है।
- उच्चतम न्यायालय ने इस संकल्पना को रूप अशोक कूडा बनाम अशोक हूडा मुकदमा (2002) में व्यक्त किया। यह प्रगतिशील न्यायिक प्रक्रिया की संकल्पना की परिचायक है जिसके अंतर्गत न्यायिक भूल या न्यायिक गलतियों को स्वस्थ एवं सही दिशा प्रदान करने का प्रयास किया गया है।
- इस प्रक्रिया के अंतर्गत विशेष परिस्थितियों में जब नैसर्गिक न्याय के सिद्धांतों को हनन हो तथा इससे कोई पक्ष प्रतिकूल रूप से प्रभावित हो तो उच्चतम न्यायालय अपने द्वारा दिये गये निर्णय पर पुनर्विचार कर सकता है। इस संकल्पना के पूर्व उच्चतम न्यायालय द्वारा दिये गये निर्णय के पुनर्विलोकन की याचिका अनु. 137 के अंतर्गत दायर की जा सकती थी जिस पर सुनवाई उसी पीठ के द्वारा की जा सकती थी जिसने निर्णय दिया। परन्तु इस संकल्पना के अंतर्गत इसमें नये सिरे से सुनवाई हो सकती है।
- इसके दुरुपयोग को रोकने के लिए उच्चतम न्यायालय ने कुछ शर्तों को निर्धारित किया है जैसे इस प्रकार की याचिका को दायर करने के लिए किसी विशिष्ट वकील के प्रमाण पत्र का होना आवश्यक है। इस याचिका के अंतर्गत सुनवाई के लिए एक 'एमीकस क्यूरी' (सहायता के लिए वकील) की नियुक्ति का प्रावधान किया गया है जो न्यायपालिका को सुनवाई में सहयोग करेगा। इस याचिका की स्वीकृति मूल पीठ के न्यायाधीशों और तीन वरिष्ठतम न्यायाधीशों के द्वारा दी जायेगी।
- उपचारात्मक याचिका एक नवीन न्यायिक प्रक्रिया की संकल्पना को बतलाती है, जो न्यायिक व्यवस्था में प्रगतिशीलता की परिचायक है। यह न्याय के विस्तार को बतलाता है तथा इससे नागरिक सुरक्षा को तथा सार्वजनिक हितों को बल मिलता है। नैसर्गिक न्याय के सिद्धान्त को और भी व्यापकता प्राप्त होती है।
- इसमें बदलते हुए परिप्रेक्ष्य में विधि की व्याख्या और स्थापना का दृष्टिकोण निहित है। वर्तमान समय में जबकि खगोलीकरण ने तेजी से आधुनिक सभ्यता एवं संस्कृति को परिवर्तित किया है तथा मानव जीवन में इसके कारण जटिलता आई है, न्याय की इस संकल्पना से वृहद न्यायिक उपचार प्रदान करने का दृष्टिकोण अर्थपूर्ण है।

- न्यायिक सक्रियता के उद्भव के कारण चाहे जो भी हो इसे तो स्वीकार करना ही होगा कि न्यायपालिका अपने कृत्यों से भारतीय जनमानस में कानून के प्रति आस्था और आशारूपी नवज्योति जाग्रत करने में सफल रही है। उदाहरण के रूप में, वीरप्पन के साथियों की रिहाई के कर्नाटक सरकार के निर्णय पर प्रतिबंध लगाकर विभिन्न सरकारों को अपनी कार्य शैली में बदलाव लाने, दृढ़ता के साथ कार्य करने तथा राज्य के स्वाभिमान की रक्षा करने के लिए समर्पण की आदत को छोड़ने के लिए सोचने पर मजबूर किया।
- यद्यपि भारत में कुछ लोगों द्वारा न्यायिक सक्रियता की आलोचना की जाती है तथा यह कहा जाता है कि न्यायपालिका, कार्यपालिका तथा विधानपालिका के क्षेत्र में हस्तक्षेप कर रही है। दो दशक पहले वीरप्पन के साथियों की रिहाई के मामले में कर्नाटक सरकार को सर्वोच्च न्यायपालिका द्वारा लगायी फटकार तथा उचित ढंग से प्रशासन संचालित करने में विफल रहने पर पद छोड़ने जैसी टिप्पणी को पूर्व प्रधानमंत्री चंद्रशेखर सहित कुछ लोगों ने न्यायपालिका का कार्यपालिका के क्षेत्र में हस्तक्षेप बताया था।
- यही नहीं पूर्व प्रधानमंत्री डॉ. मनमोहन सिंह ने वर्ष 2012 में उस समय न्यायपालिका को हद में रहने की सलाह दी थी जब सुप्रीम कोर्ट ने गरीबों में निःशुल्क खाद्यान्न बांटने का आदेश दिया था परंतु सरकार द्वारा ऐसा न

किए जाने पर सर्वोच्च न्यायालय ने खिन्नता व्यक्त की और सरकार के प्रति गंभीर टिप्पणी की।

- न्यायिक सक्रियता के आलोचकों का मत है कि न्यायपालिका का कार्य केवल यह देखना है कि सरकार कानून के अनुसार कार्य कर रही है या नहीं, कहीं कानूनों का उल्लंघन तो नहीं हो रहा है। न्यायपालिका का कार्य यह नहीं है कि सरकार को उसके कर्तव्यों की याद दिलाये, अथवा सरकार चलाने के लिए दिशा-निर्देश जारी करें।
- प्रश्न यह उठता है कि यदि कार्यपालिका और विधानपालिका अपने कर्तव्यों के प्रति उदासीन रहती हैं तब संविधान के प्रति आस्था और जनहित से उनका संबंध नहीं रह जाता है। इसके साथ-साथ देश में कानून का शासन नहीं चलता है तो क्या इस स्थिति में भी न्यायपालिका मूकदर्शक बनकर बैठी रहे? यदि न्यायपालिका द्वारा मूकदर्शक की भूमिका निभायी जाती है तो संविधान में एक स्वतंत्र न्यायपालिका का उपबंध करने की क्या आवश्यकता थी? ध्यातव्य है कि भारतीय संविधान में अनुच्छेद-124 से लेकर अनुच्छेद-147 तक, अनुच्छेद-214 से अनुच्छेद-231 तक तथा अनुच्छेद-233 से अनुच्छेद-237 तक में क्रमशः सर्वोच्च न्यायालय, उच्च न्यायालय तथा अधीनस्थ न्यायालयों के संबंध में उपबंध किए गए हैं।
- भारत में एकीकृत न्याय प्रणाली अस्तित्व में है। न्यायपालिका को कार्यपालिका तथा विधानपालिका से स्वतंत्र रखा गया है न्यायपालिका को संविधान का संरक्षक बनाया गया है। सर्वोच्च न्यायालय को न्यायिक पुनर्विलोकन का अधिकार दिया गया है। ऐसी स्थिति में न्यायपालिका का यह कर्तव्य बनता है कि वह देखे कि देश का शासन नियमित एवं व्यवस्थित ढंग से संवैधानिक उपबंधों के अंतर्गत चलाया जा रहा है अथवा नहीं। उसको यह भी अधिकार है कि कार्यपालिका अथवा विधानपालिका द्वारा किए जा रहे गैर-संवैधानिक कार्यों पर संवैधानिक उपबंधों के अंतर्गत प्रतिबंध आरोपित करें।
- अतः न्यायपालिका द्वारा अपनायी जा रही सक्रियता किसी भी दृष्टिकोण से अनुचित नहीं है बल्कि न्यायपालिका सामाजिक संतुलन स्थापित करने की दिशा में न्यायिक सक्रियता के माध्यम से अपनी भूमिका निभा रही है।
- न्यायिक सक्रियता कहाँ तक उचित है अथवा अनुचित परन्तु न्यायिक सक्रियता से इतना तो देखने को अवश्य मिला है कि विभिन्न सरकार चाहे वह केंद्र की सरकार हो या राज्यों की, उनमें कर्तव्य बोध की भावना जाग्रत होना शुरू हो गया है। सत्ता के शीर्ष पर बैठे हुए लोगों, अधिकारियों तथा संस्थाओं के द्वारा जनहित के संदर्भ में भी कुछ कदम उठाये जा रहे हैं। न्यायिक सक्रियता का ही परिणाम है कि कार्यपालिका के दृष्टिकोण में सकारात्मक परिवर्तन हो रहा है और कार्यपालिका अपने दायित्वों को निभाने के लिए तत्पर दिखाई देने लगी है।

न्यायिक संयम

न्यायिक संयम वह न्यायिक अवधारणा है जिसके अंतर्गत न्यायिक व्यक्ति द्वारा न्यायिक कार्य करते हुए व्यावहारिक रूप से अपने कार्यों में धैर्य रखने पर बल दिया जाता है। न्यायाधीशों को न्यायिक कार्य करते हुए किसी भी स्थिति में अपने व्यक्तिगत विचारों/व्यक्तिगत राजनीतिक मूल्यों/विचारों/मान्यताओं को न्यायिक परिपाटी सिद्धांतों/मान्यताओं पर हावी नहीं होने देना चाहिए। उसको केवल न्यायिक परिप्रेक्ष्य में कानून के अंतर्गत ही कार्य करने पर बल देना चाहिए।

- स्पष्टतया हमारी राजनीतिक व्यवस्था में उच्चतम न्यायालय एक अभिभावक या ट्रस्टी की तरह है जिनका एकमेव उद्देश्य संविधान की रक्षा करना है। इसके लिए उसे अपनी ओर से कई तरह से पहल करनी पड़ती है, जो उचित है। आलोचक यह मानते हैं कि सर्वोच्च न्यायालय कार्यपालिका के मामले में दखल दे रहा है, जो दूसरे देशों में नहीं होता है। यह सच है, परंतु साथ-साथ हमें यह देखना पड़ेगा कि शेष देशों पर भारत के मुकाबले स्थितियाँ कितनी अलग हैं। वहां की कार्यपालिकाएं अपने लिए तय भूमिका को बखूबी अंजाम देती हैं, पर, भारत में ऐसा नहीं है। कार्यपालिका की अक्षमता के कई मामले जो जनता के सामने नहीं आ पाते थे, वे उच्चतम न्यायालय की पहल से उजागर हुए।
- यह कहना समीचीन होगा कि न्यायपालिका, कार्यपालिका और विधानपालिका तीनों को मिलकर देश को और जन-जन को सुरक्षा देनी होगी और विकास के लिए कार्य करना होगा। यह तभी हो सकता है जब दूसरी दो संस्थाएं उसका और उसके आदेशों का सम्मान करें।

विधायिका और न्यायपालिका के पारस्परिक संबंध

- संविधान में संशोधन करने की संसद की शक्ति को लेकर संसद एवं उच्चतम न्यायालय के मध्य सदैव विवाद बना रहा है। जहाँ एक ओर संसद का यह मत है कि अनुच्छेद 368 के अंतर्गत संविधान में उसे संशोधन करने की असीमित शक्ति प्राप्त है, वहीं उच्चतम न्यायालय ने अनेक निर्णयों द्वारा संसद की संविधान संशोधन की शक्ति को सीमांकित किया है।
- इस विवाद का आरम्भ सन् 1951 में उसी समय हो गया था, जब संसद में पहला संशोधन किया। शंकरी प्रसाद बनाम भारत संघ मामले में प्रथम संविधान संशोधन अधिनियम, 1951 की वैधता को चुनौती दी गई। याचिकाकर्ताओं ने इसका आधार यह बताया कि इस अधिनियम द्वारा किया गया संशोधन, संविधान के भाग (3) में उल्लिखित मूल अधिकारों का अतिक्रमण करता है, जो अनुच्छेद 13 (2) द्वारा वर्जित है, अतः यह संशोधन अवैध है।
- उच्चतम न्यायालय ने याचिकाकर्ताओं के निर्णय को अस्वीकार करते हुए कहा कि संसद की संविधान संशोधन शक्ति, जो अनुच्छेद 368 में निहित है, उसमें मूल अधिकार भी सम्मिलित हैं। अनुच्छेद 13 (2) में उल्लिखित 'कानून' के अंतर्गत केवल वे 'साधारण कानून' आते हैं जिन्हें संसद साधारण विधायी शक्ति का प्रयोग कर बनाती है।
- वर्ष 1965 में सज्जनसिंह बनाम राजस्थान राज्य मामले में पुनः उच्चतम न्यायालय के समक्ष यही प्रश्न रखा गया, तब भी न्यायालय ने शंकरी प्रसाद मामले में दिये गए अपने निर्णय का ही अनुमोदन किया।
- उच्चतम न्यायालय एवं संसद के मध्य वास्तविक विवाद का आरम्भ 1967 में गोलकनाथ मामले में उच्चतम न्यायालय के निर्णय से हुआ। इस मामले में एक बार फिर संसद द्वारा भाग-3 में संशोधन करने की शक्ति की वैधता को चुनौती दी गई। इस बार उच्चतम न्यायालय ने 5 के मुकाबले 6 के बहुमत से अपने पूर्व के दोनों निर्णयों को उलट दिया।
- न्यायाधिपति श्री सुब्बाराव ने न्यायालय का निर्णय सुनाते हुए बताया कि अनुच्छेद 368 में केवल संविधान में संशोधन की प्रक्रिया का वर्णन किया गया है, वह संसद की संविधान-संशोधन की शक्ति का उल्लेख नहीं है। संशोधन की शक्ति अनुच्छेद 245, 246 तथा 248 में निहित है। संशोधन एक विधायी प्रक्रिया है, अतः वह अनुच्छेद 13 (2) में प्रयुक्त 'कानून' शब्द के अंतर्गत है। इसलिए संविधान संशोधन द्वारा संसद मूल अधिकारों का अतिक्रमण नहीं कर सकती।
- वर्ष 1973 में केशवानंद भारती बनाम केरल राज्य के मामले में उच्चतम न्यायालय ने 24वें संविधान संशोधन अधिनियम की वैधता को चुनौती दी गई तथा यह प्रश्न उपस्थित किया गया कि क्या संसद को संविधान में संशोधन के लिए प्राप्त शक्ति असीमित है?
- याचिकाकर्ताओं का तर्क था कि संसद संविधान से उपजी है, इसलिए वह संविधान के मूल तत्त्वों का उल्लंघन नहीं कर सकती।
- सरकार ने अपना तर्क प्रस्तुत करते हुए कहा कि संसद को संविधान में संशोधन करने की असीमित एवं अनियंत्रित शक्ति प्राप्त है। वह चाहे तो लोकतंत्र को समाप्त कर एकदलीय शासन की भी स्थापना कर सकती है। संसद संविधान के निरसन को छोड़कर किसी भी प्रकार का संशोधन कर

सकती है। इस मामले में उच्चतम न्यायालय ने 6 के मुकाबले 7 के बहुमत से यह ऐतिहासिक निर्णय दिया कि संसद की संविधान में संशोधन करने की शक्ति पर्याप्त रूप से व्यापक तो है, किंतु असीमित नहीं।

- संसद संविधान में ऐसा कोई संशोधन नहीं कर सकती जिससे उसके मूल तत्त्व अथवा उसका आधारभूत ढांचा नष्ट हो जाए। संसद की संशोधन शक्ति पर पर्याप्त सीमाएं हैं, जो स्वयं संविधान में निहित हैं।
- केशवानंद भारती मामले में दिये गए न्यायालय के विनिश्चय का उपयोग करते हुए इंदिरा गांधी बनाम राजनारायण के मामले में न्यायालय में 39वें संविधान अधिनियम के खंड (4) को इस आधार पर अवैधानिक कर दिया कि वह अनुच्छेद (14) में उल्लिखित 'विधि के शासन' का उल्लंघन करता है।
- न्यायालय के मत में 'विधि का शासन' संविधान का आधारभूत ढांचा है। इस मामले में न्यायिक पुनरावलोकन को भी संविधान का आधारभूत ढांचा मानते हुए उसे असंशोधनीय करार दिया गया। न्यायाधीशों के स्थानांतरण के मामले में भी उच्चतम न्यायालय ने न्यायिक पुनरावलोकन को संविधान का आधारभूत ढांचा माना।
- मिनर्वा मिल्स बनाम भारत संघ मामले 1980 में उच्चतम न्यायालय ने 42वें संविधान संशोधन अधिनियम द्वारा अनुच्छेद 368 में किए संशोधनों को असवैधानिक घोषित कर दिया क्योंकि वे संसद को संशोधन की अनियंत्रित शक्ति प्रदान करते हैं तथा संविधान के 'आधारभूत ढांचे' को नष्ट करते हैं। इस मामले में एक बार पुन: न्यायिक पुनरावलोकन को संविधान के आधारभूत ढांचे में सम्मिलित माना गया।
- इसके उपरांत वमनराव मामला 1981, एल.पी. संपत कुमार मामला 1987 तथा एल. चन्द्रकुमार के मामले, 1988 में उच्चतम न्यायालय ने एक बार पुनः यह स्पष्ट कर दिया है कि अनुच्छेद 226 के अंतर्गत उच्च न्यायालयों एवं अनुच्छेद 32 के अंतर्गत उच्चतम न्यायालयों को प्रदत्त न्यायिक पुनरावलोकन की शक्ति संविधान का मूलभूत तत्त्व है, जिसे समाप्त नहीं किया जा सकता। इसलिए संसद किसी संविधान संशोधन अधिनियम की वैधता की जांच करने से न्यायालय को रोक नहीं सकती है।
- इस प्रकार संसद एवं उच्चतम न्यायालय के मध्य सर्वोच्चता का द्वंद्व विद्यमान है। वर्तमान स्थिति यह है कि न्यायालय को न्यायिक पुनरावलोकन की शक्ति प्राप्त है, वहीं संसद ने भी संविधान में संशोधन करने की अपनी शक्ति का पर्याप्त उपयोग किया है। इस प्रकार इस द्वंद्व का कोई अंतिम निर्णय अभी नहीं हो सका है।

परस्पर मतभेद का कारण

- वस्तुत: संसद एवं सर्वोच्च न्यायालय के मध्य सर्वोच्चता के द्वंद्व का मूल कारण संविधान द्वारा स्थापित राजनीतिक व्यवस्था की संरचना है। हमारे संविधान में ब्रिटेन के वेस्टमिनिस्टर मॉडल से प्रभावित होकर परिसंघीय व्यवस्था को भी अपनाया गया है। भारत का संविधान इस रूप में अनोखा है कि इसमें संसदीय शासन तथा संघात्मक शासन जैसी दो विपरीत शासन प्रणालियों में समन्वय स्थापित करने का प्रयास किया गया है।
- संसदीय शासन व्यवस्था की मांग यह होती है कि उसमें संसदीय सर्वोच्चता के सिद्धांत को अपनाया जाये। इसमें शासन की समस्त शक्तियों का संकेन्द्रण संसद में होता है। संसद ही न्यायपालिका शक्तियों का निर्वहन करती है। वह स्वयं संविधान का स्रोत, निर्मात्री एवं व्याख्याकार होती है किन्तु ऐसी संसदीय सर्वोच्चता एकात्मक शासन व्यवस्था में ही संभव है क्योंकि एकात्मक शासन में शक्तियों का वितरण नहीं होता और इसीलिए लिखित संविधान या संविधान की सर्वोच्चता का सिद्धांत भी वहां आवश्यक नहीं होता। वहां संविधान वही है, जो संसद कहती है। ब्रिटेन में संसदीय शासन प्रणाली एवं एकात्मक शासन व्यवस्था के कारण संसद सर्वोच्च ही नहीं बल्कि सम्प्रभु है।
- इसके विपरीत संघात्मक शासन व्यवस्था में क्षैतिज स्तर पर जहाँ संसद, कार्यपालिका एवं न्यायपालिका के मध्य शक्तियों का पृथक्करण होता है, वहीं शासन संरचना के लंबवत् स्तर पर संघ एवं उसकी इकाइयों के मध्य शक्तियों का विभाजन होता है। शक्तियों का यह पृथक्करण तथा शक्तियों का यह विभाजन लिखित संविधान के आधार पर होता है।
- इसलिए संघात्मक शासन व्यवस्था में संसद नहीं अपितु संविधान सर्वोच्च होता है तथा संविधान की इस सर्वोच्चता के संरक्षण की जिम्मेदारी उच्चतम न्यायालय को सौंपी जाती है। इसलिए संविधान की सर्वोच्चता को बनाये रखने के लिए संघात्मक शासन व्यवस्था के साथ अध्यक्षात्मक शासन व्यवस्था को अपनाया जाता है क्योंकि अध्यक्षात्मक शासन व्यवस्था के अंतर्गत संसद के सर्वोच्च होने का भय समाप्त हो जाता है।
- संयुक्त राज्य अमेरिका में संघात्मक शासन व्यवस्था के साथ अध्यक्षात्मक शासन प्रणाली को ही अपनाया गया है। वहां कांग्रेस संविधान में गिनाये गए विषयों पर ही कानून बना सकती है तथा उन कानूनों की वैधता को न्यायालय में चुनौती दी जा सकती है। वहां उच्चतम न्यायालय ने 'न्यायिक पुनरावलोकन' की संविधानेतर शक्ति के बल पर शासन-तंत्र में अपनी सर्वोच्चता स्थापित कर ली है।

सर्वोच्च कौन?

- संसद एवं उच्चतम न्यायालय दोनों ही संविधान की उपज हैं। संविधान के अंतर्गत दोनों की शक्तियों एवं कार्यक्षेत्र का स्पष्ट उल्लेख कर दिया गया है। दोनों ही अपने-अपने कार्यक्षेत्र में सर्वोपरि हैं। संसद कानून का निर्माण कर सकती है तथा न्यायालय संसद द्वारा पारित किसी भी कानून को असवैधानिक घोषित कर सकता है यदि यह संविधान में उल्लिखित प्रावधान के प्रतिकूल है।
- दूसरी ओर यदि उच्चतम न्यायालय संविधान की प्रगति-विरोधी व्याख्या करे, तो संसद कतिपय प्रावधानों के अधीन रहते हुए उसके अधिकांश भागों में संशोधन कर सकती है।
- संसद एवं उच्चतम न्यायालय दोनों ही संवैधानिक विधि के अधीन हैं और इस संवैधानिक विधि या संविधान का उद्‌गम स्रोत हैं-हम भारत के लोग। जनतंत्र में जनता सर्वोच्च होती है, इसलिए भारतीय जनतंत्र में सर्वोच्च हैं-भारत के लोग। भारत के लोगों के संकल्पों की अभिव्यक्ति भारत के संविधान में हुई। इसलिए संविधान ही मूल विधि है उसकी सर्वोच्चता सर्वमान्य है।

स्मरणीय तथ्य

- न्यायिक सक्रियता के जनक अमेरिकी इतिहासकार एवं शिक्षक शेल्सिंगर जूनियर हैं। इन्होंने 1947 में पहली बार न्यायिक सक्रियता की अवधारणा का उल्लेख एक लेख में किया था।
- भारत में न्यायिक सक्रियता का उद्‌भव 1970 के दशक में होता है।
- भारत में किसी एक व्यक्ति को न्यायिक सक्रियता का जन्मदाता नहीं माना जाता है।
- भारत में न्यायमूर्ति वी.आर. कृष्ण अय्यर, न्यायमूर्ति पी.एन. भगवती, न्यायमूर्ति ओ. चिन्नपा रेड्डी तथा न्यायमूर्ति डी.ए. देसाई को न्यायिक सक्रियता को बढ़ाने का श्रेय दिया जाता है।

❑❑❑

भाग-VI

राजनीतिक विकेंद्रीकरण

अध्याय 1

स्थानीय शासन (ग्राम पंचायती राज एवं नगरीय स्थानीय संस्थाएं)

किसी भी लोकतांत्रिक शासन पद्धति वाले देश में स्थानीय स्वशासन की व्यवस्था अनिवार्य रूप में की जाती है। स्थानीय स्वशासन एक स्वतंत्र, सुसंगठित तथा शक्तिशाली देश के लिए नितांत आवश्यक है। स्थानीय (संस्थाएं) लोकतंत्र की आत्मा है। स्थानीय संस्थाओं के माध्यम से जनता अपने शासन का प्रबंध स्वयं करती है। ध्यातव्य है कि स्थानीय प्रशासन स्थानीय स्वशासन से संबंधित है, इसलिए यह जनता के निर्वाचित प्रतिनिधियों द्वारा चलाया जाता है। स्थानीय प्रशासन छोटे-छोटे तथा सीमित क्षेत्रों का प्रशासन है। स्थानीय प्रशासन में क्षेत्र के नागरिक प्रजातांत्रिक पद्धति से अपनी समस्याओं का निराकरण करते हैं। स्थानीय स्वशासन में जिला पंचायत, क्षेत्र पंचायत, ग्राम पंचायत, नगर पालिका, नगर-निगम इत्यादि आते हैं। विभिन्न संस्थाएं अपना प्रशासन स्थानीय जनता द्वारा निर्वाचित प्रतिनिधियों के माध्यम से चलाती हैं।

स्थानीय शासन : एक परिचय

स्थानीय स्वशासन केंद्रीय शासन के अधिनियम द्वारा निर्मित एक ऐसी शासकीय इकाई है जिसमें नगर या ग्राम जैसे क्षेत्र की जनता द्वारा निर्वाचित प्रतिनिधि होते हैं और जो अपने अधिकार क्षेत्र की सीमाओं के अंतर्गत प्राधिकारों का प्रयोग करते हैं। जॉन. जे. क्लार्क का कथन है कि स्थानीय सरकार एक राष्ट्र या राज्य की सरकार का वह भाग होती है जो मुख्य रूप से ऐसे विषयों पर विचार करती है जिनका संबंध एक विशेष जिले या स्थान के लोगों से होता है। अत: स्पष्ट है कि प्रत्येक देश की सरकार अपनी स्थानीय समस्याओं के समाधान के लिए स्थानीय संस्थाओं की व्यवस्था करती है। यह स्वशासन केंद्रीय सरकार तथा राज्य सरकार से स्वरूपत: भिन्न होते हुए भी उनके नियंत्रण में काम करता है।

स्थानीय शासन की विशेषताएं

उपर्युक्त विवेचना से स्थानीय शासन की निम्नलिखित विशेषताएं परिलक्षित होती हैं–

- स्थानीय स्वशासन की विभिन्न संस्थाओं की स्थापना संविधान द्वारा न होकर राज्य सरकारों के अधिनियम द्वारा होती है।
- सरकार प्रशासन की सुविधा की दृष्टि से इन संस्थाओं के जिम्मे कुछ अधिकारों को हस्तांतरित करती है।
- स्थानीय संस्थाओं के अधिकार तथा कार्य निश्चित एवं सीमित होते हैं।
- स्थानीय संस्थाओं के लिए संबद्ध क्षेत्र की जनसंख्या में सामुदायिक भावना बनी रहती है।
- स्थानीय स्वशासन स्थानीय जनता द्वारा प्रत्यक्ष रूप से या उनके प्रतिनिधियों के माध्यम से चलाया जाता है।
- स्थानीय संस्थाओं की एक प्रमुख विशेषता यह होती है कि इनके क्षेत्र सीमित तथा निश्चित होते हैं।

सामान्यता स्थानीय स्वशासन तथा स्थानीय शासन को एक ही माना जाता है, परंतु दोनों के अर्थों में भिन्नता है। जहां स्थानीय स्वशासन के अंतर्गत प्रशासन वहां की जनता के निर्वाचित प्रतिनिधियों द्वारा संचालित होता है, वहीं स्थानीय शासन या प्रशासन केंद्र या प्रांतीय अधिकारियों द्वारा चलाया जाता है। उदाहरण के लिए पंचायत समिति का प्रमुख स्थानीय स्वशासन के अंतर्गत आता है जो विकास खंड अधिकारी राज्य स्तर का पदाधिकारी होता है। सरकार का उद्देश्य स्थानीय शासन पर स्थानीय स्वशासन का नियंत्रण स्थापित कर जनतंत्रात्मक विकेंद्रीकरण की भावना को साकार करना है।

स्थानीय स्वशासन की आवश्यकता

स्थानीय स्वशासन की अवधारणा कोई नई अवधारणा नहीं है। आदिकाल से ही प्रत्येक शासन प्रणाली में स्थानीय शासन की इकाईयां किसी-न-किसी स्वरूप में विद्यमान रही हैं। वर्तमान में लोकतांत्रिक परंपराओं एवं शासन प्रणाली के अस्तित्व में होने तथा उसके प्रचार-प्रसार से स्थानीय स्वशासन का महत्व और बढ़ गया है। इस कारण यह है कि लोकतंत्र वहीं सफल हो सकता है और यथार्थ रूप ग्रहण कर सकता है जहां समाज के निचले से निचले स्तर तक के व्यक्ति को भी शासन कार्य में सहभागिता प्राप्त हो। स्थानीय स्वशासन की आवश्यकता निम्नलिखित कारणों से होती है–

- स्थानीय स्वशासन की आवश्यकता जनता के शासन से प्रत्यक्ष संबंध स्थापित करने के लिए भी होती है। वर्तमान में अप्रत्यक्ष या प्रतिनिधिकारी लोकतंत्र पाया जाता है जिनमें जनता प्रत्यक्षत: भाग न लेकर वरन् अपने प्रतिनिधियों के माध्यम से शासनकार्य में भाग लेती है। स्थानीय स्वशासन की संस्थाओं के माध्यम से ही शासन के प्रत्यक्ष संपर्क में आने का अवसर प्राप्त होता है।
- केंद्र और राज्य सरकार के अधिकारी/कर्मचारी स्थानीय हितों तथा समस्याओं से पूर्णतया अनभिज्ञ रहते हैं। उनकी स्थानीय समस्याओं के निदान, हितों के संरक्षण तथा आवश्यकताओं के संदर्भ में कोई विशेष रुचि नहीं होती है। अत: स्थानीय समस्याओं के निदान, उनके हितों के संरक्षण तथा आवश्यकताओं की पूर्ति हेतु स्थानीय स्वशासन महती आवश्यकता होती है।
- राज्य जनसंख्या और आकार की दृष्टि से काफी बड़े होते हैं। ऐसे में केंद्र तथा राज्य सरकारों के उत्तरदायित्व बढ़ गए हैं। फलत: समयाभाव के कारण केंद्र सरकार तथा राज्य सरकारें स्थानीय आवश्यकताओं तथा हितों की पूर्ति पर यथोचित ध्यान नहीं दे पाती है। स्थानीय संस्थाओं के अस्तित्व में होने के फलस्वरूप शासन की कार्यकुशलता में वृद्धि की संभावना बनी रहती है।
- स्थानीय स्वशासन के कारण जनता में स्वयं पर शासन करने की क्षमता, स्वतंत्र चिंतन, उत्तरदायित्व और शासन संबंधी समस्याओं में जागृति उत्पन्न होती है। इससे लोगों की समस्याओं के स्वयं ही समाधान निकलने लगते हैं।
- जनता को राजनीतिक रूप से शिक्षित करने के लिए भी स्थानीय स्वशासन की आवश्यकता होती है। लास्की का कथन है कि स्थानीय स्वशासन की व्यवस्था शासन के किसी भी अन्य भाग की अपेक्षा अधिक शिक्षाप्रद है। लोकतंत्र तभी सफल हो सकता है जब नागरिक राजनीतिक रूप से शिक्षित हो।

राजनीतिक रूप से शिक्षित व्यक्ति में ही जागरूकता आती है जो मताधिकार के समुचित प्रयोग और राजनीतिक सहभागिता के लिए वांछनीय है। स्थानीय स्वशासन की संस्थाओं में ही व्यक्ति को सर्वप्रथम अपने राजनीतिक अधिकारों के प्रयोग करने का अवसर उपलब्ध होता है।

स्थानीय स्वशासन की संस्थाओं की विद्यमानता तथा उनका प्रभावी प्रदर्शन लोकतंत्र की सफलता सुनिश्चित करता है। ब्राइस का कथन समीचीन प्रतीत होता है कि "स्थानीय स्वशासन नागरिकों में सामान्य समस्याओं में सामान्य रुचि तथा अत्यंत कुशलता और ईमानदारी से उन मामलों की देख-रेख करने की व्यक्तिगत एवं सामूहिक कर्तव्य भावना उत्पन्न करता है।"

भारत में स्थानीय शासन के विकास का ऐतिहासिक क्रम

- स्थानीय स्वशासन (Local Self-government) से आशय शासन की उस प्रणाली से है, जिसमें निचले स्तर पर लोगों को शासन में भागीदार बनाकर लोकतांत्रिक विकेंद्रीकरण (Democratic Decentralisation) को सुनिश्चित किया जाता है तथा लोगों को अपनी समस्याएं स्वयं हल करने के लिए सक्षम बनाया जाता है।
- स्थानीय स्वशासन संस्थाओं का अस्तित्व मौर्यकाल से ही रहा है। मध्यकालीन भारत में मुगलों के अधीन भी ये संस्थाएं अस्तित्व में रहीं। आधुनिक काल में ब्रिटिश शासन द्वारा भी स्थानीय स्वशासन के लिए कुछ प्रयास किए गए।
- 1864 ई. में भारत सरकार के एक प्रस्ताव द्वारा स्थानीय स्वशासन को मान्यता प्रदान की गई। इसके बाद वर्ष-1870 में लॉर्ड मेयो ने पंचायतों को कार्यात्मक एवं वित्तीय स्वायत्तता प्रदान की।
- 1882 ई. में तत्कालीन वायसराय लॉर्ड रिपन (Lord Ripon) ने स्थानीय स्वशासन के लिए एक प्रस्ताव पारित किया, जिसके द्वारा पूरे देश में उपखंड अथवा तालुका बोर्ड तथा जिला बोर्ड स्थापित करने का सुझाव दिया गया। इस प्रस्ताव को स्थानीय स्वशासन का मैग्नाकार्टा (Magnacarta) कहा जाता है।
- सन् 1907 में, स्थानीय स्वायत्तशासी संस्थाओं की स्थिति की जांच करने के लिए C.E.H. चार्ल्स हॉब हाउस की अध्यक्षता में राजकीय विकेंद्रीकरण आयोग (शाही आयोग) का गठन किया गया था। आयोग ने वर्ष 1909 में प्रस्तुत रिपोर्ट में स्वायत्त संस्थाओं के विकास पर बल दिया।
- वर्ष 1915 में लॉर्ड हार्डिंग (Lord Harding) ने भी अपनी शासकीय रिपोर्ट में स्थानीय स्वशासन को सशक्त बनाने का मत व्यक्त किया।
- भारत सरकार अधिनियम-1919 (मांटेग्यू-चेम्सफोर्ड सुधार) द्वारा स्थानीय स्वशासन के बारे में स्पष्ट प्रावधान किया गया। इस अधिनियम द्वारा द्वैध शासन प्रणाली स्थापित कर स्थानीय स्वशासन को हस्तांतरित विषय के अंतर्गत रखा गया था। हस्तांतरित विषयों का निपटारा गवर्नर अपने भारतीय मंत्रियों की सहायता से करता था, जो प्रांतीय विधानपरिषद् के प्रति उत्तरदायी होते थे।
- सन् 1920 में संयुक्त प्रांत, असोम (असम), बंगाल, बिहार, चेन्नई (मद्रास) और पंजाब में पंचायतों की स्थापना के लिए कानून बनाए गए।
- भारत शासन अधिनियम-1935 द्वारा स्थानीय स्वशासन को पूर्णत: राज्य का विषय बना दिया गया।

स्थानीय स्वशासन संबंधी संस्थाओं के कार्य

स्थानीय स्वशासन के कार्य परिस्थितियों के ऊपर निर्भर करते हैं। जिस प्रकार विभिन्न राष्ट्रों में स्थानीय सरकारों की संरचना भिन्न-भिन्न होती है, उसी प्रकार से उनके कार्य भी भिन्न-भिन्न होते हैं। स्थानीय स्वशासन संबंधी कार्य केंद्रीय, प्रांतीय तथा स्थानीय सरकारों के मध्य कार्य विभाजन पर निर्भर करते हैं। सामान्यत: स्थानीय स्वशासन संबंधी कार्य निम्नलिखित हैं–

- स्थानीय संस्थाओं का प्रमुख कार्य भौतिक सुविधा विषयक है। इसका आशय अपनी सीमा क्षेत्र में रहने वाले लोगों के लिए भौतिक सुविधाओं यथा सड़कों तथा पुलों का रख-रखाव, जल आपूर्ति का समुचित प्रबंध, परिवहन की व्यवस्था करना, विद्युत तथा गैस आपूर्ति की देख-रेख करना होता है।
- स्थानीय संस्थाओं को अपने क्षेत्र के अंतर्गत नागरिकों के सांस्कृतिक एवं शैक्षणिक विकास के लिए अनेक कार्यों का संपादन करना पड़ता है। इन कार्यों में अनिवार्य प्रारंभिक शिक्षा की व्यवस्था, यथासंभव माध्यमिक एवं उच्च शिक्षा की व्यवस्था, औद्योगिक शिक्षा का प्रबंध, पुस्तकालयों का प्रबंध, कला को प्रोत्साहन, मनोरंजन के साधनों का प्रबंध आदि प्रमुख हैं।
- सामाजिक एवं स्वास्थ्य रक्षा से संबंधित कार्य भी स्थानीय संस्थाओं को करने पड़ते हैं। इसके अंतर्गत स्थानीय स्वशासन की संस्थाओं द्वारा रोगों की रोकथाम और चिकित्सा विषयक कार्य किए जाते हैं। यथा नालों तथा नालियों की सफाई, शुद्ध पेयजल की व्यवस्था, दूषित खाद्य पदार्थों की बिक्री पर प्रतिबंध, छूत की बीमारियों तथा महामारियों को रोकने का उपाय करना, औषधि एवं चिकित्सा केंद्रों की स्थापना एवं उनका प्रबंध करना आदि।
- स्थानीय संस्थाओं द्वारा अनेकों कल्याणात्मक कार्य भी किए जाते हैं। निर्धन व्यक्तियों, अपंगों आदि की वित्तीय मदद करना, अस्पताल, पार्क, पुस्तकालय आदि का रख-रखाव भी स्थानीय संस्थाओं द्वारा किया जाता है।

स्थानीय शासन के लाभ अथवा गुण

लोकतांत्रिक देशों में स्थानीय स्वशासन जन सामान्य के विकास में केंद्रीय भूमिका का निर्वाह करता है। क्योंकि लोकतांत्रिक व्यवस्था में जनमानस को शासन के प्रत्येक स्तर पर सहभागिता प्राप्त होती है। स्थानीय स्वशासन से लोगों में जागरूकता, चेतना, कर्तव्य भावना, उत्तरदायित्व, कार्य करने की लालसा तथा एकीकृत रहने की भावना का उदय होता है। स्थानीय स्वशासन के लाभ अथवा गुण निम्नलिखित हैं–

- स्थानीय स्वशासन के माध्यम से नागरिकों में नागरिकता बोध, स्वतंत्रता तथा स्वशासन की भावना पैदा होती है। डी. टाकयावेली का कथन ''किसी देश में स्वतंत्र शासन तो स्थापित हो सकता है, परंतु बिना स्थानीय संस्थाओं के उसमें स्वतंत्रता की भावना नहीं पैदा हो सकती है'' समीचीन प्रतीत होता है।
- स्थानीय संस्थाओं में व्यक्ति को शासन की कला का प्रशिक्षण मिलता है तथा उसे सर्वप्रथम अपने अधिकारों के प्रयोग करने का अवसर मिलता है। स्थानीय स्वशासन के क्षेत्र में प्राप्त अनुभव और प्रशिक्षण का प्रयोग केंद्र और राज्य सरकारों की गतिविधियों में किया जा सकता है। लास्की के अनुसार स्थानीय सरकार किसी अन्य सरकार की तुलना में अधिक शिक्षाप्रद होती है। स्थानीय सरकार नागरिकों में कर्तव्यों और उत्तरदयित्व की भावना का निवेश करती है। स्थानीय संस्थाएं व्यक्ति को न केवल अन्य लोगों के लिए कार्य करना सिखाती है, बल्कि अन्य लोगों के साथ कार्य करना भी सिखाती है। लास्की का यह भी कहना है कि केवल उन्हीं व्यक्तियों को केंद्रीय या प्रांतीय सरकार के क्षेत्र में जनता के प्रतिनिधि के रूप में कार्य करने का अधिकार प्राप्त होना चाहिए जो कम-से-कम 3 वर्ष स्थानीय संस्थाओं में कार्य कर चुके हों।
- स्थानीय महत्व के विषयों को स्थानीय सरकार द्वारा अच्छी तरह से संचालित किया जा सकता है। स्थानीय स्वशासन का आशय होता है कि स्थानीय मामलों का नियमन और प्रशासन क्षेत्र के ही लोगों द्वारा चुने गए प्रतिनिधियों के माध्यम से किया जाए। ध्यातव्य है कि स्थानीय समस्याओं के निराकरण में केंद्रीय और प्रांतीय कर्मचारियों की उतनी संवेदनशीलता नहीं होती है, जितनी अपेक्षित होती है। इसका कारण यह है कि केंद्रीय तथा राज्य सरकारों के अधिकारी उन समस्याओं से न तो प्रत्यक्षत: संबंधित होते हैं और न ही उनको समस्याओं के आयामों के विषय में कोई जानकारी होती है। इसके विपरीत स्थानीय लोगों में उक्त दोनों ही बातों का समावेश होता है। इससे स्पष्ट है कि स्थानीय विषयों का प्रबंध स्थानीय लोगों द्वारा अधिक संतोषजनक ढंग से किया जा सकता है।

- स्थानीय स्वशासन के अस्तित्व में होने से केंद्र और राज्य सरकारों के कार्यभारों में कमी हो जाती है। ध्यातव्य है कि कल्याणकारी राज्य की अवधारणा के विकास के साथ ही केंद्र तथा राज्य सरकारों के दायित्वों में अत्यधिक वृद्धि हुई है। इस स्थिति में स्वाभाविक है कि स्थानीय मामलों में केंद्र या राज्य सरकारें अपेक्षित समय नहीं दे पाएंगी। स्थानीय संस्थाओं द्वारा स्थानीय मामलों के कार्यों को संपादित कर देने से केंद्र तथा राज्य सरकारों को अन्य कार्यों को करने के लिए पर्याप्त समय मिल जाता है।
- स्थानीय संस्थाएं सामान्यजनों में सार्वजनिक विषयों के प्रति वैसी ही रुचि पैदा करती है जैसा कि व्यक्तिगत मामलों में रुचि होती है। ध्यातव्य है कि लोकतंत्र की सफलता के लिए सार्वजनिक विषयों में जनमानस की रुचि होना अति आवश्यक है।
- एडमण्ड बर्क का कथन है कि स्थानीय स्वशासन उस शृंखला की पहली कड़ी है जिसके द्वारा हम राष्ट्र और मानवता के प्रति प्रेम की ओर अग्रसर होते हैं।

सार्वजनिक मामलों अथवा विषयों में आम लोगों में रुचि पैदा करने में स्थानीय संस्थाएं काफी उपयोगी होती हैं। इनके माध्यम से व्यक्ति अपने दैनिक जीवन की समस्याओं यथा शिक्षा, सफाई, चिकित्सा आदि में रुचि लेता है। यही रुचि आगे चलकर राष्ट्रव्यापी जीवन में रुचि को जन्म देती है।

स्थानीय स्वशासन की सफलता के लिए आवश्यक शर्तें

स्थानीय स्वशासन के क्षेत्र में कार्यरत संस्थाएं तभी सफलता की मंजिल प्राप्त कर सकती हैं जब उनको उचित परिवेश प्राप्त हो। उचित परिवेश के अभाव में स्थानीय संस्थाएं गुटबंदी, बेईमानी और संकुचित प्रवृत्ति का शिकार होकर रह जाती हैं। स्थानीय स्वशासन की सफलता के लिए निम्नलिखित शर्तों का पूरा होना आवश्यक है–

- नैतिक चरित्र स्थानीय संस्थाओं की सफलता के लिए पहली कड़ी है। स्थानीय स्वशासन की सफलता के लिए नागरिकों का नैतिक दृष्टि से चरित्रवान होना आवश्यक है। उनमें ईमानदारी, सदाचार तथा देश-प्रेम की भावना निहित होनी चाहिए।
- किसी भी कार्य को करने के लिए समुचित मात्रा में धन का होना आवश्यक है। स्थानीय इकाइयों की सफलता के लिए यह आवश्यक है कि उनको अपनी गतिविधियों को संचालित करने के लिए समुचित वित्तीय संसाधन उपलब्ध कराए जाएं।
- स्थानीय संस्थाओं के लिए अपने पदाधिकारियों का चयन करते समय जनता को अपने मत का प्रयोग विवेकपूर्ण ढंग से करना चाहिए। जनता को जातिगत या सांप्रदायिक आधार पर मतदान नहीं करना चाहिए। इसके साथ-साथ जनता को यह भी ध्यान रखना चाहिए कि अपना मत किसी भ्रष्ट व्यक्ति को न दे जो लालची, धूर्त तथा नैतिक दृष्टि से चरित्रहीन हो।
- स्थानीय स्वशासन की सफलता के लिए यह आवश्यक है कि इससे संबंधित संस्थाओं के क्रियाकलापों की समयबद्ध समीक्षा निरंतर होती रहे। ऐसा होने पर संस्थाएं अपने निर्धारित कर्तव्य से विमुख नहीं होंगी तथा विगत अनुभव के आधार पर इनकी कार्य प्रणाली में अपेक्षित सुधार लाया जा सकता है।

स्थानीय स्वशासन की समस्याएं

स्थानीय स्वशासन की निम्नलिखित समस्याएं होती हैं–

- स्थानीय स्वशासन की संस्थाओं का क्षेत्र काफी सीमित होता है। इसलिए कोई भी धनी और प्रभावशाली व्यक्ति या वर्ग अपने स्वार्थों की पूर्ति के निमित इन पर अपना प्रभाव जमा लेता है।
- स्थानीय स्वशासन की दूसरी समस्या चयन निर्वाचन की है। निर्वाचन के समय कोई भी व्यक्ति दलबंदी, पक्षपात, जातीयता तथा बहुमत की निरंकुशता स्थापित कर सकता है।
- एक अन्य समस्या स्थानीय स्वायत्त संस्थाओं का अनुदार व्यक्तियों का प्रभाव है। ये जनता के हित में कोई कार्य नहीं करते हैं।
- कभी-कभी स्थानीय स्वायत्त संस्थाओं पर अनुदार व्यक्तियों का प्रभाव है। ये जनता के हित में कोई कार्य नहीं करते हैं।
- स्थानीय संस्थाओं के सम्मुख वित्तीय समस्या भी सदैव बनी रहती है। जिसके कारण वे कार्यों को सही ढंग से अंजाम नहीं दे पाती हैं और अपने लक्ष्यों की पूर्ति में विफल रहती हैं।
- स्थानीय स्वायत्त संस्थाओं का सृजन सरकारी अधिनियमों के द्वारा होता है। फलतः वे सरकारी नियंत्रण से मुक्त नहीं हो पाती हैं।

नियोजनकाल में भारत में पंचायती राज संस्थाएं

स्वतंत्रता प्राप्ति के पश्चात् विकेंद्रीकरण के महत्व को स्वीकार कर एवं महात्मा गांधी के विचारों का सम्मान करते हुए **भारतीय संविधान के अनुच्छेद-40 के अंतर्गत पंचायती राजव्यवस्था को स्थान दिया गया। अनुच्छेद-40 के अंतर्गत कहा गया है कि राज्य ग्राम पंचायतों को गठित करने के लिए कदम उठाएगा एवं स्वशासन की इकाई के रूप में कार्य करने के लिए आवश्यक शक्ति एवं सत्ता प्रदान करें।** ध्यातव्य है कि अनुच्छेद-40 राजनीतिक निदेशक सिद्धांतों का एक अंग है। सामाजिक-आर्थिक कार्यक्रमों के विकेंद्रीकरण की दिशा में पहला कदम 1952 में सामुदायिक विकास कार्यक्रम के रूप में उठाया गया। सामुदायिक विकास कार्यक्रम से आशय उन संगठित एवं सुनियोजित क्रियाओं से है, जिनमें विकास और कल्याणकारी क्रियाओं में जनसमुदाय के साथ-साथ राजकीय प्रयास को भी सम्मिलित किया जाता है। जन समुदाय और सरकार की विकासगत और कल्याणकारी क्रियाओं के समन्वय को ही सामुदायिक विकास कहा जाता है। भारत में सामुदायिक विकास कार्यक्रम शुरू करने का उद्देश्य ग्रामीण जनसंख्या में प्रगतिशील दृष्टिकोण उत्पन्न करना, सरकारी कार्य की आदत लोगों में डालना, अधिक उत्पादन करना और रोजगार अवसरों की वृद्धि को प्रोत्साहित करना था। परंतु दुर्भाग्यवश विकेंद्रीकरण नियोजन का यह पहला प्रयास नौकरशाही के अकुंशों के कारण विफल हो गया। यह कार्यक्रम न तो लोगों की सहभागिता ही प्राप्त कर सका और न ही जनांदोलन का रूप ले सका। इससे यह स्पष्ट हो गया कि

पंचायती राज का विकास

- स्वतंत्रता प्राप्ति के बाद गांधीजी के ग्राम स्वराज की अवधारणा को साकार करने के उद्देश्य से पंचायती राज व्यवस्था पर विशेष बल दिया गया और इसके लिए केंद्र में पंचायती राज एवं सामुदायिक विकास मंत्रालय की स्थापना की गई। एस.के.डे. को इसका मंत्री बनाया गया।
- संविधान सभा में पंचायती राज व्यवस्था का समर्थन प्रसिद्ध गांधीवादी श्रीमन्नारायण अग्रवाल ने किया और पंचायती राज को संविधान के नीति-निदेशक तत्वों के भाग में सम्मिलित किया गया (अनुच्छेद-40)। स्वतंत्र भारत में जे.सी. कुमारप्पा ने गांधीवादी आदर्शों के आधार पर गांधीवादी अर्थव्यवस्था का समर्थन किया।
- 2 अक्टूबर, 1952 को तत्कालीन प्रधानमंत्री पं. जवाहरलाल नेहरू की पहल पर सामुदायिक विकास कार्यक्रम प्रारंभ किया गया। सामुदायिक विकास का पहला स्थापित कार्यक्रम राष्ट्रीय प्रसार सेवा था, जिसे वर्ष 1953 में फोर्ड फाउंडेशन की मदद से प्रारंभ किया गया था।
- इस कार्यक्रम का मुख्य उद्देश्य देश के आर्थिक विकास एवं सामाजिक पुनरुद्धार कार्यक्रमों के प्रति जनता में रुचि पैदा करना तथा उसकी भागीदारी को बढ़ाना था, परंतु इसमें जनता को अधिकार नहीं दिया गया, जिस कारण यह कार्यक्रम सरकारी अधिकारियों तक सीमित रह गया और असफल हो गया।
- इसके बाद पंचायती राज व्यवस्था के संबंध में सुझाव देने के लिए समय-समय पर कई समितियों का गठन किया गया। जिसकी विवेचना आगे की गई है।

जब तक प्रत्येक गांव की आवश्यकताओं एवं साधनों को मद्देनजर रखते हुए स्वयं ग्रामीणों द्वारा ग्राम विकास की योजनाएं नहीं बनाई जाती हैं तब तक यह कार्यक्रम सफल नहीं हो सकता है। दूसरी ओर यह भी अनुभव किया गया कि गांवों की उन्नति पूर्ण रूप से ऐसे शक्तिशाली संगठन पर अवलंबित है जिनकी पहुंच घर-घर हो और जो गांव के सभी लोगों को उत्पादन एवं विकास कार्यों में भागीदार बना सकें। सामुदायिक कार्यक्रम की विफलता के बाद सरकार ने इस दिशा में नीतिगत कदम उठाने के लिए बलवंत राय मेहता समिति का गठन किया।

बलवंत राय मेहता समिति (1957) और उसकी सिफारिशें

द्वितीय पंचवर्षीय योजना में यह अनुभव किया गया कि जिले के अंदर संगठित जनतांत्रिक प्रशासनिक ढांचे की आवश्यकता है। इस उद्देश्य की पूर्ति के लिए 1957 में बलवंत राय मेहता समिति का गठन किया गया। बलवंत राय मेहता ने अपनी रिपोर्ट नवंबर, 1957 में प्रस्तुत की।

बलवंत राय मेहता समिति की प्रमुख सिफारिशें निम्नवत् हैं–

- लोकतांत्रिक विकेंद्रीकरण के लिए ग्राम, खंड तथा जिला स्तर पर त्रिस्तरीय ढांचा स्थापित करने की अनुशंसा की।
- पंचायतों के कार्यों के संबंध में समिति ने सिफारिश की कि पंचायत समिति के कार्यों में सभी रूपों में कृषि विकास, पशुओं का सुधार, स्थानीय उद्योग, जन स्वास्थ्य एवं कल्याणकारी कार्यों का उत्थान, प्राथमिक पाठशालाओं की व्यवस्था तथा आंकड़ों का संग्रह समाविष्ट होना चाहिए।
- समिति ने अपनी रिपोर्ट में यह अनुशंसा की थी कि लोकतांत्रिक विकेंद्रीकरण तथा सामुदायिक विकास कार्यक्रम को सफल बनाने के लिए पंचायती राज संस्थाओं का गठन किया जाए।

बलवंत राय मेहता समिति की अनुशंसा के बाद विधानमंडलों द्वारा पारित पंचायती राज अधिनियमों के अंतर्गत राज्य सरकारों ने आवश्यक समितियों का गठन किया। इस प्रकार लोकतांत्रिक विकेंद्रीकरण और विकास कार्यक्रमों में जनता का सहयोग प्राप्त करने के उद्देश्य से पंचायती राज की शुरुआत की गई। पंचायती राज में जो भावना या उद्देश्य निहित है, वह यह है कि गांव के लोग अपने शासन का उत्तरदायित्व स्वयं संभाले। वे अपनी आवश्यकताओं के विषय में स्वयं निर्णय लें और उनको क्रियान्वित करें। ध्यातव्य है कि इसी उद्देश्य की प्राप्ति के लिए बलवंत राय समिति ने लोकतांत्रिक विकेंद्रीकरण की अनुशंसा की थी। इसके क्रियान्वयन के लिए पंचायती राज अधिनियमों का गठन किया गया। **राजस्थान और आंध्र प्रदेश ने सर्वप्रथम 2 अक्टूबर, 1959 को ग्रामीण स्थानीय शासन की पंचायती राजपद्धति को अपनाया।** परंतु इसके बावजूद पंचायती संस्थाओं के पतन का दौर शुरू हो गया तथा सरकारें भी इसके प्रति उदासीन हो गईं। जिला स्तरीय पंचायती संस्थाओं पर राजनीतिज्ञों तथा नौकरशाहों का दबदबा कायम हो गया और इस कारण खंड तथा ग्राम समितियां भी युक्तिसंगत नहीं बन पाईं। यहां तक कि पंचायती राज निकायों के चुनाव स्थगित कर दिए गए।

अशोक मेहता समिति (1977)

मार्च, 1977 में केंद्र में सत्ता परिवर्तन के बाद पदारूढ़ नई जनता सरकार ने 12 दिसंबर, 1977 को पंचायती राज संस्थाओं की कार्य प्रणाली का अध्ययन करने एवं प्रचलित ढांचे में आवश्यक परिवर्तन के संदर्भ में सुझाव देने के लिए अशोक मेहता की अध्यक्षता में एक उच्च स्तरीय समिति का गठन किया। अशोक मेहता समिति के गठन के उद्देश्य निम्नलिखित थे–

- राज्यों तथा केंद्र शासित प्रदेशों में विकेंद्रीकरण के संबंध में वर्तमान स्थिति का तथा जिला से लेकर गांवों तक पंचायती राज संस्थाओं के क्रियाकलापों की पद्धति का पुनरीक्षण जिससे त्रुटियों एवं कमियों का पता लगाया जा सके।
- भविष्य में एकीकृत ग्रामीण विकास में पंचायती राज संस्थाओं को अपनी भावी भूमिका निभाने में समर्थ बनाने के उद्देश्य से उनका पुनर्गठन एवं कमियों और त्रुटियों को दूर करने के संदर्भ में उपयुक्त सुझाव देना।
- निर्वाचन पद्धति सहित पंचायती राज व्यवस्थाओं के गठन की पद्धति की जांच करना तथा पंचायती राजव्यवस्था के कार्य निष्पादन पर उनके प्रभावों का मूल्यांकन करना।
- पंचायती राज संस्थाओं, सरकारी प्रशासन तंत्र तथा ग्रामीण विकास में संलग्न सहकारी तथा स्वयंसेवी संस्थाओं के मध्य सहयोगपूर्ण संबंधों के संदर्भ में अनुशंसा देना।
- पंचायती राज संस्थाओं को सुपुर्द जिम्मेदारियों को निभाने के लिए पर्याप्त धन सुनिश्चित करने हेतु आवश्यक वित्त सहित अन्य मामलों के संदर्भ में सुझाव देना।
- पंचायती राज संस्थाएं समिति प्रणाली के आधार पर अपने कार्यों को संपन्न करेंगी।
- जिलाधिकारी सहित जिला स्तर के सभी अधिकारी अंततः जिला परिषद् के अधीन रखे जाएंगे।
- उक्त संस्थाओं के निर्वाचनों में राजनीतिक दलों को खुले रूप में अपने चुनाव चिह्न के आधार पर चुनाव लड़ने की अनुमति होनी चाहिए क्योंकि राजनीतिक दल लोकतंत्र की प्रक्रिया के अंग हैं।
- अनुसूचित जातियों एवं जनजातियों के लिए निर्वाचन क्षेत्र सुरक्षित हो तथा उनमें महिलाओं के लिए भी स्थान होना चाहिए।
- मेहता समिति ने एक महत्वपूर्ण अनुशंसा यह भी की थी कि राज्य सरकारों को दलगत राजनीतिक कारणों के आधार पर पंचायती राज्य संस्थाओं को पदच्युत नहीं करना चाहिए। यदि किन्हीं परिस्थितियों में ऐसा करना अनिवार्य हो जाता है तो 5 माह के अंदर ही उसका पुनर्निर्वाचन कराया जाना चाहिए।
- मेहता समिति ने अपने प्रतिवेदन में विकास संबंधी कार्यों को जिला परिषदों को हस्तांतरित करने की अनुशंसा की थी। समिति ने यह भी कहा था कि इस कार्य में कार्यरत समस्त कर्मचारी वर्ग जिला परिषद् के अधीन यह कार्य करेगा।
- मेहता समिति के मत से ग्रामीण विकास शहरी-ग्रामीण अटूट क्रम का एक भाग है। इसलिए ग्रामीण क्षेत्रों में शहरी सुविधाओं की स्थापना की जानी चाहिए।

अशोक मेहता समिति की सिफारिशें काफी महत्वपूर्ण थीं। ग्राम पंचायतों के स्थान पर मंडल पंचायतों के गठन संबंधी सुझाव को लेकर इसकी आलोचना भी की गई है। इसके संदर्भ में यह तर्क दिया जाता है कि ग्राम पंचायत की समाप्ति पंचायती राज की कल्पना की मूल इकाई की समाप्ति होगी।

अशोक मेहता समिति की सिफारिशें

अशोक मेहता समिति ने **अगस्त, 1978 में अपना प्रतिवेदन** केंद्र सरकार को सुपुर्द कर दिया। अशोक मेहता समिति का मत था कि प्रशासन के विकेंद्रीकरण के लिए कार्य मूलकता आवश्यक है। मेहता समिति ने अपने प्रतिवेदन में कहा था कि जहां करोड़ों व्यक्तियों का संबंध है और जहां निर्धन लोगों की स्थिति में सुधार के लिए बहुत बड़ी संख्या में सूक्ष्म परियोजनाएं बनाई जा रही हैं, वहां प्रशासन का विकेंद्रीकरण एक अनिवार्य आवश्यकता होती है। मेहता समिति ने अपने उक्त कथन को केंद्र में रखते हुए 132 सिफारिशें की थीं। अशोक मेहता समिति की प्रमुख अनुशंसाएं निम्नवत् हैं–

- अशोक मेहता समिति ने **त्रिस्तरीय पद्धति की जगह द्विस्तरीय पद्धति** अपनाने की अनुशंसा की थी। मेहता समिति ने जिला पंचायत को मजबूत बनाने तथा ग्राम पंचायत के स्थान पर मंडल पंचायत की स्थापना करने की अनुशंसा की थी।

- जिले को विकेंद्रीकरण की धुरी माना जाए तथा जिलापरिषद् को समस्त विकास कार्यों का केंद्र बिंदु बनाया जाए। जिला परिषद् ही जिले के आर्थिक नियोजन का कार्य करेगी, समस्त विकास कार्यों में सामंजस्य स्थापित करेगी तथा निचले स्तर का मार्ग प्रदर्शित करेगी।
- जिला परिषद् के बाद मंडल पंचायतों को विकास कार्यक्रमों का आधारभूत संगठन बनाया जाना चाहिए। मंडल पंचायतों का गठन कई गांवों से मिलकर होगा। मंडल पंचायतें 15,000 से 20,000 की जनसंख्या पर गठित की जाएंगी। मंडल पंचायतों को कार्यक्रम क्रियान्वयन की दृष्टि से धरातलीय संगठन के रूप में विकसित किया जाए। धीरे-धीरे पंचायत समितियां समाप्त हो जाएंगी और उनका स्थान मंडल पंचायतें ले लेंगी।

मेहता समिति के ही एक सदस्य ने लिखा है कि मुझे जिला परिषद् और मंडल पंचायतों से कोई आपत्ति नहीं है। आपत्ति इस बात की है कि समिति ने अपने प्रतिवेदन में ग्राम सभा का कहीं उल्लेख नहीं किया है जबकि ग्रामसभा ही पंचायती राजसंस्थाओं की आत्मा है।

1980 में केंद्र में पुनः सत्ता परिवर्तन हुआ और श्रीमती इंदिरा गांधी प्रधानमंत्री पद पर आसीन हुईं। श्रीमती इंदिरा गांधी की सरकार ने अशोक मेहता समिति की रिपोर्ट को अस्वीकार कर दिया। परंतु बदली हुई राजनीतिक परिस्थितियों में केंद्र तथा राज्य सरकारों द्वारा पंचायती राजव्यवस्था के संदर्भ में गंभीर चिंतन की प्रक्रिया शुरू हो गई। आठवीं पंचवर्षीय योजना के दस्तावेज में योजना आयोग ने स्पष्ट शब्दों में कहा था कि ग्रामीण विकास कार्यक्रमों में निरंतर वृद्धि हो रही है और इन कार्यक्रमों को लागू करने के लिए पंचायती राज के माध्यम से जन सहभागिता प्राप्त करना आवश्यक है। 1984 में तत्कालीन प्रधानमंत्री श्रीमती इंदिरा गांधी ने सभी मुख्यमंत्रियों को पत्र लिखकर पंचायतों का चुनाव यथाशीघ्र कराने के निर्देश दिए। देश में महात्मा गांधी के सपनों को साकार करने के लिए पंचायती राज की स्थापना के लिए सुझाव देने हेतु 1985 में जी.के.वी. राव तथा 1986 में एल. एम. सिंघवी की अध्यक्षता में एक समिति का गठन किया गया।

जी.के.वी. राव समिति (1985) और उसकी सिफारिशें

दिसंबर, 1985 में जी.के.वी. राव समिति ने अपना प्रतिवेदन सरकार को प्रस्तुत किया। राव समिति ने अपने प्रतिवेदन में पंचायतों की आर्थिक, उनके निर्वाचन तथा कार्यकलापों पर प्रकाश डाला था। समिति का यह भी कहना था कि राज्य सरकारें लोकतांत्रिक विकेंद्रीकरण की प्रक्रिया के प्रति उदासीन रही हैं। राव समिति ने पंचायती राज व्यवस्था को मजबूत एवं सुदृढ़ बनाने के लिए निम्नलिखित सुझाव दिया–

- विकास कार्यक्रमों एवं योजनाओं का सृजन करने, निर्णय लेने तथा उसको मूर्त रूप देने का दायित्व पंचायतों को सौंपा जाना चाहिए क्योंकि पंचायती संस्थाएं जनता के अधिक सन्निकट हैं।
- राव समिति ने जिला स्तर पर विशेष रूप से विकेंद्रीकरण करने की अनुशंसा की थी। जिला परिषद् के एक सदस्य को 30,000 से 40,000 की जनसंख्या का प्रतिनिधित्व करना चाहिए। इनका कार्यकाल 8 वर्ष का होना चाहिए। बैंकों, शहरी-स्थानीय स्वायत्त संस्थाओं के प्रतिनिधि, विधायकों एवं संसद सदस्यों को भी जिला परिषद् से संबंधित करने की अनुशंसा समिति ने की थी।
- राव समिति ने कृषि पशुपालन, सहकारिता, लघु सिंचाई, प्राथमिक एवं प्रौढ़ शिक्षा, लोक स्वास्थ्य, ग्रामीण जलापूर्ति, जिले की सड़कें, लघु एवं ग्रामोद्योग, अनुसूचित जाति एवं अनुसूचित जनजाति का कल्याण, समाज एवं महिला कल्याण और सामाजिक-वानिकी जैसे कार्यों को जिला परिषदों को हस्तांतरित करने की अनुशंसा की थी।
- जिला स्तर पर सभी कार्यालय जिला परिषद् के अधीन होने चाहिए। कार्यों के संपादन के लिए जिला परिषदों की विभिन्न समितियों का गठन किया जाना चाहिए।
- पंचायती संस्थाओं को पर्याप्त मात्रा में आवश्यक वित्त की उपलब्धता सुनिश्चित की जानी चाहिए। इसके लिए मुख्यमंत्री की अध्यक्षता में राज्य विकास परिषद् का गठन किया जाना चाहिए।
- जिला स्तर के नीचे जिला परिषद् सदृश्य संरचना वाली पंचायत समिति या मंडल पंचायतों का गठन होना चाहिए। इसके अतिरिक्त प्रत्येक गांव में ग्राम सभा का गठन होना चाहिए।
- राव समिति ने पंचायत या ग्राम एवं मंडल पंचायत स्तर पर बच्चे/महिलाओं एवं प्रौढ़ों के कल्याणार्थ, एक उप-समिति के गठन की अनुशंसा की थी। इस उप-समिति में महिला सदस्यों का बहुमत होना चाहिए।

एल.एम. सिंघवी समिति (1986) और उसकी सिफारिशें

ग्रामीण विकास मंत्रालय भारत सरकार ने 16 जून, 1986 को पंचायती राज संबंधी संकल्पना प्रपत्र तैयार करने के लिए एल.एम. सिंघवी की अध्यक्षता में एक समिति का गठन किया था। सिंघवी समिति ने अपना प्रतिवेदन 27 नवंबर, 1986 को ग्रामीण विकास मंत्रालय को सुपुर्द कर दिया था। सिंघवी समिति ने पंचायती संस्थाओं की वर्तमान स्थिति का अवलोकन एवं मूल्यांकन करने के बाद पंचायती राजव्यवस्था को पुनर्जीवित करने के लिए व्यापक सिफारिशें अपने प्रतिवेदन में की थी। सिंघवी समिति ने पंचायती संस्थाओं में राजनीतिज्ञों तथा नौकरशाही के हस्तक्षेप को रोकने के लिए पंचायती राज से संबंधित कुछ पहलुओं को संवैधानिक दर्जा देने की भी अनुशंसा की थी। सिंघवी समिति ने ग्राम पंचायतों के गठन के साथ-साथ न्याय पंचायतों के गठन की भी अनुशंसा की थी। सिंघवी समिति ने पहली बार पंचायती राजव्यवस्था से संबंधित संविधान संशोधन विधेयक का मसौदा भी तैयार किया था। सिंघवी समिति का मत था कि पंचायतों का उन्मुख (नीचे से ऊपर की ओर) लोकतांत्रिक विकेंद्रीकरण हो।

पी.के. थुंगन समिति (1988)

वर्ष-1988 में थुंगन समिति ने भी पंचायती राज को संवैधानिक आधार देने का समर्थन किया, परंतु थुंगन समिति के अनुसार, भारत में पंचायतों का संबंध सीधा संघ सरकार से होना चाहिए। अतः समिति ने पंचायती राज को राज्यों का विषय नहीं माना। थुंगन समिति की सिफारिशें निम्नलिखित हैं–

- त्रिस्तरीय पंचायती राज को संवैधानिक आधार दिया जाए। पंचायती राज में महिलाओं, अनुसूचित जाति, अनुसूचित जनजाति और अन्य पिछड़ा वर्ग को आरक्षण दिया जाए।
- प्रत्येक राज्य में वित्त आयोग की स्थापना की जाए।
- एक नियोजन तथा समन्वय समिति बनाई जाए, जिसका अध्यक्ष राज्य नियोजन मंत्री होगा तथा जिला परिषदों के अध्यक्ष इस समिति के सदस्य होंगे।
- ग्राम पंचायतों को सीमित न्यायिक अधिकार दिए जाएं।
- पंचायतों का कार्यकाल 5 वर्ष हो, तथापि राज्यों की इच्छानुसार कम भी हो सकता है, परंतु यह किसी भी दशा में 3 वर्ष से कम नहीं होगा।

वी.एन. गाडगिल समिति

इस समिति का गठन कांग्रेस पार्टी के अंतर्गत किया गया था, जिसे विभिन्न समितियों की रिपोर्टों पर विचार करते हुए पंचायती राज कार्यक्रम के संबंध में सिफारिशें देनी थीं।

64वां संविधान संशोधन विधेयक

जी.वे.के. राव समिति एवं एल. एम. सिंघवी समिति द्वारा तैयार किए गए पंचायती राज संबंधी दस्तावेज, दिसंबर, 1987 से जून, 1988 तक 5 स्थानों पर आयोजित कार्यशालाओं तथा अप्रैल 1989 में आयोजित पंचायती राज के निष्कर्षों के आधार पर 64वां संविधान संशोधन विधेयक सृजित किया गया। इस विधेयक का उद्देश्य देश में पंचायती प्रणाली को प्रभावी तरह से लागू करने, पंचायतों के चुनाव नियमित करने तथा 5 वर्ष तक उनको भंग न करने देना आदि के लिए संवैधानिक प्रावधान करना था। ध्यातव्य है कि 64वां संविधान संशोधन विधेयक 15 मई, 1989 को लोकसभा में प्रस्तुत किया गया। तत्कालीन प्रधानमंत्री राजीव गांधी ने इस विधेयक को ऐतिहासिक तथा क्रांतिकारी बताते हुए कहा था कि इससे संविधान के मूल ढांचे पर कोई प्रभावी नहीं पड़ेगा, परंतु विपक्ष द्वारा इसके विरोध में तर्क प्रस्तुत किया जाने लगा। विपक्ष का यह तर्क था कि संविधान के अनुच्छेद–246 के अंतर्गत यह राज्यों के अधीन है अत: संसद को इस विधेयक को लाना उचित नहीं है। तत्कालीन विधि मंत्री पी. शिवशंकर ने कहा कि संविधान के अनुच्छेद–368 के अंतर्गत संविधान संशोधन का अधिकार केंद्र (संसद्) को है। यह भी स्पष्ट किया गया कि इसे पारित हो जाने के बाद जम्मू-कश्मीर की विधानसभा की स्वीकृति के बाद इसे वहां भी लागू किया जा सकता है। इसे नागालैंड, मिजोरम, मेघालय, स्वायत्त जिला परिषद् वाले क्षेत्रों, आदिवासी क्षेत्रों, निकोबार, लक्षद्वीप, पांडिचेरी और दिल्ली में लागू नहीं किया जा सकता है, क्योंकि वहां या तो पहले से ही पारंपरिक पंचायत व्यवस्था विद्यमान है अथवा वहां विशेष परिस्थिति है। प्रस्तावित विधेयक के अनुसार संविधान संशोधन हो जाने के एक वर्ष के अंदर पंचायती राज कानून सभी राज्यों को बनाने थे।

उक्त 64वें संविधान संशोधन विधेयक में यह प्रावधान था कि संविधान में एक नया भाग जोड़ा जाएगा, जिसमें पंचायतों की परिभाषा, उनकी संरचना, स्थानों का आरक्षण, कार्यकाल तथा पंचायतों की शक्तियों, प्राधिकार तथा उत्तरदायित्व का उल्लेख होगा। उक्त विधेयक में पंचायतों को कर लगाने, उनकी विधियां स्थापित करने, वित्तीय स्थिति की समीक्षा के लिए वित्त आयोग की नियुक्ति, उनकी लेखाओं की जांच, उनके बारे में विधानमंडलों के अधिकार आदि का भी विशद वर्णन किया गया था।

ग्राम पंचायत की संगठनात्मक संरचना

(1) पंचायत परिषद्
- सरपंच (अध्यक्ष)
- उपसरपंच (उपाध्यक्ष)
- वार्ड-मंच (निर्वाचित सदस्य)
- सचिव (पंचायत समिति)

(2) समितियां
- प्रशासन और स्थापना
- वित्त और कराधान
- विकास और उत्पादन
- कार्यक्रम
- शिक्षा
- ग्रामीण जलप्रदाय
- स्वास्थ्य, स्वच्छता

(3) प्रशासन तंत्र (ग्राम सचिवालय)
- पंचायत सचिव
- प्राथमिकशाला के अध्यक्ष
- ए.एन.एफ. (नर्स)
- पटवारी
- ग्राम-स्तर के विद्युत व जलप्रदाय से संबंधित कार्मिक

पंचायती राज व्यवस्था के संदर्भ में गठित समितियां

क्र.	समिति	वर्ष
1.	बलवंत राय मेहता समिति	1957
2.	संथानम समिति	1962
3.	सादिक अली समिति	1964
4.	अशोक मेहता समिति	1977
5.	जी.वी.के. राव समिति	1985
6.	एल.एम. सिंघवी समिति	1986
7.	पी.के. थुंगन समिति	1988

इसके अतिरिक्त उक्त संविधान संशोधन विधेयक में यह प्रावधान किया गया था कि सभी राज्यों में तीन स्तर वाली पंचायती राज व्यवस्था का गठन किया जाएगा। ग्राम पंचायत उसकी मौलिक इकाई होगी तथा उसका निर्वाचन प्रत्यक्ष आधार पर होगा। बाद में क्षेत्र अथवा विकास समिति अप्रत्यक्ष आधार पर ग्राम प्रतिनिधियों से निर्वाचित की जाएगी तथा जिला परिषदों का गठन किया जाएगा। संशोधित विधेयक में राज्यों को यह भी सलाह दी गई थी कि संविधान के अनुच्छेद–280 के अंतर्गत ऐसा एक वित्त आयोग का गठन करें जो पंचायती राज संस्थाओं के लिए वित्तीय संसाधन उपलब्ध कराने की व्यवस्था सुनिश्चित करे।

64वें संविधान संशोधन विधेयक को अक्टूबर, 1989 में लोकसभा द्वारा दो-तिहाई बहुमत से पारित कर दिया गया, परंतु 13 अक्टूबर, 1989 को राज्यसभा में दो-तिहाई बहुमत के अभाव में अस्वीकार कर दिया गया। यद्यपि राज्यसभा की संख्या गणित को देखते हुए यह आश्चर्यजनक नहीं था, परंतु सरकार ऐसे महत्वपूर्ण संविधान संशोधन विधेयक पर आवश्यक बहुमत नहीं जुटा पाई, यह आश्चर्यजनक था। ध्यातव्य है कि 64वां संविधान संशोधन विधेयक मात्र 6 मतों के अंतर से पारित नहीं हो सका था। यह दूसरा अवसर था जब सत्तारूढ़ दल की ओर से लाए गए संविधान संशोधन विधेयक को राज्यसभा ने अस्वीकार कर दिया था। इससे पूर्व 1964 में राजाओं के प्रिवीपर्स को समाप्त करने का विधेयक एकमत से राज्यसभा में गिर गया था। विपक्ष का कहना था कि सरकार प्रस्तावित योजना के माध्यम से जिस प्रकार राजनीतिक एवं आर्थिक सत्ता का और प्रशासन का विकेंद्रीकरण करना चाहती थी, उससे विकेंद्रीकरण के स्थान पर सत्ता का केंद्रीयकरण होगा तथा भारत का संघीय स्वरूप विकृत होगा।

इसके अतिरिक्त राज्यसभा ने नगर पालिकाओं को मजबूत बनाने की दृष्टि से लाया गया 65वां संशोधन विधेयक अस्वीकृत कर दिया था। उक्त दोनों विधेयकों को सत्तापक्ष तथा विपक्ष द्वारा 9वीं लोकसभा में मुद्दा बनाया गया।

राष्ट्रीय मोर्चा सरकार द्वारा 64वें संशोधन विधेयक की पुनर्प्रस्तुति

9वीं लोकसभा के निर्वाचन के बाद दिसंबर, 1989 में केंद्र में वी. पी. सिंह के नेतृत्व में नई सरकार पदारूढ़ हुई। 3 दिसंबर, 1989 को राष्ट्र के नाम दूरदर्शन तथा आकाशवाणी से प्रसारित प्रथम संदेश में प्रधानमंत्री वी. पी. सिंह ने कहा कि ''सत्ता सचिवालय की चहारदीवारी में ही न बंधी रहे, बल्कि चौपालों एवं

मोहल्लों तक पहुंचे, हमारी सरकार का यह पूरा प्रयास होगा। इसके लिए नया पंचायती राज कानून बनाकर राम मनोहर लोहिया तथा जय प्रकाश नारायण के सपनों को साकार किया जाएगा।'' 1 जनवरी, 1990 को केंद्र सरकार द्वारा अपने चुनावी वायदों को पूरा करने के लिए समयबद्ध कार्य योजना की घोषणा की गई, उसमें भी पंचायती राज संबंधी विधेयक लाने की बात कही गई थी।

पंचायती राज और स्थानीय निकाय संस्थाओं को प्रभावी बनाने के लिए 11 एवं 12 जून, 1990 को नई दिल्ली में मुख्यमंत्रियों का एक सम्मेलन आयोजित किया गया जिसमें यह निर्णय लिया गया कि पंचायती राज एवं स्थानीय निकायों का आधार व्यापक बनाया जाना चाहिए तथा इसके लिए संविधान में संशोधन किया जाना चाहिए। सम्मेलन में यह भी निर्णय लिया गया कि संसद के मानसून सत्र में इसके लिए विधेयक लाया जाएगा।

सितंबर, 1990 में स्थानीय निकायों के नियमित निर्वाचन कराने तथा इनको संवैधानिक गारंटी देने के लिए राष्ट्रीय मोर्चा सरकार द्वारा 74वां संविधान संशोधन विधेयक प्रस्तुत किया गया। इस संशोधन विधेयक द्वारा संविधान में ''स्थानीय निकाय'' नाम से एक नया भाग-9 जोड़ने की व्यवस्था की गई। विधेयक के प्रावधानों के अनुसार प्रत्येक गांव में ग्रामसभा होगी। गांवों में पंचायतों की स्थापना, पंचायतों की ग्राम स्तर पर सभी सीटों के निर्वाचन की प्रत्यक्ष व्यवस्था थी। विधेयक में गांवों और शहरों के बीच के क्षेत्रों के लिए नगर पंचायतें, छोटे शहरी क्षेत्रों के लिए नगर-निगम गठित करने का प्रावधान किया गया। विधेयक में आबादी के अनुसार अनुसूचित जातियों एवं जनजातियों के लिए स्थान आरक्षित करने और महिलाओं के लिए कम-से-कम एक-तिहाई स्थान आरक्षित करने की व्यवस्था की गई। स्थानीय निकायों को लेवी कर और शुल्क आदि लगाने और उनकी वसूली का भी अधिकार दिया गया। इसके अतिरिक्त विधेयक में 1 वर्ष के अंदर एक वित्त आयोग गठित करने, प्रत्येक 5 वर्ष में स्थानीय निकायों की वित्तीय स्थिति की समीक्षा करने तथा विधानमंडलों को इनके चुनाव करने के लिए प्रावधान करने का अधिकार प्रदान करने की भी व्यवस्था की गई थी, परंतु वी. पी. सिंह सरकार के नवंबर, 1990 में पतन होने के बाद यह विधेयक संसद द्वारा पारित नहीं हो सका।

पंचायती राज संस्थाओं को संवैधानिक दर्जा

- वर्ष 1989 में तत्कालीन प्रधानमंत्री श्री राजीव गांधी ने पंचायतों के सुधार व सशक्तिकरण में विशेष रुचि ली तथा एल.एम. सिंघवी समिति और थुंगन समिति की सिफारिशों के आधार पर लोकसभा में 64वां संविधान संशोधन विधेयक प्रस्तुत किया, जिसे लोकसभा द्वारा पारित कर दिया गया। लेकिन राज्यसभा द्वारा अस्वीकार कर दिए जाने के कारण विधेयक समाप्त हो गया।
- तत्पश्चात्, वर्ष 1992 में पंचायत संबंधी प्रावधान के लिए प्रधानमंत्री पी.वी. नरसिम्हा राव द्वारा 73वां संविधान संशोधन विधेयक संसद में लाया गया, जिसे लोकसभा एवं राज्यसभा ने क्रमश: 22 एवं 23 दिसंबर, 1992 को पारित कर दिया।
- 17 राज्यों की विधानसभाओं द्वारा अनुमोदित किए जाने के बाद 20 अप्रैल, 1993 को राष्ट्रपति ने इस विधेयक पर अपनी सहमति प्रदान कर दी। 24 अप्रैल, 1993 से 73वां संविधान संशोधन अधिनियम पूरे देश में लागू हो गया।
- 24 अप्रैल को प्रत्येक वर्ष पंचायत दिवस मनाया जाता है, 73वें संविधान संशोधन अधिनियम को सर्वप्रथम लागू करने वाला राज्य मध्य प्रदेश है। जहां इस अधिनियम के अनुसार 1994 में सबसे पहले पंचायती चुनाव कराए गए थे।

73वां संविधान संशोधन अधिनियम, 1992

73वां संविधान संशोधन अधिनियम, 1992, 23 अप्रैल, 1994 से पूरे देश में लागू हो गया। ध्यातव्य है कि मजबूत और लोकप्रिय पंचायती राज संस्थाओं की स्थापना और उनके निर्वाचन को संवैधानिक आधार प्रदान करने के लिए 73वां संविधान संशोधन विधेयक 16 सितंबर, 1991 को लोकसभा में प्रस्तुत किया गया जिसे दिसंबर, 1991 में नाथूराम मिर्धा की अध्यक्षता में गठित संयुक्त संसदीय समिति को सुपुर्द कर दिया गया। संयुक्त संसदीय समिति द्वारा विधेयक पर अपनी सिफारिश करने के बाद विधेयक को 73वां संविधान संशोधन विधेयक के रूप में संख्यामित किया गया, जिसे लोकसभा ने 22 दिसंबर, 1992 को तथा राज्यसभा ने 23 दिसंबर, 1993 को अपनी स्वीकृति प्रदान कर दी। 17 राज्यों द्वारा अनुमोदित किए जाने के बाद 20 अप्रैल, 1993 को राष्ट्रपति ने इसे अपनी स्वीकृति प्रदान कर दी और यह अधिनियम बन गया। वस्तुत: 73वां संविधान संशोधन विधेयक 64वें संविधान संशोधन विधेयक की ही संशोधित प्रति थी, इसमें वे सभी बिंदु सम्मिलित किए गए। मुख्य अंतर ढांचे के बारे में था। 64वें संविधान संशोधन विधेयक में तीनों स्तर पर पंचायती राज संस्थाओं का गठन आवश्यक रखा गया था, जबकि 73वें संविधान संशोधन विधेयक में केवल ग्राम स्तर की बाध्यता थी। मध्य स्तर एवं जिला स्तर पर गठन के बिंदु को राज्य सरकारों की इच्छा पर छोड़ दिया गया। **64वें संविधान संशोधन विधेयक की तरह 73वें संविधान संशोधन विधेयक को अनुच्छेद-243 के अंतर्गत नवें भाग के रूप में जोड़े जाने के लिए प्रस्तुत किया गया।**

73वें संविधान संशोधन द्वारा एक नया अध्याय 9 जोड़ा गया। अध्याय 9 द्वारा संविधान में 16 अनुच्छेद और 11वीं अनुसूची जोड़ी गई।

73वें संविधान संशोधन अधिनियम की मुख्य विशेषताएं निम्नवत् हैं–

1. **अनुच्छेद-243 (क)** के अनुसार प्रत्येक गांव में एक **ग्राम सभा** होगी जो राज्य विशेष के विधान मंडल द्वारा प्रदत्त अधिकारों का उपयोग तथा निर्धारित कर्तव्यों का निर्वाह ग्राम स्तर पर करेगी।
2. **अनुच्छेद-243 (ख)** में पंचायतों के गठन का प्रावधान किया गया है। प्रत्येक राज्य में ग्राम स्तर, मध्यवर्ती स्तर तथा जिला स्तर पर पंचायती राज संस्थाओं का गठन किया जाएगा, परंतु जिस राज्य में कुल जनसंख्या 20 लाख से कम है, वहां मध्यवर्ती स्तर पर पंचायतों का गठन नहीं किया जाएगा वहां पंचायतें द्विस्तरीय होंगी जबकि अन्य राज्यों में त्रिस्तरीय होंगी।
3. **अनुच्छेद-243 (ग)** में पंचायतों की संरचना का प्रावधान किया गया है। राज्य विधानमंडलों को विधि द्वारा पंचायतों की संरचना के लिए उपबंध करने की शक्ति दी गई है, परंतु किसी भी स्तर पर पंचायत के प्रादेशिक क्षेत्र की जनसंख्या और निर्वाचन द्वारा भरे जाने वाले स्थानों की संख्या के मध्य अनुपात राज्य में यथासंभव एक ही रहेगा। पंचायतों के सभी स्थान पंचायत राज्य क्षेत्र के प्रादेशिक निर्वाचन क्षेत्रों से प्रत्यक्ष निर्वाचन द्वारा चुने गए व्यक्तियों से भरे जाएंगे। इस प्रयोजन के लिए प्रत्येक पंचायत क्षेत्र को ऐसी विधि से निर्वाचन क्षेत्रों में विभाजित किया जाएगा कि प्रत्येक निर्वाचन क्षेत्र की जनसंख्या और उसको आवंटित स्थानों की संख्या के मध्य समस्त पंचायत क्षेत्र में यथासाध्य एक ही हो।
4. **अनुच्छेद-243 (घ)** में कहा गया है कि अनुसूचित जातियों/अनुसूचित जनजातियों के स्थानों का आरक्षण प्रत्येक स्तर पर उनकी जनसंख्या के अनुपात में किया जाएगा। इसी अनुच्छेद में यह भी कहा गया है कि किसी पंचायत में कुल सदस्य संख्या कम-से-कम एक-तिहाई महिलाओं के लिए आरक्षित होंगी। ये स्थान किसी पंचायत में विभिन्न निर्वाचन क्षेत्रों के लिए बारी-बारी से निर्धारित किए जा सकते हैं।
5. **अनुच्छेद-243 (ङ)** में प्रावधानित है कि प्रत्येक 5 वर्ष बाद नियमित निर्वाचन कराया जाएगा।
6. **अनुच्छेद-243 (छ)** में यह प्रावधानित है कि राज्य की विधानसभाएं पंचायतों के अधिकार, कर्तव्य तथा प्रशासनिक एवं वित्त व्यवस्था संबंधी ऐसे नियम बनाएं कि संस्थाएं लोकतांत्रिक विकेंद्रीकरण को यथार्थ रूप से चरितार्थ करते हुए जन आकांक्षाओं के अनुरूप प्रभावी ढंग से कार्य कर सकें।

7. **अनुच्छेद–243 (ज)** में यह प्रावधानित है कि 73वें संविधान संशोधन के प्रारंभ से एक वर्ष के अंदर और उसके बाद प्रत्येक 5 वर्ष के अवसान पर पंचायतों की वित्तीय स्थिति का पुनर्निरीक्षण करने के लिए एक वित्त आयोग का गठन करेगा। वित्त आयोग निम्नलिखित विषय में राज्यपाल को अपनी अनुशंसा देगा–
   (a) ऐसे करों, शुल्कों, पथ करों और फीसों को दर्शाना जो पंचायतों को प्रदान की जा सकें।
   (b) राज्य की संचित निधि में से पंचायतों के लिए सहायता अनुदान।
   (c) पंचायतों की वित्तीय स्थिति के सुधार के लिए उपाय बनाना।
8. **अनुच्छेद–243 (ट)** में राज्य निर्वाचन आयोग के गठन के संदर्भ में प्रावधान किया गया है। इसमें कहा गया है कि पंचायतों का निर्वाचन कराने के लिए राज्य निर्वाचन आयुक्त की नियुक्ति की जाएगी। राज्य निर्वाचन आयुक्त को हटाने की प्रक्रिया उच्च न्यायाधीश के हटाने की प्रक्रिया के सदृश्य होगी।

11वीं अनुसूची में रखे गए विषय (अनुच्छेद–243 (6))

11वीं अनुसूची में पंचायती राज संबंधी 29 विषय रखे गए हैं **जिन पर पंचायतें विधि बनाकर उन कार्यों को कर सकेंगी। ये कार्य/विषय निम्नवत् हैं–**

1. कृषि एवं कृषि विस्तार।
2. भूमि सुधार, भूमि सुधार कार्यक्रमों का क्रियान्वयन, चकबंदी और भूमि संरक्षण।
3. लघु सिंचाई, जल प्रबंधन तथा जल आच्छादन एवं निकास।
4. पशुपालन, दुग्ध उद्योग और फार्म वन उद्योग।
5. मत्स्य उद्योग।
6. सामाजिक वन उद्योग और फार्म वन उद्योग।
7. लघु उत्पादन।
8. लघु उद्योग, खाद्य प्रसंस्करण सहित।
9. खादी, ग्राम तथा कुटीर उद्योग।
10. ग्रामीण आवासन।
11. ईंधन और चारा।
12. सड़कें, पुलिया, पुल, नौघाट, जलमार्ग तथा संचार के अन्य साधन।
13. ईंधन और चारा।
14. गैर-पारंपरिक ऊर्जा स्रोत।
15. ग्रामीण विद्युतीकरण।
16. गरीबी उन्मूलन कार्यक्रम।
17. पुस्तकालय।
18. शिक्षा, (प्राथमिक तथा माध्यमिक विद्यालय)।
19. तकनीकी प्रशिक्षण तथा व्यावसायिक शिक्षा।
20. प्रौढ़ तथा अनौपचारिक शिक्षा।
21. सांस्कृतिक क्रियाकलाप।
22. बाजार और मेले।
23. स्वास्थ्य और स्वच्छता।
24. परिवार कल्याण।
25. स्त्री और बाल विकास।
26. समाज कल्याण।
27. अनुसूचित जातियों/अनुसूचित जनजातियों का कल्याण।
28. सार्वजनिक वितरण प्रणाली।
29. सामुदायिक आस्तियों (परिसंपत्तियों) का अनुरक्षण।

9. **73वें संविधान** संशोधन की मुख्य विशेषता यह रही कि इसमें अन्य बातों के साथ-साथ अनुसूचित जातियों, अनुसूचित जनजातियों और महिलाओं के लिए सीटों का आरक्षण किया गया और स्थानीय निकायों की वित्तीय स्थिति सुधारने के लिए राज्य वित्त आयोग के गठन को अनिवार्य बनाया गया। इस अधिनियम के माध्यम से पंचायती व्यवस्था को प्रभावी बनाने के लिए राज्य निर्वाचन आयोग के गठन का भी प्रावधान किया गया है।
10. **73वें संविधान संशोधन** द्वारा स्थापित पंचायती राज का मुख्य उद्देश्य ग्राम वासियों के मध्य शक्तियों का विकेंद्रीकरण करके विकासात्मक प्रशासन में उनकी सहभागिता सुनिश्चित करना तथा गांवों को सामाजिक एवं आर्थिक न्याय उपलब्ध कराकर नीति-निदेशक सिद्धांतों में उल्लिखित सामाजिक, आर्थिक न्याय की अवधारणा को मूर्त रूप देने का एक प्रयास है।
11. इस अधिनियम के माध्यम से पंचायती राज शक्तियों के विकेंद्रीकरण, प्रशासन में लोगों की सहभागिता और सामुदायिक विकास का प्रतिनिधित्व सुनिश्चित होगा और इससे सामाजिक सशक्तिकरण को बढ़ावा मिलेगा। इसके साथ ही महात्मा गांधी के स्वप्नों को पूरा करने और ग्रामीण स्वावलंबन को प्रोत्साहन मिलेगा।

पंचायती राज के संदर्भ में 11वें वित्त आयोग की सिफारिशें

11वें वित्त आयोग में पंचायतों की वित्तीय स्थिति को सुदृढ़ करने के लिए निम्न सिफारिशें की गईं–

- राज्य वित्त आयोग की रिपोर्ट में एक विशेष अध्याय वित्त पर शामिल हो तथा राज्य सरकारें राज्य वित्त आयोग की रिपोर्ट प्रस्तुत होने के बाद 6 माह के भीतर की गई कार्यवाही की रिपोर्ट राज्य विधानमंडल में रखेंगी।
- पंचायतों की सभी श्रेणियों के लेखा परीक्षण एवं नियंत्रण, नियंत्रक एवं महालेखा परीक्षक को सौंपा जाए।
- भूमि एवं कृषि फार्म की आय पर कर को स्थानीय निकायों द्वारा समुचित रूप से लगाकर इस धन का प्रयोग नागरिक सेवाओं में सुधार के लिए किया जाए।
- राज्य के लेखाशीर्ष पर 6 पदों का सृजन किया जाए जिनमें 3 पंचायती राज संस्थाओं के लिए तथा 3 शहरी स्थानीय संस्थाओं के लिए हो।
- पंचायतों के पास जहां प्रशिक्षित लेखाकार नहीं है, वहाँ प्रत्येक पंचायत पर 4,000 रुपए राशि प्रतिवर्ष लेखों के रख-रखाव पर खर्च की जाए।
- पंचायतों के वित्त पोषण के आंकड़ों को जिला, राज्य तथा केंद्र स्तर पर और कंप्यूटर तथा वी. सेट के माध्यम से जोड़कर विकसित किया जाए।

विभिन्न राज्यों में पंचायती राज संस्थाओं की स्थिति

राज्य	स्तर	संस्थाएं
जम्मू-कश्मीर	एक स्तरीय	ग्राम पंचायत
केरल	एक स्तरीय	ग्राम पंचायत
मणिपुर	एक स्तरीय	ग्राम पंचायत
त्रिपुरा	एक स्तरीय	ग्राम पंचायत
सिक्किम	एक स्तरीय	ग्राम पंचायत
ओडिशा (उड़ीसा)	द्विस्तरीय	1. ग्राम पंचायत, 2. पंचायत समिति
दादरा व नगर हवेली	द्विस्तरीय	1. ग्राम पंचायत, 2. पंचायत समिति
दिल्ली	द्विस्तरीय	1. ग्राम पंचायत, 2. पंचायत समिति

पुदुचेरी	द्विस्तरीय	1. ग्राम पंचायत, 2. पंचायत समिति
असोम (असम)	द्विस्तरीय	1. ग्राम पंचायत, 2. पंचायत समिति
कर्नाटक	द्विस्तरीय	1. ग्राम पंचायत, 2. पंचायत समिति
हरियाणा	द्विस्तरीय	1. ग्राम पंचायत, 2. पंचायत समिति
मध्य प्रदेश	द्विस्तरीय	1. ग्राम पंचायत, 2. पंचायत समिति
छत्तीसगढ़	त्रिस्तरीय	1. ग्राम पंचायत, 2. पंचायत समिति, 3. जिला परिषद्
राजस्थान	त्रिस्तरीय	1. ग्राम पंचायत, 2. पंचायत समिति, 3. जिला परिषद्
उत्तर प्रदेश	त्रिस्तरीय	1. ग्राम पंचायत, 2. पंचायत समिति, 3. जिला परिषद्
हिमाचल प्रदेश	त्रिस्तरीय	1. ग्राम पंचायत, 2. पंचायत समिति, 3. जिला परिषद्
पंजाब	त्रिस्तरीय	1. ग्राम पंचायत, 2. पंचायत समिति, 3. जिला परिषद्
उत्तराखंड	त्रिस्तरीय	1. ग्राम पंचायत, 2. पंचायत समिति, 3. जिला परिषद्
झारखंड	त्रिस्तरीय	1. ग्राम पंचायत, 2. पंचायत समिति, 3. जिला परिषद्
महाराष्ट्र	त्रिस्तरीय	1. ग्राम पंचायत, 2. पंचायत समिति, 3. जिला परिषद्
आन्ध्र प्रदेश	त्रिस्तरीय	1. ग्राम पंचायत, 2. पंचायत समिति, 3. जिला परिषद्
तेलंगाना	त्रिस्तरीय	1. ग्राम पंचायत, 2. पंचायत समिति, 3. जिला परिषद्
तमिलनाडु	त्रिस्तरीय	1. ग्राम पंचायत, 2. पंचायत समिति, 3. जिला परिषद्
गुजरात	त्रिस्तरीय	1. ग्राम पंचायत, 2. पंचायत समिति, 3. जिला परिषद्
प. बंगाल	चार स्तरीय	1. ग्राम पंचायत, 2. पंचायत समिति, 3. आंचलिक परिषद्, 4. जिला परिषद्
मेघालय	जनजातीय परिषद्	जनजातीय परिषद्
नागालैंड	जनजातीय परिषद्	जनजातीय परिषद्
मिजोरम	जनजातीय परिषद्	जनजातीय परिषद्

73वें संविधान संशोधन अधिनियम के संस्थागत प्रावधान

अनुच्छेद–40 के तहत यह प्रावधान किया गया है कि राज्य ग्राम पंचायतों के गठन के लिए कदम उठाएगा और उन्हें स्वायत्त शासन की इकाई के रूप में कार्य करने के योग्य बनाने के लिए आवश्यक शक्तियां और अधिकार प्रदान करेगा। 73वें संविधान संशोधन अधिनियम में निम्नलिखित संस्थागत प्रावधान किए गए हैं-

ग्राम सभा और उसके विविध पक्ष

- इस अधिनियम द्वारा ग्राम सभा को संवैधानिक दर्जा दिया गया है। किसी ग्राम की निर्वाचक नामावली में दर्ज नामों वाले व्यक्तियों को सामूहिक रूप से ग्राम सभा कहा जाता है। ग्राम सभा में एक या एक से अधिक गांव शामिल किए जा सकते हैं।
- अनुच्छेद–24(क) के अनुसार, ग्राम सभा, गांव के स्तर पर ऐसी शक्तियों का प्रयोग और ऐसे कार्यों का संपादन करेगी, जो राज्य विधानमंडल विधि द्वारा उपबंधित करे।

पंचायतों का गठन और संरचना

- अनुच्छेद–243(ब) भारत में त्रिस्तरीय पंचायती राज व्यवस्था का प्रावधान करता है। प्रत्येक राज्य में ग्राम स्तर पर ग्राम पंचायत, मध्यवर्ती स्तर पर क्षेत्र पंचायत और जिला स्तर पर जिला पंचायत के गठन का प्रावधान है, किंतु उस राज्य में जिसकी जनसंख्या 20 लाख से कम है, वहां मध्यवर्ती स्तर पर पंचायतों का गठन करना आवश्यक नहीं है।

  भारत में पश्चिम बंगाल ऐसा राज्य है, जहां चार स्तरीय पंचायत व्यवस्था अपनाई गई है। वहां पंचायतों के चार स्तर यथा–ग्राम पंचायत, अंचल पंचायत, आंचलिक परिषद् और जिला परिषद् हैं।
- अनुच्छेद–243(स) में पंचायतों की संरचना के बारे में प्रावधान किया गया है। इसके तहत राज्य विधानमंडल को विधि द्वारा पंचायतों की संरचना के संबंध में उपबंध करने की शक्ति प्रदान की गई है, परंतु किसी भी स्तर पर, पंचायत के प्रादेशिक क्षेत्र की जनसंख्या और ऐसी पंचायत में निर्वाचन द्वारा भरे जाने वाले स्थानों की संख्या में अनुपात समस्त राज्य में यथासंभव एक ही होगा।
- पंचायतों के सभी स्थान प्रादेशिक निर्वाचन क्षेत्रों से प्रत्यक्ष निर्वाचन द्वारा चुने गए प्रतिनिधियों द्वारा भरे जाएंगे।
- ग्राम पंचायत के अध्यक्ष का चुनाव राज्य द्वारा बनाई गई विधि के अनुसार होगा तथा मध्यवर्ती व जिला पंचायतों के अध्यक्ष का चुनाव उसके निर्वाचित सदस्यों द्वारा अपने में से किया जाएगा।
- लोकसभा, राज्यसभा, विधानसभा तथा विधानपरिषद् के सदस्यों का मध्यवर्ती व जिला पंचायतों में प्रतिनिधित्व (पदेन सदस्य के रूप में) राज्य विधानमंडल द्वारा बनाई गई विधि द्वारा निर्धारित किया जाएगा।

ग्राम समिति की संगठनात्मक संरचना

- (1) पंचायत समिति की परिषद्
  - प्रधान (अध्यक्ष)
  - उप प्रधान (उपाध्यक्ष)
  - सदस्य
    - (I) निर्वाचन
      - सामान्य वर्ग से
      - अनुसूचित जाति वर्ग से
      - अनुसूचित जनजाति वर्ग से
      - पिछड़े वर्ग से
      - समस्त वर्ग से 33%
      - महिलाओं से
    - (ii) पंचायत समिति क्षेत्र के विधायक (MLA)
- (2) स्थायी समितियां
  - प्रशासन एवं स्थापना समिति
  - वित्त एवं कराधान समिति
  - विकास एवं उत्पाद समिति
  - शिक्षा समिति
  - समाज सेवा एवं सामाजिक न्याय समिति
  - विशेषतः गठित सतर्कता समिति
- (3) प्रशासन तंत्र
  - प्रशासन तंत्र
  - खंड विकास अधिकारी (B.D.O.)
  - प्रसार अधिकारी
    - सहकारिता प्रसार अधिकारी
    - शिक्षा प्रसार अधिकारी
    - उद्योग प्रसार अधिकारी
    - पंचायत प्रसार अधिकारी
    - समाज कल्याण प्रसार अधिकारी
    - कृषि प्रसार अधिकारी
  - कनिष्ठ अभियंता
  - कनिष्ठ लेखाकार
  - कार्यालय कार्मिक
  - ग्राम सेवक
    - शिक्षा विभाग — खंड शिक्षा अधिकारी अध्यापक
    - कृषि विभाग — कृषि पर्यवेक्षक, सहायक कृषि अधिकारी
    - कृषि विपणन बोर्ड
    - सिंचाई विभाग — कनिष्ठ अभियंता
    - जन-स्वास्थ्य अभियांत्रिकी विभाग
    - महिला एवं बाल विकास विभाग — महिला पर्यवेक्षक एवं बाल विकास परियोजना अधिकारी
    - खाद्यान्न नागरिक आपूर्ति विभाग — प्रवर्तन निरीक्षक
    - सार्वजनिक निर्माण विभाग — कनिष्ठ अभियंता
    - वन विभाग — रेंजर मय फोरेस्टर व गार्ड

पंचायत समिति

ग्राम स्तर से ऊपर खंड या क्षेत्रीय स्तर आता है। इस स्तर पर समितियां स्थापित की गई हैं। यह पंचायती राज व्यवस्था का मध्यवर्ती स्तर है।

- **संगठनः** किसी भी खंड में जितनी भी ग्राम पंचायतें होती हैं, उनके सरपंच संबद्ध पंचायत समिति के सदस्य होते हैं। संबद्ध पंचायत समिति के क्षेत्रों से निर्वाचित लोकसभा तथा राज्य विधानसभा के सदस्यों को भी इसका सह-सदस्य बनाया जाता है।
- **कार्यालयः** पंचायत समितियों का कार्यकाल पांच वर्ष है। समय से पहले भंग किए जाने की दशा में यह जरूरी है कि नई समिति के गठन के लिए छह महीनों के भीतर चुनाव करवाए जाएं।
- **पदाधिकारीः** पंचायत समिति अपना अध्यक्ष चुनती है। उसके मुख्य प्रशासनिक अधिकारी को खंड विकास अधिकारी कहते हैं। इस पदाधिकारी के नीचे कई सहायक विकास अधिकारी होते हैं, जो कृषि, सहकारिता, पशुपालन इत्यादि के विशेषज्ञ होते हैं।

पंचायत समिति के कार्य

भारत के अधिकांश राज्यों में पंचायत समिति पंचायती राजव्यवस्था की धुरी है। इस रूप में पंचायत समिति के निम्नलिखित महत्वपूर्ण कार्य हैं–

- समिति के क्षेत्र में सड़कों का निर्माण व रख-रखाव।
- उन्नत किस्म के बीज और रासायनिक खाद्य का प्रबंध करना, कीटनाशक दवाओं का वितरण तथा उन्नत किस्म के कृषि यंत्रों का वितरण।
- प्राथमिक स्वास्थ्य केंद्रों तथा प्रसूति-केंद्रों की स्थापना।
- ग्रामीण क्षेत्र में शौचालय व पक्की नालियां बनवाना, धुंआरहित चूल्हों तथा गोबर गैस संयंत्रों का वितरण, गांवों में चिकित्सालय व स्वास्थ्य केंद्रों की स्थापना करना।
- युवक संघों, महिला मंडलों तथा किसान गोष्ठियों की स्थापना करना।
- कृषि के लिए ऋण की व्यवस्था करना।
- विभिन्न क्षेत्रों में सहकारी समितियों की स्थापना करना।
- कुटीर, ग्रामीण तथा लघु उद्योगों का विकास करना।
- अनुसूचित जातियों, अनुसूचित जनजातियों व अन्य पिछड़े वर्गों के लाभ के लिए सरकार द्वारा सहायता प्राप्त छात्रावासों का प्रबंध करना।

पंचायत समिति के आय के साधन

पंचायत समितियों के आय के मुख्य साधन निम्नलिखित हैं–

- राज्य सरकार द्वारा पंचायत समिति को अनुदान दिया जाता है। इस अनुदान को निश्चित करने की जिम्मेदारी अब पंचायत वित्त आयोग को दी जा रही है।
- राज्य सरकार को प्राप्त भू-राजस्व का एक निश्चित प्रतिशत पंचायत समितियों को दिया जाता है।
- पंचायत समितियां स्वयं बहुत से कर वसूल करती हैं।

पंचायतों का कार्यकाल

- सभी स्तर की पंचायतों का कार्यकाल (Duration of Panchayats) प्रथम अधिवेशन की तिथि से 5 वर्ष निर्धारित किया गया है।
- अनुच्छेद–243E (3) के अनुसार, पंचायत के नए निर्वाचन निवर्तमान पंचायत के कार्यकाल के समाप्त होने के पूर्व ही करा लिए जाएंगे और यदि उसे समय से पूर्व भंग किया गया है, तो 6 माह की अवधि पूरी होने से पहले ही पुनः चुनाव करा लिया जाएंगे, किंतु यदि भंग की हुई पंचायत का निर्धारित कार्यकाल 6 माह से कम रह गया हो, तो चुनाव कराए जाना आवश्यक नहीं होगा। पुनर्गठित पंचायत का कार्यकाल शेष अवधि तक ही होगा।

पंचायतों की शक्ति

राज्य विधानमंडल को यह शक्ति दी गई है कि वह पंचायतों को ऐसी शक्तियां और प्राधिकार प्रदान करे, जो उन्हें स्वायत्त संस्थाओं के रूप में कार्य करने में समर्थ बनाने के लिए आवश्यक हों। ये शक्तियां निम्नलिखित कार्यों के संबंध में हो सकती हैं–

- आर्थिक विकास और सामाजिक न्याय के लिए योजनाएं तैयार करना।
- आर्थिक विकास और सामाजिक न्याय की योजनाओं को कार्यान्वित करना।
- अनुसूची-11 में 29 विषय ऐसे दिए गए हैं जिनके संबंध में पंचायतों को शक्ति का अनिवार्य रूप से हस्तांतरण किया गया है।
- पंचायतों को सामाजिक एवं आर्थिक विकास के संदर्भ में पर्याप्त अधिकार दिए गए हैं और वह स्थानीय स्तर पर उत्पादकीय संपत्तियों का सृजन करके और आधारिक संरचना का विकास करके अपने आय के स्रोतों में वृद्धि कर सकती है।

पंचायतों में आरक्षण

- अनुच्छेद–243D के अंतर्गत पंचायतों में अनुसूचित जातियों, अनुसूचित जनजातियों तथा महिलाओं के लिए स्थानों के आरक्षण का प्रावधान किया गया है।
- अनुसूचित जातियों तथा अनुसूचित जनजातियों के लिए स्थानों का आरक्षण उनकी जनसंख्या के अनुपात में होगा। इसमें से एक-तिहाई (1/3 भाग) स्थान इन वर्गों की महिलाओं के लिए आरक्षित होंगे।
- अनुसूचित जातियों तथा अनुसूचित जनजातियों की महिलाओं के लिए आरक्षित स्थानों को चक्रानुक्रम (By rotation) से आवंटित किया जाएगा। आरक्षण की यह व्यवस्था पंचायत अध्यक्ष पदों के लिए भी समान रूप से लागू होती है।
- 83वें संविधान संशोधन अधिनियम 2000 द्वारा यह प्रावधान किया गया है कि अनुसूचित जातियों के लिए आरक्षण संबंधी प्रावधान अरुणाचल प्रदेश में लागू नहीं होंगे। अरुणाचल प्रदेश में अनुसूचित जातियों का अस्तित्व नहीं होने के कारण यह प्रावधान किया गया है।
- अनुसूचित जातियों और जनजातियों के लिए आरक्षण अनुच्छेद–334 में निर्धारित अवधि तक प्रभावी रहेगा। संविधान के 95वें संशोधन (2010) द्वारा यह अवधि 25 जनवरी, 2020 ई. तक निर्धारित की गई है।
- महिलाओं के लिए आरक्षण की कोई समय-सीमा निर्धारित नहीं की गई है।
- अन्य पिछड़े वर्गों के लिए पंचायत में आरक्षण का प्रावधान नहीं है, किंतु राज्य विधानमंडल, अन्य पिछड़े वर्गों को किसी स्तर की पंचायतों में अथवा पंचायत अध्यक्ष के पदों पर आरक्षण का प्रावधान कर सकता है।

जिला परिषद्

पंचायती राजव्यवस्था की जिला परिषद् एक महत्वपूर्ण संस्था है। यह संस्था अपने अधीन काम करने वाली ग्रामीण स्वशासन संस्थाओं तथा राज्य सरकार के मध्य कड़ी का कार्य करती है।

संगठन

जिले की सभी पंचायत समितियों के प्रधान, जिला परिषद् के सदस्य होते हैं। साथ ही संबद्ध जिले से निर्वाचित लोकसभा, राज्य विधान सभा और विधान परिषद् के सभी सदस्य जिला परिषद् के सदस्य माने जाते हैं। कुछ स्थान, अनुसूचित जातियों, जनजातियों तथा महिलाओं के लिए आरक्षित होते हैं।

कार्यकाल

सभी जिला परिषदों के लिए 5 वर्ष की समान अवधि (कार्यकाल) का प्रावधान है। समय से पूर्व भंग होने की स्थिति में यह आवश्यक होगा कि भंग होने की तिथि से छह माह के भीतर चुनाव करवा लिए जाएं।

जिला चेयरमैन एवं उसके कार्य

जिला परिषद् का एक सभापति या प्रमुख होता है, जिसका चुनाव परिषद् के सदस्य करते हैं, जो निम्नलिखित कार्यों को संपादित करता है–

- जिले की सभी ग्राम पंचायतों व पंचायत समितियों के कार्यों में तालमेल कायम करना।
- जिले की पंचायत समितियों के बजट का निरीक्षण करना।
- राज्य सरकार द्वारा दिए गए अनुदान को पंचायत समितियों में वितरित करना।
- कृषि विकास, आर्थिक व सामाजिक विकास, भूमि व ग्राम नियोजन, जन-स्वास्थ्य, साक्षरता आदि से संबंधित गतिविधियों को सुनियोजित करना।
- आदिवासी एवं पर्वतीय क्षेत्रों के लिए विकास योजनाएं लागू करना। सूखे और बाढ़ की संभावना वाले क्षेत्रों के लिए विशेष कार्यक्रम तैयार करना।

जिला परिषद् की संगठनात्मक संरचना

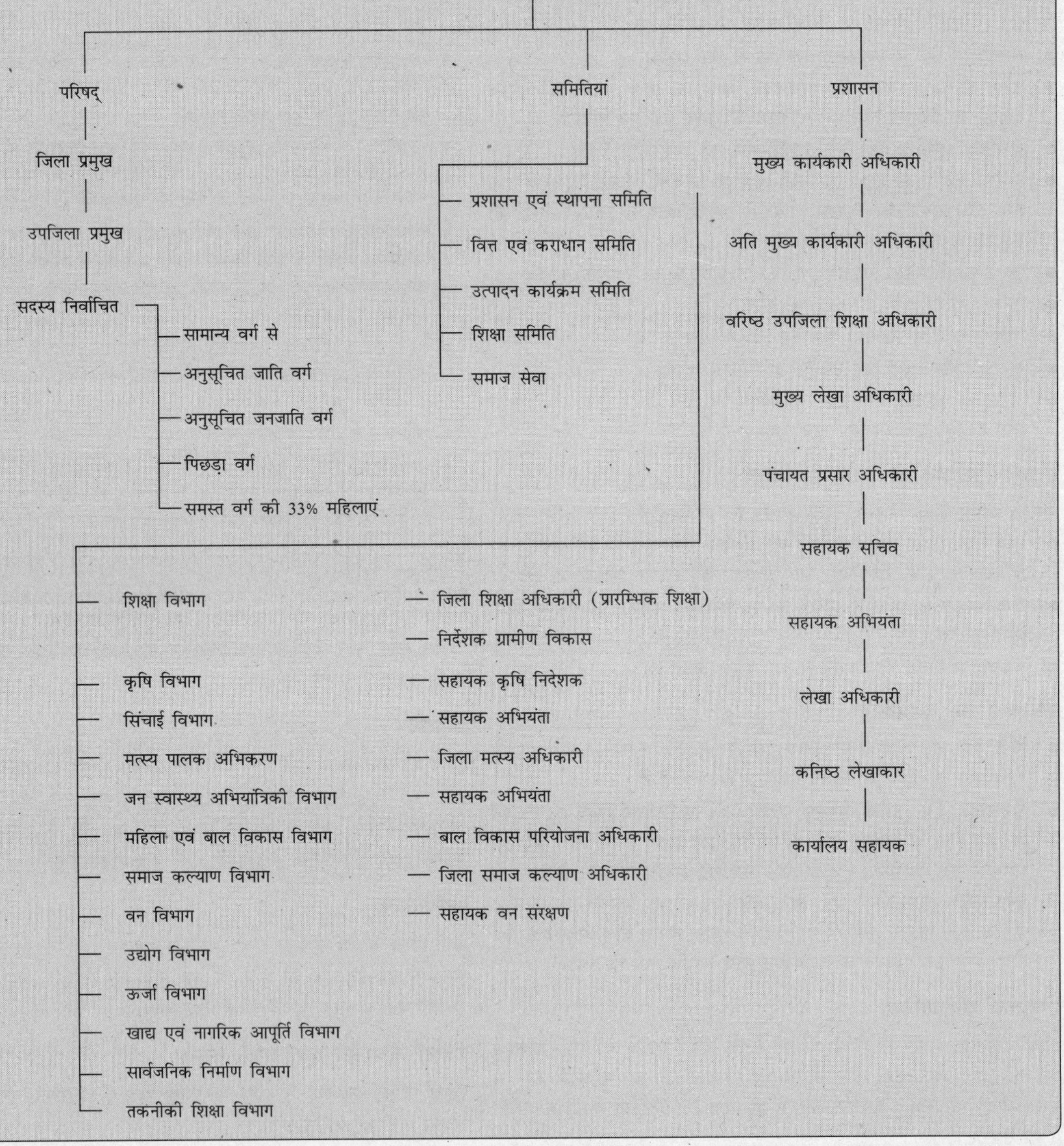

आय के साधन

73वें संशोधन अधिनियम द्वारा यह व्यवस्था की गई है कि जिला परिषदों के पास एक मजबूत वित्तीय आधार हो। राज्य सरकार भी जिला परिषदों को अनुदान देती है।

जिला परिषद् के कार्य

जिला परिषद् एक समन्वय तथा पर्यवेक्षण करने वाला निकाय है। साधारणतया यह निम्नलिखित कार्यों का संपादन करती है-

- पंचायत समितियों के विकास कार्यक्रमों एवं योजनाओं में समन्वय स्थापित करना।
- पंचायत समितियों में राज्य सरकार से प्राप्त तत्कालीन अनुदान वितरित करना।
- पंचायत समितियों के बजट का योजना के अनुरूप निरीक्षण करना तथा निर्देश देना।
- पंचायतों के कार्यों की प्रगति की राज्य सरकार को सूचनाएं देना तथा आवश्यक निर्देश प्राप्त करना।
- प्रधानों, प्रमुख आदि की गोष्ठियां करवाना तथा संपर्क बनाए रखना।
- जिले से संबंधित कृषि तथा उत्पादन के कार्यों को योजनाबद्ध ढंग से पूरा करवाना।

- समय-समय पर राज्य सरकार द्वारा सौंपे गए कार्य जैसे-प्राइमरी शिक्षा, प्रौढ़ शिक्षा आदि कार्यों की प्रगति के लिए प्रभावी कार्य करना।
- विकास कार्यक्रमों के संबंध में राज्य सरकार को सलाह देना।

पंचायत वित्त आयोग

73वें संशोधन अधिनियम में यह भी व्यवस्था है कि इसके लागू होने के एक वर्ष के भीतर और उसके पश्चात् प्रत्येक पांच वर्ष बाद राज्य सरकार पंचायतों की वित्तीय स्थिति का पुनर्विलोकन करने के लिए वित्त आयोग का गठन करेगी। पंचायतों की वित्तीय स्थिति का पुनर्विलोकन करने के लिए अनुच्छेद-243 के तहत एक राज्य वित्त आयोग के गठन का प्रावधान किया गया है। राज्यपाल प्रत्येक पांच वर्ष तक एक वित्त आयोग का गठन करता है। राज्य वित्त आयोग निम्नलिखित विषयों पर अपनी सिफारिश राज्य सरकार को प्रस्तुत करता है—

- राज्य द्वारा वसूले गए करों, शुल्कों, पथकरों और फीसों के राज्य और पंचायतों के बीच वितरण को।
- पंचायतों द्वारा विनियोजित किए जा सकने वाले कर, शुल्क, पथकर व फीसों की अवधारणा को।
- राज्य की संचित निधि से पंचायतों के लिए सहायता अनुदान को निर्धारित करते हैं।
- पंचायतों की वित्तीय स्थिति में सुधार के लिए अपेक्षित उपायों के बारे में सुझाव देता है।
- किसी अन्य विषय में, जो राज्यपाल द्वारा पंचायतों के ठोस वित्त पोषण के हित में आयोग को निर्दिष्ट किया जाए।
- राज्य का विधानमंडल विधि द्वारा आयोग की संरचना, सदस्यों की योग्यताएं और उनके चयन की रीति निर्धारित करेगा।
- आयोग अपनी प्रक्रिया स्वयं अवधारित करेगा और उसे अपने कृत्यों के पालन के लिए ऐसी शक्तियां प्राप्त होंगी जो राज्य विधानमंडल विधि द्वारा उसे प्रदान करें।
- राज्यपाल आयोग द्वारा की गई प्रत्येक सिफारिश और उसके बारे में की गई कार्यवाही का स्पष्टीकरण (Explanatory Memorandum) राज्य विधानमंडल के समक्ष रखवाता है।
- राज्य द्वारा उद्गृहणीय और उनके बीच विभाज्य कर, शुल्क, पथकर और फीस के शुद्ध आगमों का राज्य और पंचायतों के बीच वितरण और पंचायतों के विभिन्न स्तरों में उसका आवंटन।
- कौन-से कर, शुल्क, पथकर और फीस पंचायतों को दिए जा सकते हैं?
- पंचायतों को सहायता अनुदान।
- वित्त आयोग का प्रतिवेदन और उस पर की गई कार्यवाही का ज्ञापन राज्य विधानमंडल के समक्ष रखा जाएगा।

राज्य निर्वाचन आयोग

अनुच्छेद-243(K) के तहत एक राज्य निर्वाचन आयोग के गठन का प्रावधान किया गया है तथा उसे पंचायतों एवं नगरपालिकाओं के सभी निर्वाचनों के लिए निर्वाचक नामावली तैयार करने तथा निर्वाचनों के संचालन के अधीक्षण, निर्देशन और नियंत्रण की शक्ति प्रदान की गई है।

- राज्य निर्वाचन आयोग में एक निर्वाचन आयुक्त होता है, जो राज्यपाल द्वारा नियुक्त किया जाता है।
- राज्य निर्वाचन आयुक्त की सेवा शर्तें और पदावधि राज्यपाल द्वारा निर्धारित की जाती हैं तथा राज्य निर्वाचन आयुक्त की नियुक्ति के पश्चात् उसकी सेवा शर्तों में कोई परिवर्तन नहीं किया जा सकता है।
- राज्य निर्वाचन आयुक्त को उसी आधार पर और उसी प्रक्रिया से उसके पद से हटाया जा सकता है, जो उच्च न्यायालय के न्यायाधीशों के लिए निर्धारित है।
- निर्वाचन के दौरान आयोग के अनुरोध पर राज्यपाल उसे उतनी संख्या में कर्मचारी उपलब्ध कराता है, जितने उसे अपने कर्तव्य निर्वहन के लिए आवश्यक हों।
- पंचायतों के निर्वाचन के संबंध में सभी विषयों पर विधि बनाने का अधिकार राज्य विधानमंडल को है।
- पंचायत चुनाव का निर्णय राज्य सरकार द्वारा किया जाता है। भारत के निर्वाचन आयोग की भांति ही राज्य निर्वाचन आयोग भी एक स्वतंत्र संवैधानिक निकाय है। नगरपालिकाओं के लिए निर्वाचक नामावली तैयार करवाने तथा निर्वाचन कराने का दायित्व राज्य निर्वाचन आयोग को अनुच्छेद-243 ZA के अंतर्गत दिया गया है।

पंचायती राज संस्थाओं पर राज्य सरकार का नियंत्रण

भारत में स्थानीय-स्वशासन संस्थाओं का विषय भारतीय संविधान में वर्णित राज्य-सूची के अंतर्गत आता है। 73वें संविधान-संशोधन के बाद भी यह राज्य सूची का विषय बना हुआ है, परिणामस्वरूप भारत में पंचायती राज संस्थाएं राज्यों की व्यवस्थापिका द्वारा बनाए गए कानूनों के अंतर्गत कार्य करती हैं। विश्व के सभी देशों में स्थानीय स्वशासन संस्थाओं के अधिकार और कार्यक्षेत्र कानून द्वारा परिभाषित किए जाते हैं। भारत में भी विभिन्न राज्यों ने अपने-अपने यहां कानून बनाकर पंचायती राज संस्थाओं की स्थापना की है जिसमें इनके कर्तव्य, अधिकार और कार्यक्षेत्र का पूर्ण विवरण मिलता है।

कुछ विद्वतजनों का विश्वास है कि स्थानीय स्वशासन संस्थाओं अथवा पंचायती राज संस्थाओं के लिए नियंत्रण एवं पर्यवेक्षण की व्यवस्था करना अनुचित ही नहीं, बल्कि अनिष्टकारक भी है। इनका मानना है कि यदि स्वशासन पर बाहरी नियंत्रण थोपा गया तो वह स्वशासन ही नहीं रहेगा तथा उनका स्वायत्त स्वरूप नष्ट हो जाएगा। इसलिए उनके स्वायत्तशासी स्वरूप को बनाए रखने के लिए नियंत्रण की व्यवस्था नहीं होनी चाहिए, किंतु दूसरा वर्ग इस तथ्य को अमान्य घोषित करता है। उनकी मान्यता है कि नियंत्रण का अर्थ हस्तक्षेप का अभाव नहीं होता और किसी भी प्रकार के निर्देशन, पर्यवेक्षण और नियंत्रण से स्वशासन सीमित नहीं होता।

पंचायत (अनुसूचित क्षेत्रों में विस्तार) अधिनियम, 1996

- 73वां संविधान संशोधन अधिनियम 24 अप्रैल, 1993 से लागू तो हो गया, परंतु आदिवासी बहुल अनुसूचित क्षेत्रों को इस संविधान संशोधन की परिधि से बाहर रखा गया, लेकिन संविधान के अनुच्छेद-243(ङ) के खंड 4(ख) के अनुसार संसद कानून बनाकर इसे वर्जित अनुसूचित क्षेत्रों तथा आदिवासी क्षेत्रों में भी लागू कर सकती है।
- इस ध्येय को ध्यान में रखकर 73वें संशोधन के लाभों को आदिवासियों तक पहुंचाने के लिए संसद ने पंचायत उपबंध (अनुसूचित क्षेत्रों में विस्तार) विधेयक, दिसंबर 1996 में पारित किया तथा राष्ट्रपति के हस्ताक्षर के बाद यह विधेयक 24 दिसंबर, 1996 से लागू हो गया, इस अधिनियम को पेसा (PESA) के नाम से भी जाना जाता है उल्लेखनीय है कि वर्तमान में यह भारत के उन राज्यों में लागू है जहां अनुच्छेद-244(1) के अंतर्गत 5वीं अनुसूची के प्रावधान प्रवर्तित हैं।

पेसा (PESA) अधिनियम की प्रमुख विशेषताएं

- सामाजिक और आर्थिक विकास के कार्यक्रमों और परियोजनाओं को ग्राम स्तर पर पंचायतों द्वारा लागू करने से पहले सभी कार्यक्रमों और परियोजनाओं की स्वीकृति ग्राम सभा देगी।
- अनुसूचित क्षेत्रों में गौण खनिजों हेतु लाइसेंस या खनन पट्टे देने के लिए ग्राम सभा की सिफारिश अनिवार्य होगी।
- इस अधिनियम में ग्राम सभा को अत्यंत सशक्त बनाया गया है।
- प्रत्येक ग्राम सभा द्वारा अपने लोगों की परंपराओं, उनके सांस्कृतिक दावे के संकल्प को पारित कर उपखंड स्तर की समिति को भेजना।
- राज्य विधानसभा अनुसूचित क्षेत्रों में पंचायतों को स्वशासन के योग्य बनाने हेतु उचित शक्तियां एवं अधिकार प्रदान करेगी।

अनुसूचित क्षेत्रों में पंचायत विस्तार अधिनियम

- अनुसूचित क्षेत्रों में पंचायत विस्तार अधिनियम लोकतान्त्रिक विकेंद्रीकरण के साथ-साथ अनुसूचित क्षेत्रों को सशक्त करने के लिए केंद्र सरकार ने वर्ष 1996 में लागू किया।
- इस अधिनियम के अनुसार, प्रत्येक गांव में एक ग्राम सभा होगी, जो आदिवासी क्षेत्रों की परंपरा, रीति-रिवाज, प्राकृतिक संसाधनों की रक्षा व संरक्षण करेगी।

इस अधिनियम द्वारा अनुसूचित क्षेत्रों व जनजातीय क्षेत्रों के प्रशासन के तहत निवास करने वाले लोगों को स्वशासन तथा शोषण मुक्त जीवन प्रदान करने का प्रयास किया गया है।

न्याय पंचायत

ग्राम वासियों को सस्ता और शीघ्र न्याय प्रदान करने के उद्देश्य से 73वें संविधान संशोधन द्वारा एक न्याय पंचायत की व्यवस्था की गई। प्राय: तीन या चार पंचायतों के लिए एक न्याय पंचायत होगी, जिसके कुछ सदस्य मनोनीत होंगे तथा कुछ का निर्वाचन पंचायतों द्वारा होगा। इसकी अधिकारिता छोटे दीवानी व फौजदारी मामलों तक सीमित होगी तथा दंडस्वरूप यह 50 रुपए से लेकर 1000 रुपए तक का जुर्माना लगा सकती है।

अनुसूचित जाति एवं अन्य पारंपरिक वनवासी (वन अधिकारों की मान्यता) अधिनियम

इस अधिनियम का उद्देश्य वन में निवास करने वाले अनुसूचित जनजातियों और परंपरागत वन निवासियों को मान्यता प्राप्त अधिकारों में, दीर्घकालीन उपयोग के लिए जिम्मेदारी और प्राधिकार तथा जैव-विविधता का संरक्षण और पारिस्थितिक संतुलन बनाए रखना है। यह अधिनियम 1 जनवरी, 2008 से लागू है। इस अधिनियम के अंतर्गत ग्राम सभा को निम्नलिखित कार्य सौंपे गए हैं।

पंचायती राज संस्थाओं पर राज्य का नियंत्रण

संस्थागत का नियमन
- क्षेत्र व क्षेत्राधिकार का निर्धारण
- शक्ति संरचना व निर्वाचन सम्बन्धी निर्धारण
- कार्यों की प्रकृति का निर्धारण
- कार्मिक प्रशासन पर नियंत्रण
- अंतर-संस्थागत विवादों का समाधान
- अभिलेखों व सम्पत्ति पर नियंत्रण

प्रशासनिक
- निरीक्षण व जांच
- निर्देशों का प्रसारण
- कर्तव्यों के निर्वहन में विफल रहने पर नियंत्रण
- अविश्वास प्रस्तावों का कार्यान्वयन
- पदाधिकारियों और सदस्यों को पदमुक्त करना
- पारित प्रस्तावों का स्थगन या निरस्तीकरण
- संस्थाओं को निलम्बित एवं भंग करना

तकनीकी
- तकनीकी अनुमोदन
- निरीक्षण व दौरे
- सामयिक बैठकें
- प्रतिवेदन निरीक्षण
- तकनीकी कार्मिकों के वार्षिक गोपनीय प्रतिवेदन का निरीक्षण

वित्तीय आय
- बैंकिंग व्यवस्था
- बजट के सिद्धांतों का नियमन
- लेखा संधारण
- अंकेक्षण

- किसी व्यक्ति या सामुदायिक वन अधिकारों या दोनों की प्रकृति और सीमा को अवधारित करने की प्रक्रिया प्रारंभ करना।
- वन में निवास करने वाली अनुसूचित जनजातियों और अन्य परंपरागत वन निवासियों के दावे को स्वीकार करते हुए समेकन और सत्यापन के दावे के संकल्प को पारित कर उपखंड स्तर की समिति को भेजना।
- अधिनियम को क्रियान्वित करने के लिए वन्यजीव, वन और जैव-विविधता के संरक्षण के लिए अपने सदस्यों में से समितियों का गठन करना। अनुसूचित क्षेत्रों में गौण खनिजों हेतु लाइसेंस या खनन पट्टे देने के लिए ग्राम सभा की सिफारिश अनिवार्य है। इस अधिनियम में ग्राम सभा को अत्यंत सशक्त बनाया गया है।

पंचायती राज से संबंधित समितियां (संवैधानिकरण के बाद)

क्र.सं.	समिति का नाम	अध्यक्ष	नियुक्ति वर्ष	कार्यभार ग्रहण वर्ष
1.	पंचायती राज संस्थाओं के अधिकारों तथा प्रकार्यों के हस्तांतरण हेतु गठित टास्क फोर्स (कार्यदल)	ललित माथुर	2001	2006
2.	निम्नतम (Grassroot) स्तर पर नियोजन के लिए गठित विशेषज्ञ समूह	वी. रामचंद्रन	2005	2006
3.	जिला-स्तर नियोजन की नियमावली तैयार करने का कार्यदल	श्रीमती राजवंत संधू	2008	2008
4.	DRDA-जिला ग्रामीण एजेंसी के पुनर्गठन के लिए गठित समिति	वी. रामचंद्र	2010	2012
5.	आम वस्तुओं एवं सेवाओं की कुशल आपूर्ति के लिए पंचायतों के उत्तोलन (Leveraging) की विशेषज्ञ समिति	मणिशंकर अय्यर	2012	2013

स्मरणीय तथ्य

- आधुनिक भारत में पंचायतों को पुनर्जीवित करने का प्रयास **लॉर्ड रिपन के समय 1882 में किया गया।**
- 1882 तथा 1907 में **शाही विकेंद्रीकरण आयोग** की अनुशंसा पर 1920 में उत्तर प्रदेश, मध्य प्रदेश, असोम (असम), बंगाल, बिहार, चेन्नई (मद्रास) और पंजाब में पंचायतों की स्थापना के लिए अधिनियम बनाए गए।
- भारतीय राष्ट्रीय कांग्रेस ने 1909 तथा 1910 में अपने 24वें तथा 25वें अधिवेशन में पंचायती व्यवस्था को पुन: स्थापित करने के लिए संकल्प पारित किया।
- 1916 में गांधी जी ने पहली बार चेन्नई (मद्रास) मिशनरी सम्मेलन में ग्राम पंचायत की मांग की।
- भारतीय संविधान के अनुच्छेद–40 में ग्राम पंचायतों के गठन के संदर्भ में राज्यों को निर्देश दिए गए।
- 2 अक्टूबर, 1952 को सामुदायिक विकास कार्यक्रम शुरू किया गया।
- 2 अक्टूबर, 1953 को राष्ट्रीय प्रसार सेवा योजना शुरू की गई।
- 1957 में बलवंत राय मेहता समिति का गठन किया गया तथा इसको स्थानीय सरकार के लिए रिपोर्ट देने का कार्य सुपुर्द किया गया।
- मेहता समिति द्वारा 1959 में अपनी रिपोर्ट प्रस्तुत की गई जिसमें त्रिस्तरीय अर्थात् ग्राम, खंड तथा जिला स्तर पर पंचायत समिति के गठन की अनुशंसा की गई।
- 1959 में सर्वप्रथम राजस्थान में नागौर में तथा बाद में आंध्र प्रदेश में, 1960 में असोम (असम), तमिलनाडु तथा कर्नाटक में, 1962 में महाराष्ट्र, 1963 में गुजरात तथा 1964 में प. बंगाल में पंचायती राज प्रणाली की शुरुआत की गई।
- 1977 में अशोक मेहता की अध्यक्षता में एक समिति का गठन किया गया जिसने 1978 में अपनी रिपोर्ट सरकार को प्रस्तुत की। अशोक मेहता समिति की रिपोर्ट में कुल 132 सिफारिशें थीं जिन्हें बाद में निरस्त कर दिया गया।
- 1987 में एल. एम. सिंघवी की अध्यक्षता में एक समिति का गठन किया गया जिसे पंचायती राज संस्थाओं के कार्यों की समीक्षा करने तथा उनको और गतिशील बनाने के लिए सुझाव देने का कार्य सौंपा गया।
- 1988 में पी. के. थुंगन की अध्यक्षता में एक समिति का गठन किया गया जिसे जिला स्तर पर राजनीतिक और प्रशासनिक संरचना को स्थापित करने के संदर्भ में सुझाव देने का कार्य सौंपा गया।
- 1989 में पंचायती राज्य को संवैधानिक दर्जा प्रदान करने के लिए 64वां संविधान संशोधन विधेयक पेश किया गया। इसे लोकसभा ने पारित कर दिया, परंतु राज्यसभा ने इसको अस्वीकार कर दिया। 8वीं लोकसभा उसी समय विघटित हो गई और यह विधेयक भी समाप्त हो गया।
- सितंबर, 1990 में पंचायती राज को संवैधानिक मान्यता देने के लिए लोकसभा में 74वां संविधान संशोधन विधेयक प्रस्तुत किया गया, परंतु उसी समय वी. पी. सिंह की सरकार के गिर जाने तथा कुछ समय बाद लोकसभा के विघटित हो जाने के कारण यह विधेयक बिना विचार-विमर्श किए ही समाप्त हो गया।
- 16 दिसंबर, 1991 को 72वां संविधान संशोधन विधेयक लोकसभा में प्रस्तुत किया गया जिसमें पंचायती राज्य के संबंध में प्रावधान किया गया।
- 72वां संविधान, संशोधन विधेयक दिसंबर, 1991 में नाथूराम मिर्धा की अध्यक्षता में गठित 31 सदस्यीय संयुक्त समिति को सौंप दिया गया।
- संयुक्त संसदीय समिति द्वारा विधेयक पर विचार-विमर्श करने के बाद इस विधेयक को 73वें संविधान संशोधन विधेयक के रूप में संख्याकित किया गया।
- 73वां संविधान संशोधन विधेयक लोकसभा द्वारा 22 दिसंबर, 1992 को तथा राज्यसभा द्वारा 23 दिसंबर, 1992 को पारित कर दिया गया।
- 73वें संविधान संशोधन विधेयक को 17 राज्यों द्वारा अनुमोदित करने के बाद राष्ट्रपति ने 20 अप्रैल, 1993 को अपनी स्वीकृति प्रदान कर दी।
- 73वां संविधान संशोधन अधिनियम 24 अप्रैल, 1993 को प्रवर्तित हो गया तथा 23 अप्रैल, 1994 को पूरे देश में लागू हो गया।
- आंध्र प्रदेश ही भारत का एकमात्र ऐसा राज्य है, जहां अल्पसंख्यकों के लिए पंचायतों में आरक्षण का प्रावधान है।
- मध्य प्रदेश, बिहार तथा उत्तराखंड के पंचायत अधिनियम में महिलाओं के लिए पंचायतों के तीनों स्तरों में 50 प्रतिशत आरक्षण का प्रावधान किया गया है। वर्ष 2009 में केंद्र सरकार ने भी पंचायती राज संस्थाओं में महिलाओं को 50 प्रतिशत आरक्षण देने का फैसला लिया है।
- लगभग सभी राज्यों में सांसदों (MP) तथा विधायक (MLA) को पंचायती राज संस्थाओं में पदेन सदस्यता दी गई है, किंतु केरल में ऐसा नहीं है केरल राज्य में सांसद व विधायक केवल ग्राम सभा की बैठकों में ही भाग ले सकते हैं।
- केरल राज्य का पंचायती राज मॉडल अन्य भारतीय राज्यों के लिए आदर्श बनता जा रहा है, जहां एक ओर केरल में शक्तियों का विकेंद्रीकरण अधिनियम, 2000 द्वारा पंचायती राज को सशक्त बनाया गया है। वहीं पंचायती राज से संबंधित मामलों की सुनवाई हेतु पृथक् से अपील न्यायाधिकरण तथा भ्रष्टाचार पर नियंत्रण हेतु ओम्बुड्समैन की व्यवस्था है।
- केरल के पंचायत अधिनियम में ऐसा प्रावधान है कि यदि ग्राम पंचायत, ग्राम सभा के सुझाव पर किसी मुद्दे का पालन नहीं करती है, तो उसे ग्राम सभा में इसका कारण बताना होता है।
- कर्नाटक राज्य में ग्रामीण क्षेत्रों में आयोजन कार्य में पारदर्शिता लाने तथा वित्तीय अनुशासन स्थापित करने हेतु कर्नाटक लोकल फंड अथॉरिटी एण्ड फिस्कल रिस्पॉन्सिबिलिटी ऐक्ट, 2003 पारित किया गया है।
- कर्नाटक (वर्ष 1987 में), मध्य प्रदेश, छत्तीसगढ़, राजस्थान एवं महाराष्ट्र में जिला ग्रामीण विकास अभिकरणों को जिला परिषदों में विलय किया जा चुका है। वर्ष 1987 में कर्नाटक में सर्वप्रथम विलय किया गया था।
- आंध्र प्रदेश, राजस्थान, मध्य प्रदेश, बिहार एवं असोम (असम) के पंचायत अधिनियमों में पंचायती राज संस्थाओं को विकास कार्य के अतिरिक्त समाज सुधार के विभिन्न कार्यक्रम भी सौंपे गए हैं।
- राजस्थान, हिमाचल प्रदेश, बिहार एवं गोवा में ग्राम सभा द्वारा राष्ट्रीय पंचायती राज दिवस 24 अप्रैल को प्रतिवर्ष मनाया जाता है।
- ग्राम पंचायत के कार्यों की देख-रेख हेतु एक या एक से अधिक निगरानी समितियां गठित की जा सकती हैं।

- पश्चिम बंगाल में ग्राम सभा की स्थिति ग्राम संसद के समान है अर्थात् ग्राम पंचायत को ग्राम सभा के प्रति उत्तरदायी बनाया गया है। पश्चिम बंगाल में पंचायत चुनावों में जातिगत समीकरण भी प्रभावी नहीं रहता है।
- भारत के अधिकांश राज्यों में ग्राम पंचायतों को ही कर लगाने का अधिकार है।
- गुजरात, महाराष्ट्र एवं राजस्थान में पंचायत समितियों तथा जिला परिषदों को भी करारोपण की शक्तियां दी गई हैं।
- भारत के छोटे से राज्य सिक्किम में मात्र 4 जिले (उत्तर, दक्षिण, पूर्व एक पश्चिमी सिक्किम) हैं, लेकिन यहां जिला ग्रामीण विकास अभिकरण के स्थान पर राज्य ग्रामीण विकास अभिकरण कार्यरत है।
- भारत के उत्तर-पूर्वी राज्यों ने परंपरागत आंचलिक परिषदों को मान्यता दी है। सिक्किम पंचायत अधिनियम (1993) में कबीला पंचायतों को वैधानिक मान्यता प्राप्त है।
- तमिलनाडु के अतिरिक्त सभी राज्यों में आरक्षण की चक्रानुचक्र पद्धति पांच वर्ष में परिवर्तित की जाती है। तमिलनाडु राज्य में यह 10 वर्ष रखी गई है।
- कुछ राज्यों के पंचायत अधिनियमों में न्याय पंचायतों का भी प्रावधान किया गया है; जैसे-पंजाब, हिमाचल प्रदेश, बिहार आदि।
- अनुसूचित जनजातियों से परिपूर्ण अरुणाचल प्रदेश में अनुसूचित जातियों हेतु आरक्षण का कोई प्रावधान नहीं है, यह व्यवस्था 83वें संविधान संशोधन (2000) द्वारा की गई।
- अनुच्छेद-243(ङ) के अनुसार भाग 9 (पंचायत) से संबंधित प्रावधान राज्यों व क्षेत्रों पर लागू नहीं होता है। यथा-अनुच्छेद-244 के खंड (1) में निर्दिष्ट अनुसूचित क्षेत्र और खंड (2) में निर्दिष्ट अनुसूचित नागालैंड, मेघालय और मिजोरम के राज्यों को छोड़कर।
- मणिपुर राज्य के ऐसे पर्वतीय क्षेत्र, जिनके लिए तत्समय प्रवृत्त किसी विधि के अधीन जिला परिषद् विद्यमान है।
- पश्चिम बंगाल राज्य के दार्जिलिंग जिले के पर्वतीय क्षेत्र जिनके लिए तत्समय प्रवृत्त किसी विधि के अधीन दार्जिलिंग गोरखा पर्वतीय परिषद् विद्यमान है।

❑❑❑

अध्याय 2 नगरीय स्थानीय शासन एवं संस्थाएं

प्राचीन काल से ही भारत में नगरीय प्रशासन प्रभावपूर्ण रहा है और नगरीय संस्थाएं भी उन्नतशील रही हैं। प्राचीनकालीन हड़प्पा और मोहनजोदड़ो की खुदाई से प्राप्त अवशेषों से भी विशेषज्ञों द्वारा यह निष्कर्ष निकाला गया कि तत्कालीन नगरों की प्रशासनिक व्यवस्था कुशल एवं दक्ष थी। इससे यह प्रतीत होता है कि नगरों में नगरपालिकाएं थीं जो नगरों की समुचित व्यवस्थाएं करती थीं। मुगलकाल में स्थानीय प्रशासन के विषय में अबुल फजल की पुस्तक 'आइन-ए-अकबरी' में उस समय के नगरीय जीवन और प्रशासन का उल्लेख किया गया है। आधुनिक भारत में शहरी स्थानीय प्रशासन से जुड़ी संस्थाओं की उत्पत्ति और उसका विकास ब्रिटिश शासन के दौरान हुआ। उल्लेखनीय है कि 1687 में चेन्नई (मद्रास) में देश के पहले नगर-निगम की स्थापना हुई जो नगरीय स्वशासन की दिशा में उठाया गया एक प्रमुख कदम था। इसके बाद 1793 में बंबई (मुंबई) और कलकत्ता (कोलकाता) में भी नगर-निगम बनाए गए। स्थानीय स्वशासन से जुड़ी संस्थाओं का विकास विकेंद्रीकरण से संबंधित लॉर्ड मेयो के प्रस्ताव 1870 के माध्यम से हुआ। लॉर्ड रिपन के प्रस्ताव 1882 को स्थानीय स्वशासन मैग्नाकार्टा के नाम से जाना जाता है, बाद में लॉर्ड रिपन को 'स्थानीय स्वशासन का जनक' कहा जाने लगा। इसके बाद 1907 में गठित रॉयल आयोग ने भी भारत में नगरीय स्वशासन को बढ़ावा देने का काम किया। इसी अनुक्रम में स्वतंत्रता प्राप्ति के बाद नवसृजित संविधान के अनुच्छेद-40 में पंचायती राजव्यस्था का उल्लेख किया गया जिसे 73वें एवं 74वें संविधान संशोधन द्वारा मूर्त रूप दिया गया।

74वां संविधान संशोधन अधिनियम, 1992

नगरीय स्थानीय संस्थाओं को संवैधानिक दर्जा प्रदान करने के लिए दिसंबर, 1991 में 74वां संविधान संशोधन पेश किया गया जिसे दिसंबर, 1992 में संसद द्वारा स्वीकृति प्रदान कर दी गई। अप्रैल, 1993 तक आधे से अधिक राज्यों द्वारा अनुमोदन कर दिए जाने के बाद अप्रैल, 1993 में ही राष्ट्रपति ने 74वें संविधान संशोधन विधेयक पर अपने हस्ताक्षर कर दिए और इसी के साथ ही इस विधेयक ने अधिनियम का रूप ले लिया। अप्रैल, 1994 से यह पूरे देश में लागू हो गया। 73वें संविधान संशोधन द्वारा संविधान में एक नया अध्याय 9 (क) जोड़ा गया जिसमें कुल 18 अनुच्छेद हैं और एक नई अनुसूची 12वीं जोड़ी गई। 12वीं अनुसूची में उन विषयों का उल्लेख किया गया जिनके संदर्भ में नगरपालिकाएं कानून बनाकर अपने नागरिकों का जीवन सुखी बना सकती है। **74**वें संविधान संशोधन अधिनियम, **1992** के प्रमुख प्रावधान निम्नवत् हैं-

- **अनुच्छेद-243 (क)** राज्य में स्वतंत्र संस्थाओं का गठन किया जाएगा। ग्रामीण क्षेत्र से नगरीय क्षेत्र में संक्रमणगत क्षेत्र के लिए नगर पंचायत चाहे जो नाम दे तथा लघुत्तर क्षेत्र के लिए नगरपालिका परिषद् और किसी बृहत्तर नगरीय क्षेत्र के लिए नगर-निगम का गठन किया जाएगा।
- **अनुच्छेद-243 (द)** में नगरपालिकाओं के संरचना संबंधी प्रावधान निहित हैं। अनुच्छेद-243 (द) के खंड 2 के अतिरिक्त किसी नगरपालिका में सभी नगरपालिका क्षेत्र को प्रादेशिक निर्वाचन क्षेत्रों में विभाजित किया जाएगा जिसको वार्ड की संज्ञा दी गई है।
- अनुच्छेद-243 में नगरपालिकाओं में अनुसूचित जाति/अनुसूचित जनजातियों के आरक्षण का प्रावधान किया गया है। इस प्रकार आरक्षित स्थानों की संख्या का अनुपात यथासाध्य नगरपालिका में प्रत्यक्ष निर्वाचन से भरे जाने वाले कुल संख्या के अनुपात में होगा जो उस क्षेत्र में ऐसे वर्गों के सदस्यों की जनसंख्या के अनुपात में होगा तथा ऐसे स्थानों के निर्वाचन क्षेत्रों को नगरपालिकाओं के विभिन्न निर्वाचन में चक्रानुक्रम से आवंटित किया जाएगा। आरक्षित सीटों की संख्या समग्र सीटों की 1/3 होगी।

भारत में नगरीय प्रशासन का इतिहास

- भारत में नगरीय शासन व्यवस्था भी प्राचीन काल से प्रचलन में रही है। इसे कानूनी रूप सर्वप्रथम 1787 ई. में दिया गया। जब ब्रिटिश सरकार द्वारा चेन्नई (मद्रास) शहर के लिए नगर-निगम नामक स्थानीय संस्था की स्थापना की गई।
- सन् 1793 के चार्टर अधिनियम के अधीन चेन्नई (मद्रास), कोलकाता (कलकत्ता) तथा मुंबई (बंबई) के तीनों महानगरों में नगर-निगमों की स्थापना की गई तथा स्थानीय स्वशासन संस्थाओं को वैधानिक अधिकार प्रदान किए गए।
- भारत सरकार अधिनियम, 1919 में नगरीय प्रशासन के संबंध में स्पष्ट प्रावधान किया गया था। वर्ष 1919 के अधिनियम से ही जवाहरलाल नेहरू, सरदार पटेल, पुरुषोत्तम दास टण्डन आदि बड़े नेताओं ने नगरपालिकाओं में प्रवेश किया था। पं. जवाहरलाल नेहरू सन् 1924 एवं 1925 में इलाहाबाद नगरपालिका के अध्यक्ष चुने गए थे।
- इस विधेयक में सुधार कर प्रधानमंत्री पी.वी. नरसिम्हा राव द्वारा इसे 74वें संविधान संशोधन विधेयक 1992 के रूप में पुनः लोकसभा में प्रस्तुत किया गया। क्रमशः 22 एवं 23 दिसंबर, 1992 को इसे लोकसभा एवं राज्यसभा द्वारा पारित किए जाने पर 20 अप्रैल, 1993 को राष्ट्रपति द्वारा सहमति प्रदान की गई।
- इस अधिनियम द्वारा संविधान में एक नया भाग-9क तथा 243त से 243य (6) तक 18 नए अनुच्छेद एवं एक नई अनुसूची (12वीं अनुसूची) जोड़कर नगर प्रशासन के विषय में विस्तृत प्रावधान किए गए हैं।

- प्रत्येक नगरपालिका के प्रत्यक्ष निर्वाचन के माध्यम से भरे जाने वाले स्थानों की कुल संख्या 1/3 स्थान (जिसके अंतर्गत अनुसूचित जातियों और अनुसूचित जनजातियों की स्त्रियों के लिए आरक्षित स्थानों की संख्या भी सम्मिलित है) स्त्रियों के लिए आरक्षित किए जाएंगे और ऐसे स्थान नगरपालिका के विभिन्न निर्वाचन क्षेत्रों में चक्रानुक्रम से आवंटित किए जाएंगे।
- **अनुच्छेद-243 (झ)** के अंतर्गत यह प्रावधान किया गया है कि 74वें संविधान संशोधन अधिनियम, 1992 के लागू होने के 1 वर्ष के अंदर तथा प्रत्येक 5

वर्ष बाद एक वित्त आयोग का गठन किया जाएगा जो नगरपालिकाओं की वित्तीय स्थिति की समीक्षा करेगा तथा इस संबंध में राज्यपाल को अपनी रिपोर्ट प्रस्तुत करेगा।

- **अनुच्छेद-243 ब** में यह प्रावधानित है कि संविधान के उपबंधों के अधीन रहते हुए किसी राज्य की विधानसभा विधि बनाकर नगरपालिकाओं को ऐसी शक्तियां और अधिकार प्रदान कर सकती है जो वह उनको स्वायत्त शासन की संस्थाओं के रूप में कार्य करने योग्य बनाने के लिए आवश्यक समझें।

12वीं अनुसूची में रखे गए विषय

नगरीय स्थानीय संस्थाओं के विषयों को 12वीं अनुसूची में रखा गया है। इसमें कुल 18 विषय हैं जिन पर नगरपालिकाओं को विधि बनाने की शक्ति प्रदान की गई है। 12वीं सूची में निहित 18 विषय निम्नवत् हैं-

1.	नगरीय योजना (शहरी योजना सहित)
2.	भूमि उपयोग का विनिमय और भवनों का सन्निर्माण।
3.	आर्थिक और सामाजिक विकास की योजना।
4.	सड़कें और पुल।
5.	घरेलू, औद्योगिक और वाणिज्यिक प्रयोजनों के लिए जल प्रदाय।
6.	लोक स्वास्थ्य, स्वच्छता, सफाई, कूड़ा-करकट प्रबंध।
7.	अग्निशमन सेवाएं।
8.	नगरीय वानिकी, पर्यावरण संरक्षण और पारिस्थितिकी पहलुओं की अभिवृद्धि।
9.	समाज के दुर्बल वर्ग, जिनके अंतर्गत विकलांग और मानसिक रूप से मंद व्यक्ति हैं, हितों का संरक्षण।
10.	गंदी बस्ती सुधार और उन्नयन।
11.	नगरीय निर्धनता कम करना।
12.	नगरीय सुख-सुविधाओं यथा पार्क, उद्यान, खेलों के मैदानों की व्यवस्था।
13.	सांस्कृतिक, शैक्षणिक और सौंदर्यपरक पहलुओं की अभिवृद्धि।
14.	शव गाड़ना और कब्रिस्तान, शवदाह और श्मशान एवं विद्युत शवदाह गृह।
15.	कांजी पशुओं के प्रति क्रूरता का निवारण।
16.	जन्म-मरण सांख्यिकी जिसके अंतर्गत जन्म और मृत्यु का रजिस्ट्रीकरण है।
17.	लोक सुख-सुविधाएं जिसके अंतर्गत पथ प्रकाश, पार्किंग स्थल, बस स्टॉप और जन-सुविधाएं हैं।
18.	वैधशालाओं और चर्मशोधन शालाओं का विनियमन।

भारतीय संविधान और नगरीय प्रशासन

भारतीय संविधान के अनुच्छेद-243क्यू में प्रावधानित है कि नगरीय स्वशासन के दृष्टिकोण से तीन प्रकार की संस्थाएं होंगी जिनका स्वरूप इस प्रकार होगा-

- सर्वप्रथम उन छोटे कस्बों में जहां ग्रामीण क्षेत्र शहरी क्षेत्र में क्रमिक रूप से बदल रहे हैं अर्थात् संक्रमण की स्थिति है। वहां नगर पंचायत की स्थापना की जाएगी।
- छोटा शहर या कस्बा जहां संक्रमण की प्रक्रिया पूरी हो चुकी है अर्थात् कस्बा नगरों में तब्दील हो चुका है। वहां स्थानीय प्रशासन के लिए नगरपालिका और नगर परिषद् का गठन किया जाएगा।
- ऐसे क्षेत्र जो काफी विस्तृत हों और नगरीकृत हों तो वहां पर नगर-निगम की स्थापना की जाएगी।

  उपरोक्त तीन स्वरूपों के अलावा यह भी प्रावधानिक था कि ऐसे नागरिक क्षेत्र जहां औद्योगिक विकास करने वाले उद्योगपति नागरिक सेवाएं प्रदान करते हों तो राज्यपाल ऐसे क्षेत्र को औद्योगिक नगर घोषित कर सकते हैं और वहां नगरपालिका की स्थापना नहीं की जाएगी।

- **अनुच्छेद-343क्यू** के अनुसार, संक्रमण क्षेत्र, लघुत्तर नागरिक क्षेत्र, वृहत्तर नागरिक क्षेत्र का निर्धारण राज्यपाल द्वारा किया जाएगा। इसके निर्धारण में उस क्षेत्र की जनसंख्या, जनघनत्व उस क्षेत्र के स्थानीय शासन के लिए उपलब्ध राजस्व, कृषि के अतिरिक्त क्षेत्र में रोजगार का प्रतिशत जैसे महत्वपूर्ण कारकों को ध्यान में रखा जाएगा। इसके साथ-साथ राज्यपाल अपने विवेक से किसी अन्य कारण को भी आधार बना सकते हैं।
- **अनुच्छेद-243आर** में नगरपालिकाओं के संगठन और संरचना का प्रावधान किया गया है। नगरपालिका में सभी सीटों का चुनाव प्रत्यक्ष निर्वाचन पद्धति से होगा। चुनाव के लिए नगरपालिका के कुल भू-भाग को निर्वाचन क्षेत्रों में बांटा जाएगा जिसे वार्ड कहा जाएगा।

नगरीय प्रशासन के प्रकार

74वें संविधान संशोधन द्वारा नगरीय प्रशासन को निम्नलिखित स्वरूपों में विभाजित किया गया है-

- नगर-निगम
- नगर पंचायत
- नगर क्षेत्र समिति
- अधिसूचित क्षेत्र समिति
- छावनी बोर्ड
- टाउनशिप
- बंदरगाह न्यास
- विशेष उद्देश्य एजेंसी

नगर-निगम

नगर-निगमों का गठन बड़े महानगरों में किया जाता है जिनकी आबादी 10 लाख से अधिक होती है। उदाहरणस्वरूप दिल्ली, मुंबई, कोलकाता, हैदराबाद इत्यादि। उल्लेखनीय हैं कि केंद्रशासित प्रदेश में संसद द्वारा बनाए गए नियमों और राज्यों में राज्य विधानमंडलों द्वारा बनाए गए अधिनियमों के माध्यम से इनका गठन किया जाता है। नगर-निगम की संरचनाओं को तीन क्षेत्रों में विभाजित किया गया है-1. परिषद्, 2. स्थायी समितियां एवं 3. आयुक्त।

- परिषद् के सदस्यों का निर्वाचन जनता द्वारा प्रत्यक्ष रूप से किया जाता है। जिसका प्रमुख मेयर कहलाता है। कुछ राज्यों में मेयर का चुनाव प्रत्यक्षत: जनता द्वारा किया जाता है तो कुछ राज्यों में पार्षदों द्वारा अर्थात् जनता द्वारा चुने गए सदस्यों द्वारा किया जाता है। मेयर की सहायता के लिए डिप्टी मेयर भी निर्वाचित किए जाते हैं।
- परिषद् नगर-निगम की संस्थागत विचारात्मक एवं विधायी शाखा है जिसमें जनता द्वारा प्रत्यक्ष रूप से निर्वाचित सदस्यों के साथ-साथ राज्य सरकार द्वारा मनोनीत कुछ सदस्य भी सम्मिलित होते हैं, जो नगरीय प्रशासन और समस्याओं के संदर्भ में जानकारी रखते हैं।
- नगर-निगम में अनुसूचित जाति और अनुसूचित जनजाति और महिलाओं को आरक्षण भी दिया गया है।
- निगम की सहायता के लिए समितियां गठित की जाती हैं और यह विभिन्न मुद्दों पर कार्य करती हैं।
- प्रत्येक नगर-निगम का एक आयुक्त होता है जिनकी नियुक्ति राज्य सरकार द्वारा की जाती है जो सामान्यतया आई.ए.एस. अधिकारी होता है।
- नगर-निगम आयुक्त परिषद् एवं अस्थायी समितियों द्वारा लिए गए निर्णयों को लागू करवाने के लिए जिम्मेदार होता है। वह नगरपालिका का मुख्य कार्यकारी अधिकारी होता है।

नगरपालिकाओं का गठन

- प्रत्येक राज्य में नगर पंचायत, नगरपालिका परिषद् तथा नगर-निगम का गठन किया जाएगा। नगर पंचायत (Nagar Panchayat) का गठन उस क्षेत्र के लिए होगा, जो ग्रामीण क्षेत्र से नगरीय क्षेत्र में परिवर्तित हो रहा है।

- अनुच्छेद–243 में प्रावधानित है कि नगरपालिका परिषद् (Municipal Council) का गठन छोटे नगरीय क्षेत्रों के लिए किया जाएगा, जबकि बड़े नगरों के लिए नगर-निगम (Municipal Corporation) का गठन किया जाएगा। किंतु ऐसे नगरीय क्षेत्र में नगरपालिका का गठन नहीं किया जाएगा, जिसे राज्यपाल द्वारा औद्योगिक नगरी (Industrial Toawnship) घोषित किया गया है।

नगर पालिकाओं की संरचना

किसी नगरपालिका में सभी स्थान नगरपालिका के प्रादेशिक निर्वाचन क्षेत्रों से प्रत्यक्ष निर्वाचन द्वारा चुने गए व्यक्तियों द्वारा भरे जाएंगे। इस उद्देश्य की पूर्ति के लिए प्रत्येक नगरपालिका क्षेत्र को प्रादेशिक निर्वाचन क्षेत्रों में विभाजित किया जाएगा जिसे वार्ड कहा जाएगा। राज्य का विधानमंडल विधि द्वारा नगरपालिका में निम्नलिखित व्यक्तियों के प्रतिनिधित्व का उपबंध कर सकता है–

- ऐसे व्यक्तियों को जिसे नगरपालिका प्रशासन का विशेष ज्ञान या अनुभव है (किंतु इन्हें नगरपालिका के अधिवेशन में मत देने का अधिकार नहीं होगा।)
- लोकसभा और राज्य की विधानसभा के सदस्यों का, जो उन निर्वाचक क्षेत्रों का प्रतिनिधित्व करते हैं जिसमें वह नगरपालिका क्षेत्र के पूर्णतः या अंशतः अंतर्गत आते हैं।
- राज्यसभा और राज्य विधानपरिषद् के ऐसे सदस्यों का, जो ऐसे नगरपालिका क्षेत्र के भीतर मतदाता के रूप में पंजीकृत हैं।
- वार्ड समितियों के अध्यक्षों का उपबंध ऐसी नगरपालिका जिसकी जनसंख्या तीन लाख या उससे अधिक है, के प्रादेशिक क्षेत्र के भीतर एक या अधिक वार्ड को मिलाकर वार्ड समिति के गठन, क्षेत्र और कार्य आदि का निर्धारण राज्य विधानमंडल करती है।

स्थानों का आरक्षण

- नगरपालिकाओं में भी अनुसूचित जातियों, अनुसूचित जनजातियों तथा महिलाओं के लिए आरक्षण (Reservation) का प्रावधान अनुच्छेद–243T के तहत किया गया है।
- नगरपलिकाओं में आरक्षण संबंधी प्रावधान पंचायतों के समान हैं। यथा, अनुसूचित जातियों तथा अनुसूचित जनजातियों के लिए उनकी जनसंख्या के अनुपात में प्रत्येक नगरपालिका में स्थान आरक्षित होगा।
- इन आरक्षित स्थानों का एक-तिहाई स्थान विभिन्न वर्गों की महिलाओं के लिए आरक्षित होगा तथा प्रत्येक नगरपालिका में प्रत्यक्ष निर्वाचन द्वारा भरे जाने वाले कुल स्थानों का एक-तिहाई (1/3) स्थान वर्गों की महिलाओं के लिए आरक्षित होगा।
- इन आरक्षित स्थानों में अनुसूचित जातियों तथा अनुसूचित जनजातियों की महिलाओं के लिए आरक्षित स्थान भी शामिल होंगे। आरक्षित स्थान नगरपालिका के भिन्न-भिन्न निर्वाचन क्षेत्रों (वार्डों) में चक्रानुक्रम (By Rotation) से आवंटित किए जा सकेंगे।
- नगरपालिका में अध्यक्ष पद के आरक्षण संबंधी प्रावधान का अधिकार राज्य विधानमंडल को दिया गया है। पिछड़े वर्गों की नगरपालिकाओं में आरक्षण का प्रावधान नहीं है, परंतु राज्य विधानमंडल, नगरपालिका सदस्यों या अध्यक्षों के पद हेतु पिछड़े वर्गों के लिए भी आरक्षण का प्रावधान कर सकता है।

नगरपालिकाओं की अवधि

- नगरपालिकाओं की अवधि भी पंचायतों के समान प्रथम अधिवेशन से पांच वर्ष तक होती है। उसे 5 वर्ष से पूर्व भी भंग किया जा सकता है, किंतु, भंग करने से पूर्व उसे सुनवाई का अवसर दिया जाना चाहिए।
- नई नगरपालिका के गठन के लिए निर्वाचन, निवर्तमान नगरपालिका के कार्यकाल (5 वर्ष) की समाप्ति से पूर्व कराया जाना चाहिए।
- यदि कोई नगरपालिका समय से पूर्व विघटित कर दी जाती है, तो विघटन की तिथि से 6 माह के भीतर उसके लिए निर्वाचन कराया जाना चाहिए।
- इस प्रकार गठित नगरपालिका अपनी शेष अवधि तक कार्य करती है। यदि विघटित नगरपालिका का शेष कार्यकाल 6 माह से कम हो, तो उसके लिए निर्वाचन (6 माह के भीतर) आवश्यक नहीं है।

सदस्यता के लिए अयोग्यताएं

कोई व्यक्ति किसी नगरपालिका का सदस्य चुने जाने के लिए या सदस्य बने रहने के लिए निम्नलिखित कारणों के आधार पर अयोग्य (Disqualification) होगा–

- यदि वह संबद्ध राज्य विधानमंडल के निर्वाचन के लिए बनाई गई किसी विधि द्वारा या उसके अधीन अयोग्य है।
- यदि वह राज्य विधानमंडल द्वारा बनाई गई विधि द्वारा या उसके अधीन अयोग्य है, परंतु कोई व्यक्ति इस आधार पर अयोग्य नहीं होगा कि वह 28 वर्ष से कम आयु का है, यदि उसने 21 वर्ष की आयु प्राप्त कर ली है।
- नगरपालिका के किसी सदस्य की अयोग्यता संबंधी प्रश्न का निर्णय विधानसभा द्वारा प्राधिकृत प्राधिकारी द्वारा किया जाता है।

चुनावों की व्यवस्था	
नगरपालिकाओं के लिए कराए जाने वाले अनुच्छेद–243 सभी निर्वाचनों के लिए निर्वाचक नामावली तैयार कराने का और उन सभी निर्वाचनों के संचालन का अधीक्षण, निर्देशन और नियंत्रण, अनुच्छेद–243ट में निर्दिष्ट राज्य निर्वाचन आयोग में निहित होगा। राज्य विधानमंडल को चुनाव के संबंध में बनाने का अधिकार है। 243क (243ZA)	अनुच्छेद–243छ (243ZA) में निर्वाचन संबंधी मामलों में न्यायालयों का हस्तक्षेप वर्जित किया गया है।

नगरपालिकाओं की शक्तियां एवं प्राधिकार

अनुच्छेद–243W के अंतर्गत राज्य विधानमंडल विधि बनाकर नगरपालिकाओं को ऐसी शक्तियां और प्राधिकार प्रदान कर सकता है, जो उन्हें स्वायत्त शासन की संस्थाओं के रूप में कार्य करने योग्य बनाने के लिए आवश्यक समझे। ऐसी विधि में निम्नलिखित कार्यों से संबद्ध उपबंध–

- आर्थिक विकास और सामाजिक न्याय के लिए योजनाएं तैयार करना।
- ऐसे कार्यों को करना और ऐसी योजनाओं को क्रियान्वित करना जो उन्हें सौंपी जाएं, इनके अंतर्गत वे विषय भी शामिल हैं, जो बारहवीं अनुसूची में सूचीबद्ध हैं।
- नगरपालिकाओं को बारहवीं अनुसूची में वर्णित कुल 18 विषयों पर विधि बनाने की शक्ति प्रदान की गई है।

कर अधिरोपण की शक्ति

राज्य विधानमंडल विधि द्वारा नगरपालिका के संबंध में निम्नलिखित उपबंध कर सकता है। यथा–

- राज्य नगरपालिका को कर, शुल्क, फीस और पथकर अधिरोपित करने, संग्रहीत करने तथा विनियोजित करने के लिए प्राधिकृत कर सकता है।
- राज्य, सरकार द्वारा अधिरोपित और संग्रहीत कर, पथकर, शुल्क और फीस नगरपालिका को समानुदेशित (Asign) कर सकते हैं।
- राज्य नगरपालिका के लिए राज्य की संचित निधि (Consolidated Fund) से सहायता अनुदान के लिए उपबंध कर सकता है।

- नगरपालिका द्वारा या उनकी ओर से प्राप्त धन को जमा करने के लिए न्यायपालिका निधियों के गठन तथा ऐसी निधियों में धन को निकालने के लिए उपबंध कर सकती है।

राज्य वित्त आयोग

अनुच्छेद 243Y यह उपबंधित करता है कि अनुच्छेद–243(i) के अधीन पंचायतों के लिए गठित राज्य वित्त आयोग (State Finance Commission) नगरपालिकाओं की वित्तीय स्थिति का भी पुनर्विलोकन करेगा और निम्नलिखित विषयों के बारे में राज्यपाल को अनुशसाएं देगा। उन सिद्धांतों के संबंध में जो निम्नलिखित को शासित करेंगे–

- राज्य द्वारा वसूले गए करों, शुल्कों, पथकरों और फीसों के शुद्ध आगमों का नगरपालिकाओं और राज्यों के बीच वितरण को, ऐसे करों, शुल्कों, पथकरों और फीसों की अवधारणा जो नगरपालिकाओं द्वारा समानुदेशित किए जा सकेंगे या उनके द्वारा विनियोजित किए जा सकेंगे।
- राज्य की संचित निधि (Consolidated Fund) से नगरपालिकाओं को सहायता अनुदान।
- नगरपालिकाओं की वित्तीय स्थिति को सुधारने के लिए आवश्यक उपाय।
- किसी अन्य विषय के बारे में जो राज्यपाल द्वारा नगरपालिकाओं के ठोस वित्त पोषण के संबंध में वित्त आयोग को निर्दिष्ट किया जाए।
- राज्यपाल आयोग द्वारा की गई प्रत्येक सिफारिश और इसके बारे में की गई कार्यवाही का स्पष्टीकरण ज्ञापन राज्य विधानमंडल के समक्ष रखवाता है।

नगरपालिकाओं का निर्वाचन

राज्य निर्वाचन आयोग को ही नगरपालिकाओं के चुनावों की जिम्मेदारी दी गई है। अनुच्छेद–243य क (243ZA) तथा अनुच्छेद–243य छ (243ZG) में चुनावों से संबंधित प्रावधान किए गए हैं। इसके तहत प्रमुख उपबंध इस प्रकार हैं–

वार्ड समितियों का गठन

अनुच्छेद–243ध (243ZA) में प्रावधानित है कि सामान्यत: 3 लाख या इससे अधिक जनसंख्या वाले क्षेत्रों के लिए वार्ड समितियां गठित की जाती हैं तथा राज्य विधानमंडल वार्ड समितियों के गठन, प्रादेशिक क्षेत्र तथा स्थानों को भरने आदि से संबंधित विधि बनाकर अन्य समितियों के गठन का प्रावधान कर सकता है।

जिला योजना समिति

अनुच्छेद–243ZD के अनुसार प्रत्येक राज्य में जिला स्तर पर एक जिला योजना समिति का गठन किया जाएगा, जो जिले में पंचायतों और नगरपालिकाओं द्वारा बनाई गई योजनाओं को समेकित करेगी और पूरे जिले के लिए एक विकास योजना का प्रारूप तैयार करेगी।

जिला योजना समिति

- अनुच्छेद–243 के अनुसार प्रत्येक राज्य में जिला स्तर पर एक जिला योजना समिति (District Planning Committee) का गठन किया जाएगा, जो जिले में पंचायतों और नगरपालिकाओं द्वारा एक विकास योजना का प्रारूप तैयार करेगी।
- राज्य विधानमंडल विधि द्वारा जिला योजना समितियों की संरचना, ऐसी समितियों में स्थानों के भरे जाने व उसका अध्यक्ष चुने जाने का तरीका तथा उसके कार्यों आदि के लिए उपबंध करेगा।
- परंतु, ऐसी समिति के कुल सदस्यों में से 4/5 भाग सदस्य जिला स्तर पर पंचायतों और नगरपालिकाओं के निर्वाचित सदस्यों द्वारा अपने में से निर्वाचित किए जाएंगे।
- जिला योजना समिति का अध्यक्ष समिति द्वारा अनुमोदित विकास योजना को राज्य सरकार को भेजेगा।

महानगर योजना समिति

- प्रत्येक महानगर क्षेत्र में संपूर्ण महानगर क्षेत्र के लिए विकास योजना प्रारूप तैयार करने के लिए एक महानगर योजना समिति (Metropolitan Planning Committee) गठित की जाएगी।
- राज्य का विधानमंडल विधि द्वारा समिति की संरचना, उसके स्थानों के भरे जाने, उसके अध्यक्षों के निर्वाचन का तरीका और कार्यों आदि के बारे में उपबंध कर सकता है।
- इस समिति के कम-से-कम 2 या 3 सदस्य महानगर क्षेत्र में नगरपालिकाओं के सदस्यों ओर पंचायतों के अध्यक्षों द्वारा अपने में से निर्वाचित किए जाएंगे।
- महानगर योजना समिति का अध्यक्ष ऐसी समिति द्वारा अनुमोदित विकास योजना को राज्य को भेजेगा अनुच्छेद–243ZEA। 14वें वित्त आयोग ने स्थानीय निकाय से संबंधित निम्नलिखित सिफारिशें की हैं–
  - राज्य वित्त आयोग को अधिक सशक्त बनाया जाए।
  - स्थानीय निकायों को आयोग द्वारा दिए गए अनुदान को केवल मूलभूत सेवाओं, जो उन्हें विषयों द्वारा सौंपी गई हो, पर खर्च करने के लिए निर्दिष्ट किया जाए।
  - स्थानीय निकायों द्वारा तैयार की गई लेखा पुस्तिकाओं में अपने करों और गैर करों, आवंटित करों, हस्तांतरण तथा राज्यों से अनुदान, केंद्रीय वित्त आयोग से अनुदानों और संघ एवं राज्य सरकारों द्वारा आवंटित किसी अन्य एजेंसी से कार्य के लिए अनुदानों से प्राप्त आय को अलग-अलग दिखाने की सिफारिशें की।
  - 90% भारिता के साथ वर्ष 2011 में जनसंख्या आंकड़ों और 10% भारिता के साथ क्षेत्रफल आंकड़ों को उपयोग करते हुए अनुदानों का वितरण किया जाए।
  - ग्राम पंचायतों को 90% मूल अनुदान तथा 10% कार्य निष्पादन अनुदान तथा नगरपालिकाओं को 80% मूल अनुदान व 20% कार्य निष्पादन अनुदान होना चाहिए।
  - व्यावसायिक कर की उच्चतम सीमा को 2500 रुपए से बढ़ाकर 12000 रुपए प्रतिवर्ष करने की सिफारिशें की हैं।

नगरीय प्रशासन के अन्य प्रारूप

नगर क्षेत्र समिति

- नगर क्षेत्र समिति छोटे शहरों के प्रशासन के लिए बनाई जाती है। यह एक नगरपालिका प्राधिकरण है। यह जल निकासी तथा सड़क आदि के कार्यों को देखती है। इस समिति की स्थापना राज्य सरकार (राज्य विधानमंडल) अधिनियम के माध्यम से करती है। इसकी संरचना राज्य सरकार पर निर्भर करती है।
- नगर क्षेत्र समिति का गठन, कार्य और अन्य मामलें राज्य सरकार द्वारा बनाए गए अधिनियमों से निर्धारित होते हैं। नगर क्षेत्र समिति पूर्ण या आंशिक रूप से राज्य सरकार द्वारा निर्वाचित या नामित की जा सकती है। यह सब कुछ राज्य सरकार पर निर्भर करता है।

अधिसूचित क्षेत्र समिति (नोटिफाइड एरिया कमेटी)

- तेजी से विकसित हो रहे वह औद्योगिक क्षेत्र जो नगरपालिका के गठन की शर्तों को पूरा नहीं करते हैं। तब सरकारी राजपत्र में अधिसूचना के माध्यम

से इसको एक नए रूप में गठित किया जाता है, जिसे अधिसूचित क्षेत्र समिति का नाम दिया जाता है। इसकी संरचना आदि सब कुछ राज्य सरकार पर निर्भर होते हैं।

- अधिसूचित क्षेत्र समिति का गठन दो प्रकार के क्षेत्र के प्रशासन के संदर्भ में किया जाता है। जो निम्न हैं–
  1. औद्योगिकीकरण के कारण विकासशील कस्बा।
  2. वह कस्बा जो नगरपालिका के गठन की आवश्यक शर्त पूरा नहीं करता है, परंतु राज्य सरकार उसे महत्वपूर्ण मानती है तो इसके संदर्भ में अधिसूचित क्षेत्र समिति का गठन करके इसका स्थानीय प्रशासन सुनिश्चित करती है।
- अधिसूचित क्षेत्र समिति राज्य नगरपालिका अधिनियम की परिधि में ही कार्य करते हैं। अधिनियम के केवल वही प्रावधान इसमें लागू होते हैं, जिनको सरकार राजपत्र में अधिसूचित करती है।
- राज्य सरकार को यह अधिकार है कि किसी अधिनियम के अंतर्गत शक्ति प्रयोग के लिए इसको उत्तरदायी सुपुर्द कर सकती है। अधिसूचित क्षेत्र समिति की शक्तियां नगरपालिका के सदृश्य होती हैं।
- राज्य अधिसूचित क्षेत्र पूरी तरह से राज्य सरकार द्वारा नामित एक स्थानीय प्रशासनिक इकाई है। इसके अध्यक्ष और सदस्यों का मनोनयन राज्य सरकार करती है।
- राज्य का अधिसूचित क्षेत्र न तो संवैधानिक, न ही संविधिक और न ही निर्वाचित संस्था है, बल्कि यह एक संविधानेत्तर संस्था है।

छावनी बोर्ड

- छावनी क्षेत्र में सिविल जनसंख्या के प्रशासन के लिए छावनी बोर्ड का सृजन किया जाता है। उल्लेखनीय है कि इसका सृजन संसद द्वारा बनाए गए छावनी परिषद् अधिनियम 2006 के प्रावधानों के अधीन किया जाता है।
- छावनी बोर्ड अधिनियम 2006 द्वारा छावनी बोर्ड अधिनियम 1924 को प्रतिस्थापित किया गया। इस नए अधिनियम के माध्यम से छावनी बोर्ड को और अधिक लोकतांत्रिक तथा वित्तीय रूप से मजबूत बनाया गया जिससे कि वह अपनी विकासात्मक गतिविधियों को अंजाम दे सके।
- सैन्य बलों के लिए छावनी बोर्ड का निर्माण किया जाता है। यह केंद्र सरकार (रक्षा मंत्रालय) के नियंत्रण में रहता है। इसके सदस्य निर्वाचित तथा नामित दोनों होते हैं।
- इस बोर्ड का पदेन अध्यक्ष स्टेशन कमांडर होता है। इस बोर्ड का कार्यकाल 5 साल का होता है। मुख्य कार्यकारी अधिकारी राष्ट्रपति द्वारा नियुक्त होता है जो केंद्रीय संवर्ग का अधिकारी होता है। इस अधिकारी का कार्य बोर्ड के निर्णय व प्रस्तावों को लागू करना होता है।
- छावनी बोर्ड में आंशिक रूप से निर्वाचित या नामित सदस्य सम्मिलित होते हैं। निर्वाचित सदस्यों का कार्यकाल तीन वर्ष होता है, जबकि नामित सदस्य (पदेन सदस्य) उस स्थान पर लंबे समय तक कार्यरत रहते हैं।
- छावनी बोर्ड के कार्यकारी अधिकारी की नियुक्ति राष्ट्रपति द्वारा की जाती है। यह बोर्ड और इसकी समिति के समस्त प्रस्तावों और निर्णयों को लागू करता है।
- प्रथम श्रेणी के छावनी बोर्ड में निम्नलिखित सदस्यों को सम्मिलित किया जाता है–
  1. केंद्र का नेतृत्व करने वाला सैन्य अधिकारी।
  2. छावनी में कार्यरत एक कार्यपालक अभियंता।
  3. छावनी में कार्यरत एक स्वास्थ्य अधिकारी।
  4. जिलाधिकारी द्वारा नामित एक प्रथम श्रेणी दंडाधिकारी।
  5. केंद्र का नेतृत्व करने वाले सैन्य अधिकारी द्वारा नामित तीन अधिकारी।
  6. छावनी क्षेत्र के लोगों द्वारा निर्वाचित आठ सदस्य।
  7. छावनी बोर्ड का मुख्य कार्यकारी अधिकारी।

रक्षा मंत्रालय के अंतर्गत छावनी बोर्ड

वर्तमान में 62 छावनी बोर्ड हैं, जिनको 4 श्रेणियों में विभक्त किया गया है–

1. 50,000 से अधिक जनसंख्या	2. 10,000 से 50,000
3. 2500 से 10,000	4. 2500 के कम

औद्योगिक क्षेत्र (टाउनशिप)

यह सार्वजनिक उद्यम में कार्यरत कर्मचारियों के लिए बनाया जाता है। इसका पूरा कार्य प्रशासन आदि द्वारा किया जाता है। जैसे जमशेदपुर (झारखंड), भिलाई आदि। इस प्रकार का शहरी प्रशासन बड़े सार्वजनिक उपक्रमों द्वारा संचालित किया जाता है, जो उपक्रमों के आसपास बनी आवासीय कालोनियों में रहने वाले अपने कर्मचारियों को बुनियादी सुविधाएं प्रदान करता है। संबंधित उपक्रम नगर के प्रशासन के देखरेख के लिए एक नगर प्रशासक नियुक्त करता है। जिसको तकनीकी और गैर-तकनीकी-अधिकारियों एवं कर्मचारियों का सहयोग प्राप्त होता है। उल्लेखनीय है कि इसमें कोई निर्वाचित सदस्य नहीं होते हैं। कुछ लोगों का कहना है कि यह उपक्रमों में नौकरशाही का विस्तारित प्रारूप है।

बंदरगाह ट्रस्ट (पोर्ट ट्रस्ट)

इस प्रकार के ट्रस्ट कोलकाता, मुंबई, चेन्नई आदि में स्थित हैं। इनकी घोषणा संसदीय अधिनियम से होती है। इसके सदस्यों का निर्वाचन व मनोनयन केंद्र सरकार करवाती है तथा अध्यक्ष केंद्र सरकार का अधिकारी होता है। पोर्ट ट्रस्ट का नियमन संसद द्वारा बनाए गए अधिनियमों के माध्यम से होता है। इस ट्रस्ट में निर्वाचित और मनोनीत दोनों प्रकार के सदस्य होते हैं। इसके मुख्य कार्य निम्नवत् हैं–

- नागरिकों की सुविधा का ध्यान रखना और
- बंदरगाह को सुरक्षा प्रदान करना।

विशेष प्रयोजन अभिकरण

विशेष प्रयोजन अभिकरण, कार्य आधारित एजेंसियां हैं न कि क्षेत्र आधारित। ये अभिकरण सार्वजनिक निकाय के रूप में विभाग की तरह कार्य करते हैं तथा स्थानीय निकायों से स्वतंत्र होते हैं। इनकी स्थापना राज्य विधानमंडल अधिनियम के माध्यम से करता है, जैसे–शहरी विकास प्राधिकरण, गृह निर्माण बोर्ड, प्रदूषण नियंत्रण बोर्ड आदि। नगरपालिका कर्मचारियों को तीन भागों में विभक्त किया गया है।

नगरपालिका के कर्मचारी

सांप्रदायिक	संयुक्त कर्मचारी	पृथक् कर्मचारी
राज्य सरकार द्वारा नामित राज्य सरकार के अन्य विभाग तथा स्थानीय स्वशासन में कार्यरत होते हैं। यह व्यवस्था उड़ीसा (ओडिशा), पंजाब, हरियाणा, बिहार, कर्नाटक आदि राज्यों में है।	राज्य सरकार द्वारा नियुक्त स्थानीय स्वशासन में कार्यरत होते हैं। यह व्यवस्था उत्तर प्रदेश, मध्य प्रदेश, आंध्र प्रदेश, राजस्थान, तमिलनाडु आदि राज्यों में मिलती है।	स्वयं स्थानीय निकाय द्वारा इनकी नियुक्ति की जाती है। इनका स्थानांतरण नहीं होता है।

केंद्रीय स्थानीय शासन परिषद्

- राष्ट्रपति के आदेश द्वारा 1954 में स्थापित जिसे 1958 में परिवर्तित कर केवल शहरी शासन तक सीमित किया गया था। यह एक परामर्शदात्री निकाय है जो मुख्यत: नीतिगत मामलों पर केंद्र की वित्तीय सहायता पर एवं विधि निर्माण के संदर्भ में सुझाव देती है।
- केंद्र सरकार का शहरी विकास मंत्री इसका अध्यक्ष होता है। राज्यों के स्थानीय स्वशासन के विभाग से जुड़े मंत्री इसके सदस्य होते हैं।

नगर प्रशासन की विशेषताएं

नगर प्रशासन की निम्नलिखित विशेषताएं हैं-

- नगरीय स्वशासन संस्थाओं को संवैधानिक दर्जा प्राप्त है।
- तीन प्रकार के नगरीय निकायों का प्रावधान किया गया है- नगर पंचायत, नगरपालिका और नगर-निगम।
- यह एकल स्तरीय संस्था का प्रावधान करता है अर्थात् उक्त निकायों के मध्य वैसे पद सोपानिक संबंध नहीं हैं जैसे त्रिस्तरीय पंचायतों में पाए जाते हैं। प्रत्येक नगरीय निकाय एक-दूसरे से पृथक् और स्वतंत्र होता है।
- 74वां संविधान संशोधन अधिनियम राज्यों के लिए दो प्रावधान करता है-प्रथम अनिवार्य अर्थात् वे प्रावधान जिन्हें राज्यों को उसी स्वरूप में मानना अनिवार्य है, जैसे-निर्वाचन, आरक्षण, राज्य वित्त आयोग आदि। दूसरे ऐच्छिक प्रावधान जिनके स्वरूप को राज्य अपनी राजनीतिक, सामाजिक, आर्थिक आदि परिस्थिति के अनुसार तय कर सकेंगे।

नगरपालिका से संबंधित अनुच्छेद

अनुच्छेद	विषय-वस्तु
243 पी	परिभाषाएं
243 क्यू	नगरपालिकाओं का गठन
243 आर	नगरपालिकाओं की संरचना
243 एस	वार्ड समितियां इत्यादि का गठन एवं संरचना
243 टी	सीटों का आरक्षण
243 यू	नगरपालिकाओं का कार्यकाल इत्यादि
243 वी	सदस्यता से अयोग्यता
243 डब्ल्यू	नगरपालिकाओं की शक्तियां, प्राधिकार एवं दायित्व
243 एक्स	नगरपालिकाओं द्वारा करारोपण की शक्तियां तथा निधि इत्यादि
243 वाई	वित्त आयोग
243 जेड	नगरपालिकाओं के लेखा का अंकेक्षण
243 जेड ए	नगरपालिकाओं का चुनाव
243 जेड बी	संघ शासित प्रदेशों में लागू
243 जेड सी	कतिपय क्षेत्रों में इस भाग का लागू नहीं होना
243 जेड डी	जिला आयोजना के लिए समिति
243 जेड ई	महानगरीय आयोजना के लिए समिति
243 जेड एफ	नगरपालिकाएं तथा विद्यमान कानूनों का जारी रहना
243 जेड जी	चुनावी मामलों में न्यायालयों के हस्तक्षेप पर रोक

भारतीय राजनीतिक व्यवस्था में स्थानीय स्वशासन का योगदान

भारतीय राजनीतिक व्यवस्था में स्थानीय स्वशासन की महत्वपूर्ण भूमिका है और यह सामाजिक सशक्तिकरण को बढ़ावा देने में केंद्रीय भूमिका निभा रहा है। इसके कारण भारतीय समाज में लोगों की सहभागिता विभिन्न गतिविधियों में निरंतर बढ़ रही है। इसका भारतीय राजव्यवस्था में योगदान निम्नवत् है-

- यह सामाजिक-आर्थिक लोकतंत्र को आधार प्रदान करता है।
- यह वंचित वर्गों की भागीदारी बढ़ाने में सहायक है।
- इसमें जनता स्वयं के अनुसार अपना विकास कर सकती है।
- स्थानीय स्वशासन से उत्तरदायित्व की भावना का विकास होता है।
- स्थानीय स्वशासन सुशासन की स्थापना करता है।
- स्थानीय स्वशासन से राष्ट्रीय चेतना का विस्तार होता है।

स्थानीय स्वशासन की समस्याएं

स्थानीय स्वशासन में निम्नलिखित समस्याएं विद्यमान हैं-

- स्थानीय स्वशासन में वित्तीय स्वतंत्रता का अभाव है।
- स्वशासी संस्था नहीं बन पाई है, क्योंकि इस पर सरकार का नियंत्रण है।
- इसमें स्वतंत्र और निष्पक्ष चुनाव का अभाव है।
- गरीबी, अशिक्षा और जागरूकता के अभाव के कारण निष्पादन में कमियां हैं।
- राष्ट्रीय और राज्य स्तर की तरह इसमें भी परिवारवाद, वंशवाद हावी हो रहा है।
- जातिवाद और गुटबंदी भी स्थानीय स्वशासन के लिए चुनौती है।

समस्याओं के समाधान के लिए सुझाव

स्थानीय समस्याओं के समाधान के लिए निम्नलिखित सुझाव दिए जा सकते हैं-

- स्थानीय सूची का निर्माण किया जाना चाहिए।
- भ्रष्टाचार रोकने के लिए लेखा परीक्षक की व्यवस्था होनी चाहिए।
- आरटीआई को व्यावहारिक बनाया जाना चाहिए।
- पृथक् पंचायत प्रशासनिक सेवा की स्थापना की जानी चाहिए।
- वित्तीय स्थिति में सुधार किया जाना चाहिए।

स्मरणीय तथ्य

- भारत में नगरीय प्रशासन का आधुनिक स्वरूप ब्रिटिश काल में दिखाई पड़ता है। उल्लेखनीय है कि देश का पहला नगर-निगम 1687 में चेन्नई (मद्रास) में बनाया गया।
- 1793 के चार्टर अधिनियम के माध्यम से चेन्नई (मद्रास), कोलकाता (कलकत्ता) और मुम्बई में नगर निगमों की स्थापना विधिक रूप में की गई और इन्हें व्यापक अधिकार प्रदान किए गए।
- नगरीय प्रशासन के संदर्भ में लॉर्ड रिपन द्वारा 1882 में प्रस्तुत प्रस्ताव को स्थानीय स्वशासन का 'मैग्नाकार्टा' कहा जाता है और इस लॉर्ड रिपन को ही भारत में 'स्थानीय स्वशासन का जनक' कहा जाता है।
- भारत सरकार अधिनियम 1919 के माध्यम से नगरीय प्रशासन को विशेष संस्थागत स्वरूप प्रदान किया गया।
- भारत सरकार अधिनियम 1919 के प्रावधानों के अनुसार राज्यों में शुरू की गई द्वैध योजना के अंतर्गत स्थानीय स्वशासन को हस्तांतरित विषय बनाकर उसे भारत के मंत्री के नियंत्रण में दे दिया गया।
- 1924 में संसद द्वारा कैंटोनमैंट ऐक्ट पारित किया गया। भारत सरकार अधिनियम 1935 द्वारा प्रदान की गई प्रांतीय स्वायत्तता योजना के अंतर्गत स्थानीय स्वशासन को प्रांतीय विषय घोषित किया गया।
- भारत में नगरीय प्रशासन को संवैधानिक संस्था का दर्जा देने के लिए 74वां संविधान संशोधन 1992 में किया गया और इसके माध्यम से संविधान में 12वीं अनुसूची जोड़ी गई।

❑❑❑

अध्याय 3

केंद्र-राज्य संबंध

स्वतंत्रता प्राप्ति के बाद से ही केंद्र-राज्य संबंधों और अधिकारों को लेकर एक निरंतर बहस चल रही है। सामान्यतया यह बहस एक पक्षीय ही रही है या उससे संबंधित जो भी निर्णय लिए गए हैं उसने एक नई बहस या विवाद को जन्म दिया है। यह इतने तक ही सीमित नहीं है, बल्कि केंद्र-राज्य संबंधों के विवाद ने कई बार देश की अंतरात्मा को झकझोरा भी है, परंतु दुर्भाग्य यह है कि आज तक केंद्र तथा राज्य सरकारें इस दिशा में कोई भी समाधान ढूँढने में विफल रही है। इसके लिए केंद्र और राज्य सरकारें एक-दूसरे को जिम्मेदार मानती हैं। केंद्र सरकार इसके लिए राज्यों पर आरोप लगाती है, जबकि विभिन्न राज्यों की सरकारों की यह शिकायत रहती है कि उन्हें सौंपे गए उत्तरदायित्वों की तुलना में उनके वित्तीय संसाधन और प्रशासनिक एवं विधायी अधिकार अपेक्षाकृत न्यून हैं। इस सच्चाई से मुंह नहीं मोड़ा जा सकता है कि संविधान द्वारा प्रदत्त अधिकार केंद्र के पक्ष में प्रबल है जिससे राज्यों के विधायी, प्रशासनिक तथा वित्तीय अधिकारों का प्राय: अतिक्रमण होता रहा है। इस परिस्थिति में औद्योगिक तथा प्रशासनिक स्वायत्तता तथा उन्हीं के अनुरूप वित्तीय साधन राज्य सरकारों की लंबे समय से चली आ रही मांगें हैं। इन मांगों के फलस्वरूप राष्ट्रीय एकता और प्रांतीय स्वायत्तता भारतीय गणराज्य के प्रमुख मुद्दे बन गए हैं।

केंद्र-राज्य संबंध : एक परिचय

यद्यपि यह सही है कि संविधान सभा द्वारा भारत की अनेक समस्याओं को ध्यान में रखते हुए संघीय शासन व्यवस्था के अंतर्गत केंद्र को अधिक शक्तिशाली बनाया गया है। इसके साथ-साथ यह भी सही है कि इसके बाद संवैधानिक विकास की प्रक्रिया में केंद्र ने राज्यों के अधिकार क्षेत्र में हस्तक्षेप किया है। केंद्र के हस्तक्षेप से नई समस्याओं के जन्म के साथ-साथ केंद्र-राज्य संबंधों में कटुता आ गई है। केंद्र राज्य संबंधों के प्रमुख विवादास्पद बिंदु विधायी और वित्तीय क्षेत्र, राज्यों में केंद्रीय सुरक्षा बल का भेजा जाना, राज्यपालों की मनमाने ढंग से नियुक्ति, भाषायी मतभेद, केंद्रीय सहायता देने में भेदभाव तथा नियोजन आदि प्रमुख हैं। 1967 तक केंद्र और राज्य सरकारों के मध्य संबंध सामान्यतया सहयोग और सद्भावना की बुनियाद पर आधारित थे। केंद्र तथा राज्यों के मध्य उस समय तक कोई विवाद नहीं था। इसका कारण यह भी था कि केंद्र तथा राज्यों में एक ही पार्टी की सरकारें थीं। परंतु 1967 के बाद कांग्रेस का वर्चस्व टूटा और कई राज्यों में संविदा सरकारें सत्ता में आईं और यहीं से केंद्र-राज्य संबंधों में विवाद की शुरुआत हुई। 1967 के बाद से केंद्र तथा राज्यों के मध्य उपजे विवाद को निम्नवत् तीन वर्गों में वर्गीकृत किया जा सकता है–

- संस्थागत विवाद
- कार्यात्मक विवाद
- आर्थिक विवाद

संस्थागत विवाद

केंद्र और राज्यों के मध्य संस्थागत विवाद राज्यपाल की शक्तियों और स्थिति को लेकर है। अनेक राज्यों में राज्यपाल और विधानसभा के संबंध, राज्यपाल और मंत्रिमंडल के पारस्परिक संबंध तथा राज्यपाल की वैधानिक एवं परंपरागत स्थिति को लेकर विभिन्न प्रकार के गंभीर संवैधानिक प्रश्न उठाए गए हैं। राज्यपाल और विधानसभा के पारस्परिक संबंध वर्तमान में वाद-विवाद का एक प्रमुख राजनीतिक मुद्दा बना हुआ है। यह भी देखने में आया है कि कभी-कभी राज्यपाल और मुख्यमंत्री दोनों ही संवैधानिक मर्यादाओं का हनन करने लगते हैं। ध्यातव्य है कि फरवरी, 1998 में उत्तर प्रदेश के तत्कालीन राज्यपाल रोमेश भंडारी ने तत्कालीन मुख्यमंत्री कल्याण सिंह को अकारण बर्खास्त करके रात्रि 1 बजे जगदंबापाल को मुख्यमंत्री बना दिया जबकि सुबह लोकसभा का चुनाव था। बिहार में अप्रैल, 1998 में मुख्यमंत्री राबड़ी देवी ने राज्यपाल को लंगड़ा व्यक्ति कहकर संबोधित किया था। इस प्रकार भारतीय राजनीति में ऐसे कई उदाहरण देखने को मिलेंगे जिससे राज्यपाल और मुख्यमंत्री की संवैधानिक गरिमा पर आंच आई है।

वस्तुत: वर्तमान में राज्यपाल तथा विधानसभा के पारस्परिक संबंधों को लेकर कुछ ऐसी संवैधानिक समस्याएं उत्पन्न हो गई हैं जिससे पूरे देश में केंद्र और राज्य संबंधों को स्पष्ट एवं परिभाषित करने की मांग उठने लगी है।

कार्यात्मक विवाद

कार्यात्मक विवाद का संबंध प्रशासनिक क्षेत्र के विवाद से है। प्रशासनिक क्षेत्र से संबंधित प्रमुख विवाद S.N.P. से है–केंद्र द्वारा राज्यों को निर्देश दिया जाना, अखिल भारतीय सेवाओं पर केंद्र का नियंत्रण तथा केंद्रीय सुरक्षा बलों का राज्यों में भेजा जाना। राज्यों द्वारा प्राय: यह आरोप लगाया जाता है कि केंद्र-राज्यों में विशेष रूप से विपक्ष शासित राज्यों में अनावश्यक हस्तक्षेप करता है। राज्यों की यह भी शिकायत है कि क्षेत्रीय परिषदों तथा राष्ट्रीय विकास परिषद् के वर्तमान प्रावधान राज्यों का प्रतिनिधित्व करने में असमर्थ है जिससे राज्यों के हितों की पूरी रक्षा नहीं हो पाती है। राज्यों की शिकायतें कुछ सीमा तक यथोचित प्रतीत होती है, परंतु इसके साथ-साथ यह भी सही है कि राज्यों द्वारा केंद्र की उपेक्षा करने की बढ़ती परंपरा गलत है।

आर्थिक विवाद

केंद्र तथा राज्यों के मध्य विवाद का एक प्रमुख कारण वित्तीय भी है। राज्यों की शिकायत रहती है कि संविधान द्वारा दिए गए उत्तरदायित्व की तुलना में उनके पास वित्तीय संसाधन काफी कम हैं। राज्यों की बिगड़ती आर्थिक स्थिति, राज्यों को केंद्र द्वारा प्रदत्त सहायता में भेदभाव एवं केंद्र का असहयोगात्मक रवैया केंद्र राज्य के मध्य उत्पन्न वित्तीय विवादों की जड़ है। राज्यों का कहना है कि केंद्र द्वारा उनको पर्याप्त मात्रा में वित्तीय संसाधन मुहैया नहीं कराया जाता है जिससे वे विकासात्मक कार्यों को मूर्त रूप नहीं दे पाते हैं। राज्यों की शिकायत यह भी है कि योजना आयोग उनके आंतरिक नियोजनात्मक मामलों में हस्तक्षेप करता है जिससे

उनकी स्वायत्तता प्रभावित होती है। राज्यों की वित्तीय स्वायत्तता काफी सीमित है। वित्त आयोग तथा योजना आयोग के गठन के फलस्वरूप वित्तीय एवं नियोजन के क्षेत्र में केंद्रीकरण हो चुका है। इसके कारण संघीय आर्थिक स्थिति को सूची में दिए गए विषयों पर संघ तथा राज्यों द्वारा बनाए गए कानूनों में टकराव होने पर संघीय कानून को प्राथमिकता दी जाएगी। परंतु रूस में संघीय सूची के अतिरिक्त जो शेष विषय हैं, उनको समवर्ती सूची में समझा जाता है। कनाडा पद्धति में शक्तियों का विभाजन अमेरिका के संविधान से भिन्न है। कनाडा में शक्तियों के विभाजन के संदर्भ में तीन सूचियां–(i) डोमिनियन सूची, (ii) प्रांतीय सूची तथा (iii) समवर्ती सूची बनाई गई हैं। इसके अतिरिक्त अमेरिका, ऑस्ट्रेलिया, स्विट्जरलैंड, संघीय जर्मन गणतंत्र की अवशिष्ट शक्तियां भी कनाडा में केंद्र को प्रदान की गई हैं।

भारतीय संविधान में केंद्र और राज्य के मध्य शक्तियों का वितरण

- जहां तक भारत के संविधान में शक्तियों के वितरण का संबंध है तो यह कनेडियन पद्धति पर आधारित है। कनाडा के समान भारतीय संविधान में भी तीन सूचियां दी गई हैं और अवशिष्ट शक्तियां भी केंद्र को दी गई हैं।
- भारतीय संविधान में वर्णित प्रावधानों के अनुसार संघीय सूची में वर्णित राज्यों को विधि निर्माण करने की एकमात्र शक्ति प्राप्त है और राज्यसूची में वर्णित विषयों पर विधि निर्माण की शक्ति केवल राज्यों को प्राप्त है।
- समवर्ती सूची में वर्णित विषयों पर संसद तथा विधानमंडलों दोनों को ही कानून बनाने का अधिकार प्राप्त है। यदि समवर्ती सूची के विषयों के संदर्भ में बनाए गए केंद्र तथा राज्य विधानमंडल द्वारा बनाया गया कानून, उसकी विरोध की मात्रा तक शून्य होगा, परंतु इस सिद्धांत का अपवाद भी है। यदि समवर्ती सूची में दिए गए किसी विषय पर विधानपालिका द्वारा पारित किए गए विधेयक को राष्ट्रपति के पास विचारार्थ प्रस्तुत किया जाता है और यदि राष्ट्रपति द्वारा उसको स्वीकृति दे दी जाती है तो वह कानून उस राज्य में लागू होगा, परंतु संसद इस प्रकार से निर्मित कानून को समाप्त कर सकती है।

संघीय सूची के विषय

अनुसूची-7 की सूची-1 को संघ सूची की संज्ञा दी गई है। इस सूची में सामान्यतः राष्ट्रीय महत्व के विषयों को रखा जाता है। इन विषयों का संबंध संघ के सामान्य हित से है और जिनके संदर्भ में संपूर्ण संघ के भीतर विचार की एकरूपता अनिवार्य है। संघीय सूची में 97 विषय शुरू में सम्मिलित किए गए थे, परंतु वर्तमान में इनकी संख्या 100 है। उल्लेखनीय है कि 88वें संविधान संशोधन अधिनियम 2003 द्वारा संघ सूची में निम्नलिखित 3 विषयों को सम्मिलित किया गया–

- अंतर्राज्यीय व्यापार के दौरान, समाचार-पत्रों से भिन्न माल के क्रय या विक्रय पर कर (प्रविष्टि क्रमांक-92क)
- अंतर्राज्यीय व्यापार के दौरान माल के पारेषण (Transportation) पर कर (प्रविष्टि क्रमांक-92 ख)
- सेवाओं पर कर (प्रविष्टि क्रमांक 92 ग)

संघीय सूची में वर्णित विषय रक्षा, सशस्त्र बल, अस्त्र-शस्त्र तथा गोला-बारूद, परमाणु ऊर्जा, विदेश कार्य, राजनयिक प्रतिनिधित्व, सं. राष्ट्र संघ, संधियां, युद्ध और शांति, नागरिकता, प्रत्यार्पण, रेल, परिवहन, नौ परिवहन, वायु परिवहन, डाक तार एवं टेलीफोन, बेतार एवं प्रसारण, करेंसी सिक्का निर्माण और वैध निविदा, विदेशी ऋण, भारतीय रिजर्व बैंक, विदेशों के साथ व्यापार, अंतर्राज्यीय व्यापार एवं वाणिज्य, निगमन तथा विनियमन, बैंककारी विनिमय पत्र, बीमा, स्टॉक एक्सचेंज, पेटेंट, बाटों तथा नापों के मानक नियत करना, उद्योग नियंत्रण, खानों, खनिज पदार्थों और तेल संसाधनों का विनियमन और विकास, राष्ट्रीय संग्रहालयों, पुस्तकालयों का रक्षण, ऐतिहासिक स्मारक, भारत का सर्वेक्षण, जनगणना, संघीय लोक सेवाएं, निर्वाचन, संसदीय विशेषाधिकार, सरकारी खातों की लेखा परीक्षा, सर्वोच्च न्यायालय का गठन और संगठन, उच्च न्यायालय, संघीय लोक सेवा आयोग, आयकर, सीमा शुल्क तथा निर्यात शुल्क, उत्पाद शुल्क, संपदा शुल्क, सीमा कर, समाचार पत्रों के क्रय-विक्रय पर कर आदि। उक्त सभी विषय राष्ट्रीय महत्व के हैं अतः इनके संदर्भ में पूरे देश में एक समान कानून होना आवश्यक है।

राज्य सूची के विषय

- सातवीं अनुसूची की सूची 2 को राज्यसूची की संज्ञा दी गई है। इस सूची में स्थानीय महत्व या प्रादेशिक महत्व के विषयों को रखा गया है।
- इस सूची में मूल रूप में कुल 66 विषय रखे गए थे। परंतु सातवें संविधान संशोधन द्वारा प्रविष्टि-36 और 42वें संविधान संशोधन द्वारा प्रविष्टि 11, 19, 20 और 29 को हटा दिया गया।
- वर्तमान में गणना की दृष्टि से राज्य सूची में कुल 61 विषय हैं, परंतु अंतिम प्रविष्टि का क्रमांक 66 है।
- राज्य सूची का सृजन स्थानीय आवश्यकताओं के आधार पर किया गया है और विभिन्न राज्यों में इन विषयों के प्रति भिन्न-भिन्न व्यवहार की संभावना के कारण इनको राज्य सूची में रखा गया है।
- राज्य सूची के विषय इस प्रकार हैं–लोक प्रशासन व्यवस्था, पुलिस, न्याय प्रशासन, कारागार और सुधारालय, स्थानीय शासन, लोक स्वास्थ्य और स्वच्छता, मादक पदार्थ, श्मशान एवं कब्रिस्तान, राज्य द्वारा नियंत्रित पुस्तकालय और संग्रहालय, कृषि, पशुपालन, अंतर्राज्यीय संचार साधन, जल प्रदाय तथा सिंचाई, भूमि अधिकार, वन, मीन क्षेत्र, राज्यीय व्यापार एवं वाणिज्य, राज्य लोक सेवाएं, स्थानीय निर्वाचन, विधानमंडलों के विशेषाधिकार, समस्त राज्य के अधिकारियों के वेतन और भत्ते, निखात निधि, भू-राजस्व, कृषि आय पर कर, भूमि तथा भवनों पर कर, कृषि भूमि के उत्तराधिकार के संबंध में शुल्क, राज्य में विनिर्मित या उत्पादित एल्कोहाली मदिरा, अफीम आदि पर कर, विद्युत के उपभोग या विक्रय पर कर, किसी स्थानीय क्षेत्र में माल के प्रवेश पर कर, समाचार-पत्रों को छोड़कर अन्य वस्तुओं पर बिक्री कर, सड़कों या अंतर्देशीय जलमार्गों द्वारा लिया जाने वाला माल तथा यात्री पर कर, वाहन पर कर, जीव-जंतुओं और नौकाओं पर कर, पथकर, वृत्तियों व्यापारों आजीविकाओं पर कर, प्रति व्यक्ति कर, भोगविलास की वस्तुओं पर कर इत्यादि। राज्य सूची में दिए गए विषयों पर केवल राज्य को ही विधि निर्माण का अधिकार प्राप्त है, परंतु इसके कुछ अपवाद भी हैं जिनकी विवेचना आगे की गई है।

समवर्ती सूची के विषय

- अनुसूची 7 की सूची 3 को समवर्ती सूची की संज्ञा दी गई है। इस सूची में राष्ट्रीय और स्थानीय दोनों प्रकार के विषयों को सम्मिलित किया गया है।
- समवर्ती सूची में कुल **47 विषय** सम्मिलित हैं। इन विषयों के संदर्भ में केंद्र तथा राज्य दोनों को ही कानून बनाने का अधिकार प्राप्त है।
- समवर्ती सूची में वर्णित विषय निम्नवत् हैं–राज्य की सुरक्षा के लिए अवरोध, शादी और तलाक, गैर-कृषि भूमि संपत्ति अंतरण, ठेका, दिवाला तथा शोध अक्षमता, न्यास और न्यासी, सिविल प्रक्रिया, न्यायालय का अवमान, खाद्य पदार्थों में मिलावट, औषधियां तथा विष, आर्थिक एवं सामाजिक योजनाएं, वाणिज्यिक तथा औद्योगिक एकाधिकार, श्रमिक संघ, सामाजिक सुरक्षा, श्रमिकों की कल्याण निधि, वृत्ति, चिकित्सा वृद्धि, कुछ विशेष वस्तुओं में

व्यापार एवं वाणिज्य, मूल्य नियंत्रण, कारखाना, विद्युत, समाचार-पत्र, पुस्तकों और मुद्रणालय, स्टांप शुल्क इत्यादि।

भारत में केंद्र और राज्य संबंधों की विशेषताएं

केंद्र तथा राज्यों के मध्य शक्तियों एवं दायित्वों का बंटवारा कैसे हो? संघात्मक या परिसंघात्मक व्यवस्था वाले देशों के सामने अक्सर यह एक जटिल प्रश्न होता है। यह समस्या इंग्लैंड जैसे एकात्मक देशों के सामने नहीं आती, क्योंकि वहां संघ की शक्ति में हिस्सा मांगने वाले राज्यों का अस्तित्व नहीं है। केंद्र और राज्यों के मध्य शक्तियों और दायित्वों के बंटवारे के संबंध में निम्नलिखित बिंदुओं या तथ्यों को ध्यान में रखना पड़ता है।

- अमेरिका, स्विट्जरलैंड, कनाडा, ऑस्ट्रेलिया और भारत जैसे देशों में जहां पर संघात्मक या परिसंघात्मक शासन व्यवस्था प्रचलन में है। केंद्र और राज्यों के बीच शक्तियों एवं दायित्वों का वितरण कैसे किया जाए, यह कई कारकों यथा ऐतिहासिक परिस्थितियों भौगोलिक संपर्क, संचार व परिवहन की सुविधाएं जनता की इच्छा, विभिन्न राज्यों की सामाजिक एवं राजनीतिक संरचना चरित्र इत्यादि पर निर्भर करता है।
- एक ओर भारत और कनाडा जैसे देश शक्तिशाली केंद्र के पक्ष में हैं तो दूसरी ओर स्विट्जरलैंड सशक्त राज्यों के पक्ष में। अमेरिका में केंद्र व राज्यों के बीच शक्ति संतुलन की स्थिति दिखाई देती है।
- भारत की संघीय प्रणाली कनाडा के संविधान से प्रेरित है। कनाडा के समान ही भारत में भी संघ तथा राज्यों की शक्तियों का संविधान में स्पष्ट उल्लेख है तथा अवशिष्ट शक्तियां (Residuary Powers) संघ को प्रदान करते हुए एक शक्तिशाली केंद्र की स्थापना की गई है।
- इस प्रकार भारतीय संविधान संघात्मक होते हुए भी केंद्र के पक्ष में झुका हुआ है और आपातकाल में तो यह एक प्रकार से एकात्मक स्वरूप ग्रहण कर लेता है। संविधान का यह लक्षण देश की एकता और अखंडता के लिए उचित ही नहीं, बल्कि आवश्यक भी है। देखा जाए तो केंद्र और राज्यों के बीच कुल 4 प्रकार की शक्तियों का बंटवारा हो सकता है विधायी, प्रशासनिक, न्यायिक तथा वित्तीय।
- भारतीय संविधान द्वारा केंद्र एवं राज्यों के मध्य विधायी, प्रशासनिक तथा वित्तीय शक्तियों का विभाजन किया गया है, किंतु न्यायिक शक्ति को विभाजन से अलग रखा गया है।
- भारत में न्यायिक प्रणाली एकीकृत (Integrated) है अर्थात् न्यायपालिका शक्ति का संघ और राज्यों के मध्य विभाजन नहीं किया गया है।

केंद्र-राज्य संबंधों का वर्गीकरण

विधायी संबंध	प्रशासनिक संबंध	वित्तीय संबंध
(अनुच्छेद 245-255)	(अनुच्छेद 256-263)	(अनुच्छेद 264-293)

अनुसूची-7 के प्रमुख विषय

संघ सूची	राज्य सूची	समवर्ती सूची
• प्रतिरक्षा	• लोक व्यवस्था	• दण्ड विधि
• संचार	• पुलिस (रेल व ग्राम पुलिस सहित)	• प्रक्रिया विधि
• परमाणु ऊर्जा	• कारागार	• शिक्षा
• खनिज	• भूमि	• वन
• बैंकिंग और बीमा	• स्थानीय स्वशासन	• विवाह व विवाह-विच्छेद
• शेयर बाजार	• प्रादेशिक लोक सेवा	• कारखाने
• संधि और करार	• लोक स्वास्थ्य	• जनसंख्या नियंत्रण व परिवार नियोजन
• रेलवे	• बाजार एवं मेले	• न्याय, प्रशासन
• डाक व तार	• सट्टा (Betting) व जुआ (Gambling)	• वृत्तियां (Profession)
• समुद्री व हवाई मार्ग	• पशुपालन	• बाट-माप (इसके अंतर्गत मानकों को नियत किया जाना नहीं है।)
• राष्ट्रीय राजमार्ग	• सिंचाई	• स्वच्छता व औषद्यालय
• बंदरगाह	• गैस	• औद्योगिक विवाद
• विदेश व्यापार	• शराब	• उत्तराधिकार
• जनगणना	• मनोरंजन	• विद्युत
• डाक घर बचत बैंक	• भू-राजस्व या लगान	• कीमत नियंत्रण
• स्टॉक एक्सचेंज	• विद्युत पर कर	• खाद्य पदार्थों और अन्य पदार्थों का अपमिश्रण
• मुद्रा	• पथकर (Toll Tax)	• वन्य जीव-जन्तुओं का संरक्षण
• विदेशी ऋण	• प्रति व्यक्ति कर (Capitation Tax)	• विधि वृत्ति, चिकित्सा वृत्तियां
• रिजर्व बैंक	• कृषि आय पर कर	• समाचार-पत्र, पुस्तकें और मुद्रणालय
• आयकर (कृषि से भिन्न)	• कृषि भूमि पर सम्पदा शुल्क	• संपत्ति का अर्जन व अधिग्रहण
• सीमा शुल्क व निर्यात शुल्क	• कृषि भूमि के उत्तराधिकारी पर कर	• आर्थिक व सामाजिक योजनाएं

• निगम कर, सेवा कर और लॉटरी	• विलासिता की वस्तुओं पर कर आदि।	• जन्म-मरण पंजीकरण आदि।
• अवशिष्ट विषय आदि।	• विद्युत के उपभोग तथा विक्रय पर कर।	• न्यास एवं न्यासी।
• राजनयिक परिषदीय और व्यापारिक प्रतिनिधित्व	• किसी स्थानीय क्षेत्र में उपभोग, प्रयोग एवं विक्रय के लिए माल के प्रवेश पर कर।	• संविदायिन
• संयुक्त राष्ट्र संघ	• सड़कों या अंतर्देशीय जलमार्गों द्वारा ले जाने वाले माल तथा यात्रियों पर कर।	• पागलपन और मनोवैकल्य
• अंतर्राष्ट्रीय सम्मेलनों और अन्य निकायों में भाग लेना उनमें किए गए विनिश्चयों का कार्यान्वयन करना	• उच्चतम न्यायालय से भिन्न सभी न्यायालयों की इस सूची के विषयों में से किसी विषय के संबंध में अधिकारिता और शक्तियां	• आर्थिक एवं सामाजिक योजना।
• विदेशों से संधि और समझौते, वैदेशिक अधिकारिता	• जीव-जंतुओं और नौकाओं पर कर।	• कीमत नियंत्रण
• युद्ध और शांति	• वृत्तियों, व्यापारों, आजीविकाओं और नियोजन पर कर।	• मादक द्रव्य और विष
• नागरिकता देशीकरण और अन्य देशीयकरण	• इस सूची के विषय में से किसी विषय से संबंधित विधियों के विरुद्ध अपराध।	• सामाजिक सुरक्षा और सामाजिक बीमा नियोजन एवं बेरोजगारी
• प्रत्यर्पण	• साहूकारिक और साहूकार	• जन्म-मरण सांख्यिकीय
• पासपोर्ट और वीजा	• संघ खानों का विनियमन और खनिज विकास।	• श्रमिक कल्याण
• समुद्री डकैती और गहरे समुद्र या हवा में किए गए अपराधों या राष्ट्रों के कानून के खिलाफ अपराध।	• नाट्यशाला और नाट्यप्रदर्शन सिनेमा, खेलकूद, मनोरंजन और आमोद-प्रमोद।	• खाद्य पदार्थों एवं अन्य माल का अपमिश्रण
• उच्चतर शिक्षा या अनुसंधान संस्थाओं में तथा वैज्ञानिक एवं तकनीकी संस्थाओं में मानकों का समन्वय।	• राज्य के विधानमंडल के लिए निर्वाचन।	• मानवों, जीव-जन्तुओं और पौधों पर प्रभाव डालने वाले संक्रामक या सांसर्गिक रोग।
• राष्ट्रीय महत्व के घोषित प्राचीन और ऐतिहासिक स्मारक और अभिलेख एवं पुरातात्विक स्थल एवं अवशेष	• राज्य का लोकऋण।	• व्यापार संघ, औद्योगिक और श्रम विवाद।
	• खनिज संबंधी अधिकारों पर कर।	• वाणिज्यिक और औद्योगिक एकाधिकारिक गुट और न्यास।
		• श्रमिकों को व्यावसायिक एवं तकनीकी प्रशिक्षण।
		• न्यायिक स्टाम्पों द्वारा संग्रहीत शुल्कों एवं फीसों से भिन्न स्टाम्प शुल्क, किंतु इसके अंतर्गत स्टाम्प शुल्क की दरें नहीं हैं।

केंद्र-राज्य विधायी संबंधों के संवैधानिक उपबंध

भारतीय संविधान के अनुच्छेद–245 से 255 में विधायी संबंधों की विवेचना की गई है। भारतीय संविधान में विधायी शक्तियों को दो भिन्न दृष्टिकोणों के आधार पर दो भागों में विभाजित किया गया है। प्रथम भाग में विधान विस्तार की दृष्टि से तथा द्वितीय भाग में विधान विषय की दृष्टि से विधायी शक्तियों को वर्गीकृत किया गया है। विधान विस्तार की दृष्टि से विधायी शक्तियों के संदर्भ में अनुच्छेद–245 में प्रावधान किया गया है। जबकि विधान विषय की दृष्टि से अनुच्छेद–246 में प्रावधान किए गए हैं।

विधायी शक्तियाँ

- राज्य क्षेत्र के आधार पर (अनुच्छेद 245)
- विषयों के आधार पर (अनुच्छेद 246)

राज्य क्षेत्र के आधार पर शक्तियों का विभाजन

अनुच्छेद–245 में यह प्रावधानित है कि इस संविधान के उपबंधों के अस्तित्व में रहते संसद भारत के संपूर्ण राज्य क्षेत्र उसके किसी भाग के लिए विधि बना सकेगी तथा किसी राज्य का विधान मंडल उस **संपूर्ण** राज्य के अथवा उसके किसी भाग के लिए विधि बना सकेगा। इससे संबंधित तथ्य निम्नवत् हैं–

- अनुच्छेद–245 के अनुसार यदि समवर्ती सूची के विषयों में संसद तथा राज्य विधानमंडलों द्वारा सृजित की गई विधियों के मध्य कोई असंगति होने पर संघ की विधियां प्रभावी होंगी और राज्य की विधि उस विसंगति की मात्रा तक शून्य होगी, सिवाय उस स्थिति को छोड़कर जहां राज्य की विधि राष्ट्रपति के विचार के लिए आरक्षित रखी गई है और उसके संदर्भ में राष्ट्रपति की स्वीकृति मिल गई हो।
- भारतीय राज्यक्षेत्र का कोई ऐसा भाग, जो किसी राज्य के राज्यक्षेत्र के अंतर्गत नहीं आता है। उसके संबंध में विधि बनाने का अधिकार संसद को प्रदान किया गया है।
- अनुच्छेद–245(2) में कहा गया है कि संसद द्वारा बनाई गई कोई विधि इस आधार पर अविधिमान्य (Invalid) नहीं समझी जाएगी कि उसका राज्य क्षेत्रातीत प्रवर्तन (Extra-Territorial Operation) होगा।

विधायी विषय के आधार पर शक्तियों का वर्गीकरण

- अनुच्छेद–246(1) में उपबंध किया गया है कि संघीय सूची के विषय में संसद को विधि निर्माण करने की अनन्य अधिकारिता होगी, राज्य सूची के मदों

के राज्य विधानमंडल को विधियां बनाने की अनन्य अधिकारिता होगी और समवर्ती सूची में सम्मिलित मदों के बारे में संसद तथा राज्यों के विधानमंडल दोनों ही कानून बना सकते हैं। अनुच्छेद–246(4) में अवशिष्ट (Residuary) विषयों के संबंध में विधि बनाने की शक्ति संसद को दी गई है।

- अवशिष्ट विषयों के संबंध में अनुच्छेद–246(4) के तहत संसद को भारत के राज्यक्षेत्र के ऐसे भाग के लिए किसी भी विषय के संबंध में विधि बनाने की शक्ति है, जो किसी राज्य के अंतर्गत नहीं है, चाहे वह विषय राज्य सूची का हो।
- **अनुच्छेद–248** के अंतर्गत केंद्र को अवशिष्ट विधायी शक्तियों के संदर्भ में कानून बनाने का अधिकार प्राप्त है। ध्यातव्य है कि अवशिष्ट विधायी शक्तियों से आशय ऐसे विषयों के संदर्भ में कानून बनाने की शक्ति से है जो संघ, राज्य अथवा समवर्ती किसी भी सूची में वर्णित नहीं है।

इस प्रकार संसद द्वारा बनाई गई विधियां, न केवल भारत में, बल्कि विश्व के किसी भी भाग में रहने वाले भारतीय नागरिकों पर लागू होती हैं, परंतु राज्यों के विधानमंडलों द्वारा बनाई गई विधियों का राज्य क्षेत्रातीत प्रवर्तन नहीं होता है, परंतु क्षेत्रीय सामीप्य का सिद्धांत इसका अपवाद है।

राज्य सूची पर संसद द्वारा कानून बनाया जाना

राज्य विधानमंडलों को यह पूरा अधिकार है कि वह राज्य सूची के अंतर्गत विषयों पर कानून का निर्माण करें, परंतु इसके दो अपवाद हैं जो निम्नवत् हैं–

राष्ट्रहित से संबंधित विषय

- **अनुच्छेद–249** में प्रावधानित है कि यदि राज्यसभा में उपस्थित और मत देने वाले सदस्यों के दो-तिहाई बहुमत से एक संकल्प पारित करके यह घोषित कर दिया जाए कि राष्ट्रीय हित में यह आवश्यक तथा इष्टकर है कि संसद राज्य सूची में वर्णित किसी विषय पर कानून बना सकती है, तो इस स्थिति में संसद को उस विषय पर कानून बनाने का अधिकार प्राप्त होगा तथा संसद द्वारा निर्मित कानून विधि संगत होगा।
- राज्यसभा द्वारा पारित उक्त संकल्प केवल एक वर्ष के लिए प्रभावी रहता है, परंतु इस अवधि को राज्यसभा प्रत्येक बार संकल्प द्वारा एक वर्ष के लिए बढ़ा सकती है। संसद द्वारा पारित कोई विधि संकल्प के प्रवृत्त न होने से 6 मास की अवधि की समाप्ति पर प्रवृत्त न रहेगी।

आपात उद्घोषणा

- **अनुच्छेद–250 में प्रावधानित है कि आपात की उद्घोषणा प्रवर्तन** में होने पर राज्य सूची के भी विषयों पर संसद को कानून बनाने की शक्ति प्राप्त हो जाती है। ध्यातव्य है कि इसी तथ्य को **अनुच्छेद–353(6)** में भी कहा गया है। आपात स्थिति के समय संसद द्वारा राज्य सूची के विषय में बनाए गए कानून आपात उद्घोषणा के समाप्त होने के तीन माह बाद स्वतः ही प्रवर्तनहीन हो जाएंगे।
- **अनुच्छेद–251** में प्रावधानित है कि अनुच्छेद–245 एवं 250 के अंतर्गत संसद द्वारा बनाई गई विधियों तथा राज्यों के विधानमंडलों द्वारा बनाई गई विधियों के मध्य कोई असंगति होने पर संसद द्वारा बनाई गई विधि अभिभावी होगी और राज्य की विधि विरोध की मात्रा तक अप्रवर्तनीय होगी और संसद द्वारा बनाई गई विधि प्रभावी रहेगी।
- **अनुच्छेद–252** में प्रावधानित है कि यदि दो या दो से अधिक राज्यों के विधानमंडलों द्वारा यह संकल्प पारित कर दिया जाता है कि राज्य सूची के किसी विषय पर संसद को कानून बनाना वांछनीय है तो संसद उस विषय पर कानून बना सकती है। ऐसे कानून को अन्य राज्य भी संकल्प पारित करके उसका क्रियान्वयन कर सकते हैं। इस प्रकार बनाए गए अधिनियम केवल संसद द्वारा ही संशोधित या समाप्त किए जा सकते हैं। इनको समाप्त या संशोधित करने का अधिकार विधानमंडलों को नहीं है।

अनुच्छेद–251 में प्रावधानित है कि अनुच्छेद–249 या अनुच्छेद–250 की किसी बात से राज्य विधानमंडल की विधायी शक्ति समाप्त नहीं होती है, किंतु यदि उसके द्वारा बनाई गई विधि संसदीय विधि के विरुद्ध हो तो संसद की विधि प्रभावी (Prevail) होती है और राज्य विधानमंडल द्वारा निर्मित विधि विरोध की मात्रा तब तक अप्रवर्तनीय (Inoperative) होती है, जब तक कि संसद द्वारा बनाई गई विधि प्रभावी रहती है।

अंतर्राज्यीय समझौतों के पालन हेतु विधान

अनुच्छेद–253 में प्रावधानित है कि अंतर्राष्ट्रीय संधियों तथा समझौतों के कार्यान्वयन से संबंधित विषय, चाहे वह राज्य सूची का ही हो, केंद्र को कानून बनाने का अधिकार प्राप्त है, परंतु इस प्रकार के कानूनों के निर्माण से केंद्र और राज्यों के मध्य सामान्य शक्ति विभाजन में किसी भी प्रकार की कोई बाधा नहीं उत्पन्न हो सकती है।

केन्द्र-राज्य विधायी संबंधों से संबंधित अनुच्छेद

अनुच्छेद	विषय-वस्तु
245	संसद एवं राज्य विधानमंडलों द्वारा बनाए गए कानूनों का विस्तार।
246	संसद एवं राज्य विधायिकाओं द्वारा बनाए गए कानूनों की विषय-वस्तु।
247	कुछ अतिरिक्त न्यायालयों की स्थापना का संसद को अधिकार।
248	अवशिष्ट विधायी शक्तियां।
249	राष्ट्रहित में राज्य सूची से संबंधित किसी मामले में संसद को कानून बनाने की शक्ति।
250	राज्य सूची के किसी विषय पर आपातकाल की स्थिति में संसद को कानून बनाने की शक्ति।
251	अनुच्छेद 249 एवं 250 के अंतर्गत संसद द्वारा बनाए गए कानूनों एवं राज्य विधानमंडलों द्वारा बनाए गए कानूनों के बीच असंगतता (मतभेद विरोध)।
252	दो या दो से अधिक राज्यों के लिए उनकी सहमति के पश्चात् संसद द्वारा कानून बनाने की शक्ति तथा किसी अन्य राज्य द्वारा इस विधायन को अंगीकार करना।
253	अंतर्राष्ट्रीय समझौतों को लागू करने के लिए विधायन।
254	संसद द्वारा बनाए कानूनों तथा राज्य विधानमंडलों द्वारा बनाए गए कानूनों के बीच असंगति।
255	अनुशंसाओं तथा पूर्व अनुमोदनों को प्रक्रियागत मामलों के रूप में देखने की आवश्यकता।

राज्यों की सहमति

- अनुच्छेद–252 के अनुसार, यदि दो या दो से अधिक राज्यों के विधानमंडल संकल्प पारित कर संसद से यह अनुरोध करें कि वह राज्यसूची में वर्णित किसी विषय पर विधि का निर्माण करें, तब संसद राज्यसूची में वर्णित उन विषयों पर विधि बना सकती है। ऐसी विधि को कोई अन्य राज्य भी, विधानमंडल द्वारा संकल्प पारित कर विधि का निर्माण व अंगीकृत (Adopt) कर सकता है।
- राज्यों के विधानमंडलों के अनुरोध पर संसद द्वारा पारित कानून को संशोधित या निरसित (Repeal) करने का अधिकार मात्र संसद को है, राज्य विधानमंडल को नहीं।

- राज्य विधानमंडलों द्वारा संविधान के प्रवर्तन के बाद अब तक केवल दो बार राज्य सूची में वर्णित विषयों पर कानून बनाने का संसद को अधिकार दिया गया है–
  1. पांच राज्यों (मुम्बई, मध्य प्रदेश, ओडिशा (उड़ीसा), पंजाब और उत्तर प्रदेश) द्वारा सन् 1953 में संपदा शुल्क पर कानून बनाने के लिए तथा
  2. आठ राज्यों [आंध्र प्रदेश, मुंबई, चेन्नई (मद्रास), ओडिशा (उड़ीसा), उत्तर प्रदेश, हैदराबाद, सौराष्ट्र तथा पेप्सू (Pepsu : The Patiala and East Punjab States Union)] द्वारा सन् 1995 में पुरस्कार प्रतियोगिता पर कानून बनाने के लिए।

अंतर्राष्ट्रीय संधि या समझौता

- अनुच्छेद–253 के अंतर्गत संसद को किसी अन्य देश के साथ किए गए संधि या करार के क्रियान्वयन (Implementation) हेतु संपूर्ण भारत या उसके किसी भाग के लिए बिना किसी राज्य की सहमति से ही विधि बनाने की शक्ति है, चाहे वह विषय राज्य सूची का ही क्यों न हो।
- सातवीं अनुसूची में संघ सूची की प्रविष्टि 14 में भी विदेशों से संधि और करार करना तथा विदेशों से की गई संधियों, करारों एवं अभिसमयों (Conventions) के क्रियान्वयन का उल्लेख किया गया है।

राज्यों में संवैधानिक तंत्र की विफलता

अनुच्छेद–356 में प्रावधानित है कि किसी राज्य में संवैधानिक तंत्र के विफल हो जाने पर उस राज्य का राज्यपाल सरकार को बर्खास्त कर उस राज्य में राष्ट्रपति शासन घोषित (Proclamation) कर सकता है राज्य के विधानमंडल की शक्तियां संसद द्वारा या उसके प्राधिकार के अधीन प्रयोग की जाएंगी।

क्षेत्रीय सामीप्य का सिद्धांत

क्षेत्रीयता सामीप्य के सिद्धांत को 'क्षेत्रीय संबद्धता का सिद्धांत' भी कहा जाता है। सामान्य नियम यह है कि किसी राज्य का विधानमंडल अपने राज्य या उसके किसी भाग के लिए विधि बना सकता है।

- वह अपने राज्य के बाहर के किसी क्षेत्र अर्थात् किसी दूसरे राज्य क्षेत्र के लिए विधि का निर्माण नहीं कर सकता है, किंतु इस सामान्य नियम का एक अपवाद है जिसके अनुसार, किसी राज्य विधानमंडल द्वारा बनाई गई विधि किसी अन्य राज्य के राज्यक्षेत्र में लागू हो सकती है, यदि उस विधि को बनाने वाले राज्य तथा विधि की विषयवस्तु में कोई वास्तविक संबंध हो। इसे क्षेत्रीय संबद्धता या सामीप्य का सिद्धांत कहा जाता है।
- संसद तथा राज्य की विधियों में कोई विरोध नहीं है, किंतु संसद का विधि निर्माण के पीछे यह आशय है कि उस विषय से संबंधित संपूर्ण क्षेत्र उसी की विधि के अधीन रहना चाहिए, नहीं तो बिना वास्तविक विरोध के भी राज्य की विधि शून्य होगी। यह सिद्धांत केवल समवर्ती सूची से जुड़ी विधियों पर लागू होता है।

विधायी विरोधाभास का सिद्धांत

सर्वोच्च न्यायालय ने विभिन्न विधियों में विरोध की स्थिति में निर्णय देने के लिए दो सिद्धांत विकसित किए हैं, जो निम्नवत् हैं–

अधिकृत क्षेत्र का सिद्धांत

अधिकृत क्षेत्र के सिद्धांत से आशय है कि अगर संसद तथा राज्य की विधियों में कोई विरोध नहीं है, किंतु संसद का विधि निर्माण के पीछे यह आशय है कि उस विषय से संबंधित संपूर्ण क्षेत्र उसी की विधि के अधीन रहना चाहिए तो बिना वास्तविक विरोध के भी राज्य की विधि शून्य होगी। यह सिद्धांत केवल समवर्ती सूची से जुड़ी विधियों पर लागू होता है।

पृथक्करण का सिद्धांत

यदि दोनों विधियों में कोई वास्तविक विरोध है और उसके कारण किसी-न-किसी विधि या उसके किसी भाग को शून्य घोषित करना आवश्यक है, तो इस पर सर्वोच्च न्यायालय ने अनुच्छेद 254 में वर्णित कथन विरोध की मात्रा तक शून्य होगा, पर बल देते हुए तय किया है कि जहां तक संभव हो विरोध की स्थिति में संपूर्ण अधिनियम को शून्य करने की बजाय उस हिस्से को शून्य किया जाना चाहिए जो वास्तविक विरोध में हो।

केंद्र-राज्य प्रशासनिक संबंध

संसदीय शासन प्रणाली के अंतर्गत केंद्र और राज्यों के प्रशासनिक संबंधों को सौहार्दपूर्ण बनाना, उनमें सामंजस्य और समायोजन स्थापित करना एक जटिल कार्य है। यही कारण है कि भारतीय संविधान निर्माताओं द्वारा भारतीय संविधान में प्रशासनिक संबंधों को सुस्पष्ट तरीके से परिभाषित किया गया है और अनेकों प्रावधान किए गए हैं जिससे केंद्र और राज्यों की सरकारों के मध्य प्रशासनिक क्षेत्र में सौहार्दपूर्ण संबंध बना रहे और शासन व्यवस्था नियमित एवं प्रभावी ढंग से चलती रहे। भारतीय संविधान में प्रशासनिक शक्तियों का विभाजन भारत सरकार अधिनियम, 1935 के नमूने का अनुसरण करते हुए किया गया है।

भारतीय संविधान के भाग-11 के द्वितीय अध्याय में अनुच्छेद–256 से 263 तक में प्रशासनिक संबंधों की विवेचना की गई है। अनुच्छेद–73(1) में प्रावधानित है कि केंद्र की कार्यपालिका शक्ति उन सब विषयों पर है–(1) जिनके संदर्भ में संसद को विधि निर्माण एवं अधिकार प्राप्त हैं और (2) अधिकारों, सत्ता एवं न्याय क्षेत्र का क्रियान्वयन जो भारत सरकार को किसी संधि या समझौते के परिणामस्वरूप करने हैं। इसी प्रकार **अनुच्छेद–162** के अनुसार एक राज्य की कार्यपालिका शक्ति उन सब विषयों तक विस्तृत है जिन पर वे कानून बना सकती है।

वास्तव में संविधान निर्माताओं द्वारा यह प्रयास किया गया है कि केंद्र या राज्यों पर नियंत्रण बना रहे जिससे राज्य सरकारें केंद्रीय विधियों एवं कार्यपालिका नीतियों के क्रियान्वयन में कोई बाधा न पहुंचाए। भारत में केंद्र और राज्यों के बीच संबंधों को निर्धारित करने वाले प्रावधानों को दो वर्गों में विभाजित किया जा सकता है।

संघीय नियंत्रण वाले उपबंध

केंद्र और राज्यों के बीच प्रशासनिक संबंध

संघीय नियंत्रण वाले उपबंध
- राज्यों को दिशा-निर्देश देना
- संघ कृत्यों को राज्यों को सौंपना
- आपातकालीन अवधि में संबंध
- अखिल भारतीय सेवाएं
- एकीकृत न्यायिक व्यवस्था

समन्वयकारी उपबंध
- एक-दूसरे पर पारस्परिक विश्वास
- जल संबंधी विवादों का न्याय निर्णय
- क्षेत्रीय परिषदों का गठन
- अंतर्राज्यीय परिषद् का गठन

यद्यपि राज्य सरकारों को सामान्यतया अपने प्रशासनिक कार्यों में पूर्ण स्वतंत्रता प्रदान की गई है, परंतु इसके बावजूद केंद्र सरकार कुछ सीमा तक उनको नियंत्रित एवं निर्देशित करती है। उल्लेखनीय है कि भारतीय संविधान निर्माताओं ने प्रशासनिक क्षेत्र में केंद्र तथा राज्यों के बीच उठने वाले विवादों से देश को बचाने के लिए संविधान में विस्तृत उपबंध किया है। केंद्र राज्य प्रशासनिक संबंधों के संदर्भ में भारत सरकार अधिनियम, 1935 का अनुसरण किया गया है। भारतीय संविधान द्वारा केंद्र राज्य प्रशासनिक संबंधों के संदर्भ में किए गए उपबंध इस प्रकार हैं–

केंद्र द्वारा राज्यों को निर्देश (अनुच्छेद–256, 257, 305 और 309)

संसदीय शासन प्रणाली में केंद्र द्वारा राज्यों को निर्देश दिए जाने की प्रणाली या व्यवस्था नहीं है। यह संघीय सिद्धांतों या संसदीय शासन प्रणाली के प्रतिमानों के

प्रतिकूल है, परंतु भारतीय संविधान निर्माताओं ने भारत की विशेष परिस्थितियों को देखते हुए ऐसी व्यवस्था को संविधान में प्रावधानित करना उचित समझा। इससे संबंधित प्रमुख संवैधानिक प्रावधान निम्नवत् हैं–

- **अनुच्छेद–256** में यह प्रावधानित है कि प्रत्येक राज्य कार्यपालिका की शक्ति का प्रयोग इस प्रकार करेगा कि जिसमें संसद द्वारा निर्मित विधियों का पालन सुनिश्चित रहे तथा संघ की कार्यपालिका शक्ति का विस्तार किसी राज्य को ऐसे निर्देश देने तक विस्तृत होगा जिसे भारत सरकार उस प्रयोजन के लिए आवश्यक समझें। केंद्रीय विधान के प्रशासन में कोई बाधा न उत्पन्न हो। इसलिए केंद्र सरकार को राज्यों को आवश्यक निर्देश देने की शक्ति प्रदान की गई है।
- **अनुच्छेद–257** में यह प्रावधानित है कि प्रत्येक राज्य अपनी कार्यपालिका का इस प्रकार प्रयोग करेगा कि जिससे संघ की कार्यपालिका की शक्ति के प्रयोग में किसी अड़चन का प्रतिकूल प्रभाव न पड़े। इस उद्देश्य की पूर्ति के लिए केंद्र द्वारा राज्यों को आवश्यक निर्देश दिया जाएगा।
- **केंद्र अनुच्छेद–257(1), (2), (3)** के अंतर्गत क्रमश: राज्यों को राष्ट्रीय या सैनिक महत्व के संचार साधनों के निर्माण एवं रख-रखाव और राज्यों के अंदर रेलों की रक्षा के लिए किए जाने वाले उपायों के विषय में आवश्यक निर्देश दे सकता है। केंद्र सरकार को किसी सड़क या जलमार्ग को राष्ट्रीय राजमार्ग या राष्ट्रीय जलमार्ग घोषित करने की शक्ति प्राप्त है।
- **अनुच्छेद–257(4)** में स्पष्टत: कहा गया है कि यदि राज्य सरकार को अनुच्छेद–257(2) और (3) में दिए गए निर्देशों का पालन करने में अतिरिक्त व्यय करना पड़ता है तो केंद्र सरकार उस राज्य को समझौते के अनुसार एक निश्चित राशि देगी।
- **अनुच्छेद–256** और **257** के अंतर्गत राज्यों को दिए गए केंद्रीय निर्देशों का यदि कोई राज्य अनुपालन नहीं करता है या उसकी अवहेलना करता है तो इसके संदर्भ में अनुच्छेद–365 और 356 में केंद्र को पर्याप्त शक्ति प्रदान की गई है।
- इसी प्रकार राज्य के अंतर्गत रेल सुरक्षा को सुनिश्चित करने के लिए केंद्र द्वारा राज्यों को निर्देश दिए जा सकते हैं।
  1. **अनुच्छेद–339** के तहत ऐसी योजना बनाने और उसे क्रियान्वित करने के लिए केंद्र द्वारा राज्यों को निर्देश दिया जा सकता है, जो अनुसूचित जातियों (Scheduled Tribes) के कल्याण के लिए आवश्यक हों।
  2. **अनुच्छेद–350:** भाषायी अल्पसंख्यक वर्गों के बालकों को शिक्षा के प्राथमिक स्तर पर मातृभाषा में शिक्षा की पर्याप्त सुविधाएं सुनिश्चित करने हेतु केंद्र द्वारा राज्यों को निर्देश दिया जा सकता है।
  3. **अनुच्छेद–351** के तहत हिंदी भाषा के विकास को सुनिश्चित करने के लिए भी केंद्र द्वारा राज्यों को निर्देश दिया जा सकता है।
- **अनुच्छेद–365** में यह प्रावधानित है कि यदि संघ की कार्यपालिका शक्ति के प्रयोग के संदर्भ में किन्हीं निर्देशों का राज्य द्वारा पालन नहीं किया जाता है तो राष्ट्रपति के लिए यह मानना विधिसंगत होगा कि ऐसी स्थिति उत्पन्न हो गई है जिसमें राज्य का प्रशासन संविधान के प्रावधानों के अनुसार चलाया जाना संभव नहीं है, परंतु यह अनुच्छेद जम्मू एवं कश्मीर पर प्रभावी नहीं होगा।

आपातकालीन परिस्थितियों में संबंध

- राष्ट्रीय आपातकाल के समय (अनुच्छेद–352 के अंतर्गत), केंद्र को इस बात का अधिकार प्राप्त हो जाता है कि वह किसी भी विषय पर राज्यों को निर्देशित कर सकता है। इस स्थिति में राज्य पूर्णत: केंद्र के नियंत्रण के अधीन हो जाते हैं यद्यपि उन्हें निलंबित नहीं किया जाता।
- **अनुच्छेद–356(1)** के अंतर्गत यदि किसी राज्य के राज्यपाल से प्रतिवेदन मिलने पर या राष्ट्रपति को किसी अन्य माध्यम से यह स्वत: संज्ञान हो जाता है कि ऐसी स्थिति पैदा हो गई है कि जिसमें उस राज्य का शासन इस संविधान के उपबंधों के अनुसार नहीं चलाया जा सकता है तो राष्ट्रपति उद्घोषणा द्वारा राज्य की समस्त शक्तियों को अपने हाथ में ले सकता है।
- जब राज्य में राष्ट्रपति शासन (अनुच्छेद–356 के अंतर्गत) लागू किया जाता है तो राज्य के कार्यकारी विषयों के संबंध में राष्ट्रपति स्वयं निर्देश दे सकता है। इस स्थिति में राज्यपाल या अन्य कार्यकारी प्राधिकारी की समस्त शक्तियां राष्ट्रपति ग्रहण कर सकता है।
- वित्तीय आपातकाल की स्थिति में (अनुच्छेद–360 के अंतर्गत) केंद्र वित्तीय परिसंपत्तियों के अधिग्रहण हेतु राज्यों को निर्देशित कर सकता है तथा राष्ट्रपति, राज्य में कार्यरत सरकारी कर्मचारियों एवं उच्च न्यायालय के न्यायाधीशों के वेतन में कटौती करने का आदेश दे सकते हैं।

केन्द्र-राज्य प्रशासनिक संबंधों से संबंधित अनुच्छेद

अनुच्छेद	विषय-वस्तु
256	राज्यों तथा संघ की जिम्मेदारियां।
257	कुछ मामलों में संघ का राज्यों के ऊपर नियंत्रण।
257ए	राज्यों के सहायतार्थ संघ के सशस्त्र बलों अथवा अन्य बलों की तैनाती (निरस्त)
258	कुछ मामलों में राज्यों को शक्ति प्रदान करने की संघ की शक्ति।
259	प्रथम अनुसूची के भाग-बी में राज्यों में सशस्त्र बल (निरस्त)।
260	भारत के बाहर के भूभागों के संबंध में संघ का अधिकार क्षेत्र।
261	सार्वजनिक क्रियाकलाप, अभिलेख तथा न्यायिक प्रक्रियाएं।
262	अंतर्राज्यीय नदियों अथवा नदी-घाटियों के पानी से संबंधित विवादों के संबंध में न्याय निर्णयन।
263	अंतर्राज्यीय संबंधों से संबंधित प्रावधान।

संघीय कृत्यों को राज्य को सौंपना

- **अनुच्छेद–258 (1)** में यह प्रावधानित है कि संसद किसी राज्य सरकार की सहमति से संघीय (केंद्रीय) कार्यपालिका शक्ति से संबंधित किसी विषय को उस सरकार को या उसके पदाधिकारियों को सौंप सकती है।
- **अनुच्छेद–258 (2)** के अंतर्गत संसद को संघीय विवादों के अंतर्गत राज्य प्रशासन तंत्र को प्रयोग करने की शक्ति प्राप्त है। ध्यातव्य है कि अनुच्छेद–(1) के अंतर्गत राज्यों को शक्तियां राज्य सरकारों की सहमति से सौंपी जाती हैं, परंतु अनुच्छेद–(2) के अंतर्गत राज्यों की सहमति आवश्यक नहीं है।
- **7वें संविधान संशोधन द्वारा एक नया उपबंध 258 (क) जोड़ा गया। अनुच्छेद–258 (क)** में यह प्रावधान किया गया है कि किसी राज्य का राज्यपाल केंद्र सरकार की सहमति से ऐसे किसी भी संबंधित कृत्य को जिस पर राज्य की कार्यपालिका शक्ति का विस्तार है, सशर्त या बिना शर्त के उसे सौंप सकती है। उल्लेखनीय तथ्य यह है कि राज्य अपने कृत्य केंद्र को उसकी सहमति से ही सौंप सकता है। इस विवेचन से स्पष्ट है कि संविधान ने प्रशासकीय संबंधों में भी केंद्र की प्रमुखता स्वीकार की है।
- **अनुच्छेद–261** में प्रावधानित है कि भारत के सभी राज्य क्षेत्रों में केंद्र और प्रत्येक राज्य के सार्वजनिक कार्यों, अभिलेखों और न्यायिक कार्यवाहियों को पूरा विश्वास तथा पूरी मान्यता दी जाएगी। इन अभिलेखों और कार्यवाहियों को प्रमाणित करने की विधि और शर्तें तथा उनके प्रभाव का निर्धारण संसद द्वारा बनाई गई विधि द्वारा उपबंधित विधि के अनुसार किया जाएगा। इसी अनुच्छेद में यह भी प्रावधानित है कि भारत के राज्य क्षेत्र के किसी भाग में सिविल न्यायालयों द्वारा दिए गए अंतिम निर्णयों को या आदेशों को उस राज्य क्षेत्र के भीतर कहीं भी विधि के अनुसार निष्पादित किया जा सकेगा।

संघीय कर

संघीय सूची की प्रविष्टी संख्या 82 से 92 A में वर्णित विषयों पर जो कर लगाया जाता है उसे संघीय कर की संज्ञा दी गई है।

1. आयकर (कृषि आय को छोड़कर)
2. सीमा शुल्क (निर्यात शुल्क सहित)
3. तम्बाकू और अन्य वस्तुओं पर उत्पाद शुल्क (एल्कोहॉलिक पेय पदार्थों, अफीम, गांजा, मादक औषधि तथा मादक पदार्थों को छोड़कर)।
4. निगम कर (Corporation Tax)
5. व्यक्तियों तथा कम्पनियों की संपत्तियों की पूंजी पर कर (कृषि भूमि को छोड़कर)
6. सम्पदा शुल्क (Estate Duty) (कृषि भूमि से भिन्न संपत्ति पर)
7. संपत्ति के उत्तराधिकारी पर शुल्क (कृषि भूमि को छोड़कर)
8. रेल, समुद्र या वायुमार्ग द्वारा ले जाए जाने वाले वस्तु और यात्रियों पर सीमा कर (Terminal Tax) तथा रेल भाड़ों और माल भाड़ों पर कर।
9. स्टॉक एक्सचेंज तथा वायदा बाजार (Future Markets) के संव्यवहारों पर स्टाम्प शुल्क से भिन्न कर।
10. स्टाम्प शुल्क (Stamp Duty)
11. समाचार-पत्रों के क्रय-विक्रय तथा उसमें प्रकाशित विज्ञापनों पर कर,
12. समाचार-पत्रों से भिन्न वस्तुओं के क्रय-विक्रय पर कर (अन्तर्राज्यीय व्यापार के दौरान)
13. माल के पारेषण पर कर (अन्तर्राज्यीय व्यापार के दौरान)
14. सेवाओं पर कर

राज्य कर

राज्य सूची की प्रविष्टी संख्या 46 से 63 में वर्णित विषयों पर लगाए जाने वाले कर को राज्य कर की संज्ञा दी जाती है।

1. भू-राजस्व या लगान
2. कृषि आय पर कर
3. कृषि भूमि के उत्तराधिकारी पर कर
4. कृषि भूमि पर सम्पदा शुल्क
5. भूमि और भवनों पर कर
6. खनिज अधिकारों पर कर
7. ऐल्कोहॉलिक पेय, अफीम, गांजा तथा अन्य मादक पदार्थों और औषधियों पर उत्पाद कर
8. स्थानीय उपयोग तथा विक्रय के लिए वस्तुओं के प्रवेश पर कर
9. विद्युत के उपभोग एवं बिक्री पर कर
10. समाचार-पत्रों से भिन्न वस्तुओं के क्रय-विक्रय पर कर
11. रेडियो या दूरदर्शन के विज्ञापनों पर कर
12. सड़क तथा अन्तर्देशीय जलमार्ग द्वारा ले जाए जाने वाले वस्तुओं या यात्रियों पर कर
13. सड़कों पर प्रयुक्त वाहनों पर कर
14. जीव-जन्तुओं और नौकाओं पर कर
15. पथ कर या मार्ग पर
16. व्यापार, व्यवसाय तथा रोजगार पर कर
17. प्रति व्यक्ति कर
18. विलासिताओं (मनोरंजन, जुआ तथा बोली लगाना Betting) पर कर
19. स्टाम्प शुल्क (संघ सूची में वर्णित दस्तावेजों से भिन्न दस्तावेजों पर)

अखिल भारतीय सेवाएं

- संविधान, संघ तथा राज्य सरकारों के लिए अलग-अलग सेवाओं की व्यवस्था करता है, लेकिन कुछ ऐसी सेवाओं की भी व्यवस्था करता है, जो संघ तथा राज्य सरकार दोनों के लिए समान हैं। इन्हें अखिल भारतीय सेवाएं कहते हैं।
- अखिल भारतीय सेवाओं के सदस्यों की नियुक्ति संघ लोक सेवा आयोग द्वारा की जाती है तथा उन पर संघीय कार्यपालिका का पूर्ण नियंत्रण होता है। यद्यपि वे राज्यों के उच्च पदों पर कार्य करते हैं। इस प्रकार, संघ अखिल भारतीय सेवाओं के माध्यम से राज्यों पर महत्वपूर्ण नियंत्रण स्थापित करता है।
- इन सेवाओं को केंद्र एवं राज्यों द्वारा संयुक्त रूप से नियंत्रित किया जाता है। इन पर पूर्ण नियंत्रण केंद्र सरकार का एवं तात्कालिक नियंत्रण राज्य सरकार का रहता है।
- **अनुच्छेद-312** के अंतर्गत **राज्यसभा** में उपस्थित और मतदान करने वाले सदस्यों के दो-तिहाई बहुमत से पारित प्रस्ताव द्वारा किसी नई **अखिल भारतीय सेवा** के सृजन का अधिकार दिया गया है।
- यद्यपि अखिल भारतीय सेवाएं राज्य की स्वायत्तता और संरक्षण को सीमित कर संविधान के संघीय सिद्धांत का उल्लंघन करती हैं। इन सेवाओं का समर्थन निम्नलिखित आधार पर किया जाता है–
  1. केंद्र एवं राज्य में उच्च स्तरीय प्रशासन की स्थापना में,
  2. पूरे देश में प्रशासनिक एकीकरण की व्यवस्था सुनिश्चित करने में एवं
  3. केंद्र एवं राज्यों के सामूहिक हितों के संबंध में सहयोग एवं संयुक्त कार्यों में।

एकीकृत न्याय व्यवस्था

- यद्यपि भारत में कार्यपालिका एवं विधायिका के संबंध में दोहरी व्यवस्था अपनाई गई है तथापि न्यायिक व्यवस्था में द्वैध नीति नहीं है, बल्कि संविधान ने एकीकृत न्याय व्यवस्था की स्थापना की है। इसमें उच्चतम न्यायालय सर्वोच्च स्तर पर एवं उच्च न्यायालय इसके नीचे है।
- यह एकल व्यवस्था ही केंद्र एवं राज्य दोनों के विधानों का अनुपालन सुनिश्चित करती है। यह व्यवस्था पारस्परिक टकराव एवं भ्रांति को समाप्त करने हेतु अपनाई गई है।
- उच्च न्यायालय के न्यायाधीशों की नियुक्ति, राष्ट्रपति द्वारा सर्वोच्च न्यायालय के मुख्य न्यायाधीश एवं संबंधित राज्य के राज्यपाल के परामर्श से की जाती है। इन्हें राष्ट्रपति द्वारा स्थानांतरित किया जा सकता है एवं पद से हटाया भी जा सकता है।
- संसद विधान बनाकर दो या दो से अधिक राज्यों के लिए एक ही उच्च न्यायालय की स्थापना कर सकती है। उल्लेखनीय है कि महाराष्ट्र व गोवा तथा पंजाब व हरियाणा का एक ही उच्च न्यायालय है।

केंद्र और राज्यों के बीच समन्वयकारी संबंध

भारतीय संविधान में संघ तथा राज्यों के मध्य परस्पर समन्वय स्थापित करने के उद्देश्य से निम्नलिखित उपबंध किए गए हैं-

पूर्ण विश्वास एवं पूर्ण मान्यता खंड

अनुच्छेद-261 के अंतर्गत यह कहा गया है कि संघ और प्रत्येक राज्य की सार्वजनिक क्रियाओं (Public Acts) अभिलेखों (Records) तथा न्यायिक कार्यवाहियों को समस्त भारतीय क्षेत्र में पूरा विश्वास और पूरी मान्यता प्रदान की जाएगी तथा भारतीय राज्य क्षेत्र के किसी भाग में किसी सिविल न्यायालय द्वारा दिए गए निर्णय या आदेश, उस राज्य क्षेत्र के भीतर सभी स्थानों पर निष्पादित (Execute) किए जाएंगे।

जल संबंधी विवादों का न्याय निर्णयन

- **अनुच्छेद–262** में अंतर्राज्यीय नदियों के जल तथा नदी घाटी के जल के संबंध में उपबंध किए गए हैं। अन्य संघीय राज्यों विशेषत: संयुक्त राज्य अमेरिका में जल संबंधी विवादों को देखकर संविधान निर्माताओं ने यह निर्णय लिया कि अंतर्राज्यीय नदियों एवं नदी घाटी से संबंधित शक्ति संसद में निहित होनी चाहिए।
- अत: संसद को यह अधिकार प्राप्त है कि वह विधि द्वारा किसी अंतर्राज्यीय नदी या नदी घाटियों के या उनके जल के वितरण या नियंत्रण के लिए व्यवस्था करेगी।
- **अनुच्छेद–262(2)** के अनुसार इस प्रकार के विवाद में संसद यह निर्णय कर सकती है कि सर्वोच्च न्यायालय या अन्य कोई न्यायालय इस संबंध में अधिकारिता का प्रयोग नहीं करेगा। ध्यातव्य है कि अनुच्छेद–262 की शक्ति के प्रयोग में संसद ने नदी बोर्ड अधिनियम, 1956 तथा अंतर्राज्यीय जल विवाद अधिनियम, 1956 पारित किया है।

अंतर्राज्यीय परिषद् का गठन

अनुच्छेद–263 में यह प्रावधानित है कि केंद्र और राज्यों के मध्य समन्वय स्थापित करने के लिए राष्ट्रपति एक अंतर्राज्यीय परिषद् की स्थापना कर सकता है।

क्षेत्रीय परिषद् का गठन

क्षेत्रीय परिषद् एक संविधानेत्तर संस्था है, जिसके गठन की सिफारिश राज्य पुनर्गठन आयोग ने की थी और सरकार ने उसकी सिफारिशों को स्वीकार करते हुए क्षेत्रीय परिषदों के गठन की प्रक्रिया शुरू की। क्षेत्रीय परिषदों के गठन का उद्देश्य एक क्षेत्र के राज्यों और केंद्र के बीच समन्वय बनाकर काम करना है।

केंद्र-राज्य वित्तीय संबंध

वित्तीय संबंध और राजस्व के स्रोतों का विभाजन एवं वितरण केंद्र तथा राज्य सरकारों के मध्य विवाद का प्रमुख कारण होते हैं। इसलिए देश के आर्थिक विकास के लिए यह आवश्यक है कि केंद्र और राज्यों के पारस्परिक वित्तीय संबंध काफी सौहार्दपूर्ण एवं मजबूत हों। इसलिए भारतीय संविधान में वित्तीय संसाधनों के विभाजन का प्रमुख सिद्धांत केंद्र और राज्य सरकारों के मध्य कराधान के अधिकार क्षेत्र को लेकर संघर्ष से बचाव तथा राज्यों को उनकी विधायी सूची में सौंपे गए उत्तरदायित्वों को पूर्ण करने के लिए पर्याप्त संसाधन प्रदान करना रहा है।

भारतीय संविधान में केंद्र तथा राज्यों के मध्य वित्तीय संबंध में केंद्रीय प्रधानता वाली भारतीय केंद्रवाद की सामान्य प्रवृत्ति दृष्टिगोचर होती है। भारतीय संविधान में केंद्र को व्यापक वित्तीय अधिकार प्राप्त हैं। यह कहा जा सकता है कि केंद्र वित्तीय दृष्टि से अधिक सशक्त है। सुनियोजित अर्थव्यवस्था के माध्यम से देश की उन्नति की आवश्यकताओं के स्वरूप को देखते हुए यह स्थिति न केवल वांछनीय है, बल्कि नितांत आवश्यक भी है, परंतु राज्यों के अपने संसाधन हैं। सहायता, अनुदानों, कतिपय करों के अंश, आगमों आदि के रूप में केंद्र राज्यों के लिए धनराशियों की व्यवस्था करता है। भारतीय संविधान में यह प्रावधानित है कि प्रत्येक 5वें वर्ष की समाप्ति पर राष्ट्रपति द्वारा एक वित्त आयोग का गठन किया जाएगा और वित्त आयोग केंद्र तथा राज्यों के मध्य कर आगमों के विवरण की जांच करके एवं सहायता अनुदान का नियमन करने वाले सिद्धांतों का निर्धारण करता है। यह भारतीय संविधान की नई देन है। इसने केंद्र तथा राज्यों के मध्य सामान्यतया सुचारु संबंधों को और भी अधिक सहज बनाया है। केंद्र-राज्य वित्तीय संबंधित संवैधानिक प्रावधान एवं अन्य तथ्य निम्नवत् हैं–

- भारतीय संविधान के भाग-11 में **अनुच्छेद–264 से 300** तक के 37 अनुच्छेदों में केंद्र-राज्य वित्तीय संबंधों की रूपरेखा का वर्णन किया गया है। भारतीय संविधान में केंद्र राज्य वित्तीय संबंधों का प्रावधान भारत सरकार अधिनियम 1935 से लिया गया है, परंतु इनमें दो अंतर हैं–(1) भारतीय संविधान में कराधान की अवशिष्ट शक्तियां संसद को दी गई हैं। (2) वित्त आयोग की स्थापना का प्रावधान किया गया है जिसके द्वारा बनाए गए फॉर्मूले के आधार पर केंद्र और राज्यों के बीच करों का वितरण किया जाता है। केंद्र सूची में 12 तथा राज्य सूची में 19 विषय वित्तीय अधिकारों से संबंधित हैं। समवर्ती सूची में कोई भी वित्तीय विषय नहीं है।
- भारत में वित्तीय प्रावधानों में दो प्रमुख विशिष्ट लक्षण केंद्र तथा राज्य सरकारों के मध्य कराधान शक्तियों में पूर्ण विभाजन तथा दोनों के मध्य करों की साझेदारी है।
- समग्र कराधान क्षेत्र को केंद्र तथा राज्यों के मध्य इस प्रकार विभाजित किया गया है कि केंद्र द्वारा लागू किया गया कर राज्यों द्वारा वसूल किया जा सकता है।
- यद्यपि भारतीय संविधान में समवर्ती कराधान की कोई शक्ति नहीं दी गई है, परंतु फिर भी इस बात की व्यवस्था की गई है कि केंद्र कुछ विशिष्ट कर राज्यों के लिए लगा सकती है। इसके साथ-साथ यह भी उपबंध किया गया है कि केंद्रीय करों से प्राप्त राशि राज्यों के मध्य वितरित की जा सकती है।

भारतीय संविधान में केंद्रीय सूची में उल्लिखित करों की श्रेणियां

भारतीय संविधान में केंद्रीय सूची में उल्लिखित करों की 5 श्रेणियां बनाई गई हैं। ये श्रेणियां निम्नवत् हैं–

- **अनुच्छेद–268** में प्रावधानित है कि ऐसे कर जो केंद्र सरकार द्वारा लगाए जाते हैं, परंतु राज्यों द्वारा एकत्रित एवं संग्रहीत किए जाते हैं। यथा केंद्र सूची में उल्लेखित औषधि उत्पादनों और श्रृंगारिक प्रसाधनों पर उत्पाद शुल्क और स्टांप शुल्क। इसका संग्रहण यदि केंद्र शासित क्षेत्र में है तो केंद्र द्वारा और अन्य मामलों में राज्यों द्वारा किया जाएगा।
- ऐसे कर जो राज्य सरकारों द्वारा आरोपित एवं एकत्रित किए जाते हैं, परंतु अनिर्वायत: केंद्र और राज्य के मध्य वितरित किए जाते हैं। यथा कृषि आय के अतिरिक्त अन्य आय पर कर, औषधि उत्पादनों और श्रृंगार वस्तुओं पर आरोपित उत्पादन शुल्क के अतिरिक्त अन्य शुल्क।
- **अनुच्छेद–269** में प्रावधानित है कि ऐसे कर जो केंद्र सरकार द्वारा लगाए एवं संग्रहीत किए जाते हैं, परंतु बाद में राज्यों को सौंप दिए जाते हैं। यथा कृषि आय के अतिरिक्त अन्य आय पर कर, उत्तराधिकार कर, कृषि भूमि के अतिरिक्त अन्य संपत्ति पर संपदा शुल्क, सामान तथा यात्रियों पर सीमा शुल्क, रेल भाड़ा तथा यात्रा किराए पर कर, समाचार-पत्रों के क्रय-विक्रय और समाचार-पत्रों में विज्ञापनों पर कर, समाचार-पत्रों के अतिरिक्त अन्य वस्तुओं पर कर। उपर्युक्त करों को एकत्रित करने में जो राशि व्यय होती है, उनको घटा देने के बाद शेष राज्यों में वितरित कर दी जाती है।
- **अनुच्छेद–272** में प्रावधानित है कि ऐसे कर जिनका आरोपण, संग्रहण एवं विनियोजन केवल केंद्र सरकार द्वारा किया जाता है। ये केंद्रीय सरकार के राजस्व के स्रोत हैं और इनका संबंध उन विषयों से है जिसका संबंध केंद्रीय सूची से है। ये इस प्रकार हैं–रेलवे, डाक तार, टेलीफोन, वायरलैस, प्रसारण और संचार के अन्य साधन, केंद्र सरकार की संपत्ति और उससे प्राप्त राजस्व, केंद्र के सार्वजनिक ऋण, विदेशी मुद्रा, सिक्के, वैध मुद्रा, विदेशी ऋण, भारतीय रिजर्व बैंक, सीमा शुल्क, निर्यात शुल्क, मादक पदार्थों पर उत्पादन शुल्क, निगम कर, मृत्यु शुल्क, लाटरी तथा केंद्रीय सूची में निहित अन्य विषयों पर कर आदि।
- ऐसे कर जिनका आरोपण एवं संग्रहण केंद्र सरकार द्वारा किया जाता है, परंतु इनको केंद्र तथा राज्यों के मध्य वितरित कर दिया जाता है। इस प्रकार के कर हैं–केंद्रीय उत्पाद शुल्क तथा स्वास्थ्य एवं श्रृंगार के प्रसाधनों पर लगा कर।

केंद्र-राज्य वित्तीय संबंधों के संवैधानिक उपबंध

भारतीय संविधान में केंद्र और राज्यों के वित्तीय प्रावधानों को स्पष्ट रूप से परिभाषित किया गया है। भारतीय संविधान में केंद्र तथा राज्यों के मध्य राजस्व का वितरण भारत सरकार अधिनियम, 1935 की पद्धति के आधार पर किया गया है। इस संदर्भ में निम्नलिखित संवैधानिक उपबंध किए गए हैं–

- सामान्य अवस्था में **अनुच्छेद–265** में ये प्रावधानित है कि विधि के प्राधिकार के बिना कोई कर आरोपित या संग्रहीत नहीं किया जा सकता है। **अनुच्छेद–266** में संचित निधि तथा भारत एवं राज्यों के सार्वजनिक लेखों के विषय में उपबंध किया गया है, जबकि **अनुच्छेद–267** में आकस्मिक निधि का उल्लेख किया गया है।
- **राज्यों को संघ से अनुदान**–भारतीय संविधान में राज्यों को अनुदान एवं ऋण के माध्यम से सहायता अनुदान (Grant in Aid) देने का प्रावधान किया गया है। **अनुच्छेद–273** में पटसन से बनी वस्तुओं पर निर्यात शुल्क के बदले अनुदान देने की व्यवस्था की गई है। **अनुच्छेद–275** में यह प्रावधानित है कि संसद उन राज्यों को वित्तीय सहायता प्रदान कर सकती है जिनको इस प्रकार की सहायता की आवश्यकता होती है। ध्यातव्य है कि इस प्रकार के अनुदान केंद्र सरकार द्वारा वित्त आयोग की अनुशंसा पर ही दिए जाते हैं। **अनुच्छेद–282** में यह प्रावधानित है कि केंद्र को राज्यों अथवा राज्यों में संस्थाओं के लिए सार्वजनिक उद्देश्यों के लिए अनुदान देने का अधिकार प्राप्त है। संविधान के अंतर्गत यह भी प्रावधान किया गया है कि अनुसूचित जनजातियों के कल्याण और उन्नति के लिए बनी समस्त योजनाओं के व्यय हेतु केंद्र सरकार संबद्ध राज्य को अनुदान दे सकती है।
- भारतीय संविधान में संचित निधि की साख पर सरकारों को ऋण लेने की शक्ति भी प्रदान की गई है। **अनुच्छेद–292** में यह प्रावधानित है कि केंद्र अपनी संचित निधि की साख पर देशवासियों और विदेशी सरकारों या संस्थाओं से ऋण प्राप्त कर सकता है, परंतु राज्यों की इस प्रकार की प्रदत्त शक्ति पर कुछ प्रतिबंध भी लगे हैं। **अनुच्छेद–293** के अनुसार राज्य केवल देश की सीमा के अंदर ही ऋण प्राप्त कर सकता है, परंतु राज्य के इस अधिकार पर केंद्र किसी भी प्रकार की कोई भी शर्त लगा सकती है।
- **अनुच्छेद–285** में प्रावधानित है कि केंद्रीय संपत्ति राज्य द्वारा लगाए जाने वाले करों से मुक्त होगी जब तक संसद विधि द्वारा कोई अन्य उपबंध नहीं करती है। **अनुच्छेद–286** के अंतर्गत राज्य की कर लगाने की शक्ति पर अनेक प्रकार के निबंधन लगाए गए हैं। **अनुच्छेद–287** एवं **288** में राज्यों को विद्युत कर पर निषेध तथा अनुच्छेद–289 में राज्य संपत्ति या आय को केंद्रीय करों से विमुक्ति की व्यवस्था की गई है, परंतु इसके साथ-साथ यह भी जुड़ा रहता है कि केंद्र सरकार किसी राज्य सरकार द्वारा चलाए जा रहे व्यापार अथवा वाणिज्य पर कर लगा सकती है। इसके अतिरिक्त वित्तीय आपात की स्थिति में राष्ट्रपति केंद्र और राज्यों के बीच करों के वितरण तथा सहायता अनुदान संबंधी प्रावधानों को निलंबित कर सकता है।

आपातकाल में राज्यों का वित्तीय नियंत्रण

आपातकाल की स्थिति में विधायी और प्रशासनिक मामलों की तरह वित्तीय मामलों का भी स्वरूप बदल जाता है। **अनुच्छेद–352** (1) के अंतर्गत आपात उद्घोषणा के प्रवर्तन में होने की स्थिति में राष्ट्रपति **अनुच्छेद–354** के अंतर्गत **अनुच्छेद–268** से **279** (राजस्व के वितरण, कर, एवं अनुदान संबंधी अनुच्छेद) के सब या कोई भी उपबंध 1 वर्ष तक के लिए निलंबित कर सकता है। इसके बाद राज्यों का केंद्रीय-वित्तीय सहयोग निलंबित हो जाता है। राज्य सूची के अंतर्गत प्राप्त राजस्व राज्य तक ही सीमित हो जाएंगे।

- **अनुच्छेद–360 (1)** के अंतर्गत राष्ट्रपति द्वारा वित्तीय आपात की उद्घोषणा किए जाने पर केंद्र राज्यों को निम्नलिखित निर्देश दे सकती है-

1. राज्य वित्तीय औचित्य संबंधी ऐसे सिद्धांतों का पालन करें जैसा कि निर्देशों में उल्लेखित हो।
2. राज्य में सेवा करने वाले व्यक्तियों के सब या किन्हीं वर्गों (उच्च न्यायालय के न्यायाधीशों सहित) के वेतन और भत्तों में कमी की अपेक्षा वाले निर्देश।
3. समस्त धन विधेयकों या अन्य विधेयकों को जिन पर अनुच्छेद–270 के उपबंध लागू हैं, राज्य के विधान मंडल द्वारा पारित किए जाने के पश्चात राष्ट्रपति के विचार के लिए रक्षित करने संबंधी निर्देश।

- **अनुच्छेद–270, 273, 275, 280** और **281** में प्रावधानित है कि राष्ट्रपति केंद्र और राज्यों के मध्य वित्तीय स्रोतों के वितरण से संबंधित समस्याओं के समाधानार्थ वित्त आयोग का गठन करेंगे।

राजस्व का विभाजन

संघ द्वारा लगाए गए करों से प्राप्त राजस्व का संघ तथा राज्यों के मध्य विभाजन होता है। संविधान में यह प्रावधान संघीय व्यवस्था को मजबूत करने तथा राज्यों को उनके उत्तरदायित्व के अनुरूप राजस्व उपलब्ध कराने के उद्देश्य से किया गया है। इससे संबंधित प्रावधान निम्नवत् हैं–

- राजस्व विभाजन संबंधी यह प्रावधान अनुच्छेद–268 से 272 तक में वर्णित किए गए हैं। 80वें संविधान संशोधन अधिनियम 2000 द्वारा राजस्व विभाजन संबंधी इन प्रावधानों में व्यापक परिवर्तन किया गया है।
- 80वें संविधान संशोधन द्वारा अनुच्छेद–269 के खंड 1 तथा 2 के स्थान पर नया उपखंड तथा अनुच्छेद–270 के स्थान पर नया अनुच्छेद रखा गया है और अनुच्छेद–272 को समाप्त कर दिया गया है। ये संशोधन भूतलक्षी प्रभाव (Retrospective) से (1 अप्रैल, 1996) लागू किए गए हैं।
- दसवें वित्त आयोग ने यह सिफारिश की थी कि केंद्रीय करों तथा शुल्कों से होने वाली आय का 29% हिस्सा राज्यों के बीच बांटा जाए, तदनुरूप संविधान की व्यवस्थाओं में परिवर्तन आवश्यक हो गया था।

80वें संविधान संशोधन के पश्चात् केंद्र सरकार द्वारा आरोपित किए जाने वाले करों का वर्गीकरण

1. अनुच्छेद–268 में प्रावधानित है कि ऐसे कर जो केंद्र सरकार द्वारा लगाए जाते हैं, किंतु राज्यों द्वारा एकत्र और प्रयोग किए जाते हैं। जैसे-संघ सूची में वर्णित स्टाम्प शुल्क तथा औषधीय और प्रसाधन सामग्री पर कर। यह उपबंध पूर्ववत् हैं।
2. अनुच्छेद–268(क) में प्रावधानित है कि ऐसे कर जो केंद्र द्वारा लगाए जाते हैं और केंद्र तथा राज्य दोनों द्वारा संग्रहीत और प्रयोग किए जाते हैं। इसके अंतर्गत सेवा कर (Service Tax) को रखा गया है। उल्लेखनीय है कि 88वें संविधान संशोधन 2003 द्वारा अनुच्छेद–268(क) जोड़कर केंद्र सरकार को सेवा कर लगाने का संवैधानिक अधिकार दिया गया। भारत में सेवा कर केंद्र सरकार 1994-95 में पहली बार अपनी अवशिष्ट शक्तियों का प्रयोग करते हुए लगाया गया था।
3. अनुच्छेद–268 में प्रावधानित है कि ऐसे कर जो केंद्र द्वारा लगाए व एकत्र किए जाते हैं, किंतु राज्यों को सौंप दिए जाते हैं। इस संदर्भ में दो प्रकार की व्यवस्थाएं हैं।
   (a) वर्तमान में सिर्फ दो कर, (i) वस्तुओं (Goods) के क्रय-विक्रय पर कर तथा (ii) वस्तुओं के पारेषण (Consignment) पर कर, ऐसे कर हैं जो केंद्र द्वारा लगाए तथा वसूल किए जाते हैं और राज्यों को सौंप दिए जाते हैं।

(b) यहां वस्तुओं के क्रय-विक्रय पर कर से तात्पर्य, अंतर्राज्यीय व्यापार के दौरान समाचार-पत्रों से भिन्न वस्तुओं के क्रय-विक्रय पर आरोपित कर से है तथा वस्तुओं के पारेषण पर कर से अभिप्राय है, अंतर्राज्यीय व्यापार के दौरान वस्तुओं के पारेषण पर आरोपित कर।

4. अनुच्छेद–270 में प्रावधानित है कि ऐसे कर जो केंद्र द्वारा लगाए तथा वसूले जाते हैं और प्राप्त राजस्व केंद्र तथा राज्यों के मध्य विभाजित किया जाता है। इस संदर्भ में निम्नलिखित व्यवस्थाएं हैं–
   (a) 80वें संविधान संशोधन के पूर्व इसके अंतर्गत सिर्फ आयकर (कृषि आय से भिन्न) तथा संघीय उत्पाद शुल्क आते थे, किंतु वर्तमान में संघ सूची में निर्दिष्ट सभी कर और शुल्क तथा संघ प्रयोजनों के किसी कर या शुल्क पर संपदा द्वारा अधिरोपित अधिभार (Surcharge) और उपकर (Cess) (केवल अनुच्छेद–268, 268(क) तथा 269 में वर्णित कर और शुल्क) इसके अंतर्गत आते हैं।
   (b) किसी वित्तीय वर्ष में ऐसे करों और शुल्कों के शुद्ध आगम का ऐसा प्रतिशत राज्यों को दिया जाता है, जो वित्त आयोग की सिफारिशों पर विचार करने के बाद राष्ट्रपति द्वारा निर्धारित किया जाता है।
   (c) 80वें संविधान संशोधन के पश्चात संघ सूची में वर्णित सभी करों और शुल्कों का केंद्र तथा राज्यों के मध्य विभाजन किया जाता है। सीमा शुल्क और निगम कर आदि, जो कि केंद्र द्वारा वसूले और रखे जाते थे, अब उनमें राज्यों को भी हिस्सा प्राप्त होता है।
   (d) संघीय उत्पाद शुल्क जो कि केंद्र की इच्छा पर विभाज्य थे (अनुच्छेद–272), अब केंद्र तथा राज्यों के मध्य विभाजित किए जाते हैं।

संघ के प्रयोजनों के लिए अधिभार

अनुच्छेद–271 के तहत संसद को अधिभार (Surcharge) लगाने की शक्ति दी गई है। इसके अनुसार अनुच्छेद–269 और अनुच्छेद–270 में किसी बात के होते हुए भी, संसद उन अनुच्छेदों में निर्दिष्ट शुल्कों या करों में संघ के प्रयोजनों के लिए अधिभार द्वारा वृद्धि कर सकेगी और ऐसे अधिभार की संपूर्ण आय भारत की संचित निधि का ही भाग होगा।

राज्य हितबद्ध कराधान

- संविधान के अनुच्छेद–274 के तहत ऐसे कराधान पर, जिसमें राज्य हितबद्ध हैं, प्रभाव डालने वाले विधेयकों के लिए राष्ट्रपति की पूर्व सिफारिश की अपेक्षा की गई है।
- इसके अनुसार, अधोलिखित उपबंध करने वाला कोई विधेयक, संशोधन संसद के किसी सदन में राष्ट्रपति की सिफारिश पर प्रस्तुत किया जाएगा, अन्यथा नहीं जैसे-
  1. जो राज्य में हितबद्ध कोई कर या शुल्क अधिरोपित करता है या उसमें परिवर्तन करता है अथवा
  2. जो कृषि आय मद के अर्थ में परिवर्तन करता है अथवा
  3. जो राज्यों में पूर्ववर्ती उपबंधों के अधीन धनराशियों के वितरण के सिद्धांत को प्रभावित करता है।
  4. संघ के प्रयोजनों के लिए कोई अधिभार (Surcharge) आरोपित करता है।

राज्यों को सहायता अनुदान

भारतीय संवैधानिक व्यवस्था के अंतर्गत राज्यों को दो प्रकार के अनुदान दिए जाने का प्रावधान है–सांविधिक और विवेकाधीन।

सांविधिक अनुदान

- संविधान के अनुच्छेद–275 के तहत संसद को यह अधिकार दिया गया है कि वह भारत की संचित निधि से राज्यों को सहायतार्थ अनुदान प्रदान कर सकती है। उल्लेखनीय है कि अनुच्छेद–275 के अंतर्गत वर्णित यह अनुदान (सामान्य एवं विशेष) वित्त आयोग की अनुशंसा पर दिया जाता है।
- सहायतार्थ अनुदानों द्वारा विभिन्न राज्यों के बीच विद्यमान संसाधन की असमानताओं को घटाया जाता है। इसके तहत किसी राज्य को अनुसूचित जनजातियों के कल्याण की अभिवृद्धि करने या उस राज्य में अनुसूचित क्षेत्रों के प्रशासन स्तर को उन्नत करने के लिए भी भारत की संचित निधि से सहायता अनुदान दिया जा सकता है।

केन्द्र-राज्य वित्तीय संबंधों से जुड़े अनुच्छेद

अनुच्छेद	विषय-वस्तु
268	संघ द्वारा आरोपित किंतु राज्यों द्वारा संग्रहीत एवं उपयोग किए जाने वाले कर।
268-ए	संघ द्वारा आरोपित तथा राज्यों द्वारा संग्रहीत एवं उपयोग किए जाने वाले कर।
269	केन्द्र द्वारा लगाए गए एवं संग्रहीत किए गए, किंतु राज्यों को दिए जाने वाले कर।
270	केन्द्र एवं राज्यों के बीच लगाए गए कर एवं संघ तथा राज्यों के बीच वितरण।
271	संघ के लिए कुछ करों पर अतिरिक्त कर (सरचार्ज)।
272	संघ द्वारा लगाए गए एवं संग्रहीत किए गए कर, जो कि संघ और राज्यों के बीच वितरित भी किए जा सकते हैं (निरस्त)।
273	जूट एवं जूट उत्पादों पर निर्यात कर के लिए अनुदान।
274	कराधान को प्रभावित करने वाले विधेयक को, जिनमें कि राज्यों को भी रुचि है, पर राष्ट्रपति की अनुशंसा लेना।
275	कुछ राज्यों को संघ द्वारा अनुदान।
276	व्यवसाय, व्यापार, कॉलिंग तथा रोजगारों पर कर।
277	बचत।
278	कुछ वित्तीय मामलों से संबंधित प्रथम अनुसूची के भाग-बी के संबंध में राज्यों के साथ समझौता (निरस्त)।
279	कुल प्राप्तियों की गणना इत्यादि।
280	वित्त आयोग।
281	वित्त आयोग की अनुशंसाएं।
282	संघ अथवा किसी राज्य द्वारा अपने राजस्व में से अदा करने योग्य खर्च।
283	संचित निधियों, आकस्मिक निधियों तथा लोक लेखा में जमा धनराशि का संरक्षण।
284	सूटर्स डिपॉजिट तथा अन्य धनराशि जो कि लोक सेवकों एवं न्यायालयों द्वारा प्राप्त होती है, का संरक्षण।
285	राज्य कराधान में संघ की संपत्तियों की छूट।
286	वस्तुओं की बिक्री अथवा खरीद पर करारोपण पर प्रतिबंध
287	बिजली पर करों से छूट।
288	कतिपय मामलों में पानी तथा बिजली से संबंधित राज्यों द्वारा करारोपण से छूट।
289	किसी राज्य की संपत्ति एवं आय को संघीय करारोपण से छूट।
290	कतिपय खर्चों एवं पेंशन से संबंधित समायोजन।
291	शासकों के प्रिवीपर्स (निरस्त)
292	भारत सरकार द्वारा लिए गए उधार।
293	राज्यों द्वारा लिया गया उधार।

विवेकाधीन अनुदान

- संविधान के अनुच्छेद–282 के अंतर्गत यह प्रावधान है कि राज्य या केंद्र सरकार किसी सामाजिक कार्य हेतु अनुदान प्रदान कर सकती है। ये अनुदान वित्त की कमी के अतिरिक्त गैर-योजनागत कार्यों के लिए होते हैं।
- गैर-योजनागत कार्यों के लिए अनुदान वित्त आयोग की सिफारिशों के अनुसार दिया जाता है।

राज्यों की करारोपण की शक्ति

संविधान के अधीन राज्यों को वृत्तियों, व्यापारों, आजीविकाओं तथा नियोजन के संबंध में किसी नगरपालिका, जिला बोर्ड, स्थानीय बोर्ड या अन्य स्थानीय प्राधिकारी के फायदे के लिए कर लगाने की शक्ति दी गई है; किंतु राज्य द्वारा किसी व्यक्ति पर लगाया गया कर 250 रुपए से अधिक नहीं होगा। उल्लेखनीय है कि 60वें संशोधन अधिनियम, 1988 द्वारा उक्त राशि को 2,500 रुपए कर दिया गया है।

संघ संपत्ति को राज्य करों से विमुक्ति

- **अनुच्छेद–285** यह उपबंधित करता है कि जहां तक संसद विधि द्वारा अन्यथा उपबंधित करे, संघ की संपत्ति पर राज्य को कर लगाने का अधिकार नहीं होगा, परंतु खंड (2) के अधीन राज्यों को केंद्र की उस संपत्ति पर कर लगाने का अधिकार होगा जिस पर उन्हें संविधान के लागू होने के पूर्व कर लगाने का अधिकार प्राप्त था।
- **अनुच्छेद–287** राज्यों को भारत सरकार के प्रयोग के लिए दी गई या रेलों के निर्माण करने या चलाने के लिए उपयोग की गई बिजली पर कर लगाने का निषेध करता है।

संघ करों से विमुक्ति

- अनुच्छेद–289 राज्यों की संपत्ति और आय को संघ के करों से विमुक्ति प्रदान करता है। किंतु संसद राज्य सरकार द्वारा या किसी और से किए जाने वाले किसी प्रकार के व्यापार या कारोबार के संबंध में कोई कर लगा सकती है।
- अनुच्छेद–285 के अधीन केंद्र सरकार की संपत्ति को सभी प्रकार के राज्य करों से विमुक्ति प्राप्त है चाहे वह वाणिज्यिक प्रयोग में लाई जाती हो या राजकीय प्रयोजन के लिए। किंतु अनुच्छेद–289 के अधीन राज्य संपत्ति को यह विमुक्ति नहीं प्राप्त है।

राज्यों की कर लगाने की शक्ति पर निर्बन्धन

- अनुच्छेद–286 माल के क्रय या विक्रय पर राज्यों द्वारा कुछ दशाओं में कर लगाने पर निर्बंधन के बारे में है। इसके अनुसार राज्य निम्न दशाओं में माल के क्रय या विक्रय पर कोई कर नहीं लगाएगा।
    1. राज्य के बाहर, वस्तुओं के क्रय-विक्रय पर,
    2. अंतर्राष्ट्रीय आयात-निर्यात के दौरान क्रय या विक्रय पर,
    3. अंतर्राज्यीय व्यापार एवं वाणिज्य में संसद द्वारा घोषित विशेष महत्व की वस्तुओं पर।
- अनुच्छेद–286(2) के अंतर्गत संसद को ऐसे नियम बनाने की शक्ति दी गई है, जिससे यह निर्धारित किया जा सके कि कब कोई क्रय या विक्रय राज्य के बाहर हुआ है। संसद ने इस संबंध में केंद्रीय विक्रय कर अधिनियम, 1956 पारित किया है। इस अधिनियम के अंतर्गत बिक्री के स्थान को नियत करने के लिए नियम बनाए गए हैं।

शुद्ध आगम की गणना

- संविधान के अनुच्छेद–279 के अनुसार किसी कर या शुल्क के संबंध में शुद्ध आगम (Net Proceeds) से अभिप्राय है। वह आगम जो उसके संग्रहण (Collection) को घटाने के बाद शेष प्राप्त होता है।
- शुद्ध आगम की गणना भारत के नियंत्रक एवं महालेखा परीक्षक (C.A.G.) द्वारा की जाती है। इसके संबंध में उसका प्रमाण-पत्र अन्तिम होता है।

केंद्र और राज्यों के ऋण लेने की शक्ति

भारतीय संविधान में केंद्र और राज्यों के ऋण लेने के संदर्भ में निम्नलिखित प्रावधान निहित हैं–

- संविधान के अनुच्छेद–292 तथा अनुच्छेद–293 के तहत क्रमशः केंद्र सरकार व राज्यों को उधार लेने की शक्ति दी गई है।
- अनुच्छेद–292 के अनुसार, संसद द्वारा बनाई गई विधि की सीमा के अंतर्गत भारत की संचित निधि की साख पर देश के भीतर, विदेशों से अथवा अंतर्राष्ट्रीय मौद्रिक संस्थाओं से केंद्र सरकार को ऋण लेने की सामर्थ्य है।
- इसके तहत् केंद्र सरकार को नियम सीमाओं के भीतर किसी ऋण की प्रत्याभूति (Guarantee) देने की शक्ति भी है।
- अनुच्छेद–293 के अनुसार, कोई राज्य, राज्य विधानमंडल द्वारा नियत सीमाओं के भीतर राज्य की संचित निधि की प्रतिभूति पर धन उधार ले सकता है।
- राज्य भी विहित सीमाओं के भीतर किसी ऋण की गारण्टी दे सकता है। किंतु कोई राज्य भारत के बाहर किसी से ऋण नहीं ले सकता है।
- भारत सरकार अधिनियम 1935 में राज्यों को केंद्र की सहमति से भारत के बाहर से भी ऋण लेने की शक्ति दी गई थी, लेकिन स्वतंत्र भारत के संविधान में राज्यों को यह शक्ति प्रदान नहीं की गई है। अतः राज्य सरकारों द्वारा विदेशी सरकारों से ऋण लेने के संबंध में पूर्ण निषेध है।
- यदि केंद्र सरकार द्वारा दिए गए उधार अथवा उसके लिए प्रत्याभूत (Guaranteed) किसी ऋण की अदायगी अभी बाकी हो, तो वह राज्य केंद्र सरकार की अनुमति के बिना पुनः कोई ऋण नहीं ले सकता है। यदि इसके बावजूद राज्य धन उधार चाहता है तो केंद्र सरकार उन शर्तों के साथ धन उधार देगी जिसे लगाना वह उचित समझे।

संपत्ति, संविदाएं, अधिकार, दायित्व, बाध्यताएं और वाद

संविधान के भाग-12 के तहत अनुच्छेद–294-300 तक भारतीय संविधान के लागू होने के पश्चात् संपत्तियों, अधिकारों और दायित्वों आदि के उत्तराधिकार के बारे में तथा संघ और राज्य सरकारों के व्यापार करने, संविदा करने तथा वाद और कार्यवाहियों के बारे में प्रावधान किया गया है। अनुच्छेद–300(क), संपत्ति के अधिकार के बारे में है।

संपत्ति व आस्तियों आदि का उत्तराधिकार

- संविधान के लागू होने पर जो संपत्ति और आस्तियां (Assets) भारत डोमिनियन की सरकार के पास थीं, वह संघ सरकार में तथा जो संपत्ति और आस्तियां प्रांतीय सरकार के पास थीं वह संबंधित राज्य सरकार में निहित हो गईं। इसी प्रकार जो अधिकार, दायित्व और बाध्यताएं (Obligations) भारत डोमिनियन की सरकार की थीं वह भारत सरकार की तथा जो प्रांतीय सरकार की थीं वह संबंधित राज्य की सरकार के अधिकार, दायित्व और बाध्यताएं हो गईं (अनुच्छेद–294)।
- किसी देश या राज्य में निहित संपत्ति और आस्तियों को संघ सरकार में निहित किया गया तथा देशी राज्यों के अधिकार, दायित्व एवं बाध्यताएं भी उन्हें ही प्रदान किए गए।

राजगामी या व्यपगत संपत्ति का उत्तराधिकार

- संविधान के लागू होने पर ऐसी संपत्तियां जो राजगामी (Escheat) या व्यपगत (Lapse) अथवा स्वामीविहीन (Bona Vacantia) होने से उत्पन्न होंगी, यदि वह किसी राज्य में स्थित हैं तो उस राज्य सरकार की तथा किसी अन्य दशा में संघ सरकार की संपत्ति समझी जाएंगी, (अनुच्छेद–296)।
- किसी संपत्ति के राजगामी होने का तात्पर्य है, किसी व्यक्ति के बिना वसीयत और बिना वारिस (उत्तराधिकारी) के मरने पर संपत्ति का राज्य में शामिल हो जाना।
- कोई संपत्ति व्यपगत हुई कही जाती है, जब उसके वास्तविक स्वामी द्वारा नियत समय के भीतर दावा न किए जाने पर वह राज्य की संपत्ति हो जाती है, तथा जिस संपत्ति का कोई दावेदार नहीं होता है, उसे स्वामित्वविहीन संपत्ति कहते हैं।

राज्य क्षेत्रीय सागर-खंड आदि की मूल्यवान चीजें

- अनुच्छेद–297 के अनुसार भारत के राज्य क्षेत्रीय सागर-खंड (The Territorial Waters), महाद्वीपीय मग्नतट (The continental Shelf) तथा अनन्य आर्थिक क्षेत्र (The Exclusive Economic Zone) में समुद्र के नीचे की सभी भूमि, खनिज (Minerals) और अन्य मूल्यवान वस्तुएं संघ में निहित होंगी और संघ के प्रयोजनों के लिए प्रयोग में शामिल की जाएंगी।
- यह अनुच्छेद–अंतर्राष्ट्रीय विधि के नियमों को शामिल करता है। अंतर्राष्ट्रीय विधि के अंतर्गत राज्य क्षेत्रीय सागरखंड को राज्य क्षेत्र का भाग माना जाता है।

व्यापार आदि करने की शक्ति

- अनुच्छेद–298 के तहत संघ तथा राज्यों को व्यापार करने तथा किसी प्रयोजन के लिए संपत्ति अर्जित करने, उसका व्यय करने और संविदा (Contract) करने की शक्ति प्रदान की गई है।
- संघ तथा राज्य सरकारें अपनी कार्यपालिकीय शक्ति के प्रयोग में व्यापार कर सकती हैं, किसी प्रयोजन के लिए संपत्ति का अर्जन या व्ययन कर सकती हैं तथा संविदा कर सकती हैं।
- किंतु जब व्यापार या संपत्ति का उद्देश्य ऐसा नहीं है, जिसके संबंध में संसद विधि बना सकती है तो संघ की वह कार्यपालिकीय शक्ति राज्य विधि के अधीन होगी।
- इसी प्रकार जब व्यापार या प्रयोजन ऐसा नहीं है जिसके संबंध में राज्य विधानमंडल विधि बना सकता है तो इसके संबंध में राज्य की कार्यपालिका शक्ति संसदीय विधि के अधीन होगी।
- अनुच्छेद–299 के अनुसार संघ तथा राज्य सरकारों द्वारा अपनी कार्यपालिका शक्ति के अधीन प्रयोग की जाने वाली सभी संविदाएं यथास्थिति राष्ट्रपति या राज्यपाल के नाम से की जाती हैं।
- ये संविदाएं ऐसे व्यक्तियों द्वारा निष्पादित (Executed) की जाती हैं, जिन्हें वह इस प्रयोजन हेतु निर्दिष्ट या प्राधिकृत करता है, किंतु इन संविदाओं के संबंध में न तो राष्ट्रपति, न राज्यपाल और न ही संविदा को निष्पादित करने वाला व्यक्ति, व्यक्तिगत रूप से देयी (Personally liable) होता है। इस परिस्थिति के लिए केंद्र या राज्य सरकार उत्तरदायी होती है।

वाद और कार्यवाहियां

- सरकार द्वारा या सरकार के विरुद्ध स्थापित किए जाने वाले वाद और कार्यवाहियों के बारे में प्रावधान अनुच्छेद–300 के अंतर्गत दिया गया है।
- इसके अनुसार भारत सरकार द्वारा या उसके विरुद्ध कोई वाद भारत संघ (Union of India) के नाम से तथा किसी राज्य सरकार द्वारा या उसके विरुद्ध कोई वाद उस राज्य सरकार के नाम से स्थापित किया जाएगा।
- इस प्रकार अनुच्छेद–300 के तहत भारत संघ तथा राज्यों को विधि व्यक्तित्व प्रदान किया गया है। विधि व्यक्तित्व का तात्पर्य है कानूनी तौर पर व्यक्ति का दर्जा दिया जाना।

आनंदपुर साहिब प्रस्ताव
1973 में, अकाली दल (पंजाबी) ने केन्द्र राज्य संबंधों से जुड़ा आनन्दपुर साहिब प्रस्ताव पारित किया, जिसमें केन्द्र सरकार के अधिकार क्षेत्र को वैदेशिक संबंध, प्रतिरक्षा, रेलवे, मुद्रा और संचार तक सीमित रखने की मांग की गई। इन मांगों के संदर्भ में ही मार्च 1983 में सरकारिया आयोग गठित किया गया।
पश्चिम बंगाल स्मरण पत्र
वर्ष 1977 में पश्चिम बंगाल सरकार ने केन्द्र सरकार को एक स्मरण-पत्र प्रेषित किया। जिसमें संविधान में अनेक संशोधनों की मांग करते हुए राज्यों की स्वायत्तता में वृद्धि की बात कही गई।

संपत्ति का अधिकार

- मूल संविधान के अंतर्गत सम्पति के अधिकार को अनुच्छेद–19(1)(च) तथा अनुच्छेद–31 के तहत मौलिक अधिकार (Funadamental Right) का दर्जा प्रदान किया था, किंतु 44वें संशोधन द्वारा अनुच्छेद–19(1)(च) तथा 31 को निरसित कर दिया गया और भाग-12 के तहत एक नया अनुच्छेद–300क जोड़कर इसके अंतर्गत संपत्ति के अधिकार को कानूनी अधिकार का दर्जा प्रदान किया गया है।
- अनुच्छेद–300(क) के अनुसार, कोई व्यक्ति विधि के प्राधिकार (Authority of Law) से ही अपनी संपत्ति से वंचित किया जाएगा अन्यथा नहीं।
- यहां विधि से अभिप्राय है संसद या राज्य विधानमंडल द्वारा बनाई गई विधि। अत: किसी व्यक्ति को उसकी संपत्ति से कार्यपालिकीय आदेश द्वारा वंचित नहीं किया जा सकता है।
- अनुच्छेद–300(क) के तहत किसी व्यक्ति की संपत्ति अर्जित किए जाने पर प्रतिकर देने के संबंध में कोई प्रावधान नहीं दिया गया है। अत: यदि किसी व्यक्ति को इससे वंचित किया जाता है, तो उसे विधि के अंतर्गत कोई उपचार प्राप्त नहीं है।
- संपत्ति का अधिकार अब मूल अधिकार नहीं है, इसलिए कोई व्यक्ति उसके प्रवर्तन के लिए अनुच्छेद–32 के अधीन उच्चतम न्यायालय में अपील नहीं कर सकता है। वह केवल अनुच्छेद–226 के अधीन उच्च न्यायालय में ही जा सकता है। यह अधिकार नागरिक तथा गैर-नागरिक सभी व्यक्तियों को उपलब्ध है।

व्यापार, वाणिज्य आदि की स्वतंत्रता

- भारतीय संविधान के भाग-13, अनुच्छेद–301 से 307 के तहत संपूर्ण भारतीय राज्यक्षेत्र में व्यापार, वाणिज्य और समागम की स्वतंत्रता को सुनिश्चित करने के लिए प्रावधान किया गया है।
- इस प्रावधान का मुख्य उद्देश्य राज्यों के बीच सीमा-अवरोधों को समाप्त करना तथा भारतीय संघ को एक आर्थिक इकाई के रूप में सृजित करना है, जिससे समस्त भारत में व्यापार और वाणिज्य का विकास अबाध रूप से हो सके।
- अनुच्छेद–301 व्यापार, वाणिज्य और समागम की स्वतंत्रता का उल्लेख करता है। भारत राज्य क्षेत्र में सर्वत्र वाणिज्य एवं समागम अबाध होगा अर्थात् प्रत्येक व्यक्ति को अपने राज्य की सीमाओं के भीतर और एक राज्य से

दूसरे राज्य में समागम करने, व्यापार अथवा वाणिज्य करने तथा वस्तुओं को लाने-ले-जाने की स्वतंत्रता है।

- यह प्रावधान ऑस्ट्रेलिया के संविधान की धारा-92 का संशोधित रूप है। ऑस्ट्रेलिया के संविधान की धारा 92 में यह उपबंध किया गया है कि व्यापार, वाणिज्य एवं समागम राज्यों के बीच पूर्णतया अबाध होना चाहिए।
- यहां भारतीय संविधान द्वारा प्रदत्त व्यापार की स्वतंत्रता ऑस्ट्रेलिया के संविधान से दो बातों में भिन्न है–
  1. जहां ऑस्ट्रेलिया का संविधान केवल अंतर्राज्यीय (राज्यों के बीच) व्यापार को स्वतंत्रता प्रदान करता है, वहीं भारतीय संविधान राज्यों के बीच तथा राज्य के भीतर भी यह स्वतंत्रता प्रदान करता है।
  2. जहां ऑस्ट्रेलिया का संविधान पूर्ण (Absolute) स्वतंत्रता प्रदान करता है। वहीं भारतीय संविधान द्वारा प्रदत्त स्वतंत्रता निर्बंधित (प्रतिबंधों सहित है।) है।
- इन निर्बंधनों का उल्लेख अनुच्छेद-302 से 305 तक किया गया है। अब ऑस्ट्रेलिया में भी यह स्थिति है कि उन्हें विनियमित (Regulate) किया जा सकता है।

व्यापार आदि की स्वतंत्रता पर निर्बंधन

- अनुच्छेद-302 के अनुसार संसद विधि द्वारा एक राज्य से दूसरे राज्य के मध्य या भारतीय राज्यक्षेत्र के किसी भाग के भीतर व्यापार, वाणिज्य एवं समागम की स्वतंत्रता को प्रतिबंधित कर सकती है, यदि ऐसा किया जाना लोक हित में आवश्यक हो। अनुच्छेद-303 दो राज्यों से विभेद करने वाली विधियों के निर्माण पर रोक लगाता है।
- इसके अनुसार संसद अथवा राज्य विधानमंडल व्यापार, वाणिज्य या समागम की स्वतंत्रता के संबंध में कोई ऐसी विधि नहीं बना सकता है–
  1. जो एक राज्य को दूसरे राज्य पर अधिमान (प्राथमिकता) देने वाली हो, अथवा
  2. एक राज्य और दूसरे राज्य के बीच विभेद करने वाली हो।

  किंतु इसका एक अपवाद है अर्थात् संसद दो राज्यों में विभेदकारी विधि भी बना सकता है, यदि उसे यह प्रतीत हो कि किसी राज्य में माल की कमी (Scarcity of Goods) से उत्पन्न संकट से निपटने के लिए ऐसी विधि का बनाया जाना आवश्यक है।
- व्यापार, वाणिज्य एवं समागम की स्वतंत्रता पर अनुच्छेद-304 के उपबंधों द्वारा दो और निर्बंधन लगाए गए हैं। इसके अनुसार राज्य का विधानमंडल विधि द्वारा–
  1. किसी अन्य राज्य या संघ राज्य क्षेत्र से आयातित (Imported) माल पर ऐसा कर (Tax) लगा सकता है, जो उस राज्य द्वारा स्वयं उत्पादित वैसे ही माल पर लगता है।
  2. उस राज्य के साथ या उसके भीतर व्यापार, वाणिज्य और समागम की स्वतंत्रता पर ऐसे युक्तियुक्त निर्बंधन (Reasonable Restriction) अधिरोपित करने वाला विधेयक राष्ट्रपति की पूर्व अनुमति से ही विधानमंडल में प्रस्तुत किया जा सकता है।
- अनुच्छेद-305 एक व्यावृत्तिकारक (Saving) उपबंध है, अर्थात् यह विद्यमान विधियों की रक्षा करता है। वह सभी विद्यमान विधियों को और राज्यों के एकाधिकार का उपबंध करने वाली विधियों को संरक्षण प्रदान करता है और उन्हें इस आधार पर आक्रमण से बचाता है कि वे अनुच्छेद-301 का उल्लंघन करती हैं।

अंतर्राज्यीय वाणिज्य प्राधिकारी

अनुच्छेद-307 में यह प्रावधान किया गया है कि व्यापार, वाणिज्य और आवागमन की उपर्युक्त स्वतंत्रता को प्रभावी करने के लिए संसद अंतर्राज्यीय वाणिज्य प्राधिकारी (Inter-State Commerce Authority) की नियुक्ति कर सकती है तथा उसे ऐसी शक्तियां और कर्तव्य सौंप सकती है, जो वह आवश्यक समझे।

नियोजन एवं केंद्र-राज्य संबंध

- संपूर्ण राष्ट्र के लिए विकासात्मक परियोजनाओं के सृजन की अवधारणा का व्यावहारिक परिणाम केंद्रीकृत नियोजन के रूप में देखने को मिलता है और इस केंद्रीयकृत नियोजन की प्रक्रिया एवं इसमें अहम भूमिका निभाने वाली संस्था योजना आयोग ने केंद्र-राज्य संबंधों को काफी सीमा तक प्रभावित किया है। नियोजन की प्रक्रिया के अंतर्गत ही योजना आयोग की सलाह पर केंद्र सरकार ने राज्यों के लिए ऐसे विषयों पर भी विकासात्मक योजना बनाने का उत्तरदायित्व लिया है जो संवैधानिक रूप से राज्यों के अधीन है, यथा-कृषि, सार्वजनिक स्वास्थ्य, समाज एवं समाज कल्याण इत्यादि। सामान्य रूप में योजना आयोग न केवल राष्ट्रीय प्राथमिकताओं और कृषि एवं समाज कल्याण के क्षेत्र में विकास कार्यक्रमों के संदर्भ में निर्देश ही नहीं देता है, बल्कि प्रामाणिक योजनाओं का सृजन भी करता है। योजना आयोग का संबंध योजना संबंधी अनुदानों के निर्धारण से है।
- वस्तुतः योजना संबंधित संपूर्ण वित्तीय मामले योजना आयोग की परिधि में आते हैं। योजना संबंधी कार्यों के लिए दी जाने वाली सहायता इसी की सिफारिश पर निर्भर करती है। यद्यपि योजना आयोग के पास कोई संवैधानिक आधार नहीं है जिसके अंतर्गत वह केंद्र से राज्यों को वित्तीय सहायता देने के लिए अंतरण करे, परंतु इसके बावजूद वित्त आयोग की तरह योजना आयोग केंद्र से राज्यों को साधन अंतरण के लिए निरंतर सिफारिश करता है। दिनों-दिन योजना निर्धारण के क्षेत्र में योजना आयोग की भूमिका बढ़ती जा रही है। कहा तो यह भी जाने लगा है कि योजना आयोग वित्त आयोग के कार्य क्षेत्र में भी हस्तक्षेप करने लगा है। समय के साथ-साथ योजना आयोग की भूमिका और उसके बढ़ते हुए हस्तक्षेप ने उसके औचित्य पर प्रश्न चिह्न लगा दिया है।

केंद्र-राज्य संबंधों से संबंधित आयोग, समितियां और उनके प्रतिवेदन

भारत में जब तक एक ही दल (कांग्रेस) की सरकार थी, केंद्र-राज्य संबंध सौहार्दपूर्ण थे। किंतु केंद्र और राज्यों में भिन्न-भिन्न दलों की सरकारें गठित होने पर उनके मध्य तनावपूर्ण संबंध हो गए और राज्यों द्वारा केंद्र-राज्य संबंधों पर पुनर्विचार करने तथा राज्यों को और अधिक स्वायत्तता प्रदान करने की मांग उठाई जाने लगी। अतः केंद्र-राज्य संबंधों पर विचार करने के लिए समय-समय पर विभिन्न आयोग/समितियों का गठन किया गया, जिनका संक्षिप्त विवरण अधोलिखित है–

प्रथम प्रशासनिक सुधार आयोग और उसकी सिफारिशें

केंद्र सरकार ने मोरारजी देसाई की अध्यक्षता में सन् 1966 में प्रथम प्रशासनिक सुधार आयोग (First Administrative Reforms Commission) का गठन किया। इस आयोग की रिपोर्ट के अध्ययन के लिए एम.सी. सीतलवाड़ के अधीन एक दल का गठन किया गया और अंतिम रिपोर्ट सन् 1969 में केंद्र सरकार को सौंपी गई। इसने केंद्र-राज्य संबंधों को सुधारने के लिए 22 अनुशंसाएं प्रस्तुत कीं। इस आयोग की प्रमुख सिफारिशें निम्नवत् थीं–

- संविधान के अनुच्छेद–263 के तहत एक अंतर्राज्यीय परिषद् का गठन किया जाए।
- राज्यपाल के रूप में गैर-दलीय ऐसे व्यक्ति को नियुक्त किया जाए, जिसका सार्वजनिक जीवन व प्रशासन में लंबा अनुभव हो।
- राज्य के लिए अधिकतम शक्तियों का प्रत्यायोजन।
- राज्यों को ज्यादा वित्तीय संसाधन स्थानांतरित कराए जाएं ताकि उनकी केंद्र पर निर्भरता कम रहे।
- उनके अनुरोध पर अन्यथा विशेष परिस्थितियों में ही राज्य में केंद्रीय सशस्त्र बलों की तैनाती हो।
- राज्यों की विधायी शक्तियों पर केंद्र का हस्तक्षेप कम होना चाहिए तथा कुछ अन्य विषयों पर राज्यों को विधायी शक्ति मिलनी चाहिए।

सीतलवाड़ समिति

प्रशासनिक सुधार आयोग (1966–69) ने केंद्र-राज्य संबंधों के अध्ययन एवं इस पर सुझाव देने हेतु एम.सी. सीतलवाड़ की अध्यक्षता में 1966 ई. में एक समिति नियुक्त की। समिति ने संविधान में संशोधन किए बिना राज्यों को अधिक स्वायत्तता प्रदान करने की संस्तुति की।

राजमन्नार समिति

इस समिति को तमिलनाडु सरकार ने 22 सितंबर, 1969 को डॉ. पी.वी. राजमन्नार की अध्यक्षता में राज्यों को और अधिक स्वायत्तता प्रदान करने के लिए सुझाव देने हेतु गठित की थी। इस समिति के अन्य सदस्य थे–डॉ. लक्ष्मण स्वामी मुद्लियार और पी.सी. चंद्रा रेड्डी।

समिति के प्रमुख सुझाव

- अवशिष्ट विषय या तो समाप्त कर दिए जाने चाहिए अथवा राज्यों को दिए जाने चाहिए।
- एक अंतर्राज्यीय परिषद् का गठन किया जाना चाहिए।
- अखिल भारतीय सेवाओं को समाप्त किया जाना चाहिए।
- वित्त आयोग को एक स्थायी निकाय बना दिया जाए।
- अनुच्छेद–356, 357 एवं 365 (राष्ट्रपति शासन से संबंधित) को पूर्णतया समाप्त कर दिया जाए।
- अनुच्छेद–249 को निरसित किया जाना चाहिए।
- राज्यपाल के प्रसादपर्यंत राज्य मंत्रिपरिषद् के पद धारित करने का जो प्रावधान है, उसे समाप्त कर दिया जाए।
- संघ सूची एवं समवर्ती सूची के कुछ विषयों को राज्य सूची में हस्तांतरित कर दिया जाएगा।
- केंद्र सरकार ने राजमन्नार समिति की सिफारिशों को पूरी तरह से अस्वीकार कर दिया।

सरकारिया आयोग

केंद्र तथा राज्य संबंधों पर विचार करने के लिए 24 मार्च, 1983 को न्यायमूर्ति रणजीत सिंह सरकारिया की अध्यक्षता में तीन सदस्यीय समिति का गठन किया गया था। इस समिति के अन्य सदस्य-शिवरमन तथा एस. आर. सेन थे। इस समिति ने 1987 ई. में अपनी रिपोर्ट केंद्र सरकार को सौंपी, जो जनवरी 1988 में प्रकाशित हुई। 1600 पृष्ठीय रिपोर्ट में आयोग द्वारा की गई मुख्य सिफारिशें अधोलिखित हैं यथा–

- केंद्र-राज्य से संबंधित संवैधानिक प्रावधानों में कोई संशोधन न तो उचित है और न ही आवश्यक। देश की एकता तथा अखंडता के लिए शक्तिशाली केंद्र अनिवार्य है।
- केंद्र-राज्य संबंधों में सुधार लाने के लिए अनुच्छेद–263 के प्रावधानों के अनुसार अंतर्राज्यीय परिषद् (Inter-State Council) का स्थायी रूप से गठन किया जाना चाहिए, जिसमें राज्यों के मुख्यमंत्री भी शामिल हों।
- राज्यों में राष्ट्रपति शासन को अंतिम विकल्प के रूप में लागू किया जाना चाहिए। राज्यपाल को 5 वर्ष के लिए नियुक्त किया जाना चाहिए और बीच में इनका स्थानांतरण नहीं करना चाहिए। अनुच्छेद–155 में संशोधन कर राज्यपालों की नियुक्ति से पूर्व संबंधित राज्य के मुख्यमंत्री से परामर्श किया जाना अनिवार्य होना चाहिए।
- केंद्र तथा राज्यों के बीच निगम कर, आयकर तथा उत्पाद शुल्क के उचित बंटवारे के लिए संविधान में संशोधन किया जाना चाहिए।
- योजना आयोग को स्वायत्तशासी संस्था बनाया जाना चाहिए।
- राष्ट्रीय विकास परिषद् के नाम को परिवर्तित करके इसका नाम राष्ट्रीय आर्थिक एवं विकास परिषद् करना चाहिए तथा इसे और अधिक प्रभावी बनाया जाना चाहिए, जिससे यह केंद्र तथा राज्य सरकारों के बीच राजनीतिक स्तर की सर्वोच्च संस्था हो सके।
- समवर्ती सूची पर विधि बनाने के पूर्व केंद्र को राज्यों से परामर्श करना चाहिए।
- देश की एकता तथा अखंडता के लिए त्रिभाषा सूत्र को सभी राज्यों में लागू करने के लिए प्रभावी कदम उठाए जाने चाहिए।
- इंजीनियरिंग, चिकित्सा तथा शिक्षा के लिए अखिल भारतीय सेवा का गठन किया जाना चाहिए।
- उच्च न्यायालय के न्यायाधीशों के स्थानांतरण में उनकी इच्छा का ध्यान रखा जाना चाहिए।
- राज्यों को ऋण देने की पद्धति पर पुनर्विचार किया जाना चाहिए तथा राजस्व में, राज्यों (विशेषकर कमजोर राज्यों) के भाग को बढ़ाया जाना चाहिए।

पुंछी आयोग और उसकी सिफारिशें

सरकारिया आयोग की रिपोर्ट के बाद भारत की राजनीतिक और अर्थव्यवस्था में हुए व्यापक परिवर्तन को देखते हुए केंद्र राज्य संबंधों पर पुनर्विचार हेतु केंद्र सरकार द्वारा 27 अप्रैल, 2007 को भारत के पूर्व मुख्य न्यायाधीश मदन मोहन पुंछी की अध्यक्षता में 4 सदस्यीय (विनोद कुमार दुग्गल, धीरेंद्र सिंह व एन.आर. माधव मेनन) एक आयोग का गठन किया गया। 31 मार्च, 2010 को आयोग ने अपना प्रतिवेदन प्रस्तुत किया। पुंछी आयोग की प्रमुख सिफारिशें निम्नवत् हैं–

- सूची-III में वर्णित विषयों पर बने कानूनों के प्रभावी क्रियान्वयन के लिए यह आवश्यक है कि समवर्ती सूची के अंतर्गत आने वाले विषयों पर संसद में विधायन प्रस्तुत करने से पहले केंद्र और राज्यों के बीच व्यापक सहमति बने।
- राज्यपालों के लिए पांच साल का कार्यकाल निर्धारित होना चाहिए और उनकी पदच्युति केंद्र सरकार की इच्छा भर से नहीं होनी चाहिए।
- राष्ट्रपति को महाभियोग द्वारा हटाने की जो प्रक्रिया है, आवश्यक परिवर्तन सहित वही प्रक्रिया राज्यपाल को महाभियोग द्वारा हटाने में प्रयुक्त होनी चाहिए।
- किसी राज्य की विधानसभा द्वारा पारित विधेयक के संबंध में राज्यपाल को इस बारे में छह माह के अंदर निर्णय लेना चाहिए कि वह इस पर सहमति दे अथवा राष्ट्रपति के विचारार्थ इसे सुरक्षित रखे।
- राज्यपालों को विश्वविद्यालयों के कुलपति के रूप में कार्य करने अथवा अन्य वैधानिक पद-धारण करने की परंपरा का अंत होना चाहिए। उसकी भूमिका केवल संवैधानिक प्रावधानों तक सीमित होनी चाहिए।
- क्षेत्रीय परिषदों की बैठक वर्ष में कम-से-कम दो बार होनी चाहिए। एक मजबूत अंतर्राज्यीय परिषद् का सचिवालय क्षेत्रीय परिषदों में कार्यालय के रूप में भी कार्य कर सकता है।
- स्वास्थ्य, शिक्षा, इंजीनियरिंग तथा न्यायपालिका आदि क्षेत्रों में नई अखिल भारतीय सेवाओं को सृजित करना चाहिए।

- राज्यों में केंद्रीय सुरक्षा बलों को तैनात करने में, केंद्र सरकार का पूरा अधिकार होना चाहिए अर्थात् यह उपबंध हो कि केंद्र-राज्य सरकार की इच्छा के विरुद्ध भी केंद्रीय सुरक्षा बलों को तैनात कर सकता है।

केंद्र-राज्य संबंधों में तनाव के प्रमुख कारण

संघात्मक शासन व्यवस्था में केंद्र और राज्यों के संबंधों में उतार-चढ़ाव आना या तनाव उत्पन्न होना सामान्य घटनाक्रम होने के साथ-साथ संघात्मक व्यवस्था के लिए उपयुक्त भी नहीं है। भारतीय संविधान के लागू होने के समय से भारत की राजनीति में केंद्रीकरण तथा विकेंद्रीकरण की शक्तियों में टकराव होता रहा है और इसी टकराव के परिणामस्वरूप केंद्र-राज्य संबंध भी बदलते रहे हैं। कुछ ऐसे मुद्दे हैं जिनके कारण केंद्र एवं राज्यों के मध्य संबंधों में प्रायः टकराव की स्थिति उत्पन्न हो जाती है। मतभेद के यह बिंदु निम्नलिखित हैं–

केंद्र-राज्य संबंधों का तुलनात्मक अध्ययन

भारतीय संविधान के भाग 11, 12, 13 और 14 के विभिन्न अनुच्छेदों में केंद्र राज्य संबंधों का उल्लेख किया गया है। जिसको सारगर्भित एवं संक्षिप्त रूप में नीचे चार्ट में प्रस्तुत किया गया है–

विधायी संबंध	प्रशासनिक संबंध	वित्तीय संबंध
• अनु. 245: संसद और राज्य विधायिका द्वारा बनाए गए कानूनों का विस्तार। • अनु. 246: संसद और राज्य विधायिका द्वारा बनाए गए विशेष मामलों के कानून। • अनु. 247: कुछ निश्चित अतिरिक्त न्यायालयों के गठन हेतु संसद की शक्ति। • अनु. 249: संसद द्वारा राष्ट्र-हित में राज्य सूची के किसी विषय पर विधान के निर्माण हेतु राज्यसभा द्वारा पहल। • अनु. 250: आपातकाल के दौरान राज्यसूची के किसी विषय पर विधि निर्माण की संसद की शक्ति। • अनु. 251: अनु. 249 और अनु. 250 के अधीन संसद द्वारा निर्मित विधि के असंगत होने की स्थिति में राज्य-विधि पर वरीयता।	• अनु. 256: संसद द्वारा निर्मित विधि के अनुपालन को सुनिश्चित करने के लिए संघ द्वारा राज्यों को निर्देश दिया जाना (राज्य और संघ की बाध्यता)। • अनु. 257: संघ की कार्यपालिका शक्ति के प्रयोग के साथ-साथ राष्ट्रीय/सामरिक महत्व के संचार-साधनों के निर्माण और संरक्षण के संदर्भ में संघ का राज्य पर नियंत्रण। • अनु. 258: कुछ मामलों में संघ द्वारा राज्यों को शक्ति प्रदान करने का संघ का अधिकार। • अनु. 260: भारत से बाहर के क्षेत्रों के संबंध में संघ के अधिकार। • अनु. 261: सार्वजनिक कार्य अभिलेख और न्यायिक कार्यवाही।	• अनु. 265: विधि के प्राधिकार के बिना करों का आरोपण नहीं। • अनु. 266: भारत और राज्यों की संचित निधियां और लोक लेखा। • अनु. 267: आकस्मिकता निधि। • अनु. 268: केन्द्र द्वारा लगाए गए, परंतु राज्यों द्वारा एकत्रित एवं विनियोजित कर। • अनु. 270: संघ द्वारा लगाए गए और संग्रहीत किंतु संघ-राज्य के बीच वितरित किए जाने वाले कर। • अनु. 271: कुछ निश्चित चुंगी व कर पर केन्द्र द्वारा लगाया गया अतिरिक्त प्रभार। • अनु. 274: राज्यों के हितों से संबंधित कराधान वाले विधेयकों के संदर्भ में राष्ट्रपति की पूर्वानुमति आवश्यक। • अनु. 275: कुछ राज्यों को संघ से अनुदान।
• अनु. 252: दो या दो से अधिक राज्यों के लिए उनकी सहमति से विधि बनाने की संसद की शक्ति और उस विधि को किसी अन्य राज्य द्वारा अंगीकार किया जाना। • अनु. 253: अंतर्राष्ट्रीय करारों को प्रभावी बनाने के लिए विधान निर्मित करने की संसद की शक्ति। • अनु. 254: संसद द्वारा बनाई गई विधियों और राज्य विधानमंडल द्वारा बनाई गई विधियों में असंगति की स्थिति में संसद द्वारा बनाई गई विधि प्रभावी। • अनु. 255: सिफारिशों और पूर्व मंजूरी के बारे में अपेक्षाओं को केवल प्रक्रिया का विषय मानना और इस आधार पर उसे खारिज न करना।	• अनु. 262: अन्तर्राज्यीय नदी जल विवादों के हल के लिए न्यायाधिकरण का गठन। • अनु. 263: अंतर्राज्यीय परिषद् का गठन। • अनु. 308 से लेकर 323 तक में संघ एवं राज्य के अधीन सेवाओं और लोक सेवा आयोग का उल्लेख किया गया है। • 309 में संघ या राज्य की सेवा करने वाले व्यक्तियों की भर्ती एवं सेवा शर्तों का उल्लेख। • 312 में अखिल भारतीय सेवाओं का प्रावधान। • 315 में संघ और राज्यों के लोक सेवा आयोग का गठन। • 321 में लोकसेवा आयोगों के कृत्यों का विस्तार करने की शक्ति। • 323 में लोकसेवा आयोगों के प्रतिवेदन को संसद और राज्य विधानमंडलों में प्रस्तुत करने का प्रावधान।	• अनु. 276: व्यवसाय, व्यापार और रोजगार पर कर। • अनु. 280: राष्ट्रपति द्वारा प्रत्येक पांचवें वर्ष की समाप्ति पर वित्त आयोग का गठन। • अनु. 281: वित्त आयोग की सिफारिश को संसद के समक्ष रखा जाना। • अनु. 283: संचित निधि, आकस्मिकता निधि और लोकलेखा में जमा धनराशियों की अभिरक्षा। • अनु. 285: संघ की संपत्ति को राज्य के कराधान से छूट। • अनु. 286: वस्तुओं की बिक्री पर कर के अधिरोपण के बारे में निबंधन। • अनु. 287: विद्युत पर करों से छूट। • अनु. 288: पानी और बिजली के संबंध में राज्यों द्वारा कराधान से कुछ दशाओं में छूट। • अनु. 289: राज्यों की संपत्ति और आय को संघ के कराधान से छूट। • अनु. 292: भारत सरकार द्वारा उधार। • अनु. 293: राज्यों द्वारा उधार। • अनु. 301-307 तक में भारत के राज्य क्षेत्र के अंदर व्यापार, वाणिज्य और समागम का प्रावधान किया गया है। • अनुच्छेद 302 और 303 में व्यापार वाणिज्य और लेन-देन पर प्रतिबंध अधिरोपित करने की संसद और राज्य विधानमंडलों की शक्ति का उल्लेख। • अनु. 307 में अनु. 301-304 के प्रयोजनों को क्रियान्वित करने के लिए पदाधिकारी नियुक्त करने की शक्ति।

- राज्यपालों की नियुक्ति तथा भूमिका
- अखिल भारतीय सेवाएं
- राज्यों में केंद्रीय बलों की तैनाती
- अनुच्छेद–356 का दुरुपयोग
- राज्य सूची के विषयों पर केंद्र का हस्तक्षेप
- योजना आयोग (अब इसका स्थान नीति आयोग ने ले लिया है।)
- केंद्र पर राज्य की वित्तीय निर्भरता
- केंद्र द्वारा राज्यों को वित्तीय संसाधन हस्तांतरित करने में निष्पक्षता की कमी
- राज्यों की महत्वाकांक्षा
- केंद्र और राज्यों में परस्पर विरोधी विचारधारा की सरकारों का अस्तित्व में होना।

केंद्र-राज्य संबंधी विवादों के समाधान हेतु सुझाव

केंद्र-राज्य संबंधों के विवाद के कारण भारत की राजनीतिक, आर्थिक, प्रशासनिक और भौगोलिक स्थिति को काफी क्षति पहुंची है। इस संबंध में स्वतंत्रता प्राप्ति के बाद से ही बहस चल रही है, परंतु दुर्भाग्य है कि कोई भी सार्थक नतीजा नहीं निकला है। देश की राजनीतिक, सामाजिक एवं सांस्कृतिक, आर्थिक एवं भौगोलिक एकता को अक्षुण्ण बनाए रखने के लिए केंद्र-राज्य विवाद का यथाशीघ्र समाधान किया जाना चाहिए, अन्यथा देश का संघीय स्वरूप प्रभावित हो सकता है। केंद्र-राज्य विवादों के शीघ्र समाधान हेतु निम्नलिखित कदम उठाए जाने चाहिए–

- केंद्र सरकार को राज्य सरकारों के कार्यों का मूल्यांकन समान दृष्टिकोण से करना चाहिए। राज्य सरकारों को दलगत आधार पर नहीं देखना चाहिए, क्योंकि यदि किसी राज्य सरकार को असफलता का सामना करना पड़ता है, तो उसका प्रभाव निश्चित रूप से केंद्र पर भी पड़ेगा।
- वित्त आयोग तथा योजना आयोग की भूमिका को स्पष्ट रूप से परिभाषित किया जाना चाहिए। उक्त दोनों संस्थाओं की भूमिका, स्पष्ट रूप से विभाजन और उसको पृथक् किया जाना चाहिए।
- राज्यों को राजस्व के अधिक नमनीय स्रोत प्रदान किए जाने चाहिए। सहायता अनुदान देने के संदर्भ में एक उचित और स्थायी नीति का सृजन कर लेना चाहिए।
- राज्यों को भी अपने आर्थिक संसाधन विकसित करने चाहिए। राज्यों का अपने आर्थिक संसाधनों के लिए केंद्र पर ही निर्भर रहना उचित नहीं है। आर्थिक संसाधनों के वितरण के समय राष्ट्र हित को ध्यान में रखकर ही राज्यों को अपनी मांग करनी चाहिए।
- भारतीय संविधान के कुछ प्रावधानों के साथ-साथ राष्ट्रपति तथा राज्यपाल की शक्तियों का भी पुनरावलोकन किया जाए।
- प्रशासनिक क्षेत्र में अनुच्छेद–256 में निहित प्रावधानों के अनुसार राज्यों को निर्देश देते समय केंद्र को सहयोगात्मक रुख अपनाना चाहिए। केंद्रीय सुरक्षा बल तथा सेना का प्रयोग अति आवश्यक होने पर ही किया जाना चाहिए।
- अखिल भारतीय सेवाओं के अंतर्गत अधिकारियों की राज्यों में नियुक्ति और स्थानातंरण के समय राज्य सरकारों के सहयोग और सहमति से कार्य होना चाहिए।
- केंद्र सरकार को चाहिए कि राज्यों में राज्यपालों की नियुक्ति करते समय राज्य सरकारों से भी आवश्यक विचार-विमर्श कर लें।
- राज्य सरकारों को भी चाहिए कि केंद्र के साथ सहयोगात्मक रवैया अपनाए, टकराव का नहीं। राज्यों का यह भी दायित्व है कि केंद्रीय दिशा-निर्देशों का पालन करें।
- संघीय व्यवस्था को सफल बनाने के लिए यह आवश्यक है कि सशक्त नेतृत्व के साथ-साथ भारतीय राजनैतिक दलों का आंतरिक संगठन भी संघीय हो।

स्मरणीय तथ्य

- भारतीय संविधान के भाग 11, 12, 13 और 14 के विभिन्न अनुच्छेदों में केंद्र-राज्य संबंधों का उल्लेख किया गया है।
- भारत की संघीय प्रणाली कनाडा के संविधान से प्रेरित है और अवशिष्ट शक्तियां केंद्र को प्रदान की गई हैं।
- संविधान की सातवीं अनुसूची में विधायी विषयों को तीन सूचियों- संघ सूची, राज्य सूची और समवर्ती सूची में विभाजित किया गया है।
- अनुच्छेद–249, 250, 252 और 253 के अंतर्गत विभिन्न परिस्थितियों में संसद को राज्य सूची के विषयों पर कानून बनाने का अधिकार दिया गया है।
- केंद्र और राज्यों के संबंधों की समीक्षा करने और उनको प्रभावी बनाने के लिए सुझाव देने हेतु सीतलवाड़ समिति, राजा मन्नार समिति, सरकारिया आयोग और मदन मोहन पुंछी आयोग का गठन किया जा चुका है।

❑❑❑

अध्याय 4

भारतीय संविधान में आपातकालीन प्रावधान

भारतीय संविधान में राष्ट्र की संप्रभुता, एकता और अखंडता की सुरक्षा के उद्देश्य से एक अनोखी विशेषता का समावेश किया गया है, जिसके तहत भारतीय संघ आपातकाल के समय संघात्मक से एकात्मक में रूपांतरित हो जाता है। यद्यपि, यह संघवाद के विरुद्ध है, किंतु राष्ट्र की रक्षा के लिए कुछ समय तक संघवाद के सिद्धांत को त्याग दिया जाता है। संविधान का भाग-18, अनुच्छेद–352 से 360 तक आपात उपबंधों के संबंध में प्रावधान करता है। भारतीय संविधान का भाग-18, जर्मनी के संविधान से प्रेरित है।

आपातकालीन प्रावधान

भारतीय संविधान में तीन प्रकार की आपातकालीन स्थिति का उल्लेख किया गया है–

- युद्ध, बाह्य आक्रमण या सशस्त्र विद्रोह से उत्पन्न आपात अथवा राष्ट्रीय आपात, (अनुच्छेद–352)।
- राज्यों में संवैधानिक तंत्र के विफल होने से उत्पन्न आपात अथवा राष्ट्रपति शासन (अनुच्छेद–356)।
- वित्तीय आपात (अनुच्छेद–360)।

आपात के प्रकार एवं उनके आधार

आपातकाल के प्रकार एवं उनके आधार

अनुच्छेद-352 राष्ट्रपति आपात	अनुच्छेद-356 राष्ट्रपति शासन	अनुच्छेद-360 वित्तीय आपात
युद्ध, बाह्य आक्रमण अथवा सशस्त्र विद्रोह के आधार पर	राज्य में संवैधानिक तंत्र की विफलता के आधार पर राष्ट्रपति शासन	इस आधार पर कि, भारत अथवा उसके राज्य-क्षेत्र के किसी भाग में वित्तीय स्थायित्व अथवा साख संकट में है।

राष्ट्रीय आपात और उससे संबंधित प्रावधान

अनुच्छेद–352 राष्ट्रीय आपात (National Emergency) की उद्घोषणा तथा उससे संबंधित अन्य विषयों के बारे में है। अनुच्छेद–353 तथा 354 के तहत राष्ट्रीय आपात की उद्घोषणा के प्रभावों का वर्णन किया है। आपात की उद्घोषणा का मूल अधिकारों पर पड़ने वाला प्रभाव अनुच्छेद–358 तथा 359 में दिया गया है।

राष्ट्रीय आपात की उद्घोषणा

अनुच्छेद–352 राष्ट्रीय आपात (National Emaergaency) की उद्घोषणा तथा उससे संबंधित अन्य विषयों के बारे में है। अनुच्छेद–353 तथा 354 के तहत् राष्ट्रीय आपात की उद्घोषणा के प्रभावों का वर्णन किया है। आपात की उद्घोषणा का मूल अधिकारों पर पड़ने वाला प्रभाव अनुच्छेद–358 तथा 359 में दिया गया है।

- राष्ट्रीय आपात की उद्घोषणा (Proclamation of National Emergency) अनुच्छेद–352 के तहत राष्ट्रपति द्वारा की जाती है। जब कभी राष्ट्रपति को यह विश्वास हो जाता है कि कोई ऐसा गंभीर आपात विद्यमान है जिसमें, युद्ध (War), बाह्य आक्रमण (External Aggression) या सशस्त्र विद्रोह (Armed Rebellion) के कारण भारत या उसके किसी भाग की सुरक्षा संकट में है तो वह संपूर्ण भारत या उसके किसी भाग के संबंध में राष्ट्रीय आपात की उद्घोषणा (Proclamation) कर सकता है। मूल संविधान में सशस्त्र विद्रोह शब्द के स्थान पर आंतरिक अशांति (Internal Disturbance) शब्द था, जिसे 44वें संविधान संशोधन अधिनियम 1978 द्वारा प्रतिस्थापित (Substituted) किया गया था।
- यदि राष्ट्रपति को यह विश्वास हो जाता है कि युद्ध या बाह्य आक्रमण या सशस्त्र विद्रोह का संकट सन्निकट (Imminent Danger) है तो भी वह आपात की उद्घोषणा कर सकता है। अर्थात् आपात की उद्घोषणा युद्ध या बाह्य आक्रमण या सशस्त्र विद्रोह के वास्तव में घटित होने (Actual Accurrence) से पूर्व भी की जा सकती है (44वें संविधान संशोधन अधिनियम- 1978 द्वारा यथा संशोधित)।
- राष्ट्रपति आपात की उद्घोषणा तभी करता है, जब मंत्रिमंडल इस आशय के विनिश्चय की लिखित सूचना उसे देता है। लिखित सूचना की अनिवार्यता 44वें संविधान संशोधन द्वारा जोड़ी गई है।
- सन् 1975 में तत्कालीन प्रधानमंत्री श्रीमती इंदिरा गांधी ने आंतरिक अशांति की सूचना राष्ट्रपति को भेजकर, गोपनीय तरीके से आपात की उद्घोषणा करवा दी थी एवं मंत्रिमंडल को उद्घोषणा के बाद सूचित किया गया था। यह एक प्रकार की निरंकुशता थी। भविष्य में इसकी पुनरावृत्ति न हो इसलिए यह प्रावधान किया गया।
- प्रथम राष्ट्रीय आपात की उद्घोषणा 26 अक्टूबर, 1962 को बाह्य आक्रमण (चीन द्वारा आक्रमण) के आधार पर की गई थी। इस समय भारत के प्रधानमंत्री पं. जवाहरलाल नेहरू तथा राष्ट्रपति डॉ. एस. राधाकृष्णन थे।
- इस उद्घोषणा को 10 जनवरी, 1968 को वापस लिया गया था। अत: यह उद्घोषणा कुल 5 वर्ष 2 माह 14 दिन तक प्रवर्तन में रही थी।

- द्वितीय राष्ट्रीय आपात की उद्घोषणा 3 दिसंबर, 1971 को बाह्य आक्रमण (पाकिस्तान द्वारा आक्रमण) के आधार पर की गई थी। इस समय भारत की प्रधानमंत्री श्रीमती इंदिरा गांधी तथा राष्ट्रपति वी. वी. गिरी थे।
- भारत में तृतीय राष्ट्रीय आपात की उद्घोषणा 25 जून 1975 को प्रधानमंत्री श्रीमती इंदिरा गांधी ने बिना मंत्रिमंडल के परामर्श के, आंतरिक अशांति के आधार पर राष्ट्रपति फखरुद्दीन अली अहमद से करवाई थी। उस समय द्वितीय आपात उद्घोषणा प्रवर्तन में थी।
- अनुच्छेद–353(2) यह प्रावधान करता है कि राष्ट्रपति अपने द्वारा जारी उद्घोषणा को किसी पश्चात्वर्ती उद्घोषणा (Subsequent Proclamation) द्वारा परिवर्तित कर सकता है या वापस (Revoked) ले सकता है। यद्यपि, उद्घोषणा को परिवर्तित करने के लिए मंत्रिमंडल की लिखित सूचना आवश्यक है, किंतु उसे वापस लेने के लिए मंत्रिमंडल की लिखित सूचना आवश्यक नहीं है।
- राष्ट्रपति को भिन्न-भिन्न आधारों यथा युद्ध या बाह्य आक्रमण या सशस्त्र विद्रोह के आधार पर अथवा युद्ध या बाह्य आक्रमण या सशस्त्र विद्रोह के भावी संकट के आधार पर भिन्न-भिन्न उद्घोषणाएं करने की शक्ति प्राप्त है। राष्ट्रपति को यह शक्ति 38वें संविधान संशोधन अधिनियम-1975 द्वारा प्रदान की गई थी। इस उद्देश्य से संविधान के अनुच्छेद–352 में खंड (9) जोड़ा गया है।
- वर्ष 1975 में जब आंतरिक अशांति (Internal Disturbance) के आधार पर आपातकाल की घोषणा की गई थी, उस समय 1971 में बाह्य आक्रमण के आधार पर घोषित आपातकाल प्रवर्तन में था। 1975 की उद्घोषणा को वैधता प्रदान करने के लिए ही 38वें संविधान संशोधन द्वारा खंड (9) के प्रावधान को भूतलक्षी प्रभाव से (Retrospectively) अंत: स्थापित किया गया था।

उद्घोषणा का अनुमोदन

- राष्ट्रपति द्वारा की गई प्रत्येक उद्घोषणा (सिवाय वापस लेने की उद्घोषणा के) संसद के दोनों सदनों के समक्ष अनुमोदन के लिए रखी जानी चाहिए।
- यदि दोनों सदन उद्घोषणा को एक माह के भीतर अनुमोदित नहीं करते हैं, तो उद्घोषणा स्वत: समाप्त हो जाती है।
- किंतु यदि उद्घोषणा उस समय की जाती है, जब लोकसभा विघटित हो या एक माह के दौरान उसका विघटन हो जाता है और राज्यसभा द्वारा उसे अनुमोदित कर दिया गया हो तो लोकसभा के पुनर्गठन के बाद होने वाली प्रथम बैठक से 30 दिन के भीतर उसे लोकसभा द्वारा अनुमोदित किया जाना चाहिए, अन्यथा वह प्रवर्तन में नहीं रहेगी।
- उद्घोषणा के अनुमोदन का संकल्प, प्रत्येक सदन द्वारा कुल सदस्य संख्या के बहुमत तथा उपस्थित और मतदान करने वाले सदस्यों के दो-तिहाई (2/3) बहुमत से पारित किया जाता है। इसे विशेष बहुमत भी कहा जाता है।

उद्घोषणा की अवधि

- एक बार अनुमोदित हो जाने पर आपात की उद्घोषणा 6 माह तक प्रवर्तन में रहती है, (यदि पहले ही वापस न ली गई हो)। 6 माह की अवधि की गणना, दूसरे सदन द्वारा संकल्प के पारित किए जाने की तिथि से की जाती है।
- उसे 6 माह से आगे जारी रखने के लिए संसद के दोनों सदनों द्वारा पुन: अनुमोदन आवश्यक है और संसद के दोनों सदनों द्वारा जितनी बार उद्घोषणा को जारी रखने का अनुमोदन करने वाला संकल्प पारित किया जाता है उतनी बार, 6 माह की अवधि के लिए उद्घोषणा प्रवर्तन में बनी रहती है, अर्थात् संसद द्वारा अनुमोदित हो जाने पर उद्घोषणा 6-6 माह की अवधि के लिए आगे जारी रखी जा सकती है।

आपातकाल के प्रकार एवं प्रभाव

अनुच्छेद-352 राष्ट्रपति आपात	अनुच्छेद-356 राष्ट्रपति शासन	अनुच्छेद-360 वित्तीय आपात
• राष्ट्रपति आपात के दौरान संघ और राज्यों के बीच शक्ति का विभाजन समाप्त हो जाता है और संघ राज्य सूची के विषय पर भी विधि का निर्माण कर सकती है। • भारत की संघात्मक प्रणाली एकात्मक रूप में कार्य करने लगती है। • अब तक राष्ट्रीय आपातकाल का प्रयोग 3 बार किया गया है।	• राष्ट्रीय शासन में राज्य विधानसभा भंग कर दी जाती हैं और शक्तियों का विभाजन भी समाप्त हो जाता है। • भारत की शासन प्रणाली एकात्मक स्वरूप ग्रहण कर लेती है। • अब तक राष्ट्रपति शासन का प्रयोग 120 से अधिक बार किया जा चुका है।	• वित्तीय आपातकाल में संघ और राज्यों के मध्य करों का विभाजन स्थापित कर दिया जाता है। • संघ एवं राज्य के अधीन कार्यरत सभी व्यक्तियों के वेतन एवं भत्तों में कटौती की जा सकती है। इसके अंतर्गत उच्चतम एवं उच्च न्यायालय के न्यायाधीश भी शामिल हैं। • वित्तीय आपात का प्रयोग अब तक एक बार भी नहीं किया गया है।

उद्घोषणा की वापसी

- आपात की उद्घोषणा को राष्ट्रपति पश्चात्वर्ती उद्घोषणा (Subsequent Proclamation) द्वारा कभी भी वापस ले सकता है। वापस लेने वाली उद्घोषणा का संसद द्वारा अनुमोदन आवश्यक नहीं है। लोकसभा को भी आपात उद्घोषणा को वापस कराने का अधिकार दिया गया है।
- यदि लोकसभा की कुल सदस्य संख्या के 1/10 सदस्यों द्वारा आपात उद्घोषणा को वापस लेने वाले संकल्प को प्रस्तावित करने के आशय की लिखित सूचना अध्यक्ष को (जब लोकसभा सत्र में हो), राष्ट्रपति को (जब लोकसभा सत्र में न हो) दी जाती है तो यथास्थिति अध्यक्ष या राष्ट्रपति ऐसी सूचना की प्राप्ति से 14 दिन के भीतर संकल्प पर विचार के लिए लोकसभा की विशेष बैठक बुलाता है अनुच्छेद–352(8)।

उद्घोषणा के प्रभाव

राष्ट्रीय आपात की उद्घोषणा के निम्नलिखित प्रभाव होते हैं-

- आपातकाल के प्रवर्तन के दौरान, संघ की कार्यपालिका शक्ति का विस्तार राज्यों को यह निर्देश देने तक हो जाता है कि वह अपनी कार्यपालिका शक्ति का किस प्रकार से प्रयोग करें। अत: आपात स्थिति में राज्यों की कार्यपालिका शक्ति केंद्रीय कार्यपालिका के अधीन कार्य करती हैं। अनुच्छेद– 353(क)।
- संसद की विधायी शक्ति का विस्तार हो जाता है। वह राज्यसूची (State List) के किसी भी विषय पर कानून बना सकती है। इस दौरान राज्य विधान मंडल की विधि बनाने की शक्ति समाप्त नहीं होती, केवल निलंबित हो जाती है।

संसद द्वारा बनाई गई विधि उद्घोषणा, प्रवर्तन में न रहने पर 6 माह बाद समाप्त हो जाती है (अनुच्छेद–250)।

- यदि आपात उद्घोषणा भारत के राज्यक्षेत्र के केवल किसी भाग के लिए की गई हो तो संघ द्वारा राज्यों को निर्देश देने की शक्ति या संसद की राज्यसूची पर विधि बनाने की शक्ति का विस्तार उन राज्यों के संबंध में भी होगा, जिन पर उद्घोषणा प्रवर्तनशील नहीं है, यदि उसकी सुरक्षा, उन राज्यों के क्रियाकलाप के कारण, जिनमें संकट में है उद्घोषणा प्रवर्तन में है।
- आपात उद्घोषणा के प्रवर्तन के दौरान राष्ट्रपति को यह शक्ति प्राप्त होती है कि वह संघ और राज्यों के मध्य राजस्व वितरण से संबंधित उपबंधों (अनुच्छेद–268-279) में परिवर्तन या रूपान्तरण (Modifications) का आदेश कर सकता है (अनुच्छेद–354)। ऐसे आदेश को संसद के दोनों सदनों के समक्ष रखा जाता है।
- आपात के दौरान मूल अधिकारों (Fundamental rights) का निलंबन हो जाता है। अनुच्छेद–358 के अनुसार जब युद्ध या बाह्य आक्रमण के आधार पर की गई आपात की उद्घोषणा प्रवर्तन में हो तो अनुच्छेद–19 द्वारा दिया गया स्वतंत्रता का अधिकार स्वत: निलंबित हो जाता है।
- अत: राज्य कोई ऐसी विधि बना सकता है या कार्यपालिका कृत्य कर सकता है, जो उन स्वतंत्रताओं में कमी करती है या उन्हें छीनती है। आपातकाल के दौरान राज्य द्वारा बनाई गई ऐसी विधि को न्यायालय में चुनौती नहीं दी जा सकती है।
- ऐसी विधि उद्घोषणा के प्रवर्तन में न रहने पर तत्काल प्रभावहीन हो जाती है, परंतु कोई ऐसी विधि या कार्यपालिकीय कृत्य जो आपात की उद्घोषणा से संबंधित नहीं है, उसके संबंध में मूल अधिकारों का निलंबन नहीं होता है। अत: यदि वे अनुच्छेद–19 में प्रदत्त मूल अधिकारों को छीनते हैं या कम करते हैं तो उन्हें न्यायालय में चुनौती दी जा सकती है।
- यदि आपात की उद्घोषणा सशस्त्र विद्रोह (Armed Rebellion) के आधार पर की गई हो, तो अनुच्छेद–19 द्वारा प्रदत्त मूल अधिकार लागू नहीं होते हैं, (44वें संविधान संशोधन द्वारा संशोधित)
- अनुच्छेद–359 के तहत राष्ट्रपति को मूल अधिकारों को प्रवर्तित कराने के अधिकार को निलंबित करने की शक्ति दी गई है। जब आपात उद्घोषणा प्रवर्तन में हो, तब राष्ट्रपति आदेश द्वारा यह घोषित कर सकता है कि भाग-3 द्वारा प्रदत्त मूल अधिकारों में से ऐसे अधिकारों को (अनुच्छेद–20 तथा 21 को छोड़कर) जो आदेश में उल्लिखित किए जाए, प्रवर्तित कराने के लिए किसी न्यायालय में आवेदन करने का अधिकार निलंबित रहेगा।
- यह आदेश पूरे भारत या उसके किसी भाग के लिए हो सकता है। राष्ट्रपति द्वारा जारी आदेश संसद के दोनों सदनों के समक्ष रखा जाना चाहिए।
- जब राष्ट्रपति उक्त आशय का आदेश जारी कर देता है, तब उन अधिकारों के संबंध में, राज्य कोई भी विधि बनाने या कार्यपालिकीय कार्यवाही करने के लिए सक्षम हो जाता है। ऐसी विधि या कार्यवाही को न्यायालय में इस आधार पर चुनौती नहीं दी जा सकती कि उससे उन मूल अधिकारों का उल्लंघन होता है। ऐसी विधि आदेश के प्रवर्तन में न रहने पर तुरंत प्रभावहीन हो जाती है।
- राज्य द्वारा बनाई गई विधि में इस बात का उल्लेख किया जाना चाहिए कि वह उस समय लागू आपात की उद्घोषणा के संबंध में है तथा कार्यपालिकीय कार्यवाही आपात से संबंधित विधि के अंतर्गत की जानी चाहिए, अन्यथा उन्हें राष्ट्रपति के आदेश का संरक्षण प्राप्त नहीं होगा और उन्हें न्यायालय में चुनौती दी जा सकती है।
- जब आपात की उद्घोषणा प्रवर्तन में हो तो संसद को यह अधिकार होता है कि वह एक बार में एक वर्ष के लिए लोकसभा के कार्यकाल को बढ़ा दे, किंतु इसका विस्तार आपातकाल के प्रवर्तन में न रहने पर 6 माह से अधिक अवधि तक नहीं होगा, (अनुच्छेद–83)।
- आपातकाल के लागू रहने पर संसद किसी राज्य में राष्ट्रपति शासन की अवधि 1 वर्ष से अधिक (अधिकतम 3 वर्ष तक) बढ़ाने के लिए संकल्प पारित कर सकती है, यदि निर्वाचन आयोग यह प्रमाणित कर देता है कि निर्वाचन में कठिनाई के कारण राष्ट्रपति शासन का बढ़ाया जाना आवश्यक है।

आपात उपबंधों में संशोधन

44वें संविधान संशोधन के माध्यम से संविधान में निहित आपातकालीन प्रावधानों में संशोधन किया गया जिसकी संक्षिप्त विवेचना निम्नलिखित शीर्षकों के अंतर्गत प्रस्तुत है-

44वां संविधान संशोधन और अनुच्छेद–352

- आंतरिक अशांति (Internal disturbance) के स्थान पर सशस्त्र विद्रोह (Armed Rebellion) शब्द रखा गया।
- युद्ध, बाह्य आक्रमण या सशस्त्र विद्रोह के भावी संकट (Imminent Danger) के आधार पर आपात उद्घोषणा की शक्ति राष्ट्रपति को दी गई है।
- आपात उद्घोषणा के लिए मंत्रिमंडल के निर्णय की लिखित सूचना राष्ट्रपति को दी जानी आवश्यक किया गया।
- उद्घोषणा को 1 माह के भीतर संसद के दोनों सदनों द्वारा विशेष बहुमत से पारित किया जाना आवश्यक किया गया है। (इसके पूर्व उद्घोषणा 2 माह के भीतर साधारण बहुमत से पारित की जा सकती थी)।
- एक बार संसद द्वारा अनुमोदित उद्घोषणा मात्र 6 माह तक प्रवर्तन में रहेगी। आगे जारी रखने के लिए पुन: अनुमोदन आवश्यक होगा, इसके पूर्व एक बार अनुमोदित हो जाने पर अनिश्चित काल तक प्रवर्तन में रह सकती थी।
- यह प्रावधान किया गया कि यदि लोकसभा साधारण बहुमत से उद्घोषणा को वापस लेने का संकल्प पारित कर देती है, तो राष्ट्रपति उसे वापस लेने के लिए बाध्य होगा।
- यदि लोकसभा के 1/10 भाग सदस्य हस्ताक्षर सहित लिखित सूचना अध्यक्ष या राष्ट्रपति को देते हैं तो 14 दिन के भीतर उनके द्वारा उद्घोषणा को वापस लेने के संबंध में विचार के लिए लोकसभा की विशेष बैठक बुलाने का प्रावधान किया गया है।

44वां संविधान संशोधन तथा अनुच्छेद-358 व 359

- अनुच्छेद–358 में प्रावधानित है कि अनुच्छेद–19 द्वारा प्रदत्त मूल अधिकार केवल युद्ध या बाह्य आक्रमण के आधार पर घोषित आपात के समय ही निलंबित होंगे, सशस्त्र विद्रोह के आधार पर घोषित आपात के समय नहीं।
- अनुच्छेद–358(2) में प्रावधानित है कि आपात के दौरान अनुच्छेद–358 का संरक्षण केवल उन विधियों को प्राप्त होगा, जिसमें इस बात का उल्लेख होगा कि वे आपात से संबंधित हैं तथा उन कार्यपालिकीय कृत्यों को भी होगा जो ऐसी विधियों के अधीन किए गए हैं, अन्य विधियों या कृत्यों को नहीं।
- अनुच्छेद–359 में प्रावधानित है कि अनुच्छेद–20 तथा 21 को राष्ट्रपति द्वारा आपात के दौरान भी निलंबित नहीं किया जा सकता है।
- अनुच्छेद–359 का संरक्षण भी आपात के दौरान केवल उन्हीं विधियों को प्राप्त होगा, जिनमें इस बात का उल्लेख होगा कि वे आपात से संबंधित हैं तथा उन कार्यपालिकीय कृत्यों को प्राप्त होगा जो ऐसी विधियों के अधीन किए गए हैं, अन्य विधियों या कृत्यों को नहीं।

अनुच्छेद 358 तथा अनुच्छेद 359 में अंतर

अनुच्छेद-358	अनुच्छेद-359
• इसके अनुसार आपात की उद्घोषणा पर अनुच्छेद-19 द्वारा प्रदत्त मूल अधिकार स्वत: निलंबित हो जाते हैं।	• इसके तहत राष्ट्रपति की उद्घोषणा के पश्चात् अनुच्छेद 20 तथा 21 को छोड़कर भाग-3 के शेष सभी या किन्हीं मूल अधिकारों को प्रवर्तित कराने के अधिकार को निलम्बित करने की शक्ति प्राप्त हो जाएगी।
• इसके तहत आपात के प्रवर्तन तक अनुच्छेद-19 निलंबित रहता है तथा आपात के प्रवर्तन में न रहने पर स्वत: पुनर्जीवित हो जाता है।	• इसके तहत निलम्बन आपात के प्रवर्तन या उससे कम ऐसी अवधि तक जारी रहता है, जो आदेश में विनिर्दिष्ट की जाए।
• यह अनुच्छेद केवल तभी लागू होता है, जब आपात की उद्घोषणा युद्ध या बाह्य आक्रमण के आधार पर की गई हो, (सशस्त्र विद्रोह के आधार पर नहीं)।	• यह अनुच्छेद तीनों में से किसी भी आधार पर घोषित आपात की दशा में लागू होता है।
	• इसके तहत बनाई गई विधियों को आपातकाल के पश्चात् न्यायालय में चुनौती दी जा सकती है।
• इसका प्रवर्तन स्वत: होता है। राष्ट्रपति का आदेश आवश्यक नहीं है।	• इसे राष्ट्रपति के आदेश से लागू किया जाता है।

42वां संविधान संशोधन और अनुच्छेद–352

- आपात की उद्घोषणा संपूर्ण भारत या उसके किसी भाग के संबंध में की जा सकेगी। इससे पूर्व इसका प्रभाव संपूर्ण देश पर होता था।
- उद्घोषणा को परिवर्तित (Varied) करने का प्रावधान भी किया गया, जिससे कि उन स्थानों से जहां सुधार हो रहा है, आपात घोषणा को हटाया जा सके तथा अन्य स्थानों पर बने रहने दिया जाए।
- 38वें संविधान संशोधन (1975) द्वारा राष्ट्रपति को भिन्न-भिन्न आधारों पर भिन्न-भिन्न उद्घोषणाएं जारी करने का अधिकार दिया गया है।

राज्यों में राष्ट्रपति शासन

राज्यों में संवैधानिक तंत्र (Consitutional Machinery) के विफल हो जाने पर राष्ट्रपति द्वारा अनुच्छेद–356 के तहत जारी की जाने वाली उद्घोषणा को आम बोल-चाल की भाषा में राष्ट्रपति शासन (President Rule) कहा जाता है। यह दूसरे प्रकार का आपात उपबंध है, यद्यपि संविधान में इसके लिए आपात शब्द का प्रयोग नहीं किया गया है।

राष्ट्रपति शासन की उद्घोषणा

- राष्ट्रपति शासन की उद्घोषणा (Proclamation of President Rule) अनुच्छेद–356(1) के तहत जारी की जाती है। इसके अनुसार, यदि राष्ट्रपति को किसी राज्य के राज्यपाल से प्रतिवेदन (Report) मिलने पर या किसी अन्य प्रकार से, यह संज्ञान हो जाता है कि उस राज्य का शासन संवैधानिक प्रावधानों के अनुसार नहीं चलाया जा सकता, तो वह उस राज्य में राष्ट्रपति शासन की उद्घोषणा कर सकता है।
- अनुच्छेद–365 में कहा गया है कि जब कोई राज्य, संघ की कार्यपालिका द्वारा दिए गए किसी निर्देश (Direction) के अनुपालन में असफल रहता है, तो राष्ट्रपति यह समाधान कर सकता है कि उस राज्य का शासन संविधान के प्रावधानों के अनुसार नहीं चलाया जा सकता है।
- अनुच्छेद–256-257 तथा अनुच्छेद–353(क) के तहत संघ की कार्यपालिका को राज्यों को निर्देश देने की शक्ति है। यहां राष्ट्रपति के समाधान से तात्पर्य है केंद्रीय मंत्रिमंडल का समाधान। राष्ट्रपति शासन की उद्घोषणा को किसी पश्चात्वर्ती उद्घोषणा द्वारा वापस लिया जा सकता है या उसमें परिवर्तन किया जा सकता है। अनुच्छेद–356(2)।

उद्घोषणा का अनुमोदन

- अनुच्छेद–356 के अधीन जारी प्रत्येक उद्घोषणा संसद के दोनों सदनों के समक्ष रखी जाती है। उसे प्रत्येक सदन द्वारा उपस्थित और मतदान करने वाले सदस्यों के बहुमत (साधारण बहुमत) से दो माह के भीतर पारित करना आवश्यक है अन्यथा वह उद्घोषणा स्वत: समाप्त हो जाती है। किसी पूर्ववर्ती उद्घोषणा को वापस लेने वाली उद्घोषणा को वापस लेने वाली उद्घोषणा को संसद के समक्ष रखना आवश्यक नहीं होता है।
- यदि उद्घोषणा उस समय की जाती है जब लोकसभा का विघटन हो गया है या लोकसभा का विघटन उद्घोषणा का अनुमोदन किए बिना दो माह के भीतर हो जाता है और उसे राज्यसभा द्वारा अनुमोदित कर दिया गया हो तो ऐसी उद्घोषणा को लोकसभा के पुनर्गठन के पश्चात् उसकी प्रथम बैठक से तीस (30) दिन के भीतर अनुमोदित किया जाना चाहिए, अन्यथा वह 30 दिन की समाप्ति पर प्रवर्तन में नहीं रहेगी।
- एस.आर. बोम्मई बनाम भारत संघ का राज्यों में राष्ट्रपति शासन के न्यायिक पुनर्विलोकन पर एक प्रमुख वाद है। इस वाद में उच्चतम न्यायालय की 9 सदस्यीय संविधान पीठ ने राष्ट्रपति शासन लागू करने के संबंध में कुछ मानदंड निर्धारित किए हैं जिनका पालन करना केंद्र सरकार के लिए आवश्यक है।
- अनुच्छेद–356 के अधीन राष्ट्रपति द्वारा किसी राज्य में राष्ट्रपति शासन लागू करने और विधानसभा को भंग करने की शक्ति सशर्त है, असीमित नहीं।
- राष्ट्रपति को यह स्पष्ट करना होगा कि अनुच्छेद–356(1) के अधीन वे परिस्थितियां अस्तित्व में थीं, जिसके आधार पर राष्ट्रपति ने कार्यवाही की है। दूसरे शब्दों में संवैधानिक तंत्र की विफलता यथार्थ में होनी चाहिए न कि कल्पित आधारों पर।
- राष्ट्रपति शासन राज्यपाल की लिखित रिपोर्ट के बिना लागू नहीं किया जा सकता है।
- पंथ निरपेक्षता भारतीय संविधान का आधारभूत ढांचा है और यदि कोई सरकार उसके आदशों के विरुद्ध कार्य करती है तो वहां अनुच्छेद–356 का प्रयोग किया जा सकता है।
- यदि केवल राजनीतिक आधारों पर दुर्भावना से प्रेरित होकर राष्ट्रपति शासन लागू किया जाता है तो न्यायालय विधानसभा को पुनर्जीवित कर सकता है।
- राष्ट्रपति शासन लागू करना और विधानसभा को भंग करना दोनों एक साथ नहीं किए जा सकते हैं। राष्ट्रपति संसद द्वारा उद्घोषणा को अनुमोदित किए जाने के पश्चात् ही विधानसभा को भंग कर सकता है। जब ऐसा अनुमोदन नहीं हो तब राष्ट्रपति विधानसभा को केवल निलंबित कर सकता है।
- उच्चतम न्यायालय और उच्च न्यायालय केंद्रीय सरकार को उस सामग्री के बारे में बताने के लिए बाध्य कर सकते हैं, जिसके आधार पर किसी राज्य में राष्ट्रपति शासन लागू करने का परामर्श केंद्रीय मंत्रिपरिषद् राष्ट्रपति को देती है। यह कारण परामर्श का भाग नहीं है अत: न्यायालय उसकी जांच कर सकता है।

उद्घोषणा की अवधि

- राष्ट्रपति शासन की उद्घोषणा जारी किए जाने की तिथि से दो माह तक प्रवर्तन में रहती है, किंतु यदि संसद के दोनों सदन इसे साधारण बहुमत से

दो माह के भीतर अनुमोदित कर देते हैं तो ऐसी उद्घोषणा जारी किए जाने की तिथि से 6 माह तक प्रवर्तन में रहती है।

- यदि उसे आगे भी जारी रखना हो तो उसे पुन: संसद के दोनों सदनों द्वारा पारित किया जाना चाहिए। संसद के पुन: अनुमोदन से उद्घोषणा की अवधि 6-6 माह बढ़ाई जा सकती है, किंतु उसे किसी भी दशा में 3 वर्ष से अधिक अवधि तक प्रवर्तन में नही रखा जा सकता है।
- अत: राष्ट्रपति शासन की अधिकतम अवधि 3 वर्ष तक हो सकती है, परंतु 1 वर्ष से अधिक अवधि तक राष्ट्रपति शासन को जारी रखने के लिए, संसद द्वारा संकल्प तभी पारित किया जा सकता है, जब निम्नलिखित दोनों शर्तें पूरी होती हों–
    1. आपात की उद्घोषणा (संपूर्ण भारत या उसके किसी भाग में)
    2. निर्वाचन आयोग यह प्रमाणित करता है कि राज्य में चुनाव कराने में कठिनाई के कारण राष्ट्रपति शासन को जारी रखना आवश्यक है। अनुच्छेद–356(5)।

उक्त दोनों शर्तें 44वें संविधान संशोधन अधिनियम 1978 द्वारा संविधान में जोड़ी गई हैं।

राज्यों की सुरक्षा का संघ का कर्तव्य

अनुच्छेद–355 के तहत संघ पर राज्यों के संबंध में निम्न दो कर्तव्य अध्यारोपित किए गए हैं। यथा-

1. प्रत्येक राज्य की आंतरिक अशांति (Internal Disturbance) तथा बाह्य आक्रमण (External Aggression) से सुरक्षा करना।
2. प्रत्येक राज्य की सरकार को संविधान के उपबंधों के अनुसार चलाया जाना सुनिश्चित करने।

- संघ सरकार को बाह्य आक्रमण या आंतरिक अशांति की स्थिति में किसी राज्य की सुरक्षा के लिए आवश्यक कदम उठाने का अधिकार है। इसके लिए उस राज्य की सहमति आवश्यक नहीं है। वह किसी राज्य में संवैधानिक तंत्र के विफल हो जाने पर उस राज्य का प्रशासन अपने हाथ में ले सकता है। इस प्रकार अनुच्छेद–355 भी किसी राज्य में संवैधानिक तंत्र की विफलता के विषय में है। इसके तहत बिना राष्ट्रपति शासन लागू किए ही आवश्यक कार्यवाही की जा सकती है।
- उच्चतम न्यायालय ने सरबानंद सोनेलाल बनाम भारत संघ (2005) के मामले में कहा कि आक्रमण का व्यापक अर्थ है। इसमें युद्ध सहित अन्य कई कृत्य सम्मिलित हैं यथा असोम (असम) में अवैध बांग्लादेशियों का प्रवेश, वहां बसना, मतदाता बनना तथा नौकरियां पाना, असोम (असम) पर आक्रमण है। इस वाद में उच्चतम न्यायालय ने असोम (असम) में लागू अवैध प्रवासी (अधिकरण द्वारा निर्धाकरण) अधिनियम 1983 को शून्य घोषित कर दिया तथा पूरे भारत में विदेशी नागरिक संबंधी अधिनियम-1946 के तहत अवैध प्रवासियों की पहचान तथा निष्कासन का कार्य करने का निर्देश दिया।

उद्घोषणा के प्रभाव

जब राष्ट्रपति किसी राज्य में अनुच्छेद–356(1) के तहत उद्घोषणा जारी करता है, तब वह उद्घोषणा द्वारा निम्नलिखित कार्य कर सकता है; यथा–

- उस राज्य सरकार के सभी या कोई कृत्य (Functions) अपने हाथ में ले सकता है, तथा उन कृत्यों को भी अपने हाथ में ले सकता है जो उस राज्य के राज्यपाल या किसी निकाय (Body) या प्राधिकारी (Authority) में निहित हैं, किंतु राज्य विधानमंडल में निहित किसी शक्ति को वह अपने हाथ में नहीं ले सकता है।
- यह घोषित कर सकता है कि राज्य विधानमंडल की शक्तियां संसद द्वारा या उसके प्राधिकार के अधीन प्रयोग की जाएंगी।
- कोई ऐसा उपबंध (Provisions) कर सकता है, जो राज्य के किसी निकाय या प्राधिकारी से संबंधित किन्हीं संवैधानिक प्रावधानों के प्रवर्तन को निलंबित करता है, या उद्घोषणा को प्रभावी बनाने के लिए आवश्यक है।
- किंतु राष्ट्रपति उच्च न्यायालय में निहित (Vested) किसी शक्ति को अपने हाथ में नहीं ले सकता और न ही उच्च न्यायालय से संबंधित किसी संवैधानिक प्रावधानों के प्रवर्तन (Operation) को निलंबित कर सकता है।

44वां संविधान संशोधन और अनुच्छेद–356

- संसद द्वारा अनुमोदित उद्घोषणा 6 माह तक ही प्रवर्तन में रहेगी। 42वें संविधान संशोधन अधिनियम द्वारा इसे बढ़ाकर 1 वर्ष कर दिया गया था।
- खंड 5 जोड़कर यह प्रावधान किया गया कि 1 वर्ष से अधिक अवधि तक आपात जारी रखने वाला संकल्प संसद के किसी सदन द्वारा तभी पारित किया जाएगा जब–
    1. उस समय आपात की घोषणा (अनुच्छेद–352) प्रवर्तन में हो, तथा
    2. चुनाव आयोग ने यह प्रमाणित किया हो कि आम चुनाव कराने में कठिनाई के कारण उद्घोषणा को बनाए रखना आवश्यक है।

विधायी शक्तियों का प्रयोग

अनुच्छेद–357 के अनुसार, जब राष्ट्रपति यह घोषित कर देता है कि राज्य विधानमंडल की विधायी शक्तियां संसद द्वारा या उसके प्राधिकार के अधीन प्रयोग की जाएंगी, तब–

- संसद इस बात के लिए सक्षम होगा कि वह राज्य विधानमंडल की विधायी शक्तियों का प्रयोग करे जब, राष्ट्रपति संसद को इसके लिए प्राधिकृत कर दे अथवा संसद विधायन की यह शक्ति किसी अन्य प्राधिकारी को प्रत्यायोजित कर सकता है।
- संसद, राष्ट्रपति या ऐसे अन्य प्राधिकारी विधि द्वारा, संघ या उसके प्राधिकारियों को शक्ति प्रदान करने या उन पर कर्तव्य अध्यारोपित करने के लिए सक्षम होंगी।
- लोकसभा के सत्र में न रहने पर राष्ट्रपति राज्य की संचित निधि से व्यय को प्राधिकृत (Authorise) कर सकता है।
- राज्य विधानमंडल की शक्तियों के प्रयोग में संसद राष्ट्रपति या अन्य प्राधिकारी द्वारा बनाई गई विधि उद्घोषणा के प्रवर्तन में न रहने पर भी तब तक प्रवृत्त (Continue) बनी रहती है जब तक कि विधानमंडल या अन्य प्राधिकारी द्वारा उसका परिवर्तन निरसन या संशोधन नहीं कर दिया जाता है।

वित्तीय आपात

- संविधान के अनुच्छेद–360 के तहत वित्तीय आपात (Financial Emergency) के बारे में प्रावधान किया गया है। यह तीसरे प्रकार का आपात उपबंध है।
- अनुच्छेद–360 के तहत राष्ट्रपति वित्तीय आपात की उद्घोषणा कर सकता है, यदि उसको यह समाधान हो जाए कि ऐसी स्थिति उत्पन्न हो गई है, जिससे कि भारत या उसके किसी भाग का वित्तीय स्थायित्व अथवा साख संकट में है।
- यहां राष्ट्रपति के समाधान से तात्पर्य केंद्रीय मंत्रिमंडल के समाधान से है। अत: राष्ट्रपति केंद्रीय मंत्रिमंडल की सलाह पर ही वित्तीय आपात की उद्घोषणा करता है, किंतु इसके लिए मंत्रिमंडल की लिखित सलाह आवश्यक नहीं है।

उद्घोषणा की अवधि

- वित्तीय आपात की उद्घोषणा संसद के अनुमोदन के बिना दो माह तक प्रवर्तन में रहती है, किंतु यदि संसद साधारण बहुमत से दो माह पूर्व उद्घोषणा को अनुमोदित कर देती है तो वह अनिश्चित काल तक प्रवर्तन में बनी रहेगी।

- वित्तीय आपात की उद्घोषणा को जारी रखने के लिए, उसका बार-बार अनुमोदन आवश्यक नहीं है। यदि वित्तीय आपात की उद्घोषणा के समय लोकसभा विघटित हो अथवा, 2 माह की अवधि में उसका विघटन हो जाता है और संकल्प राज्यसभा द्वारा अनुमोदित हो जाता है, किंतु लोकसभा द्वारा नहीं होता है, तो उद्घोषणा उस तारीख से, जब नई लोकसभा बैठती है, 30 दिन की समाप्ति पर प्रवर्तन में नहीं रहेगी, जब तक कि इस अवधि के भीतर उद्घोषणा के अनुमोदन का संकल्प लोकसभा द्वारा पारित नहीं हो जाता है।
- राष्ट्रपति उद्घोषणा को किसी पश्चात्वर्ती उद्घोषणा द्वारा कभी भी वापस ले सकता है या परिवर्तित कर सकता है।

वित्तीय आपात की उद्घोषणा के प्रभाव

वित्तीय आपात की उद्घोषणा के निम्नलिखित प्रभाव होते हैं–

- संघ की कार्यपालिका द्वारा किसी राज्य को ऐसे वित्तीय औचित्य संबंधी सिद्धांतों का पालन करने का निर्देश दिया जा सकता है, जो ऐसे निर्देश में निर्धारित किए जाएं।
- किसी राज्य के अधीन सेवा करने वाले सभी या किसी वर्ग के व्यक्तियों के वेतन एवं भत्तों में कमी की जा सकती है।
- संघ के अधीन सेवा करने वाले किसी या सभी व्यक्तियों (जिसके अंतर्गत उच्चतम न्यायालय और उच्च न्यायालय के न्यायाधीश भी हैं।) के वेतन एवं भत्तों में कमी की जा सकती है।
- राज्य विधानमंडल द्वारा पारित धन विधेयक और वित्त विधेयकों को राष्ट्रपति के विचार के लिए आरक्षित किए जाने का प्रावधान किया जा सकता है।

राष्ट्रीय आपात तथा राष्ट्रपति शासन में अंतर

राष्ट्रीय आपात तथा राष्ट्रपति शासन में अंतर निम्नलिखित प्रकार से दर्शाया जा सकता है–

राष्ट्रीय आपात अनुच्छेद–352

- इसकी उद्घोषणा युद्ध, बाह्य आक्रमण या सशस्त्र विद्रोह के आधार पर की जाती है।
- इसके लिए मंत्रिमंडल के विनिश्चय की लिखित संसूचना राष्ट्रपति को दी जानी चाहिए।
- इसके तहत उद्घोषणा को संसद के दोनों सदनों द्वारा एक माह के भीतर अनुमोदन आवश्यक है।
- यह उद्घोषणा संसद के दोनों सदनों के विशेष बहुमत से अनुमोदित की जाती है।
- यह उद्घोषणा पूरे भारत या उसके किसी भाग पर लागू की जा सकती है।
- इसके तहत उद्घोषणा को 6-6 माह पर संसद द्वारा अनुमोदित कर अनिश्चित काल तक बढ़ाया जा सकता है।
- इसके तहत राज्य की कार्यपालिका और विधायिका निलंबित नहीं होती, बल्कि संघ को राज्य सूची के विषयों पर समवर्ती विधायी अधिकार प्राप्त हो जाता है।
- इसकी उद्घोषणा पर अनुच्छेद–19 द्वारा प्रदत्त मूल अधिकार स्वत: निलंबित हो जाते हैं (सशस्त्र विद्रोह के आधार पर घोषित आपात के सिवाय) तथा अन्य मूल अधिकारों का प्रवर्तन राष्ट्रपति निलंबित कर सकता है। (किंतु अनुच्छेद–20 तथा 21 को नहीं)।
- इसके तहत संसद द्वारा निर्मित विधियां आपातकाल के प्रवर्तन में न रहने पर तुरंत प्रभावहीन हो जाती हैं।

राष्ट्रपति शासन (अनुच्छेद–356)

- इसकी उद्घोषणा राज्य में संवैधानिक तंत्र के विफल हो जाने के आधार पर की जाती है।
- इसके लिए मंत्रिमंडल का मात्र परामर्श (मौखिक) आवश्यक है।
- इसके तहत उद्घोषणा का अनुमोदन दो माह के भीतर किया जाना चाहिए।
- यह उद्घोषणा संसद के साधारण बहुमत से अनुमोदित की जाती है।
- यह उद्घोषणा एक या अधिक राज्यों में या पूरे राज्य क्षेत्र में लागू की जाती है।
- इसके तहत उद्घोषणा को 6-6 माह पर अनुमोदित कर अधिकतम 3 वर्ष तक बढ़ाया जा सकता है।
- इसके तहत राज्य कार्यपालिका और विधायिका निलंबित या विघटित हो जाती है तथा राज्य की सभी विधायी और कार्यपालिकीय शक्तियां संघ में निहित हो जाती हैं।
- इसकी उद्घोषणा का मूल अधिकारों पर कोई प्रभाव नहीं पड़ता है।
- इसके तहत (संसद, राष्ट्रपति या अन्य प्राधिकारी द्वारा) निर्मित विधियां उद्घोषणा के प्रवर्तन में न रहने पर भी तब तक बनी रहती हैं जब तक कि विधानमंडल द्वारा निरसित नहीं कर दी जाती हैं।

44वां संविधान संशोधन एवं अनुच्छेद–360

44वें संविधान संशोधन अधिनियम 1978 द्वारा अनुच्छेद–360 उपखंड (2) के स्थान पर नया उपखंड रखा गया है। संशोधन से पूर्व अनुच्छेद–360 के अधीन की गई उद्घोषणा पर अनुच्छेद–352 के उपबंध लागू होते थे। इस संशोधन द्वारा अनुच्छेद–360 खंड (2) को पूर्ण बनाते हुए अनुच्छेद–352 से उसका संबंध समाप्त कर दिया गया है। संशोधित प्रावधान के अनुसार, वित्तीय आपात संसद द्वारा अनुमोदित होने के पश्चात् अनिश्चित काल तक प्रभावी रह सकता है, जबकि, अनुच्छेद–352 के अधीन घोषित आपात को जारी रखने के लिए 6-6 माह पर संसद द्वारा अनुमोदन आवश्यक होता है।

स्मरणीय तथ्य

- अनुच्छेद–352 राष्ट्रीय आपात (National Emergency) की उद्घोषणा तथा उससे संबंधित अन्य विषयों के बारे में है।
- अनुच्छेद–353 तथा 354 के तहत् राष्ट्रीय आपात की उद्घोषणा के प्रभावों का वर्णन किया गया है।
- राष्ट्रपति आपात की उद्घोषणा तभी करता है, जबकि मंत्रिमंडल इस आशय के विनिश्चय की लिखित सूचना उसे देती है।
- प्रथम राष्ट्रीय आपात की उद्घोषणा 26 अक्टूबर, 1962 को बाह्य आक्रमण (चीन द्वारा आक्रमण) के आधार पर की गई थी।
- द्वितीय राष्ट्रीय आपात की उद्घोषणा 3 दिसंबर, 1971 को बाह्य आक्रमण (पाकिस्तान द्वारा आक्रमण) के आधार पर की गई थी।
- उद्घोषणा के अनुमोदन का संकल्प, प्रत्येक सदन द्वारा कुल सदस्य संख्या के बहुमत तथा उपस्थित और मतदान करने वाले सदस्यों के दो-तिहाई (2/3) बहुमत से पारित किया जाता है।

- आपात उद्घोषणा के प्रवर्तन के दौरान राष्ट्रपति को यह शक्ति प्राप्त होती है कि वह संघ और राज्यों के मध्य राजस्व वितरण से संबंधित उपबंधों (अनुच्छेद–268-279) में परिवर्तन या रूपान्तरण (Modifications) का आदेश कर दे
- आपातकाल के लागू रहने पर संसद किसी राज्य में राष्ट्रपति शासन की अवधि 1 वर्ष से अधिक (अधिकतम 3 वर्ष तक) बढ़ाने के लिए संकल्प पारित कर सकती है।
- एक बार संसद द्वारा अनुमोदित उद्घोषणा मात्र 6 माह तक प्रवर्तन में रहेगी।
- अनुच्छेद–358 में प्रावधानित है कि अनुच्छेद–19 द्वारा प्रदत्त मूल अधिकार केवल युद्ध या बाह्य आक्रमण के आधार पर घोषित आपात के समय ही निलंबित होंगे।
- राष्ट्रपति शासन की उद्घोषणा को किसी पश्चात्वर्ती उद्घोषणा द्वारा वापस लिया जा सकता है या उसमें परिवर्तन किया जा सकता है। अनुच्छेद–356(2)।
- अनुच्छेद–356 के अधीन जारी प्रत्येक उद्घोषणा संसद के दोनों सदनों के समक्ष रखी जाती है।
- अनुच्छेद–356 के अधीन राष्ट्रपति द्वारा किसी राज्य में राष्ट्रपति शासन लागू करने और विधानसभा को भंग करने की शक्ति सशर्त है, असीमित नहीं।
- पंथ निरपेक्षता भारतीय संविधान का आधारभूत ढांचा है और यदि कोई सरकार उसके आदर्शों के विरुद्ध कार्य करती है तो वहां अनुच्छेद–356 का प्रयोग किया जा सकता है।
- राष्ट्रपति शासन लागू करना और विधानसभा को भंग करना दोनों एक साथ नहीं किए जा सकते हैं।
- संसद द्वारा अनुमोदित उद्घोषणा 6 माह तक ही प्रवर्तन में रहेगी। 42वें संविधान संशोधन अधिनियम द्वारा इसे बढ़ाकर 1 वर्ष कर दिया गया था।
- अनुच्छेद–360 के तहत राष्ट्रपति वित्तीय आपात की उद्घोषणा कर सकता है, यदि उसको यह समाधान हो जाए कि ऐसी स्थिति उत्पन्न हो गई है, जिससे कि भारत या उसके किसी भाग का वित्तीय स्थायित्व अथवा साख संकट में है।
- वित्तीय आपात की उद्घोषणा संसद के अनुमोदन के बिना 2 माह तक प्रवर्तन में रहती है।

❑❑❑

अध्याय 5

कुछ राज्यों के लिए विशेष प्रावधान

भारतीय संविधान एक संघात्मक शासन प्रणाली की स्थापना करता है और भारतीय गणराज्य की सभी इकाइयों के लिए एक ही प्रकार के प्रावधान का सामान्यतया सृजन भी किया गया है, परंतु कुछ राज्यों की विशेष भौगोलिक एवं सामाजिक स्थितियों को ध्यान में रखते हुए उनके लिए विशेष प्रावधान किए गए हैं। ऐसा करना संघात्मक शासन प्रणाली की मजबूती और विविधता में एकता को बनाए रखने के लिए अनिवार्य है। उल्लेखनीय है कि संविधान के भाग 21 में अनुच्छेद–371 से 371-झ तक (बारह अनुच्छेदों में) राज्यों के संबंध में विशेष प्रावधान किए गए हैं। इन राज्यों के नाम हैं–महाराष्ट्र, गुजरात, नागालैंड, असोम (असम), मणिपुर, आंध्र प्रदेश, तेलंगाना, सिक्किम, मिजोरम, अरुणाचल प्रदेश, कर्नाटक एवं गोवा। इसका उद्देश्य इन राज्यों के पिछड़े इलाकों में रहने वाले लोगों की आवश्यकताओं को पूरा करना या इन राज्यों की जनजातियों के आर्थिक एवं सांस्कृतिक हितों की रक्षा करना या इन राज्यों के स्थानीय लोगों के हितों की रक्षा करना है। यद्यपि मूल संविधान में इन राज्यों के लिए इस प्रकार के प्रावधान नहीं थे, परंतु बाद में उत्पन्न परिस्थितियों को देखते हुए इन प्रावधानों का सृजन करना पड़ा।

महाराष्ट्र एवं गुजरात के लिए प्रावधान

अनुच्छेद–371 में प्रावधानित है कि राष्ट्रपति को यह अधिकार है कि वह महाराष्ट्र एवं गुजरात के राज्यपालों को कुछ विशेष शक्तियां प्रदान कर सकते हैं, जो इस प्रकार हैं–

- राष्ट्रपति से प्राप्त शक्तियों के माध्यम से राज्यपाल द्वारा निम्न क्षेत्रों के लिए पृथक् विकास बोर्ड का गठन किया जाएगा–
  - (a) विदर्भ, मराठवाड़ा एवं शेष महाराष्ट्र
  - (b) सौराष्ट्र, कच्छ एवं शेष गुजरात
- अनुच्छेद–371 में प्रावधान किया गया है कि इन बोर्डों के कार्यों का वार्षिक प्रतिवेदन राज्य विधानसभा में पेश किया जाएगा।
- संबंधित वर्णित क्षेत्रों में विकास व्यय हेतु विधियों का साम्यतापूर्ण आवंटन।
- संबंधित वर्णित क्षेत्रों में तकनीकी शिक्षा एवं व्यावसायिक प्रशिक्षण के लिए पर्याप्त सुविधाएं उपलब्ध कराने के लिए निमित उचित व्यवस्था करना।

नागालैंड के लिए प्रावधान

अनुच्छेद–371(क) के अंतर्गत, नागालैंड राज्य के लिए निम्न प्रावधान किए गए हैं-

- संसद द्वारा निम्न मामलों के संबंध में बनाया गया अधिनियम तब तक नागालैंड पर लागू नहीं होगा, जब तक राज्य विधानसभा इसका अनुमोदन न कर दे–
  - (a) नागाओं की धार्मिक या सामाजिक प्रथाएं।
  - (b) नागा रूढ़िजन्य विधि और प्रक्रिया।
  - (c) सिविल और दांडिक न्याय प्रशासन, जहां विनिश्चय नागा रूढ़िजन्य विधि के अनुसार होते हैं।
  - (d) भूमि और उसके संपत्ति स्रोतों का स्वामित्व और अंतरण।
- नागालैंड में जब तक स्थानीय नागाओं द्वारा किए गए उपद्रव समाप्त नहीं हो जाते, तब तक राज्य में कानून एवं व्यवस्था बनाए रखने का विशेष दायित्व राज्यपाल पर है।
- राज्यपाल का यह दायित्व है कि वह केंद्र सरकार द्वारा राज्य के विकास हेतु दिए गए धन का उचित आवंटन एवं व्यय सुनिश्चित करे, जिसमें इस कार्य से संबंधित अनुदान मांगें भी शामिल होंगी।
- राज्य के त्वेनसांग जिले के लिए 35 सदस्यीय एक क्षेत्रीय परिषद् की स्थापना की जाएगी।

असोम (असम) एवं मणिपुर के लिए प्रावधान

अनुच्छेद 371(ख) और अनुच्छेद– 371(ग) में असोम (असम) और मणिपुर के लिए विशेष प्रावधान किए गए हैं।

असोम (असम) के संदर्भ में प्रावधान

अनुच्छेद–361(ख) के अंतर्गत, असोम (असम) का राज्यपाल राज्य विधानसभा के जनजातीय क्षेत्रों से चुने गए सदस्यों से या ऐसे सदस्यों से, जिन्हें वह उचित समझता है, एक समिति का गठन कर सकता है।

मणिपुर के संदर्भ में प्रावधान

भारतीय संविधान के अनुच्छेद–371(ग) में मणिपुर के संदर्भ में विशेष प्रकार के प्रावधान किए गए हैं, जो निम्नवत् हैं–

कुछ राज्यों के विशेष प्रावधान से संबंधित अनुच्छेद

अनुच्छेद	विषयवस्तु
371	महाराष्ट्र तथा गुजरात राज्यों के लिए विशेष प्रावधान
371ए	नागालैंड राज्य के लिए विशेष प्रावधान
371बी	असम राज्य के लिए विशेष प्रावधान
371सी	आंध्र प्रदेश राज्य या तेलंगाना राज्य के लिए विशेष प्रावधान
371डी	आंध्र प्रदेश में केंद्रीय विश्वविद्यालय की स्थापना
371ई	सिक्किम राज्य के लिए विशेष प्रावधान
371एफ	मिजोरम राज्य के लिए विशेष प्रावधान
371जी	अरुणाचल प्रदेश राज्य के लिए विशेष प्रावधान
371एच	गोवा राज्य के लिए विशेष प्रावधान
371आई	राज्य के लिए विशेष प्रावधान
371जे	कर्नाटक राज्य के लिए विशेष प्रावधान

- राष्ट्रपति को यह अधिकार प्राप्त है कि यदि वह चाहे तो राज्य के पहाड़ी क्षेत्रों से मणिपुर विधानसभा के लिए चुने गए सदस्यों से एक समिति का गठन कर सकता है।
- राष्ट्रपति, इस समिति का उचित कार्य संचालन सुनिश्चित करने हेतु राज्यपाल को विशेष उत्तरदायित्व भी सौंप सकता है।
- राज्यपाल, राज्य के पहाड़ी क्षेत्रों के प्रशासन के संबंध में प्रतिवर्ष राष्ट्रपति को प्रतिवेदन भेजेगा।
- राज्य के पहाड़ी क्षेत्रों के प्रशासन के संबंध में केंद्र सरकार, राज्य सरकार को आवश्यक दिशा-निर्देश दे सकती है।
- राष्ट्रपति राज्य के समाधान के लिए राज्यपाल को विशेष दिशा-निर्देश केंद्र सरकार के माध्यम से दे सकते हैं।

आंध्र प्रदेश अथवा तेलंगाना के लिए प्रावधान

अनुच्छेद–371(घ) में आंध्र प्रदेश के संबंध में विशेष प्रकार के प्रावधान किए गए हैं। वर्ष 2014 में, आंध्र प्रदेश पुनर्गठन अधिनियम, 2014 द्वारा अनुच्छेद–371(घ) को विस्तृत करके तेलंगाना राज्य की स्थापना की गई। अनुच्छेद–371(घ) में निम्नलिखित प्रावधान हैं–

- राष्ट्रपति को यह अधिकार प्राप्त है कि वह राज्य के विभिन्न क्षेत्रों में निवास करने वाले लोगों के लिए शिक्षा एवं रोजगार के अवसरों में समान अवसर उपलब्ध कराने के लिए उचित व्यवस्था कर सकता है।
- उक्त उद्देश्य के लिए राष्ट्रपति को राज्य सरकार के सहयोग की आवश्यकता होती है जिससे कि राज्य के विभिन्न भागों में स्थानीय कैडर के लिए लोक सेवाओं को संगठित किया जा सके तथा किसी भी स्थानीय कैडर में आवश्यकतानुसार सीधी भर्ती की जा सके।
- राष्ट्रपति, राज्य में सिविल सेवा के पदों पर कार्यरत अधिकारियों की शिकायतों एवं विवादों के निपटान हेतु विशेष प्रशासनिक अधिकरण की स्थापना कर सकता है।

मिजोरम के लिए प्रावधान

अनुच्छेद–371(छ) में मिजोरम के लिए निम्न विशेष प्रावधान किया गया है–

- संसद द्वारा बनाया गया कोई अधिनियम मिजोरम राज्य पर तब तक लागू नहीं होगा, जब तक की राज्य की विधानसभा ऐसा करने का निर्णय न करे अर्थात् उसे लागू करने की अपनी संस्तुति नहीं देती है जो निम्न विषयों को प्रभावित करता है–
  (a) मिजो लोगों की सामाजिक एवं धार्मिक प्रथाएं।
  (b) मिजो रूढ़िजन्य विधि न्याय और प्रक्रिया।
  (c) सिविल और दांडिक न्याय प्रशासन, जहां विनिश्चय मिजो रूढ़िजन्य विधि के अनुसार हो।
  (d) भूमि का स्वामित्व और अंतरण।
- मिजोरम विधानसभा में कम-से-कम 40 सदस्य होंगे।

सिक्किम के लिए प्रावधान

36वें संविधान संशोधन अधिनियम, 1975 द्वारा राज्य को पूर्ण राज्य का दर्जा प्राप्त हुआ। इस संशोधन के माध्यम से संविधान में एक नया अनुच्छेद–371(च) जोड़ा गया, जिसमें उल्लिखित है कि–

- सिक्किम विधानसभा का गठन कम-से-कम 30 सदस्यों से होगा।
- लोकसभा में सिक्किम को एक सीट आवंटित की जाएगी तथा पूरे सिक्किम को एक संसदीय क्षेत्र माना जाएगा।
- सिक्किम जनसंख्या के विभिन्न अनुभागों के अधिकार एवं हितों की रक्षा के लिए संसद को यह अधिकार दिया गया है कि वह
  (a) सिक्किम विधानसभा की अधिकांश सीटें इन समुदाय के सदस्यों द्वारा भरी जाएंगी।
  (b) विधानसभा क्षेत्रों के पुनर्निर्धारण में यदि इस समुदाय की किसी सीट में बदलाव होता है तो भी वह अकेला इस सीट से चुनाव लड़ सकता है।
- राज्य के राज्यपाल का यह विशेष दायित्व है कि वे सिक्किम में शांति स्थापित करने की व्यवस्था करें तथा राज्य की जनसंख्या के समान सामाजिक एवं आर्थिक विकास के लिए संसाधनों एवं अवसरों का उचित आवंटन सुनिश्चित करें।

अरुणाचल प्रदेश के लिए प्रावधान

अनुच्छेद–371(ज) में अरुणाचल प्रदेश के लिए निम्न विशेष प्रावधान किए गए हैं–

- अरुणाचल प्रदेश के राज्यपाल पर राज्य में कानून एवं व्यवस्था की स्थापना करने का विशेष दायित्व है। अपने इस दायित्व का निर्वहन करने में राज्यपाल, राज्य मंत्रिपरिषद् से परामर्श करके व्यक्तिगत निर्णय ले सकता है तथा इसका निर्णय ही अंतिम निर्णय माना जाएगा। यदि राष्ट्रपति चाहे तो राज्य के राज्यपाल के इस विशेषाधिकार पर रोक लगा सकता है।
- अरुणाचल प्रदेश विधानसभा में कम-से-कम 30 सदस्य होंगे।

गोवा के लिए विशेष प्रावधान

अनुच्छेद–371(झ) में गोवा के लिए यह विशेष प्रावधान किया गया है कि इस राज्य की विधानसभा में कम-से-कम 30 सदस्य होंगे–

- हैदराबाद-कर्नाटक क्षेत्र के लिए अलग विकास बोर्डों की स्थापना।
- इस बात का प्रावधान करना कि बोर्ड के संचालन से संबंधित प्रतिवेदन प्रतिवर्ष राज्य विधानसभा के समक्ष रखा जाएगा।
- क्षेत्र में विकासात्मक खर्चों के लिए निधि का समतापूर्ण आवंटन।
- क्षेत्र के विद्यार्थियों के लिए क्षेत्र के शैक्षणिक तथा व्यावसायिक शिक्षण संस्थानों में सीटों का आरक्षण।
- क्षेत्र के लोगों के लिए राज्य सरकार के पदों में आरक्षण।

कर्नाटक के लिए विशेष प्रावधान

अनुच्छेद–371(ज) में प्रावधानित है कि राष्ट्रपति को यह अधिकार है कि वह कर्नाटक के राज्यपाल के लिए विशेष दायित्व का निर्धारण कर सकते हैं, जो निम्नवत् हैं–

- हैदराबाद-कर्नाटक क्षेत्र के लिए अलग विकास बोर्डों की स्थापना।
- इस बात का प्रावधान करना कि बोर्ड के संचालन से संबंधित प्रतिवेदन प्रतिवर्ष राज्य विधानसभा के समक्ष रखा जाएगा।
- क्षेत्र में विकासात्मक खर्चों के शैक्षणिक तथा व्यावसायिक शिक्षण संस्थानों में सीटों का आरक्षण।
- क्षेत्र के लोगों के लिए राज्य सरकार के पदों में आरक्षण।

उत्तर-पूर्वी भारतः उग्रवाद और अलगाववाद

पूर्वोत्तर भारत या उत्तर-पूर्वी राज्य देश के अशांत राज्यों में से एक है और देश की आंतरिक सुरक्षा के लिए चुनौती बने हुए हैं। पूर्वोत्तर भारत या उत्तर-पूर्वी राज्यों में अस्थिरता, अशांति, उग्रवाद एवं अलगाव के लिए किसी एक कारण को जिम्मेदार नहीं ठहराया जा सकता, बल्कि इसके लिए अनेक कारण सामूहिक रूप से जिम्मेदार हैं। इनमें ऐतिहासिक कारणों के साथ-साथ तात्कालिक कारण भी सम्मिलित हैं। पूर्वोत्तर भारत की यह समस्या गरीबी-बेरोजगारी, शिक्षा की

कमी, आधारिक संरचना का अभाव, भाषायी संघर्ष, जाति संघर्ष, अप्रत्यक्ष रूप से विदेशी हस्तक्षेप, सामाजिक जागरूकता की कमी, राष्ट्रवाद की भावना की कमी और सामाजिक उदासीनता की कमी से जुड़ी हुई है। पूर्वोत्तर भारत में उग्रवाद और अलगाववाद के साथ-साथ देशद्रोह की प्रवृत्तियां भी सीमित रूप में ही सही, कार्यरत हैं और पूर्वोत्तर भारत में देश विरोधी गतिविधियां संचालित हो रही हैं।

उत्तर-पूर्वी राज्यों में अलगाववाद और उसके कारण

भारत एक ऐसा देश है जहां विभिन्न नृजातीय समूह के लोग रहते हैं। ये समूह अलग-अलग समय में विश्व के विभिन्न क्षेत्रों से भारत आए। इनमें छः नृजातीय समूह प्रमुख हैं-नीग्रिटो, प्रोटो ऑस्ट्रेलॉयड, मंगोलॉयड, भूमध्यसागरीय, ब्रैकिसेफल (विशाल सिर वाले पश्चिमी लोग) तथा नॉर्डिक। मंगोलॉयड समूह के लोग मुख्य तौर पर भारत के पूर्वोत्तर राज्यों असम, नागालैंड, मिजोरम, मेघालय, अरुणाचल प्रदेश, मणिपुर और त्रिपुरा में पाए जाते हैं।

पूर्वोत्तर भारत, भारत के सर्वाधिक पूर्वी क्षेत्रों की ओर संकेत करता है, जिसमें एक साथ जुड़े 'सेवन सिस्टर्स' के नाम से प्रसिद्ध राज्य (अरुणाचल प्रदेश, असम, मेघालय, मणिपुर, मिजोरम, नागालैंड और त्रिपुरा) तथा सिक्किम (सिक्किम 1947 में भारतीय संरक्षित राज्य और 1975 में पूर्ण राज्य बना) शामिल हैं। बंगाल के कुछ उत्तरी भाग (दार्जिलिंग, जलपाईगुड़ी और कूच पश्चिम बिहार के जिले) को भी इसमें सम्मिलित माना जाता है। इन आठ राज्यों को मिलाकर बना पूर्वोत्तर क्षेत्र 2 लाख 62 हजार वर्ग किलोमीटर क्षेत्र में विस्तृत है। यह क्षेत्र एक संकरी पट्टी, जिसे 'सिलीगुड़ी गलियारा या चिकेन-नेक' के नाम से जाना जाता है, द्वारा भारत के शेष राज्यों से जुड़ा है। यह न केवल आर्थिक विकास के दृष्टिकोण से महत्वपूर्ण क्षेत्र है, अपितु इसका अंतर्राष्ट्रीय, राजनीतिक और संवेदनशील सीमावर्ती क्षेत्र होने के कारण सामाजिक व रणनीतिक महत्व भी है।

आज भारत के पूर्वोत्तर राज्यों में सैकड़ों जातीय समूह हैं और इतनी ही बोलियों के कारण यह क्षेत्र व्यापक विविधताओं से भरा है। अरुणाचल प्रदेश, मेघालय, मिजोरम और नागालैंड जैसे पहाड़ी राज्यों में विशेष तौर पर आदिवासी समूह के लोगों का वर्चस्व है। तिब्बत, म्यांमार, थाइलैंड और बांग्लादेश से भी इन क्षेत्रों में लोगों का पलायन हुआ है। इस कारण इन राज्यों में जातीय विविधता काफी अधिक देखने को मिलती है।

पूर्वोत्तर भारत के लोग विभिन्न भाषाओं, अपनी रीति-रिवाजों और परंपराओं के साथ समृद्धि एवं व्यापक सांस्कृतिक विरासत के साए में जीवन-यापन करते थे। ब्रिटिश शासनकाल के दौरान आदिवासी जनजातियां बहुसंख्यक थीं और इस क्षेत्र में अन्य जातियों की संख्या बहुत कम थी। ब्रिटिश सरकार ने इस क्षेत्र को विशेष प्रशासनिक क्षेत्र का दर्जा दिया था। परंतु सोची-समझी रणनीति के अंतर्गत अन्य क्षेत्र के लोगों के इस क्षेत्र में प्रवेश करने पर प्रतिबंध लगा दिया था। ब्रिटिश सरकार ने इस क्षेत्र के सामाजिक, सांस्कृतिक और राजनीतिक ढांचे के साथ कोई खिलवाड़ नहीं किया और बाहर के लोगों पर आदिवासी क्षेत्रों में भूमि आदि खरीदने पर प्रतिबंध लगा दिया।

ब्रिटिश सरकार ने इस दौरान ईसाई मिशनरियों को इस क्षेत्र में स्कूल, कॉलेज, अस्पताल और चर्च बनाने के लिए प्रोत्साहित किया। इसके कारण पूर्वोत्तर भारत की सामाजिक व्यवस्था में परिवर्तन आया और आदिवासी नवयुवकों में आधुनिक विचारों को अपनाने के लिए प्रोत्साहन मिलने लगा। इस प्रवृत्ति से ब्रिटिश सरकार को आदिवासी बहुल क्षेत्रों में राष्ट्रवादी विचारधारा के उत्पन्न होने या उनको इससे दूर रखने में मदद मिली। जिसका परिणाम यह रहा कि पूर्वोत्तर भारत देश की आबादी या जनमानस से अलग-थलग रहा। इस क्षेत्र के लोगों का शेष भारत के साथ किसी भी प्रकार का सामाजिक एवं सांस्कृतिक, राजनीतिक, धार्मिक, व्यावसायिक या भौगोलिक संबंध स्थापित नहीं हो पाया। यही नहीं भारत के स्वतंत्रता संघर्ष का पूर्वोत्तर भारत के आदिवासियों पर कोई विशेष प्रभाव नहीं पड़ा और उनके अंदर स्वतंत्र भारत का हिस्सा होने की भावना जागृत नहीं हुई और अलग-थलग बने रहे।

स्वतंत्रता प्राप्ति के पश्चात् भारत सरकार ने पूर्वोत्तर भारत के लोगों के बीच पारस्परिक संबंध बनाने पर ध्यान केन्द्रित किया और आदिवासियों के लिए सुधारात्मक नीतियों का सृजन करने लगी। यही नहीं, संविधान की छठी अनुसूची में इस क्षेत्र के लोगों के लिए विशेष व्यवस्था की गई, जिसमें स्वशासन, स्वायत्तता और विकेंद्रीकरण सम्मिलित हैं। परंतु कालांतर में इस क्षेत्र में धीरे-धीरे अलगाव और उग्रवाद की प्रवृत्तियां उत्पन्न होने लगीं। उल्लेखनीय है कि पूर्वोत्तर भारत में शुरू में केवल एक ही राज्य असम तथा केंद्रशासित क्षेत्र 'नेफा' (नार्थ-ईस्ट फ्रंटियर एजेंसी) था। बाद में 'नेफा' को अरुणाचल प्रदेश नाम दिया गया और 1987 में अरुणाचल प्रदेश को राज्य का दर्जा दे दिया गया था।

पूर्वोत्तर भारत में उग्रवाद के कारण

पूर्वोत्तर भारत में उग्रवाद किसी एक कारण का परिणाम नहीं रहा, बल्कि यह कई कारणों का संयुक्त परिणाम है। इनमें से प्रमुख कारण निम्नवत् हैं-

- आदिवासी जनजातियों या जनसंख्या के बीच पिछड़ा और अलग होने की भावना।
- आदिवासी समुदाय में योग्य, सक्षम, प्रभावी और दूरदर्शी नेतृत्व की कमी।
- विकास एवं आधारिक संरचनात्मक सुविधाओं की कमी।
- शासन-प्रशासन की उदासीनता।
- शासन-प्रशासन में भ्रष्टाचार का विद्यमान होना।
- शासन-प्रशासन में मानवीय दृष्टिकोण की कमी तथा उनका संवेदनशील न होना।
- देश के अन्य भागों और लोगों से उनका संपर्क न होना।
- शस्त्र और विस्फोस्टक पदार्थों की आसानी से उपलब्धता।
- राजनीतिक दलों द्वारा संरक्षण।
- सीमापार से अवैध घुसपैठ के कारण जनसंख्या संबंधी ढांचे में परिवर्तन अप्रत्यक्ष रूप से विदेशी समर्थन।
- म्यांमार और बांग्लादेश की सीमाओं की भौगोलिक स्थिति।
- सामाजिक जागरूकता की कमी।

पूर्वोत्तर भारत में उग्रवाद की शुरुआत राजनीतिक महत्वाकांक्षा के कारण सर्वप्रथम 1950 के दशक में नागालैंड में शुरू हुई थी, जिसकी शुरुआत फिजो द्वारा की गई थी, जो धीरे-धीरे मिजोरम, मणिपुर, त्रिपुरा और मेघालय तक पहुंच गई। उल्लेखनीय है कि 1960 में असमी भाषा को राज्यभाषा का दर्जा दिए जाने के बाद आदिवासी जिलों में तीव्र विरोध हुआ और आंदोलन हिंसक हो गया। असमी भाषा को राज्यभाषा का दर्जा दिए जाने के कारण आदिवासी समुदाय के लोग अपने अस्तित्व और पहचान को खतरा मानने लगे और उनकी यह सोच उन्हें उग्रवाद और अलगाव के रास्ते पर ले गई। जिसमें उनकी गरीबी, बेरोजगारी, प्रभावी नेतृत्व की कमी, भारत सरकार की उदासीनता और अप्रत्यक्ष रूप से विदेशी समर्थन ने पूर्वोत्तर भारत को उग्रवाद और अलगाववाद की ओर धकेल दिया है।

नागालैंड में उग्रवाद और अलगाववाद की समस्या

नागालैंड उ.पू. के राज्यों में सबसे प्रभावित और अशांत राज्य है। नागालैंड में अलगाववाद 1950 के दशक में उस समय शुरू हुआ, जब फिजो के नेतृत्व में एक अलग राज्य की मांग नागाओं के लिए होने लगती है। वस्तुतः नागा पूर्वी हिमालय के पहाड़ी क्षेत्रों के निवासी हैं, जिनकी सीमाएं म्यांमार से लगती है और यहां पर अनेक प्रकार के जनजातीय समूह हैं जो विभिन्न प्रकार की भाषाएं बोलते हैं। उल्लेखनीय है कि 1826 में असम पर नियंत्रण करने के पश्चात् अंग्रेजों ने

धीरे-धीरे नागा पहाड़ियों पर भी अपना प्रभुत्व जमा लिया। ब्रिटिश शासनकाल के दौरान नागाओं का शेष भारत के साथ किसी भी प्रकार का कोई सामाजिक और राजनैतिक संबंध नहीं था। अंग्रेजों ने उ.पू. भारत के संदर्भ में उदारवादी नीतियों को अपनाया और बाहरी लोगों को इस क्षेत्र में बसने की अनुमति नहीं दी गई और आदिवासी समुदाय की संस्कृति, परंपरा, रीति-रिवाज़ों को संरक्षित रखने का प्रयास किया गया। जिसका कारण यह था कि अंग्रेज इस क्षेत्र के लोगों का शेष भारत के लोगों के साथ संपर्क नहीं रखना चाहते थे।

कालांतर में ईसाई मिशनरियों द्वारा उ.पू. क्षेत्रों में विद्यालय, अस्पतालों की स्थापना को बढ़ावा दिया गया, जिसका प्रभाव यह हुआ कि पूर्वोत्तर क्षेत्र में अलगाववादी प्रवृत्ति की विचारधारा का जन्म हुआ। वहां के लोग एक अलग राज्य की मांग करने लगे।

अप्रैल 1945 में जिले में नागा के विभिन्न दलों के एक फोरम के रूप में ''नागा पहाड़ी'' आदिवासी जिला समिति की स्थापना की गई। फरवरी, 1946 में नागाओं ने एक राजनीतिक दल के रूप में राष्ट्रीय नागा समिति की स्थापना की, जिसका उद्देश्य ब्रिटिश सरकार के सत्ता छोड़ने के बाद या भारत के स्वतंत्र होने के बाद भारत सरकार के साथ बातचीत कर अपने संबंधों का निर्धारण करना था।

1947 में नागा नेता फिजो द्वारा एक नए राज्य के रूप में नागालैण्ड की मांग को लेकर आंदोलन शुरू कर दिया गया, जो शुरुआती दौर में शांतिपूर्ण रहा और बाद में हिंसक हो गया। फलस्वरूप भारत सरकार के दिशा-निर्देशों के आधार पर असम सरकार और नागाओं के बीच एक समझौता हुआ जिसे 'नौ बिंदु समझौता' कहा जाता है। इस समझौते में नागाओं को न्यायिक, कार्यकारी और वैधानिक अधिकारों के साथ-साथ भू-संबंधी मामलों में स्वायत्तता प्रदान करने का प्रावधान किया गया और यह भी व्यवस्था की गई कि 10 वर्ष के पश्चात् भारत सरकार इस समझौते की समीक्षा कर सकती है। नागाओं के अनुरोध पर इसे बढ़ाया जा सकता है। परंतु अधिकांश नागा नेता इस समझौते को लेकर सहमत नहीं थे। इनका कहना था कि यह समझौता केवल जिला स्तर पर स्वायत्तता प्रदान करता है, जबकि हमारी मांग एक नए राज्य के रूप में है।

स्वतंत्रता प्राप्ति के बाद भारत सरकार ने नागा क्षेत्रों का असम के साथ एकीकरण करना और भारत के साथ जोड़ना प्रारंभ किया और इसको लेकर राष्ट्रीय नागा समिति के लोगों ने विरोध किया और एक पृथक् नागालैंड की मांग करने लगे और उनको कुछ अंग्रेज अधिकारियों और ईसाई मिशनरियों द्वारा समर्थन भी प्राप्त होने लगा। 1955 में नागा नेताओं ने एक स्वतंत्र सरकार की घोषणा कर डाली। फलत: भारत सरकार को पूरे क्षेत्र को अशांत क्षेत्र घोषित करना पड़ा और असम को सेना के हवाले करना पड़ा। विद्रोह के बाद नागा क्षेत्र में शांति की स्थापना हेतु भारत सरकार ने बातचीत की भी प्रक्रिया शुरू की और विकास को बढ़ावा देना शुरू किया और कूटनीति का सहारा लेते हुए राष्ट्रीय नागा समिति में फूट पैदा करवा दी और नागाओं के एक नेता डॉ. इमकोंगलिंगा ने भारतीय संविधान के दायरे में रहकर एक नए राज्य के रूप में नागालैंड की स्थापना हेतु मांग भारत सरकार के सम्मुख रखी। जिसे भारत सरकार ने स्वीकार कर लिया और 1963 में नागालैंड की स्थापना भारतीय गणराज्य के अंदर 16वें राज्य के रूप में की गई।

नागालैंड के नए राज्य के रूप में गठन के बाद वहां एक तरह से हिंसक आंदोलन समाप्त हो गया, परंतु ग्रेटर नागालैंड की मांग होती रही। 1975 के बाद नागालैंड में हिंसक आंदोलन एक बार पुन: तेज हो गए और जनवरी 1980 में नेशलिस्ट सोशलिस्ट कांउसिल ऑफ नागालैंड की स्थापना इसाक-चीसी सूब युंगलांग द्वारा की गई और इसने भारत सरकार और राष्ट्रीय नागा समिति के बीच संपन्न समझौते का विरोध शुरू किया। भारत सरकार से बातचीत करने के मुद्दों को लेकर यह दो भागों में बंट गया, जिसमें से इसाक गुट भारत से बातचीत करने के पक्ष में था, जबकि एम.सी-खापलैंग गुट बातचीत न करने के पक्ष में था।

2001 में NSNC-इसाक गुट ने भारत सरकार के साथ एक समझौते के माध्यम से संघर्ष विराम के लिए सहमति व्यक्त की और अपना हिंसक आंदोलन स्थगित कर दिया, परंतु NSNC-खापलैंग ने हिंसक गतिविधियां जारी रखीं।

नागा समझौता-2015

2015 में भारत सरकार और नेशलिस्ट सोशलिस्ट नागालैंड कांउसिल-इसाक गुट के बीच एक समझौता हुआ। यह समझौता जहां एक तरफ सामाजिक-आर्थिक विकास का रोडमैप है तो वहीं दूसरी तरफ नागाओं को राष्ट्र की मुख्यधारा में लाने हेतु माफी का प्रावधान करता है और उनसे हथियार डाल देने का भी प्रावधान करता है और इस समझौते को 1 वर्ष के अंदर लागू किया जाना था। इस समझौते के माध्यम से नागाओं का विशेषाधिकार, उनकी सांस्कृतिक रीति-रिवाज व परंपराओं को संरक्षित रखने की व्यवस्था की गई है। साथ ही इस समझौते में कहा गया था कि NSNC के सभी सदस्य हिंसक गतिविधियां छोड़कर राजनीतिक प्रक्रिया में भाग लेंगे और वर्तमान व्यवस्था में पूर्णतया विश्वास रखेंगे।

असम में उग्रवाद और अलगाववाद

यह उत्तर-पूर्व का सबसे प्रमुख राज्य है। स्वाधीनता प्राप्ति के समय मूलत: उत्तर-पूर्वी राज्यों का सारा भौगोलिक क्षेत्र असम के पास था और इस क्षेत्र में विकसित होने वाले सभी नए राज्यों की असम से ही उत्पत्ति हुई है। असम की जनांकिकीय और भौगोलिक स्थितियां कुछ ऐसी हैं कि आतंकवाद पैदा होने के खतरे स्वभावत: उसमें निहित हैं।

कार्बी एंगलोंग मामला

असम के 27 जिलों में से कार्बी एंगलोंग सबसे बड़ा जिला है। इस जिले का प्रशासनिक कार्यालय दिफू में है और यह देश के सबसे पिछड़े हुए जिलों में से एक है। इस जिले में अनेक जनजाति रहती हैं, जिनमें कार्बी जनजाति प्रमुख है। इसके साथ-साथ यहां अन्य जनजाति में दीमा-सास, रेंगा सास, गारों, टीवास, खासो, मार्स और चलमा भी हैं। कार्बी एंगलोंग जिले में गरीबी एवं बेरोजगारी प्रमुख समस्या है और इस समस्या का समाधान न हो पाने के कारण इस जिले के लोग राज्य की मांग करते हैं, जिसका कार्बी समुदाय के लोग नेतृत्व करते हैं, जबकि दूसरी तरफ अन्य जनजातियों को लेकर विरोध कर रहे हैं। इसी को लेकर 2012-13 में यहां हिंसा भी बड़े पैमाने पर हुई और यहां के स्थानीय उग्रवादी संगठनों को उल्फा का समर्थन प्राप्त है।

पूर्वोत्तर के हिंसाग्रस्त राज्यों में असम एक है। 1979 से असम के लोग यह मांग करते रहे हैं कि बांग्लादेश से असम में आए गैर कानूनी लोगों की पहचान करके उन्हें वापस बांग्लादेश भेजा जाए। अखिल असम विद्यार्थी संघ के नेतृत्व में यह आंदोलन अहिंसा, सत्याग्रह, बहिष्कार और गिरफ्तारी देने पर आधारित था। जो लोग लगातार विरोध कर रहे थे, उनके विरुद्ध पुलिस कार्रवाई की गई और 1983 के असम में विधानसभा चुनाव का अनेक राजनैतिक दलों ने बहिष्कार किया और उस चुनाव के बाद असम में और अधिक हिंसा बढ़ गई। इसको देखते हुए केंद्र सरकार और असम गण परिषद् के बीच एक समझौता हुआ और इस समझौते के अनुसार असम विधानसभा को भंग करके नए सिरे से चुनाव कराया गया। इस समझौते में निम्नलिखित प्रावधान किए गए थे-

- ऐसे लोग जिन्होंने गैर कानूनी रूप से जनवरी 1966 और मार्च 1971 के बीच राज्य में प्रवेश लिया था, उनको 10 वर्ष के लिए मताधिकार से वंचित कर दिया जाएगा।
- ऐसे लोग जो 1971 के बाद बांग्लादेश से अवैध रूप से असम में आए हैं, उनको वापस भेजा जाएगा।
- भारतीय नागरिकता अधिनियम में संशोधन करके ऐसे बाहरी नागरिकों को, जो 1961 से 1971 के बीच आए थे, उनको कुछ समय के लिए नागरिकता प्रदान की जायेगी और उनकी जांच करा करके इस बारे में निर्णय किया जाएगा।

इस समझौते के बाद असम में विधानसभा का नया चुनाव हुआ और असम गण परिषद् की सरकार बनी। परंतु समस्या ज्यों की त्यों बनी रही जो आज भी विकृत रूप में विद्यमान है।

असम में कई ऐसे संगठन हैं जो असम के स्वतंत्र होने की बात करते हैं और असम को एक नए देश के रूप में स्थापित करवाना चाहते हैं। इनमें उल्फा (United Liberation Front of Assam) प्रमुख है। इसका मुख्य उद्देश्य असम को स्वतंत्र कराना है और असम में नागरिक सरकार की स्थापना करना है।

उल्फा द्वारा भारतीय सेना और गैर-सैनिक नागरिकों पर भी आतंकवादी हमले किए जाते हैं। उल्फा के कार्यकर्ता अपने राजनैतिक विरोधियों और पुलिस प्रशासन के लोगों या सुरक्षा बलों के लोगों की हत्या करते हैं। इसके साथ-साथ लूटपाट, अपहरण आदि घटनाएं इनके द्वारा संचालित की जाती हैं। उल्फा का नक्सलवादी और माओवादियों के साथ निकट संबंध है। यह माना जाता है कि उल्फा के कार्यकर्ता भूटान के जंगलों में रहकर के हिंसक गतिविधियों को अंजाम देते हैं। उल्फा की बढ़ती हुई सक्रियता को देखकर भारत सरकार ने 1986 में उल्फा को प्रतिबंधित कर दिया और असम को एक समस्याग्रस्त क्षेत्र घोषित कर दिया।

भारत के बढ़ते हुए दबाव के कारण भूटान ने अपने यहां उल्फा के विरुद्ध कार्यवाही की और उल्फा के नेताओं को भूटान छोड़ने पर विवश कर दिया। इसके बाद उल्फा के नेताओं ने बांग्लादेश में शरण ली और वहां रहकर अपनी गतिविधियां संचालित करने लगे, परंतु भारत सरकार के दबाव पर उल्फा के नेता परेश बरूआ और अनूप चेतिया को गिरफ्तार करके भारत को सौंप दिया। भारतीय सेना और सुरक्षा बल के बढ़ते दबाव और सफल कार्यवाहियों के बाद उल्फा की गतिविधियां धीमी व कमजोर हुई हैं, परंतु असम की समस्या ज्यों की त्यों बनी हुई है। वर्तमान में असम की समस्या को तीन बिंदुओं के अंतर्गत देखा जा सकता है–

- बांग्लादेश से आए हुए अवैध मुसलमानों से उत्पन्न समस्या।
- उल्फा से उत्पन्न चुनौतियां।
- बोडो की समस्या।

बोडोलैंड और एन.डी.एफ.बी. की समस्या

बोडो असम के सबसे बड़े समतल भाग के आदिवासी हैं, जिन्होंने 1980 के दशक में एक पृथक् राज्य की स्थापना को लेकर सशस्त्र संघर्ष शुरू किया। इस सशस्त्र संघर्ष के दौरान बोडो उग्रवादियों ने ब्रह्मपुत्र नदी के उत्तरी किनारे पर बसी गैर-बोडो जनजातियों का एक तरह से सफाया कर दिया। 1990 के बाद बोडो आंदोलन और अधिक हिंसक हो गया। 1993 में 'बोडोलैंड क्षेत्रीय समिति समझौते' पर हस्ताक्षर किए गए, परंतु इस समझौते को पूरी तरह से लागू नहीं किया जा सका। 2003 में एक बार नए सिरे से पुन: बोडोलैंड क्षेत्रीय समिति के समझौते पर हस्ताक्षर किए गए, इस समझौते का गैर-बोडो लोगों और ऐसे मुसलमान, जो बांग्ला भाषा बोलते थे और बांग्लादेश से आकर बसे हुए थे, ने विरोध किया जिससे आंदोलन और हिंसक हो गया।

बोडो द्वारा अलग राज्य की मांग के कारण गैर बोडो लोग इस आंदोलन से अलग हो गए। गैर बोडो लोगों के विरोध के बावजूद बोडोलैंड परिषद् की स्थापना इस ओर संकेत करती है कि बोडो जनजाति के लोग इस क्षेत्र में अल्पमत में आ चुके हैं और मुसलमानों की निरंतर बढ़ती हुई आबादी से वे अपने आप को खतरा महसूस करते हैं। मुस्लिम आबादी मूलत: बोडोलैंड के जंगली या रेतीले भागों में बसी हुई है।

जुलाई 2012 में बोडो व मुस्लिम समुदाय के बीच सांप्रदायिक दंगा भड़क गया और यह दंगा पूरे असम में मुस्लिम बनाम गैर-मुस्लिम हो गया और असम के मूल लोग मुसलमानों की पहचान करके देश से बाहर निकालने की मांग करने लगे। 2012 के संघर्ष के बाद असम में और जातीय तनाव बढ़ गया था तथा समस्या का स्वरूप स्थायी हो गया था। इसके बाद भारत सरकार की पहल पर बोडो समुदाय के लोगों और असम सरकार के बीच एक समझौता हुआ, जिसके माध्यम से बोडोलैंड स्वायत्त क्षेत्रीय परिषद् के गठन का निर्णय लिया गया। यह कुछ मामलों को छोड़कर शेष सभी मामलों में कार्य करेगी और बोडोलैंड विकास आदि के बारे में राज्य सरकार के साथ मिलकर कार्यक्रम बनाएगी। बोडोलैंड क्षेत्रीय स्वायत्त परिषद् एक राजनीतिक संस्था होगी जो बोडो जनजाति के आर्थिक, शैक्षणिक और भाषायी आकांक्षाओं को पूरा करने का कार्य करेगी। यह बोडो जनजाति के लोगों को भूमि अधिकार, सामाजिक एवं सांस्कृतिक जनजातीय पहचान को बनाए रखने और इनकी स्वतंत्र पहचान को सुरक्षित रखने का काम करेगी। परंतु इस समझौते का मुस्लिम समुदाय द्वारा विरोध किया जा रहा है, जिससे यह समस्या ज्यों की त्यों गंभीर बनी हुई है।

असम की समस्या और उसका इतिहास

असम में 58% हिन्दू, 24% मुस्लिम तथा 18% आदिवासी जनसंख्या है। इसके अतिरिक्त ब्रह्मपुत्र नदी असम को दो भौगोलिक क्षेत्रों में बांटती है–ऊपरी असम तथा निचला असम। ऊपरी भाग में प्राय: असम के मूल निवासी केंद्रित हैं, जबकि निचले असम में प्राय: अप्रवासियों की बहुलता है। ये अप्रवासी भी कई प्रकार के हैं। इनमें से कुछ अप्रवासी संथाल आदि जनजातियों के हैं, जिन्हें ब्रिटिश सत्ता के दौरान इसलिए वहां बसाया गया था, ताकि चाय के बागानों पर अधिक उत्पादन किया जा सके। दूसरे प्रकार के अप्रवासी प्राय: मारवाड़ी वर्ग के हैं जिनकी संख्या काफी कम है, किंतु असम की अर्थव्यवस्था पर उनका काफी प्रभाव है। तीसरे प्रकार के अप्रवासी बांग्ला अप्रवासी हैं, जो बांग्लादेश के संकटों के कारण भागकर यहां पहुंचे हैं।

इन जटिल स्थितियों के कारण असम में कई प्रकार की आतंकवादी स्थितियां पैदा हुई हैं। आतंकवाद के विकास की मूल स्थिति वह थी, जिसमें शिक्षित बंगालियों, मेहनत करने वाले संथालों तथा अर्थव्यवस्था पर नियंत्रण रखने वाले मारवाड़ी समूहों से असम के मूल निवासी भयभीत होने लगे। यह भी सबसे अधिक बांग्ला अप्रवासियों के लगातार पड़ने वाले प्रभाव से पैदा हुआ तथा इसके विरोध में उल्फा जैसे संगठन विकसित हुए।

असम की दूसरी समस्या बोडोलैंड की मांग से संबंधित है। बोडो एक जनजातीय समूह है, जो निचले असम में संकेन्द्रित है। असम की पूरी जनसंख्या में बोडो जनसंख्या मात्र 6% है, किंतु यह असम में विविधतामूलक समाज का एक बड़ा हिस्सा जरूर है। पिछले कई वर्षों से बोडो आंदोलनकारियों ने एक पृथक् राज्य की मांग उठाई है। उनका प्रमुख संगठन एबीएसयू है।

इनकी मांग को देखते हुए केंद्र सरकार ने बोडोलैंड स्वायत्तशासी परिषद् का गठन कर दिया तथा उस परिषद् में बोडो प्रतिनिधि चुने भी गए। चूंकि बोडो जनसंख्या में आधे से काफी कम थे, इसलिए उनके सामने यह खतरा लगातार बना हुआ था कि वे पुन: अल्पमत में न आ जाएं। इस खतरे से बचने के लिए सत्ता में बैठे बोडो अधिकारियों तथा एबीएसयू आदि संगठनों ने मिलकर नृजातीय संहार शुरू कर दिया। इससे यह समस्या धीरे-धीरे और बढ़ती गई।

असम की तीसरी समस्या सांप्रदायिक संघर्षों की है, जो पिछले कुछ वर्षों में तेजी से बढ़ने लगी है। बंगाल के शरणार्थियों में बड़ा हिस्सा मुस्लिम शरणार्थियों का है और उन्होंने अपनी सुरक्षा के लिए सांप्रदायिक आधार पर एकता स्थापित करने के प्रयास किए हैं। इस विचारधारा के अनुकूल चलने वाले आतंकवादी संगठन सांप्रदायिक आतंकवाद को प्रेरित करते हैं।

- असम साम्राज्य की स्थापना 13वीं शताब्दी में बर्मा मूल के अहोम समुदाय के लोगों द्वारा की गई थी। 1826 ई. में अंग्रेजों द्वारा नियंत्रण करने के पूर्व तक इस पूरे क्षेत्र पर इनका अधिकार रहा। 1947 में ब्रिटिश भारत के भारत एवं पाकिस्तान में विभाजन के दौरान असम का लगभग संपूर्ण भाग भारत को मिला। 1959 से ही असम की उत्तरी सीमा असुरक्षित रही है।

1960 के दशक के अंतिम वर्षों में विभिन्न जनजातियों द्वारा वृहत राजनैतिक प्रभाव अथवा असम से स्वतंत्रता की मांग के कारण राज्य में असुरक्षा एवं अस्थायित्व अपेक्षाकृत और बढ़ गया। काफी हद तक इसी के परिणामस्वरूप 1970 के दशक के प्रारंभिक वर्षों में मेघालय एवं मिजोरम अलग राज्य बनाए गए। वर्तमान में असम का क्षेत्रफल 78438 वर्ग किमी. तथा जनसंख्या लगभग तीन करोड़ है।

- इस राज्य की अंतर्राष्ट्रीय सीमा बांग्लादेश एवं भूटान के साथ लगी हुई है। यहां की सबसे महत्वपूर्ण नदी ब्रह्मपुत्र है जोकि उत्तर-पूर्व से दक्षिण-पश्चिम दिशा में प्रवाहित होती है। यह नदी डिब्रूगढ़ से बंगाल की खाड़ी तक नौवहन के योग्य है। राज्य में अधिक वर्षा वाली उपोष्ण कटिबंधीय जलवायु है। यह बाढ़ एवं भूकंप का क्षेत्र है। राज्य का अधिकांश भाग बांस के घने सदाबहारी उष्ण कटिबंधीय जंगलों से ढका हुआ है।
- राज्य की अधिकांश जनता ग्रामीण एवं खेतिहर है। पहाड़ी क्षेत्रों में चाय की खेती होती है। इस तरह यह राज्य संपूर्ण विश्व के चाय उत्पादन का 15% उत्पादन करता है। ब्रह्मपुत्र नदी घाटी में मुख्य रूप से धान, जोकि असम का मुख्य खाद्य है, का उत्पादन होता है। अन्य कृषि उत्पादों में जूट, गन्ना, कपास, संतरे एवं आलू प्रमुख हैं। राज्य के कई क्षेत्रों में रेशम कीटपालन आम है।
- असम के जिलों में जब बांग्लादेशी घुसपैठिए बहुसंख्यक स्थिति में आने लगे तो यहां के युवकों ने ऑल असम स्टूडेंट यूनियन (आसू) का गठन किया। प्रारंभ में प्रफुल्ल कुमार महंत एवं भृंग कुमार फूकन ने इस आंदोलन का नेतृत्व किया, किंतु इस आंदोलन में कुछ ऐसे युवा थे जो इसके अहिंसक स्वरूप से संतुष्ट नहीं थे। ऑल असम स्टूडेंट यूनियन (आसू) में समीरण गोगोई उर्फ प्रदीप गोगोई व भद्रेश्वर मोहन ने प्रमुख भूमिका निभाई। बाद में 7 अप्रैल, 1979 को इन पांचों प्रमुखों ने अहोम राजशाही के केंद्र रंगधर (शिवसागर) में 'यूनाइटेड लिबरेशन फ्रंट ऑफ असम' (उल्फा) की नींव रखी। 'उल्फा' के गठन के उपरांत विदेशी घुसपैठियों के विरुद्ध हिंसक आंदोलन प्रारंभ कर दिया गया। इसके साथ ही 'आसू' का आंदोलन अत्यधिक हिंसक हो गया। 1985 में तत्कालीन भारतीय प्रधानमंत्री राजीव गांधी एवं आसू के मध्य असम समझौता हुआ। बाद में आसू के छात्र नेताओं ने असम गण परिषद् का गठन किया और प्रफुल्ल कुमार महंत मुख्यमंत्री बने। हालांकि आसू के आंदोलन के दौरान उल्फा अधिक नहीं उभरा, क्ंतु 1986 में उल्फा का नेशनल सोशलिस्ट काउंसिल ऑफ नागालैंड-आईएम से संपर्क हो गया था। नागा विद्रोहियों ने उल्फा विद्रोहियों को आतंकवाद एवं छापामार युद्ध के लिए प्रशिक्षित किया। इसके साथ ही अपहरणों, फिरौती, बैंक डकैतियों तथा अन्य माध्यमों से काफी धन इकट्ठा किया और इसका उपयोग शस्त्रास्त्रों की खरीदारी एवं संगठन को मजबूत करने में किया गया।
- असम गण परिषद् सरकार में गृहमंत्री रहे भृंगुकुमार फूकन एवं मुख्यमंत्री प्रफुल्ल कुमार महंत के विवादों के बीच केंद्र की सलाह पर महंत सरकार को बर्खास्त कर राष्ट्रपति शासन लगा दिया गया। राष्ट्रपति शासन के दौरान प्रथम बार 27-28 नवंबर, 1990 को असम में 'ऑपरेशन बजरंग' के तहत सैनिक कार्यवाही प्रारंभ की गई। इस सैन्य अभियान में बहुत से उल्फा उग्रवादी मारे गए और पकड़े गए तथा उसके अनेकों नेताओं ने दूसरे देशों में शरण ले ली। इसी बीच कांग्रेस के हितेश्वर सैकिया असम के नए मुख्यमंत्री बने और सैन्य अभियान स्थगित कर दिया गया।
- असम में बोडो आंदोलन की गंभीर समस्या है। ईसाई मिशनरियों के कारण यहां बड़े पैमाने पर बोडो जनजाति के लोग ईसाई बन गए हैं। इसके परिणामस्वरूप अपनी ही भूमि पर ब्रोडो लोग अल्पसंख्यक हो गए। अत: अपने अस्तित्व को बचाए रखने के लिए असम के लोगों के विचार में एक बोडोलैंड बनाना आवश्यक है। तत्पश्चात् बोडो सिक्योरिटी फोर्स एवं ऑल बोडोलैंड छात्र संगठन में विभाजित हो गया। इसमें बोडो सेक्योरिटी फोर्स हिंसात्मक जबकि ऑल बोडोलैंड छात्र संगठन ने लोकतांत्रिक मार्ग अपनाया।

मणिपुर में उग्रवाद और अलगाववाद की समस्या

मणिपुर में मैती, कूकी और नागा जनजाति के लोग हैं। मणिपुर की कुल आबादी का लगभग 40% भाग मैती जनजाति के लोगों का है, जो हिन्दू धर्म को मानते हैं और वैष्णव परंपरा का पालन करते हैं। हालांकि मैती लोगों में कुछ मुस्लिम एवं ईसाई भी हैं, वे भी अपने को हिन्दू धर्म का अनुयायी मानते हैं। मैती मणिपुर के समतलीय भागों में बसे हुए हैं जबकि कूकी, नागा पहाड़ी जिलों में बसे हुए हैं। यहां पर अलगाववादी आंदोलन की शुरुआत 1964 में हुई थी और 1972 में मणिपुर को एक पृथक् राज्य का दर्जा दिया गया था।

शुरुआती दौर में यह आंदोलन मणिपुर को एक स्वतंत्र राज्य बनाने को हुआ और राज्य की स्थापना के बाद यह आंदोलन समाप्त-सा हो गया। परंतु 1978 में यहां पुन: हिंसक आंदोलन शुरू हो गया और लोगों ने विकास और पिछड़ेपन को आधार बनाकर भारतीय गणराज्य से अपने को अलग करने की मांग की और यह आंदोलन हिंसक होता गया। भारतीय सुरक्षा बलों द्वारा हिंसक आंदोलन को रोकने के लिए की गई कार्यवाही के दौरान मानवाधिकार के उल्लंघन की घटनाएं भी सामने आईं, जिससे यह आंदोलन और उग्र हो गया। वर्तमान में मणिपुर में दोनों विचारधारा के लोग हैं और यह कहा जा रहा है कि छोटे-मोटे 34 कार्यदल सक्रिय हैं, जो हिंसा व अहिंसा दोनों का समर्थन करते हैं। परंतु सबकी एक संयुक्त मांग है-भारत से आजाद होना। इसके अलावा मणिपुर में नागा और कूकी के बीच भी समय-समय पर संघर्ष होता रहता है। कूकी जनजाति के लोग अपनी जाति के लिए एक अलग राज्य की मांग करते हैं और ये लोग मणिपुर पीपुल्स लिबरेशन फ्रंट की छत्रछाया में काम करते हैं, जो वहां के उग्रवादी संगठन का समूह है।

बाह्य राजकीय एवं गैर-राजकीय अभिकरणों की भूमिका

सशस्त्र बल विशेषाधिकार अधिनियम (AFSPA)

- केंद्र सरकार ने अरुणाचल प्रदेश के तीन जिलों में सशस्त्र बल विशेषाधिकार अधिनियम लागू करने का भी निर्णय लिया है।
- अभी हाल में गृह मंत्रालय ने असम और मणिपुर में सशस्त्र बल (विशेषाधिकार) अधिनियम को प्रभावी रखने या उसे हटाने के निर्णय का अधिकार अपने पास से हटाते हुए दोनों राज्यों को दे दिया है।

सशस्त्र बल विशेषाधिकार अधिनियम (एएफएसपीए-अफस्पा) AFSPA

वर्ष 1985 में सशस्त्र बल (विशेषाधिकार) अधिनियम (AFSPA) उपद्रवग्रस्त क्षेत्रों में सामान्य कार्य-व्यवस्था बहाल करने के लिए सशस्त्र बलों को विशेष अधिकार और सुरक्षा प्रदान करता है। इसमें शामिल किए गए कुछ विशेष अधिकार निम्नलिखित हैं-

- उपद्रवग्रस्त क्षेत्र में कानून-व्यवस्था के खिलाफ काम करने वाले किसी भी व्यक्ति पर पूर्व-चेतावनी के बाद गोली चलाना।
- किसी भी व्यक्ति को बिना वारंट के गिरफ्तार करना।
- किसी भी वाहन अथवा यान को रोककर उसकी तलाशी लेना।

- सशस्त्र बलों के जवानों को अपनी कार्रवाइयों के लिए न्यायिक सुरक्षा मिली है।

वर्तमान में पूर्वोत्तर के छह राज्य और जम्मू-कश्मीर एएफएसपीए प्रभाव में है। त्रिपुरा से अभी हाल में इसे हटा लिया गया था।

एएफएसपीए के विपक्ष में तर्क

- ऐसा माना जा रहा है कि सशस्त्र बलों द्वारा अधिनियम से प्राप्त विशेष अधिकारों और सुरक्षा का दुरुपयोग किया जा रहा है, जिससे फर्जी मुठभेड़ तथा यौन अपराध जैसे अपराधों को बढ़ावा मिला है।
- इससे संविधान द्वारा नागरिकों को दी गई स्वतंत्रता और मौलिक अधिकारों का हनन होता है, जो लोकतांत्रिक मूल्यों के खिलाफ है।
- आलोचकों का मानना है कि 50 वर्षों से अस्तित्व में होने के बावजूद यह उपद्रवग्रस्त क्षेत्रों में सामान्य कानून-व्यवस्था बहाल करने के अपने उद्देश्य को प्राप्त करने में असफल रहा है।
- न्यायमूर्ति वर्मा समिति और रेड्डी समिति, दोनों ने ही सशस्त्र बल विशेषाधिकार अधिनियम के अंतर्गत सशस्त्र बलों को दी गई पूर्ण सुरक्षा को हटाने की सिफारिश की है।

एएफएसपीए के पक्ष में तर्क

- उपद्रवग्रस्त और उग्रवाद प्रभावित क्षेत्रों में सशस्त्र बलों को प्रभावी ढंग से काम करने के लिए यह अधिनियम जरूरी है।
- उपद्रवग्रस्त क्षेत्रों में कानून-व्यवस्था बनाए रखने में इस अधिनियम के प्रावधानों का महत्वपूर्ण योगदान रहा है जिससे देश की सुरक्षा और संप्रभुता की रक्षा होती है।
- सशस्त्र बलों के सैकड़ों जवान हर साल उग्रवादियों और उपद्रवी तत्वों के हाथों मारे जाते हैं, जिसे देखते हुए सशस्त्र बलों का सशक्तिकरण बहुत जरूरी है। ऐसे में यदि इस अधिनियम को हटा लिया जाता है, तो सशस्त्र बलों का मनोबल गिरेगा।

निष्कर्ष

- ध्यान देने की बात है कि मानवाधिकारों केंद्र अनुपालन और सशस्त्र बलों की कार्यवाही, दोनों का उद्देश्य एक ही है, जो अलग-अलग या एक-दूसरे के विपरीत नहीं हो सकता। वस्तुत: मानवाधिकार से जुड़े सिद्धांतों और मानदंडों के अनुपालन से किसी बल की उग्रवाद निरोधी सक्षमता और भी बढ़ जाती है।
- (अधिनियम के अंतर्गत) ऐसे प्रावधान होने चाहिए, जो सुरक्षा बलों के संरक्षण या सुरक्षा के साथ-साथ उनकी जिम्मेदारी और जवाबदेही भी सुनिश्चित करें। इसके लिए जरूरी हो जाता है कि मौजूदा या किसी भी नए बनने वाले कानून में ठोस सुरक्षा-प्रावधान किए जाएं।
- अधिनियम की परिभाषा में प्रयुक्त ''उपद्रवग्रस्त'', ''खतरनाक'' और ''जमीन पर लड़ने वाले बल'' जैसे शब्दों को और स्पष्ट किए जाने की जरूरत है, ताकि अधिनियम की परिभाषा स्पष्ट हो सके।
- मौजूदा मामलों की स्थिति के संचार और संप्रेषण में और अधिक पारदर्शिता लाते हुए उसे सेना और सरकार की वेबसाइटों पर उपलब्ध कराया जाना चाहिए।
- मानवाधिकार के पुराने मामलों को सरकार द्वारा उठाए गए कदमों पर प्राप्त होने वाले फीडबैक की समीक्षा।

मिजोरम में उग्रवाद और अलगाववाद की समस्या

मिजोरम की अधिकांश जनसंख्या मिजो लोगों की है। मिजो स्वयं कई अन्य प्रजातियों में बंटे हैं, जिनमें लुशाई लोगों की संख्या सबसे अधिक है और यह राज्य की जनसंख्या का दो-तिहाई से अधिक है। अन्य प्रमुख प्रजातियों में रालते, म्हार, पोई और वाई हैं। गैर मिजो प्रजातियों में सबसे प्रमुख चकमा प्रजाति है। 19वीं शताब्दी में यहां ब्रिटिश मिशनरियों का प्रभाव फैल गया, इसीलिए अधिकांश मिजो ईसाई धर्मावलंबी हैं।

1891 में ब्रिटिश अधिकार में जाने के बाद कुछ वर्षों तक उत्तर का लुशाई पर्वतीय क्षेत्र असम के और आधा दक्षिणी भाग बंगाल के अधीन रहा। 1898 में दोनों को मिलाकर एक जिला बना दिया गया, जिसका नाम लुशाई हिल्स जिला था। 1972 में केंद्रशासित प्रदेश बनने से पहले तक यह असम का एक जिला था। फरवरी 1987 में यह भारत का 23वां राज्य बन गया।

मिजोरम में अलगाववादी आंदोलन साठ के दशक में प्रारंभ हुआ। इस आंदोलन की कमान 'मिजो नेशनल फ्रंट' नाम के एक राजनीतिक संगठन के हाथ में थी, जो 22 अक्टूबर, 1961 को गठित हुआ था। लालडेंगा के नेतृत्व में मिजो नेशनल फ्रंट ने अलग राष्ट्र 'ग्रेटर मिजोरम' का अभियान छेड़ दिया था। धीरे-धीरे इस आंदोलन ने हिंसक रूप लिया और 28 फरवरी, 1966 को मिजोरम के कई महत्वपूर्ण शहरों में सरकारी कार्यालयों पर एक साथ आक्रमण किया।

1967 में मिजो नेशनल फ्रंट पर प्रतिबंध लगा दिया गया, लेकिन मिजोरम में अलग राज्य की मांग और जोर पकड़ने लगी। मई 1971 में एक मिजो प्रतिनिधि-मंडल तत्कालीन भारतीय प्रधानमंत्री इंदिरा गांधी से मिला और एक अलग राज्य बनाए जाने की मांग की। भारत सरकार ने जुलाई, 1971 में मिजोरम को केंद्रशासित प्रदेश बनाए जाने का प्रस्ताव रखा।

मिजो नेता इसके लिए तैयार हो गए, लेकिन उन्होंने शर्त रखी कि मिजोरम को बाद में राज्य बना दिया जाएगा। अंतत: 21 जनवरी, 1972 को मिजोरम एक केंद्रशासित प्रदेश बन गया। संसद में मिजोरम के लिए दो सीटें रखी गई—एक लोकसभा में और एक राज्यसभा में।

एक दशक बाद 1984 में प्रधानमंत्री इंदिरा गांधी की हत्या के बाद राजीव गांधी प्रधानमंत्री बने और मिजोरम की राजनीति ने एक नई करवट ली। 15 फरवरी, 1985 को लालडेंगा ने राजीव गांधी से मुलाकात की और सारे विवादास्पद मुद्दे उनके सामने रखे।

भारत सरकार को भी ऐसा लग रहा था कि मिजो समस्या कुछ ज्यादा ही खिंच रही है और उधर अलगाववादियों को लग रहा था कि शांति का एकमात्र रास्ता यही है कि भारत में ही बना रहा जाए। अंतत: 30 जून, 1986 को मिजो नेशनल फ्रंट और भारत सरकार के बीच एक समझौता हुआ। इस समझौते पर लालडेंगा और भारत के तत्कालीन गृह सचिव आरडी प्रधान ने हस्ताक्षर किए।

इसके बाद मिजो नेशनल फ्रंट के भूमिगत कार्यकर्ता बाहर आने लगे और समर्पण करने लगे। समझौते के बाद पहले दो सप्ताह में ही मिजो नेशनल फ्रंट के 614 कार्यकर्ताओं ने शस्त्रों सहित समर्पण कर दिया।

लेकिन मिजो नेशनल फ्रंट ने मिजोरम को पूर्ण राज्य बनाए जाने की मांग अभी भी नहीं छोड़ी थी। अंतत: 5 अगस्त, 1986 को लोकसभा में मिजोरम को राज्य बनाए जाने के संबंध में एक विधेयक स्वीकार कर लिया गया और 20 फरवरी, 1987 को मिजोरम को औपचारिक रूप से पूर्ण राज्य बनाए जाने की घोषणा की गई। मिजो नेशनल फ्रंट अभी भी मणिपुर के मिजो बहुलता वाले क्षेत्र को मिजोरम में शामिल करना चाहता है।

मिजोरम में चकमा शरणार्थियों की समस्या है। इससे मिजोवासियों की सांस्कृतिक पहचान, शिक्षा, व्यापार एवं रोजगार के साथ-साथ मिजोरम की अर्थव्यवस्था को भी खतरा उत्पन्न हो गया। इसीलिए 'मिजो नेशनल आर्मी' ने इन्हें मिजोरम खाली करने की चेतावनी दी तथा सरकार के साथ-साथ इनके विरुद्ध भी संघर्ष प्रारंभ कर दिया।

मिजो लोगों को सबसे बड़ा डर इस बात का रहा कि असमियों के प्रभाव के चलते कहीं वे अपनी पहचान न खो दें। यह उस वक्त की बात है जब मिजोरम एक पहाड़ी जिला परिषद् के रूप में असम राज्य का हिस्सा था। इसके अलावा

शासन में विभिन्न स्तर पर मिजो लोगों के खिलाफ बरते जा रहे भेदभाव ने भी असंतोष को भड़काने का काम किया और 1956 के अकाल के दौरान असम व केंद्र सरकार द्वारा मिजो को अनदेखा करने की लापरवाही ने आखिरकार इस क्षेत्र में आतंकवाद की शुरुआत करा दी। शुरुआत में तो मिजो नेशनल फ्रंट का आंदोलन अहिंसक रहा।

मेघालय में उग्रवाद और अलगाववाद की समस्या

मेघालय 2 अप्रैल, 1970 को एक स्वायत्तशासी प्रदेश बना और 1 जनवरी, 1971 को इसे पूर्ण राज्य का दर्जा दे दिया गया था। अप्रैल, 1970 से पहले मेघालय असम राज्य का हिस्सा था। मेघालय असम के तीन जिलों गारो, खासी और जयंतिया को मिलाकर बनाया गया है। गारो, खासी और जयंतिया तीन पहाड़ियां हैं इन पहाड़ियों पर निवास करने वाले लोगों को गारो, खासी और जयंतिया के नाम से जाना जाता है। इनमें से गारो का संबंध बोडो से माना जाता है और मेघालय की कुल जनसंख्या में आदिवासी जनसंख्या का हिस्सा 85% है और जिनमें से 50% खासी जनजाति के लोग हैं। इसके बाद गारो जाति के लोग हैं जिनकी हिस्सेदारी एक-तिहाई है। मेघालय में जयंतिया और हजोंग जाति के लोग हैं। मेघालय में 15% आबादी गैर-जनजातीय है। मेघालय ईसाई बहुल राज्य है।

मेघालय में प्रतिबंधित संगठन हनीट्रैप नेशनल लिबरेशन काउंसिल नामक खासी अलगाववादी संगठन है। जो अलग-अलग राज्य की मांग करता है।

करीब एक दशक तक चले और अलग पहाड़ी राज्य की स्थापना के शांतिपूर्ण आंदोलन के बाद केंद्र ने पहले इसे राज्य और फिर पूर्ण राज्य का दर्जा दे दिया। मेघालय में आतंकवाद की शुरुआत 80 के दशक में हुई थी, जब यहां के मुख्य जनजातीय समूहों ने अपने-अपने लिए अलग संप्रभु राज्य की मांग शुरू की थी। बाहरी लोगों को राज्य से बाहर निकालने की मांग को लेकर 1992 में खासी स्टूडेंट्स यूनियन व फेडरेशन ऑफ खासी, जयंतिया एवं गारो पीपुल्स ने राज्य भर में बड़ा आंदोलन चलाया, जिससे वहां बड़े पैमाने पर दंगे हुए। इसके बाद 1994 में राज्य में एक बार फिर बड़े पैमाने पर दंगे भड़क उठे। उस साल चुनाव आयोग ने सभी मतदाताओं के लिए फोटो पहचान-पत्र बनाने के आदेश दिए थे, जिसका खासी स्टूडेंट्स यूनियन ने विरोध किया। खासी स्टूडेंट्स यूनियन का कहना था कि फोटो पहचान पत्र तभी बनेंगे, जब मतदाता सूची 1951 के आधार पर तैयार होगी। इससे राज्य में बड़े पैमाने पर हिंसा हुई थी। इन सबके अलावा जनजातीय समूहों के आपसी झगड़े राज्य में हिंसा का दूसरा बड़ा कारण है। केंद्र सरकार व राज्य सरकार 1990 के दशक से ही राज्य में शांति स्थापना के प्रयास कर रही है, लेकिन अब तक इसमें सफलता नहीं मिली है।

त्रिपुरा में उग्रवाद और अलगाववाद की समस्या

यह एक उत्तर-पूर्वी राज्य है और यहां की मूल समस्या में भी जनजातीय आक्रोश महत्वपूर्ण है। मूल समस्या यह है कि बांग्लादेश से सटे होने के कारण बहुत से बांग्ला शरणार्थियों ने त्रिपुरा में प्रवेश किया। यह स्थिति सबसे पहले भारत की आजादी के तुरंत बाद आई। उसके बाद पाकिस्तानी जनरल याह्या खान आदि के शासनकाल के दौरान पूर्वी पाकिस्तान पर अत्यधिक अत्याचार होने के कारण और सबसे भयानक रूप में तब आई, जब 1971 के आसपास दमन बढ़ने से लेकर भारत-पाक युद्ध होने और बांग्लादेश के रूप में स्वतंत्र राष्ट्र का उदय होने जैसी महत्वपूर्ण घटनाएं घटीं।

इन घटनाओं के कारण धीरे-धीरे त्रिपुरा का जनांकिकीय ढांचा ही बदल गया। 1931 की जनगणना में जनजातीय जनसंख्या 52% थी, जबकि 1991 की जनगणना तक आते-आते यह 31% पर सीमित हो गई। ऐसी स्थिति में त्रिपुरा के आदिवासी वर्गों के सामने अपनी पहचान का संकट खड़ा हो गया और उनके बीच कई आतंकवादी संगठन जैसे टीएनयू, एनएलएफटी तथा एटीएटीएफ विकसित हो गए। सरकार ने इन्हें शांत करने के लिए त्रिपुरा राज्य के भीतर त्रिपुरा जनजातीय क्षेत्र स्वायत्तशासी परिषद् का गठन किया जिसके चुनावों में प्रायः आदिवासियों को विजय मिली, किंतु इन स्थितियों में धीरे-धीरे बंगाली अप्रवासियों में असुरक्षा की भावना पैदा हुई और उन्होंने प्रति-आतंकवाद का सहारा लिया। उनका मुख्य संगठन है यूबीएलएफ।

त्रिपुरा की दूसरी समस्या जनजातियों के आपसी झगड़ों की है। जब सभी जनजातियों ने मिलकर बंगाली अप्रवासियों के विरुद्ध आतंकवादी गतिविधियां शुरू कीं तो कुछ जनजातियों ने नेतृत्व हासिल कर लिया तथा कुछ इस दौड़ में पिछड़ गईं। ऐसी स्थिति में कुछ जनजातियों ने इन संगठनों के विरोध में अपने संगठन खड़े कर लिए। ऐसे संगठनों में बीएनएफएफ प्रमुख है, जिसकी जड़ें मिजोरम राज्य में हैं तथा जिसका निर्माण एनएलएफटी के विरुद्ध हुआ।

1947 में त्रिपुरा का भारत में विलय हो गया। राज्य पुनर्गठन 1956 के बाद त्रिपुरा को संघशासित प्रदेश बनाया गया। 21 जनवरी, 1972 को त्रिपुरा को पूर्ण राज्य का दर्जा दे दिया गया। त्रिपुरा के उत्तर-पूर्व में असम है तथा यह तीन तरफ से बांग्लादेश से घिरा है।

त्रिपुरा में करीब 19 जनजातीय समूहों के लोग निवास करते हैं। काकबरक इन लोगों की आम बोलचाल की भाषा है। यहां की आबादी में लगभग 31% विभिन्न कबीलों के आदिवासी तथा 15% दलित वर्ग के लोग हैं। प्रदेश की संपूर्ण जनसंख्या का 75% भाग गरीबी रेखा के नीचे जीवन-यापन कर रहा है। 70 साल की स्वतंत्रता के बाद भी त्रिपुरा तक कोई रेलमार्ग नहीं है। स्वतंत्रता से पहले त्रिपुरा में राजतंत्र कायम था। वहां की जनता ने कम्युनिस्टों के नेतृत्व में ब्रिटिशराज और उसकी हिमायत करने वाले, दोनों के विरुद्ध लंबा संघर्ष किया था।

पिछले कुछ वर्षों में त्रिपुरा की स्थिति में काफी नकारात्मक परिवर्तन आया है। त्रिपुरा की सरकारों ने कई बार मांग की कि उसे बड़े पैमाने पर सुरक्षाबल उपलब्ध कराए जाने चाहिए। असम एवं कश्मीर में सीमा-सुरक्षा बल की एक बटालियन 15-28 किलोमीटर दूरी तक की देखरेख करती है, जबकि त्रिपुरा में एक बटालियन 95 किलोमीटर तक निगहबानी करती है।

देश विभाजन का त्रिपुरा पर बहुत बुरा असर पड़ा। लाखों शरणार्थी बांग्लादेश से यहां आकर बस गए और आदिवासियों का बहुमत अल्पमत में बदल गया। बहुत बड़ी संख्या में आदिवासी अपनी ही जमीन से बेदखल होने के बाद मजदूरी एवं जंगलों की उपज पर गुजर-बसर करने वाले बन गए। इसके परिणामस्वरूप पीपुल्स लिबरेशन आर्मी तथा त्रिपुरा नेशनल वालंटियर्स (1978) द्वारा शरणार्थियों के विरुद्ध हिंसात्मक गतिविधियां प्रारंभ की गईं। नेशनल सोशलिस्ट काउंसिल ऑफ नागालैंड ने इन्हें सैन्य प्रशिक्षण एवं सुविधाएं प्रदान कीं। बाद में कई इस्लामी संगठन जैसे मुस्लिम लिबरेशन आर्मी, इस्लामिक लिबरेशन आर्मी तथा इस्लामिक रिवोल्यूशनरी फ्रंट भी सक्रिय हो गए। समस्त उत्तर-पूर्व की तरह यहां भी आतंकवादी संगठन सक्रिय हैं, किंतु इस संपूर्ण क्षेत्र में यह एकमात्र प्रांत है जहां अनेक कोशिशों के बावजूद विघटनकारी शक्तियां आदिवासी एवं गैर-आदिवासी जनता के बीच एकता को तोड़ने में बहुत सफल नहीं हुए। हालांकि कुछ अलगाववादी संगठन त्रिपुरा में कई दशकों से सक्रिय है। पूर्वोत्तर भारत में विप्लव की समस्या का सामना कम या अधिक भारत सरकार ने स्वतंत्रता प्राप्ति के समय से ही किया है। उत्तर-पूर्व के संपूर्ण घटनाक्रमों के परिणामस्वरूप कई हजार हत्याएं हुई होंगी और लोग घायल हुए होंगे।

पूर्वोत्तर भारत की समस्या के समाधान हेतु भारत सरकार द्वारा अपनाई गई रणनीति

भारत सरकार पूर्वोत्तर भारत की समस्या के समाधान के लिए बहुआयामी रणनीति अपना रही है। वह इसका समाधान राजनीतिक, आर्थिक और प्रशासनिक उपायों के माध्यम से खोजना चाहती है। इसके लिए वह त्रिस्तरीय रणनीति अपना रही है-विकासात्मक, संवादात्मक और सुरक्षात्मक।

पूर्वोत्तर भारत के लिए सरकार द्वारा की गई पहल

पूर्वोत्तर भारत सीमावर्ती क्षेत्र होने के कारण यहां की समस्याओं के प्रति सरकारों का संवेदनशील होना अति आवश्यक है। वर्तमान में भारत सरकार पूर्वोत्तर क्षेत्र के विकास, सुरक्षा और शांति की व्यवस्था कायम रखने और लोगों के मन में विश्वास और सुरक्षा का भाव उत्पन्न करने हेतु बहुआयामी नीति का अनुसरण करती है। पिछले दशक से ही पूर्वोत्तर क्षेत्र के सामरिक और रणनीतिक महत्व को देखते हुए केंद्र सरकार ने वहां नई पहल करना शुरू किया है जिसमें आर्थिक और प्रशासनिक कदम प्रमुख हैं। जहां एक तरफ भारत सरकार पूर्वोत्तर क्षेत्र की समस्याओं के समाधान के लिए तात्कालिक और दीर्घकालिक विकासात्मक रणनीति अपना रही है, तो दूसरी तरफ भारत सरकार का गृह मंत्रालय राज्य पुलिस प्रशासन का आधुनिकीकरण करने, अलगाववादी समूहों से बातचीत करने और राज्य सरकारों को केंद्रीय सुरक्षा बल उपलब्ध कराकर वहां की सुरक्षा सुनिश्चित कर रहा है। पूर्वोत्तर भारत के संदर्भ में उठाए गए कदम या की गई पहलें निम्न हैं–

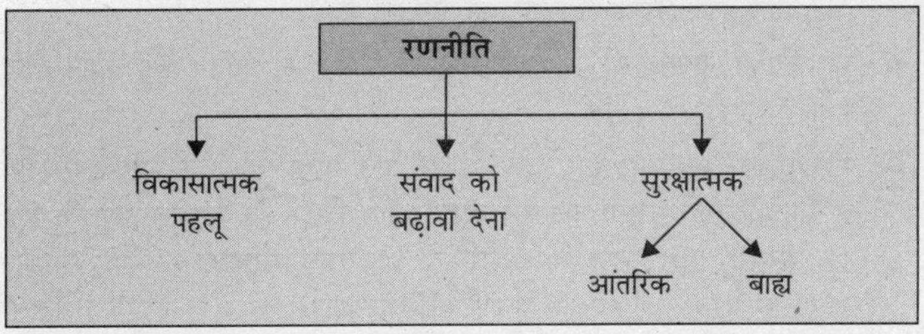

पूर्वोत्तर क्षेत्र दृष्टिकोण-2020

'पूर्वोत्तर क्षेत्र दृष्टिकोण-2020' का दस्तावेज जुलाई, 2008 में तैयार किया गया था। इस दस्तावेज में पूर्वोत्तर क्षेत्र में शांति और समृद्धि तथा विभिन्न क्षेत्रों में व्यापक विकास के लिए लक्ष्यों और चुनौतियों के साथ-साथ कार्यान्वयन के लिए नीतियों का उल्लेख किया गया है और सभी संबद्ध पक्षों केंद्र सरकार, योजना आयोग (नीति आयोग), पूर्वोत्तर परिषद् और राज्य सरकार के लिए कार्यों की रूपरेखा दी गई है। पूर्वोत्तर क्षेत्र के व्यापक विकास के मुख्य उद्देश्य निम्नानुसार हैं–

- क्षेत्र में विकास के सूचकांकों में सुधार ताकि पूर्वोत्तर क्षेत्र देश के बाकी हिस्सों के समकक्ष आ सकें।
- सकल घरेलू उत्पाद के समकक्ष राज्य सकल घरेलू उत्पाद की वृद्धि दर के लिए विकास की नीतियों में आवश्यक परिवर्तन करके पूर्वोत्तर राज्यों की अर्थव्यवस्थाओं में आधारभूत परिवर्तन लाना।
- भागीदारी योजना के आधार पर और विकास में निजी क्षेत्र की भागीदारी से निर्धनता दूर करना।
- लोगों, संस्थाओं और परंपरागत/स्थानीय संस्थाओं के क्षमता निर्माण के जरिए स्वशासन को बढ़ावा देना, ताकि वह विकास की प्रक्रिया में भागीदार बन सकें।
- विकास के लिए उपलब्ध स्थानीय संसाधनों का उपयोग करना।
- अवसंरचना ढांचे को मजबूत बनाना।
- व्यापार और वाणिज्य का विकास करना।
- क्षेत्र में शांति और सामंजस्य बनाए रखने के लिए प्रभावी शासन की व्यवस्था करना।

इस दृष्टिकोण में पूर्वोत्तर क्षेत्र में व्यापक विकास के लिए छह स्तरीय रणनीति का सुझाव दिया गया है–

- समावेशी विकास को बढ़ावा देने के लिए जमीनी स्तर की योजना के जरिए स्वशासन तथा भागीदारी विकास को बढ़ाकर लोगों का सशक्तिकरण करना।
- कृषि तथा उससे संबंधित गतिविधियों में उत्पादकता बढ़ाकर ग्रामीण क्षेत्रों में विकास के अवसरों का सृजन करना।
- प्रदेश में कृषि प्रसंस्करण, पनबिजली उत्पादन जैसे क्षेत्रों का विकास करना।
- लोगों के कौशल तथा दक्षता को बढ़ाना और सरकारी एवं बाहरी संस्थानों के भीतर क्षमता का निर्माण करना।
- निजी क्षेत्र द्वारा, विशेषकर अवसंरचना ढांचे में निवेश को बढ़ावा देने के लिए निवेश का माहौल बनाना।
- विजन के उद्देश्य को पूरा करने के लिए सरकारी तथा निजी क्षेत्र में संसाधनों का उपयोग करना।

सशस्त्र बलों की सहायता

केंद्रीय गृह मंत्रालय राज्य पुलिस बलों के आधुनिकीकरण के लिए भी योजनाएं चला रहा है जिसके तहत अन्य बातों के साथ-साथ निगरानी, संचार, विज्ञान प्रयोगशालाओं आदि के लिए आधुनिक उपकरणों की अधिप्राप्ति, हथियार, वाहन, कंप्यूटरीकरण, प्रशिक्षण, पुलिस के लिए आधारभूत संरचना जैसे कि आवास/पुलिस स्टेशन बाह्य चौकियों/बैरक आदि के निर्माण हेतु सहायता प्रदान की जा रही है। देश के पूर्वोत्तर क्षेत्रों में अवसंरचनात्मक ढांचा विकसित करने के लिए पंचवर्षीय योजनाओं में सरकार विशेष व्यवस्था करती है।

वार्ता के माध्यम से समाधान के प्रयास

अनेक असंतुष्ट समूहों और अलगाववादी समूहों के साथ संवाद में प्रगति हुई है। असम में दीमा हसाओ क्षेत्र के दीमा हालम दावोगाह के दोनों गुटों के साथ एक समझौता ज्ञापन पर हस्ताक्षर किए गए थे। फरवरी 2013 में त्रै-मेतेई विद्रोही समूहों ने एक समझौता ज्ञापन पर हस्ताक्षर किए। नेशनल सोशलिस्ट काउंसिल ऑफ नागालैंड के साथ भी वार्ता जारी है।

इसके अलावा अलग-अलग जातीय दलों की बहुलता और क्षेत्र में परिणामी जटिल परिस्थिति को ध्यान में रखते हुए सरकार ने ऐसे दलों के साथ वार्ता का प्रस्ताव किया है, जो चरणबद्ध तरीके से हिंसा छोड़ने के लिए तैयार हैं। परिणामस्वरूप जिन दलों ने हिंसा त्यागने की मंशा व्यक्त की और भारतीय संविधान की रूपरेखा के तहत अपनी समस्याओं का शांतिपूर्ण हल चाहा, उन कई समूहों के साथ कार्यवाही स्थगन समझौते भी किए गए।

गोरखालैंड क्षेत्रीय प्रशासन का गठन अगस्त, 2012 में गोरखालैंड क्षेत्र के प्रशासन तथा उसका समग्र विकास सुनिश्चित करने के लिए एक स्वायत्तशासी संस्था के रूप में किया गया था। केंद्र जीटीए क्षेत्र के सामाजिक-आर्थिक बुनियादी ढांचे को विकसित करने की परियोजनाओं पर तीन साल तक दो सौ करोड़ रुपए सालाना वित्तीय सहायता देने के लिए प्रतिबद्ध है।

भारत में भाषायी, जातीय, क्षेत्रीय, सांप्रदायिक विवाद भीतर ही भीतर सुलग रहे हैं और राष्ट्र निर्माण की सम्यक समझ और प्रयास के बिना वे कभी भी फूट पड़ते हैं और हमारी राष्ट्रीय संरचना को खंडित करते हैं। पूर्वोत्तर में अलगाववाद के पीछे एक बड़ा कारण बेरोजगारी है। उद्योग के प्रसार और व्यापार अवसरों को उपलब्ध कराकर इस समस्या का हल निकाला जा सकता है। लेकिन इस समस्या का एक सकारात्मक पहलू यह है कि पूर्वोत्तर के प्रति भारत में अब वैसी उदासीनता नहीं है, जैसी पहले हुआ करती थी।

धुबरी और कोकराझार की समस्या की प्रतिध्वनि पुणे और बेंगलुरु तक सुनाई देती हैं और लोग मात्र अफवाहें फैलाकर पूर्वोत्तर के युवाओं को पहले विस्थापित करते हैं और बाद में उन्हें वापस बुलाने और सुरक्षा देने के लिए अभियान भी चलाते हैं।

भारत सरकार उन सभी गुटों और संगठनों के साथ बातचीत करके किसी संतोषजनक परिणाम तक पहुंचने के लिए प्रतिबद्ध है जो, हिंसा का रास्ता छोड़कर संवैधानिक के ढांचे के तहत समस्याएं सुलझाना चाहते हैं। सरकार पूर्वोत्तर राज्यों को उनकी कानून और व्यवस्था लागू करने की क्षमताओं को बढ़ावा देने के लिए सहायता जारी रखने के लिए भी प्रतिबद्ध है।

अपार संभावनाओं से भरा यह क्षेत्र कुछ भौगोलिक व अन्य कई कारणों से विकास के लक्ष्यों से दूर है। उदाहरणस्वरूप इंफाल-बैंकॉक की दूरी 2000 किमी. से भी कम है, जबकि गुवाहाटी से मुंबई 2800 किमी दूर है। थाईलैंड-पूर्वोत्तर राजमार्ग के विषय में बातचीत चल रही है, जिसे शीर्ष प्राथमिकता दी जानी चाहिए। पूर्वोत्तर इलाका सुदूर पूर्व के लिए प्रवेश द्वार बन सकता है।

आवश्यकता इस बात की है कि बेहतर कार्य नीतियों व समन्वित नियोजन के साथ इस क्षेत्र का विकास तय किया जाए। साथ ही सरकार को विकास के समग्र परिभाषित लक्ष्यों की प्राप्ति के लिए अपनी उत्कृष्ट तकनीक व विशेषज्ञीय क्षमता का उपयोग करना चाहिए। क्षेत्र के युवाओं में विचलन की प्रवृत्ति काफी अधिक रही है। इससे निपटने के लिए रोजगार सृजन के प्रयास करने होंगे। भारतीय संविधान के दायरे में यथासंभव स्वायत्तता प्रदान करते हुए उन्हें केंद्रीय आर्थिक सहायता जारी रखना और साथ ही साथ उग्रवादी संगठनों के साथ सख्ती से निपटना ही पूर्वोत्तर की समस्या का सही समाधान है।

पूर्वोत्तर तथा जम्मू-कश्मीर में कनेक्टिविटी

भारतीय रेलवे ने ब्रॉडगेज रेलवे नक्शे पर कटरा, जम्मू-कश्मीर को लाने वाली उधमपुर-कटरा ब्रॉडगेज लाइन को पूरा किया। जम्मू-कश्मीर राज्य में बनिहाल-बारामूला फास्ट तथा बड़गाम-बारामूला डीईएमयू नामक यात्रियों को लाने-ले जाने वाली तीव्र रेलगाड़ी को शुरू किया गया। असम की बराक वेली को सीमलेस बिजी कनेक्टिविटी उपलब्ध कराने के लिए लुम्डिंग-सिलचर बड़े गेज सेक्शन का उद्घाटन किया गया। मेघालय में गुवाहाटी से मेडीपथेर तक पहली रेलगाड़ी की शुरुआत के साथ मेघालय रेलवे के नक्शे पर आया। प्रधानमंत्री ने मिजोरम की राजधानी आइजोल को रेल से जोड़ने के लिए एक नई लाइन की नींव रखीं।

पूर्वोत्तर में उग्रवाद से निपटने के लिए उठाए गए कदम

- अलग-अलग वंशीय दलों की बहुलता और क्षेत्र में परिणामी जटिल परिस्थिति को ध्यान में रखते हुए, सरकार ऐसे दलों के साथ वार्ता के लिए तैयार है जो चरणबद्ध तरीके से हिंसा को छोड़ने चाहते हैं। परिणामस्वरूप जिन दलों ने हिंसा त्यागने की मंशा व्यक्त की और भारत के संविधान की रूपरेखा के तहत अपनी समस्याओं का शांतिपूर्ण हल चाहा, उन कई ग्रुपों के साथ कार्यवाही स्थगन (एसओओ) करार किए गए हैं।
- भारत सरकार द्वारा असम सरकार और एनडीएफबी के बीच कार्यवाही स्थगन (एसओओ) करार पर हस्ताक्षर 24 मई, 2005 को किए गए थे और यह 01 जून, 2005 से प्रभावी है। एनडीएफबी के साथ हस्ताक्षरित कार्यवाही स्थगन करार के सहमत मूल नियमों में संशोधन किया गया है और यह 31 दिसंबर, 2013 तक वैध थी।
- सरकार ने 23 जुलाई, 2004 से मेघालय में अधिकृत नेशनल वॉलंटियर काउंसिल (एएनवीसी) के साथ कार्यवाही स्थगन करार पर हस्ताक्षर किए थे। इस संगठन के साथ यह एसओओ करार 30 सितम्बर, 2013 तक वैध था।
- श्री पीसी हलदर, जिन्हें एनडीएफबी और एएनबीसी के साथ बातचीत करने के लिए भारत सरकार का प्रतिनिधि नियुक्त किया गया था, ने इन संगठनों के साथ शांति वार्ता जारी रखी।
- मणिपुर में कुकी समूहों के साथ कार्यवाही स्थगन करार (एसओओ) पर 23 अगस्त, 2008 को हस्ताक्षर किए गए थे और यह 21 अगस्त, 2013 तक वैध था।
- इन समूहों के संबंध में सहमत मूल नियमों के कार्यान्वयन की आवधिक समीक्षा, भारत सरकार, राज्य सरकार, सुरक्षा बलों और संबंधित गुटों के प्रतिनिधियों वाले एक संयुक्त निगरानी दल द्वारा की जाती है।
- केंद्र सरकार ने उग्रवाद-रोधी कार्यवाही करने और सुभेद्य स्थापनाओं एवं संस्थानों में सुरक्षा मुहैया कराने के लिए राज्य प्राधिकारियों की मदद हेतु केंद्रीय सशस्त्र पुलिस बलों (सीएपीएफ) की तैनाती की है; केंद्र सरकार सतत आधार पर राज्य सरकारों के साथ आसूचना का आदान-प्रदान भी करती है। पुलिस आधुनिकीकरण स्कीम के तहत यह पुलिस बलों को सुदृढ़ बनाने के लिए वित्तीय सहायता भी देती है। सुरक्षा संबंधी व्यय की प्रतिपूर्ति के जरिए केंद्रीय बलों/सेना के रख-रखाव, पीड़ितों को मुआवजा, इंडिया रिजर्व बटालियनें आदि गठित करने की लागत सहित विद्रोह के कारण हुए व्यय को पूरा करने के लिए पूर्वोत्तर के राज्यों को वित्तीय सहायता प्रदान की जा रही है।
- निम्नलिखित तथ्यों से असम में शांति प्रक्रिया के परिणाम स्पष्ट हो जाते हैं-(i) समझौता हुआ और यूपीडीएस ने अपना विघटन कर लिया। (ii) डीएचडी/जे के साथ समझौता हुआ और इसने अपना विघटन कर लिया। (iii) डीएचडी (एन) विघटन की प्रक्रिया में है।
- मेघालय में, एएनबीसी के साथ समझौता ज्ञापन को अंतिम रूप प्रदान किया गया है।
- मणिपुर में, भारत सरकार द्वारा की गई एक बड़ी पहल के परिणामस्वरूप, त्रै-मेतेई विद्रोही समूहों ने अपने कैडरों और नेताओं के आत्मसमर्पण के लिए 13 फरवरी, 2013 को भारत सरकार और राज्य सरकार के साथ समझौता ज्ञापन पर हस्ताक्षर किए थे। यूनाइटेड रिवोल्यूशनरी फ्रंट (यूआरएफ), जिसमें कांगलेईपाक कम्युनिस्ट पार्टी (केसीपी) के विभिन्न गुट शामिल हैं इसके मिलिट्री विंग मणिपुर आर्मी (एमए) ने 90 कैडरों और 50 हथियारों के साथ आत्मसमर्पण किया। यूआरएफ के मुख्य संघटक केसीपी (लांहेहबा) केसीपी (चिंगखेगांबा) और केसीपी (सुनील मेइतेई) हैं। समझौता ज्ञापन पर हस्ताक्षर करने वाला दूसरा समूह केसीपी (लाम्फेल) था, जिसमें केसीपी के तीन गुट अर्थात् केसीपी (लाम्फेल), केसीपी (सिटी मेइतेई) और केसीपी (ताइबांगांबा) शामिल हैं और इसने 40 कैडरों और 27 हथियारों के साथ आत्मसमर्पण किया। समझौता ज्ञापन पर हस्ताक्षर करने वाले तीसरे समूह कांगलेई यवल कन्ना लुप (केवाईकेएल) के दो गुट अर्थात् अथाउबा गुट और अचाउबा गुट हैं। इस समूह ने 67 कैडरों और 61 हथियारों के साथ आत्मसमर्पण किया।

इंडिया रिजर्व बटालियनों का गठन

भारत सरकार, विद्रोह/उग्रवाद से निपटने के लिए राज्य सरकारों के पुलिस बलों को संवर्धित और उन्नत बनाने के लिए उनकी मदद करती है। इस उद्देश्य की पूर्ति के लिए सिक्किम सहित पूर्वोत्तर राज्यों हेतु 51 इंडिया रिजर्व बटालियनों को मंजूरी प्रदान की गई। इनमें ये शामिल हैं–असम के लिए 09, त्रिपुरा के लिए 09 और मणिपुर के लिए 09, नागालैंड के लिए 07, अरुणाचल प्रदेश और मिजोरम में प्रत्येक के लिए पांच-पांच, मेघालय के लिए 04 तथा सिक्किम के लिए 03 बटालियनें मंजूर की गईं। 51 बटालियनों में से अब तक 48 इंडिया रिजर्व बटालियनों का गठन, सिक्किम सहित पूर्वोत्तर राज्यों में कर दिया गया है।

सुरक्षा संबंधी व्यय की प्रतिपूर्ति

केंद्र सरकार उग्रवाद/विद्रोह से प्रभावित राज्यों हेतु सुरक्षा संबंधी व्यय (एसआरई) की प्रतिपूर्ति की स्कीम का कार्यान्वयन कर रही है। इस स्कीम को मिजोरम और सिक्किम को छोड़कर इस क्षेत्र के सभी राज्यों में कार्यान्वित किया जा रहा है। इसके अंतर्गत, इंडिया रिजर्व बटालियनों के गठन, राज्य में तैनात सीएपीएफ को प्रदान किए गए संभार तंत्र, उग्रवादी हिंसा के पीड़ितों को अनुग्रह अदायगी एवं सहानुभूति राहत, अभियानों में पीओएल (पेट्रोल, तेल और ल्यूब्रीकैन्ट) पर किए

गए खर्च का 75% तथा सुरक्षा उद्देश्य के लिए तैनात ग्रामीण गार्डों/ग्रामीण रक्षा समितियों/होम गार्डों को प्रदान किए गए मानदेय और ऐसे ग्रुपों, जिनके साथ केंद्र सरकार/राज्य सरकारों ने कार्रवाइयों को स्थगित रखने हेतु करार किया है, के लिए स्थापित किए गए निर्धारित शिविरों के अनुरक्षण पर खर्च किए गए व्यय की प्रतिपूर्ति की जा रही है।

सुरक्षा से संबंधित व्यय (एसआरई) की प्रतिपूर्ति योजना के तहत ग्राम रक्षा दलों (वीडीपी)/ग्राम गार्डों (वीजी)/विशेष पुलिस अधिकारियों (एसपीओ) पर किए गए व्यय की 100% तक की प्रतिपूर्ति संबंधित राज्य सरकारों को की जा रही है। उग्रवाद से प्रभावित प्रत्येक राज्य में एसआरई योजना के तहत प्रतिपूर्ति के लिए पात्र वीडीपी/वीजी/एसपीओ की संख्या, प्रतिपूर्ति किए जाने से पहले गृह मंत्रालय द्वारा अनुमोदित की जानी होती है। वीडीपी/वीजी/एसपीओ की तैनाती असम, मणिपुर, नागालैंड और त्रिपुरा में की गई है। वीडीपी/वीजी/एसपीओ के कर्तव्यों में परियोजनाओं को सुरक्षा प्रदान करने के साथ-साथ आसूचना एकत्र करने में राज्य पुलिस की सहायता करना शामिल है। राज्य सरकारें विभिन्न दरों पर वीडीपी/वीजी/एसपीओ को पारिश्रमिक का भुगतान कर रही हैं, तथापि एसआरई योजना के तहत प्रतिपूर्ति किए जाने के प्रयोजनार्थ प्रति वीडीपी/वीजी/एसपीओ पारिश्रमिक, जो 500/-रुपए प्रतिमाह तक सीमित था, 08 दिसंबर, 2010 से बढ़ाकर 1500/-रुपए प्रतिमाह कर दिया गया है।

पूर्वोत्तर में उग्रवादियों के आत्मसमर्पण एवं पुनर्वास संबंधी योजना में संशोधन

गृह मंत्रालय 01 अप्रैल, 1998 से उग्रवादियों के आत्मसमर्पण एवं पुनर्वास संबंधी एक योजना कार्यान्वित कर रहा है। इस योजना में वर्ष 2000, 2006, 2009, 2010, 2011 और 2012 में संशोधन किया गया है। संशोधित दिशा-निर्देशों के अनुसार–

- प्रत्येक आत्मसमर्पणकर्ता को 1.5 लाख रुपए का तत्काल अनुदान दिया जाएगा, जिसे 3 वर्षों की अवधि के लिए सावधि जमा के रूप में आत्मसमर्पणकर्ता के नाम से बैंक में रखा जाएगा। इस धनराशि का प्रयोग आत्मसमर्पणकर्ता द्वारा स्वरोजगार हेतु बैंक से ऋण हासिल करते हुए कोलैटरल सिक्योरिटी/मार्जिन मनी के रूप में किया सकता है।
- 01 दिसंबर, 2009 से एक वर्ष की अवधि के लिए प्रत्येक आत्मसमर्पणकर्ता के वजीफे को 2000 रुपए प्रतिमाह से बढ़ाकर 3500 रुपए प्रतिमाह करना। राज्य सरकारें, यदि लाभार्थियों को एक वर्ष से अधिक समय तक, सहायता देना अपेक्षित समझती हैं, तो वे इस मंत्रालय से परामर्श कर सकती हैं।
- आत्मसमर्पणकर्ता को स्वरोजगार हेतु व्यावसायिक प्रशिक्षण का प्रावधान करना।

राज्य पुलिस बलों का आधुनिकीकरण

गृह मंत्रालय, राज्य पुलिस बलों के आधुनिकीकरण हेतु राज्य सरकारों को सहायता प्रदान कर रहा है। इस स्कीम के अंतर्गत अन्य बातों के साथ-साथ निगरानी, संचार, विधि विज्ञान प्रयोगशालाओं हेतु आधुनिक उपकरणों की अधिप्राप्ति, हथियार, वाहनों, कंप्यूटरीकरण, प्रशिक्षण आधारभूत संरचना तथा पुलिस की आधारभूत संरचना जैसे कि आवास/पुलिस स्टेशन/बाह्य चौकियों/बैरक आदि के निर्माण हेतु सहायता प्रदान की जा रही है। एमपीएफ योजना के अंतर्गत सभी पूर्वोत्तर राज्य, पुलिस बलों का आधुनिकीकरण करने की अपनी अनुमोदित वार्षिक योजना हेतु 100% केंद्रीय सहायता पाने के हकदार हैं।

वामपंथी उग्रवादी विद्रोह

यद्यपि भारत के कतिपय भागों में पिछले कुछ दशकों से वामपंथी उग्रवाद (एलडब्ल्यूई) के कुछ ग्रुप सक्रिय हैं, लेकिन पिछले दशक या इसके आस-पास की अवधि के दौरान समस्या का गंभीर स्वरूप दिखाई दिया है। भौगोलिक फैलाव की दृष्टि से छत्तीसगढ़, झारखंड, ओडिशा और बिहार सर्वाधिक प्रभावित राज्य हैं। एलडब्ल्यूई की समस्या, महाराष्ट्र, पश्चिम बंगाल, आंध्र प्रदेश, मध्य प्रदेश और उत्तर प्रदेश राज्य के कुछ क्षेत्रों में है। सीपीआई (माओवादी) अभी भी सर्वाधिक प्रमुख और हिंसक एलडब्ल्यूई ग्रुप बना हुआ है, जिसने हिंसा और हत्या की 80% से अधिक वारदातें कीं।

सरकार का दृष्टिकोण और नीति यह है कि मुख्यतः उपर्युक्त दोनों क्षेत्रों में संबंधित राज्य सरकारों की क्षमता निर्माण को सुकर बनाकर वामपंथी उग्रवादी हिंसा से प्रभावी ढंग से निपटा जाए। तद्नुसार सरकार सुरक्षा वातावरण में सुधार करने संबंधी योजनाओं का कार्यान्वयन कर रही है अर्थात् सुरक्षा से संबंधित व्यय योजना, विशेष अवसंरचना योजना, सुरक्षित पुलिस स्टेशनों के निर्माण की योजना आदि। इसके साथ ही विकास और शासन के मुद्दों पर, विशेष रूप से महत्वपूर्ण स्तर पर भी विशेष ध्यान दिया जा रहा है।

इस संदर्भ में राज्यों को पिछड़ा क्षेत्र अनुदान निधि, महात्मा गांधी राष्ट्रीय ग्रामीण रोजगार गारंटी योजना, प्रधानमंत्री की ग्राम सड़क योजना, राष्ट्रीय ग्रामीण विद्युतीकरण योजना और सर्वशिक्षा अभियान जैसी विशेष महत्व वाली विभिन्न केंद्रीय योजनाओं के तहत निधियां आवंटित की जाती हैं। इन योजनाओं के कार्यान्वयन पर राज्य सरकारों के साथ-साथ केंद्र सरकार द्वारा भी निकट से नजर रखी जाती है। इसके अलावा, सरकार चुने हुए 82 जिलों में लोक अवसंरचना और सेवाओं में विकासात्मक कमी को दूर करने के लिए एकीकृत कार्ययोजना (आईएपी) कार्यान्वित कर रही है। सरकार, सड़क परिवहन और राजमार्ग मंत्रालय के माध्यम से भारत के वामपंथी उग्रवाद से सर्वाधिक प्रभावित 34 जिलों में महत्वाकांक्षी सड़क विकास योजना भी कार्यान्वित कर रही है। वन अधिकार अधिनियम, 2006 का कार्यान्वयन, विशेष रूप से व्यक्तियों और समुदायों को हक विलेख आवंटित किए जाने के रूप में हुआ है।

समीक्षा एवं अनुवीक्षण तंत्र

सरकार ने वामपंथी उग्रवाद (एलडब्ल्यूई) की समस्या के विभिन्न पहलुओं और उनसे निपटने के आवश्यक उपायों के संदर्भ में अनेक समीक्षा और अनुवीक्षण तंत्र स्थापित किए हैं। इनमें निम्नलिखित शामिल हैं–

- राजनीतिक, सुरक्षा और विकास के मोर्चे पर वामपंथी उग्रवादी समस्या से निपटने के लिए समन्वित नीति और विशिष्ट उपायों को तैयार करने के लिए केंद्रीय गृहमंत्री की अध्यक्षता में संबंधित राज्यों के मुख्यमंत्रियों की एक स्थायी समिति।
- कई प्रकार के विकास एवं सुरक्षा उपायों की समीक्षा करने के लिए मंत्रिमंडल सचिव के तहत एक समीक्षा समूह।
- जिन राज्य सरकारों का प्रतिनिधित्व मुख्य सचिवों एवं पुलिस महानिदेशकों द्वारा किया जाता है, वहां राज्य सरकारों के प्रयासों की समीक्षा एवं उनका समन्वय करने के लिए केंद्रीय गृह सचिव की अध्यक्षता में एक समन्वय केंद्र की स्थापना करना।
- एलडब्ल्यूई-रोधी प्रयासों की निगरानी और समन्वय करने के लिए आसूचना एजेंसियों, केंद्रीय सशस्त्र पुलिस बलों और राज्य पुलिस बलों के वरिष्ठ अधिकारियों के साथ विशेष सचिव (आंतरिक सुरक्षा), गृह मंत्रालय के अधीन एक कार्यबल का गठन करना।
- वामपंथी उग्रवाद से प्रभावित क्षेत्रों में स्थानीय जरूरतों और स्थितियों को ध्यान में रखते हुए विभिन्न विकास कार्यक्रमों और प्रमुख योजनाओं के कार्यान्वयन से संबंधित वर्तमान निर्देशों को हटाने या उनमें संशोधन करने लिए सरकार द्वारा सदस्य सचिव योजना आयोग की अध्यक्षता में अधिकारियों के लिए अधिकार प्राप्त समूह का गठन किया गया है। प्रभावित राज्यों से भी राज्य में अधिकार प्राप्त समूह का गठन करने के लिए कहा गया है।

केंद्र सरकार द्वारा किए गए विशिष्ट उपाय

पुलिस और लोक व्यवस्था राज्य के विषय हैं, अतः कानून एवं व्यवस्था को बनाए रखने के संबंध में कार्रवाई करना राज्य सरकारों के दायरे में आता है। केंद्र सरकार स्थिति की गहन रूप से निगरानी करती है और कई तरीके से एलडब्ल्यूई समस्या से निपटने में उनके प्रयासों में समन्वय और सहायता प्रदान करती है। इनमें केंद्रीय सशस्त्र पुलिस बलों (सीएपीएफ) तथा कमांडो बटालियन फॉर रिजोल्यूट एक्शन (कोबरा) को मुहैया कराया जाना; इंडिया रिजर्व (आई आर) बटालियनों की स्वीकृति प्रदान करना, विद्रोहरोधी एवं आतंकवाद-विरोधी (सीआईएटी) विद्यालयों की स्थापना करना, राज्य पुलिस बलों की आधुनिकीकरण योजना के अंतर्गत राज्य पुलिस एवं उनके आसूचना तंत्र को आधुनिक बनाना तथा उन्नत करना, सुरक्षा संबंधी व्यय की प्रतिपूर्ति करना, वामपंथी उग्रवाद से प्रभावित राज्यों में विशेष अवसंरचना योजना के अंतर्गत मुख्य अवसरंचनात्मक कमियों को पूरा करना, एलडब्ल्यूई प्रभावित जिलों में 400 सुरक्षित पुलिस स्टेशनों के निर्माण/सुदृढ़ीकरण के लिए सहायता, रक्षा मंत्रालय, केंद्रीय पुलिस संगठनों तथा पुलिस अनुसंधान एवं विकास ब्यूरो के माध्यम से राज्य पुलिस के प्रशिक्षण में सहायता करना, आसूचना का आदान-प्रदान करना, सामुदायिक पुलिस व्यवस्था एवं नागरिक कार्यवाहियों में सहायता देना तथा विभिन्न केंद्रीय मंत्रालयों की शृंखलाबद्ध योजनाओं के माध्यम से विकास कार्यों में सहायता प्रदान करना शामिल है।

पूर्वोत्तर भारत को शेष भारत से जोड़ने की आवश्यकता है

भौगोलिक और सांस्कृतिक रूप से पूर्वोत्तर भारत शेष भारत से कटा हुआ मालूम पड़ता है। राजनीतिक ताकत न होने की वजह से लोक नीतियों में उपेक्षा से उपजी हताशा को दूर करना होगा। देश के दूरदराज के इलाकों खासतौर से पूर्वोत्तर के हिस्सों में बुनियादी ढांचा विकसित करना हर पंचवर्षीय योजना का मंत्र बन गया, बिल्कुल वैसा, जैसा गरीबी हटाने के मामले में हुआ। हालांकि गरीबी में उल्लेखनीय कमी आई मगर अफसोस कि पूर्वोत्तर आज भी उतना दूर है जितना वह पहले था। फिलहाल गुवाहाटी रेलमार्ग से देश के अधिकांश प्रमुख शहरों से जुड़ा है, मगर पूर्वोत्तर की पट्टी गुवाहाटी से भी आगे 600 किलोमीटर के दायरे में फैली हुई है।

शानदार यूनि-गेज और राष्ट्रीय राजमार्ग परियोजनाओं के बावजूद भूतल परिवहन के पैमाने पर पूर्वोत्तर पहुंच और गुणवत्ता दोनों मामलों में देश के दूसरे हिस्सों से बहुत पीछे है। हम कोंकण रेलवे और कारगिल में बनाए नए राजमार्ग की शान से मिसाल देते हैं, लेकिन कोलकाता से पूरब की ओर जाने वाली सड़कें उपेक्षा की शिकार हैं। इस बीच चीन ने तिब्बत और शिनच्यांग में कहीं अधिक दुरुह हालात में रेल एवं सड़क मार्ग विकसित किए। फिर भी चीन से हमने एक और सबक यह नहीं सीखा कि देश की सीमा को महफूज रखने के लिए समस्त देश को एक सूत्र में पिरोने की तत्काल जरूरत है।

भौगोलिक दूरी बाणिज्यिक हितों पर भी कुठाराघात करती है। पूर्वोत्तर में हाथ से बने चित्ताकर्षक कपड़े जैसी गुणवत्ता का कपड़ा परंपरा का गुणगान करने वाली बुटीक में भी नहीं मिलता। आज भी जो कुछ कारोबार बचा है, वह मुख्य रूप से राजस्थानी व्यापारियों की कड़ी मेहनत की वजह से ही है, जो मुश्किलों के बावजूद कारोबार में लगे हैं।

सांस्कृतिक दूरी भी काफी बढ़ी हुई है। पूर्वोत्तर के इलाकों में विभिन्न नागा जनजातियां दृढ़तापूर्वक अपने अलगाववाद पर जोर देती हैं। उनके जैसे दूसरे कई तबकों के लिए भारत अंग्रेजों के बाद की एक परवर्ती शक्ति है, जैसा कि वह चीन के दखल से पहले तिब्बत में था। केंद्र में सत्तारूढ़ हुई एक के बाद एक सरकारों ने विरक्ति के इस भाव को दूर करने की दिशा में बहुत कम कदम उठाए। यद्यपि वर्तमान में मोदी सरकार इस दिशा में सराहनीय कदम उठा रही है।

प्रशासन और सुरक्षा के मोर्चे पर सख्ती से शायद इस क्षेत्र को एकजुट कर उसे मुख्यधारा में लाने में कामयाबी नहीं मिली, लेकिन उन्होंने पूर्वोत्तर को हमारे लोकतंत्र का अनैतिक पहलू जरूर बना दिया। अपेक्षाकृत समतावादी और शोषण विरोधी स्थानीय संस्कृति पर अब उपद्रवी राजनीति हावी हो रही है और उसकी बुराइयां उसे जकड़ रही हैं। लालचियों का कोई इलाका या नस्ल नहीं होती। इसका जवाब देने के लिए कोई इनाम नहीं मिलने जा रहा है कि विकास के लिए पूर्वोत्तर के अधिकांश संसाधनों का उपयोग कहां हुआ?

समग्र रूप से यह पूरा इलाका विकास के मामले में शेष भारत से हमेशा पिछड़ा ही रहा। कभी भी किसी राज्य के सकल घरेलू उत्पाद की विकास दर राष्ट्रीय औसत से ऊपर नहीं रही। वर्ष 1991–92 में ये राष्ट्रीय औसत के 99 प्रतिशत (अरुणाचल प्रदेश) और 62 प्रतिशत (त्रिपुरा) के दायरे में ही चलती रही। पिछले 25 वर्षों में आर्थिक सुधारों की बयार के बाद भी इस स्थिति में सुधार नहीं हुआ। वर्ष 2006–07 में यह दायरा 68 से 85 प्रतिशत के बीच रहा। असम, मणिपुर और नागालैंड की स्थिति तो इस दौरान और भी खराब रही। वर्ष 2008–09 की आर्थिक समीक्षा में यह संज्ञान लिया गया कि पूर्वोत्तर के कुछ राज्यों ने शताब्दी के शुरुआती वर्षों में बेहतर प्रदर्शन किया, मगर इससे भी वे कमजोर वृद्धि के चक्र से बाहर नहीं निकल पाए। आर्थिक पिछड़ेपन की वजह से आजीविका की तलाश में भारी तादाद में युवाओं का पलायन हुआ है, जो फिलहाल सुर्खियों में है।

उत्तर प्रदेश और बिहार के अनुभव से इसका पूर्वानुमान लगाना चाहिए, मगर अभी भी पूर्वोत्तर के गरीब नीति-निर्माताओं के लिए अदृश्य बने हुए हैं। गंगा के मैदानी इलाकों वाले राज्यों के उलट वे बड़ी राजनीतिक ताकत भी नहीं रखते। दूरी और अनदेखी के दूसरे नतीजे कहीं अधिक अनिष्टकारी हैं जहां स्थानीय उग्रवादियों के जरिए अलगाववाद की आग अक्सर भड़कती रहती है। नागा और मिजो जन उभार तो जगजाहिर हैं लेकिन दूसरे इलाकों में भी संकट कम नहीं है। त्रिपुरा में मूल निवासियों और भारी संख्या में विस्थापित बंगालियों के बीच तनाव कायम है।

नागा और मणिपुर के बीच मैतियों के संघर्ष अक्सर खबरों में आते हैं, मगर उन्हें जल्द ही भुला भी दिया जाता है। हमें भले ही नाकेबंदी का दर्द न पता हो, लेकिन मणिपुर को अक्सर यह दंश झेलना पड़ता है, जहां केंद्र और राज्य खतरनाक दर्जे की राजनीति में मशगूल हैं। ये टकराव नए नहीं हैं। 1980 के दशक की शुरुआत में उग्रवादियों ने मणिपुर में रहनुमा माने जाने वाले सुब्रत भौमिक की नृशंस हत्या कर दी थी। उनका अपराध यही था कि वह एक बंगाली थे। मौजूदा घटनाएं तबाही को लेकर चेतावनी से ज्यादा नहीं हैं।

माहौल बिगाड़ने वाले लोग सोशल मीडिया के जरिए और भी गड़बड़ कर तबाही का सबब बन सकते हैं। अगर हमने पूर्वोत्तर को लेकर कश्मीर की तरह संजीदगी दिखाई होती और उतने संसाधन खर्च किए होते, तो हालात इस कदर नहीं बिगड़ते। हम केवल 'हर किसी के लिए मुफीद आकार' सरीखी सामान्य योजनाओं पर ही कुछ ध्यान देते हैं, बिना यह जाने कि क्या प्रथम दृष्टया उनसे समस्या का समाधान निकलेगा या नहीं?

जम्मू-कश्मीरः पृष्ठभूमि

जम्मू और कश्मीर की समस्या स्वतंत्रता प्राप्ति के समय से ही जुड़ी हुई एक समस्या है, जिसका संबंध जम्मू और कश्मीर के भारत में विलय और उसके स्वामित्व से जुड़ा हुआ है। उल्लेखनीय है कि कैबिनेट मिशन के प्रावधानों के अनुसार सभी रियासतों को यह अधिकार दिया गया कि वह अपनी स्वेच्छा से भारत या पाकिस्तान में विलय कर सकती है या एक स्वतंत्र देश के रूप में अपने को स्थापित कर सकती हैं। यद्यपि जम्मू-कश्मीर रियासत में मुस्लिम आबादी अधिक थी, जो आज भी है, परंतु वहां के शासक सदैव हिन्दू हुआ करते थे। स्वतंत्रता

प्राप्ति के समय जम्मू-कश्मीर के तत्कालीन महाराजा हरि सिंह ने अपनी मुस्लिम जनता की भावनाओं का सम्मान करते हुए भारत और पाकिस्तान दोनों के साथ जाने से इंकार कर दिया और एक स्वतंत्र देश के रूप में अपने को बनाए रखने की घोषणा की परंतु इसी बीच पाकिस्तान समर्थित कबीलाई समुदाय के लोगों ने जम्मू-कश्मीर पर आक्रमण कर दिया, जिनकी अप्रत्यक्ष रूप से पाकिस्तानी सेना भी मदद कर रही थी। इस आक्रमण के माध्यम से पाकिस्तान ने जम्मू-कश्मीर के एक बड़े भाग पर अपना नियंत्रण कर लिया और इसके बाद जम्मू-कश्मीर के तत्कालीन महाराजा ने भारत से सहायता मांगी और भारत में विलय करने का निर्णय लिया और एक समझौते पर हस्ताक्षर कर दिए। इसके बाद भारतीय सेना ने कबीलाई समुदाय को आगे बढ़ने से रोका, परंतु तब तक देर हो चुकी थी। यहीं से जम्मू-कश्मीर की समस्या उत्पन्न हुई थी जहां भारत कहता है कि जम्मू-कश्मीर के तत्कालीन महाराजा हरि सिंह ने भारत में जम्मू-कश्मीर का स्वेच्छा से विलय किया है और इसलिए संपूर्ण जम्मू-कश्मीर भारत का हिस्सा है, केवल विवाद पाक अधिकृत कश्मीर (POK) का है, तो दूसरी तरफ पाकिस्तान इसे मानने से इंकार करता है और उसका कहना है कि यह विलय अवैधानिक है, क्योंकि भारत ने तत्कालीन महाराजा को डरा-धमका कर विलय कराया है।

1949 में इस मामले को तत्कालीन प्रधानमंत्री ने संयुक्त राष्ट्र संघ में उठाया परंतु बाद में इसे वापस ले लिया, 1951 में संयुक्त राष्ट्र संघ ने अपने एक आदेश में कहा कि पाक अधिकृत कश्मीर से पाकिस्तानी सेना अलग हट जाए और जम्मू-कश्मीर में भारत भी अपनी सेना को कम करे और इसके बाद इस समस्या का हल खोजा जाना चाहिए, परंतु इसको मूर्त रूप नहीं दिया जा सका।

वर्तमान में भारत केवल पाक अधिकृत कश्मीर को ही जम्मू-कश्मीर की समस्या मानता है, जबकि पाकिस्तान संपूर्ण कश्मीर के संदर्भ में तीसरे पक्ष की मध्यस्थता चाहता है परंतु भारत इसे द्विपक्षीय मामला मानता है और इसमें किसी तीसरे पक्ष के होने की संभावना से इंकार करता है।

जहां पाकिस्तान जम्मू-कश्मीर में जनमत संग्रह की मांग करता है, वहीं भारत इसका विरोध करता है। भारत कैबिनेट मिशन प्रस्ताव का हवाला देते हुए कहता है कि इस प्रस्ताव के अनुरूप जम्मू-कश्मीर का भारत में किया गया विलय पूरे तरीके से वैधानिक है, इसलिए जनमत संग्रह की आवश्यकता नहीं है, वर्तमान में जम्मू-कश्मीर की समस्या के मूल प्रारूप में पाक प्रायोजित आतंकवाद, अलगाववाद और अलगाववादियों को पाक राजनैतिक समर्थन प्राप्त होता है। जहां अलगाववादी जम्मू-कश्मीर की विशेष राजनीतिक स्वतंत्रता चाहते हैं वहीं, भारत सरकार का कहना है कि संविधान के अनुसार उनको अधिकार दिया गया है और उनको राजनीतिक सत्ता प्राप्त करने के लिए लोकतांत्रिक प्रक्रियाओं का सहारा लेना होगा और इसमें सम्मिलित होना होगा।

जम्मू-कश्मीर की समस्या में निहित तत्व/कारक

- जम्मू-कश्मीर के विलय से उत्पन्न समस्या
- अनुच्छेद 370 और उसकी प्रासंगिकता (परंतु वर्तमान में इसे समाप्त कर दिया गया है)
- पाक प्रायोजित अलगाववाद, आतंकवाद का विद्यमान होना
- अलगाववादियों की अस्पष्ट नीतियां और गलत मांगें।
- अलगाववादियों को स्थानीय सीमित जन समर्थन प्राप्त होना।
- अलगाववादियों को राजनैतिक समर्थन प्राप्त होना।
- केंद्र और राज्यों में समन्वय न होना।
- जम्मू-कश्मीर में सकारात्मक सामाजिक चेतना उत्पन्न करने में भारत सरकार की विफलता।
- भारत के राजनीतिक दलों के दृष्टिकोण में मतभेद।
- पाकिस्तान और मानवाधिकार संगठनों के दुष्प्रचार।
- जम्मू-कश्मीर की समस्या का एक केंद्र बिंदु जम्मू-कश्मीरी पंडित भी हैं।

भारत सरकार ने जम्मू-कश्मीर की समस्या का समाधान शिमला समझौते और लाहौर घोषणा-पत्र के दायरे में करना चाहा, जिसे पाकिस्तान नहीं मानता और वह अलगाववादियों को समर्थन देकर जम्मू-कश्मीर में अशांति पैदा करता रहा।

जम्मू-कश्मीरः उग्रवाद और अलगाववाद

नोट–अगस्त 2019 में जम्मू-कश्मीर का राज्य का दर्जा खत्म कर दिया गया था। जम्मू-कश्मीर से अनुच्छेद 370 एवं धारा 35A को हटाकर जम्मू-कश्मीर एवं लद्दाख नामक केन्द्रशासित प्रदेश बना दिये गये हैं।

जम्मू-कश्मीर समस्या केवल कानून एवं व्यवस्था से जुड़ी समस्या ही नहीं है, बल्कि यह आंतरिक सुरक्षा और जम्मू-कश्मीर के भविष्य से जुड़ा हुआ राजनीतिक मुद्दा भी है, जिसका समाधान आर्थिक और राजनीतिक उपायों में निहित है और इसके लिए व्यापक संवाद की आवश्यकता है। आए दिन कश्मीर की घाटी में अलगाववाद का तूफान या विरोध की बयार देखने को मिल रही है। दिल्ली अमन की अपील करती है, तो बुद्धिजीवी संवाद की और कश्मीरी युवा अलगाववाद की। प्रश्न यह है कि घाटी का माहौल इतना असुरक्षित एवं अराजक कैसे हो गया है, जन्नत, जहन्नुम में कैसे तब्दील हो गई है? यह प्रश्न बार-बार किसी भी संवेदनशील भारतीय के मन में न केवल उत्पन्न हो रहा है बल्कि हमारे नीति-निर्माताओं को संशय की दृष्टि से देख रहा है। जम्मू-कश्मीर की समस्या को कभी कानून की विफलता, तो कभी आंतरिक सुरक्षा के लिए चुनौती, तो कभी इस्लाम की कट्टर वहाबी विचारधारा का परिणाम, तो कभी पाकिस्तान प्रायोजित समस्या माना जाता रहा है। कुछ लोग कश्मीर को पंडित नेहरू की कूटनीतिक विफलता मानते हैं तो कुछ लोग महाराजा हरि सिंह की महत्वाकांक्षा का परिणाम मानते हैं जबकि कुछ लोग ब्रिटिश साजिशों का दुष्परिणाम मानते हैं तो दूसरी तरफ एक मत यह भी है कि कश्मीर की समस्या पाकिस्तान की राजनीतिक-सामाजिक महत्वाकांक्षा और दुष्टता का परिणाम है। इस प्रकार जम्मू-कश्मीर की समस्या को देखने के दृष्टिकोण अलग हैं। सर्वविदित है कि दृष्टिकोण में भिन्नता की वजह से समाधान की एकरूपता संभव नहीं है। यही कारण है कि जम्मू-कश्मीर भारत-पाकिस्तान की राजनीतिक महत्वाकांक्षा का क्रीड़ास्थल बनने को बाध्य रहा।

नोट : जम्मू-कश्मीर से संबंधित अनुच्छेद-370 समाप्त कर दिया गया है। इसके साथ ही उसकी प्रासंगिकता भी समाप्त हो गई है और जम्मू-कश्मीर की संवैधानिक स्थिति और राजनीतिक स्वरूप में बदलाव आ चुका है। परंतु अतीत और वर्तमान की तुलनात्मक जानकारी के लिए अनुच्छेद-370 से संबंधित (अगस्त 2019 के पहले) विश्लेषण भी प्रस्तुत किया गया है जिससे पाठक वर्ग को सम्यक जानकारी प्राप्त हो सके।

जम्मू-कश्मीर की समस्या के समाधान के लिए भारत सरकार द्वारा अपनाई गई रणनीति

भारत सरकार जम्मू-कश्मीर की समस्या के समाधान के लिए बहुआयामी रणनीति अपना रही है। वह इसका समाधान राजनीतिक, आर्थिक और प्रशासनिक उपायों के माध्यम से खोजना चाहती है। इसके लिए वह त्रिस्तरीय रणनीति अपना रही है-विकासात्मक, संवादात्मक और सुरक्षात्मक।

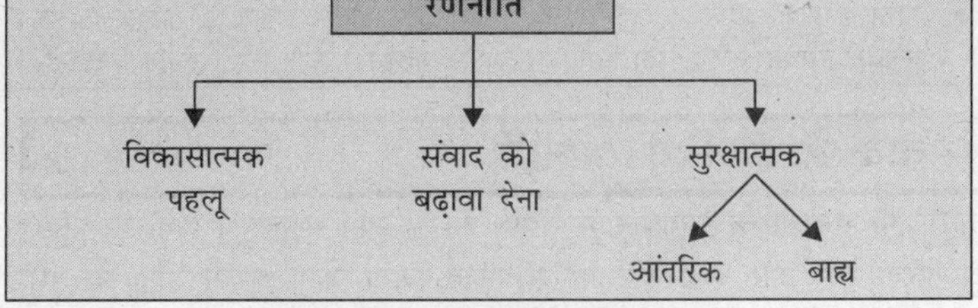

विकासात्मक पहलू

जम्मू-कश्मीर में विद्यमान अलगाववाद और आतंकवाद की समस्या के समाधान के लिए भारत सरकार विकासात्मक पहलुओं पर भी ध्यान दे रही है, जिसके अंतर्गत सामाजिक, आर्थिक, आधारिक संरचनाओं का विकास, लोगों को बेहतर बुनियादी सुविधाएं उपलब्ध कराना और शिक्षा के विकास एवं विस्तार पर विशेष बल दिया जा रहा है। विकासात्मक पहलू के अंतर्गत केंद्र सरकार निम्नलिखित रणनीति अपना रही है–

- परिवहन क्षेत्र के विकास को बढ़ावा देना, जिससे सामाजिक और आर्थिक गतिशीलता को प्रोत्साहन मिल सके। इस अनुक्रम में जम्मू-कश्मीर में रेलवे नेटवर्क का विकास और विस्तार करने, राष्ट्रीय राजमार्ग और राज्य मार्ग के निर्माण, विकास और रख-रखाव को बढ़ावा देना तथा ऊर्जा की उपलब्धता सुनिश्चित करने पर बल दिया जा रहा है।
- जम्मू-कश्मीर में रोजगार के नए अवसर उत्पन्न करने के लिए आधुनिक शिक्षा व्यवस्था उपलब्ध कराने पर बल दिया जा रहा है, वहीं तकनीकी और कौशल विकास पर भी विशेष बल दिया जा रहा है जिससे कि लोगों की कार्य-क्षमता में वृद्धि हो सके। इसी समय हिमायत योजना और रोशनी योजना चलाई जा रही है।
- जम्मू-कश्मीर में सामाजिक चेतना उत्पन्न करने और सांस्कृतिक जागरूकता और सहयोग को बढ़ावा देने के लिए सरकार जहां एक तरफ सामाजिक सरोकार से संबंधित कार्यक्रम चला रही है तो दूसरी तरफ पर्यटन क्षेत्र में विकास को बढ़ावा देने के लिए कदम उठा रही है।
- विकासात्मक पहलूओं के अंतर्गत सरकार लोकतांत्रिक प्रक्रियाओं को निष्पक्ष मान, स्थानीय निकायों का चुनाव संपन्न कराने, राजीव गांधी पंचायती सशक्तिकरण अभियान के अंतर्गत जम्मू-कश्मीर की पंचायतों को अधिक संसाधन आवंटित करने जैसी गतिविधियां संचालित की जा रही हैं।
- केंद्र सरकार जम्मू-कश्मीर के स्थानीय उद्योगों के विकास को बढ़ावा देने के लिए रोजगार के अवसर उत्पन्न करने के लिए और वहां के लोगों के जीवन स्तर में सुधार के लिए समय-समय पर प्रधानमंत्री पैकेज कार्यक्रम देती रहती है, जिससे वहां का सामाजिक-आर्थिक विकास सुनिश्चित किया जा सके।

पाक-अधिकृत कश्मीर पर भारत का दावा

- पाक-अधिकृत कश्मीर का विस्तार उत्तर में गिलगित-बाल्टिस्तान (जी-बी) से लेकर पश्चिम में जमीन की एक पट्टी मीरपुर-मुजफ्फराबाद सेक्टर तक है।
- पाक-अधिकृत कश्मीर के बारे में जब भी बात होती है तो ज्यादातर बातचीत का केंद्रबिंदु मीरपुर-मुजफ्फराबाद सेक्टर रहता है। जी-बी को स्वायत्तता प्रदान करने के पाकिस्तान के ढोंग का भारत ने हमेशा जोरदार ढंग से विरोध किया है
- भारत सरकार ने पाक-अधिकृत कश्मीर पर अधिकार जताते हुए इस मुद्दे को पुनर्जीवित किया है। वर्ष 2015 में राष्ट्रीय सुरक्षा सलाहकार अजीत डोभाल ने जी-बी अफगान सीमा का हवाला देते हुए कहा, 'हमारी अफगानिस्तान के साथ 106 किमी. लंबी सीमा-रेखा है।'
- प्रधानमंत्री नरेन्द्र मोदी ने लद्दाख व जम्मू-घाटी सहित पूरे पाक के कब्जे वाले कश्मीर को भारत का अभिन्न हिस्सा बताया है। इसके साथ ही प्रधानमंत्री ने पाकिस्तान के कब्जे वाले शिया बहुल जी-बी क्षेत्र में खराब मानवाधिकार की स्थिति पर उसे आड़े हाथों लिया है।
- भारत ने पाक-अधिकृत कश्मीर के जी-बी और मीरपुर सेक्टर में पाकिस्तान के बनावटी सरकार चलाने का नियमित रूप से पर्दाफाश करने की रणनीति बनाई है।

संवाद से संबंधित रणनीति

किसी भी समस्या के समाधान में संवाद की भूमिका महत्वपूर्ण होती है। संवाद आन्तरिक स्तर और बाह्य स्तर पर संचालित किया जाना जरूरी होता है। इसी अनुक्रम में भारत सरकार समय-समय पर संवाद का कदम उठाती रही है। भारत सरकार जम्मू-कश्मीर के राजनीतिक दलों, सामाजिक संगठनों और अलगाववादी संगठनों से भी बातचीत करती रहती है, परंतु उनके द्वारा इस दिशा में सकारात्मक सहयोग नहीं दिया जाता है। उल्लेखनीय है कि संयुक्त प्रगतिशील गठबंधन सरकार (UPA) ने टाइम्स ऑफ इंडिया के संपादक दिलीप पंडवाकर की अध्यक्षता में एक समिति का गठन भी किया था जिसने गहन संवाद और संपर्क करने के बाद अपनी रिपोर्ट में जम्मू-कश्मीर की समस्या के समाधान के लिए विकासात्मक गतिविधियों को बढ़ावा देने, सुरक्षा बलों को और अधिक अधिकार देने तथा अलगाववादी तत्वों के प्रति कठोरता की नीति अपनाने पर बल दिया। उल्लेखनीय है कि पिछले वर्ष सर्वदलीय सांसदों का एक शिष्टमंडल जम्मू-कश्मीर के विभिन्न संगठनों और अलगाववादी संगठनों से बातचीत करने के लिए जम्मू-कश्मीर गया था, परंतु उनके द्वारा कोई सकारात्मक सहयोग नहीं किया गया। इससे स्पष्ट है कि अलगाववादी संगठन समस्या का समाधान नहीं चाहते।

यही नहीं, अपने संवाद की रणनीति के अंतर्गत भारत सरकार पाकिस्तान से भी बातचीत करती रही है। इस संदर्भ में शिमला समझौता और लाहौर घोषणा-पत्र भी एक संस्थागत ढांचे के रूप में विद्यमान हैं, परंतु दूसरा पक्ष इसका सम्मान नहीं करता है, भारत और पाक के अधिकारियों के मध्य वार्ता और सुरक्षा बलों के बीच बातचीत होती रहती है, परंतु इसके बाद भी समस्या का हल नहीं हो पा रहा है।

सुरक्षा संबंधी रणनीति

जम्मू-कश्मीर की सुरक्षा के संदर्भ में त्रिस्तरीय व्यवस्था अपनाई जा रही है जिसके अंतर्गत

- बाह्य सुरक्षा को प्रभावी बनाना और सीमापार से होने वाली अवैध गतिविधियों को नियंत्रित करना।
- आंतरिक निरीक्षण निगरानी कार्यों को अंजाम देना।
- सेना और केंद्रीय सुरक्षा बल द्वारा पुलिस प्रशासन के साथ मिलकर आतंक विरोधी कार्य को संचालित करना।

उपर्युक्त रणनीति के अंतर्गत केंद्र सरकार द्वारा सुरक्षा बलों और सेना का आधुनिकीकरण करने, उनको संसाधन उपलब्ध कराने, सीमाओं के साथ-साथ विभिन्न भागों में सुरक्षा बलों की पेट्रोलिंग को बढ़ावा देने और लोगों के साथ संवाद स्थापित करने पर बल दिया जा रहा है। पहले भी समय-समय पर अनुच्छेद-370 को समाप्त करने की मांग होती रही है। इसके पक्ष और विपक्ष में दलीलें दी जाती रही हैं उल्लेखनीय है कि 1974 में भारत सरकार और शेख अब्दुल्ला के बीच एक समझौता हुआ था, जिसमें इस अनुच्छेद को बनाए रखने के प्रति प्रतिबद्धता व्यक्त की गई। इस संदर्भ में एक वर्ग का कहना था कि राष्ट्रपति सरकारी अधिसूचना द्वारा इस अनुच्छेद को समाप्त करने, कुछ अपवादों और संशोधनों के साथ इसे जारी रखने और इसके प्रभावी होने की तारीख की घोषणा कर सकते हैं, परंतु राष्ट्रपति को इस प्रकार की अधिसूचना जारी करने से पहले राज्य की विधानसभा से अनुमति प्राप्त करनी होगी। दूसरी तरफ विशेषज्ञों का एक वर्ग यह भी कहता रहा कि अनुच्छेद-370 में संसद सीधे संशोधन कर सकती है क्योंकि संसद संप्रभु है और जब अनुच्छेद 370 बना तो उस समय जम्मू-कश्मीर की अपनी विधानसभा भी नहीं थी कि उसे इसकी स्वीकृति से लागू किया गया। अब संसद इसे बिना स्वीकृति के हटा सकती है। कुछ समय पहले सर्वोच्च न्यायालय ने अपने एक निर्णय में कहा कि अनुच्छेद 370 भी भारतीय संविधान का एक हिस्सा है, अतः संसद उसमें संशोधन कर सकती है या उसे समाप्त कर सकती है।

अनुच्छेद 370 के समाप्त करने और न करने दोनों सन्दर्भों में अपने-अपने तर्क दिए जा रहे हैं। अनुच्छेद 370 को जो लोग समाप्त करने की मांग कर रहे थे, उनका कहना था कि अनुच्छेद-370 को निम्नलिखित आधार पर समाप्त किया जाना चाहिए–

- क्योंकि यह एक अस्थायी प्रावधान है, जिसका उल्लेख संविधान में किया गया।
- इस अनुच्छेद के कारण जम्मू-कश्मीर और देश के विभिन्न राज्यों में दूरियां पैदा हो रही हैं और इससे अलगाववाद को बढ़ावा मिल रहा है।
- इस अनुच्छेद के कारण भेदभाव को प्रोत्साहन मिलता है और जम्मू-कश्मीर के लोगों को जो विशेषाधिकार प्राप्त हैं, उसका दुरुपयोग किया जा रहा है।
- यह जम्मू-कश्मीर के मुस्लिम समुदाय को याद दिलाता है कि उनका विलय भारत में पूरी तरह से नहीं हुआ है।
- इसके विरोध में जो पक्ष तर्क देते हैं, उनका कहना है कि इस अनुच्छेद को समाप्त करने से जम्मू-कश्मीर में और अधिक अस्थिरता उत्पन्न हो सकती है और इससे अलगाववादी गतिविधियों को बढ़ावा मिलेगा और अलगाववादी जनमत संग्रह कराने की मांग करने के लिए प्रोत्साहित होंगे।

इसके समर्थकों का तर्क है कि यदि अनुच्छेद 370 के कारण (विशेषाधिकार के कारण) जम्मू-कश्मीर में अलगाववाद को बढ़ावा मिल रहा है तो पंजाब और असम को तो विशेषाधिकार नहीं दिया गया, फिर भी वहां क्यों अलगाववाद है?

इसके समर्थकों का मत है कि इसको समाप्त करने से एक गलत संदेश जाएगा और यह कहा जाएगा कि भारत सरकार समझौतों का पालन नहीं कर रही है और साथ ही पाकिस्तान द्वारा अंतर्राष्ट्रीय मंचों पर यह मुद्दा उठाया जाने लगेगा, जिससे संयुक्त राष्ट्र संघ को इस मामले में हस्तक्षेप करने का अवसर मिल जाएगा।

सुरक्षा की स्थिति

- जम्मू-कश्मीर सीमापार से प्रायोजित और समर्थित आतंकवाद और अलगाववादी हिंसा से लगभग दो दशकों से प्रभावित रहा है।
- केंद्र सरकार ने सीमापार की घुसपैठ रोकने के लिए बहुआयामी दृष्टिकोण अपनाए हैं जिसमें अन्य बातों के साथ-साथ, अंतर्राष्ट्रीय सीमा/नियंत्रण रेखा के साथ-साथ तथा हर समय बदल रहे घुसपैठ के मार्गों के निकट सीमा प्रबंधन को सुदृढ़ बनाना और बहुस्तरीय तथा बहु-मॉडल की तैनाती करना, सीमा पर बाड़ का निर्माण करना, बीएसएफ के लिए उन्नत प्रौद्योगिकी, हथियार और उपस्कर का प्रावधान करना, बेहतर आसूचना और परिचालनात्मक समन्वय और घुसपैठ रोकने के लिए आसूचना का सुचारु प्रवाह सुनिश्चित करना और राज्य के अंदर आतंकवादियों के विरुद्ध कार्यवाही करना शामिल है।
- साथ ही उग्रवादियों के प्रयासों और क्षमताओं को निष्क्रिय करने के लिए सरकार ने आतंकवादियों के विरुद्ध विभिन्न रणनीतियां अपनाई हैं। सरकार ने युवाओं को मुख्यधारा में लाने की नीतियों को भी बढ़ावा दिया है और उग्रवाद में शामिल होने से स्थानीय युवाओं को हतोत्साहित किया है।
- जम्मू-कश्मीर की सुरक्षा की स्थिति पर जम्मू-कश्मीर के मुख्यमंत्री द्वारा एकीकृत मुख्यालय/कमान में राज्य सरकार, सेना, केंद्रीय सशस्त्र पुलिस बलों और अन्य सुरक्षा एजेंसियों के वरिष्ठ प्रतिनिधियों के साथ निगरानी रखी जाती रही है और समीक्षा भी की जाती है। गृह मंत्रालय भी राज्य सरकार और रक्षा मंत्रालय के साथ मिलकर सुरक्षा से संबंधित स्थिति की गहन और लगातार मॉनीटरिंग करता है।

सरकार का निम्नलिखित कार्य करने का प्रयास रहा है-

- सीमापार से आतंकवादियों की घुसपैठ कम करने के लिए सभी बीएसएफ द्वारा तुरंत उचित उपाय करना और उन आतंकवादियों की पहचान करना, पता लगाना और गिरफ्तार करना जो सीमापार करें; और उनके स्थानीय साथियों के विरुद्ध भी यही कार्यवाही करना।
- यह सुनिश्चित करना कि प्रजातांत्रिक प्रक्रिया अपनाई जाए और राज्य में उग्रवाद के प्रभावों के कारण लोगों के सामने आ रही सामाजिक-आर्थिक समस्या को प्रभावी ढंग से निपटाने के लिए सिविल प्रशासन की बहाली को प्राथमिकता दी जाए।
- स्थायी शांति सुनिश्चित की जाए और राज्य में सभी वर्गों के उन लोगों को पर्याप्त अवसर प्रदान करना और उन्हें प्रभावी ढंग से अपने विचार प्रकट करने का अवसर प्रदान करना तथा उनकी वास्तविक शिकायतों को दूर करना।

केंद्र सरकार यथावश्यक केंद्रीय सशस्त्र पुलिस बल उपलब्ध करा रही है और पुलिस को सुदृढ़ बनाने में भी सहायता कर रही है। भारत सरकार सुरक्षा से संबंधित विभिन्न उपायों पर प्रदेश द्वारा किए जा रहे व्यय की भी प्रतिपूर्ति करती रही है। इनमें सिपाहियों को लाने-ले-जाने में हो रहे व्यय, सामग्री की आपूर्ति, आवास का किराया, विशेष पुलिस अधिकारियों को मानदेय, सिविक कार्यवाही कार्यक्रम, एयर-लिफ्ट प्रभार, इंडिया रिजर्व बटालियनें गठित करने की लागत, परिवहन ठहरने और खान-पान का व्यय, सुरक्षा बलों के लिए वैकल्पिक आवास आदि शामिल हैं।

जम्मू और कश्मीर को केंद्रीय सहायता

प्रदेश में चहुंमुखी आर्थिक विकास और लोगों को लाभप्रद रोजगार के अवसर प्रदान करने में केंद्र सरकार निरंतर रूप से समर्थन और सहायता करती रही है, जिसमें नियोजित और संतुलित क्षेत्रीय विकास पर ध्यान दिया जाता है।

भौतिक, आर्थिक और सामाजिक अवसंरचना का निर्माण करने को प्राथमिकता दी जाती है जिसके द्वारा प्रदेश के लोगों के जीवन की गुणवत्ता में सुधार लाने के अलावा संभावित उत्पादकता में सुधार किया जाता है।

जम्मू और कश्मीर के लिए विशेष उद्योग की पहल

यूपीए शासन काल में प्रधानमंत्री के आर्थिक सलाहकार परिषद् के अध्यक्ष डॉ. सी. रंगराजन की अध्यक्षता में गठित विशेषज्ञ ग्रुप को जम्मू और कश्मीर के लिए जॉब प्लान तैयार करने का कार्य सौंपा गया था और उनके अनुसार जम्मू और कश्मीर के लिए योजना द्वारा पांच वर्ष की अवधि में 12वीं पंचवर्षीय योजना के दौरान अधिक वृद्धि वाले महत्वपूर्ण क्षेत्रों में प्रतिवर्ष जम्मू और कश्मीर में 8000 स्नातकों और अन्य शिक्षित युवकों का कौशल प्रदान करना और रोजगार के अवसरों में वृद्धि किया जाना है। कार्यक्रम में प्रशिक्षित मानवशक्ति को अच्छे वेतन वाले रोजगार प्रदान किए जाने का लक्ष्य रखा गया है। इस योजना का कार्यान्वयन, राष्ट्रीय कौशल विकास निगम (एनएसडीसी) और कॉरपोरेट क्षेत्र द्वारा पब्लिक प्राइवेट भागीदारी पद्धति पर किया जा रहा है।

जम्मू और लद्दाख क्षेत्रों के लिए विशेष कार्यबल

जम्मू और लद्दाख क्षेत्रों की विकासात्मक जरूरतों को पूरा करने के उद्देश्य से, जिसमें अवसंरचना की कमियों और उचित सिफारिशें करने का विशेष संदर्भ निहित है, जम्मू और लद्दाख क्षेत्रों के लिए क्रमश: योजना आयोग के सदस्य डॉ. अभिजीत सेन और योजना आयोग के सदस्य डॉ. नरेन्द्र जाधव की अध्यक्षता में दो विशेष कार्यबलों (एसटीएफ) का गठन किया गया था। इसके अलावा जम्मू और लद्दाख क्षेत्रों में 24 माह की समयावधि में तत्काल कार्यान्वित किए जाने के लिए क्रमश: 497 करोड़ रुपए और 416 करोड़ रुपए की कुल लागत की अल्पावधिक परियोजनाओं की सिफारिश की गई। योजना आयोग ने 13 जुलाई, 2012 को हुई अपनी बैठक में वर्ष 2012–13 के लिए राज्य योजना में जम्मू के लिए 150 करोड़ रुपए और लेह के लिए 50 करोड़ रुपए तथा कारगिल प्राथमिकता प्राप्त परियोजनाओं के लिए 50 करोड़ रुपए और स्थायी जीर्णोद्धार कार्यों के लिए 50 करोड़ रुपए के आवंटन का अनुमोदन किया।

जम्मू-कश्मीर महत्वपूर्ण तथ्य : एक दृष्टि में

तिथि	विवरण
15 अगस्त, 1947	भारत को स्वतंत्रता प्राप्त हुई। कश्मीर के महाराजा हरि सिंह ने अपने राज्य को भारत तथा पाकिस्तान दोनों से अलग रखने का निर्णय लिया।
अक्टूबर, 1947	पाकिस्तान द्वारा कश्मीर में सांप्रदायिक हिंसा फैलाई गई तथा कबायलियों के माध्यम से दबाव डालने वाली कार्यवाही की गई। इसके बाद पाकिस्तान द्वारा सैनिक हस्तक्षेप भी किया गया।
26 अक्टूबर, 1947	जम्मू-कश्मीर के तत्कालीन नरेश हरि सिंह ने जम्मू-कश्मीर का भारत में विलय करने का प्रस्ताव रखा, जिसमें राज्य का प्रशासनिक ढांचा यथावत चलना था, केवल विदेश, रक्षा तथा संचार मामलों में भारतीय संसद को कानून बनाने का अधिकार दिया गया।
31 अक्टूबर, 1947	31 अक्टूबर 1947 को जब पाकिस्तानी सेना जम्मू-कश्मीर पर आक्रमण करते हुए बारामुला जिले में घुसी तो महाराजा हरि सिंह ने भारत से सहायता मांगते हुए विलय-पत्र पर हस्ताक्षर कर दिए। तत्पश्चात् भारत ने कदम उठाते हुए वहां से सेना को हटाया।
अप्रैल, 1948	संयुक्त राष्ट्र ने पाकिस्तान से सेना को वापस लेने और भारत से सेना की टुकड़ी में कमी करने को कहा।
1 जनवरी, 1949	युद्ध विराम समझौता संपन्न हुआ। इसके बाद 'युद्ध रोको' समझौता हुआ। तब कश्मीर के एक-तिहाई भाग को पाकिस्तान ने हड़प लिया था जिसे आजाद कश्मीर की संज्ञा पाकिस्तान द्वारा दी गई है।
1 अक्टूबर, 1949	कश्मीर की प्रशासकीय व्यवस्था के लिए वहां की सरकार द्वारा अनुच्छेद 306ए भी बनाया गया, जिसके द्वारा अंतरिम शासन की व्यवस्था की जानी थी।
1 जनवरी, 1951	कश्मीर में संविधान सभा के लिए संपन्न चुनाव में नेशनल कॉन्फ्रेंस को बहुमत मिला। अनुच्छेद 306ए को ही संशोधनों के साथ अनुच्छेद, 370 के रूप में पारित किया गया। अनुच्छेद, 370 को भारतीय संविधान सभा में श्री गोपाल स्वामी आयंगर ने प्रस्तुत किया तथा कश्मीर एवं केंद्र सरकार के संबंधों के आधार पर अनुच्छेद 370 को चिह्नित किया।
जुलाई, 1952	कश्मीर सरकार के प्रतिनिधियों को नेहरू जी ने दिल्ली आमंत्रित किया। इसके बाद दिल्ली में शेख अब्दुल्ला तथा नेहरू के मध्य समझौता हुआ। परंतु कश्मीर वापस आने पर शेख अब्दुल्ला समझौता लागू न करके, विरोध ही करने लगे। अनुच्छेद 370 की व्यवस्थाओं के विरोध में जनसंघ के श्यामा प्रसाद मुखर्जी ने आमरण अनशन शुरू किया। बाद में श्यामा प्रसाद मुखर्जी को जेल भेज दिया गया और जेल में ही उनकी मृत्यु हो गई।
10 फरवरी, 1954	जम्मू-कश्मीर की विधानसभा द्वारा भारत में जम्मू-कश्मीर राज्य के विलय के प्रति सहमति जताई गई।
20 अक्टूबर, 1956	संविधान का अनुच्छेद-3 सर्वसम्मति से पारित किया गया। ध्यातव्य है कि इस अनुच्छेद में कहा गया है कि जम्मू-कश्मीर भारत का अभिन्न अंग है तथा अभिन्न अंग बना रहेगा।
17 नवम्बर, 1956	संविधान सभा द्वारा राज्य का पृथक् संविधान पारित।
26 जनवरी, 1957	जम्मू-कश्मीर का नया संविधान लागू।
1970	पाकिस्तान ने भारत के उत्तरी क्षेत्रों पर कब्जा करते हुए मीरपुर-मुजफ्फराबाद सेक्टर में आभासी सरकार बैठा दी, इस तरह जी-बी पाकिस्तान का उपनिवेश बनकर रह गया।
जुलाई 1972	शिमला समझौते पर इंदिरा गांधी तथा जुल्फिकार अली भुट्टो द्वारा हस्ताक्षर।
24 फरवरी, 1975	इंदिरा गांधी तथा शेख अब्दुल्ला के मध्य समझौता संपन्न हुआ।

जम्मू-कश्मीर: संवैधानिक समस्या के विभिन्न आयाम

भारतीय संविधान की प्रस्तावना में राष्ट्र की एकता एवं अखण्डता की परिकल्पना की गई है। केंद्र के समक्ष प्रत्येक राज्य समान है और उन्हें किसी प्रकार की उन्मुक्ति अथवा विशेष सुविधा न दिए जाने का आश्वासन संविधान में दिया गया है। किंतु संविधान का अनुच्छेद 370 संविधान द्वारा प्रदत्त इन आश्वासनों का अपवाद है। इस अनुच्छेद द्वारा जम्मू-कश्मीर को विशेष राज्य का दर्जा प्रदान किया गया है। इसी आधार पर जम्मू-कश्मीर को कुछ उन्मुक्तियां भी प्रदान की गई हैं। स्वतंत्रता के बाद जम्मू-कश्मीर राज्य के भारत संघ में विलय के साथ ही अनुच्छेद 370 विवादित हो गया था। इसका कारण जम्मू-कश्मीर के संबंध में भारतीय संविधान में परस्पर विरोधी आशय के अनुच्छेदों की उपस्थिति है। एक तरफ तो संविधान में अनुच्छेद (1) के साथ पढ़ी जाने वाली अनुसूची एक के क्रमांक संख्या 15 पर जम्मू-कश्मीर का नाम भारत के एक राज्य के रूप में दर्ज है। इसी प्रकार चौथी अनुसूची के क्रमांक संख्या 17 पर राज्यसभा में जम्मू-कश्मीर के लिए स्थानों के आवंटन का उल्लेख है। ठीक इसके विपरीत संविधान में अनुच्छेद 370 को समाविष्ट कर इसे न केवल उन्मुक्तियां प्रदान की गईं हैं, अपितु इस राज्य के संबंध में भारतीय संप्रभुता को भी सीमित किया गया है। जम्मू-कश्मीर की स्वायत्तता को लेकर आए दिन जो विवाद उठते हैं, उसके पीछे वास्तव में यही अनुच्छेद है।

विवाद की ऐतिहासिकता

1947 में भारत के स्वतंत्र होते ही जम्मू-कश्मीर सहित भारत की सभी देशी रियासतों से ब्रिटिश संप्रभुता समाप्त हो गई। इन रियासतों को सुविधानुसार भारत अथवा पाकिस्तान में शामिल होने की छूट थी। जिन रियासतों ने भारत संघ के साथ विलय संधि पर हस्ताक्षर किए, उनके लिए संधि-पत्र में प्रावधान था कि इन रियासतों के विदेश, प्रतिरक्षा एवं संचार मामलों पर केंद्र का अधिकार होगा। संविधान में इन रियासतों को अनुच्छेद 238 के अंतर्गत 'ख' श्रेणी के राज्य का स्तर प्रदान किया गया था। 15 अगस्त, 1947 तक जम्मू-कश्मीर के तत्कालीन महाराजा हरि सिंह ने भारत अथवा पाकिस्तान में विलय की कोई स्पष्ट मंशा नहीं जाहिर की थी। इस प्रकार जम्मू-कश्मीर एक पृथक रियासत बनी रही। अक्टूबर 1947 में पाकिस्तान ने जम्मू-कश्मीर को अपने में मिलाने के लिए आक्रमण कर दिया। इस आक्रमण से विचलित महाराजा हरि सिंह ने भारत से सैनिक सहायता की मांग करते हुए विलय-पत्र पर हस्ताक्षर किए। इस विलय को पाकिस्तान द्वारा मान्यता नहीं दी गई और आक्रमण जारी रखा। अंततः भारतीय राज्य में पाकिस्तानी आक्रमण का यह मामला संयुक्त राष्ट्र सुरक्षा परिषद् को सौंप दिया गया। तत्कालीन प्रधानमंत्री जवाहरलाल नेहरू द्वारा अलगाववादियों को तुष्ट करने हेतु जनमत संग्रह का वायदा भी किया गया। जम्मू-कश्मीर मसले का अंतर्राष्ट्रीयकरण हो जाने के कारण इस राज्य को अनुच्छेद 238 में स्थान दिया जाना संभव नहीं था। अतः अनुच्छेद 370 की विशेष व्यवस्था कर प्रावधान किया

गया कि केवल विलय संधि में उल्लिखित विषयों विदेश, रक्षा एवं संचार पर ही केंद्र सरकार राज्य सरकार की सहमति से विधि निर्माण कर सकेगी। शेष विषयों पर राज्य विधानमंडल का अधिकार होगा।

इस विशेष उपबंध के क्रियान्वयन के क्रम में अनुच्छेद 370 के अंतर्गत राष्ट्रपति द्वारा प्रथम संविधान आदेश, 1950 (जम्मू-कश्मीर पर लागू) जारी किया गया। इस आदेश द्वारा केंद्र सरकार को विलय-पत्र में उल्लिखित विषयों पर विधि निर्माण का अधिकार दिया गया। सदर-ए-रियासत तथा वजीर-ए-आजम जैसे पदों को मान्यता प्रदान की गई।

सितंबर, 1951 में संविधान सभा के गठन हेतु प्रत्यक्ष निर्वाचन संपन्न हुआ। 75 सदस्यों वाली इस सभा के लिए नेशनल कॉन्फ्रेंस के सर्वाधिक सदस्य निर्वाचित हुए। 20 नवंबर, 1951 को अंतरिम संविधान स्वीकार किया गया। इसी संविधान के अंतर्गत जम्मू-कश्मीर में राजशाही को समाप्त करने का निर्णय लिया गया। जून, 1952 में भारत सरकार एवं कश्मीर सरकार के मध्य नई दिल्ली में एक समझौता हुआ। इसे 'दिल्ली समझौता' के नाम से जाना जाता है। इस समझौते के मुख्य प्रावधान इस प्रकार थे–

- सदर-ए-रियासत राष्ट्रपति के प्रसाद पर्यंत अपना पद धारण करेगा। इसके पहले तक सदर-ए-रियासत राज्य विधानसभा के प्रति उत्तरदायी था।
- विलय-पत्र के अधीन वर्णित विषयों के अतिरिक्त राज्य सूची के कुछ अन्य विषयों पर भी केंद्र सरकार को विधि निर्माण का अधिकार होगा।
- राज्य को पृथक ध्वज रखने का अधिकार होगा किंतु भारत के ध्वज को वरीयता प्रदान की जाएगी।
- 1 जनवरी, 1949 को युद्ध विराम के समय पाकिस्तान द्वारा अधिकृत भू-भाग के शरणार्थियों को राज्य में बसने की सुविधा दी जाएगी।

फरवरी 1954 में जम्मू-कश्मीर संविधान सभा द्वारा दिल्ली समझौते तथा जम्मू-कश्मीर के भारत में विलय की पुष्टि की गई। 1954 में राष्ट्रपति आदेश, 1954 जारी किया गया। इस आदेश द्वारा भारतीय संविधान के कुछ अनुच्छेदों को जम्मू-कश्मीर पर भी प्रभावी घोषित किया गया। 1954 में भारत सरकार ने शेख अब्दुल्ला से एक अन्य समझौता किया। इस समझौते के अंतर्गत सदर-ए-रियासत एवं वजीर-ए-आजम का पद समाप्त कर उसके स्थान पर राज्यपाल एवं मुख्यमंत्री का पद स्थापित किया गया। 24 फरवरी, 1975 को एक अन्य समझौता शेख अब्दुल्ला एवं तत्कालीन प्रधानमंत्री श्रीमती इंदिरा गांधी के साथ हुआ। 'कश्मीर समझौता' के नाम से विख्यात इस समझौते के प्रावधान इस प्रकार हैं–

- संविधान के उपबंध, जिन्हें बिना किसी परिवर्तन अथवा संशोधन के जम्मू-कश्मीर राज्य पर 1953 के बाद लागू किया गया है, उनमें कोई परिवर्तन नहीं किया जाएगा।
- जम्मू-कश्मीर भारत संघ का अभिन्न अंग है।
- भारत तथा जम्मू-कश्मीर के मध्य प्रशासकीय संबंध संविधान के अनुच्छेद 370 के दायरे में ही होंगे।
- केंद्र सरकार को भारत की संप्रभुता, एकता तथा अखण्डता, राष्ट्रगान तथा राष्ट्रीय ध्वज के अपमान को रोकने वाली ऐसी विधियां, जिनका विस्तार जम्मू-कश्मीर तक हो, का निर्माण करने का अधिकार होगा।
- विधि निर्माण की अवशिष्ट शक्तियां राज्य विधान सभा में निहित होंगी।

अगस्त, 2019 तक जम्मू-कश्मीर की संवैधानिक स्थिति

जम्मू-कश्मीर का कुल क्षेत्रफल 222236 वर्ग किमी. है। इसमें पाक अधिकृत कश्मीर का 78114 वर्ग किमी. क्षेत्र चीन द्वारा अधिकृत 37555 वर्ग किमी. क्षेत्र तथा पाकिस्तान द्वारा चीन को दिया गया 5180 वर्ग किमी. क्षेत्र शामिल हैं। कुल तीन डिविजनों में विभक्त इस राज्य के जम्मू डिविजन में 6, कश्मीर डिविजन में 6 तथा लद्दाख डिविजन में 2 जिले हैं। पाक अधिकृत कश्मीर में भी तीन डिविजन हैं। भारत के साथ विलय-पत्र पर हस्ताक्षर के बाद सितंबर, 1951 में जम्मू-कश्मीर में संविधान सभा के गठन हेतु प्रत्यक्ष निर्वाचन हुआ। **31 अक्टूबर, 1951** को संविधान सभा की पहली बैठक हुई और **20 नवंबर, 1951** को अंतरिम संविधान स्वीकृत किया गया। संविधान सभा द्वारा फरवरी, 1954 में जम्मू-कश्मीर को भारत का अभिन्न अंग घोषित किया गया तथा **26 जनवरी, 1957** से जम्मू-कश्मीर का संविधान लागू हुआ। जम्मू-कश्मीर की वर्तमान संवैधानिक स्थितियों को निम्न बिंदुओं द्वारा समझा जा सकता है–

- **स्थिति**–जम्मू-कश्मीर का संविधान राज्य को भारत संघ का अविभाज्य अंग घोषित करता है। राज्य के संविधान के अनुसार राज्य का राज्य क्षेत्र 15 अगस्त, 1947 को राज्य के शासक के अधीन आने वाले सभी क्षेत्रों तक विस्तृत होगा।
- **नागरिकता**–जम्मू-कश्मीर भारत का एकमात्र ऐसा राज्य है जहां दोहरी नागरिकता का प्रावधान है। राज्य के संविधान के अनुसार राज्य के स्थायी निवासी ही राज्य के नागरिक हैं। पाकिस्तान से आए हुए शरणार्थियों को राज्य की नागरिकता प्राप्त नहीं है, जबकि वे भारत के नागरिक हैं।
- **कार्यपालिका**–राज्य की समस्त कार्यपालिकीय शक्तियां राज्यपाल में निहित हैं। राष्ट्रपति द्वारा राज्यपाल की नियुक्ति 5 वर्ष के लिए होती है और वह मंत्रिपरिषद् की सलाह से कार्य करता है। मंत्रिपरिषद् सामूहिक रूप से विधान सभा के प्रति उत्तरदायी होती है।
- **न्यायपालिका**–राज्य में एक उच्च न्यायालय है। उच्च न्यायालय के न्यायाधीशों की नियुक्ति राष्ट्रपति सर्वोच्च न्यायालय के प्रधान न्यायाधीश तथा राज्यपाल की सलाह से करता है।
- **विधायिका**–राज्यपाल, विधानसभा तथा विधान परिषद् को मिलाकर राज्य विधानमंडल का गठन होता है। विधान सभा में 87 प्रतिनिधि होते हैं। पाक अधिकृत कश्मीर में 24 निर्वाचन क्षेत्र हैं, जो इसके अतिरिक्त हैं। विधान परिषद् में 36 सदस्य होते हैं।

जम्मू-कश्मीर: प्रमुख तथ्य

राजधानी–श्रीनगर (ग्रीष्मकालीन), जम्मू (शीतकालीन)

क्षेत्रफल–2,22,236 वर्ग किमी (78114 वर्ग किमी. पाकिस्तान के कब्जे में तथा 5180 + 37555 वर्ग किमी. क्षेत्र चीन के प्राधिकार में हैं।)

मुख्य भाषा–कश्मीरी, डोगरी, बाल्टी, दादरी, लद्दाखी, उर्दू।

राजकीय भाषा–उर्दू।

जिले–14 (कश्मीर तथा जम्मू डिविजन में 6-6 तथा लद्दाख डिविजन में 2)

सीमा–(उत्तर में चीन, दक्षिण में हिमाचल प्रदेश एवं पंजाब, पूर्व में तिब्बत तथा पश्चिम में पाकिस्तान)

लोकसभा में स्थानों की संख्या–6

उच्च न्यायालय-श्रीनगर एवं जम्मू

जम्मू-कश्मीर का भारत में विलय–26 अक्टूबर, 1947

संविधान सभा का प्रथम अधिवेशन–31 अक्टूबर, 1951

विलय का अनुमोदन-फरवरी, 1954

राज्य के संविधान का प्रवर्तन–26 नवंबर, 1957

इंदिरा गांधी-शेख अब्दुल्ला समझौता–24 फरवरी, 1975

- **लोक सेवा आयोग**–राज्य का अपना लोक सेवा आयोग है जिसके अध्यक्ष की नियुक्ति राज्यपाल करता है। राज्य का प्रत्येक लोक सेवक कुछ शर्तों के अधीन राज्यपाल के प्रसाद पर्यंत लोक पद धारण करता है।
- **भाषा**–राज्य की भाषा उर्दू है, किंतु शासकीय कार्यों के लिए अंग्रेजी भाषा का प्रयोग होता है।
- **संविधान संशोधन**–राज्य के संविधान में विधानमंडल द्वारा संशोधन किया जा सकता है, किंतु ऐसा संशोधन प्रस्ताव दोनों सदनों द्वारा कुल सदस्य संख्या के दो–तिहाई बहुमत द्वारा ही पारित होना चाहिए। जम्मू-कश्मीर विधान सभा अपने संविधान में कोई भी ऐसा संशोधन नहीं कर सकती है जिसका प्रभाव राज्य के भारत संघ से संबंधों पर पड़ता हो। विधान सभा राज्य पर प्रभावी भारतीय संविधान के अनुच्छेदों अथवा उसके अंशों को प्रभावित करने वाला कोई संशोधन नहीं पारित कर सकती है।

राज्य पर संघीय शक्ति का विस्तार

- सातवें संवैधानिक संशोधन द्वारा भारत सरकार द्वारा जम्मू-कश्मीर को भारत का अभिन्न अंग घोषित किया गया।
- जून, 1952 के 'दिल्ली समझौते' के बाद कश्मीर राज्य के वैदेशिक, संचार एवं प्रतिरक्षा के अतिरिक्त संघ सूची के अन्य विषयों पर भी भारत संघ के अधिकार को विस्तार दिया गया।
- 1958 में इस राज्य को अखिल भारतीय सेवाओं के दायरे में लाया गया।
- 1960 में भारत के सर्वोच्च न्यायालय की अधिकारिता को जम्मू-कश्मीर राज्य तक का विस्तार दिया गया।
- 1964 में संविधान के अनुच्छेद 356 एवं 357 को जम्मू-कश्मीर तक विस्तार दिया गया। अनुच्छेद 352 भी इस राज्य पर लागू है किंतु यह अनुच्छेद राज्य सरकार की सहमति के बाद ही यहां लागू होगा। अनुच्छेद 356 के अंतर्गत जम्मू-कश्मीर में राज्यपाल शासन लगाया जाता है। राष्ट्रपति शासन की स्थिति इसके बाद आती है। राज्य में वित्तीय आपात के प्रावधान लागू नहीं होते।
- 1986 में नियंत्रक महालेखा परीक्षक की शक्तियों को इस राज्य तक विस्तार दिया गया। निर्वाचन आयोग की अधिकारिता भी इस राज्य पर लागू है।

संसद की अधिकारिता

- संसद जम्मू-कश्मीर राज्य के संबंध में संघ सूची में वर्णित सभी विषयों पर विधि निर्माण कर सकती है।
- संसद जम्मू-कश्मीर राज्य के संबंध में समवर्ती सूची में वर्णित विषयों में से कुछ विषयों पर विधि निर्माण कर सकती है। समवर्ती सूची के अधिकांश विषयों पर राज्य विधानमंडल विधि निर्माण हेतु अभिकृत है। समवर्ती सूची के विषय पर केंद्र एवं राज्य विधानमंडल की विधियों में टकराव की स्थिति में अन्य राज्यों की भांति केंद्रीय विधि की सर्वोच्चता का सिद्धांत लागू नहीं होगा।
- राज्य सूची पर जम्मू-कश्मीर विधानमंडल का एकाधिकार है किंतु संविधान के अनुच्छेद 249 के प्रावधानों के अनुसार संसद राष्ट्रीय हित में राज्यसूची के विषयों पर विधि निर्माण कर सकती है। (संविधान आदेश, 1986)
- विधि निर्माण की अवशिष्ट शक्तियां राज्य विधानमंडल में निहित हैं।

कतिपय विषयों पर राज्य की स्वायत्तता

जम्मू-कश्मीर राज्य को निम्नलिखित विषयों पर स्वायत्तता प्राप्त है–

- राज्य का अपना पृथक ध्वज तथा पृथक संविधान है। जम्मू-कश्मीर देश का एकमात्र राज्य है, जिसका पृथक संविधान है।
- भारतीय संसद को राज्य विधानमंडल की स्वीकृति के बिना राज्य के क्षेत्र, नाम एवं सीमा में परिवर्तन का अधिकार प्राप्त नहीं है।
- केंद्र सरकार को राज्य विधानमंडल की स्वीकृति के बिना राज्य के भौगोलक क्षेत्र में परिवर्तन करने वाली कोई अंतर्राष्ट्रीय संधि का करार हस्ताक्षरित करने का अधिकार प्राप्त नहीं है।
- केंद्र के निर्देशों के अनुपालन में असफल रहने की स्थिति में अनुच्छेद 365 के अंतर्गत केंद्र सरकार कोई कार्यवाही नहीं कर सकती है। अनुच्छेद 365 के अंतर्गत किए गए प्रावधान के अनुसार ऐसी स्थिति में अन्य राज्य के मामले में राष्ट्रपति का यह मानना विधिपूर्ण होगा कि राज्य का शासन संविधान के उपबंधों के आधार पर नहीं चलाया जा रहा है।
- राज्य में वित्तीय आपात लागू नहीं किया जा सकता है।
- संविधान में वर्णित मौलिक अधिकार जम्मू-कश्मीर में पूर्ण रूप से लागू नहीं है। राज्य के संविधान में मौलिक अधिकारों का अलग से उल्लेख है।
- संपत्ति का मौलिक अधिकार राज्य में लागू है। साथ ही राज्य से बाहर का कोई व्यक्ति राज्य में न तो स्थायी रूप से बस सकता है और न ही संपत्ति क्रय कर सकता है।
- भारतीय संविधान में वर्णित नीति–निदेशक सिद्धांत यहां लागू नहीं हैं। राज्य के संविधान में नीति-निदेशक सिद्धांतों का अलग से उल्लेख है।

नोट-अगस्त, 2019 में अनुच्छेद 370 की समाप्ति के बाद प्रदेश की संवैधानिक स्थिति में बदलाव हुआ है।

स्वायत्तता की मांग पर विवाद

जुलाई, 2002 में नेशनल फ्रंट के नवनिर्वाचित अध्यक्ष उमर अब्दुल्ला द्वारा राज्य को स्वायत्तता दिए जाने की मांग के बाद से इस मुद्दे पर फिर से विवाद उभरा है। उल्लेखनीय है कि इसके पूर्व जम्मू-कश्मीर के मुख्यमंत्री शेख अब्दुल्ला द्वारा राज्य को और स्वायत्तता दिए जाने की मांग समय-समय पर की जाती रही है। 1975 में इंदिरा गांधी और शेख अब्दुल्ला के मध्य जो समझौता हुआ था। उसमें भारत सरकार द्वारा उदार दृष्टिकोण अपनाते हुए कई ऐसे उपबंध किए गए थे जो राज्य को और अधिक स्वायत्तता प्रदान करते थे। इतने पर भी राज्य के अलगाववादी तत्व लगातार स्वायत्तता की मांग करते रहे। इस समझौते में शेख अब्दुल्ला ने जनमत संग्रह की मांग छोड़ दी किंतु यह भी तय किया गया कि अनुच्छेद 370 के अधीन राज्य की विशेष स्थिति बनी रहेगी। इस समझौते का राज्य के प्लैबिसाइट फ्रंट द्वारा भारी विरोध किया गया। प्लैबिसाइट फ्रंट को शेख अब्दुल्ला का समर्थन प्राप्त था किंतु सत्ता प्राप्त करने के लोभ में उन्होंने फ्रंट की मांगों को समर्थन देना कुछ समय के लिए बंद कर दिया था। फरवरी, 1975 में समझौते के बाद मीर कासिम ने मुख्यमंत्री पद से त्यागपत्र दे दिया और शेख अब्दुल्ला मुख्यमंत्री नियुक्त हुए। जुलाई, 1975 में हुए निर्वाचन में शेख अब्दुल्ला निर्वाचित हुए और पुनः मुख्यमंत्री बने।

1975 का यह समझौता विवादित हो जाने के कारण इसे लागू करने वाला राष्ट्रपति आदेश नहीं जारी किया गया। यही स्थिति आज तक बनी हुई है। समझौते में एक प्रावधान यह भी था कि संविधान के जिन उपबंधों को उनके मूलरूप में बिना किसी संशोधन के 1953 के बाद लागू किया गया है, उसमें कोई परिवर्तन नहीं किया जाएगा। इस बिंदु पर भी बाद में विवाद हो जाने के कारण तत्कालीन प्रधानमंत्री इंदिरा गांधी द्वारा आश्वासन दिया गया था कि 1953 के बाद के सभी उपबंधों, जो जम्मू-कश्मीर के संबंध में है, पर सहानुभूतिपूर्वक विचार किया जाएगा। किंतु इस पर कभी विचार नहीं किया गया और न ही कभी राज्य सरकार द्वारा इस पर दबाव बनाया गया।

26 जून, 2000 को राज्य विधानमंडल द्वारा गुलाम मोहिउद्दीन शाह की अध्यक्षता वाली राज्य स्वायत्तता समिति के प्रस्ताव को दो-तिहाई बहुमत से पारित किया गया। उल्लेखनीय है कि इस समिति का गठन कर्ण सिंह की अध्यक्षता

में 1996 में किया गया था। बाद में कर्ण सिंह के त्यागपत्र दिए जाने के बाद गुलाम मोहिउद्दीन शाह इस समिति के अध्यक्ष बनाए गए। इस प्रस्ताव में 1953 के पूर्व की स्थिति को बहाल करने की मांग की गई है। वैदेशिक संबंध, संचार एवं सुरक्षा के अतिरिक्त शेष सभी मामलों पर राज्य को पूर्ण स्वायत्तता प्रदान करने तथा राज्य के राज्यपाल को सदर-ए-रियासत तथा प्रधानमंत्री को वजीर-ए-आजम नाम देने की संस्तुति प्रस्ताव में की गई है। समिति ने चुनाव तथा मानवाधिकार जैसे विषयों पर भी पूर्ण स्वायत्तता का प्रस्ताव किया है। प्रस्ताव के मुख्य बिंदु इस प्रकार हैं–

- राज्य का अपना अलग संविधान हो।
- रक्षा, विदेश और दूरसंचार के मामले केंद्र के अधीन हों, लेकिन इसके अलावा सारे मामलों पर फैसले का अधिकार राज्य को हो।
- मुख्यमंत्री का पद समाप्त कर दिया जाए और उसकी जगह राज्य में वजीर-ए-आजम का पद हो।
- राज्य संविधान में मौलिक अधिकारों के लिए अलग से एक नया अध्याय हो।
- भारत के संविधान के अनुच्छेद 246 में किए गए सभी संशोधनों को निरस्त किया जाए।
- राज्यपाल शासन की घोषणा किए जाने पर राज्य की विधानसभा से दो माह के भीतर उसका अनुमोदन कराया जाना अनिवार्य हो और ऐसा न होने पर राज्यपाल शासन को निरस्त माना जाए।
- केंद्र सरकार द्वारा किए गए चुनाव संबंधी परिवर्तन वापस लिए जाएं और राज्य में चुनाव कराने के बारे में तथा उसमें किसी परिवर्तन के बारे में पूरा अधिकार राज्य के पास हो।
- वित्त, संपत्ति करार और मुकदमों के मामलों पर 1952 में हुए 'दिल्ली समझौते' के अंतर्गत राज्य सरकार और केंद्र सरकार के प्रतिनिधियों के बीच विचार-विमर्श किया जाए।
- भारत के संविधान के 21वें भाग में, 'अस्थायी' शब्द को हटा दिया जाए और अनुच्छेद 370 के शीर्षक में उल्लेखित 'अस्थायी' शब्द के स्थान पर 'विशेष' शब्द शामिल किया जाए।
- कुछ विशेष वर्गों से संबंधित विशेष प्रावधानों, जिनकी व्यवस्था भारत के संविधान के अनुच्छेद 338 और 342 में की गई है, को हटा दिया जाए। इनके स्थान पर राज्य के संविधान में इस बात की व्यवस्था की जाए।

हालांकि यह सुस्पष्ट है कि राज्य विधान सभा द्वारा पारित स्वायत्तता प्रस्ताव का तब तक कोई महत्व नहीं है, जब तक कि भारतीय संसद द्वारा इसे पारित न किया जाए। जून, 2000 में इस प्रस्ताव को राज्य विधानमंडल में न ले जाने की सलाह केंद्र सरकार ने फारुख अब्दुल्ला को दी थी। तत्कालीन गृहमंत्री लालकृष्ण आडवाणी ने इस प्रस्ताव को पूरी तरह नकार दिया था। जुलाई 2002 में भी उप-प्रधानमंत्री लालकृष्ण आडवाणी तथा गृह राज्यमंत्री आई.डी. स्वामी ने स्पष्ट कर दिया कि स्वायत्तता का प्रस्ताव केंद्र सरकार को किसी भी स्थिति में ग्राह्य नहीं है।

अनुच्छेद 370 : समस्या का प्रमुख बिंदु

जैसाकि पूर्व में उल्लिखित है, जम्मू-कश्मीर के महाराजा हरि सिंह द्वारा भारत में विलय संबंधी पत्र पर हस्ताक्षर के समय रियासत पर पड़ोसी राष्ट्र के सैनिकों द्वारा अतिक्रमण किया जा रहा था। यह वास्तव में संक्रमण काल था और जम्मू-कश्मीर के मामले में स्थिति और भी नाजुक थी। इस स्थिति को देखते हुए जम्मू-कश्मीर राज्य को संविधान के अनुच्छेद 238 में स्थान न देकर इसके लिए अनुच्छेद 370 में अस्थायी उपबंध किया गया। इस अनुच्छेद को संविधान में स्थान देने के पूर्व संविधान सभा में इसके प्रारूप पर न केवल विचार किया गया था, बल्कि इस पर बहस भी की गई थी। संविधान सभा में अनुच्छेद 370 के मसौदे को प्रस्तुत करते हुए संविधान सभा के सदस्य गोपाल स्वामी आयंगर ने निम्न तर्क प्रस्तुत किए थे–

- रियासत पर शत्रु राष्ट्र द्वारा आक्रमण किया जा रहा है तथा युद्ध अभी जारी है।
- युद्ध के कारण राज्य की आंतरिक स्थिति सामान्य नहीं है तथा अशांति की स्थिति बनी हुई है।
- रियासत का कुछ भाग अलगाववादियों के कब्जे में है।
- रियासत पर आक्रमण का मामला संयुक्त राष्ट्रसंघ में विचाराधीन है।
- भारत सरकार ने रियासत के नागरिकों को स्व-निर्णय का अधिकार देने का वादा किया है।
- राज्य का संविधान अभी नहीं बना है और राज्य पर भारतीय संविधान के विस्तार की रूपरेखा अभी तैयार नहीं है।

वास्तव में विलय के समय ही महाराजा हरि सिंह ने भारत के तत्कालीन गवर्नर जनरल लॉर्ड माउंटबेटन को यह स्पष्ट कर दिया था कि विलय-पत्र पर हस्ताक्षर का अर्थ यह न समझा जाए कि रियासत ने अपनी संप्रभुता त्याग दी है अथवा भारत के संविधान को स्वीकार कर लिया है। गवर्नर जनरल द्वारा महाराजा हरि सिंह की इस शर्त को स्वीकार करने के साथ ही यह स्पष्ट हो गया था कि राज्य का अपना अलग संविधान होगा तथा भारतीय संविधान का विस्तार वहीं तक होगा, जहां तक यह रियासत के विधानमंडल को स्वीकार्य होगा। इस प्रकार यह भी स्पष्ट हो गया था कि जम्मू-कश्मीर को उन रियासतों की श्रेणी में स्थान नहीं दिया जा सकता है, जो पूरी तरह से भारत की संप्रभुता स्वीकार करते हैं। दूसरी ओर जम्मू-कश्मीर का न तो संविधान बना था और न ही विधानमंडल का गठन हुआ था। ऐसी संक्रमण कालीन स्थिति में इस रियासत के लिए अलग से प्रावधान अपरिहार्य हो गया था।

अनुच्छेद 370 के प्रावधान–अनुच्छेद 370 को संविधान के 21वें भाग में स्थान दिया गया है। यह भाग अस्थायी प्रकृति का है जो तत्कालीन स्थितियों को देखते हुए विशेष उपबंध के रूप में संविधान में रखा गया था। अनुच्छेद 370 जो जम्मू-कश्मीर राज्य के संबंध में व्यवहृत होता है, के उपबंध इस प्रकार हैं–

1. इस संविधान में किसी बात के होते हुए भी–

(क) अनुच्छेद 238 के उपबंध जम्मू-कश्मीर राज्य के संबंध में लागू नहीं होंगे।

(ख) उक्त राज्य के लिए विधि बनाने की संसद की शक्ति–

- संघ सूची एवं समवर्ती सूची के उन विषयों तक सीमित होगी, जिनको राष्ट्रपति उस राज्य की सरकार से परामर्श करके, उन विषयों के तत्स्थानीय विषय घोषित कर दे, जो भारतीय डोमीनियन में उस राज्य के अधिमिलन को शासित करने वाले अधिमिलन-पत्र में ऐसे विषयों के रूप में विनिर्दिष्ट हैं, जिनके संबंध में डोमीनियन विधानमण्डल उस राज्य के लिए विधि बना सकता है।
- उक्त सूचियां उन अन्य विषयों तक सीमित होंगी, जो राष्ट्रपति उस राज्य की सरकार की सहमति से आदेश द्वारा विनिर्दिष्ट करें।

स्पष्टीकरण–इस अनुच्छेद के प्रयोजनों के लिए राज्य की सरकार से वह व्यक्ति अभिप्रेत है, जिसे राज्य की विधान सभा की सिफारिश पर राष्ट्रपति ने राज्य की तत्समय पदारूढ़ मंत्रिपरिषद् की सलाह पर कार्य करने के लिए जम्मू-कश्मीर के सदर-ए-रियासत (अब राज्यपाल) के रूप में मान्यता प्रदान की हो।

(ग) अनुच्छेद 1 और इस अनुच्छेद के उपबंध उस राज्य के संबंध में लागू होंगे।

(घ) इस संविधान के ऐसे अन्य उपबंध ऐसे अपवादों और उपांतरणों के अधीन रहते हुए, जो राष्ट्रपति आदेश द्वारा विनिर्दिष्ट करे, उस राज्य के संबंध में लागू होंगे।

परंतु ऐसा कोई आदेश, जो उपखण्ड (ख) के पैरा (1) में विनिर्दिष्ट राज्य के अधिमिलन-पत्र में विनिर्दिष्ट विषयों से संबंधित है, उस राज्य की सरकार से परामर्श करके ही जारी किया जाएगा, अन्यथा नहीं। परंतु ऐसा कोई आदेश जो अंतिम पूर्ववर्ती परांतुक में विनिर्दिष्ट विषयों से भिन्न विषयों से संबंधित है, उस सरकार की सहमति से ही जारी किया जाएगा, अन्यथा नहीं।

2. यदि खण्ड (1) के उपखण्ड (ख) के पैरा (II) में या उस खण्ड के उपखण्ड (घ) के दूसरे परांतुक में निर्दिष्ट उस राज्य की सरकार की सहमति, उस राज्य का संविधान बनाने के प्रयोजन के लिए संविधान सभा के बुलाए जाने से पहले दी जाए, तो उसे ऐसी संविधान सभा के समक्ष ऐसे विनिश्चय के लिए रखा जाएगा, जो वह उस पर करे।

3. इस अनुच्छेद के पूर्वगामी उपबंधों में किसी बात के होते हुए भी, राष्ट्रपति लोक अधिसूचना द्वारा घोषणा कर सकेगा कि यह अनुच्छेद प्रवर्तन में नहीं रहेगा, या ऐसे अपवादों और उपान्तरणों सहित ही और ऐसी तारीख से, जो वह विनिर्दिष्ट करे, प्रवर्तन में रहेगा। परंतु राष्ट्रपति द्वारा ऐसी अधिसूचना जारी किए जाने से पहले खण्ड (2) में निर्दिष्ट उस राज्य की संविधान सभा की सिफारिश आवश्यक होगी।

उपर्युक्त उपबंधों के विश्लेषण से ज्ञात होता है कि यह एक अस्थायी उपबंध था और स्थितियों में परिवर्तन के साथ ही इसे समाप्त किया जाना था। उपबंध के तीसरे खण्ड में इसे निरस्त करने की विधि की व्याख्या भी की गई है। कतिपय विशेषज्ञों का मत है कि अनुच्छेद 370 में दी गई व्यवस्था के अनुसार इसका निरसन संविधान सभा की सिफारिश से ही हो सकता है चूंकि जम्मू-कश्मीर में अब कोई संविधान सभा नहीं है, अत: अब इसका निरसन नहीं हो सकता है, किंतु वास्तव में ऐसा कुछ नहीं है। इसे समाप्त करने के लिए प्रथमत: भारत सरकार को 1951 में तब प्रयास करना चाहिए था जब संविधान सभा का गठन हुआ था। संविधान सभा स्वयं भी इस तरह की सिफारिश भारत सरकार से कर सकती थी। किंतु भारत सरकार की उदासीनता के कारण ऐसा नहीं हुआ। इसके विपरीत संविधान सभा ने 5 नवंबर, 1951 को इस अनुच्छेद को जारी रखने की संस्तुति की। जहां तक जनमत संग्रह की बात है, वह उसी समय समाप्त हो गई, जब प्रत्यक्ष निर्वाचन द्वारा चुनी गई संविधान सभा ने रियासत के भारत में विलय की पुष्टि की। संविधान सभा चूंकि जनता द्वारा निर्वाचित प्रतिनिधियों से गठित हुई थी, अत: इस पुष्टि को जनता की इच्छा माना जाना चाहिए था। संविधान निर्माण के बाद संविधान सभा ही नहीं रही, उसका स्थान विधानसभा ने ले लिया। भारत सरकार अनुच्छेद 370 को समाप्त करवाने हेतु विधानसभा से सिफारिश मांग सकती थी किंतु दृढ़ इच्छाशक्ति के अभाव में तत्कालीन राजनेताओं ने इसकी आवश्यकता नहीं समझी।

आज जम्मू-कश्मीर में अलगाववाद की जो बयार बह रही है, उसके मूल में संविधान का अनुच्छेद 370 ही है। इस अनुच्छेद के तहत राज्य को विशेष दर्जा प्राप्त है। इस विशेष स्थिति के कारण राज्य की जनता अपने को अन्य राज्यों के निवासियों के मुकाबले या तो श्रेष्ठ समझती है अथवा अलग-थलग समझती है। उसका संपूर्ण भारत की जनता के साथ भावनात्मक रूप से एकीकरण नहीं हो पा रहा है। जम्मू-कश्मीर में शेष भारत के नागरिकों द्वारा संपत्ति क्रय करने तथा वहां के स्थायी निवासी होने पर प्रतिबंध है। इस प्रतिबंध के कारण जम्मू-कश्मीर में सांस्कृतिक बदलाव नहीं आ पा रहा है। यदि इस प्रतिबंध को समाप्त कर दिया गया होता तो आज इस राज्य की तस्वीर दूसरी होती और संभवत: अलगाववाद की समस्या अब तक समाप्त हो गई होती। वास्तव में इस अनुच्छेद को समाप्त किए जाने में ही राज्य की भलाई है किंतु इसके लिए भारत तथा जम्मू-कश्मीर के राजनेताओं को दृढ़ इच्छाशक्ति का परिचय देना होगा।

नियंत्रण रेखा

जम्मू-कश्मीर की विवादास्पद स्थिति का एक अन्य पहलू है सीमा-रेखा विवाद। यद्यपि इस विवाद का भारतीय संविधान से कोई संबंध नहीं है, तथापि दोनों देशों के मध्य सीमा-रेखा के इस विवाद को सार रूप में समझ लेना आवश्यक होगा।

पाकिस्तान द्वारा कश्मीर पर अक्टूबर, 1947 में किए गए आक्रमण के बाद संयुक्त राष्ट्र सुरक्षा परिषद् के प्रयास से 1 जनवरी, 1949 की अर्धरात्रि को युद्धविराम लागू हुआ। युद्धविराम के समय तक पाकिस्तान भारत के 78114 वर्ग किमी. क्षेत्र पर आधिपत्य प्राप्त कर चुका था। कारगिल, जो 1999 में भारतीय तथा पाकिस्तानी फौजों के मध्य संघर्ष का मुख्य स्थल था, इसी सीमा रेखा पर मौजूद है। 1965 तथा 1971 में पाकिस्तान द्वारा अधिकृत प्वाइंट-13620, जो कारगिल के निकट सामरिक दृष्टि से महत्वपूर्ण पहाड़ी है, पर भारतीय फौज ने कब्जा कर लिया था किंतु बाद में संपन्न शांति समझौते के अंतर्गत इसे भारत ने पाकिस्तान को वापस कर दिया था। भारत तथा पाकिस्तान के मध्य वास्तविक नियंत्रण रेखा (Line of Actual Control) की लंबाई 740 किमी. है। इसके दोनों ओर भारत तथा पाकिस्तान की कुल 12000 चौकियां हैं।

1 जनवरी, 1949 को युद्ध विराम के समय जो भाग पाकिस्तान के अधिकार में रह गया था उसे भारत में 'पाक अधिकृत कश्मीर' (Pak Occupied Kashmir—POK) कहा जाता है जबकि पाकिस्तान इसे 'स्वतंत्र कश्मीर' कहता है। पाकिस्तान द्वारा इस क्षेत्र के प्रशासन हेतु 1947 में आजाद कश्मीर अंतरिम संविधान अधिनियम पारित किया गया था। इस क्षेत्र का प्रशासन एक रेजिडेंट कमिश्नर के माध्यम से प्रधानमंत्री की अध्यक्षता वाली 5 सदस्यीय समिति द्वारा किया जाता है। प्रशासकीय सुविधा की दृष्टि से इस क्षेत्र को गिलगिट, दाययार, स्कार्दू, गिजिर तथा चिलास के नाम से विभाजित किया गया है। न्यायिक प्रशासन की दृष्टि से इसे पांच दीवानी जिलों में बांटा गया है। इन जिलों के नाम हैं–गिलगिट, स्कार्दू, चिलास, गाहकाच एवं कालपू न्यायिक प्रशासन हेतु न्यायिक कमिश्नर की नियुक्ति की जाती है। वास्तविक नियंत्रण रेखा के उस पार अधमुकाम, चकौठी, कोटली छम्ब, दुधनियान आदि मुख्य शहर हैं जो भारतीय चौकियों के निशाने पर हैं। इस पार राजौरी, पुंछ, नौशेरा, कारगिल, सियाचिन, उड़ी, कुपवाड़ा, रिटवाल, केरन आदि शहर हैं जो पाकिस्तानी चौकियों के निशाने पर हैं।

अनुच्छेद 370 बनाम अलगाववाद

भाजपा सांसद जितेंद्र सिंह ने अनुच्छेद-370 का व्यापक परिप्रेक्ष्य में मूल्यांकन करने की वकालत की है तो इसे गंभीरता से लेने की जरूरत है। इससे पहले एक चुनावी सभा को संबोधित करते हुए नरेंद्र मोदी ने कहा कि जम्मू-कश्मीर में दलित, बौद्ध, स्थानीय जनजातियां और महिलाएं अन्य राज्यों की तुलना में समान अधिकार से वंचित हैं। इसलिए इस संवैधानिक प्रावधान से वाकई कश्मीरियों को कोई फायदा हुआ भी है या नहीं, इसकी समीक्षा होनी चाहिए। यहां ध्यातव्य है कि जब देश में मुस्लिम समुदाय के सामाजिक और आर्थिक आकलन की दृष्टि से सच्चर समिति बिठाई जा सकती है और देश के सभी अल्पसंख्यकों व दलितों की यथार्थ तस्वीर सामने लाने के लिए रंगनाथ मिश्र आयोग से रिपोर्ट तैयार कराई जा सकती है तो जम्मू-कश्मीर में रह रहे अल्पसंख्यकों व दलितों की हकीकत जानने के लिए अनुच्छेद 370 के व्यापक परिप्रेक्ष्य में इन लोगों की सामाजिक और आर्थिक हैसियत की समीक्षा क्यों नहीं कराई जा सकती?

कश्मीर में इंसानियत कितनी बदहाल है, यह भारत-विभाजन के दौरान पश्चिमी पाकिस्तान से जम्मू क्षेत्र में बसे हिंदुओं के हालात से जाना जा सकता है। चूंकि ये लोग रिफ्यूजी थे और इनका संबंध महाराजा हरि सिंह के तत्कालीन राज्य से नहीं था, इसलिए इन्हें जम्मू-कश्मीर राज्य की नागरिकता आज तक नहीं मिली है। अलबत्ता, इनके पास भारतीय नागरिकता जरूर है। क्या इस परिप्रेक्ष्य में अनुच्छेद

370 की समीक्षा की जरूरत नहीं है? दरअसल, इस अनुच्छेद में प्रावधान है कि जम्मू-कश्मीर के परंपरागत मूल निवासियों को ही नागरिकता के अधिकार दिए जाएंगे, जो राज्य विषय के अंतर्गत आते हैं। इस विषय के अंतर्गत आने वाले लोग यहां घर और भूमि का क्रय-विक्रय कर सकते हैं। उन्हें ही उच्च शिक्षा प्राप्त करने का हक है। सरकारी नौकरियों पर भी उन्हीं का एकाधिकार है। राज्य विषय से तो ये लोग देश के नागरिक भले ही हैं, लेकिन राज्य के नागरिक नहीं हैं। इसलिए ये लोग कल्याणकारी लाभ से वंचित हैं, क्योंकि इनके पास राशन कार्ड नहीं है। इन्हें ग्राम पंचायत, नगरीय निकाय और विधानसभा चुनाव में लड़ने का अधिकार तो छोड़िए, वोट डालने तक का अधिकार भी नहीं है। हां, ये लोग संसदीय चुनाव में जरूर वोट डालने का अधिकार रखते हैं।

संविधान में अनुच्छेद 370 का प्रावधान रखते समय पं. नेहरू ने खुद उम्मीद जताई थी कि समय के साथ राज्य को विशेष दर्जा देने वाले प्रावधान की जरूरत ही नहीं रह जाएगी। दुर्भाग्य से ऐसा निजी राजनीतिक लिप्साओं और सत्ता में बने रहने की महत्वाकांक्षाओं के चलते नहीं हो पाया। वरना, 26 अक्टूबर, 1947 को जम्मू-कश्मीर का भारत में विलय हुआ था, तभी यह राज्य भारत का अविभाजित हिस्सा बन गया था। यह स्वीकृति ब्रिटिश और भारतीय संसद के विभिन्न कानूनों के अनुरूप थी, जो अंतर्राष्ट्रीय कानूनों के तकाजों पर भी खरी उतरती थी। महाराजा हरि सिंह ने राज्य विलीनीकरण के दस्तावेजों पर ठीक उसी तरह दस्तखत किए थे, जिस तरह से अन्य रियासतों के राजाओं ने किए थे। लेकिन इसी वक्त शेख अब्दुल्ला ने भारतीय संविधान के दायरे से कश्मीर को अलग रखने की कवायद शुरू कर दी थी। यह वह समय था, जब पाकिस्तानी कबायलियों ने घाटी पर हमला बोल दिया। हमले से भयभीत होकर महाराजा हरि सिंह श्रीनगर से प्राण बचाकर भाग निकले। हरि सिंह के इस पलायन को शेख अब्दुल्ला ने एक सुनहरा अवसर मानते हुए कहा कि हरि सिंह राज्य छोड़कर भाग खड़े हुए हैं, इसलिए जम्मू-कश्मीर का विलीनीकरण वैध नहीं ठहराया जा सका।

जम्मू-कश्मीर को ऐसे मिला विशेष दर्जा

भारत की तमाम रियासतों के विलीनीकरण की समस्या से तो सरदार वल्लभ भाई पटेल निपटे, लेकिन जम्मू-कश्मीर के विलय के मुद्दे को नेहरू ने अपने पास ही रखा। नेहरू का कश्मीर से लगाव इसलिए भी था, क्योंकि यह उनकी जन्मभूमि थी। श्यामा प्रसाद मुखर्जी उस समय जम्मू को कश्मीर से अलग रखते हुए हिंदू बहुल राज्य बनाने की कोशिश में थे। मुखर्जी शेख अब्दुल्ला की मांग के विरोध में 'एक विधान, एक निशान' के हिमायती थे, जबकि अब्दुल्ला भारतीय संविधान के अनुच्छेद 370 के अंतर्गत विशेष राज्य का दर्जा देने की मांग कर रहे थे। इसी दौरान जम्मू की जेल में मुखर्जी की रहस्यमय परिस्थिति में मौत हो गई। नतीजतन पूरे जम्मू-कश्मीर क्षेत्र में उग्र और हिंसक आंदोलन भड़क गया। शेख अब्दुल्ला की गिरफ्तारी हुई। इसके बाद नेहरू और अब्दुल्ला के बीच 1953 में एक समझौता हुआ और अनुच्छेद 370 के तहत कश्मीर को विशेष राज्य का दर्जा मिल गया।

देश की बहुसंख्यक जनसंख्या के मन में यह प्रश्न हमेशा से उठता रहा है कि जब देश की आजादी के बाद रियासतों का भारत में विलय बिना किसी लेन-देन अथवा रियासतों को बिना विशेष दर्जा दिए हुए हुआ, तो जम्मू-कश्मीर को आजादी के इतने सालों बाद भी विशेष दर्जा क्यों? भारत का एक आम नागरिक धरती के स्वर्ग में अपनी जन्नत नहीं तलाश सकता? पाकिस्तान का कोई नागरिक यदि कश्मीरी लड़की से शादी कर ले तो उसे कश्मीर की नागरिकता मिल जाती है, किंतु यही देश के किसी भी राज्य का नागरिक करे, तो उसे कश्मीर की नागरिकता से वंचित रखा जाता है! आखिर क्यों? क्या यही अनुच्छेद 370 का औचित्य है कश्मीर में?

कश्मीर के महाराजा हरि सिंह ने 27 अक्टूबर, 1947 को पत्र लिखकर भारत में विलय की स्वीकृति दे दी थी। भारत में जो भी रजवाड़े मिले, उनके क्षेत्रों को वही संवैधानिक दर्जा मिला जो भारतीय गणराज्य के अन्य राज्यों को मिला था। उनके नागरिकों को वही अधिकार मिले, जो अन्य राज्य के नागरिकों को मिले थे, किंतु जम्मू-कश्मीर के मामले में जवाहरलाल नेहरू के अधीन तत्कालीन सत्ता अधिष्ठान ने अदूरदर्शिता बरती। जूनागढ़, हैदराबाद और कश्मीर को छोड़कर 565 रियासतों ने स्वेच्छा से भारत में शामिल होने की स्वीकृति दी थी। जूनागढ़ का नवाब जन-विद्रोह के कारण स्वयं पाकिस्तान भाग गया था। किंतु महाराजा हरि सिंह के साथ व्यक्तिगत बैरशोधन के लिए नेहरू ने शेख अब्दुल्ला का साथ देने की गलती की। विलय पर महाराजा की सहमति मिल जाने के बावजूद केंद्र हस्तक्षेप करने में हीला-हवाली करता रहा। हैदराबाद के नवाब को जमीन पर लाने वाले सरदार पटेल के हाथ से कश्मीर मसला छीनकर नेहरू ने अपने पास रख लिया। आज भी कश्मीर में अलगाववाद है तो इसमें अनुच्छेद 370 का बड़ा योगदान है। 22 अक्टूबर, 1947 को कबायलियों के वेश में पाकिस्तान की सेना ने जम्मू-कश्मीर रियासत पर आक्रमण कर दिया था। हरि सिंह ने भारत से सैन्य सहायता की अपील की। भारतीय सेना दुश्मनों को परास्त करती हुई आगे बढ़ रही थी कि अचानक 1 जनवरी 1949 को नेहरू ने एकतरफा युद्धबंदी की घोषणा कर दी। जम्मू-कश्मीर के जो हिस्से पाकिस्तानी सेना की मौजूदगी वाले क्षेत्र में रह गए, उन पर आज पाकिस्तान का कब्जा है और वहां भारत को लहूलुहान करने के लिए जिहादी प्रशिक्षण शिविर चल रहे हैं। बाद में जम्मू-कश्मीर का मसला नेहरू संयुक्त राष्ट्र में ले गए, जहां वह आज भी लंबित है।

जम्मू-कश्मीर के भारत में विलय के बाद नेहरू ने राज्य की कमान शेख अब्दुल्ला को सौंप दी, जो खुद को 'सदर-ए-रियासत' घोषित कर अपनी महत्वाकांक्षा सींचने लगे। वे विशेष राज्य का दर्जा और 'दो प्रधान, दो विधान और दो निशान' के लिए नेहरू पर दबाव डालने लगे। लंबी बहस के बाद जो सहमति बनी उसे 'दिल्ली समझौता' (जुलाई, 1952) कहा गया। इसके अंतर्गत अवशिष्ट और समवर्ती शक्तियां राज्य के अधीन रहीं, विशेष नागरिकता अधिकार राज्य का अधिकार बना रहा। राष्ट्रीय तिरंगे के साथ एक अलग झंडा फहराने की अनुमति दी गई। इन व्यवस्थाओं के लिए भारतीय संविधान में अनुच्छेद 370 का समावेश किया गया।

भारतीय गणराज्य के स्वरूप पर आघात करने वाले इस प्रावधान का जनसंघ के संस्थापक डॉ. श्यामा प्रसाद मुखर्जी ने कड़ा विरोध किया था। जम्मू-कश्मीर में प्रवेश के लिए तब परमिट लेना पड़ता था। देश की अस्मिता व संप्रभुता के साथ हो रहे खिलवाड़ का प्रतिकार करने के लिए डॉ. मुखर्जी ने बिना परमिट के जम्मू जाने का निर्णय लिया। डॉ. मुखर्जी 11 मई, 1953 को जम्मू की सीमा में स्थित रावी के पुल पर पहुंचे तो कठुआ के पुलिस सुपरिंटेंडेंट ने उन्हें राज्य की सीमा में न घुसने का आदेश दिया। डॉक्टर साहब ने इसे मानने से इंकार कर दिया, जिस पर उन्हें गिरफ्तार कर नजरबंद कर दिया गया। नजरबंदी के 43वें दिन अर्थात् 23 जून, 1953 को रहस्यमय परिस्थितियों में उनकी मृत्यु हो गई। डॉ. मुखर्जी की शहादत आज भी एक रहस्य है। डॉ. मुखर्जी के बलिदान के बाद 'दो प्रधान, दो निशान' विभिन्न प्रावधानों के अंतर्गत समाप्त हो गए, किंतु अनुच्छेद 370 के माध्यम से 'दो विधान' अब भी कायम है। भारत के नागरिकों को जम्मू-कश्मीर में कई वर्षों तक रहने के बावजूद यह अधिकार नहीं है कि वे वहां के स्थायी निवासी बन सकें और वहां जमीन या मकान खरीद सकें। उन्हें राज्य विधानसभा, स्थानीय या पंचायत के चुनावों में मतदान करने का अधिकार नहीं है। वहीं जम्मू-कश्मीर के नागरिकों को देश के किसी भी भाग में बसने और कारोबार की छूट है। जम्मू-कश्मीर में वित्तीय आपात की घोषणा नहीं हो सकती, क्योंकि भारतीय संविधान का अनुच्छेद 360 वहां लागू नहीं होता। अनुच्छेद 356 के अंतर्गत भारत के राष्ट्रपति को अपने संवैधानिक दायित्व का पालन नहीं करने वाली राज्य सरकार को बर्खास्त करने का अधिकार है। जम्मू-कश्मीर के मामले में राष्ट्रपति संवैधानिक संकट में भी राज्य में हस्तक्षेप करने के अधिकारी नहीं हैं।

कश्मीर के संदर्भ में तथ्य

- कश्मीर समस्या की जड़ें मूलत: भारत की आजादी से जुड़ी हुई हैं। यह महाराजा हरि सिंह की महत्वाकांक्षाओं, कश्मीरियों के आत्मनिर्णय के अधिकारों का हनन, पाकिस्तान की दुष्टता और ब्रिटेन की साजिशों का परिणाम मालूम पड़ता है।
- कश्मीर समस्या को कभी कानून व्यवस्था के चश्मे से देखा गया तो कभी आंतरिक सुरक्षा के नजरिए से, कभी इसे इस्लाम की कट्टर वहाबी विचारधारा के प्रसार का परिणाम माना गया, तो कभी पाकिस्तान प्रायोजित आतंकवाद के खतरे का नतीजा।
- नितांत मौलिक प्रश्न यह है कि कश्मीर मसले में क्या मूल कश्मीरी-जन (मुस्लिम, बौद्ध, हिन्दू, सिख) की भावनाओं का विवेचन नहीं किया जाना चाहिए?
- भारत ने कभी 'दो राष्ट्र' के सिद्धांत को स्वीकार ही नहीं किया। साथ ही, भारत ने कभी भी धर्म को राज्य का आधार नहीं माना, भारत की निष्ठा शुरू से ही धर्मनिरपेक्षता के प्रति रही है।
- यद्यपि पाकिस्तान 1947 में कश्मीर पर किए गए अपने हमले को इस आधार पर जायज ठहराने की कोशिश करता है कि जूनागढ़ और हैदराबाद के मामले में भारत ने भी सेना भेजकर जन समर्थन के जरिए उसे भारतीय संघ में शामिल किया, तो फिर पाकिस्तान जम्मू-कश्मीर के संबंध में ऐसा क्यों नहीं कर सकता है?
- 1987 के चुनाव में सरकारी तंत्र द्वारा खुद धांधली करके जब कश्मीर घाटी के जमीनी नेताओं को जीतने नहीं दिया गया, तब वे अलगाववाद-आतंकवाद की तरफ बढ़ गए और आजादी की मांग भी करने लगे।
- यद्यपि कश्मीर शुरू से ही स्वायत्तता बढ़ाने की मांग को लेकर काफी अग्रसर रहा, लेकिन उस मांग में कहीं भी अलगाव या आजादी की बात नहीं थी।
- कश्मीर पर भारत का दावा हर दृष्टिकोण से उचित और जायज है। यह पाकिस्तान की कारस्तानी और दुष्ट महत्वाकांक्षा का नतीजा ही है, इसलिए कश्मीर समस्या आज भी विद्यमान है।
- यद्यपि धारा 370 के तहत भारतीय संविधान ने जम्मू-कश्मीर राज्य को 'स्पेशल स्टेटस' प्रदान किया था, किंतु कुछ अलगाववादी चरमपंथी लोग जम्मू-कश्मीर के पाकिस्तान में विलय की मांग करते हैं, जिसे भारत कभी स्वीकार नहीं कर सकता।
- हां, लेकिन आम कश्मीरी अवाम की जायज मांगों पर सहृदयतापूर्वक विचार करना, कश्मीर में अफस्पा की समीक्षा करना तथा अलगाववादी-चरमपंथियों से भी संवाद कायम करते हुए संवैधानिक दायरे में कश्मीर के विकास का प्रयास ही कश्मीर समस्या को कम कर सकता है।

सन् 1956 में भारत सरकार ने संविधान में सातवां संशोधन कर जम्मू-कश्मीर को अपना अभिन्न अंग बना लिया था। नेशनल कॉन्फ्रेंस की कुटिल मंशा इसे निरस्त कराने की है। इसके समाप्त होते ही राष्ट्रपति के सभी अध्यादेश, संवैधानिक संशोधन, संसद के अधिकार और सर्वोच्च न्यायालय का नियंत्रण अपने आप समाप्त हो जाएगा। भारतीय संविधान का अनुच्छेद 356 भारत के राष्ट्रपति को यह अधिकार देता है कि वह किसी राज्य में संघ का शासन लागू करे। वास्तव में अनुच्छेद 370 हटाने के विरोध में कश्मीर घाटी के अलगाववादी मुखर हैं, जिन्हें पाकिस्तान का प्रश्रय प्राप्त है। जम्मू और लद्दाख के लोग इसे अविलंब निरस्त करने के पक्षधर हैं। अनुच्छेद 370 को हटाए बिना कश्मीरी पंडितों की घर वापसी संभव नहीं है। देश की जनता जम्मू-कश्मीर को देश के मुख्य अनुच्छेद में शामिल करने की हिमायती है। अनुच्छेद 370 का हटना देशहित में है, इससे सांप्रदायिक सौहार्द बढ़ने के साथ राज्य का समेकित विकास संभव है।

शिमला समझौता

बांग्लादेश के निर्माण के बाद पाकिस्तान का मानचित्र बदल चुका था और वैश्विक स्थितियां भी काफी बदली हुई थीं। इन्हीं परिस्थितियों में पाकिस्तान के प्रधानमंत्री भुट्टो ने भारत के साथ संधि की पहल की। मास्को के जरिए भारत को रजामंद करने की कोशिश हुई और अंतत: 3 जुलाई, 1972 को 'शिमला समझौते' पर हस्ताक्षर हुए। दोनों देश निम्नलिखित बिंदुओं पर सहमत हुए।

- संयुक्त राष्ट्र चार्टर दोनों देशों के रिश्ते का नियंत्रण करेगा।
- दोनों देश एक-दूसरे की क्षेत्रीय अखंडता एवं राजनैतिक स्वतंत्रता के विरुद्ध धमकी या हथियारों का प्रयोग नहीं करेंगे।
- दोनों देश भविष्य में सभी आपसी मतभेदों को शांतिपूर्ण द्विपक्षीय बातचीत द्वारा हल करेंगे।
- दोनों देश आपसी द्विपक्षीय संबंधों को बढ़ाने हेतु—**1.** डाक, तार, वायु, समुद्री तथा स्थल संबंध बनाएंगे। **2.** नागरिकों को यात्रा सुविधा प्रदान करेंगे। **3.** आर्थिक एवं व्यापारिक संबंध बनाएंगे, तथा **4.** वैज्ञानिक एवं आर्थिक विकास का आदान-प्रदान करेंगे।
- दोनों देश तीस दिन के अंदर अपनी-अपनी सेनाओं को अंतर्राष्ट्रीय सीमा तक वापस कर लेंगे। यहां 'सीमा' से अभिप्राय 17 दिसंबर, 1971 को युद्ध विराम की नियंत्रण रेखा से है।
- चरणबद्ध तरीके से रिश्तों को सामान्य करने का प्रयास दोनों देश करेंगे।

अनुच्छेद-370 की समाप्ति

5 अगस्त 2019 को राष्ट्रपति द्वारा एक अध्यादेश जारी करके अनुच्छेद-370 को समाप्त कर दिया गया और इसके साथ ही जम्मू-कश्मीर को दो केंद्र शासित प्रदेशों में विभाजित कर दिया गया। जम्मू-कश्मीर एक केंद्र शासित प्रदेश होगा जिसमें विधानसभा भी होगी। लद्दाख भी केंद्र शासित प्रदेश होगा परंतु वहां विधानसभा नहीं होगी। जहाँ तक है कि जम्मू-कश्मीर में तीन भाग हैं— जम्मू कश्मीर और लद्दाख। राष्ट्रपति द्वारा जारी किए गए अध्यादेश को संसद ने भी अनुमोदित कर दिया है। इसी के साथ अनुच्छेद-370 और 35A इतिहास के विषय बन गए। इससे भारत की संवैधानिक व्यवस्था में एक महत्वपूर्ण सुधार परिलक्षित हुआ और भारत का पूर्ण सपेक्ष एकीकरण भी हुआ।

अनुच्छेद-370 के समाप्ति के पहले के प्रावधान	अनुच्छेद-370 के बाद की स्थिति
• जम्मू-कश्मीर में दोहरी नागरिकता का प्रावधान था और जम्मू-कश्मीर का अपना अलग संविधान था।	• दोहरी नागरिकता, अलग संविधान और अलग ध्वज का प्रावधान समाप्त हो गया। तिरंगे तथा राष्ट्रीय प्रतीकों का अपमान अब अपराध माना जाएगा।
• जम्मू-कश्मीर विधान सभा का कार्यकाल 6 वर्ष का होता था। भारतीय संसद यहां के संबंध में सीमित दायरे में ही कानून बना सकती थी। यहां पर राज्यपाल की नियुक्ति होती थी।	• जम्मू-कश्मीर अब दिल्ली की तरह विधानसभा वाला केंद्र शासित प्रदेश होगा। इसका कार्यकाल 5 वर्ष होगा। लद्दाख पूर्ण केंद्र शासित प्रदेश होगा।
• जम्मू-कश्मीर के बाहर के लोगों को जमीन खरीदने सरकारी-नौकरी पाने तथा वहां के स्कूलों में दाखिले लेने का अधिकार नहीं था।	• अब देश का कोई भी नागरिक वहां सम्पत्ति खरीद सकता है, व्यापार कर सकेगा तथा नौकरी कर सकेगा।
• विदेश मामले और संचार के अलावा, किसी कानून को लागू करवाने के लिए केंद्र सरकार को राज्य सरकार की मंजूरी लेनी पड़ती थी।	• जम्मू-कश्मीर और लद्दाख में अब उपराज्यपाल का पद होगा। राज्य की पुलिस केंद्र सरकार के अधिकार में रहेगी। जम्मू-कश्मीर कैडर के अधिकारी 301 यू.टी. कैडर के अधिकारी हो जाएंगे।
• जम्मू-कश्मीर की कोई महिला, यदि भारत के किसी अन्य राज्य के व्यक्ति से शादी कर लेती थी तो उस महिला की जम्मू-कश्मीर की नागरिकता समाप्त हो जाती थी।	• अब जम्मू-कश्मीर की महिला के किसी अन्य राज्य के पुरुष से शादी करने के बाद उस महिला के अधिकार और नागरिकता पर कोई प्रभाव नहीं पड़ेगा। पाकिस्तानी नागरिकों को मिला विशेषाधिकार समाप्त होगा।

• यदि कोई कश्मीरी महिला पाकिस्तान के किसी व्यक्ति से शादी करती थी तो उससे पति को भी जम्मू-कश्मीर की नागरिकता प्राप्त हो जाती थी।	• अब ऐसा नहीं होगा जम्मू-कश्मीर की महिला पाकिस्तानी नागरिक से शादी करती है तो उससे पति को भारत की नागरिकता नहीं प्राप्त होगी।
• राज्य में आपात स्थिति में राज्यपाल शासन लगाए जाने का प्रावधान था।	• अब यहाँ अनुच्छेद-356 का प्रयोग किया जा सकेगा तथा राष्ट्रपति शासन लागू होगा।
• कश्मीर में हिंदू सिक्ख आदि अल्पसंख्यकों को 16% आरक्षण का लाभ नहीं मिलता था।	• अब कश्मीर में अल्संख्यकों (हिंदू, सिक्ख) को भी आरक्षण का लाभ मिलेगा।
• सूचना का अधिकार, शिक्षा का अधिकार, बाल विवाह कानून आदि जम्मू-कश्मीर में लागू नहीं होते थे।	• परंतु अब सभी कानून जम्मू-कश्मीर में भी लागू होंगे।
• बाहरी राज्यों का व्यक्ति न तो मतदान कर सकता था और न ही वहां से उम्मीदवार बन सकता था।	• भारत का कोई भी व्यक्ति अब वहां मतदाता तथा उम्मीदवार बन सकता है।

स्मरणीय तथ्य

- भारतीय संविधान एक संघात्मक शासन प्रणाली की स्थापना करता है।
- **अनुच्छेद–371** में प्रावधानित है कि राष्ट्रपति को यह अधिकार है कि वह महाराष्ट्र एवं गुजरात के राज्यपालों को कुछ विशेष शक्तियां प्रदान कर सकते हैं।
- अनुच्छेद 371(ख) और अनुच्छेद– 371(ग) में असोम (असम) और मणिपुर के लिए विशेष प्रावधान किए गए हैं।
- 36वें संविधान संशोधन अधिनियम, 1975 द्वारा राज्य को पूर्ण राज्य का दर्जा प्राप्त हुआ।
- पूर्वोत्तर भारत में उग्रवाद और अलगाववाद के साथ-साथ देशद्रोह की प्रवृत्तियां भी सीमित रूप में ही सही, कार्यरत हैं और पूर्वोत्तर भारत में देश विरोधी गतिविधियां संचालित हो रही हैं।
- मंगोलॉयड समूह के लोग मुख्य तौर पर भारत के पूर्वोत्तर राज्यों असम, नागालैंड, मिजोरम, मेघालय, अरुणाचल प्रदेश, मणिपुर और त्रिपुरा में पाए जाते हैं।
- अरुणाचल प्रदेश, मेघालय, मिजोरम और नागालैंड जैसे पहाड़ी राज्यों में विशेष तौर पर आदिवासी समूह के लोगों का वर्चस्व है।
- पूर्वोत्तर भारत में उग्रवाद की शुरुआत राजनीतिक महत्वाकांक्षा के कारण सर्वप्रथम 1950 के दशक में नागालैंड में शुरू हुई थी।
- नागालैंड उ.पू. के राज्यों में सबसे प्रभावित और अशांत राज्य है।
- 1979 से असम के लोग यह मांग करते रहे हैं कि बांग्लादेश से असम में आए गैर कानूनी लोगों की पहचान करके उन्हें वापस बांग्लादेश भेजा जाए।
- बोडो असम के सबसे बड़े समतल भाग के आदिवासी हैं। जिन्होंने 1980 के दशक में एक पृथक राज्य की स्थापना को लेकर सशस्त्र संघर्ष शुरू किया।
- असम में 58% हिन्दू, 24% मुस्लिम तथा 18% आदिवासी जनसंख्या है। इसके अतिरिक्त ब्रह्मपुत्र नदी असम को दो भौगोलिक क्षेत्रों में बांटती है–ऊपरी असम तथा निचला असम।
- असम साम्राज्य की स्थापना 13वीं शताब्दी में बर्मा मूल के अहोम समुदाय के लोगों द्वारा की गई थी।
- ब्रह्मपुत्र नदी घाटी में मुख्य रूप से धान, जोकि असम का मुख्य खाद्य है, का उत्पादन होता है।
- असम में बोडो आंदोलन की गंभीर समस्या है। ईसाई मिशनरियों के कारण यहां बड़े पैमाने पर बोडो जनजाति के लोग ईसाई बन गए हैं।
- मणिपुर की कुल आबादी का लगभग 40% भाग मैती जनजाति के लोगों का है, जो हिन्दू धर्म को मानते हैं और वैष्णव परंपरा का पालन करते हैं।
- मिजोरम की अधिकांश जनसंख्या मिजो लोगों की है। मिजो स्वयं कई अन्य प्रजातियों में बंटे हैं, जिनमें लुशाई लोगों की संख्या सबसे अधिक है और यह राज्य की जनसंख्या का दो-तिहाई से अधिक है।
- मिजोरम में अलगाववादी आंदोलन 1960 के दशक में प्रारंभ हुआ। इस आंदोलन की कमान 'मिजो नेशनल फ्रंट' नाम के एक राजनीतिक संगठन के हाथ में थी, जो 22 अक्टूबर, 1961 को गठित हुआ था।
- मिजोरम में चकमा शरणार्थियों की समस्या है। इससे मिजोवासियों की सांस्कृतिक पहचान, शिक्षा, व्यापार एवं रोजगार के साथ-साथ मिजोरम की अर्थव्यवस्था को भी खतरा उत्पन्न हो गया।
- मेघालय 2 अप्रैल 1970 को एक स्वायत्तशासी प्रदेश बना और 1 जनवरी, 1971 को इसे पूर्ण राज्य का दर्जा दे दिया गया।
- त्रिपुरा में करीब 19 जनजातीय समूहों के लोग निवास करते हैं। कोकबरोक इन लोगों की आम बोलचाल की भाषा है। यहां की आबादी में लगभग 31% विभिन्न कबीलों के आदिवासी तथा 15% दलित वर्ग के लोग हैं।
- 'पूर्वोत्तर क्षेत्र दृष्टिकोण-2020' का दस्तावेज जुलाई, 2008 में तैयार किया गया था। इस दस्तावेज में पूर्वोत्तर क्षेत्र में शांति और समृद्धि तथा विभिन्न क्षेत्रों में व्यापक विकास के लिए लक्ष्यों और चुनौतियों के साथ-साथ कार्यान्वयन के लिए नीतियों का उल्लेख किया गया है।
- गोरखालैंड क्षेत्रीय प्रशासन का गठन अगस्त, 2012 में गोरखालैंड क्षेत्र के प्रशासन तथा उसका समग्र विकास सुनिश्चित करने के लिए एक स्वायत्तशासी संस्था के रूप में किया गया था।
- जम्मू और कश्मीर की समस्या स्वतंत्रता प्राप्ति के समय से ही जुड़ी हुई एक समस्या है, जिसका संबंध जम्मू और कश्मीर के भारत में विलय और उसके स्वामित्व से जुड़ा हुआ है।
- भारत सरकार जम्मू-कश्मीर की समस्या का समाधान **शिमला समझौते और लाहौर घोषणा-पत्र** के दायरे में करना चाहती है, जिसे पाकिस्तान नहीं मानता और वह अलगाववादियों को समर्थन देकर जम्मू-कश्मीर में अशांति पैदा कर रहा है।
- पाक-अधिकृत कश्मीर का विस्तार उत्तर में गिलगित-बाल्टिस्तान (जी-बी) से लेकर पश्चिम में जमीन की एक पट्टी मीरपुर-मुजफ्फराबाद सेक्टर तक है।
- जम्मू-कश्मीर सीमापार से प्रायोजित और समर्थित आतंकवाद और अलगाववादी हिंसा से लगभग दो दशकों से प्रभावित रहा है।

- जम्मू और लद्दाख क्षेत्रों के लिए क्रमशः योजना आयोग के सदस्य डॉ. अभिजीत सेन और योजना आयोग के सदस्य डॉ. नरेन्द्र जाधव की अध्यक्षता में दो विशेष कार्यबलों (एसटीएफ) का गठन किया गया था।
- 1947 में भारत के स्वतंत्र होते ही जम्मू-कश्मीर सहित भारत की सभी देशी रियासतों से ब्रिटिश संप्रभुता समाप्त हो गई थी।
- फरवरी 1954 में जम्मू-कश्मीर संविधान सभा द्वारा दिल्ली समझौते तथा जम्मू-कश्मीर के भारत में विलय की पुष्टि की गई थी।
- जम्मू-कश्मीर का कुल क्षेत्रफल 222236 वर्ग किमी. है। इसमें पाक अधिकृत कश्मीर का 78114 वर्ग किमी. क्षेत्र चीन द्वारा अधिकृत 37555 वर्ग किमी. क्षेत्र तथा पाकिस्तान द्वारा चीन को दिया गया 5180 वर्ग किमी. क्षेत्र शामिल हैं।
- सातवें संवैधानिक संशोधन द्वारा भारत सरकार द्वारा जम्मू-कश्मीर को भारत का अभिन्न अंग घोषित किया गया।
- पाकिस्तान द्वारा कश्मीर पर अक्टूबर, 1947 में किए गए आक्रमण के बाद संयुक्त राष्ट्र सुरक्षा परिषद् के प्रयास से 1 जनवरी, 1949 की अर्धरात्रि को युद्धविराम लागू हुआ।
- सन् 1956 में भारत सरकार ने संविधान में सातवां संशोधन कर जम्मू-कश्मीर को अपना अभिन्न अंग बना लिया था।

□□□

भाग–VII

संविधान संशोधन

अध्याय 1

संविधान संशोधन की प्रक्रिया और संविधान संशोधन

किसी भी राष्ट्र का संविधान उस देश की जनता द्वारा स्वीकृत विश्वासों एवं मौलिक आदर्शों की झलक/तस्वीर होता है। संविधान शासन तंत्र को संचालित करता है और सामाजिक अस्तित्व के लिए आधारभूत ढांचा प्रस्तुत करता है। किसी भी देश के संविधान के अध्ययन से उस देश की आकाक्षांओं और प्रवृत्ति की जानकारी मिलती है। चूंकि संविधान से देश की आवश्यकताओं की अभिव्यक्ति होती है, इसलिए संविधान में समयानुकूल बदलती हुई परिस्थितियों की आवश्यकताओं में ढलने की क्षमता आवश्यक है। मानव समाज विकासशील है। समय के साथ मनुष्य की आवश्यकताएं तथा परिस्थितियां परिवर्तित होती रहती हैं। एक अच्छे संविधान का गुण है कि संविधान में सामाजिक, आर्थिक एवं राजनीतिक परिस्थितियों के अनुरूप परिवर्तन परिलक्षित हो रहा हो। परिस्थितियों के अनुकूल परिवर्तन होते रहने को ही सामान्य भाषा में संविधान संशोधन की संज्ञा दी जाती है। संविधान संशोधन बदलते हुए राष्ट्र के अस्तित्व के लिए आवश्यक है। यदि बदलती हुई परिस्थितियों के अनुसार संविधान में संशोधन नहीं होता है तो वह विखंडित हो जाता है और उसकी पवित्रता समाप्त हो जाती है। यहां विल्सन का कथन बिल्कुल ही उचित प्रतीत होता है कि संविधान को निश्चित रूप से जीवनपरक होना चाहिए और राष्ट्रीय जीवन में परिवर्तन के साथ इसका विकास आवश्यक है।

संविधान संशोधन की आवश्यकता

किसी भी देश के संविधान में संशोधन की व्यवस्था निम्नलिखित कारणों से अपरिहार्य होती है–

- किसी भी देश का निरंतर सामाजिक और राजनीतिक विकास होता रहता है। बदलती हुई परिस्थितियां सामाजिक तथा राजनीतिक परिवर्तन को प्रभावित करती हैं। यदि संविधान में संशोधन की प्रक्रिया का उपबंध नहीं किया जाता है तो देश का सामाजिक एवं राजनीतिक विकास अवरुद्ध हो जाएगा।
- सामाजिक तथा राजनीतिक विकास के साथ-साथ आर्थिक अवस्था में भी परिवर्तन होता रहता है। अर्थ वह धुरी है जिसके चारों ओर समाज का पूरा ढांचा घूमता है। इसलिए सामाजिक, आर्थिक तथा राजनीतिक अवस्था में समन्वय के लिए संविधान में संशोधन का ऐसा प्रावधान किया जाना आवश्यक है जिससे बदलती परिस्थितियों का आसानी से सामना किया जा सके।
- संविधान में मौलिकता को यथासंभव बनाए रखने के लिए भी संविधान संशोधन आवश्यक है। फाइनर का कथन है कि संविधान में संशोधन की प्रक्रिया का उल्लेख संविधान का मौलिक उपबंध है। यदि संविधान में संशोधन की व्यवस्था नहीं रहती है तो आने वाली पीढ़ी संविधान को फेंक देती है और उसके स्थान पर नए संविधान का निर्माण करती है। इसलिए संविधान संशोधन से संविधान की मौलिकता यथावत् बनी रहती है।
- प्रत्येक राष्ट्र को अपनी गतिशीलता बनाए रखने के लिए संविधान संशोधन करना पड़ता है। नेहरू का कथन है कि "संविधान को अत्यधिक कठोर एवं स्थायी बना देने से राष्ट्र का विकास अवरुद्ध हो जाएगा"। विल्सन ने भी कहा है कि जीवन में परिवर्तन के साथ-साथ संविधान का विकास भी आवश्यक है।
- किसी भी देश को उसकी बदलती सामाजिक, आर्थिक तथा राजनीतिक परिस्थितियां बड़े पैमाने पर प्रभावित करती रहती हैं। यदि बदलती हुई परिस्थिति के अनुसार संविधान में समायोजन नहीं किया जाता है तो जन आंदोलन और क्रांतियों के शुरू होने की संभावना बनी रहती है। अतः आंदोलन तथा क्रांतियों को रोकने के लिए संविधान संशोधन आवश्यक है।
- किसी भी देश की आवश्यकताएं सदैव एक समान नहीं बनी रहती हैं, उनमें परिवर्तन होना स्वाभाविक है। संविधान देश की मौलिक विधि है इसलिए उसमें यह गुण होना चाहिए कि वह अपने को राष्ट्रीय आवश्यकताओं के अनुरूप ढाल सके। संविधान में संशोधन का प्रावधान होने से राष्ट्रीय आवश्यकताओं की निरंतर पूर्ति होती रहती है और संविधान की आत्मा बनी रहती है।

- वस्तुतः किसी भी संविधान में दो माध्यमों से संशोधन हो सकता है

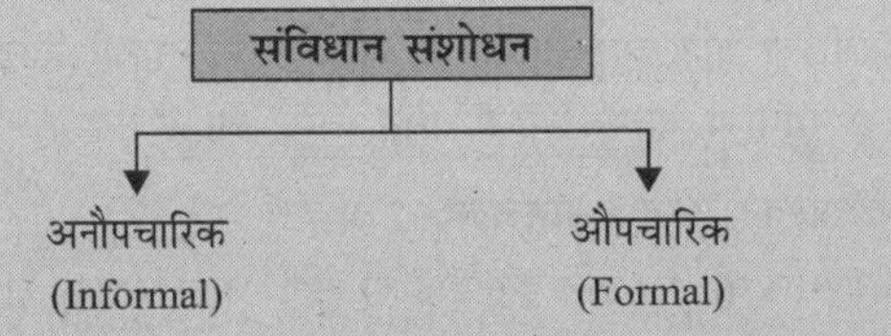

- **अनौपचारिक माध्यम** का आशय है कि संविधान में घोषित तौर पर संशोधन न किया जाए, किंतु तब भी संविधान में परिवर्तन आ जाए। पहला तरीका न्यायपालिका से जुड़ा है।
- दूसरे वर्ग में वे संविधान संशोधन हैं, जिन्हें **औपचारिक संविधान संशोधन** कहा जा सकता है। इसका संबंध संविधान को संशोधित करने की उस प्रक्रिया से है जो संविधान में ही इस उद्देश्य हेतु वर्णित की जाती है।

उपर्युक्त विवेचना से स्पष्ट है कि प्रत्येक देश के लिए संविधान संशोधन की आवश्यकता क्यों होती है। संविधान संशोधन किसी भी देश के लिए प्रगति के पथ पर सदैव बढ़ते रहने के लिए आक्सीजन का कार्य करता है। यही कारण है कि भारतीय संविधान निर्माता संघीय व्यवस्था को आत्मसात करने के बावजूद संविधान संशोधन करने का उपबंध संविधान में सम्मिलित करना नहीं भूले। ध्यातव्य है कि भारतीय संविधान के भाग-20 के अनुच्छेद–368 में संविधान संशोधन की प्रक्रिया का उपबंध किया गया है। संविधान संशोधन की शक्ति संविधान निर्मात्री शक्ति का एक विशेष रूप है। अंतर सिर्फ इतना ही होता है कि संविधान निर्मात्री शक्ति सार्वभौम, अपरिमित तथा मौलिक शक्ति होती है, जबकि संविधान की शक्ति प्रदत्त और सीमित होती है। संविधान के द्वारा केवल मौलिक विधियों में ही संशोधन किया जा सकता है, उसको रद्द नहीं किया जा सकता है।

भारतीय संविधान में संशोधन की प्रक्रिया

राष्ट्र के विकास और सामर्थ्य की बदलती परिस्थितियों में संविधान को सदैव अनुकूल बनाए रखने के लिए भारतीय संविधान के भाग-20 अनुच्छेद-368 के अंतर्गत संविधान संशोधन की प्रक्रिया का उपबंध किया गया है। संविधान निर्माताओं ने संविधान संशोधन की प्रक्रिया का विधान करके संविधान का रूप बदल देने के संसद के प्रयास को जहां एक ओर क्लिष्ट बनाया है तो वहीं दूसरी ओर सामान्य बहुमत से संशोधन करने वाले विषयों को चिन्हित करके सरल भी बनाया है। भारतीय संविधान में संशोधन की प्रक्रिया को तीन वर्गों में वर्गीकृत किया गया है–

भारतीय संविधान में संशोधन की प्रक्रिया

- सामान्य बहुमत द्वारा संशोधन
- संसद के विशिष्ट बहुमत द्वारा संशोधन
- राज्य विधान मंडलों की स्वीकृति से संशोधन

सामान्य बहुमत द्वारा संशोधन

भारतीय संविधान में संशोधन की तीनों प्रक्रियाओं में यह प्रक्रिया सर्वाधिक सरल है और सैद्धांतिक रूप में ब्रिटिश संविधान की संशोधन प्रक्रिया से मिलती-जुलती है। भारतीय संविधान के अनुच्छेदों में संसद की सामान्य विधि निर्माण की प्रक्रिया द्वारा संशोधन करने की व्यवस्था की गई है। संसद के साधारण बहुमत द्वारा पारित होने पर तथा राष्ट्रपति की स्वीकृति मिल जाने पर किसी विधेयक द्वारा संविधान में संशोधन किया जा सकता है। इस प्रक्रिया के अंतर्गत संसद स्वप्रेरणा या राज्य विधानमंडलों तथा अन्य अभिकरणों के आग्रह पर अपने साधारण बहुमत द्वारा संविधान के कुछ अनुच्छेदों में संशोधन कर सकती है। संसद राष्ट्रपति की पूर्व अनुमति से विधि द्वारा नए राज्यों का निर्माण कर सकती या किसी राज्य की सीमा में कमी या वृद्धि कर सकती है। संविधान में निम्नलिखित विषयों से संबद्ध अनुच्छेदों में सामान्य बहुमत से संशोधन किया जा सकता है-

- नए राज्यों का गठन (**अनुच्छेद–2**)।
- भारतीय संघ की विभिन्न इकाइयों के नाम, आकार तथा क्षेत्रफल में परिवर्तन कर सकती है (**अनुच्छेद–3**)।
- नागरिकता में संशोधन (**अनुच्छेद–11**)।
- राज्यों में उच्च सदन अर्थात् विधान परिषद् का गठन (**अनुच्छेद–169**)।
- संसद में गणपूर्ति, सदस्यों के विशेषाधिकार तथा उनके वेतन भत्ते।
- सर्वोच्च न्यायालय तथा उच्च न्यायालयों के न्यायाधीशों के वेतन।
- राज्यों में उच्च न्यायालय की स्थापना।
- संविधान की पांचवीं, छठी और आठवीं अनुसूची।
- संघ राज्य क्षेत्रों के लिए विधान मंडल अथवा मंत्रिमंडल का सृजन।
- अनुसूचित जातियों एवं वर्गों का संरक्षण।
- नियंत्रक एवं महालेखा परीक्षक के कार्य एवं वेतन।
- केंद्र-शासित क्षेत्रों का प्रबंध।
- भारत में निर्वाचन संबंधी व्यवस्था।

सामान्य बहुमत से संशोधन करने की यह प्रक्रिया काफी सरल है और इसकी प्रमुख विशेषता यह है कि इसके अंतर्गत सामान्य विधि और सांविधानिक विधि में कोई विभेद नहीं किया जाता है। अन्य शब्दों में यह कहा जा सकता है कि जिस प्रकार संसद किसी सामान्य विधेयक को पारित करती है उसी प्रकार वह ऐसे संशोधन विधेयक को भी पारित करती है।

संसद के विशिष्ट बहुमत द्वारा संशोधन

अनुच्छेद– 368 में विशेष बहुमत द्वारा संविधान संशोधन की प्रक्रिया का उल्लेख किया गया है। विशेष बहुमत से आशय सदन की कुल सदस्य संख्या का बहुमत तथा उपस्थित और मतदान करने वाले सदस्यों के दो-तिहाई बहुमत से है। संसद के विशिष्ट अर्थात् दो-तिहाई बहुमत से संशोधन की प्रक्रिया काफी जटिल है। संविधान में कुछ ऐसे उपबंध प्रावधानित हैं जिनमें संशोधन के लिए संसद के विशिष्ट बहुमत की आवश्यकता होती है।

संविधान संशोधन संबंधी विधेयक संसद के किसी भी सदन में पेश किए जा सकते हैं। यदि वह विधेयक उस सदन की कुल सदस्य के बहुमत एवं उपस्थित और मतदान में भाग लेने वाले सदस्यों के दो-तिहाई बहुमत से पारित हो जाता है तो उसको दूसरे सदन के लिए प्रेषित कर दिया जाता है। यदि दूसरे सदन द्वारा भी उसी प्रक्रिया तथा बहुमत से संशोधन विधेयक पारित कर दिया जाता है तो उसे संसद के दोनों सदनों द्वारा पारित समझा जाएगा। इसके बाद राष्ट्रपति की स्वीकृति मिलने के बाद वह संविधान का अंग बन जाता है। संविधान के निम्नलिखित उपबंधों में संशोधन विशिष्ट बहुमत से किया जाता है–

- संविधान के भाग-3, मौलिक अधिकारों से संबंधित
- संविधान के भाग-4, नीति-निदेशक तत्व

राज्य विधानमंडलों के अनुमोदन तथा संसद के विशिष्ट बहुमत से संशोधन

संविधान संशोधन की यह प्रक्रिया जटिल है। अनुच्छेद–368 में वर्णित प्रावधानों के अनुसार, 'इस प्रक्रिया के अनुसार संविधान संशोधन के लिए संसद के विशेष बहुमत के साथ-साथ कम-से-कम आधे से एक अधिक राज्यों के विधान मंडलों का अनुसमर्थन आवश्यक है'।

भारतीय संविधान में संशोधन की प्रक्रिया तथा विश्व के प्रमुख देशों के संविधान संशोधन प्रक्रियाओं में तुलना

भारतीय संविधान में वर्णित संविधान संशोधन की प्रक्रिया न तो अमेरिकी संविधान में वर्णित संशोधन प्रक्रिया की तरह जटिल है और न ही ब्रिटिश संशोधन प्रक्रिया की तरह सरल है। भारतीय संविधान में वर्णित संविधान संशोधन की प्रक्रिया सरलता और जटिलता का मिश्रण है। भारतीय संविधान में वर्णित संविधान संशोधन की प्रक्रिया अमेरिकी और ब्रिटिश संशोधन प्रक्रिया के मध्य खड़ी है। ब्रिटिश संविधान संशोधन प्रक्रिया के अंतर्गत सामान्य विधि और सांविधानिक विधि के मध्य कोई अंतर नहीं है। स्विट्जरलैंड में संविधान संशोधनों के प्रस्तावों पर कैंटनों की जनता का अनुसमर्थन प्राप्त करना आवश्यक है, परंतु अमेरिका में संशोधन के लिए राज्यों के तीन-चौथाई बहुमत की आवश्यकता होती है। स्विस संशोधन की प्रक्रिया की तुलना में भारतीय संशोधन प्रक्रिया अपेक्षाकृत थोड़ा कम जटिल है, परंतु अमेरिकी संविधान में वर्णित संशोधन प्रक्रिया भारतीय संविधान में वर्णित संशोधन प्रक्रिया की तुलना में काफी जटिल है। भारतीय संविधान में संशोधन सामान्य बहुमत, विशिष्ट बहुमत तथा राज्यों के अनुमोदन एवं विशिष्ट बहुमत से किया जाता है। भारत में कुछ संशोधनों के लिए कम-से-कम 50% राज्यों की स्वीकृति आवश्यक है। संयुक्त राज्य अमेरिका में तीन-चौथाई राज्यों के सम्मेलन द्वारा संशोधन विधेयक का अनुसमर्थन किया जाना आवश्यक है जो नि:संदेह भारत की तुलना में काफी जटिल है। अमेरिकी और भारत की संशोधन प्रक्रिया में एक मौलिक अंतर यह है कि भारतीय संविधान में संशोधन विधेयक पर राष्ट्रपति की स्वीकृति आवश्यक है, परंतु अमेरिका में संविधान संशोधन विधेयक को राष्ट्रपति के सम्मुख रखा ही नहीं जाता है। भारतीय संशोधन की प्रक्रिया से स्पष्ट है कि भारतीय संविधान अंशत: अनम्य तथा अंशत: नम्य है।

भारतीय संविधान में संशोधन की तीसरी प्रक्रिया राज्य विधानमंडलों की स्वीकृति और संसद के विशिष्ट बहुमत द्वारा संपन्न होती है। इसके अंतर्गत संशोधन विधेयक को संसद के किसी भी सदन में प्रस्तुत किया जा सकता है। यदि संशोधन

विधेयक उस सदन द्वारा कुल सदस्य संख्या के बहुमत तथा उपस्थित और मत देने वाले सदस्यों के दो-तिहाई बहुमत से पारित हो जाता है तो उसे दूसरे सदन के पास भेज दिया जाता है। यदि दूसरा सदन भी पहले सदन की तरह निर्धारित प्रक्रिया के अंतर्गत उसे पारित कर देता है तो उसे राज्य विधान मंडलों के पास अनुमोदन हेतु प्रेषित कर दिया जाता है। यदि कुल राज्यों के कम-से-कम आधे राज्यों द्वारा उसे अनुमोदित कर दिया जाता है तो उसे अंतिम रूप से राष्ट्रपति के पास स्वीकृति के लिए प्रेषित कर दिया जाता है। राष्ट्रपति की स्वीकृति मिलने के बाद वह संशोधन संविधान का एक अंग बन जाता है।

संविधान के निम्नलिखित विषयों से संबद्ध अनुच्छेद इसी प्रक्रिया द्वारा संशोधित होते हैं

- राष्ट्रपति के निर्वाचन से संबंधित अनुच्छेद–54 और 55
- संघीय कार्यपालिका से संबंधित अनुच्छेद–73
- विभिन्न राज्यों की कार्यपालिका से संबंधित अनुच्छेद–162
- सर्वोच्च न्यायालय तथा उच्च न्यायालयों से संबंधित अनुच्छेद
- संविधान की संशोधन प्रक्रिया से संबंधित उपबंध
- संविधान के भाग 5 के अध्याय 4 में संघ की न्यायपालिका
- संविधान के भाग 6 में राज्यों में उच्च न्यायालय
- चौथी अनुसूची, संसद में राज्यों के प्रतिनिधित्व से संबंधित
- सातवीं अनुसूची से संबद्ध कोई सूची आदि।
- भारतीय संविधान के भाग 11 और अध्याय 1 में संघ और राज्यों के बीच विधायी संबंध।
- स्वयं अनुच्छेद–368 में संशोधन की प्रक्रिया।

उपर्युक्त विवेचना से स्पष्ट है कि इस वर्ग के अंतर्गत उन्हीं अनुच्छेदों को रखा गया है जिनका संबंध संविधान के संघीय स्वरूप से है। यही कारण है कि इनमें संशोधन की प्रक्रिया काफी जटिल बनाई गई है। संशोधन की यह प्रक्रिया सं. रा. अमेरिका, आस्ट्रेलिया और स्विट्जरलैंड के संविधानों की संशोधन प्रक्रिया से मिलती-जुलती है। भारतीय संविधान में अपनाई गई संशोधन की प्रक्रिया लचीलेपन तथा कठोरता का अपूर्व सम्मिश्रण है। एक प्रकार से भारतीय संविधान के अनुच्छेदों को दो भागों में बांट दिया गया है–साधारण एवं संरक्षित उपबंध। संरक्षित उपबंध संविधान के मौलिक स्वरूपों को निर्धारित करते हैं। इससे स्पष्ट है कि भारतीय संविधान निर्माताओं ने साधारण उपबंधों के लिए सरल, अपेक्षाकृत आसान तथा संरक्षित उपबंधों के लिए जटिल संशोधन प्रणाली को अपनाया है। उल्लेखनीय है कि राज्य विधान मंडलों द्वारा भारतीय संविधान संशोधन विधेयक का अनुसमर्थन साधारण बहुमत से किया जाना आवश्यक है।

भारतीय संविधान में संशोधन प्रक्रिया की विशेषताएं

भारतीय संविधान में निहित संशोधन प्रक्रिया अन्य देशों की संविधान संशोधन प्रक्रिया से भिन्न है और इसकी कुछ अपनी विशेषताएं हैं, जो निम्नवत् हैं–

- भारतीय संविधान में संशोधन के लिए अलग से किसी पृथक् निकाय की व्यवस्था नहीं की गई है। संविधान में संशोधन की शक्ति संसद में निहित है।
- राज्य विधान मंडलों को संविधान संशोधन प्रक्रिया शुरू करने की शक्ति नहीं सौंपी गई है।
- संविधान संशोधन विधेयक संसद के किसी सदन में प्रस्तुत किया जा सकता है और भारतीय संविधान में संशोधन विधेयक प्रस्तुत करने के लिए राष्ट्रपति की पूर्व अनुमति की आवश्यकता नहीं है।
- संविधान के अनुच्छेद–368 में वर्णित कुछ उपबंधों के अतिरिक्त संशोधन विधेयक साधारण विधि की तरह ही संसद द्वारा पारित किया जाता है। भारतीय संविधान में जनमत संग्रह की कोई व्यवस्था नहीं की गई है।
- यदि संशोधन अनुच्छेद–368 (2) में वर्णित उपबंधों में किया जाना हो तो विधेयक का राष्ट्रपति को सहमति के लिए भेजने से पूर्व कम-से-कम आधे राज्यों के विधान मंडलों द्वारा साधारण बहुमत से अनुसमर्थन प्राप्त करना आवश्यक होता है। राष्ट्रपति संविधान संशोधन विधेयक पर अपनी सहमति देने के लिए बाध्य होता है, अर्थात् संविधान संशोधन विधेयकों को न तो वह रोक सकता है और न ही अपनी सहमति देने से इंकार कर सकता है।
- राष्ट्रपति की अनुमति प्राप्त हो जाने पर संविधान संशोधन विधेयक, संविधान संशोधन अधिनियम बन जाता है और इस अधिनियम के उपबंधों के अनुसार संविधान में संशोधन हो जाता है। संविधान संशोधन विधेयक पर संसद के दोनों सदनों में मतभेद की स्थिति में उनका संयुक्त अधिवेशन (अनुच्छेद–108) नहीं बुलाया जाता है, अर्थात् विधेयक दोनों सदनों द्वारा अपेक्षित बहुमत से अलग-अलग पारित किया जाता है। अत: यदि लोकसभा द्वारा पारित किसी संविधान संशोधन विधेयक को राज्यसभा अस्वीकार कर देती है, तो वह विधेयक अंतिम रूप से समाप्त हो जाता है।
- भारत में संविधान संशोधन के लिए कम-से-कम आधे राज्यों की स्वीकृति की आवश्यकता है जबकि अमेरिका में कम-से-कम तीन-चौथाई राज्यों की आवश्यकता होती है।
- संविधान के समस्त उपबंधों सहित अनुच्छेद–368 को भी संशोधित किया जा सकता है।

आधारभूत ढांचे का सिद्धांत

सर्वोच्च न्यायालय के केशवानंद भारती बनाम केरल राज्य के मामले में आधारभूत ढांचे के सिद्धांत का प्रतिपादन करते हुए बहुमत से यह निर्णय दिया गया कि संसद, संविधान में कोई ऐसा संशोधन नहीं कर सकती है जिससे कि उसका आधारभूत ढांचा (Basic Structure) नष्ट हो जाए। न्यायालय ने उदाहरणस्वरूप कुछ आधारभूत ढांचों का उल्लेख करते हुए कहा कि प्रत्येक मामले में तथ्यों के आधार पर यह निर्धारित किया जाएगा कि संविधान का आधारभूत ढांचा क्या है। अत: संविधान के आधारभूत ढांचे को कठोर अथवा लचीला है इसे परिभाषित नहीं किया जा सकता है। सामान्यत: आधारभूत ढांचे से तात्पर्य संविधान के ऐसे उपबंधों से है, जो संविधान का मूल स्वरूप या भावना निर्मित करते हैं। विभिन्न मामलों में सर्वोच्च न्यायालय ने निम्नलिखित तत्वों को संविधान का आधारभूत ढांचा घोषित किया–

- संविधान की सर्वोच्चता,
- गणतंत्रात्मक तथा लोकतंत्रात्मक शासन प्रणाली,
- शक्तियों का पृथक्करण,
- संविधान का पंथ निरपेक्ष स्वरूप,
- संघात्मक शासन प्रणाली
- राष्ट्र की एकता और अखंडता,
- कल्याणकारी राज्य की स्थापना,
- व्यक्ति की स्वतंत्रता एवं गरिमा,
- विधि का शासन,
- स्वतंत्र और निष्पक्ष चुनाव पर आधारित लोकतंत्र,
- न्यायिक पुनर्विलोकन की शक्ति,
- मौलिक अधिकार और नीति निदेशक तत्वों में सामंजस्य
- संसदीय शासन प्रणाली
- संसद की संविधान संशोधन की सीमित शक्ति,
- संविधान की प्रस्तावना में निहित उद्देश्य,
- न्यायपालिका की स्वतंत्रता
- अनुच्छेद–32, 136, 141 और 142 के अधीन उच्चतम न्यायालय की शक्तियां तथा कुछ दशाओं में मूल अधिकार आदि।

स्मरणीय तथ्य

- किसी भी राष्ट्र का संविधान उस देश की जनता द्वारा स्वीकृत विश्वासों एवं मौलिक आदर्शों की झलक/तस्वीर होता है।
- यदि संविधान में संशोधन की प्रक्रिया का उपबंध नहीं किया जाता है तो देश का सामाजिक एवं राजनीतिक विकास अवरुद्ध हो जाएगा।
- संविधान में मौलिकता को यथासंभव बनाए रखने के लिए भी संविधान संशोधन आवश्यक है।
- प्रत्येक राष्ट्र को अपनी गतिशीलता बनाए रखने के लिए संविधान संशोधन करना पड़ता है।
- राष्ट्र के विकास और सामर्थ्य की बदलती परिस्थितियों में संविधान को सदैव अनुकूल बनाए रखने के लिए भारतीय संविधान के भाग-20 अनुच्छेद-368 के अंतर्गत संविधान संशोधन की प्रक्रिया का उपबंध किया गया है।
- भारतीय संविधान में अपनाई गई संशोधन की प्रक्रिया लचीलेपन तथा कठोरता का अपूर्व सम्मिश्रण है।
- भारतीय संविधान में संशोधन के लिए अलग से किसी पृथक् निकाय की व्यवस्था नहीं की गई है। संविधान में संशोधन की शक्ति संसद में निहित है।

❑❑❑

अध्याय 2

भारतीय संविधान में अब तक किए गए संविधान संशोधन

26 जनवरी, 1950 के भारतीय संविधान के पूर्ण अंगीकृत होने के बाद से लेकर अब तक 105 संविधान संशोधन भारतीय संविधान में किए जा चुके हैं।

पहला संविधान संशोधन

भारतीय संविधान में पहला संविधान संशोधन 18 जून, 1951 को किया गया। इस संशोधन द्वारा अनुच्छेद–15, 19, 31, 85, 87, 174, 176, 372 और 376 में संशोधन किया गया और **संविधान में 9वीं अनुसूची जोड़ी गई।** ध्यातव्य है कि नौवीं अनुसूची में उल्लिखित कानूनों की (सर्वोच्च न्यायालय की) न्यायिक पुनरावलोकन की शक्तियों के अंतर्गत परीक्षा नहीं की जा सकती है। इसके माध्यम से स्वतंत्रता, समानता तथा संपत्ति संबंधित मौलिक अधिकारों को लागू किए जाने संबंधी कुछ व्यावहारिक कठिनाइयों को दूर करने का प्रयास किया गया। अनुच्छेद–15 में संशोधन करके राज्य को सामाजिक तथा शैक्षिणिक दृष्टि से पिछड़े वर्गों की उन्नति के लिए विशेष अधिकार दिया गया। अनुच्छेद–31 (क) और 31 (ख) द्वारा संपत्ति के आधार के प्रश्न पर न्यायालयों के अधिकार को सीमित कर दिया गया। सामाजिक विधान कार्यक्रम के अंतर्गत जमींदारी प्रथा के उन्मूलन के लिए कानूनों का निर्माण किया गया। इस संशोधन द्वारा सरकार को इस बात का अधिकार दिया गया कि वह राज्य की सुरक्षा एवं अन्य राष्ट्रों के साथ मित्रता का संबंध बनाए रखने हेतु नागरिकों के स्वतंत्रता संबंधी अधिकारों पर उचित रोक लगा सके और ऐसे लोगों को दंडित कर सके जो न्यायालयों का अपमान करते हों या लोगों को अपराध करने के लिए उत्प्रेरित करें।

दूसरा संविधान संशोधन

दूसरा संविधान संशोधन 18 मई, 1952 को किया गया। इस संशोधन का उद्देश्य लोकसभा में प्रतिनिधित्व की व्यवस्था में परिवर्तन करना था। इसमें संविधान के अनुच्छेद–84 1(ब) में संशोधन किया गया तथा प्रत्येक 7.0 लाख की जनसंख्या पर कम-से-कम एक प्रतिनिधि निर्वाचित होने के उपबंध को समाप्त कर दिया गया। इसके द्वारा यह भी व्यवस्था की गई कि संसद सदस्यों (लोकसभा सदस्यों) की संख्या 500 से अधिक न हो।

तीसरा संविधान संशोधन

तीसरा संविधान संशोधन 22 फरवरी, 1954 को किया गया। इसके द्वारा राज्य सूची के कुछ विषयों बाह्य सामग्री, पशुओं का चारा, जौ तथा पटसन आदि को समवर्ती सूची में स्थानांतरित कर दिया गया। इस संशोधन के द्वारा केंद्रीय सरकार की नियंत्रक शक्ति में वृद्धि की गई। इस संशोधन के माध्यम से समवर्ती सूची में वर्णित विषयों के अर्थ को स्पष्ट किया गया।

चौथा संविधान संशोधन

चौथा संविधान संशोधन 27 अप्रैल, 1955 में पारित किया गया। इस संशोधन के माध्यम से यह निश्चित किया गया कि सरकार जनकल्याण की दृष्टि से व्यक्तिगत संपत्ति पर कब्जा कर सकती है। इस संबंध में संसद द्वारा निर्धारित मुआवजे को न्यायालय अवैध नहीं घोषित कर सकते हैं। वस्तुतः यह सरकार द्वारा समाज सुधार की दिशा में उठाया गया पहला कदम था।

5वां संविधान संशोधन

पांचवां संविधान संशोधन 24 दिसंबर, 1955 को किया गया। 5वें संविधान संशोधन द्वारा अनुच्छेद–3 में संशोधन किया गया तथा राष्ट्रपति को यह अधिकार प्रदान किया गया कि जब राज्य की सीमा तथा क्षेत्र को बदलने वाला विधेयक राज्य के अनुमोदन के लिए भेजा जाए तब वे अनुमोदन के लिए सीमा नियत कर सकते हैं।

छठा संविधान संशोधन

छठा संविधान संशोधन 11 अक्टूबर, 1956 को किया गया। इसके अंतर्गत अंतर्राज्यीय व्यापार तथा उद्योग के क्रय-विक्रय को संघीय सूची में सम्मिलित कर दिया गया।

7वां संविधान संशोधन

7वां संविधान संशोधन 19 दिसंबर, 1956 को किया गया। इस संशोधन के माध्यम से राज्यों का अ, ब, स और द वर्गों में विभाजन को समाप्त करके उन्हें 14 राज्यों तथा 6 केंद्र-शासित क्षेत्रों में विभक्त कर दिया गया। भाषायी आधार पर राज्यों का पुनर्गठन किया गया। इसके द्वारा लोकसभा के सदस्यों की अधिकतम संख्या 520 नियत की गई।

8वां संविधान संशोधन

5 जनवरी, 1960 को संपन्न 8वें संविधान संशोधन द्वारा अनुच्छेद–334 में संशोधन करके अनुसूचित जाति, जनजाति एवं आंग्ल-भारतीय समुदाय के लिए विशेष प्रतिनिधित्व संबंधी व्यवस्था को जो 1960 तक के लिए थी 10 वर्ष और अर्थात् 1970 तक के लिए बढ़ा दिया गया।

इस अधिनियम के पारित होने के कारण आवश्यक हो गया था कि इसके द्वारा अनुच्छेद–368 (2) में वर्णित शब्द प्रथम अनुसूची के भाग क या भाग ख में विनिर्दिष्ट विलुप्त कर दिए जाए।

9वां संविधान संशोधन

नौवां संशोधन 28 दिसंबर, 1960 को नेहरू-नून समझौते का क्रियान्वयन सुनिश्चित करने के लिए किया गया। ध्यातव्य है कि नेहरू-नून समझौते के अंतर्गत भारत और पाक को अपने-अपने क्षेत्रों के कुछ भाग की अदला-बदली करनी थी। 1958 की भारत-पाक संधि को इस संशोधन द्वारा लागू किया गया।

10वां संविधान संशोधन

10वां संविधान संशोधन 19 अगस्त, 1961 को किया गया। इसके माध्यम से पुर्तगालियों की गुलामी से मुक्त हुए क्षेत्रों दादरा-नगर हवेली को भारतीय गणराज्य में सम्मिलित किया गया तथा संघ शासित क्षेत्रों का दर्जा दिया गया।

11वां संविधान संशोधन

11वां संविधान संशोधन 1961 में किया गया। इसके द्वारा अनुच्छेद-71 में एक नया खंड जोड़ा गया जो यह उपबंध करता है कि राष्ट्रपति या उपराष्ट्रपति के चुनाव की वैधता को इस आधार पर चुनौती नहीं दी जा सकती है कि अनुंच्छेद-54 तथा अनुच्छेद-55 में वर्णित निर्वाचक मंडल पूर्ण नहीं है या इनमें कुछ स्थान रिक्त हैं।

12वां संविधान संशोधन

12वां संविधान संशोधन 27 मार्च, 1962 को किया गया। इसके द्वारा संविधान की प्रथम अनुसूची में संशोधन करके गोवा, दमन एवं दीव को भारत में संघ शासित क्षेत्र के रूप में सम्मिलित किया गया।

13वां संविधान संशोधन

13वां संविधान संशोधन 1962 में किया गया। 13वें संविधान संशोधन के माध्यम से एक नया अनुच्छेद-371(क) जोड़ा गया जिसमें नागालैंड के प्रशासन के लिए अस्थायी रूप से विशेष प्रावधान किया गया। ये विशेष प्रावधान उस समय तक के लिए ही थे जब तक नागालैंड को भारतीय संघ के अंतर्गत राज्य की स्थिति प्रदान नहीं कर दी जाए। ध्यातव्य है कि दिसंबर, 1963 में नागालैंड को एक राज्य की स्थिति प्रदान कर दी गई।

14वां संविधान संशोधन

14वां संविधान संशोधन 28 दिसंबर, 1963 को किया गया। इसके द्वारा पांडिचेरी (पुदुचेरी) को केंद्र-शासित प्रदेश के रूप में भारतीय गणराज्य में सम्मिलित किया गया। इसके साथ ही हिमाचल प्रदेश, मणिपुर, त्रिपुरा, गोवा, दमन एवं दीव तथा पांडिचेरी (पुदुचेरी) में विधानसभा एवं मंत्रिपरिषद् की स्थापना की गई।

15वां संविधान संशोधन

1 मई, 1963 को किए गए 15वें संविधान संशोधन द्वारा उच्च न्यायालयों के न्यायाधीशों की सेवानिवृत्ति की आयु 60 वर्ष से बढ़ाकर 62 वर्ष कर दी गई।

16वां संविधान संशोधन

16वां संविधान संशोधन 5 अक्टूबर, 1963 को किया गया। इसके द्वारा अनुच्छेद-19 में संशोधन किया गया। इसके द्वारा राज्यों को यह अधिकार दिया गया कि वे भारत की राजनीतिक एकता को कायम रखने के लिए भारत की संप्रभुता तथा अखंडता के हित में मौलिक अधिकारों के प्रयोग पर उचित प्रतिबंध लगाकर कानून सृजित कर सकते हैं। इसके साथ-साथ यह भी निश्चित किया गया कि संसद तथा विभिन्न विधान मंडलों को भारत की अखंडता बनाए रखने के लिए शपथ ग्रहण करनी होगी।

17वां संविधान संशोधन

17वां संविधान संशोधन 20 जून, 1964 को किया गया। इसके द्वारा संपदा शब्द का अर्थ व्यापक बनाया गया और भूमि सुधार की तकनीकी बाधाएं दूर की गईं। इसके साथ ही संविधान की नौवीं सूची में कुछ और विधियां जोड़ी गईं, जिससे उनको न्यायालय में चुनौती नहीं दी जा सकती है।

18वां संविधान संशोधन

27 अगस्त, 1966 को किए गए इस संशोधन का उद्देश्य कुछ तथ्यों का स्पष्टीकरण करना था। इसके द्वारा दो बातों का स्पष्टीकरण किया गया-प्रथमतः मूल संविधान के अनुच्छेद-3 (क) से 3 (≥) में राज्य के अंतर्गत संघ क्षेत्र आता है, परंतु उपबंध में राज्य के अंतर्गत संघ क्षेत्र नहीं आता है। द्वितीयतः परिच्छेद-3 (क) द्वारा संसद को जो नए राज्य के निर्माण की शक्ति सौंपी गई है उसके अंतर्गत यह भी आता है कि वह किसी राज्य या संघ क्षेत्र के किसी भाग को किसी दूसरे राज्य या संघ क्षेत्र में मिलाकर नए राज्य या संघ क्षेत्र का निर्माण कर सकती है। इसी संशोधन के उपरांत पंजाब का भाषायी आधार पर पुनर्गठन करके पंजाबी भाषी क्षेत्र को पंजाब और हिंदी भाषी क्षेत्र को हरियाणा के रूप में गठित किया गया। पर्वतीय क्षेत्र हिमाचल प्रदेश को दिया गया और चंडीगढ़ केंद्रशासित प्रदेश बनाया गया।

19वां संविधान संशोधन

11 दिसंबर, 1966 को चुनाव संबंधी मामलों के समाधान के लिए यह संशोधन किया गया। इसके द्वारा अनुच्छेद-324 में संशोधन करके निर्वाचन अभिकरणों को समाप्त कर दिया गया और निर्वाचन संबंधी विवादों को सीधे उच्च न्यायालय के क्षेत्राधिकार में सम्मिलित कर दिया गया।

20वां संविधान संशोधन

13 दिसंबर, 1966 को किए गए 20वें संविधान संशोधन के माध्यम से उत्तर तथा कुछ अन्य राज्यों में कुछ जिला न्यायाधीशों की नियुक्ति, स्थानातंरण, पदोन्नति इत्यादि को वैधता प्रदान की गई। ध्यातव्य है कि चंद्रमोहन बनाम राज्य मुकदमे में सर्वोच्च न्यायालय ने संविधान की 23वीं धारा के अंतर्गत नियुक्त कुछ जिला न्यायाधीशों की नियुक्तियों को अवैध घोषित कर दिया था।

21वां संविधान संशोधन

10 अप्रैल, 1967 को संपन्न 21वें संविधान संशोधन द्वारा संविधान की आठवीं अनुसूची में सिंधी भाषा को क्षेत्रीय भाषा के अंतर्गत रखा गया।

22वां संविधान संशोधन

22वें संविधान संशोधन को 1969 में पारित किया गया। इसके द्वारा संसद को यह अधिकार प्रदान किया गया कि वह असोम (असम) राज्य के अंतर्गत कुछ कबायली क्षेत्रों को मिलाकर नए स्वशासित राज्य की स्थापना करे और उसके लिए व्यवस्थापिका और मंत्रिपरिषद् का प्रबंध करे। मेघालय राज्य की उत्पत्ति इसी संशोधन का परिणाम है।

23वां संविधान संशोधन

23 जनवरी, 1970 को सम्पन्न 23वें संविधान संशोधन द्वारा निम्नलिखित व्यवस्था की गई-(i) राज्यपाल को विधानसभा में केवल एक आंग्ल-भारतीय सदस्य मनोनीत करने का अधिकार होगा, (ii) नागालैंड में अनुसूचित जातियों के लिए असोम (असम) जैसी व्यवस्था की गई तथा (iii) अनुसूचित जातियों के लिए संरक्षण प्रदान करने की अवधि 1980 तक के लिए बढ़ा दी गई।

24वां संविधान संशोधन

1971 में किए गए इस संशोधन के माध्यम से संसद को यह अधिकार दिया गया कि वह मौलिक अधिकारों सहित संविधान के किसी भी उपबंध में संशोधन कर सकती है। ध्यातव्य है कि गोलकनाथ बनाम पंजाब राज्य के मुकदमे में सर्वोच्च न्यायालय ने कहा था कि संसद को मौलिक अधिकारों सहित कुछ उपबंधों में संशोधन करने का अधिकार नहीं है। इस संशोधन के द्वारा यह भी स्पष्ट किया गया कि जब दोनों सदनों द्वारा पारित कोई संविधान संशोधन विधेयक राष्ट्रपति के सम्मुख प्रेषित किया जाएगा तब राष्ट्रपति उस पर अपनी स्वीकृति देने से मना नहीं कर सकते हैं। 24वें संविधान संशोधन के प्रमुख प्रावधान निम्नवत् हैं-

- इस अधिनियम द्वारा अनुच्छेद–368 में उपखंड (1) तथा (3) को जोड़ा गया तथा उपखंड (2) को संशोधित किया गया। इस संशोधन के पूर्व वर्तमान उपखंड (2) ही मूल अनुच्छेद–368 था। उपखंड (1) के अंतर्गत यह प्रावधान किया गया कि संसद को अपनी संवैधानिक शक्ति का प्रयोग करते हुए, इस संविधान के किसी भी उपबंध का परिवर्द्धन, परिवर्तन या निरसन के रूप में संशोधन की शक्ति होगी।
- गोलकनाथ मामले में दिए गए निर्णय के कारण यह प्रावधान किया गया। खंड (3) के तहत उपबंधित किया गया कि अनुच्छेद–13 की कोई बात इस अनुच्छेद के तहत किए गए संविधान संशोधन पर लागू नहीं होगी।
- इस प्रकार का उपबंध अनुच्छेद–13(4) को जोड़कर भी किया गया। खंड (2) के तहत यह जोड़ा गया कि संसद द्वारा पारित विधेयक राष्ट्रपति के समक्ष प्रस्तुत किया जाएगा, जो उस पर अनुमति देगा। इस प्रकार अब राष्ट्रपति को संविधान संशोधन विधेयक पर अनुमति देने के लिए बाध्य कर दिया गया।
- 24वें संविधान संशोधन को सर्वोच्च न्यायालय ने केशवानंद भारती बनाम केरल सरकार के मामले में अपना निर्णय देते हुए वैध ठहराया।

25वां संविधान संशोधन

25वां संविधान संशोधन 1971 में किया गया। इसके द्वारा अनुच्छेद–31 को संशोधित किया गया और यह व्यवस्था की गई कि सार्वजनिक उद्देश्य के लिए संपत्ति के अधिग्रहण में संविधान के अन्य अनुच्छेद बाधक न बने। इसके द्वारा अनुच्छेद–31 (ग) के बाद कुछ शब्दों को जोड़कर इस बात की व्यवस्था की गई कि संपत्ति के सार्वजनिक दृष्टि से अर्जन और उसके मुआवजे की राशि को न्यायालय में चुनौती नहीं दी जा सकती है। इस संशोधन के द्वारा एक ऐसी संविधिक व्यवस्था सृजित की गई जिससे राज्य के नीति-निदेशक तत्वों को क्रियान्वित करने में कोई बाधा न उत्पन्न हो।

26वां संविधान संशोधन

26वां संविधान संशोधन भी 1971 में पारित किया गया। इसके द्वारा भूतपूर्व देशी रियासतों के शासकों का प्रिवीपर्स समाप्त कर दिया गया।

27वां संविधान संशोधन

1971 में किए गए 27वें संविधान संशोधन द्वारा भारत के उत्तर-पूर्वी क्षेत्र के 5 राज्यों असोम (असम), नागालैंड, मेघालय, मणिपुर, त्रिपुरा तथा दो केंद्र-शासित प्रदेशों मिजोरम तथा अरुणाचल प्रदेश का पुनर्गठन किया गया। इस क्षेत्र के उक्त पांचों राज्यों तथा दोनों केंद्र-शासित प्रदेशों के प्रशासन में समन्वय स्थापित करने के लिए **पूर्वोत्तर सीमांत परिषद्** की स्थापना की गई। इसके अतिरिक्त इसी संविधान संशोधन द्वारा एक नया अनुच्छेद–239 (ख) भी जोड़ा गया जिसके आधार पर कुछ संघीय क्षेत्र के प्रशासन को अध्यादेश जारी करने की शक्ति प्रदान की गई।

28वां संविधान संशोधन

1972 में किए गए 28वें संविधान संशोधन द्वारा संविधान के अनुच्छेद–312 को संशोधित किया गया तथा 312 (क) एक नया अनुच्छेद जोड़ा गया। इस संशोधन का उद्देश्य भारतीय सिविल सेवा की शर्तों में संशोधन करना था।

29वां संविधान संशोधन

29वें संविधान संशोधन द्वारा संपत्ति के व्यक्तिगत अधिकारों को सीमित किया गया तथा राज्यों द्वारा पारित भूमि सुधार अधिनियमों को प्रभावशाली बनाया गया। इसी संशोधन के द्वारा केरल के भूमि सुधार के दो विधेयकों को संविधान की नौवीं अनुसूची में सम्मिलित कर दिया गया।

30वां संविधान संशोधन

1972 में किए गए 30वें संविधान संशोधन द्वारा अनुच्छेद–133 को संशोधित करके सर्वोच्च न्यायालय के दीवानी क्षेत्राधिकार को विस्तृत कर दिया गया। इस संशोधन से 20,000 रुपए से कम संपत्ति वाले मामले भी सर्वोच्च न्यायालय में दायर किए जा सकते हैं, परंतु इसके लिए आवश्यक है कि उच्च न्यायालय यह प्रमाणपत्र दे कि उसमें सामान्य हित संबंधी कानून का प्रश्न निहित है और मामला सर्वोच्च न्यायालय द्वारा निर्णय लेने योग्य है।

31वां संविधान संशोधन

31वां संविधान संशोधन 1974 में किया गया जिसका उद्देश्य लोकसभा में सीटों की संख्या का निर्धारण करना था। इस संशोधन के द्वारा लोकसभा के सदस्यों की संख्या 545 निर्धारित की गई। इनमें से 545 सदस्य निर्वाचित होंगे तथा 2 सदस्य राष्ट्रपति द्वारा आंग्ल-भारतीय वर्ग के प्रतिनिधि के रूप में मनोनीत किए जाएंगे।

32वां संविधान संशोधन

32वां संविधान संशोधन आंध्र प्रदेश की एकता को बनाए रखने के लिए 6 सूत्री प्रस्ताव को कार्यरूप में परिणत करने के लिए किया गया। इसके द्वारा संविधान के अनुच्छेद–371 में परिच्छेद D तथा E जोड़ा गया। 32वां संविधान संशोधन 1974 में किया गया।

33वां संविधान संशोधन

1974 में संपन्न 33वें संविधान संशोधन का संबंध संसद सदस्यों तथा विधानमंडल सदस्यों के त्यागपत्र से है। इसके द्वारा यह व्यवस्था की गई कि लोकसभा अध्यक्ष तथा विधानसभाध्यक्ष क्रमश: संसद सदस्यों तथा विधायकों द्वारा दिए गए त्यागपत्र की जांच करेंगे कि उन्होंने स्वेच्छा से त्यागपत्र दिया है या उनसे त्यागपत्र दिलवाया गया है। उल्लेखनीय है कि यह व्यवस्था गुजरात तथा बिहार के छात्र आंदोलन को देखते हुए की गई जहां सदस्यों से जबरदस्ती त्यागपत्र दिलाये जा रहे थे। 33वें संविधान संशोधन द्वारा अनुच्छेद–101 (3) तथा 190 (3) में संशोधन किया गया।

34वां संविधान संशोधन

1974 में किए गए 34वें संविधान संशोधन का संबंध भूमि सुधार कानूनों से है। इसके द्वारा विभिन्न राज्य विधानमंडलों द्वारा पारित किए गए 17 भूमि सुधार कानूनों को संविधान की 9वीं अनुसूची में रखा गया तथा यह व्यवस्था की गई कि इनको न्यायालय में चुनौती नहीं दी जा सके।

35वां संविधान संशोधन

1974 में किए गए 35वें संविधान संशोधन द्वारा भारतीय संविधान के संघीय स्वरूप में मूलभूत संशोधन करके सिक्किम को सहराज्य का दर्जा दिया गया।

36वां संविधान संशोधन

1975 में किए गए 36वें संविधान संशोधन द्वारा सिक्किम को भारतीय गणराज्य में 22वें राज्य के रूप में सम्मिलित किया गया।

37वां संविधान संशोधन

1975 में किए गए 37वें संविधान संशोधन द्वारा अरुणाचल प्रदेश में संसदीय शासन व्यवस्था स्थापित की गई और वहां विधानसभा तथा मंत्रिपरिषद् की स्थापना की गई।

38वां संविधान संशोधन

38वां संविधान संशोधन 24 जुलाई, 1975 को किया गया। इस संशोधन के द्वारा भारतीय राष्ट्रपति ने विभिन्न राज्यों के राज्यपालों तथा संघीय क्षेत्र के प्रशासकों द्वारा उद्घोषित संकटकालीन अध्यादेशों को न्यायालयों की सुनवाई के क्षेत्राधिकार से अलग कर दिया। इस संशोधन द्वारा यह प्रावधानित किया गया कि राष्ट्रपति शासन द्वारा राष्ट्रपति की उद्घोषणा द्वारा किए गए कार्यों के संबंध में कोई मामला अदालत नहीं लाया जा सकता है।

39वां संविधाान संशोधन

39वां संविधान संशोधन 1975 में किया गया। इस संशोधन अधिनियम द्वारा केंद्र तथा विभिन्न राज्यों के 38 कानूनों को संविधान की नौवीं अनुसूची में रखा गया। इसके अतिरिक्त इस संशोधन द्वारा यह व्यवस्था की गई कि राष्ट्रपति, उपराष्ट्रपति, लोकसभाध्यक्ष तथा प्रधानमंत्री के निर्वाचन को उच्च या सर्वोच्च न्यायालय में चुनौती नहीं दी जा सकती है।

40वां संविधान संशोधन

40वां संविधान संशोधन 27 मई, 1976 को किया गया। यह संशोधन दो भागों में विभाजित है। पहले भाग के अनुसार महाद्वीपीय भूमि तथा आर्थिक क्षेत्र में पाई जाने वाली भूमि, खनिज पदार्थ तथा अन्य कीमती वस्तुओं पर केंद्र सरकार का एकमात्र अधिकार होगा। इसके लिए अनुच्छेद–276 में संशोधन किया गया। इस संशोधन के दूसरे भाग द्वारा केंद्र सरकार तथा राज्य सरकार के 54 कानूनों को नौवीं अनुसूची में जोड़ा गया।

41वां संविधान संशोधन

7 सितंबर, 1976 को किए गए 41वें संविधान संशोधन द्वारा राज्य लोक सेवा आयोग के सदस्य तथा अध्यक्ष की सेवानिवृत्ति की आयु 60 वर्ष से बढ़ाकर 62 वर्ष कर दी गई।

42वां संविधान संशोधन

42वां संविधान संशोधन 1976 में आपातकाल के समय किया गया। 42वां संविधान संशोधन लघु संविधान भी कहा जाता है। इस संशोधन द्वारा संविधान में व्यापक संशोधन किए गए थे। इस संशोधन द्वारा भारतीय संविधान के स्वरूप में क्रांतिकारी परिवर्तन हुए। 42वें संविधान संशोधन अधिनियम को तत्कालीन विधि मंत्री एच. आर. गोखले ने 1 सितंबर, 1976 को लोकसभा में प्रस्तुत किया। विचार–विमर्श के बाद 2 नवंबर, 1976 को लोकसभा ने 4 के विरुद्ध 276 मतों से इस विधेयक को पारित कर दिया। राज्यसभा ने भी इसे दो–तिहाई बहुमत से पारित कर दिया। इसके बाद दो–तिहाई से अधिक राज्यों के अनुमोदन के पश्चात् 18 दिसंबर 1976 को राष्ट्रपति की स्वीकृति मिलने के साथ ही 42वां संविधान संशोधन संविधान का अंग बन गया।

इस अधिनियम द्वारा अनुच्छेद–368 में खंड (4) तथा (5) जोड़ा गया। यह उपखंड केशवानंद भारती मामले में उच्चतम न्यायालय द्वारा संसद की संविधान संशोधन की शक्ति पर आरोपित संविधान के आधारभूत ढांचे की सीमा को समाप्त करने के लिए जोड़ा गया था, जो संसद की संविधान की असीमित शक्ति तथा इन संशोधनों को किसी न्यायालय में किसी भी आधार पर प्रश्नगत न किए जाने का प्रावधान करता था। किंतु, उच्चतम न्यायालय ने इसे मिनर्वा मिल्स बनाम भारत संघ (1980) के मामले में असंवैधानिक घोषित कर दिया।

42वें संविधान संशोधन के उत्प्रेरक एवं उत्तरदायी कारण

42वां संविधान संशोधन अब तक का सबसे व्यापक एवं विवादास्पद संविधान संशोधन है। 42वें संविधान संशोधन के लिए निम्नलिखित कारकों को उत्तरदायी माना गया है–

- 42वें संविधान संशोधन के समय देश में आपात उद्घोषणा प्रवर्तन में थी और पूरे देश में एक आंदोलन चल रहा था जिसका उद्देश्य इंदिरा गांधी को सत्ता से हटाना था। श्रीमती इंदिरा गांधी ने अपनी सत्ता को बचाए रखने के लिए यह संशोधन किया।
- किसी भी देश का संविधान एक सामाजिक दस्तावेज होता है। यदि स्वयं संविधान ही देश की सामाजिक और आर्थिक प्रगति में बाधक बनता है तो उसे बदल दें। ध्यातव्य है कि सर्वोच्च न्यायालय ने सरकार के अनेकों कानूनों को अवैध घोषित कर दिया था। राज्य के नीति–निदेशक सिद्धांतों को मौलिक अधिकारों की तुलना में प्राथमिकता नहीं दी गई और संसद द्वारा पारित संशोधन के प्रस्ताव संविधान के बुनियादी ढांचे को नष्ट करने वाले बताकर सर्वोच्च न्यायालय द्वारां अवैध घोषित कर दिए गए–तत्कालीन प्रधानमंत्री ने यह महसूस किया कि कानूनी अंतर्विरोधों को समाप्त करके ही संविधान में निहित सामाजिक लक्ष्यों को प्राप्त किया जा सकता है।
- 42वां संविधान संशोधन किए जाने के लिए कार्यपालिका और न्यायपालिका के मध्य रस्साकशी को भी उत्तरदायी माना जाता है। ध्यातव्य है कि 1967 के बाद से ही न्यायपालिका ने सरकार के कार्यों में हस्तक्षेप करना शुरू कर दिया था। 1967 से 1971 की अवधि में संसद में संविधान के बुनियादी स्वरूप को लेकर काफी बहस हुई थी। संसद विशेषत: सरकार का कहना था कि संसद सदस्य जनता के प्रतिनिधि होते हैं। इसलिए संसद जनहित की दृष्टि से संविधान के बुनियादी ढांचे में संशोधन नहीं कर सकती है। गोलकनाथ बनाम पंजाब राज्य के मामले में सर्वोच्च न्यायालय ने स्पष्टत: कहा कि संसद संविधान के बुनियादी ढांचे को संशोधित नहीं कर सकती है। इसी समय सर्वोच्च न्यायालय ने पूर्व देशी रियासतों के प्रिवीपर्स को समाप्त करने के सरकार के निर्णय को अवैध घोषित कर दिया था। कार्यपालिका को यह महसूस हुआ कि न्यायपालिका समय के अनुसार तथा जनता की आकांक्षाओं के साथ कदम मिलाकर नहीं चलना चाहती है। अत: न्यायपालिका के अधिकार क्षेत्र में कमी करना आवश्यक है।
- मौलिक अधिकारों तथा नीति–निदेशक तत्वों के मध्य मतभेद भी 42वें संविधान संशोधन के लिए उत्तरदायी है। ध्यातव्य है कि संविधान में एक तरफ मौलिक अधिकारों को नीति–निदेशक तत्वों की अपेक्षा प्राथमिकता प्रदान की गई है तो दूसरी तरफ नीति–निदेशक तत्वों को संविधान की आत्मा कहा गया है। नीति–निदेशक तत्वों को लागू करने की दृष्टि से सृजित अनेक विधियों को सर्वोच्च न्यायालय द्वारा यह कहकर अवैध घोषित कर दिया गया था कि इससे मौलिक अधिकारों का अतिक्रमण होता है। ऐसी स्थिति में नीति–निदेशक सिद्धांतों को पर्याप्त महत्व देने के लिए संशोधन करने का निर्णय लिया गया।

- 42वें संविधान संशोधन के समय देश में आपात उद्घोषणा प्रवर्तन में थी, जिसका शासक दल ने लाभ उठाना चाहा और उसने यह महसूस किया कि लोकतंत्र की सफलता के लिए नागरिकों के मौलिक अधिकारों के साथ-साथ नागरिकों के कर्तव्यों को स्पष्ट रूप से परिभाषित किया जाना आवश्यक है। नागरिकों के लिए कर्तव्यों का संविधान में समावेश करने के लिए संविधान संशोधन करने का निर्णय लिया गया। सरकार की इस इच्छा के पीछे तत्कालीन परिस्थितियां काम कर रही थीं, जो इसके लिए प्रतिकूल थीं। शासक दल ने यह सोचा कि नागरिक कर्तव्यों के समावेश करके अपने विरुद्ध चल रहे आंदोलन को विफल करने में उसे सफलता मिलेगी। इसलिए अधिकारों के साथ-साथ मौलिक कर्तव्यों का भी संविधान में उल्लेख किया गया।
- देश में 25 जून, 1975 को की गई आपात उद्घोषणा से देश में फैली अराजक राजनीतिक एवं आर्थिक स्थिति को भी 42वें संविधान संशोधन का एक कारण माना जाता है। गुजरात और बिहार में आंदोलन चरम सीमा पर था। समस्त समाज अस्त-व्यस्त था। स्कूलों तथा कालेजों में पढ़ाई बंद हो गई थी। मुद्रा स्फीति शिखर पर थी। लोगों को आवश्यक वस्तुएं प्राप्त करने में कठिनाई हो रही थी। इसी समय इलाहाबाद उच्च न्यायालय ने श्रीमती इंदिरा गांधी के निर्वाचन को रद्द कर दिया। श्रीमती गांधी ने अपनी सत्ता बचाए रखने के लिए आपात स्थिति लागू कर दी तथा उक्त घटनाओं पर पर्दा डालने के लिए संविधान संशोधन किया गया।
- 42वें संविधान संशोधन का एक महत्वपूर्ण कारण 1971 के आम चुनाव के समय कांग्रेस पार्टी द्वारा जारी चुनाव घोषणा पत्र था। कांग्रेस पार्टी ने 1971 के अपने चुनाव घोषणा पत्र में संविधान के स्वरूप में संशोधन करने के लिए जनादेश मांगा था। कांग्रेस के घोषणा पत्र में कहा गया था कि ''यह हम लोगों का प्रयास होगा कि सामाजिक न्याय के लिए इसमें सांविधानिक विकास और संशोधन किए जाएं जो मार्ग में आने वाली बाधाओं को हटाने के लिए आवश्यक हों। कांग्रेस पार्टी ने अपने चुनावी घोषणा पत्र में किए गए वादों को पूरा करने के लिए संविधान में संशोधन हेतु विचार-विमर्श के लिए विदेश मंत्री स्वर्ण सिंह के नेतृत्व में एक समिति का गठन 26 फरवरी 1976 को किया। 28 तथा 29 मई को कांग्रेस पार्टी के दिल्ली अधिवेशन में कांग्रेस कार्यकारिणी द्वारा स्वर्ण सिंह समिति की रिपोर्टों को स्वीकार कर लिया गया। कांग्रेस पार्टी के द्वारा स्वर्ण सिंह समिति के स्वीकृत किए गए अंश निम्नवत् हैं–

  (a) भारत एक सार्वभौम, जनतांत्रिक, धर्म-निरपेक्ष समाजवादी संघ है।

  (b) संसद को संविधान के किसी भी भाग को संशोधित करने की शक्ति प्राप्त है।

  (c) नीति-निदेशक सिद्धांतों को क्रियान्वित करने के लिए केंद्र तथा राज्य सरकार द्वारा बनाए गए कानूनों को न्यायालय में चुनौती नहीं दी जा सकती है।

  (d) केंद्र को देश के किसी भी भाग में पुलिस या सुरक्षा बल भेजने का अधिकार होगा।

  (e) भूमि सुधार, अन्न अधिग्रहण, आवश्यक पदार्थों का वितरण, सेवा संबंधी मामले तथा श्रमिकों से संबद्ध कानूनों की समीक्षा का अधिकार न्यायालयों को नहीं होगा।

  (f) केंद्र देश के किसी भी भाग में संकटकालीन स्थिति की घोषणा कर सकता है।

  (g) स्वर्ण सिंह समिति ने शिक्षा और कृषि को राज्य सूची से हटा कर समवर्ती सूची में डालने का अनुरोध किया था। परंतु कांग्रेस कार्यकारिणी ने कृषि को राज्य सूची में ही बने रहने की अनुशंसा की तथा केवल शिक्षा को ही समवर्ती सूची में लाने का सुझाव दिया। उल्लेखनीय है कि कांग्रेस कार्यकारिणी ने सरकार से तुरन्त संविधान संशोधन का अनुरोध किया।

42वें संविधान संशोधन के उद्देश्य

सरकार ने कांग्रेस कार्यकारिणी की अनुशंसा पर स्वर्ण सिंह समिति के प्रतिवेदन के आधार पर 1 सितंबर, 1976 को लोकसभा में 42वां संविधान संशोधन विधेयक प्रस्तुत किया जिसमें उसके उद्देश्य निम्नलिखित बताए गए हैं–

(a) संविधान की सर्वोच्चता को स्पष्ट करना।

(b) संविधान द्वारा स्थापित प्रजातांत्रिक संस्थाओं की गरिमा को अक्षुण्ण रखना।

(c) निर्धनता, अज्ञानता, बीमारी तथा असमानता को समाप्त करके आर्थिक क्रांति का मार्ग प्रशस्त करना।

(d) मौलिक अधिकारों की तुलना में नीति-निदेशक सिद्धांतों को प्राथमिकता प्रदान करना।

(e) नागरिकों के मौलिक कर्तव्यों को स्पष्ट करना।

(f) संसद तथा कार्यपालिका को व्यापक अधिकार प्रदान करना तथा न्यायपालिका के अधिकारों मे कटौती करना।

(g) 20 सूत्री कार्यक्रम के क्रियान्वयन के मार्ग में आने वाली बाधाओं को दूर करना।

42वें संविधान संशोधन के प्रमुख प्रावधान

42वें संविधान संशोधन का क्षेत्र काफी व्यापक है। इसके द्वारा प्रस्तावना, अनुच्छेद–31, 31 (ग), 39, 55, 74, 77, 81, 82, 83, 100, 102, 103, 105, 118, 145, 150, 166, 170, 172, 189, 191, 194, 208, 217, 225, 226, 227, 228, 311, 312, 330, 352, 353, 356, 357, 358, 359, 366, 369, 371F में संशोधन किया गया। इसके अतिरिक्त 7वीं अनुसूची में 31D, 32A, 39A, 43A, 48A, भाग 4A, 51A, 131A, 139A, 144A, 226A, 228A, 257A, भाग-19A, 322A, 323B जोड़ा गया। इस प्रकार स्पष्ट है कि 42वें संविधान संशोधन के प्रमुख प्रावधान निम्नवत् हैं–

1. 42वें संविधान संशोधन द्वारा प्रस्तावना में धर्म-निरपेक्ष और समाजवादी शब्द जोड़ दिए गए तथा राज्य की एकता के साथ ''और अखंडता'' शब्द जोड़ा गया।
2. मौलिक अधिकारों की तुलना में संविधान के सभी प्रावधानों में नीति-निदेशक सिद्धांतों को प्राथमिकता दी गई तथा यह स्पष्ट कर दिया गया कि नीति-निदेशक सिद्धांतों के कार्यान्वयन के लिए किसी भी निर्मित कानून को न्यायालयों द्वारा अवैध घोषित नहीं किया जा सकता है। इसके लिए अनुच्छेद–31 (ग) में संशोधन किया गया।
3. अनुच्छेद–39 में संशोधन करके नीति-निदेशक सिद्धांतों के क्षेत्र का विस्तार किया गया। यह स्पष्ट शब्दों में कहा गया कि बच्चों को स्वस्थ तरीके से और स्वतंत्रता के वातावरण में सर्वांगीण विकास के लिए सुविधा उपलब्ध कराई जाएगी।
4. अनुच्छेद–368 में परिच्छेद (4) जोड़कर संसद द्वारा किए गए संवैधानिक संशोधनों को न्यायालय में चुनौती देने के लिए अनुपयुक्त बनाया गया।
5. 42वें संविधान संशोधन द्वारा एक नया भाग-4 (क) जोड़ा गया जिसमें नागरिकों के मौलिक कर्तव्यों का समावेश किया गया।

6. इसके माध्यम से संसद को यह अधिकार दिया गया कि वह राष्ट्र विरोधी गतिविधियों एवं संगठनों को रोकने के लिए कानून का निर्माण करे। इसकी पूर्ति के लिए संविधान में एक नया अनुच्छेद–31 D जोड़ा गया। इस संशोधन के अंतर्गत बनाई गई विधियों को न्यायालय मौलिक अधिकारों के नाम पर गैर-कानूनी घोषित नहीं कर सकता है। यहां तक कि अनुच्छेद–14, 19 और 31 द्वारा प्राप्त बुनियादी अधिकारों के उल्लंघन पर भी चुनौती नहीं दी जा सकती है।
7. संविधान में एक नया उप अनुच्छेद–32 (क) जोड़कर सर्वोच्च न्यायालय तथा उच्च न्यायालय के अधिकारों को सीमित करने का प्रयास किया गया। उप-अनुच्छेद–32 (क) में यह प्रावधान किया गया कि अनुच्छेद–32 के अंतर्गत किसी राज्य के कानून की संवैधानिकता के संदर्भ में न्यायालय का निर्णय करने का अधिकार तब तक नहीं है जब तक कि उसके साथ किसी केंद्रीय कानून का मामला न संलग्न हो।
8. 42वें संविधान संशोधन द्वारा राष्ट्रपति की शक्तियों में कमी की गई तथा अनुच्छेद–74 में संशोधन करके यह व्यवस्था की गई कि राष्ट्रपति मंत्रिपरिषद् की मंत्रणा के अनुसार ही कार्य करेगा अर्थात् राष्ट्रपति मंत्रिपरिषद् की मंत्रणा को मानने के लिए बाध्य होगा।
9. अनुच्छेद–356 में संशोधन करके यह व्यवस्था की गई कि संसद की स्वीकृति से विभिन्न राज्यों में राष्ट्रपति शासन संकटकाल की घोषणा की तिथि से 1 वर्ष तक लागू रहेगा और पुनः संशोधन करके 1 वर्ष के लिए बढ़ाया जा सकता है, परंतु अधिकतम अवधि 3 वर्ष होगी। ध्यातव्य है कि इसके पहले राष्ट्रपति शासन बढ़ाए जाने की अवधि 6 माह थी।
10. अनुच्छेद–312 में संशोधन करके राष्ट्रपति को यह अधिकार दिया गया कि वह देश के किसी एक भाग में अथवा पूरे देश में आवश्यकता के अनुसार संकटकालीन स्थिति की घोषणा कर सकते हैं।
11. 42वें संविधान संशोधन द्वारा न्यायालयों की न्यायिक पुनर्विलोकन की शक्ति को सीमित कर दिया गया तथा यह व्यवस्था की गई कि संविधान के किसी भी संशोधन को न्यायालयों में इस आधार पर चुनौती नहीं दी जा सकती है कि उस संशोधन को पारित कराने में अनुच्छेद–368 में वर्णित प्रक्रिया नहीं अपनाई गई है।
12. 42वें संविधान सँशोधन द्वारा लोकसभा तथा विधानसभाओं की अवधि 5 वर्ष से बढ़ाकर 6 वर्ष कर दी गई।
13. संसद के किसी सदन के कोरम संबंधी उपबंधों को समाप्त कर दिया गया। इस संबंध में कानून बनाने का अधिकार संसद को प्रदान किया गया। इसी प्रकार राज्य विधान मंडलों को भी अधिकार दिया गया।
14. संसद सदस्यों एवं विधान मंडलों के सदस्यों के अधिकार तथा विशेषाधिकारों की व्यवस्था में संशोधन किया गया।
15. 42वें संविधान संशोधन द्वारा अंकेक्षण तथा लेखा में अलगाव कर दिया गया। इसके द्वारा नियंत्रक एवं महालेखा परीक्षक के अधिकारों में कटौती की गई।
16. उच्च न्यायालय के न्यायाधीशों की योग्यता संबंधों उपबंधों को संशोधित करके यह व्यवस्था की गई कि कोई विधिवेत्ता भी उच्च न्यायालय का न्यायाधीश हो सकता है। इसके अतिरिक्त 42वें संविधान संशोधन द्वारा अनुच्छेद–226 में संशोधन करके उच्च न्यायालयों की रिट याचिका से संबंधित अधिकार को पहले की तुलना में सीमित कर दिया गया।
17. केंद्र को किसी भी राज्य के किसी भी भाग में कानून और व्यवस्था की स्थिति में सुधार करने के लिए सेना भेजने का अधिकार दिया गया और यह भी कहा गया कि सेना पर केंद्र का ही अधिकार होगा।
18. इस संशोधन के द्वारा अखिल भारतीय न्यायिक सेवा की स्थापना का प्रावधान किया गया। संसद विधि का सृजन करके इस सेवा की स्थापना कर सकती है और जिला न्यायाधीश तक की नियुक्ति इस सेवा के माध्यम से हो सकती है।
19. समवर्ती सूची में वन्य जीव, पक्षियों की सुरक्षा, न्यायालयों का प्रशासन, जनसंख्या नियंत्रण, परिवार नियोजन, शिक्षा, बाट तथा माप आदि विषय सम्मिलित किए गए।
20. 42वें संविधान संशोधन द्वारा केंद्र तथा राज्य सरकारों के कर्मचारियों की सेवा, स्थिति तथा उनकी बहाली से संबद्ध विवादों के निर्णय के लिए एक संसदीय कानून द्वारा प्रशासनिक पंचायतों की स्थापना की व्यवस्था की गई।
21. 42वें संविधान संशोधन द्वारा केंद्रीय कानून तथा राज्य कानून जैसे शब्दों को परिभाषित किया गया।

उपर्युक्त विवेचन से स्पष्ट है कि 42वें संविधान संशोधन अधिनियम के द्वारा संविधान में व्यापक तथा विस्तृत संशोधन किया गया है।

43वां संविधान संशोधन

43वां संविधान संशोधन 23 अप्रैल, 1978 को राष्ट्रपति की स्वीकृति मिलने के साथ ही संविधान का एक अंग बन गया। 43वें संविधान संशोधन द्वारा 42वें संविधान संशोधन के कुछ आपत्तिजनक प्रावधानों विशेष रूप से न्यायपालिका से संबंधित प्रावधानों को रद्द कर दिया गया। 43वें संविधान द्वारा न्यायपालिका के उन समस्त अधिकारों को वापस लौटा दिया गया जिनको 42वें संविधान संशोधन द्वारा छीन लिया गया था।

44वां संविधान संशोधन

42वें संविधान संशोधन के अनेक प्रावधानों को निरस्त करने के लिए 14 मई, 1978 को विधि मंत्री शांतिभूषण ने 44वां संविधान संशोधन विधेयक लोकसभा में प्रस्तुत किया। लोकसभा में पारित होने के बाद राज्यसभा को भेजा गया। राज्यसभा ने 5 संशोधनों सहित 44वें संविधान संशोधन को पारित कर दिया। लोकसभा ने राज्यसभा के द्वारा किए गए सभी संशोधनों को स्वीकार कर लया। 30 अप्रैल, 1979 को राष्ट्रपति द्वारा स्वीकृति दिए जाने के बाद 44वां संविधान संशोधन संविधान का एक अंग बन गया। 44वें संविधान संशोधन के प्रमुख प्रावधान निम्नलिखित हैं–

1. अनुच्छेद–19 में संशोधन करके संपत्ति को केवल विधिक अधिकार माना गया। **संपत्ति के अधिकार को मूल अधिकारों की सूची से अलग कर दिया गया।** इस प्रकार संपत्ति का अधिकार मूल अधिकार नहीं रह गया।
2. 44वें संविधान संशोधन द्वारा यह उपबंध किया गया कि अनुच्छेद–21 के अंतर्गत प्राप्त जीवन और स्वतंत्रता के अधिकार को किसी भी समय स्थगित या सीमित नहीं किया जा सकता है।
3. लोकसभा तथा विधानसभा के कार्यकाल को पुनः 6 वर्ष से घटाकर 5 वर्ष कर दिया गया।
4. 44वें संविधान संशोधन द्वारा यह प्रावधान किया गया कि राष्ट्रपति मंत्रिपरिषद् की मंत्रणा स्वीकार करने के लिए बाध्य तो है, परंतु उस पर पुनः मंत्रिपरिषद् से विचार करने के लिए कह सकते हैं। पुनर्विचार के बाद मंत्रिपरिषद् द्वारा राष्ट्रपति को जो मंत्रणा दी जाएगी उसे राष्ट्रपति को प्रत्येक स्थिति में स्वीकार करना होगा।
5. संसद तथा राज्यों की विधान मंडलों की गणपूर्ति संबंधी नियमों को पुनः यथावत् कर दिया गया।
6. 44वें संविधान संशोधन द्वारा यह प्रावधान किया गया कि **राष्ट्रपति अनुच्छेद–352 के अंतर्गत आपातकाल की घोषणा तभी कर सकता है**

जब मंत्रिमंडल लिखित सिफारिश करे। आपातकाल की घोषणा युद्ध, बाहरी आक्रमण और शासन विद्रोह की स्थिति में ही की जा सकती है तथा इसे संसद द्वारा एक माह के अंदर ही स्वीकृति लेनी होगी। लोकसभा में उपस्थित और मतदान में भाग लेने वाले सदस्यों के सामान्य बहुमत से ही आपातकाल की घोषणा समाप्त की जा सकती है। आपातकाल पर विचार-विमर्श के लिए लोकसभा के एक-दहाई सदस्यों की मांग पर बैठक बुलाना अनिवार्य है।

7. 44वें संविधान संशोधन द्वारा 39वें संविधान संशोधन को रद्द कर दिया गया तथा यह व्यवस्था की गई कि राष्ट्रपति, उपराष्ट्रपति, प्रधानमंत्री तथा लोकसभाध्यक्ष के निर्वाचन संबंधी विवादों की सुनवाई का अधिकार उच्च न्यायालय तथा सर्वोच्च न्यायालय को होगा।

45वां संविधान संशोधन

जनवरी, 1980 में किए गए 45वें संविधान संशोधन द्वारा अनुसूचित जातियों तथा जनजातियों के लिए आरक्षण की अवधि 25 जनवरी, 1990 तक के लिए बढ़ा दी गई।

46वां संविधान संशोधन

46वां संविधान संशोधन 3 फरवरी, 1983 को किया गया। इस संशोधन की आवश्यकता बिक्रीकर कानूनों में विद्यमान विसंगतियों को दूर करने के लिए की गई। इस संशोधन द्वारा केंद्रीय सूची के अंतर्गत 7वीं अनुसूची में 92 (ख) जोड़ा गया जिसके परिणामस्वरूप राष्ट्रपति को यह अधिकार मिल गया कि अंतर्राज्यीय कर पर वह अधिभार लगा सकता है। अनुच्छेद–369 में यह संशोधन किया गया कि बिक्री कर की साख राज्यों को भी मिल सके। अनुच्छेद–366 में एक नया उपखंड 29 जोड़ दिया गया जिसका काम विभिन्न वस्तुओं की लेन-देन तथा खरीद-बिक्री से संबंधित करों को परिभाषित करना है।

47वां संविधान संशोधन

47वां संविधान संशोधन 1984 में किया गया जिसका संबंध भूमि सुधार कानूनों से ही है। इस संशोधन द्वारा 14 और भूमि सुधार कानूनों को संविधान की 9वीं अनुसूची में रखा गया।

48वां संविधान संशोधन

1984 में 48वां संविधान संशोधन सीमित और सामायिक राजनीतिक उद्देश्य से किया गया और इसका संबंध सिर्फ पंजाब राज्य तथा उसकी तत्कालीन स्थिति से था। पंजाब में 6 अक्टूबर, 1983 से राष्ट्रपति शासन लागू था। 44वें संविधान संशोधन के अनुसार किसी भी राज्य में राष्ट्रपति शासन की अवधि अधिकतम एक वर्ष हो सकती है। पंजाब में राष्ट्रपति शासन की अवधि को बढ़ाने के लिए अनुच्छेद–356 (5) में यह संशोधन किया गया कि पंजाब में राष्ट्रपति शासन अधिकतम दो वर्ष की अवधि तक और रखा जा सकता है।

49वां संविधान संशोधन

1984 में किए गए 49वें संविधान संशोधन द्वारा संविधान की छठी अनुसूची के अंतर्गत त्रिपुरा में जिला परिषद् की स्थापना की गई।

50वां संविधान संशोधन

1984 में किए गए 50वें संविधान संशोधन द्वारा अनुच्छेद–33 को संशोधित किया गया। इस संशोधन के द्वारा राज्य संपत्ति की सुरक्षा का दायित्व निभाने वाले सुरक्षा बलों, गुप्तचर संगठन में लगे व्यक्तियों और विभिन्न सैन्य बलों के दूरसंचार कार्य में लगे व्यक्तियों के मौलिक अधिकारों को प्रतिबंधित कर दिया गया। ऐसा सुरक्षा बलों में अधिक अनुशासन कायम रखने के लिए किया गया। ध्यातव्य है कि इस संशोधन के पूर्व सशस्त्र बलों या लोक व्यवस्था बनाए रखने का भार वहन करने वाले बलों के मौलिक अधिकारों को सीमित करने का प्रावधान था।

51वां संविधान संशोधन

1984 में अनुच्छेद–330 को संशोधित करके मेघालय, नागालैंड, अरुणाचल प्रदेश तथा मिजोरम की अनुसूचित जातियों को लोकसभा में आरक्षण प्रदान किया गया। इसी प्रकार अनुच्छेद–352 को संशोधित करके नागालैंड तथा मेघालय की विधानसभाओं में जनजातियों के लिए आरक्षण की व्यवस्था की गई।

52वां संविधान संशोधन

52वां संविधान संशोधन 15 फरवरी, 1985 को किया गया। इस संशोधन द्वारा अनुच्छेद–101, 102, 190 और 191 को संशोधित किया गया और संविधान में एक नई 10वीं अनुसूची जोड़ी गई। इसके द्वारा राजनीतिक दल बदल को गैर-कानूनी बना दिया गया तथा सार्वजनिक जीवन के शुद्धिकरण तथा स्वस्थ संसदीय प्रणाली के लिए एक नए युग का श्रीगणेश किया गया।

53वां संविधान संशोधन

1986 में किए गए 53वें संविधान संशोधन द्वारा केंद्र-शासित प्रदेश मिजोरम को पूर्ण राज्य का दर्जा दिया गया।

54वां संविधान संशोधन

54वें संविधान संशोधन द्वारा सर्वोच्च न्यायालय तथा उच्च न्यायालय के न्यायाधीशों के वेतन, भत्ते एवं सेवा शर्तों में सुधार किया गया। इस अधिनियम का उद्देश्य संविधान की दूसरी अनुसूची के भाग-D को संशोधित करना था। 54वां संविधान संशोधन 1986 में किया गया।

55वां संविधान संशोधन

1986 में किए गए 55वें संविधान संशोधन द्वारा केंद्र-शासित क्षेत्र अरुणाचल प्रदेश को भारतीय गणराज्य के अंतर्गत एक नए राज्य के रूप में सम्मिलित कर लिया गया।

56वां संविधान संशोधन

56वां संविधान संशोधन 1987 में किया गया। इसके द्वारा गोवा को पूर्ण राज्य का दर्जा प्रदान किया गया तथा दमन एवं दीव को नया केंद्र-शासित क्षेत्र बनाया गया। गोवा विधानसभा की सदस्य संख्या 40 निर्धारित की गई। इसके साथ-साथ महाराष्ट्र उच्च न्यायालय के क्षेत्र को गोवा राज्य तथा केंद्र-शासित प्रदेश दादरा-नगर हवेली, दमन तथा दीव तक विस्तृत कर दिया गया।

57वां संविधान संशोधन

1987 में संपन्न 57वें संविधान संशोधन द्वारा अरुणाचल प्रदेश, मेघालय और नागालैंड राज्य की विधानसभाओं में अनुसूचित जातियों के लिए सीटों को आरक्षित किया गया।

58वां संविधान संशोधन

1987 में ही संपन्न 58वें संविधान संशोधन द्वारा संविधान में एक नया अनुच्छेद–394 को जोड़कर राष्ट्रपति को संविधान का प्रामाणिक हिंदी संस्करण प्रकाशित करने के लिए अधिकृत किया गया।

59वां संविधान संशोधन

1988 में किए गए संविधान संशोधन में कहा गया कि सरकार आंतरिक अशांति के आधार पर पंजाब में आपातकाल लगा सकती है। इसके अंतर्गत राष्ट्रपति शासन की अवधि अधिकतम तीन वर्ष तक सरकार बढ़ा सकती है।

60वां संविधान संशोधन

60वां संविधान संशोधन दिसंबर, 1988 में किया गया। इसके द्वारा अनुच्छेद–276 में संशोधन करके राज्यों तथा स्थानीय निकायों को यह अधिकार दिया गया कि वे व्यवसाय कर अधिकतम 2500 रुपए वार्षिक लगा सकती है।

61वां संविधान संशोधन

1989 में किया गया 61वां संविधान संशोधन युवा प्रधानमंत्री राजीव गांधी की युवाओं को एक अनुपम भेंट है। 61वें संविधान संशोधन द्वारा मताधिकार के लिए न्यूनतम आवश्यक आयु 21 वर्ष से घटाकर 18 वर्ष कर दी गई।

62वां संविधान संशोधन

62वां संविधान संशोधन जनवरी, 1990 में किया गया जिसका उद्देश्य अनुच्छेद–334 को संशोधित करके लोकसभा तथा राज्य विधानसभाओं में अनुसूचित जातियों तथा जनजातियों के लिए आरक्षण तथा आंग्ल-भारतीय समुदाय के मनोनयन की अवधि को 25 जनवरी, 2000 तक बढ़ाना था।

63वां संविधान संशोधन

1990 में किए गए 63वें संविधान संशोधन द्वारा 59वें संविधान संशोधन को रद्द कर दिया गया।

64वां संविधान संशोधन

1990 में किए गए 64वें संविधान संशोधन द्वारा पंजाब में राष्ट्रपति शासन की अवधि 6 माह तक बढ़ा दी गई।

65वां संविधान संशोधन

1990 में किए गए 65वें संविधान संशोधन द्वारा अनुच्छेद– 338 को संशोधित करके अनुसूचित जाति एवं अनुसूचित जनजाति आयोग के गठन का प्रावधान किया गया।

66वां संविधान संशोधन

66वां संविधान संशोधन 1990 में किया गया। इसके द्वारा नौवीं अनुसूची में 203 से 257 तक नई प्रविष्टियां सम्मिलित की गईं। इसके द्वारा राज्य विधानसभाओं द्वारा पारित भूमि सुधार कानूनों को संविधान की नौवीं अनुसूची में स्थान दिया गया।

67वां संविधान संशोधन

1990 में अनुच्छेद–356 (4) में संशोधन करके पंजाब में राष्ट्रपति शासन को पुनः 6 माह के लिए बढ़ा दिया गया अर्थात् 11 मई, 1987 से 4 वर्ष तक पंजाब में राष्ट्रपति शासन लागू रहा।

68वां संविधान संशोधन

पंजाब में राष्ट्रपति शासन का 5 वर्ष के लिए विस्तार।

69वां संविधान संशोधन

69वां संविधान संशोधन दिसंबर 1991 में किया गया। इसके द्वारा दिल्ली को विशेष राज्य का दर्जा प्रदान किया गया। केंद्र-शासित प्रदेश दिल्ली का नाम बदलकर राष्ट्रीय राजधानी क्षेत्र किया गया। दिल्ली की 70 सदस्यीय विधानसभा गठित की गई। 69वें संविधान संशोधन के माध्यम से संविधान में नया अनुच्छेद–239 क(क), 239 क(ख) का समावेश किया गया।

70वां संविधान संशोधन

70वें संविधान संशोधन का उद्देश्य राष्ट्रपति के निर्वाचक मंडल में केंद्र-शासित प्रदेशों की विधानसभा के सदस्यों को भी सम्मिलित करना था। इस संशोधन के द्वारा ही दिल्ली तथा पुदुचेरी की विधानसभा के सदस्यों को राष्ट्रपति के निर्वाचन में भाग लेने की अनुमति दी गई। इस संशोधन द्वारा अनुच्छेद–74 में संशोधन किया गया।

71वां संविधान संशोधन

1992 में किए गए 71वें संविधान संशोधन के माध्यम से कोंकणी, मणिपुरी तथा नेपाली भाषाओं को संविधान की आठवीं अनुसूची में रखा गया। इस प्रकार 8वीं अनुसूची में उल्लिखित भाषाओं की संख्या 18 हो गई है।

72वां संविधान संशोधन

1992 में किए गए 72वें संविधान संशोधन द्वारा त्रिपुरा की 60 सदस्यीय विधानसभा में अनुसूचित जनजातियों के लिए आरक्षित सीटों की संख्या 17 से बढ़ाकर 30 कर दी गई। इसके लिए अनुच्छेद–322 में संशोधन किया गया।

73वां संविधान संशोधन

दिसबंर, 1992 में किए गए 73वें संविधान संशोधन के द्वारा संविधान में एक नया भाग 9 तथा एक नई अनुसूची-11वीं अनुसूची जोड़ी गई। इस संशोधन के माध्यम से पंचायती राजव्यवस्था को संवैधानिक दर्जा दिया गया। इस संशोधन अधिनियम में पंचायतों के गठन, संरचना, चुनाव, सदस्यों की अर्हताएं एवं निरर्हताएँ, पंचायतों की शक्तियां, अधिकार एवं उत्तरदायित्व आदि के संदर्भ में प्रावधान किए गए हैं। 11वीं अनुसूची में कुल 29 विषय निहित हैं जिनके संदर्भ में पंचायतों को विधि बनाने की शक्ति दी गई है। ध्यातव्य है कि 23 अप्रैल, 1994 से पूरे देश में पंचायती राज्य कानून लागू हो गया।

74वां संविधान संशोधन

74वां संविधान संशोधन दिसंबर, 1992 में किया गया। इसके द्वारा संविधान में एक नया भाग-9 क तथा एक नई 12वीं अनुसूची जोड़ी गई। इस संशोधन के माध्यम से शहरी क्षेत्र की स्थानीय स्वशासन संस्थाओं (नगरपालिका आदि) को संवैधानिक दर्जा प्रदान किया गया। 12वीं अनुसूची में 18 विषयों का उल्लेख किया गया है, जिन पर नगरपालिकाओं को विधि बनाने की शक्ति प्रदान की गई है।

75वां संविधान संशोधन

1993 में संपन्न 75वें संविधान संशोधन द्वारा किराएदार और मकान मालिकों के विवादों के यथाशीघ्र समाधान के लिए राज्यों में ट्रिब्यूनलों के गठन की व्यवस्था की गई है।

76वां संविधान संशोधन

1994 में किए गए 76वें संविधान संशोधन अधिनियम द्वारा तमिलनाडु विधानसभा द्वारा पारित पिछड़े वर्गों के लिए सरकारी नौकरियों में 69% आरक्षण का उपबंध करने वाले अधिनियम को नौवीं अनुसूची में सम्मिलित किया गया।

77वां संविधान संशोधन

1995 में अनूसूचित जातियों एवं जनजातियों की पदोन्नति हेतु 77वां संविधान संशोधन किया गया। इस संशोधन के द्वारा यह व्यवस्था की गई है कि अनुसूचित जातियों और जनजातियों के सरकारी सेवा में प्रवेश के लिए आरक्षण के समान ही पदोन्नति में भी आरक्षण की कोई समय सीमा निर्धारित नहीं होगी। पदोन्नति में आरक्षण की सुविधा केवल अनुसूचित जातियों और जनजातियों को ही उपलब्ध होगी, अन्य पिछड़ी जातियों को नहीं।

78वां संविधान संशोधन

78वें संविधान संशोधन द्वारा अगस्त 1995 में 7 राज्यों के 27 भूमि सुधार कानूनों को नौवीं अनुसूची में सम्मिलित किया गया। इस प्रकार नौवीं अनुसूची में निहित अधिनियमों की संख्या 284 हो गई।

79वां संविधान संशोधन

79वां संविधान संशोधन अक्टूबर, 1999 में किया गया। इस संशोधन के द्वारा अनुसूचित जातियों एवं जनजातियों के लिए आरक्षण की अवधि जो 26 जनवरी, 2000 को समाप्त हो रही थी, को अगले 10 वर्ष अर्थात् 26 जनवरी, 2010 तक के लिए बढ़ा दिया गया।

80वां संविधान संशोधन

80वां संविधान संशोधन वर्ष 2000 में किया गया। इस संविधान संशोधन द्वारा 10वें वित्त आयोग की सिफारिशों के आधार पर संविधान में केंद्र तथा राज्यों के बीच करों से एकत्र राजस्व बांटने के बारे में वैकल्पिक योजना पर अमल करने की व्यवस्था की गई। इस योजना के अनुसार आयकर, उत्पादन शुल्कों तथा रेल यात्री किरायों पर कर के बदले अनुदानों के लिए अब तक राज्य सरकारों को केंद्रीय करों तथा शुल्कों से एकत्र कुल राजस्व का जितना अंश मिलता था, अब उसका 29% भाग राज्यों को दिया जाएगा।

81वां संविधान संशोधन

इस संशोधन के द्वारा यह व्यवस्था की गई है कि संविधान के अनुच्छेद–16 की किसी भी व्यवस्था के अधीन अनुसूचित जातियों एवं अनुसूचित जनजातियों के लिए वर्ष में जितने खाली सरकारी पद आरक्षित हैं, यदि वे पद उस वर्ष नहीं भरे जाते हैं, तो उन पर आगामी वर्ष में या वर्षों में जो नियुक्तियां की जाएंगी, उनको पृथक् वर्ग की नियुक्ति समझा जाएगा तथा उस वर्ग की नियुक्तियों को संबद्ध वर्ष की कुल पदों के 50% आरक्षित पदों की अधिकतम सीमा निर्धारित करने के लिए सम्मिलित नहीं किया जाएगा।

82वां संविधान संशोधन

इस संविधान संशोधन द्वारा यह व्यवस्था की गई कि संघ या किसी राज्य के मामलों से संबद्ध किसी सेवा के किन्हीं वर्गों या वर्ग अथवा पदों पर पदोन्नति देने के लिए अनुसूचित जातियों एवं अनुसूचित जनजातियों के सदस्यों के पक्ष में किसी परीक्षा के अर्हता अंकों में अथवा मूल्यांकन के स्तरों में नरमी बरतने के लिए की गई व्यवस्था को संविधान के अनुच्छेद–335 का कोई भी प्रावधान राज्य को नहीं रोक सकेगा।

83वां संविधान संशोधन

इस संशोधन के माध्यम से अनुच्छेद–243-एम में संशोधन की व्यवस्था की गई। इसके अनुसार अनुसूचित जनजातियों से पूरी तरह आबाद अरुणाचल प्रदेश में पंचायतों में अनुसूचित जातियों के लिए किसी प्रकार के आरक्षण की आवश्यकता नहीं है।

84वां संविधान संशोधन (2001)

इस संशोधन द्वारा संविधान के अनुच्छेद–82 और 170 (3) की शर्तों में संशोधन किया गया है ताकि वर्ष 1991 की जनगणना के आधार पर प्रत्येक राज्य के लिए आवंटित लोकसभा एवं विधानसभा सीटों की संख्या में कोई परिवर्तन किए बगैर राज्यों के निर्वाचन क्षेत्रों को पुनर्गठित किया जा सके।

85वां संविधान संशोधन (2001)

इस संशोधन अधिनियम द्वारा संविधान के अनुच्छेद–4 (क) में संशोधन किया गया ताकि अनुसूचित जाति और जनजाति के सरकारी कर्मचारियों को आरक्षण नियमों के तहत पदोन्नति के मामले में आनुषंगिक वरीयता प्रदान की जा सके।

86वां संविधान संशोधन (2002)

अनुच्छेद–21ए जोड़ा गया। इसके तहत राज्य को छह से 14 साल तक के सभी बच्चों को निःशुल्क तथा अनिवार्य शिक्षा उपलब्ध करानी होगी। यह संबंधित राज्य द्वारा निर्धारित कानून के तहत होगी। अनुच्छेद–45 जोड़ा गया। इसमें छह साल से कम उम्र के बच्चों की शुरुआती देखभाल और उनकी शिक्षा की व्यवस्था की गई है। अनुच्छेद–51ए में (के) जोड़ा गया।

87वां संविधान संशोधन (2003)

संविधान के अनुच्छेद–81 के खंड (3), के उपबंध में धारा दो तथा अनुच्छेद–82 एवं अनुच्छेद–170 की धारा 2 (प) में 1991 की जगह 2001 लिखने का प्रावधान किया गया।

88वां संविधान संशोधन (2003)

अनुच्छेद–268ए (1) जोड़ा गया जिसके तहत सेवाओं पर कर भारत सरकार द्वारा लगाया जाएगा और इन करों का संग्रहण और उपयोग भारत सरकार और राज्यों द्वारा धारा 2 में दिए गए प्रावधानों के अनुसार किया जाएगा।

89वां संविधान संशोधन (2003)

अनुच्छेद–338ए (1) जोड़ा गया जिसके तहत अनुसूचित जनजातियों के लिए एक राष्ट्रीय आयोग का प्रावधान किया गया।

90वां संविधान संशोधन (2003)

असोम (असम) राज्य के लिए विधानसभा चुनावों हेतु बोडोलैंड प्रादेशिक क्षेत्रीय जिला सहित निर्वाचन क्षेत्रों में अनुसूचित जनजातियों तथा गैर-अनुसूचित जनजातियों का प्रतिनिधित्व, जैसा कि अधिसूचित हो, तथा वर्तमान में बोडोलैंड क्षेत्रीय जिला गठित होने से पहले की स्थिति को बरकरार रखा जाएगा।

91वां संविधान संशोधन (2003)

अनुच्छेद–75 (1) के तहत केंद्र एवं राज्यों में मंत्रिपरिषदों का अधिकतम आकार निचले सदन की कुल सदस्य संख्या का 15 प्रतिशत तक ही हो सकेगा। सिक्किम व मिजोरम आदि छोटे राज्यों के लिए 12 मंत्रियों का प्रावधान संसद द्वारा पारित संशोधित विधेयक में किया गया। 75 (1-बी) के अनुसार संसद के किसी भी

सदन का सदस्य जोकि किसी भी राजनीतिक दल से संबद्ध हो तथा उसे दसवीं अनुसूची के पैरा 2 के अंतर्गत उस सदन का सदस्य बनने के अयोग्य घोषित कर दिया गया हो वह धारा 1 के तहत मंत्री के पद पर नियुक्ति के लिए भी अयोग्य होगा और यह अवधि उसे अयोग्य घोषित किए जाने की तारीख से शुरू होगी।

92वां संविधान संशोधन (2003)

बोडो, डोगरी, मैथिली और संथाली को संविधान की आठवीं अनुसूची में जोड़ा गया। इससे आठवीं अनुसूची में अनुसूचित भाषाओं की कुल संख्या 22 हो गई।

93वां संविधान संशोधन (2006)

शिक्षा संस्थानों में अनुसूचित जाति, अनुसूचित जनजाति और अन्य पिछड़े वर्गों के नागरिकों के दाखिले के लिए सीटों के आरक्षण की व्यवस्था, संविधान के अनुच्छेद–15 की धारा (4) के प्रावधानों के तहत की गई है।

94वां संविधान संशोधन (2006)

अनुच्छेद–164 में संशोधन किया गया। नए राज्यों छत्तीसगढ़ एवं झारखंड में जनजातीय कल्याण मंत्री का प्रावधान किया गया। इसके साथ ही बिहार को इससे अलग रखा गया।

95वां संविधान संशोधन (2009)

लोकसभा और राज्यसभा विधान मंडलों में अनुसूचित जातियों और अनुसूचित जनजातियों के लिए स्थानों के आरक्षण की अवधि साठ से बढ़ाकर सत्तर वर्ष करने के लिए अनुच्छेद–334 में संशोधन किया गया।

96वां संविधान संशोधन (2011)

संविधान की आठवीं अनुसूची में 'उड़िया' के स्थान पर 'ओड़िया' लिखा जाए।

97वां संविधान संशोधन (2011)

अनुच्छेद–19 (1)(ग) में 'अथवा संघों' शब्दों के बाद 'अथवा सहकारी सोसाइटी' शब्द जोड़े गए तथा अनुच्छेद–43 (ख) यानी सहकारी सोसाइटियों के संवर्धन को शामिल किया गया और खंड-IX 8, ख यानी सहकारी सोसाइटी जोड़ा गया।

98वां संविधान संशोधन (2012)

संविधान में अनुच्छेद–371 (जे) शामिल किया गया। इसका उद्देश्य कर्नाटक के राज्यपाल को हैदराबाद-कर्नाटक क्षेत्र के विकास हेतु कदम उठाने के लिए सशक्त करना था।

99वां संविधान संशोधन (2014)

इस संविधान संशोधन द्वारा राष्ट्रीय न्यायिक नियुक्ति आयोग का गठन किया गया। वर्ष 2015 में सर्वोच्च न्यायालय ने इसे असंवैधानिक घोषित कर दिया।

100वां संविधान संशोधन (2015)

भारत द्वारा कतिपय भू-भाग का अधिग्रहण एवं कुछ अन्य भू-भाग का बांग्लादेश को हस्तांतरण (अंत:क्षेत्रों की अदला-बदली तथा विपरीत दखल की अवधारणा के द्वारा), भारत-बांग्लादेश भूमि सीमा समझौता 1974 तथा इसके प्रोटोकॉल 2011 के अनुपात में। इस उद्देश्य के लिए इस संशोधित अधिनियम ने पहली अनुसूची में चार राज्यों (असोम (असम), पश्चिम बंगाल, मेघालय एवं त्रिपुरा) के भू-भागों से संबंधित प्रावधानों को संशोधित किया।

101वां संविधान संशोधन (2016)

संविधान में एक नया अनुच्छेद–246A जोड़ा गया है जो यह प्रावधान करता है कि संसद और राज्यों की विधानसभाओं दोनों को वस्तु एवं सेवा कर (GST) से संबंधित विषयों पर कानून बनाने का अधिकार है।

संविधान में एक नया अनुच्छेद–269A जोड़ा गया है जो यह प्रावधान करता है कि अंतर्राज्यीय व्यापार के विषय में GST परिषद् की अनुशंसाओं के अनुसार कर केंद्र सरकार द्वारा लगाए और वसूले जाएंगे परंतु उनका विभाजन केंद्र और राज्यों के बीच किया जाएगा।

संविधान में एक नया अनुच्छेद–279A जोड़ा गया है जो यह प्रावधान करता है कि इस अधिनियम के लागू होने के 60 दिनों की अवधि में राष्ट्रपति द्वारा एक GST परिषद् का गठन किया जाएगा।

102वां संविधान संशोधन (2018)

संसद ने 102वें संविधान संशोधन अधिनियम के माध्यम से पिछड़ा वर्ग आयोग को संवैधानिक दर्जा प्रदान किया। यह संविधान संशोधन वर्ष 2018 में किया गया।

103वां संविधान संशोधन (2019)

संसद ने 103वें संविधान संशोधन के माध्यम से सामान्य वर्ग के आर्थिक रूप से गरीब लोगों के सरकारी सेवाओं/संस्थाओं में आरक्षण का प्रावधान किया है। इस संविधान संशोधन के माध्यम से सामान्य वर्ग के गरीब लोगों को केंद्र सरकार की सेवाओं और संस्थाओं में 10% आरक्षण का प्रावधान किया गया है। यह संविधान संशोधन वर्ष 2019 के शुरू में किया गया।

104वां संविधान संशोधन (2019)

126वें संविधान संशोधन विधेयक को दिसम्बर, 2019 में संसद में प्रस्तुत किया गया जो पारित होने के बाद 104वें संविधान संशोधन अधिनियम के नाम से जाना जा रहा है। इसका संबंध अनुसूचित जाति/जनजाति के आरक्षण से है। इस संविधान संशोधन के माध्यम से लोकसभा तथा विधानसभा में अनुसूचित जाति/ जनजाति के लिए आरक्षित सीटों की संख्या को अगले 10 वर्षों के लिए बढ़ा दिया गया है। इसके माध्यम से राजनीतिक आरक्षण की समय सीमा को बढ़ाया गया तथा ऐंग्लो इंडियन को प्राप्त आरक्षण को समाप्त कर दिया गया। ध्यातव्य है कि अनुच्छेद 331 आंग्ल समुदाय के संदर्भ में लोकसभा में सीटों के मनोनयन का प्रावधान समाप्त कर दिया गया। इसके साथ-साथ अनुच्छेद 333 के प्रावधान को भी संशोधित किया गया। अनुच्छेद-333 में विधान सभा में आंग्ल समुदाय के एक सदस्य को आवश्यक होने पर मनोनयन के प्रावधान को समाप्त कर दिया गया है।

105वां संविधान संशोधन अधिनियम (2021)

- अगस्त 2021 में संसद द्वारा 127वें संविधान संशोधन विधेयक को पारित किया गया जो राष्ट्रपति की स्वीकृति मिलने के बाद 105वें संविधान संशोधन अधिनियम-2021 के नाम से जाना जाता है। इस संविधान संशोधन के माध्यम से सामाजिक एवं शैक्षणिक रूप से पिछड़े वर्ग की पहचान और मान्यता देने की राज्यों की शक्ति को बहाल किया गया।
- 105वां संविधान संशोधन अधिनियम-2021 102वें संविधान संशोधन के कारण उपजी हुई परिस्थितियों के मद्देनजर किया गया। उल्लेखनीय है कि उच्चतम न्यायालय ने मराठा आरक्षण के मुद्दे पर सुनवाई करते हुए कहा कि 102वें संविधान संशोधन के आलोक में सामाजिक एवं शैक्षणिक रूप

से पिछड़े वर्ग की पहचान करने की शक्ति राज्यों के पास नहीं रह गई है। उच्चतम न्यायालय के उक्त निर्णय के बाद राजनीतिक दलों की माँग पर सरकार ने तुरंत इस संशोधन को अंजाम दिया।

106वां संविधान संशोधन अधिनियम (2023)

- संशोधन का उद्देश्य लोकसभा और राज्य विधानसभाओं में महिलाओं का अधिक प्रतिनिधित्व सुनिश्चित करना है।
- यह संशोधन लागू होने के बाद 15 वर्षों तक प्रभावी रहेगा, तथा इसे बढ़ाया भी जा सकता है।
- इसे एक लंबे समय से चली आ रही मांग का परिणाम माना जा रहा है, क्योंकि वर्ष 1996 के बाद से कई बार इसी प्रकार के विधेयक प्रस्तुत किये गए और निरस्त हो गए।

महिला आरक्षण अधिनियम, 2023

- संविधान (106वाँ संशोधन) अधिनियम, 2023, लोकसभा, राज्य विधानसभाओं और राष्ट्रीय राजधानी क्षेत्र दिल्ली की विधानसभा में महिलाओं के लिए एक तिहाई सीटें आरक्षित करता है, जिनमें अनुसूचित जातियों और अनुसूचित जनजातियों के लिये आरक्षित सीटें भी शामिल हैं।
- इसे सितंबर 2023 में पारित किया गया और इसका उद्देश्य विधानमंडल में महिलाओं का प्रतिनिधित्व बढ़ाना है।
- यह आरक्षण अधिनियम के लागू होने के बाद आयोजित जनगणना के प्रकाशन के बाद प्रभावी होगा और 15 वर्ष की अवधि तक लागू रहेगा, जिसका संभावित विस्तार संसदीय कार्रवाई द्वारा निर्धारित किया जाएगा।
- महिलाओं के लिये आवंटित सीटों का रोटेशन प्रत्येक परिसीमन प्रक्रिया के बाद संसदीय कानून द्वारा नियंत्रित किया जाएगा।

स्मरणीय तथ्य

- भारतीय संविधान में पहला संविधान संशोधन 18 जून, 1951 को किया गया।
- तीसरा संविधान संशोधन 22 फरवरी, 1954 को किया गया।
- चौथा संविधान संशोधन 27 अप्रैल, 1955 में पारित किया गया।
- पांचवां संविधान संशोधन 24 दिसंबर, 1955 को किया गया। 5वें संविधान संशोधन द्वारा अनुच्छेद–3 में संशोधन किया गया।
- नौवां संशोधन 28 दिसंबर, 1960 को नेहरू-नून समझौते का क्रियान्वयन सुनिश्चित करने के लिए किया गया।
- 10वां संविधान संशोधन 19 अगस्त, 1961 को किया गया।
- 13वां संविधान संशोधन 1962 में किया गया। 13वें संविधान संशोधन के माध्यम से एक नया अनुच्छेद–371(क) जोड़ा गया जिसमें नागालैंड के प्रशासन के लिए अस्थायी रूप से विशेष प्रावधान किया गया।
- 1 मई, 1963 को किए गए 15वें संविधान संशोधन द्वारा उच्च न्यायालयों के न्यायाधीशों की सेवानिवृत्ति की आयु 60 वर्ष से बढ़ाकर 62 वर्ष कर दी गई।
- 16वां संविधान संशोधन 5 अक्टूबर, 1963 को किया गया। इसके द्वारा अनुच्छेद–19 में संशोधन किया गया।
- 11 दिसंबर, 1966 को चुनाव संबंधी मामलों के समाधान के लिए यह संशोधन किया गया।
- 10 अप्रैल, 1967 को संपन्न 21वें संविधान संशोधन द्वारा संविधान की आठवीं अनुसूची में सिंधी भाषा को क्षेत्रीय भाषा के अंतर्गत रखा गया।
- 26वां संविधान संशोधन भी 1971 में पारित किया गया। इसके द्वारा भूतपूर्व देशी रियासतों के शासकों का प्रिवीपर्स समाप्त कर दिया गया।
- 1974 में किए गए 34वें संविधान संशोधन का संबंध भूमि सुधार कानूनों से है।
- 1975 में किए गए 36वें संविधान संशोधन द्वारा सिक्किम को भारतीय गणराज्य में 22वें राज्य के रूप में सम्मिलित किया गया।
- 1975 में किए गए 37वें संविधान संशोधन द्वारा अरुणाचल प्रदेश में संसदीय शासन व्यवस्था स्थापित की गई और वहां विधानसभा तथा मंत्रिपरिषद् की स्थापना की गई।
- मौलिक अधिकारों तथा नीति-निदेशक तत्वों के मध्य मतभेद भी 42वें संविधान संशोधन के लिए उत्तरदायी है।
- 42वें संविधान संशोधन का एक महत्वपूर्ण कारण 1971 के आम चुनाव के समय कांग्रेस पार्टी द्वारा जारी चुनाव घोषणा पत्र था।
- अनुच्छेद–312 में संशोधन करके राष्ट्रपति को यह अधिकार दिया गया कि वह देश के किसी एक भाग में अथवा पूरे देश में आवश्यकता के अनुसार संकटकालीन स्थिति की घोषणा कर सकते हैं।
- 42वें संविधान संशोधन द्वारा लोकसभा तथा विधानसभाओं की अवधि 5 वर्ष से बढ़ाकर 6 वर्ष कर दी गई।
- समवर्ती सूची में वन्य जीव, पक्षियों की सुरक्षा, न्यायालयों का प्रशासन, जनसंख्या नियंत्रण, परिवार नियोजन, शिक्षा, बाट तथा माप आदि विषय सम्मिलित किए गए।
- 42वें संविधान संशोधन द्वारा केंद्रीय कानून तथा राज्य कानून जैसे शब्दों को परिभाषित किया गया।
- 44वें संविधान संशोधन द्वारा यह उपबंध किया गया कि अनुच्छेद–21 के अंतर्गत प्राप्त जीवन और स्वतंत्रता के अधिकार को किसी भी समय स्थगित या सीमित नहीं किया जा सकता है।
- संसद तथा राज्यों की विधान मंडलों की गणपूर्ति संबंधी नियमों को पुन: यथावत् कर दिया गया।
- जनवरी, 1980 में किए गए 45वें संविधान संशोधन द्वारा अनुसूचित जातियों तथा जनजातियों के लिए आरक्षण की अवधि 25 जनवरी, 1990 तक के लिए बढ़ा दी गई।
- 1986 में किए गए 53वें संविधान संशोधन द्वारा केंद्र-शासित प्रदेश मिजोरम को पूर्ण राज्य का दर्जा दिया गया।

- 1987 में संपन्न 57वें संविधान संशोधन द्वारा अरुणाचल प्रदेश, मेघालय और नागालैंड राज्य की विधानसभाओं में अनुसूचित जातियों के लिए सीटों को आरक्षित किया गया।
- 1990 में किए गए 63वें संविधान संशोधन द्वारा 59वें संविधान संशोधन को रद्द कर दिया गया।
- 1990 में किए गए 64वें संविधान संशोधन द्वारा पंजाब में राष्ट्रपति शासन की अवधि 6 माह तक बढ़ा दी गई।
- 78वें संविधान संशोधन द्वारा अगस्त 1995 में 7 राज्यों के 27 भूमि सुधार काननों को नौवीं अनुसूची में सम्मिलित किया गया।
- अनुच्छेद–338ए (1) जोड़ा गया जिसके तहत अनुसूचित जनज़ातियों के लिए एक राष्ट्रीय आयोग का प्रावधान किया गया। इस प्रकार नौवीं अनुसूची में निहित अधिनियमों की संख्या 284 हो गई।

❑❑❑

भाग-VIII

संवैधानिक संस्थाएं

अध्याय 1

भारत का नियंत्रक एवं महालेखा परीक्षक

स्वतंत्र लेखा परीक्षा की व्यवस्था संसदीय शासन प्रणाली की एक आधारभूत विशेषता है। संसद का यह कार्य है कि वह सरकार के वित्तीय क्रियाकलापों की जांच करे तथा यह सुनिश्चित करे कि करदाताओं के धन का सदुपयोग हो। संसद सामान्य जन द्वारा निर्मित होने के कारण इस प्रकार की जांच करने की योग्यता एवं क्षमता नहीं रखती है। लेखा परीक्षा का कार्य करना तथा सरकार के वित्तीय आदान-प्रदान के औचित्य अथवा अनौचित्य को निश्चित करना एक तकनीकी कार्य है और इसके लिए विशेष दक्षता की आवश्यकता होती है। इस कार्य को करने के लिए एक विशेषज्ञ की आवश्यकता होती है। यही कारण है कि स्वतंत्र नियंत्रक एवं महालेखा परीक्षक ही अपनी संस्तुतियों के माध्यम से संसद को सरकार के वित्तीय क्रियाकलापों के संदर्भ में उचित जानकारी देता है। इस प्रकार नियंत्रक एवं महालेखा परीक्षक संसदीय शासन के उचित संचालन का एक अनिवार्य अंग हो गया है। भारतीय लोकतांत्रिक संविधान की चार आधारशिलाओं में एक नियंत्रक और महालेखा परीक्षक भी है। ध्यातव्य है कि तीन अन्य आधारशिलाएं कार्यपालिका, विधायिका तथा न्यायपालिका हैं।

भारत में लेखा परीक्षण विभाग का ऐतिहासिक विकास

भारत में लेखा परीक्षण की व्यवस्था ब्रिटिश काल से ही अस्तित्व में है। **1853 ई. में ही भारत में लेखा परीक्षण विभाग की स्थापना की गई थी,** परंतु लेखा परीक्षण विभाग को एक स्वतंत्र निकाय के रूप में भारत सरकार अधिनियम, 1919 के अस्तित्व में आने के साथ ही मान्यता मिली। इसकी नियुक्ति भारत सचिव द्वारा की जाती थी और सम्राट के प्रसादपर्यंत तक वह अपने पद पर बना रहता था। भारत सरकार अधिनियम, 1935 द्वारा लेखापरीक्षक की नियुक्ति सम्राट द्वारा की जाने लगी तथा उसकी सेवा शर्तों का निर्धारण सपरिषद् सम्राट द्वारा किया जाने लगा उसे उसके कार्यकाल में हटाने की वही प्रक्रिया होती थी जो संघीय न्यायाधीशों को हटाने की होती थी। कार्यपालिका से उसकी स्वतंत्रता सुनिश्चित करने के लिए यह व्यवस्था की गई कि वह अपने पद से हटने के बाद ब्रिटिश क्राउन के अधीन कोई पद नहीं ग्रहण करेगा। भारतीय स्वतंत्रता अधिनियम, 1947 ने उसकी गरिमा और महत्व में वृद्धि की। **1950 में भारतीय संविधान के लागू होने पर उसका नाम बदलकर नियंत्रक एवं महालेखा परीक्षक कर दिया गया** तथा उसे सर्वोच्च न्यायालय के न्यायाधीशों की तरह संवैधानिक अधिकारी बनाया गया।

नियंत्रक एवं महालेखा परीक्षक

भारतीय संविधान के अनुच्छेद-148 में नियंत्रक एवं महालेखा परीक्षक का उल्लेख किया गया है। उल्लेखनीय है कि भारतीय संविधान निर्माताओं ने नियंत्रक एवं महालेखा परीक्षक को एक प्रहरी की भूमिका सुपुर्द की है। डॉ. अंबेडकर ने संविधान सभा में कहा था कि भारतीय संविधान के अंतर्गत उल्लेखित अधिकारियों में नियंत्रक एवं महालेखा परीक्षक शायद सबसे महत्वपूर्ण अधिकारी है। नियंत्रक एवं महालेखा परीक्षक से संबंधित प्रमुख तत्व निम्नवत् हैं–

- भारत में नियंत्रक एवं महालेखा परीक्षक को लेखा परीक्षण के संदर्भ में सर्वाधिक अधिकार प्राप्त हैं। किसी भी खाते, किताब, कागजात और अन्य दस्तावेज जिनका लेन-देन से ताल्लुक हो और जो लेखा परीक्षक के कर्तव्यों के दायरे में आता है, उसे मांगने का अधिकार प्राप्त है।
- यहां नियंत्रक का आशय है कि सरकार के समस्त खर्चों पर निगरानी करना तथा ऐसा पदाधिकार रखना जो सरकार के वित्त पर नियंत्रण रख सके।
- महालेखा परीक्षक का आशय है–सरकार द्वारा आवंटित धन की देख-रेख करना, साथ ही यह देखना कि सरकारी धन का उपयोग उचित तरीके से हो रहा है या नहीं, साथ-ही-साथ सरकार को वित्तीय मितव्ययिता के उपाय सुझाना भी इसका महत्वपूर्ण कार्य है।
- यह लोक वित्त का संरक्षक होने के साथ-साथ देश की संपूर्ण वित्तीय व्यवस्था का नियंत्रक होता है। इसका नियंत्रण राज्य एवं केंद्र दोनों स्तरों पर होता है। इसका कर्तव्य होता है कि भारत के संविधान एवं संसद की विधि के तहत वित्तीय प्रशासन को संभाले।

नियंत्रक एवं महालेखा परीक्षक की संरचना

- नियंत्रक एवं महालेखा परीक्षक एकल सदस्यीय संस्था है। यह भारत के महालेखा परीक्षा विभाग का संवैधानिक प्रमुख होता है और इस विभाग के अन्य अधिकारी पूर्णत: कैग के अधीन होते हैं।
- भारत के अन्य राज्यों में कैग के एजेंट के रूप में कई अन्य अकाउंटेंट जनरल नियुक्त किए जाते हैं, जो राज्यों के लेखाओं की जानकारी कैग को देते हैं।

नियुक्ति

- भारतीय संविधान के **अनुच्छेद–148 (1)** में कहा गया है कि भारत का एक नियंत्रक एवं महालेखा परीक्षक होगा जिसको राष्ट्रपति अपने हस्ताक्षर एवं मुद्रासहित अधिपत्र द्वारा नियुक्त करता है। राष्ट्रपति सामान्यत: मंत्रिमंडल द्वारा प्रस्तावित व्यक्ति को ही नियंत्रक एवं महालेखा परीक्षक नियुक्त करता है।
- भारतीय नियंत्रक एवं महालेखा परीक्षक के संदर्भ में कहा गया है कि वह अपने पद से हटने के बाद कोई सरकारी पद नहीं ग्रहण करेगा, परंतु द्वितीय नियंत्रक एवं महालेखा परीक्षक ए. के. चंद्रा का तृतीय वित्त आयोग का अध्यक्ष बनना इसका अपवाद है।

कार्यकाल

- नियंत्रक एवं महालेखा परीक्षक की नियुक्ति सामान्यत: 6 वर्ष या 65 वर्ष की आयु तक के लिए (इन दोनों में जो पहले पूरा हो जाए) के लिए की जाती है।

- वह अपने कार्यकाल के पूरा होने के पूर्व भी स्वेच्छा से राष्ट्रपति को त्यागपत्र देकर पद मुक्त हो सकता है।
- कदाचार का आरोप लगाकर उसे पद से हटाया जा सकता है। कदाचार का आरोप सिद्ध होने पर उसे पद छोड़ना पड़ता है।
- नियंत्रक और महालेखा परीक्षक को कदाचार के माध्यम से हटाने की वही प्रक्रिया है जो सर्वोच्च न्यायालय या उच्च न्यायालय के किसी न्यायाधीश को हटाने के लिए अपनाई जाती है।
- नियंत्रक एवं महालेखा परीक्षक को संसद के सदनों द्वारा विशेष बहुमत से प्रस्ताव पारित करके हटाया जा सकता है।

वेतन और भत्ते

- नियंत्रक एवं महालेखा परीक्षक को सर्वोच्च न्यायालय के न्यायाधीश के समकक्ष हैसियत और वेतन आदि उपलब्ध होता है। जहां एक मंत्री संविधान के परिधि में काम करने की शपथ लेता है वहीं महालेखा परीक्षक की शपथ संविधान की रक्षा की होती है।
- संविधान के **अनुच्छेद–148 (3)** में प्रावधानित है कि नियंत्रक एवं महालेखा परीक्षक का वेतन तथा सेवा की अन्य शर्तें संसद द्वारा निश्चित की जाएंगी। संसद जब तक ऐसा नहीं करती है तब तक द्वितीय अनुसूची में वर्णित वेतन एवं अन्य सुविधाएं दी जाएंगी। नियंत्रक एवं महालेखा परीक्षक को एक निश्चित वेतनमान प्रतिमाह देने के साथ-साथ निःशुल्क आवास एवं अन्य भत्ते भी दिए जाते हैं। नियंत्रक और महालेखा परीक्षक तथा उसने कार्यालय के कर्मचारियों का वेतन भारत की संचित निधि पर प्रभारित हैं।

सेवा शर्तें और कर्तव्य

मूल संविधान में नियंत्रक एवं महालेखा परीक्षक की सेवा शर्तों, कर्तव्यों और अधिकारों का उल्लेख नहीं किया गया था तथा यह कहा गया था कि यह कार्य संसद द्वारा किया जाएगा। **1953 में भारतीय संसद ने नियंत्रक तथा महालेखा परीक्षक के कार्यकाल तथा सेवा शर्तों को निर्धारित करने के संदर्भ में एक अधिनियम पारित किया था।** 1971 में संसद द्वारा नियंत्रक एवं महालेखा परीक्षक के कर्तव्यों और अधिकारों को परिभाषित करने के लिए एक अधिनियम पारित किया गया। नियंत्रक तथा महालेखा परीक्षक के कर्तव्यों तथा अधिकारों की सीमा में 1976 तक केंद्र तथा राज्य सरकारों के लेखा परीक्षण तथा समस्त वित्तीय लेन-देनों के कार्य सम्मिलित थे। 1976 के पश्चात् नियंत्रक एवं महालेखा परीक्षक को लेखांकन संबंधी दायित्वों से मुक्त कर दिया गया। वर्तमान में नियंत्रक एवं महालेखा परीक्षक का कार्य केवल लेखा परीक्षण ही रह गया है। नियंत्रक एवं महालेखा परीक्षक अधिनियम, 1971 में 1984 में संशोधन किया गया। इसके माध्यम से सेवा शर्तों में सुधार, पेंशन सुविधाओं में वृद्धि तथा शक्तियों/कार्यों में वृद्धि की गई।

नियंत्रक एवं महालेखा परीक्षक के कर्तव्य

भारत के नियंत्रक एवं महालेखा परीक्षक को नियंत्रक और निरीक्षक दोनों तरह की भूमिका का निर्वाह करना पड़ता है। नियंत्रक के रूप में उसका कर्तव्य होता है कि वह इस बात का ध्यान रखे कि भारत की संचित निधि से संसद द्वारा बनाए गए विधिक कानूनों के अनुसार ही समस्त धनों की निकासी की जाए। सार्वजनिक लेखों के महालेखा परीक्षक के रूप में उसका कर्तव्य इस बात को देखना है कि समस्त सरकारी धनों का व्यय संसद द्वारा पास किए गए कानून एवं नियमों के अनुसार किया जा रहा है या नहीं। नियंत्रक एवं महालेखा परीक्षक को लेखा परीक्षण के संदर्भ में निम्नलिखित कार्य करना पड़ता है–

- भारतीय संविधान के अनुच्छेद–149 में लिखा गया है कि भारत का नियंत्रक एवं महालेखा परीक्षक केंद्र तथा राज्यों के तथा अन्य प्राधिकारी या निकायों के लेखाओं के संबंध में ऐसे कर्तव्यों का पालन तथा ऐसी शक्तियों का प्रयोग करेगा जैसा कि संसद द्वारा बनाए गए किसी कानून द्वारा उसे प्रदान की गई हों।
- अनुच्छेद–150 में कहा गया है कि केंद्र और राज्यों के हिसाब उस रूप में ही रखे जाएंगे जैसा कि नियंत्रक एवं महालेखा परीक्षक राष्ट्रपति की अनुमति से संघ और राज्यों को निर्देश दे।
- नियंत्रक एवं महालेखा परीक्षक द्वारा राष्ट्रपति की स्वीकृति से उन नियमों को सृजित किया जाएगा जिसके अनुसार केंद्र तथा राज्यों को अपने-अपने हिसाब रखने पड़ते हैं।
- नियंत्रक एवं महालेखा परीक्षक के अधीन केंद्रीय राजस्व महालेखा तथा राज्यों के राजस्व के लिए प्रत्येक राज्य में एक महालेखापाल होता है। उनको नियंत्रक तथा महालेखा परीक्षक के निर्देशों के अनुसार केंद्र तथा राज्यों का हिसाब-किताब रखना पड़ता है।
- नियंत्रक और महालेखा परीक्षक इस बात की समग्र जांच करता है कि केंद्र और राज्यों के अधिकारियों द्वारा किया गया व्यय निर्धारित कानूनों के अंतर्गत उचित है या नहीं। इसके संबंध में किसी मान्य अधिकारी द्वारा स्वीकृति ली गई थी या नहीं।
- नियंत्रक एवं महालेखा परीक्षक का यह दायित्व है कि वह देखे कि कहां पर किस अधिकारी ने अपनी शक्ति का दुरुपयोग करके अनावश्यक व्यय किया है या अनुचित स्वीकृति दे दी है जिसका उसे अधिकार नहीं था।
- नियंत्रक एवं महालेखा परीक्षक केंद्र तथा राज्यों के हिसाब में अनियमितताओं की एक रिपोर्ट तैयार करता है तथा केंद्रीय रिपोर्ट को राष्ट्रपति के पास तथा राज्यों की रिपोर्ट को राज्यपाल के पास प्रेषित करता है। राष्ट्रपति उस रिपोर्ट को संसद के सम्मुख तथा राज्यपाल विधानसभा के सम्मुख रखवाता है।
- नियंत्रक एवं महालेखा परीक्षक का एक महत्वपूर्ण कार्य केंद्र तथा राज्य सरकारों के जमा किए हुए धन, उनके ऋण और व्यय का हिसाब-किताब भी रखवाना है।
- नियंत्रक एवं महालेखा परीक्षक सार्वजनिक व्यय में फिजूल खर्चों के संदर्भ में सरकार, संसद और विधानमंडल का ध्यान आकृष्ट करता है।

नियंत्रक एवं महालेखा परीक्षक अधिनियम, 1977 और ऑडिट

नियंत्रक एवं महालेखा परीक्षक अधिनियम, 1977 के अनुसार कैग द्वारा केंद्र सरकार और राज्य सरकारों के सभी वित्तीय व्ययों की जांच की जाती है। व्यय कहां किए गए हैं और उनका उद्देश्य क्या है? किस पदाधिकारी द्वारा किए गए हैं? किन योजनाओं में किए गए हैं? इन सभी प्रश्नों की जांच नियंत्रक एवं महालेखा परीक्षक द्वारा की जाती है। नियंत्रक एवं महालेखा परीक्षक निम्नलिखित व्ययों को ऑडिट करता है–

- भारत की संचित निधि पर भारित केंद्र सरकार तथा राज्य सरकारों के सभी खर्चों का।
- भारत की आकस्मिक निधि और लोक निधि से सभी खर्चों का।
- किसी विभाग द्वारा किए गए सभी व्यापार, निर्माण, लाभ व हानि की जांच।
- सरकार के सभी विभागों की जमा-पूंजी की जांच।
- उन सभी निगमों के खर्चों की जांच करना जिनकी कानून द्वारा कैग को अनुमति दी जाए।

- कैग, समस्त सरकारी खरीद एवं बिक्री की जांच करता है तथा यह देखता है कि इनमें कितनी मितव्ययिता की जा सकती थी।
- कैग, सरकार की सभी प्राप्तियों की जांच करता है तथा यह देखता है कि करों तथा राजस्वों की प्राप्तियों में नियम एवं कानूनों की अनदेखी तो नहीं की गई है।
- कैग, सभी प्रशासनिक प्राधिकरणों के खर्चों एवं प्राप्तियों की जांच करता है।
- कैग, सभी सरकारी विभागीय, निगमीय खर्चे व खरीद एवं बिक्री की कार्यकुशलता की जांच करता है तथा यह भी देखता है कि क्या इससे बेहतर किया जा सकता था या नहीं।
- कैग द्वारा स्वायत्त निकायों के लेन-देन, प्रारंभिक रिकॉर्ड खातों, रजिस्टर व रिपोर्ट की जांच की जाती है।
- वह निम्न प्राप्तियों और व्ययों का भी लेखा परीक्षण करता है–
  1. वे सभी निकाय एवं प्राधिकरण, जिन्हें केंद्र या राज्य सरकारों से अनुदान मिलता है।
  2. सरकारी कंपनियां।
  3. जब संबद्ध नियमों द्वारा आवश्यक हो, अन्य निगमों एवं निकायों का लेखा परीक्षा।
- वह केंद्र सरकार के लेखों से संबंधित रिपोर्ट राष्ट्रपति को देता है, जो उसे संसद के पटल पर रखते हैं (अनुच्छेद 151)।
- वह राज्य सरकार के लेखों से संबंधित रिपोर्ट राज्यपाल को देता है, जो उसे विधानमंडल के पटल पर रखते हैं (अनुच्छेद 151)।
- वह संसद की लोक लेखा समिति के गाइड, मित्र और मार्गदर्शक के रूप में कार्य करता है।
- महालेखा परीक्षक संसद का एजेंट होता है और उसी के माध्यम से खर्चों का लेखा परीक्षण करता है। इस तरह वह केवल संसद के प्रति जिम्मेदार होता है।
- राष्ट्रीय तथा अंतर्राष्ट्रीय स्तर पर लेखा परीक्षा हेतु प्रशिक्षण देना भी कैग का महत्वपूर्ण कार्य है।
- कोई भी मंत्री संसद के दोनों सदनों में नियंत्रक एवं महालेखा परीक्षक का प्रतिनिधित्व नहीं कर सकता है और कोई मंत्री उसके द्वारा किए गए किसी कार्य की जिम्मेदारी नहीं ले सकता है।

नियंत्रक एवं महालेखा परीक्षक की शक्तियां

- कैग, अपनी लेखा परीक्षण रिपोर्ट राष्ट्रपति को सौंपता है तथा राष्ट्रपति उसे संसद के पटल पर रखवाता है।
- संसद के द्वारा कैग की रिपोर्ट को लोक लेखा समिति को सौंपा जाता है और लोक लेखा समिति द्वारा कैग की रिपोर्ट को सरलीकृत किया जाता है।
- लोक लेखा समिति अपनी रिपोर्ट संसद में प्रस्तुत करती है। कैग रिपोर्ट को समझने में लोक लेखा समिति की सहायता करता है।
- लोक लेखा समिति के द्वारा रिपोर्ट को समझने के लिए कभी भी कैग को बुलाया जा सकता है।
- कैग की रिपोर्ट तकनीकी होती है, इसलिए लोक लेखा समिति के द्वारा इसे सरल बनाया जाता है और इसके बाद इसे संसद के समक्ष प्रस्तुत किया जाता है।
- कैग को सरकार के धन की रखवाली की सबसे बड़ी संवैधानिक संस्था का दर्जा प्राप्त है अर्थात् कैग की भूमिका जनता के धन के रक्षक के रूप में है।

नियंत्रक एवं महालेखा परीक्षक और सार्वजनिक निगम

सार्वजनिक निगमों की लेखा परीक्षा में कैग की भूमिका सीमित है। निगमों के साथ इसके संबंध को निम्नलिखित तीन श्रेणियों में रखा जा सकता है–

- कुछ निगमों की लेखा परीक्षा पूरी तरह एवं प्रत्यक्ष तौर पर सी.ए.जी. द्वारा की जाती है। उदाहरण–दामोदर घाटी निगम, तेल एवं प्राकृतिक गैस आयोग, एयर इंडिया, इंडियन एयरलाइंस कॉरपोरेशन आदि।
- कुछ निगमों की लेखा परीक्षा निजी पेशेवर लेखा परीक्षकों के द्वारा की जाती है, जो सी.ए.जी. की सलाह पर केंद्र सरकार द्वारा नियुक्त किए जाते हैं। यदि आवश्यक हो, तो सी.ए.जी. पूरक लेखा परीक्षा कर सकती है। उदाहरण–केंद्रीय भंडारण निगम, औद्योगिक वित्त निगम एवं अन्य।
- कुछ अन्य निगमों की पूरी तरह निजी लेखा परीक्षा की जाती है। इसमें सी.ए.जी. की कोई भूमिका नहीं होती है। उदाहरण–जीवन बीमा निगम, भारतीय रिजर्व बैंक, भारतीय स्टेट बैंक, भारतीय खाद्य निगम इत्यादि।

नियंत्रक एवं महालेखा परीक्षक की स्वतंत्रता

भारतीय संविधान में नियंत्रक एवं महालेखा परीक्षक की स्वतंत्रता और सुरक्षा सुनिश्चित करने के लिए संविधान में निम्नलिखित व्यवस्था की गई है–

- नियंत्रक एवं महालेखा परीक्षक का कार्यकाल सुनिश्चित है। वह राष्ट्रपति के प्रसादपर्यंत अपने पद पर नहीं रहता है। भले ही उसकी नियुक्ति राष्ट्रपति द्वारा की जाती है। नियंत्रक महालेखा परीक्षक को हटाने के लिए एक निश्चित प्रक्रिया का प्रावधान किया गया है।
- नियंत्रक एवं महालेखा परीक्षक अपना पद छोड़ने के बाद चाहे केंद्र सरकार हो या राज्य सरकार, में कोई पद ग्रहण नहीं कर सकता है।
- नियंत्रक एवं महालेखा परीक्षक का वेतन एवं भत्ते संसद द्वारा निर्धारित किए जाते हैं जो सर्वोच्च न्यायालय के न्यायाधीश के तुल्य होते हैं। उसके कार्यकाल के दौरान उसके वेतन भत्ते में कोई अलाभकारी परिवर्तन नहीं किया जा सकता है।
- नियंत्रक एवं महालेखा परीक्षक लेखा विभाग के कार्यालय में काम करने वाले लोगों की सेवा शर्तें और नियंत्रक एवं महालेखा परीक्षक की प्रशासनिक शक्तियां ऐसी होंगी जो उसके परामर्श से राष्ट्रपति द्वारा बनाए गए नियमों द्वारा विहित की जाएं।
- नियंत्रक एवं महालेखा परीक्षक के कार्यालय के प्रशासनिक व्यय भारत की संचित निधि पर भारित होते हैं और इस पर संसद में मतदान नहीं हो सकता।
- कोई भी मंत्री संसद के दोनों सदनों में नियंत्रक एवं महालेखा परीक्षक का प्रतिनिधित्व नहीं कर सकता और कोई मंत्री उसके द्वारा कार्यों की जिम्मेदारी नहीं ले सकता है।

अतः भारतीय संविधान में संविधान निर्माताओं ने नियंत्रक एवं महालेखा परीक्षक को पूरी स्वायत्तता प्रदान की है जिससे कि वह बिना किसी दबाव में आए निष्पक्षता से अपने दायित्वों का निर्वाह कर सके।

नियंत्रक एवं महालेखा परीक्षक की भूमिका और सीमाएं

भारतीय संवैधानिक व्यवस्था में नियंत्रक एवं महालेखा परीक्षक की भूमिका बहुत ही महत्वपूर्ण है। मंत्री परिषद् की संसद के प्रति वित्तीय प्रशासन की जवाबदेही नियंत्रक एवं महालेखा परीक्षक के प्रतिवेदन के माध्यम से सुनिश्चित की जाती है। यद्यपि वह संवैधानिक पदाधिकारी है, परंतु उसे संसद का प्रतिनिधि भी माना जाता है। वह केवल संसद के प्रति जिम्मेदार होता है। संसद उसके माध्यम से वित्तीय नियंत्रण स्थापित करती है।

नियंत्रक एवं महालेखा परीक्षक द्वारा भारत और राज्य सरकार के विभिन्न प्रकार के व्यय की मदों और आय के स्रोतों की जांच की जाती है और उनकी प्रासंगिकता भी रेखांकित की जाती है। नियंत्रक एवं महालेखा परीक्षक द्वारा यह

निर्धारित किया जाता है कि जिस उद्देश्य हेतु धन का वितरण किया गया या आवंटित किया गया है, क्या उस मद में सही तरीके से खर्च किया गया और उसके लिए उपयुक्त विधिक प्रक्रियाओं का पालन किया गया या नहीं। इसके साथ-साथ नियंत्रक एवं महालेखा परीक्षक यह भी सुनिश्चित करता है कि भारत सरकार और राज्य सरकारों को जो आय प्राप्त हो रही है वह तार्किक या प्रासंगिक है या नहीं। यद्यपि कैग को पर्याप्त अधिकार दिए गए हैं और उसको पूरी तरह से अपने कर्तव्यों और दायित्वों की पूर्ति के लिए स्वतंत्र बनाया गया है, परंतु इसके बावजूद नियंत्रक एवं महालेखा परीक्षक की कुछ सीमाएं भी परिलक्षित होती हैं, जो निम्नवत् हैं–

- गुप्त सेवा व्यय कैग की लेखा परीक्षा भूमिका पर सीमाएं निर्धारित करता है। इस संबंध में कैग कार्यकारी एजेंसियों द्वारा किए गए व्यय के ब्यौरे नहीं मांग सकता, बल्कि उसे सक्षम प्रशासनिक प्राधिकारी से प्रमाण-पत्र को स्वीकार करना होता है, क्योंकि, व्यय इस प्राधिकार के अंतर्गत किया गया है।
- कैग की भूमिका व्यय होने के पश्चात् केवल लेखा परीक्षण अवस्था में ही है।
- कैग की सरकारी कंपनियों के लेखा परीक्षण में भूमिका सीमित है। उनकी लेखा परीक्षा निजी ऑडिटरों द्वारा की जाती है जिनकी नियुक्ति कैग की सलाह पर सरकार द्वारा की जाती है। कैग द्वारा इनकी पूरक लेखा परीक्षा अथवा जांच की जाती है।

भारत के नियंत्रक एवं महालेखा परीक्षक से संबंधित अनुच्छेद

अनुच्छेद	विषय
148	भारत के नियंत्रक एवं महालेखा परीक्षक
149	नियंत्रक एवं महालेखा परीक्षक के कार्य एवं शक्तियां
150	संघ तथा राज्यों के लेखा के प्रकार
151	अंकेक्षण प्रतिवेदन

नियंत्रक एवं महालेखा परीक्षक की भूमिका पर विवाद

विगत कुछ वर्षों में कैग द्वारा अनेक घोटालों को सार्वजनिक किया गया। कैग ने कुछ मामलों में अनुमानित घाटे को भी प्रस्तुत किया, जो विवाद का मूल कारण बना हुआ है। कैग ने टू जी स्पैक्ट्रम आवंटन मामले में अपने प्रतिवेदन में एक लाख 70 हजार करोड़ रुपए के घाटे का अनुमान लगाया, कोयला ब्लॉक आवंटन में भी उसके द्वारा घाटा और अनियमितता का आरोप लगाया गया, जिसको ले करके राजनीतिक गलियारों में उसकी भूमिका पर प्रश्नचिह्न लगायां जाने लगा। कैग ने अनुमानित घाटे की संकल्पना का जो प्रयोग किया है वह केवल भारत में ही नहीं हुआ है बल्कि दुनिया के अनेक देशों में प्रयोग में लाया जाता है।

स्मरणीय तथ्य

- भारत में लेखा परीक्षक विभाग की स्थापना ब्रिटिश काल में 1853 में की गई, परंतु लेखा परीक्षण विभाग को एक स्वतंत्र विभाग के रूप में भारत सरकार अधिनियम, 1919 के अस्तित्व में आने के साथ ही मिला।
- ब्रिटिश काल में लेखा परीक्षक की नियुक्ति भारत सचिव द्वारा की जाती थी, जो ब्रिटिश सम्राट के प्रसादपर्यंत अपने पद पर बना रहता था।
- भारत सरकार अधिनियम, 1935 द्वारा लेखा परीक्षा ब्रिटिश सम्राट द्वारा की जाने लगी। 1950 में भारतीय संविधान के लागू होने पर लेखा परीक्षक का नाम बदलकर नियंत्रक एवं महालेखा परीक्षक कर दिया गया।
- भारतीय संविधान के अनुच्छेद 148 में नियंत्रक एवं महालेखा परीक्षक का प्रावधान किया गया है, जिसे देश का वित्तीय प्रहरी भी कहा जाता है।
- नियंत्रक एवं महालेखा परीक्षक की नियुक्ति राष्ट्रपति द्वारा केंद्रीय मंत्रिमंडल की सिफारिश की जाती है।
- नियंत्रक एवं महालेखा परीक्षक एकल सदस्यीय संवैधानिक संस्था है जो देश के महालेखा परीक्षा विभाग का संवैधानिक प्रमुख है।
- नियंत्रक एवं महालेखा परीक्षक का वेतन उच्चतम न्यायालय के न्यायाधीश के समकक्ष होता है और यह भारत के संचित निधि पर भारित होता है।
- नियंत्रक एवं महालेखा परीक्षक अपना प्रतिवेदन राष्ट्रपति को प्रस्तुत करता है और अनुच्छेद 151 में निहित प्रावधानों के अनुसार राष्ट्रपति उसे संसद के सम्मुख प्रस्तुत करवाते हैं।
- नियंत्रक एवं महालेखा परीक्षक की रिपोर्ट पर लोक लेखा समिति विचार करती है और लोक लेखा समिति द्वारा उसकी रिपोर्ट का सरलीकरण किया जाता है।
- नियंत्रक एवं महालेखा परीक्षक राज्य सरकार के लेखों से संबंधित रिपोर्ट राज्यपाल को प्रस्तुत करता है और राज्यपाल उसे राज्य विधानमंडल के पटल पर रखवाते हैं।
- नियंत्रक एवं महालेखा परीक्षक गुप्त सेवाओं से संबंधित व्यय का अंकेक्षण नहीं करता है और न ही उसके बारे में कोई ब्यौरा मांग सकता है।
- 1953 में भारतीय संसद में नियंत्रक एवं महालेखा परीक्षक का कार्यकाल तथा सेवा शर्तों को निर्धारित करने के लिए एक अधिनियम बनाया गया। जिसे 1977 और 1984 में संशोधित किया गया।
- 1976 के पश्चात् नियंत्रक एवं महालेखा परीक्षक को लेखांकन संबंधी दायित्वों से मुक्त कर दिया गया। वर्तमान में नियंत्रक एवं महालेखा परीक्षक का कार्य केवल लेखा परीक्षण करना है।
- डॉ. अंबेडकर के अनुसार नियंत्रक एवं महालेखा परीक्षक भारतीय संविधान के अंतर्गत सबसे महत्वपूर्ण अधिकारी है और लोकतांत्रिक व्यवस्थाओं में भारत सरकार के रक्षकों में से एक है।

❑❑❑

अध्याय 2

अंतर्राज्यीय परिषद्

"विविधता में एकता" संघीय शासन प्रणाली की आत्मा है। एकता को स्थापित करने वाले प्रमुख तत्व गतिशील एवं प्रगतिशील नेतृत्व, समान राष्ट्रीय चेतना, आर्थिक नियोजन की इच्छा, आत्मनिर्भरता, पारस्परिक आश्रितता तथा सामरिक नेतृत्व की सैनिक परिस्थितियां हैं जबकि विविधता को प्रोत्साहित करने वाले तत्वों में प्रमुख तत्व निम्नवत् हैं–**1.** राज्य के अंतर्गत जाति, धर्म, भाषा, वर्ग आदि; **2.** क्षेत्रीय स्वायत्तता को स्थानीय स्वशासन का प्रतिरूप/प्रतिबिंब मानने की भावना; **3.** एक ही राष्ट्र में सांस्कृतिक, भाषायी, आर्थिक दृष्टि से भिन्नता रखने वाले क्षेत्रों की उपस्थिति; **4.** राष्ट्र में उपस्थित विभिन्न जातीय एवं सांस्कृतिक गुटों द्वारा अपनी स्वायत्तता बनाए रखने की इच्छा तथा **5.** भौगोलिक एकता आदि। सभी संघीय प्रणाली वाले राज्यों में इस प्रकार दो विरोधी तत्वों की उपस्थिति के कारण केंद्र तथा राज्यों में एक-दूसरे के प्रति सौहार्दता का वातावरण नहीं रह पाता है और उनमें आपस में कटुता उत्पन्न हो जाती है। भारत भी एक संघीय शासन प्रणाली वाला देश है। यहां भी केंद्र तथा राज्यों के पारस्परिक संबंधों का सौहार्दपूर्ण न रहना स्वाभाविक है।

अंतर्राज्यीय परिषद् और उसके गठन की आवश्यकता

1967 तक भारत में केंद्र और सभी राज्यों में एक ही पार्टी अखिल भारतीय कांग्रेस पार्टी की सरकार थी। केंद्र तथा राज्यों और अंतर्राज्यीय समस्याओं का समाधान मुख्यमंत्रियों की बैठक आहूत करके या मुख्यमंत्री तथा प्रधानमंत्री की बैठक द्वारा या राज्यों तथा केंद्रीय सरकार के संबंधित मंत्रालयों द्वारा विचार-विमर्श करके सुलझा दिया जाता था, परंतु 1967 में 9 विभिन्न राज्यों में संविद सरकारें सत्ता में आईं और केंद्र-राज्य संबंधों में एक नाटकीय परिवर्तन हुआ।

विपक्ष शासित राज्य केंद्र की नीतियों से संतुष्ट नहीं होते थे तथा केंद्र के प्रति अविश्वास की भावना से ग्रसित थे। इसी प्रकार केंद्र तथा राज्यों के आपसी विवाद का निर्णय करने के लिए अंतर्राज्यीय परिषद् की स्थापना की मांग की गई। ध्यातव्य है कि अंतर्राज्यीय परिषद् की स्थापना की मांग सर्वप्रथम 1968 में केरल के मुख्यमंत्री ई. एम. एस. नम्बूदिरीपाद ने की थी। जब नम्बूदिरीपाद ने अंतर्राज्यीय परिषद् की स्थापना की मांग की उससे पूर्व कुछ ऐसी महत्वपूर्ण घटनाएं घटित हो चुकी थीं कि जिनके कारण केंद्र तथा राज्यों के संबंध काफी तनावपूर्ण हो गए थे। उदाहरणतया हरियाणा में राव वीरेंद्र सिंह तथा पश्चिम बंगाल में अजय मुखर्जी के मंत्रिमंडल को बर्खास्त किया जा चुका था 1972 में ही भारत के पूर्व मुख्य न्यायाधीश गजेंद्र गड़कर ने यह मांग की कि केंद्र सरकार अंतर्राज्यीय विवादों के निर्णय के लिए अनुच्छेद-263 के अंतर्गत यथाशीघ्र अंतर्राज्यीय परिषद् की स्थापना करे। ऐसे विवादों का निर्णय राजनीतिक आधार पर राजनैतिक नेताओं द्वारा नहीं किया जाना चाहिए। उनका निर्णय संविधान में की गई व्यवस्था के अनुसार किया जाना चाहिए। इसके पूर्व में अंतर्राज्यीय परिषद् की स्थापना की मांग जनसंघ की कार्यसमिति तथा जयप्रकाश नारायण ने भी की थी। लोकसभा में अनेक सांसदों ने भी सरकार से अंतर्राज्यीय परिषद् के गठन की मांग की, परंतु तत्कालीन प्रधानमंत्री इंदिरा गांधी ने इसे अस्वीकार कर दिया।

1977 में भारतीय राजनीति में एक परिवर्तन आया और श्रीमती इंदिरा गांधी सत्ता से बाहर हो गईं। केंद्र में जनता पार्टी की सरकार बनी तथा राज्यों में क्षेत्रीय दलों की सरकारें बनीं। इस समय क्षेत्रीय दलों द्वारा अलग-अलग मांग की जाने लगी। इसी समय तमिलनाडु की द्रमुक सरकार राष्ट्रीय सुरक्षा परिषद् को विघटित कर, राज्य के लिए पृथक् ध्वज की मांग करने, त्रिभाषा फॉर्मूला रद्द करने तथा आकाशवाणी के समय में परिवर्तन की मांग करने लगी।

पश्चिम बंगाल सरकार के भी केंद्रीय करों के विभाजन को लेकर केंद्र सरकार से संबंध काफी कटु हो गए तथा उसने केंद्र सरकार के विरुद्ध सर्वोच्च न्यायालय में मुकदमा दायर करने की धमकी दी। केंद्र-राज्य संबंधों को और अधिक बिगड़ने से बचाने के लिए 1983 में सरकारिया आयोग का गठन किया गया। इसी समय जनता सरकार का पतन हो गया और सत्ता में आई कांग्रेस की सरकार ने अंतर्राज्यीय परिषद् की मांग को पुन: अस्वीकार कर दिया।

1988 में सरकारिया आयोग ने अपने प्रतिवेदन में अंतर्राज्यीय परिषद् की स्थापना का सुझाव दिया था। ध्यातव्य है कि इसके पूर्व 1969 में प्रशासनिक सुधार आयोग ने कहा था कि अंतर्राज्यीय परिषद् की स्थापना राष्ट्रीय हित में है और इसकी स्थापना तुरंत की जानी चाहिए, क्योंकि यह एक ऐसी संस्था होगी जो अंतर्राज्यीय और केंद्र और राज्यों के मध्य उत्पन्न विवादों का गंभीरतापूर्वक अध्ययन करके निष्पक्ष निर्णय देगी।

अंतर्राज्यीय परिषद् का गठन

दिसंबर 1989 में केंद्र में राष्ट्रीय मोर्चा सरकार के गठन के बाद एक बार पुन: अंतर्राज्यीय परिषद् की स्थापना की मांग तेज हो गई। एक तरफ तो राज्य तथा केंद्र के मध्य और दूसरी तरफ राज्यों के पारस्परिक विवादों को ध्यान में रखते हुए अंतर्राज्यीय परिषद् की स्थापना करना आवश्यक समझा गया। इन्हीं परिस्थितियों को ध्यान में रखते हुए तत्कालीन प्रधानमंत्री श्री विश्वनाथ प्रताप सिंह ने **28 मई, 1990 को अंतर्राज्यीय परिषद् के गठन का आदेश दिया और जून, 1990 में अंतर्राज्यीय परिषद् पूर्णरूप से अपने अस्तित्व में आ गई।** अंतर्राज्यीय परिषद् का गठन सरकारिया आयोग की अनुशंसाओं के अनुरूप किया गया है। अंतर्राज्यीय परिषद् के अध्यक्ष प्रधानमंत्री होते हैं। अंतर्राज्यीय परिषद् में प्रधानमंत्री द्वारा मनोनीत 6 केंद्रीय मंत्री, सभी राज्यों तथा संघ शासित प्रदेशों के मुख्यमंत्री सम्मिलित होते हैं। जिन संघ क्षेत्रों में विधानसभा नहीं है उनके प्रशासक तथा जिन राज्यों में राष्ट्रपति शासन लागू है उनके राज्यपाल सम्मिलित होते हैं। अंतर्राज्यीय परिषद् का एक स्थायी सचिवालय दिल्ली में है। सचिवालय के पदाधिकारियों की नियुक्ति प्रधानमंत्री द्वारा की जाती है।

अंतर्राज्यीय परिषद् की वर्ष में तीन बैठकें अनिवार्य हैं और इन बैठकों की अध्यक्षता प्रधानमंत्री द्वारा की जाती है। यदि किसी कारणवश प्रधानमंत्री बैठक

की अध्यक्षता नहीं करता है, तो गृहमंत्री या प्रधानमंत्री द्वारा नियुक्त कैबिनेट अंतर्राज्यीय परिषद् की अध्यक्षता करेगी। जब किसी बैठक में किसी विशेष विषय पर विचार-विमर्श किया जाना हो, तो संबंधित मंत्री या उस राज्यमंत्री को जिसके पास विभाग का स्वतंत्र प्रभार होता है, विशेष रूप से आमंत्रित किया जाता है। अंतर्राज्यीय परिषद् की बैठक में अध्यक्ष सहित 10 सदस्यों की उपस्थिति गणपूर्ति के लिए आवश्यक है।

अंतर्राज्यीय परिषद् की बैठक में विचार करने से संबंधित विषयों की सूची तैयार करने के लिए परिषद् स्वयं नियम बनाएगी और विचाराधीन विषयों के संबंध में आम सहमति से निर्णय लिया जाएगा। ध्यातव्य है कि इस संबंध में अध्यक्ष का निर्णय अंतिम होगा। अंतर्राज्यीय परिषद् केवल सिफारिश करने वाली संस्था के रूप में कार्य करेगी और सामान्यत: उन समस्याओं पर विचार-विमर्श करेगी जिनका संबंध केंद्र तथा राज्यों अथवा राज्यों के पारस्परिक संबंधों से है।

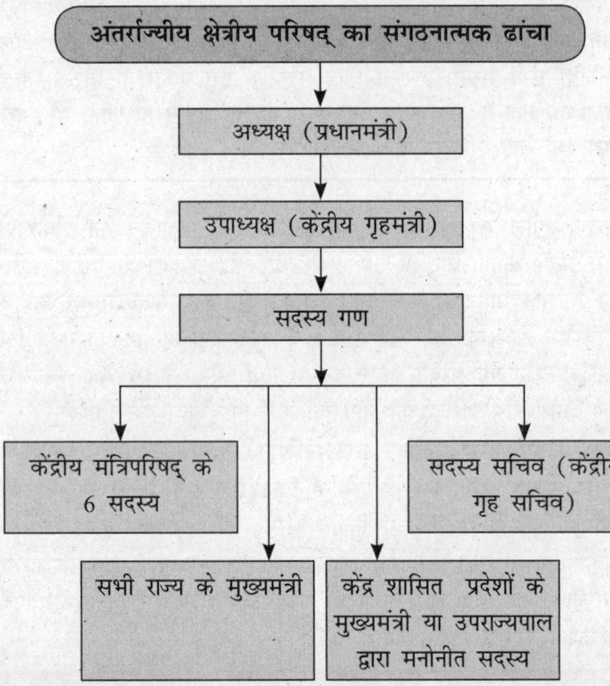

अंतर्राज्यीय परिषद् का कार्य

भारतीय संविधान के **अनुच्छेद-263** में अंतर्राज्यीय परिषद् के कार्यों की विवेचना की गई है। अनुच्छेद-263 में स्पष्टत: कहा गया है कि अंतर्राज्यीय परिषद् का संबंध केवल अंतर्राज्यीय विवादों से है और यह केवल उन्हीं के संदर्भ में केंद्रीय मंत्रिमंडल को अपनी मंत्रणा दे सकती है। अंतर्राज्यीय परिषद् के प्रमुख कार्य निम्नवत् हैं-

- राज्यों के मध्य उत्पन्न होने वाले विवादों की जांच करना एवं उनके समाधान के संदर्भ में परामर्श देना।
- ऐसे विषयों के संदर्भ में सूक्ष्मतम जांच करना जिनमें केंद्र और एक से अधिक राज्यों के सामूहिक हित निहित हों।
- केंद्र और राज्यों के मध्य सामंजस्य एवं समायोजन तथा सौहार्दता की भावना विकसित करने के लिए नीति संबंधी एवं कार्यात्मक सुझाव देना।
- राज्यपाल अथवा अन्य महत्वपूर्ण संवैधानिक निकाय के कार्य करने एवं स्वविवेक का प्रयोग करने संबंधी मामलों में मार्गनिर्देशिका सृजित करना।
- केंद्र और राज्यों के मध्य संचार माध्यम एवं विचार-विमर्श के लिए एक राष्ट्रीय मंच के रूप में कार्य करना।
- राज्यों के मध्य वित्तीय विषमताएं दूर करने के संबंध में सुझाव देना।
- राज्यों के मध्य वित्तीय विवरण के संदर्भ में अनुशंसा करना।
- अंतर्राज्यीय सीमा निर्धारण के लिए प्रस्ताव देना।

अंतर्राज्यीय परिषद् के कार्यों को लेकर मतभेद भी है। प्रशासनिक सुधार आयोग का कहना था कि अंतर्राज्यीय परिषद् को अंतर्राज्यीय विवादों यथा राज्यों के मध्य सीमा विवाद और संघीय संवैधानिक अधिकारियों (राज्यपाल, मुख्य चुनाव आयुक्त, नियंत्रक और महालेखा परीक्षक आदि) के मनोनयन के संदर्भ में हस्तक्षेप नहीं करना चाहिए। ऐसा करने से एक तरफ जहां राज्यों में आपसी कटुता बढ़ेगी, तो दूसरी तरफ मंत्रिमंडलीय उत्तरदायित्व के सिद्धांत में गिरावट आएगी। सरकारिया आयोग ने भी अपने प्रतिवेदन में कहा था कि हम जिस परिषद् के गठन की अनुशंसा कर रहे हैं, उसे ऐसे कर्तव्य सौंपे जाएं जो सामान्यत: अनुच्छेद-263 (1) और (2) के समूचे क्षेत्र को समाविष्ट करते हों। यह इसलिए अनिवार्य है कि राष्ट्रपति के पास अनुच्छेद-263 के अधीन बार-बार ऐसे संदर्भ न भेजने पड़ें कि परिषद् को विशिष्ट संदर्भों पर जब भी कोई मामला आए, विचार करने के लिए प्राधिकृत किया जाए। सरकारिया आयोग ने सुझाव दिया था कि किसी भी राज्य में अनुच्छेद-356 का प्रयोग करने के पूर्व अंतर्राज्यीय परिषद् से अवश्य परामर्श कर लिया जाना चाहिए।

वस्तुत: अंतर्राज्यीय परिषद् की स्थापना केंद्र और राज्यों के मध्य सौहार्दपूर्ण संबंध स्थापित करने के लिए की गई है। ऐसी स्थिति में परिषद् के कार्यकलापों को सीमित करने का कोई औचित्य नजर नहीं आता है। यदि राज्यों द्वारा सीमा विवाद, जल विवाद जैसे मामले भी परिषद् के सम्मुख प्रस्तुत किए जाते हैं, तो ऐसा करने पर कोई प्रतिबंध नहीं होना चाहिए। ध्यातव्य है कि विचार-विमर्श के गर्भ से ही समझौतों का जन्म होता है।

अंतर्राज्यीय परिषद् के गठन का औचित्य

यद्यपि अंतर्राज्यीय परिषद् के गठन का प्रावधान **अनुच्छेद-263** में किया गया है, परंतु संविधानवेत्ताओं ने इसके गठन के औचित्य पर प्रश्नचिह्न लगाया है। संवैधानिक उपबंधों का कानूनी विश्लेषण करने वाले विधिवेत्ताओं का आग्रह है कि अंतर्राज्यीय परिषद् को सिर्फ एक परामर्शदात्री निकाय ही होना चाहिए तथा उसको संवैधानिक परिसीमाओं में ही रहकर कार्य करना चाहिए। केंद्रीय विधि मंत्रालय का कहना है कि भारत में संसदीय शासन प्रणाली अस्तित्व में है और राष्ट्रपति केवल नाममात्र का अध्यक्ष है। अत: राष्ट्रपति को केंद्रीय मंत्रिपरिषद् के अतिरिक्त किसी संस्था से परामर्श लेने का कोई अधिकार नहीं है, परंतु अंतर्राज्यीय परिषद् के गठन का प्रावधान संविधान में है। इसलिए ऐसे विचार कि राष्ट्रपति को अंतर्राज्यीय परिषद् से परामर्श लेने का अधिकार है को अमान्य नहीं किया जा सकता है। अंतर्राज्यीय परिषद् के संदर्भ में कहा जाता है कि इससे मंत्रिमंडलीय उत्तरदायित्व सिद्धांत का उल्लंघन होता है। अंतर्राज्यीय परिषद् का अध्यक्ष संविधानत: प्रधानमंत्री होता है। फिर इस स्थिति में मंत्रिमंडलीय उत्तरदायित्व के सिद्धांत का उल्लंघन कैसे होता है। नीति आयोग (योजना आयोग) और राष्ट्रीय विकास परिषद् जैसी संस्थाएं मंत्रिमंडलीय उत्तरदायित्व के सिद्धांत को प्रभावित किए बिना अस्तित्व में रह सकती हैं, तो अंतर्राज्यीय परिषद् क्यों नहीं कार्य कर सकती है और इससे संसदीय प्रतिमानों का ह्रास कैसे हो सकता है। इसके साथ-साथ भारतीय संविधान के अंतर्गत केंद्र-राज्य संबंधों की दृष्टि से राष्ट्रपति मूकदर्शक नहीं बनाए गए हैं। राष्ट्रपति को केंद्र-राज्य संबंधों को संविधान की भावनाओं के अनुरूप मोड़ना होता है। राष्ट्रपति संविधान संरक्षक हैं और आपातकालीन स्थितियों में संवैधानिक तंत्र को संतुलित करते हैं।

अंतर्राज्यीय परिषद् के संदर्भ में सरकारिया आयोग का मत है कि यह परिषद् सिर्फ सिफारिश करने वाले निकाय के रूप में होगी। अत: यह किसी भी प्रकार

से उन उत्तरदायित्वों या शक्तियों का क्षय नहीं करेगी जो संविधान के अंतर्गत क्रमशः केंद्र और राज्य के अनन्य क्षेत्राधिकार में आते हैं।

अंतर्राज्यीय परिषद् की सिफारिशों के परिप्रेक्ष्य में एक और प्रश्न उठता है कि क्या भारत के राष्ट्रपति के पास ऐसी शक्तियां हैं जिनके माध्यम से वह अंतर्राज्यीय परिषद् के निर्णयों एवं संस्तुतियों का क्रियान्वयन कर सकें? इस संबंध में राष्ट्रपति को कोई शक्ति प्राप्त नहीं है। अंतर्राज्यीय परिषद् की संस्तुतियों को स्वीकार करने के लिए केंद्र सरकार बाध्य नहीं है। यदि अंतर्राज्यीय परिषद् राज्यों के मध्य उत्पन्न विवादों का समाधान न कर सके, तो राज्यों को उन मामलों को सर्वोच्च न्यायालय में ले जाने की अनुमति होनी चाहिए। अंतर्राज्यीय परिषद् तो वस्तुतः जांच करने वाली समिति है जिसे अधिनियम की शक्तियों से सुसज्जित नहीं किया जा सकता है।

स्मरणीय तथ्य

- अंतर्राज्यीय परिषद् के गठन का प्रावधान भारतीय संविधान के अनुच्छेद 263 में किया गया है। इस प्रकार अंतर्राज्यीय परिषद् एक संवैधानिक संस्था है।
- अंतर्राज्यीय परिषद् के गठन की मांग सर्वप्रथम 1967 में केरल के पूर्व मुख्यमंत्री ई.एम.एस. नम्बूदिरीपाद द्वारा की गई। इसके बाद सरकारिया आयोग ने भी अपने प्रतिवेदन में इसके गठन का सुझाव दिया था, परंतु तत्कालीन सरकार ने अस्वीकार कर दिया।
- दिसंबर 1989 में बी.पी. सिंह के नेतृत्व में राष्ट्रीय मोर्चा की सरकार बनने पर इसके गठन की मांग एक बार पुनः शुरू हुई और अप्रैल 1990 में इसका गठन कर दिया गया।
- अंतर्राज्यीय परिषद् के पदेन अध्यक्ष प्रधानमंत्री होते हैं, जबकि केंद्रीय गृहमंत्री इसके उपाध्यक्ष होते हैं।
- अंतर्राज्यीय परिषद् में सभी राज्यों के मुख्यमंत्री, केंद्रशासित प्रदेशों के मुख्यमंत्री और जिन केंद्रशासित प्रदेशों में मुख्यमंत्री नहीं हैं, वहां के उपराज्यपाल या उनके द्वारा नियुक्त किए गए प्रतिनिधि इसके सदस्य होते हैं।
- अंतर्राज्यीय परिषद् में छह केंद्रीय मंत्री भी सम्मिलित होते हैं, जिनका चयन प्रधानमंत्री द्वारा किया जाता है।
- अंतर्राज्यीय परिषद् केंद्र और राज्यों के मध्य उत्पन्न विवाद, राज्यों के मध्य उत्पन्न विवाद, केंद्र और कुछ राज्य बनाम अन्य राज्यों के बिंदुओं पर चिंतन-मनन करती है।
- अंतर्राज्यीय परिषद् केंद्र और राज्यों के बीच विचार-विमर्श का एक प्लेटफॉर्म है।

❑❑❑

अध्याय 3

वित्त आयोग

भारत एक संघीय व्यवस्था वाला गणराज्य है। अत: केंद्र और राज्यों के मध्य वित्तीय स्रोतों के विभाजन के संदर्भ में नाना प्रकार की कठिनाइयां और विसंगतियां उत्पन्न होना स्वाभाविक है। भिन्न-भिन्न राज्यों की वित्तीय स्थितियां एक समान नहीं होती हैं, उनमें भिन्नता होती है। इसलिए वित्तीय संसाधनों के विभाजन के लिए भिन्न-भिन्न मापदंड अपनाया जाना स्वाभाविक और आवश्यक है। भारतीय संविधान निर्माता इससे अच्छी तरह से वाकिफ थे। यही कारण है कि भारतीय संविधान में उक्त समस्या के समाधान के लिए एक संवैधानिक संस्था के रूप में अनुच्छेद–280 में वित्त आयोग के गठन का प्रावधान किया गया है। वित्त आयोग भारतीय संविधान की एक नई विधा है। यह संघीय ढांचे की नई देन है। ऑस्ट्रेलिया में भी इससे मिलता-जुलता एक आयोग है जिसको ऑस्ट्रेलिया का राष्ट्रमंडल आयोग कहा जाता है, परंतु भारत और ऑस्ट्रेलिया के आयोग में दो अंतर हैं। पहला अंतर यह है कि ऑस्ट्रेलिया का वित्त आयोग एक स्थायी संस्था है, जबकि भारत का वित्त आयोग स्थायी संस्था नहीं है। दूसरा अंतर यह है कि भारत का वित्त आयोग संवैधानिक संस्था है, जबकि ऑस्ट्रेलिया का वित्त आयोग एक संविधानेतर संस्था है।

वित्त आयोग: एक परिचय

- **अनुच्छेद–280 (1)** में प्रावधानित है कि संविधान के प्रारंभ के दो वर्ष के अंदर और तत्पश्चात् प्रत्येक पांच वर्ष की समाप्ति पर अथवा उससे पहले ऐसे समय पर जिसे राष्ट्रपति आवश्यक समझे, एक आदेश द्वारा वित्त आयोग का गठन कर सकते हैं।
- अनुच्छेद-280 में निहित प्रावधानों के अनुसार संसद द्वारा 1951 में वित्त आयोग अधिनियम 1951 बनाया गया, जिसके अनुसार नियमित अंतराल पर वित्त आयोग गठित किए जाते हैं। उल्लेखनीय है कि वित्त आयोग एक संवैधानिक संस्था है।
- वित्त आयोग केंद्र और राज्यों के मध्य करों के शुद्ध आगमों के वितरण, राज्यों के मध्य ऐसे तत्संबंधी भाग के आवंटन, भारत की संचित निधि में से राज्यों की सहायता अनुदान को निर्धारित/शासित करने वाले सिद्धांतों तथा देश के सुदृढ़ वित्त व्यवस्था के लिए राष्ट्रपति द्वारा आयोग को सौंपे गए किसी अन्य विषय के संदर्भ में अपनी अनुशंसा करता है।

वित्त आयोग का गठन

भारतीय संविधान के **अनुच्छेद–280 (1)** में प्रावधानित है कि संविधान के शुरू होने के दो वर्ष के अंदर तथा बाद में प्रत्येक पांच वर्ष की समाप्ति के बाद या उससे पहले ऐसे समय पर जिसे राष्ट्रपति आवश्यक समझे, तो वह आदेश द्वारा एक वित्त आयोग का गठन करेगा, परंतु पांच वर्ष की यह अवधि वित्त आयोग का कार्यकाल नहीं बताती है बल्कि दो वित्त आयोगों के गठन के बीच का समयांतराल बताती है। वित्त आयोग को एक निश्चित कार्य सौंपा जाता है जब वह कर लेता है, तो उसे भंग कर दिया जाता है। जिसे सामान्यत: उसे करने में दो से तीन वर्ष लगते हैं। वित्त आयोग की सिफारिशें पांच वर्ष तक लागू रहती हैं। उल्लेखनीय है कि वित्त आयोग में अध्यक्ष सहित कुल पांच सदस्य होते हैं।

वित्त आयोग के अध्यक्ष और उसके सदस्यों की योग्यताएं

अनुच्छेद–280 (2) में प्रावधानित है कि संसद विधि द्वारा यह निर्धारित करेगी कि वित्त आयोग के अध्यक्ष और सदस्यों की नियुक्ति के लिए क्या तरीका अपनाया जाए। अनुच्छेद–280 (2) में ही संसद को आयोग के सदस्यों की योग्यता (अर्हताएं) निर्धारित करने के लिए अधिकृत किया गया है और इसी आधार पर संसद ने वित्त आयोग अधिनियम, 1951 द्वारा निर्धारित किया कि आयोग के अध्यक्ष पद पर वही व्यक्ति नियुक्त किया जाएगा जिसको सार्वजनिक कार्यों में अनुभव प्राप्त हो। वित्त आयोग के सदस्यों के लिए निम्नलिखित योग्यताएं निर्धारित की गई हैं–

- उच्च न्यायालय या सर्वोच्च न्यायालय के न्यायाधीश होने की योग्यता रखता हो।
- सरकारी वित्त एवं लेखों में विशेष ज्ञान प्राप्त व्यक्ति।
- वित्तीय मामलों तथा प्रशासन के क्षेत्र में अनुभवी व्यक्ति।
- अर्थशास्त्र में विशिष्ट योग्यता प्राप्त व्यक्ति।

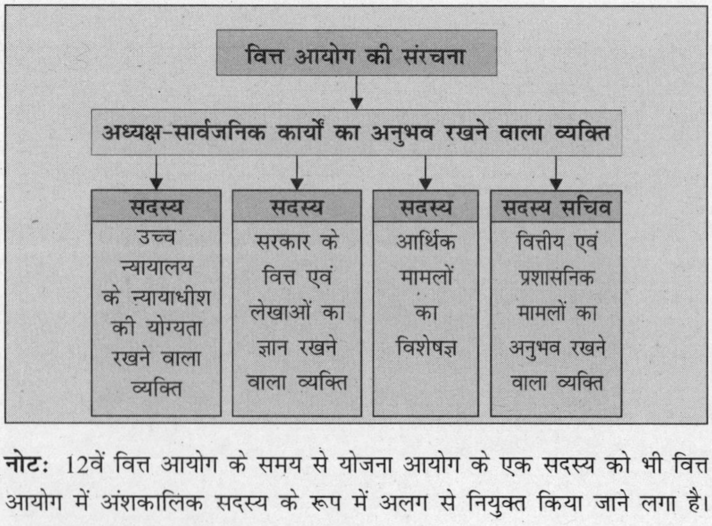

नोट: 12वें वित्त आयोग के समय से योजना आयोग के एक सदस्य को भी वित्त आयोग में अंशकालिक सदस्य के रूप में अलग से नियुक्त किया जाने लगा है।

आयोग के सदस्यों की अपात्रता

- सदस्य के मानसिक रूप से अक्षम होने पर।
- उसके दिवालिया घोषित होने पर।
- किसी अनैतिक कार्य या अपराध में लिप्त होने पर।
- उसकी वित्तीय या अन्य रुचियां आयोग की कार्यक्षमता को प्रभावित करें।

वित्त आयोग और उसके सदस्यों की कार्य विधि

- वित्त आयोग का गठन केंद्रीय वित्त मंत्रालय द्वारा राष्ट्रपति के आदेश से किया जाता है। यह घोषणा साधारणत: (यद्यपि हमेशा नहीं) संसद में केंद्रीय बजट प्रस्तुत होने के बाद की जाती है। वित्त आयोग उस तिथि से अस्तित्व में आ जाता है जिस तिथि को उसके अध्यक्ष और सदस्य अपना पद भार संभाल लेते हैं। यह तिथि राष्ट्रपति के आदेश में उल्लेखित होती है।
- वित्त आयोग की कार्यविधि भी राष्ट्रपति के आदेश में वर्णित होती है। प्रतिवेदन प्रस्तुत कर देने के बाद वित्त आयोग की कार्यविधि समाप्त हो जाती है और इसी के साथ वित्त आयोग का अस्तित्व भी समाप्त हो जाता है। अब तक गठित वित्त आयोगों की कार्यविधि का औसत लगभग 14 माह रहा है, परंतु प्रत्येक आयोग की अवधि अलग-अलग रही है। तीसरे आयोग की अवधि सर्वाधिक न्यून 12 माह की रही जबकि सर्वाधिक अवधि 30 माह 10वें आयोग की रही है।

वित्त आयोग के कार्य

वित्त आयोग के कार्य अनुच्छेद–280 (3) में प्रावधानित है, जो निम्नवत् है–

- संविधान के भाग-11 के अध्याय-1 के अंतर्गत केंद्र तथा राज्यों के मध्य वितरित किए जाने वाले करों तथा राज्यों के मध्य उनके आवंटन का निर्धारण।
- भारत की संचित निधि में से राज्यों को दिए जाने वाले सहायता अनुदान के संदर्भ में सिद्धांतों को तय करना।
- अनुच्छेद–278(1) या अनुच्छेद–306 के अधीन भारत सरकार और प्रथम अनुसूची के भाग-ख में उल्लेखित किसी राज्य सरकार के मध्य किए गए उपबंधों को चालू रखने या परिवर्तित करने के संदर्भ में सलाह देना।
- केंद्र तथा राज्य में तथा राज्यों में पास्परिक विभाजित होने वाली राशि के लिए आय के वितरण का आधार निर्धारित करना।
- केंद्र तथा राज्य सरकारों के मध्य होने वाले समझौतों के संबंध में आवश्यक सिफारिश देना।
- देश के वित्तीय हित में राष्ट्रपति द्वारा बताने पर किसी अन्य विषय पर विचार-विमर्श करना।

इस प्रकार वित्त आयोग को ऊर्ध्व तथा क्षैतिज वित्तीय असंतुलन को कम करने के लिए केंद्र के राज्यों को होने वाले वित्तीय हस्तांतरण के संबंध में अपनी अनुशंसा देनी होती है। केंद्रीय सरकार मनमाने ढंग से वित्त आयोग के विचारार्थ विषयों का चयन नहीं कर सकती है, परंतु अनुच्छेद–280, 3(ब) में लिखित किसी विषय की व्याख्या उदार ढंग से करके कुछ लचीलापन लाया जा सकता है। इसी प्रावधान का उपयोग करते हुए वित्त आयोगों के क्षेत्र में भारत सरकार ने कुछ प्रतिबंध कई बार लगाए हैं।

सदस्यों की पदावधि

आयोग के सदस्य उसी समय तक पद पर बने रहेंगे जो राष्ट्रपति के आदेश में दिया गया हो। किसी भी सदस्य की पुन: नियुक्ति हो सकती है।

आयोग का कर्तव्य

आयोग का कर्तव्य है कि वह निम्न विषयों पर राष्ट्रपति को अपनी अनुशंसा करे–(i) करों से आय का केंद्र एवं राज्यों में वितरण तथा राज्यों को इस आय का अंश निर्धारित करने के संबंध में, (ii) राज्यों के राजस्व में सहायक अनुदानों को विनियमित करने वालों के संबंध में, (iii) राष्ट्रपति द्वारा आयोग को सौंपे गए किसी अन्य विषय के संबंध में।

अब तक गठित वित्त आयोग : एक नजर में

वित्त आयोग	अध्यक्ष	नियुक्ति वर्ष	प्रतिवेदन वर्ष	अनुशंसा लागू रहने की अवधि
पहला	के.सी. नियोगी	नवंबर, 1951	1952	1952–57
दूसरा	के. सन्थानम्	जून, 1955	1957	1957–62
तीसरा	ए.के. चंद्रा	दिसंबर, 1960	1961	1962–66
चौथा	पी.वी. राजमन्नार	मई, 1964	1965	1966–69
पांचवां	महावीर प्रसाद	अक्टूबर, 1968	1969	1969–74
छठा	ब्रह्मनंद रेड्डी	जून, 1972	1973	1974–79
सातवां	जे.एम. शेलट	जून, 1977	1978	1979–84
आठवां	वाई.वी. चव्हाण	जून, 1982	1984	1984–89
नवां	एन.के.पी. साल्वे	जून, 1987	1989	1989–94
दसवां	के.सी. पंत	जून, 1992	नवंबर, 1994	1995–2000
ग्यारहवां	ए.एम. खुसरू	जुलाई, 1998	(i) अंतरिम रिपोर्ट 15 जनवरी, 2000 (ii) अंतिम रिपोर्ट 7 जुलाई, 2000 (iii) पूरक रिपोर्ट 31 अगस्त, 2000	2000–05
बारहवां	सी.रंगराजन	नवंबर, 2002	दिसंबर, 2004	2005–10
तेरहवां	विजय केलकर	नवंबर, 2007	दिसंबर, 2009	2010–15
चौदहवां	वाई.वी. रेड्डी	अक्टूबर, 2012	दिसंबर, 2014	2015–20
पंद्रहवां	एन.के. सिंह	नवंबर, 2017	वर्ष 2020	2021–26

वित्त आयोग की शक्तियां

वित्त आयोग को सौंपे गए कार्यों को संपन्न करने के लिए अनुच्छेद–280 (4) में यह उपबंध है कि आयोग अपनी प्रक्रिया स्वयं निर्धारित करेगा। इसे ऐसी शक्तियां भी प्राप्त होंगी जो संसद विधि द्वारा प्रदान करें। वित्त आयोग अधिनियम, 1951 के अंतर्गत आयोग को निम्न विषयों में एक असैनिक न्यायालय की सभी शक्तियां प्राप्त हैं–

- गवाहों को सम्मन करना।
- दस्तावेजों को प्रस्तुत करना।
- किसी व्यक्ति से ऐसी जानकारी प्राप्त करना जो आयोग के मत में लाभकारी तथा संगत है।
- दीवानी अदालत प्रक्रिया, 1908 के अनुसार वित्त आयोग में एक दीवानी अदालत की शक्तियां निहित हैं।
- आयोग कार्य करने की अपनी कार्यविधि ईजाद करने के लिए स्वतंत्र है।
- आयोग द्वारा किसी भी व्यक्ति, संस्था या कार्यालय को गवाही, साक्ष्य, दस्तावेज या सूचना प्रस्तुत करने के लिए दिया गया आदेश दीवानी अदालत के तलब करने पर पेश होने के समान बाध्यकारी है।
- आयोग भारत सरकार की सीमाओं में किसी भी न्यायालय या कार्यालय से सभी प्रकार के लोक अभिलेखों की मांग कर सकता है।
- अपराध प्रक्रिया संहिता 1908 के अनुभाग 480 व 482 के तहत आयोग सिविल न्यायालय की भांति अभियोगों की सुनवाई करने में सक्षम होता है।

पंद्रहवें वित्त आयोग का गठन

प्रधानमंत्री नरेंद्र मोदी की अध्यक्षता में केंद्रीय मंत्रिमंडल ने 22 नवंबर, 2017 को 15वें वित्त आयोग का गठन करने के लिए अपनी मंजूरी प्रदान कर दी और 27 नवंबर, 2017 को इसका गठन कर दिया गया। योजना आयोग के पूर्व सदस्य और पूर्व सांसद एन.के. सिंह 15वें वित्त आयोग के अध्यक्ष होंगे। राज्यों के साथ केंद्रीय करों के हस्तांतरण के बारे में आयोग अपनी सिफारिशें 30 अक्टूबर, 2019 तक सौंप देगा। संविधान के अनुच्छेद–280 (1) के तहत यह एक संवैधानिक प्रक्रिया है। आयोग के 4 सदस्य होंगे जिनका विवरण इस प्रकार है–

1. शक्तिकांत दास (आर्थिक मामलों के पूर्व सचिव)
2. अशोक लाहिरी (पूर्व मुख्य आर्थिक सलाहकार)
3. प्रो. डॉ. अनूप सिंह (जॉर्जटाउन यूनिवर्सिटी)
4. रमेश चंद (सदस्य, नीति आयोग)

15वां वित्त आयोग 1 अप्रैल, 2020 से लेकर 31 मार्च, 2025 तक की पांच वर्षों की अवधि के लिए सिफारिशों को कवर करेगा।

वित्त आयोग की भूमिका

यद्यपि भारतीय संविधान में केंद्र तथा राज्यों के मध्य वित्तीय संसाधनों के विभाजन का विस्तृत उपबंध किया गया है। इसके बाद भी संविधान निर्माताओं ने यह अनुभव किया कि कोई भी विभाजन चाहे कितना ही अच्छा क्यों न हो, वह सभी समयों और परिस्थितियों के लिए उपयुक्त नहीं हो सकता है। इसीलिए संविधान निर्माताओं ने अनुच्छेद–280 में वित्त आयोग के गठन का प्रावधान किया। संविधान के अनुच्छेद–281 के अनुसार राष्ट्रपति आयोग द्वारा की गई सिफारिशों को उन पर की गई कार्यवाही के व्याख्यात्मक ज्ञापन सहित संसद के दोनों सदनों के सम्मुख रखवाता है।

प्रत्येक आयोग के विचारणीय विषयों का निर्धारण केंद्रीय वित्त मंत्रालय द्वारा किया जाता है। राज्य सरकार से इस संदर्भ में कोई परामर्श नहीं लिया जाता है। प्रत्येक वित्त आयोग के विचारणीय विषय अलग-अलग होते हैं। प्राय: इनमें निरंतरता नहीं होती है। आयोग का कार्य विचारणीय विषयों की घोषणा के बाद तुरंत शुरू हो जाता है। सर्वप्रथम आयोग राज्य सरकारों को पत्र लिखकर उनके आगामी पांच वर्ष के व्यय तथा राजस्व के संदर्भ में पूछता है। इन अनुमानों को प्राप्त कर लेने के पश्चात् आयोग राज्य सरकारों के संबंधित अधिकारियों को कुछ बातें स्पष्ट करने के लिए दिल्ली में बुलवाता है। द्वितीय चरण में वित्त आयोग सभी राज्यों में जाता है। उनसे विशेष सहायता के लिए अपने केस को प्रस्तुत करने के लिए कहता है। सामान्यत: आयोग मुख्यमंत्री, वित्त मंत्री तथा उनके सहायक अधिकारियों से बातचीत करता है। प्रत्येक राज्य अपने संदर्भ में ज्ञापन प्रस्तुत करता है और आयोग इस ज्ञापन पर बहुत ध्यानपूर्वक विचार करता है। अंतिम चरण में आयोग नई दिल्ली में अपने प्रतिवेदन को अंतिम रूप देने के लिए मिलता है। प्रो. एम. के. थवराज ने वित्त आयोग की कार्य प्रणाली पर प्रश्नचिह्न लगाया है तथा उनमें कुछ विसंगतियों का उल्लेख किया है, जो इस प्रकार हैं–

- वित्त आयोग को प्राथमिक आंकड़ों के लिए राज्य पर निर्भर रहना पड़ता है। राज्य अपने समर्थन में आंकड़ों को बढ़ा-चढ़ा कर प्रस्तुत करते हैं जिससे उनको अधिकाधिक सहायता मिल सके। इस कारण आयोग को सही वस्तुस्थिति का पता नहीं चल पाता है।
- आयोग राज्यों की केवल राजधानी का ही दौरा करता है। आयोग उन स्थानों का भ्रमण नहीं करता है, जहां परियोजनाएं वास्तविक रूप से कार्य कर रही हैं, जिससे यह वित्तीय आवश्यकताओं का सही अनुमान लगा सके।
- राज्यों की राजधानियों की सुनवाई के समय सभी सदस्य उपस्थित नहीं रहते हैं, क्योंकि ये सदस्य पूरे समय के लिए सदस्य नहीं होते हैं। वे अपने अन्य कामों में उलझे रहते हैं। इस प्रकार से अध्यक्ष तथा सदस्य सचिव पर काम का बहुत अधिक दबाव रहता है।
- बहुत-से आयोगों ने प्रत्येक राज्य के राजस्व की कमी तथा वित्तीय आवश्यकताओं के अपने अनुमानों का विस्तृत ब्यौरा नहीं दिया और न ही उन्होंने पिछड़ापन के बारे में स्पष्टत: कुछ बताया। इससे यह स्पष्ट होता है कि आयोग स्वेच्छाचारी ढंग से अपनी सिफारिशें करता है। इसके विपरीत ऑस्ट्रेलिया का राष्ट्रमंडल अनुदान आयोग अपने सभी अनुमानों के आंकड़ों को प्रदर्शित करवाता है।

उपर्युक्त विसंगतियों के अतिरिक्त वित्त आयोग तथा योजना आयोग की स्थिति तथा कार्यों में बहुत अधिक विसंगतियां हैं। वित्त आयोग के केंद्र तथा राज्यों के वित्तीय संबंधों में संतुलन बनाए रखने वाले काम को योजना आयोग कई बार अपनी गतिविधियों से सीमित कर देता है। तृतीय वित्त आयोग के अनुसार संविधान में वित्त आयोग को जो भूमिका तथा कार्य प्रदान किया गया है वे योजना आयोग के राष्ट्रीय नियोजन के अभिकरण के रूप में प्रादुर्भाव होने के बाद अब पूरा करना संभव नहीं रह गया है। यद्यपि यह सही है कि वित्त आयोग तथा योजना आयोग के कार्य परस्पर व्यापी हैं, परंतु योजना आयोग का वित्त आयोग में बढ़ता हस्तक्षेप किसी भी दृष्टिकोण से उचित नहीं है। योजना आयोग योजना का आकार निर्धारित करता है, स्रोतों को बढ़ाने तथा केंद्र द्वारा राज्यों को दी जाने वाली सहायता राशि की सीमा निश्चित करता है, जबकि वित्त आयोग को अपना काम शुरू करने पर योजना की आवश्यकताओं का ध्यान रखना पड़ता है। परिणामस्वरूप इसे योजना आयोग द्वारा निर्धारित रूपरेखा पर ही चलना पड़ता है। इससे वित्त आयोग की स्वायत्तता प्रभावित होती है। यहां के. आर. बोम्बवाला के कथन का उल्लेख करना समीचीन होगा कि 'वित्त आयोग योजना आयोग का एक नौकर बन गया है।' इससे स्पष्ट है कि स्थिति काफी गंभीर है और एक संविधानेतर संस्था का एक संविधित संस्था के क्षेत्र में हस्तक्षेप किसी भी दृष्टिकोण से सही नहीं है।

कर विभाजन के लिए 14वें वित्त आयोग द्वारा तय मानक

क्र.सं.	मानक	भारांश
1.	जनसंख्या (1971)	17.5%
2.	जनसंख्या (2011)	10.0%
3.	आय अंतराल	50.0%
4.	राज्य क्षेत्रफल	15.0%
5.	वनाच्छादन	7.5%

वित्त आयोग एक संवैधानिक संस्था है, इसका मुख्य कार्य राष्ट्रपति को सलाह देना है। यद्यपि राष्ट्रपति संविधिक रूप में इसकी सिफारिशों को मानने के लिए बाध्य नहीं है, परंतु सामान्यतया राष्ट्रपति इसकी सिफारिशों को स्वीकार कर लेते हैं। वित्त आयोग की संस्तुतियों के कारण ही अनुच्छेद–275 के अंतर्गत केंद्र द्वारा राज्यों को प्रदत्त सहायता में निरंतर वृद्धि होती रही है। एक महत्वपूर्ण तथ्य तो यह है कि वित्त आयोग राज्यों के राजस्व स्रोतों की कमी के संदर्भ में निरंतर सतर्क रहा है। इसके अतिरिक्त वित्त आयोग राज्यों की विकास आवश्यकताओं को ध्यान में रखता है।

वित्त आयोग राज्यों की विकास की आवश्यकताओं तथा वित्तीय संसाधनों के लिए केंद्र पर आश्रितता के साथ-साथ यह भी देखता है कि सभी राज्यों के विकास में समानता रहे। वित्त आयोग क्षेत्रीय असंतुलन तथा विषमता को दूर करने की दिशा में प्रभावी कदम उठाता रहा है। ध्यातव्य है कि 11वें वित्त आयोग ने विकसित राज्यों की तुलना में पिछड़े राज्यों को अधिक संसाधन मुहैया कराने की अनुशंसा की है जिसको केंद्र सरकार द्वारा स्वीकार कर लिया गया है। वित्त आयोग समान बलिदान तथा समान अवसर के सिद्धांत को अपनाने में भी सहायता करता है।

वित्त आयोग द्वारा अनुशंसित धन की सबसे महत्वपूर्ण बात यह है कि इसका स्वरूप संवैधानिक होता है तथा इसके व्यय में केंद्र का कोई नियंत्रण नहीं होता है। राज्य सरकारें वित्त आयोग की अनुशंसा से प्राप्त धन को किसी भी उद्देश्य के लिए व्यय कर सकती हैं। इस प्रकार यह उनकी स्वायत्तता को प्रभावित नहीं करता है।

वित्त आयोग–अवधारणाएं और परिभाषाएं

कर अंतरणः संविधान के अनुच्छेद–280 (3)(क) में की गई व्यवस्था के अनुसार, वित्त आयोग के मुख्य कार्यों में से एक करों के शुद्ध आगमों का केंद्र और राज्यों के बीच वितरण के संबंध में सिफारिश करना है। यह किसी वित्त आयोग का सर्वाधिक महत्वपूर्ण कार्य है, क्योंकि केंद्रीय करों के शुद्ध आगमों में राज्य का हिस्सा केंद्र से राज्यों को किए जाने वाले संसाधन अंतरण का प्रधान माध्यम है।

विभाज्य पूलः विभाज्य पूल सकल कर राजस्व का वह भाग होता है, जो केंद्र और राज्यों के बीच बांटा जाता है। विभाज्य पूल निर्दिष्ट उद्देश्य के लिए उद्गृहीत अधिभारों और उप-कर के सिवाय, सभी करों, निवल संग्रहण प्रभार से मिलकर बनता है।

संविधान (80वां संशोधन) अधिनियम, 2000 के अधिनियमित किए जाने से पूर्व, केंद्रीय कर राजस्वों में राज्यों का हिस्सा उस समय लागू अनुच्छेद 270 और 272 के उपबंधों के अनुसार था। संविधान के 80वें संशोधन ने केंद्रीय करों में विभाजन की प्रक्रिया मूल रूप से बदल दी। इस संशोधन के अंतर्गत अनुच्छेद 272 निकाल दिया गया तथा अनुच्छेद 270 में काफी बदलाव कर दिया गया। नए अनुच्छेद 270 में केंद्रीय सूची में निर्दिष्ट सभी करों और शुल्कों, अनुच्छेद 268 और अनुच्छेद 269 में क्रमशः निर्दिष्ट करों और शुल्कों तथा अनुच्छेद 271 में निर्दिष्ट करों और शुल्कों पर अधिभार तथा विशिष्ट उद्देश्यों के लिए उद्गृहीत किसी उप-कर को छोड़कर, विभाजन की व्यवस्था है।

सहायता अनुदानः क्षैतिज असंतुलनों का समाधान वित्त आयोग और कर अंतरण और अनुदानों की पद्धति के माध्यम से किया जाता है। संविधान के अनुच्छेद 275 के अधीन, वित्त आयोगों को सहायता की आवश्यकता वाले राज्यों को, अनुदानों के सिद्धांत और धनराशि की सिफारिश करने का अधिदेश है तथा भिन्न-भिन्न धनराशियां नियत की जा सकेंगी। इस प्रकार अनुदानों की पूर्वापेक्षाओं में से एक पूर्वापेक्षा राज्यों की आवश्यकताओं का आकलन करना है।

पहला, वित्त आयोग ने अनुदान के लिए राज्य की पात्रता अवधारित करने के पांच विस्तृत सिद्धांत निश्चित किए थे। पहला था, किसी राज्य का बजट उसकी आवश्यकता की जांच के लिए प्रारंभिक बिंदु है। दूसरा, राज्यों द्वारा क्षमता साकार करने के लिए किया गया प्रयास था। तीसरा, सभी राज्यों में मूल सेवाओं के मानकों को समान करने में अनुदानों से मदद मिलनी चाहिए। चौथा, राज्य के कार्यक्षेत्र के अंतर्गत राष्ट्रीय हितों के कोई विशिष्ट भार या बाध्यताओं को भी ध्यान में रखा जाए। पांचवां, कम विकसित राज्यों के लिए राष्ट्रीय हितों के किसी फायदे वाली सेवा के लिए अनुदान अवश्य दिए जाएं।

वित्त आयोग द्वारा संस्तुत अनुदान मुख्यतया सामान्य उद्देश्य के अनुदानों के स्वरूप के होते हैं जिनके माध्यम से प्रत्येक राज्य के आयोजना-भिन्न राजस्व मदें आकलित व्यय तथा केंद्रीय करों में राज्य के हिस्से लक्षित राजस्व के बीच अंतर की पूर्ति की जाती है। इन्हें प्रायः "अंतर-पूर्त अनुदानों" के रूप में जाना जाता है। पिछले वर्षों में राज्य के लिए अनुदानों का क्षेत्र और भी काफी बढ़ गया जिनसे कि उनकी विशिष्ट सेवाएं शामिल की जा सकें। संविधान में 73वां और 74वां संशोधन करने के पश्चात् वित्त आयोग को स्थानीय निकायों के संसाधनों की अनुपूर्ति के लिए राज्य की संचित निधि में इजाफा करने के उपाय सुझाने का अतिरिक्त उत्तरदायित्व सौंपा गया था। इससे वित्त आयोग ने अनुदानों के क्षेत्र में और विस्तार कर दिया। 10वां वित्त आयोग पहला आयोग था, जिसने ग्रामीण और शहरी स्थानीय निकायों के लिए अनुदानों की सिफारिश की। इस प्रकार, पिछले वर्षों में सहायता अनुदानों के क्षेत्र में काफी विस्तार हुआ है।

वित्तीय क्षमता/आय में अंतरः आय में अंतर का मापदंड पहली बार 12वें वित्त आयोग द्वारा प्रयोग किया गया था। कर क्षमता में राज्यों के बीच अंतर प्रॉक्सी के रूप में प्रति व्यक्ति जीएसडीपी द्वारा मापा गया था। जब इस प्रकार प्रॉक्सी किया गया, प्रक्रिया में स्पष्ट रूप से राज्यों के बीच राजकोषीय क्षमता अंतर को अवधारित करने के लिए एकल औसतन कर से जीएसडी अनुपात में यह प्रक्रिया स्पष्ट रूप से लागू की जाती है। 13वें वित्त आयोग ने इस फॉर्मूले में मामूली बदलाव किया है और कर क्षमता मापने के लिए अलग-अलग औसत के प्रयोग की सिफारिश की थी। एक सामान्य श्रेणी के राज्यों के लिए और दूसरी विशेष श्रेणी के राज्यों के लिए।

राजकोषीय अनुशासनः कर अंतरण के लिए मापदंड के रूप में राजकोषीय अनुशासन का प्रयोग 11वें और 12वें वित्त आयोग द्वारा किया गया था ताकि राज्यों को अपने वित्त साधन विवेकपूर्ण ढंग से व्यवस्थित करने के लिए प्रोत्साहन दिया जा सके। यह मापदंड 13वें वित्त आयोग में बगैर किसी बदलाव के जारी रहा। राजकोषीय अनुशासन के सूचकांक पर किसी राज्य की अपनी राजस्व प्राप्तियों को उसके कुल राजस्व व्यय से सुधारों से तुलना करने पर पहुंचा जा सकता है। इससे सभी राज्यों के तदनुरूपी औसत से भी तुलना होती है।

स्मरणीय तथ्य

- वित्त आयोग एक संवैधानिक संस्था है जिसके गठन का प्रावधान अनुच्छेद 280 में किया गया है।
- वित्त आयोग का गठन केंद्रीय मंत्रिपरिषद् की सिफारिश पर राष्ट्रपति द्वारा किया जाता है।
- वित्त आयोग अपनी सिफारिशें राष्ट्रपति को ही प्रस्तुत करता है और राष्ट्रपति उसे संसद में प्रस्तुत करवाते हैं।
- देश में पहला वित्त आयोग नवंबर 1951 में गठित किया गया था, जिसके अध्यक्ष के.सी. नियोगी बनाए गए थे।
- वित्त आयोग का गठन प्रत्येक पांच वर्ष के अंतराल पर किया जाता हैं, परंतु यदि राष्ट्रपति को विश्वस्त सूत्रों से यह सूचना मिलती है कि केंद्र और राज्यों की आर्थिक स्थिति अच्छी नहीं है या उनके मध्य संबंध अच्छे नहीं हैं तो पांच वर्ष के पूर्व भी वित्त आयोग का गठन किया जा सकता है।
- अब तक 15 वित्त आयोगों का गठन किया जा चुका है। 10वें वित्त आयोग ने राज्यों को वित्तीय सहायता देने और करों में विभाजन के लिए क्षेत्रफल और 14वें वित्त आयोग ने वन आच्छादन का मानक प्रयोग किया।

❑❑❑

अध्याय 4

निर्वाचन आयोग

अब्राहम लिंकन का यह कथन है कि "लोकतंत्र जनता का, जनता के लिए तथा जनता द्वारा शासन होता है।" किंतु यह तब तक फलीभूत एवं सार्थक सिद्ध नहीं हो सकता है जब तक कि चुनाव स्वतंत्र तथा निष्पक्ष रूप से संभव नहीं होते हैं। प्रजातंत्र या लोकतंत्र और निर्वाचन एक नदी के दो किनारे हैं और उनका उतना ही घनिष्ठ संबंध है जितना कि एक व्यक्ति और उसकी परछाईं का होता है। इस तथ्य को केंद्र में रखते हुए संविधान निर्माताओं ने एक स्वतंत्र निर्वाचन आयोग की व्यवस्था की और उसे चुनाव से संबंधित निर्वाचक नामावली तैयार करने का और सभी निर्वाचनों के संचालन का अधीक्षण, निर्देशन तथा नियंत्रण का कार्यभार सौंपा। संविधान सभा में निर्वाचन आयोग के संदर्भ में कई मत थे। संविधान सभा के कुछ सदस्यों का मत था कि निर्वाचन आयोग 4 या 5 सदस्यीय होना चाहिए और उसके सदस्य रिटायर होने तक अपने पदों पर कार्य करते रहें। इसके विपरीत संविधान सभा के कुछ सदस्यों का मत था कि निर्वाचन के समय राष्ट्रपति द्वारा एक तदर्थ समिति नियुक्त कर दी जानी चाहिए और उसी के देख-रेख में चुनाव होने चाहिए। इन दोनों मतों के विपरीत तीसरा मत यह भी था कि एक स्थायी निर्वाचन आयोग की स्थापना होनी चाहिए। संविधान सभा के सम्मुख यह भी समस्या थी कि निर्वाचन आयोग प्रत्येक राज्य में अलग-अलग हो जैसा कि संयुक्त राज्य अमेरिका में है या ब्रिटेन की तरह केंद्रीय चुनाव आयोग की स्थापना की जाए। व्यापक विचार-विमर्श के बाद यह निर्णय लिया गया कि एक केंद्रीय निर्वाचन आयोग की स्थापना की जाए। स्थायी केंद्रीय निर्वाचन आयोग की स्थापना करने का इसलिए भी निर्णय लिया गया कि भारत जैसे बड़े देश में चुनाव तथा उपचुनाव की प्रक्रिया सतत चलती रहेगी और अस्थायी निर्वाचन आयोग इसे पूरा नहीं कर पाएगा और न ही स्वतंत्र एवं निष्पक्ष निर्वाचन ही संभव हो पाएगा। भारतीय संविधान के भाग-15 में अनुच्छेद-324 से 329 के अंतर्गत निर्वाचन संबंधी उपबंध दिए गए हैं। निर्वाचन आयोग एक संवैधानिक एवं स्वायत्तशासी संस्था है। संसद और राज्य विधानमंडलों, राष्ट्रपति तथा उपराष्ट्रपति पदों का निर्वाचन, निर्वाचन आयोग द्वारा कराया जाता है।

निर्वाचन आयोग और उसकी संरचना

- निर्वाचन आयोग एक अखिल भारतीय संस्था है, क्योंकि यह संसद तथा राज्य विधान मंडल दोनों के चुनावों के लिए समान रूप से उत्तरदायी है, परंतु राज्यों में होने वाले पंचायत व निगम चुनावों से चुनाव आयोग का कोई संबंध नहीं है। इसके लिए भारत के संविधान में अलग से राज्य निर्वाचन आयोग की व्यवस्था की गई है।
- संविधान के **अनुच्छेद-324** में निर्वाचन आयोग के गठन का प्रावधान किया गया है। **अनुच्छेद-324(2)** में कहा गया है कि समय के अनुसार निर्वाचन आयोग एक सदस्यीय या बहु-सदस्यीय हो सकता है।
- **अनुच्छेद-324 (2)** में वर्णित प्रावधानों के अनुसार निर्वाचन आयोग में मुख्य निर्वाचन आयुक्त और उतने ही निर्वाचन आयुक्त होंगे जितने राष्ट्रपति द्वारा समय-समय पर नियुक्त किए जाएंगे। शुरू में निर्वाचन आयोग एक सदस्यीय ही था और यह व्यवस्था 16 अक्टूबर, 1989 तक बनी रही। इसके बाद अक्टूबर, 1989 में निर्वाचन आयोग को एक अधिसूचना के माध्यम से त्रि-सदस्यीय बना दिया गया। मुख्य निर्वाचन आयुक्त के अतिरिक्त अक्टूबर, **1989 में एस. धनोआ तथा बी. सिंगला को नया चुनाव आयुक्त नियुक्त किया गया। इस प्रकार पहली बार निर्वाचन आयोग त्रि-सदस्यीय बना।**
- निर्वाचन आयोग के त्रि-सदस्यीय बनाए जाने के निर्णय पर सभी विपक्षी दलों ने सरकार की आलोचना की। 31 दिसंबर, 1989 को केंद्र में नवगठित राष्ट्रीय मोर्चा की सरकार ने पुन: निर्वाचन आयोग को एक सदस्यीय बना दिया, परंतु यह स्थिति अधिक दिन तक कायम नहीं रह सकी।
- 1990 में टी.एन. शेषन को नया मुख्य निर्वाचन आयुक्त नियुक्त किया गया। टी.एन. शेषन ने पहली बार निर्वाचन आयोग और मुख्य निर्वाचन आयुक्त पद को गरिमा दिलाई, परंतु उनकी कार्य प्रणाली से क्षुब्ध हुए विपक्षी दलों ने निर्वाचन आयोग को बहु-सदस्यीय बनाने की मांग की। फलत: **1 अक्टूबर, 1993 को निर्वाचन आयोग में दो नए निर्वाचन आयुक्तों एस.एस. गिल तथा जे.बी. कृष्णमूर्ति की नियुक्ति की गई। इस प्रकार तब से निर्वाचन आयोग बहु-सदस्यीय हो गया है।**
- निर्वाचन आयोग एक सामूहिक संस्था है, जिसमें मुख्य निर्वाचन आयुक्त की प्रस्थिति अन्य निर्वाचन आयुक्तों की तुलना में उच्चतर नहीं है, बल्कि मुख्य निर्वाचन आयुक्त की प्राथमिकता केवल इतनी ही है कि वह निर्वाचन आयोग की बैठक की अध्यक्षता करता है।
- मुख्य निर्वाचन आयुक्त व दो अन्य निर्वाचन आयुक्तों के पास समान शक्तियां होती हैं तथा उनके वेतन, भत्ते व दूसरे लाभ भी एक जैसे होते हैं, जो सर्वोच्च न्यायालय के न्यायाधीश के समान होते हैं।
- ऐसी स्थिति में, जब मुख्य निर्वाचन आयुक्त व दो अन्य निर्वाचन आयुक्तों के बीच किसी विषय पर मतभेद होता है, तो आयोग बहुमत के आधार पर निर्णय करता है।

निर्वाचन आयुक्तों का कार्यकाल

- भारत में मुख्य निर्वाचन आयुक्त और अन्य निर्वाचन आयुक्तों की नियुक्ति 6 वर्ष या 65 वर्ष की आयु जो भी पहले हो के लिए की जाती है। मुख्य निर्वाचन आयुक्त को भारत के सर्वोच्च न्यायालय के न्यायाधीश के समकक्ष दर्जा प्राप्त होता है।
- निर्वाचन आयुक्त किसी भी समय राष्ट्रपति को त्यागपत्र देकर अपने पद से मुक्त हो सकते हैं या कार्यकाल समाप्त होने के पूर्व उनको हटाया जा सकता है।

निर्वाचन आयुक्तों को पद से हटाने का प्रावधान

- निर्वाचन आयुक्तों की नियुक्ति राष्ट्रपति के द्वारा की जाती है, इसलिए वैधानिक रूप में निर्वाचन आयुक्तों को हटाने की शक्ति राष्ट्रपति में निहित होती है।
- मुख्य निर्वाचन आयुक्त स्वत: संज्ञान लेते हुए निर्वाचन आयुक्तों को नहीं हटा सकता है।

- मुख्य निर्वाचन आयुक्त को हटाने की प्रक्रिया उसी प्रकार है, जैसे उच्चतम न्यायालय के न्यायाधीशों को हटाने की है।
- भारत में निर्वाचन आयुक्त, राष्ट्रपति के प्रसादपर्यंत पद धारण नहीं करता है। राष्ट्रपति मुख्य निर्वाचन आयुक्त की सहमति के बिना अन्य निर्वाचन आयुक्तों को नहीं हटा सकता है।

मुख्य निर्वाचन आयुक्त की नियुक्ति के संदर्भ में उच्चतम न्यायालय का नवीनतम निर्णय

फरवरी 2023 में माननीय सर्वोच्च न्यायालय ने मुख्य निर्वाचन आयुक्त की नियुक्ति के संदर्भ में एक नई व्यवस्था सृजित करने का निर्णय किया। उच्चतम न्यायालय के अनुसार मुख्य निर्वाचन आयुक्त की नियुक्ति एक त्रिसदस्यीय समिति द्वारा की जानी चाहिए। इसलिए त्रि-सदस्यीय समिति में प्रधानमंत्री, उच्चतम न्यायालय के मुख्य न्यायाधीश तथा लोकसभा में नेता प्रतिपक्ष होंगे।

उच्चतम न्यायालय के इस निर्णय से विवाद भी उत्पन्न हो गए हैं और केंद्र सरकार ने इस संदर्भ में अभी कुछ भी स्पष्ट नहीं किया है। ध्यातव्य है कि अभी तक मुख्य निर्वाचन आयुक्त की नियुक्ति वरिष्ठता के आधार पर निर्वाचन आयुक्तों में से की जाती रही है।

उच्चतम न्यायालय के निर्णय से यह प्रश्न उत्पन्न हो रहा है कि वरिष्ठता सिद्धांत का क्या होगा? क्या कोई निर्वाचन आयुक्त मुख्य निर्वाचन आयुक्त हो सकता है या नहीं। दूसरा प्रश्न यह भी उत्पन्न हो रहा है कि क्या माननीय उच्चतम न्यायालय का यह निर्णय एक निर्वाचित एवं लोकतांत्रिक सरकार के कार्यक्षेत्र में हस्तक्षेप नहीं है? सर्वोच्च न्यायालय द्वारा लगातार संवैधानिक संस्थाओं के मामलों में हस्तक्षेप किया जा रहा है तथा अपने को सुपर सरकार के रूप में प्रस्तुत किया जा रहा है। क्या ऐसी व्यवस्था न्यायपालिका के सदस्यों की नियुक्ति के संदर्भ में नहीं की जा सकती है। उच्चतम न्यायालय अपने संदर्भ में क्यों नहीं कोई पारदर्शी व्यवस्था सृजित कर रहा है।

यदि भारत सरकार उच्चतम न्यायालय के निर्णय को अस्वीकार कर देती है और संसद में प्रस्ताव लाकर निर्णय को अप्रभावी घोषित कर देती है तो इस स्थिति में क्या संवैधानिक टकराव नहीं बढ़ेगा।

नोट–हाल ही भारत सरकार ने मुख्य न्यायाधीश की जगह प्रधानमंत्री द्वारा नियुक्त कैबिनेट मंत्री को रखने का संशोधन किया है।

निर्वाचन आयुक्तों के वेतन और भत्ते

मुख्य निर्वाचन आयुक्त को वह सभी सुविधाएं प्राप्त होती हैं जो सर्वोच्च न्यायालय के न्यायाधीश को प्राप्त होती हैं और उसे निर्धारित अवधि के पूर्व हटाने के लिए वही प्रक्रिया अपनाई जाती है, जो सर्वोच्च न्यायालय के किसी न्यायाधीश को हटाने के लिए अपनाई जाती है। मुख्य निर्वाचन आयुक्त को भारत की संचित निधि से वेतन दिया जाता है।

प्रादेशिक निर्वाचन आयुक्त

- भारतीय संविधान में यह भी व्यवस्था की गई है कि राष्ट्रपति मुख्य निर्वाचन आयुक्त से सलाह करके उसकी सहायता के लिए कुछ प्रादेशिक चुनाव आयुक्तों की नियुक्ति कर सकता है।
- जब 1952 में प्रथम बार निर्वाचन कराया गया, तो चार प्रादेशिक चुनाव आयुक्तों का पद सृजित किया गया, परंतु केवल दो ही प्रादेशिक चुनाव आयुक्त 6 माह के लिए नियुक्त किए गए, जिनके मुख्य कार्यालय पटना तथा बंबई या बांबे (मुंबई) में थे।
- 1952 के पश्चात् कभी भी प्रादेशिक निर्वाचन आयुक्त की नियुक्ति नहीं की गई। उनके स्थान पर तीन उप-निर्वाचन आयुक्तों के पदों की व्यवस्था की गई। कुछ समय बाद दो उप-निर्वाचन आयुक्तों के पद को समाप्त कर दिया और तभी से एक ही उप-निर्वाचन आयुक्त नियुक्त किया जाता है।

मुख्य निर्वाचन आयुक्त के कार्य

निर्वाचन आयोग तथा मुख्य निर्वाचन आयुक्त के कार्यों का उल्लेख अनुच्छेद–324, जन प्रतिनिधित्व अधिनियम, 1950 और 1951; राष्ट्रपति और उपराष्ट्रपति निर्वाचन अधिनियम, 1952; संघ राज्य क्षेत्र अधिनियम, 1965 तथा दिल्ली प्रशासनिक अधिनियम, 1966 द्वारा सृजित विधियों में किया गया है। निर्वाचन आयोग तथा मुख्य निर्वाचन आयुक्त के कार्य निम्नलिखित हैं–

- अनुच्छेद–325 में वर्णित उपबंधों के अनुसार संसद के प्रत्येक सदन या किसी राज्य विधानमंडल के प्रत्येक सदन के निर्वाचन के लिए प्रत्येक प्रादेशिक निर्वाचन क्षेत्र की एक साधारण निर्वाचन नामावली होगी। ध्यातव्य है कि इसमें स्पष्ट रूप से कहा गया है कि न तो कोई व्यक्ति धर्म, मूलवंश, जाति या लिंग के आधारों पर ऐसी नामावली में सम्मिलित किए जाने के लिए अपात्र होगा और न ही कोई व्यक्ति किसी ऐसे आधार पर किसी ऐसे निर्वाचन क्षेत्र की किसी विशेष निर्वाचक नामावली में सम्मिलित किए जाने का दावा कर सकेगा।
- संविधान के प्रावधानों तथा संसद एवं राज्य विधानमंडलों द्वारा सृजित कानूनों के अनुसार राष्ट्रपति, उपराष्ट्रपति, संसद एवं राज्य विधानमंडलों के चुनाव संबंधी कार्यों का निरीक्षण, निर्देशन एवं नियंत्रण करना।
- वह राष्ट्रपति या राज्यपाल को जिसका संबंध हो, किसी सदन के सदस्य की अयोग्यता के बारे में परामर्श देता है।
- निर्वाचन संबंधी अनियमितता के संदर्भ में उठे संदेहों एवं विवादों की जांच के लिए निर्वाचन अधिकारी नियुक्त करने का दायित्व मुख्य निर्वाचन आयुक्त का ही है।
- मुख्य निर्वाचन आयुक्त चुनाव चिह्न संबंधी विवादों का समाधान करता है।
- विभिन्न राजनीतिक दलों को मान्यता देना निर्वाचन आयोग का का कार्य है। जनप्रतिनिधित्व अधिनियम, 1951 के अनुसार, निर्वाचन आयोग द्वारा राजनीतिक दलों के पंजीकरण की व्यवस्था है।
- निर्वाचन आयोग द्वारा पंजीकृत दल को चुनाव में उसके प्रदर्शन को देखते हुए कुछ शर्तों के आधार पर राष्ट्रीय अथवा राज्य स्तरीय दल के रूप में मान्यता प्रदान की जाती है।
- परिसीमन आयोग की गलतियों या त्रुटियों को दूर करवाना भी निर्वाचन आयोग का कार्य है।
- निर्वाचन आयोग निर्वाचन संबंधी आलेखों एवं निर्वाचन प्रक्रिया के संबंध में जनमत को शांत करने के लिए विवादास्पद क्षेत्रों का भ्रमण करता है तथा जनसंचार माध्यमों का प्रयोग कर सकता है।
- वह किसी व्यक्ति को किसी न्यायिक निर्णय द्वारा आरोपित अयोग्यता से मुक्ति दे सकता है।
- निर्वाचन में गड़बड़ी होने पर वह पुन: निर्वाचन का आदेश दे सकता है।
- राजनीतिक दलों के लिए आचार संहिता तैयार करता है।
- निर्वाचन के समय राजनीतिक दलों की नीतियों के प्रचार के लिए रेडियो और टी.वी. कार्यक्रम की सूची निर्मित करना।
- उम्मीदवारों द्वारा किए जाने वाले व्यय की राशि निश्चित करना।
- मतदाताओं को राजनीतिक प्रशिक्षण देना।
- चुनाव याचिकाओं आदि के संबंध में सरकार को आवश्यक परामर्श देना।

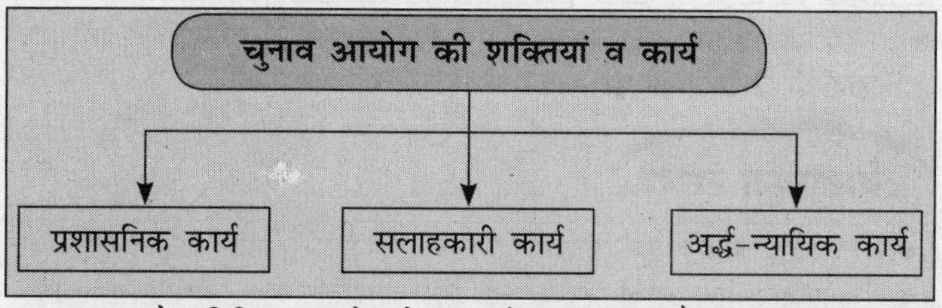

- इन सबके अतिरिक्त, आयोग से यह अपेक्षा की जाती है कि वह समय-समय पर सरकार को अपने कार्यों के संबंध में सूचना देता रहेगा और चुनाव प्रक्रिया में सुधार के लिए भी सुझाव देता रहेगा।
- यह अधिसूचना वर्तमान लोकसभा की अवधि की समाप्ति या मध्यावधि चुनाव होने की स्थिति में जारी की जाती है।
- इसके उपरांत चुनाव आयोग मतदान की तिथियों की घोषणा करता है, जिसे निर्वाचन प्रक्रिया का दूसरा चरण कहा जा सकता है।

अर्द्ध-न्यायिक कार्य
संविधान के द्वारा आयोग को कुछ अर्द्ध-न्यायिक कार्य भी सौंपे गए हैं, जिनमें निम्नलिखित दो कार्य हैं–अनुच्छेद-103 के अंतर्गत राष्ट्रपति, संसद के सदस्यों की अयोग्यताओं के संबंध में निर्वाचन आयोग से परामर्श कर सकता है तथा अनुच्छेद-192 के अंतर्गत राज्य विधानमंडल के सदस्यों के संबंध में परामर्श करने का यह अधिकार राज्य के राज्यपाल को दिया गया है।

निर्वाचन आयोग की शक्तियां

- निर्वाचन आयोग एक संवैधानिक निकाय है, जो सिविल न्यायालय की शक्तियां धारण करता है।
- आयोग भारतीय भू-भाग में किसी भी व्यक्ति को सम्मन जारी कर सकता है, साथ ही सरकार के किसी भी विभाग से संबंधित आवश्यक फाइलों को देख सकता है।
- इसके अतिरिक्त, आयोग के पास न्यायिक शक्तियां भी हैं। वह निर्वाचन से संबंधित विवादों का निपटारा करता है तथा उम्मीदवारों तथा दलों पर कार्यवाही करने हेतु राज्यपाल या राष्ट्रपति से सिफारिश करता है।

निर्वाचन आयोग की स्वतंत्रता

किसी भी देश की शासन व्यवस्था को प्रभावी बनाने के लिए वहां की निर्वाचन प्रणाली का निष्पक्ष एवं प्रभावी होना अति आवश्यक है। इसी को देखते हुए भारतीय संविधान के अनुच्छेद 324 में निर्वाचन आयोग को पूरी तरह से स्वतंत्र और निष्पक्ष बनाने का प्रावधान किया गया, जो निम्नवत् है–

- मुख्य निर्वाचन आयुक्त और अन्य निर्वाचन आयुक्तों के कार्यकाल को पूर्ण सुरक्षा एवं निश्चितता प्रदान की गई है। यद्यपि उनकी नियुक्ति राष्ट्रपति के द्वारा की जाती है, परंतु वे राष्ट्रपति के प्रसादपर्यंत अपने पद पर नहीं बने रहते हैं। बल्कि उनको हटाने की एक निश्चित प्रक्रिया है।

निर्वाचन से संबंधित अनुच्छेद

अनुच्छेद	विषय-वस्तु
324	चुनाव कार्य के अधीक्षण, निर्देशन तथा निर्देशन की शक्ति चुनाव आयोग में विहित
325	चुनाव प्रक्रिया में शामिल होने के लिए धर्म, नस्ल जाति अथवा लिंग के आधार पर अयोग्य नहीं होगा अथवा इन्हीं आधारों पर शामिल होने का दावा नहीं कर सकता।
326	लोकसभा अथवा विधान सभाओं के चुनाव वयस्क मताधिकार के आधार पर संपन्न होंगे।
328	राज्य विधायिका की संबंधित राज्य के अंदर चुनाव के संबंध में प्रावधान बनाने की शक्ति।
329	चुनाव संबंधी मामलों के न्यायालयों के हस्तक्षेप पर रोक।
329ए	प्रधानमंत्री तथा लोकसभा अध्यक्ष के चुनाव के संबंध में विशेष प्रावधान (निरस्त)

- जिस आधार और जिस प्रकार से सर्वोच्च न्यायालय के न्यायाधीशों को हटाया जाता है, उसी प्रकार से इनको भी हटाया जा सकता है।
- मुख्य निर्वाचन आयुक्त एवं अन्य निर्वाचन आयुक्तों की सेवा शर्तों में उनकी नियुक्ति के पश्चात् किसी भी प्रकार का कोई अलाभकारी परिवर्तन नहीं किया जा सकता। अन्य शब्दों में नियुक्ति के पश्चात् उनके वेतन, भत्ते और अन्य सुविधाओं किसी भी प्रकार की कोई कटौती नहीं की जा सकती।
- प्रादेशिक निर्वाचन आयुक्तों को मुख्य निर्वाचन आयुक्त की सिफारिश पर ही हटाया जा सकता है।
- निर्वाचन आयुक्त को अपने दायित्वों को पूरा करने के लिए निर्वाचन के समय आचार संहिता का सृजन करने, राजनैतिक दलों को दिशा-निर्देश जारी करने और प्रशासन को भी दिशा निर्देशित करने का अधिकार होता है।
- निर्वाचन आयोग के द्वारा निर्वाचन के समय जारी किया गया निर्देश प्रशासन और राजनैतिक दलों के बीच बाध्यकारी होता है।

निर्वाचन आयोग की सीमाएं

यद्यपि निर्वाचन आयोग को संविधान के अंतर्गत स्वतंत्र एवं निष्पक्ष बनाने का प्रावधान किया गया है तथा इसके लिए कुछ दिशा-निर्देश भी दिए गए हैं, उनमें कुछ विसंगतियां हैं जो निम्नवत् हैं–

- संविधान में सेवानिवृत्ति के बाद निर्वाचन आयुक्तों को सरकार द्वारा अन्य दूसरी नियुक्तियों पर रोक नहीं लगाई गई है।
- संविधान में इस बात का उल्लेख नहीं किया गया है कि निर्वाचन आयोग के सदस्यों की पदावधि कितनी है।
- संविधान में निर्वाचन आयोग के सदस्यों की अर्हता (विधिक, शैक्षणिक, प्रशासनिक या न्यायिक) निर्धारित नहीं की गई है।

निर्वाचन आयोग की नई भूमिका

भारतीय निर्वाचन आयोग अपनी श्रेष्ठता और भूमिका को हमेशा से स्थापित करता रहा है और वह स्वतंत्रता, स्वायत्तता, अखंडता को हमेशा कायम रखते चला आ रहा है। भारतीय निर्वाचन आयोग द्वारा चुनाव को स्वतंत्र, दोष मुक्त तथा पारदर्शी संपन्न कराने के लिए पेशेवर उच्चतम मापदंडों को अनुपालित किया जाता है और विभिन्न पक्षों का सहयोग लेकर अपनी भूमिका का निर्वाह किया जाता है। भारतीय निर्वाचन आयोग को निरंतर चुनौतियों को सामना करना पड़ता रहता है और वर्तमान में बदलती परिस्थितियों के परिदृश्य में भारतीय चुनाव आयोग की भूमिका अत्यन्त प्रभावी हुई है।

- वर्ष-1990 के बाद एक ओर विधायिका एवं कार्यपालिका का ह्रास हुआ, तो दूसरी ओर, चुनाव आयोग एवं न्यायपालिका की भूमिका में उत्तरोत्तर वृद्धि हुई।
- वर्ष-1990 के बाद केंद्रीय स्तर पर अल्पमत और गठबंधन सरकारों का दौर आरंभ हुआ।
- भारतीय राजनीति में वर्ष 1996 से 1999 के बीच मात्र 3 वर्षों में तीन लोकसभा चुनाव आयोजित हुए। इसलिए निर्वाचन आयोग की भूमिका अधिक सशक्त हुई और यह अब 5 वर्षों में केवल एक बार दिखने वाली संस्था नहीं रही।
- चुनाव में धर्म एवं जाति के मुद्दों का बड़े स्तर पर प्रयोग होने लगा। ऐसी परिस्थिति में निष्पक्ष निर्वाचन आयोजित करना एक बड़ी चुनौती बन गया है।

स्मरणीय तथ्य

- निर्वाचन आयोग एक संवैधानिक संस्था है जिसके गठन का प्रावधान अनुच्छेद 324 में किया गया है।
- जनप्रतिनिधित्व अधिनियम 1950 और जनप्रतिनिधित्व अधिनियम, 1951 के माध्यम से निर्वाचन आयोग की शक्तियों को विस्तारित किया गया।
- निर्वाचन आयोग को पहली बार 1989 में त्रि-सदस्यीय बनाया गया, परंतु 1990 में इसे पुनः एक सदस्यीय बना दिया गया, इसके बाद 1993 में इसे पुनः तीन सदस्यीय बना दिया गया, जो अभी तक बना हुआ है।
- निर्वाचन आयोग संसद और विधानमंडलों के चुनाव के साथ-साथ राष्ट्रपति तथा उपराष्ट्रपति के चुनाव को भी संपन्न करवाता है।
- निर्वाचन आयोग मतदाता सूची को सृजित करने, राजनीतिक दलों को पंजीकृत करने, उनको चुनाव चिह्न आवंटित करने, परिसीमन से उत्पन्न विसंगतियों को दूर करवाने का कार्य संपादित करता है।
- निर्वाचन आयोग राजनीतिक दलों को राष्ट्रीय, राज्य स्तरीय और क्षेत्रीय दल के रूप में उनके प्रदर्शन के आधार पर मान्यता देता है। यही नहीं राजनैतिक दलों में विभाजन की स्थिति में उनके चुनाव चिह्न को जब्त करने या किसी एक गुट को देने का अधिकार रखता है।
- निर्वाचन आयोग चुनाव के समय आचार संहिता को लागू करवाने और दिशा-निर्देश जारी करने का कार्य भी करता है।

❑❑❑

अध्याय 5 लोक सेवा तथा लोक सेवा आयोग

किसी भी देश में प्रशासनिक कार्यकुशलता लोक सेवा के सदस्यों के चरित्रबल, उनकी कार्य शैली, प्रशिक्षण, सत्यनिष्ठा तथा दृढ़ इच्छाशक्ति पर निर्भर करती है। ध्यातव्य है कि किसी भी संविधान का उद्देश्य कल्याणकारी राज्य की स्थापना करना है। ऐसी परिस्थितियों में राजकीय गतिविधियों के क्षेत्र में वृद्धि होना स्वाभाविक है। राजकीय कार्यों एवं गतिविधियों की सफलता शासनतंत्र में कार्यरत कार्यकर्ताओं की योग्यता, सत्यनिष्ठा, चरित्रबल तथा दृढ़ इच्छाशक्ति पर निर्भर करती है। लोक सेवा में कार्यरत व्यक्तियों के कुशल होने पर प्रशासनिक कार्यकुशलता का स्तर भी उत्तम होता है। इसी तथ्य को ध्यान में रखते हुए भारतीय संविधान निर्माताओं ने लोक सेवा के संबंध में अलग से उपबंध करना आवश्यक समझा। अनुच्छेद–16 में सार्वजनिक पदों पर नियुक्ति के लिए अवसर की समानता का प्रावधान किया गया है। भारतीय संविधान के भाग-14 (क) अनुच्छेद–308 से 323 (ख) तक में लोक सेवा से संबंधित उपबन्धों का वर्णन किया गया है।

भारत में लोक सेवा का ऐतिहासिक विकास

भारत में लोक सेवा का इतिहास काफी पुराना है। रामायण तथा महाकाव्यों में सेविवर्ग प्रशासन विषयक महत्वपूर्ण उदाहरण है। कौटिल्य के अर्थशास्त्र में सरकारी कर्मचारी के परीक्षा की विधियों, उनके वेतन, स्तर तथा अन्य से विवर्ग संबंधी विषयों का स्पष्ट उल्लेख है। मुगलकाल में भी विभिन्न प्रशासनिक विषयों में लोक सेवा का गठन किया गया था। मुगलकाल में भारतीय प्रशासन अरब जगत की परंपराओं तथा प्राचीन भारतीय परंपराओं से प्रभावित था। यद्यपि मुगल शासकों द्वारा अखिल भारतीय सेवाओं के कैडरों का गठन नहीं किया गया था, परंतु केंद्रीय प्रतिरक्षा व्यवस्था उस युग में थी और राजस्व, समाज कल्याण तथा शांति व्यवस्था आदि क्षेत्रों में कुछ शाही लोक सेवाओं का गठन किया गया था। भारत में लोक सेवाओं के विकास की गाथा के प्रमुख बिंदु निम्नवत् हैं–

- ईस्ट इंडिया कंपनी की वाणिज्यिक प्रकृति के कारण उस समय लोकसेवा योग्यता के आधार पर न होकर लूट प्रथा पर केंद्रित थी। इस कारण लोक सेवा का प्रभावी विकास नहीं हुआ, परंतु वारेन हेस्टिंग्स ने शांति एवं व्यवस्था की स्थापना के क्षेत्रों में लोक सेवाओं की आधारशिला रखकर लोक सेवा के विकास में प्रारंभिक कदम उठाया।
- 1781 की केंद्रीय करण योजना के अनुसार राजस्व मंडल का गठन हुआ तथा 1787 में एक नई योजना के अनुसार जिला कलेक्टरों के पदों में जिलाधीश, मजिस्ट्रेसी तथा न्याय प्रशासन का कार्य एकीकृत किया गया, परंतु इसके बाद भी लोक सेवा की स्थिति में कोई विशेष एवं व्यापक सुधार नहीं हुआ।
- लॉर्ड कार्नवालिस ने 1785 से 1793 की अवधि में भारतीय प्रशासनिक सेवा में परिवर्तन किया। लॉर्ड कार्नवालिस ने कर्मचारियों के व्यापार करने पर पाबंदी लगा दी तथा इसके कारण कर्मचारियों की आय में होने वाली क्षतिपूर्ति के लिए उनके वेतन में पर्याप्त सुधार किया। पदोन्नति के मामले में वरिष्ठता के सिद्धांत को मान्यता दी। लॉर्ड कार्नवालिस के इस सुधार से कर्मचारियों में ईमानदारी तथा कार्यकुशलता में वृद्धि हुई।
- लोक सेवा के विकास में लॉर्ड वैलेजली का कार्यकाल महत्वपूर्ण था। लॉर्ड वैलेजली ने प्रशासकों का निपुणतापूर्वक चयन करके फोर्ट विलियम कॉलेज में प्रशिक्षण के लिए भेजा। ध्यातव्य है कि लॉर्ड वैलेजली ने अपने कर्मचारियों को आवश्यक प्रशिक्षण देने की आवश्यकता का अनुभव करके ही फोर्ट विलियम कालेज की स्थापना की थी। वेलेजली के समय में ही मुनरो, माल्कम, एलफिंस्टन जैसे लोक सेवा विशेषज्ञों ने अपना कैरियर शुरू किया था। इन सुयोग्य प्रशासकों द्वारा स्थानीय प्रशासन के क्षेत्र में ऐसी नई और गौरवशाली परंपराओं का सृजन किया गया जो भारत में लोक सेवा के विकास में मील का पत्थर सिद्ध हुआ।
- चार्टर एक्ट, 1833 में यह व्यवस्था की गई थी कि सभी कर्मचारियों की भर्ती समान रूप से खुली प्रतिस्पर्धा के द्वारा की जाएगी। इसमें किसी भी व्यक्ति को सम्मिलित होने की अनुमति दी गई थी, परंतु खुली प्रतिस्पर्धा होने के बाद भी प्रतिस्पर्धाओं में कम भारतीय भाग लेते थे। इसका कारण यह था कि परीक्षा इंग्लैंड में आयोजित होती थी तथा उसमें बैठने की आयु बहुत कम रखी गई थी। ध्यातव्य है कि चार्टर एक्ट, 1833 में यह प्रावधान किया गया था कि कंपनी की सेवा में धर्म, जन्म, जाति, वर्ग या देश के आधार पर कोई भेदभाव नहीं किया जाएगा। 1864 में भारतीय सिविल सेवा में सर्वप्रथम भारतीय व्यक्ति के रूप में रवीन्द्रनाथ टैगोर के भाई सत्येन्द्र नाथ टैगोर चुने गए थे।
- 1870 तक मात्र चार भारतीय ही सिविल सेवा में चयनित हुए थे। 1876 तक भारतीय सिविल सेवा परीक्षा में मात्र 12 भारतीयों का ही चयन हुआ था जिसमें से 9 बंगाल के तथा 3 बम्बई के थे। 1860 के पूर्व सिविल परीक्षा में सम्मिलित होने की आयु 26 वर्ष थी जिसे घटाकर 1860 में 21 वर्ष तथा 1878 में 19 वर्ष कर दिया गया। यह व्यवस्था इसलिए की गई थी कि भारतीय इसमें प्रवेश न ले सकें। भारतीयों के सिविल सेवा परीक्षा में कम चुने जाने के कारण आयु का कम होना, प्रतियोगी परीक्षा का इंग्लैंड में होना, परीक्षा के स्तर का उच्च होना तथा परीक्षा का माध्यम विदेशी भाषा का होना था।
- 1854 को भारतीय लोक सेवाओं के विकास में महत्वपूर्ण स्थान प्राप्त है। 1854 में लॉर्ड मैकाले की अध्यक्षता में **"कमेटी ऑन इंडियन सिविल सर्विसेज"** का गठन किया गया था। उक्त कमेटी ने भारतीय सिविल सेवा परीक्षा (I.C.S.) के लिए जो सिफारिशें की थीं वही सिफारिशें न्यूनाधिक रूप में आज भी भारतीय प्रशासनिक सेवाओं के गठन और कार्यप्रणाली का आधार स्तंभ हैं। लॉर्ड मैकाले ने सुझाव दिया था कि ब्रिटेन के युवा वर्ग में

से 18 और 23 वर्ष के मध्य आयु वाले स्नातकों को यदि प्रतियोगी परीक्षा के आधार पर चयनित किया जाता है, तो वे एक ऐसी मेरिट ओरिएंटेड करियर सर्विसेज बना सकेंगे जिनमें उदारवाद और साम्राज्यवाद दोनों का समन्वय संभव हो सकेगा।

- 1858 में कंपनी शासन का अंत हो गया और उसके स्थान पर ब्रिटिश क्राउन की सरकार स्थापित हुई जिसने प्रशासन तंत्र को सरकार का स्वरूप दिया।
- इस घटना के बाद उच्च भारतीय प्रशासनिक अधिकारी वास्तविक रूप में भारत के मालिक बन गए। वे किसी सत्ता के प्रति उत्तरदायी होने के स्थान पर अपने को आपस में एक-दूसरे के प्रति उत्तरदायी समझने लगे। इस प्रवृत्ति का परिणाम यह हुआ कि भारतीय प्रशासन में उच्च सेवाओं के भारतीयकरण की मांग सामने आने लगी।
- भारतीय सिविल सेवा परीक्षा में प्रवेश की आयु घटाने के विरुद्ध सुरेंद्र नाथ बनर्जी के नेतृत्व में आंदोलन शुरू हो गया। भारतीयों को संतुष्ट करने के लिए 1879 में सिविल सेवा में नामजदगी द्वारा नियुक्त करने के लिए भारतीयों के लिए नियम बनाए गए। इसके अनुसार उत्तम कुल और सामाजिक स्थिति वाले भारतीयों को गवर्नर जनरल सिविल सेवा में नियुक्त कर सकता था और इनकी संख्या भारत्यंती द्वारा कुल नियुक्तियों के छठे हिस्से तक सीमित कर दी गई तथा इसे स्टेचुटरी सिविल सर्विस की संज्ञा दी गई। ये नियुक्तियां प्रांतीय सरकारों द्वारा चयन के माध्यम से की जाती थीं।

एचिसन आयोग

भारतीय सिविल सेवा परीक्षा की न्यूनतम आयु में वृद्धि करने तथा इसकी परीक्षा इंग्लैंड तथा भारत में एक साथ कराने के लिए तीव्र आंदोलन 1880 से ही चल रहा था तथा भारतीय राष्ट्रीय कांग्रेस के प्रथम अधिवेशन 1885 में इसको और तेज करने का निर्णय किया गया। 1886 में वायसराय लॉर्ड डफरिन ने उक्त समस्या पर विचार करने के लिए सर चार्ल्स एचिसन की अध्यक्षता में एक आयोग की नियुक्ति की। आयोग के गठन का उद्देश्य भारतीय सिविल सेवा परीक्षा में निहित विसंगतियों को दूर करना था। एचिसन आयोग ने 1887 में अपनी सिफारिशें सरकार को प्रस्तुत की जिसके प्रमुख अंग निम्नलिखित थे–

- एचिसन आयोग ने अपने प्रतिवेदन में कवेनेंटेड तथा अनकवेनेंटेड सेवाओं के अंतर को मिटाकर इनके स्थान पर सामान्य सेवा को तीन श्रेणियों में वर्गीकृत करके भारतीय नागरिक सेवा, प्रांतीय सेवा एवं अधीनस्थ सेवा की अनुशंसा की थी। प्रथम श्रेणी की सेवाओं की भर्ती के लिए इंग्लैंड में प्रतियोगी परीक्षा आयोजित करने जिसमें भारतीयों तथा यूरोपीय अभ्यर्थियों को समान रूप से बैठने की अनुमति देने की अनुशंसा की गई थी। दो अन्य प्रकार की सेवाओं में प्रांतीय स्तर पर भर्तियां की जाए तथा इनमें केवल भारतीयों को ही बैठने की अनुमति होनी चाहिए।
- परीक्षा में बैठने की अधिकतम आयु 23 वर्ष तक करने की अनुशंसा की गई।
- आयोग ने सिविल सेवा परीक्षा एक ही समय में इंग्लैंड तथा भारत में कराने का विरोध किया।
- एचिसन आयोग ने अपने प्रतिवेदन में स्टेचुटरी सिविल सर्विस व्यवस्था को समाप्त करके प्रांतीय लोक सेवा का गठन करने की अनुशंसा की थी। आयोग ने अपने प्रतिवेदन में कवेनेंटेड लोक सेवाओं में भर्ती के लिए भारत तथा इंग्लैंड में एक साथ परीक्षा कराने के प्रस्ताव को अस्वीकार कर दिया।
- एचिसन आयोग की सिफारिशों के आधार पर भारत सरकार ने कंपनी सेवाओं में चल रहे कवेनेटेंड तथा अनकवेनेंटेंड के भेद को समाप्त करके इम्पीरियल और प्रोंविशियल नामक लोक सेवाओं के दो नए कैडरों की स्थापना की।

लॉर्ड इस्लिंगटन आयोग

एचिसन आयोग की संस्तुतियों का पूर्णरूपेण क्रियान्वयन न होने के कारण भारत में सिविल सेवा परीक्षा में सुधार की मांग पुनः तेज हो गई। यद्यपि एचिसन आयोग की सिफारिशों से भी भारतीय पूरी तरह संतुष्ट नहीं थे, फिर भी उन्होंने एचिसन आयोग की सिफारिशों को स्वीकार कर लिया था। 1912 में भारतीय सिविल सेवाओं के प्रश्न पर विचार करने के लिए लॉर्ड इस्लिंगटन की अध्यक्षता में एक आयोग का गठन किया गया। आयोग ने 1917 में अपनी रिपोर्ट सरकार को प्रस्तुत की। इस्लिंगटन आयोग की प्रमुख संस्तुतियां निम्नलिखित थीं–

- इंग्लैंड तथा भारत में प्रतियोगी परीक्षाएं एक साथ कराई जानी चाहिए।
- भारतीय उच्च लोक सेवाओं में 25% पद भारतीयों के लिए सुरक्षित रखे जाने चाहिए और इन सुरक्षित पदों पर चुने जाने वाले कुछ भारतीय प्रत्यक्ष भर्ती व्यवस्था द्वारा लिए जाए तथा शेष को प्रांतीय लोक सेवाओं में प्रोन्नत किया जाए।
- भारत सरकार में इम्पीरियल सेवाओं के नीचे केंद्रीय सेवा वर्ग प्रथम तथा केंद्रीय सेवा वर्ग द्वितीय की भी स्थापना की जानी चाहिए।

इसी समय 1918 में भारतीय प्रशासन में सुधार के लिए **गठित मांटेग्यू चेम्सफोर्ड रिपोर्ट** भी प्रस्तुत की गई थी जिसने भारत में सिविल सेवाओं में सुधार के लिए तीन प्रमुख सिफारिशें की थीं–

- सिविल सेवा परीक्षा भारत तथा इंग्लैंड में एक साथ कराई जाएं।
- भारतीय सिविल सेवा में भारतीयों की संख्या बढ़ाने के लिए शुरू में वरिष्ठ पदों में से एक-तिहाई पदों के लिए भर्ती भारत में की जानी चाहिए।
- आई.सी.एस. अधिकारियों के वेतनमान, निवृत्ति, वेतन अवकाश और समुद्र पार की भर्ती की सुविधाओं में वृद्धि की गई।

भारत सरकार अधिनियम, 1919 में उक्त सिफारिशों को क्रियांवित किया गया तथा केंद्रीय सेवाओं की भर्ती के लिए एक सिविल सेवा आयोग का गठन किया गया। इस आयोग में अध्यक्ष सहित अधिक से अधिक 5 सदस्य हो सकते थे। प्रत्येक सदस्य को 5 वर्ष के लिए नियुक्त किया जाता था तथा उसकी पुनः नियुक्ति भी की जा सकती थी। भारत सरकार अधिनियम, 1919 के अंतर्गत सिविल सेवा की परीक्षा भारत में लेने की अनुशंसा स्वीकार कर ली गई तथा 1922 में इस प्रकार की पहली परीक्षा इलाहाबाद में ली गई।

ली आयोग

1923 में ली आयोग का गठन किया गया। ली आयोग के गठन के उद्देश्य लोक सेवाओं के संगठन, सेवा की सामान्य शर्तें एवं यूरोपीय तथा भारतीय कर्मचारियों की नियुक्ति के तरीकों पर विचार करना था। ली आयोग का संबंध केवल उच्चतर आयोग से था। आयोग द्वारा दी गई संस्तुतियों के प्रमुख अंश निम्नवत् हैं–

- लोक सेवा आयोग का यथाशीघ्र गठन किया जाए।
- लोक सेवाओं के लिए भर्ती करना, भर्ती के लिए उपयुक्त योग्यताओं के स्तर का निर्धारण तथा लोक सेवाओं की सुरक्षा एवं अनुशासनात्मक नियंत्रण लोक सेवा आयोग के कार्य होंगे।
- ली आयोग ने विकेंद्रीकरण की दृष्टि से लोक सेवाओं को तीन वर्गों में विभाजित किया था, जो इस प्रकार हैं–**(1)** प्रशासन के सुरक्षित भाग से संबंधित सेवाएं, यथा I.C.S., I.P.S., I.F.S., I.E.S. आदि। **(2)** हस्तांतरित क्षेत्र की सेवाएं यथा-भारतीय शिक्षा सेवाएं, भारतीय कृषि सेवा, भारतीय चिकित्सा सेवा। **(3)** भारत सरकार के अधीन केंद्रीय सेवाएं, यथा राजनीतिक विभाग, इम्पीरियल आबकारी विभाग तथा धार्मिक विभाग की लोक सेवाएं। ली आयोग का मत था कि अखिल भारतीय सेवाओं की नियुक्ति की शक्तियां भारतीय सचिव के पास ही रहनी चाहिए। हस्तांतरित क्षेत्र की सेवाओं के

संबंध में आयोग का सुझाव था कि अखिल भारतीय आधार पर इन पदों की नियुक्तियां नहीं करनी चाहिए तथा भविष्य में रिक्त स्थानों की पूर्ति स्थानीय सरकारों द्वारा भर्ती करके की जाए। भारत सरकार के अधीन केंद्रीय सेवाओं की नियुक्तियां भारत सचिव द्वारा की जानी चाहिए। फरवरी, 1926 में भारत सचिव द्वारा 4 सदस्यीय लोक सेवा आयोग की स्थापना की गई। सर रॉस बार्कर को इसका प्रथम अध्यक्ष नियुक्त किया गया। लोक सेवा आयोग ने 1 अक्टूबर, 1929 से अपना कार्य करना प्रारंभ कर दिया।

भारत सरकार अधिनियम, 1935 के द्वारा सिविल सेवा की पद्धति से चिकित्सा सेवाओं के अतिरिक्त अन्य सभी सेवाओं को भारत मंत्री के अधिकार क्षेत्र से निकाल दिया गया और इस पर गवर्नर जनरल और गवर्नरों का नियंत्रण स्थापित किया गया। केंद्र तथा प्रांतों में लोक सेवा आयोगों की स्थापना की गई। अखिल भारतीय सेवाओं को छोड़कर अन्य सभी प्रकार की सेवाओं पर विधानमंडल का नियंत्रण स्थापित किया गया।

स्वतंत्रता प्राप्ति के बाद भारत में नए संविधान के अंगीकृत होने के बाद भारतीय सिविल सेवा (I.C.S.) का स्थान भारतीय प्रशासनिक सेवा को दिया गया। इसके अतिरिक्त नवीन भारतीय विदेश सेवा की स्थापना की गई। फेडरल पब्लिक सर्विस कमीशन के स्थान पर संघ लोक सेवा आयोग ने कार्य करना शुरू कर दिया। अक्टूबर, 1951 में अखिल भारतीय सेवा अधिनियम पारित किया गया। इसके अंतर्गत भारतीय वन सेवा की स्थापना की गई।

1951 में ए.डी. गोरेवाला तथा 1953 एवं 1956 में ऐपल्बी ने भारतीय लोक सेवा के संदर्भ में अपना प्रतिवेदन भारत सरकार को दिया। 1954 में दिल्ली में भारतीय लोक प्रशासन संस्थान की स्थापना की गई। 1966 में प्रशासनिक सुधार आयोग तथा 1970 में कार्मिक विभाग का गठन किया गया। 1972 में गृह मंत्रालय में कार्मिक प्रशासन से संबंधित परामर्शदाता परिषद् का गठन किया गया।

लोक सेवाओं के संबंध में संवैधानिक प्रावधान

भारतीय संविधान के भाग-14(क) अनुच्छेद–308 से 323(ख) तक में लोक सेवाओं से संबंधित प्रावधान किए गए हैं। अनुच्छेद–308 में प्रावधानित है कि संघ एवं राज्य सेवाओं के उपबंध जम्मू एवं कश्मीर को छोड़कर पूरे भारत में लागू होंगे। **अनुच्छेद–309** के द्वारा संसद को संघीय लोक सेवाओं का, विधानमंडलों को राज्यों में लोक सेवाओं और पदों के लिए भर्ती का और नियुक्त व्यक्तियों की सेवा शर्तों के विनियमन का अधिकार दिया जाता है। **अनुच्छेद–310** में यह प्रावधानित है कि वे सब व्यक्ति जो समाज सेवा या संघ की सिविल सेवा या अखिल भारतीय सेवा के सदस्य हैं, राष्ट्रपति के प्रसादपर्यंत अपने पद पर बने रह सकते हैं। इसी प्रकार जो व्यक्ति किसी राज्य की सिविल सेवा का सदस्य है, वह उस राज्य के राज्यपाल के प्रसादपर्यंत अपने पद पर बना रह सकता है। ध्यातव्य है कि राष्ट्रपति और राज्यपाल तो मात्र संवैधानिक अध्यक्ष है। इसलिए उनकी शक्तियों का प्रयोग संघीय मंत्रिमंडल के हाथों में केंद्रित रहता है। राष्ट्रपति या राज्यपाल के प्रसादपर्यंत अपने पद पर रहने का आशय यह नहीं है कि लोक सेवा के किसी सदस्य को राष्ट्रपति अथवा राज्यपाल अपने से कभी भी पदच्युत कर सकते हैं। इसके लिए कई संवैधानिक उपबंध हैं। **अनुच्छेद-311** में इस संबंध में निम्न बिंदु वर्णित हैं–

- किसी व्यक्ति को जो संघ की सिविल सेवा या अखिल भारतीय सेवा का या राज्य की सिविल सेवा का सदस्य है अपने नियुक्त करने वाले किसी प्राधिकारी के अधीनस्थ किसी प्राधिकारी द्वारा पद से नहीं हटाया जा सकता है।
- जब तक सिविल सेवा के किसी व्यक्ति को उस पर लगाए गए आरोपों के संबंध में सुनवाई का उपयुक्त अवसर नहीं दिया जाता है, उसे पद से नहीं हटाया जाएगा और न ही इसकी पदावनति की जाएगी।

परंतु कुछ ऐसे भी उपबंध हैं जिनके अंतर्गत इन कर्मचारियों को अपनी रक्षा के लिए उक्त सुविधाएं नहीं दी जाती हैं–

(a) जब राज्य की सुरक्षा के हितों में किसी सिविल कर्मचारी को ऐसा अवसर प्रदान करना कालोपयुक्त न हो।

(b) जब किसी व्यक्ति को किसी दंडनीय अपराध के कारण दोषी सिद्ध मानकर उसे पदच्युत किया जाए अथवा उसकी पदावनति की जाए।

अखिल भारतीय सेवाओं से संबंधित उपबंध अनुच्छेद–312 में किए गए हैं। अनुच्छेद–312(क) में कुछ सेवाओं के अधिकारियों की सेवा शर्तों में परिवर्तन करने या उन्हें प्रतिसंवृति (निरसित) करने की संसद को शक्ति प्रदान की गई है। **अनुच्छेद–312** में लोक सेवा से संबंधित संक्रमण कालीन उपबंध किए गए हैं। **अनुच्छेद–314** को निरसित कर दिया गया है। **अनुच्छेद–315 से 322 (क)** तक में लोक सेवा आयोग से संबंधित प्रावधान हैं। **अनुच्छेद–323 (क) तथा 323 (ख)** में लोक सेवा आयोग के प्रशासनिक तथा अन्य विषयों से संबंधित अधिकरणों के बारे में उपबंध हैं।

भारतीय लोक सेवा की संरचना

भारतीय लोक सेवा को तीन वर्गों में वर्गीकृत किया गया है। प्रथम वर्ग में अखिल भारतीय सेवाओं (भारतीय प्रशासनिक सेवाएं, भारतीय पुलिस सेवा तथा भारतीय वन सेवा), द्वितीय वर्ग में केंद्रीय सेवाओं तथा तृतीय वर्ग में राज्य सेवाओं को सम्मिलित किया गया है।

अखिल भारतीय सेवाएं

भारतीय संविधान के **अनुच्छेद–312** में अखिल भारतीय सेवाओं का प्रावधान किया गया है। शुरू में अखिल भारतीय सेवाओं के अंतर्गत केवल भारतीय प्रशासनिक तथा पुलिस सेवाएं सम्मिलित की गई थीं, परंतु 1966 में भारतीय वन सेवा को भी इसमें सम्मिलित कर लिया गया। ध्यातव्य है कि संसद को यह अधिकार प्रदान किया गया है कि कानून द्वारा अखिल भारतीय सेवाओं के अंतर्गत अन्य सेवाओं की भी वह स्थापना कर सकती है, परंतु अब तक केवल एक ही अखिल भारतीय सेवा का सृजन संसद द्वारा किया जा सका है। अखिल भारतीय सेवा प्रथम श्रेणी की सेवा है। इसके सदस्यों की भर्ती, प्रशिक्षण, वेतन आदि शर्तों के निर्धारण तथा अनुशासनात्मक कार्यवाही के लिए केंद्र सरकार उत्तरदायी होती है।

अखिल भारतीय सेवाओं की विभिन्न घटकीय सेवाएं अपने-अपने कार्यकाल के अधिकांश समय में राज्य सरकार की सेवा करती रहती है। वास्तविकता यह है कि इनकी नियुक्ति विभिन्न राज्यों के कैडरों पर होती है। इन अधिकारियों की सेवाएं भारत सरकार द्वारा राज्यों से उधार के रूप में ली जाती हैं।

केंद्रीय लोक सेवाएं

केंद्र सरकार की लोक सेवाओं का सृजन अखिल भारतीय सेवाओं और केंद्रीय सेवाओं के बीच संयुक्त रूप से होता है। केंद्रीय सेवाओं को केंद्रीय सेवा श्रेणी 'क', केंद्रीय सेवा श्रेणी 'ख', केंद्रीय सेवा श्रेणी 'ग' तथा केंद्रीय सेवा श्रेणी 'घ' में वर्गीकृत किया जाता है।

केंद्रीय सेवाएं पूर्णरूपेण केंद्र सरकार के नियंत्रण में होती हैं और केंद्रीय सेवा के सदस्य केंद्र सरकार द्वारा संचालित विभिन्न विभागों में कार्य करते हैं। केंद्रीय सेवा श्रेणी 'क' के पदाधिकारी केंद्र सरकार में उच्च पदों पर कार्य करते हैं। उनको केंद्रीय सचिवालय के तथा अन्य प्रशासकीय पदों पर भी नियुक्त किया जाता है। उनकी भर्ती संघ लोक सेवा आयोग द्वारा आयोजित परीक्षा के आधार पर होती है।

केंद्रीय लोक सेवा श्रेणी 'ख' उन अधिकारियों से गठित की जाती है जिसे द्वितीय पंक्ति आदेश संरचना कहा जाता है। यह भी राजपत्रित सेवा है। इनके

अधिकारियों की नियुक्ति अखिल भारतीय सेवा तथा केंद्रीय सेवा श्रेणी 'क' के लिए आयोजित संयुक्त सिविल सेवा परीक्षा द्वारा प्रति वर्ष की जाती है।

केंद्रीय सेवा श्रेणी 'ग' तथा 'घ' की सेवाएं अधीनस्थ सेवा है। जिनमें लिपिक वर्ग, मंत्रालय कर्मचारी, निष्पादक अथवा कर्तव्य वाले पद सम्मिलित किए जाते हैं। ध्यातव्य है कि श्रेणी 'क' की सेवाओं की नियुक्ति राष्ट्रपति द्वारा की जाती है। जबकि अन्य मामलों में नियुक्ति निम्न प्राधिकारियों द्वारा की जाती है।

संघ लोक सेवा आयोग

भारत में सर्वप्रथम लोक सेवा आयोग की स्थापना 1926 में भारत सरकार अधिनियम, 1919 के अंतर्गत की गई और ली आयोग, 1924 की संस्तुतियों के आधार पर लोक सेवा आयोग को कतिपय कृत्य सौंपा गया। इसके बाद भारत सरकार अधिनियम, 1935 के अंतर्गत संघ लोक सेवा आयोग की स्थापना की गई। 26 जनवरी, 1950 को भारतीय संविधान के पूर्णरूपेण अंगीकृत होने के बाद यह प्रावधान किया गया कि संघ सरकार के लिए एक लोक सेवा आयोग होगा तथा इसके अतिरिक्त प्रत्येक राज्यों के लिए भी एक लोक सेवा आयोग होगा। **भारतीय संविधान के अनुच्छेद–315 से 323 तक में लोक सेवा आयोग के गठन का प्रावधान किया गया है।** भारतीय संविधान के प्रवर्तन में आने के साथ ही फेडरल सर्विस कमीशन को अनुच्छेद 315 के अंतर्गत एक संवैधानिक संस्था के रूप में मान्यता दी गई और उसका नया नाम संघ लोक सेवा आयोग रखा गया।

संघ लोक सेवा आयोग की रचना

भारतीय संविधान के **अनुच्छेद–315** में यह प्रावधानित है कि संघ के लिए एक लोक सेवा आयोग होगा। लोक सेवा आयोग में अध्यक्ष सहित अन्य सदस्य होंगे। जिनकी नियुक्ति भारत के राष्ट्रपति द्वारा की जाती है। संविधान में सदस्यों की संख्या का निर्धारण नहीं किया गया है या राष्ट्रपति के ऊपर छोड़ दिया गया है जो आयोग की संरचना का निर्धारण करता है। सामान्यत: संघ लोक सेवा आयोग में अध्यक्ष सहित 10 सदस्य होते हैं।

लोक सेवा आयोग के अध्यक्ष एवं सदस्यों का कार्यकाल

- अनुच्छेद–316 में लोक सेवा आयोग के सदस्यों की नियुक्ति तथा उनकी पदावधि के संदर्भ में उपबंध किया गया है। संघ लोक सेवा आयोग के अध्यक्ष तथा सदस्यों की नियुक्ति 6 वर्ष अथवा 65 वर्ष की आयु जो कम हो, के लिए की जाती है।
- आयोग के कम-से-कम 50 प्रतिशत सदस्यों को कम-से-कम 10 वर्ष की सरकारी सेवा का अनुभव होना आवश्यक है। संघ लोक सेवा आयोग में सदस्यों की संख्या राष्ट्रपति द्वारा विनियमित की जाती है। राष्ट्रपति इनमें कमी या वृद्धि भी कर सकता है। एक उल्लेखनीय तथ्य यह है कि संघ लोक सेवा आयोग के सदस्यों को दूसरी कालावधि नहीं प्राप्त हो सकती है। किसी दूसरे स्थान पर भी उसकी नियुक्ति के लिए कई प्रतिबंध लगे हुए है। संघ लोक सेवा आयोग का अध्यक्ष न तो संघ में और न ही राज्यों में किसी और सरकारी सेवा में नियुक्त किया जा सकता है।

संघ लोक सेवा आयोग के सदस्यों के वेतन एवं भत्ते

संघ लोक सेवा आयोग के सदस्यों के वेतन तथा सेवा शर्तों का विनियमन राष्ट्रपति द्वारा किया जाता है। नियुक्ति के बाद इनकी शर्तों में इनके हितों के विरुद्ध कोई भी परिवर्तन या संशोधन नहीं किया जा सकता है। संघ लोक सेवा आयोग का समस्त व्यय भारत की संचित निधि पर भारित होता है।

अध्यक्ष और सदस्यों को पदच्युत करने की प्रक्रिया

अनुच्छेद–317 में संघ लोक सेवा आयोग के सदस्यों को पदच्युत करने की प्रक्रिया का वर्णन किया गया है। राष्ट्रपति निम्नलिखित स्थितियों में संघ लोक सेवा आयोग के अध्यक्ष तथा सदस्यों को उनके निर्धारित काल से पूर्व भी हटवा सकता है।

- यदि अध्यक्ष अथवा सदस्य दिवालिया सिद्ध किया जा चुका है।
- यदि अपने कार्यकाल में कोई और संवैधानिक पद धारण कर लेता है।
- यदि राष्ट्रपति के मत में वह व्यक्ति शारीरिक अथवा मानसिक अस्वस्थता के कारण काम न कर सकता हो।
- यदि भारत सरकार अथवा राज्य सरकार द्वारा अथवा इनकी ओर से किए गए किसी ठेके अथवा समझौते के साथ (एक निगमित कंपनी के सामान्य सदस्य के अतिरिक्त) कोई और संबंध हो अथवा उससे वह कोई लाभ प्राप्त करता हो।

उपरोक्त कारणों के अतिरिक्त दुराचार और कदाचार के अपराध में भी राष्ट्रपति उन्हें सर्वोच्च न्यायालय से जांच कराके पदच्युत कर सकता है। संविधान के इस प्रावधान के अनुसार सर्वोच्च न्यायालय द्वारा इस मामले में राष्ट्रपति को दी गई सलाह राष्ट्रपति के लिए बाध्यकारी होगी। सर्वोच्च न्यायालय द्वारा की जाने वाली जांच के दौरान राष्ट्रपति संघ लोक सेवा आयोग के अध्यक्ष एवं दूसरे सदस्यों को निलंबित कर सकता है। इसके अतिरिक्त यदि उसने कार्यकाल के दौरान किसी अन्य विभाग की सेवा कर ली हो, तो भी उसे हटाया जा सकता है।

कार्यवाहक अध्यक्ष

राष्ट्रपति निम्नलिखित दो परिस्थितियों में संघ लोक सेवा आयोग के किसी सदस्य को कार्यवाहक अध्यक्ष नियुक्त कर सकता है–

- जब अध्यक्ष का पद रिक्त हो, या
- जब अध्यक्ष अपना काम अनुपस्थिति या अन्य दूसरे कारणों से नहीं कर पा रहा हो।
- कार्यवाहक अध्यक्ष तब तक कार्य करता है, जब तक अध्यक्ष पुनः अपना काम नहीं संभाल लेता अथवा नया अध्यक्ष नियुक्त न हो जाए।

संघ लोक सेवा आयोग के कार्य

संघ लोक सेवा आयोग केंद्रीय सेवाओं हेतु भारतीय प्रक्रिया को संचालित करने वाली एक संस्था है जिसके द्वारा प्रतियोगी परीक्षाओं का आयोजन किया जाता है। भारतीय संविधान के **अनुच्छेद–320** में संघ लोक सेवा आयोग के कार्यों की विवेचना की गई है, जो निम्नलिखित हैं–

- संघ तथा राज्यों में नियुक्तियों के लिए परीक्षाओं का संचालन करना।
- अखिल भारतीय सेवाओं, केंद्रीय सेवाओं और केंद्रशासित क्षेत्रों की लोक सेवाओं में नियुक्ति के लिए परीक्षाओं का आयोजन करना।
- दो या दो से अधिक राज्यों के आग्रह करने पर उन राज्यों के लिए किसी सेवा विशेष के लिए सम्मिलित भर्ती का प्रबंध करना या भर्ती के संबंध में राज्यों को सहायता देना।
- संघ लोक सेवा आयोग प्रतियोगी परीक्षाओं के पाठ्यक्रम एवं परीक्षा प्रक्रिया का निर्धारण करता है।

संघ लोक सेवा आयोग के सलाहकारी कार्य

संघ लोक सेवा आयोग केंद्र और राज्य सरकारों के लिए एक सलाहकारी संस्था का भी कार्य करता है। संघ लोक सेवा आयोग केंद्र तथा राज्य सरकारों को कुछ निर्धारित विषयों पर परामर्श देता है जो निम्नवत् हैं–

- सिविल सेवाओं और सिविल पदों पर भर्ती से संबंधित विषयों पर।
- सिविल सेवकों के ऊपर कार्यवाही हेतु संघ लोक सेवा आयोग से परामर्श लिया जाता है, परंतु उसके परामर्श बाध्यकारी नहीं हैं।
- नियुक्ति, पदोन्नति, स्थानांतरण आदि के लिए प्रत्याशियों की उपयुक्तता के संबंध में सरकार को परामर्श देना।
- सेवाओं में स्थानांतरण (राज्य सेवाओं में अखिल भारतीय सेवाओं में) करने के संबंध में संघ लोक सेवा आयोग द्वारा परामर्श लिया जाता है तथा साक्षात्कार भी संघ लोक सेवा आयोग द्वारा ही आयोजित किया जाता है।
- सेवाओं के पाठ्यक्रम व परीक्षाओं के प्रारूप में परिवर्तन की अनुशंसा संघ लोक सेवा आयोग द्वारा कार्मिक मंत्रालय को दी जाती है।
- कार्मिक मंत्रालय द्वारा संघ लोक सेवा आयोग के परामर्श से ही सेवाओं के कैडर का विभाजन किया जाता है।
- अनुशासनात्मक मामलों पर सलाह देना।
- उन मामलों में जहां संघ लोक सेवा का कोई सदस्य सरकारी कार्य के दौरान हुए किसी मुकदमे में अपने बचाव के लिए धन की मांग करता है।
- भारत सरकार या किसी राज्य के अधीन अपनी सिविल हैसियत में सेवा करते समय किसी व्यक्ति को हुई क्षति के विषय में पेंशन संबंधी विषयक प्रश्न पर।
- राष्ट्रपति द्वारा निर्दिष्ट अन्य किसी विषय के संदर्भ में।
- सिविल सेवकों द्वारा अपने कर्तव्यों के अनुपालन के अंतर्गत उसके विरुद्ध विधिक कार्यवाही के संदर्भ में उसके द्वारा व्यय की गई धनराशि की अदायगी का दावा करना।
- केंद्र सरकार के अधीनस्थ काम करने के दौरान किसी व्यक्ति को हुई क्षति को लेकर पेंशन का दावा करना और पेंशन की राशि का निर्धारण करना।
- अल्पकालीन नियुक्ति, एक वर्ष से अधिक तक एवं नियुक्तियों के नियमितीकरण से संबंधित विषय।
- सेवाओं के विस्तार और कुछ सेवानिवृत्त नौकरशाहों की पुनर्नियुक्ति से संबंधित मामले।

सर्वोच्च न्यायालय ने एक मामले में निर्णय देते हुए कहा है कि उपरोक्त विषयों पर सरकार संघ लोक सेवा आयोग से संपर्क नहीं करती है या सलाह नहीं लेती है, तो असंतुष्ट सरकारी सेवक की शिकायतों का समाधान न्यायालय नहीं कर सकता है। अन्य शब्दों में सर्वोच्च न्यायालय के अनुसार संघ लोक सेवा आयोग से संपर्क करने में अनियमितता पाए जाने पर अथवा बिना संपर्क किए कार्य करने पर सरकार के निर्णय को अमान्य नहीं ठहराया जा सकता। इससे स्पष्ट है कि उपबंध मार्गदर्शक है न कि अनिवार्य। इसके साथ-साथ सर्वोच्च न्यायालय ने यह भी कहा है कि संघ लोक सेवा आयोग द्वारा चयनित किए हुए व्यक्ति को उस पद पर आसीन होने का अधिकार नहीं है। यद्यपि सरकार को अपना कार्य निष्पक्ष एवं बिना किसी पूर्वाग्रह से करना चाहिए।

संघ लोक सेवा आयोग के कार्यक्षेत्र या अधिकार क्षेत्र में प्राधिकरण कॉर्पोरेट निकाय या सार्वजनिक संस्थान के निजी प्रबंधन के कार्य को भी संसद द्वारा सुपुर्द किया जा सकता है, परंतु इस संदर्भ में संसद को एक उपयुक्त अधिनियम बनाना होगा। जैसा कि अनुच्छेद 321 में वर्णित है।

संविधान के अनुच्छेद–321 में यह प्रावधानित है कि संसद या राज्य विधानमंडल कानून द्वारा आयोग अथवा राज्यों के आयोगों के कार्यक्षेत्र का विस्तार कर सकता है। ऐसे कानूनों के द्वारा स्थानीय संस्थाओं तथा संघ या राज्यों द्वारा नियंत्रित लोक नियमों जैसी संस्थाओं की सेवाओं को भी संबद्ध आयोगों के कार्यक्षेत्र में सम्मिलित किया जा सकता है। अनुच्छेद–321 में वर्णित इस उपबंध का महत्व इसलिए हो जाता है कि जब राज्यों तथा संघ की गतिविधियों में वृद्धि होती है, तो लोक निगम तथा दूसरी संस्थाओं में भी वृद्धि होती है और इसके फलस्वरूप अधिकारियों की संख्या में वृद्धि होने लगती है।

संघ लोक सेवा आयोग से संबंधित अनुच्छेद

अनुच्छेद	विषय-वस्तु
315	संघ तथा राज्यों के लिए लोक सेवा आयोग
316	सदस्यों की नियुक्ति तथा कार्यकाल
317	लोक सेवा आयोग के सदस्य की बर्खास्तगी एवं निलंबन
318	आयोग के सदस्यों एवं कर्मचारियों की सेवा शर्तों संबंधी नियम बनाने की शक्ति
319	आयोग के सदस्यों द्वारा सदस्यता समाप्ति के पश्चात् पद पर बने रहने पर रोक
320	लोक सेवा आयोगों के कार्य
321	लोक सेवा आयोगों के कार्यों को विस्तारित करने की शक्ति
322	लोक सेवा आयोगों का खर्च
323	लोक सेवा आयोगों के प्रतिवेदन

आयोगों के प्रतिवेदन

अनुच्छेद–321 में यह प्रावधानित है कि आयोग का कर्तव्य है कि वह प्रतिवर्ष राष्ट्रपति के सम्मुख अपने कार्य के संबंध में एक रिपोर्ट प्रस्तुत करे। केंद्र सरकार संघ लोक सेवा आयोग के प्रस्ताव को संसद में प्रस्तुत करती है। संसद के दोनों सदन में आयोग की संस्तुतियों पर बहस होती है। सरकार संसद को यह स्पष्टतः बताती है कि सरकार ने किस प्रकार संघ लोक सेवा आयोग की सिफारिशों को लागू किया है। यदि किसी विशेष सिफारिश को लागू नहीं किया जा सका है, तो उसका कारण स्पष्ट किया जाता है। ध्यातव्य है कि संघ लोक सेवा आयोग की सिफारिशों को मानने के लिए सरकार बाध्य नहीं है।

आयोग की शक्तियां

संघ लोक सेवा आयोग सिविल न्यायालय की शक्तियां धारित करता है तथा देश के किसी भी नागरिक को सम्मन जारी कर सकता है और किसी भी विभाग की रिपोर्ट को मंगवा सकता है।

संघ लोक सेवा आयोग की स्वतंत्रता और स्वायत्तता

भारतीय संविधान में संघ लोक सेवा आयोग को निष्पक्ष और स्वतंत्र रूप से कार्य करने के प्रावधान किए गए हैं, जो निम्नवत् हैं–

- संघ लोक सेवा आयोग के अध्यक्ष या सदस्यों को राष्ट्रपति संविधान में वर्णित आधारों पर ही हटा सकता है, इसलिए उन्हें पदावधि की सुरक्षा प्राप्त है।
- हालांकि अध्यक्ष या सदस्य की सेवा शर्तें राष्ट्रपति तय करता है, लेकिन नियुक्ति के बाद इनमें अलाभकारी परिवर्तन नहीं किया जा सकता।
- संघ लोक सेवा आयोग के अध्यक्ष या सदस्य को वेतन, भत्ते व पेंशन सहित सभी खर्चे भारत की संचित निधि से प्राप्त होते हैं। इन पर संसद में मतदान नहीं होता है।
- संघ लोक सेवा आयोग का अध्यक्ष (कार्यकाल के बाद) भारत सरकार या किसी राज्य की सरकार के अधीन किसी और नियोजन (नौकरी) का पात्र नहीं हो सकता।
- संघ लोक सेवा आयोग (यूपीएससी) का सदस्य (कार्यकाल के बाद) संघ लोक सेवा आयोग का अध्यक्ष या किसी राज्य लोक सेवा आयोग के अध्यक्ष के रूप में नियुक्त होने का पात्र होगा, लेकिन भारत सरकार या किसी राज्य सरकार के अधीन नियोजन का पात्र नहीं होगा।

- संघ लोक सेवा आयोग का अध्यक्ष या सदस्य एक कार्यकाल के बाद पुनः नियुक्त नहीं किए जा सकते हैं (दूसरे कार्यकाल के लिए योग्य नहीं)।

आयोग की सीमाएं

नियंत्रक एवं महालेखा परीक्षक व चुनाव आयोग के समान ही संघ लोक सेवा आयोग की भूमिका अत्यधिक महत्वपूर्ण और सराहनीय है। यद्यपि संघ लोक सेवा आयोग की निम्नलिखित कमियों की तरफ ध्यान दिलाया गया, जैसे-

- सरकार ने नौकरियों में आरक्षण प्रदान करते समय संघ लोक सेवा आयोग से परामर्श नहीं लिया।
- ग्रुप (C) एवं (D) की सेवाओं की भर्ती संघ लोक सेवा आयोग द्वारा नहीं की जाती है।
- अनेक सार्वजनिक संस्थानों जैसे इसरो, डी.आर.डी.ओ. व केंद्रीय विश्वविद्यालयों आदि से संबंधित नियुक्तियां संघ लोक सेवा आयोग नहीं करता है।
- राष्ट्रपति संघ लोक सेवा आयोग के दायरे से किसी पद, सेवा व विषय को हटा सकता है।
- संविधान के अनुसार राष्ट्रपति अखिल भारतीय सेवा, केंद्रीय सेवा व पद के संबंध में नियम बना सकता है, जिसके लिए संघ लोक सेवा आयोग से परामर्श की आवश्यकता नहीं है। इस तरह के नियम को राष्ट्रपति को कम-से-कम 14 दिनों तक के लिए संसद के सदन में रखना होगा। संसद इसे संशोधित या निरस्त कर सकती है।

स्मरणीय तथ्य

- भारत में लोक सेवा आयोग की स्थापना सर्वप्रथम 1926 में ली आयोग की संस्तुतियों के आधार पर की गई।
- भारत सरकार अधिनियम 1935 के अंतर्गत फेडरल पब्लिक सर्विस कमीशन का गठन किया गया और इसी अधिनियम के अंतर्गत पहली बार राज्य स्तर पर लोक सेवा आयोगों के गठन का प्रावधान किया गया।
- 26 जनवरी, 1950 को भारतीय संविधान के लागू होने के साथ ही संघ लोक सेवा आयोग को अनुच्छेद 315 के अंतर्गत एक संवैधानिक संस्था का दर्जा प्रदान किया गया।
- अनुच्छेद 315 से लेकर 323 तक में संघ लोक सेवा आयोग के संगठन, सदस्यों की नियुक्ति, पदमुक्ति, स्वतंत्रता, शक्तियों एवं कार्यों का उल्लेख किया गया है।

❑❑❑

अध्याय 6

राज्य लोक सेवा आयोग

भारतीय संसदीय शासन प्रणाली में जो व्यवस्था केंद्र में की गई है वही व्यवस्था राज्यों में भी की गई है। संघ लोक सेवा आयोग के समानांतर राज्य लोक सेवा आयोग के गठन का प्रावधान किया गया है जो राज्य सिविल सेवाओं के संदर्भ में कार्य करता है। राज्य लोक सेवा आयोग भी संघ लोक सेवा आयोग की तरफ से एक संवैधानिक संस्था है।

राज्य लोक सेवा आयोग और संवैधानिक प्रावधान

- **अनुच्छेद–315** में ही संघ की भांति राज्यों के लिए भी एक लोक सेवा आयोग के गठन का प्रावधान किया गया है। एक से अधिक राज्यों के लिए संयुक्त राज्य लोक सेवा आयोग की स्थापना की जा सकती है, परंतु यह राज्यों के अनुरोध पर ही किया जा सकता है।
- संविधान में यह भी प्रावधानित है कि संघ लोक सेवा आयोग को राष्ट्रपति की अनुमति से किसी राज्य की किन्हीं अथवा सभी आवश्यकताओं की पूर्ति के लिए कार्य करने का अधिकार है।

राज्य लोक सेवा आयोग की संरचना

- राज्य लोक सेवा आयोग में एक अध्यक्ष और अन्य सदस्य होते हैं जिनकी नियुक्ति राज्यपाल द्वारा की जाती है।
- संविधान में राज्य लोक सेवा आयोग के सदस्यों की संख्या का उल्लेख नहीं किया गया है। यह राज्यपाल के विवेक पर छोड़ दिया गया है। इसके साथ-साथ आयोग के सदस्य की वांछित योग्यता का भी उल्लेख नहीं है।
- आयोग के आधे सदस्यों को भारत सरकार या राज्य सरकार के अधीन कम-से-कम 10 वर्ष कार्य करने का अनुभव होना चाहिए।

राज्य लोक सेवा आयोग के सदस्यों की नियुक्ति एवं सेवा शर्तें

- राज्यों के लोक सेवा आयोग के सदस्यों की नियुक्ति राज्यपाल द्वारा की जाती है। संघ की तरह राज्य लोक सेवा आयोग के सदस्यों की भी नियुक्ति के तरीके, योग्यता, शर्तें आदि होती हैं, परंतु राज्य लोक सेवा आयोग के सदस्यों का वेतन अलग-अलग राज्यों में भिन्न-भिन्न होता है।
- संघ लोक सेवा आयोग की तरह राज्य लोक सेवा आयोग के सदस्यों की कार्यावधि में, इनकी सेवा शर्तों में तथा इनके हितों के विरुद्ध कोई संशोधन नहीं किया जा सकता है।
- सभी राज्यों में आयोग के सदस्यों की संख्या एक समान नहीं है। राज्य लोक सेवा आयोग के सदस्यों को पदच्युत करने का आधार तथा प्रक्रिया वही है जो संघ लोक सेवा आयोग के सदस्यों की है।

कार्यवाहक अध्यक्ष

राज्यपाल निम्नलिखित दो परिस्थितियों में राज्य लोक सेवा आयोग के किसी एक सदस्य को कार्यवाहक अध्यक्ष नियुक्त कर सकते हैं–

- जब अध्यक्ष का पद रिक्त हो या
- जब अध्यक्ष अपना कार्य अनुपस्थिति या अन्य दूसरे कारणों की वजह से नहीं कर पा रहा हो।

कार्यवाहक अध्यक्ष तब तक कार्य संभालेगा जब तक कि अध्यक्ष पुन: अपना कार्य नहीं संभाल लेता या अध्यक्ष नियुक्त किया गया व्यक्ति काम पर नहीं आता।

राज्य लोक सेवा आयोग के सदस्यों का कार्यकाल

- राज्य लोक सेवा आयोग के अध्यक्ष एवं सदस्य पद ग्रहण करने की तिथि से छह वर्ष की अवधि तक या 62 वर्ष तक की आयु तक इनमें जो भी पहले हो, अपना पद धारण कर सकते हैं।
- राज्य लोक सेवा आयोग के अध्यक्ष एवं सदस्य स्वेच्छा से अपना त्यागपत्र देकर कार्यमुक्त हो सकते हैं।
- राज्य लोक सेवा आयोग के अध्यक्ष एवं सदस्यों को कदाचार के आधार पर राष्ट्रपति द्वारा हटाया भी जा सकता है।

राज्य लोक सेवा आयोग के अध्यक्ष एवं सदस्यों की पदमुक्ति

राज्य लोक सेवा आयोग के अध्यक्ष व सदस्यों की नियुक्ति राज्यपाल द्वारा की जाती है, परंतु उसको केवल राष्ट्रपति द्वारा ही हटाया जा सकता है। राज्यपाल को राज्य लोक सेवा आयोग के अध्यक्ष एवं सदस्यों को हटाने का अधिकार नहीं है। राष्ट्रपति उन्हें उसी आधार पर हटा सकते हैं जिन आधारों पर संघ लोक सेवा आयोग के अध्यक्ष व सदस्यों को हटाया जाता है। अत: उन्हें निम्नलिखित आधारों पर हटाया जा सकता है–

- यदि उसे दिवालिया घोषित कर दिया जाता है, या
- अपनी पदावधि के दौरान अपने पद के कर्तव्यों के बाहर किसी सवैतनिक कार्य में संलग्न हो।
- यदि राष्ट्रपति यह महसूस करते हैं कि वह मानसिक और शारीरिक रूप से अस्वस्थता के कारण अपने पद पर कार्य करने में सक्षम या योग्य नहीं है।

उपरोक्त वर्णित दशाओं के अतिरिक्त राष्ट्रपति लोक सेवा आयोग के अध्यक्ष एवं अन्य सदस्यों को कदाचार के आधार पर पदच्युत कर सकता है, परंतु ऐसे मामलों को राष्ट्रपति द्वारा उच्चतम न्यायालय को संदर्भित किया जाता है। उच्चतम न्यायालय की जांच के बाद राष्ट्रपति को अध्यक्ष एवं अन्य सदस्यों को बर्खास्त करने या दी गई सलाह का समर्थन करता है, तो राष्ट्रपति अध्यक्ष और सदस्यों को पदच्युत कर सकते हैं। उल्लेखनीय है कि उच्चतम न्यायालय द्वारा इस मामले

में दी गई सलाह राष्ट्रपति के लिए बाध्यकारी है। उच्चतम न्यायालय द्वारा की जा रही जांच के दौरान राज्यपाल अध्यक्ष एवं अन्य सदस्यों को निलंबित कर सकता है।

संविधान में वर्णित प्रावधानों के अनुसार राज्य लोक सेवा आयोग के अध्यक्ष एवं सदस्यों को निम्नलिखित दो कार्यों के कारण कदाचार का दोषी माना जाएगा, जो निम्नवत् हैं–

- यदि वह भारत सरकार या राज्य सरकार की किसी संविदा या समझौते से संबंधित हो।
- निगमित कंपनी के सदस्य और कंपनी के अन्य सदस्यों के साथ सम्मिलित रूप से संविदा या समझौते में लाभ के लिए सहभागी हो।

राज्य लोक सेवा आयोग के कार्य

राज्य लोक सेवा आयोग का वही कार्य है जो केंद्र में संघ लोक सेवा आयोग द्वारा किया जाता है। राज्य लोक सेवा आयोग निम्नलिखित कार्यों को संपादित करता हैं–

- राज्य की सेवाओं में नियुक्ति के लिए परीक्षाओं का आयोजन करना।
- सिविल सेवा और सिविल सेवा पदों के लिए भर्ती की पद्धतियों से संबंधित सभी विषयों पर परामर्श देना।
- सिविल सेवाओं और पदों में नियुक्ति करने में तथा सेवा प्रोन्नति और एक सेवा से दूसरे सेवा में हस्तांतरण के लिए सिद्धांतों के सृजन के संदर्भ में।
- सिविल सेवाओं और उससे संबंधित पदों पर हस्तांतरण करने में, प्रोन्नति या एक सेवा से दूसरी सेवा में तबादला या प्रतिनियुक्ति के लिए अभ्यर्थियों की उपयुक्तता पर सुझाव देना।
- राज्य सरकार में सिविल हैसियत से कार्य करते हुए सभी अनुशांसिक विषयों के संदर्भ में।
- अपने कर्तव्यों के निष्पादन के लिए उसके विरुद्ध विधिक कार्यवाहियों के प्रतिरक्षण में उसके द्वारा किए गए व्यय की अदायगी का दावा करने में।
- राज्य सरकार के अधीनस्थ काम करते हुए किसी व्यक्ति को हुई क्षति को लेकर पेंशन का दावा और उसकी राशि का निर्धारण करना।
- राज्य लोक सेवा आयोग द्वारा वार्षिक आधार पर प्रत्येक वर्ष अपने कार्यों के संदर्भ में एक रिपोर्ट राज्यपाल को दी जाती है, जिसे राज्यपाल, राज्य विधानमंडल में प्रस्तुत करवाते हैं।
- कार्मिक प्रबंधन से संबंधित कोई भी मामले।

राज्य लोक सेवा आयोग को राज्य विधानमंडल द्वारा राज्य की सेवाओं से संबंधित कोई भी कार्य सौंपा जा सकता है, जिसे वह करने के लिए बाध्य है। संघ लोक सेवा आयोग की तरह राज्य लोक सेवा आयोग भी राज्य के सार्वजनिक उपक्रमों के संदर्भ में तथा निजी प्राधिकरणं, कॉर्पोरेट निकाय से संबंधित कार्मिक पद्धति भी इसके कार्य क्षेत्र में है। राज्य विधानमंडल, राज्य लोक सेवा आयोग के कार्यों को विस्तारित कर सकता है।

राज्य लोक सेवा आयोग की सीमाएं

यद्यपि राज्य लोक सेवा आयोग को राज्य लोक सेवा के संदर्भ में व्यापक अधिकार और शक्तियां प्रदान की गई हैं और उसकी भूमिका काफी महत्वपूर्ण है, परंतु राज्य लोक सेवा आयोग की कुछ अपनी सीमाएं भी हैं। राज्य लोक सेवा आयोग के निम्नलिखित विषयों में कोई भूमिका नहीं होती है–

- पिछड़ी जातियों की नियुक्तियों या पदों के आरक्षण के संदर्भ में।
- सेवाओं एवं पदों पर नियुक्ति के लिए अनुसूचित जनजातियों के दांव को दृष्टिगत रखने के संदर्भ में।
- राज्यपाल राज्य लोक सेवा आयोग की परिधि से किसी पद, सेवा या विषय को अलग कर सकता है। संविधान में निहित प्रावधानों के अनुसार राज्यपाल राज्य सेवाओं एवं पदों के संदर्भ में नियमों का सृजन कर सकते हैं और इस संदर्भ में राज्य लोक सेवा आयोग से संपर्क करने की आवश्यकता नहीं है।
- उक्त नियमन को राज्यपाल को कम-से-कम 14 दिन पूर्व राज्य विधानमंडल के सम्मुख प्रस्ताव के रूप में रखना होगा। राज्य का विधानमंडल इसे संशोधित, स्वीकृत या अस्वीकृत भी कर सकता है।

राज्य लोक सेवा आयोग की स्वायत्तता

संघ लोक सेवा आयोग की तरह राज्य लोक सेवा आयोग की भी निष्पक्षता और स्वतंत्रता को सुनिश्चित करने के लिए संविधान में प्रावधान किया गया है, जो निम्नवत् हैं–

- राज्य लोक सेवा आयोग के अध्यक्ष और सदस्यों की नियुक्ति राज्यपाल द्वारा की जाती है, परंतु राज्यपाल को उसे हटाने का अधिकार नहीं है।
- राज्य लोक सेवा आयोग के अध्यक्ष और सदस्यों के कार्यकाल को सुनिश्चितता प्रदान की गई है। अध्यक्ष एवं सदस्यों को राष्ट्रपति संविधान में वर्णित प्रावधानों के आधार पर ही हटा सकते हैं।
- राज्य लोक सेवा आयोग के अध्यक्ष और सदस्यों की सेवा शर्तें राज्यपाल द्वारा निर्धारित की जाती हैं, परंतु उनकी नियुक्ति के बाद उनमें किसी भी प्रकार का अलाभकारी परिवर्तन नहीं किया जा सकता है।
- राज्य लोक सेवा आयोग के अध्यक्ष और सदस्यों के वेतन एवं भत्ते राज्य की संचित निधि पर भारित होते हैं। इसलिए राज्य विधानमंडल द्वारा इस पर मतदान नहीं कराया जा सकता।
- राज्य लोक सेवा आयोग के अध्यक्ष अपने कार्यकाल की समाप्ति के बाद संघ लोक सेवा आयोग के अध्यक्ष या सदस्य और किसी अन्य राज्य लोक सेवा आयोग का अध्यक्ष बनने की योग्यता रखता है, परंतु भारत सरकार या किसी राज्य सरकार के अधीन कोई और नौकरी नहीं कर सकता है।
- राज्य लोक सेवा आयोग के अध्यक्ष और सदस्यों की पुनः नियुक्ति नहीं की जा सकती है।

उपरोक्त विवेचना से स्पष्ट है कि भारतीय संविधान निर्माताओं ने राज्य लोक सेवा आयोग की स्वायत्तता और स्वतंत्रता सुनिश्चित करने का पर्याप्त प्रावधान किया है और ऐसा करके भारतीय लोक सेवा को प्रभावी बनाने की दिशा में कदम उठाया है जिससे कि शासन-प्रशासन के प्रति लोगों का विश्वास बना रहे।

संयुक्त राज्य लोक सेवा आयोग

- भारतीय संविधान में यह प्रावधानित है कि दो या दो से अधिक राज्यों के लिए संयुक्त राज्य लोक सेवा आयोग का गठन किया जा सकता है।
- संयुक्त राज्य लोक सेवा आयोग का गठन विधानमंडल की संस्तुति पर संसद द्वारा किया जाता है।
- संयुक्त राज्य लोक सेवा आयोग के अध्यक्ष एवं सदस्यों की नियुक्ति राष्ट्रपति द्वारा की जाती है और उनका कार्यकाल 6 वर्ष अथवा 62 वर्ष की आयु के पहले जो हो तक होता है।
- संयुक्त राज्य लोक सेवा आयोग के अध्यक्ष और सदस्य स्वेच्छा से त्यागपत्र देकर अपने पद से मुक्त हो सकते हैं अथवा राष्ट्रपति द्वारा उन्हें बर्खास्त भी किया जा सकता है।
- संयुक्त राज्य लोक सेवा आयोग के सदस्यों की संख्या और सेवा शर्तों का निर्धारण राष्ट्रपति द्वारा किया जाता है।
- संयुक्त राज्य लोक सेवा आयोग अपनी वार्षिक रिपोर्ट राज्यपाल को प्रस्तुत करता है और राज्यपाल उसे विधानमंडल में प्रस्तुत करवाता है।

- राज्य लोक सेवा आयोग की भूमिका न केवल सीमित है बल्कि उसके द्वारा दिए गए सुझावों की प्रकृति परामर्शदात्री होती है जो सरकारों के लिए बाध्यकारी नहीं होती। यह राज्य सरकार के ऊपर निर्भर करता है कि वह उसकी सिफारिशों को स्वीकार करे या नहीं करे। राज्य सरकार की एकमात्र जवाबदेही बनती है कि राज्य लोक सेवा आयोग की रिपोर्टों को राज्य विधानमंडल में प्रस्तुत करे और उस पर विचार-विमर्श सुनिश्चित कराए। इसके साथ-साथ यह अधिकार है कि वह नियम या कानून बनाकर राज्य लोक सेवा आयोग की परामर्शदात्री भूमिका को भी सीमित कर सकती है। इससे स्पष्ट है कि राज्य लोक सेवा आयोग की भूमिका बहुत अधिक नहीं है, इसके बावजूद राज्य लोक सेवा आयोग राज्य में लोक शाही का संस्थागत ढांचा निर्धारित करने में महत्वपूर्ण भूमिका का निर्वाह करता है। यही नहीं राज्यपाल न्यायिक सेवाओं में भर्ती से संबंधित नियम बनाने के संदर्भ में भी लोक सेवा आयोग से परामर्श लेते हैं।

स्मरणीय तथ्य

- संघ लोक सेवा आयोग के पैटर्न पर ही राज्यों में भी राज्य लोक सेवा आयोग के गठन का प्रावधान किया गया है।
- राज्य लोक सेवा आयोग और उसके सदस्यों की नियुक्ति राज्यपाल द्वारा की जाती है, परंतु राज्य लोक सेवा आयोग के अध्यक्ष एवं सदस्यों को हटाने का अधिकार नहीं है।
- राज्य लोक सेवा आयोग के अध्यक्ष एवं सदस्यों को राष्ट्रपति द्वारा ही हटाया जा सकता है।
- राज्य लोक सेवा आयोग में सदस्यों की संख्या निर्धारित नहीं की गई है। यह राज्यपाल के ऊपर छोड़ दिया गया है।
- राज्य लोक सेवा आयोग के अध्यक्ष और सदस्यों के लिए कार्यकाल 6 वर्ष या 62 वर्ष जो पहले हो निर्धारित की गई है।
- राज्य लोक सेवा आयोग के अध्यक्ष और सदस्यों का वेतन राज्य की संचित निधि पर भारित होता है। इसलिए विधानमंडल में इस पर मतदान नहीं कराया जा सकता है।
- भारतीय संविधान में दो या दो से अधिक राज्यों के लिए संयुक्त राज्य लोक सेवा आयोग के गठन का प्रावधान है। इसके अनुसार संयुक्त राज्य लोक सेवा आयोग का गठन राष्ट्रपति द्वारा किया जाता है।
- संयुक्त राज्य लोक सेवा आयोग 1966 में कुछ समय के लिए पंजाब और हरियाणा के लिए गठित किया गया था, क्योंकि 1966 में पंजाब से पृथक् होकर हरियाणा अपने अस्तित्व में आया था।
- भारत सरकार अधिनियम 1935 में संघ लोक सेवा आयोग के पैटर्न पर ही राज्य लोक सेवा आयोग के गठन का प्रावधान किया गया।

❑❑❑

अध्याय 7

राजभाषा एवं राजभाषा आयोग

भारत विविधताओं से युक्त देश है जहाँ विभिन्न भाषाभाषी के लोग एक साथ रहते हैं। भारत में जितनी भाषाएँ बोली जाती हैं उतनी भाषाएँ विश्व में किसी अन्य देश में नहीं बोली जाती हैं। 1961 की जनगणना के आधार पर भारत में 1652 भाषाएं बोली जाती हैं। वर्तमान में केवल 22 भाषाओं को राजभाषा का दर्जा प्राप्त है। इन भाषाओं को बोलने वालों की संख्या भारत की समग्र जनसंख्या का 90 प्रतिशत है। इसका आशय यह हुआ कि लगभग 10 प्रतिशत जनसंख्या ऐसी है जो 18 राजभाषाओं में से किसी का भी प्रयोग नहीं करती है। यहां यह भी उल्लेख करना आवश्यक है कि भारतीयों की सहायक भाषा अंग्रेजी है। ध्यातव्य है कि मेघालय, नागालैंड तथा मिजोरम की राजभाषा भी अंग्रेजी ही है। भारत में विभिन्न स्कूलों में लगभग 60 भाषाओं की पढ़ाई की जाती है। इससे इस बात का अंदाजा लगाया जा सकता है कि जिस देश में 1600 से भी अधिक मातृभाषाएं अस्तित्व में हैं, उसकी राजभाषा क्या होगी? यह निर्णय करना बहुत ही कठिन है। यही कठिनाई राजभाषा के निर्धारण में संविधान निर्माताओं के सम्मुख भी थी।

भारतीय संविधान में भाषा से संबंधित प्रावधान

भारतीय संविधान में भाषा से संबद्ध जितने विस्तृत उपबंध विद्यमान हैं उतने किसी भी देश के संविधान में नहीं हैं। इसका कारण यह है कि अधिकांश देशों की जनता का बड़ा भाग एक ही भाषा का प्रयोग करता है, उसी में विचारों का आदान-प्रदान करता है। इसीलिए संवैधानिक विधि में राजभाषा का उल्लेख नहीं होता है, परंतु विश्व के कुछ ऐसे देश हैं जिनकी परिधि में दो से अधिक भाषाएं बोली जाती हैं और इसके फलस्वरूप उठने वाली समस्याओं के समाधान के लिए विशिष्ट उपबंधों का निर्माण किया गया है। इसी तरह भारत के संविधान में राजभाषा से संबद्ध उपबंधों का प्रावधान किया गया है। **भारतीय संविधान के भाग-3 में अनुच्छेद-29-30, भाग-5 में अनुच्छेद-120, भाग-6 में अनुच्छेद-210, भाग-17 में अनुच्छेद-343-351, भाग-22 में 394 क तथा आठवीं अनुसूची में भाषा संबंधी उपबंध किया गया है। संविधान के भाग-17 में अनुच्छेद-343 से 351 तक में राजभाषा के विषय में वर्णन किया गया है।**

- भारत का विस्तृत भौगोलिक क्षेत्र एवं सांस्कृतिक स्थिति इसकी भाषायी विविधता को मजबूत आधार प्रदान करती है। इसी कारण भारत को विविधताओं का देश कहा जाता है।
- किसी देश को मजबूती प्रदान करने तथा एकता के सूत्र में बांधे रखने के लिए अत्यावश्यक है कि उस देश में सर्वसामान्य एवं सर्वसुलभ संपर्क भाषा होनी चाहिए।
- भारतीय भाषाओं में हिंदी सर्वाधिक विस्तृत भौगोलिक क्षेत्र में (भारत के अंतर्गत) बोली जाने वाली भाषा है। भारत के लगभग 46 प्रतिशत से अधिक लोगों द्वारा हिंदी भाषा का प्रयोग किया जाता है।
- हिंदी भाषा का प्रयोग भारत के 9 से अधिक राज्यों में आम बोलचाल से लेकर सरकारी कामकाज में सफलतापूर्वक एवं सरलता से किया जा रहा है। इनमें प्रमुख राज्य हैं-उत्तर प्रदेश, उत्तराखंड, मध्य प्रदेश, छत्तीसगढ़, बिहार, झारखंड, राजस्थान, हरियाणा, हिमाचल प्रदेश एवं केंद्र-शासित प्रदेश दिल्ली।
- सभी प्रादेशिक भाषाओं में हिंदी को समझने एवं बोलने वालों की संख्या सर्वाधिक है, जिसके कारण हिंदी राजभाषा का स्थान ग्रहण करने के लिए सर्वाधिक उपयुक्त है।

राजभाषा से संबंधित वाद-विवाद

राजभाषा से आशय राज-काज अथवा राज्य के कार्यों में प्रयुक्त की जाने वाली भाषा से है। ऐसी भाषा जिसका प्रयोग देश के राजकीय अथवा सरकारी कार्यों के लिए किया जाता है। उल्लेखनीय है कि संविधान सभा में राजभाषा को लेकर सदस्यों में काफी तीव्र मतभेद था। संविधान सभा में राजभाषा के निर्धारण के संबंध में एक मत नहीं बन रहा था। संविधान सभा में राजभाषा के संबंध में 4 प्रस्ताव प्रस्तुत किए गए थे, जो निम्नवत् हैं-

- संविधान सभा के कुछ सदस्यों का मत था कि राजभाषा का प्रश्न आगामी संसद पर छोड़ दिया जाना चाहिए और जब तक संसद द्वारा राजभाषा का निर्धारण नहीं हो जाता है तब तक अंग्रेजी को ही राजभाषा के रूप में प्रयोग किया जाना चाहिए।
- संविधान सभा के कुछ सदस्यों का मत था कि रोमन लिपि में हिंदुस्तानी ही राजभाषा हो, जबकि कुछ सदस्यों का मत था कि देवनागरी और पर्शियन लिपि में हिंदुस्तानी को राजभाषा बनाया जाना चाहिए।
- संस्कृत और बांग्ला को भी राजभाषा बनाने के पक्ष में संविधान सभा में विचार व्यक्त किया गया था।
- सेठ गोविंद दास का विचार था कि देवनागरी लिपि में हिंदी हमारे देश की राजभाषा हो और देवनागरी अंकों का ही प्रयोग किया जाना चाहिए जबकि फ्रैंक एन्थनी ने रोमन लिपि में हिंदी को राजभाषा बनाने के लिए प्रस्ताव रखा था।

राजभाषा (भाग - 17, अनुच्छेद : 343-351)

संघ की राजभाषा	राज्य अथवा प्रादेशिक भाषाएं	उच्चतम न्यायालय एवं उच्च न्यायालयों की भाषाएं	भाषा संबंधी विशेष निर्देश
अनुच्छेद : 343-344	अनुच्छेद : 345-347	अनुच्छेद : 348-349	अनुच्छेद : 350-351

भाषा संबंधी ऐतिहासिक तथ्य

- वर्ष-1947 में स्वतंत्रता के बाद, भारत में सर्वाधिक लोकप्रिय एवं विस्तृत भौगोलिक क्षेत्र में बोली एवं समझी जाने वाली भाषा हिंदी को राजभाषा का स्थान प्राप्त हुआ, लेकिन गैर-हिंदी भाषी क्षेत्र के लोगों द्वारा हिंदी को राजभाषा का दर्जा दिए जाने का विरोध किया गया।
- संविधान सभा में राजभाषा के प्रश्न पर बहस (11 से 14 सितंबर, 1949 तक) के दौरान हिंदी के पक्ष में अपार जनसमर्थन को देखते हुए संविधान सभा की नियम समिति ने हिंदी के पक्ष में अपना निर्णय दिया।
- मुंशी-आयंगर फॉर्मूले के अंतर्गत 14 सितंबर, 1949 ई. को हिंदी को राजभाषा का संवैधानिक दर्जा प्राप्त हुआ और हिंदी को संघ की राजभाषा के रूप में स्वीकार किया गया। इसी कारण 14 सितंबर को प्रत्येक वर्ष हिंदी दिवस के रूप में मनाया जाता है।
- संविधान के भाग-17 के उपबंधों को चार शीर्षकों में विभाजित किया गया है–
  - इस प्रकार 26 जनवरी, 1950 से हिंदी को राजभाषा का स्थान प्राप्त हो गया। संविधान के अनुच्छेद-343(2) के अंतर्गत प्रावधान है कि संविधान के लागू होने के बाद 15 वर्ष तक सभी सरकारी कामकाज एवं प्रयोजनों के लिए अंग्रेजी का प्रयोग होता रहेगा। इस संबंध में विधि के निर्माण का अधिकार संसद को दिया गया है।
  - इसी प्रावधान के अंतर्गत संसद द्वारा राजभाषा अधिनियम, 1963 पारित किया गया, जिसके अनुसार हिंदी संघ की राजभाषा तो रहेगी ही, परंतु इसके साथ अंग्रेजी भी संघ के सभी राजकीय कार्यों के लिए प्रयोग की जाएगी।
  - राजभाषा संशोधन अधिनियम, 1967 में यह व्यवस्था की गई कि, कुछ विशेष मामलों में हिंदी के साथ अंग्रेजी का प्रयोग किया जाता रहेगा।
  - अंग्रेजी भाषा का प्रयोग समाप्त करने के लिए ऐसे राज्यों के विधानमंडलों द्वारा एक संकल्प पारित करना होगा, जिन्होंने हिंदी को अपनी राजभाषा के रूप में स्वीकार नहीं किया है।
  - गैर-हिंदी-भाषी राज्यों के द्वारा पारित इस तरह के संकल्पों पर विचार करने के पश्चात् संसद के दोनों सदनों द्वारा संकल्प पारित करना पड़ेगा, तब ही अंग्रेजी को राजकीय कार्यों के प्रयोग से बाहर किया जा सकता है, परंतु उपर्युक्त प्रक्रिया पूर्ण न होने की स्थिति में अंग्रेजी अपनी पहले की स्थिति में ही बनी रहेगी।
  - अत: संघ की दूसरी राजभाषा के रूप में अंग्रेजी अनिश्चित काल तक बनी रह सकती है, क्योंकि यदि भारत का कोई एक गैर-हिंदी-भाषी राज्य भी अंग्रेजी के पक्ष में रहता है, तब भी अंग्रेजी भारत की सहायक राजभाषा के रूप में अस्तित्व में बनी रहेगी।

भाषा के संबंध में उपबंध

व्यापक विचार-विमर्श के बाद संविधान सभा में हिंदी को राजभाषा बनाए जाने के पक्ष में सहमति बनी। पं. जवाहरलाल नेहरू ने इस संदर्भ में संविधान सभा में बोलते हुए कहा था कि नि:संदेह अंग्रेजी एक महान भाषा है और इसका लाभ भी हमको बहुत मिला है, परंतु विदेशी भाषा साधारण जनता की भाषा नहीं हो सकती है। इसलिए अंग्रेजी को राजभाषा बनाया जाना संभव नहीं है। इसके पश्चात् **मुंशी-आयंगर फॉर्मूला** सृजित किया गया। मुंशी-आयंगर फॉर्मूला पुरुषोत्तम दास टंडन को छोड़कर संविधान सभा के सभी सदस्यों ने स्वीकार कर लिया। मुंशी-आयंगर फॉर्मूला में राजभाषा, क्षेत्रीय राजभाषाओं, उच्चतम तथा उच्च न्यायालयों और संसद में प्रयोग की जाने वाली भाषाओं का विस्तृत रूप में वर्णन किया गया है।

संघ की भाषा

- **मुंशी-आयंगर फॉर्मूला** के अनुसार देवनागरी लिपि में हिंदी को संघ की राजभाषा के रूप में स्वीकार किया गया है। इसका प्रावधान **अनुच्छेद–343** में किया गया है।
- अनुच्छेद–343 में वर्णित प्रावधानों के अनुसार भारतीय संघ की राजभाषा हिंदी होगी तथा अंकों का रूप भारतीय अंकों का अंतराष्ट्रीय रूप होगा, परंतु अनुच्छेद–343 में यह भी कहा गया है कि 15 वर्ष तक संघ के उन सभी शासकीय प्रयोजनों के लिए अंग्रेजी का ही प्रयोग किया जाएगा जिनके लिए उसका प्रयोग संविधान के प्रारंभ से ठीक पहले किया जा रहा था। इस 15 वर्ष की अवधि समाप्त होने के पश्चात् भी संसद विधि द्वारा विधि में विनिर्दिष्ट प्रयोजनों के लिए अंग्रेजी भाषा के प्रयोग का उपबंध कर सकती है।
- **अनुच्छेद–394** में यह भी कहा गया है कि राष्ट्रपति उक्त अवधि के दौरान आदेश द्वारा संघ के शासकीय प्रयोजनों में से किसी के लिए अंग्रेजी भाषा के अतिरिक्त देवनागरी रूप के प्रयोग की अनुमति दे सकता है।
- **अनुच्छेद–344** में यह उपबंध किया गया है कि राष्ट्रपति संविधान लागू होने के 5 वर्ष के बाद और तत्पश्चात् 10 वर्ष की समाप्ति पर एक आयोग का गठन करेगा। आयोग का एक अध्यक्ष होगा और इसके अतिरिक्त इसमें आठवीं सूची में दी गई भाषाओं का प्रतिनिधित्व करने वाले ऐसे सदस्य होंगे जिन्हें राष्ट्रपति नियुक्त करेगा। राष्ट्रपति अपने आदेश द्वारा वह प्रक्रिया भी निश्चित करेगा जिसका आयोग प्रयोग करेगा। अनुच्छेद–344 में ही आयोग के कर्तव्यों का भी निर्धारण किया गया है। आयोग के प्रमुख कर्तव्य निम्नवत् हैं–
  - संघ के शासकीय प्रयोजनों के लिए हिंदी भाषा का अधिकाधिक प्रयोग।
  - संघ के सभी या शासकीय प्रयोजनों के लिए अंग्रेजी भाषा के प्रयोग पर निर्बंधनों के संदर्भ में उपयुक्त प्रावधानों का निर्धारण।
  - सर्वोच्च न्यायालय और उच्च न्यायालयों में और अधिनियमों, विधेयकों आदि में प्रयोग की जाने वाली भाषा।
  - संघ के किसी एक या अधिक विनिर्दिष्ट प्रयोजनों के लिए प्रयोग किए जाने वाले अंकों के रूप।
  - संघ की राजभाषा तथा संघ और किसी राज्य के मध्य या एक राज्य और दूसरे राज्य के मध्य पत्रादि की भाषा के बारे में अनुशंसा करेगा, परंतु यह सिफारिश करते समय आयोग, औद्योगिक, सांस्कृतिक एवं वैज्ञानिक उन्नति का और लोक सेवाओं के संबंध में अहिंदी भाषी क्षेत्रों के व्यक्तियों के न्यायसंगत दावों और हितों को ध्यान में रखेगा।

अनुच्छेद–344 में यह भी उपबंध है कि आयोग द्वारा प्रस्तुत की गई सिफारिशों पर संसद की एक 30 सदस्यीय समिति विचार करेगी। इस समिति में संसद के दोनों सदनों के प्रतिनिधि होंगे। समिति में लोकसभा के 20 तथा राज्यसभा के 10 सदस्य होंगे। सदस्यों का चयन आनुपातिक आधार पर एकल संक्रमणीय मत द्वारा किया जाएगा। यह समिति अपनी रिपोर्ट राष्ट्रपति को प्रस्तुत करेगी और राष्ट्रपति उस रिपोर्ट पर व्यापक चिंतन-मनन करने के बाद आवश्यक दिशा-निर्देश जारी करेगा।

क्षेत्रीय भाषाएं (प्रादेशिक भाषाएं) और संपर्क भाषाएं

- **अनुच्छेद–345** में प्रावधानित है कि प्रत्येक राज्य को यह अधिकार होगा कि वह कार्यालय के लिए कोई भी एक या एक से अधिक भाषा का प्रयोग कर सकता है, परंतु राज्य और संघ के मध्य तथा दो राज्यों के मध्य आदान-प्रदान की भाषा प्राधिकृत भाषा ही होनी चाहिए।
- जब तक राज्य विधानपालिका विधि द्वारा हिंदी या किसी अन्य एक या एक से अधिक भाषा को प्रशासकीय भाषा के रूप में प्रयोग करने का निर्णय नहीं करती है, तब तक राज्य में उन शासकीय प्रयोजनों के लिए अंग्रेजी भाषा का प्रयोग किया जाएगा जिनके लिए उसका प्रयोग संविधान के प्रारंभ होने के पूर्व किया जाता था।
- **अनुच्छेद–346** में प्रावधानित है कि एक राज्य तथा दूसरे राज्य के मध्य और किसी राज्य और संघ के मध्य पत्रादि की भाषा वही होगी जो संघ में

शासकीय प्रयोजनों के प्रयोग में की जाती थी, परंतु दो या दो से अधिक राज्य पत्रादि के लिए हिंदी का प्रयोग करना चाहें, तो वह ऐसा कर सकते हैं।

- राष्ट्रपति, यदि इस बात से पूरी तरह आश्वस्त है कि, किसी राज्य की जनसंख्या का पर्याप्त भाग, उनके द्वारा बोली जाने वाली भाषा को मान्यता प्रदान करवाना चाहता है, तो वह निर्देश दे सकता है कि उस भाषा को राज्य में सभी जगह या उसके किसी भाग में राजकीय मान्यता दी जाए (अनुच्छेद-347)।
- यदि किसी राज्य की जनसंख्या का एक बड़ा भाग यह चाहता है कि उसके द्वारा बोली जाने वाली भाषा को राज्य द्वारा मान्यता दी जाए और राष्ट्रपति इसे उचित समझता है, तो आवश्यक निर्देश दे सकता है।
- राजभाषा अधिनियम, 1963 में यह भी उपबंध है कि संघ तथा अहिंदी भाषी राज्यों के मध्य पत्रादि के प्रयोजनों के लिए अंग्रेजी भाषा का ही प्रयोग किया जाएगा और यदि हिंदी अहिंदी भाषी राज्य के मध्य पत्रादि प्रयोग की जाए, तो ऐसे पत्रादि के साथ उसका अंग्रेजी अनुवाद भी होगा।
- महाराष्ट्र, गुजरात, पंजाब एवं चंडीगढ़ और अंडमान-निकोबार द्वीप समूह की सरकारों ने भी हिंदी को द्वितीय राजभाषा के रूप में मान्यता दी है।
- मेघालय, मिजोरम, अरुणाचल प्रदेश एवं नागालैंड की राजभाषा अंग्रेजी है।

संघ तथा राज्यों के मध्य अथवा विभिन्न राज्यों के मध्य संपर्क भाषा

राज्यों के मध्य संघ की संपर्क भाषा आधिकारिक रूप से अंग्रेजी होगी, जिसका हिंदी अनुवाद भी होगा। दो या दो से अधिक हिंदी भाषी राज्य आपसी समझौते से राज्यों के बीच हिंदी को संपर्क भाषा के रूप में प्रयोग कर सकते हैं।

सर्वोच्च न्यायालय, उच्च न्यायालयों तथा अन्य न्यायालयों की भाषा

- अनुच्छेद-348 में कहा गया है कि सर्वोच्च न्यायालय तथा उच्च न्यायालयों में सभी कार्यवाहियां अंग्रेजी भाषा में होंगी, परंतु संसद विधि द्वारा सर्वोच्च न्यायालय में और राज्यपाल राष्ट्रपति की पूर्व सहमति से उच्च न्यायालय की कार्यवाहियों में हिंदी भाषा का या उस राज्य के शासकीय प्रयोजन के लिए प्रयोग की जाने वाली किसी अन्य भाषा के प्रयोग की अनुमति दे सकता है, परंतु सर्वोच्च न्यायालय के द्वारा दिए गए सभी निर्णय, डिक्री या आदेश अंग्रेजी में होंगे।
- राजभाषा अधिनियम 1963 के अनुसार सर्वोच्च न्यायालय में हिंदी भाषा के प्रयोग से संबंधित कोई व्यवस्था नहीं दी गई है, इसीलिए सर्वोच्च न्यायालय द्वारा केवल उन्हीं याचिकाओं को सुनवाई के लिए स्वीकार किया जाता है जो अंग्रेजी भाषा में होती हैं।
- उच्च न्यायालय की कार्यवाही हिंदी भाषा में संचालित हो सकती है यदि राज्यपाल के द्वारा राष्ट्रपति से पूर्वानुमति प्राप्त कर ली गई हो, परंतु उच्च न्यायालय के निर्णय/आदेश या डिक्री अंग्रेजी में ही होंगे।
- इसके अतिरिक्त जहां पर किसी राज्य के विधानमंडल ने विधेयक को नेतृत्व करने तथा अधिनियम पारित करने के लिए उस राज्य के राजपत्र में प्रकाशित अंग्रेजी भाषा से भिन्न किसी अन्य भाषा के प्रयोग की अनुमति दे दी है, तो वहां पर उस राज्य के राजपत्र में प्रकाशित अंग्रेजी भाषा में उसका अनुवाद पराधिकृत पाठ माना जाएगा।

संसद में कामकाज की भाषा

संसद में काम-काज की भाषा हिंदी अथवा अंग्रेजी होगी। यदि कोई सदस्य हिंदी अथवा अंग्रेजी में नहीं बोल सकता, तो उसे लोकसभा अध्यक्ष अथवा पीठासीन अधिकारी के द्वारा अपनी मातृभाषा में बोलने की अनुमति दी जा सकती है।

राजभाषा अधिनियम, 1963 में यह कहा गया है कि राष्ट्रपति के प्राधिकार के अधीन प्रकाशित अधिनियमों का हिंदी अनुवाद प्रामाणिक माना जाएगा और प्रत्येक विधेयक का हिंदी अनुवाद अनिवार्य होगा।

विशेष निर्देश

- **अनुच्छेद-29** में प्रावधानित है कि भारत के किसी भी भू-भाग में रहने वाले नागरिकों के किसी भी वर्ग को अपनी विशिष्ट भाषा, लिपि, संस्कृति को अक्षुण्ण रखने का अधिकार होगा। राज्य द्वारा प्रेषित या राज्य निधि से संचालित किसी शिक्षण संस्था में प्रवेश से किसी भी नागरिक को भाषा, धर्म आदि के आधार पर वंचित नहीं किया जा सकता है।
- **अनुच्छेद-30** में कहा गया है कि धर्म या भाषा पर आधारित सभी अल्पसंख्यक वर्गों को अपनी रुचि की शिक्षा संस्थाओं की स्थापना तथा प्रशासन का अधिकार होगा। राज्य को यह आदेश दिया गया है कि वह किसी शिक्षा संस्था के प्रति इस आधार पर विभेद नहीं करेगा कि वह धर्म या भाषा पर आधारित किसी अल्पसंख्यक वर्ग के प्रबंध में है।
- **सातवें संविधान संशोधन द्वारा अनुच्छेद-350 (क) जोड़ा गया** जिसमें यह प्रावधान किया गया है कि प्रत्येक राज्य का स्थानीय प्राधिकारी भाषायी अल्पसंख्यक वर्गों के बालकों की शिक्षा के प्राथमिक स्तर पर मातृभाषा में शिक्षा की पर्याप्त सुविधाओं की व्यवस्था करने का प्रयास करेगा। इस संदर्भ में राष्ट्रपति किसी भी राज्य को आवश्यक निर्देश दे सकता है। भाषायी अल्पसंख्यक वर्ग पद का निर्वाचन करते समय यह अर्थ लगाया गया है कि वह ऐसे लोगों का समूह है जो कि किसी क्षेत्र-विशेष या उसके प्रदेश से भिन्न समूचे राज्य में अल्पसंख्या में हो।
- अनुच्छेद-350(ख) में प्रावधानित है कि भाषायी अल्पसंख्यक वर्गों के लिए राष्ट्रपति एक विशेष प्राधिकारी नियुक्त करेगा। उसका कर्तव्य होगा कि वह भाषायी अल्पसंख्यक वर्गों की रक्षा के उपायों से संबंधित मामलों की जांच-पड़ताल करेगा और उसके बारे में समय-समय पर राष्ट्रपति को संस्तुति करता रहेगा। ऐसी सभी रिपोर्ट संसद में प्रस्तुत की जाएंगी और संबद्ध राज्य सरकारों के पास प्रस्तुत की जाएंगी।
- अनुच्छेद-350 में यह प्रावधानित है कि न केवल किसी नागरिक को बल्कि प्रत्येक व्यक्ति को यह अधिकार है कि वह किसी शिकायत को दूर करने के लिए संघ या राज्य में किसी अधिकारी को यथास्थिति संघ में या प्रयुक्त किसी भाषा में प्रार्थना-पत्र दे सकता है। अत: कोई भी सरकारी विभाग, एजेंसी या अधिकारी किसी भी प्रार्थना-पत्र को इस आधार पर लेने से अस्वीकार नहीं कर सकता है कि वह संबंधित राजभाषा में नहीं है।

हिंदी का विकास

अनुच्छेद-351 में यह प्रावधानित है कि संघ का यह कर्तव्य होगा कि वह हिंदी भाषा का प्रसार एवं विकास करे। हिंदी भाषा के विकास के लिए यथासंभव सभी कदम उठाने होंगे। जिससे हिंदी भारत की मिली-जुली संस्कृति के सभी तत्वों की अभिव्यक्ति का माध्यम बन सके और उसकी प्रकृति में हस्तक्षेप किए बिना हिंदुस्तानी और आठवीं अनुसूची में विनिर्दिष्ट भारत की अन्य भाषाओं में प्रयुक्त रूप, शैली और पदों को आत्मसात करते हुए और जहां आवश्यक हो वहां उसके या संस्कृत के शब्दकोश से शब्द ग्रहण करते हुए उसकी समृद्धि सुनिश्चित करे।

संविधान का प्राधिकृत हिंदी पाठ

1973 में संसद ने **प्राधिकृत पाठ (केंद्रीय विधि) अधिनियम, 1973 का सृजन** करके यह उपबंध किया है कि किसी भाषा में अनुवाद राष्ट्रपति के प्राधिकार से भारत के राजपत्र में प्रकाशित किया जाता है, तो वह उस भाषा में उसका प्राधिकृत पाठ माना जाएगा।

भारत का मूल संविधान अंग्रेजी में था। संविधान सभा के अध्यक्ष ने अपने प्राधिकार से उसका हिंदी में अनुवाद तैयार करवाया था जिस पर संविधान सभा के सदस्यों ने हस्ताक्षर किए थे। उस अनुवाद में भाषा और शैली की दृष्टि से आवश्यक संशोधन करने तथा उसे प्राधिकृत पाठ घोषित करने के लिए 1987 में 58वां संविधान संशोधन किया गया। इस संबंध में संविधान में नया **अनुच्छेद–394 (क)** जोड़ा गया है। इस अनुच्छेद में हिंदी में संविधान का प्राधिकृत पाठ प्रकाशित किया गया है।

अनुच्छेद–394 (क) के अनुसार हिंदी पाठ का वही अर्थ लगाया जाएगा जो अंग्रेजी के मूलपाठ का होगा।

भारतीय भाषा संस्थान

संस्था	स्थान
भारतीय भाषा संस्थान	मैसूर, कर्नाटक
महात्मा गांधी अंतर्राष्ट्रीय हिंदी विश्वविद्यालय	वर्धा, महाराष्ट्र
अंग्रेजी और विदेशी भाषा विश्वविद्यालय	हैदराबाद, आंध्र प्रदेश
राष्ट्रीय संस्कृत संस्थान	नई दिल्ली
श्री लाल बहादुर शास्त्री राष्ट्रीय संस्कृत विद्यापीठ	नई दिल्ली
राष्ट्रीय संस्कृत विद्यापीठ	तिरुपति
मौलाना आजाद राष्ट्रीय उर्दू विश्वविद्यालय	हैदराबाद
शास्त्रीय तमिल केंद्रीय संस्थान	मद्रास (चेन्नई)

त्रि-भाषा फॉर्मूला

राष्ट्रीय एकता और अखंडता को अक्षुण्ण बनाए रखने के लिए तथा हिंदी को कुछ समय पश्चात् एकमात्र शासकीय भाषा बनाने के लिए 1955 में राज्यों के शिक्षा मंत्रियों के सम्मेलन में एक त्रिभाषा फॉर्मूला सृजित किया गया। त्रि-भाषा फॉर्मूले के अनुसार शिक्षण संस्थाओं में क्षेत्रीय भाषा, अंग्रेजी तथा हिंदी तीनों भाषाओं को पढ़ाया जाना चाहिए और जहां पर क्षेत्रीय भाषा हिंदी है वहां पर कोई भी अन्य आधुनिक भाषा विशेषकर दक्षिण भारत में बोली जाने वाली कोई भी एक भाषा पढ़ाई जानी चाहिए। यद्यपि शुरू में त्रि-भाषा फॉर्मूला को सभी राज्यों ने स्वीकार किया था परंतु 1967 में तमिलनाडु में डी.एम.के. की सरकार बनी, तो उसने त्रि-भाषा फॉर्मूले को अस्वीकार कर दिया।

राजभाषा आयोग

- **भारतीय संविधान के अनुच्छेद–344** में यह उपबंध किया गया है कि राष्ट्रपति संविधान के शुरू होने के 5 वर्ष की अवधि के पश्चात् तथा उसके 10 वर्ष बाद एक राजभाषा आयोग का गठन करेगा। संवैधानिक निर्देशानुसार 1955 में **बी.जी. खेर की अध्यक्षता** में राजभाषा आयोग का गठन किया गया। इससे संबंधित प्रमुख प्रावधान निम्नवत् हैं–
  - ❖ राजभाषा आयोग में एक अध्यक्ष तथा 8वीं अनुसूची में शामिल विभिन्न भाषाओं का प्रतिनिधित्व करने वाले सदस्य शामिल होंगे, जिनकी नियुक्ति राष्ट्रपति द्वारा की जाएगी।
  - ❖ इस प्रकार राजभाषा आयोग में अध्यक्ष के अतिरिक्त 22 सदस्य होते हैं। राष्ट्रपति डॉ. राजेन्द्र प्रसाद द्वारा जून, 1955 में प्रथम राजभाषा आयोग का गठन बाल गंगाधर खेर (बी.जी. खेर) की अध्यक्षता में किया गया।
  - ❖ प्रथम राजभाषा आयोग से निम्नलिखित विषयों पर अनुशंसाएं मांगी गई थीं–
    - **(i)** संघ के राजकीय कार्यों के लिए हिंदी भाषा का अधिक से अधिक प्रयोग करने के लिए सुझाव देना।
    - **(ii)** राजकीय कार्यों में अंग्रेजी भाषा के प्रयोग को कम करने अथवा निर्बंधन के लिए आवश्यक सुझाव देना।
    - **(iii)** उच्चतम न्यायालय एवं उच्च न्यायालयों में प्रयोग की जाने वाली भाषा के विषय में सुझाव देना।
    - **(iv)** संघ में प्रयोग किए जाने वाले अंकों के रूप के विषय में सुझाव देना।
    - **(v)** संघ और किसी राज्य अथवा एक राज्य तथा दूसरे राज्य के बीच पत्राचार की भाषा तथा उसके प्रयोग के विषय में सुझाव देना।
    - **(vi)** राजभाषा से संबंधित अन्य विषय, जो राष्ट्रपति राजभाषा आयोग को सौंपे।
  - ❖ राजभाषा आयोग से यह अपेक्षा की गई थी कि वह अपनी सिफारिशें राष्ट्रपति को देते समय भारत की औद्योगिक, सांस्कृतिक और वैज्ञानिक प्रगति एवं गैर हिंदी-भाषी क्षेत्रों के लोगों के न्यायसंगत दावों और हितों का पूरा ध्यान रखे। आयोग ने वर्ष 1956 में अपनी रिपोर्ट राष्ट्रपति को सौंप दी थी।

स्थायी राजभाषा आयोग का गठन

- प्रथम राजभाषा आयोग की सिफारिश एवं राजभाषा संयुक्त संसदीय समिति के प्रतिवेदन के आधार पर वर्ष 1961 में स्थायी राजभाषा आयोग का गठन किया गया।
- विधि शब्दावली के विकास, केंद्रीय अधिनियमों के हिंदी और अन्य भाषाओं में प्रकाशन के लिए राजभाषा (विधायी) आयोग का गठन किया गया था, जिसे वर्ष 1976 में समाप्त कर दिया गया। इसके कार्यों को भारत सरकार के विधायी विभाग को सौंप दिया गया।
- हिंदी शब्दावली के विकास के लिए शिक्षा मंत्रालय के अंतर्गत वैज्ञानिक और तकनीकी शब्दावली आयोग का गठन किया गया।
- यह आयोग वर्तमान में मानव संसाधन विकास मंत्रालय के अधीन कार्य कर रहा है।

राजभाषा विभाग

राजभाषा से संबंधित विधिक एवं संवैधानिक उपबंधों के क्रियान्वयन हेतु गृह मंत्रालय के अंतर्गत वर्ष 1975 में राजभाषा विभाग का गठन किया गया।

राजभाषा से संबंधित अनुच्छेद

अनुच्छेद	विषय-वस्तु
343	संघ की राजभाषा
344	राजभाषा पर संसदीय आयोग एवं समिति
345	राज्य की राजभाषा अथवा भाषा
346	एक राज्य से दूसरे राज्य अथवा एक राज्य से संघ के बीच संवाद के लिए राजभाषा
347	किसी राज्य की जनसंख्या के एक समूह द्वारा बोली जाने वाली भाषा में संबंधित प्रावधान?
348	सर्वोच्च न्यायालय तथा उच्च न्यायालयों में साथ ही अधिनियमों एवं विधेयकों में प्रयोग की जाने वाली भाषा।
349	भाषा में संबंधित कुछ नियम-अधिनियम करने के लिए विशेष प्रक्रिया, विशेष विनिर्देश
350	शिकायत निवारण के लिए प्रयुक्त भाषा
350ए	प्राथमिक स्तर पर मातृभाषा में शिक्षण के लिए सुविधाएं
350बी	भाषायी अल्पसंख्यकों के लिए विशेष पदाधिकारी
351	हिंदी भाषा के विकास के लिए विनिर्देश

राजभाषा वैज्ञानिक एवं तकनीकी शब्दावली आयोग

राजभाषा आयोग ने राजभाषा आयोगों की स्थापना का सुझाव दिया था। इस प्रतिवेदन पर संसदीय समिति द्वारा जांच किए जाने के पश्चात् 1976 में विधायी विभाग के अधीन विधायी आयोग तथा शिक्षा मंत्रालय के अधीन वैज्ञानिक तथा तकनीकी शब्दावली आयोग की स्थापना की गई। राजभाषा आयोग के कार्य निम्नलिखित हैं–

- संघ के सरकारी कार्यों में हिंदी भाषा के प्रयोग में सतत वृद्धि के लिए राष्ट्रपति को सुझाव देना।
- सर्वोच्च न्यायालय या उच्च न्यायालयों आदि के किसी एक या सभी कार्यों के लिए किसी भाषा का प्रयोग किया जाने के संदर्भ में राष्ट्रपति को सुझाव देना।
- संघ के किसी या सभी कार्यों में अंग्रेजी भाषा के प्रयोग पर प्रतिबंध के विषय में राष्ट्रपति को सुझाव देना।
- संघ के किसी एक या अधिक विशिष्ट प्रयोजनों के लिए अंकों का किस रूप में प्रयोग किया जाए आदि के संदर्भ में सुझाव देना।
- राष्ट्रपति द्वारा आयोग को निर्देशित किसी अन्य विषय के संदर्भ में सुझाव देना।

संयुक्त संसदीय समिति

- संविधान के अनुच्छेद-344 (4) के अंतर्गत राजभाषा आयोग की अनुशंसाओं पर विचार करने के लिए एक संयुक्त संसदीय समिति का गठन किया जाता है।
- इस समिति में तीस सदस्य होते हैं। इनमें 20 लोकसभा के होंगे, 10 राज्यसभा के। इनका चयन लोकसभा सदस्यों तथा राज्यसभा सदस्यों द्वारा एकल हस्तांतरणीय मत द्वारा आनुपातिक प्रतिनिधित्व प्रणाली से होगा।
- समिति का यह उत्तरदायित्व होगा कि केंद्र के प्रशासनिक उद्देश्यों के लिए हिंदी के प्रयोग की दिशा में हुई प्रगति की समीक्षा करे। तत्पश्चात् राष्ट्रपति को एक रिपोर्ट सौंपे, जिनमें अनुशंसाएं हों। राष्ट्रपति इस रिपोर्ट को संसद के पटल पर रखवाएंगे और सभी राज्य सरकारों को प्रेषित करेंगे।
- राष्ट्रपति, रिपोर्ट पर विचार के उपरांत और राज्य सरकारों के विचारों पर गौर करने के बाद पूरी रिपोर्ट या उसके कुछ अंशों पर निर्देश जारी कर सकते हैं।
- प्रथम राजभाषा संयुक्त समिति वर्ष 1957 में पं. गोविंद वल्लभ पंत की अध्यक्षता में गठित की गई थी।
- पंत समिति ने फरवरी, 1959 में अपना प्रतिवेदन प्रस्तुत किया, जिसके अंतर्गत प्रथम राजभाषा आयोग की प्रमुख सिफारिशों को मान लिया गया, इनमें हिंदी को प्रमुख राजभाषा और अंग्रेजी को केंद्रीय राजभाषा के रूप में बनाए रखने तथा वैज्ञानिक, प्रशासनिक एवं कानून संबंधी हिंदी शब्दावली के विकास और अंग्रेजी कृतियों का हिंदी अनुवाद करने की अनुशसाएं की गई थीं।

संविधान में भाषा संबंधी अन्य उपबंध

- वर्तमान में संविधान की 8वीं अनुसूची में 22 भाषाओं का उल्लेख है, जबकि मूल संविधान में 14 भाषाओं का उल्लेख था।
- 8वीं अनुसूची में शामिल भाषाओं का अनेक क्षेत्रों में महत्व है। संघ लोक सेवा आयोग की परीक्षाओं में अभ्यर्थियों को इन भाषाओं के चयन का अधिकार होता है। इन भाषाओं के सदस्य राजभाषा आयोग में शामिल होते हैं।
- इसके अतिरिक्त, 8वीं अनुसूची में भाषाओं को सम्मिलित कराने का राजनीतिक उद्देश्य भी होता है। इस अनुसूची में शामिल अधिकांश भाषाओं के लिए अलग राज्य का निर्माण हो चुका है। इसलिए 8वीं अनुसूची में भाषाओं को सम्मिलित करके अलग राज्य के निर्माण पर बल दिया जाता है।
- अत: 8वीं अनुसूची में शामिल भाषाएं संबंधित क्षेत्र की सांस्कृतिक पहचान को बनाए रखने में सहायक हैं तथा इनका राजनीतिक महत्व भी होता है।

संविधान की 8वीं अनुसूची में सम्मिलित भाषाएं							
1.	असमिया	2.	बांग्ला	3.	गुजराती	4.	हिंदी
5.	कन्नड़	6.	कश्मीरी	7.	कोंकणी	8.	मलयालम
9.	मणिपुरी	10.	मराठी	11.	नेपाली	12.	ओड़िया
13.	पंजाबी	14.	संस्कृत	15.	सिंधी	16.	तमिल
17.	तेलुगू	18.	उर्दू	19.	डोगरी	20.	बोडो
21.	मैथिली	22.	संथाली				

संविधान संशोधनों के माध्यम से जोड़ी गई नई भाषाएं

संविधान संशोधन	8वीं अनुसूची में जोड़ी गई भाषाएं
21वां संविधान संशोधन-1967	सिंधी
71वां संविधान संशोधन-1992	कोंकणी, मणिपुरी और नेपाली
92वां संविधान संशोधन-2003	मैथिली, बोडो, संथाली और डोगरी

शास्त्रीय भाषाएं

वर्ष 2004 में भारत सरकार ने शास्त्रीय भाषा के नाम से एक अलग वर्ग बनाने का निर्णय किया। इसके अंतर्गत वर्ष 2006 में शास्त्रीय भाषा का दर्जा देने हेतु कुछ मानक तय किए गए हैं, जो निम्नवत् हैं–

- 1500–2000 वर्ष पुराने ग्रंथों में दर्ज इतिहास की पौराणिकता हो।
- भाषा के प्राचीन ग्रंथ एवं साहित्य हों जिन्हें पीढ़ी-दर-पीढ़ी अमूल्य माना जाता रहा हो।
- भाषा की मौलिक साहित्य परंपरा हो जो दूसरे भाषा समुदाय से उधार न ली गई हो।

शास्त्रीय भाषा का दर्जा प्राप्त भाषाएं

क्र.सं.	भाषा	घोषणा वर्ष
1.	तमिल	2004
2.	संस्कृत	2005
3.	तेलुगू	2008
4.	कन्नड़	2008
5.	मलयालम	2013
6.	ओड़िया	2014

शास्त्रीय भाषा के दर्जे के लाभ

- संबंधित भाषा के लिए एक उत्कृष्टता केंद्र स्थापित करने के लिए सरकार द्वारा वित्तीय सहायता प्रदान की जाती है।
- उस भाषा से संबंधित दो गणमान्य व्यक्तियों को पुरस्कार दिए जाने का मार्ग प्रशस्त हो जाता है।
- केंद्रीय विश्वविद्यालयों में शास्त्रीय भाषाओं के लिए पेशेवर पीठ की स्थापना की जा सकती है।

स्मरणीय तथ्य

- गुजरात के महान कवि श्री नर्मद (1833–86) ने सर्वप्रथम हिंदी को राष्ट्रभाषा बनाए जाने का विचार प्रस्तुत किया था।
- वर्ष 1918 में बाल गंगाधर तिलक ने हिंदी भाषा के भारत की राजभाषा होने की घोषणा की थी।
- भारतीय संविधान सभा में राज्य सभा के प्रश्न पर गंभीर चिंतन-मनन हुआ था और संविधान सभा की नियम समिति ने हिंदी को राजभाषा बनाए जाने का निर्णय दिया था।
- मुंशी-आयंगर फॉर्मूले के अंतर्गत 14 सितंबर, 1949 को हिंदी को राजभाषा का संवैधानिक दर्जा प्राप्त हुआ और हिंदी को संघ की राजभाषा के रूप में स्वीकार किया गया।
- 14 सितंबर को प्रत्येक वर्ष हिंदी दिवस मनाया जाता है।
- भारतीय संविधान के भाग 17 में अनुच्छेद 343 से लेकर 351 तक में राजभाषा का उल्लेख किया गया है।
- 1955 में बी.जी. खेर की अध्यक्षता में राजभाषा आयोग का गठन किया गया था जिसकी संस्तुतियों के आधार पर वैज्ञानिक एवं तकनीकी शब्दावली आयोग का गठन किया गया।
- पंत समिति द्वारा 1959 में प्रस्तुत की गई सिफारिशों के आधार पर भारतीय संविधान का हिंदी में अनुवाद कराया गया।
- संविधान सभा द्वारा अंगीकृत संविधान हिंदी में न होकर केवल अंग्रेजी भाषा में था।
- भाषा के आधार पर गठित होने वाला पहला राज्य आंध्र प्रदेश है।
- भारत के जम्मू एवं कश्मीर में उर्दू को प्रथम राजभाषा का स्थान प्राप्त है।
- हिंदी भाषा का उत्तर प्रदेश, उत्तराखंड, छत्तीसगढ़, बिहार, मध्य प्रदेश, झारखंड, राजस्थान, हरियाणा, हिमाचल प्रदेश, दिल्ली आदि राज्यों में राजभाषा के रूप में प्रयोग किया जा रहा है।
- मेघालय, मिजोरम एवं नागालैंड की राजभाषा अंग्रेजी है जो भारतीय संविधान की 8वीं सूची में सम्मिलित नहीं है।
- 58वें संविधान संशोधन द्वारा संविधान में एक नया अनुच्छेद 394ए जोड़ा गया और इसके माध्यम से संविधान का हिंदी रूपांतरण उपलब्ध कराया गया।
- 96वें संविधान संशोधन द्वारा उड़िया भाषा का नाम बदलकर ओड़िया कर दिया गया।

❑❑❑

अध्याय 8

राष्ट्रीय अनुसूचित जाति आयोग

भारतीय संविधान सामाजिक न्याय एवं सामाजिक क्रांति का एक दस्तावेज है। भारतीय संविधान निर्माताओं ने भारतीय संविधान में अनुसूचित जाति एवं जनजाति के सामाजिक एवं आर्थिक उन्नयन के लिए पर्याप्त प्रावधान किया है, जिससे उनका सशक्तिकरण हो सके। भारतीय संविधान के लागू होने के बाद अनुसूचित जाति के लोगों के हितों को संरक्षित करने, उनके सामाजिक एवं आर्थिक विकास के लिए नीतिगत एवं संस्थागत कदम उठाने के लिए सरकार को सुझाव देने तथा उनके साथ किसी भी प्रकार का कोई भेदभाव न हो यह सुनिश्चित करने के लिए संवैधानिक, सांविधिक और संविधानेतर कदम समय-समय पर उठाए जाते रहे हैं। इन्हीं कदमों में एक कदम राष्ट्रीय अनुसूचित जाति आयोग का गठन भी है। ऐसा करके वर्तमान सरकारें न केवल संविधान निर्माताओं की भावनाओं का सम्मान कर रही हैं बल्कि भारत में सामाजिक न्याय को भी सुनिश्चित करके यह संदेश दे रही हैं कि भारत में बहुजनहिताय-बहुजनसुखाय की अवधारणा मूर्त रूप ले चुकी है और भारत की सरकारें इसके लिए प्रतिबद्ध हैं।

राष्ट्रीय अनुसूचित जाति आयोग और संवैधानिक प्रावधान

- मूल भारतीय संविधान में राष्ट्रीय अनुसूचित जाति आयोग का प्रावधान नहीं किया गया था, परंतु भारतीय संविधान के अनुच्छेद-338 में यह स्पष्ट प्रावधान किया गया है कि राष्ट्रपति संविधान में वर्णित अनुसूचित जाति एवं जनजाति के संवैधानिक अधिकारों की रक्षा के उपायों की जांच के लिए एक विशेष अधिकारी की नियुक्ति करेगा।
- वर्ष-1978 में मंत्रिमंडल द्वारा पारित प्रस्ताव के माध्यम से एक गैर-सांविधिक अनुसूचित जाति एवं जनजाति आयोग की स्थापना की गई।
- 65वें संविधान संशोधन, 1990 के द्वारा अनुसूचित जाति एवं जनजाति हेतु एक बहु-सदस्यीय अनुसूचित जाति एवं जनजाति आयोग की स्थापना की गई, परंतु 89वें संविधान संशोधन, 2003 के द्वारा अनुसूचित जाति एवं अनुसूचित जनजाति आयोग को अलग-अलग कर दिया गया।
- वर्तमान में इनके नाम क्रमशः राष्ट्रीय अनुसूचित जाति आयोग, (अनुच्छेद-338) और राष्ट्रीय अनुसूचित जनजाति आयोग, (अनुच्छेद-338(क)) है तथा यह एक संवैधानिक संस्था है।

राष्ट्रीय अनुसूचित जाति आयोग की संरचना

- राष्ट्रीय अनुसूचित जाति आयोग (National Commission for Scheduled Castes) में एक अध्यक्ष, एक उपाध्यक्ष एवं तीन सदस्य होते हैं। उल्लेखनीय है कि इसका अध्यक्ष सदैव अनुसूचित जाति का होगा जो प्रसिद्ध राजनैतिक एवं सामाजिक कार्यकर्ता होगा।
- अध्यक्ष एवं सदस्यों का कार्यकाल तीन वर्ष का होता है तथा इन्हें दोबारा अपने पद पर नियुक्त किया जा सकता है, परंतु दो बार से ज्यादा इन्हें अपने पद पर नियुक्त नहीं किया जा सकता। सभी सदस्यों की नियुक्ति राष्ट्रपति द्वारा की जाती है।
- अनुसूचित जाति आयोग के अध्यक्ष को कैबिनेट मंत्री (Cabinet Minister) का दर्जा प्राप्त होता है एवं उपाध्यक्ष को राज्य मंत्री (Minister of State) का दर्जा प्राप्त होता है। अध्यक्ष, अनुसूचित जाति का सदस्य होना चाहिए, जो प्रसिद्ध राजनीतिक एवं सामाजिक कार्यकर्ता हो।

आयोग के कार्य

संविधान में अनुसूचित जाति के हितों की रक्षा के लिए वर्णित मामलों की जांच व उनकी निगरानी करना तथा अनुसूचित जाति के अधिकारों के हनन की शिकायत की जांच करना आयोग के प्रमुख कार्य हैं। इसके अतिरिक्त राष्ट्रीय अनुसूचित जाति आयोग के निम्नलिखित कर्तव्य होंगे–

- अनुसूचित जातियों के लिए संविधान अथवा भारत सरकार के किसी आदेश के अधीन किए गए, रक्षा उपायों से संबंधित सभी विषयों की जांच करना व उन पर किए गए रक्षा उपायों के क्रियान्वयन का मूल्यांकन करना।
- अनुसूचित जातियों को उनके अधिकारों और रक्षा उपायों से वंचित किए जाने की शिकायत की जांच करना।
- ऐसे उपबंधों के क्रियान्वयन के विषय में प्रतिवर्ष अथवा जब भी आवश्यक हो आयोग द्वारा राष्ट्रपति को प्रतिवेदन देना।
- अनुसूचित जातियों के संरक्षण, सामाजिक एवं आर्थिक कल्याण तथा विकास के लिए अनुशंसा करना।
- अनुसूचित जाति के कल्याण के लिए चलाई जा रही योजनाओं के बेहतर क्रियान्वयन की निगरानी करना।
- अनुसूचित जातियों के संरक्षण, कल्याण, विकास तथा प्रगति के संदर्भ में ऐसे कृत्यों का निर्वहन करना जो समय-समय पर राष्ट्रपति संसद द्वारा बनाए गए किसी अधिनियम के उपबंधों के अधीन रहते हुए उसे निर्देशित करते हैं।

संघ सरकार और राज्य सरकार के द्वारा अनुसूचित जाति व उससे संबंधित नीतियों का निर्माण करते समय आयोग से परामर्श लिया जाएगा। आयोग, अनुसूचित जाति के सामाजिक एवं आर्थिक विकास से संबंधित नियोजन (Planning) की प्रक्रिया में भी सलाह देगा एवं सहभागिता करेगा।

आयोग की सलाहकारी शक्ति

राज्यों में अलग से अनुसूचित जाति आयोग की स्थापना नहीं की जाती है। इसलिए राज्यों के द्वारा अनुसूचित जातियों के कल्याण तथा उनके हितों के संरक्षण के लिए राष्ट्रीय अनुसूचित जाति आयोग से सलाह ली जाती है और भविष्य में नीतियों के निर्माण के लिए भी आयोग द्वारा सलाह दी जाती है।

शिकायत की जांच

- अनुसूचित जातियों के विरुद्ध किए गए उत्पीड़न की शिकायत सीधे आयोग से की जा सकती है। यह शिकायत लिखित रूप में होनी चाहिए।
- आयोग के द्वारा अनुसूचित जातियों के उत्पीड़न को रोकने के लिए प्रशासन एवं पुलिस को निर्देश दिए जाते हैं।
- आयोग के समक्ष ऐसे मामलों की शिकायत नहीं की जा सकती, जो न्यायपालिका के समक्ष लंबित हैं।

आयोग की शक्तियां

- आयोग को अपने कार्यों को संपन्न करने के लिए शक्तियां प्रदान की गई हैं।
- जब आयोग किसी कार्य की जांच-पड़ताल कर रहा है या किसी शिकायत की जांच कर रहा है, तो इसे दीवानी न्यायालय की शक्तियां प्राप्त होंगी, जहां याचिका भी दायर की जा सकती है। विशेषकर निम्नलिखित मामलों में–

राज्यस्तरीय कार्यालय

वर्ष 2004 में राष्ट्रीय अनुसूचित जाति आयोग अस्तित्व में आया। वर्तमान में इस राष्ट्रीय आयोग के अंतर्गत 12 राज्यस्तरीय कार्यालय हैं। ये कार्यालय निम्नलिखित राज्यों में कार्यरत हैं–

राज्य	कार्यकाल
1. गुजरात	अहमदाबाद
2. उत्तर प्रदेश	लखनऊ
3. बिहार	पटना
4. महाराष्ट्र	पुणे
5. सिक्किम	अगरतला
6. तेलंगाना	हैदराबाद
7. पश्चिम बंगाल	कलकत्ता(कोलकाता)
8. कर्नाटक	बंगलोर (बेंगलुरु)
9. चंडीगढ़	चंडीगढ़
10. तमिलनाडु	मद्रास (चेन्नई)
11. असम (असोम)	गुवाहाटी
12. केरल	तिरुवनंतपुरम्

1. भारत के किसी भी भाग से किसी व्यक्ति को सम्मन करना और हाजिर कराना तथा शपथ पर उसका परीक्षा करना।
2. किसी दस्तावेज को प्रकट और पेश करने की अपेक्षा करना।
3. शपथ-पत्रों पर साक्ष्य ग्रहण करना।
4. किसी न्यायालय या कार्यालय से किसी लोक अभिलेख या उसकी प्रति की अपेक्षा करना।
5. साक्षियों और दस्तावेजों की परीक्षा के लिए सम्मन निकालना।
6. कोई अन्य विषय जो राष्ट्रपति, नियम द्वारा निर्धारित करें।

आयोग का प्रतिवेदन

- आयोग अपनी वार्षिक रिपोर्ट राष्ट्रपति को प्रस्तुत करता है। वह जब भी उचित समझे, अपनी रिपोर्ट दे सकता है।
- राष्ट्रपति, इस रिपोर्ट को संबंधित राज्यों के राज्यपालों को भी भेजता है, जो उसे राज्य के विधानमंडल के समक्ष रखवाएगा और उसके साथ राज्य से संबंधित सिफारिशों पर की गई या किए जाने के लिए प्रस्थापित कार्रवाई तथा यदि कोई ऐसी सिफारिश अस्वीकृत की गई है, तो अस्वीकृति के कारणों को स्पष्ट करने वाला ज्ञापन भी होगा।
- राष्ट्रपति किसी राज्य सरकार से संबंधित आयोग की रिपोर्ट को भी राज्य के राज्यपाल के पास भेजते हैं। राज्यपाल इसे आयोग की सिफारिशों पर की गई कार्रवाई का उल्लेख करते हुए ज्ञापन के साथ राज्य विधान मंडल के समक्ष रखते हैं। इस ज्ञापन में ऐसी किसी सिफारिश को स्वीकार नहीं किए जाने के कारण भी होने चाहिए।

अनुसूचित जाति एवं जनजाति (अत्याचार निवारण) संशोधन नियम, 2016 अधिसूचित

14 अप्रैल, 2016 को सामाजिक न्याय एवं अधिकारिता मंत्रालय द्वारा अनुसूचित जाति एवं जनजाति (अत्याचार निवारण) संशोधित नियम, 2016 की अधिसूचना जारी की गई। इसमें निम्न प्रावधान किए गए–

- विशेष अदालतों को अपराध का प्रत्यक्ष संज्ञान लेने की शक्ति प्रदान करना और जहां तक संभव हो आरोप पत्र दाखिल करने की तिथि से दो महीने के अंदर सुनवाई पूरी करना।
- अत्याचार से प्रभावित व्यक्ति या उसके परिवारजनों को निर्धारित आर्थिक मदद 7 दिनों के भीतर दी जाएगी।
- अत्याचार के शिकार व्यक्तियों व गवाहों की सुरक्षा का प्रबंध करना।
- बलात्कार एवं सामूहिक बलात्कार जैसे अपराधों के लिए राहत का प्रावधान।
- हत्या या सामूहिक बलात्कार जैसे मामलों में राहत राशि बढ़ाकर क्रमशः ₹75,000 से ₹7,50,000 और ₹85,000 से 8,25,000 तक कर दी गई हैं। राहत राशि में बदलाव अपराध की संगीनता पर निर्भर करता है।

स्मरणीय तथ्य

- भारतीय संविधान सामाजिक न्याय एवं सामाजिक क्रांति का एक दस्तावेज है।
- मूल भारतीय संविधान में राष्ट्रीय अनुसूचित जाति आयोग का प्रावधान नहीं किया गया था।
- वर्ष 1978 में मंत्रिमंडल द्वारा पारित प्रस्ताव के माध्यम से एक गैर-सांविधिक अनुसूचित जाति एवं जनजाति आयोग की स्थापना की गई।
- वर्ष 2004 में राष्ट्रीय अनुसूचित जाति आयोग अस्तित्व में आया। वर्तमान में इस राष्ट्रीय आयोग के अंतर्गत 12 राज्यस्तरीय कार्यालय हैं।
- राष्ट्रपति किसी राज्य सरकार से संबंधित आयोग की रिपोर्ट को भी राज्य के राज्यपाल के पास भेजते हैं।

❑❑❑

अध्याय 9

राष्ट्रीय अनुसूचित जनजाति आयोग

सामाजिक सशक्तिकरण का एक पहलू अनुसूचित जनजाति से जुड़ा हुआ है। भारतीय संविधान के अनुच्छेद 342 में अनुसूचित जनजाति को परिभाषित किया गया है और इनकी विशेषताओं को मोटे तौर पर उल्लेखित किया गया है। अनुसूचित जनजाति की प्रमुख समस्या पृथक्करण, गरीबी एवं बेरोजगारी, अशिक्षा, भूमि और धर्म से संबंधित है। इसके साथ-साथ कुपोषण, ऋणग्रस्तता और उपेक्षा भी इनकी समस्याओं में विद्यमान है। इन सबको दृष्टिगत रखते हुए भारत सरकार अनुसूचित जनजाति के लोगों के सामाजिक एवं आर्थिक विकास के लिए संवैधानिक, सांविधिक और संविधानेतर कदम समय-समय पर उठाती रहती है। इन्हीं कदमों में एक प्रमुख संस्थागत कदम राष्ट्रीय अनुसूचित जनजाति आयोग का गठन किया जाना है।

अनुसूचित जनजाति और संवैधानिक प्रावधान

- भारत में अनुसूचित जनजाति शब्द का प्रयोग पहली बार भारत शासन अधिनियम, 1935 में किया गया और भारतीय संविधान के अनुच्छेद 341 में राष्ट्रपति के द्वारा अनुसूचित जाति का निर्धारण किया जाता है, जिसमें राज्यों के राज्यपाल से भी परामर्श किया जाता है और अनुच्छेद 342 में अनुसूचित जनजाति को परिभाषित किया गया है।
- अनुसूचित जनजाति का आशय आदिवासी अथवा वनवासी समुदाय से है, जो भौगोलिक रूप से सुदूर पहाड़ी एवं वन्य क्षेत्रों में रहते हैं। वे अत्यधिक पिछड़े हुए हैं और अपनी आजीविका के लिए वन्य उत्पादों एवं कृषि पर निर्भर हैं।
- उनकी भाषा और संस्कृति विशिष्ट है तथा वे समाज की मुख्य धारा में शामिल नहीं हैं। वे स्वयं को अलग-थलग बनाए रखते हैं। भारत के उत्तरी-पूर्वी राज्यों में जनजातियों की आबादी सर्वाधिक हैं।

राष्ट्रीय अनुसूचित जनजाति आयोग का गठन

वर्ष 1990 में, 65वें संविधान संशोधन के द्वारा अनुच्छेद 338 के अंतर्गत एक राष्ट्रीय अनुसूचित जाति एवं जनजाति आयोग की स्थापना की गई थी।

- भौगोलिक एवं सांस्कृतिक रूप से अनुसूचित जनजातियां अनुसूचित जातियों से भिन्न हैं तथा उनकी समस्याएं भी अनुसूचित जातियों से भिन्न हैं। 1999 में अनुसूचित जनजातियों के कल्याण एवं विकास के कार्यों को गति देने के लिए एक नए जनजातीय मंत्रालय की स्थापना की गई।
- इस प्रकार अनुसूचित जनजातियों के हितों की अधिक प्रभावी तरीके से रक्षा के लिए यह प्रस्ताव रखा गया कि राष्ट्रीय अनुसूचित जाति आयोग एवं जनजाति आयोग का विभाजन कर दिया जाए तथा दोनों के लिए पृथक्-पृथक् आयोगों की स्थापना की जाए।
- इसके लिए संविधान के अनुच्छेद-338 में संशोधन किया गया तथा उसमें एक नया अनुच्छेद-338(क) जोड़ा गया।
- 89वें संविधान संशोधन अधिनियम, 2003 द्वारा जोड़े गए अनुच्छेद-338(क) में निहित राष्ट्रीय अनुसूचित जनजाति आयोग के गठन का प्रावधान किया गया।

अनुसूचित जनजाति आयोग की संरचना

अनुसूचित जनजाति आयोग की निम्नलिखित संरचना है-

- आयोग में एक अध्यक्ष, एक उपाध्यक्ष और तीन अन्य सदस्य होते हैं।
- राष्ट्रपति उन्हें आदेश द्वारा और अपने हस्ताक्षर तथा सील के तहत नियुक्त करेगा।
- राष्ट्रपति, समय-समय पर अध्यक्ष, उपाध्यक्ष और सदस्यों की सेवा-शर्तों एवं कार्यकाल का निर्धारण करता है।
- आयोग के अध्यक्ष, उपाध्यक्ष एवं अन्य सदस्यों का कार्यकाल तीन वर्षों का होता है। अध्यक्ष और सदस्य दो कार्यकाल से अधिक के लिए नियुक्त नहीं हो सकते।
- अध्यक्ष, अनुसूचित जनजाति का सदस्य होना चाहिए, जो प्रसिद्ध सामाजिक और राजनीतिक कार्यकर्ता हो।
- अध्यक्ष को कैबिनेट मंत्री और उपाध्यक्ष को केंद्रीय राज्य मंत्री तथा सदस्यों को भारत सरकार के सचिव का दर्जा प्राप्त होता है।
- इनके वेतन व भत्ते भारत सरकार के सचिव के समान होंगे। उपाध्यक्ष और अन्य सदस्यों में से कम-से-कम दो व्यक्ति अनुसूचित जनजाति से संबंधित होने चाहिए।
- अनुसूचित जनजाति आयोग के अध्यक्ष, उपाध्यक्ष एवं सदस्यों की सेवा शर्तें राष्ट्रपति द्वारा निर्धारित की जाती हैं।

अनुसूचित जनजाति आयोग के कार्यालय

अनुसूचित जनजाति आयोग के छह क्षेत्रीय कार्यालय हैं, जो निम्नवत् हैं-

1. भोपाल (मध्य प्रदेश),
2. भुवनेश्वर (ओडिशा),
3. जयपुर (राजस्थान),
4. रायपुर (छत्तीसगढ़),
5. रांची (झारखंड),
6. शिलांग (मेघालय)।

अनुसूचित जनजाति आयोग के कार्य

अनुसूचित जनजाति आयोग के अपने दायित्व और कर्तव्यों के अनुपालन में निम्नलिखित कार्य संपादित करने पड़ते हैं-

- इसके कार्यों में संविधान के अधीन या अस्थायी रूप से किसी अन्य कानून के अधीन या सरकार के किसी आदेश के अधीन अनुसूचित जनजातियों को दिए गए संरक्षण से संबंधित सभी मामलों की जांच करना व निगरानी करना आदि सम्मिलित हैं।

- अनुसूचित जनजातियों के अधिकारों के हनन से संबंधित विशिष्ट शिकायतों की जांच करना।
- अनुसूचित जनजातियों के सामाजिक एवं आर्थिक विकास के योजना निर्माण में भाग लेना और सलाह देना। साथ ही संघ और किसी भी राज्य में उनके विकास और प्रगति का मूल्यांकन करना।
- राष्ट्रपति को अनुसूचित जनजातियों से संबंधित विकास रिपोर्ट देना।
- अनुसूचित जनजातियों के संरक्षण, कल्याण और विकास तथा प्रगति के संबंध में ऐसे अन्य कार्यों को, जिन्हें राष्ट्रपति, संसद द्वारा निर्मित किसी कानून के अधीन विनिर्दिष्ट करें, उनका निर्वहन करना।
- वर्ष-2005 में राष्ट्रपति के द्वारा अनुसूचित जनजाति को वन क्षेत्रों में लघु उत्पादों पर स्वामित्व दिया गया तथा वनों के खनिज संसाधनों पर भी जनजातियों के नियंत्रण को स्वीकार किया गया।
- जनजातियों के उत्थान के लिए पेसा अधिनियम (Panchayat Extension to Scheduled Areas Act—PESA, 1996) का पूर्ण क्रियान्वयन सुनिश्चित करने से संबंधित उपाय करना।

अनुसूचित जनजाति आयोग की शक्तियां

अनुसूचित जनजाति आयोग को अपने कार्यों को संपादित करने के लिए निम्नलिखित शक्तियां संविधान द्वारा प्रदान की गई हैं–

- आयोग के पास सिविल न्यायालय की वे सभी शक्तियां होंगी, जो उसे किसी दावे की सुनवाई के संबंध में प्राप्त हैं। आयोग भारत के किसी भी भाग के किसी भी व्यक्ति को उपस्थित होने के लिए सम्मन जारी कर सकता है।
- शपथ-पत्र एवं उससे पूछताछ कर सकता है।
- किसी भी दस्तावेज की खोज और प्राप्ति का आदेश दे सकता है।
- शपथ-पत्र पर साक्ष्य प्राप्त कर सकता है।
- किसी भी न्यायालय या कार्यालय से सार्वजनिक दस्तावेज अथवा उसकी प्रतिलिपि की मांग करना।
- गवाहों और प्रलेखों की जांच के लिए अधिकार पत्र जारी करना।
- किसी अन्य विषय के संबंध में शक्तियां, जो राष्ट्रपति नियम द्वारा निर्धारित करें।

आयोग का प्रतिवेदन

- आयोग के द्वारा प्रत्येक वर्ष राष्ट्रपति को अपना प्रतिवेदन (Report) प्रस्तुत किया जाता है। राष्ट्रपति के द्वारा इस प्रतिवेदन को संसद के समक्ष रखवाया जाता है और इस प्रतिवेदन के साथ संघ सरकार से संबंधित अनुशंसाओं की स्वीकृति अथवा अस्वीकृति के कारणों का ज्ञापन भी होगा।
- यदि रिपोर्ट में किसी राज्य से संबंधित विषय पर कुछ अनुशंसाएं (Recommendation) हैं, तो रिपोर्ट की एक प्रति संबंधित राज्य के राज्यपाल को भेजी जाएगी, जो उसे राज्य विधानमंडल के समक्ष रखवाता है। यहां भी स्वीकृति अथवा अस्वीकृति एवं अनुशंसाओं पर की जाने वाली कार्यवाही का ज्ञापन साथ में प्रस्तुत करना होगा।

शिकायतों की जांच

- आयोग के द्वारा अनुसूचित जनजातियों के उत्पीड़न की शिकायत की जांच भी की जाती है। इस संदर्भ में शिकायत सीधा आयोग के अध्यक्ष एवं उपाध्यक्ष को भेजी जाती है।
- यदि किसी मामले में न्यायपालिका का निर्णय लंबित है, तो उसकी शिकायत आयोग से नहीं की जा सकती।

अनुसूचित जनजातियों के विकास में आयोग की भूमिका

- जनजातीय मंत्रालय के माध्यम से आयोग अनुसूचित जनजातियों के कल्याण एवं विकास का कार्य संपादित करता है जिसके द्वारा जनजातीय क्षेत्र में लघुवन उत्पादों पर इनका मालिकाना हक होगा।
- प्राकृतिक संसाधनों व जल संसाधनों पर जनजातियों का अधिकार होगा तथा जनजातीय क्षेत्रों का विकास किया जाएगा और विकास परियोजनाओं से विस्थापित जनजातियों का पुनर्वास आयोग का दायित्व है।
- सामाजिक-वानिकी तथा वन संरक्षण के लिए जनजातियों का सहयोग प्राप्त करना, झूम खेती की परंपरा को धीरे-धीरे समाप्त करना।
- संघ सरकार एवं राज्य सरकारों के द्वारा अनुसूचित जनजातियों के कल्याण के लिए निर्मित नीतियों में आयोग की सलाह ली जाती है।

स्मरणीय तथ्य

- भारतीय संविधान के अनुच्छेद 342 में अनुसूचित जनजाति को परिभाषित किया गया है और इनकी विशेषताओं को मोटे तौर पर उल्लेखित किया गया है।
- भारत में अनुसूचित जनजाति शब्द का प्रयोग पहली बार भारत शासन अधिनियम, 1935 में किया गया और भारतीय संविधान के अनुच्छेद 341 में राष्ट्रपति के द्वारा अनुसूचित जाति का निर्धारण किया जाता है।
- अनुसूचित जनजाति का आशय आदिवासी अथवा वनवासी समुदाय से है।
- वर्ष 1990 में, 65वें संविधान संशोधन के द्वारा अनुच्छेद 338 के अंतर्गत एक राष्ट्रीय अनुसूचित जाति एवं जनजाति आयोग की स्थापना की गई थी।
- 89वें संविधान संशोधन अधिनियम, 2003 द्वारा जोड़े गए अनुच्छेद–338(क) में राष्ट्रीय अनुसूचित जनजाति आयोग के गठन का प्रावधान किया गया।
- अनुसूचित जनजाति आयोग के छह क्षेत्रीय कार्यालय हैं।
- जनजातीय मंत्रालय के माध्यम से आयोग अनुसूचित जनजातियों के कल्याण एवं विकास का कार्य संपादित करता है।

❑❑❑

अध्याय **10**

अनुसूचित एवं जनजातीय क्षेत्र

संविधान के अनुच्छेद 244 में कुछ ऐसे क्षेत्र जिन्हें 'अनुसूचित क्षेत्र' और 'जनजातीय क्षेत्र' निर्धारित किया गया है, प्रशासन की विशेष व्यवस्था की परिकल्पना की गई है। संविधान की पांचवीं अनुसूची में भी राज्यों के अनुसूचित क्षेत्र व अनुसूचित जनजातियों के प्रशासन व नियंत्रण के बारे में प्रावधान दिए गए हैं, किंतु ये प्रावधान असम, मेघालय, त्रिपुरा व मिजोरम राज्यों को छोड़कर लागू होते हैं। दूसरी ओर संविधान की छठी अनुसूची में चार उत्तर-पूर्वी राज्यों असम, त्रिपुरा, मेघालय व मिजोरम के प्रशासन के संबंध में प्रावधान हैं।

अनुसूचित क्षेत्रों का प्रशासन

पांचवीं अनुसूची में उल्लेख किए गए अनुसूचित क्षेत्रों के प्रशासन से संबंधित प्रावधान निम्नलिखित हैं–

- राष्ट्रपति को भारतीय संघ के किसी भी क्षेत्र को अनुसूचित क्षेत्र घोषित करने की शक्ति प्राप्त है। राष्ट्रपति संबंधित राज्य के राज्यपाल के साथ परामर्श कर किसी अनुसूचित क्षेत्र के क्षेत्रफल को बढ़ा या घटा, सीमाओं को बदल और ऐसे क्षेत्रों के नामों को बदल सकते हैं। राष्ट्रपति संबंधित राज्य के राज्यपाल की सलाह पर ऐसे क्षेत्रों के नाम को रद्द करने के लिए नया आदेश दे सकते हैं।
- राज्य की कार्यकारी शक्ति, उसके राज्य के भीतर अनुसूचित क्षेत्रों में लागू होती है। ऐसे क्षेत्रों के लिए राज्यपाल पर विशेष जिम्मेदारी होती है। राज्यपाल ऐसे क्षेत्रों के प्रशासन के बारे में राष्ट्रपति को वार्षिक रिपोर्ट या जब राष्ट्रपति इन क्षेत्रों के बारे में जानना चाहें तब वह राष्ट्रपति को रिपोर्ट प्रस्तुत करता है। ऐसे क्षेत्रों के प्रशासन के बारे में राज्यों को निर्देश देना, केंद्र की कार्यकारी शक्ति के अंतर्गत आता है।
- ऐसे राज्य, जिनके अंतर्गत अनुसूचित क्षेत्र हैं, वहां जनजातीय सलाहकार परिषद् का गठन किया जाता है, जो अनुसूचित जनजातियों के कल्याण व विकास के लिए सलाह देती है। इसमें कुल 20 सदस्य होते हैं, जिनमें से कम-से-कम तीन-चौथाई सदस्य राज्य विधानसभा में अनुसूचित जनजातियों के प्रतिनिधि होने चाहिए। ऐसी परिषदें वैसे राज्यों में भी गठित की जा सकती हैं, जहां अनुसूचित जनजातियां तो हैं, लेकिन अनुसूचित क्षेत्र नहीं हैं। ऐसा राष्ट्रपति के निर्देश पर ही किया जा सकता है।
- राज्यपाल को यह अधिकार है कि वह संसद या राज्य विधानमंडल के किसी विशेष अधिनियम को अनुसूचित क्षेत्रों में लागू न करे। राज्यपाल अनुसूचित क्षेत्रों में शांति व अच्छी सरकार के लिए जनजाति सलाहकार परिषद् से विचार-विमर्श कर विनियम बना सकता है। इस प्रकार के विनियम के अंतर्गत अनुसूचित जनजातियों के सदस्यों द्वारा या उनके बीच भूमि आवंटन को नियंत्रित किया जा सकता है। यही नहीं, अनुसूचित जनजातियों के ही संदर्भ में साहूकारों के व्यापार व व्यवसाय को भी नियंत्रित किया जा सकता है। इसके अलावा इन विनियम से संसद या राज्य विधानमंडल के अधिनियम, जो अनुसूचित क्षेत्रों में लागू हैं, को समाप्त या संशोधित किया जा सकता है, लेकिन इसके लिए राष्ट्रपति की स्वीकृति आवश्यक है।

पांचवीं अनुसूची में वर्णित प्रशासन की कुछ विशेषताएं

1. **अनुसूचित क्षेत्र की घोषणा:** राष्ट्रपति को किसी भी क्षेत्र को अनुसूचित क्षेत्र घोषित करने का अधिकार है।
   - ❖ राष्ट्रपति को संबंधित राज्य के राज्यपाल के साथ परामर्श कर किसी अनुसूचित क्षेत्र के क्षेत्रफल को बढ़ाने या घटाने, सीमाओं को बदलने और इस तरह के नामों को बदलने का अधिकार है।
2. **केंद्र व राज्य की कार्यकारी शक्ति:** राज्य की कार्यकारी शक्ति, उनके राज्य के अंदर अनुसूचित क्षेत्रों में भी लागू होती है। ऐसे क्षेत्रों के लिए राज्यपाल पर विशेष जिम्मेदारी होती है।
3. **जनजातीय सलाहकार परिषद्:** ऐसे राज्य, जिनके अंतर्गत अनुसूचित क्षेत्र हैं, वहां जनजातीय सलाहकार परिषद् का गठन किया जाता है, जो अनुसूचित जनजातियों के कल्याण व उत्थान के लिए सलाह देती है।
4. **अनुसूचित क्षेत्रों में लागू विधि:** राज्यपाल को यह अधिकार है कि वह संसद या राज्य विधानमंडल के किसी विशेष अधिनियम को अनुसूचित क्षेत्रों में लागू न करे या कुछ परिवर्तन व अपवादस्वरूप उसे लागू करे।
   - ❖ राज्यपाल, अनुसूचित क्षेत्रों में शांति व अच्छी सरकार के लिए जनजातीय सलाहकार परिषद् से विचार-विमर्श कर नियम बना सकता है।

जनजातीय क्षेत्रों में प्रशासन

संविधान की छठी अनुसूची के अंतर्गत प्रशासन की निम्न विशेषताएं हैं–

- असम, मेघालय, त्रिपुरा व मिजोरम के जनजातीय क्षेत्रों में स्वशासी जिलों का गठन किया गया है।
- राज्यपाल को स्वशासी जिलों को स्थापित या पुनर्स्थापित करने के अधिकार हैं।
- अगर स्वशासी जिले में विभिन्न जनजातियां हैं, तो राज्यपाल, जिले को विभिन्न स्वशासी प्रदेशों में विभाजित कर सकते हैं।
- प्रत्येक स्वशासी जिले के लिए एक जिला परिषद् होगी, जो 30 सदस्यों से मिलकर बनेगी, जिनमें राज्यपाल द्वारा 4 सदस्य नामित किए जाएंगे और शेष 26 सदस्य वयस्क मताधिकार के आधार पर निर्वाचित किए जाएंगे।
- जिला व प्रादेशिक परिषद् को अपने अधीन क्षेत्रों के लिए विधि बनाने की शक्ति है। वे भूमि, वन, नहर या जलसरणी, परिवर्ती खेती, गांव प्रशासन, संपत्ति की विरासत, विवाह व विवाह-विच्छेद (तलाक), सामाजिक रूढ़ियां आदि विषयों पर विधि बना सकते हैं।
- जिला व प्रादेशिक परिषद् अपने अधीन क्षेत्रों में जनजातियों के आपसी मामलों के निपटारे के लिए ग्राम परिषद् या न्यायालयों का गठन कर सकती है।
- जिला परिषद्, अपने जिले में प्राथमिक विद्यालयों, औषधालयों, बाजारों, फेरी, मत्स्य क्षेत्रों, सड़कों आदि को स्थापित कर सकती है या निर्माण कर सकती है।
- जिला व प्रादेशिक परिषद् को भू-राजस्व का आकलन व संग्रहण करने का अधिकार है। वह कुछ विनिर्दिष्ट कर भी लगा सकती है।

जनजातीय सलाहकार परिषद्

- ऐसा प्रत्येक राज्य जहां अनुसूचित क्षेत्र हैं, वहां एक 20 सदस्यीय जनजातीय सलाहकार परिषद् का गठन किया जा सकता है। इनके तीन-चौथाई सदस्य राज्य विधानसभा में इन अनुसूचित जनजातियों का प्रतिनिधित्व करते हैं।
- राज्यपाल इन परिषदों के लिए परिषद् की सदस्य संख्या और अध्यक्ष की नियुक्ति की विधि तथा सभाओं का संचालन व इसकी प्रक्रिया संबंधी नियम बना सकता है।
- राष्ट्रपति ऐसे क्षेत्रों के लिए जनजातीय सलाहकार परिषद् के गठन का आदेश दे सकता है, जहां अनुसूचित जनजातियां तो हैं, परंतु अनुसूचित क्षेत्र नहीं हैं। राष्ट्रपति को यह शक्ति दी गई है कि अनुसूचित जनजातियों के विकास व अनुसूचित क्षेत्र के प्रबंधन के लिए एक आयोग का गठन कर सके।

अनुसूचित और जनजातीय क्षेत्रों के संदर्भ में अनुच्छेद-19 (1)

- भारतीय संविधान के अनुच्छेद-19 (1), (5) के तहत प्रत्येक नागरिक को भारत के राज्य क्षेत्र में निर्बाध संचरण करने और देश के किसी भी भाग में निवास करने और बस जाने का अधिकार है, परंतु इस अधिकार पर अनुसूचित और जनजातीय क्षेत्रों के निवासियों के हित में युक्ति-युक्त प्रतिबंध लगाया गया है।

छठी अनुसूची के जनजातीय क्षेत्र

राज्य	जनजातीय क्षेत्र
असम	1. दीमा हसाव स्वायत्त (उत्तरी कछार पहाड़ी जिला)
	2. कार्बी आंगलोंग जिला
	3. बोडोलैंड प्रदेश क्षेत्र जिला
मेघालय	1. खासी पहाड़ी जिला, 2. जयंतिया पहाड़ी जिला
	3. गारो पहाड़ी जिला
त्रिपुरा	त्रिपुरा जनजातीय क्षेत्र
मिजोरम	1. चकमा जिला, 2. मारा जिला, 3. लाई जिला

पूर्वोत्तर राज्यों-असम, मेघालय, त्रिपुरा और मिजोरम के जनजातीय क्षेत्रों के लिए विशेष प्रावधान

उत्तर-पूर्व के चार राज्यों-असम, मेघालय, त्रिपुरा और मिजोरम की जनजातियां इन राज्यों में निवास करने वाले अन्य लोगों के रहन-सहन से तालमेल नहीं बिठा पाई हैं। ये क्षेत्र, मानव विज्ञानी नमूने के तौर पर हैं। भारत के अन्य जनजातीय लोगों ने अपने बीच के बहुसंख्यकों की संस्कृति को कम या अधिक स्वीकार कर लिया है, लेकिन असम, मेघालय, त्रिपुरा और मिजोरम के लोग अभी भी अपनी संस्कृति, रिवाजों और सभ्यता से जुड़े हैं। इसलिए संविधान में इन क्षेत्रों को विशेष स्थान दिया गया है और स्वशासन के लिए इन लोगों को पर्याप्त स्वायत्तता दी गई है।

अनुसूचित एवं जनजातीय क्षेत्रों से संबंधित अनुच्छेद

अनुच्छेद	विषय-वस्तु
244	अनुसूचित क्षेत्रों एवं जनजातीय क्षेत्रों का प्रशासन
244 (क)	असम के कुछ जनजातीय इलाकों को मिलाकर एक स्वायत्त राज्य का निर्माण तथा स्थानीय विधानमंडल अथवा मंत्रिपरिषद् अथवा दोनों का सृजन।
339	अनुसूचित क्षेत्रों के प्रशासन और अनुसूचित जनजातियों के कल्याण के विषयों पर संघ/केंद्र सरकार का नियंत्रण।

ये स्वायत्त जिले संबंधित राज्य की कार्यकारी सत्ता परिधि के बाहर नहीं होते हैं। लेकिन इनके लिए कुछ विशिष्ट विधायी और न्यायिक प्रकार्यों के संपादनों के लिए जिला परिषदों और क्षेत्रीय परिषदों की स्थापना का प्रावधान है।

संविधान की छठी अनुसूची में इन राज्यों में निवास करने वाले जनजातीय लोगों के लिए निम्नलिखित प्रावधान किए गए हैं–

- प्रत्येक स्वशासी जिले के लिए एक जिला परिषद् की व्यवस्था है, जिसमें तीस सदस्य होते हैं। इसमें राज्यपाल द्वारा चार सदस्य मनोनीत किए जाते हैं और शेष 26 सदस्य वयस्क मताधिकार के आधार पर निर्वाचित किए जाते हैं। निर्वाचित सदस्यों का कार्यकाल पांच वर्ष का होता है और मनोनीत सदस्य राज्यपाल के प्रसादपर्यंत अपना पद धारण करते हैं।
- जिला व प्रादेशिक परिषद् को अपने अधिकार वाले क्षेत्रों के लिए विधि बनाने की शक्ति है। वे भूमि, वन, नहर या जलसरणी, परिवर्ती खेती, गांव प्रशासन, संपत्ति की विरासत, विवाह व विवाह-विच्छेद (तलाक), सामाजिक रूढ़ियां आदि विधियों पर कानून बना सकती है, परंतु इसके लिए राज्यपाल की स्वीकृति की आवश्यकता होगी।
- संसद या राज्य विधानमंडल के कानून स्वशासी जिले या स्वशासी प्रदेश में लागू नहीं होते और अगर होते भी हैं, तो अपवादों या कुछ फेरबदल के साथ।
- स्वशासी जिलों या परिषदों के प्रशासन की जांच और रिपोर्ट देने के लिए राज्यपाल आयोग गठित कर सकता है। आयोग की सिफारिश पर राज्यपाल को जिला या प्रादेशिक परिषदों को विघटित करने का अधिकार है।
- जिला परिषदें, अपने जिलों में प्राथमिक विद्यालयों, औषधालयों, बाजारों, फेरी, मत्स्य क्षेत्रों, सड़कों आदि की स्थापना या निर्माण कर सकती हैं। जिला परिषद् साहूकारों पर नियंत्रण और गैर-जनजातीय समुदायों के व्यापार पर विनियम बना सकती है, लेकिन ऐसे विनियम के लिए राज्यपाल की स्वीकृति की आवश्यकता होगी।
- राज्यपाल को स्वशासी जिलों को स्थापित या पुन:स्थापित करने का अधिकार है। अत: राज्यपाल इनके क्षेत्रों को बढ़ा या घटा सकता है, नाम बदल सकता है या सीमाएं निर्धारित कर सकता है।
- यदि किसी स्वशासी जिले में विभिन्न जनजातियां हैं, तो राज्यपाल उस जिले को विभिन्न स्वशासी प्रदेशों में विभाजित कर सकते हैं।

स्मरणीय तथ्य

- राष्ट्रपति को भारतीय संघ के किसी भी क्षेत्र को अनुसूचित क्षेत्र घोषित करने की शक्ति प्राप्त है।
- राज्यपाल को यह अधिकार है कि वह संसद या राज्य विधानमंडल के किसी विशेष अधिनियम को अनुसूचित क्षेत्रों में लागू न करे।
- असम, मेघालय, त्रिपुरा व मिजोरम के जनजातीय क्षेत्रों में स्वशासी जिलों का गठन किया गया है।
- जिला परिषद्, अपने जिले में प्राथमिक विद्यालयों, औषधालयों, बाजारों, फेरी, मत्स्य क्षेत्रों, सड़कों आदि को स्थापित कर सकती है या निर्माण कर सकती है।
- जिला व प्रादेशिक परिषद् को भू-राजस्व का आकलन व संग्रहण करने का अधिकार है। वह कुछ विनिर्दिष्ट कर भी लगा सकती है।
- भारतीय संविधान के अनुच्छेद-19 (1), (5) के तहत प्रत्येक नागरिक को भारत के राज्य क्षेत्र में निर्बाध संचरण करने और देश के किसी भी भाग में निवास करने और बस जाने का अधिकार है।
- प्रत्येक स्वशासी जिले के लिए एक जिला परिषद् की व्यवस्था है, जिसमें तीस सदस्य होते हैं।
- इसमें राज्यपाल द्वारा चार सदस्य मनोनीत किए जाते हैं और शेष 26 सदस्य वयस्क मताधिकार के आधार पर निर्वाचित किए जाते हैं।
- राज्यपाल को स्वशासी जिलों को स्थापित या पुन:स्थापित करने के अधिकार हैं।

अध्याय 11

राष्ट्रीय सामाजिक एवं शैक्षणिक पिछड़ा वर्ग आयोग

राष्ट्रीय सामाजिक सशक्तिकरण का एक महत्वपूर्ण पहलू समाज के पिछड़े वर्ग से है। यद्यपि संविधान में पिछड़ा वर्ग की कोई परिभाषा नहीं दी गई है। सामान्यत: यह कहा जाता है कि पिछड़ा वर्ग अनुसूचित जाति और उच्च जाति के बीच का एक वर्ग है। भारत में पिछड़े वर्ग का निर्धारण जाति के आधार पर होता चला आ रहा है। शैक्षणिक और आर्थिक दृष्टि से संपन्न व्यक्ति भी जातिगत आधार पर पिछड़े वर्ग में सम्मिलित हो सकता है। राष्ट्रीय पिछड़ा वर्ग का सामाजिक एवं आर्थिक विकास करना सामाजिक न्याय का एक पहलू है। इसको दृष्टिगत रखते हुए राष्ट्रीय पिछड़ा वर्ग आयोग का गठन किया जाता रहा है। भारतीय संविधान के अनुच्छेद 340 में पिछड़ा वर्ग आयोग के गठन का प्रावधान किया गया है। यह अनुच्छेद राष्ट्रपति को यह अधिकार देते हैं कि वह पिछड़े वर्ग की सामाजिक एवं आर्थिक स्थिति की जानकारी प्राप्त करने के लिए उपयुक्त कदम उठा सकते हैं। वर्तमान में केंद्र सरकार ने पिछड़ा वर्ग आयोग के स्वरूप और प्रकृति में परिवर्तन किया है और राष्ट्रीय पिछड़ा वर्ग आयोग को संवैधानिक दर्जा दे दिया है।

भारतीय संविधान में पिछड़ा वर्ग के संबंध में निहित प्रावधान

भारतीय संविधान में ऐसे वर्ग हैं, जो अनुसूचित जाति व जनजाति में सम्मिलित नहीं किए गए हैं और सामाजिक, शैक्षणिक एवं आर्थिक रूप से पिछड़े हैं, उनके लिए भारतीय संविधान में विशेष प्रावधान किए गए हैं, जो निम्नवत् हैं–

- संविधान के अनुच्छेद-15 (4) के अंतर्गत राज्य, सामाजिक और शैक्षणिक दृष्टि से पिछड़े हुए नागरिकों के किसी भी वर्ग की उन्नति के लिए या अनुसूचित जाति अथवा जनजाति के लिए विशेष उपबंध कर सकता है।
- अनुच्छेद-16 (4) के अंतर्गत राज्य पिछड़े हुए नागरिकों के किसी वर्ग को, जिसका प्रतिनिधित्व राज्य के अधीन सेवाओं में पर्याप्त नहीं है, नियुक्तियों या पदों के आरक्षण के लिए प्रयास कर सकता है।
- अनुच्छेद-46 राज्य को यह निर्देश देता है कि राज्य अन्य कमजोर वर्गों की शिक्षा और आर्थिक हितों की अभिवृद्धि के लिए भी प्रयास कर सकता है।
- अनुच्छेद-340 के अंतर्गत राष्ट्रपति, सामाजिक और शैक्षिक दृष्टि से पिछड़े वर्गों की स्थिति की जांच और उनकी कठिनाइयों को दूर करने की अनुशंसाओं के लिए एक आयोग का गठन कर सकता है।

पिछड़ा वर्ग आयोग का गठन

राष्ट्रपति द्वारा अब तक दो पिछड़ा वर्ग आयोग का गठन किया गया है–

- 29 जनवरी, 1953 को काका कालेलकर की अध्यक्षता में काका कालेलकर आयोग।
- 20 सितंबर, 1978 को बी. पी. मंडल की अध्यक्षता में मंडल आयोग।

काका कालेलकर आयोग

गांधीवादी विचारक काका कालेलकर की अध्यक्षता में 1953 में पिछड़ी जातियों का अध्ययन करने के लिए पहले पिछड़ी जाति आयोग का गठन हुआ। 30 मार्च, 1955 को कालेलकर आयोग द्वारा अपनी रिपोर्ट राष्ट्रपति को प्रस्तुत की गई। काका कालेलकर आयोग ने 2399 जातियों की पिछड़ी जाति के रूप में पहचान की तथा सभी महिलाओं को पिछड़ी जाति में रखने की सिफारिश की। काका कालेलकर आयोग ने सरकारी नौकरियों में प्रथम श्रेणी में 25 प्रतिशत, द्वितीय श्रेणी में 33 प्रतिशत और तृतीय श्रेणी में 40 प्रतिशत आरक्षण की सिफारिश की। इस आयोग की संस्तुतियां लागू नहीं हुईं।

मंडल आयोग

1978 में तत्कालीन प्रधानमंत्री मोरारजी देसाई ने बिहार के पूर्व मुख्यमंत्री बी. पी. मंडल की अध्यक्षता में छह सदस्यीय पिछड़ी जाति आयोग का गठन किया, जिसने अपनी रिपोर्ट 31 दिसंबर, 1980 को प्रस्तुत की। रिपोर्ट में जातियों को समाज की आधारशिला माना गया तथा 3743 पिछड़ी जातियों की पहचान की गई। इसने पिछड़ी जातियों के लिए सरकारी नौकरियों में 27% आरक्षण की सिफारिश की। इससे संबंधित तथ्य निम्नवत् हैं–

- मंडल आयोग की संस्तुतियों को मानते हुए सरकार ने 13 अगस्त, 1990 को अन्य पिछड़े वर्गों को 27% आरक्षण प्रदान करने की घोषणा कर दी। इस प्रावधान को उच्चतम न्यायालय में चुनौती दी गई।
- उच्चतम न्यायालय ने 16 नवंबर, 1992 को निर्णय देते हुए क्रीमीलेयर को हटाकर अन्य पिछड़े वर्गों के आरक्षण को वैध ठहराया। इसी निर्णय में केंद्र एवं राज्य सरकारों को एक-एक स्थायी पिछड़ा वर्ग आयोग गठित करने के निर्देश दिए गए।
- उच्चतम न्यायालय के निर्देशों का पालन करते हुए भारत सरकार ने राष्ट्रीय पिछड़ा वर्ग आयोग अधिनियम, 1993 के अधीन एक राष्ट्रीय पिछड़ा वर्ग आयोग का गठन 14 अगस्त, 1993 को किया, जो एक स्थायी आयोग के रूप में कार्य करता है। यह एक सांविधिक निकाय के रूप में अब तक कार्य करता रहा है, परंतु अब इसे संवैधानिक निकाय बनाया जा रहा है।

राष्ट्रीय सामाजिक एवं शैक्षणिक पिछड़ा वर्ग आयोग

संसद द्वारा 102वें संविधान संशोधन के माध्यम से राष्ट्रीय पिछड़ा वर्ग आयोग को संवैधानिक दर्जा दिया गया है। इसके लिए 122वां संविधान संशोधन विधेयक लाया गया था। जो पारित होने के बाद 102वां संविधान संशोधन अधिनियम बना। 102वें संविधान संशोधन अधिनियम के माध्यम से राष्ट्रीय पिछड़ा वर्ग आयोग को अनुच्छेद-338 (ठ) में रखा गया है। ध्यातव्य है कि राष्ट्रीय पिछड़ा वर्ग आयोग

का गठन-1993 में केंद्र सरकार द्वारा एक सांविधिक निकाय के रूप में किया गया था। राष्ट्रीय पिछड़ा वर्ग आयोग का नाम भी बदलकर राष्ट्रीय सामाजिक एवं शैक्षणिक पिछड़ा वर्ग आयोग कर दिया गया।

संरचना

यह आयोग एक बहु-सदस्यीय संस्था है, जिसमें एक अध्यक्ष के अतिरिक्त तीन अन्य सदस्य एवं एक सदस्य सचिव होता है।

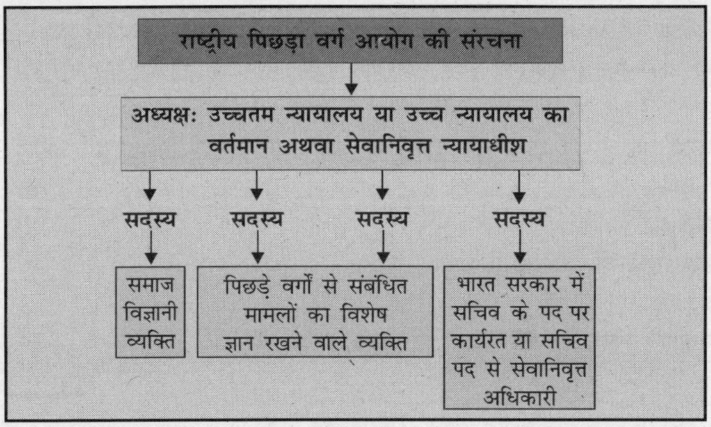

- आयोग की स्वतंत्रता और दक्षता को बनाए रखने के लिए यह प्रावधान किया गया है कि आयोग का अध्यक्ष उच्चतम न्यायालय या उच्च न्यायालय का वर्तमान न्यायाधीश होगा।
- इसके अतिरिक्त दो सदस्य ऐसे होंगे, जिन्हें पिछड़े वर्गों के संबंध में विशेष जानकारी हो तथा एक अन्य सदस्य समाज विज्ञानी होगा।
- इसमें केंद्र सरकार के एक ऐसे अधिकारी को नियुक्त किया जाता है, जो कि सचिव के समकक्ष हो।

सदस्यों का कार्यकाल एवं पदमुक्ति

- राष्ट्रीय पिछड़ा वर्ग आयोग के सदस्यों का कार्यकाल अधिकतम 3 वर्ष का होता है।
- सदस्य किसी भी समय केंद्र सरकार को संबंधित त्यागपत्र द्वारा पद त्याग कर सकता है।
- यदि अनुमति लिए बिना आयोग की बैठकों में लगातार तीन अधिवेशनों से भाग न ले रहा हो।
- यदि उसका पद पर बने रहना पिछड़े वर्गों के हितों के प्रतिकूल हो।

कार्य

राष्ट्रीय पिछड़ा वर्ग आयोग को अपने उद्देश्यों की पूर्ति के लिए निम्नलिखित कार्य संपादित करने पड़ते हैं–

- राष्ट्रीय पिछड़ा वर्ग आयोग का सबसे महत्वपूर्ण कार्य है, पिछड़े वर्गों को केंद्रीय सूची की जातियों में शामिल करना।
- किसी भी पिछड़ी जाति को इस सूची में शामिल करने के अनुरोध पर विचार करना।
- राष्ट्रीय पिछड़ा वर्ग आयोग इस शिकायत की भी जांच करेगा कि कुछ जातियों का प्रतिनिधित्व न तो ज्यादा हो और न ही कम, जिससे आरक्षण का लाभ सभी जातियों को समान रूप से मिले।
- क्रीमीलेयर की संकल्पना का प्रतिपादन उच्चतम न्यायालय ने किया था, लेकिन पिछड़ा वर्ग आयोग के द्वारा क्रीमीलेयर की सीमा के निर्धारण की सलाह सरकार को दी जाती है।

कार्य प्रक्रिया

आयोग स्वयं अपनी कार्य प्रक्रिया का निर्धारण करता है। आयोग के द्वारा यह निश्चित किया जाता है कि उसकी बैठकें कहां होंगी तथा बैठक की तिथियों का निर्धारण भी आयोग के द्वारा किया जाता है।

शक्तियां

राष्ट्रीय पिछड़ा वर्ग आयोग को अपने कार्यों को संपादित करने के लिए निम्नलिखित शक्तियां प्रदान की गईं हैं–

- आयोग अपने निर्धारित कार्यों का पालन करते समय एक सिविल न्यायालय की शक्तियां धारण करता है।
- यह भारतीय भू-भाग में निवास करने वाले किसी भी व्यक्ति को सम्मन जारी कर सकता है एवं किसी भी दस्तावेज को प्राप्त कर सकता है।
- किसी अदालत या कार्यालय से किसी भी सार्वजनिक अभिलेख की मांग कर सकता है।
- शपथ पत्रों का साक्ष्य ग्रहण कर सकता है।
- साक्ष्यों और दस्तावेजों के परीक्षण के लिए कमीशन निकाल सकता है।

किन्नरों को मिला OBC का दर्जा

स्वतंत्रता के 67 वर्षों के उपरांत भारत के उच्चतम न्यायालय ने अपने एक ऐतिहासिक निर्णय के द्वारा देश के किन्नर नागरिकों की पहचान स्थापित की है। अप्रैल, 2014 को उच्चतम न्यायालय ने एक जनहित याचिका पर निर्णय देते हुए किन्नरों को महिला, पुरुष के अतिरिक्त तीसरे लिंग के रूप में मान्यता प्रदान करते हुए उन्हें अन्य पिछड़ा वर्ग (OBC) में शामिल करने का निर्देश सरकार को दिया।

क्रीमीलेयर

सर्वोच्च न्यायालय के दिशा-निर्देश पर क्रीमीलेयर की अवधारणा 1993 में लाई गई। क्रीमीलेयर आय की वह सीमा है, जिसके अंतर्गत आने वाले व्यक्ति एवं उनके बच्चे अन्य पिछड़ा वर्ग के लिए निर्धारित आरक्षण व्यवस्था का लाभ लेने के पात्र नहीं होंगे। उल्लेखनीय है कि समय-समय पर इसकी वार्षिक आय की सीमा में संशोधन किया गया है।

वर्ष 1993 में क्रीमीलेयर के अंतर्गत आय की सीमा 1 लाख रुपए वार्षिक थी, जिसे वर्ष 2004 में बढ़ाकर 2.5 लाख रुपए वार्षिक एवं वर्ष 2008 में 4.5 लाख रुपए वार्षिक कर दिया गया। वर्ष 2013 में इसमें पुनः संशोधन करते हुए क्रीमीलेयर के अंतर्गत वार्षिक आय 6 लाख रुपए कर दी गई। 2017 में क्रीमीलेयर की सीमा में एक बार पुनः संशोधन किया गया।

रिपोर्ट

- राष्ट्रीय पिछड़ा वर्ग आयोग प्रतिवर्ष अपनी वार्षिक रिपोर्ट जिसमें पूर्ववर्ती वित्तीय वर्ष के दौरान उसके क्रियाकलापों का पूरा विवरण हो, राष्ट्रपति को सुपुर्द करता है, जिसे राष्ट्रपति संसद के प्रत्येक सदन में प्रस्तुत करवाते हैं।
- राष्ट्रीय पिछड़ा वर्ग आयोग की रिपोर्ट संघ सरकार के लिए बाध्यकारी नहीं होती है, परंतु संघ सरकार के द्वारा आयोग की रिपोर्ट पर की गई कार्यवाही का अथवा रिपोर्ट को अस्वीकार करने के कारणों का उल्लेख करना होता है, जिसे संसद के प्रत्येक सदन के समक्ष प्रस्तुत करना चाहिए।

वर्तमान में राष्ट्रीय पिछड़ा वर्ग आयोग के द्वारा केंद्रीय सेवाओं एवं अखिल भारतीय सेवाओं के लिए निर्मित पिछड़ी जातियों की सूची को पिछड़े वर्ग और अति पिछड़े वर्ग में विभाजित करने की सलाह दी गई है।

स्मरणीय तथ्य

- संविधान में पिछड़ा वर्ग की कोई परिभाषा नहीं दी गई है।
- भारतीय संविधान में ऐसे वर्ग हैं, जो अनुसूचित जाति व जनजाति में सम्मिलित नहीं किए गए हैं और सामाजिक, शैक्षणिक एवं आर्थिक रूप से पिछड़े हैं, उनके लिए भारतीय संविधान में विशेष प्रावधान किए गए हैं।
- अनुच्छेद-46 राज्य को यह निर्देश देता है कि राज्य अन्य कमजोर वर्गों की शिक्षा और आर्थिक हितों की अभिवृद्धि के लिए भी प्रयास कर सकता है।
- राष्ट्रपति द्वारा अब तक दो पिछड़ा वर्ग आयोग का गठन किया गया है–
  - ❖ गांधीवादी विचारक काका कालेलकर की अध्यक्षता में 1953 में पिछड़ी जातियों का अध्ययन करने के लिए पहले पिछड़ी जाति आयोग का गठन हुआ।
  - ❖ मंडल आयोग संस्तुतियों को मानते हुए सरकार ने 13 अगस्त, 1990 को अन्य पिछड़े वर्गों को 27% आरक्षण प्रदान करने की घोषणा कर दी। इस प्रावधान को उच्चतम न्यायालय में चुनौती दी गई।
- उच्चतम न्यायालय के निर्देशों का पालन करते हुए भारत सरकार ने राष्ट्रीय पिछड़ा वर्ग आयोग अधिनियम, 1993 के अधीन एक राष्ट्रीय पिछड़ा वर्ग आयोग का गठन 14 अगस्त, 1993 को किया।
- राष्ट्रीय पिछड़ा वर्ग आयोग के सदस्यों का कार्यकाल अधिकतम 3 वर्ष का होता है।
- राष्ट्रीय पिछड़ा वर्ग आयोग का सबसे महत्वपूर्ण कार्य है, पिछड़े वर्गों को केंद्रीय सूची की जातियों में शामिल करना।
- सर्वोच्च न्यायालय के दिशा-निर्देश पर क्रीमीलेयर की अवधारणा 1993 में लाई गई।
- राष्ट्रीय पिछड़ा वर्ग आयोग अपनी रिपोर्ट राष्ट्रपति को सुपुर्द करता है, जिसे राष्ट्रपति संसद के प्रत्येक सदन में प्रस्तुत करवाते हैं।

❑❑❑

भाग–IX

विशेष प्रावधान

अध्याय 1 : भारतीय संविधान : समाज के कमजोर वर्गों, पिछड़े वर्गों तथा अल्पसंख्यकों से संबंधित प्रावधान

अध्याय **1**

भारतीय संविधान : समाज के कमजोर वर्गों, पिछड़े वर्गों तथा अल्पसंख्यकों से संबंधित प्रावधान

भारतीय संविधान में कल्याणकारी राज्य की अवधारणा का समावेश किया गया है। भारतीय संविधान की प्रस्तावना में सामाजिक आर्थिक एवं राजनैतिक न्याय का प्रावधान करके भारतीय संविधान निर्माताओं ने समाज के प्रति, विशेषत: कमजोर वर्गों के प्रति अपनी प्रतिबद्धता को प्रदर्शित किया है। इसी अनुक्रम में भारतीय संविधान में सामाजिक एवं शैक्षणिक आधार पर पिछड़े वर्ग को संरक्षण दिए जाने का प्रावधान किया गया है। संविधान के अनुच्छेद 15 में धर्म, मूलवंश, जाति, लिंग अथवा जन्मस्थान के आधार पर विभेद न करने का निर्देश दिया गया है। इसी अनुच्छेद के खंड 4 में यह भी स्पष्ट किया गया है कि इस अनुच्छेद अथवा अनुच्छेद 29 के खंड (2) में उल्लिखित कोई बात राज्य को सामाजिक और शैक्षणिक दृष्टि से पिछड़े हुए नागरिकों के किन्हीं वर्गों की उन्नति के लिए या अनुसूचित जातियों और अनुसूचित जनजातियों के लिए कोई विशेष उपबंध करने से निवारित नहीं करेगी। जहां तक सरकारी नौकरियों में आरक्षण का प्रश्न है, संविधान के अनुच्छेद 16 में इसके लिए प्रावधान किया गया है। अनुच्छेद 16 लोक नियोजन के विषय में अवसर की समानता से संबंधित है। इसी अनुच्छेद के खंड 4 में स्पष्ट किया गया है कि यदि राज्य ऐसा समझता है कि उसके अधीन सेवाओं में राज्य के पिछड़े नागरिकों का प्रतिनिधित्व पर्याप्त नहीं है, तो वह इन वर्गों के लिए नियुक्ति में आरक्षण का प्रावधान कर सकता है। इसी प्रकार अनुच्छेद 15(4)(क) में प्रोन्नति में आरक्षण की व्यवस्था की गई है।

अनुसूचित जाति एवं जनजाति हेतु संवैधानिक रक्षोपाय

अनुसूचित जाति एवं जनजाति की संविधान में कोई स्पष्ट परिभाषा नहीं दी गई है। अनुच्छेद 341 तथा 342 में राष्ट्रपति को राज्य के राज्यपालों से परामर्श करके पिछड़े वर्ग के लोगों को अनुसूचित ज़ाति एवं जनजाति में शामिल करने का अधिकार दिया गया है। संविधान में इस वर्ग के लिए जो विशेष रक्षात्मक उपाय किए गए हैं, उनका बिंदुवार विवरण इस प्रकार है–

- संविधान में **अनुच्छेद 15 (1)** के तहत धर्म, जाति, मूलवंश, लिंग, जन्मस्थान या इनमें से किसी एक आधार पर किसी तरह की विभेदकारी नीति अपनाने से राज्य को स्पष्टत: वंचित किया गया है। राज्य किसी भी वर्ग के साथ कोई पक्षपात या नाइंसाफी नहीं कर सकता। इस निषेधकारी विधान के अलावा संविधान में अनुच्छेद 15 (4) में स्त्रियों, बालकों तथा सामाजिक-शैक्षणिक दृष्टि से पिछड़े लोगों के लिए विशेष उपबंध करने की शक्ति भी राज्य को दी गई है। इन दोनों निषेधात्मक विधानों के माध्यम से संविधान ने अनुसूचित जाति-जनजाति के लोगों के आरक्षण तथा परिवर्धन की समुचित व्यवस्था की है। अनुच्छेद 15 (4) में स्पष्ट कहा गया है कि इस खंड की कोई बात राज्य को इन वर्गों के लिए विशेष उपबंध बनाने से नहीं रोक पाएगी।
- **अनुच्छेद 19 (5)** में उपबंधित है कि राज्य यह विधान बना सकता है कि अनुसूचित जाति/जनजाति के लोगों की संपत्ति कोई अन्य व्यक्ति आमतौर पर न खरीद सके और अगर खरीदे तो राज्य द्वारा विनिर्दिष्ट किसी विशेष प्राधिकारी की पूर्वानुमति से।
- **अनुच्छेद 335** के अनुसार, लोक सेवाओं में नियुक्ति के समय अनुसूचित जाति/जनजातियों के दावों पर पूरा ध्यान दिया जाएगा, बशर्ते कि इससे प्रशासनिक दक्षता प्रभावित न होती हो।
- **अनुच्छेद 339 (1)** के अनुसार, राष्ट्रपति भारत के राज्यों के अनुसूचित क्षेत्रों के प्रशासन तथा अनुसूचित जनजातियों के कल्याणार्थ प्रतिवेदन देने के लिए कभी भी एक आयोग की नियुक्ति कर सकता है। **अनुच्छेद 339 (2)** के अनुसार सरकार किसी राज्य को अनुसूचित जनजातियों के कल्याण के संबंध में किसी भी सीमा तक निर्देश दे सकती है।
- संविधान के **अनुच्छेद 275 (1)** में कहा गया है कि अनुसूचित जाति/जनजाति के कल्याण हेतु जो भी योजनाएं बनें, उनके लिए केंद्र अपनी ओर से पर्याप्त सहायता देगा।

अनुसूचित जनजाति घोषित करने की प्रक्रिया

भारत के संविधान के अनुच्छेद–366 (25) के अंतर्गत 'अनुसूचित जनजातियों' को इस प्रकार परिभाषित किया गया है: ''ऐसी आदिवासी जाति या आदिवासी समुदाय या इन आदिवासी जातियों और आदिवासी समुदायों के भाग या उनके समूह के रूप में, जिन्हें संविधान के उद्देश्यों के लिए अनुच्छेद 342 में अनुसूचित जनजातियाँ माना गया है।'' अनुच्छेद–342 (1) के अनुसार राष्ट्रपति किसी राज्य या केंद्रशासित प्रदेश के संदर्भ में और राज्य के मामले में राज्यपाल से परामर्श के बाद जनजातियों या जनजातीय समुदायों या उसके समूहों को अनुसूचित जनजातियों के रूप में अधिसूचित कर सकते हैं। यह अनुच्छेद जनजातीय या उसके समूह के उनके राज्य/केंद्रशासित प्रदेश में इन समुदायों को उनके लिए संविधान में प्रदत्त संरक्षण उपलब्ध करवाकर संवैधानिक हैसियत प्रदान करता है।

इस प्रकार अनुच्छेद-342 (1) के अनुसार केवल वे जनजातियां अनुसूचित जनजातियां मानी जाएंगी, जिनके बारे में राष्ट्रपति प्रारंभिक सार्वजनिक अधिसूचना के जरिए तत्संबंधी घोषणा करेंगे। इस सूची में किसी तरह का संशोधन संसदीय कानून धारा 342 (2) के जरिए ही किया जा सकता है। संसद कानून बनाकर किसी भी जनजाति या जनजातीय समुदाय या उसके किसी समूह को अनुसूचित जनजातियों की सूची में जोड़ सकती है अथवा उससे हटा सकती है। ध्यातव्य है कि उपरोक्त धारा अनुसूचित जातियों को राज्यवार/केंद्रशासित प्रदेशवार सूचीबद्ध करती है, न कि अखिल भारतीय आधार पर।

- संविधान में यह स्पष्ट निर्देश दिया गया है (अनुच्छेद 164) कि बिहार, मध्य प्रदेश तथा ओडिशा, जोकि जनजाति बहुल प्रांत हैं, में एक ऐसे मंत्री की नियुक्ति की जाएगी, जो जनजातीय कल्याण का प्रभारी होगा। यह मंत्री अनुसूचित जाति एवं अन्य पिछड़े वर्गों के कल्याण का प्रभारी भी हो सकता है। संविधान के निर्देशानुसार उपरोक्त राज्यों में तो ऐसे मंत्रियों की नियुक्ति की ही गई है, अन्य प्रांतों में भी इन वर्गों के कल्याणार्थ प्रभारी मंत्रियों की नियुक्ति की जा सकती है। उल्लेखनीय है कि बाद में बिहार को इससे छूट दे दी गई है।
- **अनुच्छेद 330, 332, 334** के अंतर्गत विधानसभाओं तथा संसद में अनुसूचित जाति/जनजाति के लोगों के लिए अस्थायी तौर पर प्रतिनिधित्व आरक्षित किया गया है। उल्लेखनीय है कि इस आरक्षण के तहत लोकसभा की कुल 543 चुनावी सीटों में से 82 स्थान अनुसूचित जाति के लिए तथा 49 स्थान अनुसूचित जनजातियों के लिए आरक्षित हैं।
- विधानसभाओं की कुल 4,072 सीटों में से 548 अनुसूचित जाति तथा 527 अनुसूचित जनजातियों के लिए आरक्षित हैं। आरक्षण की अवधि प्रति 10 वर्ष के लिए बढ़ायी जाती रही है। ध्यातव्य है कि मूल संविधान में यह आरक्षण सिर्फ 10 वर्ष के लिए था। 8वें संशोधन अधिनियम, 1959 द्वारा इसे 20 वर्ष कर दिया गया। फिर 23वें संशोधन, 1969 द्वारा इसे 30 वर्ष के लिए विस्तारित कर दिया गया। 25 जनवरी, 1980 को पारित 45वें संशोधन अधिनियम द्वारा इस आरक्षण को 40 वर्ष कर दिया गया। फिर 62वें संशोधन अधिनियम से इसकी अवधि बढ़ाकर 50 वर्ष तथा 79वें संविधान संशोधन, 1999 द्वारा इसकी अवधि 60 वर्ष कर दी गई।

आरक्षण और संवैधानिक प्रावधानः संविधान के अनुच्छेद 341 और 342 में इस बात की व्याख्या की गई है कि किसी राज्य या केंद्रशासित प्रदेश में अनुसूचित जातियों और जनजातियों में किन वर्गों को शामिल किया जाएगा। सरकार द्वारा अन्य पिछड़े वर्गों की सूची तैयार की गई है। किसी विशेष क्षेत्र में रहने वाले अनुसूचित जाति/जनजाति और अन्य पिछड़े वर्गों के लोगों को ही इन सुविधाओं का फायदा मिले, यह सुनिश्चित करने के लिए अंतर्राष्ट्रीय प्रतिबंध लगाए गए हैं। सेवाओं में आरक्षण के लिए 'भूतपूर्व सैनिक' की परिभाषा भूतपूर्व सैनिक (सिविल सेवाओं और पदों में पुनर्नियोजन) नियम, 1979 में और अक्षमताओं वाले व्यक्तियों के लिए आरक्षण की शर्तें, अक्षमता वाले व्यक्ति (समान अवसर, अधिकारों का संरक्षण और पूर्ण भागीदारी) अधिनियम, 1995 में दी गई है। आरक्षण की यह प्रणाली राष्ट्रीयकृत सार्वजनिक क्षेत्रों के बैंकों सहित सार्वजनिक क्षेत्र के उपक्रमों में भी अपनाई जा रही है। राज्य सरकारों ने भी अनुसूचित जातियों, अनुसूचित जनजातियों, अन्य पिछड़ा वर्गों आदि को पदों में आरक्षण प्रदान किया है, लेकिन राज्य सरकार की सेवाओं में आरक्षण संबंधित राज्य सरकार के क्षेत्राधिकार में आता है।

अनुसूचित जाति/जनजाति आयोगः संविधान के **अनुच्छेद 338** में राज्य को अनुसूचित जाति/जनजाति के कल्याण कार्यों के पर्यवेक्षण एवं सुझाव देने हेतु एक अनुसूचित जाति/जनजाति आयोग गठित करने का निर्देश दिया गया। इसके तहत 1978 में एक आयोग की स्थापना की गई, जिसे 1990 के संविधान संशोधन द्वारा राष्ट्रीय अनुसूचित जाति एवं जनजाति आयोग की संज्ञा दी गई। आयोग में एक अध्यक्ष, एक उपाध्यक्ष एवं पांच अन्य सदस्य होते हैं। इनकी सेवा शर्तें राष्ट्रपति तय करता है। इस आयोग को निम्नलिखित कार्य सौंपे गए हैं–

- अनुसूचित जाति/जनजाति को दिए गए संवैधानिक संरक्षणों के समुचित क्रियान्वयन की जांच-पड़ताल।
- नागरिक अधिकार सुरक्षा अधिनियम के तहत इन वर्गों को दी गई सुविधाओं के क्रियान्वयन की जांच।
- इनके सामाजिक-आर्थिक विकास से जुड़ी योजनाओं के क्रियान्वयन की जांच।
- लोक सेवाओं तथा शैक्षिक संस्थाओं में इन वर्गों को दिए गए आरक्षण से जुड़ी समस्याओं की पड़ताल।
- इन वर्गों की भूमि संबंधी समस्याओं की छानबीन।
- इन कार्यों से संबंधित रिपोर्ट प्रतिवर्ष राष्ट्रपति को देना तथा उसके साथ अपने सुझाव भी प्रस्तुत करना।

अनुसूचित जाति एवं जनजाति आयोग को कुछ विशिष्ट शक्तियां भी प्राप्त हैं, जो निम्नलिखित हैं–

- आयोग किसी भी व्यक्ति को बुलाकर उससे शपथपूर्वक पूछताछ कर सकता है।
- वह किसी भी तरह के दस्तावेज की मांग कर सकता है।
- आयोग किसी भी व्यक्ति की गवाही ले सकता है।
- किसी भी कार्यालय/न्यायालय से किसी भी सार्वजनिक रिकॉर्ड की प्रति मांग सकता है।
- वह उन सभी शक्तियों का प्रयोग कर सकता है, जो राष्ट्रपति की ओर से उसे प्रदान की जाती हैं।

अनुसूचित जाति राष्ट्रीय आयोग

- मूलतः संविधान का अनुच्छेद 388 अनुसूचित जातियों एवं जनजातियों के लिए एक विशेष अधिकारी की नियुक्ति का उपबंध करता है, जो अनुसूचित जातियों एवं जनजातियों के संवैधानिक संरक्षण से संबंधित सभी मामलों का निरीक्षण करे तथा उनसे संबंधित प्रतिवेदन राष्ट्रपति के समक्ष प्रस्तुत करे। उसे अनुसूचित जाति एवं जनजाति आयुक्त कहा जाएगा तथा उसे उक्त कार्य सौंपे जाएंगे।
- 1978 में, सरकार ने एक संकल्प के माध्यम से अनुसूचित जातियों एवं जनजातियों के लिए ये एक गैर-सांविधिक बहु-सदस्यीय आयोग की स्थापना की, तथापि अनुसूचित जाति एवं जनजाति आयुक्त का कार्यालय भी अस्तित्व में रहा।
- 1987 में, सरकार ने एक अन्य संकल्प के माध्यम से आयुक्त के कार्यों में संशोधन किया तथा आयोग का नाम बदलकर राष्ट्रीय अनुसूचित जाति एवं जनजाति आयोग कर दिया।
- 1990 में 65वें संविधान संशोधन अधिनियम के द्वारा अनुसूचित जातियों एवं जनजातियों के लिए एक विशेष अधिकारी के स्थान पर एक उच्च स्तरीय बहु-सदस्यीय राष्ट्रीय अनुसूचित जाति एवं जनजाति आयोग की स्थापना की गई। इस संवैधानिक आयोग ने अनुसूचित जाति एवं जनजाति आयुक्त के साथ ही 1987 में सरकार द्वारा स्थापित आयोग का स्थान लिया। पुनः 2003 के 89वें संविधान संशोधन अधिनियम के द्वारा इस राष्ट्रीय आयोग का दो भागों में विभाजन कर दिया गया तथा राष्ट्रीय अनुसूचित जाति आयोग (अनुच्छेद 338 के अंतर्गत) एवं अनुसूचित जनजाति आयोग नामक दो नए आयोग बना दिए गए।
- वर्ष 2004 से पृथक् राष्ट्रीय अनुसूचित जाति आयोग अस्तित्व में आया। आयोग में एक अध्यक्ष, एक उपाध्यक्ष एवं तीन अन्य सदस्य होते हैं।
- राष्ट्रीय अनुसूचित जाति आयोग एक संवैधानिक आयोग के रूप में स्थापित किया गया है। राष्ट्रीय अनुसूचित जाति आयोग के अध्यक्ष एवं सदस्यों की नियुक्ति राष्ट्रपति द्वारा उनके मुहर लगे आदेश द्वारा की जाती है। उनकी सेवा शर्तें एवं कार्यकाल भी राष्ट्रपति द्वारा ही निर्धारित किए गए हैं।

अनुसूचित क्षेत्र और जनजातीय क्षेत्र

- अन्य समुदायों से भिन्न अनुसूचित जनजातियां समूहों में रहती हैं, इसलिए उनके विकास की गतिविधियां चलाने में क्षेत्रवार दृष्टिकोण आसानी से अपनाया जा सकता है और उनके हितों की रक्षा के लिए कानूनी प्रावधान किए जा सकते हैं।
- भूमि हस्तांतरण और अन्य सामाजिक पहलुओं के संबंध में अनुसूचित जनजातियों के हितों की रक्षा के लिए संविधान की 'पांचवीं' और 'छठी' अनुसूची में व्यवस्था की गई है।
- संविधान के अनुच्छेद 244 (1) के तहत पांचवीं अनुसूची में 'अनुसूचित क्षेत्रों' की परिभाषा देते हुए कहा गया है कि राष्ट्रपति किसी भी राज्य के राज्यपाल से परामर्श के बाद अनुसूचित क्षेत्रों की घोषणा का आदेश जारी कर सकते हैं। संविधान के अनुच्छेद 244 (2) के तहत छठी अनुसूची असम, मेघालय, त्रिपुरा और मिजोरम के घोषित जनजाति क्षेत्रों से संबद्ध है।

पांचवीं अनुसूची-अनुसूचित क्षेत्र

पांचवीं अनुसूची के अंतर्गत क्षेत्रों की घोषणा के मानदंड इस प्रकार हैं–

- जनजातीय जनसंख्या का बाहुल्य,
- क्षेत्र का तर्कसंगत आकार और सघनता,
- व्यवहार्य प्रशासनिक सत्ता जैसे जिला, ब्लॉक या तालुका और
- पड़ोसी क्षेत्रों की तुलना में क्षेत्र का आर्थिक पिछड़ापन। राज्य के संदर्भ में 'अनुसूचित क्षेत्रों' का निर्धारण संबद्ध राज्यपाल की सलाह से राष्ट्रपति के अधिसूचित आदेश के द्वारा होता है। 'अनुसूचित क्षेत्रों' में फेरबदल, बढ़ोतरी तथा कटौती करने, नए क्षेत्र शामिल करने या किसी आदेश को रद्द करने के लिए भी यही तरीका अपनाया जाता है।

छठी अनुसूची-जनजातीय क्षेत्र

- संविधान के अनुच्छेद 244 के छठी अनुसूची के अंतर्गत असम, मेघालय, त्रिपुरा और मिजोरम के जनजातीय इलाकों में स्वायत्त जिलों की पहचान की गई है। इन स्वायत्त जिलों में भी स्वायत्त क्षेत्र की पहचान का प्रावधान किया गया है।
- दूसरे शब्दों में कहा जा सकता है कि ऐसे क्षेत्र जहां छठी अनुसूची के प्रावधान लागू होते हैं, जनजातीय क्षेत्रों के रूप में जाने जाते हैं। स्वायत्त जिलों और स्वायत्त क्षेत्रों का प्रशासन जिला परिषदों/क्षेत्रीय परिषदों के माध्यम से चलाया जाता है।
- उक्त परिषदें निर्वाचित इकाइयां होती हैं। इन्हें कार्यकारी, विकासात्मक और वित्तीय दायित्व सौंपे गए हैं। इन्हें विधायी तथा न्यायिक प्रशासन के अधिकार भी दिए गए हैं।

छठी अनुसूची में सम्मिलित क्षेत्र			
भाग-1	असम	1.	उत्तरी कछार पर्वतीय जिला
		2.	कार्बी-आंगलोंग जिला
		3.	बोडोलैंड क्षेत्रीय जिले
भाग-2	मेघालय	1.	खासी पर्वतीय जिला
		2.	जयन्तिया पर्वतीय जिला
		3.	गारो पर्वतीय जिला
भाग-2 क	त्रिपुरा	1.	त्रिपुरा जनजातीय जिला
भाग-3	मिजोरम	1.	चकमा जिला
		2.	मारा जिला
		3.	लई जिला

संविधान की छठी अनुसूची के अंतर्गत संचालित प्रशासन की विशेषताएं

संविधान की छठी अनुसूची के अंतर्गत प्रशासन की निम्नलिखित विशेषताएं हैं–

- असम, मेघालय, त्रिपुरा एवं मिजोरम के जनजातीय क्षेत्रों में स्वशासी जिलों का गठन किया गया है, लेकिन वे संबंधित राज्य के कार्यकारी प्राधिकार के बाहर नहीं हैं।
- राज्यपाल को स्वशासी जिलों को स्थापित या पुनर्स्थापित करने के अधिकार हैं, अत: राज्यपाल इनके क्षेत्रों को बढ़ा या घटा सकता है, नाम परिवर्तित कर सकता है या सीमाएं निर्धारित कर सकता है।
- अगर स्वशासी जिले में विभिन्न जनजातियां हैं, तो राज्यपाल जिले को विभिन्न स्वशासी प्रदेशों में विभाजित कर सकते हैं।
- प्रत्येक स्वशासी जिले के लिए एक जिला परिषद् होगी, जो 30 सदस्यों से मिलकर बनेगी, जिनमें राज्यपाल द्वारा 4 सदस्य नामित किए जाएंगे और शेष 26 सदस्य वयस्क मताधिकार के आधार पर निर्वाचित किए जाएंगे। निर्वाचित सदस्यों का कार्यकाल पांच वर्ष का होता है बशर्ते परिषद् को पहले विघटित न कर दिया जाए। मनोनीत सदस्य राज्यपाल के प्रसादपर्यंत तक पद धारण करेगा। प्रत्येक स्वशासी क्षेत्रों में अलग प्रादेशिक परिषद् भी होती है।
- जिला व प्रादेशिक परिषद् को अपने अधीन क्षेत्रों के लिए विधि बनाने की शक्ति है। वे भूमि, वन नहर या जलसारणी के सदस्य के बीच भूमि के हस्तांतरण को निषेध या सीमित कर सकती है। अनुसूचित जनजातियों के सदस्यों द्वारा उनके बीच भूमि आवंटन को नियंत्रित किया जा सकता है और अनुसूचित जनजातियों के ही संदर्भ में साहूकारों के ब्याज को भी नियंत्रित किया जा सकता है, परंतु इस तरह की कार्यवाही के लिए राष्ट्रपति की स्वीकृति आवश्यक है।

राष्ट्रीय अनुसूचित जनजाति आयोग के गठन का प्रावधान

- संविधान अपेक्षा करता है कि राष्ट्रपति, राज्य में अनुसूचित जनजातियों के कल्याण हेतु एवं अनुसूचित क्षेत्रों के प्रबंधन हेतु एक आयोग गठित करे। वह इस तरह के आयोग का गठन कभी भी कर सकता है, बशर्ते संविधान की शुरुआत को कम-से-कम 10 वर्ष हो गए हों।
- इस प्रकार आयोग का गठन 1960 में हुआ था, जिसकी अध्यक्षता यू.एन. ढेबर ने की और 1961 में अपनी रिपोर्ट पेश की। करीब चार दशक बाद दूसरे आयोग का गठन 2002 में दिलीप सिंह भूरिया की अध्यक्षता में किया गया।
- 1990 में अनुसूचित जाति और अनुसूचित जनजाति के लिए एक संयुक्त आयोग संवैधानिक संस्था के रूप में गठित किया गया।
- अनुसूचित जाति व अनुसूचित जनजातियों के आयोग का विभाजन कर अनुसूचित जनजातियों के लिए एक पृथक् राष्ट्रीय आयोग के गठन का प्रावधान 89वें संविधान संशोधन अधिनियम, 2003 द्वारा किया गया है। इस अधिनियम के द्वारा अनुसूचित जनजातियों के लिए एक संवैधानिक संस्था की व्यवस्था की गई है, जो अनुसूचित जनजातियों के लिए संविधान द्वारा उपलब्ध कराई गई सुरक्षा पर निगरानी रखती है और उनके कल्याण से संबंधित मुद्दों की समीक्षा करती है।

1990 के 65वें संविधान संशोधन अधिनियम के द्वारा अनुसूचित जातियों एवं जनजातियों के लिए एक राष्ट्रीय अनुसूचित जाति एवं जनजाति आयोग की स्थापना की गई। संविधान के अनुच्छेद 338 के द्वारा इस आयोग की स्थापना अनुसूचित जाति एवं जनजाति को संविधान या अन्य विधियों के अंतर्गत संरक्षण प्रदान करने के उद्देश्य से की गई है।

अनुसूचित जनजाति एवं कल्याण मंत्रालय

भौगोलिक एवं सांस्कृतिक रूप से अनुसूचित जनजातियां, अनुसूचित जातियों से भिन्न हैं तथा उनकी समस्याएं भी अनुसूचित जातियों से भिन्न हैं। 1999 में अनुसूचित जनजातियों के कल्याण एवं विकास कार्यों को गति देने के लिए एक नए जनजातीय मंत्रालय की स्थापना की गई। यह महसूस किया गया कि अनुसूचित जनजातियों से संबंधित सभी योजनाओं में समन्वय स्थापित करने के लिए जनजातीय कल्याण मंत्रालय का होना आवश्यक है। चूंकि सामाजिक न्याय और अधिकारिता मंत्रालय के लिए इस भूमिका को निभाना प्रशासनिक दृष्टि से संभव नहीं था।

जनजातियों को अनुसूचित श्रेणी में शामिल करना और हटाना

इस प्रकार, किसी राज्य/केंद्रशासित प्रदेश विशेष के संबंध में अनुसूचित जनजातियों के प्रारंभिक विनिर्देश संबंधित राज्य सरकारों के साथ परामर्श के बाद राष्ट्रपति के आदेश की अधिसूचना से हटाए जाते हैं। इस अनुच्छेद में यह प्रावधान भी है कि अनुसूचित जनजातियों की राज्यवार/केंद्रशासित प्रदेशवार सूची बनाई जाए, न कि अखिल भारतीय आधार पर।

अनुसूचित जनजाति के आधार
• आदिम विशेषताएं
• भिन्न सभ्यता
• सार्वजनिक संपर्क से बचाना
• भौगोलिक अलगाव।

संविधान में इनका उल्लेख नहीं है, लेकिन ये मानदंड पूरी तरह से स्थापित हो चुके हैं। इनमें 1931 की जनगणना की परिभाषाओं और प्रथम पिछड़ा वर्ग आयोग (कालेलकर समिति) 1955, अनुसूचित जाति/अनुसूचित जनजाति सूचियों के संशोधन संबंधी परामर्श समिति (लोकूर समिति) 1965 और अनुसूचित जाति एवं अनुसूचित जनजाति आदेश (संशोधन) विधेयक 1967 पर संसद की समिति, (चंदा समिति) 1969 की रिपोर्ट को ध्यान में रखा गया है। भारत के संविधान के अनुच्छेद-342 के अंतर्गत 700 से अधिक (इनमें से कई एक से अधिक राज्यों में हैं) जनजातियों को अधिसूचित किया गया है। वे देश के विभिन्न राज्यों और केंद्रशासित प्रदेशों में फैली हैं। उल्लेखनीय है कि हरियाणा, पंजाब और केंद्रशासित प्रदेशों-चंडीगढ़, दिल्ली और पुदुचेरी में किसी भी समुदाय को अनुसूचित जनजाति निर्दिष्ट नहीं किया गया है।

जनजातियों का दर्जा सुनिश्चित करना

सामान्यतया अगर कोई व्यक्ति जन्म के आधार पर जनजातीय समुदाय का होने का दावा करता है, तो निम्न बातों की पुष्टि की जानी चाहिए—

- वह व्यक्ति जिस समुदाय का होने का दावा कर रहा है, क्या वह और उसके अभिभावक वास्तव में उस समुदाय से संबंध रखते हैं?
- क्या वह समुदाय संबंधित राज्य के संदर्भ में अनुसूचित जनजातियों को निर्दिष्ट करने वाले राष्ट्रपति के आदेश में शामिल हैं?
- क्या वह व्यक्ति उस राज्य और उस राज्य के तहत उस क्षेत्र से संबंध रखता है, जहां उस समुदाय को अनुसूचित किया गया है?
- वह कोई भी धर्म अपना सकता है।
- वह व्यक्ति या उसके माता-पिता/दादा-दादी आदि को इस संदर्भ में लागू राष्ट्रपति के आदेश की अधिसूचना के दिन उस राज्य/केंद्रशासित प्रदेश का स्थायी निवासी होना चाहिए।
- अगर किसी व्यक्ति की जनजाति उसके गृह राज्य/केंद्रशासित प्रदेश में अनुसूचित है और वह व्यक्ति इस संदर्भ में लागू राष्ट्रपति के आदेश की अधिसूचना जारी होने के समय नौकरी या पढ़ाई के सिलसिले में अस्थायी आवास से दूर हो, तो वह भी अनुसूचित जनजाति का माना जा सकता है।
- लेकिन उसे अपने स्थायी वा अस्थायी आवास के स्थान पर अनुसूचित जनजाति का नहीं माना जाएगा, भले ही उसकी जनजाति को राष्ट्रपति के आदेश के तहत उसके अस्थायी आवास वाले राज्य में अनुसूचित जनजाति घोषित किया गया हो।
- अगर किसी व्यक्ति का जन्म इस संदर्भ में राष्ट्रपति की अधिसूचना जारी होने के बाद हुआ हो, तो अनुसूचित जनजाति के दर्जे के प्रयोजन के लिए उसका आवास स्थान राष्ट्रपति के आदेश की अधिसूचना के समय उसके माता-पिता का स्थायी आवास होगा। यह लक्षद्वीप की अनुसूचित जनजातियों पर लागू नहीं है, जिनके लिए अनुसूचित जनजाति के दर्जे की पात्रता के लिए केंद्रशासित प्रदेश में जन्म लेना जरूरी है।

अनुसूचित जनजाति प्रमाण-पत्र जारी करना

अनुसूचित जनजाति निर्धारक प्रमाण-पत्र अनुसूचित जनजाति के लोग निम्नलिखित अधिकारियों में से किसी एक अधिकारी से प्राप्त कर सकते हैं—

- जिला मजिस्ट्रेट/अपर जिला मजिस्ट्रेट/जिलाधीश/उपायुक्त/अपर उपायुक्त/उप जिलाधीश प्रथम श्रेणी/वेतन भोगी मजिस्ट्रेट/सिटी मजिस्ट्रेट/उपमंडलीय जिलाधीश/तालुका मजिस्ट्रेट/कार्यकारी मजिस्ट्रेट /अपर सहायक आयुक्त (प्रथम श्रेणी वैतनिक मजिस्ट्रेट के दर्जे से नीचे का न हो);
- मुख्य महाप्रांतीय मजिस्ट्रेट/अपर मुख्य महाप्रांतीय मजिस्ट्रेट/महाप्रांतीय मजिस्ट्रेट;
- राजस्व अधिकारी, जो तहसीलदार के दर्जे से कम न हो;
- उम्मीदवार और उसका परिवार आमतौर पर जिस क्षेत्र में रहता है, वहां का उपमंडलीय अधिकारी;
- प्रशासक/प्रशासक विकास अधिकारी का सचिव (लक्षद्वीप द्वीप समूह)।

अगर कोई अधिकारी बिना उचित सत्यापन के लापरवाही से अनुसूचित जनजाति प्रमाण-पत्र जारी करता है, तो उसके विरुद्ध भारतीय दंड संहिता से संबंधित प्रावधानों के तहत कार्रवाई की जाएगी। यह कार्रवाई उन अनुशासनात्मक नियमों के तहत होने वाली कार्रवाई के अतिरिक्त होगी, जिनके दायरे में वे आते हैं।

अनुसूचित जनजाति के उन व्यक्तियों को जो रोजगार और शिक्षा आदि के उद्देश्य से एक राज्य से दूसरे राज्य में आए हैं, उन्हें अपने मूल राज्य से अनुसूचित जनजाति प्रमाण-पत्र हासिल करने में काफी मुश्किलें आती हैं।

इस कठिनाई को दूर करने की दिशा में यह निर्णय लिया गया है कि राज्य सरकार व केंद्रशासित प्रशासन का निर्धारित अधिकारी ऐसे व्यक्ति को अपने माता-पिता को उनके मूल राज्य के निर्धारित अधिकारी द्वारा जारी प्रमाण-पत्र हाजिर करने पर अनुसूचित जनजाति प्रमाण-पत्र जारी कर सकता है।

यदि अधिकारी को लगता है कि प्रमाण-पत्र जारी करने से पहले विस्तृत जांच जरूरी है, तो वह जांच के बाद प्रमाण-पत्र जारी कर सकता है। प्रमाण-पत्र इस आधार के बिना जारी किया जाएगा कि संबंधित जनजाति उस राज्य/केंद्रशासित प्रदेश में अनुसूचित है या नहीं, जहां वह व्यक्ति प्रवास के लिए आया है।

अनुसूचित जनजातीय वितरण

- जनजातीय समुदाय देश के कुल क्षेत्र के लगभग 15 प्रतिशत भाग में फैला है, जो भिन्न-भिन्न पारिस्थितिकी तथा भू-जलवायु स्थितियों वाले मैदानी, पर्वतीय, जंगलीय और दुर्गम क्षेत्रों में रहते हैं। विभिन्न जनजातीय समुदायों में सामाजिक, आर्थिक और शैक्षिक विकास का स्तर अलग-अलग है।

- देश में जनजातीय बहुल राज्य, जहां 50% से भी अधिक आबादी अनुसूचित जनजाति की है–अरुणाचल प्रदेश, मेघालय, मिजोरम, नागालैंड, केंद्रशासित प्रदेश दादरा-नगर हवेली तथा लक्षद्वीप। यदि जनसंख्या की दृष्टि से अनुसूचित जनजातियों के बीच तुलना की जाए तो अनुसूचित जनजाति की आधी से अधिक आबादी मध्य प्रदेश, छत्तीसगढ़, महाराष्ट्र, उड़ीसा, झारखंड और गुजरात में है। सबसे अधिक जनजातियां (62%) ओडिशा राज्य में बसती हैं। इसके बाद पूर्वोत्तर राज्यों का स्थान है।

जनजातीय वितरण

क्र.	क्षेत्र	राज्य
1.	पूर्वोत्तर राज्य	अरुणाचल प्रदेश, असम, मणिपुर, मेघालय, मिजोरम, नागालैंड, त्रिपुरा और सिक्किम।
2.	मध्य क्षेत्र	राजस्थान, गुजरात, महाराष्ट्र, मध्य प्रदेश, छत्तीसगढ़, आंध्र प्रदेश, ओडिशा, बिहार, झारखंड, पश्चिम बंगाल, दादरा-नगर हवेली और दमन तथा दीव।
3.	अन्य राज्य	हिमाचल प्रदेश, उत्तर प्रदेश, उत्तराखंड, कर्नाटक, तमिलनाडु, केरल।
4.	केंद्रशासित प्रदेश	अंडमान-निकोबार द्वीपसमूह, लक्षद्वीप और जम्मू-कश्मीर।

आदिम जनजाति समूह–हालांकि कुछ जनजातीय समुदायों ने जीवनशैली की मुख्यधारा को अपना लिया है, लेकिन अब भी 17 राज्यों और केंद्रशासित प्रदेश अंडमान निकोबार में आदिम जातियों के 75 ऐसे समूह हैं, जिनकी विशेषताएं इस प्रकार हैं–(क) प्रौद्योगिकी का कृषि-पूर्व स्तर, (ख) घटती या स्थिर जनसंख्या, (ग) साक्षरता की अत्यधिक कमी, और (घ) गुजारे लायक आर्थिक स्थिति।

जनजाति उपयोजना के जरिए प्रशासनिक उन्नयन

जनजातीय उपयोजना वाले राज्य/केंद्र शासित प्रदेश			
1.	आंध्र प्रदेश	13.	मणिपुर
2.	असोम	14.	ओडिशा
3.	बिहार	15.	राजस्थान
4.	छत्तीसगढ़	16.	सिक्किम
5.	गुजरात	17.	तमिलनाडु
6.	हिमाचल प्रदेश	18.	त्रिपुरा
7.	जम्मू-कश्मीर	19.	उत्तर प्रदेश
8.	झारखंड	20.	उत्तराखंड
9.	कर्नाटक	21.	पश्चिम बंगाल
10.	केरल	22.	अंडमान-निकोबार द्वीपसमूह
11.	मध्य प्रदेश	23.	दमन और दीव
12.	महाराष्ट्र		

अनुसूचित जनजातियों के विकास के लिए जनजाति उपयोजना (टी.एस.पी.) की शुरुआत पांचवीं पंचवर्षीय योजना के प्रारंभ में 1974-75 में की गई, जो 21 राज्य तथा 2 केंद्रशासित प्रदेश शामिल कानूनी और प्रशासनिक सहायता से विकास गतिविधियों को बढ़ावा देती है। टी.एस.पी. रणनीति 195 एकीकृत जनजाति विकास परियोजनाओं (आई.टी.डी.पी.)/ एकीकृत जनजाति विकास एजेंसियों (आई.टी.डी.ए.), 259 संशोधित क्षेत्र विकास पहुंच तथा 82 समूहों के माध्यम से लागू की जा रही है।

अनुसूचित जाति के लड़कों और लड़कियों के छात्रावास

इस योजना का उद्देश्य अनुसूचित जाति के लड़कों और लड़कियों को छात्रावास सुविधाएं मुहैया कराना है जो माध्यमिक, उच्चतर माध्यमिक स्कूलों, कॉलेजों और विश्वविद्यालयों में पढ़ रहे हैं। छात्रावासों के निर्माण के लिए वित्तीय सहायता दी गई है। छात्रावास के रखरखाव, विद्यार्थियों के रहने और खान-पान की व्यवस्था की जिम्मेदारी संबंधित राज्यों/संघ शासित प्रदेशों की है। इस योजना में राज्य सरकारों को 50 : 50 के अनुपात में बराबर हिस्सेदारी के आधार पर केंद्र से सहायता मिलती है। संघ शासित प्रदेशों को शत-प्रतिशत और केंद्रीय विश्वविद्यालयों को 90% सहायता मिलती है जबकि अन्य विश्वविद्यालयों को 45% तक सहायता मिलती है। एन.जी.ओ. को उनके वर्तमान छात्रावासों के विस्तार हेतु उनके राज्यों/केंद्रशासित प्रदेशों से 45 : 45 : 10 के आधार पर सहायता मिलती है।

राष्ट्रीय अनुसूचित जाति विकास निगम

राष्ट्रीय अनुसूचित जाति वित्त और विकास निगम (एन.एस.एफ.डी.) गरीबी रेखा (ग्रामीण क्षेत्रों में 40,000 रुपए तथा शहरी इलाकों में 55,000 रुपए वार्षिक प्रति परिवार) से नीचे गुजारा करने वाले अनुसूचित जाति के लोगों के लिए रोजगार के अवसर पैदा करने के वास्ते रियायती ब्याज दर पर धन उपलब्ध कराता है और प्रशिक्षण, उद्यमिता विकास तथा अभिनव परियोजनाओं के माध्यम से हुनर का विकास करता है।

राष्ट्रीय सफाई कर्मचारी वित्त एवं विकास निगम

राष्ट्रीय सफाई कर्मचारी वित्त एवं विकास निगम सफाई कर्मचारियों को आमदनी बढ़ाने की व्यवहार्य परियोजनाओं के लिए रियायती ब्याज दर पर ऋण उपलब्ध कराता है। निगम 'महिला समृद्धि योजना' भी चला रहा है।

राज्य अनुसूचित जाति विकास निगम

राज्य राष्ट्रीय अनुसूचित जाति विकास निगम 26 राज्यों/केंद्रशासित प्रदेशों में काम कर रहे हैं। इन निगमों में 49 प्रतिशत पूंजी केंद्र सरकार की और 51 प्रतिशत राज्य सरकारों की होती है।

अनुसूचित जातियों के लिए काम करने वाले स्वयंसेवी संगठन

इस योजना का उद्देश्य अनुसूचित जातियों के सामाजिक, आर्थिक विकास की प्रक्रिया में सक्षम और भरोसेमंद स्वयंसेवी संगठनों की सेवाओं का लाभ उठाना है। इस योजना के अंतर्गत प्रत्येक परियोजना लागत का 90% प्रतिशत तक सहायता अनुदान स्वयंसेवी संगठनों को दिया जाता है। विकास परियोजनाएं पूर्व-प्राथमिक शिक्षा सहित सामान्य/तकनीकी/व्यावसायिक शिक्षा औषधालयों और आय के अवसर पैदा करने वाली गतिविधियों से संबद्ध हो सकती हैं।

वनों पर जनजातियों के अधिकार की मान्यता

अनुसूचित जनजाति और अन्य पारंपरिक वन्य निवासी (वन अधिकार को मान्यता) अधिनियम, 2006 के तहत वनों में रहने वाले अनुसूचित जनजाति और अन्य वन निवासियों के वनों पर अधिकार को मान्यता दी गई है। ये लोग पीढ़ियों से इन वनों में रह रहे थे, लेकिन औपनिवेशिक काल के दौरान वनों पर इनके अधिकार को समाप्त कर दिया गया। यह अधिनियम 31 दिसंबर, 2007 को अधिसूचित किया गया। इस अधिनियम को 1 जनवरी, 2008 को नामांकित किया गया। इसके तहत राज्य सरकारों द्वारा जिला स्तरीय समिति और राज्य स्तर की निगरानी समिति का गठन किया गया।

राष्ट्रीय जनजाति नीति

जनजातीय कार्य मंत्रालय ने राष्ट्रीय जनजाति नीति का मसौदा तैयार किया, जिसमें जनजातीय भूमि के हस्तातंरण, जनजातीय-वन अंतर-संबंध विस्थापन, पुनर्वास और पुनर्स्थापन, मानव विकास सूचकांक में वृद्धि, महत्वपूर्ण बुनियादी ढांचे का निर्माण, हिंसा का प्रकटीकरण, विशेष रूप से कमजोर जनजातीय समूहों का संरक्षण और विकास, जनजातीय उपयोजना नीति स्वीकार किया जाना, अधिकारिता, लिंग की समानता, स्वयंसेवी संगठनों की सहायता को सूचीबद्ध करना, जनजातीय संस्कृति और परंपरागत कानून, जनजातियों को अनुसूचित करना और अनुसूची से बाहर निकालना आदि शामिल हैं।

- केंद्र सरकार ने राष्ट्रीय आदिवासी नीति का प्रारूप 21 जुलाई, 2006 को जारी किया। इस नए प्रारूप में सरकार ने आदिवासियों से जुड़े 23 विषयों पर ध्यान केंद्रित किया है।
- आदिवासियों की जमीन छीनने, उनके विस्थापन, पुनर्वास, शिक्षा, स्वास्थ्य, सफाई, राज्यों के पैसा कानून को केंद्र के कानून के समान बनाना, लैंगिक भेदभाव को दूर करने, उनकी संस्कृति का संरक्षण करने, उन पर अनुसंधान करने आदि पर बल दिया गया है।
- यह नीति आदिवासियों के हितों से जुड़े संविधान के अनुच्छेदों में अंतर्निहित अधिकारों और उद्देश्यों के आधार पर तैयार की गई है।

स्वैच्छिक संगठनों को अनुदान

इस योजना का उद्देश्य स्वैच्छिक संगठनों के प्रयास से सरकार की कल्याण योजनाओं की पहुंच को बढ़ाना और शिक्षा, स्वास्थ्य, पेयजल, एग्रो-हॉर्टिकल्चर उत्पादकता, सामाजिक सुरक्षा दायरे आदि क्षेत्रों में जनजातीय इलाकों में सेवा के अंतर को कम करना और जनजातियों के सर्वांगीण विकास और सामाजिक, आर्थिक उन्नयन के लिए अनुकूल वातावरण उपलब्ध कराना है। यह अनुदान 90% तक होता है।

जनजातीय उपयोजना के वित्तीय स्रोत

जनजातीय उपयोजना के लिए धनराशि राज्य या योजना व्यय केंद्रीय मंत्रालयों के तहत केंद्रीय योजनाएं विशेष केंद्रीय सहायता तथा संविधान की धारा 275 (1) के पहले उपबंध के तहत जनजातीय मामलों के मंत्रालय से राज्यों को अनुदान संस्थागत वित्त द्वारा की जाती है।

राष्ट्रीय अनुसूचित जनजाति वित्त विकास निगम

सरकार ने अप्रैल 2001 में राष्ट्रीय अनुसूचित जनजाति वित्त विकास निगम (एन.एस.टी.एफ.सी.डी.) का गठन किया। इसे राष्ट्रीय अनुसूचित जाति एवं अनुसूचित जनजाति वित्त विकास निगम से अलग करके एक सरकारी प्रतिष्ठान की तरह बनाया गया है। निगम प्रति इकाई 10 लाख रुपए तक की लागत वाली आयवर्धक योजनाओं के लिए अनुसूचित जनजातियों को रियायती दर पर वित्तीय सहायता उपलब्ध कराता है।

आदिवासी महिला सशक्तिकरण योजना

वर्ष 2002-03 से आदिवासी महिला सशक्तिकरण योजना शुरू की गई है। इसमें अनुसूचित जनजाति की अत्यंत गरीब महिलाओं को कोई काम-धंधा शुरू करने के लिए चार प्रतिशत सालाना ब्याज पर 50 हजार रुपए तक का ऋण दिया जाता है, ताकि लाभ पाने वाली महिलाएं अपनी आमदनी बढ़ा सकें। इस योजना से बड़ी संख्या में गरीबी रेखा से नीचे वाले अनुसूचित जनजाति के परिवारों को लाभ होने की उम्मीद है।

अनुसूचित जाति/जनजाति हेतु किए गए विशेष प्रयास

- अस्पृश्यता की कुत्सित परंपरा को समाप्त करने के लिए 1955 में अस्पृश्यता निवारण अधिनियम पारित किया गया। 1976 में इस अधिनियम में संशोधन करके इसका नाम नागरिक अधिकार संरक्षण अधिनियम, 1976 रखा गया।
- जन प्रतिनिधित्व अधिनियम की धारा 8 में संशोधन कर प्रावधान किया गया कि नागरिक अधिकार संरक्षण अधिनियम के अंतर्गत दण्डित व्यक्ति 6 वर्ष तक संसद एवं विधानसभाओं के चुनाव में उम्मीदवार नहीं बन सकेगा।
- विभिन्न राज्यों में अनुसूचित जाति-जनजाति के लोगों को कृषि योग्य भूमि का आवंटन किया गया।
- अनुसूचित जाति/जनजाति के मेधावी छात्रों को छात्रवृत्ति देने की व्यवस्था की गई।
- अनुसूचित जाति/जनजाति के विद्यार्थियों के लिए नि:शुल्क पुस्तक, छात्रवास की व्यवस्था की गई। उच्च शिक्षा तथा प्रतियोगी परीक्षाओं हेतु नि:शुल्क कोचिंग की व्यवस्था भी की गई है।
- सिर पर मैला ढोने की प्रथा को समाप्त किया गया तथा इस धंधे में लगे लोगों को पुनर्वासित किया गया।
- इस वर्ग के कल्याणार्थ संसदीय समिति का गठन पूर्व में किया गया था। अब इस समिति को स्थायी समिति का स्तर प्रदान कर दिया गया है।
- समाज कल्याण विभाग, जिला विकास अभिकरण, अनुसूचित जाति/जनजाति वित्त विकास निगम की स्थापना की गई। इन निकायों द्वारा अनुसूचित जाति/जनजाति के लोगों को अनुदान सहित ऋण उपलब्ध कराया जाता है।
- असम, मेघालय, मिजोरम के जनजातीय क्षेत्रों को स्वायत्त शासी जिलों के रूप में मान्यता दी गई तथा इन क्षेत्रों के प्रशासन हेतु 30 सदस्यीय परिषद् का गठन किया गया।
- जुलाई, 2002 में अनुसूचित जाति आदेश (संशोधन) के कानून के माध्यम से मूल अधिनियम में संशोधन करके उड़ीसा के कोरापुट और कालाहांडी जिलों में मंगली और नवरंगपुर में मिरगन, पंजाब में चमाट, जटिया, रहगर, रायगढ़, रामदासी, रविदासी, रामदसिया, रामदसिया सिख, रविदसिया सिख और पश्चिम बंगाल में वाल्मीकि, जैन, हारी और मेहतर आदि को अनुसूचित जातियों की सूची में शामिल किया गया।

भारतीय जनजातीय सहकारी विपणन विकास परिसंघ

भारतीय जनजातीय सहकारी विपणन परिसंघ (ट्राइफेड) राष्ट्रीय स्तर की एक शीर्ष सहकारी संस्था है। इसकी स्थापना भारत सरकार ने 1987 में बहुराज्य सहकारी समितियां कानून 1984 के तहत की थी। बहुराज्य सहकारी समिति अधिनियम, 2007 (एम.एस.सी.एस. एक्ट 2002) बनने के बाद ट्राइफेड इसके अधिनियम की दूसरी अनुसूची में एक राष्ट्रीय सहकारी समिति के रूप में सूचीबद्ध है।

ट्राइफेड अपनी दुकानों (ट्राइब्स इंडिया) के जरिए जनजातीय लोगों द्वारा बनाए गए उत्पादों-प्राकृतिक और जैविक उत्पाद, हस्तशिल्प आदि के विपणन विकास में लगा है। दुकानों द्वारा इन उत्पादों की बिक्री प्रेषित माल के आधार पर की जाती है।

पिछड़े वर्ग हेतु आरक्षण का प्रावधान–संविधान के प्रथम संशोधन, 1952 की धारा 2 द्वारा संविधान के अनुच्छेद 15 में खंड 4 को स्थापित कर पिछड़े वर्गों हेतु राज्य को विशेष संरक्षणात्मक उपाय करने की छूट दी गई है। संविधान में पिछड़ा वर्ग शब्द की कोई व्याख्या नहीं की गई है। सामान्यतया पिछड़े वर्ग में उस समुदाय को सम्मिलित किया जाता है, जिनका स्तर सामाजिक और शैक्षणिक दृष्टि से पिछड़ा हो। अनुच्छेद 340 के अंतर्गत राष्ट्रपति को पिछड़े वर्गों की दशाओं और जिन कठिनाइयों में वे जी रहे हैं, उसके अन्वेषण के लिए तथा उन कठिनाइयों को दूर करने हेतु किए जाने वाले उपायों की अनुशंसा हेतु आयोग का गठन करने का

अधिकार प्राप्त है। आयोग राष्ट्रपति द्वारा निर्देशित विषयों पर अपनी संस्तुतियां देगा और राष्ट्रपति इन संस्तुतियों को संसद के प्रत्येक सदन में रखवाएगा। इस अनुच्छेद के अंतर्गत प्राप्त शक्तियों का उपयोग करते हुए राष्ट्रपति द्वारा काका कालेलकर आयोग (1953) तथा मंडल आयोग (1978) का गठन किया गया।

काका कालेलकर आयोग

केंद्र सरकार द्वारा काका कालेलकर आयोग का गठन 29 जनवरी, 1953 को किया गया। इस आयोग की पृष्ठभूमि में **चम्पकम दोराईराजन प्रकरण** था, जिसमें 1950 में मद्रास राज्य द्वारा जारी की गई राजाज्ञा को अनुच्छेद 15 के आधार पर चुनौती दी गई थी। इस राजाज्ञा के आधार पर मद्रास राज्य ने मेडिकल एवं इंजीनियरिंग कॉलेज के विद्यार्थियों को आरक्षण की सुविधा दी थी। सर्वोच्च न्यायालय द्वारा इस राजाज्ञा को संविधान के विपरीत घोषित किया गया। बाद में इस न्यायिक निर्णय के प्रभाव को समाप्त करने के लिए प्रथम संविधान संशोधन अधिनियम 1951 पारित कर **अनुच्छेद 15 में खंड (4)** को अंत: स्थापित किया गया। यह व्यवस्था अनुसूचित जातियों/जनजातियों हेतु थी। इसी व्यवस्था के आधार पर पिछड़े वर्गों हेतु आरक्षण की मांग की जाने लगी, जिसके परिप्रेक्ष्य में काका कालेलकर आयोग का गठन किया गया। इस आयोग द्वारा प्रस्तुत प्रतिवेदन को बाद में केंद्र सरकार ने सामाजिक और शैक्षणिक मापदंड की अस्पष्टता के आधार पर अमान्य कर दिया।

मंडल आयोग

20 दिसंबर, 1978 को राष्ट्रपति द्वारा बिंदेश्वरी प्रसाद मंडल की अध्यक्षता में एक अन्य आयोग का गठन पिछड़ी जातियों की पहचान के लिए किया गया। इस आयोग के अन्य सदस्य थे–न्यायमूर्ति के. सुब्रमण्यम, आर.आर. भोला, एल.आर. नाईक तथा दीवान मोहन लाल।

आयोग ने पिछड़े वर्ग के लिए 27% आरक्षण की सिफारिश करते हुए इसे सभी प्रकार की सरकारी नौकरियों, बैंकों, वित्तपोषित निजी उपक्रमों, सभी शिक्षण संस्थाओं, तकनीकी तथा वैज्ञानिक संस्थाओं में लागू करने की संस्तुति की। आयोग की मुख्य संस्तुतियां इस प्रकार थीं–

- पिछड़े वर्ग के लिए 27% आरक्षण की व्यवस्था की जाए जो अनुसूचित जाति/जनजाति के लिए किए गए आरक्षण के अतिरिक्त हो।
- नौकरियों के लिए आयोजित परीक्षा में अपनी योग्यता के बल पर पिछड़े वर्ग के जो अभ्यर्थी चुने गए हों, उन्हें पिछड़े वर्ग के आरक्षित वर्ग के अंतर्गत नहीं रखा जाए।
- 27% आरक्षण की यह व्यवस्था पदोन्नति के मामलों पर भी लागू की जाए।
- यदि किसी नौकरी में 27% आरक्षण का कोटा पूरा न हो सके तो उसे अगले तीन वर्ष तक होने वाली नियुक्तियों में शामिल किया जाए।
- पिछड़े वर्ग के अभ्यर्थियों को अनुसूचित जाति/जनजाति की भांति आयु सीमा में छूट दी जाए।

लगभग 10 वर्षों तक मंडल आयोग की संस्तुतियों पर कोई कार्यवाही सरकार द्वारा नहीं की गई। अगस्त, 1990 में विश्वनाथ प्रताप सिंह के प्रधानमंत्रित्व काल में मंडल आयोग की सिफारिशों को लागू करते हुए पिछड़े वर्ग को 27% आरक्षण दिए जाने की घोषणा की गई, जिस पर देश भर में तीव्र प्रतिक्रिया हुई। सर्वोच्च न्यायालय के अधिवक्ता संघ द्वारा केंद्र सरकार के आदेश के विरुद्ध दाखिल किए गए वाद की सुनवाई करते हुए सर्वोच्च न्यायालय की 5 सदस्यीय खंडपीठ ने इस पर रोक लगा दी। बाद में केंद्र सरकार ने गैर-आरक्षित वर्ग के पिछड़े लोगों को 10% आरक्षण देने की घोषणा के साथ पिछड़े वर्ग को 27% आरक्षण दिए जाने का कार्यपालिकीय आदेश जारी किया। इस आदेश के विरुद्ध सर्वोच्च न्यायालय में इंदिरा साहनी बनाम भारत सरकार नामक बहुचर्चित वाद संस्थित किया गया।

सर्वोच्च न्यायालय की प्रतिस्थापनाएं

इंदिरा साहनी बनाम भारत संघ प्रकरण की सुनवाई सर्वोच्च न्यायालय की नौ सदस्यीय खंडपीठ द्वारा की गई। खंडपीठ द्वारा दिए गए निर्णय के मुख्य बिंदु इस प्रकार हैं–

- नौकरियों में अन्य पिछड़े वर्गों के लिए 27 प्रतिशत आरक्षण की घोषणा वैध है।

प्रमुख संवैधानिक/वैधानिक संस्थान

क्र.सं.	संस्थान	कार्य क्षेत्र/उद्देश्य
1.	राष्ट्रीय पिछड़ा वर्ग आयोग	1993 में गठित आयोग अन्य पिछड़े वर्ग की सूची में नागरिकों को शामिल करने और सूची से हटाने संबंधी शिकायतों को निपटाने एवं उनकी जांच के बारे में सरकार को सलाह देता है।
2.	राष्ट्रीय धार्मिक एवं भाषायी अल्पसंख्यक आयोग	2005 में गठित इस आयोग का उद्देश्य है धार्मिक, भाषायी अल्पसंख्यकों के पिछड़े वर्गों की पहचान का आधार सुझाना। धार्मिक-भाषायी अल्पसंख्यकों के पिछड़े वर्गों के उत्थान के उपाय देना, सुझाव के बारे में रिपोर्ट प्रस्तुत करना।
3.	केंद्रीय वक्फ परिषद् बोर्ड	इसके अंतर्गत शहरी वक्फ संपत्तियों का विकास एवं शैक्षिक विकास कार्यक्रम आते हैं।
4.	भारतीय पुनर्वास परिषद्	1992 में गठित यह परिषद् विकलांगों के पुनर्वास और विशिष्ट शिक्षा के संदर्भ में व्यवसायियों के विभिन्न वर्गों के लिए प्रशिक्षण, नीति और कार्यक्रम तय करने के लिए जिम्मेदार है।
5.	राष्ट्रीय वृद्धजन परिषद्	2005 में पुनर्गठित परिषद् वृद्धजन व्यक्तियों के कल्याण हेतु नीति तैयार करने एवं कार्यक्रमों पर अमल रोकने के मामले में सरकार को सलाह देने एवं तालमेल रखने के मामले में सर्वोच्च संस्था है।
6.	राष्ट्रीय महिला आयोग	1992 में गठित इस आयोग के अंतर्गत महिलाओं को सुरक्षा प्रदान करने वाले संवैधानिक एवं सभी कानूनों के प्रावधानों का अध्ययन और निगरानी करना एवं जरूरी संशोधनों की सिफारिश करना है।
7.	राष्ट्रीय बाल अधिकार संरक्षण आयोग	आयोग का उद्देश्य बच्चों के अधिकारों का सही रूप में उपयोग करना, कानूनों एवं कार्यक्रमों पर प्रभावी रूप से अमल कराना है।
8.	राष्ट्रीय महिला कोष	1993 में गठित इस संस्था का लक्ष्य गरीब महिलाओं को उनके सामाजिक-आर्थिक उत्थान के लिए ऋण सुविधा उपलब्ध कराना है।
9.	केंद्रीय समाज कल्याण बोर्ड	1953 में गठित बोर्ड का कार्य स्वैच्छिक संगठनों के माध्यम से सामाजिक कल्याण की गतिविधियों को बढ़ावा देना एवं महिलाओं एवं बच्चों से जुड़ी कल्याणकारी योजनाओं पर अमल करना है

- अनारक्षित वर्ग के गरीब लोगों के लिए 10 प्रतिशत आरक्षण की घोषणा अवैध है। न्यायालय ने कहा कि इससे आरक्षण सीमा 59.50 प्रतिशत तक पहुंच जाएगी, जो संविधान द्वारा निर्धारित 50 प्रतिशत की सीमा से बहुत अधिक है।
- पिछड़े वर्गों में जो संपन्न हैं, उन्हें आरक्षण का लाभ नहीं मिलना चाहिए, यानी क्रीमीलेयर को पहचानकर उसे आरक्षण के दायरे से बाहर करना चाहिए।
- पदोन्नति के मामले में किसी भी आरक्षित वर्ग को कोई आरक्षण नहीं दिया जाना चाहिए। इस निर्णय पर राजनीतिक हलकों में तीखी प्रतिक्रिया हुई, जिसके फलस्वरूप संविधान संशोधन अधिनियम, 1994 द्वारा पदोन्नति में अनुसूचित जाति/जनजाति के लिए आरक्षण पुन: वैध बना दिया गया।
- पिछड़ेपन का मुख्य आधार सामाजिक रूप से पिछड़ापन है जिसमें आर्थिक आधार सम्मिलित हैं।
- आरक्षण का लाभ अल्पसंख्यक वर्ग के पिछड़े लोगों को भी दिया जाए।
- पिछड़े वर्ग में अधिक तथा अत्यधिक पिछड़ों का वर्गीकरण किया जाना चाहिए, जिसका आधार सामाजिक पिछड़ापन हो न कि आर्थिक पिछड़ापन।

प्रसाद समिति की अनुशंसा

पिछड़े वर्गों से अधिक तथा अत्यधिक पिछड़ों की पहचान एवं वर्गीकरण हेतु सर्वोच्च न्यायालय द्वारा दिए गए निर्देशों के परिप्रेक्ष्य में केंद्र सरकार द्वारा न्यायमूर्ति रामनंदन प्रसाद की अध्यक्षता में एक समिति का गठन 16 नवंबर, 1992 को किया गया। प्रसाद समिति द्वारा 10 मार्च, 1993 को प्रस्तुत रिपोर्ट में क्रीमीलेयर की अवधारणा की व्याख्या करते हुए कहा गया कि पिछड़े वर्ग के वे लोग जो उच्च पदों पर आसीन हैं तथा संपन्न जीवन व्यतीत कर रहे हैं, उनकी संतानों को आरक्षण का लाभ नहीं मिलना चाहिए।

आरक्षण के संदर्भ में संविधान संशोधन

मंडल आयोग द्वारा की गई संस्तुतियों पर उठे विवादों पर सर्वोच्च न्यायालय की नौ सदस्यीय खंडपीठ ने कुछ महत्वपूर्ण सिद्धांतों का प्रतिपादन किया था। मंडल आयोग ने प्रोन्नति में आरक्षण दिए जाने की संस्तुति की थी, साथ ही आयोग ने आरक्षण में अग्रनयन का सिद्धांत लागू करने को कहा था। अग्रनयन के सिद्धांत के अंतर्गत आयोग का कहना था कि यदि किसी नौकरी में आरक्षण का 27% का कोटा पूरा नहीं होता है, तो शेष बची रिक्तियों को अगले तीन वर्ष तक बढ़ाया जाना चाहिए। सर्वोच्च न्यायालय की नौ सदस्यीय खंडपीठ ने आयोग की इन दोनों संस्तुतियों को अस्वीकार कर दिया था। बाद में संसद ने सर्वोच्च न्यायालय के इस निर्णय के प्रभाव को समाप्त करने के लिए संविधान में संशोधन कर दिया। इन संशोधनों का विवरण इस प्रकार है–

- **81वां संविधान संशोधन, 2000–**इस संविधान संशोधन द्वारा संविधान में **अनुच्छेद 16 (4) (ख)** की अंत:स्थापना की गई। यह खंड इस प्रकार है–'इस अनुच्छेद की कोई बात राज्य को किसी वर्ष में किन्हीं न भरी गई ऐसी रिक्तियों को, जो अनुच्छेद 16 के खंड (4) या खंड 4 (क) के अधीन दिए गए आरक्षण के लिए किसी उपबंध के अनुसार उस वर्ष भरी जाने के लिए आरक्षित हैं, किसी उत्तरवर्ती वर्ष या वर्षों में भरे जाने के लिए पृथक् वर्ग की रिक्तियों के रूप में विचार करने से निवारित नहीं करेगी और ऐसे वर्ग की रिक्तियों पर उस वर्ष की रिक्तियों के साथ जिसमें वे भरी जा रही हैं, उस वर्ष की रिक्तियों की कुल संख्या के संबंध में 50% की आरक्षण की अधिकतम सीमा का अवधारण करने के लिए विचार नहीं किया जाएगा।' इस प्रकार इस संशोधन द्वारा सर्वोच्च न्यायालय की प्रतिस्थापना को अप्रभावी करते हुए पिछले वर्ष की रिक्तियों को अगले वर्ष की रिक्तियों में जोड़ने का प्रावधान किया गया।

पिछड़ा वर्ग हेतु मापदंड

मंडल आयोग द्वारा पिछड़े वर्ग के निर्धारण हेतु निम्नलिखित मापदंड अपनाए गए थे–

(क) शैक्षिक मापदंड–आयोग के अनुसार निम्नलिखित को शैक्षिक रूप से पिछड़ा माना जाएगा–

- किसी जाति या वर्ग को जिसके 5 से 15 वर्ष की आयु के बच्चों में से 25% से कम बच्चे स्कूल जाते हैं।
- किसी जाति या वर्ग को जिसमें हाई स्कूल उत्तीर्ण, व्यक्तियों का प्रतिशत 25% से कम हो।

(ख) आर्थिक मापदंड

- उस जाति या वर्ग को जिसके 25% से अधिक लोग सरकारी या गैर-सरकारी ऋण लिए हों।
- उस जाति या वर्ग को जिसके 25% से अधिक सदस्य को आधा किमी. की दूरी से पेयजल लाना पड़ता हो।
- उस जाति या वर्ग को, जिसके 25% से अधिक सदस्यों के घर कच्चे हों।
- उस जाति या वर्ग को जिसकी संपत्ति का मूल्य राज्य द्वारा निर्धारित मूल्य से 25% कम हो।

(ग) सामाजिक मापदंड

- उस जाति या वर्ग को, जो अन्य जाति या वर्ग से सामाजिक रूप से पिछड़े हों।
- उस जाति या वर्ग को जिसके सदस्य आजीविका हेतु शारीरिक श्रम ही करते हों।
- उस जाति या वर्ग को जिसके 10% लड़कों तथा 25% लड़कियों का विवाह 17 वर्ष से कम आयु में ही हो जाता हो।
- उस जाति या वर्ग को जिसकी महिलाएं भी आजीविका के लिए शारीरिक श्रम करती हैं।
- एक लाख रुपए से अधिक आय वाले (उत्तर प्रदेश सरकार द्वारा अगस्त 2002 में इस सीमा को तीन लाख रुपए कर दिया गया है)
- शीर्ष संवैधानिक पदधारी (इस वर्ग में राष्ट्रपति, उपराष्ट्रपति, सर्वोच्च न्यायालय तथा उच्च न्यायालयों के न्यायाधीश, संघ एवं राज्य के लोक सेवा आयोग के अध्यक्ष एवं सदस्य, निर्वाचन आयोग के सभी सदस्य इत्यादि को सम्मिलित किया गया है)
- श्रेणी एक के अधिकारी, श्रेणी दो के वे अधिकारी जिनके पति अथवा पत्नी भी इसी वर्ग में हों।
- अंतर्राष्ट्रीय स्तर की संस्थाओं में 5 वर्ष तक सेवारत रहे कर्मचारी।
- सेना में कर्नल अथवा उससे ऊपर के पद पर रहे व्यक्ति।
- संपदा अधिनियम में निर्धारित सीमा से अधिक संपत्ति धारण करने वाले।
- लेखक, डॉक्टर, चार्टर्ड एकाउटेंट, कंप्यूटर विशेषज्ञ जिनकी आय एक लाख रुपए से ऊपर हो।

- **82वां संविधान संशोधन–**मंडल आयोग की एक अन्य महत्वपूर्ण संस्तुति प्रोन्नति में आरक्षण की थी। सर्वोच्च न्यायालय द्वारा इस संस्तुति को नामंजूर किए जाने के बाद वर्ष 2000 में **82**वां संविधान संशोधन अधिनियम पारित कर अनुच्छेद 335 में निम्न परंतुक को अंत:स्थापित किया गया–'परंतु इस अनुच्छेद की कोई बात अनुसूचित जातियों/जनजातियों के सदस्यों के पक्ष में, संघ या किसी राज्य के कार्यकलाप से संबंधित सेवाओं के किसी वर्ग या वर्गों में या पदों पर प्रोन्नति के मामले में आरक्षण के लिए, किसी परीक्षा में अर्हक अंकों में छूट देने या मूल्यांकन के मानकों को घटाने के लिए उपबंध करने से निवारित नहीं करेगी।' इस संशोधन द्वारा सर्वोच्च न्यायालय के निर्देश को अप्रभावी करते हुए प्रोन्नति में आरक्षण की व्यवस्था लागू की गई।
- **आरक्षण की सीमा–**इंदिरा साहनी बनाम भारत संघ प्रकरण में सर्वोच्च न्यायालय की नौ सदस्यीय खंडपीठ ने 8:1 के मत से यह निर्धारित किया था कि आरक्षण की सीमा 50% से अधिक नहीं हो सकती है। वर्तमान में आरक्षण की सीमा 50% के अधीन ही है, किंतु अग्रनयन के मामले में यदि

पिछली रिक्तियों को जोड़ने पर वर्तमान रिक्तियों का 50% से अधिक आरक्षण हो जाता है, तो इसे इस सीमा का उल्लंघन नहीं माना जाएगा। उल्लेखनीय है कि 1963 में बालाजी बनाम मैसूर राज्य के वाद में भी सर्वोच्च न्यायालय ने कहा था कि आरक्षण की सीमा 50% से अधिक नहीं होनी चाहिए। यहां यह भी उल्लेखनीय है कि तमिलनाडु सरकार द्वारा देश में सर्वाधिक 69% आरक्षण दिया जा रहा है, जिसके विरुद्ध सर्वोच्च न्यायालय में याचिका लंबित है। झारखंड में भी 73 प्रतिशत आरक्षण की व्यवस्था लागू की गई, जिसे 22 अगस्त, 2002 को रांची उच्च न्यायालय ने असंवैधानिक घोषित कर दिया।

राष्ट्रीय पिछड़ा वर्ग वित्त एवं विकास निगम

राष्ट्रीय पिछड़ा वर्ग वित्त एवं विकास निगम आय अर्जन की विभिन्न गतिविधियों के लिए ऋण सुविधाएं उपलब्ध कराता है, जिनकी वार्षिक आय गरीबी रेखा से नीचे जीवन व्यतीत करने वालों की आय की दुगुनी से कम हो।

विकलांग व्यक्ति अधिनियम, 1995

विकलांग व्यक्ति (समान अवसर, अधिकारों की रक्षा और पूर्ण सहभागिता) अधिनियम, 1995 नामक व्यापक कानून फरवरी 1996 में लागू किया गया। इस कानून के तहत केंद्र और राज्य-स्तर पर विकलांगों के पुनर्वास को बढ़ावा देने वाले कार्यक्रमों, जैसे-शिक्षा, रोजगार और व्यावसायिक प्रशिक्षण, अनुकूल परिवेश का निर्माण, विकलांगों के लिए पुनर्वास सेवाओं का प्रावधान, संस्थागत सेवाएं और सहायता, सामाजिक सुरक्षा उपाय जैसे-केंद्र व राज्य दोनों स्तरों पर, बेरोजगारी भत्ता तथा शिकायत निवारण तंत्र आदि बातों पर ध्यान दिया गया है।

राष्ट्रीय विकलांग संस्थान

विकलांगों की विविध समस्याओं से प्रभावी ढंग से निबटने के लिए विकलांगता के प्रत्येक प्रमुख क्षेत्र में निम्नांकित राष्ट्रीय संस्थानों/उच्चस्तरीय संस्थाओं की स्थापना की गई है:

संस्थान	शहर
राष्ट्रीय दृष्टिहीन संस्थान	देहरादून
राष्ट्रीय अस्थिरोग विकलांग संस्थान	कोलकाता
अली यावरजंग राष्ट्रीय बधिर संस्थान	मुंबई
राष्ट्रीय मानसिक विकलांग संस्थान	सिकंदराबाद
राष्ट्रीय पुनर्वास प्रशिक्षण एवं अनुसंधान संस्थान	कटक
शारीरिक विकलांग संस्थान	नई दिल्ली
बहु-विकलांगता सशक्तिकरण संस्थान	चेन्नई

राष्ट्रीय विकलांग वित्त और विकास निगम

राष्ट्रीय विकलांग वित्त और विकास निगम (एन.एच.एफ.डी.सी.) विकलांग व्यक्तियों के आर्थिक विकास के लिए ऋण सुविधाएं प्रदान कराने वाला शीर्ष संस्थान है। यह सहायता राज्य सरकारों/केंद्रशासित प्रदेशों के प्रशासनों और गैर-सरकारी संगठनों द्वारा अधिकृत एजेंसियों के माध्यम से उपलब्ध कराई जाती है।

वृद्धजनों के लिए राष्ट्रीय नीति

वृद्धजनों के लिए राष्ट्रीय नीति की घोषणा जनवरी 1999 में की गई। इसके मुख्य उद्देश्य हैं व्यक्ति के स्वयं अपने तथा अपने सहयोगी के वृद्ध जीवन की तैयारी हेतु प्रोत्साहन देना, परिवारों को अपने बुजुर्ग सदस्यों की देखभाल के लिए प्रोत्साहित करना, परिवार द्वारा उपलब्ध कराई जाने वाली देखभाल में स्वयंसेवी तथा गैर-सरकारी संगठनों का पूरक योगदान हासिल करना, गंभीर हालत वाले वृद्ध लोगों के स्वास्थ्य की देखभाल तथा संरक्षण, बुजुर्गों को सेवा तथा संरक्षण देने वाले लोगों के लिए अनुसंधान तथा प्रशिक्षण सुविधाएं उपलब्ध कराना तथा बुजुर्ग लोगों में ऐसी जागरूकता पैदा करना, जिससे वे स्वयं आत्मनिर्भर बन सकें।

अल्पसंख्यकों हेतु संवैधानिक रक्षोपाय

भारतीय संविधान में देश के लिए एक लोक कल्याणकारी राज्य की कल्पना की गई है। सर्व धर्म समभाव की प्रेरणा देने वाले संविधान में कतिपय विशिष्ट वर्ग के लोगों की सांस्कृतिक विशेषता को बचाए रखने के लिए विशेष प्रावधान भी किया गया है। वास्तव में हमारे संविधान निर्मातागण अल्पसंख्यकों की समस्या से परिचित थे और भारतीय संविधान को बहुसंख्यकों के संविधान के रूप में स्थापित होने नहीं देना चाहते थे।

अल्पसंख्यक कौन?

संविधान में अल्पसंख्यक शब्द की कोई परिभाषा नहीं दी गई है। संविधान के **अनुच्छेद 29 एवं 30** में अल्पसंख्यकों के लिए विशेष प्रावधानों का उल्लेख किया गया है। 1957 में **केरल शिक्षा विधेयक** से संबंधित प्रकरण में अल्पसंख्यक शब्द पर विवाद हुआ था। सर्वोच्च न्यायालय ने इस पर निर्णय देते हुए कहा था कि व्यक्तियों का ऐसा समूह, जिसकी संख्या उस राज्य की जनसंख्या के संदर्भ में 50% से कम हो, को अल्पसंख्यक की श्रेणी में रखा जा सकता है। देश में ईसाई, मुस्लिम तथा सिख वर्ग के लोगों को अल्पसंख्यक की मान्यता प्राप्त है। मध्य प्रदेश सरकार ने राज्य के अल्पसंख्यक आयोग अधिनियम, 1996 में संशोधन कर जैन मतावलंबियों को भी अल्पसंख्यक का दर्जा प्रदान किया। मध्य प्रदेश के इस कदम के बाद देश के अन्य राज्यों में भी इस तरह की मांग उठना स्वाभाविक है। इस प्रकरण में अनुच्छेद 25 (2) का संदर्भ लेना उचित होगा, जिसमें कहा गया है कि खंड (2) के उपखंड (ख) में हिंदुओं के प्रति निर्देश का अर्थ यह लगाया जाएगा कि उसके अंतर्गत सिख, जैन तथा बौद्ध धर्म के लोग भी शामिल हैं। तात्पर्य यह है कि संविधान इस संप्रदाय को हिंदू धर्म की एक शाखा के रूप में मान्यता देता है। ध्यातव्य है कि 30 अक्टूबर, 2002 में सर्वोच्च न्यायालय की खंडपीठ ने 'अल्पसंख्यक' शब्द की परिभाषा देते हुए कहा कि भाषायी और धार्मिक अल्पसंख्यक पर आबादी के हिसाब से राज्यों द्वारा विचार किया जाना चाहिए। जहां तक अल्पसंख्यकों की सांस्कृतिक विशिष्टता को संरक्षित किए जाने का प्रश्न है। संविधान में इस दिशा में विशेष प्रावधान किए गए हैं। हालांकि, संप्रदाय अथवा धर्म के नाम पर नौकरियों में आरक्षण नहीं दिया गया है।

अल्पसंख्यकों के लिए संवैधानिक प्रावधान

भारत के मूल संविधान में भाषायी अल्संख्यक वर्गों के लिए विशेष अधिकारी के संबंध में कोई प्रावधान नहीं है। बाद में राज्य पुनर्गठन आयोग (1953–55) ने इस संबंध में सिफारिश की। 1956 के सातवें संविधान संशोधन अधिनियम के अनुसार, संविधान के भाग XVII में अनुच्छेद 350-ख जोड़ा गया। इस अनुच्छेद में निम्न प्रावधान किए गए हैं–

- भाषायी अल्पसंख्यक वर्गों के लिए एक विशेष अधिकारी होगा, जिसे राष्ट्रपति नियुक्त करेगा।
- विशेष अधिकारी का यह कर्त्तव्य होगा कि वह इस संविधान के अधीन भाषायी अल्संख्यक-वर्गों के लिए उपबंधित रक्षोपायों से संबंधित सभी विषयों का अन्वेषण करे और उन विषयों के संबंध में ऐसे अंतराल पर जो राष्ट्रपति निर्दिष्ट करे, राष्ट्रपति को प्रतिवेदन प्रस्तुत करे और राष्ट्रपति ऐसे सभी प्रतिवेदनों को संसद के प्रत्येक सदन के समक्ष रखवाएगा और संबंधित राज्यों की सरकारों को भिजवाएगा।
- यहां ध्यान देने योग्य तथ्य यह है कि संविधान भाषायी अल्पसंख्यक वर्गों के लिए विशेष अधिकारी की योग्यता, सेवा-शर्तें, कार्यकाल, वेतन एवं भत्ते आदि संबंध में कोई उल्लेख नहीं करता है।

- संविधान के अनुच्छेद 350-ख के अनुसार, 1957 में भाषायी अल्पसंख्यक के लिए विशेष अधिकारी के कार्यालय की स्थापना की गई। इस अधिकारी को भाषायी अल्पसंख्यकों के लिए आयुक्त (कमिश्नर) का पदनाम दिया गया है। इस आयुक्त का मुख्यालय इलाहाबाद (उत्तर प्रदेश) में है तथा बेलगांव (कर्नाटक), चेन्नई (तमिलनाडु), एवं कोलकाता (प. बंगाल) में इसके तीन क्षेत्रीय कार्यालय हैं। प्रत्येक क्षेत्रीय कार्यालय का प्रमुख उप-आयुक्त (असिस्टेंट कमिश्नर) होता है।
- मुख्यालय में आयुक्त को उसके कार्यों में सहायता देने के लिए एक उपायुक्त एवं एक सहायक आयुक्त होता है। आयुक्त इस संदर्भ में राज्य सरकारों के साथ समन्वय स्थापित करता है।

केंद्रीय स्तर पर आयुक्त, अल्पसंख्यक मामलों के मंत्रालय के अधीन कार्य करता है। आयुक्त अपने कार्यों का वार्षिक प्रतिवेदन अल्पसंख्यक मामलों के मंत्रालय के माध्यम से राष्ट्रपति को प्रेषित करता है।

अल्पसंख्यकों हेतु सामान्य प्रावधान

- संविधान के भाग तीन में भारतीय नागरिकों के लिए मौलिक अधिकारों का वर्णन है। इस खंड के अनुच्छेद 15 के अंतर्गत धर्म, जाति, मूलवंश, लिंग, जन्मस्थान या इनमें से किसी एक आधार पर किसी तरह की विभेदकारी नीति अपनाने से राज्य को स्पष्ट वंचित किया गया है। राज्य किसी भी वर्ग के साथ कोई पक्षपात या नाइंसाफी नहीं कर सकता। इस निषेधकारी विधान के अलावा संविधान के तहत **अनुच्छेद 15 (4)** में स्त्रियों, बालकों तथा सामाजिक-शैक्षणिक दृष्टि से पिछड़े लोगों के लिए विशेष उपबंध करने की शक्ति भी राज्य को दी गई है। इन दोनों विधानों के माध्यम से संविधान ने अनुसूचित जाति-जनजाति के लोगों के आरक्षण तथा परिवर्धन की समुचित व्यवस्था की है। **अनुच्छेद 15 (4)** में स्पष्ट कहा गया है कि **अनुच्छेद 15 (1)** या **15 (2)** की कोई बात या **अनुच्छेद 29 (2)** की कोई बात राज्य को इन वर्गों के लिए विशेष आरक्षी उपाय करने से नहीं रोक पाएगी। भारतीय संविधान में समानता **(अनुच्छेद 14)** की धारणा को यथार्थ जनवादी रूप में ग्रहण किया गया है और माना गया है कि समानता का अर्थ होता है—समस्तरीय लोगों के साथ समान व्यवहार। राज्य कमजोर तबकों के लिए यदि कोई विशेष व्यवस्था करता है, तो उसकी विधि मान्यता को भारत का कोई भी नागरिक अनुच्छेद 14 या 15 (1) के आधार पर चुनौती नहीं दे सकता।
- भारतीय संविधान के **अनुच्छेद 25, 29 और 30** के अंतर्गत अल्पसंख्यकों की चर्चा की गई है। अनुच्छेद 25 के अनुसार, सभी व्यक्तियों को अंत:करण की स्वतंत्रता का और धर्म के अबाध रूप से मानने, आचरण करने और प्रचार करने का समान अधिकार होगा। लेकिन धार्मिक स्वतंत्रता का यह अधिकार लोक व्यवस्था, सदाचार और स्वास्थ्य के अधीन होता है। इस अनुच्छेद के तहत राज्य को यह छूट भी दी गई है कि वह धार्मिक आचरण से जुड़ी किसी लौकिक गतिविधि को विधि द्वारा विनियमित करे और समाज-कल्याण एवं सुधार के लिए या हिंदू मंदिरों आदि को हिंदुओं के सभी वर्गों के लिए खोलने के लिए उपबंध करे।
- **अनुच्छेद 29** के तहत अल्पसंख्यक वर्गों के हितों के संरक्षण से संबंधित प्रावधानों का उल्लेख है। यह अनुच्छेद भारत में कहीं भी निवास करने वाले "नागरिकों के प्रत्येक वर्ग को,जिसकी अपनी विशेष भाषा, लिपि या संस्कृति है" उसे बनाए रखने के अधिकार की गारंटी देता है। किसी भी नागरिक को राज्य द्वारा पोषित या उससे सहायता प्राप्त किसी भी शिक्षा संस्था में केवल धर्म, मूल-वंश, जाति या भाषा के कारण प्रवेश देने से इंकार नहीं किया जा सकता। यहां उल्लेखनीय है कि इस अनुच्छेद के उप-शीर्षक में 'अल्पसंख्यक वर्ग' पद का प्रयोग तो किया गया है, लेकिन इसके अंदर इसका कहीं उल्लेख नहीं किया गया है।
- अनुच्छेद 30 पूर्णत: अल्पसंख्यकों के अधिकार से संबंधित है, अर्थात् इसका आशय अल्पसंख्यकों के अधिकारों की रक्षा करना है। यह अनुच्छेद 29 की अपेक्षा काफी व्यापक है क्योंकि यह अनुच्छेद 29 की भांति मात्र भाषा, लिपि और संस्कृति के संरक्षण तक ही सीमित नहीं हैं। बल्कि इसके अधीन अपनी रुचि के अनुसार शिक्षण संस्थाओं की स्थापना तथा उसके प्रबंधन शिक्षा का माध्यम, पाठ्यक्रम, पढ़ाए जाने वाले विषय आदि चुनने का अधिकार भी शामिल है।
- अनुच्छेद 30 (1) में कहा गया है कि धर्म या भाषा पर आधारित सभी अल्पसंख्यक वर्गों को अपनी रुचि की शिक्षण संस्थाओं की स्थापना और प्रशासन का अधिकार होगा। बाद में 44वें संविधान संशोधन द्वारा इसमें खंड 1(क) जोड़ा गया, जिसमें यह उपबंध किया गया है कि यदि किसी ऐसी संस्था की संपत्ति अर्जित की जाती है, तो उसका उचित और पर्याप्त मुआवजा दिया जाएगा, ताकि इस अधिनियम द्वारा प्रदत्त अधिकार सार्थक बना रहे। इसके अलावा अनुच्छेद 30 (2) में यह प्रावधान किया गया है कि शिक्षण संस्थाओं को सहायता देने के मामले में राज्य किसी शिक्षण संस्था के विरुद्ध इस आधार पर विभेद नहीं करेगा कि वह धर्म या भाषा पर आधारित किसी अल्पसंख्यक वर्ग के प्रबंध में है।
- भारतीय संविधान अल्पसंख्यक समुदाय को विशेष संरक्षण देता है, जो हमारी पंथनिरपेक्षता की अवधारणा की रक्षा के लिए आवश्यक भी है। वस्तुत: अनुच्छेद 30 की भावना पर जोर देते हुए यह तर्क दिया जाता है कि इसका उद्देश्य अल्पसंख्यक समुदाय की विलुप्त होती भाषा तथा संस्कृति की रक्षा करना है। किंतु इस अनुच्छेद की आलोचना भी की जाती है। न्यायालयों में आने वाले मामलों में प्राय: अनुच्छेद 30 पर ही विवाद खड़ा किया जाता है वास्तव में अल्पसंख्यकों को अपनी रुचि के शिक्षण संस्थाओं की स्थापना एवं प्रबंधन की जो स्वतंत्रता दी गई है, वह बहुसंख्यकों को प्राप्त नहीं है। अल्पसंख्यक समुदाय की संस्थाओं को शत-प्रतिशत सरकारी वित्त पोषण दिए जाने की व्यवस्था है किंतु ऐसी संस्थाओं को पूरी तरह से सरकारी हस्तक्षेप से मुक्त रखा गया है।

भाषायी अल्पसंख्यकों हेतु विशेष प्रावधान

- संविधान के अध्याय 17 के भाग 4 में भाषायी अल्पसंख्यकों हेतु विशेष प्रावधान किए गए हैं। **सातवें संविधान संशोधन, 1956** द्वारा इस भाग में **अनुच्छेद 350 क** को अंत: स्थापित करते हुए प्रावधान किया गया है कि राज्य भाषायी अल्पसंख्यक वर्ग के बालकों हेतु उनकी मातृभाषा में शिक्षा उपलब्ध कराने की व्यवस्था करेगा।
- अनुच्छेद 350 (ख) में राष्ट्रपति को भाषायी अल्पसंख्यकों हेतु विशेष प्राधिकारी नियुक्त किए जाने का अधिकार दिया गया है। अनुच्छेद के खंड (2) के अनुसार ऐसा अधिकारी भाषायी अल्पसंख्यकों के हितों के लिए राष्ट्रपति को प्रतिवेदन देगा और राष्ट्रपति ऐसे प्रतिवेदनों को संसद में प्रस्तुत करवाएगा।

आंग्ल-भारतीय समुदाय के लिए विशेष उपबंध

संविधान के अध्याय 15 के अनुच्छेद 331 में प्रावधान है कि लोकसभा में इस समुदाय का प्रतिनिधित्व न होने की दशा में राष्ट्रपति इस वर्ग से दो व्यक्तियों को नामित करेगा। इसी प्रकार अनुच्छेद 333 के अंतर्गत राज्य विधान सभाओं में आंग्ल-भारतीय समुदाय को प्रतिनिधित्व दिए जाने का प्रावधान दिया गया है। संविधान लागू होने के साथ ही शुरुआती कुछ वर्षों के लिए **अनुच्छेद 336 एवं अनुच्छेद 337** के अंतर्गत आंग्ल-भारतीय समुदाय हेतु शिक्षण एवं सेवाओं में उन्मुक्तियां दिए जाने का प्रावधान किया गया था, जो समयावधि बीत जाने के कारण अब प्रवर्तन में नहीं है।

इन संवैधानिक उपबंधों के अतिरिक्त केंद्र सरकार द्वारा अल्पसंख्यकों हेतु समय-समय पर कार्यक्रमों की घोषणा की जाती है। समाज कल्याण मंत्रालय द्वारा इस दिशा में 15 सूत्री कार्यक्रम की शुरुआत पिछले दशक में की गई थी। अल्पसंख्यकों के हितों को संरक्षण देने की दिशा में एक महत्वपूर्ण कदम उठाते हुए केंद्र सरकार द्वारा 1978 में अल्पसंख्यक आयोग का गठन किया गया था। **1992 में इस आयोग को संवैधानिक स्तर प्रदान किया गया।**

राष्ट्रीय अल्पसंख्यक आयोग

राष्ट्रीय अल्पसंख्यक आयोग अधिनियम, 1992 के तहत 1993 में राष्ट्रीय अल्पसंख्यक आयोग की स्थापना एक संवैधानिक निकाय के रूप में की गई। इस आयोग को संवैधानिक दर्जा प्रदान करने के लिए नवबंर 2004 में संविधान में संशोधन किया गया। इस आयोग को अल्पसंख्यकों के हितों की सुरक्षा की जिम्मेदारी सौंपी गई है।

आयोग के प्रमुख कार्य

- अल्पसंख्यकों से संबंधित, कोई भी निर्देश, जो केंद्रीय सरकार के द्वारा दिया गया हो, उस पर अमल करना।
- अल्पसंख्यकों से संबंधित किसी भी समस्या के लिए समय-समय पर अथवा विशेष रिपोर्ट तैयार करके केंद्रीय सरकार के समक्ष पेश करना।
- संघ और राज्यों के अधीन अल्पसंख्यकों की उन्नति के लिए किए गए विकास कार्यों का मूल्यांकन करना।
- अल्पसंख्यकों के लिए संविधान द्वारा प्रदत्त रक्षोपायों तथा संसद और राज्यों की विधायिका द्वारा अधिनियम किए गए कानून के कार्यान्वयन का संचालन करना।
- अल्पसंख्यकों के हितों की रक्षा के प्रभावकारी कार्यान्वयन के लिए केंद्रीय तथा राज्य सरकारों को सुझाव देना।
- अल्पसंख्यकों में शिक्षा का विकास तथा सामाजिक-आर्थिक मुद्दों के संबंध में शोध कार्य करना।
- उन कारणों की समीक्षा करना, जिनके द्वारा अल्पसंख्यकों के साथ विभेद किया गया हो तथा उन कारणों को दूर करने के लिए प्रभावशाली उपायों की अनुशंसा करना।

राष्ट्रीय धार्मिक और भाषायी अल्पसंख्यक आयोग

केंद्र सरकार द्वारा धार्मिक और भाषायी अल्पसंख्यकों के सामाजिक-आर्थिक रूप से पिछड़े वर्गों की पहचान तय करने के लिए विस्तृत जांच और उनके कल्याण के उपाय सुझाने के लिए राष्ट्रीय धार्मिक और भाषायी अल्पसंख्यक आयोग का गठन किया गया है। इस आयोग ने 21 मार्च, 2005 से कार्य करना शुरू कर दिया है।

आयोग के प्रमुख कार्य

- धार्मिक और भाषायी अल्पसंख्यकों के सामाजिक-आर्थिक रूप से पिछड़े वर्गों की पहचान के आधार के बारे में सलाह देना।
- धार्मिक और भाषायी अल्पसंख्यकों के सामाजिक-आर्थिक रूप से पिछड़े वर्गों के कल्याण के उपाय, सुझाव तथा सिफारिशें देना।
- उनकी सिफारिश को लागू करने के लिए आवश्यक संवैधानिक कानूनी और प्रशासनिक तौर-तरीके सुझाना और उनकी राय तथा सिफारिशों के बारे में रिपोर्ट पेश करना।

अल्पसंख्यक समुदाय—राष्ट्रीय अल्पसंख्यक आयोग अधिनियम, 1992 के तहत पांच धार्मिक समुदायों-मुसलमान, ईसाई, सिख, बौद्ध और पारसी को अल्पसंख्यक अधिसूचित किया गया है। (2011 की जनगणना के अनुसार देश की कुल जनसंख्या में अल्पसंख्यकों का हिस्सा 18.42% है।)

अल्पसंख्यकों पर सच्चर समिति की सिफारिशें

केंद्र सरकार द्वारा अल्पसंख्यकों के संदर्भ में पूर्व न्यायमूर्ति राजेन्द्र सच्चर की अध्यक्षता में एक समिति गठित की गई, जिसकी सिफारिशें निम्नवत् हैं–

- सार्वजनिक क्षेत्र के सभी बैंकों को अल्पसंख्यक बहुल जिलों में और अधिक शाखाएं खोलने का निर्देश दिया गया।
- शिक्षा, आवास एवं रोजगार के क्षेत्र की विभिन्नता को मापने के लिए उचित विभिन्नता सूचकांक ईजाद करने के लिए विशेषज्ञ समूह का गठन।
- उचित तथा कारगर नीतिगत निर्णय हेतु आंकड़ों के विश्लेषण के लिए योजना आयोग में स्वायत्त मूल्यांकन एवं निगरानी प्राधिकरण का गठन।
- शैक्षिक रूप से पिछड़े सभी 3479 बालकों में अपर प्राथमिक विद्यालय में मध्याह्न भोजन प्रदान करना।
- मौजूदा यू.जी.सी. की योजना के तहत अल्पसंख्यक बहुल जिलों में कॉलेज एवं विश्वविद्यालयों में छात्राओं के लिए अधिक छात्रावास का निर्माण प्रस्ताव।

समिति की सिफारिशों के अनुसरण हेतु की गई पहल

- सार्वजनिक क्षेत्र के बैंकों को अल्पसंख्यक बहुत जिलों में और अधिक शाखाएं खोलने का निर्देश। वर्ष 2007-08 के दौरान ऐसे जिलों में 523 शाखाएं खोली गई।
- समान अवसर आयोग के ढांचे एवं कार्य के अध्ययन तथा अनुमोदन के लिए विशेषज्ञ समूह का गठन।
- सांख्यिकी तथा कार्यक्रम कार्यान्वयन मंत्रालय के अधीन इन समुदायों के लिए आंकड़ा संग्रहण हेतु राष्ट्रीय डाटा बैंक की स्थापना।
- अल्पसंख्यक तथा अनुसूचित जाति/जनजाति की नीतियों के अध्ययन के लिए केंद्रों की स्थापना हेतु 13 विश्वविद्यालयों में से प्रत्येक को 40 लाख प्रदान किए गए हैं।

राष्ट्रीय अल्पसंख्यक विकास और वित्त निगम

राष्ट्रीय अल्पसंख्यक विकास और वित्त निगम अल्पसंख्यक समुदाय के उन लोगों, जिनकी पारिवारिक आय गरीबी रेखा से नीचे जीवन-यापन करने वाले परिवारों की आय की दुगुनी से कम हो, स्व-रोजगार गतिविधियों के लिए रियायती वित्त प्रदान करता है। निगम की अधिकृत पूंजी 500 करोड़ रुपए से बढ़ाकर 650 करोड़ रुपए कर दी गई है।

अल्पसंख्यकों के कल्याण के लिए प्रधानमंत्री का 15 सूत्री कार्यक्रम

इस कार्यक्रम की घोषणा प्रधानमंत्री द्वारा जून 2006 में की गई। इस कार्यक्रम के निम्नलिखित उद्देश्य हैं–

- शैक्षिक अवसरों में बढ़ोतरी
- मौजूदा तथा नई योजनाओं एवं स्वरोजगार के लिए ऋण सहायता में वृद्धि।
- राज्य और केंद्र सरकार की नौकरियों में चयन द्वारा रोजगार एवं आर्थिक गतिविधियों में अल्पसंख्यकों की समुचित भागीदारी सुनिश्चित करना।
- बुनियादी संरचना विकास योजनाओं में उचित भागीदारी सुनिश्चित कर अल्पसंख्यकों के जीवन स्तर में सुधार करना।
- सांप्रदायिक दंगों की रोकथाम व नियंत्रण।

इस कार्यक्रम का एक महत्वपूर्ण उद्देश्य यह सुनिश्चित करना है कि वंचितों के लिए निर्मित विभिन्न सरकारी योजनाओं का लाभ इन अल्पसंख्यक समुदायों के वंचितों को निश्चित रूप से प्राप्त हो। इस कार्यक्रम के अधीन यह भी सुनिश्चित किया गया है कि विभिन्न सरकारी योजनाओं का 15% व्यय अल्पसंख्यक समुदायों के निमित्त हों।

मौलाना आजाद एजुकेशन फाउंडेशन

मौलाना आजाद एजुकेशन फाउंडेशन एक पंजीकृत सोसायटी है। इसका उद्देश्य समाज के शैक्षिक रूप से पिछड़े लोगों, खासकर अल्पसंख्यकों में शिक्षा का प्रसार करना है। भारत सरकार इस फाउंडेशन को संचित निधि उपलब्ध कराती

है। देश भर में चल रहे फाउंडेशन की योजनाओं के उत्साहजनक परिणामों को देखते हुए सरकार संचित निधि को 70 करोड़ रुपए से बढ़ाकर 100 करोड़ रुपए करने पर विचार कर रही है।

सर्वोच्च न्यायालय के निष्कर्ष

राज्य सरकार एवं केंद्र सरकार द्वारा अल्पसंख्यकों के हितों के संरक्षण की दिशा में किए गए विभिन्न प्रयासों तथा संवैधानिक उपायों के अतिरिक्त सर्वोच्च न्यायालय द्वारा भी समय-समय पर निर्णय दिए गए हैं। इन निर्णयों के आधार पर सर्वोच्च न्यायालय के दृष्टिकोण को इस प्रकार बिंदुकृत किया जा सकता है–

- प्रत्येक अल्पसंख्यक समुदाय को अपनी रुचि के मुताबिक शिक्षा संस्थाओं की स्थापना तथा अपने समुदाय के बालकों को अपनी मातृभाषा में शिक्षा देने का अधिकार है।
- राष्ट्रभाषा हिंदी के प्रचार-प्रसार हेतु अनुच्छेद 351 में दिए गए निर्देश पर राज्य इस तरह कदापि अमल नहीं कर सकता कि अनुच्छेद 29 और 30 द्वारा प्रदत्त अधिकारों को कोई हानि पहुंचे।
- अनुच्छेद 45 के तहत प्राथमिक शिक्षा को अनिवार्य करने के आधार पर राज्य अल्पसंख्यकों को सिर्फ राज्य संचालित शिक्षालयों में जाने के लिए बाध्य नहीं कर सकता। अल्पसंख्यकों को निजी संस्थाओं में अपनी रुचि के मुताबिक अपनी भाषा में शिक्षा पाने का पूरा अधिकार है।
- कोई भी शिक्षण संस्था राज्य से सहायता का साधिकार दावा नहीं कर सकती। लेकिन राज्य यदि शिक्षण संस्थाओं को कोई सहायता देता है, तो अल्पसंख्यक वर्ग की शिक्षण संस्थाओं को भी यह प्राप्त होगी, यहां यह उल्लेखनीय है कि राज्य अपनी सहायता के लिए सभी संस्थाओं पर कुछ शर्तों का अधिरोपण करने के लिए स्वतंत्र है। लेकिन इन शर्तों को अनिवार्यत: ऐसा होना चाहिए, जिसमें अनुच्छेद 29 और अनुच्छेद 30 के तहत प्रदत्त अधिकारों का हनन न हो।
- जहां तक सरकारी मान्यता का प्रश्न है, कोई भी शिक्षण संस्था राजकीय मान्यता का साधिकार दावा नहीं कर सकती। राज्य शिक्षण संस्थाओं को मान्यता देने से पूर्व कुछ शर्तें लागू करने का अधिकार है। लेकिन इन शर्तों को ऐसा होना चाहिए, जिसमें अनुच्छेद 30 (1) के तहत अल्पसंख्यकों के प्रदत्त विशिष्ट अधिकारों का हनन न हो।
- इसी प्रकार, प्रबंधन के विषय में भी राज्य को विनियमन का अधिकार है। लेकिन इस संदर्भ में भी राज्य को यह ध्यान रखना होगा कि इससे अल्पसंख्यकों के अनुच्छेद 30 (1) में अधिकारों का हनन न हो।
- लोक नियोजन या जनप्रतिनिधित्व के मामलों में सिर्फ अल्पता के आधार पर कोई भी संरक्षण-आरक्षण नहीं दिया जा सकता।

सर्वोच्च न्यायालय का नवीनतम निर्णय

30 अक्टूबर, 2002 को सर्वोच्च न्यायालय की 11 सदस्यीय खंडपीठ ने 6–5 के बहुमत में दूरगामी परिणाम वाले एक निर्णय में कहा कि अल्पसंख्यक वर्ग द्वारा संचालित होने वाली सहायता प्राप्त एवं गैर-सहायता प्राप्त दोनों प्रकार की शिक्षण संस्थाओं पर प्रवेश एवं प्रशासन के मामलों में सरकार का नियंत्रण रहेगा तथा इन संस्थाओं में अल्पसंख्यक छात्रों को वरीयता देने के साथ ही अन्य वर्गों के छात्रों को एक निश्चित संख्या में प्रवेश देना होगा। इन संस्थाओं को संबद्धता देने वाले विद्यालय द्वारा तब तक हस्तक्षेप नहीं किया जाएगा, जब तक कि इनके प्रशासन में पारदर्शिता है। इन संस्थाओं में गैर-अल्पसंख्यक छात्रों की संख्या के बारे में न्यायालय ने कहा कि अन्य वर्ग के छात्रों की संख्या निर्धारित करने का कार्य राज्य द्वारा उक्त क्षेत्र की जनसंख्या के प्रतिशत के आधार पर तय किया जाएगा।

इस प्रकार हम देखते हैं कि संविधान में अल्पसंख्यकों में सुरक्षा का भाव पैदा करने के लिए पर्याप्त संरक्षणात्मक उपाय किए गए हैं। संविधान निर्माताओं ने नौकरियों में इस वर्ग के लिए आरक्षण का कोई प्रावधान न करके यह भी स्पष्ट कर दिया कि यह वर्ग दलित अथवा पिछड़ा नहीं है। इस प्रकार सच कहा जाए तो संविधान में अल्पसंख्यकों के लिए किए गए संरक्षणात्मक उपाय पर्याप्त हैं। इसमें और वृद्धि अथवा विस्तार की आवश्यकता नहीं है। हमारे राजनेता अल्पसंख्यकों के नाम पर समय-समय पर जो कुत्सित राजनीति करते हैं, उससे वास्तव में समाज अल्पसंख्यक तथा बहुसंख्यक वर्ग में विभाजित होता है। यह कृत्रिम विभाजन भविष्य में सामाजिक तनाव का कारण बन सकता है। हमारे राजनेताओं को इस पर गहन विचार करना चाहिए।

स्मरणीय तथ्य

- भारतीय संविधान में कल्याणकारी राज्य की अवधारणा का समावेश किया गया है।
- अनुसूचित जाति एवं जनजाति की संविधान में कोई स्पष्ट परिभाषा नहीं दी गई है।
- संविधान के **अनुच्छेद 275 (1)** में कहा गया है कि अनुसूचित जाति/जनजाति के कल्याण हेतु जो भी योजनाएं बनें, उनके लिए केंद्र अपनी ओर से पर्याप्त सहायता देगा।
- संविधान में यह स्पष्ट निर्देश दिया गया है (अनुच्छेद 164) कि बिहार, मध्य प्रदेश तथा ओडिशा, जोकि जनजाति बहुल प्रांत हैं, में एक ऐसे मंत्री की नियुक्ति की जाएगी, जो जनजातीय कल्याण का प्रभारी होगा।
- राष्ट्रीय अनुसूचित जाति आयोग एक संवैधानिक आयोग के रूप में स्थापित किया गया है।
- संविधान के अनुच्छेद 244 के छठी अनुसूची के अंतर्गत असम, मेघालय, त्रिपुरा और मिजोरम के जनजातीय इलाकों में स्वायत्त जिलों की पहचान की गई है।
- असम, मेघालय, त्रिपुरा एवं मिजोरम के जनजातीय क्षेत्रों में स्वशासी जिलों का गठन किया गया है, लेकिन वे संबंधित राज्य के कार्यकारी प्राधिकार के बाहर नहीं हैं।
- राज्यपाल को स्वशासी जिलों को स्थापित या पुनर्स्थापित करने का अधिकार है, अत: राज्यपाल इनके क्षेत्रों को बढ़ा या घटा सकता है।
- 1990 में अनुसूचित जाति और अनुसूचित जनजाति के लिए एक संयुक्त आयोग संवैधानिक संस्था के रूप में गठित किया गया।
- 1999 में अनुसूचित जनजातियों के कल्याण एवं विकास कार्यों को गति देने के लिए एक नए जनजातीय मंत्रालय की स्थापना की गई।
- जनजातीय समुदाय देश के कुल क्षेत्र के लगभग 15 प्रतिशत भाग में फैला है, जो भिन्न-भिन्न पारिस्थितिकी तथा भू-जलवायु स्थितियों वाले मैदानी, पर्वतीय, जंगलीय और दुर्गम क्षेत्रों में रहते हैं।
- केंद्र सरकार ने राष्ट्रीय आदिवासी नीति का प्रारूप 21 जुलाई, 2006 को जारी किया। इस नए प्रारूप में सरकार ने आदिवासियों से जुड़े 23 विषयों पर ध्यान केंद्रित किया है।
- वर्ष 2002–03 से आदिवासी महिला सशक्तिकरण योजना शुरू की गई है।

- अस्पृश्यता की कुत्सित परंपरा को समाप्त करने के लिए 1955 में अस्पृश्यता निवारण अधिनियम पारित किया गया।
- भारतीय जनजातीय सहकारी विपणन परिसंघ (ट्राइफेड) राष्ट्रीय स्तर की एक शीर्ष सहकारी संस्था है।
- केंद्र सरकार द्वारा काका कालेलकर आयोग का गठन 29 जनवरी, 1953 को किया गया।
- राष्ट्रीय पिछड़ा वर्ग वित्त एवं विकास निगम आय अर्जन की विभिन्न गतिविधियों के लिए ऋण सुविधाएं उपलब्ध कराता है।
- वृद्धजनों के लिए राष्ट्रीय नीति की घोषणा जनवरी 1999 में की गई।
- भारतीय संविधान में देश के लिए एक लोक कल्याणकारी राज्य की कल्पना की गई है।
- संविधान के **अनुच्छेद 29 एवं 30** में अल्पसंख्यकों के लिए विशेष प्रावधानों का उल्लेख किया गया है।
- **अनुच्छेद 29** के तहत अल्पसंख्यक वर्गों के हितों के संरक्षण से संबंधित प्रावधानों का उल्लेख है।
- अनुच्छेद 30 पूर्णत: अल्पसंख्यकों के अधिकार से संबंधित है, अर्थात् इसका आशय अल्पसंख्यकों के अधिकारों की रक्षा करना है।
- संविधान के अध्याय 17 के भाग 4 में भाषायी अल्पसंख्यकों हेतु विशेष प्रावधान किए गए हैं।
- संविधान के अध्याय 15 के अनुच्छेद 331 में प्रावधान है कि लोकसभा में इस समुदाय का प्रतिनिधित्व न होने की दशा में राष्ट्रपति इस वर्ग से दो व्यक्तियों को नामित करेगा।
- राष्ट्रीय अल्पसंख्यक आयोग अधिनियम, 1992 के तहत् 1993 में राष्ट्रीय अल्पसंख्यक आयोग की स्थापना एक संवैधानिक निकाय के रूप में की गई।
- मौलाना आजाद एजुकेशन फाउंडेशन एक पंजीकृत सोसायटी है। इसका उद्देश्य समाज के शैक्षिक रूप से पिछड़े लोगों, खासकर अल्पसंख्यकों में शिक्षा का प्रसार करना है।
- संविधान में अल्पसंख्यकों में सुरक्षा का भाव पैदा करने के लिए पर्याप्त संरक्षणात्मक उपाय किए गए हैं।

❑❑❑

भाग-X

सांविधिक आयोग एवं संस्थाएं

अध्याय 1 राष्ट्रीय मानवाधिकार आयोग

यद्यपि मानवाधिकार शब्द भले ही नया है, किंतु इसका स्वरूप उतना ही प्राचीन है, जितना कि स्वयं मानव। मानव प्रारंभ से ही सामाजिक प्राणी है। समाज में रहने के कारण उसके समाज के प्रति कुछ कर्तव्य बनते हैं, तो दूसरी ओर समाज से उसकी कुछ अपेक्षाएं भी होती हैं। इस प्रकार समाज और व्यक्तित्व के विकास का एक सीधा संबंध बनता है। लास्की के अनुसार, 'अधिकार सामाजिक जीवन की वे परिस्थितियां हैं, जिनके बगैर सामान्यतया कोई व्यक्ति अपने व्यक्तित्व का विकास नहीं कर सकता है।' मानवाधिकारों का सृजन भी समाज में ही होता है। सामान्यतया मानवाधिकार से तात्पर्य है–लिंग, धर्म, जाति, संप्रदाय, देश की आर्थिक स्थिति जैसे भेदभावमूलक विचारों का त्याग कर मानव को समुचित विकास, संरक्षण तथा सम्मानजनक जीवन जीने का वह अधिकार प्रदान करना, जो उसे जन्म के साथ ही प्राप्त हो जाता है। हमारे संविधान में नीति-निदेशक सिद्धांतों तथा मौलिक अधिकारों को इसी भावना को ध्यान में रखते हुए स्थान दिया गया है। इसी को दृष्टिगत रखते हुए भारतीय नीति निर्माताओं ने 1993 में राष्ट्रीय मानवाधिकार आयोग गठित करने का निर्णय लिया और संसद द्वारा एक अधिनियम बनाया गया, जिसे राष्ट्रीय मानवाधिकार आयोग अधिनियम 1993 के नाम से जाना जाता है।

मानवाधिकार : एक परिचय

मानवाधिकार से आशय ऐसे अधिकारों से है, जो व्यक्ति को मनुष्य होने के कारण प्राप्त होते हैं। यद्यपि भारतीय संविधान में मानवाधिकारों के रूप में मौलिक अधिकारों की व्यवस्था है, जिसे उच्चतम न्यायालय द्वारा संरक्षण प्राप्त है और जो अत्यंत व्यापक है तथा किसी राष्ट्र-राज्य की सीमाओं से परे हैं। मानवाधिकारों की निम्नलिखित विशेषताएं होती हैं–

- मानवाधिकार पूरी मानव जाति को प्राप्त होते हैं, जबकि मौलिक अधिकार, नागरिक होने के कारण प्राप्त होते हैं।
- मानवाधिकार व्यक्ति को उसके राष्ट्रीयता, धर्म, लिंग, वर्ग, जाति, व्यवसाय, सामाजिक एवं आर्थिक स्थिति, कुछ भी हो, प्रदान किया जाता है।
- मानवाधिकारों एवं मानवीय गरिमा के बीच घनिष्ठ संबंध हैं अर्थात् वह अधिकार जो मानव गरिमा को बनाए रखने के लिए आवश्यक है, उसे मानवाधिकार कहा जाता है।
- मानवाधिकार मनुष्यों को जन्मजात प्राप्त होते हैं तथा गरिमा और अधिकारों की दृष्टि से महत्वपूर्ण होते हैं।

राष्ट्रीय मानवाधिकार आयोग

मानवाधिकारों की रक्षा हेतु राष्ट्रीय मानवाधिकार आयोग (National Human Rights Commission) एक सांविधिक निकाय (Statutory Body) है। इसका गठन संसद में पारित अधिनियम मानवाधिकार संरक्षण अधिनियम, 1993 के अंतर्गत हुआ था।

भारत में राष्ट्रीय मानवाधिकार आयोग एक बहु-सदस्यीय संवैधानिक निकाय के रूप में गठित किया गया है, जिसका मुख्य दायित्व देश में मानवाधिकार का संरक्षण करना और यह सुनिश्चित करना है कि प्रत्येक नागरिक के मानवाधिकारों का अनुपालन किया जाए। उल्लेखनीय है कि भारतीय संविधान के भाग 3 और 4 में भी मानवाधिकारों का प्रत्यक्ष और अप्रत्यक्ष रूप में उल्लेख किया गया है। भारतीय समाज की प्राचीन काल से ही परस्पर सद्भाव और सहिष्णुता की परंपरा रही है, जो वर्तमान में भी परिलक्षित होती है। यही नहीं वर्तमान में न्यायपालिका ने भी मौलिक अधिकारों में निहित मानवाधिकार के क्षेत्र को व्यापक बना दिया है।

भारत में राष्ट्रीय मानवाधिकार आयोग के गठन के कारण

भारत में राष्ट्रीय मानवाधिकार आयोग अचानक अपने अस्तित्व में नहीं आया बल्कि यह एक लंबे चिंतन-मनन और साथ ही अंतर्राष्ट्रीय दबाव के फलस्वरूप आया। भारत में राष्ट्रीय मानवाधिकार आयोग के गठन के निम्नलिखित कारण बताए गए हैं–

- भारत ने संयुक्त राष्ट्र संघ मानवाधिकार घोषणा-पत्र पर हस्ताक्षर किए हैं।
- एमनेस्टी इंटरनेशनल जैसी मानवाधिकार (अंतर्राष्ट्रीय) एजेंसियों ने भारत के ऊपर मानवाधिकारों के उल्लंघन का आरोप लगाया।
- वर्ष 1990 के बाद पूरे विश्व में मानवाधिकार के संरक्षण की दिशा में अनेक प्रयत्न किए गए और भारत के पुलिस आयोग की रिपोर्ट में भी राष्ट्रीय मानवाधिकार आयोग की स्थापना पर बल प्रदान किया गया।
- राष्ट्रीय मानवाधिकार आयोग, उच्चतम न्यायालय की शक्तियों का विरोधी नहीं, वरन् पूरक है, क्योंकि मानवाधिकार की रक्षा के लिए उच्चतम न्यायालय के कार्यों के बोझ को कम करने के उद्देश्य से ही राष्ट्रीय मानवाधिकार आयोग की स्थापना की गई है।
- अंतर्राष्ट्रीय संधियों (पेरिस संधि) के अनुसार, भारत में मानवाधिकार आयोग की स्वायत्तता पर अत्यधिक बल प्रदान किया गया है।

राष्ट्रीय मानवाधिकार आयोग की संरचना

राष्ट्रीय मानवाधिकार आयोग एक बहु-सदस्यीय निकाय है, जिसका मुख्य कार्य मानवाधिकार का संरक्षण करना है। राष्ट्रीय मानवाधिकार आयोग की निम्नलिखित संरचना है–

- यह एक बहु-सदस्यीय संस्था है, जिसमें एक अध्यक्ष और चार सदस्य होते हैं। ये सदस्य स्थायी होते हैं।
- राष्ट्रीय मानवाधिकार आयोग का अध्यक्ष उच्चतम न्यायालय का अवकाश प्राप्त मुख्य न्यायाधीश होता है और दो सदस्य उच्चतम न्यायालय अथवा उच्च न्यायालय के कार्यरत या अवकाशप्राप्त न्यायाधीश होते हैं तथा दो अन्य सदस्य, वे व्यक्ति होते हैं, जिनको मानवाधिकार के संदर्भ में विशेष जानकारी हो।

- राष्ट्रीय मानवाधिकार आयोग में स्थायी सदस्यों के अतिरिक्त चार पदेन सदस्य भी होते हैं। इस प्रकार राष्ट्रीय मानवाधिकार आयोग में सदस्यों की कुल संख्या 9 होती है।

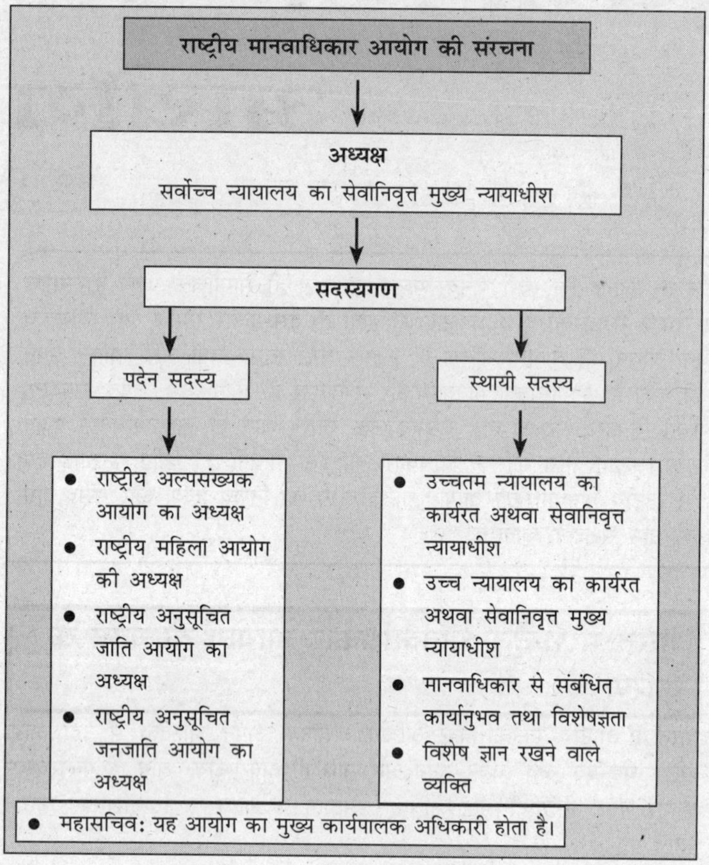

नियुक्ति की प्रक्रिया

राष्ट्रीय मानवाधिकार आयोग की स्वायत्तता और स्वतंत्रता बनाए रखने के लिए अध्यक्ष और सदस्यों की नियुक्ति प्रधानमंत्री की अध्यक्षता वाली 6 सदस्यीय समिति की सिफारिश पर राष्ट्रपति द्वारा की जाती है। उक्त 6 सदस्यीय समिति के सदस्यगण इस प्रकार हैं–

1. प्रधानमंत्री
2. गृहमंत्री
3. लोक सभा में विपक्ष का नेता
4. राज्य सभा में विपक्ष का नेता
5. लोक सभा अध्यक्ष
6. राज्य सभा के उपसभापति

- राष्ट्रपति, इसी समिति की अनुशंसा पर राष्ट्रीय मानवाधिकार आयोग के अध्यक्ष और सदस्यों की नियुक्ति करते हैं।
- इसके अतिरिक्त भारत के मुख्य न्यायाधीश की सलाह पर उच्चतम न्यायालय के किसी न्यायाधीश अथवा उच्च न्यायालय के किसी मुख्य न्यायाधीश की नियुक्ति हो सकती है।

राष्ट्रीय मानवाधिकार आयोग के सदस्यों का कार्यकाल एवं सेवा शर्तें

- राष्ट्रीय मानवाधिकार आयोग के अध्यक्ष और सदस्यों का कार्यकाल अधिकतम 5 वर्ष या 70 वर्ष की उम्र तक (इनमें से जो भी पहले पूरा हो) होता है।
- अवकाश प्राप्ति के पश्चात् इन सदस्यों को संघ सरकार या राज्य सरकार की किसी सेवा के अंतर्गत नियोजित नहीं किया जा सकता है।
- इन्हें हटाने के लिए उच्चतम न्यायालय की सहमति आवश्यक है और उच्चतम न्यायालय की अनुशंसा के बाद ही अध्यक्ष एवं सदस्यों को उनके पद से हटाया जा सकता है।
- कार्यकाल के दौरान राष्ट्रीय मानवाधिकार आयोग के अध्यक्ष और सदस्यों के वेतन में कोई अलाभकारी परिवर्तन नहीं होगा।

राष्ट्रीय मानवाधिकार आयोग के अध्यक्ष एवं सदस्य की पदच्युति

राष्ट्रपति द्वारा अध्यक्ष एवं सदस्यों को उनके पद से निम्नलिखित परिस्थितियों में हटाया जा सकता है–

- यदि वह दिवालिया हो जाए, अथवा
- यदि वह अपने कार्यकाल के दौरान, अपने कार्यक्षेत्र से बाहर से किसी प्रदत्त रोजगार में संलिप्त होता है, अथवा
- यदि वह मानसिक व शारीरिक कारणों से कार्य करने में असमर्थ हो गया हो, अथवा
- यदि वह मानसिक रूप में अस्वस्थ हो तथा सक्षम न्यायालय ऐसी घोषणा करे, अथवा
- यदि वह न्यायालय द्वारा किसी अपराध का दोषी व सजायाफ़्ता हो।

इसके अलावा राष्ट्रपति, अध्यक्ष तथा किसी भी सदस्य को उसके कदाचार व अक्षमता के आधार पर भी पद से हटा सकता है। हालांकि अगर ऐसी परिस्थिति आती है, तो राष्ट्रपति इस विषय को उच्चतम न्यायालय में जांच के लिए भेजेगा। यदि जांच के उपरांत उच्चतम न्यायालय इन आरोपों को सही पाता है, तो उसके परामर्श पर राष्ट्रपति इन सदस्यों एवं अध्यक्ष को उनके पद से हटा सकता है।

राष्ट्रीय मानवाधिकार आयोग के अध्यक्ष व सदस्यों के वेतन, भत्ते व अन्य सेवा शर्तों का निर्धारण केंद्र सरकार द्वारा किया जाता है, परंतु नियुक्ति के उपरांत उनमें अलाभकारी परिवर्तन नहीं किया जा सकता है।

राष्ट्रीय मानवाधिकार आयोग के कार्य

राष्ट्रीय मानवाधिकार आयोग को निम्नलिखित कार्य संपादित करने पड़ते हैं–

- संविधान के उन प्रावधानों का क्रियान्वयन करना जिनमें मानवाधिकारों का उल्लेख है।
- मानवाधिकारों के हनन के मामले की जांच करना।
- कोई भी व्यक्ति मानवाधिकारों के हनन की शिकायत राष्ट्रीय मानवाधिकार आयोग के समक्ष कर सकता है, जिसे राष्ट्रीय मानवाधिकार आयोग द्वारा निस्तारित करने का प्रयत्न किया जाएगा।
- राष्ट्रीय मानवाधिकार आयोग का कार्य मानवाधिकारों के संदर्भ में जागरूकता पैदा करना व संबंधित अनुसंधान को बढ़ावा देना है तथा मानवाधिकार से संबंधित विभिन्न अंतर्राष्ट्रीय संधियों को लागू करना है।
- विभिन्न जिला स्तर की मानवाधिकार समितियों के गठन की अनुशंसा करना। मानवाधिकार का कार्य सरकार की एजेंसियों से सहायता लेकर किया जाता है।
- राष्ट्रीय मानवाधिकार आयोग, मौलिक अधिकारों तथा मानवाधिकारों की रक्षा करता है तथा इनका हनन होने पर जांच करता है एवं आवश्यक कार्यवाही की अनुशंसा भी करता है।
- मानवाधिकार आयोग एक ऐसी संस्था है, जो नागरिकों को नि:शुल्क न्याय दिलाती है तथा मानवाधिकारों के हनन पर स्वत: संज्ञान भी लेती है।

राष्ट्रीय मानवाधिकार आयोग की शक्तियां

- राष्ट्रीय मानवाधिकार आयोग, लोक प्रक्रिया संहिता, 1908 के तहत सिविल न्यायालय की समस्त शक्तियां धारण करता है।
- वह पुलिस से समस्त कार्यवाहियों के रिकॉर्ड को भी मांग सकता है और किसी भी व्यक्ति को सम्मन जारी कर सकता है।
- राष्ट्रीय मानवाधिकार आयोग स्वयं एक सिविल न्यायालय की भूमिका में कार्य करता है जिसके द्वारा वह मानवाधिकारों की रक्षा करता है।
- राष्ट्रीय मानवाधिकार आयोग द्वारा कारागार निरीक्षण, बालश्रम उन्मूलन हेतु कारखानों का निरीक्षण करना, जिनमें मानवाधिकारों के हनन की संभावना होती है, का कार्य भी किया जाता है।
- राष्ट्रीय मानवाधिकार आयोग उच्चतम न्यायालय को मानवाधिकारों से संबंधित विचाराधीन मामलों में भी सहायता प्रदान करता है।
- आयोग का प्रधान कार्यालय दिल्ली में स्थित है तथा वह भारत में अन्य स्थानों पर भी अपने कार्यालय खोल सकता है। आयोग की अपनी कार्यप्रणाली है तथा वह यह करने के लिए अधिकृत है।
- आयोग के पास मानवाधिकारों के उल्लंघन से संबंधित शिकायतों की जांच हेतु स्वयं का एक जांच दल है। इसके अतिरिक्त आयोग केंद्र अथवा राज्य सरकारों की किसी भी अधिकारी या जांच एजेंसी की सेवाएं ले सकता है।
- आयोग व गैर-सरकारी संगठनों के बीच एक प्रभावशाली सहभागिता भी है, जो प्रथम दृष्ट्या मानवाधिकार उल्लंघन की सूचना प्राप्ति में सहायक है।

राष्ट्रीय मानवाधिकार आयोग के द्वारा की गई जांच के बाद की कार्यवाही

राष्ट्रीय मानवाधिकार आयोग के द्वारा किसी मामले की जांच पूरी होने के बाद निम्नलिखित कदम उठाए जा सकते हैं–

- यह पीड़ित व्यक्ति को क्षतिपूर्ति या नुकसान के भुगतान के लिए संबंधित सरकार या प्राधिकरण को सिफारिश कर सकता है।
- यह दोषी लोक सेवक के विरुद्ध बंदीकरण हेतु कार्यवाही प्रारंभ करने के लिए संबंधित सरकार या प्राधिकरण को सिफारिश कर सकता है।
- यह संबंधित सरकार या प्राधिकरण को पीड़ित को तत्काल अंतरिम सहायता प्रदान करने की सिफारिश कर सकता है।
- आयोग उच्चतम न्यायालय या संबंधित उच्च न्यायालय में भी अपील करने की शक्ति रखता है।
- आयोग द्वारा स्वत: संज्ञान के परिणामस्वरूप लोगों के मानवाधिकारों की रक्षा त्वरित और अनौपचारिक रूप से संभव होगी।
- राष्ट्रीय मानवाधिकार आयोग में पहुंचने एवं शिकायत दर्ज कराने के लिए पैसा भी नहीं खर्च होगा तथा लोगों की समस्याओं का निपटारा भी यथाशीघ्र हो सकेगा।

राष्ट्रीय मानवाधिकार आयोग की सीमाएं

- राष्ट्रीय मानवाधिकार आयोग के द्वारा दी गई अनुशंसाएं सलाहकारी होती हैं, इसलिए राष्ट्रीय मानवाधिकार आयोग को न तो किसी व्यक्ति को दण्डित करने का अधिकार है और न ही किसी व्यक्ति को आर्थिक सहायता देने का अधिकार।
- आयोग की सलाह सरकार पर बाध्यकारी नहीं है, फिर भी यह प्रावधान है कि सरकार एक माह की अवधि में आयोग को यह सूचित करेगी कि किस मुद्दे पर किस प्रकार की कार्यवाही की गई।
- राष्ट्रीय मानवाधिकार आयोग, सैन्य बलों के द्वारा मानवाधिकार के हनन की जांच नहीं कर सकता है।
- जम्मू-कश्मीर, पूर्वी राज्यों में तथा नक्सलियों के विरुद्ध की गई कार्यवाही में मानवाधिकारों के हनन के आरोप लगाए जाते हैं, लेकिन इनकी जांच करने का अधिकार आयोग को नहीं है, बल्कि आयोग इन मामलों की जांच के लिए सरकार को निर्देश देता है।
- आयोग ऐसे किसी मामले की जांच के लिए अधिकृत नहीं है जिसे घटित हुए एक वर्ष से अधिक हो गया हो।
- राष्ट्रीय मानवाधिकार आयोग के पास किसी मामले की जांच हेतु अपने स्वयं के पर्याप्त अधिकारी भी नहीं हैं। इसलिए, राष्ट्रीय मानवाधिकार आयोग को सरकार के उन्हीं विभागों पर जांच के लिए निर्भर रहना होता है, जिनके विरुद्ध मानवाधिकार के हनन के आरोप हैं।
- **मानवाधिकार अधिनियम, 1993** में यह प्रावधान किया गया था कि मानवाधिकारों से संबंधित राज्य आयोग और जनपद समितियों की भी स्थापना होगी, परंतु राज्य सरकारों ने आयोग की स्थापना में किसी भी प्रकार की रुचि नहीं दिखाई है।

मानवाधिकार संशोधन अधिनियम, 2006

संसद ने मानवाधिकार संरक्षण (संशोधन) अधिनियम, 2006 पारित किया। मानवाधिकार संरक्षण अधिनियम, 1993 में जो प्रमुख संशोधन किए गए, वे निम्नलिखित विषयों से संबंधित हैं–

- राज्य मानवाधिकार आयोग के सदस्यों की संख्या घटाकर 5 से 3 की गई।
- मानवाधिकार आयोग के सदस्य की नियुक्ति के लिए अर्हता शर्तों में परिवर्तन किया गया।
- मानवाधिकार आयोगों के साथ उपलब्ध अनुसंधान मशीनरी को मजबूत बनाना।
- आयोग को जांच के दौरान भी क्षतिपूर्ति की अनुशंसा करने का अधिकार देकर सशक्त बनाया गया।
- राष्ट्रीय मानवाधिकार संरक्षण आयोग को राज्य सरकार को सूचित किए बिना भी बंदीगृहों में जाने का अधिकार दिया गया।
- गवाहों के साक्ष्य का अभिलेखीकरण करने की प्रक्रिया को मजबूती प्रदान की गई।
- यह स्पष्ट करना कि राष्ट्रीय मानवाधिकार आयोग अथवा राज्य मानवाधिकार आयोग के अध्यक्ष एवं सदस्य के चयन के लिए गठित चयन समिति के किसी सदस्य की अनुपस्थिति से चयन समिति के निर्णयों पर कोई प्रभाव नहीं पड़ेगा।
- इसकी व्यवस्था करना कि राष्ट्रीय अनुसूचित जाति आयोग के अध्यक्ष तथा राष्ट्रीय अनुसूचित जनजाति आयोग के अध्यक्ष राष्ट्रीय मानवाधिकार आयोग के सदस्य होंगे।
- केंद्र सरकार को भविष्य के किसी अंतर्राष्ट्रीय प्रतिज्ञा-पत्रों तथा परंपराओं को अधिसूचित करने के योग्य बनाना, जिन पर कि अधिनियम लागू होता हो।

स्मरणीय तथ्य

- लास्की के अनुसार, 'अधिकार सामाजिक जीवन की वे परिस्थितियां हैं, जिनके बगैर सामान्यतया कोई व्यक्ति अपने व्यक्तित्व का विकास नहीं कर सकता है।'
- मानवाधिकार से आशय ऐसे अधिकारों से है, जो व्यक्ति को मनुष्य होने के कारण प्राप्त होते हैं।
- मानवाधिकार पूरी मानव जाति को प्राप्त होते हैं, जबकि मौलिक अधिकार, नागरिक होने के कारण प्राप्त होते हैं।
- मानवाधिकार मनुष्यों को जन्मजात प्राप्त होते हैं तथा गरिमा और अधिकारों की दृष्टि से महत्वपूर्ण होते हैं।
- मानवाधिकारों की रक्षा हेतु राष्ट्रीय मानवाधिकार आयोग (National Human Rights Commission) एक सांविधिक निकाय (Statutory Body) है।
- राष्ट्रीय मानवाधिकार आयोग एक बहु-सदस्यीय निकाय है, जिसका मुख्य कार्य मानवाधिकार का संरक्षण करना है।
- राष्ट्रीय मानवाधिकार आयोग की स्वायत्तता और स्वतंत्रता बनाए रखने के लिए अध्यक्ष और सदस्यों की नियुक्ति प्रधानमंत्री की अध्यक्षता वाली 6 सदस्यीय समिति की सिफारिश पर राष्ट्रपति द्वारा की जाती है।
- राष्ट्रीय मानवाधिकार आयोग के अध्यक्ष और सदस्यों का कार्यकाल अधिकतम 5 वर्ष या 70 वर्ष की उम्र तक (इनमें से जो भी पहले पूरा हो) होता है।
- राष्ट्रीय मानवाधिकार आयोग के अध्यक्ष व सदस्यों के वेतन, भत्ते व अन्य सेवा शर्तों का निर्धारण केंद्र सरकार द्वारा किया जाता है।
- राष्ट्रीय मानवाधिकार आयोग, लोक प्रक्रिया संहिता, 1908 के तहत सिविल न्यायालय की समस्त शक्तियां धारण करता है।
- राष्ट्रीय मानवाधिकार आयोग के द्वारा दी गई अनुशंसाएं सलाहकारी होती हैं, इसलिए राष्ट्रीय मानवाधिकार आयोग को न तो किसी व्यक्ति को दण्डित करने का अधिकार है और न ही किसी व्यक्ति को आर्थिक सहायता देने का अधिकार।

❑❑❑

अध्याय 2

राज्य मानवाधिकार आयोग

संसदीय संघात्मक प्रणाली वाले देशों में प्रायः जो व्यवस्था केंद्र में दिखाई पड़ती है, वही व्यवस्था राज्यों में सृजित की जाती है। मानव अधिकार संरक्षण अधिनियम, 1993 न केवल केंद्र में अपितु राज्यों में भी मानव अधिकार आयोगों की स्थापना का प्रावधान करता है। राज्य मानव अधिकार आयोग केवल उन्हीं मामलों में मानव अधिकारों के उल्लंघन की जांच कर सकता है, जो संविधान की राज्य सूची एवं समवर्ती सूची के अंतर्गत आते हैं। लेकिन यदि इस प्रकार के किसी मामले में राष्ट्रीय मानवाधिकार आयोग पहले से ही जांच कर रहा हो या किसी अन्य सांविधिक निकाय द्वारा जांच का कार्य किया जा रहा हो, तब राज्य मानवाधिकार आयोग को ऐसे मामलों की जांच करने का अधिकार नहीं है। भारतीय नीति निर्माताओं ने राज्य मानवाधिकार आयोग का गठन करके राज्यों पर भी यह दायित्व आरोपित किया है कि संघात्मक शासन व्यवस्था में केवल केंद्र ही अकेले मानवाधिकार के संरक्षण के लिए जिम्मेदार नहीं है बल्कि इसमें राज्यों की भी सक्रिय भूमिका है। केंद्र और राज्य दोनों मिलकर मानव अधिकारों को संरक्षित कर सकते हैं।

राज्य मानवाधिकार आयोग की संरचना

राज्य मानवाधिकार आयोग एक बहुसदस्यीय निकाय है, जिसकी संरचना निम्नवत् है–

- राज्य मानवाधिकार आयोग में एक अध्यक्ष होता है, जो उच्च न्यायालय का सेवानिवृत्त मुख्य न्यायाधीश होता है। इसके अतिरिक्त दो अन्य सदस्य होते हैं, जो सामान्यतः उच्च न्यायालय के सेवानिवृत्त या कार्यरत न्यायाधीश होते हैं।
- राज्य के जिला न्यायालय का कोई न्यायाधीश, जिसे सात वर्ष का अनुभव हो या कोई ऐसा व्यक्ति जिसे मानव अधिकारों के बारे में विशेष अनुभव हो, वे भी इस आयोग के सदस्य बन सकते हैं।

राज्य मानवाधिकार आयोग के अध्यक्ष एवं सदस्यों की नियुक्ति

- राज्य मानवाधिकार आयोग के अध्यक्ष एवं अन्य सदस्यों की नियुक्ति राज्यपाल एक समिति की अनुशंसा पर करते हैं। इस समिति में प्रमुख के रूप में राज्य का मुख्यमंत्री होता है। इसके अलावा विधानसभा अध्यक्ष, राज्य का गृहमंत्री तथा राज्य विधानसभा में विपक्ष का नेता अन्य सदस्य के रूप में होते हैं।
- जिस राज्य में विधान परिषद् भी होती है, वहाँ विधान परिषद् का अध्यक्ष एवं विधान परिषद् में विपक्ष के नेता भी इस समिति के सदस्य होते हैं।
- इसके अतिरिक्त एक सदस्य के रूप में राज्य उच्च न्यायालय के मुख्य न्यायाधीश से परामर्श के बाद, राज्य ही उच्च न्यायालय के एक कार्यरत न्यायाधीश या जिला न्यायालय के एक कार्यरत न्यायाधीश को राज्य मानव अधिकार आयोग में नियुक्त करता है।

राज्य मानवाधिकार आयोग के अध्यक्ष एवं सदस्यों का कार्यकाल एवं सेवा शर्तें

- आयोग के अध्यक्ष एवं अन्य सदस्यों का कार्यकाल पांच वर्ष या 70 वर्ष की आयु, दोनों में से जो भी पहले हो, तक होता है।
- राज्य मानव अधिकार आयोग के अध्यक्ष एवं अन्य सदस्यों की नियुक्ति राज्यपाल करते हैं, परंतु उनको पद से केवल राष्ट्रपति हटा सकते हैं (न कि राज्यपाल)।
- राष्ट्रपति इन्हें उसी आधार पर उनके पद से हटा सकते हैं, जिस प्रकार वे राष्ट्रीय मानव अधिकार आयोग के अध्यक्ष एवं अन्य सदस्यों को हटाते हैं।
- राज्य मानव अधिकार आयोग के अध्यक्ष एवं अन्य सदस्यों के वेतन-भत्तों एवं अन्य सेवा-शर्तों का निर्धारण राज्य सरकार करती है, लेकिन इनके कार्यकाल के दौरान इसमें किसी प्रकार का अलाभकारी परिवर्तन नहीं किया जा सकता।

राज्य मानवाधिकार आयोग के अध्यक्ष एवं सदस्यों की पदच्युति

- राज्य मानव अधिकार आयोग के अध्यक्ष एवं अन्य सदस्यों को हटाने के संदर्भ में महत्वपूर्ण बात यह है कि इनकी नियुक्ति राज्यपाल द्वारा की जाती है, लेकिन उनके पद से उन्हें केवल राष्ट्रपति द्वारा ही हटाया जा सकता है। राष्ट्रपति इन्हें उसी आधार एवं उसी तरह से पद से हटा सकते हैं, जिस प्रकार वे राष्ट्रीय मानव अधिकार आयोग के अध्यक्ष एवं अन्य सदस्यों को हटाने की शक्ति रखते हैं।
- इसके अलावा, राष्ट्रपति आयोग के अध्यक्ष एवं अन्य सदस्यों को सिद्ध कदाचार या अक्षमता के आधार पर भी पद से हटा सकते हैं। हालांकि, ऐसे मामलों में राष्ट्रपति को जांच के लिए उच्चतम न्यायालय के पास भेजना पड़ता है तथा यदि उच्चतम न्यायालय जांच के उपरांत मामले को सही पाता है, तो वह राष्ट्रपति को इस संबंध में सलाह देता है, इसके बाद ही राष्ट्रपति अध्यक्ष एवं अन्य सदस्यों को पद से हटा सकते हैं।

राज्य मानवाधिकार आयोग के कार्य

- मानवाधिकार के उल्लंघन की जांच करना अथवा किसी लोक सेवक के समक्ष प्रस्तुत मानवाधिकार उल्लंघन की प्रार्थना, जिसकी कि वह अवहेलना करता हो की जांच स्व-प्रेरणा या न्यायालय के आदेश से करना।
- न्यायालय में लंबित किसी मानवाधिकार से संबंधित कार्यवाही में हस्तक्षेप करना।
- जेलों व बंदीगृहों की स्थिति का अध्ययन करना व इस बारे में सिफारिशें करना।
- मानवाधिकार की रक्षा हेतु बनाए गए संवैधानिक व विधिक उपबंधों की समीक्षा करना तथा इनके प्रभावी क्रियान्वयन हेतु उपायों की सिफारिशें करना।

- आतंकवाद सहित उन सभी कारणों की समीक्षा करना, जिनसे मानवाधिकारों का उल्लंघन होता है तथा इनसे बचाव के उपायों की सिफारिश करना।
- मानव अधिकारों के क्षेत्र में शोध कार्य करना एवं इसे प्रोत्साहित करना।
- मानव अधिकारों के क्षेत्र में कार्य करने वाले गैर-सरकारी संगठनों (एनजीओ) को सहयोग एवं प्रोत्साहित करने के लिए यदि कोई अन्य कार्य आवश्यक हो, तो उसे संपन्न करना।
- मानव अधिकारों के प्रति लोगों में जागृति उत्पन्न करना और लोगों को अपने अधिकारों के संरक्षण हेतु प्रोत्साहित करना।
- मानव अधिकारों की रक्षा हेतु बनाए गए संवैधानिक एवं अन्य कदमों की समीक्षा करना और उनको प्रभावी बनाने के लिए कदम उठाने के लिए सलाह देना।

राज्य मानवाधिकार आयोग की कार्यप्रणाली

आयोग को अपने कार्यों को संपन्न करने के लिए व्यापक शक्तियां प्रदान की गई हैं। इसे दीवानी न्यायालय की शक्तियां प्राप्त होती हैं तथा यह उसी के समान अपनी कार्यवाही को संपन्न करता है। यह किसी मामले की सुनवाई के लिए राज्य सरकार या किसी अन्य अधीनस्थ प्राधिकारी को निर्देश दे सकता है।

आयोग किसी मामले की जांच के दौरान अथवा उपरांत निम्नलिखित कदम उठा सकता है–

1. यह पीड़ित व्यक्ति को क्षतिपूर्ति या नुकसान के भुगतान के लिए संबंधित सरकार या प्राधिकरण से सिफारिश कर सकता है।
2. यह दोषी लोकसेवक के विरुद्ध बंदीकरण कार्यवाही प्रारंभ करने के लिए संबंधित सरकार या प्राधिकरण को सिफारिश कर सकता है।
3. यह संबंधित सरकार या प्राधिकार से पीड़ित व्यक्ति को तत्काल अंतरिम सहायता प्रदान करने की सिफारिश कर सकता है।
4. आयोग इस संबंध में आवश्यक निर्देश, आदेश अथवा रिट के लिए उच्चतम अथवा उच्च न्यायालय में जा सकता है।

उपरोक्त विवेचना से स्पष्ट है कि राज्य मानवाधिकार आयोग का कार्य परामर्शदात्री प्रकृति का है। इसे मानव अधिकार का उल्लंघन करने वाले लोगों को सजा देने का कोई अधिकार नहीं है। यह पीड़ित व्यक्ति को अपनी तरफ से कोई सहायता प्रदान नहीं कर सकता है। इस संदर्भ में यह कहा जा सकता है कि राज्य मानवाधिकार आयोग एक ऐसा सैनिक है, जिसके हाथ में बंदूक तो है, परंतु उसमें या तो गोली नहीं है या गोली है, तो उसे चलाने का अधिकार नहीं है। राज्य मानवाधिकार आयोग द्वारा दी गई सिफारिशें मानने के लिए राज्य सरकार या उसका प्राधिकरण बाध्य नहीं है। इससे प्रतीत होता है कि राज्य मानवाधिकार आयोग को और अधिक प्रभावी बनाने की आवश्यकता है।

मानवाधिकार न्यायालय

मानवाधिकार संरक्षण अधिनियम 1993 में यह प्रावधान किया गया है कि मानव अधिकारों के उल्लंघन के मामले में त्वरित गति से जांच करने के लिए एक मानव अधिकार न्यायालय की स्थापना की जानी चाहिए। इस प्रकार के न्यायालय की स्थापना राज्य सरकार उच्च न्यायालय के मुख्य न्यायाधीश के परामर्श पर ही कर सकती है। प्रत्येक मानव अधिकार न्यायालय में एक विशेष अभियोजक की नियुक्ति राज्य सरकार द्वारा की जाएगी अथवा राज्य सरकार किसी ऐसे वकील को लोक अभियोजक नियुक्त करेगी जिसने कम-से-कम 7 वर्ष तक वकालत का कार्य किया हो। मानव अधिकार न्यायालय संबंधित मुकदमों का त्वरित गति से निस्तारण करेगा और लोगों को न्याय उपलब्ध कराने का कार्य करेगा।

स्मरणीय तथ्य

- मानव अधिकार संरक्षण अधिनियम, 1993 में यह प्रावधान किया गया है कि सभी राज्यों में राज्य मानवाधिकार आयोग का गठन किया जाएगा, परंतु अभी तक असम, आंध्र प्रदेश, तेलंगाना, बिहार, छत्तीसगढ़, गुजरात, गोवा, हिमाचल प्रदेश, जम्मू-कश्मीर, केरल, कर्नाटक, मध्य प्रदेश, महाराष्ट्र, मणिपुर, ओडिशा, पंजाब, राजस्थान, तमिलनाडु, उत्तर प्रदेश, पं. बंगाल, झारखंड, सिक्किम, उत्तराखंड और हरियाणा सहित अभी तक 24 राज्यों में ही राज्य मानवाधिकार आयोग का गठन किया गया है।
- मानव अधिकार संरक्षण अधिनियम, 1993 में वर्ष 2016 में संशोधन किया गया और संशोधित अधिनियम के अनुसार राज्य मानवाधिकार आयोग ने सदस्यों की संख्या को 5 से घटाकर 3 कर दिया।
- संशोधित अधिनियम के अनुसार यदि किसी सदस्य की उम्र 70 वर्ष नहीं हुई है, तो उसे पांच वर्ष के लिए पुन: नियुक्त किया जा सकता है।

❑❑❑

अध्याय 3

राष्ट्रीय महिला आयोग

महिला सशक्तिकरण 20वीं शताब्दी के अंतिम दशक की उपजी हुई एक अवधारणा है, जिसका संबंध केवल किसी एक क्षेत्र से नहीं है, बल्कि यह आर्थिक, सामाजिक, राजनैतिक, तकनीकी एवं अन्य क्षेत्रों से भी संबंधित है। यद्यपि सशक्तिकरण को वर्तमान परिप्रेक्ष्य में विभिन्न क्षेत्रों में महिलाओं की सहभागिता सुनिश्चित करने के संदर्भ में लिया जा रहा है, परंतु सशक्तिकरण का शाब्दिक अर्थ अधिकार दिलाकर सशक्त बनाना है। वर्तमान परिप्रेक्ष्य में महिला सशक्तिकरण के अंतर्गत महिलाओं की जहां विभिन्न क्षेत्रों में सहभागिता सुनिश्चित की जा रही है, वहीं सांविधिक उपायों के माध्यम से महिलाओं को संरक्षण भी प्रदान किया जा रहा है। महिला सशक्तिकरण के माध्यम से महिलाओं को पुरुषों के बराबर संवैधानिक अधिकार, राजनैतिक प्रक्रियाओं में सहभागिता, आर्थिक गतिविधियों में हिस्सेदारी, निर्णयन प्रक्रिया में उनकी सहमति, अपने बौद्धिक विकास का पूर्ण अवसर, आर्थिक गतिविधियों में उनके परिवार, समुदाय, समाज एवं राष्ट्र की सांस्कृतिक पृष्ठभूमि में निर्णय लेने की स्वायतत्ता के रूप में देखा जा रहा है। वस्तुतः महिला सशक्तिकरण का मुख्य उद्देश्य महिलाओं के अस्तित्व के अधिकार और समाज द्वारा उनकी स्वीकार्यता से है। भारतीय संसद द्वारा 1997 में पारित किए गए एक प्रस्ताव के अनुसार भारत में महिला सशक्तिकरण का मुख्य उद्देश्य उनकी सामाजिक एवं आर्थिक स्थिति में सुधार लाना है। इसी अनुक्रम में राष्ट्रीय महिला आयोग का गठन एक संस्थागत कदम के रूप में किया गया है, जिससे कि महिलाओं के साथ किसी भी प्रकार का कोई भेदभाव न हो सके।

भारतीय संविधान में महिलाओं संबंधी प्रावधान

भारतीय समाज एक परंपरागत और पितृसत्तात्मक समाज है तथा महिलाओं की स्थिति पुरुषों की तुलना में निम्न है। सदैव से महिलाएं उपेक्षित रही हैं, इसको दृष्टिगत रखते हुए भारतीय संविधान में महिलाओं के सामाजिक एवं आर्थिक उन्नयन के लिए जहां एक तरफ संवैधानिक प्रावधान किए गए हैं, वहीं दूसरी तरफ सांविधिक और संविधानेतर कदम भी समय-समय पर उठाए जाते रहे हैं। भारतीय संविधान में महिलाओं के संदर्भ में जो प्रावधान किए गए हैं, वे निम्नवत् हैं–

भारतीय संविधान में अनेक अनुच्छेदों के अंतर्गत महिलाओं के विकास से संबंधित प्रावधान किए गए हैं, जो इस प्रकार हैं–

- अनुच्छेद 14 के अनुसार, सभी भारतीय नागरिकों को राज्य के द्वारा समान सुरक्षा देने का प्रावधान है।
- **अनुच्छेद 15 (1)** में प्रावधानित है कि नागरिकों में जाति, धर्म, लिंग एवं मूल के आधार पर विभेद नहीं किया जाएगा।
- **अनुच्छेद-15 (3)** में स्पष्टतया प्रावधानित है कि महिलाओं के लिए राज्य किसी भी प्रकार का कोई विशेष प्रावधान कर सकता है।
- **अनुच्छेद-16 (1)** और **अनुच्छेद 16 (2)** में प्रावधानित है कि लिंग के आधार पर राज्य किसी संगठन में कार्यरत कर्मियों में विभेद नहीं कर सकता है।
- **अनुच्छेद 39 (e)** के अनुसार, राज्य अपने सभी कर्मियों (पुरुष एवं महिला) के स्वास्थ्य के लिए प्रावधान करेगा। साथ ही इस बात का भी ध्यान रखेगा कि आर्थिक कारणों से महिलाओं का किसी भी प्रकार का शोषण न हो।
- **अनुच्छेद-51 (A) (e)** के अनुसार, प्रत्येक नागरिक का कर्तव्य है कि वे ऐसी किसी भी परंपरा का अनुपालन न करें, जो महिलाओं की गरिमा के विरुद्ध है।

राष्ट्रीय महिला आयोग की संरचना

राष्ट्रीय महिला आयोग एक सांविधिक निकाय है, जिसका गठन भारत सरकार द्वारा महिलाओं के उत्थान, विकास तथा सहयोग हेतु राष्ट्रीय महिला आयोग अधिनियम, 1990 के अंतर्गत 31 जनवरी, 1992 को किया गया। इसमें 1 अध्यक्ष, 5 सदस्य और 1 सदस्य सचिव होते हैं। राष्ट्रीय महिला आयोग और उसके अध्यक्ष एवं सदस्य से संबंधित तथ्य निम्नवत् हैं–

- राष्ट्रीय महिला आयोग के सभी सदस्य विधि, प्रबंधन, आर्थिक विकास, स्वास्थ्य, शिक्षा, प्रशासन में अनुभव रखने वाले एवं महिलाओं के लिए कार्यरत स्वयंसेवी संस्था आदि से संबद्ध होने चाहिए।
- प्रबंधन, सामाजिक आंदोलन अथवा संस्थापक संरचना के क्षेत्र में विशेषज्ञ कोई व्यक्ति।
- संघ सरकार के अंतर्गत लोकसेवा में कार्यरत कोई अधिकारी जिसे पर्याप्त अनुभव हो।
- राष्ट्रीय महिला आयोग में अनुसूचित जाति एवं जनजाति का भी एक सदस्य होना चाहिए।

राष्ट्रीय महिला आयोग के अध्यक्ष एवं सदस्यों का कार्यकाल

राष्ट्रीय महिला आयोग के अध्यक्ष या सदस्यों का कार्यकाल तीन वर्ष का होता है, परंतु वे अपना पद किसी भी समय केंद्र सरकार को त्यागपत्र देकर छोड़ सकते हैं। इसके अलावा केंद्र सरकार निर्धारित परिस्थितियों में इनके कार्यकाल से पूर्व भी इन्हें हटा सकती है।

राष्ट्रीय महिला आयोग के कार्य

राष्ट्रीय महिला आयोग को निम्नलिखित कार्य संपादित करने पड़ते हैं-

- संविधान और कानूनों के अधीन महिलाओं को उपलब्ध कराए गए सुरक्षा उपाय से जुड़े सभी मामलों की जांच एवं परीक्षण करना। इस संबंध में केंद्र सरकार को वार्षिक या अन्य अनुकूल समय पर रिपोर्ट भेजना।
- महिलाओं से संबंधित वर्तमान उपबंध एवं कानूनों की समीक्षा करना तथा संशोधनों का सुझाव देना।
- महिलाओं के विरुद्ध भेदभाव और उत्पीड़न, कार्यस्थल पर यौन-शोषण जैसी समस्याओं की जांच करना और इस मामले में सक्षम अधिकारी को सुझाव देना।

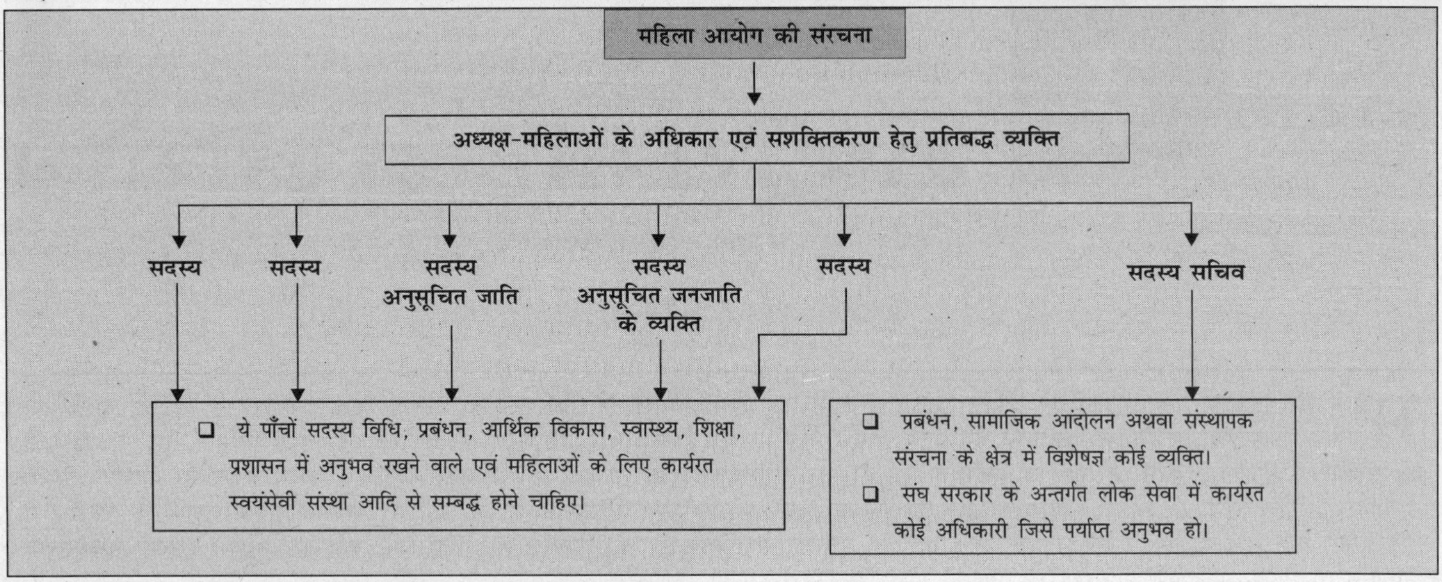

आयोग की शक्तियां

राष्ट्रीय महिला आयोग को अपने कार्यों को संपादित करने के लिए निम्नलिखित शक्तियां प्रदान की गई हैं–

- यह आयोग सिविल न्यायालय की शक्तियां धारण करता है।
- यह महिलाओं से संबंधित मामलों की जांच कर सकता है।
- विभागों से रिपोर्ट मांग सकता है तथा किसी भी व्यक्ति या अधिकारी को सम्मन जारी कर सकता है।

महिला आयोग के अंतर्गत विभिन्न शाखाएं

- महिलाओं से संबंधित विभिन्न समस्याओं को सुनने हेतु कई शाखाएं स्थापित की गई हैं।
- आयोग इन्हीं शाखाओं के माध्यम से सक्रिय रहता है तथा अपनी भूमिका का निर्वहन करता है।

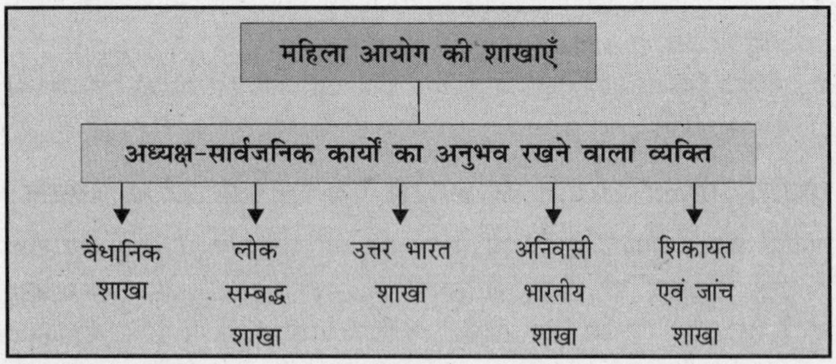

वैधानिक शाखा

- यह शाखा महिला को वैधानिक सहायता प्रदान करती है और दंड के संबंध में सुझाव देती है।
- आयोग के द्वारा वर्तमान विधियों की इस संबंध में समीक्षा की जाती है कि वे महिलाओं की विरोधी तो नहीं हैं।
- महिलाओं के उत्थान के लिए नए प्रकार की विधि-निर्माण का सुझाव भी दिया जाता है।
- महिला आयोग के सुझाव पर ही भारत में घरेलू हिंसा निवारक अधिनियम, 2005 का निर्माण किया गया।
- आयोग के द्वारा न्यायालय में भी महिलाओं के मामलों में सहायता प्रदान की जाती है।

लोक संबद्ध शाखा

- यह शाखा महिला आयोग द्वारा महिलाओं से संबंधित अनुसंधान को प्रोत्साहन देती है।
- अनुसूचित जाति एवं अनुसूचित जनजाति की महिलाओं एवं अन्य महिलाओं के बीच लैंगिक भेदभाव को समाप्त करने तथा महिलाओं के कल्याण के लिए अनेक प्रकार की गोष्ठियां (Seminars) व कार्यशालाएं (Workshops) आयोजित की जाती हैं।
- यह शाखा महिला कल्याण हेतु नीतियों को लागू करवाने के संदर्भ में सुझाव देने का कार्य करती है।
- संसद द्वारा पारित महिलाओं की सुरक्षा से संबंधित विधियों को भी बेहतर रूप से क्रियान्वित करने में सहयोग करती है।

महिला कल्याण हेतु अनुसूचित जाति एवं जनजाति तथा महिला एवं बाल कल्याण मंत्रालय दोनों की भूमिका एक-दूसरे की पूरक हैं।

उत्तर भारत की शाखा

आयोग ने देश-भर में उत्तर भारतीय राज्यों की महिलाओं को होने वाली समस्याओं के निदान के लिए उत्तर भारत शाखा की स्थापना की है।

- यह शाखा उत्तर भारत के राज्यों से प्राप्त शिकायतों के संबंध में कार्य करती है।
- उत्तर भारत की महिलाओं से संबंधित मामलों में स्वत: संज्ञान के आधार पर कार्रवाई करती है।
- शोध अध्ययनों, सेमिनारों, कानूनों के संबंध में जागरूकता कार्यक्रम आयोजित करती है।

अनिवासी भारतीय शाखा

- वर्ष 2008 से राष्ट्रीय महिला आयोग को अनिवासी भारतीयों के विवाह संबंधी विवादों के संबंध में समुद्रपारीय भारतीय के साथ नोडल एजेंसी बना दिया गया है।
- NRI शाखा इन्हीं विषयों से संबंधित कार्य करती है।

शिकायत एवं जांच शाखा

- महिलाओं के विरुद्ध घरेलू हिंसा, उत्पीड़न, दहेज प्रताड़ना, उनको अकेला छोड़ देना, बलात्कार, उनकी प्रथम सूचना रिपोर्ट (FIR) दर्ज न करना, अमानवीय व्यवहार, कार्यस्थल पर यौन उत्पीड़न जैसे मामलों की शिकायत आयोग में की जा सकती है।
- महिलाओं द्वारा दर्ज कराई गई शिकायतों को शिकायत शाखा द्वारा सुना जाता है।

आयोग की सीमाएं

- महिला आयोग की भूमिका केवल सलाहकारी है। इसलिए इनकी अनुशंसा संघ और राज्य सरकारों के ऊपर बाध्यकारी नहीं है।
- आयोग के द्वारा अपने सदस्यों का चयन स्वयं नहीं किया जाता बल्कि इनकी नियुक्ति संघ सरकार के द्वारा की जाती है और भारत की वर्तमान राजनैतिक परिस्थितियों में सदस्यों का भी राजनीतिक तौर पर विभाजन पाया जाता है।
- आयोग की अधिकारिता जम्मू एवं कश्मीर राज्य पर लागू नहीं होती है।
- आयोग को संपूर्ण वित्तीय सहायता संघ सरकार के द्वारा प्रदान की जाती है। इसलिए, वित्तीय रूप में भी आयोग सरकार पर निर्भर होता है।

महिला आयोग की परामर्शकारी भूमिका

वैधानिक भूमिका के अंतर्गत महिला आयोग के द्वारा निम्नलिखित कार्यों पर बल दिया जाता है-

- महिला से संबंधित किसी विधि में संशोधन का सुझाव देना। उदाहरण हेतु-हिंदू विवाह अधिनियम, 1995 एवं दहेज निवारण अधिनियम, 1961 में संशोधन की मांग।
- नए विधेयकों को प्रस्तावित करना: जैसे वर्ष-2005 में महिला आयोग के प्रस्ताव पर घरेलू हिंसा निवारक विधेयक पारित किया गया।
- महिला आयोग के द्वारा महिलाओं को न्यायपालिका के मामलों में भी सहायता प्रदान की जाती है।

राष्ट्रीय महिला आयोग के संदर्भ में केंद्रीय महिला एवं बाल विकास मंत्रालय की संस्तुतियां

केंद्रीय महिला एवं बाल विकास मंत्री श्रीमती मेनका गांधी ने राष्ट्रीय महिला आयोग के अध्यक्ष पद पर चुनाव हेतु नियमों में संशोधन का प्रस्ताव किया है। संशोधन के मुख्य बिंदु इस प्रकार हैं–

- अध्यक्ष पद को गैर-राजनीतिक बनाने के लिए उच्चतम न्यायालय के किसी सेवानिवृत्त न्यायाधीश अथवा उच्च न्यायालय के सेवानिवृत्त मुख्य न्यायाधीश को ही आयोग का अध्यक्ष बनाया जाए।
- राष्ट्रीय महिला आयोग के अध्यक्ष का चुनाव प्रधानमंत्री की अध्यक्षता वाली समिति करे।
- आयोग को सिविल कोर्ट के समान शक्ति मिले।
- आयोग को यह शक्ति दी जाए कि वह आरोपी को पेश होने का आदेश दे सके और यदि आरोपी पेश नहीं होता है, तो उस पर रुपए 5,000 का जुर्माना हो।
- आयोग के पास जुर्माना लगाने का अधिकार नहीं है, जिससे आरोपी पेश होने से बचते हैं।
- उपर्युक्त संशोधन के लिए राष्ट्रीय महिला आयोग अधिनियम में संशोधन की आवश्यकता होगी।
- वर्तमान में राष्ट्रीय महिला आयोग के अध्यक्ष पद के लिए चुनाव का प्रस्ताव केंद्र सरकार द्वारा किया जाता है और केंद्रीय महिला और बाल विकास मंत्री द्वारा उसे नियुक्त किया जाता है।

राष्ट्रीय महिला आयोग को शक्तिशाली बनाने के सुझाव

- आयोग ने अनुशंसा की है कि महिला आयोग के अध्यक्ष को संघ सरकार के कैबिनेट मंत्री का दर्जा दिया जाना चाहिए।
- आयोग द्वारा अपने सदस्यों की नियुक्ति स्वयं करनी चाहिए।
- आयोग को संघ सरकार और राज्य सरकारों के द्वारा अपना अलग बजट दिया जाना चाहिए।

स्मरणीय तथ्य

- महिला सशक्तिकरण 20वीं शताब्दी के अंतिम दशक की उपजी हुई एक अवधारणा है, जिसका संबंध केवल किसी एक क्षेत्र से नहीं है, बल्कि यह आर्थिक, सामाजिक, राजनैतिक, तकनीकी एवं अन्य क्षेत्रों से भी संबंधित है।
- भारतीय समाज एक परंपरागत और पितृसत्तात्मक समाज है तथा महिलाओं की स्थिति पुरुषों की तुलना में निम्न है।
- **अनुच्छेद-16 (1)** और **अनुच्छेद 16 (2)** में प्रावधानित है कि लिंग के आधार पर राज्य किसी संगठन में कार्यरत कर्मियों में विभेद नहीं कर सकता है।
- **अनुच्छेद-51 (A) (e)** के अनुसार, प्रत्येक नागरिक का कर्तव्य है कि वे ऐसी किसी भी परंपरा का अनुपालन न करें, जो महिलाओं की गरिमा के विरुद्ध है।
- राष्ट्रीय महिला आयोग एक सांविधिक निकाय है।
- राष्ट्रीय महिला आयोग के सभी सदस्य विधि, प्रबंधन, आर्थिक विकास, स्वास्थ्य, शिक्षा, प्रशासन में अनुभव रखने वाले एवं महिलाओं के लिए कार्यरत स्वयंसेवी संस्था आदि से संबद्ध होने चाहिए।
- राष्ट्रीय महिला आयोग के अध्यक्ष या सदस्यों का कार्यकाल तीन वर्ष का होता है,
- महिला आयोग की भूमिका केवल सलाहकारी है इसलिए इनकी अनुशंसा संघ और राज्य सरकारों के ऊपर बाध्यकारी नहीं है।
- वर्तमान में राष्ट्रीय महिला आयोग के अध्यक्ष पद के लिए चुनाव का प्रस्ताव केंद्र सरकार द्वारा किया जाता है और केंद्रीय महिला एवं बाल विकास मंत्री द्वारा उसे नियुक्त किया जाता है।

❑❑❑

अध्याय 4 राष्ट्रीय अल्पसंख्यक आयोग

भारतीय राजनीतिक व्यवस्था में समाज के सभी वर्गों एवं धर्म के लोगों को समान रूप से संवैधानिक संरक्षण प्रदान किया गया जिससे कि उनको अपना समग्र विकास करने और अपने जीवन-स्तर को बेहतर बनाने का एक अवसर मिल सके। इसको दृष्टिगत रखते हुए समय-समय पर भारतीय नीति-निर्माताओं ने संवैधानिक कदमों को मूर्तरूप देने के साथ-साथ सांविधिक और संविधानेतर कदम भी उठाए हैं। भारतीय राजनीतिक व्यवस्था में अल्पसंख्यक वर्ग को केंद्र में रखा गया है और इनके समुचित विकास, सुरक्षा और इनको सामाजिक न्याय उपलब्ध कराने के लिए सरकार को सुझाव देने हेतु एक सांविधिक संस्था के रूप में राष्ट्रीय अल्पसंख्यक आयोग का गठन किया गया है। उल्लेखनीय है कि राष्ट्रीय अल्पसंख्यक आयोग अधिनियम, 1992 के अंतर्गत निम्न धार्मिक समुदायों– मुस्लिम, सिक्ख, जैन, पारसी, ईसाई और बौद्धों को अल्पसंख्यक माना गया है। राष्ट्रीय अल्पसंख्यक आयोग अल्पसंख्यकों के हितों को संरक्षित करने के लिए कार्य करता है।

राष्ट्रीय अल्पसंख्यक आयोग

केंद्र की जनता पार्टी सरकार के द्वारा वर्ष 1978 में राष्ट्रीय अल्पसंख्यक आयोग (National Commission for Minorities) का गठन किया गया। उल्लेखनीय है कि अल्पसंख्यकों के लिए सर्वप्रथम 1960 में उत्तर प्रदेश में अल्पसंख्यक आयोग का गठन किया गया था। 1978 में गठित राष्ट्रीय अल्पसंख्यक आयोग की स्थापना अल्पसंख्यकों के संवैधानिक अधिकारों की रक्षा हेतु की गई थी और आयोग का मुख्य कार्य, अल्पसंख्यकों की सुरक्षा के लिए आवश्यक उपायों का निर्माण व इनके लिए प्रदत्त संवैधानिक प्रावधानों को लागू करवाना है।

राष्ट्रीय अल्पसंख्यक आयोग की स्थापना का उद्देश्य, अल्पसंख्यकों में सुरक्षा का भाव पैदा करना तथा पंथनिरपेक्ष परंपराओं को सुदृढ़ रखते हुए राष्ट्रीय एकीकरण को बढ़ावा देना है। वर्ष 1992 में संसद द्वारा सृजित एक अधिनियम के माध्यम से आयोग को सांविधिक स्वरूप प्रदान किया गया। 1995 में इसमें संशोधन करके इसका नाम अल्पसंख्यकों के लिए राष्ट्रीय आयोग कर दिया गया।

भारतीय संविधान में अल्पसंख्यकों से संबंधित प्रावधान

भारतीय संविधान में अल्पसंख्यकों के संदर्भ में निम्नलिखित प्रावधान किए गए हैं–

- संविधान में अल्पसंख्यकों की सुरक्षा तथा विकास हेतु व्यापक उपबंध किए गए हैं।
- संविधान में मौलिक अधिकारों के अंतर्गत अनुच्छेद 29 में अल्पसंख्यकों की भाषा, लिपि तथा संस्कृति के संरक्षण का प्रावधान किया गया है।
- अनुच्छेद-350 के अंतर्गत प्रावधान है कि प्रत्येक व्यक्ति अपनी शिकायत निवारण के लिए संघ या राज्य में बोली जाने वाली किसी भी भाषा में आवेदन दे सकता है।
- अनुच्छेद 350(ए) के अनुसार, प्रत्येक राज्य भाषायी अल्पसंख्यक वर्गों के बच्चों को प्राथमिक स्तर पर मातृभाषा में शिक्षा की व्यवस्था करने का प्रयास करेगा। इस प्रकार इन वर्गों की भाषाओं को संरक्षण दिया गया है।

राष्ट्रीय अल्पसंख्यक आयोग की संरचना

राष्ट्रीय अल्पसंख्यक आयोग की संरचना निम्नवत् है–

- राष्ट्रीय अल्पसंख्यक आयोग एक बहु-सदस्यीय निकाय है जिसका गठन राष्ट्रपति के द्वारा किया जाता है।
- राष्ट्रीय अल्पसंख्यक आयोग में एक अध्यक्ष, एक उपाध्यक्ष तथा 5 अन्य सदस्य होते हैं। अध्यक्ष सहित सभी सदस्यों का अल्पसंख्यक समुदाय से होना आवश्यक है।
- राष्ट्रीय अल्पसंख्यक आयोग का अध्यक्ष, राष्ट्रीय मानवाधिकार आयोग का पदेन सदस्य भी होता है।
- राष्ट्रीय अल्पसंख्यक आयोग का अध्यक्ष आवश्यक नहीं है कि मुस्लिम समुदाय का ही हो। वह अल्पसंख्यक समुदाय में से किसी भी वर्ग का हो सकता है।

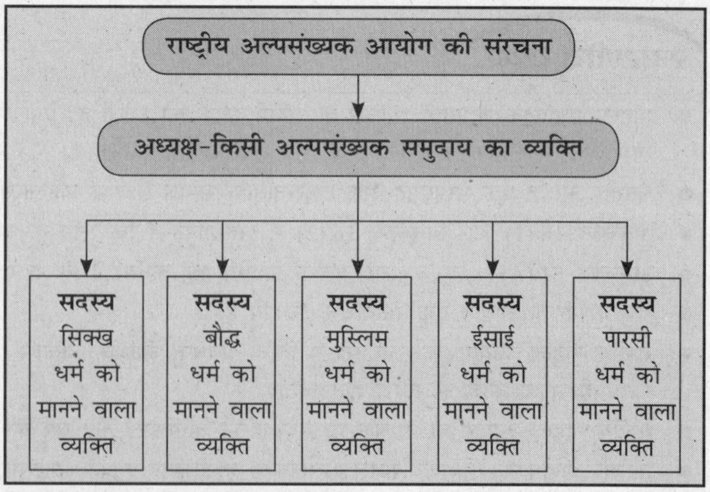

राष्ट्रीय अल्पसंख्यक आयोग के अध्यक्ष एवं सदस्यों की नियुक्ति एवं कार्यकाल

- राष्ट्रीय अल्पसंख्यक आयोग के अध्यक्ष एवं सदस्यों की नियुक्ति राष्ट्रपति द्वारा की जाती है।

- राष्ट्रीय अल्पसंख्यक आयोग के अध्यक्ष एवं सभी सदस्यों का कार्यकाल 3 वर्षों का होता है।

राष्ट्रीय अल्पसंख्यक आयोग के कार्य

राष्ट्रीय अल्पसंख्यक आयोग को अपने दायित्वों को पूरा करने के लिए निम्नलिखित कार्य करने पड़ते हैं–

- अल्पसंख्यकों के अधिकारों के हनन की शिकायतों को सुनना तथा अल्पसंख्यकों के विकास के स्तर का मूल्यांकन करना और इस संबंध में सुझाव देना।
- अल्पसंख्यकों की सुरक्षा तथा कल्याण से संबंधित प्रयासों में सहयोग देना।
- संघ और राज्य सरकारों द्वारा पारित (अल्पसंख्यकों से संबद्ध) विधियों की जांच करना तथा अल्पसंख्यकों की शिकायतों की जांच करना।
- राष्ट्रीय अल्पसंख्यकों के कल्याण के लिए वैधानिक व कल्याणकारी उपायों को सुझाना।

राष्ट्रीय अल्पसंख्यक आयोग की शक्तियां

राष्ट्रीय अल्पसंख्यक आयोग को अपने कार्यों को संपादित करने के लिए निम्नलिखित शक्तियां प्रदान की गई हैं–

- राष्ट्रीय अल्पसंख्यक आयोग निर्धारित कार्यों का पालन करते समय सिविल न्यायालय की शक्तियां धारण करता है।
- राष्ट्रीय अल्पसंख्यक आयोग, भारत के किसी भी व्यक्ति को सम्मन जारी कर सकता है अथवा उपस्थित होने के लिए बाध्य कर सकता है।
- राष्ट्रीय अल्पसंख्यक आयोग किसी भी दस्तावेज की मांग कर सकता है व शपथ-पत्र दाखिल कर सकता है।
- पिछड़ा वर्ग आयोग और अनुसूचित जाति एवं जनजाति आयोग के संबंध में कहा गया है कि उनके सदस्य ऐसे व्यक्ति होंगे, जिन्हें उन समुदायों के संबंध में विशेष ज्ञान हो, लेकिन राष्ट्रीय अल्पसंख्यक आयोग के सदस्यों के संबंध में केवल यह वर्णित किया गया है कि वे अल्पसंख्यक समुदाय से संबंधित हों तथा सदस्यों की नियुक्ति हेतु इनसे संबंधित विशेष ज्ञान का प्रावधान होना आवश्यक नहीं समझा गया है।

सच्चर समिति और उसकी सिफारिशें

यू.पी.ए. सरकार ने वर्ष 2005 में मुस्लिम अल्पसंख्यक समुदाय के विकास के संदर्भ में सुझाव देने हेतु पूर्व मुख्य न्यायाधीश राजेंद्र सच्चर की अध्यक्षता में एक सात सदस्यीय समिति गठित की थी, जिसने अपना प्रतिवेदन 2007 में सौंपा। सच्चर समिति ने अपने प्रतिवेदन में स्पष्ट तौर पर कहा था कि मुसलमानों में अशिक्षा और गरीबी अधिक है, जिसके कारण उनमें रूढ़िवादिता और कट्टरता है। सच्चर समिति के रिपोर्ट के मुख्य बिंदु निम्नवत् हैं–

- वंचित अल्पसंख्यक समुदाय के हितों के सुविचारित प्रतिनिधित्व के लिए एक-समान अवसर आयोग का गठन किया जाए। विश्वविद्यालयों में अति सामाजिक-धार्मिक पिछड़े वर्गों के प्रवेश हेतु विशेष मापदंड तैयार किया जाए।
- मदरसों को सीनियर सेकेंडरी विद्यालयों से जोड़ा जाए एवं इनके द्वारा निर्गमित उपाधियों को रक्षा एवं अन्य परीक्षाओं की अर्हता हेतु मान्य किया जाए। राष्ट्रीय वक्फ विकास निगम की 500 करोड़ रुपए की राशि से स्थापना की जाए। विभिन्न सामाजिक-आर्थिक वर्गों हेतु एक राष्ट्रीय डेटा बैंक का सृजन किया जाए।
- अर्जल मुस्लिम (पसमान्दा मुस्लिम) समुदाय को अनुसूचित जाति या अति पिछड़े वर्ग के रूप में वर्गीकृत किया जाए। सार्वजनिक निकायों में अल्पसंख्यकों की सहभागिता के लिए स्पष्ट प्रक्रिया संस्थापित की जाए। मुस्लिमों में रोजगार दर बढ़ाने के लिए आवश्यक कदम उठाए जाएं।
- विभिन्न धार्मिक-सामाजिक श्रेणियों तक विकास के लाभ की पहुंच का आकलन किया जाए।

सच्चर समिति ने अपने प्रतिवेदन में कहा था कि मुसलमानों में व्याप्त कट्टरता और रूढ़िवादिता को दूर करने के लिए उनको सामाजिक सुरक्षा, सामाजिक विकास के अवसर और सामाजिक न्याय उपलब्ध कराना पहली शर्त है। इसके लिए राष्ट्रीय स्तर पर अवसर समता आयोग का गठन किया जाए। उल्लेखनीय है कि फरवरी 2014 में यूपीए सरकार ने राष्ट्रीय अवसर समता आयोग के गठन का एक विधेयक संसद में प्रस्तुत किया था, जो 15वीं लोक सभा के भंग होने के साथ ही समाप्त हो गया।

संयुक्त राष्ट्र घोषणा, 1992

- अल्पसंख्यकों को सुदृढ़ बनाने के लिए संयुक्त राष्ट्र ने 18 दिसंबर, 1992 को अल्पसंख्यकों के जातीय, धार्मिक तथा भाषायी अधिकारों के संबंध में घोषणा की कि संयुक्त राष्ट्र अल्पसंख्यकों के राष्ट्रीय, जातीय, सांस्कृतिक, धार्मिक अधिकारों एवं अस्तित्व की रक्षा करेगा।
- इसी उपलक्ष्य में प्रतिवर्ष 18 दिसंबर को राष्ट्रीय अल्पसंख्यक आयोग द्वारा अल्पसंख्यक दिवस मनाया जाता है।

स्मरणीय तथ्य

- वर्ष 1978 में राष्ट्रीय अल्पसंख्यक आयोग (National Commission for Minorities) का गठन किया गया।
- राष्ट्रीय अल्पसंख्यक आयोग की स्थापना का उद्देश्य है, अल्पसंख्यकों में सुरक्षा का भाव पैदा करना तथा पंथनिरपेक्ष परंपराओं को सुदृढ़ रखते हुए राष्ट्रीय एकीकरण को बढ़ावा देना।
- राष्ट्रीय अल्पसंख्यक आयोग का अध्यक्ष, राष्ट्रीय मानवाधिकार आयोग का पदेन सदस्य भी होता है।
- राष्ट्रीय अल्पसंख्यक आयोग के अध्यक्ष एवं सदस्यों की नियुक्ति राष्ट्रपति द्वारा की जाती है।
- 18 दिसंबर, 1992 को संयुक्त राष्ट्र ने अल्पसंख्यकों के लिए घोषणा जारी की, इसी उपलक्ष्य में प्रतिवर्ष 18 दिसंबर को राष्ट्रीय अल्पसंख्यक आयोग द्वारा अल्पसंख्यक दिवस मनाया जाता है।

❑❑❑

अध्याय 5

केंद्रीय सूचना आयोग

सरकार के कार्यों में पारदर्शिता और जवाबदेही बढ़ाने के उद्देश्य से वर्ष 2005 में केंद्र सरकार द्वारा केंद्रीय सूचना आयोग की स्थापना की गई थी। इसकी स्थापना सूचना का अधिकार अधिनियम (2005) के अंतर्गत शासकीय राजपत्र अधिसूचना के माध्यम से की गई थी। इस प्रकार यह एक सांविधिक निकाय है।

केंद्रीय सूचना आयोग की संरचना

केंद्रीय सूचना आयोग की निम्नवत् संरचना है–

- इस आयोग में एक मुख्य आयुक्त एवं सूचना आयुक्त होते हैं, जिनकी संख्या 10 से अधिक नहीं होनी चाहिए।
- इन सभी की नियुक्ति राष्ट्रपति द्वारा एक समिति की सिफारिश पर की जाती है, जिसमें प्रमुख के रूप में प्रधानमंत्री, लोकसभा में विपक्ष का नेता एवं प्रधानमंत्री द्वारा मनोनीत एक कैबिनेट मंत्री होता है।
- इस आयोग का अध्यक्ष एवं सदस्य बनने वाले सदस्यों में सार्वजनिक जीवन का पर्याप्त अनुभव होना चाहिए तथा उन्हें विधि, विज्ञान एवं तकनीकी, सामाजिक सेवा, प्रबंधन, पत्रकारिता, जनसंचार या प्रशासन आदि का विशिष्ट अनुभव होना चाहिए।

केंद्रीय सूचना आयुक्त और अन्य आयुक्तों का कार्यकाल

मुख्य सूचना आयुक्त एवं अन्य आयुक्त पांच वर्ष या 65 वर्ष की आयु दोनों में से जो भी पहले हो, तक पद पर बने रह सकते हैं। उन्हें पुनर्नियुक्ति की पात्रता नहीं होती है।

केंद्रीय सूचना आयुक्त और अन्य आयुक्तों की पदमुक्ति

राष्ट्रपति मुख्य सूचना आयुक्त एवं अन्य आयुक्तों को निम्न प्रकारों से उनके पद से हटा सकता है–

- यदि वे दिवालिया हो गए हों।
- यदि उन्हें नैतिक चरित्रहीनता के किसी अपराध के संबंध में दोषी करार दिया गया हो (राष्ट्रपति की नजर में)।
- यदि वे अपने कार्यकाल के दौरान किसी अन्य लाभ के पद पर कार्य कर रहे हों।
- यदि वे (राष्ट्रपति की नजर में) शारीरिक या मानसिक रूप से अपने दायित्वों का निर्वहन करने में अक्षम हों।
- वे किसी ऐसे लाभ को प्राप्त करते हुए पाए जाते हैं, जिससे उनका कार्य या निष्पक्षता प्रभावित होती हो।

केंद्रीय सूचना आयुक्त और अन्य आयुक्तों के वेतन भत्ते एवं सेवा शर्तें

- मुख्य सूचना आयुक्त के वेतन, भत्ते एवं अन्य सेवा शर्तें मुख्य निर्वाचन आयुक्त के समान होते हैं।
- इसी प्रकार, अन्य सूचना आयुक्तों के वेतन, भत्ते एवं अन्य सेवा शर्तों में कोई अलाभकारी परिवर्तन नहीं किया जा सकता है।

केंद्रीय सूचना आयोग के कार्य एवं शक्तियां

- आयोग का यह दायित्व है कि वह किसी व्यक्ति से प्राप्त निम्नलिखित जानकारी एवं शिकायतों का निराकरण करे–
  1. जन-सूचना अधिकारी की नियुक्ति न होने के कारण किसी सूचना को प्रस्तुत करने में असमर्थ रहा हो।
  2. उसे चाही गई जानकारी देने से मना कर दिया गया हो।
  3. उसे चाही गई जानकारी निर्धारित समय में प्राप्त न हो पाई हो।
  4. यदि उसे लगता हो कि सूचना के एवज में मांगी गई फीस सही नहीं है।
  5. यदि उसे लगता है कि उसके द्वारा मांगी गई सूचना अपर्याप्त, झूठी या भ्रामक है।
  6. सूचना प्राप्ति से संबंधित कोई अन्य मामला।
- यदि किसी ठोस आधार पर कोई मामला प्राप्त होता है, तो आयोग ऐसे मामले की जांच का आदेश दे सकता है (स्व प्रेरणा शक्ति)।
- जांच करते समय, निम्न मामलों के संबंध में आयोग को दीवानी न्यायालय की शक्तियां प्राप्त होती हैं–
  1. वह किसी व्यक्ति को प्रस्तुत होने एवं उस पर दबाव डालने के लिए सम्मन जारी कर सकता है तथा मौखिक या लिखित रूप से शपथ के रूप में साक्ष्य प्रस्तुत करने का आदेश दे सकता है।

2. किसी दस्तावेज को मंगाना एवं उसकी जांच करना।
3. शपथ के रूप में साक्ष्य प्राप्त करना।
4. किसी न्यायालय या कार्यालय से सार्वजनिक दस्तावेज को मंगाना।
5. किसी गवाह या दस्तावेज की जांच करने के लिए सम्मन जारी करना।
6. कोई अन्य मामला जो निर्दिष्ट किया जाए।

- शिकायत की जांच करते समय, आयोग लोक प्राधिकारी के नियंत्रणाधीन किसी दस्तावेज या रिकॉर्ड की जांच कर सकता है तथा इस रिकॉर्ड को किसी भी आधार पर प्रस्तुत करने से इंकार नहीं किया जा सकता है। उल्लेखनीय है कि जांच के समय सभी सार्वजनिक दस्तावेजों को आयोग के सामने प्रस्तुत करना अनिवार्य होता है।
- आयोग को यह शक्ति प्राप्त है कि वह लोक प्राधिकारी से अपने निर्णयों का अनुपालन सुनिश्चित करे, जो इसमें सम्मिलित हैं।

1. किसी विशेष रूप में सूचना तक पहुंच।
2. जहां कोई भी जन सूचना अधिकारी नहीं है, वहां ऐसे अधिकारी को नियुक्त करने का आदेश देना।
3. सूचनाओं के प्रकार या किसी सूचना का प्रकाशन।
4. रिकॉर्ड के प्रबंधन, रख-रखाव एवं विनष्टीकरण की रीतियों में किसी प्रकार का आवश्यक परिवर्तन।
5. सूचना के अधिकार के बारे में प्रशिक्षण की व्यवस्था।
6. इस अधिनियम के अनुपालन के संदर्भ में लोक प्राधिकारी से वार्षिक प्रतिवेदन प्राप्त करना।
7. आवेदक द्वारा चाही गई जानकारी के न मिलने पर या उसे क्षति होने पर लोक प्राधिकारी को इसका मुआवजा देने का आदेश करना।
8. इस अधिनियम के अंतर्गत अर्थदंड लगाना।
9. किसी याचिका को अस्वीकार करना।

- अधिनियम के क्रियान्वयन के संदर्भ में आयोग अपना वार्षिक प्रतिवेदन केंद्र सरकार के सामने तथा वह इस प्रतिवेदन को दोनों सदनों के पटल पर रखती है।
- जब कोई लोक प्राधिकारी इस अधिनियम का पालन नहीं करता तो आयोग इस संबंध में आवश्यक कार्यवाही कर सकता है। ऐसे कदम उठा सकता है, जो इस अधिनियम का अनुपालन सुनिश्चित करें।

राष्ट्रीय आयोग/केंद्रीय निकाय तथा संबंधित मंत्रालय

क्र.सं.	आयोग/निकाय	अंतर्गत
1.	केंद्रीय सूचना आयोग	कार्मिक मंत्रालय
2.	वित्त आयोग	वित्त मंत्रालय
3.	संघ लोक सेवा आयोग	कार्मिक मंत्रालय
4.	अंतर्राज्यीय परिषद्	गृह मंत्रालय
5.	कर्मचारी चयन आयोग	कार्मिक मंत्रालय
6.	राष्ट्रीय अनुसूचित जाति आयोग	सामाजिक न्याय एवं अधिकारिता मंत्रालय
7.	राष्ट्रीय अनुसूचित जनजाति आयोग	जनजातीय मामलों का मंत्रालय
8.	केंद्रीय सतर्कता आयोग	कार्मिक मंत्रालय
9.	क्षेत्रीय परिषदें	गृह मंत्रालय
10.	केंद्रीय अन्वेषण ब्यूरो	कार्मिक मंत्रालय
11.	केंद्रीय अनुसंधान एजेंसी	गृह मंत्रालय
12.	भाषायी अल्पसंधान के आयुक्त	गृह मंत्रालय
13.	बाल अधिकारों के संरक्षण हेतु राष्ट्रीय आयोग	महिला एवं बाल विकास मंत्रालय
14.	पिछड़े वर्गों के लिए राष्ट्रीय आयोग	सामाजिक न्याय एवं अधिकारिता मंत्रालय
15.	विकलांग व्यक्तियों के लिए केंद्रीय आयुक्त	सामाजिक न्याय एवं अधिकारिता मंत्रालय
16.	केंद्रीय समाज कल्याण बोर्ड	महिला एवं बाल विकास मंत्रालय
17.	उत्तर-पूर्व परिषद्	उत्तर-पूर्व क्षेत्र विकास मंत्रालय
18.	केंद्रीय प्रशासनिक न्यायाधिकरण	कार्मिक मंत्रालय
19.	अल्पसंख्यकों का राष्ट्रीय आयोग	अल्पसंख्यक मामलों का मंत्रालय
20.	राष्ट्रीय मानवाधिकार आयोग	गृह मंत्रालय
21.	राष्ट्रीय महिला आयोग	महिला एवं बाल विकास मंत्रालय

स्मरणीय तथ्य

- केंद्रीय सूचना आयोग की स्थापना वर्ष 2005 में केंद्र सरकार द्वारा की गई थी।
- मुख्य सूचना आयुक्त एवं अन्य आयुक्त पांच वर्ष या 65 वर्ष की आयु दोनों में से जो भी पहले हो, तक पद पर बने रह सकते हैं।
- मुख्य सूचना आयुक्त के वेतन, भत्ते एवं अन्य सेवा शर्तें मुख्य निर्वाचन आयुक्त के समान होते हैं।

❑❑❑

भाग-XI

संविधानेतर संस्थाएं

अध्याय 1 राष्ट्रीय योजना आयोग

1947 में स्वतंत्रता प्राप्ति के पश्चात् भारत को विभिन्न प्रकार की समस्याएं एवं कठिनाइयां विरासत में प्राप्त हुई थीं। उस समय अर्थव्यवस्था पूर्णरूपेण विखंडित थी तथा दिन-प्रतिदिन की आवश्यकता पूरी करने वाली वस्तुओं के लिए भी विदेशी आयात पर निर्भर रहना पड़ता था। इस प्रकार की विभिन्न समस्याओं एवं कठिनाइयों से निबटने का एकमात्र उपाय देश का नियोजित विकास करना था। इस प्रकार नियोजित विकास के मार्ग में आने वाली कठिनाइयों का अनुमान लगाकर देश में एक स्वतंत्र योजना आयोग की भूमिका या आवश्यकता महसूस की गई। हालांकि सुभाष चंद्र बोस ने 1938 में योजना आयोग के गठन की मांग की थी। इसी को देखते हुए योजना आयोग का गठन किया गया। 31 दिसंबर, 2014 को योजना आयोग को भंग कर दिया गया और 1 जनवरी, 2015 को उसके स्थान पर नीति आयोग का गठन कर दिया गया।

योजना आयोग के गठन का इतिहास

भारत में सर्वप्रथम 1934 में श्री एम. विश्वेश्वरैया द्वारा एक 10 वर्षीय योजना का सृजन किया गया, जिसमें 10 वर्षों के अंतर्गत राष्ट्रीय आय को दुगुना करने का लक्ष्य निर्धारित किया गया था। इस योजना के प्रकाशित होने के बाद 1938 में विभिन्न राज्यों के उद्योग मंत्रियों का एक सम्मेलन संपन्न हुआ, जिसमें एक राष्ट्रीय नियोजन समिति की स्थापना पर विचार-विमर्श किया गया। इसी समय सुभाष चंद्र बोस ने योजना आयोग के गठन की मांग तत्कालीन ब्रिटिश सरकार से की। राज्यों के उद्योग मंत्रियों के सम्मेलन में लिए गए निर्णयों के अनुरूप पं. जवाहरलाल नेहरू की अध्यक्षता में एक राष्ट्रीय नियोजन समिति तथा अन्य उपसमितियों का गठन देश में आर्थिक विकास की प्रक्रिया को त्वरित करने के लिए किया गया।

1944 में सरकार द्वारा एक नियोजन एवं विकास विभाग की स्थापना करके इसे युद्ध के पश्चात् देश में पुनर्निर्माण तथा विकास कार्यों का उत्तरदायित्व सुपुर्द किया गया। सितंबर, 1946 में के.सी. नियोगी की अध्यक्षता में एक सलाहकार नियोजन बोर्ड की स्थापना की गई। सलाहकार नियोजन बोर्ड द्वारा देश में एक स्वतंत्र योजना आयोग एवं सलाहकार समिति की स्थापना की सिफारिश की गई। स्वतंत्रता प्राप्ति के पश्चात् भारतीय राष्ट्रीय कांग्रेस ने एक आर्थिक कार्यक्रम समिति की स्थापना की। इस समिति ने 1948 में देश में एक स्थायी योजना की स्थापना की सिफारिश की। अत: कांग्रेस की आर्थिक समिति ने संस्तुतियों को मूर्त रूप देते हुए 15 मार्च, 1950 को केंद्रीय मंत्रिमंडल के एक प्रस्ताव द्वारा योजना आयोग को एक संविधानेतर संस्था (सलाहकारी) के रूप में गठित किया।

योजना आयोग के उद्देश्य

योजना आयोग के गठन संबंधी प्रस्ताव में योजना आयोग के उद्देश्यों की विवेचना की गई है, जो काफी संक्षिप्त परंतु सारगर्भित है। योजना आयोग के उद्देश्य निम्नवत् थे–

- देश में विद्यमान भौतिक पूंजी, मानवीय पूंजी, तकनीकी तथा कार्मिक वर्ग से संबंधित संसाधनों का अनुमान लगाना तथा जो संसाधन राष्ट्रीय आवश्यकताओं की तुलना में कम हो, उनकी वृद्धि हेतु संभावनाओं की खोज करना।
- देश में नियोजन के अंतर्गत स्वीकृत कार्यक्रमों तथा परियोजनाओं के बारे में प्राथमिकता निश्चित करना।
- आर्थिक विकास की गति में बाधक तत्वों को इंगित करना तथा योजनाओं की सफलता के लिए स्थापित की जाने वाली अवस्थाओं को निर्धारित करना।
- योजनाओं के सफल कार्यान्वयन के लिए तंत्र की प्रकृति निश्चित करना।
- समय-समय पर योजनाओं की प्रगति का मूल्यांकन करना और नीति तथा कार्यान्वयन में आवश्यक समन्वय की अनुशंसा करना।
- विद्यमान आर्थिक अवस्था, प्रचलित नीतियों, उपायों तथा विकास कार्यक्रमों के विचार-विमर्श के लिए या इसके कर्तव्यों के पालन को सुगम बनाने के लिए आवश्यक संस्तुति करना।
- संघ तथा राज्य सरकारों द्वारा सुझाव हेतु भेजी गई समस्याओं की जांच करना तथा समुचित उपाय सुझाना।

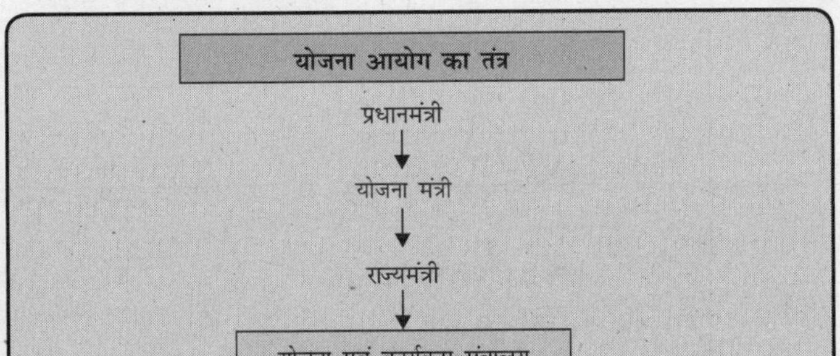

उपर्युक्त वर्णित उद्देश्यों की प्राप्ति हेतु योजना आयोग विभिन्न प्रकार के सर्वेक्षण करता था तथा पंचवर्षीय योजनाओं का निर्माण कर उनका कार्यान्वयन भी सुनिश्चित करता था। योजना आयोग केंद्र सरकार के एक सलाहकारी संस्था

के रूप में कार्य करता था। इसमें पूर्णकालीन तथा अल्पकालीन सदस्य नियुक्त किए जाते थे।

योजना आयोग के उपाध्यक्ष

क्र.सं.	उपाध्यक्ष	कार्यकाल
1.	गुलजारी लाल नंदा	17.12.1953 से 21.06.1960
2.	टी. कृष्णमाचारी	22.06.1960 से 21.12.1963
3.	सी.एम. त्रिवेदी	22.09.1963 से 02.12.1963
4.	अशोक मेहता	03.12.1963 से 01.09.1967
5.	डॉ. डी.आर. गाडगिल	02.09.1967 से 01.05.1971
6.	सी. सुब्रह्मण्यम	02.05.1971 से 22.07.1972
7.	डी.पी. धर	23.07.1972 से 31.12.1974
8.	पी.एन. हक्सर	04.01.1975 से 31.05.1977
9.	डॉ. डी.टी. लकड़वाला	01.06.1977 से 15.02.1980
10.	नारायण दत्त तिवारी	09.06.1980 से 08.08.1981
11.	एस.बी. चौहान	09.08.1981 से 19.07.1984
12.	प्रकाश चंद सेठी	20.07.1984 से 31.10.1984
13.	पी.वी. नरसिम्हाराव	01.11.1984 से 14.01.1985
14.	डॉ. मनमोहन सिंह	15.01.1985 से 31.08.1987
15.	पी. शिवशंकर	25.07.1987 से 29.06.1988
16.	माधव सिंह सोलंकी	30.06.1988 से 16.08.1989
17.	रामकृष्ण हेगड़े	05.12.1989 से 06.07.1990
18.	प्रो. मधु दंडवते	07.07.1990 से 10.12.1990
19.	मोहन धारिया	11.12.1990 से 24.06.1991
20.	प्रणव मुखर्जी	24.06.1991 से 15.05.1996
21.	प्रो. मधु दंडवते	01.08.1996 से 31.03.1998
22.	जसवंत सिंह	25.03.1998 से 04.02.1999
23.	के.सी. पंत	04.02.1999 से 17.06.2004
24.	मोंटेक सिंह अहलूवालिया	03 जुलाई, 2004 से मई 2014 तक

योजना आयोग का संगठन

योजना आयोग का संगठन निश्चित नहीं था, बल्कि यह प्रधानमंत्री तथा उनके राजनीतिक दल की मान्यताओं के अनुसार बदलता रहता था। प्रधानमंत्री योजना आयोग के पदेन अध्यक्ष होते थे। योजना आयोग के अध्यक्ष की सहायता के लिए एक उपाध्यक्ष, कुछ कैबिनेट मंत्री तथा विशेषज्ञ सदस्य के रूप में नियुक्त किए जाते थे। प्रशासनिक सेवाओं के अधिकारी को आयोग का सदस्य सचिव नियुक्त किया जाता था।

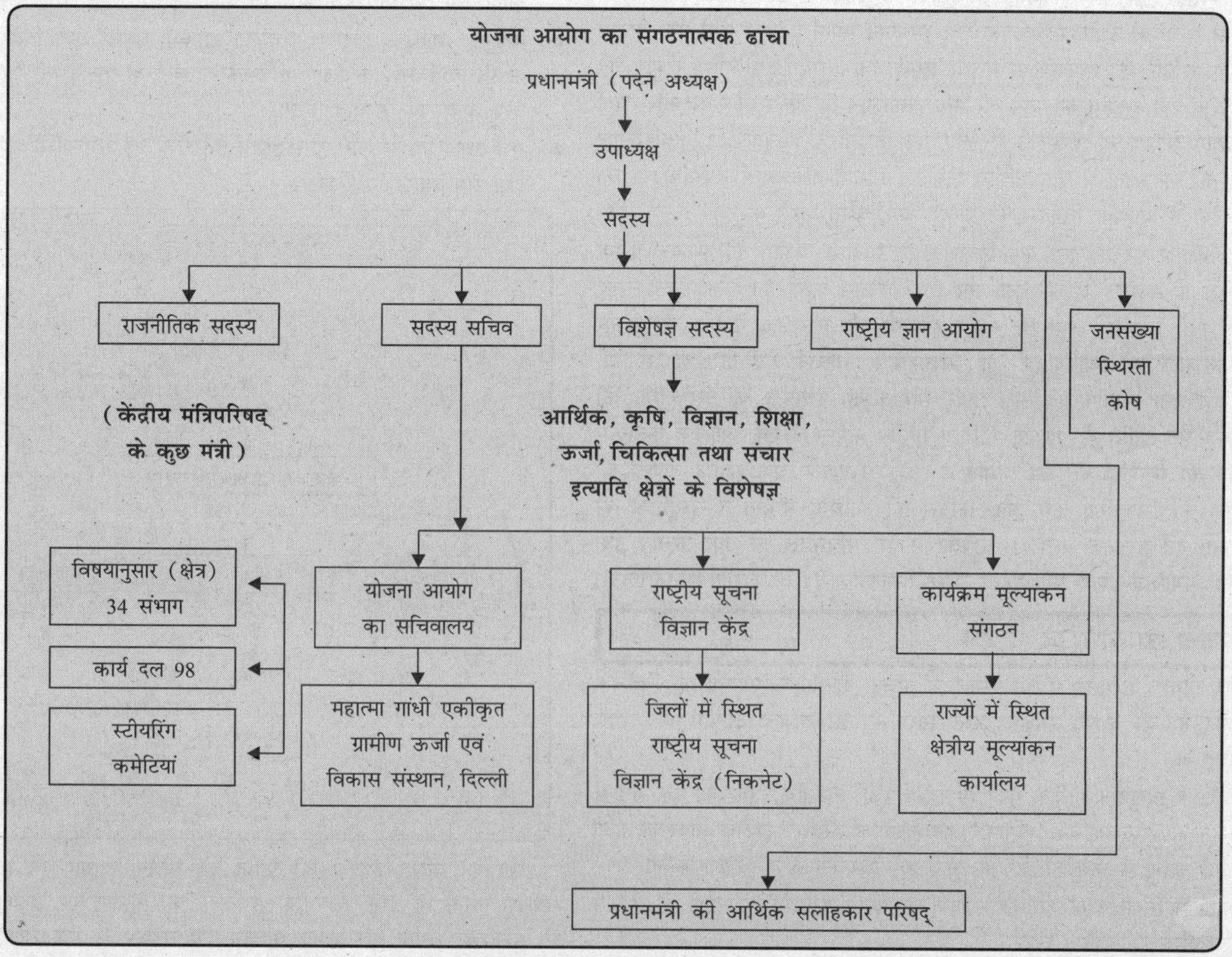

योजना आयोग के कार्य

योजना आयोग की स्थापना को नियोजित आर्थिक विकास की दिशा में उठाया गया एक महत्वपूर्ण कदम माना जाता है। योजना आयोग एक सलाहकार के रूप में अपने उत्तरदायित्व को पूरा करता था। इसका कार्य सरकारी नीतियों एवं उद्देश्यों के अंतर्गत देश के विभिन्न संसाधनों का कुशल आकलन कर योजना का निर्माण करके उसे सरकार को प्रस्तुत करना था।

योजना आयोग द्वारा बनाई गई योजना को क्रियान्वित करने का कार्य केंद्रीय तथा राज्य सरकार द्वारा किया जाता था। योजना आयोग के कार्यों की संक्षिप्त रूपरेखा निम्नवत् है–

- देश के भौतिक, मानवीय, तकनीकी व्यक्तियों को सम्मिलित करने तथा पूंजी संसाधनों का अनुमान लगाने तथा राष्ट्रीय आवश्यकता की पूर्ति करने में इनका उपयोग करने की संभावनाओं का सर्वेक्षण करना योजना आयोग का कार्य है। योजना निर्माण में जिन साधनों की कमी होगी, उनकी वृद्धि की संभावना पर भी विचार करना योजना आयोग का कार्य है।
- नियोजन के माध्यम से देश के तीव्र आर्थिक विकास के लिए प्रत्येक योजना के निर्माण में प्राथमिकताओं के क्रम को निर्धारित करना होगा, जिसके आधार पर योजना को कार्यान्वित किया जाएगा।
- साधनों की सीमित उपलब्धता में आवंटन का स्थान महत्वपूर्ण होता है। योजना आयोग सभी अवस्थाओं में कार्यों को उचित ढंग से कार्यान्वित करने के लिए उपलब्ध साधनों का आवंटन करेगा।
- विभिन्न अवस्थाओं को कार्यान्वित करने के लिए देश में उपयुक्त मशीनरी की प्रकृति का निर्धारण भी योजना आयोग द्वारा किया जाता है।
- योजना आयोग के स्थापना संबंधी प्रस्ताव में यह स्पष्ट कर दिया गया है कि आयोग अनिवार्य रूप से एक सलाहकार संस्था होगी, जो मंत्रिपरिषद् को परामर्श देने का कार्य करेगी तथा अपने कार्यों को सुचारु रूप से चलाने के लिए सरकार तथा अन्य विभागों का पूर्ण सहयोग प्राप्त करेगी। इस प्रकार देश की आवश्यकताओं, वर्तमान परिस्थितियों, साधनों एवं नीतियों के आधार पर आयोग सरकार को अपने सुझाव से अवगत कराएगा।

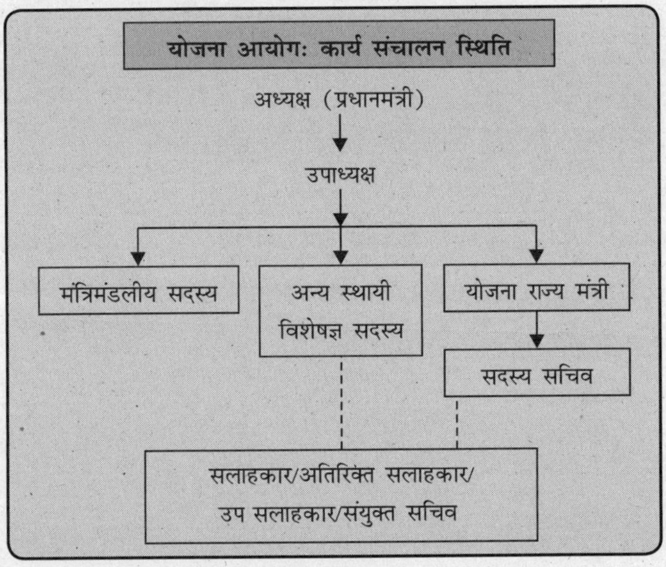

- योजना आयोग विकास में बाधक तत्वों की तरफ भी सरकार का ध्यान दिलाएगा तथा उन परिस्थितियों का निर्धारण भी करेगा, जो योजना की सफलता के लिए आवश्यक हैं।
- आयोग देश में उपलब्ध संसाधनों के अत्यधिक संतुलित उपयोग के लिए योजना का निर्माण कर सरकार के सम्मुख प्रस्तुत करेगा। योजना आयोग का कार्य समय-समय पर योजनाओं की प्रकृति का मूल्यांकन भी करना है।

गाडगिल फॉर्मूला

गाडगिल फॉर्मूले का सृजन 1969 में राज्यों को सहायता प्रदान करने के लिए किया गया। इस फॉर्मूले के जनक डी.एन. गाडगिल थे। गाडगिल फॉर्मूला राज्यों को हस्तांतरित की जाने वाली सहायता के लिए सिद्धांतों का सृजन करता है। गाडगिल फॉर्मूले के अनुसार राज्यों को प्रदान की जाने वाली सहायता का 60% भाग जनसंख्या के आधार पर, 10% प्रति व्यक्ति के आधार पर, 10% कर प्रयास के आधार पर, 10% चालू सिंचाई एवं शक्ति की परियोजनाएं तथा विशेष विकास समस्याओं के आधार पर प्रदान किया जाए। चौथी तथा पांचवीं परियोजना में इसी फॉर्मूले का प्रयोग किया गया था। पांचवीं पंचवर्षीय योजना में कुछ मुख्यमंत्रियों द्वारा इसमें संशोधन की मांग की गई थी। गाडगिल फॉर्मूले में 1980 में पहली बार संशोधन किया गया। संशोधित फॉर्मूले के अनुसार प्रति व्यक्ति आय के साथ-साथ चालू परियोजनाओं को मिलाकर उनका कुल भार 20% कर दिया गया था। इस संशोधित फॉर्मूले को छठी तथा सातवीं पंचवर्षीय योजना के साथ 1990-91 की वार्षिक योजना में भी प्रयोग किया गया था। 1990 में गाडगिल फॉर्मूले में दो बार संशोधन किया गया।

गाडगिल फॉर्मूला के माध्यम से विशेष राज्य की अवधारणा प्रचलन में लाई गई। विशेष राज्यों को केंद्रीय सहायता में 90% अनुदान तथा 10% ऋण दिया जाता है, जबकि सामान्य राज्यों को केंद्रीय सहायता में 70% अनुदान और 30% ऋण प्राप्त होता है।

गाडगिल फॉर्मूला के मानक

आधार	भारांश
राज्य की जनसंख्या	60%
प्रति व्यक्ति आय	10%
कर प्रयास	10%
चालू सिंचाई एवं शक्ति परियोजनाएं	10%
विशेष समस्याएं	10%
कुल	**100**

संशोधित गाडगिल फॉर्मूला के मानक

आधार	भारांश
जनसंख्या	55%
प्रति व्यक्ति आय	20%
विचलन रीति	5%
दूर की विधि	5%
वित्तीय प्रबंध	15%
विशेष विकास समस्याएं	
कुल	**100**

मुखर्जी फॉर्मूला

सितंबर, 1991 में पूर्व केंद्रीय वित्त मंत्री एवं योजना आयोग के तत्कालीन अध्यक्ष प्रणव मुखर्जी की अध्यक्षता में एक समिति का गठन किया गया। जिसका उद्देश्य राष्ट्रीय विकास परिषद् द्वारा गाडगिल फॉर्मूले में किए गए संशोधनों पर विचार करना था। मुखर्जी समिति द्वारा गहन विचार-विमर्श के बाद एक संशोधित फॉर्मूला तैयार किया गया, जिसे राष्ट्रीय विकास परिषद् द्वारा 23–24 दिसंबर, 1991 की बैठक में स्वीकार किया गया। जिसके प्रमुख मानक या आधार निम्नवत् हैं–

मुखर्जी फॉर्मूला के मानक

आधार	भारांश
जनसंख्या (1971 की जनगणना)	60%
प्रति व्यक्ति आय	
1. विचलन रीति	20%
2. दूरी विधि	5%
निष्पादन-कर प्रयास एवं वित्तीय प्रबंध	7.5%
विशेष विकास समस्याएं	7.5%
कुल	**100**

स्मरणीय तथ्य

- 31 दिसंबर, 2014 को योजना आयोग को भंग कर दिया गया और 1 जनवरी, 2015 को उसके स्थान पर नीति आयोग का गठन किया गया।
- सितंबर, 1946 में के.सी. नियोगी की अध्यक्षता में एक सलाहकार नियोजन बोर्ड की स्थापना की गई।
- योजना आयोग की स्थापना को नियोजित आर्थिक विकास की दिशा में उठाया गया एक महत्वपूर्ण कदम माना जाता है।
- योजना आयोग द्वारा बनाई गई योजना को क्रियान्वित करने का कार्य केंद्रीय तथा राज्य सरकार द्वारा किया जाता है।
- गाडगिल फॉर्मूले का सृजन 1969 में राज्यों को सहायता प्रदान करने के लिए किया गया। इस फॉर्मूले के जनक डी.एन. गाडगिल थे।
- गाडगिल फॉर्मूला के माध्यम से विशेष राज्य की अवधारणा प्रचलन में लाई गई।

❑❑❑

अध्याय 2

राष्ट्रीय विकास परिषद्

भारतीय संविधान की प्रकृति एकात्मक नहीं है, बल्कि संघीय है। संघीय व्यवस्था में राज्यों को अपने क्षेत्र में पूर्ण अधिकार दिया जाता है। राष्ट्रीय कार्यक्रमों/योजनाओं की सफलता सुनिश्चित करने के लिए राज्यों का अधिकतम सहयोग प्राप्त करना वांछनीय है। इस सहयोग को प्राप्त करने के लिए योजना आयोग योजना विभागों से घनिष्ठ संपर्क बनाए रखता है। योजना संबंधी मामलों में केंद्र और राज्यों के मध्य समायोजन करने के लिए योजना आयोग के अतिरिक्त 6 अगस्त, 1952 को राष्ट्रीय परिषद् की स्थापना की गई। राष्ट्रीय परिषद् की स्थापना केंद्र सरकार के प्रस्ताव द्वारा की गई।

यद्यपि राष्ट्रीय विकास परिषद् का सर्वप्रथम गठन मंत्रिमंडल सचिवालय द्वारा अगस्त 1952 में एक प्रस्ताव के माध्यम से किया गया, परंतु यह 1946 में के. सी. नियोगी की अध्यक्षता में गठित परामर्शदात्री नियोजन मंडल का विकसित रूप है। वस्तुत: इस नियोजन मंडल द्वारा ही सर्वप्रथम एक ऐसी परामर्शदात्री संस्था के गठन का सुझाव दिया गया था, जिसमें योजना आयोग के कार्यों में सहायता देने के लिए प्रांतों, देशी रियासतों तथा अन्य हितों के प्रतिनिधियों को सम्मिलित किया जाना चाहिए। बाद में योजना आयोग ने भी स्वयं एक समन्वयकारी संस्था की आवश्यकता महसूस की तथा प्रथम पंचवर्षीय योजना के प्रारूप में एक ऐसी संस्था के गठन की आवश्यकता बताई, जो योजना संबंधी मामलों में केंद्र तथा राज्यों के मध्य समायोजन स्थापित करने में सहायक हो।

राष्ट्रीय विकास परिषद् की स्थापना के उद्देश्य

राष्ट्रीय विकास परिषद् की स्थापना का मूल उद्देश्य केंद्र तथा राज्यों के योजना संबंधी मामलों में समायोजन स्थापित करना है। इस संदर्भ में राष्ट्रीय विकास परिषद् के द्वितीयक उद्देश्य निम्नलिखित हैं–

- सभी महत्वपूर्ण क्षेत्रों में आर्थिक नीतियों का उन्नयन करना तथा योजना आयोग की सिफारिश द्वारा देश के सभी भागों का संतुलित एवं त्वरित विकास सुनिश्चित करना।
- योजना की सहायता के लिए राष्ट्र के संसाधनों तथा परिश्रम को सुदृढ़ करना तथा उनको गतिशील बनाना।
- विभिन्न राज्यों में आर्थिक एवं सामाजिक विकास के लिए नीतियों का सृजन करना।
- आर्थिक विकास की प्रक्रिया में केंद्र तथा राज्यों में पारस्परिक सहयोग की भावना विकसित करना।

राष्ट्रीय विकास परिषद् की संरचना

प्रधानमंत्री राष्ट्रीय विकास परिषद् का पदेन अध्यक्ष होता है। राष्ट्रीय विकास परिषद् में योजना आयोग के सभी सदस्य, सभी राज्यों के मुख्यमंत्री, केंद्रशासित प्रदेशों के मुख्यमंत्री/उपराज्यपाल, केंद्र सरकार के प्रमुख मंत्रालयों के मंत्री तथा कुछ आर्थिक विशेषज्ञ सदस्य के रूप में सम्मिलित होते हैं। योजना आयोग का सचिव, राष्ट्रीय विकास परिषद् का पदेन सचिव होता है। राष्ट्रीय विकास परिषद् की वर्ष भर में दो बैठकें होती है, परंतु कई वर्षों में 2 से अधिक बैठकें भी हुई हैं। राष्ट्रीय विकास परिषद् की कार्यविधि योजना आयोग के सचिवालय द्वारा तैयार की जाती है।

राष्ट्रीय विकास परिषद् के कार्य

राष्ट्रीय विकास परिषद् योजनाओं के सृजन के संदर्भ में एक उच्चतर नीति-निर्माता निकाय है। राष्ट्रीय विकास परिषद् को निम्नलिखित कार्य करने पड़ते थे–

- राष्ट्रीय योजनाओं के संचालन तथा प्रगति का समय-समय पर मूल्यांकन करना।
- राष्ट्रीय विकास को प्रभावित करने वाली सामाजिक एवं आर्थिक नीतियों की समीक्षा करना।
- राष्ट्रीय योजना के निर्धारित लक्ष्यों एवं उद्देश्यों की प्राप्ति के सदंर्भ में सुझाव देना।

1967 में राष्ट्रीय विकास परिषद् के कार्यों में कुछ संशोधन किया गया। राष्ट्रीय विकास परिषद् के संशोधित कार्य निम्नवत् हैं–

- राष्ट्रीय योजनाओं के सृजन के लिए तथा इसके साधनों के निर्धारण के लिए नीतिगत-एवं मार्गदर्शक फॉर्मूला तय करना।
- योजना आयोग द्वारा सृजित योजनाओं पर विचार करना।
- राष्ट्रीय विकास को प्रभावित करने वाली सामाजिक तथा आर्थिक नीतियों के महत्वपूर्ण बिंदुओं पर विचार करना।
- समय-समय पर योजना सबंधी कार्यों की समीक्षा करना तथा राष्ट्रीय योजनाओं में निर्धारित उद्देश्यों तथा लक्ष्यों की प्राप्ति के लिए आवश्यक उपाय करने के संदर्भ में सुझाव देना।

राष्ट्रीय विकास परिषद् एक प्लेटफॉर्म के रूप में कार्यरत थी जहां पर केंद्र और राज्यों के बीच सामाजिक एवं आर्थिक विषयों पर विचार-विमर्श होता था और उस संदर्भ में राष्ट्रीय सहमति कायम करने का प्रयास किया जाता था, जिससे कि समस्याओं का समाधान खोजा जा सके। राष्ट्रीय विकास परिषद् के माध्यम से संघात्मक शासन व्यवस्था को बढ़ावा मिला। इसने केंद्र और राज्यों के बीच के विवादों को कम करने में महती भूमिका निभाई।

स्मरणीय तथ्य

- भारतीय संविधान की प्रकृति एकात्मक नहीं है।
- राष्ट्रीय विकास परिषद् का सर्वप्रथम गठन मंत्रिमंडल सचिवालय द्वारा अगस्त 1952 में एक प्रस्ताव के माध्यम से किया गया था।
- राष्ट्रीय विकास परिषद् की स्थापना का मूल उद्देश्य केंद्र तथा राज्यों के योजना संबंधी मामलों में समायोजन स्थापित करना है।
- प्रधानमंत्री राष्ट्रीय विकास परिषद् का पदेन अध्यक्ष होता है।
- राष्ट्रीय विकास परिषद् योजनाओं के सृजन के संदर्भ में एक उच्चतर नीति-निर्माता निकाय है।

❑❑❑

अध्याय 3

नीति आयोग

योजना आयोग के स्थान पर बनाए गए नए संस्थान नीति आयोग के गठन की घोषणा केंद्र सरकार ने 1 जनवरी, 2015 को की थी। प्रधानमंत्री की अध्यक्षता वाला यह आयोग केंद्र के साथ-साथ राज्य सरकारों के लिए नीति-निर्माण करने वाले संस्थान की भूमिका निभाएगा। यह थिंक टैंक की तर्ज पर काम करेगा। आयोग की एक संचालन परिषद् होगी। इसमें सभी राज्यों के मुख्यमंत्री और संघ शासित प्रदेशों के उपराज्यपाल सदस्य होंगे। परिषद् केंद्र व राज्यों के साथ मिलकर सहकारी संघवाद का एक राष्ट्रीय एजेंडा तैयार करेगी।

नीति आयोग की स्थापना

केंद्र सरकार द्वारा सरकार के थिंक टैंक के रूप में उसे नीतिगत एवं निर्देशात्मक गतिशीलता प्रदान करने तथा केंद्र और राज्य स्तरों पर सरकार को नीति के प्रमुख कारकों के संबंध में प्रासंगिक, महत्वपूर्ण, रणनीतिक एवं तकनीकी परामर्श उपलब्ध कराने के मूल उद्देश्यों के साथ योजना आयोग का स्थान लेने के लिए 'नीति आयोग' का गठन किया गया है।

- 1 जनवरी, 2015 को केंद्रीय मंत्रिमंडल द्वारा एक प्रस्ताव के माध्यम से योजना आयोग के स्थान पर 'नीति आयोग' (पूरा नाम-'राष्ट्रीय भारत परिवर्तन संस्थान' (NITI: National Institution for Transforming India) की स्थापना किए जाने की घोषणा की गई। ज्ञातव्य है कि योजना आयोग का गठन भी 15 मार्च, 1950 को मंत्रिमंडलीय प्रस्ताव के माध्यम से ही किया गया था।
- प्रधानमंत्री नरेंद्र मोदी द्वारा 68वें स्वतंत्रता दिवस के अवसर पर की गई महत्वपूर्ण घोषणा के अनुरूप केंद्र सरकार द्वारा विभिन्न राज्य सरकारों, संबंधित क्षेत्रों के विशेषज्ञों और प्रासंगिक संस्थानों सहित सभी हितधारकों से व्यापक विचार-विमर्श के पश्चात् 'नीति आयोग' का गठन किया गया है। इससे संबंधित महत्वपूर्ण बिंदु अग्रलिखित शीर्षकों के अंतर्गत प्रस्तुत किए जा रहे हैं-

नीति आयोग : गठन की आवश्यकता

- नए भारत के परिवर्तित माहौल में शासन और नीति-निर्माण संस्थानों को नई चुनौतियों को अपनाने और तद्नुसार शासन और गतिशील नीति परिवर्तनों में संस्थागत सुधारों की आवश्यकता है ताकि अभूतपूर्व सकारात्मक बदलावों की रूपरेखा तैयार हो सके और उसका पोषण हो सके।
- नए भारत को ऐसे प्रशासनिक प्रतिमानों की आवश्यकता है जिसमें सरकार 'सक्षमकारी' हो न कि पहली और अंतिम उपाय या प्रश्रय। औद्योगिक एवं सेवा क्षेत्रों में एक 'कंपनी' के रूप में सरकार की भूमिका को कम करते हुए सरकार को कानून बनाने, नीति-निर्माण करने और विनियमन पर ही मुख्य ध्यान केंद्रित करना चाहिए।
- देश में केंद्र से राज्य की ओर नीतियों के एकतरफा प्रवाह (जो कि योजना आयोग काल की विशिष्टता रही है) के स्थान पर एक महत्वपूर्ण विकासवादी परिवर्तन के रूप में राज्यों की वास्तविक और सतत भागीदारी और राज्यों के साथ सतत आधार पर संरचनात्मक सहयोग के साथ सहकारी संघवाद को बढ़ावा देने की जरूरत है।
- बेहतर अंतरमंत्रालयी समन्वय और बेहतर केंद्र-राज्य समन्वय को त्वरित करके नीतियों के धीमे और विलंबित क्रियान्वयन की स्थिति को समाप्त किए जाने की आवश्यकता है।
- खाद्य सुरक्षा से आगे बढ़ते हुए अब कृषि उत्पादन के मिश्रण के साथ किसानों को अपने उत्पादों से प्राप्त होने वाले वास्तविक प्रतिफलों पर ध्यान केंद्रित किया जाना चाहिए।
- आर्थिक रूप से जीवंत मध्यम वर्ग की भागीदारी बनाए रखने हेतु इसकी क्षमता का पूर्ण दोहन तथा देश की उद्यमशीलता, वैज्ञानिक और बौद्धिक मानव पूंजी का पूर्ण लाभ उठाने के साथ आज शासन में जटिलताओं और परेशानियों की संभावनाओं को कम करने हेतु प्रौद्योगिकी का अधिकाधिक उपयोग सुनिश्चित किए जाने की जरूरत भी है।

नीति आयोग: उद्देश्य एवं कार्य

क्र.सं.	उद्देश्य	कार्य
1.	नीति-निर्माण और सहकारी संघवाद को बढ़ावा देना।	**लोक हितैषी**–समाज और व्यक्तिगत आकांक्षाओं को पूरा करना।
2.	सभी के लिए एक केंद्रीकृत ढांचा सृजित करना।	**अति सक्रियता**–नागरिकों की जरूरतों को जानना और उन्हें दूर करना।
3.	विदेशों से सही पद्धति सीखना	**सहयोग**–नागरिकों की भागीदारी
4.	विकास: सतत, सहयोगात्मक, समावेशी	**सशक्तिकरण**–सभी क्षेत्रों में महिलाओं का सशक्तिकरण।
5.	लघु उद्यम को बढ़ावा देना, गरीबी दूर करना	**सर्व समावेशी**–एस.सी., एस.टी., ओ.बी.सी., अल्पसंख्यक, गरीब, गांव, किसान सबका समावेश।
6.	जनसांख्यिकीय अंतर का लाभ उठाना, रोजगार कौशल	**समता**–युवाओं के लिए अवसर
7.	निगरानी, प्रतिपुष्टि सही करना, अंतर्विभागीय मामलों को अलग करना	**पारदर्शिता**–सरकार को जवाबदेह और सुलभ बनाना।

नीति आयोग के गठन का उद्देश्य

- राष्ट्रीय उद्देश्यों के प्रकाश में राज्यों की सक्रिय भागीदारी के साथ राष्ट्रीय विकास प्राथमिकताओं, क्षेत्रों और रणनीतियों का एक साझा दृष्टिकोण

विकसित करना। नीति आयोग गतिशक्ति उपलब्ध कराने हेतु प्रधानमंत्री एवं मुख्यमंत्रियों को एक 'राष्ट्रीय एजेंडा' फ्रेमवर्क उपलब्ध कराने के विजन के साथ कार्य करेगा।

- सशक्त राज्य ही सशक्त राष्ट्र का निर्माण कर सकते हैं, इस तथ्य को स्वीकारं करते हुए राज्यों के साथ सतत आधार पर संरचित समर्थन पहलों और प्रणालियों के माध्यम से सहकारी संघवाद (Cooperative Federalism) को बढ़ावा देना।
- ग्राम स्तर पर विश्वसनीय योजनाएं तैयार करने के लिए प्रणालियों का विकास करना और उन्हें उत्तरोत्तर संयोजित कर सरकार के उच्चतर स्तरों तक पहुंचाना।

नीति आयोग के स्तंभ

नीति आयोग प्रभावी सुशासन के 7 स्तंभों-लोगों के लिए (Pro-People), अग्रसक्रियता (Pro-Activity), सशक्तिकरण (Em-Powering), सभी के समावेशन (Inclusion of All), समानता (Equality) तथा पारदर्शिता (Transparency) पर आधारित होगा। त्वरित गति से कार्य करने हेतु और सरकार को नीति दृष्टिकोण उपलब्ध कराने के साथ-साथ प्रासंगिक विषयों के संदर्भ में 'राष्ट्रीय भारत परिवर्तन संस्थान' के पास आवश्यक संसाधन, ज्ञान, कौशल और क्षमता उपलब्ध होगी। यह भारत के जनांकिकीय लाभांश (Demographic Dividend) का लाभ उठाने के साथ शिक्षा, कौशल विकास, लैंगिक पूर्वाग्रहों के उन्मूलन और रोजगार के माध्यम से युवाओं, पुरुषों और महिलाओं की संभाव्यता की प्राप्ति का साधन बनेगा तथा निर्धनता उन्मूलन एवं असमानताओं में कमी करने की दशा में कार्य करेगा। यह देश के 50 मिलियन से अधिक छोटे व्यवसायों, जो रोजगार सृजन का प्रमुख स्रोत हैं, को नीति समर्थन भी प्रदान करेगा तथा यह हमारी पर्यावरणीय एवं पारिस्थितिकीय संपत्तियों के संरक्षण हेतु भी कार्य करेगा।

- जो क्षेत्र इसे विशिष्ट रूप से संदर्भित किए जाएं, उनके संबंध में आर्थिक रणनीति एवं नीतियों में राष्ट्रीय सुरक्षा के हितों को शामिल किया जाना सुनिश्चित करना।
- समाज के उन वर्गों पर विशेष रूप से ध्यान देना, जिनके आर्थिक प्रगति से पर्याप्त रूप से लाभान्वित न हो पाने का जोखिम हो।
- रणनीतिक और दीर्घावधिक नीति एवं कार्यक्रम रूपरेखाओं तथा पहलों को प्रारूपित करना तथा उनकी प्रगति और प्रभावोत्पादकता की निगरानी करना। निगरानी और फीडबैक के आधार पर आवश्यक मध्यावधि संशोधनों सहित नवाचारी सुधार किए जाएंगे।
- प्रमुख हितधारकों तथा समान विचारधारा वाले राष्ट्रीय एवं अंतर्राष्ट्रीय थिंक टैंकों के साथ शैक्षिक और नीति अनुसंधान संस्थानों के मध्य भागीदारी को प्रोत्साहन और सलाह उपलब्ध कराना।
- राष्ट्रीय एवं अंतर्राष्ट्रीय विशेषज्ञों, पेशेवरों और अन्य भागीदारों के सहयोगी समुदाय के माध्यम से एक ज्ञान, नवप्रवर्तन और उद्यमिता समर्थन प्रणाली का सृजन करना।
- विकास एजेंडे के क्रियान्वयन को त्वरित करने के क्रम में अंतर्क्षेत्रीय और अंतर्विभागीय मुद्दों के समाधान के लिए मंच उपलब्ध कराना।
- सुशासन (Good Governance) पर अनुसंधान और सतत एवं न्यायसंगत विकास की सर्वश्रेष्ठ कार्यप्रणालियों के संग्राहक के साथ-साथ उनके हितधारकों में प्रसार में सहायता हेतु एक अत्याधुनिक संसाधन केंद्र का अनुरक्षण करना।
- आवश्यक संसाधनों की पहचान करने सहित कार्यक्रमों और पहलों के क्रियान्वयन की सक्रिय निगरानी एवं मूल्यांकन करना ताकि डिलीवरी के अवसर पर सफलता की संभाव्यता को सुदृढ़ किया जा सके।
- कार्यक्रमों और पहलों के क्रियान्वयन के लिए प्रौद्योगिकी उन्नयन एवं क्षमता निर्माण पर ध्यान केंद्रित करना।

नीति आयोग का संगठन

नीति आयोग का संघटन इस प्रकार निर्धारित किया जाता है–

1. **अध्यक्ष (Chairperson):** प्रधानमंत्री
2. **शासी परिषद् (Governing Council):** यह सभी राज्यों के मुख्यमंत्रियों और संघीय क्षेत्रों के उप राज्यपालों से मिलकर बनेगी।
3. **क्षेत्रीय परिषदें (Regional Council):** ऐसे विशिष्ट मुद्दों और आकस्मिक मामलों, जो एक से अधिक राज्यों या एक क्षेत्र को प्रभावित करते हों, के संदर्भ में ये परिषदें आवश्यंकता-आधार और विशिष्ट कार्यकाल हेतु गठित की जाएंगी। इसमें संबंधित क्षेत्र के राज्यों के मुख्यमंत्री एवं संघीय क्षेत्रों के राज्यपाल शामिल होंगे। इनका संयोजन प्रधानमंत्री द्वारा किया जाएगा तथा इनकी अध्यक्षता नीति आयोग के अध्यक्ष (प्रधानमंत्री) या उनके द्वारा नामित व्यक्ति द्वारा की जाएगी।
4. **विशेष आमंत्रित (Special Invitees):** नीति आयोग में संबद्ध कार्यक्षेत्र का ज्ञान रखने वाले विशेषज्ञ, विशेष जानकार और पेशेवर विशेष आमंत्रित के रूप में प्रधानमंत्री द्वारा नामित किए जाएंगे।
5. **पूर्णकालिक संगठनात्मक ढांचा (Full-time Organizational Structure):** अध्यक्ष के रूप में प्रधानमंत्री के अतिरिक्त नीति आयोग के पूर्णकालिक संगठनात्मक ढांचे में निम्नलिखित शामिल होंगे–
   - (a) **उपाध्यक्ष (Vice-Chairperson):** प्रधानमंत्री द्वारा नियुक्त किया जाएगा।
   - (b) **पूर्णकालिक सदस्य (Full Time Members):** प्रधानमंत्री द्वारा नियुक्त किए जाएंगे।
   - (c) **अंशकालिक सदस्य (Part-time Members):** अग्रणी विश्वविद्यालयों, शोध संस्थानों एवं अन्य प्रासंगिक संस्थानों से अधिकतम 2 पदेन क्षमता में सदस्य जो कि चक्रीय आधार पर होंगे।
   - (d) **पदेन सदस्य (Ex-Officio Members):** प्रधानमंत्री द्वारा नामित केंद्रीय मंत्रिपरिषद् के अधिकतम 4 सदस्य।
   - (e) **मुख्य कार्यकारी अधिकारी (CEO:Chief Executive Officer):** प्रधानमंत्री द्वारा नियत कार्यकाल के लिए, भारत सरकार के सचिव स्तर के अधिकारी को सीईओ नियुक्त किया जाएगा।
   - (f) **सचिवालय (Secretariat):** आवश्यकता के अनुसार होगा।

- राष्ट्रीय विकास एजेंडा और उपर्युक्त उद्देश्यों की पूर्ति के लिए अन्य आवश्यक गतिविधियां संपादित करना।
- पहलों के क्रियान्वयन की सक्रिय निगरानी एवं मूल्यांकन करना ताकि डिलीवरी के अवसर पर सफलता की संभाव्यता को सुदृढ़ किया जा सके।
- कार्यक्रमों और पहलों के क्रियान्वयन के लिए प्रौद्योगिकी उन्नयन एवं क्षमता निर्माण पर ध्यान केंद्रित करना।
- राष्ट्रीय विकास एजेंडा और उपर्युक्त उद्देश्यों की पूर्ति के लिए अन्य आवश्यक गतिविधियां संपादित करना।

योजना आयोग एवं नीति आयोगः एक तुलना

	योजना आयोग	नीति आयोग
संरचना	अध्यक्ष–प्रधानमंत्री	अध्यक्ष–प्रधानमंत्री
	उपाध्यक्ष–प्रधानमंत्री द्वारा नियुक्त	उपाध्यक्ष–प्रधानमंत्री द्वारा नियुक्त
	पृथक् राष्ट्रीय विकास परिषद्–प्रधानमंत्री, केंद्रीय मंत्रिमंडल के सदस्य, राज्यों के मुख्यमंत्री और वित्त मंत्रीगण (राज्यों का प्रतिनिधित्व नहीं) प्रावधान नहीं	**शासी परिषद्**–राज्यों के मुख्यमंत्री एवं संघीय क्षेत्रों के उपराज्यपाल (राज्यों का पूरा प्रतिनिधित्व)
		क्षेत्रीय परिषदें–प्रधानमंत्री एवं राज्यों के मुख्यमंत्री
	पदेन सदस्य–आयोजना मंत्री, योजना आयोग के सचिव	**पदेन सदस्य**–अधिकतम 4 केंद्रीय मंत्री, प्रधानमंत्री द्वारा नियुक्त सी.ई.ओ.
	पूर्णकालिक सदस्य–विभिन्न क्षेत्रों के विशेषज्ञ	**पूर्णकालिक सदस्य**–पूर्णकालिक संगठनात्मक ढांचा
कार्यप्रणाली	• पंचवर्षीय योजना के उद्देश्यों एवं लक्ष्यों का निर्माण एवं पुनरीक्षण, विशिष्ट मुद्दों पर सलाह, सरकारों के लिए ऊपर से नीचे (Top Down) उपागम आधारित आयोजना जिसके निर्माण में राज्यों की भागीदारी नहीं, राज्यों के साथ नियमित जुड़ाव की कोई संरचित प्रणाली नहीं तथा क्रियान्वयन, निगरानी एवं मूल्यांकन की कमजोर व्यवस्था	• 'राष्ट्रीय एजेंडे' का निर्माण और केंद्र एवं राज्यों के मध्य सहकारी संघवाद को प्रोत्साहन वैश्वीकृत दुनिया के साथ एकीकृत बाजार अर्थव्यवस्था के लिए राज्यों से सलाह और सहभागिता के आधार पर एक से दो दशक के दीर्घकालिक दृष्टिकोण के साथ मध्यावधि एवं दीर्घावधि राष्ट्रीय विकास रणनीति का निर्माण और उसके क्रियान्वयन की सतत निगरानी और आकलन ताकि उसमें बीच में सुधार किए जा सके।
	• केंद्र द्वारा संचालित योजनाओं (सीएसएस) के लिए प्रत्येक राज्य को कितना धन दिया जाए।	• मुख्यतः नीति-निर्माण हब के रूप में कार्य करना। धन अथवा वित्त के मामले में अभी कुछ जानकारी नहीं है। संभव है कि यह वित्त मंत्रालय पर छोड़ा जाए।
	• राज्यों की अपनी पंचवर्षीय योजना के लिए प्रत्येक राज्य को कितना धन दिया जाए।	• कुछ विशेषज्ञों का मानना है कि राज्यों को धन के बंटवारे का निर्णय अंतर्राज्यीय परिषद् करेगी। उसके बाद वित्त मंत्रालय वित्त जारी करेगा।
	• राज्य/केंद्रशासित प्रदेश राज्य विकास परिषद् में प्रतिनिधित्व करते थे।	• गवर्निंग काउंसिल में राज्य/केंद्रशासित प्रदेश का प्रतिनिधित्व होगा, लेकिन यह स्पष्ट रूप से उल्लेख नहीं है कि वे नीति आयोग के प्रस्तावों का अनुमोदन/निरस्त/संशोधन कर सकते हैं या नहीं।
	• योजना आयोग पंचवर्षीय योजना का खाका तैयार करता था। यह खाका मंत्रिमंडल के पास जाता था। राष्ट्रीय विकास परिषद् द्वारा इसका अनुमोदन किया जाता था। इसके बाद पंचवर्षीय योजना को संसद में प्रस्तुत किया जाता था।	• प्रेस विज्ञप्ति सहभागिता संबंधी योजना की जानकारी देती है, परंतु ठीक-ठीक यह कैसे काम करेगी, इसके बारे में कोई विस्तृत उल्लेख नहीं है।
	• नेहरूवादी अर्थशास्त्रियों और आईइएस (भारतीय आर्थिक सेवा) के नेतृत्व में ऊपर से नीचे की समाजवादी योजना को सबके लिए एक समान रूप से बनाया गया।	• बाजार विशेषज्ञों और टेक्नोक्रेट को मुफ्त प्रवेश दिया जाता है। इसकी ज्यादा संभावना है कि यह सांकेतिक योजना + कोर क्षेत्र योजना अर्थात् राज्य सरकारों के परिणामों, चुनिंदा लक्ष्यों के साथ एक विस्तृत रूपरेखा, सीमित सब्सिडी और सूचना एवं संचार प्रौद्योगिकी के माध्यम से निगरानी करेगी।

स्मरणीय तथ्य

- नीति आयोग के गठन की घोषणा केंद्र सरकार ने 1 जनवरी, 2015 को की थी।
- प्रधानमंत्री नरेंद्र मोदी द्वारा 68वें स्वतंत्रता दिवस के अवसर पर की गई महत्वपूर्ण घोषणा के अनुरूप केंद्र सरकार द्वारा विभिन्न राज्य सरकारों, संबंधित क्षेत्रों के विशेषज्ञों और प्रासंगिक संस्थानों सहित सभी हितधारकों से व्यापक विचार-विमर्श के पश्चात् 'नीति आयोग' का गठन किया गया है।
- नीति आयोग में संबद्ध कार्यक्षेत्र का ज्ञान रखने वाले विशेषज्ञ, विशेष जानकार और पेशेवर विशेष आमंत्रित के रूप में प्रधानमंत्री द्वारा नामित किए जाएंगे।

❑❑❑

भाग-XII

राजनीतिक संगठन

अध्याय 1

भारत में राजनीतिक दल

लोकतंत्र में जनता की इच्छा सर्वोपरि होती है। जनता की इच्छा के द्वारा ही राज्य अथवा सरकारों के कार्यों की प्रकृति का निर्धारण होता है। लोकतंत्र में शासन की बागडोर जनता के प्रतिनिधियों के हाथों में होती है। शासन का संचालन जन प्रतिनिधियों द्वारा ही किया जाता है। अत: ऐसे शासन का आधार लोकमत अथवा जनमत होता है। जनमत के सृजन में अनेक तत्वों की भूमिका होती है और इन तत्वों में राजनीतिक दल सर्वाधिक महत्वपूर्ण तत्व है। राजनीतिक दलों को लोकतांत्रिक व्यवस्था का अनिवार्य अंग समझा जाता है। राजनीतिक दल लोकतंत्र के आधार होते हैं, राजनीतिक दलों के अभाव में लोकतांत्रिक सरकार का अस्तित्व संभव नहीं है और लोकतंत्र के अभाव में राजनीतिक दलों का विकास संभव नहीं है। मैकाइवर का कथन है कि "बिना राजनीतिक दलों के न तो सिद्धांतों की संगठित अभिव्यक्ति हो सकती है, न नीतियों का व्यवस्थित विकास, न संसदीय निर्वाचन के संवैधानिक साधन का अथवा अन्य किसी मान्यता प्राप्त ऐसी संस्था का नियमित प्रयोग, जिसके द्वारा दल सत्ता प्राप्त करते हैं और इसे बनाए रखते हैं।"

राजनीतिक दल : एक परिचय

डॉ. मुनरो का कथन है कि स्वतंत्र राजनीतिक दल ही लोकतंत्रीय सरकार का दूसरा नाम है। राजनीतिक दल जनमत के निर्माण, अभिव्यक्ति तथा उचित दिशा में इसके विकास के माध्यम होते हैं। मतदान के समय राज्य के नागरिकों को राजनैतिक शिक्षण प्रदान करना राजनीतिक दलों का ही कार्य है। राजनीतिक दलों द्वारा ही जनता में शासन के प्रति जागरूकता उत्पन्न की जाती है, जनता में राजनैतिक कर्तव्य बोध की भावना पैदा की जाती है तथा स्थान-स्थान पर जनमत का निर्माण किया जाता है। उल्लेखनीय है कि, शासन के विविध रूपों में प्रजातंत्र सर्वाधिक लोकप्रिय शासन प्रणाली है। प्रजातंत्र के दो प्रकार होते हैं–(i) प्रत्यक्ष प्रजातंत्र और (ii) अप्रत्यक्ष या प्रतिनिध्यात्मक प्रजातंत्र।

- राज्यों की वृहत् जनसंख्या और क्षेत्र की विशालता के कारण वर्तमान समय में विश्व के लगभग सभी राज्यों में प्रतिनिध्यात्मक प्रजातंत्रीय शासन व्यवस्था प्रचलित है।
- इस शासन व्यवस्था के अंतर्गत जनता अपने प्रतिनिधियों को चुनती है और इन प्रतिनिधियों द्वारा शासन कार्य किया जाता है। जनता द्वारा अपने प्रतिनिधियों के निर्वाचन और प्रतिनिधियों द्वारा शासन व्यवस्था के संचालन की इस संपूर्ण प्रक्रिया को पूर्ण करने के लिए राजनीतिक दलों का अस्तित्व अनिवार्य है।
- इसके अतिरिक्त, प्रजातंत्रात्मक शासन व्यवस्था लोकमत पर आधारित होती है और राजनीतिक दल लोकमत के निर्माण तथा उसकी अभिव्यक्ति के सर्वाधिक महत्वपूर्ण साधन होते हैं।
- प्रजातंत्रीय शासन के अंतर्गत न केवल शासक दल का वरन् विरोधी दल का भी महत्व होता है। विरोधी दल शासन करने वाले राजनीतिक दल को मर्यादित तथा नियंत्रित करने का कार्य करता है।
- इस प्रकार आधुनिक राजनीतिक जीवन के लिए दलीय संगठनों का अत्यधिक महत्व है। इसके बिना लोकतंत्र की सफलता संभव नहीं है।
- एडमंड बर्क ने कहा है कि दल-प्रणाली लोकतंत्रात्मक शासन-व्यवस्था के लिए अपरिहार्य है।

कोई भी लोकतांत्रिक देश राजनीतिक दल के बिना एक कदम भी आगे नहीं बढ़ सकता है। लॉर्ड ब्राइस का कथन है कि "कोई भी व्यक्ति आज तक नहीं बता पाया है कि लोकतांत्रिक शासन का संचालन राजनीतिक दल के बिना कैसे हो सकता है। राजनीतिक दल अव्यवस्था में से व्यवस्था पैदा करते हैं और ये यदि कुछ बुराइयां भी पैदा करते हैं, तो अन्य बुराइयों को कुछ कम या दूर भी कर सकते हैं।" लोकतांत्रिक व्यवस्था में स्वतंत्र राजनीतिक दलों का अस्तित्व इतना ही उपयोगी अथवा आवश्यक है, जितना कि विधान अथवा कानून। लोकतांत्रिक शासन व्यवस्था के अंतर्गत केवल शासक दल का ही महत्व नहीं होता है, बल्कि विरोधी दल का भी महत्व होता है। विरोधी दल शासन को नियंत्रित करने वाले को मर्यादित एवं नियंत्रित रखने का कार्य करता है। इस प्रकार यह कहा जा सकता है कि आधुनिक जीवन अथवा वर्तमान शासन प्रणालियों के लिए दलीय संगठनों अथवा राजनीतिक दलों का व्यापक महत्व है। बर्क का कहना कि "दल प्रणाली लोकतांत्रिक शासन व्यवस्था के लिए अपरिहार्य है", उचित ही प्रतीत होता है।

भारतीय संविधान में राजनीतिक दल के संदर्भ में कोई चर्चा नहीं की गई है, परंतु उदारवादी लोकतंत्रों की यह विडंबना ही है कि वे बिना चुनावों के चलाए नहीं जा सकते हैं। इन चुनावों को संपन्न करवाने के लिए राजनीतिक दलों की अपरिहार्यता से इंकार नहीं किया जा सकता है। आदर्श लोकतंत्र में दो या तीन दलों की अपेक्षा है, परंतु अधिक दलों के निर्माण को भी नहीं रोका जा सकता है। भारत इसका जीता-जागता उदाहरण है। भारत में दर्जनों राजनीतिक दल चुनाव के मैदान में होते हैं। कोई सिद्धांतों अथवा आदर्शों का मुखौटा लगाए सामने आता है, तो कोई सामाजिक न्याय की चादर ओढ़कर नया इतिहास रचना चाहता है। भारत में नेतागण पार्टियों को अपनी जेब में रखना चाहते हैं तथा स्वार्थों के आधार पर पार्टियों को तोड़ते तथा बनाते रहते हैं।

राजनीतिक दलों का वर्गीकरण

राजनीतिक दलों का वर्गीकरण किसी एक आधार पर न करके अनेक आधारों पर किया जाता है, लेकिन मोटे तौर पर राजनैतिक दलों को चार भागों में बांटा गया है।

- विचारधारा के आधार पर राजनीतिक दलों का वर्गीकरण करते हुए राजनीतिक वैज्ञानिकों ने सुधारवादी दलों को दाईं ओर (Right Side), उदारवादी दलों को मध्य (Middle) में तथा प्रतिक्रियावादी व रूढ़िवादी दलों को बाईं ओर रखा है।

राजनीतिक दलों का वर्गीकरण

प्रतिक्रियावादी राजनीतिक दल	रूढ़िवादी दल	उदारवादी दल	सुधारवादी दल
जो पुरानी सामाजिक-आर्थिक राजनीतिक संस्थाओं से जुड़े रहना चाहते हैं।	जो यथास्थिति में विश्वास रखते हैं।	जिनका लक्ष्य विद्यमान संस्थाओं में सुधार करना है।	जिनका उद्देश्य विद्यमान व्यवस्था को हटाकर नई व्यवस्था स्थापित करना होता है।

- दूसरे शब्दों में, इन्हें वाम दल, केंद्रीय दल तथा दक्षिणपंथी दल भी कहा जाता है।
- भारत में सीपीआई तथा सीपीएम वाम दलों के उदाहरण हैं। कांग्रेस केंद्रीय दल तथा भाजपा दक्षिणपंथी दल के उदाहरण हैं।

भारत में दलीय व्यवस्था का विकास

भारत में राजनीतिक दलों का विकास क्रमिक रूप में नहीं हुआ है और न ही इंग्लैंड, अमेरिका तथा अन्य पश्चिमी देशों की तरह भारत में राजनीतिक दलों का उद्भव किसी कुलीनतांत्रिक सत्तारूढ़ वर्ग को अपदस्थ करने के लिए हुआ था। बल्कि इसका उद्देश्य ब्रिटिश साम्राज्यवाद के विरुद्ध राष्ट्रीय स्वतंत्रता आंदोलन को चलाने के लिए हुआ था। भारत में राजनीतिक दलों के विकास की गाथा इस प्रकार है-

- भारत में राजनीतिक दलों के विकास का क्रम दिसंबर, 1885 में भारतीय राष्ट्रीय कांग्रेस की स्थापना से ही शुरू होता है। यद्यपि शुरू में भारतीय राष्ट्रीय कांग्रेस एक राजनीतिक दल नहीं बल्कि एक दबाव गुट था। स्वतंत्रता प्राप्ति के बाद कांग्रेस एक राजनीतिक दल में परिवर्तित हो गई। ध्यातव्य है कि महात्मा गांधी ने स्वतंत्रता प्राप्ति के बाद भारतीय राष्ट्रीय कांग्रेस को भंग करने का सुझाव दिया था।
- शुरू में भारतीय राष्ट्रीय कांग्रेस एक आंदोलन का नाम था। भारतीय राष्ट्रीय कांग्रेस का आंदोलन ब्रिटिश राजसत्ता के विरुद्ध था, इसलिए भारतीय जनमानस के विविध वर्गों ने इस आंदोलन में सैद्धांतिक मतभेदों को भुलाकर संगठित होकर भाग लिया, जिससे कि राष्ट्रीय भावना को जाग्रत रखा जा सके और ब्रिटिश सत्ता उसे कुचल न सके। फलतः भारतीय राष्ट्रीय कांग्रेस के रूप में जो संगठन विकसित हुआ, उसमें विभिन्न वर्गों, हितों तथा सिद्धांतों का सम्मिश्रण था। यही कारण है कि पामर ने कहा है कि कांग्रेस का उदय एकछत्र संगठन (Umbrella Organization) के समान हुआ है जिसका आशय है कि कांग्रेस ने सभी वर्गों, जातियों, समुदायों, हितों तथा सिद्धांतों के अनुयायियों को अपने में समाहित कर लिया।
- भारतीय राष्ट्रीय कांग्रेस के बाद 1906 में मुस्लिम लीग के रूप में एक सांप्रदायिक संस्था की स्थापना हुई। शुरू में मुस्लिम लीग की स्थापना का उद्देश्य मुसलमानों में ब्रिटिश सरकार के प्रति निष्ठा व्यक्त करना तथा मुसलमानों के अधिकारों की रक्षा करना था। ध्यातव्य है कि बाद में मुस्लिम लीग ने हिंदू राष्ट्र सिद्धांत के आधार पर पाकिस्तान की मांग की।
- मुस्लिम लीग की स्थापना के प्रतिक्रियास्वरूप हिंदू महासभा की स्थापना 1916 में हुई। हिंदू महासभा का उद्देश्य पूर्ण स्वराज्य प्राप्त करना तथा हिंदू राष्ट्र की स्थापना करना था।
- उत्तर प्रदेश में राष्ट्रीय कृषक पार्टी, पंजाब में यूनियनिस्ट पार्टी, मद्रास (चेन्नई) में जस्टिस पार्टी आदि की स्थापना प्रादेशिक राजनीतिक दल के रूप में 1930 के दशक में हुई। 1924 में साम्यवादी दल की स्थापना की गई। साम्यवादी दल को 1934 में गैर-कानूनी घोषित कर दिया गया, परंतु द्वितीय महायुद्ध के समय साम्यवादी दल पर से प्रतिबंध हटा लिया गया क्योंकि इसने कांग्रेस के विपरीत ब्रिटिश सरकार की युद्ध नीति का समर्थन किया। 1934 में ही जयप्रकाश नारायण, डॉ. राममनोहर लोहिया आदि ने भारतीय राष्ट्रीय कांग्रेस के अंदर ही समाजवादी मंच (सोशलिस्ट फोरम) की स्थापना की। इस मंच द्वारा 1948 तक कांग्रेस की एक शाखा के रूप में कार्य किया जाता रहा, परंतु कांग्रेस ने एक प्रस्ताव द्वारा यह निश्चय किया कि कांग्रेस के अंतर्गत ही किसी अन्य दल का निर्माण नहीं किया जा सकता है। फलतः समाजवादियों ने कांग्रेस से अलग होकर एक नई पार्टी समाजवादी दल की स्थापना की।
- डॉ. श्यामा प्रसाद मुखर्जी, जवाहरलाल नेहरू के नेतृत्व में बनी अंतरिम सरकार में उद्योग एवं विधि मंत्री थे। कश्मीर एवं अन्य मुद्दों पर नेहरू से मुखर्जी का काफी गहरा मतभेद था। डॉ. श्यामा प्रसाद मुखर्जी ने 19 अप्रैल, 1950 को मंत्रिमंडल से त्यागपत्र दे दिया। अप्रैल, 1951 में श्यामा प्रसाद मुखर्जी ने जनसंघ का गठन किया। ध्यातव्य है कि स्वतंत्रता प्राप्ति के पश्चात् राष्ट्रीय स्तर पर बनने वाले दलों में पहला दल भारतीय जनसंघ ही है।
- 1951 में ही आचार्य कृपलानी, रफी अहमद किदवई आदि नेताओं के एक गुट ने कांग्रेस से अलग होकर किसान मजदूर पार्टी बनाई थी, जिसका बाद में समाजवादी दल में विलय हो गया।
- 1952 में जब प्रथम आम चुनाव हुए तो उस समय 14 राष्ट्रीय तथा 60 राज्य स्तरीय दल थे। 1957 के आम चुनावों में केवल उन्हीं दलों को राष्ट्रीय दल के रूप में मान्यता दी गई, जिन्होंने प्रथम निर्वाचन में कुल मतों के कम-से-कम तीन प्रतिशत मत प्राप्त किए थे। फलतः केवल 4 दलों-भारतीय राष्ट्रीय कांग्रेस, भारतीय जनसंघ, समाजवादी दल तथा साम्यवादी दल को राष्ट्रीय दल के रूप में मान्यता दी गई।
- 1969 में भारतीय राष्ट्रीय कांग्रेस का कांग्रेस (सत्ता) तथा कांग्रेस (संगठन) में विभाजन हो गया। 29 अगस्त, 1974 को 7 दलों ने मिलकर भारतीय क्रांतिकारी दल की स्थापना की। जनवरी, 1977 में भारतीय जनसंघ, कांग्रेस संगठन, समाजवादी दल तथा भारतीय लोकदल और विद्रोही कांग्रेसियों ने मिलकर जनता पार्टी की स्थापना का निर्णय लिया। इसकी विधिवत् स्थापना 3 मई, 1977 को की गई तथा चंद्रशेखर को इसका अध्यक्ष बनाया गया। 1979 में जनता पार्टी विभाजित हो गई।

विश्व में दलीय व्यवस्था

विश्व की दलीय व्यवस्था का अध्ययन करने पर तीन प्रकार की दलीय व्यवस्था दिखाई पड़ती है, जो निम्नवत् है-

- **एकदलीय व्यवस्था** में केवल सत्तारूढ़ दल होता है और विरोधी दल की व्यवस्था नहीं होती है; जैसे-पूर्व वामपंथी राष्ट्र जैसे-रूस तथा अन्य पूर्वी यूरोपीय राष्ट्र।
- **द्विदलीय व्यवस्था** जिसमें दो बड़े दल विद्यमान होते हैं; जैसे-अमेरिका तथा ब्रिटेन।
- **बहुदलीय व्यवस्था** जिसमें कई दल एक साझा सरकार बनाते हैं; जैसे-फ्रांस, स्विट्जरलैंड तथा इटली।

- 1978 में कांग्रेस का एक विभाजन और हुआ था, जिसमें कांग्रेस (ई) का गठन हुआ। इसकी तत्कालीन अध्यक्षा श्रीमती इंदिरा गांधी थीं, जो आज राष्ट्रीय कांग्रेस के नाम से जानी जाती है।
- 6 अप्रैल, 1980 को जनसंघ के सदस्यों ने अटल बिहारी वाजपेयी की अध्यक्षता में भारतीय जनता पार्टी का गठन किया।
- 1987 में विश्वनाथ प्रताप सिंह ने कांग्रेस-ई से अलग होकर जनमोर्चा का गठन किया। बाद में 1989 के चुनावों के पूर्व विश्वनाथ प्रताप सिंह के नेतृत्व में एक नए दल जनता दल का अविर्भाव हुआ।
- 1996 में नारायण दत्त तिवारी और अर्जुन सिंह कांग्रेस से अलग हो गए और उन्होंने तिवारी कांग्रेस नाम से एक नई पार्टी बनाई थी। इस पार्टी ने 1996 के लोकसभा चुनाव में भाग भी लिया था। 1998 में श्रीमती सोनिया गांधी के कांग्रेस अध्यक्ष बनने पर तिवारी कांग्रेस का विलय कांग्रेस (ई) में हो गया।

- 1996 में जी.के. मूपनार ने कांग्रेस से अलग होकर तमिल मनीला कांग्रेस नामक पार्टी बनाई थी, जिसका विलय बाद में पुनः कांग्रेस में हो गया।
- वर्ष 1996 के बाद ममता बनर्जी ने कांग्रेस से अलग होकर तृणमूल कांग्रेस नामक पार्टी बनाई, जो एक क्षेत्रीय दल के रूप में आज भी कार्यरत है और जिसने पश्चिम बंगाल में अपनी सरकार बनाई।
- अप्रैल, 1998 में शरद पवार ने विदेशी नागरिकता का मुद्दा उठाकर कांग्रेस (ई) पार्टी से अलग होकर राष्ट्रवादी कांग्रेस पार्टी का गठन किया।

सबसे महत्वपूर्ण तथ्य यह है कि 1984 के अंत तक भारत में राजनीतिक दल चुनाव चिह्न आवंटन के अतिरिक्त किसी अन्य रूप में संवैधानिक एवं कानूनी व्यवस्था के अंग नहीं थे, परंतु दल-बदल विरोधी अधिनियम, 1985 (52वां संविधान संशोधन) के द्वारा राजनीतिक दल भारतीय संवैधानिक व्यवस्था के अभिन्न अंग हो गए। 15 जून, 1989 से लागू जन प्रतिनिधित्व संशोधन अधिनियम 1988 की धारा 29 के अनुसार सभी राजनीतिक दलों के लिए भारतीय संविधान तथा समाजवाद, धर्मनिरपेक्षता एवं लोकतंत्र के प्रति निष्ठा घोषित करना आवश्यक हो गया है।

भारत में राजनीतिक दलों के गुण-दोष

भारत में राजनीतिक दलों में निम्नलिखित गुण-दोष विद्यमान हैं–

- भारत में बहुदलीय व्यवस्था कायम है। इसका कारण देश का विशाल आकार, समाज की विभिन्नता, सार्वभौमिक वयस्क मताधिकार की ग्राह्यता, विलक्षण राजनीतिक प्रक्रियाओं तथा राजनीतिक महत्वाकांक्षाओं और स्थानीय परिस्थितियों आदि कारणों से कई प्रकार के राजनीतिक दलों का उदय हुआ है।
- इसके अतिरिक्त, भारत में सभी प्रकार के राजनीतिक दल हैं–वामपंथी दल, केंद्रीय दल, दक्षिणपंथी दल, सांप्रदायिक दल तथा गैर-सांप्रदायिक दल आदि।
- भारत में कार्यरत सभी राजनीतिक दलों की विचारधाराएं परस्पर मिलती-जुलती हैं। उनकी नीतियों और कार्यक्रमों में काफी हद तक समानता है। लगभग सभी दल लोकतंत्र, धर्मनिरपेक्षता, समाजवाद और गांधीवाद की वकालत करते हैं। अतः यह कहा जा सकता है कि भारतीय राजनीतिक दलों में स्पष्ट विचारधारा का अभाव है।
- भारतीय राजनीतिक दलों में तथाकथित आदर्शवादी विचारधारा अधिक विद्यमान है। उनमें व्यावहारिकता की कमी पाई जाती है।
- भारतीय राजनीतिक दल एक दीर्घकालीन परिप्रेक्ष्य में नीतियों या कार्यक्रमों का निर्माण न करके तात्कालिक हितों की पूर्ति के लिए नीतिगत निर्णय लेते हैं।
- भारतीय राजनीतिक दल सिद्धांतविहीन राजनीति करते देखे जाते हैं। आज किसी के साथ उनका गठबंधन है, तो कल किसी के साथ। इस प्रकार की प्रवृत्ति उनकी स्वार्थ लोलुपता और वैचारिक हीनता को प्रदर्शित करती है।
- भारत में कार्यरत अधिकांश राजनीतिक दलों का संगठन एक परिवार या एक श्रेष्ठ व्यक्ति के चारों ओर घूमता है, जो दल तथा उसकी विचारधारा से ज्यादा महत्वपूर्ण होता है।
- दल अपने घोषणा पत्रों की बजाए अपने नेताओं से पहचाने जाते हैं।
- पश्चिमी देशों में राजनीतिक दल सामाजिक-आर्थिक और राजनैतिक कार्यक्रमों के आधार पर बनते हैं, जबकि भारत में अधिसंख्यक दलों का गठन धर्म, जाति, भाषा, संस्कृति तथा नस्ल आदि के नाम पर होता है।
- भारत में दल बनाना, दल-परिवर्तन, टूट, विलय, बिखराव, ध्रुवीकरण आदि राजनीतिक दलों की कार्यशैली के महत्वपूर्ण अंग बन चुके हैं और उनके लिए यह स्वाभाविक प्रक्रिया है।
- सत्ता की लालसा के कारण राजनीतिज्ञ अपना दल छोड़कर दूसरे दल में शामिल हो जाते हैं या नया दल बना लेते हैं।
- भारत में प्रचलित संसदीय लोकतंत्र की सफलता के लिए प्रभावशाली विपक्ष अत्यंत आवश्यक है। यह सत्तारूढ़ दल की निरंकुश शासन की प्रवृत्ति पर रोक लगाता है और वैकल्पिक सरकार देता है, परंतु भारत में एक प्रभावशाली विपक्ष का अभाव पाया जाता है। यह केवल वर्तमान में ही नहीं है बल्कि पहले से ही इस तरह की प्रवृत्ति विद्यमान है।

निर्वाचन आयोग द्वारा भारत में राजनीतिक दलों का वर्गीकरण

निर्वाचन आयोग भारत के राजनीतिक दलों को तीन श्रेणी में वर्गीकृत करता है, जो निम्नवत् है–

- राष्ट्रीय दल
- राज्य स्तरीय राजनीतिक दल
- पंजीकृत गैर-मान्यता प्राप्त राजनीतिक दल

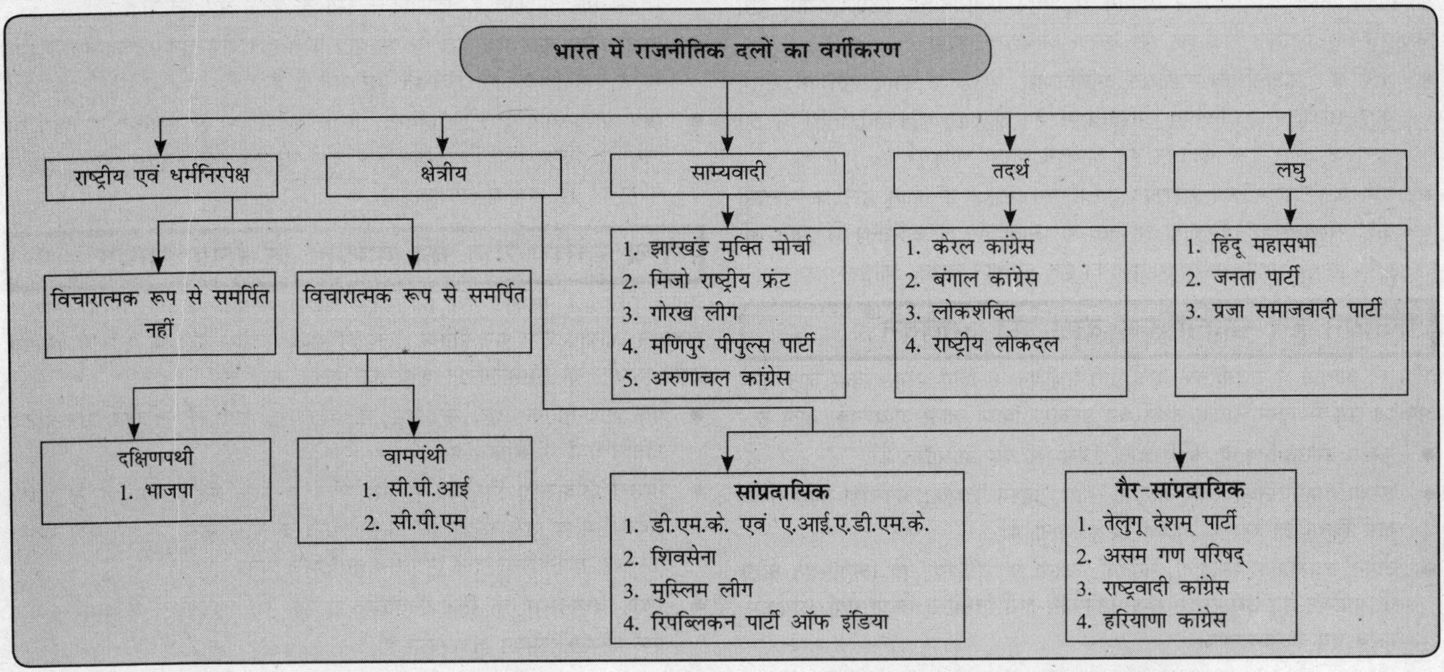

वर्तमान में भारत में राष्ट्रीय दलों की संख्या 6 है **राज्य स्तरीय दलों** की संख्या का प्रश्न है, तो वर्तमान में इनकी संख्या 56 है। पंजीकृत गैर-मान्यता प्राप्त राजनीतिक दलों की संख्या 2597 है। इनमें इंडियन पीपुल्स फ्रंट, मार्क्सवादी समन्वय समिति, अपना दल, जम्मू-कश्मीर पैंथर्स पार्टी, संयुक्त गोमांतक दल, सोशलिस्ट यूनिटी सेंटर, क्रांतिकारी समाजवादी दल, मणिपुर हिल यूनियन, इंडियन नेशनल लीग, कृषक एवं मजदूर दल, भारतीय किसान कामगार पार्टी आदि।

मान्यता प्राप्त राष्ट्रीय एवं राज्य स्तरीय दल
(प्रथम चुनाव से लेकर सोलहवें आम चुनाव तक)

आम चुनाव	वर्ष	राष्ट्रीय दल	राज्य स्तरीय
प्रथम	1952	14	39
द्वितीय	1957	4	11
तृतीय	1962	6	11
चौथा	1967	7	14
पांचवां	1971	8	17
छठा	1977	5	15
सातवां	1980	6	19
आठवां	1984	7	19
नौवां	1989	8	20
दसवां	1991	9	28
ग्यारहवां	1996	8	30
बारहवां	1998	7	30
तेरहवां	1999	7	40
चौदहवां	2004	6	36
पंद्रहवां	2009	7	40
सोलहवां	2014	6	47
सतरहवां	2019	7	47

राजनीतिक दलों का पंजीयन

भारत में सभी राजनीतिक दलों को निर्वाचन आयोग के पास पंजीयन करवाना आवश्यक होता है। जन प्रतिनिधित्व संशोधन अधिनियम 1988 के अनुसार राजनीतिक दलों को निर्वाचन आयोग में अपने पंजीयन के लिए आयोग द्वारा निर्धारित निम्नलिखित शर्तों को पूरा करना आवश्यक होता है–

- यदि जन प्रतिनिधित्व संशोधन अधिनियम, 1988 के लागू होने के समय कोई संस्था/संगठन/निकाय अस्तित्व में है, तो लागू होने की तिथि से 60 दिनों के अंदर उन्हें पंजीयन हेतु आवेदन करना चाहिए।
- यदि जन प्रतिनिधित्व संशोधन अधिनियम 1988 के लागू होने के पश्चात् कोई संस्था/संगठन/निकाय अस्तित्व में आता है, तो अस्तित्व में आने की तिथि से 30 दिनों के अंदर पंजीयन हेतु आवेदन करना चाहिए।

पंजीयन हेतु राजनीतिक दलों का आवेदन

निर्वाचन आयोग में राजनीतिक दलों द्वारा पंजीयन के लिए प्रस्तुत किए जाने वाले आवेदन पत्र में निम्नलिखित तथ्यों का उल्लेख किया जाना आवश्यक होता है–

- संस्था/संगठन/निकाय के सिद्धांत, जिस पर वह आधारित है।
- संस्था/संगठन/निकाय की नीतियां, लक्ष्य, उद्देश्य जिसका अनुसरण उक्त संस्था द्वारा किया जा रहा है अथवा किया जाना है।
- अपने राजनीतिक सिद्धांतों, नीतियों, लक्ष्यों एवं उद्देश्यों को क्रियान्वित करने के प्रयोजन हेतु उस संस्था/संगठन/निकाय द्वारा निर्धारित किया गया कार्यक्रम, कृत्य एवं क्रियाकलाप।
- निर्वाचकों के साथ संस्था/संगठन/निकाय का संबंध तथा आम जनता से प्राप्त समर्थन का प्रमाण।
- संस्था/संगठन/निकाय के प्रमुख अंगों के अध्यक्ष भले ही उनका नामकरण कुछ भी हो एवं अन्य सदस्यों के नाम।

उल्लेखनीय है कि आवेदन पत्र में वर्णित उपर्युक्त विवरणों से पूरी तरह संतुष्ट होने पर ही निर्वाचन आयोग किसी संस्था/संगठन/निकाय को पंजीकृत राजनीतिक दल के रूप में मान्यता देता है।

राजनीतिक दलों की मान्यता

भारत में राजनीतिक दलों को मान्यता देना, मान्यता को रद्द करना, चुनाव चिह्न का अध्ययन करना आदि कार्य निर्वाचन आयोग द्वारा किए जाते हैं। निर्वाचन आयोग ने राजनीतिक दलों को मान्यता देने के लिए कुछ मापदंड निर्धारित किया है। निर्वाचन आयोग ने राष्ट्रीय दल तथा राज्य स्तरीय दल को मान्यता देने के लिए अलग-अलग मापदंड निर्धारित किए हैं, जो निम्नलिखित हैं–

- निर्वाचन आयोग, निर्वाचन के प्रयोजनों हेतु राजनीतिक दलों को पंजीकृत करता है और चुनाव परिणामों के आधार पर उन्हें राष्ट्रीय या राज्यस्तरीय दलों के रूप में मान्यता प्रदान करता है।
- अन्य दलों को केवल पंजीकृत गैर-मान्यता प्राप्त दल घोषित किया जाता है।
- आयोग द्वारा दलों को प्रदान की गई मान्यता उनके लिए कुछ विशेषाधिकारों का निर्धारण करती है; जैसे-चुनाव चिह्न का आवंटन, राज्य नियंत्रित टेलीविजन और रेडियो स्टेशनों पर राजनीतिक प्रसारण हेतु समय का उपबंध और निर्वाचन सूचियों को प्राप्त करने की सुविधा।
- इसके अलावा, मान्यता प्राप्त दलों को नामांकन के लिए केवल प्रस्तावक चाहिए। इन दलों को चुनाव के समय में 40 स्टार प्रचारक रखने की अनुमति है।
- गैर-मान्यता प्राप्त दलों को 20 स्टार प्रचारक रखने की अनुमति प्राप्त है। अपने दलों के इन उम्मीदवारों के लिए प्रचार करने वालों में स्टार प्रचारक के यात्रा खर्च को उम्मीदवारों के चुनाव खर्च में शामिल नहीं किया जाता है।
- प्रत्येक राष्ट्रीय दल को एक चुनाव चिह्न प्रदान किया जाता है, जो संपूर्ण देश में विशिष्टतः उसी दल के लिए आरक्षित होता है। इसी प्रकार प्रत्येक राज्यस्तरीय दल को एक चुनाव चिह्न प्रदान किया जाता है, जो उस राज्य या जिन राज्यों में इसे मान्यता प्राप्त है, विशिष्टतः उसी के लिए आरक्षित होता है।
- दूसरी ओर, कोई पंजीकृत गैर-मान्यता प्राप्त दल शेष चुनाव चिह्नों की सूची में से एक चिह्न को चिन्हित कर सकता है।
- निर्वाचन आयोग द्वारा 22 अगस्त, 2016 को नियमों में संशोधन के तहत यह निर्धारित किया गया कि राजनीतिक दलों के दर्जे की समीक्षा अब 5 वर्ष में न होकर 10 वर्ष में की जाएगी।

राज्य स्तरीय दल की मान्यता के लिए आधार

चुनाव चिह्न (आरक्षण एवं आवंटन) आदेश, 1968 के पैरा-6 के अनुसार निर्वाचन आयोग उस राजनीतिक दल को राज्य स्तरीय दल के रूप में मान्यता प्रदान करेगा, जो निम्नलिखित शर्तों का पालन करते हैं–

- एक राजनीतिक दल के रूप में विगत 5 वर्ष से लगातार राजनीतिक गतिविधियों में सक्रिय हो।
- पिछले लोकसभा निर्वाचन में उस राज्य से निर्वाचित प्रत्येक 25 लोकसभा सदस्यों में या उस संख्या के किसी भिन्न के पीछे कम-से-कम एक सदस्य को वह राजनीतिक दल निर्वाचन द्वारा भेज चुका हो।
- राज्य विधानसभा के लिए निर्वाचित प्रत्येक 30 सदस्यों में से कम-से-कम एक सदस्य उसका चुना गया हो।

- राज्यसभा में संपन्न विगत लोकसभा अथवा विधानसभा के चुनाव में उस राजनीतिक दल द्वारा खड़े किए प्रत्याशियों को प्राप्त वैध मत सभी प्रत्याशियों द्वारा प्राप्त वैध मतों का कम-से-कम 6% हो तथा इसके अतिरिक्त उसने संबंधित राज्य में दो स्थान प्राप्त किए हों।
- यदि यह राज्य में लोकसभा के लिए हुए आम चुनाव में अथवा विधानसभा चुनाव में कुल वैध मतों का 8 प्रतिशत प्राप्त कर लेता है, यह शर्त वर्ष 2011 में जोड़ी गई थी।
- आम चुनावों में राजनीतिक दलों के प्रदर्शन के आधार पर मान्यता प्राप्त दलों की संख्या परिवर्तित होती रहती है।

उपर्युक्त शर्तों का अनुपालन किसी राजनीतिक दल द्वारा किया जाता है, तो निर्वाचन आयोग उक्त राजनीतिक दल को राज्य स्तरीय राजनीतिक दल के रूप में मान्यता प्रदान करता है तथा चुनाव चिह्न भी आवंटित करता है।

राष्ट्रीय दल : एक नजर में

क्र.सं.	दल का नाम	चुनाव चिह्न	स्थापना वर्ष
1.	भारतीय राष्ट्रीय कांग्रेस (आई.एन.सी.)	हाथ का पंजा	1885
2.	भारतीय कम्युनिस्ट पार्टी (मार्क्सवादी)	हथौड़ा, हंसिया एवं तारा	1964
3.	भारतीय जनता पार्टी (भाजपा)	कमल	अप्रैल 1980
4.	बहुजन समाज पार्टी (बसपा)	हाथी	अप्रैल 1984
5.	नेशनल पीपल्स पार्टी	किताब	जनवरी 2013
6.	आम आदमी पार्टी	झाड़ू	2013

नोट–आम आदमी पार्टी को 2022 में राष्ट्रीय दल की मान्यता मिली।

राष्ट्रीय दल की मान्यता के आधार

चुनाव चिह्न (आरक्षण एवं आवंटन) आदेश 1968 के पैरा 7 के अनुसार निर्वाचन आयोग उस दल को राष्ट्रीय दल के रूप में मान्यता प्रदान करता है, जो निम्नलिखित शर्तों को पूरा करता है–

- यदि किसी दल को कम-से-कम 4 राज्यों में राज्यस्तरीय दल के रूप में मान्यता प्राप्त है, तो राष्ट्रीय दल की मान्यता दी जाती है।
- उन राजनीतिक दलों को राष्ट्रीय दल के रूप में मान्यता दी जाती है, जिन्होंने पिछले लोकसभा के चुनाव में अथवा राज्य विधानसभा के चुनाव में कम-से-कम 4 राज्यों में डाले गए कुल वैध मतों का कम-से-कम 6% वैध मत प्राप्त किया हो।
- यदि वह लोकसभा अथवा विधानसभा के आम चुनावों में चार अथवा अधिक राज्यों में वैध मतों का छह प्रतिशत मत प्राप्त करता है तथा इसके साथ वह किसी राज्य या राज्यों से लोकसभा में 4 सीटें प्राप्त करता है।
- कोई दल राष्ट्रीय दल की मान्यता प्राप्त करता है, यदि वह लोकसभा में दो प्रतिशत स्थान प्राप्त करता है तथा ये सदस्य तीन विभिन्न राज्यों से चुने जाते हैं।

लोकसभा के प्रत्येक आम निर्वाचन तथा अधिकांश राज्यों की विधानसभा के चुनाव के बाद निर्वाचन आयोग राजनीतिक दलों के वर्गीकरण के उपर्युक्त मापदंडों के संदर्भ में स्थिति की पुनर्समीक्षा करता है।

राज्य स्तरीय एवं राष्ट्रीय दल के रूप में मान्यता के लिए संशोधित मापदंड

नवंबर, 2000 में निर्वाचन आयोग ने एक महत्वपूर्ण निर्णय लेते हुए चुनाव चिह्न (आरक्षण एवं आवंटन) आदेश में संशोधन किया और संशोधित चुनाव चिह्न (आरक्षण एवं आवंटन) आदेश 1 दिसंबर, 2000 से प्रभावी हो गया।

1. **राज्य स्तरीय दल के लिए संशोधित मापदंड**–संशोधित नियमों के अनुसार राज्य स्तरीय राजनीतिक दल की मान्यता के लिए संबंधित राजनीतिक दल को लोकसभा अथवा राज्य विधानसभा चुनावों में कुल पड़े वैध मतों का कम-से-कम 6% तथा विधानसभा की कम-से-कम 2% सीटें अथवा कम-से-कम 3 सीटें, इनमें जो भी अधिक हो जीतना आवश्यक है।
2. **राष्ट्रीय दल की मान्यता के लिए संशोधित मापदंड**–संशोधित मापदंड के अनुसार किसी राजनीतिक दल को राष्ट्रीय दल के रूप में मान्यता प्राप्त करने के लिए लोक सभा अथवा राज्य विधानसभा चुनावों में पड़े कुल वैध मतों के कम-से-कम 6% तथा कम-से-कम 4 राज्यों में अथवा अधिक राज्यों में प्राप्त किया हो तथा साथ ही किसी एक राज्य अथवा एक से अधिक राज्यों में लोकसभा की कम-से-कम 4 सीटें प्राप्त हो अथवा कम-से-कम 3 राज्यों से लोकसभा में उसका प्रतिनिधित्व 2% (कम-से-कम 11 लोकसभा सदस्य) हो।

निर्वाचन आयोग की अधिसूचना के अनुसार मान्यता प्राप्त करने के मापदंडों में संशोधनों के बाद भी राष्ट्रीय राजनीतिक दलों एवं राज्य स्तरीय राजनीतिक दलों की स्थिति अप्रभावित रहेगी। भविष्य में होने वाले लोकसभा अथवा विधानसभा चुनावों के पश्चात् ही उनकी स्थिति में परिवर्तन किया जाएगा।

विभिन्न राज्यों में कार्यरत राजनीतिक दल

राज्य/केंद्रशासित प्रदेश	राज्य स्तर के दल	सुरक्षित चुनाव चिह्न	राज्य/केंद्रशासित प्रदेश	राज्य स्तर के दल	सुरक्षित चुनाव चिह्न
आंध्र प्रदेश	तेलुगू देशम	साइकिल	**मिजोरम**	1. मिजो नेशनल फ्रंट	बाघ
				2. डेमोक्रेटिक पार्टी	उगता हुआ सूरज
तेलंगाना	1. तेलुगू देशम	पंखा	**नागालैंड**	1. नागालैंड पीपुल्स काउंसिल	मुर्गा
	2. तेलंगाना राष्ट्र समिति	साइकिल		2. नागालैंड पीपुल्स पार्टी	हाथी
	3. ऑल इंडिया मजलिस-ए-इतेहादुल मुसलमीन	पतंगकार			
	4. युवजन श्रमिक रिथु कांग्रेस पार्टी		**पंजाब**	1. शिरोमणि अकाली दल	तराजू
अरुणाचल प्रदेश	पीपुल्स पार्टी ऑफ अरुणाचल प्रदेश	मिथुन		2. शिरोमणि अकाली दल (बादल)	तीर कमान

असम (असोम)	1. असम (असोम) गण परिषद	हाथी		3. शिरोमणि अकाली दल (मान)	शेर
	2. प्लेन्स ट्राइबल काउन्सिल ऑफ असम	फसल काटता काश्तकार	**सिक्किम**	1. राइजिंग सन पार्टी	उगता हुआ सूरज
	3. यूनाइटेड माइनोरिटीज फ्रन्ट असम	सीढ़ी		2. सिक्किम संग्राम परिषद्	हाथी
बिहार	1. झारखंड मुक्ति मोर्चा	तीर और कमान	**तमिलनाडु**	1. आल इंडिया अन्ना द्रविड कड़गम	दो पत्तियां
	2. राष्ट्रीय जनता दल	लालटेन		2. द्रविड़ मुनेत्र कड़गम	उगता हुआ सूरज
गोवा	महाराष्ट्रवादी गोमान्तक पार्टी	सिंह		3. पट्टाली मक्कल कांची	हाथी
जम्मू और कश्मीर	1. जम्मू एंड कश्मीर नेशनल कांफ्रेंस	हल	**उत्तर प्रदेश**	समाजवादी पार्टी	साइकिल
	2. जम्मू एंड कश्मीर पैंथर्स पार्टी	साइकिल	**त्रिपुरा**	1. रिवोल्यूशनरी सोशलिस्ट पार्टी	फावड़ा व आग वाला (स्टीकर)
	3. जम्मू एंड कश्मीर पीपुल्स कांफ्रेंस	सिंह		2. त्रिपुरा उपजाति जुबा समिति	दो पत्तियां
केरल	1. केरल कांग्रेस	घोड़ा	**पश्चिम बंगाल**	1. ऑल इंडिया फारवर्ड ब्लॉक	सिंह
	2. केरल कांग्रेस (एम)	दो पत्तियां		2. रिवोल्यूशनरी सोशलिस्ट पार्टी	फावड़ा व आग वाला (स्टीकर)
	3. मुस्लिम लीग	सीढ़ी		3. तृणमूल कांग्रेस	फूल व घास
	4. रिवोल्यूशनरी सोशलिस्ट पार्टी	फावड़ा व आग वाला (स्टीकर)	**पुदुचेरी**	1. ऑल इंडिया अन्ना द्रविड़ मुनेत्र कड़गम	दो पत्तियां
महाराष्ट्र	1. पीजेंट व वर्कर्स पार्टी ऑफ इंडिया	छकड़ा		2. द्रविड़ मुनेत्र कड़गम	उगता हुआ सूरज
	2. शिव सेना	तीर कमान		3. पांडिचेरी मनीला पक्कला मुन्नानी	तराजू
मणिपुर	1. कुकी नेशनल असेम्बली	दो पत्तियां		4. पट्टाली मक्काल काची	हाथी
	2. मणिपुर पीपुल्स पार्टी	साइकिल	**उड़ीसा (ओडिशा)**	बीजू जनता दल	शंख
मेघालय	1. ऑल पार्टी हिल लीडर कांफ्रेंस (आर्मीशन मार्क ग्रुप)	दो पत्तियां	**हरियाणा**	हरियाणा लोकदल (राष्ट्रीय लोकदल)	चश्मा
	2. हिल पीपुल्स यूनियन	उगता हुआ सूरज	**मणिपुर**	राष्ट्रीय जनता दल	लालटेन
	3. हिल स्टेट पीपुल्स डेमोक्रेटिक पार्टी	सिंह			
	4. पब्लिक डिमांड्स इम्पलीमेंटेशन कनवेंशन	फावड़ा			

आम आदमी पार्टी छठी राष्ट्रीय पार्टी

किसी दल को एक राष्ट्रीय पार्टी के रूप में दर्जा प्राप्त करने हेतु निम्नलिखित 3 शर्तों में से एक शर्त को पूरा करना होता है-

(i) उस पार्टी ने कम-से-कम चार राज्यों में विगत लोक सभा अथवा विधानसभा चनावों में कुल वैध मतों का 6 प्रतिशत मत प्राप्त किया हो। वह कम-से-कम 4 लोक सभा सीटें जीती हो अथवा

(ii) उस पार्टी ने कम-से-कम 3 राज्यों में विगत लोक सभा चुनाव में लोक सभा की कुल सीटों की कम-से-कम 2 प्रतिशत सीटें जीती हो, अथवा

(iii) वह पार्टी जिसने देश के कम-से-कम 4 राज्यों में राज्य स्तरीय दल का दर्जा प्राप्त किया हो।

विशिष्ट तथ्य

- मूल संविधान में राजनीतिक दलों के संबंध में कोई उल्लेख नहीं था। 52वें संविधान संशोधन अधिनियम, 1985 द्वारा संविधान में 10वीं अनुसूची जोड़कर राजनीतिक दलों को संवैधानिक मान्यता प्रदान की गई है।
- 10वीं अनुसूची में दल परिवर्तन के आधार पर निरर्हता का उपबंध है।
- राजनीतिक दलों को मान्यता और चुनाव चिह्नों का आवंटन चुनाव आयोग द्वारा, चुनाव चिह्न आरक्षण तथा आवंटन आदेश, 1968 के अनुसार किया जाता है।
- लोकसभा के अध्यक्ष द्वारा अधिकारिक तौर पर एक राजनीतिक दल अथवा राजनीतिक दलों के गठबंधन के किसी सदस्य को विपक्ष के नेता की मान्यता हेतु लोकसभा की सदस्य संख्या 545 का न्यूनतम 10% अर्थात् 55 सदस्य संबंधित पार्टी या गठबंधन का होना चाहिए।
- यदि कोई राजनीतिक दल, राष्ट्रीय दल या राज्य स्तरीय दल के रूप में अपनी मान्यता खो देता है, तो उसे 6 वर्ष तक चुनाव चिह्न रखने की अनुमति प्रदान की जाती है, किंतु मान्यता प्राप्त दलों को मिलने वाली विशेष सुविधाएं उन्हें नहीं प्रदान की जातीं।

मान्यता प्राप्त राज्यस्तरीय दल एवं उनके गठन वर्ष

क्र.सं.	राजनीतिक दल	गठन वर्ष
1.	शिरोमणि अकाली दल (एस.ए.डी.)	1920
2.	जम्मू एवं कश्मीर नेशनल कांफ्रेंस (जे.के.एन.सी.)	1939
3.	ऑल इंडिया फॉरवर्ड ब्लॉक	1939
4.	रिवोल्यूशनरी सोशलिस्ट पार्टी (आर.एस.पी)	1940
5.	इंडियन यूनियन मुस्लिम लीग (आई.यू.एम.एस.)	1948
6.	द्रविड़ मुनेत्र कड़गम (डी.एम.के.)	1949
7.	मिजो. नेशनल फ्रंट (एम.एन.एफ.)	1961
8.	महाराष्ट्रवादी गोमांतक पार्टी (एम.जी.पी.)	1963
9.	शिवसेना (एस.एच.एस.)	1966
10.	मिजोरम पीपुल्स कांफ्रेंस (एम.पी.सी.)	1972
11.	झारखंड मुक्ति मोर्चा (जे.एम.एम.)	1972
12.	ऑल इंडिया अन्ना द्रविड़ मुनेत्र कड़गम	1972
13.	केरल कांग्रेस (एम.के.ई.सी.एम.)	1979
14.	तेलुगू देशम पार्टी (टी.डी.पी.)	1982
15.	असम (असोम) गण परिषद् (ए.जी.पी.)	1985
16.	पीपुल्स पार्टी ऑफ अरुणाचल (पी.पी.ए.)	1987
17.	समाजवादी पार्टी (एस.पी.)	1992
18.	सिक्किम डेमोक्रेटिक फ्रंट (एस.डी.एफ.)	1993
19.	राष्ट्रीय लोकदल (आर.एल.डी.)	1996
20.	जोरम नेशनलिस्ट पार्टी (जे.एन.पी.)	1997
21.	राष्ट्रीय जनता दल (आर.जे.डी.)	1997
22.	बीजू जनता दल (बी.जे.डी.)	1997
23.	इण्डियन नेशनल लोकदल (आई.एन.एल.डी.)	1998
24.	जम्मू एंड कश्मीर पीपुल्स डेमोक्रेटिक पार्टी (पी.डी.पी.)	1999
25.	जनता दल यूनाइटेड (जे.डी.यू.)	1999
26.	जनता दल सेक्युलर (जे.डी.एस.)	1999
27.	लोक जनशक्ति पार्टी (एल.जे.एस.पी.)	2000
28.	तेलंगाना राष्ट्र समिति (टी.आर.एस.)	2001
29.	नागा पीपुल्स फ्रंट (एन.सी.जी.)	2002
30.	ऑल इंडिया यूनाइटेड डेमोक्रेटिक फ्रंट (ए.यू.डी.एफ.)	2004
31.	देशीय मुरपाफे द्रविड़ कड़गम (डी.एम.डी.के.)	2005
32.	महाराष्ट्र नव-निर्माण सेना (एम.एन.एस.)	2006
33.	हरियाणा जनहित कांग्रेस (प्रजातांत्रिक)	2006
34.	हरियाणा जनहित कांग्रेस (बी.एल.)	2007
35.	युवाजन श्रमिक रिथू कांग्रेस पार्टी	2011
36.	ऑल इंडिया एन.आर. कांग्रेस	2011
37.	आम आदमी पार्टी	2012
38.	नेशनल पीपुल्स पार्टी	2013
39.	राष्ट्रीय लोक समता पार्टी	2013
40.	सिक्किम क्रांतिकारी मोर्चा	2013

स्मरणीय तथ्य

- लोकतंत्र में जनता की इच्छा सर्वोपरि होती है।
- जनता की इच्छा के द्वारा ही राज्य अथवा सरकारों के कार्यों की प्रकृति का निर्धारण होता है।
- राजनीतिक दल जनमत के निर्माण, अभिव्यक्ति तथा उचित दिशा में इसके विकास के माध्यम होते हैं।
- भारतीय संविधान में राजनीतिक दल के संदर्भ में कोई चर्चा नहीं की गई है।
- राजनैतिक दलों का वर्गीकरण किसी एक आधार पर न करके अनेक आधारों पर किया जाता है।
- भारत में राजनीतिक दलों का विकास क्रमिक रूप में नहीं हुआ है और न ही इंग्लैंड, अमेरिका तथा अन्य पश्चिमी देशों की तरह है।
- भारतीय राष्ट्रीय कांग्रेस के बाद 1906 में मुस्लिम लीग के रूप में एक सांप्रदायिक संस्था की स्थापना हुई।
- उत्तर प्रदेश में राष्ट्रीय कृषक पार्टी, पंजाब में यूनियनिस्ट पार्टी, मद्रास (चेन्नई) में जस्टिस पार्टी आदि की स्थापना प्रादेशिक राजनीतिक दल के रूप में 1930 के दशक में हुई।
- डॉ. श्यामा प्रसाद मुखर्जी, जवाहरलाल नेहरू के नेतृत्व में बनी अंतरिम सरकार में उद्योग एवं विधि मंत्री थे।
- 1969 में भारतीय राष्ट्रीय कांग्रेस का कांग्रेस (सत्ता) तथा कांग्रेस (संगठन) में विभाजन हो गया।
- भारत में बहुदलीय व्यवस्था कायम है।
- भारतीय राजनीतिक दलों में तथाकथित आदर्शवादी विचारधारा अधिक विद्यमान है, उनमें व्यावहारिकता की कमी पाई जाती है।
- भारत में दल बनाना, दल-परिवर्तन, टूट, विलय, बिखराव, ध्रुवीकरण आदि राजनीतिक दलों की कार्यशैली के महत्वपूर्ण अंग बन चुके हैं।
- भारत में प्रचलित संसदीय लोकतंत्र की सफलता के लिए प्रभावशाली विपक्ष अत्यंत आवश्यक है।
- भारत में राजनीतिक दलों को मान्यता देना, मान्यता को रद्द करना, चुनाव चिन्ह का अध्ययन करना आदि कार्य निर्वाचन आयोग द्वारा किए जाते हैं।
- यदि किसी दल को कम-से-कम 4 राज्यों में राज्यस्तरीय दल के रूप में मान्यता प्राप्त है, तो राष्ट्रीय दल की मान्यता दी जाती है।
- कोई दल राष्ट्रीय दल की मान्यता प्राप्त करता है, यदि वह लोकसभा में दो प्रतिशत स्थान प्राप्त करता है तथा ये सदस्य तीन विभिन्न राज्यों से चुने जाते हैं।
- मूल संविधान में राजनीतिक दलों के संबंध में कोई उल्लेख नहीं था।
- यदि कोई राजनीतिक दल, राष्ट्रीय दल या राज्य स्तरीय दल के रूप में अपनी मान्यता खो देता है, तो उसे 6 वर्ष तक चुनाव चिह्न रखने की अनुमति प्रदान की जाती है।

❑❑❑

अध्याय 2 दबाव समूह और उसके विविध पहलू

राजनीतिक दल लोकतंत्र के लिए अपरिहार्य माने जाते हैं, क्योंकि इनके माध्यम से ही लोकतंत्र संचालित होता है। ये जनता और सरकार के मध्य कड़ी का कार्य करते हैं, परंतु आधुनिक युग में व्यक्ति की आवश्यकताएं और अपेक्षाएं इतनी बढ़ गई हैं कि उन सभी का प्रतिनिधित्व राजनीतिक दलों द्वारा हो पाना असंभव है। इसका स्वाभाविक परिणाम होता है कि दबाव समूहों का गठन। इन समूहों का उद्देश्य सरकार पर अधिकतम प्रभाव का क्रियान्वयन करना होता है ताकि अपने सदस्यों के पक्ष में वे अधिकाधिक निर्णय करवा सकें।

दबाव समूहः एक परिचय

सामान्यतः हम कह सकते हैं कि दबाव समूह कुछ लोगों द्वारा आपसी तथा साझे हितों को प्राप्त करने के लिए संगठित किया गया ऐसा समूह होता है, जो कि अपने हितों की रक्षा एवं प्राप्ति के लिए दबाव साधनों का प्रयोग करता है। दबाव समूह की उत्पत्ति सर्वप्रथम संयुक्त राज्य अमेरिका में हुई। वस्तुतः दबाव समूह व्यक्तियों का वह समूह है, जिनका कुछ मामलों में सामान्य हित निहित होता है और अपने हितों की प्राप्ति के लिए सरकार और उसके अंगों पर दबाव डाल कर उनकी नीतियों को प्रभावित करने का काम करते हैं। **उल्लेखनीय है कि भारतीय संविधान के अनुच्छेद 19 में समूहों का निर्माण नागरिकों का मूल अधिकार है।** दबाव समूह की कुछ परिभाषाएं इस प्रकार हैं–

- "दबाव समूह विधिक और तर्कसंगत तरीकों द्वारा सरकार की नीति-निर्माण और नीति-निर्धारण को प्रभावित करते हैं; जैसे कि सभाएं करना, पत्राचार, जनप्रचार, प्रचार-व्यवस्था करना, अनुरोध करना, जन वाद-विवाद, अपने विधायकों के संबंधों को बनाकर रखना आदि। हालांकि ये कभी-कभी लोकहितों और प्रशासनिक एकता को नष्ट करने वाले अतर्कसंगत और गैर-विधिक तरीकों का आश्रय लेते हैं, जैसे हड़ताल, हिंसक गतिविधियां और भ्रष्टाचार।"
- "दबाव समूह सार्वजनिक नीति को प्रभावित करने के लिए बनाए गए निजी संगठन हैं।"
- "दबाव समूह एक संगठित समूह होता है, जो सदस्यों को औपचारिक सरकारी पदों पर आसीन करवाने के प्रयास के बिना सरकारी निर्णयों के प्रसंग को प्रभावित करने का प्रयत्न करता है।"
- "दबाव समूह शब्द का प्रयोग समान उद्देश्य वाले लोगों की किसी एकत्रिता के लिए किया जाता है, जो राजनीतिक क्रिया के माध्यम से सार्वजनिक नीति को प्रभावित करने का प्रयास करते हैं।"
- "दबाव समूह एक ऐसा संगठित सामाजिक समूह होता है, जो सरकार पर औपचारिक नियंत्रण किए बिना राजनीतिक अधिकारियों के व्यवहार को प्रभावित करने की कोशिश करता है।"
- "दबाव समूह चुनाव मुकाबले में विधिवत् प्रवेश के बिना सरकारी नीति-निर्णयों को प्रभावित करने का एक संगठित प्रयास होता है।"
- "दबाव समूह लोगों के ऐसे औपचारिक संगठन होते हैं, जो एक या अधिक साझे लक्ष्य रखते हैं और जो होने वाली घटनाओं, विशेषकर सरकार द्वारा बनाई जाने वाली तथा प्रशासित की जाने वाली सार्वजनिक नीतियों को प्रभावित करने का प्रयास करते हैं ताकि अपने हितों की रक्षा कर सकें और उन्हें बढ़ावा दे सकें।"
- "दबाव समूह का तात्पर्य व्यक्तियों के ऐसे समूह से है, जो शासकीय विधियों के माध्यम से या उनके बिना ही राजनीतिक परिवर्तन लाने का प्रयास करता है। ऐसे दबाव समूहों को विधानमंडल में राजनीतिक दलों के रूप में प्रतिनिधित्व नहीं प्राप्त होता।"
- "इन दबाव समूहों को हितैषी समूह या हितार्थ समूह भी कहा जाता है। ये राजनीतिक दलों से भिन्न होते हैं और न तो ये चुनाव में भाग लेते हैं और न ही राजनीतिक शक्तियों को हथियाने की कोशिश करते हैं। ये कुछ खास कार्यक्रमों और मुद्दों से संबंधित होते हैं और इनकी इच्छा सरकार में प्रभाव बनाकर अपने सदस्यों की रक्षा और हितों को बढ़ाना होता है।
- पश्चिमी देशों की राजनीतिक प्रक्रिया में दबाव समूहों की स्पष्ट अभिव्यक्ति हुई है, जबकि गैर-पश्चिमी देशों में ऐसा नहीं हुआ। भारत में अमेरिका की भांति दबाव समूह विकसित नहीं हो पाए हैं।

दबाव समूह की विशेषताएं

वर्तमान परिप्रेक्ष्य में दबाव समूह की भूमिका और प्रासंगिकता काफी महत्वपूर्ण हो गई है। दबाव समूह की मुख्य विशेषताएं निम्नलिखित हैं–

- **संयुक्त हित दबाव समूह के आधार होते हैं**–प्रत्येक दबाव समूह का निर्माण एक या एक से अधिक संयुक्त हितों की प्राप्ति के लिए किया जाता है। समान हित रखने वाले लोग दबाव समूह का निर्माण करते हैं, क्योंकि वे यह स्वीकार करते हैं कि साझे हितों को केवल सामूहिक प्रयत्नों द्वारा ही प्राप्त किया जा सकता है। दबाव समूह हितों का प्रतिनिधित्व करते हैं, व्यक्तियों का नहीं।
- **औपचारिक या अनौपचारिक रूप से संगठित**–दबाव समूह प्रायः एक औपचारिक रूप से संगठित समूह होता है। मायरन वीनर ने उन्हें 'सरकारी ढांचे से बाहर ऐच्छिक रूप से संगठित समूह' कहा है। लाइजरसन इन्हें गैर-दलीय संगठन मानता है, जिसके सदस्य निश्चित लक्ष्य की प्राप्ति के

लिए एकत्रित होते हैं। परंतु दबाव समूह औपचारिक रूप से संगठित (जैसे अखिल भारतीय ट्रेड यूनियन कांग्रेस) होने के साथ-साथ अनौपचारिक रूप से संगठित अथवा असंगठित भी हो सकते हैं, जैसे जातीय एवं धार्मिक समूह। भारत जैसे संक्रमणकालीन राष्ट्र में अनेक बार अनौपचारिक समूह औपचारिक समूह की तुलना में कहीं अधिक शक्तिशाली होते हैं।

दबाव समूह के कुछ लक्षण

- दबाव समूह राजनीतिक दल से भिन्न होते हैं।
- यह एक प्रकार के हितों से संबद्ध लोगों का समूह होता है।
- यह अपने सदस्यों के हितों की साधना के लिए निरंतर प्रयत्नशील रहता है।
- दबाव समूह अपने उद्देश्यों की पूर्ति के लिए वैधानिक तथा अवैधानिक अथवा औपचारिक एवं अनौपचारिक दोनों प्रकार के तरीके प्रयोग में लाते हैं।
- ये शासन की प्रक्रिया में प्रत्यक्ष रूप से सम्मिलित नहीं होते वरन् ये अपने हितों की पूर्ति के लिए शासन के विभिन्न अभिकरणों को प्रभावित करते हैं।

निष्कर्ष के रूप में हम कह सकते हैं कि "दबाव समूह ऐसे समूह होते हैं, जो अपने सदस्यों के हित साधन हेतु सरकार के विभिन्न अभिकरणों को वैधानिक या अवैधानिक तरीके से प्रभावित करते हैं।"

भारतीय दबाव समूहों की विशेषताएं

भारत में दबाव समूहों के गठन की प्रक्रिया स्वतंत्रता प्राप्ति के पूर्व ही शुरू हो गई थी। 1835 में भारतीय राष्ट्रीय कांग्रेस और 1906 में मुस्लिम लीग की स्थापना, ऐसी संस्थाओं के रूप में हुई थी, जिसका उद्देश्य ब्रिटिश सरकार पर दबाव डालकर अपने लिए राजनीतिक और सामाजिक क्षेत्र में सुविधाएं प्राप्त करना था। 1920 में ऑल इंडिया ट्रेड यूनियन कांग्रेस का गठन लाला लाजपत राय की अध्यक्षता में हुआ, जो राष्ट्रीय स्तर पर किसानों का एक संगठन, दबाव के रूप में स्थापित हुआ। 1936 में कांग्रेस के सहयोग से ऑल इंडिया किसान सभा का गठन हुआ, जो कि एक दबाव समूह था या कालांतर में भारतीय श्रम संघ की स्थापना भी दबाव समूहों की रूप में हुई। भारतीय दबाव समूहों की निम्नलिखित विशेषताएं हैं–

- भारत में दबाव समूहों का विकास मंद गति से हुआ है तथा यहां जो दबाव समूह हैं, वे अत्यंत कमजोर हैं।
- दबाव समूह के अशक्त होने के कारण प्रशासन तक उनकी पहुंच नहीं है और वे स्वयं को प्रशासन से अलग ही रखना चाहते हैं तथा वे सरकार को शोषणकारी रूप में देखते हैं।
- दबाव समूहों के अनुसार, सरकारी पदाधिकारी अनुत्तरदायी तथा भ्रष्ट हैं, जबकि सरकारी पदाधिकारी दबाव समूहों को शंका की दृष्टि से देखते हैं।
- भारत में औद्योगिक हित और व्यापारिक हित दोनों का प्रतिनिधित्व एक ही समूह द्वारा किया जाता है।
- भारत के व्यापारिक दबाव समूहों में ब्रिटेन के समूहों की भांति एकता नहीं पाई जाती। लगभग प्रत्येक बड़े व्यापारिक और औद्योगिक केंद्र में अनेक चैंबर्स हैं और अनेक समूहों के होने का मूल कारण देशी और विदेशी पूंजी के मध्य ऐतिहासिक विभाजन है। दूसरी ओर जाति, भाषा व क्षेत्र के आधार पर भी यह विभाजन पाया जाता है।
- विश्व के अन्य देशों की तुलना में भारत में व्यापारिक संघों में तीव्र राजनीतिक अभिमुखीकरण का विकास हुआ है। इन व्यापारिक समूहों को केंद्र में औपचारिक प्रतिनिधित्व प्राप्त था।

- **गैर-दलीय चरित्र–**"दबाव समूह गैर-राजनीतिक, तटस्थ तथा स्वायत्त संगठन होते हैं।" दबाव समूह आधारभूत तौर पर गैर-दलीय समूह होते हैं। वे शक्ति और सत्ता के लिए संघर्ष में प्रत्यक्ष रूप से भागीदार नहीं होते। फिर भी वे उम्मीदवार के चयन से लेकर निर्वाचन के आयोजन तथा उसके परिणाम आने तक चुनाव-प्रक्रिया को प्रभावित करते हैं। वे शक्ति के लिए संघर्ष में भाग नहीं लेते परंतु इसके परिणामों को प्रभावित करते हैं। दूसरे शब्दों में, वे अपने हितों की सुरक्षा के लिए राजनीति में भाग लेते हैं, न कि राजनीतिक शक्ति की प्राप्ति के लिए। एक्सटीन के शब्दों में, "दबाव समूह की राजनीति पूर्ण राजनीतिकरण से कम होती है, परंतु अराजनीतिकरण से कुछ अधिक होती है। राजनीति तथा अराजनीति के बीच के स्तर पर ही इन दबाव समूहों की क्रियाएं आती हैं।" जे.सी. जौहरी ने दबाव समूहों की ऐसी भूमिका को 'राजनीति में लुका-छिपी' की संज्ञा दी है।
- **संवैधानिक और संविधानेतर साधनों का प्रयोग–**दबाव समूह अपने लक्ष्यों की प्राप्ति के लिए संवैधानिक और संविधानेतर दोनों प्रकार के साधनों का प्रयोग करते हैं। इनके लिए सर्वाधिक महत्व अपने लक्ष्यों का होता है।
- **अनिश्चित कार्यकाल–**दबाव समूहों का कार्यकाल अनिश्चित होता है, क्योंकि इनके कार्यकाल का प्रश्न इनके हितों की प्राप्ति से जुड़ा होता है। कभी-कभी ऐसा देखा जाता है कि बदलती हुई राजनीतिक परिस्थितियों में कोई दबाव समूह अप्रासंगिक हो जाता है। ऐसी स्थिति में उसका विघटन कर दिया जाता है।
- **दबाव समूह अलोकतांत्रिक देशों में भी पाए जाते हैं–**दबाव समूह सभी प्रकार की राजनीतिक व्यवस्थाओं में पाए जाते हैं। यद्यपि इनकी संख्या लोकतांत्रिक देशों में ही अधिक होती है। रॉबर्ट सी. बोन के अनुसार, "दबाव समूह सभी राजनीतिक व्यवस्थाओं यहां तक कि सर्वाधिकारी राज्यों में भी पाए जाते हैं। केवल यह तथ्य कि दबाव समूह साम्यवादी राज्यों में भी होते हैं, इनकी सर्वव्यापकता का प्रमाण है।"

दबाव समूहों का वर्गीकरण

दबाव समूहों का वर्गीकरण अनेक आधारों पर किया जाता है। चूंकि दबाव समूह का मुख्य आधार इनके सदस्यों के हित होते हैं। अतः कुछ विद्वानों ने इनका वर्गीकरण आर्थिक दबाव समूह, व्यापारिक दबाव समूह, कृषि संबंधी दबाव समूह, व्यावसायिक दबाव समूह तथा धार्मिक दबाव समूह के रूप में किया है। लक्ष्यों की दृष्टि से दबाव समूहों को 'स्वार्थी' और 'लोकार्थी' दो श्रेणियों में रखा जा सकता है। श्रमिक संघ और व्यापारिक संघ वर्ग विशेष के हितों की संपूर्ति करते हैं। अतः इन्हें 'स्वार्थी समूहों' में श्रेणीबद्ध किया जाता है, जबकि 'पतिता उद्धार समिति', 'जिला साक्षरता समिति' या 'नारी-कल्याण संघ' जैसी इकाइयों को लोकार्थी समूहों में रखा जा सकता है। संगठन की दृष्टि से समूहों के दो भेद बताए जाते हैं–औपचारिक तथा अनौपचारिक। जबकि अस्तित्व की दृष्टि से समूहों को अल्पकालिक और दीर्घकालिक के रूप में वर्गीकृत किया जा सकता है। कार्य क्षेत्र की दृष्टि से समूहों का वर्गीकरण स्थानीय, क्षेत्रीय तथा राष्ट्रीय/अंतर्राष्ट्रीय रूप में किया जा सकता है।

पीटर मर्कल ने दबाव समूह को निम्नलिखित छह भागों में वर्गीकृत किया है–

- आर्थिक हितों वाले समूह; जैसे–अमेरिकन नेशनल एसोसिएशन ऑफ मैन्यूफैक्चरर्स, फेडरेशन ऑफ इंडियन चैंबर ऑफ कॉमर्स आदि।
- व्यावसायिक हितों वाले समूह; जैसे–एसोसिएशन ऑफ सर्जन्स, बार काउंसिल आदि।
- सार्वजनिक सेवा समूह; जैसे–साक्षरता समिति, कुष्ठ निवारण समिति आदि।
- सामूहिक सौदेबाजी के लिए गठित समूह; जैसे–श्रमिक संघ, व्यापारिक संघ आदि।
- संस्थागत प्रकृति वाले समूह, जैसे–सिविल सर्वेंट्स एसोसिएशन।
- मिश्रित प्रकृति के समूह; जैसे–मोहल्ला समिति, खेल समिति आदि।

आमण्ड का वर्गीकरण

आधुनिक युग में विभिन्न विद्वानों द्वारा प्रस्तुत दबाव समूहों के वर्गीकरण में गेब्रियल ए. आमंड के वर्गीकरण को सर्वश्रेष्ठ माना जाता है। आमंड ने इन समूहों को हित-समूहों का नाम दिया है और इनकी चारित्रिक विशेषताओं को इनके वर्गीकरण का आधार बनाया है। जो इस प्रकार हैं-

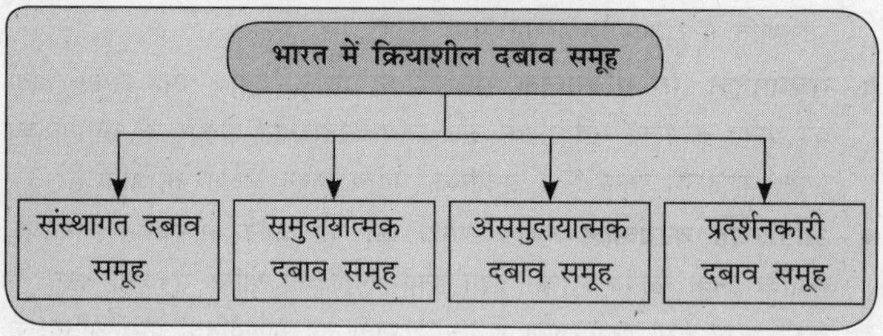

संस्थागत दबाव समूह

संस्थागत दबाव समूह से आशय ऐसे दबाव समूहों से है, जो सरकार या राजनीतिक दलों की नीतियों को प्रभावित करते हैं। संस्थागत दबाव समूह में निम्नलिखित तत्वों का समावेश होता है–

- संस्थागत दबाव समूह सेना, राजनीतिक दलों, विधानमंडलों, नौकरशाही आदि में पाए जाते हैं। ये व्यावसायिक तौर पर कार्यरत कर्मचारियों के औपचारिक संगठन होते हैं। ये एक साथ एक संगठन के रूप में अथवा छोटे-छोटे समूहों के रूप में हित स्पष्टीकरण का कार्य करते हैं। उदाहरण के लिए, नौकरशाही के अधिकारी मंत्रियों को प्रभावित कर सकते हैं और फिर ऐसा निर्णय लिया जा सकता है, जिससे प्रशासकों के हितों की सुरक्षा तथा उनका हित संवर्द्धन हो। राजनीतिक दल ऐसे समूहों को समर्थन प्रदान करते हैं।
- संस्थागत दबाव समूहों में राजनीतिक दलों की कार्यसमिति, संसदीय बोर्ड, युवा संगठन, महिला संगठन, छात्र संगठन आदि को सम्मिलित किया जा सकता है। उल्लेखनीय है कि ये दबाव समूह राजनीतिक दलों के अपने आंतरिक संगठन या अनुषंगी इकाई होते हैं। भारतीय राजनीतिक परिप्रेक्ष्य में संस्थागत दबाव समूह में कांग्रेस संसदीय समिति, भारतीय जनता पार्टी संसदीय बोर्ड, केंद्रीय चुनाव समिति, मुख्यमंत्री क्लब, आई.एस. एसोसिएशन तथा सेना् को लिया जा सकता है।
- संस्थागत दबाव समूहों में कर्मचारियों के संगठनों को भी सम्मिलित किया जा सकता है, जो शासन-प्रशासन या राजनीतिक दलों की नीतियों को प्रभावित करते हैं। इनके द्वारा अपने हितों की अभिव्यक्ति करने के साथ-साथ अन्य सामाजिक समुदाय के हितों का भी प्रतिनिधित्व किया जाता है।

समुदायात्मक समूह

समुदायात्मक दबाव समूह का आशय हित स्पष्टीकरण की विशेष संरचनाओं से है। ये हितों की अभिव्यक्ति के विशेषीकृत समूह होते हैं, जैसे ट्रेड यूनियन, व्यापारियों या उद्योगपतियों के संगठन, धार्मिक लोगों के संगठन, कृषक संगठन आदि। ये औपचारिक रूप से गठित तथा अधिकांशत: पंजीकृत निकाय होते हैं। जिनके अपने विधान, गठन के नियम आदि होते हैं। समुदायात्मक समूह की मुख्य विशेषता विशिष्ट हितों की पूर्ति करना है। इसके प्रमुख स्वरूपों की विवेचना निम्नवत् है–

- श्रमिक संगठन, श्रमिकों के संघ हैं, जो सामूहिक कार्यों द्वारा अपने हितों की रक्षा करते हैं। स्वाधीनता से पूर्व भी कई श्रमिक संघ कार्यरत थे और भारतीय राष्ट्रीय कांग्रेस के कई नेता श्रमिक संघों में सक्रिय थे। सभी मजदूर संघों का ध्येय मजदूरों के आर्थिक, राजनीतिक, सामाजिक और सांस्कृतिक हितों की रक्षा करना है।
- व्यापारिक हितों की पूर्ति के लिए व्यापारिक दबाव समूह सर्वाधिक शक्तिशाली और सक्रिय दबाव समूह हैं। देश के उद्योगपतियों तथा व्यापारियों के समूह को इस वर्ग में रखा जा सकता है। भारत में व्यापारियों के संघ अंग्रेजी शासनकाल से ही सक्रिय हैं। सन् 1887 में भारतीय वाणिज्य मंडल का गठन इसका एक उदाहरण है। उल्लेखनीय है कि वर्तमान समय में व्यापारियों के संगठनों में

दबाव समूह और राजनीतिक दल में अंतर

वी.ओ. की के शब्दों में, "राजनीतिक दल और दबाव समूह दोनों ही अनौपचारिक और संविधान के बाहर के संगठन होते हैं जो औपचारिक संवैधानिक व्यवस्थाओं को काफी सीमा तक गति प्रदान करते हैं।" राजनीतिक दल सदैव राज्य में शक्ति की प्राप्ति के लिए प्रयासरत रहते हैं; जबकि दबाव समूह शक्ति के लिए संघर्ष को इस तरह प्रभावित करने के लिए कार्यरत रहते हैं, जिससे वे अपने हितों की प्राप्ति कर सकें। दोनों ही लोगों के स्वेच्छा से संगठित समूह हैं। दोनों ही राजनीति की प्रक्रिया में सम्मिलित होते हैं। दोनों ही हित-स्पष्टीकरण, राजनीतिक समाजीकरण, राजनीतिक संचार और राजनीतिक भर्ती का कार्य संपन्न करते हैं।

इन सबके बावजूद राजनीतिक दलों और दबाव समूहों में महत्वपूर्ण अंतर हैं, जिनकी चर्चा नीचे की गई है–

- राजनीतिक दल सदस्यों की संख्या की दृष्टि से अपेक्षाकृत बड़े संगठन होते हैं। इसके विपरीत दबाव समूह सामान्य हित रखने वालों की अपेक्षाकृत छोटा संगठन होता है।
- एक राजनीतिक दल का गठन समान राजनीतिक विचारधारा रखने वाले अथवा इस विचारधारा को मानने वाले लोगों द्वारा किया जाता है। यह विचारात्मक एकता राजनीतिक दल में एकता का स्रोत होती है। राजनीतिक दल के सदस्य अपनी नीतियों, योजनाओं और गतिविधियों का आधार उसी विचारधारा को बनाते हैं, जिनका वे समर्थन करते हैं। इसके विपरीत दबाव समूह एक हित समूह होता है और इसकी स्थापना उसी साझे हित की प्राप्ति के लिए की जाती है। यह अपने हित की सुरक्षा एवं उसके संवर्द्धन के लिए कार्य करता है। इन हितों में वेतन व भत्तों में वृद्धि करने, कृषि वस्तुओं की मूल्य में वृद्धि, किसी विशेष भाषा या संस्कृति का संरक्षण करने जैसा कुछ भी हो सकता है। अत: दबाव समूह का निर्माण हितों को मुखरित करने वाले अभिकरण के रूप में किया जाता है।
- राजनीतिक दल और दबाव समूह में सबसे मुख्य अंतर उनके उद्देश्यों को लेकर होता है। राजनीतिक दल का उद्देश्य चुनावों में बहुमत प्राप्त करके सत्तारूढ़ होना होता है। यह सर्वदा इसी उद्देश्य द्वारा संचालित होता है तथा इसकी सभी नीतियां तथा कार्य इसी लक्ष्य की प्राप्ति के लिए होते हैं। दूसरी ओर दबाव समूह राजनीतिक शक्ति प्राप्त करने का प्रयास नहीं करते वरन् वे सत्ताधारी दल पर अपने-अपने सदस्यों के विशिष्ट हितों की पूर्ति हेतु दबाव डालते हैं।
- राजनीतिक दल और दबाव समूह में एक और महत्वपूर्ण अंतर उनके द्वारा अपनाए जाने वाले साधनों को लेकर है। राजनीतिक दल शक्ति प्राप्त करने के लिए शांतिपूर्ण तथा संवैधानिक साधनों का प्रयोग करते हैं तथा देश की राजनीतिक प्रक्रिया में अपनी भूमिका खुले रूप में निभाते हैं, जबकि दबावकारी समूह आंख-मिचौली के खेल में संलिप्त रहकर अपनी भूमिका का निर्वाह करते हैं। दबाव समूह अपने हितों की प्राप्ति के लिए प्रत्यक्ष कार्यवाही के साधनों जैसे हड़ताल, घेराव, बंद, विरोध-प्रदर्शन आदि का प्रयोग करते हैं। कभी-कभी ये तोड़फोड़ जैसे अवैधानिक साधनों में लिप्त देखे जाते हैं। जे.सी. जौहरी के अनुसार, "राजनीतिक दल के पास अपना पंजीकृत कार्यालय, विधान, झंडा, सदस्यता का रिकॉर्ड, पदाधिकारियों की सूची आदि होते हैं और वह खुलकर तथा गर्वपूर्वक राजनीति के क्षेत्र में कुछ कार्यों के लिए दायित्व का वहन करता है, जबकि दबाव समूह सत्ता-संघर्ष में संलिप्त रहते हुए भी राजनीतिक रूप से तटस्थ बने रहने का ढोंग करते हैं। यही कारण है कि अधिकांश दबाव समूह राजनीतिक दलों के माध्यम से राजनीति के क्षेत्र में अपनी भूमिका निभाना बेहतर समझते हैं। हम इस तथ्य पर भी ध्यान दे सकते हैं कि कुछ दबाव समूह किसी विशेष राजनीतिक दल के साथ खुला व स्थायी संपर्क रखते हैं, जबकि अन्य समूह स्थिति की आवश्यकताओं के अनुसार परिवर्तनशील संपर्क बनाए रखना बेहतर समझते हैं।

फेडरेशन ऑफ इंडियन चैंबर्स ऑफ कॉमर्स एंड इंडस्ट्री (F.I.C.C.I.) अत्यंत आधुनिक और प्रभावशाली दबाव समूह के रूप में कार्यरत है।

गैर-समुदायात्मक समूह

ऐसे समूहों को गैर-समुदायात्मक समूह कहते हैं जिनका अनौपचारिक संगठन होता है। ये धर्म, जाति, रक्त संबंध अथवा किसी अन्य परंपरागत लक्षण पर आधारित होते हैं। ये समय-समय पर प्रकट और विलुप्त होते रहते हैं। असमुदायात्मक दबाव समूह अनौपचारिक रूप सें अपने हितों की अभिव्यक्ति करते हैं। इनके संगठित संघ नहीं होते हैं और इन परंपरावादी दबाव समूहों में सांप्रदायिक और धार्मिक समुदाय, जातीय समुदाय, गांधीवादी समुदाय, भाषागत समुदाय सिंडीकेट और युवा तुर्क आदि प्रमुख हैं। असामुदायात्मक दबाव समूह से संबंधित तत्व निम्नवत् हैं–

- गांधीवादी संगठन भी शासकीय नीतियों को प्रभावित करते हैं। गांधीवादी गुट अपने स्वार्थ एवं हितों के लिए नहीं अपितु सार्वजनिक कल्याण की भावना से कार्यरत हैं।
- भारतीय राजनीति में 1960–70 के दौरान सिंडीकेट नामक दबाव समूह ने कांग्रेस और संपूर्ण देश की राजनीतिक समूह व्यवस्था को प्रभावित करने का कार्य किया। सिंडीकेट शब्द का प्रयोग कांग्रेस दल के कुछ प्रभावशाली नेताओं के लिए किया जाता है, जिन्होंने मिल-जुलकर निर्णय-प्रक्रिया को प्रभावित करने का निर्णय लिया था। सिंडीकेट ने राजनीतिक उत्तराधिकार के प्रश्न को सबसे अधिक प्रभावित किया।

वर्तमान समय में राजनीतिक दलों से संबंधित श्रम संघ		
1.	भारतीय जनता पार्टी	भारतीय मजदूर संघ
2.	मार्क्सवादी कम्युनिस्ट पार्टी	यूनाइटेड ट्रेड यूनियन कांग्रेस
3.	भारतीय राष्ट्रीय कांग्रेस	इंडियन नेशनल ट्रेड यूनियन कांग्रेस
4.	भारतीय कम्युनिस्ट पार्टी	ऑल इंडिया ट्रेड यूनियन कांग्रेस
वर्तमान में राजनीतिक दलों से संबंधित छात्र संगठन		
1.	भारतीय जनता पार्टी	अखिल भारतीय विद्यार्थी परिषद्
2.	भारतीय राष्ट्रीय कांग्रेस	नेशनल स्टूडेंट यूनियन ऑफ इंडिया
3.	साम्यवादी दल	स्टूडेंट फेडरेशन ऑफ इंडिया, ऑल इंडिया स्टूडेंट्स फेडरेशन
4.	समाजवादी दल	समता युवाजन सभा
वर्तमान में राजनीतिक दलों के कृषक संगठन		
1.	**भारतीय किसान यूनियन** का गठन महेन्द्र सिंह टिकैत ने किया था, जो पश्चिमी उत्तर प्रदेश में काफी सक्रिय है। यह समय-समय पर विभिन्न राजनीतिक दलों को अपना समर्थन देती रहती है।	
2.	**शेतकारी संगठन** का गठन महाराष्ट्र में शरद जोशी द्वारा किया गया है जो वहां का एक प्रभावी किसान संगठन है। इसकी प्रतिबद्धता किसी एक राजनीतिक दल के प्रति नहीं है।	
3.	**हिंद किसान पंचायत** मार्क्सवादी कम्युनिस्ट पार्टी का अनुषंगी किसान संगठन है, जबकि **संयुक्त किसान सभा** वामपंथी दलों का संयुक्त किसान संगठन है।	
4.	**भारतीय किसान संघ** जो गुजरात में काफी सक्रिय है, यह भारतीय जनता पार्टी से संबंधित है। **रैयत संघ** किसानों का एक संगठन है, जो कर्नाटक में सक्रिय है। यह भी भारतीय जनता पार्टी से संबंधित है।	
सरकारी कर्मचारियों के संगठन		
ऑल इंडिया रेलवे मैन एसोसिएशन		
ऑल इंडिया पोस्ट एंड टेलीग्राफ वर्कर्स यूनियन		
ऑल इंडिया टीचर एसोसिएशन		

सांप्रदायिक आधार पर गठित समुदाय	
• मुस्लिम मजलिस	• विश्व हिंदू परिषद्
• राष्ट्रीय स्वयं सेवक संघ	• बजरंग दल
• बाबरी मस्जिद एक्शन कमेटी	• जमात-ए-इस्लामी
• जैन समाज	• वैष्णव समाज
• नैय्यर सेवा समाज आदि	
भारत में जातीय समुदाय	
• तमिलनाडु	नाडार जाति संघ
• आंध्र प्रदेश	काम्मा तथा रेड्डी जातीय समुदाय
• कर्नाटक	लिंगायत और ओक्कालिंगा
• राजस्थान	जाट एवं राजपूत संगठन, करणी सेना
• गुजरात	क्षत्रिय महासभा
गांधीवादी संगठन	
• सर्वसेवा संघ	• सर्वोदय
• भूदान	
• खादी ग्रामोद्योग संघ, गांधी शांति प्रतिष्ठान इत्यादि भी ऐसे ही समूह हैं।	

वर्तमान में प्रदर्शनकारी दबाव गुट	
1.	जम्मू-कश्मीर लिबरेशन फ्रंट (कश्मीर)
2.	खालिस्तान कमांडो फोर्स
3.	बब्बर खालसा
4.	सिक्ख स्टूडेंट्स फेडरेशन (पंजाब)
5.	उल्फा (असम)
6.	रणवीर सेना (बिहार) आदि

- भाषा के आधार पर भी दबाव गुट हमारी राजनीति में सक्रिय भूमिका निभाते रहे हैं। ऐसा माना जाता है कि वर्तमान भाषायी राज्य शक्तिशाली भाषायी दबाव गुटों की राजनीति के ही परिणाम हैं। इन सभी के अतिरिक्त युवा तुर्क दबाव समूह ने भी सरकार की नीतियों को प्रभावित किया है।

प्रदर्शनकारी दबाव समूह

प्रदर्शनकारी दबाव समूह अनेक विकासोन्मुख राष्ट्रों की विशेषता हैं। भारतीय राजनीति में इनको नवागत तथ्य नहीं कहा जा सकता। प्रदर्शनकारी दबाव समूह वे हैं, जो अपनी मांगों को लेकर असंवैधानिक उपायों का प्रयोग करते हुए हिंसा, राजनीतिक हत्या, दंगों आदि का सहारा लेते हैं और सरकार के निवेश तथा निर्गत ढांचे को भी प्रभावित करते हैं।

अप्रतिमानी समूह

इस वर्ग में उन सभी समूहों को सम्मिलित किया जा सकता है जिनके व्यवहार के विषय में कोई पूर्वानुमान कर पाना कठिन होता है। ऐसे समूह गैर-परंपरावादी साधनों, आमतौर पर हिंसात्मक साधनों का प्रयोग करते हैं। छात्र एवं युवा संगठन और उग्रवादी संघ इसी श्रेणी के उदाहरण हैं।

दबाव समूहों द्वारा अपनाये जाने वाले साधन

दबाव समूह की कार्यविधियों या साधनों में वे सभी उपाय आते हैं, जिनके द्वारा निर्णायकों पर दबाव डाला जा सकता है। हड़ताल, घेराव, बंद, प्रदर्शन, सत्याग्रह, धीरे काम करना, नियमों के अनुसार काम करना आदि तकनीकें, जिन्हें आमतौर पर प्रत्यक्ष कार्यवाही के साधन कहा जाता है, इनके क्षेत्र में आती हैं। हेनरी ए. टर्नर

के अनुसार, "एक हित समूह सामान्य तौर पर कट्टरवादी तथा अवसरवादी ढंग से कार्य करता है। यह उसी विधि या तकनीक का प्रयोग करता है, जिसके बारे में इसे विश्वास हो कि वह उनके उद्देश्य की प्रभावशाली ढंग से रक्षा करेगी। निःसंदेह, अधिकतर दबाव समूहों की गतिविधि का लक्षण होता है। कौन-सी कार्यवाही समय तथा साधनों को कम-से-कम खर्च करके अधिक-से-अधिक परिणाम देगी।' **दबाव समूहों द्वारा अपनाये जाने वाले मुख्य साधन निम्नलिखित हैं–**

प्रेरित प्रचार

प्रेरित प्रचार का सामान्य अर्थ होता है–विधानमंडल के सदस्यों को प्रभावित कर उनसे अपने हित में कानून बनवाना। व्यवस्थापिका के प्रत्येक सदन के साथ आमतौर पर जुड़ा एक कक्ष होता है, जिसे 'लॉबी' कहते हैं। यहां व्यवस्थापिका के सदस्य बैठकर प्रायः विचारों का आदान-प्रदान करते हैं। यहां पर विधायकों को प्रभावित करना सबसे आसान होता है। दबाव समूह 'लॉबिंग' का प्रयोग विधायकों को अपने पक्ष में प्रभावित करने के लिए करते हैं। विशेष रूप से पाश्चात्य देशों में दबाव समूह इस साधन का बहुलता से प्रयोग करते हैं। अमरीका में तो इसका महत्व यहां तक बढ़ गया है कि 'गोष्ठ कक्ष' को कभी-कभी 'विधानमंडल का तीसरा सदन' भी कहा जाता है।

हाल के वर्षों में प्रेरक-प्रचार केवल विधायकों तक ही सीमित नहीं रह गया है वरन् इसका प्रयोग शासन के सभी स्तरों पर किया जाता है। मंत्रियों तथा प्रशासनिक अधिकारियों के समक्ष अपने हितों के पक्ष में आवश्यक जानकारी पेश करना, उनके समक्ष प्रार्थना-पत्र, स्मरण-पत्र आदि प्रस्तुत करना दबाव समूहों के लिए आम बात है। दबाव समूह प्रेरक-प्रचार के माध्यम से न्यायालयों को भी प्रभावित करते हैं। दबाव समूह उम्मीदवारों के चयन, चुनाव घोषणा-पत्रों के निर्माण तथा राजनीतिक दलों द्वारा योजनाओं के क्रियान्वयन को भी इसी तकनीक से प्रभावित करने का प्रयास करते हैं।

प्रचार तथा जन-प्रसार माध्यम

अपने उद्देश्यों की प्राप्ति के लिए दबाव समूह विभिन्न प्रचार और जन प्रसार माध्यमों का भी प्रयोग करते हैं। दबाव समूह समाचार पत्रों में विज्ञापन देकर अपनी मांगों के प्रति लोगों का ध्यान आकर्षित करने का प्रयास करते हैं। प्रेस के साथ संपर्क बनाकर दबाव समूह अपने पक्ष में बड़े समाचार पत्रों में संपादकीय तथा लेख प्रकाशित करवाने का प्रयास करते हैं। दबाव समूह अपने पक्ष में पोस्टर आदि का प्रकाशन भी करते हैं। दबाव समूह जन-प्रसार माध्यमों द्वारा प्रचार करते हैं ताकि वे जनमत में अपनी साख बना सकें और इसके द्वारा सरकारी नीतियों में इच्छानुसार परिवर्तन करा सकें।

चुनाव अभियान में भागीदारी

दबाव समूह चुनाव में प्रत्यक्षतः भाग नहीं लेते, परंतु वे निर्वाचन में उम्मीदवारों के चयन तथा उनके चुनाव-प्रचार को प्रभावित करते हैं। अपने पक्ष के उम्मीदवारों की जीत को सुनिश्चित करने के लिए वे चुनाव अभियान में भाग लेते हैं।

हड़ताल

हड़ताल दबाव समूहों के हाथों में एक प्रभावशाली साधन है। हड़ताल का प्रयोग आमतौर पर आर्थिक दबाव डालने तथा व्यापार को हानि पहुंचाने की नीयत से किया जाता है, जब तक कि प्रबंधन द्वारा नीति में यथोचित परिवर्तन न कर लिया जाए अथवा मांगों को मान न लिया जाए। दबाव समूहों द्वारा हड़ताल (निश्चित हितों की प्राप्ति के लिए पूर्णतया काम रोक देना) का प्रयोग साधारणतया तभी किया जाता है, जब अन्य साधन; जैसे–क्रमिक हड़ताल, प्रदर्शन, सामूहिक अवकाश, नियमानुसार कार्य करना, धरना देना आदि उपाय असफल हो गए हों। हड़ताल प्रत्यक्ष या सीधी कार्यवाही का एक साधन है।

बन्द

जहां तक कार्य को रोकने का प्रश्न है, बंद भी सामान्य हड़ताल की ही भांति होता है, परंतु हड़ताल की तुलना में इसका क्षेत्र विस्तृत होता है। बंद का अर्थ एक दबाव समूह के सदस्यों द्वारा काम रोक देना ही नहीं होता वरन् संबंधित प्रतिष्ठान के सभी लोग अपना कार्य रोक देते हैं। ऐसा भी हो सकता है कि बंद के समर्थकों और इसके विरोधियों में हिंसात्मक संघर्ष हो जाए। यह दबाव का एक खतरनाक साधन माना जाता है। केवल शक्तिशाली, बड़े तथा आक्रामक दबाव समूहों द्वारा ही इस साधन का प्रयोग किया जाता है।

घेराव

यह भी दबाव समूह द्वारा अपनाई जाने वाली एक आम तकनीक है। इसमें प्रबंधकों या निर्णयकर्ताओं को एक घेरे में लिया जाता है तथा उन्हें वहां से निकलने नहीं दिया जाता। ऐसा उन्हें बाध्य करने के लिए किया जाता है ताकि वे दबाव समूहों की मांग को मान लें।

प्रदर्शन

दबाव समूहों द्वारा प्रदर्शनों का आयोजन अपने सदस्यों की एकता को दर्शाने तथा जनमानस एवं निर्णयकर्ताओं का ध्यान अपनी और अपनी मांगों की ओर आकृष्ट करने के लिए किया जाता है।

दबाव समूहों द्वारा उपर्युक्त सभी विधियों का प्रयोग आवश्यकतानुसार किया जाता है। प्रायः दबाव समूहों द्वारा पहले प्रभावित करने वाली विधियों जैसे प्रेरक-प्रचार, संचार माध्यमों द्वारा प्रचार आदि का प्रयोग किया जाता है। इनसे अभिलाषित लक्ष्यों की प्राप्ति न होने पर प्रदर्शन, हड़ताल, बंद आदि जैसे उद्वेगपूर्ण साधनों का प्रयोग किया जाता है।

लोकतांत्रिक व्यवस्थाओं में दबाव समूह

सामान्य रूप से दबाव समूह अवसरवादिता के आधार पर प्रयोगवादी प्रणाली से कार्य करते हैं और इस प्रकार अपने निश्चित हितों की पूर्ति के लिए जो भी कार्य आवश्यक होते हैं, वे सभी दबाव समूहों द्वारा किए जाते हैं। किसी भी लोकतांत्रिक समाज में दबाव समूहों को संगठन बनाने की पूर्ण स्वतंत्रता प्राप्त होती है। दबाव समूहों द्वारा सरकार और जनता के मध्य संपर्क की कड़ी प्रदान करने का कार्य किया जाता है। विभिन्न नीतियों तथा निर्णयों के विषय में जनता की प्रतिक्रिया जानने के निमित्त प्रशासकीय अधिकारियों के पास दबाव समूह महत्वपूर्ण साधन हैं। उदाहरण के लिए, नई उद्योग नीति निर्धारित करने के लिए अथवा निवर्तमान औद्योगिक कानूनों में संशोधन करने के पूर्व सरकार निश्चय ही श्रमिकों की प्रतिनिधिकारी ट्रेड यूनियनों से परामर्श लेती है।

यह एक महत्वपूर्ण प्रश्न है कि लोकतांत्रिक शासन प्रणाली में सरकारी नीतियों के निर्धारण तथा राजनीतिक निर्णयों के क्रियान्वयन में दबाव समूहों की क्या भूमिका होती है? यह प्रश्न इसलिए भी महत्वपूर्ण हो जाता है, क्योंकि लोकतांत्रिक प्रणाली में समुदाय और संगठन बनाने की पूर्ण स्वतंत्रता होती है।

संयुक्त राज्य अमरीका जैसे अध्यक्षीय शासन प्रणाली वाले राष्ट्र में दबाव समूहों को दोहरा दायित्व निभाना पड़ता है। इस प्रणाली में चूंकि कार्यपालिका और व्यवस्थापिका परस्पर पृथक् होती हैं इसलिए दबाव समूह राष्ट्रपति को परोक्ष रूप से नियंत्रित करने के लिए व्यवस्थापिका से घनिष्ठ संबंध बनाए रखते हैं। यदि किसी स्थिति में व्यवस्थापिका तथा कार्यपालिका दोनों का ही दृष्टिकोण दबाव समूह के हितों के प्रतिकूल है, तब दबाव समूह न्यायपालिका की शरण लेते हैं। इस प्रकार अध्यक्षीय प्रणाली में, दबाव समूहों को कार्य की महती स्वतंत्रता प्राप्त होती है, क्योंकि ये तीन स्तरों पर पक्ष निर्माण के लिए स्वतंत्र होते हैं।

परंतु ब्रिटेन जैसे संसदीय प्रणाली वाले राष्ट्रों में दबाव समूहों की इतनी महत्वपूर्ण भूमिका नहीं होती है, क्योंकि राजनीतिक दल संस्थात्मक आधार पर या तो सत्ता में होते हैं अथवा विपक्ष में बैठते हैं। दूसरे, संसदीय शासन प्रणाली में दलीय अनुशासन के चलते सदस्यों को इतनी स्वतंत्रता भी नहीं प्राप्त होती। तीसरे, इस प्रणाली में सत्तारूढ़ दल अपने चुनाव घोषणापत्र में किए गए वायदों की पूर्ति को सर्वोच्च प्राथमिकता देता है। इस प्रकार संसदीय शासन प्रणाली में दबाव समूह की प्राय: उतनी ही भूमिका होती है, जितनी सत्तारूढ़ दल उसे प्रदान करना चाहे। संसदीय प्रणाली में दबाव समूह राजनीतिक मांगों का संवर्द्धन करते हैं; इनको अधिक सशक्त स्वरूप देने के लिए अन्य समूहों का समर्थन प्राप्त करते हैं तथा अंतत: सत्ता प्राप्त दल के सदस्यों के माध्यम से सरकारी नीतियों तथा कार्यप्रणाली को प्रभावित करने का प्रयास करते हैं।

इन दोनों ही प्रणालियों से सर्वथा भिन्न भूमिका का निर्वाह फ्रांसीसी शासन प्रणाली में दबाव समूहों द्वारा किया जाता है। इसका कारण विद्वानों द्वारा यह बताया गया है कि फ्रांसीसी जन अपने स्वभाव से ही राष्ट्रीय हितों की तुलना में एक समुदाय विशेष के हितों के संवर्द्धन में अधिक रुचि रखते हैं। परिणामस्वरूप फ्रांस में दबाव समूह द्वारा अत्यधिक अनुत्तरदायी भूमिका का निर्वाह किया जाता है। बहुदलीय पद्धति तथा परंपरागत रूप में क्रांति से अभिभूत फ्रांसीसी शासन व्यवस्था दबाव समूहों की स्थिति को काफी सशक्त बना देती है।

निष्कर्ष रूप में यह कहा जा सकता है कि यों तो लोकतांत्रिक प्रणाली में दबाव समूहों की भूमिका महत्वपूर्ण होती है, परंतु वास्तविक स्तर पर उनका कार्य भाग सत्ता प्राप्त दल से उनके संबंधों पर निर्भर करता है।

समसामयिक जीवन की समस्याएं एवं दबाव समूह

समसामयिक जीवन की जटिलता ने कतिपय नई प्रकार की समस्याओं को जन्म दिया है जैसे पर्यावरण संरक्षण, उपभोक्ता संरक्षण तथा महिला अधिकार संरक्षण आदि। इसका परिणाम यह हुआ है कि जहां दबाव समूह अपने परंपरागत क्षेत्रों जैसे कृषि, श्रम, व्यापार, सरकारी सेवा आदि के क्षेत्र में तो अपनी भूमिका का निर्वाह कर ही रहे हैं, वहीं आज के जीवन की उपर्युक्त विशेष समस्याओं के संदर्भ में भी दबाव समूहों से सार्थक भूमिका की आशा की जा रही है। इनकी विस्तृत चर्चा नीचे की गई है–

पर्यावरण, पर्यावरण संरक्षण और दबाव समूह क्रियाकलाप

पर्यावरण का आशय मूलत: उस समग्र परिवेश से है, जो मनुष्य को प्रकृति के द्वारा प्रदान किया गया है। वायु, जल और भूमि इसी पर्यावरण का हिस्सा है, जो मनुष्य के अस्तित्व को बनाए रखने के लिए अति अपरिहार्य हैं, परंतु मनुष्य द्वारा किए जा रहे वैज्ञानिक और तकनीकी विकास के परिणामस्वरूप अब पर्यावरण की शुद्धता समाप्त हो चली है। इससे 'पर्यावरण प्रदूषण' की स्थिति पैदा हुई है।

भारत और पर्यावरण के प्रति जागरूकता

स्वतंत्रता के बाद से ही भारत में विकास और औद्योगीकरण के कार्यक्रम बृहत पैमाने पर चलाए गए हैं, परंतु इनके समानांतर पर्यावरण प्रदूषण को रोकने के लिए समुचित उपाय नहीं किए गए। इसका परिणाम यह हुआ कि भारत की अधिकांश नदियां प्रदूषित हैं। यही नहीं पेड़ों की अनाप-शनाप कटाई भी होती रही है तथा वन्य जीवों का शिकार भी बहुतायत से हो रहा है जिससे पर्यावरण संतुलन बिगड़ रहा है। सरकार द्वारा इस दिशा में कुछ प्रयास किए गए हैं- जैसे सरकार द्वारा औद्योगिक संस्थानों के संचालकों के लिए यह आवश्यक कर दिया गया है कि वे सरकार से 'पर्यावरण मित्र' होने का प्रमाणपत्र प्राप्त कर लें अन्यथा उनके विरुद्ध दंडात्मक कार्रवाई की जाएगी।

पर्यावरण की सुरक्षा की दिशा में भारत में कई दबाव समूह प्रयासरत हैं। वृक्षों की कटाई के कारण पर्यावरण असंतुलन न होने पाए, इस दिशा में कार्यरत सुंदरलाल बहुगुणा का चिपको आंदोलन बहुचर्चित है। इसके अतिरिक्त नर्मदा घाटी नव-निर्माण समिति, नर्मदा सागर संघर्ष समिति, लोक अधिकार संघ जैसे संगठन बड़े बांध बनाए जाने की परियोजना विशेष रूप से सरदार सरोवर परियोजना और टिहरी बांध परियोजना का विरोध। इस संदर्भ में बाबा आम्टे, मेधा पाटकर और सुंदरलाल बहुगुणा का नाम विशेष उल्लेखनीय है।

उपभोक्ता संरक्षण एवं दबाव समूह क्रियाकलाप: उपभोक्ता और उसकी वास्तविक स्थिति

उपभोक्ता उस व्यक्ति को कहते हैं, जो वस्तुओं का उपभोग करता है। इस अर्थ में प्रत्येक व्यक्ति उपभोक्ता होता है, क्योंकि वह जीवनपर्यन्त अनेक वस्तुओं का उपभोग करता है। यह सामान्य धारणा है कि बाजार का नियंत्रण उपभोक्ता के हाथों में होता है। इस अर्थ में कि उत्पादक उन्हीं वस्तुओं का उत्पादन करते हैं, जिनकी उपभोक्ताओं को आवश्यकता होती है, परंतु व्यवहार में स्थिति ऐसी नहीं है। उपभोक्ता संगठित नहीं होता, जबकि उत्पादक संगठित होते हैं। इस संगठन के बल पर वे उन वस्तुओं का विक्रय करने में सफल हो जाते हैं, जिनका उत्पादन उनके लिए लाभप्रद होता है।

उपभोक्ता संरक्षण और इसकी आवश्यकता

उपभोक्ता के हितों का संरक्षण ही उपभोक्ता संरक्षण है। चूंकि उपभोक्ता असंगठित होता है, अतएव उत्पादक वर्ग, व्यापारी वर्ग तथा सरकार (जिसके द्वारा बिजली, पानी और ईंधन जैसी आवश्यक वस्तुओं की आपूर्ति की जाती है) द्वारा उपभोक्ता के हितों की उपेक्षा की जाती है। यह हानि अनेक प्रकार से पहुंचाई जाती है– **1.** उत्पादक वर्ग उपभोक्ताओं की आवश्यकता पूर्ति की वस्तुओं के स्थान पर विलासिता की वस्तुओं का उत्पादन करता है और विज्ञापन आदि के द्वारा उसे उपभोक्ताओं में लोकप्रिय बना देता है; **2.** व्यापारी वर्ग वस्तुओं के मूल्यों में मनमानी वृद्धि करता है, नाप-तौल में चालाकी करता है और खाद्य पदार्थों में चालाकीपूर्वक मिलावट कर देता है; **3.** यही नहीं व्यापारी वर्ग वस्तुओं का कृत्रिम अभाव पैदा करके चोरबाजारी की स्थिति को जन्म देता है तथा चार सार्वजनिक सेवाओं की व्यवस्था करने वाली सरकार और सार्वजनिक निगम भी सेवाओं के मूल्य में अप्रत्याशित वृद्धि करके उपभोक्ताओं के हितों की उपेक्षा करते हैं।

उपर्युक्त तथ्यों के परिप्रेक्ष्य में स्वाभाविक है कि उपभोक्ताओं के हितों का संरक्षण किया जाए। उपभोक्ता संरक्षण का आधार यह अवधारणा है कि उपभोक्ता होने के नाते उसे कुछ अधिकार प्राप्त हैं जिनकी रक्षा करना स्वयं उपभोक्ता का एवं समाज का दायित्व है।

उपभोक्ता संरक्षण के बारे में चेतना सर्वप्रथम द्वितीय महायुद्ध के बाद के समयकाल में उदित हुई। सर्वप्रथम 1962 में अमेरिका के तत्कालीन राष्ट्रपति जान.एफ. केनेडी के शासनकाल में उपभोक्ताओं के चार अधिकारों को स्वीकार किया गया, जो निम्नवत् हैं–

1. सुरक्षा का अधिकार,
2. जानकारी प्राप्त करने का अधिकार,
3. चयन का अधिकार तथा
4. सुनवाई का अधिकार।

उपर्युक्त चार अधिकारों के अतिरिक्त संयुक्त राष्ट्र ने उपभोक्ता के तीन और अधिकारों को मान्यता प्रदान की–

1. क्षतिपूर्ति का अधिकार,
2. उपभोक्ता की शिक्षा का अधिकार तथा
3. स्वस्थ पर्यावरण का अधिकार।

भारतीय उपभोक्ता संरक्षण अधिनियम, 1986

भारत में उपभोक्ताओं के हितों के संरक्षण हेतु जो कानून पारित किए गए हैं, उनमें सर्वप्रमुख भारत उपभोक्ता संरक्षण अधिनियम, 1986 है। इसमें उपभोक्ताओं को वैधानिक तौर पर 6 अधिकार प्रदान किए गए हैं–

1. जीवन संपत्ति के लिए खतरनाक माल के विपणन के विरुद्ध संरक्षण का अधिकार;
2. माल की गुणवत्ता, मात्रा, शुद्धता, क्षमता तथा मूल्य के विषय में सूचना पाने का अधिकार;
3. यथासंभव प्रतियोगी मूल्य पर माल की विभिन्न किस्में सुलभ कराए जाने का अधिकार;
4. इस बात का अधिकार कि उपभोक्ता की शिकायत की समुचित सुनवाई की जाएगी;
5. अनुचित व्यापारिक व्यवहार या शोषण के विरुद्ध उपभोक्ता की क्षतिपूर्ति का अधिकार; तथा
6. उपभोक्ता शिक्षा पाने का अधिकार।

उपभोक्ता संरक्षण अधिकरणों की स्थापना

उपभोक्ता संरक्षण अधिनियम, 1986 की धारा 9 के अंतर्गत उपभोक्ताओं के विवादों का निपटारा करने के लिए तीन स्तरों पर अर्द्ध-न्यायिक अधिकरणों की स्थापना की गई है–

1. उपभोक्ता विवाद निस्तारण जिला मंच,
2. उपभोक्ता विवाद निस्तारण राज्य आयोग,
3. उपभोक्ता विवाद निस्तारण राष्ट्रीय आयोग। बोलचाल की भाषा में इन्हें 'उपभोक्ता अदालत' कहा जाता है।

केंद्र तथा राज्य स्तरीय उपभोक्ता परिषदों का गठन

उपभोक्ता संरक्षण अधिनियम, 1986 की धारा 4 के अनुसार उपभोक्ताओं के हितों की रक्षा के लिए निम्नलिखित परिषदों का गठन किया गया है–

1. केंद्रीय उपभोक्ता संरक्षण परिषद्,
2. राज्य उपभोक्ता संरक्षण परिषद्।

उपभोक्ता संरक्षण को प्रभावी बनाने के उपाय

भारत में उपभोक्ता संरक्षण की दिशा में कुछ छिटपुट प्रयास जरूर किए गए हैं, परंतु अभी भी भारत में उपभोक्ता संरक्षण की दिशा में काफी कुछ किया जाना शेष है। इस संदर्भ में निम्नलिखित सुझाव दिए जा सकते हैं–

1. उपभोक्ता आंदोलन को ग्रामीण क्षेत्रों में विकसित किया जाना चाहिए;
2. मिलावट आदि की रोकथाम को प्रभावी बनाने के लिए स्थान-स्थान पर प्रयोगशालाएं खोली जानी चाहिए;
3. उपभोक्ताओं को विभिन्न प्रचार माध्यमों; जैसे–दूरदर्शन, रेडियो और पत्र-पत्रिकाओं के माध्यम से शिक्षित किया जाना चाहिए;
4. उपभोक्ता संरक्षण कानूनों को सरलीकृत रूप में उपभोक्ताओं को समझाया जाना चाहिए; तथा
5. अधिक-से-अधिक उपभोक्ताओं को स्वैच्छिक उपभोक्ता संगठनों से जोड़कर जागरूक बनाया जाना चाहिए।

महिला अधिकार संरक्षण एवं दबाव समूह क्रियाकलापः महिला अधिकार और इनके संरक्षण की समस्या

स्त्री और पुरुष समाज रूपी रथ के दो पहिए हैं। इन दोनों की समान उपयोगिता और महत्व है। अनेक देशों के संविधानों में दोनों को समान अधिकारों की बात प्रकट रूप में स्वीकार की गई है। संयुक्त राष्ट्र द्वारा 1948 में जारी 'अधिकारों के सार्वभौमिक घोषणा पत्र' में महिलाओं को पुरुषों के बराबर अधिकार देने की बात कही गई है, परंतु इस घोषणा के लगभग 50 वर्ष बीत जाने के उपरांत भी व्यवहार में महिलाओं की स्थिति अत्यंत शोचनीय है।

भारत जैसे विकासशील राष्ट्रों में तो महिलाओं को यातना का शिकार होना ही पड़ रहा है, यूरोप और अमेरिका में भी उनकी स्थिति बहुत अच्छी नहीं है। बाल-विवाह, पर्दा-प्रथा, सती-प्रथा तथा दहेज-प्रथा जैसी सामाजिक बुराइयों के कारण भारत के हिंदू समाज में तो महिलाओं की स्थिति अत्यंत शोचनीय है ही, मुस्लिम समाज में भी बाल-विवाह, बुर्का-प्रथा तथा तलाक आदि की प्रथा के कारण महिलाओं की स्थिति दयनीय है। आश्चर्य का विषय यह है कि महिलाएं ही महिलाओं पर अत्याचार करने में सबसे आगे हैं। इस अत्याचार का प्रारंभ जन्म से ही हो जाता है जब पुत्र के जन्म पर प्रसन्नता एवं पुत्री के जन्म पर दुःख व्यक्त किया जाता है। इस प्रतिक्रिया को व्यक्त करने में महिलाएं (मां, दादी, नानी आदि) ही सबसे आगे होती हैं।

महिलाओं की इस गिरती हुई स्थिति के दो मूल कारण हैं–प्रथम, शिक्षा का अभाव; तथा दूसरा, आर्थिक दृष्टि से पुरुषों पर महिलाओं की निर्भरता। सन् 2011 के जनगणना आंकड़ों के अनुसार भारत में 63.86 प्रतिशत पुरुष साक्षर हैं, जबकि महिलाओं में साक्षरता का प्रतिशत 39.42 है। इस कारण महिलाएं जागरूक नहीं हैं और उनमें अपेक्षाकृत कम आत्मविश्वास है। पिछले कुछ वर्षों में महिलाओं के शिक्षित वर्ग में जागृति उत्पन्न हुई है और अनेक ऐसे संगठन अस्तित्व में आए हैं, जो महिला अधिकारों की रक्षा के लिए प्रयासरत हैं और सरकार पर इस हेतु बराबर दबाव बनाए रहते हैं कि महिलाओं की रक्षा हेतु वैधानिक उपाय किए जाएं।

भारत में महिला संगठन

स्त्रियों को समाज में सम्मानजनक स्थान दिलाने की दृष्टि से 20वीं शताब्दी के प्रारंभिक वर्षों में भारत में महिला-आंदोलन की शुरुआत हुई। इस दिशा में पहला संगठन 'भारतीय महिला संघ' था जिसका गठन मद्रास (चेन्नई) में किया गया। इसका पहला अधिवेशन पूना में हुआ। इसके उपरांत देश में कार्यरत विभिन्न महिला संगठनों के प्रयासों से देश में 'अखिल भारतीय महिला सम्मेलन' की स्थापना की गई। इसका पहला अधिवेशन सन् 1927 में पूना में हुआ। इस संगठन ने महिलाओं में शिक्षा के प्रसार की दिशा में विशेष प्रयास किया। इसके द्वारा बाल-विवाह, बहुपत्नी प्रथा और दहेज-प्रथा आदि का विरोध किया गया। इसके अतिरिक्त विश्वविद्यालय महिला संघ, भारतीय ईसाई महिला मंडल, अखिल भारतीय स्त्री शिक्षा संस्था तथा कस्तूरबा गांधी स्मारक न्यास जैसे संगठनों ने भी महिलाओं के संदर्भ में व्याप्त सामाजिक कुरीतियों को दूर करने तथा स्त्रियों की शिक्षा की दिशा में महत्वपूर्ण प्रयास किए हैं।

विभिन्न सामाजिक संगठनों द्वारा क्रियान्वित दबाव के परिणामस्वरूप सरकार द्वारा अनेक ऐसे कानून बनाए गए हैं, जिनका उद्देश्य महिलाओं की स्थिति में सुधार लाना है। भारतीय संविधान द्वारा महिलाओं और पुरुषों को समान अधिकार दिए गए हैं। सन् 1955 में सरकार द्वारा हिंदू विवाह अधिनियम पारित किया गया, जिसके तहत विशेष परिस्थितियों में विवाह-विच्छेद की व्यवस्था की गई और एक से

अधिक पत्नियां रखने पर प्रतिबंध लगा दिया गया। इसके अतिरिक्त महिलाओं की स्थिति में सुधार लाने की दृष्टि से पारित कुछ अन्य प्रमुख अधिनियम इस प्रकार हैं–हिंदू उत्तराधिकार अधिनियम (1956), स्त्रियों और बालिकाओं का अनैतिक व्यापार निरोधक अधिनियम (1956), दहेज निवारक अधिनियम (1961), समान वेतन अधिनियम (1976), परिवार अदालत अधिनियम (1984), सती निवारक अधिनियम (1987) आदि।

महिलाओं की प्रतिस्थिति में सुधार लाने के लिए देश में जितने भी संगठन कार्यरत हैं, वे संगठन की दृष्टि से प्राय: उच्च मध्यम वर्ग की महिलाओं तक ही सीमित हैं। दूसरी बात यह कि इनका कार्यक्षेत्र प्राय: शहरी क्षेत्रों तक ही है। जबकि महिलाओं की स्थिति में यथार्थ सुधार लाने के लिए यह आवश्यक होगा कि संगठनों का कार्यक्षेत्र ग्रामीण क्षेत्रों तक प्रसारित किया जाए, क्योंकि महिलाओं का बड़ा भाग ग्रामीण क्षेत्रों में निवास करता है।

स्मरणीय तथ्य

- राजनीतिक दल लोकतंत्र के लिए अपरिहार्य माने जाते हैं, क्योंकि इनके माध्यम से ही लोकतंत्र संचालित होता है।
- दबाव समूह कुछ लोगों द्वारा आपसी तथा साझे हितों को प्राप्त करने के लिए संगठित किया गया ऐसा समूह होता है, जो कि अपने हितों की रक्षा एवं प्राप्ति के लिए दबाव साधनों का प्रयोग करता है।
- "दबाव समूह विधिक और तर्कसंगत तरीकों द्वारा सरकार की नीति-निर्माण और नीति-निर्धारण को प्रभावित करते हैं।
- "दबाव समूह चुनाव मुकाबले में विधिवत् प्रवेश के बिना सरकारी नीति निर्णयों को प्रभावित करने का एक संगठित प्रयास होता है।"
- प्रत्येक दबाव समूह का निर्माण एक या एक से अधिक संयुक्त हितों की प्राप्ति के लिए किया जाता है।
- दबाव समूह प्राय: एक औपचारिक रूप से संगठित समूह होता है।
- "दबाव समूह गैर-राजनीतिक, तटस्थ तथा स्वायत्त संगठन होते हैं।" दबाव समूह आधारभूत तौर पर गैर-दलीय समूह होते हैं।
- आधुनिक युग में विभिन्न विद्वानों द्वारा प्रस्तुत दबाव समूहों के वर्गीकरण में गेब्रियल ए. आमंड के वर्गीकरण को सर्वश्रेष्ठ माना जाता है।
- संस्थागत दबाव समूहों में कर्मचारियों के संगठनों को भी सम्मिलित किया जा सकता है, जो शासन-प्रशासन या राजनीतिक दलों की नीतियों को प्रभावित करते हैं।
- समुदायात्मक दबाव समूह का आशय हित स्पष्टीकरण की विशेष संरचनाओं से है।
- व्यापारिक हितों की पूर्ति के लिए व्यापारिक दबाव समूह सर्वाधिक शक्तिशाली और सक्रिय दबाव समूह हैं।
- भारतीय राजनीति में 1960–70 के दौरान सिंडीकेट नामक दबाव समूह ने कांग्रेस और संपूर्ण देश की राजनीतिक समूह व्यवस्था को प्रभावित करने का कार्य किया।
- दबाव समूह की कार्यविधियों या साधनों में वे सभी उपाय आते हैं, जिनके द्वारा निर्णायकों पर दबाव डाला जा सकता है।
- प्रेरित प्रचार का सामान्य अर्थ होता है–विधानमंडल के सदस्यों को प्रभावित कर उनसे अपने हित में कानून बनवाना।
- हड़ताल दबाव समूहों के हाथों में एक प्रभावशाली साधन है।
- बंद भी दबाव समूह द्वारा अपनाई जाने वाली एक आम तकनीक है।
- प्रदर्शन दबाव समूहों का प्रभावशाली साधन है। इसका आयोजन अपने सदस्यों की एकता को दर्शाने तथा जनमानस एवं निर्णयकर्ताओं का ध्यान अपनी और अपनी मांगों की ओर आकृष्ट करने के लिए किया जाता है।
- संयुक्त राज्य अमरीका जैसे अध्यक्षीय शासन प्रणाली वाले देश में दबाव समूहों को दोहरा दायित्व निभाना पड़ता है।
- लोकतांत्रिक प्रणाली में दबाव समूहों की भूमिका महत्वपूर्ण होती है, परंतु वास्तविक स्तर पर उनका कार्य भाग सत्ता प्राप्त दल से उनके संबंधों पर निर्भर करता है।
- उपभोक्ता उस व्यक्ति को कहते हैं, जो वस्तुओं का उपभोग करता है। इस अर्थ में प्रत्येक व्यक्ति उपभोक्ता होता है, क्योंकि वह जीवनपर्यन्त अनेक वस्तुओं का उपभोग करता है।
- उपभोक्ता संरक्षण के बारे में चेतना सर्वप्रथम द्वितीय महायुद्ध के बाद के समयकाल में उदित हुई।
- स्त्रियों को समाज में सम्मानजनक स्थान दिलाने की दृष्टि से 20वीं शताब्दी के प्रारंभिक वर्षों में भारत में स्त्री-आंदोलन की शुरुआत हुई।
- महिलाओं की प्रतिस्थिति में सुधार लाने के लिए देश में जितने भी संगठन कार्यरत हैं, वे संगठन की दृष्टि से प्राय: उच्च मध्यम वर्ग की महिलाओं तक ही सीमित हैं।

❑❑❑

अध्याय 3

स्वैच्छिक संगठन

प्रशासन की किसी भी पद्धति को जन सहयोग के बिना सफल बनाया जाना न केवल कठिन है बल्कि असंभव भी है। जन सहयोग के द्वारा ही सरकारी स्तर पर शुरू की जाने वाली विकास योजनाओं का लाभ निचले स्तर तक पहुंचाया जा सकता है। हमारे देश में इस सिद्धांत को मान्यता देते हुए विकेंद्रीकरण की नीति अपनाई गई है। पंचायती राज व्यवस्था की शुरुआत इसी भावना के साथ की गई थी। समाज के सभी वर्गों को सामाजिक-आर्थिक तथा अन्य क्षेत्र में हो रहे विकास का लाभ पहुंचाना किसी भी सरकार का प्राथमिक कर्तव्य होता है। हालांकि यह कार्य काफी कठिन और चुनौतीपूर्ण है, किंतु यदि स्थानीय स्तर के संगठनों का सहयोग लिया जाए तो उतना कठिन नहीं रह जाता, जितना कि दिखाई देता है। बशर्ते स्थानीय स्तर के संगठन निस्वार्थ भाव से यह कार्य करें। देश में गैर-सरकारी संगठन की अवधारणा नई नहीं है। इतिहास में ऐसे संगठनों के प्रमाण मिलते हैं, जो निस्वार्थ भाव से जनसेवा करते थे। तब इस शब्द का जन्म भले ही नहीं हुआ था, लेकिन इनका कार्य परिणामात्मक रूप से लगभग वही था, जो अब है। भारत में वर्ष 1939 तक गैर-सरकारी संगठनों की संख्या 1039 थी, जो स्वतंत्रता प्राप्ति के बाद तेजी से बढ़कर 1980 में 8052 हो गई। वर्तमान में ऐसे संगठनों की कुल संख्या 30 लाख से अधिक है। स्वतंत्रता के बाद इनकी प्राथमिकताओं में बदलाव आया और इनके कार्यों में शिक्षा का प्रसार, गरीबी उन्मूलन, स्वास्थ्य के प्रति जागरूकता लाने जैसे कार्य भी जुड़ गए। 1980 के दशक के बाद इनकी भूमिका में फिर थोड़ा परिवर्तन दिखाई दिया। वैसे इनकी प्राथमिकताओं और इनकी भूमिका में स्थानीय आवश्यकता के अनुसार अंतर दिखाई देता है।

स्वैच्छिक संगठन

स्वैच्छिक संगठनों को ऐच्छिक संगठन या गैर-सरकारी संगठन भी कहा जाता है। संयुक्त राष्ट्र तथा अन्य अंतर्राष्ट्रीय स्तरों पर इन्हें गैर-सरकारी संगठन या एन.जी.ओ. के नाम से अधिक पुकारा जाता है। कुछ लोग इन्हें वोल्गास या एगस् भी कहते हैं। इससे संबंधित पहलू निम्नलिखित हैं–

- स्वैच्छिक शब्द की उत्पत्ति लैटिन भाषा के शब्द Voluntarism से हुई है, जो मूलत: Voluntas से विकसित हुआ है। Voluntas का अर्थ है–इच्छा या स्वतंत्रता। यह इच्छा, यहां किसी संगठन के निर्माण के रूप में प्रकट होती है। हेराल्ड लास्की ने समुदाय या संघ बनाने की स्वतंत्रता को परिभाषित करते हुए कहा है–'रुचिगत उद्देश्यों के संवर्द्धन हेतु व्यक्तियों के एकत्र होने के मान्यता प्राप्त कानूनी अधिकार का नाम ही 'संघ बनाने की स्वतंत्रता' है।
- कुछ विशेषज्ञों का मत है कि स्वैच्छिक संगठनों को गैर-सरकारी संगठन कहने से नकारात्मक अर्थ निकलता प्रतीत होता है, अत: इन्हें वॉलेंटरी ऑर्गेनाइजेशन अर्थात् स्वैच्छिक संगठन कहना अधिक उपयुक्त है। संयुक्त राज्य अमेरिका में इन्हें PVOs तथा NGDOs भी कहा जाता है। इण्डोनेशिया में इन्हें पी.एस.आर.डी.जी. कहा जाता है। (इण्डोनेशिया की भाषा में इन्हें एल.पी.एस.एम. कहते हैं)
- नगर या नागरिक या लोक या सभ्य समाज की आधुनिक अवधारणा में सरकार अर्थात् प्रथम क्षेत्र, बाजार अर्थात् द्वितीय क्षेत्र के पश्चात् नागरिक समाज को तृतीय क्षेत्र के रूप में संबोधित किया जा रहा है। इसी नागरिक समाज या तृतीय क्षेत्र की मुख्य विशेषता उत्तरदायी स्वैच्छिक संगठनों की उपस्थिति है। अत: कई बार स्वैच्छिक संगठनों को ही तृतीय क्षेत्र कह दिया जाता है।
- डेविड एल. सिल्स के अनुसार, "स्वैच्छिक संगठन ऐसे सदस्यों का समूह है, जो कुछ सामान्य हितों की प्राप्ति हेतु स्वैच्छिक आधार पर संगठित होते हैं तथा राज्य के नियंत्रण के बिना कार्य करते हैं।"
- स्मिथ एवं फ्रेडमैन के अनुसार, "स्वैच्छिक संगठन औपचारिक रूप से संगठित तथा तुलनात्मक दृष्टि से स्थायी द्वितीय समूह हैं, जो उन अनौपचारिक, अस्थायी एवं प्राथमिक समूहों से भिन्न (जैसे मित्रमंडली) होते हैं, जिन्हें हम प्राय: देखते हैं।"
- संयुक्त राष्ट्र के अनुसार, "स्वैच्छिक संगठन वह है, जो अपने स्वायत्तशासी मंडल के द्वारा संचालित होता है, वित्तीय संसाधन जुटाने हेतु मूलत: निजी स्रोतों पर निर्भर होता है तथा जन स्वास्थ्य या जन कल्याण हेतु वैतनिक या अवैतनिक कार्मिक रखते हुए सामाजिक कार्यक्रम क्रियान्वयन, जनमत निर्माण, अनुसंधान क्रियाएं, विधान निर्माण सहायता तथा सामाजिक विकास में स्वैच्छिक सहयोग प्रदान करता है।"
- लॉर्ड बीवरीज के अनुसार, "स्वैच्छिक संगठन वह है, जिसके कर्मचारी वैतनिक या अवैतनिक होते हैं तथा बिना किसी बाहरी नियंत्रण के स्वयं की पहल से कार्य करते हैं तथा प्रशासित होते हैं।"

  इस प्रकार स्पष्ट है कि स्वैच्छिक संगठन कुछ व्यक्तियों द्वारा निर्मित किए जाते हैं। प्राय: मानव सेवा तथा सामाजिक विकास उनका ध्येय होता है। ऐसे संगठन अपने कार्यकरण तथा प्रशासन में सरकारी या अन्य बाहरी दबावों से मुक्त होते हैं। ये सामाजिक कल्याण संगठन या अभिकरण लोकतंत्र के आधार स्तंभों में से एक है। लोक कल्याण के निमित्त व्यापक दायित्वों की पूर्ति मात्र राज्य के प्रयासों से ही संभव नहीं है बल्कि स्वैच्छिक संगठन इस कार्य में सार्थक निर्वाहित कर सकते हैं।
- भारत के संविधान के अनुच्छेद-19(1) सी के अंतर्गत यह अधिकार नागरिकों को दिया गया है। समुदाय, संगठन या संघ बनाकर हम उन उद्देश्यों की प्राप्ति कर सकते हैं, जिनकी प्राप्ति संगठित प्रयासों से ही संभव है।

स्वैच्छिक संगठनों की विशेषताएं

मूलत: स्वैच्छिक संगठन सरकारी संगठनों की कार्यशैली तथा संरचना से भिन्न होते हैं। अनौपचारिक संबंधों तथा कार्यप्रणाली में स्वायत्तता के कारण इन संगठनों की सामाजिक कल्याण में विशिष्ट आवश्यकता है। नौकरशाही तथा कानून कायदों की पाबंदी से मुक्त ये संगठन अपनी कार्य संस्कृति को आवश्यकतानुसार परिवर्तित कर सकते हैं। इनके निर्माण में सरकारी प्रयासों की अपेक्षा कुछ व्यक्तियों की इच्छा शक्ति ही निर्णायक होती है। सारांशत: इनकी विशेषताओं की परिगणना इस प्रकार की जा सकती है–

विश्व में स्वैच्छिक संगठनों का इतिहास

अंतर्राष्ट्रीय स्वैच्छिक संगठनों का इतिहास 1839 से प्रारंभ होता है। अनुमान है कि 1914 तक विश्वभर में 1,083 स्वैच्छिक संगठन थे जो दासता, महिलाओं के मताधिकार, निरस्त्रीकरण आदि जैसे क्षेत्रों में काम कर रहे थे, परंतु 1945 में संयुक्त राष्ट्र संगठन (यू.एन.ओ.) के अस्तित्व में आने के बाद विश्वभर में स्वैच्छिक संगठनों की संख्या में बाढ़-सी आ गई। स्वैच्छिक संगठनों की संख्या में बढ़ोतरी के बताए गए प्रमुख कारण हैं–आर्थिक मंदी, शीतयुद्ध की समाप्ति, निजीकरण, बढ़ती मांग आदि। 20वीं शती में वैश्वीकरण के प्रादुर्भाव के कारण भी गैर-सरकारी संगठनों की संख्या में तेजी से वृद्धि हुई है।

स्वैच्छिक संगठनों के उद्देश्य

पंचवर्षीय योजनाओं के विभिन्न दस्तावेजों में स्वैच्छिक संगठनों के निम्नलिखित उद्देश्य वर्णित किए गए हैं–

- विभिन्न वर्गों की सामाजिक समस्याओं एवं जरूरतमंद लोगों की आवश्यकताओं का सर्वेक्षण करना तथा स्थानीय सहयोग को चिह्नित करना;
- समस्याग्रस्त लोगों को चेतनायुक्त बनाने में सहायता प्रदान करना ताकि वे आत्मनिर्भर बनें एवं एक-दूसरे के सहयोग के प्रति अभिप्रेरित हो सकें;
- सरकारी कल्याणकारी कार्यक्रमों के अंतर्गत मिलने वाली सुविधाओं के प्रति जरूरतमंद व्यक्तियों को सूचना तथा सहायता उपलब्ध करवाना;
- प्रवर्तित कल्याणकारी कार्यक्रमों की न्यूनताओं तथा जनापेक्षाओं के बारे में सरकारी अभिकरणों को अवगत कराना;
- सामाजिक समस्याओं से उत्साहवर्द्धक तरीके तथा सबल आर्थिक रूप से जूझने के लिए स्थानीय संसाधनों को विकसित करना;
- परिस्थितियों के अनुरूप व्यूहरचना बनाते हुए कार्यक्रमों की सफल क्रियान्विति सुनिश्चित करना और
- प्रतिबद्ध भावना से मानव कल्याण तथा सामाजिक विकास में सहयोग देना।

इन उद्देश्यों की प्राप्ति के लिए किसी भी स्वैच्छिक संगठन का आधार मजबूत होना आवश्यक है। संगठनात्मक प्रयासों के माध्यम से ही मानव कल्याण के लक्ष्य प्राप्त किए जा सकते हैं। जिन संगठनों के पास वित्तीय संसाधनों का अभाव तथा परिश्रमी कार्मिकों की समस्या न हो वे ही समाज कल्याण में अपनी सार्थक भूमिका अदा कर सकने में सक्षम सिद्ध होते हैं। इसके अतिरिक्त स्थानीय जन समुदाय का सहयोग, सरकारी विभागों से समन्वय, कुशल नेतृत्व, कार्यकरण में स्वायत्तता तथा संबंधित कार्य की सामाजिक उपादेयता भी ऐसे कारक हैं, जो किसी स्वैच्छिक संगठन को प्रभावी या निष्प्रभावी बनाने में निर्णायक भूमिका निर्वाहित करते हैं।

- स्वैच्छिक संगठनों का निर्माण स्वेच्छा पर निर्भर करता है। इनके निर्माण के पीछे सरकारी प्रयासों के बजाए किन्हीं व्यक्तियों की स्वप्रेरणा उत्तरदायी होती है। इस प्रेरणा के मूल में कोई भी कारण हो सकता है। इनका एक औपचारिक संगठनात्मक स्वरूप होता है। इन संगठनों का निर्माण प्राय: जन कल्याण के लिए किया जाता है।
- इन्हें किसी कानून या अधिनियम के अंतर्गत पंजीकृत करवाया जाता है। भारत में केंद्रीय स्तर पर सोसायटी पंजीकरण अधिनियम, 1860, भारतीय न्यास अधिनियम, 1882, सहकारी समिति अधिनियम, 1904 तथा भारतीय कंपनी, 1956 (सेक्शन-25 के अंतर्गत चैरिटेबल कंपनी) इत्यादि के अंतर्गत इनका पंजीकरण किया जाता है। राज्य स्तरीय कानूनों जैसे-राजस्थान संस्थाएं पंजीकरण अधिनियम, 1965 तथा राजस्थान सहकारी समितियां अधिनियम 2002 के अंतर्गत भी पंजीयन हो सकता है।
- ये संगठन प्राय: 'न लाभ-न हानि' को आधार मानकर संचालित किए जाते हैं। इनका कार्य संचालन बाहरी नियंत्रण से मुक्त होता है। संगठन के सदस्य ही संगठन की व्यवस्था बनाते हैं। निर्णयन में ऐसे संगठन स्वायतत्ता प्राप्त होते हैं।
- अधिकांश संगठन किसी क्षेत्र या विषय विशेष अथवा समस्या विशेष पर ध्यान केन्द्रित रखते हैं। इनका उद्देश्य तथा लक्ष्य निश्चित होता है।
- इन स्वैच्छिक संगठनों का कार्यक्षेत्र भौगोलिक तथा सामाजिक दृष्टि से एक सीमित दायरे में होता है। बहुत कम संगठनों का कार्यक्षेत्र विस्तृत होता है।
- इन संगठनों में 'शीर्ष प्रशासनिक सत्ता' के रूप में सामान्य निकाय या आमसभा होती है, जिसमें उस संगठन के वरिष्ठ पदाधिकारी, दानदाता या महत्वपूर्ण व्यक्ति रखे जाते हैं, जो संगठन के नीति-निर्माण में निर्णायक भूमिका निभाते हैं।

विश्व बैंक का वर्गीकरण

विश्व बैंक ने स्वैच्छिक संगठनों को दो मुख्य वर्गों में चिह्नित किया है, यथा-क्रियात्मक (ऑपरेशनल) स्वैच्छिक संगठन। प्रथम संगठन का मूल उद्देश्य विकासोन्मुखी परियोजनाओं की रूपरेखा तैयार करना और उन्हें क्रियान्वित करना है। क्रियात्मक स्वैच्छिक संगठनों को राष्ट्रीय संगठन, अंतर्राष्ट्रीय संगठन, समुदाय आधारित संगठन आदि के रूप में वर्गीकृत किया जा सकता है। इसके विपरीत, पैरोकार स्वैच्छिक संगठनों का मूल उद्देश्य अंतर्राष्ट्रीय संगठनों की नीतियों और कार्यपद्धतियों को प्रभावित करना है।

- इन संगठनों द्वारा संचालित कार्यक्रमों को सामाजिक मान्यता तथा सामुदायिक सहयोग प्राप्त होता है। इनकी वित्तीय व्यवस्था सरकार तथा जनता दोनों द्वारा पूरी होती है।

समाज कल्याण तथा विकास में स्वैच्छिक संगठनों की भूमिका

समाज सेवा का कार्य धैर्य, त्याग तथा प्रतिबद्धता की भावना से ही संभव है। परंपरागत नौकरशाही व्यवस्था तथा इसमें कार्यरत कर्मचारियों के भरोसे दीन-हीन, पीड़ित तथा निराश्रित व्यक्तियों की सेवा-सुश्रुषा होना असंभव है। अत: स्वैच्छिक संगठनों के माध्यम से ही बच्चों, महिलाओं तथा अन्य जरूरतमंद व्यक्तियों का कल्याण हो सकता है। सामाजिक विकास और कल्याण के क्षेत्र में स्वैच्छिक संगठनों की महत्वपूर्ण भूमिका को **निम्नलिखित बिंदुओं के माध्यम से स्पष्ट किया जा सकता है–**

जन कल्याण में अगुवा

स्वैच्छिक संगठनों का निर्माण उन व्यक्तियों की स्वेच्छा से होता है जो समाज की सेवा करना अपना धर्म समझते हैं। ये समाजसेवी व्यक्ति उन रोगियों, अनाथ बालकों, विधवा महिलाओं, भिखारियों, श्रमिकों तथा नि:शक्तजनों की सेवा करते हैं, जिनसे प्राय: सभ्य समाज बचकर चलता है। हमारी परंपरागत सामाजिक मान्यताओं तथा मूल्यों के पतन के कारण मानव सेवा का कृत्य सरकारी जिम्मेदारी मान लिया गया है। ऐसी परिस्थिति में जनकल्याण के कार्य स्वैच्छिक संगठनों के माध्यम से ही संभव है।

इसी कारण सरकार अपने अधिकांश सामाजिक कल्याण तथा सामाजिक सुरक्षा कार्यक्रम इन स्वैच्छिक संगठनों के माध्यमों से ही क्रियान्वित करती है। सुदूर ग्रामीण, पहाड़ी, रेगिस्तानी, बर्फीले तथा दुर्गम जंगलों में आदिम जनजातियों के विकास का प्रश्न हो या सभ्य समाज में अनुसूचित जातियों को समानता का

दर्जा दिलाने का मुद्दा, सभी जगह स्वैच्छिक संगठनों की भूमिका सार्थक दिखाई देती है। ये संगठन जनसाधारण की मानसिकता को भली-भांति समझते हुए उसी के अनुरूप अपनी कार्य संस्कृति विकसित कर लेते हैं, जबकि सरकारी संगठनों की जड़ता तथा नियमबद्धता जनकल्याण में बाधक सिद्ध होती है।

सरकारी नीतियों एवं कार्यक्रमों का सफल क्रियान्वयन

लोक कल्याणकारी राज्य होने के नाते हमारी सरकारें राष्ट्र के सर्वांगीण विकास हेतु अनेक योजनाएं तथा कार्यक्रम निर्धारित करती हैं। ये कार्यक्रम मुख्यतः जीवन-स्तर को सुधारने, सामाजिक न्याय तथा समानता सुनिश्चित करने तथा सामाजिक-आर्थिक नियोजन के लक्ष्यों को प्राप्त करने हेतु तैयार किए जाते हैं। सरकार की इन नीतियों तथा कार्यक्रमों को जन-जन तक पहुंचाने में स्वैच्छिक संगठनों की भूमिका निर्विवाद रूप से महत्वपूर्ण है। प्रथम पंचवर्षीय योजना से लेकर वर्तमान योजना तक यह तथ्य योजना आयोग द्वारा बार-बार रेखांकित किया गया है कि सरकारी कार्यक्रमों में जनसहभागिता बढ़ाने तथा इन कार्यक्रमों की क्रियान्विति सफलतापूर्वक कराने में स्वैच्छिक संगठन सशक्त माध्यम सिद्ध होते हैं। सामाजिक न्याय एवं अधिकारिता मंत्रालय के सभी कार्यक्रमों तथा नीतियों को स्वैच्छिक संगठन ही व्यावहारिक स्वरूप प्रदान कर रहे हैं। अनुसूचित जाति तथा जनजाति विकास, निःशक्तजन कल्याण, अल्पसंख्यकों की सुरक्षा, महिला एवं बाल विकास, अपराधी परिवीक्षा तथा सुधार, बाल श्रमिक उद्धार, अस्पृश्यता निवारण, निराश्रितों को सहारा तथा भिक्षावृत्ति उन्मूलन में अनेक राष्ट्रीय तथा स्थानीय स्वैच्छिक संगठन प्रशंसनीय कार्य कर रहे हैं।

सरकारी संस्थाओं की स्थिति किंचित शोचनीय रहती है। फरवरी, 2001 में प्रयास संस्था की एक कार्यशाला में दिल्ली उच्च न्यायालय की न्यायाधीश उषा मेहरा ने टिप्पणी की थी कि सरकार द्वारा चलाए जा रहे नारी निकेतन वेश्यालयों के समान हैं। इसीलिए न्यायालयों ने पीड़ित महिलाओं को स्वैच्छिक संगठनों के नारी निकेतनों में भेजना शुरू किया है।

सामाजिक परिवर्तन में सहायक

सामाजिक संरचना तथा व्यवस्था में निरंतर परिवर्तन आते रहते हैं। इन परिवर्तनों के साथ-साथ सामाजिक मूल्य, प्रतिमान, जीवन शैली तथा आचरण भी प्रभावित होता है। इस सामाजिक परिवर्तन को एक सुनिश्चित गति तथा सकारात्मक दिशा देने में स्वैच्छिक संगठन निर्णायक भूमिका अदा करते हैं। समाज के निम्नतम स्तर पर कार्य करने से इन संगठनों के पास व्यावहारिक अनुभव होता है। इस अनुभव का सरकारी नीतियों के साथ सामंजस्य बैठाते हुए सामाजिक परिवर्तनों को भली-भांति नियंत्रित करने की विधियां तैयार की जा सकती हैं। इसी प्रकार सामाजिक परिवर्तन प्रक्रिया को शुरू करने में भी ये संगठन प्रभावी कार्य करते हैं। जब इन संगठनों के सामाजिक कार्यकर्ता स्वयं दीन-हीन की सेवा तथा रोगी की देखभाल करते हैं, तो अन्य व्यक्तियों को भी प्रेरणा प्राप्त होती है। ईश्वरचंद्र विद्यासागर ने अपने पुत्र का विवाह जब एक विधवा से किया तो बंगाल में परंपरागत बंधन ढीले पड़ने शुरू हो गए थे। इसी प्रकार महात्मा गांधी ने हरिजनों की सेवा को ईश्वर सेवा के समान मानकर समाज को अस्पृश्यता की भावना त्यागने को प्रेरित किया। ईसाई मिशनरियों के द्वारा की जाने वाली कुष्ठ रोगी सेवा तथा दलित कल्याण भावना से सामाजिक परिवर्तन को वांछित दिशा मिल सकी है।

उत्तरदायित्व-भावना का विकास

समाज ही वह सर्वसुलभ पाठशाला है, जहां प्रत्येक व्यक्ति का जीवन एक सार्थक अस्तित्व प्राप्त करता है। समाज में हमें प्रेम, सहयोग तथा सुरक्षा प्राप्त होती है। प्रत्येक व्यक्ति के समाज के प्रति कतिपय उत्तरदायित्व होते हैं, जिनका पालन करना सामाजिक व्यवस्था को बनाए रखने में सहायक होता है। विज्ञान तथा आधुनिक प्रौद्योगिकी के विकास से पूर्व सामाजिक संरचनाएं जटिल नहीं थीं। वर्तमान में जटिल से जटिलतम होती सामाजिक संरचना में व्यक्ति अपने सामाजिक उत्तरदायित्वों के प्रति लापरवाह दिखाई देता है। वृद्ध मां-बाप की सेवा, अपाहिज रिश्तेदार की सहायता तथा पिछड़ी जाति को समानता का अधिकार देने में जब एक सामान्य व्यक्ति गैर-जिम्मेदाराना व्यवहार करता है, तो ये स्वैच्छिक संगठन आगे आते हैं। इन संगठनों के कार्यों से प्रभावित होकर बहुत-से व्यक्ति अपने उत्तरदायित्वों के प्रति सजग तथा संवेदनशील हो जाते हैं। स्वैच्छिक संगठनों में कार्य करने वाले अधिकांश सामाजिक कार्यकर्ता मृदु, शालीन तथा संयमशील होते हैं। वे किसी सरकारी कर्मचारी की तरह झल्लाते नहीं है। इन कार्यकर्ताओं के शालीन व्यवहार तथा प्रेरणाप्रद बातों से समाज प्रभावित होता है। अधिकांश स्वैच्छिक संगठनों के कार्यकर्ता बिना किसी स्वार्थ के केवल समाज सेवा तथा विकास हेतु समर्पित भाव से कार्य करते हैं। उनकी परोपकार भावना देखकर अन्य लोग भी अपना उत्तरदायित्व समझने लगते हैं।

सामाजिक कानूनों के क्रियान्वयन में सहायक

सामाजिक कुरीतियों को समाप्त करने तथा सामाजिक नियंत्रण स्थापित करने के लिए राज्य द्वारा अनेक प्रकार के विधान बनाए जाते हैं। इन विधानों की सफल क्रियान्विति के लिए जनजागृति तथा जनसहयोग प्राथमिक आवश्यकता है। संचार के विभिन्न औपचारिक तथा अनौपचारिक माध्यमों से स्वैच्छिक संगठन इस कार्य को संपादित करवाते हैं। अगर यह कहा जाए कि स्वैच्छिक संगठनों का एकमात्र सहारा कानून की बैसाखी ही है, तो कोई अतिश्योक्ति नहीं होगी। दरअसल ये संगठन सामाजिक कानूनों का जन-जन तक पहुंचाने, उनके प्रति जनता में विश्वास पैदा करने और रूढ़ियों में परिवर्तन लाने पर ही अपना ध्यान केंद्रित रखते हैं।

इसी तरह किसी सामाजिक समस्या के प्रकार तथा गंभीरता को आंक कर ये संगठन उसके प्रति जनमत तैयार करते हैं तथा सरकार को नया विधान बनाने को बाध्य करने में अग्रणी रहते हैं। भारत में सूचना का अधिकार इसका सशक्त प्रमाण है। प्रवर्तित कानूनों में संशोधन तथा उन्हें व्यावहारिक बनाने के सुझाव देने में भी स्वैच्छिक संगठनों की अहम भूमिका रहती है।

सामाजिक नियोजन तथा नीति-निर्माण में सहायक

सामाजिक-आर्थिक पर्यावरण को समझने तथा सामाजिक आवश्यकताओं का पता लगाने में सरकार द्वारा साधन-संपन्न स्वैच्छिक संगठनों का सहारा लिया जाता है। सामाजिक सर्वेक्षणों के अतिरिक्त ये संगठन सरकारी कार्यक्रमों के मूल्यांकन तथा अन्य सामाजिक अनुसंधान कार्य भी करवाते हैं। इन सर्वेक्षणों तथा अनुसंधानों से प्राप्त निष्कर्षों पर सामाजिक नियोजन तथा सामाजिक नीति निर्भर करती है।

विभिन्न सरकारी कार्यक्रमों की उपादेयता तथा उनकी न्यूनताओं की जानकारी भी सर्वप्रथम क्षेत्रीय स्तर पर कार्य करने वाले स्वैच्छिक संगठन को ही होती है। बहुधा सरकारी कार्यक्रमों के क्रियान्वयन की रणनीति व्यावहारिक न होने से वास्तविक व्यक्ति तक लाभ पहुंचने की बजाए अन्य शक्तिशाली लोग उसका फायदा उठाते रहते हैं।

इस प्रकार की व्यावहारिक बाधाओं तथा वास्तविकताओं की जानकारी सरकार को स्वैच्छिक संगठनों तथा प्रेस के द्वारा ही प्राप्त होती है। सरकारी विभागों तथा उससे संबंधित अधिकारियों द्वारा की जाने वाली अनियमितताओं पर अंकुश लगवाने में भी स्वैच्छिक संगठन महत्वपूर्ण भूमिका का निर्वाह कर सकते हैं। इसीलिए स्वैच्छिक संगठनों को लोकतंत्र का पांचवां स्तंभ भी कहा जाता है।

सामुदायिक सहभागिता में वृद्धि

लोकतांत्रिक शासन व्यवस्थाओं में विकास कार्यक्रमों के निर्माण तथा उनके क्रियान्वयन में जनसहभागिता का विशिष्ट योगदान रहता है। दुर्भाग्य से स्वतंत्रता के पश्चात्

सरकारी योजनाओं एवं कार्यक्रमों में जनसहभागिता की दर निराशाजनक रही है। परिवार नियोजन, गरीबी निवारण तथा सामाजिक समस्याओं से मुक्ति पाने के लिए बने अधिसंख्य कार्यक्रमों में जनता का सहयोग प्रायः नगण्य रहा है। बाल विवाह, दहेज प्रथा, बाल मजदूरी एवं बढ़ती जनसंख्या जैसी समस्याओं का निवारण सामुदायिक (जन) सहभागिता के बिना असंभव है। स्वैच्छिक संगठन चूंकि जनता के दुःख-दर्दों में भागीदार रहते हैं तथा उन्हें सामुदायिक सहयोग प्राप्त भी होता है, अतः वे इस प्रवृत्ति में वृद्धि करवा सकते हैं। इसी तरह जनता की समस्याओं, आवश्यकताओं तथा भावनाओं को स्वैच्छिक संगठन भली-भांति समझते हैं। यदि इन्हीं समस्याओं, आवश्यकताओं तथा भावनाओं को आधार बना कर सरकारी कार्यक्रम निर्मित हो, तो निःसंदेह सफलता की दर ऊंची ही होगी। जब सरकारी कार्यक्रमों के लक्ष्य प्राप्ति का प्रश्न हो, तो सरकारी कर्मचारी आम जनता को कानून के डंडे से हांकते हैं, जबकि स्वैच्छिक संगठन प्रेम तथा सहानुभूतिपूर्वक समझाते हैं। यही कारण है कि सामाजिक कल्याण के अधिकांश कृत्य स्वैच्छिक संगठनों के सुपुर्द किए गए हैं।

जनजागृति तथा जनमत निर्माण

किसी समस्या विशेष पर जनता में जागृति पैदा करने तथा उसके पक्ष या विपक्ष में जनमत का निर्माण करने में राजनेता, प्रेस तथा स्वैच्छिक समाजसेवी संगठनों का महत्वपूर्ण योगदान रहता है। इन संगठनों के माध्यम से शिक्षा प्रसार तथा स्वास्थ्य सेवाओं में सुधार का कार्य भी होता है। बाल श्रम, बाल विवाह, दहेज प्रथा तथा महिलाओं के प्रति अत्याचारों को रोकने के क्रम में इन संगठनों की भूमिका अत्यंत महत्वपूर्ण रहती है। सदियों से दलित तथा निर्योग्य समझी जाने वाली जातियां इन संगठनों के प्रयासों तथा सरकारी कार्यक्रमों से अन्य जातियों के समकक्ष आने लगी हैं। सामाजिक न्याय के प्रसार की ये उपलब्धियां स्वैच्छिक संगठनों के माध्यम से ही संभव हो पा रही हैं।

स्वैच्छिक संगठन सरकार के सलाहकार की भूमिका में

कुछ ऐसे स्वैच्छिक संगठन हैं, जो पैरोकारी और लोगों तक पहुंच बनाने में सक्रिय भूमिका निभाते हैं। वे देश को प्रभावित करने वाले महत्वपूर्ण शोध करते हैं। इन मुद्दों का सरकारी नीतियों से सीधा संबंध होता है। अनेक बार ये संगठन केंद्र और राज्य सरकार की विकास परियोजनाओं की समीक्षा करते हैं। इन समीक्षाओं से कार्यान्वयन में संशोधन करने और परियोजनाओं के लक्ष्यों को पुनः परिभाषित करने में सहायता मिलती है। स्वैच्छिक संगठनों को स्थानीय जनता तक पहुंच का लाभ मिलता है और दूसरी ओर उन्हें तकनीकी ज्ञान भी होता है। ये स्वैच्छिक संगठन योजना आयोग को पंचवर्षीय योजनाएं बनाने में भी मदद देते हैं। 11वीं योजना की समीक्षा स्वैच्छिक संगठनों के एक समूह ने की थी। इससे पहले उन्होंने राज्य और विषय के स्तर पर सलाह-मशविरे का काम संभाला था। अब योजना आयोग ने विभिन्न उपसमूह गठित किए हैं, जिनके जरिए सरकार अपने नीति-निर्धारण की महत्वपूर्ण भूमिका पर विचार करती है। पिछले दो वर्षों से चुनिंदा स्वैच्छिक संगठनों को वित्त मंत्रालय भी बजट से पहले हर साल सलाह-मशविरे के लिए बुलाता है। अनेक मंत्रालयों ने संबद्ध क्षेत्र से सूचनाएं प्राप्त करने के लिए सलाहकार समितियां गठित कर रखी हैं।

स्वैच्छिक क्षेत्र नीति-निर्धारकों को अपने तंत्र के जरिए महत्वपूर्ण सूचनाएं देने के काम में भी लगा हुआ है। ये संगठन जलवायु परिवर्तन, कृषि, उद्योग, वित्तीय सुधार आदि विषयों पर स्थिति रिपोर्टें तैयार करते हैं, उन्हें नियमित रूप से प्रकाशित करते हैं और सरकार को प्रस्तुत करते हैं। ये संगठन सांसदों और विधायकों को भी सूचनाएं देते हैं। अनेक बार ऐसा होता है कि इस प्रकार से प्राप्त सूचनाएं सरकार ने तो स्वीकार करती है और न ही उन्हें आमंत्रित करती हैं। ऐसी स्थिति में ये संगठन मीडिया के जरिए अपने पैरोकारी अभियान चलाते हैं और ऐसा करने में वे लोकप्रिय प्रकाशनों का भी इस्तेमाल करते हैं, जिनके जरिए सार्वजनिक चेतना बढ़ती है और समर्थन प्राप्त होता है।

भारत में स्वैच्छिक संगठन

भारत में दान और सेवा की धारणा पर आधारित नगर समाज (सिविल सोसाइटी) का लंबा इतिहास रहा है। मध्यकालीन युग में ही सांस्कृतिक संवर्द्धन, शिक्षा, स्वास्थ्य और प्राकृतिक आपदाओं के दौरान राहत पहुंचाने वाले अनेक स्वयं सेवी संगठन सक्रिय थे। 19वीं शती के उत्तरार्द्ध में राष्ट्रीय चेतना का विस्तार भारत के कोने-कोने में जा पहुंचा और सामाजिक-राजनीतिक आंदोलनों में स्वयं सेवा के माध्यम से अपने को स्थापित करने का रास्ता अपनाया। इस प्रकार के प्रयासों के कुछ प्रमुख प्रारंभिक उदाहरण हैं–फ्रेंड इन नीड सोसाइटी (1858), प्रार्थना समाज (1864), सत्यशोधक समाज (1873), आर्य समाज (1875), नेशनल काउंसिल फॉर वीमेन इन इंडिया (1875), दि इंडियन नेशनल कांफ्रेंस (1887) आदि। स्वैच्छिक संगठनों की बढ़ती संख्या को देखते हुए उन्हें वैधानिक स्थिति प्रदान करने के लिए 1860 में समिति पंजीकरण विधेयक को अनुमोदित किया गया।

यद्यपि, भारत में एनजीओ की शब्दावली को 1980 के दशक में ही लोकप्रियता मिल सकी, परंतु स्वतंत्रता के समय पर भी स्वैच्छिक क्षेत्र की परंपरा पहले से ही कायम थी। 1980 के दशक में, स्वैच्छिक संगठनों के स्वरूप में काफी विशिष्टता आने लगी और स्वैच्छिक सेवा का आंदोलन तीन प्रमुख समूहों में विभाजित हो गया।

पहले समूह में वे पारंपरिक विकासमूलक स्वैच्छिक संगठन आते हैं, जो किसी एक गांव या गांवों के समूहों में जाकर साक्षरता कार्यक्रम चलाते हैं, किसानों को फसलों के प्रयोग हेतु प्रोत्साहित करते हैं, पशुधन की उन प्रजातियों को पालने के लिए ग्रामीणों को तैयार करते हैं जो अधिक लाभ दे सकते हैं, बुनकरों और अन्य ग्रामीण शिल्पकारों को अपना उत्पाद बाजार में बेचने के लिए ले जाने को प्रेरित करने जैसे अन्य कार्य करते हैं। वास्तव में यदि देखा जाए तो ये संगठन अपने चुनिंदा क्षेत्रों में उसी समुदाय का हिस्सा बन जाते हैं। मध्य भारत में बाबा आम्टे द्वारा कुष्ठ रोगियों के लिए शुरू किया गया संगठन इस प्रकार के स्वैच्छिक संगठनों का उत्तम उदाहरण है।

स्वैच्छिक संगठनों का दूसरा समूह उन संगठनों को कहा जा सकता है, जिन्होंने किसी विषय विशेष में गहन अनुसंधान किया और फिर सरकार पर प्रभाव डालकर अथवा न्यायालयों में याचिका दायर कर लोगों के जीवन में सुधार लाने का काम किया। सेंटर फॉर साइंस एंड एनवायरमेंट इस प्रकार के स्वैच्छिक संगठनों का उत्तम उदाहरण है।

तीसरा समूह उन स्वयंसेवकों का है, जो अपने-आप को अन्य स्वैच्छिक संगठनों की अपेक्षा सामाजिक कार्यकर्ता के रूप में देखते हैं। स्पष्ट है कि इस वर्ग के स्वैच्छिक संगठन कुछ सीमा तक आंदोलन जैसी गतिविधियों में सक्रिय रहते हैं। नर्मदा आंदोलन इस प्रकार के संगठनों का सर्वोत्तम उदाहरण है।

विभिन्न क्षेत्रों में स्वैच्छिक संगठनों का गठन इसलिए किया जाता है कि वे लोगों के सामाजिक-सांस्कृतिक और आर्थिक जीवन पर प्रभाव डाल सकें। पर्यावरण, स्वास्थ्य सेवा, भ्रष्टाचार-विरोध, बाल-श्रम उन्मूलन, शिक्षा, महिलाओं और बच्चों के मानवाधिकारों का संरक्षण, उपभोक्ता संरक्षण आदि क्षेत्रों में अनेक स्वैच्छिक संगठन सक्रिय हैं।

वर्ष 1991 में गठित वेंकट रमैया फाउंडेशन वर्तमान में महाराष्ट्र, मध्य प्रदेश और बिहार जैसे राज्यों में सक्रिय है और यह भारत से बाल-श्रम उन्मूलन के लिए प्रख्यात है। पर्यावरण शिक्षा और संरक्षण में योगदान कर रहे प्रमुख स्वैच्छिक संगठनों में सेंटर फॉर साइंस एंड एनवायरनमेंट (सी.एस.ई.), गांधी शांति प्रतिष्ठान, बांबे नेचुरल हिस्ट्री सोसाइटी, असम (असोम) साइंस सोसाइटी आदि शामिल हैं। यहां यह उल्लेख करना समीचीन होगा कि जहां तक पर्यावरण नीति को प्रभावित करने में स्वैच्छिक संगठनों के योगदान का प्रश्न है, उनमें 'नर्मदा बचाओ आंदोलन' का स्थान काफी ऊपर है।

'इंडिया अगेन्स्ट करप्शन' और 'आवाज' जैसे स्वैच्छिक संगठन भ्रष्टाचार के विरुद्ध संघर्ष में सक्रिय हैं। वर्तमान में भारत में इनकी बहुत जरूरत है। मद्रास (चेन्नई) स्थित भ्रष्टाचार विरोधी स्वैच्छिक संगठन 'फिफ्थ पिलर इंडिया' ऐसा ही एक और संगठन है, जिसने देश में भ्रष्टाचार के विरुद्ध संदेश के प्रसार के लिए शून्य रुपए के नोट की शुरुआत की है। सेंटर फॉर सोशल रिसर्च सन् 1983 से यहां महिलाओं और बालिकाओं के कल्याण के लिए काम कर रही है। ऑल इंडिया ह्यूमन राइट्स एसोसिएशन लोगों को अपने अधिकारों और विशेषाधिकारों के बारे में शिक्षित करने के लिए काम कर रहा है। इसी प्रकार, उपभोक्ताओं के हितों और अधिकारों के संरक्षण के क्षेत्र में काम करने वाले संगठनों में कंज्यूमर एजुकेशन एंड रिसर्च सेंटर प्रमुख है। यह संगठन मुख्यत: मीडिया, उपभोक्ता अनुसंधान और अनुरक्षण (निगरानी) के जरिए विभिन्न परियोजनाओं पर काम करता है।

संक्षेप में, स्वैच्छिक संगठन पर्यावरण, स्वास्थ्य, शिक्षा, शांति, मानवाधिकारों, उपभोक्ता अधिकारों, महिलाओं के अधिकारों, यहां तक कि सामाजिक परिवर्तन के छोटे-से-छोटे क्षेत्र में भी सक्रिय हैं। देश के अनेक स्वैच्छिक संगठनों ने 1980 से सामाजिक कार्रवाई का एक वैकल्पिक दृष्टिकोण अपनाया है। ये संगठन गरीबी के मुद्दे का राजनीतिकरण कर सरकार द्वारा स्थापित अनेक सामाजिक कार्यक्रमों को चुनौती देने का काम कर रहे हैं और इस प्रकार उनके विरुद्ध संघर्ष कर रहे हैं। ये स्वैच्छिक संगठन बाढ़, सूखा, भूकंप और महामारी जैसी प्राकृतिक आपदाओं के बाद राहत और पुनर्वास के कार्य में अग्रणी भूमिका निभाते रहे हैं। इस संदर्भ में सरकार भी उनकी भूमिका को महत्वपूर्ण मानती है।

स्वैच्छिक संगठन भारत में अनेक प्रकार की गतिविधियां चलाते हैं, जिससे लोगों को लाभ होता है, क्योंकि मूल रूप से वे बिना किसी व्यावसायिक हित अथवा लाभ के काम करते हैं। इन संगठनों का उद्देश्य निर्धनता अथवा किसी प्राकृतिक आपदा के कारण कष्ट सह रहे लोगों की सेवा करना है। हालांकि स्वैच्छिक संगठनों पर प्राय: सार्वजनिक धन के दुरुपयोग का आरोप लगता रहा है, परंतु वे इनका प्रतिकार सामाजिक समस्याओं का योजनाबद्ध ढंग से अध्ययन कर उनका समाधान ढूंढने की कोशिश करते रहे हैं। चूंकि भारत में स्वैच्छिक संगठन इकट्ठा की गई राशि से ही काम करते हैं, अत: वे बहुत सोच-समझकर अपनी योजना तैयार करते हैं ताकि उनका कार्य किफायत में हो जाए।

स्वैच्छिक संगठनों के लाभ

भारत एक विशाल देश है और इसकी जनसंख्या भी काफी अधिक है। ऐसे में सरकार के लिए सभी गतिविधियों की देखभाल करना व्यावहारिक रूप से संभव नहीं है। अत: देश को सभी शेष गतिविधियों की देखभाल के लिए स्वैच्छिक संगठनों की सहायता की आवश्यकता है।

लोगों के जीवन स्तर में सुधार की आवश्यकता को देखते हुए भारतीय स्वैच्छिक संगठन विभिन्न परियोजनाओं पर काम कर रहे हैं। इससे लोगों की जीवनशैली को सुधारने में निश्चित ही मदद मिलेगी। स्थानीय स्वैच्छिक संगठन क्षेत्र के विकास में बेहतर मदद कर सकते हैं, क्योंकि वे स्थानीय आवश्यकताओं के अनुरूप अपनी कार्यप्रणाली में लचीलापन ला सकते हैं और इस प्रकार विकास की एकीकृत परियोजनाएं अपना सकते हैं। लोगों के साथ सीधा संपर्क होने के कारण वे स्थानीय गरीबों, विशेषकर ग्रामीण क्षेत्रों में, अच्छी मदद कर सकते हैं। वे बिना किसी झंझट के विशेषज्ञों और अनुप्रेरित कर्मचारियों को सरकार की अपेक्षा आसानी से काम पर रख सकते हैं। सामाजिक गतिविधियों में स्वैच्छिक संगठनों के सक्रिय हस्तक्षेप से नेतृत्व का गुण भी विकसित होता है। स्वैच्छिक संगठन शिक्षा और इसी प्रकार की अन्य गतिविधियां चलाते हैं। इस देश में स्वैच्छिक संगठन वास्तव में आशा की एक किरण के रूप में उभरे हैं। भारत में स्वैच्छिक संगठनों का नीति-वाक्य- 'गरीब बच्चों को नि:शुल्क शिक्षा देना और गरीबी रेखा से नीचे रहने वाले लोगों के जीवन-स्तर में सुधार लाना है', यह सरकार के लिए बड़ी राहत की बात है।

इसके अतिरिक्त ऐसे सैकड़ों कल्याणकारी कार्यक्रम हैं, जो लोगों की भलाई के लिए चलाए जा रहे हैं। भारत जैसे देश में स्वैच्छिक संगठनों की भूमिका की उपेक्षा नहीं की जा सकती।

अंत में कहा जा सकता है कि भारत में तेजी से बढ़ रहा स्वैच्छिक संगठन का क्षेत्र सक्रिय है। वे पर्यावरण, स्वास्थ्य, भ्रष्टाचार-विरोध, बाल-श्रम उन्मूलन, शिक्षा, महिलाओं और बच्चों के अधिकारों का संरक्षण, उपभोक्ता संरक्षण, राहत, आपदा-प्रबंधन और अन्य अनेक क्षेत्रों में कार्य कर रहे हैं। यद्यपि स्वैच्छिक संगठनों की गतिविधियों से करोड़ों भारतवासियों को लाभ हो रहा है तथापि बिना किसी लाभ के उद्देश्य से काम करने वाले संगठनों के प्रति लोगों में पर्याप्त चेतना नहीं है। सरकार और स्वैच्छिक संगठन के बीच स्वस्थ संबंध, समय की आवश्यकता है। यह भी बहुत महत्वपूर्ण है कि भारत में सामाजिक सरोकारों और आवश्यकताओं के प्रति स्वैच्छिक संगठनों के सकारात्मक दृष्टिकोण को देखते हुए उनको उचित मान्यता मिलनी चाहिए और उन पर व्यापक शोध होना चाहिए।

स्वयं सेवी समूह

गैर-सरकारी संगठनों की भांति ग्रामीण स्तर पर कार्यरत स्वयंसेवी समूह की भागीदारी पिछले कुछ वर्षों में काफी बढ़ी है। वर्तमान में ग्राम स्तर पर आर्थिक उन्नयन हेतु ये समूह काफी काम कर रहे हैं। स्वयं सेवी समूहों का गठन गांव के जागरूक पुरुषों और महिलाओं द्वारा अपनी समस्याओं के निराकरण हेतु किया जाता है। केंद्र सरकार तथा राज्य सरकार इन समूहों के गठन में न केवल सहयोग देते हैं बल्कि प्रशासनिक स्तर पर आवश्यक वातावरण भी बनाते हैं। राष्ट्रीय कृषि एवं ग्रामीण विकास बैंक द्वारा इन समूहों को रोजगारपरक कार्य करने के लिए बैंकों के माध्यम से ऋण उपलब्ध कराया जाता है। इस ऋण के साथ अनुदान भी दिया जाता है।

स्वयं सेवी समूह की अवधारणा की शुरुआत बांग्लादेश से हुई थी। बांग्लादेश के ग्रामीण अंचल में इन समूहों के कारण काफी लाभ देखने को मिला है। इसी से प्रेरित होकर भारत सरकार ने देश में इस व्यवस्था को प्रोत्साहित करने का निर्णय लिया था। इसके अंतर्गत समान सामाजिक समस्या से जुड़े लोग अपनी समस्याओं से निपटने के लिए समूह का गठन करते हैं। भारत भर में वर्तमान में लगभग 20,000 समूह हैं। इनमें सभी तो नहीं किंतु लगभग 50% समूह सफलतापूर्वक चल रहे हैं। प्राय: महिलाओं के समूह अच्छा काम कर रहे हैं। ये समूह अनाज, दाल प्रशोधन, दुग्ध व्यवसाय, मछली पालन, कुक्कुट पालन, मत्स्य पालन तथा मसाला उद्योग आदि के क्षेत्र में काम करके अपने सदस्यों के आर्थिक स्तर के उन्नयन में महत्वपूर्ण भूमिका निभा रहे हैं।

स्वैच्छिक संगठन: कुछ नकारात्मक पहलू

सरकार तथा आम जनता के मध्य सेतु का काम करने वाले गैर-सरकारी संगठनों की बढ़ती हुई भूमिका स्वागत योग्य है किंतु पिछले कुछ वर्षों से इसके नकारात्मक पहलू भी सामने आने शुरू हुए हैं। जब से इन संगठनों को सरकार द्वारा धनराशि उपलब्ध कराई जाने लगी है तब से गलत आंकड़े प्रस्तुत करने तथा गलत रिपोर्ट प्रेषित करने के मामले उजागर होने लगे हैं। सरकारी सहायता प्राप्त करने के लोभ में कागजों में गैर-सरकारी संगठनों के बनने के मामले बहुतायत में दिखाई देते हैं। हालांकि इस प्रवृत्ति पर रोक लगाने हेतु सरकार द्वारा अनुदानित गैर-सरकारी संगठनों के नियमित निरीक्षण का नियम है तथापि सरकारी स्तर पर ही सांठ-गांठ द्वारा यह कार्य तेजी से हो रहा है। इसके अतिरिक्त प्रशासन तथा गैर-सरकारी संगठनों के बीच आपसी ताल-मेल में कमी के कारण प्राय: विकास कार्यों में अवरोध उत्पन्न होता है। प्रशासन जहां गैर-सरकारी संगठनों को संदेह की दृष्टि से देखता है, वहीं गैर-सरकारी संगठन प्रशासन पर भेदभाव की नीति अपनाने का आरोप लगाते हैं।

स्वैच्छिक संगठनों के बारे में राष्ट्रीय नीति

सरकार और स्वैच्छिक संगठन के बीच हमेशा मिले-जुले संबंध रहे हैं। कभी-कभी सेवाओं और परियोजनाओं का उद्देश्य पूरा करने में स्वैच्छिक संगठन सरकार के

विस्तारित हाथ का काम करते हैं तो कभी-कभी उनके आलोचक बन जाते हैं। इस तरह से सरकार और स्वैच्छिक संगठनों के बीच जटिल वास्तविकताओं को ध्यान में रखते हुए स्वैच्छिक क्षेत्र के लिए राष्ट्रीय नीति आशा की किरण बनकर आई। वर्ष 2007 में यह नीति प्रकाशित की गई और इसमें योजना आयोग के नेतृत्व का बहुत बड़ा हाथ था।

वास्तविकता यह थी कि यह नीति राष्ट्र निर्माण के दोनों चालकों के बीच संबंधों को फिर से परिभाषित करने का एक प्रयास था। इस नीति के जरिए दीर्घ अवधि का सतत और संस्थागत सहयोग सरकार और स्वैच्छिक क्षेत्र के बीच विकसित करने की बात कही गई। ऐसी राष्ट्रीय नीति विकसित करने की बात कही गई, जो सरकार और स्वैच्छिक संगठनों के बीच संबंध ही परिभाषित नहीं करती, बल्कि स्वैच्छिक क्षेत्र को सुदृढ़ बनाने के उपाय भी करती है। क्षमता निर्माण, प्रक्रियाओं और दिशा-निर्देशों को चुस्त-दुरुस्त बनाने तथा सरकार और स्वैच्छिक क्षेत्र के बीच की मिली-जुली ऊर्जा का सदुपयोग करने के तरीके इस नीति में स्पष्ट किए गए हैं। भले ही इन प्रयासों की उत्पत्ति 1988 में देखी जाए, लेकिन योजना आयोग ने 1994 में इस दिशा में पहला ठोस कदम तब उठाया, जब उसी वर्ष 7–8 मार्च को एक राष्ट्रीय सम्मेलन आयोजित किया गया। सम्मेलन में दो दिन चले विचार-विमर्श के दौरान योजना आयोग ने स्वैच्छिक क्षेत्र और सरकार के बीच सकारात्मक सहयोग बनाने के उद्देश्य से एक कार्ययोजना स्वीकार की। ध्यान देने की बात है कि 10वीं पंचवर्षीय योजना बनाते समय योजना आयोग ने स्वैच्छिक संगठनों का सहयोग प्राप्त करने के लिए एक संचालन समिति गठित की।

17 मई, 2007 को भारत सरकार ने राष्ट्रीय नीति का अनुमोदन किया। राष्ट्रीय नीति घोषित की गई तो स्वैच्छिक क्षेत्र ने इसका खुले दिल से स्वागत किया, जिससे सरकार ने एक सक्षम, सशक्तिकृत, स्वतंत्र, सकारात्मक और प्रभावशाली स्वैच्छिक क्षेत्र विकसित करने पर गंभीर रवैया अपनाया। सरकार ने स्वैच्छिक संगठनों को अपना भागीदार मानना शुरू किया, उप-ठेकेदार नहीं। मोटे तौर पर इस नीति में चार प्रमुख उद्देश्य रखे गए–

- स्वैच्छिक क्षेत्र के लिए सक्षम वातावरण का निर्माण करना, जो उन्हें प्रभावशीलता, सुरक्षा और स्वायतत्ता प्रदान करे।
- स्वैच्छिक क्षेत्र को देश-विदेश से जरूरी वित्तीय संसाधन जुटाने के लिए सक्षम बनाना।
- ऐसे संचालन तंत्र को चिह्नित करना, जिसके जरिए सरकार स्वैच्छिक संगठनों के साथ परस्पर विश्वास और सम्मान के आधार पर उत्तरदायित्व साझा कर सके।
- स्वैच्छिक संगठनों को ऐसा पारदर्शी तंत्र अपनाने के लिए प्रोत्साहित करना, जो सुशासन और प्रबंधन के लिए जवाबदेह हो सके।

हालांकि उपलब्धियों अथवा नीति की विफलताओं का कोई नियमित विश्लेषण नहीं किया गया, लेकिन मोटे संकेत आशाजनक नहीं हैं। इनके कुछ क्षेत्र निम्नलिखित हैं–

- राष्ट्रीय नीति में उन सरकारी प्रयासों का वादा किया गया था, जो स्वयंसेवी संगठनों के लिए सकारात्मक वातावरण के सृजन में सहायक हों। इनमें नियमों का सरलीकरण, क्षमता निर्माण और निधियां जुटाने का वातावरण तैयार करने में सहायता शामिल है, लेकिन 2010 में ज्यादा कठोर विदेशी अभिदान (विनियमन) कानून बनाया गया, जिसमें हर पांच वर्ष बाद स्वैच्छिक संगठनों को फिर से पंजीकरण कराने को ही नहीं कहा गया, बल्कि सरकार की इन संगठनों के प्रति जवाबदेही भी खत्म कर दी गई। एक तरफ तो मान्य अनुमोदन वापस ले लिया गया और दूसरी ओर मंत्रालय की अब देर करने अथवा मनमाने तरीके से नामंजूर करने के प्रति कोई जवाबदेही नहीं है। फिलहाल जब तक मंत्रालय का अनुमोदन न हो, स्वयंसेवी संगठन लोगों को उनके लोकतांत्रिक अधिकारों के लिए एकजुट नहीं कर सकते।
- इसी प्रकार से प्रत्यक्ष कर संहिता में स्वैच्छिक संगठनों पर कर लगाने की बात कही गई है। उचित आधार पर हिसाब-किताब रखने की सुविधा और बचत करने के प्रावधान हटा दिए गए हैं। दातव्य गतिविधियों की परिभाषा अब भी वैसी ही भ्रम फैलाने वाली है, जैसी पहले थी। अगर एकतरफा तौर पर व्यापार जैसी गतिविधियों को परिभाषित कर दिया जाए तो संबद्ध अधिकारी करमुक्ति से वंचित कर सकता है। स्वैच्छिक संगठनों के लिए वीजा के प्रावधान भी कड़े कर दिए गए हैं, इसीलिए विदेशी विशेषज्ञों को अंतर्राष्ट्रीय कार्यशालाओं में बुलाना मुश्किल हो गया है।
- इसके लिए गृह मंत्रालय, विदेश मंत्रालय और नोडल मंत्रालय तीन स्थानों से अनुमति लेनी पड़ती है। आखिर में देश के अंदर निधियां जुटाने का माहौल भी बहुत मुश्किल हो गया है। अब विकास के लिए भागीदारी का संबंध तेजी से उप-ठेकेदार जैसे संबंधों की तरफ बढ़ रहा है। स्वैच्छिक संगठनों को विभिन्न परामर्श देने वाली फर्मों तथा संस्थाओं के साथ प्रतिस्पर्द्धा करनी पड़ती है, तभी वे विभिन्न विकास परियोजनाओं में शामिल हो पाते हैं।

राष्ट्रीय मंत्रालयों के साथ परामर्श तंत्र

राष्ट्रीय नीति की एक प्रमुख सिफारिश यह थी कि विभिन्न राष्ट्रीय मंत्रालयों और स्वैच्छिक संगठनों के बीच नियमित रूप से सलाह-मशविरा करने का एक स्थायी तंत्र विकसित किया जाए। इसके मिले-जुले परिणाम रहे। वित्त मंत्रालय ने बजट से पहले चुनिंदा स्वैच्छिक संगठनों के साथ बजट-पूर्व बैठकें शुरू कीं। वाणी (एक प्रसिद्ध एनजीओ) को भी वित्त मंत्रालय ने सी.आई.आई., एफ.आई.सी.सी.आई और अन्य संगठनों के साथ प्रत्यक्ष संहिता के बारे में सलाह-मशविरा करने के लिए आमंत्रित किया। भले ही कुछ मंत्रालय विभिन्न प्रकार के सलाह-मशविरे के लिए स्वैच्छिक संगठनों को आमंत्रित करते हों, लेकिन इस परंपरा को संस्थागत रूप देने की कोई कोशिश नहीं की गई।

नीति आयोग एवं स्वैच्छिक संगठन

स्वैच्छिक क्षेत्र के लिए राष्ट्रीय नीति बनाने में अग्रणी भूमिका निभाने के बाद नीति आयोग (योजना आयोग) के स्वैच्छिक कार्यवाही कक्ष ने अनेक महत्वपूर्ण कदम उठाए। तीन उद्देश्यों से राष्ट्रीय स्तर पर ऑनलाइन पंजीकरण और डाटा बैंक बनाने के प्रयास शुरू किए गए। ये तीन संगठन थे- प्रत्यायन तंत्र, राष्ट्रीय पंजीकरण विनियमन और विकेंद्रीकृत निधितंत्र। हाल ही में तीनों की रिपोर्टों के मसौदे आ गए हैं और अब उन्हें इनके बारे में हितधारकों के साथ परामर्श करने और विचारों के आदान-प्रदान की जरूरत है।

हम एक नए महत्वपूर्ण चरण में प्रवेश कर रहे हैं, जब 12वीं पंचवर्षीय योजना के लक्ष्यों को तय कर दिया गया है और इसके जरिए भारत सरकार अपने अनेक लक्ष्य स्वैच्छिक संगठनों के सहयोग से पूरा करना चाहती है। इसीलिए महत्वपूर्ण है कि इनकी कारगर ढंग से समीक्षा की जाए, रिपोर्ट कार्ड बनाए जाएं और राष्ट्रीय नीति के बारे में विशिष्ट सिफारिशें की जाएं। इन सिफारिशों को स्वयंसेवी संगठन, योजना आयोग, राज्य सरकारें और राष्ट्रीय मंत्रालय अपने विचार का विषय बनाएं। इस बात की कोशिशें करने की भी जरूरत है कि राष्ट्रीय नीति के बारे में लोगों को सूचनाएं दी जाएं और सरकार के पदाधिकारियों तथा छोटे स्वयंसेवी संगठनों को बताया जाए। राज्य सरकारों और केंद्रीय मंत्रालयों से इस संबंध में वचनबद्धता प्राप्त करने की जरूरत है। राष्ट्रीय नीति को भारत की संसद द्वारा अनुमोदित कराने की भी आवश्यकता है।

भारत के सामने इस समय मौजूद सबसे गंभीर चुनौती है विकास के लिए हिंसक और गैर-हिंसक दृष्टिकोणों की मौजूदगी। कहने की जरूरत नहीं कि भारत की अधिकांश जनसंख्या विकास के प्रारंभिक फलों से अब भी वंचित है। ऐसी स्थिति में ऐसा दृष्टिकोण अपनाने की जरूरत है, जो अधिक समावेशी हो और जिसमें तरह-तरह के समाधान शामिल किए जाएं और वे सभी संविधान के दायरे में हों। भारत को अनेक क्षेत्रों में उपद्रवों का सामना करना पड़ रहा है। इससे सिर्फ विकास परियोजनाओं में ही बाधा नहीं पड़ती, बल्कि शांतिपूर्ण तरीकों से

लोगों को अपने लक्ष्य पूरा करने में जनसहयोग पाने की संभावना भी कम होती है। स्वैच्छिक क्षेत्र ऐसी जगहों में भी मौजूद हैं, जहां सेवाएं पहुंचाना और विकास एजेंडे के लिए लोगों को एकजुट करना एक चुनौती है। समय की पुकार यही है कि हम एक-दूसरे के साथ मिलकर काम करें ताकि वंचितों को लाभ हो और जिन क्षेत्रों में महात्मा गांधी के सपने आज भी पूरे नहीं हुए, उन्हें पूरा कर सकें।

भारत में स्वैच्छिक संगठनों का भविष्य

भारत में स्वैच्छिक क्षेत्र का अस्तित्व उतना ही पुराना है, जितना मानव सभ्यताओं का इतिहास। अगर हम भारत के लिखित इतिहास पर ध्यान दें, तो पाएंगे कि मानव जीवन को गरिमा प्रदान करने की जिम्मेदारी राज्य और जनता के अनौपचारिक समूहों में हमेशा बंटी रही। मंदिरों ने हमेशा शिक्षा, स्वास्थ्य और अन्य बुनियादी सुविधाएं प्रदान करने के काम में राज्य संगठनों के साथ महत्वपूर्ण भूमिका अदा की। उस समय इन सरकारी संगठनों का बुनियादी काम सुरक्षा प्रदान करना होता था, लेकिन स्वैच्छिक संगठनों का सुसंगठित रूप तब अस्तित्व में आया, जब 1860 में सोसाइटीज रजिस्ट्रेशन ऐक्ट बनाया गया। लेकिन स्वैच्छिक क्षेत्र का योगदान इतने तक ही सीमित नहीं रहा। भारत के आजादी पाने के बाद राष्ट्रपिता महात्मा गांधी जमीन से जुड़े अनेक संगठनों के प्रेरणास्रोत बन गए तब उन्हें गांधीवादी संगठन कहा जाता था। वास्तविकता यह है कि आजादी मिलने के बाद महात्मा गांधी ने आह्वान किया कि हमें सिर्फ राजनीतिक आजादी मिली है और भूख, गरीबी एवं वंचना से आजादी पाना अभी बाकी है। इसीलिए उन्होंने अनेक स्वतंत्रता सेनानियों को जो राजनीतिक साधनों के जरिए उपलब्धियां प्राप्त करना चाहते थे, सलाह दी कि वे चुनावी राजनीति में चले जाएं और अन्य लोगों को सामाजिक सेवा में शामिल होने की सलाह दी। स्वतंत्रता प्राप्ति के बाद भारत ने देश के दूर-दराज के इलाकों तक इन बुनियादी सेवाओं को उपलब्ध कराने का एक बहुत बड़ा काम शुरू किया। इसके अंतर्गत विनाशकारी अकाल और देश विभाजन की त्रासदी से राहत दिलाने के प्रयास किए जाते थे। यह एक जटिल काम था और इसके लिए जरूरी वित्तीय और मानवीय संसाधनों तथा राजकीय सहायता का अभाव था।

समय की आवश्यकता को देखते हुए स्वैच्छिक संगठनों ने देश के दुर्गम इलाकों तक फैलकर अपना कामकाज ही नहीं किया, बल्कि नए-नए तरीके भी निकाले, जिनके जरिए वे वंचित और गरीब लोगों तक अपनी सेवाएं पहुंचा पाते थे। इनमें से अनेक सरकार के संसाधनों को आगे बढ़ाने वाले साधन बन गए। जैसे-जैसे स्थिति बदलती गई, इन स्वैच्छिक संगठनों की प्रकृति, स्वरूप और कार्य भी बदलते गए। अगर हम आज की स्थिति का विश्लेषण करें, तो पाएंगे कि स्वैच्छिक संगठनों के सामने नए अवसर ही नहीं बल्कि बहुत बड़ी और गंभीर चुनौतियां भी मौजूद हैं।

अधिकार बनाम सेवा

वर्तमान में देश प्रगति के पथ पर तेजी से आगे बढ़ते हुए आत्म निर्भरता प्राप्ति की ओर अग्रसर है। इस दौर में आर्थिक विकास को समावेशी विकास के रूप में परिणत करने के प्रयास जारी हैं। लोकतांत्रिक प्रक्रियाओं के मजबूती में आर्थिक विकास का योगदान काफी महत्वपूर्ण है। दुर्भाग्य की बात है कि इस आर्थिक प्रगति के लाभ आबादी के उस बड़े हिस्से तक नहीं पहुंच पा रहे हैं जो अब भी गरीबी के चंगुल में फंसी हुई है। इनमें शहरी गरीब ही शामिल नहीं है, बल्कि जनजातीय, दलित और महिला वर्ग के लोग भी हैं। समाज के इन वर्गों के लाभ के लिए भारत सरकार ने अनेक महत्वपूर्ण योजनाएं शुरू की हैं। इनमें से अनेक परियोजनाएं स्वैच्छिक संगठनों द्वारा चलाई जा रही हैं और नए तरीकों से संचालित की जा रही हैं। इन परियोजनाओं में से कुछ के नाम हैं-राष्ट्रीय ग्रामीण स्वास्थ्य मिशन, महात्मा गांधी राष्ट्रीय रोजगार गारंटी योजना आदि। देश में अनेक स्वैच्छिक संगठन इन स्कीमों को लागू करने में लगे हुए हैं।

अनेक स्वैच्छिक संगठनों की पैठ देश के दुर्गम इलाकों तक है और स्थानीय समुदाय में उनकी पहुंच की मान्यता है। इसीलिए वे राष्ट्रीय, राज्य और जिला स्तरों पर सरकार के बहुत प्रभावशाली भागीदार बने हुए हैं। सेवा प्रदाता के रूप में काम आसान बनाने का उनका प्रारंभिक दायित्व है। इसके अलावा वे लोगों की इन योजनाओं के तहत लाभार्थी बनने की पात्रता तय करने में भी महत्वपूर्ण भूमिका निभाते हैं। अनेक बार ऐसा होता है कि इस तरह की स्कीमें राष्ट्रीय और राज्य-राजधानियों में बनाई जाती हैं और उनकी भाषा बहुत जटिल होती है। इनके सही और अंतिम परिणाम तभी सफलतापूर्वक प्राप्त किए जा सकते हैं, जब लोग उनके लाभों को समझें और अधिकारी जो भी मांगे, वे कागज-पत्र दे पाएं। इस तरह से इन स्वैच्छिक संगठनों की भूमिका सेवा और पात्रता प्राप्त करने के प्रयास के साथ-साथ चलानी होती है और लोगों को भूख, बीमारी से मुक्ति दिलाने में उनकी महत्वपूर्ण भूमिका होती है। यह भी वास्तविकता है कि सार्वजनिक धन का पूरा मूल्य तभी प्राप्त किया जा सकता है, जब उसका सही उपयोग हो। स्वैच्छिक संगठन इस प्रकार से राष्ट्र निर्माण के इस महत्वपूर्ण कार्य में कारगर भूमिका निभा रहे हैं।

क्या गैर-सरकारी संगठन अपना दायित्व निभा रहे हैं

किसी भी गैर-सरकारी संगठन की स्थापना सभी को समान अवसर प्रदान करने के उद्देश्य से की जाती है। भारत में पंजीकृत बहुत-से गैर-सरकारी संगठन (एन.जी.ओ.) अपने-अपने क्षेत्र में अच्छा काम कर रहे हैं। आमतौर पर एन.जी.ओ. समाज से वित्तीय सहायता प्राप्त करते हैं और इसका इस्तेमाल गरीबी, निरक्षरता, स्वास्थ्य, बेसहारा बच्चों के कल्याण, महिलाओं को अधिकार प्रदान करने एवं दहेज जैसी अनेक सामाजिक बुराइयों से मुकाबला करने के लिए करते हैं। बदले में सरकार इस अच्छे काम के लिए उन्हें कर में छूट देती है।

लेकिन सवाल यह है कि क्या ये एन.जी.ओ. वास्तव में अपने कर्तव्य का पालन कर रहे हैं? अकसर देखा गया है कि अनेक लोग सिर्फ पैसा बनाने के लिए एन.जी.ओ. से जुड़ जाते हैं। अगर आंकड़े देखे जाएं तो पता चलता है कुछ शक्तिशाली लोग चाहे वह राजनेता हों, बड़े उद्यमी या कुछ सामाजिक कार्यकर्ता, इनमें से अनेक सिर्फ अपना कर बचाने या अपने काले धन को सफेद करने के लिए इस क्षेत्र से जुड़े हुए हैं। ऐसे में गरीबों या शारीरिक रूप से अक्षम लोगों के लिए काम करने का अवसर कहां मिल पाता होगा। भारत में मौजूद गैर-सरकारी संस्थान हर साल होने वाले फंडिंग से 8 अरब से लेकर करीब 16 अरब डॉलर तक जुटाते हैं।

गृह मंत्रालय के आंकड़ों के अनुसार 2005–06 और 2006–07 में भारत में गैर-सरकारी संस्थाओं को विदेशों से होने वाली फंडिंग में 56 प्रतिशत की बढ़ोतरी हुई। वित्तीय वर्ष 2008 में भारत को 2 अरब 15 करोड़ डॉलर की विदेशी मदद मिली तथा 2010–12 में तो यह आंकड़ा और बढ़ गया। लेकिन इन पर निगरानी रखने वाले संगठनों के अनुसार इनमें से लगभग आधे पैसे का दुरुपयोग किया गया। भारत में करीब 33 लाख गैर-सरकारी संगठन पंजीकृत हैं, लेकिन वास्तविकता कुछ और ही है। इनमें से बहुत से केवल कागजों में ही पंजीकृत हैं और विदेशों से सहायता प्राप्त करके उनका दुरुपयोग कर रहे हैं, क्योंकि विदेशी दानदाता के प्रति उनकी कोई जवाबदेही नहीं है। इनमें से बहुत से गैर-सरकारी संगठन अपना लेखा-जोखा भी नहीं देते। बहुत से गैर-सरकारी संगठन केवल फायदे के लिए काम कर रहे हैं और अपने काम करने की जगह और अपना काम अचानक बदल लेते हैं ताकि जवाबदेही से बच सकें। इन परिस्थितियों में विदेशी दानदाताओं को अपनी विचारधारा में बदलाव लाना होगा।

ऐसी स्थिति इसलिए है, क्योंकि यहां पारदर्शिता का अभाव है। भारत में यह समस्या इसलिए और जटिल हो गई है, क्योंकि यह क्षेत्र असंगठित क्षेत्र है। भारतीय

गैर-सरकारी संस्थाओं को मिलने वाली विदेशी सहायता के इस्तेमाल के बारे में वर्ष 2006–07 में जारी सरकारी रिपोर्ट के अनुसार इन्हें प्राप्त 2 अरब 15 करोड़ डॉलर की विदेशी सहायता में करीब 68 करोड़ डॉलर का इस्तेमाल संगठन पर किया गया, जबकि 56 करोड़ 30 लाख डॉलर प्राकृतिक आपदा के शिकार लोगों के राहत और पुनर्वास पर, 43 करोड़ 50 लाख डॉलर ग्रामीण विकास पर, 26 करोड़ 90 लाख डॉलर स्कूलों और कॉलेजों के निर्माण और उनके रखरखाव पर और 25 करोड़ 30 लाख डॉलर बच्चों के कल्याण पर खर्च किए गए।

भारत ने पिछले कुछ वर्षों में 41 एन.जी.ओ. के विदेशों से धन प्राप्त करने पर प्रतिबंध लगा दिया है। 2010 अगस्त में सरकार ने 1976 के विदेशी योगदान नियमन कानून में संशोधन किया, जिसके अंतर्गत विदेशी सहायता प्राप्त करने वाले एन.जी.ओ. पर नजर रखी जाती है। इसके अंतर्गत संगठनों को हर साल सरकार को इस बारे में विस्तृत जानकारी देनी पड़ती है कि उन्हें कितनी विदेशी सहायता मिली और उसका कैसे इस्तेमाल किया गया। इस संशोधन के बाद अब यह व्यवस्था हो गई है कि जो भी गैर-सरकारी संगठन गृह मंत्रालय के पास अपना रिटर्न दाखिल नहीं करेगा, वह विदेशी धन प्राप्त करने का अधिकार तीन वर्ष के लिए खो देगा।

ग्रामीण विकास मंत्रालय के अंतर्गत कार्यरत एक स्वायत्तशासी संगठन काउंसिल फॉर एडवांसमेंट ऑफ पीपल्स एक्शन एंड रूरल टेक्नोलॉजी (कपार्ट) के अनुसार देश के करीब 2,900 एन.जी.ओ. और स्वयंसेवी संगठनों को काली सूची में डाल दिया गया या इन्हें सहायता देने पर रोक लगा दी गई। इनमें से कपार्ट द्वारा काली सूची में डाले गए 362 गैर-सरकारी संस्थाओं के पास विभिन्न परियोजनाओं के लिए उन्हें दिए गए 12 करोड़ 30 लाख रुपयों का कोई हिसाब-किताब नहीं था। इन गैर-सरकारी संस्थाओं ने करीब 48 लाख 70 हजार रुपयों का दुरुपयोग किया, जिन गैर-सरकारी संस्थाओं को काली सूची में डाला गया। उनमें सबसे अधिक 192 आंध्र प्रदेश से, 125 बिहार से, 83 तमिलनाडु से, 75 कर्नाटक से, 72 उत्तर प्रदेश से, 42 राजस्थान से, 35 केरल से, 23 दिल्ली से, 20 हरियाणा से, 18 मणिपुर से, 15 मध्य प्रदेश से और 13 गुजरात से, 10 नागालैंड से और 8 झारखंड से थे।

महिला और बाल विकास मंत्रालय ने हाल ही में कुछ गैर-सरकारी संस्थाओं को अनुचित गतिविधियों के कारण काली सूची में डाल दिया है। एक बार काली सूची में आ जाने के बाद एन.जी.ओ. गैर-मंत्रालय से किसी तरह की वित्तीय सहायता नहीं ले सकता और मंत्रालय इस तरह के एन.जी.ओ. की कल्याणकारी गतिविधियों के बारे में कोई ब्यौरा नहीं रखता।

भारत की 12वीं पंचवर्षीय योजना में एक व्यापक कानून की वकालत की गई है ताकि जवाबदेही और पारदर्शिता को बढ़ावा दिया जा सके।

इसी प्रकार वित्त पोषण के मामले में सरकार का योगदान सर्वाधिक है। 11वीं पंचवर्षीय योजना में सामाजिक क्षेत्र के लिए 1 खरब, 80 अरब रुपए अलग से निर्धारित किए गए थे। इसके बाद विदेशों से प्राप्त होने वाली सहायता का स्थान आता है। व्यक्तिगत दानदाता स्वैच्छिक संगठनों के लिए बड़े और महत्वपूर्ण स्रोत के रूप में उभरे हैं, परंतु सच्चाई यह भी है कि स्वैच्छिक संगठनों को प्राप्त धन का दुरुपयोग भी हो रहा है। लोगों के कल्याण के लिए भारत सहित दुनियाभर में लाखों की संख्या में एन.जी.ओ. कार्य कर रहे हैं। यदि ये सभी अच्छे तरीके से काम करें तो समाज में मौजूद गरीबी और बीमारी को काफी हद तक कम किया जा सकता है। साथ ही देश में ऐसे एन.जी.ओ. के खिलाफ कार्रवाई करने के लिए कड़े कानून की जरूरत है जो इसके नाम पर गलत काम कर रहे हैं, या धन का दुरुपयोग कर रहे हैं।

स्मरणीय तथ्य

- स्वैच्छिक संगठनों को ऐच्छिक संगठन या गैर-सरकारी संगठन भी कहा जाता है।
- संयुक्त राष्ट्र के अनुसार, "स्वैच्छिक संगठन वह है, जो अपने स्वायत्तशासी मंडल के द्वारा संचालित होता है, वित्तीय संसाधन जुटाने हेतु मूलतः निजी स्रोतों पर निर्भर होता है।"
- स्वैच्छिक संगठन कुछ व्यक्तियों द्वारा निर्मित किए जाते हैं।
- अंतर्राष्ट्रीय स्वैच्छिक संगठनों का इतिहास 1839 से प्रारंभ होता है।
- मूलतः स्वैच्छिक संगठन सरकारी संगठनों की कार्यशैली तथा संरचना से भिन्न होते हैं।
- स्वैच्छिक संगठनों का निर्माण उन व्यक्तियों की स्वेच्छा से होता है जो समाज की सेवा करना अपना धर्म समझते हैं।
- लोक कल्याणकारी राज्य होने के नाते हमारी सरकारें राष्ट्र के सर्वांगीण विकास हेतु अनेक योजनाएं तथा कार्यक्रम निर्धारित करती हैं।
- सामाजिक-आर्थिक पर्यावरण को समझने तथा सामाजिक आवश्यकताओं का पता लगाने में सरकार द्वारा साधन-संपन्न स्वैच्छिक संगठनों का सहारा लिया जाता है।
- लोकतांत्रिक शासन व्यवस्थाओं में विकास कार्यक्रमों के निर्माण तथा उनके क्रियान्वयन में जनसहभागिता का विशिष्ट योगदान रहता है।
- किसी समस्या विशेष पर जनता में जागृति पैदा करने तथा उसके पक्ष या विपक्ष में जनमत का निर्माण करने में राजनेता, प्रेस तथा स्वैच्छिक समाजसेवी संगठनों का महत्वपूर्ण योगदान रहता है।
- भारत में दान और सेवा की धारणा पर आधारित नगर समाज (सिविल सोसाइटी) का लंबा इतिहास रहा है।
- वर्ष 1991 में गठित वेंकट रमैया फाउंडेशन वर्तमान में महाराष्ट्र, मध्य प्रदेश और बिहार जैसे राज्यों में सक्रिय हैं और यह भारत से बाल-श्रम उन्मूलन के लिए प्रख्यात है।
- स्वैच्छिक संगठन पर्यावरण, स्वास्थ्य, शिक्षा, शांति, मानवाधिकारों, उपभोक्ता अधिकारों, महिलाओं के अधिकारों, यहां तक कि सामाजिक परिवर्तन के छोटे-से-छोटे क्षेत्र में भी सक्रिय हैं।
- स्वैच्छिक संगठन भारत में अनेक प्रकार की गतिविधियां चलाते हैं, जिससे लोगों को लाभ होता है, क्योंकि मूल रूप से वे बिना किसी व्यावसायिक हित अथवा लाभ के काम करते हैं।
- राष्ट्रीय नीति की एक प्रमुख सिफारिश यह थी कि विभिन्न राष्ट्रीय मंत्रालयों और स्वैच्छिक संगठनों के बीच नियमित रूप से सलाह-मशविरा करने का एक स्थायी तंत्र विकसित किया जाए।
- भारत में स्वैच्छिक क्षेत्र का अस्तित्व उतना ही पुराना है, जितना मानव सभ्यताओं का इतिहास।
- किसी भी गैर-सरकारी संगठन की स्थापना सभी को समान अवसर प्रदान करने के उद्देश्य से की जाती है।
- 11वीं पंचवर्षीय योजना में सामाजिक क्षेत्र के लिए 1 खरब, 80 अरब रुपए अलग से निर्धारित किए गए थे।

❑❑❑

अध्याय 4

नागरिक अधिकार और नागरिक समाज

कोई शासन कितना अच्छा क्यों न हो, यदि उस व्यवस्था में उस देश के लोगों को अधिकार प्राप्त नहीं होगा तो उस शासन का कोई मतलब नहीं है। यही कारण है कि जैसे-जैसे ज्ञान का विकास हो रहा है, ठीक वैसे-वैसे ही नई-नई अवधारणाएं भी अस्तित्व में आ रही हैं। इन अवधारणाओं के अस्तित्व में आने के बाद से शासन-प्रशासन में परिवर्तन के साथ-साथ सकारात्मक सुधार भी परिलक्षित हुए हैं। ऐसे में ही एक नई अवधारणा नागरिक अधिकार पत्र और नागरिक समाज भी है।

20वीं शताब्दी के अंतिम दशक में विश्वभर में प्रशासनिक तंत्र को जनता के प्रति संवेदनशील बनाने के लिए तीव्रता से प्रयास हुए हैं। नागरिक अधिकार पत्रों में प्रशासनिक कार्यालय या संगठन द्वारा उन नियमों, कानूनों, प्रक्रियाओं तथा अधिकारों का वर्णन होता है, जो जनता या उपभोक्ता के हितों के संवर्द्धन के लिए होते हैं। इन अधिकार पत्रों के द्वारा जनता को जागरूक तथा चेतनाशील बनाने के अतिरिक्त प्रशासनिक पारदर्शिता भी सुनिश्चित की जाती है।

नागरिक अधिकार पत्र : एक परिचय

नागरिक अधिकार पत्र एक सरकारी एजेंसी द्वारा नागरिकों के प्रति निर्धारित की गई प्रतिबद्धताओं का एक दस्तावेज होता है। यह नागरिकों को उपलब्ध कराई जाने वाली सेवाओं से संबंधित होता है। इसका उद्देश्य नागरिकों के बीच एक सेतु का निर्माण करना तथा प्रशासन को नागरिकों से संबंधित मुद्दों से निपटने के लिए सरल और कारगर बनाना है। वस्तुत: नागरिक अधिकार पत्र एक ऐसा दस्तावेज है, जो सेवा के मानक, सूचना, चयन एवं परामर्श, निष्पक्षता एवं सुगमता, शिकायत निवारण, सौम्यता एवं धन के मूल्य के संबंध में अपने नागरिकों या ग्राहकों के प्रति संगठन की प्रतिबद्धता पर ध्यान केंद्रित करने के लिए एक सुव्यवस्थित प्रयास का निरूपण करता है।

नागरिक अधिकार पत्र के प्रमुख बिंदु

नागरिक अधिकार पत्रों में निम्नलिखित बिंदुओं का समावेश होता है–

- नागरिक अधिकार पत्र के शुरुआती भाग में कतिपय संगठन नागरिक अधिकार पत्र जारी किए जाने की पृष्ठभूमि एवं इसकी उपादेयता का संक्षिप्त विवरण प्रस्तुत करते हैं।
- उद्देश्य शीर्षक के अंतर्गत विवरण दिया जाता है कि नागरिक अधिकार पत्र को जारी करने का लक्ष्य क्या है? प्राय: इसके अंतर्गत संगठन की कार्यप्रणाली में पारदर्शिता एवं जवाबदेही लाना, जन संतुष्टि प्रदान करना, भ्रष्टाचार पर नियंत्रण करना, कार्य निष्पादन में सुधार करना आदि वर्णित होता है।
- नागरिक अधिकार पत्र में उस संगठन का कार्यक्षेत्र लक्षित वर्ग, उपभोक्ता, उत्पाद तथा प्रदत्त सेवा इत्यादि का विवरण रहता है, जिससे यह पता चलता है कि नागरिक अधिकार पत्र किन सेवाओं पर लागू है तथा किनके लिए है।
- नागरिक अधिकार पत्र का एक महत्वपूर्ण कार्य उसकी कार्यावधि तथा समयावधि है। इस भाग में यह उल्लेख किया जाता है कि संगठन की कौन-सी शाखा तथा कौन-सा कार्मिक क्या कार्य करता है अर्थात् किस कार्य के लिए किससे संपर्क करना है। साथ ही उस संगठन से संबंधित सभी सामान्य एवं प्रमुख कार्यों के निस्तारण हेतु समयावधि निश्चित कर दी जाती है।
- नागरिक अधिकार पत्र में इस बात का भी उल्लेख किया जाता है कि उपभोक्ता का कार्य निर्धारित अवधि में निर्धारित स्तर पर न होने पर संबंधित अधिकारी के पास अपील या शिकायत की जा सकती है।
- नागरिक अधिकार पत्र में नागरिकों के अधिकारों का भी उल्लेख किया गया होता है। इससे यह पता चलता है कि संगठन की सेवाएं प्राप्त करने वाले उपभोक्ताओं या आम आदमी को क्या-क्या अधिकार तथा सुविधाएं प्राप्त होती हैं।

नागरिक अधिकार पत्र के संदर्भ में योजना

नब्बे के दशक में भारत में नागरिक अधिकार पत्रों की मांग बहुत से उपभोक्ता संगठनों ने भी उठाई। सन् 1996 में नई दिल्ली में आयोजित राज्यों में मुख्य सचिवों के सम्मेलन में 'प्रभावी एवं उत्तरदायी प्रशासन' के लिए गम्भीरता से विचार-विमर्श हुआ। एक वर्ष पश्चात् 24 मई, 1997 को तत्कालीन प्रधानमंत्री इंद्र कुमार गुजराल की अध्यक्षता में 'प्रभावी एवं उत्तरदायी प्रशासन' विषय पर मुख्यमंत्रियों का सम्मेलन आयोजित किया गया। सम्मेलन में 'नौ सूत्री कार्य योजना' बनाई गई, जिसमें निम्नलिखित बिंदु सम्मिलित किए गए–● नागरिकों के लिए अधिकार पत्र एवं जवाबदेह प्रशासन। ● प्रभावी एवं त्वरित लोक शिकायत निवारण। ● ग्रामीण एवं शहरी स्थानीय निकायों को अधिक अधिकार। ● प्रवर्तित कानूनों और प्रक्रियाओं की समीक्षा तथा सरलीकरण। ● प्रशासन में पारदर्शिता। ● सरकारी कार्यालयों से सूचना प्राप्त करने का अधिकार। ● लोक सेवकों के लिए आचार संहिता। ● भ्रष्टाचार से निपटने के लिए कर्मचारियों के कार्यकाल में स्थायित्व, तथा ● सेवाओं का विकेंद्रीकरण। इस निर्णय के पश्चात् भारत सरकार के अनेक मंत्रालयों तथा संगठनों ने 'नागरिक अधिकार पत्र' निर्मित किए इनमें तेल एवं प्राकृतिक गैस मंत्रालय, विदेश मंत्रालय, औद्योगिक नीति एवं संवर्द्धन विभाग, भारतीय जीवन बीमा निगम, साधारण बीमा निगम, दिल्ली विकास प्राधिकरण, डॉ. राम मनोहर लोहिया अस्पताल, दिल्ली तथा सार्वजनिक क्षेत्र के अधिकांश बैंक अग्रणी संस्थाओं के रूप में सम्मिलित हैं। सन् 2004 तक 97 नागरिक अधिकार पत्र केन्द्रीय विभागों या संगठनों द्वारा तथा 616 नागरिक अधिकार पत्र राज्य सरकारों के अभिकरणों द्वारा जारी हो चुके थे। राजस्थान में भी सन् 1998 में सार्वजनिक वितरण विभाग तथा राजस्व विभाग, पुलिस विभाग सहित अन्य विभागों ने भी नागरिक अधिकार पत्र घोषित कर प्रशासनिक सुधारों को आगे बढ़ाया।

नागरिक अधिकार पत्र की विशेषताएं

सामान्य अर्थ में नागरिक अधिकार पत्र किसी संगठन द्वारा जनहित में जारी वह संक्षिप्त दस्तावेज है, जिसमें प्रशासनिक पारदर्शिता, कार्यकुशलता, संवेदनशीलता एवं जवाबदेयता इत्यादि लक्ष्यों की प्राप्ति हेतु संगठन की कार्यप्रणाली, कार्य की प्रक्रिया, कार्य संपादन की निर्धारित अवधि तथा उपभोक्ता या आमजन के अधिकारों सहित उनकी परिवेदना निवारण की प्रणाली वर्णित कर दी जाती है।

- यह सुशासन की अवधारणा को मूर्त रूप प्रदान करने का एक उपकरण है।
- इससे किसी भी प्रशासनिक संगठन की जवाबदेयता तथा प्रतिबद्धता का आभास होता है।
- यह 20वीं सदी के अंतिम दशक में प्रचलित हुई एक नवीन अवधारणा है जो किसी संगठन के कार्यों में पारदर्शिता, संवेदनशीलता, कार्यकुशलता, कार्य निष्पादन में तत्परता, जवाबदेयता तथा जन संतुष्टि की दिशा में आगे बढ़ती है।
- नागरिक अधिकार पत्र प्राय: दो-चार पृष्ठों के ऐसे छोटे दस्तावेज होते हैं, जिन्हें आसानी से प्रदर्शित किया जा सकता है या कुछ समय में पढ़ा जा सकता है।
- यह किसी संगठन की संरचना, कार्य विभाजन, उद्देश्य, कार्यप्रणाली, कार्य की निर्धारित अवधि तथा जन शिकायत निवारण की प्रक्रिया का संक्षिप्त विवरण उपभोक्ता या आमजन के सम्मुख प्रस्तुत करते हैं।
- यह किसी संगठन के कार्यों में पारदर्शिता, संवेदनशीलता, कार्यकुशलता, कार्यनिष्पादन में तत्परता, जवाबदेयता तथा जन संतुष्टि की दिशा में आगे बढ़ते हैं।

जन सहभागिता

जन सहभागिता का अर्थ प्रशासनिक प्रक्रिया में लोगों की भागीदारी से है। जनसहभागिता के अंतर्गत नियोजन, क्रियान्वयन, नियंत्रण तथा संसाधन सदुपयोग के क्रम में जनता की सक्रिय भागीदारी होती है। यह एक ऐसी प्रक्रिया है, जिसमें व्यक्ति, परिवार तथा समाज अपने कल्याण हेतु उत्तरदायित्वों का निर्वहन करते हैं। यह सरकारी नीतियों के प्रति जनता के समर्थन को सुनिश्चित करती है और उनकी सफलता को निर्धारित करती है। जन सहभागिता के द्वारा प्रशासनिक उत्तरदायित्व को लागू करने वाले महत्वपूर्ण साधनों का निर्माण होता है। लोकतंत्र में जन महत्वपूर्ण होते हैं अथवा लोकतंत्र के अंतर्गत अंतिम सत्ता जनता में निहित होती है। प्रशासन में लोगों की सहभागिता का अर्थ यह है कि समाज में सामाजिक-आर्थिक परिवर्तन लाने वाले विकास कार्यक्रमों को प्रशासित करने की प्रक्रिया में जनता की सीधी भागीदारी हो। विकास कार्यक्रमों में जनसहभागिता बढ़ाने के लिए निम्नलिखित कारक निर्णायक सिद्ध होते हैं–**1.** ईमानदारी, **2.** जन अपेक्षाओं की पूर्ति, **3.** स्वस्थ प्रतिस्पर्द्धा, **4.** प्रशासनिक पारदर्शिता, **5.** जन समस्याओं की जानकारी, **6.** अच्छे कार्य को प्रोत्साहन, **7.** सूचना का अधिकार।

जनसहभागिता के उद्देश्य: ● यह उन कार्यक्रमों के चयन में सहायता करती है, जो जनता के लिए सीधे तौर पर प्रासंगिक होते हैं। ● यह स्थानीय सामाजिक, आर्थिक, सांस्कृतिक, पारिस्थितिक और तकनीकी पारिस्थितियों के बारे में प्रशासन को व्यापक जानकारी देती है। ● यह प्रशासनिक सत्ता के दुरुपयोग के खिलाफ सुरक्षा प्रदान करती है और इस प्रकार के कार्यक्रमों के संचालन में भ्रष्टाचार पर अंकुश लगाती है। ● जन साधारण को समस्या समाधान के लिए सरकार पर निर्भर रहने के बजाए आत्मनिर्भर बनाने की ओर ठोस प्रयास करती है। ● समाज में यह सजग प्रहरी की भावना को प्रोत्साहित करती है और इस प्रकार सबसे निचले स्तर पर जनतंत्र को दृढ़ता प्रदान करती है। ● कार्यक्रमों में समाज के गरीब और कमजोर वर्गों को शामिल करके यह कार्यक्रम से मिलने वाले लाभों को अमीर और प्रभावशाली वर्गों द्वारा हड़पे जाने से रोकती है। ● यह कार्यक्रम की सफलता के लिए संसाधन, श्रम इत्यादि के रूप में स्थानीय संसाधनों की व्यवस्था को आसान बनाती है। ● उत्तरदायित्व लेने और अपनी समस्याओं का समाधान खुद करने की लोगों की क्षमता तथा सामर्थ्य को बढ़ाती है और उनमें आत्म-निर्भरता, पहल और नेतृत्व की भावना का विकास करती है। ● सरकारी सहायता बंद कर दिए जाने के बाद भी कार्यक्रमों को चलाए रखकर यह सरकार के आर्थिक बोझ को कम करती है। ● जन साधारण को उनकी स्थानीय समस्याओं की पहचान करने तथा संभावित सार्थक समाधान के लिए चर्चा करने का अवसर प्रदान करती है।

- इससे किसी भी प्रशासनिक संगठन की जवाबदेयता का तथा प्रतिबद्धता का आभास होता है।
- यह सुशासन की अवधारणा को मूर्त रूप प्रदान करने का एक उपकरण है।

नागरिक समाज की भूमिका

'नागरिक समाज' या 'सिविल सोसायटी' शब्द एवं इसकी आधुनिक अवधारणा विगत कुछ दशकों से राजनीतिक, सामाजिक, प्रशासनिक एवं आर्थिक संदर्भों में काफी लोकप्रिय हुई है, परंतु इसका इतिहास बहुत पुराना है।

परंपरागत रूप से 'राज्य' और 'नागरिक समाज' दोनों शब्दों का इस्तेमाल एक-दूसरे के लिए किया जाता रहा है, किंतु अब स्पष्ट हो चुका है कि राज्य तथा सभ्य समाज के मध्य व्यापक भेद हैं तथा स्थूल रूप से सभ्य समाज ऐसे व्यक्तियों का समूह है, जो एक-दूसरे के कल्याण हेतु समग्र दृष्टिकोण से कार्य करते हैं।

नागरिक समाज को राज्य से अलग और भिन्न मानने का काम पहली बार राजनीतिक दार्शनिक हीगल ने किया था। 19वीं सदी में इस विचार को कार्ल मार्क्स और एंजेल्स ने आगे बढ़ाया था। 20वीं सदी में नागरिक समाज की अवधारणा का विश्लेषण ग्राम्शी द्वारा किया गया।

वस्तुत: सभ्य समाज की मूलभूत पहचान यह है कि यह समाज की वैधानिकता के दायरे में स्वतंत्रता प्राप्त स्वसंगठित समूहों से भरपूर होता है। विविधता, स्वैच्छिक प्रयास, सहनशीलता, आदर तथा सर्वसम्मति इत्यादि वे मुख्य तत्व हैं, जो किसी भी सभ्य समाज का निर्माण करते हैं। सभ्य समाज की मुख्य विशेषता यह है कि वहां दबाव समूहों की उपस्थिति सार्थक ढंग से कार्य करती है। यह दबाव समूह सत्ता पर नियंत्रण का कार्य करते हैं। सभ्य समाजों के नागरिक कार्यों को मूकदर्शक बनकर नहीं देखते हैं, बल्कि सामूहिक हितों को ध्यान में रखकर प्रयास करते हैं। सरकारी तंत्र पर निगरानी रखने तथा शासन एवं नागरिकों के बीच मध्यस्थता करने में संघ ही भूमिका निभाते हैं।

नागरिक समाज संगठन

यह सामान्य शब्द जिसके अंतर्गत विभिन्न संगठन आते हैं– गैर-सरकारी संगठन, स्वयं सेवी संगठन, हित समूह आदि।

ये गैर-राज्येतर संस्थाएँ हैं, जो सरकार से बाहर रह कर कार्य करती हैं तथा सरकार व नागरिकों के मध्य मध्यस्थ की भूमिका का निर्वाह करती हैं।

नागरिक समाज के कार्य

नागरिक समाज संगठन तथा कल्याण एवं विकास प्रशासन में महत्वपूर्ण भूमिका अदा करते हैं। लोकतांत्रिक मूल्यों की स्थापना सहित मानवाधिकारों के प्रसार के लिए सभ्य समाज के संगठन प्रयासरत रहते हैं। समस्त प्रकार के संसाधनों के सदुपयोग को सुनिश्चित करते हुए ये लोगों को आत्मनिर्भर बनाने का प्रयास करते हैं। ये राज्य तथा बाजार के निरंकुश व्यवहार पर नियंत्रण रखते हैं। संक्षेप में निम्न भूमिका अदा करते हैं–

- ये प्रशासन तंत्र को लोगों की आवश्यकताओं-आकांक्षाओं के प्रति अधिक उत्तरदायी बनाते हैं।
- ये लक्ष्य समूहों की पहचान करने में प्रशासन तंत्र की सहायता करते हैं। ये विभिन्न राजनीतिक विषयों पर चर्चाएं चलाकर लोगों में राजनीतिक चेतना पैदा करते हैं तथा सार्वजनिक हित के प्रहरी की भूमिका निभाते हैं।
- ये गरीबों को सामाजिक-आर्थिक विकास के लिए संगठित और गतिशील करते हैं।
- ये सूचना का प्रसार भी करते हैं और लोगों को उनकी बेहतरी के लिए सरकार द्वारा शुरू की गई विभिन्न योजनाओं, कार्यक्रमों और परियोजनाओं के बारे में जानकारी देते हैं।
- ये प्रशासनिक प्रक्रिया में लोगों की भागीदारी का मार्ग प्रशस्त करते हैं।

नागरिक समाज का महत्व

- परंपरागत रूप से नीति-निर्माण सरकार का कार्य है, लेकिन वर्तमान में नागरिक समाज की भूमिका बढ़ गई है। नागरिक समाज एक दबाव समूह का कार्य करता है और सरकार को जनता के हितों के संवर्द्धन के लिए नीतियां बनाने हेतु विवश कर रहा है। नागरिक समाज को एक आशा के रूप में देखा जा रहा है कि इसके माध्यम से समाजों में सुधार की एक प्रक्रिया शुरू होगी।
- लोक नीति क्रियान्वयन में सीधे जनता की भागीदारी संभव हुई है।
- नागरिक समाज लोक नीति का मूल्यांकन कर सरकार को उससे अवगत कराता है।
- नागरिक समाज सरकारी नीतियों के प्रति जनता में जागरूकता पैदा करता है।
- नागरिक समाज ने लोकतंत्र को नई दिशा दी है, क्योंकि सूचना क्रांति का उपयोग स्वयं जनता ने किया है।

नागरिक समाज की समस्याएं

- नागरिक समाज अपने अधिकारों का दुरुपयोग भी करता है।
- इससे अलोकतंत्रीकरण को बढ़ावा मिलता है।
- लोगों ने इसे एक जीविका का साधन बना लिया है।
- इससे नकारात्मक सोच का दबदबा बढ़ा है।
- यह केवल विरोध और आलोचनाओं में समय बर्बाद करते हैं।

नागरिक समाज का स्वरूप लोकतंत्र की पहचान है। इसकी सक्रिय भूमिका से देश में सच्चे लोकतंत्र की स्थापना हो सकती है, क्योंकि इसमें जनमत की शक्ति निहित होती है। जनमत का दबाव सबसे प्रभावी दबाव होता है, जिससे सरकार क्रियाशील रहती है।

सिटीजन चार्टर अधिनियम, 2011

नवंबर 2011 में यूपीए सरकार ने सिटीजन चार्टर बनाने का निर्णय लिया और इस संदर्भ में संसद के शीतकालीन अधिवेशन में एक विधेयक प्रस्तुत किया गया, जिसे पारित होने के बाद सिटीजन चार्टर अधिनियम, 2011 के नाम से जाना जा रहा है। सिटीजन चार्टर अधिनियम, 2011 में नागरिकों के अधिकारों को व्यापक रूप में परिभाषित किया गया है। इसके साथ ही इसमें जनता की शिकायत निवारण के व्यापक प्रावधान किए गए हैं। इस अधिनियम के प्रावधान सभी राज्यों में लागू होंगे।

इस अधिनियम के अनुसार सबसे निचले स्तर पर प्रत्येक विभाग में शिकायत निवारण अधिकारी, उसके ऊपर संबंधित विभाग का प्रमुख होगा, जो अपीलीय संस्था का भी कार्य करेगा। जबकि शीर्ष पर केंद्र स्तरीय शिकायत आयोग होगा, जो अपीलों की सुनवाई करेगा। केंद्र के पैटर्न पर राज्यों में ऐसे ही आयोग का प्रावधान किया गया है। सिटीजन चार्टर में उन सभी सुविधाओं और सेवाओं का उल्लेख किया गया है, जिसके नागरिक हकदार हैं। इसके साथ-साथ चार्टर अधिनियम में उन अधिकारियों और कर्मचारियों का भी उल्लेख किया गया है, जिनके ऊपर शिकायत दूर करने का दायित्व है। इस अधिनियम के अनुसार नागरिकों को मौखिक और लिखित रूप से शिकायत दर्ज कराने का अधिकार होगा। शिकायत निवारण अधिकारी यदि 15 दिन के अंदर शिकायत का समाधान नहीं करता है, तो यह मामला स्वत: ही विभाग प्रमुख के पास आ जाएगा, जिनको 30 दिन के अंदर इसका निपटारा करना होगा।

सिटीजन चार्टर की प्रमुख विशेषताएं

इस दस्तावेज में सार्वजनिक विभाग द्वारा सक्षम और प्रभावी तरीके से स्वीकार्य मानक सेवाएं प्रदान करने की जिम्मेदारी, कर्तव्य और वचनबद्धता की घोषणा की जाएगी। इसमें तय सीमा के भीतर सेवाएं मुहैया कराने एवं शिकायत निवारण के लिए जिम्मेदार सिविल सेवक के पदों का भी ब्यौरा होगा। इसके तहत कई अन्य प्रावधान भी शामिल हैं-

- नागरिकों को दी जाने वाली वस्तुओं एवं सेवाओं का विवरण।
- इन सेवाओं को पाने की प्रक्रिया का विवरण।
- उन दशाओं के बारे में जिनके आधार पर नागरिक को वस्तुओं एवं सेवाओं को पाने का अधिकार होगा।
- वस्तुओं एवं सेवाओं को पाने के मानक एवं समयसीमा का विवरण।
- उस समय-सीमा का ब्यौरा, जिसके बाद सिविल सेवक आवेदन को निरस्त कर देगा।
- उस व्यक्ति का विवरण, जो सुविधाएं उपलब्ध कराएगा और साथ में उसकी निगरानी करने वाले अधिकारी का ब्यौरा भी दिया जाएगा।
- सिटीजन चार्टर को प्रत्येक वर्ष अपडेट किया जाएगा।

शिकायत निवारण अधिकारी (जी.आर.ओ.)

- प्रत्येक प्राधिकरण छह माह के भीतर केंद्र, राज्य, जिला और तहसील स्तर पर शिकायत निवारण अधिकारियों की भर्ती करेगा, जो नागरिकों द्वारा की जाने वाली शिकायतों का निपटान करेगा।
- प्रत्येक प्राधिकरण में जी.आर.ओ. होगा।
- जी.आर.ओ. यह सुनिश्चित करेगा कि-
  - ❖ शिकायतों का निपटारा 15 दिनों के भीतर हो।
  - ❖ शिकायत के कारणों की पहचान करते हुए इसके लिए दोषी अधिकारी को जिम्मेदार ठहराया जाएगा। शिकायतों का संतोषजनक तरीके से निपटान होगा।
  - ❖ दोषी अधिकारी के खिलाफ विभागीय कार्रवाई की जाएगी और जुर्माना लगाया जाएगा।
- नागरिकों द्वारा शिकायत दर्ज कराने में भी जीआरओ हर तरह का सहयोग करेगा। यहां तक कि मौखिक शिकायत को भी वह लिखित तौर पर दर्ज करने की व्यवस्था सुनिश्चित करेगा।

प्राधिकरण का विभागाध्यक्ष

प्रथम अपीलीय

- जिन शिकायतों का निराकरण 15 दिनों के भीतर नहीं होगा, वह अपने आप प्राधिकरण के विभागाध्यक्ष के पास पहुंच जाएगी।
- शिकायतकर्ता खुद भी अपील करने के लिए विभागाध्यक्ष के पास जा सकता है।
- विभागाध्यक्ष द्वारा इन शिकायतों का निपटारा 30 दिनों के अंदर कर दिया जाएगा।
- शक्तियां-
  - ❖ शिकायतकर्ता के अधिकारों या सुविधाओं को प्रदान करने के लिए आदेश जारी किया जा सकता है।
  - ❖ देरी पर जुर्माना एवं अनुशासनात्मक कार्रवाई का आदेश दे सकता है।
  - ❖ सिटीजन चार्टर के सृजन, प्रसार और समय से अपडेट करने के लिए आदेश जारी कर सकता है

द्वितीय अपीलीय

प्राधिकरण के विभागाध्यक्ष के खिलाफ राज्य और केंद्रीय आयोग के समक्ष द्वितीय स्तर की अपील की जा सकती है।

केंद्र और राज्य शिकायत आयोग

- ये अर्ध-न्यायिक निकाय होंगे, जो शिकायतों को निपटाने की व्यवस्था सुनिश्चित करेंगे।
- यह दो स्तरों पर काम करेंगे–
  - ❖ केंद्र स्तर पर केंद्रीय शिकायत आयोग काम करेगा और राज्य स्तर पर राज्य शिकायत आयोग काम करेगा।
- भूमिका–
  - ❖ शिकायत निवारण तंत्र के विकास के लिए तर्कसंगत नीतियां और क्रियान्वयन प्रक्रिया की अनुशंसा करना।
  - ❖ प्राधिकरण विभागाध्यक्ष के निर्णयों के खिलाफ अपील की सुनवाई करना।
  - ❖ किसी भी नागरिक द्वारा की जाने वाली शिकायत की जांच करना।

कार्रवाई रिपोर्ट

किसी की शिकायत पर की गई कार्रवाई की लिखित रिपोर्ट शिकायतकर्ता को जी.आर.ओ. या विभागाध्यक्ष या राज्य या केंद्रीय आयोग द्वारा दी जाएगी।

शिकायत की प्रक्रिया

- नागरिक लिखित या मौखिक (फोन, टेक्स्ट या अन्य माध्यम) शिकायत जी.आर.ओ. या स्थानीय आई.एफ.सी. को कर सकता है।
- हर शिकायत की पावती 24 घंटे के भीतर शिकायतकर्ता को दी जाएगी।
- जीआरओ 15 कार्य दिवसों के भीतर शिकायत का निपटारा कर कार्रवाई रिपोर्ट (ए.टी.आर.) शिकायतकर्ता को दे देगा।
- जी.आर.ओ. को अगर लगता है कि शिकायत में दम नहीं है, तो वह कारण बताते हुए शिकायतकर्ता को उसकी शिकायत वापस कर सकता है।
- यदि शिकायतकर्ता असंतुष्ट है, तो वह जी.आर.ओ. के खिलाफ प्राधिकरण के विभागाध्यक्ष से लेकर केंद्रीय आयोग तक जा सकता है।

भ्रष्टाचार के खिलाफ

- यदि जी.आर.ओ. को लगता है कि किसी सिविल सेवक ने जानबूझकर वस्तु या सेवा को उपलब्ध नहीं कराया या उसके खिलाफ प्रथम दृष्ट्या भ्रष्टाचार निरोधक ऐक्ट, 1988 का मामला बनता है, तो वह उसके खिलाफ मामले की अनुशंसा करेगा।
- इसी तरह जब प्राधिकरण के विभागाध्यक्ष या राज्य या केंद्रीय शिकायत आयोग को किसी शिकायत में प्रथम दृष्ट्या ऐसे दस्तावेज मिलते हैं, जिनसे भ्रष्टाचार निरोधक ऐक्ट, 1988 के तहत मामला बनता है, तो वह उसको प्रमाण के तौर पर इस्तेमाल कर सकता है।

विभिन्न राज्य और सिटीजन चार्टर

राजस्थान : देश में सूचना का अधिकार कानून सबसे पहले लागू करने वाले राज्य राजस्थान में 14 नवंबर, 2011 से राजस्थान लोक सेवा गारंटी अधिनियम, 2011 लागू कर दिया गया। इस कानून के तहत राज्य सरकार के 15 विभागों के 108 कामों को शामिल किया गया है। एक निर्धारित समय-सीमा के अंदर संबंधित अधिकारी आवेदक को सेवा मुहैया कराएगा यानी उसे आवेदक का काम करना पड़ेगा। ऐसा नहीं करने अथवा काम में कोताही बरतने पर संबंधित अधिकारी को 500 रुपए से लेकर पांच हजार रुपए तक का जुर्माना देना पड़ेगा।

इस व्यवस्था को ऑनलाइन कर इसकी निरंतर समीक्षा भी की जाएगी। सरकार का कहना है कि आम जनता को संवेदनशील, पारदर्शी, जवाबदेह और भ्रष्टाचार मुक्त शासन देने की मंशा के अनुरूप ही यह कानून लाया गया है। इससे न केवल जनता के काम समय पर होंगे, अपितु भ्रष्टाचार पर अंकुश भी लगेगा। इस कानून को लागू करने के बाद अब राजस्थान सरकार 'राइट टू हियरिंग' और 'राइट टू शेल्टर' कानून भी लाने जा रही है।

कामकाज गारंटी का कानून लाकर सरकार ने नौकरशाही की मारी आम जनता को राहत पहुंचाने की दिशा में एक बेहतर कदम तो उठाया है, लेकिन दशकों से पूरे तंत्र को अपनी गिरफ्त में लिए हुए वर्तमान व्यवस्था के मकड़जाल को यह कितना तोड़ पाएगी, यह कहना मुश्किल है। जानकारों का मानना है कि इस कानून के बारे में जब तक आम जनता में पूरी तरह जागरूकता नहीं आएगी, तब तक इसका पूरा लाभ नहीं मिल सकेगा।

बिहार : बिहार देश का दूसरा राज्य है, जिसने सिटीजन चार्टर को सख्ती से लागू किया है। सबसे पहले मध्य प्रदेश में यह कानून लागू हुआ और बिहार ने उसके तुरंत बाद राइट टू सर्विस एक्ट नाम से यह व्यवस्था लागू की। बिहार विधानमंडल ने बजट सत्र में ही इससे संबंधित विधेयक पारित कर दिया था। मुख्यमंत्री नीतीश कुमार ने स्वतंत्रता दिवस के मौके पर इस कानून का तोहफा आम लोगों को दिया। इस कानून के तहत अब तक 30 लाख लोगों को समय सीमा के भीतर जरूरी सेवाएं उपलब्ध कराई जा चुकी हैं। अब राइट टू सर्विस ऐक्ट का दायरा बढ़ाया जा रहा है। अब तक 56 जरूरी सेवाएं शामिल की गई थीं, जो अब बढ़ाकर 65 की जा सकती हैं। जरूरी कार्यों के लिए शुल्क अदा कर तत्काल सेवा के तहत उसी दिन सेवाएं हासिल की जा सकती हैं।

वैसे लोक सेवा अधिकार कानून के लागू हो जाने के बाद भी राशन कार्ड वितरण, जन्म-मृत्यु निर्बंधन, वृद्धावस्था पेंशन और सहकारी संस्थाओं के निर्बंधन के मामले में सरकारी दफ्तरों का प्रदर्शन खराब रहा है। जाति प्रमाण-पत्र, आय प्रमाण-पत्र और अन्य प्रमाण-पत्र जारी करने में विभागों का प्रदर्शन औसत पाया गया है। अब इस दायरे में छात्रवृत्ति, स्वास्थ्य और बिजली से जुड़ी समस्याएं, इंदिरा आवासों, विकलांगता प्रमाण पत्र, शिक्षा से जुड़े प्रमाण पत्रों को निर्गत करने और शेयर होल्डिंग के निर्धारण को भी लाया जाने वाला है।

इस कानून के बाद अफसरों के कामकाज में तेजी आई है। मुख्यमंत्री के अंतर्गत सभी जिलाधिकारी आवेदनों के बारे में प्रतिदिन समीक्षा कर रहे अफसरों के कामकाज पर निगरानी रख रहे हैं। उन विभागों में दिक्कतें हैं, जिनमें दलालों की जमात सक्रिय है। मसलन ड्राइविंग लाइसेंस विभाग अब तक दलाल व्यवस्था पर ही निर्भर रहा है। कुछ विभागों में कर्मचारियों की कमी बाधक बन रही है। हालांकि जिस काम के लिए आम आदमी को न सिर्फ दफ्तरों के चक्कर लगाने पड़ते थे, बल्कि भेंट भी चढ़ानी पड़ती थी। इस कानून के लागू होने के बाद वह अब फौरन निपटाए जाने लगे हैं। स्थिति यह है कि कई विभागों में अधिकारियों ने उन कार्यों को दो दिनों में निपटाना शुरू कर दिया है, जिसके लिए 21 दिन का समय कानून में निर्धारित किया गया है।

उत्तराखंड : लोकायुक्त अधिनियम विधानसभा में पास करने के साथ ही उत्तराखंड सरकार ने सेवा का अधिकार अधिनियम सिटीजन चार्टर भी राज्य में लागू कर दिया है। पहले चरण में राज्य के करीब 10 से अधिक विभागों में यह अधिनियम लागू किया गया है। फिलहाल खाद्य एवं नागरिक आपूर्ति, राजस्व, चिकित्सा, स्वास्थ्य एवं परिवार कल्याण, आवास (समस्त प्राधिकरण, विशेष क्षेत्र विकास प्राधिकरण, नगर एवं ग्राम नियोजन), परिवहन, पेयजल, समाज कल्याण, शहरी विकास, विद्यालयी शिक्षा तथा गृह विभाग को सेवा अधिकार अधिनियम के दायरे में लाया गया है। विभागों में अलग-अलग कार्यों की समय-सीमा तय की गई है।

राज्य में सेवा का अधिकार अधिनियम 28 अक्टूबर, 2011 से प्रभावी हो गया है। जिस तरह से इस अधिनियम ने सरकारी लोकसेवकों को सेवा शर्तों के दायरे में बांध दिया है, उससे उम्मीद की जा सकती है कि भविष्य में इससे प्रशासन में समयबद्धता आएगी।

मध्य प्रदेश : मध्य प्रदेश ने सिटीजन चार्टर से एक कदम आगे बढ़कर देश में सबसे पहले लोकसेवा गारंटी अधिनियम लागू किया है। इसके तहत काम की गारंटी को सालभर से ज्यादा बीतने के बावजूद असर उतना नहीं हुआ, जितनी अपेक्षा थी। लेकिन यह भी सच है कि आम आदमी की समस्याएं हल करने में यह कानून मददगार साबित हो रहा है। इसके तहत 60 हजार से ज्यादा आवेदन आए हैं, जिसमें 42 हजार से ज्यादा आवेदनों का निपटारा किया जा चुका है। काम की अधिक गारंटी के लिए सरकार जल्द ही एनजीओ को भी जिम्मा दे रही है। इसमें एनजीओ खुद लोक सेवा गारंटी केंद्र खोल सकेंगे। मध्य प्रदेश में 24 सितंबर, 2010 को लोक सेवा गारंटी अधिनियम, 2010 लागू हुआ था। अब तक इससे भले ही अपेक्षाकृत समस्याएं हल नहीं हुई हों, किंतु जनता को राहत जरूर मिली है। खास तौर पर ऐसे काम जो पहले महीनों चक्कर लगाने के बाद भी नहीं होते थे, वे होने लगे। इसकी सबसे बड़ी वजह यह कि तय सीमा में काम न होने पर संबंधित अधिकारी के वेतन से जुर्माने की राशि काटने का नियम बनाया गया है। समाधान से असंतुष्ट होने पर दो स्तरीय अपील का हक भी आवेदक को दिया गया है, किंतु जागरूकता के अभाव में अपील का कोई मामला अब तक सामने नहीं आया है। पिछड़े व ग्रामीण क्षेत्रों में अभी लोकसेवा गारंटी को मीलों का सफर तय करना है। अभी तक सबसे ज्यादा आवेदन राजस्व संबंधी मामलों के आए हैं। प्रदेश सरकार लोकसेवा गारंटी कानून में ऑनलाइन सिस्टम ला रही है। इसके तहत ऐसा सॉफ्टवेयर तैयार किया गया है, जिसमें प्रदेश के किसी भी हिस्से में निर्धारित केंद्रों पर ऑनलाइन आवेदन करने पर भोपाल मुख्यालय से ही निगरानी हो सकेगी।

छत्तीसगढ़ : छत्तीसगढ़ में लोकसेवा गारंटी कानून पिछले सालों से प्रदेश के सरकारी दफ्तरों की दीवारों की शोभा बढ़ा रहा है। न तो इसका पालन होता है और न ही पालन न करने वालों पर कार्रवाई होती है। अब लोकसेवा गारंटी कानून का हल्ला होने के बाद से प्रदेश के कानून को और मजबूत बनाने की कवायद सरकार द्वारा की जा रही है।

इस कानून का पालन नहीं होने से लोगों को परेशानियों का सामना करना पड़ रहा है। लोगों को छोटे-छोटे कामों के लिए महीनों दफ्तरों के चक्कर काटने पड़ते हैं। जिला कलेक्ट्रेट, तहसील कार्यालय, नगर निगम, जिला पंचायत, अस्पताल, ग्राम पंचायत जैसे कार्यालयों पर लोगों को रोज परेशानियों से दो-चार होना पड़ता है। दफ्तरों के बाहर सिटीजन चार्टर के निर्देश लगे हैं, मगर यह बोर्ड धूल खा रहे हैं। कई दफ्तरों से तो बोर्ड भी गायब हैं।

अब बदल सकती है स्थिति

दरअसल काम की समय-सीमा तो तय है मगर जनता को सेवा की गारंटी नहीं दी गई है। अब इस विसंगति को दूर करने की कवायद शुरू हुई है। इसके तहत अब समय पर काम नहीं करने वालों पर विभागीय कार्रवाई के अलावा अन्य प्रकार के दंड पर विचार किया जा रहा है। लोगों का भी मानना है कि इससे काम आसानी से होने लगेगा।

कानून से ज्यादा नैतिक निर्माण की आवश्यकता

धीरे-धीरे एक आम भावना घर करती जा रही है कि हर समस्या का हल कानून बनाकर किया जा सकता है। अन्ना हजारे और उनके सहयोगी भ्रष्टाचार को रोकने या खत्म करने के लिए एक मजबूत कानून पारित कराना चाहते थे। कुछ लोग चाहते थे कि सांसदों को वापस बुलाने के लिए कानून बने। इसी फेहरिस्त में नागरिकों की शिकायतों की तरफ प्रशासन को उत्तरदायी बनाने के लिए और निचले स्तर की नौकरशाही से भ्रष्टाचार समाप्त करने के लिए सरकार ने एक कानून बनाया, जन शिकायत निवारण अधिकार विधेयक 2011। इस प्रस्तावित कानून का मसौदा जारी किया गया।

किसी भी सभ्य और लोकतांत्रिक समाज में कानून की महत्वपूर्ण भूमिका होती है। एक तरफ समाज में जुर्म रोकने के लिए तो दूसरी तरफ समाज में एक नई चेतना उजागर करने के लिए। एक जमाने से इस देश में पहले शारदा ऐक्ट और बाद में बाल विवाह निषेध कानून मौजूद है, लेकिन बाल विवाह का अस्तित्व आज भी कायम है। हालांकि इन कानूनों द्वारा एक चेतना आम हुई है कि बाल विवाह आज एक आपत्तिजनक परंपरा है।

भ्रष्टाचार और प्रशासन का नागरिकों की शिकायतों की तरफ नकारात्मक रवैया आम हिंदुस्तानी की रोजमर्रा की जिंदगी का अनुभव है। उसके लिए नए कानून बनाकर चेतना उजागर करने की आवश्यकता तो है नहीं। यह एक बड़ा सवाल है कि जन लोकपाल कानून या जन शिकायत निवारण अधिकार विधेयक या सांसदों को वापस बुलाने वाला कानूनी प्रावधान भ्रष्टाचार को रोकने या अपने मकसद को हल करने में किस हद तक सफल होंगे। अभी तक का अनुभव यही बताता है कि हर नया कानून मुकदमेबाजी बढ़ाता है, लोगों को न तो न्याय मिलता है और न ही नागरिकों की समस्याओं का निवारण होता है। ये विधेयक यदि पारित भी कर दिए जाएं तो मुकदमेबाजी ही बढ़ेगी। इससे ज्यादा कुछ नहीं होगा।

भ्रष्टाचार और नागरिकों की शिकायतों की तरफ प्रशासन की उदासीनता सामाजिक और नैतिक समस्याएं हैं। हमारे समाज का ढांचा एक तरफ भ्रष्टाचार और दूसरी तरफ उदासीनता पर आधारित है। जब हम मन्नत मांगते समय भगवान् या खुदा से कहते हैं कि हमारा फलां काम सफल कर दीजिए। हम आपको प्रसाद या चादर या मुकुट चढ़ाएंगे। यह प्रवृत्ति भी तो एक तरह से भगवान को घूस देने की तरह है। वास्तविकता यही है कि धार्मिकता के मापदंड स्वयं भ्रष्टाचार की प्रवृत्ति को प्रोत्साहित करते हैं। धर्म की बात न भी करें तो सामान्य जीवन में हम परिवार में ही भ्रष्टाचार का सबक अपने बच्चों को सिखाते हैं।

पिता द्वारा बेटे या बेटी को मां से न बताने की हिदायत देते हुए आइसक्रीम खाने को देना भी भ्रष्टाचार है। यही प्रवृत्ति आगे चलकर उस बच्चे को भ्रष्टाचार के लिए प्रेरित करती है। जब तेज बाइक चलाने या हेलमेट न पहने के लिए यातायात पुलिस उसे रोकती है, तो वह यही सोचता है कि क्यों न कुछ ले-देकर मामले को रफा-दफा कर दिया जाए।

आम धारणा है कि नेता बेईमान हैं, उनके ऊपर अंकुश लगाने की जरूरत है। हम यह सवाल अपने से नहीं करते कि नेता को भ्रष्ट कौन बनाता है? हम ही तो सही या गलत काम करवाने के लिए उनको रिश्वत देते हैं। सच तो यह है कि नागरिक की तरफ प्रशासन का रवैया मजबूर करता है कि काम करवाने के लिए हम घूस दें। ऐसी परिस्थिति में समाज के नैतिक निर्माण के बिना देश में व्याप्त समस्याओं का समाधान मुश्किल है।

स्मरणीय तथ्य

- 20वीं शताब्दी के अंतिम दशक में विश्वभर में प्रशासनिक तंत्र को जनता के प्रति संवेदनशील बनाने के लिए तीव्रता से प्रयास हुए हैं।
- जन सहभागिता का अर्थ प्रशासनिक प्रक्रिया में लोगों की भागीदारी से है। जनसहभागिता के अंतर्गत नियोजन, क्रियान्वयन, नियंत्रण तथा संसाधन सदुपयोग के क्रम में जनता की सक्रिय भागीदारी होती है।
- नागरिक समाज संगठन तथा कल्याण एवं विकास प्रशासन में महत्वपूर्ण भूमिका अदा करते हैं।
- परंपरागत रूप से नीति-निर्माण सरकार का कार्य है, लेकिन वर्तमान में नागरिक समाज की भूमिका बढ़ गई है।
- बिहार देश का दूसरा राज्य है, जिसने सिटीजन चार्टर को सख्ती से लागू किया है।
- लोकायुक्त अधिनियम विधानसभा में पास करने के साथ ही उत्तराखंड सरकार ने सेवा का अधिकार अधिनियम सिटीजन चार्टर भी राज्य में लागू कर दिया है।

❑❑❑

भाग-XIII

अन्वेषण एजेंसियां

अध्याय 1

केंद्रीय सतर्कता आयोग

स्वतंत्रता प्राप्ति के बाद देश में बढ़ते भ्रष्टाचार को देखते हुए उस पर अंकुश लगाने तथा शासन प्रशासन की विश्वसनीयता को बनाए रखने के लिए एक संस्था की आवश्यकता महसूस की गई। उल्लेखनीय है कि इसका गठन संस्थान समिति की सिफ़ारिशों के आधार पर किया गया। शुरू में इसे संविधानेत्तर संस्था के रूप में स्थापित किया गया और इसका गठन मंत्रिमंडल द्वारा पारित एक संकल्प प्रस्ताव के आधार पर किया गया है, परंतु वर्ष 2003 में संसद द्वारा अधिनियम बना कर इसे सांविधिक संस्था का दर्जा दिया गया और भ्रष्टाचार जांच एवं निरोधक एजेंसी के रूप में इसे कार्य करने के लिए अधिकृत किया गया। 2004 में इसकी प्रकृति में और बदलाव किया गया। इसे सार्वजनिक हितों को सामने लाने वाले और सूचना देने वालों को सुरक्षा प्रदान करने के अंतर्गत सूचना देने वालों से भ्रष्टाचार अथवा कार्यालय के दुरुपयोग के आरोपों से किसी भी प्रकार की सच्चाई को सामने लाने अथवा शिकायत प्राप्त करने और उस पर कार्यवाही करने के लिए अधिकृत किया गया।

केंद्रीय सतर्कता आयोग की नियुक्ति

केंद्रीय सतर्कता आयोग एक बहु-सदस्यीय संस्था है, जिसमें एक केंद्रीय सतर्कता आयुक्त (अध्यक्ष) व दो-या-दो से कम सतर्कता आयुक्त होते हैं। इनकी नियुक्ति राष्ट्रपति द्वारा एक तीन सदस्यीय समिति की सिफारिश पर होती है।

केंद्रीय सतर्कता आयोग नियुक्ति समिति के अध्यक्ष प्रधानमंत्री होते हैं, जबकि दो अन्य सदस्यों में लोकसभा में विपक्ष के नेता एवं केंद्रीय गृहमंत्री होते हैं।

केंद्रीय सतर्कता आयुक्त का कार्यकाल और पदच्युति

- केंद्रीय सतर्कता आयुक्त का कार्यकाल 4 वर्ष अथवा 65 वर्ष की आयु तक, जो भी पहले हो, तक होता है।
- केंद्रीय सतर्कता आयुक्त अपने कार्यकाल के पश्चात् केंद्र अथवा राज्य सरकार के किसी भी पद के योग्य नहीं होते हैं।
- राष्ट्रपति केंद्रीय सतर्कता आयुक्त और अन्य आयुक्तों को निम्नलिखित आधार पर उनके पद से किसी भी समय हटा सकते हैं–
  1. यदि वह मानसिक रूप से विक्षिप्त हो गया हो या शारीरिक रूप से कार्य करने में सक्षम नहीं हो।
  2. यदि वह दिवालिया घोषित किया जा चुका हो।
  3. यदि वह नैतिक चरित्रहीनता के आधार पर किसी मामले में दोषी पाया गया हो।
  4. यदि उसने कार्यकाल के दौरान या अपने कार्यक्षेत्र के बाहर कोई लाभ का पद धारण कर लिया हो।
  5. यदि वह कोई आर्थिक या इस प्रकार के अन्य लाभ का प्राप्तकर्ता हो जो आयोग के कार्य में पूर्वाग्रह युक्त हो।

उपरोक्त वर्णित शर्तों के अलावा केंद्रीय सतर्कता आयुक्त एवं अन्य आयुक्तों को राष्ट्रपति द्वारा दुराचार और अक्षमता के आधार पर भी हटाया जा सकता है, परंतु ऐसा करने के पूर्व राष्ट्रपति को सर्वोच्च न्यायालय के पास इस विषय को प्रेषित करना होगा। सर्वोच्च न्यायालय द्वारा राष्ट्रपति से विषय प्राप्त होने पर इस मामले की जांच कराई जाएगी और जांच के सही पाए जाने पर उसे पद से राष्ट्रपति हटा सकते हैं। केंद्रीय सतर्कता आयुक्त एवं आयोग के अन्य आयुक्त दुराचार के दोषी निम्नलिखित संदर्भों में पाए जा सकते हैं–

1. यदि वह केंद्र सरकार के किसी अनुबंध अथवा कार्य में सम्मिलित हो।
2. यदि वह किसी ऐसे कार्य अथवा अनुबंध से लाभ प्राप्त करता हो अथवा जिसके उपरांत प्रकट होने वाले लाभ एवं सुविधाएं किसी निजी कंपनियों के सदस्यों के समान ही प्राप्त करता हो।

केंद्रीय सतर्कता आयुक्त के वेतन और भत्ते

केंद्रीय सतर्कता आयुक्त एवं अन्य आयुक्तों को वेतन एवं भत्ते संघ लोक सेवा आयोग के अध्यक्ष और सदस्यों के समान ही प्राप्त होते हैं, जो भारत की संचित निधि पर भारित होता है। उनके सेवा कार्यकाल के दौरान उनके वेतन-भत्ते और अन्य सुविधाओं में किसी भी प्रकार का अलाभकारी परिवर्तन नहीं किया जा सकता है।

केंद्रीय सतर्कता आयोग का संगठन

केंद्रीय सर्तकता आयोग का अपना सचिवालय, मुख्य तकनीकी परीक्षक शाखा (CTE) तथा विभागीय जांचों के लिए आयुक्तों (CDIs) की एक शाखा होगी।

सचिवालय

सचिवालय में एक सचिव, संयुक्त सचिवगण, उपसचिवगण, अवर सचिवगण तथा कार्यालय कर्मचारी होंगे।

मुख्य तकनीकी परीक्षक शाखा

मुख्य तकनीकी परीक्षक संगठन सी.वी.सी. की तकनीकी शाखा है, जिसमें मुख्य अभियंता, जिनका पदनाम मुख्य तकनीकी परीक्षक होता है तथा सहायक अभियंता स्टाफ होते हैं।

विभागीय जांचों के लिए आयुक्त (CDI)

सी.डी.आई. (Commissioners for Departmental Inquiries—CDI) जांच अधिकारियों के रूप में कार्य करते हैं, जो कि लोक सेवकों के विरुद्ध विभागीय कार्रवाइयों की मौखिक जांच पड़ताल करते हैं।

केंद्रीय सतर्कता आयोग के कार्य

केंद्रीय सतर्कता आयोग को निम्नलिखित कार्य संपादित करने पड़ते हैं–

- केंद्र सरकार के निर्देश पर ऐसे किसी विषय की जांच करना जिसमें केंद्र सरकार या इसके प्राधिकरण के किसी कर्मचारी द्वारा भ्रष्टाचार निवारण अधिनियम 1988 के तहत कोई अपराध किया गया हो।
- निम्नलिखित श्रेणियों से संबंधित अधिकारियों के विरुद्ध किसी भी शिकायत की जांच करना, जिसमें उस पर भ्रष्टाचार निवारण अधिनियम, 1988 के तहत किसी अपराध का आरोप हो
  1. भारत सरकार के ग्रुप ए के कर्मचारी एवं अखिल भारतीय सेवा के अधिकारी; तथा
  2. केंद्र सरकार के प्राधिकरणों के निर्दिष्ट स्तर के अधिकारी।
- भ्रष्टाचार निवारण अधिनियम, 1988 के तहत अपराधों की जांच से संबंधित दिल्ली विशेष पुलिस बल (CBI) के कामकाज की देख-रेख करना।
- भ्रष्टाचार निवारण अधिनियम, 1988 के तहत अपराधों की जांच से संबंधित दिल्ली विशेष पुलिस बल (CBI) को निर्देश देना।
- भ्रष्टाचार निवारण अधिनियम 1988 के अंतर्गत मुकदमा चलाने हेतु संबंधित प्राधिकरणों को दिए गए लंबित प्रार्थना पत्रों की समीक्षा करना।
- केंद्र सरकार और इसके प्राधिकरणों को ऐसे किसी मामले में सलाह देना।
- केंद्र सरकार के मंत्रालयों व प्राधिकरणों के सतर्कता प्रशासन पर नजर रखना।
- लोकहित उद्घाटन तथा सूचक की सुरक्षा से संबंधित संकल्प के अंतर्गत प्राप्त शिकायतों की जांच करना तथा उपयुक्त कार्यवाही की अनुशंसा करना।
- केंद्रीय सतर्कता आयोग मनी लांड्रिंग निरोधक अधिनियम 2012 के अंतर्गत संदेहास्पद मामलों, कार्यों और लेन-देन संबंधी सूचना प्राप्त करने का अधिकार रखता है।
- लोकपाल और लोकायुक्त अधिनियम 2013 के माध्यम से केंद्रीय निगरानी अधिनियम 2003 और दिल्ली विशेष पुलिस स्थापना अधिनियम 1946 में संशोधन किया गया और केंद्रीय सतर्कता आयुक्त के कार्यों में भी बदलाव किया गया। इस अनुक्रम में केंद्रीय सतर्कता आयुक्त को निम्नलिखित नए कार्य सौंपे गए–
  1. केंद्र सतर्कता आयोग की सिफारिश पर ही केंद्रीय सतर्कता ब्यूरो में अभियोजन से संबंधित निवेशक मंडल में अभियोजन निदेशक की नियुक्ति करेगी।
  2. केंद्रीय सतर्कता आयोग की सिफारिश पर केंद्र सरकार केंद्रीय सतर्कता/ निगरानी ब्यूरो में पुलिस अधीक्षकों के पद पर अधिकारियों की नियुक्ति करेगी, परंतु इसे सीबीआई के निदेशक का चयन करने का अधिकार नहीं होगा।
  3. केंद्रीय सतर्कता आयोग को लोकपाल द्वारा समूह ए, बी, सी और डी के अधिकारियों के विरुद्ध भेजी गई शिकायतों की प्राथमिक जांच करने का अधिकार प्राप्त है। इस संदर्भ में आयोग द्वारा जांच निदेशालय स्थापित किया जाएगा। जांच के उपरांत केंद्रीय सतर्कता आयोग अपनी सिफारिशें लोकपाल को प्रेषित कर देगा। इसके अतिरिक्त लोकपाल द्वारा भेजे गए अन्य मामलों की भी केंद्रीय सतर्कता आयोग जांच कर सकता है।

केंद्रीय सतर्कता आयोग का कार्यक्षेत्र

केंद्रीय सतर्कता आयोग का कार्यक्षेत्र काफी व्यापक है, जिसका उल्लेख इसके गठन संबंधी चार्टर में किया गया है। जो निम्नवत् है–

- केंद्रीय सतर्कता आयोग अखिल भारतीय सेवा के उन सदस्यों के संदर्भ में जांच करने का अधिकार रखता है, जो केंद्र सरकार के मामलों से संबंधित है और केंद्र सरकार के समूह 'ए' के अधिकारी हैं।
- सार्वजनिक क्षेत्र के बैंकों के स्केल पांच से ऊपर के अधिकारियों के संदर्भ में।
- भारतीय रिजर्व बैंक, राष्ट्रीय कृषि एवं ग्रामीण विकास बैंक, भारतीय लघु उद्योग विकास बैंक के ग्रेड डी और इससे ऊपर के अधिकारियों के संदर्भ में।
- सार्वजनिक क्षेत्र के उपक्रमों के बोर्डों के मुख्य कार्यकारी तथा अनुसूची 'क', 'ख' और 'ई-7 एवं ई-8' तथा ऊपर के अन्य अधिकारियों के संदर्भ में।
- साधारण बीमा कंपनियों के प्रबंधकों और उनसे ऊपर के अधिकारियों के संदर्भ में।
- जीवन बीमा निगम में वरिष्ठ डिवीजनल प्रबंधकों एवं उनके ऊपर के अधिकारियों के संदर्भ में।

केंद्रीय सतर्कता आयोग की कार्यप्रणाली

- केंद्रीय सतर्कता आयोग अपने दायित्वों और कार्यों को पूरा करने के लिए संपूर्ण अधिकार रखता है और अपनी समस्त कार्यवाहियां अपने मुख्यालय नई दिल्ली से संचालित करता है। केंद्रीय सतर्कता आयोग अपनी कार्यवाही विनियमित करने के लिए दीवानी न्यायालय के पास जो शक्तियां होती हैं, वह सभी शक्तियां धारित करता है।

व्हिसल ब्लोअर संरक्षण अधिनियम

भ्रष्टाचार सार्वजनिक करने वाले लोगों 'व्हिसल ब्लोअर्स' की पहचान गुप्त रखने से जुड़े प्रावधान वाले व्हिसल ब्लोअर संरक्षण अधिनियम 2011 को राष्ट्रपति प्रणब मुखर्जी ने 9 मई, 2014 को स्वीकृति दी। इसके प्रमुख प्रावधान निम्नलिखित हैं–

- इस अधिनियम में व्हिसल ब्लोअर (जो भ्रष्टाचार की जानकारी उपलब्ध कराते हैं) की पहचान को गोपनीय बनाए रखने की एक विधि प्रस्तुत की गई, जिससे कि व्यक्ति पूर्णतया भयमुक्त होकर कार्य कर सके और भ्रष्टाचार को सामने ला सके।
- यह कानून जनता को मंत्रियों और लोकसेवकों द्वारा अधिकारों का जानबूझकर दुरुपयोग करने के बारे में या भ्रष्टाचार के बारे में जानकारी का खुलासा करने के लिए उत्साहित करने की प्रणाली है। कानून के अनुसार, कोई व्यक्ति किसी सक्षम प्राधिकार के समक्ष भ्रष्टाचार के मामले में जनहित में जानकारी सार्वजनिक कर सकता है।
- फिलहाल केंद्रीय सतर्कता आयोग (CVC) सक्षम प्राधिकार या प्राधिकरण है। कानून कहता है कि सरकार अधिसूचना जारी करके भ्रष्टाचार के बारे में इस तरह की शिकायतें प्राप्त करने के लिए भी किसी को नियुक्त कर सकती है। इस कानून में झूठी या फर्जी शिकायतों के मामले में 2 वर्ष तक की कैद और 30000 रुपए तक के जुर्माने का प्रावधान है।
- यह अधिनियम यह प्रावधान करता है कि प्रत्येक भ्रष्टाचार को विश्वसनीय एवं प्रभावपूर्ण तरीके से उद्घाटित किया जाए। जो व्यक्ति इसको सामने ला रहा है, उसे पूर्णतया आश्वस्त होकर व्यक्तिगत रूप में घोषणा करनी चाहिए कि उसके द्वारा उद्घाटित सूचना पूर्णतया सही है।
- भ्रष्टाचार से संबंधित उद्घाटन लिखित रूप में या आधुनिक प्रारूपों ई-मेल या मैसेज द्वारा भी किया जा सकता है, परंतु उसे एक निर्धारित प्रक्रिया के अनुरूप होना चाहिए और उसकी पुष्टि के लिए आवश्यक कागजात तथा सामग्री का होना भी अनिवार्य है।
- राष्ट्रीय सुरक्षा से संबंधित सूचनाओं को इसके दायरे से बाहर रखा गया है। यह अधिनियम जम्मू-कश्मीर सेना और प्रधानमंत्री की सुरक्षा में लगे विशेष सुरक्षा बल और पूर्व प्रधानमंत्रियों की सुरक्षा में लगे बल पर लागू नहीं होता है।
- इस अधिनियम में यह प्रावधान किया गया है कि यदि कोई उद्घाटन उद्घाटनकर्ता के बिना नाम का हो अथवा शिकायतकर्ता या सरकारी सेवक का नाम उसमें उल्लेखित नहीं है, तो कार्यवाही नहीं होनी चाहिए। इसके साथ-साथ यह अधिनियम यह भी कहता है कि यदि शिकायतकर्ता या सरकारी सेवक की पहचान प्राप्त न हो या सही न हो, तो भी कार्यवाही नहीं होनी चाहिए।
- संयुक्त राज्य अमेरिका की 'व्हिसल ब्लोअर्स' प्रणाली की तर्ज पर आधारित भारत का व्हिसल ब्लोअर संरक्षण अधिनियम 2011 कुल 6 अध्यायों और 31 धाराओं का एक संक्षिप्त विधेयक है।

- यही नहीं केंद्रीय सतर्कता आयोग को केंद्र सरकार और उसके प्राधिकरणों से किसी भी संदर्भ में जानकारी मांगने अथवा भ्रष्टाचार रहित कार्यों पर नजर रखने का अधिकार है।
- केंद्रीय सतर्कता आयोग, अपने निर्देश पर किसी जांच एजेंसी द्वारा की गई जांच रिपोर्ट को प्राप्त करने के बाद सरकार अथवा इसके प्राधिकरण को आगे की कार्यवाही करने की सलाह देता है।
- केंद्रीय सतर्कता आयोग के परामर्श पर केंद्रीय सरकार अथवा इसके प्राधिकरण विचार कर आवश्यक कदम उठाते हैं। यदि केंद्र सरकार या इसके प्राधिकरण, किसी सलाह से सहमत न हों तो उसे लिखित रूप में कारणों सहित केंद्रीय सतर्कता आयोग को बताना उनके लिए अनिवार्य होता है।
- केंद्रीय सतर्कता आयोग अपनी वार्षिक रिपोर्ट राष्ट्रपति को प्रस्तुत करता है और राष्ट्रपति इसे संसद में प्रस्तुत करवाते हैं।

स्मरणीय तथ्य

- केंद्रीय सतर्कता आयोग एक बहु–सदस्यीय संस्था है, जिसमें एक केंद्रीय सतर्कता आयुक्त (अध्यक्ष) व दो या दो से कम सतर्कता आयुक्त होते हैं।
- केंद्रीय सतर्कता आयुक्त का कार्यकाल 4 वर्ष अथवा 65 वर्ष की आयु तक, जो भी पहले हो, तक होता है।
- केंद्रीय सतर्कता आयुक्त एवं अन्य आयुक्तों को वेतन एवं भत्ते संघ लोक सेवा आयोग के अध्यक्ष और सदस्यों के समान ही प्राप्त होते हैं।
- केंद्रीय सतर्कता आयोग अखिल भारतीय सेवा के उन सदस्यों के संदर्भ में जांच करने का अधिकार रखता है, जो केंद्र सरकार के मामलों से संबंधित है और केंद्र सरकार के समूह 'ए' के अधिकारी हैं।
- भ्रष्टाचार सार्वजनिक करने वाले लोगों 'व्हिसल ब्लोअर्स' की पहचान गुप्त रखने से जुड़े प्रावधान वाले व्हिसल ब्लोअर संरक्षण अधिनियम 2011 को राष्ट्रपति प्रणब मुखर्जी ने 9 मई, 2014 को स्वीकृति दी।

❑❑❑

अध्याय 2

लोकपाल एवं लोकायुक्त

देश में एक प्रभावी और शक्तिशाली लोकपाल की मांग स्वतंत्रता प्राप्ति के बाद ही शुरू हो गई थी। इस संदर्भ में पहली बार 1968 में संसद में एक विधेयक प्रस्तुत किया गया, परंतु वह अंतिम रूप नहीं ले सका। उसके बाद समय-समय पर लोकपाल के गठन के लिए संसद में विधेयक प्रस्तुत किए जाते रहे, परंतु उन्हें मंजिल नहीं मिल पाती थी। भ्रष्टाचार पर प्रभावी तरीके से अंकुश पाने के लिए सशक्त लोकपाल की मांग को लेकर टीम अन्ना के दबाव के बीच मनमोहन सिंह सरकार ने लोकपाल और राज्यों में लोकायुक्त की स्थापना के लिए बहुप्रतीक्षित लोकपाल एवं लोकायुक्त विधेयक 21 दिसंबर 2011 को लोकसभा में पेश कर दिया। प्रधानमंत्री को कुछ शर्तों के साथ लोकपाल के दायरे में लाने का प्रावधान विधेयक में किया गया है, लेकिन सीबीबाई को इसके दायरे के बाहर ही रखा गया है। 21 मई, 2012 को राज्यसभा में लोकपाल एवं लोकायुक्त विधेयक 2011 को पुनः प्रस्तुत किया गया और इस विधेयक को राज्यसभा की विशेष समिति के पास परीक्षण के लिए भेज दिया गया। विशेष समिति ने 23 नवंबर 2012 को इस पर विचार-विमर्श किया और विधेयक में आधिकारिक संशोधन का प्रस्ताव, जो विशेष समिति में विचार के लिए रखा गया था, उसे केंद्रीय मंत्रिमंडल द्वारा 31 जनवरी, 2013 को व्यापक विचार-विमर्श के बाद अपनी स्वीकृति दे दी गई। इसके पश्चात् राज्यसभा द्वारा 17 दिसंबर, 2013 को लोकपाल एवं लोकायुक्त विधेयक को पारित कर दिया गया। इसके बाद 18 दिसंबर, 2013 को लोकसभा ने राज्यसभा के संशोधनों को स्वीकार करते हुए विधेयक को पारित कर दिया। तत्पश्चात् राष्ट्रपति ने 1 जनवरी, 2014 को इस विधेयक को स्वीकृति दे दी और यह विधेयक से अधिनियम बन गया। लोकपाल एवं लोकायुक्त अधिनियम 16 जनवरी, 2014 से लागू हो गया है।

लोकपाल एवं लोकायुक्त अधिनियम 2013 के प्रमुख प्रावधान

- लोकपाल संस्था को संवैधानिक दर्जा दिया गया है, जिसके लिए संविधान संशोधन किया जाएगा।
- लोकपाल संस्था का अध्यक्ष सुप्रीम कोर्ट के प्रधान न्यायाधीश या पूर्व प्रधान न्यायाधीश या सुप्रीम कोर्ट के पीठासीन या सेवानिवृत्त न्यायाधीश या किसी अन्य अति प्रतिष्ठित व्यक्ति को नियुक्त किया जाएगा।
- लोकपाल के अध्यक्ष और सदस्यों का कार्यकाल पांच साल का होगा। लोकपाल संस्था में अध्यक्ष सहित नौ सदस्य होंगे।
- लोकपाल के 50 प्रतिशत सदस्य अनुसूचित जाति, जनजाति, अन्य पिछड़ा वर्ग, अल्पसंख्यकों और महिला समुदाय से लिए जाएंगे।
- 50 प्रतिशत सदस्य न्यायिक सेवा से होंगे।
- प्रधानमंत्री को भी लोकपाल की परिधि में लाया गया है, परंतु बहुत सारे विषयों में वे लोकपाल से परे होंगे। उनके विरुद्ध आरोप के निपटारे के लिए विशेष प्रक्रिया अपनाई जाएगी।
- लोकपाल को यह अधिकार होगा कि उसको प्रेषित मामले में वह किसी भी जांच एजेंसी की निगरानी कर सकता है और उसे दिशा-निर्देशित कर सकता है। इसके दायरे में सी.बी.आई. भी आएगी।
- लोकपाल के अनुमोदन से लोकपाल द्वारा प्रेषित किए गए मामलों की जांच करने वाले केंद्रीय जांच ब्यूरो के अधिकारियों का हस्तांतरण नहीं किया जाएगा।
- लोकपाल द्वारा प्रेषित केसों की जांच के लिए पर्याप्त धनराशि की व्यवस्था सरकार द्वारा संबंधित आयोग के लिए की जाएगी।
- प्रधानमंत्री, लोकसभा अध्यक्ष, लोकसभा में प्रतिपक्ष के नेता और देश के प्रधान न्यायाधीश या उनके द्वारा नामित सुप्रीम कोर्ट के पीठासीन न्यायाधीश तथा राष्ट्रपति द्वारा मनोनीत एक कानूनविद को मिलाकर बनाई गई समिति लोकपाल संस्था के अध्यक्ष एवं सदस्यों का चयन करेगी।
- राज्यों में लोकायुक्त के मामले में चयन समिति में मुख्यमंत्री, विधानसभा अध्यक्ष, प्रतिपक्ष के नेता और हाईकोर्ट के मुख्य न्यायाधीश या उनके द्वारा नामित हाईकोर्ट का कोई न्यायाधीश शामिल होगा।
- प्रधानमंत्री लोकपाल के दायरे में आएंगे, लेकिन अंतर्राष्ट्रीय संबंधों, बाहरी और आंतरिक सुरक्षा, परमाणु ऊर्जा और अंतरिक्ष सुरक्षा से जुड़े मामलों की जांच को इसके दायरे से बाहर रखा गया है।
- कम-से-कम सात सदस्यों के अनुमोदन के बाद ही प्रधानमंत्री के खिलाफ जांच और कार्यवाही हो सकेगी। ऐसे मामलों में सुनवाई बंद कमरे में होगी और आरोप सिद्ध नहीं होने पर सुनवाई का रिकॉर्ड सार्वजनिक नहीं होगा।
- पूर्व प्रधानमंत्री, सभी वर्तमान तथा पूर्व केंद्रीय मंत्री और सांसद लोकपाल के दायरे में आएंगे।
- सदन के भीतर सदस्यों का आचरण लोकपाल के दायरे से बाहर रहेगा।
- केंद्रीय जांच ब्यूरो को सीधे लोकपाल के नियंत्रण में नहीं रखा गया है।
- लोकपाल शिकायतों की प्रारंभिक जांच के बाद उसे सीबीआई को सौंपेगा। सीबीआई की जांच में लोकपाल का दखल नहीं होगा, लेकिन जांच रिपोर्ट लोकपाल को दी जाएगी और फिर आरोप पत्र दाखिल करने या मामला बंद करने के बारे में लोकपाल निर्णय लेगा।
- लोकपाल आरंभिक जांच के लिए केंद्र या राज्य सरकार की किसी भी एजेंसी या अधिकारी की सेवाएं ले सकता है।
- लोकपाल को भ्रष्ट तरीके से अर्जित संपत्ति को कुर्क करने का अधिकार होगा, लेकिन इस कार्यवाही की 30 दिन के भीतर विशेष अदालत से पुष्टि करानी होगी।
- लोकपाल की सिफारिश पर केंद्र सरकार भ्रष्टाचार निवारण कानून से संबंधित मामलों की सुनवाई के लिए पर्याप्त संख्या में विशेष अदालतों की स्थापना करेगी।

भारत में लोकपाल विधेयक का इतिहास

- भारतीय संसद के इतिहास में लोकपाल विधेयक का इतिहास बेहद उतार-चढ़ाव वाला रहा। 1968 से अब तक 8 बार यह विधेयक संसद में पेश हो चुका है। विधेयक को संसद में पेश किए जाने का यह 9वां मौका था।
- 1966 में तत्कालीन राष्ट्रपति डॉ. राधाकृष्णन ने 'प्रशासनिक सुधार आयोग' गठित किया था। इसके अध्यक्ष मोरारजी देसाई थे। इसी आयोग ने लोकपाल गठित करने के लिए कानून बनाने का सुझाव दिया था।
- इस तरह का पहला विधेयक चौथी लोकसभा में प्रस्तुत किया गया था। तब इसे 'लोकपाल और लोकायुक्त विधेयक-1968' के रूप में वर्णित किया गया था।
- इस विधेयक को दोनों सदनों की संयुक्त समिति को भेजा गया था। समिति की रिपोर्ट के आधार पर विधेयक को लोकसभा ने पारित किया। लेकिन, जब विधेयक राज्यसभा में लंबित था, तभी लोकसभा भंग हो गई और विधेयक रद्द हो गया।
- पांचवीं लोकसभा में इंदिरा गांधी ने एक बार फिर इस विधेयक को प्रस्तुत किया। 6 साल की लंबी अवधि तक यह 'विचार किए जाने वाले' विधेयकों की श्रेणी में पड़ा रहा। 1977 में लोकसभा भंग हो गई और विधेयक भी रद्द हो गया।
- 1977 में मोरारजी देसाई की सरकार में यह विधेयक लोकपाल विधेयक-1977 के रूप में प्रस्तुत किया गया। विधेयक को संयुक्त समिति को भेजा गया, जिसने जुलाई, 1978 में अपनी रिपोर्ट सौंपी।
- विधेयक को जब लोकसभा में विचारार्थ लाना था, तब लोकसभा स्थगित हो गई और बाद में भंग हो गई। अतः यह विधेयक भी समाप्त हो गया।
- 1980 में गठित 7वीं लोकसभा में ऐसा कोई विधेयक पेश नहीं किया गया।
- 1985 में राजीव गांधी के प्रधानमंत्रित्व काल में लोकपाल विधेयक नए सिरे से प्रस्तुत किया गया। इसे पुनः संयुक्त समिति को सौंप दिया गया।
- दो संयुक्त समितियां पहले ही गहराई से इस विधेयक का परीक्षण कर चुकी थीं। इस व्यापक काम को फिर से करने की आवश्यकता नहीं थी, लेकिन समिति ने इसे नहीं माना।
- तीन साल तक समिति ने शिमला से तिरुवनंतपुरम और पणजी से पोर्ट ब्लेयर तक पूरे देश का दौरा किया। समिति ने 23 राज्यों तथा केंद्रशासित प्रदेशों का दौरा किया।
- समिति का कार्यकाल कम-से-कम आठ बार बढ़ाया गया। 15 नवंबर, 1988 को तत्कालीन गृहराज्य मंत्री पी. चिदंबरम ने समिति को सूचित किया कि सरकार ने इस विधेयक को वापस लेने का निर्णय किया है।
- संयुक्त समिति में विपक्षी सदस्यों द्वारा एक 'असहमति नोट' संयुक्त रूप से प्रस्तुत किया गया, उसमें दर्ज किया गया कि अभी लोकपाल विधेयक के अनेक प्रारूप प्रस्तुत किए जा चुके हैं। 1985 का विधेयक विषय-वस्तु में नीरस और दायरे में सर्वाधिक सीमितता से भरा था।
- 1989 में राजीव गांधी के नेतृत्व में कांग्रेस चुनाव हार गई। विश्वनाथ प्रताप सिंह भाजपा और वामपंथी दलों के बाहरी समर्थन से बनी गठबंधन सरकार के प्रधानमंत्री बने।
- 1989 में इस सरकार द्वारा प्रस्तुत लोकपाल विधेयक में स्वाभाविक रूप से 1988 के संयुक्त 'असहमति नोट' में दर्ज गैर-कांग्रेसी विचारों की अभिव्यक्ति देखने को मिली और प्रधानमंत्री को भी इसके दायरे में लाया गया।
- इसके बाद अटल बिहारी वाजपेयी के नेतृत्व में एन.डी.ए. सरकार द्वारा प्रस्तुत लोकपाल विधेयकों में भी प्रधानमंत्री को इसके दायरे में रखा गया। प्रधानमंत्री के रूप में अटल बिहारी वाजपेयी इस पर अडिग थे कि प्रधानमंत्री को लोकपाल के दायरे से बाहर नहीं छोड़ा जाना चाहिए।

- प्रत्येक लोकसेवक को अपनी संपत्ति और देनदारियों की घोषणा करनी होगी और इसके बाद हर साल 31 जुलाई से पहले उसे अपनी संपत्ति और देनदारियों का विवरण पेश करना होगा।
- लोकपाल को यह अधिकार है कि वह सरकार या किसी समर्थ अधिकारी के स्थान पर स्वयं सरकारी कर्मचारी के लिए अभियोजन की अनुमति दे सकता है।
- यदि किसी लोकसेवक के खिलाफ गलत शिकायत की पुष्टि होती है, तो शिकायतकर्ता पर एक लाख रुपए तक का जुर्माना और एक साल की कैद की सजा का प्रावधान है। संबंधित लोक सेवक के मुकदमे का खर्च भी शिकायतकर्ता से लिया जाएगा।
- बिना दुर्भावना के की गई शिकायत पर कोई सजा नहीं होगी।
- केंद्रीय सेवा के ए, बी, सी और डी समूह के सभी अधिकारियों और कर्मचारियों के खिलाफ शिकायतें लोकपाल में की जा सकेंगी। समूह ए और बी के अधिकारियों के खिलाफ जांच लोकपाल के दायरे में होगी, जबकि समूह सी और डी के कर्मचारियों के मामले में प्राथमिक जांच के बाद आगे की जांच सीवीसी को सौंपने का प्रावधान है।
- ऐसी सभी इकाइयां, जिनको विदेशों से अनुदान प्राप्त होता है और विदेशी अनुदान नियमन अधिनियम (एफ.सी.आर.ए.) के अंतर्गत 10 लाख रुपए से अधिक प्रतिवर्ष अनुदान प्राप्त करते रही हैं, उनको इस अधिनियम से अलग रखा गया था, ऐसी संस्थाओं को भी लोकपाल के दायरे में लाया गया।
- भ्रष्टाचार निरोधक कानून के तहत अधिकतम सजा अब 7 वर्ष की बजाए 10 वर्ष तथा न्यूनतम 6 माह की बजाए 2 वर्ष होगी।

लोकपाल का कार्यवाही करने का तरीका

लोकपाल अधिनियम 2013 में लोकपाल के कार्यवाही करने के तरीकों का उल्लेख किया गया है, जो निम्नवत् हैं–

- भ्रष्टाचार की शिकायत पर कार्यवाही में सीबीआई, सीवीसी और लोकपाल तीनों की भूमिका होगी।
- शिकायत शुरुआती जांच के लिए लोकपाल के पास जाएगी। आरंभिक जांच के बाद शिकायत सही पाए जाने पर लोकपाल इसकी तहकीकात के लिए इसे सीबीआई के पास भेजेगा।
- किसी भी मामले की जांच के दौरान सीबीआई की संबंधित मंत्रालय और लोकपाल के प्रति कोई जवाबदेही नहीं होगी।
- सीबीआई की जांच के बाद ये लोकपाल की अभियोजन शाखा के पास जाएगी, जो इसे सजा की प्रक्रिया के लिए विशेष अदालत के पास भेजेगी।
- विभागीय जांच के लिए ए एवं बी वर्ग के सरकारी कर्मचारियों के खिलाफ शिकायतों पर लोकपाल के सुझाव बाध्यकारी होंगे।
- सी वर्ग के सरकारी कर्मचारियों के खिलाफ शिकायतें मुख्य सतर्कता आयोग (सीवीसी) देखेगा। आयोग हर तीन महीने में इसकी रिपोर्ट लोकपाल को देगा।
- व्हिसल ब्लोअर यानी पर्दाफाश करने वालों पर और फोन टैपिंग जैसे मुद्दों पर मौजूदा प्रावधान ही लोकपाल पर भी लागू होंगे।
- लोकपाल को झूठी शिकायत करने पर दी जाने वाली सजा को कम किया गया है।

वैश्विक स्तर पर लोकपाल

भारत की संसद में पिछले लगभग 50 वर्षों से लंबित लोकपाल विधेयक को हमारे देश के नेताओं का स्वार्थ भले ही किसी सिरे नहीं चढ़ने दे रहा हो, मगर दुनिया में 100 से ज्यादा देश ऐसे हैं, जहां लोकपाल जैसी संस्था विभिन्न नामों से मौजूद है। अंग्रेजी में इसे 'ओम्बुड्समैन' कहते हैं। इसका मतलब है प्रशासनिक शिकायत जांच अधिकारी। ओम्बुड्समैन आम जनता की शिकायत पर किसी भी मामले की जांच करता है। कुछ विकसित देशों ने इस तरह की स्वतंत्र संस्था को दशकों नहीं, बल्कि सदियों पहले अपना लिया था और ज्यादातर देशों ने 20वीं सदी के पूर्वार्द्ध या मध्य में इसे अपनाया। शायद इसलिए ये देश भ्रष्टाचार के चंगुल से मुक्त होने में भी कामयाब रहे।

इन संस्थाओं के नाम भले ही अलग-अलग हैं, मगर इनका काम तकरीबन एक जैसा ही है। दुनिया में संसदीय लोकपाल की अवधारणा सबसे पहले स्कैंडिनेवियाई देश स्वीडन में सामने आई, जहां आज से 202 वर्ष पहले 1809 में ओम्बुड्समैन संस्था का गठन किया गया, जिसे 'जस्ट इट ओम्बुड्समैन' नाम दिया गया था।

इस संस्था का काम था-सरकारी कर्मियों और एजेंसियों की गड़बड़ियों के खिलाफ जनता की शिकायतों की जांच करना और उनके खिलाफ कार्यवाही की सिफारिशें करना। दो सौ साल बाद भी यह संस्था पूरी सक्रियता से अपना काम कर रही है। ओम्बुड्समैन की नियुक्ति का अधिकार स्वीडन की संसद के पास है। वहां भ्रष्टाचार जैसी बुराइयों पर इस संस्था ने प्रभावी रोक लगाने में कामयाबी पाई है।

नार्वे, स्वीडन और फिनलैंड जैसे विकसित प्रजातांत्रिक देशों में ओम्बुड्समैन को विशेष अधिकार मिले हैं। यह सरकार से कोई भी कागजात और जानकारी प्राप्त कर सकता है। किसी भी गड़बड़ी के अंदेशे पर वह बिना किसी शिकायत के भी जांच का आदेश दे सकता है। भ्रष्ट और गैर-कानूनी काम करनेवाले अधिकारियों को सजा भी दिलवा सकता है। शायद यही कारण है कि इन देशों के सरकारी महकमों में भ्रष्टाचार नहीं के बराबर है।

स्वीडन की इस पहल को दुनिया भर में स्वीकृति मिलने में समय लगा, परंतु 20वीं सदी में कॉमन लॉ (जजों के फैसले को कानून के रूप में मान्यता) को मानने वाले देशों में इसका प्रसार हुआ। न्यूजीलैंड पहला अंग्रेजीभाषी कॉमन लॉ देश था, जिसने 1962 में ओम्बुड्समैन संस्था का गठन किया। इसने तकरीबन स्वीडन जैसे मॉडल को ही अपनाया। इसके बाद तो पूरी दुनिया में जैसे इस पहल को अपनाने की होड़ लग गई। आज पूरी दुनिया के 100 से अधिक देशों में यह संस्था अलग-अलग नामों से काम कर रही है और ओम्बुड्समैन का कार्यक्षेत्र सिर्फ सरकारी कर्मचारियों की गड़बड़ियों तक सीमित नहीं रह गया है, बल्कि अब निजी क्षेत्र, स्थानीय निकायों, विश्वविद्यालयों तथा ऐसे ही छोटे-छोटे क्षेत्रों में अनियमितताओं और शिकायतों का निपटारा करने के लिए ऐसी संस्था का गठन होने लगा है। न्यूजीलैंड में इस संस्था के गठन के मात्र चार साल बाद भारत में 1966 में गठित प्रशासनिक सुधार आयोग ने भी देश में ऐसी दो स्तरीय व्यवस्था की सिफारिश की। केंद्र में लोकपाल और राज्यों में लोकायुक्त की व्यवस्था की बात कही गई। इस सिफारिश के आधार पर 1968 में पहली बार लोकपाल विधेयक लोकसभा में पेश हुआ और 1969 में लोकसभा ने इसे पारित किया, परंतु यह राज्यसभा में पास नहीं हो पाया। इसके बाद से कई बार इस विधेयक को संसद में पेश किया गया मगर हर बार सुधार के नाम पर इसे किसी-न-किसी समिति को भेज दिया गया। जाहिर है कि लोकतंत्र की खामियों का फायदा उठाकर नेताओं ने इस स्वागतयोग्य पहल को कभी परवान नहीं चढ़ने दिया। आज भी सभी राजनेता यह तो कह रहे हैं कि वह लोकपाल लाना चाहते हैं, मगर कोई इस सवाल का जवाब नहीं देता कि पिछले 42 वर्षों में लोकपाल का गठन क्यों नहीं किया गया?

आखिरकार जो होना था, वही हुआ। लोकसभा में पास होने के बाद राज्यसभा इस पर कोई निर्णय नहीं ले सकी और लोकपाल विधेयक-2011 पुनः ठंडे बस्ते में चला गया। पहले से ही ऐसे आसार इसलिए नजर आ रहे थे, क्योंकि सत्तापक्ष को छोड़कर लगभग सभी दलों को उसके किसी-न-किसी प्रावधान पर आपत्ति थी। कोई प्रधानमंत्री को लोकपाल के दायरे में रखने के खिलाफ है, तो कोई इसे आधा-अधूरा या फिर संविधान विरोधी बता रहा है। इसी तरह सीबीआई को लोकपाल के अंतर्गत लाने-न लाने के बारे में भी अलग-अलग दलों की भिन्न-भिन्न राय है। कुछ दलों के विचारों से तो यह भी ध्वनित हो रहा था कि उनका एकमात्र उद्देश्य लोकपाल जैसी व्यवस्था का निर्माण ही न होने देना है। सबसे ज्यादा विवाद लोकपाल में आरक्षण को लेकर था और इसके लिए सरकार ही जिम्मेदार है। एक ओर वह लोकपाल को संवैधानिक दर्जा देने को तैयार थी, तो दूसरी ओर यह जानते हुए भी उसमें आरक्षण ले आई कि अभी तक ऐसी कई संस्थाएं आरक्षण से बची हुई हैं। लोकपाल में जिस तरह आरक्षण का समावेश किया गया, उससे तो यह लगता था कि वह दिन दूर नहीं जब चुनाव आयोग और न्यायपालिका में भी आरक्षण लागू हो जाएगा। वैसे भी इसकी मांग तेज हो गई है। यह जितना विचित्र है, उतना ही निराशाजनक भी कि एक मजबूत लोकपाल व्यवस्था बनाने की मुहिम आरक्षण के सवाल से बाधित होती दिख रही है। इससे दुर्भाग्यपूर्ण और कुछ नहीं हो सकता कि जो लोकपाल 43 साल से संसद की देहरी नहीं लांघ सका, उसमें आरक्षण के प्रावधान कुछ माह की कोशिश के बाद ही नत्थी हो गए। आखिर उद्देश्य लोकपाल के जरिए भ्रष्टाचार से लड़ना है या फिर उसमें सभी वर्गों को आरक्षण देना?

सरकार ने जिस तरह यह सुनिश्चित किया कि लोकपाल के आधे सदस्य आरक्षित वर्गों के होंगे, उससे तो यह लगता है कि लोकपाल का काम भ्रष्टाचार से लड़ना नहीं, बल्कि भाईचारा समिति बनाकर सामाजिक सद्भाव की अलख जगाना है। आखिर सरकार यह साबित करने की कोशिश क्यों कर रही है कि यदि लोकपाल के आधे सदस्य आरक्षित वर्ग के नहीं होंगे तो अनुसूचित जाति-जनजाति, अन्य पिछड़ा वर्गों, महिलाओं और अल्पसंख्यक समुदाय को भ्रष्टाचार से मुक्ति नहीं मिलेगी? क्या इससे बड़ी विडंबना और कोई हो सकती है कि लोकपाल सदस्यों का चयन उनकी योग्यता, निष्ठा के साथ-साथ इस आधार पर होगा कि वे किस जाति या वर्ग के हैं? लोकपाल विधेयक के माध्यम से सरकार ने आरक्षण को एक नया आयाम भी दिया है। वह कुछ विपक्षी दलों के दबाव में आनन-फानन मज़हब आधारित आरक्षण के लिए भी तैयार हो गई, जबकि संविधान इसका निषेध करता है। तमाम दलों को अल्पसंख्यक वोट बैंक की चिंता रहती है, लेकिन इसका यह मतलब नहीं कि संविधान को ताक पर रख दिया जाए। संविधान की भावना के खिलाफ काम करना और फिर यह तर्क देना एक कुतर्क ही है कि संवैधानिक-असंवैधानिक स्वरूप देखना न्यायपालिका का कार्य है। यह हास्यास्पद है कि जिस लोकपाल विधेयक से सत्ताधारी दलों को छोड़कर कोई संतुष्ट नहीं, उसे सबसे अच्छा बताया जा रहा है। इसमें संदेह है कि यह कथित अच्छा विधेयक कानून का रूप ले सकेगा और उससे भ्रष्टाचार पर कोई प्रभावी लगाम लग सकेगी।

संवैधानिक दर्जे पर फंसी सरकार

लोकपाल विधेयक पर सरकार की चुनौती संविधान संशोधन विधेयक को पारित कराने की थी। संविधान संशोधन विधेयक को दो-तिहाई बहुमत से पारित कराने के लिए सरकार को भाजपा और विपक्ष की ज्यादा दरकार थी। भाजपा नेता सुषमा स्वराज ने शुरू में ही अनुच्छेद 253 के बजाए 252 के तहत संविधान संशोधन विधेयक लाने की मांग की थी। उनका कहना था कि 253 से संघीय ढांचे की अवमानना होती है और यह कानून राज्यों के लिए बाध्य होगा, जबकि ऐसा नहीं होना चाहिए। विपक्ष ने स्पष्ट कर दिया कि अगर राज्यों से अधिकार छीने गए, तो इस विधेयक को वह गिरा देगी और ऐसा हुआ भी।

क्या है अनुच्छेद 252 : इसके तहत अगर कोई दो राज्य केंद्र से आग्रह करें, तो संसद से एक मॉडल केंद्रीय कानून बनाया जा सकता है। राज्य सरकारों को विकल्प होता है कि वह या तो उसी कानून को अपना लें या फिर कोई दूसरा कानून बना लें।

क्या है अनुच्छेद 253 : किसी अंतर्राष्ट्रीय संधि के तहत पूरे देश के लिए कानून बनाने की स्थिति में इसका सहारा लिया जाता है। इस अनुच्छेद के तहत राज्यों के पास विकल्प नहीं होता है। राज्यों के लिए यह बाध्यकारी कानून होता है।

धारा 24 पर भी तकरार : सांसदों के खिलाफ आरोप पत्र दाखिल होने के बाद कार्यवाही न करने पर लोकसभा अध्यक्ष और राज्यसभा सभापति की कैफियत तलब करने का अधिकार लोकपाल को दिए जाने के प्रावधान पर संसद में खासी तकरार हुई। भाजपा और वाम दलों समेत पूरा विपक्ष जहां इसके खिलाफ खड़ा हुआ, वहीं कांग्रेस सांसदों ने भी इसकी आशंका जताई।

क्या है धारा 24 : किसी भी सांसद के खिलाफ आरोपपत्र दाखिल होता है, तो लोकपाल उसकी कार्यवाही रिपोर्ट लोकसभा अध्यक्ष या राज्यसभापति से मांगेगा। एक नियत अवधि में उस सांसद के खिलाफ कार्यवाही न होने पर लोकपाल सीधे राज्यसभा सभापति और लोकसभा अध्यक्ष से कार्यवाही न करने का कारण पूछ सकेगा।

प्रशासनिक सुधार आयोग और लोकपाल

भारतीय प्रशासनिक सुधार आयोग (1966–70) की सिफारिश पर नागरिकों की समस्याओं के समाधान हेतु दो विशेष संस्थाओं लोकपाल व लोकायुक्त की नियुक्ति की गई। ध्यातव्य है कि इनकी स्थापना स्कैंडनेवियन देशों के इंस्टीट्यूट ऑफ ओम्बुड्समैन और न्यूजीलैंड के पार्लियामेंटरी कमीशन ऑफ इंवेस्टिगेशन की तर्ज पर की गई। लोकपाल मंत्री, केंद्र तथा राज्य स्तर के सचिवों से संबंधित शिकायतों को देखता है और लोकायुक्त (एक केंद्र में व एक प्रत्येक राज्य में) विशेष उच्च अधिकारियों के विरुद्ध शिकायतों को देखते रहे हैं। उल्लेखनीय है कि प्रशासनिक सुधार आयोग ने न्यूजीलैंड की तरह न्यायालयों को लोकायुक्त व लोकपाल के दायरे से बाहर रखा है। **स्वीडन में न्यायालय भी ओम्बुड्समैन के अंतर्गत आता है।** प्रशासनिक सुधार आयोग ने अपने प्रतिवेदन में निम्नलिखित अनुशंसाएं की थीं–

- प्रशासनिक सुधार आयोग के अनुसार, राष्ट्रपति भारत के मुख्य न्यायाधीश, लोकसभा अध्यक्ष व राज्यसभा के सभापति की सलाह पर लोकपाल की नियुक्ति करता है।
- लोकपाल एवं लोकायुक्त स्वतंत्रता और निष्पक्षता का प्रदर्शन करेंगे।
- लोकपाल एवं लोकायुक्त जांच व कार्यवाही गुप्त होगी और इसका चरित्र अनौपचारिक होगा।
- जहां तक संभव हो, लोकपाल एवं लोकायुक्त की नियुक्ति गैर-राजनीतिक होनी चाहिए।
- लोकपाल एवं लोकायुक्त का स्तर देश में उच्चतम न्यायिक प्राधिकारियों के समान होगा।
- लोकपाल एवं लोकायुक्त, अपने विवेकानुसार क्षेत्र में व्याप्त अन्याय, भ्रष्टाचार व पक्षपात से संबंधित मामलों को देखेंगे।
- लोकपाल एवं लोकायुक्त की कार्यवाही में न्यायिक हस्तक्षेप नहीं होगा।
- अपने कर्तव्यों की पूर्ति हेतु आवश्यक जानकारी प्राप्त करने के लिए लोकपाल एवं लोकायुक्त में पूर्ण शक्तियां निहित होंगी।
- लोकपाल एवं लोकायुक्त को कार्यकारी सरकार से किसी प्रकार के लाभ अथवा आर्थिक लाभ की आशा नहीं करनी चाहिए।
- भारत सरकार ने इस संबंध में प्रशासनिक सुधार आयोग की सिफारिशों को स्वीकार किया है। अब तक इस विषय में विधेयक लाने के लिए 10 आधिकारिक प्रयास किए जा चुके हैं।

लोकायुक्त

भारत में लोकपाल के गठन की प्रक्रिया राज्यों में लंबे अर्से से चली आ रही है। लोकपाल तथा लोकायुक्त अधिनियम-2013 के अस्तित्व में आने के पहले से ही कई राज्यों ने अपने राज्य में लोकायुक्त नियुक्त कर रखे थे। ध्यातव्य है कि सर्वप्रथम लोकायुक्त का गठन सन् 1971 ई. में महाराष्ट्र में हुआ था। यद्यपि उड़ीसा में यह अधिनियम 1970 ई. में पारित हुआ, परंतु उसे 1983 में लागू किया गया। वर्ष 2013 तक 21 राज्यों तथा 1 संघ शासित क्षेत्र (दिल्ली) ने अपने यहां लोकायुक्त संस्था की स्थापना की है।

लोकायुक्त और उसके विविध पक्ष

संरचनात्मक असमानताएं

सभी राज्यों में लोकायुक्त की संरचना एकसमान नहीं है। कुछ राज्यों, जैसे-राजस्थान, कर्नाटक, आंध्र प्रदेश और महाराष्ट्र में लोकायुक्त के साथ उप-लोकायुक्तों के पदों का भी गठन किया गया है, जबकि बिहार, उत्तर प्रदेश व हिमाचल प्रदेश जैसे राज्यों में केवल लोकायुक्त के पद की स्थापना की गई है।

पंजाब, ओडिशा में कई अधिकारियों को लोकायुक्त का दर्जा दिया गया है। ध्यातव्य है कि प्रशासनिक सुधार आयोग ने राज्यों को विधि बनाने का सुझाव नहीं दिया था।

लोकपाल संस्था बेहद शक्तिशाली है इन देशों में

ब्रिटेन : यहां 'ओम्बुड्समैन' के अंतर्गत केंद्र सरकार के सभी विभाग आते हैं। यह ओम्बुड्समैन सांसदों द्वारा शिकायत करने के बाद कार्यवाही करता है। यह कार्यवाही निश्चित समय के भीतर होनी जरूरी है। इसके अलावा ओम्बुड्समैन के अंतर्गत ऊर्जा से लेकर बैंक, पुलिस, इंडस्ट्री के क्षेत्र भी आते हैं।

सं. रा. अमेरिका : अमेरिका में कोई एक फेडरल ओम्बुड्समैन एजेंसी नहीं है। कांग्रेस के सदस्यों द्वारा ही लोगों की शिकायतों को देखा जाता है। कई फेडरल बॉडीज हैं, जो इस प्रकार का काम देखती हैं। इसके अलावा यहां इंडस्ट्री आधारित ओम्बुड्समैन कार्यरत है।

डेनमार्क : यहां 1955 में संसद के तहत ओम्बुड्समैन पद स्थापित किया गया था। इसका काम किसी भी नागरिक की शिकायत की जांच करना है। इस पद के प्रमुख क्षेत्र हैं– प्रशासनिक कानून, संसदीय कानून, कैदियों की स्थिति, सूचना अधिकार आदि। यहां सन् 1974 में कंज्यूमर ओम्बुड्समैन की शुरुआत हुई।

ऑस्ट्रेलिया : ऑस्ट्रेलिया में 'कॉमनवेल्थ-ओम्बुड्समैन' कहा जाता है। इसकी स्थापना 1976 में हुई थी इसका कार्य सरकारी विभाग, एजेंसियों और पुलिस के कामकाज और फैसलों की जांच करना है। यहां हर प्रांत में भी अलग-अलग ओम्बुड्समैन हैं।

नार्वे : यहां भेदभाव विरोधी कानून ओम्बुड्समैन कहलाता है। इसकी स्थापना सन 1978 में जेंडर इक्वेलिटी ओम्बुड्समैन के तौर पर हुई थी। लिंग समानता सुनिश्चित करने वाला यह दुनिया में पहला लोकपाल था।

यह मूल वंश, राष्ट्रीयता, पूर्वजों, रंग, भाषा, धार्मिक विश्वासों वगैरह पर आधारित भेदभाव पर भी नजर रखता है।

फिनलैंड : यहां के संविधान के तहत 1919 में ओम्बुड्समैन की स्थापना हुई थी। इसका काम यह सुनिश्चित करता है कि सरकार के सभी विभाग और अधिकारी नियमों का पालन करें। इसकी पहुंच सभी सरकारी सुविधाओं, दस्तावेजों और सूचनाओं तक होती है। पुलिस जांच करवाने, दोषी को चेतावनी देने के अलावा उसे आपराधिक केस चलाने का भी अधिकार है।

कनाडा : कनाडा में संघीय सरकार के साथ सभी विभागों में ओम्बुड्समैन का पद है। इसके अलावा प्रांत और म्यूनिसिपल स्तर पर भी ओम्बुड्समैन की व्यवस्था है। इसमें प्रमुख हैं नेशनल डिफेंस डिपार्टमेंट, कनाडियन फोर्स, बैंकिंग सर्विस और इन्वेस्टमेंट के ओम्बुड्समैन।

जॉर्जिया : यहां के ओम्बुड्समैन को 'पब्लिक डिफेंडर' कहते हैं, जो एक राष्ट्रीय मानवाधिकार संस्थान है। इसकी नियुक्ति पांच साल के लिए होती है। यह देश के भीतर मानवाधिकारों और मौलिक आजादी पर निगाह रखता है। इसके लिए यह सरकारी संस्थाओं द्वारा पास सभी विधेयकों की समीक्षा करके अपनी सिफारिश का सुझाव देता है।

जर्मनी : जर्मनी में लोकपाल या ओम्बुड्समैन का करीबी 'पार्लियामेंटरी पिटीशन ऑफिस' है। इसके अलावा सेना के लिए अलग से ओम्बुड्समैन है। इसके अलावा अलग-अलग विभागों के लिए भी ओम्बुड्समैन हैं। जैसे परिवहन के क्षेत्र के लिए अलग।

रूस : यहां 'कमिश्नर ऑफ ह्यूमन राइट्स' की नियुक्ति संसद द्वारा की जाती है। राष्ट्रपति या सरकार के प्रति जवाबदेह पद के कारण इनको रिपोर्ट करने की जरूरत नहीं होती है।

लोकायुक्त की नियुक्ति

लोकायुक्त व उपलोकायुक्तों की नियुक्ति संबंधित राज्य के राज्यपाल द्वारा की जाती है। इनकी नियुक्ति के समय राज्यपाल द्वारा, राज्य के उच्च न्यायालय के मुख्य न्यायाधीश और राज्य विधानसभा में विपक्ष के नेता से परामर्श करना अनिवार्य है।

लोकायुक्त के लिए योग्यता

उत्तर प्रदेश, हिमाचल प्रदेश, आंध्र प्रदेश, गुजरात, ओडिशा, कर्नाटक और असम में लोकायुक्त के लिए न्यायिक योग्यता निर्धारित की गई हैं, परंतु बिहार, महाराष्ट्र और राजस्थान में कोई विशिष्ट योग्यता निर्धारित नहीं है।

लोकायुक्त का अधिकार क्षेत्र

सभी राज्यों में लोकायुक्तों के कार्यक्षेत्र में समानता नहीं है। इस संदर्भ में महत्वपूर्ण तथ्य निम्नवत् हैं–

- हिमाचल प्रदेश, आंध्र प्रदेश, मध्य प्रदेश और गुजरात में मुख्यमंत्री को लोकायुक्त की जांच के दायरे में रखा गया है, जबकि महाराष्ट्र, उत्तर प्रदेश, राजस्थान, बिहार व ओडिशा में यह लोकायुक्त के अधिकार क्षेत्र से बाहर है।
- मंत्रियों व उच्च अधिकारियों को लगभग सभी राज्यों के लोकायुक्त के अधिकार क्षेत्र में रखा गया है। महाराष्ट्र में पूर्व मंत्रियों व कर्मचारियों को भी इसमें शामिल किया गया है।
- हिमाचल प्रदेश, आंध्र प्रदेश, गुजरात, उत्तर प्रदेश व असम राज्यों में विधानसभा सदस्यों को लोकायुक्त के दायरे में रखा गया है।
- स्थानीय निकायों, निगमों, कंपनियों, समितियों के अधिकारियों को अधिकांश राज्यों में लोकायुक्त की जांच के दायरे में रखा गया है।

लोकायुक्त की जांच प्रक्रिया

- अधिकांश राज्यों में लोकायुक्त किसी नागरिक द्वारा अनुचित प्रशासनिक कार्यवाही के विरुद्ध की गई शिकायत के आधार पर अथवा स्वयं जांच प्रारंभ कर सकता है।
- उत्तर प्रदेश, हिमाचल प्रदेश व असम राज्यों में वह जांच प्रारंभ करने के लिए स्वयं पहल नहीं कर सकता है।

निम्नलिखित वर्षों में संसद में लोकपाल विधेयक प्रस्तुत किए गए हैं	
1.	मई 1968 में, इंदिरा गांधी के नेतृत्व में कांग्रेस सरकार द्वारा।
2.	अप्रैल 1971 में, पुनः इंदिरा गांधी के नेतृत्व में कांग्रेस सरकार द्वारा।
3.	जुलाई 1977 में, मोरारजी देसाई के नेतृत्व में जनता पार्टी सरकार द्वारा।
4.	अगस्त 1985 में, राजीव गांधी के नेतृत्व में कांग्रेस सरकार द्वारा।
5.	दिसंबर 1989 में वी. पी. सिंह के नेतृत्व में राष्ट्रीय मोर्चा सरकार द्वारा।
6.	सितंबर 1986 में, देवगौड़ा के नेतृत्व में संयुक्त मोर्चा सरकार द्वारा।
7.	अगस्त 1998 में, अटल बिहारी वाजपेयी के नेतृत्व में बीजेपी नेतृत्व वाली साझा सरकार द्वारा।
8.	अगस्त 2001 में, अटल बिहारी वाजपेयी के नेतृत्व में एन.डी.ए. सरकार द्वारा।
9.	अगस्त 2011 में, मनमोहन सिंह के नेतृत्व में यूपीए सरकार द्वारा।
10.	दिसंबर 2011 में मनमोहन सिंह के नेतृत्व में यूपीए सरकार द्वारा।

इतिहास गवाह है इस बिल के हश्र का

कब पेश	सरकार किसकी	हुआ क्या
1. 1 मई, 1968	कांग्रेस, इंदिरा गांधी	आम चुनाव
2. 2 अगस्त, 1971	कांग्रेस, इंदिरा गांधी	इमरजेंसी व चुनाव
3. 23 जुलाई, 1977	जनता पार्टी, मोरारजी देसाई	एक साल बाद सरकार गिरी
4. 25 अगस्त, 1985	कांग्रेस, राजीव गांधी	बोफोर्स कांड, सरकार गिरी
5. 21 दिसंबर, 1989	संयुक्त मोर्चा, वी. पी. सिंह	सरकार गिरी
6. 10 सितंबर 1996	संयुक्त मोर्चा, एच.डी.देवगौड़ा	कांग्रेस ने समर्थन वापस लिया
7. 23 जुलाई, 1998	भाजपा, अटल बिहारी वाजपेयी	सरकार एक वोट से गिरी
8. 9 जुलाई, 2001	भाजपा, अटल बिहारी वाजपेयी	आम चुनाव
9. 4 अगस्त, 2011	यूपीए, मनमोहन सिंह	सियासी महाभारत

लोकायुक्त का जांच क्षेत्र

- महाराष्ट्र, उत्तर प्रदेश, असम, बिहार और कर्नाटक में लोकायुक्त शिकायतों व आरोपों के मामलों की जांच कर सकता है।
- हिमाचल प्रदेश, आंध्र प्रदेश, राजस्थान और गुजरात में उसका कार्य भ्रष्टाचार के आरोपों की जांच करना है, न कि शिकायतों (कुप्रशासन से संबंधित मामलों) की।

लोकायुक्त से संबंधित अन्य तथ्य

लोकायुक्त से संबंधित अन्य तथ्य निम्नवत् हैं–

- लोकायुक्त, संबंधित राज्य के राज्यपाल को अपने कार्य निष्पादन का एक समेकित वार्षिक विवरण देते हैं।
- राज्यपाल इस विवरण को एक व्याख्यात्मक ज्ञापन पक्ष के साथ सदन में प्रस्तुत करता है। लोकायुक्त राज्य विधायिका के प्रति उत्तरदायी होते हैं।
- लोकायुक्त जांच के लिए राज्य की जांच एजेंसियों की सहायता लेते हैं तथा वह राज्य सरकार के विभागों से, संबंधित मामलों की फाइलों व दस्तावेजों की मांग कर सकता है।

लोकपाल एवं लोकायुक्त (संशोधन) विधेयक, 2016

- अगस्त 2016 में केंद्रीय मंत्रिमंडल द्वारा लोकपाल और लोकायुक्त (संशोधन) विधेयक, 2016 को मंजूरी प्रदान की गई।
- इससे लोकसेवकों द्वारा परिसंपत्तियों और देनदारियों के संबंध में लोकपाल और लोकायुक्त अधिनियम, 2013 की धारा 44 में संशोधन किया गया है।

लोकपाल और लोकायुक्त अधिनियम, 2013 की धारा 44 के विशेष प्रावधान

- इसके अंतर्गत सरकारी कर्मचारियों को पदभार ग्रहण करने की तिथि के 30 दिन के भीतर अपनी संपत्ति और देनदारियों तथा लेनदारियों का विवरण अनिवार्य रूप से देना होगा। इसके अंतर्गत इनके पति/पत्नी तथा आश्रित बच्चों की संपत्तियां, देनदारियां एवं लेनदारियां शामिल हैं।
- प्रत्येक लोक सेवक को प्रतिवर्ष 31 जुलाई के पहले उस वर्ष 31 मार्च तक की उसकी संपत्ति का विवरण घोषित करना होगा एवं उसका वार्षिक रिटर्न फाइल करना होगा।
- अधिनियम के निर्देशानुसार 31 अगस्त तक इस घोषणा से संबंधित बयान संबंधित मंत्रालय की वेबसाइट पर प्रकाशित करना अनिवार्य है।

लोकपाल अधिनियम 2013 के प्रमुख प्रावधान का सारांश : एक दृष्टि में	
क्र.सं.	**विषयवस्तु**
	प्रारंभिक
1.	लघु शीर्षक, विस्तार आवेदन तथा प्रारंभ
	परिभाषा
2.	परिभाषा
	लोकपाल की स्थापना
3.	लोकपाल की स्थापना।
4.	चयन समिति की अनुशंसाओं पर अध्यक्ष तथा अन्य सदस्यों की नियुक्ति।
5.	अध्यक्ष या सदस्यों की रिक्ति को भरना।
6.	अध्यक्ष तथा सदस्यों का कार्यकाल।
7.	अध्यक्ष तथा सदस्यों के वेतन तथा सेवा की अंतशर्तें।
8.	पदमुक्ति के बाद अध्यक्ष तथा सदस्यों द्वारा किए जाने वाली नियुक्तियों पर रोक।
9.	कुछ परिस्थितियों में अध्यक्ष के रूप में सदस्य कार्य कर सकते हैं।
10.	सचिव, अन्य अधिकारी तथा लोकपाल के अधीन कर्मी।
	जांच प्रशाखा
11.	जांच।
	अभियोजन प्रशाखा
12.	अभियोजन।
13.	भारत की संचित निधि से लोकपाल का व्यय लिया जाएगा।
	जांच संबंधी क्षेत्राधिकार
14.	लोकपाल के अधिकार क्षेत्र के अंतर्गत प्रधानमंत्री, मंत्रीगण, सांसद, केंद्र सरकार के ग्रुप A, B, C तथा B के अधिकारी तथा अन्य अधिकारी होंगे।
15.	जो मामले किसी अदालत या समिति या प्राधिकारी के पास जांच के लिए हों, वे अप्रभावित रहेंगे।
16.	लोकपाल की पीठों का गठन।
17.	पीठों के बीच काम का बंटवारा।
18.	केसों के हस्तांतरण का अध्यक्ष को अधिकार।
19.	बहुमत द्वारा फैसला।
	प्रारंभिक पूछताछ तथा जांच संबंधी प्रक्रिया
20.	शिकायतों और प्रारंभिक जांचों को संबंधित रखने संबंधी प्रावधान
21.	जो लोग इससे प्रभावित होंगे, उनकी बात सुनने की प्रतिभूत संभावना।
22.	लोकपाल को आवश्यकता पड़ सकती है कि कोई सरकारी सेवक या अन्य व्यक्ति सूचना दे।
23.	अभियोजन शुरू करने के लिए लोकपाल के निर्देश का अधिकार।
24.	प्रधानमंत्री, मंत्रीगण या सांसदों के खिलाफ जांच पर कार्यवाही।
	लोकपाल की शक्तियां
25.	लोकपाल के निरीक्षण कार्य के अधिकार।
26.	छान-बीन और जब्ती।
27.	कुछ मामलों में लोकपाल के पास सिविल कोर्ट का अधिकार।
28.	केंद्र-राज्य सरकारों के अधिकारियों की सेवा लेने का अधिकार।
29.	संपत्ति की अंतरिम जब्ती।
30.	संपत्ति की अंतरिम जब्ती की पुष्टि।
31.	विशेष स्थितियों में भ्रष्ट तरीकों से प्राप्त संपत्ति, आय, प्राप्तियों (Proceeds, Receipts) तथा लाभ की जब्ती।
32.	भ्रष्टाचार के आरोपों से जुड़े सरकारी सेवक के तबादले या निलंबन की अनुशंसा का लोकपाल को अधिकार।
33.	प्रारंभिक जांच के दौरान दस्तावेजों के नुकसान को रोकने के लिए लोकपाल का निर्देश देने का अधिकार।
34.	प्रत्यायोजन का अधिकार।
	विशेष अदालत
35.	विशेष अदालतें केंद्र सरकार गठित करेगी।
36.	कुछ मामलों में औपचारिक समझौता करने वाले राज्य को अनुरोध-पत्र।
	अध्यक्ष, सदस्य और लोकपाल के अधिकारियों के खिलाफ शिकायतें
37.	लोकपाल के अध्यक्ष, सदस्य तथा अधिकारियों के खिलाफ शिकायतें।
38.	लोकपाल के अध्यक्ष तथा सदस्यों को हटाने और निलंबित करने की कार्यवाही।
	विशेष अदालत द्वारा तत्संबंधी हानि एवं वसूली का आकलन
39.	विशेष अदालत द्वारा नुकसान तथा भरपाई का आकलन।
40.	बजट।
41.	केंद्र सरकार द्वारा अनुदान।
42.	लेखा का वार्षिक विवरण।
43.	केंद्र सरकार को विवरणिका (Returns) की पेशी।
	संपत्ति का विवरण
44.	संपत्ति का विवरण।
45.	कुछ मामलों में भ्रष्ट तरीकों से संपत्ति अर्जन का अनुमान।
	दोष एवं दंड
46.	किसी सरकारी सेवक के खिलाफ गलत शिकायत पर अभियोजन तथा उसे हर्जाना दिलवाना।
47.	समाज या लोक संगठन या ट्रस्ट द्वारा की गई गलत शिकायत।
	विविध
48.	लोकपाल की रिपोर्ट।
49.	लोकपाल एक अपीलीय प्राधिकरण की तरह काम करेगा, जहां।
50.	सही मंशा से किसी सरकारी सेवक द्वारा किए काम का बचाव।
51.	सही मंशा से दूसरों द्वारा किए काम का बचाव।
52.	लोकपाल के सदस्य, अधिकारी तथा कर्मचारी सरकारी सेवक ही होंगे।
53.	कुछ मामलों में आवेदन पर बंधन।
54.	क्षेत्राधिकार पर रोक।
55.	कानूनी सहायता।
56.	ऐक्ट का सर्वोपरि प्रभाव होगा।
57.	इस ऐक्ट के प्रावधान दूसरे कानूनों के अलावा होंगे।
58.	कुछ क्रियान्वयनों में संशोधन।
59.	नियम-कानून बनाने का अधिकार।
60.	लोकपाल का नियम बनाने का अधिकार।
61.	नियमों का निर्माण।
62.	बाधाओं को दूर करने का अधिकार।
	लोकायुक्त की स्थापना
63.	लोकायुक्त की स्थापना।

अधिनियम की अनुसूची (कुछ क्रियान्वयनों में संशोधन)
भाग-1 जांच आयोग ऐक्ट, 1952 में संशोधन।
भाग-2 दिल्ली विशेष पुलिस स्थापना अधिनियम, 1946 में संशोधन।
भाग-3 भ्रष्टाचार निवारण अधिनियम, 1988 में संशोधन।
भाग-4 आपराधिक प्रक्रिया संहिता, 1972 में संशोधन।
भाग-5 केंद्रीय सतर्कता आयोग अधिनियम, 2003 में संशोधन।

विभिन्न राज्यों में लोकायुक्त और उसके गठन का वर्ष

क्र.सं.	राज्य	गठन का वर्ष
1.	ओडिशा	1970
2.	महाराष्ट्र	1971
3.	राजस्थान	1973
4.	बिहार	1974
5.	उत्तर प्रदेश	1975
6.	मध्य प्रदेश	1981
7.	आंध्र प्रदेश	1983
8.	हिमाचल प्रदेश	1983
9.	कर्नाटक	1985
10.	असम	1985
11.	गुजरात	1986
12.	पंजाब	1995
13.	दिल्ली	1995
14.	केरल	1999
15.	झारखंड	2001
16.	छत्तीसगढ़	2002
17.	हरियाणा	2002
18.	उत्तराखंड	2002
19.	जम्मू और कश्मीर	2002
20.	प. बंगाल	2003
22.	मणिपुर	2008
23.	गोवा	2011

स्मरणीय तथ्य

- लोकपाल एवं लोकायुक्त अधिनियम 16 जनवरी, 2014 से लागू हो गया।
- भारतीय संसद के इतिहास में लोकपाल विधेयक का इतिहास बेहद उतार-चढ़ाव वाला रहा। 1968 से अब तक 8 बार यह विधेयक संसद में पेश हो चुका है।
- नार्वे, स्वीडन और फिनलैंड जैसे विकसित प्रजातांत्रिक देशों में ओम्बुड्समैन को विशेष अधिकार मिले हैं।
- भारतीय प्रशासनिक सुधार आयोग (1966-70) की सिफारिश पर नागरिकों की समस्याओं के समाधान हेतु दो विशेष संस्थाओं लोकपाल व लोकायुक्त की नियुक्ति की गई।
- लोकपाल तथा लोकायुक्त अधिनियम-2013 के अस्तित्व में आने के पहले से ही कई राज्यों ने अपने राज्य में लोकायुक्त नियुक्त कर रखे थे।
- सभी राज्यों में लोकायुक्त की संरचना एकसमान नहीं है। कुछ राज्यों, जैसे-राजस्थान, कर्नाटक, आंध्र प्रदेश और महाराष्ट्र में लोकायुक्त के साथ उप-लोकायुक्तों के पदों का भी गठन किया गया है।
- लोकायुक्त व उपलोकायुक्तों की नियुक्ति संबंधित राज्य के राज्यपाल द्वारा की जाती है।
- महाराष्ट्र, उत्तर प्रदेश, असम, बिहार और कर्नाटक में लोकायुक्त शिकायतों व आरोपों के मामलों की जांच कर सकता है।

❑❑❑

अध्याय 3

भारत में खुफिया तंत्र

गृह मंत्रालय विभिन्न प्रकार के दायित्वों का निर्वहन करता है। इसमें देश की आंतरिक सुरक्षा, सीमा सुरक्षा, सुरक्षा की दृष्टि से केंद्र और राज्य के संबंध, केंद्रीय सशस्त्र पुलिस बलों का प्रबंधन और देश के खुफिया तंत्र व उसकी सहायक इकाइयों का नियोजन व संचालन शामिल है। भारत के संविधान की सातवीं अनुसूची में सूची-2 की राज्य सूची की प्रविष्टि-1 और 2 के अनुसार लोक व्यवस्था और पुलिस राज्यों के उत्तरदायित्व हैं। इसके अलावा संविधान के अनुच्छेद 355 में संघ को यह दायित्व भी सौंपा गया है कि वह प्रत्येक राज्यों को बाहरी आक्रमण और आंतरिक गड़बड़ी के संबंध में सुरक्षा प्रदान करे। इन दायित्वों के अनुसरण के संबंध में गृह मंत्रालय, राज्यों के संवैधानिक अधिकारों की उपेक्षा किए बिना, सुरक्षा, शांति और सद्भावना बनाए रखने के लिए राज्य सरकारों की आंतरिक स्थिति पर नजर रखते हुए उपयुक्त सलाह जारी करता है।

खुफिया एजेंसियां और उसके विविध पक्ष

किसी भी शासन-प्रशासन को सुचालित करने के लिए खुफिया एजेंसियों का प्रभावी एवं कार्यकुशल होना अति आवश्यक है, क्योंकि इनके द्वारा सरकार को विभिन्न प्रकार के सकारात्मक और नकारात्मक तथ्यों से अवगत कराया जाता है। खुफिया एजेन्सियां सामरिक और सामान्य दोनों ही परिपेक्ष्य में सूचनाएं उपलब्ध कराने और सरकार को सजग करने का काम करती हैं। खुफिया एजेंसियां आंतरिक सुरक्षा, बाह्य सुरक्षा, आर्थिक सुरक्षा, सामान्य प्रशासन और सामाजिक संगठनों के बारे में अपनी खोजी सूचनाओं से सरकार को अवगत कराती हैं और उनके द्वारा उपलब्ध कराई गई सूचनाएं सरकार को अपनी नीतियों और निर्णयों में परिवर्तन लाने के लिए आधार का कार्य करती हैं। यही कारण है कि शासन-प्रशासन को व्यवस्थित तरीके से संचालित करने में इनकी भूमिका उत्तरोत्तर बढ़ती जा रही है। वस्तुत: खुफिया एजेन्सी को दो भागों में विभाजित किया जाता है–1. संस्थागत और 2. गैर-संस्थागत।

संस्थागत खुफिया एजेंसियों का एक निश्चित स्वरूप और संगठनात्मक ढांचा होता है। इनके संदर्भ में पहले से सब कुछ परिभाषित होता है, जिनके आधार पर उनको कार्य करना पड़ता है, परंतु गैर-संस्थागत खुफिया व्यवस्था का कोई संगठनात्मक स्वरूप नहीं होता और न ही इनका कोई स्थायी प्रतिरूप होता है। यह व्यक्ति और समय के सापेक्ष होती हैं। किसी भी देश में खुफिया एजेंसियों की आवश्यकता निम्नलिखित कारणों से पड़ती है–

- शासन-प्रशासन की नीतियों के संदर्भ में लोगों की प्रतिक्रिया जानने के लिए।
- सामाजिक संगठनों और गैर-सरकारी संगठनों की कार्य-प्रणाली या सरकार के प्रति उनके दृष्टिकोण या प्रतिक्रिया की जानकारी प्राप्त करने के लिए।
- देश में प्रत्यक्ष या अप्रत्यक्ष रूप में संचालित हो रही अवैधानिक गतिविधियों के संदर्भ में जानकारी प्राप्त करने के लिए
- सामाजिक एवं आर्थिक समस्याओं के प्रति लोगों के दृष्टिकोण का पता लगाने के लिए।
- ऐसे तत्वों की पहचान करने या उनके बारे में पता लगाने के लिए, जो कानून एवं व्यवस्था के लिए चुनौती उत्पन्न करते हैं।
- देश की आर्थिक प्रणाली में निहित कमियों के संदर्भ में जानकारी प्राप्त करने के लिए।
- सीमापार से होने वाली अवैध गतिविधियों के बारे में जानकारी प्राप्त करने के लिए।
- देश विरोधी संगठनों और उनकी कार्ययोजना या कार्यप्रणाली के संदर्भ में जानकारी प्राप्त करने हेतु।
- अवैध आर्थिक गतिविधियों के बारे में जानकारी प्राप्त करने हेतु
- अपने पड़ोसी देशों की नीतियों, रणनीतियों और कार्ययोजनाओं के बारे में जानकारी प्राप्त करने हेतु।
- सांप्रदायिक और धार्मिक घटनाओं के बारे में जानकारी प्राप्त करने हेतु।

भारत की प्रमुख खुफिया एजेंसियां

वर्तमान में भारत में कार्यरत प्रमुख खुफिया एजेंसियां निम्नवत् हैं–

1. आसूचना ब्यूरो (Intelligence Bureau—IB)
2. केंद्रीय जांच ब्यूरो (Central Bureau of Investigation—CBI)
3. रिसर्च एंड एनालिसिस विंग (Research and Analysis Wing—RAW)
4. राष्ट्रीय जांच एजेंसी (National Investigation Agency—NIA)
5. वित्तीय आसूचना इकाई (Financial Intelligence Unit—FIU)
6. प्रवर्तन निदेशालय (Enforcement Directorate—ED)

उपरोक्त एजेंसियों के अतिरिक्त स्थानीय स्तर पर अर्थात् राज्य स्तर पर CID, LIU जैसी संस्थाएं भी कार्य करती हैं। इसके अतिरिक्त सेना और प्रमुख सुरक्षा बलों की अपनी एजेंसियां हैं, जिनके द्वारा सुरक्षा संबंधी गतिविधियों पर नजर रखी जाती है।

इंटेलिजेंस ब्यूरो (आईबी)

भारत की आंतरिक खुफिया एजेंसी, जिसका मुख्य उद्देश्य गोपनीय रूप से कार्य करते हुए देश की सुरक्षा के लिए देश के अंदर खुफिया जानकारियां इकट्ठा करना है। खुफिया ब्यूरो में कानून प्रवर्तन एजेंसियों के कर्मचारी शामिल होते हैं। इसमें अमूमन भारतीय पुलिस सेवा और सेना के लोग होते हैं।

आई.बी. की अवधारणा के पीछे यह माना जाता है कि सन् 1885 में मेजर जनरल चार्ल्स मैकग्रेगर को शिमला में ब्रिटिश इंडियन आर्मी के खुफिया विभाग का प्रमुख नियुक्त किया गया था। उस वक्त इसका उद्देश्य अफगानिस्तान में रूसी सैनिकों की तैनाती पर निगरानी रखना था, क्योंकि 19वीं सदी के उत्तरार्द्ध में इस बात का डर था कि कहीं रूस उत्तर-पश्चिम की ओर से ब्रिटिश भारत पर आक्रमण न कर दे। आई.बी. की स्थापना 1887 में की गई। इसका मुख्यालय नई दिल्ली में है और यह दुनिया की सबसे पुरानी खुफिया एजेंसियों में से एक है।

सन् 1909 में, भारतीय अराजकतावादी गतिविधियों के पनपने की प्रतिक्रिया में इंग्लैंड में भारतीय राजनीतिक खुफिया कार्यालय की स्थापना की गई, जिसे बाद में सन् 1921 से इंडियन पॉलिटिकल इंटेलिजेंस (आई.पी.आई.) कहा गया। सन् 1947 में गृह मंत्रालय के अधीन केंद्रीय खुफिया ब्यूरो के रूप में पुनर्निर्मित किया गया। सन् 1947 में स्वतंत्रता के बाद संजीवी पिल्लई ने आई.बी. के पहले भारतीय निदेशक के रूप में भूमिका संभाली थी। आईबी शुरुआत में भारत की आंतरिक और बाह्य खुफिया एजेंसी थी, लेकिन सन् 1962 के भारत-चीन युद्ध तथा 1965 में भारत-पाकिस्तान युद्ध में खुफिया विफलता के कारण, सन् 1968 में इसे विभाजित कर केवल आंतरिक खुफिया एजेंसी का कार्य सौंपा गया। आईबी के रहस्यमय काम-काज की समझ बड़े पैमाने पर अनुमान पर आधारित है।

यह अन्य भारतीय खुफिया एजेंसियों और पुलिस के बीच खुफिया जानकारी साझा करती है। आईबी देश के विभिन्न हिस्सों में आयोजित होने वाले सामाजिक, राजकीय और धार्मिक कार्यक्रमों के अलावा दुर्लभ अवसरों पर सुरक्षा संबंधी मंजूरियां प्रदान करती है। किसी संकट की स्थिति के दौरान आईबी के अधिकारी ही मीडिया के साथ बातचीत करते हैं।

सी.बी.आई. से संबंधित विशेष तथ्य

- केंद्रीय अन्वेषण ब्यूरो (Central Bureau of Investigation) भारत सरकार की प्रमुख जांच एजेंसी है। यह आपराधिक और राष्ट्रीय सुरक्षा से जुड़े अलग-अलग प्रकार के मामलों की जांच करती है। इसकी स्थापना 1 अप्रैल, 1963 को की गई।
- इसकी उत्पत्ति भारत सरकार द्वारा सन् 1941 में स्थापित विशेष पुलिस प्रतिष्ठान से हुई है। उस समय विशेष पुलिस प्रतिष्ठान का कार्य दूसरे विश्व युद्ध के दौरान भारतीय युद्ध और आपूर्ति विभाग में लेन-देन में घूसखोरी और भ्रष्टाचार के मामलों की जांच करना था।
- सन् 1946 में दिल्ली विशेष पुलिस प्रतिष्ठान अधिनियम लागू किया गया। इस अधिनियम के द्वारा विशेष पुलिस प्रतिष्ठान का अधीक्षण गृह विभाग को हस्तांतरित हो गया और इसके कामकाज को विस्तृत करके भारत सरकार के सभी विभागों को कवर कर लिया गया। विशेष पुलिस प्रतिष्ठान का क्षेत्राधिकार सभी संघ राज्य क्षेत्रों तक विस्तृत कर दिया गया और संबंधित राज्य सरकार की सहमति से राज्यों तक भी इसका विस्तार किया जा सकता था।
- दिल्ली विशेष पुलिस प्रतिष्ठान को इसका नया नाम 'केंद्रीय अन्वेषण ब्यूरो' गृह मंत्रालय द्वारा 1 अप्रैल, 1963 को मिला।
- केंद्रीय अन्वेषण ब्यूरो के संस्थापक निदेशक डी.पी. कोहली थे, जिन्होंने 1 अप्रैल, 1963 से 31 मई, 1968 तक इसका कार्यभार संभाला। इससे पहले 1955 से 1963 तक वह विशेष पुलिस स्थापना के पुलिस महानिरीक्षक रहे। उल्लेखनीय है कि **सी.बी.आई. का आदर्श वाक्य (Motto)-उद्यम, निष्पक्षता तथा अखंडता है।**
- शुरुआत में केंद्र सरकार द्वारा सूचित अपराध केवल केंद्र सरकार के कर्मचारियों द्वारा भ्रष्टाचार से ही संबंधित था। धीरे-धीरे, बड़ी संख्या में सार्वजनिक क्षेत्र के उपक्रमों की स्थापना के साथ ही इन उपक्रमों के कर्मचारियों को भी शामिल कर केंद्रीय अन्वेषण ब्यूरो को आर्थिक अपराधों और परंपरागत स्वरूप के महत्वपूर्ण अपराधों जैसे हत्या, अपहरण, आतंकवाद आदि चुनिंदा मामलों की जांच का कार्य भी सौंपा गया।
- सन् 1969 में बैंकों के राष्ट्रीयकरण के बाद सार्वजनिक क्षेत्र के बैंक और उनके कर्मचारी भी केंद्रीय अन्वेषण ब्यूरो के क्षेत्र के अधीन आ गए।
- यह केंद्रीय अन्वेषण ब्यूरो, कार्मिक विभाग, कार्मिक पेंशन व लोक शिकायत मंत्रालय, भारत सरकार के अधीन कार्यरत भारत में प्रधान अन्वेषण पुलिस एजेंसी है।
- इसका संगठन फेडरल ब्यूरो ऑफ इंवेस्टिगेशन से मिलता-जुलता है, लेकिन इसके अधिकार व कार्यक्षेत्र एफबीआई की तुलना में बहुत सीमित हैं।
- इसके अधिकार एवं कार्य दिल्ली विशेष पुलिस संस्थापन अधिनियम (Delhi Special Police Establishment Act, 1946) से परिभाषित हैं।
- भारत के लिए सीबीआई ही इंटरपोल की आधिकारिक इकाई है।
- लोक जीवन में मूल्यों के रक्षण व राष्ट्रीय अर्थव्यवस्था को सुचारू बनाए रखने में यह उत्कृष्ट भूमिका निभा रही है।

केंद्रीय जांच ब्यूरो

केंद्रीय जांच ब्यूरो यानी सी.बी.आई. का उद्भव भारत सरकार द्वारा 1941 में स्थापित किए गए दिल्ली विशेष पुलिस प्रतिष्ठान (एस.पी.ई.) की स्थापना से माना जाता है। दिल्ली एस.पी.ई. के कार्य में रिश्वतखोरी और द्वितीय विश्व युद्ध के दौरान भारत के युद्ध और आपूर्ति विभाग के साथ लेन-देन में भ्रष्टाचार के मामलों की जांच करना था। एस.पी.ई. की शुरू में दो विंग थीं।

इनमें एक सामान्य अपराध विंग (जी.ओ.डब्ल्यू.) तथा एक आर्थिक अपराध विंग (जी.ओ.डब्ल्यू.) शामिल थीं। सामान्य अपराध विंग (जी.ओ.डब्ल्यू.) केंद्र सरकार एवं सार्वजनिक क्षेत्र उपक्रमों में रिश्वतखोरी एवं भ्रष्टाचार के मामलों पर कार्यवाही करती थी, जबकि आर्थिक अपराध विंग (ई.ओ.डब्ल्यू.) विभिन्न आर्थिक और वित्तीय कानूनों के उल्लंघन के मामलों पर कार्यवाही करती थी। इस व्यवस्था के तहत सामान्य अपराध विंग की प्रत्येक राज्य में कम-से-कम एक शाखा थी तथा आर्थिक अपराध विंग की दिल्ली, मुंबई, चेन्नई और कोलकाता जैसे महानगरों में शाखाएं थीं। प्रारंभ में केंद्र सरकार द्वारा अधिसूचित अपराध केवल केंद्रीय सरकार के अधिकारियों के भ्रष्टाचार से संबंधित थे। हालांकि कुछ समय बाद बड़ी संख्या में सार्वजनिक क्षेत्र के उपक्रमों की स्थापना होने से उनके कर्मचारियों को भी सी.बी.आई. की निगरानी के तहत लाया गया। इसी तरह वर्ष 1969 में बैंकों का राष्ट्रीयकरण होने के साथ ही सार्वजनिक क्षेत्र के बैंक एवं उनके कर्मचारियों को भी सी.बी.आई. के दायरे में लाया गया। सी.बी.आई. की जांच की कानूनी शक्तियां विशेष पुलिस प्रतिष्ठान अधिनियम 1946 में निहित हैं। यह अधिनियम सी.बी.आई. के सदस्यों की शक्तियों एवं दायित्वों के बारे में प्रावधान करता है। हालांकि कानून एवं व्यवस्था राज्य का विषय है तथा अपराधों की जांच का मौलिक क्षेत्राधिकार राज्य पुलिस का होता है, किंतु फिर भी सी.बी.आई. निम्न मामलों में जांच कर सकती है–

- ऐसे मामले जो केंद्र सरकार के कर्मचारियों के विरुद्ध या केंद्र सरकार के मामलों से संबंधित हों एवं केंद्रीय सार्वजनिक उपक्रमों एवं सार्वजनिक बैंकों के कर्मचारियों से संबंधित हों।
- ऐसे मामले जिनमें केंद्र सरकार के वित्तीय हित शामिल हैं।
- ऐसे केंद्रीय कानूनों के उल्लंघन से संबंधित मामले, जिनका प्रवर्तन मूल रूप से केंद्र सरकार से संबंधित है।
- ऐसी कंपनियों से संबंधित धोखाधड़ी, गबन आदि के मामले जिनमें भारी धन शामिल होता है तथा जब ऐसे अपराध संगठित समूहों या विभिन्न राज्यों में प्रभाव रखने वाले पेशेवर अपराधियों द्वारा किए गए हों।

- ऐसे मामले जिनमें अंतर्राज्यीय एवं अंतर्राष्ट्रीय असर तथा विभिन्न आधिकारिक एजेंसियां शामिल हों और यह आवश्यक माना जाता हो कि किसी एक जांच एजेंसी को जांच का प्रभारी बनाया जाना चाहिए। चूंकि विगत वर्षों में सी.बी.आई. एक प्रतिष्ठित जांच एजेंसी के रूप में स्थापित हुई है, इसलिए हत्या, अपहरण, आतंकी अपराधों जैसे पारंपरिक मामलों की आधिकाधिक जांच भी सी.बी.आई. से ही कराई जाने लगी है। इसके अतिरिक्त सर्वोच्च न्यायालय तथा देश के विभिन्न उच्च न्यायालयों ने भी पीड़ित पक्ष द्वारा दायर याचिकाओं पर सी.बी.आई. से जांच कराने का आदेश देना शुरू कर दिया है।

सी.बी.आई. का संगठनात्मक ढांचा

- सी.बी.आई. का निदेशक (Director) इसका प्रमुख होता है। उसके सहयोग के लिए विशेष निदेशक अथवा अतिरिक्त निदेशक होता है। इसके अतिरिक्त अनेक संयुक्त निदेशक, उप-महानिरीक्षक, पुलिस अधीक्षक तथा पुलिस कार्मिकों के अन्य रैंक होते हैं।
- कुल मिलाकर इसमें लगभग 5,000 कार्मिक होते हैं, लगभग 125 फॉरेंसिक वैज्ञानिक तथा 250 विधि अधिकारी कार्य करते हैं।
- सी.बी.आई. निदेशक पुलिस महानिरीक्षक के रूप में, जबकि दिल्ली विशेष पुलिस प्रतिष्ठान (Delhi Special Police Establishment) सी.बी.आई. के प्रशासन के लिए जिम्मेदार होता है।
- 2003 में केंद्रीय सतर्कता आयुक्त अधिनियम (CVC Act 2003) पारित होने के पश्चात् दिल्ली विशेष पुलिस प्रतिष्ठान के अधीक्षक भ्रष्टाचार निरोधक अधिनियम, 1988 के अंतर्गत अपराध अनुसंधान का कार्य देखते हैं।

सी.बी.आई. का उद्देश्य एवं दृष्टि

उद्देश्य (Mission)

संविधान तथा देश के कानून की रक्षा करना और इसके लिए गहराई से अनुसंधान करना तथा अपराधों के विवरण एवं सफल अभियोग दायर करना, पुलिस बल को नेतृत्व तथा दिशा-निर्देश देना तथा कानून लागू करने में अन्तर-राज्यीय (Inter-State) तथा अंतर्राष्ट्रीय सहयोग बढ़ाने के लिए नोडल एजेंसी के रूप में कार्य करना।

दृष्टि (Vision)

अपने आदर्श वाक्य, उद्देश्य तथा व्यावसायिकता की जरूरत, पारदर्शिता, परिवर्तन के प्रति अनुकूलन तथा अपनी कार्य प्रणाली में विज्ञान और प्रौद्योगिकी के उपयोग के द्वारा सी.बी.आई. अपने प्रयासों को निम्नलिखित बिंदुओं पर केंद्रित करेगी–

- सार्वजनिक जीवन में भ्रष्टाचार से संघर्ष, आर्थिक एवं हिंसक अपराधों में सुविस्तारित अनुसंधान एवं अभियोग द्वारा कमी लाना।
- विभिन्न न्यायालयों में लंबित मामलों के सफल अनुसंधान एवं अभियोग दायर करने के लिए प्रभावी प्रणाली एवं प्रक्रिया विकसित करना।
- साइबर (Cyber) तथा उच्च-प्रौद्योगिकी अपराधों से लड़ने में सहायता करना।
- कार्यस्थल पर ऐसा सौहार्दपूर्ण वातावरण बनाना, जिससे टीम भावना, मुक्त संचार तथा आपसी विश्वास को बढ़ावा मिले।
- राज्यों के पुलिस संगठनों तथा कानून लागू करने वाली एजेंसियों के बीच राष्ट्रीय एवं अंतर्राष्ट्रीय सहयोग, विशेषकर मामलों की छानबीन और अनुसंधान में सहायता करना।
- राष्ट्रीय और अंतर्राष्ट्रीय स्तर पर संगठित अपराध के विरुद्ध लड़ाई में मुख्य भूमिका का निर्वाह करना।
- मानवाधिकारों की रक्षा करना तथा पर्यावरण, कलाओं, कलात्मक वस्तुओं (Antiques) की रक्षा के साथ अपनी सभ्यता का विस्तार करना।
- वैज्ञानिक अभिवृति, मानवता तथा जांच-अनुसंधान तथा सुधार की भावना का अपने अंदर विकास करना।
- कार्यप्रणाली के प्रत्येक क्षेत्र में उत्कृष्टता तथा व्यावसायिकता के लिए प्रयासरत रहना, जिससे कि संगठन अपने प्रयत्नों एवं उपलब्धियों में शिखर पर पहुंचे।

- इसका अधीक्षण केंद्रीय सतर्कता आयोग करता है। केंद्रीय सतर्कता आयोग अधिनियम, 2003 के द्वारा सी.बी.आई. निदेशक को दो वर्षों की कार्य-अवधि की सुरक्षा मिली है।

केंद्रीय जांच ब्यूरो की संरचना

केंद्रीय जांच ब्यूरो की संरचना को चित्र में दर्शित किया गया है।

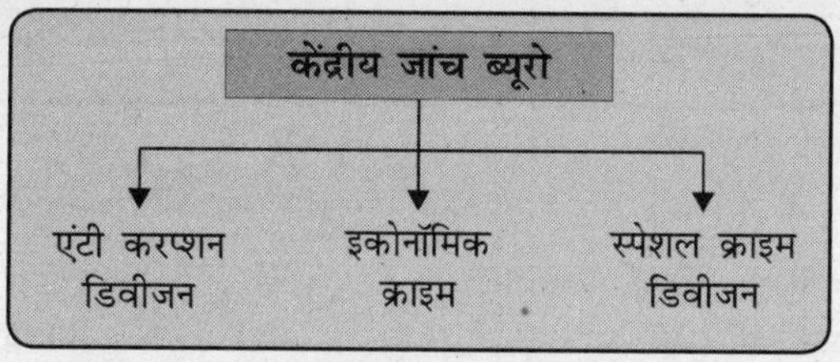

- एंटी करप्शन डिवीजन केंद्र सरकार के विभिन्न विभागों, आर्थिक संस्थानों और सार्वजनिक क्षेत्र में होने वाले भ्रष्टाचार एवं धोखाधड़ी की जांच-पड़ताल करती है।
- इकोनॉमिक क्राइम डिवीजन बैंक तथा फाइनेंशियल फ्रॉड, आयात-निर्यात और विदेशी मुद्रा से जुड़े नियमों के उल्लंघन, नशीली दवाओं, ऐतिहासिक-पुरातात्विक तथा सांस्कृतिक संपदा एवं अन्य प्रतिबंधित सामानों की तस्करी से संबंधित मामलों की जांच करती है।
- स्पेशल क्राइम डिवीजन के तहत आतंकवाद, बम-ब्लास्ट, मानव-बम, फिरौती के लिए अपहरण, चर्चित हत्याओं से संबंधित अनसुलझी गुत्थी तथा माफियाओं द्वारा किए जाने वाले संगीन अपराधों की जांच की जाती है।

केंद्रीय जांच ब्यूरो के कार्य

केंद्रीय जांच ब्यूरो को निम्नलिखित कार्य करने पड़ते हैं–

- केंद्र सरकार के कर्मचारियों के भ्रष्टाचार, घूसखोरी तथा दुराचार आदि मामलों का अनुसंधान करना।
- राजकोषीय तथा आर्थिक कानूनों के उल्लंघन के मामलों का अनुसंधान करना, जैसे–आयात-निर्यात नियंत्रण से संबंधित कानूनों का अतिक्रमण, सीमा शुल्क तथा केंद्रीय उत्पाद शुल्क, विदेशी मुद्रा विनिमय अधिनियम, आदि के उल्लंघन के मामले।
- पेशेवर अपराधियों के संगठित गिरोहों द्वारा किए गए ऐसे गंभीर अपराधों का अनुसंधान, जिनका राष्ट्रीय या अंतर्राष्ट्रीय स्तर पर प्रभाव हुआ हो।
- भ्रष्टाचार निरोधक एजेंसियों तथा विभिन्न राज्य पुलिस बलों के बीच समन्वय स्थापित करना।
- राज्य सरकार के अनुरोध पर किसी सार्वजनिक महत्व के मामले को अनुसंधान के लिए हाथ में लेना।
- सी.बी.आई. (CBI) अकादमी गाजियाबाद (उत्तर प्रदेश) में अवस्थित है। इसके पूर्व सी.बी.आई. प्रशिक्षण केंद्र, नई दिल्ली में प्रशिक्षण कार्यक्रम संचालित होते थे।
- अपराध से संबंधित आंकड़ों का अनुरक्षण तथा आपराधिक सूचनाओं का प्रसार।

सी.बी.आई. की शाखाएं

वर्तमान में सी.बी.आई. की निम्नलिखित शाखाएं हैं–

1. भ्रष्टाचार निरोधक शाखा
2. आर्थिक अपराध शाखा

3. विशेष अपराध शाखा
4. नीतिगत एवं अंतर्राष्ट्रीय पुलिस सहयोग शाखा
5. प्रशासनिक शाखा
6. अभियोग निदेशालय
7. केंद्रीय फॉरेन्सिक विज्ञान प्रयोगशाला

रिसर्च एंड एनालिसिस विंग

यह भारत की अंतर्राष्ट्रीय गुप्तचर संस्था है जिसका गठन 21 सितंबर, 1968 को किया गया। रॉ (RAW) का मुख्य कार्य विदेशी सेना की रणनीति से संबंधित जानकारी एकत्रित करना, आतंकवाद को रोकना एवं गुप्त ऑपरेशनों को अंजाम देना है। इसके साथ ही यह विदेशी सरकारों, कंपनियों व व्यक्तियों से मिली जानकारी पर कार्य करती है, ताकि भारतीय नीति-निर्माताओं को देश की सुरक्षा के संबंध में सलाह दी जा सके।

रिसर्च एंड एनालिसिस विंग के गठन से पहले विदेशी जानकारी जमा करने का काम अन्वेषण ब्यूरो (आई.बी.) करती थी, जिसे ब्रिटिशों ने बनाया था। सन् 1962 के भारत-चीन युद्ध में आई.बी. की अक्षमता के चलते तत्कालीन प्रधानमंत्री जवाहरलाल नेहरू ने एक विदेशी गुप्तचर संस्था के गठन का आदेश दिया। जिसके बाद 21 सितंबर, 1968 को प्रधानमंत्री इंदिरा गांधी के शासनकाल में रॉ (RAW) का गठन किया गया। आर.एन. काओ को भारत की पहली अंतर्राष्ट्रीय गुप्तचर संस्था, रिसर्च और एनालिसिस विंग का सचिव बनाया गया। स्थापना के समय इसे योजनाबद्ध विदेशी जानकारी, मनुष्य व तकनीकी और डायरेक्टर-जनरल ऑफ मिलिट्री इंटेलिजेंस के समानांतर जिम्मेदारी सौंपी गई थी, जिसमें सीमापार की जानकारी इकट्ठा करना शामिल था।

राष्ट्रीय आसूचना ग्रिड (नेटग्रिड)
सरकार ने गृह मंत्रालय के एक संबद्ध कार्यालय के रूप में राष्ट्रीय आसूचना ग्रिड (नेटग्रिड) की स्थापना की है। नेटग्रिड, आतंकवाद और आंतरिक सुरक्षा के खतरों का मुकाबला करने के लिए कार्यवाही योग्य आसूचना तैयार करने के लिए डाटा-बेसों का संयोजन करेगा। इसलिए, नेटग्रिड की स्थापना एक ऐसी सुविधा का सृजन करने के लिए की गई है, जो आंतरिक सुरक्षा के खतरों का मुकाबला करने में भारत की क्षमता को समुन्नत करे। नेटग्रिड की परिकल्पना एक ऐसे सूचना प्रौद्योगिकी ढांचे के रूप में की गई है, जिस तक पहुंच, मिलान, विश्लेषण, परस्पर संबंध बनाया जाएगा, भविष्यवाणी की जाएगी और जो सूचना का तेजी से वितरण कर सकेगा। नेटग्रिड के प्रमुख, मुख्य कार्यपालक अधिकारी (सी.ई.ओ.) होंगे।

वित्तीय कार्यवाही कार्यबल (एफएटीएफ)
कालेधन को वैध करने और आतंकवाद को वित्तीय सहायता प्राप्त करने से रोकने के लिए वित्तीय कार्यवाही कार्यबल (एफ.ए.टी.एफ.) नामक अंतरसरकारी संगठन ने कतिपय सिफारिशें की हैं। इन सिफारिशों को विधायन और अन्य विधिक रूप से मान्य उपायों के माध्यम से राष्ट्रीय स्तर पर कार्यांवित किया जाना अभिप्रेत है। सभी देशों के आतंकवादी क्रियाकलापों और कालेधन को वैध करने से संबंधित विधायी ढांचे की एफ.ए.टी.एफ. द्वारा निरंतर रूप से समीक्षा की जा रही है। कार्यान्वयन की चुनौतियों, अदालत की व्याख्याओं आदि के अनुसार एफ.ए.टी.एफ. की प्रतिबद्धताओं को पूरा करने और अंतर्मंत्रालय ग्रुप (आई.एम.जी.) की सिफारिशों को पूरा करने के उद्देश्य से यह निर्णय लिया गया था कि विधिविरुद्ध क्रियाकलाप (निवारण) अधिनियम, 1967 में संशोधन किया जाए और इससे संबंधित संशोधन विधेयक को संसद ने 20 दिसंबर, 2012 को पारित किया था और यह 1 फरवरी, 2013 से प्रभावी हो गया है।

अंतर्राष्ट्रीय सहायक गुप्तचर संस्थाएं
इंटरपोल: इसका पूरा नाम अंतर्राष्ट्रीय आपराधिक पुलिस संगठन (International Criminal Police Organization) है। यह विश्व की सबसे बड़ी अंतर्राष्ट्रीय पुलिस संस्था है, जो विभिन्न देशों की पुलिस के साथ निरंतर संपर्क में रहते हुए आपसी सहयोग से अंतर्राष्ट्रीय अपराधियों को पकड़ती है। इसकी स्थापना 7 सितंबर, 1923 को की गई। इसका मुख्यालय ल्योन (फ्रांस) में है। मौजूदा अध्यक्ष मिरेल बेलस्ट्राजी (फ्रांस) और महासचिव रोनाल्ड के. नोबल (अमेरिका) हैं। इसकी अधिकृत भाषाएं अरबी, अंग्रेजी, फ्रेंच और स्पेनिश हैं। इसके 190 देश सदस्य हैं।
केंद्रीय गुप्तचर संस्था (सी.आई.ए.): सेंट्रल इंटेलिजेंस एजेंसी संयुक्त राज्य अमेरिका की संघीय सरकार में कार्य करने वाली असैनिक गुप्तचर संस्था है। इसकी स्थापना अमेरिका के राष्ट्रपति हैरी एस. ट्रूमैन ने राष्ट्रीय सुरक्षा कानून पर हस्ताक्षर करने के साथ 1947 में की थी। इसका मुख्य कार्य सार्वजनिक नीति-निर्माताओं के मार्गदर्शन के लिए विश्व की सरकारों, औद्योगिक निगमों और व्यक्तियों के बारे में गुप्त सूचना एकत्रित करना और उसका विश्लेषण करना है। यह एक स्वतंत्र संस्था है। इसकी स्थापना 18 सितंबर, 1947 को की गई। इसका मुख्यालय लैंगली, वर्जीनिया (अमेरिका) में है और जॉन ओ. ब्रेनन इसके मौजूदा निदेशक हैं।

भारतीय खुफिया एजेंसियां
संयुक्त खुफिया समिति: ● विदेश खुफिया, ● रिसर्च एंड एनालिसिस विंग, ● एविएशन रिसर्च सेंटर, ● राष्ट्रीय तकनीकी अनुसंधान संगठन, ● इलेक्ट्रॉनिक्स और तकनीकी सेवाएं, ● रेडियो रिसर्च सेंटर, ● विशेष सेवा ब्यूरो।
रक्षा खुफिया: ● सैन्य खुफिया निदेशालय, ● रक्षा खुफिया एजेंसी, ● एयर इंटेलिजेंस निदेशालय (भारत), ● नौसेना खुफिया निदेशालय, ● इमेज प्रोसेसिंग और विश्लेषण केंद्र, ● सिग्नल इंटेलिजेंस निदेशालय, ● संयुक्त बीज लेख ब्यूरो।
आंतरिक सुरक्षा: ● आसूचना ब्यूरो (आई.बी.), ● राष्ट्रीय जांच एजेंसी (एन.आई.ए.), ● केंद्रीय जांच ब्यूरो (सी.बी.आई.)।
आर्थिक आसूचना: ● राजस्व आसूचना निदेशालय, ● आर्थिक खुफिया परिषद्, ● आयकर जांच निदेशालय, ● नारकोटिक्स कंट्रोल ब्यूरो, ● केंद्रीय आर्थिक आसूचना ब्यूरो, ● आर्थिक प्रवर्तन निदेशालय, ● केंद्रीय जांच विभाग (सी.आई.डी.)।

रॉ ने अन्वेषण ब्यूरो के एक विभाग के रूप में 250 कर्मचारियों के साथ 2 करोड़ रुपए के वार्षिक बजट पर काम करना शुरू किया था। सन् 1971 में आर.एन. काओ ने सरकार को एविएशन रिसर्च सेंटर (ए.आर.सी.) का गठन करने के लिए एक प्रस्ताव पेश किया, जिसके तहत ए.आर.सी. का काम हवाई सर्वेक्षण करना था। इसने भारतीय वायुसेना के पुराने टोही विमानों की जगह ले ली और सन् 1970 के मध्य में रॉ ने ए.आर.सी. के जरिए चीनी और पाकिस्तानी सीमा के निकट के बंकरों के उच्च दर्जे के हवाई चित्र प्राप्त कर अन्वेषण के क्षेत्र में बड़ी छलांग लगाई।

सन 1970 में रेडियो रिसर्च सेंटर और 1990 में इलेक्ट्रॉनिक एंड टेक सर्विसेज जैसी संस्थाएं रॉ के साथ जुड़ गईं। सन् 2004 में भारत सरकार ने राष्ट्रीय तकनीकी अनुसंधान संगठन का गठन किया, जिसे रॉ का ही एक विभाग माना जाता है, लेकिन इसकी कार्यशैली गुप्त है। इसका मुख्यालय नई दिल्ली में है। प्रधानमंत्री कार्यालय इसकी मातृ संस्था है।

राष्ट्रीय जांच एजेंसी

राष्ट्रीय जांच एजेंसी (एन.आई.ए.) देश की राजनीतिक, आर्थिक, ऊर्जा और सामरिक सुरक्षाओं की देखरेख करने वाली शीर्ष एजेंसी है। यह केंद्रीय आतंकवाद विरोधी कानून प्रवर्तन एजेंसी के रूप में काम करती है। इसकी स्थापना 2008 के मुंबई में आतंकवादी हमले के बाद 2009 में 31 दिसंबर, 2008 को लागू हुए एन.आई.ए. अधिनियम के जरिए की गई।

इसका मुख्यालय नई दिल्ली में और हैदराबाद, गुवाहाटी, मुंबई, लखनऊ व कोच्चि में शाखा कार्यालय हैं। वर्तमान समय में 35 राज्यों व संघ राज्य क्षेत्रों में एन.आई.ए. की 39 विशेष अदालतें हैं।

राष्ट्रीय जांच एंजेसी के गठन का उद्देश्य

देश के किसी भी हिस्से में आतंकी हमलों की जांच के लिए केंद्र सरकार के द्वारा अधिकृत केंद्रीय इकाई है। आतंकवाद के अलावा इसे नकली मुद्रा, मानव तस्करी, नशीले पदार्थों या दवाओं, संगठित अपराध (जबरन वसूली, भीड़ व गिरोह), अपहरण, विमान व परमाणु ऊर्जा अधिनियम और सामूहिक विनाश अधिनियम के हथियारों के उल्लंघन से संबंधित जांच का अधिकार भी है।

यह एजेंसी राज्यों से विशेष अनुमति के बिना राज्यों में आतंक संबंधी अपराधों से निपटने के लिए सशक्त इकाई है। एन.आई.ए. आतंकवादरोधी जांच, मिलान और विश्लेषण करती है। साथ ही केंद्र और राज्य, दोनों स्तरों पर सहायक आसूचना और कानून प्रवर्तन एजेंसियों को सूचना प्रदान करती है।

वित्तीय आसूचना इकाई

वित्तीय आसूचना इकाई (Financial Intelligence Unit—FIU) की स्थापना भारत सरकार द्वारा नवंबर 2004 में की गई। यह एक केंद्रीय एजेंसी के रूप में कार्य करती है। जिसका मुख्य कार्य संदेहास्पद वित्तीय लेन-देन से संबंधित मामलों के संदर्भ में सूचनाएं प्राप्त करना और उसकी जांच करना है। यह मनी लॉन्ड्रिंग, हवाला कारोबार और विदेशों से अप्रत्यक्ष रूप में होने वाले लेन-देन पर नजर रखती है।

इसके कार्यों में संदेहात्मक वित्तीय सौदों के संदर्भ में सूचना प्राप्त करना, उनका विश्लेषण करना, सूचनाओं को विभिन्न एजेंसियों के मध्य वितरित करना, विभिन्न एजेंसियों के बीच समन्वय बनाना और शोध को बढ़ावा देना है। उल्लेखनीय है कि यह स्वायत्त संस्था है, जो वित्तमंत्री की अध्यक्षता वाली आसूचना परिषद् को सीधे रिपोर्ट करती है।

प्रवर्तन निदेशालय

प्रवर्तन निदेशालय (Enforcement Directorate—ED) यह विधि एवं आर्थिक आसूचना से संबंधित प्रमुख एजेंसी है, जिसकी स्थापना मई 1956 में की गई। यह वित्त मंत्रालय के राजस्व विभाग के अंतर्गत कार्य करता है, जो भारत में आर्थिक कानूनों के क्रियान्वयन और आर्थिक अपराधों से लड़ने के लिए उत्तरदायी है। इसमें भारतीय राजस्व सेवा, भारतीय पुलिस सेवा और भारतीय प्रशासनिक सेवा के अधिकारी आते हैं। यह विदेशी मुद्रा, विनिमय प्रबंधन अधिनियम 1999 और मनी लॉन्ड्रिंग निरोधक अधिनियम 2012, को मुख्य रूप से क्रियान्वित करता है। विदेशी मुद्रा के आगमन और निर्गमन संबंधित अवैध गतिविधियों की जांच करता है और उपयुक्त कार्यवाही करता है।

संयुक्त खुफिया समिति

यह समिति कैबिनेट मंत्रियों के अंतर्गत आती है। इसका कार्य रॉ, आई.बी., डिफेंस इंटेलिजेंस एजेंसी के बीच सह-कार्य स्थापित करना और उनके द्वारा उपलब्ध कराई गई जानकारियों का विश्लेषण करना है। 1999 में राष्ट्रीय सुरक्षा काउंसिल के गठन के साथ ही इसको भी उसके साथ जोड़ दिया गया है।

राजस्व आसूचना निदेशालय

यह एक अखिल भारतीय आसूचना एजेंसी है, जो केंद्रीय उत्पाद और सीमाशुल्क के अधीनस्थ कार्य करती है। यह देश में विभिन्न प्रकार के होने वाले अवैध आर्थिक अपराधों को रोकने के लिए प्रतिबद्ध है। चाहे वह मादक पदार्थों का अवैध व्यापार हो या जाली नोट का कारोबार हो या सोने का अवैध व्यापार हो या अवैध रूप से वन संपदा का दोहन हो, या वन जीव-जंतुओं का दोहन हो आदि को नियंत्रित करती है। इसके लिए यह केंद्र सरकार की विभिन्न एजेंसियों और अंतर्राष्ट्रीय एजेंसी इंटरपोल के साथ मिलकर कार्य करती है। इसके द्वारा उपरोक्त गतिविधियों पर नजर रखना, संबंधित व्यक्तियों की संपत्ति को जब्त करना, सूचना एवं आंकड़े प्राप्त करना तथा विभिन्न नीतिगत प्रक्रियाओं का अध्ययन किया जाता है।

सुरक्षा एजेंसियों की सहायक इकाइयां

भारतीय सुरक्षा एजेंसियां अपने कार्यों एवं दायित्वों को संपादित करने में निम्नलिखित सहायक एजेंसियों की सहायता लेती हैं–

राष्ट्रीय तकनीकी अनुसंधान संगठन

यह एक अति विशिष्ट तकनीकी खुफिया जानकारी जुटाने वाली वैज्ञानिक एजेंसी है, जिसकी स्थापना वर्ष 2004 में हुई थी। यह आंतरिक और बाहरी सुरक्षा पर अन्य एजेंसियों को तकनीकी खुफिया जानकारी प्रदान करने के लिए एक सुपर फीडर एजेंसी के रूप में कार्य करती है। इसे उपग्रह निगरानी, स्थलीय निगरानी, इंटरनेट गतिविधियों की निगरानी और राष्ट्रीय सुरक्षा तंत्र के लिए महत्वपूर्ण माना जाता है। यह राष्ट्रीय सुरक्षा सलाहकार (प्रधानमंत्री कार्यालय) के अधीन और रिसर्च एंड एनालिसिस विंग (रॉ) के नियंत्रण में काम करती है।

अपराध व अपराधी ट्रैकिंग नेटवर्क और प्रणाली (सी.सी.टी.एन.एस.)

गृह मंत्रालय द्वारा कार्यान्वित इस प्रणाली का उद्देश्य सही समय पर अपराध और अपराधी संबंधी सूचना का आदान-प्रदान करने के लिए देश के 28 राज्यों एवं 7 संघ राज्य क्षेत्रों के 15,000 से अधिक पुलिस स्टेशनों और लगभग 6,000 बड़े कार्यालयों को जोड़ने के लिए एक व्यापक एकीकृत प्रणाली व राष्ट्रव्यापी नेटवर्क सोल्यूशन सृजित करना है।

संयुक्त कार्य दल (जेडब्ल्यूजी)

भारत ने कई प्रमुख देशों के साथ आतंकवाद व अंतर्राष्ट्रीय आतंकवाद का मुकाबला करने के संबंध में संयुक्त कार्य दल स्थापित किए हैं, ताकि अंतर्राष्ट्रीय आतंकवाद और पारदेशीय संगठित अपराध का मुकाबला करने के लिए सूचना का आदान-प्रदान किया जा सके। भारत ने अब तक आतंकवाद व अंतर्राष्ट्रीय आतंकवाद का मुकाबला करने के लिए मिस्र, कनाडा, जर्मनी, ब्रिटेन, अमेरिका, फ्रांस, चीन, इजराइल, कजाकिस्तान, रूस, उज्बेकिस्तान, थाईलैंड, तुर्की, सिंगापुर, ऑस्ट्रेलिया, तजाकिस्तान, मॉरीशस, इंडोनेशिया, म्यांमार, पोलैंड, जापान, इटली, मलेशिया, यूरोपीय संघ और बहुक्षेत्रीय तकनीकी व आर्थिक सहयोग के लिए संयुक्त कार्यदलों का गठन किया है।

पुलिस अनुसंधान एवं विकास ब्यूरो (बी.पी.आर.एंड.डी.)

इसकी स्थापना देश में पुलिस की जरूरतों और समस्याओं का पता लगाने, समुचित अनुसंधान परियोजना एवं अध्ययन करने तथा उभरती हुई चुनौतियों के समाधान के लिए नीतिगत विकल्पों का सुझाव देने के लिए वर्ष 1970 में की गई थी।

राष्ट्रीय अपराध रिकॉर्ड ब्यूरो

इसकी स्थापना सन् 1986 में राज्यों व संघ राज्य-क्षेत्रों में होने वाले अपराध व अपराधियों से संबंधित सूचना के डिपोजिटरी के रूप में की गई है। यह जांचकर्ताओं एवं अन्य के लिए अपराध का विश्लेषण करने, अपराध के आंकड़ों

व अंगुलीछाप का संग्रहण का कार्य करता है। यह भारतीय पुलिस और देश की खुफियां एजेंसियों को सूचना तकनीकी एवं अपराध आसूचना से सशक्त बनाने का प्रयास करता है।

रंगीन चित्र निर्माण प्रणाली (सी.पी.बी.एस.)

इस सॉफ्टवेयर को पीड़ित अथवा गवाह द्वारा उपलब्ध कराए गए विवरण के आधार पर अपराधियों का चित्र बनाने की सुविधा प्रदान करने के लिए विकसित किया गया है।

केंद्रीय अंगुलीछाप ब्यूरो (सी.एफ.पी.बी.)

इसकी स्थापना सन् 1955 में कोलकाता में हुई। यह अंगुलीछाप विज्ञान से संबंधित सभी मामलों में सभी राज्यों, जांच एजेंसियों और अंतर्राष्ट्रीय संगठनों का समन्वय और मार्गदर्शन करने के साथ-साथ मॉनीटरिंग व तकनीकी सहायता प्रदान करने का कार्य करता है। यह राष्ट्रीय और अंतर्राष्ट्रीय अपराधियों के अंगुलीछापों का रिकॉर्ड रखता है।

केंद्रीय विधि विज्ञान प्रयोगशाला (सीएफएसएल)

यह सी.बी.आई. के प्रशासनिक और गृह मंत्रालय की समग्र नियंत्रण इकाई है। सी.एफ.एस.एल. सी.बी.आई., दिल्ली पुलिस, न्यायपालिका, सतर्कता विभागों, राज्य व केंद्र सरकार के उपक्रमों और देश की खुफिया एजेंसियों द्वारा भेजे गए अपराध प्रदर्शों का वैज्ञानिक विश्लेषण करता है। सी.एफ.एस.एल., नई दिल्ली के प्रशासनिक नियंत्रण में कोलकाता, मुंबई और चेन्नई में तीन अतिरिक्त वैज्ञानिक सहायता केंद्र है।

राष्ट्रीय बम आंकड़ा केंद्र (एन.बी.डी.सी.)

एन.एस.जी. का मानेसर (गुड़गांव) में राष्ट्रीय बम आंकड़ा केंद्र है, जो विश्व में ऐसे छह केंद्रों में से एक है। यह केंद्र अधिकांशत: राज्य प्राधिकरणों के अनुरोध पर देश के विभिन्न भागों में विस्फोट के बाद की स्थिति का अध्ययन करता है। यह देश में सुरक्षा बलों के प्रयोग के लिए विस्फोटकों और विस्फोट की घटनाओं का एक डाटा बैंक भी रखता है।

सी.बी.आई. और उसकी स्वायतत्ता

प्रवर्तनकारी संस्थाओं में सबसे विवादास्पद और चर्चित संस्था सी.बी.आई. है। सी.बी.आई. की कार्यप्रणाली और उसमें राजनीतिक हस्तक्षेप को लेकर हमेशा चर्चाएं होती रही हैं। इसके साथ-साथ उसकी निष्पक्षता और निष्ठा को लेकर विवाद उठते रहे हैं। सी.बी.आई. पर हमेशा यह आरोप लगता रहा है कि वह केंद्र सरकार के इशारे पर कार्य करती है और इस संदर्भ में प्रमाण भी मिले हैं। यू.पी.ए. शासनकाल में कोयला घोटाले में तत्कालीन प्रधानमंत्री मनमोहन सिंह की भूमिका को लेकर की जा रही जांच में सी.बी.आई. को दिए गए दिशा-निर्देश के सामने आने पर न्यायपालिका को कठोर टिप्पणी करनी पड़ी और न्यायपालिका ने सी.बी.आई. को पिंजरे में बंद-तोते की संज्ञा दी और सी.बी.आई. की कार्यप्रणाली पर प्रश्नचिह्न लगाया। सी.बी.आई. के तत्कालीन निदेशक रंजीत सिन्हा ने सर्वोच्च न्यायालय में अपने झूठ बोलने पर प्रतिक्रिया व्यक्त करते हुए कहा कि सी.बी.आई. कोई स्वायत्त संस्था नहीं है, बल्कि वह सरकार का अंग है। इसलिए सी.बी.आई. को सरकार की बात मानने की मजबूरी है।

वस्तुत:, कोयला घोटाले ने प्रधानमंत्री मनमोहन सिंह और उनकी पूरी सरकार को कठघरे में खड़ा कर दिया है। साथ ही अब इसकी कालिख का असर सी.बी.आई. पर भी दिखने लगा है, क्योंकि अदालत ने इस घोटाले की जांच से जुड़ी स्टेटस रिपोर्ट से दोनों के झूठ को बेनकाब कर दिया है। रही-सही कसर अतिरिक्त महाअधिवक्ता हरेन रावल के इस्तीफे और उस पत्र ने पूरी कर दी, जो उन्होंने महाधिवक्ता जी.ई. वाहनवती को लिखा। इस पत्र ने साफ कर दिया कि स्टेट्स रिपोर्ट कानून मंत्री अश्वनी कुमार और प्रधानमंत्री कार्यालय के अधिकारियों को दिखाई गई और यह सब वाहनवती की मौजूदगी में हुआ। जबकि अदालत की हिदायत थी कि रिपोर्ट सरकार को न दिखाई जाए, क्योंकि जांच के दायरे में सरकार ही है।

सी.बी.आई., सरकारी वकील और सरकार के इस संयुक्त विश्वासघात के बाद शीर्ष न्यायालय ने तय किया है कि वह सी.बी.आई. को सरकारी शिकंजे से मुक्त और उसकी निष्पक्ष स्वायतत्ता बहाल करेगी। लेकिन क्या न्यायालय ऐसा कर पाएगी, क्योंकि राजनीतिक दबाव के लिए सी.बी.आई. का इस्तेमाल सभी केंद्र सरकारें अचूक औजार के रूप में करती रही हैं। ऐसे में क्या कोई भी केंद्र सरकार सी.बी.आई. को स्वायत्त संस्था बना देने की संवैधानिक व्यवस्था करेगी? क्योंकि सी.बी.आई. के दुरुपयोग की बात कोई पहली मर्तबा नहीं उठी है। सी.बी.आई. के कई पूर्व निदेशक और विपक्षी दल इस हकीकत को सामने लाते रहे हैं कि सी.बी.आई. का राजनीतिक हितों के लिए इस्तेमाल होता है। शीर्ष न्यायालय कोयला घोटाले में ही नहीं, मुलायम सिंह की अनुपातहीन संपत्ति की जांच से जुड़े मामले में भी सी.बी.आई. पर आशंका जता चुका है।

सी.बी.आई. के इस्तेमाल की बात कोई नई नहीं है। सत्ता पक्ष और विपक्ष के जितने भी राष्ट्रीय या क्षेत्रीय दल हैं, लगभग सभी परोक्ष-अपरोक्ष रूप से सत्ता में हिस्सेदारी कर चुके हैं और सत्ता से बाहर होने के बाद सत्ता पक्ष पर सी.बी.आई. का दुरुपयोग करने का आरोप लगाते रहे हैं। मसलन, अपरोक्ष रूप से वे अपने ही अनुभव प्रकट करते हैं।

सी.बी.आई. के पूर्व निदेशक उमाशंकर मिश्रा के अनुसार 2003 से 2005 के बीच जब वे सी.बी.आई. प्रमुख थे, तब उत्तर प्रदेश की पूर्व मुख्यमंत्री मायावती और उनसे जुड़ा ताज कॉरिडोर मामले की जांच का प्रकरण उनके पास था। इस सिलसिले में मायावती के खिलाफ आय से अधिक संपत्ति मामले की जांच चल रही थी। जांच में पाया गया कि मायावती के माता-पिता के बैंक खातों में इतनी ज्यादा रकम जमा थी कि उनकी आय के स्रोत की पड़ताल जरूरी थी, लेकिन केंद्र के दबाव के सामने वे निष्पक्ष जांच नहीं कर पाए। मसलन, जांच लटका दी गई।

मिश्रा ने आगे यह भी कहा था कि 'यह सच है और इसे मैं नहीं छिपाऊंगा। जब हम बड़े राजनेताओं के खिलाफ जांच करते हैं, तो प्रगति प्रतिवेदन लटकाने या जांच पूरी हो चुकने के बावजूद संपूर्ण जांच प्रतिवेदन न देने या उसे किसी खास तरीके से प्रस्तुत कराने का पर्याप्त दबाव बनाया जाता है।' इससे स्पष्ट है, केंद्र में सरकार किसी भी दल की आ जाए, वह सी.बी.आई. को स्वायत्त बना देने का आदर्श प्रस्तुत करने वाली नहीं है। यही वजह रही कि सी.बी.आई. बोफोर्स सौदे, लालू यादव के चारा घोटाले, मुलायम सिंह यादव की अनुपातहीन संपत्ति और मायावती के ताज कॉरिडोर से जुड़े मामलों में कोई अंतिम निर्णय नहीं ले पाई। राहुल गांधी भी कह चुके हैं कि सी.बी.आई. राजनीतिक दबाव में रहती है। इन सब बयानों से साफ होता है कि सी.बी.आई. को सुपुर्द कर देने के बाद गंभीर से गंभीर मामला भी गंभीर नहीं रह जाता, बल्कि अपरोक्ष रूप से सी.बी.आई. सुरक्षा कवच का ही काम करती है। कोयला घोटाले में भी सी.बी.आई. स्टेट्स रिपोर्ट सरकार को दिखाकर घोटाले की हकीकत पर पर्दा डालने का काम कर रही थी। इसीलिए बीते दो-तीन सालों में जितने भी बड़े घोटाले सामने आए हैं, उन्हें उजागर करने में शीर्ष न्यायालय, कैग और आर.टी.आई. की भूमिका प्रमुख रही है, न कि किसी जांच एजेंसी की। 2जी स्पेक्ट्रम मामले में तो सी.बी.आई. को निष्पक्ष जांच के लिए कई मर्तबा न्यायालय की फटकार खानी पड़ी। मुलायम सिंह के आय से अधिक संपत्ति के मामले में भी न्यायालय ने उल्लेखनीय पहल करते हुए इन आशंकाओं की अपरोक्ष रूप से पुष्टि की है कि सी.बी.आई. राजनीतिक दबाव में काम करती है। 2007 में शीर्ष न्यायालय में एक जनहित याचिका दायर करते हुए आरोप लगाया गया था कि मुलायम सिंह और उनके परिजनों ने आय

से अधिक संपत्ति हासिल की है। इस याचिका को मंजूर करते हुए अदालत ने सी.बी.आई. को जांच सौंप दी थी। जांच से बचने के लिए मुलायम सिंह ने यह कहते हुए कि उनके पास कोई अनुपातहीन संपत्ति नहीं है, पुनर्विचार याचिका दाखिल कर दी। अब अदालत ने इसे खारिज करते हुए सी.बी.आई. को हिदायत दी है कि जांच रिपोर्ट सरकार को नहीं सौंपी जाए। सीधे अदालत में ही पेश की जाए। करुणानिधि ने जब केंद्र से समर्थन वापस लिया, उनके यहां भी ताबड़तोड़ छापे डाले गए। करुणानिधि के परिजनों पर अनुपातहीन संपत्ति और आयात शुल्क में की गई गड़बड़ियों के मामले में सी.बी.आई. जांच चल रही है, लेकिन हल्ला मचने पर यकायक जांच प्रक्रिया रोक दी गई।

वर्तमान में बिहार के पूर्व मुख्यमंत्री लालू प्रसाद यादव और उनके परिवार, पूर्व केंद्रीय वित्तमंत्री पी. चिदंबरम के बेटे कीर्ति चिदंबरम और कर्नाटक के कांग्रेसी विधायक के विरुद्ध सी.बी.आई. द्वारा की जा रही जांच को राजनीतिक नजरिए से देखा जा रहा है।

जब भी किसी राजनीतिक व्यक्ति, चाहे मुलायम, मायावती, करुणानिधि, जयललिता, लालू प्रसाद यादव, कीर्ति चिदम्बरम आदि के विरुद्ध सी.बी.आई. द्वारा कार्यवाही की जाती है, इसे केंद्र सरकार की साजिश बताया जाता है और जांच को प्रभावित करने का प्रयास किया जाता है। सी.बी.आई. की जांच प्रभावित होती है। राजनीतिक दल और उसके परिवार से जुड़े मसलों पर सी.बी.आई. बहुत अधिक तेजी नहीं दिखा पाती है। सी.बी.आई. की इस कार्यशैली के कारण सी. बी.आई. को स्वायत्त बनाने की मांग समय-समय पर उठती रही है, जिसके पक्ष और विपक्ष दोनों में ही तर्क दिए जा सकते हैं। यूपीए के शासनकाल के दौरान सी.बी.आई. को स्वायत्त बनाने की दिशा में न्यायपालिका सक्रिय दिखाई पड़ रही थी, परंतु अपने संवैधानिक मजबूरियों को जानते हुए न्यायपालिका ने अपनी सक्रियता कम कर दी।

भारतीय गुप्तचर एजेंसियों के मार्ग में बाधाएं	
1.	कुशल मानवीय पूंजी की कमी।
2.	गुप्तचर कर्मियों और अधिकारियों को पर्याप्त एवं प्रभावी प्रशिक्षण न मिलना।
3.	विभिन्न एजेंसियों के बीच समन्वय न होना।
4.	राज्य पुलिस प्रशासन और केंद्रीय गुप्तचर एजेंसियों के बीच समन्वय और सहयोग की कमी।
5.	गुप्तचर एजेंसियों के पास आधुनिक तकनीकी संसाधनों और हथियारों की कमी।
6.	पर्याप्त प्रोत्साहन न मिलना।
7.	राजनैतिक दुरुपयोग।
8.	गुप्तचर एजेंसियों के संदर्भ में विशेष कैडर का अभाव।
9.	उनके द्वारा प्रदत्त सूचनाओं का विश्लेषण न किया जाना या उनके द्वारा दी गई सूचनाओं पर सरकार द्वारा उपयुक्त कार्यवाही न करना।

सी.बी.आई. में सुधारों की जरूरत

किसी भी गंभीर मामले की जांच करने के लिए बनाई गई देश की सर्वोच्च जांच एजेंसी ही अगर सत्तापक्ष के अधीन काम करने लगे तो जांच की शुचिता का सवाल उठना लाजिमी है। भारत की सर्वोच्च जांच एजेंसी सेंट्रल ब्यूरो ऑफ इन्वेस्टीगेशन (सी.बी.आई.) की स्वायतत्ता का सवाल तो बहुत पहले से उठता आ रहा है। कुछ वर्ष पहले हुए अन्ना आंदोलन के दौरान टीम अन्ना द्वारा प्रस्तावित लोकपाल मसौदे में सी.बी.आई. की स्वायतत्ता को लेकर सदन में विपक्ष और सरकार के बीच काफी तकरार देखी जा चुकी है। उस विशाल जनांदोलन के दौरान भी कभी सरकार की नीयत सी.बी.आई. को सत्ता पक्ष के चंगुल से मुक्त करने की नहीं दिखी। जब कोल ब्लॉक आवंटन में हुई गड़बड़ी के संदर्भ में सी. बी.आई. जांच कर रही थी तो उसमें सरकारी हस्तक्षेप का मामला सामने आया तो शासन के ही एक अंग माननीय सर्वोच्च न्यायालय ने स्वयं सी.बी.आई. की अधीनस्थता पर प्रश्नचिह्न लगा दिया।

सरकार के लिए न्यायपालिका की तरफ से इससे बड़ी फटकार शायद विगत कुछ वर्षों में कभी नहीं मिली हो। हालांकि ऐसा नहीं है कि सुप्रीम कोर्ट ने कोई नई बात कही है, कोई नया खुलासा हुआ है। दरअसल, इस पूरे मामले की गंभीरता यह है कि शासन के ही एक महत्वपूर्ण अंग ने लोकतांत्रिक शासन के दूसरे महत्वपूर्ण अंग पर प्रत्यक्ष सवाल खड़ा किया और उसकी तीखी आलोचना की थी। अगर इस मसले पर सुप्रीम कोर्ट की तल्ख टिप्पणियों पर नजर डालें तो सी.बी.आई. की अधीनस्थता को लेकर चिंतित सर्वोच्च न्यायालय ने अपने बयान में स्वतंत्र जांच एजेंसी की मांग तक कर डाली है।

न्यायालय ने साफ तौर पर कहा है कि देश की जांच एजेंसी को किसी भी दखल से मुक्त करने की शीघ्र जरूरत है। लिहाजा, सी.बी.आई. के कार्यों में सरकारी हस्तक्षेप पर अब तक टाल-मटोल करती आ रही सरकार इस मामले में पूरी तरह से घिर गई थी। इस स्थिति ने सी.बी.आई. की स्वायतत्ता की मांग करने वालों को सरकार को घेरने का सुनहरा मौका भी दे दिया है। ध्यातव्य है कि कोल ब्लॉक आवंटन से जुड़ा पूरा मामला प्रधानमंत्री मनमोहन सिंह से सीधे तौर पर जुड़ा हुआ था। अतः इस बात पर तनिक भी संदेह नहीं है कि सरकार ने इस मामले में प्रधानमंत्री को बचाने का प्रयास नहीं किया होगा। सी.बी.आई. निदेशक रंजीत सिन्हा द्वारा दाखिल हलफनामे में जो बातें सामने आई हैं, उसमें सबसे गंभीर मामला सी.बी.आई. द्वारा जांच की स्टेटस रिपोर्ट को कानून मंत्री सहित दो अधिकारियों के साथ साझा किए जाने का है।

यहां बड़ा सवाल यह है कि आखिर सी.बी.आई. पर इस बात का दबाव कहां से पड़ा कि उसे अपने अधिकार और कार्यक्षेत्र से बाहर जाकर जांच की स्टेटस रिपोर्ट को सरकार के मंत्री के साथ साझा करना पड़ा? इस बात को सिरे से खारिज नहीं किया जा सकता कि अगर सरकार द्वारा सी.बी.आई. पर रिपोर्ट साझा करने का दबाव बनाया जा सकता है, तो उसमें अपने बचाव के लिए हेरफेर भी कराया जा सकता है।

भारत में जांच एजेंसी के तौर पर काम कर रही सी.बी.आई. का वर्तमान संरचनात्मक ढांचा ही कुछ ऐसा है कि उसके निष्पक्ष एवं दबावमुक्त होने की गुंजाइश नहीं के बराबर हो जाती है। दरसअल, डी.पी.एस. ऐक्ट 1946 के तहत गठित की गई इस जांच एजेंसी को गृह मंत्रालय के अंतर्गत रखकर भारत सरकार की जांच एजेंसी के तौर पर स्थापित किया गया था। मगर सत्ता एवं सरकार पर समय के साथ तेजी से विकसित हुए दलगत प्रभावों से सी.बी.आई. भी अछूती नहीं रही। सी.बी.आई. सरकार की जांच एजेंसी न होकर सत्ताधारी राजनीतिक दल की जांच एजेंसी के रूप में काम कर रही है। सुप्रीम कोर्ट के हस्तक्षेप के बाद अब साफ हो गया है कि सी.बी.आई. में व्यापक सुधारों की जरूरत है।

सी.बी.आई. में किए जाने वाले सुधारों की पहल अफसरों की नियुक्ति, उनके तबादले एवं बर्खास्तगी आदि की वर्तमान प्रक्रिया से किए जाने की जरूरत है, क्योंकि सी.बी.आई. पर सरकारी हस्तक्षेप का सबसे महत्वपूर्ण कारण यही है कि तबादले एवं नियुक्ति आदि पर पूरी तरह से सरकार का नियंत्रण है और इसी को हथियार बनाकर सत्ताधारी लोग सी.बी.आई. का इस्तेमाल अपने बचाव या राजनीतिक हित में करते रहे हैं। सी.बी.आई. का राजनीतिक हितों के लिए प्रयोग बेहद दुर्भाग्यपूर्ण है और इसका निराकरण भी सी.बी.आई. को सत्ता के चंगुल से मुक्त करके ही किया जा सकता है।

स्मरणीय तथ्य

- गृह मंत्रालय विभिन्न प्रकार के दायित्वों का निर्वहन करता है। इसमें देश की आंतरिक सुरक्षा, सीमा सुरक्षा, सुरक्षा की दृष्टि से केंद्र और राज्य के संबंध, केंद्रीय सशस्त्र पुलिस बलों का प्रबंधन और देश के खुफिया तंत्र व उसकी सहायक इकाइयों का नियोजन व संचालन शामिल है।
- संस्थागत खुफिया एजेंसियों का एक निश्चित स्वरूप और संगठनात्मक ढांचा होता है।
- भारत की आंतरिक खुफिया एजेंसी, जिसका मुख्य उद्देश्य गोपनीय रूप से कार्य करते हुए देश की सुरक्षा के लिए देश के अंदर खुफिया जानकारियां इकट्ठा करना है।
- केंद्रीय अन्वेषण ब्यूरो (Central Bureau of Investigation) भारत सरकार की प्रमुख जांच एजेंसी है।
- दिल्ली विशेष पुलिस प्रतिष्ठान को इसका नया नाम 'केंद्रीय अन्वेषण ब्यूरो' गृह मंत्रालय द्वारा 1 अप्रैल, 1963 को मिला।
- सी.बी.आई. का निदेशक (Director) इसका प्रमुख होता है। उसके सहयोग के लिए विशेष निदेशक अथवा अतिरिक्त निदेशक होता है।
- एंटी करप्शन डिवीजन केंद्र सरकार के विभिन्न विभागों, आर्थिक संस्थानों और सार्वजनिक क्षेत्र में होने वाले भ्रष्टाचार एवं धोखाधड़ी की जांच-पड़ताल करती है।
- रॉ (RAW) का मुख्य कार्य विदेशी सेना की रणनीति से संबंधित जानकारी एकत्रित करना, आतंकवाद को रोकना एवं गुप्त ऑपरेशनों को अंजाम देना है।
- **इंटरपोल** का पूरा नाम अंतर्राष्ट्रीय आपराधिक पुलिस संगठन (International Criminal Police Organization) है। यह विश्व की सबसे बड़ी पुलिस अंतर्राष्ट्रीय संस्था है,
- रॉ ने अन्वेषण ब्यूरो के एक विभाग के रूप में 250 कर्मचारियों के साथ 2 करोड़ रुपए के वार्षिक बजट पर काम करना शुरू किया था।
- वित्तीय आसूचना इकाई (Financial Intelligence Unit—FIU) की स्थापना भारत सरकार द्वारा नवंबर 2004 में की गई।
- भारत ने कई प्रमुख देशों के साथ आतंकवाद व अंतर्राष्ट्रीय आतंकवाद का मुकाबला करने के संबंध में संयुक्त कार्य दल स्थापित किए हैं।

❑❑❑

भाग-XIV

शासन एवं अभिशासन

अध्याय 1 : शासन और उसके विविध पक्ष

अध्याय 2 : शासन के बदलते आयाम : ई-शासन

अध्याय 3 : कॉर्पोरेट गवर्नेंस और उसके विविध पक्ष

अध्याय 1

शासन और उसके विविध पक्ष

भारत में अभिशासन या अच्छे शासन या सुशासन की अवधारणा कोई नई अवधारणा नहीं है बल्कि यह रामराज्य एवं स्वराज की परंपरागत अवधारणा का नया नाम है। नैतिक मूल्यों तथा धर्म की विशद् व्याख्या से युक्त भारतीय शास्त्रों में 'राजा' के कर्तव्यों तथा राजधर्म के बारे में विस्तृत उल्लेख मिलता है। 'श्रीमद्भगवद्गीता', 'यजुर्वेद', 'मनुस्मृति', 'महाभारत का शांतिपर्व', चाणक्य के 'अर्थशास्त्र' तथा कामंदक के 'शुक्र नीतिसार' इत्यादि ग्रंथों में सुशासन के व्यापक नियम वर्णित किए गए हैं। 'बहुजन हिताय: बहुजन सुखाय' के मूल मंत्र पर आधारित लोक कल्याणकारी राज्य की अवधारणा भी अंशत: सुशासन या अच्छे शासन की दिशा में ही एक कदम है, किंतु वर्तमान में अच्छे शासन की अवधारणा 20वीं सदी के अंतिम दशक में विश्वव्यापी आर्थिक परिवर्तनों तथा लोक प्रशासन की विफलता के क्रम में विकसित हुई है।

अभिशासन : एक परिचय

अभिशासन की अवधारणा राजनैतिक क्षेत्रों सहित विभिन्न क्षेत्रों में लंबे समय से ही प्रयोग में लाई जाती रही है। सामान्यत: एक सरकार को चलाना ही शासन या अभिशासन कहलाता है। किसी अन्य संस्थान को किसी उद्देश्य के अंतर्गत चलाना भी शासन या अभिशासन कहलाता है। राजनीति और प्रशासन में राज्य का केंद्रीय महत्व होता है। सरकार, राज्य का महत्वपूर्ण एवं अभिन्न अंग होती है। सरकार संवैधानिक तौर पर राज्य के प्रशासन के लिए जवाबदेह होती है, जो विभिन्न संस्थाओं द्वारा एक बेहतर समाज एवं लोगों के जीवन को सुधारने का प्रयास करती है। इस कारण ध्यान राज्य पर ही जाता है और राज्य ही प्रशासन की संपूर्ण प्रक्रिया में मुख्य कार्यकर्ता होता है।

सामान्यत: यह प्रश्न उठता है कि क्या 'सरकार' तथा 'शासन' एक ही बात है? वस्तुत: 'शासन' का अर्थ सरकार की उस आदर्शात्मक अवधारणा से लिया जाता है, जो सरकार की गुणवत्ता को प्रदर्शित करती है अर्थात् अभिशासन, सरकार या शासन की एक पद्धति या प्रणाली है। जहां तक 'Good Governance' शब्द के प्रारंभिक प्रचलन का प्रश्न है, यह सन् 1628 में इंग्लैंड में शुरू हुआ। सन् 1701 में इंग्लैंड में यह उक्ति बहुत लोकप्रिय हुई कि "एक बुद्धिमान राजा को शासन नहीं बल्कि अभिशासन की ओर प्रेरित होना चाहिए।" एच.के. एजमरसन (H.K. Asmerson) व एवं अन्य द्वारा दी गई परिभाषा के अनुसार, "अभिशासन एक लोकतांत्रिक ढांचे में कार्यकुशल तथा प्रभावी प्रशासन का नाम है।" अभिशासन में निम्नलिखित तत्वों का समावेश होता है—

- सहभागिता
- जवाबदेयता
- विधेयता
- संवेदनशीलता

यहां 'विधेयता' से तात्पर्य कानूनों, नियमों एवं नीतियों की उस व्यवस्था से है, जो समाज को नियंत्रित कर सके। साथ ही अधिकारों एवं कर्तव्यों में पर्याप्त संतुलन हो।

शिकागो विश्वविद्यालय के अर्थशास्त्री **मिल्टन फ्राइडमैन** ने इस अवधारणा को प्रचलित किया कि अच्छे शासन के लिए आवश्यक है कि सरकार की भूमिका हो तथा पूंजीवाद को समाजवाद से बेहतर आर्थिक प्रणाली माना जाए। चूंकि विगत सदी के 80 के दशक में पूंजीवाद की सफलताएं सामने आ चुकी थीं तथा शनै-शनै: समाजवादी अर्थव्यवस्थाएं या तो समाप्त हो रही थी अथवा निजीकरण को अपनाने लगी थी, अत: इस अवधारणा को बल मिला कि सरकार को प्रत्येक गतिविधि में हाथ डालकर अपना कार्यबोझ बढ़ाने से कहीं अच्छा है कि थोड़ा शासन किया जाए, किंतु वह प्रभावशाली हो। इसी मान्यता को अंगीकार करते हुए ब्रिटेन की पूर्व प्रधानमंत्री मार्गरेट थैचर ने सन् 1979 से नौकरशाही का आकार घटाना तथा निजीकरण अपनाना शुरू किया। भारत में सुशासन की दिशा में प्रथम प्रयास राजीव गांधी के शासनकाल (1984-89) में शुरू हुआ। जब इस विषय पर पांच क्षेत्रीय कार्यशालाएं आयोजित की गईं। संयुक्त राज्य अमेरिका के पूर्व राष्ट्रपति रोनाल्ड रीगन ने भी उदारीकरण की नीतियों को बढ़ावा दिया। इस बीच समाजवादी चीन ने भी निजीकरण तथा उदारीकरण का रास्ता चुन लिया तथा सोवियत संघ के विभाजन सहित बहुत से समाजवादी राज्य बिखरने लगे। भारत ने भी सन् 1991 में नई आर्थिक नीति घोषित कर विश्वव्यापी तूफान में अपनी नाव उतार दी।

सन् 1992 में **विश्व बैंक** ने कतिपय ऐसे बिंदु रेखांकित किए, जो कि विकसित एवं विकासशील देशों में अच्छे शासन हेतु आवश्यक हो सकते थे। भारत में पांचवें वेतन आयोग (1994-97) ने अपनी रिपोर्ट में 'गवर्नेंस' शब्द को बार-बार प्रयुक्त किया। संयुक्त राज्य अमेरिका में सन् 1993 में **अल गोर कमेटी** (Creating a Governance that Works better and Costs Less : The Report of the National Performance Review) में अभिशासन के स्थान पर '**लोकतांत्रिक शासन**' (Democratic Governance) शब्द प्रयुक्त किया गया था। 20वीं सदी में अस्सी के दशक के दौरान राजीव गांधी सरकार द्वारा सुशासन के संदर्भ में कार्यशालाओं में सुशासन के निम्नलिखित मूल्य तथा आयाम रेखांकित किए गए थे—1. ईमानदारी, 2. नैतिकता, 3. त्वरित कार्यनिष्पादन, 4. निष्पक्षता, 5. उत्तम चरित्र, 6. उत्साह, 7. पारदर्शिता, 8. प्रभावी सूचनातंत्र, 9. संवेदनशीलता, 10. सजगता, 11. कथनी एवं करनी में समानता, 12. सादगी, 13. जनजागृति के प्रयास तथा जनसहभागिता, 14. आत्मजागृति (लोकसेवकों में), 15. सकारात्मक सोच।

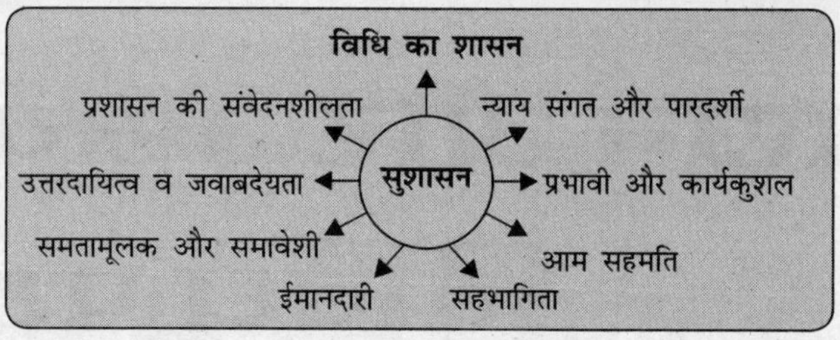

अगस्त, 1994 में (Commonwealth Association for Public Administration & Management—CAPAM) कॉन्फ्रेंस, जो कि चार्लेटेटाउन, कनाडा में आयोजित हुई थी, में लोक प्रशासन के नए प्रतिमानों पर गंभीर मंथन हुआ। नव लोक प्रबंध तथा संक्रमण कालीन सरकार के संदर्भों से युक्त यह चर्चा मुख्यत: सुशासन के लक्ष्य पर केंद्रित थी। इसी बीच भारतीय न्यायपालिका में प्रदर्शित न्यायिक सक्रियता की प्रवृत्तियों ने सरकार को नित्य नए कटघरों में खड़ा कर दिया। अंतत: सभी राज्यों तथा केंद्रशासित प्रदेशों के मुख्य सचिवों के सम्मेलन (20 नवंबर, 1996) के माध्यम से प्रशासन की जवाबदेयता, पारदर्शिता, प्रभावशीलता तथा निष्ठा के संदर्भ में व्यापक चर्चा हुई। इसी संदर्भ में 24 मई, 1997 को प्रभावी एवं उत्तरदायी शासन विषय पर मुख्यमंत्रियों का सम्मेलन आयोजित हुआ, जिसमें मुख्य सचिवों के द्वारा तैयार तथा जनता के अन्य संबद्ध पक्षों से बहस हो चुकी कार्य-योजना पर चर्चा हुई तथा नौ सूत्री कार्य योजना को सर्वसम्मति से स्वीकार कर लिया गया।

केंद्रीय मंत्रालयों या विभागों तथा राज्य सरकारों के विभागों के द्वारा निर्मित नागरिक अधिकार पत्र, सूचना का अधिकार, सुविधा काउन्टर, सरकारी वेबसाइट तथा शिकायत निवारण व्यवस्था इसी दिशा (सुशासन) में किए गए प्रयास हैं। पांचवें वेतन आयोग (1997) की रिपोर्ट में भी यह सुझाव दिया गया था कि लोक सेवाओं की सूजती काया को हल्का करते हुए सरकार का आकार घटाया जाए। इसी दिशा में केंद्र सरकार तथा राज्य सरकारों ने प्रयास करते हुए स्वैच्छिक सेवानिवृत्ति सहित अन्य उपायों से नौकरशाही का आकार कम करने के प्रयास किए हैं। ई-शासन के प्रादुर्भाव से भी सुशासन की दिशा में कुछ नए कदम उठाए गए हैं। वस्तुत: ई-शासन, अभिशासन की एक पद्धति या माध्यम है।

अच्छा शासन या अभिशासन या सुशासन

सुशासन या अच्छा शासन अंग्रेजी के दो शब्दों Good तथा Governance का हिंदी रूपांतरण है। Good शब्द की उत्पत्ति God से हुई है। Governance शब्द की उत्पत्ति Govern से हुई है, जो किसी को निर्देशित करने, आधिपत्य जताने तथा नियम बनाने से संबंधित है।

विश्व बैंक के दस्तावेज Governance & Development (1992) के अनुसार, "किसी देश के विकास हेतु आर्थिक एवं सामाजिक संसाधनों के प्रबंधन के संबंध में प्रयुक्त शक्ति का आशय शासन से है।"

विश्व बैंक ने सुशासन के संदर्भ में दिशा-निर्देश बताते हुए कहा है-"अभिशासन वह है, जिसमें राजनीतिक जवाबदेयता, स्वतंत्रता की उपलब्धता, कानूनों का पालन, नौकरशाही की जवाबदेयता, पारदर्शितापूर्वक सूचनाओं की उपलब्धता, प्रभावी तथा कुशल प्रशासन और सरकार एवं लोगों के मध्य सहयोग की भावना परिलक्षित होती हो।"

इस प्रकार सुशासन से आशय ऐसी सरकार से है, जो जनसाधारण के हितों की उचित समय पर तथा प्रभावशाली ढंग से रक्षा कर सके, साथ ही सरकार जनता के प्रति उत्तरदायी रहते हुए कुशल सेवाएं नागरिकों को प्रदान कर सके।

अभिशासन या सुशासन की अवधारणा मूलत: ई-शासन के साथ घुली-मिली हुई है, जिसे आजकल स्मार्ट शासन (SMART Government) कहा जा रहा है। जिसका अर्थ है-

S = Small (नौकरशाही का आकार कम करना)।

M = Moral (प्रशासन में नैतिकता स्थापित करना)।

A = Accountable (लोक सेवाओं में जवाबदेयता लाना)।

R = Reliable (जनता में प्रशासन के प्रति विश्वास उत्पन्न करना)।

T = Transparent (सरकारी नीतियों, निर्णयों, कार्यों तथा सेवाओं में पारदर्शिता लाना)

कतिपय दस्तावेजों में S को Simple तथा R को Responsive के रूप में भी बताया गया है।

सुशासन के संदर्भ में विश्व बैंक के आधार

अच्छे शासन की अवधारणा को स्पष्ट करते हुए विश्व बैंक ने निम्नलिखित आधार स्पष्ट किए हैं-

- ऐसा शासन जिसमें राजनीतिक जवाबदेयता तथा राजनीतिक व्यवस्था को लोगों द्वारा स्वीकारा जाए तथा राजनीतिक शक्ति के प्रयोग हेतु नियमित चुनाव हों।
- शासन की प्रक्रियाओं में विभिन्न धार्मिक, सामाजिक, आर्थिक, सांस्कृतिक तथा पेशेवर समूहों की सहभागिता हो तथा संघ बनाने की स्वतंत्रता लोगों को प्राप्त हो।
- मानवाधिकारों की रक्षा, सामाजिक न्याय की सुनिश्चितता, शोषण से बचाव तथा शक्तियों के दुरुपयोग को रोकने हेतु स्वतंत्र न्यायपालिका, विधि का शासन तथा सुव्यवस्थित वैधानिक तंत्र हो।
- सेवाओं की गुणवत्ता, अकार्यकुशलता तथा विवेकाधीन शक्तियों के दुरुपयोग पर नियंत्रण हेतु सरकारी अधिकारियों एवं प्रशासनिक संगठनों के लिए नौकरशाही की जवाबदेयता एवं नियंत्रण की व्यवस्था निश्चित की जाए। इसमें प्रशासनिक खुलापन तथा पारदर्शिता सम्मिलित है।
- सार्वजनिक नीतियों के निर्माण, निर्णयन, प्रबोधन तथा सरकारी निष्पादन के मूल्यांकन के संबंध में सूचना की स्वतंत्रता हो। इसमें सभ्य समाजों में कार्यरत विश्वविद्यालयों, पेशेवर निकायों तथा अन्य संगठनों द्वारा किया जाने वाला स्वतंत्र विश्लेषण भी सम्मिलित है।
- कार्यकुशलता तथा प्रभावशीलता की सुदृढ़ प्रशासनिक व्यवस्था हो। ऐसा धन के मूल्य तथा लागत प्रभावशीलता को जानने के लिए जरूरी है। प्रभावशीलता का दायरा वैश्विक उपलब्धियों तथा प्रशासनिक व्यवस्था के पंथ निरपेक्ष तथा तार्किक निर्णयन के क्रम में हो तथा प्रशासन स्वयं ही सुधारात्मक कदम उठाने में सक्षम हो।
- सभ्य समाज संगठनों तथा सरकार के मध्य सहयोग हो।

किसी भी देश के सुशासन को देखने या जांचने का सर्वोत्तम तरीका यह है कि उस देश के प्रशासन ने संविधान में वर्णित आदर्शों की किस सीमा तक प्राप्ति की है। इसी प्रकार विभिन्न नीतियों तथा योजनाओं के लक्ष्य एवं जनाकांक्षाएं किस सीमा तक पूरी हो सकी हैं? कानून एवं व्यवस्था की स्थिति सहित आम आदमी का जीवन भी सुशासन के मापदंड बनते हैं। शासन तथा प्रशासन की छवि, आम जनता के मनोमस्तिष्क में कैसी है? सबसे महत्वपूर्ण मापदंड यह है कि किसी समाज का अपनी प्रशासनिक कार्यप्रणाली पर भरोसा कितना है? इन सभी मापदंडों को आधार बनाएं तो निष्कर्ष यह निकल सकता है कि भारतीय प्रशासन को 'सुशासन' कहलाने के लिए अभी भी बहुत कुछ करना शेष है।

अभिशासन के प्रकार

अभिशासन के विविध प्रकार या स्वरूप हो सकते हैं, परंतु व्यवहार में अभिशासन के चार प्रारूप प्रचलित हैं-

- कॉर्पोरेट अभिशासन
- अंतर्राष्ट्रीय अभिशासन
- राष्ट्रीय अभिशासन
- स्थानीय अभिशासन

अच्छे शासन के लक्षण

आज देश के निवासी सरकार से यह अपेक्षा करते हैं कि उनकी सरकार अच्छा प्रशासन चलाए, जिससे जीवन की गुणवत्ता में सुधार आए। कौटिल्य ने कहा था कि यह सरकार का कर्तव्य है कि वह अपने नागरिकों के भौतिक, मानसिक, नैतिक, सांस्कृतिक कल्याण हेतु कार्य करे। पिछले कुछ वर्षों से शासन बहुत ही चर्चा का विषय रहा है। संक्षेप रूप से शासन के विशिष्ट लक्षण-सहभागिता, उत्तरदायित्व, प्रतिक्रिया, प्रभावशीलता, क्षमता न्यायसंगत सत्ता, समग्रता, सहमति, पारदर्शिता, समानता पर आधारित, समावेशी और विधि के शासन को पालन करने वाला होना चाहिए। सुशासन से तात्पर्य भ्रष्टाचार में कमी, वर्तमान एवं भविष्य की आवश्यकताओं के प्रति संवेदनशील और व्यापक तौर पर समाज की आकांक्षाओं को समझने वाला होना चाहिए।

सुशासन की परिभाषा देते हुए संयुक्त राष्ट्र विकास कार्यक्रम ने उच्च गुणवत्ता की उन प्रक्रियाओं को माना है, जिसके द्वारा निर्णय (जो उन लोगों से संबंधित होते हैं) लिए जाते हैं तथा जिनका क्रियान्वयन होता है। इससे आगे बढ़कर सुशासन में गरीब एवं अन्य वंचित वर्गों को जगह मिलती है, उनकी भी उसमें सहभागिता हो। वे भी-

- विकास की दिशा को प्रभावित करते हों।
- विकास में अपना योगदान देते हों।
- उन्हें भी विकास से लाभ प्राप्त हो। वे भी अपने जीवन एवं आजीविका के स्तर को सुधार सकें।

सुशासन में निहित बाधाएं

सुशासन के विकास की प्रक्रिया में अनेक बाधाओं का सामना करना पड़ता है, जो एक-दूसरे से अंतर्संबंधित हैं-

- जागरूकता का अभाव।
- पारदर्शिता एवं उत्तरदायित्व का अभाव।
- भ्रष्टाचार रोकने में असफलता।
- कमजोर नागरिक समाज।
- शासन से संबंधित मजबूत संस्थाओं का अभाव।

जागरूकता का अभाव

यह सबसे बड़ी बाधा के रूप में सुशासन के सामने आता है। साक्षरता का अभाव, सरकार की ओर से सूचना उपलब्ध कराना, नागरिक समाज की संस्थाओं का असफल होना, विकास प्रयासों एवं विकास प्रक्रिया से लोगों का अनभिज्ञ होना। लोगों में उदासीनता का भाव भी समस्या को बढ़ा देता है।

पारदर्शिता एवं उत्तरदायित्व का अभाव

पारदर्शिता के अभाव में शासन ठीक से नहीं चल पाता है। उत्तरदायित्व का अभाव सरकार को तानाशाही रूप प्रदान करता है। इससे शासक एवं शासितों के बीच दूरी बढ़ती जाती है।

भ्रष्टाचार रोकने में असफलता

अनैतिक साधनों का सहारा लेकर सार्वजनिक पद का निजी हित के लिए उपयोग करना भ्रष्टाचार कहलाता है। यह घटना विकास के लाभों से आम लोगों को वंचित करता है।

कमजोर नागरिक समाज

नागरिक समाज शासक एवं शासितों के बीच की दूरी को कम कर देता है। अनैतिक कार्यों पर रोक लगा देता है। कमजोर नागरिक समाज संस्थाओं द्वारा सुशासन बुरे तरीके से प्रभावित होता है।

शासन से संबंधित मजबूत संस्थाओं का अभाव

शासन का कार्य विभिन्न संस्थाओं, जैसे न्यायपालिका, कार्यपालिका एवं विधायिका आदि के द्वारा चलता है। इनमें शक्तियों का पृथक्करण पाया जाता है। यदि ये संस्थाएं अनैतिक और गैर कानूनी दबावों के सामने झुक जाएं तो शासन सुचारु रूप से नहीं चल पाता। इससे संस्थाएं कमजोर होने लगती हैं और विकास की प्रक्रिया प्रभावित होती है।

सूचना तकनीक से शासन को मजबूती प्राप्त होती है। उदाहरणस्वरूप वीडियो कान्फ्रेंसिंग द्वारा अधिकारियों एवं नागरिकों के बीच प्रत्यक्ष तौर पर वार्तालाप हो सकती है। इसमें पारदर्शिता एवं उत्तरदायित्व को बढ़ावा मिलता है। विज्ञान एवं तकनीक के माध्यम से शासन प्रक्रिया में क्रांतिकारी बदलाव आया है। इससे शासन की प्रक्रिया से लोगों की नजदीकी बढ़ी है।

अनुक्रियाशील या उत्तरदायी शासन

अनुक्रियाशील या उत्तरदायी शासन या सुशासन से संबंधित यह नौ सूत्र-

1. नागरिक अधिकार पत्र एवं जवाबदेय प्रशासन।
2. प्रभावी एवं त्वरित लोक शिकायत निवारण।
3. ग्रामीण एवं शहरी स्थानीय निकायों को अधिक अधिकार।
4. प्रवर्तित कानूनों और प्रक्रियाओं की समीक्षा तथा सरलीकरण।
5. प्रशासन में पारदर्शिता।
6. सरकारी कार्यालयों से सूचना प्राप्त करने का अधिकार।
7. लोक सेवकों के लिए आचार संहिता।
8. भ्रष्टाचार से निपटने के कार्मिकों के कार्यकाल में स्थायित्व।
9. सेवाओं का विकेंद्रीकरण।

शासन एवं विकास

विकास शब्द शासन से नजदीकी से जुड़ा हुआ है। विश्व के सभी देश विकास हेतु कदम उठाते हैं, जिससे कि वे अपने देश की अर्थव्यवस्था, समाज तथा अपने नागरिकों के जीवन में सकारात्मक परिवर्तन ला सकें। विकास की संपूर्ण प्रक्रिया में राज्य की केंद्रीय भूमिका होती है। हालांकि यह देखा जाता है कि इन विकास गतिविधियों से अपेक्षित परिणाम प्राप्त नहीं हो पाते हैं और ये प्रयास लक्षित लोगों के जीवन में सकारात्मक परितर्वन लाने में असफल हो जाते हैं। इसलिए राज्य एवं सक्षमता से संबंधित मूल प्रश्न पैदा हो जाता है। इससे नीति-निर्माताओं के समक्ष वांछित परिणाम प्राप्त करने के लिए वैकल्पिक साधनों को ढूंढना या खोजना अनिवार्य हो जाता है। हाल के दिनों में सार्वजनिक-निजी भागीदारी का प्रावधान अर्थव्यवस्था के कुछ क्षेत्रों में अपेक्षित सुधार लाने में सफल हुआ है। इस कारण हाल के दिनों में विकास की संकल्पना में बदलाव आया है।

एशियाई विकास बैंक ने विकास हेतु शासन की भूमिका को महत्वपूर्ण माना है। उसका कहना है कि कमजोर शासन विकास को बाधित करता है। यह गैर-आनुपातिक तौर पर गरीबों पर प्रभाव डालता है। इस कारण विकासशील देशों को यह शासन में सुधार लाने के लिए मदद देता है। इससे एशिया-प्रशांत क्षेत्र से गरीबी उन्मूलन में मदद मिलेगी। एशियन डेवलपमेंट बैंक द्वारा शासन एवं विकास के बीच चार अंतर्संबंध बताए गए हैं-

- उत्तरदायित्व
- सहभागिता
- अनुमान व्यक्त करने योग्य विकास एवं शासन, दोनों का केंद्रीय बिंदु यह है कि दोनों लोगों के भले के लिए काम करते हैं। हालांकि इन दोनों का कुछ भी महत्व नहीं होता, जब ये लोगों को फायदा नहीं पहुंचा पाते हैं। इससे भी आगे कि इन दोनों को एक-दूसरे से अलग नहीं किया जा सकता है।

इसके विपरीत ये दोनों एक-दूसरे को सहयोग प्रदान करते हैं। विकास अच्छे शासन की उपस्थिति में ही फलदायक सिद्ध होता है। इसके आगे सुशासन निर्णय प्रक्रिया में लोगों की भागीदारी सुनिश्चित करता है। विकास प्रक्रिया में लोगों की भागीदारी से उनका सशक्तिकरण होता है।

सामान्य तौर से विकास का तात्पर्य लोगों के जीवन स्तर में सुधार तथा प्रति व्यक्ति आय में सुधार लाकर उन्हें अच्छा जीवन प्रदान करना है। निश्चित तौर पर प्रति-व्यक्ति आय विकास का महत्वपूर्ण पैमाना है, लेकिन सवाल यह है कि क्या यह लोगों की आधारभूत जरूरतों शिक्षा, स्वास्थ्य, जैसी सुविधाएं उपलब्ध कराता है। हाल के वर्षों में आर्थिक विकास से आगे बढ़कर मानव विकास की बात की जाती है। सभी देशों को इसी आधार पर रैंक या स्थान दिया जाता है। इसे मानव विकास सूचकांक कहा जाता है। अमर्त्य सेन ने विकास का अर्थ बदलने में महत्वपूर्ण भूमिका निभाई थी और इसे व्यापक एवं समावेशी अर्थ प्रदान किया। उन्होंने तर्क दिया कि विकास को लोगों की वास्तविक स्वतंत्रता के रूप में देखा जाना चाहिए। इसे ही महत्ता प्रदान किया जाना चाहिए और इसे ही व्यापक आधार पर विकास की प्रक्रिया को केंद्रीय स्थान दिया जाना चाहिए।

शासन की गुणवत्ता का संबंध आंतरिक राजनीतिक एवं लोगों के क्रियाकलापों से जुड़ा होता है। लोक कार्यवाही लोगों के द्वारा की जाने वाली गतिविधियां हैं, न कि केवल सरकार द्वारा लोगों के लिए की जाने वाली गतिविधियां। विभिन्न लोकतांत्रिक देशों की कार्यप्रणाली को देखने से यह पता चलता है कि लोगों की भूमिका केवल सरकार के निर्णयों को प्रभावित करने या चुनौती देने तक सीमित नहीं है। इससे आगे बढ़कर लोगों की भूमिका समाज के आर्थिक-सामाजिक विकास में निर्णायक एवं रचनात्मक हो सकती है। सामाजिक असमानताओं को कम करने में अहम भूमिका हो सकती है। अमर्त्य सेन ने तर्क दिया है कि लोक कार्यवाही में यह क्षमता या संभावना है, कि वह सरकार को पारदर्शी तथा उत्तरदायी बना सकता है जैसा कि पहले बताया जा चुका है। पारदर्शिता एवं उत्तरदायित्व सुशासन के दो मुख्य भाग हैं।

शासन/सुशासन

वर्तमान समय में अंतर्राष्ट्रीय दाताओं द्वारा सुशासन को बहुत महत्व दिया जाता है। शासन उस प्रक्रिया के विश्लेषण तथा पद्धति को बताता है, जिसके द्वारा एक समाज अथवा संगठन अपना कार्य करता है। शासन का मुख्य कार्यकर्ता सरकार होता है, इसमें अन्य कार्यकर्ताओं जैसे संपत्तिधारकों, किसानों का संगठन, सहकारी संस्थाएं, राजनीतिक दल, सेना, मीडिया, लॉबिस्ट, अंतर्राष्ट्रीय दान देने वाले संस्थान, बहुराष्ट्रीय संगठन आदि को शामिल किया जाता है।

इसमें भी आगे सुशासन भ्रष्टाचार को कम करता है, अल्पसंख्यकों के मतों को ध्यान में रखता है, निर्णय प्रक्रिया में वंचित वर्गों को जगह प्राप्त होती है, यह समाज के वर्तमान एवं भविष्य की आवश्यकताओं के प्रति संवेदनशील होता है। स्पष्टतः सुशासन एवं मानवाधिकार में नजदीक का संबंध होता है।

सुशासन का प्रभाव

दीर्घकालिक विकास, सामाजिक लगाव, पर्यावरण का प्रबंधन शासन पर निर्भर करता है। इसलिए समाज में ममता एवं दीर्घकालिक विकास लाने के शासन एवं सक्षम सार्वजनिक क्षेत्र प्रबंधन आवश्यक है। कमजोर शासन व्यवस्था से आर्थिक विकास में बाधा पहुंचती है। प्रत्यक्ष विदेशी निवेश प्रभावित होता है। यह राष्ट्र राज्य को विघटित करता है।

अच्छे शासन हेतु वातावरण का निर्माण

विभिन्न सरकारों को अपने-अपने क्षेत्राधिकारों में अच्छे शासन व्यवस्था के निर्माण हेतु उपयुक्त वातावरण का निर्माण करना चाहिए। अच्छे शासन की निम्न दशाएं हैं–

- मूलभूत विधायन एवं संस्थाओं को अपनाना चाहिए, जो राजनीतिक एवं आर्थिक स्वतंत्रता प्रदान करें, जो व्यापक रूप से आवश्यक मानव आवश्यकताओं को पूरा कर सकें, जैसे आवास, भोजन, स्वास्थ्य, शिक्षा इत्यादि।
- अर्थव्यवस्था में सहभागिता निभाने हेतु नियंत्रणों एवं बाधाओं को कम किया जाना चाहिए।
- वित्तीय प्रबंधन में सुधार लाया जाना चाहिए।
- सेवाओं की बढ़ती आवश्यकताओं को पूरा करने के लिए सांगठनिक क्षमता के विस्तार हेतु आधारभूत संरचना का निर्माण करना चाहिए। इससे आर्थिक विकास एवं सामाजिक सुदृढ़ता को बढ़ावा मिलता है।
- अधिकारियों, व्यापारियों एवं उद्यमियों को प्रशिक्षित करना चाहिए। शिक्षा में सुधार आने से अनेक क्षेत्रों में विकास को बढ़ावा मिलता है। विकास कार्यक्रमों के लिए कौशल पर आधारित मानव-शक्ति की आवश्यकता होती है।
- सार्वजनिक मुद्दों का प्रबंधन सही तरीके से किया जाना चाहिए, जैसे राजस्व घाटा, बजट घाटा, प्रतिस्पर्द्धा, जो वैश्वीकरण से जुड़ा है, पुरानी कार्य शैली, अत्यधिक केंद्रीकरण, लोचशीलता का अभाव, क्षमता का अभाव एवं सरकार पर लोगों द्वारा विश्वास की कमी आदि।
- गड़बड़ी पैदा करने वाले तत्वों से छुटकारा पाना, जैसे भ्रष्टाचार, भाई-भतीजावाद, संरक्षण, हित समूह का नियंत्रण आदि।
- राजनीतिज्ञों एवं नौकरशाहों में यह उत्तरदायित्व की भावना होनी चाहिए कि उन्हें जो अधिकार दिए गए हैं, वह जन सेवा हेतु हैं।

अच्छे अभिशासन के सिद्धांत

अच्छे कॉर्पोरेट गवर्नेंस सिद्धांतों की कुंजी ईमानदारी, विश्वास एवं एकता, खुलापन, प्रदर्शन अभिविन्यास, जिम्मेदारी एवं जवाबदेही, आपसी सम्मान एवं संगठन के प्रति प्रतिबद्धता आदि में निहित होती हैं। विशेष रूप से वरिष्ठ अधिकारियों को स्वयं ईमानदारी और नैतिकता की दृष्टि से आचरण करना चाहिए, इसमें वित्तीय रिपोर्टों को जारी करना आदि शामिल होता है। आमतौर पर स्वीकृत कॉर्पोरेट गवर्नेंस के सिद्धांतों में शामिल हैं–

शेयरधारकों के अधिकार एवं न्यायसंगत उपचार

संगठनों को शेयरधारकों के अधिकारों का सम्मान करना चाहिए और शेयरधारकों को उनके अधिकारों के प्रयोग करने में सहायता करनी चाहिए। वे अपने अधिकारों का प्रयोग करके धारकों को सामान्य बैठकों में भाग लेने के लिए प्रोत्साहित करके, संवाद स्थापित करके और सूचनाओं की जानकारी मुहैया कराकर शेयरधारकों की प्रभावकारी ढंग से सहायता कर सकते हैं, जिसकी सरल रूप में समझ एवं पहुंच भी संभव है।

बोर्ड की भूमिका एवं दायित्व

बोर्ड को प्रबंधन के प्रदर्शन को चुनौती देने, योग्यता की समीक्षा करने, विभिन्न कारोबारी मुद्दों से निपटने की योग्यता की समझ जैसे अनेक कौशल की जरूरत होती है। इसको अपने कर्तव्यों और जिम्मेदारियों को पूरा करने के लिए प्रतिबद्धता का एक उचित स्तर एवं पर्याप्त आकार की जरूरत पड़ती है। इसके लिए कार्यकारी एवं गैर-कार्यकारी निदेशकों के उचित समन्वय की जरूरत होती है।

नैतिक व्यवहार एवं ईमानदारी

नैतिक एवं दायित्वपूर्ण निर्णयन निर्माण सार्वजनिक संबंधों के लिए न केवल महत्वपूर्ण है, अपितु यह जोखिम प्रबंधन एवं कानूनी प्रतिरोधों को हटाने के लिए एक आवश्यक तत्व भी है। इसके लिए संगठन को अपने निदेशकों एवं अधिकारियों के लिए आचार संहिता का विकास किया जाना चाहिए, ताकि दायित्वपूर्ण निर्णयन निर्माण और नैतिकता को बढ़ावा दिया जा सके।

पारदर्शिता और प्रकटीकरण

संगठन को जवाबदेही के स्तर के साथ शेयरधारकों को प्रबंधन मुहैया कराए जाने के साथ बोर्ड के उत्तरदायित्व एवं भूमिका के विषय में जानकारी स्पष्ट एवं सार्वजनिक की जानी चाहिए। उन्हें कंपनी की वित्तीय रिपोर्टिंग की अखंडता की रक्षा और स्वतंत्र रूप से सत्यापित करने की प्रक्रिया को लागू करना चाहिए। सभी निवेशकों को स्पष्ट तथ्यात्मक जानकारी तक पहुंच उपलब्ध कराने हेतु संगठन संबंधित मामले के खुलासा समय से एवं संतुलित ढंग से सुनिश्चित कराया जाना चाहिए।

- आंतरिक लेखा परीक्षक एवं आंतरिक नियंत्रण।
- बाह्य लेखा परीक्षकों की स्वतंत्रता और उनके ऑडिट की गुणवत्ता।
- जोखिम प्रबंधन एवं निरीक्षण।
- संस्था के वित्तीय वक्तव्यों की तैयारी का निरीक्षण।
- मुख्य कार्यकारी अधिकारी एवं अन्य वरिष्ठ अधिकारियों हेतु क्षतिपूर्ति प्रबंधन समीक्षा।
- निदेशकों को अपने कर्तव्यों के पालन हेतु संसाधनों को मुहैया कराया जाना।
- लाभांश नीति।

कुछ प्रयासों के बावजूद भी 'कॉर्पोरेट गवर्नेंस' विभिन्न क्षेत्रों में एक अस्पष्ट और अक्सर गलत समझा जाने वाला वाक्यांश का पर्याय बना हुआ है। काफी समय से यह कॉर्पोरेट प्रबंधन तक ही सीमित माना जाता था, पर ऐसा नहीं है, क्योंकि यह निष्पक्ष, कुशल एवं पारदर्शी शासन में शामिल होने एवं अच्छी तरह से परिभाषित, लिखित उद्देश्यों को पूरा करने के लिए बहुत व्यापक है। कंपनी प्रशासन को अच्छी तरह से कानून के परे ही रहना चाहिए।

जनरल मोटर्स बोर्ड ऑफ के डायरेक्टर्स के पूर्व सदस्य जॉन जी स्माले ने लिखा है कि 'बोर्ड कंपनी के स्थायी रूप से सफलता के लिए मुख्य रूप से जिम्मेदार होता है, जिसे प्रबंधन की जिम्मेदारी के सहारे नहीं चलाया जा सकता।

सार्वजनिक क्षेत्र के शासन में सुधार लाने के क्षेत्र

सार्वजनिक क्षेत्र लोगों की आशाओं और आकांक्षाओं का केंद्र बिंदु होता है, इसलिए सार्वजनिक क्षेत्र में सुधार लाना अति आवश्यक होता है, बिना इसके सामाजिक कल्याण, सामाजिक न्याय और सामाजिक सुरक्षा के लक्ष्य को नहीं प्राप्त किया जा सकता है। सार्वजनिक क्षेत्र में सुधार बहुआयामी होना चाहिए और यह विविध क्षेत्रों में होना चाहिए, जिसकी विवेचना निम्नलिखित शीर्षकों के अंतर्गत नीचे प्रस्तुत है-

भ्रष्टाचार का उन्मूलन

भ्रष्टाचार व्यक्तिगत, संगठनात्मक या संस्थात्मक हो सकता है। यह सार्वजनिक एवं निजी दोनों क्षेत्रों में पाया जाता है। राज्य के संदर्भ में भ्रष्टाचार से तात्पर्य अपराधी या अन्य गैर-कानूनी गतिविधियों को माना जाता है, जो सरकारी एजेंसियों द्वारा प्रस्तुत किया जाता है। संगठन के अधिकारियों द्वारा किया जाता है।

जनसेवा हेतु आचार संहिता

आचार संहिता से सेवा के दौरान एक मार्गदर्शन तथा एक निश्चित व्यवहार करने को प्रोत्साहन मिलता है। इससे ईमानदारी या व्यावसायिकता को बनाए रखने में मदद मिलती है। यह आचार संहिता रोजगार दशाओं एवं कानूनी तौर पर लागू विनियमों से संबंधित होता है।

संचार नीति में सुधार

- लोगों को जागरूक बनाना, उन्हें सूचना प्रदान करना।
- प्रसारण के सभी संभव माध्यमों का प्रयोग करना।
- नीति-परिवर्तन एवं सेवा विकास पर जनमत को ध्यान में रखना।

भूमिका एवं उत्तरदायित्व

स्पष्ट रूप से परिभाषित प्रबंधन भूमिका, नीति-निर्माताओं के सहायक सेवाओं के लिए, दायित्वों के अर्थपूर्ण एवं प्रभावी वितरण के लिए, सरकारी अधिकारियों के उत्तरदायित्व के लिए। ये सभी सक्षम प्रशासन हेतु केंद्रीय महत्व रखती हैं।

निगमीकरण

वाणिज्यीकरण का सबसे मजबूत रूप निगमीकरण है, एक से अधिक स्वायतत्ता कारोबार इकाई प्रतिस्पर्धी तटस्थता के साथ मिलकर संरचनात्मक परिवर्तन की ओर परिवर्तित होती है। यह प्रतिस्पर्द्धात्मक निष्पक्षता से युक्त होता है।

वित्तीय प्रबंधन में सुधार

सार्वजनिक क्षेत्र सरकार के वित्तीय एवं भौतिक संपत्ति के मूल्य में संरक्षण हेतु जिम्मेदार होता है। 1996 में यह बजट के वर्गीकरण पर बल देता है और यह भविष्योन्मुखी है।

संपत्ति प्रबंधन

संपदा या संपत्ति में भूमि, भवन, यंत्र और शायद आधारभूत संरचना भी शामिल किए जाते हैं। यह सरकार के स्वामित्व में होता है। इसे बनाने में सारे देशों द्वारा बड़े पैमाने पर निवेश किया जाता है। आवास, भूमि एवं पर्यावरण मंत्रालय के अधीन 1980 में संपत्ति प्रबंधन इकाई की स्थापना की गई थी। सरकारी कार्यालयों, भूमि, अन्य संपत्तियों की देखभाल करना, इसकी जिम्मेदारी थी। पट्टा, लाइसेंस एवं संविदा या समझौता करने से संबंधित प्रशासन देखना, इनकी जिम्मेदारी थी।

बाह्य लेखा परीक्षण

बाह्य लेखा परीक्षण कराने से करदाताओं के बीच सरकार के प्रति विश्वसनीयता बनी रहती है। इससे सार्वजनिक वित्त की ईमानदारी में बढ़ोत्तरी होती है। सार्वजनिक-व्यय में मूल्यों को बढ़ावा मिलता है।

विकास के लिए सहभागिता

विकास के लिए सहभागिता को राज्य एवं सामाजिक भागीदारों के बीच समझौते के रूप में देखा जाता है, विशेषकर निजी क्षेत्र की संस्थाएं एवं नागरिक समाज संगठन।

निगम का लक्ष्य

निजी या सार्वजनिक क्षेत्र का लक्ष्य ही इसके अस्तित्व को परिभाषित करता है। यह अपने क्षेत्र में कार्यप्रणाली एवं उत्तरदायित्व से क्या पाना चाहता है, का विवरण होता है।

निष्पादन संकेतक

निष्पादन संकेतक सांख्यिकी है, इसे प्रबंधन यंत्र के रूप में प्रयोग किया जाता है। यह जनसेवा की गतिविधियों को दर्शाता है और यह कैसे कार्य कर रहा है, उसके बारे में जानकारी प्रदान करता है। निष्पादक संकेतकों का प्रयोग किसी कार्यक्रम या गतिविधि का पर्यवेक्षण करने के लिए, किसी संगठन के कार्यकुशलता की जानकारी के लिए, जैसे किसी मंत्रालय या विभाग की जानकारी आदि के लिए।

क्षमता निर्माण

ज्यादातर कॉमनवेल्थ देशों में प्रबंधन विकास संस्थाएं स्थापित की गई हैं। उनकी भूमिका प्रशिक्षण, परामर्श एवं सरकार के लिए अनुसंधान सेवा प्रदान करना है। इनके मुख्य लक्षित समूह नौकरशाही के अंतर्गत उच्च स्तर के अधिकारी एवं प्रबंधक हैं। सार्वजनिक क्षेत्र हेतु क्षमता निर्माण के अलावा उनसे यह आशा की जाती है कि वे नीति-निर्माण एवं नीति सुधार में अपने अनुसंधान कार्यों की बदौलत विचार मंच की भूमिका निभाएंगे।

कार्यक्षमता लेखा परीक्षण

कार्यक्षमता लेखा परीक्षण को धन लेखा परीक्षण का मूल्य भी कहा जाता है एवं यह क्षमता पुनर्निरीक्षण के साथ साम्यता रखता है।

निष्पादन मूल्यांकन

निष्पादन मूल्यांकन एक ऐसी पद्धति है, जिसके द्वारा एक व्यक्ति जनसेवा के कार्य में अपनी प्रभावी भूमिका निभाता है।

सूचना एवं संचार तकनीक

सूचना एवं संचार की तकनीक से विश्व भर की सरकारों ने अपने नागरिकों को सेवा प्रदान करने के तरीके में क्रांतिकारी बदलाव किए है। इससे उनकी सेवा प्रदान करने की क्षमता बढ़ी है। इससे उनको अपने कार्य करने में सुविधा प्राप्त हुई है।

भारत में अभिशासन

लोक कार्यवाही या शासन की प्रक्रिया में लोगों की भागीदारी को सुनिश्चित कर शासन को सुदृढ़ एवं सुनिश्चित किया जा सकता है। इसमें सरकार की यह भूमिका हो सकती है कि वह ऐसी संस्थाओं का निर्माण करे, जिससे निर्णयन प्रक्रिया में लोगों की भागीदारी बढ़ सके। भारत में संविधान के 73वें एवं 74वें संशोधन द्वारा जमीनी स्तर पर निर्णय प्रक्रिया में लोगों की भागीदारी सुनिश्चित हुई है। एक अन्य महत्वपूर्ण कदम के रूप में भारत सरकार ने पंचायतों में 50 प्रतिशत सीटें महिलाओं के लिए आरक्षित करने का प्रावधान किया है। यह शासन प्रक्रिया में महिलाओं की सहभागिता स्थापित करने हेतु एक सकारात्मक कदम है। शासन की प्रक्रिया से लोगों को ही लाभ मिलता है, इसलिए इस प्रक्रिया में उनकी भागीदारी अवश्य सुनिश्चित की जानी चाहिए। यदि निर्णय प्रक्रिया में उन्हें भूमिका दी जाती है, तो वे बेहतर तरीके से अपनी आवश्यकताओं को निर्णय प्रक्रिया से स्थानीय स्तर पर जोड़ेंगे। निर्णय उन पर राज्यों द्वारा थोपे नहीं जाएंगे।

बहुचर्चित महात्मा गांधी राष्ट्रीय ग्रामीण रोजगार गारंटी अधिनियम नागरिकों की आवश्यकताओं को प्रदर्शित करता है और यह विकास एवं शासन के महत्वपूर्ण संबंधों के महत्व का एक उत्कृष्ट उदाहरण है। यह विकास एवं शासन के आपसी संबंध को वैधता प्रदान करता है। ग्रामीण क्षेत्रों में विकास लाने में नरेगा की महत्वपूर्ण भूमिका से विकास एवं शासन में पारदर्शिता को महत्व प्राप्त हुआ है। इससे संबंधित बजट आवंटन एवं व्यय को सार्वजनिक स्थलों पर प्रदर्शित किया जाता है। पंचायतों द्वारा किए जाने वाले 'सोशल ऑडिट' के द्वारा भी पारदर्शिता का निर्धारण होता है। एक नागरिक स्थानीय स्तर पर होने वाले कार्यों में भागीदार बनता है। इससे सरकारी अधिकारियों में उत्तरदायित्व की भावना आई है। जमीनी स्तर पर 'सोशल ऑडिट' विकास प्रक्रिया का अभिन्न अंग बन गया है। लोगों में आई जागरूकता से विकास प्रक्रिया पर सकारात्मक प्रभाव पड़ा है। इसे लोक कार्रवाई भी कहा जा सकता है, जैसा कि अमर्त्य सेन का मानना है। सूचना के अधिकार अधिनियम से शासन प्रक्रिया को और भी मजबूती प्राप्त हुई है। यह नागरिकों को अधिकारियों से सूचना प्राप्त करने का अधिकार देता है। लोगों की सहभागिता से विकास प्रक्रिया में गुणात्मक और महत्वपूर्ण परिवर्तन आया है। इस प्रक्रिया से समाज का एक बड़ा तबका प्रभावित हुआ है।

भारत में सुशासन के लिए उठाए गए कदम

भारतीय प्रशासनिक तंत्र को सुशासन की ओर अग्रसर करने के लिए, विगत दशक में उठाए गए कतिपय **व्यावहारिक कदम (अनुप्रयोग)** इस प्रकार हैं–

- केंद्रीय तथा प्रांतीय मंत्रिपरिषदों के मंत्रियों द्वारा संपत्ति की घोषणा।
- आई.ए.एस. अधिकारियों द्वारा संपत्ति की घोषणा।
- प्रशासनिक कानूनों की समीक्षा हेतु आयोग (पी. जैन) का गठन तथा आयोग की सिफारिशानुसार अव्यावहारिक कानूनों की समाप्ति। सन् 2003 तक 404 अधिनियम निरस्त किए जा चुके थे तथा 1382 कानूनों के निरसन की प्रक्रिया जारी थी।
- उदारीकरण तथा नई अर्थव्यवस्था के संदर्भ में लाइसेंस-कोटा-परमिट व्यवस्था की समाप्ति तथा इंसपेक्टर राज पर अंकुश।
- केंद्रीय तथा प्रांतीय सरकारों के विभागों एवं प्रशासनिक अभिकरणों द्वारा नागरिक अधिकार पत्रों का वितरण। सन् 2003 तक 95 नागरिक अधिकार पत्र केंद्रीय संगठनों द्वारा तथा 615 नागरिक अधिकार-पत्र राज्य सरकारों द्वारा जारी हो चुके थे।
- सूचना का अधिकार।
- सूचना प्रौद्योगिकी का विस्तार तथा सरकारी विभागों की इंटरनेट पर निजी वेबसाइटें।
- विभागों की नागरिक सुरक्षा, पूछताछ, निगरानी तथा शिकायत निवारण काउन्टरों की स्थापना।
- केंद्रीय तथा राज्य लोक सेवकों की छंटनी।
- घाटे वाले सार्वजनिक उपक्रमों को बंद करना या निजी हाथों में सौंपना।
- मानवाधिकारों का प्रचार-प्रसार तथा केंद्रीय स्तर पर राष्ट्रीय मानवाधिकार आयोग एवं बहुत से राज्यों में राज्य मानवाधिकार आयोगों की स्थापना।
- इसी प्रकार राष्ट्रीय महिला आयोग तथा राज्य महिला आयोगों की स्थापना के माध्यम से लैंगिक संवेदनशीलता की दिशा में ठोस कदम।
- केंद्रीय सतर्कता आयोग द्वारा भ्रष्ट आई.ए.एस. अधिकारियों की सूची वेबसाइट पर जारी करना।
- 73वें संविधान संशोधन के माध्यम से पंचायती राज का सुदृढ़ीकरण तथा लोकतांत्रिक विकेंद्रीकरण की सार्थक पहल।
- त्वरित न्याय के लिए 'फास्ट ट्रैक' अदालतों का गठन।
- सामुदायिक सहभागिता को बढ़ावा देने हेतु गैर-सरकारी संस्थाओं का ऐच्छिक संगठनों (NGO's) को प्रोत्साहन।
- केंद्र सरकार तथा लोक उपक्रम के प्रबंधक मंडल के मध्य आपसी सहमति समझौता (Memorandum of Understanding) प्रणाली की शुरुआत।
- निष्पादन बजट, शून्य आधारित बजट, उद्देश्यों द्वारा प्रबंध (MBO) तथा संपूर्ण गुणवत्ता प्रबंध (Total Quality Management) सहित अन्य प्रबंधकीय तकनीकों का प्रचलन।
- हैदराबाद में **राष्ट्रीय स्मार्ट शासन संस्थान** की स्थापना।

गुन्नार मिर्डल जैसे विद्वानों की मान्यता है कि भारत एक नरम राज्य (Soft State) है, जहां लोकतंत्र के नाम पर बहुत सारी अनियमितताएं तथा अकर्मण्यताएं सहज स्वीकार्य हो गई हैं। राष्ट्रीय चरित्र के अभाव में न तो समाज सुसभ्य नजर आता है और न ही लोक प्रशासन प्रभावशील दिखाई दे रहा है।

अच्छे अभिशासन की विशेषताएं

- भागीदारी
- गंभीरता
- जवाबदेही
- पारदर्शिता
- आम सहमति
- प्रभावशीलता और कुशलता
- समानता एवं समावेशिता का ध्यान
- कानून एवं नियम

भागीदारी

शारीरिक रूप से विकलांग सभी पुरुषों एवं महिलाओं की प्रत्यक्ष रूप से या मध्यस्थ संस्थानों के जारी निर्णय लेने में भागीदारी होनी चाहिए। इस तरह की व्यापक भागीदारी रचनात्मक भागीदारी की क्षमताओं के साथ और अभिव्यक्ति की स्वतंत्रता पर आधारित है। भागीदारी एक ऐसी प्रक्रिया है, जिससे नीति बनाने, मुद्दों को प्राथमिकता देने, सार्वजनिक वस्तुओं एवं सेवाओं के साथ प्रमुख हितधारकों से प्रभावित संसाधनों को आवंटित किया जाता है। साथ ही यह एक विषय या संदर्भ से विभिन्न परियोजनाओं और विजनों का क्रियान्वयन करता है। भागीदारी प्रक्रिया

विशेष रूप से गरीबी में कमी की रणनीति बनाने में सूचनाओं का विनिमय एवं निर्णय लेने की प्रक्रिया में पारदर्शिता को बढ़ावा देने से संबंधित है।

विश्व बैंक के नोट में विकास गतिविधियों जैसे समग्र शासन तथा आर्थिक क्षमता को बढ़ावा दिया जाता है। आमतौर पर सार्वजनिक भागीदारी तीन तरह से संभव होती है–

- सूचना तक लोगों की पहुंच।
- निर्णय लेने की प्रक्रिया में सार्वजनिक भागीदारी।
- लोगों की न्यायिक पहुंच।

सूचना तक पहुंच सक्रिय या निष्क्रिय हो सकती है। निष्क्रिय पहुंच वहां है, जहां लोग सरकारी संस्थानों से प्रार्थना आधार पर सूचना प्राप्त करते हैं। सक्रिय सूचनाओं तक पहुंच उसे कहते हैं जहां सरकार सूचना का प्रसार करने के लिए सूचना देने के लिए बाध्य है। न्याय तक पहुंच के लिए निश्चित और सम्मानित ढंग से लोगों द्वारा सूचना प्राप्त करने का विधिक अधिकार है। मानव अधिकार पहल के तहत सूचनाओं तक पहुंच और निर्णयन में भागीदारी के लिए लोगों का अधिकार बनता है। अच्छे शासन की सुनिश्चितता नागरिकों और सरकारी कार्यालय के कानूनी, नैतिक एवं नैतिक आयाम आदि के अनुपालन से संभव होता है। यह भी सही है कि लोगों की महत्वपूर्ण भागीदारी से भी सरकारी प्रक्रियाओं में सुधार होता है।

कानून के नियम

मानव अधिकार से संबंधित कानून, विनिमय एवं आचार संहिता निष्पक्ष एवं शुचिता के साथ लागू होना चाहिए। कमजोर अभिशासन से निपटने के समाधान के लिए संस्थानों के बीच अलगाव पर ध्यान देना चाहिए, साथ ही समाज में सामान्य तौर पर व्यापक रूप से अभिशासन के माहौल का क्रियान्वयन किया जाना चाहिए, क्योंकि सूचना की उपलब्धता अच्छे गवर्नेंस के लिए महत्वपूर्ण है। सूचना तक पहुंच और विधिक अधिकार को प्रदान करने हेतु समर्थ ढांचे को बढ़ावा देना चाहिए। इस तरह के प्रयास से सामाजिक, आर्थिक समस्याओं से निपटने में प्रभावी रूप से सफलता मिलती है।

पारदर्शिता, सूचना के मुक्त प्रवाह पर आधारित है। प्रक्रिया, संस्थान एवं सूचना की सीधे पहुंच जिन लोगों के साथ जुड़ी हुई है, उन्हें समझने और पर्यवेक्षण लिए पर्याप्त सुविधा मुहैया कराई जाती हैं। यह सरकार की कार्यवाही के खुलेपन, निर्णयन प्रक्रिया और सार्वजनिक क्षेत्र व सभी हितधारकों के बीच सलाहकार प्रक्रिया को बढ़ावा देता है। ये प्रक्रियाएं अन्य सरकारी संस्थाओं नागरिक समाज एवं बाहरी संस्थानों द्वारा जांच के अधीन हैं। समझौतावादी पहल से पारदर्शिता की कमी, कमजोर जवाबदेही आदि भी अभिशासन के ही द्योतक हैं। एक भ्रष्ट सरकार में सार्वजनिक संसाधन गरीब लोगों अथवा मुख्य लाभार्थियों तक नहीं पहुंच पाता। मानव की आर्थिक-सामाजिक सुरक्षा भ्रष्टाचार के कारण प्रभावित होती है, क्योंकि भ्रष्टाचार बुरे अभिशासन का कारण एवं प्रभाव दोनों है।

गरीब तबका आमतौर पर लचर अभिशासन से प्रभावित होता है, क्योंकि स्वास्थ्य, शिक्षा और पुलिस सेवाओं तक इनकी पहुंच संभव ही नहीं हो पाती। इनकी आय आमतौर पर रिश्वत देने जैसी समस्याओं से कम होती जाती है। भ्रष्टाचार नियम एवं कानूनों का ढांचा विकृत होने के बाद संभव हो पाता है। भ्रष्टाचार का यह रूप कानूनों, नीतियों एवं नियमों के गैरकानूनी ढंग से लागू होने के कारण उत्पन्न होता है, जो अविधिक एवं गैर-पारदर्शी होने के साथ-साथ निजी हितों के कारण प्रभावी होता है। प्रशासनिक भ्रष्टाचार इन कानूनों एवं नीतियों के कार्यान्वयन के विरूपता के बारे में है।

जवाबदेही

संस्थान एवं प्रक्रियाओं के द्वारा एक उचित समय-सीमा के भीतर सभी हितधारकों को सेवा देने की कोशिश की जाती है।

आम सहमति

अच्छा अभिशासन समूह के हित में होता है, बशर्ते कि जहां तक संभव हो, यह व्यापक रूप से आम सहमति, नीतियों एवं प्रक्रियाओं के माध्यम से हो। इसकी विशेषता आम सहमति से निर्णयन और आम सहमति के सिद्धांत में निहित है। आम सहमति के सामान्य तौर पर दो मायने हैं। एक है, एक दिए हुए समूह या समुदाय के सदस्यों के बीच बनी आम सहमति, जबकि दूसरा है, इस तरह के समझौते होनें के अभ्यास एवं सिद्धांत। आम सहमति होने की प्रक्रिया प्रत्येक समूह के सदस्यों अथवा हितधारकों की राय पर गंभीरता से विचार करना है। आमतौर पर सहमति समझौता के बजाए एक सहयोग समझौता है। इसमें एक के बजाए बहुसंख्य हितधारकों के साथ मिलकर एक परिपक्व निर्णय लिया जाता है।

आम सहमति से निर्णयन: आम सहमति से निर्णयन एक तरह की निर्णयन प्रक्रिया है, जो न केवल अधिकांश प्रतिभागियों के बीच समझौता करना चाहता है, अपितु अल्पसंख्यकों की आपत्तियों पर सबसे अनुकूल निर्णयन के तहत निर्णय भी दिया जाता है।

समानता

समानता की अवधारणा के तहत सभी पुरुष एवं महिलाओं को अच्छे रहन-सहन के लिए एवं इसमें सुधार के लिए अवसर मिलता है।

प्रभावशीलता एवं क्षमता

प्रक्रियाओं एवं संस्थानों द्वारा परिणाम दिए जाते हैं, ताकि संसाधनों का सर्वश्रेष्ठ प्रयोग किया जा सके। इस तरह की विशेषता कुशल सार्वजनिक वितरण प्रणाली और गुणवत्तापूर्ण सार्वजनिक उत्पादन को बढ़ावा देती है। यह सार्वजनिक कार्यों से संबंधित है। जबकि भ्रष्टाचार से लड़ने के तरीकों में प्रतिस्पर्धी वेतन एवं प्रोत्साहन के माध्यम से स्टॉफ को प्रेरित करना शामिल है। इसके लिए सिविल सर्विस को नियंत्रित करने के लिए कानून को पेश किए जाने और आचार संहिता को लागू किए जाने की जरूरत है। यह कानून सिविल सेवकों की नियुक्ति एवं पदोन्नति योग्यता आधारित प्रक्रिया को परिभाषित करता है।

जवाबदेही

सरकार में निर्णय करने वाले लोग और संस्थागत हितधारक जवाबदेह होते हैं। यह जवाबदेही संगठन पर आधारित होने से अलग है, जबकि एक संगठन के लिए निर्णयन आंतरिक एवं बाहरी रूप से होता है। जवाबदेही का मूल सिद्धांत सूचनाओं को साझा करना और पारदर्शिता है, जो अभिशासन ढांचा द्वारा प्रोत्साहित किया जाना चाहिए। इसलिए विशेषकर सूचना की पहुंच के अभाव में जवाबदेही को हासिल करना बहुत कठिन है। सार्वजनिक जवाबदेही दो स्तंभों पर आधारित है। जवाबदेही का पहला स्तंभ कार्यपालिका पर और दूसरा स्तंभ संस्थागत परिवर्तन पर आधारित है। जवाबदेही को चार वर्गों में विभाजित किया जा सकता है। ये हैं सार्वजनिक, वित्तीय, क्षैतिज एवं ऊर्ध्वाधर। क्षैतिज जवाबदेही कार्यपालिका, विधायिका और न्यायपालिका के बीच संबंध है।

सामरिक दृष्टि

नेताओं और जनता के लिए अच्छे अभिशासन और मानव विकास पर एक दीर्घकालिक दृष्टिकोण की जरूरत है। वहां भी ऐतिहासिक, सांस्कृतिक और सामाजिक जटिलताओं की समझ है, जो उस परिप्रेक्ष्य पर आधारित है। सुशासन एक सकारात्मक परिणाम की ओर ले जाता है, वह है–

- आपके संगठन पर लोगों का भरोसा।
- आपको पता है आप कहां जा रहे हो।
- आपका बोर्ड आपकी सदस्यता और हितधारकों से जुड़े हुए हैं।

- आप अच्छा निर्णय लेते हैं, इसलिए लोग आपके काम को अच्छा मानते हैं।
- वित्तीय स्थिरता।

अभिशासन की माप

पिछले दशक के दौरान, दुनिया भर के सभी देशों के अभिशासन गुणवत्ता का आकलन करने और उस तक पहुंचने के लिए अनुसंधान और अंतर्राष्ट्रीय सामुदायिक विकास के प्रयोजन को बढ़ावा दिया गया है। विश्व अभिशासन सूचकांक (World Governance Index—WGI) विकसित किया गया है और सार्वजनिक भागीदारी के जरिए सुधार के नए आयाम खोले गए हैं। इसकी माप के लिए शांति, सुरक्षा, कानून, मानवाधिकार और भागीदारी, सतत विकास एवं मानव विकास जैसे सूचकांकों को शामिल किया गया है। इसके अतिरिक्त, 2009 में बर्टेल्समैन फाउंडेशन ने सतत् अभिशासन संकेतक (Sustainable Governance Indicators—SGI) प्रकाशित किया था, जिसने ओईसीडी देशों के लिए क्षमता को मापने के साथ संगठन के भीतर व्यवस्थित सुधार की जरूरत पर बल दिया। देश के नेतृत्व के मूल्यांकन का उदाहरण इंडोनेशियाई डेमोक्रेसी सूचकांक, मानवाधिकार पर सहस्राब्दि विकास लक्ष्य की निगरानी, मंगोलिया में लोकतांत्रिक शासन और भूटान में सकल राष्ट्रीय खुशी सूचकांक आदि हैं।

वैश्विक अभिशासन

वैश्विक अभिशासन की सरल एवं व्यापक परिभाषा के अनुसार वैश्विक स्तर पर मानव समाज को नियमों के तहत संगठित करना है। परंपरागत रूप से, अभिशासन गवर्निंग या नियंत्रण, संस्थाओं, राजनीतिक अधिकार से संबद्ध है। इस विशेष अर्थ में अभिशासन औपचारिक राजनीतिक संस्थाओं को इंगित करता है, जिसका उद्देश्य अन्योन्याश्रित सामाजिक संबंधों को नियंत्रित व समन्वित करने और निर्णयन को लागू करने की क्षमता से है। हालांकि जेम्स रोसेनाउ जैसे लेखकों ने गवर्नेंस को अंतर्राष्ट्रीय व्यवस्था में एक व्यापक राजनीतिक अथॉरिटी के अभाव में अन्योन्याश्रित संबंधों को विनियमित करने से जोड़ा है।

बोस्टन यूनिवर्सिटी के एक विद्वान् अदल निजाम के अनुसार, ग्लोबल गवर्नेंस सामान्य रूप से "वैश्विक सरकार की अनुपस्थिति में वैश्विक प्रबंधन की एक प्रक्रिया है।" थॉमस जी. वीस के अनुसार, ग्लोबल गवर्नेंस जो अच्छा, बुरा या उदासीन हो सकता है, सहयोगी रूप से समस्या को सुलझाने की एक व्यवस्था है। इस तरह की व्यवस्था में न केवल संयुक्त राष्ट्र संघ शामिल है, अपितु अंतर्राष्ट्रीय सचिवालय आदि भी शामिल हैं।

इस प्रकार, वैश्विक अभिशासन अंतर-गैरसरकारी स्तर पर औपचारिक एवं अनौपचारिक संस्थानों, तंत्र, संबंधों एवं राज्यों, बाजारों, नागरिकों एवं संगठनों के सामूहिक हितों के माध्यम से परिभाषित किया जा सकता है। लोगों का मानना है कि दुनिया का ढांचा विश्व अभिशासन की एक प्रणाली की स्थापना पर निर्भर है। हालांकि यह समीकरण वर्तमान में अत्यधिक जटिल होता जा रहा है।

आवश्यकता

पृथ्वी पर पर्यावरणीय खतरे जैसी वैश्विक समस्याओं के बढ़ने से इस तरह की समस्याओं से निपटने के लिए संयुक्त प्रयास की जरूरत है। ऐसी स्थिति में परिपक्वता से युक्त यथेष्ठ द्विपक्षीय संबंधों की जरूरत होगी। किसी निर्णय पर पहुंचने हेतु एक-दूसरे के ऊपर निर्भरता ही विश्व अभिशासन का संयुक्त फलन है। इस तरह के संयुक्त प्रयास वैश्विक हित में निर्णय लिए जाने के प्रमुख माध्यम हैं।

विश्व सरकार

ग्लोबल गवर्नेंस विश्व सरकार नहीं है और यह लोकतांत्रिक वैश्वीकरण से भी कमतर है। वास्तव में, जहां विश्व सरकार है, वहां ग्लोबल गवर्नेंस की जरूरत नहीं है। घरेलू सरकारों के पास बल प्रवर्तन की शक्ति के उपयोग पर एकाधिकार है। ग्लोबल गवर्नेंस के तहत एक या एक से अधिक राज्य या क्षेत्र की समस्याओं के समाधान के लिए राजनीतिक बातचीत का अनुपालन किया जाता है। यहां बल प्रयोग का अनुपालन नहीं होता। एक घरेलू सरकार के अभाव में उत्पन्न हुई समस्याओं का समाधान अंतर्राष्ट्रीय सहयोग के जरिए किया जाता है।

संस्थाओं का भूमंडलीकरण एवं मानक तंत्र का विस्तार

भूमंडलीकरण की निर्बाध प्रगति से वैश्विक स्तर पर नियमों के अनुपालन में वृद्धि होती है। समकालीन इतिहास में सामाजिक संबंधों के साथ भूमंडलीकरण में अभूतपूर्व विस्तार देखने को मिला है। नैतिक, कानूनी, लोकतांत्रिक साख, करिश्माई नेतृत्व में खामियों ने एक साथ वैश्विक व्यवस्था की वैधता में मौजूदा रूप से घाटा उत्पन्न किया है। वैश्विक स्तर पर ग्लोबल गवर्नेंस की स्थापना के लिए नेटवर्क तथा संस्थाओं की संख्या बढ़ाए जाने की जरूरत है। इसके लिए राजनीतिक दलों, संगठनों, क्षेत्रीय प्राधिकरणों एवं राज्यों के संसद सदस्यों आदि के प्रस्तावों एवं पहलों का विकास किया गया है।

उद्देश्य

विश्व लोकतांत्रिक अभिशासन के निर्माण के लिए कानूनी प्रक्रिया के तहत लोगों के बीच संवाद कायम करने के लिए एक प्लेटफॉर्म का विकास किया जाना चाहिए। यह कानूनी प्रक्रिया वैश्विक संविधान का एक रूप ले सकता है। वैश्विक संविधान के जरिए वैश्विक समुदाय को संस्थागत रूप में करने की एक प्रक्रिया है। इससे संयुक्त राष्ट्र एजेंसियों और अन्य बहुउद्देशीय संस्थानों जैसे अंतर्राष्ट्रीय मुद्रा कोष, विश्व बैंक एवं विश्व व्यापार संगठन के अधिकार एवं कर्तव्यों की स्थापना की जाती है। विदित हो कि मानवजाति को सुरक्षित रखे जाने के लिए संयुक्त राष्ट्र सहस्त्राब्दि विकास लक्ष्यों को लाया गया। इन लक्ष्यों को अभी तक प्राप्त नहीं किया जा सका है। इसके लिए व्यापक समर्थन एवं सहयोग की जरूरत है। इसके उद्देश्यों की पूर्ति के लिए निम्नलिखित प्रस्ताव दिए गए हैं–

- सतत विकास के लिए स्थिति का निर्धारण।
- असमानता में कमी।
- स्थायी शांति की स्थापना करते हुए विविधता का सम्मान।

अंतर्राष्ट्रीय संस्थाओं में सुधार

संयुक्त राष्ट्र संघ विश्व की गंभीर समस्याओं के निदान हेतु विशेष रूप से प्रबंध करने के लिए जिम्मेदार होने के साथ सक्षम भी है। वर्ष 2008 के वित्तीय संकट, पिछले वर्ष की जलवायु आपदाएं आदि समस्याएं इसी के उदाहरण हैं। अंतर्राष्ट्रीय स्तर पर इस तरह की चुनौतियों का सामना करने के लिए सक्षम होने के लिए इन एजेंसियों द्वारा वित्तीय राहत पैकेज दिए गए। संयुक्त राष्ट्र में सुधार वाले महत्वपूर्ण पहलू संयुक्त राष्ट्र महासभा की प्रतिनिधियों की समस्या है। महासभा "एक राज्य, एक मतदान" के सिद्धांत का संचालन करती है। इस पद्धति से विश्वसनीयता विशेष रूप से प्रभावित होती है, क्योंकि मतदान का अधिकार संयुक्त राष्ट्र के सभी सदस्यों के बजाए केवल 15 (5 स्थायी + 10 अस्थायी) सदस्यों को मिल पाता है। इस तरह से आज के संदर्भ में महासभा वैश्विक अभिशासन पर पूरी क्षमता के साथ प्रभावी नहीं हो पा रही और धीरे-धीरे प्रभावहीन होती जा रही है और किसी भी वैश्विक कार्यवाही पर अमीर देशों के परामर्श तंत्र को ही मुख्य रूप से कार्यान्वित किया जा रहा है। इसीलिए गुस्ताव मासी संयुक्त राष्ट्र के सुधार के लिए वकालत करते हैं। लेखक ने इसके लिए नए प्रस्तावों और वैश्विक लोकतंत्र के साथ वैश्विक सामाजिक अनुबंध को आधार बनाने की सलाह दी है। इससे नागरिक, राजनीतिक, आर्थिक, सामाजिक एवं सांस्कृतिक अधिकारों को संरक्षण

मिल सकेगा, साथ ही अंतर्राष्ट्रीय कानून की सामरिक भूमिका को अच्छी तरह से मान्यता भी मिल सकेगी। इस प्रकार वैश्विक अभिशासन एक विश्लेषणात्मक अवधारणा है, जो पारंपरिक अंतर्राष्ट्रीय संबंधों के सिद्धांत से अलग विश्व राजनय को विशेष महत्व प्रदान करता है।

इस्लामी अभिशासन

इस्लामी अभिशासन निजी और सार्वजनिक जीवन में अल्लाह की इच्छा के लिए प्रस्तुत करता है। अल्लाह की इच्छा प्रस्तुत करने के लिए कुरान एक सुन्नाह द्वारा उपलब्ध कराया जाता है।

परियोजना अभिशासन

परियोजना अभिशासन (Project Governance) शब्द का सामान्यत: उद्योग (विशेष रूप से सूचना प्रौद्योगिकी क्षेत्र में) क्षेत्र में प्रयोग किया जाता है, जिसमें एक सफल परियोजना के लिए मौजूदा आवश्यकता का वर्णन होता है।

सूचना प्रौद्योगिकी अभिशासन

सूचना प्रौद्योगिकी अभिशासन प्रमुख रूप से आईटी प्रबंधन एवं व्यापार के बीच के संबंधों पर ध्यान देता है। इस तरह के शासन का स्पष्ट लक्ष्य आईटी क्षेत्र में रोजगार जनन के लिए निवेश करने के साथ जोखिम सहना पड़ता है।

पार्टिसिपेटरी गवर्नेंस

सहभागिता पूर्ण अभिशासन राज्य के साथ शासन की प्रक्रिया में नागरिकों की भागीदारी के माध्यम से लोकतांत्रिक संबंधों को मजबूत बनाने पर केंद्रित है। इसके अनुसार नागरिकों को सार्वजनिक निर्णय लेने या कम-से-कम राजनीतिक मुद्दों के साथ और अधिक गहराई सै जुड़ने के लिए प्रत्यक्ष भूमिका निभानी चाहिए। सरकारी अधिकारियों को भी इस तरह के संबंधों के लिए उत्तरदायी होना चाहिए। अभ्यास के तौर पर, सहभागिता पूर्ण अभिशासन मतदाताओं के रूप में या अपनी भागीदारी बढ़ाने से नागरिकों की भूमिका और महत्वपूर्ण हो सकती है।

स्मरणीय तथ्य

- अभिशसन की अवधारणा राजनैतिक क्षेत्रों सहित विभिन्न क्षेत्रों में लंबे समय से ही प्रयोग में लाई जाती रही है।
- शिकागो विश्वविद्यालय के अर्थशास्त्री **मिल्टन फाइडमैन** ने इस अवधारणा को प्रचलित किया कि अच्छे शासन के लिए आवश्यक है कि सरकार की भूमिका हो तथा पूंजीवाद को समाजवाद से बेहतर आर्थिक प्रणाली माना जाए।
- सन् 1992 में **विश्व बैंक** ने कतिपय ऐसे बिंदु रेखांकित किए, जो कि विकसित एवं विकासशील देशों में अच्छे शासन हेतु आवश्यक हो सकते थे।
- सुशासन या अच्छा शासन अंग्रेजी के दो शब्दों Good तथा Governance का हिंदी रूपांतरण है।
- सुशासन की परिभाषा देते हुए संयुक्त राष्ट्र विकास कार्यक्रम ने उच्च गुणवत्ता की उन प्रक्रियाओं को माना है, जिसके द्वारा निर्णय (जो उन लोगों से संबंधित होते हैं) लिए जाते हैं तथा जिनका क्रियान्वयन होता है।
- सूचना तकनीक से शासन को मजबूती प्राप्त होती है।
- एशियाई विकास बैंक ने विकास हेतु शासन की भूमिका को महत्वपूर्ण माना है। उसका कहना है कि कमजोर शासन विकास को बाधित करता है।
- सामान्य तौर से विकास का तात्पर्य लोगों के जीवन स्तर में सुधार तथा प्रति व्यक्ति आय में सुधार लाकर उन्हें अच्छा जीवन प्रदान करना है।
- सार्वजनिक क्षेत्र लोगों की आशाओं और आकांक्षाओं का केंद्र बिंदु होता है।
- वाणिज्यीकरण का सबसे मजबूत रूप निगमीकरण है, एक से अधिक स्वायतत्ता कारोबार इकाई प्रतिस्पर्धी तटस्थता के साथ मिलकर संरचनात्मक परिवर्तन की ओर परिवर्तित होती हैं।
- सार्वजनिक क्षेत्र सरकार के वित्तीय एवं भौतिक संपत्ति के मूल्य में संरक्षण हेतु जिम्मेदार होता है।
- निष्पादन संकेतक सांख्यिकी है, इसे प्रबंधन यंत्र के रूप में प्रयोग किया जाता है।
- लोक कार्यवाही या शासन की प्रक्रिया में लोगों की भागीदारी को सुनिश्चित कर शासन को सुदृढ़ एवं सुनिश्चित किया जा सकता है।
- **गुन्नार मिर्डल** जैसे विद्वानों की मान्यता है कि भारत एक नरम राज्य (Soft State) है, जहां लोकतंत्र के नाम पर बहुत सारी अनियमितताएं तथा अकर्मण्यताएं सहज स्वीकार्य हो गई हैं।
- अच्छा अभिशासन समूह के हित में होता है, बशर्ते कि जहां तक संभव हो, यह व्यापक रूप से आम सहमति, नीतियों एवं प्रक्रियाओं के माध्यम से हो।
- सरकार में निर्णय करने वाले लोग और संस्थागत हितधारक जवाबदेह होते हैं।
- वैश्विक अभिशासन की सरल एवं व्यापक परिभाषा के अनुसार यह वैश्विक स्तर पर मानव समाज को नियमों के तहत संगठित करना है।
- भूमंडलीकरण की निर्बाध प्रगति से वैश्विक स्तर पर नियमों के अनुपालन में वृद्धि होती है।

❑❑❑

अध्याय 2

शासन के बदलते आयाम : ई-शासन

परिवर्तन और सुधार प्रकृति का नियम है। जैसे-जैसे ज्ञान का विकास हो रहा है, ठीक वैसे-वैसे नई-नई अवधारणाएं सभी क्षेत्रों में अस्तित्व में आ रही हैं। तकनीकी विकास, सूचना प्रौद्योगिकी और संचार प्रौद्योगिकी के तीव्र विकास ने इनको नया आयाम दिया है। ऐसे में ही एक क्षेत्र शासन और प्रशासन का है, जहां सूचना प्रौद्योगिकी के अभ्युदय और उपलब्धता ने उसकी दिशा और दशा दोनों ही बदल दी है। शासन-प्रशासन के क्षेत्र में उत्तरोत्तर नई तकनीक का प्रयोग हो रहा है और यह शासन-प्रशासन के कार्यों को जटिल से सरल बना रहा है। इससे शासन और प्रशासन में मूलभूत सुधार देखने को मिल रहा है। अगर इसका श्रेय किसी को दिया जाता है, तो ई-शासन और अभिशासन को दिया जाना चाहिए। वर्तमान परिप्रेक्ष्य में दुनिया के सभी देशों में किसी-न-किसी रूप में ई-शासन की अवधारणा मजबूत होती जा रही है और ई-शासन से अभिशासन की ओर वर्तमान व्यवस्था अग्रसर है। ऐसे में यह स्वाभाविक है कि लोग जानना चाहेंगे कि ई-शासन या अभिशासन की अवधारणा क्या है? इसकी उपयोगिता क्या है? इससे मानव जीवन और विकास को क्या लाभ है? इन्हीं प्रश्नों को दृष्टिगत रखते हुए प्रस्तुत आलेख में ई-शासन, अभिशासन और कॉर्पोरेट गवर्नेंस पर प्रकाश डाला गया है।

ई-शासन और उसका इतिहास

सूचना प्रौद्योगिकी की विश्वव्यापी क्रांति के साथ जो नई प्रवृत्तियां उभरी हैं, उन्हीं में से एक है–ई-शासन। वस्तुतः सूचना प्रौद्योगिकी बहुत सारी तकनीकों, यथा-कंप्यूटर, इलेक्ट्रॉनिक्स तथा दूरसंचार इत्यादि का संयुक्त एवं एकीकृत नाम है, जो सूचना की प्राप्ति, संग्रहण और विश्लेषण से लेकर उसके अन्य सामाजिक, ...क, राजनीतिक, प्रशासनिक एवं तकनीकी आयामों को समाहित करता है। ...्यूटर, टेलीफोन, सेटेलाइट तथा दूरसंचार के अन्य माध्यमों से प्रशासनिक कृत्यों ...ा निष्पादन ही ई-गवर्नेंस है। प्रशासन तथा प्रौद्योगिकी, दोनों ही राष्ट्रीय विकास, सामाजिक उत्थान, आर्थिक उन्नयन तथा लोक कल्याण हेतु कार्यरत रहते हैं।

प्रशासन में सूचना प्रौद्योगिकी का समन्वित प्रयोग करना ई-गवर्नेंस का पर्याय है। लोक प्रशासन में इस प्रकार का प्रयोग सर्वप्रथम सन् 1969 में अमेरिकी रक्षा विभाग द्वारा कुछ कंप्यूटरों को लोकल एरिया नेटवर्क से जोड़कर किया गया था। 'एडवांस रिसर्च प्रोजेक्ट एडमिनिस्ट्रेशन नेटवर्क' नामक यह परियोजना ही विस्तारित होकर वर्ल्ड वाइड वेब का रूप ले चुकी है। अमेरिका में दिसंबर, 2002 में पारित ई-शासन अधिनियम, 2002 के माध्यम से सूचना प्रौद्योगिकी एवं जनता से लोक सेवाओं का एकीकरण हो चुका है। देश-विदेश के अधिसंख्य सरकारी विभागों, अभिकरणों तथा संगठनों की अपनी इंटरनेट वेबसाइटें खुल चुकी हैं। इन वेबसाइटों के माध्यम से सरकारी संगठन तुलनात्मक रूप में अधिक पारदर्शी, संवेदनशील तथा जनोन्मुख सिद्ध हो सकते हैं। चूंकि वर्तमान युग में 'सूचना, आर्थिक विकास की कुंजी है', अतः सारा तंत्र सूचना के इर्द-गिर्द घूम रहा है।

सन् 2001 के लिए अर्थशास्त्र (सूचना का अर्थशास्त्र) में नोबेल पुरस्कार विजेता जोसेफ स्टिलिग्लट्ज, मिशेल स्पेन्स तथा जॉर्ज एकरलोफ का मत है कि "सूचना का अर्थशास्त्र एक जटिल तथा विषमताओं से भरा क्षेत्र है। अधिसंख्य व्यक्ति तथा स्थान, सूचना की अपूर्णता से त्रस्त हैं। न तो सूचना की मात्रा आंकी जा सकती है और न ही सूचना कभी पूर्ण कही जा सकती है।" वर्तमान परिप्रेक्ष्य में ई-शासन की अवधारणा निरंतर मजबूत हो रही है और इसके माध्यम से शासन प्रणाली को जवाबदेह, पारदर्शी तथा कार्यकुशल बनाया जा रहा है।

ई-शासनः आशय

अब प्रश्न यह उठता है कि क्या ई-शासन को परिभाषा के दायरे में बांधा जा सकता है? दरअसल ई-शासन एक व्यापक अवधारणा है, जो केवल सरकारी तंत्र से ही संबंधित नहीं है, बल्कि इसमें राजनीतिक, सामाजिक, आर्थिक, सांस्कृतिक, तकनीकी, प्रशासनिक तथा अन्य आयाम भी समाहित हैं। इसे संकुचित और व्यापक दोनों अर्थों में परिभाषित किया जाता है।

- संकीर्ण अर्थ में इलेक्ट्रॉनिक कंप्यूटर तथा सूचना विज्ञान के क्षेत्र में विकसित हुई युक्तियों का प्रशासन में प्रयोग करना ही ई-शासन है।
- व्यापक अर्थ में किसी भी संगठन, समाज या तंत्र के विविध पक्षों को नियंत्रित, विकसित, पोषित एवं समन्वित रखने के क्रम में सूचना प्रौद्योगिकी का प्रयोग करना ई-शासन है। यह ई-नागरिक व्यवस्था का व्यापक प्रसार है।

"सरकार के समस्त कार्यों में सूचना प्रौद्योगिकी का अनुप्रयोग ही ई-शासन है।" अन्य शब्दों में कहें तो स्वयं सरकार द्वारा सूचना प्रौद्योगिकी पर आधारित सेवाएं प्रदान करना या स्वयं को इस योग्य बना लेना ही ई-शासन है। सामान्यतः ई-शासन को ई-लोकतंत्र का पर्याय भी माना जाता है।

सामान्यतः लोग ई-शासन का तात्पर्य सरकारी कार्यकरण में प्रयुक्त होने वाले कम्प्यूटर्स तथा इंटरनेट के माध्यम से दी जा रही सरकारी सेवाओं से ही लेते हैं। हालांकि यह एक संकीर्ण व्याख्या है, तथापि ई-शासन की लोकप्रियता तथा विश्वसनीयता तेजी से बढ़ रही है, इसमें कोई दो राय नहीं है।

ई-शासन की श्रेणियां

भारत एवं विश्व के कई देशों में ई-गवर्नेंस कई रूपों में प्रवर्तित है। स्थूल रूप से ई-गवर्नेंस संबंधी परियोजनाओं को सेवा प्रदान करने की दृष्टि से तीन श्रेणियों में विभक्त किया जा सकता है–

- **गवर्नमेंट टू गवर्नमेंटः** जब सरकार के किसी एक विभाग का दूसरे किसी विभाग से ई-गवर्नेंस के माध्यम से संपर्क होता है, तो यह श्रेणी जी.टू जी. श्रेणी कहलाती है, जैसे- खाद्य एवं नागरिक आपूर्ति मंत्रालय, खाद्यान्नों संबंधी आवश्यकताओं की सूचना कृषि मंत्रालय को भेजे या वित्त मंत्रालय अन्य मंत्रालयों को वित्तीय सूचनाएं उपलब्ध कराए, इत्यादि।
- **गवर्नमेंट टू सिटीजनः** सरकार एवं नागरिकों के बीच पारस्परिक व्यवहार इस श्रेणी (जी.टू.सी.) में आता है, जैसे-नागरिकों द्वारा रेलवे आरक्षण कराना, आयकर विवरणी जमा कराना या विद्युत एवं टेलीफोन संबंधी शिकायतें सरकार से करना।

- **गवर्नमेंट टू बिजनेस:** जी.टू.बी. श्रेणी वह है जिसमें सरकार व्यापार जगत् से लेन-देन करती है, जैसे-ऑनलाइन ट्रेडिंग तथा सीमा एवं उत्पाद शुल्क संबंधी प्रकरण इत्यादि।
- **गवर्नमेंट टू एम्पलॉयी:** इसके अंतर्गत सरकार और उसके कर्मचारी एक-दूसरे की कार्यप्रणाली से संबंधित सूचनाओं का आदान-प्रदान करते हैं। कर्मचारियों द्वारा की जाने वाली शिकायतें या कर्मचारियों के संदर्भ में बनाए गए नियम या मानक इसके उदाहरण हैं।

ई-शासन की विशेषताएं

ई-शासन की निम्नलिखित विशेषताएं होती हैं–

- यह प्रशासन तथा सूचना प्रौद्योगिकी का समन्वित रूप है, जिसका मुख्य ध्येय सरकारी कार्यों में कुशलता, पारदर्शिता तथा प्रभावशीलता लाना है। इसमें ई-नागरिक, ई-लोकतंत्र तथा ई-शासन सम्मिलित है। ई-लोकतंत्र संरचना है, तो ई-शासन प्रक्रिया है।
- इसमें प्रशासनिक नेतृत्व तथा प्रौद्योगिकी का एकीकरण हो जाता है।
- ई-शासन की अवधारणा मूलत: स्मार्ट सरकार की मान्यता को पोषित करती है।
- प्रशासनिक कार्यों में गुणवत्ता की दृष्टि से सुधार लाना ई-शासन का केंद्रीय चिन्तन है। नागरिकों को सूचित करना, नागरिकों का प्रतिनिधित्व करना तथा सरकार में नागरिकों की सहभागिता बढ़ाना इसके उद्देश्य हैं।
- सरकारी विभागों या अभिकरणों से संबंधित सूचनाएं एवं सेवाएं इंटरनेट पर उपलब्ध होना तथा स्वयं सरकार द्वारा सूचना प्रौद्योगिकी की आधुनिक तकनीकों का प्रशासनिक कृत्यों में प्रयोग करना, ई-शासन का व्यावहारिक स्वरूप है, जो सामान्यत: वेबसाइट पर इस प्रकार से नजर आता है–
    - ❖ सरकारी विभागों की संगठनात्मक, कार्यात्मक तथा प्रकियात्मक सूचनाएं।
    - ❖ विकासपरक एवं सामाजिक-कल्याण से संबंधित योजनाओं का विवरण।
    - ❖ विभिन्न आदेश पत्रों की उपलब्धता तथा भरे हुए पत्रों की स्वीकार्यता।
    - ❖ पंजीकरण-सुविधा।
    - ❖ परीक्षा परिणाम।
    - ❖ दस्तावेजों की प्रतिलिपियां।
    - ❖ ऑनलाइन मण्डी, नीलामी तथा बिल जमा करने की सुविधा।
    - ❖ अपराधियों, भ्रष्ट प्रशासनिक अधिकारियों तथा करदाताओं से संबंधित विवरण।
    - ❖ शिकायत पंजीकरण तथा निस्तारण।
    - ❖ प्रबोधन, नियंत्रण तथा मूल्यांकन की नियमित एवं निर्धारित प्रक्रियाएं।
    - ❖ ई-शासन का अस्तित्व कंप्यूटर तथा सूचना प्रौद्योगिकी की अन्य तकनीकों में है, अत: ऐसे शासन में कागजी कार्यवाही में कमी आती है तथा 'बाबू राज' पर अंकुश लगता है।
- इसमें एक ही प्रकृति के कार्य को बार-बार करने के बजाए निर्धारित इलेक्ट्रॉनिक कार्यक्रमों के रूप में विकसित कर दिया जाता है। इस प्रकार के कंप्यूटर पैकेज या प्रोग्राम विभागीय आवश्यकताओं के अनुरूप तैयार किए जाते हैं।
- कंप्यूटर नेटवर्क से जुड़ जाने से नियंत्रण का क्षेत्र व्यापक हो गया है तथा निर्णयन में केंद्रीकरण होने का अंदेशा बढ़ गया है।
- ई-शासन के कारण अधिकारियों के व्यक्तिगत दौरों, निरीक्षण, पर्यवेक्षण तथा प्रत्यक्ष नियंत्रण का स्थान दूर बैठे वार्तालाप ने ले लिया है।
- ई-शासन, लोक प्रशासन में स्वचालन की अवधारणा तथा प्रयासों का परिष्कृत एवं विस्तारित स्वरूप है।
- यह सुशासन की स्थापना का एक मार्ग या पद्धति है।

ई-प्रशासन का लक्ष्य

- प्रशासनिक कार्यों में गुणवत्ता की दृष्टि से सुधार लाना ई-प्रशासन का केंद्रीय चिंतन है। इसका उद्देश्य नागरिकों को सूचित करना, नागरिकों का प्रतिनिधित्व करना तथा सरकार में नागरिकों की सहभागिता बढ़ाना है।
- ई-प्रशासन का प्रयोग कंप्यूटर तथा सूचना प्रौद्योगिकी की अन्य तकनीकों में होता है। अत: ऐसे शासन में कागजी कार्यवाही में कमी आती है तथा 'बाबू राज' पर अंकुश लगता है।
- कंप्यूटर नेटवर्क से जुड़ जाने से नियंत्रण का क्षेत्र व्यापक हो गया है तथा निर्णयन में केंद्रीकरण होने का अंदेशा बढ़ गया है।
- ई-प्रशासन के कारण अधिकारियों के व्यक्तिगत दौरों, निरीक्षण, पर्यवेक्षण तथा प्रत्यक्ष नियंत्रण दूर बैठे भी किया जा सकता है।
- ई-प्रशासन में प्रशासनिक नेतृत्व एवं प्रौद्योगिकी का एकीकरण हो जाता है।

ई-शासन के लाभ

शासन एवं प्रशासन के क्षेत्र में ई-शासन का प्रयोग एक क्रांतिकारी कदम है, जिसके निम्नलिखित लाभ हैं–

- नागरिकों को सरकारी सेवाओं की बेहतर आपूर्ति।
- सूचना तक पहुंच के माध्यम से नागरिकों का सशक्तिकरण।
- व्यापार एवं उद्योग के साथ बेहतर अंतर्क्रियाएं।
- अधिक दक्ष सरकारी प्रबंधन।
- प्रशासन में अल्प भ्रष्टाचार।
- प्रशासन में पारदर्शिता की वृद्धि।
- प्रशासन प्रक्रिया में लालफीताशाही और कागजी कार्यवाही में कटौती।
- शासन के विभिन्न स्तरों के बीच बेहतर नियोजन तथा समन्वय।
- सुशासन प्रक्रिया में व्यापक नागरिक भागीदारी।
- लोक प्राधिकारी एवं नागरिक समाज के बीच संबंधों में सुधार।
- सरकार की वैधता में वृद्धि।

ई-शासन के मार्ग में निहित बाधाएं

नि:संदेह ई-शासन एक क्रांतिकारी कदम है, जो शासन एवं प्रशासन के क्षेत्र में महत्वपूर्ण परिवर्तन ला रहा है, परंतु इसे सफलतापूर्वक क्रियान्वित करने में और लोगों तक इसका लाभ पहुंचाने के मार्ग में कुछ बाधाएं भी निहित हैं, जो निम्नवत् हैं–

- पर्याप्त आधारभूत संरचना का अभाव, जैसे-कंप्यूटर लागत में अधिक वृद्धि, जो लोगों की पहुंच से दूर है, तो साथ ही, ऑप्टिकल फाइबर की केबल लाइन को बिछाना बहुत महंगा है।
- सूचना तकनीक से संबंधित सामग्री यथा-कंप्यूटर चिप, सी.पी.यू. आदि के निस्तारण की समस्या। या तो इन्हें नदी-नालों में फेंका जाता है या जमीन के भीतर दबाया जाता है, दोनों ही मामलों में पर्यावरण को क्षति।
- ई-गवर्नेंस के प्रयोग में भाषाई समस्या एक संवेदनशील मुद्दा है। समाज के विभिन्न प्रांतों एवं वर्गों द्वारा भिन्न-भिन्न भाषाओं का प्रयोग किया जाता है, लेकिन इंटरनेट पर केवल हिंदी या अंग्रेजी भाषा का विकल्प ही उपलब्ध है।
- साइबर क्राइम व हैकिंग जैसी समस्या, जिससे न केवल लोगों की जमा पूंजी को खतरा है, अपितु सरकार की गोपनीय सूचनाओं के लीक होने का खतरा भी है।
- समाज में इंटरनेट के प्रति जागरूकता का अभाव एवं विश्वसनीयता की कमी है।

भारत में ई-शासन

यह आवश्यक है कि ऐसी सूचना प्रौद्योगिकी क्षमताओं को इकट्ठा किया जाए, जिनसे सरकार की ऐंड-टू-ऐंड प्रौद्योगिकी की जरूरतें पूरी हो सकें। इसके साथ

ही, उनमें खुलेपन का विकास किया जाए, जो ऐसी बहु-व्यापारिक विश्व के विकास के लिए जरूरी है, जिसमें सरकारें काम करती हैं। प्रौद्योगिकी एवं समाधानों से पूरा लाभ पाने के लिए जरूरी है कि सरकारी क्षेत्र के अंतर्गत एक व्यापक संगठनात्मक एवं सांस्कृतिक परिवर्तन लाया जाए ताकि यह सुनिश्चित किया जा सके कि प्रौद्योगिकी पुराने तौर-तरीकों में फंसकर न रह जाए बल्कि वह नागरिकों एवं व्यापारों को परिवर्तन का प्रभाव महसूस करा सके।

भारत सरकार के अर्द्ध संघीय स्वरूप को देखते हुए लोकतंत्रीय प्रक्रिया के सुचारु संचालन के लिए केंद्र और राज्यों तथा एक राज्य और दूसरे राज्य के बीच सहयोग आवश्यक है। यह सहयोग ई-प्रशासन के लिए भी जरूरी है। चाहे ई-प्रशासन से राजकोषीय संचालन हो, शहरी नियोजन अथवा ग्रामीण सड़क संपर्क की बात हो, मध्य प्रदेश सूचना प्रौद्योगिकी के उपयोग में अग्रणी राज्य बनकर उभरा है।

- नागरिकों को इलेक्ट्रॉनिक प्रणाली (इंटरनेट आदि द्वारा) के माध्यम से प्रशासनिक सेवाएं उपलब्ध कराना, उन्हें सरकारी कार्यों से संबंधित विभिन्न जानकारी देना एवं सरकार में जनता की भागीदारी बढ़ाना ही ई-प्रशासन है।
- ई-गवर्नेंस के महत्व को देखते हुए भारत सरकार इस पर काफी ध्यान दे रही है। सूचना प्रौद्योगिकी अधिनियम, 2000 लागू करके सरकार ने ई-गवर्नेंस को वैधता प्रदान की है। साथ ही एक महत्वाकांक्षी राष्ट्रीय ई-गवर्नेंस योजना भी चलाई जा रही है।
- सरकार ने 15 अगस्त, 2000 को सूचना प्रौद्योगिकी मंत्रालय में ई-गवर्नेंस केंद्र की स्थापना की है, ताकि सरकारी काम में तेजी, पारदर्शिता, उत्तरदायित्व और संवदेनशीलता लाई जा सके।
- ई-गवर्नेंस के क्षेत्र में भारत सरकार की मुख्य संस्था है-NIC अर्थात् National Information Centre. यह केंद्र और राज्य सरकारों को आई.टी. के क्षेत्र में सेवाएं उपलब्ध कराता है। इसका राष्ट्रव्यापी नेटवर्क NICNET है, जो केंद्रीय विभागों को राज्य तथा जिला स्तरीय कार्यालय से जोड़ता है। निकनेट सेवा INSAT उपग्रह प्रणाली पर आधारित है।

ई-क्रांति

ई-क्रांति डिजिटल इंडिया पहल का एक अनिवार्य स्तंभ है। देश में ई-गवर्नेंस, मोबाइल गवर्नेंस और सुशासन की महत्वपूर्ण जरूरत को देखते हुए ई-क्रांति के प्रमुख घटकों के रूप में 'शासन को बदलने के लिए ई-गवर्नेंस में बदलाव' के विजन को मार्च 2015 में केंद्रीय मंत्रिमंडल द्वारा अनुमोदित किया गया है। ई-क्रांति के कुछ सिद्धांत-

- मोबाइल फर्स्ट
- क्लाउड बाई डिफॉल्ट
- फास्ट ट्रैकिंग अप्रूवल
- भाषायी स्थानीयकरण
- सुरक्षा और इलेक्ट्रॉनिक डाटा संरक्षण
- मैंडेटिंग स्टैंडर्ड एंड प्रोटोकॉल।

ई-क्रांति के तहत 44 मिशन मोड परियोजनाएं विभिन्न चरणों में क्रियान्वित की जा रही हैं।

भारत में ई-गवर्नेंस का उपयोग

- भूमि रिकॉर्डों का कंप्यूटरीकरण किया जा रहा है। कर्नाटक में एक भूमि योजना चलाई जा रही है। आंध्र प्रदेश, राजस्थान और बिहार आदि राज्यों में भूमि रिकॉर्डो के कंप्यूटरीकरण का कार्य चल रहा है। भारत सरकार पूरे देश में ऐसे कार्यक्रमों के लिए तकनीकी और वित्तीय सहायता दे रही है।
- परिवहन के क्षेत्र में वाहनों के पंजीकरण, परमिट तथा लाइसेंस आदि जारी करने में इसका उपयोग हो रहा है।
- परीक्षा परिणाम जानने, ऑनलाइन फॉर्म भरने और ऑनलाइन परीक्षा देने में भी इसका व्यापक उपयोग हो रहा है।
- सरकारी कार्यों, निर्णयों आदि की ऑनलाइन जानकारी उपलब्ध कराई जा रही है। नागरिक इस माध्यम से अपने सुझाव, शिकायत आदि भेज सकते हैं।
- कर संग्रहण, कर संबंधी रिटर्न दाखिल करने में केंद्र सहित अनेक राज्यों ने इसे अपनाया है।
- नगर प्रशासन के क्षेत्र में-राशन कार्ड बनाना, नगर सुविधाओं में सुधार, जल, स्वास्थ्य सेवा, सुरक्षा, आपूर्ति आदि की व्यवस्था में इसका उपयोग हो रहा है।
- देश के सभी पुलिस थानों को इंटरनेट के माध्यम से सूत्रबद्ध किया जा रहा है। इससे पुलिस प्रशासन में सटीकता और समन्वय का समावेश होगा।
- पंचायत और स्थानीय स्तर पर संसाधनों के आकलन और विकास योजनाएं बनाने आदि में भी इसका उपयोग हो रहा है।
- आंध्र प्रदेश में APSWAN एवं बिहार में E-office योजना, राजस्थान और तमिलनाडु आदि की ई-सचिवालय योजना आदि ई-गवर्नेंस के बढ़ते उपयोग को सूचित करते हैं।
- भविष्य में ई-गवर्नेंस के अंतर्गत इंटरनेट के द्वारा मतदान आदि के लिए भी प्रयास हो रहे हैं।
- मुख्यमंत्री ग्राम सड़क योजना ए.जी.एन.आर.ई. जी.एम.एम.पी. के साथ अन्य योजनाओं जैसे पी.एम.जी.एस.वाई. आमेलन (कनवर्जेंस) का अच्छा उदाहरण है, जहां स्थायी परिसंपत्तियां सृजित की जाती हैं। मध्य प्रदेश में क्लस्टर अप्रोच के द्वारा 50 जिलों में सड़कों का विकास किया जा रहा है। ठेकेदारों के विवरण ऑनलाइन हैं, खर्च और प्रगति के विवरण उचित समय पर उपलब्ध हैं।
- राज्य सरकार ने सरकार प्रायोजित सरकार-उन्मुख गरीबी उन्मूलन तथा अन्य सामाजिक योजनाओं के एन.पी.ए. की ऑनलाइन मानिटरिंग भी शुरू की है।
- बैंकों द्वारा दाखिल रेवेन्यू रिकवरी सर्टिफिकेट के आधार पर और बैंकों की बकाया राशि को बकाया भू-राजस्व मानकर वसूली की जाती है। हितधारकों यानी तहसील, बैंक शाखा, नोडल डिस्ट्रिक्ट ब्रांच, लीड डिस्ट्रिक्ट मैनेजर और जिला कलेक्टर को वेब-आधारित बी.आर.आई.एस.सी. सॉफ्टेवयर द्वारा वसूली से संबंधित वास्तविक समय सूचना दी जाती है। ऑनलाइन परीक्षा के कारण अब फाइलों पर हाथों से काम नहीं करना पड़ता, जिससे समय की भारी बचत हुई है तथा कुशलता में भी अत्यधिक वृद्धि हुई है। अब तक एम.आई.एस. का पूरा विवरण ऑनलाइन उपलब्ध है।
- कमजोर वर्ग को प्राथमिकता देने की नीति अपनाने का महत्व बहुत ज्यादा है। सभी विकास कार्यक्रमों के द्वारा कमजोर वर्ग तक पहुंच बनाने के प्रयास हो रहे हैं, चाहे यह वित्तीय समावेशन हो, स्वास्थ्य सेवाएं हो अथवा ई-प्रशासन।
- इसी संदर्भ में ई-जिला परियोजनाओं में तेजी लाने की बात है। उदाहरण के लिए इसे राष्ट्रीय ई-प्रशासन योजना के अंतर्गत मिशन मोड प्रोजेक्ट माना गया था, लेकिन इसकी प्रगति धीमी है और अन्य राष्ट्रीय परियोजनाओं की तरह इस वर्ग में शामिल करने लायक नहीं है। जिला प्रशासन व सरकार के लिए वे महत्वपूर्ण हैं, जहां सरकार और जनता के बीच अधिकांशत: संपर्क होता है।
- ई-डिस्ट्रिक्ट (जिला) परियोजना इसी अनुभव को मूर्त रूप देने के लिए बनाई गई थी। इसका उद्देश्य यह अनुभव बढ़ाना और नागरिकों को निर्विघ्न सेवा प्रदान करने की विभिन्न विभागों की क्षमता बढ़ाना था। इनमें अग्रणी कार्यालय नागरिक सुविधा केंद्रों के रूप में काम कर रहे थे। ऐसे कार्यालय हर जिले में बनाए जाने हैं। ये कार्यालय जिला, तहसील, सब-डिविजन, ब्लॉक और ग्राम स्तर पर भी खुलने थे। इनकी स्थापना सेवाओं को उपलब्ध कराने के लिए सामान्य सेवा केंद्रों के द्वारा की जाती है।

भारत में ई-शासन योजना

प्रत्येक नागरिक तक सरलता से सरकारी सेवाओं, सूचनाओं और प्रशासनिक गतिविधियों की जानकारी सुनिश्चित करने के उद्देश्य से भारत सरकार ने 24 हजार करोड़ रुपए की अनुमानित लागत वाली ई-प्रशासन की एक अति-महत्वाकांक्षी योजना लागू की है। इस योजना से नागरिकों को निम्नलिखित लाभ होंगे-

- सरकारी सेवाओं तक समन्वित और बेहतर पहुंच। जैसे कि पैन कार्ड के लिए ऑनलाइन आवेदन तथा इस पर नजर रखना संभव हो सकेगा।
- सुस्पष्ट परिभाषित सेवा स्तर। उदाहरण के लिए संपत्ति अधिकारों के रिकॉर्ड महज 15 मिनट में उपलब्ध हो सकेंगे।
- बेहतर क्षमता। इसके अंतर्गत 30 मिनट के अंदर ही भूमि पंजीकरण आदि की सुविधा उपलब्ध हो सकेगी।
- दरवाजे तक सेवा उपलब्ध कराना तथा ग्रामीण क्षेत्रों तक पर्याप्त प्रशासनिक पहुंच संभव हो सकेगा।
- रोजगार केंद्रों पर कंप्यूटरीकृत रिक्तियों की सूचना होगी। साथ ही शैक्षिक प्रशासन को विशेष बल प्राप्त होगा।
- ई-प्रशासन योजना के अंतर्गत 26 मिशन मोड परियोजना तथा 8 सहायक संघटकों का कार्यान्वयन केंद्रीय, राज्य तथा स्थानीय स्तर पर चलाया जाएगा।
- परियोजना के सफल कार्यान्वयन के लिए प्रधानमंत्री की अध्यक्षता में सूचना-प्रौद्योगिकी मंत्रालय द्वारा एक विशेष निकाय की स्थापना की गई है। कार्यान्वियन की देख-रेख, नीतिगत निर्णय लेने और रणनीतिक दिशा-निर्देश देने के लिए कैबिनेट सचिव की अध्यक्षता में एक उच्चाधिकार प्राप्त समिति गठित की गई है।
- परियोजना के क्रियान्वयन के लिए निम्नलिखित उपाय किए जा रहे हैं–
  1. राज्य स्तर पर आंकड़ा केंद्रों की स्थापना।
  2. दीर्घावधि लाभ सुनिश्चित करने के लिए सार्वजनिक-निजी भागीदारी।
  3. राज्य और स्थानीय स्तर पर क्रियान्वयन।
  4. ब्लॉक स्तर पर स्टेट गाइड एरिया नेटवर्क के जरिए ऑप्टिक फाइबर के द्वारा कनेक्टिविटी।
  5. छह लाख गांवों के लिए एक लाख आम सेवा केंद्र।
- प्रायोगिक तौर पर ई-प्रशासन को निम्नलिखित क्षेत्रों में प्रारंभ किया गया है–1. सड़क परिवहन, 2. भू-अभिलेख, 3. रोजगार केंद्र, 4. कोषागार, 5. पुलिस प्रशासन, 6. शिक्षा, 7. वाणिज्यिक कर, 8. भू-पंजीयन।
- ई-प्रशासन की राष्ट्रीय परियोजना के अंतर्गत सभी अन्य परियोजनाओं को एक मानक प्लेटफॉर्म पर लाया जाएगा।

भारत में ई-प्रशासन के लिए उठाए गए कदम

देश में कंप्यूटर कार्य प्रणाली के प्रसार हेतु वर्ष 1975 में इलेक्ट्रॉनिक विभाग की स्थापना की गई। वर्ष 1999 में इलेक्ट्रॉनिक विभाग के स्थान पर सूचना प्रौद्योगिकी मंत्रालय का गठन किया गया।

- वर्ष 2000 में सभी केंद्रीय मंत्रालयों एवं विभागों में ई-प्रशासन को लागू किए जाने के लिए एक 12 सूत्रीय न्यूनतम एजेंडा तैयार किया गया।
- वर्ष 2000 में सभी केंद्रीय मंत्रालयों एवं विभागों में ई-प्रशासन को लागू किए जाने के लिए एक सामान्य कार्ययोजना तक पहुंचने हेतु राज्यों के सूचना तकनीक मंत्रियों का प्रथम राष्ट्रीय सम्मेलन का आयोजन किया गया।
- वर्ष 2000 में नेशनल इंस्टीट्यूट फॉर स्मार्ट गवर्नमेंट (एन.आई.एस.जी.) की स्थापना हैदराबाद में की गई।
- राज्य सरकारों ने ई-प्रशासन की विभिन्न योजनाओं की शुरुआत की जैसे ई-सेवा (आंध्र प्रदेश), ज्ञानदूत (मध्य प्रदेश), लोकवाणी (उत्तर प्रदेश), भूमि (कर्नाटक), फ्रेंड्स (केरल), ई-मित्र (राजस्थान) इत्यादि।
- वर्ष 2006 में राष्ट्रीय ई-प्रशासन योजना को स्वीकृति प्रदान की गई। इसमें 27 मिशन मोड परियोजनाएं तथा 8 समर्थन घटकों को केंद्र, राज्य और स्थानीय सरकार के स्तरों पर कार्यान्वित करने की योजना है।
- वर्ष 2010 में ई-प्रशासन हेतु खुले मानदंडों पर एक राष्ट्रीय नीति को स्वीकृति प्रदान की गई। यह ई-प्रशासन के समाधानों के लिए निरंतर, मानकीय और सुधारात्मक क्रियान्वयन हेतु दिशा-निर्देशों का एक समुच्चय उपलब्ध कराता है।

ई-प्रशासन से संबंधित योजनाएं

आंध्र प्रदेश सरकार ने अपने नागरिकों के लिए 'एट योर सर्विस' या 'मी सेवा' शुरू की है। करीब 6,000 'मी सेवा' के द्वारा प्रतिदिन कोई 50,000 अनुरोध निपटाए जाते हैं। इस सेवा के द्वारा दैनिक लगभग 1 लाख आवेदन हल की क्षमता जुटाई गई है। इसके द्वारा अनेक प्रकार के आवेदन निपटा दिए जाते हैं, जो अभी तक बाबुओं की दया पर निर्भर थे। आवेदन पर, रखे गए डाटाबेस के आधार पर कार्यवाही की जाती है और नागरिकों को एक स्थान पर सभी जवाब मिल जाते हैं। इसमें राजस्व, पंजीकरण, नगरपालिका प्रशासन और शिक्षा जैसे सेवा माध्यम शामिल हैं।

महाराष्ट्र सरकार ने अपने नागरिकों की सुविधा के लिए एक सेवा शुरू की है, जिसे 'महागोव क्लाउड' नाम दिया गया है। इसके कारण लागत में कमी आई है। स्टोरेज क्षमता में वृद्धि, नम्यता, कहीं से भी सूचना प्राप्त करने की सुविधा उपलब्ध हुई है व रोजाना सॉफ्टवेयर अपडेट करने की जरूरत नहीं पड़ती है। इन कारणों से यह सेवा शुरू करने का फैसला किया गया। इसको राज्य के डाटा केंद्र ने लागू किया है और इसका इस्तेमाल विभिन्न विभाग अपनी वेबसाइट और एप्लीकेशन होस्टिंग के लिए कर रहे हैं। राज्य के कुल 42 विभागों में से 25 इस व्यवस्था में शामिल हैं। इसके 70 अनुप्रयोग हैं। स्टोरेज और मेमोरी के प्रावधानों से फायदा उठाते हुए संसाधनों का कुशल उपयोग किया जाता है एवं काम के अनुसार उनका आवंटन किया जाता है। नियोजित अनुरक्षण के बिना पूरा सिस्टम बंद हो जाता है। इस तरह से प्रक्रिया संबंधी कुशलता बढ़ती है।

ई-जिला परियोजना का प्रमुख उद्देश्य

जिला प्रशासन के लिए कुशल इलेक्ट्रॉनिक कार्य व्यवस्था सुगमता से लागू करना। कठिन भू-भाग वाले असम जैसे राज्य में यह एक मुश्किल परियोजना साबित हो रही है। ए.एम.टी.आर.ओ.एन. (एमट्रॉन) ने ये चुनौती स्वीकार की है और दो जिलों-गोआलपाड़ा और सोनितपुर के 10 विभागों को इसमें संयोजित किया गया है। इसका उद्देश्य जवाबदेही, कुशलता और संचालनों में पारदर्शिता बढ़ाना है, ताकि जनता इससे अधिकाधिक लाभान्वित हो सके। इनके द्वारा अब नागरिक डिजिटल हस्ताक्षर वाले दस्तावेज प्राप्त कर सकते हैं। आवेदन फार्म का प्रारूप मानकीकृत किया जा चुका है। अब इस प्रारूप का इस्तेमाल हर सी.ए.सी./ई-जिला केंद्र सेंटर द्वारा किया जा सकता है।

जनता के संपर्क में आने वाले सभी अधिकारियों को एकल विंडो सेवा देने का प्रशिक्षण दिया जा चुका है। यह सिस्टम प्रोसेस ड्राइवन के तौर पर डिजाइन किया गया है, चैंपियन ड्राइवन जैसा नहीं।

एन.ई.जी.पी. के बावजूद भारत में अभी ई-प्रशासन लागू करने के लिए पूरे तौर पर आई.सी.टी. फ्रेमवर्क का प्रचलन नहीं हुआ है।

ई-प्रशासन पूरी तरह लागू करने के लिए टेक्नीकल हार्डवेयर और सॉफ्टवेयर की मूल सुविधा विकसित करनी पड़ेगी। इसके लिए बेहतर संपर्क विकल्प देने होंगे। नए (कनेक्टिविटी) विकल्पों में तेज ब्रॉडबैंड कनेक्शनों की जरूरत पड़ेगी। 3 जी और 4जी जैसे वायरलेस नेटवर्क भी जरूरी होंगे। भारत में सेलुलर फोनों के कारण दूर-संचार में क्रांति आ चुकी है। लेकिन खर्चीले और जटिल होने के कारण अभी इन्हें ग्रामीण क्षेत्रों में उपलब्ध नहीं कराया जा रहा है। अब पता चला है कि नवंबर 2013 तक देश की सभी 2.5 लाख पंचायतों को ब्रॉडबैंड कनेक्शन उपलब्ध करा दिए जाएंगे। जब तक कनेक्शन नहीं मिलते, तब तक ई-प्रशासन की बात सोची भी नहीं जा सकती।

इसे स्वीकार करने में कोई गुरेज नहीं है कि हम लोग ऐसे युग में प्रवेश कर चुके हैं, जब प्रौद्योगिकी पहले के मुकाबले काफी अधिक संचालन क्षमता उपलब्ध कराती है और मानक आधारित एकीकरण काफी ज्यादा वास्तविक हैं, हम आगे बढ़ने के लिए अधिक संरचना युक्त दृष्टिकोण अपना सकते हैं। सफल ई-गवर्नेंस की अगुवाई भी वास्तविक रूप में सरकार को ही करनी होगी। लेकिन इस काम में निजी क्षेत्र के भागीदार सरकार की मदद कर सकते हैं। भारत सरकार ने सूचना प्रौद्योगिकी संबंधी उपाय टुकड़ों में लागू किया है। इसमें समग्र दूरदृष्टि नहीं अपनाई गई है। इसके परिणामस्वरूप लाभ सीमित रहे हैं। नए पब्लिक-प्राइवेट-पार्टनरशिप (पी.पी.पी.) का इस्तेमाल सीमित रूप से किया गया है और इसकी समीक्षा किए जाने की जरूरत है।

दुनियाभर में सार्वजनिक निजी भागीदारी मॉडल को ई-प्रशासन सेवाओं के सुचारु संचालन के लिए उपयुक्त माना गया है। इससे कुशलता, रफ्तार और निरंतरता बढ़ती है। विकासशील देशों में ई-प्रशासन शुरू करने में सबसे बड़ी बाधा संसाधनों की कमी है। इसके अतिरिक्त दक्षता का स्तर नीचा होना तथा निष्पादन के लिए प्रोत्साहन न मिलना अन्य बाधाएं हैं। भारत में भी स्थिति इससे भिन्न नहीं है। ई-प्रशासन में सार्वजनिक निजी भागीदारी का प्रयोग अनेक बाधाएं दूर करने में सहायक हो सकता है और साथ ही, निजी क्षेत्र के लिए अवसरों की वृद्धि भी करता है।

सार्वजनिक-निजी भागीदारी मॉडल कई रूपों में अपनाया जा सकता है। यह बीओओ, बी.ओ.ओ.टी. (बिल्ड-ऑन-ऑपरेट-ट्रांसफर) हो सकता है। एक निश्चित समय के लिए भी बी.ओ.टी. हो सकता है। इसे रियायती ठेका भी कह सकते हैं। संयुक्त उद्यम अथवा निजी वित्तीय उपाय भी कह सकते हैं। इसके द्वारा रणनीतिक निवेश आदि के लिए भागीदार बनाकर आंशिक निजीकरण किया जा सकता है। इसके पीछे विचार यह है कि सार्वजनिक क्षेत्र में जिम्मेदारी की भावना लाई जाए, साथ ही उसमें निजी क्षेत्र जैसी कुशलता हो तथा जोखिम में भी भागीदारी हो। अच्छी गुणवत्ता और निजी क्षेत्र जैसा कामकाज का स्तर सुनिश्चित करने के लिए जरूरी होगा कि मानक तय कर लिया जाए। भारत सरकार में इस समय प्रबंधन मानक तैयार किए जा रहे हैं और अंतर-संचालन, तकनीकी तथा सुरक्षा के मानकों के मसौदे तैयार किए जा रहे हैं।

प्रगति

प्रधानमंत्री द्वारा प्रोएक्टिव गवर्नेंस तथा समयबद्ध कार्यान्वयन के लिए बहुउद्देशीय, मल्टी-मॉडल प्लेटफॉर्म 'प्रगति' का शुभारंभ किया गया। प्रगति लोगों को जोड़ने वाला एवं संवादमूलक एक अनूठा प्लेटफॉर्म है। इसका उद्देश्य आमजन की शिकायतों का समाधान करना तथा साथ ही साथ केंद्र व राज्य सरकारों के कार्यक्रमों व परियोजनाओं की निगरानी एवं समीक्षा करना है।

प्रगति प्लेटफार्म तीन नवीनतम टेक्नोलॉजी को बांधता है। यह टेक्नोलॉजी है-डिजिटल डाटा मैनेजमेंट, वीडियो कॉन्फ्रेंसिंग तथा भू-आकाशीय टेक्नोलॉजी। इसके तहत प्रधानमंत्री द्वारा किसी भी विषय पर संबद्ध केंद्रीय तथा राज्य के अधिकारियों से सूचनाएं प्राप्त की जा सकती हैं। यह ई-गवर्नेंस तथा सुशासन में अभिनवकारी परियोजना है। प्रगति एप्लीकेशन की मुख्य विशेषताएं निम्न हैं-

- यह तीन-स्तरीय (पी.एम.ओ., केंद्र सरकार के सचिवों तथा राज्य के मुख्य सचिवों) प्रणाली है।
- प्रधानमंत्री के समक्ष लोक शिकायत, चालू कार्यक्रम तथा लंबित परियोजनाओं से संबंधित मामले डाटाबेस से आएंगे।
- इस प्रणाली की डिजाइनिंग प्रधानमंत्री कार्यालय की टीम द्वारा नेशनल इंफॉर्मेटिक्स सेंटर (एन.आई.सी.) की सहायता से की गई हैं।

दुनिया के अनुभवों से पता चलता है कि सूचना प्रौद्योगिकी ऐसा क्षेत्र है, जो पी.पी.पी. मॉडल के सर्वथा उपयुक्त है। यह ड्राइविंग लाइसेंस तैयार करने, संगठनों के बिलों की वसूली और भू-लेख के प्रबंधन आदि के लिए बहुत उपयुक्त है। सरकार ने इन क्षेत्रों में आईटी के इस्तेमाल पर निवेश किया है। उनके पास संसाधन सीमित हैं, समय की भी कमी होती है अथवा पर्याप्त ध्यान देना मुश्किल हो जाता है। यदि इनमें पूंजी निवेश किया जाता है, तो निश्चय ही किसी-न-किसी विभाग पर निवेश में कमी करनी होगी। इससे जल, स्वच्छता, स्वास्थ्य, आवास, उद्योग आदि प्रभावित हो सकते हैं। इसलिए सरकारों द्वारा सूचना प्रौद्योगिकी पर पूंजी निवेश बहुत सोच-समझ कर करना होता है। उदाहरणार्थ-आंध्र प्रदेश की सरकार ने कंटेंट और डिजिटलाइजेशन डाटाबेस पर खर्च किए, जिससे ये क्षेत्र निजी क्षेत्र के लिए लाभप्रद बन गए। ट्विंस परियोजना की पायलट परियोजना चलाई गई, जो आकर्षक दिखी। इसमें नागरिकों को सेवाएं देने में निजी क्षेत्र को शामिल कर परियोजना का सफल संचालन किया गया। मूल सुविधाओं के सृजन में सरकार ने निजी क्षेत्र को पूंजी निवेश के लिए आकर्षित किया है। हाईटेक सिटी जैसी सुविधा के सृजन में ऐसा ही किया गया। इसी प्रकार से सरकार ने हाईस्पीड ऑप्टिकल फाइबर नेटवर्क बनाने के लिए रॉयल्टी-मुक्त आवागमन अनुप्रयोगों के संभावित प्रयोगों के कारण उनकी व्यापारिक व्यवहार्यता बढ़ गई है।

ई-प्रशासन में सफलता प्राप्ति के लिए नागरिकों, सरकार और निजी क्षेत्र की भागीदारी जरूरी है। ई-प्रशासन प्रक्रिया के लिए निरंतर सूचना प्रवाह और ग्राहकों की समुचित प्रतिक्रिया जानना भी आवश्यक होता है। इलेक्ट्रॉनिक सार्वजनिक सेवाओं का प्रयोग करने वाले अधिकारियों, नागरिकों, निवासियों तथा व्यापारियों के विचारों की भी लगातार जानकारी मिलनी चाहिए। ई-प्रशासन उपयोगी ढंग से काम करे, इसके लिए सबसे निचले स्तर के लोगों की प्रतिक्रिया मिलनी भी जरूरी होती है। इसलिए ई-प्रशासन से संबंधित दूरदृष्टि में सभी हितधारकों (सरकारी तथा गैर-सरकारी) की दूरदृष्टि सम्मिलित होनी चाहिए।

ई-प्रशासन समय की मांग और आवश्यकता है

जहां नागरिकों को उपयोगी प्रौद्योगिकी उपलब्ध कराना एक प्रगतिशील कदम है, वहीं सरकारी एजेंसियों में इसके लिए समन्वय लाना एक मुश्किल काम है। ऐसे काम तब सफल होते हैं, जब एजेंसियों में आपसी सहयोग हो और वे एक-दूसरे के साथ सूचना और संसाधनों को साझा करें। इसके लिए सशक्त और प्रभावी प्रौद्योगिकी आवश्यक है और इसके लिए निष्कपट प्रयास भी विफल हो सकते हैं तथा उनमें आपसी संवाद टूट सकता है।

प्रौद्योगिकी की प्रगति ने नई संभावनाओं को जन्म दिया है और सरकार की भूमिका से लोगों की अपेक्षाएं बढ़ गई हैं। इनमें निम्नलिखित बातें शामिल हैं-

- क्लाउड कंप्यूटिंग को एक सक्षम आई.सी.टी. प्रोविजनिंग मॉडल माना जाएगा। इसे लागत में किफायत एवं नई सेवाएं उपलब्ध कराने का रास्ता समझा जाए।
- सोशल मीडिया जिसमें नागरिकों की भागीदारी बढ़े और उन्हें अधिक संतुष्टि मिले।
- अनोखी पहचान वाली प्रौद्योगिकी, जिससे अंतर-एजेंसी सहयोग और सूचनाओं के आदान-प्रदान में वृद्धि हो।
- ओपन डाटा एवं गवर्नमेंट डाटा स्टोर्स द्वारा अधिक-से-अधिक लोगों तक सूचनाओं का प्रसार हो सके।

स्मरणीय तथ्य

- सूचना प्रौद्योगिकी बहुत सारी तकनीकों, यथा-कंप्यूटर, इलेक्ट्रॉनिक्स तथा दूरसंचार इत्यादि का संयुक्त एवं एकीकृत नाम है।
- प्रशासन में सूचना प्रौद्योगिकी का समन्वित प्रयोग करना ई-गवर्नेंस का पर्याय है।
- "सरकार के समस्त कार्यों में सूचना प्रौद्योगिकी का अनुप्रयोग ही ई-शासन है।"
- सामान्यत: लोग ई-शासन का तात्पर्य सरकारी कार्यकरण में प्रयुक्त होने वाले कम्प्यूटर्स तथा इंटरनेट के माध्यम से दी जा रही सरकारी सेवाओं से ही लेते हैं।
- ई-प्रशासन के माध्यम से अधिकारियों के व्यक्तिगत दौरों, निरीक्षण, पर्यवेक्षण तथा प्रत्यक्ष नियंत्रण दूर बैठे भी किया जा सकता है।
- नि:संदेह ई-शासन एक क्रांतिकारी कदम है, जो शासन एवं प्रशासन के क्षेत्र में महत्वपूर्ण परिवर्तन ला रहा है।
- देश में कंप्यूटर कार्य प्रणाली के प्रसार हेतु वर्ष 1975 में इलेक्ट्रॉनिक विभाग की स्थापना की गई।
- महाराष्ट्र सरकार ने अपने नागरिकों की सुविधा के लिए एक सेवा शुरू की है, जिसे 'महागोव क्लाउड' नाम दिया गया है।
- ई-प्रशासन में सफलता प्राप्ति के लिए नागरिकों, सरकार और निजी क्षेत्र की भागीदारी जरूरी है।
- प्रौद्योगिकी की प्रगति ने नई संभावनाओं को जन्म दिया है और सरकार की भूमिका से लोगों की अपेक्षाएं बढ़ गई हैं।

अध्याय 3

कॉर्पोरेट गवर्नेंस और उसके विविध पक्ष

उदारीकरण, निजीकरण तथा वैश्वीकरण के दौर में जहां एक ओर पूंजीवाद को बल मिला है, वहीं कॉर्पोरेट गवर्नेंस (निगमित सरकार) जैसी विचारधाराएं भी सामने आई हैं, जो बड़े उपक्रमों से पारदर्शिता, जवाबदेही एवं सामाजिक सरोकारों की मांग करती हैं। आर्थिक सुधारों एवं सूचना प्रौद्योगिकी के कारण पनपी 'वैश्विक गांव' की अवधारणा भी समसामयिक सुधारों की पक्षधर है। 21वीं सदी के शुरुआत में बड़ी अमेरिकी कंपनियों, जैसे–'एनरॉन कॉर्पोरेशन', 'टाइको', 'ग्लोबल क्रॉसिंग', 'इमक्लोन' तथा 'वर्ल्ड कॉम' का पतन होने के पश्चात् शेयरधारकों के हितों की रक्षा की आवाज विश्व भर में उठी है। इसी संदर्भ में सलाहकार जोनाथन चार्खम का मत है कि "किसी भी उपक्रम के दीर्घकालीन स्वास्थ्य हेतु सुशासन अत्यावश्यक है।"

कॉर्पोरेट गवर्नेंस : एक परिचय

कॉर्पोरेट या कंपनी अभिशासन एक शब्द है, जिसमें मोटे तौर पर नियमों, प्रक्रियाओं या कानूनों का उल्लेख होता है। इसके द्वारा कारोबार को संचालित, विनियमित और नियंत्रित किया जाता है। इसके अंतर्गत अधिकारियों, स्टॉकहोल्डर्स या कंपनी के संविधान द्वारा परिभाषित आंतरिक कारकों के साथ-साथ उपभोक्ता समूहों, ग्राहकों एवं सरकारी नियमों जैसी बाहरी शक्तियों का भी विवरण दिया जाता है। विश्व बैंक के पूर्व अध्यक्ष जेम्स वुल्फेंसन का कहना है कि "देश के शासन की तरह कॉर्पोरेट गवर्नेंस का भी महत्व है।" आर्थिक सहयोग एवं विकास संगठन (ओ.ई.सी.डी.) के अनुसार, कॉर्पोरेट अभिशासन कंपनी के प्रबंधन की जिम्मेदारी एवं अधिकार से संबंधित है, जो शेयरधारकों एवं विभिन्न हितधारकों में सन्निहित है। अमेरिकी कंपनी एनरॉन एवं वर्ल्ड कॉम में विशेष गिरावट के चलते शेयरधारकों पर संयुक्त रूप से 245 अरब डॉलर की चपत लगी और यूरोप में इतालवी डेयरी उद्योग पार्मालट के पतन के बाद देशों की फर्मों की दीर्घकालिक सफलता के लिए कॉर्पोरेट अभिशासन में आमूलचूल बदलाव लाया गया है।

कैडबरी समिति के अनुसार, "कॉर्पोरेट गवर्नेंस कंपनियों को निर्देशित तथा नियंत्रित करने वाली व्यवस्था का नाम है ... इस व्यवस्था में निदेशक मंडल केंद्रबिंदु होता है।"

सेबी के अनुसार, "किसी कंपनी (निगम) के प्रबंध द्वारा शेयरधारकों के अपृथक्नीय अधिकारों को मान्यता तथा उन्हें कंपनी का सच्चा स्वामी स्वीकारने और स्वयं को (प्रबंध) शेयरधारकों का न्यासी मानने का नाम कॉर्पोरेट गवर्नेंस है। यह मूल्यों के प्रति प्रतिबद्धता, व्यापार संव्यवहार या आचरण में नैतिकता और कंपनी के प्रबंध में निजी एवं कॉर्पोरेट निधि का भेद स्वीकारने से भी संबंधित है।"

यह परिभाषा **महात्मा गांधी के न्यासी सिद्धांत** और भारतीय संविधान के नीति-निदेशक तत्त्वों से प्रभावित है।

विकिपीडिया विश्वकोश के अनुसार, "कॉर्पोरेट गवर्नेंस किसी कंपनी (निगम) के निर्देशन, प्रशासन तथा नियंत्रण को प्रभावित करने वाली प्रक्रियाओं, परंपराओं, नीतियों, कानूनों तथा संस्थाओं का समुच्चय है।"

इस प्रकार कॉर्पोरेट गवर्नेंस की अवधारणा मुख्यत: कंपनियों की नीतियों एवं कार्यप्रणाली में सामाजिक सुधार लाने की समर्थक है। ये सुधार, समाज एवं शेयरधारकों के हितों की रक्षा करते हैं।

कॉर्पोरेट गवर्नेंस का इतिहास

- कॉर्पोरेट गवर्नेंस की शुरुआती चर्चा सन् 1929 के न्यूयॉर्क शेयर बाजार के पतन (Wall Street Crash) से सामने आई। सन् 1932 में **एडोल्फ ऑगस्टस बर्ले तथा गार्डिनर सी. मीन्स** (Adolf Augustus Berle and Gardiner C. Means) द्वारा प्रकाशित मोनोग्राफ "The Modern Corporation and Private Property" ने कॉर्पोरेट गवर्नेंस की आधुनिक अवधारणा को जन्म दिया।
- द्वितीय विश्व युद्ध के पश्चात् बहुराष्ट्रीय निगमों (MNC) का उदय होने लगा। इसी दौर में संगठनात्मक व्यवहार के विद्वानों **लॉर्श तथा मैकाइवर** का निष्कर्ष था कि "बहुत-सी विशाल कंपनियां व्यावसायिक गतिविधियों पर प्रभुत्व जमाए हुए हैं जबकि उन पर उनके निदेशक मंडल की कोई निगरानी या पर्याप्त जवाबदेही नहीं है।" सत्तर के दशक तक कॉर्पोरेट गवर्नेंस की अवधारणा का अमेरिकी एवं अन्य विकसित देशों में पर्याप्त प्रचार-प्रसार हो चुका था।
- नब्बे के दशक में अमेरिका में आई.बी.एम., कोडक तथा हनीवैल इत्यादि प्रसिद्ध कंपनियों के निदेशक मंडलों द्वारा हटाए गए मुख्य कार्यकारी अधिकारियों (CEO) की घटनाओं को मीडिया में बहुत समर्थन मिला।
- सन् 1992 में इंग्लैंड में लंदन स्टॉक एक्सचेंज की वित्तीय रिपोर्टिंग परिषद् द्वारा **सर एडरियन कैडबरी** (Adrian Cadbury) की अध्यक्षता में "Financial Aspests of Corporate Governance" विषय पर एक समिति गठित की गई। कैडबरी समिति की सिफारिशें यूरोपीय संघ, अमेरिका तथा विश्व बैंक द्वारा स्वीकार की गई।
- इसी संदर्भ में सन् 1994 में दक्षिण अफ्रीका में **मेरिन किंग** (Meriyn King) की अध्यक्षता में एक समिति गठित की गई। सन् 1997 में पूर्व एशिया के देशों, यथा–थाइलैंड, इण्डोनेशिया, दक्षिण कोरिया, मलेशिया तथा फिलीपींस में निवेश की गई विदेशी पूंजी वापिस होने लगी तो इन देशों की आर्थिक स्थिति डांवांडोल हो गई, जिससे कॉर्पोरेट गवर्नेंस तथा व्यवसाय में नैतिकता पर पुन: बहस छिड़ गई।
- ब्रिटेन में नवंबर, 1995 में गठित **सर रोनाल्ड हाम्पेल** समिति ने जनवरी, 1998 में रिपोर्ट प्रस्तुत की तथा कॉर्पोरेट की दिशा में तेजी से प्रयास करने के सुझाव दिए। इन्हीं दिनों फ्रांस में भी **मार्क विएनॉट** (Marc Vienot) की अध्यक्षता में कॉर्पोरेट गवर्नेंस पर समिति बनी, जिसने सितंबर 1995 में प्रथम तथा जुलाई, 1999 में अपनी दूसरी रिपोर्ट प्रस्तुत की।
- सन् 1999 में **आर्थिक सहयोग एवं विकास संगठन** (OECD) ने कॉर्पोरेट गवर्नेंस पर सिद्धांत निर्मित किए, जिन्हें सन् 2004 में संशोधित किया गया। इन सिद्धांतों को विश्वभर में मान्यता प्राप्त हुई।

- भारत में सन् 1997 में **भारतीय उद्योग संघ** (CII) द्वारा कॉर्पोरेट गवर्नेंस पर वांछित संहिता का निर्माण किया गया। इसी दौरान विनिवेश आयोग (1997) द्वारा प्रस्तुत "Report on Corporate Governance" में निदेशक मंडलों में तकनीकी विशेषज्ञों एवं पेशेवर व्यक्तियों को गैर-कार्यकारी निदेशक के रूप में सम्मिलित करने की अनुशंसा की गई। साथ ही आयोग द्वारा कंपनियों के कार्मिकों को उनकी अंशधारिता के अनुरूप निदेशक मंडल में स्थान देने की सिफारिश भी की गई।
- वर्ष 1998–99 में भारतीय प्रतिभूति एवं विनिमय बोर्ड (SEBI) द्वारा उद्योगपति **कुमार मंगलम बिड़ला** की अध्यक्षता में एक समिति गठित की गई। समिति ने सन् 1999 में कॉर्पोरेट गवर्नेंस विषय पर अपना प्रतिवेदन 'सेबी' को सौंप दिया, जिसे 'सेबी' की जनवरी, 2000 की बैठक में मामूली संशोधन के बाद स्वीकार कर लिया गया तथा 'सेबी' ने उसके यहां पंजीकृत सभी कंपनियों में इस रिपोर्ट को लागू करने के निर्देश दिए। **विप्रो लि.** कंपनी ने शीघ्रता एवं ईमानदारी से इस रिपोर्ट को क्रियान्वित कर मिसाल कायम की।

कॉर्पोरेट गवर्नेंस की विशेषताएं

कॉर्पोरेट गवर्नेंस की मुख्य विशेषताएं इस प्रकार हैं–

- कॉर्पोरेट गवर्नेंस, कॉर्पोरेट जगत् में मूल्यों एवं नैतिकता से परिपूर्ण कर्तव्यों का समावेश करने पर लक्षित है।
- यह अवधारणा कॉर्पोरेट प्रबंध में जवाबदेयता, पारदर्शिता, निष्पक्षता, प्रभावशीलता, कार्यकुशलता, अनुक्रियाशीलता (Responsiveness) तथा सहभागिता की मांग करती है।
- यह अवधारणा यह मानती है कि किसी भी उपक्रम की जिम्मेदारी केवल उसके मूलभूत या प्राथमिक कार्य (Core Function) अर्थात् उत्पादन को पूरा कर देने मात्र से पूरी नहीं हो जाती है, बल्कि प्रत्येक उपक्रम के अन्य बहुत से महत्वपूर्ण कार्य भी हैं।
- इसमें शेयरधारकों के हितों की रक्षा करना महत्वपूर्ण माना जाता है।
- कॉर्पोरेट गवर्नेंस से यह भी देखा जाता है कि कोई उपक्रम समाज एवं अपने पर्यावरण के हितों के प्रति कितना सजग है।
- यह प्रतिस्पर्द्धी उपक्रम की बाजार व्यवस्था का हृदय है।
- यह कॉर्पोरेट प्रबंध में सामाजिक दृष्टि से पेशेवर अभिवृत्ति को विकसित करने का नव प्रयास है।
- इसमें किसी भी उपक्रम या कंपनी के संपूर्ण संचालन तंत्र को एकतरफा बनाने के बजाए संतुलित बनाने पर बल दिया जाता है।
- यह अवधारणा न केवल शेयरधारकों बल्कि अन्य शेयरधारकों (Stakeholders), जैसे–आपूर्तिकर्ताओं, उपभोक्ताओं, ऋण प्रदाताओं, कर्मचारियों, समुदाय और स्थानीय, प्रांतीय एवं राष्ट्रीय सरकार के हितों की रक्षा करने के क्रम में कॉर्पोरेट समाज से अपेक्षा रखती है।

कॉर्पोरेट गवर्नेंस से संबंधित पक्ष

नियामकीय निकाय	अन्य पणधारी
• मुख्य कार्यकारी अधिकारी	• आपूर्तिकर्ता
• निदेशक मंडल	• कार्मिक
• प्रबंध	• उपभोक्ता
• शेयरधारक	• समुदाय

यद्यपि कॉर्पोरेट गवर्नेंस को निजी क्षेत्र की अवधारणा के रूप में देखा जाता है, तथापि यह सरकारी एवं निजी दोनों प्रकार के उपक्रमों हेतु है।

- कुमार मंगलम बिड़ला समिति ने कॉर्पोरेट गवर्नेंस के कुछ नियम प्रतिपादित करते हुए अनुशंसा की थी कि वित्तीय रिर्पोर्टिंग को सुनिश्चित करने हेतु एक स्वतंत्र निदेशक तथा तीन गैर कार्यकारी निदेशकों से युक्त एक पूर्ण **स्वतंत्र अंकेक्षण समिति** होनी चाहिए।
- जनवरी, 1999 में दावोस (स्विट्जरलैंड) में आयोजित हुए विश्व आर्थिक मंच (World Economic Forum) की बैठक के पश्चात् संयुक्त राष्ट्र ने व्यावसायिक घरानों हेतु 'United Nations Global Compact Programme' घोषित किया था। इस कार्यक्रम में कॉर्पोरेट क्षेत्र के सामाजिक दायित्वों, यथा–मानवाधिकार, बाल श्रम, श्रम संघ मान्यता तथा पर्यावरण संरक्षण इत्यादि सूत्र निर्धारित किए गए थे।
- विश्व कॉर्पोरेट क्षेत्र में सामाजिक जवाबदेयता तथा नैतिकता के समावेश का यह सार्थक प्रयास माना गया था। इसके पश्चात् अमेरिका में कॉर्पोरेट दुनिया में हुए घोटालों तथा भारत के 'टाटा-फर्गुसन विवाद' के दौर में वित्त मंत्रालय ने 21 अगस्त, 2012 को पूर्व विदेश सचिव नरेशचन्द्र की अध्यक्षता में 'कॉर्पोरेट अंकेक्षण एवं गवर्नेंस' विषय पर एक समिति (पैनल) गठित की। समिति ने उसी वर्ष अपनी रिपोर्ट दी।
- सन् 1998 में अमेरिका में न्यूयॉर्क स्टॉक एक्सचेंज ने ब्लू रिबन की अध्यक्षता में "Committee on Improving the Effectiveness of Corporate Audit" गठित की। फरवरी, 1999 में इस समिति की रिपोर्ट के पश्चात् एक पृथक् कानून बनाने पर विचार होने लगा। अतः संयुक्त राज्य अमेरिका में ध्वस्त होते बड़े औद्योगिक घरानों तथा आमजन में व्याप्त भय को समाप्त करने तथा कॉर्पोरेट गवर्नेंस में विश्वास व्यक्त करने हेतु सन् 2002 में Sarbanes-Oxley Act पारित किया गया।

कॉर्पोरेट गवर्नेंस के उद्‌भव के कारण

यद्यपि कॉर्पोरेट गवर्नेंस की अवधारणा 20वीं सदी के शुरुआती दौर में ही चर्चा में आने लग गई थी, किंतु एक कार्य-नीति के रूप में इसकी परिणति 21वीं सदी में ही होने लगी है। इसके पीछे **कतिपय कारण** विद्यमान रहे हैं, जो इस प्रकार हैं–

- विश्व भर में हुए आर्थिक सुधारों ने एक नई किस्म की अर्थव्यवस्था, बाजार, समाज तथा शासन व्यवस्था को जन्म दिया है। प्रश्न यह उठ रहा था कि जब नौकरशाही जैसे कठोर तंत्र में सुधार हो रहे हैं, तो कॉर्पोरेट क्षेत्र में क्यों नहीं?
- साम्यवाद के पतन तथा नव-पूंजीवाद के आगमन के साथ ही यह भी मांग उठी कि कॉर्पोरेट घराने नियंत्रणविहीन न रहें बल्कि एक संतुलित व्यवस्था विकसित की जाए।
- बड़ी कंपनियों के पतन तथा घोटालों के दौर में शेयरधारकों के अधिकारों की रक्षा की मांग उठने लगी।
- बहुराष्ट्रीय कंपनियों के प्रसार के कारण कॉर्पोरेट क्षेत्र के प्रबंध में वृत्तिकरण (Professionalization) को बढ़ावा मिला है। पेशेवर अंदाज में विकसित हुई सोच ने एक जवाबदेह कॉर्पोरेट प्रबंध को बढ़ावा दिया है।
- कंपनियों को ऋण प्रदाता अभिकरणों द्वारा भी कठोर निर्देश मिलने लगे हैं, जिनमें मानक लेखांकन एवं अंकेक्षण व्यवस्था भी सम्मिलित है।
- सूचना प्रौद्योगिकी तथा आर्थिक उदारवाद ने विश्व की सभी सामाजिक, आर्थिक, राजनीतिक एवं व्यावसायिक व्यवस्थाओं को एक-दूसरे के समीप ला दिया है, अतः सभी क्षेत्रों में विश्वस्तरीय मानकों का विकास होने लगा है।
- पूंजी, व्यापार तथा प्रौद्योगिकी पर लगे प्रतिबंध हटने से कॉर्पोरेट क्षेत्र पर नए दबाव आने लगे हैं।

कॉर्पोरेट गवर्नेंस को स्पष्ट करने वाली कतिपय परिभाषाएं इस प्रकार हैं–व्यवसाय प्रशासन के लेखक गेबरियल ओ' डोनोवन के अनुसार–"कॉर्पोरेट गवर्नेंस नीतियों, प्रक्रियाओं तथा व्यक्तियों से युक्त एक ऐसी आंतरिक व्यवस्था है, जो निर्देशन एवं

नियंत्रण जैसी प्रबंधकीय गतिविधियों, स्वस्थ व्यावसायिक, व्यावहारिक (Savvy) तथा निष्पक्षता एवं सच्चरित्रता के साथ शेयरधारकों एवं अन्य पणधारी या साझेदारों की आवश्यकताओं की पूर्ति करती है। एक ठोस कॉर्पोरेट गवर्नेंस बाहरी बाजार एवं कानूनों से प्रतिबद्ध तथा ऐसी स्वस्थ बोर्ड संस्कृति से युक्त होता है, जो नीतियों एवं प्रक्रियाओं की रक्षा है।"

कॉर्पोरेट गवर्नेंस के सिद्धांत

यद्यपि कॉर्पोरेट गवर्नेंस एक नवीन एवं आधुनिक अवधारणा प्रतीत होती है, तथापि इसकी मूल मान्यताएं एवं सिद्धांत समझ से भरपूर हैं जो किसी भी उपक्रम द्वारा अपनाए जाने के अपेक्षित हैं। ओ.ई.सी.डी. द्वारा विकसित इन सिद्धांतों का संक्षिप्त परिचय इस प्रकार है–

- **शेयरधारकों के अधिकार का सिद्धांत:** यह सिद्धांत यह मानता है कि किसी भी उपक्रम में जिन व्यक्तियों की पूंजी लगी होती है, उनको यह अधिकार है कि वे उस उपक्रम से संबंधित सभी सूचनाएं प्राप्त कर सकें और साथ में उस उपक्रम की निर्णयन प्रक्रिया को प्रभावित कर सकें तथा उपक्रम को प्राप्त लाभ में वे अपना हिस्सा पा सकें।
- **शेयरधारकों के साथ मिलकर समान व्यवहार का सिद्धांत:** समान श्रेणी के सभी शेयरधारकों के साथ समान व्यवहार किया जाना चाहिए। निदेशक मंडल के सदस्यों एवं प्रबंधकों से यह अपेक्षित है कि वे उपक्रम के किसी भी संव्यवहार से होने वाले भौतिक हितों की पूर्ति की सूचनाएं सामने लाएं।
- **कॉर्पोरेट गवर्नेंस में पणधारकों की भूमिका का सिद्धांत:** किसी भी उपक्रम से संबंधित साझेदारों या पणधारकों या संबंधित पक्षों, यथा–आपूर्तिकर्त्ता, कर्मचारी, ऋण प्रदाता, उपभोक्ता तथा संपूर्ण समाज और कई मामलों में सरकार के वैधानिक अधिकारों को मान्यता देने तथा उपक्रम के निर्णयन में उनकी सहभागिता को बढ़ाया जाना चाहिए। इससे उपक्रम की कार्य निष्पादन क्षमता में प्रभावी सुधार हो सकेगा।
- **प्रकटीकरण एवं पारदर्शिता का सिद्धांत:** कॉर्पोरेट गवर्नेंस का यह एक प्रभावी एवं प्रमुख सिद्धांत है, जो यह मानता है कि किसी भी उपक्रम की शासकीय एवं प्रशासनिक संरचना, संविधान तथा समितियां, निदेशक मंडल तथा इसके सदस्य, सदस्यों का पारिश्रमिक एवं अन्य संबंधित विषयों पर सूचनाओं के प्रकटीकरण की समुचित व्यवस्था होनी चाहिए।
- **निदेशक मंडलों के उत्तरदायित्वों का सिद्धांत:** किसी भी उपक्रम में गठित होने वाला निदेशक मंडल सर्वाधिक सशक्त एवं महत्वपूर्ण निकाय होता है, जो नीतिगत निर्णयों से उपक्रम की कार्यप्रणाली, छवि, निष्पादन, कार्यकुशलता एवं गवर्नेंस को प्रभावित करता है। अत: निदेशक मंडल की उपक्रम तथा शेयरधारकों के प्रति जवाबदेही होनी चाहिए। इसलिए यह आवश्यक है कि कॉर्पोरेट गवर्नेंस मानकों के माध्यम से ऐसी व्यवस्था की जाए, ताकि निदेशक मंडल द्वारा उपक्रम को दिए जाने वाले रणनीतिक निर्देशों का उत्तरदायित्व सुनिश्चित हो तथा निगरानी व्यवस्था स्थापित की जाए।
- **सच्चरित्रता एवं नैतिक व्यवहार का सिद्धांत:** किसी भी उपक्रम को कानूनी मुकदमों से बचाने, खतरों को टालने तथा सामाजिक स्तर पर विश्वसनीय छवि बनाने हेतु यह आवश्यक है कि वह निर्णयों में नैतिकता तथा उत्तरदायित्व को समाविष्ट करे। इस हेतु उपक्रम या उस उद्योग को एक ऐसी आचार संहिता विकसित कर, उसका पालन करना चाहिए, जो कि नैतिकता, ईमानदारी, निष्पक्षता तथा पारदर्शिता के मापदंडों पर खरी उतरती हो।

कैडबरी समिति की सिफारिशें

ब्रिटेन की कैडबरी समिति (1992) ने उपक्रम के निवेश/विनिवेश प्रस्तावों, वित्तीय एवं बाजार संरचना में परिवर्तन तथा महत्वपूर्ण नियुक्तियों को निदेशक मंडल के अधीन करने का सुझाव दिया था। इस समिति की अन्य प्रमुख सिफारिशें इस प्रकार हैं–

- अध्यक्ष तथा मुख्य कार्यपालक के पद पृथक्-पृथक् रहें।
- बोर्ड में स्वतंत्र गैर-कार्यकारी निदेशक नियुक्त किए जाएं।
- कम-से-कम तीन गैर कार्यकारी निदेशकों से युक्त एक अंकेक्षण समिति हो।
- बोर्ड में नियुक्तियों हेतु एक 'मनोनयन समिति' हो।
- कार्यकारी समिति की अनुशंसानुसार कार्यकारी निदेशकों के वेतन-भत्ते निश्चित किए जाएं।
- गैर-कार्यकारी सदस्य कंपनी के प्रबधंकों के जानकार व्यक्ति न हों।

दक्षिण अफ्रीका की किंग समिति की प्रमुख सिफारिशें

दक्षिण अफ्रीका की किंग समिति (1994) की प्रमुख सिफारिशें इस प्रकार हैं–

- बोर्ड में कार्यकारी एवं गैर-कार्यकारी सदस्यों का संतुलन हो।
- अध्यक्ष तथा मुख्य कार्यपालक अधिकारी की भूमिकाओं के मध्य विभाजन हो। यदि ऐसा न हो, तो गैर-कार्यकारी निदेशक अवश्य हों।
- निदेशकों की रिपोर्ट में उनके उत्तरदायित्वों का भी वर्णन हो।
- वार्षिक प्रतिवेदन तथा कंपनी के लेखा के संदर्भ में शेयरधारक बैठक में प्रश्न पूछें।
- कॉर्पोरेट में एक अंकेक्षण समिति हो, जो प्रभावी आंतरिक अंकेक्षण का कार्य संपादित करे।

भारतीय उद्योग संघ के मापदंड

भारतीय उद्योग संघ (1997) द्वारा कॉर्पोरेट गवर्नेंस के संदर्भ में निर्धारित किए गए मापदंड इस प्रकार हैं–

- एक संपूर्ण बोर्ड जो एक स्तरीय (Single Tiered) हो कि प्रत्येक दो माह में (वर्ष में कम-से-कम छ:) बैठक अवश्य हो।
- बोर्ड में कम-से-कम 30 प्रतिशत सदस्य गैर-कार्यकारी निदेशक हों, यदि उनमें से कोई अध्यक्ष है।
- यदि अध्यक्ष तथा प्रबंध निदेशक एक ही व्यक्ति है, तो बोर्ड में कम-से-कम 50 प्रतिशत सदस्य गैर-कार्यकारी सदस्य निदेशक होने चाहिए।
- कोई भी निदेशक एक साथ 10 से अधिक कंपनियों के बोर्ड का सदस्य नहीं होना चाहिए।
- गैर-कार्यकारी निदेशक सक्रिय हों, उन्हें निर्धारित उत्तरदायित्व दिए जाएं और वे लाभ एवं हानि लेखा से जानकार हों।
- गैर-कार्यकारी निदेशकों को उनकी पेशेवर सलाह हेतु न केवल बैठक भत्ता बल्कि निश्चित वेतन भी दिया जाए।
- बोर्ड को उपक्रम की संचालन योजनाओं, बजट, दीर्घावधि योजनाओं, त्रैमासिक खंड परिणामों तथा आंतरिक अंकेक्षण रिपोर्टों से अवगत कराया जाए।
- कम-से-कम तीन गैर-कार्यकारी सदस्यों से युक्त एक अंकेक्षण समिति बनाई जाए, जिसकी पहुंच समस्त वित्तीय सूचनाओं तक हो।

कुमार मंगलम बिड़ला समिति (1999) जिसने कार्यकारी एवं प्रबोधन (Monitoring) कार्यों के मध्य विभाजन सुझाया है, की प्रमुख सिफारिशें इस प्रकार हैं–

1. निदेशक मंडल में कार्यकारी तथा गैर-कार्यकारी निदेशकों का इष्टतम समावेश हो।
2. एक योग्य तथा स्वतंत्र अंकेक्षण समिति गठित की जाए, जिसे स्पष्ट रूप से कार्य एवं शक्तियां दी जाएं।

3. बोर्ड सदस्यों को उचित पारिश्रमिक प्रदान करने हेतु बोर्ड द्वारा एक पारिश्रमिक समिति गठित की जानी चाहिए।
4. उद्योग की संरचना, अवसर एवं खतरे, खंड या उत्पादानुसार निष्पादन, दृष्टिकोण, आंतरिक अंकेक्षण व्यवस्था, वित्तीय एवं संचालनीय निष्पादन और मानव संसाधन तथा औद्योगिक संबंधों में हुए विकास इत्यादि को प्रबंध के मध्य चर्चा तथा विश्लेषण के साथ शेयरधारकों हेतु वार्षिक रिपोर्ट में समाहित किया जाए।
5. प्रबंध द्वारा समस्त भौतिक, वित्तीय एवं वाणिज्यिक संव्यवहारों से संबंधित सूचनाएं निदेशक मंडल को दी जानी चाहिए।
6. शेयरधारकों की शिकायतों के निस्तारण हेतु एक गैर-कार्यकारी निदेशक की अध्यक्षता में समिति गठित की जानी चाहिए।
7. अंकेक्षकों से कंपनी द्वारा कॉर्पोरेट गवर्नेंस की दिशा में की गई अनुपालना का प्रमाण-पत्र प्राप्त करना चाहिए, जिसे स्टॉक एक्सचेंज एवं शेयरधारकों को भेजा जाए।
8. किसी भी कंपनी को चाहिए कि वह समस्त वैधानिक एवं नैतिक मापदंडों का पालन करे।

कॉर्पोरेट गवर्नेंस की दिशा में विश्व भर में प्रयास हो रहे हैं। यद्यपि सभी देशों की कॉर्पोरेट प्रणाली मिलती-जुलती है, तथापि कुछ विशिष्ट अंतर भी हैं। **अमेरिकन मॉडल** में बाहरी नियंत्रण बहुत अधिक है, क्योंकि शेयरधारकों को निदेशकों की नियुक्ति एवं उन्हें हटाने की शक्तियां प्राप्त हैं। बोर्ड के पास प्रबंध पर पर्यवेक्षण एवं नियंत्रण की शक्तियां प्राप्त हैं। अमेरिकी बोर्ड मुख्य कार्यकारी अधिकारियों को हटा कर चर्चित रहे हैं। **जर्मन मॉडल** में निगरानी कार्य अंकेक्षण समिति के पास तथा उपक्रम में संचालन कार्यों का कार्य बोर्ड के अधीन रहता है। इस मॉडल में पर्यवेक्षण तथा प्रबंधकों के कार्य पृथक्-पृथक् है। अंकेक्षण समिति शेयरधारकों तथा श्रमिकों का प्रतिनिधित्व करती है। **जापानी मॉडल** में आंतरिक बंद लूप संरचना है। इसमें कॉर्पोरेट एवं सांस्थानिक साझेदारों की पर्याप्त उपस्थिति रहती है। बोर्ड के पास संचालन तथा प्रबंध गतिविधियां रहती हैं। इस मॉडल में कॉर्पोरेट गवर्नेंस शेयरधारकों के बजाए कंपनी तथा इसके कार्मिकों के हितों का प्रतिनिधित्व करती है।

भारत में कॉर्पोरेट गवर्नेंस की दिशा में उत्साहजनक प्रयास हो रहे हैं। विप्रो लि., रिलायंस इण्डस्ट्री लि., डॉ. रेड्डीज लैब्स तथा बृहन्मुबई उपनगरीय विद्युत सप्लाई कंपनी (BSES) द्वारा कॉर्पोरेट गवर्नेंस की स्थापना के सार्थक प्रयास प्राप्त हुए हैं। बी.एस.ई.एस. ने तो मई, 1986 में ही अंकेक्षण समिति गठित कर दी थी तथा सूचनाओं का प्रकटीकरण करना शुरू कर दिया था।

भारत में कॉर्पोरेट गवर्नेंस अभी शैशवावस्था में है, परंतु यहां कॉर्पोरेट गवर्नेंस को लेकर सकारात्मक रुख है। कंपनी अधिनियम-2011 में कॉर्पोरेट क्षेत्र में सामाजिक उत्तरदायित्व का समावेश करना तथा मुंबई में राष्ट्रीय सामाजिक उत्तरदायित्व केंद्र का गठन इसका जीता-जागता उदाहरण है, परंतु अभी मंजिल काफी दूर है।

स्मरणीय तथ्य

- उदारीकरण, निजीकरण तथा वैश्वीकरण के दौर में जहां एक ओर पूंजीवाद को बल मिला है, वहीं कॉर्पोरेट गवर्नेंस (निगमित सरकार) जैसी विचारधाराएं भी सामने आई हैं।
- कॉर्पोरेट या कंपनी अभिशासन एक शब्द है, जिसमें मोटे तौर पर नियमों, प्रक्रियाओं या कानूनों का उल्लेख होता है।
- कॉर्पोरेट गवर्नेंस की शुरुआती चर्चा सन् 1929 के न्यूयॉर्क शेयर बाजार के पतन (Wall Street Crash) से सामने आई।
- सन् 1999 में **आर्थिक सहयोग एवं विकास संगठन** (OECD) ने कॉर्पोरेट गवर्नेंस पर सिद्धांत निर्मित किए, जिन्हें सन् 2004 में संशोधित किया गया।
- किसी भी उपक्रम में गठित होने वाला निदेशक मंडल सर्वाधिक सशक्त एवं महत्वपूर्ण निकाय होता है।
- भारत में कॉर्पोरेट गवर्नेंस अभी शैशवावस्था में है, परंतु यहां कॉर्पोरेट गवर्नेंस को लेकर सकारात्मक रुख है।

❑❑❑

भाग–XV

विविध

अध्याय 1

लोकतंत्र में सिविल सेवा की भूमिका

सैद्धांतिक रूप में लोकतंत्र एवं सिविल सेवा एक ही सिक्के के दो पहलू हैं। शासन नीतियों का सृजन करता है और प्रशासन (सिविल सेवकों का समूह) उसे मूर्त रूप देता है। लोकतंत्र तथा सिविल सेवा दोनों ही जन कल्याण और सामाजिक कल्याण के लिए प्रतिबद्ध होते हैं, परंतु यह भी सत्य है कि व्यावहारिकता के धरातल पर लोकतंत्र तथा सिविल सेवा की अवधारणा परस्पर विरोधी है। यह भी सार्वभौमिक सत्य है कि लोकतंत्र तथा सिविल सेवा का विकास विश्व इतिहास में शनैः शनैः सहगामी रूप में हुआ है। इसका विकास उस व्यवस्था के सृजन के लिए हुआ है, जो आधुनिक मानव सभ्यता एवं संस्कृति को संरक्षित, परिमार्जित तथा सुरक्षित रखने में सक्षम हो सके। ध्यातव्य है कि प्लेटो से लेकर 18वीं शताब्दी तक लोकतंत्र को गरिमा तथा महत्व नहीं मिल सका था, लोकतंत्र पूर्णतः उपेक्षित था। प्लेटो लोकतंत्र को शासन का विकृत रूप मानते थे, परंतु 19वीं शताब्दी से लोकतंत्र महिमामंडित होने लगा। लोकतांत्रिक विचारधाराओं का प्रचार-प्रसार होने लगा। लोकतंत्र को बढ़ावा देने के लिए एक मशीनरी की आवश्यकता महसूस की गई, जिसे नौकरशाही कहा गया। नौकरशाही के जनक वेबर का मत है कि नौकरशाही एक स्वतंत्र इकाई है, जिसकी प्रकृति स्थायी है। ये सभी कालखंडों–पूंजीवाद या समाजवाद या साम्यवाद में जीवित रहेगी तथा इसके रहते क्रांति की संभावना तकनीकी दृष्टि से कम हो जाती है। नौकरशाही के मूलभूत नियम या सिद्धांत मूलतः वैधानिकता या तार्किकता पर आधारित है।

लोकतांत्रिक तरीके से सरकार के निर्माण के उपरांत लोक नीति निर्माण का कार्य विधायिका या राजनीतिक कार्यपालिका का है, जिसका परिवेश एवं चिंतन मुख्यतः लोकतंत्र के मूल्यों से प्रभावित है, किंतु इन नीतियों या कानूनों के क्रियान्वयन का दायित्व नौकरशाही का है। क्रियान्वयन का अधिकार एवं इससे प्रत्यायोजित विधान की शक्तियां नौकरशाही को एक सीमा तक निरंकुश बना देती हैं जिसका परिणाम यह होता है कि परोक्ष रूप से लोकतंत्र का दम घुटता रहता है। आम व्यक्ति के लिए चाहे राजा रहे या आधुनिक लोकतांत्रिक सरकारों के मंत्री, उसकी दशा में भारी अंतर नहीं आता है। वह सरकार को करों के माध्यम से धन देता है और वोट के द्वारा सत्ता। बस यहीं से उसकी शिकायतें शुरू होती हैं। एक विद्वान के अनुसार, 'सरकार को धन एवं शक्ति देना ठीक वैसा ही है, जैसे कि किसी किशोर को व्हिस्की और कार की चाबी देना।' इन आलोचनाओं के बावजूद यह भी सत्य है कि आज न तो लोकतंत्र का कोई ठोस विकल्प उपलब्ध है और न ही नौकरशाही का।

थॉमस जैफरसन ने सूचना को 'लोकतंत्र की मुद्रा' नाम दिया था, जबकि कार्ल मार्क्स यह मानते हैं कि नौकरशाह की शक्ति उसकी गुप्त सूचनाओं तक पहुंच में निहित हैं। नौकरशाही वास्तविक राज्य के भीतर एक काल्पनिक राज्य बना लेती है और अपने हितों की पूर्ति करने वाले उद्देश्यों को भी इस प्रकार पेश करती है, जैसे कि वे जनहित के वास्तविक लक्ष्य हों। साथ ही नौकरशाही का राजनीतिकरण एक सार्वभौमिक प्रक्रिया है, जो न्यूनाधिक मात्रा में विद्यमान अवश्य रहती है। ऐसे में लोकतंत्र एवं नौकरशाही दोनों के दोष सामने आ जाते हैं।

लोकतंत्र एवं नौकरशाही के विरोधाभासों को कम करने के लिए एक मार्ग यह है कि नौकरशाही का लोकतंत्रीकरण कर दिया जाए। इस क्रम में एक विद्वान का सुझाव है कि लोकतंत्र तथा नौकरशाही के मध्य पर्याप्त तालमेल होना चाहिए, क्योंकि ऐसा इन दोनों के लिए हितकर है। वे मानते हैं कि लोकतंत्र मूलतः समानता तथा स्वतंत्रता की स्थापना चाहता है।

लोकतंत्रीकरण अर्थात् किसी शासन-प्रशासन व्यवस्था में लोकतांत्रिक मूल्यों, अवधारणा, सिद्धांतों का समावेश तथा व्यावहारिक स्तर पर उनकी क्रियान्विति का नाम है। यह वह प्रक्रिया है, जिसमें समाज या संगठन की निर्णय प्रक्रिया में उन व्यक्तियों या वर्गों की सहभागिता सुनिश्चित की जाती है, जो इन निर्णयों से प्रभावित होते हैं। स्पष्ट है कि आज के कल्याणकारी राज्यों तथा प्रशासनिक तंत्र में उस वर्ग का प्रतिनिधित्व एवं उसकी सक्रिय सहभागिता अत्यावश्यक है, जो प्रत्यक्ष संबंधित है। उदाहरण के लिए, कृषि विकास की नीति बनाते समय कृषकों से परामर्श लेना ही लोकतांत्रिक परंपरा है। लोकतंत्र में सिविल सेवा की निम्नवत् भूमिका है–

- लोकतंत्र आधुनिक शासन व्यवस्थाओं की विशिष्ट पहचान है। लोकतंत्र अथवा प्रजातंत्र जिसे आलोचनात्मक रूप में भीड़तंत्र भी कहा जाता है, मानव समाज की बढ़ती राजनीतिक चेतना तथा मानवाधिकारों की स्थापना का पर्याय है, क्योंकि शासन सत्ता में जनता-जनार्दन की सहभागिता होना समय की मांग है। लोकतांत्रिक प्रशासनिक व्यवस्था वह है, जिसमें प्रशासन तथा जनता के मध्य दूरी नहीं बल्कि सकारात्मक सहयोग एवं परस्पर निर्भरता आवश्यक है। जनता द्वारा निर्वाचित प्रतिनिधि उसी प्रकार की नीतियां, कानून तथा योजनाएं बनाते हैं, जैसा कि जनता चाहती है। राजनीतिक कार्यपालिका तथा विधायिका द्वारा निर्मित नीतियों को लोक प्रशासन क्रियान्वित करता है और साथ-ही-साथ कम महत्वपूर्ण नीतियां स्वयं (लोक प्रशासन) निर्मित भी करता है। जनसाधारण की जीवनोपयोगी सेवाएं यथा–कृषि, स्वास्थ्य, शिक्षा, परिवहन, संचार तथा ऊर्जा इत्यादि का संचालन करके लोक प्रशासन, लोककल्याणकारी राज्य के दायित्वों का भी निर्वहन करता है। लोकतंत्र तथा लोक प्रशासन की इसी घनिष्ठता के कारण प्रशासन का स्वरूप लोकतंत्रात्मक हो गया है।
- डी.जी. कर्वे ने लोकतांत्रिक प्रशासन में जनसहभागिता, जन कल्याण एवं सुरक्षा को महत्ता दी है तथा व्यक्ति, समुदाय तथा समाज के व्यापक हितों की चिंता, कानून की सर्वोच्चता तथा जवाबदेयता की भावना को प्रमुख माना है। संक्षेप में लोकतांत्रिक प्रशासन, लोकतंत्र तथा प्रशासन का सम्मिलित रूप है, जिसमें जनहित सर्वोपरि होता है तथा सामूहिक निर्णयों को महत्व दिया जाता है। लोक प्रशासन की आवश्यकता तथा उपादेयता सभी प्रकार

की प्रशासनिक प्रणालियों में विद्यमान है, किंतु आधुनिक राज्यों में लोकतंत्र ही लोकप्रिय है। यह प्रश्न प्राय: उठाया जाता रहा है कि विकासशील देशों में संवैधानिक तथा सैद्धांतिक दृष्टि में लोकतंत्र लागू है, किंतु इन देशों का लोक प्रशासन, जो कि उपनिवेश काल की विरासत है वह लोकतांत्रिक नहीं है, बल्कि प्रशासन का स्वरूप आज भी निरंकुश तथा कठोर कार्यप्रणाली से युक्त है? यह आरोप एक सीमा तक सत्य प्रतीत होता है, क्योंकि भारत में लोक प्रशासन का व्यावहारिक स्वरूप नितांत गैर-जिम्मेदाराना तथा आत्मकेंद्रित-सा प्रतीत होता है।

- भारत में नौकरशाही का स्वभाव तथा लोकतंत्र की आवश्यकताएं परस्पर विरोधी हैं। नौकरशाही स्वयं को जनता का स्वामी मानती है, जबकि लोकतंत्र में लोक सेवकों की वास्तविक स्थिति जन सेवक की होती है। इस संबंध में लोक सेवकों को हिदायत देते हुए पं. जवाहरलाल नेहरू ने कहा था–"लोक सेवकों को चाहिए कि वे स्वयं को जनता से भिन्न तथा श्रेष्ठ समूह मानने का भ्रम पालना बंद कर दें, क्योंकि सभी लोक सेवक अर्थात् नौकरशाही, जनता के ही भाग हैं तथा जनता की सेवा के लिए उनका अस्तित्व है।"
- लोकतंत्र में नौकरशाही वह माध्यम है, जिसके द्वारा सरकार की लोकहितकारी नीतियां जनता तक पहुंचती हैं। पर नौकरशाही इतनी शक्तिशाली होती है कि आम आदमी सरकारी अधिकारियों तक पहुंचने से डरता है। यह लोगों का आम अनुभव है कि नौकरशाही सामान्य नागरिकों की मांगों और आशाओं के प्रति संवेदनशील नहीं होती। लेकिन जब लोकतांत्रिक ढंग से चुनी हुई सरकार नौकरशाही को नियंत्रित करती है, तब इनमें से कुछ समस्याओं को प्रभावी तरीके से हल किया जा सकता है। वहीं दूसरी ओर ज्यादा राजनीतिक हस्तक्षेप से नौकरशाही राजनीतिज्ञों के हाथ का खिलौना बन जाती है। यद्यपि संविधान ने भर्ती के लिए एक स्वतंत्र मशीनरी का प्रावधान किया है, लेकिन अनेक लोगों का मानना है कि सरकारी कर्मचारियों को अपने कार्यों के संपादन में राजनीतिक हस्तक्षेप से बचाने की कोई व्यवस्था नहीं है। यह भी महसूस किया जाता है कि जनता के प्रति नौकरशाही का उत्तरदायित्व सुनिश्चित करने के लिए पर्याप्त प्रावधान नहीं है। पर यह आशा की जाती है कि सूचना का अधिकार जैसे कदम नौकरशाही को और अधिक उत्तरदायी और संवेदनशील बनाने में कारगर सिद्ध हो सकते हैं।
- आज भारतीय नौकरशाही का स्वरूप बहुत जटिल हो गया है। इसमें अखिल भारतीय सेवाएं, प्रांतीय सेवाएं, स्थानीय सरकार के कर्मचारी और लोक उपक्रमों के तकनीकी तथा प्रबंधकीय अधिकारी सम्मिलित हैं। भारत सरकार के लिए सिविल सेवा के सदस्यों की भर्ती की प्रक्रिया का कार्य संघ लोक सेवा आयोग को सौंपा गया है। ऐसे ही लोक सेवा आयोग राज्यों में भी बनाए गए हैं। लोक सेवा आयोग के सदस्यों को एक निश्चित कार्यकाल के लिए नियुक्त किया जाता है। उनको उच्चतम न्यायालय के न्यायाधीश के जांच के आधार पर ही निलंबित या अपदस्थ किया जा सकता है।
- एक जिले का जिलाधिकारी (कलेक्टर) उस जिले में सरकार का सबसे महत्वपूर्ण अधिकारी होता है। एक आई.ए.एस. अथवा आई.पी.एस. अधिकारी किसी एक राज्य से संबद्ध कर दिया जाता है, जहां वह राज्य सरकार की देख-रेख में काम करता है। लेकिन आई.ए.एस. और आई.पी.एस. अधिकारी केंद्र सरकार द्वारा नियुक्त होते हैं और वे केंद्र सरकार की सेवा में वापस जा सकते हैं।
- इसका अर्थ यह हुआ कि राज्यों के प्रमुख प्रशासनिक अधिकारी केंद्रीय सरकार की देख-रेख और नियंत्रण में रहते हैं। संघ लोक सेवा आयोग द्वारा नियुक्त आई.ए.एस. और आई.पी.एस. अधिकारियों के अतिरिक्त राज्य के प्रशासन में राज्य लोक सेवा आयोगों द्वारा नियुक्त अधिकारियों का भी योगदान होता है। शीर्ष नौकरशाह समूचे संगठन और अपने अधीनस्थों के मालिक होते हैं। सरकार न केवल नीति निर्माण में उनसे सहायता एवं परामर्श लेती है, बल्कि नीतियों के क्रियान्वयन के लिए उन पर निर्भर रहती है। यही कारण है कि अनेक विचारकों ने नौकरशाही को सरकार की चौथी शाखा तक कह दिया है। नौकरशाह की गणना प्रशासकीय विशिष्ट वर्ग में की जाती है, जो कार्य यह करते हैं और जो भूमिका इन्हें निभानी चाहिए, उसे इन दृष्टियों से आकलित किया जा सकता है–

1. नौकरशाही एक सामाजिक साधन है, जो व्यवस्था के अभिप्राय और उसकी पूर्ति के मध्य स्थित दूरी को भरती है। व्यवस्थापिका के निर्णयों को क्रियान्वित करने का भार नौकरशाही पर होता है लेकिन समुचित रूप में इस भार का वहन तब तक नहीं किया जा सकता, जब तक नौकरशाही सामाजिक परिवर्तनों को समुचित रूप में न पहचाने और अपने रूढ़िगत दृष्टिकोण को लचीला न बनाए। सामाजिक परिवर्तन का सशक्त अभिकरण बनाने के लिए एक विशिष्ट वर्ग के नौकरशाहों में मानवीय संवेदना और उद्वेगों का होना अत्यावश्यक माना जाता है, लेकिन नौकरशाही विशिष्ट वर्ग, विचारों, कठोरताओं और विभिन्नताओं के ऐसे घेरे में फंसा रहता है कि वह जनसाधारण की आकांक्षाओं को समझने की परवाह नहीं करता और जब तक ऐसा नहीं होता, तब तक बदलती हुई सामाजिक मांगों के अनुरूप समुचित कार्य नहीं किया जा सकता।
2. नौकरशाही में विशिष्ट वर्गवाद की अभिव्यक्ति यह है कि वे प्रतिद्वंद्वी हितों के बीच कुशल समायोजन करें। वे लोकहित विरोधी दावों सेवित व्यक्तियों की मांगों, संगठनात्मक आवश्यकताओं और व्यक्तिगत मूल्य की प्राथमिकताओं के बीच संतुलन स्थापित करें। नौकरशाही के कार्यों में व्यावसायिक मूल्यों के बीच कई बार विरोध उत्पन्न हो जाता है। अत: आवश्यक है कि निर्णय लेते समय प्रशासनिक अधिकारी व्यक्तिगत नैतिकता और व्यावसायिक मापदंड दोनों का ध्यान रखें।

समीक्षा

आज लोक सेवक अथवा प्रशासक वर्ग सरकार की नीतियों एवं कार्यक्रमों से प्रतिबद्ध है। अत: वे सरकार के कार्यक्रमों को सफल बनाने का पूरा-पूरा प्रयास नहीं करते। यदि प्रतिबद्ध प्रशासक वर्ग हो, तो कार्यक्रमों के सफल होने की संभावना बढ़ जाती है। वास्तव में प्रतिबद्ध प्रशासक वर्ग का मॉडल उन देशों में उपयोगी सिद्ध हो सकता है, जहां राजनीतिक सत्ता स्थायी रूप से एक दल के हाथ में रहती हो, जैसे साम्यवादी देशों में प्रचलित थी। जहां ऐसी परिस्थिति नहीं है और दलों के सत्तारूढ़ होने और हटने का क्रम बना रहता है, वहां पर प्रतिबद्ध प्रशासक या लोक सेवक से अनेक प्रकार की समस्याएं खड़ी हो जाएंगी। लोकतांत्रिक देशों में ये संभावनाएं सदैव बनी रहती हैं।

नौकरशाहों की आलोचना के संदर्भ में हमें यह ध्यान रखना होगा कि वे वर्तमान ढांचे में व्यक्तिगत क्षमताओं, कार्यालय नियमों, विनियमों आदि की सीमाओं में बंधे रहते हैं और अपने उद्देश्यों को पूरा करने के लिए आर्थिक तथा सामाजिक वातावरण से बहुत कम सहायता ले पाते हैं। सारा राजनीतिक ढांचा इस प्रकार का है कि उनके बड़े-से-बड़े काम को प्रचार तंत्र द्वारा दबाया जा सकता है। गलतियों की आशंका से अधिकारी जनता से दूर रहने का प्रयत्न करते हैं। अत: आवश्यक है कि कानूनी ढांचे में समुचित परिवर्तन किए जाएं और नौकरशाहों के मन में बैठी आशंकाओं को दूर करने का माहौल तैयार किया जाए और उन्हें औपचारिकता की दीवार लांघने को उत्साहित किया जाए।

ध्यातव्य है कि 1990 के दशक से वैश्वीकरण, उदारीकरण एवं निजीकरण की संकल्पनाओं के अस्तित्व में आने एवं उनके कार्यशील होने के परिणामस्वरूप

नव उदारवादी राज्य सामने आया है। अब राज्य सामाजिक-आर्थिक क्षेत्र में नियामक की भूमिका में नहीं, अपितु रेफरी की भूमिका में है। बाजारीकरण की तीव्रता के कारण राज्य को भी गलाकाट प्रतियोगिता का सामना करना पड़ रहा है। सूचना का अधिकार एवं सूचना तकनीकी दोनों ने नौकरशाही की भूमिका में परिवर्तन जरूरी बना दिया है। सूचंना तकनीकी के प्रयोग से प्रशासनिक कार्य प्रणाली को अधिक सक्षम और प्रभावी बनाया जा सकता है, वहीं सूचना के अधिकार के तहत नौकरशाही में पारदर्शिता, खुलापन, उत्तरदायित्व एवं संवेदनशीलता ग्रहण करने की मांग बढ़ रही है।

हमारे नौकरशाहों को वर्तमान सामाजिक, आर्थिक, पर्यावरण तथा जनसामान्य की आवश्यकताओं और इच्छाओं के प्रति संवेदनशील एवं विश्वासजनक रवैया अपनाना होगा। उनमें उभरते बदलावों तथा अप्रत्याशित घटनाक्रमों से निपटने हेतु एक दृष्टि तथा प्रेरणा का होना आवश्यक है। उन्हें नीति नियोजन के क्षेत्र में शोधपरकता को महत्व देना होगा। नौकरशाही में व्यापक अनुकूलनशीलता होनी चाहिए, ताकि वह स्वतंत्र तथा लोचपूर्ण तरीके से अपनी गलतियों में प्रभावी सुधार कर सके और पुराने नियमों तथा संरचनात्मक ढांचों को परे रखकर नवीन संस्थात्मक प्रणालियों के साथ उभर कर आ सके।

स्मरणीय तथ्य

- लोकतंत्र एवं सिविल सेवा एक ही सिक्के के दो पहलू हैं।
- प्लेटो लोकतंत्र को शासन का विकृत रूप मानते थे, परंतु 19वीं शताब्दी से लोकतंत्र महिमामंडित होने लगा।
- लोकतांत्रिक तरीके से सरकार के निर्माण के उपरांत लोक नीति निर्माण का कार्य विधायिका या राजनीतिक कार्यपालिका का है।
- थॉमस जैफरसन ने सूचना को 'लोकतंत्र की मुद्रा' नाम दिया था।
- लोकतंत्र एवं नौकरशाही के विरोधाभासों को कम करने के लिए एक मार्ग यह है कि नौकरशाही का लोकतंत्रीकरण कर दिया जाए।
- लोकतंत्र आधुनिक शासन व्यवस्थाओं की विशिष्ट पहचान है। लोकतंत्र अथवा प्रजातंत्र जिसे आलोचनात्मक रूप में भीड़तंत्र भी कहा जाता है।
- डी.जी. कर्वे ने लोकतांत्रिक प्रशासन में जनसहभागिता, जन कल्याण एवं सुरक्षा को महत्ता दी है तथा व्यक्ति, समुदाय एवं समाज के व्यापक हितों की चिंता, कानून की सर्वोच्चता तथा जवाबदेयता की भावना को प्रमुख माना है।
- भारत में नौकरशाही का स्वभाव तथा लोकतंत्र की आवश्यकताएं परस्पर विरोधी हैं।
- आज भारतीय नौकरशाही का स्वरूप बहुत जटिल हो गया है। इसमें अखिल भारतीय सेवाएं, प्रांतीय सेवाएं, स्थानीय सरकार के कर्मचारी और लोक उपक्रमों के तकनीकी तथा प्रबंधकीय अधिकारी सम्मिलित हैं।
- नौकरशाही एक सामाजिक साधन है, जो व्यवस्था के अभिप्राय और उसकी पूर्ति के मध्य स्थित दूरी को भरती है।

❑❑❑

अध्याय 2

भारतीय संघवाद की प्रकृति तथा गतिशीलता

डॉ. बी.एन. राव ने भारत के संविधान की जो पहली रूपरेखा तैयार की थी, उसमें स्पष्टतया यह लिखा था कि 'भारत एक संघात्मक राज्य होगा' परंतु बाद में प्रारूप समिति ने कहा कि 'भारत राज्यों का संघ होगा।' इन शब्दों को हमने 1967 के ब्रिटिश नार्थ अमेरिका अधिनियम से लिया है। प्रारूप समिति के सदस्यों का विचार था कि हालांकि भारतीय संविधान संघात्मक होगा, परंतु फिर भी उसे 'राज्यों के संघ' का नाम देना अधिक उचित होगा। चूंकि संविधान में 'संघात्मक' के स्थान पर 'राज्यों के संघ' शब्दों का प्रयोग किया गया है, इसलिए एक महत्वपूर्ण प्रश्न यह उठता है कि भारतीय संघात्मक पद्धति की प्रकृति कैसी है। इस विषय में राजनीति शास्त्रवेत्ताओं तथा विधि विशेषज्ञों में काफी मतभेद है। एलेक्जैड्रोविक, सर आईवर जेनिंग्स, पाल, एच. ऐपलबी, जस्टिस मेहरचंद महाजन, डॉ. राजेन्द्र प्रसाद, पं. जवाहर लाल नेहरू, जस्टिस एम. हिदायतुल्ला तथा अंबेडकर इत्यादि के अनुसार हमारा संविधान संघात्मक तो है, लेकिन इसमें केंद्र को काफी शक्तिशाली बना दिया गया है, परंतु कुछ ऐसे विधिवेत्ता भी हैं जो इस विचार से सहमत नही हैं। उदाहरणतया डॉ. के.एम. मुंशी उच्चतम न्यायालय के भूतपूर्व मुख्य न्यायमूर्ति, डॉ. गजेन्द्र गडकर तथा संविधान सभा के कुछ अन्य सदस्यों (पी.एस. देशमुख) के विचार में भारत का संविधान एकात्मक है लेकिन इसमें कुछ संघात्मक संविधानों की विशेषताएं भी पाई जाती हैं। उनके अनुसार हमारा संविधान संघात्मक कम और एकात्मक अधिक है।

भारतीय संविधान की प्रकृति

चूंकि भारतीय संविधान की प्रकृति के बारे में भिन्न-भिन्न विचार हैं और ऐसा होना भी स्वाभाविक ही है, क्योंकि इस संविधान में दोनों ही प्रकार की विशेषताएं (कुछ संघात्मक तथा कुछ एकात्मक) मिलती हैं। उदाहरणतया संघात्मक संविधानों की तरह से हमारा संविधान भी लिखित तथा कठोर है और इसमें संघ तथा राज्यों के बीच शक्तियों का बंटवारा, स्वतंत्र न्यायपालिका, न्यायिक पुनर्विलोकन, द्विसदनात्मक विधान पालिका की व्यवस्था की गई है और ये विशेषताएं संघात्मक संविधानों में ही मिलती हैं, परंतु संविधान की इन विशेषताओं के साथ-साथ भारतीय संविधान में एकात्मक संविधानों की विशेषताएं भी पाई जाती हैं, जो साधारणतया संघात्मक संविधानों में नहीं पाई जाती। वास्तविकता तो यह है कि संविधान के एकात्मक तत्व इतने प्रधान हैं कि उनके सामने संघात्मक तत्व गौण लगते हैं। जिनके कारण कुछ विधिवेत्ता संविधान को एकात्मक अधिक तथा संघात्मक कम समझते हैं। संविधान के ये एकात्मक तत्व निम्नलिखित हैं–

संघीय इकाइयों का अस्तित्व खत्म किया जा सकता है (अनुच्छेद-3)

भारतीय संघ में 28 राज्य तथा 8 संघ राज्यक्षेत्र हैं। अमेरिका, ऑस्ट्रेलिया, स्विट्जरलैंड की संघीय इकाइयों का अस्तित्व स्थायी है, अर्थात् उन्हें समाप्त नहीं किया जा सकता और संयुक्त राज्य अमेरिका में तो उनकी अनुमति के बिना उनके क्षेत्र में भी परिवर्तन नहीं किया जा सकता, परंतु भारत में ऐसा नहीं है, क्योंकि भारतीय संघ की इकाइयों में उनकी अनुमति के बिना संसद अनुच्छेद तीन के अधीन उनका क्षेत्र बढ़ा या घटा सकती है तथा उनका अस्तित्व भी समाप्त कर सकती है। संसद को ऐसा करने का अधिकार इसलिए दिया गया क्योंकि जब संविधान बनाया जा रहा था, तब कुछ राज्यों की मांग यह थी कि राज्यों का भाषा के आधार पर पुनर्गठन किया जाना चाहिए। वास्तविकता तो यह है कि कुछ राज्यों की सीमाओं में उनकी अनुमति के बिना परिवर्तन भी किया गया है। उदाहरणतया 1962 में बेरुबारी का क्षेत्र पश्चिम बंगाल की अनुमति के बिना पाकिस्तान को दिया गया था। इसी प्रकार से 1962 में नागालैंड, 1969 में मेघालय, (नए राज्य) 1971 में मिजोरम तथा अरुणाचल (नए संघ क्षेत्र) असम की अनुमति के बिना असम का पुनर्गठन करके नए बना दिए गए थे। कुछ समय पश्चात् 1986 में मिजोरम तथा अरुणाचल प्रदेश को भी राज्यों का दर्जा दे दिया गया था। जब राज्य अपने अस्तित्व की ही रक्षा नहीं कर सकते और संसद किसी भी समय उनका अस्तित्व ही समाप्त कर सकती है, तो हम भारतीय संघ को वास्तविक संघ तो नहीं कह सकते, क्योंकि वास्तविक संघ में राज्य तथा राज्य सरकारें समानांतर सरकारें होती हैं और वे केंद्र के अधीन इस सीमा तक नहीं होतीं। राज्यों की इतनी कमजोर स्थिति को ध्यान में रखते हुए राजमन्नार कमेटी रिपोर्ट तथा पश्चिमी बंगाल सरकार के केंद्र तथा राज्यों से संबंधित स्मरणपत्र में यह सिफारिश की गई कि अनुच्छेद तीन को संविधान से निकाल दिया जाना चाहिए।

राज्यसभा में राज्य का बराबर का प्रतिनिधित्व नहीं

संघीय पद्धति की एक विशेषता यह भी होती है कि इसमें प्रत्येक संघीय इकाई का, चाहे उनकी जनसंख्या कितनी ही हो, उच्च सदन में बराबर का प्रतिनिधित्व होता है। उदाहरणतया संयुक्त राज्य अमेरिका की सीनेट में प्रत्येक राज्य के दो प्रतिनिधि होते हैं और इसी प्रकार स्विट्जरलैंड की कौंसिल ऑफ स्टेट में प्रत्येक कैंटन के दो और प्रत्येक आधे कैंटन का एक प्रतिनिधि होता है, परंतु भारत में ऐसा नहीं है, क्योंकि राज्यसभा में राज्यों का प्रतिनिधित्व समान नहीं है। हमारे देश में राज्यसभा में राज्यों का प्रतिनिधित्व राज्यों की जनसंख्या के आधार पर ही है। जिन राज्यों की जनसंख्या कम है, उनका प्रतिनिधित्व भी कम है। उदाहरणतया उत्तर प्रदेश से राज्य में 31 प्रतिनिधि हैं, परंतु मणिपुर, नागालैंड, त्रिपुरा, मेघालय, सिक्किम, पुदुचेरी, मिजोरम तथा अरुणाचल प्रदेश जैसे छोटे-छोटे राज्यों से, जिनकी जनसंख्या कम है, केवल एक-एक ही प्रतिनिधि हैं। राज्यसभा में इस प्रकार से राज्यों का असमान प्रतिनिधित्व वास्तविक संघीय प्रणाली के अनुसार नहीं है।

विधायी प्रभुत्व

यद्यपि अन्य संघीय पद्धतियों की तरह से भारत में भी संघ तथा राज्यों के बीच विधायी शक्तियों का बंटवारा किया गया है, परंतु यह बंटवारा ऐसे ढंग से किया

गया है कि इसके अनुसार राष्ट्रपति तथा संसद साधारण तथा असाधारण दोनों ही प्रकार की परिस्थितियों में राज्यों की अनुमति के बिना उनकी शक्तियों में परिवर्तन कर सकते हैं उदाहरणतया–

1. **राष्ट्रपति के विचार के लिए विधेयकों को आरक्षित करना:** भारतीय संविधान में एक उपबंध यह है कि राज्यपाल उन सब विधेयकों को राष्ट्रपति के विचार के लिए आरक्षित कर सकता है, जिनसे उच्च न्यायालय की शक्तियों का अल्पीकरण होता है, परंतु वास्तविकता तो यह है कि इस अनुच्छेद के अधीन राज्यपाल अनेक प्रकार के विधेयकों को राष्ट्रपति के विचार के लिए आरक्षित करते हैं और तत्पश्चात् राष्ट्रपति अनुच्छेद 201 के अनुसार उन विधेयकों पर विचार करने के पश्चात् यह निर्णय करता है कि उन विधेयकों को अनुमति दी जाए या नहीं, और ऐसे भी अनेक विधेयक हैं जिन्हें राष्ट्रपति द्वारा अनुमति नहीं दी गई। उदाहरणतया 1859 में केरल शिक्षा संबंधित विधेयक तथा 1960 में मध्य प्रदेश पंचायती राज विधेयक को राष्ट्रपति ने अनुमति नहीं दी। इनके अतिरिक्त कई और भी ऐसे विधेयक हैं, जिन्हें राष्ट्रपति ने बहुत ही लंबे समय तक (वर्षों तक) अपने विचाराधीन लंबित रखा और अब भी काफी ऐसे विधेयक राष्ट्रपति के विचार के लिए लंबित है। उदाहरण के लिए पश्चिम बंगाल विधान सभा द्वारा पारित भूमि सुधार से संबंधित विधेयक चार वर्ष तक राष्ट्रपति के विचार के लिए लंबित रखा गया। राज्यों का क्षेत्राधिकार से संबंधित विषयों के बारे में विधान सभाओं द्वारा पारित विधेयकों को इस प्रकार से लंबित रखने का अर्थ तो यह है कि संघ तथा राज्यों के बीच विधायी शक्तियों का बंटवारा अर्थहीन है। ऐसा करने से संघीय प्रणाली का उल्लंघन होता है। इन परिस्थितियों को ध्यान में रखते हुए राजमन्नार कमेटी रिपोर्ट तथा पश्चिम बंगाल सरकार द्वारा दिए गए स्मरण पत्र में यह मांग की गई है कि अनुच्छेद 200 तथा 201 को संविधान से निकाल दिया जाना चाहिए। सरकारिया आयोग ने भी यह सिफारिश की है कि जब भी राष्ट्रपति के विचार के लिए कोई भी विधेयक लंबित किया जाए तो राष्ट्रपति को उस पर अपना निर्णय शीघ्र देना चाहिए और यदि वह किसी विधेयक को वापिस करना चाहता है तथा उसे अनुमति नहीं देना चाहता तो भी उसे संबंधित राज्य को अपने विचारों से तुरंत अवगत करा देना चाहिए। जब कभी राज्यपाल किसी विधेयक को राष्ट्रपति की स्वीकृति के लिए आरक्षित करके उसे राष्ट्रपति के पास भेजता है, तब राष्ट्रपति यदि चाहे तो वह राज्यपाल को यह भी निर्देश दे सकता है कि वह उस विधेयक को यथास्थिति राज्य विधानमंडल के सदन या दोनों सदनों को उन सुझावों के साथ वापिस भेज दे, जो राष्ट्रपति द्वारा दिए गए हैं। विधानमंडल के पास इस प्रकार से कोई विधेयक वापिस भेजा जाता है, तो सदन उस विधेयक पर छह महीने के भीतर फिर से विचार करके संशोधन सहित या उसके बिना राष्ट्रपति के पास भेजेगा। यदि विधेयक में राष्ट्रपति द्वारा दिए गए सुझावों के अनुसार संशोधन नहीं किया गया है, तो राष्ट्रपति अनुमति देने से इंकार कर सकता है।

2. **राज्यसभा द्वारा अनुच्छेद 249 के अधीन प्रस्ताव:** भारतीय संविधान की एक विशेषता, जो संघीय प्रणाली का उल्लंघन करती है, वह यह है कि अनुच्छेद 249 के अधीन यदि राज्यसभा अपने उपस्थित और मत देने वाले कम-से-कम दो-तिहाई सदस्यों द्वारा समर्थित संकल्प द्वारा यह घोषित कर दे कि राष्ट्रीय हित में यह आवश्यक है कि संसद, राज्य में दिए गए किसी विषय पर, विधि बनाए तो संसद को उस विषय पर कानून बनाने का अधिकार मिल जाता है, परंतु इस प्रकार से पारित प्रस्ताव की अवधि केवल एक वर्ष होती है, लेकिन राज्यसभा इस प्रकार का प्रस्ताव प्रतिवर्ष जितनी बार चाहे पास करके संसद को उस विषय के बारे में असीमित समय तक कानून बनाने का अधिकार दे सकती है, परंतु प्रत्येक कानून की अवधि एक बार में केवल एक ही वर्ष होगी। यह अनुच्छेद संविधान में संशोधन किए बिना राज्यों की शक्तियों को सीमित करने का अधिकार राज्यसभा को देता है और संसार का दूसरा ऐसा कोई भी संघीय संविधान नहीं है, जो इस प्रकार के राज्यों की अनुमति के बिना उनकी शक्तियों को सीमित करने की व्यवस्था करता हो, क्योंकि यह अनुच्छेद संघीय पद्धति का उल्लंघन करता है।

3. **आपात में संघ तथा राज्यों के विधायी संबंध:** जब देश में अनुच्छेद 352 के अधीन आपातकाल की घोषणा की जाती है, तो राज्य सूची स्वयं समवर्ती सूची में बदल जाती है। इसका अर्थ यह है कि आपातकाल के समय में राज्य सूची में दिए गए विषयों के बारे में भी संसद को कानून बनाने का अधिकार मिल जाता है (अनुच्छेद 250), परंतु अमेरिका तथा ऑस्ट्रेलिया के संविधानों में ऐसी कोई भी व्यवस्था नहीं है, जिसके अनुसार आपातकाल में इस प्रकार से संविधान में स्वयं संशोधन हो जाता हो। इसके अतिरिक्त जब भी राष्ट्रपति यह घोषणा करा दे कि राज्य का शासन संविधान के उपबंधों के अनुसार नहीं चलाया जा रहा (अनुच्छेद 356), तब भी उस राज्य के लिए संसद को राज्य सूची से संबंधित विषयों के बारे में कानून बनाने का अधिकार मिल जाता है। संविधान के ये अनुच्छेद (352+356) भी संघीय प्रणाली का उल्लंघन करते हैं।

4. **अंतर्राष्ट्रीय करारों तथा संधियों को लागू करना:** अंतर्राष्ट्रीय करारों, संधियों तथा अभिसमयों को लागू करने के लिए संसद कोई भी कानून बना सकती है। ऐसा करते समय वह अनुच्छेद 245 द्वारा निर्धारित राज्यों के अधिकार क्षेत्र का भी उल्लंघन कर सकती है।

ऊपर दिए गए उदाहरणों से स्पष्ट हो जाता है कि भारतीय संविधान में भी संघ तथा राज्यों के मध्य शक्तियों का बंटवारा तो है, परंतु संविधान में अनेक अनुच्छेद ऐसे हैं, जो संसद तथा राष्ट्रपति को इस प्रकार के अधिकार देते हैं, जिनसे संघीय व्यवस्था का उल्लंघन होता है।

प्रशासनिक अधीनता

प्रशासनिक मामलों में भी संघीय सरकार का राज्य सरकारों पर काफी नियंत्रण है। अनुच्छेद 256 के अनुसार राज्यों के लिए यह आवश्यक है कि वे अपनी कार्यपालिका शक्तियों का प्रयोग इस प्रकार से करें, जिससे संसद द्वारा पास किए गए कानूनों को लागू करने में सहायता मिले और वे अपनी शक्तियों का प्रयोग इस प्रकार से न करें जिससे संघ की कार्यपालिका शक्ति के प्रयोग में बाधा पड़े (अनुच्छेद 257)। संघीय सरकार राज्य सरकारों, संचार साधनों का निर्माण करने या बनाए रखने अथवा रेल के संरक्षण तथा अनुसूचित क्षेत्रों के प्रशासन और अनुसूचित जनजातियों के कल्याण के बारे में भी निर्देश दे सकती है कि वे किस प्रकार से अपनी कार्यपालिका शक्तियों का प्रयोग करें (अनुच्छेद 353) यदि कोई भी राज्य सरकार संघीय सरकार द्वारा दिए गए निर्देशों का पालन करने से इंकार कर दे, तो उस राज्य की सरकार को राष्ट्रपति बर्खास्त करके वहां पर राष्ट्रपति शासन लागू कर सकता है (अनुच्छेद 365)।

1. **अखिल भारतीय सेवाओं के माध्यम से नियंत्रण:** इसके अतिरिक्त अखिल भारतीय सेवाओं के माध्यम से भी केंद्र-राज्यों के प्रशासन पर कड़ी निगरानी रखता है। इन पदाधिकारियों की भर्ती संघ लोक सेवा आयोग द्वारा की जाती है और उनके विरुद्ध कोई भी प्रशासनिक कार्यवाही केंद्रीय सरकार की अनुमति के बिना नहीं की जा सकती। इन पदाधिकारियों का केंद्रीय सरकार द्वारा राज्यों से केंद्र में और केंद्र से राज्यों में तबादला भी किया जा सकता है। राज्यों का वास्तविक प्रशासन इन्हीं पदाधिकारियों के हाथों में होता है। इन सेवाओं के अतिरिक्त, संसद अनुच्छेद 312(1) के अधीन अन्य अखिल भारतीय सेवाओं के सृजन का उपबंध कर सकती है। संविधान के इस अनुच्छेद

के अधीन 1969 में संसद द्वारा पारित विधि के अधीन तीन अखिल भारतीय सेवाओं का सृजन भी किया गया है, परंतु वास्तविक नियुक्ति केवल एक ही सेवा (अखिल भारतीय वन सेवा) के लिए की गई थी। कुछ समय पश्चात् तमिलनाडु, असम, कर्नाटक, जम्मू और कश्मीर, महाराष्ट्र, पश्चिम बंगाल तथा पंजाब की राज्य सरकारों ने अखिल भारतीय वन सेवा में शामिल होने से इंकार कर दिया था और केंद्र ने राज्यों की इच्छाओं के विरुद्ध इस संबंध में और कोई भी कदम नहीं उठाए।

यहां पर यह चर्चा करना भी आवश्यक है कि कुछ अखिल भारतीय प्रशासनिक सेवाओं और अखिल भारतीय पुलिस सेवाओं के पदाधिकारियों ने राज्य सरकारों के आदेशों को मानने से भी इंकार कर दिया था। उदाहरणतया 1961 में जब असम में भाषायी दंगे हुए थे, तब चीफ सेक्रेटरी तथा इंस्पेक्टर जनरल ने राज्य सरकार के कुछ ऐसे आदेशों को नहीं माना था, जो उनके अनुसार संविधान के उपबंधों के अनुसार नहीं थे।

इसके अतिरिक्त संघीय सरकार चीफ सेक्रेटरी तथा इंस्पेक्टर जनरल तथा वित्त आयुक्तों की कॉन्फ्रेंस भी विचार-विमर्श के लिए बुला सकती है और उन्हें कुछ विषयों के बारे में निर्देश भी दे सकती है। जब श्री राजीव गांधी प्रधानमंत्री थे, तब उन्होंने उपायुक्तों की बैठकें भी बुलाई थीं, जिनका राज्य सरकारों ने कड़ा विरोध किया था।

2. **राज्यपाल के माध्यम से नियंत्रण:** राज्यपाल की नियुक्ति राष्ट्रपति द्वारा की जाती है और वह राष्ट्रपति के प्रसादपर्यंत पद धारण करता है। इसका अर्थ यह है कि राष्ट्रपति जब भी चाहे उसे पद से हटा सकता है। इसलिए राज्यपाल एक प्रकार से केंद्र के एजेंट के रूप में कार्य करता है और इनके माध्यम से केंद्र सभी राज्यों पर प्रशासनिक तथा कानून बनाने के संबंध में अपना नियंत्रण बनाए रखता है। स्वतंत्रता प्राप्ति के बाद के 50 वर्षों में राज्यपाल की भूमिका केंद्र के एजेंट की तरह रही है और राज्यों के सांविधानिक मुखिया के रूप में कम रही है। उन्होंने मुख्यमंत्रियों को नियुक्त करने, उन्हें बर्खास्त करने, विधान सभाओं का सत्र बुलाने तथा उनका सत्रावसान करने और विधान पालिकाओं को भंग करने तथा अनुच्छेद 356 के अधीन राष्ट्रपति शासन लागू करने की सिफारिश करने से संबंधित अपनी शक्तियों का प्रयोग केंद्र की इच्छा के अनुसार किया है। उदाहरणतया 1967 में राज्यपाल की सिफारिश पर अनुच्छेद 356 के अधीन हरियाणा में राव वीरेन्द्र सिंह के मंत्रिमंडल को इसलिए बर्खास्त कर दिया गया था, ताकि दल-बदलुओं को सजा दी जा सके। परंतु पश्चिम बंगाल में उसी दिन प्रफुल्ल चन्द्र घोष के नेतृत्व में एक ऐसे मंत्रिमंडल को शपथ दिलाई गई, जिसके सारे मंत्री 'मुख्यमंत्री सहित' दल-बदलू थे। इसका अर्थ यह है कि दल-बदल हरियाणा में तो निंदनीय है, परंतु पश्चिम बंगाल में उचित है। कुछ राज्यों में दल-बदल के कारण मुख्यमंत्रियों को यह सलाह दी गई कि वे विधान सभा में अपना बहुमत सिद्ध करें, परंतु कुछ राज्यों में इस प्रकार के दल-बदल की तरफ न केवल ध्यान ही दिया गया, बल्कि विधान सभा के सत्र का सत्रावसान भी कर दिया गया, ताकि विधान सभा मंत्रिमंडल के विरुद्ध अविश्वास का प्रस्ताव ही पास न कर सके। उदाहरणतया 1968 में मध्य प्रदेश में तथा 1970 में जम्मू तथा कश्मीर में ऐसा किया गया। इसके विपरीत 1967 में पश्चिम बंगाल में अजय मुखर्जी को राज्यपाल ने यह सलाह दी कि वह तुरंत विधानसभा में अपना बहुमत सिद्ध करें और जब उन्होंने राज्यपाल द्वारा निश्चित अवधि के भीतर ऐसा करने से इंकार कर दिया तो उन्हें बर्खास्त कर दिया गया। उत्तर प्रदेश राज्य इससे भी एक कदम आगे रहा। 1970 में तत्कालीन मुख्यमंत्री श्री चरण सिंह 24 घंटों के भीतर विधानसभा में अपना बहुमत सिद्ध करना चाहते थे, परंतु फिर भी वहां के राज्यपाल ने यह सिफारिश की कि अनुच्छेद 356 के अधीन मंत्रिमंडल को बर्खास्त करके वहां पर राष्ट्रपति शासन लागू कर दिया जाए और ऐसा कर भी दिया गया। 1977 में देवराज अर्स को कर्नाटक में, 1984 में फारुख अब्दुल्ला को जम्मू व कश्मीर में तथा एन.टी. रामाराव को आंध्र प्रदेश में, विधानसभा में बहुमत सिद्ध करने का अवसर दिए बिना ही बर्खास्त कर दिया गया था। 1998 में उत्तर प्रदेश के राज्यपाल रोमेश भंडारी ने कल्याण सिंह की सरकार को रात्रि में भंग करके जगदंबापाल को मुख्यमंत्री बना दिया। बाद में सर्वोच्च न्यायालय के निर्देश पर बहुमत सिद्ध कराया गया और बहुमत में कल्याण सिंह विजयी हुए। यह राज्यपाल के पद पर एक काला धब्बा है। उल्लेखनीय है कि बोम्बई केस में सर्वोच्च न्यायालय यह निर्णय दे चुका है कि बहुमत का फैसला राजभवन में न हो करके विधान सभा के अंदर होना चाहिए।

कुछ राज्यों में राज्यपालों ने, ऐसे मुख्यमंत्रियों की सिफारिश पर विधानसभाओं को भंग कर दिया, जिनके विरुद्ध विधान सभा में अविश्वास का प्रस्ताव पास होने की संभावना थी, जबकि वैसी ही परिस्थितियों में अन्य राज्यों में ऐसा नहीं किया गया। इसी प्रकार से राज्यों में राष्ट्रपति शासन लागू करने की सिफारिश के बारे में भी राज्यपालों की नीतियों में असंगति पाई जाती है।

राज्यपालों को ऐसा केंद्रीय सरकार को प्रसन्न करने के लिए करना पड़ता है, क्योंकि यदि वे ऐसा न करें तो स्वयं उनकी नौकरी को खतरा हो सकता है, क्योंकि राज्यपाल तो राष्ट्रपति के प्रसादपर्यंत पद धारण करता है और उसे किसी भी समय बर्खास्त किया जा सकता है। उदाहरणतया तमिलनाडु के राज्यपाल प्रभुदास पटवारी को 1980 में और राजस्थान के राज्यपाल रघुकुल तिलक को 1981 में बिना कारण बताए ही बर्खास्त कर दिया गया था। पश्चिम बंगाल के राज्यपाल त्रिभुवन नारायण सिंह को भी त्यागपत्र देने पर विवश कर दिया गया था और केंद्र में 1989 के लोक सभा चुनावों के पश्चात् जनता दल की सरकार बनने के पश्चात् सभी राज्यपालों को त्याग-पत्र देने पर विवश कर दिया गया था।

इससे यह सिद्ध हो जाता है कि राज्यपालों के माध्यम से भी केंद्र सरकार राज्यों के प्रशासन में हस्तक्षेप करती है और प्रशासनिक मामलों में भी राज्यों पर केंद्र का नियंत्रण है।

आर्थिक निर्भरता

वास्तविक संघीय पद्धति के अनुसार राज्यों के पास अपने आर्थिक साधन इतने होने चाहिए कि वे अपना प्रशासन केंद्र की सहायता के बिना चला सकें। हालांकि भारत में प्रत्येक वर्ष के पश्चात् राष्ट्रपति एक वित्त आयोग का गठन करता है, जो केंद्र तथा राज्यों के बीच आय के साधनों का बंटवारा करता है, फिर भी राज्यों के पास आय के अपने साधन इतने कम हैं कि वे केंद्र की आर्थिक सहायता के बिना अपना प्रशासन नहीं चला सकते। राज्यों के ऊपर आंतरिक तथा बाह्य ऋण काफी है और राज्यों की आर्थिक स्थिति इतनी कमजोर है, तो वे राज्यों की स्वायतत्ता के लिए कैसे आवाज उठा सकते हैं? योजना आयोग राज्यों की पंचवर्षीय योजना तैयार करता है और वही यह निर्णय भी करता है कि किस राज्य को, योजना को लागू करने के लिए कितना धन मिलेगा। जो योजना आयोग, योजना को लागू करने के लिए राज्यों को निर्देश देता है, उसका कोई भी राज्य उल्लंघन नहीं कर सकता, क्योंकि यदि कोई राज्य ऐसा करता है, तो उसकी आर्थिक सहायता बंद की जा सकती है। इसके अतिरिक्त भारत का नियंत्रक महालेखापरीक्षक राज्यों की वित्तीय स्थिति पर निगरानी रखता है। राज्यों को जनता से धन उधार लेने के अधिकार भी सीमित हैं। इसलिए राज्यों के पास केंद्र द्वारा दिए जाने वाले सहायता अनुदान के अतिरिक्त और कोई भी दूसरा आय का स्रोत नहीं है।

राज्य सरकारों को बर्खास्त करने की शक्ति

अमेरिका, ऑस्ट्रेलिया तथा कनाडा में संघीय सरकार के पास राज्य सरकारों को बर्खास्त करने की शक्ति नहीं है, परंतु भारत में अनुच्छेद 356 के अधीन किसी भी राज्य सरकार पर यह आरोप लगाकर कि वह संविधान के उपबंधों के अनुसार

शासन नहीं चला रही है और फिर उसे बर्खास्त कर सकती है। जम्मू-कश्मीर में फारुख अब्दुल्ला की सरकार को जून 1984 में, आंध्र प्रदेश में एन.टी. रामाराव की सरकार को, अगस्त 1984 में, पंजाब में बरनाला की सरकार को 1986 में, तमिलनाडु में जानकी रामचन्द्रन की सरकार को 1988 में तथा मिजोरम में लालडेंगा की सरकार को 1988 में केंद्रीय सरकार ने तानाशाही ढंग से बर्खास्त कर दिया था। वास्तव में उन्हें बर्खास्त करने का कोई औचित्य नहीं था। इसी प्रकार 1977 में मोरारजी देसाई की सरकार ने नौ कांग्रेसी राज्य सरकारों को तथा इंदिरा गांधी ने 1980 में नौ जनता पार्टी की सरकारों को बिना किसी औचित्य के लोक सभा के चुनाव परिणामों के आधार पर बर्खास्त किया था। इसी प्रकार से इस अनुच्छेद के अधीन विधान सभाओं को केंद्र में सत्तारूढ़ दल के हितों को ध्यान में रखते हुए निलंबित या भंग किया गया है। अब तक इस अनुच्छेद का 100 से अधिक बार प्रयोग किया गया है। चूंकि इस अनुच्छेद का केंद्रीय सरकार ने बहुत ही अधिक दुरुपयोग किया है, इसलिए राजमन्नार कमेटी रिपोर्ट तथा पश्चिम बंगाल सरकार के केंद्र तथा राज्यों से संबंधित ज्ञापन में इस अनुच्छेद को संविधान से निकाल देने की सिफारिश की गई है, परंतु सरकारिया आयोग ने यह सिफारिश की है कि इसे संविधान में रखा जाए, परंतु ऐसा करते समय इसके दुरुपयोग को रोकने के अतिरिक्त सुझाव भी दिए गए हैं।

जांच आयोगों की नियुक्ति

केंद्र सरकार का नियंत्रण राज्य सरकारों पर इसलिए भी है, क्योंकि जब कभी भी किसी मुख्यमंत्री या मंत्री के विरुद्ध रिश्वत या शक्तियों के दुरुपयोग के आरोप लगाए जाते हैं, तो उस समय केंद्र सरकार उनकी जांच-पड़ताल करने के लिए जांच आयोग नियुक्त कर सकती है। इस प्रकार के जांच-आयोग प्रताप सिंह कैरो, प्रकाश सिंह बादल, करुणानिधि, वैंगल राव, देवराज के विरुद्ध नियुक्त किए गए थे। इसी प्रकार से केंद्र सरकार ने 1981 में तमिलनाडु तथा केरल की सरकारों के विरुद्ध स्प्रिट स्कैंडल के बारे में रे आयोग नियुक्त किया था। ऐसा तब भी किया गया, जबकि तमिलनाडु सरकार ने इस स्कैंडल की जांच करने के लिए सदाशिवम जांच आयोग की नियुक्ति स्वयं पहले ही कर दी थी। जब केंद्र सरकार ने रे आयोग की नियुक्ति की, तो उसे तमिलनाडु सरकार ने न्यायालय में चुनौती दी थी, परंतु मद्रास उच्च न्यायालय ने उसे कानूनी दृष्टि से वैध ठहराया। केंद्र सरकार को राज्य सरकारों के विरुद्ध इस प्रकार से जांच आयोग नियुक्त करने की शक्ति के कारण राज्य सरकारों की स्थिति केंद्र सरकार की तुलना में और भी अधिक कमजोर हो गई है।

कभी-कभी प्रतिस्पर्धात्मक संघवाद

यद्यपि प्रशासनिक, वित्तीय तथा विधायी शक्तियों की दृष्टि से राज्यों की स्थिति केंद्र के मुकाबले में काफी कमजोर है और केंद्र तथा राज्यों में एक ही दल (कांग्रेस) की सरकार काफी समय तक रहने के कारण, यह स्थिति और भी अधिक कमजोर हो गई है, क्योंकि ऐसा होने के कारण, यह सारी शक्तियां प्रधानमंत्री के हाथ में केन्द्रित हो गई थीं। यहां तक कि राज्य का मुख्यमंत्री कौन होगा और उसके मंत्रिमंडल में कौन-कौन मंत्री होंगे, यह निर्णय भी प्रधानमंत्री ही करता रहा है। लेकिन इतनी कमजोर स्थिति होने पर भी कभी-कभी कुछ राज्यों ने केंद्र के आदेशों का पालन करने से इंकार कर दिया है, जिसके कारण केंद्र तथा राज्यों के संबंधों में कटुता आई है। उदाहरणतया-

केंद्र सरकार राज्यपाल को वापस बुलाने पर बाधित-1968

जब 1968 में वामपंथी दलों की मिली-जुली सरकार बनी तो उस समय राज्य सरकार ने केंद्र सरकार को तत्कालीन राज्यपाल धर्मवीर को वापस बुलाने पर मजबूर कर दिया था और केंद्रीय सरकार को विवश होकर नया राज्यपाल भी राज्य सरकार की अनुमति से नियुक्त करना पड़ा। यहां पर यह तथ्य याद रखने योग्य है कि 1967 में धर्मवीर ने अजय मुखर्जी की वामपंथी सरकार को बर्खास्त करके पी.सी. घोष को, जो कि दल-बदलू थे, मुख्यमंत्री नियुक्त कर दिया था और चूंकि घोष मंत्रिमंडल का विधान सभा में बहुमत नहीं था, इसलिए उनका समर्थन कांग्रेस पार्टी कर रही थी। इसलिए जब 1968 के चुनावों के पश्चात् अजय मुखर्जी दोबारा मुख्यमंत्री बने, तब उन्होंने केंद्र से यह मांग की कि वह राज्यपाल को पश्चिम बंगाल से वापस बुला लें।

केंद्रीय निर्देशों को लागू करना

केरल तथा पश्चिम बंगाल की वामपंथी सरकारों ने केंद सरकार द्वारा दिए गए निर्देशों को लागू करने से इंकार कर दिया था। उदाहरणतया-इन सरकारों ने केंद्र सरकार द्वारा जारी किए गए आवश्यक सेवा अध्यादेश 1968 को लागू करने से इंकार कर दिया था। यह अध्यादेश केंद्र सरकार ने केंद्रीय कर्मचारियों को हड़ताल पर जाने से रोकने के लिए जारी किया था। चूंकि केरल तथा पश्चिम बंगाल की सरकारों ने इन्हें लागू करने से इंकार किया था। इसलिए केंद्र तथा राज्य सरकारों के संबंधों में काफी कटुता आई थी।

केंद्रीय कानूनों को लागू न करना

इसके अतिरिक्त ऐसे भी उदाहरण हैं, जहां पर राज्य सरकारों ने केंद्रीय कानूनों को लागू करने से इंकार कर दिया था। हालांकि संविधान की दृष्टि से केंद्रीय कानूनों को लागू करना राज्य सरकारों का सांविधानिक कर्तव्य है। उदाहरणतया-1979 में चरण सिंह सरकार ने मुनाफाखोरी तथा जमाखोरी को रोकने के लिए एक निवारक निरोध अध्यादेश जारी किया था, जिसे मध्य प्रदेश, बिहार, गुजरात, हरियाणा, हिमाचल प्रदेश तथा राजस्थान जहां पर जनता पार्टी की सरकारें थीं तथा तमिलनाडु की अखिल भारतीय, अन्ना डी.एम.के. की सरकार, पश्चिम बंगाल, त्रिपुरा तथा केरल की कम्युनिस्ट सरकारों और महाराष्ट्र तथा नागालैंड की सरकारों ने लागू करने से इंकार कर दिया था। इसी प्रकार से 1980 में इंदिरा गांधी की सरकार ने 1980 में हड़ताल को रोकने के लिए राष्ट्रीय सुरक्षा अध्यादेश जारी किया था, परंतु पश्चिम बंगाल, त्रिपुरा तथा केरल की वामपंथी सरकारों ने इसे लागू करने से इंकार कर दिया था और केंद्र सरकार इन राज्य सरकारों के विरुद्ध कोई भी कार्यवाही नहीं कर सकी, क्योंकि राजनैतिक दृष्टि से इन सरकारों को बर्खास्त करना, कांग्रेस पार्टी के हित में नहीं था, यदि उस समय उन सरकारों को बर्खास्त किया जाता तो जनता पर उसका प्रभाव पड़ने की संभावना थी।

राजभाषा से संबंधित संशोधन

राजभाषा के संबंध में भी केंद्र तथा राज्यों के मध्य काफी तनाव रहा है। संविधान के अनुसार 1965 में हिंदी ही देश की एकमात्र राजभाषा होनी चाहिए थी, परंतु दक्षिण भारतीय राज्य हिंदी को राजभाषा मानने के लिए तैयार नहीं थे। विशेषकर तमिलनाडु की सरकार तो हिंदी को राजभाषा मानने के लिए बिल्कुल ही तैयार नहीं थी। तमिलनाडु सरकार की इस विषय पर मुखालफत के कारण संसद को बाध्य होकर राजभाषा अधिनियम पास करना पड़ा, जिसके अनुसार यह व्यवस्था की गई कि अंग्रेजी उस समय तक देश की सहायक राजभाषा रहेगी, जब तक गैर-हिंदी भाषी राज्य चाहेंगे।

राज्यों के सीमा संबंधी झगड़े

राज्यों के सीमा संबंधी झगड़ों को सुलझाने में भी केंद्र असफल रहा है। महाराष्ट्र तथा कर्नाटक का बेलगाम के संबंध में, पंजाब तथा हरियाणा का चंडीगढ़ तथा फाजिल्का के बारे में और कर्नाटक तथा केरल का कैसरगोड के बारे में, सीमा संबंधी झगड़े कई वर्षों से चलते आ रहे हैं और अभी तक केंद्र उनका कोई भी समाधान नहीं कर सका है। इसी प्रकार से, असम तथा नागालैंड, असम तथा अरुणाचल प्रदेश, असम तथा मैघालय के भी सीमा संबंधी झगड़े हैं। हालांकि अनुच्छेद तीन के अनुसार संसद राज्यों की सीमाओं में परिवर्तन कर सकती है,

फिर भी संसद तथा केंद्र सरकार इन सीमा संबंधी झगड़ों को सुलझाने में इसलिए असफल रही है, क्योंकि सीमा का झगड़ा एक बहुत ही नाजुक मामला है और केंद्र कोई भी फैसला राज्यों पर थोप नहीं सकता। यदि केंद्र ऐसा करने का प्रयत्न करेगा तो उसके परिणाम बहुत ही भयंकर हो सकते हैं।

नदी जल विवाद

सीमा संबंधी झगड़ों की तरह से केंद्र सरकार, राज्यों के नदी जल संबंधित झगड़ों का समाधान करने में भी असफल रही है। अब भी पंजाब तथा हरियाणा के बीच रावी-व्यास तथा सतलुज नदियों के पानी के बंटवारे के बारे में मतभेद है। हालांकि इसके बारे में प्रधानमंत्री ने अपना निर्णय भी दे दिया था और उसे पंजाब तथा हरियाणा की राज्य सरकारों ने मान भी लिया था, लेकिन वह निर्णय अकाली दल को मंजूर नहीं था। इसी प्रकार से पंजाब सरकार ने राज्य पुनर्गठन आयोग की सिफारिशों के अनुसार रोपड़, हरिके तथा सुजेमान बांधों का नियंत्रण केंद्र सरकार के हाथ में नहीं दिया है। इसी प्रकार से हरियाणा तथा उत्तर प्रदेश के बीच यमुना नदी के जल, कर्नाटक तथा तमिलनाडु के मध्य कावेरी नदी, गुजरात तथा मध्य प्रदेश के बीच नर्मदा नदी जल विवाद है और केंद्र सरकार इन झगड़ों का भी कोई समाधान नहीं कर पाई है। हालांकि संविधान के अनुच्छेद 262 के अनुसार उसे इन झगड़ों का समाधान करने का अधिकार है। पंजाब में अभी तक अकालियों ने सतलुज-यमुना लिंक नहर को भी नहीं खोदने दिया है।

केंद्र सरकार सीमा तथा पानी से संबंधित राज्यों के झगड़ों का समाधान इसलिए नहीं कर पाई, क्योंकि वह जानती है कि जब तक राज्य उसके निर्णय को अपनी इच्छा से स्वीकार नहीं करते, तब तक वह फैसला लागू नहीं किया जा सकता, क्योंकि जबरदस्ती कोई भी निर्णय यदि केंद्र किसी भी राज्य पर थोपने की कोशिश करेगा तो उसके परिणाम काफी भयंकर हो सकते हैं।

स्मरणीय तथ्य

- 'भारत एक संघात्मक राज्य होगा' परंतु बाद में प्रारूप समिति ने कहा कि 'भारत राज्यों का संघ होगा।'
- भारतीय संघ में 28 राज्य तथा आठ संघ राज्यक्षेत्र हैं। अमेरिका, ऑस्ट्रेलिया, स्विट्जरलैंड की संघीय इकाइयों का अस्तित्व स्थायी है,
- संघीय पद्धति की एक विशेषता यह भी होती है कि इसमें प्रत्येक संघीय इकाई का, चाहे उनकी जनसंख्या कितनी ही हो, उच्च सदन में बराबर का प्रतिनिधित्व होता है।
- भारतीय संविधान में एक उपबंध यह है कि राज्यपाल उन सब विधेयकों को राष्ट्रपति के विचार के लिए आरक्षित कर सकता है, जिनसे उच्च न्यायालय की शक्तियों का अल्पीकरण होता है।
- जब देश में अनुच्छेद 352 के अधीन आपातकाल की घोषणा की जाती है, तो राज्य सूची स्वयं समवर्ती सूची में बदल जाती है।
- अखिल भारतीय सेवाओं के माध्यम से भी केंद्र-राज्यों के प्रशासन पर कड़ी निगरानी रखता है।
- राज्यपाल की नियुक्ति राष्ट्रपति द्वारा की जाती है और वह राष्ट्रपति के प्रसादपर्यंत पद धारण करता है।
- अमेरिका, ऑस्ट्रेलिया तथा कनाडा में संघीय सरकार के पास राज्य सरकारों को बर्खास्त करने की शक्ति नहीं है, परंतु भारत में अनुच्छेद 356 के अधीन किसी भी राज्य सरकार पर यह आरोप लगाकर कि वह संविधान के उपबंधों के अनुसार शासन नहीं चला रही है और फिर उसे बर्खास्त कर सकती है।
- संविधान के अनुसार 1965 में एकमात्र हिंदी ही देश की राजभाषा होनी चाहिए थी, परंतु दक्षिण भारतीय राज्य हिंदी को राजभाषा मानने के लिए तैयार नहीं थे।
- पंजाब तथा हरियाणा के बीच रावी-व्यास तथा सतलुज नदियों के पानी के बंटवारे के बारे में मतभेद है।

❑❑❑

अध्याय 3

मानवाधिकारों का उद्भव एवं विकास : एक समग्र अवलोकन

यद्यपि मानवाधिकार शब्द भले ही नया है, किंतु इसका स्वरूप उतना ही प्राचीन है जितना कि स्वयं मानव। मानव प्रारंभ से सामाजिक प्राणी है। समाज में रहने के कारण उसके एक ओर कुछ कर्तव्य बनते हैं, तो दूसरी ओर समाज से उसकी कुछ अपेक्षाएं भी होती हैं। इस प्रकार समाज और व्यक्तित्व विकास का एक सीधा संबंध बनता है। लास्की के अनुसार, 'अधिकार सामाजिक जीवन की वे परिस्थितियां हैं, जिनके बगैर सामान्यतया कोई व्यक्ति अपने व्यक्तित्व का विकास नहीं कर सकता है।' मानवाधिकारों का सृजन भी समाज में ही होता है। सामान्यतया मानवाधिकार से तात्पर्य है लिंग, धर्म, जाति, संप्रदाय, देश आर्थिक स्थिति जैसे भेदभावमूलक विचारों को त्यागकर मानव को समुचित विकास, संरक्षण तथा ससम्मान जीवन जीने का वह अधिकार प्रदान करना, जो उसे जन्म के साथ ही प्राप्त हो जाता है। हमारे संविधान में नीति-निदेशक सिद्धांतों तथा मौलिक अधिकारों को इसी भावना को ध्यान में रखते हुए स्थान दिया गया है। विश्व में प्राचीनकाल से ही किसी-न-किसी रूप में मानवाधिकार की अवधारणा ने अपना स्थान बना लिया था। प्राचीन यूनान में अरस्तू का न्याय का सिद्धांत सामने आया। प्राचीन भारत में 'महाभारत' के शांति पर्व में राजा के आचरण के बारे में कहा गया है। कौटिल्य के 'अर्थशास्त्र' में प्रजा के कल्याण में राजा का कल्याण बताया गया है। सम्राट अशोक ने 'कलिंग अभिलेख' में प्रजा को सन्तान की तरह माना और अधिकारियों को जनता पर अत्याचार न करने का निर्देश दिया है। मानवाधिकारों के संबंध में भारतीय परंपरा का अवलोकन करने पर तो स्पष्ट होता है कि पुरातनकाल में हमारे यहां मानवाधिकारों के संरक्षण एवं संवर्धन के लिए सभी प्रकार की आवश्यक व्यवस्थाएं की गई हैं। 'वसुधैव-कुटुम्बकम्' का सार्वभौमिक सिद्धांत हमारी संस्कृति का मूल रहा है, जिसमें न केवल देश, बल्कि संपूर्ण विश्व के सभी प्राणियों को एक ही परिवार का सदस्य माना गया है।

ऐतिहासिक पृष्ठभूमि

ऐतिहासिक रूप से मानवाधिकारों के लिए संघर्ष का प्रमाण 15 जून, 1215 की उस घटना में मिलता है, जब ब्रिटेन के रनीमेड (Runnymede) नामक स्थान पर तत्कालीन सम्राट जॉन को उसके सामंतों द्वारा मानवाधिकारों को मान्यता देने वाले घोषणा-पत्र पर हस्ताक्षर करने के लिए बाध्य कर दिया गया। इतिहास में इसे 'मैग्नाकार्टा' के नाम से जाना जाता है। मैग्नाकार्टा के द्वारा जो अधिकार सामंतों को प्राप्त हुए, कालांतर में जनसाधारण को हस्तांतरित हो गए। इसी प्रकार वर्ष 1689 में एक 'अधिकार-पत्र' पर ब्रिटेन के सम्राट के हस्ताक्षर करवाने में ब्रिटेन की संसद सफल हुई, जो बाद में मानवाधिकारों के क्षेत्र में मील का पत्थर सिद्ध हुआ। वर्ष 1776 में अमेरिकी क्रांति के बाद स्वाधीनता की घोषणा की गई, जिसमें कहा गया कि "सभी मनुष्य जन्म से समान हैं"। फ्रांस में 1789 में हुई क्रांति में स्वतंत्रता, समानता और भाईचारे के नारे दिए गए। क्रांति के बाद फ्रांस की राष्ट्रीय सभा के नए संविधान में मानवाधिकारों की घोषणा को शामिल करके नागरिकों को कुछ मौलिक अधिकारों के संवैधानिक रूप से मान्यता देने की प्रथा शुरू की गई। वर्ष 1791 में अमेरिका के संविधान के प्रथम 10 संशोधनों द्वारा नागरिकों के मूलभूत अधिकारों को संविधान का अंग बनाया गया। यह संविधान संशोधन सामूहिक रूप से 'अधिकार पत्र' कहलाए। इसका प्रभाव विश्व के अन्य देशों के संविधानों पर भी पड़ा। आयरलैंड का संविधान (1921), जापान का संविधान (1947), भारत का संविधान (1950), फ्रांस का संविधान (1958) एवं चीन का संविधान (1982) आदि।

वर्तमान मानवाधिकार संबंधी गतिविधियां वास्तव में द्वितीय विश्व युद्ध का परिणाम हैं। द्वितीय विश्व युद्ध के दौरान घटित अमानवीय घटनाओं की भर्त्सना करते हुए अमेरिका के राष्ट्रपति फ्रैंकलिन रूजवेल्ट का भाषण, जिसमें रूजवेल्ट ने मनुष्य की चार मूलभूत स्वतंत्रताओं का उल्लेख किया था, भविष्य में मानवाधिकार संबंधी घोषणा का मुख्य आधार बना। 1946 में एलोनोर रूजवेल्ट की अध्यक्षता में गठित मानवाधिकार आयोग द्वारा तैयार किए गए प्रारूप को संयुक्त राष्ट्र महासभा द्वारा स्वीकृत और घोषित किए जाने के साथ ही विश्व समुदाय द्वारा इसे न केवल मान्यता दी गई, बल्कि अपने-अपने संविधानों में स्थान देकर इसे विधिक स्वरूप भी प्रदान किया गया।

मानवाधिकार का आशय

मानवाधिकार ऐसे अधिकार हैं, जो प्रत्येक व्यक्ति को मानव प्राणी होने के नाते प्राप्त होते हैं, भले ही उसकी राष्ट्रीयता, लिंग, वर्ग, जाति, व्यवसाय और सामाजिक-आर्थिक स्थिति कुछ भी हो। मानवाधिकार संरक्षण अधिनियम, 1993 की धारा 2(घ) में मानवाधिकार की परिभाषा दी गई है। इसके अनुसार मानवाधिकार से तात्पर्य व्यक्ति के जीवन, स्वतंत्रता, समानता एवं गरिमा से संबंधित उन अधिकारों से है, जो संविधान द्वारा प्रत्याभूत हैं अथवा अंतर्राष्ट्रीय करारों में सम्मिलित हैं और भारत में न्यायालयों द्वारा प्रवर्तनीय हैं।

मानवाधिकारों एवं मानव गरिमा की धारणा के मध्य घनिष्ठ संबंध है, अर्थात् वह अधिकार जो मानव गरिमा को बनाए रखने के लिए आवश्यक हैं, उन्हें मानवाधिकार कहा जाता है। मानवाधिकारों का संबंध मानव की स्वतंत्रता, समानता एवं गरिमा के साथ जीने के लिए स्थितियां उत्पन्न करने से होता है। मानवाधिकार ही समाज में ऐसा वातावरण उत्पन्न करते हैं, जिसमें सभी व्यक्ति समानता के साथ निर्भीक रूप से मानव गरिमा के साथ जीवन व्यतीत कर पाते हैं। प्रसिद्ध राजनीतिक विचारक हेरोल्ड लास्की के अनुसार, "अधिकार सामाजिक जीवन की वह परिस्थितियां होती हैं, जिनके अभाव में कोई भी व्यक्ति अपने व्यक्तित्व का पूर्ण विकास नहीं कर पाता।" उल्लेखनीय है कि मानवाधिकारों को मूल अधिकार, आधारभूत अधिकार, नैसर्गिक अधिकार व जन्मजात अधिकार भी कहा जाता है।

अधिकारों के प्रमुख सिद्धांत

अधिकारों से संबंधित प्रमुख सिद्धांत इस प्रकार हैं—

- **अधिकारों का प्राकृतिक सिद्धांत:** अधिकारों से संबंधित प्राकृतिक सिद्धांत सबसे पुराना सिद्धांत है, जो अधिकारों को प्रकृति की देन मानता है। इस

सिद्धांत से संबंधित सर्वप्रमुख विचारक जॉन लॉक हैं, उनके अनुसार व्यक्ति को जीवन, स्वतंत्रता व संपत्ति जैसे प्राकृतिक अधिकार प्राप्त हैं। रूसो, स्पेन्सर, टॉमस पेन तथा मिल्टन ने भी इस सिद्धांत का समर्थन किया। इन विचारकों के अनुसार मनुष्य के अधिकार राज्य के पहले से हैं, अधिकार नागरिकों को जन्मजात ही प्राप्त होते हैं। अधिकार राज्य की देन नहीं है, वरन् यह अधिकार तो स्वयं राज्य की शक्तियों को सीमित करते हैं। अमेरिकी स्वतंत्रता की घोषणा (1776), मानवाधिकारों का फ्रांसीसी घोषणा- पत्र (1789) तथा संयुक्त राष्ट्र संघ के अधिकारों के सार्वभौमिक घोषणा पत्र (1948) में भी प्राकृतिक अधिकारों को मान्यता दी गई थी।

- **अधिकारों का कानूनी सिद्धांत:** अधिकारों का कानूनी सिद्धांत प्राकृतिक अधिकारों के विपरीत है, यह सिद्धांत बताता है कि अधिकार प्राकृतिक नहीं, अपितु वह राज्य की सृष्टि हैं, वह देश के कानून की देन हैं। इस प्रकार यह अधिकार कृत्रिम हैं। इस सिद्धांत के प्रमुख समर्थकों में बेन्थम, ऑस्टिन, हॉलैंड व सामण्ड आदि के नाम विशेष उल्लेखनीय हैं। बेंथम के अनुसार, "अधिकार विधि और केवल विधि के फल हैं, बिना विधि के कोई अधिकार नहीं है। विधि के विरुद्ध कोई अधिकार नहीं है, विधि के पूर्व कोई अधिकार नहीं है।"
- **अधिकारों का ऐतिहासिक सिद्धांत:** अधिकारों के ऐतिहासिक सिद्धांत के अनुसार अधिकार इतिहास की देन है। यहां पर इतिहास का अर्थ रीति-रिवाजों तथा प्रथाओं से है। प्राचीनकाल में समाज में जो प्रथाएं लोकप्रिय थीं, उन्हें कालांतर में अधिकारों का दर्जा मिल गया। मैकाइवर, सर हेनरी मेन, एडमण्ड बर्क और बर्गेस इस सिद्धांत के प्रमुख समर्थक हैं। एडमण्ड बर्क के अनुसार फ्रांस में जो क्रांति हुई, उसका मुख्य कारण यही था कि सम्राट ने जनता के परंपरागत अधिकारों को स्वीकार नहीं किया था।
- **अधिकारों का आदर्शवादी या व्यक्तिवादी सिद्धांत:** अधिकारों के आदर्शवादी सिद्धांत को व्यक्तिवादी सिद्धांत भी कहा जाता है। इस सिद्धांत के अनुसार अधिकारों का आधार नैतिकता है। इस सिद्धांत के अनुसार राज्य को उन्हीं अधिकारों को स्वीकार करना चाहिए, जोकि नैतिक हैं और सामाजिक हित में वृद्धि करते हैं। टी.एच. ग्रीन इस सिद्धांत के प्रमुख समर्थक हैं। इस सिद्धांत के प्रतिपादक व्यक्तियों की नैतिक शक्तियों के विकास को व्यक्तित्व का विकास मानते हैं। अत: उनकी धारणा है कि इन नैतिक शक्तियों के विकास के लिए जो बाह्य परिस्थितियां आवश्यक हैं, वे ही अधिकार हैं।
- **अधिकारों का समाज कल्याण या उपयोगितावादी सिद्धांत:** अधिकारों के इस सिद्धांत के अनुसार अधिकारों का आधार समाज कल्याण की भावना है, इसका अर्थ यह हुआ कि मनुष्य को अधिकार इसलिए दिए जाते हैं, जिससे वह समाज का उपयोगी अंग बने और समाज का कल्याण करे। बेंथम, जे.एस. मिल व लास्की ने अधिकारों के इस सिद्धांत का समर्थन किया।

अधिकारों के उपर्युक्त पांचों सिद्धांतों से स्पष्ट है कि उनमें से कोई भी एक पूर्णतया न तो सही है और न तो पूर्णतया त्यागने योग्य है। प्रत्येक राज्य इन सभी सिद्धांतों से कुछ-न-कुछ ग्रहण करते हुए अपने नागरिकों को विभिन्न अधिकार देता है। प्राकृतिक अधिकारों का सिद्धांत यह बताता है कि कुछ अधिकार मनुष्य के लिए प्राकृतिक हैं। यह प्राकृतिक इस अर्थ में हैं कि इनके बिना मनुष्य नहीं रह सकता है। कानूनी सिद्धांत यह बताता है कि अधिकारों पर राज्य की स्वीकृति आवश्यक है। ऐतिहासिक सिद्धांत की यह धारणा सही है कि राज्य, समाज में प्रचलित महत्वपूर्ण रीति-रिवाजों की अवहेलना नहीं कर सकता है। आदर्शवादी सिद्धांत मनुष्य के अधिकारों का विवेकपूर्ण आधार पेश करता है। वहीं अधिकारों का समाज-कल्याण सिद्धांत अधिकारों का आधार समाज कल्याण की भावना मानता है।

मानवाधिकार घोषणा-पत्र

संयुक्त राष्ट्र संघ के मानवाधिकार घोषणा पत्र द्वारा विश्व के प्रत्येक व्यक्ति को कुल 30 अधिकार प्राप्त हैं। इन अधिकारों को तीन वर्गों में विभाजित किया जा सकता है-(i) आर्थिक अधिकार, (ii) राजनीतिक अधिकार तथा (iii) सामाजिक एवं सांस्कृतिक अधिकार। इन अधिकारों का विवरण घोषणा पत्र के 30 अनुच्छेदों में निम्न प्रकार है-

(i) जन्म से सभी मानव समान हैं और उन्हें भाईचारे की भावना से आचरण करना चाहिए।

(ii) मूल वंश, लिंग, रंग, धर्म, राजनीतिक या आर्थिक मत, राष्ट्रीय और सामाजिक उद्भव, संपत्ति, जन्म या अन्य किसी स्थिति पर आधारित विभेद के विरुद्ध उपबंध।

(iii) जीवन, स्वतंत्रता तथा व्यक्ति की सुरक्षा का अधिकार।

(iv) दासता और अधिसेविता से मुक्ति तथा दास-व्यापार का प्रतिषेध।

(v) यंत्रणा, निर्दय, अमानवीय और अपमानजनक व्यवहार तथा दंड से मुक्ति।

(vi) विधि के समक्ष मानव के व्यक्तित्व को सर्वत्र समुचित मान्यता।

(vii) विधि के समक्ष समता तथा विधि का समान संरक्षण।

(viii) संविधान तथा विधि द्वारा स्वीकृत मूल अधिकारों की रक्षा के लिए प्रभावी वैधिक उपचार।

(ix) मनमानी गिरफ्तारी, निरोध तथा निर्वासन से मुक्ति।

(x) व्यक्ति के अधिकारों और दायित्वों तथा उसके विरुद्ध लगाए गए किसी आपराधिक आरोप को निर्धारित करने का काम स्वतंत्र तथा निष्पक्ष न्यायाधिकरण करे और संबद्ध पक्ष को अपनी युक्ति प्रस्तुत करने का पूरा अधिकार हो।

(xi) जब तक कोई व्यक्ति विधि के अनुसार सार्वजनिक मुकदमे में अपराधी प्रमाणित न हो जाए, तब तक उसका यह अधिकार कि उसे निर्दोष समझा जाए और उसे अपना बचाव करने के सारे साधन सुलभ हों और पूर्वव्यापी दंड-विधियां लागू न की जाएं।

(xii) व्यक्ति की एकांतता, परिवार, घर, पत्र-व्यवहार, सम्मान और प्रतिष्ठा में मनमानी हस्तक्षेप से रक्षा की जाए।

(xiii) प्रत्येक राज्य की सीमाओं के भीतर रहने तथा घूमने-फिरने का अधिकार, उसे छोड़ने का अधिकार, जिसमें स्वदेश छोड़ने तथा लौटने का अधिकार भी सम्मिलित है।

(xiv) उत्पीड़न से बचने के लिए शरण पाने का प्रयत्न करने पर उससे लाभान्वित होने का अधिकार,

(xv) राष्ट्रीयता का अधिकार, किसी व्यक्ति को मनमाने ढंग से राष्ट्रीयता से वंचित करने के विरुद्ध प्रतिषेध और राष्ट्रीयता बदलने का अधिकार।

(xvi) परिपक्व आयु के पुरुषों तथा स्त्रियों का यह अधिकार कि वे विवाह कर सकते हैं तथा घर बसा सकते हैं, विवाह, विवाहार्थियों की पूरी स्वतंत्र सहमति से ही हो और राज्य तथा समाज, परिवार की रक्षा करें।

(xvii) संपत्ति रखने का अधिकार तथा यह अधिकार कि मनमाने ढंग से उससे वंचित नहीं किया जाएगा।

(xviii) विचार-स्वातंत्र्य, अंत:करण तथा धर्म की स्वतंत्रता, जिसमें धर्म की शिक्षा देने, उसका आचरण करने तथा धर्म-पालन का अधिकार सम्मिलित है।

(xix) मत तथा अभिव्यक्ति की स्वतंत्रता का अधिकार।

(xx) शांतिपूर्ण सम्मेलन करने तथा सभा बनाने का अधिकार। इसमें वह अधिकार भी सम्मिलित है कि व्यक्ति को किसी संघ का सदस्य बनने के लिए बाध्य नहीं किया जा सकेगा।

(xxi) देश के शासन में भाग लेने का अधिकार, सरकारी नौकरियां पाने का समान अधिकार, शासन का आधार वयस्क मताधिकार पर आधारित

समय-समय पर होने वाले वे निर्वाचन हों, जिनमें लोग अपनी इच्छा को स्वतंत्र रूप से व्यक्त कर सकें।

(xxii) सामाजिक सुरक्षा का अधिकार, व्यक्ति की गरिमा तथा व्यक्तित्व के विकास के लिए आवश्यक आर्थिक, सामाजिक तथा सांस्कृतिक अधिकार।

(xxiii) काम का अधिकार, रोजगार के स्वतंत्र चुनाव का अधिकार, काम की उचित तथा अनुकूल दशाएं और बेरोजगारी के विरुद्ध संरक्षण, समान कार्य के लिए समान वेतन, उचित तथा अनुकूल पारिश्रमिक का अधिकार, श्रमिक संघ बनाने तथा उनमें सम्मिलित होने का अधिकार।

(xxiv) विश्राम तथा अवकाश का और काम के घंटों के निर्धारण तथा समय-समय पर छुट्टियां पाने का अधिकार।

(xxv) जीवन स्तर का अधिकार और बेरोजगारी की दशा में अथवा जीविका के अभाव की दशा में सुरक्षा का अधिकार, प्रसूति तथा शिशु-कल्याण।

(xxvi) शिक्षा का अधिकार तथा आधारभूत शिक्षा निःशुल्क और अनिवार्य हो, तकनीकी, व्यावसायिक और उच्च शिक्षा सबको योग्यता के आधार पर प्राप्त हो; शिक्षा का लक्ष्य मानव-व्यक्तित्व का पूर्ण विकास करना, मानव-अधिकारों के प्रति सम्मान की भावना को सुदृढ़ करना तथा शांति की रक्षा के लिए संयुक्त राष्ट्र की गतिविधियां को बढ़ावा देना हो; माता-पिता का यह प्राथमिक अधिकार कि वे अपनी संतान के लिए जिस प्रकार की शिक्षा चाहें, प्रबंध कर दें।

(xxvii) समुदाय के सांस्कृतिक जीवन में स्वतंत्रतापूर्वक भाग लेने, कलाओं का उपयोग करने तथा वैज्ञानिक विकास और उसके लाभों में भाग लेने का अधिकार, नैतिक तथा भौतिक हितों की रक्षा का अधिकार।

(xxviii) ऐसी सामाजिक एवं अंतर्राष्ट्रीय व्यवस्था का अधिकार, जिसमें घोषित अधिकारों तथा स्वतंत्रताओं की पूरी तरह से रक्षा हो सके।

(xxix) व्यक्तित्व के पूर्ण तथा अबाध विकास के लिए समाज के प्रति कर्तव्य, प्रतिबंधों के आरोपण का एक ही उद्देश्य हो सकता है—दूसरों के अधिकार और स्वतंत्रता को यथोचित मान्यता एवं आदर प्रदान करना तथा नैतिकता, सार्वजनिक व्यवस्था और व्यापक कल्याण की रक्षा करना। इन अधिकारों तथा स्वतंत्रताओं का प्रयोग संयुक्त राष्ट्र संघ के उद्देश्यों तथा सिद्धांतों के प्रतिकूल नहीं होगा।

(xxx) कोई राज्य, समुदाय या व्यक्ति ऐसी किसी कार्यवाही में भाग न ले और न ही वह कोई ऐसा कार्य करे, जिससे उद्घोषणा में निर्दिष्ट अधिकारों तथा स्वतंत्रताओं का हनन हो।

मानवाधिकारों के विकास से संबंधित प्रमुख अंतर्राष्ट्रीय घटनाएं

- **मैग्नाकार्टा घोषणा-पत्र 1215:** इंग्लैंड में वर्ष 1215 में जॉन नामक राजा का शासन था। उसे जनता ने टेम्स नदी के रनीमेड टापू पर घेरकर मैग्नाकार्टा पर हस्ताक्षर करवाए, जो ब्रिटेन के लोकतंत्र की आधारशिला भी माना जाता है। इस महान अधिकार-पत्र के प्रमुख उपबंध इस प्रकार थे-(i) किसी भी नागरिक को उस समय तक बंदी न बनाया जाए, जब तक कि उसका अपराध सिद्ध न हो जाए। (ii) महान परिषद् की सहमति पर ही राजा सामन्तों पर कर आरोपित करेगा। (iii) प्रभावशाली सामन्तों व पादरियों को महान परिषद् में निमंत्रित अवश्य किया जाए। (iv) कोर्ट ऑफ दी कॉमन लॉ एक सुनिश्चित स्थान पर कार्य करे। (v) किसी भी व्यक्ति को उसकी स्थिति एवं अपराध की मात्रा के अनुरूप ही अर्थदंड दिया जाए।
- **विधि का शासन:** ब्रिटेन में विधि के शासन का बहुत महत्व है। इसका अर्थ है कि ब्रिटेन में शासन विधि के अनुसार चलता है। किसी व्यक्ति विशेष की इच्छा के अनुसार नहीं। ब्रिटेन में लिखित संविधान न होने के बावजूद भी वहां नागरिकों को विश्व के अन्य किसी भी देश के नागरिकों से कहीं अधिक मूल अधिकार विधि के शासन के अंतर्गत प्राप्त हैं। विधि के शासन के सिद्धांत अनुसार विधि सर्वोच्च है।
- **बिल ऑफ राइट्स 1689:** वर्ष 1688 में इंग्लैंड में रक्तहीन क्रांति हुई, जिसके परिणामस्वरूप इंग्लैंड के शासक जेम्स द्वितीय को राजसिंहासन छोड़ना पड़ा। विलियम तथा मेरी को इंग्लैंड का संयुक्त शासक मनोनीत किया गया। संसद ने शर्त भी रखी थी कि राजा संसद की अनुमति के बिना कोई कर नहीं लगा सकेगा। किसी भी कानून को समाप्त नहीं कर सकेगा। इस प्रकार 1689 में संसद के अधिनियम द्वारा 'बिल ऑफ राइट्स' पारित किया गया।
- **अमेरिका की स्वतंत्रता की घोषणा 4 जुलाई, 1776:** अमेरिका की जनता को ब्रिटिश संसद के अत्याचारों का कटु अनुभव था। इसलिए जॉर्ज वाशिंगटन के नेतृत्व में अमेरिका के उपनिवेशों ने जनता के मूल अधिकारों की मांग की। अमेरिका के तत्कालीन 13 राज्यों की मांग थी, "प्रतिनिधित्व नहीं, तो कर नहीं", लेकिन जब यह मांग स्वीकार न की गई तो 1776 में स्वतंत्रता का घोषणा-पत्र प्रकट हुआ। इसमें कहा गया कि "सभी मनुष्य जन्म से समान पैदा हुए हैं।"
- **फ्रांस में राज्य क्रांति 1789:** वर्ष 1789 में फ्रांस की राज्य क्रांति हुई, जिसमें स्वतंत्रता, समानता एवं भाईचारे के नारे दिए गए। क्रांति के बाद फ्रांस की राष्ट्रीय सभा ने 'राइट्स ऑफ मैन एंड सिटिजन' की घोषणा की। इसमें प्रमुख अधिकार थे, जैसे- कानून के समक्ष समानता, स्वतंत्रता, संपत्ति, सुरक्षा और अत्याचार के विरोध का अधिकार, प्रत्येक नागरिक को बोलने, लिखने, प्रकाशन की स्वतंत्रता आदि।
- **अमेरिकी अधिकार घोषणा-पत्र 1791:** अमेरिका के मूल संविधान (1787) में मूल अधिकारों का उल्लेख नहीं था, परंतु 1791 में संविधान में किए गए प्रथम 10 संशोधनों द्वारा नागरिकों के मूल अधिकारों को संविधान का अंग बनाया गया। यह 10 संशोधन सामूहिक रूप से अधिकार पत्र कहलाते हैं। इसमें प्रमुख अधिकार इस प्रकार हैं—विधि का समान संरक्षण, दासता से मुक्ति, धार्मिक स्वतंत्रता, भाषण व प्रेस, सभा और प्रार्थना करने की स्वतंत्रता, शस्त्र धारण करने का अधिकार, युक्तिहीन तलाशियों से संरक्षण एवं शीघ्र और खुली अदालत में सुनवाई का अधिकार आदि।
- **साम्यवादी क्रांति 1917:** सन 1917 में रूस की अक्टूबर क्रांति हुई। जनता ने अत्याचारी जार निकोलस के विरुद्ध विद्रोह किया। यह क्रांति 'निरंकुशता का नाश' के नारे से प्रसिद्ध हुई तथा 'श्रमिकों की विजय' के नारे से इसका अंत हुआ। यह क्रांति सर्वहारा वर्ग द्वारा मौलिक अधिकारों को प्राप्त करने का प्रमुख उदाहरण हैं।
- **भारतीय स्वाधीनता आंदोलन एवं अधिकारों की मांग:** भारत में स्वतंत्रता संग्राम मानवाधिकारों के संघर्ष की गौरवमय कहानी है। लोकमान्य तिलक ने अधिकारों की मांग करते हुए कहा, "स्वराज्य हमारा जन्मसिद्ध अधिकार है।" गांधीजी का मानना था कि सामाजिक, आर्थिक तथा धार्मिक स्वतंत्रता के बिना राजनीतिक स्वतंत्रता का कोई महत्व नहीं है। वर्ष 1931 के भारतीय राष्ट्रीय कांग्रेस के कराची अधिवेशन में भी मौलिक अधिकारों की मांग की गई। वर्ष 1947 में मिली आजादी के बाद मौलिक अधिकारों के लिए भारतीय संविधान में पृथक् अध्याय (भाग-3) की व्यवस्था की गई।

संयुक्त राष्ट्र संघ एवं मानवाधिकार

संयुक्त राष्ट्र के चार्टर (संविधान) को मानवाधिकारों का प्रथम-अंतर्राष्ट्रीय दस्तावेज कहा जा सकता है। इस चार्टर में मानवाधिकारों को महत्वपूर्ण स्थान दिया गया है। इसकी प्रस्तावना में कहा गया है कि "हम संयुक्त राष्ट्र के लोग ... मूल मानवाधिकारों में मानव जाति की गरिमा और मूल्य में स्त्री-पुरुष के समान अधिकारों में आस्था सुनिश्चित करने के लिए ..." इसी प्रकार चार्टर के विभिन्न अनुच्छेदों में मानवाधिकारों के संबंध में उल्लेख मिलता है, जिनमें प्रमुख इस प्रकार हैं–

- **अनुच्छेद-1:** चार्टर के उद्देश्य का वर्णन इस प्रकार किया गया है–"मानवाधिकार के प्रति सम्मान को बढ़ावा देना, जाति, लिंग, भाषा अथवा धर्म के बिना किसी भेदभाव के मूलभूत अधिकारों को बढ़ावा देना तथा प्रोत्साहन करना।"
- **अनुच्छेद-13:** इस अनुच्छेद के अंतर्गत उपबंध है कि महासभा "जाति, लिंग, भाषा अथवा धर्म के भेदभाव के बिना सभी को मानवाधिकार तथा मौलिक स्वतंत्रताओं की प्राप्ति में सहायता देगी।"
- **अनुच्छेद-55:** इसमें यह प्रावधान है कि संयुक्त राष्ट्र संघ "जाति, लिंग, भाषा अथवा धर्म के भेदभाव के बिना सभी के लिए मानवाधिकारों तथा मौलिक स्वतंत्रताओं को बढ़ावा" देगा।
- **अनुच्छेद-56:** इस अनुच्छेद में उपबंध है कि सभी सदस्य राज्य मानवाधिकारों तथा मानव स्वतंत्रताओं की प्राप्ति के लिए संयुक्त राष्ट्र को अपना सहयोग प्रदान करेंगे।
- **अनुच्छेद-62:** इसमें उपबंध है कि आर्थिक और सामाजिक परिषद् के द्वारा "सभी के लिए मानवाधिकारों तथा मौलिक स्वतंत्रताओं के प्रति सम्मान की भावना बढ़ाने तथा उनके पालन के संबंध में सिफारिश करने की व्यवस्था करना।"
- **अनुच्छेद-68:** इस अनुच्छेद के अंतर्गत आर्थिक और सामाजिक परिषद् के द्वारा "आर्थिक और सामाजिक क्षेत्रों में तथा मानवाधिकारों की अभिवृद्धि के लिए आयोग और ऐसे अन्य आयोग की स्थापना करेगी, जिनकी परिषद् के कार्यों के पालन हेतु आवश्यकता है।"
- **अनुच्छेद-76(क):** इसके अंतर्गत न्यायसंगत प्रणाली के मूल उद्देश्यों में से एक मूल वंश, जाति, लिंग, भाषा और धर्म के आधार पर बिना भेदभाव के सभी के लिए मानवाधिकारों के प्रति और मूल स्वतंत्रताओं के प्रति आदर को प्रोत्साहित करना है।

उल्लेखनीय है कि चार्टर के अंतर्गत संयुक्त राष्ट्र को मानवाधिकारों के संबंध में केवल प्रोत्साहन देने का ही अधिकार है, कोई कार्यवाही करने का अधिकार नहीं है। चार्टर के अंतर्गत मानवाधिकारों तथा मूल स्वतंत्रताओं का केवल उल्लेख है, परंतु इनकी कोई व्यवस्था नहीं की गई है।

मानवाधिकार आयोग

संयुक्त राष्ट्र के चार्टर के अनुच्छेद 68 के अनुसार आर्थिक और सामाजिक परिषद् आर्थिक और सामाजिक क्षेत्रों में तथा मानवाधिकारों की अभिवृद्धि हेतु आयोगों की स्थापना कर सकती है। इसके अनुपालन में परिषद् ने 7 कार्यकारी आयोगों की स्थापना की, जो इस प्रकार हैं–**1.** मानवाधिकार आयोग, **2.** जनसंख्या आयोग, **3.** सांख्यिकी आयोग, **4.** सामाजिक विकास आयोग, **5.** स्त्री प्रास्थिति आयोग, **6.** अपराध निवारण एवं दंड न्याय आयोग, **7.** नारकोटिक औषधि आयोग।

उपर्युक्त 7 आयोगों में मानवाधिकारों के संरक्षण एवं अभिवृद्धि में मानवाधिकार आयोग का महत्वपूर्ण स्थान है।

मानवाधिकार आयोग की स्थापना 16 फरवरी, 1946 को आर्थिक एवं सामाजिक परिषद् के द्वारा की गई। इस आयोग में 53 सदस्य देश शामिल हैं। इन राष्ट्रों को 3 वर्ष की अवधि के लिए चुना जाता है। आयोग ने अपने कार्य जनवरी 1947 में श्रीमती फ्रैंकलिन रूजवेल्ट की अध्यक्षता में प्रारंभ किए।

मानवाधिकार आयोग के स्थापित होने के बाद आयोग को आर्थिक और सामाजिक परिषद् ने कई विषयों पर सुझाव/रिपोर्ट प्रस्तुत करने के लिए निर्देशित किया, जिनमें प्रमुख हैं–अंतर्राष्ट्रीय मानवाधिकार बिल, अल्पसंख्यकों का संरक्षण, महिलाओं की स्थिति, जाति, धर्म, लिंग भाषा के आधार पर भेदभाव की समाप्ति एवं मानवाधिकारों से संबंधित अन्य विषय आदि।

मानवाधिकार आयोग ने अपने प्रथम पत्र (1947) में 'अंतर्राष्ट्रीय अधिकार पत्र' का प्रारूप तैयार किया। आयोग द्वारा मानवाधिकारों की सार्वभौमिक घोषणा-पत्र का प्रारूप भी तैयार किया गया, जिसे 10 दिसंबर, 1948 को संयुक्त राष्ट्र महासभा ने स्वीकृत किया। उल्लेखनीय है कि वर्ष 2006 में मानवाधिकार आयोग के स्थान पर मानवाधिकार परिषद् का सृजन किया गया है।

मानवाधिकारों की सार्वभौमिक घोषणा: मानवाधिकारों के सार्वभौमिक घोषणा-पत्र का प्रारूप मानवाधिकार आयोग द्वारा तैयार किया गया, जिसे महासभा ने कुछ संशोधनों के साथ 10 दिसंबर, 1948 को स्वीकार किया। घोषणा को 10 दिसंबर को स्वीकार करने के कारण संपूर्ण विश्व में इस तारीख को 'मानवाधिकार दिवस' के रूप में मनाया जाता है। इस घोषणा को 'मानवाधिकारों का मैग्नाकार्टा' भी कहा जाता है। यह घोषणा मानवाधिकारों की सार्वभौमिकता को घोषित करती है।

मानवाधिकारों के सार्वभौमिक घोषणा-पत्र के अंतर्गत प्रस्तावना सहित कुल 30 अनुच्छेद हैं। घोषणा के अंतर्गत 21 अनुच्छेदों (अनुच्छेदों 1 से 21 तक) का संबंध सिविल व राजनीतिक अधिकारों से है, जबकि 6 अनुच्छेदों (अनुच्छेद 22 से 27 तक) का संबंध आर्थिक, सामाजिक एवं सांस्कृतिक अधिकारों से तथा शेष 3 अनुच्छेद (अनुच्छेद 28 से 30 तक) का संबंध सामान्य अधिकारों से है।

स्पष्ट है कि इस तरह इस घोषणा में न केवल राजनीतिक अधिकारों का, बल्कि आर्थिक, सामाजिक अधिकारों का भी पहली बार प्रतिपादन किया गया। यद्यपि मानवाधिकारों की यह घोषणा मानवाधिकारों के क्षेत्र में सबसे बड़ी उपलब्धि मानी जाती है, परंतु फिर भी इसकी सबसे बड़ी कमजोरी है कि यह राज्यों के ऊपर विधि की तरह बाध्यकारी नहीं है। यह एक संयुक्त राष्ट्र के राज्यों के लिए सिफारिश के रूप में है, जिसको राज्य मानने के लिए बाध्य नहीं हैं।

मानवाधिकार के उपकरण: संयुक्त राष्ट्र संघ ने मानवाधिकारों को लागू करने के लिए लगभग 70 प्रसंविदाएं, घोषणाएं, समितियां व अन्य दस्तावेज तैयार किए हैं। इन सबको 'मानवाधिकार के उपकरण' कहा जाता है। इनमें प्रमुख निम्नलिखित हैं–

- **आर्थिक, सामाजिक व सांस्कृतिक अधिकारों की अंतर्राष्ट्रीय प्रसंविदा:** इस प्रसंविदा को संयुक्त राष्ट्र महासभा ने दिसंबर, 1966 में स्वीकृत किया तथा यह प्रसंविदा 3 जनवरी, 1976 को लागू हुई। जून 2006 तक कुल 153 राज्यों ने इस प्रसंविदा का अनुसमर्थन कर दिया है। इस प्रसंविदा में कुल 31 अनुच्छेद हैं, जिन्हें पांच भागों में विभाजित किया गया है। इनमें प्रमुख अधिकार इस प्रकार हैं–काम का अधिकार, सामाजिक सुरक्षा का अधिकार, सांस्कृतिक जीवन में भाग लेने का अधिकार, श्रम संघ बनाने का अधिकार, जीवन के लिए पर्याप्त साधनों का अधिकार, शिक्षा का अधिकार, मानसिक व शारीरिक स्वास्थ्य का अधिकार एवं विज्ञान तथा संस्कृति से संबंधित अधिकार आदि।
- **सिविल एवं राजनीतिक अधिकारों की अंतर्राष्ट्रीय प्रसंविदा:** सिविल एवं राजनीतिक अधिकारों की अंतर्राष्ट्रीय प्रसंविदा को संयुक्त राष्ट्र महासभा ने दिसंबर 1966 में स्वीकार किया तथा यह प्रसंविदा 23 मार्च, 1976 को लागू हुई। जून 2006 तक कुल 156 राज्यों ने इस प्रसंविदा का अनुसमर्थन किया है। इस प्रसंविदा में कुल 53 अनुच्छेद हैं और इसे 6 भागों में विभाजित किया गया है। इनमें प्रमुख अधिकार इस प्रकार हैं–जीने का अधिकार, स्वतंत्रता और सुरक्षा का अधिकार, निवास के चयन का अधिकार, अपमानजनक व्यवहार से स्वतंत्रता, विचार और अभिव्यक्ति की स्वतंत्रता, सार्वजनिक मामलों में भाग लेने का अधिकार, विधि के समक्ष समानता एवं अल्पसंख्यकों के अधिकार आदि।
- **मानवाधिकार समिति:** सिविल एवं राजनीतिक अधिकारों की अंतर्राष्ट्रीय प्रसंविदा के भाग-4 में प्रसंविदा के क्रियान्वयन के लिए 'मानवाधिकार समिति' का प्रावधान किया गया है। इसकी पहली बैठक 20 नवंबर, 1976 को हुई। यह समिति 18 सदस्यों से मिलकर बनती है। समिति के सदस्य 4 वर्ष की अवधि के लिए निर्वाचित किए जाते हैं। यह समिति राज्यों में इस प्रसंविदा की शर्तों के पालन का अध्ययन करती है। समिति महासभा को आर्थिक एवं सामाजिक परिषद् के माध्यम से अपने कार्यकलाप की वार्षिक रिपोर्ट प्रस्तुत करती है।

- **सिविल एवं राजनीतिक अधिकारों की प्रसंविदा का प्रथम वैकल्पिक प्रोटोकॉल:** सिविल और राजनीतिक अधिकारों की प्रसंविदा की सबसे बड़ी कमी यह थी कि इसके द्वारा प्रदान किए गए अधिकारों के उल्लंघन किए जाने पर पीड़ित व्यक्ति मानवाधिकार समिति के समक्ष अपनी याचिका प्रस्तुत नहीं कर सकता था। इसी कमी को दूर करने हेतु सिविल व राजनीतिक अधिकारों की प्रसंविदा का प्रथम-वैकल्पिक प्रोटोकॉल लाया गया, जिसे संयुक्त राष्ट्र महासभा ने 1966 में अंगीकार किया। यह 23 मार्च, 1976 को लागू हुआ। इस वैकल्पिक प्रोटोकॉल में कुल 14 अनुच्छेद हैं, जिसमें पहले तीन का संबंध शिकायत प्राप्त करने, शिकायतों की विषय-वस्तु और शिकायतों की स्वीकृति से है। जून 2006 तक 105 राज्यों ने इस प्रोटोकॉल का अनुसमर्थन किया था।
- **सिविल एवं राजनीतिक अधिकारों की प्रसंविदा का द्वितीय वैकल्पिक प्रोटोकॉल:** सिविल एवं राजनीतिक अधिकारों की प्रसंविदा का द्वितीय वैकल्पिक प्रोटोकॉल संयुक्त राष्ट्र महासभा ने 15 दिसंबर, 1989 को अंगीकार किया, जिसका उद्देश्य मृत्युदंड का उन्मूलन था। यह प्रोटोकॉल 11 जुलाई, 1991 को लागू हुआ। जून 2006 तक कुल 57 राज्यों ने इस ऐच्छिक प्रोटोकॉल का अनुसमर्थन किया था।
- **विश्व मानवाधिकार सम्मेलन:** वर्ष 1968 में तेहरान में आयोजित मानवाधिकारों पर विश्व सम्मेलन के 25 वर्षों के बाद संयुक्त राष्ट्र द्वारा विश्व मानवाधिकार सम्मेलन 25 जून, 1993 को ऑस्ट्रिया की राजधानी वियना में आयोजित किया गया। इस सम्मेलन में 'वियना घोषणा' पारित किया गया, जिसमें संयुक्त राष्ट्र से अपील की गई कि अंतर्राष्ट्रीय मानवाधिकारों और ऐसी स्थितियों को बढ़ावा देने के लिए, जिनके तहत विश्वव्यापी स्तर पर मानवाधिकारों पर निगरानी रखी जा सके और उनकी रक्षा की जा सके व 'मानवाधिकार दशक' मनाने की घोषणा की जाए। घोषणा में संयुक्त राष्ट्र महासभा से मानवाधिकार उच्चायुक्त का पद बनाए जाने की सिफारिश भी की गई।
- **संयुक्त राष्ट्र मानवाधिकार उच्चायुक्त:** संयुक्त राष्ट्र महासभा द्वारा मानवाधिकारों की रक्षा के लिए 20 दिसंबर, 1993 को एक मानवाधिकार उच्चायुक्त के पद का गठन किया गया। उच्चायुक्त का पद उपमहासचिव के स्तर का रखा गया है तथा इसका कार्यकाल चार वर्ष का होता है। जोरा आयला (इक्वाडोर) प्रथम उच्चायुक्त बने थे। उच्चायुक्त का मुख्यालय जेनेवा (स्विट्जरलैंड) में तथा इसकी एक शाखा न्यूयॉर्क में भी रखी गई है।
  मानवाधिकार उच्चायुक्त को महासभा द्वारा विशेष उत्तरदायित्व प्रदान किए गए हैं, जिनमें प्रमुख इस प्रकार हैं–मानवाधिकारों को प्रदान करने तथा उनके लिए बाधाओं को हटाने में और संपूर्ण विश्व में मानवाधिकारों के उल्लंघन की निरंतरता को निवारित करने में सक्रिय भूमिका अदा करना; सभी व्यक्तियों द्वारा सिविल, सांस्कृतिक, आर्थिक, राजनैतिक और सामाजिक अधिकारों के प्रभावी उपभोग में अभिवृद्धि करना और उनका संरक्षण करना; मानवाधिकारों के क्षेत्र में संयुक्त राष्ट्र शिक्षा और लोक सूचना कार्यक्रम में समन्वय स्थापित करना; मानवाधिकारों में अभिवृद्धि व संरक्षण हेतु अंतर्राष्ट्रीय सहयोग में अभिवृद्धि करना तथा मानवाधिकारों हेतु सम्मान सुनिश्चित करने हेतु सरकारों से वार्तालाप करना आदि।
- **मानवाधिकार परिषद्:** संयुक्त राष्ट्र मानवाधिकार आयोग के स्थान पर मानवाधिकार परिषद् का सृजन 16 जून, 2006 को किया गया। मानवाधिकार परिषद् में कुल 47 सदस्य हैं। यह सीधे महासभा के अधीन हैं, जबकि मानवाधिकार आयोग आर्थिक एवं सामाजिक परिषद् के अधीन था। जेनेवा स्थित 47 सदस्यीय मानवाधिकार परिषद् में 13 देश एशिया के, 13 ही अफ्रीका के, 8 लैटिन अमेरिका व कैरीबियाई क्षेत्र के, 6 पूर्वी यूरोप के तथा शेष 7 देश पश्चिमी यूरोप व अन्य क्षेत्र के होते हैं।

मानवाधिकार परिषद् का कार्यकाल मात्र 3 वर्ष का होता है तथा प्रतिवर्ष एक-तिहाई सदस्य अपना यह कार्यकाल पूरा करते हैं। वर्ष 2006 में परिषद् के गठित किए जाने के कारण पहले व दूसरे वर्ष कार्यकाल पूरा करने वाले देशों का चिह्नांकन लॉटरी द्वारा किया गया। इनमें भारत उन देशों में शामिल रहा, जिन्हें पहले ही वर्ष रिटायर होना था। अतः महासभा ने 17 मई, 2007 को चुनाव करवाकर रिटायर होने वाले देशों के स्थान पर नए सदस्य चुने, जिनमें भारत भी शामिल रहा। इस बार भारत को पूरे 3 वर्ष तक परिषद् की सदस्यता प्राप्त हुई।

मानवाधिकार परिषद् के प्रमुख कार्य: मानवाधिकार परिषद् के प्रमुख कार्य इस प्रकार हैं–

- यह परिषद् मानवाधिकारों की अभिवृद्धि एवं संरक्षण के संबंध में सिफारिशें कर सकती हैं।
- यह मानवाधिकार शिक्षा तथा साथ-ही-साथ सलाहकारी सेवाएं एवं तकनीकी सहयोग उपलब्ध कराती हैं।
- परिषद् महासभा को वार्षिक रिपोर्ट भेजती है।
- यह मानवाधिकारों के समस्त वाद-बिंदुओं के लिए एक विचारगोष्ठी के रूप में कार्य करती है।
- यह परिषद् आपातकालीन परिस्थितियों में मानवाधिकारों के हनन की रोकथाम के लिए सहयोग एवं विचार-विमर्श के माध्यम से अपना योगदान देती है।
- परिषद् मानवाधिकार के क्षेत्र में अंतर्राष्ट्रीय विधि के विकास के लिए महासभा को सिफारिश प्रेषित करती है।

भारत में मानवाधिकार

संयुक्त राष्ट्र संघ के मानवाधिकार घोषणा-पत्र पर भारत ने 1948 में हस्ताक्षर किया था, तथापि लगभग एक वर्ष पूर्व निर्मित भारत के संविधान में मौलिक अधिकारों के माध्यम से मानवाधिकारों को मान्यता दी जा चुकी थी। संविधान के खंड तीन में विधि के समक्ष समानता (अनुच्छेद 14), धर्म, मूलवंश, जाति, लिंग अथवा जन्म-स्थान के आधार पर विभेद का निषेध (अनुच्छेद 15), अवसर की समानता (अनुच्छेद 16), अस्पृश्यता का अंत (अनुच्छेद 17), वाक् एवं अभिव्यक्ति की स्वतंत्रता (अनुच्छेद 19), अपराधों के लिए दोषसिद्धि के संबंध में संरक्षण (अनुच्छेद 20), प्राण एवं दैहिक स्वतंत्रता (अनुच्छेद 21), मानव के दुर्व्यापार एवं बलात् श्रम का प्रतिषेध (अनुच्छेद 23), कारखानों में बालकों के नियोजन पर प्रतिषेध (अनुच्छेद 24), धर्म की स्वतंत्रता (अनुच्छेद 25–28), संस्कृति और शिक्षा संबंधी अधिकार (अनुच्छेद 29–30) इत्यादि अधिकार भारत के नागरिकों (कुछ मामलों में अनागरिकों को भी) प्रदान किए गए हैं। इतना ही नहीं, संविधान में इन अधिकारों की रक्षा के लिए अनुच्छेद 32 एवं अनुच्छेद 226 में संवैधानिक उपचार भी दिए गए हैं। केंद्र सरकार द्वारा इन अधिकारों के संरक्षण तथा संयुक्त राष्ट्र संघ द्वारा घोषित किए जाने वाले मानवाधिकार संबंधी अभिसमयों, प्रसंविदाओं के सम्यक पालन हेतु तथा संबंधित उत्तरदायित्वों के सम्यक निर्वहन हेतु 1993 राष्ट्रीय मानवाधिकार आयोग का गठन किया गया है।

राष्ट्रीय मानवाधिकार आयोग

राष्ट्रीय मानवाधिकार आयोग का गठन मानव अधिकार संरक्षण अधिनियम, 1993 के अंतर्गत किया गया है। आठ सदस्यीय राष्ट्रीय मानवाधिकार आयोग का अध्यक्ष उच्चतम किसी पूर्व प्रधान न्यायाधीश को राष्ट्रपति द्वारा नियुक्त किया जाता है। आयोग के अन्य सदस्य सर्वोच्च न्यायालय के सेवानिवृत्त अथवा कार्यरत न्यायाधीश, किसी उच्च न्यायालय के सेवानिवृत्त अथवा कार्यरत मुख्य न्यायाधीश मानवाधिकार के क्षेत्र में उल्लेखनीय योगदान देने वाले दो विशेषज्ञ, राष्ट्रीय महिला आयोग, अनुसूचित जाति एवं जनजाति आयोग तथा राष्ट्रीय अल्पसंख्यक आयोग के अध्यक्ष होते हैं। आयोग के अध्यक्ष एवं सदस्यों की नियुक्ति प्रधानमंत्री की अध्यक्षता में

गठित एक समिति की अनुशंसा पर राष्ट्रपति द्वारा की जाती है। 6 सदस्यीय इस नियुक्ति समिति में प्रधानमंत्री के अतिरिक्त लोकसभा अध्यक्ष, केंद्रीय गृहमंत्री, राज्यसभा का उपसभापति, लोकसभा तथा राज्यसभा में विपक्ष के नेता सदस्य होते हैं। आयोग के अध्यक्ष एवं सदस्यों का कार्यकाल 5 वर्ष होता है, किंतु इन्हें दुबारा भी नियुक्त किया जा सकता है। अध्यक्ष एवं सदस्यों की अधिकतम आयु सीमा 70 वर्ष है। आयोग का एक महासचिव भी होता है। आयोग का मुख्यालय नई दिल्ली में है, किंतु आयोग केंद्र सरकार की सहमति से अन्यत्र भी अपने कार्यालयों की स्थापना कर सकता है। मानव अधिकार संरक्षण अधिनियम, 1993 में सभी राज्यों में राज्य मानवाधिकार आयोग के गठन का भी निर्देश है। इस आयोग का अध्यक्ष उच्च न्यायालय के पूर्व न्यायाधीश होंगे तथा तीन अन्य सदस्यों में एक सेवानिवृत्त जिला न्यायाधीश तथा दो सदस्य मानवाधिकार से संबंधित विषय के विशेषज्ञ होंगे। इन सदस्यों की नियुक्ति राज्यपाल द्वारा नियुक्ति के लिए गठित समिति की संस्तुति पर की जाती है। अभी तक सभी राज्यों द्वारा मानवाधिकार आयोग का गठन नहीं किया गया है।

राष्ट्रीय मानवाधिकार आयोग की शक्तियां एवं कार्य

राष्ट्रीय मानवाधिकार आयोग की शक्तियां एवं कार्य इस प्रकार हैं–(i) आयोग किसी पीड़ित व्यक्ति द्वारा या उसकी ओर किसी व्यक्ति द्वारा दायर की गई याचिका की जांच करेगा। आयोग के पास सिविल तथा राजनैतिक अधिकार और आर्थिक, सामाजिक तथा सांस्कृतिक अधिकार से संबंधित मानवाधिकार के उल्लंघन के परिवाद के जांच करते समय केंद्रीय अभिकरणों तथा राज्यों के अभिकरणों की सहायता प्राप्त करने की शक्ति होगी। (ii) आयोग राज्य सरकार को सूचना देकर उसके नियंत्रणाधीन किसी कारागार या किसी अन्य संस्थान में जा सकता है, जहां व्यक्ति उपचार, सुधार या संरक्षा के लिए निरुद्ध किए जाते हैं या रखे जाते हैं। आयोग को यह अधिकार अंत:वासियों की जीवन दशा का अध्ययन करने तथा उसके संबंध में सिफारिश करने के लिए प्रदान किया गया है। (iii) आयोग मानवाधिकारों के संरक्षण के लिए भारतीय संविधान या अन्य किसी विधि द्वारा या उसके अधीन उपबंधित संरक्षणों का पुनर्विलोकन करेगा और उनके क्रियान्वयन के लिए सिफारिश भी करेगा। (iv) आयोग आतंकवाद की कार्यवाही तथा अन्य कारणों को पुनर्विलोकन करेगा, जो किसी व्यक्ति के मानवाधिकारों तथा तत्समय प्रवृत्ति संरक्षणों को प्रतिषिद्ध करता है और इस संबंध में समुचित सिफारिश करेगा। (v) आयोग के पास न्यायालय के समक्ष लंबित मानवाधिकारों के हनन के आरोपों को सम्मिलित करने वाली किसी कार्यवाही में ऐसे न्यायालय के अनुमोदन से हस्तक्षेप करने की शक्ति होगी। (vi) आयोग मानवाधिकार के क्षेत्र में अनुसंधान करेगा तथा उसमें अभिवृद्धि करेगा। (vii) आयोग किसी अन्य कृत्यों का निर्वहन कर सकता है, जिसे वह मानवाधिकारों के संरक्षण के लिए आवश्यक समझता है।

मानवाधिकारों की रक्षा हेतु अन्य प्रयास

मानवाधिकारों के प्रति जनसाधारण में जागरूकता बढ़ाने तथा उनके मानवाधिकारों की रक्षा के लिए केंद्र सरकार द्वारा समय-समय पर प्रयास किया जाता रहा है। संविधान संशोधन द्वारा बच्चों के शिक्षा के अधिकार को मौलिक अधिकार के रूप में संवैधानिक मान्यता देकर केंद्र सरकार ने इस दिशा में एक बड़ा कदम उठाया है। इसके अतिरिक्त मानवाधिकार संरक्षण के क्षेत्र में कार्यरत विभिन्न स्वयं-सेवी संगठनों को केंद्र सरकार अनुदान देकर इस दिशा में प्रोत्साहन देती है। कुछ विशिष्ट वर्गों के अधिकारों की रक्षा तथा उनके उत्थान के लिए विशेष सुझाव आमंत्रित करने हेतु केंद्र सरकार द्वारा विभिन्न आयोगों का गठन किया गया है। संविधान के 65वें संशोधन अधिनियम, 1990 द्वारा अनुसूचित जाति एवं अनुसूचित जनजाति के लोगों के उत्थान के लिए राष्ट्रीय अनुसूचित जाति-जनजाति आयोग के गठन की व्यवस्था की गई है। इसी प्रकार संविधान की धारा 15(4) में किए गए प्रावधानों तथा सर्वोच्च न्यायालय के 16 नवंबर, 1993 के मंडल आयोग से संबंधित फैसले के क्रम में पिछड़े वर्गों के लोगों के हितों की रक्षा तथा उन्हें सुरक्षा एवं न्याय दिलाने हेतु 14 अगस्त, 1993 को 'राष्ट्रीय पिछड़ा वर्ग आयोग' का गठन भी किया गया है। इसी प्रकार महिलाओं के संवैधानिक एवं कानूनी अधिकारों के प्रभावी क्रियान्वयन तथा उनके उल्लंघन के मामलों की छान-बीन और परीक्षण हेतु वर्ष 1992 में 'राष्ट्रीय महिला आयोग' का गठन किया गया है। देश में धार्मिक अल्पसंख्यकों के संवैधानिक हितों की रक्षा, उनके कल्याण के लिए चलाए जा रहे कार्यक्रमों के प्रभावी क्रियान्वयन को सुनिश्चित करने के उद्देश्य से जनवरी, 1978 में अल्पसंख्यक आयोग का गठन किया गया। 1992 में इसे 'राष्ट्रीय अल्पसंख्यक आयोग' के रूप में पुनर्गठित कर अल्पसंख्यकों के अधिकारों की सुरक्षा को सुनिश्चित करने का प्रयास किया गया है। इसी प्रकार कारखानों तथा जोखिम वाले उद्योगों में कार्यरत बाल श्रमिकों के अधिकारों की रक्षा तथा उनके पुनर्वास हेतु सर्वोच्च न्यायालय के एक निर्णय के आलोक में बाल श्रमिक पुनर्वास कोष की स्थापना केंद्र सरकार द्वारा की गई है। मानवाधिकारों की संरक्षा के लिए यद्यपि केंद्र सरकार द्वारा काफी प्रयास किया गया है और इसके परिणाम भी अच्छे मिले हैं, तथापि इस दिशा में अभी बहुत कुछ किया जाना शेष है।

निष्कर्ष

उपर्युक्त विवेचना से स्पष्ट होता है कि अंतर्राष्ट्रीय स्तर पर मानवाधिकार से संबंधित अंतर्राष्ट्रीय बिल, विभिन्न प्रसंविदाएं एवं मानवाधिकार से संबंधित विभिन्न संगठनों के सक्रिय होने के बावजूद भी मानवाधिकारों का खुला उल्लंघन हो रहा है। यह वास्तविकता है कि न केवल विकासशील देशों में, बल्कि विकसित देशों में भी मानवाधिकारों का उल्लंघन हो रहा है। यह विडंबना है कि मानवाधिकारों का सर्वाधिक हितैषी कहा जाने वाला देश अमेरिका ही मानवाधिकारों के उल्लंघन का सबसे बड़ा दोषी है।

वैश्विक स्तर पर मानवाधिकारों के विकास का घटनाक्रम

क्र.सं.	तिथि	देश/संस्था का नाम	घटना का विवरण
1.	12 जून, 1215	ब्रिटेन	मानवाधिकारों के लिए संघर्ष का ऐतिहासिक रूप में प्रमाण 12 जून, 1215 की उस घटना से मिलता है, जब ब्रिटेन के तत्कालीन सम्राट जॉन को उसके सामन्तों द्वारा मानवाधिकारों को मान्यता देने वाले घोषणा पत्र पर हस्ताक्षर करने के लिए विवश किया गया, इसे इतिहास में 'मैग्नाकार्टा' के नाम से जाना जाता है।
2.	1689	ब्रिटेन	ब्रिटेन की संसद तत्कालीन सम्राट् विलियम से एक अधिकार-पत्र (Bill of Rights) पर हस्ताक्षर कराने में सफल रही, जो मानवाधिकारों के क्षेत्र में मील का पत्थर सिद्ध हुआ।
3.	1766	स्वीडन	स्वीडन सूचना के अधिकार (Right to Information) का कानून बनाने वाला विश्व का पहला देश बना।
4.	4 जुलाई, 1776	सं. रा. अमेरिका	अमेरिकी क्रांति के बाद स्वाधीनता की घोषणा की गई, जिसमें कहा गया कि "सभी मनुष्य जन्म से समान पैदा हुए हैं।"
5.	1789	फ्रांस	फ्रांस की क्रांति के बाद फ्रांस की राष्ट्रीय सभा ने 1789 में 'राइट्स ऑफ मैन एंड सिटीजन' की घोषणा की।
6.	1791	सं. रा. अमेरिका	अमेरिकी संविधान में वर्ष 1791 में प्रथम 10 संशोधनों द्वारा नागरिकों के मूल अधिकार को संविधान का अंग बनाया गया। यह 10 संशोधन सामूहिक रूप से अधिकार-पत्र (बिल ऑफ राइट्स) कहलाए।
7.	1917	रूस	रूस की 1917 की क्रान्ति के बाद सर्वहाराओं के लिए मूल अधिकारों की घोषणा की गई।

8.	1931	भारत	भारतीय राष्ट्रीय कांग्रेस के 1931 के कराची अधिवेशन में अधिकारों की मांग की गई।
9.	6 जनवरी, 1941	सं. रा. अमेरिका	अमेरिकी राष्ट्रपति फ्रैंकलिन रूजवेल्ट के द्वारा मानवाधिकारों के संबंध में एक घोषणा की गई, जिसमें 4 स्वतंत्रताओं की घोषणा की गई।
10.	24 अक्टूबर, 1945	अंतर्राष्ट्रीय स्तर पर	संयुक्त राष्ट्र दिवस (United Nations Day) के रूप में मनाया जाता है, क्योंकि इसी दिन संयुक्त राष्ट्र संघ की स्थापना की गई थी।
11.	11 फरवरी, 1946	संयुक्त राष्ट्र संघ	संयुक्त राष्ट्र आर्थिक एवं सामाजिक परिषद् द्वारा मानवाधिकार आयोग (Human Rights Commission) की स्थापना की गई।
12.	1946	संयुक्त राष्ट्र संघ	आर्थिक एवं सामाजिक परिषद् द्वारा 'महिलाओं की हैसियत पर आयोग' (The Commision on the Status of Women) की स्थापना की गई।
13.	1947	संयुक्त राष्ट्र संघ	संयुक्त राष्ट्र द्वारा 'अल्पसंख्यकों पर उप-आयोग' की स्थापना की गई।
14.	10 दिसंबर, 1948	अंतर्राष्ट्रीय स्तर पर	संयुक्त राष्ट्र की महासभा ने 10 दिसंबर, 1948 को 'मानवाधिकारों के सार्वभौमिक घोषणा-पत्र' (Universal Declaration of Human Rights) को स्वीकार किया। अत: इसी दिन प्रत्येक वर्ष 'मानवाधिकार दिवस' के रूप में मनाया जाता है। मानवाधिकारों के इस घोषणा-पत्र में कुल 30 अनुच्छेद हैं। इसे 'मानवाधिकारों का मैग्नाकार्टा' भी कहते हैं।
15.	1949	संयुक्त राष्ट्र संघ	संयुक्त राष्ट्र द्वारा युद्धबंदियों (OPW) से संबंधित जेनेवा प्रसंविदा (Genava Convention) स्वीकार की गई।
16.	1950	भारत	भारत के संविधान के भाग-3 (अनुच्छेद 12 से 35 तक) में मूल अधिकार को शामिल किया गया। संविधान के भाग-3 के मूल अधिकारों को 'भारत का अधिकार पत्र' (Magna Carta) कहा जाता है।
17.	4 नवंबर, 1950	यूरोपीय देश	यूरोपीय मानवाधिकार प्रसंविदा को 4 नवंबर, 1950 को अंगीकार किया गया, जो 3 सितंबर, 1953 से लागू हुई।
18.	1951	संयुक्त राष्ट्र संघ	शरणार्थियों की प्रस्थिति से संबंधित प्रसंविदा (1951) बनाई गई, जो 22 अप्रैल, 1954 को लागू हुई।
19.	1952	संयुक्त राष्ट्र संघ	संयुक्त राष्ट्र महासभा ने 'महिलाओं के राजनैतिक अधिकारों पर प्रसंविदा' को अंगीकार किया।
20.	1954	यूरोपीय देश	यूरोपीय मानवाधिकार आयोग (European HR Commission) की स्थापना की गई।
21.	1955	संयुक्त राष्ट्र संघ	संयुक्त राष्ट्र द्वारा कैदियों के सुधार से संबंधित 'न्यूनतम मानक नियम' बनाए गए।
22.	20 नवंबर, 1959	संयुक्त राष्ट्र संघ	संयुक्त राष्ट्र महासभा ने बाल अधिकारों की घोषणा की।
23.	1961	एमनेस्टी इंटरनेशनल	मानवाधिकारों के संरक्षण हेतु अंतर्राष्ट्रीय संस्था 'एमनेस्टी इंटरनेशनल' की स्थापना हुई।
24.	18 अक्टूबर, 1961	यूरोपीय देश	यूरोपीय सामाजिक चार्टर पर 18 अक्टूबर, 1961 को (ट्रीन में) हस्ताक्षर किए गए। यह 26 फरवरी, 1965 को लागू हुआ।
25.	1966	संयुक्त राष्ट्र संघ	प्रजातीय भेदभाव की समाप्ति हेतु संयुक्त राष्ट्र-अंतर्राष्ट्रीय कंवेंशन।
26.	1966	संयुक्त राष्ट्र संघ	संयुक्त राष्ट्र महासभा द्वारा 'सिविल और राजनीतिक अधिकारों पर अंतर्राष्ट्रीय प्रसंविदा' तथा 'आर्थिक, सामाजिक और सांस्कृतिक अधिकारों पर अंतर्राष्ट्रीय प्रसंविदा' दिसंबर 1966 में स्वीकार की गई, जबकि यह दोनों प्रसंविदाएं 1976 में प्रभावी हो सकीं।
27.	दिसंबर 1966	संयुक्त राष्ट्र संघ	संयुक्त राष्ट्र महासभा द्वारा 'सिविल एवं राजनीतिक अधिकारों की अंतर्राष्ट्रीय प्रसंविदा का प्रथम वैकल्पिक प्रोटोकॉल (CCPR-OP1) दिसंबर 1966 में स्वीकार/अंगीकार किया गया, जो 23 मई, 1776 को लागू हुआ।
28.	7 नवंबर, 1967	संयुक्त राष्ट्र संघ	संयुक्त राष्ट्र महासभा ने महिलाओं के विरुद्ध भेदभाव की समाप्ति की घोषणा अंगीकृत की।
29.	1968	संयुक्त राष्ट्र संघ	तेहरान (ईरान) में विश्व मानवाधिकार सम्मेलन (HR Summit) का आयोजन हुआ।
30.	दिसंबर 1968	क्षेत्रीय स्तर पर	बेरुत में 'अरब लीग' का मानवाधिकारों पर अरब क्षेत्रीय सम्मेलन आयोजित किया गया और एक स्थायी 'अरब मानवाधिकार आयोग' की स्थापना बेरुत में की गई।
31.	22 नवंबर, 1969	क्षेत्रीय स्तर पर	मानवाधिकारों के अंतर-अमेरिकी सम्मेलन में अमेरिकी मानवाधिकार प्रसंविदा 22 नवंबर, 1969 को अंगीकार की गई, जो 11 जुलाई, 1978 को लागू हुई।
32.	जनवरी 1971	कॉमनवेल्थ देश	कॉमनवेल्थ राष्ट्रों की सरकारों के अध्यक्षों की एक बैठक जनवरी 1971 में सिंगापुर में हुई, जिसमें घोषणा की गई कि हम सब प्रकार के औपनिवेशिक प्रभुत्व और जातीय दमन का विरोध करते हैं।
33.	मई 1974	संयुक्त राष्ट्र संघ	संयुक्त राष्ट्र महासभा के विशेष अधिवेशन में 'नई अंतर्राष्ट्रीय आर्थिक व्यवस्था' (NIEO) की स्थापना हेतु घोषणा पारित की गई।
34.	12 दिसंबर, 1974	संयुक्त राष्ट्र संघ	संयुक्त राष्ट्र महासभा ने 12 दिसंबर, 1974 को अपने अधिवेशन में एक संकल्प अंगीकार किया, जो 'आर्थिक अधिकार तथा कर्तव्य चार्टर' के रूप में जाना जाता है।
35.	9 दिसंबर, 1975	संयुक्त राष्ट्र संघ	संयुक्त राष्ट्र द्वारा विकलांगों के अधिकारों की घोषणा की गई।
36.	1975	संयुक्त राष्ट्र संघ	महिलाओं के उत्थान हेतु 'अंतर्राष्ट्रीय शोध एवं प्रशिक्षण संस्थान' की स्थापना संयुक्त राष्ट्र महासभा द्वारा की गई।
37.	1976	अंतर्राष्ट्रीय स्तर पर	महिलाओं हेतु 'संयुक्त राष्ट्र विकास निधि' (UN Development Fund for Women) की स्थापना की गई।
38.	20 नवंबर, 1976	संयुक्त राष्ट्र संघ	'सिविल एवं राजनीतिक अधिकारों की अंतर्राष्ट्रीय प्रसंविदा' (1966) के क्रियान्वयन हेतु मानवाधिकार समिति (Human Right Committee) का गठन किया गया।
39.	1978	ह्यूमन राइट्स वॉच	'ह्यूमन राइट्स वॉच' (Human Rights Watch) की स्थापना की गई।
40.	अगस्त 1979	कॉमनवेल्थ देशों की बैठक	कॉमनवेल्थ राष्ट्रों की सरकारों के अध्यक्षों की एक बैठक अगस्त 1779 में लुसाका में हुई, जिसमें घोषणा की गई कि हम सब रंगभेद को बनाए रखने की नीतियों को अमानवीय मानकर अस्वीकार करते हैं।

41.	18 दिसंबर, 1979	संयुक्त राष्ट्र संघ	'महिलाओं के विरुद्ध सभी प्रकार के भेदभाव की समाप्ति पर प्रसंविदा' (CEDAW) महासभा द्वारा 18 दिसंबर, 1979 को अंगीकृत की गई, जो सितंबर 1981 में लागू हुई।
42.	27 जून, 1981	क्षेत्रीय स्तर पर	'अफ्रीकी चार्टर' जिसे 'बुजल चार्टर' के नाम से भी जाना जाता है, को 27 जून, 1981 को अंगीकार किया गया और यह 21 अक्टूबर, 1986 को लागू हुआ।
43.	3 दिसंबर, 1982	संयुक्त राष्ट्र संघ	संयुक्त राष्ट्र ने अपने प्रस्ताव के द्वारा 'विकलांगों के लिए विश्वव्यापी कार्यक्रम' तैयार किया।
44.	1984	संयुक्त राष्ट्र संघ	उत्पीड़न एवं अन्य अमानवीय या अपमानजनक व्यवहार रोकने से संबंधित प्रसंविदा स्वीकार की गई।
45.	29 नवंबर, 1985	संयुक्त राष्ट्र संघ	बाल न्याय प्रशासन हेतु संयुक्त राष्ट्र के स्टैण्डर्ड मिनिमम रूल्स (Beijing Rules) महासभा द्वारा स्वीकार किए गए।
46.	1986	संयुक्त राष्ट्र संघ	विकास के अधिकार (Right to Development) की घोषणा संयुक्त राष्ट्र महासभा द्वारा की गई।
47.	19 दिसंबर, 1988	संयुक्त राष्ट्र संघ	संयुक्त राष्ट्र महासभा ने बंदीगृह में रखे गए सभी व्यक्तियों की रक्षा से संबंधित नियमों को स्वीकार किया।
48.	20 नवंबर, 1989	संयुक्त राष्ट्र संघ	महासभा द्वारा बालकों के अधिकारों की सुरक्षा के लिए 'बाल अधिकार प्रसंविदा' (CRC) 20 नवंबर, 1989 को स्वीकार की गई, जो 2 सितंबर, 1990 को लागू हुई।
49.	15 दिसंबर, 1989	संयुक्त राष्ट्र संघ	महासभा द्वारा 'सिविल एवं राजनीतिक अधिकारों की अंतर्राष्ट्रीय प्रसंविदा का द्वितीय वैकल्पिक प्रोटोकॉल (CCPR-OP2) 15 दिसंबर, 1989 में स्वीकार किया गया, जो 11 जुलाई, 1991 को लागू हुआ।
50.	1990	संयुक्त राष्ट्र संघ	सभी विस्थापित श्रमिकों एवं उनके परिवारजन के अधिकारों की रक्षा के बारे में प्रसंविदा (1990) स्वीकार की गई।
51.	18 दिसंबर, 1991	संयुक्त राष्ट्र संघ	महासभा द्वारा 'स्वैच्छिक मानवाधिकार न्यास कोष' की स्थापना करने की घोषणा की गई।
52.	1992	संयुक्त राष्ट्र संघ	राष्ट्रीय अथवा जातीय, धार्मिक एवं भाषायी अल्पसंख्यकों से संबंधित व्यक्तियों के अधिकारों की संयुक्त राष्ट्र घोषणा 1992 में की गई।
53.	25 जून, 1993	संयुक्त राष्ट्र संघ	संयुक्त राष्ट्र के तत्वावधान में वियना (आस्ट्रिया) में विश्व मानवाधिकार सम्मेलन (World Human Rights Summit) का आयोजन हुआ।
54.	20 दिसंबर, 1993	संयुक्त राष्ट्र संघ	महासभा ने मानवाधिकारों की रक्षा के लिए दिसंबर 1993 में एक मानवाधिकार उच्चायुक्त (High Commission on Human Rights) का गठन किया।
55.	1993	भारत	भारतीय संसद ने मानवाधिकारों के संरक्षण हेतु मानवाधिकार संरक्षण अधिनियम (HR Protection Act), 1993 में पारित किया, जिसके तहत 'राष्ट्रीय मानवाधिकार आयोग' (Human Rights Commission—NHRC) की स्थापना की गई।
56.	1994	संयुक्त राष्ट्र संघ	संयुक्त राष्ट्र मानवाधिकार उच्चायुक्त ने वर्ष 1994 में 'मानवाधिकार हॉट लाइन' (HR Hotline) की स्थापना की।
57.	1994–2004	अंतर्राष्ट्रीय स्तर पर	संयुक्त राष्ट्र महासभा द्वारा 'मानवाधिकार शिक्षा दशक' घोषित किया गया।
58.	1996	क्षेत्रीय स्तर पर	'राष्ट्रीय मानवाधिकार संस्थाओं के एशिया पैसिफिक फोरम' (Asia Pacific Forum), 1996 में ऑस्ट्रेलिया में स्थापित किया गया।
59.	2001	संयुक्त राष्ट्र संघ	मानवाधिकारों के क्षेत्र में उल्लेखनीय कार्य करने हेतु 'संयुक्त राष्ट्र संघ' को वर्ष 2001 का 'नोबेल शांति पुरस्कार' (Nobel Peace Prize) प्रदान किया गया।
60.	16 जून, 2006	मानवाधिकार परिषद	संयुक्त राष्ट्र मानवाधिकार आयोग के स्थान पर 'मानवाधिकार परिषद्' (Human Rights Council) की स्थापना की गई।
61.	मई 2007	भारत	भारत को मानवाधिकार परिषद् की (पूरे तीन वर्षों तक) सदस्यता प्राप्त हुई।

स्मरणीय तथ्य

- वर्तमान मानवाधिकार संबंधी गतिविधियां वास्तव में द्वितीय विश्व युद्ध का परिणाम हैं।
- मानवाधिकार ऐसे अधिकार हैं, जो प्रत्येक व्यक्ति को मानव होने के नाते प्राप्त होते हैं,
- मानवाधिकारों एवं मानव गरिमा की धारणा के मध्य घनिष्ठ संबंध है, अर्थात् वह अधिकार जो मानव गरिमा को बनाए रखने के लिए आवश्यक हैं, उन्हें मानवाधिकार कहा जाता है।
- अधिकारों से संबंधित प्राकृतिक सिद्धांत सबसे पुराना सिद्धांत है, जो अधिकारों को प्रकृति की देन मानता है।
- अधिकारों के ऐतिहासिक सिद्धांत के अनुसार अधिकार इतिहास की देन है। यहां पर इतिहास का अर्थ रीति-रिवाजों तथा प्रथाओं से है।
- अधिकारों के आदर्शवादी सिद्धांत को व्यक्तिवादी सिद्धांत भी कहा जाता है।
- संयुक्त राष्ट्र संघ के मानवाधिकार घोषणा पत्र द्वारा विश्व के प्रत्येक व्यक्ति को कुल 30 अधिकार प्राप्त हैं।
- संयुक्त राष्ट्र के चार्टर के अनुच्छेद 68 के अनुसार आर्थिक और सामाजिक परिषद् आर्थिक और सामाजिक क्षेत्रों में तथा मानवाधिकारों की अभिवृद्धि हेतु आयोगों की स्थापना कर सकती है।
- मानवाधिकार आयोगों की स्थापना 16 फरवरी, 1946 को आर्थिक एवं सामाजिक परिषद् के द्वारा की गई।
- संयुक्त राष्ट्र संघ ने मानवाधिकारों को लागू करने के लिए लगभग 70 प्रसंविदाएं, घोषणाएं, समितियां व अन्य दस्तावेज तैयार किए हैं।
- मानवाधिकार परिषद् का कार्यकाल मात्र 3 वर्ष का होता है तथा प्रतिवर्ष एक-तिहाई सदस्य अपना यह कार्यकाल पूरा करते हैं।
- राष्ट्रीय मानवाधिकार आयोग का गठन मानव अधिकार संरक्षण अधिनियम, 1993 के अंतर्गत किया गया है।
- मानवाधिकारों के प्रति जनसाधारण में जागरूकता बढ़ाने तथा उनके मानवाधिकारों की रक्षा के लिए केंद्र सरकार द्वारा समय-समय पर प्रयास किया जाता रहा है।

□□□

भाग-XVI

संवैधानिक योजनाएं या व्यवस्थाएं

अध्याय 1

ब्रिटेन की संवैधानिक योजनाएं एवं व्यवस्थाएं

ब्रिटेन की संवैधानिक योजनाएं एवं व्यवस्थाएं

तुलनात्मक शासन-प्रशासन तथा राजनीति का अध्ययन करने के लिए ब्रिटिश राजव्यवस्था के स्वरूप एवं संचालन का ज्ञान प्राप्त करना आवश्यक है। ध्यातव्य है कि राजनीतिक व्यवस्थाओं के अध्ययन का प्रारंभ ही ब्रिटिश राजव्यवस्था से होता है। विश्व के संविधानों में ब्रिटिश संविधान को केंद्रीय स्थान प्राप्त है तथा मुनरो जैसे विशेषज्ञ ने इसे संविधान की जननी तक कह डाला है। इसकी संवैधानिक पद्धति संसार की सबसे पुरानी लोकतांत्रिक पद्धति है। आधुनिक राज्यों ने इसे किसी न किसी रूप में अपनाया है। कनाडा, ऑस्ट्रेलिया, भारत, न्यूजीलैंड तथा दक्षिण अफ्रीका आदि राज्यों के संविधान ब्रिटिश संविधान पर आधारित हैं। विश्व के विभिन्न देशों ने ब्रिटिश शासन पद्धति के जिन प्रमुख सिद्धांतों को अपनाया है, उनमें संसदीय पद्धति, विधि का शासन, स्थानीय शासन की संस्थाएं, अध्यक्ष की निष्पक्षता, न्यायपालिका की स्वतंत्रता, एकल नागरिकता आदि प्रमुख हैं। एडक्स के अनुसार, ''ब्रिटिश संविधान ने समस्त पृथ्वी की परिक्रमा की है और सभ्य मानव की सामान्य संपत्ति बन गया है।'' ब्रिटिश राजनीतिक प्रक्रिया संसदीय तथा लोकतांत्रिक है। ब्रिटेन एक संसदीय राजतंत्र के रूप में स्थापित है, परंतु ब्रिटिश संसदीय प्रणाली की विशेषताओं का अवलोकन करने से स्पष्ट होता है कि राजा अथवा रानी कार्यकारिणी का नाममात्र का मुखिया है तथा वास्तविक सत्ता प्रधानमंत्री तथा मंत्रिमंडल के हाथों में है। प्रधानमंत्री तथा मंत्रिमंडल के सदस्य अन्य सदस्यों में से चुने जाते हैं तथा इसी के प्रति उत्तरदायी होते हैं। अत: ब्रिटिश संसदीय व्यवस्था का विस्तृत ज्ञान प्राप्त करने के लिए यहां की तीन राजनीतिक समस्याओं से परिचित होना आवश्यक है—राजतंत्र (क्राउन), मंत्रिमंडल तथा संसद।

कार्यपालिका: राजमुकुट

ब्रिटेन में राजा का पद या राजमुकुट (क्राउन) अत्यंत प्राचीन है और इतिहास के विभिन्न चरणों में संवैधानिक विकास के फलस्वरूप राजा की स्थिति में जितना परिवर्तन हुआ है, उतना अन्य किसी पद में नहीं हुआ है। प्राचीनकाल का शक्तिशाली राजा आज अपनी वास्तविक शक्तियां खो बैठा है। वर्तमान में राजतंत्र का लोकतंत्रीकरण हो चुका है और अब वह मात्र संवैधानिक या औपचारिक शासक के रूप में ही सीमित रह गया है। इससे संबंधित प्रमुख तथ्य निम्नवत् हैं—

- राजमुकुट या क्राउन एक संस्था है जबकि राजा एक व्यक्ति है जो राजपद को सुशोभित करता है और राजमुकुट रूपी संस्था में निहित शक्तियों का प्रयोग करता है। राजमुकुट वह संस्था है जो शासन का प्रतीक है। इसमें व्यवस्थापिका, कार्यपालिका और न्यायपालिका तीनों की शक्तियां सम्मिलित हैं। राजा इस संस्था का एक अंग मात्र है जिसके पास कोई वास्तविक शक्ति नहीं होती है। वह नाममात्र की कार्यपालिका है।
- ब्रिटेन में राजतंत्र एक प्राचीन संस्था है, इसका उदय एंग्लो-सेक्शन के काल में नवीं शताब्दी के प्रारंभ में हुआ तथा तब से आज तक चला आ रहा है। केवल 1649 से 1660 तक इंग्लैंड में कुछ समय के लिए गणराज्य शासन की स्थापना की गई। प्रारंभ की कुछ शताब्दियों में राजा के पास निरंकुश शक्तियां थीं तथा वह स्वेच्छाचारी ढंग से कार्य करता था। 1215 में मैग्नाकार्टा जारी होने के बाद राजा की शक्तियों पर कुछ प्रतिबंध लगाए गए, परंतु प्राय: राजा मनमानी करते रहे। 1649 के गृहयुद्ध तथा 1688 की रक्तहीन क्रांति के पश्चात् राजा की शक्तियां सीमित हो गईं। राजतंत्र पूर्णत: संसद के अधीन हो गया। इस प्रकार वह धीरे-धीरे वैधानिक राजतंत्र में परिवर्तित हो गया। यही कारण है कि आज भी ब्रिटेन में प्रजातंत्र होने के बाद भी राजतंत्र बना हुआ है।
- आज भी वर्तमान परिप्रेक्ष्य में देश की समस्त शासन व्यवस्था राजा के नाम से चलाई जाती है। वह कार्यपालिका का प्रधान, न्यायपालिका का प्रधान, विधानमंडल का अभिन्न अंग, सभी सेनाओं का महासेनापति तथा इंग्लैंड के स्थापित चर्च का पूर्णकालिक अध्यक्ष है, परंतु व्यवहार में इन शक्तियों का प्रयोग राज्य के अन्य अधिकारियों द्वारा किया जाता है। यह भी महत्वपूर्ण है कि व्यक्तिगत रूप में राजा की शक्तियों में भले ही कमी हुई है, परंतु राजतंत्र अभी भी बहुत शक्तिशाली है।
- इंग्लैंड के संविधान का समस्त विकास राजा नामक व्यक्ति से ताज रूपी संस्था के बीच की घटनाओं पर आधारित है। राजा जिस मुकुट को धारण करता था, इसे सामान्यत: ताज कहा गया है। किंतु वर्तमान काल में जब हम ब्रिटिश व्यवस्था में ताज शब्द का प्रयोग करते हैं, तो उसका अभिप्राय उस मुकुट से नहीं अपितु उस पद से है जिसको वह धारण करता है। जब समस्त कार्य राजा द्वारा ही संपन्न किए जाते थे। तब राज और ताज में कोई अंतर नहीं था। राजा का महत्व कम नहीं हुआ, परंतु वह उन परंपराओं से बंध गया है जो उसके पद की कार्यपद्धति से जुड़ी हुई थीं। यह सत्य है कि आज रानी स्वयं ताज नहीं है, परंतु वह उससे पूर्णतया पृथक् भी नहीं है, वह ताज का एक अटूट अंग है। उसकी समस्त शक्तियां स्वयं उसके द्वारा नहीं अपितु सम्राट के नाम पर ताज, मंत्रियों अधिकारियों और संसद के द्वारा संपन्न की जाती हैं। संक्षेप में, वे सभी व्यक्ति जो सामूहिक रूप से ताज की शक्तियों का उपभोग करते हैं, ताज कहलाते हैं।

राजमुकुट अथवा क्राउन की शक्तियां

क्राउन अथवा मुकुट को बहुत ही व्यापक शक्तियां प्राप्त हैं। ये शक्तियां मुकुट को प्रमुखतया दो स्रोतों, शाही परमाधिकार तथा अधिनियमों से प्राप्त हुई हैं। परमाधिकार से हमारा आशय उन शक्तियों से है जो संसद के उदय से पूर्व राजा के पास व्यक्तिगत रूप में थीं तथा जिन्हें धीरे-धीरे संसद ने सीमित कर दिया, परंतु फिर भी कुछ शक्तियां उसके हाथ में रह गईं।

प्रो. डायसी के मतानुसार, "शाही परमाधिकार क्राउन के विवेकीय क्षेत्र की वह अवशिष्ट शक्तियां हैं जो किसी समय ताज के हाथों में कानूनी तौर पर छोड़ दी गई थीं"। इस प्रकार की शक्तियों में संसद का अधिवेशन बुलाने तथा उसे स्थगित करने, कॉमंस सभा को भंग करने, युद्ध की घोषणा करने जैसे कार्य सम्मिलित हैं। दूसरे प्रकार की शक्तियां मुकुट को संसद के अधिनियमों के अंतर्गत प्राप्त हुई हैं। सच तो यह है कि संसद के हर अधिनियम के साथ मुकुट की शक्तियों में वृद्धि होती है। यहां पर यह स्पष्ट कर देना आवश्यक है कि मुकुट अथवा क्राउन की सभी शक्तियों का प्रयोग रानी स्वयं नहीं करती। इनका प्रयोग वास्तव में मंत्रिमंडल द्वारा किया जाता है जो कि जनता द्वारा निर्वाचित संस्था है। अत: हम कह सकते हैं कि वास्तव में ताज की शक्तियों का प्रयोग जनता द्वारा ही किया जाता है।

कार्यकारी शक्तियां

- क्राउन देश की मुख्य कार्यपालिका है तथा देश का समस्त शासन इसी के नाम से चलाया जाता है। शासन को भली-भांति चलाने के लिए अनेक असैनिक तथा सैनिक अधिकारियों की नियुक्ति की जाती है। इन अधिकारियों में प्रधानमंत्री, मंत्री, राजदूत, सशस्त्र सेनाओं के उच्च पदाधिकारी, जज इत्यादि शामिल हैं। जजों को छोड़कर बाकी सभी पदाधिकारियों को उनके पद से हटाने का अधिकार भी ताज (क्राउन) के पास है।
- मुकुट अथवा ताज ब्रिटेन की जल, थल और वायु सेना का सर्वोच्च सेनानायक होता है तथा यह तीनों अंग उसके नियंत्रण में कार्य करते हैं। अधिराज्यों के महा राज्यपालों की नियुक्ति भी क्राउन द्वारा ही की जाती है। संसद द्वारा पास किए गए विधेयकों को लागू करने का उत्तरदायित्व भी मुकुट (क्राउन) पर ही है। संसद द्वारा स्वीकृति विनियोजनों के अनुसार धन खर्च करना भी क्राउन का कार्य है।

राजा तथा राजमुकुट में अंतर

ब्रिटिश शासन व्यवस्था का एक मौलिक तथ्य राजा और मुकुट में भेद है। इस संबंध में ग्लैडस्टोन का मत था कि "ब्रिटिश शासन की भाषा में अनेक सूक्ष्म भेद हैं, परंतु उनमें से कोई भी इतना महत्वपूर्ण नहीं है जितना कि राजा तथा मुकुट का भेद है।" इन दोनों के भेद को समझने के लिए मुकुट का सही अर्थ जान लेना आवश्यक है। मुकुट अथवा ताज क्राउन का शाब्दिक अर्थ है–वह ताज जिसे राजा राजपद के प्रतीक के रूप में धारण करता है। मुनरो का कथन है, "क्राउन एक कृत्रिम और विविध व्यक्ति है, यह न शरीर धारण करता है और न ही मरता है।" सर सिडनी लो ने क्राउन को एक सुविधाजनक काम चलाऊ कल्पना का नाम प्रदान किया है। वेड तथा फिलिप के अनुसार, "क्राउन शब्द शासन की समस्त शक्तियों का प्रतीक तथा कार्यपालिका का पर्यायवाची है। राजा तथा क्राउन का अंतर इस घोषणा से स्पष्ट हो जाता है जो राजा की मृत्यु पर की जाती है–"राजा मर गया है, राजा चिरायु रहे"। इस घोषणा में पहली बार राजा शब्द का प्रयोग उस व्यक्ति-विशेष के लिए किया जाता है जिसका निधन हुआ है तथा दूसरी बार राजा शब्द का प्रयोग राजा की संस्था अथवा क्राउन के लिए किया जाता है। इसका अभिप्राय यह है कि राजा की संस्था किसी राजा की मृत्यु या पदासीन होने पर भी चलती रहती हैं। दोनों में प्रमुखतया निम्नलिखित भेद हैं–**1.** राजा एक व्यक्ति है जो सिंहासन पर बैठता है तथा उसका त्याग कर सकता है। उसकी अपनी एक स्वतंत्र इच्छा होती है। क्राउन या मुकुट एक संस्था है जिसकी अपनी कोई इच्छा नहीं होती है। **2.** राजा एक नश्वर प्राणी है जिसकी मृत्यु हो सकती है। क्राउन एक स्थायी संस्था है और राजा की मृत्यु से इसकी स्थिति में कोई अंतर नहीं आता। ऑग के शब्दों में, "यह वह संस्था है जिसे वे सभी विशेष अधिकार और शक्तियां सौंप दी गई हैं जो कभी राजा को व्यक्तिगत रूप से प्राप्त थीं।" दूसरे शब्दों में, क्राउन में राजा के अतिरिक्त मंत्रिमंडल के सदस्य तथा संसद भी सम्मिलित है। **3.** राजा एक साधारण मनुष्य है जिसे देखा जा सकता है, परंतु क्राउन एक संस्था है जिसकी केवल कल्पना की जा सकती है।

प्रशासन का निर्देशन

संयुक्त राज्य अमेरिका के राष्ट्रपति की भांति ही राजमुकुट का सबसे प्रमुख कार्य प्रशासन का निर्देशन करना है। वह समस्त राष्ट्रीय कानूनों को क्रियान्वित करता है और सभी प्रशासनिक विभागों और सरकारी कर्मचारियों के कार्यों की निगरानी करता है। वही उच्च कार्यपालिका, प्रशासनिक अधिकारियों, न्यायाधीशों तथा सैनिक अधिकारियों की नियुक्ति करता है।

- मंत्रियों की नियुक्ति प्रधानमंत्री के परामर्श के अनुसार की जाती है। प्रधानमंत्री की नियुक्ति राजा का महत्वपूर्ण अधिकार है और यह परंपरा है कि वह लोकसदन के बहुमत दल के नेता को इस पद पर नियुक्त करें। यदि लोक सदन में सरकार पराजित हो जाती है और प्रधानमंत्री त्यागपत्र दे देता है, तो राजा विपक्षी दल के नेता को सरकार बनाने के लिए आमंत्रित करता है। यदि किसी दल विशेष के बहुमत के अभाव में सरकार का निर्माण नहीं हो पाता तो आम चुनाव कराए जाते हैं और तब बहुमत प्राप्त दल के नेता को प्रधानमंत्री नियुक्त किया जाता है।
- राजमुकुट न्यायाधीशों के अतिरिक्त अन्य अधिकारियों के विरुद्ध अनुशासन की कार्यवाही कर उन्हें पदच्युत कर सकता है। न्यायाधीशों को पदच्युत करने के लिए संसद के दोनों सदनों के सम्मिलित आवेदन की आवश्यकता होती है।
- राजमुकुट ही राष्ट्रीय कोष का नियंत्रण और संचालन करता है। राष्ट्रीय बजट उसकी ओर से प्रस्तुत किया जाता है और संसद की स्वीकृति के बाद उसी के द्वारा कार्यरूप में लाया जाता है। कर्मचारियों की सेवा स्थिति की उचित व्यवस्था करना उसी का कर्तव्य है। वह राष्ट्रीय सैनिक सेवाओं का सर्वोच्च सेनापति है। राजमुकुट ही देश के सैनिक प्रशासन का नियंत्रण और संचालन करता है।

विधायनी शक्तियां

- क्राउन को विधायनी क्षेत्र में भी महत्वपूर्ण शक्तियां प्राप्त हैं। वस्तुत: सच तो यह है कि ब्रिटेन में क्राउन संसद का ही एक अंग है तथा संसद द्वारा पास किया गया विधेयक तब तक कानून नहीं बन सकता जब तक उस पर रानी के हस्ताक्षर न हो जाएं, परंतु व्यवहार में रानी द्वारा इस शक्ति का 1707 के पश्चात् प्रयोग नहीं किया गया, अत: एक प्रकार से यह शक्ति अपने आप समाप्त हो गई है।
- क्राउन को परिषद् आदेश जारी करने का भी अधिकार है। इस प्रकार जारी किए गए आदेशों को उतनी ही मान्यता दी जाती है जितनी की किसी संसद द्वारा निर्मित कानून को। साधारणत: एक वर्ष में इस प्रकार के लगभग 600 आदेश जारी किए जाते हैं।
- संसद द्वारा निश्चित की गई नीति की रूपरेखा को विस्तृत रूप प्रदान करना भी क्राउन का ही कार्य है। संसद के अधिवेशन बुलाने, उन्हें स्थगित करने तथा कॉमंस सभा को भंग करने की शक्ति भी क्राउन के पास है, परंतु इस शक्ति का प्रयोग प्रधानमंत्री तथा अन्य मंत्रियों के परामर्श पर किया जाता है। निर्वाचन के पश्चात् संसद के प्रथम अधिवेशन का उद्घाटन सदा क्राउन के भाषण से होता है। इस भाषण में सरकार की नीति की व्याख्या की जाती है तथा उसके कार्यक्रम की रूपरेखा बताई जाती है। यह भाषण मंत्रिमंडल द्वारा ही तैयार किया जाता है।

संसद से संबंधित शक्ति

- ब्रिटेन में कार्यपालिका और व्यवस्थापिका को एक-दूसरे से अभिन्न रखा गया है। विधायी शक्तियां संसद सहित सम्राट में निहित हैं। कोई भी विधेयक तब तक कानून नहीं बन सकता जब तक उस पर राजा की स्वीकृति प्राप्त न हो जाए। राजा स्वयं विधेयकों पर अपनी स्वीकृति भी नहीं देता अपितु पांच कमिश्नर, जिनकी नियुक्ति राजमुकुट राजकीय साइन मेन्युअल के अनुसार करता है, अपनी स्वीकृति देते हैं।

- संसद में विधेयकों के प्रस्तुत करने के संबंध में भी राजमुकुट का दायित्व रहता है। राजमुकुट की सिफारिश पर ही वित्त विधेयक प्रस्तुत किए जा सकते हैं। अन्य सरकारी विधेयक भी मंत्रियों द्वारा ही पेश किए जाते हैं और उन्हें ऐसा करने का अधिकार राजमुकुट के मंत्री होने के नाते प्राप्त है।
- लोकसदन के निर्वाचन की तिथि की घोषणा भी राजमुकुट द्वारा ही की जाती है। राजमुकुट के मंत्री संसद के सदस्य भी होते हैं और वे संसद की कार्यवाहियों का संचालन करते हैं। राजमुकुट ही लोकसदन का स्थगन और विघटन करता है। लॉर्ड सभा के बारे में उसे ऐसा अधिकार प्राप्त नहीं है, क्योंकि वह एक स्थायी सदन है। संसद का सत्रावसान भी राजमुकुट ही करता है।

स-परिषद् आदेश

राजमुकुट का एक अन्य प्रमुख कार्य है–स-परिषद् आदेश निकालना। इसका अभिप्राय यह है कि संसद विधेयकों की मात्र मोटी-मोटी रूपरेखा पारित कर देती है और अन्य बातों के निर्धारण का दायित्व राजमुकुट पर छोड़ देती है जिसे वह अपने मंत्रियों द्वारा पूर्ण करता है। इस प्रकार के उपव्यवस्थापन के अंतर्गत मंत्रिमंडल विभिन्न आदेश निकालता है जो राजमुकुट के नाम से प्रसारित किए जाते हैं।

न्यायिक शक्तियां

- ब्रिटेन में क्राउन न्याय का स्रोत है और समस्त न्याय उसी के नाम से किया जाता है। सभी न्यायाधीशों की नियुक्ति क्राउन द्वारा की जाती है तथा वे क्राउन के ही न्यायाधीश कहलाते हैं, परंतु इंग्लैंड में न्यायाधीशों को कार्यपालिका से स्वतंत्र बनाने का प्रयास किया गया है, अत: क्राउन न्यायाधीशों को अपने आप पद से अलग नहीं कर सकता। ऐसा तभी किया जा सकता है जब संसद के दोनों सदन क्राउन से जजों को हटाने की सिफारिश करें।
- क्राउन को किसी भी अपराधी के दंड को कम करने अथवा क्षमा प्रदान करने का अधिकार भी है। वह मृत्युदंड को कारावास में भी बदल सकता है। उपनिवेशों तथा प्रदेशों से आई हुई अपीलों का निर्णय भी क्राउन द्वारा प्रिवी कौंसिल की न्याय समिति के परामर्श से किया जाता है।
- ब्रिटेन में सभी न्यायालय राजा के अधीन हैं और समस्त न्याय राजा के नाम से होते हैं। राजमुकुट ही न्यायाधीशों की नियुक्ति करता है और संसद की सहमति से उन्हें पदच्युत भी कर सकता है। राजमुकुट प्रिवी कौंसिल की न्याय समिति के परामर्श से उपनिवेशों से आई हुई अपीलों का निर्णय करता है। समस्त अधिकारियों को राजमुकुट के नाम से ही दंडित किया जाता है।
- राजमुकुट की न्यायिक शक्तियों में उसके विशेष अधिकार क्षमादान व दंड स्थगन की गणना की जा सकती है। राजमुकुट को यह विशेषाधिकार है कि वह ऐसे अपराधियों को क्षमा करे जो फौजदारी मामलों में दोषी होते हैं। यह कार्य गृह सचिव द्वारा किया जाता है। राजमुकुट फौजदारी मामलों में मृत्युदंड प्राप्त अपराधी तक को क्षमादान दे सकता है। दीवानी मामलों में राजमुकुट को ऐसा कोई विशेषाधिकार प्राप्त नहीं है।

चर्च संबंधी शक्तियां

ब्रिटेन का सम्राट इंग्लैंड के स्थापित चर्च का प्रमुख होता है। इस नाते वह सभी प्रमुख धार्मिक पदाधिकारियों जैसे आर्कबिशप, बिशप, डीन इत्यादि की नियुक्ति करता है। राजा विभिन्न धार्मिक सम्मेलनों को बुलाता है और उनके द्वारा बनाए गए नियमों को स्वीकृति प्रदान करता है।

सम्मान का स्रोत

- इंग्लैंड में क्राउन ही सभी प्रतिष्ठाओं तथा सम्मानों का स्रोत है। क्राउन समय-समय पर योग्य व्यक्तियों को उपाधियां तथा सम्मान प्रदान करता है। क्राउन किसी भी व्यक्ति को लॉर्ड सभा का सदस्य बना सकता है। यहां यह स्पष्ट कर देना आवश्यक है कि ये सम्मान तथा उपाधियां क्राउन द्वारा प्रधानमंत्री के परामर्श से ही दी जाती हैं।
- मुकुट अथवा क्राउन की उपरोक्त शक्तियों से ऐसा प्रतीत होता है कि इसके पास बहुत ही व्यापक शक्तियां हैं। संभवत: कोई भी ऐसा कार्य नहीं है जो इसके द्वारा नहीं किया जा सकता।
- राजमुकुट को सम्मान का स्रोत भी कहा जाता है। वही नागरिकों को राजनीतिक व सामाजिक सम्मान और उपाधियां प्रदान करता है। उदाहरण के तौर पर, 'पीयर' की उपाधि यदि राजनीतिक सम्मान है, तो 'नाइट' की उपाधि सामाजिक सम्मान है। प्रधानमंत्री के परामर्श से ही सम्राट लोगों को विविध उपाधियों तथा अलंकरणों से सुशोभित करता है।

वैदेशिक संबंधों का संचालन

शासन के प्रमुख के रूप में राजमुकुट ही ब्रिटेन के वैदेशिक संबंधों का संचालन करता है। समस्त विदेशी मामले या विदेशी कार्य उसी की ओर से अथवा उसी के नाम से होते हैं। विदेशों में सभी राजदूतों और उच्च कूटनीतिक प्रतिनिधियों की नियुक्ति उसी के द्वारा की जाती है।

प्रधानमंत्री एवं मंत्रिमंडल

ब्रिटेन में संसदात्मक शासन प्रणाली का प्रचलन है। अत: व्यवहार में प्रधानमंत्री एवं मंत्रिमंडल द्वारा राजा की शक्तियों का प्रयोग किया जाता है। प्रधानमंत्री एवं मंत्रिमंडल को शासन व्यवस्था की धुरी माना जाता है। फलत: देश की राजनीतिक व्यवस्था में इन दोनों ही संस्थाओं का महत्व निर्विवाद है।

मंत्रिमंडल का गठन

- ब्रिटिश मंत्रिमंडल का निर्माण राजा (अथवा रानी) करता है, परंतु वह अपनी इच्छा से इसका निर्माण नहीं कर सकता है। सर्वप्रथम राजा प्रधानमंत्री की नियुक्ति करता है और उसके बाद परामर्श से अन्य मंत्रियों की नियुक्ति करता है। प्रधानमंत्री लोकसभा के बहुमत प्राप्त दल का नेता होता है। यदि लोक सभा में किसी भी दल का बहुमत नहीं होता है, तो इस पद पर उस व्यक्ति को बैठाया जाता है जो संयुक्त मंत्रिमंडल या मिलाजुला मंत्रिमंडल बनाने में सक्षम हो।
- प्रत्येक प्रधानमंत्री अपने मंत्रियों की सूची तैयार कर राजा के सम्मुख प्रस्तुत करता है और आवश्यक परामर्श आदि देने के बाद (यदि वह आवश्यक समझे तो) इस सूची को स्वीकार कर लेता है।
- मंत्रियों के चयन में प्रधानमंत्री दल के प्रभावशाली सदस्यों की उपेक्षा नहीं कर पाता है। प्रत्येक मंत्री को संसद का सदस्य होना अनिवार्य है। यदि विशेष कारणवश किसी ऐसे व्यक्ति को मंत्रिपद पर आसीन कर दिया जो सदस्य न हो, तो यह आवश्यक है कि वह छह माह के भीतर सदन का सदस्य बन जाए।

मंत्रिमंडल के कार्य

राजपद के सभी अधिकारों, शक्तियों और कर्तव्यों का प्रयोग राजा के नाम से ब्रिटिश मंत्रिमंडल ही करता है, जिसका आधार कानूनी न होकर परंपरागत है। कानूनी दृष्टि से मंत्रिमंडल राजा की परामर्शदात्री समिति मात्र है जबकि परंपरा अथवा अभिसमयों की दृष्टि से वह वास्तविक कार्यपालिका के रूप में कार्य करती है। मंत्रिमंडल के कार्यों को निम्नलिखित तीन श्रेणियों में विभक्त किया जा सकता है–

व्यवस्थापन संबंधी अधिकार एवं कार्य

- कानून बनाने के संबंध में समस्त शक्तियां संसद को ही प्राप्त हैं, किंतु इस संबंध में संसद पर मंत्रिमंडल ही नियंत्रण रखता है। मंत्रिमंडल कानून निर्माण में पहल करता है और उसका स्वरूप निर्धारित एवं नियंत्रित करता है।
- मंत्रिमंडल सारे कार्यों का उत्तरदायित्व अपने ऊपर लेता है। विधेयक पेश करना, उसकी व्याख्या करना और उसे पारित कराना मंत्रिमंडल का ही कार्य है। वित्त विधेयक मंत्रिमंडल द्वारा ही लोक सदन में प्रस्तुत किए जाते हैं। जिस विधेयक को मंत्रिमंडल का समर्थन प्राप्त नहीं होता उसके कानून बनने की संभावना बहुत कम अथवा नहीं के बराबर होती है।
- मंत्रिमंडल को ही यह निर्धारित करने का अधिकार है कि संसद की बैठक कब बुलाई जाए तथा कब उसका समापन और विघटन किया जाए। उस भाषण को भी मंत्रिमंडल ही तैयार करता है जो राजा संसद का उद्घाटन करते समय देता है। संसद सत्र के कार्यक्रमों का निर्धारण भी मंत्रिमंडल ही करता है।

कार्यपालिका संबंधी अधिकार एवं कार्य

मंत्रिमंडल ही शासन की वास्तविक कार्यपालिका शक्ति है और राजपद में निहित समस्त अधिकारों का प्रयोग राजा के नाम से इसी के द्वारा किया जाता है। 1918 में शासन यंत्र समिति के अनुसार कार्यपालक क्षेत्र में मंत्रिमंडल के निम्नलिखित तीन मुख्य कार्य माने जाते हैं–

- संसद में प्रस्तुत की जाने वाली नीति का अंतिम निर्धारण।
- संसद द्वारा निर्धारित नीति के अनुरूप राष्ट्रीय कार्यपालिका का सर्वोच्च नियंत्रण।
- राज्य के विभिन्न विभागों के अधिकारियों की सीमा का निर्धारण और उसमें सदैव सामंजस्य बनाए रखना।
- मंत्रिमंडल को नीति का चुंबक माना जाता है। वह समस्त राष्ट्रीय एवं अंतर्राष्ट्रीय प्रश्नों पर अपनी नीति का निर्धारण करता है। मंत्रिमंडल के निर्णयों को संबंधित विभाग क्रियान्वित करते हैं। वह अपने निर्णय को वैधानिक रूप देने के लिए प्रशासनिक विधियों और संसदीय विधियों के निर्माण का मार्ग चुनता है। मंत्रिमंडल विधि निर्माण के क्षेत्र में संसद का नेतृत्व करता है।
- मंत्रिमंडल का परंपरागत कार्य संसद द्वारा पारित कानूनों या विधियों को क्रियान्वित करना और प्रशासन का संचालन करना है। ब्रिटेन में समस्त कार्यपालिका शक्ति जो राजा में निहित है, का उपयोग मंत्रिमंडल करता है।
- मंत्रिमंडल सरकार की नीति को क्रियान्वित करने के उद्देश्य से विभिन्न विभागों को एक सूत्र में बांधता है और देखता है कि उसके कार्यों में अंतर्विरोध न हो। वे एक-दूसरे के कार्य क्षेत्र का अतिक्रमण न करें और सभी के कार्यों में समन्वय रहे। राजनयिक स्तर पर बड़े-बड़े पदाधिकारियों का चयन भी मंत्रिमंडल ही करता है। राजा तो उन्हें केवल औपचारिक रूप से नियुक्त कर देता है।
- संसद कानूनों की केवल मोटी-मोटी रूपरेखा बना देती है और मंत्रिमंडल नियमों-विनियमों द्वारा आवश्यक कार्यवाही को संपादित करता है। संसद में प्रशासन से संबंधित प्रश्नों और आलोचना का उत्तर मंत्रिमंडल को भी देना पड़ता है। उसे प्रशासन को उन दोषों से मुक्त करना होता है जिनके कारण सरकार की आलोचना होती है।

वित्तीय अधिकार और कार्य

- वित्तीय क्षेत्र में भी मंत्रिमंडल की शक्तियां बहुत महत्वपूर्ण हैं। मंत्रिमंडल ही राज्य के समस्त व्यय के लिए उत्तरदायी होता है और इसके लिए आवश्यक वित्त जुटाना उसी का काम है। लोकसदन में वार्षिक राजकीय बजट को प्रस्तुत करना मंत्रिमंडल का अधिकार माना गया है। संसद में बजट प्रस्तावों की आलोचना का उत्तर देना और संसद सदस्यों के कटौती प्रस्तावों से सरकारी पक्ष की रक्षा करना मंत्रिमंडल का उत्तरदायित्व माना जाता है। मंत्रिमंडल बजट को संसद में प्रस्तुत करने के बाद भी उसमें आवश्यक परिवर्तन कर सकता है।
- सरकार के उत्तरदायित्व पर ऋण लेने की व्यवस्था भी मंत्रिमंडल ही करता है। यह निर्णय करने का अधिकार भी मंत्रिमंडल को ही है कि कौन-सा व्यय संचित निधि और कौन-सा आकस्मिक निधि से किया जाएगा। इस तरह से वित्तीय क्षेत्र में मंत्रिमंडल को व्यापक अधिकार प्राप्त है।

प्रधानमंत्री

- इंग्लैंड की राजनीतिक व्यवस्था में प्रधानमंत्री का बहुत महत्वपूर्ण स्थान है। वह प्रशासन का केंद्र बिंदु है। मार्ले प्रधानमंत्री को "मंत्रिमंडलीय मेहराब की आधारशिला" बताता है। रैम्जेम्योर के अनुसार, "मंत्रिमंडल, राज्य रूपी जहाज का स्टीयरिंग चक्र है तथा प्रधानमंत्री उसका चालक है।"
- प्रधानमंत्री पद का उदय हैनोवर वंश के शासनकाल में हुआ तथा राबर्ट वालपोल ब्रिटेन का प्रथम प्रधानमंत्री बना। यह पद प्रमुखतया परंपरा पर ही आधारित है। सर्वप्रथम 1905 की राजकीय घोषणा में इस पद का उल्लेख किया गया। इस घोषणा के अंतर्गत प्रधानमंत्री को राज्य की सम्मान-सूची में राजवंश के सदस्यों के पश्चात् चौथा स्थान प्रदान किया गया।

प्रधानमंत्री की नियुक्ति

- प्रधानमंत्री की नियुक्ति रानी द्वारा की जाती है। प्राय: रानी कॉमंस सभा में बहुसंख्यक दल के नेता को ही प्रधानमंत्री पद पर नियुक्त करती है। यदि संसद में किसी भी राजनीतिक दल को स्पष्ट बहुमत प्राप्त न हो, तो रानी प्रधानमंत्री की नियुक्ति में स्वेच्छा का प्रयोग कर सकती है। ध्यातव्य है कि इंग्लैंड में दो प्रमुख राजनीतिक दल-अनुदार दल तथा मजदूर दल हैं तथा उनमें से एक को प्राय: स्पष्ट बहुमत मिल ही जाता है। अत: रानी को अपनी स्वेच्छा प्रयोग करने का प्राय: अवसर नहीं मिलता।
- यदि संसद में किसी भी एक राजनीतिक दल को स्पष्ट बहुमत प्राप्त न हो अथवा दल का कोई सर्वमाननीय नेता न हो, तो प्रधानमंत्री की नियुक्ति में रानी की भूमिका महत्वपूर्ण हो जाती है।
- प्रधानमंत्री प्राय: कॉमंस सभा से ही लिया जाता है। इस प्रथा का उदय 1923 में हुआ जब अनुदार दल के प्रधानमंत्री बोनर लॉ ने अस्वस्थता के कारण अपना त्यागपत्र दे दिया। उस समय प्रधानमंत्री पद के लिए दो उम्मीदवार थे लॉर्ड कर्जन तथा स्टैनली बाल्डविन। लॉर्ड कर्जन उप-प्रधानमंत्री थे तथा बाल्डविन कॉमंस सभा में अनुदार दल के नेता थे। प्रिवी परिषद् के सदस्यों से परामर्श करने के पश्चात् राजा ने बाल्डविन को प्रधानमंत्री नियुक्त करने का निर्णय लिया। इस प्रकार एक प्रथा का जन्म हुआ कि प्रधानमंत्री कॉमंस सभा में बहुमत दल का नेता होना चाहिए। 1963 में इस परंपरा का उल्लंघन करते हुए रानी ने लॉर्ड होम को ब्रिटेन का प्रधानमंत्री नियुक्त किया, परंतु लॉर्ड होम ने इस प्रथा का पालन करते हुए अपने लॉर्ड पद को त्याग कर, कॉमंस सभा की सदस्यता प्राप्त कर ली ताकि वह प्रधानमंत्री पद पर बना रह सके। अत: अब इंग्लैंड में यह प्रथा पूरी तरह स्वीकार की जाती है कि प्रधानमंत्री कॉमंस सभा में बहुमत दल का नेता होना चाहिए।

प्रधानमंत्री की शक्तियां और कार्य

प्रधानमंत्री शासन की धुरी है। उसे बहुत व्यापक शक्तियां प्रदान की गई हैं। उसकी ये शक्तियां कानून अथवा संविधान पर आधारित नहीं परंतु फिर भी इतनी अधिक हैं कि विश्व के किसी भी अन्य शासक को इतनी शक्तियां प्रदान नहीं की गई। उसकी शक्तियों का हम निम्न शीर्षकों के अंतर्गत अध्ययन कर सकते हैं–

मंत्रिमंडल से संबंधित शक्तियां

- प्रधानमंत्री, मंत्रिमंडल (जो कि देश का वास्तविक शासक है) का नेता है। प्रो. लास्की के अनुसार, "प्रधानमंत्री मंत्रिमंडल रूपी मेहराब की आधारशिला है। वह इसके निर्माण, इसके जीवन तथा इसकी मृत्यु का केंद्र है।"
- प्रधानमंत्री की नियुक्ति के पश्चात् सबसे पहला कार्य अन्य मंत्रियों की नियुक्ति है। ध्यातव्य है कि मंत्रियों की नियुक्ति के विषय में प्रधानमंत्री पर किसी भी प्रकार का कोई कानूनी प्रतिबंध नहीं है और वह इस विषय में पूर्णतया स्वतंत्र है, परंतु व्यवहार में उसे मंत्रियों की नियुक्ति करते समय बहुत-सी बातों को ध्यान में रखना पड़ता है। जैसे वह अपने दल के प्रमुख सदस्यों की अवहेलना नहीं कर सकता।
- मंत्रिमंडल के निर्माण के पश्चात् विभिन्न मंत्रियों के विभागों का विभाजन भी प्रधानमंत्री द्वारा ही किया जाता है। यदि कोई मंत्री विभाग का कार्य भली-भांति नहीं कर पाता अथवा मंत्रिमंडल की नीतियों के अनुसार कार्य नहीं करता तो प्रधानमंत्री उसे पद से त्यागपत्र देने के लिए कह सकता है अथवा मंत्रिमंडल का पुनः गठन कर उसे मंत्रिमंडल से अलग कर सकता है।
- प्रधानमंत्री विभिन्न विभागों में तालमेल बनाए रखने तथा उनके आपसी झगड़ों को निपटाने में एक महत्वपूर्ण भूमिका निभाता है। वह मंत्रिमंडल की बैठकों की अध्यक्षता करता है। अतः एक अध्यक्ष के नाते मंत्रिमंडल की कार्यवाही को प्रभावित करता है। प्रधानमंत्री मंत्रिमंडल की बैठक बुलाता है और उसकी कार्यसूची तैयार करता है। मंत्रिमंडल का जीवन प्रधानमंत्री से जुड़ा हुआ है। प्रधानमंत्री के त्यागपत्र देने पर समस्त मंत्रिमंडल अपने आप भंग हो जाता है। यहां पर यह स्पष्ट कर देना आवश्यक है कि प्रधानमंत्री इस प्रकार का कोई भी कार्य दलीय स्थिति के आधार पर ही करता है।
- मंत्रिमंडल की विभिन्न स्थायी तथा अस्थायी समितियों के सदस्यों की नियुक्ति भी प्रधानमंत्री द्वारा की जाती है। वही निश्चित करता है कि कौन-सा मंत्री किस समिति का सदस्य होगा। कुछ महत्वपूर्ण समितियों-जैसे प्रतिरक्षा समिति की अध्यक्षता प्रधानमंत्री स्वयं करता है।

कॉमंस सभा का नेता

- प्रधानमंत्री कॉमंस सभा में बहुमत दल का नेता ही नहीं होता बल्कि समस्त सदन का भी नेता होता है। वह निश्चित करता है कि सदन का अधिवेशन कब बुलाया जाए तथा कब इसे स्थगित किया जाए, संसद के सम्मुख कौन-से विषय प्रस्तुत किए जाएं तथा उन पर विचार करने के लिए कितना समय दिया जाए। इन सब बातों का निर्णय भी प्रधानमंत्री द्वारा किया जाता है।
- सदन में जटिल तथा विवादास्पद विषयों पर प्रशासन संबंधी सभी प्रमुख वक्तव्य प्रधानमंत्री द्वारा दिए जाते हैं। संसद इन सभी विषयों पर प्रधानमंत्री से ही प्रश्न पूछती है। यदि संसद अन्य मंत्रियों के उत्तर से संतुष्ट न हो, तो प्रधानमंत्री उनके उत्तर देता है जिन्हें प्रायः संसद सम्मानपूर्वक स्वीकार कर लेती है।

रानी को परामर्श देने संबंधी शक्तियां

- प्रधानमंत्री रानी का प्रमुख परामर्शदाता है। वह मंत्रिमंडल द्वारा लिए गए सभी निर्णयों की सूचना रानी को देता है तथा रानी के संदेशों को मंत्रिमंडल तक पहुंचाता है। संप्रभुता मंत्रिमंडल की होती है। अन्य मंत्रियों को रानी से सीधा संबंध स्थापित करने का अधिकार नहीं है। वे अपने विचार रानी तक प्रधानमंत्री के माध्यम से ही पहुंचा सकते हैं। अतः प्रधानमंत्री रानी तथा मंत्रिमंडल के बीच एक प्रमुख कड़ी है।
- इसके अतिरिक्त प्रधानमंत्री रानी को सभी प्रमुख नियुक्तियों के संबंध में परामर्श देता है। रानी अन्य मंत्रियों, उपनिवेशों के गवर्नर जनरलों, राजदूतों, न्यायाधीशों इत्यादि की नियुक्ति प्रधानमंत्री के परामर्श से ही करती है। इसी प्रकार प्रधानमंत्री को विभिन्न उपाधियां तथा सम्मान प्रदान करने के प्रश्न पर भी आवश्यक परामर्श देता है। इस प्रकार सम्राट की अधिकतर शक्तियां प्रमुख परामर्शदाता के रूप में प्रधानमंत्री के हाथों में आ गई हैं।

राष्ट्र के नेता के रूप में

प्रधानमंत्री केवल सरकार का ही नेता नहीं होता, वह राष्ट्र का भी नेता होता है। सारा राष्ट्र नीति के संबंध में प्रधानमंत्री की ओर देखता है। जब आम चुनाव होते हैं, तो मतदाताओं के सम्मुख केवल एक ही प्रश्न होता है कि प्रधानमंत्री कौन बनेगा। अतः यह कहना असत्य न होगा कि आम चुनाव वास्तव में प्रधानमंत्री का चुनाव होता है। आपातकालीन परिस्थितियों में भी लोग प्रधानमंत्री के नेतृत्व की ओर देखते हैं। यह बात सर्वज्ञात है कि द्वितीय विश्वयुद्ध के समय समस्त ब्रिटिश राष्ट्र की आशाएं प्रधानमंत्री विन्सटन चर्चिल पर टिकी हुई थी। अंतर्राष्ट्रीय स्तर पर भी प्रधानमंत्री अपने देश का प्रतिनिधित्व करता है तथा अनेक प्रकार के समझौतों व संधियों पर हस्ताक्षर करता है। प्रधानमंत्री की राष्ट्रीय नेता के रूप में चर्चा करते हुए प्रो. मुनरो कहते हैं, "कोई भी यह नहीं जानता और न ही जानने की कोशिश करता है कि साधारण (अन्य) मंत्री कहां रहते हैं, परंतु मूर्ख से मूर्ख व्यक्ति भी प्रधानमंत्री के निवास स्थान के बारे में जानकारी रखता है।"

दल का नेता

प्रधानमंत्री, संसद में अपने दल का नेता होने के साथ-साथ दल में एक महत्वपूर्ण स्थान रखता है। जब तक वह अपने पद पर बना रहता है, दल में उसकी स्थिति को किसी भी प्रकार की चुनौती नहीं दी जा सकती क्योंकि दल में अनेक ऐसे सदस्य होते हैं जो प्रधानमंत्री की प्रत्येक नीति का समर्थन करते हैं। हमें ऐसे अनेक उदाहरण मिलते हैं जब प्रधानमंत्री को दल के नेतृत्व से हटाने का प्रयास किया गया, परंतु इसमें सफलता नहीं मिली। उदाहरणार्थ, अनेरियां बेविन ने प्रधानमंत्री एटली को नेतृत्व से हटाने का प्रयास किया, परंतु वह इसमें असफल रहा।

रक्षा तथा विदेशी कार्य

रक्षा और विदेशी मामलों में प्रधानमंत्री का विशेष उत्तरदायित्व होता है। भले ही ये दोनों विभाग स्वतंत्र मंत्रियों के निर्देशन में कार्य करते हैं, परंतु वे सभी महत्वपूर्ण विषयों पर प्रधानमंत्री से परामर्श करने के पश्चात् ही निर्णय लेते हैं। प्रायः प्रधानमंत्री विदेश विभाग अपने ही पास रखते हैं। यदि प्रधानमंत्री यह विभाग अपने पास न भी रखें तो भी विदेश नीति के निर्माण में उसकी प्रमुख भूमिका होती है। इसी प्रकार रक्षा के क्षेत्र में प्रधानमंत्री का महत्वपूर्ण उत्तरदायित्व होता है।

प्रधानमंत्री की स्थिति

प्रधानमंत्री की उपरोक्त शक्तियों से स्पष्ट हो जाता है कि ब्रिटेन की शासन व्यवस्था में उसका एक महत्वपूर्ण स्थान है तथा उसे बहुत ही विस्तृत शक्तियां प्राप्त हैं। किसी भी अन्य प्रजातांत्रिक देश की कार्यपालिका के प्रधान को इतनी अधिक शक्तियां प्राप्त नहीं हैं। रैम्जेम्योर के अनुसार, "ब्रिटिश प्रधानमंत्री कानूनी तौर पर तो नहीं परंतु वास्तव में राज्य का कार्यकारी प्रधान है, उसे इतनी अधिक शक्तियां प्राप्त हैं जितनी संसार के किसी अन्य संवैधानिक शासक को, यहां तक कि अमेरिका के राष्ट्रपति को भी प्राप्त नहीं हैं।" अन्य विद्वानों ने भी प्रधानमंत्री की स्थिति को दर्शाने के लिए अनेक उपमाओं का प्रयोग किया। लॉर्ड मार्ले उसे मंत्रिमंडल की मेहराब की आधारशिला तथा प्रो. लास्की उसे 'संपूर्ण शासन तंत्र की धुरी' बताते हैं। इसी प्रकार मैथरयट उसे 'इंग्लैंड का राजनीतिक शासक' तथा विलियम हरकोर्ट 'सितारों में चंद्रमा' की उपमा देते हैं। इन उपमाओं से स्पष्ट है कि ब्रिटिश शासन पद्धति में प्रधानमंत्री की स्थिति बहुत महत्वपूर्ण है।

निष्कर्ष रूप में हम कह सकते हैं कि इंग्लैंड की शासन पद्धति में प्रधानमंत्री बहुत ही शक्तिशाली व्यक्ति है, परंतु प्रधानमंत्री की वास्तविक स्थिति उसके व्यक्तित्व तथा दल के समर्थन पर निर्भर करती है। प्रधानमंत्री का पद वही रूप धारण कर लेता है जो उसका अधिकारी उसे देना चाहता है। दूसरे शब्दों

में, प्रधानमंत्री का पद सत्तारूढ़ व्यक्ति के अनुरूप बदलता रहता है। पेट, पील, डिजरायली, चर्चिल, ऐटली तथा विल्सन जैसे प्रधानमंत्री अपने व्यक्तित्व के कारण बहुत शक्तिशाली बन गए, जबकि कुछ अन्य प्रधानमंत्री जैसे कि लॉर्ड नार्थ, लिवरपूल, कैम्पबैल इतने अधिक शक्तिशाली नहीं बन पाए।

ब्रिटिश विधायिका या संसद

ब्रिटेन की संसद को 'संसदों की जननी' कहा जाता है। प्रत्येक प्रजातंत्रात्मक देश ने किसी-न-किसी रूप में ब्रिटेन की महान संसद का अनुसरण किया है। ब्रिटिश संसद में दो सदन हैं—लॉर्ड सभा तथा कॉमंस सभा। लोकसदन को निम्न सदन और लॉर्ड सभा को उच्च सदन कहा जाता है।

लॉर्ड सभा

- लॉर्ड सभा विश्व की सर्वाधिक प्राचीन विधान निर्मात्री सभा है। ऐतिहासिक दृष्टि से वह लगभग एक हजार वर्ष से कार्यरत है। यह लोकसदन से भी अधिक प्राचीन है। इसको नॉर्मन एंजिवन काल की महान परिषद् की उत्तराधिकारिणी माना जा सकता है।
- इंग्लैंड में संसद का नाम 'किंग्स इन पार्लियामेंट' है। ब्रिटिश विधानमंडल में राजा और संसद दोनों शामिल हैं। इंग्लैंड में संसद दो सदनीय है और ये प्रणाली संसद के सब देशों से पुरानी है। इन दोनों सदनों के नाम लॉर्ड सभा तथा लोक सदन हैं। लॉर्ड सभा को साधारणतया ऊपरी सदन कहा जाता है, परंतु ऐतिहासिक दृष्टि से लॉर्ड सभा का जन्म लोक सदन के जन्म से पहले हुआ था और ये सदन संसार के सब सदनों से पुराना है।
- सन् 1254 ई. से पूर्व संसद में बड़े-बड़े जमींदार, धनी व्यक्ति तथा धर्माधिकारियों को सदस्य बनाया जाता था। सन् 1295 में राजा एडवर्ड प्रथम ने जो संसद बुलाई उसमें जमींदारों, धर्माधिकारियों, कुलीन पुरुषों के अतिरिक्त प्रांतों तथा नगरों के प्रतिनिधि निर्वाचित सदस्य थे, इसलिए उन्हें जनता का प्रतिनिधि समझा जाता था। अब तक संसद का एक ही सदन था परंतु इसके पश्चात् संसद के दो सदन हो गए। धर्माधिकारी, जमींदार तथा कुलीन पुरुष जिस सदन में थे, उस सदन को लॉर्ड सभा कहा जाने लगा। जिस सदन में प्रांतों तथा नगरों के निर्वाचित प्रतिनिधि भाग लेते थे, उस सदन को हाउस ऑफ कॉमंस कहा गया।
- सन् 1959 ई. में लॉर्ड सभा के सदस्यों की संख्या 878 थी। इसकी सदस्यता धीरे-धीरे बढ़ती गई। सन् 1986 में इसकी सदस्य संख्या 1175 थी। आजकल इसके सदस्यों की संख्या लगभग 1250 है। लॉर्ड सभा में जैसा कि इसके नाम से ही स्पष्ट है अधिकतर सदस्य जमींदार, धनी व्यक्ति, धर्माधिकारी तथा कुलीन पुरुष हैं। इन्हीं व्यक्तियों की सदैव पैतृक महानता रही है और आज भी इनकी ही महानता है। इसमें अधिकतर सदस्य पैतृक वंशानुगत आधार पर बने हुए हैं। लॉर्ड सभा के सदस्यों को सात स्पष्ट वर्गों में विभाजित किया जा सकता है।

राजवंश के राजकुमार

प्रथम वर्ग में राजवंश के व्यक्ति शामिल किए जाते हैं। इनकी सदस्यता महत्वपूर्ण नहीं है, क्योंकि राजवंश के व्यक्ति लॉर्ड सभा की बैठकों में बहुत कम आते हैं। ऐसे अवसर बहुत कम आते हैं जब राजवंश के राजकुमार लॉर्ड सभा की कार्यवाहियों में भाग लेते हैं।

पैतृक वंशानुगत अमीर

लॉर्ड सभा के अधिकतर सदस्य इसी वर्ग से आते हैं। इस वर्ग के लगभग 800 सदस्य हैं। जब किसी ऐसे कुलीन पुरुष की मृत्यु होती है जो लॉर्ड सभा का सदस्य हो, तो उस कुलीन पुरुष के बड़े लड़के को कुलीन पुरुष बना दिया जाता है। ये वंशानुगत पीयर भी पांच प्रकार के हैं बैरन, विसकाउंट, अर्ल, मारक्विस और ड्यूक। सन् 1963 से पूर्व कुलीन पुरुष की मृत्यु के बाद उसके बड़े लड़के को कुलीन पुरुष बनना पड़ता था, चाहे उसकी इच्छा कुलीन पुरुष बनने की बिल्कुल न हो। सन् 1963 में Reluctant Peer Act पास किया गया जिसके अनुसार कोई भी व्यक्ति जिसे कुलीन पुरुष की पदवी मिले, वह उसे त्याग सकता है, तब यह पदवी निकटतम संबंधी को मिल जाएगी।

स्कॉटलैंड के कुलीन पुरुष

सन् 1707 के यूनियन ऐक्ट के अनुसार यह व्यवस्था की गई थी कि स्कॉटलैंड के कुलीन पुरुष अपने 16 प्रतिनिधि लॉर्ड सभा में भेज सकते हैं, परंतु 1963 के पीयर संबंधी ऐक्ट के अनुसार स्कॉटलैंड के सब पीयरों को लॉर्ड सभा में बैठने का अधिकार है।

आयरलैंड के कुलीन पुरुष

सन् 1801 के यूनियन ऐक्ट के अनुसार आयरलैंड के कुलीन पुरुषों को अपने में से 28 सदस्य लॉर्ड सभा में भेजने का अधिकार मिला। सन् 1922 में आयरलैंड स्वतंत्र हो गया और उसके बाद कोई नया पीयर चुनकर नहीं भेजा गया। ये पीयर आजीवन काल के लिए भेजे गए थे। अब इनकी संख्या प्रतिदिन कम होती जा रही है, क्योंकि सदस्यों की धीरे-धीरे मृत्यु होती जा रही है। सन् 1936 में इनकी संख्या 15 रह गई थी और 1948 में आठ। 1964 ई. के पश्चात् इस श्रेणी का कोई सदस्य नहीं रहा।

आध्यात्मिक पीयर

पांचवें वर्ग में 26 आध्यात्मिक पीयर हैं। ये सदस्य उच्च धार्मिक पदों पर आसीन होते हैं और ये तब तक लॉर्ड सभा के सदस्य रहते हैं जब तक वे अपने धार्मिक पदों पर बने रहते हैं। इन 26 आध्यात्मिक सदस्यों में 5 सदस्य यार्क तथा कैंटरबरी के आर्कबिशप तथा लन्दन, डरहम और विन्चैस्टर के बिशप अवश्य शामिल होते हैं।

लॉ लॉर्ड

छठे वर्ग में लॉ लॉर्ड हैं जिन्हें अपील के लॉर्ड भी कहा जाता है। इनकी नियुक्ति 1876 के अपीलीय क्षेत्राधिकार अधिनियम के अधीन होती है। पहले इनकी संख्या 10 थी परंतु अब 21 है। लॉर्ड सभा इंग्लैंड, स्कॉटलैंड और उत्तरी आयरलैंड के लिए अपील का सबसे बड़ा न्यायालय है। इसलिए इनमें लॉ लॉर्ड का होना अति आवश्यक है। ये लॉ लॉर्ड उच्च न्यायाधीशों तथा उच्चकोटि के कानून ज्ञाताओं में से लिए जाते हैं। ये सदस्य जीवनपर्यंत अपने पद पर रहते हैं और इन सदस्यों को अपने कार्य के लिए वेतन भी मिलता है जबकि दूसरे सदस्यों को वेतन नहीं मिलता।

आजीवन कुलीन पुरुष तथा कुलीन महिलाएं

- कुछ कुलीन ऐसे भी हैं जो अपने जीवन काल तक ही इसके सदस्य बने रहते हैं। ये कुलीन अपने आप ही कुलीन नहीं बन जाते। दूसरे शब्दों में, एक कुलीन की मृत्यु के बाद उसका बड़ा लड़का अपने आप कुलीन नहीं बन जाता। ये ऐसे सदस्य होते हैं जो उच्च राजनीतिक पदों पर रह चुके हों या कला, साहित्य, विज्ञान में ख्याति प्राप्त कर चुके हों। ऐसे सदस्यों को प्रधानमंत्री की सलाह से राजा के द्वारा नियुक्त किया जाता है।
- सन् 1958 से पहले केवल पुरुष ही इसके सदस्य बन सकते थे परंतु सन् 1958 में आजीवन कुलीनत्व अधिनियम (Life Peerages Act, 1958) पास किया गया जिसके अनुसार अब महिलाएं भी लॉर्ड सभा की सदस्य बन सकती हैं। इनमें लगभग 20 महिलाएं पीयर हैं। अक्टूबर, 1996 में महारानी ने अप्रवासी भारतीय उद्योगपति डॉ. स्वराज पॉल को लॉर्ड सभा का आजीवन कुलीन सदस्य बनाया। डॉ. स्वराज पॉल ऐसे प्रथम अप्रवासी भारतीय हैं जिन्हें लॉर्ड सभा का सदस्य बनाया गया है।

लॉर्ड सभा के सदस्यों की अयोग्यताएं

लॉर्ड सभा के सदस्यों को केवल विशेषाधिकार ही प्राप्त नहीं हैं, उन पर कुछ बंधन भी हैं।

- लॉर्ड सभा के सदस्यों को संसद के चुनाव में वोट डालने का अधिकार नहीं है।
- लॉर्ड सभा के सदस्य लोक सदन के सदस्य नहीं बन सकते।
- सन् 1963 से पूर्व जिस व्यक्ति ने पैतृक वंशानुगत के आधार पर सदस्यता प्राप्त हो, वह उसकी सदस्यता प्राप्त करने से इंकार नहीं कर सकता। डॉ. फाइनर के अनुसार, 'इससे देश के राजनीतिक गुणों को भारी हानि या धक्का पहुंचता है जब उत्तराधिकारी को वंशानुगत पीयर बनना पड़ता है। जिनकी लोक सदन का सदस्य, मंत्रि, सरकार के उच्च विभागों का सदस्य बनना, यहां तक कि प्रधानमंत्री बनने की इच्छा होती है, उन्हें लॉर्ड सभा में जाने के लिए अपने मोह को अवश्य ही छोड़ना पड़ता है।'
- सर विन्स्टन चर्चिल को जब महारानी एलिजाबेथ ने लॉर्ड सभा का सदस्य अर्थात् पीयर बनाना चाहा तब चर्चिल ने लॉर्ड सभा का सदस्य बनने से इंकार कर दिया और लोक सदन का सदस्य बने रहने को अच्छा समझा। 1963 में पारित Reluctant Peer Act के अनुसार कोई भी व्यक्ति, जिसे कुलीन पुरुष की पदवी मिले वह उसे त्याग सकता है। मि. बैजबुड बेन्न पहला व्यक्ति था जिसने कुलीन पुरुष की पदवी का त्याग किया और लोक सदन का सदस्य बना।

लॉर्ड सदन के सदस्यों के विशेषाधिकार

लॉर्ड सदन के सदस्यों को कुछ विशेषाधिकार प्राप्त हैं जिनमें मुख्य निम्नलिखित हैं–

1. लॉर्ड सदन के सदस्यों को सदन में भाषण देने की स्वतंत्रता है और सदन में दिए गए भाषण के लिए उन पर किसी भी न्यायालय में मुकदमा नहीं चल सकता और न ही उन्हें गिरफ्तार किया जा सकता है।
2. सदन के अधिवेशन काल में किसी भी सदस्य को गिरफ्तार किया जा सकता है।
3. लॉर्ड सदन के सदस्यों को यह भी अधिकार प्राप्त है कि वे व्यक्तिगत रूप में राजा के पास सार्वजनिक मामलों पर बातचीत करने के लिए जा सकते हैं। कॉमन सदन के सदस्यों को यह अधिकार प्राप्त नहीं है।
4. लॉर्ड सदन के सदस्यों को अपने विशेषाधिकारों की अवहेलना के विरुद्ध कार्यवाही करने का अधिकार है और यह अधिकार सदन के अधिवेशन के बाद भी उन्हें प्राप्त हैं।
5. सदस्यों को ये अधिकार भी प्राप्त हैं कि वे अयोग्य घोषित किए गए व्यक्तियों को सदन की कार्यवाही में भाग लेने से रोक सकते हैं।
6. सन् 1957 से पूर्व लॉ लॉर्ड को छोड़कर बाकी सदस्यों को कोई वेतन तथा भत्ता नहीं मिलता था, परंतु अब उनको जिस दिन उनकी सदन में वास्तविक उपस्थिति हो उनके खर्चे के लिए 16 पौंड प्रतिदिन के हिसाब से भत्ता दिया जाता है।

लॉर्ड सभा में कार्य करने का ढंग

- संसद के दोनों सदनों का अधिवेशन एक ही समय होता है, परंतु दोनों सदनों की बैठक अलग-अलग चैंबर में होती है। लॉर्ड सभा की बैठकें सप्ताह में केवल चार दिन सोमवार से बृहस्पतिवार तक होती हैं। इसका अधिवेशन साधारणतया एक घंटा चलता है। इंग्लैंड में यह प्रथा स्थापित हो चुकी है कि जब तक कार्य अधिक न हो, सदन का वाद-विवाद रात्रि के आठ बजे से पूर्व समाप्त कर दिया जाता है ताकि लॉर्ड रात्रि के भोजन के लिए अपने वस्त्र बदल सकें।
- सदन में कोरम केवल तीन सदस्यों से बनता है, परंतु तब तक कोई बिल पास नहीं हो सकता जब तक सदन में 30 सदस्य उपस्थित न हों। सदन में बहुत कम सदस्य उपस्थित होते हैं। लास्की के अनुसार, साधारणतया सदन में 35 सदस्य भाग लेते थे और 1919 के पश्चात् केवल 13 ऐसे अवसर आए हैं, जबकि सदन में 200 सदस्यों से अधिक सदस्य उपस्थित थे। आजकल इसमें प्राय: 290 सदस्य उपस्थित होते हैं। लॉर्ड सभा में भाषण की स्वतंत्रता होने के कारण और सदस्य कम होने के कारण वाद-विवाद का स्तर ऊंचा होता है। लॉर्ड सभा का सभापति लॉर्ड चांसलर होता है।

लॉर्ड सभा के अधिकार और कार्य

लॉर्ड सभा के अधिकारों एवं कार्यों की विवेचना निम्नलिखित शीर्षकों के अंतर्गत की जा सकती है–

व्यवस्थापन संबंधी वर्तमान कार्य और अधिकार

विधेयकों का पुन: वाचन करना, आलोचना करना व संशोधन करना। वित्त विधेयकों के संबंध में तो यह बात भी लागू नहीं होती। वित्त विधेयक लॉर्ड सभा में प्रस्तावित नहीं किए जाते तथा लोकसदन का अध्यक्ष ही निर्णय करता है कि कोई विधेयक वित्त विधेयक है या नहीं। लॉर्ड सभा को वित्त में संशोधन करने का भी अधिकार प्राप्त नहीं होता है।

सांविधिक नियमों तथा आदेशों पर विचार

लॉर्ड सभा का एक अन्य कार्य सांविधिक उपनियमों तथा आदेशों पर विचार करना है। कार्यपालिका के अधिकारियों को संसदीय अधिनियमों के अंतर्गत विस्तृत नियम और उपनियम बनाने का अधिकार है तथा लॉर्ड सभा उनकी वैधानिकता की जांच करती है।

कार्यपालिका से संबंधित कार्य और अधिकार

प्रारंभ में लॉर्ड सभा कार्यपालिका पर नियंत्रण रखती थीं, किंतु वर्तमान में यह शक्ति पूर्णत: लोकसदन के हाथ में चली गई है। मंत्रिमंडल को केवल लोकसदन ही अपदस्थ कर सकता है, फिर भी लोकसदन की तरह उसे यह अधिकार है कि वह प्रशासन के प्रत्येक पहलू पर सरकार से सूचना प्राप्त करे और सरकार की नीतियों और कार्यों पर स्वतंत्रतापूर्वक वाद-विवाद कर सकता है। जब न्यायाधीशों को उनके पद से हटाने की प्रक्रिया अपनाई जाती है, तो लोकसदन और लॉर्ड सभा सम्मिलित रूप से यह निर्णय करते हैं।

न्यायिक कार्य व अधिकार

- लॉर्ड सभा की न्यायिक शक्तियां महत्वपूर्ण हैं। इन शक्तियों का प्रयोग सदन के सभी सदस्यों द्वारा न होकर केवल विधि लॉर्ड्स द्वारा किया जाता है। न्यायिक क्षेत्र में लोकसदन को कोई अधिकार प्राप्त नहीं है। लॉर्ड सभा ग्रेट ब्रिटेन का उच्चतम न्यायालय तथा अंतिम अपीलीय न्यायालय है।
- विधि लॉर्ड्स का न्यायिक कार्य सामान्यत: पुनरावेदन संबंधी है और आंशिक रूप में प्रारंभिक भी है। मौलिक या प्रारंभिक अधिकार क्षेत्र में यह पीयरों पर विद्रोह या धोखेबाजी के मुकदमे चला सकती है तथा लोकसदन द्वारा लगाए गए अभियोगों या महाभियोगों की जांच करती है। पुनरावेदन अथवा अपीलीय क्षेत्र में यह अपील का उच्चतम न्यायालय है।

कार्यकारिणी शक्तियां

- कार्यकारिणी के क्षेत्र में भी लॉर्ड सभा को कोई वास्तविक शक्तियां प्राप्त नहीं हैं। मंत्रिमंडल अपने कार्यों तथा नीति के लिए कॉमन सभा के प्रति ही उत्तरदायी है जो इसके विरुद्ध अविश्वास का प्रस्ताव पास कर इसे त्यागपत्र देने के लिए कह सकती है।
- लॉर्ड सभा को मंत्रिमंडल से संबंधित कोई अधिकार नहीं हैं, परंतु इससे यह अनुमान लगाना गलत होगा कि कार्यपालिका पर इसका कोई प्रभाव नहीं है। लॉर्ड सभा कार्यपालिका को दो प्रकार से प्रभावित करती है–
    - ❖ प्रथम, यह मंत्रियों से प्रशासन संबंधी प्रश्न पूछ सकती है जिसका उन्हें संतोषजनक उत्तर देना पड़ता है। वह मंत्रियों से उनकी नीतियों का स्पष्टीकरण भी मांग सकती है।

- दूसरे, मंत्रिमंडल के कुछ सदस्य सदा लॉर्ड सभा से लिए जाते हैं। लॉर्ड सभा का अध्यक्ष लॉर्ड चांसलर तो सदा ही मंत्रिमंडल का सदस्य होता है।

विचारात्मक शक्तियां

लॉर्ड सभा एक बहुत ही उपयोगी विचारात्मक संस्था है। प्रायः लॉर्ड सभा के सभी सदस्य अनुभवी राजनीतिज्ञ, कुशल अधिकारी तथा योग्य व्यक्ति होते हैं। जब लॉर्ड सभा में किसी महत्वपूर्ण विषय पर वाद-विवाद होता है, तो वे बहुत ही उच्च कोटि के विचार व्यक्त करते हैं जिनसे जनता को विभिन्न विषयों के बारे में महत्वपूर्ण शिक्षा मिलती है। लॉर्ड सभा में व्यक्त किए गए इन विचारों का कॉमन सभा भी बहुत आदर करती है।

कॉमन सभा (लोकसदन)

- ब्रिटेन की कॉमन सभा संसार की सबसे प्राचीन तथा महत्वपूर्ण विधानसभा या प्रतिनिधि सभा है। प्रायः यह माना जाता है कि इसका उदय 1265 की संसद तथा 1295 की आदर्श संसद से हुआ। उस समय यह एक अव्यवस्थित तथा अनियमित संस्था थी जो जनता की याचनाओं को राजा के सम्मुख विनम्र याचिका के रूप में प्रस्तुत करती थी, परंतु 17वीं शताब्दी तक यह एक शक्तिशाली संस्था बन गई 1688 की रक्तहीन क्रांति के समय इसने अपनी शक्तिशाली स्थिति का प्रमाण दिया।
- इसके पश्चात् कॉमन सभा की शक्तियां निरंतर बढ़ती रहीं और आज यह एक सर्वोच्च शक्तिशाली संस्था बन गई है, जो राजतंत्र तक को समाप्त कर सकती है। राजनीति विचारक बेजहॉट के मतानुसार, "यह आवश्यक है कि कॉमन सभा एक प्रभावशाली सदन होना चाहिए और यह एक प्रभावशाली सदन ही है।" इसको प्रभावशाली सदन बनाने में परंपराएं तथा रीति-रिवाज एक महत्वपूर्ण भूमिका निभाते हैं।
- न्यूमैन के मत से, "ब्रिटेन में संसद की प्रभुसत्ता वास्तव में आज कॉमन सभा में ही निवास करती है।" इसीलिए इसे संसद का पर्यावरणीय माना जाता है। उदाहरण के लिए, जब रानी द्वारा संसद को भंग करने की बात कही जाती है, तो वास्तव में उसका अभिप्राय कॉमन सभा को भंग करने से होता है।

कॉमन सभा की संरचना

- कॉमन सभा ब्रिटिश संसद का निम्न सदन है जिसमें जनता द्वारा प्रत्यक्ष रूप से चुने हुए प्रतिनिधि होते हैं। कॉमन सभा के सदस्यों की संख्या 635 हुआ करती थी इनमें से 516 सदस्य इंग्लैंड से, 71 स्कॉटलैंड से, 36 वेल्स से तथा 12 सदस्य उत्तरी आयरलैंड से हुआ करते थे।
- परंतु 1997 में आम चुनावों में कॉमन सभा के सदस्यों की संख्या बढ़ा कर 659 कर दी गई है। अब इंग्लैंड से 532, स्कॉटलैंड से 72, वेल्स से 38 तथा उत्तरी आयरलैंड से 17 सदस्य चुने गए हैं, परंतु 2005 में इसकी सदस्य संख्या घटाकर 646 कर दी गई।
- कॉमन सभा के सदस्यों का निर्वाचन एक सदस्यीय चुनाव क्षेत्रों से सार्वजनिक वयस्क मताधिकार के आधार पर किया जाता है। दूसरे शब्दों में, इसका अर्थ यह है कि उनके चुनाव के लिए देश को विभिन्न चुनाव क्षेत्रों में बांट दिया जाता है और प्रत्येक क्षेत्र से एक सदस्य चुना जाता है। इस चुनाव में सभी वयस्क भाग लेते हैं।
- 1970 से पूर्व 21 वर्ष से अधिक आयु के व्यक्तियों को ही मतदान का अधिकार प्राप्त था परंतु अब इस आयु को घटाकर 18 वर्ष कर दिया गया है। मतदान गुप्त रीति द्वारा किया जाता है।

कॉमन सभा के सदस्यों की योग्यताएं

कॉमन सभा का सदस्य बनने के लिए किसी भी व्यक्ति के पास निम्नलिखित योग्यताओं का होना आवश्यक है–

- वह देश का नागरिक हो।
- उसकी आयु कम-से-कम 21 वर्ष हो।
- उसका नाम कॉमन सभा के लिए तैयार की गई मतदान सूची में होना चाहिए। यहां पर यह बात स्पष्ट कर देनी आवश्यक है कि अमेरिका की भांति कॉमन सभा के सदस्यों के लिए यह अनिवार्य नहीं है कि वह उसी क्षेत्र के निवासी हो, जहां से वे चुनाव लड़ते हैं।

कॉमन सभा के सदस्यों की अयोग्यताएं

1957 में पास किए गए कॉमन सभा अयोग्यता अधिनियम के अंतर्गत निम्न श्रेणियों के व्यक्ति कॉमन सभा के सदस्य नहीं बन सकते–

- पागल, देशद्रोही, भ्रष्ट आचरण वाले अथवा दिवालिए।
- सरकारी कर्मचारी।
- लॉर्ड सभा के सदस्य।
- इंग्लैंड तथा स्कॉटलैंड के किसी चर्च अथवा रोमन कैथोलिक चर्च के पादरी।
- इंग्लैंड तथा स्कॉटलैंड के सर्वोच्च न्यायालयों के न्यायाधीश, राजकीय ठेकेदार।
- गंभीर अपराधों में दंडित व्यक्ति।
- सरकार से पेंशन प्राप्त करने वाले व्यक्ति।
- ऐसे व्यक्ति जिन्हें चुनाव संबंधी अपराधों के लिए न्यायालय द्वारा दंड दिया गया हो, ऐसे व्यक्ति दंड दिए जाने के सात वर्ष पश्चात् ही चुनाव लड़ सकते हैं।

सदस्यता से त्यागपत्र

- ब्रिटेन में एक चिरस्थापित प्रथा के अनुसार कॉमन सभा के सदस्य निर्वाचन के पश्चात् अपनी सदस्यता त्याग नहीं सकते। इस प्रथा को अपनाने का प्रमुख कारण यह था कि तत्कालीन परिस्थितियों में यातायात के साधन इतने खराब थे कि संसद की सदस्यता को विशेषाधिकार नहीं बल्कि भार समझा जाता था। भले ही आज परिस्थितियां बदल चुकी हैं, परंतु उस प्रथा का अभी भी पालन किया जाता है।
- इस समस्या को सुलझाने के लिए एक नया रास्ता ढूंढ लिया गया है। जो सदस्य कॉमन सभा की सदस्यता त्यागना चाहता है, वह प्रायः स्टुअर्डशिप ऑफ चिल्ड्रन हंड्रेड्स के पद के लिए प्रार्थना करता है और रानी इस प्रार्थना को कभी अस्वीकार नहीं करती तथा उस सदस्य की सदस्यता समाप्त हो जाती है।
- अपनी सदस्यता से मुक्त होने पर वह सदस्य इन पदों से भी त्यागपत्र दे देता है। यह स्पष्ट कर देना आवश्यक है कि उपरोक्त पद पर कोई वास्तविक कार्य नहीं होता। इस पद पर नियुक्ति के परिणामस्वरूप व्यक्ति कॉमन सभा का सदस्य नहीं बना रह सकता। अतः यह कॉमन सभा की सदस्यता से मुक्त होने का एक सुविधाजनक तरीका है।

कॉमन सभा का कार्यकाल

कॉमन सभा के सदस्य पांच वर्ष के लिए निर्वाचित होते हैं, परंतु प्रधानमंत्री सदन को इस अवधि से पूर्व भी भंग कर सकता है। कॉमन सभा को अपनी अवधि बढ़ाने या घटाने का पूर्ण अधिकार है। 1694 के अधिनियम के अंतर्गत इसका कार्यकाल तीन वर्ष था जिसे 1716 में बढ़ाकर 7 वर्ष कर दिया गया, परंतु 1911 के संसदीय अधिनियम के अंतर्गत इसकी अवधि को घटाकर 5 वर्ष कर दिया गया। कॉमन सभा के कार्यकाल को असाधारण परिस्थितियों में बढ़ाया भी जा सकता है। उदाहरण के लिए, 1935 में जो कॉमन सभा गठित की गई थी, द्वितीय महायुद्ध के कारण वह 1945 तक चलती रही। इसके विपरीत 1979 में

निर्वाचित कॉमन सभा अभी अपना कार्यकाल पूरा नहीं कर पाई थी कि प्रधानमंत्री श्रीमती मारग्रेट थैचर ने इसे भंग कराकर मध्यावधि चुनाव कराए थे। इस प्रकार हम कह सकते हैं कि साधारणतया कॉमन सभा का कार्यकाल पांच वर्ष होता है, परंतु परिस्थितियों के अनुसार इसे घटाया या बढ़ाया भी जा सकता है।

सदस्यों के विशेषाधिकार

कॉमन सभा के सदस्यों को कुछ विशेषाधिकार भी प्रदान किए गए हैं ताकि वे अपने कृत्यों को ठीक प्रकार से निभा सकें। उनके मुख्य विशेषाधिकार इस प्रकार हैं–

- उन्हें सदन में भाषण देने की पूर्ण स्वतंत्रता है। वे सरकार की नीतियों की कटु आलोचना कर सकते हैं। सदन में कही गई किसी बात के लिए उन्हें बंदी नहीं बनाया जा सकता और न ही उनके विरुद्ध कोई कार्यवाही की जा सकती है।
- कॉमन सभा की बैठक से 40 दिन पूर्व तथा 40 दिन बाद उनको किसी भी प्रकार के दीवानी मुकदमे में बंदी नहीं बनाया जा सकता।
- कॉमन सभा के सदस्य सामूहिक रूप से रानी के पास जाने का अधिकार रखते हैं। प्राय: वे अपनी बात रानी के पास अध्यक्ष के माध्यम से ही पहुंचाते हैं। व्यक्तिगत रूप से सदस्यों को रानी के पास जाने का अधिकार नहीं है।
- कॉमन सभा को अपनी कार्यवाही नियंत्रित करने का पूर्ण अधिकार है।
- सदस्यों की अयोग्यताओं तथा निर्वाचन संबंधी अन्य झगड़ों के बारे में अंतिम निर्णय देने का अधिकार भी स्वयं कॉमन सभा के सदस्यों के पास है।
- कॉमन सभा किसी भी व्यक्ति को जिसने सदन के विशेषाधिकारों का उल्लंघन किया हो आवश्यक दंड दे सकती है।
- कॉमनसभा के सदस्यों को प्रथम जनवरी 1995 से 33,189 पौंड प्रति वर्ष वेतन की व्यवस्था है। इसके अतिरिक्त उन्हें अपने कार्यालय के लिए 41,308 पौंड प्रतिवर्ष दिए जाते हैं। साथ ही उन्हें अवकाश वृत्ति देने की भी व्यवस्था है। 1965 में इस संबंध में एक विधेयक पास किया गया जिसके अंतर्गत उन सब सदस्यों को, जो कॉमन सभा के कम-से-कम दस वर्ष तक सदस्य रह चुके हों, 65 वर्ष की आयु के पश्चात् 600 पौंड प्रति वर्ष की दर से अवकाश वृत्ति दी जाती है। यदि कोई व्यक्ति 65 वर्ष की आयु प्राप्त करने के पश्चात् भी सदन का सदस्य बना रहता है, तो उसे सदस्यता से मुक्त होने के पश्चात् ही अवकाश वृत्ति दी जाती है, इसके अतिरिक्त सदस्यों को अपने निवास स्थान से लंदन तक रेल द्वारा मुफ्त यात्रा करने की सुविधा भी प्राप्त है।

सदन के अधिवेशन तथा गणपूर्ति

कॉमन सभा का अधिवेशन वर्ष में एक बार अवश्य बुलाया जाना चाहिए, परंतु इसके दो अधिवेशनों के बीच 12 मास से अधिक अंतर नहीं होना चाहिए। आवश्यकता पड़ने पर एक से अधिक अधिवेशन भी बुलाए जा सकते हैं। साधारणतया कॉमन सभा का अधिवेशन अक्टूबर तथा नवंबर में आरंभ होकर दिसंबर में क्रिसमस से कुछ समय पहले समाप्त हो जाता है। फिर इसकी बैठक जनवरी या फरवरी से आरंभ होकर जुलाई या अगस्त तक चलती है। इस प्रकार सदन की बैठक साल में लगभग छह या सात महीने तक चलती है। कॉमन सभा का प्रत्येक नया अधिवेशन महारानी के भाषण से आरंभ होता है। कॉमन सभा के अधिवेशन के लिए कम-से-कम 40 सदस्यों का उपस्थित होना आवश्यक है अन्यथा इसकी बैठक नहीं हो सकती।

कॉमन सभा का अध्यक्ष

कॉमन सभा के अधिवेशनों की अध्यक्षता करने के लिए एक अध्यक्ष की व्यवस्था है। उसका पद अत्यधिक गौरव, सम्मान तथा शक्तियों का परिचायक है। आम चुनाव के पश्चात् कॉमन सभा के सदस्य अपने में से ही एक अध्यक्ष चुनते हैं जिसे स्पीकर कहा जाता है। इस पद का सृजन कब हुआ इसके संबंध में निश्चित रूप से कुछ भी नहीं कहा जा सकता है किंतु 1377 में सर टॉमस हंगरफोर्ड प्रथम बार औपचारिक रूप से इस पद के लिए निर्वाचित हुए थे। इस प्रकार उन्हें ही सदन का प्रथम औपचारिक अध्यक्ष कहा जा सकता है। कालांतर में उसकी स्थिति अत्यधिक गौरवमयी हो गई और वह सदन का सर्वप्रथम सदस्य कहलाने लगा है। उसकी स्थिति अत्यंत महत्वपूर्ण है और वह सदस्यों के अधिकारों और स्वतंत्रताओं का रक्षक होता है।

ऑक्सफोर्ड इंग्लिश शब्दकोश के अनुसार, "स्पीकर कॉमन सभा का वह सदस्य होता है, जिसे सदन स्वयं ही अपने प्रतिनिधि के रूप में कार्य करने और उसे वाद-विवाद की अध्यक्षता करने के लिए निर्वाचित करता है।" स्पीकर का निर्वाचन कॉमन सभा द्वारा इसलिए किया जाता है ताकि (i) वह राजा/रानी, लॉर्ड सभा तथा अन्य अधिकारियों के प्रति कॉमन सभा का प्रतिनिधित्व करे तथा (ii) सदन की अध्यक्षता करे तथा उसके नियमों का पालन करवाए। स्पीकर के प्राय: निम्नलिखित कार्य होते हैं–

- वह सदन में शांति एवं व्यवस्था बनाए रखता है ताकि कार्यवाही ठीक ढंग से चल सके। वह सदस्यों को इधर-उधर की बातें नहीं करने देता और न ही असंसदीय भाषा का प्रयोग करने देता है। यदि कोई सदस्य सदन की कार्यवाही में बाधा डालता है, तो वह उसे चेतावनी दे सकता है, यदि वह फिर भी न माने तो उसे सदन से बाहर जाने के लिए भी कह सकता है।
- स्पीकर सदस्यों को बोलने की आज्ञा देता है। सदन का कोई भी सदस्य उसकी अनुमति के बिना नहीं बोल सकता, परंतु सदस्यों को बोलने की अनुमति देते समय स्पीकर इस बात का ध्यान रखता है कि सभी सदस्यों को वाद-विवाद में भाग लेने का अवसर मिल जाए।
- वह विभिन्न प्रस्तावों तथा प्रश्नों पर मतदान कराता है तथा सदन के निर्णयों की घोषणा करता है।
- वह सदन के कानूनों को लागू करता है तथा उनकी व्याख्या करता है। इस संबंध में उसका निर्णय अंतिम होता है और उसको चेतावनी नहीं दी जा सकती।
- स्पीकर सदन में होने वाले वाद-विवाद में भाग नहीं लेता और न ही मतदान में भाग लेता है, परंतु यदि किसी विषय पर समान मत पड़ जाएं तो उसे निर्णायक मत देने का अधिकार प्राप्त है, परंतु व्यवहार में वह इस निर्णायक मत का प्रयोग इस प्रकार करता है कि यथापूर्व स्थिति बनी रहे ताकि सदन को उस विषय पर विचार करने का एक अन्य अवसर मिल जाए और सदन उस विषय पर निर्णय ले सके।
- संसदीय अधिनियम 1911 के अंतर्गत यह निश्चित करने का अधिकार भी स्पीकर को ही प्राप्त है कि क्या विधेयक वित्त विधेयक है अथवा नहीं।
- यदि विवाद के लिए बहुत-से संशोधन प्रस्तुत किए गए हों तो स्पीकर उनमें से महत्वपूर्ण संशोधनों को चुनकर उन पर मतदान करवाता है।
- स्पीकर सदन के मुख्य वक्ता के रूप में सदन की इच्छा को रानी तक पहुंचाता है। इसी प्रकार अन्य औपचारिक अवसरों पर भी वह सदन का प्रतिनिधित्व करता है।
- सदन में 'काम रोको प्रस्ताव' स्पीकर की अनुमति से ही विचार के लिए स्वीकार किए जाते हैं। यदि अध्यक्ष आवश्यक समझे तो सदस्यों द्वारा प्रस्ताव पर भाषण की अवधि भी नियत कर सकता है।
- सदन में बाहर से आने वाले व्यक्तियों के प्रवेश पर वह नियंत्रण रखता है तथा उन्हें सदन से बाहर जाने के लिए कह सकता है।
- वह निश्चित करता है कि क्या सदन में आवश्यक गणपूर्ति है अथवा नहीं, यदि गणपूर्ति न हो, तो वह सदन की बैठक स्थगित कर देता है।
- वह सदन तथा उसके सदस्यों के विशेषाधिकारों और सम्मान की रक्षा करता है और इसे बनाए रखने के लिए आवश्यक कार्यवाही करता है।

- कॉमन सभा द्वारा पारित किए गए सभी विधेयक स्पीकर के हस्ताक्षरों के अंतर्गत ही लॉर्ड सभा को भेजे जाते हैं।

कॉमन सभा की शक्तियां

कॉमन सभा ब्रिटिश शासन पद्धति का एक महत्वपूर्ण अंग है। वास्तव में ब्रिटिश संसद की समस्त शक्तियों का प्रयोग कॉमन सभा द्वारा ही किया जाता है। इसकी प्रमुख शक्तियां इस प्रकार हैं–

विधायिनी शक्तियां

- कॉमन सभा को बहुत ही विस्तृत विधायिनी शक्तियां प्राप्त हैं। मुनरो के अनुसार, "इसकी शक्तियां सर्वोच्च हैं तथा विश्व की कोई भी विधायिका इसके समक्ष ठहर नहीं सकती।" यह नए कानून बना सकती है, संविधान में संशोधन कर सकती है और पुराने अधिनियमों को रद्द कर सकती है। यह सच है कि सैद्धांतिक रूप में कानून निर्माण में लॉर्ड सभा तथा रानी भी भाग लेते हैं, परंतु वास्तव में इन शक्तियों का प्रयोग कॉमन सभा द्वारा ही किया जाता है।
- 1911 के संसदीय अधिनियम के अंतर्गत लॉर्ड सभा की विधायिनी शक्तियां सीमित कर दी गईं, जिन्हें 1949 के संशोधन अधिनियम द्वारा और भी कम कर दिया गया।
- इस प्रकार संसद द्वारा पास किए गए विधेयकों पर रानी के हस्ताक्षर भी एक औपचारिकता मात्र हैं। अत: हम कह सकते हैं कि कॉमन सभा सभी प्रकार के विधेयक पास कर सकती है। यद्यपि कॉमन सभा की विधायिनी शक्तियों का प्रयोग अब मंत्रिमंडल द्वारा किया जाता है तथा कॉमन सभा मंत्रिमंडल की इच्छानुसार कानून भी बनाती है, परंतु यह भी स्वीकार करना पड़ेगा कि मंत्रिमंडलीय कॉमन सभा की स्वीकृति के बिना कोई कानून नहीं बना सकती तथा कॉमन सभा का विधि निर्माण पर महत्वपूर्ण प्रभाव रहता है।

कॉमन सभा के व्यवस्थापन संबंधी अधिकार व कर्तव्य

ब्रिटेन में संसद का अर्थ है राजा, लॉर्ड सभा एवं लोकसदन, किंतु व्यवहारत: इसकी शक्तियों का उपभोग लोकसदन ही करता है, क्योंकि लोकप्रिय संप्रभुता इसी में निहित है। लोकसदन ही मूलत: वह संस्था है जिसे साधारण और संवैधानिक दोनों प्रकार के कानून निर्माण करने का अधिकार है। विधि निर्माण के क्षेत्र में अंतिम निर्णय लोकसदन को ही प्राप्त है। लॉर्ड सभा केवल विधेयकों के कानून का रूप लेने में कुछ विलंब कर सकती है। उसकी शक्ति पर न्यायिक पुनरावलोकन जैसा कोई बंधन नहीं है।

वित्तीय शक्तियां

- वित्तीय क्षेत्र में भी कॉमन सभा सर्वोच्च है। बजट तथा वित्तीय विधेयक केवल कॉमन सभा में ही प्रस्तुत किए जा सकते हैं, जब कोई वित्तीय विधेयक कॉमन सभा द्वारा पास कर दिया जाता है, तो उसे लॉर्ड सभा की स्वीकृति के लिए भेजा जाता है।
- 1911 के संसदीय अधिनियम के अंतर्गत लॉर्ड सभा उसे पास करने में अधिक-से-अधिक एक महीने की देरी कर सकती है। यह समय बीत जाने के पश्चात् विधेयक को रानी की स्वीकृति हेतु भेजा जाता है, अत: वित्तीय क्षेत्र में लॉर्ड सभा के अधिकार बहुत ही औपचारिक हैं तथा वास्तविक शक्तियां कॉमन सभा के पास ही हैं।
- कॉमन सभा अनेक अन्य तरीकों से भी वित्त पर नियंत्रण रखती है। हर वर्ष देश का बजट मंत्रिमंडल द्वारा कॉमन सभा के सम्मुख रखा जाता है तथा इसकी स्वीकृति के पश्चात् ही कोई कर वसूल किया जा सकता है अथवा कोई खर्चा किया जा सकता है।
- कॉमन सभा मंत्रिमंडल द्वारा प्रस्तुत की गई मांगों में कटौती कर सकती हैं अथवा स्वीकृति देने से इंकार कर सकती हैं। यहां पर यह स्पष्ट कर देना आवश्यक है कि सैद्धांतिक रूप में कॉमन सभा को यह सब करने का अधिकार है, परंतु व्यवहार में ऐसा नहीं किया जाता क्योंकि मांगों में कटौती अथवा उनकी अस्वीकृति एक प्रकार से मंत्रिपरिषद् के विरुद्ध अविश्वास के समान है।
- कॉमन सभा धन के व्यय के लिए केवल आवश्यक स्वीकृति ही प्रदान नहीं करती बल्कि यह भी देखती है कि धन उसी कार्य के लिए खर्च किया गया है जिसके लिए स्वीकृति दी गई थी या नहीं। इस कार्य में कॉमन सभा को महालेखा परीक्षक से बहुत सहायता प्राप्त होती है। इस संबंध में हर वर्ष अपनी एक रिपोर्ट कॉमन सभा को प्रस्तुत करता है।

कार्यपालिका पर नियंत्रण

- ब्रिटेन में संसदीय प्रणाली पाई जाती है। जिसमें मंत्रिमंडल संसद के प्रति उत्तरदायी होता है। इंग्लैंड में मंत्रिमंडल का उत्तरदायित्व वास्तव में कॉमन सभा के प्रति है। मंत्रिमंडल तब तक शासन करता है जब तक उसे कॉमन सभा का समर्थन प्राप्त हो, परंतु यदि मंत्रिमंडल को कॉमन सभा का समर्थन नहीं मिलता तो इसे त्यागपत्र देना पड़ता है। मंत्रिमंडल के विरुद्ध अविश्वास प्रकट करने के अन्य तरीके हैं जैसे कि सरकार द्वारा प्रस्तावित विधेयक को रद्द करना, बजट को अस्वीकार करना, किसी ऐसे निजी विधेयक को पास करना जिसका मंत्रिमंडल विरोध करता है अथवा सीधा ही अविश्वास प्रस्ताव पास कर देना पड़ता है अथवा प्रधानमंत्री रानी को कॉमन सभा भंग करने तथा नए चुनाव करवाने का परामर्श देता है।
- यहां पर यह स्पष्ट कर देना आवश्यक है कि व्यवहार में कॉमन सभा मंत्रिमडल पर कोई विशेष नियंत्रण नहीं रख पाती, क्योंकि मंत्रिमंडल उसी दल द्वारा बनाया जाता है जिसका कॉमन सभा में बहुमत होता है। कठोर दलीय अनुशासन के कारण सदस्य कभी भी मंत्रिमंडल के विरुद्ध जाने का साहस नहीं कर पाते। वास्तव में वे मंत्रिमंडल की इच्छा तथा निर्देशानुसार ही मतदान करते हैं।
- **पूरक प्रश्न:** प्रश्न तथा पूरक प्रश्नों द्वारा कॉमन सभा मंत्रिमंडल पर प्रभावशाली नियंत्रण स्थापित करती है। कॉमन सभा मंत्रियों से उनके विभागों से संबंधित प्रश्न पूछ सकती है तथा उनके विभागों के कार्य करने के बारे में सूचना प्राप्त कर सकती है। इसका एक अन्य लाभ यह है कि कार्यपालिका उत्तरदायी बनी रहती है और अपनी नीति का संचालन ठीक ढंग से करती है। प्रश्नों के महत्व के बारे में प्रो. लास्की ने कहा है– "इसके परिणामस्वरूप शासन के विभागों के कार्य के बारे में जनता को ज्ञान हो जाता है। इस प्रकार विभागों को भी यह पता चल जाता है कि जनता उनके कार्यों का निरीक्षण कर रही है और वह अधिक कुशलता तथा ईमानदारी से कार्य करते हैं।"
- **सरकार की आलोचना:** कॉमन सभा, विशेषकर विरोधी दल के सदस्य, सरकार की नीतियों की कटु आलोचना करते हैं तथा हरसंभव तरीके से सरकार की त्रुटियों को बढ़ा-चढ़ाकर जनता के सम्मुख रखते हैं। इस आलोचना के फलस्वरूप मंत्रिमंडल को जनता की इच्छा के अनुसार कार्य करना पड़ता है। वास्तव में यही आलोचना शासन को लोकतंत्रीय रूप प्रदान करती है।
- **काम रोको प्रस्ताव:** कार्यपालिका (मंत्रिमंडल) को नियंत्रण में रखने में 'काम-रोको प्रस्तावों' का बहुत महत्वपूर्ण स्थान है। ये प्रस्ताव प्राय: सरकार का किसी महत्वपूर्ण घटना की ओर ध्यान आकर्षित करने के उद्देश्य से विरोधी दल के सदस्यों द्वारा प्रस्तुत किए जाते हैं। इस प्रकार का प्रस्ताव प्रस्तुत करने के लिए 40 सदस्यों द्वारा मांग की जानी चाहिए। यदि प्रस्ताव स्पीकर द्वारा स्वीकार कर लिया जाए तो सदन में चल रही कार्यवाही को

स्थगित कर, इस विशेष विषय पर बहस की जाती है। सरकार अपनी नीति को उचित सिद्ध करने का प्रयास करती है। यदि कॉमन सभा के सदस्य सरकार के स्पष्टीकरण से संतुष्ट न हों तो मंत्रिमंडल के विरुद्ध अविश्वास प्रस्ताव पास कर इसे त्यागपत्र देने के लिए बाध्य कर सकते हैं।

- **निर्वाचकों की शिकायतें दूर करना:** कॉमन सभा के सदस्य जनता की शिकायतों को सरकार तक पहुंचाते हैं तथा उन पर आवश्यक कार्यवाही करने के लिए कहते हैं। सरकार तक जनता की शिकायतें प्रमुखतया प्रश्नों के माध्यम से पहुंचाई जाती हैं। ये शिकायतें किसी व्यक्ति के संबंध में हो सकती हैं जैसे किसी व्यक्ति को समय पर पेंशन न दी गई हो अथवा किसी सार्वजनिक समस्या के बारे में हो सकती है। सरकार को इन शिकायतों का संतोषजनक उत्तर देना पड़ता है और यदि संभव हो, तो उन शिकायतों को दूर करने के लिए आवश्यक कार्यवाही भी करनी पड़ती है। इस प्रकार इन तरीकों द्वारा कॉमन सभा कार्यपालिका पर पूर्ण नियंत्रण रखती है।
- **राजनीतिक शिक्षा प्रदान करना:** कॉमन सभा का एक अन्य महत्वपूर्ण कार्य 'जनता को राजनीतिक शिक्षा प्रदान करना', करती है। कॉमन सभा में विभिन्न समस्याओं पर होने वाले वाद-विवाद के फलस्वरूप जनता को उन समस्याओं के दोनों पहलुओं के बारे में ज्ञान मिलता है। कुछ समय पूर्व यह निर्णय लिया गया कि सदन की कार्यवाही का सीधा प्रसारण किया जाएगा। इन सब के परिणामस्वरूप जनता में राजनीतिक चेतना आती है और जनता देश की राजनीति में सक्रिय भाग लेना आरंभ कर देती है।

निष्कर्ष: उपरोक्त विवेचन से यह स्पष्ट है कि कॉमन सभा को सिद्धांत में बहुत-सी व्यापक शक्तियां प्राप्त हैं, परंतु व्यवहार में स्थिति इसके पूर्णतया विपरीत है। वास्तव में विधानीय तथा वित्तीय क्षेत्रों में मंत्रिमंडल की स्थिति बहुत महत्वपूर्ण है। लगभग सभी प्रमुख विधेयक कॉमन सभा में मंत्रिमंडल के सदस्यों द्वारा ही प्रस्तुत किए जाते हैं और वे आसानी से पारित हो जाते हैं, क्योंकि मंत्रिमंडल उसी दल द्वारा बनाया जाता है जिसे कॉमन सभा में बहुमत प्राप्त होता है, अत: दलीय अनुशासन के कारण विधेयक को पास कराने में कोई कठिनाई नहीं आती। कुछ विद्वानों ने मत व्यक्त किया है कि वास्तव में कॉमन सभा मंत्रिमंडल द्वारा प्रस्तुत किए गए विधेयकों तथा नीतियों का पंजीकरण मात्र ही करती है। वित्तीय क्षेत्र में मंत्रिमंडल की स्थिति और भी शक्तिशाली है। वित्तीय विधेयक केवल मंत्रिमंडल द्वारा ही प्रस्तुत किए जा सकते हैं, कॉमन सभा न तो नए सुझाव प्रस्तुत कर सकती है और न ही उनमें कोई ऐसी कटौती कर सकती है जो मंत्रिमंडल को स्वीकार न हो। यदि यह ऐसा करती है, तो यह एक प्रकार से मंत्रिमंडल के विरुद्ध अविश्वास का प्रस्ताव होगा जिसके गंभीर परिणाम हो सकते हैं। कुछ विद्वानों ने यह मत व्यक्त किया है कि कॉमन सभा ने अपनी वास्तविक शक्तियां मंत्रिमंडल को सौंप दी हैं और स्वयं उसके अधीन हो गई है।

उपरोक्त मत से हम पूरी तरह सहमत नहीं हो सकते। यह सच है कि कठोर दलीय अनुशासन के कारण कॉमन सभा मंत्रिमंडल के विरुद्ध आवाज नहीं उठा सकती, परंतु अब भी यह सरकार की गतिविधियों पर पूर्ण नियंत्रण रखती है तथा उसकी कमियों तथा गलतियों की निन्दा कर सकती है। अनेक अवसरों पर कॉमन सभा ने सरकार पर दबाव डालकर इसे अपनी नीति में परिवर्तन करने के लिए बाध्य किया है। यह सर्वविदित है कि मजदूर दल के प्रधानमंत्री विल्सन के कार्यकाल में सरकार को लॉर्ड सभा के सुधार से संबंधित विधेयक को दूसरे पठन के पश्चात् केवल इसलिए वापस लेना पड़ा क्योंकि मजदूर दल के बहुत से सदस्य उसके विरुद्ध थे। अत: हम कह सकते हैं कि भले ही मंत्रिमंडल बहुत शक्तिशाली हो गया है, परंतु अब भी कॉमन सभा इस पर नियंत्रण रखती है।

कॉमन सभा वास्तव में मंत्रिमंडल को बनाए रखने के लिए बहुमत प्रदान करती है, उसकी नीतियों की आलोचना करती है तथा जनता की शिकायतें उस तक पहुंचाती है।

ब्रिटिश समिति प्रणाली

ब्रिटेन में विधि निर्माण के कार्यों का संपादन करने के लिए विविध समितियों की महत्वपूर्ण भूमिका है।

समितियों के प्रकार

लोकसदन की विविध समितियां हैं, जिनमें से निम्नलिखित प्रमुख हैं–

- संपूर्ण सदन की समिति,
- विशिष्ट अथवा प्रवर समितियां,
- स्थायी समितियां,
- गैर-सरकारी विधेयक समितियां,
- संयुक्त या सम्मिलित समितियां।
- **संपूर्ण सदन की समिति:** यह सबसे प्रमुख समिति है तथा इसमें सदन के समस्त सदस्य शामिल होते हैं। संपूर्ण सदन की समिति में सभी विधेयकों पर विचार नहीं किया जाता। मुख्य रूप से वित्त विधेयक ही विचारार्थ लिए जाते हैं। सभी वित्त विधेयकों के प्रायः दो भाग होते हैं। एक भाग का संबंध व्यय से होता है और दूसरे भाग का संबंध आय से होता है। संपूर्ण सदन की समिति जब व्यय से संबंधित भाग पर विचार करती है तब उसे संभरण समिति कहा जाता है और जब आय से संबंधित भाग पर विचार करती है तब उसे उपाय व साधन समिति या अर्थोपाय समिति के नाम से संबोधित किया जाता है।

  वित्त विधेयकों के अतिरिक्त अग्रलिखित विधेयक भी संपूर्ण सदन की समिति में भेजे जाते हैं–

  1. ऐसे विधेयक जो अस्थायी आदेश की पुष्टि करते हों एवं
  2. ऐसे विशेष विधेयक जिनके बारे में सदन यह निश्चित करता है कि वे संपूर्ण सदन की समिति के सामने जारी किए जाएं।
- **विशिष्ट या प्रवर समितियां:** वित्त विधेयकों के अतिरिक्त अन्य सार्वजनिक विधेयकों के लिए विशिष्ट या प्रवर समितियां होती हैं। ये दो प्रकार की हैं–**1.** तदर्थ विशिष्ट समितियां तथा **2.** सत्रीय विशिष्ट समितियां।

  तदर्थ समितियां अस्थायी होती हैं और विधेयक पर विचार की समाप्ति के साथ ही इनका अस्तित्व समाप्त हो जाता है। सत्रीय विशिष्ट समितियां सदन द्वारा प्रत्येक सत्र के आरंभ में नियुक्त की जाती हैं और सत्र के अंत तक चलती हैं। इनमें से कुछ समितियों के नाम हैं–प्रवर समिति, लोक लेखा समिति, स्थायी आदेश समिति, विशेषाधिकार संबंधी समिति, सांविधिक विलेख प्रवर समिति।

  लोकसदन स्वयं निर्णय करता है कि कौन-कौन-सी विशिष्ट समितियां बनाई जाएं और वही उन समितियों के लिए सदस्यों के नामों का चयन भी करता है। ये समितियां अत्यंत शक्तिशाली होती हैं। उन्हें खुले अधिवेशन करने का अधिकार होता है। ये लोकसदन में तथ्यों का संग्रह करती हैं। प्रमाणों व साक्ष्यों का परीक्षण करती हैं और अन्य प्रकार से सूचना प्राप्त करती हैं जिनसे संबंधित विषयों के बारे में उचित कदम उठाया जा सके।
- **स्थायी समितियां:** विशिष्ट समितियों से अधिक महत्वपूर्ण स्थायी समितियां हैं। इनकी संख्या चार या पांच है जिन्हें एबीसीडीई आदि नामों से पुकारा जाता है। एक स्कॉटलैंड संबंधी मामलों की समिति भी होती है। यह केवल उन्हीं विधेयकों पर विचार करती है जिनका संबंध स्कॉटलैंड से होता है। यह समिति अन्य समितियों के आकार से लगभग तीन गुनी होती है और इसमें कम-से-कम 10 तथा अधिक-से-अधिक 15 तक विशेषज्ञ होते हैं। इसके अतिरिक्त एक महासमिति भी होती है।

स्थायी समितियां प्रत्येक संसद के गठन के पश्चात् प्रथम अधिवेशन पर बना दी जाती है और तब तक बनी रहती है जब तक कि उस संसद का सत्र समाप्त न हो जाए।

एबीसीडीई स्थायी समितियों में से प्रत्येक की सदस्य संख्या 20 होती है, किंतु किसी विशेष विधेयक के विचारार्थ इनमें 30 तक और सदस्य नियुक्त किए जा सकते हैं अर्थात् इनके सदस्यों की संख्या 50 तक हो सकती है। नए सदस्यों की नियुक्ति तत्संबंधी विधेयक के प्रति उसके ज्ञान और अनुभव के आधार पर होती है। एक चयन समिति इन समितियों को नामांकित करती है। सभी राजनीतिक दलों के सदस्य इन समितियों में उसी अनुपात से लिए जाते हैं जिस अनुपात में सदन में उनकी संख्या होती है। व्यवस्थापन का अधिकतर कार्य इन स्थायी समितियों द्वारा ही किया जाता है। अधिकांश विधेयक इन्हीं समितियों के सुपुर्द कर दिए जाते हैं।

- **गैर-सरकारी विधेयक समितियां:** गैर-सरकारी विधेयकों के परीक्षण के लिए गैर-सरकारी विधेयकों की समितियां होती हैं। इन समितियों की कार्य प्रणाली विशिष्ट या प्रवर समितियों जैसी है। इनकी नियुक्ति का भार चयन समिति पर है। ये समितियां स्थायी होती हैं। लोकसदन द्वारा निर्मित ऐसी समितियों में चार सदस्य तथा लॉर्ड सभा द्वारा निर्मित ऐसी समितियों में पांच सदस्य होते हैं।

  ये समितियां बहुत शक्तिशाली होती हैं। ये उन गैर-सरकारी विधेयकों का परीक्षण करती है जिनका द्वितीय वाचन में विरोध किया जाता है। ये समितियां अर्द्ध-न्यायिक पद्धति पर कार्य करती हैं। ये विधेयकों के रूप पर विचार कर उन्हें उन्नत बनाती हैं और उनमें अंतर्निहित सिद्धांतों पर विचार कर उनके औचित्य, अनौचित्य के आधार पर आवश्यक परिवर्तन करती हैं–
- **संयुक्त समितियां:** कभी-कभी लॉर्ड सभा और लोकसदन दोनों सदनों की संयुक्त समितियों की भी नियुक्ति होती है। ध्यातव्य है कि भारत में भी इस प्रकार की समितियां गठित की जाती हैं। ये संयुक्त समितियां ऐसे विषयों पर विचार और अनुसंधान करती हैं जिनके बारे में दोनों सदनों में उत्तेजना पाई जाती है, परंतु ब्रिटिश संसदीय जीवन में इनका प्रचलन बहुत ही कम है। इन समितियों का स्वरूप विशिष्ट समितियों के समान होता है।

ब्रिटिश न्यायपालिका

ब्रिटिश न्यायिक व्यवस्था में कुल मिलाकर वर्तमान में तीन प्रकार के न्यायालय हैं–**1.** दीवानी न्यायालय, **2.** फौजदारी न्यायालय, **3.** विशेष अदालत।

दीवानी न्यायालय

दीवानी न्यायालयों में नागरिकों के पारस्परिक अभियोगों को तय किया जाता है; यथा- लोगों में संपत्ति विषयक विवाद, मानहानि विवाद आदि। दीवानी न्यायालयों की संरचना इस प्रकार है–

- **लॉर्ड सभा:** लॉर्ड सभा दीवानी और फौजदारी मामलों में अपील का उच्चतम न्यायालय है। दीवानी मामलों में यह अपील न्यायालय (सिविल डिवीजन), कोर्ट ऑफ सैशन इन स्कॉटलैंड एवं कोर्ट ऑफ अपील इन नार्दन आयरलैंड से अपीलें सुनता है। अपील का कोई सामान्य अधिकार नहीं होता बल्कि अपील न्यायालय या लॉर्ड सभा से पहले अनुमति प्राप्त करने पर ही उच्चतम न्यायालय में अपील की जा सकती है।
- **अपील न्यायालय (दीवानी विभाग):** यह न्यायालय काउंटी न्यायालयों और उच्च न्यायालय की अपीलें सुनता है। यह पदेन न्यायाधीशों तथा अन्य न्यायाधीशों से मिलकर गठित होता है। पदेन न्यायाधीशों से लॉर्ड चांसलर, लॉर्ड चीफ जस्टिस, फैमिली डिवीजन का प्रेसीडेंट, साधारण अपील लॉर्ड्स तथा मास्टर ऑफ दी रॉल्स सम्मिलित होते हैं। व्यवहार में मास्टर ऑफ दी रॉल्स इसका अध्यक्ष होता है। उसकी सहायता के लिए 8 से 11 तक अपील न्यायालय के लॉर्ड जस्टिस होते हैं।

  न्यायालय को अधिकार है कि वह निचले न्यायालय के निर्णय को पूर्ववत रखे, संशोधित कर दे या विपरीत कर दे तथा नई सुनवाई का आदेश दे। न्यायालय में कुछ अपीलें विशेष न्यायालय से भी आती हैं।
- **उच्च न्यायालय:** इसका न्याय क्षेत्र प्रारंभिक एवं अपील संबंधी दोनों प्रकार का होता है और इसके अंतर्गत दीवानी के समस्त तथा फौजदारी के कुछ अभियोग समाविष्ट होते हैं। इस न्यायालय के तीन विभाग हैं–क्वींस बैंच डिवीजन, चांसलरी डिवीजन तथा फैमिली डिवीजन। ये तीनों विभाग मिलकर उच्चतम न्यायालय कहलाते हैं यद्यपि ये सब सदैव अपना न्याय कार्य पृथक्-पृथक् ही करते हैं।
- **क्वींस बैंच** में लॉर्ड चीफ जस्टिस तथा लगभग 30 अन्य न्यायाधीश होते हैं। यह विभाग साधारण दीवानी मामलों की सुनवाई करता है। इसका क्षेत्राधिकार तीन प्रकार का है–**1.** प्रारंभिक क्षेत्राधिकार, **2.** अपीलीय क्षेत्राधिकार, **3.** निरीक्षणात्मक क्षेत्राधिकार।
- **चांसलरी डिवीजन मुख्यतः** उन मामलों की सुनवाई करता है जो सन् 1873 से पहले पुराने कोर्ट ऑफ चांसलरी के क्षेत्राधिकार के अंतर्गत थे। अब कुछ और भी अभियोग इसे सौंप दिए गए हैं जैसे दिवालियापन, कंपनी संबंधी मामले, दावे आदि।
- फैमिली डिवीजन मुख्यतः इन मामलों से संबंधित हैं–

  • विवाह विच्छेद, • नाबालिगों का विवाह, • मजिस्ट्रेट्स न्यायालयों से वैवाहिक मामलों की अपीलें एवं • वसीयत संबंधी मामले।
- **काउंटी न्यायालय:** काउंटी न्यायालय दीवानी मामलों के निम्नतम स्तर के न्यायालय हैं। काउंटी न्यायालय के न्यायाधीश को सर्किट न्यायाधीश कहा जाता है। सर्किट न्यायाधीशों की नियुक्ति लॉर्ड चांसलर द्वारा होती है। काउंटी न्यायालयों की स्थिति ऐसी है कि सभी क्षेत्रों के लिए न्यायालय अधिक दूर नहीं पड़ते। काउंटी न्यायालय किसी निश्चित स्थान पर नहीं होता वरन् भ्रमणशील होता है। एक न्यायाधीश के क्षेत्र में एक या एक से अधिक न्यायालय होते हैं। कार्य अधिक होने पर अतिरिक्त न्यायाधीशों की नियुक्ति की जा सकती है।

फौजदारी न्यायालय

फौजदारी न्यायालयों में उन अभियोगों की सुनवाई होती है जो सार्वजनिक कानून के उल्लंघन से संबंधित होते हैं। उदाहरणार्थ– हत्या, चोरी, डकैती, लड़ाई आदि। फौजदारी न्यायालयों की संरचना इस प्रकार है–

- **हाउस ऑफ लॉर्ड्स:** यह ब्रिटिश न्याय व्यवस्था के सर्वोच्च शिखर पर है और दीवानी तथा फौजदारी मामलों में अपील का अंतिम न्यायालय है। यह अपील न्यायालय (क्रिमिनल डिवीजन) या डिवीजनल कोर्ट ऑफ क्वींस बैंच की अपीलें सुनता है। इसमें अपील के लिए यह आवश्यक है कि अपील न्यायालय से या लॉर्ड सभा से इस आधार पर अपील की अनुमति प्राप्त कर की जाए कि मुकदमे में आम जनता के महत्व का कानूनी बिंदु सन्निहित है। अपील न्यायालय के रूप में लॉर्ड सभा का गठन लॉर्ड चांसलर, साधारण अपील लॉर्ड्स और उच्च न्यायिक पदों पर आसीन अन्य पीयरों द्वारा होता है। गणपूर्ति के लिए तीन सदस्यों की उपस्थिति को आवश्यक माना जाता है।
- **अपील न्यायालय (क्रिमिनल डिवीजन):** अपील न्यायालय दो विभागों में विभक्त है–**1.** दीवानी क्षेत्र का अपील न्यायालय और **2.** फौजदारी क्षेत्र का अपील न्यायालय। फौजदारी क्षेत्र के अपील न्यायालय में निचले न्यायालयों से अपीलें सुनी जाती है। फौजदारी की अपील कानूनी आधार पर अभियुक्त की ओर से भी हो सकती है और अभियोक्ता की ओर से भी। अपील न्यायालय 'लॉर्ड चीफ जस्टिस' तथा 'लॉर्ड जस्टिसेज ऑफ अपील' से मिलकर गठित होता है।

- **क्राउन न्यायालय:** क्राउन न्यायालय उच्च न्यायालय होता है और प्रारंभिक फौजदारी क्षेत्राधिकार का उपयोग करता है। मुख्य सिद्धांत यह है कि अधिक गंभीर मामलों की सुनवाई अधिक उच्च स्थिति का न्यायाधीश करता है, जैसे–**1.** हाईकोर्ट का न्यायाधीश, **2.** कोई सर्किट न्यायाधीश एवं **3.** रिकॉर्डर। दोषी व्यक्ति जूरी द्वारा सुनवाई की मांग कर सकता है जो क्राउन कोर्ट में होती है।
- **मजिस्ट्रेट कोर्ट:** इन्हें पैटी सैशंस कोर्ट्स भी कहा जाता है। ये न्यायालय सबसे छोटे न्यायालय होते हैं और इनमें स्थानीय मजिस्ट्रेट जो शांति न्यायाधीश कहलाते हैं, न्याय करते हैं। ब्रिटिश कानूनी व्यवस्था में अन्य किसी भी न्यायालय की अपेक्षा इन मजिस्ट्रेटी न्यायालयों में अधिक मुकदमों की सुनवाई होती है। ये शांति न्यायाधीश तीन प्रकार के होते हैं–**1.** काउंटी न्यायाधीश, **2.** बरो न्यायाधीश एवं **3.** वैतनिक मजिस्ट्रेट। इन सभी न्यायाधीशों की नियुक्तियां लॉर्ड चांसलर द्वारा की जाती हैं।

विशेष न्यायालय

इनमें प्रिवी कौंसिल की न्यायिक समिति, सेंट्रल क्रिमिनल कोर्ट, रेस्ट्रिक्टिव प्रैक्टिसेज कोर्ट तथा कोरोनर्स कोर्ट मुख्य हैं। वैसे प्रिवी कौंसिल की न्यायिक समिति की गणना दीवानी न्यायालयों में की जाती है। यह न्यायिक समिति प्राइज कोर्ट, धार्मिक कोर्ट, चिकित्सा व्यवसायों के अभिकरणों आदि की अपीलें सुनती हैं। इसके अतिरिक्त चैनल द्वीप समूह, ब्रिटिश उपनिवेशों और राष्ट्रमंडलीय देशों (जिन्हें अपील का अधिकार है) की अपीलें भी इस समिति द्वारा सुनी जाती हैं। विशेष न्यायालयों का संगठनात्मक ढांचा इस प्रकार है–

- **प्रिवी कौंसिल की न्यायिक समिति:** इस न्यायिक समिति में वे सभी प्रिवी कौंसिलर्स सम्मिलित होते हैं जो यूनाइटेड किंगडम में उच्च न्यायिक पदों पर पदासीन हों या पदासीन रहे हों। इनमें अतिरिक्त लॉर्ड चांसलर, भूतपूर्व सभी लॉर्ड चांसलर और वे राष्ट्रमंडलीय जज, जो प्रिवी कौंसिलर्स हैं, सम्मिलित होते हैं। न्यायालय की गणपूर्ति संख्या तीन है लेकिन महत्वपूर्ण मामलों में साधारणतया पांच सदस्य उपस्थित रहते हैं। यह न्यायिक समिति उन राष्ट्रमंडलीय देशों से अपीलों की सुनवाई करती है जिन्होंने अपील का अधिकार स्वीकार किया है।
- इस न्यायिक समिति में निम्नलिखित न्यायालयों और न्यायाधिकरणों से अपील की सुनवाई होती है–**1.** प्राइज कोर्ट्स, **2.** धार्मिक न्यायालय, **3.** कोर्ट्स ऑफ दी आइसल ऑफ मैन, चैनल द्वीप समूह, ब्रिटिश उपनिवेश, ब्रिटिश संरक्षित प्रदेश और अपील का अधिकार रखने वाले राष्ट्रमंडलीय देश। **4.** चिकित्सा संबंधी, दांत संबंधी व्यवसायों के न्यायाधिकरण।
- **सेंट्रल क्रिमिनल कोर्ट:** यह एक विख्यात न्यायालय है जिसे आमतौर पर ओल्ड बैली के नाम से जाना जाता है। इसे 1834 के सेंट्रल क्रिमिनल कोर्ट ऐक्ट द्वारा स्थापित किया गया था। यह एक क्राउन कोर्ट के फौजदारी क्षेत्राधिकार का उपभोग करता है और लंदन सिटी तथा ग्रेटर लंदन क्षेत्र के अपराध संबंधी मामलों की सुनवाई करता है। यह न्यायालय वर्ष में कम-से-कम बारह बार बैठता है और अपने कार्य में बहुत व्यस्त रहता है।
- **रैस्ट्रिक्टिव प्रैक्टिसेज कोर्ट:** इसकी स्थापना सन् 1956 के रैस्ट्रिक्टिव ट्रेड प्रैक्टिसेज ऐक्ट द्वारा हुई थी और अब यह एक नया उच्चतर अभिलेख है। इसकी स्थिति उच्च न्यायालय के समकक्ष है।
- **कोरोनर्स कोर्ट:** यह न्यायालय वास्तव में न्यायालय नहीं है। इसमें एक कोरोनर होता है जो प्राय: डॉक्टर या वकील होता है। यह काउंटी अथवा बरो परिषद् द्वारा नियुक्त किया जाता है। यह जूरी की सहायता से अथवा उसके बिना भी अपना कार्य करने में समर्थ होता है। उसका कार्य किसी रहस्यमय, आकस्मिक अथवा अप्राकृतिक मृत्यु के कारणों का पता लगाना है। इसकी नियुक्ति जीवन भर के लिए की जाती है।

ब्रिटिश राजनीतिक दल प्रणाली की विशेषताएं

ब्रिटिश दल प्रणाली की मुख्य विशेषताएं इस प्रकार हैं–

द्विदलीय प्रथा

ब्रिटेन में प्रारंभ से द्विदलीय पद्धति रही है। चार्ल्स प्रथम के समय कैवेलियर्स तथा राउण्टहैड्स नामक दो दल थे और चार्ल्स द्वितीय के समय टोरी और ह्विग दल तथा श्रमिक दल की प्रधानता है। ब्रिटिश जनता का विश्वास रहा है कि द्विदलीय प्रणाली में स्थिरता, व्यक्तियों की स्वतंत्रता और उनके अधिकारों को सुरक्षा तथा शक्ति के दुरुपयोग की संभावना नहीं रहती है। इन सब कारणों को संसदीय व्यवस्था की सफलता के लिए अनुकूल माना जाता है।

केंद्रीकरण

आबादी की एकरूपता और लघु भौगोलिक आकार के कारण ब्रिटिश दलों की प्रवृत्ति केंद्रीकरण की रही है। संपूर्ण दल ऊपर से नीचे तक एक सूत्र में आबद्ध रहता है। दलीय नेताओं तथा दल के केंद्र का पूरे दल पर नियंत्रण रहता है। राष्ट्रीय संगठन का सदैव अस्तित्व रहता है और उसका ध्यान मुख्यत: राष्ट्रीय और अंतर्राष्ट्रीय बातों की ओर लगा रहता है। ब्रिटेन के विपरीत अमेरिका में दलों की विशेषता विकेंद्रीकरण की है।

अनुशासन एवं समन्वय

ब्रिटिश दल बहुत ही अनुशासित है। दल के सचेतक ही निश्चय करते हैं कि संसद में किन दलीय सदस्यों को कब और क्या बोलना है अथवा किस विधेयक के पक्ष या विपक्ष में मत देना है। प्रत्येक दल की अपनी नीति है, अपना आदर्श और कार्यक्रम है। दलीय सदस्यों में सहयोग व साहचर्य की भावना प्रबल रूप से विद्यमान रहती है। दल की सदस्यता ऐच्छिक है, किंतु सदस्य की दलीय सूत्र में आबद्धता के कारण पारस्परिक निकटता बढ़ जाती है। दल का समर्थन दल को एक व्यक्ति का रूप दे देता है और उसे संगठित तथा अनुशासित बनाता है।

नेता का महत्व

ब्रिटेन में दल का नेता, दल का केंद्र स्थल और दल का प्रतीक माना जाता है। दल की नीतियों को दलीय नेता के व्यक्तित्व के माध्यम से अधिक स्पष्ट किया जा सकता है। मतदाता वस्तुत: किसी उम्मीदवार विशेष को नहीं बल्कि भावी प्रधानमंत्री को मत देता है और चुनाव बहुत कुछ नेता के व्यक्तित्व के प्रभावस्वरूप दिशा ग्रहण करता है, न कि नीति और दल के आधार पर। दल के नेता की इस महत्वपूर्ण स्थिति को प्रत्येक संसद सदस्य समझता है और इसलिए वह नेता को पूर्ण समर्थन देता है।

संसद सदस्यों पर नियंत्रण

सदस्यगण दल नियंत्रण के समर्थन पर विजयी होते हैं। दलीय कार्यक्रम के आधार पर उन्हें मत मिलते हैं और दल की विजय में दलीय नेता की लोकप्रियता की अहम भूमिका होती है। अत: प्रत्येक सदस्य यह समझता है कि दलीय कार्यक्रम या नेता से अलग रहना या उनसे विद्रोह करना उनके राजनीतिक अस्तित्व के लिए घातक सिद्ध हो सकता है। परिणामस्वरूप वह दलीय नियमों और दलीय अनुशासन का पालन करता है।

वर्ग, प्रकृति एवं सैद्धांतिक मतभेद

ब्रिटेन के राजनीतिक दलों का वर्ग के आधार पर सरलतापूर्वक पृथक्करण किया जा सकता है। उदार दल सभी वर्गों से मत प्राप्त करने की कोशिश करते हैं और अनुदान एवं मजदूर दोनों दल मध्यम वर्ग से मत की आशा करते हैं, किंतु मजदूर दल स्पष्टत: मजदूरों का प्रतिनिधित्व करता है और बड़े उद्योगपतियों तथा व्यवसायियों तथा पूंजीपतियों को कमजोर बनाने के पक्ष में है। इसके विपरीत अनुदार दल सामान्यत: धनिक एवं कुलीन वर्गों का प्रतिनिधित्व करता

है। स्पष्ट है कि दोनों के बीच इतनी व्यापक भिन्नता है कि मतदाता को वास्तविक चयन का अवसर मिल जाता है। दलों के मतभेद सैद्धांतिक होते हैं। मजदूर दल समाजवाद में विश्वास करता है, तो अनुदार दल स्वतंत्र एवं निजी उद्योगों का समर्थक है।

उच्च उद्देश्य, गंभीर प्रकृति एवं कार्यशीलता

ब्रिटिश राजनीतिक दलों के कार्यकर्ता उच्च उद्देश्यों से प्रभावित होकर राजनीति में भाग लेते हैं तथा नैतिक सिद्धांतों का पालन करते हैं और निरंतर कार्यशील रहते हैं। वे व्यक्तिगत हितों और स्वार्थपूर्ण उद्देश्यों के लिए सामान्यत: राजनीति में प्रवेश नहीं करते। स्वार्थपरकता का ब्रिटिश राजनीतिक व्यवस्था में अभाव सा है। ब्रिटेन में राजनीतिक दल सामान्य निर्वाचनों के बाद भी सदैव कार्यशील रहते हैं। इंग्लैंड में किस दिन निर्वाचन हो जाएगा यह कहना कठिन होता है इसलिए दल निर्वाचन के लिए सदैव तैयार रहते हैं। शोध कार्य करना, साहित्य तैयार करना, सभाएं बुलाना, स्थानीय शाखाओं को संगठित करना, स्थानीय संस्थाओं के चुनावों में भाग लेना और संसद व मंत्रिमंडल के सदस्यों से संपर्क स्थापित रखना आदि ऐसे कार्य जिन्हें राजनीतिक दल अनवरत रूप से करते रहते हैं। ब्रिटिश राजनीतिक दलों का आचरण और व्यवहार बड़ा उच्चकोटि का होता है। वे ईश्वर की महत्ता में विश्वास करते हैं और अपनी ईसाई धर्म प्रेरित प्रवृत्ति की सरलता का परित्याग नहीं करते।

लूट प्रथा का अभाव

ब्रिटिश राजनीतिक दल लूट प्रथा से ऊपर है। संयुक्त राज्य अमेरिका की भांति ब्रिटिश राजनीति में राजनीतिक दलों द्वारा लूट प्रथा का सहारा नहीं लिया जाता जिसके अनुसार सत्तारूढ़ दल के बदलते ही स्थायी पदाधिकारियों की एक बड़ी संख्या में नवनिर्वाचित राष्ट्रपति परिवर्तन कर देता है और पहले से कार्य कर रहे पदाधिकारियों की जगह उन लोगों को नियुक्त कर देता है जिन्होंने चुनाव में राष्ट्रपति को विजयी बनाने में योगदान दिया। ब्रिटेन में स्थायी लोक सेवा का सिद्धांत प्रचलित है। अत: सरकारों में परिवर्तन होने से उनकी स्थिति पर कोई प्रभाव नहीं पड़ता है। वे अपने पदों पर बने रहते हैं।

राजनीतिक दल और सरकार

ब्रिटेन में भी प्रत्येक राजनीतिक दल के दो रूप हैं–**1.** संसदीय दल और **2.** संसद के बाहर का दल। संसदीय दल ही सरकार का निर्माण करता है। वही देश का प्रशासन करता है। संसदीय दल के तीन अंग हैं–• दल के सदस्यों का पूर्ण समूह, • समूह का नेता और • सचेतक।

दल का नेता प्रधानमंत्री बनाया जाता है। दल के अन्य सदस्य या तो केवल लोक सदन के सदस्य ही रहते हैं अथवा उन्हें मंत्रिमंडल में सम्मिलित कर लिया जाता है। सचेतकों का कार्य प्राय: यह होता है कि वे सदस्यों को इस बात की सूचना दें कि उन्हें कब दल के समर्थन में सभा में मतदान करना है।

सुदृढ़ संगठन और कठोर सुशासन

ब्रिटिश दलीय व्यवस्था की एक महत्वपूर्ण विशेषता राजनीतिक दलों का सुदृढ़ संगठन होना है। राजनीतिक दलों का राष्ट्रव्यापी संगठन होता है और दल के सदस्य कठोर अनुशासन का पालन करते हैं। अनुशासनहीन आचरण करने वालों को दल से तुरंत निष्कासित कर दिया जाता है।

निरंतर कार्य करना

इंग्लैंड में राजनीतिक दल केवल चुनाव के समय में ही क्रियाशील नहीं होते बल्कि दो चुनावों के बीच के समय में भी कार्यशील रहते हैं। प्रो. हरमन फाइनर ने कहा है, "राजनीतिक दल आम चुनावों के बीच सो नहीं जाते अथवा सुस्ताने नहीं लगते। वे निरंतर जनता को शिक्षा देने का कार्य बहुत उत्साह से करते रहते हैं, वे शोध कार्य करते हैं, साहित्य तैयार करते हैं, सभाएं करते हैं तथा गर्मियों की छुट्टियों में स्कूल चलाते हैं, स्थानीय कार्य करते हैं, स्थानीय संस्थाओं के चुनाव लड़ते हैं तथा इन सबसे बढ़कर वह कॉमंस सभा तथा मंत्रिमंडल के साथ अपना संपर्क बनाए रखते हैं–ब्रिटिश दल सदा काम करते हैं, सर्वव्यापी हैं तथा सब जगह उनकी आवाज सुनाई पड़ती है। दलों में निरंतर कार्य करने का प्रमुख कारण यह है कि अमेरिका के विपरीत यहां पर कार्यपालिका का कार्यकाल निश्चित नहीं है तथा किसी भी समय मंत्रिमंडल के विरुद्ध अविश्वास प्रस्ताव पास हो सकता है और नए चुनावों की आवश्यकता पड़ सकती है।"

राजनीतिक दलों का मतैक्य

इंग्लैंड में राजनीतिक दलों की नीतियों तथा कार्यक्रमों में सैद्धांतिक रूप में बहुत ही अंतर है जैसे कि अनुदार दल, निजी संपत्ति, स्वतंत्र व्यापार, उग्र राष्ट्रवाद व साम्राज्यवाद का समर्थक है, परंतु मजदूर दल समाजवाद का समर्थक है तथा बड़े व्यवसायियों तथा पूंजीपतियों को कमजोर बनाना चाहता है। इस सैद्धांतिक अंतर के होते हुए भी व्यवहार में ये दल एकसमान ही कार्य करते हैं। उदाहरण के लिए, अनुदार दल को पूर्णत: अनुदार नहीं कहा जा सकता, क्योंकि इसने भी कई सुधारवादी कानूनों को अपनाया है। इसी प्रकार मजदूर दल की सरकार ने समाजवादी होते हुए भी विल्सन के कार्यकाल में कारखानों के मजदूरों को हड़ताल करने नहीं दी। इस प्रकार दोनों राजनैतिक दलों की नीतियों में विशेष अंतर नहीं है। सभी दल जन-कल्याण में विश्वास रखते हैं तथा उनके जीवन स्तर को सुधारने के लिए उन्हें शिक्षा, चिकित्सा तथा स्वास्थ्य सेवाएं, अच्छे मकान इत्यादि प्रदान करना चाहते हैं। अत: हम कह सकते हैं कि सैद्धांतिक रूप में विभिन्न राजनीतिक दलों में मतभेद होते हुए भी जब वे सरकार का गठन करते हैं एक ही लक्ष्य को ध्यान में रखकर कार्य करते हैं और वह लक्ष्य है जन कल्याण।

निजी लाभ की तुलना में राष्ट्रीय हितों को प्राथमिकता

ब्रिटेन में राजनीतिक दल अपने सदस्यों के हितों की अपेक्षा राष्ट्र के हितों को प्राथमिकता देते हैं। वे अमेरिका की भांति लाभ तथा भ्रष्टाचार की नीति नहीं अपनाते। अमेरिका में जो दल सरकार बनाता है वह राज्य के सभी प्रमुख पदों पर अपने ही दल के सदस्यों को नियुक्त कर लेता है। इस प्रथा को 'लूट की पद्धति' का नाम दिया जाता है। ब्रिटेन में इस प्रकार की प्रथा नहीं पाई जाती। जैसा कि प्रो. हरमन फाइनर ने कहा है, 'ब्रिटेन में आम चुनावों में विजयी दल को अपने कार्यकर्ताओं, मित्रों अथवा संसद सदस्यों को देने के लिए नौकरियां तथा ठेके इत्यादि नहीं होते। यह उन्हें राष्ट्र सेवा में खून-पसीना तथा आंसू बहाने का अवसर ही प्रदान कर सकता है।'

राष्ट्र संकट के समय मिली-जुली सरकार का गठन

ब्रिटिश राजनीतिक पद्धति की एक अन्य विशेषता यह है कि प्राय: राष्ट्रीय संकट के समय राष्ट्रपति सरकार का गठन किया जाता है जिसमें सभी राजनीतिक दलों के प्रतिनिधि सम्मिलित होते हैं। इस प्रथा को अपनाने का प्रमुख कारण यह है कि राष्ट्रीय समस्याओं का सर्वसम्मति से समाधान किया जा सके। यहां पर यह स्पष्ट कर देना आवश्यक है कि साधारण परिस्थितियों में इंग्लैंड की जनता मिली-जुली सरकार के पक्ष में नहीं है।

ब्रिटिश दलीय व्यवस्था में विपक्ष की भूमिका

ब्रिटिश शासन पद्धति में विरोधी दल का विशेष महत्व है। वहां पर विरोधी दल का नेता प्रशासन का प्रमुख अंग माना जाता है तथा उसे अन्य मंत्रियों की भांति वेतन दिया जाता है। उसका प्रमुख कार्य सरकारी नीतियों की आलोचना करना तथा उसे उत्तरदायी बनाए रखना है।

ब्रिटेन की द्विदलीय पद्धति के अंतर्गत हाउस ऑफ कॉमंस में सरकार द्वारा मान्यता प्राप्त विरोधी दल प्रमुख तथा विशेष स्थान रखता है। जिस दल को बहुमत मिलता है वह सरकार बनाता है और जो दल अल्पमत में आता है उसे 'रानी

का विरोधी दल' कहा जाता है। विरोधी दल का नेता सरकारी कोष से संसद में सरकार की नीतियों की आलोचना करने के लिए वेतन प्राप्त करता है। उसे आशातीत प्रधानमंत्री भी कहा जाता है।

ब्रिटिश परंपराओं में विरोधी पक्ष को सरकार द्वारा मान्यता प्रदान करना एक अनोखा लक्षण है। रानी के विरोधी दल का अपना ही एक संगठन एवं महत्व है। विरोधी दल के नेता को प्रधानमंत्री की छाया कहा जाता है और वह प्रधानमंत्री की कैबिनेट की भांति ही छाया मंत्रिमंडल की रचना करता है जिसका प्रत्येक सदस्य प्रधानमंत्री के मंत्रिमंडल के मंत्रियों के क्रियाकलापों पर निगरानी रखता है। वह सरकार का सबसे प्रमुख विरोधी व आलोचक होता है।

इंग्लैंड में अनेक बार ऐसा देखने को मिला है कि जब कभी प्रधानमंत्री अपना त्यागपत्र दे देता है या उसके प्रति अविश्वास का प्रस्ताव पास कर दिया जाता है, तो विरोधी दल को सरकार बनाने के लिए निमंत्रित किया जाता है और संभवतः यही कारण है कि सरकार सदा ही सचेत और सतर्क रहती है, क्योंकि उसे मालूम है कि विरोधी दल उसकी गलतियों और कमियों को उभारने में कोई कसर नहीं छोड़ेगा। यदि किसी देश में सशक्त विरोधी दल न हो, तो सरकारी दल निरंकुश बनने की चेष्टा कर सकता है। ब्रिटिश व्यवस्था में निरंतर सतर्कता सरकार पर नियंत्रण लगाए रखती है। इसके साथ-ही-साथ हमें यह भी जान लेना चाहिए कि विरोधी दल अनुत्तरदायी नहीं होना चाहिए। उनका व्यवहार चाहे संसद में हो या फिर जनता के समक्ष सभ्य और उत्तरदायी ही होता है, क्योंकि यदि यह कोई अनुत्तरदायी वक्तव्य देता है, तो प्रधानमंत्री बनने पर उसे इस वक्तव्य में किए गए वायदों को व्यावहारिक रूप देना पड़ सकता है। दूसरे शब्दों में, वह सरकार की आलोचना करते समय और जनता के समक्ष वायदे करते समय चौकस रहता है। संक्षेप में, ब्रिटिश व्यवस्था में न केवल रानी की सरकार बल्कि रानी का विरोधी दल भी उत्तरदायी ढंग से व्यवहार करता है। दोनों में अंतर केवल इतना है कि जहां रानी की सरकार कॉमंस सभा के सामने उत्तरदायी है, वहीं विरोधी दल कॉमंस सभा के स्थान पर जनता के प्रति उत्तरदायी है। दोनों पक्ष चाहे एक-दूसरे के कट्टर विरोधी हों, किंतु जब भी राष्ट्रीय हितों का प्रश्न आता है तब वे एक-दूसरे के साथ सहयोगपूर्ण वातावरण में कार्य करते हैं।

संसद की सर्वोच्चता

ब्रिटिश संसद के दोनों सदनों की रचना, संगठन, कार्यों एवं शक्तियों तथा राजनीतिक व्यवस्था में इनके द्वारा निभाई गई भूमिका का अध्ययन करने के पश्चात् यह स्पष्ट हो जाता है कि यह ब्रिटिश प्रशासन का एक महत्वपूर्ण अंग है। इसकी चर्चा करते हुए राजनीतिक विचारक डी लोमे ने कहा था कि- "ब्रिटिश संसद इतनी शक्तिशाली है कि यह स्त्री को पुरुष व पुरुष को स्त्री बनाने के अतिरिक्त सब कुछ कर सकती है।" दूसरे शब्दों में, ब्रिटिश संसद की शक्तियां अपार, अद्वितीय एवं अत्यधिक विस्तृत हैं। कई विचारक यहां तक कहते हैं कि इंग्लैंड में 'संसद की सर्वोच्चता' है। अतः अब हम यह देखने का प्रयत्न करेंगे कि क्या ब्रिटिश संसद वास्तव में सर्वोच्च है या नहीं? संसदीय सर्वोच्च सत्ता के समर्थकों के मत में इंग्लैंड में कोई व्यक्ति या संस्था ऐसी नहीं जो संसद के बनाए हुए कानूनों को रद्द कर सके या फिर उसकी इच्छा के विरुद्ध किसी कानून या नियम का निर्माण कर सके। सर जॉन मेरियट का कहना बिल्कुल ठीक है कि- "किसी भी दृष्टिकोण से देखा जाए ब्रिटिश संसद संसार में सबसे अधिक अद्भुत एवं सर्वाधिक शक्तिशाली है। यह सबसे पुरानी है, क्षेत्राधिकार में सबसे अधिक विस्तृत तथा शक्तियों में असीमित शक्तियों वाली संस्था है।"

सर जॉन मेरियट की भांति कुछ अन्य दार्शनिकों ने भी इंग्लैंड की संसद की स्थिति एवं भूमिका की बहुत अधिक प्रशंसा की है। सर एडवर्ड कोक के मत में, "संसद की शक्ति एवं क्षेत्राधिकार इतना महान एवं अनियंत्रित है कि इसको किसी सीमा में नहीं बांधा जा सकता।" एक अन्य विचारक ब्लैकस्टोन के शब्दों में, "संसद को सभी प्रकार के कानूनों को बनाने, उनकी पुष्टि करने, उन्हें विस्तृत करने तथा उनकी व्याख्या करने की सर्वोच्च तथा अनियंत्रित शक्ति प्राप्त है।" राजनीतिक विचारक डायसी का कहना है कि- "कानूनी दृष्टि से संसद की सर्वोच्चता हमारी राजनीतिक व्यवस्था का मुख्य गुण है।"

इन विभिन्न राजनीतिक विचारकों एवं दृष्टिकोणों को देखने के पश्चात् यह कहा जा सकता है कि ब्रिटिश संसद न केवल अपनी इच्छा के अनुकूल कानूनों का निर्माण कर सकती है, उन्हें संशोधित कर सकती है अपितु उन्हें समाप्त भी कर सकती है। इंग्लैंड का सम्राट परंपराओं के अनुसार संसद द्वारा पारित किसी भी विधेयक पर निषेधाधिकार का प्रयोग नहीं करता और न ही वहां की न्यायपालिका को किसी भी विधायक को असंवैधानिक घोषित करने की शक्ति दी गई है। इसलिए डायसी ने सत्य कहा है कि- "संसद कानून द्वारा किसी नाबालिग को बालिग (वयस्क) किसी विदेशी को इंग्लैंड का जन्मजात नागरिक और वैध बच्चों को अवैध तथा अवैध बच्चों को वैध घोषित कर सकती है।" इसने कई बार अपने कार्यकाल को बढ़ाने के लिए 1716 के सैपटेनियल ऐक्ट जैसे कानून पारित किए हैं। 1936 में एब्डीकेशन ऐक्ट के द्वारा इसने यह निश्चय किया था कि राजा संसद की इच्छा के विरुद्ध विवाह भी नहीं कर सकता तथा इन जैसे अनेक कानूनों को देखकर यह कहना गलत न होगा कि संसद जो भी करती है वही कानून है और वह कानूनी और संवैधानिक है।

ब्रिटेन की राजनीतिक व्यवस्था की विशेषताओं के अध्ययन से यह स्पष्ट है कि यहां संसदीय प्रणाली है अर्थात् देश की वास्तविक कार्यकारिणी (प्रधानमंत्री एवं मंत्रिमंडल) संसद के प्रति उत्तरदायी है। संसद प्रश्न पूछकर, आलोचनाएं अथवा भर्त्सना करके तथा काम रोको प्रस्ताव द्वारा कार्यपालिका को नियंत्रित रखती है एवं अविश्वास प्रस्ताव द्वारा इसे पदमुक्त करती है। यही नहीं, देश की आय तथा व्यय का ब्यौरा तथा धन बिल पर भी संसद का आधिपत्य है, क्योंकि संसद की सहमति के बिना न तो टैक्स इकट्ठे किए जा सकते हैं और न ही राष्ट्र का धन खर्च किया जा सकता है। संक्षेप में, राष्ट्रीय वित्त पर संसद का पूर्ण नियंत्रण पाया जाता है।

ब्रिटिश राजनीतिक व्यवस्था के अंतर्गत एक अनोखी विशेषता यह है कि यहां सिद्धांत एवं व्यवहार में महान अंतर है। यह कथन संसदीय सर्वोच्चता पर भी लागू होता है। कानूनी दृष्टि से संसद निस्संदेह सर्वोच्च है किंतु व्यावहारिक रूप में इसकी शक्तियों पर अनेक प्रतिबंध लगे हुए हैं। डायसी के मत में- "संसद नैतिकता के विरुद्ध कोई कानून नहीं बना सकती, राजा के विशेषाधिकारों में हस्तक्षेप नहीं कर सकती तथा पिछली संसदों के द्वारा लगाए गए प्रतिबंधों को नहीं तोड़ सकती।" यही नहीं, जनता का प्रतिनिधित्व करने वाली संस्था संसद कोई ऐसा कार्य नहीं कर सकती जो कि जनता की इच्छा के विरुद्ध हो, क्योंकि यदि जनता या जनमत नाराज हो गया तो अगले चुनावों में बहुमत दल पुनः विजयी नहीं हो पाएगा।

संसद की सर्वोच्चता पर एक अन्य प्रतिबंध प्रदत्त व्यवस्थापना का है। एक कल्याणकारी राज्य का स्वरूप धारण करने के पश्चात् संसद का कार्य अत्यधिक बढ़ गया है। संसद इतनी अधिक व्यस्त हो गई है कि वह सभी विधेयकों का विस्तृत अध्ययन नहीं कर सकती, अतः इसे कार्यकारिणी की सहायता पर निर्भर रहना पड़ता है। प्रति वर्ष सैकड़ों परिषद् आदेश मंत्रिमंडल द्वारा जारी कराए जाते हैं। संसद इन सबकी देखभाल नहीं कर सकती। दूसरे शब्दों में, आधुनिक काल में ब्रिटिश संसद न तो विस्तारपूर्वक कानून बना सकती है और न ही कार्यपालिका द्वारा बनाए गए कानूनों पर पूर्णतया नियंत्रण रख सकती है।

❑❑❑

अध्याय 2

जनवादी चीन गणराज्य की संवैधानिक योजनाएं या व्यवस्थाएं

चीन का जनवादी गणराज्य एक बहुसांस्कृतिक, बहुभाषायी तथा बहुराष्ट्रीय राजनीतिक व्यवस्था है। इन सभी बहुल प्रकृति के तत्वों के बावजूद भी चीन में एकात्मक शासन पद्धति स्थापित की गई है। यहां एक शक्तिशाली केंद्रीय सरकार समस्त देश पर शासन करती है, दूसरे शब्दों में, यहां शक्तियों का केंद्रीकरण है। 1982 के संविधान के तीसरे अध्याय में सातवें खंड के अंतर्गत अनुच्छेद 57 से लेकर अनुच्छेद 135 तक संवैधानिक ढांचे का ही वर्णन किया गया है। इस संवैधानिक ढांचे के अंतर्गत चीन जैसे विशाल देश की केंद्र सरकार में एक-सदनीय विधायिका का प्रावधान किया गया है। इसे राष्ट्रीय जनवादी कांग्रेस का नाम दिया गया है। जनवादी चीन के संविधान में व्यवस्थापिका की सर्वोच्चता के सिद्धांत का प्रतिपादन किया गया है, परंतु यह विधायिका वर्ष में प्राय: एक ही बार सत्र में होती है। अधिकतर समय उसकी अनुपस्थिति में कांग्रेस के कार्यों का संपादन राष्ट्रीय जनवादी कांग्रेस की स्थायी समिति करती है। उसके स्वयं अपने भी कुछ कार्य हैं। चीन के राजाध्यक्ष को राष्ट्रपति कहा गया है। उसकी सहायता के लिए एक राज्य परिषद् होती है जो हमारी मंत्रिपरिषद् से मिलती-जुलती है। इसका अध्यक्ष प्रधानमंत्री होता है। न्यायपालिका के शीर्ष पर एक सर्वोत्तम जनवादी न्यायालय है और समाजवादी विधि व्यवस्था की रक्षा के लिए एक जनवादी सर्वोच्च न्यायवादी मंडल है। इस प्रकार जहां भारत, इंग्लैंड तथा अमेरिका में राष्ट्रीय सरकार के तीन अंग-विधानमंडल, कार्यकारिणी तथा न्यायपालिका हैं; वहीं जनवादी चीन गणराज्य में भूतपूर्व सोवियत रूस की भांति, विधानमंडल (राष्ट्रीय जनवादी कांग्रेस), कार्यकारिणी (राष्ट्रपति तथा राज्य परिषद्), न्यायपालिका (जन सर्वोच्च न्यायालय तथा जन सर्वोच्च न्यायवादी) तथा स्थायी समिति देखने को मिलते हैं। चीन के संवैधानिक ढांचे से परिचय प्राप्त करने के लिए इनके विभिन्न अंगों की रचना, संगठन, शक्तियों तथा इनके द्वारा विभिन्न अंगों का अलग-अलग वर्णन कर इनके बारे में जानकारी प्राप्त करना उचित होगा।

राष्ट्रीय जनवादी कांग्रेस

- जनवादी चीन गणराज्य में राष्ट्रीय जनवादी कांग्रेस एकमात्र विधायी निकाय है। चीन के संविधान के अनुच्छेद 57 के अनुसार, 'चीनी जनवादी गणराज्य में राष्ट्रीय जनवादी कांग्रेस राज्य सत्ता का सर्वोच्च अंग है।' यह स्वयं तथा इसकी स्थायी समिति समस्त विधायी शक्तियों का उपभोग करती है। ध्यातव्य है कि यद्यपि संविधान के अनुच्छेद 58 के अंतर्गत राष्ट्रीय जनवादी कांग्रेस को प्रमुख रूप से विधायी निकाय के रूप में घोषित किया गया है तथापि वास्तव में यह व्यवस्थापिका से कुछ और अधिक है।
- इसका कार्यक्षेत्र बहुमुखी है तथा यह राजनीतिक व्यवस्था के सभी पहलुओं में हस्तक्षेप करती है। इस संस्था के इस बहुमुखी कार्यकलापों को देखकर ही विद्वान कहते हैं कि चीन में शक्तियों के पृथक्करण के सिद्धांत को अपनाया नहीं गया है।
- भारत, इंग्लैंड, संयुक्त राज्य अमेरिका इत्यादि में द्विसदनीय विधानमंडल दिखाई देते हैं, लेकिन इन सबके विपरीत चीन की राष्ट्रीय जनवादी कांग्रेस एक सदनीय विधानपालिका है।
- इस एक सदनीय विधायिका के सदस्यों को डिप्टी कहकर पुकारा जाता है। 'डिप्टी' शब्द का प्रयोग फ्रांस में किया जाता था। अंग्रेजी के इस 'डिप्टी' (Deputy) शब्द का अर्थ है–वे व्यक्ति जो जनता की आवाज अर्थात् जनता के प्रतिनिधि होते हैं। वे अपने मतदाताओं के एक प्रकार से राजदूत कहे जा सकते हैं, परंतु आज जब चीन में हम डिप्टी शब्द का प्रयोग करते हैं तब इसका सीधा आशय होता है जनता द्वारा निर्वाचित राष्ट्रीय जनवादी कांग्रेस के सदस्यगण। कांग्रेस के सदस्यों को जनता निर्वाचित करती है।
- संविधान के अनुच्छेद 59 के अनुसार, 'राष्ट्रीय जनवादी कांग्रेस के सदस्यों का चुनाव प्रदेशों, स्वायत्त क्षेत्रों, केंद्रीय सरकार के अधीन नगरपालिकाओं तथा सशस्त्र सेनाओं द्वारा किया जाता है। सभी राष्ट्रीय अल्पसंख्यकों को इस सदन में अनुकूल प्रतिनिधित्व प्रदान किया जाएगा।' राष्ट्रीय जनवादी कांग्रेस के सदस्यों की संख्या कानून द्वारा निर्धारित की जाती है, क्योंकि संविधान में कोई निश्चित संख्या निर्धारित नहीं है। देश भर में इसके सदस्यों का चुनाव स्थायी समिति द्वारा संपन्न कराया जाता है।
- जनवादी चीन गणराज्य के संविधान के अनुच्छेद 34 के अंतर्गत, 'प्रत्येक नागरिक को जिसकी आयु 18 वर्ष हो चुकी है, मत देने तथा निर्वाचन में खड़े होने का अधिकार प्राप्त है। मतदान तथा चुनाव लड़ने के बारे में संविधान द्वारा राष्ट्रीयता, जाति, लिंग, व्यवसाय, धार्मिक विश्वास, शिक्षा आदि के आधार पर कोई भेदभाव नहीं किया जाता।'

राष्ट्रीय जनवादी कांग्रेस की शक्तियां एवं कार्य

अन्य विधायी संस्थाओं की भांति चीन की राष्ट्रीय जनवादी कांग्रेस की शक्तियां तथा कार्य केवल विधि निर्माण तक ही सीमित नहीं हैं। अनुच्छेद 54 के अंतर्गत इसे संविधान में संशोधन करने का अधिकार दिया गया है। संविधान में संशोधन स्थायी समिति अथवा राष्ट्रीय जनवादी कांग्रेस के सदस्यों के पांचवें भाग द्वारा प्रस्तावित किए जाते हैं। यदि सदन के कुल सदस्यों का 2/3 भाग संवैधानिक संशोधन का समर्थन कर दे तो संशोधन हो जाता है। ध्यातव्य है कि कानून तथा अन्य विधायी प्रस्ताव समस्त सदस्यों के साधारण बहुमत द्वारा पारित किए जाते हैं। इसी अनुच्छेद के अंतर्गत संविधान के निरीक्षण तथा कार्यान्वयन का भार भी राष्ट्रीय जनवादी कांग्रेस पर डाला गया है।

- संविधान के अनुच्छेद 70 के अनुसार राष्ट्रीय जनवादी कांग्रेस कार्यों को संपन्न करने के लिए विभिन्न समितियों का निर्माण करती है। सदन की प्रमुख समितियों में राष्ट्रीयताओं की समिति, कानून समिति, वित्तीय एवं आर्थिक समिति, शिक्षा, विज्ञान, संस्कृति तथा जन स्वास्थ्य समिति, विदेशी संबंधों से संबंधित समिति तथा विदेशों में बसे चीनियों से संबंधी समिति विशेष एवं

प्रमुख हैं। ये समितियां विधानमंडल के विश्राम काल में स्थायी समिति के निर्देश में कार्य करती हैं। ये समितियां अपने विभागों के संबंध में विधेयकों को तैयार करती हैं व प्रस्तावों को पारित कराने की चेष्टा करती हैं।

- राष्ट्रीय जनवादी कांग्रेस को नियुक्तियों एवं निर्वाचन के क्षेत्र में अत्यंत महत्वपूर्ण शक्तियां सौंपी गई हैं। यह चीनी जनवादी गणराज्य के राष्ट्रपति तथा उपराष्ट्रपति को निर्वाचित करती हैं। यह राष्ट्रपति द्वारा नामांकित सदस्य को प्रधानमंत्री के रूप में तथा प्रधानमंत्री की सलाह पर उप-प्रधानमंत्रियों, राज्य पार्षदों, मंत्रालयों तथा आयोगों के मंत्रियों, महालेखा परीक्षक तथा राज्य परिषद् के महासचिव का निर्वाचन करती हैं। यही नहीं, इसे केंद्रीय सेना आयोग के अध्यक्ष तथा उसकी सलाह से अन्य सदस्यों को निर्वाचित करने का अधिकार है। यह सर्वोच्च जनवादी न्यायालय के अध्यक्ष तथा सर्वोच्च जनवादी न्यायवादी को भी निर्वाचित करती है। राष्ट्रीय जनवादी कांग्रेस अपनी स्थायी समिति का भी निर्वाचन करती है जो कि विधायिका का एक छोटा रूप है तथा जो विधानमंडल के विश्राम काल में उसके समस्त कार्यों को संपन्न करती है।
- संविधान के अनुच्छेद 63 के अंतर्गत यह कहा गया है कि जिन पदाधिकारियों का निर्वाचन राष्ट्रीय जनवादी कांग्रेस के द्वारा किया जाता है, उन सभी को जैसे राष्ट्रपति, उपराष्ट्रपति, प्रधानमंत्री, उप-प्रधान मंत्रियों, राज्य पार्षदों, मंत्रियों, महालेखा परीक्षक, सर्वोच्च जन न्यायालय के अध्यक्ष व महान्यायवादी आदि को राष्ट्रीय जनवादी कांग्रेस पदमुक्त भी कर सकती है।
- राष्ट्रीय जनवादी कांग्रेस की वित्तीय शक्तियों के अंतर्गत इसे राष्ट्रीय आर्थिक तथा सामाजिक विकास पर निर्णय देने, इसके विकास के व्यवहारीकरण पर रिपोर्ट देने तथा राज्य के आय-व्यय एवं आर्थिक प्रतिवेदन को स्वीकृति प्रदान करने तथा उसकी जांच करने का अधिकार शामिल है। यही नहीं, राष्ट्रीय जनवादी कांग्रेस की सर्वोन्मुखी शक्तियों के विस्तार के लिए एक अन्य प्रावधान संविधान में किया गया है कि वह उन समस्त शक्तियों तथा कार्यों का भी प्रयोग करेगी जिन्हें वह आवश्यक समझे अर्थात् राष्ट्रीय जनवादी कांग्रेस स्वयं अपनी शक्तियों की सीमा निर्धारण भी कर सकती है।
- राष्ट्रीय जनवादी कांग्रेस के पास संवैधानिक, विधायी, निर्वाचन संबंधी, पदच्युत करने व वित्तीय अधिकारों के अलावा अनेक अधिशासनिक शक्तियां उपभोग करने का भी अधिकार है। यह प्रांतों, स्वायत्त क्षेत्रों तथा केंद्रीय सत्ता की प्रत्यक्ष अधीनता की नगरपालिकाओं की स्थापना तथा विशेष प्रशासकीय क्षेत्रों की स्थापना संबंधी तथा उनके प्रशासन संबंधी निर्णय भी ले सकती है। किसी भी अन्य राष्ट्र के साथ युद्ध तथा संधि के बारे में भी निर्णय लेने का अधिकार राष्ट्रीय जनवादी कांग्रेस के पास ही है।

राष्ट्रीय जनवादी कांग्रेस की स्थायी समिति

सोवियत संघ के विपरीत जनवादी चीनी गणराज्य में एक सदनीय विधानमंडल अपनाया गया है जिसे राष्ट्रीय जनवादी कांग्रेस कहा जाता है। इसका अधिवेशन वर्ष में एक बार बुलाया जाता है तथा जिन दिनों राष्ट्रीय जनवादी कांग्रेस का अधिवेशन नहीं हो रहा होता, उन दिनों इसके समस्त कार्य इसकी स्थायी समिति के द्वारा किए जाते हैं। इसे लघु विधायिका अथवा स्थायी कार्यकारिणी का अंग भी कहा गया है। भूतपूर्व सोवियत संघ की प्रिसीडियम की भांति चीन की स्थायी समिति भी शासन प्रणाली का चौथा तथा अनोखा अंग है।

1954 के संविधान के अंतर्गत राष्ट्रीय जनवादी कांग्रेस की स्थायी समिति की व्यवस्था की गई थी। इसकी भूमिका तथा महत्व को देखते हुए 1975 के संविधान के अंतर्गत जनवादी कांग्रेस की स्थायी समिति की रचना का विवरण दिया गया था तथा इन संविधानों की प्रथा को ध्यान में रखते हुए नए संविधान के अनुच्छेद 65 में स्थायी समिति का विस्तृत विवरण दिया गया है।

स्थायी समिति की रचना

- 1982 के संविधान के अनुच्छेद 65 के अनुसार राष्ट्रीय जनवादी कांग्रेस की स्थायी समिति में एक अध्यक्ष, कुछ उपाध्यक्ष, एक महासचिव तथा कुछ सदस्यों की व्यवस्था की गई है अर्थात् चीनी गणराज्य का संविधान स्थायी समिति के सदस्यों की संख्या के बारे में मौन था। यहां यह उल्लेखनीय है कि संविधान के अंतर्गत अल्पसंख्यक राष्ट्रीयकर्ताओं के लिए स्थायी समिति का कोई भी सदस्य किसी प्रशासकीय, न्यायिक व प्रोक्यूरेटरीय अंग का सदस्य नहीं बनेगा।
- स्थायी समिति के सदस्य राष्ट्रीय जनवादी कांग्रेस के सदस्यों द्वारा निर्वाचित किए जाते हैं। 1975 में राष्ट्रीय जनवादी कांग्रेस ने अपनी जिस स्थायी समिति का चुनाव किया था। जिसमें एक अध्यक्ष, 22 उपाध्यक्ष (जिनमें 3 महिलाएं थीं) 144 सदस्य (जिनमें 39 महिलाएं थीं) तथा एक महासचिव था। स्थायी समिति के अधिकांश सदस्य साम्यवादी दल के संगठन में महत्वपूर्ण पदों पर आसीन होते हैं। लगभग इतने ही सदस्य अब भी चुने जाते हैं।

कार्यकाल

1954 के संविधान के अंतर्गत राष्ट्रीय जनवादी कांग्रेस तथा स्थायी समिति का कार्यकाल एक जैसा होता था। संविधान के अनुसार यह कार्यकाल 4 वर्ष था। 1975 के संविधान के अनुच्छेद 16 के अनुसार राष्ट्रीय जनवादी कांग्रेस का कार्यकाल 5 वर्ष निर्धारित कर दिया गया। 1982 के संविधान के अंतर्गत स्थायी समिति का कार्यकाल भी राष्ट्रीय जनवादी कांग्रेस की भांति 5 वर्ष ही रख दिया गया है, परंतु अनुच्छेद 66 के अनुसार यह कहा गया है कि अध्यक्ष तथा उपाध्यक्ष अधिक-से-अधिक दो कार्यकाल तक ही अपने पद पर रह सकते हैं।

स्थायी समिति का सभापति

- स्थायी समिति का एक अध्यक्ष होता है। इस अध्यक्ष का निर्वाचन राष्ट्रीय जनवादी कांग्रेस के द्वारा अन्य सदस्यों का निर्वाचन करते समय किया जाता है।
- स्थायी समिति की बैठकें अध्यक्ष द्वारा बुलाई जाती हैं और वही बैठकों की अध्यक्षता करता है। यदि कभी अध्यक्ष अनुपस्थित हो, तो स्थायी समिति के सदस्य उपाध्यक्षों में से एक कार्यवाहक अध्यक्ष चुन लेते हैं। किंतु यदि अध्यक्ष त्यागपत्र दे दे या उसका देहांत हो जाए तो नए अध्यक्ष का निर्वाचन राष्ट्रीय जनवादी कांग्रेस के द्वारा किया जाता है।
- 1982 के संविधान की एक विशेषता यह है कि इस संविधान के अंतर्गत अनुच्छेद 68 के अनुसार अध्यक्ष की शक्तियों को विस्तृत कर दिया गया है। वह न केवल स्थायी समिति की सभाओं का सभापतित्व करता है, अपितु स्थायी समिति द्वारा लिए गए निर्णयों के अनुसार कानून तथा आज्ञप्तियां जारी करता है। कई बार ऐसा भी होता है कि स्थायी समिति का पूर्ण अधिवेशन नहीं बुलाया जाता। यदि आवश्यकता हो, तो इसकी 'कार्यकारी बैठक' बुलाई जाती है। इस प्रकार की बैठक में स्थायी समिति का सभापति, उप-सभापतिगण तथा महासचिव भाग लेते हैं। अन्य सदस्यों से परामर्श करना आवश्यक नहीं होता। 'कार्यकारी बैठकों' में प्रतिदिन के कार्यों का संपादन किया जाता है।
- स्थायी समिति के सभापति की जो औपचारिक शक्तियां 1975 और 1978 के संविधानों में दी गई थीं, वे 1982 के संविधान ने समाप्त कर दी गईं। सभापति यह औपचारिक कार्य राष्ट्राध्यक्ष के रूप में संपादित करता था, क्योंकि 1975 और 1978 के संविधानों में राष्ट्रपति के पद की व्यवस्था नहीं थी, परंतु अब जब चीन का एक राष्ट्रपति है, वह स्वयं ही औपचारिक शक्तियों का प्रयोग करता है।

स्थायी समिति की शक्तियां

साम्यवादी रूस की प्रिसीडियम की भांति स्थायी समिति को भी व्यापक तथा विस्तृत अधिकार दिए गए हैं। 1978 के संविधान तथा वर्तमान संविधान में स्थायी समिति के अधिकारों में कोई उल्लेखनीय अंतर नजर नहीं आता। नए संविधान के अनुसार स्थायी समिति को जो अधिकार दिए गए हैं उनमें से कुछ निम्नलिखित हैं–

- यह राष्ट्रीय जनवादी कांग्रेस के सदस्यों के चुनाव करवाती है।
- यह संविधान की व्याख्या तथा क्रियान्वयन करती है।
- उन सभी कानूनों के अतिरिक्त जो राष्ट्रीय जनवादी कांग्रेस द्वारा पारित किए जाते हैं, को पारित तथा संशोधित करती है।
- यह जनवादी कांग्रेस के विश्रामकाल में राष्ट्रीय आर्थिक एवं सामाजिक विकास तथा आय-व्यय के ब्यौरे में थोड़े-बहुत परिवर्तन की समीक्षा कर सकती है।
- स्थायी समिति राज्य परिषद्, केंद्रीय सैनिक आयोग, सर्वोच्च न्यायालय तथा सर्वोच्च जनवादी महान्यायवादी के कार्यों की जांच-पड़ताल करती है।
- स्थायी समिति उन सभी प्रशासकीय कानूनों, नियमों तथा आदेशों को जो संविधान विरोधी हों, को समाप्त कर सकती है।
- प्रांतों, स्वायत्त क्षेत्रों तथा केंद्र के अधीन नगर पालिकाओं द्वारा यदि कोई सही निर्णय नहीं लिए जाएं या संविधान विरोधी निर्णय लिए जाएं तो उन्हें स्थायी समिति समाप्त कर सकती है।
- जब कभी राष्ट्रीय जनवादी कांग्रेस का अधिवेशन न हो रहा हो, तो राज्य परिषद् के सदस्यों को प्रधानमंत्री की सिफारिश पर स्थायी समिति नियुक्ति एवं पदमुक्त कर सकती है। इसी प्रकार केंद्रीय सैनिक आयोग के अध्यक्ष की सिफारिश पर केंद्रीय सैनिक आयोग के सदस्यों के बारे में भी निर्णय ले सकती है।
- सर्वोच्च जनवादी-न्यायालय के उपाध्यक्षों तथा सर्वोच्च जनवादी न्यायवादी के उप-मुख्य न्यायवादियों की नियुक्ति तथा पदमुक्त करने का अधिकार भी स्थायी समिति के हाथों में है।
- विभिन्न देशों में राजदूत तथा अन्य प्रतिनिधि भेजने तथा वापिस बुलाने की शक्ति भी स्थायी समिति के हाथों में सौंपी गई है, परंतु यह केवल राजदूतों इत्यादि के नामों का निर्णय करती है। उनकी औपचारिक नियुक्ति राष्ट्रपति द्वारा की जाती है।
- विभिन्न देशों के साथ चीनी सरकार जो संधियां करती है अथवा विदेशों के साथ जो महत्वपूर्ण समझौते होते हैं स्थायी समिति उन्हें स्वीकार अथवा अस्वीकार कर सकती है।
- समय-समय पर स्थायी समिति द्वारा सेना व कूटनीतिज्ञों के लिए सम्माननीय पद स्तर व उपाधियां तथा नागरिकों के लिए राजकीय पदकों तथा सम्मानसूचक पदों व उपाधियों की संस्थापना भी की जाती है।
- चीन में अपराधियों को क्षमादान प्रदान करने का अधिकार भी स्थायी समिति को दिया गया है।
- युद्धकाल में अंशत: अथवा संपूर्ण प्रवर्तिकरण के संबंध में निर्णय लेना भी स्थायी समिति का ही कार्य है।
- समस्त देश अथवा किसी प्रदेश, स्वायत्त क्षेत्र अथवा केंद्र के प्रत्यक्ष अधीन नगरपालिका में मार्शल लॉ लागू करना भी स्थायी समिति का ही कार्य है।
- राष्ट्रीय जनवादी कांग्रेस के विश्रामकाल में यदि चीन पर कोई अन्य राष्ट्र सशस्त्र आक्रमण कर दे तो ऐसे अवसर पर उपर्युक्त निर्णय लेने का अधिकार स्थायी समिति को दिया गया है।
- इन शक्तियों के अतिरिक्त समय-समय पर राष्ट्रीय जनवादी कांग्रेस जो और शक्तियां स्थायी समिति को सौंपती है, उनका उपभोग भी स्थायी समिति के द्वारा किया जाता है।

आधुनिक संविधान के अनुच्छेद 79 से 84 के अंतर्गत स्थायी समिति के अध्यक्ष के अधिकारों की व्यापक चर्चा की गई है। इसी अनुच्छेद के अंतर्गत यह भी कहा गया है कि स्थायी समिति के उपाध्यक्ष एवं महासचिव हर प्रकार से उसकी सहायता करेंगे।

राष्ट्रीय जनवादी कांग्रेस की स्थायी समिति की शक्तियों को देखने के पश्चात् यह कहा जा सकता है कि चीन की संवैधानिक तथा राजनीतिक व्यवस्था में इसे महत्वपूर्ण स्थान दिया गया है। जनवादी राष्ट्रीय कांग्रेस का अधिवेशन वर्ष में केवल एक बार होता है और वह भी केवल 8 या 10 दिन के लिए। यही नहीं, जनवादी कांग्रेस का आकार भी इतना बड़ा है कि इसके लिए किसी विषय पर गंभीर रूप से विचार-विमर्श करना संभव नहीं हो सकता। अत: यह स्वाभाविक है कि इसकी समस्त शक्तियां धीरे-धीरे संविधान के द्वारा तथा परंपराओं के आधार पर स्थायी समिति के हाथों में चली जाएं।

यहां हमें एक बात नहीं भूलनी चाहिए कि साम्यवादी देशों में प्रत्येक वस्तु के दो पक्ष होते हैं–संवैधानिक भ्रम तथा राजनीतिक वास्तविकताएं। स्थायी समिति के वास्तविक व्यवहार को देखने के पश्चात् पीटर टैंग कहते हैं कि, 'स्थायी समिति के कार्यों एवं शक्तियों की प्रभावशाली सूची का यह अभिप्राय नहीं है कि ये सभी महत्वपूर्ण निर्णय इस संस्था द्वारा ही लिए जाएं।' स्थायी समिति के बारे में ऐसा इसलिए कहा जाता है, क्योंकि स्थायी समिति साम्यवादी दल के निर्देशन तथा नियंत्रण में कार्य करती है। 1978 के संविधान के द्वारा तो साम्यवादी दल की स्थिति को पहले से अधिक सुदृढ़ बनाया गया था। चीनी जनवादी गणराज्य में सभी निर्णय दल के पोलिट ब्यूरो द्वारा लिए जाते हैं, प्रशासकीय अंग तो उन निर्णयों को केवल कार्यान्वित करते हैं। राजनीतिक विचारक पीटर टैंग के मतानुसार, "प्रिसीडियम की भांति स्थायी समिति भी राज्य के उन अधिनियमों जिनका दल की उच्च परिषदों द्वारा अनिवार्यत: निर्णय किया जाता है, को आवश्यक वैधानिक रूप तथा सत्ता प्रदान करने के लिए एक लघु एवं प्रबंध योग्य समूह के रूप में कार्य करती है।"

कांग्रेस की समितियां और विधायन

- चीन की राष्ट्रीय जनवादी कांग्रेस, अन्य देशों के विधानमंडलों की भांति, अनेक विधायी समितियों का प्रयोग करती है। इन समितियों की रचना जनवादी कांग्रेस स्वयं करती है।
- छह विशेष समितियां हैं–राष्ट्रीयताओं की समिति; शिक्षा, विज्ञान, संस्कृति और सार्वजनिक स्वास्थ्य समिति; विदेश विभाग समिति तथा प्रवासी चीनी समिति। यह समितियां, राष्ट्रीय जनवादी कांग्रेस के अवकाश काल में स्थायी समिति के निरीक्षण का कार्य करती हैं। यह अन्य समितियां विधेयकों का प्रारूप तैयार करती हैं, परीक्षण करती हैं तथा उनका विवेचन करती हैं। जांच समितियों को उनके कार्य के सुचारु संचालन के लिए नागरिक, सार्वजनिक संस्थान तथा राज्य सत्ता के अंग आवश्यक सूचना उपलब्ध करवाते हैं।
- राष्ट्रीय जनवादी कांग्रेस तथा उसकी स्थायी समिति के विचारार्थ विधेयकों को राज्य परिषद्, सांसद (डिप्टी) जो कि कांग्रेस के सदस्य हों या स्थायी समिति के सदस्य हों, पेश कर सकते हैं। जनवादी कांग्रेस तथा (उसकी अनुपस्थिति में) स्थायी समिति के सदस्य राज्य परिषद् के सदस्यों से या उसके अधीन कार्य कर रहे आयोगों से सूचना प्राप्ति हेतु प्रश्न पूछ सकते हैं।
- राष्ट्रीय जनवादी कांग्रेस को वे सभी उन्मुक्तियां प्राप्त हैं जो अन्य उदार लोकतांत्रिक देशों के सांसदों को प्राप्त होती हैं। अनुच्छेद 74 के अनुसार, किसी भी डिप्टी (सांसद) को तब तक गिरफ्तार नहीं किया जा सकता तथा उस पर मुकदमा नहीं चलाया जा सकता जब तक कांग्रेस का कार्यमंडल ऐसा करने की अनुमति न दे दे। यह कार्यमंडल प्रत्येक सत्र के आरंभ में सुचारु कार्य संचालन के लिए स्थापित किया जाता है। कांग्रेस के अवकाश काल में स्थायी समिति की अनुमति आवश्यक है। जनवादी कांग्रेस में दिए गए किसी भाषण के लिए किसी डिप्टी पर अभियोग नहीं चलाया जा

सकता है। सांसदों से अपेक्षा की जाती है कि वे राज्य की गोपनीय सूचनाओं को गोपनीय ही रखेंगे।

राष्ट्रपति

- चीन की क्रांति के पश्चात् पार्टी के प्रधान और क्रांति के अग्रणी माओ त्से-तुंग (माओ जेदांग) स्वयं देश के राज्याध्यक्ष भी बने। सन् 1954 के संविधान में उनके पद को जनवादी चीनी गणराज्य का सभापति की संज्ञा दी गई थी। माओ के उत्तराधिकारी ल्यू शाओ ची को 1968 में अपदस्थ कर दिया गया, क्योंकि अंतर्दलीय संघर्ष में माओ ने उन्हें पराजित कर दिया था। तब से 1982 के संविधान के निर्माण तक कोई राज्याध्यक्ष नहीं था। पार्टी सर्वोच्च थी और देश के अध्यक्ष के औपचारिक कार्य स्थायी समिति का सभापति संपन्न किया करता था।
- सन् 1982 के संविधान ने राष्ट्रपति पद की स्थापना की और ली जियानिन को 1983 में प्रथम राष्ट्रपति बनाया गया। उनका पद औपचारिक अधिक और शक्तिशाली कम था, परंतु बहुत कुछ इस बात पर निर्भर करता है कि उस पद पर आसीन व्यक्ति का पार्टी में स्थान क्या है। सन् 1993 में निर्वाचित चीन के राष्ट्रपति जियांग जेमिन सन् 1989 से साम्यवादी दल के अध्यक्ष थे। अत: उनकी वास्तविक स्थिति किसी सामान्य राष्ट्रपति से कहीं अधिक प्रभावी रही। सन् 1997 के आरंभ में वयोवृद्ध नेता डंग जियाओपिंग की मृत्यु के पश्चात् राष्ट्रपति जेमिन अभूतपूर्व रूप से शक्तिशाली हो गए।
- राष्ट्रपति, चीन का राज्याध्यक्ष होता है। चीन में एक उप-राष्ट्रपति की व्यवस्था भी है। राष्ट्रपति देश का संवैधानिक प्रधान होता है जो पार्टी तथा राष्ट्रीय जनवादी कांग्रेस की सत्ता के अधीन रहकर कार्य करता है। वह कार्यकारी प्रधान नहीं होता है।
- राष्ट्रपति का चुनाव राष्ट्रीय जनवादी कांग्रेस करती है। उप-राष्ट्रपति को भी कांग्रेस के द्वारा ही चुना जाता है। राष्ट्रपति पद पर निर्वाचित होने के लिए यह आवश्यक है कि वह व्यक्ति चीन का नागरिक हो, मतदाता सूची में उसका नाम हो तथा उसकी आयु कम-से-कम 45 वर्ष हो।
- राष्ट्रपति का सामान्य कार्यकाल पांच वर्ष होता है। संवैधानिक प्रावधान के अनुसार राष्ट्रपति का कार्यकाल राष्ट्रीय जनवादी कांग्रेस के समानान्तर होता है। राष्ट्रपति अपना कार्यकाल समाप्त करने पर केवल एक और पांच वर्षीय कार्यकाल के लिए चुना जा सकता है अर्थात् वह अधिक-से-अधिक दस वर्ष तक राष्ट्रपति पद पर आसीन रह सकता है। उप-राष्ट्रपति, राष्ट्रपति की उसके कार्यों में सहायता करता है तथा राष्ट्रपति पद के अस्थायी रूप से रिक्त होने पर कार्यवाहक राष्ट्रपति के रूप में कार्य करता है।
- राष्ट्रपति तथा उप-राष्ट्रपति, यद्यपि पांच वर्ष के लिए निर्वाचित होते हैं, फिर भी वे तब तक पदों पर बने रहते हैं जब तक नई राष्ट्रीय जनवादी कांग्रेस नए राष्ट्रपति तथा उप-राष्ट्रपति का चुनाव न कर दे और जब तक वे अपने पदों को ग्रहण न कर लें।

राष्ट्रपति की शक्तियां

- चीन गणराज्य के राष्ट्रपति में राज्य के एक प्रधान की समस्त शक्तियां निहित हैं। राष्ट्रीय जनवादी कांग्रेस तथा इसकी स्थायी समिति के निर्णयों को कार्यान्वित करने के लिए वह आदेश और आज्ञप्तियां जारी कर सकता है। प्रधानमंत्री पद के लिए, राष्ट्रपति एक व्यक्ति के नाम का सुझाव राष्ट्रीय जनवादी कांग्रेस के पास भेजता है। जब कांग्रेस उस नाम को स्वीकृति प्रदान कर दे तब राष्ट्रपति उसे प्रधानमंत्री पद पर नियुक्त करता है।
- वह उप-प्रधान मंत्रियों, राज्य पार्षदों, आयोगों तथा मंत्रालयों के मंत्रियों, महालेखा परीक्षक तथा राज्य परिषद् के महासचिव को स्थायी समिति के कहने पर नियुक्त एवं पदच्युत कर सकता है। वह राज्यगत सम्मान, पदक तथा प्रतिष्ठा की उपाधियां प्रदान करता है; विशेष क्षमता की घोषणा करता है, मार्शल लॉ की उद्घोषणा करता है; युद्ध की स्थिति की घोषणा करता है तथा सक्रिय सैनिक गतिविधि की आज्ञा देता है। यह सभी घोषणाएं राष्ट्रीय जनवादी कांग्रेस अथवा स्थायी समिति के निर्णय को लागू करने के लिए की जाती हैं। वह जिन अधिकारियों को नियुक्त करता है उन्हें जनवादी कांग्रेस अथवा उसकी स्थायी समिति की सिफारिश पर अपदस्थ कर भी सकता है।
- उसे विदेशी राजदूतों के प्रमाण पत्र स्वीकार करने का अधिकार है। राष्ट्रीय जनवादी कांग्रेस की स्थायी समिति के निर्णय के अनुसार इसे विदेशों में राजदूत एवं अन्य अधिकारी भेजने तथा वापस बुलाने का भी अधिकार है। वह विदेशों के साथ संधियां तथा महत्वपूर्ण समझौतों का अनुसमर्थन करता है।
- संविधान के अनुसार उप-राष्ट्रपति का प्रमुख कार्य राष्ट्रपति की सहायता करना है तथा यदि किसी समय राष्ट्रपति उसे कोई कार्य संपन्न करने के लिए सौंप दे तो उसे वह करना होगा। यहां यह बता देना जरूरी है कि राष्ट्रपति तथा उपराष्ट्रपति उस समय तक अपनी शक्तियों का उपभोग करते रहते हैं। जब तक कि नए चुनाव द्वारा इन दोनों पदों पर नए व्यक्ति न आ जाएं। यदि राष्ट्रपति का पद खाली हो जाए तो उपराष्ट्रपति राष्ट्रपति के पद पर आसीन हो जाएगा। यदि उपराष्ट्रपति का पद रिक्त हो, तो राष्ट्रीय जनवादी कांग्रेस इस पद को चुनाव द्वारा भर देगी। यदि राष्ट्रपति तथा उपराष्ट्रपति दोनों का पद एक साथ खाली हो जाए तो विधानमंडल इन पदों का चुनाव करेगा। चुनाव के समय तक स्थायी समिति का अध्यक्ष राष्ट्रपति के पद पर कार्यवाहक राष्ट्रपति के रूप में कार्य करेगा।

प्रधानमंत्री एवं राज्य परिषद्

- चीन के मंत्रिमंडल को राज्य परिषद् कहा जाता है। यह देश की एकमात्र वास्तविक कार्यपालिका संस्था है। मार्च 2003 में, नए प्रधानमंत्री वेन ज़िआबाओ के प्रस्ताव पर 35 सदस्यों की राज्य परिषद् को राष्ट्रीय जनवादी कांग्रेस ने सर्वसम्मति से चुना। इनमें 4 उप-प्रधानमंत्री, 5 राज्य पार्षद तथा 26 मंत्री थे। पहली बार एक महिला सुश्री वू (Wu) को उप-प्रधानमंत्री चुना गया। इनके अतिरिक्त जनवादी बैंक के प्रधान एवं महाधिवक्ता भी परिषद् में शामिल होते हैं।
- प्रधानमंत्री राज्य परिषद् का अध्यक्ष अर्थात् कार्यपालिका का वास्तविक प्रधान होता है। इस पद पर देश के विशिष्ट नेता आसीन रहे हैं। प्रधानमंत्री चाऊ एन-लाई, माओ के पश्चात् देश, पार्टी और क्रांति के सबसे प्रमुख नेता थे। चाऊ के उत्तराधिकारी, हुआ गुआ-फेंग ने तो कुछ समय के लिए पार्टी के प्रधान और प्रधानमंत्री दोनों पदों को संभाला और वह चाऊ-एन-लाई से भी अधिक शक्तिशाली प्रतीत हुए। उनके सत्ता से हटाए जाने के पश्चात् कुछ समय के लिए ज्हाओ जियांग प्रधानमंत्री रहे। वरिष्ठ पार्टी नेता डैंग जियाओपिंग के विश्वासपात्र होने के कारण उनकी स्थिति बहुत मजबूत थी, परंतु छात्रों के लोकतंत्र-आंदोलन में ज्हाओ के नर्म दृष्टिकोण से पार्टी नेतागण अप्रसन्न हो गए और उन्हें पार्टी के अध्यक्ष पद से हटा दिया गया। वह 1987 में ही प्रधानमंत्री का पद छोड़ चुके थे। प्रधानमंत्री ली फंग (1987–98) के पार्टी के महत्वपूर्ण नेता होने, डैंग और जियांग जेमिन के विश्वासपात्र होने के कारण तथा उनके प्रभावी व्यक्तित्व के कारण वह राज्य परिषद् में बहुत महत्वपूर्ण भूमिका पा सके। ली फंग ने संसार में चीन का स्थान सुदृढ़ कराने में भी महत्वपूर्ण भूमिका निभाई।
- प्रधानमंत्री राज्य परिषद् की अध्यक्षता करता है तथा विभिन्न मंत्रालयों और आयोगों के कार्यों में समन्वय स्थापित करता है। राज्य परिषद् के सदस्य राष्ट्रीय जनवादी कांग्रेस तथा उसकी स्थायी समिति के सदस्यों के प्रश्नों के उत्तर देते हैं। प्रधानमंत्री अपने सहयोगियों के उत्तरदायित्व को सुनिश्चित करता है।

- राज्य परिषद् के सदस्यों में एक प्रधानमंत्री, कुछ उपप्रधानमंत्री, राज्य पार्षद, मंत्रालयों के अध्यक्ष मंत्री, आयोगों के अध्यक्ष मंत्री, महालेखा परीक्षक तथा एक महासचिव शामिल हैं। इस प्रकार संविधान द्वारा राज्य परिषद् के सदस्यों की संख्या निर्धारित नहीं की गई है। संविधान के अनुच्छेद 62 के अनुसार प्रधानमंत्री का निर्वाचन राष्ट्रपति के नामांकन पर राष्ट्रीय जनवादी कांग्रेस द्वारा किया जाता है। राज्य परिषद् के अन्य सदस्यों का निर्वाचन राष्ट्रीय जनवादी कांग्रेस प्रधानमंत्री के नामांकन पर करती है। अनुच्छेद 63 के अनुसार राज्य परिषद् के प्रधानमंत्री और अन्य सदस्यों को पद मुक्त करने का भी अधिकार एक सदनीय विधानमंडल को ही है।
- संविधान के अनुच्छेद 87 के अनुसार राज्य परिषद् के सदस्यों का कार्यकाल राष्ट्रीय जनवादी कांग्रेस की भांति 5 वर्ष है। संविधान में ही यह कह दिया गया है कि प्रधानमंत्री, उप-प्रधानमंत्रियों तथा राज्य पार्षदों को लगातार दो बार से अधिक निर्वाचित नहीं किया जा सकता है। राज्य परिषद् में प्रधानमंत्री की भूमिका प्रमुख है। वह सभी मंत्रालयों व विभागों के बीच तालमेल बनाए रखता है।

राज्य परिषद् की शक्तियां एवं कार्य

विभिन्न देशों के मंत्रिमंडलों के संबंध में देख चुके हैं कि इनके कार्यों में बहुत अधिक विविधता है; जहां इंग्लैंड का मंत्रिमंडल वास्तविक शक्तियों का उपभोग करता है, अमेरिकी मंत्रिमंडल केवल राष्ट्रपति का परामर्शदाता है। इसके विपरीत सोवियत संघ में मंत्रिपरिषद् साम्यवादी दल के नेतृत्व में अपने कार्य संपन्न करती थी। चीन की राज्य परिषद् की शक्तियां संविधान के अनुच्छेद 89 में वर्णित हैं। यह अधिकार अथवा शक्तियां निम्नलिखित हैं–

- जनवादी चीन गणराज्य की राज्य परिषद् प्रशासकीय कार्यकलापों का निर्माण करती है, निर्णयों तथा आज्ञाओं को जारी करती है, संविधान के अनुसार उनके परिपालन के कार्य को सुनिश्चित करती है।
- राष्ट्रीय जनवादी कांग्रेस अथवा इसकी स्थायी समिति के विचार-विमर्श के लिए अनेक प्रस्ताव प्रस्तावित करती है।
- इसे अपने मंत्रालयों, आयोगों तथा उनके कार्यों को निर्धारित करने तथा उन्हें नेतृत्व प्रदान करने का अधिकार प्राप्त है। जो कार्य मंत्रालयों तथा आयोगों के कार्यक्षेत्र में नहीं आते उन्हें भी निर्देश देकर संपन्न कराने की शक्ति राज्य परिषद् के पास है।
- यही नहीं, राज्य परिषद् समस्त देश के स्थानीय प्रशासकीय अंगों के कार्यो का वर्णन कर उनको नेतृत्व प्रदान कर उनमें सामंजस्य स्थापित करने की भूमिका भी निभाती है।
- यह राष्ट्रीय आर्थिक एवं सामाजिक विकास की योजना तैयार करती है तथा राज्य के आय-व्यय के ब्यौरे (बजट) को भी तैयार करने का कार्यभार राज्य परिषद् का ही है।
- यह आर्थिक क्रियाकलापों तथा शहरी एवं ग्रामीण विकास के प्रति निर्देश देती है एवं उन्हें व्यावहारिक रूप देने की चेष्टा करती है।
- इसे विदेशी मामलों, संधियों तथा समझौतों को नियंत्रित करने, शिक्षा, विज्ञान, संस्कृति, न्यायिक प्रशासन व राष्ट्रीयताओं से संबंधित मामलों आदि के संबंध में नेतृत्व, निर्देशन एवं नियंत्रण स्थापित करने का अधिकार दिया गया है।
- राज्य परिषद् प्रदेशों, स्वायत्त क्षेत्रों तथा केंद्रीय सरकार के प्रत्यक्ष अधीन नगरपालिकाओं में मार्शल लॉ लागू करने के बारे में निर्णय ले सकती है।
- यह प्रदेशों, स्वायत्त क्षेत्रों तथा नगरपालिकाओं के भौगोलिक विवरण पर विचार कर स्वायत्त प्रीफेक्टों, काउंटियों, स्वायत्त काउंटियों तथा नगरों की सीमाओं में यदि आवश्यक समझे तो परिवर्तन का अनुसमर्थन कर सकती है।
- विदेशों में बसे चीनियों से संबंधित मामलों को प्रशासनिक नेतृत्व देने का अधिकार भी राज्य परिषद् के पास ही है।
- कानून के प्रावधानों के अनुसार प्रशासकीय कर्मचारियों की नियुक्ति, पदमुक्ति तथा उनके कार्य के संबंध में गुणगान करना या दंड देना भी राज्य परिषद् के ही हाथों में है।
- अन्त में, राज्य परिषद् उन सभी शक्तियों एवं कार्यों को संपादित करती है जो राष्ट्रीय जनवादी कांग्रेस अथवा इसकी स्थायी समिति द्वारा उसे सौंपे जाते हैं।

राज्य परिषद् का मूल्यांकन

- उपरोक्त विवेचन से यह स्पष्ट होता है कि राज्य परिषद् चीन की वास्तविक कार्यपालिका है। चीन की एकात्मक व्यवस्था के कारण शासन की समस्त शक्तियां केंद्र सरकार के अधीन हैं जिनका प्रयोग, प्रधानमंत्री के नेतृत्व में, राज्य परिषद् करती है। राष्ट्रपति नाममात्र का राज्याध्यक्ष है जिसके कार्य औपचारिक एवं अलंकरणीय हैं। राष्ट्रीय जनवादी कांग्रेस को यद्यपि राज्य सत्ता का सर्वोच्च अंग कहा जाता है, फिर भी वह इतने अल्पकाल के लिए सत्र में होती है कि वह प्रभावी नहीं हो सकती। न्यायपालिका के पास न्यायिक पुनर्निरीक्षण की शक्ति नहीं है। वह तो समाजवादी विधि व्यवस्था की सुरक्षा के लिए उत्तरदायी है।
- देश में निःसंदेह साम्यवादी दल की स्थिति सर्वोच्च है। वही देश के सामाजिक, आर्थिक एवं राजनीतिक जीवन को प्रभावित करती है तथा समस्त राज्य व्यवस्था का मार्गदर्शन करती है। ऐसी स्थिति में राज्य परिषद् और उसका नेता प्रधानमंत्री ही देश के प्रशासन का संचालन करते हैं। प्रधानमंत्री, पार्टी का एक वरिष्ठ और सम्माननीय नेता होता है। चाहे चाऊ-एन-लाई हो, या ली फंग हो वह पार्टी के सर्वोच्च नेताओं में से एक रहे हैं। अतः वह स्वयं और राज्य परिषद् सत्ता के केंद्रबिंदु पर रहते हैं। वह भारत और ब्रिटेन के प्रधानमंत्रियों की भांति मंत्रिमंडल का निर्माता तो नहीं होता। फिर भी राज्य परिषद् के सदस्य प्रायः उसी के द्वारा चुने गए व्यक्ति होते हैं। चीन में, ब्रिटेन की भांति, प्रधानमंत्रीय सरकार तो नहीं है, फिर भी प्रधानमंत्री राज्य परिषद् का प्रमुख होने और पार्टी का वरिष्ठ नेता होने के कारण देश की शासन व्यवस्था का सूत्रधार अवश्य होता है।
- राज्य परिषद् की रचना एवं शक्तियों को देखने के पश्चात् तुलनात्मक शासन एवं राजनीति के विद्यार्थी के मन में चीन की शासन पद्धति के स्वरूप से परिचित होने की इच्छा स्वाभाविक है।

चीन की राज्य परिषद्, राष्ट्रीय जनवादी कांग्रेस तथा उसके विश्रामकाल में उसकी स्थायी समिति द्वारा निर्वाचित होता है तथा उसी के प्रति उत्तरदायी भी है। राज्य परिषद् को अपना प्रतिवेदन विधानमंडल के ही समक्ष प्रस्तुत करना होता है। यही नहीं, संविधान के अनुच्छेद 73 के अनुसार राष्ट्रीय जनवादी कांग्रेस के सदस्यों को राज्य परिषद् के मंत्रियों तथा आयोगों के अध्यक्षों से प्रश्न पूछने का अधिकार है तथा इन मंत्रियों को प्रश्नों का उत्तर ठीक ढंग से देने के लिए बाध्य किया जा सकता है। विधानमंडल की स्थायी समिति को तो राज्य परिषद् के निर्णयों तथा आज्ञाओं को जो संविधान, विधि या आदेशों के प्रतिकूल हों, उन्हें निरस्त अथवा संशोधित करने का अधिकार मिला हुआ है।

चीन की जनवादी न्यायवादी व्यवस्था

- चीन के जनवादी गणराज्य में एक सुसंगठित न्यायवादियों की व्यवस्था है। न्यायवादी मंडल को वैधानिक निरीक्षक का एक अंग कहा जाता है। देश भर से विभिन्न स्तरों पर स्थानीय जनवादी न्यायवादी होते हैं। इनके अतिरिक्त अनेक सैनिक न्यायवादी तथा विशेष न्यायवादी भी होते हैं। चीन में महान्यायवादी भी होते हैं। चीन के महान्यायवादी की अध्यक्षता में देश की उच्चतम न्यायवादी

संस्था सर्वोच्च जनवादी न्यायवादी मंडल होता है। वह न्यायवादी व्यवस्था का उच्चतम निकाय है।

- देश के महान्यायवादी को चीन की राष्ट्रीय जनवादी कांग्रेस निर्वाचित करती है। उसका कार्यकाल, जनवादी कांग्रेस की भांति पांच वर्ष होता है। पहले कार्यकाल की समाप्ति पर वह एक और पांच वर्ष के पुनः कार्यकाल के लिए निर्वाचित हो सकता है, परंतु अन्य अनेक अधिकारियों की भांति वह दो कार्यकाल के पश्चात् फिर निर्वाचित नहीं किया जा सकता है।
- सर्वोच्च न्यायवादी मंडल के अन्य सदस्य-न्यायवादियों को राष्ट्रीय जनवादी कांग्रेस की स्थायी समिति निर्वाचित करती है। स्थानीय स्तर के न्यायवादियों का निर्वाचन राज्य सत्ता के स्थानीय निकायों के द्वारा किया जाता है। सर्वोच्च न्यायवादी मंडल राष्ट्रीय जनवादी कांग्रेस के प्रति उत्तरदायी होता है। उसके सत्र में न होने के अवसर पर वह स्थायी समिति के निरीक्षण में कार्य करता है। स्थानीय न्यायवादी अपने संबद्ध क्षेत्रीय विधायी निकाय के प्रति उत्तरदायी होते हैं। वे लोकतांत्रिक केंद्रवाद के सिद्धांत के आधार पर अपने से उच्च स्तर के न्यायवादी के मार्गदर्शन और नियंत्रण में कार्य करते हैं। वे अपने से उच्च स्तर के न्यायवादी मंडल के प्रति भी उत्तरदायी होते हैं। सर्वोच्च न्यायवादी मंडल सभी अधीनस्थ न्यायवादियों के कार्यों का निर्देशन करता है।
- सभी स्तरों के न्यायवादी, कानून के अनुसार स्वतंत्र रूप से अपनी न्यायवादी शक्ति का प्रयोग करते हैं। उनको प्रशासकीय निकायों, सार्वजनिक संगठनों तथा अन्य व्यक्तियों के हस्तक्षेप से स्वतंत्र रखा गया है। यह प्रावधान करना इसलिए आवश्यक थां ताकि चीन की न्यायवादी व्यवस्था स्वतंत्र और प्रभावी रूप से कार्य कर सके।

चीन की न्यायपालिका

1982 के चीनी संविधान में न्यायपालिका के अस्तित्व को स्वीकार किया गया है। जनवादी चीन की न्यायिक व्यवस्था पर भी साम्यवादी विचारधारा का प्रभाव है तथा वहां न्यायपालिका को वह स्वतंत्र और सर्वोच्च स्थिति प्राप्त नहीं है जो अन्य लोकतांत्रिक देशों की न्यायपालिका को प्राप्त है।

न्यायिक संगठन

जनवादी चीन का न्यायिक संगठन या न्यायिक संरचना पिरामिड के आकार में है। न्यायिक सोपान में सबसे ऊपर सर्वोच्च जन न्यायालय इसके बाद स्थानीय जन न्यायालय तथा सबसे नीचे विशिष्ट जन न्यायालय है अर्थात् जनवादी चीन में तीन प्रकार के न्यायालयों का अस्तित्व हैं-• सर्वोच्च जन न्यायालय, • स्थानीय जन न्यायालय, • विशिष्ट जन न्यायालय।

उक्त सभी न्यायालय अपने अनुरूपी स्तर पर अपनी-अपनी कांग्रेसों द्वारा निर्वाचित होते हैं और उन्हीं के प्रति उत्तरदायी हैं। प्रत्येक स्तर के न्यायालय का एक अध्यक्ष होता है जिसका कार्यकाल 5 वर्ष होता है। यहां यह स्मरणीय है कि उक्त सभी न्यायालयों की रचना जनवादी चीन की राष्ट्रीय जनवादी कांग्रेस द्वारा की जाती है।

सर्वोच्च जन न्यायालय

- सर्वोच्च जन न्यायालय चीन का उच्चतम न्यायालय है। देशभर के सबसे अधिक न्यायालय इसके अधीन हैं और वह उन सबका संरक्षण करता है। संविधान में सर्वोच्च जन न्यायालय के बारे में कोई निश्चित संगठन की व्यवस्था नहीं की गई है। इसमें अध्यक्ष, उपाध्यक्ष और अन्य न्यायाधीश होते हैं। अध्यक्ष राष्ट्रीय जन कांग्रेस द्वारा 5 वर्ष के लिए चुना जाता है और उसी के द्वारा पदच्युत भी किया जा सकता है। उपाध्यक्ष एवं अन्य न्यायाधीश कांग्रेस की स्थायी समिति द्वारा ही नियुक्त किए जाते हैं और उसी के द्वारा हटाए जाते हैं। संविधान में सर्वोच्च जन न्यायालय के न्यायाधीशों की संख्या निश्चित नहीं की गई है।
- सर्वोच्च जन न्यायालय को राष्ट्रीय जनवादी कांग्रेस के प्रति और इसके विश्रामकाल के समय स्थायी समिति के प्रति उत्तरदायी ठहराया गया है। यह कांग्रेस को अपनी रिपोर्टें प्रस्तुत करता है। चीन में सर्वोच्च जन न्यायालय को जनवादी कांग्रेस अथवा राज्य परिषद् के किसी भी कानून, आदेश या आज्ञाप्ति को अवैध घोषित करने का कोई अधिकार नहीं है। यह शक्ति स्थायी समिति में निहित है। न्यायपालिका को स्वतंत्र बनाने की बजाय व्यवस्थापिका की अधीनस्थ शाखा बना दिया गया है। अन्य प्रजातंत्रात्मक देशों के विपरीत चीन का उच्चतम न्यायालय संविधान का अंतिम व्याख्याता अथवा संरक्षण का कार्य नहीं करता है। इसकी स्थिति चीनी गणराज्य की सरकार के तीनों अंगों में सबसे अधिक कमजोर है।

स्थानीय जन न्यायालय

स्थानीय जन न्यायालयों को निचला न्यायालय भी कहा जाता है। इन न्यायालयों के निम्नलिखित तीन स्तर हैं-

- प्राथमिक जन न्यायालय
- मध्यवर्ती जन न्यायालय
- उच्चतर जन न्यायालय
- **प्राथमिक जन न्यायालयः** प्राथमिक जन न्यायालय सबसे नीचे के स्तर पर काउंटी अथवा इसके बराबर के स्तर पर कार्य करता है। उनके ऊपर मध्यवर्ती जन न्यायालय हैं जो काउंटी समूह अथवा स्वायत्त चाऊ के लिए कार्य करते हैं जो प्रांतीय स्तर पर अथवा स्वायत्त क्षेत्रों में अथवा केंद्रशासित नगरपालिकाओं में कार्य करते हैं। न्यायाधीशों की कार्य अवधि चार वर्ष की होती है। सभी न्यायालय अपने अनुरूपी स्तर की कांग्रेस के प्रति उत्तरदायी हैं और अपनी रिपोर्ट प्रस्तुत करते हैं। ये न्यायालय सर्वोच्च जन न्यायालय के नियंत्रण और पर्यवेक्षण में कार्य करते हैं।
- **विशिष्ट जन न्यायालयः** विशेष जन न्यायालय कई प्रकार के हैं; जैसे-सैनिक न्यायालय, रेलवे न्यायालय, यातायात न्यायालय, जल यातायात न्यायालय। इनके स्वरूप तथा प्रकृति का निर्णय राष्ट्रीय जनवादी कांग्रेस करती है।
- उक्त न्यायालय विशिष्ट जन न्यायालयों से इस बात में भिन्न हैं कि ये काम करने वालों द्वारा ही बनाए जाते हैं। लेकिन जहां विशिष्ट जन न्यायालय सरकार के नाम पर अपने फैसले करते और सुनते हैं वहां कॉमरेड न्यायालयों का उद्देश्य काम करने वाले लोगों को अच्छा बनाना और उनमें अनुशासन की भावना का संचार करना है।
- चीन में मुकदमा करने का तरीका बहुत आसान है और मुकदमों का जल्दी ही निपटारा कर दिया जाता है। अदालत सभी के लिए खुली है चाहे व्यक्ति धनवान हो या गरीब। दीवानी मुकदमों में प्रायः समझौते पर जोर दिया जाता है और दोनों पक्षों से कहा जाता है कि वे आपस में झगड़े का स्वयं ही निपटारा कर लें। फौजदारी मुकदमे दो प्रकार के होते हैं-कुछ का संबंध राजनीति से होता है और कुछ का नहीं। जिन मुकदमों का संबंध राजनीति से होता है उनमें किसी प्रकार की दया नहीं दिखाई जाती है। जिन लोगों के विरुद्ध जरा-सा भी संशय होता है उन्हें बुरी तरह कुचल दिया जाता है, जबकि साधारण लोगों को सुधारने की कोशिश की जाती है।

प्रोक्यूरेटर का पद

- यह एक अनूठी संस्था है। इसके समान संस्था भारत, अमेरिका तथा ब्रिटेन जैसे प्रजातांत्रिक देशों में उपलब्ध नहीं है। इस संस्था का निर्माण राष्ट्रवादी जनवादी कांग्रेस द्वारा किया जाता है। सर्वोच्च जन प्रोक्यूरेटर, राष्ट्रीय जनवादी कांग्रेस तथा उसकी स्थायी समिति के प्रति उत्तरदायी होता है।
- सर्वोच्च जन प्रोक्यूरेटर का प्रमुख कार्य यह निश्चित करना है कि देश में कानून का उचित रीति से पालन हो और लोगों की स्वतंत्रता सुरक्षित रहे।

अपने इस उद्देश्य की पूर्ति की दृष्टि से यह राज्य के सभी विभागों, सरकारी कर्मचारियों और गैर-सरकारी नागरिकों का पर्यवेक्षण करता है। यह राज्य परिषद् के मंत्रियों, राज्य के स्थानीय अंगों, सरकारी कर्मचारियों और नागरिकों के खिलाफ जांच करके अभियोजन की कार्रवाई प्रारंभ कर सकता है, परंतु व्यवहार में ये शक्तियां काल्पनिक हैं, क्योंकि यह पूर्णत: साम्यवादी दल के नियंत्रण में कार्य करता है। सर्वोच्च जन प्रोक्यूरेटर स्थानीय जन प्रोक्यूरेटरों को आवश्यक निर्देश दे सकता है।

दल की सदस्यता

दल की ऐसी सुदृढ़ एवं सुव्यवस्थित स्थिति को देखते हुए कोई भी चीन का नागरिक इस दल की सदस्यता प्राप्त करना चाहेगा। चीन में साम्यवादी दल की सदस्यता प्रत्येक चीनी नागरिक को नहीं दी जाती। उसका सदस्य बनने के लिए विभिन्न योग्यताएं निर्धारित की गई हैं जिनमें से कुछ प्रमुख हैं–**1.** वह जनवादी चीन गणराज्य का नागरिक होना चाहिए, **2.** उसकी आयु कम-से-कम 18 वर्ष होनी चाहिए, **3.** वह व्यक्ति स्वयं काम करता हो और दूसरे की मेहनत का लाभ न उठाता हो, **4.** वह दल के संविधान और कार्यक्रम को स्वीकार करता हो तथा दल के निर्णयों को लागू करने में सहायक हो, **5.** वह मार्क्स, लेनिन तथा माओ-त्से-तुंग के सिद्धांतों तथा साम्यवादी दल के स्वरूप को समझता हो, **6.** उसे यह कसम लेनी पड़ती है कि वह जीवन भर दल की सेवा करेगा, कभी भी दल के साथ विश्वासघात नहीं करेगा, दलीय अनुशासन को मानेगा तथा मार्क्स, लेनिन एवं माओ-त्से-तुंग के विचारों का गहराई से अध्ययन करेगा। यहां यह बता देना आवश्यक है कि किसी भी दल के सदस्य की सदस्यता के काल में यदि किसी पर दल के सिद्धांतों और नीतियों को भंग करने का आरोप हो अथवा यदि उस पर दल विरोधी कार्यवाही तथा क्रांति विमुख कार्यवाही करने का संदेह हो, तो उसकी सदस्यता को समाप्त किया जा सकता है।

राजनीतिक (साम्यवादी) दल

औपचारिक रूप से 1949 में स्थापित जनवादी चीनी गणराज्य में भी हमें बहुदलीय शासन व्यवस्था देखने को मिलती है। 1962 में चीन में निम्नलिखित राजनीतिक दल थे–

- कोमिन्टांग क्रांतिकारी समिति,
- चीनी लोकतंत्रात्मक संघ,
- प्रजातंत्रात्मक राष्ट्रीय रचना संघ,
- चीनी कृषक श्रमिक प्रजातंत्रात्मक दल,
- चीन चिन कंग तुंग,
- चीन सान सोसायटी,
- चीन प्रजातंत्र वर्धक दल,
- ताइवान प्रजातंत्र स्वशासन लीग,
- चीन का साम्यवादी दल।

साम्यवादी दल को छोड़कर अन्य दल आवश्यक रूप से छोटे तथा शक्तिहीन समूह ही थे जिन्हें सामान्यतया लोकतांत्रिक संगठन कहा जाता है। सन् 1950 के मई दिवस के अवसर पर इन दलों ने एक संयुक्त घोषणा में कहा था कि, "हम चीन के लोकतंत्रात्मक दल, स्वतंत्र, मुक्त, लोकतंत्रात्मक, संयुक्त तथा समृद्धशाली चीन के निर्माण के लिए साम्यवादी दल तथा इसके नेता माओ त्से-तुंग की अध्यक्षता में बिना किसी शर्त के एकत्रित हुए हैं।" इस प्रकार ये छोटे-छोटे राजनीतिक दल किसी भी प्रकार से राष्ट्रीय स्तर के राजनीतिक दल नहीं हैं। यही कारण है कि संविधान के प्रारूप पर प्रतिवेदन करते हुए ल्यू शाओ ची ने कहा था कि, "चीन का साम्यवादी दल देश के नेतृत्व का केंद्र है।"

चीन की राजनीति में, साम्यवादी दल स्पष्ट रूप से निर्णयकारी केंद्रबिंदु है जिसकी शक्ति के एकाधिकार को लेकर किसी प्रकार की कोई प्रतिस्पर्धा नहीं है। साम्यवादी दल का सरकार पर नियंत्रण एवं प्रभुत्व इतना अधिक है कि इन दोनों के बीच सीमा निर्धारण करना बहुत ही कठिन है। इस प्रकार कहा जा सकता है कि जनवादी चीन में एक दलीय व्यवस्था है। यहां साम्यवादी दल का प्रभाव सर्वव्यापक है। इस देश में साम्यवादी दल की ही प्रभुत्वपूर्ण भूमिका है। यह देश की संवैधानिक शासन व्यवस्था का नेतृत्व करता है। सारे देश की संस्थाएं इसके अधीन रहकर कार्य करती हैं।

चीन के साम्यवादी दल के इतिहास को देखने के पश्चात् यह कहा जा सकता है कि यद्यपि सिद्धांत में बहुदलीय पद्धति को मान्यता प्रदान की गई है तथापि पूर्व सोवियत संघ की भांति यहां पर केवल एकदलीय व्यवस्था को अपनाया गया है। यह दल, मार्क्सवाद-लेनिनवाद जिसकी व्याख्या माओ-त्से-तुंग द्वारा की गई है, के सिद्धांतों को मानता है। शासन व्यवस्था में साम्यवादी दल, देश और समाज का पथ प्रदर्शक है तथा अन्य संगठन एवं दल इसके पूर्ण निर्देशन में कार्य करते हैं।

लोकतांत्रिक केंद्रवाद

- सोवियत संघ के साम्यवादी दल की भांति जनवादी चीन के साम्यवादी दल के संगठन का आधार लोकतांत्रिक केंद्रवाद है। इसका अर्थ है कि निम्न स्तर के दलीय संगठन, उच्च स्तर के दलीय संगठनों का अप्रत्यक्ष पद्धति के आधार पर चुनाव करते हैं। शिखर पर राष्ट्रीय दल कांग्रेस है और सबसे निम्न स्तर पर स्थानीय दल कांग्रेस है। राष्ट्रीय दल कांग्रेस केंद्रीय समिति का निर्वाचन करती है तथा दल के सिद्धांतों और नीतियों को वाद-विवाद द्वारा निर्धारित करती है। दलीय विधान केवल दल कांग्रेस द्वारा ही संशोधित किया जा सकता है।
- राष्ट्रीय दल कांग्रेस और स्थानीय दल कांग्रेस अपने-अपने कार्यों के लिए उत्तरदायी हैं। दल की प्रत्येक छोटी संस्था का कर्तव्य है कि वह बड़ी संस्था के कहने के अनुसार चले और कार्य करे। किसी स्तर पर दल समिति यदि कोई निर्णय कर लेती है, तो उसके अधीन सभी दलीय संगठनों को उस निर्णय के अनुसार कार्य करना पड़ता है। बहुमत का निर्णय समस्त दल का निर्णय माना जाता है। अल्पमत को सार्वजनिक रूप से अपने विचार प्रकट करने की स्वतंत्रता नहीं है।
- लोकतांत्रिक केंद्रवाद के अनुरूप निम्न स्तर की दलीय समितियों की अनुशासनात्मक कार्यवाहियों की उच्चस्तरीय दलीय समितियों द्वारा पुनरीक्षण की व्यवस्था है।

दल का एकात्मक संगठन

- चीनी साम्यवादी दल का संगठन सोवियत साम्यवादी दल के संगठन से बहुत कुछ मिलता-जुलता है। कुछ राजनीतिक विचारक तो यहां तक कहते हैं कि जिस प्रकार सोवियत समाजवादी दल का संगठन एक पिरामिड आकार का है, उसी प्रकार चीन के साम्यवादी दल का संगठन भी बहुत कुछ वैसा ही है। दोनों ही दलों में नीचे से लेकर ऊपर तक सभी अंग शृंखलाबद्ध हैं।
- यही नहीं, चीन में भी सोवियत रूस की भांति दल का संगठन लोकतंत्रात्मक केंद्रीकरण के सिद्धांत पर आधारित है। चीन में प्रत्येक दलीय अंग का निर्वाचन उसके निम्न स्तर पर स्थित अंग द्वारा होता है। समय-समय पर स्थानीय दलीय अंग, राष्ट्रीय दलीय कांग्रेस का निर्वाचन करते हैं तथा राष्ट्रीय दलीय कांग्रेस अपनी केंद्रीय समिति को निर्वाचित करती है। अत: दल में लोकतंत्रात्मक सिद्धांत को अपनाया गया है।
- जहां साम्यवादी दल में लोकतंत्रात्मक सिद्धांत को अपनाया गया है वहीं केंद्रीकरण को भी महत्वपूर्ण स्थान मिला हुआ है। दल की केंद्रीय समिति दल का उच्चतम वाद-विवाद स्थल है तथा दल की सभी प्रमुख नीतियों पर यहीं विचार-विनिमय होता है। इतना ही नहीं, साम्यवादी दल के निम्न स्तरीय अंगों द्वारा किए गए निर्णय उच्चस्तरीय अंगों द्वारा संशोधित, स्वीकृत अथवा अस्वीकृत किए जा सकते हैं। व्यवहार में उच्चस्तरीय अंगों द्वारा लिए गए निर्णय निम्न स्तरों द्वारा केवल कार्यान्वित ही किए जाते हैं। इस प्रकार

उच्चस्तरीय अंगों द्वारा लिए गए निर्णय सभी के लिए बंधनकारी हैं, क्योंकि वहां दल का कड़ा अनुशासन देखने को मिलता है।

- जनवादी चीन की साम्यवादी दल का संगठन एकात्मक है। संपूर्ण देश के लिए व्यवहार में केवल एक साम्यवादी दल है। जातीय आधार पर मंगोलों तथा तिब्बतियों आदि के लिए कोई पृथक् एवं स्वतंत्र संगठन नहीं है। व्यक्ति चाहे वह किसी भी जाति का हो केवल चीनी साम्यवादी दल का सदस्य बनाया जा सकता है जो केंद्रीय समिति के अनुशासन में कार्य करता है।
- दल की केंद्रीय समिति में नियमित तथा वैकल्पिक सदस्य होते हैं। सदस्यों के नाम दल कांग्रेस में वोटों की संख्या के आधार पर सूची में ऊपर से नीचे लिखे रहते हैं। वोटों की संख्या सदस्य के महत्व और उसकी लोकप्रियता की सूचक होती है। केंद्रीय समिति के सदस्यों द्वारा पोलित ब्यूरो के सदस्यों को चुना जाता है। इसमें भी नियमित अथवा वैकल्पिक सदस्य होते हैं।

साम्यवादी दल के चार स्तंभ

अन्य सत्तारूढ़ साम्यवादी दलों की भांति ही चीनी साम्यवादी दल की सत्ता भी मुख्यत: चार स्तंभों पर आश्रित है।

- हेरोल्ड हिंटन के अनुसार पहला स्तंभ मार्क्सवादी-लेनिनवादी विचारधारा है। इसके अनुसार चीन का साम्यवादी दल अंतर्राष्ट्रीय साम्यवादी आंदोलन का एक अंग है और इसी विचारधारा के आधार पर उसका कार्यक्रम बनाया जाता है। चीनियों को विश्वास है कि उनके दल का यह कार्यक्रम चीन की महान जनता के प्रगतिशील भविष्य के अनुरूप है।
- दूसरा स्तंभ राष्ट्रव्यापी संगठन है जिसके द्वारा दल संपूर्ण चीनी समाज और सरकार के सभी अंगों पर छाया रहता है।

  चीन के सभी प्रशासनिक, न्यायिक एवं सामाजिक संस्थान साम्यवादी दल के नेतृत्व को स्वीकार करते हैं।
- तीसरा आधार स्तंभ संपूर्ण देश में व्यापक प्रचार उपकरण है जो निरंतर यह सिद्ध करने में लगे रहते हैं कि साम्यवादी दल की आंतरिक और वैदेशिक नीतियों का विरोध करना मूर्खता और देशद्रोह है।
- चौथा स्तंभ राज्य की दमनकारी पुलिस और सैन्य शक्ति है। अन्य किसी उपाय से काम न चलने पर चीन का साम्यवादी दल इस अंतिम उपाय का प्रयोग करने को कटिबद्ध रहता है। इसके अनुसार राजनीतिक विरोधियों का प्रबलता के साथ दमन किया जाता है।

पिरामिड के आकार का संगठन

- जनवादी चीन के साम्यवादी दल का संगठन पिरामिड के आकार का है। जहां शीर्ष पर पोलित ब्यूरो है, तो प्रारंभिक संगठन सेल है। दल की प्राथमिक इकाई सेल है जो 20 सदस्यों की प्राथमिक इकाई होती है। दल की दूसरी इकाई को केंद्रीय समिति के नाम से जाना जाता है। केंद्रीय समिति द्वारा राजनीतिक ब्यूरो, दल नियंत्रण आयोग तथा पोलित ब्यूरो का चुनाव किया जाता है। पोलित ब्यूरो दल का सर्वाधिक प्रभावशाली अंग है जो दल की संपूर्ण गतिविधियों का संचालन तथा नियंत्रण करता है। सचिवालय भी दल का एक महत्वपूर्ण अंग है जिसका अध्यक्ष दल का महासचिव होता है। दलीय गतिविधियों के संचालन में सचिवालय की अहम भूमिका होती है। दल नियंत्रण आयोग, दल की अंतिम शाखा होती है, जो इस बात का ध्यान रखता है कि दल के विभिन्न अंग दल की नीतियों का सही ढंग से पालन कर रहे हैं अथवा नहीं।

दल की सदस्यता का मापदंड

जनवादी चीन के साम्यवादी दल की सदस्यता प्राप्त करने के लिए निर्धारित मापदंडों को पूरा करना पड़ता है। वे ही लोग दल की सदस्यता प्राप्त कर सकते हैं, जो काम करते हैं, किंतु लोगों का शोषण नहीं करते हैं। साथ ही इस संबंध में यह भी एक प्रमुख शर्त होती है कि सदस्य दल की नीतियों के अनुरूप कार्य करें तथा दल के निर्णयों का पालन करें। सदस्यों का यह भी कर्तव्य होता है कि वे दल के सम्मुख सदैव सच बोलें।

दल में एकता और अनुशासन

एकता और अनुशासन साम्यवादी दल के संगठन का मुख्य आधार है। दल के सदस्यों को कठोर अनुशासन का पालन करना पड़ता है। अपने हितों से दल के हितों को प्राथमिकता या वरीयता देनी पड़ती है। जैसा कि हैराल्ड हिंटन का भी कहना है कि दलीय एकता और अनुशासन की भावना पर चीनी साम्यवादी दल में विशेष ध्यान दिया जाता है।

दल के मुख्य विभाग

चीनी साम्यवादी दल की केंद्रीय समिति दलीय कार्यों को सुचारु रूप से चलाने के लिए अनेक विभागों की स्थापना करती है। जिनमें कुछ प्रमुख हैं– संगठन विभाग, प्रचार विभाग, संयुक्त मोर्चा विभाग, सामाजिक कार्य विभाग, सामान्य विभाग, नियंत्रण विभाग, अनुशासन विभाग, ग्राम विकास विभाग आदि। ये विभाग प्रान्तीय एवं स्थानीय विभागीय कार्यों का अपने-अपने क्षेत्रों में पुनरीक्षण करते हैं। दलीय कार्यों की सुविधा की दृष्टि से संपूर्ण चीन 5–6 प्रदेशों में विभक्त है जिनमें प्रादेशिक आयोग स्थापित हैं।

प्रदेश के पश्चात् दलीय संगठन की निम्नतर इकाइयां प्रान्त स्वायत्तशासी प्रदेश या विशेष नगरपालिका है। प्रांतीय स्तर पर कांग्रेस दल में समिति, विभागों तथा आयोगों का संगठन लगभग उसी प्रकार है जिस प्रकार का केंद्रीय स्तर पर है। सबसे निचले स्तर पर दल की शाखा होती है जिसमें लगभग 20 सदस्य होते हैं। दलीय शाखा की स्थापना ग्राम, कारखाना, स्कूल, ऑफिस, रेजीमेंट आदि स्थानों में कहीं भी की जा सकती है। वास्तव में चीनी साम्यवादी दल की कार्यशैली तथा संगठनात्मक पद्धति बहुत कुछ पूर्व रूसी साम्यवादी दल से मिलती-जुलती है।

❑❑❑

अध्याय 3

संयुक्त राज्य अमेरिका की संवैधानिक योजनाएं या व्यवस्थाएं

संयुक्त राज्य अमेरिका की राजनैतिक व्यवस्था में शासन के तीन अंग हैं–कार्यपालिका, विधानपालिका और न्यायपालिका। कार्यपालिकीय शक्तियां राष्ट्रपति, विधायी शक्तियां संसद और न्यायिक शक्तियां सर्वोच्च न्यायालय के सुपुर्द की गई हैं। इस प्रकार यहां पर शक्तियों के पृथक्करण सिद्धांत को अपनाया गया है। उल्लेखनीय है कि अमेरिका में विधानमंडल को कांग्रेस के नाम से जाना जाता है जो द्विसदनीय है। जिन्हें क्रमश: प्रतिनिधि सभा और सीनेट के नाम से जाना जाता है। प्रतिनिधि सभा कांग्रेस का निम्न सदन तथा सीनेट कांग्रेस का उच्च सदन है। यह सत्य है कि 1781 में परिसंघीय व्यवस्था के अंतर्गत संयुक्त राज्य अमेरिका में एक सदनीय संसद थी, परंतु संविधान निर्माता इससे संतुष्ट नहीं थे। संभवत: यही कारण था कि 1787 में फिलाडेलफिया सम्मेलन में प्रत्येक अनुच्छेद और प्रावधान पर चिंतन-मनन, वाद-विवाद हुआ किंतु जिस बात पर सभी संविधान निर्माता एकमत थे–वह था, अमेरिका में द्विसदनीय व्यवस्था को अपनाया जाना। फलत: अमेरिकी संसद को द्विसदनीय बनाया गया।

अमेरिका में परिसंघ की स्थापना

केंद्र और राज्यों के पारस्परिक संबंधों के आधार पर सरकारों के स्वरूप को एकात्मक एवं संघात्मक में वर्गीकृत किया जाता है। जिस शासन पद्धति में समस्त शक्तियां केंद्र के पास होती हैं उसे एकात्मक का नाम दिया जाता है। इस शासन व्यवस्था में केंद्र सरकार शासन की सुविधा के लिए देश को अनेक प्रांतों व प्रदेशों में विभक्त कर सकती है तथा उन्हें कुछ शक्तियां प्रदान कर सकती है। इन शक्तियों का प्रयोग केंद्र सरकार की इच्छा के अनुसार किया जाता है, और यदि केंद्र सरकार चाहे तो इन शक्तियों को वापस भी ले सकती है। इसके विपरीत जिस सरकार में केंद्र तथा राज्यों में संविधान द्वारा शक्तियों का विभाजन किया जाता है, संघात्मक सरकार कहलाती है। इस पद्धति में राज्यों की शक्तियां केंद्र की इच्छा पर निर्भर नहीं करतीं वरन् केंद्र व राज्यों को समस्त शक्तियां संविधान से प्राप्त होती हैं। दोनों सरकारें अपने-अपने क्षेत्र में पूर्णतया स्वतंत्र होती हैं। संघात्मक शब्द अंग्रेजी भाषा के 'Federation' और लैटिन भाषा के 'Foedus' का रूपांतरण है जिसका अर्थ है संधि या समझौता। अत: संघीय व्यवस्था संधि या समझौते का परिणाम होती है। इस प्रकार की व्यवस्थाएं आजकल संयुक्त राज्य अमेरिका, स्विट्जरलैंड, भारत, ऑस्ट्रेलिया व कनाडा आदि देशों में प्रचलित हैं। डायसी का मत है कि, "संघीय राज्य राष्ट्रीय एकता एवं राज्यों के अधिकारों के बीच तालमेल स्थापित करने के लिए एक राजनीतिक उपाय मात्र है।" हरमन फाइनर के अनुसार, "संघीय राज्य एक ऐसी व्यवस्था है जिसमें सत्ता और शक्तियों का कुछ भाग स्थानीय क्षेत्रों के पास होता है जबकि एक दूसरा भाग केंद्रीय संस्था में निहित रहता है। इस केंद्रीय संस्था का निर्माण स्थानीय क्षेत्रों के समुदायों द्वारा स्वेच्छा से किया जाता है।" अमेरिकी परिसंघ से संबंधित घटनाक्रमों का विवरण निम्नवत् हैं–

- 1781 में अमेरिकी उपनिवेशों पर इंग्लैंड का आधिपत्य समाप्त हो गया और वे स्वतंत्र तथा स्वाधीन राज्यों में परिणत हो गए, किंतु एक बहुत बड़ा प्रश्न अभी भी उपनिवेशों के सामने था कि क्या वे अलग-अलग प्रभुसत्ता संपन्न राज्य बनाएंगे अथवा मिलकर एक सुसंगठित राज्य की स्थापना करेंगे। यद्यपि 1781 में 13 उपनिवेशी राज्यों ने मिलकर निर्णय किया और उसके फलस्वरूप एक परिसंघीय शासन प्रणाली को अपनाया, क्योंकि इससे पहले भी 1697 तथा 1754 में उपनिवेशों का संघ बनाने के लिए योजनाएं प्रस्तुत की गई थीं।
- इन योजनाओं ने 1774 की प्रथम महाद्वीपीय कांग्रेस तथा 1775 की द्वितीय महाद्वीपीय कांग्रेस का मार्गदर्शन करने में महत्वपूर्ण योगदान दिया था।
- इन दोनों महाद्वीपीय कांग्रेसों में उपनिवेशों के प्रतिनिधियों ने भाग लिया। महाद्वीपीय कांग्रेस की एक समिति को परिसंघ का प्रारूप तैयार करने के लिए कहा गया। 17 नवंबर, 1777 में इस प्रारूप को स्वीकार किया गया जिसका बाद में प्रत्येक उपनिवेश ने अलग-अलग समर्थन किया।
- 1 मार्च, 1781 तक सभी राज्यों ने इस प्रारूप पर अपनी स्वीकृति दे दी। इस परिसंघ के संविधान को 'परिसंघ के अनुच्छेद' के नाम से पुकारा जाता है। ये अनुच्छेद ही संयुक्त राज्य अमेरिका के प्रथम संविधान के नाम से जाने जाते हैं। कुछ विशेषज्ञ इसे संयुक्त राज्य अमेरिका के "मित्रता के महान संघ" के नाम से पुकारते हैं।
- परिसंघीय व्यवस्था, जो केवल एक ढीले-ढाले संघ की स्थापना कर पाई थी, में अनेक कमियां व त्रुटियां थीं जो स्वतंत्रता संग्राम के समय तो दबी रहीं, परंतु उसके पश्चात् एक-एक दोष उग्र रूप धारण करके सामने आने लगे। राष्ट्र तथा राज्य तीव्र गति से संकटों की ओर लुढ़कने लगे। राज्यों के बीच व्यापार बहुत कम हो गया।
- मुनरो के शब्दों में, "युद्ध के कारण मुद्रास्फीति की स्थिति उत्पन्न हो गई थी और कीमतें अत्यधिक बढ़ गई थीं। प्रत्येक व्यक्ति जीवन-निर्वाह के साधनों की महंगाई का दुखड़ा रोता था, परंतु उसे कम करने की शक्ति किसी में न थी।" जार्ज वाशिंगटन के मत में यह 'अराजकता' की स्थिति थी। जेम्स बेक ने इसे, "उषाकाल के पूर्व का घोर अंधकारपूर्ण समय कहकर पुकारा है।"
- ऐसी स्थिति अधिक समय तक नहीं चल सकती थी। परिसंघ के प्रावधानों में संशोधन कर स्थिति में सुधार लाना अत्यधिक आवश्यक हो गया। राज्यों में आंतरिक शांति तथा व्यवस्था बनाए रखने के लिए तथा राज्यों में पारस्परिक स्नेह व सहयोग की भावना पैदा करने के लिए एक शक्तिशाली केंद्र अथवा एक नई शासकीय व्यवस्था की आवश्यकता अनुभव की जाने लगी।
- ऐसे वातावरण में परिसंघ के दो राज्यों वर्जीनिया तथा मेरीलैंड में व्यापारिक जहाज चलाने के मामले को लेकर संघर्ष चल पड़ा। इस समस्या को सुलझाने के लिए पांच राज्यों का एक सम्मेलन बुलाया गया। सम्मेलन में भाग लेते हुए अलेक्जेंडर, हेमिल्टन ने इस बात पर बल दिया कि अकेले इस मामले

पर विचार न किया जाए अपितु ऐसे ही कितने और मामले हैं उन पर भी सोचना चाहिए।

- सम्मेलन में भाग लेने वाले अन्य प्रतिनिधियों को यह बात जंच गई और सभी राज्यों का एक सम्मेलन बुलाने की बात मान ली गई। परिसंघ को कांग्रेस के इस प्रस्ताव का समर्थन करने को कहा गया और 21 जनवरी, 1787 को कांग्रेस ने फिलाडेलफिया नामक स्थान पर समस्त राज्यों का एक सम्मेलन बुलाया ताकि परिसंघ के अनुच्छेदों में संशोधन किया जाए, जिससे नई शासकीय व्यवस्था राष्ट्र की रक्षा करने तथा शासन की आवश्यकताओं को पूरा करने के योग्य हो जाए।

  शक्तिशाली केंद्रीय सरकार के समर्थकों ने इस बात का भरसक प्रयास किया कि फिलाडेलफिया सम्मेलन सफलता प्राप्त करे। उन्होंने राज्यों की विधान सभाओं के सदस्यों को समझा-बुझाकर सम्मेलन में प्रतिनिधि भेजने के लिए तैयार कर लिया।
- इस प्रकार 25 मई, 1787 को फिलाडेलफिया सम्मेलन प्रारंभ हुआ। रोड्स आईलैंड के अलावा सभी राज्यों ने अपने प्रतिनिधियों को इस सम्मेलन में सम्मिलित होने के लिए भेजा। सम्मेलन में भाग लेने वाले प्रतिनिधियों की संख्या 55 थी। सम्मेलन की अध्यक्षता जॉर्ज वाशिंगटन ने की। वाशिंगटन के अतिरिक्त इस सम्मेलन में भाग लेने वाले अन्य प्रतिभावान व्यक्तियों में मैडिसन, फ्रेंकलिन, हेमिल्टन, विल्सन के नाम आदि उल्लेखनीय हैं। सम्मेलन में भाग लेने वाले प्रतिनिधि प्रसिद्धि प्राप्त लोग थे, जो विधि में शिक्षित, वित्त के विशेषज्ञ, प्रशासन में कुशल तथा अपने समय के राजनीतिक दर्शन के विद्वान थे। जैफरसन ने इन प्रतिनिधियों को 'अर्द्ध-देवों की सभा' कहा है।
- राजनीतिक विचारक बियर्ड के मतानुसार, "सभाओं के इतिहास में ऐसी कोई सभा नहीं हुई है जिसके सदस्यों का राजनीतिक अनुभव, व्यावहारिक ज्ञान, मानवीय कार्य तथा प्रशासकीय ज्ञान इस सभा में भाग लेने वाले सदस्यों से अधिक हो।" एक अन्य स्थान पर बियर्ड ने लिखा है, "वास्तव में यह ऐसे महत्वपूर्ण व्यक्तियों की गोष्ठी थी जो अमेरिकी शासन-प्रणाली के पुनर्निर्माण का कार्य करने के लिए फिलाडेलफिया में एकत्रित हुए।"
- संविधान सभा में प्रत्येक विषय पर बहुत अधिक वाद-विवाद हुआ तथा प्रत्येक समस्या का गहन अध्ययन करते हुए जो राष्ट्र के लिए ठीक समझा गया उसे संविधान में स्थान दे दिया गया।
- 15 सितंबर, 1787 को राज्यों के प्रतिनिधियों ने अपने हस्ताक्षर करके संविधान को स्वीकार किया। इसके पश्चात् इसे राज्यों की स्वीकृति मिल जाने पर 4 मार्च, 1789 में इस संविधान को लागू कर दिया गया। संविधान सभा ने अमेरिका में परिसंघीय प्रणाली को समाप्त कर एक संघीय व्यवस्था को अपनाया। संविधान के बारे में अपने विचार रखते हुए ब्रोगन कहता है कि, "इसके अधीन रहकर अमेरिकी जनता सामर्थ्यशील तथा फूली-फली है। उसने अपनी स्वतंत्रता को बनाए रखा है तथा विश्व इतिहास पर गहरी छाप छोड़ी है।"

अमेरिकी परिसंघ की प्रमुख विशेषताएं

यहां अमेरिका के 13 राज्यों ने एक परिसंघ की स्थापना करना इसलिए स्वीकार किया, क्योंकि उन्हें भय था कि कहीं फिर कोई यूरोपीय देश उन पर दोबारा आधिपत्य न जमा ले। विदेशी आक्रमणों से अमेरिकी राज्य को बचाने वाले इस परिसंघ की अपनी कुछ विशेषताएं हैं जिनमें से प्रमुख निम्नलिखित हैं–

- अमेरिका के इस परिसंघ के अनुच्छेदों को यदि अमेरिका का **प्रथम लिखित संविधान** कहा जाए तो गलत न होगा। यद्यपि अमेरिका काफी समय तक इंग्लैंड के अधीन रहा, लेकिन उन्होंने इंग्लैंड के अलिखित संविधान की अपेक्षा परिसंघ के अनुच्छेदों को लिखित स्वरूप दिया।
- परिसंघ के अनुच्छेदों के अनुसार अमेरिका का नाम **'संयुक्त राज्य अमेरिका'** रखा गया।
- परिसंघ की शासन कुशलता के लिए **'एक सदनीय विधानमंडल'** की व्यवस्था की गई जिसे कांग्रेस के नाम से पुकारा गया। इस सदन में प्रत्येक राज्य को जनसंख्या के आधार पर अपने प्रतिनिधियों को भेजना था। कांग्रेस में निर्णय राज्यों की बहुसंख्या के द्वारा किए जाने थे और प्रत्येक राज्य को केवल एक मत देने का अधिकार था चाहे उसके प्रतिनिधियों की संख्या कितनी ही क्यों न हो।
- परिसंघ की एक अनोखी विशेषता यह थी कि एक तरफ राज्यों की सुरक्षा, स्वतंत्रताओं की रक्षा और पारस्परिक सामान्य हित के उद्देश्य से आपस में संगठन स्थापित किया और दूसरी ओर अपनी सार्वभौमिकता, स्वतंत्रता और उन क्षेत्रों तथा अधिकारों को, जो संयुक्त राज्य को नहीं दिए गए थे, बचाए रखा।
- परिसंघ के अनुच्छेदों के अंतर्गत न कोई न्यायिक व्यवस्था और न ही किसी केंद्रीय कार्यपालिका विभाग की स्थापना का प्रबंध किया गया था। कांग्रेस को यह अधिकार दिया गया था कि वह आवश्यकतानुसार उपसमितियां तथा सहकारी कर्मचारी नियुक्त कर सकती थी। कांग्रेस को जो अन्य मुख्य शक्तियां दी गईं वे थीं: विदेश नीति का संचालन तथा डाक-तार और मुद्रा की व्यवस्था। इस प्रकार, परिसंघ के अनुच्छेद शक्तियों के पृथक्करण के सिद्धांत नहीं थे।
- परिसंघ के अनुच्छेदों के अंतर्गत एक उल्लेखनीय बात यह भी थी कि केंद्रीय सरकार की सत्ता और शक्तियां बहुत कम थीं। यह कहना गलत नहीं है कि अधिकांश स्थितियों में केंद्रीय सरकार का कार्यक्षेत्र बहुत सीमित था। केंद्रीय शक्ति कमजोर होने के कारण परिसंघ जिस उद्देश्य के लिए बनाया गया था, वह (परिसंघ) उसे पूरा नहीं कर सका। विल्सन के मतानुसार, "परिसंघ के अनुच्छेद राज्यों का एकीकरण नहीं कर सके, वे तो रेत की एक रस्सी के समान थे जिसमें राज्यों का बंध जाना संभव नहीं था।"
- परिसंघ की विशेषताओं के अंतर्गत कहा गया है कि कांग्रेस को सरकार पर पूर्ण नियंत्रण नहीं था और इसे विभिन्न क्षेत्रों में बाधाओं का सामना करना पड़ा। इस प्रकार धीरे-धीरे अराजकता फैलने लगी जिसके फलस्वरूप राज्यों के बीच प्रतिशोध, ईर्ष्या व द्वेष की भावनाएं घर करने लगीं। अलेक्जेंडर, हैमिल्टन ने इस युग को सार्वजनिक विपत्ति का अंधकारपूर्ण सूचीपत्र कहा है। वाशिंगटन, हैमिल्टन तथा मैडिसन जैसे शक्तिशाली व्यक्तित्व के नेता एक सुसंगठित राष्ट्रीय सरकार के पक्ष में थे और उन्होंने समय-समय पर अपने विचार व्यक्त करने आरंभ कर दिए।
- इस प्रकार धीरे-धीरे परिसंघ की कमजोरियां अमेरिकावासियों के सामने आने लगीं। उन्होंने देखा कि कांग्रेस के पास न तो करारोपण का अधिकार है और न ही उसे वाणिज्य के बारे में अधिकार दिया गया था। सेना के लिए शांति और व्यवस्था बनाए रखने के लिए कांग्रेस राज्य सरकारों के सहयोग पर आश्रित थी। युद्ध काल में तो यह सहयोग कांग्रेस को मिलता रहा, परंतु स्वतंत्रता प्राप्ति के बाद राज्य सरकारें कांग्रेस की सत्ता की अवहेलना करने लगीं। 1786 के अंत तक स्थिति इतनी बिगड़ चुकी थी कि ऐसा लगता था कि कहीं पर भी गृहयुद्ध आरंभ हो सकता था।
- केंद्रीय सरकार की शोचनीय दशा के बारे में मुनरो ने ठीक ही कहा है, "विशेषतया यह कमजोर थी क्योंकि इसमें वे चार तत्त्व नहीं थे जो एक मजबूत राष्ट्रीय सरकार बनाते हैं–करों द्वारा राज्य के लिए धन प्राप्त करना, कर्ज ले सकना, व्यापार को नियंत्रित रखना तथा राष्ट्र रक्षा के लिए सेना रखना और इसके लिए व्यापक धन प्राप्त करना।" इस काल में न तो कोई

राज्य अपने अधिकारों को कम करना चाहता था और न ही केंद्र को अधिक अधिकार देने के पक्ष में था। ऐसा लगता है कि इस काल का अवलोकन करने के पश्चात् ही जैफरसन ने कहा कि वही राज्य सबसे अच्छा है जो सबसे कम शासन करे। एक अन्य राजनीतिक विचारक ऐलन पौटर के शब्दों में, "परिसंघ के अनुच्छेद अशक्त राष्ट्रीय सरकार के पक्षपातियों की विजय को व्यक्त करते हैं।"

- परिसंघ की शासन प्रणाली की शिथिलता को देखते हुए सितंबर, 1786 में निर्णय लिया गया कि 1787 में फिलाडेलफिया नामक स्थान पर समस्त राज्यों का एक सम्मेलन बुलाया जाए तथा इस सम्मेलन में परिसंघ के अनुच्छेदों में संशोधन लाए जाएं, ताकि परिसंघ राष्ट्र की रक्षा करने तथा शासन की आवश्यकताओं को पूरा करने योग्य हो जाएं।

संघात्मक व्यवस्था की ओर

- शक्तिशाली केंद्रीय सरकार के समर्थकों ने इस बात का भरसक प्रयत्न किया कि फिलाडेलफिया सम्मेलन सफलता प्राप्त करे। उन्होंने राज्यों की विधान सभाओं के सदस्यों को समझा-बुझाकर सम्मेलन में प्रतिनिधि भेजने के लिए तैयार कर लिया। रोड द्वीप के अतिरिक्त अन्य सभी राज्यों के प्रतिनिधियों ने भाग लिया। प्रत्येक राज्य जितने चाहे प्रतिनिधि भेज सकता था, परंतु उसे एक ही मत देने का अधिकार था। ये प्रतिनिधि राज्यों के विधानमंडलों द्वारा चुने गए थे। आरंभ में 72 प्रतिनिधियों के नाम आए थे, परंतु केवल 55 ने ही सम्मेलन की कार्यवाही में भाग लिया। सम्मेलन में प्रायः 30–35 प्रतिनिधि ही उपस्थित रहते थे।
- सम्मेलन की कार्यवाही 25 मई, 1787 को आरंभ हुई तथा सर्वप्रथम कार्यकारी अध्यक्ष का चुनाव किया जाना था। जॉर्ज वाशिंगटन सर्वसम्मति से अध्यक्ष बने व विलियम जैक्सन को सम्मेलन का मंत्री चुना गया। कुल मिलाकर सम्मेलन की 81 बैठकें हुईं। अंतिम बैठक 17 सितंबर, 1787 को हुई जिसमें 39 सदस्य उपस्थित थे। अमेरिका के लिए तैयार संविधान पर 12 राज्यों के प्रतिनिधियों ने हस्ताक्षर कर इसे अपनाया व राज्यों की स्वीकृति के लिए भेज दिया गया। जुलाई 1789 तक 11 राज्यों का समर्थन मिल गया व नया संविधान लागू कर दिया गया। शेष दो राज्यों नॉर्थ कैरोलीना ने नवंबर 1789 व रोड द्वीप ने मई 1790 में इसे स्वीकृति दे दी।
- यहां यह बात उल्लेखनीय है कि अमेरिका के संविधान के निर्माता छोटे एवं बड़े आकार के राज्यों का प्रतिनिधित्व कर रहे थे तथा वाद-विवाद में अपने राज्य के हितों की रक्षा करना उनके लिए स्वाभाविक था। सम्मेलन के आरंभ होने से पहले ही वर्जीनिया के प्रतिनिधि जेम्स मैडिसन व उसके साथी एक योजना बनाने में लगे हुए थे। 29 मई, 1787 को एडमंड रैंडोल्फ ने यह योजना जिसे 'वर्जीनिया योजना' या 'रैंडोल्फ योजना' भी कहते हैं सम्मेलन में प्रस्तुत की। इस योजना के अंतर्गत संयुक्त राज्य अमेरिका के लिए एक शक्तिशाली केंद्रीय शासन की व्यवस्था की गई। केंद्रीय शासन को विभिन्न राज्यों के नागरिकों पर कर लगाने तथा राज्य द्वारा अपने कर्तव्यों के पूरा न करने पर उसके विरुद्ध सैनिक कार्यवाही करने की शक्ति भी दी गई थी ऐसी योजना का छोटे आकार के राज्यों द्वारा विरोध किया जाना स्वाभाविक था।
- वर्जीनिया योजना के प्रतिक्रियास्वरूप 'न्यू जरसी योजना' तैयार की गई जिसे 15 जून, 1787 को प्रस्तावित किया गया। इसे संवैधानिक सभा में प्रस्तुत करने का कार्य विलियम एंडरसन द्वारा किया गया, इसलिए इसे 'एंडरसन योजना' भी कहा जाता है। स्वयं एंडरसन के शब्दों में, "यह छोटे राज्यों का वर्जीनिया योजना के केंद्रीकरण तथा सशक्त शासन की प्रवृत्तियों का उत्तर थी, इसमें केंद्रीय संसद को एक सदनीय बनाने का प्रस्ताव था तथा प्रत्येक राज्य को संसद में एक मत दिए जाने की व्यवस्था थी। केंद्रीय कार्यपालिका का चुनाव विधानमंडल द्वारा किया जाना था। विधानमंडल पर राज्यों का नियंत्रण रहे इसलिए यह कहा गया कि सदस्यों को वेतन राज्यों के कोषों से दिए जाएं।"
- इस प्रकार, दो आत्म विरोधी योजनाओं के कारण था सम्मेलन के सदस्य दो गुटों में विभाजित हो गए। कई बार तो ऐसा लगता कि शायद सम्मेलन ही भंग हो जाएगा, परंतु कनेक्टिकट राज्य के प्रतिनिधियों द्वारा एक योजना प्रस्तुत की गई जिसे 'कनेक्टिकट समझौता' कहा जाता है। इसके अंतर्गत यह कहा गया कि एक द्विसदनीय विधानमंडल की व्यवस्था की जाए। उच्च सदन के निर्माण का आधार समानता का सिद्धांत हो तथा निम्न सदन में जनसंख्या के आधार पर प्रतिनिधि चुने जाएं। उच्च सदन को कार्यपालिका द्वारा की गई नियुक्तियों तथा संधियों का समर्थन या असमर्थन करने का अधिकार होगा। इस प्रकार दोनों गुटों का समर्थन मिलने पर संयुक्त राज्य अमेरिका के संविधान निर्माण का कार्य सरल हो गया तथा 1789 में 11 राज्यों का समर्थन मिल जाने पर संघीय व्यवस्था अपना ली गई। यही नहीं, संघात्मक प्रणाली को संवैधानिक संगठन की आधारशिला भी बनाया गया। दूसरे शब्दों में यह भी कहा जा सकता है कि संयुक्त राज्य अमेरिका में इंग्लैंड की एकात्मक शासन प्रणाली के विपरीत संघात्मक प्रणाली अपनाई गई है।

संघात्मक व्यवस्था

- अमेरिका की संघीय प्रणाली के आरंभ में केवल 13 राज्य थे किंतु धीरे-धीरे अन्य राज्यों के संघ में सम्मिलित हो जाने के कारण अब इसमें 50 राज्य हैं। इन विभिन्न राज्यों की संघ में स्थिति की चर्चा करते हुए ऑग एवं रे कहते हैं कि, "ये राज्य संपूर्ण शक्ति संपन्न केंद्रीय सरकार के अंतर्गत सामूहिक रूप से रहने के लिए बाध्य नहीं किए गए, ये तो केवल विशिष्ट उद्देश्यों के लिए राष्ट्रीय सरकार के अधीन हैं। राज्य राष्ट्रीय सरकार के साधन भर नहीं है, अपितु मूलतः पृथक् तथा किसी हद तक स्वतंत्र राजनीतिक इकाइयों का प्रतिनिधित्व करते हैं।"
- अमेरिकी संघीय व्यवस्था के स्वरूप को भली-भांति समझने से पहले हमारे लिए यह जानना जरूरी है कि संघात्मक व्यवस्था कैसी व्यवस्था होती है? ध्यातव्य है कि किसी देश में जहां संघीय शासन प्रणाली अपनाई जानी है वहां कुछ संघीय तत्व अथवा लक्षण अवश्य होने चाहिए जैसे संविधान लिखित तथा कठोर होना चाहिए। यही नहीं, उस देश में संविधान की सर्वोच्चता को भी अपनाया जाना चाहिए।
- के.सी. व्हीयर के मत में, "एक सरकार को संघात्मक बनाने के लिए संविधान चाहे लिखित हो या अलिखित, सर्वोच्च अवश्य होना चाहिए।" कोई भी देश तब तक संघीय नहीं कहलाता जब तक वहां केंद्र और इकाइयों की सरकारों में शक्तियों का विभाजन नहीं होगा।
- राजनीतिक विचारक कोरी एवं अब्राहम के विचार में, "संघीय व्यवस्था का सबसे महत्वपूर्ण लक्षण शक्तियों और सत्ता का संघीय सरकार तथा राज्य सरकारों के मध्य वितरण है।" संघीय शासन व्यवस्था में दोहरी शासन प्रणाली, दोहरी नागरिकता जैसे तत्व भी विद्यमान होने चाहिए। इन तत्वों के अतिरिक्त एक अन्य महत्वपूर्ण तत्व है–न्यायपालिका की सर्वोच्चता।
- केंद्र तथा इकाइयों के मध्य उठने वाले झगड़ों का निपटारा तथा संविधान की अंतिम व्याख्या भी न्यायपालिका द्वारा की जाती है। संघीय व्यवस्था में न्यायपालिका की सर्वोच्चता की महत्ता की चर्चा करते हुए जे.एस. मिल कहते हैं कि, "यह प्रत्यक्ष रूप से अनिवार्य है कि केंद्रीय तथा राज्य सरकारों की शक्तियों की संवैधानिक सीमाएं ठीक-ठीक से निर्धारित ही न हों, अपितु इनमें पैदा होने वाले झगड़ों का फैसला करने का अधिकार इनके पास अथवा इनके अधीन किसी कार्यकर्ता के पास नहीं होना चाहिए। यह अधिकार

एक मध्यस्थ को मिलना चाहिए जो दोनों से स्वतंत्र हो।" 1789 में अपनाए गए अमेरिकी संविधान की विशेषताओं का अध्ययन करने के पश्चात् हम कह सकते हैं कि ऊपर लिखे गए सभी लक्षण अमेरिका के संविधान में देखने को मिलते हैं। यही कारण है कि संयुक्त राज्य अमेरिका को संघात्मक शासन-प्रणाली के एक श्रेष्ठ उदाहरण के रूप में वर्णित किया जाता है।

- अमेरिका की संघीय व्यवस्था के वास्तविक और व्यावहारिक स्वरूप को जानने के लिए केंद्रीय सरकार और इकाइयों (राज्यों) की सरकारों में जो शक्तियों का विभाजन हुआ है यहां उसका उल्लेख करना आवश्यक है।
- संविधान के अनुच्छेद-1 के अनुभाग-8 में राष्ट्रीय सरकार की शक्तियों का वर्णन किया गया है। अत: केंद्रीय सरकार की शक्तियां तो निश्चित हैं किंतु राज्यों की सरकारों की शक्तियां अनिश्चित हैं। संविधान के अनुसार यह कहा गया है कि जो शक्तियां संघीय सरकार को दी गई हैं, उनके अतिरिक्त सभी शक्तियां राज्यों की सरकारों के पास होंगी।
- अमेरिकी संविधान का 10वां संशोधन केंद्र और राज्यों की स्थिति को और अधिक स्पष्ट करता है। इसके अनुसार, "संविधान द्वारा जो शक्तियां संयुक्त राज्य को नहीं दी गईं और जिनका प्रयोग करने के लिए राज्यों को मना नहीं किया गया वे सभी शक्तियां राज्यों या जनता के लिए सुरक्षित रहेंगी।" संविधान के द्वारा केंद्रीय सरकार को 18 शक्तियां प्रदान की गई हैं जिनमें से कुछ प्रमुख निम्नलिखित हैं–
  - ❖ संघीय कर लगाना तथा संयुक्त राज्य की सुरक्षा का प्रबंध करना।
  - ❖ संयुक्त राज्य के लिए ऋण लेना।
  - ❖ विदेशी तथा अंतर्राज्यीय वाणिज्य का नियंत्रण करना।
  - ❖ डाक व्यवस्था तथा डाक सड़कों की स्थापना।
  - ❖ युद्ध की घोषणा करना।
  - ❖ सुप्रीम कोर्ट के नीचे संघीय न्यायालयों की स्थापना करना।
  - ❖ जल तथा थल सेनाओं के लिए नियम बनाना।
  - ❖ नए राज्यों का संघ में प्रवेश।
  - ❖ संघीय संपत्ति तथा क्षेत्रों को सुरक्षा प्रदान करना तथा पेटेन्ट और कॉपीराइट आदि।
- इन विभिन्न शक्तियों के अतिरिक्त कुछ ऐसे कार्य थे जिन्हें करने के लिए केंद्रीय सरकार को मना कर दिया गया था जैसे केंद्रीय सरकार बंदी-प्रत्यक्षीकरण लेख को स्थगित नहीं कर सकती और न ही संघ सरकार कोई ऐसी विधि पास कर सकती है जिससे नागरिकों की भाषण की स्वतंत्रता सीमित हो जाए।
- इस प्रकार केंद्र सरकार की शक्तियों का वर्णन संविधान में किया गया है और कुछ क्षेत्रों में केंद्र सरकार को अधिकारों का उपभोग करने के लिए मना कर दिया गया है। अत: केंद्र सरकार कुछ शक्तियों का तो उपभोग करती है तथा कुछ अन्य शक्तियों के उपभोग से वंचित है। इसके विपरीत राज्य सरकारों की शक्तियां अनिश्चित हैं। राज्य सरकारें साधारणतया जिन शक्तियों का प्रयोग करती हैं उनमें से कुछ प्रमुख हैं–राज्यों में शांति व्यवस्था बनाए रखना, शिक्षा का प्रबंध, स्थानीय शासन व्यवस्था का प्रबंध करना, स्वास्थ्य सेवाओं का संचालन करना, राज्यों के संविधान में संशोधन करना तथा संघीय संविधान में प्रस्तावित संशोधनों की पुष्टि करना आदि।
- यद्यपि अविशिष्ट शक्तियां राज्यों के पास हैं किंतु इसका अभिप्राय यह नहीं है कि उनकी शक्तियों पर कोई सीमा नहीं है। राज्यों की शक्तियों पर भी अनेक प्रतिबंध लगे हुए हैं जैसे राज्य सरकारें अपने निवासियों को कानून के समक्ष समानता से वंचित नहीं करेंगी या फिर राज्य विदेशियों के साथ संधियां नहीं कर सकते। इसी प्रकार विदेशों से कोई समझौता करने से पहले उन्हें केंद्र की स्वीकृति आवश्यक है।
- अमेरिका के संविधान में समवर्ती सूची की व्यवस्था नहीं थी। संविधान के 13वें संशोधन के द्वारा समवर्ती सूची को जोड़ दिया गया अर्थात् कुछ विषय ऐसे हैं जिन पर केंद्र सरकार तथा राज्यों की सरकारें दोनों ही कानून बना सकती हैं; जैसे–संविधान में संशोधन को लागू करना, कर लगाना, बैंकों अथवा अन्य वित्तीय संस्थाओं की स्थापना करना आदि।
- अमेरिका के संविधान निर्माताओं द्वारा जो शक्तियों का विभाजन किया गया है उससे एक बात स्पष्ट हो जाती है कि संविधान निर्माता केंद्र की अपेक्षा राज्यों को अधिक शक्तिशाली बनाना चाहते थे। यही कारण है कि उन्होंने केंद्र की शक्तियों का तो वर्णन कर दिया, परंतु राज्यों की शक्तियों का अलग से उल्लेख नहीं किया गया तथा शेष सभी शक्तियां जो केंद्र को नहीं दी गई थीं राज्यों को सौंप दी गई। आज अमेरिका की संघ सरकार वैसी नहीं है जिसकी कल्पना संविधान निर्माताओं ने की थी। हालाँकि समय के साथ-साथ अमेरिका में केंद्रीय सरकार की शक्तियों में बहुत वृद्धि हुई है तथा यह क्रम लगातार चल रहा है। परिणामस्वरूप अब तो राज्य सरकारें केंद्रीय सरकार की परछाईं मात्र रह गई हैं। केंद्रीय सरकार के अत्यधिक शक्तिशाली बन जाने के कई कारण हैं जिनमें कुछ प्रमुख कारण निम्नलिखित हैं–
  - ❖ **पहले**, संविधान निर्माण के समय अमेरिका एक कृषि प्रधान देश था। लोगों की आवश्यकताएं कम थीं, जो प्राय: राज्यों के प्रयत्नों से पूर्ण हो जाती थीं। किंतु धीरे-धीरे देश औद्योगिकीकरण की ओर बढ़ा जिसके परिणामस्वरूप समाज जटिल होता गया। अनिश्चितता का वातावरण उत्पन्न होने से अपनी कठिनाइयों व समस्या के समाधान एवं सुरक्षा के लिए राज्य सरकारें, केंद्रीय सरकार अपने आपको सुव्यवस्थित तथा सुदृढ़ करने में सफल हुई।
  - ❖ **दूसरे**, केंद्रीय सरकार को शक्तिशाली बनाने में अंतर्निहित शक्तियों के सिद्धांत ने महत्वपूर्ण भूमिका निभाई। विभिन्न मुकदमों में निर्णय देते हुए सर्वोच्च न्यायालय ने अंतर्निहित शक्तियों के सिद्धांत को अपनाकर कुछ ऐसी शक्तियां तथा अधिकार केंद्रीय सरकार को दिए हैं जिनका उल्लेख संविधान में नहीं है। इस सिद्धांत का प्रतिपादन करते हुए चीफ जस्टिस मार्शल ने मारबरी बनाम मेरीलैंड के मुकदमों में कहा था, "लक्ष्य उचित होना चाहिए, वे संविधान के अंतर्गत हो, तब ऐसे सभी उपाय जो उपयुक्त हों तथा उस लक्ष्य प्राप्ति के लिए अपनाए गए हों, जिनकी मनाही न की गई हो और जो संविधान के शब्दों तथा भावनाओं के अनुकूल हों, संवैधानिक हैं।" मार्शल द्वारा प्रतिपादित यह सिद्धांत आज सर्वमान्य है। इतना ही नहीं, सामाजिक और आर्थिक परिवर्तनों के कारण उन दिशाओं और परिस्थितियों में भी इसे लागू किया गया है जिसकी शायद मार्शल ने कल्पना भी न की होगी। इन अंतर्निहित शक्तियों का प्रयोग करते हुए केंद्रीय सरकार ने न केवल बिजली, तेल अणुशक्ति आदि को नियंत्रित करने के लिए अनेकों कानून बनाए अपितु जल, थल व वायुमार्गों से आने-जाने वाले यात्रियों तथा समान पर भी नियंत्रण स्थापित कर लिया। इसी सिद्धांत के अंतर्गत 1933 के आर्थिक संकट के समय कई अन्य विषयों पर भी केंद्रीय सरकार ने प्रभुत्व स्थापित कर लिया। संक्षेप में, अंतर्निहित शक्तियों के सिद्धांत के द्वारा केंद्रीय सरकार की शक्तियों में अपार वृद्धि हुई है।
  - ❖ **तीसरे**, केवल अंतर्निहित शक्तियों के सिद्धांत ही नहीं, अपितु केंद्रीय सरकार द्वारा बनाए गए कानूनों को न्यायपालिका द्वारा संवैधानिक घोषित करके भी केंद्रीय सरकार के अधिकारों में वृद्धि की गई है। विभिन्न प्रकार की समस्याओं का हल ढूंढ़ने के लिए कांग्रेस अपने तथा अपने कार्यक्षेत्र से बाहर के विषयों पर कानून बनाती रही जिससे इसकी शक्तियों में वृद्धि होना स्वाभाविक था।

- ❖ **चौथे**, केंद्रीय सरकार, राज्यों की सरकारों को आर्थिक सहायता देती है। सहायता जिस कार्य के लिए दी गई, क्या धन उसी कार्य पर व्यय किया गया या नहीं, यह देखना भी केंद्रीय सरकार का ही कार्य है। यह कार्य करने के लिए केंद्रीय सरकार अपना कोई प्रतिनिधि या संस्था राज्य में नियुक्त करती है। राज्य सरकार की योजनाओं को स्वीकृत अथवा अस्वीकृत करने का अधिकार भी केंद्रीय सरकार के पास है। राज्यों की आर्थिक स्थिति पर टिप्पणी देते हुए ऑग व रे कहते हैं कि, "जिन कार्यों के लिए केंद्रीय सरकार द्वारा धन दिया जाता है उनके उपयोग के लिए राज्य सरकारें केंद्रीय सरकार के केवल छोटे प्रदेश ही हैं।"
- ❖ **पांचवें**, आर्थिक क्षेत्र ही क्यों, जब कभी अमेरिका युद्ध की स्थिति से गुजरा, वह समय केंद्रीय सरकार को और अधिक शक्तिशाली बना गया। अमेरिका दो विश्व युद्धों से होकर गुजरा। इन विश्व युद्धों के समय राष्ट्रपति विल्सन तथा रूजवेल्ट ने प्रभावशाली नेतृत्व किया तथा केंद्रीय सरकार ने संपूर्ण शासन अपने हाथों में ले लिया। यह प्राकृतिक है कि जब केंद्रीय सरकार शासन की बागडोर अपने हाथ में लेगी तो उसका अधिकार बढ़ जाएगा।
- ❖ **छठे**, अमेरिका की केंद्रीय सरकार को अधिक शक्तिशाली बनाने में संवैधानिक संशोधनों ने भी योगदान दिया है। उदाहरण के लिए, 14वें संशोधन द्वारा नागरिकता का राष्ट्रीयकरण किया गया और राज्यों पर अनेक प्रतिबंध लगाए गए। इसी प्रकार 16वें संशोधन द्वारा केंद्रीय सरकार को आयकर लगाने का अधिकार दिया गया। अत: संवैधानिक संशोधनों के फलस्वरूप केंद्रीय सरकार की शक्ति में भारी वृद्धि हुई है।
- ❖ **सातवें**, केंद्रीय सरकार की शक्तियों को बढ़ाने में अंतर्राष्ट्रीय स्थिति ने भी महत्वपूर्ण योगदान दिया है। द्वितीय विश्व युद्ध के बाद रूस तथा अमेरिका विश्व की दो महान शक्तियों के रूप में उभर कर आए। जहां रूस पूर्वी गुट का नेता बना, पश्चिमी गुट का नेतृत्व अमेरिका के हाथों में आ गया। पश्चिमी राष्ट्रों में अपना अधिकार बनाए रखने के लिए अमेरिकी की सरकार अत्यधिक शक्तियां प्राप्त करती रही है। साम्यवादी गुट का मुकाबला करने की आवश्यकता को देखते हुए राज्य सरकारों ने केंद्र की बढ़ती हुई शक्तियों का विरोध नहीं किया। परिणामस्वरूप, केंद्र राज्यों की अपेक्षा अधिक शक्तिशाली हो गया। साम्यवादी रूप से स्पर्धा तथा केंद्र की शक्तियों के बढ़ने का चित्र राजनीतिक विचारक लियोनार्ड ने इन शब्दों में खींचा है, "रूसी भालू ही स्पष्ट रूप से वह दैत्य है जो हमें केंद्र की ओर धकेल रहा है।"

अमेरिकी संविधान का विकास

- संयुक्त राज्य अमेरिका के संविधान का प्रयोग लेखकों तथा वक्ताओं द्वारा इस प्रकार किया गया है कि यह अपना वास्तविक अर्थ खो बैठा है। अमेरिका में अधिकांश लोगों का संविधान से अभिप्राय उस लेखपत्र से है जिसे 1786 में फिलाडेलफिया सम्मेलन में अपनाया गया था। कुछ अन्य इसके अर्थ को और व्यापक करते हुए पिछले लगभग 200 से अधिक वर्षों में हुए 27 संशोधनों को इसमें सम्मिलित करते हैं। किंतु मात्र इतना कह देना सच्चाई से बहुत दूर है, क्योंकि आज परिस्थितियों में 18वीं शताब्दी की संवैधानिक-व्यवस्था प्राप्त नहीं, क्योंकि 13 स्वतंत्र राज्यों के स्थान पर आज अमेरिकी संघ का निर्माण 50 राज्य करते हैं।
- यही नहीं अमेरिकी व्यवस्था प्रारंभिक कृषि व्यवस्था के स्थान पर एक अत्यधिक औद्योगिक अर्थव्यवस्था का स्थान ले चुकी है। मुनरो के मत में, "अमेरिका के संविधान का विकास हुआ है तथा यह धीरे-धीरे परिवर्तित विकसित और व्यापक रूप धारण करते हुए इस अंतराल में नई परिस्थितियों का सामना करने के लिए एक नया रूप धारण कर चुका है।"
- 1787 में जो संविधान तैयार हुआ था उसमें कुल 7 अनुच्छेद थे। अनुच्छेद I, II, III राष्ट्रीय सरकार की विधायिका, कार्यपालिका और न्यायपालिका का क्रमश: वर्णन करते हैं। यहां यह उल्लेखनीय है कि अनुच्छेद I जो दस उपभागों में बंटा हुआ है, संभवत: संविधान की सबसे विस्तृत धारा है। अनुच्छेद IV राज्यों के पारस्परिक संबंधों, केंद्र और राज्यों के संबंधों तथा नए राज्यों की रचना का उल्लेख करता है। अनुच्छेद V जो मात्र एक पैराग्राफ में उल्लिखित है संवैधानिक संशोधन की प्रक्रिया की चर्चा करता है।
- अनुच्छेद VI में संविधान, उसके अंतर्गत पारित कानूनों तथा संधियों को अमेरिका का सर्वोच्च कानून माना गया है। अंत में अनुच्छेद VII केवल एक वाक्य में संविधान का पुष्टिकरण करता है। यह संक्षिप्त ग्रंथ विश्व की एक महान शक्ति की शासन-प्रणाली को चलाने का आधार है। इस संविधान का विकास हुआ है, विकास हो रहा है और भविष्य में परिवर्तन लाने वाली बातों से तालमेल स्थापित करने के लिए इसका विकास होता रहेगा।
- आज जो संवैधानिक व्यवस्था संयुक्त राज्य अमेरिका में है उसमें इसका मूल-ग्रंथ इसमें लाए गए 27 संवैधानिक संशोधन, अनेक न्यायिक व्याख्याएं, कांग्रेस द्वारा पारित कानून, राष्ट्रपतियों द्वारा दिए गए विभिन्न आदेश तथा अनेक संवैधानिक परिपाटियां आदि सम्मिलित हैं।

  किसी भी लिखित संविधान को विकसित करने में उस राजनैतिक व्यवस्था की संशोधन प्रणाली महत्वपूर्ण भूमिका निभाती है।
- अमेरिकी संविधान की संशोधन प्रणाली कठोर है इसीलिए लगभग 228 वर्षों में हुए 27 संशोधनों से संविधान में समयानुकूल केवल बहुत जरूरी परिवर्तन ही लाए गए हैं। पहले 10 संशोधनों द्वारा राष्ट्रपति के संबंध में परिवर्तन लाए गए। यहां उल्लेखनीय है कि संशोधनों के बाद भी संविधान का मौलिक स्वरूप वैसा ही है जैसा संविधान निर्माताओं ने बनाया था।
- संवैधानिक संशोधनों के अतिरिक्त अमेरिका के संविधान के विकास में विधानमंडल-कांग्रेस के कानूनों द्वारा भी महत्वपूर्ण योगदान दिया गया है। शासन के संगठन तथा कार्यों के संचालन संबंधी विस्तृत नियम बनाने का कार्य केंद्रीय विधानमंडल के हाथों में सौंप दिया गया था। उदाहरण के लिए, न्यायपालिका के संगठन, न्यायाधीशों के कार्यकाल आदि के बारे में निर्णय कांग्रेस पर छोड़ दिए गए थे।
- इसी प्रकार मौलिक संविधान में प्रशासनिक विभागों के संबंध में कोई उपबंध नहीं था। इनके बारे में व्यवस्था संसदीय कानूनों के द्वारा ही की गई है।
- जिस संविधान की संशोधन प्रक्रिया जटिल एवं कठोर हो वहां समय एवं परिस्थितियों के अनुकूल संशोधन नहीं हो सकते। अत: ऐसी राजनीतिक व्यवस्थाओं में संवैधानिक विकास का कार्य न्यायपालिका की व्याख्याओं द्वारा किया जाता है। कई आलोचक तो न्यायालय की इस शक्ति के कारण इसे 'निरंतर संवैधानिक सम्मेलन' कहकर पुकारते हैं।
- वुडरो विल्सन के मत में, "इन व्याख्याओं का परिणाम यह हुआ है कि संविधान में अत्यधिक परिवर्तन आ गए हैं और यह कुछ का कुछ बन गया है।" उदाहरण के लिए, सर्वोच्च न्यायालय ने अंतर्राज्य व्यापार की व्याख्या करते हुए सड़कों, रेलों, तार, वायुयान, समुद्री जहाज तथा रेडियो स्टेशनों को व्यापार की शक्ति के अंतर्गत मानकर केंद्र की सरकार को सशक्त कर दिया है। इसी प्रकार मारबरी बनाम मैडिसन ने व्याख्या करते हुए कहा कि न्यायिक पुनर्विलोकन की शक्ति भी केंद्र ने स्वयं प्राप्त कर ली है।
- अमेरिकी संविधान के विकास में विधानपालिका व न्यायपालिका की ही भूमिका नहीं है, अपितु कार्यपालिका का भी योगदान है। यद्यपि कार्यपालिका के हाथों में प्रमुख शक्ति कानूनों को लागू करने की ही है तथापि यह इन्हें लागू करते समय ही नए अर्थ निकाल लेती है तथा संविधान के विकास

में योगदान देती है। विभिन्न अमेरिकी राष्ट्रपतियों ने ऐसी परिस्थितियां पैदा कर दीं कि उन्हें अधिक-से-अधिक शक्तियां सौंपने के अतिरिक्त कोई विकल्प नहीं था।

- जॉर्ज वाशिंगटन के द्वारा सीनेट से परामर्श लेने से इंकार करने के कारण मंत्रिमंडल जैसी संस्था का जन्म हो गया। कई बार कार्यकारिणी के द्वारा किए गए किसी कार्य पर यदि आपत्ति न उठाई जाए तो आने वाले युग में वह संविधान का अंग बनकर इसके विकास में सहायता देती है।
- यद्यपि अमेरिकी संविधान लिखित है तथापि यह एक संक्षिप्त संविधान है, अत: इसके विकास में (ब्रिटिश संविधान की भांति) प्रथाओं तथा रीति-रिवाजों ने भी हाथ बंटाया है। संविधान में राष्ट्रपति के अप्रत्यक्ष चुनाव की व्यवस्था की गई थी, परंतु राजनैतिक दलों के विकास ने इसे प्रत्यक्ष बना दिया है। इसी प्रकार कैबिनेट भी प्रथाओं की ही उपज है। सीनेटोरियल शिष्टाचार जैसी प्रथा ने सीनेट की स्वीकृति को औपचारिकता मात्र बना दिया है। यही नहीं, कमेटी प्रथा, विधि निर्माण संबंधी अनेक महत्वपूर्ण सिद्धांत परंपराओं पर ही आधारित हैं।
- इस प्रकार अमेरिका का संविधान राजनैतिक वातावरण के अनुकूल ढलता रहा है। फर्ग्यूसन एवं मैकहेनरी के मत में, "अमेरिकी संविधान लिखित तथा कम परिवर्तित है, तो भी यह अमेरिकी जनता से प्रगति की दौड़ में पीछे नहीं रहा।" देश के आर्थिक व सामाजिक परिवर्तनों के साथ संविधान का विकास होता रहा है। मुनरो ने ठीक ही कहा है कि, "मूल संविधान के ज्यों के त्यों रहने के बावजूद भी इसमें व्यावहारिक रूप में इतना परिवर्तन आया है कि यदि संविधान निर्माता आकर इसे देखें तो स्तब्ध रह जाएं और संभवत: अपनी कृति के व्यावहारिक रूप को पहचान भी न सकें।"

संयुक्त राज्य अमेरिका के संविधान की प्रमुख विशेषताएं

परिसंघ के अनुच्छेदों को समाप्त कर फिलाडेलफिया सम्मेलन द्वारा संविधान तैयार किया गया। उसकी संक्षिप्तता, स्पष्टता तथा भाषा की सफलता उसे एक अत्यंत सफल तथा लोकप्रिय संविधान बनाती है। 1789 में जो संविधान बनाया गया, आज भी उसके मूल सिद्धांतों का अनुकरण किया जा रहा है और इसके लिए अमेरिकावासियों को संविधान निर्माताओं की दूरदर्शिता और तीव्र बुद्धि का कृतज्ञ होना चाहिए। अमेरिकी संविधान की अपनी अनेक विशेषताएं है जिनमें से कुछ निम्नलिखित हैं–

लिखित संविधान

इंग्लैंड के संविधान के विपरीत अमेरिका का संविधान एक लिखित संविधान है। यदि इसे विश्व का सबसे प्राचीनतम लिखित संविधान कहा जाए तो यह गलत न होगा। राजनीतिक विचारक ब्राइस के मत में इस संविधान को लिखित संविधानों में सर्वोच्च स्थान प्राप्त है। लिखित होने के साथ ही यह एक संक्षिप्त संविधान भी है, जिसमें केवल 7 अनुच्छेद हैं। यह संविधान इतना छोटा है कि ब्राइस के ही शब्दों में 'इसे आधे घंटे में पढ़ा जा सकता है।' मुनरो के शब्दों में, "संयुक्त राज्य अमेरिका के संविधान में कुल 4 हजार शब्द हैं जो लगभग 10 या 12 पृष्ठों में मुद्रित हैं और जिन्हें आधे घंटे में पढ़ा जा सकता है।" संविधान निर्माताओं ने केवल एक ढांचा मात्र तैयार किया है। उनका विचार था कि भविष्य में अमेरिकावासी आवश्यकताओं और परिस्थितियों के अनुरूप इसका विकास स्वयं करेंगे। कालांतर में संवैधानिक संशोधनों, न्यायिक निर्णयों तथा परिपाटियों एवं अभिसमयों ने इस संविधान के विकास में महत्वपूर्ण योगदान दिया है।

कठोर संविधान

अमेरिका का संविधान एक कठोर संविधान है। इसमें संशोधन करने की प्रक्रिया जटिल तथा धीमी है। यहां संविधान में संशोधन करने की दो अवस्थाएं हैं– **1.** प्रस्ताव रखना तथा **2.** उसका अनुसमर्थन या पुष्टिकरण करना। किसी भी संवैधानिक संशोधन को प्रस्तावित करने के दो तरीके हैं–

- कांग्रेस के दोनों सदन अपने दो-तिहाई बहुमत से संशोधन का प्रस्ताव रखते हैं।
- एक विशेष अधिवेशन में दो-तिहाई राज्यों की विधान सभाएं संशोधन के लिए प्रार्थना करती हैं।

पहली विधि से प्रस्ताव रखने तथा पारित हो जाने पर उसे राज्य सरकारों के पास भेज दिया जाता है। राज्य सरकारों के तीन-चौथाई बहुमत द्वारा पुष्टिकरण मिल जाने पर संविधान में संशोधन हो जाता है या फिर विशेष अधिवेशन में 3/4 राज्य यदि संशोधन का अनुमोदन कर दें तो संविधान में संशोधन हो जाता है। इन दोनों अनुसमर्थन की विधियों में से दूसरी विधि अत्यंत जटिल है और केवल 21वां संशोधन इस विधि के अनुसार हुआ है। अन्य सभी संशोधन पहली विधि के अनुसार हुए हैं।

संविधान में पुष्टिकरण के बारे में कोई समय निर्धारित नहीं किया गया है। यही कारण है कि ओहियो राज्य ने एक संशोधन को प्रस्तुत किए जाने के 50 वर्ष बाद स्वीकृति प्रदान की थी। इसके अतिरिक्त संविधान में दो विषय ऐसे हैं जिनमें किसी भी प्रकार से संशोधन नहीं किया जा सकता। प्रथम, उच्च सदन में समान प्रतिनिधित्व के अधिकार से किसी राज्य को वंचित नहीं किया जा सकता और दूसरे संबंधित विधानमंडलों की सहमति के बिना न तो दो राज्यों को एक किया जा सकता है और न ही एक राज्य का विभाजन किया जा सकता है। इससे सिद्ध होता है कि अमेरिकी संविधान एक कठोर संविधान है।

लोकप्रिय प्रभुसत्ता

संयुक्त राज्य अमेरिका के संविधान द्वारा लोकप्रिय प्रभुसत्ता के सिद्धांत को मान्यता दी गई है। संविधान की प्रस्तावना में कहा गया है, "हम संयुक्त राज्य के लोग, अधिक पूर्ण संघ की स्थापना के लिए संयुक्त राज्य के संविधान की स्थापना करते हैं।" अत: अमेरिका का संविधान लोक सहमति के आधार पर शासन व्यवस्था करता है, यही कारण है कि यह निरंकुश शासन-तंत्र के स्थान पर संवैधानिक तंत्र की स्थापना करता है। राजनीतिक विचारक डी टाकविले के शब्दों में, "अमेरिकी जनता, राजनीतिक जगत में उसी प्रकार राज्य करती है जैसे विधाता सृष्टि में करता है।" लोकप्रिय प्रभुसत्ता स्थिर रखने के लिए संविधान में व्यवस्था की गई है कि कार्यपालिका तथा व्यवस्थापिका जनता के प्रति उत्तरदायी हो। अत: निश्चित समय पर उन्हें (निर्वाचनों द्वारा) जनता से आदेश लेना पड़ता है।

अध्यक्षात्मक शासन प्रणाली

इंग्लैंड के संविधान के विपरीत अमेरिका में अध्यक्षात्मक शासन प्रणाली अपनाई गई है। इस शासन प्रणाली के अंतर्गत कार्यपालिका व विधानमंडल पृथक्-पृथक् होते हैं तथा कार्यपालिका का अध्यक्ष राज्य का वास्तविक प्रधान होता है। अमेरिका में इस कार्यपालिका के प्रधान को राष्ट्रपति कहा जाता है। राष्ट्रपति को विधानमंडल अविश्वास प्रस्ताव से नहीं अपितु महाभियोग की प्रक्रिया के द्वारा ही हटा सकता है। यदि यह कहा जाए कि अध्यक्षात्मक प्रणाली राजनीति शास्त्र को अमेरिका की महान देन है, तो गलत न होगा।

न्यायपालिका की सर्वोच्चता पर सत्ता

अमेरिका के संविधान निर्माताओं ने न केवल निष्पक्ष और स्वतंत्र न्यायपालिकाओं की व्यवस्था की है, अपितु उसके साथ-ही-साथ न्यायपालिका की सर्वोच्च सत्ता भी स्थापित की है। इसमें संदेह नहीं कि सर्वोच्च न्यायालय का अमेरिकी शासन व्यवस्था में सबसे ऊंचा स्थान है। यदि केंद्र तथा राज्यों की सरकारों में कोई

झगड़ा हो जाए तो उसका निपटारा सर्वोच्च न्यायालय के द्वारा ही किया जाता है। इसके अतिरिक्त, सर्वोच्च न्यायालय को न्यायिक पुनरीक्षण का भी अधिकार दिया गया है, जिसके अनुसार सर्वोच्च न्यायालय कांग्रेस द्वारा बनाए गए किसी कानून को असंवैधानिक घोषित कर सकता है, अत: न्यायपालिका, कार्यपालिका और विधानपालिका को शक्तियों का दुरुपयोग करने से रोकती है।

दोहरी नागरिकता

अमेरिका के संविधान के अंतर्गत नागरिकों को दोहरी नागरिकता प्रदान की गई है अर्थात् संयुक्त-राज्य अमेरिका के नागरिक होने के साथ-साथ वे उस राज्य के भी नागरिक माने जाते हैं जिस राज्य में वे निवास करते हैं। इस प्रकार अमेरिका में दोहरी नागरिकता का अपनाया जाना स्वाभाविक था, क्योंकि 1779 के संविधान के अपनाए जाने से पहले प्रत्येक राज्य ने अपने राज्य में रहने वाले प्रत्येक व्यक्ति को नागरिकता दे रखी थी। संविधान के अपनाए जाने के पश्चात् व्यक्ति संयुक्त राज्य का भी नागरिक बन गया और इस प्रकार यहां दोहरी नागरिकता के सिद्धांत को अपनाया गया है।

शक्तियों के पृथक्करण का सिद्धांत

राजनीतिक विचारक मॉण्टेस्क्यू का प्रसिद्ध ग्रंथ 'दि स्पिरिट ऑफ लॉज' 1748 में प्रकाशित हुआ जिसमें उसने इस बात पर बल दिया कि सुव्यवस्थित शासन के अंतर्गत विधानपालिका, न्यायपालिका तथा कार्यपालिका अलग-अलग होनी चाहिए। अमेरिका के संविधान निर्माता इस पुस्तक से बहुत प्रभावित हुए और उन्होंने अपनी शासन व्यवस्था में इस सिद्धांत को अपनाया। संविधान के प्रथम अनुच्छेद के अनुसार, "यहां प्रदत्त सभी विधायी शक्तियां कांग्रेस में निहित होंगी।" दूसरे अनुच्छेद में प्रावधानित है, "कार्यपालिकीय शक्तियां संयुक्त राज्य अमेरिका के राष्ट्रपति में निहित होंगी जिनका निर्माण कांग्रेस समय-समय पर करेगी।" इस प्रकार संविधान के इन अनुच्छेदों द्वारा सरकार के संगठन में पृथक्करण के सिद्धांत का प्रभाव देखने को मिलता है।

अवरोध तथा संतुलन का सिद्धांत

अमेरिका के संविधान में यद्यपि शक्तियों के पृथक्करण के सिद्धांत को अपनाया गया, किंतु शक्तियों के पूर्ण पृथक्करण के सिद्धांत की पूर्ति अवरोध तथा संतुलन के सिद्धांत से की गई है जिसके अनुसार सरकार की कोई भी शाखा स्वतंत्र होकर तानाशाही स्थापित नहीं कर सकती। सरकार की प्रत्येक शाखा को अन्य शाखाओं के सहयोग पर निर्भर रहना पड़ता है।

अवरोध तथा संतुलन के सिद्धांत को अमेरिका की शासन व्यवस्था के व्यावहारिक रूप को देखकर समझा जा सकता है। उदाहरणतया, अमेरिका के राष्ट्रपति को नियुक्ति तथा संधि करने का अधिकार दिया गया है। किंतु वह अपने इस अधिकार का उपभोग तभी कर सकेगा जब कांग्रेस का उच्च सदन सीनेट उस पर अपनी स्वीकृति दे देगा। इसी प्रकार कांग्रेस को कानून बनाने का अधिकार दिया गया है लेकिन वह तब तक लागू नहीं होगा जब तक राष्ट्रपति उस पर हस्ताक्षर न कर दें। अंत में, कांग्रेस को यह अधिकार है कि वह शक्तियों का दुरुपयोग करने वाले राष्ट्रपति को महाभियोग द्वारा पदच्युत कर सकती है। भूतपूर्व राष्ट्रपति निक्सन के विरुद्ध वाटरगेट कांड पर कांग्रेस द्वारा कठोर रवैया अपनाया जाना तथा महाभियोग द्वारा हटाए जाने की स्थिति से बचने के लिए निक्सन द्वारा विवश होकर 1 अगस्त, 1974 को अपना त्यागपत्र दिया जाना कांग्रेस की शक्ति का ज्वलंत उदाहरण है। इस प्रकार सरकार के तीनों अंग एक-दूसरे पर नियंत्रण रखते हैं जिसके फलस्वरूप शक्तियों का संतुलन स्थापित हो जाता है। राजनीतिक विचारक ऑग के अनुसार, "शक्ति पृथक्करण की पद्धति तथा अवरोध तथा संतुलन की व्यवस्था अमेरिका के संविधान की मुख्य विशेषता है। ऐसी व्यवस्था किसी अन्य संविधान में नहीं है।"

संघीय शासन व्यवस्था

अमेरिका के संवैधानिक इतिहास को देखने के पश्चात् यह स्पष्ट हो जाता है कि वहां परिसंघ की असफलता के पश्चात् संघीय शासन व्यवस्था को अपनाया गया। संविधान निर्माता संविधान के स्वरूप के बारे में अलग-अलग विचार रखते थे, किंतु बाद में समझौते के द्वारा उन्होंने संघात्मक व्यवस्था को अपनाने के लिए सहमति दे दी। संघीय व्यवस्था के लिए संविधान लिखित तथा कठोर होना चाहिए। केंद्र और राज्यों के बीच शक्तियों का बंटवारा होना चाहिए। संविधान की प्रमुख विशेषताओं को देखने के पश्चात् यह कह सकते हैं कि अमेरिका के संविधान में ये सभी लक्षण पाए जाते हैं। अत: अमेरिका का संविधान एक पूर्ण संघीय व्यवस्था को अपनाता है।

अधिकार-पत्र

- जहां इंग्लैंड और संयुक्त राज्य अमेरिका में विभिन्नताएं देखने को मिलती हैं, वहीं दोनों में एक समानता भी थी कि इंग्लैंड की भांति अमेरिका के संविधान में भी नागरिकों के मौलिक अधिकारों का कोई वर्णन नहीं था। जब संविधान निर्माताओं ने संविधान की प्रतिलिपि को राज्यों के द्वारा समर्थन के लिए भेजा तो अधिकांश राज्यों ने मौलिक अधिकारों के अभाव के बारे में अपने विचार व्यक्त किए।
- जैफरसन जैसे उदारवादी संविधान निर्माताओं ने मौलिक अधिकारों को संविधान का अंग बनाने पर बल दिया। उनके मत में, "पृथ्वी पर सभी सरकारों के विरुद्ध मूल अधिकारों की प्राप्ति का अधिकार जनता को है। किसी भी न्यायप्रिय सरकार को इनका निषेध नहीं करना चाहिए।" अत: 1791 में कांग्रेस ने संविधान में दस संशोधन किए जिनके अंतर्गत नागरिकों के मौलिक अधिकारों की व्यवस्था की गई है। इन दस संशोधनों को अधिकार-पत्र का नाम दिया गया है।
- अधिकार-पत्र द्वारा अमेरिका के नागरिकों को जो मौलिक अधिकार दिए गए हैं वे असीमित नहीं हैं। यही नहीं, संविधान में इन अधिकारों के संबंध में नकारात्मक भाषा का प्रयोग किया गया है जैसे संघ सरकार अमुक कानून नहीं बनाएगी अथवा किसी राज्य द्वारा भी ऐसा नहीं किया जाएगा आदि। नागरिकों को कहीं-कहीं तो दोहरे अधिकार भी मिलते हैं अर्थात् एक जो संघीय संविधान ने दिए हैं और दूसरे राज्यों के संविधान द्वारा दिए गए हैं। मौलिक अधिकारों के संबंध में सबसे उल्लेखनीय बात यह है कि किसी भी अवस्था में इन्हें स्थगित अथवा निलंबित नहीं किया जा सकता। नागरिकों को दिए गए मौलिक अधिकार परिस्थितियों के अनुसार परिवर्तित होते रहते हैं। यही कारण है कि इन्हें परिवर्तनशील अधिकार कहा गया है।
- ऑग तथा रे के अनुसार, "यदि किसी को वर्तमान अधिकारों और स्वतंत्रता के बारे में पूरा ज्ञान हो, तो वह आने वाले कल के लिए स्थायी न होगा।" ऑग तथा रे का मत इस बात से अधिक ठीक लगता है कि 1868 में 14वें संशोधन के द्वारा 1870 में 15वें संशोधन के द्वारा तथा 1975 में 26वें संशोधन के द्वारा नागरिकों के मौलिक अधिकारों में परिवर्तन लाए गए हैं।

अमेरिकी कार्यपालिका

- शासन प्रणाली चाहे किसी भी प्रकार की हो उसके द्वारा तीन प्रकार के कार्य संपन्न किए जाते हैं-**प्रथम**, कानून के रूप में नागरिकों की इच्छा का निर्धारण और उनका निर्माण करना; **दूसरे**, उस इच्छा को कार्यान्वित करते हुए उन कानूनों को लागू करना तथा **तीसरे** यदि इन कानूनों के संबंध में कोई विवाद या झगड़ा हो जाए तो उसे सुलझाना और इन कानूनों की व्याख्या करना। सरकार के यह तीनों कार्य क्रमश: विधि-निर्माण संबंधी, कार्यकारिणी संबंधी एवं न्याय संबंधी कहलाते हैं और इन्हें विधानपालिका, कार्यपालिका और न्यायपालिका के द्वारा संपन्न किया जाता है। न्यायपालिका की अपनी अलग से भूमिका है इसीलिए प्राय: इसे अन्य दोनों अंगों से स्वतंत्र रखा जाता है।

- विधानपालिका तथा कार्यपालिका के पारस्परिक संबंधों के आधार पर राजनीतिक व्यवस्थाएं दो प्रमुख रूप धारण करती हैं–संसदीय तथा अध्यक्षात्मक। संसदीय प्रणाली में कार्यपालिका विधानपालिका में से ही ली जाती है और इसके प्रति उत्तरदायी होती है, जैसा कि ब्रिटिश व्यवस्था में देखने को मिलता है। इसके विपरीत अध्यक्षात्मक सरकार में कार्यपालिका विधानपालिका के प्रति उत्तरदायी नहीं होती। यह शासन-व्यवस्था वर्तमान काल में संयुक्त-राज्य अमेरिका, ब्राजील तथा दक्षिणी अमेरिका के कुछ राज्यों के द्वारा अपनाई गई है।
- गार्नर के अनुसार, "अध्यक्षात्मक सरकार में, राज्य का अध्यक्ष तथा उसके मंत्री, संविधान की दृष्टि से, विधानमंडल से अपनी अवधि के बारे में स्वतंत्र होते हैं। वे अपनी राजनीतिक नीतियों के बारे में विधानमंडल के प्रति उत्तरदायी नहीं होते। इस सरकार में राज्य का प्रधान नाममात्र का अध्यक्ष नहीं होता अपितु वास्तविक अध्यक्ष होता है और संविधान एवं कानून द्वारा दी गई शक्तियों का वास्तव में प्रयोग करता है।" गैटल के अनुसार, "यह एक ऐसा शासन है जिसमें कार्यपालिका विधानमंडल से स्वतंत्र रहती है। इसमें कार्यपालिका को इतनी शक्ति प्राप्त होती है कि वह विधानमंडल के हस्तक्षेप का विरोध कर सकती है।"
- अमेरिका की राष्ट्रीय सरकार के यूं तो अनेक अंग हैं, परंतु हम मूलतः इसके राष्ट्रपति, संसद तथा न्यायपालिका के बारे में विशेष रूप से चर्चा करेंगे और इन तीनों के विषय में इनके निर्वाचन, रचना और संगठन का ही आपको ज्ञान नहीं होना चाहिए, अपितु इनकी शक्तियों, कार्यों और भूमिका को भी आपके लिए जानना आवश्यक है।

अमेरिकी राष्ट्रपति

- संयुक्त-राज्य-अमेरिका के राष्ट्रपति का पद विश्व की अन्य कार्यपालिकाओं से शक्ति और सम्मान की दृष्टि से अत्यधिक महत्व और प्रभाव का पद माना जाता है। संभवतः यही कारण है कि कुछ राजनीतिक-विचारक इसे निश्चित रूप से विश्व का सर्वाधिक शक्तिशाली निर्वाचित, कार्यकारी अध्यक्ष मानते हैं।
- मुनरो के मतानुसार, "यह इतनी शक्तियों का प्रयोग करता है जितनी शक्तियों का प्रयोग प्रजातंत्र में किसी भी व्यक्ति के द्वारा नहीं किया जाता है।" एक अन्य राजनीतिक वैज्ञानिक एस. ई. फाइनर के शब्दों में, "राष्ट्रपति चकित करने वाली विविधता, प्रचुरता तथा भ्रम से युक्त अमेरिकी समाज और इसके शासन का आधार एवं केंद्रबिंदु है।"

  परिसंघ के अनुच्छेदों में जहां कई और कमियां थीं वहीं एक भारी कमी यह भी थी कि उनके अंतर्गत एक सुव्यवस्थित कार्यपालिका शक्ति की व्यवस्था नहीं की गई थी।
- फिलाडेलफिया सम्मेलन में भाग ले रहे प्रतिनिधियों के सामने यह एक मुख्य समस्या थी कि देश के लिए एक शक्तिशाली कार्यपालिका का प्रबंध कैसे किया जाए? संविधान निर्माता कार्यपालिका के अध्यक्ष के बारे में विभिन्न विचारधाराएं रखते थे। कुछ ऐसे थे जोकि अमेरिका में बहुल कार्यपालिका की स्थापना करना चाहते थे तथा कुछ एकल कार्यपालिका के पक्ष में थे। जहां एक ओर, सम्मेलन में भाग ले रहे प्रतिनिधि कार्यपालिका तथा विधानपालिका में निकटतम संबंध के पक्ष में थे, दूसरी ओर कुछ ऐसे प्रतिनिधि भी थे जो दोनों अंगों को पृथक्-पृथक् रखना चाहते थे।
- कुछ सदस्य ऐसे भी थे जो आनुवंशिक आधार पर राजतंत्रीय व्यवस्था के समर्थक थे। अंत में, अत्यधिक वाद-विवाद और विचार-विमर्श के पश्चात् यह निश्चय हुआ कि एकल कार्यपालिका की स्थापना की जाए जिसे राष्ट्रपति के नाम से पुकारा जाए तथा उसकी सहायता के लिए विधानपालिका का उच्च सदन सीनेट रहे। उन्होंने अपना निर्णय लेते समय इस बात पर विशेष ध्यान दिया कि राष्ट्रीय सरकार में किसी एक व्यक्ति या संस्था के पास शक्तियों का केंद्रीकरण नहीं होना चाहिए।
- संविधान के अनुच्छेद II के अनुसार, "सभी कार्यकारिणी शक्तियां संयुक्त राज्य अमेरिका के राष्ट्रपति में निहित रहेंगी।" सभी कार्यपालिका शक्तियां राष्ट्रपति को देने का कारण यह था कि संविधान के निर्माता शक्तिशाली राष्ट्रीय कार्यकारिणी की स्थापना करके परिसंघ की दुर्बलताओं और शिथिल व्यवस्था से बचना चाहते थे। इस पद पर बैठने वाले व्यक्तियों ने धीरे-धीरे इस पद की सत्ता और महत्ता में अत्यधिक वृद्धि की है। आज उसे यदि संघीय सत्ता का केंद्र और राष्ट्रीय एकता का प्रतीक कहा जाता है, तो इसमें कोई अतिशयोक्ति नहीं है।

राष्ट्रपति का निर्वाचन

- राष्ट्रपति के प्रत्येक पहलू पर फिलाडेलफिया सम्मेलन में बहुत अधिक वाद-विवाद हुआ। राष्ट्रपति के चुनाव के प्रश्न पर सम्मेलन में प्रतिनिधियों में काफी मतभेद थे। संविधान सभा के कुछ सदस्य यह चाहते थे कि राष्ट्रपति का चुनाव जनता द्वारा प्रत्यक्ष रूप से होना चाहिए। इस सुझाव के व्यावहारिक पक्ष पर विचार-विमर्श करने के पश्चात् इसे असंभव समझा गया।
- कुछ प्रतिनिधियों ने यह भी सुझाव दिया कि राष्ट्रपति को विधानपालिका (कांग्रेस) निर्वाचित किया करे, किंतु इस सुझाव से शक्तियों के पृथक्करण के सिद्धांत को आघात पहुंचता था, अतः इस सुझाव को भी अस्वीकार कर दिया गया। बहुत अधिक वाद-विवाद के पश्चात् संविधान-निर्माता इस निर्णय पर पहुंचे कि राष्ट्रपति का चुनाव अप्रत्यक्ष ढंग से एक निर्वाचक मंडल के द्वारा किया जाना चाहिए। संविधान के निर्माता हैमिल्टन के मत में, "यह चुनाव पद्धति शोरगुल और दुर्व्यवस्था को यथासंभव कम-से-कम अवसर देगी।" राष्ट्रपति के चुनाव को ठीक प्रकार से समझने के लिए राष्ट्रपति के पद के लिए योग्यताएं, पद की अवधि, सैद्धांतिक चुनाव पद्धति और व्यावहारिक चुनाव पद्धति का विस्तृत वर्णन आवश्यक है।

राष्ट्रपति के पद की योग्यताएं

- संविधान के अनुसार केवल वही व्यक्ति राष्ट्रपति का पद ग्रहण कर सकता है, जिसमें अग्रलिखित योग्यताएं हों–**1.** वह संयुक्त राज्य अमेरिका का जन्मजात नागरिक होना चाहिए। **2.** उसकी आयु कम-से-कम 35 वर्ष अथवा इससे अधिक हो। **3.** वह कम-से-कम 14 वर्ष तक संयुक्त राज्य अमेरिका में निवास कर चुका हो किंतु यह आवश्यक नहीं कि उसने यह 14 वर्ष एकसाथ अमेरिका में बिताए हों।
- इन विभिन्न योग्यताओं के अतिरिक्त, राजनीतिक विचारक ब्राइस के मत में राष्ट्रपति में कुछ अन्य अनौपचारिक योग्यताएं भी होनी चाहिए, जैसे राष्ट्रपति ऐसे व्यक्तित्व वाला व्यक्ति होना चाहिए जो अधिक-से-अधिक मतदाताओं को अपनी ओर आकर्षित कर सके, अतः राष्ट्रपति का चुनाव लड़ रहे व्यक्ति को सार्वजनिक जीवन में कोई ऐसा कार्य करना चाहिए जो अत्यधिक महत्व का हो। यह कार्य चाहे उसने कांग्रेस के सदस्य के रूप में किया हो या किसी राज्य के गवर्नर के रूप में, मंत्रिमंडल के सदस्य के रूप में अथवा किसी राजदूत, न्यायाधीश या प्रसिद्ध पत्रकार के रूप में। आज तक जितने भी राष्ट्रपति निर्वाचित हुए हैं वे या तो उच्चकोटि के सेनाधिकारी या कुशल गवर्नर या फिर विधानपालिका के प्रख्यात सदस्य थे।

अपने पद पर सफलतापूर्वक कार्य करने के लिए राष्ट्रपति में जिन गुणों का होना जरूरी है उनका उल्लेख राजनीति विचारक लास्की ने किया है। लॉस्की के मत में एक सफल राष्ट्रपति वही होगा जो–

- लोगों से काम लेने की क्षमता रखता हो,
- निर्णय लेने में देर न लगाए,

- अपने प्रति की गई आलोचना को उदारतापूर्वक देखे,
- जनता का विश्वास प्राप्त करने का प्रयत्न करे।

राष्ट्रपति का कार्यकाल

- फिलाडेलफिया सम्मेलन में राष्ट्रपति की निर्वाचन पद्धति की भांति राष्ट्रपति के कार्यकाल के बारे में एकमत नहीं था। हैमिल्टन ने सुझाव दिया था कि राष्ट्रपति का कार्यकाल आयु-पर्यंत पद धारण करने वाला होना चाहिए। अधिकतर संविधान निर्माता राष्ट्रपति के कार्यकाल को सीमित करना चाहते थे, उनके मत में राष्ट्रपति की कार्यविधि– दो से बारह वर्ष तक होनी चाहिए। अत्यधिक वाद-विवाद के बाद यह निश्चय हुआ कि राष्ट्रपति का कार्यकाल चार वर्ष निर्धारित किया जाए तथा वह जितनी बार पुन: चुनाव लड़ना चाहे, लड़ सकता है। अमेरिका में समय के साथ-साथ यह प्रथा बन गई कि अधिक-से-अधिक कोई व्यक्ति दो बार ही राष्ट्रपति के पद पर रहेगा।
- इस प्रथा को स्थापित करने वाले थे राष्ट्रपति वाशिंगटन तथा इस प्रथा का अनुसरण करने वालों में जैफरसन तथा जैकसन के नाम उल्लेखनीय हैं। इस प्रथा का उल्लंघन करने का प्रयत्न राष्ट्रपति ग्रान्ट तथा थियोडोर रूजवेल्ट ने किया किंतु ग्रान्ट तीसरी बार निर्वाचित घोषित न हो पाए। इस प्रथा का उल्लंघन करने में फ्रेंकलिन डी. रूजवेल्ट को सफलता मिली।
- द्वितीय विश्व युद्ध के वातावरण का लाभ उठाते हुए वे तीसरी बार 1940 में तथा चौथी बार 1944 में राष्ट्रपति बने। भविष्य में कोई राष्ट्रपति ऐसा न कर पाए, अत: 1951 में राष्ट्रीय विधानपालिका- कांग्रेस ने संविधान में 22वां संशोधन प्रस्ताव पारित किया जिसके अनुसार कोई भी अमेरिकी नागरिक दो बार से अधिक राष्ट्रपति के पद के लिए निर्वाचित नहीं हो सकता।
- इसी संशोधन के अंतर्गत यह भी कहा गया कि यदि कोई व्यक्ति राष्ट्रपति का पद खाली हो जाने पर जब उपराष्ट्रपति राष्ट्रपति का पद सम्भालता है, दो वर्षों से अधिक के लिए राष्ट्रपति बनता है, तो वह केवल एक ही बार और राष्ट्रपति बन सकता है; किंतु यदि वह दो वर्षों से कम के लिए राष्ट्रपति बनता है तब ऐसी स्थिति में वह दो बार और राष्ट्रपति बन सकता है। संक्षेप में, अधिक-से-अधिक कोई व्यक्ति राष्ट्रपति के पद पर लगभग दस वर्ष या इससे कम के लिए बैठ सकता है।

राष्ट्रपति की निर्वाचन विधि

- फिलाडेलफिया सम्मेलन में राष्ट्रपति की निर्वाचन विधि पर भी काफी मतभेद था और अंत में यह निश्चय किया गया कि राष्ट्रपति का चुनाव अप्रत्यक्ष ढंग से किया जाएगा।
- संविधान निर्माताओं ने संविधान के अनुच्छेद 2 के अंतर्गत राष्ट्रपति की निर्वाचन विधि का उल्लेख किया है; जिसके अनुसार राष्ट्रपति का चुनाव, एक निर्वाचक मंडल के द्वारा किया जाता है। इस निर्वाचक मंडल के सदस्यों को राष्ट्रपतीय निर्वाचक कहा जाता है। राष्ट्रपतीय निर्वाचकों का काम केवल राष्ट्रपति तथा उपराष्ट्रपति को निर्वाचित करना है तथा इनकी संख्या उतनी ही होती है जितनी कांग्रेस के दोनों सदनों–प्रतिनिधि सभा तथा सीनेट के सदस्यों की है।
- 1961 में किए गए 23वें संशोधन के अनुसार अब निर्वाचक मंडल में केवल राज्यों से ही राष्ट्रपतीय निर्वाचक चुनकर नहीं भेजें जाएँगे अपितु राष्ट्रीय राजधानी, डिस्ट्रिक्ट ऑफ कोलंबिया भी तीन अन्य सदस्य चुनकर भेजेगा।
- राष्ट्रपतीय निर्वाचक मंडल में प्रत्येक राज्य उतने ही सदस्य चुनकर भेजता है जितने सदस्य वह कांग्रेस के दोनों सदनों में भेजता है। यदि अलास्का राज्य प्रतिनिधि सभा में एक सदस्य भेजता है तथा सीनेट में दो सदस्य तो राष्ट्रपति के निर्वाचक मंडल में हवाई राज्य की जनता (2 + 1) 3 सदस्य चुनकर भेजेगी किंतु दूसरी ओर यदि कैलिफोर्निया राज्य, प्रतिनिधि सभा में 53 सदस्य भेजता है तथा सीनेट में दो, तो निर्वाचक मंडल में न्यूयार्क राज्य की जनता (53 + 2) 55 सदस्य चुनकर भेजेगी। विभिन्न राज्यों की जनता नवंबर में किसी निश्चित दिन (प्रथम सोमवार के बाद आने वाले मंगलवार) निर्वाचक मंडल के सदस्यों को चुनती है तथा फिर दिसंबर में किसी अन्य निश्चित दिन (द्वितीय बुधवार के बाद आने वाले सोमवार) निर्वाचक मंडल के सदस्य राष्ट्रपति तथा उपराष्ट्रपति को चुनते हैं।
- वर्तमान में निर्वाचक मंडल के सदस्यों की संख्या 538 है, क्योंकि प्रतिनिधि सभा में 435 सदस्य हैं, सीनेट में 100 तथा डिस्ट्रिक्ट ऑफ कोलंबिया से 3 सदस्य इस निर्वाचक मंडल में चुनकर आते हैं। यहां एक बात और उल्लेखनीय है कि कांग्रेस के दोनों सदनों के सदस्य स्वयं निर्वाचक मंडल के सदस्य नहीं बन सकते।
- संविधान के अनुसार राज्यों को यह स्वतंत्रता दी गई है कि वे अपने निर्वाचक मंडल के प्रतिनिधियों का निर्वाचन किस प्रकार करेंगे किंतु लगभग सभी राज्यों में इनका चुनाव जनता द्वारा ही किया जाता है।
- 50 में से 48 राज्यों में निर्वाचकों का चुनाव स्लेट प्रणाली के अनुसार होता है अर्थात् जिस दल की सूची को अधिकतम मत मिलते हैं उसके सभी उम्मीदवार चुन लिए जाते हैं। केवल दो राज्यों मेन (Maine) तथा नेब्रास्का में वे मतों के अनुपात में चुने जाते हैं।
- राष्ट्रपति की निर्वाचन विधि को देखने के पश्चात् यह बात स्पष्ट हो जाती है कि संविधान निर्माता यह चाहते थे कि राष्ट्रपति का चुनाव शांतिपूर्ण ढंग से होना चाहिए। उनका विचार था कि अमेरिका निवासी अपने में से जिन लोगों को श्रेष्ठ समझें उन्हें निर्वाचक मंडल का सदस्य चुन लें तथा जब ये श्रेष्ठ व्यक्ति मिलकर किसी को राष्ट्रपति पद के लिए चुनेंगे तो निश्चय ही वह सर्वश्रेष्ठ व्यक्ति होगा। यही कारण था कि जनता की हलचल तथा उत्तेजना से दूर उन्होंने राष्ट्रपति के चुनाव के लिए अप्रत्यक्ष प्रणाली को अपनाया था।

निर्वाचन विधि का व्यावहारिक रूप

- यदि अमेरिका के संविधान में कहीं सिद्धांत तथा व्यवहार में अंतर है, तो उसका सबसे अच्छा उदाहरण राष्ट्रपति की निर्वाचन विधि है। संविधान निर्माता राष्ट्रपति का चुनाव अप्रत्यक्ष ढंग से करना चाहते थे किंतु राजनीतिक दलों के राजनीति में महत्वपूर्ण स्थान लेने के कारण व्यवहार में राष्ट्रपति के चुनाव का ढंग प्रत्यक्ष हो गया है। इसी बात को राजनीतिक विचारक लास्की ने सुंदर ढंग से कहा है।

  लॉस्की के शब्दों में, "संविधान निर्माताओं ने राष्ट्रपति के निर्वाचन की जो विधि अपनाई थी, उस पर उन्हें विशेष रूप से गर्व था; लेकिन उनकी आशाओं में इससे अधिक और कोई आशा भंग नहीं हुई है।" राष्ट्रपति की चुनाव विधि में अंतर लाने का श्रेय राजनीतिक दलों तथा उन परंपराओं को है जो इस विधि के साथ जुड़ गई हैं।
- सन् 1800 के पश्चात् अमेरिका में संगठित राजनीतिक दलों की स्थापना तथा दलीय अनुशासन के कारण सदस्य अपने दल के नामांकित व्यक्ति को मत देने के लिए वचनबद्ध हो गए। राष्ट्रपति तथा उपराष्ट्रपति के पद के लिए पहले ही प्रत्याशियों के नाम राजनीतिक दलों द्वारा घोषित कर दिए जाते हैं तथा जनता उन राष्ट्रपतीय निर्वाचकों को अपना मत देती है जो उनके मनपसंद राष्ट्रपतीय प्रत्याशी को वोट डालेंगे।

  इस बात को एक उदाहरण देकर अच्छी तरह समझाया जा सकता है- राष्ट्रपति पद के एक चुनाव में मिस्टर एक्स डेमोक्रेटिक पार्टी के उम्मीदवार तथा मिस्टर वाई रिपब्लिकन पार्टी के उम्मीदवार हैं। किसी भी राज्य के भाग लेते हैं। नागरिक जब नवंबर के महीने में निर्वाचक-मंडल के सदस्य चुनने

के लिए घर से निकलते हैं, तो पहले ही मन में निर्णय कर लेते हैं कि वह मिस्टर एक्स को राष्ट्रपति के रूप में देखना चाहते हैं या कि मिस्टर वाई को, और एक बार मन में यह निर्णय कर लेने के पश्चात् वे उसी दल के राष्ट्रपतीय निर्वाचक को मत देते हैं जिस राजनीतिक दल के निर्धारित व्यक्ति को वह राष्ट्रपति बनाना चाहते हैं। इस प्रकार अमेरिका में राष्ट्रपति निर्वाचकों का चुनाव केवल औपचारिकता मात्र हो गया है। व्यवहार में राष्ट्रपति के चुनाव को अप्रत्यक्ष न कहकर प्रत्यक्ष कहना चाहिए।

- अमेरिका में राष्ट्रपति की चुनाव विधि को ठीक प्रकार से समझने के लिए इसे हम पांच भागों में विभाजित कर सकते हैं। दूसरे शब्दों में, राष्ट्रपति का चुनाव लड़ने वाले व्यक्ति को राष्ट्रपति के पद तक पहुंचने के लिए पांच अवस्थाओं से गुजरना पड़ता है। ये अवस्थाएं हैं–
  1. उम्मीदवारों का नामांकन।
  2. दलों के राष्ट्रीय सम्मेलन।
  3. निर्वाचन मंडल के सदस्यों का चुना जाना।
  4. राष्ट्रपतीय निर्वाचकों द्वारा मतदान।
  5. राष्ट्रपति का पद ग्रहण करना।

उम्मीदवारों का नामांकन

- राष्ट्रपति के चुनाव की पांच अवस्थाओं में यह पहली अवस्था है। अमेरिका में वैसे तो कई राजनीतिक दल हैं–लेकिन इनमें से प्रमुख केवल दो ही हैं–रिपब्लिकन एवं डेमोक्रेटिक। इन राजनीतिक दलों का प्रमुख कार्य राष्ट्रपति पद के लिए उम्मीदवारों को चुनना है। इन उम्मीदवारों को चुनने के लिए दोनों राजनीतिक दल अपने-अपने राष्ट्रीय सम्मेलन बुलाते हैं।
- प्रत्येक राजनीतिक दल राष्ट्रपति पद के लिए कुछ उम्मीदवारों के नाम प्रस्तावित करता है। उम्मीदवारों के समर्थक अपने-अपने उम्मीदवार के समर्थन में भाषण देते हैं तथा प्रदर्शन करते हैं। यह कहना गलत न होगा कि वातावरण शोरगुल से परिपूर्ण होता है। राजनीतिक विचारक लॉर्ड ब्राईस के मत में, 'इस उत्तेजनापूर्ण वातावरण में शांतिपूर्ण विचार संभव नहीं है'।

दलों के राष्ट्रीय सम्मेलन

- दोनों राजनैतिक दलों का अपना महत्वपूर्ण संगठन है जिसका प्रमुख अंग राष्ट्रीय-समिति कहलाता है जिसमें सभी राज्यों के दलीय-प्रतिनिधि होते हैं। दोनों दल अपने-अपने ढंग से इन प्रतिनिधियों का चुनाव करते हैं। राष्ट्रीय समितियां ही राष्ट्रपति के चुनाव के समय राष्ट्रीय सम्मेलन बुलाती हैं जो एक महत्वपूर्ण भूमिका निभाते हैं। यही वह अवस्था है जब राजनीतिक दलों के सदस्य दलों के विभिन्न उम्मीदवारों में से राष्ट्रपति या उपराष्ट्रपति पद के लिए उम्मीदवार निर्वाचित करते हैं।
- किसी भी उम्मीदवार के चुने जाने के लिए यह आवश्यक है कि उसे राष्ट्रीय सम्मेलन में भाग ले रहे मतदाताओं का स्पष्ट बहुमत मिलना चाहिए। जब तक स्पष्ट बहुमत नहीं मिलता मतदान दुबारा होता रहता है। कई बार मतदान की यह विधि कई दिनों तक चलती रहती है। एक परंपरा के अनुसार जब कोई राष्ट्रपति दूसरे कार्यकाल के लिए निर्वाचन लड़ना चाहता है, तो राष्ट्रीय सम्मेलन में उसका कोई विरोध नहीं करता।

निर्वाचक मंडल के सदस्यों का चुना जाना

- राष्ट्रीय सम्मेलन द्वारा राष्ट्रपति एवं उपराष्ट्रपति पद के लिए उम्मीदवारों का नामांकन किए जाने के बाद प्रचार का काम शुरू होता है। अत: सभाएं की जाती हैं, टेलीविजन व रेडियो पर भाषण दिए जाते हैं तथा उम्मीदवार स्वयं अधिक-से-अधिक मतदाताओं से व्यक्तिगत संपर्क स्थापित करते हैं।
- **चार्ल्स बियर्ड** के मत में, "यह (प्रचार) ऐसा कार्यक्रम है जिस पर व्यक्तिगत इच्छाएं, विभिन्न वर्गों की रुचि तथा देश का भविष्य निर्भर करता है।" राजनीतिक दलों के समर्थक अपने उम्मीदवारों की योग्यताएं लोगों को प्रदर्शित करते हैं। चुनाव प्रचार से संबंधित सभाओं तथा प्रचार के अन्य साधनों पर करोड़ों डॉलर खर्च किए जाते हैं।
- राष्ट्रपति तथा उपराष्ट्रपति के लिए राजनीतिक दलों के उम्मीदवारों के नामों का निर्णय हो जाने पर राष्ट्रपतीय निर्वाचकों की सूची तैयार की जाती हैं। जनता द्वारा, राष्ट्रपतीय निर्वाचकों का चुनाव हर लीप वर्ष में नवंबर के महीने में होता है।
- विधि के अनुसार जनता द्वारा निर्वाचक मंडल का चुनाव नवंबर में पहले सोमवार के बाद के मंगलवार को होता है। ध्यातव्य है कि वर्तमान में निर्वाचक मंडल का चुनाव केवल औपचारिकता मात्र हो गया है। मतदाता अपने-अपने राज्य में उसी राजनीतिक दल के निर्वाचक को मत देते हैं जिस राजनीतिक दल के उम्मीदवार को वे राष्ट्रपति के पर पर आरूढ़ कराना चाहते हैं।

राष्ट्रपतीय निर्वाचकों द्वारा मतदान

- जनता द्वारा राष्ट्रपति की चुनाव-विधि की अगली अवस्था है–इन राष्ट्रपति निर्वाचकों द्वारा राष्ट्रपति के लिए मतदान करना। लीप वर्ष में ही दिसंबर के महीने में ये निर्वाचक राष्ट्रपति के लिए मतदान करते हैं। विधि के अनुसार दिसंबर में दूसरे बुधवार के बाद जो सोमवार आता है उस दिन राष्ट्रपति निर्वाचक अपने-अपने राज्य की राजधानी में एकत्र होते हैं तथा राष्ट्रपति और उपराष्ट्रपति के लिए मत देते हैं। मतदान हो जाने के पश्चात् मतपत्रों की पेटी को मुहरबंद करके सीनेट के अध्यक्ष के पास भेज दिया जाता है जो कांग्रेस के दोनों सदनों में आए हुए सदस्यों के सामने इसकी गिनती करता है।
- वस्तुत: गिनती और निर्वाचन-मंडल के सदस्यों का मतदान भी औपचारिकता मात्र है, क्योंकि जैसे ही निर्वाचन-मंडल के सदस्यों का परिणाम घोषित होता है वैसे ही विश्व-भर को यह पता लग जाता है कि इस बार किस दल का उम्मीदवार राष्ट्रपति बनेगा। राष्ट्रपति पद के लिए जिस उम्मीदवार को सबसे अधिक मत मिलते हैं उसे सफल घोषित कर दिया जाता है किंतु सफल घोषित होने वाले उम्मीदवार को कुल निर्वाचकों का बहुमत अवश्य मिलना चाहिए अर्थात् कुल 538 निर्वाचकों में से जिस उम्मीदवार को 270 मत मिल जाएंगे केवल उसे ही निर्वाचित घोषित किया जाएगा।
- यदि किसी भी उम्मीदवार को कम-से-कम 270 मत न मिलें तो ऐसी स्थिति में संविधान के अनुसार कांग्रेस का निम्न सदन-प्रतिनिधि सभा, मतों के आधार पर सबसे अधिक मत मिलने वाले तीन उम्मीदवारों में से एक को राष्ट्रपति चुनेगा। ऐसे अवसर पर प्रत्येक राज्य के प्रतिनिधियों को केवल एक ही मत दिया जाता है। आज तक दो राष्ट्रपति जैफरसन तथा जे.क्यू. एडम्स इस पद्धति द्वारा चुने गए थे।
- राष्ट्रपति की भांति उपराष्ट्रपति को भी यदि निर्वाचकों का बहुमत नहीं मिलता तो ऐसी स्थिति में अधिकतम मतों के पहले दो उम्मीदवारों में से एक को उपराष्ट्रपति चुनने का अधिकार कांग्रेस के उच्च सदन-सीनेट को दिया गया है। 1837 में उपराष्ट्रपति रिचर्ड जॉनसन इसी प्रकार चुने गए थे।
- 7 नवंबर, 2000 को हुए राष्ट्रपति चुनाव में एक विचित्र स्थिति उत्पन्न हो गई। यद्यपि लोकप्रिय मतों का बहुमत डेमोक्रेटिक पार्टी के उम्मीदवार, तत्कालीन उपराष्ट्रपति अल गोर को मिला, फिर भी उस देश की विचित्र व्यवस्था में, निर्वाचक मंडल के मतों का बहुमत रिपब्लिकन पार्टी के उम्मीदवार जॉर्ज डब्ल्यू. बुश (जो पूर्व राष्ट्रपति बुश के पुत्र हैं) को मिला, परंतु अल गोर को पता लगा कि फ्लोरिडा राज्य में मशीनों से डाले गए मतों में अनेक मतपत्रों पर वोट का चिह्न पूरी तरह अंकित नहीं हुआ था और उन्हें मशीन ने नहीं गिना तथा न वे मत अवैध घोषित किए गए। अलगोर ने उन मतों की हाथ से गिनती का आग्रह किया, जो मान लिया गया, परंतु, दूसरी ओर से कानूनी लड़ाई शुरू की गई जो एक न्यायालय से दूसरे न्यायालय में जाती रही। इसी बीच दिसंबर आ गया। उधर फ्लोरिडा के गवर्नर, जो जॉर्ज डब्ल्यू. बुश के

भाई थे, उनकी सेक्रेटरी ऑफ स्टेट ने फ्लोरिडा से बुश को निर्वाचित घोषित कर दिया, और कहा कि उन्हें गोर की तुलना में 537 वोट अधिक मिले थे। ऐसा मशीन की गिनती के आधार पर था।

- अंततः मामला अमेरिका के सर्वोच्च न्यायालय में गया, जिसने 5 के मुकाबले 4 न्यायाधीशों के बहुमत से यह आदेश दिया कि हाथों से मतों की गिनती रोक दी जाए। इस प्रकार फ्लोरिडा के उच्चतम न्यायालय के उस आदेश को अवैध कर दिया गया जिसमें उसने हाथों से गिनती जारी रखने का आदेश दिया था। परिणाम यह हुआ कि सर्वोच्च न्यायालय के बहुमत के आधार पर रिपब्लिकन उम्मीदवार बुश नए राष्ट्रपति बन गए, क्योंकि मशीनों की गिनती के आधार पर उन्हें फ्लोरिडा के सभी 25 निर्वाचक मत मिल गए थे। इस प्रकार गोर के 267 निर्वाचक मतों के मुकाबले बुश 271 निर्वाचक मतों से विजयी घोषित कर दिए गए और वह राष्ट्रपति बन गए।

राष्ट्रपति का पद ग्रहण करना

निर्वाचक मंडल द्वारा चुने जाने के पश्चात् संविधान के अनुसार राष्ट्रपति 4 मार्च को अपना पद संभालता था। संविधान के 20वें संशोधन के द्वारा इस तिथि को बदलकर 20 जनवरी कर दिया गया। अतः अब अमेरिका का राष्ट्रपति 20 जनवरी को सर्वोच्च न्यायालय के मुख्य न्यायाधीश के सामने शपथ ग्रहण करता हुआ कहता है, "मैं गंभीरतापूर्वक यह शपथ लेता हूं कि मैं संयुक्त राज्य अमेरिका के राष्ट्रपति पद पर निष्ठापूर्वक कार्य करूंगा और अपनी पूर्ण योग्यता से संयुक्त राज्य के संविधान का संरक्षण तथा प्रतिरक्षण करूंगा।"

राष्ट्रपति की शक्तियां तथा कर्तव्य

- अमेरिका के राष्ट्रपति का पद विश्व की अद्वितीय राजनीतिक संस्था है। इसकी तुलना विश्व के किसी भी कार्यकारिणी अध्यक्ष से की जा सकती है। कुछ लोग तो उसे एक निश्चित समय के लिए शासन करने वाला शासक कहते हैं। लॉर्ड ब्राइस के मतानुसार, "राष्ट्रपति पद विश्व का वह सबसे बड़ा पद है जिस पर कोई व्यक्ति अपने गुणों के आधार पर पहुंच सकता है।" राजनीतिक विचारक ऑग तथा रे के मत में, "यूरोप के तानाशाहों को छोड़कर अमेरिका का राष्ट्रपति विश्व में सबसे अधिक शक्तिशाली निर्वाचित कार्यपालिका अधिकारी है।" किसी ने ठीक ही कहा है कि राष्ट्रपति विस्तारयुक्त शक्तियों का पद रहा है।
- संविधान के अंतर्गत राष्ट्रपति को बहुत अधिक शक्तियां नहीं दी गई थीं किंतु परिस्थितियों में परिवर्तन, न्यायिक निर्णयों तथा संवैधानिक परंपराओं के कारण राष्ट्रपति की शक्तियों का विस्तार होता गया और उसके पद की महत्ता बढ़ती गई। एडवर्ड कौरविन के अनुसार, "अध्यक्ष पद का इतिहास शक्तियों की उन्नति का इतिहास है।" अतः यह कहना गलत न होगा कि केवल संविधान में लिखी गई शक्तियों के विवरण से ही हम राष्ट्रपति की शक्तियों का ठीक अनुमान नहीं लगा सकते।
- राष्ट्रपति की शक्तियों को देखते हुए मुनरो ने ठीक ही कहा है, "जिस समय उन्होंने (संविधान निर्माताओं ने) घोषणा की कि "कार्यपालिका शक्ति राष्ट्रपति में निहित होगी।" वे यह नहीं समझ सके होंगे कि इन नौ शब्दों पर आधारित राष्ट्रपति का पद अत्यधिक शक्तियों का केंद्र बन जाएगा जिसका प्रयोग प्रजातंत्र के होते हुए एक व्यक्ति करेगा।"
- राष्ट्रपति की शक्तियों के बारे में यह कहा जा सकता है कि राष्ट्रपति को ये शक्तियां संविधान से ही प्राप्त नहीं हुईं, अपितु कांग्रेस ने भी संविधियां पास करके, उदाहरणतया- 1993 में मुद्रा संबंधी कानून तथा 1941 के लैंड लीज ऐक्ट ने, उसकी शक्तियों को बढ़ाया है। इसके अतिरिक्त परंपराओं ने भी राष्ट्रपति की शक्तियों में वृद्धि की है, जैसे नियुक्तियों से संबंधित सेनीटोरियल शिष्टाचार का सिद्धांत परंपराओं पर ही आधारित है। इसी प्रकार सर्वोच्च न्यायालय ने अंतर्निहित शक्तियों के सिद्धांत को अपनाकर राष्ट्रपति को अनेक शक्तियां तथा अधिकार प्रदान किए हैं।
- अमेरिका के राष्ट्रपति को विभिन्न स्रोतों से जो शक्तियां मिली हैं उन्हें मुख्यतया तीन निम्नलिखित भागों में बांटा जा सकता है–

(i) कार्यपालिकीय शक्तियां

(ii) विधायी शक्तियां

(iii) न्यायिक शक्तियां

कार्यपालिकीय शक्तियां

संयुक्त राज्य अमेरिका का राष्ट्रपति कार्यपालिका क्षेत्र में बहुत-सी शक्तियों का उपभोग करता है। ऑग तथा रे के शब्दों में, "अमेरिकी राष्ट्रपति और चाहे कुछ भी हो वह विधायक क्षेत्र में मार्गदर्शन करता हो, दल का नेता हो, राष्ट्रीय हितों का संरक्षण करता हो, किंतु सबसे पहले वह कार्यपालिका का प्रधान है।" कार्यपालिका का प्रमुख होने के नाते राष्ट्रपति को निम्नलिखित कार्य करने होते हैं–

- **कानूनों को लागू कराना एवं व्यवस्था बनाए रखना:** राष्ट्रपति की कार्यपालिका शक्तियों में से कानूनों को लागू करने और व्यवस्था बनाए रखने की शक्ति बहुत महत्वपूर्ण है। कानून की सफलता इस बात पर निर्भर करती है कि राष्ट्रपति उसे लागू करने में कितनी रुचि लेता है। यही नहीं, राष्ट्रपति को सीनेट द्वारा समर्थित की गई संधियों का भी पालन करना पड़ता है। यद्यपि किसी कानून की वैधानिकता के बारे में निर्णय करने का अधिकार राष्ट्रपति को नहीं अपितु सर्वोच्च न्यायालय के हाथ में है किंतु कानूनों की संख्या इतनी अधिक होती है कि राष्ट्रपति आसानी से यह निर्णय ले सकता है कि किन कानूनों की ओर विशेष ध्यान दे। कार्यपालिका क्षेत्र में राष्ट्रपति न केवल संघीय कानूनों को लागू करता है, बल्कि इसके साथ-ही-साथ सारे देश में शांति और व्यवस्था भी बनाए रखता है। संविधान के अनुसार राष्ट्रपति गणतंत्रात्मक शासन प्रणाली की स्थापना करेगा तथा आक्रमण एवं आंतरिक हिंसा से राज्यों की रक्षा करेगा।
- **प्रशासन की संचालन की शक्ति:** अमेरिका की संघीय सरकार द्वारा किए जाने वाले सभी प्रशासनिक कार्यों का संचालन राष्ट्रपति करता है। संयुक्त राज्य की सरकार के दस प्रमुख विभाग हैं। इन सब पर नियंत्रण रखना और यह देखना कि वे सब सुचारू रूप से कार्य कर रहे हैं या नहीं, यह राष्ट्रपति का ही कार्य है। इन दिशाओं में अपना उत्तरदायित्व निभाने के लिए वह अध्यादेश जारी कर सकता है। विभागों के अध्यक्षों का यह कर्तव्य है कि वे राष्ट्रपति से प्राप्त सभी आदेशों का पालन करें।
- **नियुक्ति तथा पदच्युति की शक्ति:** अमेरिका में सभी संघीय पदाधिकारियों की नियुक्ति का अधिकार राष्ट्रपति को प्राप्त है। जिन पदाधिकारियों की नियुक्ति का अधिकार राष्ट्रपति को प्राप्त है, उनमें से प्रमुख हैं- उच्चतम न्यायालय के न्यायाधीश, प्रशासकीय विभागों के सचिव, विदेशों में भेजे जाने वाले राजदूत, सेना की विशिष्ट श्रेणियों के अधिकारी आदि। आरंभ में लगभग 60 लाख नियुक्तियां राष्ट्रपति को करनी होती थीं, किंतु लोक सेवा आयोग की स्थापना के बाद 80% नियुक्तियां इस आयोग द्वारा की जाती हैं। राष्ट्रपति केवल उच्च-अधिकारियों को ही नियुक्त नहीं करता, अपितु उसे लगभग एक लाख संघीय अधिकारियों को भी नियुक्त करना पड़ता है जिसके लिए सीनेट की सहमति प्राप्त करनी पड़ती है। यहां यह बता देना जरूरी है कि राष्ट्रपति नियुक्तियों के संबंध में केवल प्रस्ताव देता है और सीनेट साधारण बहुमत के द्वारा उन्हें अपनी सहमति प्रदान करती है। राष्ट्रपति द्वारा की जाने वाली नियुक्तियों की शक्ति असीमित नहीं है, उस पर कुछ प्रतिबंध भी लगे हुए हैं। राष्ट्रपति द्वारा की जाने वाली नियुक्तियां तभी मान्य होंगी यदि कांग्रेस का उच्च सदन सीनेट उन पर अपनी स्वीकृति दे देता है।

- **विदेश नीति संबंधी शक्तियां:** राष्ट्रपति को विदेश नीति संबंधी व्यापक शक्तियां दी गई हैं। उसकी विदेशी शक्तियों को देखते हुए जॉन मार्शल ने कहा, "राष्ट्रपति बाह्य संबंधों में राष्ट्र का मात्र एक अंग तथा दूसरे देशों के संबंधों में राष्ट्र का एकमात्र प्रतिनिधि है।" राष्ट्रपति विदेशी मामलों में अपनी शक्ति का प्रयोग संविधान के प्रावधानों के अनुसार ही कर सकता है। वह दूसरे देशों के साथ संधियां कर सकता है, किंतु राष्ट्रपति की संधियों की शक्ति, नियुक्तियां करने की शक्ति की भांति असीमित नहीं है। राष्ट्रपति द्वारा की गई कोई भी संधि तब तक मान्य नहीं होती जब तक सीनेट का दो-तिहाई बहुमत उसका अनुमोदन न कर दे। यह दो-तिहाई बहुमत कुल सदस्यों का नहीं अपितु उपस्थित सदस्यों का दो-तिहाई बहुमत है।

  राष्ट्रपति यदि चाहे तो सीनेट से स्वतंत्र होकर विदेशों से संधियां कर सकता है किंतु इन्हें संधि न कहकर कार्यकारी समझौते कहा जाता है। उदाहरण के लिए, 1973 में वियतनाम युद्ध को समाप्त करने की संधि को कार्यकारी समझौता कहा गया था तथा सीनेट की इस पर सहमति नहीं ली गई थी। यही नहीं, विदेशी मामलों में यह भी अधिकार दिया गया है कि वह नए स्थापित विदेशी राज्यों तथा सरकारों को मान्यता दे सकता है। वह किसी भी राज्य के साथ मैत्रीपूर्ण संबंध समाप्त कर सकता है तथा राजदूतों को वापस बुला सकता है।

- **राष्ट्रपति की सैनिक शक्तियां:** संयुक्त राज्य अमेरिका का राष्ट्रपति अमेरिका में गणतंत्रात्मक शासन प्रणाली की रक्षा करता है। संविधान के अनुसार उसे थल और जल सेना का सर्वोच्च सेनापति कहा जाता है, लेकिन युद्ध करने की घोषणा का अधिकार अन्य देशों की भांति, राष्ट्रपति के हाथ में न होकर कांग्रेस के हाथ में है। सैनिक शक्तियों के अंतर्गत राष्ट्रपति सैनिक अधिकारियों की नियुक्ति करता है तथा संचालन भी उसी के द्वारा ही किया जाता है। आंतरिक उपद्रव तथा बाह्य आक्रमण की स्थिति में देश की रक्षा का भार उसके ऊपर होता है। युद्ध के दिनों में उसकी स्थिति एक तानाशाह के समान होती है और इस अवसर पर कांग्रेस भी उसे हर प्रकार की शक्ति देने पर विवश हो जाती हैं। यद्यपि राष्ट्रपति को युद्ध की घोषणा करने का अधिकार नहीं तथापि वह विदेश नीति द्वारा ऐसी स्थिति उत्पन्न कर सकता है कि कांग्रेस को युद्ध की घोषणा करनी ही पड़ती है। राजनीतिक विचारक रोजीटर के मत में, "उसे एक दिन के लिए भी यह भूलने नहीं दिया जाता कि शत्रु के आक्रमण का मुकाबला करने के लिए राष्ट्र की तैयारी का उत्तरदायित्व जनता, कांग्रेस तथा इतिहास द्वारा उसको दिया गया है।" संक्षेप में, राष्ट्रपति व्यापक सैनिक शक्तियों का स्वामी है। प्रथम तथा द्वितीय विश्व युद्ध में उसकी सैनिक शक्तियों का विस्तार देखते हुए, तृतीय विश्व युद्ध में उसके पास कितनी और कैसी शक्तियां होंगी, इसका अनुमान लगाना सरल नहीं।

विधायी शक्तियां

यद्यपि संयुक्त राज्य अमेरिका का राष्ट्रपति कार्यपालिका का मुखिया है किंतु अवरोध तथा संतुलन के सिद्धांत के कारण उसे विधायी क्षेत्र में भी विधि निर्माण संबंधी शक्तियां दी गई हैं। यही कारण है कि राष्ट्रपति को संयुक्त राज्य अमेरिका की राजनीतिक व्यवस्था में मुख्य विधायक, मुख्य प्रशासक, विदेश नीति का मुख्य संचालक कहा गया है। यह सच है कि राष्ट्रपति संयुक्त राज्य अमेरिका की कांग्रेस के किसी भी सदन का सदस्य नहीं है, न ही वह कांग्रेस के साधारण अधिवेशनों को बुला सकता है, न ही उन्हें स्थगित कर सकता है और न ही सदनों को भंग कर सकता है, किंतु फिर भी उसे ऐसे साधन प्राप्त हैं, जिनसे वह कानूनों के निर्माण को प्रभावित अवश्य कर सकता है। संविधान में यह कहा गया है कि समय-समय पर वह (राष्ट्रपति) कांग्रेस को संघीय स्थिति के संबंध में सूचना देगा तथा कांग्रेस के विचार के लिए ऐसे प्रस्ताव भेजेगा जो उसकी दृष्टि से आवश्यक तथा उपयुक्त हैं। राष्ट्रपति की विधायनी शक्तियों के बारे में चर्चा करते हुए राष्ट्रपति रूजवेल्ट ने कहा, "सिद्धांत में तो कार्यपालिका का विधानपालिका से कोई संबंध नहीं, किंतु व्यवहार में जैसी कि अब स्थिति है कार्यपालिका समस्त जनता की प्रतिनिधि है। अत: संयुक्त राज्य अमेरिका के आजकल के राजनीतिक जीवन में एक अच्छी कार्यपालिका को अच्छे प्रकार के कानून बनवाने में बहुत अधिक रुचि लेनी चाहिए।"

राष्ट्रपति को जो विधायी शक्तियां मिली हुई हैं उनका अध्ययन विभिन्न शीर्षकों के अंतर्गत किया जा सकता है–

- **संदेश भेजने की शक्ति:** राष्ट्रपति कांग्रेस को ऐसी सूचनाएं और संदेश भेज सकता है जिन्हें वह संघीय शासन को सफलतापूर्वक चलाने के लिए उचित समझता है। ये संदेश राष्ट्रपति स्वयं कांग्रेस में जाकर मौखिक रूप से दे सकता है अथवा उन्हें भिजवा सकता है। कांग्रेस इन संदेशों को अपनी कार्यवाही में प्राथमिकता देती है। अधिकांश राष्ट्रपति स्वयं संदेश पढ़ने की प्रथा का अनुकरण करते रहे हैं ताकि विधानपालिका के सदस्यों के साथ उनका संपर्क बना रहे। यह ठीक है कि कांग्रेस इन संदेशों पर गंभीरतापूर्वक ध्यान देती है किंतु यदि वह चाहे तो इन्हें रद्द कर सकती है अथवा इनमें परिवर्तन भी कर सकती है। राष्ट्रपति एक वार्षिक संदेश भी देता है। मुनरो के मत में, राष्ट्रपति का वार्षिक संदेश इंग्लैंड के राजा के सिंहासन भाषण की तरह नहीं है, क्योंकि राष्ट्रपति यह नहीं बता सकता कि अधिवेशन के समाप्त होने से पूर्व कौन-कौन-सा बिल कानून बन जाएंगे।

- **कांग्रेस के असाधारण अधिवेशन बुलाने का अधिकार:** विभिन्न देशों में विधानमंडलों के अधिवेशन राज्य का अध्यक्ष बुलाता है। अमेरिका में यह शक्ति राष्ट्रपति को नहीं दी गई। वहां कांग्रेस के अधिवेशन एक निश्चित समय सारिणी के अनुसार होते हैं, अत: राष्ट्रपति का इन्हें बुलाने में कोई हाथ नहीं, फिर भी संविधान के अनुसार राष्ट्रपति कांग्रेस के विशेष अथवा असाधारण अधिवेशन बुला सकता है। साधारणतया इन अधिवेशनों को बुलाने के बहुत ही कम अवसर आते हैं, किंतु कभी-कभी ऐसा भी देखा गया है कि जब सदस्य साधारण अधिवेशन समाप्त कर घर जा रहे होते हैं, तब उन्हें असाधारण अधिवेशन का निमंत्रण मिल जाता है। विशेष अधिवेशनों की अवधि निश्चित नहीं, किंतु यह तब तक चल सकता है जब तक कांग्रेस का नियमित अधिवेशन आरंभ न हो।

- **राष्ट्रपति का निषेधाधिकार:** विधायी शक्तियों में सबसे महत्वपूर्ण शक्ति जो राष्ट्रपति के पास है वह है निषेधाधिकार की शक्ति। संविधान के अनुसार कांग्रेस के दोनों सदनों द्वारा पारित विधेयक तब तक कानून नहीं बन सकता जब तक राष्ट्रपति उस पर हस्ताक्षर न कर दे। राष्ट्रपति की इस शक्ति पर टिप्पणी करते हुए हैमिल्टन ने कहा था कि- "राष्ट्रपति की यह शक्ति अनुचित विधियों के निर्माण के विरुद्ध ढाल का कार्य करेगी।"

  दोनों सदनों द्वारा पारित बिल राष्ट्रपति के हस्ताक्षरों के लिए भेजा जाता है। राष्ट्रपति उस बिल पर तीन प्रकार से कार्य कर सकता है–

  1. वह बिल पर हस्ताक्षर कर दे तब ऐसी स्थिति में बिल, कानून बन जाएगा।
  2. यदि वह बिल की धाराओं से सहमत न हो, तो बिल को उसके पास होने के 10 दिन के अंदर वह आपत्तियों के साथ कांग्रेस के उस सदन को लौटा देगा। दोनों सदन उन आपत्तियों पर विचार करके बिल में संशोधन कर उसे राष्ट्रपति के हस्ताक्षर के लिए भेज देंगे। इसके अतिरिक्त यदि 10 दिन से अधिक समय बीत जाए और राष्ट्रपति कोई कदम न उठाए, तो यह मान लिया जाता है कि राष्ट्रपति ने स्वीकृति प्रदान कर दी है।

3. राष्ट्रपति कह सकता है कि बिल को कानून नहीं बनाया जा सकता। ऐसी स्थिति को ही राष्ट्रपति का निषेधाधिकार का प्रयोग कहा जाता है। राष्ट्रपति का यह निषेधाधिकार मर्यादित निषेधाधिकार कहलाता है, क्योंकि राष्ट्रपति के मना करने पर यदि दोनों सदन उसी बिल को दो-तिहाई बहुमत से दुबारा पास कर दें तो राष्ट्रपति को हस्ताक्षर करने ही होंगे। इस प्रकार राष्ट्रपति बिल को पास करने में कुछ देर तो लगा सकता है किंतु उसे पास होने से रोक नहीं सकता।

- **अध्यादेश जारी करने का अधिकार:** विधायी क्षेत्र में राष्ट्रपति को एक शक्ति अध्यादेश जारी करने की दी गई है। अध्यादेशों के अंतर्गत राष्ट्रपति ऐसे आदेश निकालता है जो विधि के समान माने जाते हैं, यद्यपि इन्हें कानून का नाम नहीं, अपितु आदेश तथा आज्ञाप्तियों का नाम दिया जाता है।
  जो कानून संसद के द्वारा पास किए जाते हैं वे केवल कानून की रूपरेखा को ही प्रस्तुत करते हैं। रूपरेखा को पूर्ण चित्र में बदलने का काम राष्ट्रपति द्वारा किया जाता है तथा यह कार्य राष्ट्रपति अध्यादेश के द्वारा करता है। इसके अतिरिक्त कांग्रेस द्वारा पारित कानून को लागू करने के लिए भी कई बार राष्ट्रपति को आज्ञाएं तथा आदेश जारी करने पड़ते हैं तथा इनकी शक्ति किसी भी प्रकार कांग्रेस द्वारा बनाए गए कानूनों से कम नहीं होती।

राष्ट्रपति की न्यायिक शक्तियां

विभिन्न देशों के अन्य कार्यकारिणी अध्यक्षों की भांति अमेरिकी राष्ट्रपति को भी कुछ न्यायिक शक्तियां दी गई हैं। अमेरिकी राष्ट्रपति सर्वोच्च न्यायालय के न्यायाधीश तथा अन्य न्यायाधीशों की नियुक्ति करता है किंतु इन नियुक्तियों पर सीनेट का समर्थन आवश्यक है। राष्ट्रपति को न्यायिक क्षेत्र में एक शक्ति यह भी दी गई है कि वह संयुक्त राज्य अमेरिका के विरुद्ध आरोपों के कारण दंडित अपराधियों को क्षमादान प्रदान कर सकता है और इस क्षेत्र में उस पर कांग्रेस का किसी प्रकार का कोई प्रतिबंध नहीं है किंतु उसका यह अधिकार असीमित भी नहीं। वह राज्यों द्वारा बनाए गए कानूनों को तोड़ने वाले अपराधियों को क्षमा नहीं कर सकता। इसी प्रकार जिन लोगों को महाभियोग के अंतर्गत अपराधी ठहराया गया हो उन्हें भी राष्ट्रपति क्षमा नहीं कर सकता। यदि किसी व्यक्ति को प्राणदंड दिया गया है, तो उस व्यक्ति के दंड को स्थगित कर सकता है या उसे पूर्ण रूप से क्षमा कर सकता है। यहां यह उल्लेखनीय है कि राष्ट्रपति का क्षमा करने का अधिकार दो प्रकार का है अर्थात् बिना किसी शर्त के पूर्ण क्षमा और शर्त के साथ क्षमादान। पूर्ण क्षमा के अंतर्गत अपराधी कानून की दृष्टि में मासूम समझा जाता है जैसे उसने कभी अपराध ही न किया हो। इसके अतिरिक्त राष्ट्रपति को सर्वक्षमा का भी अधिकार दिया गया है जिसके अंतर्गत एक पूरे समूह को राष्ट्रपति क्षमा कर सकता है। उदाहरणतया, राष्ट्रपति एंड्रयू जॉनसन ने 1868 में हुए गृह युद्ध से संबंधित व्यक्तियों को सर्वक्षमा प्रदान की थी।

राष्ट्रपति की उपरोक्त शक्तियों को देखने के पश्चात् यह कहा जा सकता है कि अमेरिका के राष्ट्रपति के पास कार्यकारिणी, विधायिनी तथा न्यायिक क्षेत्र में महत्वपूर्ण शक्तियां हैं। यही कारण है कि उसे उसकी वैधानिक शक्तियों के कारण संसार भर के निर्वाचित कार्यपालिका अध्यक्षों से ऊंचे स्तर का माना जाता है। एक राजनीतिक विचारक ने ठीक ही कहा है कि वह राष्ट्र का प्रतीक ही नहीं अमेरिकी राजनीतिक जीवन की धुरी है। यह सच है कि वह देश का भाग्य विधाता तथा रक्षक है। यही कारण है कि उसके व्यक्तिगत और सार्वजनिक व्यवहार सारे राष्ट्र के लिए अत्यधिक रुचि का विषय बन जाते हैं।

अवरोध तथा असंतुलन के सिद्धांत के अंतर्गत राष्ट्रपति की भूमिका

- अमेरिकी राजनीतिक व्यवस्था की एक महत्वपूर्ण विशेषता अवरोध एवं संतुलन का सिद्धांत है जिसके अंतर्गत राष्ट्रीय सरकार का प्रत्येक अंग दूसरे अंग पर नियंत्रण रखता है, लेकिन नियंत्रण रखने वाला अंग कहीं निरंकुश न बन जाए, अत: शक्तियों को संतुलित कर दिया गया है। इस सिद्धांत के अंतर्गत राष्ट्रपति की भूमिका न केवल महत्वपूर्ण अपितु रुचिकर भी हो जाती है।
- अमेरिका का राष्ट्रपति देश के प्रशासन में एक महत्वपूर्ण तथा विशेष स्थान रखता है। लॉर्ड ब्राइस के विचारानुसार, "लोग उसके भाषणों को पढ़ते हैं, कांग्रेस के पेपरों को नहीं, उसका विशेष व्यक्तित्व है, वह केवल एक ही ऐसा व्यक्ति है जिस पर तीव्र प्रकाश पड़ता है।" अमेरिका में राष्ट्रपति के द्वारा निभाई गई भूमिका का अध्ययन शक्तियों के पृथक्करण तथा अवरोध एवं संतुलन के समक्ष रुचिकर विषय बन जाता है।
- अमेरिका के संविधान निर्माताओं ने परिसंघ के दिनों में यह अनुभव किया था कि कार्यपालिका का कमजोर होना सुव्यवस्थित शासन के लिए ठीक नहीं है, अत: वे राष्ट्रपति को काफी शक्तियां देना चाहते थे। इसके साथ-ही-साथ वे इस बात से भी डरते थे कि बहुत अधिक शक्तियां मिल जाने से कहीं राष्ट्रपति निरंकुश न हो जाए। इस प्रकार वे एक ऐसा राष्ट्रपति चाहते थे जो न केवल शांति और व्यवस्था बनाए रख सके अपितु कानूनों को भी लागू कर सके, किंतु वह कहीं इतना शक्तिशाली न हो जाए कि अधिनायकवाद की स्थापना कर ले। मुनरो ने ठीक ही कहा है, "संविधान के निर्माता राष्ट्रपति के पद में शक्ति और सुरक्षा का मेल चाहते थे। वे उसे पर्याप्त शक्ति तो देना चाहते थे, लेकिन उसके ऊपर कुछ अंकुश रखने के भी इच्छुक थे। अत: उन्होंने राष्ट्रपति को व्यापक शक्तियां दीं, वहीं उनके साथ-ही-साथ उन पर कुछ नियंत्रण भी लगा दिए।"
- आधुनिक काल के विचारकों के मत में राष्ट्रपति की शक्तियों में धीरे-धीरे विस्तार हुआ है। इस विस्तार में जहां एक ओर परंपराओं ने अपनी भूमिका निभाई है, तो दूसरी ओर न्यायिक निर्णयों, अंतर्राष्ट्रीय स्थिति ने भी महत्वपूर्ण योगदान दिया है। उसकी शक्तियों में वृद्धि को देखते हुए कोई उसे तानाशाह कहता है और कोई उसे निरंकुश राजा। राजनीतिक विचारक ब्रोगन के मत में, "अमेरिकी राष्ट्रपति अपने कार्यकाल में संसार के अंतिम राजाओं में से एक निर्वाचित राजा है जिसके विशेषाधिकार कभी कम नहीं किए जा सकते अपितु उनमें वृद्धि हो सकती है।"
- राष्ट्रपति की स्थिति के इस उपरोक्त विश्लेषण को देखकर हमें यह नहीं समझना चाहिए कि इंग्लैंड के राजा या भारतीय राष्ट्रपति की भांति वह भी एक संवैधानिक मुखिया, मिट्टी का माधो या रबड़ की मोहर है। राष्ट्रपति का पद एक महान पद है।
- राष्ट्रपति टाफ्ट के मत में, "संविधान, राष्ट्रपति को बड़ी शक्ति तथा व्यापक स्वविवेक के प्रयोग का अवसर प्रदान करता है। उससे शक्ति और स्फूर्ति की आशा करता है; वह एक नाममात्र का मुखिया नहीं है।" राष्ट्रपति की शक्तियों को वास्तविक शक्तियां बनाने में राजनीतिक दलों ने महत्वपूर्ण कार्य किया है। ये राजनीतिक दल राष्ट्रपति और कांग्रेस के बीच भेद की खाई को कम करते हैं, जब कभी कांग्रेस तथा राष्ट्रपति एक ही राजनीतिक दल से निर्वाचित हो जाएं तो प्रशासन में एकरूपता तथा सुव्यवस्था आ जाती है। सबसे महत्वपूर्ण बात तो यह है कि इन पिछले दो सौ वर्षों में राष्ट्रपति का पद महान तथा गौरवशाली बना या नहीं, यह बात इस पद को ग्रहण करने वाले राष्ट्रपति पर निर्भर करती है। वाशिंगटन, जैक्सन, फ्रेंकलिन डी. रूजवेल्ट तथा कैनेडी जैसे अद्‌भुत व्यक्तित्व और दूरदर्शिता वाले राष्ट्रपतियों ने अपने कर्तव्यों की जो व्याख्या की और जिस प्रकार से उनका पालन किया उससे राष्ट्रपति के पद की शक्तियों में उल्लेखनीय विस्तार हुआ है। वुडरो विल्सन ने ठीक ही कहा है कि, "कानून और नीति दोनों की दृष्टि में एक राष्ट्रपति इतना महान बनने के लिए स्वतंत्र है जितना कि उसमें सामर्थ्य है, उसकी

अपनी क्षमता ही उसकी समानता की सीमा है।" संक्षेप में, राष्ट्रपति संयुक्त राज्य अमेरिका के प्रत्येक क्षेत्र को नेतृत्व प्रदान करता है। यह कहना गलत न होगा कि विश्व में वह अपने राष्ट्र का प्रतिनिधित्व करता है और राष्ट्र पथ-प्रदर्शन के लिए उसकी ओर देखता है। राजनीतिक विचारक सिडनी हाइमन के मत में, "अमेरिकी राष्ट्रपति न केवल राज्य करता है, अपितु शासन भी करता है।

प्रतिनिधि सभा

- संयुक्त राज्य अमेरिका के विधानमंडल के निम्न सदन को प्रतिनिधि सभा कहा जाता है। जिस प्रकार विश्व की अन्य शासन प्रणालियों में निम्न सदन जनता के द्वारा निर्वाचित होता है, उसी प्रकार की व्यवस्था संयुक्त राज्य अमेरिका के भी प्रतिनिधि सदन के लिए अपनाई गई है। इसलिए इसे लोकप्रिय सदन कहा जाता है।
- राजनैतिक विचारक पैटरसन के मतानुसार, "प्रतिनिधि सभा को समग्र राष्ट्र का एक संक्षिप्त रूप कहना चाहिए, इसे देखने से अमेरिका के समूचे जीवन की झलक नजर आती है, क्योंकि इसके अंतर्गत सामाजिक, सांस्कृतिक, राजनीतिक और धार्मिक क्षेत्रों में व्याप्त विभिन्नताओं, अच्छाइयों और बुराइयों का अच्छी तरह प्रदर्शन होता है।" संविधान विशेषज्ञ और राजनीतिक विचारक मुनरो के अनुसार, "संविधान निर्माताओं का प्रतिनिधि सभा की रचना करने का उद्देश्य यह था कि यह राष्ट्रीय शासन में जनता की राय को स्पष्ट रूप से व्यक्त करे।"

प्रतिनिधि सभा की संरचना

- अमेरिकी संविधान के अनुसार प्रतिनिधि सभा में सदस्यों का निर्वाचन राज्यों की जनसंख्या के आधार पर होता है। संविधान के अनुसार तो नहीं, लेकिन व्यवहार में प्रत्येक दस वर्ष के बाद अमेरिका में जनगणना करवाई जाती है तथा इसके अनुसार सदस्यों की संख्या घटती-बढ़ती रहती है।
- प्रारंभ में प्रतिनिधि सभा के सदस्यों की संख्या 65 थी परंतु अन्य राज्यों के संघ में सम्मिलित होने के कारण सदस्यों की संख्या बढ़ती गई। 1929 में पारित और 1939 में संशोधित एक कानून के द्वारा इस सदन के सदस्यों की संख्या स्थायी रूप से 435 निश्चित कर दी गई। 1959 में दो अन्य राज्यों अलास्का तथा हवाई के संघ में सम्मिलित होने के कारण सदस्यों की संख्या 437 हो गई किंतु 1962 में यह फिर घटाकर 435 निश्चित कर दी गई।
- संविधान के अनुसार प्रतिनिधि सभा का प्रत्येक सदस्य कम-से-कम 30,000 लोगों का प्रतिनिधित्व करता था। जनसंख्या में वृद्धि हो जाने के कारण इस संख्या में भी वृद्धि हो गई है। अब लगभग 3 लाख 30 हजार व्यक्तियों के पीछे एक व्यक्ति चुना जाता है। संविधान में यह भी कहा गया है कि किसी राज्य की जनसंख्या चाहे कितनी भी कम क्यों न हो यह कम-से-कम एक सदस्य निर्वाचित करके प्रतिनिधि सभा में अवश्य भेजेगा। इस प्रतिनिधित्व के आधार पर कैलिफोर्निया राज्य 43 मेरीलैंड 8 तथा नॉर्थ डेकोटा, नेवेदा आदि एक-एक सदस्य चुनकर भेजते हैं।

प्रतिनिधि सभा की सदस्यता के लिए योग्यताएं

संविधान के अनुसार प्रतिनिधि सभा की सदस्यता के लिए निम्नलिखित योग्यताएं आवश्यक हैं-

- प्रतिनिधि सभा का चुनाव लड़ने वाला सदस्य, अमेरिका का नागरिक व 25 वर्ष से कम नहीं होना चाहिए।
- वह कम-से-कम 7 वर्ष से अमेरिका का निवासी होना चाहिए।
- चुनाव लड़ने वाले उम्मीदवार के लिए यह आवश्यक है कि वह उस राज्य का निवासी हो जहां से वह चुनाव लड़ रहा हो। कई राज्यों में तो सदस्य के लिए उस जिले का निवासी होना भी जरूरी है जिसका वह प्रतिनिधित्व कर रहा है।
- निर्वाचन में भाग लेते समय वह किसी लाभकारी पद पर नहीं होना चाहिए।

प्रतिनिधि सभा के सदस्यों की निर्वाचन विधि

- अमेरिकी संविधान के अनुसार प्रतिनिधि सभा विभिन्न राज्यों की जनता द्वारा चुने गए प्रतिनिधियों से मिलकर बनेगी। जनता में किन व्यक्तियों को मत देने का अधिकार होगा यह बात संविधान निर्माताओं ने राज्यों पर छोड़ दी है, परंतु संविधान के 14वें संशोधन में यह कहा गया है कि यदि कोई राज्य अपनी पुरुष जनसंख्या के किसी भाग को मताधिकार से वंचित करता है, तो उस राज्य के प्रतिनिधियों की संख्या में कमी की जा सकती है।
- प्रतिनिधि सभा के सदस्यों के चुनाव के लिए एक प्रथा गैरीमैन्डरिंग को अपनाया गया है, इसके अंतर्गत किसी राज्य में निर्वाचन क्षेत्रों को इस प्रकार से विभाजित किया जाता है कि राज्य के विधानमंडल का बहुमत दल अपने दल के सदस्यों को अधिक-से-अधिक संख्या में जिता सके। इस प्रथा के साथ मैसाचुसेट्स राज्य के गवर्नर एलब्रिज गैरी का नाम जुड़ा हुआ है जिसने 1912 में अपने राज्य को पक्षपातपूर्ण निर्वाचन क्षेत्रों में विभाजित करने की प्रथा को मंजूरी दी।
- अमेरिकी जनता इस प्रथा को बुरा समझती है और समाप्त करने के लिए प्रयास कर रही है। मुनरो के मत में, "गैरीमेंडर अमेरिकी राजनीति में ध्वंसकारी तथ्य है तथा धीरे-धीरे लोक भावना इसके विरुद्ध विकसित हो रही है।"
- 26वें संशोधन के अनुसार प्रत्येक 18 वर्ष का अमेरिकी नागरिक प्रतिनिधित्व सभा के सदस्यों के निर्वाचन में भाग ले सकता है। इस प्रकार प्रतिनिधि सभा के 435 सदस्यों का जनता प्रत्यक्ष रूप से निर्वाचन करती है।

प्रतिनिधि सभा के सदस्यों का कार्यकाल

संविधान के अनुसार प्रतिनिधि सभा के सदस्यों का चुनाव दो वर्षों के लिए किया जाएगा। इंग्लैंड में हाउस ऑफ कॉमंस के सदस्य 5 वर्ष तथा भारत की लोकसभा के सदस्य भी 5 वर्षों के लिए चुने जाते हैं। इस प्रकार प्रतिनिधि सभा के सदस्यों की अवधि बहुत ही कम है। संविधान निर्माताओं ने संभवत: दो वर्ष की अवधि इसलिए रखी कि लोकप्रिय सदन के सदस्य मतदाताओं के हितों की रक्षा कर सकें और पुन: निर्वाचित होने के प्रयास में वे अपने चुनाव क्षेत्रों के हितों के लिए कानून बनवाएं।

अधिवेशन

प्रतिनिधि सभा तथा सीनेट के अधिवेशन प्रतिवर्ष 3 जनवरी को आरंभ होते हैं। यदि राष्ट्रपति चाहे तो प्रतिनिधि सभा के विशेष अधिवेशन भी बुला सकता है। प्रतिनिधि सभा के अधिवेशनों की अध्यक्षता के लिए सभापति की व्यवस्था की गई है। संविधान को धारा प्रथम खंड दो के अंतर्गत यह कहा गया है कि प्रतिनिधि सभा के सदस्य सदन के सभापति तथा अन्य अधिकारियों का चुनाव करेंगे।

प्रतिनिधि सभा का अध्यक्ष

- प्रति दो वर्ष के पश्चात् जब प्रतिनिधि सदन के सदस्य निर्वाचित होकर आते हैं, तो वे अपने अध्यक्ष का चुनाव करते हैं। अत: अमेरिका में प्रतिनिधि सदन का अध्यक्ष, कॉमंस सदन के अध्यक्ष की भांति 'एक बार अध्यक्ष-सदा अध्यक्ष' नहीं होता। अमेरिका में तो प्रतिनिधि सभा का बहुमत दल अपने दल के किसी व्यक्ति को नामांकित कर निर्वाचित करता है। यहां तो यह भी

आवश्यक नहीं है कि पहली प्रतिनिधि सभा का अध्यक्ष ही पुनः चुन लिया जाएगा चाहे वही दल दुबारा बहुमत में ही क्यों न आ जाए।

- बहुमत दल का सदस्य होने के कारण प्रतिनिधि सभा का सभापति अपने दल के नेता के रूप में काम करता है तथा अपने पद की शक्तियों का प्रयोग अपने दल के कार्यक्रम की उन्नति के लिए करता है। 1995–97 में हुए चुनावों के परिणामस्वरूप प्रतिनिधि सभा के अध्यक्ष के रूप में Newt Gingrich को दूसरी बार निर्वाचित किया गया। हरमन फाइनर के शब्दों में, "अध्यक्ष बनने पर वह अपना राजनीतिक चरित्र नहीं छोड़ देता अपितु और अधिक राजनीतिक होने के लिए वह अध्यक्ष बनता है।" इस प्रकार, जहां इंग्लैंड में अध्यक्ष निष्पक्ष और न्यायमुक्त होता है वहीं अमेरिका के निम्न सदन का अध्यक्ष दलीय बंधनों में जकड़ा हुआ है।
- अमेरिकी प्रतिनिधि सभा के अध्यक्ष को ब्रिटिश कॉमंस सभा के अध्यक्ष की भांति महत्वपूर्ण शक्तियां प्राप्त नहीं हैं। उसका कार्य केवल सदन में व्यवस्था स्थापित करना या मतगणना करना है, लेकिन सदस्यों की संख्या में वृद्धि के कारण उसकी शक्तियों में विस्तार हुआ है। सदन की सभी शक्तियां उसने अपने हाथों में ले लीं और सदन की सभी समितियों की नियुक्ति उसके द्वारा ही की जाने लगी है। अमेरिका में केनन जैसे स्पीकर भी हुए हैं जिनकी शक्तियों का वर्णन करते हुए ब्रोगन ने लिखा है, "अध्यक्ष जिसकी स्वीकृति देता था वह कार्य आसानी से हो जाता था किंतु जहां उसने अपनी अस्वीकृति अथवा अरुचि दिखाई, वह कार्य बड़ी शान से कमेटियों में दफन हो जाता था।"
- अध्यक्ष के निरंकुशतापूर्ण व्यवहार को देखकर 1910 में उसके विरुद्ध विद्रोह हुआ। उसके हाथ से स्थायी समितियों की नियुक्ति संबंधी शक्तियां छीन ली गईं। अब उसके हाथ में केवल थोड़ी-सी शक्तियां रह गई हैं जैसे कि वह सदन की प्रतिष्ठा और व्यवस्था बनाए रखता है, अव्यवस्था होने पर वह गैलरियां खाली करा सकता है, सदन में बोलने वाले सदस्यों को वह मान्यता प्रदान करता है तथा सभी प्रश्नों और प्रस्तावों पर उसके द्वारा मतदान लिया जाता है। किस विधेयक को किस समिति के पास भेजना है इसका निर्णय अध्यक्ष द्वारा ही किया जाता है। इस प्रकार अध्यक्ष प्रतिनिधि सदन का सबसे अधिक आदरणीय व्यक्ति है। यहां हमें यह बात ध्यान में रखनी चाहिए कि उसकी स्थिति किसी भी भांति कॉमंस सभा के अध्यक्ष की तरह महत्वपूर्ण नहीं है।
- कॉमंस सभा का अध्यक्ष मतदान के समय वोट नहीं देता, केवल गतिरोध की अवस्था में वह निर्णायक मत देता है, जबकि प्रतिनिधि सभा का अध्यक्ष अन्य सदस्यों की भांति ही बोलने और मत देने में अपने अधिकारों का प्रयोग करता है। इस प्रकार जहां ब्रिटिश कॉमंस सभा का अध्यक्ष उदारवादी, निर्दलीय, निष्पक्ष, कम बोलने वाला तथा न तो बहुमत और न ही अल्पमत का समर्थक होता है, वहीं इसके विपरीत अमेरिकी प्रतिनिधि सभा का अध्यक्ष न केवल एक उच्च राजनीतिक नेता, शक्तिशाली, दलीय भावना से ओतप्रोत बहुमत दल का उग्र समर्थक होता है, अपितु अपने दल की नीतियों को मनवाने और कार्यान्वित करवाने में महत्वपूर्ण योगदान देता है।
- प्रतिनिधि सभा तथा कॉमंस सभा के अध्यक्षों की उपरोक्त तुलना से एक बात स्पष्ट हो जाती है कि अगर शक्तियों के आधार पर देखा जाए तो प्रतिनिधि सभा के अध्यक्ष का नाम प्रथम आता है किंतु आदर्शवादिता और पद की श्रेष्ठता के आधार पर देखा जाए तो निश्चिय ही कॉमंस सभा के अध्यक्ष का पद अधिक आदरणीय है। यही कारण है कि विश्व के विभिन्न देशों ने कॉमंस सभा के अध्यक्ष के पद को अपनाने का प्रयत्न किया गया है।
- इंग्लैंड तथा अमेरिका के निम्न सदनों के अध्यक्षों की शक्तियों एवं स्थिति का अध्ययन करने के पश्चात् यह कहा जा सकता है कि दोनों में विशेष भिन्नता है, किंतु यह भिन्नता दोनों देशों में व्याप्त विभिन्न शासन प्रणालियों एवं विभिन्न परिस्थितियों के कारण है।

गणपूर्ति

संविधान के अनुसार प्रतिनिधि सभा की कार्यवाही चलाने के लिए सदस्यों के स्पष्ट बहुमत की उपस्थिति अनिवार्य है, अतः 435 में से कम-से-कम 218 सदस्यों की उपस्थिति होने पर ही सदन कार्य कर सकता है। हमें यह मानना होगा कि गणपूर्ति के लिए यह संख्या काफी अधिक है और इस कारण बहुत बार सदन की बैठकें स्थगित हो जाती हैं।

विशेषाधिकार

सीनेट के सदस्यों की भांति प्रतिनिधि सभा के सदस्यों को भी कुछ विशेषाधिकार मिले हुए हैं, जैसे सदन में बहस के समय उन्हें वाद-विवाद की स्वतंत्रता है किंतु उनकी स्वतंत्रता अध्यक्ष द्वारा मर्यादित की जा सकती है। किंतु सदन के अंदर भाषण में, या कही गई किसी और बात के लिए सदन के बाहर उन्हें उत्तरदायी नहीं ठहराया जा सकता। उन्हें अन्य विपक्षी संस्थाओं के सदस्यों की भांति वेतन तथा भत्ते आदि भी मिलते हैं। इसके अतिरिक्त अधिवेशन के दिनों में उन पर दीवानी मुकदमा नहीं चलाया जा सकता।

प्रतिनिधि सभा की शक्तियां

एक विधायी संस्था होने के कारण प्रतिनिधि सभा को विधायिनी क्षेत्र में तो महत्वपूर्ण शक्तियां मिली हुई हैं किंतु इसके अतिरिक्त इसे कुछ और शक्तियां भी प्राप्त हैं। ध्यातव्य है कि संविधान के निर्माता प्रतिनिधि सभा की अपेक्षा सीनेट को अधिक शक्तिशाली बनाना चाहते थे और वास्तविकता भी यही है कि आज सीनेट प्रतिनिधि सभा से अधिक शक्तिशाली सदन है। प्रतिनिधि सभा को संविधान के द्वारा जो शक्तियां दी गई हैं उनकी विवेचना निम्नवत् हैं–

प्रतिनिधि सभा की विधायी शक्तियां

- सीनेट की विधायी शक्तियों का अध्ययन करने पर सामान्य तौर पर विधायिनी क्षेत्र में कांग्रेस के दोनों सदनों को समान शक्तियां मिली हुई हैं अर्थात् कोई भी साधारण विधेयक दोनों में से किसी भी सदन में प्रस्तावित किया जा सकता है और जब तक दोनों सदन उस विधेयक पर अपनी सहमति न दे दें, वह राष्ट्रपति के हस्ताक्षर के लिए नहीं जा सकता। वैसे तो विधायी क्षेत्र में प्रतिनिधि सदन के पास सीनेट के बराबर शक्ति है किंतु जब हम इसकी तुलना इंग्लैंड की कॉमंस सभा तथा भारत की लोकसभा से करते हैं, तो हम देखते हैं कि यह अपेक्षाकृत एक कमजोर सदन है।
- यहां एक बात और उल्लेखनीय है कि इंग्लैंड की संसद की भांति प्रतिनिधि सभा तथा सीनेट विधायी क्षेत्र में सर्वोच्च नहीं हैं। जैसे, इंग्लैंड की संसद मनमाने ढंग से कानून बना सकती है, संशोधन कर सकती है अथवा उन्हें रद्द कर सकती है, अमेरिका में प्रतिनिधि सभा तथा सीनेट के विधायी अधिकार पर पहले तो राष्ट्रपति को निषेधाधिकार की शक्ति दी गई है और यदि राष्ट्रपति अपनी स्वीकृति दे भी दे तो सर्वोच्च न्यायालय न्यायिक पुनरीक्षण का प्रयोग करके इसे असंवैधानिक घोषित कर सकता हैं। इस प्रकार विधायी क्षेत्र में प्रतिनिधि सभा के पास बहुत अधिक शक्तियां नहीं हैं।

प्रतिनिधि सभा की वित्तीय शक्तियां

विधायी क्षेत्र की भांति वित्तीय क्षेत्र में भी प्रतिनिधि सभा तथा सीनेट को समान शक्तियां मिली हुई हैं। अंतर केवल इतना है कि इंग्लैंड की भांति यहां भी किसी धन विधेयक को केवल निम्न सदन में प्रारंभ किया जा सकता है और जब तक दोनों सदन विधेयक को पास करने पर सहमत न हो जाएं, विधेयक कानून नहीं बन सकता।

न्यायिक अधिकार

- न्यायिक क्षेत्र में भी प्रतिनिधि सभा की शक्तियां सीमित हैं। यह सदन सुप्रीम कोर्ट के अधीन न्यायालयों की स्थापना सीनेट के साथ मिलकर कर सकता है। अपने सदस्यों के चुनाव संबंधी झगड़ों का निपटारा सदन स्वयं करता है यदि कोई व्यक्ति सदन का अपमान करता है, तो यह उसे दंड दे सकता है।
- न्यायिक क्षेत्र में प्रतिनिधि सभा की सबसे महत्वपूर्ण शक्ति यह है कि यह राष्ट्रपति, उपराष्ट्रपति, विशिष्ट सरकारी अधिकारियों तथा न्यायाधीशों पर महाभियोग के लिए दोषारोपण कर सकता है। दोषारोपण का प्रस्ताव सीनेट के पास तभी जाएगा जब प्रतिनिधि सभा के दो-तिहाई सदस्य उस पर अपना समर्थन दे देंगे।
- 1789 से लेकर अब तक प्रतिनिधि सभा में 13 महाभियोग प्रक्रियाएं प्रस्तावित की गईं जिनमें से 12 पर सीनेट के द्वारा कार्यवाही की गई। 1974 में एक प्रक्रिया में सीनेट द्वारा कार्यवाही प्रारंभ करने से पहले ही राष्ट्रपति ने त्यागपत्र दे दिया। जिन 12 मामलों पर सीनेट के द्वारा कार्यवाही की गई थी उनमें से दो पर दोषारोपण नहीं हो पाया। 7 मामलों में व्यक्तियों को दोषमुक्त घोषित कर दिया और 4 में दंड देकर व्यक्तियों को उनके पद से हटा दिया गया।
- यही नहीं प्रतिनिधि सदन सीनेट के साथ मिलकर संवैधानिक संशोधन के प्रस्ताव को 2/3 बहुमत द्वारा पास कर सकता है। संविधान में संशोधन लाने के लिए राज्यों के 3/4 बहुमत का समर्थन अवश्य मिलना चाहिए। 1789 से लेकर आज तक 33 संवैधानिक संशोधन प्रस्तावित किए गए हैं और 1990 तक 27 संवैधानिक संशोधन स्वीकृत कर लागू किए जा चुके हैं। इस प्रकार संवैधानिक प्रक्रिया में प्रतिनिधि सदन तथा सीनेट समान शक्तियों का उपयोग करते हैं।
- इन विभिन्न शक्तियों के अतिरिक्त कांग्रेस को युद्ध की घोषणा करने का एक अन्य महत्वपूर्ण अधिकार भी दिया गया है जो सामान्यतः राज्याध्यक्ष के पास होता है। व्यवहार में राष्ट्रपति द्वारा ऐसी परिस्थितियां खड़ी की जा सकती हैं कि संसद के पास अन्य कोई विकल्प ही नहीं रहता और उसे युद्ध की घोषणा करनी ही पड़ती है, लेकिन 1973 के पश्चात् कांग्रेस ने इस शक्ति का प्रयोग अत्यधिक सतर्कता के साथ करना प्रारंभ कर दिया है।
- यह सर्वविदित है कि राष्ट्रपति का चुनाव एक निर्वाचक मंडल के द्वारा किया जाता है, यदि निर्वाचक मंडल में किसी भी उम्मीदवार को बहुमत नहीं मिलता तो ऐसे अवसर पर प्रतिनिधि सभा तीन सबसे अधिक मत प्राप्त करने वाले उम्मीदवारों में से राष्ट्रपति का निर्वाचन करती है।
- प्रतिनिधि सभा को एक अन्य शक्ति यह भी दी गई है कि वह प्रशासनिक निकाय की रचना करती है। इन निकायों के कर्मचारियों के अधिकारों तथा कर्तव्यों की केवल व्याख्या ही प्रतिनिधि सदन नहीं करता, अपितु उनके कार्यों का निरीक्षण भी करता है तथा उन्हें आवश्यक आदेश भी देता है।
- विभिन्न लोकतंत्रात्मक राज्यों में युद्ध की घोषणा का अधिकार कार्यपालिका के अध्यक्ष के हाथ में होता है, अमेरिका में यह अधिकार कांग्रेस को दिया गया है। अतः जब कभी कोई राष्ट्र अमेरिका पर सशस्त्र आक्रमण करता है तब प्रतिनिधि सभा सीनेट के साथ मिलकर युद्ध की घोषणा करती है।

सीनेट तथा प्रतिनिधि सभा की स्थिति की तुलना

- प्रतिनिधि सभा की इन उपरोक्त शक्तियों को देखने के पश्चात् हम कह सकते हैं कि प्रतिनिधि सभा सीनेट की अपेक्षा एक अधिक शक्तिशाली सदन है। राजनीतिक विचारक लास्की के अनुसार, "प्रतिनिधि सभा उन कृत्यों को रोकने में जिनकी उससे आशा थी बुरी तरह असफल रही है।" इस असफलता में विभिन्न तत्वों ने योगदान दिया है, जैसे-प्रतिनिधि सभा के सदस्य दो वर्षों के लिए चुने जाते हैं। छोटी कार्य अवधि के कारण सदस्यों को अगले चुनाव की चिंता सताने लगती है।
- सीनेट के सदस्यों के विपरीत प्रतिनिधि सभा के सदस्य अनुभवी राजनीतिज्ञ तथा राज्य के ख्यातिप्राप्त व्यक्ति नहीं होते। विधायी तथा वित्तीय क्षेत्रों में अन्य देशों के निम्न सदनों की भांति प्रतिनिधि सभा को अधिक शक्तियां न देकर सीनेट के साथ समान शक्तियां दी गई हैं।
- कार्यकारिणी क्षेत्र में तो प्रतिनिधि सभा के पास कोई भी प्रभावकारी शक्तियां नहीं हैं। न तो कार्यपालिका इसके प्रति उत्तरदायी है तथा न ही यह उसे अविश्वास के प्रस्ताव द्वारा अपदस्थ कर सकती है। यही कारण है कि अमेरिका में यह कहा जाता है कि यदि किसी नागरिक से पूछा जाए कि वह प्रतिनिधि सभा का सदस्य बनना चाहेगा या कि सीनेट का, तो शत-प्रतिशत उसका उत्तर सीनेट के पक्ष में ही होगा; क्योंकि सीनेट एक अत्यधिक शक्तिशाली सदन है।
- लास्की तो 'सीनेट को प्रतिनिधि सभा का स्वामी' कहता है। एक अन्य विचारक बियर्ड के अनुसार, "सीनेट अपनी तकनीकी चतुरता, लंबे अनुभव तथा कानूनी योग्यता के कारण राजनीतिक दांव-पेच में निम्न सदन से बढ़कर है। चाहे अपने गुणों के कारण हो या अन्य कारणों से यह सर्वसम्मत कथन है कि सीनेट सरकार तथा राजनीति में प्रतिनिधि सभा पर छाई हुई है।"
- प्रतिनिधि सभा की स्थिति का अध्ययन करने के पश्चात् यह निःसंदेह कहा जा सकता है कि इसकी अपेक्षा सीनेट एक अधिक शक्तिशाली सदन है। इसे यदि संघीय शासन प्रणाली की रीढ़ की हड्डी कहा जाए तो गलत न होगा। राजनीतिक विचारक मैथ्यूज के मत में, "सीनेट को संवैधानिक ढांचे में केंद्रीय स्थान प्राप्त है।"
- साधारणतया सीनेट को उच्च सदन कहा जाता है किंतु यह केवल एक उच्च सदन ही न होकर एक असाधारण सदन है। समय के साथ-साथ सीनेट अपनी शक्तियां और प्रतिष्ठा बढ़ाने में सफल हुई है। राजनीतिक विचारक डी. टाक्विल के कथनानुसार, "वाशिंगटन में प्रतिनिधि सभा में प्रवेश करने पर महासभा के गंवारू ढंग पर दृष्टि जाना आवश्यक है। इससे कुछ गज की दूरी पर सीनेट के दरवाजे खुलते हैं जिसके छोटे से स्थान में अमेरिका के अधिकतर प्रसिद्ध व्यक्ति उपस्थित रहते हैं।" इसका अभिप्राय यह है कि सीनेट में उत्तम वक्ता, बुद्धिमान व्यक्ति तथा प्रसिद्ध राजनीतिज्ञ होते हैं। अतः इस सदन का प्रभावशाली होना कोई बड़ी बात नहीं है।
- यदि हम विश्व के विभिन्न देशों के विधानमंडलों का अध्ययन करें तो हम देखते हैं कि निम्न सदनों के पास (चाहे वह इंग्लैंड की कॉमंस सभा हो या भारत की लोकसभा) उच्च सदन की अपेक्षा अधिक शक्तियां हैं। किंतु, संयुक्त राज्य अमेरिका में सीनेट की शक्तियों का अध्ययन करने के पश्चात् हम यह कह सकते हैं कि सैद्धांतिक तथा वास्तविक रूप में उच्च सदन अधिक शक्तिशाली है।
- आकार की दृष्टि से सीनेट में केवल 100 सदस्य हैं, जबकि प्रतिनिधि सभा में 435 हैं। अतः छोटे सदन में विचारों का आदान-प्रदान और वाद-विवाद अधिक प्रभावशाली ढंग से हो सकता है। विभिन्न देशों में उच्च सदन के सदस्यों का निर्वाचन अप्रत्यक्ष ढंग से किया जाता है। अमेरिका में 17वें संशोधन के बाद सीनेट के सदस्य भी प्रतिनिधि सभा के सदस्यों की भांति जनता द्वारा प्रत्यक्ष ढंग से चुने जाते हैं, अतः सीनेट भी उतना ही लोकप्रिय सदन है जितनी कि प्रतिनिधि सभा।
- यही नहीं, अमेरिका की सीनेट अमेरिकी संघ में छोटे राज्यों को आकर्षित करने में सफल हुई है, क्योंकि राज्य का आकार छोटा हो या बड़ा, जनसंख्या कम हो या अधिक प्रत्येक राज्य सीनेट के दो सदस्यों में से एक बनना चाहेगा न कि जनसंख्या के आधार पर चुने गए अनेक प्रतिनिधियों में से एक। संविधान निर्माताओं ने सीनेट में इस समान प्रतिनिधित्व को इतना महत्वपूर्ण समझा कि उन्होंने यहां तक कह दिया कि इस समान प्रतिनिधित्व के अधिकार को संवैधानिक संशोधन के द्वारा भी कम अथवा अधिक नहीं किया जा सकता।

- विभिन्न देशों के विधानमंडलों का तुलनात्मक अध्ययन करने के पश्चात् हम कह सकते हैं कि निम्न सदन तथा उच्च सदन के कार्यकाल में इतना अधिक अंतर नहीं है जितना हमें अमेरिका में देखने को मिलता है। सीनेटरों का कार्यकाल ही छह वर्ष नहीं (जो कि प्रतिनिधि सभा के सदस्यों से तीन गुणा है) अपितु, इसे एक स्थायी सदन भी बनाया गया है। यही नहीं, इसके कई सदस्य तो पुन: भी निर्वाचित हो जाते हैं। उदाहरण के लिए, डॉ. स्मिथ 36 वर्ष तक इस सदन के सदस्य रहे। इस लंबी अवधि की चर्चा तथा उपयोगिता का वर्णन करते हुए ब्राइस ने कहा है, "इसके अधिकतर सदस्य छह या अधिक वर्षों तक अपने पद पर सुरक्षित रहते हैं। अत: वे सहज में ही सार्वजनिक भावना के झकोरों से प्रभावित नहीं होते।"
- सीनेट को विश्व का शक्तिशाली उच्च सदन बनाने में बाकी तत्वों ने जो चाहे भूमिका निभाई हो किंतु संविधान निर्माताओं द्वारा इसे कार्यकारिणी अधिकारों का देना ऐसा कदम था जिसका उल्लेख विशेष रूप से होना चाहिए। भारत तथा इंग्लैंड में कार्यकारिणी अधिकार निम्न सदन के पास हैं, लेकिन अमेरिका में ये अधिकार सीनेट को दिए गए हैं। राष्ट्रपति जितनी भी नियुक्तियां करता है उन पर सीनेट के सदस्यों का समर्थन-कुल सदस्यों के बहुमत द्वारा आवश्यक है। इसी प्रकार राष्ट्रपति द्वारा की गई विदेशों के साथ संधियां तभी मान्य होंगी, जब सीनेट का दो-तिहाई बहुमत उनका समर्थन कर दे। लास्की के शब्दों में, "अंतर्राष्ट्रीय मामलों में प्रभाव रखने के नाते विश्व की कोई विधायिनी सभा सीनेट का मुकाबला नहीं कर सकती।"
- वैसे तो सभी देशों में विधानपालिका के सदस्यों को भाषण की स्वतंत्रता प्राप्त है, परंतु सीनेट के सदस्यों को फिलिबस्टरिंग की प्रथा के कारण अमर्यादित भाषण का अधिकार मिला हुआ है। अत: प्रतिबंधों के अभाव में सीनेट के सदस्य राष्ट्रीय महत्व के विषयों पर सफलतापूर्वक वाद-विवाद करते हैं। ब्रोगन के शब्दों में, "यदि प्रतिनिधि सभा विश्व में अत्यधिक सीमित वाद-विवाद करने वाला सदन है, तो इसके विपरीत सीनेट अत्यंत स्वतंत्र रूप से वाद-विवाद करने वाली संस्था है।"
- उपरोक्त विभिन्न तथ्यों का अध्ययन करने के पश्चात् हम कह सकते हैं कि सीनेट को एक द्वितीय या दूसरे दर्जे का सदन कहना भूल होगी। सीनेट विशाल शक्तियों तथा कार्यों वाली एक सुसंगठित संस्था है। यदि विश्व की विभिन्न शासन प्रणालियों से उच्च सदन समाप्त कर दिए जाएं तो यह और अधिक लोकतंत्रात्मक बन जाएगी। किंतु यदि अमेरिका से सीनेट को समाप्त कर दिया जाए तो देश का प्रशासन एक दिन भी नहीं चल सकता। इसका प्रमुख कारण यह है कि अमेरिका के प्रशासन में कुछ कार्य सीनेट तथा प्रतिनिधि सभा मिलकर कर सकते हैं (जैसे विधेयकों को कानून बनाना), कुछ कार्य ऐसे भी हैं जिन्हें सीनेट तथा राष्ट्रपति मिलकर संपन्न कर सकते हैं (जैसे नियुक्तियां तथा संधियां करना), किंतु, ऐसा एक भी कार्य नहीं है जो कि राष्ट्रपति तथा प्रतिनिधि सभा मिलकर कर सकें। यही कारण है कि सर हेनरी मेन के मत में, "इस समय यह (सीनेट) विश्व की शक्तिशाली राजनीतिक संस्थाओं में से एक है।"

विधि निर्माण प्रक्रिया

- अमेरिकी संविधान की एक विशेषता यह है कि यहां संघीय शासन प्रणाली अपनाई गई है। किसी भी संघीय प्रणाली में शक्तियां केंद्र तथा राज्यों के बीच बंटी होती हैं। अमेरिका में भी कुछ विषयों पर कानून बनाने का अधिकार केंद्रीय विधानमंडल कांग्रेस को दिया गया है। संविधान के अनुच्छेद 1 के अनुसार, "इस संविधान में वर्णित समस्त विधायिनी शक्तियां संयुक्त राज्य की कांग्रेस को प्राप्त होंगी।" इस प्रकार जिन विषयों का वर्णन केंद्रीय सूची में किया गया है उन पर कानून बनाने का अधिकार कांग्रेस को है।
- विधि निर्माण प्रक्रिया के बारे में एक बात विशेष रूप से उल्लेखनीय है कि जिस प्रकार इंग्लैंड में सार्वजनिक विधेयक मंत्रिमंडल के सदस्यों के द्वारा किसी भी सदन में प्रस्तावित किए जा सकते हैं तथा व्यक्तिगत विधेयक निजी सदस्यों के द्वारा प्रस्तावित किए जाते हैं; इसके विपरीत, अमेरिका में सार्वजनिक तथा व्यक्तिगत विधेयक कांग्रेस के सदस्यों द्वारा ही किसी भी सदन में प्रस्तावित किए जा सकते हैं। इस प्रकार यद्यपि अमेरिका की विधि निर्माण प्रक्रिया पर ब्रिटिश विधि निर्माण प्रक्रिया का प्रभाव तो है किंतु दोनों को एक जैसा नहीं कहा जा सकता। अमेरिका में एक विधेयक को पारित होने के लिए जिन विभिन्न अवस्थाओं से गुजरना पड़ता है वे अवस्थाएं निम्नलिखित हैं–

विधेयक प्रस्तुत करना

- संयुक्त राज्य अमेरिका में विधेयक पेश करने की विधि बहुत आसान है, जो भी सदस्य विधेयक पेश करना चाहता है वह विधेयक की एक कॉपी अपने नाम के साथ सदन के क्लर्क के पास रखे एक संदूक, जिसे हौपर कहा जाता है, में डाल देता है। यदि सदन के अधिवेशन के दिनों में इस विधेयक पर विचार करने का निर्णय ले लिया जाए तो विधेयक सदन में पेश हो जाता है और यदि सदन के अधिवेशन में विधेयक पर विचार नहीं होता तो वह अपने आप समाप्त हो जाता है, लेकिन यदि सदस्य चाहे तो अगले अधिवेशन में इस विधेयक को सदन के पास दुबारा विचार के लिए रख सकता है।

विधेयक का प्रथम वाचन

मान लीजिए विधेयक प्रतिनिधि सभा में पेश हुआ तो प्रतिनिधि सभा उस विधेयक पर तुरंत ही क्रम संख्या डाल देती है फिर विधेयक को छाप दिया जाता है। अगले ही दिन प्रतिनिधि सभा के सदस्यों में विधेयक की प्रतियां बांट दी जाती हैं। इस अवस्था को ही विधेयक का प्रथम वाचन कहा जाता है।

समिति अवस्था

- विधेयक के प्रथम वाचन के पश्चात् उसे प्रतिनिधि सभा की किसी समिति के पास भेज दिया जाता है। समिति के पास भेजने से पहले यह देखा जाता है कि इस विधेयक का विषय क्या है? उस विषय से संबंधित समिति के पास ही विधेयक भेजा जाता है। अमेरिका में प्रतिनिधि सभा की लगभग 20 स्थायी समितियां हैं जिनके अतिरिक्त सम्मेलन समितियां, संयुक्त समितियां आदि भी देखने को मिलती हैं। ये समितियां विधि-निर्माण प्रक्रिया में बहुत ही महत्वपूर्ण योगदान देती हैं। यही कारण है कि यदि विल्सन इन्हें 'लघु विधानमंडल' के नाम से पुकारता है, तो रीड इन्हें सदन की 'आंख, कान, नाक तथा मस्तिष्क' कहता है।
- समिति अवस्था विधेयक के लिए अत्यधिक महत्वपूर्ण है, क्योंकि विधेयक पर विचार-विमर्श करने के पश्चात् समिति द्वारा यह फैसला किया जाता है कि उस विधेयक को कानून बनाने की जरूरत है या नहीं। यही कारण है कि समिति अवस्था को विधेयक के जीवन-मरण की स्थिति कहा जाता है। विधेयक पर पूरी तरह सोच-विचार करके समिति निम्नलिखित निर्णयों में से एक निर्णय देती है–
  - ❖ समिति विधेयक को सदन द्वारा पास करने की सिफारिश कर सकती है, या
  - ❖ यह सुझाव दे सकती है कि कुछ संशोधनों के साथ विधेयक को सदन द्वारा पास कर दिया जाए, या
  - ❖ आए हुए विधेयक को समाप्त करके उसके स्थान पर नया विधेयक सदन के पास भेज सकती है या
  - ❖ विधेयक को समाप्त करने की सिफारिश करते हुए उसके विरोध में सिफारिश कर सकती है, अथवा
  - ❖ सदन को विधेयक रद्द करने की सिफारिश कर सकती है।

- इंग्लैंड और अमेरिका की विधि निर्माण प्रक्रिया में इस अवस्था पर हमें महान अंतर दिखाई देता है। इंग्लैंड में प्रथम वाचन के पश्चात् द्वितीय वाचन होता है जहां यह पता लगाया जाता है कि सदन विधेयक को पास करने के पक्ष में है या नहीं और फिर इसे सदन की समितियों में से किसी एक के पास भेजा जाता है, जिससे विधेयक पर समितियों द्वारा लगाया गया समय व्यर्थ नहीं जाता।
- इसके विपरीत, अमेरिका में प्रथम वाचन के बाद ही सदन की इच्छा को जाने बिना विधेयक समिति के पास भेज दिया जाता है, जहां इस बात की संभावना होती है कि समिति द्वारा दिए गए सुझाव सहित आए विधेयक को सदन अस्वीकृत कर दे। अतः इससे समिति द्वारा लगाया गया समय तथा शक्ति व्यर्थ जा सकती है।

सूची स्तर

सदन द्वारा प्रस्तावित विधेयकों में से लगभग 90% विधेयक समिति अवस्था पर ही समाप्त हो जाते हैं, लेकिन यदि समिति किसी विधेयक को उपयोगी समझती है, तो विषय के अनुसार किन्हीं पांच सूचियों में से किसी एक में इसका सूचीकरण कर दिया जाता है ये पांच सूचियां हैं–

- **संघ सूची:** जिसमें राजस्व और विनियोग से संबंधित सार्वजनिक विधेयक रखे जाते हैं।
- **सदन की सूची:** इसके अंतर्गत वे सार्वजनिक विधेयक आते हैं जिनका संबंध वित्त से नहीं होता।
- **संपूर्ण सदन सूची:** इसके अंतर्गत जिन विधेयकों का संबंध असार्वजनिक विषयों से होता है, उन्हें लिया जाता है।
- **सहमति सूची:** सार्वजनिक विधेयक जिन्हें राष्ट्रीय महत्व का समझा जाता है वे इस सूची में भेज दिए जाते हैं, तथा
- **विमुक्ति सूची:** इसके अंतर्गत वे विधेयक आते हैं जो समिति के पास रह जाते हैं और यदि 30 दिन तक समिति उन पर कोई कार्यवाही नहीं करती तो उन विधेयकों को सदन के बहुमत प्रस्ताव द्वारा समिति से वापस बुला लिया जाता है तथा विमुक्ति सूची में डालकर सदन के विचारार्थ रखा जाता है।

द्वितीय वाचन

- दूसरे वाचन के अंतर्गत पूर्व निर्धारित तिथि पर वित्त संबंधी सार्वजनिक विधेयक के ऊपर विधिवत् विचार किया जाता है, किंतु ऐसे अवसर पर सदन संपूर्ण सदन की समिति में परिवर्तित हो जाता है प्रतिनिधि सभा का अध्यक्ष अपना स्थान त्याग देता है तथा गणपूर्ति के लिए आधे सदस्यों के स्थान पर केवल 100 सदस्यों की उपस्थिति आवश्यक हो जाती है। सदन के सदस्य विधेयक के पक्ष और विपक्ष में अपने विचार प्रकट करते हैं। इसी अवस्था में, विधेयक के बारे में संशोधन सुझाये जाने तथा प्रत्येक धारा पर गंभीर रूप से वाद-विवाद होता है। पूर्व-निश्चित समय पर बहस हो चुकने के पश्चात् विधेयक पर मतदान करा लिया जाता है।
- जो सार्वजनिक विधेयक वित्त से संबंधित नहीं होते उन पर विचार-विमर्श संपूर्ण सदन के द्वारा किया जाता है। वाद-विवाद, विचार-विमर्श तथा संशोधन आदि सुझाने के बाद इन विधेयकों पर भी मतदान होता है और विधेयक यदि दूसरे वाचन में सदन के बहुमत द्वारा पारित हो जाता है, तो इस विधेयक का तीसरा वाचन होता है।

तृतीय वाचन

विधेयक के जीवन का यह एक औपचारिक स्तर है, क्योंकि विधेयक की धाराओं पर अब विस्तृत विवेचन अथवा विश्लेषण नहीं किया जाता। केवल विधेयक का शीर्षक ही पढ़ा जाता है और फिर सदन की स्वीकृति के लिए रख दिया जाता है। तीसरे वाचन में पास हो जाने पर स्पीकर या अध्यक्ष उस पर हस्ताक्षर करके उसे दूसरे सदन में भेज देता है।

विधेयक दूसरे सदन में

- प्रतिनिधि सभा द्वारा पास हो जाने पर विधेयक को दूसरे सदन-सीनेट में भेज दिया जाता है। यहां भी विधेयक को वैसी ही अवस्थाओं से गुजरना पड़ता है जिनसे वह प्रतिनिधि सदन में गुजरा था। सीनेट उस विधेयक पर विचार-विमर्श करके निम्न तीन में से एक कदम उठा सकती है–
  - ❖ विधेयक को उसी रूप में पास करके राष्ट्रपति के हस्ताक्षर के लिए भेज दे।
  - ❖ विधेयक में संशोधन सुझाकर उसे प्रतिनिधि सभा के पास वापस भेज दे।
  - ❖ विधेयक को पास करने से इंकार कर दे।
- यदि प्रतिनिधि सभा तथा सीनेट में किसी विधेयक पर मतभेद हो जाता है, तो ऐसी अवस्था में संयुक्त कांफ्रेंस कमेटी बुलाई जाती है जो इस मतभेद को समाप्त करने का पूरा प्रयत्न करती है। यदि इस समिति में समझौता हो जाता है तथा उसे दोनों सदनों द्वारा मान लिया जाता है, तो विधेयक राष्ट्रपति के हस्ताक्षर के लिए भेज दिया जाता है।

राष्ट्रपति की स्वीकृति

- दोनों सदनों द्वारा पास हो जाने पर विधेयक को राष्ट्रपति की स्वीकृति तथा हस्ताक्षर के लिए भेजा जाता है। राष्ट्रपति को हस्ताक्षर के लिए 10 दिन का समय दिया जाता है। यदि राष्ट्रपति 10 दिन तक विधेयक पर कोई कदम नहीं उठाता तो यह मान लिया जाता है कि राष्ट्रपति ने विधेयक पर अपनी स्वीकृति दे दी तथा विधेयक कानून बन जाता है। राष्ट्रपति यदि चाहे तो 10 दिनों के अंदर उस विधेयक पर संशोधन सुझाकर जिस सदन में विधेयक आरंभ हुआ था वहीं भेज सकता है या फिर यदि वह चाहे तो अपने निषेधाधिकार का प्रयोग करके उसे रद्द कर सकता है। संविधान के अनुसार यदि राष्ट्रपति किसी विधेयक को रद्द कर दे तथा कांग्रेस के दोनों सदन उसी विधेयक को दुबारा 2/3 बहुमत से पास कर दें तो राष्ट्रपति को अपनी स्वीकृति देनी होगी। इस प्रकार अमेरिका में इन विभिन्न अवस्थाओं से गुजरकर विधेयक कानून का रूप धारण करता है।
- अमेरिका तथा इंग्लैंड की विधि निर्माण प्रक्रियाओं को देखने के पश्चात् हम कह सकते हैं कि दोनों में काफी अंतर है। इस अंतर को हम निम्नलिखित ढंग से समझ सकते हैं–

  1. इंग्लैंड में विधेयक जिन अवस्थाओं से गुजरता है उनका क्रम इस प्रकार है–प्रथम वाचन, द्वितीय वाचन, कमेटी स्तर, रिपोर्ट स्तर तथा तृतीय वाचन। इसके विपरीत अमेरिका में जो क्रम अपनाया गया है वह है–प्रथम वाचन, कमेटी स्तर, विधेयक का सूचीकरण, द्वितीय वाचन तथा तृतीय वाचन। अतः इंग्लैंड में कमेटी स्तर द्वितीय वाचन के बाद होता है जबकि अमेरिका में कमेटी स्तर को प्रथम वाचन के बाद ही रखा गया है।

  2. इंग्लैंड में सार्वजनिक विधेयकों को मंत्रिमंडल के सदस्यों द्वारा प्रस्तावित किया जाता है तथा दलीय अनुशासन के कारण वे उसी रूप में पास कर दिए जाते हैं। इसके विपरीत अमेरिका में मंत्रिमंडल के सदस्य कोई भी विधेयक पेश नहीं कर सकते।

  3. अमेरिका में विधेयक का विषय देखते हुए उससे संबंधित कमेटी के पास भेजा जाता है, जबकि इंग्लैंड में किसी भी स्थायी समिति के पास भेज दिया जाता है।

  4. अमेरिका में दोनों सदनों को समान शक्तियां दी गई हैं। मतभेद की दशा में संयुक्त कॉन्फ्रेंस कमेटी की व्यवस्था है। इसके विपरीत इंग्लैंड में लॉर्ड सभा किसी साधारण विधेयक पर अपनी स्वीकृति देती है या

नहीं, उस पर निर्भर करता है, परंतु 1911 तथा 1949 के संसदीय अधिनियमों के अंतर्गत 1 वर्ष के बाद ऐसे विधेयक राजा या रानी के हस्ताक्षरों के लिए प्रेषित कर दिए जाते हैं।

5. अमेरिका में राष्ट्रपति को निषेधाधिकार दिया गया है तथा राष्ट्रपति इसका प्रयोग भी करता है जबकि इंग्लैंड में परंपराओं के अंतर्गत जो भी विधेयक राजा या रानी के पास आता है यह मान लिया जाता है कि वह अवश्य ही उसके हस्ताक्षर प्राप्त करके कानून बन जाएगा।

- इन विभिन्न अंतरों को देखने के पश्चात् तुलनात्मक शासन और राजनीति का विद्यार्थी यह समझ गया होगा कि यह अंतर इसलिए दिखाई देते हैं, क्योंकि दोनों देशों की शासन व्यवस्थाएं एवं परिस्थितियां अलग-अलग हैं।

समिति व्यवस्था

- विश्व भर में समय बचाने तथा कुशलतापूर्वक कार्य करने के लिए विधायी संस्थाएं समितियों का सहारा लेती हैं। वैसे भी आधुनिक काल में पुलिस राज्य ने कल्याणकारी राज्य का रूप धारण कर लिया है, जिसके कारण संसदों का कार्यभार बहुत अधिक बढ़ गया है। संसद के सदस्य सभी प्रकार की विधायी पेचीदगियों से पूरी तरह परिचित नहीं हैं और न ही वे विधि-निर्माण प्रक्रिया को पूर्णत: समझने में समय ही लगाते हैं। इंग्लैंड और फ्रांस की भांति अमेरिका की कांग्रेस भी समितियों का सदुपयोग करती है। राजनीतिक विचारक हैरिस के मत में, "कांग्रेस का वास्तविक कार्य दोनों सदनों के भीतर नहीं होता अपितु यह समितियों द्वारा संपन्न किया जाता है जिन्हें लघु विधानमंडल कहा जाता है।" संभवत: इसीलिए समितियां इतनी अधिक शक्तिशाली हो गई हैं कि कोई विधेयक कानून बनने के लिए इनका सहारा लिए बिना नहीं रह सकता। इन्हें सदन की आंखें, कानून, हाथ एवं दिमाग की उपमा दी जाती है। जैसा कि विधायी प्रक्रिया की चर्चा करते हुए पहले ही कहा जा चुका है कि अमेरिका में विधेयक की प्रस्तावना के बाद उसे किसी-न-किसी समिति के पास अवश्य भेजा जाता है जो उस विधेयक पर अपनी रिपोर्ट सदन को भेजती है। जिन विधेयकों पर कमेटी कोई भी रिपोर्ट न दे उन्हें समाप्तप्राय समझा जाता है।
- संयुक्त राज्य अमेरिका में समिति व्यवस्था के विकास में अनेक दशाब्दियों का समय लगा है। प्रारंभ में सदन की विधानीय कार्यवाही के लिए विधेयक समस्त सदन की समिति में रखा जाता था जहां वाद-विवाद के नियम एक अनौपचारिक वातावरण में व्यावहारिक रूप ग्रहण करते थे। धीरे-धीरे सदस्यों की संख्या में वृद्धि होने के कारण समस्त सदन की समिति का प्रयोग कठिन हो गया और केवल गिने-चुने कार्यों के लिए ही किया जाने लगा। समस्त सदन की समिति का स्थान विशेष तथा प्रवर समितियों ने ले लिया जो अपना उत्तरदायित्व पूरा करके समाप्त हो जाती थीं। समय के साथ स्थायी समितियां सदन में महत्वपूर्ण भूमिका निभाने लगीं और समस्त विधायी कार्य इन्हीं की सहायता से किया जाने लगा।
- यह स्थायी समितियां यद्यपि अत्यधिक शक्तिशाली हैं, किंतु इनके अतिरिक्त कांग्रेस में विशेष समितियां, संयुक्त समितियां, कॉन्फ्रेंस समितियां एवं समस्त सदन की समिति भी अपना योगदान देती है।

स्थायी समितियां

- कांग्रेस का अधिकांश विधायी कार्य स्थायी समितियों के माध्यम से ही किया जाता है। यह समितियां निरंतर बनी रहती हैं और कांग्रेस के प्रथम अधिवेशन में ही इनका गठन कर दिया जाता है। ज्यों-ज्यों सदन का कार्यभार बढ़ता जा रहा है वैसे-वैसे स्थायी समितियों की संख्या भी बढ़ती जा रही है।
- स्थायी समिति में सबसे महत्वपूर्ण स्थान समिति के अध्यक्ष का होता है। परंपरा के अनुसार कमेटी में सबसे वरिष्ठ सदस्य को अध्यक्ष बनाया जाता है जो सामान्यत: बहुमत दल का ही वरिष्ठ सदस्य होता है। औपचारिक रूप से अध्यक्ष को सदन द्वारा निर्वाचित किया जाता है, लेकिन व्यवहार में वह बहुमत दल द्वारा ही चुना जाता है।

नियम संबंधी समिति

- अमेरिका में स्थायी समितियां किसी विशेष विषय से संबंधित होती हैं जो उनके नाम से परिलक्षित होता है जैसे कृषि संबंधी, विदेशी मामलों संबंधी, शिक्षा एवं श्रम संबंधी आदि। किंतु नियम संबंधी समिति जो कि समस्त विधानीय प्रक्रिया से संबंधित होती है उसकी शक्ति अत्यंत विस्तृत एवं व्यापक है।
- प्रारंभ में यह एक बहुत ही छोटी और एक महत्वहीन प्रवर समिति थी इसका कार्य सदन के अधिवेशन के प्रारंभ में नियमों के संबंध में रिपोर्ट देना था। इसकी शक्तियों में विस्तार अध्यक्ष के द्वारा दिए गए आदेशों के परिणामस्वरूप बढ़ता गया। उदाहरण के लिए, 1841 के पहले किसी निर्धारित नियम में परिवर्तन लाने के लिए सदन का दो-तिहाई बहुमत चाहिए था, लेकिन उस वर्ष अध्यक्ष ने अपना निर्णय देते समय इसे साधारण बहुमत में परिवर्तित कर दिया।
- 1853 में इसे यह अधिकार दिया गया कि वह सदन की बैठकों में किसी भी समय हस्तक्षेप कर सकती है। इसी प्रकार 1894 में इसे इस बात का अधिकार दिया गया कि यह अपनी सभाएं उस समय भी कर सकती है, जब सदन का अधिवेशन चल रहा हो। 1910 में अध्यक्ष का क्षेत्राधिकार इस कमेटी पर से उठ गया परंतु यह कमेटी सदन पर अपना प्रभाव बनाए रही।

विशेष समितियां

- सामान्यत: विधानमंडल किसी विशेष कार्य को संपन्न कराने के लिए विशेष प्रवर समितियों का संगठन करते हैं और जब यह समितियां उस विषय से संबंधी रिपोर्ट दे देती हैं, तो इन्हें समाप्त कर दिया जाता है। संयुक्त राज्य अमेरिका में भी यदि प्रतिनिधि सभा आवश्यक समझे तो अध्यक्ष को समय-समय पर इसी प्रकार की विशेष समितियों को गठित करने का निर्देश दे सकता है।
- प्राय: इन विशेष समितियों का गठन किसी ऐसे प्रश्न को सुलझाने के लिए किया जाता है जो कि स्थायी समितियों द्वारा शीघ्र गति से न किया जा सकता हो या फिर जो असामान्य प्रकृति के प्रश्न हों। यहां यह वर्णित करना जरूरी है कि यह विशेष समितियां अस्थायी होती हैं जिनके सदस्यों का मनोनयन अध्यक्ष द्वारा किया जाता है और सदन को अपनी रिपोर्ट देने के पश्चात् इनका कार्य समाप्त हो जाता है। यह विशेष समितियां किसी भी विषय के संबंध में जांच-पड़ताल करने के लिए गवाहों को बुलाने का और उनसे संबंधित मामले के बारे में अनिवार्य रूप से जानकारी देने का अधिकार रखती हैं।

सम्मेलन समितियां

- संयुक्त राज्य अमेरिका में कोई भी विधेयक तब तक पारित नहीं हो सकता जब तक दोनों सदनों द्वारा अलग-अलग इन्हें पारित न कर दिया जाए। जब कभी दोनों सदनों में विरोधाभास हो जाए तो इनको समाप्त करने के लिए सम्मेलन समिति का गठन किया जाता है। इस प्रकार से यह समिति भी दोनों सदनों की संयुक्त समिति ही होती है, लेकिन इसे केवल एक ही प्रमुख कार्य सौंपा जाता है और वह है दोनों सदनों में मतभेद को दूर करना।
- राजनीतिक विचारक मुनरो के अनुसार, "सम्मेलन समितियां विशेष समितियां हैं जो एक विशेष निर्दिष्ट कार्य को संपन्न करने के लिए गठित की जाती हैं और उस कार्य की संपन्नता पर भंग कर दी जाती हैं।" इस सम्मेलन समिति में दोनों सदनों के प्रमुख सदस्य जिनकी संख्या 3 से 9 तक समान रूप से ली जाती है।
- इन सदस्यों का नामांकन अध्यक्ष तथा सीनेट के चेयरमैन (उपराष्ट्रपति) द्वारा किया जाता है जो यह कार्य स्थायी समितियों के अध्यक्षों से परामर्श करके ही करते हैं। मुनरो ने इस प्रक्रिया को निम्न शब्दों में व्यक्त किया है-"जब

प्रतिनिधि सदन और सीनेट किसी विधेयक पर सहमत नहीं होते या फिर दोनों में से एक सदन विभिन्न संशोधनों द्वारा उसे पारित करता है और दूसरा उसे अस्वीकार करता है ऐसे अवसर पर एक समझौतावादी दृष्टिकोण अपनाने के लिए दोनों सदनों के प्रतिनिधियों का सम्मेलन आयोजित किया जाता है।

अमेरिकी सीनेट की रचना, शक्तियां तथा कार्य

- संयुक्त राज्य अमेरिका की संसद कांग्रेस द्वि-सदनीय विधानमंडल है। इसके निचले सदन को प्रतिनिधि सदन तथा ऊपरी सदन को सीनेट की संज्ञा दी गई है। मुनरो के अनुसार, सीनेट को दूसरा सदन कहना गलत शब्दावली का प्रयोग है। सीनेट हर पक्ष से पहले दर्जे पर आता है। विश्व के सारे ऊपरी सदन निचले सदन से कम शक्तिशाली होते हैं, परंतु संयुक्त राज्य अमेरिका का सीनेट प्रतिनिधि सभा के बराबर की शक्तियों से कुछ अधिक, विशेष शक्तियां रखता है। संविधान में भी सीनेट का नाम प्रतिनिधि सदन से पहले आता है। विश्व के दूसरे सदनों में सीनेट ही एकमात्र ऐसा सदन है, जो निचले सदन प्रतिनिधि सभा की तुलना में अधिक शक्तिशाली है।

सीनेट की संरचना

- प्रतिनिधि सभा समस्त राष्ट्र का प्रतिनिधित्व करती है, जबकि सीनेट राज्यों का प्रतिनिधित्व करती है। सीनेट संयुक्त राज्य अमेरिका की राष्ट्रीय प्रणाली का सबसे बड़ा चिह्न है। इसमें सारे सदस्य राज्यों को चाहे वे बड़े हों या छोटे, समान प्रतिनिधित्व दिया गया है। संयुक्त राज्य अमेरिका में 50 राज्य हैं। प्रत्येक राज्य को सीनेट में दो प्रतिनिधि भेजने का अधिकार है। इसके सदस्यों की कुल संख्या 100 है।
- संविधान के अनुच्छेद 5 में यह व्यवस्था की गई है कि किसी भी राज्य को उसकी इच्छा के विरुद्ध सीनेट में समान प्रतिनिधित्व से वंचित नहीं किया जा सकता। राज्यों को समान प्रतिनिधित्व इसलिए दिया गया है, क्योंकि यदि जनसंख्या के अनुसार ही राज्यों को प्रतिनिधित्व मिले तो छोटे-छोटे राज्य संघ में आने से झिझकते थे। छोटे राज्यों को बड़े राज्यों से इतना भय था कि उन्होंने संविधान में यह प्रावधान रखा कि समान प्रतिनिधित्व के प्रावधान में संशोधन नहीं किया जा सकता।
- सीनेट में सारे राज्यों को समान प्रतिनिधित्व देने पर कठोर आलोचना की जाती है। इसका सबसे बड़ा अवगुण यह है कि ऐसा प्रतिनिधित्व लोकतांत्रिक राज्य की भावना के अनुसार नहीं होता। उदाहरण के लिए, न्यूयॉर्क जैसे राज्य को भी अलास्का जितना प्रतिनिधित्व दे देना उचित नहीं, जबकि उनकी जनसंख्या में तीन-चौथाई से भी अधिक का अंतर है। इससे ग्रामीण हितों को नागरिक हितों में कहीं अधिक हस्तक्षेप प्राप्त हो गया, परंतु ऐसे प्रतिनिधित्व का नियम होना आवश्यक था। यह एक समझौता था जिसके अनुसार प्रतिनिधि सभा में जनसंख्या को प्रतिनिधित्व दिया गया और सीनेट में संघीय इकाइयों को।

सदस्यों के लिए योग्यताएं

सीनेट का सदस्य बनने के लिए संविधान के अनुसार कुछ योग्यताएं निश्चित की गई हैं जो इस प्रकार हैं–

- वह संयुक्त राज्य अमेरिका का नागरिक हो।
- वह कम-से-कम 30 वर्ष की आयु पूरी कर चुका हो।
- वह कम-से-कम 9 वर्ष तक संयुक्त राज्य अमेरिका का निवासी रहा हो।
- वह उस राज्य का भी नागरिक हो जिस राज्य से चुनाव लड़ना चाहता है।
- वह किसी सरकारी वैतनिक पद पर न हो।

सीनेट के सदस्यों का चुनाव

- आरंभ में सीनेट के सदस्य अप्रत्यक्ष चुनाव प्रणाली के द्वारा चुने जाते थे। उस समय इसका चुनाव राज्यों के विधानमंडलों के सदस्य करते थे। किंतु इस चुनाव में काफी कुरीतियां आ गईं। जैसे मत कम होने के कारण, मत खरीदे जाते थे और कई दूसरे प्रकार के भ्रष्टाचार होते थे, ऐसे में केवल धनी लोग ही चुनाव जीत सकते थे।
- इस प्रकार सीनेट के सदस्य या तो धनाढ्य हितों का प्रतिनिधित्व करते थे या वे स्वयं शक्तिशाली धनाढ्य हो जाते थे। इन दोषों को दूर करने के लिए सन् 1913 में संविधान में 17वां संशोधन किया गया जिसके अनुसार अप्रत्यक्ष चुनाव प्रणाली समाप्त करके, सीनेट के सदस्यों का चुनाव नागरिकों के द्वारा प्रत्यक्ष रूप में कर दिया गया। अब सीनेट के सदस्यों को वही वोटर चुनते हैं जो प्रतिनिधि सभा के सदस्यों को चुनते हैं। इसके चुनाव के लिए चुनाव क्षेत्र नहीं बनाए जाते अपितु राज्य के सारे नागरिक ही सीनेटरों को चुनते हैं। इस प्रणाली ने अप्रत्यक्ष चुनाव के बहुत-से दोष दूर कर दिए हैं।

सीनेट के सदस्यों का कार्यकाल

- सीनेट एक स्थायी सदन है और इस कारण कहा जाता है कि राष्ट्रपति आते-जाते हैं, प्रतिनिधि सभा भी दो वर्षों के पश्चात् समाप्त हो जाती है, परंतु अमेरिकी सरकार का यह अंग सदैव चालू रहता है। सीनेट का प्रत्येक सदस्य 6 वर्ष के लिए चुना जाता है और इसके एक-तिहाई सदस्य दूसरे वर्ष पद छोड़ते हैं।
- इस प्रकार सीनेट प्रतिनिधि सदन की तरह कभी भंग नहीं होती। सीनेट के सदस्य 6 वर्षों के लिए चुने जाते हैं और प्रतिनिधि सदन के दो वर्षों के लिए। अवधि के इस अंतर ने सीनेट को प्रतिनिधि सदन से अधिक शक्तिशाली बनाया है। बड़े राजनीतिक नेता सीनेट का सदस्य बनना पसंद करते हैं।

सीनेट का अधिवेशन

सीनेट के अधिवेशन प्रतिनिधि सदन के साथ ही होते हैं। संविधान के अनुसार वर्ष में एक बार कांग्रेस का अधिवेशन आवश्यक है। आवश्यकता पड़ने पर राष्ट्रपति कभी भी विशेष अधिवेशन बुला सकता है। दोनों सदनों के अधिवेशन इकट्ठे ही उठते हैं, परंतु यदि समाप्त होने की तिथि के संबंध में दोनों सदनों में समझौता नहीं होता तो उस समय राष्ट्रपति इनके समाप्त होने की तिथि निश्चित करता है। आज तक यह स्थिति उत्पन्न नहीं हुई।

गणपूर्ति

सीनेट की गणपूर्ति के लिए 50 सदस्य होने चाहिए। जब तक 50 सदस्य उपस्थित नहीं होते, तब तक सीनेट की कार्यवाही नहीं हो सकती।

विशेषाधिकार

सीनेट में सदस्यों को कई विशेषाधिकार और छूटें प्राप्त हैं। इन्हें अधिवेशन के समय किसी सिविल अभियोग के संबंध में पकड़ा नहीं जा सकता। इन्हें न्यायालय में गवाही देने के लिए विवश नहीं किया जा सकता। सदन में दिए गए भाषण के आधार पर इन पर अभियोग नहीं चलाया जा सकता।

सभापति

संयुक्त राज्य अमेरिका का उपप्रधान सीनेट का पदेन अध्यक्ष होता है। इस सभापति के अधिकार प्रतिनिधि सदन के स्पीकर से बहुत कम होते हैं। चाहे वह भी स्पीकर की तरह सदन की अध्यक्षता करता है, शांति बनाए रखता है और सदस्यों को पहचानता है; परंतु इसका सदन में बहुत आदर नहीं होता, क्योंकि यह सदन का सदस्य नहीं। इसे साधारण वोट डालने का अधिकार नहीं है, परंतु जब किसी विषय पर दोनों पक्षों के मत बराबर होते हैं तब निर्णायक मत डालने का अधिकार प्राप्त होता है।

सदन में कार्य विधि

- सीनेट को यह अधिकार प्राप्त है कि वह नए चुने हुए सदस्य का चुनाव संबंधी निर्णय करे। इसका निर्णय अंतिम होता है कि कोई सदस्य सीनेट का सदस्य बनने के योग्य है या नहीं। इसने कई व्यक्तियों को सीनेट का सदस्य बनने नहीं दिया चाहे वे बहुमत वोटों से चुने गए थे। उन पर सीनेट ने एक से अधिक स्त्रियां रखने या चुनाव पर अधिक व्यय करने आदि के दोष लगाए थे।
- सीनेट का काम-काज चलाने में सभापति को कोई बड़ा अधिकार प्राप्त नहीं होता। काम-काज सीनेट के द्वारा निश्चित किए गए नियमों के अनुसार चलता है। ये नियम प्रतिनिधि सदन से ही मिलते-जुलते हैं; परंतु एक पक्ष में बड़ा अंतर है, वह है बहस में नियमों के संबंध में अंतर। प्रतिनिधि सदन के सदस्यों के अधिक होने के कारण हर सदस्य को बोलने तथा बहस में भाग लेने के लिए बहुत थोड़ा तथा निश्चित समय दिया जाता है, परंतु इसके विपरीत सीनेट में बोलने पर बहुत कम प्रतिबंध है। सदस्य जितनी देर चाहे भाषण दे सकता है, जबकि प्रतिनिधि सदन में एक घंटे का नियम लागू है। 1917 से पूर्व सीनेट में किसी प्रस्ताव पर बहस को समाप्त करने की कोई विधि नहीं थी। जब तक सदस्य बोलते रहते थे, तब तक इन पर वोट नहीं पड़ सकते थे। बोलने की इस असीमित स्वतंत्रता के कारण ही ब्रोगन ने लिखा है कि "यदि विश्व में प्रतिनिधि सदन सबसे अधिक बंधनों वाला, विचार करने वाला सदन है, तो सीनेट सबसे स्वतंत्र है।"

बहस समाप्त करने का नियम (1917–49)

- बहुत समय तक सीनेट के सदस्य बहस रोकने से संबंधित कोई नियम बनाने से झिझकते रहे परंतु जब 1916 में अमेरिकी व्यापारी जहाजों को शस्त्रबद्ध करने के संबंध में 11 व्यक्तियों की अड़ंगेबाजी ने विधेयक पास न होने दिया तो यह विचार बल पकड़ गया कि बहस को समाप्त करने की कोई-न-कोई विधि आवश्यक है। इसलिए 1917 में यह नियम बनाया गया कि यदि बहस समाप्ति का प्रस्ताव 1/6 सदस्यों के हस्ताक्षरों से सदन में पेश किया जाए तथा वहां उपस्थित सदस्यों में से दो-तिहाई सदस्य इसको स्वीकृति दे दें तो उस प्रस्ताव पर वोट ले लिए जाएंगे।
- 1949 में इस नियम में और कठोरता लाई गई। अब किसी विषय पर बहस समाप्त की जा सकती है, यदि 1/6 सदस्य उस प्रस्ताव पर हस्ताक्षर करके सीनेट में पहले पेश करें और सीनेट के कुल सदस्यों का बहुमत इसे स्वीकार करे। इस प्रकार पहले उपस्थित सदस्यों की 2/3 बहु-संख्या की आवश्यकता थी, परंतु 1949 में यह कुल सदस्यों की 1/2 बहु-संख्या कर दी गई। इस प्रकार अब भी सीनेट में अड़ंगेबाजी का भय कम नहीं हुआ और कई बार अल्पसंख्यक बहुसंख्यकों की इच्छा को पूर्ण नहीं होने देते। इस संस्था के विरुद्ध जनता में कोई प्रभावशाली मत नहीं बन सका। आम विचार यह है कि अड़ंगेबाजी के द्वारा ऐसे विधेयक समाप्त किए गए हैं जो कि जनता में प्रिय नहीं थे।

सीनेट के कार्य तथा शक्तियां

सीनेट को कई महान वैधानिक, न्यायिक, चुनाव संबंधी, संवैधानिक एवं अन्य शक्तियां प्राप्त हैं। जिनकी विवेचना निम्नलिखित शीर्षकों के अंतर्गत की गई है–

विधायी शक्तियां

सीनेट प्रतिनिधि सदन के साथ मिलकर संघ की कानून बनाने की शक्ति का प्रयोग करता है। कानून बनाने में कांग्रेस के दोनों सदनों की शक्तियां समान हैं। साधारण विधेयक सीनेट में भी पेश किए जा सकते हैं। सीनेट की स्वीकृति के बिना कोई भी विधेयक कानून की पुस्तक पर नहीं चढ़ सकता। यदि किसी विधेयक के संबंध में दोनों सदनों में मतभेद उत्पन्न हो जाए तो इसका हल ढूँढने के लिए दोनों सदनों के सदस्यों की एक समिति बनाई जाती है, जो समझौता करने का प्रयास करती है। इस समिति को समझौता समिति कहा जाता है और इसमें दोनों सदनों से तीन-तीन सदस्य लिए जाते हैं। यदि समझौता समिति किसी निर्णय पर न पहुंच सके तो विधेयक रद्द हो जाता है। जब कभी किसी विधेयक के संबंध में दोनों सदनों में भिन्न-भिन्न विचार हों तो साझी कमेटी में आम तौर पर सीनेट का ही पलड़ा भारी रहता है। राज्यसभा के सदस्य अधिक राजनीतिक अनुभव रखते हैं और राजनीतिक दलों के प्रसिद्ध नेता होते हैं। इस वर्णन से यह स्पष्ट है कि वैधानिक क्षेत्र में सीनेट को प्रतिनिधि सदन से अधिक शक्तियां तथा सम्मान प्राप्त है।

वित्तीय शक्तियां

- धन-विधेयक सीनेट में पेश नहीं हो सकता। संविधान द्वारा धन विधेयक को आरंभ करने का अधिकार केवल प्रतिनिधि सदन को है, परंतु इसके बावजूद भी वित्तीय मामलों में सीनेट अधिक शक्तिशाली है। धन विधेयक प्रतिनिधि सदन के बाद सीनेट के पास जाता है। सीनेट धन विधेयक के शीर्षक को छोड़कर विधेयक में शेष सभी तरह के संशोधन कर सकती है। कोई वित्तीय विधेयक तब तक कानून नहीं बन सकता जब तक सीनेट इसकी स्वीकृति न दे।
- संशोधन की शक्ति के द्वारा सीनेट ने कई बार विधेयक का वही नाम रख कर सभी धाराओं को परिवर्तित कर दिया है। एक विधेयक पर जब सैकड़ों संशोधन हो जाएं तो विधेयक प्रारंभ करने की शक्ति बीच में ही आ जाती है। अत: वित्तीय विधेयक आरंभ करने की संवैधानिक रूप में इसे शक्ति प्राप्त नहीं है, किंतु व्यावहारिक रूप में अवश्य है।

कार्यकारी या विशेष शक्तियां

- सीनेट को केवल वैधानिक शक्तियां ही नहीं दी गईं अपितु इसे राष्ट्रपति के कार्यकारी क्षेत्रों में भी भागीदार बनाया गया है। संविधान के अनुसार राष्ट्रपति को सारी नियुक्तियां करने में और विदेशों में संधियां करने में सीनेट की स्वीकृति लेनी आवश्यक है। राष्ट्रपति किसी भी सरकारी पद के लिए किसी व्यक्ति को मात्र नामांकित करता है किंतु नियुक्ति केवल तभी होती है, जब सीनेट इसकी स्वीकृति दे। इस स्वीकृति के संबंध में कई परंपराएं बन गई हैं।
- सीनेट शिष्टाचार के अनुसार राष्ट्रपति को अपने दल के उन दो सीनेटरों की सलाह नियुक्ति से पहले अवश्य लेनी पड़ती है जो उस राज्य से चुने गए हों जिस राज्य में नियुक्ति की जा रही है। सीनेट कई बार अपनी स्वीकृति न देकर उस नियुक्ति को रद्द कर देती है। सीनेट ने राष्ट्रपति निक्सन द्वारा की गई मुख्य न्यायाधीश की नियुक्ति को अस्वीकृत कर दिया था।
- संविधान के अनुसार राष्ट्रपति किसी बाह्य देश से तभी संधि कर सकता है यदि सीनेट के 2/3 सदस्य इसकी स्वीकृति दें। प्रथम विश्व युद्ध के पश्चात् की गई वर्साय की संधि रद्द कर दी गई थी। इस पर टीका-टिप्पणी करते हुए प्रो. स्ट्रांग लिखते हैं, "पहले महायुद्ध के अंत में अमेरिकी सीनेट की विदेशी संबंधों के विषय में जो शक्ति उभरी उससे पहले इस प्रकार नहीं थी। जब राष्ट्रपति विल्सन, जिसने पेरिस में सभी संधियों तथा लीग ऑफ नेशन्स के संविधान पर संयुक्त राज्य की ओर से हस्ताक्षर किए थे, का किया हुआ सारा कार्य उस समय निष्फल हो गया जब सीनेट ने इस शांति की संधि पर किए गए राष्ट्रपति के हस्ताक्षरों को स्वीकार करने से इंकार कर दिया।" सीनेट की इस शक्ति से दुखी होकर कई राष्ट्रपतियों ने विदेशों से समझौते करने के लिए कई और मार्ग ढूँढ लिए, जैसे कार्यकारी समझौते आदि।

न्यायिक शक्तियां

- अमेरिकी सीनेट को कुछ न्यायिक शक्तियां भी प्राप्त हैं। संविधान सीनेट को महाभियोगों का निर्णय करने के लिए एक न्यायालय का अधिकार देता है। राष्ट्रपति, उपराष्ट्रपति तथा अन्य संघीय अधिकारियों को देशद्रोह, भ्रष्टाचार, रिश्वत और दूसरे अपराधों के लिए महाभियोग के द्वारा हटाया जा सकता है।
- इसकी विधि यह है कि प्रतिनिधि सदन व्यक्ति पर दोष लगाता है और इस पर निर्णय सीनेट देती है। सीनेट को किसी व्यक्ति को इस अभियोग द्वारा निकालने के लिए 2/3 बहुमत से प्रस्ताव पास करना पड़ता है। इस अभियोग के द्वारा किसी भी अधिकारी को कैद या शारीरिक दंड नहीं दिया जा सकता। केवल उस व्यक्ति को पद से हटाया जा सकता है या सारे जीवन के लिए किसी भी सरकारी पद के अयोग्य बना दिया जाता है। अभी तक सीनेट ने ऐसे कुल 13 अभियोगों पर निर्णय दिया है जिनमें से एक राष्ट्रपति के संबंध में भी था, परंतु उसके विरुद्ध प्रस्ताव पास नहीं हो सका।

सीनेट की जांच-पड़ताल करने की शक्ति

- संयुक्त राज्य अमेरिका में शक्तियों के पृथक्करण के सिद्धांत के लागू होने के कारण कार्यकारी अंग विधानपालिका या कांग्रेस के प्रति उत्तरदायी नहीं। भारत तथा इंग्लैंड में जहां संसदीय सरकार है, वहां संसद का मंत्रिमंडल पर पूर्ण नियंत्रण होता है तथा वह कई विधियों के द्वारा कार्यपालिका के कार्यों पर अंकुश रखती है।
- संयुक्त राज्य अमेरिका में इस अनस्तित्व को सीनेट ने अपनी जांच-पड़ताल की कमेटियों के द्वारा पूर्ण किया है। संविधान के अनुसार तो सीनेट को केवल उसके द्वारा बनाए जाने वाले कानूनों के लिए आवश्यक आंकड़े एकत्र करने के लिए जांच-पड़ताल करने की शक्ति दी गई है, परंतु सीनेट की कमेटियां इस धारा से बहुत आगे चली जाती हैं। लोकमत ने भी सीनेट के इस कार्य का समर्थन किया है, क्योंकि संयुक्त राज्य अमेरिका की अध्यक्षात्मक सरकार में और कोई ऐसा साधन नहीं जिसके द्वारा राज्य प्रबंध में अयोग्यता तथा भ्रष्टाचार को जनता के समक्ष लाया जा सके।
- इन जांच-पड़ताल की कमेटियों ने राज्य प्रबंध में छानबीन करके बड़े-बड़े महत्वपूर्ण भ्रष्टाचार जनता के समक्ष रखे हैं। जांच-पड़ताल की कमेटियों ने ही राष्ट्रपति हार्डिंग के समय में तेल के संबंध में एक बड़ा स्कैण्डल पकड़ा था जिसमें तीन संघीय मंत्री भी सम्मिलित थे। 1929–33 में आई आर्थिक मंदी के संबंध में जांच-पड़ताल करने वाली कमेटी ने दलाल बाजार की बेईमानियों को सामने प्रकट किया। जहां इन कमेटियों ने बड़े शानदार कार्य किए हैं वहां कई बार सीनेट के प्रसिद्ध नेताओं ने इन कमेटियों की शक्ति का अपने हितों के लिए दुरुपयोग किया है। सीनेटर मेकार्थी ने सारे संयुक्त राज्य अमेरिका में इन कमेटियों के द्वारा एक भय की लहर चला दी थी, जब उसने राज्य प्रबंध में हर उस कर्मचारी के विरुद्ध जांच-पड़ताल प्रारंभ करा दी जिसका कि साम्यवादियों की ओर कुछ झुकाव होता था।
- इन कमेटियों का प्रयोग पार्टी के हितों या निजी शत्रुता निकालने के लिए भी किया जाता है, परंतु इन्हें इसलिए आवश्यक समझा जाता है ताकि नौकरशाही की तानाशाही न बन सके। गेलोबे के शब्दों में, "ये कमेटियां कार्यकारी तथा न्यायपालिका को बांधने वाली कड़ियाँ तथा जोड़ने वाली संयोजिकाएं हैं।"

चुनाव शक्तियां

सीनेट का अध्यक्ष संयुक्त राज्य अमेरिका के राष्ट्रपति तथा उपराष्ट्रपति के चुनाव के समय चुनाव मंडल के द्वारा डाले गए वोटों को गिनता है तथा परिणाम की घोषणा करता है। यदि चुनाव में उपराष्ट्रपति के पद के लिए कोई भी उम्मीदवार स्पष्ट बहुमत प्राप्त न कर सके तो सीनेट के सदस्य व्यक्तिगत रूप में वोट डालकर उप-राष्ट्रपति का चुनाव करते हैं।

संवैधानिक शक्तियां

सीनेट प्रतिनिधि सदन से मिलकर संविधान में संशोधन के प्रस्ताव पेश करता है।

अपने सदस्यों से संबंधित कुछ निर्णय

- सीनेट को यह भी अधिकार प्राप्त है कि वह अपने सदस्यों की योग्यता तथा उनके चुनाव से संबंधित प्रश्नों का निर्णय करे। सीनेट किसी भी निर्वाचित सदस्य को सदन में अपना स्थान ग्रहण करने से रोक सकता है। उदाहरण के लिए, 1960 में 'इलिनोइस' राज्य के फ्रैंक एल. स्मिथ तथा पेंसिलवेनिया राज्य के विलियम एस. वेयर को सदन में अपना स्थान लेने से इस बात के आधार पर रोक दिया था कि उन्होंने चुनाव में बहुत अधिक धन खर्च किया था।

निष्कर्ष

- संयुक्त राज्य अमेरिका की सीनेट वहां की सबसे महत्वपूर्ण संस्था है, जिसका स्थान राष्ट्रपति तथा सर्वोच्च न्यायालय से किसी प्रकार भी कम नहीं है। इसीलिए लास्की के शब्दों में, "सीनेट में आम नागरिक की रुचि इसका सबसे बड़ा गुण है तथा योग्य व्यक्तियों की यहां पहुंचने की लालसा होना भी एक विशेष गुण है।"
- संविधान बनाने वालों ने इस सदन को संघात्मक राज्य की रीढ़ की हड्डी बनाया। उन्होंने इसे महान सदन बनाया। यह विश्व के अन्य ऊपरी सदनों की तरह किसी प्रकार भी दूसरे दर्जे का सदन नहीं। शक्तियों तथा सम्मान के पक्ष से यह प्रथम स्थान रखता है। इसके सम्मान का बड़ा कारण, इसका संगठन तथा इसकी विशेष शक्तियां हैं। इसे राष्ट्रपति की शक्तियों में भागीदार बनाया गया है।
- राष्ट्रपति द्वारा की गई प्रत्येक नियुक्ति तथा संधि के लिए सीनेट की स्वीकृति आवश्यक है। सीनेट की शक्तियां भी अधिक हैं तथा प्रतिनिधि सदन से अवधि भी अधिक है। इसलिए उच्चकोटि के राजनीतिक नेता इसका सदस्य बनना ही पसंद करते हैं।
- राष्ट्रपति पद के बाद संयुक्त राज्य अमेरिका में सीनेटर का सम्मान होता है। लगभग सदैव सीनेट के सदस्यों में से ही संयुक्त राज्य अमेरिका के राष्ट्रपति बने हैं। सीनेट में बहस संबंधी कानून नर्म है जिससे वहां अल्पसंख्यकों को अपने विचार प्रकट करने का पूर्ण अवसर प्राप्त होता है।
- संयुक्त राज्य अमेरिका में सीनेट के सदस्यों का बड़ा सम्मान है। ब्राइस के शब्दों में, "सीनेट सरकार की शक्ति का ध्रुव केंद्र है। इसके पास एक ओर सदन की लोकतांत्रिक अंधाधुंध कार्यवाही को रोकने का अधिकार है, दूसरी ओर राष्ट्रपति की राजनीतिक इच्छाओं को रोकने का।"

सर्वोच्च न्यायालय

- संयुक्त राज्य अमेरिका के न्यायिक सोपान के शिखर पर सर्वोच्च न्यायालय स्थित है। इसकी स्थापना 1789 में कांग्रेस के न्यायिक अधिनियम के अंतर्गत की गई थी। यह सर्वोच्च न्यायालय वाशिंगटन में स्थित है। अमेरिका के संविधान की व्याख्या करने वाली शक्ति के रूप में सर्वोच्च न्यायालय ने बहुत महत्ता प्राप्त की है।
- राजनीतिक विचारक रस्किन के शब्दों में, "सर्वोच्च न्यायालय वहां के शासन के नियंत्रण का संतुलन चक्र है। जब शासन के अन्य विभाग जनमत के झकोरों से डगमगा जाते हैं यह तब भी अपने न्यायिक संतुलन को कायम रखता है।" इसके बारे में पूर्ण ज्ञान प्राप्त करने के लिए इसकी रचना, शक्तियों तथा स्थिति से अवगत होना जरूरी है।

सर्वोच्च न्यायालय की संरचना

सर्वोच्च न्यायालय के सदस्यों की संख्या के संबंध में संविधान मौन है। अतः इनकी संख्या का निर्धारण देश की संसद-कांग्रेस के द्वारा किया जाता है। संभवतः यही कारण है कि न्यायाधीशों की संख्या समय-समय पर घटती एवं बढ़ती रही है। जिस समय सर्वोच्च न्यायालय की स्थापना की गई थी उस समय इसमें एक मुख्य न्यायाधीश तथा पांच सहयोगी न्यायाधीशों की व्यवस्था की गई थी। किंतु समय के साथ-साथ सर्वोच्च न्यायालय के न्यायाधीशों की संख्या में परिवर्तन आते रहे।

न्यायाधीशों की नियुक्ति

- संविधान के अनुसार सर्वोच्च न्यायालय के न्यायाधीशों को अमेरिका के राष्ट्रपति द्वारा नियुक्त किया जाएगा, किंतु ये नियुक्तियां तभी मान्य होंगी, जब इन पर सीनेट का समर्थन मिल जाता है। कई बार ऐसा देखने को मिला है कि राष्ट्रपति ने जिन व्यक्तियों को न्यायाधीश के पद के लिए मनोनीत किया सीनेट ने उसे रद्द कर दिया। उदाहरणतया 1930 में राष्ट्रपति हूवर ने जॉन पार्कर को जज नियुक्त किया था। किंतु सीनेट ने इस सिफारिश को नामंजूर कर दिया। 1968 में राष्ट्रपति जॉनसन के द्वारा मुख्य न्यायाधीश के पद के लिए जस्टिस फोरटॉज के नाम को भी सीनेट ने अस्वीकृत कर दिया था। इसी प्रकार 1970 में राष्ट्रपति निक्सन ने हैरल्ड क्रॉसवाल की नियुक्ति सर्वोच्च न्यायालय के न्यायाधीश के पद के लिए की थी जिस पर सीनेट ने स्वीकृति नहीं दी। अतः सीनेट की सहमति तथा समर्थन के बिना कोई व्यक्ति सर्वोच्च न्यायालय के न्यायाधीश के पद पर नियुक्त नहीं हो सकता है।
- 1981 में सर्वप्रथम Justice Sandra Day O'Connor प्रथम महिला न्यायाधीश के रूप में नियुक्त की गई थीं। 1991 में Clarence Thomas जोकि नीग्रो जाति के थे उन्हीं की जाति की एक अन्य महिला Anita Hill ने उनके इस नामांकन को इस आधार पर चुनौती दी कि उनका उससे अनैतिक यौन संबंध रहा है। सीनेट समिति ने इस आधार का खंडन करते हुए उन्हें न्यायाधीश नियुक्त किया। 1989 में न्यायमूर्ति रेनक्विस्ट सोलहवें मुख्य न्यायाधीश के रूप में नियुक्त किए गए थे।
- 2005 के मध्य में न्यायमूर्ति रेनक्विस्ट के निधन के तुरंत बाद राष्ट्रपति बुश ने जॉन राबर्ट्स को देश के मुख्य न्यायाधीश के रूप में नियुक्त करने का निर्णय किया। यद्यपि रॉबर्ट्स कभी भी सर्वोच्च न्यायालय में न्यायाधीश नहीं रहे थे, फिर भी वैचारिक आधार पर बुश के निकट होने के कारण इन्हें मुख्य न्यायाधीश बनाया गया।

वेतन तथा अवधि

- सर्वोच्च न्यायालय के मुख्य न्यायाधीश तथा अन्य न्यायाधीशों का वेतन कांग्रेस द्वारा निर्धारित किया जाता है। न्यायाधीशों का एक बार जो वेतन निश्चित हो जाता है उसमें कांग्रेस वृद्धि तो कर सकती है किंतु किसी न्यायाधीश के कार्यकाल में उसमें कमी नहीं की जा सकती।
- संविधान के अनुसार न्यायाधीशों का कार्यकाल जीवन पर्यंत तक चलता है। रूस और स्विट्जरलैंड में यह कार्यकाल निश्चित है, परंतु अमेरिका के जजों की नियुक्ति लम्बी अवधि के लिए की जाती है। 70 वर्ष की आयु के पश्चात् यदि कोई न्यायाधीश चाहे तो त्यागपत्र देकर रिटायर हो सकता है। यदि रिटायर होने के समय तक उसने 10 वर्ष तक न्यायाधीश के रूप में कार्य किया है, तो उसे उसका पूरा वेतन पेंशन के रूप में मिलता रहता है।

न्यायाधीशों का हटाया जाना

न्यायाधीश सदाचार पर्यंत अपने पद पर रहते हैं किंतु यदि उन्हें उनके पद से हटाना हो, तो राष्ट्रपति की भांति उन पर महाभियोग चलाया जाता है। आज तक केवल एक न्यायाधीश सैम्युल चेज पर 1804 में महाभियोग लगाया गया था किंतु वे निर्दोष पाए गए।

अधिवेशन तथा गणपूर्ति

सर्वोच्च न्यायालय प्रतिवर्ष अपना अधिवेशन अक्टूबर के महीने में पहले सोमवार से प्रारंभ करता है जो अगले वर्ष जून तक चलता रहता है। अधिवेशन के दिनों में न्यायाधीश अपना कार्य प्रतिदिन 12 बजे आरंभ करते हैं और 4.30 बजे तक कार्य करते हैं। प्रत्येक शनिवार को न्यायाधीश मुकदमों पर पारस्परिक विचार-विमर्श करते हैं। साधारणतया सोमवार को निर्णय सुनाए जाते हैं। निर्णय सदा बहुमत से ही लिए जाते हैं तथा मुकदमों की सुनवाई के लिए छह न्यायाधीशों की उपस्थिति आवश्यक है। बहुमत के निर्णयों के विरुद्ध कोई भी न्यायाधीश भिन्न मत दे सकता है। इस भिन्न मत का यद्यपि निर्णय पर कोई प्रभाव नहीं पड़ता किंतु प्रचार के रूप में कभी-कभी जनमत पर इसका काफी प्रभाव पड़ता है। सर्वोच्च न्यायालय के निर्णयों को संयुक्त राज्य रिपोर्टर में प्रकाशित किया जाता है।

सर्वोच्च न्यायालय की शक्तियां तथा क्षेत्राधिकार

अमेरिका का सर्वोच्च न्यायालय संघ में न्याय का प्रतीक है। यह संवैधानिक विवादों का अंतिम निर्णायक और नागरिकों के अधिकारों का सजग पहरेदार है। राजनीतिक विचारक रस्किन के मतानुसार, "अमेरिकी सर्वोच्च न्यायालय का कर्तव्य है कि हर समय और हरेक परिस्थिति में देश के सर्वोच्च कानून-संविधान को कायम रखे।" अमेरिका के सर्वोच्च न्यायालय के क्षेत्राधिकार को साधारणतया दो भागों में बांटा जाता है- प्रारंभिक क्षेत्राधिकार तथा अपीलीय क्षेत्राधिकार। सर्वोच्च न्यायालय की शक्तियों की विवेचना निम्न शीर्षकों के अंतर्गत की जा सकती है-

प्रारंभिक क्षेत्राधिकार

सर्वोच्च न्यायालय अमेरिकी न्यायिक व्यवस्था का उच्चतम न्यायालय है और इसे प्रारंभिक क्षेत्राधिकार प्रदान किया गया है जिससे हमारा अभिप्राय उन मुकदमों से है जो सीधे ही सर्वोच्च न्यायालय में आरंभ हो सकते हैं। संविधान में स्पष्ट रूप से कहा गया है कि "उन सब मामलों में जिनका संबंध राजदूतों से, राज्य के मंत्रियों से अथवा वाणिज्य दूतों से हो और उन सब मामलों में भी जिनमें संयुक्त राज्य का कोई राज्य एक पक्ष हो सर्वोच्च न्यायालय का अधिकार क्षेत्र प्रारंभिक होगा।" इस प्रकार सर्वोच्च न्यायालय के प्रारंभिक क्षेत्र में निम्नलिखित विषय आते हैं-

- वे मामले जिनमें संयुक्त राज्य अमेरिका एक पक्ष हो।
- वे मामले जिनमें अमेरिका के दो या दो से अधिक राज्य शामिल हों।
- राजदूतों, वाणिज्य दूतों तथा राजनीतिक अधिकारों से संबंधित मामले।
- ऐसे मामले जिनका संबंध सामुद्रिक प्रश्न, कॉपीराइट अथवा दिवालियापन से न हो।
- संविधान, विधियों और संधियों से संबंधित मामले।

  सर्वोच्च न्यायालय के प्रारंभिक क्षेत्राधिकार को देखने के पश्चात् ऐसा लगता है कि सर्वोच्च न्यायालय का यह क्षेत्राधिकार बहुत अधिक व्यापक तथा महत्वपूर्ण है, किंतु यह जानकर आश्चर्य होता है कि इस श्रेणी में बहुत कम मामले न्यायालय के सम्मुख लाए जाते हैं। उदाहरणतया सर्वोच्च न्यायालय के पहले 90 वर्षों के कार्यकाल में लगभग 120 मुकदमों में सर्वोच्च न्यायालय ने निर्णय लिया था।

अपीलीय क्षेत्राधिकार

अपीलीय क्षेत्राधिकार के अंतर्गत सर्वोच्च न्यायालय में वे सभी मुकदमे आते हैं जिनकी सुनवाई पहले किसी अधीनस्थ न्यायालय में हुई थी, किंतु बाद में, अपील के द्वारा इसे सर्वोच्च न्यायालय के सम्मुख लाया गया। दूसरे शब्दों में, अपीलीय कार्यक्षेत्र के अंतर्गत राज्यों के उच्च न्यायालयों या निचले संघीय न्यायालयों के

निर्णयों के विरुद्ध सर्वोच्च न्यायालय में अपील की जाती है। यद्यपि संविधान अपीलीय मामलों के बारे में मौन है तथापि यह अधिकार सर्वोच्च न्यायालय को कांग्रेस के कानूनों द्वारा प्राप्त हुआ। इस अधिकार के अंतर्गत सर्वोच्च न्यायालय को यह अधिकार भी प्रदान किया गया है कि वह ऐसे विवादों को स्वयं विचारार्थ मंगवा सकता है जिसमें किसी संवैधानिक व्यवस्था अथवा संधि का प्रश्न निहित हो। इस प्रकार अपीलीय अधिकार का प्रयोग सर्वोच्च न्यायालय द्वारा उसी स्थिति में होता है जब उच्च न्यायालय का निर्णय संविधान के किसी नियम के विरुद्ध हो। जिन मुकदमों की अपीलें सर्वोच्च न्यायालय में की जा सकती हैं उनमें से कुछ प्रमुख विषय ये हैं–

- नागरिकों और राज्यों के मध्य विवाद के मामले।
- वैयक्तिक अधिकारों की सुरक्षा के मामले।
- रेलवे, औद्योगिक संस्थाओं, अंतर्राज्यीय व्यापार के मामले आदि।
- साधारणतया यह सर्वोच्च न्यायालय की इच्छा पर निर्भर करता है कि वह किसी मामले में अपील की सुनवाई करना चाहता है या नहीं, परंतु कुछ मामले ऐसे हैं जिनमें सर्वोच्च न्यायालय को अपील सुननी ही पड़ती है, उदाहरणतया जब राज्य का कोई न्यायालय केंद्र के किसी कानून या राष्ट्रपति द्वारा की गई किसी संधि को अवैध घोषित करता है अथवा जब कोई संघीय न्यायालय राज्य द्वारा बनाए गए किसी कानून को असंवैधानिक घोषित कर देता है।
- इस प्रकार अमेरिका का सर्वोच्च न्यायालय केवल संवैधानिक महत्व के प्रश्नों से संबंधित अपील ही सुन सकता है। यहां यह बता देना आवश्यक है कि निम्न न्यायालयों से जो अपीलें सर्वोच्च न्यायालय में आती हैं उनके संबंध में इसका निर्णय अंतिम होता है और इस निर्णय के विरुद्ध कहीं भी कोई अपील नहीं की जा सकती।
- भारतीय सर्वोच्च न्यायालय के विपरीत अमेरिका के सर्वोच्च न्यायालय को परामर्श संबंधी अधिकार प्राप्त नहीं हैं। प्रारंभ में कुछ अवसरों पर राष्ट्रपतियों द्वारा सर्वोच्च न्यायालय से परामर्श मांगा भी गया, किंतु सर्वोच्च न्यायालय ने विनम्रतापूर्वक अपनी असमर्थता प्रकट कर दी।

सर्वोच्च न्यायालय की स्थिति

- सर्वोच्च न्यायालय के क्षेत्राधिकार को देखने के पश्चात् हम कह सकते हैं कि संविधान द्वारा सर्वोच्च न्यायालय को जो कर्तव्य सौंपे गए थे उनका संपादन वह सफलतापूर्वक कर रहा है। सर्वोच्च न्यायालय ने न केवल सरकारी मशीन को अच्छे ढंग से चलाने में बड़ा योगदान दिया है, अपितु अमेरिका के नागरिकों के अधिकारों तथा संविधान की रक्षा में भी इसकी भूमिका उल्लेखनीय है।
- डायसी के अनुसार, "संयुक्त राज्य अद्वितीय सफलता के साथ संघीय व्यवस्था को चला सकता है। इसका कारण यह है कि संघ के लोग अन्य किसी राष्ट्र से अधिक अच्छी तरह से कानूनी विचारों से ओत-प्रोत हैं।" संघीय न्यायालय और सबसे ऊपर सर्वोच्च न्यायालय को जो सम्मान प्राप्त है यह वास्तव में उसका हकदार है। मुनरो के मत में, "संवैधानिक झगड़ों के अंतिम निर्णायक के रूप में संयुक्त राज्य के सर्वोच्च न्यायालय का विकास शासन विज्ञान के लिए अमेरिका की महत्वपूर्ण देनों में से एक है।" सर्वोच्च न्यायालय ने जिस ढंग से अमेरिका के संवैधानिक विकास में मार्गदर्शन किया है वह वास्तव में सराहनीय है। यही कारण है कि विलियम वर्ट कहते हैं कि "यदि संयुक्त राज्य की शासन प्रणाली से सर्वोच्च न्यायालय को निकाल दिया जाए तो इसमें जो कुछ रह जाएगा उसका कोई मूल्य नहीं, क्योंकि इसके बिना सरकार स्थायी शासन नहीं कर सकती। सर्वोच्च न्यायालय सरकार के लिए उतना ही अनिवार्य है जितना कि इस भूमंडल के लिए सूर्य।"
- अमेरिका के सर्वोच्च न्यायालय ने जिस प्रकार संघीय व्यवस्था के संरक्षक के रूप में कार्य किया है, उसी प्रकार अमेरिका की जनता के अधिकारों तथा स्वतंत्रताओं की रक्षा करने में भी सराहनीय भूमिका निभाई है। अधिकारों के संरक्षक के नाते उसे कई प्रकार के लेख व आदेश जैसे बंदी प्रत्यक्षीकरण लेख, परमादेश, अधिकार पृच्छा, प्रतिषेध तथा उत्प्रेषण आदि जारी करने का अधिकार है जिनके द्वारा वह मौलिक अधिकारों की रक्षा करता है।
- सर्वोच्च न्यायालय के महत्व की चर्चा संभवत: अधूरी रहेगी यदि इसके अंतर्गत इसकी सबसे अधिक अद्भुत और महत्वपूर्ण शक्ति न्यायिक पुनर्निरीक्षण का वर्णन न किया जाए। न्यायिक पुनर्निरीक्षण सर्वोच्च न्यायालय का वह अधिकार है जिसके अंतर्गत वह यह देखता है कि केंद्र तथा राज्य विधानपालिकाओं द्वारा बनाए गए कानून संयुक्त राज्य अमेरिका के संविधान के अनुसार हैं भी या नहीं। यदि सर्वोच्च न्यायालय यह अनुभव करे कि कोई कानून संविधान के प्रावधानों के विरुद्ध है, तो वह उस कानून को अवैध घोषित कर सकता है। संक्षेप में, इस अधिकार के अंतर्गत सर्वोच्च न्यायालय के हाथ में संविधान की व्याख्या करने की अंतिम शक्ति है।

इंग्लैंड में न्यायिक पुनर्निरीक्षण

इंग्लैंड में न्यायपालिका को न्यायिक पुनर्निरीक्षण की शक्ति प्राप्त नहीं है। दूसरे शब्दों में, इंग्लैंड में न्यायपालिका संसद के कानूनों तथा कार्यपालिका के आदेशों को अवैध घोषित नहीं कर सकती। इंग्लैंड में न्यायपालिका को यह शक्ति न देने के कुछ कारण हैं–प्रथम, इंग्लैंड का संविधान अमेरिका के संविधान की तरह लिखित नहीं है, इसलिए इंग्लैंड में अमेरिका की तरह सामान्य कानून, कांग्रेस के कानून तथा संवैधानिक कानून में कोई अंतर नहीं है। द्वितीय, इंग्लैंड में संसद की सर्वोच्चता है और यदि न्यायपालिका को पुनर्निरीक्षण की शक्ति दे दी जाए तो इससे संसद की सर्वोच्चता समाप्त हो जाती है। इन दो कारणों से इंग्लैंड की न्यायपालिका को पुनर्निरीक्षण की शक्ति नहीं दी गई।

फ्रांस में न्यायिक पुनर्निरीक्षण

फ्रांस के संविधान में न्यायिक पुनर्निरीक्षण की कोई व्यवस्था नहीं की गई है। अत: फ्रांस में न्यायिक पुनर्निरीक्षण का अधिकार नियमित न्यायालयों के पास नहीं है, परंतु फ्रांस में न्यायिक पुनर्निरीक्षण का अधिकार संवैधानिक परिषद् को दिया गया है। संवैधानिक परिषद् के लिए आंगिक विधियों तथा अन्य विधियों के प्रवर्तन की पूर्ण संवैधानिकता की जांच करना अनिवार्य है। दूसरे शब्दों में, संवैधानिक परिषद् को शासकीय और संसदीय नियमों की वैधानिकता पर विचार करने तथा निर्णय देने का अधिकार है। संवैधानिक परिषद् के निर्णय को लागू करना सरकार अथवा संसद का कार्य है न कि किसी संवैधानिक परिषद् का। इसके अतिरिक्त कोई भी नागरिक, संस्था या न्यायालय किसी कानून की वैधानिकता की जांच के लिए संवैधानिक परिषद् को प्रार्थना नहीं कर सकता; अत: संवैधानिक परिषद् की न्यायिक पुनर्निरीक्षण की शक्ति संसद के मुकाबले में बहुत कम है।

स्विट्जरलैंड में न्यायिक पुनर्निरीक्षण

स्विट्जरलैंड के सर्वोच्च न्यायालय के पास अमेरिकी सर्वोच्च न्यायालय की भांति न्यायिक पुनर्निरीक्षण का अधिकार नहीं है। संविधान के अनुच्छेद 113 में कहा गया है कि– "सभी मामलों में संघ न्यायालय संघीय सभा द्वारा पारित विधियों को और सभी सर्वमान्य आज्ञाओं को तथा संघीय सभा द्वारा अनुसमर्थित सभी विधियों को मान्यता देने के लिए विवश होगा।" स्पष्ट है कि स्विस संघीय न्यायाधिकरण संघीय कानून पर पुन: विचार नहीं कर सकता है और न ही कानून को रद्द कर सकता है। इसके अतिरिक्त स्विस न्यायालय में संविधान को स्पष्ट करने के अधिकार संघीय सभा के पास हैं। इस प्रकार स्विस संघीय न्यायाधिकरण अन्य देशों के सर्वोच्च न्यायालयों के समान अधिकार नहीं रखता। यह सत्य है कि संघीय न्यायाधिकरण संघीय विधान के कानूनों को अवैध घोषित नहीं कर सकता, परंतु संघीय न्यायाधिकरण के पास यह अधिकार है कि यदि कैंटन सरकारें, संघीय कानून तथा संघीय संविधान के विरुद्ध कोई कानून पास करें अथवा आदेश जारी करें, तो वह उसे अवैध घोषित कर सकता है।

न्यायिक पुनर्निरीक्षण

फिलाडेलफिया सम्मेलन में संविधान निर्माताओं ने अमेरिका का संघीय संविधान बनाया जिसके अंतर्गत न केवल, केंद्र तथा राज्यों के बीच शक्तियों का विभाजन किया गया अपितु इससे भी बढ़कर संविधान को सर्वोच्च बनाया गया। संविधान की सर्वोच्चता की रक्षा करने के लिए केंद्र तथा राज्यों की विधानपालिकाओं तथा कार्यपालिकाओं से यह आशा की गई कि वे संविधान द्वारा निर्धारित सीमाओं में रहते हुए कार्य करेंगी। यदि कभी ये संस्थाएं अपने मार्ग से विमुख होंगी तो सर्वोच्च न्यायालय को इन्हें मार्ग पर लाने का अधिकार दिया गया है। सर्वोच्च न्यायालय ने इस नियंत्रण को व्यावहारिक रूप देने के लिए न्यायिक पुनर्निरीक्षण के सिद्धांत का सहारा लिया। जिसका अभिप्राय यह था कि विधानपालिकाओं द्वारा पास किए गए कानून तथा कार्यकारिणी द्वारा जारी की गई आज्ञप्तियों तथा अध्यादेश संविधान के उपबंधों के अनुकूल हैं अथवा नहीं।

- यदि सर्वोच्च न्यायालय को ऐसा लगे कि कानून, आदेश तथा संधि संविधान के उपबंधों के विरुद्ध है, तो वह उसे असंवैधानिक घोषित कर सकता है, जिसका प्रभाव यह होता है कि वह कानून समाप्त हो जाता है तथा इस कानून को किसी भी प्रकार से लागू नहीं किया जा सकता है।
- राजनीतिक विचारक डिमॉक न्यायिक पुनर्निरीक्षण की चर्चा करते हुए कहते हैं कि, "संयुक्त राज्य अमेरिका का सर्वोच्च न्यायालय जब कांग्रेस अथवा राज्य विधानमंडल के किसी कानून को इस आधार पर अवैध घोषित कर देता है कि यह संवैधानिक शक्तियों तथा धाराओं के अनुकूल नहीं है, तो वह उस समय न्यायिक पुनर्निरीक्षण के अधिकार का प्रयोग करता है।"
- एक अन्य विचारक रेडफोर्ड के शब्दों में इस अवधारणा से हमारा अभिप्राय यह है कि "न्यायालय इस शक्ति के कारण किसी कानून, कार्यकारिणी आदेश अथवा सरकार के किसी अन्य कार्य तथा लिखित संविधान में अंतर्विरोध पाता है और यह कहता है कि हां यह अंतर्विरोध है, तो उसे असवैधानिक या गैर-कानूनी घोषित कर दिया जाता है।"
- न्यायिक पुनर्निरीक्षण की सर्वोत्तम परिभाषा सर्वोच्च न्यायालय के मुख्य न्यायाधीश मार्शल ने 1803 में मारबरी बनाम मैडिसन के मुकदमे का निर्णय करते समय दी थी। उनके शब्दों में, "न्यायिक पुनर्निरीक्षण अपने समक्ष आए विधायी कानूनों तथा कार्यपालिका अथवा प्रशासकीय कार्यों का वह परीक्षण है जिसके द्वारा वे यह निर्णय करते हैं कि क्या ये विधानमंडल तथा कार्यपालिका के कानून एक लिखित संविधान द्वारा निषिद्ध किए गए हैं अथवा उन्होंने अपनी शक्तियों से बढ़कर कार्य तो नहीं किया। यह कहना अतिशयोक्ति न होगी कि सर्वोच्च न्यायालय की न्यायिक पुनर्निरीक्षण की शक्ति ने उसकी प्रतिष्ठा को आशा के उच्चतम स्तर पर पहुंचाया है।
- सर्वोच्च न्यायालय ने संविधान को गति एवं समय के अनुसार सही अर्थ प्रदान करके संवैधानिक सर्वोच्चता के सिद्धांत को प्रतिपादित किया है और स्वयं संविधान का रक्षक बन गया है। यदि सर्वोच्च न्यायालय के पास यह शक्ति न होती तो संभवत: वह अपना अस्तित्व सार्थक न कर पाता, क्योंकि इसी के माध्यम से वह कार्यपालिका तथा विधानपालिका की उद्दंडता पर नियंत्रण स्थापित करता है। फ्रेंक फर्टर ने इसी कारण कहा है कि, "सर्वोच्च न्यायालय ही संविधान है।"
- लास्की न्यायिक पुनर्निरीक्षण के महत्व की चर्चा करते हुए कहते हैं कि, "यह संस्था इतनी सफल है कि किसी भी अन्य संस्था ने संयुक्त राज्य अमेरिका के जीवन में इससे अधिक प्रभाव नहीं डाला।" अत: हम कह सकते हैं कि कांग्रेस द्वारा पास किया गया कोई कानून यदि संविधान के विरुद्ध हो, तो सर्वोच्च न्यायालय का स्पष्ट कर्तव्य हो जाता है कि संविधान को प्रमुख स्थान देते हुए उसकी सर्वोच्चता की रक्षा करे।

न्यायिक पुनर्निरीक्षण की विशेषताएं

अमेरिका के संविधान में, जिसके अंतर्गत शक्तियों के पृथक्करण तथा अवरोध एवं संतुलन के सिद्धांत को महत्वपूर्ण स्थान दिया गया है। इन सिद्धांतों को व्यावहारिक रूप देने के लिए न्यायिक पुनर्निरीक्षण के सिद्धांत को अत्यधिक आवश्यक समझा जाता है। राजनीतिक विचारक रस्किन के शब्दों में, "न्यायिक पुनर्निरीक्षण की शक्ति के द्वारा, सर्वोच्च न्यायालय ने अमेरिका की विधानपालिका को सदा ही एक आश्रित की स्थिति में रखा है।" सर्वोच्च न्यायालय की न्यायिक पुनर्निरीक्षण की शक्ति की अपनी कुछ विशेषताएं हैं जिनमें से कुछ निम्नलिखित हैं–

- राजनीतिक विचारकों में इस बात पर काफी मतभेद है कि सर्वोच्च न्यायालय की इस शक्ति का संवैधानिक आधार स्पष्ट नहीं हैं अर्थात् राजनीतिक विचारकों के मत में सर्वोच्च न्यायालय को यह अधिकार अमेरिका के संविधान निर्माताओं ने नहीं दिया था अपितु, सर्वोच्च न्यायालय ने इसे अपने आप ग्रहण कर लिया। अधिकांशत: विचारक यह मानते हैं कि सर्वोच्च न्यायालय का यह अधिकार न्यायिक प्रथाओं एवं परंपराओं पर आधारित है।
- न्यायिक पुनर्निरीक्षण की एक अन्य विशेषता यह है कि संयुक्त राज्य में केवल सर्वोच्च न्यायालय को ही यह शक्ति नहीं सौंपी गई अन्य संघीय न्यायालयों को भी यह अधिकार प्राप्त है किंतु, जब किसी मामले में अपील होती है, उस समय अंतिम निर्णय सर्वोच्च न्यायालय द्वारा ही लिया जाता है। यहां एक बात और उल्लेखनीय है कि अमेरिका में राज्यों के अपने संविधान हैं, अत: संविधानों के बारे में इसी प्रकार का अधिकार राज्यों के न्यायालयों को दिया गया है।
- न्यायिक पुनर्निरीक्षण के अंतर्गत हमें यह नहीं समझना चाहिए कि सर्वोच्च न्यायालय के पास जब कोई मुकदमा या अपील होती है, तो उसकी वैधता या अवैधता का निर्णय देते समय न्यायालय पूरे कानून को ही समाप्त कर देता है। वस्तुत: सच तो यह है कि न्यायपालिका द्वारा किसी अधिनियम को आंशिक रूप से अथवा पूर्ण रूप से अवैध घोषित किया जा सकता है।
- न्यायिक पुनर्निरीक्षण के बारे में साधारणतया लोगों को गलतफहमी है कि विधानपालिका से पास होकर प्रत्येक कानून न्यायपालिका के पास भेज दिया जाता है। जब न्यायपालिका उसे वैधानिक होने का प्रमाण-पत्र दे देती है तभी वह लागू किया जाता है। वास्तव में अमेरिका में ऐसा नहीं है, विधानपालिका के दोनों सदन जब कोई कानून पास करते हैं, तो उसे राष्ट्रपति के हस्ताक्षर के लिए भेज दिया जाता है तथा जब राष्ट्रपति की स्वीकृति मिल जाती है, तो वह विधेयक कानून बन जाता है। जब कभी कोई व्यक्ति अथवा संस्था उस कानून की वैधता को चुनौती देती है, तो उच्चतम न्यायालय से प्रार्थना करती है कि अमुक कानून उसके हितों के विरुद्ध है अथवा उसके अधिकारों का हनन करता है, इसलिए उसे असंवैधानिक घोषित कर दिया जाए।

अत: न्यायिक पुनर्निरीक्षण के अंतर्गत यह संभव है कि किसी कानून को जो अनेक वर्षों तक लागू रह चुका है, यदि कोई चुनौती देता है, तो उसे रद्द किया जा सकता है। वह कानून नि:संदेह आरंभ से ही अवैध रहा होगा परंतु उसका निरीक्षण करने का अवसर न्यायालय को पहले नहीं मिला।

न्यायिक पुनर्निरीक्षण का क्षेत्र तथा महत्व

- अमेरिकी संघीय शासन व्यवस्था में यह अत्यधिक आवश्यक था कि एक ऐसा निष्पक्ष और सर्वोच्च प्रशासकीय अंग हो जो किसी विवाद या गड़बड़ी की अवस्था में स्वतंत्रतापूर्वक निर्णय कर सके। अमेरिका में सर्वोच्च न्यायालय न्यायिक पुनर्निरीक्षण की शक्ति का प्रयोग करके यह भूमिका प्रशंसनीय ढंग से निभा रहा है। मुनरो के मतानुसार, "यदि अमेरिका में न्यायिक पुनर्निरीक्षण का प्रचलन न होता तो अमेरिका की शासन व्यवस्था में 50 प्रतिद्वंद्वी राज्य के परस्पर विरोधी हितों के कारण भारी अराजकता उत्पन्न हो जाती"

- यहां यह बात उल्लेखनीय है कि न्यायिक पुनर्निरीक्षण का प्रयोग करते समय न्यायालय केवल संविधान के शाब्दिक रूप पर ही विचार नहीं करता, अपितु इसके साथ-ही-साथ कानून की उचित प्रक्रिया को ध्यान में रखते हुए कानूनों की वैधता तथा अवैधता की जांच करता है। अमेरिका के राजनीतिक जीवन पर न्यायिक पुनर्निरीक्षण ने जो प्रभाव डाला है उसका वर्णन निम्नलिखित ढंग से किया जा सकता है–
  - ❖ सर्वोच्च न्यायालय ने इस शक्ति के आधार पर न केवल कांग्रेस द्वारा निर्मित कानूनों अपितु राज्य विधानमंडलों द्वारा बनाए गए कानूनों को भी असवैधानिक घोषित किया है। न्यायाधीश होम्ज के शब्दों में, "मेरा निश्चित मत है कि यदि सर्वोच्च न्यायालय राज्यों द्वारा बनाए गए कानूनों को असंवैधानिक घोषित कर सकने के अधिकार से वंचित हो जाएगा तो हमारी संघीय व्यवस्था अवश्य खतरे में पड़ जाएगी।" इस प्रकार सर्वोच्च न्यायालय ने राज्यों को उनके अधिकार क्षेत्र में रोके रखा तथा उनको संघीय सरकार के अधिकार क्षेत्र में हस्तक्षेप नहीं करने दिया।
  - ❖ न्यायिक पुनर्निरीक्षण का प्रयोग करते हुए न्यायाधीश न केवल कानूनों की व्याख्या करके उनका अर्थ ही स्पष्ट करते हैं, अपितु नई परिस्थितियों के अनुकूल उन्हें नया अर्थ भी देते हैं। कई बार इस नए अर्थ देने में वे नई विधियों की रचना भी कर देते हैं। सर्वोच्च न्यायालय यह निर्णय करता है कि किस परिस्थिति में कौन-सी विधि उचित और न्यायोचित है तथा इसका क्या अर्थ होना चाहिए। अत: यह कहना गलत न होगा कि सर्वोच्च न्यायालय न्यायिक पुनर्निरीक्षण के द्वारा न केवल अमेरिका की जनता को नए कानून देता है, अपितु औपचारिक एवं कठिन संशोधन प्रणाली को अपनाए बिना संविधान का विकास भी करता है। यही कारण है कि जेम्स बेक सर्वोच्च न्यायालय को एक निरंतर कार्य करने वाली संवैधानिक सभा के नाम से पुकारते हैं। एक समय था जब अमेरिका में हड़ताल को अवैध माना जाता था, किंतु सर्वोच्च न्यायालय के निर्णयों के आधार पर आज इसे वैधानिक माना जाता है। यह परिवर्तन किसी विधायिका के हस्तक्षेप के बिना हुआ। इसी प्रकार सर्वोच्च न्यायालय ने कई ऐसे कानूनों को असंवैधानिक घोषित किया जिनका उद्देश्य मजदूरों के कार्य करने के घंटे और उनका वेतन निर्धारित करना था।
  - ❖ सर्वोच्च न्यायालय न्यायिक पुनर्निरीक्षण के द्वारा न केवल राज्य के कानूनों और कांग्रेस के द्वारा बनाए गए कानूनों की समीक्षा करता है, अपितु कार्यपालिका द्वारा जारी किए गए आदेशों की समीक्षा भी करता है। यदि सर्वोच्च न्यायालय देखता है कि कार्यपालिका ने कोई ऐसा आदेश जारी किया है जो संविधान तथा उसकी भावना के विपरीत है, तो वह उसे असंवैधानिक घोषित करके समाप्त कर सकता है। अत: यह कहा जा सकता है कि सर्वोच्च न्यायालय सरकार का पथ प्रदर्शक है और इसने अमेरिकी शासन व्यवस्था के विकास में भी महत्वपूर्ण योगदान दिया है।
  - ❖ सर्वोच्च न्यायालय की यह शक्ति इसलिए भी महत्वपूर्ण है, क्योंकि इसने अमेरिका के जनजीवन के प्रत्येक पहलू को प्रभावित किया है। किसी विचारक ने सत्य ही कहा है कि सर्वोच्च न्यायालय ने इस शक्ति द्वारा न केवल संघीय सरकार की शक्तियों का विस्तार किया है, अपितु राज्यों की शक्तियों पर सीमाएं भी लगाई हैं। राष्ट्रीय आर्थिक मामलों को प्रभावित करते हुए इसने प्रत्येक नागरिक के सामाजिक संबंधों को भी नियमित किया है। राजनीतिक विचारक एम.जे.सी. विला के मतानुसार इस संदर्भ में सर्वोच्च न्यायालय ने व्यापारिक धारा, सामान्य कल्याणकारी धाराओं और 14वें संवैधानिक संशोधनों को प्रमुख अस्त्रों के रूप में प्रयोग किया। 1824 में Gibbons Vs Odgen तथा 1985 में Garcia Vs San Antonio Metropolitan Transport Authority में इस व्यापारिक धारा की व्याख्या करते हुए कांग्रेस के अधिकारों को असीमित रूप से व्यापक कर दिया।

न्यायिक पुनर्निरीक्षण का विकास

यद्यपि संयुक्त राज्य अमेरिका के मूल संविधान में न्यायिक पुनर्निरीक्षण की शक्ति के बारे में नहीं लिखा गया था। यह सिद्धांत तो अंतर्निहित शक्तियों के सिद्धांत के अधीन संविधान के अनुच्छेद-6 में निहित समझा गया है। संविधान के इस अनुच्छेद के अनुसार, "यह संविधान तथा इसके अंतर्गत संयुक्त राज्य अमेरिका के कानून तथा संयुक्त राज्य के अधीन की गई या की जाने वाली संधियां राष्ट्र के सर्वोच्च कानून के अंतर्गत होंगी और प्रत्येक राज्य के न्यायाधीश उन्हें मानने को बाध्य होंगे चाहे किसी राज्य के कानून में इसके विरुद्ध कोई चीज मौजूद हो।" इस संवैधानिक व्यवस्था की व्याख्या करते हुए न्यायिक पुनर्निरीक्षण के सिद्धांत को जन्म देने का श्रेय 1803 में 'मारबरी बनाम मैडिसन' के मुकदमे में मुख्य न्यायाधीश मार्शल को प्राप्त है। मार्शल के मत में, "संविधान जिसने सरकार की रचना निश्चित की है, अपने आप में एक कानून है। वह राज्य का सर्वोच्च कानून है, अत: उन सभी कानूनों से सर्वोच्च है जो इसके विरुद्ध हैं। न्यायाधीश, जिन्होंने संविधान की सर्वोच्चता बनाए रखने की शपथ ली है, को किसी विरोध के उत्पन्न हो जाने पर सदैव संविधान को ही मान्यता देनी चाहिए।" इस प्रकार न्यायिक पुनर्निरीक्षण के इस सिद्धांत को मुख्य न्यायाधीश मार्शल के पश्चात् न्यायपालिकाओं ने सदैव मान्यता दी है। कुछ राजनीतिक विचारक न्यायपालिका की इस शक्ति को ही असंवैधानिक कहते हैं, किंतु सर्वोच्च न्यायालय ने जिस प्रकार संविधान की रक्षा के लिए इसका प्रयोग किया है इसका स्थान अत्यधिक महत्वपूर्ण हो गया है। दूसरे शब्दों में, इस निर्णय के बाद से न्यायिक पुनर्निरीक्षण का सिद्धांत अमेरिकी शासन व्यवस्था का एक मूल अंग बन गया है और सर्वोच्च न्यायालय इसका निरंतर उपयोग करता रहा है।

तुलनात्मक शासन एवं राजनीति के विद्यार्थी कई बार न्यायिक पुनर्निरीक्षण से भ्रमित हो जाते हैं। वे सोचने लगते हैं कि अमेरिका की कांग्रेस द्वारा पारित सभी कानून सर्वोच्च न्यायालय द्वारा पुनर्विचार हेतु रखे जाते हैं और न्यायपालिका द्वारा मान्यता प्राप्त होने पर ही उन्हें लागू किया जाता है उनकी यह धारणा सर्वथा गलत है। यहां यह जान लेना जरूरी है कि अमेरिका में प्रत्येक विधेयक कांग्रेस द्वारा पारित होने के बाद राष्ट्रपति की स्वीकृति मिल जाने पर लागू कर दिया जाता है। अनेक ऐसे कानून हैं जो न्यायपालिका में गए ही नहीं, किंतु यदि कोई कानून की व्याख्या कराने के लिए उसे चुनौती देता है, तो न्यायपालिका का यह कर्तव्य हो जाता है कि वह तर्कों के आधार पर निर्धारित करे कि कानून संवैधानिक है अथवा असंवैधानिक। इस प्रकार कोई भी कानून अनेक वर्षों से लागू होने के बाद भी सर्वोच्च न्यायालय में लाया जा सकता है। अत: प्रत्येक कानून संवैधानिक है जब तक न्यायपालिका किसी मुकदमे के आधार पर उसे अवैध घोषित नहीं कर देती।

न्यायिक पुनर्निरीक्षण की आलोचना

सर्वोच्च न्यायालय के न्यायिक पुनर्निरीक्षण के क्षेत्र तथा महत्व को देखने के पश्चात् न्यायाधीश कारदोजो का कथन सत्य लगता है कि न्यायाधीशों द्वारा निर्मित विधियां हमारे जीवन की वास्तविकता हैं। अत: सर्वोच्च न्यायालय यह निश्चित करता है कि कानून के उपबंधों का क्या अर्थ और प्रभाव हो सकता है और उनको व्यवहार में किस प्रकार लागू किया जा सकता है। कुछ राजनीतिक विचारक सर्वोच्च न्यायालय की इस शक्ति की कड़ी आलोचना करते हैं। राष्ट्रपति लिंकन ने एक बार कहा भी था कि इस शक्ति द्वारा लोक प्रभुसत्ता का विनाश हुआ तथा सभी शक्तियां सर्वोच्च न्यायालय के हाथ में आ गई हैं। जिन आधारों पर न्यायिक पुनर्निरीक्षण की आलोचना की जाती है उनमें से कुछ प्रमुख निम्नलिखित हैं–

- सर्वोच्च न्यायालय की इस शक्ति की सबसे प्रमुख आलोचना यह की जाती है कि इसके द्वारा सर्वोच्च न्यायालय निरंकुश बनने का प्रयत्न करता है। वह इस शक्ति का प्रयोग करके न केवल कांग्रेस, राष्ट्रपति तथा राज्यों के कार्यों को रद्द कर सकता है, अपितु देश की प्रगति के मार्ग में रुकावट भी डाल सकता है।

- कुछ आलोचक यह भी कहते हैं कि संविधान निर्माताओं ने सर्वोच्च न्यायालय को यह शक्ति नहीं दी थी, अपितु सर्वोच्च न्यायालय ने अंतर्निहित शक्तियों के सिद्धांत जैसे तरीकों से इसे हथिया लिया है। यही नहीं यह अपने आधुनिक रूप में सर्वथा अनुचित भी है। जैसा कि हमें मालूम है कि सर्वोच्च न्यायालय में संवैधानिकता के प्रश्न पर निर्णय बहुमत से लिए जाते हैं, सर्वोच्च न्यायालय के 9 जजों में से यदि 4 उसे संवैधानिक मानें तथा 5 असंवैधानिक तो वह कानून रद्द कर दिया जाएगा। इस प्रकार एक जज के निर्णय पर कानून की वैधानिकता अथवा संवैधानिकता निर्भर करती है। यही कारण है कि इस पद्धति को एक जज का निरंकुशवाद तथा अप्रजातांत्रिक प्रणाली कहा जाता है। मुनरो के शब्दों में, "एक अकेला जज जोकि आयुपर्यंत पदासीन रह सकता है तथा जो अनुत्तरदायी है, कांग्रेस तथा राष्ट्रपति जो कि लोकप्रिय एवं उत्तरदायी अधिकारी हैं, के कानूनों एवं आदेशों को रद्द कर सकता है।
- प्रो. लास्की तथा कई अन्य आधुनिक आलोचक इस शक्ति की आलोचना करते हुए कहते हैं कि सर्वोच्च न्यायालय के जज फैसला देते समय उन्हें राजनीतिक रंग में रंग देते हैं। न्यायालय फैसला करते समय अपने दल के हितों को नहीं भुला सकते जिसके कारण उनकी इस पद पर नियुक्ति की गई थी। बहुत से जज रूढ़िवादी विचारों के होते हैं, अत: वे कांग्रेस के किसी कानून को जिसे वे स्वयं पसंद नहीं करते उसके विरुद्ध निर्णय दे देते हैं। उदाहरणतया 1930–32 के काल में सर्वोच्च न्यायालय ने नए व्यापार नियमों को एक के बाद एक करके असंवैधानिक घोषित कर दिया था। उस काल में सर्वोच्च न्यायालय ने 11 कानून केवल 17 महीनों के अंदर अवैध घोषित कर दिए थे। उसी काल में राष्ट्रपति रूजवेल्ट ने आर्थिक मंदी की परिस्थिति में सुधार लाने के लिए समाजवादी कानून पास करने चाहे थे किंतु सर्वोच्च न्यायालय ने उसके उद्देश्य को यहां भी विफल कर दिया।
- न्यायिक पुनर्निरीक्षण के कारण कोई भी कानून पूर्ण नहीं माना जाता जब तक न्यायपालिका द्वारा उसे संवैधानिक होने का प्रमाण-पत्र नहीं मिल जाता। इससे प्रशासन में अकुशलता आ जाती है तथा राष्ट्रीय हितों को क्षति पहुंच सकती है।
- न्यायिक पुनर्निरीक्षण की आलोचना करते हुए आलोचक एक रुचिकर तथ्य हमारे सामने रखते हैं। उनका कहना है कि बहुत बार सर्वोच्च न्यायालय ने अपने ही द्वारा किए गए पहले फैसलों को रद्द किया है और सच भी है कि 1790 का सर्वोच्च न्यायालय 1890 के सर्वोच्च न्यायालय से भिन्न है। इसी प्रकार आज का सर्वोच्च न्यायालय 1890 के सर्वोच्च न्यायालय से भिन्न है। ऑग तथा रे के मत में, "यह प्राकृतिक ही है कि जज 18वीं शताब्दी से चले आ रहे शब्दों तथा सिद्धांतों का विश्लेषण और व्याख्या करते समय अपने समय के राजनीतिक, आर्थिक तथा सामाजिक विचारों से प्रभावित न हों।" राजनीतिक विचारक बीगेल्स ने ठीक ही कहा है कि न्यायाधीशों के विचार उसी प्रकार परिवर्तनशील हैं जिस प्रकार नकली सिल्क के रंग परिवर्तनशील होते हैं जो कि राजनीतिक धूप के कारण बदलते रहते हैं।
- यद्यपि न्यायिक पुनर्निरीक्षण की कठोर आलोचना की गई है किंतु फिर भी समय तथा आवश्यकता के अनुसार सर्वोच्च न्यायालय जो परिवर्तन लाया है वे वास्तव में अत्यधिक महत्वपूर्ण हैं। न्यायिक पुनर्निरीक्षण की शक्ति का प्रयोग करते समय सर्वोच्च न्यायालय ने जनमत को सदा ध्यान में रखा है। न्यायिक पुनर्निरीक्षण के समर्थकों का कहना है कि सर्वोच्च न्यायालय ने देश में प्रगति लाने वाले परिवर्तनों के मार्ग को हमेशा के लिए बंद नहीं किया किंतु वह उन्हें धीरे-धीरे लाने के पक्ष में हैं। सर्वोच्च न्यायालय ने मौलिक परिवर्तनों को तभी व्यावहारिक रूप दिया है, जब अधिकतम जनमत ऐसे परिवर्तनों के पक्ष में था। जस्टिस लुई ब्रेंडीज के मतानुसार, पिछले अनुभवों से न्यायालय ने सदा शिक्षा ग्रहण की है तथा विवेक के समक्ष नतमस्तक रहा है। न्यायाधीश यह मानकर चलते हैं कि भूल सुधार का सिद्धांत केवल भौतिक विज्ञानों के लिए ही नहीं न्यायिक क्षेत्र में भी उपयुक्त स्थान रखता है।

❑❑❑

अध्याय 4

जापान की संसद (डायट): संगठन, कार्य और शक्तियां

जापान की संसद को डायट के नाम से जाना जाता है। संविधान के अनुच्छेद 41 के अनुसार यह स्पष्ट घोषित किया गया है कि "डायट राज्य शक्ति का सर्वोच्च अंग और राज्य का एकमात्र विधायी अंग होगी।" क्योंकि, जापान में लोकप्रिय प्रभुसत्ता की व्यवस्था है, इसलिए डायट जोकि जनता का प्रतिनिधित्व करती है, राज्य का सबसे उच्च अंग मानी गई है। सभी कानून डायट द्वारा ही बनाए जाते हैं।

जापान की संसद की संरचना

जापान की डायट द्विसदनीय व्यवस्थापिका है। इसके दो सदन हैं–प्रतिनिधि सदन तथा पार्षदों का सदन।

प्रतिनिधि सदन

- प्रतिनिधि सदन डायट का निम्न सदन है जिसमें आजकल 500 सदस्य हैं। ये सदस्य जनता द्वारा प्रत्यक्ष रूप से चुने जाते हैं। भारत की तरह जापान में एक सदस्यीय निर्वाचन क्षेत्र नहीं बल्कि बहु-सदस्यीय निर्वाचन क्षेत्र की व्यवस्था है। जापान को इसके लिए 118 निर्वाचन क्षेत्रों में बांटा गया है।
- 20 वर्ष के प्रत्येक नागरिक को वोट देने तथा 25 वर्ष के प्रत्येक नागरिक को चुने जाने का अधिकार है। इसका चुनाव चार वर्ष के लिए होता है। प्रधानमंत्री की सलाह पर सम्राट इसे पहले भी भंग करके नए चुनाव करा सकता है।
- संविधान में ऐसी व्यवस्था है कि यदि मंत्रिमंडल के विरुद्ध अविश्वास प्रस्ताव पास हो जाए तो या तो मंत्रिमंडल अपना त्यागपत्र दे दे या 10 दिन के अंदर-अंदर सदन का विघटन कर दिया जाए, नए चुनाव 40 दिन के अंदर होने निश्चित हैं।
- जापान के प्रतिनिधि सदन का एक अध्यक्ष होता है जिसे गीचो या स्पीकर कहा जाता है। स्पीकर का चुनाव सदन के सदस्यों के द्वारा अपने में से ही किया जाता है। स्पीकर का चुनाव सदन की अवधि अर्थात् 4 वर्ष के लिए किया जाता है।

पार्षदों का सदन

पार्षदों का सदन डायट का ऊपरी सदन है, जिसमें 252 सदस्य होते हैं। 152 सदस्य भौगोलिक क्षेत्रों के आधार पर और शेष 100 सदस्य समस्त राष्ट्र के मतदाताओं द्वारा चुने जाते हैं। इसके आधे सदस्य हर तीन वर्ष पश्चात् रिटायर हो जाते हैं। इस प्रकार एक सदस्य 6 वर्ष तक अपने पद पर रह सकता है। इसका सदस्य बनने के लिए 30 वर्ष की आयु निश्चित की गई है। यह एक स्थायी सदन है और भंग नहीं किया जा सकता।

डायट के अधिवेशन

संविधान के अनुसार डायट के दो प्रकार के अधिवेशन होते हैं- एक साधारण और दूसरे विशेष अधिवेशन। डायट का साधारण अधिवेशन एक वर्ष में एक बार बुलाया जाता है, परंतु कैबिनेट विशेष अधिवेशन किसी भी समय आमंत्रित कर सकती है। यदि दोनों सदनों में से किसी भी सदन के 1/4 सदस्य यह मांग करें कि डायट का विशेष अधिवेशन बुलाया जाए तो कैबिनेट को वह अधिवेशन बुलाना पड़ता है।

इसके अतिरिक्त यदि प्रतिनिधि सभा भंग कर दी गई हो, तो पार्षद सभा को भी स्थगित कर दिया जाता है अर्थात् उसका अधिवेशन नहीं बुलाया जाता, परंतु संकट काल के समय कैबिनेट पार्षद सभा को बुलवा सकती है। पार्षद सभा के द्वारा जो भी कानून इत्यादि पास किए जाते हैं, वे अस्थायी फैसले होते हैं और नए प्रतिनिधि सभा के द्वारा अधिवेशन के शुरू हो जाने के 10 दिन के अंदर पास होने चाहिए। प्रधानमंत्री को चुनने के लिए एक विशेष अधिवेशन बुलाया जाता है।

सदस्यों के विशेषाधिकार

अन्य देशों में संसद के सदस्यों को कुछ विशेषाधिकार मिलते हैं, उसी प्रकार जापान की डायट के सदस्यों को भी विशेषाधिकार प्राप्त हैं, जो निम्न हैं-

- अनुच्छेद 50 के अनुसार अधिवेशन के दिनों में डायट के किसी भी सदस्य को बंदी नहीं बनाया जा सकता। सदन की प्रार्थना पर पहले से बनाए गए बंदी को अधिवेशन के दिनों में अधिवेशन में भाग लेने के लिए रिहा कर दिया जाता है।
- अनुच्छेद 51 के अनुसार डायट के सदस्यों को भाषण की स्वतंत्रता प्रदान की गई है। सदन में कही गई किसी भी बात के आधार पर उनके विरुद्ध कोई मुकदमा नहीं चलाया जा सकता।
- डायट के सदस्यों को सदन की सदस्यता को छोड़े बिना किसी भी प्रकार के प्रशासनिक पदों जैसे संसदीय उपमंत्री, सरकारी प्रतिनिधिमंडल की सदस्यता, कमिश्नर तथा सलाहकार आदि को ग्रहण करने का अधिकार है, परंतु ऐसा करने से पहले उन्हें सदन की स्वीकृति अवश्य लेनी पड़ती है।

वेतन तथा भत्ते

संविधान के 49वें अनुच्छेद में लिखा गया है कि "दोनों सदनों के सदस्यों को कानून द्वारा निश्चित वार्षिक वेतन राष्ट्रीय कोष से दिया जाएगा।" कानून के अनुसार डायट के सदस्यों का वेतन निश्चित किया गया है। प्रत्येक सदस्य को डायट के अधिवेशनों के मध्य में समितियों में कार्य करने के लिए अलग से प्रतिदिन भत्ता मिलता है। उन्हें एक कार्यालय तथा एक सचिव सरकारी खर्चे पर दिया जाता है। अपने पद से संबंधित पत्र-व्यवहार के लिए उन्हें डाक खर्च की सुविधा दी गई है।

डायट का सचिवालय

डायट के दोनों सदनों का अपना सचिवालय होता है। सचिवालय का अध्यक्ष मुख्य सचिव होता है। वह सदन का सदस्य नहीं होता है। वह समस्त सरकारी पत्रों पर हस्ताक्षर करता है। प्रत्येक सदन में एक वैधानिक ब्यूरो होता है।

डायट के अधिकार तथा कार्य

जापान की डायट के कार्यों की विवेचना निम्नलिखित शीर्षकों के अंतर्गत की जा सकती है–

वैधानिक कार्य

- संविधान के अनुच्छेद 41 के अनुसार डायट राज्य सत्ता की सबसे प्रमुख संस्था है और राज्य में कानून बनाने के लिए सबसे सर्वोच्च अंग है। वैधानिक क्षेत्र में दोनों सदनों की समान शक्तियां हैं। कोई भी विधेयक कानून का रूप तब तक धारण नहीं कर सकता जब तक कि वह दोनों सदनों द्वारा पारित न हो गया हो, परंतु संविधान के द्वारा वैधानिक क्षेत्र में प्रतिनिधि सभा की स्थिति को पार्षद सभा की अपेक्षा प्राथमिकता दी गई है।
- संविधान के अनुच्छेद 59 के अनुसार यदि कोई विधेयक प्रतिनिधि सभा द्वारा पास कर दिया जाता है और पार्षद सभा उसको अस्वीकार कर देती है या उससे भिन्न विचार रखती है, तो एक संयुक्त कॉन्फ्रेंस समिति की स्थापना की जाती है और यदि यह गतिरोध को दूर न कर सके और प्रतिनिधि सभा दोबारा 2/3 बहुमत से उसे पारित कर दे तो वह कानून पार्षद सभा की स्वीकृति के बिना भी कानून बन जाता है।
- संयुक्त समिति की बैठक बुलाने का अधिकार केवल प्रतिनिधि सभा के पास है। संविधान में यह भी लिखा गया है कि यदि प्रतिनिधि सभा के द्वारा पास किए गए विधेयक पर पार्षद सभा 60 दिन तक कोई निर्णय नहीं लेती तो यह माना जाएगा कि पार्षद सभा ने यह विधेयक नामंजूर कर दिया है। इसके उपरांत यदि प्रतिनिधि सभा 2/3 बहुमत से उस विधेयक को पास कर दे तो वह कानून बन जाता है।
- यदि किसी कानून को प्रतिनिधि सभा अस्वीकार कर देती है, तो पार्षद सभा दोबारा उसे चालू नहीं कर सकती है। इससे प्रतीत होता है कि कानून बनाने की अंतिम शक्ति प्रतिनिधि सदन के पास है।

वित्तीय कार्य

- राष्ट्र के धन पर भी डायट को ही नियंत्रण प्राप्त है। बजट इसके सामने पेश किया जाता है। इसकी स्वीकृति के बिना न जनता पर कोई कर लगाया जा सकता है और न ही सरकार कोई धन खर्च कर सकती है।
- प्रतिनिधि सदन को वित्त संबंधी शक्तियां पार्षद के सदन से अधिक प्राप्त हैं। धन विधेयक केवल प्रतिनिधि सदन में पेश हो सकता है। संविधान के 60वें अनुच्छेद में लिखा गया है कि "प्रतिनिधि सदन में बजट पहले अवश्य पेश किया जाना चाहिए। प्रतिनिधि सदन बजट को पास करके पार्षदों के सदन के पास भेज देता है। यदि यह सदन प्रतिनिधि सदन से पास होकर आए हुए बजट पर 30 दिन तक (इनमें अवकाश के दिन शामिल नहीं हैं) अंतिम निर्णय लेने में असफल हो जाता है, तब प्रतिनिधि सदन का निर्णय डायट का अंतिम निर्णय हो जाएगा।" ध्यातव्य है कि दोनों सदनों के मतभेद को दूर करने हेतु यहां भी संयुक्त समिति नियुक्त की जाती है, परंतु वित्तीय विधेयकों की दशा में प्रतिनिधि सभा द्वारा विधेयक के दोबारा पास करवाने की कोई व्यवस्था नहीं है।

कार्यपालिका संबंधी कार्य

- डायट कार्यपालिका पर नियंत्रण रखती है। प्रधानमंत्री डायट द्वारा चुना जाता है और मंत्रिमंडल अपने कार्यों के लिए उसके प्रति उत्तरदायी है। डायट के सदस्य मंत्रियों से प्रश्न आदि पूछ सकते हैं जिनका उन्हें उत्तर देना पड़ता है।
- प्रतिनिधि सदन मंत्रिमंडल के विरुद्ध अविश्वास का प्रस्ताव पास करके उसे अपदस्थ कर सकता है। कार्यपालिका पर नियंत्रण रखने हेतु डायट उन सब साधनों का प्रयोग कर सकती है जो भारतीय या ब्रिटिश संसद करती है, जैसे कि प्रश्न पूछना, वाद-विवाद, निन्दा प्रस्ताव, काम रोको प्रस्ताव आदि। इसके अलावा अमेरिकी कांग्रेस की भांति, जापान की डायट प्रशासन में विशेष कुरीति या अदक्षता या भ्रष्टाचार की जांच-पड़ताल करने के लिए अपनी जांच समिति भी नियुक्ति कर सकती है। अपने जांच के काम में सरकारी कर्मचारियों, रिकार्ड आदि को अनिवार्यत: पेश करवा सकती है।

न्यायिक कार्य

डायट को कुछ न्यायिक शक्तियां भी प्राप्त हैं। वह सर्वोच्च न्यायालय के जजों को महाभियोग द्वारा अपदस्थ कर सकती है।

संवैधानिक कार्य

संविधान के संशोधन का विधेयक किसी भी सदन में प्रस्तुत किया जा सकता है। संविधान में संशोधन करने के लिए संशोधन विधेयक डायट के दोनों सदनों के द्वारा 2/3 बहुमत से स्वीकृत होना चाहिए और उसके पश्चात् विशेष जनमत संग्रह के द्वारा मतदाताओं के बहुमत से पारित होना चाहिए। 1947 के पश्चात् अभी तक संविधान में एक भी संशोधन नहीं हुआ, क्योंकि संशोधन करने का सिद्धांत अति कठोर है।

निर्वाचन संबंधी कार्य

संविधान के 67वें अनुच्छेद के अनुसार डायट प्रधानमंत्री का चुनाव करती है। डायट दोनों सदनों के सदस्यों की योग्यताएं तथा मतदाताओं की योग्यताएं भी निश्चित करती है, संविधान में लिखा गया है कि प्रत्येक सदन अपने सदस्यों की योग्यताओं को निश्चित करेगा, परंतु, किसी सदस्य को सदन से हटाने के लिए यह आवश्यक है कि उपस्थित सदस्यों के दो-तिहाई अथवा इससे अधिक मतों से प्रस्ताव पास किया जाए। प्रत्येक सदन आम चुनाव के पश्चात् स्पीकर, डिप्टी स्पीकर, स्थायी समितियों के अध्यक्ष तथा महासचिव का चुनाव करता है।

विदेशी मामले

डायट को अपने देश के विदेशी मामलों पर कुछ नियंत्रण दिया गया है। कैबिनेट के द्वारा विदेशों से की गई संधियां तब तक अंतिम नहीं होंगी, जब तक उन पर डायट का अनुमोदन प्राप्त न हो जाए।

डायट जनता की शिकायतों को दूर करती है

- डायट एक राष्ट्रीय फोरम के रूप में कार्य करती है जिसके अंदर जनता की शिकायतों को व्यक्त किया जाता है और उन शिकायतों को दूर करने का भी प्रयत्न किया जाता है। सदन के प्रत्येक सदस्य का कर्तव्य है कि वह अपने निर्वाचन क्षेत्र के लोगों की शिकायतें सदन के सम्मुख रखे ताकि उन शिकायतों को दूर किया जा सके। जनता की शिकायतों को दूर करना डायट की जिम्मेदारी है।
- जापान में कोई भी व्यक्ति या व्यक्तियों का समूह अपने दुख को याचना के रूप में डायट के सामने रख सकता है। इस प्रकार की याचनाओं पर सोच-विचार करने के लिए दोनों सदनों की अपनी-अपनी समिति होती है। यदि समिति की रिपोर्ट के आधार पर सदन का कोई विचार है, तो मंत्रिमंडल के लिए अनिवार्य है कि इन याचनाओं पर की गई कार्यवाही की सूचना सदन को दे।

दोनों सदनों के पारस्परिक संबंध

- जापान की डायट के सदनों को समान अधिकार प्राप्त नहीं है। साधारण विधेयक किसी भी सदन में पेश हो सकता है और दोनों से पास होने के

बाद ही वह सम्राट के द्वारा उद्घोषणा के लिए भेजा जाता है। यदि प्रतिनिधि सदन का पास किया हुआ विधेयक पार्षदों का सदन रद्द कर दे या दोनों में कोई मतभेद हो और 60 दिन तक कोई समझौता न हो सके या 60 दिन तक पार्षदों का सदन विधेयक पर कोई अंतिम निर्णय न ले सके तो प्रतिनिधि सदन विधेयक को दो-तिहाई बहुमत से दोबारा पास कर सकता है। ऐसी दशा में वह विधेयक दोनों सदनों से पास समझा जाएगा और अंतिम होगा।

- बजट और धन विधेयक केवल प्रतिनिधि सदन में ही पेश किया जा सकता है। यदि पार्षदों का सदन उसे रद्द कर दे या 30 दिन तक उस पर कोई निर्णय न ले या दोनों सदनों में 30 दिन तक कोई समझौता न हो सके तो प्रत्येक दिशा में वह विधेयक दोनों सदनों से पारित समझा जाएगा तथा उसे प्रतिनिधि सभा द्वारा दोबारा पास करवाना आवश्यक नहीं होगा।
- कार्यपालिका पर वास्तविक नियंत्रण प्रतिनिधि सदन का ही है। प्रधानमंत्री वैसे तो डायट द्वारा चुना जाता है, परंतु वास्तव में वह प्रतिनिधि सदन के बहुमत दल का नेता ही होता है। अधिकतर मंत्री भी प्रतिनिधि सदन के लिए जाते हैं। मंत्री अपने कार्यों के लिए प्रतिनिधि सदन के प्रति उत्तरदायी हैं। मंत्रियों से प्रश्न आदि तो दोनों सदनों के सदस्य पूछ सकते हैं और उनकी आलोचना कर सकते हैं, परंतु मंत्रिमंडल के विरुद्ध अविश्वास का प्रस्ताव केवल प्रतिनिधि सदन ही पास कर सकता है और वही उसे अपदस्थ कर सकता है।
- शेष सभी मामलों में दोनों सदनों को समान अधिकार प्राप्त हैं। महाभियोग में दोनों सदन ही भाग लेते हैं। एक सदन महाभियोग लगाता है और दूसरा उसकी छानबीन करके निर्णय देता है। संविधान में संशोधन भी दोनों सदनों द्वारा किया जाता है।
- दोनों सदनों के आपसी संबंधों को देखने से स्पष्ट हो जाता है कि प्रतिनिधि सदन अधिक शक्तिशाली और महत्वपूर्ण है। द्वितीय सदन की स्थिति लगभग वैसी ही है, जैसी भारत में राज्यसभा की है।

डायट की स्थिति

- संविधान ने डायट को "राज्य का सर्वोच्च अंग" घोषित किया है। कानून का अधिकार केवल इसके पास है। इसके पास किए हुए विधेयकों पर किसी को विशेषाधिकार प्राप्त नहीं है। कार्यपालिका का सर्वोच्च अधिकारी अर्थात् प्रधानमंत्री भी इसी के द्वारा चुना जाता है। मंत्रिमंडल भी इसी के प्रति उत्तरदायी है। यह सर्वोच्च न्यायालय के जजों को भी अपदस्थ कर सकती है।
- उपरोक्त विवेचना से स्पष्ट है कि डायट वास्तव में राज्य का सर्वोच्च अंग है, परंतु यह स्थिति केवल औपचारिक और दिखावटी है। वास्तव में जापान की डायट की स्थिति विश्व की बाकी सभी संसदीय शासन प्रणालियों के अंतर्गत व्यवस्थापिकाओं की स्थिति से अलग नहीं है।
- जापान में संसदीय प्रणाली है और दो दलीय प्रणाली है। दलीय अनुशासन कठोर है और डायट के पास अपने सारे कार्यों को अपनी ही इच्छानुसार करने के लिए पर्याप्त योग्यता और समय का अभाव है। ऐसी परिस्थिति में स्वाभाविक है कि डायट की स्थिति बहुत कमजोर और प्रभावशून्य है। डायट का मंत्रिमंडल और राजनीतिक दलों के नेतृत्व के अधीन कार्य करना अनिवार्य-सा बन गया है।

जापान का सम्राट

- जापान में राजतंत्र है। वहां राज्य का अध्यक्ष कोई राष्ट्रपति नहीं, बल्कि सम्राट है। एक समय था, जब जापान का सम्राट भी इंग्लैंड के सम्राट की तरह ही निरंकुश तथा स्वेच्छाचारी था। 1889 ई. के संविधान के अनुसार भी उसको बहुत-सी निरंकुश शक्तियां प्राप्त थीं और उसे ही समस्त शक्तियों का स्रोत माना जाता था।
- मैजी संविधान की प्रस्तावना और उसके प्रथम और चौथे अनुच्छेदों द्वारा सम्राट की वंशगत सर्वोच्च सत्ता को सुरक्षित रखा गया है। वैसे तो वह अपना शासन मंत्रिमंडल की सलाह से करता था, परंतु सर्वोच्च युद्ध परिषद् के कारण उस पर सैनिक अधिकारियों का काफी प्रभाव था। किंतु इस नए संविधान ने सम्राट की स्थिति को बिल्कुल बदल दिया है और जापान में सीमित राजतंत्र की स्थापना की गई है।
- सम्राट जापान का संवैधानिक मुखिया है। वह अपनी सभी शक्तियों का प्रयोग मंत्रिमंडल की सलाह से करता है। इंग्लैंड के सम्राट की तरह वह राज्य करता है, शासन नहीं करता। संसदीय शासन प्रणाली की व्यवस्था होने के कारण सम्राट की सभी शक्तियां नाममात्र की रह गई हैं और मंत्रिमंडल ही उन शक्तियों का प्रयोग करता है और मंत्रिमंडल अपने कार्यों के लिए जापान की संसद (डायट) के प्रति उत्तरदायी है।

उत्तराधिकार

- जापान में राजतंत्र पैतृक है। संविधान के अनुच्छेद-2 के अनुसार उत्तराधिकार का निर्णय इम्पीरियल हाउस लॉ द्वारा किया जाएगा। यह कानून जापान की संसद अर्थात् डायट द्वारा बनाया जाएगा। 1889 के मैजी संविधान के अनुसार डायट इम्पीरियल हाउस लॉ में कोई तब्दीली नहीं कर सकती थी। केवल सम्राट ही शाही परिवार परिषद् और प्रिवी कौंसिल की सलाह से उत्तराधिकारी के कानून को बदल सकता था।
- वर्तमान कानून के अंतर्गत डायट इम्पीरियल हाउस लॉ को बदल या रद्द कर सकती है। इस कानून के अनुसार सम्राट की मृत्यु के पश्चात् ज्येष्ठ लड़का सिंहासन पर बैठने का अधिकारी होता है। यदि राजकुमार न हो, तो सिंहासन की उत्तराधिकारी राजकुमारी होती है, सम्राट को गोद लेने का अधिकार नहीं है।
- यदि उत्तराधिकारी अवयस्क हो या किसी गंभीर बीमारी का शिकार हो गया हो या संवैधानिक कार्यों को निभाने में असमर्थ हो तो उस समय इंपीरियल हाउस कौंसिल के निर्णय के द्वारा एक रीजेंट नियुक्त किया जाएगा। यदि कोई उत्तराधिकारी किसी गंभीर तथा ठीक न होने वाली बीमारी के कारण इस पद के लिए अयोग्य समझा जाए तो शाही परिवार परिषद् उत्तराधिकार में परिवर्तन कर सकती है।
- इस परिषद् के दस सदस्य होते हैं-प्रधानमंत्री, संसद के दोनों सदनों के अध्यक्ष तथा उपाध्यक्ष, सर्वोच्च न्यायालय का मुख्य न्यायाधीश तथा एक अन्य न्यायाधीश, राजपरिवार एजेंसी का अध्यक्ष तथा राजपरिवार के दो सदस्य। इसकी बैठक प्रधानमंत्री की अध्यक्षता में होती है।

सम्राट के परिवार की वित्तीय व्यवस्था

- अब शाही गृह मामले डायट के नियंत्रण में हैं। प्रशांत युद्ध से पूर्व सम्राट के पास बहुत अधिक संपत्ति और भूमि थी। वह बड़े-बड़े उद्योगों का भी मालिक होता था। अब उसकी संपत्ति का बहुत सारा भाग राज्य को सौंप दिया गया है और उसके परिवार की आवश्यकताएं राज्य द्वारा पूरी की जाती हैं जिसकी मान्यता डायट के द्वारा की जाती है। 1947 ई. में सम्राट की 3,740,000,000 येन की संपत्ति में से राज्य ने 3,330,000,000 येन की संपत्ति अपने अधिकार में ले ली।
- संविधान के अनुच्छेद 88 के अनुसार, "सम्राट की समस्त संपत्ति राज्य के अधिकार में होगी।" और उसके परिवार के खर्चे डायट द्वारा स्वीकृत किए जाएंगे। अनुच्छेद 8 के अनुसार शाही परिवार न किसी संपत्ति को ले या दे सकता है और न ही बिना डायट की अनुमति के किसी को पुरस्कार के रूप में कोई धन या राशि दे सकता है।

सम्राट का परिवार

- 1880 ई. में राजकुमार ईतो के द्वारा जो पीयर बनाए गए थे, उन्हें नए संविधान के द्वारा समाप्त कर दिया गया। नए संविधान के द्वारा ऊपरी सदन हाउस ऑफ पीयर्स के स्थान पर हाउस ऑफ कौंसिलर्स का निर्माण किया गया।
- इस सदन के सदस्य मनोनीत नहीं किए जाते बल्कि जनता के द्वारा निर्वाचित किए जाते हैं। 1947 ई. में परिषद् ने फैसला किया कि ग्यारह शाही परिवारों के 51 राजकुमार और राजकुमारियां अपनी शाही सदस्यता को त्याग दें और साधारण नागरिक बन जाएं। आजकल शाही परिवार बहुत थोड़े व्यक्तियों तक ही सीमित है। इसमें केवल सम्राट और उसके तीन भाई आते हैं।

सम्राट की शक्तियां और कार्य

- संविधान द्वारा जापान के सम्राट को बहुत-सी शक्तियां दी गई हैं, परंतु एक बात ध्यान में रहे कि सम्राट शक्तियों का प्रतीक नहीं बल्कि राज्य तथा जनता की एकता का प्रतीक है। सम्राट अपनी सब शक्तियों का प्रयोग जनता की इच्छा के अनुसार करता है। सीमित राजतंत्र की व्यवस्था होने के कारण वह अपनी शक्तियों का प्रयोग मंत्रिमंडल की सलाह से करता है।
- शोवा संविधान के प्रथम अध्याय के छठे तथा सातवें अनुच्छेद में सम्राट की औपचारिक शक्तियों का वर्णन किया गया है। जापान के सम्राट की शक्तियों को चार भागों में बांटा जा सकता है–**1.** कार्यपालिका शक्तियां, **2.** वैधानिक शक्तियां, **3.** न्यायिक शक्तियां, **4.** अन्य शक्तियां।

कार्यपालिका शक्तियां

जापान के सम्राट को निम्नलिखित कार्यपालिका शक्तियां प्राप्त हैं–

- जापान का समस्त शासन सम्राट के नाम पर चलाया जाता है। सभी कानून उसके नाम पर लागू होते हैं।
- वह प्रधानमंत्री की नियुक्ति करता है। वह उसी व्यक्ति को इस पद पर नियुक्त करता है, जो डायट द्वारा मनोनीत किया जाए।
- वह मंत्रियों तथा अन्य पदाधिकारियों की नियुक्ति तथा पदच्युति करता है।
- वह अन्य देशों को भेजे जाने वाले राजदूतों को नियुक्त करता है तथा विदेशों के राजदूतों को अपने देश में स्वीकार करता है।
- राज्य द्वारा जारी किए जाने वाले सब आदेश उसके नाम पर जारी होते हैं।
- वह राजनीतिक दस्तावेजों तथा कूटनीतिक प्रलेखों की पुष्टि करता है।

वैधानिक शक्तियां

सम्राट की वैधानिक शक्तियां निम्नलिखित हैं–

- सम्राट ही डायट (संसद) का अधिवेशन बुलाता है।
- वह प्रधानमंत्री की सिफारिश पर प्रतिनिधि सदन (निम्न सदन) को जब चाहे विघटित कर सकता है।
- संविधान के संशोधनों, कानूनों, मंत्रिमंडल के आदेशों तथा संधियों आदि की घोषणा सम्राट द्वारा ही की जाती है।
- डायट के सदस्यों के साधारण चुनाव की घोषणा सम्राट ही करता है।

न्यायिक शक्तियां

जापान के सम्राट को निम्नलिखित न्यायिक शक्तियां प्राप्त हैं–

- वह मंत्रिमंडल की सलाह से सर्वोच्च न्यायालय के मुख्य न्यायाधीश की नियुक्ति करता है।
- अन्य राज्यों के अध्यक्षों के समान जापान के सम्राट को भी क्षमादान का अधिकार है। वह किसी भी अभियुक्त को पूर्णतया क्षमा प्रदान कर सकता है, उसके दंड में कमी कर सकता है और दंड को स्थगित भी कर सकता है।

अन्य शक्तियां

- जापान का सम्राट सम्मान का स्रोत है। वही सम्मान के पद और उपाधियां प्रदान करता है।
- राज्य के सभी समारोह उसी की अध्यक्षता में होते हैं।
- वह अंतर्राष्ट्रीय राजनीति में राज्य का प्रतिनिधित्व करता है।

जापान का सम्राट राज्य करता है शासन नहीं करता

- 'जापान का सम्राट राज्य करता है शासन नहीं करता', यह कथन बिल्कुल सत्य है। इंग्लैंड के सम्राट की भांति वह राज्य का अध्यक्ष है और राज्य तथा जनता की एकता का प्रतीक है, परंतु शासन का स्रोत नहीं है।
- सर्वोच्च शक्ति का स्रोत जनता है। यद्यपि संविधान के अनुसार सम्राट प्रधानमंत्री को नियुक्त करता है, प्रतिनिधि सभा को भंग करता है, सर्वोच्च न्यायालय के मुख्य न्यायाधीशों को नियुक्त करता है, विदेशी राजदूतों और मंत्रियों का स्वागत करता है, वह डायट के अधिवेशन को बुलाता है, परंतु वास्तव में सभी कार्य मंत्रिमंडल की इच्छा के अनुसार ही किए जाते हैं। इन कार्यों को करते हुए सम्राट मंत्रिमंडल के फैसलों को अधिक प्रभावित नहीं कर सकता।
- प्रो. नोवुताका इके ने लिखा है कि "सम्राट सारी राजनीतिक और नैतिक शक्ति का स्रोत नहीं रहा, वह अब केवल एक प्रतीक बन गया है। उसके पास संविधान के अधीन कई औपचारिक अथवा अनुष्ठानिक कार्य हैं, परंतु राज्य संबंधी कोई शक्ति नहीं है।" जापान के सम्राट की स्थिति तो इंग्लैंड के सम्राट से भी कम महत्वपूर्ण है।
- इंग्लैंड का सम्राट प्रधानमंत्री की नियुक्ति में उस समय अपने विवेक से काम ले सकता है जब कॉमन सदन अपना कोई नेता न चुन सके, परंतु जापान के सम्राट को ऐसा करने का कभी भी अवसर प्राप्त नहीं होता, क्योंकि वह तो केवल उस व्यक्ति को प्रधानमंत्री नियुक्त करता है जिसे डायट मनोनीत करे। मंत्रिमंडल ही जापान में शासन करता है और शासन कार्य में सम्राट का कोई प्रभाव नहीं है। सम्राट की अपनी कोई निजी संपत्ति नहीं बल्कि उसकी समस्त संपत्ति राज्य की है। वह डायट की स्वीकृति के बिना न संपत्ति ले सकता है, न किसी को संपत्ति दे सकता है और न ही कोई भेंट आदि स्वीकार कर सकता है। सम्राट की आय और व्यय संसद के अधीन और नियंत्रण में हैं। वह कोई मनमानी नहीं करता। उसका न कानून-निर्माण में कोई हाथ है और न ही प्रशासन में।

❑❑❑

अध्याय 5

स्विस संसद : रचना, कार्य और शक्तियां

विश्व के अन्य प्रजातंत्रात्मक देशों की विधानपालिका की तरह स्विस फेडरल असेंबली के भी दो सदन हैं। इन दोनों सदनों के नाम इस प्रकार हैं–राज्यसभा तथा राष्ट्रीय सभा। राज्यसभा फेडरल असेंबली का ऊपरी सदन है। यह सदन कैंटनों का प्रतिनिधित्व करता है। भारत में भी ऊपरी सदन को राज्यसभा के नाम से पुकारते हैं, जबकि अमेरिका में ऊपरी सदन को सीनेट के नाम से पुकारते हैं। स्विट्जरलैंड के निम्न सदन को राष्ट्रीय सभा के नाम से जाना जाता है और यह सदन स्विस जनता का प्रतिनिधित्व करता है। भारत में निम्न सदन को लोकसभा के नाम से जाना जाता है, जबकि अमेरिका के निम्न सदन को प्रतिनिधि सदन का नाम दिया गया है। स्विस संविधान के अंतर्गत संघीय विधानसभा की सर्वोच्चता की स्थापना की गई है। स्विट्जरलैंड का संविधान संघीय विधानसभा को सर्वोच्च शक्ति प्रदान करता है। अमेरिका में सरकार के तीनों अंग समान हैं, परंतु स्विस संविधान के अंतर्गत इस समानता को नहीं अपनाया गया है। संघीय विधानसभा संघीय न्यायाधिकरण के निर्णय को रद्द कर सकती है, परंतु संघीय न्यायाधिकरण संघीय विधानसभा के बनाए हुए कानूनों को रद्द नहीं कर सकता अर्थात् संघीय न्यायाधिकरण के पास न्यायिक पुनर्निरीक्षण की शक्ति नहीं है। संघीय परिषद् भी संघीय विधानसभा से कम शक्तिशाली है। संघीय न्यायाधिकरण के न्यायाधीशों और संघीय परिषद् के सदस्यों की नियुक्ति भी संघीय विधानसभा के द्वारा की जाती है। चांसलर जो कि प्रशासनिक सेवा का स्थायी प्रमुख होता है, की नियुक्ति भी संघीय विधानसभा के द्वारा की जाती है। प्रो. रैपर्ड ने ठीक ही लिखा है, "संघीय विधानसभा जब तक लोगों के विश्वास को बनाए रखती है और लोगों की इच्छा के अनुसार चलती है, स्विस शासन प्रबंध में सर्वोच्च शक्ति है।" अब हम संघीय विधानसभा के दोनों सदनों का वर्णन करते हैं।

राष्ट्रीय परिषद्

- राष्ट्रीय सभा संघीय विधानसभा का निम्न सदन है और जैसा कि इसके नाम से स्पष्ट है, यह राष्ट्र का प्रतिनिधित्व करती है। इस सदन की संख्या जनसंख्या के सिद्धांत पर निर्धारित की जाती है और समयानुसार जनसंख्या में वृद्धि या कमी के कारण बढ़ती या घटती रहती है। सन् 1951 में इसकी सदस्य संख्या 187 थी, परंतु आजकल इसकी सदस्य संख्या 230 है, जबकि अमेरिका के प्रतिनिधि सदन के 435 और इंग्लैंड के हाउस ऑफ कॉमंस के 659 सदस्य हैं।
- स्विस संविधान में लिखा गया है कि 24,000 की जनसंख्या के पीछे एक सदस्य चुना जाता है। 12,000 या उससे अधिक अंश की जनसंख्या को भी 24,000 के बराबर ही समझा जाता है। जनसंख्या की दृष्टि से प्रत्येक कैंटन या अर्ध कैंटन चाहे जितनी भी छोटी क्यों न हो, एक सदस्य भेजने का अधिकार रखती है, परंतु बड़ी कैंटन कई सदस्य भेजती है। उदाहरणस्वरूप बर्न 33 सदस्य भेजती है जबकि उरी केवल एक सदस्य भेजती है।

योग्यताएं

- संविधान में राष्ट्रीय सभा के सदस्य के लिए योग्यताएं निश्चित की गई हैं। संविधान में लिखा गया है कि प्रत्येक पुरुष नागरिक जो 20 वर्ष की आयु या अधिक का हो, वोट देने और चुने जाने का अधिकार रखता है, परंतु संघीय परिषद् तथा राज्यसभा के सदस्य, संघीय सरकार के कर्मचारी और पादरी राष्ट्रीय सभा के सदस्य नहीं बन सकते हैं। स्विट्जरलैंड में यह एक अद्भुत बात है कि कैंटनों की विधानपालिका तथा कार्यपालिका के सदस्य राष्ट्रीय सभा के सदस्य बन सकते हैं।
- 1971 से पूर्व स्त्रियों को न तो मताधिकार प्राप्त था और न ही वे राष्ट्रीय सभा की सदस्य बन सकती थीं, परंतु फरवरी, 1971 से महिलाएं वोट भी दे सकती हैं और राष्ट्रीय सभा के लिए चुनाव भी लड़ सकती हैं।

चुनाव की प्रणाली

- सन 1919 से राष्ट्रीय सभा के सदस्य का चुनाव गुप्त मतदान और समानुपातिक प्रतिनिधित्व के द्वारा होता है। स्विट्जरलैंड में वयस्क मताधिकार को सन् 1848 में अपनाया गया था और इस दृष्टि से स्विट्जरलैंड ने अमेरिका को ही नहीं बल्कि सारे विश्व को पराजय दी है। प्रत्येक स्विस पुरुष नागरिक को जिसकी आयु 20 वर्ष पूरी हो चुकी हो; वोट देने तथा चुनाव लड़ने का अधिकार है। इंग्लैंड में 18 वर्ष के नागरिक को वोट देने का अधिकार है, जबकि अमेरिका में विभिन्न राज्यों में विभिन्न आयु निश्चित की गई है।
- प्रत्येक कैंटन का एक चुनाव क्षेत्र बनाया जाता है और विभिन्न राजनीतिक पार्टियां उम्मीदवारों की सूचियां प्रस्तुत करती हैं। अत: उम्मीदवार वोटरों के व्यक्तिगत रूप में नहीं आते बल्कि गुटों के रूप में आते हैं। कानूनी रूप में कोई 15 मतदाता मिलकर एक सूची प्रस्तुत कर सकते हैं, परंतु यह आमतौर पर नहीं होता है, क्योंकि सूचियां संगठित पार्टियों के द्वारा ही प्रस्तुत की जाती हैं। सूची में उतने ही नाम दिए जाते हैं जितनी रिक्त सीटों की पूर्ति करनी होती है। प्रत्येक वोटर को उतने ही वोट डालने का अधिकार है जितने नाम सूची में होते हैं।
- चुनाव के पश्चात् जिस पार्टी को जितने वोट मिलते हैं, उसके अनुपात में उस पार्टी को सीटें दे दी जाती हैं। स्विट्जरलैंड में वोटर व्यक्तिगत उम्मीदवार को भी वोट डालता है, इसलिए सूची उम्मीदवारों में सीटें वितरण करना कठिन नहीं है। आनुपातिक प्रतिनिधित्व प्रणाली को उन्हीं कैंटनों में अपनाया गया है जहां से दो या दो से अधिक सदस्य चुने जाते हैं। इस प्रकार 17 कैंटनों में समानुपाती प्रतिनिधित्व को अपनाया गया है बाकी कैंटनों में मतों की बहुलता के आधार पर चुनाव किए जाते हैं अर्थात् एक निर्वाचन से एक सदस्य चुना जाता है और उम्मीदवार में से जिस उम्मीदवार को अधिक मत मिलते हैं, उसे सफल उम्मीदवार घोषित कर दिया जाता है।

अवधि

- राष्ट्रीय सभा का कार्यकाल 4 वर्ष है। आरंभ में इस सदन की अवधि 3 वर्ष थी परंतु सन् 1930 में संघीय कानून पास करके इसकी अवधि 4 वर्ष कर दी गई थी। अमेरिका में प्रतिनिधि सदन की अवधि 2 वर्ष है। 4 वर्ष की अवधि से पहले भी सदन को भंग किया जा सकता है।
- संविधान के 120वें अनुच्छेद में लिखा गया है कि यदि संघीय विधानसभा के दोनों सदनों में से कोई एक सदन संविधान का पूर्ण संशोधन करने को सहमत हो और दूसरा सदन असहमत हो और स्विस जनता जनमत संग्रह में संशोधन की स्वीकृति दे दे तो संघीय विधानसभा के दोनों सदनों को भंग कर दिया जाएगा। साधारणतया चुनाव 4 वर्ष के पश्चात् अक्टूबर मास के अंतिम रविवार को होता है।

अधिवेशन

चुनाव के पश्चात् नई संघीय विधानसभा अपना काम दिसंबर के आरंभ में शुरू करती है। इसके चार अधिवेशन होते हैं जो कि राज्यसभा के साथ-साथ ही होते हैं। यह अधिवेशन मार्च, जून, सितंबर और दिसंबर में होते हैं। संघीय परिषद् राष्ट्रीय सभा के एक-चौथाई या पांच कैंटनों की प्रार्थना पर असाधारण अधिवेशन बुला सकती है। ध्यातव्य है कि अमेरिकी कांग्रेस की तरह न कि भारत या इंग्लैंड की संसद की तरह। स्विस संघीय विधानसभा के साधारण अधिवेशन स्वयं ही बुलाती है। कार्यपालिका (संघीय परिषद्) नहीं बुलाती।

गणपूर्ति

राष्ट्रीय सभा में कोई भी निर्णय तब तक नहीं किया जा सकता, जब तक कुल सदस्यों का बहुमत अर्थात् 116 सदस्य उपस्थित न हों।

राष्ट्रीय सभा का प्रधान

- राष्ट्रीय सभा एक वर्ष के लिए अपने प्रधान तथा उप-प्रधान का चुनाव करती है। एक ही व्यक्ति दो वर्ष के लिए इस पदवी के लिए नहीं चुना जा सकता, परंतु उप-प्रधान अगले वर्ष प्रधान चुना जा सकता है। राष्ट्रीय सभा के अधिवेशनों का सभापतित्व प्रधान करता है और सदन में शांति बनाए रखने की जिम्मेदारी उसी की होती है।
- सदन के सदस्य जब किसी विधेयक पर बराबर बंट जाते हैं तब प्रधान निर्णायक वोट का प्रयोग करता है। जब सदन समितियों का चुनाव करता है तब प्रधान साधारण सदस्य की तरह अपने मत का प्रयोग करता है। राष्ट्रीय सभा के प्रधान के पद का वह सम्मान नहीं है जो कि इंग्लैंड के हाउस ऑफ कॉमंस के स्पीकर का है और न ही प्रधान के पास उतनी शक्तियां हैं जितनी की अमेरिकी स्पीकर के पास हैं।

भाषा

- राष्ट्रीय सभा में जर्मन, इतालवी तथा फ्रांसीसी इन तीनों भाषाओं में से किसी एक में भाषण दिया जा सकता है और पब्लिक कागजात को इन तीनों भाषाओं में प्रकाशित किया जाता है। अब इन तीनों भाषाओं के अतिरिक्त चौथी भाषा रोमन को भी राष्ट्रीय भाषा का दर्जा दे दिया गया है।

वाद-विवाद

स्विस संघीय विधानसभा में वाद-विवाद प्राय: बड़े अनुशासित तथा भावपूर्ण होते हैं। सदस्य उपस्थिति के बहुत पक्के हैं। सदन में वाद-विवाद के समय एक सदस्य दूसरे सदस्य पर कीचड़ नहीं उछालता। प्रत्येक सदस्य वाद-विवाद में सदन के नियमों का पालन करता है।

वेतन तथा भत्ते

राष्ट्रीय सभा के सदस्यों को निश्चित वेतन नहीं मिलता बल्कि संघीय विधानसभा के अधिवेशनों के दिनों में प्रत्येक सदस्य को यात्रा भत्ते के अतिरिक्त जिस दिन वह अधिवेशन में उपस्थित होता है, 70 फ्रैंक प्रतिदिन के हिसाब से वेतन मिलता है। इस तरह सदस्य सदन की बैठकों में बिना जरूरी काम के गैर-हाजिर नहीं होते।

राज्यसभा की रचना

- राज्यसभा संघीय विधानसभा का ऊपरी सदन है। इस सदन की बनावट अमेरिकी सीनेट से मिलती-जुलती है। राज्यसभा के कुल 44 सदस्य हैं। 1प्रत्येक कैंटन को इसमें समान प्रतिनिधित्व दिया गया है। प्रत्येक कैंटन इसमें दो सदस्य और अर्ध कैंटन एक सदस्य भेजती है। चाहे कैंटन की जनसंख्या कम हो या अधिक हो, किंतु सभी कैंटन को समानता के आधार पर प्रतिनिधित्व दिया गया है।
- स्विट्जरलैंड में 19 पूर्ण कैंटन और 6 अर्ध कैंटन हैं। इस प्रकार कुल 22 पूर्ण कैंटन हैं और प्रत्येक पूर्ण कैंटन दो सदस्य भेजती है। अत: राज्यसभा के 44 सदस्य हैं। अमेरिका में 50 राज्य हैं और प्रत्येक राज्य को सीनेट में दो सदस्य भेजने का अधिकार है। इस प्रकार अमेरिकी सीनेट की कुल सदस्य संख्या 100 है। राज्यसभा और अमेरिकी सीनेट में इतनी ही समानता पाई जाती है। इन दोनों में अंतर अधिक हैं।

चुनाव प्रणाली

- राज्यसभा के सदस्यों के चुनाव का ढंग प्रत्येक कैंटन अपने कानून के द्वारा निश्चित करती है। 17 कैंटनों में राज्यसभा के सदस्य प्रत्यक्ष चुनाव के द्वारा चुने जाते हैं। 4 कैंटन राज्यसभा के सदस्य प्रारंभिक सभा के द्वारा चुनकर भेजते हैं और शेष चार कैंटन अपने विधानमंडलों के द्वारा सदस्य चुनकर भेजते हैं।
- इस प्रकार राज्यसभा के सदस्यों का चुनाव एक ही विधि से नहीं किया जाता। संयुक्त राज्य अमेरिका में सीनेट के सदस्यों के चुनाव का ढंग संघीय संविधान के द्वारा निश्चित किया जाता है। सीनेट के सदस्यों का चुनाव राज्यों द्वारा प्रत्यक्ष चुनाव प्रणाली के आधार पर किया जाता है।

अवधि

- राज्यसभा के सदस्यों की अवधि कैंटनों द्वारा निश्चित की जाती है। अत: राज्यसभा के सदस्यों की अवधि एक-सी नहीं है। 18.5 कैंटन अपने सदस्यों को 4 वर्ष के लिए चुनकर भेजते हैं, 3 कैंटन तीन वर्ष के लिए और एक कैंटन एक वर्ष के लिए चुनकर भेजता है। संविधान के द्वारा यह अवधि 6 वर्ष निश्चित की गई है।
- भारत में राज्यसभा के सदस्यों की अवधि भी 6 वर्ष निश्चित की गई है। अमेरिका की सीनेट के एक-तिहाई सदस्य प्रति दो वर्ष के पश्चात् रिटायर हो जाते हैं, परंतु स्विट्जरलैंड में ऐसा कोई नियम नहीं है। कैंटन जब चाहे अपने सदस्य को वापस बुला सकती है और उनके स्थान पर अन्य सदस्य भेज सकती है।

योग्यताएं

राज्यसभा का सदस्य बनने के लिए वही योग्यताएं चाहिए जो कि राष्ट्रीय सभा के सदस्य के लिए हैं अर्थात् प्रत्येक मतदाता राज्यसभा का सदस्य बन सकता

है, परंतु कोई भी व्यक्ति संघीय विधानसभा के दोनों सदनों का सदस्य नहीं बन सकता। पादरी राष्ट्रीय सभा के सदस्य तो नहीं बन सकते, परंतु कैंटन का कानून उन्हें राज्यसभा का सदस्य बनने के लिए स्वीकृति दे सकता है। स्विट्जरलैंड में राज्यसभा के सदस्यों की आयु प्राय: 55–60 के मध्य होती है।

वेतन तथा भत्ते

राज्यसभा के सदस्यों का वेतन तथा भत्ते कैंटन के कानूनों द्वारा निश्चित किए जाते हैं। इस प्रकार सदस्यों को एक से वेतन तथा भत्ते नहीं मिलते।

अधिवेशन

राज्यसभा के अधिवेशन राष्ट्रीय सभा के अधिवेशन के साथ ही होते हैं अर्थात् वर्ष में प्राय: चार अधिवेशन होते हैं। यह अधिवेशन मार्च, जून, सितंबर और दिसंबर में होते हैं। संघीय परिषद् एक-चौथाई सदस्य या पांच कैंटनों की प्रार्थना पर असाधारण अधिवेशन बुला सकती है।

गणपूर्ति

राज्यसभा में कोई भी निर्णय तब तक नहीं लिया जा सकता, जब तक कुल सदस्यों का बहुमत अर्थात् 23 सदस्य उपस्थित नहीं होते। प्रत्येक निर्णय बहुमत से किया जाता है।

राज्यसभा का प्रधान

राज्यसभा अपना प्रधान तथा उप-प्रधान एक वर्ष के लिए चुनती है। दोनों अगले वर्ष उसी पद के लिए नहीं चुने जा सकते। संविधान में यह भी लिखा गया है कि प्रधान तथा उप-प्रधान एक ही कैंटन से नहीं चुने जाएंगे। प्रधान राज्यसभा की बैठकों का सभापतित्व करता है। प्रधान की शक्तियां तथा कार्य राष्ट्रीय सभा के प्रधान से मिलते-जुलते हैं। राज्यसभा में जब सदस्यों के मत बराबर बंट जाते हैं, तब प्रधान अपने निर्णायक मत का प्रयोग करता है।

दोनों सदनों का पारस्परिक संबंध

- स्विस संघीय विधानसभा के दोनों सदनों को सभी विषयों में एक जैसी शक्तियां प्राप्त हैं। स्विस राष्ट्रीय सभा को दूसरे देशों के निम्न सदन की तरह ऊपरी सदन से अधिक शक्तियां प्राप्त नहीं हैं। प्रोफेसर सी.एफ. स्ट्रांग ने लिखा है, "स्विस संघीय विधानसभा स्विस संघीय कार्यपालिका की तरह अनोखी है। स्विस संघीय विधानसभा विश्व में ऐसी विधानपालिका है जिसके ऊपरी सदन के कार्य किसी भी तरह निम्न सदन से भिन्न नहीं हैं जो कुछ भी संघीय विधानसभा के क्षेत्राधिकार में आता है, इसके लिए दोनों सदनों की सहमति अनिवार्य है।"
- विश्व के दूसरे देशों में प्राय: विधानपालिका के एक सदन की शक्तियां दूसरे सदन से अधिक होती हैं। इंग्लैंड में निम्न सदन (हाउस ऑफ कॉमंस) ऊपरी सदन (हाउस ऑफ लॉर्ड्स) से बहुत शक्तिशाली है। अमेरिका में सीनेट प्रतिनिधि सदन से अधिक शक्तिशाली है, परंतु स्विट्जरलैंड में दोनों सदनों को समान शक्तियां प्राप्त हैं। सभी वैधानिक निर्णय दोनों सदनों की स्वीकृति से ही पास किए जाते हैं।
- यदि कभी दोनों सदनों में से कोई एक सदन किसी विषय पर असहमत हो जाए तो मध्यस्थ समिति द्वारा उस मतभेद को दूर करने का प्रयत्न किया जाता है। यदि फिर भी मतभेद दूर न हो तब उस विषय को छोड़ दिया जाता है और उस पर आगे कोई बहस नहीं होती। स्विट्जरलैंड में किसी भी विधेयक को किसी भी सदन में पेश किया जा सकता है। दूसरे देशों की तरह स्विट्जरलैंड में यह आवश्यक नहीं है कि धन संबंधी विधेयक को निम्न सदन में ही पेश किया जाए। धन-संबंधी विधेयक को राज्यसभा में भी पेश किया जा सकता है। स्विट्जरलैंड में आजकल एक प्रथा उत्पन्न हो गई है कि साधारण बजट को राष्ट्रीय सभा में पहले पेश किया जाता है, जबकि संघीय रेलवे से संबंधित बजट को राज्यसभा में पेश किया जाता है। अधिवेशन होने पर संघीय परिषद् विधेयकों की सूची राष्ट्रीय सभा के प्रधान तथा राज्यसभा के प्रधान को पेश करती है। दोनों सदनों के प्रधान समझौते द्वारा यह फैसला कर लेते हैं कि विधेयकों को किस तरह सदनों में पेश किया जाए।
- स्विट्जरलैंड की संघीय विधानसभा की एक विशेषता यह भी है कि प्रत्येक विधेयक दोनों में एक ही समय पेश किया जाता है। अन्य देशों में विधेयक को एक सदन पास करके दूसरे सदन में भेजता है। स्विस संविधान संघीय विधानसभा के प्रत्येक सदस्य को यह अधिकार देता है कि वह सदन में विधेयक पेश कर सके। कैंटन या अर्धकैंटन तथा संघीय परिषद् भी विधेयक पेश कर सकते हैं। प्राय: सभी विधेयकों का मसौदा संघीय परिषद् के द्वारा ही तैयार किया जाता है।
- संघीय विधानसभा के दोनों सदनों में समितियां पाई जाती हैं। इन समितियों में प्रत्येक पार्टी को सदन में अपनी संख्या के अनुपात में सीटें मिलती हैं। इन समितियों की नियुक्ति सदन के प्रधान के द्वारा की जाती है। संघीय विधानसभा के द्वारा पेश किए विधेयकों में समितियों की नियुक्ति सदन के प्रधान द्वारा की जाती है।
- संघीय विधानसभा के द्वारा पेश किए गए विधेयकों में समितियां कम ही परिवर्तन करती हैं। समितियों में निर्णय प्राय: सर्वसम्मति से किए जाते हैं। प्रत्येक समिति का अपना रिपोर्टर होता है। समितियों के सदस्य समितियों की बैठक में उपस्थिति के बहुत पक्के होते हैं और वे प्राय: गैर-हाजिर नहीं होते।

दोनों सदनों में संयुक्त अधिवेशन

साधारणतया दोनों सदनों के अधिवेशन प्राय: अलग-अलग ही होते हैं, परंतु विशेष कार्यों के लिए इनका संयुक्त अधिवेशन भी किया जाता है। दोनों सदनों का संयुक्त अधिवेशन निम्नलिखित कार्यों के लिए बुलाया जाता है–

- संघीय परिषद् के सदस्यों, प्रधान, उप-प्रधान, संघीय न्यायाधिकरण के न्यायाधीशों, राज्य संघ के चांसलर का चुनाव संयुक्त अधिवेशन में किया जाता है।
- जब किसी को क्षमा अथवा दोष मुक्त करना हो तब भी संयुक्त अधिवेशन बुलाया जाता है।
- संघीय सेना के सबसे बड़े अधिकारी की नियुक्ति भी संयुक्त अधिवेशन में की जाती है।
- जब संघीय परिषद् और संघीय न्यायाधिकरण में अधिकार क्षेत्र के संबंध में कोई झगड़ा उत्पन्न हो जाता है अथवा संघीय अधिकारियों में कोई भेद उत्पन्न हो जाता है तब भी संयुक्त अधिवेशन बुलाया जाता है। दोनों सदनों का जब संयुक्त अधिवेशन बुलाया जाता है तब राष्ट्रीय सभा का प्रधान इसकी अध्यक्षता करता है। संयुक्त अधिवेशन में सभी निर्णय बहुमत से किए जाते हैं।

संघीय विधानसभा की शक्तियां तथा कार्य

- स्विस संविधान के अंतर्गत संघीय विधानसभा की सर्वोच्चता की स्थापना की गई है। संघीय विधानसभा की सर्वोच्चता इस बात से स्पष्ट है कि संघीय परिषद् के सदस्य, संघीय न्यायाधिकरण के न्यायाधीश इसी के द्वारा चुने जाते हैं। कुछ विषयों में संघीय विधानसभा संघीय न्यायाधिकरण के निर्णयों को रद्द भी कर सकती है।

- ऐसी सर्वोच्चता न तो इंग्लैंड की संसद के पास है और न ही अमेरिकी कांग्रेस के पास है। संयुक्त राज्य अमेरिका में कांग्रेस के कानून बनाने की शक्ति पर दो अंकुश हैं–प्रथम राष्ट्रपति की निषेधाधिकार की शक्ति तथा द्वितीय सर्वोच्च न्यायालय की न्यायिक पुनर्निरीक्षण की शक्ति। इंग्लैंड में जहां संसद की सर्वोच्चता है, शक्तियां कम होती जा रही हैं। इंग्लैंड में मंत्रिमंडल की तानाशाही की स्थापना हो गई है, परंतु स्विट्जरलैंड में संघीय विधानसभा की शक्तियों पर न तो प्रधान के निषेधाधिकार की सीमाएं हैं और न ही संघीय न्यायाधिकरण की न्यायिक पुनर्निरीक्षण की कोई सीमा है।
- वास्तविकता यह है कि स्विट्जरलैंड में संघीय विधानसभा पर किसी सीमा की आवश्यकता ही नहीं है, क्योंकि स्विट्जरलैंड में अंतिम शक्ति जनता के हाथ में है। संघीय विधानसभा में जनमत संग्रह और अग्रसरता की सीमाएं हैं। जनमत संग्रह के द्वारा संघीय विधानसभा के कानूनों को रद्द किया जा रहा है।
- संघीय विधानसभा के पास विस्तृत शक्तियां हैं। स्विस संविधान के अनुच्छेद 71 में संघीय विधानसभा की वैधानिक शक्तियों, कार्यपालिका शक्तियों तथा न्यायपालिका शक्तियों का वर्णन किया गया है। संघीय विधानसभा की मुख्य शक्तियां निम्नलिखित हैं–

वैधानिक शक्तियां

- संविधान के 84वें अनुच्छेद में लिखा गया है कि संघीय विधानसभा उन सभी विषयों पर विचार कर सकती है और कानून बना सकती है जो किसी अन्य संघ अधिकारी को न दिए गए हों।
- संघीय विधानसभा संघीय अधिकारियों के निर्वाचन की विधि पर कानून बना सकती है। देश की स्वतंत्रता तथा निष्पक्षता के लिए कानून बनाना इसी की जिम्मेदारी है।
- संघीय विधानसभा अन्य देशों से की जाने वाली संधियों और संवैधानिक संशोधन के विषय में अपना विचार प्रकट करती है। संघीय विधानसभा कैंटनों के आपस में शांति बनाए रखने के लिए तथा उसकी सीमा सुरक्षा के लिए कानून बनाती है। संघीय विधानसभा कैंटनों को संघीय कर्तव्य निभाने के लिए भी कानून बनाती है।
- परंतु यह भी सत्य है कि संघीय विधानसभा की कानून निर्माण शक्ति अंतिम नहीं है। संघीय विधानसभा के कानून को जनमत संग्रह के द्वारा रद्द किया जा सकता है। संविधान में लिखा गया है कि कानून के पास होने के 90 दिनों के अंदर-अंदर 30,000 नागरिक अथवा कम-से-कम 8 कैंटन उस कानून को जनता के सामने रखने की मांग कर सकते हैं। यदि जनमत संग्रह उस कानून के विरुद्ध हो तब उस कानून को अवैध घोषित कर दिया जाता है।

वित्तीय शक्तियां

- संघीय विधानसभा को बहुत अधिक वित्तीय शक्तियां प्राप्त हैं। संघीय परिषद् जो बजट बनाती है, उसको पास करना संघीय विधानसभा का कार्य है अर्थात् संघीय विधानसभा संघ की आय तथा व्यय का ब्यौरा पास करती है। वह यह देखती है कि कितनी आय हुई तथा कितना खर्च हुआ।
- संघीय विधानसभा उन सब ऋणों की स्वीकृति देती है जो कि संघीय सरकार द्वारा दिए गए हैं। वह उन ऋणों में कमी भी कर सकती है।

कार्यकारिणी शक्तियां

संघीय विधानसभा के पास महत्वपूर्ण कार्यकारिणी शक्तियां भी हैं–

- संघीय विधानसभा संघीय परिषद् के सदस्यों, प्रधान, उप-प्रधान, संघीय न्यायाधिकरण के न्यायाधीश, युद्ध के प्रधान के सेनापति और चांसलर का चुनाव करती है।
- संघीय विधानसभा संघीय सेना पर नियंत्रण रखती है। युद्ध और शांति की घोषणा करती है।
- संघीय विधानसभा संघीय न्यायाधिकरण तथा संघीय कर्मचारियों की देखभाल करती है।
- संघीय विधानसभा कैंटनों में आपस में की गई संधियों तथा विदेशों से की गई संधियों को स्वीकृति देती है।
- संघ के अधिकारियों में प्रशासन संबंधी विरोध उत्पन्न होने पर संघीय विधानसभा का निर्णय सर्वमान्य होता है। संघ की सभी सेवाएं संघीय विधानसभा के नियंत्रण में रहती हैं और उनके वेतन आदि को भी यही निश्चित करती है।
- संघीय विधानसभा कैंटनों के संविधानों को देखती है कि क्या वे लोकतंत्र के सिद्धांतों पर आधारित है भी या नहीं?
- संघीय विधानसभा कैंटनों के शासन में हस्तक्षेप कर सकती है यदि वे संघीय कानून का ठीक ढंग से पालन न करें।

इन सब शक्तियों से स्पष्ट है कि संघीय विधानसभा के पास कार्यपालिका की शक्तियां बहुत विस्तृत हैं।

न्यायिक शक्तियां

- सन् 1848 के संविधान के अंतर्गत संघीय विधानसभा की न्यायिक शक्तियां बहुत अधिक थीं परंतु सन् 1874 के संविधान द्वारा संघीय विधानसभा की न्यायिक शक्तियां कम कर दी गई, परंतु इसका अर्थ यह नहीं है कि संघीय विधानसभा की न्यायिक शक्तियां महत्वहीन हैं। संघीय न्यायाधिकरण के न्यायाधीशों का चुनाव संघीय विधानसभा के द्वारा किया जाता है।
- संघीय न्यायाधिकरण प्रति वर्ष अपने कार्य की रिपोर्ट संघीय विधानसभा को भेजता है। संघीय विधानसभा प्रशासनिक विषयों में संघीय परिषद् के विरुद्ध अपील सुनती है। अपराधियों को क्षमा करने का अधिकार संघीय विधानसभा के पास है। दोनों सदनों की संयुक्त बैठक में क्षमा दान की कार्यवाही की जाती है।

संविधान में संशोधन करने का अधिकार

संघीय विधानसभा संविधान में संशोधन करने के लिए प्रस्ताव पेश करने का अधिकार रखती है। जब कोई संविधान में परिवर्तन करना होता है तब दोनों सदन इसके लिए प्रस्ताव पेश करते हैं, फिर इस प्रस्ताव को जनता की स्वीकृति के लिए भेज दिया जाता है। संविधान में संशोधन करने की अंतिम शक्ति जनता के पास है। जनता की स्वीकृति के बिना संविधान में कोई संशोधन नहीं किया जा सकता।

शासन पर नियंत्रण

- संघीय विधानसभा शासन पर भी नियंत्रण रखती है। संघीय परिषद् हर प्रकार से संघीय विधानसभा के अनुशासन में रहकर कार्य करती है। संघीय परिषद् के सदस्य सदनों की कार्यवाहियों में भाग लेते हैं, परंतु किसी विषय पर मत नहीं डाल सकते।
- संघीय विधानसभा के सदस्य परिषद् के कार्यों की आलोचना करते हैं और संघीय परिषद् को बाध्य करते हैं कि वह शासन की त्रुटियों को दूर करे। संघीय विधानसभा संघीय परिषद् को आदेश जारी करती है कि वह किसी विशेष विषय की छानबीन करे। संघीय विधानसभा के सदस्य संघीय परिषद् के सदस्यों से कई प्रकार के प्रश्न पूछते हैं। जब संघीय विधानसभा के सदस्य गौण प्रश्न पूछते हैं, तब संघीय विधानसभा के सदस्य को लिखित उत्तर देना पड़ता है।

- संघीय विधानसभा की ऊपर लिखित शक्तियों से स्पष्ट है कि इसके पास विधायिनी, कार्यपालिका तथा न्यायिक शक्तियां हैं। इन शक्तियों के आधार पर ही इसकी सर्वोच्चता की स्थापना की गई, परंतु संघीय विधानसभा के ऊपरी सदन (राज्यसभा) की स्थिति निम्न सदन (राष्ट्रीय सभा) की स्थिति से प्रतिदिन कम होती जा रही है। इसके विपरीत अमेरिका में ऊपरी सदन (सीनेट) की शक्तियां प्रतिदिन बढ़ती जा रही हैं। इंग्लैंड में हाउस ऑफ कॉमंस की शक्तियां बढ़ती जा रही हैं।
- अत: हम कह सकते हैं कि दोनों देशों में निम्न सदन की स्थिति ऊपरी सदन की स्थिति से अच्छी है। जुरचर ने सत्य ही कहा है, "संघीय विधानसभा को बनाते समय स्विस संविधान के निर्माताओं ने शक्ति विभाजन के मर्यादापूर्ण सिद्धांत पर कोई विशेष ध्यान नहीं दिया है, क्योंकि उन्होंने हर प्रकार की शक्तियां इसको दी हैं।"

संघीय परिषद्

- प्रो. सी.एफ. स्ट्रांग का कथन है कि, "सारे विश्व में कोई भी कार्यपालिका इतना ध्यान दिए जाने का अधिकार नहीं रखती, जितना स्विट्जरलैंड की कार्यपालिका।" क्योंकि स्विट्जरलैंड के 1848 तथा 1874 के संविधान बनाने वालों ने इस प्रबंध में संसदीय और अध्यक्षात्मक दोनों शासन प्रणालियों के दोषों से मुक्त रखकर एक ऐसी समस्या का हल ढूंढने में सफलता प्राप्त कर ली थी, जिस समस्या ने उनसे पूर्व के नीतिज्ञों को उलझा रखा था। इंग्लैंड, अमेरिका, भारत और दूसरे देशों में कार्यपालिका की सर्वोच्च शक्ति एक व्यक्ति के हाथ में रहती है, जिसको सम्राट या राष्ट्रपति कहा जाता है; परंतु स्विट्जरलैंड में न कोई सम्राट है और न ही राष्ट्रपति।
- राष्ट्र की सर्वोच्च शक्ति का प्रयोग स्विट्जरलैंड की संघीय परिषद् साझे रूप से करती है। संघीय परिषद् न तो मंत्रिमंडल की तरह पूर्ण राजनीतिक दल के नेताओं की टुकड़ी है और न ही राष्ट्रपति के मंत्रिमंडल के समान कार्य करती है। इस प्रकार स्विट्जरलैंड की संघीय परिषद् के निर्माण में इंग्लैंड की संसदीय प्रणाली और अमेरिका की अध्यक्षात्मक शासन प्रणाली की सरकार का मिश्रित रूप है।

संघीय परिषद् की प्रमुख विशेषताएं

स्विट्जरलैंड की संघीय परिषद् को विश्व भर में अद्भुत संस्था कहा जाता है। दूसरे महायुद्ध के पश्चात् ऐसी कार्यपालिका का कोई और उदाहरण देखने में नहीं मिलता। इसकी प्रमुख विशेषताएं इस प्रकार हैं–

अनोखा संगठन

संघीय परिषद् विश्व भर में अपना उदाहरण स्वयं ही है। इस प्रकार की कार्यपालिका कहीं और स्थापित नहीं की गई है। यह न तो संसदीय सरकार की प्रणाली पर आधारित है और न ही राष्ट्रपति शासन प्रणाली पर चलती है। यह न एकमुखी है और न ही एक राजनीतिक नीति। ब्रिटेन के संसदीय प्रणाली शासन के समान कार्यकारिणी शक्ति प्रधानमंत्री के हाथों में है; परंतु सोवियत गणराज्य के समान सर्वोच्च शक्ति समूची संघीय परिषद् के हाथों में है। यह एक ऐसी शासन प्रणाली है, जिसमें अमेरिकी और ब्रिटिश शासन पद्धतियों के गुण तो सम्मिलित हैं; परंतु दोनों के दोषों का स्विट्जरलैंड में बहिष्कार कर दिया गया है।

बहुमुखी कार्यपालिका

स्विट्जरलैंड के नागरिक मानसिक रूप में सम्राट और व्यक्ति तानाशाही के विरुद्ध हैं, इसलिए उन्होंने एक मुखी सरकार की प्रणाली का सदा के लिए त्याग कर दिया है। उनको व्यक्तिगत सरकार पसंद नहीं हैं। इसलिए न तो उन्होंने ब्रिटिश की शासन प्रणाली को अपनाया, न अमेरिकी प्रणाली को पसंद किया और न ही किसी दूसरे राष्ट्र की ओर देखा अपितु अपनी आवश्यकताओं के अनुसार संविधान को अपनी परंपराओं के अनुसार ढाला है। प्रो. रैपर्ड के शब्दों में, "अमेरिकी शासन प्रणाली स्विस जनता के विचारों और स्वभाव के अनुकूल नहीं थी, वे इसमें सम्राटशाही या तानाशाही की भावना की झलक देखते थे।" इसलिए उन्होंने सर्वोच्च शक्ति सात सदस्यों की संघीय परिषद् को साझे रूप में संभाल ली। सात सदस्यों की शक्तियां समान हैं और समानता के आधार पर ही ये राज्य प्रबंध को चलाते हैं। परिषद् के प्रधान की शक्तियां किसी रूप में भी शेष सदस्यों से अधिक नहीं होतीं।

स्थिरता

स्विट्जरलैंड की कार्यपालिका, विश्व के किसी भी दूसरे राष्ट्र की तुलना में अधिक स्थिर है। अमेरिकी राष्ट्रपति की तरह चार वर्ष का समय समाप्त होने से पूर्व संघीय परिषद् को पद से विलग नहीं किया जा सकता। अमेरिकी राष्ट्रपति अधिक-से-अधिक दो बार चुनाव लड़ सकता है, परंतु स्विट्जरलैंड के पार्षदों के बार-बार चुने जाने पर कोई प्रतिबंध नहीं है। यह कहावत प्रचलित की गई है कि एक बार संघीय पार्षद, सदा संघीय पार्षद। वह तब तक संघीय परिषद् का सदस्य चुना जा सकता है, जब तक वह इस रूप में राष्ट्र सेवा करना चाहता है।

राजनीतिक विभिन्नता

सामूहिक उत्तरदायित्व की भावना होते हुए भी संघीय परिषद् के सदस्यों में राजनीतिक विचारों की समानता नहीं है। इसमें भारत और ब्रिटिश मंत्रिमंडल की तरह राजनीतिक एकता नहीं है। परिषद् के सदस्य भिन्न-भिन्न राजनीतिक दलों का प्रतिनिधित्व करते हैं और भिन्न-भिन्न विचारधारा को प्रकट करते हैं। वे कई बार संघीय सभा में एक-दूसरे से विरोधी विचार प्रकट करने में भी संकोच नहीं करते। राजनीतिक उन्नति स्विट्जरलैंड की कोई छिपी हुई बात नहीं रही।

दलीय भावना और पक्षपात का न होना

- स्विट्जरलैंड की संघीय परिषद् के सदस्यों से दलीयता की गंध नहीं आती और वे राजनीतिक पक्षपात से ऊपर हैं। भिन्न-भिन्न दलों का प्रतिनिधित्व करते हुए वे दल की सीमाओं से बाहर जाकर एकजुट होकर कार्य करते हैं। उनमें दलीय भावना के स्थान पर राष्ट्रीय भावना प्रधान है। यही कारण है कि वे लंबे समय तक इस पद पर बने रहते हैं।
- विश्व के किसी और राष्ट्र की राजनीतिक कार्यपालिका दल के नियंत्रण से इतनी स्वतंत्र नहीं होती, जितनी स्विट्जरलैंड की कार्यपालिका है। इसका बड़ा कारण है संघीय परिषद् के सदस्यों में भड़कीले और जोशीले भाषण देने वालों का कोई स्थान नहीं है। वे तो जिह्वा की मिठास, नम्रता और सरलता के पुजारी हैं जो साझे मेल-मिलाप के द्वारा स्विस नागरिकों की भलाई चाहते हैं।

यह मंत्रिपरिषद् नहीं है

संघीय परिषद् ब्रिटिश या भारत के मंत्रिमंडल के समान कार्य नहीं करती। प्रत्येक परिषद् अपने विभाग की व्यक्तिगत रूप में अधिकारी होती है, जिससे वह अपने विभाग के निर्णय व्यक्तिगत रूप में ही करती है। इसीलिए परिषद् में मंत्रिमंडल जैसी एकता, समानता, समरसता और संगठन की कमी पाई जाती है।

❑❑❑

अध्याय 6

फ्रांस की संसद: संरचना, कार्य और शक्तियां

फ्रांस की संसद का इतिहास लगभग 400 वर्ष पुराना है। फ्रांस की संसद पहले एक संस्था के रूप में थी और इसे एस्टेट्स जनरल कहा जाता था। इस संस्था की उत्पत्ति 1602 ई. में फिलिप चतुर्थ के राज्यकाल में हुई, परंतु यह एक प्रभावहीन संस्था बनी रही। 1791 के संविधान के द्वारा इसकी कार्यशैली में परिवर्तन आया और इस संविधान के द्वारा एक सदनीय संसद की व्यवस्था की गई। 1795 में डाइरेक्टरी ने इसे द्वि-सदनीय बना दिया परंतु जब नेपोलियन बोनापार्ट सत्तारूढ़ हुआ तो उसने इसके चार सदन कर दिए। जब नेपोलियन हार गया तो संसद को पुन: एक सदनीय बना दिया गया। फ्रांस के द्वितीय गणतंत्र 1848 के द्वारा संसद को पुन: एक सदनीय बना दिया गया। 1875 में फ्रांस का तृतीय गणतंत्र लागू हुआ। इसमें बहुत सोच-विचार के बाद संसद में द्वि-सदनीय व्यवस्था की गई। इसके प्रथम सदन को प्रतिनिधि सभा और द्वितीय सदन को सीनेट का नाम दिया गया। चतुर्थ गणतंत्र 1946 में इसके दोनों सदनों के नाम परिवर्तित कर दिए गए। पहले सदन का नाम राष्ट्रीय सभा और द्वितीय सदन को गणतंत्र परिषद् की संज्ञा दी गई। फ्रांस का पंचम गणतंत्र 1958 में लागू किया गया। इस गणतंत्र में संसद का स्वरूप चाहे द्वि-सदनीय ही रखा गया फिर भी दोनों सदनों की शक्तियों में महत्वपूर्ण परिवर्तन किए गए। द्वितीय सदन का नाम पुन: बदलकर तृतीय गणतंत्र की तरह सीनेट रख दिया गया और उसे सीमित अधिकार भी प्रदान किए गए, जबकि प्रथम सदन का नाम पूर्ववत् राष्ट्रीय सभा ही रखा गया।

फ्रांसीसी संसद की संरचना

पंचम गणतंत्र 1958 के द्वारा संसद को द्वि-सदनीय बनाया गया। गणतंत्र के अनुच्छेद 24 के अनुसार फ्रांसीसी संसद के दोनों सदन इस प्रकार हैं–**1.** राष्ट्रीय सभा, **2.** सीनेट।

राष्ट्रीय सभा

- राष्ट्रीय सभा फ्रांस की संसद का निम्न तथा लोकप्रिय सदन है। पंचम गणतंत्र की धारा 24 के अनुसार राष्ट्रीय सभा की सदस्य संख्या 577 निर्धारित की गई है। राष्ट्रीय सभा के सदस्यों का चुनाव व्यापक, प्रत्यक्ष, समान और गुप्त मताधिकार द्वारा होता है। सभी वयस्क अपने मताधिकार का प्रयोग करते हैं। संपूर्ण फ्रांस को 577 समान निर्वाचन क्षेत्रों में बांट दिया जाता है और प्रत्येक निर्वाचन क्षेत्र से पांच वर्ष के लिए एक प्रतिनिधि निर्वाचित होता है, परंतु राष्ट्रपति, प्रधानमंत्री, दोनों सदनों के अध्यक्षों के परामर्श से सभा को पांच वर्ष से पूर्व भी भंग कर सकता है। प्रधानमंत्री एवं दोनों सदनों के सभापति केवल इस संबंध में परामर्श ही दे सकते हैं। राष्ट्रीय सभा को भंग करने के कम-से-कम 20 दिन बाद या अधिक-से-अधिक 40 दिन बाद चुनाव कराना आवश्यक है। चुनाव होने के पश्चात् एक वर्ष के अंदर राष्ट्रीय सभा को पुन: भंग नहीं किया जा सकता। 24 अप्रैल, 1997 को राष्ट्रपति जैक्स शिराक ने राष्ट्रीय सभा को 5 वर्ष की अवधि से पूर्व भंग किया और जून 1997 में चुनाव हुए। वामपंथी पार्टियों के गठबंधन को 289 सीटें प्राप्त हुईं।
- राष्ट्रीय सभा का सदस्य चुने जाने के लिए कुछ योग्यताएं भी निर्धारित की गई हैं जैसे कि–
  - ❖ वह फ्रांस का नागरिक हो,
  - ❖ वह 24 वर्ष की आयु पूरी कर चुका हो,
  - ❖ वह फ्रांस से किसी राजवंश का उत्तराधिकारी न हो,
  - ❖ उसे किसी विशिष्ट अपराध के लिए दंडित न किया गया हो,
  - ❖ वह केवल एक ही चुनाव क्षेत्र से खड़ा हो सकता है।
  - ❖ उसे एक लाख फ्रेंक अथवा लगभग 200 डालर जमानत राशि के रूप में जमा करवाने पड़ते हैं।
- राष्ट्रीय सभा का एक सभापति होता है जिसका चुनाव राष्ट्रीय सभा के सदस्यों द्वारा किया जाता है। सभापति का काम राष्ट्रीय सभा की बैठकों में अध्यक्षता करना, अनुशासन को बनाए रखना, सदन की कार्यवाही ठीक प्रकार से चलाना, किसी बात पर मतदान करवाना, सभा-भवन में शांति तथा सुव्यवस्था बनाए रखना है। सभापति कुछ परामर्श देने संबंधी कार्य भी करता है जैसे कि राष्ट्रपति सभा को भंग करने से पूर्व व देश में संकटकाल की घोषणा करने से पूर्व सभापति से सलाह लेता है।

सीनेट

सीनेट फ्रांसीसी संसद का ऊपरी सदन है। यह ब्रिटेन के लॉर्ड सदन, अमेरिका की सीनेट और भारत की राज्यसभा की भांति एक स्थायी सदन है। पंचम गणतंत्र के द्वारा इसकी सदस्य संख्या 273 निर्धारित की गई है, जोकि राष्ट्रीय सभा के सदस्यों की कुल संख्या के एक तिहाई से कम और आधे से अधिक नहीं हो सकती है। सीनेट के सदस्यों का चुनाव सार्वजनिक अप्रत्यक्ष मताधिकार के द्वारा होता है। यह सदस्य 9 वर्ष के लिए निर्वाचित किए जाते हैं। प्रति तीन वर्ष के बाद इसके एक-तिहाई सदस्य अवकाश ग्रहण कर लेते हैं। अपनी कार्यावधि को निश्चित करने के लिए यह सदन स्वतंत्र है। सीनेट का सदस्य बनने के लिए यह आवश्यक है कि वह व्यक्ति निम्नलिखित योग्यताएं पूरी करता हो–

- वह फ्रांस का नागरिक हो,
- वह 35 वर्ष की आयु पूरी कर चुका हो,
- वह फ्रांस के किसी पूर्व राजवंश का वंशज न हो,
- उसे किसी विशिष्ट अपराध के लिए दंडित न किया गया हो,
- वह संसद द्वारा निर्धारित अन्य योग्यताएं रखता हो।

सीनेट का एक सभापति होता है, जिसका चुनाव तीन वर्षों के लिए किया जाता है। सीनेट का सभापति भी राष्ट्रीय सभा के सभापति की भांति ही कार्य करता है जैसे कि सीनेट की बैठकों की अध्यक्षता, सीनेट में अनुशासन बनाए रखना,

सदन की कार्यवाही ठीक प्रकार से चलाना आदि। पंचम गणतंत्र के द्वारा सीनेट के सभापति को एक अन्य मुख्य शक्ति यह दी गई है कि यदि किसी कारणवश फ्रांस के राष्ट्रपति का पद रिक्त हो जाता है, तो सीनेट का सभापति फ्रांस के राष्ट्रपति के रूप में कार्य करेगा। राष्ट्रपति राष्ट्रीय सभा को भंग करने से पूर्व और संकटकाल की घोषणा करने से पूर्व सीनेट के सभापति से सलाह लेता है।

सदस्यों के विशेषाधिकार

संसद के सदस्यों को कुछ विशेषाधिकार भी सौंपे गए हैं, जिनका वर्णन निम्नलिखित है–

- सदन में सदस्यों को बोलने की पूर्ण स्वतंत्रता है। सदन में संसद सदस्य जो कुछ बोलते हैं उनके विषय में किसी भी तरह की कार्यवाही नहीं की जा सकती है।
- अधिवेशन के समय सदन की आज्ञा के बिना किसी सदस्य को न तो बंदी बनाया जा सकता है और न उस पर अभियोग चलाया जा सकता है।
- सदन किसी बंदी को मुक्त करने अथवा उसके अभियोग को स्थगित करने का आदेश जारी कर सकता है।
- यदि संसद के सदस्य ने कोई भीषण अपराध कर दिया है, तो उसकी गिरफ्तारी के लिए किसी अनुमति की आवश्यकता नहीं है, परंतु गिरफ्तारी के बाद उसकी सूचना संबंधित सदन के सभापति को देना अनिवार्य है।

अधिवेशन

पंचम गणतंत्र के अनुसार फ्रांस की संसद के दोनों सदनों के आमतौर पर दो अधिवेशन होते हैं। संसद का पहला अधिवेशन प्रत्येक वर्ष 2 अक्टूबर को आरंभ होकर 80 दिन तक चलता है। इस अधिवेशन में मुख्यत: विधायिनी कार्य संपन्न किए जाते हैं। दूसरा अधिवेशन अप्रैल माह के अंतिम मंगलवार को आरंभ होता है, जो कि 90 दिन तक चलता है। यह अधिवेशन मुख्यत: बजट संबंधी कार्यों से संबंधित होता है। संसद का विशेष अधिवेशन प्रधानमंत्री अथवा राष्ट्रीय सभा के बहुमत प्राप्त सदस्यों की प्रार्थना पर विचार करने के बाद राष्ट्रपति द्वारा बुलाया जाता है। दोनों सदनों की कार्यवाही को सरकारी पत्र में प्रकाशित किया जा सकता है और प्रधानमंत्री या सदस्यों की प्रार्थना पर संसद की गुप्त बैठक भी हो सकती है।

संसद की शक्तियां और कार्य

प्रथम गणतंत्र के द्वारा संसद को निम्नलिखित शक्तियां व कार्य सौंपे गए हैं–

- विधायिनी शक्तियां,
- कार्यपालिका शक्तियां,
- वित्तीय शक्तियां,
- चुनाव संबंधी कार्य,
- अन्य कार्य अथवा शक्तियां।

विधायिनी शक्तियां

संसद का मुख्य कार्य फ्रांस के लिए कानून निर्माण करना है। संविधान के अनुच्छेद 34 के अनुसार संसद निम्न विषयों पर कानून बना सकती है–

- नागरिकों के नागरिक अधिकार व मौलिक स्वतंत्रता संबंधी विषय,
- राष्ट्रीय सुरक्षा और उसके प्रति नागरिकों के कर्तव्य संबंधी विषय,
- नागरिकों द्वारा किए जाने वाले अपराध एवं विधियां,
- नागरिकों की संपत्ति संबंधी विषय,
- संसद तथा स्थानीय सभाओं के लिए निर्वाचन व्यवस्थाओं संबंधी विषय,
- उद्योगों व दूसरे कार्यों का राष्ट्रीयकरण।

कार्यपालिका शक्तियां

चतुर्थ गणतंत्र 1946 के द्वारा संसद को बहुत अधिक कार्यपालिका शक्तियां प्रदान की गई थीं। प्रधानमंत्री राष्ट्रीय सभा में बहुमत प्राप्त दल का नेता होता था, परंतु पंचम गणतंत्र के द्वारा संसद की कार्यपालिका शक्तियों को सीमित कर दिया गया है। अब संसद प्रधानमंत्री के निर्वाचन में कोई भूमिका नहीं निभाती। प्रधानमंत्री की नियुक्ति राष्ट्रपति द्वारा की जाती है, परंतु इस संविधान द्वारा मंत्रिमंडल को राष्ट्रीय सभा के प्रति अनुच्छेद 49 के द्वारा उत्तरदायी बनाया गया है। इस अनुच्छेद के द्वारा तीन तरीकों से मंत्रिमंडल संसद के प्रति उत्तरदायी है–

- जब मंत्रिमंडल अथवा सरकार अपनी नीतियों और कार्यक्रम को राष्ट्रीय सभा के समक्ष रखती है तब यदि संसद बहुमत द्वारा उन्हें अस्वीकार कर दे तो सरकार को त्यागपत्र देना पड़ता है।
- जब राष्ट्रीय सभा प्रभावशाली बहुमत के द्वारा सरकार के विरुद्ध अविश्वास प्रस्ताव पास कर दे तो सरकार को त्यागपत्र देना पड़ता है। इसके अतिरिक्त संसद राष्ट्रपति के विरुद्ध महाभियोग का मुकदमा चला सकती है। संसद कुछ अन्य तरीकों से भी कार्यपालिका पर नियंत्रण रखती है जैसे कि जांच आयोगों की नियुक्ति के द्वारा, प्रश्न पूछकर, प्रस्ताव पारित करके, सरकार द्वारा पेश किए गए प्रस्ताव पर वाद-विवाद करके अथवा उस पर अपनी सहमति प्रकट करके।

वित्तीय शक्तियां

पंचम गणतंत्र के द्वारा संसद को वित्तीय शक्तियां भी सौंपी गई हैं। संसद देश के वित्त पर नियंत्रण रखती है। सरकार देश की आय-व्यय से संबंधित बजट सर्वप्रथम राष्ट्रीय सभा में पेश करती है। राष्ट्रीय सभा द्वारा पारित होने पर यह बिल सीनेट के पास जाता है। यदि सभा को बिल पर आपत्ति हो, तो वह इसे अपने पास रोक सकती है। यदि सभा 40 दिन तक उस पर कोई कार्य नहीं करती है, तो सरकार उस बिल को सीनेट के पास भेज देती है। वहां पर भी यदि 70 दिनों के भीतर वित्त विधेयक पर कोई विचार नहीं किया जाता है, तो सरकार अध्यादेश जारी करके वित्त विधेयक को पास कर देती है। सरकार द्वारा पेश किए गए आय-व्यय के ब्यौरे में संसद किसी भी तरह का संशोधन नहीं कर सकती।

चुनाव संबंधी कार्य

संसद के दोनों सदनों, राष्ट्रीय सभा और सीनेट के सभापति, संवैधानिक परिषद् में तीन-तीन सदस्य निर्वाचित करते हैं। उच्च न्यायालय के सदस्य समान रूप से राष्ट्रीय सभा और सीनेट के द्वारा निर्वाचित होते हैं। संसद के द्वारा समुदाय की सीनेट के लिए प्रतिनिधि चुने जाते हैं।

अन्य कार्य

उपर्युक्त कार्यों के अतिरिक्त संसद को अन्य शक्तियां अथवा कार्य भी सौंपे गए हैं, जैसे कि–

- संसद अंतर्राष्ट्रीय संधियों को अनुसमर्थित करती है,
- युद्ध की घोषणा करने का अधिकार संसद के पास है,
- संसद की स्वीकृति के बाद ही सरकार बारह दिन के पश्चात् सैन्य कानूनों को आगे लागू रख सकती है।
- संसद राष्ट्रीयता एवं विचारों को अभिव्यक्त करती है।
- यह समुद्र पार की जाने वाली सैनिक कार्यवाहियों को स्वीकृति प्रदान करती है।
- यह गणतंत्र और समुदाय के मध्य संपन्न समझौतों को मान्यता प्रदान करती है।
- किसी भी तरह के संवैधानिक संशोधन संसद द्वारा पास किए जाते हैं।
- विभिन्न विषयों की जांच-पड़ताल के लिए संसद विशेष जांच आयोगों की नियुक्ति करती है।
- सरकारी विधेयक या सरकार द्वारा स्वीकृत विधेयक को संसद के सदनों की कार्यवाही में प्राथमिकता प्रदान की जाएगी।
- संसद में प्रश्न पूछने की भी व्यवस्था की गई है। संसद के सदस्य प्रश्न पूछते हैं।

संसद की शक्तियों पर सीमाएं

- गणतंत्र के अनुच्छेद 34 के अनुसार सरकार राज्य परिषद् की सलाह पर अधिनियम जारी करके संसद द्वारा निर्मित विधियों को नियंत्रित तथा संशोधित कर सकती है।
- गणतंत्र में वर्णित अनुच्छेद 37 व 38 सरकार को व्यापक विधायी सत्ता प्रदान करते हैं और इस भांति इस क्षेत्र में संसद की क्षमता को कम करते हैं। यह व्यवस्था विधानपालिका की अपेक्षा कार्यपालिका को और अधिक सबल बनाती है।
- गणतंत्र की धारा 39 के द्वारा यद्यपि प्रधानमंत्री और संसद सदस्यों के पास कानून निर्माण की शक्ति है, परंतु उन्हें राज्य परिषद् की सलाह के बाद सरकारी विधेयकों पर मंत्रिमंडल की सभाओं में विचार किया जाएगा, इसके बाद ही इन्हें राष्ट्रीय सभा अथवा सीनेट की मंजूरी के लिए भेजा जाता है।
- गणतंत्र की धारा 40 के अनुसार संसद सदस्यों द्वारा पेश किए गए बिलों को उस स्थिति में रद्द किया जा सकता है, जब वह राष्ट्रीय साधनों को कम करें और सार्वजनिक खर्च को बढ़ाए।
- संसद केवल संविधान में वर्णित विषयों पर ही कानून का निर्माण कर सकती है।
- गणतंत्र के अनुसार संसद के वर्ष में केवल दो ही अधिवेशन होते हैं इसलिए वह अपने पद के लिए संसदीय समूहों पर निर्भर नहीं रहता।
- गणतंत्र के द्वारा संसद की समितियों की संख्या निश्चित कर दी गई है।
- संसद अपनी प्रक्रिया संबंधी नियमों को बनाने में स्वतंत्र नहीं है।
- गणतंत्र के द्वारा सरकार को यह अधिकार दिया गया है कि संसद वह सभी संशोधनों को अस्वीकार करके अपने द्वारा प्रस्तुत विधेयक पर ही मतदान करवा सकती है।

दोनों सदनों में संबंध

दोनों सदनों का अध्ययन करने से यह स्पष्ट हो जाता है कि उच्च सदन सीनेट, राष्ट्रीय सभा के मुकाबले कम शक्तिशाली है। फ्रांस में संसद के दोनों सदनों के कार्यों एवं अधिकारों में हमेशा परिवर्तन होता रहा है। तृतीय गणतंत्र (1875) के द्वारा दोनों सदनों को समान शक्तियां दी गई थीं। द्वितीय सदन गौण सदन नहीं था। फाइनर के अनुसार, "सीनेट जांच करती थी, योजना बनाती थी और विधानों को संवारती थी।" चतुर्थ गणतंत्र के द्वारा सीनेट को विश्व का सबसे कमजोर सदन बना दिया गया था। इस काल में यह एक परामर्शदात्री संस्था बनकर रह गई थी। कानून निर्माण संबंधी समस्त शक्तियां राष्ट्रीय सभा को दे दी गई थी। कार्यपालिका पर गणतंत्र परिषद् (सीनेट) का कोई नियंत्रण नहीं था। मंत्रिमंडल केवल राष्ट्रीय सभा के प्रति उत्तरदायी था। स्पष्ट है कि चतुर्थ गणतंत्र में सीनेट की शक्तियां नाममात्र की ही थीं और द्वितीय सदन एक दुर्बल तथा शक्तिहीन सदन था।

फ्रांस के पंचम गणतंत्र 1958 के द्वारा दोनों की शक्तियों में महत्वपूर्ण परिवर्तन किए गए। तृतीय गणतंत्र की तरह ही संसद के दोनों सदनों, राष्ट्रीय सभा और सीनेट को एक समान शक्तियां प्रदान की गईं। सीनेट को काफी शक्तियां देकर उसके प्रभाव तथा शक्ति को बढ़ाया गया है। युद्ध व शांति संबंधी घोषणा, संधि या समझौता करने संबंधी मामले में दोनों सदनों को समान अधिकार प्राप्त हैं, परंतु मंत्रिमंडल को केवल राष्ट्रीय सभा के समक्ष ही उत्तरदायी बनाया गया है। वित्त विधेयक के संबंध में भी राष्ट्रीय सभा को सीनेट से अधिक शक्तियां प्रदान की गई हैं। सीनेट वित्त विधेयक के संबंध में केवल अपने विचार प्रकट कर सकती है। संसद के दोनों सदनों के लिए यह अनिवार्य है कि 15 दिनों के अंदर विधेयक को वापस लौटा दे। राष्ट्रीय सभा को आंगिक-विधियों के संबंध में भी प्राथमिकता प्रदान की गई है, परंतु साधारण विधेयक संसद के किसी भी सदन में पेश किए जा सकते हैं और साधारण विधेयक पर दोनों सदनों में विचार होता है। यदि विधेयक की किसी धारा पर मतभेद पैदा हो जाए तो राष्ट्रीय सभा को महत्व दिया जाएगा। फिर भी यदि दोनों सदनों में गतिरोध बना रहता है, तो प्रधानमंत्री दोनों सदनों की संयुक्त सभा की बैठक बुलाता है जिसमें दोनों सदनों को समान प्रतिनिधित्व प्रदान किया जाता है। इस समिति द्वारा जो भी निर्णय दिया जाता है, उसे सरकार के समक्ष पेश किया जाता है। सरकार उसी रूप में ही विधेयक को पुनः दोनों सदनों के पास भेजती है ताकि उनकी स्वीकृति प्राप्त की जा सके। यदि फिर भी दोनों सदनों में मतभेद बने रहते हैं, तो सरकार उस विधेयक के दोनों सदनों में एक और वाचन के बाद राष्ट्रीय सभा को उस विधेयक पर अंतिम निर्णय करने का अधिकार देती है। इस तरह हम कह सकते हैं कि राष्ट्रीय सभा की स्थिति सीनेट से श्रेष्ठ है।

फ्रांस के राष्ट्रपति की शक्तियां एवं कार्य

पंचम गणतंत्र से पूर्व फ्रांस के राष्ट्रपति की वही स्थिति थी जो कि ब्रिटेन में राजा या रानी की है अर्थात् राष्ट्रपति नाममात्र का अध्यक्ष था और वास्तविक शक्तियों का प्रयोग प्रधानमंत्री व उसका मंत्रिमंडल ही करता था। फ्रांस के राष्ट्रपति की ऐसी स्थिति की ओर संकेत करते हुए सर हैनरीमैन ने कहा था, "इंग्लैंड का संवैधानिक सम्राट राज्य करता है, परंतु शासन नहीं करता, संयुक्त राज्य अमेरिका का राष्ट्रपति राज्य नहीं करता अर्थात् वह राजा नहीं होता है तथापि वह शासन करता है, परंतु फ्रांस का राष्ट्रपति न तो राजा ही है और न ही शासक है।"

परंतु पंचम गणतंत्र 1958 के द्वारा राष्ट्रपति की शक्तियों में व स्थिति में क्रांतिकारी परिवर्तन हुआ है। नया गणतंत्र संसदीय व अध्यक्षात्मक सरकारों का मिला-जुला रूप है। इस गणतंत्र के द्वारा फ्रांस के राष्ट्रपति को अपार शक्तियां प्रदान की गई हैं। इसके साथ ही इस संविधान के द्वारा मंत्रिपरिषद् की शक्तियों में कमी की गई है। फ्रांस के भूतपूर्व प्रधानमंत्री मेंडीज के अनुसार, "राष्ट्रपति को एक अवंशानुगत राजा बनाया गया है और ऐसी शक्तियां प्रदान की गई हैं जिनमें वह अपने को एक संवैधानिक तानाशाह बना सकता है।" इसी तरह मार्सेल प्लेजा के शब्दों में, "राष्ट्रपति के परिवर्तित परमाधिकारों को देखकर राजा राष्ट्रपति की असुखकर स्मृतियां जाग उठती हैं।" इससे स्पष्ट होता है कि पंचम गणतंत्र के द्वारा राष्ट्रपति शासन का सबसे बड़ा शक्तिशाली तथा केंद्रीय अंग बन गया है। आजकल फ्रांस के राष्ट्रपति की स्थिति अमेरिका के राष्ट्रपति के समान है। उसे पंचम गणतंत्र द्वारा अनेक शक्तियां सौंपी गई हैं, जो औपचारिक नहीं वरन् सारपूर्ण हैं। इसीलिए फ्रांस के राष्ट्रपति को गणतंत्र के मेहराब की आधारशिला कहा जाता है।

योग्यताएं

पंचम गणतंत्र में राष्ट्रपति पद के लिए कोई विशेष योग्यताएं निश्चित नहीं की गई हैं। फिर भी कुछ निर्देश ऐसे दिए गए हैं जिनका पालन करने वाला व्यक्ति फ्रांस के राष्ट्रपति पद का चुनाव लड़ सकता है। राष्ट्रपति पद के चुनाव के लिए निम्नलिखित योग्यताएं रखी गई हैं–

- फ्रांस के किसी भूतपूर्व राजवंश का कोई भी उत्तराधिकारी राष्ट्रपति पद का चुनाव नहीं लड़ सकता है।
- वह व्यक्ति फ्रांस का नागरिक हो।
- वह 23 वर्ष की आयु पूरी कर चुका हो।

पंचम गणतंत्र राष्ट्रपति पद की योग्यताओं के बारे में मौन है। इसीलिए कोई भी वयस्क फ्रांसीसी नागरिक राष्ट्रपति पद का चुनाव लड़ सकता है।

चुनाव: फ्रांस के चतुर्थ गणतंत्र में राष्ट्रपति का चुनाव संसद के दोनों सदनों के संयुक्त अधिवेशन में गुप्त मतदान द्वारा संपूर्ण बहुमत से होता था, परंतु पांचवें गणतंत्र के द्वारा राष्ट्रपति के निर्वाचक मंडल को और विस्तृत किया गया, क्योंकि इस गणतंत्र का उद्देश्य राष्ट्रपति को वास्तविक रूप में कार्यपालिका प्रधान तथा राष्ट्रीय नेता बनाना था। पंचम गणतंत्र 1958 ई. के द्वारा राष्ट्रपति के चुनाव के लिए एक निर्वाचक मंडल की व्यवस्था की गई। इस निर्वाचक मंडल में अग्रलिखित सदस्यों को शामिल किया गया था–

- संसद के सदस्य,
- समुद्र-पार के प्रदेशों की विधानपालिका, जनरल कौंसिल के सदस्य,

- समस्त मंडलों के सदस्य तथा
- नगरपालिकाओं के प्रतिनिधि।

गणतंत्र के अनुच्छेद 7 के अनुसार दो अलग-अलग मतदान की व्यवस्था की गई थी। प्रथम मतदान में उम्मीदवार को स्पष्ट बहुमत प्राप्त होना आवश्यक था। यदि किसी भी उम्मीदवार को पहले मतदान में स्पष्ट बहुमत प्राप्त नहीं होता था तो दूसरे मतदान में सापेक्षिक बहुमत के आधार पर निर्वाचन होता था, परंतु 24 अक्टूबर, 1962 को पंचम गणतंत्र के अनुच्छेदों 6 और 7 में संशोधन किया गया। इसके द्वारा राष्ट्रपति के चुनाव की अप्रत्यक्ष पद्धति को समाप्त कर दिया गया और राष्ट्रपति का चुनाव प्रत्यक्ष रूप से जनता के द्वारा किए जाने की व्यवस्था की गई है। इस संशोधन के द्वारा राष्ट्रपति का चुनाव प्रत्यक्ष रूप में सार्वजनिक प्रत्यक्ष मताधिकार के द्वारा होता है। राष्ट्रपति के चुनाव की प्रक्रिया आंगिक विधि द्वारा निश्चित की जाती है।

इस संशोधन द्वारा ही यह भी निश्चित किया गया है कि राष्ट्रपति का चुनाव कुल डाले गए मतों के स्पष्ट बहुमत से होगा। यदि प्रथम मतदान में किसी भी उम्मीदवार को स्पष्ट बहुमत प्राप्त नहीं होता है, तो अगले रविवार को दूसरा मतदान होता है। इस मतदान में केवल वे दो उम्मीदवार भाग लेते हैं जिन्हें पहले मतदान में सबसे अधिक मत प्राप्त होते हैं।

अवधि

पंचम गणतंत्र के द्वारा राष्ट्रपति का कार्यकाल 7 वर्ष निर्धारित किया गया है। चतुर्थ गणतंत्र में भी राष्ट्रपति की यही काल अवधि थी परंतु राष्ट्रपति के पुनः निर्वाचन का अधिकार नहीं था, परंतु इस संविधान के द्वारा राष्ट्रपति को पुनः निर्वाचित होने का अधिकार दिया गया है। नए राष्ट्रपति की निर्वाचन अवधि समाप्त होने के अधिक-से-अधिक 35 दिन और कम-से-कम 20 दिन के पूर्व होना चाहिए। यदि किसी कारण से फ्रांस के राष्ट्रपति का पद खाली हो जाए तो उसकी जगह सीनेट का अध्यक्ष राष्ट्रपति का कार्य करता है।

पदच्युति

पंचम गणतंत्र के अनुच्छेद 68 में राष्ट्रपति की पदच्युति संबंधी प्रावधान दिया गया है। राष्ट्रपति पर राजद्रोह के अपराध में महाभियोग चलाया जा सकता है। राष्ट्रपति पर मुकदमा चलाने संबंधी प्रस्ताव को संसद के दोनों सदनों के पूर्ण बहुमत द्वारा पास किया जाना अति आवश्यक है। दोनों सदनों से पास होने पर ही राष्ट्रपति पर उच्च न्यायालय में मुकदमा चलाया जाता है। न्यायालय का निर्णय अंतिम होता है।

राष्ट्रपति के अधिकार और शक्तियां

फ्रांस के पंचम गणतंत्र के द्वारा जहां पर संसदीय और अध्यक्षात्मक शासन प्रणाली का मिश्रित रूप अपनाया गया है वहां पर शक्तिशाली राष्ट्रपति और प्रधानमंत्री की व्यवस्था की गई है, परंतु संसदीय शासन व्यवस्था की तरह वह अपनी शक्ति का प्रयोग प्रधानमंत्री की अपेक्षा अपनी स्वेच्छा से करता है। इस गणतंत्र के द्वारा राष्ट्रपति को निम्नलिखित शक्तियां प्रदान की गई हैं–

- कार्यपालिका शक्तियां,
- विधायिनी शक्तियां,
- न्यायिक शक्तियां,
- आपातकालीन शक्तियां।

कार्यपालिका शक्तियां

पंचम गणतंत्र के द्वारा राष्ट्रपति को निम्नलिखित कार्यपालिका शक्तियां सौंपी गई हैं–

1. राष्ट्रपति प्रधानमंत्री की नियुक्ति करता है और प्रधानमंत्री की सलाह पर सरकार के अन्य सदस्यों की नियुक्ति व पदच्युति करता है।
2. अनुच्छेद 9 के अनुसार राष्ट्रपति मंत्रिमंडल की अध्यक्षता करता है।
3. राष्ट्रपति अपने देश की सेना के तीनों अंगों स्थल, जल और वायु सेना का सर्वोच्च सेनापति होता है।
4. राष्ट्रपति देश के प्रमुख सैनिक व असैनिक अधिकारियों की नियुक्ति करता है।
5. राष्ट्रपति राजदूतों, उप राजदूतों और वाणिज्य दूतों की नियुक्तियां करता है और विदेशों से आने वाले राजदूतों का परिचय पत्र स्वीकार करता है। (अनुच्छेद 14)
6. वह विदेशी राज्यों के साथ संधियां व अंतर्राष्ट्रीय समझौते कर सकता है।
7. फ्रांसीसी समुदाय के संबंध में भी राष्ट्रपति को विशेषाधिकार प्राप्त हैं, क्योंकि वह समुदाय का अध्यक्ष है।
8. संवैधानिक परिषद् के अध्यक्ष और तीन सदस्यों की नियुक्ति राष्ट्रपति के द्वारा की जाती है।
9. अनुच्छेद 5 के अनुसार, "राष्ट्रपति का यह कर्तव्य है कि वह देखे कि जनता फ्रांस के संविधान का सम्मान करती रहे। राष्ट्रीय स्वतंत्रता, राज्य क्षेत्र की अखंडता एवं समुदाय में समझौते तथा संधियों के प्रति सम्मान का वह प्रतिभू होगा।"

विधायी शक्तियां

कानून निर्माण के क्षेत्र में पंचम गणतंत्र के द्वारा राष्ट्रपति की शक्तियों में महत्वपूर्ण परिवर्तन हुए हैं–

1. अनुच्छेद 10 के द्वारा राष्ट्रपति को विधेयक पर विचार करने के लिए 15 दिनों का समय दिया गया है। इस अवधि में वह उस नियम को लागू कर सकता है तथा संसद को किसी भी नियम पर पुनर्विचार के लिए कह सकता है।
2. राष्ट्रपति पूरी संसद को संदेश भेज सकता है। कुछ विषयों से संबंधित संदेश पर मंत्रियों के प्रति हस्ताक्षर की आवश्यकता नहीं रह गई है तथा मंत्रियों की स्थिति राष्ट्रपति के सामने महत्वहीन हो गई है। इसीलिए कानून निर्माण के संबंध में राष्ट्रपति की स्थिति काफी प्रभावशाली है।
3. पंचम गणतंत्र के द्वारा राष्ट्रपति, प्रधानमंत्री और संसद के दोनों सदनों के अध्यक्षों से परामर्श कर राष्ट्रीय सभा को भंग कर सकता है।
4. अनुच्छेद 30 के अनुसार वह संसद का विशेष अधिवेशन कभी भी बुला सकता है।
5. मंत्रिपरिषद् के द्वारा प्रस्तावित अध्यादेशों और आदेशों पर वह हस्ताक्षर करता है।
6. अनुच्छेद 11 के अनुसार राष्ट्रपति कुछ विषयों में किसी विधेयक को मंत्रिमंडल के प्रस्ताव पर अथवा संसद के संयुक्त प्रस्ताव पर जनमत संग्रह के लिए भेज सकता है।
7. राष्ट्रपति को इस संबंध में कुछ संकटकालीन शक्तियां भी प्रदान की गई हैं।

न्यायिक शक्तियां

फ्रांस के राष्ट्रपति को पांचवें संविधान के अनुसार कुछ न्यायिक शक्तियां भी प्रदान की गई हैं, जिनका वर्णन निम्नलिखित है–

1. पंचम गणतंत्र के अनुच्छेद 64 के अनुसार राष्ट्रपति न्यायिक स्वतंत्रता का प्रतिभू अथवा गारंटी कर्ता है।
2. अनुच्छेद 65 के अनुसार वह न्यायपालिका की उच्च परिषद् का सभापतित्व करता है।
3. अनुच्छेद 17 के अनुसार राष्ट्रपति को क्षमादान का अधिकार भी प्राप्त है।
4. वह संवैधानिक परिषद् के एक-तिहाई सदस्यों एवं अध्यक्ष की नियुक्ति भी करता है।

आपातकालीन शक्तियां

फ्रांस के पांचवें संविधान में वर्णित आपातकालीन शक्तियों के कारण उसकी स्थिति बहुत शक्तिशाली बन गई है। पंचम गणतंत्र की धारा 16 के अनुसार राष्ट्रपति को

आपातकालीन शक्तियां सौंपी गई हैं। इस व्यवस्था के अनुसार जब कभी गणतंत्र की संस्थाओं, क्षेत्रीय अखंडता और अंतर्राष्ट्रीय समझौते को गंभीर और तुरंत खतरा हो, तो राष्ट्रपति प्रधानमंत्री, संसद के दोनों सदनों के अध्यक्षों और संवैधानिक परिषद् की सलाह पर उचित कदम उठाएगा। आपातकाल के दौरान वह आवश्यक कार्यपालिका, विधानपालिका और संवैधानिक शक्तियों को धारण कर सकता है। एक संदेश द्वारा वह राष्ट्र को आपातकालीन स्थिति से अवगत करवाता है। संकटकालीन शासन तथा संकट का सामना करने का पूर्ण उत्तरदायित्व राष्ट्रपति पर ही है। उसके सभी निर्णय उसके स्वैच्छिक होंगे। इस संबंध में प्रधानमंत्री के हस्ताक्षर और सलाह की उसे आवश्यकता नहीं होती है।

राष्ट्रपति की इन संकटकालीन शक्तियों को देखते हुए समीक्षकों का कहना है कि वह इस अधिकार के प्रयोग से तानाशाह बन सकता है। फ्रांस के भूतपूर्व प्रधानमंत्री मेंडीज का कहना है कि, "यह संविधान देश के लिए खतरनाक, जन शक्ति के लिए खतरनाक तथा जनतंत्र के लिए खतरनाक है।" इसी तरह पिकल्स का कहना है कि, "संविधान के अनुच्छेद 16 पर आलोचकों की मूल आपत्ति यह है कि कोई राष्ट्रपति व्यक्तिगत अधिकार के लिए जान-बूझकर उसका दुरुपयोग कर सकता है और यहां तक कि यह अनुच्छेद सरकार को उलटने के लिए कानूनी आवरण का काम कर सकता है।" परंतु यह आलोचना ठीक नहीं है, क्योंकि यदि वह अपनी शक्तियों का गलत प्रयोग है, तो उस पर अनुच्छेद 68 के अनुसार महाभियोग चलाया जा सकता है।

राष्ट्रपति की वास्तविक स्थिति

चतुर्थ संविधान में संसदीय व्यवस्था को अपनाया गया था जिसके कारण प्रधानमंत्री वास्तविक शासक था और राष्ट्रपति नाममात्र का संवैधानिक अध्यक्ष था। इसलिए उसकी स्थिति मंत्रिमंडल तथा संसद के बंदी के समान थी। भारत, अमेरिका आदि के राष्ट्रपति से उसकी तुलना नहीं की जा सकती थी। इस संबंध में सर हैनरी मैन का कहना है कि, "इंग्लैंड का शासक राज्य करता है, परंतु शासन नहीं, अमेरिका का राष्ट्रपति शासन करता है, परंतु राज्य नहीं, परंतु फ्रांस का राष्ट्रपति न तो शासन करता है और न ही राज्य करता है।"

ऑग ने इसे "यूरोपीय राजनीति की एक विलक्षणता" कहा था। इन शक्तियों को देखते हुए यह कहा जाता था कि वह अशक्त तथा नपुंसक था, परंतु उसका गौरव, प्रतिष्ठा तथा उसकी व्यावहारिक उपयोगिता भी थी। उसे राष्ट्र की एकता का प्रतीक और राजनीति की दलबंदी से सर्वोच्च समझा जाता था। फ्रांस में बहुदलीय व्यवस्था के कारण वह अपनी बुद्धि और विवेक का उचित प्रयोग करता था। इस संबंध में न्यूमेन का कहना है कि, "राष्ट्रपति पद में फ्रांस के प्राचीन गौरव की झलक मिलती है। इसमें राज्य की प्रतिष्ठा मिलती है। इस पद का अंत गणतंत्र के भूत और वर्तमान गौरव का अंत है।"

परंतु 1958 में पंचम गणतंत्र के द्वारा राष्ट्रपति की शक्तियों व स्थिति में भारी परिवर्तन हुआ। इसको बहुत-सी शक्तियां संविधान के द्वारा दी गईं जिनका प्रयोग वह स्वयं करता है। इन शक्तियों के कारण फ्रांस के राष्ट्रपति की स्थिति अमेरिका के राष्ट्रपति की स्थिति के समान हो गई है। पंचम गणतंत्र के द्वारा राष्ट्रपति का मंत्रिमंडल और संसद पर पूर्ण अधिकार स्थापित हो गया है। संविधान के अनुच्छेद 16 द्वारा उसे आपातकालीन शक्तियां प्रदान की गई हैं जिसके कारण उसकी स्थिति और प्रभाव में बहुत वृद्धि हुई है। इस संबंध में मॉरिस थोरेज का कहना है कि, "इससे फ्रांस राष्ट्रपति के शासनाधीन आ जाएगा और राष्ट्रपति को नए संविधान में 19वीं शताब्दी के सम्राटों से भी अधिक शक्तियां प्राप्त हैं।"

यद्यपि राष्ट्रपति को कार्यपालिका, वैधानिक, न्यायिक तथा संकटकालीन शक्तियां बहुत अधिक प्राप्त हैं, परंतु वह अपनी शक्ति का प्रयोग करके तानाशाह नहीं बन सकता। संकटकाल के दौरान यदि राष्ट्रपति तानाशाह बनने का प्रयास करता है, तो संवैधानिक परिषद् राष्ट्रपति को अयोग्य अथवा अक्षम घोषित कर सकती है। सीनेट तथा राष्ट्रीय सभा राष्ट्रपति पर राजद्रोह या विश्वासघात का अभियोग लगाकर उसे तानाशाह बनने से रोक सकती है। कोई भी राष्ट्रपति जनमत के विरुद्ध जाने का साहस नहीं कर सकता।

परंतु राष्ट्रपति संवैधानिक मुखिया न होकर वास्तविक शासक है। वह संविधान का रक्षक भी है। उसकी अपार शक्तियों तथा उनके वास्तविक प्रयोग के आधार पर हम उसकी तुलना अमेरिका के राष्ट्रपति से कर सकते हैं। अंत में प्रो. एरॉन के शब्दों में, "भविष्य में राष्ट्रपति पद का विकास दो प्रकार से हो सकता है। यदि साधारण व्यक्ति राष्ट्रपति हो, तो वह मात्र सरकार का सर्वश्रेष्ठ परामर्शदाता या सर्वोच्च मध्यस्थ बनकर रह सकता है और तब संविधान संसदीय सरकार की ओर विकसित होगा। लेकिन यदि वह वस्तुत: अपने अधिकार का प्रयोग करना चाहेगा, तो वह संघर्ष मोल लेगा-सर्वप्रथम अपने प्रधानमंत्री के साथ और बाद में राष्ट्रीय सभा के साथ।"

❑❑❑

भाग-XVII

भारत की विदेश नीति (नेहरू से मोदी तक)

अध्याय 1

भारत की विदेश नीति और उसके पक्ष

विश्व का कोई भी राष्ट्र पूर्णरूपेण आत्मनिर्भर नहीं होता। इसका कारण यह है कि प्रत्येक राष्ट्र का अपना उद्देश्य और हित उसके पास विद्यमान संसाधनों की तुलना में अधिक भारी होता है। प्रत्येक राष्ट्र का व्यावहारिक उद्देश्य या लक्ष्य अपने राष्ट्रीय हितों तथा आवश्यकताओं के संबंध में अधिक-से-अधिक स्वावलंबी होना होता है, परंतु राष्ट्रीय हितों के विभिन्न पक्षों और आवश्यकताओं को पूरा करने की इच्छा तथा सभी राष्ट्रीय हितों को स्वत: प्राप्त करने में असमर्थता के कारण एक नए प्रकार की अवधारणा का जन्म होता है और इस अवधारणा को राष्ट्रों की अंतर्निर्भरता की संज्ञा दी जाती है। अंतर्निर्भरता अंतर्राष्ट्रीय संबंधों का एक मौलिक एवं अकाट्य तथ्य है। यहीं अंतर्निर्भरता ही अंतर्राष्ट्रीय संबंधों की जननी है। वर्तमान में अंतर्निर्भरता बढ़ती जा रही है तथा इसके प्रभाव के अधीन अंतर्राष्ट्रीय संबंधों का क्षेत्र तथा स्वरूप और भी अधिक व्यापक तथा जटिल होता जा रहा है। अंतर्राष्ट्रीय संबंधों में अपने व्यवहार को अर्थ एवं दिशा देने के लिए प्रत्येक राष्ट्र द्वारा कुछ सिद्धांतों तथा निर्णयों का एक समूह सृजित किया जाता है और इसी के आधार पर वह अन्य राज्यों के साथ अपने संबंधों को निर्धारित करता है। सिद्धांतों तथा निर्णयों के इस समूह को विदेश नीति की संज्ञा दी जाती है।

विदेश नीति का आशय

किसी भी राष्ट्र की विदेश नीति मुख्य रूप से कुछ सिद्धांतों, हितों एवं उद्देश्यों का समूह होती है। जिनके माध्यम से वह राष्ट्र दूसरे राष्ट्रों के साथ संबंध स्थापित करके उन सिद्धांतों की पूर्ति के लिए कार्यरत रहता है। अंतर्निर्भरता के अंतर्राष्ट्रीय वातावरण में प्रत्येक राष्ट्र अपनी विदेश नीति के द्वारा ही अपने राष्ट्रीय लक्ष्यों और हितों को प्राप्त करने का प्रयत्न करता है, जो कि अन्य राज्यों से संबंधित होते हैं। अंतर्राष्ट्रीय स्तर पर प्रत्येक राष्ट्र का व्यवहार सदैव उसकी विदेश नीति द्वारा निर्धारित होता है। विदेशी नीति ही उन लक्ष्यों तथा राष्ट्रीय हितों का प्रतिबिंब होती है, जिसे कोई राष्ट्र प्राप्त करना चाहता है तथा साथ ही विदेश नीति राष्ट्रीय हितों तथा लक्ष्यों को प्राप्त करने वाले साधनों का भी पता देती है।

जॉर्ज माडलस्की के अनुसार, "विदेश नीति किसी राष्ट्र अथवा समुदायों द्वारा विकसित उन क्रियाओं की व्यवस्था है, जिसके द्वारा एक राष्ट्र दूसरे राष्ट्र के व्यवहारों को बदलने तथा अपनी गतिविधियों को अंतर्राष्ट्रीय वातावरण में ढालने की कोशिश करता है।" जॉर्ज माडलस्की का कथन है कि "विदेश नीति का लक्ष्य दूसरे राष्ट्रों के व्यवहारों को सफलतापूर्वक बदलना होता है।" बहुत से विचारक माडलस्की के विचारों से मतभेद रखते हैं। उनका कहना है कि "विदेश नीति में परिवर्तन के साथ-साथ कई बार निरंतरता का होना भी अति आवश्यक है, क्योंकि विदेश नीति में परिवर्तन तथा यथास्थिति दोनों प्रकार की नीतियों का समन्वय होता है।"

नार्मल हिल के अनुसार, 'विदेश नीति के माध्यम से एक राष्ट्र द्वारा अपने प्रयासों से दूसरे राष्ट्रों की तुलना में अपने हितों को बढ़ावा दिया जाता है।'

रेनाल्ड का मत है कि, "विदेशी नीति से आशय एक राज्य के विभिन्न सरकारी विभागों द्वारा निर्धारित उन गतिविधियों की सीमाओं से है, जिनके माध्यम से वे अपने संभावित राष्ट्रीय हितों की पूर्ति के लिए अंतर्राष्ट्रीय राजनीति से जुड़े अन्य राज्यों के साथ कार्य करते रहते हैं।"

उपरोक्त परिभाषाओं से स्पष्ट है कि विदेश नीति उन सिद्धांतों तथा साधनों का एक समूह है, जो राष्ट्रीय हितों को परिभाषित करने, अपने उद्देश्यों का औचित्य सिद्ध करने तथा उनको प्राप्त करने के लिए अपनाते हैं।

विदेश नीति के निर्धारक कारक या मौलिक तत्व

किसी भी देश की विदेश नीति का सृजन एवं क्रियान्वयन उस देश के नीति-नियामकों द्वारा किया जाता है। विदेश नीति का सृजन करते समय नीति-नियामकों द्वारा राष्ट्र के राष्ट्रीय हितों, आंतरिक तथा बाह्य वातावरण एवं राष्ट्रीय मूल्यों को ध्यान में रखा जाता है। विदेश नीति के सृजन की प्रक्रिया अथवा कार्य बड़ा ही जटिल होता है। जिन तत्वों से विदेश नीति प्रभावित होती है, उनको विदेश नीति के निर्धारक कारक या मौलिक तत्व कहा जाता है। **जे. एन. रोजेनो** ने विदेश नीति के तत्वों को विदेश नीति निवेश (Foreign Policy Input) की संज्ञा दी है। विदेश नीति के निर्धारक कारकों या तत्वों का वर्गीकरण निम्न शीर्षकों के अंतर्गत किया जा सकता है–

देश का आकार

किसी भी देश का आकार उसकी विदेश नीति का एक महत्वपूर्ण निर्धारक कारक होता है। आकार में मानवीय तथा गैर-मानवीय दोनों प्रकार के तत्त्वों का समावेश होता है। जिन राष्ट्रों के पास बड़ी संख्या में मानवीय तथा गैर-मानवीय साधन विद्यमान होते हैं, वे सदैव एक महाशक्ति बनने की कोशिश करते हैं तथा उनके पास अवसर भी होता है। सं.रा. अमेरिका, रूस, जर्मनी, फ्रांस, चीन तथा भारत जैसे देशों की विदेश नीतियों में आकार एक महत्वपूर्ण तत्व है। बड़े आकार वाले देशों की विदेश नीति सदैव छोटे आकार के राज्यों की तुलना में भिन्न होती है। बड़े आकार वाले राज्यों द्वारा सदैव सक्रिय विदेश नीति का सृजन किया जाता है। इसके साथ-साथ यह भी ध्यान रखना आवश्यक है कि केवल आकार ही विदेश नीति का निर्धारक तत्व नहीं होता है। राष्ट्र के साधनों पर भी विदेशी नीति निर्भर करती है। राष्ट्र के साधन सदैव उसके आकार पर निर्भर नहीं करते हैं। ओपेक के सदस्य देश आकार में छोटा होने के बावजूद भी तेल के बल पर विश्व राजनीति में प्रभावशाली भूमिका निभा रहे हैं। जापान का आकार काफी छोटा है, फिर भी वह अंतर्राष्ट्रीय आर्थिक संबंधों में विशेष भूमिका निभाता है। 1945 के पूर्व ब्रिटेन भी छोटे आकार के बावजूद एक महाशक्ति था। इजराइल तथा कई यूरोपीय देश अपने छोटे आकार के बाद भी प्रभावशाली नीतियों का सृजन करके विश्व राजनीति में सक्रिय भूमिका निभा रहे हैं।

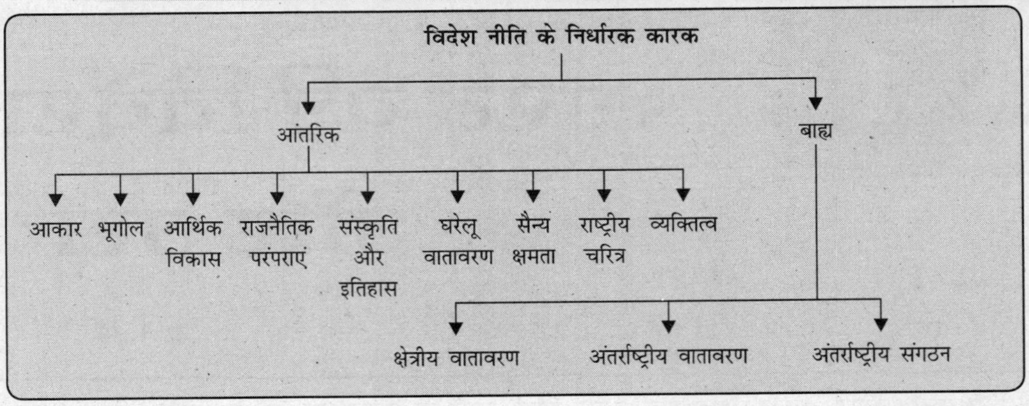

देश का भूगोल

किसी भी देश की विदेश नीति के निर्धारक तत्त्वों में सबसे अधिक स्थायी तत्व भूगोल ही होता है। भू-आकृति, उर्वरा शक्ति, मौसम, स्थिति आदि किसी भी देश की विदेश नीति को प्रभावित करते हैं। इन तत्वों द्वारा राष्ट्र के लोगों की आवश्यकताओं तथा इसकी पूर्ति की क्षमताओं दोनों का निर्धारण होता है। इंग्लिश चैनल इसका प्रमुख उदाहरण है। इंग्लैंड की शक्ति के विकास में इंग्लिश चैनल ने जो भूमिका निभाई है, वह किसी से भी छिपी नहीं है। हिंद महासागर की सबसे बड़ी तटवर्ती शक्ति के रूप में भारत की भौगोलिक स्थिति उसकी विदेशी नीति पर काफी प्रभाव डालती है।

किसी भी देश के प्राकृतिक संसाधनों तथा खाद्य उत्पादन क्षमता का प्रत्यक्ष संबंध भूगोल से ही होता है। प्राकृतिक संसाधनों की प्रचुरता के बल पर कोई भी देश अन्य देशों की तुलना में अधिक विकसित हो सकता है तथा अपनी आर्थिक स्थिति को मजबूत कर सकता है। आर्थिक पक्ष की भी विदेश नीति के निर्धारण में एक महत्वपूर्ण भूमिका होती है। देश में खाद्यान्न उत्पादन में आत्मनिर्भरता की स्थिति न होने पर विदेश नीति सीधे प्रभावित होती है। भारत इसका जीवंत उदाहरण है। 1965 में भारत-पाकिस्तान युद्ध के समय अमेरिका की शर्तों को न मानने पर भारत को P.L.-480 के अंतर्गत मिलने वाली सहायता को अमेरिकी राष्ट्रपति ने रोक दिया था। इससे भारत की विदेश नीति प्रभावित हुई थी। पश्चिम एशिया के देशों के लिए तेल के भण्डारों ने उन्हें विदेश नीति के साधन के रूप में तेल कूटनीति को अपनाना संभव बना दिया है।

आर्थिक विकास

किसी भी देश की विदेश नीति में रक्षा एवं प्रभुसत्ता के बाद मुख्य उद्देश्य आर्थिक विकास की गति को त्वरित करना होता है। वर्तमान में विश्व के सभी विकसित देश अथवा आर्थिक रूप से संपन्न देश अपनी विदेश नीति के उद्देश्यों को प्राप्त करने के लिए विदेशी सहायता को एक हथियार के रूप में प्रयोग करते हैं। महाशक्तियों की नीतियां तथा सार्वभौम परिप्रेक्ष्य भी विशाल आर्थिक तथा औद्योगिक साधनों द्वारा संचालित होते हैं। वर्तमान में समूह-8 के देश समूह-77 (जी-77) की तुलना में अधिक प्रभावी भूमिका विश्व राजनीति और बदलते हुए परिवेश में निभा रहे हैं, तो इसका प्रमुख कारण उनकी आर्थिक स्थिति का सुदृढ़ होना ही है। आर्थिक रूप से पिछड़े हुए देशों को वित्तीय सहायता प्राप्त करने के लिए विदेशों पर निर्भर रहना पड़ता है। यह निर्भरता भी उनकी विदेश नीति को प्रभावित करती रहती है।

आर्थिक विकास का स्तर ही उन संबंधों के क्षेत्र का निर्धारण करता है, जो एक देश दूसरे देश के साथ बनाना चाहता है। द्वितीय विश्व युद्ध के बाद जापान की विदेश नीति प्रत्यक्षत: और मौलिक रूप से आर्थिक विकास से संबंधित रही। किसी भी राष्ट्र की सैन्य तैयारी एवं सैन्य क्षमता भी प्रत्यक्षत: उस राष्ट्र के आर्थिक विकास के स्तर तथा औद्योगीकरण से संबंधित होती है। इससे स्पष्ट है कि औद्योगिक एवं आर्थिक रूप से विकसित देश ही स्थायी एवं बड़ी शक्ति का रूप ग्रहण कर सकते हैं।

राजनैतिक परंपराएं

राजनैतिक इतिहास तथा परंपराएं भी किसी देश की विदेश नीति का एक महत्वपूर्ण निर्धारक तत्व हैं। भारत इसका सबसे अच्छा उदाहरण है, क्योंकि भारत की एक अपनी सभ्यता रही है तथा भारत का एक लम्बा ऐतिहासिक स्वतंत्रता आंदोलन रहा है, जिसका प्रभाव यहां स्पष्ट रूप से दिखाई पड़ता है। **पामर एवं पार्किंस** का मत है कि ''भारतीय विदेश नीति की जड़ें इसकी सभ्यता, अंग्रेजी साम्राज्य की विरासत, स्वतंत्रता आंदोलन तथा गांधीवादी दर्शन में हैं।''

संस्कृति और इतिहास

किसी भी देश की सांस्कृतिक परंपरा तथा इतिहास भी विदेश नीति का एक महत्वपूर्ण निर्धारक कारक है। विदेश नीति का सृजन करते समय नीति-नियामक हमेशा अपने सांस्कृतिक संबंधों, ऐतिहासिक परंपराओं तथा अनुभवों द्वारा प्रेरित एवं निर्देशित होते हैं। लोगों की दृढ़ सांस्कृतिक एकता उसके लिए शक्ति का स्रोत होती है। यह शक्ति ही अंतर्राष्ट्रीय सौदेबाजी के समय राष्ट्रीय उद्देश्यों की प्राप्ति करने की मौलिक योग्यता को प्रभावित करती है। इसके अतिरिक्त ऐतिहासिक अनुभव तथा सांस्कृतिक संबंध भी दूसरे राष्ट्रों के साथ संबंधों के स्वरूप तथा क्षेत्र के विश्लेषण एवं अनुमान में सहायक होते हैं।

घरेलू वातावरण

किसी भी देश की विदेशी नीति में घरेलू वातावरण की भूमिका को नजरअंदाज नहीं किया जा सकता है। **जार्ज. एफ. केनन** का यह कहना है कि- "किसी भी देश की विदेश नीति की जननी उस देश की घरेलू परिस्थितियां ही होती हैं।" भारत जैसे लोकतांत्रिक देश में विदेश नीति राष्ट्रीय घरेलू वातावरण की परछाईं है। घरेलू वातावरण के अंतर्गत सरकार की संरचना, राष्ट्र निर्माण की प्रक्रिया, दलीय ढांचा, दबाव समूह तथा जनमत की विशेष भूमिका विदेश नीति के सृजन में महत्वपूर्ण होती है।

विदेश नीति सरकार की संरचना तथा स्वरूप से भी प्रभावित होती है। विदेश नीति इस बात से भी प्रभावित होती है कि इसको संचालित करने वाली संस्थाओं को लोकतांत्रिक ढंग से बनाया गया है अथवा नहीं, सत्ता संबंध केंद्रित है अथवा विकेंद्रित? प्राय: एक लोकतांत्रिक देश में विदेश नीति के सृजन संबंधी निर्णय स्वतंत्र तथा खुले होते हैं, क्योंकि इनमें लोगों के विचारों तथा एजेंसियों के विचारों को ध्यान में रखना पड़ता है। जबकि एक केंद्रित तथा अधिनायकवादी व्यवस्था के सत्ता में होने पर विदेश नीति घरेलू वातावरण से प्रभावित नहीं होती है।

घरेलू राजनैतिक एकीकरण एवं स्थायित्व किसी भी सफल विदेश नीति की पूर्व शर्त है। इसके साथ-साथ एक दूरदर्शी विदेश नीति वही होती है, जिसके द्वारा घरेलू राजनैतिक एकीकरण होता है। इस संदर्भ में किसी भी राज्य की निर्माण

प्रक्रिया में कुछ मूलभूत राजनैतिक, आर्थिक, सामाजिक, सैनिक तथा प्रशासनिक ढांचे के निर्माण की आवश्यकता होती है। भारत जैसे देश में विदेश नीति के सृजन में राजनीतिक दलों की, विशेषतया सत्ताधारी दल की, विशेष भूमिका होती है, परंतु इन निर्णयों को विपक्षी दलों द्वारा भी बहुत सशक्त ढंग से प्रभावित किया जाता है। इसके अतिरिक्त भारत में विदेश नीति पर दबाव समूह तथा जनमत की विशेष भूमिका समय-समय पर दिखाई दी है। यद्यपि भारतीय विदेश नीति पर दबाव समूह तथा जनमत के पड़ने वाले प्रभावों का आकलन स्पष्ट रूप से अभी तक नहीं किया जा सका है।

सैन्य क्षमता

विदेश नीति का निर्धारण करते समय सैन्य क्षमता का ध्यान रखना पड़ता है, यद्यपि सैन्य क्षमता आर्थिक कारकों पर निर्भर करती है। आर्थिक स्थिति के मजबूत होने पर प्राय: सैन्य क्षमता भी प्रभावशाली होती है। प्राय: यह देखने को मिलता है कि अमेरिका अपनी सैन्य क्षमता के बल पर अनेक देशों को अपने कार्यक्रमों का पालन करने अथवा अपनी नीतियों के समर्थन के लिए विवश करता रहता है।

राष्ट्रीय चरित्र

किसी भी देश की विदेश नीति उस देश के राष्ट्रीय चरित्र से प्रभावित होती है या नहीं, यह एक विवादास्पद प्रश्न है। एक तरफ कुछ विद्वानों का कहना है कि किसी भी देश की विदेश नीति राष्ट्रीय चरित्र से प्रभावित नहीं होती है, जबकि कुछ लोगों का कहना है कि विदेश नीति के निर्धारण में राष्ट्रीय चरित्र की विशेष भूमिका होती है। इनमें हामू, बर्नार्ड रसल, टायनबी कोंज, मारगेन्थाऊ आदि प्रमुख हैं।

व्यक्तित्व

विदेश नीति के सृजन पर नीति-निर्माताओं की योग्यता, अनुभवों, आदर्शों तथा उनके व्यक्तित्व का प्रभाव पड़ना स्वाभाविक है। निर्माताओं के विचार, प्रवृत्तियां, नापसंद, मनोवृत्तियां, ज्ञान तथा निपुणता, उनके विश्व के प्रति विचार तथा उनकी सोच, क्षमता आदि का विदेश नीति पर प्रभाव पड़ना स्वाभाविक है। ध्यातव्य है कि भारतीय नीति पर जवाहरलाल नेहरू (प्रथम प्रधानमंत्री) के व्यक्तित्व की अमिट छाप पड़ी है।

क्षेत्रीय वातावरण

किसी भी देश की विदेश नीति निर्धारित करने वाले तत्वों में बाह्य कारकों की भी महत्वपूर्ण भूमिका होती है। बाह्य कारकों में क्षेत्रीय वातावरण एक प्रमुख निर्धारक तत्व है, जिसका प्रत्यक्ष प्रभाव विदेश नीतियों के सृजन पर पड़ता है। क्षेत्रीय वातावरण को प्रभावित करने वाले कारकों में सीमा पर तनाव की स्थिति, पड़ोसी देशों से संबंधों के स्वरूप, पड़ोसी देश में राजनीतिक स्थिरता अथवा अस्थिरता, शरणार्थी समस्या तथा जातीय समस्या प्रमुख हैं।

अंतर्राष्ट्रीय वातावरण

किसी भी देश की विदेश नीति उस अंतर्राष्ट्रीय वातावरण से प्रभावित होती हैं, जिसमें निरंतर तथा महत्वपूर्ण परिवर्तन परिलक्षित होते हैं। अंतर्राष्ट्रीय वातावरण में परिवर्तन होने पर उसके अनुसार अपनी नीतियों का सृजन करना पड़ता है। उदाहरणस्वरूप किसी राज्य में समाजवादी क्रांति, सैनिकों द्वारा शासन परिवर्तन, दो मित्र देशों में विरोध पैदा होना, सं. रा. संघ में विवाद उत्पन्न होना, किसी लोकप्रिय मुद्रा का अवमूल्यन आदि ऐसे तात्कालिक कारण होते हैं, जो किसी देश की विदेश नीति में परिवर्तन का कारण बनते हैं।

भारत की विदेश नीति

किसी भी देश की वैदेशिक नीति का निर्धारण तत्कालीन राजनीतिक परिस्थितियों के सापेक्ष तथा राष्ट्रीय हितों के परिप्रेक्ष्य में किया जाता है, परंतु भारतीय विदेश नीति के निर्धारण में उक्त अवधारणात्मक पक्ष के साथ-साथ देश की प्राचीन परंपराओं और स्वतंत्रता आंदोलन के उच्च आदर्शों को भी समाहित किया गया है। भारतीय चिंतन एवं दर्शन की उत्कृष्ट परंपराओं जिसका स्वभाव सहिष्णुता एवं सहअस्तित्व रहा है, के कारण भारतीय विदेश नीति में गुटनिरपेक्षता और विवादों के शांतिपूर्ण समाधान के तत्वों को सर्वोपरि महत्व प्रदान किया गया है। कई सदियों से भारत के वैदेशिक संबंध शांति तथा समता पर आधारित एवं सत्कार की भावना से ओत-प्रोत रहे हैं। इसको संयोग नहीं कहा जा सकता है कि पं. जवाहरलाल नेहरू ने स्वतंत्र भारत की वैदेशिक नीति की नींव अशोक और बुद्ध के शाश्वत सिद्धांतों एवं दर्शन पर रखी है। भारतीय विदेश नीति में उपनिवेशवाद, जातिवाद, फासीवाद आदि का विरोध सन्निहित है, जिसे स्वतंत्रता संग्राम की अवधि में भारतीय राष्ट्रीय कांग्रेस द्वारा अपने प्रस्तावों के माध्यम से स्पष्ट किया गया था। यहां मार्च, 1950 में संसद में जवाहरलाल नेहरू के उस दिए गए बयान का उल्लेख करना अति आवश्यक है। **पं. नेहरू** के अनुसार, "हमें यह नहीं समझना चाहिए कि हम विदेश नीति के क्षेत्र में सर्वथा नई शुरुआत करने जा रहे है। यह एक ऐसी नीति है, जो हमारे अतीत के इतिहास से और हमारे राष्ट्रीय आंदोलन से संबंधित है। इसका विकास उन सिद्धांतों के अनुसार हुआ है, जिसकी घोषणा हम अतीत में समय-समय पर करते रहे हैं।" यहां पामर एवं पार्किंस के शब्दों को उद्धृत करना गलत नहीं होगा कि "भारतीय विदेश नीति की जड़ें विगत कई शताब्दियों में विकसित समस्याओं के मूल में छिपी हैं और इसमें चिंतन शैलियों, ब्रिटिश नीतियों की विरासत, स्वाधीनता आंदोलन तथा वैदेशिक मामलों में भारतीय राष्ट्रीय कांग्रेस की पहुंच, गांधीवादी दर्शन के प्रभाव, अहिंसा तथा साध्य और साधनों के महत्व के गांधीवादी सिद्धांतों आदि का प्रभावशाली योगदान रहा है। अत: भारत की वैदेशिक नीति कोई आकस्मिक उपज नहीं है, बल्कि इसका ऐतिहासिक आधार है।"

भारत की विदेश नीति के उद्देश्य

किसी भी देश की विदेश नीति राष्ट्रीय हितों से ओत-प्रोत होती है। भारत की विदेश नीति भी इसका अपवाद नहीं है। किसी भी देश की विदेश नीति के कुछ ऐसे पक्ष होते हैं, जिनके संदर्भ में आम सहमति होती है। ध्यातव्य है कि इन पक्षों का समावेश सभी देशों की विदेश नीति में होता है। जयंतनुजा बंद्योपाध्याय ने भारतीय विदेश नीति के तीन उद्देश्यों-राष्ट्रीय सुरक्षा, विकास तथा विश्व व्यवस्था का उल्लेख किया है। बंद्योपाध्याय के अतिरिक्त कुछ और लेखकों ने भी भारतीय विदेश नीति के ऐसे ही उद्देश्यों का उल्लेख किया है। अप्पादोराय तथा राजन ने भारतीय विदेश नीति के उद्देश्यों में क्षेत्रीय अखंडता एवं स्वतंत्र नीति; अंतर्राष्ट्रीय शांति का विकास एवं आर्थिक विकास, पराधीन राष्ट्रों की स्वतंत्रता एवं रंगभेद का विरोध तथा भारतीय मूल के लोगों के हितों की रक्षा करना आदि को सम्मिलित किया है। उपरोक्त वर्णित तथ्यों के अतिरिक्त देश की ऐतिहासिक विरासत, स्वतंत्रता आंदोलन, व्यक्तित्वों एवं विचारधाराओं का प्रभाव, अंतर्राष्ट्रीय व्यवस्थाओं की बाध्यताओं, विभिन्न घटनाक्रम आदि के कारण राष्ट्र के मूल्यों को भी समाहित करना पड़ता है। अत: भारत की विदेश नीति के उद्देश्यों को मुख्य रूप से दो भागों में बांटा जा सकता है-

1. **प्रमुख उद्देश्य**-(a) राष्ट्रीय सुरक्षा, (b) आर्थिक विकास एवं (c) विश्व व्यवस्था।
2. **अन्य उद्देश्य**-उपनिवेशवाद, साम्राज्यवाद एवं रंगभेद का विरोध।

राष्ट्रीय सुरक्षा

किसी भी देश का पहला कर्तव्य अपनी राष्ट्रीय सुरक्षा एवं प्रभुसत्ता की रक्षा करना होता है। यही कारण है कि उपरोक्त तीन प्रमुख उद्देश्यों का तुलनात्मक विवरण करते हुए बंद्योपाध्याय का मानना है कि सुरक्षा राज्य के अंतर्राष्ट्रीय व्यक्तित्व की गारंटी देता है। राष्ट्रीय विकास उसकी महत्वपूर्ण आवश्यकता होती है तथा एक

सुव्यवस्थित विश्व-व्यवस्था इसके स्वतंत्र अस्तित्व एवं उन्मुक्त विकास के लिए आवश्यक है। भारत के संदर्भ में राष्ट्रीय सुरक्षा से आशय व्यापक संदर्भ में देश की स्वतंत्रता, विकास, सैन्य गठबंधनों का विरोध, पड़ोसी राज्यों से मित्रतापूर्ण संबंध, साम्राज्यवादी एवं उपनिवेशवादी नीतियों का विरोध सम्मिलित है। इसके साथ-साथ भारत अपनी विदेश नीति की स्वतंत्रता का पक्षधर है। इसके अतिरिक्त भारत बाह्य हस्तक्षेप एवं शीत युद्ध का सशक्त विरोधी है।

आर्थिक विकास

भारत की विदेश नीति के उद्देश्यों का एक महत्वपूर्ण पक्ष आर्थिक विकास भी है। इस संदर्भ में सर्वप्रथम अपनी क्षमता का विकास करना होगा, जो मूलत: तीन तथ्यों–जनसंख्या, प्राकृतिक संसाधन एवं तकनीकी ज्ञान पर निर्भर करती है। इसके बाद संवैधानिक व्यवस्था एवं आर्थिक विचारधारा के संदर्भ में राज्य की भूमिका तय करनी होगी। इन आंतरिक तत्त्वों के आधारों के क्रियान्वयन में बाह्य विश्व में आदान-प्रदान करना पड़ता है, जिनको विदेश नीति के माध्यम से ही संभव बनाया जा सकता है। इस संदर्भ में भारत को अपनी सुरक्षा को सुनिश्चित करने के लिए प्रति व्यक्ति आय तथा सकल घरेलू उत्पाद को बढ़ाना होगा, जिससे रक्षा पर अधिक व्यय सुनिश्चित किया जा सकें। राजनय द्वारा युद्धों की पुनरावृत्ति को रोकना, अंतर्राष्ट्रीय संस्थाओं के माध्यम से युद्ध के विरुद्ध नियमों की व्यवस्था करना अति आवश्यक बन गया है। इसके साथ-साथ बाह्य राष्ट्रों से आर्थिक सहायता, पूंजी निवेश, व्यापार तथा अन्य आर्थिक गतिविधियों को प्रोत्साहन देना अनिवार्य हो गया है।

विश्व व्यवस्था

किसी भी देश को अपनी विदेश नीति का निर्वाह एवं अनुपालन एक अंतर्राष्ट्रीय परिवेश में करना पड़ता है। विदेश नीति का प्रमुख उद्देश्य अपने राष्ट्रीय हितों की पूर्ति हेतु उसके अनुकूल विश्व व्यवस्था की रचना करना है। इन दोनों पक्षों का यह आशय है कि विभिन्न शब्दों के साथ-अंत:क्रिया भारतीय विदेश नीति का प्रमुख पक्ष है। अंतर्राष्ट्रीय स्तर पर भारत द्वारा शस्त्रीकरण का विरोध तथा निरस्त्रीकरण का समर्थन विश्व आणविक मुद्दों की विभीषिका के कारण होता है। शीत युद्ध तथा सैन्य गठबंधनों का भी विरोध तीसरे विश्व अर्थात् निर्गुट संगठन के देशों के हितों को ध्यान में रखकर होता है। इसी प्रकार परतंत्र राष्ट्रों की स्वतंत्रता, साम्राज्यवाद एवं उपनिवेशवाद तथा रंगभेद का विरोध, शक्ति पर आधारित गुटों का विरोध, सं. रा. संघ को मजबूत करना तथा पूर्ण निरस्त्रीकरण भारतीय विदेश नीति के प्रमुख विषय रहे हैं। उल्लेखनीय है कि विदेश नीति में परिवर्तन एक प्रमुख पक्ष होता है, जो भारत के विदेशी नीति में भी दिखाई पड़ता है। वर्तमान में भारतीय विदेश नीति में परतंत्र देशों की परतंत्रता का स्थान आर्थिक विषयों ने लिया है। इसके अतिरिक्त विश्व में आतंकवाद का फैलाव भी भारतीय विदेश नीति में प्रमुख विषय बन चुका है। भारत पूरे विश्व से आतंकवाद का उन्मूलन चाहता है तथा सभी देशों से इसके लिए सक्रिय सहयोग की अपेक्षा करता है। भारत परमाणु शक्तियों के प्रसार एवं पक्षपातपूर्ण परमाणु संधियों के कारण एक न्यायोचित व्यापक परमाणु परीक्षण निषेध संधि के लिए भी संघर्ष करता रहा है।

भारतीय विदेश नीति के सिद्धांत

भारत द्वारा अपनी विदेश नीति के उद्देश्यों की पूर्ति के लिए कुछ सिद्धांत निर्धारित किए गए हैं। ध्यातव्य है कि ये सिद्धांत न केवल विदेश नीति के तर्कसंगत विश्लेषण में सहायक होते हैं, बल्कि निरंतरता को बनाए रखते हैं। यद्यपि विश्व शांति, गुटनिरपेक्षता एवं निरस्त्रीकरण का समर्थन, साम्राज्यवाद एवं उपनिवेशवाद का विरोध, एफ्रो-एशियाई एकता का आह्वान तथा संयुक्त राष्ट्र संघ के सिद्धांतों में आस्था भारत की वैदेशिक नीति की नींव के पत्थर हैं। जिस समय भारत को स्वतंत्रता प्राप्ति हुई, उस समय पूरा विश्व द्वितीय महायुद्ध के ध्वंस का बोझ वहन कर रहा था। जवाहरलाल नेहरू इस तथ्य को अच्छी तरह समझते थे कि यदि एशिया और अफ्रीका के गुलाम देशों को आजाद होने का अवसर नहीं सुलभ होता है, तो एफ्रो-एशिया एकता को एक नई दिशा नहीं दी जा सकती है। यह तभी संभव है जब विश्व शांति को अक्षुण्ण बनाए रखा जाए। पं. नेहरू का यह भी कहना था कि विश्व शांति के कायम न रहने पर विकासशील एवं नवोदित राष्ट्रों के लिए राष्ट्र निर्माण के निमित्त संसाधनों की उपलब्धता सुलभ एवं सरल नहीं हो सकेगी, क्योंकि युद्ध का दबाव अन्य सभी सामाजिक-आर्थिक प्राथमिकताओं को पीछे की ओर धकेल देता है। यह स्थिति मनुष्य के पाशविक पक्ष को उभारती है और अधिनायकवाद की प्रवृत्ति को बढ़ावा देती है। भारत की स्वतंत्रता को सार्थक बनाने तथा विकास की गति को तीव्र करने के लिए भी विश्व शांति अनिवार्य है। यही कारण है कि पं. नेहरू ने भारतीय विदेश नीति में **विश्व शांति** के तत्व को प्राथमिकता प्रदान की है।

भारतीय विदेश नीति के तत्व

भारतीय विदेश नीति में निम्नलिखित तत्वों का समावेश किया गया है–

- शांति की नीति
- असंलग्नता की नीति
- मैत्री एवं सहअस्तित्व का सिद्धांत
- साधनों की पवित्रता की नीति
- पंचशील सिद्धांत-प्रादेशिक अखंडता, अनाक्रमण, अहस्तक्षेप, पारस्परिक लाभ एवं शांतिपूर्ण सहअस्तित्व।
- विरोधी गुटों एवं देशों के बीच सेतुबंध की नीति
- साम्राज्यवाद, उपनिवेशवाद, प्रजातिवाद एवं रंगभेद के विरोध की नीति
- संयुक्त राष्ट्र संघ का समर्थन करने का नीति
- गुजराल डॉक्ट्रिन
- लुक ईस्ट, लुक वेस्ट एवं कनेक्ट सेन्ट्रल पॉलिसी
- कृष्णा डॉक्ट्रिन
- सॉफ्ट पावर डिप्लोमेसी
- गुटनिरपेक्षता 2.0 पॉलिसी रिपोर्ट।

भारतीय विदेश नीति के आदर्श एवं उद्देश्य

भारत के संविधान के अनुच्छेद-51 में भारत की विदेश नीति के संबंध में राज्य को निर्देश दिए गए हैं। इन नीति-निदेशक तत्वों में कहा गया है कि राज्य अंतर्राष्ट्रीय शांति एवं सुरक्षा को बढ़ावा देगा। मोटे तौर पर भारत की विदेश नीति के प्रमुख आदर्श एवं उद्देश्य निम्नलिखित हैं–

- अंतर्राष्ट्रीय शांति एवं सुरक्षा की स्थापना।
- अंतर्राष्ट्रीय विवादों को मध्यस्थता एवं बातचीत के जरिए निबटाने के प्रयास।
- सैनिक गुटबाजी एवं सैन्य समझौते से पृथकता।
- उपनिवेशवाद, साम्राज्यवाद एवं नस्लभेद-रंगभेद का विरोध।
- अंतर्राष्ट्रीय कानूनों एवं संधियों के प्रति आस्था।
- परस्पर सहयोग, विश्वास एवं आपसी सम्मान के संबंधों का निर्माण।
- लोकतंत्रीकरण की प्रक्रिया का संवर्धन।
- पड़ोसियों से मैत्री संबंधों की स्थापना।
- पंचशील एवं गुटनिरपेक्षता।
- सॉफ्ट पावर डिप्लोमेसी की नीति।

भारत की विदेश नीति शांति एवं वसुधैव कुटुम्बकम के सिद्धांतों पर आधारित है। फिर भी **भारतीय विदेश नीति** एवं कूटनीति अपने उद्देश्यों में कमोबेश सफल नहीं रही है। दरअसल हम अपने पड़ोसी राष्ट्रों के साथ सौहार्दपूर्ण संबंध बनाने में विफल रहे हैं। हम हमारे राष्ट्रीय हितों की सुरक्षा करने में कामयाब नहीं हो सके हैं। गुटनिरपेक्षता की नीति अब एक छलावा एवं दिखावा मात्र रह गई है, क्योंकि शीतयुद्धोत्तर गुटविहीन विश्व में गुटनिरपेक्षता अप्रासंगिक हो गई है। हम पंचशील एवं अत्यधिक सहनशीलता के कारण कई बार विदेशी आक्रमणों के शिकार हुए हैं। प्रवासी भारतीयों की उपेक्षा अक्सर देखी जा सकती है। हम मित्र एवं शत्रु को परखने में विफल रहे हैं, इसलिए हमारी विदेशी नीति सफल नहीं कही जा सकती।

भारतीय विदेश नीति के सिद्धांतों के प्रतिपादन में भारतीय राष्ट्रीय कांग्रेस की स्वतंत्रता आंदोलन के दौरान अपनाई गई नीतियों एवं आदर्शों तथा अनुभवों को विशेष स्थान दिया गया है। इसके अतिरिक्त भारतीय नीति-निर्माताओं के दृष्टिकोण ने भी इसके सिद्धांतों के प्रतिपादन में प्रमुख भूमिका निभाई है। पं. नेहरू ने भारत के संदर्भ में 1950 में कहा था कि भारत विभिन्न विरोधी विचारधाराओं वाली अंतर्राष्ट्रीय व्यवस्था में एकल विश्व का पक्षधर है। भारत विश्व संघर्षों, घृणाओं एवं आंतरिक द्वंद्व के बावजूद अंततः निश्चित रूप से घनिष्ठ सहयोग एवं विश्व राष्ट्रकुल की ओर अग्रसर होगा। भारत एक ऐसे विश्व की स्थापना के लिए कार्य करेगा, जिसमें स्वतंत्र लोगों के बीच स्वतंत्र सहयोग होगा तथा कोई वर्ग या समूह एक-दूसरे का शोषण नहीं कर सकेगा। भारतीय विदेश नीति के सिद्धांतों की विवेचना निम्नलिखित शीर्षकों के अंतर्गत की जा सकती है–

- गुटनिरपेक्षता
- पंचशील
- यथार्थवाद
- गत्यात्मकता
- शांतिपूर्ण एवं सहअस्तित्व

गुटनिरपेक्षता

भारतीय विदेश नीति का एक सर्वाधिक महत्वपूर्ण तथा विलक्षण पक्ष गुटनिरपेक्षता है। गुटनिरपेक्षता की अवधारणा शांति की पहल के लिए आवश्यक है। द्वितीय विश्व युद्ध के बाद युद्धविराम तो हो गया परंतु अपेक्षित शांति नहीं स्थापित हो सकी। मित्र राष्ट्रों में फूट पड़ गई तथा शीत युद्ध का आविर्भाव हुआ। इसी समय अंतर्राष्ट्रीय राजनीति में एक नई अवधारणा 'गुटनिरपेक्षता' का जन्म हुआ।

वस्तुतः गुटनिरपेक्षता अथवा गुटनिरपेक्ष आंदोलन शीत युद्ध एवं द्विध्रुवीय विश्व व्यवस्था के विरुद्ध नव-स्वतंत्र राष्ट्रों का ऐसा अभियान था, जिसमें विश्व शांति, सद्भावना एवं आर्थिक विकास के साथ-साथ उनके राष्ट्रीय हितों एवं महत्वाकांक्षाओं का अद्भुत सामंजस्य निहित था।

प्रायः गुटनिरपेक्षता से आशय निष्क्रिय उदासीनता या तटस्थता से लगाया जाता है, परंतु सकारात्मक अर्थ में गुटनिरपेक्षता से आशय निष्क्रिय तटस्थता, उदासीनता या अवसरबादिता से नहीं होता है, बल्कि स्वविवेक के अनुसार अपने राष्ट्र हित के अनुकूल विकल्पों का चयन ही वास्तविक गुटनिरपेक्षता थी। उस समय नेहरू जी ने विश्व की दो प्रमुख महाशक्तियों, यथा सोवियत संघ तथा सं. रा. अमेरिका में से किसी के भी पक्ष में न जाकर इस आंदोलन के माध्यम से मिस्र, युगोस्लाविया, इंडोनेशिया, और कम्बोडिया जैसे देशों से घनिष्ठ संबंध स्थापित करके एफ्रो-एशियाई भाईचारे और विश्व बंधुत्व की भावना को प्रबलता प्रदान की। शुरू में सोवियत संघ के राष्ट्रपति स्टालिन ने गुटनिरपेक्षता की खिल्ली उड़ाई, परंतु शनैः शनैः गुटनिरपेक्ष आंदोलन का काफिला बढ़ता ही गया और यह संयुक्त राज्य संघ के बाद विश्व का दूसरा बड़ा संगठन बन गया। यही कारण है कि कई समीक्षकों ने गुटनिरपेक्षता को भारतीय विदेश नीति के एक प्रमुख सिद्धांत की संज्ञा देने की बजाए उसे विदेश नीति के उद्देश्यों को प्राप्त करने के लिए अपनाई गई राजनीति की संज्ञा देना उपयुक्त समझा। **पंचशील को गुटनिरपेक्षता की सैद्धांतिक व्याख्या माना गया,** जिसमें गुटों से अपने को अलग करते हुए विश्व शांति के लिए सक्रिय कार्य करना एवं गुटबंदी की प्रक्रिया को रोकना भी गुटनिरपेक्ष आंदोलन से जुड़ गया। गुटनिरपेक्षता को आत्मसात् करते समय भारत द्वारा इसे विश्व शांति का सिद्धांत बताया गया था तथा आत्मसम्मान एवं राष्ट्रीय हितों पर आधारित स्वतंत्र विदेश नीति कहकर इसे उचित भी सिद्ध किया गया।

कुछ लेखकों ने पं. नेहरू द्वारा प्रतिपादित गुटनिरपेक्षता की नीति को अलगाववाद, गैर-संबद्धता, तटस्थता, तटस्थीकरण, एकलवाद तथा अहिस्सेदारी आदि अवधारणाओं से जोड़ा है, परंतु पं. नेहरू इन अवधारणाओं से गुटनिरपेक्षता की तुलना करना उचित नहीं मानते थे। पं. नेहरू का मानना था कि वर्तमान परिप्रेक्ष्य में तटस्थता या तटस्थीकरण की धारणा सीमित है तथा विश्वयुद्ध में तटस्थ रहना संभव नहीं है। इसके विपरीत गुटनिरपेक्ष देश को उस समय युद्ध में भाग लेना अनिवार्य हो सकता है, जब उस युद्ध में उस देश का राष्ट्रीय हित भी जुड़ा हुआ हो। इसलिए जहां स्वतंत्रता तथा न्याय के लिए युद्ध होगा, वहां भारत तटस्थ नहीं रह सकता है। पं. नेहरू के अनुसार जहां तक गुटनिरपेक्षता का प्रश्न है, तो हम प्रत्येक विषय को उस समय की परिस्थितियों के संदर्भ में योग्यतानुसार उनका मूल्यांकन करते हैं तथा विश्व शांति एवं अन्य उद्देश्यों के संदर्भ में जो उचित हो, वह निर्णय लेते हैं।

गुटनिरपेक्षता तथा अलगाववाद में किसी प्रकार की कोई समानता नहीं है। वर्तमान में अलगाववाद संभव नहीं है। इसलिए शक्ति गुटों में हिस्सा न लेना तथा गठबंधनों से अलग रहना अलगाववाद नहीं है, बल्कि इसके विपरीत गुटनिरपेक्षता की नीति के आधार पर भारत शांति के पक्ष में सही एवं समयानुकूल निर्णय लेने में सक्षम होगा। इसके साथ आर्थिक तथा अन्य क्षेत्रों में परस्पर सहयोग को बढ़ा सकेंगे। इस आपसी सहयोग के आधार पर ही भारत अपनी विदेश नीति के मुख्य उद्देश्य एकल विश्व की अवधारणा को साकार करने में सफल होगा। भारत द्वारा प्रतिपादित गुटनिरपेक्षता का आशय दो गुटों के मध्य दीवार या तीसरी शक्ति के रूप में कार्य करना नहीं था, बल्कि भारत इन शक्ति गुटों को नष्ट करके आपसी सहयोग के आधार पर सभी राज्यों द्वारा समानता पर आधारित संबंधों के विकास का समर्थक रहा है।

उपरोक्त विवेचना से स्पष्ट है कि गुटनिरपेक्षता की नीति के कई पक्ष हैं, जो इसके सकारात्मक तथा नकारात्मक स्वरूप को उजागर करते हैं, परंतु यह अकर्मण्यता की नीति नहीं है। निरपेक्षता एक गतिशील नीति है, जो बदलते हुए अंतर्राष्ट्रीय स्वरूप के साथ अपने आप को ढालने में सक्षम है। गुटनिरपेक्षता की नीति के माध्यम से भारत अपने दो प्रमुख उद्देश्यों की प्राप्ति करता है। पहला तो इसके द्वारा भारत अपने राष्ट्रीय हितों एवं सुरक्षा की प्राप्ति करता है, तो दूसरी ओर वह विश्व शांति की परंपरा को आगे बढ़ाता है।

गुटनिरपेक्षता 2.0 और उसकी उत्पत्ति का कारण

भारत के गुटनिरपेक्षता के सिद्धांत में बदलाव किसी एक कारण से और अचानक नहीं आ रहा है–यह कई कारणों का एक संयुक्त परिणाम है और सुविचारित चिंतन-मनन और रणनीति का हिस्सा है। 20वीं शताब्दी के अंतिम दशकों में वैश्विक व्यवस्था में बदलाव आया। यह बदलाव सैद्धांतिक व व्यावहारिक दोनों अर्थों में ही फलीभूत होने लगा। जिसके कारण भारतीय नीति-निर्माताओं को भी अपनी रणनीति में बदलाव लाने के लिए बाध्य होना पड़ा, जिसकी विवेचना निम्नलिखित शीर्षकों के अंतर्गत की जा सकती है–

- शीत युद्ध की समाप्ति।
- विश्व का बहुध्रुवीय होना।
- LPG की नीति अपनाया जाना Liberatization Privatization (उदारीकरण, वैश्वीकरण, निजीकरण)।
- आर्थिक स्वावलंबन प्राप्त करने की इच्छा Globaliztion।
- महत्वाकांक्षाएं।
- आतंकवाद और राष्ट्रीय सुरक्षा के लिए चुनौतियां।
- विदेशी निवेश की बढ़ती भूमिका।
- देश का महाशक्ति के रूप में अंतर्राष्ट्रीय फलक पर उभरना।
- सूचना प्रौद्योगिकीय का विकास व संचार क्रांति का फैलाव।
- नया राजनैतिक नेतृत्व।
- बदली हुई अंतर्राष्ट्रीय परिस्थितियां।

रणनीति

गुटनिरपेक्षता 2.0 की नीति को अपनाने के बाद भारतीय नीति-निर्माताओं या रणनीतिकारों के सामने एक बहुत बड़ी चुनौती विद्यमान है कि इसे सफल कैसे बनाया जाए? इस दिशा में उनके द्वारा जो रणनीति अपनाई जा रही हैं, उसकी विवेचना निम्नलिखित शीर्षकों के अंतर्गत की जा सकती है–

- परस्पर संवाद को बढ़ावा देना।
- तीसरी दुनिया के साथ सहयोग, संवाद व विश्वास को कायम रखना।
- आर्थिक कूटनीति का सहारा लेना।
- प्रवासी भारतीयों के साथ संबंधों को मजबूत करना/बनाना।
- क्षेत्रीय संप्रभुता का सम्मान करना।
- वैश्विक समस्याओं के प्रति या क्षेत्रीय समस्याओं के प्रति अपने दृष्टिकोण को स्पष्ट करना।
- क्षेत्रीय संगठनों के माध्यम से क्षेत्रीय समस्याओं के समाधान में सक्रिय भूमिका अदा करना।
- विकासशील देशों की समस्याओं के प्रति बेबाक (स्पष्ट) दृष्टिकोण रखना।
- आर्थिक स्वावलंबन प्राप्त करना।
- अंतर्राष्ट्रीय संस्थाओं में सुधार की मांग करना।
- विकासशील देशों के अधिक-से-अधिक प्रतिनिधित्व की बात करना।
- अफ्रीका के साथ संवाद स्थापित करना
- महाशक्तियों के साथ अपने राष्ट्रीय व क्षेत्रीय हितों को ध्यान में रखकर संबंध स्थापित करना।

गुटनिरपेक्षता 2.0 का प्रभाव

गुटनिरपेक्षता 2.0 की नीति अभी शैशवावस्था से गुजर रही है, इसलिए इसकी सफलता या असफलता का मूल्यांकन करना जल्दबाजी होगी। इसकी सफलता या असफलता इस बात पर निर्भर करती है कि हम अपनी रणनीति को किस प्रकार क्रियान्वित करते हैं व वैश्विक समुदाय को अपनी नई विचारधारा से अवगत करा पाते हैं या उनको समझा पाते हैं– जो सकारात्मक व नकारात्मक दोनों ही हो सकते हैं। **गुटनिरपेक्षता 2.0 के निम्नलिखित सकारात्मक प्रभाव हैं** –

- भारत की परिस्थिति व भूमिका में बदलाव।
- महाशक्तियों के साथ संबंध बढ़ने से देश में विदेशी पूंजी निवेश और तकनीक अंतर प्रवाह को बढ़ावा देना।
- भारत की छवि में बदलाव और एक महाशक्ति के रूप में स्थापित होने में मदद।
- भारतीय नई विचारधारा को अंतर्राष्ट्रीय क्षितिज पर मान्यता मिलना।
- वैश्विक समस्याओं के समाधान में भारत की सक्रिय भूमिका।
- वैश्विक रणनीतिक गतिविधियों में भारत की सहभागिता को बढ़ावा।
- रक्षा के क्षेत्र में आत्मनिर्भरता व संतुलन को कायम करना।

उपर्युक्त संभावित प्रभाव के साथ-साथ इस नीति के कुछ नकारात्मक प्रभाव भी संभव हैं, जो निम्नवत् हैं–

- भारत की महत्वाकांक्षा में वृद्धि।
- छोटे देशों से दूर जाने का भय।
- पंचशील के सिद्धांतों से भटकने का भय।
- साम्राज्यवादी मानसिकता से ग्रसित होने का भय।
- वसुधैव कुटुम्बकम् की अवधारणा से विरक्त होने का भय।
- क्षेत्रीय संघर्षों को बढ़ावा मिलने का भय।
- क्षेत्रीय अस्थिरता उत्पन्न होने का भय।

पंचशील

भारतीय विदेश नीति के केंद्र में पंचशील की विशेष भूमिका है। पंचशील का सिद्धांत विश्व के अन्य देशों के साथ स्वस्थ, शांतिपूर्ण तथा सहयोगपूर्ण संबंधों का भारतीय चार्टर है, क्योंकि यह समानता पर आधारित है तथा आक्रमण एवं हस्तक्षेप की नीतियों को अस्वीकार करता है। भारतीय विदेश नीति में पंचशील सिद्धांत नैतिक और शांति स्थापना के मूल्यों के द्योतक हैं। पं. नेहरू भारत की गुटनिरपेक्षता के सिद्धांत को केवल कल्पना तक ही सीमित नहीं रखना चाहते थे, बल्कि इसे व्यावहारिक स्वरूप प्रदान करना चाहते थे। इसलिए गुटनिरपेक्षता की नीति के क्रियान्वयन हेतु शांतिपूर्ण सहअस्तित्व के 5 सिद्धांतों का प्रतिपादन किया। भारत द्वारा पंचशील के सिद्धांतों का सर्वप्रथम प्रतिपादन 29 अप्रैल, 1954 को भारत-चीन के व्यापारिक समझौते की प्रस्तावना में किया गया। 28 जून, 1954 को चीन के प्रधानमंत्री चाऊ एन. लाई की भारत-यात्रा के समय जारी संयुक्त घोषणापत्र में उक्त प्रस्ताव को दोहराया गया। यह प्रस्ताव ही आगे चलकर 'पंचशील' के नाम से विख्यात हुआ। पंचशील के सिद्धांत निम्नलिखित हैं–

1. एक-दूसरे की प्रादेशिक अखंडता एवं सर्वोच्च सत्ता के लिए परस्पर सम्मान की भावना।
2. पारस्परिक अनाक्रमण का आश्वासन।
3. एक-दूसरे के आंतरिक मामलों के प्रति तटस्थता।
4. समानता एवं पारस्परिक सहयोग।
5. शांतिपूर्ण सह-अस्तित्व।

पंचशील की अवधारणा वस्तुत: महात्मा बुद्ध द्वारा अपने शिष्यों के लिए बनाई गई आचार संहिता से उद्धृत है। भारत द्वारा प्रतिपादित पंचशील के सिद्धांतों पर इण्डोनेशिया द्वारा 1945 में अपनी विदेश नीति के संदर्भ में बनाए गए 5 आधारभूत सिद्धांत निम्नवत् हैं–

- अपने लोगों में विश्वास एवं राष्ट्रवाद।
- मानवता में विश्वास।
- स्वतंत्रता में विश्वास।
- सामाजिक न्याय में विश्वास तथा
- ईश्वर में विश्वास।

उक्त सिद्धांतों की भारत की विदेश नीति पर अमिट छाप पड़ी है।

- पंचशील का पहला सिद्धांत इस मान्यता पर आधारित है कि प्रत्येक देश को स्वतंत्र रूप से व्यवहार करने तथा अपना अखंड देश बनाने का अधिकार है। प्रत्येक देश द्वारा एक-दूसरे देश की प्रभुसत्ता का सम्मान किया जाएगा तथा उसके ऊपर कोई निर्णय जबरदस्ती नहीं थोपा जाएगा।
- पंचशील का दूसरा सिद्धांत शांति का पोषक है। इसकी मान्यता यह है कि कोई भी राष्ट्र अपने निर्णयों तथा हितों को दूसरों से पालन करवाने के लिए शांतिपूर्ण साधनों का ही प्रयोग करेंगे। किसी भी देश द्वारा किसी अन्य देश के ऊपर आक्रमण नहीं किया जाना चाहिए।
- पंचशील का तीसरा सिद्धांत यह अपेक्षा करता है कि प्रत्येक देश द्वारा अपने आंतरिक मामलों का प्रबंध तथा संचालन स्वतंत्र रूप से किया जाएगा तथा कोई भी देश किसी अन्य देश के आंतरिक मामलों में हस्तक्षेप नहीं करेगा।
- पंचशील का चौथा सिद्धांत सभी राष्ट्रों के मध्य समानता तथा पारस्परिक लाभ की भावना के आधार पर कार्य करने को प्रोत्साहित करता है। कोई भी राज्य, चाहे वह छोटा या बड़ा है, उसे दूसरे राज्यों से समानता तथा पारस्परिक हित के आधार पर दूसरे देशों के साथ संबंधों की स्थापना करने का पूर्ण अधिकार होगा।
- पंचशील का पांचवां सिद्धांत विश्व में शांति को बढ़ावा देने के प्रति समर्पित है। इस सिद्धांत की यह मान्यता है कि विभिन्न देशों में चल रही राजनीतिक व्यवस्थाओं के मध्य सामाजिक-आर्थिक मतभेदों के बावजूद भी राज्य

शांतिपूर्ण तरीके से रह सकता है तथा मित्रता एवं सहयोग विकसित कर सकता है। शांतिपूर्ण सहअस्तित्व का यह सिद्धांत ही शांति तथा विकास ला सकता है। शीत युद्ध की राजनीति के विपरीत शांतिपूर्ण सहअस्तित्व विश्व की उन्नति तथा समृद्धि, शांति तथा सुरक्षा के प्रति उचित, प्राकृतिक, स्वस्थ तथा कुशलतापूर्ण दृष्टिकोण है।

उपरोक्त विवेचना से स्पष्ट है कि पंचशील का सिद्धांत सहअस्तित्व तथा अहस्तक्षेप द्वारा शांति का सिद्धांत है। यह राष्ट्रों के मध्य अच्छे, मैत्रीपूर्ण तथा सहयोगात्मक संबंधों के लिए पथ-प्रदर्शक है।

भारत तथा चीन द्वारा पंचशील के सिद्धांतों को अपनाने के बाद अक्टूबर, 1954 में वियतनाम, दिसंबर, 1954 में चेकोस्लोवाकिया, 1955 में म्यांमार, लाओस, नेपाल तथा कम्बोडिया द्वारा इसे स्वीकार किया गया। अप्रैल, 1955 में नई दिल्ली में संपन्न गैर-सरकारी एशियाई संबंध कॉन्फ्रेंस द्वारा भी इसको स्वीकार कर लिया गया। पंचशील के सिद्धांत को उस समय सबसे बड़ी सफलता प्राप्त हुई, जब प्रथम अफ्रीकी-एशियाई सम्मेलन में इसे स्वीकार कर लिया गया। बाद में इसमें कुछ नए सिद्धांत भी सम्मिलित कर लिए गए और ऑस्ट्रेलिया, ऑस्ट्रिया तथा पोलैंड द्वारा इसे स्वीकार कर लिया गया। इस प्रकार कालांतर में पंचशील के सिद्धांत को व्यापक समर्थन प्राप्त हो गया, परंतु चीन द्वारा भारत पर 1962 में आक्रमण किए जाने के बाद पंचशील के सिद्धांत को आघात पहुंचा। इससे भारत को सदमा तो अवश्य लगा, परंतु भारत आज भी पंचशील के सिद्धांत में पूर्ण विश्वास रखता है। भारत आज भी इसकी महत्ता को स्वीकार करता है तथा विभिन्न देशों के मध्य संबंधों को अच्छे, मैत्रीपूर्ण तथा सहयोगात्मक बनाने के लिए पंचशील के सिद्धांत को अपनाए जाने की वकालत करता है।

यथार्थवाद

भारतीय विदेश नीति में सदैव यथार्थवाद का पुट रहा है। भारत द्वारा अपनी विदेश नीति के माध्यम से सदैव राष्ट्रीय हितों की पूर्ति करने का प्रयास किया गया। यद्यपि कुछ विशेषज्ञों ने पं. नेहरू द्वारा सृजित भारतीय विदेश नीति को एक कोरी कल्पना बताया, जो आदर्शवाद से ओत-प्रोत है, परंतु यह सत्य नहीं है। पं. नेहरू ने भारतीय विदेश नीति को दीर्घकालीन और तत्कालीन हितों को ध्यान में रखकर प्रतिपादित किया है। पं. नेहरू की सोच आदर्शवादी अवश्य थी। यही कारण है कि भारतीय विदेश नीति में आदर्शवाद की प्रधानता है, परंतु यह भी ध्यान रखना होगा कि आज का आदर्शवाद कल का यथार्थवाद होता है। पं. नेहरू का कहना था कि व्यावहारिक व्यक्ति या यथार्थवादी केवल वर्तमान के बारे में ही सोचता रहता है और भविष्य के बारे में कुछ नहीं सोचता है। यही कारण है कि व्यवहारवादी व्यक्ति स्वयं लड़खड़ाता रहता है। इस तथ्य को ध्यान में रखकर मैंने भारतीय विदेश नीति में आदर्शवाद और यथार्थवाद के मिश्रण को स्थान दिया है। शुरू के दिनों में पं. नेहरू ने केवल आदर्शवादी नीतियों को अपनाना शुरू किया था, परंतु बाद में उनको वास्तविक जीवन के कटु अनुभव के दर्शन हुए और उन्होंने यथार्थवाद को भी महत्व देना शुरू किया। इसके बाद विशेषकर श्रीमती इंदिरा गांधी के शासनकाल में भारतीय विदेश नीति में यथार्थवाद का अधिक प्रभाव रहा है, परंतु इसका आशय यह नहीं रहा कि भारतीय विदेश नीति में आदर्श को कोई स्थान नहीं दिया गया। श्रीमती इंदिरा गांधी के शासनकाल में तथा उसके बाद के वर्षों में भी आदर्शवाद के साथ-साथ देश के राष्ट्रीय हितों की पूर्ति हेतु यथार्थवादी दृटिकोण भी अपनाया गया।

गत्यात्मकता

भारतीय विदेश नीति में गत्यात्मकता का भी स्पष्ट दर्शन होता है। यही नहीं, भारतीय विदेश नीति गत्यात्मक होने के साथ-साथ अंतर्राष्ट्रीय परिस्थितियों के अनुरूप अपने को ढालने की क्षमता रखती है। भारत द्वारा समय-समय पर आवश्यकतानुसार विभिन्न देशों से सैन्य सहायता प्राप्त करना उसकी गतिशील विदेश नीति का परिचायक है। 1962 में चीन युद्ध के समय सं. रा. अमेरिका से तथा इसके बाद पाकिस्तान के साथ हुए युद्धों में सोवियत संघ से सैन्य मदद प्राप्त की गई। सोवियत संघ के विघटन तथा 1991 में शीत युद्ध के अंत के बाद भारत द्वारा एशिया प्रशांत क्षेत्र में सैन्य संबंध स्थापित करना भारतीय विदेश नीति की गतिशीलता और समय के अनुसार उसे ढालने की क्षमता को प्रदर्शित करता है। भारत द्वारा सी.टी.बी.टी. पर हस्ताक्षर न करना तथा प्रभावशाली तरीके से अपना पक्ष विश्व के देशों के सम्मुख रखना उसके राष्ट्रीय हितों की रक्षा करने की क्षमता स्पष्ट करता है।

शांतिपूर्ण सहअस्तित्व

शांतिपूर्ण सहअस्तित्व का सिद्धांत भी भारतीय विदेश नीति के सिद्धांतों में अहम स्थान रखता है। भारत की विदेश नीति में 'जियो और जीने दो' की परंपरा को आगे बढ़ाने की बात को सैद्धांतिक रूप में स्वीकार किया गया है। यद्यपि शांतिपूर्ण सहअस्तित्व को पंचशील के सिद्धांत में स्थान दिया गया है, परंतु व्यापक परिप्रेक्ष्य में इसे पंचशील से अलग ही देखना उचित है। भारत अपनी विदेश नीति में शांतिपूर्ण सहअस्तित्व की भावना को स्थान देकर इसके माध्यम से विश्व में वैचारिक या अन्य किन्हीं आधारों पर स्थापित भेदभाव की मान्यता को अस्वीकार करके सभी राष्ट्रों के साथ मैत्रीपूर्ण संबंध स्थापित करने को प्रमुखता देता है। भारत किसी भी सैन्य गुट से अपने को अलग करते हुए उनके साथ अन्य क्षेत्रों में संबंध स्थापित करता है। शीतयुद्ध के समय में समाजवादी तथा पूंजीवादी देशों की आलोचना करते हुए भी सीमित स्तर तक उनके साथ सामाजिक, तकनीकी, सांस्कृतिक आदि संबंधों को बढ़ावा दिया गया है। इससे स्पष्ट है कि विश्व शांति एवं विकास की सभी प्रक्रियाओं में सभी राष्ट्रों से मित्रतापूर्वक एवं सद्भावना पर आधारित संबंधों पर बल दिया गया है।

विभिन्न कालों में भारत की विदेश नीति

भारत की वैदेशिक नीति में निरंतरता और परिवर्तन दोनों धाराएं साथ-साथ चलती रहती हैं। स्वतंत्रता प्राप्ति के बाद भारत ने उपनिवेशवाद, साम्राज्यवाद, रंगभेद के विरोध के साथ-साथ महाशक्तियों की गुटबाजी का विरोध करना शुरू किया, परंतु 1962 के चीन युद्ध के बाद भारत की विदेश नीति में बदलाव आना शुरू हो गया। भारत की विदेश नीति में प्राथमिकताएं कुछ बिंदुओं पर केंद्रित हो गईं। शनैः शनैः नई अर्थव्यवस्था की खोज, उत्तर-दक्षिण संवाद, दक्षिण-दक्षिण संवाद और परमाणु निरस्त्रीकरण जैसे विषय अंतर्राष्ट्रीय राजनीति में अपना स्थान बनाने लगे। भारत की विदेश नीति पर इनका प्रभाव पड़ना स्वाभाविक ही था। भारत के विदेश नीति के मौलिक तत्वों में कोई परिवर्तन नहीं आया है, मौलिक तत्व वही हैं जो पहले थे। अंतर केवल दर्शन एवं चिंतन के आधार पर आया है। पं. नेहरू के काल में प्रारंभिक दिनों में भारतीय विदेश नीति आदर्शवाद से ओत-प्रोत थी, परंतु अंतिम दिनों में पं. नेहरू ने आदर्शवाद के प्रति अपने मोह को गलत बताया तथा यथार्थवाद की ओर उन्मुख हुए थे। शास्त्री युग में यथार्थवाद को अधिक महत्व प्रदान करके तुष्टीकरण के दुर्बल चिह्नों को मिटाने की प्रक्रिया शुरू हुई। इसके बाद श्रीमती इंदिरा गांधी के शासनकाल में भारत की वैदेशिक नीति में आदर्शवाद तथा यथार्थवाद का सुंदर समन्वय दिखाई देने लगा। वास्तव में श्रीमती इंदिरा गांधी ने अंतर्राष्ट्रीय राजनीति की जटिलताओं को परखा और भारतीय विदेश नीति के आदर्शवाद तथा सिद्धांतों की रक्षा करते हुए, उसे पूर्व की तुलना में अधिक व्यावहारिक, सुदृढ़ एवं आत्मविश्वासपूर्ण बनाया। सर्वप्रथम बांग्लादेश के युद्ध में तथा इसके बाद पाकिस्तान के प्रति अपने रवैए का संकेत देकर और साथ ही द्विध्रुवीय विश्व की दो महाशक्तियों के मध्य संतुलन कायम करके श्रीमती इंदिरा गांधी ने भारतीय विदेश नीति का कुशल संचालन किया।

श्रीमती इंदिरा गांधी के बाद के सभी प्रधानमंत्री गुटनिरपेक्षता की नीति पर चलते रहे, परंतु समीक्षक प्रधानमंत्री राजीव गांधी की विदेश नीति में अमेरिका

की तरफ झुकाव को भी स्वीकार करते हैं। समीक्षकों का कहना है कि राजीव गांधी ने सोवियत संघ से अपने संबंधों को यथा स्थिति बनाए रखते हुए अपनी विदेश नीति में अमेरिका को प्रमुखता देना शुरू किया। राजीव गांधी के समय से ही भारतीय विदेश नीति में परिवर्तन परिलक्षित होने लगा। राजीव गांधी के बाद प्रधानमंत्री बने विश्वनाथ प्रताप सिंह की कोई स्पष्ट विदेश नीति नहीं थी, यद्यपि उनका कार्यकाल मात्र 11 माह का ही था। चंद्रशेखर मात्र 4 माह के लिए ही प्रधानमंत्री थे, परंतु खाड़ी युद्ध के समय अमेरिकी विमानों को भारत में तेल भरने की अनुमति देना उनके अमेरिका के प्रति झुकाव को प्रदर्शित करता है।

1991 में भारतीय विदेश नीति में सोवियत संघ के विघटन के बाद परिवर्तन दिखाई देने लगा। भारत समाजवाद से पूंजीवाद की ओर अग्रसर हुआ। जुलाई, 1991 में नई आर्थिक नीतियां लागू हुईं, जो स्पष्टत: पूंजीवाद को बढ़ावा देती हैं। जून, 1991 में प्रधानमंत्री बने नरसिम्हा राव, राजीव गांधी द्वारा विरासत में दी गई विदेशी नीति को आगे बढ़ाते रहे। यद्यपि नरसिम्हा राव के समय में भारत द्वारा इजराइल को मान्यता प्रदान की गई, जो भारतीय विदेश नीति में परिवर्तन का परिचायक है। इसके बाद वैदेशिक क्षेत्र में परंपरा से हटकर कार्य नरसिम्हा राव के समय में नहीं हुआ, परंतु नरसिम्हा राव सदैव यह सिद्ध करना चाहते थे कि वे नेहरू द्वारा सृजित एवं पोषित नीतियों पर चल रहे हैं तथा नेहरू ही आज भी हमारे प्रतिमान हैं। नरसिम्हा राव के बाद सत्ता में आए एच.डी. देवगौड़ा के नेतृत्व में गठित संयुक्त मोर्चा सरकार की अपनी कोई विदेश नीति नहीं थी। वह पूर्ववर्ती प्रधानमंत्रियों की नीतियों को आगे बढ़ाते रहे। मार्च, 1997 में देवगौड़ा के बाद इंद्र कुमार गुजराल प्रधानमंत्री बने और उनकी अपनी एक नीति थी, **जिसे 'गुजराल सिद्धांत' की संज्ञा दी गई। 'गुजराल सिद्धांत' केवल पड़ोसी देशों के संदर्भ में ही था।** गुजराल सिद्धांत में भी उन्हीं तत्वों को आधार के रूप में स्वीकार किया गया था, जो पूर्ववर्ती सरकारों की विदेश नीतियों में था। गुजराल सरकार के बाद पदारूढ़ वाजपेयी सरकार की भी विदेश नीति के मौलिक तत्व वही हैं, जो नेहरू और इंदिरा सरकारों की विदेश नीति के थे, परंतु विगत तीन वर्षों में भारत-अमेरिका संबंधों में सुधार से स्पष्ट है कि भारतीय विदेश नीति में बदलाव आ रहा है।

पं. जवाहरलाल नेहरू सदैव एक प्रतिमान बने रहे हैं। फलत: सभी प्रधानमंत्रियों की विदेश नीतियों की तुलना की जाती है। नेहरू युग की घटनाओं और नीतियों के ध्यानपूर्वक और गहनता से चिंतन करने से स्पष्ट होता है कि पिछले दशकों में देश में जो कुछ हो रहा था, उसकी जड़ें, उसके आदर्श और उसके स्रोत नेहरू युग में छिपे हुए हैं। **यहां पर विभिन्न प्रधानमंत्रियों के काल की विदेश नीतियों का तुलनात्मक अध्ययन किया जा रहा है, परंतु मोरारजी देसाई, चरण सिंह, वी.पी. सिंह, चन्द्रशेखर, एच.डी. देवगौड़ा फिल्म में केवल मेहमान कलाकार अथवा मध्यांतर के तरह आते हैं, इसलिए यहां उनकी चर्चा नहीं की जा रही है।** भारतीय विदेश नीति की विवेचना निम्नलिखित शीर्षकों के अंतर्गत की जा रही है–

1. जवाहरलाल नेहरू के कार्यकाल में विदेश नीति।
2. लाल बहादुर शास्त्री के कार्यकाल में विदेश नीति।
3. इंदिरा गांधी के कार्यकाल में विदेश नीति।
4. राजीव गांधी के कार्यकाल में विदेश नीति।
5. नरसिम्हा राव के कार्यकाल में विदेश नीति।
6. इंद्र कुमार गुजराल के कार्यकाल में विदेश नीति।
7. अटल बिहारी वाजपेयी के कार्यकाल में विदेश नीति।
8. डॉ. मनमोहन सिंह के कार्यकाल में विदेश नीति।
9. नरेंद्र मोदी के कार्यकाल में विदेश नीति।

नेहरू काल की विदेश नीति

भारतीय विदेश नीति पर पं. जवाहरलाल नेहरू की प्रतिभा, व्यक्तित्व एवं विचारधारा का व्यापक प्रभाव पड़ा है। पं. नेहरू साम्राज्यवाद, उपनिवेशवाद और फासीवाद के प्रबल विरोधी तथा विवादों के शांतिपूर्ण निपटारे के पक्षधर थे। पं. नेहरू मैत्री, सहयोग और सहअस्तित्व के पोषक अवश्य थे, परंतु साथ में अन्यायपूर्ण आक्रमण का प्रतिवाद करने के लिए शक्ति के प्रयोग को भी व्यापक महत्व प्रदान करते थे। शीतयुद्ध एवं गुटों की विश्व राजनीति में भारत के लिए ही नहीं, बल्कि विश्व के सभी स्वाधीन राष्ट्रों के लिए वे गुटनिरपेक्षता की नीति को उचित ही नहीं बल्कि सर्वोत्तम नीति मानते थे। पं. नेहरू ने अपने इन्हीं विचारों के अनुरूप भारतीय विदेश नीति का सृजन किया। 1950 में नेहरू जी ने अपना मत व्यक्त करते हुए कहा था कि **भारत अंतर्राष्ट्रीय राजनीति के चौराहे पर खड़ा है। उसके एक ओर पश्चिम एशिया तो दूसरी तरफ दक्षिण-पूर्व एशिया के अति महत्वपूर्ण सामरिक क्षेत्र हैं, जिनका प्रवेशद्वार भारत को बनाया जा सकता है। उत्तर में चीन और दक्षिण में हिंद महासागर भारत को और अधिक महत्वपूर्ण बना देता है।**

अंतर्राष्ट्रीय परिप्रेक्ष्य में पं. नेहरू नैतिक मार्ग का अनुसरण करने में ही विश्वास करते थे। पं. नेहरू ने समय-समय पर शांतिपूर्ण तरीके से वार्ता एवं सहयोगमूलक मेल-मिलाप पर बल दिया। यद्यपि पंचशील के सिद्धांतों का आविर्भाव 1954 में भारत-चीन समझौते के बाद हुआ, परंतु स्वतंत्रता प्राप्ति के बाद से ही भारत की विदेश नीति इस सिद्धांत के द्वारा संचालित एवं समायोजित होती रही। कालांतर में 1956 में नेहरू-टीटो-नासिर वक्तव्यों में भी इसकी पुनरावृत्ति की गई। नेहरू की अफ्रीकी-एशियाई एकता तथा प्रगति की धारणा ने मिस्र के नासिर, घाना के क्वामे एनक्रूमा, गुयाना के सेकूतूरे, लेबनान के कमाल जम्बलात तथा कासिम को प्रेरणा प्रदान की। इस प्रकार पं. नेहरू का अंतर्राष्ट्रीय संबंधों का सिद्धांत मैकियावेलीवाद तथा शक्ति राजनीति की अस्वीकृति पर आधारित है। उनकी विदेश नीति आदर्शवादी दृष्टिकोणों से ओत-प्रोत थी। पं. नेहरू की मान्यता थी कि आज का आदर्शवाद कल का यथार्थवाद होगा, परंतु वास्तव में अंतर्राष्ट्रीय राजनीति में आदर्शवाद का कोई स्थान नहीं होता है, क्योंकि यह देश के लिए अहितकर होता है। भावनाप्रधान निर्णयों से ही देश का अपमान होता है। ऐसा ही निर्णय भारत ने चीन के संदर्भ में लिया था। यद्यपि पं. नेहरू को 1950 में ही सरदार वल्लभभाई पटेल ने चीन के नापाक इरादों के बारे में बता दिया था, परंतु पं. नेहरू ने इस पर कोई ध्यान नहीं दिया। 1950 में ही चीन ने तिब्बत में प्रवेश करके उसे अपने कब्जे में ले लिया था। जब भारत द्वारा चीन का इस ओर ध्यान दिलाया गया तो चीन ने स्पष्ट शब्दों में भारत को कठोर और निराशाजनक उत्तर दिया। चीन का कहना था कि भारत चीन के घरेलू मामले में हस्तक्षेप न करे। 1962 में चीन ने 'हिंदी चीनी भाई-भाई' के नारों के बीच भारत पर आक्रमण करके 35,000 वर्ग किमी. भू-भाग पर अपना आधिपत्य कर लिया। इस घटना पर पं. नेहरू स्तब्ध रह गए। इस प्रकार शैशवकाल में ही तिब्बत तथा चीन के मामले में भारत की विदेश नीति विफल रही। यही वह कारण है कि पं. नेहरू भी अपने जीवन की संध्या में यथार्थवाद को महत्व देने लगे थे। नेहरू युग की विदेश नीति की सबसे बड़ी विशेषता प्राचीन और नूतन, आदर्शवाद, यथार्थवाद, परंपरा तथा परिवर्तन का अंतर्द्वंद्व था।

लाल बहादुर शास्त्री के काल की विदेश नीति

पं. नेहरू के निधन के बाद देश की बागडोर लाल बहादुर शास्त्री के हाथों में आ गई। लाल बहादुर शास्त्री ने भी पं. नेहरू की ही वैदेशिक नीति को आत्मसात् किया, परंतु वे यथार्थवाद को अधिक महत्व देने लगे। 1965 में पाकिस्तान के आक्रमण का मुंहतोड़ जबाब देकर तथा सं. रा. अमेरिका जैसी महाशक्ति के दबाव के आगे घुटने न टेककर शास्त्री जी ने यथार्थवाद नीति का परिचय दिया। इसके साथ-साथ ताशकंद समझौते के माध्यम से भी आदर्शवाद का एक सुंदर

उदाहरण प्रस्तुत किया। यद्यपि ताशकंद समझौता व्यावहारिक रूप अख्तियार करने में सफल नहीं रहा, तथापि प्रत्येक युद्ध के बाद ऐसे समझौते थोड़े-बहुत परिवर्तन के साथ करने पड़ते हैं।

शुरू में लाल बहादुर शास्त्री को एक कमजोर प्रधानमंत्री समझा गया। इसी तथ्य को ध्यान में रखकर सं. रा. अमेरिका द्वारा भारत को दबाने की कोशिश की गई, परंतु शास्त्री जी ने गुटनिरपेक्षता की नीति का अपेक्षाकृत अधिक दृढ़ता के साथ अनुसरण किया तथा इसे एक यथार्थवादी रूप प्रदान किया। शास्त्री जी के प्रारंभिक दिनों में भारत तथा अमेरिका के संबंधों के मध्य विशेष कटुता नहीं उत्पन्न हुई, परंतु उत्तरी वियतनाम पर अमेरिकी विमानों द्वारा की गई बम वर्षा की भारत द्वारा तीव्र आलोचना की गई। इससे भारत-अमेरिकी संबंधों में कटुता उत्पन्न हो गई तथा मई, 1965 में सं. रा. अमेरिका द्वारा शास्त्री की अमेरिकी यात्रा का निमंत्रण वापस ले लिया गया। इसके बाद अमेरिका ने भारत-पाकिस्तान युद्ध में पाकिस्तान को शस्त्रों की आपूर्ति की। इससे और अधिक कटुता दोनों देशों के संबंधों में उत्पन्न हो गई। यही नहीं, युद्ध के दौरान चीन ने पाकिस्तान को पूर्ण समर्थन प्रदान कर दिया तथा भारत को आक्रमणकारी घोषित किया। फलतः भारत तथा चीन के संबंधों में कोई सुधार नहीं हो सका।

शास्त्री जी ने अपने पड़ोसियों के साथ शांतिपूर्ण सहअस्तित्व के आधार पर संबंध बनाए रखने के लिए भी कदम उठाया, परंतु उन्होंने श्रीलंका के साथ नागरिकताविहीन प्रवासी तमिलों के विषय में शांतिपूर्ण समाधान खोजकर अन्य छोटे पड़ोसी राष्ट्रों को आश्वस्त किया कि भारत की आकांक्षा बल प्रयोग द्वारा अपना प्रभुत्व स्थापित करने की नहीं है। शास्त्री जी के समय परिस्थितियां काफी जटिल थीं, जिससे भारत की भूमिका अंतर्राष्ट्रीय मंच पर कोई विशेष नहीं रही। ध्यातव्य है कि 1964-65 में देश भयंकर अकाल से ग्रस्त था तथा बड़े अपमानजनक ढंग से देश को विदेशों से खाद्यान्न आयात करना पड़ा। परिस्थितियों की प्रतिकूलता के बावजूद शास्त्री जी ने 1962 के घावों को भरने का काम बखूबी से किया। **शास्त्री जी के समय की विदेश नीति के संदर्भ में कहा जाता है कि शास्त्री जी ने निरर्थक आदर्शवाद को सार्थक यथार्थवाद में रूपातंरित कर दिया तथा शांतिप्रिय होने के बाद भी राष्ट्रहित को बढ़ावा दिए जाने के लिए सैनिक शस्त्रों की उपयोगिता को स्वीकार किया गया।** इससे भारतीय विदेश नीति का क्षेत्र थोड़ा संकुचित अवश्य हुआ, परंतु राष्ट्रहित को सुरक्षित करने के लिए ऐसा करना उचित ही था। शास्त्री जी दो वर्ष की अल्पावधि के काल में विदेश नीति को एक नया आयाम देने में सफल रहे।

इंदिरा गांधी के काल की विदेश नीति

शास्त्री जी के अचानक ताशकंद में निधन के बाद जनवरी, 1966 में देश के प्रधानमंत्री पद की बागडोर श्रीमती इंदिरा गांधी के हाथों में आ गई। इंदिरा गांधी की विदेश नीति में यथार्थवाद का प्रभाव था। इंदिरा गांधी ने बांग्लादेश मुक्ति आंदोलन चलाया तथा बांग्लादेश को एक नए स्वतंत्र देश की मान्यता प्रदान की, सं. रा. अमेरिका के प्रति दृढ़ता, रूस के साथ सम्मानजनक एवं गुटनिरपेक्षता पर आधारित मैत्री-संधि, पाक की शत्रुता का मुंहतोड़ जवाब आदि के माध्यम से राष्ट्रीय हितों की रक्षा की। इसके साथ ही शिमला समझौते के माध्यम से यह भी स्पष्ट कर दिया कि भारत उपनिवेशवाद तथा साम्राज्यवाद का विरोधी है तथा पड़ोसी देशों और विश्व के अन्य देशों के साथ मित्रता का इच्छुक है। यद्यपि श्रीमती गांधी पर अमेरिका द्वारा शुरू से ही दबाव डालने की नीति अपनाई गई थी, परंतु अमेरिका श्रीमती इंदिरा गांधी पर दबाव डालकर उन्हें झुका नहीं सका। उन्होंने बांग्लादेश के संदर्भ में अमेरिकी नीति की तीव्र आलोचना तथा सोवियत संघ से संधि करके मैत्रीपूर्ण नीति का परिचय दिया। अगस्त, 1971 में सोवियत संघ के साथ गुटनिरपेक्षता के अपने दर्शन और स्वयं की निर्णय शक्ति के सम्मान की रक्षा करते हुए मैत्री संधि की गई। ध्यातव्य है कि इस संधि के अंतर्गत सोवियत संघ भारत की गुटनिरपेक्षता की नीति को स्वीकार करता है और विश्व शांति के लिए उपयोगी मानता है। इससे स्पष्ट है कि श्रीमती गांधी के कार्यकाल में भारतीय विदेश नीति के आधार मूल तत्वों में बिना किसी प्रकार का कोई परिवर्तन किए उसे राष्ट्रीय हित के लक्ष्यों की पूर्ति की दिशा में अधिक प्रभावी बनाया गया तथा उसको अधिक व्यावहारिक रूप प्रदान करने का प्रयास किया गया।

श्रीमती इंदिरा गांधी के जनवरी, 1980 से अक्टूबर, 1984 के द्वितीय प्रधान मंत्रित्व काल में भारतीय विदेश नीति और अधिक प्रभावी हुई। श्रीमती गांधी के क्रियाकलापों में महाशक्तियों और अन्य राष्ट्रों ने विभिन्न अंतर्राष्ट्रीय समस्याओं के प्रति भारतीय रुख को अच्छी प्रकार से समझा। जुलाई-अगस्त, 1982 में श्रीमती इंदिरा गांधी की यात्रा से भारत सं. रा. अमेरिका संबंधों में एक नयापन देखने को मिला तथा भारत के प्रति सं. रा. अमेरिका के रुखों में सकारात्मक बदलाव देखने को मिला। सितंबर, 1982 में सोवियत संघ की यात्रा को भारत-सोवियत मैत्री में एक और युगांतकारी घटना का नाम दिया गया। **श्रीमती इंदिरा गांधी के कार्यकाल में भारत में चीन द्वारा अपने राजदूत की नियुक्ति की गई।** ध्यातव्य है कि 1962 के चीन युद्ध के बाद चीन तथा भारत के मध्य राजनायिक एवं कूटनीतिक संबंध 1976 तक नहीं थे। अप्रैल, 1976 में चीन ने भारत में अपना राजदूत नियुक्त करने की घोषणा की तथा सितंबर, 1976 में चीनी राजदूत द्वारा अपना परिचय पत्र प्रस्तुत किया गया। इस प्रकार चीन तथा भारत में राजनयिक संबंध पुनः स्थापित हुए। मार्च, 1983 में गुटनिरपेक्ष आंदोलन का अध्यक्ष तीन वर्ष के लिए श्रीमती गांधी को चुना गया। इन्हीं के शासनकाल में भारत ने संयुक्त राष्ट्र संघ की विभिन्न संस्थाओं और निकायों का प्रतिनिधित्व किया। इसके बाद श्रीमती इंदिरा गांधी अंतर्राष्ट्रीय राजनीति के लिए एक प्रमुख नेता के रूप में उभरीं तथा विश्व नेताओं की प्रथम श्रेणी में खड़ी हुई। श्रीमती इंदिरा गांधी की आवाज को अंतर्राष्ट्रीय समुदाय में पर्याप्त स्थान मिलने लगा।

श्रीमती इंदिरा गांधी की विदेश नीति का वैचारिक पक्ष भी कम मुखर नहीं था। चाहे तीसरे विश्व का खाद्य संकट हो या पर्यावरण संरक्षण का सवाल हो या दक्षिण अफ्रीका में नस्लवाद के विरुद्ध आवाज उठाने की बात हो या निर्धन और विकासशील देशों के पक्ष का प्रश्न हो, परमाणु प्रसार पर चिंता व्यक्त करना हो अथवा उपनिवेशवाद के विरुद्ध जनमत तैयार करना हो, उनका चिंतन एकाकी नहीं था, बल्कि समग्र विश्व के लिए था। यह भारत वसुधैव कुटुम्बकम् के दर्शन के अनुकूल ही था। श्रीमती इंदिरा गांधी पड़ोसी देशों तथा परमाणु नीति के संदर्भ में उसी दिशा की ओर अग्रसर हुई। जिस पर शास्त्री कदम उठा चुके थे। यह भी सही है कि श्रीमती इंदिरा गांधी ने अपनी विदेश नीति या कूटनीति के अंतर्गत कुछ क्रांतिकारी एवं प्रगतिशील कदम उठाया परंतु मौलिक रूप से नेहरू जी की सुझायी गई गुटनिरपेक्षता की नीति को ही केंद्र में रखकर भारतीय विदेश नीति का संचालन किया। श्रीमती इंदिरा गांधी की विदेश नीति में यथार्थवादी तथा आदर्शवादी महत्वाकांक्षाओं का सम्मिश्रण देखने को मिलता है। **कई राजनीतिक समीक्षक 1971 के बांग्लादेश के मुक्ति अभियान तथा 1974 के पोखरण परमाणु परीक्षण को उनके अति यथार्थवादी सिद्धांत के रूप में भी देखते हैं।**

राजीव गांधी के काल की विदेश नीति

31 अक्टूबर, 1984 को श्रीमती इंदिरा गांधी की मृत्यु के बाद भारत की सत्ता राजीव गांधी के हाथों में आ गई। राजीव गांधी ने अपने काल में भारत की विदेश नीति को उसके परंपरागत आधारों पर कायम रखा तथा उसको और अधिक मजबूत बनाने के लिए प्रयास किया। राजीव गांधी ने एफ्रो-एशियाई देशों तथा गुटनिरपेक्ष आंदोलन में गहरी दिलचस्पी ली तथा सोवियत संघ के साथ भारत की मित्रता को एक नया आयाम देने तथा अमेरिका के साथ भारत के संबंधों को सुधारने की दिशा में काफी-प्रयास किया। राजीव गांधी ने 1988 में चीन की यात्रा करके भारत-चीन के मध्य काफी अरसे से चल रहे सीमा विवाद को आपसी विचार-विमर्श से हल करने की उम्मीद जगाई। ध्यातव्य है कि वर्तमान

में भारत और चीन के संबंधों में जो सुधार आया, उसकी नींव राजीव गांधी ने ही रखी थी। राजीव गांधी ने भारत को एक सैनिक शक्ति के रूप में प्रतिष्ठित करने की कोशिश की। 1987 में राजीव गांधी–जे. आर. जयवर्द्धने के मध्य हुआ समझौता तथा मालदीव में 1988 में तख्ता पलटने की कार्यवाही को भारत द्वारा विफल करना आदि भारत को एक सैनिक ताकत के रूप में प्रदर्शित करते हैं।

1984 से 1986 तक राजीव गांधी गुटनिरपेक्ष आंदोलन के अध्यक्ष की हैसियत से सहमति के क्षेत्रों का विस्तार करने, विवादास्पद मामलों पर विचार-विमर्श जारी रखवाने तथा विश्व समुदाय के समक्ष उपस्थित प्रमुख समस्याओं के समाधान के लिए रचनात्मक पहल करने की दिशा में निरंतर प्रयासरत रहे। यही नहीं, गुटनिरपेक्ष आंदोलन के हरारे शिखर सम्मेलन के दौरान अफ्रीकी कोष की स्थापना करवा करके तथा स्वयं उसके अध्यक्ष का कार्यभार लेकर नस्लवाद के विरुद्ध देश की परंपरागत विदेश नीति का अनुसरण किया गया। श्रीमती इंदिरा गांधी के बाद पाकिस्तान के प्रति भारतीय विदेश नीति में कोई परिवर्तन नहीं दिखाई दिया, परंतु गत्यात्मकता अवश्य देखने को मिली। 17 दिसंबर, 1985 को जनरल जिया उल हक ने भारत की यात्रा की तथा एक-दूसरे के परमाणु संयंत्रों पर आक्रमण न करने का समझौता किया। पाकिस्तान में लोकतंत्र की वापसी और बेनजीर भुट्टो के प्रधानमंत्री बनने के बाद यह लगने लगा कि भारत तथा पाकिस्तान के मध्य संबंध अब सामान्य हो जाएंगे। इसी कड़ी में 16 जुलाई, 1989 में भुट्टो के आमंत्रण पर राजीव गांधी ने पाकिस्तान की यात्रा की। ध्यातव्य है कि स्वतंत्रता प्राप्ति के बाद पहली बार किसी भारतीय प्रधानमंत्री की यह पाकिस्तान की सरकारी यात्रा थी। यद्यपि 1960 में जवाहरलाल नेहरू तथा 1988 में राजीव गांधी ने दक्षेस के शिखर सम्मेलन में भाग लेने के लिए यात्रा की थी, परंतु पाकिस्तान द्वारा आतंकवादियों को मदद देने के कारण तथा भारत के प्रति पाकिस्तान के अपवित्र दृष्टिकोण ने भारत तथा पाकिस्तान के मध्य स्थायी शांति तथा मैत्री की संभावना को क्षीण कर दिया था।

भारत द्वारा अपने पड़ोसी देशों से मधुर संबंध बनाए रखने की यथासंभव कोशिश हमेशा की जाती रही है। राजीव गांधी के शासनकाल में भी यही हुआ। राजीव गांधी ने अपने कार्यकाल में दो बार भूटान की यात्रा की। बांग्लादेश वे स्वयं गए तथा वहां के राष्ट्रपति इरशाद का अपने यहां स्वागत किया। राजीव गांधी ने मालदीव तथा नेपाल के साथ अपने संबंधों का विशेष ख्याल रखा। यद्यपि राजीव गांधी के कार्यकाल में भारत तथा नेपाल के मध्य कटुता भी उत्पन्न हो गई थी।

प्रधानमंत्री बनने के मात्र एक वर्ष के अंदर राजीव गांधी ने मिस्र, अल्जीरिया, सोवियत संघ, फ्रांस, स्विट्जरलैंड तथा अमेरिका आदि देशों की यात्रा की। इसी अवधि में उन्होंने भारत महोत्सव की श्रृंखला प्रारंभ की, जिसने चीन, ब्रिटेन, फ्रांस, जर्मनी तथा सोवियत संघ आदि देशों से अपने सांस्कृतिक संबंधों को मजबूत आधार प्रदान किया। सोवियत संघ के साथ निरंतर द्विपक्षीय संबंध मजबूत होते रहे। द्विपक्षीय संबंधों को संबल प्रदान करने के लिए 2 मई, 1985 को राजीव गांधी 6 दिन की सोवियत संघ की यात्रा पर गए तथा नवंबर, 1986 में सोवियत संघ के राष्ट्रपति मिखाइल गोर्बाचोव भारत आए।

राजीव गांधी के शासनकाल में अंतर्राष्ट्रीय स्तर पर भारत के सम्मान में वृद्धि हुई। राजीव गांधी ने विश्व में भारत के कार्यकलापों में अपनी विशिष्ट गतिशीलता एवं सहज मानवता का समावेश किया। निरस्त्रीकरण पर आयोजित संयुक्त राष्ट्र के विशेष सत्र में श्री गांधी ने विश्व शांति के प्रति अपनी प्रतिबद्धता प्रकट की तथा निरस्त्रीकरण के लिए एक समयबद्ध योजना भी प्रस्तुत की। राजीव गांधी ने विश्व अर्थव्यवस्था में विद्यमान विषमताओं को दूर करने तथा अपने साथ अच्छा व्यवहार सुनिश्चित किए जाने के लिए विकासशील देशों के मध्य बेहतर सहयोग की आवश्यकता पर बल दिया।

नरसिम्हा राव के काल में वैदेशिक नीति

नरसिम्हा राव जून, 1991 में भारत के प्रधानमंत्री बने। यह ऐसा समय था जब भारतीय अर्थव्यवस्था की स्थिति अच्छी नहीं थी। विश्व में भारत को लेकर तरह-तरह की आशंकाएं व्यक्त की जा रही थी, परंतु नरसिम्हा राव ने नई आर्थिक नीति का सूत्रपात करके भारतीय अर्थव्यवस्था को बचाया। नरसिम्हा राव ने अपनी विदेश नीति को आर्थिक तत्वों से जोड़ने का सफल प्रयास किया, परंतु इसका आशय यह भी नहीं है कि भारत अपने मौलिक सिद्धांतों से हट गया। राव काल में भी विदेश नीति में उन्हीं आधारों को प्राथमिकता प्रदान की गई अथवा उन्हीं के आधार पर विश्व के विभिन्न देशों के साथ संबंध बनाए रखने की कोशिश की गई, जो पूर्व के प्रधानमंत्रियों के कार्यकाल में थी।

गुटनिरपेक्षता का पूर्ण समर्थन, पंचशील, परमाणु निरस्त्रीकरण, पड़ोसी देशों के साथ अच्छे संबंध, पाकिस्तान के साथ विभिन्न समस्याओं का समाधान, शांतिपूर्ण परमाणु शक्ति तथा तकनीक का विकास, संयुक्त राष्ट्र संघ का समर्थन, सुरक्षा परिषद् का विस्तार एवं लोकतंत्रीकरण की मांग का समर्थन तथा तीसरे विश्व के देशों के साथ और अधिक मित्रतापूर्ण सहयोग की स्थापना तथा नव उपनिवेशवाद का विरोध, दक्षिण-दक्षिण को सहयोग, एशिया के देशों तथा मध्य एशिया के गणतंत्रों तथा एशिया और अफ्रीका के सभी छोटे-बड़े राज्यों के साथ आर्थिक सहयोग तथा व्यापार में तेजी आदि भारतीय विदेश नीति की विशेषताओं पर बल दिया जाने लगा।

नरसिम्हा राव की सरकार ऐसे समय सत्ता में आई, जब विश्व एक ध्रुवीय बन गया था। विश्व राजनीति में सं. रा. अमेरिका की एक आयामी दादागिरी बढ़ती गई, जिससे भारत भी नहीं बचा रह सका। कश्मीर और आर्थिक नीतियों के मामलों के संबंध में भारत पर अमेरिका का काफी दबाव था। सं. रा. अमेरिका ने एक ओर सुपर 301 एवं स्पेशल 301 की तलवार लटकाकर भारत को ब्लैकमैल करने की कोशिश की तो दूसरी तरफ राबिन राफेल ने 1947 में राज्यों के भारत में हुए विलय को ही चुनौती दे डाली। इस प्रकार नरसिम्हा राव के शासनकाल में विदेश नीति पर दो मामलों-कश्मीर समस्या तथा देश की अर्थव्यवस्था पर काफी अधिक दबाव रहा।

जहां तक अर्थव्यवस्था का प्रश्न है, तो नरसिम्हा राव ने देश को एक नया आर्थिक दर्शन दिया। इससे न केवल देश को घोर आर्थिक संकट से बचाया गया, बल्कि विश्व आर्थिक परिवेश में भारत अपने परंपरागत दृष्टिकोण में बदलाव करके विकास के सर्वोच्च शिखर की ओर अग्रसर हो गया। नई आर्थिक नीति का ही योगदान है कि वर्ष 2000 में भारत क्रय-शक्ति के आधार पर विश्व की चौथी महाशक्ति बन गया है। दूसरी तरफ सं. रा. अमेरिका कश्मीर मामले को द्विपक्षीय से त्रिपक्षीय बनाने में सफल नहीं हो पाया अथवा पाकिस्तान उसे भारत से तोड़कर अलग नहीं कर पाया, तो इसका श्रेय नरसिम्हा राव की उत्कृष्ट विदेश नीति को ही दिया जाना चाहिए। इससे यह निष्कर्ष निकलता है कि राव की विदेश नीति का संपूर्ण काल कश्मीर को बचाने तथा भारतीय अर्थव्यवस्था को विश्व अर्थव्यवस्था के साथ समेकित करने में लग गया।

नरसिम्हा राव के काल में भारत गुटनिरपेक्षता को प्रभावी नेतृत्व दे पाने में विफल रहा। समूह-77 को एक नई ताकत के रूप में बदल पाने में सफल न होना तथा राष्ट्रमंडल को महत्व न देना, दक्षेस में पाकिस्तान के उग्र व्यवहार के कारण अपनी रुचि को सीमित कर देने के लिए भारत दोषी नहीं सिद्ध हो जाता है। इनके कार्य आधार पर भारतीय विदेश नीति का अपने लक्ष्य से भटकना भी नहीं कहा जा सकता है। हां, यह अवश्य हुआ कि भारतीय विदेश नीति अपनी आंतरिक तथा घरेलू समस्याओं से अधिक चिपकी रही, परंतु ऐसा करना भी समय की मांग थी। पी.वी. नरसिम्हा राव ने भारतीय विदेश नीति को नए परिवेश या परिस्थितियों के अनुरूप परिभाषित करने का प्रयास किया, जिसमें नैतिकता तथा मूल्यों पर आधारित नीति पर बल न देकर राष्ट्रीय हितों की रक्षा तथा आर्थिक पहलू पर अधिक बल दिया गया।

नरसिम्हा राव के कार्यकाल में ही भारतीय विदेश नीति में व्यावहारिक बदलाव भी देखने को मिला। भारत सरकार ने पहली बार यहूदीवाद संबंधी सं. रा. अमेरिकी प्रस्ताव और बाद में लीबिया के विषय में सख्त रूख अपनाकर अरब देशों के

बारे में अपनी पुरानी परंपरागत और लचीली विदेश नीति में आए परिवर्तन के स्पष्ट संकेत दिए। इजराइल के साथ राजनयिक संबंध स्थापित करने के फैसले ने भी भारतीय विदेश नीति को एक नया आयाम दिया।

विदेश नीति में इस महत्वपूर्ण परिवर्तन का ही परिणाम था कि फिलीस्तीनी मुक्ति संगठन के अध्यक्ष यासिर अराफात और लीबिया के उपराष्ट्रपति अब्दुल सलाम जालौद ने भारत के साथ अपनी दोस्ती की बात दोहराई। 1975 के यहूदीवाद के प्रस्ताव को रद्द करने का भारत के समर्थन के बावजूद फिलीस्तीनी नेता ने न केवल भारत को बेहतरीन दोस्त बताया तथा पश्चिम एशिया शांति वार्ता में भाग लेने के लिए आमंत्रित किया, बल्कि यह भी स्पष्ट किया कि भारत द्वारा इजराइल के साथ द्विपक्षीय संबंध स्थापित करना भारत का सार्वभौमिक अधिकार है। इस प्रकार सबसे महत्वपूर्ण तथ्य यह है कि फिलीस्तीनी मुक्ति संगठन तथा उसके समर्थक अरब देश भारत के इस नीतिगत बदलाव को नए परिप्रेक्ष्य में समझने की कोशिश कर रहे हैं।

भारत द्वारा राष्ट्रीय हितों के अनुरूप सख्त रूख अपनाकर अरब देशों को भी स्पष्ट संकेत देने का प्रयास किया गया कि अब भविष्य में भारत तथा अरब देशों के बीच आपसी संबंध पारस्परिकता पर आधारित होंगे। नरसिम्हा राव के शासनकाल में अरब देशों को यह स्पष्ट संकेत दिया गया कि भारत द्वारा किसी भी ऐसे अरब देश के साथ सहयोग नहीं किया जाएगा, जो उसके हितों के प्रतिकूल काम करता है। अरब देशों को अपनी मानसिकता में परिवर्तन लाना होगा। उनको यह नहीं सोचना चाहिए कि यदि कोई अरब देश भारत का विरोध करता है, तो भी भारत उनके साथ सहयोग करेगा। यद्यपि भारत की नीति में इस प्रकार का बदलाव सं. रा. अमेरिका के साथ सुधरते संबंध के प्रकाश में देखने को मिलता है, परंतु यह शुभ संकेत है कि अरब देशों के साथ दबावरहित संबंधों की शुरुआत हो रही है। ध्यातव्य है कि इसके पूर्व भारत की अरब देशों के संबंध में विदेश नीति खनिज तेल से बंधी हुई थी। यह पहला अवसर था कि भारत की अरब नीति बंधुआपन से मुक्त हुई तथा यथार्थ के धरातल पर सृजित हुई।

देवगौड़ा तथा गुजराल काल में विदेश नीति

जून, 1996 में संयुक्त मोर्चा की सरकार केंद्र में सत्तारूढ़ हुई। यद्यपि प्रधानमंत्री पद पर एच. डी. देवगौड़ा नियुक्त किए गए परंतु विदेश नीति का संचालन विदेश मंत्री इंद्र कुमार गुजराल के हवाले कर दिया गया। बाद में आगे चलकर इंद्र कुमार गुजराल प्रधानमंत्री भी बने। ध्यातव्य है कि इंद्र कुमार गुजराल दिसंबर, 1989 से नवंबर, 1990 तक विश्वनाथ प्रताप सिंह की सरकार में भी विदेश मंत्री थे तथा इसके पूर्व कई देशों में राजदूत भी रह चुके थे। इसलिए उनको विदेश मामलों का अच्छा ज्ञान एवं अनुभव था।

इंद्र कुमार गुजराल ने देश की नाभिकीय नीति के संबंध में दृढ़ता का परिचय दिया। सभी दबावों को अस्वीकार करते हुए 1996 की व्यापक परमाणु परीक्षण निषेध संधि (सी.टी.बी.टी.) पर हस्ताक्षर करने से इंकार कर दिया गया। नवंबर, 1996 में विश्व खाद्य एवं कृषि संगठन की शिखर बैठक में रोम में भारतीय प्रधानमंत्री एच. डी. देवगौड़ा ने चीनी प्रधानमंत्री से आपसी बातचीत के समय यह आश्वासन दिया कि भारत दलाई लामा को अपने यहां किसी प्रकार की कोई चीन विरोधी गतिविधियों को संचालित नहीं करने देगा। यद्यपि विशेषज्ञों का मत है कि देवगौड़ा को उस समय यह आश्वासन देने की कोई आवश्यकता नहीं थी। 28 नवंबर, 1996 को चीन के प्रधानमंत्री जियांग जेमिन की भारत की तीन दिवसीय यात्रा पर दोनों देशों ने विश्वासजनक कार्यों के समझौते पर हस्ताक्षर किए। 1997 को भारत तथा अमेरिका के मध्य प्रत्यर्पण संधि हुई। सितंबर, 1997 में सं. रा. महासभा के अधिवेशन के समय भारतीय प्रधानमंत्री इंद्र कुमार गुजराल ने तत्कालीन अमेरिकी राष्ट्रपति बिल क्लिंटन से व्यापक बातचीत की। बातचीत में भारत-अमेरिका द्विपक्षीय सहयोग पर बल दिया गया। सं. रा. अमेरिका द्वारा पहली बार यह स्वीकार किया गया कि कश्मीर एक द्विपक्षीय मामला है तथा सं. रा. अमेरिका इस मामले में मध्यस्थता करने की कोई इच्छा नहीं रखता है। अक्टूबर, 1997 में ब्रिटेन की महारानी एलिजाबेथ 6 दिवसीय यात्रा पर भारत आई। 23 जुलाई, 1997 के जापान के विदेश मंत्री योकीहिदो इकेदा भारत आए तथा जापान ने भारत को समुद्रपारीय निवेश के लिए दूसरे सर्वाधिक महत्वपूर्ण देश के रूप में चयनित किया।

गुजराल सिद्धांत

इंद्रकुमार गुजराल ने अपने प्रधानमंत्रित्वकाल में पड़ोसियों के साथ एक उदारवादी नीति को व्यवहार में अपनाया, जिसे 'गुजराल सिद्धांत' का नाम दिया गया है। 'गुजराल सिद्धांत' इस मान्यता पर आधारित था कि दक्षिणी एशिया में सबसे बड़ा देश होने के कारण भारत का यह कर्तव्य है कि वह अपने सभी पड़ोसी देशों के साथ संबंध सुधारे, चाहे इसके लिए उसे भारी सुविधाएं क्यों न देनी पड़े अथवा असामान्य रूप से उदार होना पड़े। इस सिद्धांत के अनुसार भारत जैसे बड़े देश और पड़ोसी देशों के द्विपक्षीय संबंधों में पारस्परिकता को आधार मानना अव्यावहारिक है। इस नीति के अंतर्गत इंद्रकुमार गुजराल द्वारा भारत के लिए बदले में किसी सुविधा को प्राप्त किए बिना भारत के अनेक पड़ोसियों को उनकी द्वारा मांगी गई सुविधाएं प्रदान की। दिसंबर, 1996 में बांग्लादेश की प्रधानमंत्री शेख हसीना वाजिद भारत की यात्रा पर आई। शेख हसीना की यात्रा के समय भारत तथा बांग्लादेश के मध्य 12 दिसंबर, 1996 को गंगा जल के बंटवारे को लेकर एक समझौता हुआ। समझौते के अनुसार भारत ने गंगा में पानी की कमी की मौसम में 35,000 क्यूसेक पानी लेना स्वीकार कर लिया, जो न केवल कलकत्ता बंदरगाह की आवश्यकताओं से कम था बल्कि 1977 के भारत तथा बांग्लादेश के मध्य संपन्न समझौते में भारत को मिलने वाले जल की मात्रा से भी कम था। प्रधानमंत्री इंद्रकुमार गुजराल ने जून, 1997 में नेपाल यात्रा के समय नेपाल की उन सभी मांगों को स्वीकार कर लिया, जो काफी दिनों से भारत सरकार के विचाराधीन थी। भारतीय प्रधानमंत्री द्वारा नेपाल को नागरिक उड्डयन संबंधी सुविधाएं प्रदान की गई। इसके अतिरिक्त भारत द्वारा नेपाल को अपने प्रदेश से होकर 61 किमी. लंबे क्षेत्र में पारगमन सुविधाएं प्रदान की गई। पाकिस्तान के संबंध में भी भारत द्वारा काफी रियासतें दी गई। संक्षेप में गुजराल सिद्धांत की प्रमुख विशेषताएं निम्नवत् है–

1. श्रीलंका, बांग्लादेश, भूटान, मालदीव तथा नेपाल जैसे पड़ोसी देशों के साथ भारत द्विपक्षीय मांग नहीं करेगा तथा उनको वह सब कुछ दिया जाएगा जो न्यायसंगत तथा अच्छे विश्वास पर आधारित होगा।
2. कोई भी दक्षिण एशियाई देश अपने भू-क्षेत्र को किसी पड़ोसी देश के विरुद्ध प्रयोग नहीं करने देगा।
3. कोई भी देश किसी दूसरे देश के आंतरिक मामलों में हस्तक्षेप नहीं करेगा।
4. सभी दक्षिण एशियाई देश एक-दूसरे के भू-क्षेत्रीय अखंडता तथा प्रभुसत्ता का सम्मान करेंगे।
5. सभी देश आपसी झगड़ों का समाधान शांतिपूर्ण एवं द्विपक्षीय बातचीत से खोजेंगे।

अटल बिहारी वाजपेयी के काल में विदेश नीति

मार्च, 1998 में अटल बिहारी वाजपेयी के नेतृत्व में भाजपा गठबंधन की सरकार केंद्र में बनी। नई सरकार ने अपने शासन के लिए राष्ट्रीय कार्यक्रम घोषित किया। राष्ट्रीय कार्यक्रम में विदेश नीति के संबंध में यह घोषणा की गई थी कि भारत अपनी सुरक्षा के संबंध में कोई समझौता नहीं करेगा तथा भारतीय प्रभुसत्ता तथा भू-क्षेत्रीय अखंडता की रक्षा के लिए परमाणु विकल्प सहित सभी विकल्पों को अपनाया जाएगा। राष्ट्रीय कार्यक्रम में यह भी कहा गया था कि भारतीय परमाणु नीति का पुनर्मूल्यांकन किया जाएगा तथा परमाणु शस्त्रों को अपनाने के विकल्प को भी अपनाया जाएगा, परंतु बाद में यह स्पष्ट किया गया कि परमाणु विकल्प खुला रखा जाएगा तथा व्यापक परमाणु परीक्षण निषेध संधि (C.T.B.T.) पर हस्ताक्षर नहीं किए जाएंगे। उक्त कार्यक्रम में यह भी कहा गया कि अंतर्राष्ट्रीय संबंधों में भारत सरकार द्वारा अपने आकार तथा क्षमता के अनुकूल स्थान, भूमिका तथा स्थिति प्राप्त करने का प्रयास किया जाएगा तथा द्विपक्षीय वाद के आधार पर

सभी पड़ोसी देशों के साथ शांतिपूर्ण संबंधों की स्थापना की जाएगी। इस प्रकार राष्ट्रीय कार्यक्रम में विदेश नीति के संबंध में निम्नलिखित बातें कही गई थीं–

1. सभी देशों विशेष रूप से पड़ोसी देशों के साथ मित्रतापूर्ण संबंध स्थापित किए जाएंगे।
2. पाकिस्तान द्वारा अधिकृत कश्मीर भारत का हिस्सा है।
3. एक निश्चित समय-सारणी के आधार पर भू-मंडलीय नाभिकीय नियंत्रण।
4. यदि नाभिकीय शस्त्रयुक्त देश नाभिकीय शस्त्रों का संग्रह करना नहीं रोकते हैं, तब देश की सुरक्षा के लिए उचित कदम उठाया जाएगा।
5. सार्क और आसियान की तरह के प्रादेशिक और सभ्यताकारी समूहों को समर्थन और उनको शक्तिशाली बनाने का प्रयास किया जाएगा।

सॉफ्ट पावर डिप्लोमेसी

दूसरे देशों के साथ संबंधों को प्रगाढ़ बनाने के परंपरागत तरीकों (सैन्य बल, धन बल इत्यादि) से इतर तत्वों का सहारा लेने की कूटनीति 'सॉफ्ट पावर डिप्लोमेसी' कहलाती है, जैसे-सामाजिक-आर्थिक विकास में मदद करना। 'सॉफ्ट पावर डिप्लोमेसी' में सांस्कृतिक संबंधों, राजनीतिक दर्शन, आर्थिक सहायता एवं क्षमता निर्माण पर विशेष बल दिया जाता है।

हॉर्वर्ड विश्वविद्यालय के प्रो. जोसफ न्ये ने इस अवधारणा को प्रतिपादित किया है। लेकिन सदियों पूर्व भारत में सम्राट् अशोक महान द्वारा इस नीति को अपनाया गया था। अशोक ने कलिंग युद्ध के बाद अहिंसा का मार्ग अपनाया और अपने पुत्र-पुत्री को बौद्ध धर्म के प्रचार के लिए श्रीलंका भेजा। भारत की विदेश नीति को सॉफ्ट पावर डिप्लोमेसी कहा जा रहा है। 'सॉफ्ट पावर डिप्लोमेसी' की दिशा में भारतीय प्रयास निम्नलिखित हैं–

- भूटान में निर्माणधीन ताला एवं पुनरसांगचू जल विद्युत परियोजनाएं।
- अफगानिस्तान में क्षमता निर्माण एवं विकास कार्यक्रम में सहयोग।
- नाइजीरिया की रेल रोड परियोजना।
- एक्जिम बैंक के जरिए पड़ोसी एवं विस्तारित पड़ोसियों को सॉफ्ट लोन मुहैया कराना।
- श्रीलंका में तमिलों के पुनर्वास हेतु सहायता।
- मध्य एशिया एवं अफ्रीका में मानव संसाधन विकास हेतु शिक्षण प्रशिक्षण संस्थाओं की स्थापना।
- टेली मेडिसिन के जरिए पिछड़े देशों में चिकित्सा सुविधा मुहैया कराना।

वाजपेयी की सरकार ने सभी देशों के साथ मित्रतापूर्ण संबंध बनाने तथा विश्व शांति के लिए प्रयत्नशील रहने की परंपरागत भारतीय नीति को यथावत् जारी रखने की घोषणा की, परंतु भारत की परमाणु नाभिकीय नीति के असमंजस को समाप्त कर दिया। भारत ने 11 मई तथा 13 मई, 1998 को 5 परमाणु परीक्षण करके अपनी दृढ़ता का परिचय दिया। भारत द्वारा परमाणु परीक्षण करके अपनी परमाणु नीति को स्पष्ट कर दिया गया कि वह अपनी सुरक्षा के लिए कुछ भी कर सकता है। भारत के इस कदम से विश्व में प्रतिक्रिया होना स्वाभाविक था। भारत पर सं. रा. अमेरिका सहित अनेक देशों ने आर्थिक प्रतिबंध लगा दिए, जिसका भारत ने सफलतापूर्वक सामना किया। भारतीय विदेश मंत्री जसवंत सिंह ने विश्व के अनेक देशों की यात्रा की तथा विश्व के सामने भारतीय पक्ष को रखा। जसवंत सिंह भारतीय पक्ष को विश्व के सामने प्रभावशाली ढंग से रखने में सफल रहे तथा विश्व के अनेक देशों ने भारत पर लगाए गए प्रतिबंधों को सीमित करना शुरू कर दिया। यहां तक कि अमेरिका ने भी भारत के परमाणु परीक्षण को उसकी सुरक्षा के संबंध में देखना शुरू किया। यह भारत की सशक्त विदेश नीति का परिचायक है।

मई, 1999 में शुरू हुए कारगिल युद्ध के समय भारतीय विदेश नीति काफी सफल रही। भारतीय विदेश मंत्री ने पूरे विश्व को प्रभावशाली तरीके से भारतीय पक्ष से अवगत कराया। कारगिल प्रकरण में सं. रा. अमेरिका, जापान, ब्रिटेन, फ्रांस, जर्मनी सहित सभी देशों ने भारतीय दृष्टिकोण के प्रति समर्थन व्यक्त किया तथा कारगिल युद्ध के लिए पाकिस्तान को जिम्मेदार बताया।

कारगिल युद्ध के समय भारतीय विदेश नीति अपने उच्चतम शिखर पर थी। ध्यातव्य है कि तत्कालीन भारतीय प्रधानमंत्री अटलबिहारी वाजपेयी ने पाकिस्तान के साथ संबंधों को सुधारने के लिए जनवरी, 1999 में लाहौर बस यात्रा की थी।

अटल बिहारी वाजपेयी ने अपने पड़ोसी देशों के साथ मधुर संबंध बनाने के लिए पहल की और इसका परिणाम भी अच्छा रहा। पाकिस्तान को छोड़कर शेष सभी पड़ोसी देशों के साथ संबंधों में सुधार हुआ। अगस्त, 1998 में वाजपेयी ने नामीबिया सहित अनेक अफ्रीकी देशों तथा खाड़ी के देशों की यात्रा की। सितंबर, 1998 के डरबन गुटनिरपेक्ष शिखर सम्मेलन में दक्षिण अफ्रीका के राष्ट्रपति नेल्सन मंडेला द्वारा कश्मीर का उल्लेख किए जाने से दोनों देशों के संबंधों में कटुता उत्पन्न हो गई, परंतु उक्त शिखर सम्मेलन में भारत का यह प्रस्ताव स्वीकार कर लिया गया कि सामूहिक विनाश के शस्त्रों के पूर्ण उन्मूलन की दिशा में कार्य करने के लिए 1999 में एक अंतर्राष्ट्रीय सम्मेलन बुलाया जाए।

अक्टूबर, 1999 में अटल बिहारी वाजपेयी के नेतृत्व में भाजपा गठबंधन की पुन: सरकार सत्तारूढ़ हुई। ध्यातव्य है कि अप्रैल 1999 में विश्वास मत न प्राप्त कर सकने के कारण वाजपेयी सरकार अल्पमत में आ गई और उसे त्यागपत्र देना पड़ा था, परंतु कार्यवाहक सरकार के रूप में वह आसीन रही। वाजपेयी के द्वितीय काल में विदेश नीति और प्रखर हुई। अमेरिका के राष्ट्रपति बिल क्लिंटन भारत की 5 दिवसीय यात्रा पर आए। राष्ट्रपति क्लिंटन तथा भारतीय प्रधानमंत्री द्वारा एक दृष्टि कथ्य (Vision Statement) जारी किया गया, जिसमें नई शताब्दी के नवप्रभात में दोनों देशों के मध्य नए संबंधों की स्थापना पर बल दिया गया। अमेरिकी राष्ट्रपति क्लिंटन ने अपनी भारत यात्रा के दौरान कश्मीर के मामले में भारतीय दृष्टिकोण का पूर्णरूपेण समर्थन किया तथा पाकिस्तान को कश्मीर की नियंत्रण रेखा का सम्मान करने की सलाह दी। यह इस बात का परिचायक है कि भारतीय दृष्टिकोण या भारतीय कूटनीति को अब एक नया आयाम मिल रहा है।

डॉ. मनमोहन सिंह के कार्यकाल में भारत की विदेश नीति

डॉ. मनमोहन सिंह के कार्यकाल में भारतीय विदेश नीति को पं. नेहरू के द्वारा बनाए गए सिद्धांतों का अनुपालन करते हुए उसे यथार्थवाद की ओर ले जाने का सफल प्रयास किया गया। विदेश नीति के मोर्चे पर डॉ. मनमोहन सिंह की सरकार के कार्यकाल में स्थायित्व और निरंतरता का दर्शन होता है। विशेषत: पाकिस्तान और चीन जैसे देशों के साथ संबंधों को बेहतर बनाने में और उसे नए स्तर तक ले जाने की पहली वाली नीति को आगे बढ़ाया गया और इस प्रक्रिया को शांतिवार्ता तथा विभिन्न मंचों पर आपसी साझेदारी के माध्यम से आगे बढ़ाने का प्रयास किया गया। डॉ. मनमोहन सिंह के 10 वर्षों के कार्यकाल (मई 2004 से मई 2014) में भारत की विदेश नीति में यथार्थवाद देखने को मिला और पूरब की ओर देखो, लुक वेस्ट पॉलिसी, कनेक्ट सेंट्रल एशिया पॉलिसी, और कृष्णा डॉक्ट्रिन का उद्भव हुआ। डॉ. मनमोहन सिंह के कार्यकाल के दौरान भारत-आसियान, भारत-जापान, भारत और यूरोपीय संघ तथा संयुक्त राज्य अमेरिका के साथ परमाणु समझौता करके संबंधों को नई दिशा देने का सफल प्रयास किया गया। यही नहीं, सुरक्षा परिषद् में सदस्यता के लिए भारत द्वारा सतत् रूप से निरंतर प्रयास किया गया। डॉ. मनमोहन सिंह के कार्यकाल में भारत की विदेशी नीति अर्थनीति पर आधारित रही, परंतु इसके साथ-साथ अपने राजनय पक्ष पर भी ध्यान देते रहे। डॉ. मनमोहन सिंह के कार्यकाल में भारतीय विदेशी नीति की प्रमुख उपलब्धियों को निम्न रूपों में देखा जा सकता है–भारत-आसियान शिखर बैठक 2004 में प्रधानमंत्री मनमोहन सिंह ने एशियाई आर्थिक विकास समूह के गठन का प्रस्ताव किया। इसी की चतुर्थ शिखर बैठक 13 दिसंबर, 2005 को संपन्न हुई। मनमोहन सिंह ने दक्षिण-पूर्व एशिया में विद्यार्थियों, उद्यमियों एवं

प्रशासनिकों में कम्युनिकेशन स्किल के विकास हेतु अभियान के अंतर्गत चार देशों में स्थायी अंग्रेजी शिक्षा केंद्रों की स्थापना हेतु स्वीकृति प्रदान की। अपने दूसरे कार्यकाल के दौरान 29–30 अक्टूबर, 2010 को प्रधानमंत्री मनमोहन सिंह ने वियतनाम की यात्रा की, जहां 10 सदस्यीय अभियान के साथ शिखर बैठक में दोनों पक्षों में गुड्स ट्रेन समझौते पर विचार हुआ जो जनवरी, 2010 से लागू हुआ। इसी प्रकार आसियान के साथ भारत के संबंधों को रेखांकित करते हुए डॉ. मनमोहन सिंह ने 2012–15 के लिए भारत-आसियान के '82 सूत्रीय प्लान ऑफ एक्शन' के तहत पारस्परिक सहयोग की अनेक परियोजनाएं प्रस्तावित कीं।

भारत समेत ग्रुप-4 के सदस्य देशों ने जून 2005 में संयुक्त राष्ट्र सुरक्षा परिषद् में स्थायी सदस्यता के लिए दावा प्रस्तुत किया। इस प्रस्ताव में 15 वर्ष तक वीटो के अधिकार का उपयोग न करने की बात कही तथा सुरक्षा परिषद् के 6 स्थायी तथा 4 अस्थायी सदस्य और बनाने का प्रस्ताव किया।

भारत-पाक संबंध

अप्रैल 2005 में पाकिस्तान के राष्ट्रपति ने भारत की तीन दिवसीय यात्रा की। दोनों नेताओं ने वचनबद्धता जताई कि कश्मीर मुद्दा हल होने तक वे आपसी विश्वास बहाली के उपायों से सॉफ्ट बॉर्डर की दिशा में कदम बढ़ाएंगे। इसमें श्रीनगर-मुजफ्फराबाद बस सेवा के फेरे बढ़ाने और व्यापार को बढ़ावा देने के लिए ट्रकों की आवाजाही पर प्रतिबंध हटाने की बात कही गई। नियंत्रण रेखा पर मीटिंग पॉइंट, व्यापार, तीर्थयात्रियों और सांस्कृतिक आदान-प्रदान जैसे मुद्दों पर भी बात हुई। जनवरी 2006 को अमृतसर-लाहौर बस सेवा, मार्च 2006 को अमृतसर-ननकाना साहब बस सेवा प्रारंभ करके भारत-पाक सीमा का छठा मार्ग खोला गया। अटारी-लाहौर समझौता एक्सप्रेस के बाद था एक्सप्रेस का परिचालन 18 फरवरी, 2006 को हुआ।

भारत-चीन संबंध

चीन के प्रधानमंत्री वेन जियाबाओ ने अप्रैल, 2005 में भारत की यात्रा की। इस यात्रा के दौरान दोनों देशों के बीच कई समझौते हुए और आपसी विश्वास बहाली के कदमों पर सहमति बनी। चीन में भारतीय शैली का बौद्ध मंदिर बनाने और दोनों देशों के विश्वविद्यालयों तथा सिने जगत के बीच आदान-प्रदान बढ़ाने पर सहमति बनी। दोनों देशों के बीच व्यापार के लिए बाजार खोलने तथा कृषि व्यापार को बढ़ाने पर भी समझौते हुए।

भारत-रूस संबंध

प्रधानमंत्री मनमोहन सिंह द्वितीय विश्वयुद्ध में नाजी जर्मनी पर गठबंधन शक्तियों के जीत की 69वीं वर्षगांठ समारोह में शामिल होने के लिए 8 मई, 2005 को मॉस्को पहुंचे। इस दौरान रूस के राष्ट्रपति पुतिन ने भारत के तारापुर संयंत्र और नए परमाणु संयंत्रों के लिए परमाणु ईंधन की आपूर्ति पर सहमति जताई।

भारत-अमेरिका संबंध

प्रधानमंत्री जुलाई 2005 में अमेरिका की यात्रा पर रहे। इस दौरान हुए समझौते के अनुसार अमेरिका भारत को परमाणु ऊर्जा और उच्च प्रौद्योगिकी आपूर्ति पर लगे प्रतिबंधों को हटाने के लिए सहमत हुआ। रक्षा संबंधों को नया आयाम प्रदान करते हुए भारत और अमेरिका ने 'न्यू फ्रेमवर्क फॉर द यूएस-इंडिया डिफेंस रिलेशनशिप' शीर्षक वाले समझौते पर हस्ताक्षर किए। मार्च 2006 में राष्ट्रपति बुश ने भारत की यात्रा की। इस यात्रा के दौरान भारत को 'नाभिकीय आपूर्ति समूह' के सहयोग पर चर्चा हुई। मार्च 2006 में भारत-अमेरिका परमाणु समझौता, जिसे राष्ट्रपति बुश के हस्ताक्षर के बाद लागू किया गया। इसे ही अब एक 'आवश्यक समझौता-123' समझौते के नाम से जाना जाता है।

सार्क देशों के साथ भारत के संबंध

सार्क के 13वें शिखर सम्मेलन 2006 में आतंकवाद के विरुद्ध संघर्ष, क्षेत्रीय आर्थिक सहयोग 'गरीबी उन्मूलन ऊर्जा' सुरक्षा आदि मुद्दे छाए रहे। सार्क का 14वां शिखर सम्मेलन 2007 में दिल्ली में संपन्न हुआ। इसमें भारत की ओर से अल्पविकसित देशों के लिए शुल्क मुक्त व्यवस्था की घोषणा की गई।

सार्क के 15वें शिखर सम्मेलन (अगस्त 2008) में पहली बार भारत की पहल पर अफगानिस्तान एवं श्रीलंका जैसे देशों ने खुलेआम आतंकवाद का मुद्दा उठाया। थिम्पू (भूटान) में संपन्न सार्क के 16वें अधिवेशन (अप्रैल 2010) में प्रधानमंत्री ने सार्क क्षेत्र में लोगों की स्वतंत्र आवाजाही, वस्तुओं एवं सेवाओं के व्यापार आदि पर निर्णय लिए। नवंबर 2011 में सार्क का 17वां शिखर सम्मेलन मालदीव में संपन्न हुआ। इसमें क्षेत्रीय सहयोग पर चार समझौते संपन्न हुए। इनमें बीज बैंक और प्राकृतिक आपदाओं से निपटना प्रमुख है। इस सम्मेलन में मनमोहन सिंह ने अपने पाकिस्तानी समकक्ष सैयद यूसुफ रजा गिलानी को 'शांति पुरुष' करार देते हुए कहा कि भारत-पाक रिश्तों के इतिहास में एक नया इतिहास जुड़ने वाला है।

विश्व व्यापार को और उदार बनाने के लिए **हांगकांग सम्मेलन** में भारत और अन्य विकासशील देशों की मोर्चाबंदी कामयाब रही। विकसित देशों को पहली बार अपने यहां कृषि क्षेत्र में दी जाने वाली सब्सिडी 2013 तक समाप्त करने का वादा करना पड़ा।

जुलाई 2009 में 'नाम' का 15वां शिखर सम्मेलन शर्म-अल-शेख (मिस्र) में आयोजित किया गया। मुंबई के आतंकवादी हमलों से उत्पन्न कड़वाहट के बावजूद 2006 के गुटनिरपेक्ष के हवाना शिखर सम्मेलन के दौरान द्विपक्षीय वार्ता एवं संयुक्त विज्ञप्ति जारी करने की चेष्टा या प्रवृत्ति देखी गई, जिसका दोनों देशों में स्वागत किया गया। मुंबई आतंकवादी हमले की पीड़ा झेलने के बावजूद भारत ने आतंकवाद के प्रति अपने स्पष्ट दृष्टिकोण को सदैव अपने प्रतिपक्षी देश को संप्रेषित करने की चेष्टा की है। हालांकि पाकिस्तानी प्रधानमंत्री ने भारतीय प्रधानमंत्री को आशस्त किया कि उनका देश मुंबई कांड के दोषियों को अवश्य दण्डित करेगा।

इसके अतिरिक्त मई 2009–14 के दौरान अफगानिस्तान के पुनर्निर्माण में भारत का सहयोग व योगदान सुदृढ़ हुआ। भारत ने श्रीलंका में तमिल अल्पसंख्यकों के पुनर्वास तथा देश के युद्धपीड़ित क्षेत्रों के दीर्घकालिक पुनर्निर्माण के लिए 500 करोड़ रुपए की सहायता देने का प्रस्ताव किया था। इसके अतिरिक्त शंघाई सहयोग संगठन आसियान, इब्सा, G-4 और G-20 आदि विभिन्न मंचों से मनमोहन सरकार ने अपनी विदेश नीति को कार्यान्वित करने का प्रयास किया। इसमें आर्थिक, वैज्ञानिक, पर्यावरणीय तथा द्विपक्षीय समझौते पर विचार-विमर्श सम्मिलित हैं। इस प्रकार हम देखते हैं कि मनमोहन सरकार ने अपने 10 साल के कार्यकाल में विदेश नीति को निरंतरता देने के साथ-साथ एक नया आयाम देने का प्रयास किया है।

लुक वेस्ट पॉलिसी

खाड़ी देशों और पश्चिमी एशिया के देशों के साथ कूटनीतिक संबंधों पर आधारित 'लुक वेस्ट पॉलिसी' का उद्भव 1990 के दशक में हुआ, जिसका मुख्य आधार आंतरिक सुरक्षा, ऊर्जा सुरक्षा एवं खाड़ी देशों में भारतीय श्रमिकों के हितों और उनकी सुरक्षा सुनिश्चित करना है। लुक वेस्ट पॉलिसी की औपचारिक शुरुआत 2005 में यूपीए सरकार के दौरान हुई। इस नीति के अंतर्गत तत्कालीन प्रधानमंत्री डॉ. मनमोहन सिंह ने 2008 में ओमान, कतर तथा 2010 में सऊदी अरब की यात्रा की। भारत फिलिस्तीन के मुद्दे पर मुखर रहा है। उल्लेखनीय है कि कुछ वर्ष पहले संयुक्त राष्ट्र संघ की महासभा द्वारा फिलिस्तीन को पूर्ण भागीदार देश का दर्जा दिए जाने का भारत ने समर्थन किया। कश्मीर मुद्दे पर इस्लामिक सहयोग संगठन द्वारा पाकिस्तान का समर्थन किया जाना इस नीति की विफलता माना जाता है।

वर्तमान में भारत सरकार अपनी लुक वेस्ट पॉलिसी के अंतर्गत इजराइल जैसे देशों के साथ संबंधों को बढ़ावा दे रही है, तो दूसरी तरफ वह खाड़ी देशों के

साथ भी संबंधों को मजबूत बनाकर संतुलन की राजनीति अपना रही है। इसी अनुक्रम में भारतीय प्रधानमंत्री नरेन्द्र मोदी की सं. अरब अमीरात और सऊदी अरब जैसे खाड़ी के देशों की यात्रा के साथ ही इजराइल की भी यात्रा करके एक संदेश दिया गया कि भारत अपने राष्ट्रीय हितों की रक्षा के लिए संबंध स्थापित करने का पक्षधर है।

कनेक्ट सेंट्रल एशिया पॉलिसी

सोवियत संघ के विभाजन के बाद उससे अलग हुए देशों के संदर्भ में भारत द्वारा 'कनेक्ट सेंट्रल एशिया पॉलिसी' की नीति को अपनाने पर चिंतन-मनन किया गया। उल्लेखनीय है कि भारत का सोवियत संघ के साथ प्रगाढ़ संबंध रहा है। सोवियत संघ के विघटन के बाद नवोदित देशों के साथ अपने संबंधों को मजबूत बनाने के लिए भारत ने 'कनेक्ट सेंट्रल एशिया पॉलिसी' की शुरुआत 2012 में की थी। यह नीति समावेशी संबंधों की पोषक है। इस नीति में पीपुल्स टू पीपुल्स संबंधों के साथ चार-सी पर ध्यान दिया गया-संचार (कनेक्टिविटी), संस्कृति (कल्चर), दूतावास (कंसलेशन) और वाणिज्य (कॉमर्स) भारत अपनी इस नीति के अंतर्गत मध्य एशिया के पांच देशों-कजाकिस्तान, किर्गिस्तान, ताजिकिस्तान, तुर्कमेनिस्तान और उज्बेकिस्तान से सीधी उड्डयन सेवा शुरू की, जिससे पर्यटन, व्यापार और व्यवसाय को बढ़ावा मिलेगा।

2012 में प्रथम भारत मध्य एशिया वार्ता का आयोजन किया गया, जिसके माध्यम से पारस्परिक संबंध मधुर बनाने पर बल दिया गया। मध्य एशिया के देशों के साथ भारत प्राकृतिक संसाधनों और ऊर्जा के क्षेत्र में लंबी भागीदारी के उद्देश्य से उत्तर-दक्षिण अंतर्राष्ट्रीय यातायात गलियारा विकसित कर रहा है। यही नहीं भारत ने मध्य एशिया में शिक्षा के विकास को बढ़ावा देने के लिए किर्गिस्तान के बिश्केक में सेंट्रल एशिया विश्वविद्यालय की स्थापना भी की।

भारत और मध्य एशिया के बीच मध्य काल में भी संबंध रहे हैं और वर्तमान में भारत ने अपनी ऊर्जा सुरक्षा कूटनीति के अंतर्गत मध्य एशिया के देशों के साथ संबंध मजबूत बनाकर न केवल अपना विकास सुनिश्चित करना चाहता है, बल्कि मध्य एशिया के साथ कूटनीतिक संबंधों को प्रभावी बनाकर चीन को संतुलित करने की भी नीति अपनाई हुई है।

कृष्णा डॉक्ट्रिन

'कृष्णा डॉक्ट्रिन' का उद्भव यूपीए सरकार के दौरान वर्ष 2006 में हुआ। इसको प्रतिपादित करने का श्रेय तत्कालीन विदेश मंत्री एस.एम. कृष्णा को दिया जाता है। इस नीति में अप्रवासी भारतीयों पर विशेष ध्यान केंद्रित करने पर बल दिया गया है। अप्रवासी भारतीयों के हितों की रक्षा करना और उनकी समस्याओं को कूटनीतिक तरीके से शीघ्र हल करना 'कृष्णा डॉक्ट्रिन' का मूल उद्देश्य है। उल्लेखनीय है कि भारतीय अप्रवासी विदेशों में अच्छी स्थिति में है और उनसे भारत को हार्ड करेंसी मिलती है।

'कृष्णा डॉक्ट्रिन' का ही यह परिणाम रहा है कि संयुक्त राज्य अमेरिका के साथ परमाणु समझौते संपन्न कराने में अप्रवासी भारतीय ने जबरदस्त लॉबिंग की और उसे पारित करवाने में अपनी भूमिका निभाई। कृष्णा डॉक्ट्रिन के अंतर्गत ही खाड़ी देशों में रह रहे भारतीय श्रमिकों की सुरक्षा के लिए महात्मा गांधी प्रवासी योजना शुरू की गई है।

मोदी काल में भारत की विदेश नीति

भारत के 16वें आम चुनाव में कांग्रेस पार्टी की हार से नई दिल्ली में उस बदलाव को लेकर महत्वपूर्ण बहस छिड़ गई, जिस बदलाव का असर भारत की विदेश नीति पर जबरदस्त रूप से पड़ेगा। प्रारंभ से ही इस बात के कयास लगने शुरू हो गए हैं कि आखिरकार एक हिंदू राष्ट्रवादी पार्टी सरकार में आती है, तो विदेश नीति पर क्या प्रभाव पड़ता है?

26 मई, 2014 को प्रधानमंत्री के शपथ ग्रहण समारोह में दक्षेस के राष्ट्राध्यक्षों को आमंत्रित किया गया। इस निमंत्रण से एक संकेत स्पष्ट रूप से गया कि भारत की नई सरकार 'सबसे पहले पड़ोस अर्थात् दक्षिण एशिया में अपने पड़ोसियों के साथ संबंधों एवं क्षेत्र की अखंडता को अधिक महत्व देती है। अपने कार्यकाल के प्रथम वर्ष के दौरान प्रधानमंत्री की विदेश यात्राओं में भूटान, नेपाल, श्रीलंका, बांग्लादेश व चीन को चुनना इस बात की पुष्टि प्रदान करता है। प्रधानमंत्री बनने के दिन से ही उन्होंने अपने छोटे पड़ोसियों को यह भरोसा दिलाया कि भारत उनके साथ किसी 'बिग-ब्रदर' की भूमिका में नहीं होगा, बल्कि वह समानता के आधार पर मैत्री धर्म निभाएगा।

प्रधानमंत्री नरेंद्र मोदी के कुशल नेतृत्व में एनडीए सरकार धीरे-धीरे भारत की विदेश नीति की तस्वीर पर आकृष्ट करने वाले स्मरणीय प्रभाव डाल रही है। भारत के प्रधानमंत्री कार्यालय और विदेश मंत्रालय के कार्य करने के तरीके में एक बदलाव आया है। स्पष्ट और निर्णायक राजनैतिक जनादेश के कारण केंद्र सरकार उन सीमाओं में नहीं बंधी है, जिन्हें क्षेत्रीय पार्टियां भारत के विदेश नीति संचालन में खड़ा करती है। ये सीमाएं कई बार राष्ट्रीय हितों के आड़े आ जाती हैं। अधिकांश जानकार पहले से कहते रहे हैं कि प्रधानमंत्री मोदी की विदेश नीति पिछली यूपीए-2 सरकार की ही नीति का विस्तार है। लेकिन यह ध्यान देने वाली बात है कि, यद्यपि वास्तविकता में, भारत की विदेश नीति स्थायी रही है। प्रधानमंत्री 'समावेशी विकास' का जो मंत्र घरेलू मोर्चे पर इस्तेमाल कर रहे हैं, उसी को अंतर्राष्ट्रीय मोर्चे पर भी इस्तेमाल कर रहे हैं। आज भारत के प्रधानमंत्री एक ऐसे गर्मजोशी भरे नेता की अंतर्राष्ट्रीय छवि बना रहे हैं, जो विश्व के साथ आर्थिक कूटनीति और संबद्धता का अटल समर्थक है। कुल मिलाकर प्रधानमंत्री ने महज नैतिक आदर्शवाद के बजाय विवेकपूर्ण व व्यावहारिक ढंग से राष्ट्रीय हित को ध्यान में रखते हुए विश्व पर ध्यान केंद्रित किया है।

विश्व स्तर पर प्रधानमंत्री मोदी की कूटनीतिक शुरुआत जापान यात्रा से आरंभ हुई। वहीं से सही अर्थों में उन्होंने 'कम-मेक इन इंडिया' की शुरुआत की अर्थात् अर्थनीति के जरिए कूटनीति। उन्होंने विदेशी निवेशकों को रेलवे प्रोजेक्ट्स में 100% की छूट देने का निर्णय किया, जिससे बुलेट ट्रेन की महत्वाकांक्षी परियोजना को बल मिल सके। ऐसा माना जा रहा था कि पिछले कुछ वर्षों में भारत की विदेश नीति दो पड़ोसियों पाकिस्तान और चीन के ही इर्द-गिर्द घूम रही थी। विगत 10 वर्षों का अनुभव बताता है कि पूर्व प्रधानमंत्री मनमोहन सिंह दुनिया में होने वाले बदलावों और वहां उभरने वाली चुनौतियों को जानने या समझने के बजाए चीन और पाकिस्तान पर ही केंद्रित रहे। यह भी माना जाता है कि वे अपने वैदेशिक निर्णयों के लिए काफी हद तक अमेरिका की ओर देखते रहे। **मोदी काल की विदेश नीति में प्रमुख बदलावों को हम निम्न बिंदुओं के अंतर्गत देख सकते हैं–**

- अमेरिका के साथ भारत के रिश्तों को नया आधार देने की कोशिश की गई। 26 जनवरी, 2015 को गणतंत्र दिवस के अवसर पर अमेरिका के राष्ट्रपति बराक ओबामा को मुख्य अतिथि के रूप में बुलाकर भारत ने नई शुरुआत की पहल की है।
- प्रधानमंत्री मोदी की UAE की यात्रा भी काफी सफल मानी जा सकती है। 34 वर्ष बाद UAE की यात्रा पर जाने वाले मोदी पहले प्रधानमंत्री हैं। वर्तमान में मोदी सरकार 'लुक ईस्ट पॉलिसी' की बजाए 'ऐक्ट ईस्ट पॉलिसी' पर ज्यादा जोर दे रही है।
- मध्य, दक्षिण और पूर्वी एशिया में संपर्क को भारत-अमेरिका की नीति चीन के 'वन वेल्ट, वन रोड, हब एंड स्पोक' का उत्तर है। एशिया प्रशांत क्षेत्र में शांति सुरक्षा बनाए रखने पर जोर दिया गया और समुद्री आवागमन, विशेषकर दक्षिण सागर की स्वतंत्रता पर विशेष जोर दिया गया।
- प्रधानमंत्री का चीन में 14–16 जून, 2015 तक का जिआन, बीजिंग और शंघाई का दौरा कई मामलों में महत्वपूर्ण रहा है। चीन के साथ कुछ मुद्दे

जैसे–अरुणाचल प्रदेश और जम्मू कश्मीर के नागरिकों को अलग वीज़ा देना, भारतीय भू-भाग में चीनी सेना की घुसपैठ और कश्मीर के विवादित क्षेत्र में चीन-पाकिस्तान का विशिष्ट आर्थिक कॉरिडोर प्रमुख हैं।

- 10 जून, 2015 को आयोजित चीन-भारत इंडस्ट्रियल को-ऑपरेशन सेमिनार में चीन ने मेड इन चीन 2025 अभियान की शुरुआत की है, जो कई मायनों में मेड इन इंडिया के समकक्ष है।
- भारत और चीन अंतर्राष्ट्रीय संगठनों, जैसे–संयुक्त राष्ट्र संघ, ब्रिक्स (BRICS), G-20 और सुरक्षा परिषद् में भी एक-दूसरे के सहयोग व समर्थन में तेजी लाएंगे।
- भारत-रूस 'मेक इन इंडिया' कार्यक्रम को पूरा करने के लिए भारत में रूसी प्रौद्योगिकी से बने MI-17 कामोव K-226 हेलिकॉप्टर के संयुक्त उत्पादन पर सहमति के साथ-ही-साथ इस बात पर भी सहमत हुए कि हल्के परिवहन विमान के उत्पादन संबंधी परियोजनाओं पर तेजी लाई जाए। इसके साथ ही भारत-रूस सहयोग से देश में 12 परमाणु संयंत्र स्थापित करने पर सहमति बनी है।
- भारत-फ्रांस परस्पर सहयोग के माध्यम से जयपुर तथा महाराष्ट्र में परमाणु परियोजना समेत रक्षा और सुरक्षा जैसे कई महत्वपूर्ण मुद्दों पर सहमति के लिए प्रयासरत हैं। दोनों देशों के बीच अंतरिक्ष के क्षेत्र में सहयोग पर चर्चा हुई। भारत-फ्रांस मेघा ट्रॉपिक्स उपग्रह से दो साल के आकड़ों से विस्तार देने के लिए एक समझौता ज्ञापन पर इसरो और फ्रांसीसी राष्ट्रीय केंद्र के बीच समझौता हुआ।
- प्रधानमंत्री नरेंद्र मोदी की जुलाई 2015 की रूस और पांच मध्य एशियाई देशों की यात्रा से क्षेत्र में रणनीतिक और आर्थिक संबंधों को मजबूत करने में मदद मिलेगी। प्रधानमंत्री ने अपनी इस यात्रा के दौरान अस्ताना में भारत-कजाखस्तान व्यापार बैठक को सम्बोधित किया। इसके माध्यम से तकनीकी सहयोग रेलवे क्षेत्र, प्राकृतिक यूरेनियम आदि के क्षेत्र में 5 समझौते हुए। इस यात्रा के दौरान प्रधानमंत्री ने ब्रिक्स और शंघाई सहयोग संगठन के शिखर सम्मेलनों में भाग लिया।
- 12–14 नवंबर, 2015 को प्रधानमंत्री ब्रिटेन की यात्रा पर रहे। यहां पर भारत-ब्रिटेन के बीच ऊर्जा, मनोरंजन, मेक इन इंडिया, डिजिटल इंडिया आदि समझौतों पर दोनों पक्षों ने हस्ताक्षर किए।
- 26 जनवरी, 2016 को फ्रांस के राष्ट्रपति फ्रांस्वा होलांद गणतंत्र दिवस समारोह के मुख्य अतिथि रहे और 25 जनवरी को भारत-फ्रांस के बीच 36 फ्रांसीसी लड़ाकू विमान राफेल पर समझौता हुआ।
- 28–29 सितंबर, 2016 की रात को मोदी के नेतृत्व में आतंकी ठिकानों को नष्ट करने के लिए नियंत्रण रेखा के पार भारतीय फौज द्वारा साहसिक 'सर्जिकल स्ट्राइक' का विकल्प चुना गया। भारत ने पाकिस्तान के साथ राजनीतिक उदासीनता की नीति को अलविदा कहते हुए आक्रामकता की नीति की शुरुआत की। इसी कड़ी में चीन के साथ 'डोकलाम विवाद' को भी भारत की विदेश नीति की बदलती तस्वीर के रूप में देखा जा सकता है।

13 फरवरी 2019 को पुलवामा हमले के बाद भारत की विदेश नीति में और अधिक आक्रमकता आ गई है। इस घटना के बाद भारत सरकार ने एअर स्ट्राइक करते हुए पाकिस्तान में आंतकी शिविरों को नष्ट किया तथा अपने इस कदम से वैश्विक समुदाय का अवगत कराया। फलत: वैश्विक समुदाय द्वारा भारत का खुलकर समर्थन किया जाना हमारी विदेश नीति की सफलता का परिचालक है।

5 अगस्त, 2019 को अनुच्छेद-370 हटाए जाने के बाद जिस प्रकार भारतीय कूटनीति को सफलता मिली, उससे भारत ने न केवल अपने पक्ष में समर्थन प्राप्त किया बल्कि पाकिस्तान को पूरी तरह अलग-थलग करके अपनी सफलता का परचंम फहराया।

भारत ने अपनी विदेश नीति में संतुलन, पारस्परिक निर्भरता, आक्रमकता, सौभ्यता, न्याय, जवाबदेही जैसी कारकों सम्मिलित करके वैश्विक समुदाय को एक नया संदेश दिया है।

इस प्रकार यह देखा जा सकता है कि प्रधानमंत्री मोदी ने दुनिया में भारत का दबदबा कायम करने के लिए आक्रामक विदेश नीति का सहारा लिया है। उन्होंने भारत के विदेश नीति संबंधी पुरातन विचारों को बदला है, जो कभी एक लड़खड़ाता हुआ देश था, आज उभरती हुई वैश्विक ताकत के रूप में तब्दील हो चुका है और यह प्रक्रिया निरंतर जारी है। **मोदी सरकार की अन्य उपलब्धियों को निम्न बिंदुओं के अंतर्गत देखा जा सकता है–**

- संविधान के 100वें संशोधन के माध्यम से भारत-बांग्लादेश सीमा विवाद का निपटारा। इससे दोनों देशों के बीच न सिर्फ 4056 किमी. सीमा का मामला हल हुआ, बल्कि लगभग 50,000 लोगों को नई पहचान भी मिली।
- 'लुक ईस्ट' की जगह 'ऐक्ट ईस्ट पॉलिसी' को अपनाना, क्योंकि अब समय सिर्फ देखने का नहीं, बल्कि कुछ करने का है। 'ऐक्ट ईस्ट' नीति को विदेश मंत्री सुषमा स्वराज के उन शब्दों में देखा जा सकता है, जो उन्होंने भारत की विस्तारवादी कूटनीति की सक्रियता के बारे में संसद में कहे थे।
- पेरिस में जलवायु परिवर्तन समझौते में भारत द्वारा महत्वपूर्ण भूमिका निभाई गई।
- भारत 'मिसाइल टेक्नोलॉजी कंट्रोल रिजीम' (MTCR) का सदस्य बन गया है और अब 'परमाणु आपूर्तिकर्ता समूह (NSG) की सदस्यता के लिए पुरजोर प्रयत्न कर रहा है।

डी-हाइफनेशन की विदेशी नीति

हाइफनेशन शब्द का शाब्दिक अर्थ दो देशों के बीच संतुलन स्थपित करना है। हाइफनेटेड विदेश नीति में इस बात पर बल दिया जाता है कि किसी एक देश के साथ संबंधों को मधुर बनाते समय किसी अन्य देश से संबंध खराब न हो अर्थात् किसी एक देश के साथ रिश्ते किसी अन्य देश की कीमत के आधार पर नहीं बनाए जाने चाहिए। इसमें किसी एक देश के साथ संबंधों का निर्माण करते समय इस तथ्य का भी महत्व दिया जाता है कि उस देश के अन्य देशों के साथ किस प्रकार के संबंध हैं। हाइफनेटेड विदेश नीति में आदर्शवादी और व्यवहारवादी दोनों प्रकार के तत्वों को सम्मिलित किया जाता है और उनके बीच संतुलन बनाए रखने पर बल दिया जाता है।

कुछ समीक्षकों का कहना है कि हाइफनेशन (Hyghfanation) की नीति अधिकतर मामलों में एक आदर्शवादी विचारधारा पर आधारित होती है। जबकि विदेश नीति को हमेशा व्यावहारिक, राष्ट्रीय और वैश्विक हित से ही निर्देशित किया जाना चाहिए। हाइफनेटेड विदेश नीति ऐसे व्यावहारिक संबंधों को बनाने की भारत की क्षमता को बाधित करती है, जो हमारे राष्ट्रीय हितों को पूरा करने में सहायक हो सकते हैं।

समीक्षकों के अनुसार विदेश नीति का डी-हाइफनेशन (De-hyghfanation) अधिक व्यावहारिक विदेश नीति तैयार करने में सहायक होता है।

एक डी-हाइफनेटेड (De-hyghfanated) विदेश नीति की पहचान यह होती है कि हम किसी भी देश के साथ अपने संबंधों का निर्धारण अपने व्यापक राष्ट्रीय हितों के आधार पर करें, न कि अन्य देशों के साथ संबंधों के आधार पर। यहां पर हेनरी किसींजर का कथन बिल्कुल उपयुक्त प्रतीत होता है, "अंतर्राष्ट्रीय राजनीति में कोई किसी का स्थायी दोस्त या दुश्मन नहीं होता, यहां केवल स्थायी हित होते हैं।"

स्वतंत्रता प्राप्ति के बाद भारत के सम्मुख जो परिस्थितियां विद्यमान थी, उसमें हाइफनेशन के अलावा कोई अन्य विकल्प नहीं था और ऐसी स्थिति में भारत ने हाइफनेटेड विदेश नीति को अपनाया और उसके आधार पर हम आगे बढ़े और उसी का परिणाम है कि भारत का अन्य देशों के साथ बेहतर संबंध बना, परंतु वर्तमान में परिस्थितियां बदल गई हैं और भारत को बदली हुई परिस्थितियों में अपनी नीति का निर्धारण करना पड़ रहा है। उल्लेखनीय है कि वर्तमान में भारतीय अर्थव्यवस्था तेजी से बढ़ती हुई एक वैश्विक अर्थव्यवस्था बन गई है।

पहले भारत यह चाहता था कि उसका अन्य देशों के साथ संबंध खराब न हो, परंतु बदली हुई परिस्थितियों में अन्य देश चाहते हैं कि भारत से उसके संबंध खराब न हो। यह सही प्रतीत होता है कि हाइफनेटेड विदेश नीति ऐसे व्यावहारिक संबंधों को बनाने की भारत की क्षमता को बाधित करती है, जो भारत के राष्ट्रीय हितों को पूरा करने में सहायक हो सकते हैं, परंतु इसका दूसरा पहलू यह भी है कि हाइफनेटेड विदेश नीति ने भारत को इतना सक्षम बनाया है कि वह डी-हाइफनेशन की ओर अग्रसर है।

डी-हाइफनेशन (De-hyghfanation) की नीति से यह आशय नहीं है कि भारत ने विदेश संबंधों में जिस संतुलन को वर्षों की मेहनत से बनाया, उसे वह समाप्त करने जा रहा है। भारत के लिए डी-हाइफनेशन की विदेश नीति का आशय यह है कि भारत अपने राष्ट्रीय हितों के अनुरूप नीतियों का निर्धारण करेगा, न कि विभिन्न देशों के आपसी संबंधों के आधार पर।

गुट-निरपेक्षता से गुट-सापेक्षता की तरफ

भारत की विदेश नीति के इतिहास के पन्नों को पलटते हैं, तो यकीनन भारतीय विदेश नीति एक हद तक दिशाहीन और लक्ष्यहीन घटनाओं पर आधारित प्रतिक्रियावादी या फिर आदर्शवादी रही है, जिसमें वास्तविकता को भांपने और देशहित के फैसले नहीं ले पाने की कमजोरी दिखाई देती है। भारत के पहले प्रधानमंत्री पं. नेहरू ने विदेश नीति को वैश्विक निरस्त्रीकरण, गुट निरपेक्षता और पंचशील के आदर्शवादी सिद्धांतों के इर्द-गिर्द बुनने की कोशिश की। हालांकि पं. नेहरू की 'हिंदी-चीनी भाई-भाई' वाली विदेश नीति की चीन ने धज्जियां उड़ाते हुए 1962 में भारत को कभी न भरने वाला घाव दिया। यह विदेश नीति की कमजोरी ही कही जा सकती है कि भारत ने अक्साई चिन के तौर पर अपना बड़ा भू-भाग चीन के हवाले कर दिया। इसके अलावा तिब्बत को चीन का एक भाग स्वीकार कर लेना भी कभी न सुधरने वाली भूल है। हालांकि, नेहरू की विदेश नीति में सबसे बड़ा बदलाव लाल बहादुर शास्त्री लाए थे, जब उन्होंने प्रधानमंत्री बनते ही सरदार स्वर्ण सिंह को विदेश मंत्री बनाया और पं. नेहरू सरकार की विदेश मंत्रालय नहीं रखने की परंपरा को खत्म कर दिया। दरअसल, शास्त्री ने भारतीय विदेश नीति को भारत के हित में विस्तार देने का काम किया। नेहरू के विपरीत शास्त्री ने पड़ोसियों के साथ संबंध बनाने पर बल देने के साथ, भारत की अखंडता और सुरक्षा पर भी बल दिया और 1965 के भारत-पाकिस्तान युद्ध में शास्त्री जी की आक्रामक विदेश नीति का ही नतीजा था कि भारतीय सेना पाकिस्तान को परास्त कर लाहौर तक जा पहुंची। हालांकि यह नेहरू की विदेश नीति के संस्कार थे, जिनकी वजह से जीते गए इलाके को फिर से पाकिस्तान को सौंप दिया गया। चीन के साथ हुए युद्ध के विपरीत शास्त्री जी ने इस युद्ध में परिस्थिति के मुताबिक सेना को फ़ैसले लेने का अधिकार दे दिया था।

शास्त्री के बाद 1971 में इंदिरा ने भी विदेश नीति में आक्रामकता का परिचय देते हुए पाकिस्तान के दो टुकड़े कर दिए थे। हालांकि इस बार भी भारत ने पंचशील के सिद्धांतों का पालन करते हुए युद्ध में जीते गए पूर्वी पाकिस्तान (बांग्लादेश) को भारत में शामिल करने की अपेक्षा नए देश के तौर पर उभरने दिया।

इंदिरा गांधी के बाद आए मोरारजी देसाई ने भी विदेश नीति के मामले में कुछ अलग करने की अपेक्षा पहले की नीतियों को आगे बढ़ाने का काम किया। हालांकि उनकी सरकार में विदेश मंत्री रहे अटल बिहारी वाजपेयी ने 26 साल बाद चीन का दौरा किया, जिसके बाद चीन के साथ फिर से भारत के कूटनीतिक संबंध विकसित हो सके। इंदिरा गांधी के बाद भारत की राजनीति में राजीव गांधी बड़ा चेहरा बनकर उभरे और सत्ता संभाली, लेकिन विदेश नीति के ज्यादातर मुकामों पर बुरी तरह से नाकाम रहे। राजीव गांधी की विदेश नीति की बड़ी नाकामियों में श्रीलंका में शांति सेना भेजना, नेपाल की सीमाओं पर 'व्यापारिक-नाकाबंदी' शामिल हैं, जिनकी वजह से अंततः उनकी हत्या हुई।

इसके बाद भारतीय राजनीति का एक ऐसा दौर शुरू हुआ, जिसमें देश की विदेश नीति गठबंधन की मजबूरियों के सामने घुटने टेकने को मजबूर रही। क्षेत्रीय दलों के बढ़ते दखल, राजनीतिक अस्थिरता और असमंजस की वजह से दो वर्ष के भीतर ही (1996 से 1998 के बीच) देश को एच.डी. देवगौड़ा, अटल बिहारी वाजपेयी और इंद्र कुमार गुजराल के तौर पर 3 प्रधानमंत्री मिल चुके थे। हालांकि गुजराल ने कोशिशें की, लेकिन पर्याप्त वक्त नहीं मिलने की वजह से बहुत ज्यादा छाप नहीं छोड़ पाए। उनके कार्य को 'गुजराल सिद्धांत' के रूप में विदेश नीति को नए आयाम देने के लिए जाना जाता है। इसके बाद अटल बिहारी वाजपेयी ने पंगु और दिशाहीन हो चुकी विदेश नीति को अमेरिका, इजराइल और पूर्वी एशियाई देशों के साथ मधुर संबंध बनाने की कवायद के साथ-साथ पुराने सहयोगी रूस के साथ रणनीतिक साझेदारी बढ़ाते हुए विदेश नीति को एक नई ऊर्जा और रफ्तार देने के साथ-साथ नई 'शक्ल' और 'पहचान' देने की कोशिश की। इसके अलावा 1998 के पोखरण, परमाणु परीक्षण के बाद भारत पर पड़े अंतर्राष्ट्रीय दबाव और पाकिस्तान की तरफ से पैदा की गई मुश्किलों से बहुत ही सुनियोजित और सटीक ढंग से निपटा गया। हालांकि कारगिल युद्ध भारत ने जीत लिया था, लेकिन कारगिल तक पाकिस्तानी फौज का कब्जा हो जाना भारत की सुरक्षा व्यवस्थाओं की खामी के तौर पर बड़ा मुद्दा था। बहरहाल, अटल बिहारी वाजपेयी को भारतीय विदेश नीति के 'आधुनिक जनक' के तौर पर परिभाषित करना अतिरेकपूर्ण नहीं होगा, क्योंकि एक तरफ जहां अटल ने कारगिल युद्ध में पाकिस्तान को बुरी तरह से हिला दिया था, वहीं लाहौर बस सेवा और 2001 में आगरा सम्मेलन के लिए परवेज मुशर्रफ को बुलाना उनकी विदेश नीति के बहुआयामी होने का सबूत था, जिसकी वक्त के साथ जरूरत थी।

उनके बाद मनमोहन सिंह एक दशक (2004–14) तक भारत के प्रधानमंत्री रहे। सिंह ने कुछ भी नया काम करने की अपेक्षा प्रवाह के साथ बहने की नीति अपनाई और पिछली सरकारों की नीतियों का अनुसरण जारी रखा। हालांकि, अमेरिका के साथ बेहतर संबंधों की नींव अटल बिहारी वाजपेयी ने रखी थी, लेकिन 2006 में मनमोहन सिंह को अमेरिका से परमाणु समझौते में विपक्ष (अटल की पार्टी भाजपा) ने काफी विरोध किया, लेकिन सिंह ने इस दबाव को झेलते हुए अमेरिका के साथ परमाणु समझौता किया। उनके पूरे कार्यकाल में यही एक बड़ा मील का पत्थर माना जा सकता है। सिंह के कार्यकाल में ज्यादातर वक्त भारत की विदेश नीति गठबंधन की मर्यादाओं और मजबूरियों के चलते कोई मुखर रुख नहीं बना सकी थी। पाकिस्तान के मसले पर भी डॉ. सिंह की विदेश नीति रक्षात्मक रही। यहां तक कि 2008 के मुंबई हमले के मुद्दे पर भारत, पाकिस्तान को अंतर्राष्ट्रीय मंचों पर घेरने में भी नाकामयाब रहा।

मौजूदा सरकार की विदेश नीति को प्रधानमंत्री मोदी ने 'इंडिया फर्स्ट' के नारे से स्पष्ट करने की कोशिश की है। मौजूदा विदेश नीति के मुताबिक भारत बिना किसी पूर्वाग्रह और पिछले अनुभवों को तरजीह देने की अपेक्षा 'राष्ट्रहित' को ध्यान में रखकर पूरी दुनिया में हर उस देश और संगठन से संबंध स्थापित करेगा, जो भारत के हितों को सुरक्षित रखने में मददगार हैं। मसलन, तुलनात्मक नजरिए से देखें तो नेहरू की वैश्विक निरस्त्रीकरण, गुट-निरपेक्षता वाली विदेश नीति में उस दौर के भारत के लिए सबसे मुफीद थी, तो मौजूदा दौर में भारत की गुट-सापेक्षता की नीति भी सटीक लगती है।

कूटनीतिक लिहाज से मौजूदा हालात में भारत का अमेरिका, रूस और चीन के साथ सामान्य संबंध बनाए रखना भारत की कूटनीतिक सूझ-बूझ को दिखाता है। इसके अलावा कई ऐसे पहलू हैं, जिन पर पिछले ढाई साल में मजबूती के साथ भारत ने काम किया और उनके नतीजे हमारे सामने हैं। ईरान के साथ चाबहार समझौता, यूएई और दूसरे खाड़ी देशों के साथ व्यापारिक व सुरक्षा समझौते व भारत का खुलकर इजराइल का समर्थन करना भारत की परिपक्व कूटनीति की मिसाल है। भारत की विदेश नीति के इस तरह के कई महत्वपूर्ण पड़ाव हैं, जिन्हें परीक्षा के लिहाज से याद रखना बेहद जरूरी है। यहां इस आलेख में इसी तरह के महत्वपूर्ण पड़ावों का जिक्र किया जा रहा है।

स्मरणीय तथ्य

- प्रत्येक राष्ट्र का व्यावहारिक उद्देश्य या लक्ष्य अपने राष्ट्रीय हितों तथा आवश्यकताओं के संबंध में अधिक-से-अधिक स्वावलंबी होना होता है।
- किसी भी राष्ट्र की विदेश नीति मुख्य रूप से कुछ सिद्धांतों, हितों एवं उद्देश्यों का समूह होती है।
- किसी भी देश की विदेश नीति का सृजन एवं क्रियान्वयन उस देश के नीति-नियामकों द्वारा किया जाता है।
- किसी भी देश का आकार उसकी विदेश नीति का एक महत्वपूर्ण निर्धारक कारक होता है।
- किसी भी देश की विदेश नीति के निर्धारक तत्त्वों में सबसे अधिक स्थायी तत्व भूगोल ही होता है।
- आर्थिक विकास का स्तर ही उन संबंधों के क्षेत्र का निर्धारण करता है, जो एक देश दूसरे देश के साथ बनाना चाहता है।
- किसी भी देश की सांस्कृतिक परंपरा तथा इतिहास भी विदेश नीति का एक महत्वपूर्ण निर्धारक कारक है।
- विदेश नीति सरकार की संरचना तथा स्वरूप से भी प्रभावित होती है।
- किसी भी देश की विदेश नीति निर्धारित करने वाले तत्वों में बाह्य कारकों की भी महत्वपूर्ण भूमिका होती है।
- किसी भी देश का पहला कर्तव्य अपनी राष्ट्रीय सुरक्षा एवं प्रभुसत्ता की रक्षा करना होता है।
- भारत की विदेश नीति के उद्देश्यों का एक महत्वपूर्ण पक्ष आर्थिक विकास भी है। इस संदर्भ में सर्वप्रथम अपनी क्षमता का विकास करना होगा, जो मूलतः तीन तथ्यों–जनसंख्या, प्राकृतिक संसाधन एवं तकनीकी ज्ञान पर निर्भर करती है।
- भारत के संविधान के अनुच्छेद-51 में भारत की विदेश नीति के संबंध में राज्य को निर्देश दिए गए हैं।
- भारतीय विदेश नीति का एक सर्वाधिक महत्वपूर्ण तथा विलक्षण पक्ष गुटनिरपेक्षता है।
- वस्तुतः गुटनिरपेक्षता अथवा गुटनिरपेक्ष आंदोलन शीत युद्ध एवं द्विध्रुवीय विश्व व्यवस्था के विरुद्ध नव-स्वतंत्र राष्ट्रों का ऐसा अभियान था।
- पंचशील को गुटनिरपेक्षता की सैद्धांतिक व्याख्या माना गया।
- कुछ लेखकों ने पं. नेहरू द्वारा प्रतिपादित गुटनिरपेक्षता की नीति को अलगाववाद, गैर-संबद्धता, तटस्थता, तटस्थीकरण, एकलवाद तथा अहिस्सेदारी आदि अवधारणाओं से जोड़ा है।
- भारतीय विदेश नीति के केंद्र में पंचशील की विशेष भूमिका है। पंचशील का सिद्धांत विश्व के अन्य देशों के साथ स्वस्थ, शांतिपूर्ण तथा सहयोगपूर्ण संबंधों का भारतीय चार्टर है।
- पंचशील का पहला सिद्धांत इस मान्यता पर आधारित है कि प्रत्येक देश को स्वतंत्र रूप से व्यवहार करने तथा अपना अखंड देश बनाने का अधिकार है।
- पंचशील का पांचवां सिद्धांत विश्व में शांति को बढ़ावा देने के प्रति समर्पित है।
- शांतिपूर्ण सहअस्तित्व का सिद्धांत भी भारतीय विदेश नीति के सिद्धांतों में अहम स्थान रखता है।
- स्वतंत्रता प्राप्ति के बाद भारत ने उपनिवेशवाद, साम्राज्यवाद, रंगभेद के विरोध के साथ-साथ महाशक्तियों की गुटबाजी का विरोध करना शुरू किया।
- श्रीमती इंदिरा गांधी के बाद के सभी प्रधानमंत्री गुटनिरपेक्षता की नीति पर चलते रहे।
- भारतीय विदेश नीति पर पं. जवाहरलाल नेहरू की प्रतिभा, व्यक्तित्व एवं विचारधारा का व्यापक प्रभाव पड़ा है।
- लाल बहादुर शास्त्री ने भी नेहरू जी की ही वैदेशिक नीति को आत्मसात् किया, परंतु वे यथार्थवाद को अधिक महत्व देने लगे।
- इंदिरा गांधी की विदेश नीति में यथार्थवाद का प्रभाव था।
- श्रीमती इंदिरा गांधी के जनवरी, 1980 से अक्टूबर, 1984 के द्वितीय काल में भारतीय विदेश नीति और अधिक प्रभावी हुई।
- राजीव गांधी ने अपने काल में भारत की विदेश नीति को उसके परंपरागत आधारों पर कायम रखा तथा उसको और अधिक मजबूत बनाने के लिए प्रयास किया।
- राजीव गांधी के शासनकाल में अंतर्राष्ट्रीय स्तर पर भारत के सम्मान में वृद्धि हुई।
- नरसिम्हा राव जून, 1991 में भारत के प्रधानमंत्री ऐसे समय में बने, जब भारतीय अर्थव्यवस्था की स्थिति अच्छी नहीं थीं।
- नरसिम्हा राव के काल में भारत गुटनिरपेक्षता को प्रभावी नेतृत्व दे पाने में विफल रहा।
- नरसिम्हा राव के कार्यकाल में ही भारतीय विदेश नीति में व्यावहारिक बदलाव देखने को मिला।
- इंद्रकुमार गुजराल ने अपने प्रधानमंत्रित्वकाल में पड़ोसियों के साथ एक उदारवादी नीति को व्यवहार में अपनाया, जिसे 'गुजराल सिद्धांत' का नाम दिया गया है।
- वाजपेयी की सरकार ने सभी देशों के साथ मित्रतापूर्ण संबंध बनाने तथा विश्व शांति के लिए प्रयत्नशील रहने की परंपरागत भारतीय नीति को यथावत् जारी रखने की घोषणा की, परंतु भारत की परमाणु नाभिकीय नीति के असमंजस को समाप्त कर दिया।
- मई, 1999 में शुरू हुए कारगिल युद्ध के समय भारतीय विदेश नीति काफी सफल रही।
- कारगिल युद्ध के समय भारतीय विदेश नीति अपने उच्चतम शिखर पर थी।
- डॉ. मनमोहन सिंह के कार्यकाल में भारतीय विदेश नीति पं. नेहरू के द्वारा बनाए गए सिद्धांतों का अनुपालन कर रही थी, इन्होंने उसे यथार्थवाद की ओर ले जाने का सफल प्रयास किया।
- प्रधानमंत्री नरेंद्र मोदी के कुशल नेतृत्व में एनडीए सरकार धीरे-धीरे भारत की विदेश नीति की तस्वीर पर आकृष्ट करने वाले स्मरणीय प्रभाव डाल रही है।
- प्रधानमंत्री मोदी ने दुनिया में भारत का दबदबा कायम करने के लिए आक्रामक विदेश नीति का सहारा लिया है।

❑❑❑

परिशिष्ट

परिशिष्ट 1 : राजनीतिक/संवैधानिक/संसदीय शब्दावली

परिशिष्ट 2 : भारत का संविधान: एक दृष्टि में

परिशिष्ट 3 : विगत 15 से अधिक वर्षों में सिविल सेवा प्रारंभिक परीक्षा में पूछे गए प्रश्न

परिशिष्ट 1

राजनीतिक/संवैधानिक/संसदीय शब्दावली

अनुपूरक प्रश्न

अनुपूरक प्रश्न सदन में अध्यक्ष की अनुमति से अग्रेतर स्पष्टीकरण के लिए ऐसे विषयों के संदर्भ में पूछा जाता है, जिसके संदर्भ में पहले ही उत्तर दिया जा चुका है। किसी विषय के संदर्भ में पूछे जाने वाले अनुपूरक प्रश्नों की संख्या का निर्णय अध्यक्ष द्वारा किया जाता है। सामान्यत: एक सदस्य को एक ही अनुपूरक प्रश्न पूछने की अनुमति दी जाती है।

अनुपूरक अनुदान

जब किसी चालू वित्तीय वर्ष में किसी मद के संदर्भ में व्यय की जाने वाली प्राधिकृत राशि उस उद्देश्य को पूरा करने के लिए पर्याप्त नहीं होती है, तो राष्ट्रपति द्वारा संसद के दोनों सदनों के सम्मुख प्राक्कलित की गई राशि को दर्शित करने वाला एक दूसरा विवरण रखा जाता है। इस विवरण के माध्यम से अतिरिक्त राशि की मांग की जाती है। यह अतिरिक्त राशि अनुपूरक अनुदान कहलाती है।

अनुषंगी प्रस्ताव

अनुषंगी प्रस्ताव एक विशेष प्रकार का प्रस्ताव है, जिसको किसी अन्य प्रस्ताव या कार्यों की अग्रेतर कार्यवाही के लिए किए जाने वाले नियमित उपाय के रूप में मान्यता प्राप्त है। विधेयक को प्रवर समिति के सुपुर्द किया जाए या संयुक्त समिति को निर्दिष्ट किया जाए अथवा विधेयक को पारित किया जाए, जैसे प्रस्तावों को अनुषंगी प्रस्ताव कहा जाता है।

अध्यादेश

अध्यादेश एक संवैधानिक आदेश होता है, जो राष्ट्रपति या राज्यपाल द्वारा उस समय जारी किया जाता है, जब संसद या विधानमंडल का अधिवेशन नहीं चल रहा हो और ऐसा करना आवश्यक हो। अध्यादेश से संबंधित विषय के संबंध में प्रावधान निहित होता है और उसको मानना सबके लिए बाध्यकारी है। अध्यादेश में निहित विधि संसद अथवा विधानमंडल के अगले सत्र की शुरुआत के 6 सप्ताह बाद प्रवर्तन योग्य नहीं रह जाती है, यदि संसद या विधानमंडल द्वारा उसका अनुमोदन नहीं किया जाता है।

अनुपस्थिति मतदान

सामान्य परिस्थितियों में मतदाता मतदान के समय स्वयं बूथ पर उपस्थित होकर मतदान करता है, परंतु कुछ विशेष परिस्थितियों में मतदाता को अनुपस्थिति मतदान की अनुमति दी गई है। भारत में सैनिकों, दूतावास के कर्मचारियों, राष्ट्रपति, उपराष्ट्रपति, राज्यों के राज्यपाल, लोकसभा अध्यक्ष तथा उपाध्यक्ष केंद्र और राज्य सरकारों के मंत्री तथा उपर्युक्त सभी अधिकारियों की पत्नियों को अनुपस्थिति की सुविधा प्राप्त है। इसके अतिरिक्त चुनाव संबंधी कार्यों में लगे कर्मचारीगण तथा नजरबंदी कानून के अंतर्गत कैद किए गए व्यक्तियों को यह सुविधा प्राप्त है।

अनुसूचित आदिम जातियां

अनुसूचित आदिम जातियों से आशय उन आदिम जातियों से है, जिनका उल्लेख अनुसूचित आदिम जातियों की सूची संबंधी आदेश, 1950 में किया गया है तथा जिसको 1956 में संशोधित कर दिया गया है। ध्यातव्य है कि भारतीय संविधान के अनुच्छेद–342 के अंतर्गत राष्ट्रपति को अनुसूचित आदिम जातियों की सूची जारी करने की शक्ति प्राप्त है।

अविश्वास प्रस्ताव

किसी भी केंद्र या राज्य सरकार के विरुद्ध क्रमश: संसद या राज्य विधानसभा के एक-तिहाई विपक्षी सदस्यों द्वारा लाया गया प्रस्ताव अविश्वास प्रस्ताव कहलाता है। लोकसभा के प्रक्रिया नियमों के नियम 198 (1) में अविश्वास प्रस्ताव का उल्लेख किया गया है। प्रस्ताव प्रस्तुत किए जाने के 10 दिन के अंदर इस पर चर्चा होना आवश्यक है। चर्चा के बाद अध्यक्ष द्वारा मतदान कराया जाता है। अविश्वास प्रस्ताव के पारित होने के बाद सरकार को त्यागपत्र देना पड़ता है।

अभिसमय

अभिसमय वे प्रथाएं एवं परंपराएं हैं, जो विधियां न होते हुए भी संविधान का अनिवार्य अंग मानी जाती हैं। कभी-कभी अभिसमय एवं विधि में प्रगाढ़ संबंध भी होते देखा गया है। ध्यातव्य है कि ब्रिटेन में अभिसमय का विशेष महत्व है।

अभिभाषण

नवनिर्वाचित सदस्यों द्वारा शपथ लिए जाने तथा लोकसभा अध्यक्ष के चुनाव के बाद राष्ट्रपति द्वारा संसद के केंद्रीय हॉल में संसद के दोनों सदनों को संयुक्त रूप से संबोधित किया जाता है। इसके अतिरिक्त राष्ट्रपति द्वारा प्रत्येक वर्ष के प्रथम अधिवेशन के शुरू में भी दोनों सदनों को संबोधित किया जाता है। इसी प्रकार की प्रक्रिया राज्य विधानमंडलों में राज्यपाल द्वारा अनुपालित की जाती है। उक्त संबोधन को ही अभिभाषण कहा जाता है।

अभिव्यक्ति की स्वतंत्रता

भारतीय संविधान में अनुच्छेद–19 के द्वारा भारतीय नागरिकों को प्रदत्त मौलिक स्वतंत्रताओं में अभिव्यक्ति की भी स्वतंत्रता है। अभिव्यक्ति की स्वतंत्रता इसलिए प्रदान की गई है कि लोकतंत्र में भाषण और अभिव्यक्ति का विशेष महत्व है, क्योंकि इनके अभाव में प्रजातंत्र का अस्तित्व ही नहीं है, परंतु संविधान के अनुच्छेद–19 में कुछ ऐसे भी उपबंध किए गए हैं, जिनके अनुसार भाषण तथा अभिव्यक्ति की स्वतंत्रता के अधिकार को मर्यादित एवं नियंत्रित किया जा सकता है। मानहानि, न्यायालय अवमानना, राज्य की सुरक्षा तथा वैदेशिक संबंध आदि के आधार पर अभिव्यक्ति की स्वतंत्रता पर प्रतिबंध लगाया जा सकता है।

अधिकार-पृच्छा

अधिकार पृच्छा एक प्रलेख आदेश है। इस आदेश का प्रयोग यह घोषणा करने के लिए किया जाता है कि कोई प्रतिवादी जिस पद पर अथवा विशेषाधिकार का दावा कर रहा है, वह दावा कानूनी आधार पर सही है अथवा नहीं। इस अधिकार के अंतर्गत न्यायालय उक्त प्रतिवादी के सार्वजनिक पद ग्रहण के अधिकार की जांच-पड़ताल करता है तथा उस व्यक्ति से पूछ सकता है कि वह किस अधिकार से इस पद पर है?

अल्पमत सरकार

जब संसद या विधानमंडल में अल्पबहुमत प्राप्त राजनीतिक दल द्वारा अन्य राजनीतिक दलों के समर्थन से सरकार का गठन किया जाता है, तो गठित सरकार अल्पमत सरकार कही जाती है। भारत में वर्तमान केंद्र में अल्पमत सरकारें अस्तित्व में थीं।

अल्पसूचना प्रश्न

सार्वजनिक महत्व के विषयों के संदर्भ में अल्पसूचना प्रश्न पूछे जाते हैं। अल्पसूचना प्रश्न पूछे जाने की सूचना कम-से-कम 10 दिन पूर्व दी जानी आवश्यक है। यदि पीठासीन अधिकारी समझता है कि प्रश्न वास्तव में सार्वजनिक महत्व का है, तो संबंधित मंत्री को मौखिक उत्तर देने के लिए समय देता है। यदि मंत्री द्वारा प्रश्न के उत्तर देने में अपनी असमर्थता व्यक्त की जाती है, तो पीठासीन अधिकारी 10 दिन की सूचना अवधि पूरी होने पर उस प्रश्न को प्रथम प्रश्न के रूप में सम्मिलित करने का निर्देश दे सकता है।

अल्पकालीन चर्चा

अल्पकालीन चर्चा के अंतर्गत सार्वजनिक महत्व के विशेष विषयों पर सदन का ध्यान आकर्षित किया जाता है। अल्पकालीन चर्चा के लिए चर्चा के स्पष्ट कारणों सहित सदन के महासचिव को सूचना देना आवश्यक है। इस सूचना पर कम-से-कम दो सदस्यों के हस्ताक्षर आवश्यक हैं। भारत में अल्पकालीन चर्चा की शुरुआत 1953 के बाद हुई है।

अस्थायी अध्यक्ष

राष्ट्रपति द्वारा आम निर्वाचन के बाद पहली बार लोकसभा की बैठक शुरू होने पर किसी वरिष्ठ सदस्य को अस्थायी अध्यक्ष के रूप में नियुक्त किया जाता है। अस्थायी अध्यक्ष का कार्य नए सदस्यों को शपथ ग्रहण कराना तथा स्थायी अध्यक्ष का चुनाव करवाना होता है।

आकस्मिक निधि

भारतीय संविधान के अनुच्छेद–267 के अंतर्गत यह प्रावधानित है कि भारत सरकार द्वारा एक आकस्मिक निधि की स्थापना की जाएगी। आकस्मिक निधि में जमा धनराशि का व्यय विधि द्वारा स्थापित प्रक्रिया के अनुसार किया जाता है। संसद की स्वीकृति के बिना आकस्मिक निधि से धन नहीं निकाला जा सकता है। विशेष परिस्थितियों में राष्ट्रपति अग्रिम रूप से इस निधि से धन निकालने की अनुमति दे सकता है।

आधे घंटे की चर्चा

आधे घंटे की चर्चा किसी ऐसे प्रश्न पर सदन में तीन दिन सोमवार, बुधवार तथा शुक्रवार को कराई जाती है, जिसका उत्तर सदन में दिया जा चुका है। आधे घंटे की चर्चा के लिए अध्यक्ष को तीन दिन पूर्व लिखित सूचना देनी होती है।

ओम्बुड्समैन

ओम्बड्समैन शब्द का जन्म 1809 में स्वीडन में हुआ। इसका प्रयोग उस सतर्कता अधिकारी के लिए किया जाता है, जो सरकार की गतिविधियों पर नजर रखता है और सरकार के विरुद्ध नागरिकों की जांच करता है। भारत में ओम्बुड्समैन को लोकपाल तथा लोकायुक्त कहा जाता है।

आनुपातिक प्रतिनिधित्व

आनुपातिक प्रतिनिधित्व एक प्रकार की निर्वाचन पद्धति है, जिसमें प्राप्त मतों के अनुपात में किसी राजनीतिक दल को विधानमंडल (व्यवस्थापिका) में स्थान प्रदान किया जाता है। इस पद्धति की महत्वपूर्ण विशेषता यह है कि इसके अंतर्गत ऐसा संभव नहीं है कि किसी राजनीतिक दल को उसके द्वारा प्राप्त मतों से अधिक स्थान व्यवस्थापिका में प्राप्त हो जाएं।

अध्यक्षीय व्यवस्था

यह लोकतांत्रिक शासन की वह पद्धति है, जिसमें राज्य का प्रधान और शासन का प्रधान दोनों एक ही होता है। इस पद्धति के अंतर्गत राष्ट्रपति/अध्यक्ष का कार्यकाल निश्चित होता और अध्यक्ष/राष्ट्रपति अपने कृत्यों के लिए मंत्रिमंडल के प्रति उत्तरदायी न होकर जनता के प्रति उत्तरदायी होते हैं। ध्यातव्य है कि सं. रा. अमेरिका में अध्यक्षीय व्यवस्था है।

ओलीगार्की

कुलीन तंत्र ऐसी शासन व्यवस्था है, जिसमें देश का शासन उच्च कुलीन लोग चलाते हैं।

ओपेन डोर पॉलिसी

ओपेन डोर पॉलिसी एक विशेष प्रकार की व्यापार नीति होती है, जिसके अंतर्गत सभी राष्ट्रों या व्यक्तियों से समानता या समान शर्तों के आधार पर व्यापार किया जाता है। इस नीति को अपनाने वाला व्यक्ति/राष्ट्र किसी भी अन्य व्यक्ति या राष्ट्र को प्राथमिकता नहीं देता है।

आस्टपोलिटिक

पश्चिमी जर्मनी की उस नीति को आस्टपोलिटिक की संज्ञा दी गई है, जिसके अंतर्गत साम्यवादी देशों ने शीत युद्ध बंद कर दिया था तथा मित्रता के संबंध स्थापित करने की दिशा में कदम बढ़ाया था।

अतारांकित प्रश्न

इस प्रकार के प्रश्न का लिखित उत्तर देना होता है और उसका उत्तर मंत्री द्वारा सभापटल पर रखा गया माना जाता है। इस श्रेणी के प्रश्नों के तारतम्य में अनुपूरक प्रश्न नहीं पूछे जा सकते हैं।

उत्प्रेषण

उत्प्रेषण शब्द का शाब्दिक अर्थ होता है और अधिक जानकारी प्राप्त करना। उत्प्रेषण से संबंधित आदेश कानूनी क्षेत्राधिकार से संबंधित त्रुटियों को अथवा किसी अधीनस्थ न्यायालय के किसी दुर्भावनापूर्ण कार्य को सुधारने के लिए जारी किया जाता है। इस याचिका का प्रयोग किसी अधीनस्थ न्यायालय, न्यायाधिकरण या न्यायिक, अर्ध-न्यायिक कार्य करने वाले प्रशासनिक प्राधिकरण के विरुद्ध किया जाता है। अत: किसी अधीनस्थ न्यायालय से सूचना प्राप्त करने के लिए भी इस प्रकार का आदेश जारी किया जा सकता है।

उपनिवेशवाद

किसी एक देश का दूसरे देश पर अधिकार तथा शासन और इस प्रकार शासित देश के अधिकारों का हनन, स्वतंत्रता का दमन, इसकी उत्पादकता का शोषण तथा उसकी सभ्यता एवं संस्कृति की परतंत्रता आदि उपनिवेशवाद के अंतर्गत आते हैं।

उपचुनाव

लोकतंत्रीय संस्थाओं में किसी निर्वाचित सदस्य का स्थान निर्धारित अवधि के पहले रिक्त हो जाने पर उस स्थान की पूर्ति के लिए जो चुनाव होता है, उसे उपचुनाव कहा जाता है।

एक दलीय प्रणाली

एक दलीय शासन प्रणाली में एक ही राजनीतिक दल का अस्तित्व होता है। विपक्षी दल का कोई महत्व नहीं होता है। एक दलीय पद्धति में दल के अंदर ही गुटबाजी होती है।

एकीकृत न्याय व्यवस्था

एकीकृत न्याय व्यवस्था के अंतर्गत संपूर्ण देश में एक ही न्याय व्यवस्था का अस्तित्व रहता है। देश के सभी न्यायालय शीर्ष न्यायालय द्वारा संचालित होते हैं। भारतीय संविधान में इकहरी न्याय व्यवस्था का प्रावधान किया गया है। केंद्र में सर्वोच्च न्यायालय तथा राज्यों में उच्च न्यायालयों की स्थापना की गई है।

एन्वाय

जब किसी एक देश का आधिकारिक प्रतिनिधि अन्य देश के प्रतिनिधि के रूप में किसी देश में मनोनीत किया जाता है, तो इसे एन्वाय कहते हैं। यह किसी विशिष्ट कार्य के संदर्भ में किया जाता है।

एक्सट्राडीशन

एक देश की सरकार द्वारा दूसरे देश या सरकार को उसके अपराधी को न्यायिक जांच के लिए या दंड के लिए सौंप देना एक्सट्राडीशन कहलाता है।

एसाइलम (राजप्रश्रय)

एसाइलम एक सामान्य अंतर्राष्ट्रीय प्रथा है, जिसके अंतर्गत जब कोई राजनीतिक शरणार्थी अपने देश से भागकर किसी दूसरे देश में शरण लेता है, तो दूसरा देश उस शरणार्थी को मूल देश में वापस नहीं भेजता है।

एमनेस्टी

एमनेस्टी शब्द ग्रीक भाषा का शब्द है। इसका अर्थ राजक्षमा से होता है। राजक्षमा द्वारा राजनीतिक अथवा अन्य प्रकार के अपराधियों को क्षमा दी जाती है तथा सजा पाए व्यक्तियों को मुक्त कर दिया जाता है। राजक्षमा के बाद दंड प्राप्त व्यक्ति सभी प्रकार की निर्योग्यता से मुक्त हो जाता हैं।

कटौती प्रस्ताव

जिस प्रस्ताव के द्वारा सरकार या उसके किसी विभाग द्वारा प्रस्तावित अनुदानों की मांग में कटौती का प्रस्ताव रखा जाता है, तो उसे कटौती प्रस्ताव कहा जाता है। कटौती प्रस्ताव प्राय: विपक्षी दलों द्वारा लाया जाता है। कटौती प्रस्ताव के पास होने पर सरकार को त्यागपत्र देना पड़ता है।

काम रोको प्रस्ताव

काम रोको प्रस्ताव एक ऐसी असाधारण प्रक्रिया है, जिसके गृहीत होने पर अविलंबनीय लोक महत्व के किसी निश्चित मामले पर चर्चा करने के लिए सदन का सामान्य कार्य रोक दिया जाता है। 'काम रोको प्रस्ताव' का मुख्य उद्देश्य सार्वजनिक महत्व के किसी मामले जिसके गंभीर परिणाम हो सकते हैं तथा जिसके बारे में समुचित सूचना सहित प्रस्ताव या संकल्प देने से विलंब हो सकता है, के बारे में सदन का ध्यान आकृष्ट करना होता है।

कन्वेंशन

किसी विशेष विषय के संदर्भ में वार्ता करने के लिए जो सम्मेलन आयोजित किए जाते हैं, उनको कन्वेंशन की संज्ञा दी जाती है। ब्रिटेन में कन्वेंशन को संवैधानिक मान्यता मिली है। ध्यातव्य है कि ब्रिटेन में शासन प्रणाली मान्यताओं पर आधारित है और उनको वैधानिक कानून का दर्जा मिला है। उल्लेखनीय है कि कन्वेंशन को राजनीतिक महत्व प्राप्त होता है, परंतु न्यायालय उनको मान्यता नहीं देता है।

कंटेनमेंट

किसी देश या विचारधारा के प्रभाव को रोकने को कंटेनमेंट की संज्ञा दी जाती है। यथा सं. रा. अमेरिका तथा सोवियत रूस द्वारा एक-दूसरे के प्रभाव को रोकने के लिए काफी प्रयास किया गया है।

कान्डोमीनियन

किसी भी देश के ऊपर अन्य दो बाहरी देशों या ताकतों द्वारा अपनी प्रभुसत्ता का उपयोग करना कान्डोमीनियन कहलाता है। सूडान के ऊपर पहले ब्रिटिश तथा मित्र राज्यों का कान्डोमीनियन था।

कॉन्फेडरेशन

दो या दो से अधिक देशों द्वारा आपस में किसी विशेष उद्देश्य के लिए मिल जाना कॉन्फेडरेशन कहलाता है। ध्यातव्य है कि कॉन्फेडरेशन संघ (Federation) से भिन्न होता है। संघ की स्थापना लिखित संविधान के अंतर्गत की जाती है। जबकि फेडरेशन में शक्तियों का स्पष्ट विभाजन होता है। संघ की इकाई का राज्यों से प्रत्यक्ष संपर्क होता है, परंतु कॉन्फेडरेशन में ऐसा नहीं होता है।

काकस

किसी राजनीतिक दल अथवा गुट के प्रमुख सदस्यों की बैठक को काकस कहते हैं।

केंद्रवाद

केंद्रवाद एक विशेष प्रकार की राजनीतिक व्यवस्था है, जिसमें संपूर्ण देश एक ही केंद्र से नियंत्रित होता है। केंद्रवाद की व्यवस्था संघ शासन जैसी विकेंद्रित व्यवस्था से पूरी तरह भिन्न होती है, जिसमें स्थानीय इकाइयां न्यूनाधिक रूप में स्वतंत्रता का उपभोग करती हैं।

गैर-सरकारी सदस्य

संसद के उन सदस्यों को गैर-सरकारी सदस्य कहा जाता है, जो मंत्रिपरिषद् के सदस्य नहीं हैं। गैर-सरकारी सदस्यों द्वारा प्रस्तुत विधेयक को गैर-सरकारी विधेयक की संज्ञा दी जाती है।

गणतंत्र

जब किसी देश में राज्याध्यक्ष वंशानुगत न होकर निर्वाचित होता है और देश विभिन्न राज्यों में वर्गीकृत होता है, परंतु उनका शासन एक केंद्रीय सरकार द्वारा संचालित होता है। इसके साथ-साथ राज्य सरकारों को व्यापक अधिकार होता है, ऐसे देश को गणतांत्रिक देश कहा जाता है। गणतंत्र के अंदर कोई भी नागरिक राज्याध्यक्ष पद के लिए निर्धारित योग्यता रखने पर अर्हत हो सकता है। गणतंत्रीय व्यवस्था के अंदर जाति, धर्म, लिंग के आधार पर कोई भेदभाव नहीं किया जाता है।

गणपूर्ति

सदन की किसी भी बैठक के लिए एक न्यूनतम संख्या के सदस्यों की उपस्थिति अनिवार्य होती है। यह संख्या अध्यक्ष सहित कुल संख्या का 10वां भाग होती है। बैठक शुरू होने के पूर्व यदि गणपूर्ति नहीं है, तो गणपूर्ति की घंटी बजाई जाती है।

अध्यक्ष तभी पीठासीन होता है, जब गणपूर्ति हो जाती है। प्राय: गणपूर्ति का प्रश्न उठाए जाने पर सदन की कार्यवाही रोककर गणपूर्ति के लिए घंटी बजाई जाती है।

गेरीमैंड्रिंग

गेरीमैंड्रिग अमेरिकी राजव्यवस्था के विशेष संदर्भ में प्रयुक्त होने वाला शब्द है। इसका आशय निर्वाचन क्षेत्रों के इस प्रकार पुनर्गठन से है जिससे किसी दल विशेष के अधिकतम समर्थक एक ही निर्वाचन क्षेत्र की परिधि में आ जाएं तो उस दल के प्रत्याशी के विजय की संभावनाएं बढ़ जाती हैं।

ग्लासनोस्त

ग्लासनोस्त मिखाइल गोर्बाचोव द्वारा आविष्कृत शब्द है, जिसका आशय खुलेपन से है। गोर्बाचोव ने ग्लासनोस्त का प्रयोग प्रतिबंधित सोवियत समाज और अर्थव्यवस्था को अधिक क्रियात्मक स्वतंत्रता दिए जाने के संदर्भ में किया था।

गुलोटीन

गुलोटीन एक विशेष प्रकार की व्यवस्था है, जिसके अंतर्गत किसी सदन में वाद-विवाद का समय पहले ही निश्चित कर लिया जाता है। यह प्रक्रिया गुलोटीन कहलाती है।

गनबोट डिप्लोमैसी

गनबोट पॉलिसी एक कूटनीतिक शब्द है। इसका आशय किसी देश द्वारा अपने राजनीतिक उद्देश्यों की पूर्ति के लिए किसी अन्य देश को भयभीत करना होता है। यथा-1971 में बांग्लादेश मुक्ति संग्राम के समय संयुक्त राज्य अमेरिका अपना सातवां बेड़ा हिंद महासागर में भेजकर भारत को डराना चाहता था।

तारांकित प्रश्न

सदन में मौखिक रूप से उत्तर दिए जाने वाले प्रश्नों को तारांकित प्रश्न कहते हैं। प्रश्नों की सूची में ऐसे प्रश्नों पर तारे का चिह्न लगा दिया जाता है तथा ऐसे प्रश्नों पर अनुपूरक प्रश्न पूछे जा सकते हैं।

तनाव शैथिल्यीकरण

दो राष्ट्रों के मध्य तनाव-पूर्ण संबंधों में नरमी या शिथिलता आने की स्थिति/नीति को तनाव शैथिल्यीकरण की संज्ञा दी जाती है।

त्रिशंकु संसद

सामान्य निर्वाचन के बाद जब किसी राजनीतिक दल को स्पष्ट बहुमत नहीं मिलता है, तो इस स्थिति में निर्मित संसद त्रिशंकु संसद होती है। **त्रिशंकु संसद असंवैधानिक नहीं है,** परंतु इस स्थिति में राजनीतिक अस्थिरता सदैव बनी रहती है तथा दल-बदल जैसी प्रवृत्तियों को प्रोत्साहन मिलता है।

तदर्थ संस्था

किसी विशेष कार्य अथवा प्रयोजन से गठित की गई अल्पकालीन संस्था, आयोग अथवा समिति को तदर्थ संस्था की संज्ञा दी जाती है। तदर्थ संस्था उस समय स्वत: ही विघटित हो जाती है, जब कार्य का प्रायोजन समाप्त हो जाता है। भारत में इस प्रकार की संस्थाओं को तदर्थ समितियां कहा जाता है।

तत्व या सार का सिद्धांत

किसी विधि के निर्माण के संबंध में यदि यह प्रश्न खड़ा हो जाता है कि विधि का निर्माण करने वाले विधानमंडल ने अपने अधिकार क्षेत्र का अतिक्रमण किया है, तो इस विवाद के समाधान के लिए तत्व एवं सार के सिद्धांत का सहारा लिया जाता है। यदि विधान सारवान रूप से ऐसे विषय से संबंधित होता है, जिस पर उक्त विधानमंडल का अधिकार होता है, तो ऐसी विधि को मान्य घोषित कर दिया जाएगा।

दल-बदल

किसी एक राजनीतिक दल की सदस्यता से त्यागपत्र देकर किसी दूसरे राजनीतिक दल की सदस्यता स्वीकार करना दल-बदल कहा जाता है। ध्यातव्य है कि ब्रिटेन में दल-बदल को फ्लोर क्रॉसिंग कहा जाता है। भारतीय राजनीति में दल-बदल की समस्या मुख्य रूप से 1967 के सामान्य निर्वाचन के बाद उत्पन्न हुई। दल-बदल की समस्या के समाधान हेतु 1985 में दल-बदल निरोधक अधिनियम, 1985 बनाकर 10वीं अनुसूची को अलग से संविधान में जोड़ा गया।

द्वि-दलीय व्यवस्था

जब किसी देश में शासन व्यवस्था में दो ही राजनीतिक दल होते हैं, तो इस प्रकार की व्यवस्था द्वि-दलीय व्यवस्था कहलाती है। यद्यपि इस व्यवस्था में भी दो से अधिक राजनीतिक दल होते हैं, परंतु महत्वपूर्ण भूमिका केवल दो ही दलों की होती है। यथा-ब्रिटेन में द्वि-दलीय शासन पद्धति अस्तित्व में है। कभी कंजरवेटिव पार्टी सत्ता में आती है, तो कभी लेबर पार्टी।

दबाव गुट

समान हित वाले व्यक्तियों के समूह को दबाव गुट कहा जाता है। इस समूह के सदस्यों द्वारां अपने हितों की सुरक्षा के लिए शासन तंत्र पर दबाव डाला जाता है। दबाव गुट द्वारा मंत्रियों से साक्षात्कार से लेकर अन्य प्रकार के आंदोलन भी चलाए जाते हैं।

द्वि-सदनीय व्यवस्थापिका

संसदीय शासन व्यवस्था में विधायी कार्य संसद अथवा विधानमंडल द्वारा संपन्न किया जाता है। संसद और विधानमंडल प्राय: द्वि-सदनीय होते हैं। इनको क्रमश: उच्च सदन और निम्न सदन की संज्ञा दी जाती है। भारत में संघीय संसद के उच्च तथा निम्न सदन को क्रमश: लोकसभा तथा राज्यसभा कहा जाता है।

द्वंद्वात्मक भौतिकवाद

द्वन्दात्मक भौतिकवाद के जनक कार्ल मार्क्स हैं। कार्ल मार्क्स ने समाज के विकासक्रम का आर्थिक आधार पर विश्लेषण करने के लिए द्वन्द्वात्मक भौतिकवाद की खोज की थी। द्वन्द्वात्मक भौतिकवाद के अनुसार जगत में वास्तविकता ही एकमात्र पदार्थ है, जो सतत गतिशील है, परंतु इसका विकास सीधी रेखा में न होकर दो विपरीत स्थितियों में द्वंद्व के माध्यम से टेढ़ी-मेढ़ी रेखा में होता है।

द्वैध शासन

द्वैध शासन, शासन की एक विशेष पद्धति है जिसमें कार्यपालिका को दो भागों में विभक्त किया जाता है। कार्यपालिका का एक भाग अपने कार्यों के लिए व्यवस्थापिका के प्रति उत्तरदायी होता है, जबकि दूसरा भाग उत्तरदायी नहीं होता है। ध्यातव्य है कि भारत में द्वैध शासन व्यवस्था पहली बार भारत सरकार अधिनियम, 1919 द्वारा लागू की गई थी।

धन विधेयक

सामान्यतया आय-व्यय से संबंधित विधेयकों को धन विधेयक कहा जाता है। संविधान के अनुच्छेद-110 के अंतर्गत धन विधेयक का वर्णन किया गया है। धन विधेयक केवल लोकसभा में प्रस्तुत किए जाते हैं और प्रस्तुत करने के पूर्व राष्ट्रपति की अनुमति आवश्यक है।

धन्यवाद प्रस्ताव

राष्ट्रपति द्वारा प्रत्येक वर्ष के पहले अधिवेशन को संबोधित किया जाता है। राष्ट्रपति का यह संबोधन अभिभाषण कहलाता है। राष्ट्रपति के अभिभाषण के बाद संसद की कार्यमंत्रणा समिति की सिफारिश पर 3–4 दिन तक राष्ट्रपति के अभिभाषण पर चर्चा होती है। चर्चा की शुरुआत प्रस्तावक करता है तथा उसके बाद प्रस्तावक का समर्थक बोलता है। ध्यातव्य है कि चर्चा में राष्ट्रपति के नाम का उल्लेख नहीं होता है, क्योंकि अभिभाषण की विषय-वस्तु के लिए सरकार उत्तरदायी होती है। अंत में मतदान के द्वारा धन्यवाद प्रस्ताव को स्वीकृत किया जाता है।

ध्यान आकृष्ट करना

विधानमंडल में विधायी वाद-विवादों का पूरा नियंत्रण अध्यक्ष का होता है। वाद-विवाद के समय यदि कोई सदस्य कुछ कहना चाहता है, तो मान्य संसदीय परंपराओं का अनुपालन करते हुए वह अपने स्थान पर खड़ा होता है। अध्यक्ष उसे खड़ा देखकर उसका नाम पुकारकर अपनी बात कहने के लिए उस व्यक्ति को अनुमति देते हैं। अनुमति के बाद ही सदस्य कुछ कह सकता है।

ध्रुवीकरण

जब एक विचारधारा के लोगों द्वारा किसी एक दल का गठन किया जाता है या किसी समूह के नीचे एकत्रित हुआ जाता है, तो यह प्रक्रिया ध्रुवीकरण कहलाती है।

धार्मिक स्वतंत्रता

भारतीय संविधान में अनुच्छेद–25 से 28 तक धार्मिक स्वतंत्रता का उपबंध किया गया है। उपबंधों के अनुसार भारत में सभी व्यक्तियों को धर्म की स्वतंत्रता संविधान द्वारा प्रदत्त की गई है। संविधान के अनुसार सार्वजनिक व्यवस्था, सदाचार तथा स्वास्थ्य या अन्य उपबंधों के अधीन रहते हुए सभी व्यक्तियों को अंतःकरण की स्वतंत्रता प्रदान की गई है।

धर्मनिरपेक्ष राज्य

धर्मनिरपेक्ष राज्य से आशय ऐसे राज्य से होता है, जिसमें राज्य का कोई अपना धर्म नहीं होता है। राज्य द्वारा किसी भी व्यक्ति को कोई विशेष धर्म मानने के लिए बाध्य नहीं किया जाता है। राज्य धर्म को वैयक्तिक विषय मानता है और राज्य धार्मिक मामलों में कोई हस्तक्षेप नहीं करता है, परंतु इसका आशय यह नहीं है कि राज्य धर्म विरोधी होता है। वस्तुतः धर्मनिरपेक्ष राज्य न तो धर्म समर्थक होता है और न ही धर्म विरोधी। भारत एक धर्मनिरपेक्ष राज्य है। भारतीय संविधान की प्रस्तावना में धर्मनिरपेक्षता शब्द का उल्लेख किया गया है।

निंदा प्रस्ताव

निंदा प्रस्ताव मंत्रिपरिषद् अथवा मंत्रिपरिषद् के किसी सदस्य के विरुद्ध उसकी विफलता पर दुःख, रोष अथवा आश्चर्य व्यक्त करने के लिए लाया जाता है। निंदा के कारणों का उल्लेख करना आवश्यक है। प्रस्ताव निंदात्मक है या नहीं इसका निर्णय अध्यक्ष द्वारा किया जाता है। निंदा प्रस्ताव अविश्वास प्रस्ताव से भिन्न होता है।

निर्णायक मत

पक्ष और विपक्ष में बराबर मत होने पर उत्पन्न गतिरोध के निवारण के लिए अध्यक्ष द्वारा निर्णायक मत दिया जाता है।

न्यायिक पुनरीक्षण

न्यायिक पुनरीक्षण अथवा न्यायिक पुनर्विलोकन से आशय सर्वोच्च न्यायालय के उस अधिकार से है, जिसके अंतर्गत वह व्यवस्थापिका द्वारा निर्मित कानूनों तथा कार्यपालिका द्वारा जारी आदेशों की वैधता का इस आधार पर पुनरीक्षण करता है कि कहीं वे राज्य की मूल विधि अर्थात् संविधान का उल्लंघन तो नहीं कर रहे हैं। भारतीय संविधान में अनुच्छेद–131 तथा 132 के अंतर्गत सर्वोच्च न्यायालय को क्रमशः संघीय तथा राज्यों की विधि के न्यायिक पुनरीक्षण का अधिकार प्राप्त है।

नव उपनिवेशवाद

आर्थिक गतिविधियों, विशेषतः बहुराष्ट्रीय कंपनियों के विभिन्न देशों में फैल रहे आधिपत्य को नव उपनिवेशवाद की संज्ञा दी गई है। नव उपनिवेशवाद एक नई अवधारणा है। इसके अंतर्गत निर्धन देशों या विकासशील देशों में कंपनियां स्थापित करके या उनको मदद पहुंचाकर संपन्न राष्ट्रों द्वारा अपना राजनीतिक प्रभाव स्थापित करने की कोशिश की जाती है।

निर्वाचन क्षेत्र

निर्वाचन क्षेत्र से आशय किसी विशेष भौगोलिक क्षेत्र से होता है। जहां के मतदाता संसद, विधानसभा अथवा किसी प्रतिनिधि संस्था के लिए एक या एक से अधिक प्रतिनिधियों का निर्वाचन करते हैं। भारत में लोकसभा के लिए संसदीय निर्वाचन क्षेत्र तथा विधानसभा के लिए विधानसभायी निर्वाचन क्षेत्र अस्तित्व में हैं।

नागरिक अधिकार

नागरिक अधिकारों से आशय मौलिक सामाजिक स्वतंत्रता से होता है, जिनका नागरिकों द्वारा उपभोग किया जाता है। नागरिक अधिकारों का संबंध जीवन स्वतंत्रता तथा संपत्ति से होता है। विश्व के सभी व्यक्तियों को प्राप्त नागरिक अधिकारों की सूची सार्वभौम मानव अधिकारों के घोषणा-पत्र में दी गई है। ध्यातव्य है कि नागरिक अधिकार विधि अथवा परंपराओं द्वारा प्राप्त होते हैं।

नॉन एग्रेशन पैक्ट

जब दो या दो से अधिक देशों द्वारा परस्पर यह समझौता किया जाता है कि वे एक-दूसरे के ऊपर आक्रमण नहीं करेंगे, तो इसे नॉन एग्रेशन पैक्ट कहा जाता है।

न्यूक्लियर अम्ब्रेला

परमाणु बम द्वारा युद्ध होने की स्थिति में रक्षा की गारंटी को न्यूक्लियर अम्ब्रेला की संज्ञा दी गई है।

नौकरशाही

लोकतंत्रीय शासन पद्धति वाले देश में शासन की बागडोर प्रायः दो समुदायों में निहित होती है। प्रथम समुदाय जनता द्वारा निर्वाचित प्रतिनिधियों का होता है, जबकि दूसरा समुदाय लोक सेवा आयोग द्वारा चयनित अधिकारियों का होता हैं। इन अधिकारियों को ही नौकरशाह कहा जाता है। सरकार की नीतियों को पूर्ण रूप देने तथा उनको क्रियान्वित करने का दायित्व नौकरशाहों को ही दिया जाता है। नौकरशाही शब्द का प्रयोग शासन में निहित विसंगतियों तथा विकृतियों के लिए किया जाता है।

पंचायती राज

स्थानीय स्वराज्य लाने के लिए, अपने विकास का मार्ग स्वयं तय करने तथा उस पर चलने के लिए एवं अपना न्याय स्वयं करने की जो व्यवस्था प्रस्तुत की जाती है, उसे पंचायती राज कहा जाता है।

प्रश्नकाल

सदन की बैठक शुरू होते ही पहला घंटा सरकार से सदन के सदस्यों द्वारा प्रश्न पूछने के लिए नियत होता है। यह प्रथम घंटा ही प्रश्नकाल कहा जाता है। प्रश्न पूछने के लिए यह आवश्यक है कि सदस्य न्यूनतम 10 दिनों पूर्व इसकी लिखित

सूचना सदन के अध्यक्ष को प्रेषित करें। ध्यातव्य है कि किसी सार्वजनिक महत्व के विषय या प्रश्नों पर 10 दिनों की सीमा नहीं लागू होती है। प्रश्न प्रायः तीन प्रकार–तारांकित प्रश्न, अतारांकित प्रश्न तथा अल्पसूचना के होते हैं। उक्त प्रश्नों की ग्राह्यता संबंधी शर्तों का उल्लेख लोकसभा की नियमावली 41(2) में किया गया है।

प्रतिषेध

प्रतिषेध एक विशेष प्रकार का प्रलेख है, जो उच्च न्यायालय तथा सर्वोच्च न्यायालय द्वारा केवल न्यायिक तथा अर्द्ध-न्यायिक अधिकारियों के विरुद्ध जारी किया जाता है। इसका उद्देश्य किसी न्यायिक अधिकारी या अर्द्ध-न्यायिक अधिकारी को किसी विशेष मामले में कार्यवाही न करने के लिए निर्देश देना होता है। ध्यातव्य है कि परमादेश किसी कार्य विशेष को करने के लिए जारी किया जाता है, जबकि प्रतिषेध किसी कार्य विशेष को न करने के लिए जारी किया जाता है।

प्रतिज्ञान

प्रतिज्ञान का आशय शपथ ग्रहण से होता है। किसी भी प्रणाली की सरकार में पद ग्रहण करने के पूर्व सामान्यतया शपथ ग्रहण करनी होती है। शपथ में निष्ठा के साथ अपने पद के कर्तव्यों का निर्वहन करने की शपथ लेने पड़ती है। भारतीय संविधान की तीसरी अनुसूची के अंतर्गत विभिन्न पदाधिकारियों के प्रतिज्ञान का वर्णन किया गया है।

परमादेश

परमादेश एक विशेष प्रकार का प्रलेख है, जिसमें उच्च न्यायालय या सर्वोच्च न्यायालय द्वारा किसी सरकारी या अर्द्ध सरकारी अधिकारी को अपने कर्तव्यों का पालन करने का निर्देश दिया जाता है। परमादेश किसी कार्य विशेष को करने का निर्देश होता है। ध्यातव्य है कि परमादेश किसी निजी संस्था या पद के विरुद्ध जारी नहीं किया जा सकता है।

प्रत्यावर्तन

प्रत्यावर्तन का आशय निर्वाचित प्रतिनिधियों को जनता द्वारा वापस बुलाने से होता है। मतदाताओं की एक निश्चित संख्या अपने प्रतिनिधि के विरुद्ध आवेदन भेजकर उसे वापस बुलाने की मांग कर सकती है। इस प्रकार की स्थिति उत्पन्न होने पर आम जनता का मत लिया जाता है तथा यथानुसार कार्यवाही की जाती है। विश्व के कुछ देशों यथा-जर्मनी में प्रत्यावर्तन की विधि अपनाई गई है, परंतु भारत में प्रत्यावर्तन की विधि प्रचलन में नहीं है।

प्रतिनिधि शासन

प्रतिनिधि शासन से आशय जनता के निर्वाचित प्रतिनिधियों द्वारा संचालित होने वाला शासन है। प्रतिनिधि शासन में निर्वाचित प्रतिनिधि जनता के प्रति उत्तरदायी होते हैं।

पॉलिटिकल सैबोटेज

किसी एक राजनीतिक दल या सरकार द्वारा किसी दूसरे दल या सरकार को नष्ट करने का प्रयास किया जाता है, तो यह पॉलिटिकल सैबोटेज कहलाता है।

पावर पॉलिटिक्स

पावर पॉलिटिक्स एक विशेष प्रकार की राजनीति होती है, जिसके अंतर्गत कुछ व्यक्तियों द्वारा सत्ता हथियाने के लिए विशेष नीति अपनाई जाती है। पावर पॉलिटिक्स का उद्देश्य सत्ता तथा शक्ति को अपने हाथ में रखना होता है। पावर पॉलिटिक्स में जनता के हित गौण हो जाते हैं।

प्रिवीपर्स

स्वतंत्रता प्राप्ति के बाद सरकार द्वारा देशी रियासतों के शासकों को कुछ विशेष सुविधाएं या अनुदान देने की प्रथा शुरू की गई, इसे प्रिवीपर्स की संज्ञा दी गई। 1969 में श्रीमती इंदिरा गांधी की सरकार ने प्रिवीपर्स को समाप्त कर दिया था।

प्रोटोकॉल

प्रोटोकॉल दो देशों के मध्य कूटनीतिक आचरण संबंधी नियम हैं।

पेरेस्त्रोइका

पेरेस्त्रोइका शब्द का आशय पुनर्रचना से है। इसका प्रयोग सर्वप्रथम पूर्व सोवियत संघ के राष्ट्रपति मिखाइल गोर्बाचोव ने सोवियत समाज और अर्थव्यवस्था में खुलापन लाकर अर्थव्यवस्था को मजबूत बनाने के लिए किया था।

परिपृच्छा (जनमत संग्रह)

विधायी प्रस्तावों पर जनता के मत को जानना जनमत संग्रह या परिपृच्छा कहलाता है। जनमत संग्रह की पद्धति में कोई भी विधेयक तभी अंतिम रूप से पारित माना जाता है, जब निर्वाचकों द्वारा विधेयक के पक्ष में मत प्राप्त हो जाता है। परिपृच्छा दो प्रकार की होती है–ऐच्छिक तथा अनिवार्य। निश्चित संख्या में मतदाताओं की मांग पर किसी विधेयक पर मत लिए जाने को ऐच्छिक परिपृच्छा कहा जाता है। अनिवार्य परिपृच्छा में सभी विधेयकों पर मतदाताओं का मत लिया जाता है। इस प्रकार की व्यवस्था का दर्शन स्विट्जरलैंड के संविधान में होता है। इसके अतिरिक्त विश्व के कई देशों में किसी राष्ट्रीय मुद्दे पर राष्ट्रीय जनमत जानने के लिए जनमत संग्रह का आयोजन किया जाता रहा है।

प्रत्यायोजित विधायन

विधि निर्माण का कार्य संसद द्वारा किया जाता है, परंतु कभी-कभी संसद अत्यधिक कार्यभार के कारण कतिपय विधानों की रूपरेखा तैयार करके विधायन का कार्य संबंधित विभागों को सौंप देती है। इस स्थिति को प्रत्यायोजित विधायन कहा जाता है।

प्रादेशिक समुद्र

किसी राज्य की भूमि से संलग्न और अंतर्राष्ट्रीय कानून द्वारा मान्य समुद्री क्षेत्र प्रादेशिक समुद्र कहलाता है, जिस पर तटीय राज्य का कर, मत्स्य उद्योग, सुरक्षा, नौ-संचालन आदि की दृष्टि से पूर्ण आधिपत्य होता है।

फटकार

सदन में संसदीय विशेषाधिकार की अवमानना करने वाले पीठासीन अधिकारी द्वारा फटकार लगाए जाने की प्रथा फटकार कहलाती है। अवमानना का दोषी व्यक्ति सदन का सदस्य है, तो वह अपने स्थान पर खड़ा हो जाता है, परंतु यदि वह सदन के बाहर का व्यक्ति है, तो सदन का परिचायक उसे कटघरे में खड़ा करता है। अध्यक्ष द्वारा फटकार में कहे गए शब्द सदन की कार्यवाही का अभिन्न अंग होते हैं। 1990 में राज्यसभा द्वारा पूर्व केंद्रीय मंत्री के. के. तिवारी को तत्कालीन उपराष्ट्रपति शंकर दयाल शर्मा के विरुद्ध अपशब्दों के प्रयोग के कारण सदन के कटघरे में खड़ा कराया गया था।

वित्त विधेयक

वित्त विधेयक एक विशेष प्रकार का धन विधेयक होता है, जिसमें साधारण विधान के उपबंध भी जोड़ दिए गए होते हैं। प्रत्येक धन विधेयक वित्त विधेयक होता है, परंतु प्रत्येक वित्त विधेयक धन विधेयक नहीं होता है। वित्त विधेयक

तथा धन विधेयक दोनों को ही राष्ट्रपति की पूर्व अनुमति के बिना नहीं प्रस्तुत किया जा सकता है और दोनों ही केवल लोकसभा में ही प्रस्तुत किए जाते हैं।

विनियोग विधेयक

जब अनुदान की सभी मांगों पर लोकसभा द्वारा विचार और मतदान कर लिया जाता है, तो उनको सम्मिलित रूप से भारत की संचित निधि पर भारित व्यय सहित एक विधेयक का रूप दिया जाता है, जिसको विनियोग विधेयक की संज्ञा दी जाती है।

बजट

बजट एक प्रकार का वार्षिक वित्तीय विवरण होता है, जिसमें भूतकालीन, वर्तमानकालीन तथा भविष्यकालीन आय-व्यय का विवरण होता है। बजट में नियंत्रण एवं नियोजन दोनों तत्वों का समावेश होता है। भारतीय संविधान के अनुच्छेद–112 के अनुसार राष्ट्रपति प्रत्येक वर्ष के लिए संसद में एक वार्षिक वित्तीय विवरण रखवाता है, जिसमें सरकार की प्राप्तियों तथा व्यय के विवरण का समावेश होता है। इसके अतिरिक्त बजट में नई योजना भी सम्मिलित होती है।

बंदी प्रत्यक्षीकरण

बंदी प्रत्यक्षीकरण न्यायालय द्वारा जारी एक प्रलेख है, जिसके माध्यम से न्यायालय व्यक्ति की दैहिक स्वतंत्रता की रक्षा करता है। बंदी प्रत्यक्षीकरण का मूल वाक्य है–'शरीर को प्रस्तुत करो'। भारतीय संविधान के अनुच्छेद–32 तथा अनुच्छेद–226 में क्रमशः सर्वोच्च न्यायालयों तथा उच्च न्यायालयों को यह प्रलेख जारी करने का अधिकार प्राप्त है। बंदी प्रत्यक्षीकरण का उद्देश्य बिना कारण किसी व्यक्ति को राज्य अथवा किसी व्यक्ति द्वारा गिरफ्तारी संरक्षण प्रदान करना है।

विधि का शासन

विधि के शासन से आशय यह है कि संबंधित राज्य में कोई व्यक्ति या संस्था नहीं, ब्लकि विधि सर्वोच्च है। विधि के शासन के अंतर्गत सभी व्यक्ति कानून के समक्ष समान होते हैं और उनको कानून का संरक्षण प्राप्त होता है। ध्यातव्य है कि विधि के शासन के सिद्धांत का प्रतिपादन अल्बर्ट डायसी ने किया था।

बहुमत के विभिन्न प्रारूप

सामान्य बहुमत (Simple Majority)

सदन में गणपूर्ति होने के बाद सदन में उपस्थित सदस्यों की संख्या के आधे से अधिक को सामान्य बहुमत कहा जाता है। उदाहरणस्वरूप, किसी सदन में सीटों की संख्या 300 है। इस स्थिति में गणपूर्ति के लिए 30 सदस्यों की उपस्थिति आवश्यक है। यदि सदन में 240 सदस्य उपस्थित हैं तो सामान्य बहुमत 121 सदस्यों का होगा। भारतीय संसद में बजट पर चर्चा, विश्वास, अविश्वास आदि पर निर्णय सामान्य बहुमत से ही किया जाता है।

प्रभावी बहुमत (Effective Majority)

सदन की कुल सदस्य संख्या में रिक्त स्थानों को घटाकर जब सामान्य बहुमत निर्धारित किया जाता है तो इस प्रकार के बहुमत को प्रभावी बहुमत कहा जाता है। उदाहरणस्वरूप, किसी सदन में सदस्यों की संख्या 280 निर्धारित है परंतु वर्तमान में 10 स्थान रिक्त हैं। ऐसे में सदस्यों की प्रभावी संख्या 270 होगी है और बहुमत 236 होगा जिसे प्रभावी बहुमत कहा जाएगा। ध्यातव्य है कि भारत में उपराष्ट्रपति को हटाने के लिए प्रभावी बहुमत की आवश्यकता पड़ती है।

विशिष्ट बहुमत (Special Majority)

यह सामान्य बहुमत से अलग है। विशिष्ट बहुमत कई प्रकार के होते हैं। सामान्यतः कुल सदस्य संख्या तथा उपस्थित एवं मत देने वाले सदस्यों के दो-तिहाई सदस्यों के समर्थन को विशिष्ट बहुमत कहा जाता है। भारत में कुछ संविधान संशोधनों के लिए विशिष्ट बहुमत के साथ-साथ आधे से अधिक राज्यों के समर्थन की भी आवश्यकता पड़ती है जिसको विशिष्ट बहुमत कहा जाता है।

बहुलवाद

बहुलवाद एक राजनीतिक अवधारणा है। बहुलवाद के अनुसार राज्य व्यक्तियों का समुदाय नहीं है, बल्कि समुदायों का समुदाय है। इसकी मान्यता यह है कि राज्य व्यक्ति के समस्त हितों का संरक्षण करने में असमर्थ है। इस प्रकार की विचारधारा में व्यक्ति की अनियंत्रित सत्ता का विरोध होता है।

बैक बेंचर

सदन में आगे के स्थान प्रायः मंत्रियों, संसदीय सचिव तथा नेता विरोधी दल के लिए आरक्षित होते हैं, जबकि सामान्य सदस्यों तथा गैर-सरकारी सदस्यों के लिए पीछे का स्थान नियत रहता है। पीछे बैठने वाले सदस्यों को बैक बेंचर कहा जाता है।

बफर स्टेट

दो राष्ट्रों के मध्य एक ऐसा राष्ट्र, जो दोनों को युद्ध करने से रोकता हो अथवा अपनी राज्य सीमा पर एक अन्य राष्ट्र स्थापित कर लिया जाए, जिससे कोई अन्य राष्ट्र उस पर आक्रमण न कर सके। इस प्रकार के राष्ट्र को बफर स्टेट कहा जाता है।

बुर्जुआ

व्यापारियों उद्योगपतियों, जमींदारों, जो सामंतों के बाद आते थे और मध्यम वर्ग के कहलाते थे, बुर्जआ कहते हैं। श्रमिक वर्ग बुर्जुआ वर्ग से सदैव घृणा करता है, क्योंकि बुर्जुआ वर्ग द्वारा इनका शोषण किया जाता है।

ब्रेन वाशिंग

जब किसी राज्य या समुदाय द्वारा अपने सदस्यों में वही विचार भरा जाता है, जो उसके हैं और सदस्यों के स्वतंत्र विचारों को नष्ट कर दिया जाता है, तब उसे ब्रेन वाशिंग कहते हैं।

बांस का पर्दा

चीन की साम्यवादी सरकार के नियंत्रणों तथा प्रतिबंधों को बांस का पर्दा कहा जाता है। इसके कारण वहां के नागरिक विदेशों में आ-जा नहीं सकते हैं और अपने तथा देश के संदर्भ में कोई बात बाहर नहीं कर सकते हैं।

वयस्क मताधिकार

वयस्क मताधिकार पद्धति के अंतर्गत जाति, धर्म, रंग, लिंग के भेदभाव के बिना देश का प्रत्येक वयस्क नागरिक मताधिकार द्वारा अपने प्रतिनिधि का निर्वाचन करता है। विश्व के सभी लोकतांत्रिक देशों में वयस्क मताधिकार पद्धति को अपनाया गया है। भारत में 1989 के पूर्व मताधिकार की न्यूनतम आयु 21 वर्ष थी, जिसे 61वें संविधान संशोधन द्वारा घटाकर 18 वर्ष कर दिया गया।

वाद योग्य अधिकार

संविधान द्वारा प्रदत्त मौलिक अधिकारों के क्रियान्वयन के लिए जब न्यायालय की शरण ली जाती है, तो वह स्थिति वाद योग्य अधिकार कहलाती है। भारतीय संविधान द्वारा प्रदत्त मौलिक अधिकार वाद योग्य अधिकार हैं।

विधेयकों का वाचन

संसद अथवा विधानमंडल में विधेयकों को कई प्रक्रियाओं से गुजरना पड़ता है। इन प्रक्रियाओं को विधेयकों का वाचन कहा जाता है। वाचन तीन प्रकार के होते हैं–प्रथम वाचन, द्वितीय वाचन तथा तृतीय वाचन। प्रथम वाचन में विधेयकों

को पुनः स्थापित किया जाता है, द्वितीय वाचन में विधेयक पर चर्चा होती है तथा प्रवर अथवा संयुक्त समिति के प्रतिवेदन पर विचार किया जाता है। तृतीय वाचन में विधेयक के संशोधित अथवा मूल रूप में पारित किए जाने पर विचार किया जाता है।

वित्तीय आपात

भारतीय संविधान के अनुच्छेद–360 में वित्त संबंधी उपबंधों का वर्णन किया गया है। अनुच्छेद–360 के उपबंधों के अनुसार यदि राष्ट्रपति को यह आभास हो जाता है कि किसी राज्य या राज्य क्षेत्र का वित्तीय अस्तित्व खतरे में है, तो वह आपातकाल लगा सकता है। वित्तीय आपात की उद्घोषणा के बाद संघ की वित्तीय शक्ति राज्य तक विस्तृत हो जाती है।

विकेंद्रीकरण

विकेंद्रीकरण से आशय अधिकारों और शक्तियों का ऊपर से नीचे की ओर विभाजन से होता है। विकेंद्रीकरण के अंतर्गत अधिकारों का केंद्रीय, राज्यीय तथा स्थानीय संस्थाओं के मध्य शक्तियों का विभाजन होता है।

भाषायी अल्पसंख्यक

भाषायी अल्पसंख्यक से आशय उन छोटे समुदायों से है, जिनकी अपनी विशिष्ट भाषा होती है। भारतीय संविधान के अनुच्छेद–29 और 30 में भाषायी अल्पसंख्यकों के हितों के संरक्षण हेतु प्रावधान किया गया है।

मौलिक अधिकार

मौलिक अधिकार व्यक्ति के पूर्ण भौतिक और मानसिक विकास के लिए अपरिहार्य होते हैं तथा इनके अभाव में व्यक्ति का पूर्ण विकास नहीं हो पाता है। मौलिक अधिकार वे न्यूनतम अधिकार होते हैं, जो लोकतांत्रिक प्रणाली में किसी भी व्यक्ति को प्राप्त होने चाहिए। मौलिक अधिकार अनुल्लंघनीय होते हैं।

मंत्रिमंडलीय शासन

मंत्रिमंडलीय शासन से आशय उस शासन से होता है ,जिसमें वास्तविक कार्यकारी शक्ति राज्य के प्रमुख के हाथ में केंद्रित न होकर मंत्रिमंडल के हाथों में केंद्रित होती है। मंत्रिमंडल के सदस्य जनता के निर्वाचित प्रतिनिधि होते हैं तथा विधानमंडल के प्रति जवाबदेह या उत्तरदायी होते हैं। मंत्रिमंडल के सदस्य प्रधानमंत्री की अध्यक्षता में कार्य करते हैं।

मंत्रिमंडलीय उत्तरदायित्व

संसदीय प्रणाली या मंत्रिमंडलीय प्रणाली में मंत्रिमंडल निचले सदन के प्रति सामूहिक रूप से उत्तदायी होता है। अन्य शब्दों में यह भी कहा जा सकता है कि मंत्रिमंडल का अस्तित्व तभी तक है, जब तक कि उसे निचले सदन का विश्वास प्राप्त है। निचले सदन के समर्थन के बिना मंत्रिमंडल का अस्तित्व संभव नहीं है। भारतीय संविधान के अंतर्गत अनुच्छेद–75 (3) के द्वारा केंद्रीय मंत्रिमंडल को लोकसभा के प्रति उत्तरदायी बनाया गया है।

महाभियोग

महाभियोग एक विशेष प्रकार की विधायी प्रक्रिया है, जिसके द्वारा किसी अति उच्च पदाधिकारी यथा-राष्ट्रपति, सर्वोच्च न्यायालय के मुख्य न्यायाधीश आदि को पदच्युत करने के लिए प्रक्रिया शुरू की जाती है।

मध्यावधि चुनाव

निर्धारित अवधि की समाप्ति के पूर्व ही होने वाले चुनाव मध्यावधि चुनाव कहलाते हैं।

मार्शल लॉ

जब समस्त नागरिक कानूनों को निलंबित करके किसी क्षेत्र विशेष अथवा देश का प्रशासन सैनिक कानूनों के अनुसार संचालित किया जाता है, तो इसे मार्शल लॉ कहा जाता है।

महान्यायवादी

महान्यायवादी केंद्र सरकार का सर्वोच्च विधिक अधिकारी होता है। भारतीय संविधान के अनुच्छेद–76 में महान्यायवादी का प्रावधान किया गया है। सर्वोच्च न्यायालय के न्यायाधीश नियुक्त होने की अर्हता रखने वाले व्यक्ति को राष्ट्रपति द्वारा महान्यायवादी नियुक्त किया जा सकता है। इससे स्पष्ट है कि महान्यायवादी राष्ट्रपति के प्रसादपर्यंत ही अपने पद पर बना रह सकता है।

राजतंत्र

जिस देश में किसी राजा का शासन तंत्र होता है और राजा स्वयं शासन करता है, तो उसे राजतंत्र की संज्ञा दी जाती है। जहां राजा सिर्फ नाममात्र का राज्य प्रमुख होता है और वास्तविक शासन संसद द्वारा चलाया जाता है, तो उसे संवैधानिक राजतंत्र कहा जाता है। ध्यातव्य है कि ब्रिटेन में संवैधानिक राजतंत्र है।

राष्ट्रीय सरकार

राष्ट्रीय सरकार का गठन आपातकालीन स्थितियों में किया जाता है। राष्ट्रीय सरकार में सभी दलों के प्रतिनिधि सम्मिलित होते हैं। ध्यातव्य है कि द्वितीय विश्व युद्ध के समय ब्रिटेन में राष्ट्रीय सरकार ही थी।

राष्ट्रीय दल

राष्ट्रीय दल से आशय ऐसे राजनीतिक दलों से है, जिनका आधार पूरे देश में कुछ-न-कुछ अवश्य है। भारत में यदि किसी राजनीतिक दल को कम-से-कम 4 राज्यों में क्षेत्रीय पार्टी के रूप में मान्यता प्राप्त हो जाती है, तो उसको राष्ट्रीय दल की मान्यता प्रदान कर दी जाती है। भारत में यह भी प्रावधान है कि यदि किसी राजनैतिक दल को पिछले आम निर्वाचन में 4 राज्यों में पड़े कुल वैध मतों का कम-से-कम 6% या उससे अधिक मत मिलता है, तो इसे राष्ट्रीय दल की मान्यता दी जा सकती है। भारत में किसी भी राजनीतिक दल को राष्ट्रीय पार्टी की मान्यता प्रदान करना चुनाव आयोग का कार्य है।

राज्यों में संवैधानिक तंत्र की विफलता

भारतीय संविधान के अनुच्छेद-356 में प्रावधानित है कि यदि राष्ट्रपति को यह समाधान हो जाए कि किसी राज्य को संविधान के उपबंधों के अनुसार नहीं चलाया जा रहा है, तो राष्ट्रपति उद्घोषणा द्वारा राज्य का शासन अपने हाथ में ले सकता है। ऐसी उद्घोषणा का लोकसभा की प्रथम बैठक में अनुमोदित हो जाना आवश्यक है। ध्यातव्य है कि संसद द्वारा उद्घोषणा को एक बार में 6 माह से अधिक के लिए नहीं बढ़ाया जा सकता है।

राष्ट्रपति शासन

भारतीय संविधान के अनुच्छेद-365 में राष्ट्रपति शासन का प्रावधान किया गया है। अनुच्छेद-365 में वर्णित प्रावधानों के अनुसार राज्यों में संवैधानिक तंत्र की विफलता की स्थिति में राष्ट्रपति उद्घोषणा द्वारा राज्य का शासन अपने हाथ में ले सकता है। राष्ट्रपति की उद्घोषणा के बाद राज्य का राज्यपाल राष्ट्रपति के अभिकर्ता के रूप में कार्य करने लगता है तथा राज्य विधानमंडल की शक्तियां संसद के प्राधिकार के अधीन प्रयोक्तव्य हो जाती हैं।

राष्ट्रपति शासन प्रणाली

राष्ट्रपति शासन प्रणाली लोकतंत्रीय शासन प्रणाली का एक रूप है। राष्ट्रपति शासन प्रणाली के अंतर्गत राज्य की कार्यकारी शक्ति राष्ट्रपति के हाथों में केंद्रित रहती है। राष्ट्रपति की सहायता के लिए एक स्वतंत्र मंत्रिमंडल होता है। मंत्रिमंडल संसद के प्रति उत्तरदायी नहीं होता। मंत्रिमंडल के सदस्य विधानमंडल के सदस्य नहीं होते हैं। इसलिए संसद की कार्यवाहियों में भाग नहीं लेते हैं। राष्ट्रपति शासन प्रणाली में न्यायपालिका, कार्यपालिका तथा विधानपालिका एक-दूसरे से स्वतंत्र होती हैं। राष्ट्रपति शासन प्रणाली में उत्तरदायित्व की भावना का लोप होता है। सं. रा. अमेरिका में राष्ट्रपति शासन प्रणाली अपने सफलतम रूप में है।

लेखानुदान

विनियोग विधेयक के पारित होने के पूर्व ही भारत की संचित निधि से कोई धनराशि निकाली जा सकती है, परंतु सरकार को इस विधेयक के पारित होने के पूर्व ही धन की आवश्यकता हो सकती है। अनुच्छेद-116 (a) के अंतर्गत लोकसभा लेखानुदान पारित करके सरकार के व्यय के लिए अग्रिम धनराशि स्वीकार कर सकती है, जब तक कि संसद विनियोग विधेयक पारित नहीं कर देती है।

लोक सत्ता

लोक सत्ता का आशय जनता में निहित शक्ति से होता है। लोकतंत्र की यह मान्यता है कि सत्ता अंततः जनता में निहित होती है। भारतीय संविधान की प्रस्तावना में लोक सत्ता के महत्व को स्वीकार करते हुए कहा गया है कि भारत में सत्ता का वास जनता में है और किसी भी अंग की जो शक्तियां है, वे सब जनता के प्राधिकार पर आधारित हैं।

लाभ का पद

सामान्यतया उन पदों को लाभ का पद माना जाता है, जिन पर कार्य करने से आर्थिक लाभ होता है। भारतीय संविधान के अनुसार सरकार के अधीन लाभ का पद ग्रहण करने वाला व्यक्ति संसद अथवा विधानमंडल की सदस्यता के लिए अनर्ह होता है। ध्यातव्य है कि उक्त व्यवस्था भारतीय संविधान के अनुच्छेद 191 में वर्णित है।

लोक कल्याणकारी राज्य

देश की सुरक्षा, शांति तथा प्रशासन के अतिरिक्त अन्य सामाजिक कर्तव्यों का निर्वहन करने वाले राज्यों को लोक कल्याणकारी राज्य कहा जाता है। नागरिकों के भौतिक, बौद्धिक तथा नैतिक स्तर के विकास हेतु विभिन्न प्रकार की योजनाएं/कार्यक्रम बनाना तथा कार्यान्वित करना लोकहितकारी राज्य के प्रमुख लक्षण हैं।

संसदीय भाषा

सामान्यतः संसद अथवा विधानमंडल में प्रयुक्त की जाने वाली शिष्ट तथा संयत भाषा को संसदीय भाषा की संज्ञा दी जाती है। संसद सदस्यों तथा विधानमंडल के सदस्यों से यह अपेक्षा की जाती है कि सदन में भाषण देते समय विशेषतः विपक्ष पर प्रहार करते समय संयत तथा शिष्ट भाषा का प्रयोग करें। पीठासीन अधिकारी को यह अधिकार प्राप्त है कि भाषा अशिष्ट, असंयत अथवा अमर्यादित है, तो उसे संसदीय कार्यवाही से विलग कर दे।

संचित निधि

भारतीय संविधान के अनुच्छेद-266 में संचित निधि का प्रावधान है। संचित निधि से धन संसद में प्रस्तुत अनुदान मांगों के द्वारा ही व्यय किया जा सकता है। राज्यों को करों एवं शुल्कों में से उनका अंश देने के बाद जो बचता है, उसे संचित निधि में डाल दिया जाता है। राष्ट्रपति, उपराष्ट्रपति, नियंत्रक एवं महालेखा परीक्षक आदि के वेतन संचित निधि से ही दिए जाते हैं।

संसदीय दल

संसद में कुछ सदस्यों के संगठन को संसदीय दल कहा जाता है। प्रायः संसदीय दल का गठन आम निर्वाचन में एक ही पार्टी के बैनर तले चुनकर आए एक ही विचारधारा के लोगों द्वारा किया जाता है। संसदीय दल के लिए यह आवश्यक है कि उसकी संख्या सदन की कुल सदस्य संख्या का 10वां भाग हो। पीठासीन अधिकारी को यह अधिकार प्राप्त है कि वह एक ही विचारधारा के 10 या उससे अधिक सदस्यों को संसदीय दल के रूप में मान्यता दे सकता है।

सामूहिक उत्तरदायित्व

संसदीय शासन व्यवस्था के अंतर्गत आधारभूत नीति के प्रश्न पर मंत्रिपरिषद् सामूहिक रूप से संसद के निम्न सदन के प्रति जिम्मेदार होती है। भारतीय संविधान के अनुच्छेद-74 (3) में कहा गया है कि मंत्रिपरिषद् सामूहिक रूप से लोकसभा के प्रति जिम्मेदार होगी। सदन में किसी एक मंत्री के विरुद्ध अविश्वास प्रस्ताव पारित हो जाता है, तो संपूर्ण मंत्रिमंडल को त्यागपत्र देना पड़ता है।

संसद का सत्रावसान

सत्रावसान से आशय राष्ट्रपति द्वारा संसद के किसी विशेष सत्र को समाप्त करने से होता है। भारतीय संविधान के अनुच्छेद-85 (ख) में राष्ट्रपति लोकसभा तथा राज्यसभा के सत्रों का सत्रावसान करेगा। सत्रावसान होने पर किसी विधेयक को पुनः स्थापित करने के लिए अनुमति संबंधी प्रस्ताव को छोड़कर सभी लंबित सूचनाएं व्यपगत हो जाती हैं और अगले सत्र के लिए नई सूचनाएं देनी पड़ती हैं।

संसद के सत्र का स्थगन

स्थगन सदन की बैठक को समाप्त करता है। ध्यातव्य है कि एक सत्र में कई बैठकें होती हैं। प्रायः बैठकें स्थगित होती रहती हैं। स्थगन स्वयं सदन का कार्य होता है, जिसको सदन के अध्यक्ष या सभापति द्वारा किया जाता है। सत्रों के स्थगन से सदन में विचारणीय विषयों पर कोई प्रभाव नहीं पड़ता है।

संसद का विघटन

विघटन सदन की कालावधि को समाप्त करता है, जिसके बाद निम्न सदन (लोकसभा) का निर्वाचन होना आवश्यक हो जाता है। उच्च सदन (राज्यसभा) का विघटन नहीं होता है। लोकसभा का विघटन राष्ट्रपति द्वारा प्रधानमंत्री के परामर्श पर किया जाता है। सत्रावसान और विघटन में अंतर यह होता है कि सत्रावसान सदन के किसी विशेष सत्र को समाप्त करता है, जबकि विघटन उस सदन को ही समाप्त कर देता है।

सचेतक

सभी राजनैतिक दलों में सचेतक वह पदाधिकारी होता है, जो अपने दल के संसद/विधानमंडल के सदस्यों में अनुशासन बनाए रखता है। सचेतक का मुख्य कार्य किसी विषय पर मतदान होने की स्थिति में अपने दल के सदस्यों को मतदान विषयक निर्देश देना है। सचेतक अपने सदस्यों की उपस्थिति सदन में सुनिश्चित करता है। सदन में जब कभी मतदान की घंटी बजती है, तो सभी सदस्यों को 3 मिनट के अंदर सदन में उपस्थित होना पड़ता है। सचेतक का कार्य है कि इस स्थिति के लिए अपने सदस्यों को तैयार रखे। सचेतक द्वारा प्रस्ताव के पक्ष या विपक्ष में मतदान करने का निर्देश जारी किया जाता है।

संयुक्त बैठक

द्वि-सदनीय विधानमंडलीय व्यवस्था के अंतर्गत किसी विषय में दोनों सदनों में मतभेद होंने पर संयुक्त बैठक राष्ट्रपति द्वारा आहूत की जा सकती है। भारतीय संविधान के अनुच्छेद-108 में संयुक्त बैठक का प्रावधान किया गया है। दहेज प्रतिषेध विधेयक के संबंध में संसद के दोनों सदनों में मतभेद होने पर राष्ट्रपति द्वारा 1961 में संसद के दोनों सदनों की संयुक्त बैठक आहूत की गई थी।

समवर्ती सूची

समवर्ती सूची में वर्णित विषयों पर केंद्र तथा राज्य दोनों को कानून बनाने का अधिकार होता है। समवर्ती सूची में वर्णित किसी विषय पर केंद्र तथा राज्य द्वारा सृजित कानूनों में विभेद होने पर केंद्र द्वारा सृजित कानून को प्राथमिकता दी जाती है। भारतीय संविधान में सातवीं अनुसूची में समवर्ती सूची वर्णित है।

सदन की अवमानना

सदन की अवमानना से आशय ऐसे किसी कार्य से होता है, जिससे सदन के सदस्य अथवा अधिकारी के कार्य में प्रत्यक्ष अथवा अप्रत्यक्ष रूप से बाधा पड़ती है अथवा संसदीय विशेषाधिकारों का उल्लंघन होता है। सदन की किसी समिति की बैठक में उपस्थित होने के आदेश की अवहेलना तथा संसदीय आचरण के संबंध में आपत्तिजनक बातों के प्रकाशन को सदन की अवमानना माना जाता है।

संपत्ति का अधिकार

मूल भारतीय संविधान के अनुच्छेद-19 तथा अनुच्छेद-31 में संपत्ति के अधिकार को एक मौलिक अधिकार के रूप में स्वीकार किया गया था। 1978 में 44वें संविधान संशोधन द्वारा संपत्ति के अधिकार को मौलिक अधिकारों की सूची से हटा दिया गया तथा अनुच्छेद-300 (क) में विधिक अधिकार के रूप में रखा गया। किसी व्यक्ति को अब विधि के प्राधिकार से उसकी संपत्ति से वंचित किया जा सकता है।

स्थानीय स्वशासन

स्थानीय स्वशासन का अर्थ उन स्थानीय संस्थाओं द्वारा शासन से है, जो जनता द्वारा चुनी गई हैं तथा जिन्हें राष्ट्रीय नियंत्रण के रहते हुए भी कुछ मामले और उत्तरदायित्व प्राप्त हैं, जिनका प्रयोग वे किसी उच्चतर अधिकार के नियंत्रण के बिना अपने विवेक से कर सकें। स्थानीय संस्थाओं द्वारा स्वास्थ्य, शिक्षा, विद्युत, जल, सार्वजनिक पार्कों, सड़कों आदि का प्रबंध किया जाता है। नगर निगम, म्यूनिसिपल बोर्ड, जिला परिषद्, ग्राम सभा, ग्राम पंचायत आदि इस प्रकार की संस्थाएं हैं।

स्थानापन्न प्रस्ताव

मूल प्रस्ताव के स्थान पर उसके विकल्प के रूप में प्रस्तुत प्रस्ताव स्थानापन्न प्रस्ताव कहलाता है। किसी मूल प्रस्ताव पर चर्चा शुरू होने के पूर्व किसी सदस्य द्वारा स्थानापन्न प्रस्ताव प्रस्तुत किया जा सकता है। मूल प्रस्ताव तथा स्थानापन्न प्रस्ताव पर एक साथ चर्चा होती है, परंतु यदि स्थानापन्न प्रस्ताव स्वीकृत हो जाता है, तो मूल प्रस्ताव समाप्त हो जाता है।

समग्र क्रांति

समग्र क्रांति के प्रतिपादक जयप्रकाश नारायण हैं। समग्र क्रांति से आशय उस क्रांति से होता है, जिसके माध्यम से समाज में नई चेतना द्वारा प्रत्येक स्तर पर तेजी से सुधार करने का प्रयास किया जाता है।

सामाजिक न्याय

सामाजिक न्याय से आशय समाज की उस स्थिति से है, जिसमें किसी भी व्यक्ति के साथ किसी भी आधार पर कोई भेदभाव नहीं किया जाता है। कोई भी व्यक्ति किसी का शोषण करने की स्थिति में नहीं होता है। सामाजिक न्याय के अंतर्गत प्रत्येक व्यक्ति को समानता के आधार पर अपेक्षित प्रतिफल प्राप्त होता है।

सर्वोदय

सर्वोदय से आशय सभी के कल्याण से होता है। विनोबा भांवे का मूल सिद्धांत सर्वोदय ही था और इसी के आधार पर उन्होंने अपना भू-आंदोलन चलाया था, जिसका उद्देश्य समाज में शांतिपूर्ण आर्थिक एवं सामाजिक परिवर्तन लाना था। इसका उद्देश्य अल्पमत या बहुमत का हित करना नहीं, अपितु सभी का हित करना था।

स्नेप पोल

राष्ट्रपति द्वारा संसद अथवा राज्यपाल द्वारा अचानक क्रमशः संसद तथा विधानसभा को भंग कर देना और अल्प समय बाद निर्वाचन कराना स्नेप पोल कहलाता है।

सर्वहारा वर्ग

सर्वहारा वर्ग उन लोगों के लिए प्रयुक्त किया जाता है, जिनके पास वैयक्तिक संपत्ति बिल्कुल नहीं होती है या लगभग नहीं के बराबर होती है। यह वर्ग अपने श्रम को बेचकर अपना जीविकोपार्जन करता है।

शक्ति पृथक्करण

शासन की शक्तियों का कार्यपालिका, व्यवस्थापिका तथा न्यायपालिका के मध्य सुस्पष्ट विभाजन और किसी इकाई के द्वारा अन्य के कार्यों में हस्तक्षेप न किया जाना शक्ति पृथक्करण है। इसके पीछे यह मान्यता है कि विधि निर्माण, विधि क्रियान्वयन और नागरिकों के अधिकारों की समुचित सुरक्षा का दायित्व अलग-अलग इकाइयों के पास रहने से ही मनुष्य की स्वतंत्रता सुरक्षित रह सकती है।

शून्यकाल

सदन की बैठक सामान्यतः 11 बजे शुरू होती है। 11 से 12 बजे तक 1 घंटे की अवधि प्रश्नकाल की होती है। 12 से 1 बजे की अवधि शून्यकाल होती है। शुरू में यह व्यवस्था थी कि अध्यक्ष को नोटिस दिए बिना कोई मामला शून्यकाल में नहीं उठाया जा सकता है, परंतु अप्रैल, 1990 से यह व्यवस्था समाप्त कर दी गई है कि अति आवश्यक मामले बिना नोटिस के भी उठाए जा सकते हैं। शून्यकाल की अवधि में सदस्यगण सार्वजनिक या त्वरित महत्व के किसी भी विषय को उठा सकते हैं।

श्रम संघवाद

समाजवाद का एक विशेष रूप, जिसके अनुसार सभी उद्योगों का स्वामित्व और नियंत्रण श्रमिक संघों के पास होना चाहिए, इसको श्रम संघवाद कहा जाता है।

❑❑❑

परिशिष्ट 2

भारत का संविधान: एक दृष्टि में

भारतीय के संविधान की आत्मा विशेष रूप से उसकी प्रस्तावना में मुखर हुई है। उच्चतम न्यायालय के अनुसार प्रस्तावना निर्माताओं के विचारों को जानने की कुंजी है। वस्तुत: संविधान की उद्देशिका प्रस्तावना में संविधान का सार है, दर्शन है।

उच्चतम न्यायालय के पूर्व मुख्य न्यायाधीश, हिदायतुल्लाह का कथन है कि 'प्रस्तावना भारतीय संविधान की आत्मा है। हम, भारत के लोग, भारत को एक संपूर्ण प्रभुत्व-संपन्न समाजवादी पंथनिरपेक्ष लोकतंत्रात्मक गणराज्य बनाने के लिए तथा उसके समस्त नागरिकों को सामाजिक, आर्थिक, राजनैतिक न्याय, विचार, अभिव्यक्ति, विश्वास, धर्म और उपासना की स्वतंत्रता, प्रतिष्ठा और अवसर की समता प्राप्त कराने के लिए, तथा उन सब में व्यक्ति की गरिमा और राष्ट्र की एकता और अखंडता सुनिश्चित करने वाली बंधुता बढ़ाने के लिए दृढ़ संकल्प होकर अपनी इस संविधान सभा में आज तारीख 26 नवंबर, 1949 ई. (मिति मार्गशीर्ष शुक्ल सप्तमी, संवत् 2006 विक्रमी) को एतद् द्वारा इस संविधान को अंगीकृत, अधिनियमित और आत्मार्पित करते हैं।'

भाग 1

संघ और उसका राज्यक्षेत्र

भारत 'अर्थात् इंडिया, राज्यों का संघ है। देश के नाम के विषय में संविधान सभा में गहन एवं व्यापक चिंतन हुआ। जहां 'भारत' प्राचीन नाम था और वह देश की एकता एवं अखंडता की चेतना की प्रथम अभिव्यक्ति को निरूपित करता था, वहीं 'इंडिया' आधुनिक नाम था, जिससे देश विश्वभर में जाना जाने लगा था। संयुक्त राष्ट्र संघ के सदस्य के रूप में इसका नाम 'इंडिया' था और सभी अंतर्राष्ट्रीय समझौते इसी नाम से संपन्न होते थे। अत: दोनों नामों के प्रबल समर्थक थे और इसी कारण भारत अर्थात् इंडिया नाम को संविधान में अंकित किया गया।

वर्तमान में भारतीय संघ में 28 राज्य और 8 संघ राज्य क्षेत्र हैं।

1. संघ का नाम और राज्यक्षेत्र।
2. नए राज्यों का प्रवेश या स्थापना।
3. निरसित (Repealed)।
4. पहली अनुसूची और चौथी अनुसूची के संशोधन तथा अनुपूरक, आनुषंगिक और पारिणामिक विषयों को उपलब्ध करने के लिए अनुच्छेद 2 और अनुच्छेद के अधीन बनाई गई विधियां।

भाग 2

नागरिकता

भारतीय संविधान भारत में एक संघीय व्यवस्था का प्रावधान करता है, किंतु यहाँ एक नागरिकता का प्रावधान है। भारत की एक ही नागरिकता को मान्यता देकर भारत की अखंडता को बनाए रखने का प्रबंध किया गया है।

5. संविधान के प्रारंभ पर नागरिकता
6. पाकिस्तान से भारत को प्रव्रजन (Migrated) करने वाले कुछ व्यक्तियों के नागरिकता के अधिकार।
7. पाकिस्तान से प्रव्रजन (Migrated) करने वाले कुछ व्यक्तियों को नागरिकता के अधिकार।
8. भारत के बाहर रहने वाले भारतीय उद्भव (Indian Origin) के कुछ व्यक्तियों के नागरिकता के अधिकार।
9. विदेशी राज्य की नागरिकता स्वेच्छा से अर्जित करने वाले व्यक्तियों का नागरिक न होना।
10. नागरिकता के अधिकारों का बना रहना।
11. संसद द्वारा नागरिकता के अधिकार का विधि द्वारा विनियमन (Regulate) किया जाना।

भाग 3

मौलिक अधिकार

जब भी व्यक्ति तथा राज्य के पारस्परिक संबंधों पर चिंतन एवं मनन होता है, तो अधिकारों का उल्लेख होना अनिवार्य है। शांति एवं व्यवस्थित जीवन कायम रहे, समाज में शांति तथा बंधुत्व की भावना बनी रहे, इसके लिए व्यक्ति के जीवन पर राज्य का नियंत्रण बना रहे, यह आवश्यक है, परंतु इसी के साथ राज्य की शक्ति को परिसीमित कर देना भी वांछनीय है। जिससे राज्य अनियमित ढंग से आचरण करते हुए व्यक्ति की स्वतंत्रता तथा अधिकारों का अतिक्रमण न कर सके। इसीलिए भारतीय संविधान में मौलिक अधिकारों का समावेश व्यापक रूप से किया गया है। इस पर 38 दिनों तक संविधान सभा में चर्चा हुई। उस समिति में 11 दिन तक, सलाहकार समिति में 2 दिन तक और संविधान सभा में 25 दिनों तक विचार-विमर्श हुआ।

साधारण

12. परिभाषा।
13. मूल अधिकारों में असंगत या उनका अल्पीकरण (Derogation) करने वाली विधियां।

समता का अधिकार

14. विधि के समक्ष समता।

15. धर्म, मूलवंश, जाति, लिंग या जन्मस्थान के आधार पर विभेद का प्रतिषेध (Prohibition)।
16. लोक नियोजन के विषय में अवसर की समता।
17. अस्पृश्यता (Untouchability) का अंत।
18. उपाधियों का अंत।

स्वातंत्र्य-अधिकार

19. वाक्-स्वातंत्र्य (Freedom of Speech) आदि विषयक कुछ अधिकारों का संरक्षण।
20. अपराधों के लिए दोषसिद्धि के संबंध में संरक्षण।
21. प्राण और दैहिक स्वतंत्रता का संरक्षण।

21क. शिक्षा का अधिकार।

22. कुछ दशाओं में गिरफ्तारी और निरोध (Detention) में संरक्षण

शोषण के विरुद्ध अधिकार

23. मानव के दुर्व्यापार (Traffic in human being) और बलात् श्रम (Forced labour) का प्रतिषेध।
24. कारखानों आदि में बालकों के नियोजन का प्रतिषेध।

धर्म की स्वतंत्रता का अधिकार

25. अंत:करण (Concience) की और धर्म के अबाध रूप से मानने, आचरण और प्रचार करने की स्वतंत्रता।
26. धार्मिक कार्यों के प्रबंध की स्वतंत्रता।
27. किसी विशिष्ट धर्म की अभिवृद्धि के लिए करों के संदाय (Payment) के बारे में स्वतंत्रता।
28. कुछ शिक्षा संस्थाओं में धार्मिक शिक्षा या धार्मिक उपासना में उपस्थित होने के बारे में स्वतंत्रता।

सांस्कृतिक और शिक्षा संबंधी अधिकार

29. अल्पसंख्यक-वर्गों के हितों का संरक्षण।
30. शिक्षा संस्थाओं की स्थापना और प्रशासन करने का अल्पसंख्यक-वर्गों का अधिकार।
31. निरसित (Repealed)।

कुछ विधियों की व्यावृत्ति

31क. संपदाओं (Estates) आदि के अर्जन के लिए उपलब्ध करने वाली विधियों की व्यावृत्ति (Saving)।

31ख. कुछ अधिनियमों और विनियमों का विधिमान्यकरण।

31ग. कुछ निदेशक तत्वों को प्रभावी करने वाली विधियों की व्यावृत्ति।

31घ. निरसित (Repealed)।

संवैधानिक उपचारों का अधिकार

32. इस भाग द्वारा प्रदत्त अधिकारों को क्रियाशील कराने के लिए उपचार।

32क. निरसित (Repealed)।

33. इस भाग द्वारा प्रदत्त अधिकारों का, बलों आदि को लागू होने में, उपांतरण (Modify) करने की संसद की शक्ति।
34. जब किसी क्षेत्र में सेना विधि क्रियाशील है, तब इस भाग द्वारा प्रदत्त अधिकारों पर निर्बंधन (Restriction)
35. इस भाग के उपबंधों को प्रभावी करने के लिए विधान।

भाग 4

राज्य की नीति के निदेशक तत्व

नीति-निदेशक सिद्धांतों का समावेश भारतीय संविधान की एक प्रमुख विशेषता है। भारतीय संविधान निर्माताओं ने नागरिकों के सामाजिक, राजनैतिक, शैक्षणिक तथा आर्थिक विकास आदि के लिए अधिकारों की एक विस्तृत व्यवस्था तथा प्रावधानों का सृजन किया है। इसी के साथ-साथ संविधान निर्माताओं ने भावी भारत की सरकारों के लिए कार्यक्रमों की एक रूपरेखा भी प्रस्तुत की है, जिसको क्रियान्वित करके भारत में लोक कल्याणकारी राज्य की स्थापना के सपने को साकार किया जा सके। इसीलिए संविधान के भाग 4 में अनुच्छेद 36 से 51 तक में नीति-निदेशक तत्वों का प्रावधान किया गया है। अनुच्छेद 37 घोषणा करता है कि निदेशक तत्व 'देश के शासन के मूलाधार हैं और निश्चय ही विधि बनाने में इन सिद्धांतों को लागू करना राज्य का कर्तव्य होगा।' निदेशक तत्वों को लागू करने के लिए संसद मूल अधिकारों में भी संशोधन कर सकती है और इस प्रकार का विधान (प्रावधान), जब तक वह संविधान की किसी बुनियादी विशिष्टता का उल्लंघन नहीं करता, विधिमान्य माना जाएगा।

36. परिभाषा
37. इस भाग में अंतर्विष्ट तत्वों का लागू होना।
38. राज्य लोक कल्याण की अभिवृद्धि के लिए सामाजिक व्यवस्था बनाएगा।
39. राज्य द्वारा अनुसरणीय कुछ नीति तत्व।

39क. समान न्याय और नि:शुल्क विधि सहायता।

40. ग्राम पंचायतों का संगठन।
41. कुछ दशाओं में काम, शिक्षा और लोक सहायता पाने का अधिकार।
42. काम की न्यायसंगत और मानवोचित दशाओं का तथा प्रसूति सहायता का उपबंध।
43. कर्मकारों के लिए निर्वाह मजदूरी आदि।

43क. उद्योगों के प्रबंध में कर्मकारों का भाग लेना।

44. नागरिकों के लिए एक समान सिविल संहिता।
45. बालकों की शैशवावस्था (Early Childhood) में स्वास्थ्य परिरक्षण एवं छह वर्ष की आयु से नीचे के सभी बालकों की शिक्षा का प्रावधान।
46. अनुसूचित जातियों, अनुसूचित जनजातियों और अन्य दुर्बल वर्गों के शिक्षा और अर्थ संबंधी हितों की अभिवृद्धि।
47. पोषाहार स्तर और जीवन स्तर को ऊंचा करने तथा लोक स्वास्थ्य का सुधार करने का राज्य का कर्तव्य।
48. कृषि और पशुपालन का संगठन।

48क. पर्यावरण का संरक्षण तथा संवर्धन और वन तथा वन्य जीवों की रक्षा।

49. राष्ट्रीय महत्व के स्मारकों, स्थानों और वस्तुओं का संरक्षण।
50. कार्यपालिका से न्यायपालिका का पृथक्करण।
51. अंतर्राष्ट्रीय शांति और सुरक्षा की अभिवृद्धि।

भाग 4 क

मूल कर्तव्य

मूल भारतीय संविधान में मूल कर्तव्यों का समावेश नहीं था, इसे स्वर्ण सिंह समिति की सिफारिशों के आधार पर 42वें संविधान संशोधन द्वारा 1976 में जोड़ा गया। इसे अनुच्छेद 51(क) में स्थान दिया गया है। मूल कर्तव्य ऐसे मूल्यों को प्रदर्शित करते हैं जो भारतीय परंपराओं, धर्मों तथा व्यवहार में सदियों से पाए जाते रहे हैं। नागरिकों के लिए अनुच्छेद 51क में दिए गए 11 कर्तव्य हमारे लिए आचार के 11 मूलभूत आदेश हैं, जैसे बाइबल के प्रसिद्ध कमांडमेंट्स होते हैं।

51क. मूल कर्तव्य

भाग 5

संघ

कार्यपालिका

राष्ट्रपति और उपराष्ट्रपति

भारत में संसदीय शासन प्रणाली है, इसलिए राष्ट्रपति कार्यपालिका का संवैधानिक प्रधान है और मंत्रिमंडल वास्तविक कार्यकारी प्रधान है। डॉ. अंबेडकर के अनुसार, 'हमारे राष्ट्रपति की वही स्थिति है, जो ब्रिटिश संविधान के अंतर्गत सम्राट् की है, वह राज्य का प्रधान है, किंतु कार्यपालिका का नहीं।' संवैधानिक रूप में भारतीय गणराज्य की समस्त शक्तियां राष्ट्रपति में निहित हैं, जिसका प्रयोग मंत्रिपरिषद् और प्रधानमंत्री द्वारा किया जाता है।

52. भारत का राष्ट्रपति।
53. संघ की कार्यपालिका शक्ति।
54. राष्ट्रपति का निर्वाचन।
55. राष्ट्रपति के निर्वाचन की रीति।
56. राष्ट्रपति की पदावधि।
57. पुनर्निर्वाचन (Re-election) के लिए पात्रता।
58. राष्ट्रपति निर्वाचित होने के लिए अर्हताएं (Qualifications)।
59. राष्ट्रपति के पद के लिए शर्तें।
60. राष्ट्रपति द्वारा शपथ या प्रतिज्ञान (Oath)।
61. राष्ट्रपति पर महाभियोग (Impeachment) चलाने की प्रक्रिया।
62. राष्ट्रपति के रिक्त पद को भरने के लिए निर्वाचन करने का समय और आकस्मिक रिक्ति को भरने के लिए निर्वाचित व्यक्ति की पदावधि।
63. भारत का उपराष्ट्रपति
64. उपराष्ट्रपति राज्यसभा का पदेन सभापति होता है।
65. राष्ट्रपति के पद में आकस्मिक रिक्ति के दौरान या उसकी अनुपस्थिति में उपराष्ट्रपति का राष्ट्रपति के रूप में कार्य करना उसके कृत्यों का निर्वहन।
66. उपराष्ट्रपति का निर्वाचन।
67. उपराष्ट्रपति की पदावधि।
68. उपराष्ट्रपति के पद में रिक्ति को भरने के लिए निर्वाचन करने का समय और आकस्मिक रिक्ति को भरने के लिए निर्वाचित व्यक्ति की पदावधि।
69. उपराष्ट्रपति द्वारा शपथ प्रतिज्ञान (Oath)।
70. अन्य आकस्मिकताओं में राष्ट्रपति के कृत्यों का निर्वहन।
71. राष्ट्रपति या उपराष्ट्रपति के निर्वाचन से संबंधित विषय।
72. क्षमा आदि की और कुछ मामलों में दंडादेश के निलंबन, परिहार (Remit) या लघुकरण की राष्ट्रपति की शक्ति।
73. संघ की कार्यपालिका शक्ति का विस्तार।

मंत्रिपरिषद्

मंत्रिपरिषद् संसदीय शासन प्रणाली में केंद्रीय भूमिका में होती है। भारतीय संविधान में मंत्रिपरिषद् का संवैधानिक अस्तित्व है, जिसका प्रधान प्रधानमंत्री होता है। भारतीय संविधान में मंत्रिपरिषद् के वर्गीकरण का उल्लेख नहीं है, परंतु व्यावहारिक रूप में मंत्रिपरिषद् के अंतर्गत कैबिनेट मंत्री, राज्यमंत्री, उपमंत्री तथा संसदीय सचिव आते हैं। कभी-कभी किसी विभाग का कैबिनेट मंत्री न होकर स्वतंत्र प्रभार वाले राज्य मंत्री प्रधानमंत्री द्वारा नियुक्त कर दिए जाते हैं। संसदीय शासन प्रणाली में प्रधानमंत्री की भूमिका महत्वपूर्ण होती है, वह सर्वाधिक सशक्त कार्यकारी है। वह संसद तथा कार्यपालिका दोनों पर नियंत्रण रखता है। संसदीय सरकार को बहुधा प्रधानमंत्री सरकार कहा जाता है।

74. राष्ट्रपति को सहायता और सलाह देने के लिए मंत्रिपरिषद्।
75. मंत्रियों के बारे में अन्य उपबंध।

91वें संविधान संशोधन अधिनियम, 2003 द्वारा अनुच्छेद 75(1) के तुरंत बाद (1अ) तथा (ब) जोड़ा गया है।

(1अ) मंत्रिपरिषद् में प्रधानमंत्री सहित मंत्रियों की संख्या लोकसभा की कुल संख्या के 15 प्रतिशत से अधिक नहीं होगी।

(1ब) यदि किसी भी राजनीतिक दल से संबंधित संसद के किसी भी सदन का सदस्य 10वीं अनुसूची के परिच्छेद-2 के अंतर्गत अयोग्य ठहराया जाता है, तो वह मंत्री पद पर नियुक्ति के अयोग्य माना जाएगा और दल-बदलने वाला कोई सदस्य सदन की सदस्यता खोने के साथ-साथ अगली बार चुनाव जीतने तक अथवा सदन के शेष कार्यकाल तक (जो भी पहले हो) मंत्री पद या लाभ का कोई अन्य पद प्राप्त नहीं कर सकेगा।

भारत का महान्यायवादी

महान्यायवादी भारत सरकार का सर्वोच्च विधि अधिकारी होता है। वह देश के अंदर या बाहर कहीं भी किसी कोर्ट में भारत सरकार का पक्ष प्रस्तुत करता है।

76. भारत का महान्यायवादी

सरकारी कार्य संचालन

77. भारत सरकार के कार्य का संचालन।
78. राष्ट्रपति को जानकारी देने आदि के संबंध में प्रधानमंत्री के कर्तव्य।

संसद

भारतीय संसद का गठन राष्ट्रपति, लोकसभा तथा राज्यसभा के मिलने से होता है। भारतीय संसद द्वि-सदनीय है। लोकसभा निम्न सदन और जनता का प्रथम सदन है जबकि राज्यसभा उच्च सदन तथा द्वितीय सदन है, कुछ मामलों को छोड़कर लोकसभा तथा राज्यसभा को समान अधिकार प्राप्त हैं। धन संबंधी मामलों तथा मंत्रिपरिषद् के उत्तरदायित्व में लोकसभा को विशेष अधिकार प्राप्त हैं। जबकि राज्य सूची के विषयों पर कानून बनाने तथा नई अखिल भारतीय सेवाओं के सृजन के संदर्भ में राज्यसभा को विशेष अधिकार प्राप्त हैं।

साधारण

79. संसद का गठन।
80. राज्यसभा की संरचना।
81. लोकसभा की संरचना।
82. प्रत्येक जनगणना के पश्चात् पुनः समायोजन (Readjustment)।
83. संसद के सदनों की अवधि।
84. संसद की सदस्यता के लिए अर्हता (योग्यता)।
85. संसद के सत्र, सत्र की समाप्ति और विघटन।
86. सदनों में अभिभाषण का और उनको संदेश भेजने का राष्ट्रपति का अधिकार।
87. राष्ट्रपति का विशेष अभिभाषण।
88. सदनों के बारे में मंत्रियों और महान्यायवादी के अधिकार।

संसद के अधिकारी

संसद के दोनों सदनों के अलग-अलग प्राधिकारी होते हैं। लोकसभा अध्यक्ष लोकसभा का प्रमुख होता है। इसके साथ-साथ वह संसदीय सचिवालय का भी मध्यस्थ होता है। इसके साथ-साथ लोकसभा में एक उपाध्यक्ष भी होता है। राज्यसभा में सभापति (उपराष्ट्रपति) तथा उपसभापति होता है।

89. राज्यसभा का सभापति और उपसभापति।
90. उपसभापति का पद रिक्त होना, पदत्याग और पद से हटाया जाना।
91. सभापति के पद के कर्तव्यों का पालन करने या सभापति के रूप में कार्य करने की उपसभापति या अन्य व्यक्ति की शक्ति।
92. जब सभापति या उपसभापति को पद से हटाने का कोई संकल्प विचाराधीन है उसका पीठासीन न होना।
93. लोकसभा का अध्यक्ष और उपाध्यक्ष।
94. अध्यक्ष और उपाध्यक्ष का पद रिक्त होना, पदत्याग और पद से हटाया जाना।
95. अध्यक्ष के पद के कर्तव्यों का पालन करने या अध्यक्ष के रूप में कार्य करने की उपाध्यक्ष या अन्य व्यक्ति की शक्ति।
96. जब अध्यक्ष या उपाध्यक्ष को पद से हटाने का कोई संकल्प (Resolution) विचाराधीन है तब उसका पीठासीन न होना।
97. सभापति और उपसभापति तथा अध्यक्ष और उपाध्यक्ष के वेतन और भत्ते।
98. संसद का सचिवालय।

कार्य संचालन

99. सदस्यों द्वारा शपथ प्रतिज्ञान।
100. सदनों में मतदान, रिक्तियों के होते हुए भी सदनों की कार्य करने की शक्ति और गणपूर्ति।

सदस्यों की निरर्हताएं

101. स्थानों का रिक्त होना।
102. सदस्यता के लिए निरर्हताएं।
103. सदस्यों की निरर्हताओं से संबंधित प्रश्नों पर विनिश्चय।
104. अनुच्छेद 99 के अधीन शपथ लेने या प्रतिज्ञान करने से पहले या अर्हित (योग्य) न होते हुए या निरर्हित-अयोग्य (Disqualified) घोषित किए जाने पर बैठने और मत देने के लिए शास्ति।

संसद और उसके सदस्यों की शक्तियां, विशेषाधिकार और उन्मुक्तियां

105. संसद के सदनों की तथा उनके सदस्यों और समितियों की शक्तियां, विशेषाधिकार आदि।
106. सदस्यों के वेतन और भत्ते।

विधायी प्रक्रिया

107. विधेयकों के पुनर्स्थापन और पारित किए जाने के संबंध में उपबंध।
108. कुछ दशाओं में दोनों सदनों की संयुक्त बैठक।
109. धन विधेयकों के संबंध में विशेष प्रक्रिया।
110. 'धन विधेयक' की परिभाषा।
111. विधेयकों पर अनुमति।

वित्तीय विषयों के संबंध में प्रक्रिया

112. वार्षिक वित्तीय विवरण।
113. संसद में प्राक्कलनों (Estimates) के संबंध में प्रक्रिया।
114. विनियोग विधेयक (Appropriation Bill)।
115. अनुपूरक, अतिरिक्त या अधिक अनुदान (Supplementary, Additional or Excess grants)।
116. लेखानुदान, प्रत्यानुदान और अपवादानुदान (Votes on Accounts, Votes of Credit and Exceptional grants)।
117. वित्त विधेयकों के बारे में विशेष उपबंध।

साधारणतया प्रक्रिया

118. प्रक्रिया के नियम।
119. संसद में वित्तीय कार्य संबंधी प्रक्रिया का विधि द्वारा विनियमन (Regulation)।
120. संसद में प्रयोग की जाने वाली भाषा।
121. संसद में चर्चा पर (प्रतिबंध)।
122. न्यायालयों द्वारा संसद की कार्यवाहियों की जांच न किया जाना।

राष्ट्रपति की विधायी शक्तियां

राष्ट्रपति द्वारा जारी किए गए अध्यादेशों की शक्ति तथा प्रभाव संसद द्वारा बनाए गए कानूनों जैसी ही है। अपवाद केवल इतना है कि ऐसे सभी अध्यादेश संसद के पुनः समवेत (अधिवेशन में) होने से छह सप्ताह की अवधि समाप्त होने पर या उससे पूर्व, यदि दोनों सदन उनका निरनुमोदन कर दें, निष्क्रिय हो जाते हैं।

123. संसद के विश्रांतिकाल में अध्यादेश जारी करने की राष्ट्रपति की शक्ति।

संघ की न्यायपालिका

भारत में एकीकृत न्यायपालिका है। न्यायपालिका के शीर्ष पर सर्वोच्च न्यायालय या उच्चतम न्यायालय है। वह संविधान का संरक्षक है। केंद्र तथा राज्यों के मध्य, राज्यों और राज्यों के मध्य पारस्परिक विवादों के हल के लिए एकमात्र मध्यस्थ के रूप में प्रतिस्थापित है। उसे न्यायिक पुनरावलोकन का भी अधिकार प्राप्त है।

124. उच्चतम न्यायालय की स्थापना और गठन।
125. न्यायाधीशों के वेतन आदि।
126. कार्यकारी मुख्य न्यायमूर्ति की नियुक्ति।
127. तदर्थ न्यायाधीशों की नियुक्ति।
128. उच्चतम न्यायालय की बैठकों में सेवानिवृत्त न्यायाधीशों की उपस्थिति।
129. उच्चतम न्यायालय का अभिलेख न्यायालय होना।
130. उच्चतम न्यायालय का स्थान।
131. उच्चतम न्यायालय की आरंभिक अधिकारिता।
131क. निरसित (Repealed)।
132. कुछ मामलों में उच्च न्यायालयों से अपीलों में उच्चतम न्यायालय को अपीलीय अधिकारिता।
133. उच्च न्यायालय से सिविल विषयों में संबंधित अपीलों में उच्चतम न्यायालय की अपीलीय अधिकारिता।
134. दांडिक विषयों में उच्चतम न्यायालय की अपीलीय अधिकारिता।
134क. उच्चतम न्यायालय में अपील के लिए प्रमाण-पत्र।
135. विद्यमान विधि के अधीन फेडरल न्यायालय की अधिकारिता और शक्तियों को उच्चतम न्यायालय द्वारा क्रियाशील करना।
136. अपील के लिए उच्चतम न्यायालय की विशेष इजाजत।
137. निर्णयों या आदेशों का उच्चतम न्यायालय द्वारा पुनर्विलोकन (Review)।
138. उच्चतम न्यायालय की अधिकारिता की वृद्धि।
139. कुछ रिट निकालने की शक्तियों का उच्चतम न्यायालय को प्रदत्त किया जाना।
139क. कुछ मामलों का अंतरण।
140. उच्चतम न्यायालय की अनुपूरक शक्तियां।
141. उच्चतम न्यायालय द्वारा घोषित विधि का सभी न्यायालयों पर लागू होना।
142. उच्चतम न्यायालय की डिक्रियों और आदेशों का प्रवर्तन (Enforcement) और प्रकटीकरण आदि के बारे में आदेश।
143. उच्चतम न्यायालय से परामर्श करने की राष्ट्रपति की शक्ति।

144. सिविल और न्यायिक प्राधिकारियों द्वारा उच्चतम न्यायालय की सहायता में कार्य किया जाना।

144क. निरसित (Repealed)।

145. न्यायालय के नियम आदि।

146. उच्चतम न्यायालय के अधिकारी और सेवक तथा व्यय।

147. निर्वाचन (Interpretation)।

भारत का नियंत्रक-महालेखापरीक्षक

संविधान में नियंत्रक एवं महालेखा परीक्षक को एक प्रहरी की भूमिका सौंपी गई है। उसे उच्चतम न्यायालय के न्यायाधीश का दर्जा और वेतन प्राप्त है और उन पर सिर्फ महाभियोग ही लगाया जा सकता है।

148. भारत का नियंत्रक-महालेखापरीक्षक।

149. नियंत्रक-महालेखापरीक्षक के कर्तव्य और शक्तियां।

150. संघ के और राज्यों के लेखाओं का प्रारूप (Form)।

151. अंकेक्षण प्रतिवेदन।

भाग 6

राज्य

साधारण

152. परिभाषा

कार्यपालिका

राज्यपाल

राज्यपाल राज्य का संवैधानिक प्रधान होता है। राज्य में उसकी स्थिति वही होती है, जो केंद्र में राष्ट्रपति की होती है। प्राय: यह कहा जाता है कि राज्यपाल केंद्र का एजेंट होता है, परंतु राज्यपाल एक अस्तित्वविहीन राजनीतिक व्यक्ति नहीं होता है। इस संदर्भ में उत्तर प्रदेश की पूर्व राज्यपाल सरोजिनी नायडू का कथन बिल्कुल उचित प्रतीत होता है कि- 'राज्यपाल सोने के पिजड़े में बंद चिड़िया मात्र नहीं है।' उससे राज्य के प्रशासनिक मामलों में प्रमुख भूमिका अदा करने की आशा की जाती है।

153. राज्यों के राज्यपाल।

154. राज्य की कार्यपालिका शक्ति।

155. राज्यपाल की नियुक्ति।

156. राज्यपाल का कार्यकाल।

157. राज्यपाल नियुक्त होने के लिए योग्यताएं।

158. राज्यपाल के पद के लिए शर्तें।

159. राज्यपाल द्वारा शपथ।

160. कुछ आकस्मिकताओं में राज्यपाल के कार्यों का निर्वहन।

161. क्षमा आदि और कुछ मामलों में दंडादेश के निलंबन हटाने या लघुकरण की राज्यपाल की शक्ति।

162. राज्य की कार्यपालिका शक्ति का विस्तार।

मंत्रिपरिषद्

भारत में संसदीय शासन प्रणाली होने के कारण केंद्र की तरह राज्यों में भी मंत्रिपरिषद् की स्थापना का प्रावधान है। अनुच्छेद 163 (1) में कहा गया है कि जिन बातों में संविधान द्वारा या उसके अधीन राज्यपाल से यह अपेक्षा की जाती है कि वह अपना कार्य स्वविवेक से करे, उन बातों को छोड़कर राज्यपाल को अपने कार्यों के संचालन में सहायता या परामर्श देने के लिए मंत्रिपरिषद् होगी।

163. राज्यपाल को सहायता और सलाह देने के लिए मंत्रिपरिषद्।

164. मंत्रियों के बारे में अन्य उपबंध।

91वें संवैधानिक संशोधन 2003 द्वारा अनुच्छेद 164 में संशोधन करते हुए 164(1) के तुरंत बाद 1(अ) 1(ब) जोड़ा गया है–

(1अ) किसी राज्य की मंत्रिपरिषद् में मुख्यमंत्री सहित मंत्रियों की कुल संख्या उस राज्य विधानसभा की कुल संख्या के 15 प्रतिशत से अधिक नहीं होगी।

इस प्रावधान के बावजूद किसी भी राज्य में मुख्यमंत्री सहित मंत्रियों की संख्या 12 से कम नहीं होगी;

(1ब) यदि किसी भी राजनीतिक दल से संबंधित राज्य विधानमंडल के किसी भी सदन का सदस्य 10वीं अनुसूची के परिच्छेद-2 के अंतर्गत अयोग्य ठहराया जाता है, तो वह मंत्री पद पर नियुक्ति के अयोग्य माना जाएगा और दल-बदल करने वाला कोई सदस्य सदन की सदस्यता खोने के साथ-साथ अगली बार चुनाव जीतने तक अथवा सदन के शेष कार्यकाल तक (जो भी पहले हो) मंत्री पद या लाभ का कोई अन्य पद प्राप्त नहीं कर सकेगा।

राज्य का महाधिवक्ता

महाधिवक्ता राज्य की सरकार को विधि संबंधी परामर्श देता है और उसकी नियुक्ति राज्यपाल द्वारा की जाती है। वह राज्यपाल के प्रसादपर्यंत पद धारण करेगा।

165. राज्य का महाधिवक्ता।

सरकारी कार्य का संचालन

166. राज्य की सरकार के कार्य का संचालन।

167. राज्यपाल को जानकारी आदि देने के संबंध में मुख्यमंत्री के कर्तव्य।

राज्य का विधानमंडल

किसी राज्य का विधानमंडल राज्यपाल तथा विधानसभा से मिलकर बनेगा, सिवाय उन कुछ राज्यों के जहां विधानसभा तथा विधानपरिषद् के रूप में दो सदन हैं। वर्तमान में केवल बिहार, उत्तर प्रदेश, महाराष्ट्र, आंध्र प्रदेश और कर्नाटक में विधानपरिषदें हैं।

168. राज्यों के विधानमंडलों का गठन।

169. राज्यों में विधानपरिषदों की समाप्ति या सृजन।

170. विधानसभाओं की संरचना।

171. विधानपरिषदों की संरचना।

172. राज्यों के विधानमंडलों की अवधि।

173. राज्य के विधानमंडल की सदस्यता के लिए योग्यता।

174. राज्य के विधानमंडल के सत्र, सत्र की समाप्ति और विघटन।

175. सदन या सदनों में अभिभाषण का और उनको संदेश भेजने का राज्यपाल का अधिकार।

176. राज्यपाल का विशेष अभिभाषण।

177. सदनों के बारे में मंत्रियों और महाधिवक्ता के अधिकार।

राज्य के विधानमंडल के अधिकारी

178. विधानसभा का अध्यक्ष और उपाध्यक्ष।

179. अध्यक्ष और उपाध्यक्ष का पद रिक्त होना, पदत्याग और पद से हटाया जाना।

180. अध्यक्ष के पद में कर्तव्यों का पालन करने या अध्यक्ष के रूप में कार्य करने की उपाध्यक्ष या अन्य व्यक्ति की शक्ति।

181. जब अध्यक्ष या उपाध्यक्ष को पद से हटाने का कोई संकल्प विचाराधीन है, तब उसका पीठासीन (Preside) न होना।
182. विधानपरिषद् का सभापति और उपसभापति।
183. सभापति और उपसभापति का पद रिक्त होना, पदत्याग और पद से हटाया जाना।
184. सभापति के पद के कर्तव्यों का पालन करने या सभापति के रूप में कार्य करने की उपसभापति या अन्य व्यक्ति की शक्ति।
185. जब सभापति या उपसभापति को पद से हटाने का कोई संकल्प विचाराधीन है, तब उसका पीठासीन (Preside) न होना।
186. अध्यक्ष और उपाध्यक्ष तथा सभापति और उपसभापति के वेतन और भत्ते।
187. राज्य विधानमंडल का सचिवालय।

कार्य संचालन

188. सदस्यों द्वारा शपथ या प्रतिज्ञान।
189. सदनों में मतदान, रिक्तियों के होते हुए भी सदनों की कार्य करने की शक्ति और गणपूर्ति (Quorum)।

सदस्यों की निरर्हताएं

190. स्थान का रिक्त होना।
191. सदस्यता के लिए निरर्हताएं (Disqualification)।
192. सदस्यों की निरर्हताओं से संबंधित प्रश्नों पर विनिश्चय
193. अनुच्छेद 188 के अधीन शपथ लेने से पहले या अर्हित (योग्य) न होते हुए या निरर्हित (अयोग्य) किए जाने पर बैठने और मत देने के लिए शास्ति।

राज्यों के विधानमंडलों और उनके सदस्यों की शक्तियां, विशेषाधिकार और उन्मुक्तियां

194. विधानमंडलों के सदनों की तथा उनके सदस्यों और समितियों की शक्तियां, विशेषाधिकार, आदि।
195. सदस्यों के वेतन और भत्ते।

विधायी प्रक्रिया

196. विधेयकों के पुरःस्थापन और पारित किए जाने के संबंध में उपबंध।
197. धन विधेयकों से भिन्न विधेयकों के बारे में विधानपरिषद् की शक्तियों पर प्रतिबंध।
198. धन विधेयकों के संबंध में विशेष प्रक्रिया।
199. 'धन विधेयक' की परिभाषा।
200. विधेयकों पर अनुमति।
201. विचार के लिए आरक्षित विधेयक।

वित्तीय विषयों के संबंध में प्रक्रिया

202. वार्षिक वित्तीय विवरण।
203. विधानमंडलों में प्राक्कलनों (Estimates) के संबंध में प्रक्रिया।
204. विनियोग विधेयक (Appropriation Bill)।
205. अनुपूरक, अतिरिक्त या अधिक अनुदान (Supplementary, Additional or Excess grants)।
206. लेखानुदान, प्रत्यानुदान और अपवादानुदान (Votes on Accounts, Votes of Credit and Exceptional grants)।
207. वित्त विधेयकों के बारे में विशेष प्रावधान।

साधारण प्रक्रिया

208. प्रक्रिया के नियम।
209. राज्य के विधानमंडल में वित्तीय कार्य संबंधी प्रक्रिया का विधि द्वारा विनियमन।
210. विधानमंडल में प्रयोग की जाने वाली भाषा।
211. विधानमंडल में चर्चा पर प्रतिबंध।
212. न्यायालयों द्वारा विधानमंडल की कार्यवाहियों की जांच न किया जाना।

राज्यपाल की विधायी शक्ति

राष्ट्रपति की तरह राज्यपाल को भी विधायी शक्ति प्राप्त है। राज्यपाल की अध्यादेश जारी करने की शक्तियों के कुख्यात दुरुपयोग को डी.सी. वाधवा बनाम बिहार राज्य (1987) एस.सी.सी. 378 में उजागर किया गया था। 1967-1981 के दौरान बिहार के राज्यपाल ने 256 अध्यादेश जारी किए थे, इन सभी को पुन: जारी करके बनाए रखा गया। न्यायालय का निर्णय था कि यह कार्य लोकतांत्रिक प्रक्रिया का उन्मूलन था और संविधान के साथ धोखाधड़ी था।

213. विधानमंडल के विश्रांतिकाल में अध्यादेश जारी करने की राज्यपाल की शक्ति।

राज्यों के उच्च न्यायालय

यद्यपि भारत में एकीकृत न्याय प्रणाली अस्तित्व में है, परंतु अमेरिकी न्यायिक व्यवस्था के समान ही भारत में संघीय न्यायालय के अलावा विभिन्न राज्यों की अपनी अलग-अलग न्यायपालिका है। भारत में उच्च न्यायालय को सर्वोच्च न्यायालय की देखरेख में रखा गया है। उच्चतम न्यायालय द्वारा 28 अक्टूबर, 1998 को दिए गए निर्णय के आधार पर उच्च न्यायालय के न्यायाधीशों की नियुक्ति भारत के राष्ट्रपति ऐसी चयन समिति के परामर्श से करेंगे, जिसमें भारत के मुख्य न्यायाधीश और उनके दो वरिष्ठ सहयोगी होंगे। वे, उच्च न्यायालय के मुख्य न्यायाधीश और संबंधित न्यायालय के मामलों के जानकार, उच्चतम न्यायालय के न्यायाधीशों के विचारों के आधार पर फैसला करेंगे।

214. राज्यों के लिए उच्च न्यायालय।
215. उच्च न्यायालयों का अभिलेख न्यायालय (Court of Record) होना।
216. उच्च न्यायालयों का गठन।
217. उच्च न्यायालय के न्यायाधीश की नियुक्ति और उसके पद की शर्तें।
218. उच्चतम न्यायालय से संबंधित कुछ प्रावधानों का उच्च न्यायालयों में लागू होना।
219. उच्च न्यायालयों के न्यायाधीशों द्वारा शपथ।
220. स्थायी न्यायाधीश रहने के पश्चात् विधि व्यवसाय पर प्रतिबंध।
221. न्यायाधीशों के वेतन आदि।
222. किसी न्यायाधीश का एक उच्च न्यायालय से दूसरे उच्च न्यायालय को स्थानांतरण।
223. कार्यकारी मुख्य न्यायमूर्ति की नियुक्ति।
224. अपर और कार्यकारी न्यायाधीशों की नियुक्ति।
224क. उच्च न्यायालयों की बैठकों में सेवानिवृत्त न्यायाधीशों की नियुक्ति।
225. विद्यमान उच्च न्यायालयों की अधिकारिता।
226. कुछ रिट निकालने की उच्च न्यायालय की शक्ति।
226क. (निरसित (Repealed)।
227. सभी न्यायालयों के अधीक्षण की उच्च न्यायालय की शक्ति।
228. कुछ मामलों का उच्च न्यायालय को स्थानांतरित किया जाना।
288क. (निरसित (Repealed)।
229. उच्च न्यायालयों के अधिकारी और सेवक तथा व्यय।

230. उच्च न्यायालयों की अधिकारिता का संघ राज्यक्षेत्रों पर विस्तार।
231. दो या अधिक राज्यों के लिए एक ही उच्च न्यायालय की स्थापना।
232. निरसित (Repealed)।

अधीनस्थ न्यायालय

जिला न्यायाधीशों की नियुक्ति उच्च न्यायालय के न्यायाधीश के परामर्श से राज्यपाल करता है, जिला न्यायालयों तथा उनके अधीनस्थ अन्य न्यायालयों पर उच्च न्यायालय का पूर्ण प्रशासनिक नियंत्रण होता है।

233. जिला न्यायाधीश की नियुक्ति।
233क. कुछ जिला न्यायाधीशों की नियुक्तियों का और उनके द्वारा किए गए निर्णयों आदि का विधिमान्यकरण।
234. न्यायिक सेवा में जिला न्यायाधीशों से भिन्न व्यक्तियों की भर्ती।
235. अधीनस्थ न्यायालयों पर नियंत्रण।
236. निर्वचन।
237. कुछ वर्ग या वर्गों के मजिस्ट्रेटों पर इस अध्याय के उपबंधों का लागू होना।

भाग 7

पहली अनुसूची के भाग ख के राज्य

238. निरसित (Repealed)।

भाग 8

संघ राज्यक्षेत्र

संघ राज्य क्षेत्र, भारत के संविधान के अनुच्छेद 239 से 241 तक के उपबंधों के अनुसार प्रशासित होते हैं। आठ संघ राज्य क्षेत्रों में से राष्ट्रीय राजधानी क्षेत्र दिल्ली और पुदुचेरी में विधानमंडल एवं मंत्रिपरिषद् तथा समेकित निधि है, शेष संघ राज्य क्षेत्र विधानमंडल रहित हैं।

239. संघ राज्यक्षेत्रों का प्रशासन।
239क. कुछ संघ राज्यक्षेत्रों के लिए स्थानीय विधानमंडलों या मंत्रिपरिषदों का या दोनों का सृजन।
239क. दिल्ली के संबंध में विशेष उपबंध।
239ख. संवैधानिक तंत्र के विफल हो जाने की दशा में उपबंध।
239ख. विधानमंडल के विश्रान्तिकाल में अध्यादेश जारी करने की प्रशासक की शक्ति।
240. कुछ संघ राज्यक्षेत्रों के लिए विनियम बनाने की राष्ट्रपति की शक्ति।
241. संघ राज्यक्षेत्रों के लिए उच्च न्यायालय।
242. निरसित (Repealed)।

भाग 9

पंचायतें

किसी भी लोकतांत्रिक शासन पद्धति वाले देश में स्थानीय स्वशासन की व्यवस्था अनिवार्य रूप में की जाती है। स्थानीय स्वशासन एक स्वतंत्र, सुसंगठित तथा शक्तिशाली देश के लिए नितांत आवश्यक है। स्थानीय स्वशासन लोकतंत्र की आत्मा है। इसलिए भारतीय संविधान में नीति-निर्माताओं ने स्थानीय शासन के महत्व को परिभाषित किया था। स्थानीय स्वशासन के लिए पंचायती राज व्यवस्था को मूर्त रूप दिया गया। इसके लिए संविधान में 73वां तथा 74वां संशोधन किया गया।

243. परिभाषाएं।
243क. ग्रामसभा।
243ख. पंचायतों का गठन।
243ग. पंचायतों की संरचना।
243घ. स्थानों का आरक्षण।
243ङ. पंचायतों की अवधि, आदि।
243च. सदस्यता के लिए निरर्हताएं।
243छ. पंचायतों की शक्तियां, प्राधिकार और उत्तरदायित्व।
243ज. पंचायतों द्वारा कर अधिरोपित करने की शक्तियां और उनकी निधियां।
243झ. वित्तीय स्थिति के पुनर्विलोकन के लिए वित्त आयोग का गठन।
243ञ. पंचायतों के लेखाओं की जांच।
243ट. पंचायतों के लिए निर्वाचन।
243ठ. संघ राज्यक्षेत्रों पर लागू होना।
243ड. इस भाग का कतिपय क्षेत्रों पर लागू न होना।
243ढ. विद्यमान विधियों और पंचायतों का बना रहना।
243ण. निर्वाचन संबंधी मामलों में न्यायालयों के हस्तक्षेप पर रोक।

भाग 9क

नगरपालिकाएं

74वें संवैधानिक संशोधन (1992) द्वारा नगरीय संस्थाओं को संवैधानिक दर्जा तथा संरक्षण प्रदान किया गया है। आरक्षण, नियतकालीन चुनाव, कर लगाने की शक्ति, आर्थिक विकास के लिए योजना बनाने और लागू करने की शक्ति, वित्त आयोग की स्थापना आदि मामलों में नगरीय संस्थाओं के लिए लगभग वैसे ही प्रावधान हैं, जैसे 73वें संशोधन में पंचायतों के लिए किए गए हैं।

243त. परिभाषाएं।
243थ. नगरपालिकाओं का गठन।
243द. नगरपालिकाओं की संरचना।
243ध. वार्ड समितियों आदि का गठन और संरचना।
243न. स्थानों का आरक्षण।
243प. नगरपालिकाओं की अवधि, आदि।
243फ. सदस्यता के लिए अयोग्यताएं।
243ब. नगरपालिकाओं की शक्तियां, प्राधिकार और उत्तरदायित्व।
243भ. नगरपालिकाओं द्वारा कर अधिरोपित करने की शक्ति और उनकी निधियां (Funds)।
243म. वित्त आयोग।
243य. नगरपालिकाओं के लेखाओं की जांच।
243य क. नगरपालिकाओं के लिए निर्वाचन।
243य ख. संघ राज्यक्षेत्रों पर लागू होना।
243य ग. इस भाग का कतिपय क्षेत्रों पर लागू न होना।
243य घ. जिला योजना के लिए समिति।
243य ड. महानगर योजना के लिए समिति।
243य च. विद्यमान विधियों और नगरपालिकाओं का बने रहना।
243य छ. निर्वाचन संबंधी मामलों में न्यायालयों के हस्तक्षेप का वर्जन।

भाग 10

अनुसूचित जाति और जनजाति क्षेत्र

संघ-राज्य संबंधों के क्षेत्र में इस बात पर विशेष बल दिया जाना चाहिए कि संघ-राज्य के स्थान पर 'केंद्र-राज्य' शब्द के गलत प्रयोग के कारण भारी नुकसान हुआ है और व्यापक गलतफहमी फैली है। संविधान में 'केंद्र' शब्द का इस्तेमाल नहीं किया गया है। 'केंद्र' या 'संघ' शब्द नितांत भिन्न छवियां प्रस्तुत करते हैं और अति भिन्न संकल्पनाओं को दर्शाते हैं। 'केंद्र' किसी परिधि के मध्य का बिंदु है और 'संघ' पूर्ण परिधि है।

भाग 11

विधायी संबंध

विधायी शक्तियों का वितरण

245. संसद द्वारा और राज्यों के विधानमंडलों द्वारा बनाई गई विधियों का विस्तार।
246. संसद द्वारा और राज्यों के विधानमंडलों द्वारा बनाई गई विधियों की विषयवस्तु।
247. कुछ अतिरिक्त न्यायालयों की स्थापना का उपबंध करने की संसद की शक्ति।
248. अवशिष्ट विधायी शक्तियां।
249. राज्य सूची के विषय के संबंध में राष्ट्रीय हित में विधि बनाने की संसद की शक्ति।
250. यदि आपात की उद्घोषणा प्रवर्तन में हो, तो राज्य सूची के विषय के संबंध में विधि बनाने की संसद की शक्ति।
251. संसद द्वारा अनुच्छेद 249 और अनुच्छेद 250 के अधीन बनाई गई विधियों और राज्यों के विधानमंडलों द्वारा बनाई गई विधियों में असंगति।
252. दो या दो से अधिक राज्यों के लिए उनकी सहमति से विधि बनाने की संसद की शक्ति और ऐसी विधि का किसी अन्य राज्य द्वारा स्वीकार किया जाना।
253. अंतर्राष्ट्रीय करारों को प्रभावी करने के लिए विधान।
254. संसद द्वारा बनाई गई विधियों और राज्यों के विधानमंडलों द्वारा बनाई गई विधियों में असंगति।
255. सिफारिशों और पूर्व मंजूरी के बारे में अपेक्षाओं को केवल प्रक्रिया का विषय मानना।

प्रशासनिक संबंध

साधारण

256. राज्यों और संघ की बाध्यता।
257. कुछ दशाओं में राज्यों पर संघ का नियंत्रण।
257क. निरसित (Repealed)।
258. कुछ दशाओं में राज्यों को शक्ति प्रदान करने आदि की संघ की शक्ति।
258क. संघ को कृत्य सौंपने की राज्यों की शक्ति।
259. निरसित (Repealed)।
260. भारत के बाहर के राज्यक्षेत्रों के संबंध में संघ की अधिकारिता।
261. सार्वजनिक कार्य, अभिलेख और न्यायिक कार्यवाहियां।

जल संबंधी विवाद

262. अंतर्राज्यिक नदियों या नदी-दूनों के जल संबंधी विवादों का न्यायनिर्णयन।

राज्यों के बीच समन्वय

263. अंतर्राज्य परिषद् के संबंध में प्रावधान।

भाग 12

वित्त, संपत्ति, संविदाएं और वाद

वित्त

साधारण

264. निर्वचन (Interpretation)।
265. विधि के प्राधिकार के बिना करों का अधिरोपण (लागू) न किया जाना।
266. भारत और राज्यों की संचित निधियां (Consolidated Funds) और लोक लेखा (Public Accounts)।
267. आकस्मिक निधि (Contingency Fund)।

संघ और राज्यों के बीच वित्त का वितरण

268. संघ द्वारा उद्गृहीत (वसूल) किए जाने वाले किंतु राज्यों द्वारा संगृहीत (एकत्रित) और विनियोजित किए जाने वाले शुल्क ।
268क. संघ द्वारा उद्गृहीत (वसूल) किए जाने वाले और संघ एवं राज्यों द्वारा संगृहीत (एकत्रित) और विनियोजित किए जाने वाला सेवा कर।
269. संघ द्वारा उद्गृहीत (वसूल) और संगृहीत (एकत्रित) किंतु राज्यों को सौंपे जाने वाले कर।
270. संघ द्वारा उद्गृहीत (वसूल) और संगृहीत (एकत्रित) तथा संघ और राज्यों बीच वितरित किए जाने वाले कर।
271. कुछ शुल्कों और करों पर संघ के प्रयोजनों के लिए अधिभार (Surcharge)।
272. कर, जो संघ द्वारा उद्गृहीत (वसूल) और संगृहीत (एकत्रित) किए जाते हैं तथा जो संघ और राज्यों के बीच वितरित किए जा सकेंगे।
273. जूट और जूट उत्पादों पर निर्यात शुल्क के स्थान पर अनुदान।
274. ऐसे कराधान पर जिसमें राज्य हितबद्ध है, प्रभाव डालने वाले विधेयकों के लिए राष्ट्रपति की पूर्व सिफारिश की अपेक्षा।
275. कुछ राज्यों को संघ से अनुदान।
276. वृत्तियों, व्यापारों, आजीविकाओं और नियोजनों पर कर।
277. व्यावृत्ति (Saving)।
278. निरसित (Repealed)।
279. 'शुद्ध आय' आदि की गणना।
280. वित्त आयोग।
281. वित्त आयोग की सिफारिशें।

विविध वित्तीय उपबंध

282. संघ या राज्य द्वारा अपने राजस्व से किए जाने वाले व्यय।
283. संचित निधियों, आकस्मिकता निधियों और लोक लेखाओं में जमा धनराशियों की अभिरक्षा आदि।
284. लोक सेवकों और न्यायालयों द्वारा प्राप्त वाद दायर करने वालों की जमा राशियों और अन्य धनराशियों की सुरक्षा।
285. संघ की संपत्ति को राज्य के कराधान से छूट।
286. माल के क्रय या विक्रय पर कर लगाए जाने के बारे में प्रावधान।
287. विद्युत पर करों से छूट।
288. जल या विद्युत के संबंध में राज्यों द्वारा कराधान से कुछ दशाओं में छूट।
289. राज्यों की संपत्ति और आय को संघ के कराधान से छूट।
290. कुछ व्ययों और पेंशनों के संबंध में समायोजन।
290क. कुछ देवस्म् निधियों को वार्षिक अदायगी।
291. निरसित (Repealed)।

उधार लेना

292. भारत सरकार द्वारा उधार लेना।
293. राज्यों द्वारा उधार लेना।

संपत्ति, संविदाएं, अधिकार, दायित्व, बाध्यताएं और वाद

294. कुछ दशाओं में संपत्ति, आस्तियों (Assets), अधिकारों, दायित्वों और बाध्यताओं का उत्तराधिकार।

295. अन्य दशाओं में संपत्ति, आस्तियों, अधिकारों, दायित्वों और बाध्यताओं का उत्तराधिकार।
296. राजगामी (उत्तराधिकारी के अभाव में संपत्ति पर राज्याधिकार) या व्यपगत (Lapse) या स्वामीविहीन होने से वृद्धिपरक संपत्ति।
297. राज्यक्षेत्रीय सागर खंड या महाद्वीपीय मग्नतट भूमि में स्थित मूल्यवान चीजों और अनन्य आर्थिक क्षेत्र के संपत्ति स्रोतों का संघ में निहित होना।
298. व्यापार करने आदि की शक्ति।
299. संविदाएं (करार)।
300. वाद और कार्यवाहियां।

संपत्ति का अधिकार

अनुच्छेद 300क 44वें संवैधानिक संशोधन अधिनियम, 1978 द्वारा अंत में स्थापित किया गया है। इस संशोधन के पूर्व संपत्ति के अधिकार की प्रत्याभूति (गारंटी) अनुच्छेद 19(1)(च) और अनुच्छेद 31 द्वारा दी गई थी। अनुच्छेद 19(1)च का निरसन कर दिया गया है। अनुच्छेद 31 के खंड (1) को भाग-3 से हटाकर अनुच्छेद 300क में रखा गया है। अनुच्छेद 300क में 'विधि' से तात्पर्य है संसद या राज्य विधानमंडलों का कोई अधिनियम या विधि का बल रखने वाला कोई नियम, आदेश आदि। केवल कार्यपालिका द्वारा किया गया आदेश नहीं।

300क. विधि के प्राधिकार के बिना व्यक्तियों को संपत्ति से वंचित न किया जाना।

भाग 13

भारत के राज्यक्षेत्र के भीतर व्यापार, वाणिज्य और समागम

301. व्यापार, वाणिज्य और समागम की स्वतंत्रता।
302. व्यापार, वाणिज्य और समागम पर प्रतिबंध लागू करने की संसद की शक्ति।
303. व्यापार और वाणिज्य के संबंध में संघ और राज्यों की विधायी शक्तियों पर प्रतिबंध।
304. राज्यों के बीच व्यापार, वाणिज्य और संयोजन पर प्रतिबंध।
305. विद्यमान विधियों और राज्य के एकाधिकार का उपबंध करने वाली विधियों की समाप्ति।
306. निरसित (Repealed)।
307. अनुच्छेद 301 से अनुच्छेद 304 के प्रयोजनों को कार्यान्वित करने के लिए प्राधिकारी की नियुक्ति।

भाग 14

संघ और राज्यों के अधीन सेवाएं

अखिल भारतीय सेवाएं केंद्र तथा राज्यों की सेवाओं से इस अर्थ में भिन्न हैं कि जहां केंद्रीय सेवाओं के सदस्यों का संबंध केवल संघ के कार्यकलापों से होता है और राज्यों की सेवाओं के सदस्यों का संबंध केवल राज्यों के मामलों से, वहां अखिल भारतीय सेवाओं के सदस्यों का संबंध संघ तथा राज्यों से सम्मिलित रूप से होता है और वे बारी-बारी से संघ तथा राज्यों की सरकारों की सेवा करते हैं।

सेवाएं

308. निर्वचन (Interpretation)।
309. संघ या राज्य की सेवा करने वाले व्यक्तियों की भर्ती और सेवा की शर्तें।
310. संघ या राज्य की सेवा करने वाले व्यक्तियों की पदावधि।
311. संघ या राज्य के अधीन सिविल हैसियत में नियोजित व्यक्तियों का पदच्युत किया जाना, पद से हटाया जाना या पंक्ति में अवनत किया जाना।
312. अखिल भारतीय सेवाएं।

312क. कुछ सेवाओं के अधिकारियों की सेवा की शर्तों में परिवर्तन करने या उन्हें हटाने की संसद की शक्ति

313. संक्रमणकालीन उपबंध।
314. निरसित (Repealed)।

लोक सेवा आयोग

भारत में संघ लोक सेवा आयोग तथा राज्य लोक सेवा आयोगों का संवैधानिक अस्तित्व है। ये स्वतंत्र तथा संवैधानिक होते हैं। इन पर लोक सेवाओं की भर्ती एवं प्रबंध के दायित्व का भार होता है। ये अपने कार्यों के लिए स्वतंत्र होते हैं।

315. संघ और राज्यों के लिए लोक सेवा आयोग।
316. सदस्यों की नियुक्ति और पदावधि।
317. लोकसेवा आयोग के किसी सदस्य का हटाया जाना और निलंबित किया जाना।
318. आयोग के सदस्यों और कर्मचारियों की सेवा की शर्तों के बारे में विनिमय बनाने की शक्ति।
319. आयोग के सदस्यों द्वारा ऐसे सदस्य न रहने पर पद धारण करने के संबंध में प्रतिबंध।
320. लोक सेवा आयोग के कार्य।
321. लोक सेवा आयोगों के कार्यों का विस्तार करने की शक्ति।
322. लोक सेवा आयोगों के व्यय।
323. लोक सेवा आयोगों के प्रतिवेदन।

भाग 14क

अधिकरण

एल. चन्द्रकुमार एवं अन्य बनाम भारत संघ के मामले में उच्चतम न्यायालय के दिनांक 18 मार्च, 1997 के निर्णय के परिणामस्वरूप, किसी प्रशासनिक अधिकरण के आदेशों के विरुद्ध अपील, संबंधित उच्च न्यायालय की खंडपीठ के समक्ष की जानी अपेक्षित है।

323क. प्रशासनिक अधिकरण।

323ख. अन्य विषयों के लिए अधिकरण।

भाग 15

निर्वाचन

भारत में निर्वाचन आयोग एक बहु-सदस्यीय निकाय है। अन्य निर्वाचन आयुक्तों को मुख्य निर्वाचन आयुक्त जैसा ही दर्जा एवं हैसियत प्रदान की गई है। साथ ही, आयोग से यह अपेक्षा की गई है कि वह सर्वसम्मति से या बहुमत से निर्णय लेने वाले निकाय के रूप में कार्य करे।

324. निर्वाचनों के अधीक्षण, निदेशन और नियंत्रण का निर्वाचन आयोग में निहित होना
325. धर्म, मूलवंश, जाति या लिंग के आधार पर किसी व्यक्ति का निर्वाचक-नामावली में सम्मिलित किए जाने के लिए अपात्र न होना और उसके द्वारा किसी विशेष निर्वाचक-नामावली में सम्मिलित किए जाने का दावा न किया जाना।
326. लोकसभा और राज्यों की विधानसभाओं के लिए निर्वाचनों का वयस्क मताधिकार के आधार पर होना।
327. विधानमंडलों के लिए निर्वाचनों के संबंध में प्रावधान करने की संसद की शक्ति।

328. किसी राज्य के विधानमंडल के लिए निर्वाचनों के संबंध में प्रावधान करने की उस विधानमंडल की शक्ति।
329. निर्वाचन संबंधी मामलों में न्यायालयों के हस्तक्षेप का वर्जन।
329क. निरसित (Repealed)।

भाग 16

कुछ वर्गों के संबंध में विशेष प्रावधान

330. लोकसभा में अनुसूचित जातियों और अनुसूचित जनजातियों के लिए स्थानों का आरक्षण।
331. लोकसभा में आंग्ल-भारतीय समुदाय के प्रतिनिधित्व का प्रावधान था जिसे 104वें संविधान संशोधन के माध्यम से निरसित कर दिया गया।
332. राज्यों की विधानसभाओं में अनुसूचित जातियों और अनुसूचित जनजातियों के लिए स्थानों का आरक्षण।
333. राज्यों की विधानसभाओं में आंग्ल-भारतीय समुदाय के प्रतिनिधित्व का प्रावधान था जिसे 104वें संविधान संशोधन द्वारा निरसित कर दिया गया।
334. स्थानों के आरक्षण और विशेष प्रतिनिधित्व का 50 वर्ष के पश्चात् न रहना।
335. सेवाओं और पदों के लिए अनुसूचित जातियों और अनुसूचित जनजातियों के दावे।
336. कुछ सेवाओं में आंग्ल-भारतीय समुदाय के लिए विशेष प्रावधान।
337. आंग्ल-भारतीय समुदाय के फायदे के लिए शैक्षिक अनुदान के लिए विशेष प्रावधान।
338. राष्ट्रीय अनुसूचित जाति आयोग।
338क. राष्ट्रीय अनुसूचित जनजाति आयोग।
339. अनुसूचित क्षेत्रों के प्रशासन और अनुसूचित जनजातियों के कल्याण के बारे में संघ का नियंत्रण।
340. पिछड़े वर्गों की दशाओं के अन्वेषण के लिए आयोग की नियुक्ति।
341. अनुसूचित जातियां।
342. अनुसूचित जनजातियां।

भाग 17

राजभाषा

भारत एक विविधता युक्त देश है। भारत में विभिन्न भाषायी लोग एक साथ रहते हैं। भारत में जितनी भाषाएं बोली जाती हैं, उतनी किसी अन्य देश में नहीं बोली जातीं। यही कारण है कि भारतीय संविधान में भाषा के बारे में व्यापक प्रावधान किया गया है। इसके साथ ही राजभाषा के लिए अलग से एक उपबंध बनाया गया है।

संघ की भाषा

343. संघ की राजभाषा।
344. राजभाषा के संबंध में आयोग और संसद की समिति।

प्रादेशिक भाषाएं

345. राज्य की राजभाषा या राजभाषाएं।
346. एक राज्य और दूसरे राज्य के बीच या किसी राज्य और संघ के बीच पत्रादि की राजभाषा।
347. किसी राज्य की जनसंख्या के किसी अनुभाग द्वारा बोली जाने वाली भाषा के संबंध में विशेष प्रावधान।

उच्चतम न्यायालय, उच्च न्यायालयों आदि की भाषा

348. उच्चतम न्यायालय और उच्च न्यायालयों में और अधिनियमों, विधेयकों आदि में प्रयोग की जाने वाली भाषा।
349. भाषा से संबंधित कुछ विधियां अधिनियमित करने के लिए विशेष प्रक्रिया।

विशेष निदेश

350. व्यथा के निवारण के लिए आवेदन में प्रयोग की जाने वाली भाषा।
350क. प्राथमिक स्तर पर मातृभाषा में शिक्षा की सुविधाएं।
350ख. भाषायी अल्पसंख्यक-वर्गों के लिए विशेष अधिकारी।
351. हिंदी भाषा के विकास के लिए निदेश।

भाग 18

आपात उपबंध

भारतीय संविधान में तीन प्रकार के राष्ट्रीय आपात की उद्घोषणा की गई है। राज्यों में अनुच्छेद 356 का 132 बार प्रयोग किया गया है तथा संविधान के प्रवर्तन से लेकर आज तक वित्तीय आपात लागू करने का एक भी अवसर नहीं आया है।

352. आपात की घोषणा।
353. आपात की घोषणा का प्रभाव।
354. जब आपात की घोषणा प्रवर्तन में है, तब राजस्व के वितरण संबंधी उपबंधों को लागू करना।
355. बाह्य आक्रमण और आंतरिक अशांति से राज्य की संरक्षा करने का संघ का कर्तव्य।
356. राज्यों में संवैधानिक तंत्र के विफल हो जाने की दशा में उपबंध।
357. अनुच्छेद 356 के अधीन की गई घोषणा के अधीन विधायी शक्तियों का प्रयोग।
358. आपात के दौरान अनुच्छेद 19 के प्रावधानों का निलंबन।
359. आपात के दौरान भाग 3 द्वारा प्रदत्त अधिकारों के प्रवर्तन का निलंबन।
359क. निरसित (Repaled)।
360. वित्तीय आपात के बारे में प्रावधान।

भाग 19

विविध

361. राष्ट्रपति और राज्यपालों और राजप्रमुखों का संरक्षण।
361क. संसद और राज्यों के विधानमंडलों की कार्यवाहियों के प्रकाशन का संरक्षण।
361ख. लाभ के राजनीतिक पद पर नियुक्ति हेतु अयोग्यता
362. निरसित (Repealed)।
363. कुछ संधियों, करारों आदि से उत्पन्न विवादों में न्यायालयों के हस्तक्षेप का वर्जन।
363क. देशी राज्यों के शासकों को दी गई मान्यता की समाप्ति और प्रिवीपर्सों का अंत।
364. मुख्य बंदरगाहों और विमान क्षेत्रों के बारे में विशेष प्रावधान।
365. संघ द्वारा दिए गए निदेशों का अनुपालन करने में या उनको प्रभावी करने में असफलता का प्रभाव।
366. परिभाषाएं।
367. निर्वचन (Interpretation)।

भाग 20

संविधान का संशोधन

उच्चतम न्यायालय ने अपनी इस संकल्पना को, कि संविधान का मूल ढांचा, संरचना, लक्षण या तत्व संवैधानिक संशोधन के द्वारा भी उलटे नहीं जा सकते, अनेक महत्वपूर्ण निर्णयों के द्वारा पुष्ट तथा विकसित किया है। 19 जनवरी, 2021 तक संविधान में 105 संशोधन किए जा चुके हैं।

368. संविधान का संशोधन करने की संसद की शक्ति और उसके लिए प्रक्रिया।

भाग 21

अस्थायी, संक्रमणकालीन और विशेष उपबंध

369. राज्यसूची के कुछ विषयों के संबंध में विधि बनाने की संसद की इस प्रकार की अस्थायी शक्ति, मानो वे समवर्ती सूची के विषय हों।

अनुच्छेद 370 में किए गए 'जम्मू-कश्मीर राज्य संबंधी अस्थायी उपबंध' सर्वाधिक महत्वपूर्ण तथा राजनीतिक दृष्टि से संभवतया सर्वाधिक विवादास्पद उपबंध रहे हैं। इस अनुच्छेद के अधीन जम्मू-कश्मीर राज्य के लिए विधियां बनाने की शक्ति विलयन पत्र में दिए गए मामलों तक सीमित है तथा वह अन्य मामलों पर केवल राज्य की सहमति से लागू हो सकती है।

370. जम्मू-कश्मीर राज्य के संबंध में अस्थायी प्रावधान।
371. महाराष्ट्र और गुजरात राज्यों के संबंध में विशेष प्रावधान।
371क. नागालैंड राज्य के संबंध में विशेष प्रावधान।
371ख. असम राज्य के संबंध में विशेष प्रावधान।
371ग. मणिपुर राज्य के संबंध में विशेष प्रावधान।
371घ. आन्ध्र प्रदेश राज्य के संबंध में विशेष प्रावधान।
371ङ. आन्ध्र प्रदेश में केंद्रीय विश्वविद्यालय की स्थापना।
371च. सिक्किम राज्य के संबंध में विशेष प्रावधान।
371छ. मिजोरम राज्य के संबंध में विशेष प्रावधान।
371ज. अरुणाचल प्रदेश राज्य के संबंध में विशेष प्रावधान।
371झ. गोवा राज्य के संबंध में विशेष प्रावधान।
372. विद्यमान विधियों का निरन्तर बने रहना और उनका लागू रहना।
372क. विधियों को लागू करने की राष्ट्रपति की शक्ति।
373. निवारक निरोध (Preventive Detention) में रखे गए व्यक्तियों के संबंध में कुछ दशाओं में आदेश करने की राष्ट्रपति की शक्ति।
374. फेडरल न्यायालय के न्यायाधीशों और फेडरल न्यायालय में या सपरिषद् हिज मजेस्टी के समक्ष लंबित कार्यवाहियों के बारे में प्रावधान।
375. संविधान के उपबंधों के अधीन रहते हुए न्यायालयों, प्राधिकारियों और अधिकारियों का कृत्य करते रहना।
376. उच्च न्यायालयों के न्यायाधीशों के बारे में प्रावधान
377. भारत के नियंत्रक-महालेखापरीक्षक के बारे में प्रावधान।
378. लोक सेवा आयोगों के बारे में प्रावधान।
378क. आंध्र प्रदेश विधानसभा की अवधि के बारे में विशेष प्रावधान।
379-391. संविधान (सातवां संशोधन) अधिनियम, 1956 की धारा 29 और अनुसूची द्वारा निरसित (Repealed)।
392. कठिनाइयों को दूर करने की राष्ट्रपति की शक्ति।

भाग 22

संक्षिप्त नाम, प्रारंभ, हिंदी में प्राधिकृत पाठ और निरसन

अनुच्छेद 393 और 394 संविधान का संक्षिप्त नाम (भारत का संविधान) तथा उसके प्रारंभ की तारीख (26 जनवरी, 1950) बताते हैं। यह स्पष्ट किया गया है कि यद्यपि समूचे संविधान के प्रभावी होने की तारीख 26 जनवरी, 1950 होगी, लेकिन संविधान के अनुच्छेद 5-9, 60, 324, 366, 379, 380, 388 और 391-393 संविधान के पारित होते ही 26 नवंबर, 1949 को लागू हो जाएंगे।

393. संक्षिप्त नाम।
394. प्रारंभ।
394क. हिंदी भाषा में प्राधिकृत पाठ।
395. निरसित (Repealed)।

वरीयता क्रम

अग्रता सूची

व्यक्तियों की रैंक तथा वरीयता-सूची के संबंध में राष्ट्रपति द्वारा अनुमोदित सारिणी इस प्रकार हैं-

1. ● राष्ट्रपति
2. ● उपराष्ट्रपति
3. ● प्रधानमंत्री
4. ● अपने-अपने राज्यों में राज्यों के राज्यपाल
5. ● पूर्व राष्ट्रपति

5क. ● उप-प्रधानमंत्री

6. ● भारत के मुख्य न्यायाधीश एवं लोक सभा अध्यक्ष
7. ● संघ के कैबिनेट मंत्री एवं अपने-अपने राज्यों में राज्यों के मुख्यमंत्री
   ● उपाध्यक्ष, नीति आयोग
   ● पूर्व प्रधानमंत्री
   ● राज्य सभा एवं लोक सभा में विपक्ष के नेता

7क. ● भारत रत्न से सम्मानित व्यक्ति

8. ● भारत में प्रत्यायित विदेश के असाधारण तथा पूर्णाधिकारी राजदूत एवं राष्ट्रमंडल देशों के उच्चायुक्त तथा अपने-अपने राज्यों के बाहर राज्यों के मुख्यमंत्री
   ● अपने-अपने राज्यों के बाहर राज्यों के राज्यपाल
9. ● उच्चतम न्यायालय के न्यायाधीश

9क. ● अध्यक्ष, संघ लोक सेवा आयोग
   ● मुख्य चुनाव आयुक्त
   ● भारत के नियंत्रक एवं महालेखा परीक्षक

10. ● राज्य सभा के उपसभापति
   ● राज्यों के उप-मुख्यमंत्री
   ● लोकसभा के उपाध्यक्ष
   ● नीति आयोग के सदस्य
   ● संघ के राज्य मंत्री तथा रक्षा मंत्रालय में रक्षा मामलों से संबंधित कोई अन्य मंत्री
11. ● भारत का महान्यायवादी
   ● मंत्रिमंडल सचिव
   ● अपने-अपने संघ राज्य क्षेत्रों में उप-राज्यपाल
12. ● पूर्णतः जनरल रैंक के अथवा उनके समकक्ष रैंक वाले सेनाध्यक्ष
13. ● भारत में प्रत्यायित विदेश के असाधारण दूत तथा पूर्णाधिकारी मंत्री
14. ● अपने-अपने राज्यों में राज्य विधान मंडलों के सभापति एवं अध्यक्ष
   ● अपने-अपने क्षेत्राधिकार में उच्च न्यायालयों के मुख्य न्यायाधीश।
15. ● अपने-अपने राज्यों में राज्यों के कैबिनेट मंत्री
   ● अपने-अपने संघ राज्य क्षेत्रों में वहां के मुख्यमंत्री तथा दिल्ली के मुख्य कार्यकारी पार्षद संघ के उपमंत्री
16. ● लेफ्टिनेंट-जनरल अथवा समकक्ष रैंक वाले स्थानापन्न सेनाध्यक्ष
17. ● केंद्रीय प्रशासनिक अधिकरण के अध्यक्ष
   ● अल्पसंख्यक आयोग के अध्यक्ष
   ● राष्ट्रीय अनुसूचित जनजाति आयोग के अध्यक्ष
   ● अपने-अपने अधिकार क्षेत्र के बाहर उच्च न्यायालयों के मुख्य न्यायाधीश तथा अपने-अपने क्षेत्राधिकार में उच्च न्यायालयों के उत्तरवर्ती न्यायाधीश।
18. ● अपने-अपने राज्यों से बाहर राज्यों के कैबिनेट मंत्री

- अपने-अपने राज्यों से बाहर राज्य विधानमंडल के सभापति एवं अध्यक्ष तथा एकाधिकार एवं प्रतिबंधित व्यापार व्यवहार आयोग के अध्यक्ष।
- अपने-अपने राज्यों में राज्य विधान मंडलों के उप-सभापति एवं उपाध्यक्ष
- अपने-अपने राज्यों में राज्यों के राज्यमंत्री
- अपने-अपने संघ राज्य क्षेत्रों में वहाँ के मंत्री तथा दिल्ली के कार्यकारी पार्षद
- अपने-अपने संघ राज्य क्षेत्रों की विधानसभाओं के अध्यक्ष तथा दिल्ली महानगर परिषद् के अध्यक्ष।

19. • अपने-अपने संघ राज्य क्षेत्रों की मंत्रिपरिषद् रहित संघ राज्य क्षेत्रों के मुख्य आयुक्त
- अपने-अपने संघ राज्य क्षेत्रों में वहां की विधानसभाओं के उपाध्यक्ष तथा दिल्ली महानगर परिषद् के उपसभापति

20. • अपने-अपने राज्यों से बाहर राज्य विधानमंडलों के उप-सभापति एवं उपाध्यक्ष।
- अपने-अपने राज्यों से बाहर उच्च न्यायालयों के उत्तरवर्ती न्यायाधीश।

21. • संसद-सदस्य

22. • अपने-अपने राज्यों से बाहर राज्यों के उपमंत्री

23. • आर्मी कमांडर/थल सेना उपाध्यक्ष या अन्य सेवाओं में समकक्ष पदाधिकारी।
- अपने-अपने राज्यों में राज्य सरकारों के मुख्य सचिव
- भाषायी अल्पसंख्यक आयुक्त
- अनुसूचित जाति एवं अनुसूचित जनजाति आयुक्त
- अल्पसंख्यक आयोग के सदस्य राष्ट्रीय, अनुसूचित जाति आयोग के सदस्य।
- राष्ट्रीय अनुसूचित जनजाति आयोग के सदस्य।
- पूर्णत: जनरल रैंक अथवा समकक्ष रैंक वाले अधिकारी।
- भारत सरकार के सचिव (इस पद को पदेन रूप में धारण करने वाले अधिकारियों सहित)
- अल्पसंख्यक आयोग के सचिव
- राष्ट्रीय अनुसूचित जाति आयोग एवं राष्ट्रीय अनुसूचित जनजाति आयोग के सचिव
- राष्ट्रपति के सचिव
- प्रधानमंत्री के सचिव
- राज्य सभा/ लोक सभा के सचिव
- सॉलिसिटर जनरल
- केंद्रीय प्रशासनिक अधिकरण के उपाध्यक्ष

24. • लेफ्टिनेंट-जनरल रैंक अथवा समकक्ष रैंक वाले अधिकारी

25. • भारत सरकार के अपर सचिव
- अपर सॉलिसिटर जनरल
- राज्यों के महाधिवक्ता
- टैरिफ आयोग के अध्यक्ष
- स्थायी एवं अस्थायी कार्यदूत तथा कार्यकारी उच्चायुक्त
- अपने-अपने संघ राज्य क्षेत्रों के बाहर के मुख्यमंत्री और दिल्ली के मुख्य कार्यकारी पार्षद
- अपने-अपने राज्यों से बाहर राज्य सरकारों के मुख्य सचिव।
- उप नियंत्रक एवं महालेखा परीक्षक
- अपने-अपने संघ राज्यों से बाहर संघ राज्य क्षेत्रों की विधानसभाओं के उपाध्यक्ष तथा दिल्ली महानगर परिषद् के उपसभापति
- निदेशक-केंद्रीय अन्वेषण ब्यूरो, महानिदेशक-सीमा सुरक्षा बल, महानिदेशक-केंद्रीय पुलिस बल, निदेशक-आसूचना ब्यूरो
- अपने-अपने संघ राज्य क्षेत्रों से बाहर उपराज्यपाल
- केंद्रीय प्रशासनिक अधिकरण के सदस्य
- एकाधिकार एवं प्रतिबंधित व्यापार व्यवहार आयोग के सदस्य
- संघ लोक सेवा आयोग के सदस्य
- अपने-अपने संघ राज्य क्षेत्रों से बाहर संघ राज्य क्षेत्रों तथा दिल्ली के कार्यकारी पार्षद
- मेजर जनरल अथवा समकक्ष रैंक के सशस्त्र बलों के प्रधान स्टाफ अधिकारी
- अपने-अपने संघ राज्य क्षेत्रों से बाहर संघ राज्य क्षेत्रों की विधान सभाओं के अध्यक्ष तथा दिल्ली महानगर परिषद् के सभापति

26. • भारत सरकार के संयुक्त सचिव तथा समकक्ष स्तर के अधिकारी
- मेजर जनरल या समकक्ष स्तर के अधिकारी।

सरकार के मंत्रालय एवं विभाग

15 अगस्त, 1947 को केंद्र में 18 मंत्रालय थे। वर्तमान में 53 मंत्रालय हैं।	
1.	कृषि एवं किसान कल्याण मंत्रालय • कृषि, सहकारिता एवं किसान कल्याण विभाग • कृषि अनुसंधान और शिक्षा विभाग • पशुपालन, डेयरी और मत्स्य पालन विभाग
2.	आयुष (आयुर्वेद, योग, यूनानी, सिद्ध और होम्योपैथी) मंत्रालय
3.	रसायन एवं उर्वरक मंत्रालय • रसायन और पेट्रो-रसायन विभाग • उर्वरक विभाग • औषध विभाग
4.	नागर विमानन मंत्रालय
5.	कोयला मंत्रालय
6.	वाणिज्य एवं उद्योग मंत्रालय • वाणिज्य विभाग • औद्योगिक नीति और संवर्द्धन विभाग
7.	संचार मंत्रालय • दूरसंचार विभाग • डाक विभाग
8.	उपभोक्ता मामले, खाद्य और सार्वजनिक वितरण मंत्रालय • उपभोक्ता मामले विभाग • खाद्य और सार्वजनिक वितरण विभाग
9.	कॉर्पोरेट कार्य मंत्रालय
10.	संस्कृति मंत्रालय
11.	रक्षा मंत्रालय • रक्षा विभाग • रक्षा उत्पादन विभाग • रक्षा अनुसंधान तथा विकास विभाग • पूर्व सेनानी कल्याण विभाग
12.	उत्तर-पूर्वी क्षेत्र विकास मंत्रालय
13.	पेयजल और स्वच्छता मंत्रालय
14.	पृथ्वी विज्ञान मंत्रालय
15.	इलेक्ट्रॉनिकी और सूचना प्रौद्योगिकी मंत्रालय
16.	पर्यावरण, वन और जलवायु परिवर्तन मंत्रालय
17.	विदेश मंत्रालय
18.	वित्त मंत्रालय

	• आर्थिक कार्य विभाग
	• व्यय विभाग
	• राजस्व विभाग
	• विनिवेश विभाग
	• वित्तीय सेवाएं विभाग
19.	खाद्य प्रसंस्करण उद्योग मंत्रालय
20.	स्वास्थ्य और परिवार कल्याण मंत्रालय
	• स्वास्थ्य अनुसंधान विभाग
21.	भारी उद्योग और लोक उद्यम मंत्रालय
	• भारी उद्योग विभाग
	• लोक उद्यम विभाग
22.	गृह मंत्रालय
	• आंतरिक सुरक्षा विभाग
	• राज्य विभाग
	• राजभाषा विभाग
	• गृह विभाग
	• जम्मू और कश्मीर विभाग
	• सीमा प्रबंधन विभाग
23.	आवास और शहरी गरीबी उपशमन मंत्रालय
24.	मानव संसाधन विकास मंत्रालय
	• स्कूल शिक्षा और साक्षरता विभाग
	• उच्चतर शिक्षा विभाग
25.	सूचना और प्रसारण मंत्रालय
26.	श्रम और रोजगार मंत्रालय
27.	विधि और न्याय मंत्रालय
	• विधि कार्य विभाग
	• विधायी विभाग
	• न्याय विभाग
28.	सूक्ष्म, लघु और मध्यम उद्यम मंत्रालय
29.	खान मंत्रालय
30.	अल्पसंख्यक कार्य मंत्रालय
31.	नवीन और नवीकरणीय ऊर्जा मंत्रालय
32.	पंचायती राज मंत्रालय
33.	संसदीय कार्य मंत्रालय
34.	कार्मिक, लोक शिकायत तथा पेंशन मंत्रालय
	• कार्मिक और प्रशिक्षण विभाग
	• प्रशासनिक सुधार और लोक शिकायत विभाग
	• पेंशन और पेंशनभोगी कल्याण विभाग
35.	पेट्रोलियम और प्राकृतिक गैस मंत्रालय
36.	विद्युत मंत्रालय
37.	रेल मंत्रालय
38.	सड़क परिवहन और राजमार्ग मंत्रालय
39.	ग्रामीण विकास मंत्रालय
	• ग्रामीण विकास विभाग
	• भूमि संसाधन विभाग
40.	विज्ञान और प्रौद्योगिकी मंत्रालय
	• विज्ञान और प्रौद्योगिकी विभाग
	• विज्ञान और औद्योगिक अनुसंधान विभाग
	• बायोटेक्नोलॉजी विभाग
41.	पोत परिवहन मंत्रालय
42.	कौशल विकास और उद्यमिता मंत्रालय
43.	सामाजिक न्याय और अधिकारिता मंत्रालय
	• सामाजिक न्याय और अधिकारिता विभाग
	• दिव्यांगजन सशक्तिकरण विभाग
44.	सांख्यिकी और कार्यक्रम क्रियान्वयन मंत्रालय
45.	इस्पात मंत्रालय
46.	वस्त्र मंत्रालय
47.	पर्यटन मंत्रालय
48.	जनजातीय कार्य मंत्रालय
49.	शहरी विकास मंत्रालय
50.	जल संसाधन, नदी विकास और गंगा संरक्षण मंत्रालय
51.	महिला और बाल विकास मंत्रालय
52.	युवा कार्यक्रम और खेल मंत्रालय
	• युवा कार्यक्रम विभाग
	• खेल विभाग
53.	योजना मंत्रालय
	केंद्र सरकार के स्वतंत्र विभाग
54.	परमाणु ऊर्जा विभाग
55.	अंतरिक्ष विभाग
	प्रमुख/स्वतंत्र कार्यालय
56.	मंत्रिमंडल सचिवालय
57.	राष्ट्रपति सचिवालय
58.	प्रधानमंत्री कार्यालय
59.	नीति आयोग

*केंद्र सरकार द्वारा सामाजिक न्याय व सशक्तिकरण मंत्रालय के 'विकलांगजन सशक्तिकरण विभाग' का नाम बदलकर 'दिव्यांगजन सशक्तिकरण विभाग' कर दिया गया है। राष्ट्रपति द्वारा इसकी स्वीकृति 24 मई, 2016 को दी गई।

उप-परिशिष्ट

नागरिक सम्मान

भारत रत्न

- यह पुरस्कार कला, साहित्य और विज्ञान को आगे बढ़ाने के लिए किसी व्यक्ति द्वारा की गई विशिष्ट सेवा और जन सेवा में किए गए उत्कृष्ट योगदान को सम्मानित करने के लिए प्रदान किया जाता है। भारत रत्न सम्मान की स्थापना भारत सरकार द्वारा वर्ष 1954 में की गई थी।
- वर्ष 2013 में इसके मानक में परिवर्तन किया गया और यह मानव सेवा के क्षेत्र में उत्कृष्ट योगदान के लिए प्रदान किया जाता है।

पद्म विभूषण

- यह पुरस्कार किसी भी क्षेत्र में विशिष्ट और उल्लेखनीय सेवा के लिए प्रदान किया जाता है। इसमें सरकारी कर्मचारियों द्वारा की गई सेवाएं भी शामिल हैं।

पद्म भूषण

- पद्म भूषण भारत का तीसरा सर्वोच्च सम्मान है। यह सम्मान उच्च कोटि की विशिष्ट सेवा के लिए दिया जाता है।

पद्मश्री

- यह पुरस्कार किसी भी क्षेत्र में उल्लेखनीय सेवा के लिए प्रदान किया जाता है। इसमें सरकारी कर्मचारियों द्वारा की गई सेवाएं भी शामिल हैं।
- पद्म पुरस्कारों से संबंधित दिशा-निर्देशों और अन्य पक्षों पर विचार करने के लिए सरकार ने उच्चतम न्यायालय के फैसले के अनुसार भारत के उपराष्ट्रपति की अध्यक्षता में एक उच्च स्तरीय समीक्षा समिति गठित की थी।
- समीक्षा समिति ने नवंबर, 1996 में अपनी रिपोर्ट पेश की, जिसे सरकार ने स्वीकार कर लिया।
- वर्ष 1992 में नेताजी सुभाषचन्द्र बोस को भारत रत्न से मरणोपरान्त सम्मानित किया गया था। लेकिन उनकी मृत्यु विवादित होने के कारण पुरस्कार के मरणोपरान्त स्वरूप को लेकर प्रश्न उठाया गया। इसलिए भारत सरकार ने यह सम्मान वापस ले लिया। उक्त सम्मान वापस लेने का यह एकमात्र उदाहरण है।

भारतरत्न से सम्मानित व्यक्ति

नाम	वर्ष
चक्रवर्ती राजगोपालाचारी	1954
डॉ. सर्वपल्ली राधाकृष्णन	1954
डॉ. चन्द्रशेखर वेंकटरमन	1954
डॉ. भगवान दास	1955
डॉ. मोक्षगुंडम विश्वेश्वरैया	1955
पं. जवाहरलाल नेहरू	1955
गोविंद वल्लभ पंत	1957
डॉ. धोंडो केशव कर्वे	1958
डॉ. विधान चंद्र राय	1961
पुरुषोत्तम दास टंडन	1961
डॉ. राजेंद्र प्रसाद	1962
डॉ. जाकिर हुसैन	1963
डॉ. पांडुरंग वामन काणे	1963
लाल बहादुर शास्त्री (मरणोपरांत)	1966
इंदिरा गांधी	1971
वराहगिरि वेंकेट गिरी	1975
कुमारस्वामी कामराज (मरणोपरांत)	1976
मदर टेरेसा (मरणोपरांत)	1980
आचार्य विनोबा भावे (मरणोपरांत)	1983
खान अब्दुल गफ्फार खां	1987
मरूदु गोपालन रामचंद्रन (मरणोपरांत)	1988
डॉ. भीमराव रामजी अंबेडकर (मरणोपरांत)	1990
डॉ. नेल्सन मंडेला	1990
राजीव गांधी (मरणोपरांत)	1991
सरदार वल्लभभाई पटेल (मरणोपरांत)	1991
मोरारजी रणछोड़जी देसाई	1991
मौलाना अब्दुल कलाम आजाद (मरणोपरांत)	1992
जमशेद जी रतन दादाभाई टाटा	1992
सत्यजीत रे	1992
अरुणा आसफ अली (मरणोपरांत)	1997
गुलजारी लाल नंदा (मरणोपरांत)	1997
डॉ. ए.पी.जे. अब्दुल कलाम	1997
एम.एस. सुब्बुलक्ष्मी	1998
चिदम्बरम सुब्रह्मण्यम	1998
जयप्रकाश नारायण (मरणोपरांत)	1999
पं. रविशंकर	1999
लता मंगेशकर	2001
उस्ताद बिस्मिल्लाह खां	2001
पं. भीमसेन जोशी	2009
सी.एन.आर. राव	2014
सचिन तेंदुलकर	2014
अटल बिहारी वाजपेयी	2015
मदन मोहन मालवीय (मरणोपरांत)	2015
भूपेन हजारिका (मरणोपरांत)	2019
प्रणव मुखर्जी	2019
नानाजी देशमुख (मरणोपरांत)	2019
कर्पूरी ठाकुर (मरणोपरांत)	2024
लाल कृष्ण आडवाणी	2024
पी.वी. नरसिम्हा राव (मरणोपरांत)	2024
चौधरी चरण सिंह (मरणोपरांत)	2024
एम.एस. स्वामीनाथन (मरणोपरांत)	2024

संक्षिप्त विश्लेषण

भारत रत्न से सम्मानित प्रथम व्यक्ति		
1.	चक्रवर्ती राजगोपालाचारी	1954
2.	डॉ. सर्वपल्ली राधाकृष्णन	1954
3.	डॉ. चंद्रशेखर वेंकटरमन	1954

भारत रत्न प्राप्त करने वाले विदेशी		
1.	खांन अब्दुल गफ्फार खां (पाकिस्तान)	1987
2.	डॉ. नेल्सन मंडेला (दक्षिण अफ्रीका)	1990

भारत रत्न पाने वाले प्रधानमंत्री		
1.	पं. जवाहरलाल नेहरू	1955
2.	लाल बहादुर शास्त्री (मरणोपरांत प्रथम व्यक्ति)	1966
3.	इंदिरा गांधी	1971
4.	राजीव गांधी	1991
5.	मोरारजी रणछोड़ जी देसाई	1991
6.	गुलजारी लाल नंदा	1997
7.	अटल बिहारी वाजपेयी	2015
8.	चरण सिंह (मरणोपरांत)	2024
9	नरसिम्हा राव (मरणोपरांत)	2024

भारत रत्न पाने वाले राष्ट्रपति		
1.	डॉ. सर्वपल्ली राधाकृष्णन	1954
2.	डॉ. राजेंद्र प्रसाद	1962
3.	डॉ. जाकिर हुसैन (राष्ट्रपति बनने से पहले)	1963
4.	डॉ. ए.पी.जे. अब्दुल कलाम (राष्ट्रपति बनने से पहले)	1997
5.	प्रणव मुखर्जी	2019

कला एवं संस्कृति से जुड़े भारत रत्न प्राप्तकर्ता		
1.	डॉ. भगवान दास (दार्शनिक)	1955
2.	डॉ. धोंडो केशव कर्वे (समाज सुधारक)	1958
3.	पांडुरंग वामन काणे (संस्कृति विद्वान)	1963
4.	एम.जी. रामचंद्रन (अभिनेता एवं राजनीतिज्ञ)	1988
5.	सत्यजीत रे (फिल्म निर्देशक)	1992
6.	एम.एस. सुब्बुलक्ष्मी (शास्त्रीय गायिका)	1998

7.	पं. रविशंकर (शास्त्रीय संगीतकार)	1999
8.	लता मंगेशकर (गायिका)	2001
9.	पं. भीमसेन जोशी (शास्त्रीय गायक)	2008
10.	भूपेन हजारिका (गायक)	2019

भारत रत्न पाने वाले अन्य व्यक्ति		
1.	डॉ. एम. विश्वेश्वरैया (इंजीनियर)	1955
2.	गोविन्द वल्लभ पंत (स्वतंत्रता सेनानी एवं राजनीतिज्ञ)	1957
3.	डॉ. विधान चंद्र राय (चिकित्सक)	1961
4.	पुरुषोत्तम दास टंडन (स्वतंत्रता सेनानी)	1961
5.	के. कामराज (राजनीतिज्ञ)	1976
6.	आचार्य विनोबा भावे (भूदान आंदोलन)	1983
7.	डॉ. भीमराव अंबेडकर (संविधान विशेषज्ञ)	1990
8.	सरदार वल्लभभाई पटेल (स्वतंत्रता सेनानी)	1991
भारत रत्न पाने वाले प्रथम क्रिकेट खिलाड़ी: सचिन तेंदुलकर		

दिवंगत नेताओं की समाधियां

क्र.	नेता	समाधि
1.	महात्मा गांधी	राजघाट
2.	जवाहरलाल नेहरू	शांतिवन
3.	लाल बहादुर शास्त्री	विजयघाट
4.	बी.आर. अंबेडकर	चैत्यभूमि
5.	इंदिरा गांधी	शक्ति स्थल
6.	चौ. चरण सिंह	किसान घाट
7.	ज्ञानी जैल सिंह	एकता स्थल
8.	राजीव गांधी	वीरभूमि
9.	मोरारजी देसाई	अभय घाट
10.	गुलजारी लाल नंदा	नारायण घाट
11.	जगजीवन राम	समता स्थल
12.	शंकर दयाल शर्मा	कर्म भूमि
13.	के.आर. नारायण	उदयभूमि

राज्यों के लिए विशेष प्रावधान से संबंधित अनुच्छेद

अनुच्छेद	विषय वस्तु
371	महाराष्ट्र तथा गुजरात राज्यों के लिए विशेष प्रावधान
371ए	नागालैंड राज्य के लिए विशेष प्रावधान
371बी	असोम (असम) राज्य के लिए विशेष प्रावधान
371सी	मणिपुर राज्य के लिए विशेष प्रावधान
371डी	आंध्र प्रदेश राज्य या तेलंगाना राज्य के लिए विशेष प्रावधान
371ई	आंध्र प्रदेश में केंद्रीय विश्वविद्यालय की स्थापना
371एफ	सिक्किम राज्य के लिए विशेष प्रावधान
371जी	मिजोरम राज्य के लिए विशेष प्रावधान
371एच	अरुणाचल प्रदेश राज्य के लिए विशेष प्रावधान
371आई	गोवा राज्य के लिए विशेष प्रावधान
371जे	कर्नाटक राज्य के लिए विशेष प्रावधान

जनजातीय क्षेत्र

राज्य		जनजातीय क्षेत्र
1.	असोम (असम)	1. उत्तरी कछार पहाड़ी जिला
		2. कार्बी आंगलोंग जिला
		3. बोडोलैंड प्रदेश क्षेत्र जिला
2.	मेघालय	1. खासी पहाड़ी जिला
		2. जयंतिया पहाड़ी जिला
		3. गारो पहाड़ी जिला
3.	त्रिपुरा	1. त्रिपुरा जनजातीय क्षेत्र जिला
4.	मिजोरम	1. चकमा जिला
		2. मारा जिला
		3. लाई जिला

राष्ट्राध्यक्षों/शासनाध्यक्षों के निवास स्थल

क्र.सं.	भवन	राष्ट्राध्यक्ष/शासनाध्यक्ष	स्थल
1.	क्रेमलिन	राष्ट्रपति, रूस	मॉस्को
2.	24 ससेक्स ड्राइव	प्रधानमंत्री, कनाडा	ओटावा
3.	राष्ट्रपति भवन	राष्ट्रपति, भारत	नई दिल्ली
4.	10 डाउनिंग स्ट्रीट	प्रधानमंत्री, ब्रिटेन	लंदन
5.	क्रिवेरिनल पैलेस	राष्ट्रपति, इटली	रोम
6.	लॉस पिनोस	राष्ट्रपति, मैक्सिको	मैक्सिको सिटी
7.	अरास एन वास्तारेन	राष्ट्रपति, आयरलैंड	डबलिन
8.	पैलोसियो डिला मोनक्लो	प्रधानमंत्री, स्पेन	मैड्रिड
9.	बकिंघम पैलेस	महारानी, ब्रिटेन	लंदन
10.	फेडरल चांसलर	चांसलर, जर्मनी	बॉन
11.	मर्डेका पैलेस	राष्ट्रपति, इंडोनेशिया	जकार्ता
12.	एवान-ए-सदन	राष्ट्रपति, पाकिस्तान	इस्लामाबाद
13.	नारायण हिती	नरेश, नेपाल	काठमांडू

14.	पैलोसियो डिबेलेम	राष्ट्रपति, पुर्तगाल	लिस्बन
15.	द लॉज	प्रधानमंत्री, आस्ट्रेलिया	कैनबरा
16.	चेट्यु डि लाचेन	नरेश, बेल्जियम	ब्रुसेल्स
17.	ब्लू हाउस	राष्ट्रपति, दक्षिण कोरिया	सिओल
18.	व्हाइट हाउस	राष्ट्रपति, अमेरिका	वाशिंगटन डी.सी.
19.	एल्सी पैलेस	राष्ट्रपति, फ्रांस	पेरिस

नियामक निकाय

नाम	स्थापना वर्ष	क्षेत्र
बीमा नियामक एवं विकास प्राधिकरण (इरडा)	1999	बीमा
भारतीय प्रतिभूति एवं विनियमन बोर्ड (सेबी)	1992	शेयर बाजार
भारतीय प्रतिस्पर्धा आयोग	2002	व्यापार प्रबंधन
भारतीय दूरसंचार नियामक प्राधिकरण (ट्राई)	1997	दूरसंचार
पेट्रोलियम एवं प्राकृतिक गैस नियामक बोर्ड	2006	पेट्रोलियम एवं परिषद्
केंद्रीय विद्युत नियामक आयोग	2003	विद्युत
परमाणु ऊर्जा नियामक बोर्ड	1983	परमाणु ऊर्जा
पेंशन निधि नियामक एवं विकास प्राधिकरण	2013	पेंशन
हाउस रेगुलेटरी अथॉरिटी	2013	आवास
प्रसार भारती	1997	रेडियो एवं दूरदर्शन

देश के अर्द्धसैनिक/सुरक्षा बल

नाम	स्थापना	मुख्यालय	उद्देश्य
भारत तिब्बत सीमा पुलिस (ITBP)	1962	नई दिल्ली	भारत-तिब्बत सीमा की निगरानी
असोम (असम) राइफल्स (AR)	1835	शिलांग, असोम (असम)	पूर्वोत्तर की सुरक्षा
केंद्रीय रिजर्व पुलिस बल (CRPF)	1939	नई दिल्ली	आंतरिक सुरक्षा
त्वरित कार्यवाही बल (RAF)	1992	नई दिल्ली	सांप्रदायिक दंगा नियंत्रण
सशस्त्र सीमा बल (SSB)	1965	नई दिल्ली	अंतर्राष्ट्रीय सीमा की सुरक्षा
सीमा सुरक्षा बल (BSF)	1965	नई दिल्ली	भारत-नेपाल की सीमा सुरक्षा
केंद्रीय औद्योगिक सुरक्षा बल (CISF)	1969	नई दिल्ली	PSU की सुरक्षा
राष्ट्रीय सुरक्षा गार्ड (NSG)	1984	नई दिल्ली	देश की आतंकवाद से सुरक्षा
होमगार्ड्स	1946	-	नागरिक अशांति और सांप्रदायिक दंगों को नियंत्रित करने के लिए।
रेलवे सुरक्षा बल (RPF)	1957	नई दिल्ली	रेल यात्रियों, रेलवे परिसंपत्तियों एवं रेलवे परिक्षेत्र की सुरक्षा
विशेष सुरक्षा बल (SPG)	1988	नई दिल्ली	प्रधानमंत्री/पूर्व प्रधानमंत्री तथा उनके परिवार की सुरक्षा
मरीन कमांडो फोर्स (मार्कोस)	1987	-	नौसैनिक बल

प्रमुख देशों के नागरिक सम्मान

1.	अमेरिका का सर्वोच्च नागरिक सम्मान	प्रेसिडेंशियल मेडल ऑफ फ्रीडम
2.	ब्रिटेन का सर्वोच्च नागरिक सम्मान	द ऑर्डर ऑफ मेरिट
3.	फ्रांस का सर्वोच्च नागरिक सम्मान	पाम एकेडमिक्स
4.	कनाडा का सर्वोच्च नागरिक सम्मान	ऑर्डर ऑफ कनाडा
5.	बेल्जियम का सर्वोच्च सम्मान	कमांडर ऑफ द ऑर्डर ऑफ लियोपोल्ड-2
6.	मेक्सिको का सर्वोच्च नागरिक सम्मान	द ऑर्डर ऑफ एजटेक ईगल
7.	जापान का सर्वोच्च नागरिक पुरस्कार	ऑर्डर ऑफ द राइजिंग सन

प्रमुख संस्थाओं की सदस्य संख्या

संविधान सभा	389 सदस्य (292 प्रांतों से + 93 देशी रियासतों से + 4 कमिश्नरी क्षेत्रों से)। स्वतंत्रता के बाद भारतीय संविधान सभा में सीटों की संख्या घटकर 299 रह गई। क्योंकि 90 सीटें पाकिस्तान की संविधान सभा में चली गईं।
लोक सभा (अधिकतम सदस्य संख्या)	552 सदस्य (530 राज्यों से + 20 केंद्र शासित प्रदेशों से +2 राष्ट्रपति द्वारा नामित)। वर्तमान में 545 सीटें हैं। शेष 7 सीटें पाकिस्तान अधिकृत कश्मीर के लिए निर्धारित हैं।
राज्य सभा (अधिकतम सदस्य संख्या)	250 सदस्य 229 राज्यों से + 12 राष्ट्रपति द्वारा नामित। वर्तमान में 241 सदस्य हैं।
विधानसभा (अधिकतम सदस्य संख्या)	500 सदस्य (सर्वाधिक संख्या 404 (403+1) (उत्तर प्रदेश), 288 (महाराष्ट्र), 294 (पश्चिम बंगाल) 243 (बिहार), 234 तमिलनाडु।
विधानसभा (न्यूनतम सदस्य संख्या)	60 सदस्य
60 से कम सदस्य संख्या वाली विधानसभाएं	1. गोवा (40 सीटें), 2. मिजोरम (40 सीटें), 3. सिक्किम (32 सीटें), 4. पुदुचेरी (30 सीटें)
विधान परिषद् (अधिकतम सदस्य संख्या)	राज्य विधानसभा के सदस्यों की 1/3 (एक-तिहाई)
विधान परिषद् (न्यूनतम सदस्य संख्या)	40 सदस्य (विधानपरिषदें उत्तर प्रदेश, बिहार, महाराष्ट्र, आन्ध्र प्रदेश, तेलंगाना, कर्नाटक)
40 से कम सदस्य संख्या वाली विधान परिषद्	जम्मू-कश्मीर (36 सीटें) (वर्तमान में नहीं)
उच्चतम न्यायालय में कुल न्यायाधीशों की संख्या	35 (1 मुख्य न्यायाधीश + 34 न्यायाधीश)
लोकसभा में सर्वाधिक सदस्य संख्या वाला राज्य	उत्तर प्रदेश (80 सदस्य)
लोकसभा में न्यूनतम सदस्य संख्या वाले राज्य	1 सदस्य (मिजोरम, नागालैंड, सिक्किम एवं सभी केंद्रशासित प्रदेश (दिल्ली को छोड़कर))
राज्यसभा में सर्वाधिक सदस्य संख्या वाला राज्य	उत्तर प्रदेश (31 सदस्य)
राज्यसभा में न्यूनतम सदस्य संख्या वाले राज्य	1 सदस्य (गोवा, नागालैंड, मणिपुर, त्रिपुरा, मेघालय, सिक्किम, मिजोरम, अरुणाचल प्रदेश, पुदुचेरी)
8वीं अनुसूची में भाषाओं की संख्या	22 भाषाएं (मूल संविधान में 14 भाषाएं थीं। अलग-अलग समय पर इसमें अन्य भाषाएं शामिल की गईं।)
गणपूर्ति (कोरम) के लिए आवश्यक सदस्य संख्या	सदन की कुल सदस्य संख्या का 1/10 (लोकसभा, राज्य सभा, विधानसभा, विधान परिषद्)

प्रमुख आयोग/समितियां

आयोग/समिति का नाम	प्रमुख तत्व
सरदार स्वर्ण सिंह समिति (1976)	42वें संविधान संशोधन-1976 द्वारा 10 मूल कर्तव्यों का समावेश
सरकारिया आयोग (1983)	केंद्र-राज्य संबंधों पर अनुशंसाएं
दर आयोग (1947-48) एस.के. दर	राज्यों का पुनर्गठन भाषा के आधार पर नहीं होना चाहिए।
जे.वी.पी. समिति (1948) (जवाहरलाल नेहरू, वल्लभभाई पटेल, पट्टाभिसीतारमैय्या)	राज्य का पुनर्गठन देश की सुरक्षा, एकता व आर्थिक समृद्धि के आधार पर किया जाए।
राज्य पुनर्गठन आयोग (1956) (सैयद फजल अली, हृदयनाथ कुंजरू, के.एम. पणिक्कर)	राज्यों के गठन के लिए भाषा को आधार बनाया गया, इसी के आधार पर राज्य पुनर्गठन अधिनियम बनाया गया।
लोक लेखा समिति (Public Accounts Committee)	कुल 22 सदस्य (15 लोकसभा एवं 7 राज्य सभा से)। इसका मुख्य कार्य भारत के लोक लेखा तथा सी.ए.जी. के प्रतिवेदन (Reports) का निरीक्षण करना है।
प्राक्कलन समिति (Estimates Committee)	कुल 30 सदस्य (लोकसभा से) प्रशासनिक दक्षता एवं मितव्ययिता बढ़ाने के लिए वैकल्पिक नीतियों का सुझाव+संसद में प्राक्कलन के लिए सुझाव।
संयुक्त संसदीय समिति (JPC)	लोकसभा व राज्य सभा के सदस्य। यह एक तदर्थ (Ad hoc) समिति है।
कोठारी आयोग (1976) (डी.एस. कोठारी)	भारतीय उच्च सिविल सर्विसेज में परीक्षा तथा भर्ती संबंधी नीतियां तथा विधि।
नियोगी आयोग (1946) (के.सी. नियोगी)	आर्थिक नियोजन के लिए मंत्रिपरिषद् के प्रति उत्तरदायी संगठन की सिफारिश।
बलवन्त राय मेहता समिति (1956-57)	त्रिस्तरीय पंचायती राज संस्थाओं के गठन की संस्तुति।
वी.एस. तारकुंडे समिति (1974)	चुनाव सुधार, मतदाता की आयु 21 वर्ष से घटाकर 18 वर्ष करना, चुनाव प्रचार में सरकारी धन एवं तंत्र का उपयोग न करना आदि अनुशंसाएं कीं।
पुंछी आयोग (2007) (मदन मोहन पुंछी)	केंद्र-राज्य संबंध के विषय में अनुशंसाएं की।
द्वितीय प्रशासनिक सुधार आयोग (2005)	(अध्यक्ष-वीरप्पा मोइली) वीरप्पा मोइली ने 2009 में अध्यक्ष पद से त्याग पत्र दे दिया उसके बाद वी. रामचन्द्रन इसके अध्यक्ष बनाए गए।

कमीशंड ऑफिसरों की पद-श्रेणियां

स्थल सेना	वायु सेना	जल सेना
जनरल	एयर चीफ मार्शल	एडमिरल
लेफ्टिनेंट जनरल	एयर मार्शल	वाइस एडमिरल
मेजर जनरल	एयर वाइस मार्शल	रियर एडमिरल
ब्रिगेडियर	एयर कमांडर	कमांडर
कर्नल	ग्रुप कैप्टन	कैप्टन
लेफ्टिनेंट कर्नल	विंग कमांडर	कमांडर
मेजर	स्क्वॉड्रन लीडर	लेफ्टिनेंट कमांडर
कैप्टन	फ्लाइट लेफ्टिनेंट	लेफ्टिनेंट
लेफ्टिनेंट	फ्लाइंग ऑफिसर	सब लेफ्टिनेंट

भारतीय थल सेना के सैनिक प्रशिक्षण संस्थान

संस्थान	स्थान
नेशनल डिफेन्स एकेडमी	खड्गवासला (महाराष्ट्र)
इंडियन मिलिट्री एकेडमी	देहरादून (उत्तराखंड)
इन्फैंट्री स्कूल	मऊ (मध्य प्रदेश)
आर्टीलरी स्कूल	देवलाली (महाराष्ट्र)
नेशनल डिफेन्स कॉलेज	नई दिल्ली
डिफेन्स सर्विस स्टाफ कॉलेज	वेलिंगटन (तमिलनाडु)
आर्म्ड सेन्टर	अहमदनगर (महाराष्ट्र)

आयोग एवं मुख्यालय

संस्था/आयोग/संघ	मुख्यालय	वर्ष	संस्था की प्रकृति/स्थिति
हरित न्याय प्राधिकरण	भोपाल	2009	न्यायिक संस्था
राष्ट्रीय न्याय अकादमी	भोपाल	1995	वैधानिक
राष्ट्रीय विधिक सेवा प्राधिकरण (नालसा)	नई दिल्ली	1995	संस्थागत
केंद्रीय सैन्य न्याय प्राधिकरण	नई दिल्ली	–	न्यायिक
राष्ट्रीय अनुसूचित जाति आयोग	नई दिल्ली	2004 (पुनर्गठन)	संवैधानिक निकाय
राष्ट्रीय अनुसूचित जनजाति आयोग	नई दिल्ली	2004 (पुनर्गठन)	संवैधानिक निकाय
योजना आयोग (नीति आयोग द्वारा प्रतिस्थापित)	नई दिल्ली	1950	गैर-संवैधानिक निकाय
वित्त आयोग	नई दिल्ली	1951	अर्द्ध न्यायिक/ संवैधानिक निकाय
मानवाधिकार आयोग	नई दिल्ली	1993	अनुसंशात्मक निकाय
राष्ट्रीय महिला आयोग	नई दिल्ली	1992	स्वायत्त वैधानिक निकाय
राष्ट्रीय बाल अधिकार सरंक्षण आयोग	नई दिल्ली	2007	वैधानिक निकाय
राष्ट्रीय अल्पसंख्यक आयोग	नई दिल्ली	1993	वैधानिक निकाय
राष्ट्रीय पिछड़ा वर्ग आयोग	नई दिल्ली	1993	वैधानिक निकाय
केंद्रीय सूचना आयोग	नई दिल्ली	2005	वैधानिक निकाय
परिसीमन आयोग	नई दिल्ली	4 बार गठित	स्वायत्त निकाय
विधि आयोग	नई दिल्ली	–	गैर-वैधानिक परामर्शी निकाय
अंतर्राज्यीय परिषद्	नई दिल्ली	1990	संवैधानिक निकाय
निर्वाचन आयोग	नई दिल्ली	1950	संवैधानिक निकाय

भारत में भ्रष्टाचार पर नियंत्रण तथा नागरिकों की शिकायतों के निवारण के लिए वैधानिक और संस्थागत ढांचे में निम्नलिखित सम्मिलित हैं:

1.	लोक सेवक जांच अधिनियम, 1850	13.	राज्य सतर्कता आयोग, 1964
2.	भारतीय दंड संहिता, 1860	14.	राज्यों में भ्रष्टाचार रोधी ब्यूरो (ACB)
3.	विशेष पुलिस प्रतिष्ठान, 1941	15.	केंद्र में लोकपाल (ओम्बुड्समैन)
4.	दिल्ली पुलिस प्रतिष्ठान अधिनियम, 1946	16.	प्रभागीय सतर्कता बोर्ड
5.	भ्रष्टाचार निवारण अधिनियम, 1988	17.	जिला सतर्कता अधिकारी
6.	जांच आयोग अधिनियम, 1952 (राजनीतिक नेताओं तथा प्रमुख सार्वजनिक व्यक्तियों के लिए)	18.	राष्ट्रीय उपभोक्ता विवाद निवारण आयोग
7.	अखिल भारतीय सेवाएं (आचार) नियमावली, 1968	19.	राष्ट्रीय अनुसूचित जाति आयोग
8.	केंद्रीय सिविल सेवाएं (आचार) नियमावली, 1964	20.	राज्यों में उच्च न्यायालय
9.	रेल सेवाएं (आचार) नियमावली, 1966	21.	प्रशासनिक न्यायाधिकरण
10.	मंत्रालयों/विभागों, सम्बद्ध एवं अधीनस्थ कार्यालय तथा लोक उपक्रमों में निगरानी संगठन	22.	कैबिनेट सचिवालय में लोक परिवाद निदेशालय, 1988
11.	केंद्रीय अन्वेषण ब्यूरो, (CBI) 1963	23.	संसद एवं इसकी समितियां
12.	केंद्रीय सतर्कता आयोग (CVC) 1964	24.	केरल जैसे राज्यों में फाइल टू फिल (खेतों तक संचिकाएं) कार्यक्रम।

भारतीय विधायिका में भागीदारी

राज्य व केंद्र शासित प्रदेश	राज्य सभा	लोकसभा			राज्य विधानसभा		
		कुल स्थान	आरक्षित स्थान		कुल स्थान	आरक्षित स्थान	
			अनु. जाति	अनु. जनजाति		अनु. जाति	अनु. जनजाति
उत्तर प्रदेश	31	80	17	1	403	92	1
महाराष्ट्र	19	48	3	4	288	18	22
आंध्र प्रदेश	11	25	4	1	294	39	1
पश्चिम बंगाल	16	42	8	2	294	59	17
बिहार	16	40	7	–	242	48	3
तमिलनाडु	18	39	7	–	242	48	28
मध्य प्रदेश	11	29	4	5	230	44	75
कर्नाटक	12	28	4	1	224	33	2
गुजरात	11	26	2	4	182	13	26
राजस्थान	10	25	4	3	200	33	24
ओडिशा	10	21	4	5	147	22	34
छत्तीसगढ़	05	11	–	–	–	–	–
तेलंगाना	07	17	–	–	–	–	–
केरल	09	20	2	–	140	13	1
असोम (असम)	07	14	1	2	126	8	16
झारखंड	06	14	1	5	82	–	–
पंजाब	07	13	4	–	117	29	–
हरियाणा	05	10	2	–	90	17	–
उत्तराखंड	03	05	1	–	90	6	–
हिमाचल प्रदेश	03	04	1	–	87	–	–
त्रिपुरा	01	02	–	–	70	10	3
अरुणाचल प्रदेश	01	02	–	1	68	7	17
गोवा	01	02	–	2	60	–	39
मेघालय	01	02	–	–	60	1	–
मणिपुर	01	02	–	2	40	–	59
मिजोरम	01	01	–	1	60	–	19
नागालैंड	01	01	–	1	40	–	39
सिक्किम	01	01	–	1	60	–	59
दिल्ली	03	07	1	–	32	2	12
पुदुचेरी	01	01	–	–	70	–	–
लद्दाख	–	01	–	–	–	–	–
जम्मू-कश्मीर	–	05					
कुल योग	**229**	**543**	**81**	**49**	**3960**	**542**	**511**

सर्वाधिक राज्यसभा सीटों वाले पांच राज्य (अवरोही क्रम में)

1.	उत्तर प्रदेश	31	2.	महाराष्ट्र	19
3.	तमिलनाडु	18	4.	पश्चिम बंगाल	16
5.	बिहार	16			

सर्वाधिक लोकसभा सीटों वाले पांच राज्य (अवरोही क्रम में)

1.	उत्तर प्रदेश	80	2.	महाराष्ट्र	48
3.	पश्चिम बंगाल	42	4.	बिहार	40
5.	तमिलनाडु	39			

सर्वाधिक पांच विधानसभा सीटों वाले पांच राज्य (अवरोही क्रम में)

1.	उत्तर प्रदेश	403	2.	पश्चिम बंगाल	294
3.	महाराष्ट्र	288	4.	तमिलनाडु	234
5.	बिहार	243			

समान सीटों वाली विधानसभा

राज्य	सीटें
हरियाणा एवं छत्तीसगढ़	90
मणिपुर, मेघालय, नागालैंड, त्रिपुरा एवं अरुणाचल प्रदेश	60
गोवा एवं मिजोरम	40

*जम्मू-कश्मीर में विधान सभा सदस्यों की कुल संख्या 111 है, परंतु 24 चुनाव क्षेत्र पाकिस्तान द्वारा अधिगृहीत क्षेत्र में है। इसलिए वर्तमान में जम्मू-कश्मीर विधानसभा के कुल निर्वाचित सदस्यों की संख्या 87 है।

*अगस्त 2019 में जम्मू-कश्मीर एक राज्य न रहकर दो केन्द्रशासित प्रदेशों (जम्मू-कश्मीर और लद्दाख) में विभाजित हो गया है

विभिन्न राज्यों की विधान परिषदों की सदस्य (संख्या अवरोही क्रम में)					
1.	उत्तर प्रदेश	100	2.	महाराष्ट्र	75
3.	बिहार	75	4.	कर्नाटक	75
5.	आन्ध्र प्रदेश	58	6.	तेलंगाना	43

दिल्ली ही एकमात्र ऐसा केंद्र शासित प्रदेश है, जहां लोक सभा की 7 सीटें व राज्य सभा की 3 सीटें हैं। शेष सभी केंद्र शासित प्रदेशों में लोक सभा व राज्य सभा की एक-एक सीट है।

- भारत का सबसे कम पंजीकृत मतदाताओं की संख्या वाला संसदीय क्षेत्र–**बनेज (जूनागढ़ संसदीय क्षेत्र, राजस्थान)**
- सबसे अधिक पंजीकृत मतदाताओं की संख्या वाला संसदीय क्षेत्र–**उन्नाव (उत्तर प्रदेश)**
- सबसे छोटा संसदीय क्षेत्र–**लक्षद्वीप**
- क्षेत्रफल की दृष्टि से सबसे बड़ा संसदीय क्षेत्र–**लद्दाख (1,73,266 वर्ग कि.मी.)**

संयुक्त बैठक	विषय	तत्कालीन प्रधानमंत्री
प्रथम बैठक	दहेज प्रतिबंध विधेयक, 1959	पं. जवाहरलाल नेहरू
द्वितीय बैठक	बैंकिंग सेवा आयोग विधेयक, 1977	मोरारजी देसाई
तृतीय बैठक	आतंक निवारक अध्यादेश (पोटा), 2002	अटल बिहारी वाजपेयी

वेतन आयोग (Pay Commission)

वेतन आयोग	अध्यक्ष	नियुक्ति वर्ष	रिपोर्ट प्रस्तुति वर्ष
प्रथम वेतन आयोग	श्रीनिवास वरदाचरियार	1946	1947
द्वितीय वेतन आयोग	जगन्नाथ दास	1957	1959
तृतीय वेतन आयोग	रघुबीर दयाल	1970	1973
चतुर्थ वेतन आयोग	पी.एन. सिंघल	1983	1986
पंचम वेतन आयोग	एस. रत्नावेल पण्डियन	1994	1997
छठा वेतन आयोग	जस्टिस बी.एन. श्री कृष्णा	2006	2008
सातवां वेतन आयोग	अशोक कुमार माथुर	2014	2015

लोकसभा, राज्यसभा, विधानसभा तथा विधान परिषद्: एक झलक में

आधार	लोकसभा	राज्यसभा	विधानसभा	विधान परिषद्
अधिकतम सदस्य	550 (524 राज्यों से + 26 के प्र. से + 2	250 (238 राज्यों से + 12 राष्ट्रपति द्वारा	500 (न्यूनतम 60 सदस्य)	राज्य विधानसभा के सदस्यों की 1/3
वर्तमान संख्या	543 (524 राज्यों से + 19)	241 (229 राज्यों से + 12) राष्ट्रपति द्वारा नामित	-	मात्र 6 राज्यों में विधान परिषद् हैं–उत्तर प्रदेश, बिहार, महाराष्ट्र, आंध्र प्रदेश, कर्नाटक, तेलंगाना
सर्वाधिक सदस्य संख्या वाला राज्य	उत्तर प्रदेश (80 सीटें)	उत्तर प्रदेश (31 सीटें)	उत्तर प्रदेश, महाराष्ट्र, पश्चिम बंगाल, आंध्र प्रदेश, बिहार	उत्तर प्रदेश (100), महाराष्ट्र (78), बिहार (75)
न्यूनतम सदस्य संख्या वाले राज्य	गोवा, नागालैंड, सिक्किम एवं सभी के. प्र. (दिल्ली को छोड़कर) में मात्र 1-1 सीटें	गोवा, पुदुचेरी एवं सभी पूर्ववर्ती राज्य (असोम को छोड़कर) मात्र 1-1 सीटें	गोवा, मिजोरम, (40-40 सीटें), सिक्किम (32 सीटें)	कर्नाटक (63)
प्रकार	अस्थायी सदन	स्थायी सदन	अस्थायी सदन	स्थायी सदन (नोट: समाप्त किया जा सकता है परंतु विघटित नहीं)
गठन से संबंधित अनुच्छेद	अनु. 81	अनु. 80	भाग-6 अनु. 168-212 (गठन संबंधी प्रावधान अनु. 170 में)	अनु. 169 के तहत संसद को किसी राज्य में विधानपरिषद् को स्थापित करने और समाप्त करने का अधिकार है।
आयु	न्यूनतम 25 वर्ष आयु आवश्यक	न्यूनतम 30 वर्ष आयु आवश्यक	न्यूनतम 25 वर्ष आयु आवश्यक	न्यूनतम 30 वर्ष आयु आवश्यक

विशेष	कार्यकाल 5 वर्ष परंतु इस अवधि के पूर्व भी मंत्रिपरिषद् के परामर्श पर वह राष्ट्रपति द्वारा भंग की जा सकती है।	यह कभी भंग नहीं होती बल्कि इसके 1/3 सदस्य हर दूसरे वर्ष की समाप्ति पर अवकाश ग्रहण कर लेते हैं। प्रत्येक सदस्य 6 वर्ष तक राज्यसभा का सदस्य रहता है।	कार्यकाल 5 वर्ष परंतु इस अवधि से पूर्व मुख्यमंत्री के परामर्श पर वह राज्यपाल द्वारा विघटित की जा सकती है।	यह कभी भी भंग नहीं होती बल्कि इसके 1/3 सदस्य हर दूसरे वर्ष की समाप्ति पर अवकाश ग्रहण कर लेते हैं। प्रत्येक सदस्य 6 वर्ष तक विधान परिषद् का सदस्य रहता है।
पदाधिकारी	अध्यक्ष और उपाध्यक्ष	सभापति और उपसभापति	अध्यक्ष और उपाध्यक्ष	सभापति और उपसभापति
अन्य नाम	निम्न सदन/लोकप्रिय सदन	उच्च सदन	निम्न सदन/लोकप्रिय सदन	उच्च सदन
गणपूर्ति (कोरम) के लिए आवश्यक सदस्य	कुल संख्या का 1/10	कुल संख्या का 1/10	कुल संख्या का 1/10	कुल संख्या का 1/10

भारत के प्रमुख पदाधिकारी: एक नजर में निर्वाचक मंडल द्वारा निर्वाचित पदाधिकारी

पद	अनुच्छेद	निर्वाचन	न्यूनतम आयु	अधिकतम आयु	शपथ ग्रहण करवाता है	त्याग पत्र
राष्ट्रपति	अनु. 52	अनु. 54	35	–	SC का मुख्य न्यायाधीश	उपराष्ट्रपति को
उपराष्ट्रपति	अनु. 63	अनु. 66	35	–	राष्ट्रपति	राष्ट्रपति को

नोट: राष्ट्रपति के निर्वाचक मंडल में राज्यसभा, लोकसभा और राज्यों की विधानसभा के निर्वाचित सदस्य होते हैं। राष्ट्रपति के निर्वाचक मंडल में संसद के दोनों सदनों के सदस्य शामिल होते हैं।

अन्य पदाधिकारी

पद	अनुच्छेद में	निर्वाचन	न्यूनतम आयु	निर्वाचन/चयन	शपथ ग्रहण	त्यागपत्र
लोकसभा अध्यक्ष लोकसभा उपाध्यक्ष	अनु. 79	अनु. 93	25	लोकसभा सदस्यों द्वारा मतदान	लोकसभा सदस्य के रूप में पहले ही शपथ ग्रहण	उपाध्यक्ष को
लोकसभा सदस्य	–	–	25	जनता द्वारा प्रत्यक्ष चुनाव	राष्ट्रपति	–
उपसभापति	–	–	25	राज्य सभा सदस्य के रूप में पहले ही शपथ ग्रहण		
राज्यसभा	अनु.-80	–	30	राज्य विधानसभाओं के सदस्यों द्वारा मतदान	राज्यसभा सदस्य के रूप में पहले ही शपथ ग्रहण	सभापति को
मुख्यमंत्री	–	अनु. 164	25	राज्यपाल द्वारा बहुमत प्राप्त दल के नेता	राज्यपाल	राज्यपाल को
विधानसभा सदस्य	–	अनु. 170	25	जनता द्वारा प्रत्यक्ष मतदान	राज्यपाल	सभापति को
विधान परिषद् सदस्य	–	अनु. 17(3)	30	अप्रत्यक्ष रूप से मतदान	राज्यपाल	सभापति को

नोट: उपर्युक्त सभी पदों में अधिकतम आयु निश्चित नहीं की गई है।

राष्ट्रपति द्वारा चयनित पदाधिकारी

पद	अनुच्छेद	निर्वाचन संबंधी अनुच्छेद	न्यूनतम आयु	अधिकतम आयु	शपथ ग्रहण	त्यागपत्र
प्रधानमंत्री (लोकसभा में बहुमत प्राप्त दल का नेता)	–	अनु. 75	25	–	राष्ट्रपति	
मुख्य न्यायाधीश (सर्वोच्च न्यायालय)	अनु. 124	अनु. 124(1)	–	65 वर्ष	राष्ट्रपति	राष्ट्रपति
न्यायाधीश (सर्वोच्च न्यायालय)	–	अनु. 124 (1)	–	62 वर्ष	राष्ट्रपति	राष्ट्रपति
राज्यपाल	अनु. 153	अनु. 155	35	–	HC के मुख्य न्यायाधीश	राष्ट्रपति
मुख्य चुनाव आयुक्त	–	अनु. 324 (2)	–	65 वर्ष	राष्ट्रपति	राष्ट्रपति
महान्यायवादी	अनु. 76	अनु. 76	–	65 वर्ष	राष्ट्रपति	राष्ट्रपति
अध्यक्ष, लोक सेवा आयोग	अनु. 315	–	–	65 वर्ष	राष्ट्रपति	राष्ट्रपति
सदस्य, लोक सेवा आयोग	अनु. 315	–	–	65 वर्ष	राष्ट्रपति	राष्ट्रपति
अध्यक्ष, वित्त आयोग	अनु. 280	–	–	65 वर्ष	राष्ट्रपति	राष्ट्रपति
प्रोटेम स्पीकर	–	–		–	राष्ट्रपति	–

भारत की आंतरिक सुरक्षा व्यवस्था

संगठन	स्थापना वर्ष	मुख्यालय
असोम (असम) राइफल्स (AR)	1835 ई.	शिलांग
केंद्रीय रिजर्व पुलिस बल (CRPF)	1939 ई.	नई दिल्ली
होम गार्ड्स (HG)	1946 ई.	कई राज्यों में
राष्ट्रीय कैडेट कोर (NCC)	1948 ई.	नई दिल्ली
प्रादेशिक सेना (TA)	1949 ई.	कई राज्यों में
भारत-तिब्बत सीमा पुलिस (ITBP)	1962 ई.	नई दिल्ली
सीमा सुरक्षा बल (BSF)	1965 ई.	नई दिल्ली
तटरक्षा बल (Coast Guards)	1978 ई.	नई दिल्ली
केंद्रीय औद्योगिक सुरक्षा बल (CISF)	1969 ई.	नई दिल्ली
राष्ट्रीय सुरक्षा गार्ड (NSG)	1984 ई.	नई दिल्ली
त्वरित कार्य बल (RAF)	1992 ई.	नई दिल्ली
राज्य पुलिस	1991 ई.	राज्यों में

प्रमुख राज्यों के स्थापना दिवस

दिनांक	राज्य
1 दिसंबर	नागालैंड दिवस
21 जनवरी	मणिपुर, मेघालय एवं त्रिपुरा दिवस
20 फरवरी	मिजोरम एवं अरुणाचल प्रदेश दिवस
11 मार्च	अंडमान-निकोबार द्वीपसमूह दिवस
22 मार्च	बिहार दिवस
30 मार्च	राजस्थान दिवस
1 अप्रैल	उत्कल (ओडिशा) दिवस
14 अप्रैल	तमिलनाडु दिवस
15 अप्रैल	हिमाचल प्रदेश दिवस
1 मई	गुजरात एवं महाराष्ट्र दिवस
16 मई	सिक्किम दिवस
2 जून	तेलंगाना दिवस
1 नवंबर	उत्तर प्रदेश, पंजाब, हरियाणा, मध्य प्रदेश, छत्तीसगढ़, कर्नाटक, केरल, आंध्र प्रदेश

❑❑❑

परिशिष्ट 3

विगत 16 से अधिक वर्षों में सिविल सेवा प्रारंभिक परीक्षा में पूछे गए प्रश्न

2007

1. निम्नलिखित संविधान संशोधन अधिनियमों में से किस एक में यह प्रावधान है कि केंद्र और किसी राज्य में मंत्रिपरिषद् का आकार, क्रमशः लोकसभा के सदस्यों की कुल संख्या व उस राज्य की विधानसभा के सदस्यों की कुल संख्या के 15 प्रतिशत से अधिक नहीं होगा?

(A) 91वें (B) 93वें

(C) 95वें (D) 97वें

उत्तर: (A)

2. प्रथम लोकसभा के अध्यक्ष कौन थे?

(A) हुकम सिंह (B) जी. वी. मावलंकर

(C) के. एम. मुंशी (D) यू. एन. ढेवर

उत्तर: (B)

3. निम्नलिखित में से कौन भारत के केंद्रीय वित्त मंत्री रहे हैं?

1. वी. पी. सिंह 2. आर. वेंकटरमण

3. वाई. बी. चव्हाण 4. प्रणव मुखर्जी

कूट:

(A) 1, 2 और 3 (B) 1, 3 और 4

(C) 2 और 4 (D) ये सभी

उत्तर: (D)

4. कथन (A) भारत संघ में मंत्रिपरिषद् संयुक्त रूप से लोकसभा और राज्यसभा, दोनों के प्रति उत्तरदायी है।

कारण (R) लोकसभा और राज्यसभा दोनों के सदस्य संघीय सरकार में मंत्री बनने के लिए पात्रता रखते हैं।

कूट:

(A) A और R दोनों सही हैं तथा R, A की सही व्याख्या है।

(B) A और R दोनों सही हैं, परंतु R, A की सही व्याख्या नहीं है।

(C) A सही है, किंतु R गलत है।

(D) A गलत है, किंतु R सही है।

उत्तर: (D)

5. निम्नलिखित कथनों पर विचार कीजिए–

1. न्यायाधीश (जांच) विधेयक 2006 के अंतर्गत एक न्यायिक परिषद् को स्थापित करने का विचार है, जो भारत के मुख्य न्यायमूर्ति सहित उच्चतम न्यायालय के न्यायाधीश, उच्च न्यायालय के मुख्य न्यायमूर्ति और न्यायाधीशों के विरुद्ध शिकायतें स्वीकार करेगी।

2. घरेलू हिंसा से महिला संरक्षण अधिनियम, 2005 के अंतर्गत कोई महिला किसी प्रथम श्रेणी के न्यायिक मजिस्ट्रेट के पास अर्जी दाखिल कर सकती है।

उपरोक्त कथनों में से कौन-सा/से कथन सही है/हैं?

(A) केवल 1 (B) केवल 2

(C) 1 और 2 (D) न तो 1 और न ही 2

उत्तर: (B)

6. निम्नलिखित कथनों पर विचार कीजिए–

1. लोक लेखा समिति का अध्यक्ष लोकसभा द्वारा नियुक्त किया जाता है।

2. लोक लेखा समिति में लोकसभा सदस्य, राज्यसभा सदस्य और उद्योग तथा व्यापार के कुछ जाने-माने व्यक्ति सम्मिलित होते हैं।

उपरोक्त कथनों में से कौन-सा/से कथन सही है/हैं?

(A) केवल 1 (B) केवल 2

(C) 1 और 2 (D) न तो 1 और न ही 2

उत्तर: (A)

7. भारत के संविधान के अनुच्छेद 360 के अधीन वित्तीय आपात से संबंधित निम्नलिखित कथनों पर विचार कीजिए–

1. वित्तीय आपात की उद्घोषणा (Proclamation of Financial Emergency) दो मास की समाप्ति पर प्रवर्तन में नहीं रहेगी, यदि उस अवधिकी समाप्ति से पहले संसद के दोनों सदनों के संकल्पों द्वारा उसका अनुमोदन नहीं कर दिया जाता है।

2. यदि वित्तीय आपात प्रवर्तन में हो, तो भारत का राष्ट्रपति संघ के कार्यकलाप के संबंधमें सेवा करने वाले सभी या किसी वर्ग के व्यक्तियों के, परंतु जिनके अंतर्गत उच्चतम न्यायालय और उच्च न्यायालयों के न्यायाधीश नहीं आते, वेतन और भत्तों में कमी करने के लिए निर्देश देने में सक्षम है।

उपरोक्त कथनों में से कौन-सा/से कथन सही है/हैं?

(A) केवल 1 (B) केवल 2

(C) 1 और 2 (D) न तो 1 और न ही 2

उत्तर: (A)

8. निम्नलिखित कथनों पर विचार कीजिए–

1. भारत में उच्च न्यायालय के न्यायाधीश को हटाने के लिए रीति, उच्चतम न्यायालय के न्यायाधीश को हटाने की रीति के समान है।

2. उच्च न्यायालय का कोई स्थायी न्यायाधीश अपने पद से सेवानिवृत्ति के पश्चात् भारत में किसी भी न्यायालय या किसी प्राधिकारी के समक्ष अभिवचन (Plead) नहीं कर सकता।

उपर्युक्त कथनों में से कौन-सा/से सही है/हैं?

(A) केवल 1 (B) केवल 2

(C) 1 और 2 (D) न तो 1 और न ही 2

उत्तर: (A)

9. नीचे दिए गए राज्यों को भारत संघ के संपूर्ण राज्य का दर्जा प्राप्त होने का सही कालानुक्रम कौन-सा है?
(A) सिक्किम-अरुणाचल प्रदेश-नागालैंड-हरियाणा।
(B) नागालैंड-हरियाणा-सिक्किम-अरुणाचल प्रदेश।
(C) सिक्किम-हरियाणा-नागालैंड-अरुणाचल प्रदेश।
(D) नागालैंड-अरुणाचल प्रदेश-सिक्किम-हरियाणा।
उत्तर: (B)

2008

1. निम्नलिखित में से कौन-सा/से राज्य के नीति-निदेशक तत्वों में शामिल है/हैं?
   1. मानव के दुर्व्यापार और बलात् श्रम का प्रतिषेध।
   2. मादक पेयों और स्वास्थ्य के लिए हानिकारक औषधियों के, औषधीय प्रयोजनों से भिन्न, उपभोग का प्रतिषेध।

कूट:
(A) केवल 1 (B) केवल 2
(C) 1 और 2 (D) न तो 1 और न ही 2
उत्तर: (B)

2. निम्नलिखित कथनों पर विचार कीजिए:
भारत के संविधान में यह उपबंधहै कि–
   1. प्रत्येक राज्य की विधानसभा 450 से अधिक सदस्यों से मिलकर बनेगी, जो राज्य में प्रादेशिक निर्वाचन-क्षेत्रों से प्रत्यक्ष निर्वाचन द्वारा चुने जाएंगे।
   2. कोई व्यक्ति किसी राज्य की विधानसभा के किसी स्थान को भरने के लिए चुने जाने के लिए अर्हित नहीं होगा, यदि उसकी आयु पच्चीस वर्ष से कम हो।

उपरोक्त कथनों में से कौन-सा/से कथन सही है/हैं?
(A) केवल 1 (B) केवल 2
(C) 1 और 2 (D) न तो 1 और न ही 2
उत्तर: (B)

3. निम्नलिखित संविधान संशोधन अधिनियमों में से किस एक के अंतर्गत, भारत के संविधान की आठवीं अनुसूची में चार भाषाएं जोड़ी गईं, जिससे उनकी संख्या बढ़कर 22 हो गई?
(A) संविधान (90वां संशोधन) अधिनियम
(B) संविधान (91वां संशोधन) अधिनियम
(C) संविधान (92वां संशोधन) अधिनियम
(D) संविधान (93वां संशोधन) अधिनियम
उत्तर: (C)

4. निम्नलिखित में से कौन-सा एक लोकसभा का सर्वाधिक बड़ा (क्षेत्रफल के अनुसार) निर्वाचन क्षेत्र है?
(A) कांगड़ा (B) लद्दाख
(C) कच्छ (D) भीलवाड़ा
उत्तर: (B)

5. निम्नलिखित कथनों पर विचार कीजिए:
   1. न्यायमूर्ति वी. आर. कृष्ण अय्यर भारत के मुख्य न्यायमूर्ति थे।
   2. न्यायमूर्ति वी. आर. कृष्ण अय्यर भारतीय न्यायिक व्यवस्था में लोकहित याचिका (PIL) के प्रजनकों में से एक माने जाते हैं।

उपरोक्त कथनों में से कौन-सा/से कथन सही है/हैं?
(A) केवल 1 (B) केवल 2
(C) 1 और 2 (D) न तो 1 और न ही 2
उत्तर: (B)

6. भारत के संविधान की किस अनुसूची में विभिन्न राज्यों में अनुसूचित क्षेत्रों के प्रशासन और नियंत्रण के लिए विशेष उपबंधहैं?
(A) तीसरी (B) पांचवीं
(C) सातवीं (D) नौवीं
उत्तर: (B)

7. निम्नलिखित में से किस-किस ने भारत के उप-राष्ट्रपति का पद संभाला है?
   1. मोहम्मद हिदायतुल्ला 2. फखरुद्दीन अली अहमद
   3. नीलम संजीव रेड्डी 4. शंकर दयाल शर्मा

कूट:
(A) 3 और 4 (B) 1 और 4
(C) 2 और 3 (D) ये सभी
उत्तर: (B)

8. भारत के कितने उच्च न्यायालयों की अधिकारिता में एक से अधिक राज्य हैं (संघ राज्य-क्षेत्र शामिल नहीं है)?
(A) 2 (B) 3
(C) 4 (D) 5
उत्तर: (C)

9. सुमेलित कीजिए:

	सूची-I (व्यक्ति)		सूची-II (पद)
a.	नागेन्द्र सिंह	1.	भारत के मुख्य निर्वाचन आयुक्त
b.	ए.एन. राय	2.	अध्यक्ष, अंतर्राष्ट्रीय न्यायालय
c.	आर.के. त्रिवेदी	3.	भारत के मुख्य न्यायमूर्ति
d.	अशोक देसाई	4.	भारत के महान्यायवादी

कूट:

	a	b	c	d
(A)	1	4	2	3
(B)	2	3	1	4
(C)	1	3	2	4
(D)	2	4	1	3

उत्तर: (B)

2009

1. यदि पंचायत भंग होती है, तो किस अवधिके अंदर निर्वाचन होंगे?
(A) 1 माह (B) 3 माह
(C) 6 माह (D) 1 वर्ष
उत्तर: (C)

2. निम्नलिखित कथनों पर विचार कीजिए:
   1. पंजाब का राज्यपाल अपने दायित्व के साथ-साथ चण्डीगढ़ का प्रशासक भी होता है।
   2. केरल का राज्यपाल अपने दायित्व के साथ-साथ लक्षद्वीप का प्रशासक भी होता है।

उपरोक्त कथनों में से कौन-सा/से कथन सही हैं?

(A) केवल 1 (B) केवल 2
(C) 1 और 2 (D) न तो 1 और न ही 2

उत्तर: (A)

3. निम्नलिखित कथनों पर विचार कीजिए:

1. भारत में राज्य के महाधिवक्ता की नियुक्ति भारत के राष्ट्रपति द्वारा संबंधित राज्य के राज्यपाल की अनुशंसा (Recommendation) पर की जाती है।

2. सिविल प्रक्रिया संहिता के उपबंधों के अनुसार राज्य-स्तर पर उच्च न्यायालयों की मूल, अपीलीय तथा सलाहकारी अधिकारिता होती है।

उपरोक्त कथनों में से कौन-सा/से कथन सही है/हैं?

(A) केवल 1 (B) केवल 2
(C) 1 और 2 (D) न तो 1 और न ही 2

उत्तर: (D)

4. संघ सरकार के संदर्भ में निम्नलिखित कथनों पर विचार कीजिए:

1. कैबिनेट सचिव की सलाह पर प्रधानमंत्री द्वारा भारत सरकार के मंत्रालयों/विभागों का सृजन किया जाता है।

2. हर एक मंत्रालय को प्रधानमंत्री की सलाह पर भारत के राष्ट्रपति द्वारा किसी मंत्री को प्रदान किया जाता है।

उपरोक्त कथनों में से कौन-सा/से कथन सही है/हैं?

(A) केवल 1 (B) केवल 2
(C) 1 और 2 (D) न तो 1 और न ही 2

उत्तर: (B)

5. निम्नलिखित में से भारत में पहला नगर निगम कहां स्थापित हुआ था?

(A) कलकत्ता (B) मद्रास
(C) बंबई (D) दिल्ली

उत्तर: (B)

6. लोक अदालतों के संदर्भ में, निम्नलिखित कथनों पर विचार कीजिए:

1. एक लोक अदालत द्वारा किया गया अधिनिर्णय सिविल न्यायालय का आदेश (Decree) मान लिया जाता है और इसके विरुद्ध किसी न्यायालय में अपील नहीं होती।

2. विवाह-संबंधी/पारिवारिक विवाद लोक अदालत में सम्मिलित नहीं होते हैं।

उपरोक्त कथनों में से कौन-सा/से कथन सही है/हैं?

(A) केवल 1 (B) केवल 2
(C) 1 और 2 (D) न तो 1 और न ही 2

उत्तर: (A)

7. केंद्रीय सरकार के संदर्भ में निम्नलिखित कथनों पर विचार कीजिए:

1. भारत के संविधान में उपबंधहै कि समस्त कैबिनेट मंत्री अनिवार्य रूप से केवल लोकसभा के ही आसीन सदस्य होंगे।

2. केंद्रीय कैबिनेट सचिवालय संसदीय कार्य मंत्रालय के निदेशाधीन कार्य करता है।

उपरोक्त कथनों में से कौन-सा/से कथन सही है/हैं?

(A) केवल 1 (B) केवल 2
(C) 1 और 2 (D) न तो 1 और न ही 2

उत्तर: (D)

8. निम्नलिखित संविधान संशोधनों में से कौन-सा एक बताता है कि मंत्रिमंडल में कुल मंत्रियों की संख्या, प्रधानमंत्री को सम्मिलित करते हुए लोकसभा के सदस्यों की कुल संख्या के 15 प्रतिशत से अधिक नहीं होगी?

(A) 90वां (B) 91वां
(C) 92वां (D) 93वां

उत्तर: (B)

9. निम्नलिखित कथनों पर विचार कीजिए:

1. केंद्रीय प्रशासनिक अधिकरण (Central Administrative Tribunal) लालबहादुर शास्त्री के प्रधानमंत्री काल में गठित हुआ था।

2. CAT के सदस्य न्यायिक तथा प्रशासनिक दोनों क्षेत्रों से लिए जाते हैं।

उपरोक्त कथनों में से कौन-सा/से कथन सही है/हैं?

(A) केवल 1 (B) केवल 2
(C) 1 और 2 (D) न तो 1 और न ही 2

उत्तर: (A)

10. भारत में राष्ट्रीय जल संसाधन परिषद् का अध्यक्ष कौन है?

(A) प्रधानमंत्री
(B) जल संसाधन मंत्री
(C) पर्यावरण एवं वन मंत्री
(D) विज्ञान और प्रौद्योगिकी मंत्रालय

उत्तर: (A)

11. परमाण्विक ऊर्जा विभाग, निम्नलिखित में से किसके प्रशासन के अधीन है?

(A) प्रधानमंत्री कार्यालय
(B) मंत्रिमंडल सचिवालय
(C) विद्युत मंत्रालय
(D) विज्ञान और प्रौद्योगिकी मंत्रालय

उत्तर: (A)

2010

1. निम्नलिखित में से कौन, वित्त आयोग द्वारा की गई प्रत्येक संस्तुति को संसद के प्रत्येक सदन के समक्ष रखवाएगा?

(A) भारत का राष्ट्रपति
(B) लोकसभा का अध्यक्ष (स्पीकर)
(C) भारत का प्रधानमंत्री
(D) संघीय वित्त मंत्री

उत्तर: (A)

2. निम्नलिखित में से कौन-सा एक प्राधिकरण किसी राज्य के राज्यपाल को, उस विशेष राज्य की पंचायतों द्वारा विनियोजित हो सकने वाले करों और शुल्कों के निर्धारण के सिद्धांतों के विषय में संस्तुति करता है?

(A) जिला योजना समितियां
(B) राज्य वित्त आयोग
(C) उस राज्य का वित्त मंत्रालय
(D) उस राज्य का पंचायती राज मंत्रालय

उत्तर: (B)

3. भारत के संविधान के संदर्भ में, निम्नलिखित कथनों पर विचार कीजिए:
1. मूल अधिकार 2. मूल कर्तव्य
3. राज्य की नीति के निदेशक तत्व
भारत सरकार द्वारा आरंभ किए गए राष्ट्रीय सामाजिक सहायता कार्यक्रम में भारत के संविधान के उपरोक्त उपबंधों में से कौन-सा/से पूरे होता है/होते हैं?
(A) केवल 1 (B) केवल 3
(C) 1 और 3 (D) ये सभी
उत्तर: (C)

4. निम्नलिखित कथनों पर विचार कीजिए:
भारत का उच्चतम न्यायालय भारत के राष्ट्रपति को विधिअथवा तथ्यों के विषयों पर सलाह देता है।
1. स्वप्रेरण पर (व्यापक लोकहित के किसी विषय में)
2. यदि वह ऐसी कोई सलाह मांगता है।
3. केवल यदि विषय नागरिकों के मूल अधिकारों से संबंधित है।
उपरोक्त कथनों में से कौन-सा/से कथन सही है/हैं?
(A) केवल 1 (B) केवल 2
(C) केवल 3 (D) 1 और 2
उत्तर: (B)

5. लोक अदालतों के संदर्भ में निम्नलिखित कथनों में से कौन-सा एक सही है?
(A) लोक अदालतों की अधिकारिता मुकदमा दायर करने से पहले के मामलों का निपटारा करने की है और उन मामलों को नहीं, जो किसी न्यायालय में लंबित हों।
(B) लोक अदालतें ऐसे मामलों का निपटारा कर सकती हैं, जो सिविल हों, न कि आपराधिक प्रकृति के।
(C) प्रत्येक लोक अदालत में केवल सेवारत अथवा सेवानिवृत्त न्यायिक अधिकारी ही नियुक्त हो सकते हैं, कोई अन्य व्यक्ति नहीं।
(D) उपरोक्त में से कोई-सा कथन सही नहीं है।
उत्तर: (D)

6. भारत सरकार अधिनियम, 1935 में 'अंतर्विष्ट अनुदेश प्रपत्र' (इन्स्ट्रूमेण्ट ऑफ इन्स्ट्रक्शन्स) को वर्ष 1950 में भारत के संविधान में किस रूप में समाविष्ट किया गया?
(A) मूल अधिकार।
(B) राज्य की नीति के निदेशक तत्व।
(C) राज्य की कार्यपालिका शक्ति का विस्तार।
(D) भारत सरकार के कार्य का संचालन।
उत्तर: (D)

2011

1. निम्नलिखित कथनों पर विचार कीजिए:
भारत में महानगर योजना समिति–
1. भारतीय संविधान के प्रावधानों के अंतर्गत गठित होती है।
2. उस महानगरीय क्षेत्र के लिए विकास योजना प्रारूप तैयार करती है।
3. उस महानगरीय क्षेत्र में सरकार की प्रायोजित योजनाओं को लागू करने का पूर्ण दायित्व पूरा करती है।
उपरोक्त कथनों में से कौन-सा/से कथन सही है/हैं?
(A) 1 और 2 (B) केवल 2
(C) 1 और 3 (D) ये सभी
उत्तर: (A)

2. लेखानुमोदन और अंतरिम बजट के बीच क्या अंतर है?
1. स्थायी सरकार लेखानुमोदन के प्रावधान का प्रयोग करती है, जबकि कार्यवाहक सरकार अंतरिम बजट के प्रावधान का प्रयोग करती है।
2. लेखानुमोदन सरकार के बजट के व्यय पक्ष मात्र से संबद्ध होता है, जबकि अंतरिम बजट में व्यय तथा आवती दोनों सम्मिलित होते हैं।
उपरोक्त कथनों में से कौन-सा/से कथन सही है/हैं?
(A) केवल 1 (B) केवल 2
(C) 1 और 2 (D) न तो 1 और न ही 2
उत्तर: (B)

3. भारत की संचित निधिसे निधिनिकालने के लिए निम्नलिखित में से किसका अनुमोदन अनिवार्य है?
(A) भारत के राष्ट्रपति
(B) भारत की संसद
(C) भारत के प्रधानमंत्री
(D) संघीय वित्त मंत्री
उत्तर: (B)

4. संविधान (73वां संशोधन) अधिनियम, 1992, जिसका लक्ष्य देश में पंचायती राज संस्थाओं को प्रोत्साहित करना है, निम्नलिखित में से किन-किन चीजों की व्यवस्था करता है?
1. जिला योजना समितियों का गठन करने की।
2. राज्य निर्वाचन आयोगों द्वारा सभी पंचायतों का चुनाव कराने की।
3. राज्य वित्त आयोगों की स्थापना करने की।
कूट:
(A) केवल 1 (B) 1 और 2
(C) 2 और 3 (D) ये सभी
उत्तर: (C)

5. यदि वार्षिक संघीय बजट लोकसभा द्वारा पारित नहीं होता, तो–
(A) बजट में संशोधन कर यह दुबारा पेश किया जाता है
(B) सुझाव हेतु बजट राज्यसभा को भेज दिया जाता है
(C) संघीय वित्तमंत्री से त्यागपत्र देने के लिए कहा जाता है
(D) प्रधानमंत्री अपनी मंत्रिपरिषद् का त्यागपत्र पेश कर देता है।
उत्तर: (D)

6. भारतीय संविधान के अंतर्गत निम्नलिखित में से कौन-सा मूल कर्तव्य नहीं है?
(A) लोक चुनावों में मतदान करना।
(B) वैज्ञानिक प्रवृत्ति विकसित करना।
(C) सार्वजनिक संपत्ति की सुरक्षा करना।
(D) संविधान के प्रति निष्ठावान रहना और उसके आदर्शों का सम्मान करना।
उत्तर: (A)

7. भारत में किसी धार्मिक संप्रदाय/समुदाय को यदि राष्ट्रीय स्तर पर अल्पसंख्यक वर्ग का दर्जा दिया जाता है, तो वह किस/किन विशेष लाभ/लाभों का हकदार हो जाता है?
1. यह संप्रदाय/समुदाय विशेष शैक्षणिक संस्थानों की स्थापना और संचालन कर सकता है।
2. भारत के राष्ट्रपति स्वयमेव इस संप्रदाय/समुदाय के एक प्रतिनिधि को लोकसभा में मनोनीत कर देते हैं।

3. **यह संप्रदाय/समुदाय प्रधानमंत्री के 15-प्वॉइण्ट कार्यक्रम के लाभ प्राप्त कर सकता है।**

उपरोक्त कथनों में से कौन-सा/से कथन सही है/हैं?

(A) केवल 1 (B) 2 और 3
(C) 1 और 3 (D) ये सभी

उत्तर: (C)

8. **भारत के वित्त आयोग के संदर्भ में निम्नलिखित में से कौन-सा एक कथन सही है?**

(A) वह अवसंरचना विकास हेतु विदेशी पूंजी अंत:प्रवाह प्रोत्साहित करता है।
(B) वह सार्वजनिक क्षेत्र के प्रतिष्ठानों में समुचित वित्त वितरण को सुगम बनाता है।
(C) वह वित्तीय प्रशासन में पारदर्शिता सुनिश्चित करता है।
(D) उपरोक्त में से कोई नहीं।

उत्तर: (D)

2012

1. **निम्नलिखित विशेषाधिकारों में से कौन-से भारत के संविधान द्वारा राज्यसभा को प्रदत्त किए जाते हैं?**

(A) राज्य का वर्तमान राज्यक्षेत्र परिवर्तित करना और राज्य का नाम परिवर्तित करना।
(B) संसद को, राज्य सूची में नियम बनाने और एक अथवा एकाधिक अखिल भारतीय सेवाओं का सृजन करने हेतु सशक्त बनाने के लिए प्रस्ताव पारित करना।
(C) राष्ट्रपति की निर्वाचन-प्रक्रिया में संशोधन करना और राष्ट्रपति की सेवानिवृत्ति के पश्चात् उसकी पेंशन निर्धारित करना।
(D) चुनाव आयोग के क्रियाकलापों का निर्धारण करना और चुनाव आयुक्तों की संख्या निर्धारित करना।

उत्तर: (B)

2. **भारतीय संविधान के निम्नलिखित में से कौन-से प्रावधान शिक्षा पर प्रभाव डालते हैं?**

1. **राज्य की नीति के निदेशक तत्व।**
2. **ग्रामीण और शहरी स्थानीय निकाय।**
3. **पाचवीं अनुसूची**
4. **छठी अनुसूची**
5. **सातवीं अनुसूची**

कूट:

(A) 1 और 2 (B) 3, 4 और 5
(C) 1, 2 और 5 (D) ये सभी

3. **निम्नलिखित में से कौन-सी विधियां भारत के लोक वित्त पर संसदीय नियंत्रण रखने के काम आती हैं?**

1. **संसद के सम्मुख वार्षिक वित्तीय विवरण का प्रस्तुत किया जाना।**
2. **विनियोजन विधेयक के पारित होने के बाद ही भारत की संचित निधिसे मुद्रा निकाल पाना।**
3. **अनुपूरक अनुदानों तथा लेखानुदान का प्रावधान।**
4. **संसदीय बजट कार्यालय द्वारा समष्टिगत आर्थिक पूर्वानुमानों तथा व्यय हेतु सरकार के कार्यक्रम का एक नियतकालिक अथवा कम-से-कम मध्यवर्षीय पुनरावलोकन।**
5. **संसद में वित्त विधेयक को प्रस्तुत किया जाना।**

कूट:

(A) 1, 2, 3 और 5 (B) 1, 2 और 4
(C) 3, 4 और 5 (D) ये सभी

4. **राष्ट्रीय हरित न्यायाधिकरण अधिनियम 2010 भारतीय संविधान के निम्नलिखित में से कौन-सा/से प्रावधान के आनुरूप्य अधिनियमित हुआ था/हुए थे?**

1. **स्वस्थ पर्यावरण के अधिकार के आनुरूप्य, जो अनुच्छेद 21 के अंतर्गत जीवन के अधिकार का अंग माना जाता है।**
2. **अनुच्छेद 275(1) के अंतर्गत अनुसूचित जनजातियों के कल्याण हेतु अनुसूचित क्षेत्रों में प्रशासन का स्तर बढ़ाने के लिए प्रावधानित अनुदान के आनुरूप्य।**
3. **अनुच्छेद 243(A) के अंतर्गत उल्लिखित ग्राम सभा की शक्तियों और कार्यों के आनुरूप्य।**

कूट:

(A) केवल 1 (B) 2 और 3
(C) 1 और 3 (D) ये सभी

उत्तर: (A)

5. **लोकसभा अध्यक्ष के पद के विषय में निम्नलिखित कथनों पर विचार कीजिए:**

1. **वह राष्ट्रपति के प्रसादपर्यंत पद धारण करता है।**
2. **यह आवश्यक नहीं कि अपने निर्वाचन के समय वह सदन का सदस्य हो, परंतु उसे अपने निर्वाचन के बाद छह माह के भीतर सदन का सदस्य हो जाना पड़ेगा।**
3. **यदि वह त्यागपत्र देना चाहे, तो उसे अपना त्यागपत्र उपाध्यक्ष को संबोधित करना होगा।**

उपरोक्त कथनों में से कौन-सा/से कथन सही है/हैं?

(A) 1 और 2 (B) केवल 3
(C) ये सभी (D) इनमें से कोई नहीं

उत्तर: (B)

6. **निम्नलिखित में से कौन-से उच्चतम न्यायालय की आरंभिक अधिकारिता में आते हैं?**

1. **भारत सरकार तथा एक या अधिक राज्यों के बीच का विवाद।**
2. **संसद के किसी भी सदन या राज्य विधानमंडल में हुए चुनाव पर विवाद।**
3. **भारत सरकार तथा किसी संघ राज्यक्षेत्र के बीच का विवाद।**
4. **दो या अधिक राज्यों के बीच का विवाद।**

कूट:

(A) 1 और 2 (B) 2 और 3
(C) 1 और 4 (D) 3 और 4

उत्तर: (C)

7. **भारतीय संसद में स्थगन प्रस्ताव लाने का क्या उद्देश्य है?**

(A) सार्वजनिक महत्व के निश्चित अत्यावश्यक मुद्दे पर बहस करने हेतु।
(B) विपक्षी सदस्यों के मंत्रियों से सूचना प्राप्त करने हेतु।
(C) किसी अनुदान की मांग में एक निश्चित मात्रा में कटौती करने हेतु।
(D) कुछ सदस्यों के हिंसक अथवा अनुचित व्यवहार पर रोक लगाने के लिए कार्यवाही स्थगित करने हेतु।

उत्तर: (A)

8. पंचायत (अनुसूचित क्षेत्रों में विस्तार) अधिनियम, 1996 के अंतर्गत समाविष्ट क्षेत्रों में ग्राम सभा की क्या भूमिका/शक्ति है?

1. ग्राम सभा के पास अनुसूचित क्षेत्रों में भूमि का हस्तान्तरण रोकने की शक्ति होती है।

2. ग्राम सभा के पास लघु वनोपज का स्वामित्व होता है।

3. अनुसूचित क्षेत्रों में किसी भी खनिज के लिए खनन का पट्टा अथवा पूर्वेक्षण लाइसेंस प्रदान करने हेतु ग्राम सभा की अनुशंसा आवश्यक है।

कूट:

(A) केवल 1 (B) 1 और 2
(C) 2 और 3 (D) ये सभी

उत्तर: (D)

9. भारत के प्रधानमंत्री की नियुक्ति के समय–

(A) जरूरी नहीं है कि यह संसद के दोनों सदनों में से एक का आवश्यक रूप से सदस्य हो, परंतु उसे छह माह के अंदर आवश्यक रूप से दोनों में से एक सदन का सदस्य हो जाना चाहिए।

(B) जरूरी नहीं है कि वह संसद के दोनों सदनों में से एक का आवश्यक रूप से सदस्य हो, परंतु उसे छह माह के अंदर लोकसभा का सदस्य हो जाना चाहिए।

(C) संसद के दोनों सदनों में से एक का आवश्यक रूप से सदस्य होना चाहिए।

(D) आवश्यक रूप से लोकसभा का सदस्य होना चाहिए।

उत्तर: (A)

10. परिसीमन आयोग के संदर्भ में निम्नलिखित कथनों पर विचार कीजिए:

1. परिसीमन आयोग के आदेशों को किसी न्यायालय में चुनौती नहीं दी जा सकती।

2. परिसीमन आयोग के आदेश जब लोकसभा अथवा राज्य विधानसभा के सम्मुख रखे जाते हैं, तब उन आदेशों में कोई संशोधन नहीं किया जा सकता।

उपरोक्त कथनों में से कौन-सा/से कथन सही है/हैं?

(A) केवल 1 (B) केवल 2
(C) 1 और 2 (D) न तो 1 और न ही 2

उत्तर: (C)

11. लोक निधिके फलोत्पादक और आशयित प्रयोग को सुरक्षित करने के साथ-साथ भारत में नियंत्रक-महालेखा परीक्षक (CAG) के कार्यालय का महत्व क्या है?

1. CAG संसद की ओर से राजकोष पर नियंत्रण रखता है, जब भारत का राष्ट्रपति राष्ट्रीय आपात/वित्तीय आपातघोषित करता है।

2. CAG के मंत्रालयों द्वारा कार्यान्वित परियोजनाओं या कार्यक्रमों पर जारी किए गए प्रतिवेदनों पर लोक लेखा समिति विचार-विमर्श करती है।

3. CAG के प्रतिवेदनों से मिली जानकारियों के आधार पर जांचकर्ता एजेंसियां उन लोगों के विरुद्ध आरोप दाखिल कर सकती हैं, जिन्होंने लोक निधिप्रबंधन में कानून का उल्लंघन किया हो।

4. CAG को ऐसी निश्चित न्यायिक शक्तियां प्राप्त हैं कि सरकारी कंपनियों के लेखा परीक्षा और लेखा जांचते समय वह कानून का उल्लंघन करने वालों पर अभियोग लगा सके।

कूट:

(A) 1, 3 और 4 (B) केवल 2
(C) 2 और 3 (D) ये सभी

उत्तर: (C)

12. भारतीय संविधान के अनुसार, भारत के राष्ट्रपति का यह कर्तव्य है कि वे निम्नलिखित में से किसको/किनको संसद के पटल पर रखवाए?

1. संघ वित्त आयोग की सिफारिशों को।

2. लोक लेखा समिति के प्रतिवेदन को।

3. नियंत्रक-महालेखा परीक्षक के प्रतिवेदन को।

4. राष्ट्रीय अनुसूचित जाति आयोग के प्रतिवेदन को।

कूट:

(A) केवल 1 (B) 2 और 3
(C) 1 और 3 (D) ये सभी

उत्तर: (A)

13. भारतीय संविधान में प्रतिष्ठापित राज्य नीति के निदेशक तत्वों के अंतर्गत निम्नलिखित प्रावधानों पर विचार कीजिए:

1. भारतीय नागरिकों के लिए समान नागरिक (सिविल) संहिता सुरक्षित करना।

2. ग्राम पंचायतों को संगठित करना।

3. ग्रामीण क्षेत्रों में कुटीर उद्योगों को प्रोत्साहित करना।

4. सभी कर्मकारों के लिए यथोचित अवकाश तथा सांस्कृतिक अवसर सुरक्षित करना।

उपरोक्त में से कौन-से गांधीवादी सिद्धांत हैं, जो राज्य के नीति निदेशक तत्वों में प्रतिबिंबित होते हैं?

(A) 1, 2 और 4 (B) 2 और 3
(C) 1, 3 और 4 (D) ये सभी

उत्तर: (B)

14. निम्नलिखित कथनों पर विचार कीजिए:

1. संघ राज्यक्षेत्रों का राज्यसभा में प्रतिनिधित्व नहीं होता।

2. निर्वाचन झगड़ों का निर्णय करना मुख्य निर्वाचन आयुक्त के अधिकार क्षेत्र में है।

3. भारत के संविधान के अनुसार, संसद में केवल लोकसभा और राज्यसभा होती है।

उपरोक्त कथनों में से कौन-सा/से कथन सही है/हैं?

(A) केवल 1 (B) 2 और 3
(C) 1 और 3 (D) इनमें से कोई नहीं

उत्तर: (D)

15. भारतीय संविधान द्वारा प्रदत्त नागरिकों के मूल कर्तव्यों में निम्नलिखित में से क्या है/हैं?

1. मिश्रित संस्कृति की समृद्ध विरासत की रक्षा।

2. सामाजिक अन्याय से कमजोर वर्गों की रक्षा।

3. वैधानिक मनोदशा और खोज की भावना का विकास।

4. वैयक्तिक और सामूहिक कार्यकलापों के सभी क्षेत्रों में उत्कृष्टता के लिए प्रयत्न।

कूट:

(A) 1 और 2 (B) केवल 2
(C) 1, 3 और 4 (D) ये सभी

उत्तर: (C)

16. भारत के उच्चतम न्यायालय की स्वायत्तता की रक्षा हेतु क्या प्रावधान है?

1. **उच्चतम न्यायालय के न्यायाधीशों की नियुक्ति करते समय भारत के राष्ट्रपति को भारत के मुख्य न्यायाधीश से विचार-विमर्श करना पड़ता है।**
2. **उच्चतम न्यायालय के न्यायाधीशों को केवल भारत के मुख्य न्यायाधीश द्वारा हटाया जा सकता है।**
3. **न्यायाधीशों का वेतन भारत की संचित निधिपर आरोपित होता है, जिस पर विधानमंडल को अपना मत नहीं देना होता है।**
4. **भारत के उच्चतम न्यायालय के अफसरों और कर्मचारियों की सभी नियुक्तियां सरकार द्वारा भारत के मुख्य न्यायाधीश से विचार-विमर्श के पश्चात् ही की जाती हैं।**

कूट:

(A) 1 और 3 (B) 3 और 4
(C) केवल 4 (D) उपरोक्त सभी

उत्तर: (A)

2013

1. संसद, अंतर्राष्ट्रीय संधियों को भारत के किसी भाग अथवा संपूर्ण भारत में लागू करने के लिए, कोई भी कानून बना सकती है:

(A) सभी राज्यों की सहमति से।
(B) बहुसंख्य राज्यों की सहमति से।
(C) संबंधित राज्यों की सहमति से।
(D) बिना किसी राज्य की सहमति से।

उत्तर: (D)

2. निम्नलिखित में से किस निकाय/किन निकायों का संविधान में उल्लेख नहीं है?

1. **राष्ट्रीय विकास परिषद्**
2. **योजना आयोग**
3. **क्षेत्रीय परिषदें**

कूट:

(A) 1 और 2 (B) केवल 2
(C) 1 और 3 (D) ये सभी

उत्तर: (D)

3. निम्नलिखित कथनों पर विचार कीजिए:

लोक लेखा की संसदीय समिति:

1. **लोकसभा के अधिकतम 25 सदस्यों से गठित होती है।**
2. **सरकार के विनियोग तथा वित्त लेखाओं की जांच करती है।**
3. **भारत के नियंत्रक-महालेखा परीक्षक की रिपोर्ट की जांच करती है।**

उपरोक्त कथनों में से कौन-सा/से कथन सही है/हैं?

(A) केवल 1 (B) 2 और 3
(C) केवल 3 (D) ये सभी

उत्तर: (B)

4. यदि राज्यसभा किसी धन विधेयक में सारभूत संशोधन करती है, तो तत्पश्चात् क्या होगा?

(A) लोकसभा, राज्यसभा की अनुशंसाओं को स्वीकार करे या अस्वीकार करे, इस विधेयक पर आगे कार्यवाही कर सकती है।
(B) लोकसभा विधेयक पर आगे कोई विचार नहीं कर सकती।
(C) लोकसभा विधेयक को पुनर्विचार के लिए राज्यसभा को लौटा सकती है।
(D) राष्ट्रपति विधेयक को पारित करने के लिए संयुक्त बैठक आहूत कर सकता है।

उत्तर: (A)

5. निम्नलिखित कथनों में से कौन-सा एक सही है?

(A) भारत में एक ही व्यक्ति को एक ही समय में दो या अधिक राज्यों में राज्यपाल नियुक्त नहीं किया जा सकता।
(B) भारत में राज्यों के उच्च न्यायालय के न्यायाधीश राज्य के राज्यपाल द्वारा नियुक्त किए जाते हैं, ठीक वैसे ही जैसे उच्चतम न्यायालय के न्यायाधीश राष्ट्रपति द्वारा नियुक्त किए जाते हैं।
(C) भारत के संविधान में राज्यपाल को उसके पद से हटाने हेतु कोई भी प्रक्रिया अधिकथित नहीं है।
(D) विधायी व्यवस्था वाले संघ राज्यक्षेत्र में मुख्यमंत्री की नियुक्ति उपराज्यपाल द्वारा बहुमत समर्थन के आधार पर की जाती है।

उत्तर: (C)

6. भारत के संविधान के उद्देश्यों में से एक के रूप में 'आर्थिक न्याय' का किसमें उपबंधकिया गया है?

(A) उद्देशिका और मूल अधिकार।
(B) उद्देशिका और राज्य की नीति के निदेशक तत्व।
(C) मूल अधिकार और राज्य की नीति के निदेशक तत्व।
(D) उपरोक्त में से कोई नहीं।

उत्तर: (B)

7. सरकार ने अनुसूचित क्षेत्रों में पंचायत विस्तार (PESA) अधिनियम को वर्ष 1996 में अधिनियमित किया। निम्नलिखित में से कौन-सा एक उसके उद्देश्य के रूप में अभिज्ञात नहीं है?

(A) स्वशासन प्रदान करना।
(B) पारंपरिक अधिकारों को मान्यता देना।
(C) जनजातीय क्षेत्रों में स्वायत्त क्षेत्रों का निर्माण करना।
(D) जनजातीय लोगों को शोषण से मुक्त करना।

उत्तर: (C)

8. निम्नलिखित कथनों पर विचार कीजिए:

1. **भारत के संविधान में संशोधन केवल लोकसभा में एक विधेयक की पुरःस्थापना द्वारा ही प्रारंभ किया जा सकता है।**
2. **यदि ऐसा संशोधन संविधान के संघीय चरित्र में परिवर्तन की मांग करता है, तो संशोधन का अनुसमर्थन भारत के सभी राज्यों के विधानमंडल द्वारा किया जाना भी आवश्यक है।**

उपरोक्त कथनों में से कौन-सा/से कथन सही है/हैं?

(A) केवल 1 (B) केवल 2
(C) 1 और 2 (D) न तो 1 और न ही 2

उत्तर: (D)

9. निम्नलिखित कथनों पर विचार कीजिए:

भारत का महान्यायवादी:

1. **लोकसभा की कार्यवाही में भाग ले सकता है।**
2. **लोकसभा की किसी समिति का सदस्य हो सकता है।**
3. **लोकसभा में बोल सकता है।**
4. **लोकसभा में मतदान कर सकता है।**

उपरोक्त कथनों में से कौन-सा/से कथन सही है/हैं?

(A) केवल 1 (B) 2 और 4
(C) 1, 2 और 3 (D) 1 और 3

उत्तर: (D)

10. भारत के संविधान के अनुसार निम्नलिखित में से कौन-सा, देश के शासन के लिए आधारभूत है?

(A) मूल अधिकार
(B) मूल कर्तव्य
(C) राज्य के नीति-निदेशक तत्व
(D) मूल अधिकार तथा मूल कर्तव्य।

उत्तर: (C)

11. निम्नलिखित में से कौन राष्ट्रीय विकास परिषद् की रचना करते हैं?

1. प्रधानमंत्री
2. अध्यक्ष, वित्त आयोग
3. संघीय मंत्रिमंडल के मंत्रिगण
4. राज्यों के मुख्यमंत्री

कूट:

(A) 1, 2 और 3 (B) 1, 3 और 4
(C) 2 और 4 (D) ये सभी

उत्तर: (B)

12. भारत के संदर्भ में, संसदीय शासन-प्रणाली में निम्नलिखित में से कौन-सा/से सिद्धांत संस्थागत रूप में निहित है/हैं?

1. मंत्रिमंडल के सदस्य संसद के सदस्य होते हैं।
2. जब तक मंत्रियों को संसद का विश्वास प्राप्त रहता है, तब तक ही वे अपने पद पर बने रहते हैं।
3. राज्य का अध्यक्ष ही मंत्रिमंडल का अध्यक्ष होता है।

कूट:

(A) 1 और 2 (B) केवल 3
(C) 2 और 3 (D) ये सभी

उत्तर: (A)

13. निम्नलिखित कथनों पर विचार कीजिए:

1. राज्यसभा का सभापति तथा उपसभापति उस सदन के सदस्य नहीं होते।
2. जबकि राष्ट्रपति के निर्वाचन में संसद के दोनों सदनों के मनोनीत सदस्यों को मतदान का कोई अधिकार नहीं होता, उनको उपराष्ट्रपति के निर्वाचन में मतदान का अधिकार होता है।

उपरोक्त कथनों में से कौन-सा/से कथन सही है/हैं?

(A) केवल 1 (B) केवल 2
(C) 1 और 2 (D) न तो 1 और न ही 2

उत्तर: (B)

14. निम्नलिखित कथनों पर विचार कीजिए:

1. केंद्र में मंत्रिपरिषद् संसद के प्रति सामूहिक रूप से उत्तरदायी होगी।
2. संघीय मंत्री भारत के राष्ट्रपति के प्रसादपर्यंत पद धारण करेंगे।
3. विधि-निर्माण हेतु प्रस्ताव के बारे में प्रधानमंत्री, राष्ट्रपति को सूचित करेगा।

उपरोक्त कथनों में से कौन-सा/से कथन सही है/हैं?

(A) केवल 1 (B) 2 और 3
(C) 1 और 3 (D) ये सभी

उत्तर: (B)

2014

1. रैडक्लिफ समिति किसलिए नियुक्त की गई थी?

(A) भारत में अल्पसंख्यकों की समस्या को सुलझाने के लिए।
(B) स्वतंत्रता विधेयक को कार्य रूप में परिणत करने के लिए।
(C) भारत और पाकिस्तान के बीच सीमाओं को निर्धारित करने के लिए।
(D) पूर्वी बंगाल के दंगों की जांच करने के लिए।

उत्तर: (C)

2. भारत के संविधान की निम्नलिखित में से कौन-सी एक अनुसूची में दल-बदल विरोधविषयक उपबंधहैं?

(A) दूसरी अनुसूची (B) पांचवीं अनुसूची
(C) आठवीं अनुसूची (D) दसवीं अनुसूची

उत्तर: (D)

3 भारत के उच्चतम न्यायालय में न्यायाधीशों की संख्या में वृद्धि करने की शक्ति किसमें निहित है?

(A) भारत का राष्ट्रपति
(B) संसद
(C) भारत का मुख्य न्यायमूर्ति
(D) विधिआयोग

उत्तर: (B)

4. भारत के संविधान में अंतर्राष्ट्रीय शांति और सुरक्षा की अभिवृद्धि का कहां उल्लेख है?

(A) संविधान की उद्देशिका में
(B) राज्य के नीति-निदेशक तत्त्वों में
(C) मूल कर्तव्यों में
(D) नौवीं अनुसूची में

उत्तर: (B)

5. निम्नलिखित कथनों पर विचार कीजिए:

1. राष्ट्रपति, भारत सरकार का कार्य अधिक सुविधापूर्वक किए जाने के लिए और मंत्रियों में उक्त कार्य के आवंटन के लिए नियम बनाएगा।
2. भारत सरकार की समस्त कार्यपालक कार्यवाहियां प्रधानमंत्री के नाम से की हुई कही जाएंगी।

उपरोक्त कथनों में से कौन-सा/से सही है/हैं?

(A) केवल 1 (B) केवल 2
(C) 1 और 2 (D) उपरोक्त में से कोई नहीं

उत्तर: (A)

6. भारत में अविश्वास प्रस्ताव के विषय में निम्नलिखित कथनों पर विचार कीजिए:

1. भारत के संविधान में किसी अविश्वास प्रस्ताव का कोई उल्लेख नहीं है।
2. अविश्वास प्रस्ताव केवल लोकसभा में ही पुनः स्थापित किया जा सकता है।

उपरोक्त कथनों में से कौन-सा/से कथन सही है/हैं?

(A) केवल 1 (B) केवल 2
(C) 1 और 2 (D) इनमें से कोई नहीं

उत्तर: (C)

7. संघ के बजट के संदर्भ में निम्नलिखित में से कौन-सा/से गैर-योजना व्यय के अधीन आता है/आते हैं?

1. रक्षा व्यय 2. ब्याज अदायगी
3. वेतन एवं पेंशन 4. उपादान

कूट:

(A) केवल 1 (B) 2 और 3
(C) ये सभी (D) इनमें से कोई नहीं

उत्तर: (C)

8. **विक्रय-कर, जिसका भुगतान आप कोई टूथपेस्ट खरीदते समय करते हैं, निम्नलिखित में से किस प्रकार का कर है?**

(A) केंद्र सरकार द्वारा आरोपित कर।
(B) केंद्र सरकार द्वारा आरोपित, किंतु राज्य सरकार द्वारा संगृहीत कर।
(C) राज्य सरकार द्वारा आरोपित, किंतु केंद्र सरकार द्वारा संगृहीत कर।
(D) राज्य सरकार द्वारा आरोपित एवं संगृहीत कर।

उत्तर: (D)

9. **केंद्र और राज्यों के बीच होने वाले विवादों का निर्णय करने की भारत के उच्चतम न्यायालय की शक्ति किसके अंतर्गत आती है?**

(A) परामर्शी अधिकारिता के अंतर्गत।
(B) अपीलीय अधिकारिता के अंतर्गत।
(C) मूल अधिकारिता के अंतर्गत।
(D) रिट अधिकारिता के अंतर्गत।

उत्तर: (C)

10. **हाल ही में एक जन-विद्रोह शृंखला, जिसे 'अरब स्प्रिंग' कहा गया, मूलतः किस देश से शुरू हुई?**

(A) मिस्र (इजिप्ट) (B) लेबनान
(C) सीरिया (D) ट्यूनीशिया

उत्तर: (D)

11. **निम्नलिखित में से कौन-सी एक सबसे बड़ी संसदीय समिति है?**

(A) लोक लेखा समिति।
(B) प्राक्कलन समिति।
(C) सरकारी उपक्रम समिति।
(D) याचिका समिति (कमिटी ऑन पिटिशंस)।

उत्तर: (B)

12. **निम्नलिखित में से कौन-सा/से मंत्रिमंडल सचिवालय का/के कार्य है/हैं?**

1. **मंत्रिमंडल की बैठकों के लिए कार्यसूची तैयार करना।**
2. **मंत्रिमंडल समितियों के लिए सचिवालयी सहायता।**
3. **मंत्रालयों को वित्तीय संसाधनों का आवंटन।**

कूट:

(A) केवल 1 (B) 2 और 3
(C) 1 और 2 (D) ये सभी

उत्तर: (C)

13. **निम्नलिखित कथनों पर विचार कीजिए:**

संवैधानिक सरकार वह है–

1. **जो राज्य की सत्ता के हित में व्यक्ति की स्वतंत्रता पर प्रभावकारी प्रतिबंधलगाती है।**
2. **जो व्यक्ति की स्वतंत्रता के हित में राज्य की सत्ता पर प्रभावकारी प्रतिबंधलगाती हैं।**

उपरोक्त कथनों में से कौन-सा/से कथन सही है/हैं?

(A) केवल 1 (B) केवल 2
(C) 1 और 2 (D) न तो 1 और न ही 2

उत्तर: (B)

14. **निम्नलिखित में से कौन-सी शक्तियां किसी राज्य के राज्यपाल को दी गई विवेकाधीन शक्तियां हैं?**

1. **भारत के राष्ट्रपति को, राष्ट्रपति शासन अधिरोपित करने के लिए रिपोर्ट भेजना।**
2. **मंत्रियों की नियुक्ति करना।**
3. **राज्य विधानमंडल द्वारा पारित कतिपय विधेयकों को, भारत के राष्ट्रपति के विचार के लिए आरक्षित करना।**
4. **राज्य सरकार के कार्य संचालन के लिए नियम बनाना।**

कूट:

(A) 1 और 2 (B) 1 और 3
(C) 2, 3 और 4 (D) ये सभी

उत्तर: (B)

2015

1. **निम्नलिखित कथनों पर विचार कीजिए:**

1. **राज्यसभा में धन विधेयक को अस्वीकार करने या संशोधित करने की कोई शक्ति निहित नहीं है।**
2. **राज्यसभा अनुदानों की मांगों पर मतदान नहीं कर सकती है।**
3. **राज्यसभा में वार्षिक वित्तीय स्थिति पर चर्चा नहीं हो सकती।**

उपर्युक्त कथनों में से कौन-सा/से सही है/हैं?

(A) केवल 1 (B) केवल 1 और 2
(C) केवल 2 और 3 (D) 1, 2 और 3

उत्तर: (B)

2. **भारत सरकार अधिनियम, 1919 ने निम्नलिखित में से किसको स्पष्ट रूप से परिभाषित किया?**

(A) न्यायपालिका एवं विधायिका (लेजिस्लेचर) के बीच शक्ति का पृथक्करण।
(B) केंद्रीय एवं प्रांतीय सरकारों की अधिकारिता।
(C) भारत के सेक्रेटरी ऑफ स्टेट एवं वायसराय की शक्तियां।
(D) उपर्युक्त में से कोई नहीं।

उत्तर: (B)

3. **जब संसद के दोनों सदनों की संयुक्त बैठक में कोई विधेयक निर्दिष्ट (रेफर) किया जाता है, तो इसे किसके द्वारा पारित किया जाना होता है?**

(A) उपस्थित तथा मत देने वाले सदस्यों का साधारण बहुमत।
(B) उपस्थित तथा मत देने वाले सदस्यों का तीन-चौथाई बहुमत।
(C) सदनों का दो-तिहाई बहुमत।
(D) सदनों का पूर्ण बहुमत।

उत्तर: (A)

4. **कैबिनेट मिशन के संदर्भ में, निम्नलिखित में से कौन-सा/से कथन सही है/हैं?**

1. **इसने एक संघीय सरकार के लिए सिफारिश की।**
2. **इसने भारतीय न्यायालयों की शक्तियों का विस्तार किया।**
3. **इसने ICS में और अधिक भारतीयों के लिए उपबंधकिया।**

नीचे दिए गए कूट का प्रयोग कर सही उत्तर चुनिए:

(A) केवल 1 (B) 2 और 3

(C) 1 और 3 (D) कोई नहीं

उत्तर: (A)

5. भारत के संविधान में पांचवीं अनुसूची और छठी अनुसूची के उपबंध निम्नलिखित में से किसलिए किए गए हैं?

(A) अनुसूचित जनजातियों के हितों के संरक्षण के लिए।

(B) राज्यों के बीच सीमाओं के निर्धारण के लिए।

(C) पंचायतों की शक्तियों, प्राधिकारों और उत्तरदायित्वों के निर्धारण के लिए।

(D) सभी सीमावर्ती राज्यों के हितों के संरक्षण के लिए।

उत्तर: (A)

6. संघ की सरकार (यूनियन गवर्नमेंट) के संदर्भ में, निम्नलिखित कथनों पर विचार कीजिए:

1. राजस्व विभाग, संसद में प्रस्तुत किए जाने वाले केंद्रीय बजट को तैयार करने के लिए उत्तरदायी है।

2. भारत की संसद के प्राधिकरण (ऑथराइजेशन) के बिना कोई धन भारत की संचित निधिसे निकाला नहीं जा सकता।

3. लोक लेखा से किए जाने वाले सभी संवितरणों (डिस्बर्समेंट्स) के लिए भी भारत की संसद के प्राधिकरण की आवश्यकता होती है।

उपर्युक्त कथनों में से कौन-सा/से सही है/हैं?

(A) केवल 1 और 2 (B) केवल 2 और 3

(C) केवल 2 (D) 1, 2 और 3

उत्तर: (C)

7. निम्नलिखित में से कौन भारत के संविधान का अभिरक्षक (कस्टोडियन) है?

(A) भारत का राष्ट्रपति।

(B) भारत का प्रधानमंत्री।

(C) लोकसभा सचिवालय।

(D) भारत का उच्चतम न्यायालय।

उत्तर: (D)

8. निम्नलिखित कथनों पर विचार कीजिए:

1. भारत में किसी राज्य की विधान परिषद् आकार में उस राज्य की विधान सभा के आधे से अधिक बड़ी हो सकती है।

2. किसी राज्य का राज्यपाल उस राज्य की विधान परिषद् के सभापति का नाम निर्देशित करता है।

उपर्युक्त कथनों में से कौन-सा/से सही है/हैं?

(A) केवल 1 (B) केवल 2

(C) 1 और 2 दोनों (D) न तो 1 और न ही 2

उत्तर: (D)

9. "भारत की प्रभुता, एकता और अखंडता की रक्षा करें और उसे अक्षुण्ण रखें।" यह उपबंधकिसमें किया गया है?

(A) संविधान की उद्देशिका।

(B) राज्य के नीति-निदेशक तत्व।

(C) मूल अधिकार।

(D) मूल कर्तव्य।

उत्तर: (D)

10. पंचायती राजव्यवस्था का मूल उद्देश्य क्या सुनिश्चित करना है?

1. विकास में जन-भागीदारी

2. राजनीतिक जवाबदेही

3. लोकतांत्रिक विकेंद्रीकरण

4. वित्तीय संग्रहण (फाइनेंशियल मोबिलाइजेशन)

नीचे दिए गए कूट का प्रयोग कर सही उत्तर चुनिए:

(A) केवल 1, 2 और 3 (B) केवल 3 और 4

(C) केवल 1 और 3 (D) 1, 2, 3 और 4

उत्तर: (D)

11. भारत के संविधान में 'कल्याणकारी राज्य' का आदर्श किसमें प्रतिष्ठापित है?

(A) उद्देशिका

(B) राज्य के नीति-निदेशक तत्व

(C) मूल अधिकार

(D) सातवीं अनुसूची

उत्तर: (B)

12. भारत में संसदीय प्रणाली की सरकार है, क्योंकि-

(A) लोकसभा जनता द्वारा प्रत्यक्ष रूप से निर्वाचित होती है।

(B) संसद, संविधान का संशोधन कर सकती है।

(C) राज्यसभा को भंग नहीं किया जा सकता।

(D) मंत्रिपरिषद्, लोकसभा के प्रति उत्तरदायी है।

उत्तर: (D)

13. भारत के राज्यों का निम्नलिखित में से कौन-सा एक युग्म, सबसे पूर्वी और सबसे पश्चिमी राज्य को इंगित करता है?

(A) असम और राजस्थान

(B) अरुणाचल प्रदेश और राजस्थान

(C) असम और गुजरात

(D) अरुणाचल प्रदेश और गुजरात

उत्तर: (D)

14. राज्य के नीति-निदेशक तत्वों के बारे में निम्नलिखित कथनों पर विचार कीजिए:

1. ये तत्व देश के सामाजिक-आर्थिक लोकतंत्र की व्याख्या करते हैं।

2. इन तत्वों में अंतर्विष्ट उपबंधकिसी न्यायालय द्वारा प्रवर्तनीय (एंफोर्सिएबल) नहीं हैं।

उपर्युक्त कथनों में से कौन-सा/से सही है/हैं?

(A) केवल 1 (B) केवल 2

(C) 1 और 3 दोनों (D) न तो 1 और न ही 2

उत्तर: (C)

15. रौलेट सत्याग्रह के संदर्भ में, निम्नलिखित में से कौन-सा से कथन सही है/हैं?

1. रौलेट अधिनियम, 'सेडिशन कमेटी' की सिफारिश पर आधारित था।

2. रौलेट सत्याग्रह में, गांधीजी ने होमरूल लीग का उपयोग करने का प्रयास किया।

3. साइमन कमीशन के आगमन के विरुद्ध हुए प्रदर्शन रौलेट सत्याग्रह के साथ-साथ हुए।

नीचे दिए गए कूट का प्रयोग कर सही उत्तर चुनिए:

(A) केवल 1 (B) केवल 2 और 3

(C) केवल 1 और 3 (D) 1, 2 और 3

उत्तर: (B)

2016

1. केंद्र और राज्यों के बीच होने वाले विवादों का निर्णय करने की भारत के उच्चतम न्यायालय की शक्ति किसके अंतर्गत आती है?

(A) परामर्शी अधिकारिता के अंतर्गत।

(B) अपीलीय अधिकारिता के अंतर्गत।

(C) मूल अधिकारिता के अंतर्गत।

(D) रिट अधिकारिता के अंतर्गत।

उत्तर: (C)

2. भारत के उच्चतम न्यायालय में न्यायाधीशों की संख्या में वृद्धि करने की शक्ति किसमें निहित है?

(A) भारत का राष्ट्रपति

(B) संसद

(C) भारत का मुख्य न्यायमूर्ति

(D) विधिआयोग

उत्तर: (B)

3. निम्नलिखित कथनों में से कौन-सा एक सही है?

(A) भारत में एक ही व्यक्ति को एक ही समय में दो या अधिक राज्यों में राज्यपाल नियुक्त नहीं किया जा सकता।

(B) भारत में राज्यों के उच्च न्यायालय के न्यायाधीश राज्य के राज्यपाल द्वारा नियुक्त किए जाते हैं, ठीक वैसे ही जैसे उच्चतम न्यायालय के न्यायाधीश राष्ट्रपति द्वारा नियुक्त किए जाते हैं।

(C) भारत के संविधान में राज्यपाल को उसके पद से हटाने हेतु कोई भी प्रक्रिया अधिकथित नहीं है।

(D) विधायी व्यवस्था वाले संघ राज्यक्षेत्र में मुख्यमंत्री की नियुक्ति उपराज्यपाल द्वारा, बहुमत समर्थन के आधार पर की जाती है।

उत्तर: (C)

4. निम्नलिखित में से कौन-सा आयोग भारत के संविधान के एक अनुच्छेद के अंतर्गत सुस्पष्ट उपबंधके पालन में गठित हुआ?

(A) विश्वविद्यालय अनुदान आयोग

(B) राष्ट्रीय मानवाधिकार आयोग

(C) निर्वाचन आयोग

(D) केंद्रीय सतर्कता आयोग

उत्तर: (C)

5. निम्नलिखित कार्यों पर विचार कीजिए:

1. स्वतंत्र तथा निष्पक्ष चुनावों का अधीक्षण, निदेशन तथा संचालन।

2. संसद, राज्यों की विधायिकाओं, राष्ट्रपति तथा उप- राष्ट्रपति के चुनावों की निर्वाचक नामावली तैयार करना।

3. चुनाव लड़ने वाले व्यक्तियों तथा राजनीतिक दलों को चुनाव चिह्न देना तथा राजनीतिक दलों को मान्यता देना।

4. चुनाव विवादों में अंतिम निर्णय की उद्घोषणा।

उपरोक्त में से भारत के चुनाव आयोग के कौन-से कार्य हैं?

(A) 1, 2 और 3 (B) 2, 3 और 4

(C) 1 और 3 (D) 1, 2 और 4

उत्तर: (A)

2017

1. भारत की संसद के संदर्भ में, निम्नलिखित कथनों पर विचार कीजिए:

1. गैर-सरकारी विधेयक ऐसा विधेयक है जो संसद के ऐसे सदस्य द्वारा प्रस्तुत किया जाता है जो निर्वाचित नहीं हैं, किंतु भारत के राष्ट्रपति द्वारा नामनिर्दिष्ट हैं।

2. हाल ही में, भारत की संसद के इतिहास में पहली बार एक गैर-सरकारी विधेयक पारित किया गया है।

उपर्युक्त कथनों में से कौन-सा/से सही है/हैं?

(A) केवल 1 (B) केवल 2

(C) 1 और 2 दोनों (D) न तो 1, न ही 2

उत्तर: (D)

2. संविधान के 42वें संशोधन द्वारा, निम्नलिखित में से कौन-सा सिद्धांत राज्य के नीति-निदेशक तत्वों में जोड़ा गया था?

(A) पुरुष और स्त्री दोनों के लिए समान कार्य का समान वेतन।

(B) उद्योगों के प्रबंधन में कामगारों की सहभागिता।

(C) काम, शिक्षा और सार्वजनिक सहायता पाने का अधिकार।

(D) श्रमिकों के लिए निर्वाह-योग्य वेतन एवं काम की मानवीय दशाएं सुरक्षित करना।

उत्तर: (B)

3. निम्नलिखित कथनों में से कौन-सा एक सही है?

(A) अधिकार नागरिकों के विरुद्ध राज्य के दावे हैं।

(B) अधिकार वे विशेषाधिकार हैं, जो किसी राज्य के संविधान में समाविष्ट हैं।

(C) अधिकार राज्य के विरुद्ध नागरिकों के दावे हैं।

(D) अधिकार अधिकांश लोगों के विरुद्ध कुछ नागरिकों के विशेषाधिकार हैं।

उत्तर: (C)

4. निम्नलिखित में से कौन, ब्रिटिश शासन के दौरान भारत में रैयतवाड़ी बंदोबस्त के प्रारंभ किए जाने से संबद्ध था/थे?

1. लॉर्ड कॉर्नवालिस 2. अलेक्जेंडर रीड

3. थॉमस मुनरो

नीचे दिए गए कूट का प्रयोग कर सही उत्तर चुनिए:

(A) केवल 1 (B) केवल 1 और 3

(C) केवल 2 और 3 (D) 1, 2 और 3

उत्तर: (C)

5. स्थानीय स्वशासन की सर्वोत्तम व्याख्या यह की जा सकती है कि यह एक प्रयोग है:

(A) संघवाद का।

(B) लोकतांत्रिक विकेंद्रीकरण का।

(C) प्रशासकीय प्रत्यायोजन का।

(D) प्रत्यक्ष लोकतंत्र का।

उत्तर: (B)

6. 1927 की बटलर कमेटी का उद्देश्य था:

(A) केंद्रीय एवं प्रांतीय सरकारों की अधिकारिता निश्चित करना।

(B) भारत के सेक्रेटरी ऑफ स्टेट की शक्तियां निश्चित करना।

(C) राष्ट्रवादी प्रेस पर सेंसर-व्यवस्था अधिरोपित करना।

(D) भारत सरकार एवं देशी रियासतों के बीच संबंध सुधारना।

उत्तर: (D)

7. निम्नलिखित उद्देश्यों में से कौन-सा एक भारत के संविधान की उद्देशिका में सन्निविष्ट नहीं है?

(A) विचारों की स्वतंत्रता (B) आर्थिक स्वतंत्रता
(C) अभिव्यक्ति की स्वतंत्रता (D) विश्वास की स्वतंत्रता

उत्तर: (*)

8. लोकतंत्र का उत्कृष्ट गुण यह है कि वह क्रियाशील बनाता है:

(A) साधारण पुरुषों और महिलाओं की बुद्धि और चरित्र को।
(B) कार्यपालक नेतृत्व को सशक्त बनाने वाली पद्धतियों को।
(C) गतिशीलता और दूरदर्शिता से युक्त एक बेहतर व्यक्ति को।
(D) समर्पित दलीय कार्यकर्ताओं के एक समूह को।

उत्तर: (B)

9. संसदीय स्वरूप के शासन का प्रमुख लाभ यह है कि:

(A) कार्यपालिका और विधानमंडल दोनों स्वतंत्र रूप से कार्य करते हैं।
(B) यह नीति को निरंतरता प्रदान करता है और यह अधिक दक्ष है।
(C) कार्यपालिका, विधानमंडल के प्रति उत्तरदायी बनी रहती है।
(D) सरकार के अध्यक्ष को निर्वाचन के बिना नहीं बदला जा सकता।

उत्तर: (C)

10. भारत के संदर्भ, निम्नलिखित में से कौन-सा अधिकारों और कर्तव्यों के बीच सही संबंधहै?

(A) अधिकार कर्तव्यों के साथ सह-संबंधित हैं।
(B) अधिकार व्यक्तिगत हैं, अत: समाज और कर्तव्यों से स्वतंत्र हैं।
(C) नागरिक के व्यक्तित्व के विकास के लिए अधिकार, न कि कर्तव्य, महत्वपूर्ण हैं।
(D) राज्य के स्थायित्व के लिए कर्तव्य, न कि अधिकार, महत्वपूर्ण हैं।

उत्तर: (A)

11. भारत के संविधान के निर्माताओं का मत निम्नलिखित में से किसमें प्रतिबिंबित होता है?

(A) उद्देशिका (B) मूल अधिकार
(C) राज्य के नीति-निदेशक तत्व (D) मूल कर्तव्य

उत्तर: (A)

12. भारत की संसद किसके/किनके द्वारा मंत्रिपरिषद् के कृत्यों के ऊपर नियंत्रण रखती है?

1. स्थगन प्रस्ताव 2. प्रश्नकाल
3. अनुपूरक प्रश्न

नीचे दिए गए कूट का प्रयोग कर सही उत्तर चुनिए:

(A) केवल 1 (B) केवल 2 और 3
(C) केवल 1 और 3 (D) 1, 2 और 3

उत्तर: (D)

13. लोकसभा के निर्वाचन के लिए नामांकन-पत्र:

(A) भारत में निवास करने वाले किसी भी व्यक्ति द्वारा दाखिल किया जा सकता है।
(B) जिस निर्वाचन क्षेत्र में निर्वाचन लड़ा जाना है, वहां के किसी निवासी द्वारा दाखिल किया जा सकता है।
(C) भारत के किसी नागरिक द्वारा, जिसका नाम किसी निर्वाचन क्षेत्र की मतदाता-सूची में है, दाखिल किया जा सकता है।
(D) भारत के किसी भी नागरिक द्वारा दाखिल किया जा सकता है।

उत्तर: (C)

14. निम्नलिखित कथनों पर विचार कीजिए:

1. लोकसभा अथवा राज्य की विधानसभा के निर्वाचन में, जीतने वाले उम्मीदवार को निर्वाचितघोषित किए जाने के लिए, किए गए मतदान का कम-से-कम 50 प्रतिशत पाना अनिवार्य है।
2. भारत के संविधान में अधिकथित उपबंधों के अनुसार, लोकसभा में अध्यक्ष का पद बहुमत वाले दल को जाता है तथा उपाध्यक्ष का पद विपक्ष को जाता है।

उपर्युक्त कथनों में से कौन-सा/से सही हैं?

(A) केवल 1 (B) केवल 2
(C) 1 और 2 दोनों (D) न तो 1, न ही 2

उत्तर: (D)

15. भारत में मताधिकार और निर्वाचित होने का अधिकार:

(A) मूल अधिकार है।
(B) नैसर्गिक अधिकार है।
(C) संवैधानिक अधिकार है।
(D) विधिक अधिकार है।

उत्तर: (C)

16. निम्नलिखित कथनों पर विचार कीजिए:

1. भारत का निर्वाचन आयोग पांच-सदस्यीय निकाय है।
2. संघ का गृह मंत्रालय, आम चुनाव और उपचुनावों दोनों के लिए चुनाव कार्यक्रम तय करता है।
3. निर्वाचन आयोग मान्यता-प्राप्त राजनीतिक दलों के विभाजन/विलय से संबंधित विवाद निपटाता है।

उपर्युक्त कथनों में से कौन-सा/से सही है/हैं?

(A) केवल 1 और 2 (B) केवल 2
(C) केवल 2 और 3 (D) केवल 3

उत्तर: (D)

17. भारत में, न्यायिक पुनरीक्षण का अर्थ है:

(A) विधियों और कार्यपालिका संबंधी आदेशों की संवैधानिकता के विषय में प्राख्यापन करने का न्यायपालिका का अधिकार।
(B) विधानमंडलों द्वारा निर्मित विधियों के प्रज्ञान को प्रश्नगत करने का न्यायपालिका का अधिकार।
(C) न्यायपालिका का, सभी विधायी अधिनियमनों के, राष्ट्रपति द्वारा उन पर सहमति प्रदान किए जाने के पूर्व, पुनरीक्षण का अधिकार।
(D) न्यायपालिका का, समान या भिन्न वादों में पूर्व में दिए गए स्वयं के निर्णयों के पुनरीक्षण का अधिकार।

उत्तर: (A)

18. किसी राज्य में राष्ट्रपति शासन की उद्घोषणा के लिए निम्नलिखित में से कौन-से परिणामों का होना आवश्यक नहीं है?

1. राज्य विधान सभा का विघटन
2. राज्य के मंत्रिपरिषद् का हटाया जाना
3. स्थानीय निकायों का विघटन

नीचे दिए गए कूट का प्रयोग करके सही उत्तर चुनिए:

(A) केवल 1 और 2 (B) केवल 1 और 3
(C) केवल 2 और 3 (D) 1, 2 और 3

उत्तर: (B)

19. भारत के संविधान में शोषण के विरुद्ध अधिकार द्वारा निम्नलिखित में से कौन-से परिकल्पित हैं?

1. मानव देह व्यापार और बंधुआ मजदूरी (बेगारी) का निषेध।
2. अस्पृश्यता का उन्मूलन।
3. कारखानों और खदानों में बच्चों के नियोजन का निषेध।

नीचे दिए गए कूट का प्रयोग करके सही उत्तर चुनिए:

(A) केवल 1, 2 और 4 (B) केवल 2, 3 और 4

(C) केवल 1 और 4 (D) 1, 2, 3 और 4

उत्तर: (C)

20. निम्नलिखित कथनों में से उस एक को चुनिए, जो मंत्रिमंडल स्वरूप की सरकार के अंतर्निहित सिद्धांत को अभिव्यक्त करता है:

(A) ऐसी सरकार के विरुद्ध आलोचना को कम-से-कम करने की व्यवस्था, जिसके उत्तरदायित्व जटिल हैं तथा उन्हें सभी के संतोष के लिए निष्पादित करना कठिन है।

(B) ऐसी सरकार के कामकाज में तेजी लाने की क्रियाविधि, जिसके उत्तरदायित्व दिन-प्रतिदिन बढ़ते जा रहे हैं।

(C) सरकार के जनता के प्रति सामूहिक उत्तरदायित्व को सुनिश्चित करने के लिए संसदीय लोकतंत्र की एक क्रियाविधि।

(D) उस शासनाध्यक्ष के हाथों को मजबूत करने का एक साधन जिसका जनता पर नियंत्रण ह्रासोन्मुख दशा में है।

उत्तर: (C)

21. निम्नलिखित में से कौन-सी एक भारतीय संघ राज्य पद्धति की विशेषता नहीं है?

(A) भारत में स्वतंत्र न्यायपालिका है।

(B) केंद्र और राज्यों के बीच शक्तियों का स्पष्ट विभाजन किया गया है।

(C) संघबद्ध होने वाली इकाइयों को राज्यसभा में असमान प्रतिनिधित्व दिया गया है।

(D) यह संघबद्ध होने वाली इकाइयों के बीच एक सहमति का परिणाम है।

उत्तर: (D)

2018

1. निम्नलिखित कथनों पर विचार कीजिए:

1. पहली लोक सभा में विपक्ष में सबसे बड़ा राजनीतिक दल स्वतंत्र पार्टी था।

2. लोक सभा में 'नेता-प्रतिपक्ष' को सर्वप्रथम 1969 में मान्यता दी गई थी।

3. लोक सभा में यदि किसी दल के न्यूनतम 75 सदस्य न हों तो उसके नेता को नेता-प्रतिपक्ष के रूप में मान्यता नहीं मिल सकती है।

उपर्युक्त कथनों में से कौन-सा/से सही है/हैं?

(A) केवल 1 और 3 (B) केवल 2

(C) केवल 2 और 3 (D) 1, 2 केवल 3

उत्तर: (B)

2. निम्नलिखित कथनों पर विचार कीजिए:

1. भारत की संसद किसी कानून विशेष को भारत के संविधान की नौवीं अनुसूची में डाल सकती है।

2. नौवीं अनुसूची में डाले गये किसी कानून की वैधता का परीक्षण किसी न्यायालय द्वारा नहीं किया जा सकता एवं उसके ऊपर कोई निर्णय भी नहीं किया जा सकता है।

उपर्युक्त कथनों में से कौन-सा/से सही है/हैं?

(A) केवल 1 (B) केवल 2

(C) 1 और 3 दोनों (D) न तो 1, न ही 2

उत्तर: (A)

3. निम्नलिखित कथनों पर विचार कीजिए:

1. आधार कार्ड का प्रयोग नागरिकता या अधिवास के प्रमाण के रूप में किया जा सकता है।

2. एक बार जारी करने के पश्चात् इसे निर्गत करने वाला प्राधिकरण आधार संख्या को निष्क्रिय या लुप्त नहीं कर सकता।

उपर्युक्त कथनों में से कौन-सा/से सही है/हैं?

(A) केवल 1

(B) केवल 2

(C) 1 और 2 दोनों

(D) न तो 1, न ही 2

उत्तर: (D)

4. यदि भारत का राष्ट्रपति संविधान के अनुच्छेद-356 के अधीन यथा उपबंधित अपनी शक्तियों का किसी विशेष राज्य के संबंधमें प्रयोग करता है, तो–

(A) उस राज्य की विधान सभा स्वत: भंग हो जाती है।

(B) उस राज्स के विधानमंडल की शक्तियां संसद द्वारा या उसके प्राधिकार के अधीन प्रयोज्य होंगी।

(C) उस राज्य में अनुच्छेद 19 निलंबित हो जाता है।

(D) राष्ट्रपति उस राज्य से संबधित विधियां बना सकता है।

उत्तर: (B)

5. निम्नलिखित में से किससे/किनसे भारत में अंग्रेजी शिक्षा की नींव पड़ी?

1. 1813 का चार्टर एक्ट

2. जनरल कमेटी ऑफ पब्लिक इंस्ट्रक्शन, 1823

3. प्राच्यविद् एवं आंग्लविद् विवाद

नीचे दिये गये कूट का प्रयोग कर सही उत्तर चुनिए:

(A) 1 और 2 (B) 2 और 3

(C) 1 और 3 (D) केवल 1

उत्तर: (D)

6. वुड डिस्पैच के बारे में निम्नलिखित में से कौन-से कथन सत्य हैं?

1. सहायता अनुदान व्यवस्था (ग्रांट्स-इन-एड) शुरू की गई।

2. विश्वविद्यालयों की स्थापना की सिफारिश की गई।

3. शिक्षा के सभी स्तरों पर शिक्षण माध्यम के रूप में अंग्रेजी की सिफारिश की गई।

नीचे दिए गए कूट का प्रयोग कर सही उत्तर चुनिए:

(A) केवल 1 और 2 (B) केवल 2 और 3

(C) केवल 1 और 3 (D) 1, 2 और 3

उत्तर: (A)

7. भारत की संसद के संदर्भ में निम्नलिखित में से कौन-सी संसदीय समिति इसकी संवीक्षा करती है और सदन को सूचित करती है कि जो विनिमय, नियम, उप-नियम, उप-विधि, आदि बनाने की शक्तियां संविधान द्वारा प्रदत्त हैं या सदन द्वारा प्रत्यायोजित हैं उनका कार्यपालिका द्वारा इन प्रत्यायोजनों (डेलिगेशन) की परिधिके भीतर उचित प्रयोग हो रहा है?

(A) सरकारी आश्वासनों संबंधी समिति

(B) अधीनस्थ विधान संबंधी समिति

(C) नियम समिति

(D) कार्य सलाहकार (बिजनेस एडवाइजरी) समिति

उत्तर: (B)

8. निम्नलिखित कथनों पर विचार कीजिए:

1. शिक्षा का अधिकार (आर.टी.ई.) अधिनियम के अनुसार किसी राज्य में शिक्षक के रूप में नियुक्त होने हेतु अर्ह होने के लिए

किसी व्यक्ति में संबंधित राज्य अध्यापक शिक्षा परिषद् द्वारा निर्धारित न्यूनतम योग्यता का होना आवश्यक है।

2. आर.टी.आई. अधिनियम के अनुसार प्राथमिक कक्षाओं में शिक्षण हेतु किसी अभ्यर्थी के लिए राष्ट्रीय अध्यापक शिक्षा परिषद् के दिशा-निर्देश के अनुरूप लिए गए अध्यापक अर्हता परीक्षण में उत्तीर्ण होना आवश्यक है।

3. भारत में 90% से अधिक अध्यापक शिक्षा संस्थान प्रत्यक्ष रूप से राज्य सरकारों के अधीन हैं।

उपर्युक्त कथनों में से कौन-सा/से सही है/हैं?

(A) 1 और 2 (B) केवल 2
(C) 1 और 3 (D) केवल 3

उत्तर: (B)

9. निम्नलिखितघटनाओं पर विचार कीजिए:

1. भारत के किसी राज्य में सर्वप्रथम लोकतांत्रिक रूप से चुनी गई साम्यवादी दल की सरकार
2. भारत का उस समय सबसे बड़ा बैंक 'इम्पीरियल बैंक ऑफ इंडिया' जिसका नाम बदलकर 'भारतीय स्टेट बैंक' रखा गया।
3. एयर इंडिया का राष्ट्रीयकरण किया गया और यह राष्ट्रीय वाहक बन गया।
4. गोवा स्वतंत्र भारत का अंग बन गया।

निम्नलिखित में से कौन-सा उपर्युक्तघटनाओं का सही कालानुक्रम है?

(A) 4-1-2-3 (B) 3-2-1-4
(C) 4-2-1-3 (D) 3-1-2-4

उत्तर: (B)

10. निजता के अधिकार को जीवन एवं व्यक्तिगत स्वतंत्रता के अधिकार के अंतर्भूत भाग के रूप में संरक्षित किया जाता है। भारत के संविधान में निम्नलिखित में से किससे उपर्युक्त कथन सही एवं समुचित ढंग से अर्थित होता है?

(A) अनुच्छेद 14 एवं संविधान के 42वें संशोधन के अधीन उपबंध
(B) अनुच्छेद 17 एवं भाग IV में दिये राज्य की नीति के निदेशक तत्व
(C) अनुच्छेद 21 एवं भाग III में गारंटी की गई स्वतंत्रताएं
(D) अनुच्छेद 24 एवं संविधान के 44वें संशोधन के अधीन उपबंध

उत्तर: (C)

11. धन विधेयक के संबंधमें, निम्नलिखित में से कौन-सा कथन सही नहीं है?

(A) किसी बिल (विधेयक) को धन विधेयक तब माना जायेगा जब इसमें केवल किसी कर के अधिरोपण, उन्मूलन माफी, परिवर्तन या विनियमन से संबंधित प्रावधान हों।
(B) धन विधेयक में भारत की संचित निधिएवं भारत की आकस्मिकता निधिकी अभिरक्षा से संबंधित उपबंधहोते हैं।
(C) धन विधेयक भारत की आकस्मिक निधिसे धन के विनियोजन से संबंधित होता है।
(D) धन विधेयक भारत सरकार द्वारा धन के उधार लेने या कोई प्रत्याभूति देने के विनियमन से संबंधित होता है।

उत्तर: (C)

12. भारत के राष्ट्रपति के निर्वाचन के संदर्भ में, निम्नलिखित कथनों पर विचार कीजिए:

1. प्रत्येक एम.एल.ए. के वोट का मूल्य अलग-अलग राज्य में अलग-अलग होता है।
2. लोक सभा के सदस्यों के वोट का मूल्य राज्य सभा के सदस्यों के वोट के मूल्य से अधिक होता है।

उपर्युक्त कथनों में से कौन-सा/से सही है/हैं?

(A) केवल 1 (B) केवल 2
(C) 1 और 2 दोनों (D) न तो 1, न ही 2

उत्तर: (A)

13. विधिऔर स्वाधीनता के बीच सबसे उपयुक्त संबंधको, निम्नलिखित में से कौन प्रतिबिम्बित करता है?

(A) यदि विधियां अधिक होती हैं तो स्वाधीनता कम होती है।
(B) यदि विधिनहीं है तो स्वाधीनता भी नहीं है।
(C) यदि स्वाधीनता है तो विधिका निर्माण जनता को करना होगा।
(D) यदि विधिमें परिवर्तन बार-बार होता है तो वह स्वाधीनता के लिए खतरा है।

उत्तर: (B)

14. निम्नलिखित में से किनको 'विधिके शासन' के प्रमुख लक्षणों के रूप में माना जायेगा?

1. शक्तियों का परिसीमन
2. विधिके समक्ष समता
3. सरकार के प्रति जन-उत्तरदायित्व
4. स्वतंत्रता और नागरिकता अधिकार

नीचे दिये गये कूट का प्रयोग कर सही उत्तर चुनिए:

(A) केवल 1 और 3 (B) केवल 2 और 4
(C) केवल 1, 2 और 4 (D) 1, 2, 3 और 4

उत्तर: (B)

15. भारत शासन अधिनियम, 1935 के द्वारा स्थापित संघ में अवशिष्ट शक्तियां किसे दी गई थीं?

(A) संघीय विधान मंडल को
(B) गवर्नर जनरल को
(C) प्रांतीय विधान मण्डल को
(D) प्रांतीय राज्यपालों को

उत्तर: (B)

16. निम्नलिखित कथनों पर विचार कीजिए:

1. विधान सभा का/की अध्यक्ष, यदि विधान सभा का/की सदस्य नहीं रहता है/रहती है तो अपना पद रिक्त कर देगा/देगी।
2. जब विधान सभा का विघटन किया जाता है तो अध्यक्ष अपने पद को तुरंत रिक्त कर देगा/देगी।

उपर्युक्त कथनों में से कौन-सा/से सही है/हैं?

(A) केवल 1 (B) केवल 2
(C) 1 और 2 दोनों (D) न तो 1, न ही 2

उत्तर: (A)

2019

1. निम्नलिखित कथनों पर विचार कीजिए:

1. न्यायाधीश (जाँच) अधिनियम, 1968 के अनुसार, भारत के उच्चतम न्यायालय के किसी न्यायाधीश पर महाभियोग चलाने के प्रस्ताव को लोकसभा के अध्यक्ष द्वारा अस्वीकार नहीं किया जा सकता।
2. भारत का संविधान यह परिभाषित करता है और ब्यौरे देता है कि क्या-क्या भारत के उच्चतम न्यायालय के न्यायाधीशों की 'अक्षमता और सिद्ध कदाचार' को गठित करते हैं
3. भारत के उच्चतम न्यायालय के न्यायाधीशों के महाभियोग की प्रक्रिया के ब्यौरे न्यायाधीश (जाँच) अधिनियम, 1968 में दिए गए हैं।

4. यदि किसी न्यायाधीश के महाभियोग के प्रस्ताव को मतदान हेतु लिया जाता है, तो विधिद्वारा अपेक्षित है कि यह प्रस्ताव संसद के प्रत्येक सदन द्वारा समर्थित हो और उस सदन की कुल उपस्थित और मत देने वाले सदस्यों के कम-से-कम दो-तिहाई द्वारा समर्थित हो।

उपर्युक्त कथनों में से कौन-सा/से सही है/हैं?

(A) 1 और 2 (B) केवल 3

(C) केवल 3 और 4 (D) 1, 3 और 4

उत्तर: (B) भारतीय संविधान में किसी भी स्तर पर यह परिभाषित नहीं किया गया है कि ऐसे कौन-से कारक हैं, जो उच्चतम न्यायालय के न्यायाधीशों की अक्षमता और सिद्ध कदाचार को गठित करते हैं।

2. किस प्रधानमंत्री के कार्यकाल के दौरान भारत के संविधान में नौवीं अनुसूची को पुनःस्थापित किया गया था?

(A) जवाहर लाल नेहरू (B) लाल बहादुर शास्त्री

(C) इंदिरा गांधी (D) मोरारजी देसाई

उत्तर: (A) भारतीय संविधान में नौवीं अनुसूची तत्कालीन प्रधानमंत्री पं. जवाहरलाल नेहरू के शासनकाल में संविधान में प्रथम संशोधन अधिनियम, 1951 द्वारा शामिल की गई।

3. भारत के संविधान की किस अनुसूची के अधीन जनजातीय भूमि का, खनन के लिए निजी पक्षकारों को अंतरण अकृत और शून्यघोषित किया जा सकता है?

(A) तीसरी अनुसूची

(B) पाँचवीं अनुसूची

(C) नौवीं अनुसूची

(D) बारहवीं अनुसूची

उत्तर: (B) भारतीय संविधान की पांचवीं अनुसूची में अनुसूचित जनजातियों के लिए विशेष प्रावधान किए गए हैं। मुख्य उद्देश्य अनुसूचित क्षेत्रों में रहने वाले आदिवासियों को उनकी भूमि तथा प्राकृतिक संसाधनों के अलगाव से गैर-आदिवासी से सुरक्षा प्रदान करना है।

- इन क्षेत्रों में, जहां तक उनके प्रशासन का संबंध है, राज्यपाल को पूर्ण अधिकार दिए गए हैं।
- विकल्प (B) सही है: इस अनुसूची के तहत खनन के लिए निजी पक्ष को आदिवासी भूमि के हस्तांतरण को शून्यघोषित किया जाना चाहिए।
- संघ की कार्यकारी शक्ति, राज्य को इन क्षेत्रों के प्रशासन के लिए निर्देश देने तक विस्तृत है।
- इन राज्यों के राज्यपाल द्वारा राज्य के अनुसूचित क्षेत्रों के प्रशासन के बारे में राष्ट्रपति को प्रतिवर्ष या आवश्यकतानुसार रिपोर्ट देना आवश्यक होता है।

4. भारत के संविधान के संदर्भ में निम्नलिखित कथनों पर विचार कीजिए–

1. किसी भी केन्द्रीय विधि को सांविधानिक रूप से अवैधघोषित करने की किसी भी उच्च न्यायालय की अधिकारिता नहीं होगी।

2. भारत के संविधान के किसी भी संशोधन पर भारत के उच्चतम न्यायालय द्वारा प्रश्न नहीं उठाया जा सकता।

उपर्युक्त में से कौन-सा/से कथन सही है/हैं?

(A) केवल 1 (B) केवल 2

(C) 1 और 2 दोनों (D) न तो 1, न ही 2

उत्तर: (D) अनुच्छेद (13 एवं 226) के अनुसार न्यायिक समीक्षा सभी केंद्रीय और राज्य कानूनों के संबंध में उच्च न्यायालयों द्वारा संचालित की जा सकती है, यहां तक कि अधिकारियों और संवैधानिक संशोधनों के आदेश भी इस मानदंड के अंतर्गत आते हैं। सर्वोच्च न्यायालय संविधान का संरक्षक है। इस अधिकार से संविधान संशोधन सहित ऐसा कोई भी कार्य जो संविधान के मूलभूत ढांचे का उल्लंघन करता है, सर्वोच्च न्यायपालिका द्वारा खारिज किया जा सकता है। केशवानंद भारती मामले, 1973 में निर्धारित संविधान की मूल संरचना इस कार्य में एक अत्यंत महत्वपूर्ण भूमिका निभाती है।

5. राजव्यवस्था के सन्दर्भ में, निम्नलिखित में से किस एक को आप स्वतंत्रता की सर्वाधिक उपयुक्त व्याख्या के रूप में स्वीकार करेंगे?

(A) राजनीतिक शासकों की तानाशाही के विरुद्ध संरक्षण

(B) नियंत्रण का अभाव

(C) इच्छानुसार कुछ भी करने का अवसर

(D) स्वयं को पूर्णतः विकसित करने का अवसर

उत्तर: (D) राजव्यवस्था के अंतर्गत स्वतन्त्रता से आशय है कि प्रत्येक व्यक्ति की स्वतंत्रता एवं उन्हें समान अवसर प्रदान किया जाना चाहिए। स्वतंत्रता, समानता एवं बंधुता जैसे मूल्यों का राजनीतिक व्यवस्था में समावेश फ्रांसीसी क्रान्ति (1789-1799) के दौरान किया गया।

- प्रस्तावना में मौलिक अधिकारों की कल्पना की गई स्वतंत्रता पूर्ण नहीं है, पर प्रकृति में उपयोग योग्य है, स्वतंत्रता का अर्थ है चिंतन, अभिव्यक्ति और अपने पसंद का कार्य करने की स्वतंत्रता।
- स्वतंत्रता का अर्थ यह नहीं है कि हम जैसा चाहें वैसा करें, स्वतंत्रता का मूल अर्थ है, बिना किसी अन्य की स्वतंत्रता को नुकसान पहुंचाए और बिना कानून व्यवस्था को ठेस पहुंचाए, प्रत्येक व्यक्ति अपनी स्वतंत्रता का आनंद ले सके।

6. निम्नलिखित में से किस एक का यह सुझाव था कि राज्यपाल को उस राज्य के बाहर का एक प्रतिष्ठित व्यक्ति होना चाहिए और उसे एक ऐसा तटस्थ व्यक्ति होना चाहिए जिसके गहन राजनीतिक जुड़ाव न हों या उसने हाल के पिछले वर्षों में राजनीति में भाग नहीं लिया हो?

(A) पहला प्रशासनिक सुधार आयोग (1966)

(B) राजमन्नार समिति (1969)

(C) सरकारिया आयोग (1983)

(D) संविधान के कार्यचालन की समीक्षा हेतु राष्ट्रीय आयोग (2000)

उत्तर: (C) बदले हुए सामाजिक-आर्थिक परिदृश्य में केन्द्र और राज्यों के बीच विद्यमान व्यवस्थाओं की कार्यप्रणाली की समीक्षा के लिए केन्द्र सरकार ने 9 जून, 1983 को एक आदेश के माध्यम से न्यायमूर्ति आर.एस. सरकारिया की अध्यक्षता में एक आयोग का गठन किया गया। आयोग के अन्य सदस्य श्री. बी. शिवरमन और डॉ. एस.आर. सेन थे। सरकारिया आयोग ने राज्यपाल के संदर्भ में निम्न सिफारिशें की हैं-

- राज्यपाल के रूप में नियुक्त किए जाने वाले व्यक्ति को राज्य, जिसमें वह नियुक्त किया जाए, के बाहर का व्यक्ति होना चाहिए तथा उसे राज्य की राजनीति में रुचि नहीं रखना चाहिए। उसे ऐसा व्यक्ति होना चाहिए, जो सामान्य रूप से या विशेष रूप से नियुक्त किए जाने के पहले राजनीति में सक्रिय भाग न ले रहा हो।
- राज्यपाल का चयन करते समय अल्पसंख्यक वर्ग के व्यक्तियों को समुचित अवसर दिया जाना चाहिए।
- राज्यपाल के रूप में किसी व्यक्ति का चयन करते समय राज्य के मुख्यमंत्री से प्रभावी सलाह लेने की प्रक्रिया को संविधान में शामिल किया जाना चाहिए।
- किसी ऐसे व्यक्ति को राज्य के राज्यपाल के रूप में नियुक्त नहीं किया जाना चाहिए। जोकि केन्द्र में सत्तारूढ़ दल का सदस्य हो, जिसमें शासन किसी अन्य दल के द्वारा चलाया जा रहा हो।

- यदि राजनीतिक कारणों से किसी राज्य की संवैधानिक व्यवस्था टूट रही हो, तो राज्यपाल को यह देखना चाहिए कि क्या उस राज्य में विधान सभा में बहुमत वाली सरकार का गठन हो सकता है।
- यदि नीति संबंधी किसी प्रश्न पर राज्य की सरकार विधानसभा में पराजित हो जाती है, तो शीघ्र चुनाव कराए जा सकने की स्थिति में राज्यपाल को चुनाव तक पुराने मंत्रिमण्डल को कार्यकारी सरकार के रूप में कार्य करते रहने देना चाहिए।
- यदि राज्य सरकार विधानसभा में अपना बहुमत खो देती है, तो राज्यपाल को सबसे बड़े विरोधी दल को सरकार बनाने का आमंत्रण देना चाहिए और विधानसभा में बहुमत साबित करने का निर्देश देना चाहिए। यदि सबसे बड़ा दल सरकार गठित करने की स्थिति में न हो, तो राज्यपाल को राज्य में राष्ट्रपति शासन लागू करने की सिफारिश करनी चाहिए।

7. भारत के संविधान के संदर्भ में, सामान्य विधियों में अंतर्विष्ट प्रतिषेध अथवा निर्बंधन अथवा उपबंध, अनुच्छेद 142 के अधीन सांविधनिक शक्तियों पर प्रतिषेध अथवा निर्बंधन की तरह कार्य नहीं कर सकते। निम्नलिखित में से कौन-सा एक इसका अर्थ हो सकता है?

(A) भारत के निर्वाचन आयोग (Election Commission) द्वारा अपने कर्तव्यों का निर्वहन करते समय लिए गए निर्णयों को किसी भी न्यायालय में चुनौती नहीं दी जा सकती।

(B) भारत का उच्चतम न्यायालय अपनी शक्तियों के प्रयोग में संसद द्वारा निर्मित विधिसे बाध्य नहीं होता।

(C) देश में गंभीर संकट की स्थिति में, भारत के केंद्रीय मंत्रिमंडल के परामर्श के बिना वित्तीय आपातघोषित किया जा सकता है।

(D) कुछ मामलों में राज्य विधानमंडल, संघ विधानमंडल की सहमति के बिना विधि निर्मित नहीं कर सकता।

उत्तर: (B) अनुच्छेद 142 के अंतर्गत उच्चतम न्यायालय अपनी अधिकारिता का प्रयोग करते हुए ऐसे आदेश पारित कर सकेगा। जो उसके समक्ष लम्बित वाद या विषय में पूर्ण न्याय करने के लिए आवश्यक हो और इस प्रकार पारित डिक्री या दिया गया आदेश भारत के राज्य क्षेत्र में सर्वत्र ऐसी रीति से, जो संसद द्वारा बनाई गई किसी विधि या उसके अधीन विहित की जाए और जब तक इस निमित्त इस प्रकार उपबंध नहीं किया जाता है तब तक ऐसी रीति से जो राष्ट्रपति द्वारा विहित करें, प्रवर्तनीय होगा।

8. भारत के किसी राज्य की विधानसभा के संदर्भ में निम्नलिखित कथनों पर विचार कीजिए–

1. वर्ष के प्रथम सत्र के प्रारंभ में राज्यपाल सदन के सदस्यों के लिए रूढ़िगत संबोधन करता है।

2. जब किसी विशिष्ट विषय पर राज्य विधानमंडल के पास कोई नियम नहीं होता, तो उस विषय पर वह लोक सभा के नियम का पालन करता है।

उपर्युक्त में से कौन-सा/से कथन सही है/हैं?

(A) केवल 1 (B) केवल 2

(C) 1 और 3 दोनों (D) न तो 1 न ही 2

उत्तर: (A) भारतीय संविधान के अनुच्छेद 176 (1) में कहा गया है कि राज्यपाल विधानसभा के प्रत्येक आम चुनाव के बाद और प्रत्येक वर्ष के पहले सत्र की शुरुआत में दोनों सदनों को एक साथ संबोधित करेंगे।

- राज्यपाल के संबोधन में पिछले वर्ष के दौरान सरकार की गतिविधियों और उपलब्धियों की समीक्षा और उनकी नीति महत्वपूर्ण आंतरिक समस्याओं के साथ-साथ सत्र के लिए सरकारी व्यवसाय के कार्यक्रम और सत्र बुलाए जाने के कारणों का संक्षिप्त विवरण शामिल है।
- राज्य विधायिका एक संवैधानिक निकाय है और इसकी शक्ति संविधान से ही प्राप्त होती है न कि केंद्र से। इस प्रकार यह पूर्णतः संप्रभु है। (स्पीकर के पास प्रक्रिया के नियमों और व्यवस्था के संचालन की पूरी जिम्मेदारी है।) संवैधानिक आधार पर उसे सदन में कार्य संचालन के लिए नियम बनाने और उनका पालन करवाने का अधिकार है।

9. 'चार्टर ऐक्ट, 1813' के संबंध में, निम्नलिखित कथनों पर विचार कीजिए–

1. इसने भारत में ईस्ट इंडिया कंपनी के व्यापार एकाधिपत्य को, चाय का व्यापार तथा चीन के साथ व्यापार को छोड़कर, समाप्त कर दिया।

2. इसने कम्पनी द्वारा अधिकार में लिए गए भारतीय राज्य क्षेत्रों पर ब्रिटिश राज की सम्प्रभुता को सुदृढ़ कर दिया।

3. भारत का राजस्व अब ब्रिटिश संसद के नियंत्रण में आ गया था।

उपर्युक्त में से कौन-से कथन सही हैं?

(A) केवल 1 और 2 (B) केवल 2 और 3

(C) केवल 1 और 3 (D) 1, 2 और 3

उत्तर: (A) 1813 के चार्टर एक्ट के द्वारा कम्पनी के भारतीय व्यापार के एकाधिकार को समाप्त कर दिया गया। यद्यपि उसके चीन के साथ तथा चाय के व्यापार पर एकाधिकार चलता रहा। इस एक्ट द्वारा प्रथम बार अंग्रेजों की भारत पर संवैधानिक स्थिति स्पष्ट की गई थी। 1813 के चार्टर के द्वारा नियन्त्रण बोर्ड की अधीक्षण तथा नियन्त्रण शक्ति को न केवल पारिभाषित किया गया अपितु उसका विस्तार भी किया गया।

10. भारत के संविधान का कौन-सा अनुच्छेद अपनी पसंद के व्यक्ति से विवाह करने के किसी व्यक्ति के अधिकार को संरक्षण देता है?

(A) अनुच्छेद 19 (B) अनुच्छेद 21

(C) अनुच्छेद 25 (D) अनुच्छेद 29

उत्तर: (B) उच्चतम न्यायालय ने अपने एक आदेश में कहा है कि अपनी पसन्द के व्यक्ति से विवाह करना संविधान के अनुच्छेद 21 (जीवन एवं स्वतन्त्रता का अधिकार) के अन्तर्गत समाहित है। यह व्यवस्था सुप्रीम कोर्ट ने केरल उच्च न्यायालय के मुस्लिम धर्म स्वीकार करने वाली हिन्दू लड़की हादिया एवं शैफीन जहाँ के स्वेच्छा से विवाह करने के बारे में दिए गए निर्णय को निरस्त करते हुए दी।

11. निम्नलिखित कथनों पर विचार कीजिए–

1. भारत के संविधान के 44वें संशोधन द्वारा लाए गए एक अनुच्छेद ने प्रधानमंत्री के निर्वाचन को न्यायिक पुनर्विलोकन के परे कर दिया।

2. भारत के संविधान के 99वें संशोधन को भारत के उच्चतम न्यायालय ने अभिखंडित कर दिया, क्योंकि यह न्यायपालिका की स्वतंत्रता का अतिक्रमण करता था।

उपर्युक्त में से कौन-सा/से कथन सही है/हैं?

(A) केवल 1 (B) केवल 2

(C) 1 और 2 दोनों (D) न तो 1, न ही 2

उत्तर: (B) भारतीय संविधान का 44वां संविधान संशोधन महत्वपूर्ण था क्योंकि इसने 42वें संशोधन द्वारा संविधान में लाई गई विकृतियों को आंशिक रूप से हटा दिया था। लेकिन इसमें प्रधानमंत्री के चुनाव को न्यायिक समीक्षा से परे करने वाले अनुच्छेद का कोई प्रस्ताव नहीं था।

एनजेएसी (NJAC) मामले में पांच न्यायाधीशों की बैंच ने 4:1 के बहुमत से 99वें संविधान संशोधन द्वारा लाए गए एनजेएसी अधिनियम को असंवैधानिक और शून्य बताते हुए खारिज कर दिया। न्यायमूर्ति खेहर ने कहा कि न्यायपालिका से देश के नागरिकों के अधिकारों की रक्षा करने की उम्मीदों को इसे बिल्कुल अछूता और स्वतंत्र रखकर सुनिश्चित किया जा सकता है।

शासन के अन्य अंगों और प्रस्तावित एनजेएसी ने न्यायपालिका की स्वतंत्रता का उल्लंघन किया।

12. निम्नलिखित कथनों पर विचार कीजिए–

1. **संसद (निरर्हता निवारण) अधिनियम, 1959 कई पदों को 'लाभ का पद' के आधार पर निरर्हता से छूट देता है।**
2. **उपर्युक्त अधिनियम पांच बार संशोधित किया गया था।**
3. **शब्द 'लाभ का पद' भारत के संविधान में भली-भांति परिभाषित किया गया है।**

उपर्युक्त में से कौन-सा/से सही है/हैं?

(A) केवल 1 और 2 (B) केवल 3
(C) केवल 2 और 3 (D) 1, 2 और 3

उत्तर: (A) कथन 1 सही है : संविधान के अनुच्छेद 102 में यह प्रावधान है कि यदि कोई व्यक्ति भारत सरकार या राज्य की सरकार के अधीन लाभ का पद धारण करता है तो उसे संसद सदस्य (सांसद) के रूप में चुने जाने से अयोग्यघोषित किया जाएगा। हालांकि, संसद कानून द्वारा यहघोषणा कर सकती है कि कुछ कार्यालयों की होल्डिंग इस अयोग्यता को लागू नहीं करेगी। संसद (अयोग्यता की रोकथाम) अधिनियम, 1959 केंद्र और राज्य सरकारों के तहत लाभ के कुछ कार्यालयों को सूचीबद्ध करता है, जो ध रकों को सांसद होने के लिए अयोग्यघोषित नहीं करते हैं। राष्ट्रीय अनुसूचित जाति और अनुसूचित जनजाति आयोग के अध्यक्ष को इस सूची के अनुसार अयोग्यता से छूट दी गई है।

कथन 2 सही है : संसद (अयोग्यता की रोकथाम) अधिनियम, 1959 में पांच बार संशोधन किया गया था।

कथन 3 गलत है : लाभ का पद सरकार का एक पद है जिसे विधानसभा के सदस्य (विधायक) या संसद सदस्य (सांसद) द्वारा नहीं रखा जा सकता है। इस पद से वेतन, अनुलाभ और अन्य लाभ मिल सकते हैं। इसे संविधान या जनप्रतिनिधित्व कानून 1951 में परिभाषित नहीं किया गया है।

13. स्वतंत्र भारत में भूमि सुधारों के संदर्भ में, निम्नलिखित में से कौन-सा कथन सही है?

(A) हदबंदी कानून पारिवारिक जोत पर केंद्रित थे, न कि व्यक्तिगत

(B) भूमि सुधारों का प्रमुख उद्देश्य सभी भूमिहीनों को कृषि भूमि प्रदान करना था।

(C) इसके परिणामस्वरूप नकदी फसलों की खेती, कृषि का प्रमुख रूप बन गई।

(D) भूमि सुधारों ने हदबंदी सीमाओं को किसी भी प्रकार की छूट की अनुमति नहीं दी।

उत्तर: (A) भूमि सुधार एक व्यापक शब्द है। यह स्वामित्व, किरायेदारी और भूमि के प्रबंधन के विद्यमान ढांचे को बदलने के लिए निर्देशित एक संस्थागत उपाय को संदर्भित करता है।

यह "बड़े भूस्वामियों से भूमि के स्वामित्व और/या उपयोग के अधिकारों को हटाकर कृषकों के पक्ष में पुनर्वितरण करता है जिनके पास बहुत सीमित या कोई भूमि नहीं है।"

भूमि-स्वामित्व के ढांचे में विद्यमान असमानताओं को कम करने और भूमिहीन कृषि श्रमिकों को वितरण के लिए कुछ भूमि उपलब्ध कराने के लिए दूसरी पंचवर्षीय योजना (1956-1961) ने कृषि जोतों पर सीमा लगाने की सिफारिश की।

- यह परिकल्पना की गई थी कि राज्य द्वारा एक निश्चित सीमा से ऊपर की भूमि का अधिग्रहण किया जाएगा और भूमिहीन श्रमिकों और छोटे किसानों के बीच पुनर्वितरित किया जाएगा ताकि भूमि के लिए उनकी भूख को पूरा किया जा सके और इस तरह उन्हें आर्थिक तौर पर सक्षम बनाया जा सके।
- भूमि सीलिंग कानून दो चरणों में पारित किए गए थे। पहले चरण में जो 1972 के अंत तक बना रहा 'भूमिधारक' को खेती की इकाई माना गया। इस सीलिंग यूनिट को 1972 के बाद 'परिवार' में बदल दिया गया था। सीलिंग सीमा को दूसरे चरण में दो फसलों के साथ सिंचित भूमि और सूखी भूमि के बीच अंतरों के साथ कम किया गया है।

2020

1. संसदीय व्यवस्था वाली सरकार वह होती है जिसमें–

(A) संसद के सभी राजनीतिक दलों का सरकार में प्रतिनिधित्व होता है।

(B) सरकार संसद के प्रति उत्तरदायी होती है और उसके द्वारा हटाई जा सकती है।

(C) सरकार लोगों द्वारा निर्वाचित होती है और उसके द्वारा हटाई जा सकती है।

(D) सरकार संसद द्वारा चुनी जाती है किंतु निर्धारित समयावधिके पूर्ण होने के पूर्व हटाई नहीं जा सकती है।

उत्तर: (B) शासन का वह स्वरूप संसदीय सरकार कहलाता है, जिसमें प्रध ानमंत्री और मंत्रिपरिषद् अर्थात् वास्तविक कार्यपालिका अपने कार्यों के लिए विधिक रूप से संसद के प्रति उत्तरदायी होते हैं। संसद के निम्न सदन जैसे भारत में लोकसभा सरकार को अपदस्थ करने का भी अधिकार रखती है। लोकसभा द्वारा सरकार के विरुद्ध सदन में अविश्वास प्रस्ताव पारित करके उसको अपदस्थ कर सकती है। सरकार और मंत्रिपरिषद् के सदस्य सामूहिक एवं व्यक्तिगत रूप से लोकसभा के प्रति उत्तरदायी होते हैं। इसलिए संसदीय सरकार को उत्तरदायी सरकार कहा जाता है। ध्यातव्य है कि संसदीय सरकार में कार्यपालिका एवं व्यवस्थापिका के मध्यघनिष्ठ संबंधहोता है।

2. भारत के संविधान का कौन-सा भाग कल्याणकारी राज्य के आदर्श कीघोषणा करता है?

(A) राज्य के नीति-निदेशक तत्व

(B) मूल अधिकार

(C) उद्देशिका

(D) सातवीं अनुसूची

उत्तर: (A) भारतीय संविधान के भाग-4 में निहित राज्य के नीति-निदेशक तत्व कल्याणकारी राज्य की अवधारणा का प्रतिबिम्ब हैं। ध्यातव्य है कि कल्याणकारी राज्य शासन का वह प्रारूप है, जिसमें राज्य नागरिकों के सामाजिक एवं आर्थिक उन्नयन, विकास एवं कल्याण में महत्वपूर्ण भूमिका का निर्वाह करता है। कल्याणकारी राज्य लोगों की सामाजिक सुरक्षा सुनिश्चित करने तथा बुनियादी आवश्यकताओं की पूर्ति सुनिश्चित करता है। ऐसा प्रावधान भारतीय संविधान के भाग-4 के अंतर्गत राज्य के नीति-निदेशक तत्वों में किया गया है।

3. निम्न कथनों पर विचार कीजिए–

1. **भारत का संविधान अपने मूल ढांचे को संघवाद, पंथ निरपेक्षता, मूल अधिकारों तथा लोकतंत्र के रूप में परिभाषित करता है।**
2. **भारत का संविधान नागरिकों की स्वतंत्रता तथा उन आदर्शों जिन पर संविधान आधारित है कि सुरक्षा हेतु न्यायिक पुनरावलोकन करता है।**

उपर्युक्त कथनों में से कौन-सा/से सही है/हैं?

(A) 1

(B) 2

(C) 1 और 2 दोनों

(D) न तो 1 और न ही 2

उत्तर: (A) न्यायिक पुनरावलोकन/न्यायिक पुनरीक्षा उस प्रक्रिया को कहा जाता है जिसके माध्यम से या जिसके अंतर्गत कार्यपालिका और विधायिका के कार्यों की न्यायपालिका द्वारा समीक्षा की जाती है। न्यायिक पुनरावलोकन न्यायपालिका की वह विशेष शक्ति या अधिकारिता है जिसके माध्यम से न्यायपालिका द्वारा विधायिका द्वारा बनाए गए कानूनों और सरकार के कृत्यों की जाँच की जाती है और यह सुनिश्चित करने का प्रयास किया जाता है कि उपरोक्त कदम संविधान के मूल ढांचे के अनुरूप हैं या नहीं। मूल ढांचे के प्रतिकूल होने पर न्यायपालिका उसको असंगत और अविधिकघोषित कर सकती है। अत: प्रश्न में दिया गया कथन 1 सही है।

भारतीय संविधान का अनुच्छेद-13 राज्य के विरुद्ध नागरिकों के मूल अधिकारों के संरक्षण की गारंटी प्रदान करता है। इस अनुच्छेद में प्रावधान किया गया है कि यदि राज्य द्वारा कोई ऐसी विधिबनाई जाती है जो मूल अधिकारों का अतिक्रमण करती है तो न्यायपालिका उसको शून्यघोषित कर सकती है। अनुच्छेद-13 के माध्यम से न्यायालय विधियों की संवैधानिकता की जांच करता है। अत: प्रश्न में दिया गया कथन 2 सही नहीं है। अत: सही विकल्प (A) है।

4. भारत के संदर्भ में नौकरशाही का निम्नलिखित में से कौन-सा उपयुक्त चरित्र चित्रण है–

(A) संसदीय लोकतंत्र को विस्तार देने वाला अभिकरण

(B) संघीय ढांचे को सुदृढ़ करने वाला अभिकरण

(C) राजनीतिक स्थायित्व एवं आर्थिक वृद्धि को सुलभ करने वाला अभिकरण

(D) लोक नीति को कार्यान्वित करने वाला अभिकरण

उत्तर: (D) भारत में नौकरशाही शासन द्वारा बनाई गई नीतियों को बिना किसी भेदभाव के क्रियान्वित करने वाला अभिकरण है। भारत में नौकरशाही को शासन के प्रति प्रतिबद्ध माना जाता है। शासन के निर्देशानुसार सामान्यतया भारत में नौकरशाही कार्य करती है। नौकरशाही कानून एवं व्यवस्था को बनाए रखने के साथ-साथ कल्याणकारी नीतियों को मूर्त रूप देने का भी कार्य करती है। प्रश्न में दिया गया कथन (D) सही है।

5. भारत के संविधान की उद्देशिका–

(A) संविधान का भाग है परंतु कोई विधिक प्रभाव नहीं रखती है

(B) संविधान का भाग नहीं है और कोई विधिक प्रभाव नहीं रखती है

(C) संविधान का भाग है और विधिक प्रभाव भी रखती है जैसा कि उसका कोई अन्य भाग

(D) संविधान का भाग है किंतु उसके अन्य भागों से स्वतंत्र होकर उसका कोई विधिक प्रभाव नहीं है

उत्तर: (*) उद्देशिका को लेकर काफी विवाद रहा है कि वह संविधान का भाग है या नहीं। शुरू में सर्वोच्च न्यायालय ने भी उद्देशिका को संविधान का भाग नहीं माना परंतु बाद में उद्देशिका को संविधान का भाग मान लिया और यही स्थिति आज भी है। उद्देशिका संविधान का भाग है। उद्देशिका संविधान का सार है और उसका लक्ष्य प्रकट करती है। उद्देशिका यहघोषणा करती है कि संविधान अपनी शक्ति प्रत्यक्षत: जनता से प्राप्त करता है। जैसा कि संविधान की उद्देशिका की शुरुआत 'हम भारत के लोग' से होती है। इस कारण संविधान विधिकी विशेष अनुकंपा प्राप्त नहीं कर सकता है। संविधान की उद्देशिका संविधान का भाग होते हुए भी अन्य भागों से स्वतंत्र है और उसका कोई विधिक प्रभाव नहीं है।

6. भारत के संविधान के भाग-IV में अंतर्विष्ट प्रावधानों के संदर्भ में निम्नलिखित कथनों में से कौन-सा/से सही है/हैं–

1. वे न्यायालय द्वारा प्रवर्तनीय हैं

2. वे किसी भी न्यायालय द्वारा प्रवर्तनीय नहीं होंगे

3. इस भाग में अधिकथित सिद्धांत राज्य के द्वारा कानून बनाए जाने को प्रभावित करेंगे।

नीचे दिए गए कूट का प्रयोग कर सही उत्तर चुनिए–

(A) केवल 1

(B) केवल 2

(C) केवल 1 और 2

(D) केवल 2 और 3

उत्तर: (D) प्रश्न में दिया गया कथन 1 सही नहीं है क्योंकि नीति-निदेशक सिद्धांत किसी भी न्यायालय द्वारा प्रवर्तनीय नहीं हैं। राज्य के नीति-निदेशक तत्व सामाजिक-आर्थिक लोकतंत्र की स्थापना करने पर बल देते हैं। नीति-निदेशक तत्व राज्य के लिए एक प्रकार से दिशा-निर्देश हैं। राज्यों से अपेक्षा की जाती है कि नई नीतियों एवं नए कानूनों का निर्माण एवं क्रियान्वयन करते समय इनको ध्यान में रखेंगे। इसलिए कहा जाता है कि नीति-निदेशक सिद्धांत राज्य द्वारा कानून बनाए जाने को प्रभावित करेंगे। अत: सही उत्तर (D) होगा।

7. निम्न कथनों पर विचार कीजिए–

1. भारत के संविधान के अनुसार कोई भी ऐसा व्यक्ति जो मतदान के लिए योग्य है, किसी राज्य में वह 6 माह के लिए मंत्री बनाया जा सकता है, तब भी जबकि वह उस राज्य के विधान मंडल का सदस्य नहीं है।

2. लोक प्रतिनिधित्व अधिनियम-1951 के अनुसार कोई भी ऐसा व्यक्ति जो दांडिक अपराधके अंतर्गत दोषी पाया गया हो और जिसे 5 वर्ष के लिए कारावास का दण्ड दिया गया हो, चुनाव लड़ने के लिए स्थायी तौर पर निरर्हत हो जाता है भले ही वह कारावास से मुक्त हो चुका हो।

उपर्युक्त कथनों में से कौन-सा/से सही है/हैं?

(A) केवल 1

(B) केवल 2

(C) 1 और 2 दोनों

(D) न तो 1 और न ही 2

उत्तर: (A) प्रश्न में दिया गया कथन 1 सही है। जबकि कथन 2 गलत है।

8. निम्नलिखित कथनों पर विचार कीजिए–

1. भारत का राष्ट्रपति ऐसे स्थान पर जिसे ठीक समझे संसद का सत्र आहूत कर सकता है।

2. भारत का संविधान एक वर्ष में संसद के तीन सत्रों का प्रावधान करता है किंतु सभी तीन सत्रों का चलाया जाना अनिवार्य नहीं है।

3. एक वर्ष में दिनों की कोई सम्पूर्ण संख्या निर्धारित नहीं है जब संसद का चलना आवश्यक हो।

उपर्युक्त कथनों में से कौन-सा/से सही है/हैं–

(A) केवल 1 (B) केवल 2

(C) केवल 1 और 3 (D) केवल 2 और 3

उत्तर: (C) अनुच्छेद-85 के अनुसार राष्ट्रपति को संसद के प्रत्येक सदन को ऐसे समय और स्थान पर जो वह ठीक समझे, अधिवेशन के लिए आहूत करने का अधिकार दिया गया है। अत: कथन 1 सही है। भारतीय संविधान में यह कहा गया है कि एक वर्ष में कम-से-कम दो सत्र आहूत किए जाने चाहिए परंतु पिछले सत्र की अंतिम बैठक तथा आगामी सत्र की प्रथम बैठक के लिए निश्चित की गई तिथि में 6 माह से अधिक का अंतर नहीं होना चाहिए इसी को देखते हुए सामान्यतया संसद के तीन सत्र-बजट सत्र, मानसून सत्र तथा शीतकालीन सत्र आहूत किए जाते हैं परंतु संविधान में कम-से-कम दो सत्रों का प्रावधान है। संसद के सत्रों के न्यूनतम दिनों का उल्लेख नहीं किया गया है। सही उत्तर (C) है कथन 1 और 3 सही हैं जबकि कथन 2 गलत है।

9. राज्यसभा की लोकसभा के समान शक्तियाँ किस क्षेत्र में हैं–

(A) नई अखिल भारतीय सेवाओं को गठित करने में

(B) संविधान संशोधन करने के विषय में

(C) सरकार को हटाने के विषय में

(D) कटौती प्रस्ताव प्रस्तुत करने के संदर्भ में

उत्तर: (B) संविधान संशोधन करने के संदर्भ में दोनों सदनों को समान अधिकार प्राप्त हैं। संविधान संशोधन करने, राष्ट्रपति पर महाभियोग लगाने, उपराष्ट्रपति को हटाने, उच्चतम न्यायालय तथा उच्च न्यायालय के न्यायाधीशों को हटाने, संविधान संशोधन करने के मामले में राज्य सभा तथा लोकसभा को समान अधिकार प्राप्त हैं। नई अखिल भारतीय सेवाओं को गठित करने के संदर्भ में राज्य सभा को लोकसभा की तुलना में विशेष अधिकार प्राप्त हैं। सरकार को केवल लोक सभा ही पदच्युत कर सकती है।

10. निम्नलिखित मूल अधिकारों के किस संवर्ग में अस्पृश्यता के रूप में किए गए विभेदन के विरुद्ध संरक्षण समाविष्ट है?

(A) शोषण के विरुद्ध अधिकार

(B) स्वतंत्रता का अधिकार

(C) संवैधानिक उपचारों का अधिकार

(D) समता का अधिकार

उत्तर: (D) भारतीय संविधान के भाग-3 के अनुच्छेद-14 से 18 तक के समता का अधिकार के अंतर्गत अनुच्छेद-17 में अस्पृश्यता उन्मूलन और किसी भी रूप में इसका आचरण निषिद्ध है।

11. भारत में न्यायपालिका का कार्यपालिका से पृथक्करण किससे व्यादेशित है?

(A) संविधान की उद्देशिका

(B) राज्य के नीति-निदेशक तत्वों द्वारा

(C) सातवीं अनुसूची द्वारा

(D) परम्परागत व्यवहार द्वारा

उत्तर: (B) भारत में कार्यपालिका और न्यायपालिका का पृथक्करण राज्य के नीति-निदेशक तत्वों द्वारा किया गया है। ऐसा प्रावधान अनुच्छेद-50 में किया गया है।

12. परिभाषा से संवैधानिक सरकार का अर्थ है–

(A) विधानमंडल द्वारा सरकार

(B) लोकप्रिय सरकार

(C) बहुदलीय सरकार

(D) सीमित सरकार

उत्तर: (D) संवैधानिक सरकार वह सरकार होती है जो संविधान के माध्यम से अपना अस्तित्व प्राप्त करती है। संवैधानिक सरकार के अंतर्गत राज्य का एक प्रमुख या प्रधान होता है जिसको संविधान द्वारा सीमित शक्तियां प्रदान की गई होती हैं।

13. मूल अधिकारों के अतिरिक्त भारत के संविधान का निम्नलिखित में से कौन-सा भाग मानव अधिकारों की सार्वभौमघोषणा-1948 के सिद्धांतों एवं प्रावधानों का प्रतिनिधित्व करता/करते है/हैं–

1. उद्देशिका

2. राज्य के नीति-निदेशक तत्व

3. मूल कर्तव्य

नीचे दिए गए कूट का प्रयोग कर सही उत्तर चुनिए–

(A) केवल 1 और 2

(B) केवल 2

(C) केवल 1 और 3

(D) केवल 1, 2 और 3

उत्तर: (D) मानव अधिकारों कीघोषणा-1948 के प्रावधान उद्देशिका, राज्य के नीति-निदेशक तत्व तथा मौलिक कर्तव्यों का प्रतिनिधित्व करते हैं।

14. भारत में विधिक सेवा प्रदान करने वाले प्राधिकरण (Legal Services Authorities) निम्नलिखित में से किस प्रकार के नागरिकों को नि:शुल्क विधिक सेवाएँ प्रदान करते हैं–

1. ₹ 100,000 से कम वार्षिक आय प्राप्त करने वाले व्यक्ति को

2. ₹ 200,000 से कम वार्षिक आय प्राप्त करने वाले ट्रांसजेंडर को

3. ₹ 300,000 से कम वार्षिक आय प्राप्त करने वाले पिछड़े वर्ग (OBC) के सदस्य को

4. सभी वरिष्ठ नागरिकों को

नीचे दिए गए कूट का प्रयोग करके सही उत्तर चुनिए–

(A) केवल 1 और 2

(B) केवल 3 और 4

(C) केवल 2 और 3

(D) केवल 1 और 4

उत्तर: (A) भारतीय संविधान के अनुच्छेद-39(A) में सभी के लिए न्याय सुनिश्चित किया गया है और गरीबों तथा समाज के कमजोर वर्गों के लिए राज्य द्वारा नि:शुल्क विधिक सहायता उपलब्धकराने का प्रावधान किया गया है। इसको दृष्टिगत रखते हुए 1987 में संसद द्वारा एक विशेष अधिनियम बनाया गया जिसे विशेष विधिक सेवा प्राधिकरण अधिनियम-1987 के नाम से जाना जाता है। इस अधिनियम के अंतर्गत राष्ट्रीय विधिक सेवा प्राधिकरण (नालसा) का गठन किया गया है। इस अधिनियम के अनुसार नालसा द्वारा निम्न वर्गों या लोगों को विधिक सहायता उपलब्धकराई जाती है–

1. महिलाएं एवं बच्चे
2. SC/ST वर्ग के सदस्य
3. औद्योगिक श्रमिक
4. दिव्यांग जन
5. हिरासत में रखे गए लोग
6. प्राकृतिक और औद्योगिक आपदा के शिकार लोग
7. बंधुआ मजदूर
8. मानव तस्करी के शिकार लोग
9. ऐसे व्यक्ति जिनकी वार्षिक आय ₹ 100,000 से अधिक नहीं है।

15. संसद सदस्य स्थानीय क्षेत्र विकास योजना (MPLAND) के अंतर्गत निधियों के संदर्भ में निम्नलिखित कथनों में से कौन-से सही हैं?

1. MPLAND टिकाऊ परिसंपत्तियां जैसे स्वास्थ्य, शिक्षा आदि की मौलिक आधारभूत संरचनाओं के निर्माण में ही प्रयुक्त हो सकती हैं।

2. प्रत्येक सांसद की निधिका एक निश्चित अंग अनुसूचित जाति/ जनजाति के लाभार्थ प्रयुक्त होना आवश्यक है।

3. MPLAND निधियां वार्षिक आधार पर स्वीकृत की जाती हैं और उपयुक्त विधिको अगले वर्ष के लिए अग्रेनीत नहीं किया जा सकता है।

4. कार्यान्वित हो रहे सभी कार्यों में से कम-से-कम 10% कार्यों का जिला प्राधिकारी द्वारा प्रत्येक वर्ष निरीक्षण अनिवार्य है।

नीचे दिए गए कूट का प्रयोग करके सही उत्तर चुनिए–

(A) केवल 1 और 2
(B) केवल 3 और 4
(C) केवल 1, 2, और 3
(D) केवल 1, 2 और 4

उत्तर: (D) प्रश्न में दिया गया कथन 3 गलत है। शेष सभी कथन सही हैं। इस विधिके अंतर्गत वार्षिक आधार पर निधियां स्वीकृत की जाती हैं और उपयुक्त निधिको अगले वर्ष के लिए अग्रेनीत करने का प्रावधान है। ध्यातव्य है कि स्थानीय सांसद निधियोजना की शुरुआत 8वीं पंचवर्षीय योजना के दौरान की गई। शुरू में इसके अंतर्गत वार्षिक आधार पर 1 करोड़ रुपए संसद सदस्य को आवंटित किया जाता था, परंतु वर्तमान में इसे बढ़ाकर 5 करोड़ रुपए वार्षिक कर दिया गया है। इसके माध्यम से संरचनात्मक सुविधाओं के सृजन पर सांसद की सिफारिश पर जिला प्रशासन द्वारा धन खर्च किया जाता है। इसके माध्यम से किए गए कार्यों का निरीक्षण भी किया जाता है जो कुल कार्य का कम-से-कम 10% होना अनिवार्य है। इस योजना के लिए केंद्रीय सांख्यिकी एवं कार्यक्रम कार्यान्वयन मंत्रालय नोडल एजेंसी है। स्थानीय स्तर पर जिला प्रशासन इसका निरीक्षण करता है।

16. वित्त मंत्री संसद में बजट प्रस्तुत करते हुए उसके साथ अन्य प्रलेख भी प्रस्तुत करते हैं जिनमें वृहद आर्थिक रूपरेखा विवरण भी सम्मिलित रहता है। यह पूर्वोक्त प्रलेख निम्न आदेशन के कारण प्रस्तुत किया जाता है–

(A) चिरकालिक संसदीय परम्परा के कारण
(B) भारत के संविधान के अनुच्छेद-112 तथा अनुच्छेद-110 (1) के कारण
(C) भारत के संविधान के अनुच्छेद-113 के कारण
(D) राजकोषीय उत्तरदायित्व एवं बजट प्रबंधन अधिनियम-2003 के प्रावधानों के कारण

उत्तर: (D) राजकोषीय उत्तरदायित्व एवं बजट प्रबंधअधिनियम-2003 में यह प्रावधान किया गया है कि प्रत्येक वर्ष सरकार नियमित बजट के साथ-साथ एक आर्थिक दस्तावेज प्रस्तुत करेगी जिसमें अर्थव्यवस्था के संदर्भ में सम्पूर्ण जानकारियां प्रस्तुत की गई होंगी।

2021

1. भारतीय संविधान के अंतर्गत धन का केन्द्रीकरण किसका उल्लंघन करता है?

(A) समता का अधिकार.
(B) राज्य की नीति के निदेशक तत्त्व
(C) स्वतंत्रता का अधिकार
(D) कल्याण की अवधारणा

उत्तर: (B) राज्य के नीति निदेशक सिद्धांत (डीपीएसपी) भारत के संविधान का गैर-न्यायसंगत हिस्सा हैं, और अदालत में लागू नहीं होता है। राज्य के नीति निदेशक तत्वों (डीपीएसपी) के अनुच्छेद 39 के अनुसार, राज्य को प्रभावी नीतियाँ बनाकर यह सुनिश्चित करना चाहिए कि देश के कुछ नागरिकों द्वारा धन का कोई संकेंद्रण न हो। इस प्रकार, विकल्प (B) सही है।

2. 26 जनवरी, 1950 को भारत की वास्तविक सांविधानिक स्थिति क्या थी?

(A) लोकतंत्रात्मक गणराज्य
(B) संपूर्ण प्रभुत्व-संपन्न लोकतंत्रात्मक गणराज्य
(C) संपूर्ण प्रभुत्व-संपन्न पंथनिरपेक्ष लोकतंत्रात्मक गणराज्य
(D) संपूर्ण प्रभुत्व-संपन्न समाजवादी पंथनिरपेक्ष लोकतंत्रात्मक गणराज्य

उत्तर: (B) 26 जनवरी, 1950 को भारत एक संप्रभुत्व-संपन्न लोकतंत्रात्मक राज्य बन गया : जहाँ–

संप्रभु राज्य का अपना संविधान था जो प्रभावी था और इसके पास शासन के लिए एक निर्धारित क्षेत्र था।

लोकतांत्रिक गणराज्य सरकार किसी प्रकार के उत्तराधिकारी के द्वारा नहीं बल्कि आम चुनावों के द्वारा चुनी जाएगी। यही नहीं, कोई राजतंत्र नहीं होगा और देश का मुखिया भारत के लोगों का प्रतिनिधित्व करेगा, जो आम चुनावों के द्वारा चुना जाएगा।

इस प्रकार विकल्प (B) सही है क्योंकि भारत इस तारीख को एक संप्रभु लोकतांत्रिक गणराज्य बन गया।

3. भारत रत्न और पद्म पुरस्कारों के संबंध में, निम्नलिखित कथनों पर विचार कीजिए:

1. भारत रत्न और पद्म पुरस्कार, भारत के संविधान के अनुच्छेद 18 (1) के अंतर्गत उपाधियाँ हैं।

2. वर्ष 1954 में प्रारंभ किए गए पद्म पुरस्कारों को केवल एक बार निलंबित किया गया था।

3. किसी वर्ष-विशेष में भारत रत्न पुरस्कारों की अधिकतम संख्या पाँच तक सीमित है।

उपर्युक्त कथनों में से कौन-से सही नहीं हैं?

(A) केवल 1 और 2
(B) केवल 2 और 3
(C) केवल 1 और 3
(D) 1, 2 और 3

उत्तर: (D) सभी कथन गलत हैं।

कथन - कारण

1. गलत, अनुच्छेद 18(1) के अंतर्गत इन पुरस्कारों को "पदवियों" के रूप में नहीं माना जाता है, और किसी व्यक्ति के नाम के पहले या बाद में इसका प्रयोग प्रतिबंधित है।
2. गलत, पद्म पुरस्कार दो बार निलंबित किए गए थे:
   - ❖ जुलाई, 1977 से जनवरी, 1980 तक और
   - ❖ अगस्त, 1992 से दिसंबर, 1995 तक
3. गलत, अधिकतम सीमा पाँच नहीं, तीन है।

इस प्रकार, विकल्प (D) सही है।

4. कानून को लागू करने के मामले में कोई विधान, जो किसी कार्यपालक अथवा प्रशासनिक प्राधिकारी को अनिर्देशित एवं अनियंत्रित विवेकाधिकार देता है, भारत के संविधान के निम्नलिखित अनुच्छेदों में से किसका उल्लंघन करता है?

(A) अनुच्छेद 14
(B) अनुच्छेद 28
(C) अनुच्छेद 32
(D) अनुच्छेद 44

उत्तर: (A) अनुच्छेद 14 (कानून के समक्ष समानता) में कहा गया है कि व्यक्ति (निवासी या अनिवासी) और कृत्रिम व्यक्ति (निगम कॉर्पोरेट, व्यक्तियों का संघ,

सीमित देयता भागीदारी, इत्यादि) दोनों ही कानून के समक्ष समान हैं। कानून के लागू होने से संबंधित मामलों में कोई भी दिशाहीन और मनमानी शक्ति प्रदान करके, कानून के अनुच्छेद 14 के प्रावधानों का उल्लंघन किया है। इस प्रकार, विकल्प (A) सही है।

5. भारत के संदर्भ में, निम्नलिखित कथनों पर विचार कीजिए—

1. भारत में केवल एक ही नागरिकता और एक ही अधिवास है।

2. जो व्यक्ति जन्म से नागरिक हो, केवल वही राष्ट्राध्यक्ष बन सकता है।

3. जिस विदेशी को एक बार नागरिकता दे दी गई है, किसी भी परिस्थिति में उसे इससे वंचित नहीं किया जा सकता।

उपर्युक्त कथनों में से कौन-सा/कौन-से सही है/हैं ?

(A) केवल 1 (B) केवल 2

(C) 1 और 3 (D) 2 और 3

उत्तर: (A)

कथन - कारण

1. सही कथन है, क्योंकि इसका हमारे संविधान के भाग II में स्पष्ट वर्णन है।
2. गलत है, क्योंकि किसी दूसरे देश में जन्मा व्यक्ति यदि भारत में 12 वर्षों तक रहता है, तो वह स्त्री हो या पुरुष प्रकृतिकरण का उपयोग कर नागरिकता प्राप्त कर सकता है या सकती है और राष्ट्र का अध्यक्ष (राष्ट्रपति, उपराष्ट्रपति, प्रधानमंत्री) बन सकता है या सकती है।
3. गलत है, किसी विदेशी या अन्य देश के नागरिक को विभिन्न परिस्थितियों में नागरिकता से वंचित किया जा सकता है।

इस प्रकार, विकल्प (A) सही है।

6. भारत के संविधान के किस अनुच्छेद के अंतर्गत 'निजता का अधिकार' संरक्षित है ?

(A) अनुच्छेद 15 (B) अनुच्छेद 19

(C) अनुच्छेद 21 (D) अनुच्छेद 29

उत्तर: (C) अनुच्छेद 21 (जीवन और व्यक्तिगत स्वतंत्रता का संरक्षण) में कहा गया है कि किसी भी व्यक्ति को उसकी व्यक्तिगत स्वतंत्रता या गोपनीयता से तब तक वंचित नहीं किया जाएगा, जब तक कि संविधान या किसी अधिनियम या कानून द्वारा इसकी आवश्यकता न हो। इस प्रकार, विकल्प (C) सही है।

7. सांविधानिक सरकार का आशय क्या है ?

(A) किसी राष्ट्र की परिसंघीय संरचना वाली एक प्रतिनिधि सरकार

(B) कोई सरकार, जिसके प्रमुख के पास नाममात्र की शक्तियाँ हों

(C) कोई सरकार, जिसके प्रमुख के पास वास्तविक शक्तियाँ हों

(D) कोई सरकार, जो संविधान की सीमाओं से परिबद्ध हो।

उत्तर: (D) किसी संवैधानिक सरकार की तीन प्रमुख विशेषताएँ होती हैं, जो हैं:

(A) देश के द्वारा अंगीकृत संविधान सर्वोच्च होता है और उस देश के सभी नागरिकों को उसका पालन करना पड़ता है।

(B) वह संविधान एक स्पष्ट संरचना उपलब्ध कराता है, जिसका पालन निर्वाचित सरकार को करना पड़ता है।

(C) संसद के द्वारा संविधान में संशोधन कर, सरकारी अधिकारियों की शक्तियों के स्वरूप में बदलाव और परिवर्तन किया जा सकता है।

इस प्रकार, उपरोक्त विशेषताओं पर विचार कर हम यह मान सकते हैं कि एक संवैधानिक सरकार सदैव संविधान में वर्णित शर्तों से सीमित की जाती है। इस प्रकार, विकल्प (D) सही है।

8. भारतीय राज-व्यवस्था में, निम्नलिखित में से कौन-सी अनिवार्य विशेषता है, जो यह दर्शाती है कि उसका स्वरूप संघीय है ?

(A) न्यायपालिका की स्वतंत्रता सुरक्षित है।

(B) संघ की विधायिका में संघटक इकाइयों के निर्वाचित प्रतिनिधि होते हैं।

(C) केन्द्रीय मंत्रिमंडल में क्षेत्रीय पार्टियों के निर्वाचित प्रतिनिधि हो सकते हैं।

(D) मूल अधिकार न्यायालयों द्वारा प्रवर्तनीय हैं।

उत्तर: (A) स्वतंत्र न्यायपालिका का अस्तित्व आवश्यक विशेषता है, जो किसी भी देश के चरित्र को संघीय बनाती है। भारत में न्यायपालिका की स्वतंत्रता भारत के संविधान द्वारा सुरक्षित है, क्योंकि:

(i) न्यायाधीशों के वेतन, कार्यकाल और सेवा-शर्तों के संबंध में अधिकतम सुरक्षा है।

(ii) भारत में सेवानिवृत्त न्यायाधीश वकालत नहीं कर सकता है।

(iii) एक ही न्यायपालिका का अस्तित्व

इस प्रकार, विकल्प (A) सही है।

9. निम्नलिखित में से कौन-सा 'राज्य' शब्द को सर्वोत्तम रूप से परिभाषित करता है ?

(A) व्यक्तियों का एक समुदाय, जो बिना किसी बाह्य नियंत्रण के एक निश्चित भूभाग में स्थायी रूप से निवास करता है और जिसकी एक संगठित सरकार है

(B) एक निश्चित भूभाग के राजनैतिक रूप से संगठित लोग, जो स्वयं पर शासन करने, कानून एवं व्यवस्था को बनाए रखने, अपने नैसर्गिक अधिकारों की रक्षा करने तथा अपनी जीविका के साधनों को सुरक्षित रखने का अधिकार रखते हैं

(C) बहुत से व्यक्ति, जो एक निश्चित भूभाग में बहुत लंबे समय से अपनी संस्कृति, परंपरा और शासन-व्यवस्था के साथ रहते आए हैं

(D) एक निश्चित भूभाग में स्थायी रूप से रह रहा समाज, जिसकी एक केन्द्रीय प्राधिकारी तथा केन्द्रीय प्राधिकारी के प्रति उत्तरदायी कार्यपालिका और एक स्वतंत्र न्यायपालिका है

उत्तर: (A) एक "राज्य" हमेशा होता है:

(i) व्यक्तियों का एक समुदाय

(ii) एक परिभाषित क्षेत्र में स्थायी रूप से रहना

(iii) अपने स्वयं के नियम, कानून और विनियम, जिन पर बाहर से कोई नियंत्रण न किया जाए

(iv) एक संगठित सरकार, जो राज्य के मामलों का प्रबंधन करती है।

इस प्रकार, विकल्प (A) सही है।

10. संघ सरकार के संदर्भ में, निम्नलिखित कथनों पर विचार कीजिए—

1. एन. गोपालस्वामी आयंगर समिति ने सुझाव दिया था कि किसी मंत्री और किसी सचिव को प्रशासनिक सुधार करने और उसे बढ़ावा देने के लिए पूर्णतः नामित किया जाना चाहिए।

2. प्रशासनिक सुधार आयोग, 1966 की संस्तुति के आधार पर वर्ष 1970 में कार्मिक विभाग का गठन किया गया और इसे प्रधानमंत्री के प्रभार के अधीन रखा गया।

उपर्युक्त कथनों में से कौन-सा/कौन-से सही है/हैं ?

(A) केवल 1 (B) केवल 2

(C) 1 और 2 दोनों (D) न तो 1 और न ही 2

उत्तर: (*) कथन 2 सही है, जबकि कथन 1 गलत है, इसका कारण यह है कि एन. गोपालस्वामी आयंगर समिति ने कभी इसकी अनुशंसा नहीं की।

11. निम्नलिखित कथनों पर विचार कीजिए—

1. भारत में ऐसा कोई कानून नहीं है जो प्रत्याशियों को किसी एक लोकसभा चुनाव में तीन निर्वाचन क्षेत्रों से लड़ने से रोकता है।

2. **1991 के लोकसभा चुनाव में श्री देवी लाल ने तीन लोकसभा निर्वाचन क्षेत्रों से चुनाव लड़ा था।**
3. **वर्तमान नियमों के अनुसार, यदि कोई प्रत्याशी किसी एक लोकसभा चुनाव में कई निर्वाचन क्षेत्रों से चुनाव लड़ता है, तो उसकी पार्टी को उन निर्वाचन क्षेत्रों के उप-चुनावों का खर्च उठाना चाहिए, जिन्हें उसने खाली किया है बशर्ते वह सभी निर्वाचन-क्षेत्रों से विजयी हुआ हो।**

उपर्युक्त कथनों में से कौन-सा/कौन-से सही है/हैं ?

(A) केवल 1 (B) केवल 2
(C) 1 और 3 (D) 2 और 3

उत्तर: (*)

कथन - कारण

1. गलत, क्योंकि एक उम्मीदवार लोकसभा का चुनाव केवल दो निर्वाचन क्षेत्रों से लड़ सकता है, तीन से नहीं।
2. सही कथन।
3. गलत, क्योंकि ऐसा कोई प्रावधान मौजूद नहीं है।

अत: विकल्प (B) सत्य है।

12. भारतीय न्यायपालिका के संदर्भ में, निम्नलिखित कथनों पर विचार कीजिए—

1. **भारत के राष्ट्रपति की पूर्वानुमति से भारत के मुख्य न्यायमूर्ति द्वारा उच्चतम न्यायालय से सेवानिवृत्त किसी न्यायाधीश को उच्चतम न्यायालय के न्यायाधीश के पद पर बैठने और कार्य करने हेतु बुलाया जा सकता है।**
2. **भारत में किसी भी उच्च न्यायालय को अपने निर्णय के पुनर्विलोकन की शक्ति प्राप्त है, जैसा कि उच्चतम न्यायालय के पास है।**

उपर्युक्त कथनों में से कौन-सा/कौन-से सही है/हैं ?

(A) केवल 1 (B) केवल 2
(C) 1 और 2 दोनों (D) न तो 1 और न ही 2

उत्तर: (C) कथन 1 और 2, दोनों ही पूर्णतया सही हैं। इस प्रकार, विकल्प (C) सत्य है।

13. निम्नलिखित कथनों पर विचार कीजिए—

1. **'शहर का अधिकार' एक सम्मत मानव अधिकार है तथा इस संबंध में, संयुक्त राष्ट्र हैबिटेट (यू.एन. हैबिटेट) प्रत्येक देश द्वारा की गई प्रतिबद्धताओं को मॉनिटर करता है।**
2. **'शहर का अधिकार' शहर के प्रत्येक निवासी को शहर में सार्वजनिक स्थानों को वापस लेने (रीक्लेम) एवं सार्वजनिक सहभागिता का अधिकार देता है।**
3. **'शहर का अधिकार' का आशय यह है कि राज्य, शहर की अनधिकृत बस्तियों को किसी भी लोक सेवा अथवा सुविधा से वंचित नहीं कर सकता।**

उपर्युक्त कथनों में से कौन-सा/कौन-से सही है/हैं ?

(A) केवल 1 (B) केवल 3
(C) 1 और 2 (D) 2 और 3

उत्तर: (A) वर्ष 1968 में, हेनरी लेफेब्रे ने सबसे पहले इस विचार को अपनी प्रसिद्ध पुस्तक 'ले ड्रोइट ए ला विले' में पेश किया था। "शहर का अधिकार" एक संयुक्त राष्ट्र-आवासीय निगरानी वाला मानव अधिकार है, जो समाज के भीतर सामाजिक परिवर्तन की आवश्यकता को बढ़ावा देता है। इस अवधारणा को ग्रामीण क्षेत्रों से शहरी क्षेत्रों में बड़े पैमाने पर प्रवास के मद्देनजर विकसित किया गया था, जिससे कई प्रकार की असमानताएं पैदा हुईं। इस अधिकार के माध्यम से, हेनरी लेफेब्रे ने कहा कि सभी शहरी निवासी शहरी जीवन के लाभों को प्राप्त करने और उनका आनंद लेने के हकदार हैं। इस प्रकार, विकल्प (A) सही है।

14. भारत के संदर्भ में, निम्नलिखित कथनों पर विचार कीजिए—

1. **न्यायिक हिरासत का अर्थ है कि अभियुक्त संबंधित मजिस्ट्रेट की हिरासत में है और ऐसे अभियुक्त को पुलिस स्टेशन के हवालात में रखा जाता है न कि जेल में।**
2. **न्यायिक हिरासत के दौरान, मामले के प्रभारी पुलिस अधिकारी, न्यायालय की अनुमति के बिना संदिग्ध व्यक्ति से पूछताछ नहीं कर सकते।**

उपर्युक्त कथनों में से कौन-सा/कौन-से सही है/हैं ?

(A) केवल 1 (B) केवल 2
(C) 1 और 2 (D) न तो 1 और न ही 2

उत्तर: (B) कथन 2 बिल्कुल सही है, जबकि कथन 1 गलत है क्योंकि न्यायिक हिरासत में आरोपी जेल में बंद रहता है, ना कि पुलिस स्टेशन में। इस प्रकार, विकल्प (B) सही है।

15. भारत के संदर्भ में, निम्नलिखित कथनों पर विचार कीजिए:

1. **जब एक कैदी पर्याप्त आधार प्रस्तुत करता है, तो ऐसे कैदी को पैरोल से मना नहीं किया जा सकता, क्योंकि वह उसके अधिकार का मामला बन जाता है।**
2. **कैदी को पैरोल पर छोड़ने के लिए राज्य सरकारों के अपने नियम हैं।**

उपर्युक्त कथनों में से कौन-सा/कौन-से सही है/हैं ?

(A) केवल 1 (B) केवल 2
(C) 1 और 2 दोनों (D) न तो 1 और न ही 2

उत्तर: (A) कथन 2 बिल्कुल सही है, जबकि कथन 1 गलत है। ऐसा इसलिए है, क्योंकि पैरोल कभी भी किसी कैदी का अधिकार नहीं होता, और चाहे वो पैरोल प्राप्त करने के लिए अपने मामले को कितना भी सही साबित क्यों ना कर दे, बंदी को इससे वंचित किया जा सकता है। इस प्रकार, विकल्प (B) सही है।

16. हमने ब्रिटिश मॉडल पर आधारित संसदीय लोकतंत्र को अपनाया है, किन्तु हमारा मॉडल उस मॉडल से किस प्रकार भिन्न है ?

1. **जहाँ तक विधि-निर्माण का संबंध है, ब्रिटिश संसद सर्वोपरि अथवा संप्रभु है, किन्तु भारत में संसद की विधि-निर्माण की शक्ति परिसीमित है।**
2. **भारत में, संसद द्वारा किसी अधिनियम के संशोधन की संवैधानिकता से संबंधित मामले उच्चतम न्यायालय द्वारा संविधान पीठ को भेजे जाते हैं।**

नीचे दिए गए कूट का प्रयोग कर सही उत्तर चुनिए—

(A) केवल 1 (B) केवल 2
(C) 1 और 2 दोनों (D) न तो 1 और न ही 2

उत्तर: (C) व्याख्या:

कथन - कारण

1. सही, क्योंकि भारत के सर्वोच्च न्यायालय ने वर्ष 1973 में, केशवानंद भारती केस में एक ऐतिहासिक निर्णय दिया, जिसमें उसने भारतीय संविधान की मूल संरचना में संशोधन करने की संसद की शक्ति को सीमित कर दिया।
2. सही, क्योंकि भारत में किसी संशोधन की संवैधानिकता से जुड़े सभी मामलों पर फैसला सर्वोच्च न्यायालय की एक पीठ द्वारा लिया जाता है, जिसमें 5 या अधिक न्यायाधीश होते हैं।

इस प्रकार, विकल्प (C) सही है।

17. भारत में संपत्ति के अधिकार की क्या स्थिति है ?

(A) यह विधिक अधिकार है, जो केवल नागरिकों को प्राप्त है
(B) यह विधिक अधिकार है, जो किसी भी व्यक्ति को प्राप्त है
(C) यह मूल अधिकार है, जो केवल नागरिकों को प्राप्त है
(D) यह न तो मूल अधिकार है, न ही विधिक अधिकार

उत्तर: (A) भारत के संविधान में 44वें संशोधन के अनुसार, मौलिक अधिकार के रूप में संपत्ति के अधिकार को समाप्त कर दिया गया था। हालाँकि, हमारे संविधान

के अनुच्छेद 300ए में निहित प्रावधानों के साथ, यह भारत के नागरिकों के लिए एक कानूनी अधिकार के रूप में अब भी उपलब्ध है। इसलिए, विकल्प (A) सही है।

18. निम्नलिखित में से कौन-सा कारक किसी उदार लोकतंत्र में स्वतंत्रता की सर्वोत्तम सुरक्षा को नियत करता है?

(A) एक प्रतिबद्ध न्यायपालिका (B) शक्तियों का केन्द्रीकरण
(C) निर्वाचित सरकार (D) शक्तियों का पृथक्करण

उत्तर: (*) लोकतंत्र में स्वतंत्रता एक स्वतंत्र समाज के निर्माण को संदर्भित करती है जिसमें इसके नागरिक स्वतंत्र रूप से अपने विचार व्यक्त कर सकते हैं, संवाद कर सकते हैं और रह सकते हैं। जब शक्तियों का पृथक्करण या विकेंद्रीकरण होता है, तो यह स्वतंत्रता को बढ़ावा देता है, इसके विपरीत, शक्तियों का संकेंद्रण राजशाही या राजत्व को बढ़ावा देता है। इस प्रकार, केंद्र, राज्य और स्थानीय स्वशासी निकायों (पंचायतों और नगर पालिकाओं) के बीच शक्तियों का पर्याप्त विभाजन हमेशा होना चाहिए।

2022

1. यदि किसी विशिष्ट क्षेत्र को भारत के संविधान की पाँचवीं अनुसूची के अधीन लाया जाए, तो निम्नलिखित कथनों में कौन-सा एक, इसके परिणाम को सर्वोत्तम रूप से प्रतिबिंबित करता है?

(A) इससे जनजातीय लोगों की जमीनें गैर-जनजातीय लोगों को अंतरित करने पर रोक लगेगी।
(B) इससे उस क्षेत्र में एक स्थानीय स्वशासी निकाय का सृजन होगा।
(C) इससे वह क्षेत्र संघ राज्य क्षेत्र में बदल जाएगा।
(D) जिस राज्य के पास ऐसे क्षेत्र होंगे, उसे विशेष कोटि का राज्य घोषित किया जाएगा।

उत्तर: (A) यदि किसी विशेष क्षेत्र को भारत के संविधान की पांचवीं अनुसूची के तहत लाया जाता है, तो इससे आदिवासी लोगों की भूमि गैर-आदिवासी लोगों को हस्तांतरित नहीं होगी।

संविधान की पांचवीं अनुसूची अनुसूचित क्षेत्रों के साथ-साथ असम, मेघालय, त्रिपुरा और मिजोरम राज्यों के अलावा किसी भी राज्य में रहने वाले अनुसूचित जनजातियों के प्रशासन और नियंत्रण से संबंधित है। केरल, तमिलनाडु, कर्नाटक, पश्चिम बंगाल, उत्तर प्रदेश और जम्मू और कश्मीर राज्यों में जनजातीय बस्तियों को पांचवीं या छठी अनुसूची के तहत नहीं लाया गया है।

2. निम्नलिखित में कौन-सी लोक सभा की अनन्य शक्ति(यों) है/हैं?

1. **आपात की उद्घोषणा का अनुसमर्थन करना**
2. **मंत्रिपरिषद् के विरुद्ध अविश्वास प्रस्ताव पारित करना**
3. **भारत के राष्ट्रपति पर महाभियोग चलाना**

नीचे दिए कूट का प्रयोग कर सही उत्तर चुनिए-

(A) 1 और 2 (B) केवल 2
(C) 1 और 3 (D) केवल 3

उत्तर: (B) संविधान का अनुच्छेद 75 कहता है कि मंत्रिपरिषद् सामूहिक रूप से लोकसभा के प्रति उत्तरदायी होगी। इसका अर्थ है कि मंत्रालय तब तक अपने पद पर बना रहता है जब तक उसे लोकसभा के अधिकांश सदस्यों का विश्वास प्राप्त है। दूसरे शब्दों में, लोकसभा अविश्वास प्रस्ताव पारित करके मंत्रालय को पद से हटा सकती है। प्रस्ताव को स्वीकार करने के लिए 50 सदस्यों के समर्थन की आवश्यकता होती है।

यदि राष्ट्रपति इस बात से संतुष्ट हैं कि एक गंभीर आपात स्थिति मौजूद है जिससे भारत या उसके क्षेत्र के किसी भी हिस्से की सुरक्षा खतरे में है, चाहे वह युद्ध या बाहरी आक्रमण या सशस्त्र विद्रोह हो, तो वह उद्घोषणा द्वारा इस आशय की घोषणा कर सकता है।

भारत के राष्ट्रपति पर महाभियोग प्रक्रिया चलाने से पहले राष्ट्रपति को 14 दिनों का नोटिस दिया जाता है। एक सदन में दो-तिहाई बहुमत से पारित होने के बाद महाभियोग प्रस्ताव दूसरे सदन में भेजा जाता है। यदि दूसरा सदन भी आरोपों को बरकरार रखता है और कुल सदस्यता के दो-तिहाई बहुमत से महाभियोग प्रस्ताव पारित करता है, तो राष्ट्रपति को उस तिथि से उसके पद से हटा दिया जाता है जिस दिन प्रस्ताव पारित किया जाता है।

3. लोकसभा के उपाध्यक्ष के संदर्भ में, निम्नलिखित कथनों पर विचार कीजिए-

1. **लोकसभा के कार्य-पद्धति और कार्य-संचालन नियमों के अनुसार, उपाध्यक्ष का निर्वाचन उस तारीख को होगा जो अध्यक्ष नियत करे।**
2. **यह आज्ञापक उपबंध है कि लोकसभा के उपाध्यक्ष के रूप में किसी प्रतियोगी का निर्वाचन या तो मुख्य विपक्षी दल से या शासक दल से होगा।**
3. **सदन की बैठक की अध्यक्षता करते समय उपाध्यक्ष की शक्ति वैसी ही होती है जैसी कि अध्यक्ष की और उसके विनिर्णयों के विरुद्ध कोई अपील नहीं हो सकती।**
4. **उपाध्यक्ष की नियुक्ति के बारे में सुस्थापित संसदीय पद्धति यह है कि प्रस्ताव अध्यक्ष द्वारा रखा जाता है और प्रधानमंत्री द्वारा विधिवत समर्थित होता है।**

उपर्युक्त कथनों में कौन-से सही हैं?

(A) केवल 1 और 3 (B) 1, 2 और 3
(C) केवल 3 और 4 (D) केवल 2 और 4

उत्तर: (A) स्पीकर की तरह, डिप्टी स्पीकर भी लोकसभा द्वारा ही अपने सदस्यों में से चुना जाता है। अध्यक्ष का चुनाव होने के बाद उसका चुनाव होता है। उपाध्यक्ष के चुनाव की तिथि अध्यक्ष द्वारा निर्धारित की जाती है। जब भी उपाध्यक्ष का पद रिक्त होता है, लोक सभा रिक्ति को भरने के लिए किसी अन्य सदस्य का चुनाव करती है।

अध्यक्ष के पद के रिक्त होने पर उपाध्यक्ष उसके कर्तव्यों का पालन करता है। वह अध्यक्ष के रूप में कार्य करता है जब वह सदन की बैठक से अनुपस्थित रहता है। दोनों ही मामलों में, वह अध्यक्ष की सभी शक्तियों को ग्रहण करता है। यदि अध्यक्ष ऐसी बैठक से अनुपस्थित रहता है तो वह संसद के दोनों सदनों की संयुक्त बैठक की अध्यक्षता भी करता है।

इस प्रकार नियत तारीख से पहले दिन, दोपहर से पहले किसी भी समय, कोई भी सदस्य इस प्रस्ताव की लिखित सूचना महासचिव को संबोधित कर सकता है कि किसी अन्य सदस्य को सदन के उपाध्यक्ष के रूप में चुना जाए और नोटिस का समर्थन किया जाएगा। ऐसा एक तीसरे सदस्य द्वारा और उस सदस्य के एक बयान के साथ होगा जिसका नाम नोटिस में प्रस्तावित है कि प्रस्तावित सदस्य उपाध्यक्ष के रूप में सेवा करने के लिए तैयार है।

4. निम्नलिखित कथनों पर विचार कीजिए-

1. **एच.एन. सान्याल समिति की रिपोर्ट के अनुसरण में, न्यायालय की अवमानना अधिनियम, 1971 पारित किया गया था।**
2. **भारत का संविधान उच्चतम न्यायालय और उच्च न्यायालयों को, अपनी अवमानना के लिए दंड देने हेतु, शक्ति प्रदान करता है।**
3. **भारत का संविधान सिविल अवमानना और आपराधिक अवमानना को परिभाषित करता है।**
4. **भारत में, न्यायालय की अवमानना के विषय में कानून बनाने के लिए संसद में शक्ति निहित है।**

उपर्युक्त कथनों में कौन-सा/से सही है/हैं ?

(A) केवल 1 और 2 (B) 1, 2 और 4

(C) केवल 3 और 4 (D) केवल 3

उत्तर: (B) एच. एन. सान्याल समिति की सिफारिश पर न्यायालय अवमानना अधिनियम, 1971 पारित किया गया था।

भारत का संविधान सर्वोच्च न्यायालय और उच्च न्यायालयों को स्वयं की अवमानना के लिए दंडित करने का अधिकार देता है। उच्च न्यायालयों के पास संबंधित क्षेत्राधिकार के तहत निचली अदालतों के संदर्भ में अवमानना के लिए दंडित करने की शक्ति है। भारत का संविधान किसी भी प्रकार की सिविल अवमानना और आपराधिक अवमानना को परिभाषित नहीं करता है। भारत में संसद के पास न्यायालय की अवमानना पर कानून बनाने की शक्ति है।

5. भारत के संदर्भ में, निम्नलिखित कथनों पर विचार कीजिए-

1. सरकारी विधि अधिकारी और विधिक फर्म अधिवक्ता के रूप में मान्यता प्राप्त हैं, किन्तु कॉर्पोरेट वकील और पेटेंट न्यायवादी अधिवक्ता की मान्यता से बाहर रखे गए हैं।

2. विधिज्ञ परिषदों (बार कौंसिलों) को विधिक शिक्षा और विधि महाविद्यालयों की मान्यता के बारे में नियम अधिकथित करने की शक्ति है।

उपर्युक्त कथनों में कौन-सा/से सही है/हैं ?

(A) केवल 1 (B) केवल 2

(C) 1 और 2 दोनों (D) न तो 1, न ही 2

उत्तर: (B) सरकारी विधि अधिकारी, विधिक फर्म, कॉर्पोरेट वकील और पेटेंट न्यायवादी सभी को अधिवक्ता के रूप में मान्यता प्राप्त है। बार काउंसिल को विधिक शिक्षा और लॉ कॉलेजों की मान्यता से संबंधित नियम बनाने का अधिकार है।

6. निम्नलिखित कथनों पर विचार कीजिए-

1. किसी संविधान संशोधन विधेयक को भारत के राष्ट्रपति की पूर्व सिफारिश की अपेक्षा होती है।

2. जब कोई संविधान संशोधन विधेयक भारत के राष्ट्रपति के समक्ष प्रस्तुत किया जाता है, तो भारत के राष्ट्रपति के लिए यह बाध्यकर है कि वे अपनी अनुमति दें।

3. संविधान संशोधन विधेयक लोक सभा और राज्य सभा दोनों द्वारा विशेष बहुमत से पारित होना ही चाहिए और इसके लिए संयुक्त बैठक का कोई उपबंध नहीं है।

उपर्युक्त कथनों में कौन-से सही हैं ?

(A) केवल 1 और 2 (B) केवल 2 और 3

(C) केवल 1 और 3 (D) 1, 2 और 3

उत्तर: (B) संविधान में संशोधन करने वाले विधेयक के लिए भारत के राष्ट्रपति की पूर्व सिफारिश की आवश्यकता नहीं होती है।

जब एक संविधान संशोधन विधेयक भारत के राष्ट्रपति के समक्ष प्रस्तुत किया जाता है, तो भारत के राष्ट्रपति के लिए अपनी सहमति देना अनिवार्य होता है।

संविधान संशोधन विधेयक को लोकसभा और राज्यसभा दोनों द्वारा विशेष बहुमत से पारित किया जाना चाहिए इसके लिए संयुक्त बैठक का कोई प्रावधान नहीं है।

7. निम्नलिखित कथनों पर विचार कीजिए-

1. भारत का संविधान मंत्रियों को चार श्रेणियों, अर्थात् कैबिनेट मंत्री, स्वतंत्र प्रभार वाले राज्यमंत्री, राज्यमंत्री और उपमंत्री, में वर्गीकृत करता है।

2. संघ सरकार में मंत्रियों की कुल संख्या, प्रधानमंत्री को मिला कर, लोक सभा के कुल सदस्यों के 15% से अधिक नहीं होनी चाहिए।

उपर्युक्त कथनों में कौन-सा/से सही है/हैं ?

(A) केवल 1 (B) केवल 2

(C) 1 और 2 दोनों (D) न तो 1, न ही 2

उत्तर: (B) भारत का संविधान मंत्रियों के किसी भी वर्गीकरण को परिभाषित नहीं करता है।

प्रधानमंत्री सहित मंत्रियों की कुल संख्या लोकसभा की कुल सदस्यता के 15% से अधिक नहीं होनी चाहिए।

8. भारत में दल-बदल विरोधी कानून के संदर्भ में, निम्नलिखित कथनों पर विचार कीजिए-

1. यह कानून विनिर्दिष्ट करता है कि कोई नामनिर्दिष्ट विधायक सदन में नियुक्त होने के छह मास के अन्दर किसी राजनीतिक दल में शामिल नहीं हो सकता।

2. यह कानून कोई समयावधि नहीं देता जिसके अन्दर पीठासीन अधिकारी को दल-बदल मामला विनिश्चित करना होता है।

उपर्युक्त कथनों में कौन-सा/से सही है/हैं ?

(A) केवल 1 (B) केवल 2

(C) 1 और 2 दोनों (D) न तो 1, न ही 2

उत्तर: (B) एक सदन का मनोनीत सदस्य सदन का सदस्य होने के लिए अयोग्य हो जाता है यदि वह सदन में अपना स्थान ग्रहण करने की तारीख से छह महीने की समाप्ति के बाद किसी राजनीतिक दल में शामिल होता है। इसका मतलब है कि वह इस अयोग्यता को आमंत्रित किए बिना सदन में अपना स्थान ग्रहण करने के छह महीने के भीतर किसी भी राजनीतिक दल में शामिल हो सकता है। अयोग्यता याचिका पर निर्णय लेने के लिए कानून पीठासीन अधिकारी के लिए समय-अवधि निर्दिष्ट नहीं करता है।

9. निम्नलिखित कथनों पर विचार कीजिए-

1. भारत का महान्यायवादी और भारत का सॉलिसिटर जनरल ही सरकार के एकमात्र अधिकारी हैं जिन्हें भारत की संसद की बैठकों में भाग लेने की अनुमति है।

2. भारत के संविधान के अनुसार, भारत का महान्यायवादी अपना त्यागपत्र दे देता है, जब वह सरकार, जिसने उसको नियुक्त किया था, इस्तीफा देती है।

उपर्युक्त कथनों में कौन-सा/से सही है/हैं ?

(A) केवल 1 (B) केवल 2

(C) 1 और 2 दोनों (D) न तो 1, न ही 2

उत्तर: (D) अटॉर्नी जनरल (महान्यायवादी) को संसद के दोनों सदनों या उनकी संयुक्त बैठक और संसद की किसी भी समिति की कार्यवाही में बोलने और भाग लेने का अधिकार है, जिसमें उसे सदस्य नामित किया गया है, लेकिन वोट देने के अधिकार के बिना। वह उन सभी विशेषाधिकारों और उन्मुक्तियों का आनंद लेता है जो एक संसद सदस्य के लिए उपलब्ध हैं।

सॉलिसिटर जनरल महान्यायवादी के अलावा, भारत सरकार का अन्य कानून अधिकारी है। वह महान्यायवादी को उसकी आधिकारिक जिम्मेदारियों को पूरा करने में सहायता करता है। यहाँ यह ध्यान दिया जाना चाहिए कि संविधान द्वारा केवल महान्यायवादी का कार्यालय बनाया गया है। दूसरे शब्दों में, अनुच्छेद 76 में सॉलिसिटर जनरल और अतिरिक्त सॉलिसिटर जनरल का उल्लेख नहीं है।

10. भारत के न्यायालयों द्वारा जारी रिटों के संदर्भ में, निम्नलिखित कथनों पर विचार कीजिए-

1. किसी प्राइवेट संगठन के विरुद्ध, जब तक कि उसको कोई सार्वजनिक कार्य नहीं सौंपा गया हो, परमादेश (mandamus) नहीं होगा।

2. किसी कंपनी के विरुद्ध, भले ही वह कोई सरकारी कंपनी हो, परमादेश (mandamus) नहीं होगा।

3. कोई भी लोक-प्रवण व्यक्ति (Public Minded Person) अधिकार-पृच्छा (Quo Warranto) रिट प्राप्त करने हेतु न्यायालय में समावेदन करने के लिए याची (Petitioner) हो सकता है।

उपर्युक्त कथनों में कौन-से सही हैं ?

(A) केवल 1 और 2 (B) केवल 2 और 3
(C) केवल 1 और 3 (D) 1, 2 और 3

उत्तर: (C) परमादेश : इसका शाब्दिक अर्थ है 'हम आज्ञा देते हैं'। यह अदालत द्वारा एक सार्वजनिक अधिकारी को जारी किया गया आदेश है जो उसे अपने आधिकारिक कर्तव्यों का पालन करने के लिए कहता है कि वह विफल रहा है या प्रदर्शन करने से इनकार कर दिया है। यह किसी भी सार्वजनिक निकाय, निगम, अवर न्यायालय, न्यायाधिकरण या सरकार के खिलाफ भी इसी उद्देश्य के लिए जारी किया जा सकता है। परमादेश की रिट—(i) किसी निजी व्यक्ति या निकाय के विरुद्ध जारी नहीं की जा सकती; (ii) विभागीय निर्देश लागू करने के लिए जिसमें वैधानिक बल नहीं है; (iii) जब कर्तव्य विवेकाधीन है और अनिवार्य नहीं है; (iv) एक संविदात्मक दायित्व को लागू करने के लिए; (v) भारत के राष्ट्रपति या राज्य के राज्यपालों के खिलाफ; और (vi) न्यायिक क्षमता में कार्य करने वाले उच्च न्यायालय के मुख्य न्यायाधीश के विरुद्ध।

अधिकार पृच्छा का अर्थ है 'किस अधिकार या वारंट द्वारा'। यह अदालत द्वारा किसी सार्वजनिक कार्यालय में किसी व्यक्ति के दावे की वैधता की जांच करने के लिए जारी किया जाता है। इसलिए, यह किसी व्यक्ति द्वारा सार्वजनिक कार्यालय के अवैध उपयोग को रोकता है। रिट केवल तभी जारी की जा सकती है जब किसी क़ानून या संविधान द्वारा सृजित स्थायी स्वरूप का एक वास्तविक सार्वजनिक कार्यालय हो। यह मंत्रिस्तरीय कार्यालय या निजी कार्यालय के मामलों में जारी नहीं किया जा सकता है। अन्य चार रिटों के विपरीत, यह किसी भी इच्छुक व्यक्ति द्वारा मांगी जा सकती है और जरूरी नहीं कि पीड़ित व्यक्ति द्वारा।

2023

1. सारभूत रूप में, विधिकी सम्यक् प्रक्रिया का अभिप्राय क्या है?

(A) नैसर्गिक न्याय का सिद्धांत
(B) विधिद्वारा स्थापित पद्धति
(C) विधिकी निष्पक्ष प्रयुक्ति
(D) विधिके समक्ष समता

उत्तर: (D)

2. निम्नलिखित कथनों पर विचार कीजिए:

कथन-I:

भारत में, दैनंदिन जेल प्रशासन के लिए, जेलों का अनुरक्षण राज्य सरकारें अपने नियमों और विनियमों से करती हैं।

कथन-II:

भारत में, जेल का नियंत्रण जेल अधिनियम, 1894 द्वारा किया जाता है, जिससे जेल का विषय स्पष्ट रूप से प्रांतीय सरकारों के नियंत्रण में रहा।

उपर्युक्त कथनों के बारे में, निम्नलिखित में से कौन-सा एक सही है?

(A) कथन-I और कथन-II दोनों सही हैं तथा कथन-II, कथन-I की सही व्याख्या है।
(B) कथन-I और कथन-II दोनों सही हैं तथा कथन-II, कथन-I की सही व्याख्या नहीं है।
(C) कथन-I सही है किन्तु कथन-II गलत है।
(D) कथन-I गलत है किन्तु कथन- II सही है।

उत्तर: (A)

3. निम्नलिखित में से कौन-सा एक कथन किसी देश के 'संविधान' के मुख्य प्रयोजन को सर्वोत्तम रूप से प्रतिबिंबित करता है?

(A) यह आवश्यक विधियों के निर्माण के उद्देश्य का निर्धारण करता है।
(B) यह राजनीतिक पदों और सरकार के सृजन को सुकर बनाता है।
(C) यह सरकार की शक्तियों को परिभाषित और सीमाबद्ध करता है।
(D) यह सामाजिक न्याय, सामाजिक समता और सामाजिक सुरक्षा को प्रतिभूत करता है।

उत्तर: (C)

4. भारत में, निम्नलिखित में से किस संविधान संशोधन के लिए व्यापक रूप से यह माना गया है कि उसे मूल अधिकारों की न्यायिक व्याख्या को अधिभूत करने के लिए अधिनियमित किया गया?

(A) पहला संशोधन (B) 42वाँ संशोधन
(C) 44वाँ संशोधन (D) 80वाँ संशोधन

उत्तर: (B)

5. भारत के निम्नलिखित संगठनों/निकायों पर विचार कीजिए:

1. **राष्ट्रीय पिछड़ा वर्ग आयोग**
2. **राष्ट्रीय मानव अधिकार आयोग**
3. **राष्ट्रीय विधिआयोग**
4. **राष्ट्रीय उपभोक्ता विवाद निवारण आयोग**

उपर्युक्त में से कितने सांविधानिक निकाय हैं?

(A) केवल एक (B) केवल दो
(C) केवल तीन (D) सभी चार

उत्तर: (A)

6. निम्नलिखित कथनों पर विचार कीजिए:

1. **यदि भारत के राष्ट्रपति का निर्वाचन भारत के उच्चतम न्यायालय द्वारा शून्यघोषित कर दिया जाता है, तो ऐसे विनिश्चय की तिथि से पूर्व राष्ट्रपति के पद के कर्तव्यों के निष्पादन में राष्ट्रपति के द्वारा किए गए सभी कृत्य अविधिमान्य हो जाते हैं।**
2. **भारत के राष्ट्रपति के पद के लिए निर्वाचन इस आधार पर मुल्तवी किया जा सकता है कि कुछ विधान सभाएँ विघटित हो गई हैं और उनके निर्वाचन अभी होने शेष हैं।**
3. **कोई विधेयक भारत के राष्ट्रपति को प्रस्तुत किए जाने पर, संविधान द्वारा विहित की गई समय-सीमा के अंदर राष्ट्रपति को अपनी अनुमति देनी होती है।**

उपर्युक्त में से कितने कथन सही हैं?

(A) केवल एक (B) केवल दो
(C) सभी तीन (D) कोई भी नहीं

उत्तर: (D)

7. भारतीय संसद में वित्त विधेयक और धन विधेयक संदर्भ में, निम्नलिखित कथनों पर विचार कीजिए:

1. **जब लोक सभा वित्त विधेयक को राज्य सभा में भेजती है, तो, राज्य सभा उस विधेयक को संशोधित या अस्वीकृत कर सकती है।**

2. जब लोक सभा धन विधेयक को राज्य सभा में भेजती है, तो राज्य सभा उस विधेयक को संशोधित या अस्वीकृत नहीं कर सकती. केवल अनुशंसाएँ कर सकती है।

3. लोक सभा और राज्य सभा के बीच असहमति होने पर, धन विधेयक के लिए कोई संयुक्त बैठक नहीं होती, किन्तु वित्त विधेयक के लिए संयुक्त बैठक आवश्यक होती है।

उपर्युक्त में से कितने कथन सही हैं?

(A) केवल एक (B) केवल दो
(C) सभी तीन (D) कोई भी नहीं

उत्तर: (C)

8. निम्नलिखित कथनों पर विचार कीजिए:

एक बार यदि केंद्र सरकार किसी क्षेत्र को 'समुदाय प्रारक्षित' अधिसूचित कर देती है, तो

1. राज्य का मुख्य वन्यजीव वार्डन ऐसे वन का नियंत्रक प्राधिकारी बन जाता है।

2. ऐसे क्षेत्र में शिकार की अनुमति नहीं होती।

3. ऐसे क्षेत्र के लोगों को गैर-इमारती लकड़ी वनोत्पाद को संग्रह करने की अनुमति होती है।

4. ऐसे क्षेत्र के लोगों को पारंपरिक कृषि प्रथाओं की अनुमति होती है।

उपर्युक्त में से कितने कथन सही हैं?

(A) केवल एक (B) केवल दो
(C) केवल तीन (D) सभी चार

उत्तर: (C)

9. भारत में 'अनुसूचित क्षेत्र' के संदर्भ में निम्नलिखित कथनों पर विचार कीजिए:

1. किसी राज्य के भीतर, किसी क्षेत्र की अनुसूचित क्षेत्र के रूप में अधिसूचना राष्ट्रपति के एक आदेश के माध्यम से होती है।

2. अनुसूचित क्षेत्र के रूप में बनने वाली सबसे बड़ी प्रशासकीय इकाई जिला होता है और सबसे छोटी इकाई ब्लॉक में गाँवों का समूह होता है।

3. संबंधित राज्यों के मुख्यमंत्रियों से अपेक्षित है कि वे राज्यों के अनुसूचित क्षेत्रों के प्रशासन के विषय में केंद्रीय गृह मंत्रालय को वार्षिक प्रतिवेदन दें।

उपर्युक्त में से कितने कथन सही हैं?

(A) केवल एक (B) केवल दो
(C) सभी तीन (D) कोई भी नहीं

उत्तर: (B)

10. निम्नलिखित कथनों पर विचार कीजिए:

कथन-I:

भारत के उच्चतम न्यायालय ने अपने कतिपय निर्णयों में यह विचारण किया है कि भारत के संविधान के अनुच्छेद 16(4) के अधीन बनाई गई आरक्षण नीतियाँ प्रशासन की दक्षता को बनाए रखने के लिए अनुच्छेद 335 द्वारा सीमित होंगी।

कथन-II:

भारत के संविधान का अनुच्छेद 335 'प्रशासन की दक्षता' पद को परिभाषित करता है।

उपर्युक्त कथनों के बारे में, निम्नलिखित में से कौन-सा एक सही है?

(A) कथन-I और कथन-II दोनों सही हैं तथा कथन-II, कथन-I की सही व्याख्या है।
(B) कथन-I और कथन-II दोनों सही हैं तथा कथन-II, कथन-I की सही व्याख्या नहीं है।
(C) कथन-I सही है किन्तु कथन-II गलत है।
(D) कथन-I गलत है किन्तु कथन-II सही है।

उत्तर: (C)

11. निम्नलिखित कथनों पर विचार कीजिए:

1. भारत के संविधान के अनुसार, केन्द्र सरकार का यह एक दायित्व है कि वह राज्यों को आंतरिक विक्षोभों से बचाए।

2. भारत का संविधान राज्यों को, निवारक निरोधमें रखे जा रहे किसी व्यक्ति को विधिक काउंसेल उपलब्धकराने से छूट प्रदान करता है।

3. आतंकवाद निवारण अधिनियम, 2002 के अनुसार, पुलिस के समक्ष अभियुक्त की संस्वीकृति को साक्ष्य के रूप में प्रयुक्त नहीं किया जा सकता।

उपर्युक्त में से कितने कथन सही है?

(A) केवल एक (B) केवल दो
(C) सभी तीन (D) कोई भी नहीं

उत्तर: (A)

12. भारत के राष्ट्रपति के निर्वाचन के बारे में, निम्नलिखित कथनों पर विचार कीजिए:

1. संसद के दोनों में से किसी भी सदन या राज्यों की विधान सभाओं में नामनिर्दिष्ट किए गए सदस्य निर्वाचक मंडल में शामिल किए जाने के लिए भी अर्ह हैं।

2. निर्वाच्य विधान-सभा सीटें जितनी अधिक होती हैं, उस राज्य के प्रत्येक एम. एल. ए. के वोट का मान भी उतना ही अधिक होता है।

3. मध्य प्रदेश के प्रत्येक एम. एल. ए. के वोट का मान, केरल के प्रत्येक एम. एल. ए. के वोट के मान से अधिक है।

4. पुदुचेरी के प्रत्येक एम. एल. ए. के वोट का मान, अरुणाचल प्रदेश के प्रत्येक एम. एल. ए. के वोट के मान से अधिक है, क्योंकि अरुणाचल प्रदेश की तुलना में पुदुचेरी में कुल जनसंख्या का निर्वाच्य सीटों की कुल संख्या से अनुपात अधिक है।

उपर्युक्त में से कितने कथन सही हैं?

(A) केवल एक (B) केवल दो
(C) केवल तीन (D) सभी चार

उत्तर: (D)

13. भारत की ध्वज संहिता, 2002 के अनुसार, भारत के राष्ट्रीय ध्वज के बारे में निम्नलिखित कथनों पर विचार कीजिए:

कथन-I:

भारत के राष्ट्रीय ध्वज का एक मानक आमाप 600 मि. मी. × 400 मि. मी. है।

कथन-II:
ध्वज की लंबाई से ऊँचाई (चौड़ाई) का अनुपात 3 : 2 होगा।
उपर्युक्त कथनों के बारे में, निम्नलिखित में से कौन-सा एक सही है?
(A) कथन-I और कथन-II दोनों सही हैं तथा कथन-II, कथन-I की सही व्याख्या है।
(B) कथन-I और कथन-II दोनों सही हैं तथा कथन-II, कथन-I की सही व्याख्या नहीं है
(C) कथन-I सही है किन्तु कथन-II गलत है
(D) कथन-I गलत है किन्तु कथन-II सही है
उत्तरः (D)

14. संविधान दिवस के बारे में, निम्नलिखित कथनों पर विचार कीजिए:
कथन-I:
नागरिकों के बीच सांविधानिक मूल्यों को संवर्धित करने के लिए संविधान दिवस प्रतिवर्ष 26 नवंबर को मनाया जाता है।
कथन-II:
26 नवंबर, 1949 को, भारत की संविधान सभा ने भारत के संविधान का प्रारूप तैयार करने के लिए डॉ. बी. आर. अम्बेडकर की अध्यक्षता में एक प्रारूपण समिति बनाई।
उपर्युक्त कथनों के बारे में, निम्नलिखित में से कौन-सा एक सही है?
(A) कथन-I और कथन-II दोनों सही हैं तथा कथन-II, कथन-I की सही व्याख्या है
(B) कथन-I और कथन-II दोनों सही हैं तथा कथन-II, कथन-I की सही व्याख्या नहीं है
(C) कथन-I सही है किन्तु कथन-II गलत है
(D) कथन-I गलत है किन्तु कथन-II सही है
उत्तरः (C)

2024

1. लोक सभा के अध्यक्ष के संदर्भ में, निम्नलिखित कथनों पर विचार कीजिए: जब लोक सभा के अध्यक्ष को हटाने का कोई संकल्प विचाराधीन है, तब-
1. वह पीठासीन नहीं होगा/होगी।
2. उसे बोलने का अधिकार नहीं होगा।
3. वह संकल्प पर प्रथमतः मत देने का/की हक़दार नहीं होगा/होगी।
उपर्युक्त कथनों में से कौन-सा/कौन-से सही है/हैं ?
(a) केवल 1 (b) केवल 1 और 2
(c) केवल 2 और 3 (d) 1, 2 और 3
उत्तरः (A)

2. भारतीय संसद के संदर्भ में, निम्नलिखित कथनों पर विचार कीजिए :
1. लोक सभा में लंबित कोई विधेयक उसके विघटन हो जाने पर व्यपगत हो जाता है।
2. लोक सभा द्वारा पारित और राज्य सभा में लंबित कोई विधेयक लोक सभा के विघटन हो जाने पर व्यपगत हो जाता है।
3. कोई विधेयक, जिसके संबंध में भारत के राष्ट्रपति ने सदनों की संयुक्त बैठक आहूत करने के अपने आशय की सूचना दे दी है, लोक सभा का विघटन हो जाने पर व्यपगत हो जाता है।
उपर्युक्त कथनों में से कौन-सा/कौन-से सही है/हैं ?
(a) केवल 1 (b) 1 और 2
(c) 2 और 3 (d) केवल 3
उत्तरः (B)

3. भारत के संसद के संदर्भ में, निम्नलिखित कथनों पर विचार कीजिए:
1. भारत के राष्ट्रपति द्वारा किसी सदन के सत्रावसान के लिए मंत्रिपरिषद् के परामर्श की आवश्यकता नहीं है।
2. सदन का सत्रावसान सामान्यतः सदन के अनिश्चित काल के लिए स्थगित होने के पश्चात् किया जाता है, किंतु भारत के राष्ट्रपति द्वारा उस सदन का सत्रावसान करने पर कोई वर्जन नहीं है जो सत्र में है।
3. लोक सभा का विघटन भारत के राष्ट्रपति द्वारा, असाधारण परिस्थितियों को छोड़कर, मंत्रि-परिषद् के परामर्श से किया जाता है।
उपर्युक्त कथनों में से कौन-सा/कौन-से सही है/हैं ?
(a) केवल 1 (b) 1 और 2
(c) 2 और 3 (d) केवल 3
उत्तरः (c)

4. 'नारी शक्ति वंदन अधिनियम' के संबंध में निम्नलिखित कथनों पर विचार कीजिए :
1. ये उपबंध 18वीं लोक सभा से प्रभावी होंगे।
2. अधिनियम बनने के बाद यह 15 वर्षों के लिए प्रवर्तन में रहेगा।
3. इसमें अनुसूचित जातियों के लिए आरक्षित कोटे के भीतर अनुसूचित जातियों की महिलाओं के लिए स्थानों के आरक्षण के उपबंध हैं।
उपर्युक्त कथनों में से कौन-से सही हैं ?
(a) 1, 2 और 3 (b) केवल 1 और 2
(c) केवल 2 और 3 (d) केवल 1 और 3
उत्तरः (c)

5. प्रतिषेध रिट उच्चतम न्यायालय या उच्च न्यायालयों द्वारा किसे और किस प्रयोजन से जारी किया गया एक आदेश है ?
(a) किसी सरकारी अधिकारी को, उसे किसी विशिष्ट कार्रवाई करने से प्रतिषेध करने के लिए
(b) संसद/विधान सभा को, मद्यनिषेध पर कोई विधि पारित करने के लिए
(c) निचली अदालत को, किसी मामले में कार्यवाही जारी रखने का प्रतिषेध करने के लिए
(d) सरकार को, उसे किसी असंवैधानिक नीति का अनुपालन करने से प्रतिषेध करने के लिए
उत्तरः (C)

6. निम्नलिखित कथनों पर विचार कीजिए :
1. वह राज्य का राज्यपाल है जो उस राज्य के किसी समुदाय को अनुसूचित जनजाति के रूप में मान्यता देता है और घोषित करता है।
2. किसी राज्य में अनुसूचित जनजाति के रूप में घोषित किसी समुदाय के लिए यह आवश्यक नहीं है कि दूसरे राज्य में भी ऐसा हो।
उपर्युक्त कथनों में से कौन-सा/कौन-से सही है/हैं ?
(a) केवल 1 (b) केवल 2
(c) 1 और 2 दोनों (d) न तो 1, न ही 2
उत्तरः (B)

7. केंद्रीय बजट (यूनियन बजट) के संदर्भ में, निम्नलिखित कथनों पर विचार कीजिए :
1. प्रधानमंत्री की ओर से केंद्रीय वित्त मंत्री संसद के दोनों सदनों के समक्ष वार्षिक वित्तीय विवरण रखते हैं।

2. केंद्रीय (यूनियन) स्तर पर, भारत के राष्ट्रपति की अनुशंसा के बिना अनुदानों की माँग नहीं की जा सकती।

उपर्युक्त कथनों में से कौन-सा/कौन-से सही है/हैं ?

(a) केवल 1 (b) केवल 2
(c) 1 और 2 दोनों (d) न तो 1, न ही 2

उत्तर: (B)

8. भारत सरकार अधिनियम, 1935 के संदर्भ में, निम्नलिखित कथनों पर विचार कीजिए :

1. इसमें ब्रिटिश भारतीय प्रांतों और देशी रियासतों को मिलाकर एक अखिल भारतीय परिसंघ (फेडरेशन) की स्थापना का प्रावधान किया गया।
2. रक्षा और विदेश संबंधी मामलों को परिसंघीय विधानमंडल के नियंत्रण के अधीन रखा गया।

उपर्युक्त कथनों में से कौन-सा/कौन-से सही है/हैं ?

(a) केवल 1 (b) केवल 2
(c) 1 और 2 दोनों (d) न तो 1, न ही 2

उत्तर: (C)

9. भारत के संविधान के अनुच्छेद 368 के अनुसार, संसद निम्नलिखित में से किनके द्वारा संविधान के किसी उपबंध में संशोधन कर सकेगी ?

1. परिवर्धन 2. परिवर्तन
3. निरसन

नीचे दिए गए कूट का प्रयोग कर सही उत्तर चुनिए :

(a) केवल 1 और 2 (b) केवल 2 और 3
(c) केवल 1 और 3 (d) 1, 2 और 3

उत्तर: (D)

10. संसद में धन विधेयक के संबंध में निम्नलिखित कथनों में से कौन-से सही हैं ?

1. अनुच्छेद 109 में धन विधेयक के संबंध में विशेष प्रक्रिया का उल्लेख है।
2. धन विधेयक राज्य सभा में पुर:स्थापित नहीं किया जाएगा।
3. राज्य सभा या तो विधेयक को अनुमोदन दे सकती है या परिवर्तन के लिए सुझाव दे सकती है किंतु इसे अस्वीकार नहीं कर सकती।
4. राज्य सभा द्वारा धन विधेयक में सुझाए गए संशोधन को लोक सभा द्वारा स्वीकार करना होगा।

नीचे दिए गए कूट का प्रयोग कर सही उत्तर चुनिए :

(a) केवल 1 और 2 (b) केवल 2 और 3
(c) केवल 1, 2 और 3 (d) 1, 3 और 4

उत्तर: (C)

11. पूर्वोत्तर परिषद् (NEC) की स्थापना पूर्वोत्तर परिषद् अधिनियम, 1971 द्वारा की गई थी। वर्ष 2002 में NEC अधिनियम में संशोधन के बाद, परिषद् में निम्नलिखित में से किन-किन सदस्यों को शामिल किया गया है ?

1. संघटक राज्य का राज्यपाल
2. संघटक राज्य का मुख्य मंत्री
3. भारत के राष्ट्रपति द्वारा नामनिर्दिष्ट तीन सदस्य
4. भारत का गृह मंत्री

नीचे दिए गए कूट का प्रयोग कर सही उत्तर चुनिए :

(a) केवल 1, 2 और 3 (b) केवल 1, 3 और 4
(c) केवल 2 और 4 (d) 1, 2, 3 और 4

उत्तर: (A)

12. दिसम्बर 2023 तक भारत सरकार द्वारा कितने परिसीमन आयोग गठित किए गए हैं ?

(a) एक (b) दो
(c) तीन (d) चार

उत्तर: (D)

13. संविधान (71वें संशोधन) अधिनियम, 1992 के द्वारा निम्नलिखित में से किस भाषा को शामिल करने के लिए संविधान की आठवीं अनुसूची में संशोधन किया गया है ?

1. कोंकणी 2. मणिपुरी
3. नेपाली 4. मैथिली

नीचे दिए गए कूट का प्रयोग कर सही उत्तर चुनिए :

(a) 1, 2 और 3 (b) 1, 2 और 4
(c) 1, 3 और 4 (d) 2, 3 और 4

उत्तर: (A)

14. भारत के संविधान के संबंध में निम्नलिखित कथनों में से कौन-से सही हैं ?

1. नगरपालिकाओं की शक्तियाँ संविधान के भाग 9-क में दी गई हैं।
2. आपात उपबंध संविधान के भाग 18 में दिए गए हैं।
3. संविधान के संशोधन से संबंधित उपबंध संविधान के भाग 20 में दिए गए हैं।

नीचे दिए गए कूट का प्रयोग कर उत्तर चुनिए :

(a) केवल 1 और 2 (b) केवल 2 और 3
(c) केवल 1 और 3 (d) 1, 2 और 3

उत्तर: (D)

15. भारत के संविधान के अनुसार निम्नलिखित में से कौन-सा कथन सही है ?

(a) अंतरराज्यीय व्यापार और वाणिज्य राज्य सूची के अधीन एक राज्य विषय है।
(b) अंतरराज्यीय प्रवासन राज्य सूची के अधीन एक राज्य विषय है।
(c) अंतरराज्यीय संगरोध संघ सूची के अधीन एक संघ विषय है।
(d) निगम कर राज्य सूची के अधीन एक राज्य विषय है।

उत्तर: (C)

16. भारत के उच्चतम न्यायालय ने निजता के अधिकार को भारत के संविधान के निम्नलिखित में से किस अनुच्छेद के अंतर्गत रखा है ?

(a) अनुच्छेद 15 (b) अनुच्छेद 16
(c) अनुच्छेद 19 (d) अनुच्छेद 21

उत्तर: (D)

17. लोक सभा में आचार समिति के संबंध में, निम्नलिखित कथनों में से कौन-से सही हैं ?

1. प्रारंभ में यह एक तदर्थ समिति थी।
2. केवल कोई लोक सभा का सदस्य ही किसी लोक सभा सदस्य के अनैतिक आचरण से संबंधित शिकायत कर सकता है।
3. यह समिति किसी ऐसे मामले पर विचार नहीं कर सकती जो न्यायाधीन है।

नीचे दिए गए कूट का प्रयोग कर उत्तर चुनिए :

(a) केवल 1 और 2 (b) केवल 2 और 3
(c) केवल 1 और 3 (d) 1, 2 और 3

उत्तर: (C)

□□□